**Text & Recherche**: Hagen Hemmie, Jan Negelen
**Lektorat**: Sabine Beyer, Carmen Wurm
**Redaktion und Layout**: Sven Talaron, Nona-Andreea Kolle
**Fotos**: Jan Negelen
**Covergestaltung**: Karl Serwotka
**Covermotive**: oben: Ariccia
unten: Forum Romanum (beide: Jan Negelen)
**Karten**: Judit Ladik, Hana Gundel, Katja Schröder, Gàbor Sztrecska

**Für Rat und Tat danken wir:** Dagmar von Braunschweig, Roberta Busacca, Monika Leygraf und Massimo Bellisario, Marc Poenitz, Christian Schlageter

*Die ersten Auflagen hat der Autor und Fernsehredakteur Nino Erné mit manchen Hinweisen wohlwollend begleitet; diese nun üppig gewachsene 7. Ausgabe ist seinem Andenken gewidmet.*

ISBN 978-3-89953-181-7
© Copyright Michael Müller Verlag GmbH, Erlangen, 1985, 1996, 2001, 2008.
Alle Rechte vorbehalten. Alle Angaben ohne Gewähr. Printed in Germany.

Aktuelle Infos zu unseren Titeln, Hintergrundgeschichten zu unseren Reisezielen sowie brandneue Tipps erhalten Sie in unserem regelmäßig erscheinenden Newsletter, den Sie im Internet unter **www.michael-mueller-verlag.de** kostenlos abonnieren können.

**7. erweiterte und vollständig überarbeitete Auflage 2008**

# *ROM*
# *LATIUM*

### *Hagen Hemmie*

## Vorwort von Nino Erné zur 4. Auflage (1992):

Zum vierten Mal geht der gescheite, vieles vermittelnde, vieles erzählende Führer Hagen Hemmie auf die Reise nach Rom und Latium, und es ist anzunehmen, dass ihm noch mehr Italienhungrige folgen werden als bisher. War die erste Ausgabe von 1985 im äußeren „Buchbild" wie durch das, was und wie es berichtet wurde, vor allem für Teens und Twens angelegt, so zeigte schon die 2. Auflage von 1988 ein verändertes, auch ältere Leute interessierendes Gesicht. In diesem Buch nun gar, das Sie vor Augen haben und das noch wesentlich umfangreicher, genauer recherchiert und an die heutigen Verhältnisse angepasst ist, finden längst ergraute Romkenner manches unbekannte Korn.

Trotzdem kommt natürlich der zum erstenmal hilflos in Rom herumtaumelnde Reisende am meisten auf seine Kosten. Die praktischen Ratschläge im ersten Teil, zumal im großartigen Kapitel **Wissenswertes von A bis Z**, sind sozusagen Gold wert. Lesen Sie etwa, welch herrliche Rundfahrten Sie mit dem Bus 110 machen können. Es erspart Ihnen teurere Unternehmungen der Reisegesellschaften, von Taxis zu schweigen, selbst wenn Sie in kein „wildes" geraten, sondern in ein ordentliches weißes oder gelbes mit Taxameter (siehe dort!). Aber es geht hier, bei Jupiter und dem Apoll vom Belvedere, nicht nur um den geldgespickten Brustbeutel und wie Sie es vermeiden, dass er allzu schnell leer oder Ihnen vom Hals gerissen wird. Sie lernen, eine Verkehrsstraße römisch elegant zu überqueren, damit Sie nicht als Barbar unter die zahlreichen Räder geraten. Und anderes mehr.

Dass Hagen Hemmie Sie durch sämtliche wichtigen Museen und zu den unerlässlichen Sehenswürdigkeiten begleitet, versteht sich am Rande. Das tun alle braven Reiseführer. Dieser hier bleibt gern einmal stehen und erzählt Ihnen, so knapp wie nötig und so locker wie möglich, was etwa die Cäsaren Nero und Claudius für Menschen waren, wie es bei den Schaukämpfen im Kolosseum zuging, warum Mussolini eine Prachtstraße quer durch die antiken Foren schlug, wer alles Hand anlegen musste, bis die Peterskirche mit genau der Kuppel vollendet war, zu der Sie jetzt hinaufschauen, und warum dieser Blick nicht so einfach ist, wie Michelangelo es eigentlich gewollt hatte.

Ihr Autor-Führer interessiert sich – und möchte Sie interessieren – weniger für Kunstwerke „an sich", als für die Leute, die sie in Auftrag gegeben oder geschaffen haben, mit ihnen umgingen, in den prachtvollen Palazzi wohnten oder durch die weihrauchumwölkten, kühlen Kirchen schlendern. Manche lässt Hemmie selbst zu Worte kommen, andere indirekt, durch die Geschichten drumherum, die den touristischen Attraktionen erst Leben einhauchen. Sie werden dann mit eigenen Augen und Ohren feststellen, dass sich so viel seit der Antike gar nicht verändert hat; vieles war schon einmal da und erscheint heute nur in anderem Gewand: Es geht Ihnen wie Ihrem Reiseführer ja nicht nur um Historie, um Menschen der Vergangenheit, Sie wollen diejenigen kennenlernen, die heute Ihre Gastgeber sind, mit ihrer besonderen Mentalität, ihren liebenswerten wie zuweilen etwas verwirrenden Eigenheiten.

Absolute Gewissheiten versucht Hagen Hemmie Ihnen gar nicht erst aufzureden, denn er weiß, dass es sie nicht gibt. Und er weiß auch zwischen objektiver Information hier und subjektiver Meinung dort zu unterscheiden. Vorsichtig wählt er den goldenen Mittelweg, die Via Sacra des Forums.

Im zweiten Teil des Buches führt er Sie durch Rom und den Vatikan. Und damit Sie sich im Chaos der Millionenstadt immer wieder zurechtfinden, beschreibt er jeweils einen Bezirk rund um einen markanten Ausgangspunkt: **Circus Maximus** – **Aventin** – **Piazza della Repubblica** und so weiter durch modernes Verkehrsgetümmel und antike Ruinen. Der dritte Teil empfiehlt Ihnen Ausflüge in die alten Orte und Landschaften Latiums, die sich in Jahrhunderten nur wenig verändert haben. Und jedes Kapitel endet mit einem Serviceteil über Restaurants und andere wissenswerte Adressen. Aber bitte beachten Sie: Diese Tipps sind nicht für die Ewigkeit gemeißelt wie die Inschriften auf den Römersteinen. Besitzer wechseln, die Zeiten ändern sich, die Preise steigen. Etwaige Regressansprüche an Autor oder Verlag werden nicht angenommen, der Rechtsweg ist ausgeschlossen.

Immerhin sind wir hier bei einem besonders köstlichen Leckerbissen angelangt. An Gaumen und Magen lege ich Ihnen das große Kapitel über die **Römische Küche**. Der Reiseführer erzählt Ihnen, was die römische Küche ausmacht und wo Sie mit Genuss speisen können. Eine Warnung muss ich jedoch dazu aussprechen: Lesen Sie diese Kapitel frühestens, wenn Sie Ihr Ticket gebucht und Ihren Koffer gepackt haben, andernfalls leiden Sie Tantalusqualen.

Damit wünsche ich Ihnen guten Appetit und, in der Obhut meines jungen Kollegen Hagen Hemmie, eine glückliche Reise.

Nino Erné,
im Jahr 1994 verstorbener Schriftsteller und ehemaliger ZDF-Korrespondent in Rom.

# INHALT

# Rom

## Kartenverzeichnis

*Auf dem Weg ins Zentrum des römischen Imperiums:
die Via Sacra zum Forum Romanum*

# Anreise

## Mit dem eigenen Fahrzeug

### Anreiserouten

▸ **Über Österreich:** Die gebräuchlichste Route aus dem Süden und Osten Deutschlands führt über die *Autobahn München – Innsbruck – Brenner – Verona – Bologna.* Auf dieser Strecke bieten sich mehrere Alternativen an, z. B. für den Abschnitt *München – Innsbruck:*

Ab München fahren Sie über die gut ausgebaute **Starnberger Autobahn** nach Garmisch. Von den vielen Rastplätzen aus bietet sich ein herrlicher Blick auf die Alpen. Vorteil dieser Route: weniger Verkehr und mehr Möglichkeiten zu Abstechern (sehenswert sind z. B. die oberbayerischen Seen). Allerdings endet die Autobahn etwa 17 km vor Garmisch. Weiter geht es auf schöner Bergstraße (zur Ferienzeit häufig Staus) durch grüne Wiesen und Nadelwälder zum Grenzübergang Mittenwald/Scharnitz. Etwas abenteuerlicher wird es kurz vor Innsbruck, vom Zirler Berg führt die Straße mit 15 % Gefälle hinab. Der Fahrer sollte sich deshalb besser nicht zu sehr von dem herrlichen Blick auf das Inntal und die mächtige Olympia-Sprungschanze ablenken lassen. In den Kurven bieten bei versagenden Bremsen steile Auslaufstrecken Rettung. Wegen der Gefahren ist die Strecke in umgekehrter Richtung für Wohnwagengespanne gesperrt.

Eine zweite interessante Alternative ist die **Salzburger Autobahn**, die Sie schon bei der Abfahrt Holzkirchen verlassen. Über Miesbach führt die Strecke am Tegernsee und Wildbad Kreuth vorbei hinauf zum Achenpass (bis zu 20 % Steigung!). Auf einer Landstraße erreichen Sie dann die Autobahn nach Innsbruck.

Ab **Innsbruck** hat der Autofahrer weitere Möglichkeiten: Der schnellste, aber auch teuerste Weg nach Italien führt über die Europabrücke und die **Brenner-Autobahn**. Zusätzlich zu den allgemeinen Gebühren für die österreichischen Autobahnen fällt für den Brenner eine Maut von 8 € pro Stecke an (Pkw inkl. Anhänger/Motorrad). Keine Mautgebühren kostet die *alte Brennerstraße*, die neben der Autobahn durch das landschaftlich reizvolle Eisacktal führt. Dazu müssen Sie die Inntalautobahn in Innsbruck Süd verlassen und den blauen Hinweisschildern folgen; die Abzweigung liegt in Innsbruck-Zentrum. Da die Strecke für Lkw gesperrt ist, dauert die kurvenreiche Fahrt durch schmale Ortsdurchfahrten, vorbei an gemütlichen Rasthäusern und immer mit imposantem Blick auf die Europabrücke nur rund eine Stunde länger. Beachten Sie die Geschwindigkeitsbeschränkungen, denn Polizeikontrollen sind hier besonders häufig.

Ab dem **Brennerpass** ergeben sich wieder zwei Möglichkeiten: Der schnellere Weg führt über die Autobahn *Bozen – Trento (Gardasee) – Verona nach Modena*, wo Sie dann die *Autostrada del Sole* (A 1) erreichen, auf der es weiter über Bologna, Florenz nach Rom. Die Autobahngebühren betragen rund 40 €. Die gleiche Strecke kann man, allerdings unendlich viel mühsamer und mit einem vielfachen Zeitaufwand, über Landstraßen zurücklegen.

▶ **Über die Schweiz:** Aus dem Westen Deutschlands bietet sich die Anreise über die Rheinautobahn *Frankfurt – Basel* (A 5) und den Gotthard-Tunnel an. Weiter geht es über Luzern nach Mailand, wo man dann der *Autostrada del Sole* (A 1) bis nach Rom folgt.

---

**Tipp:** Eine Alternative zur stauanfälligen A 5 ist die A 61 ab Koblenz, Mainz oder Ludwigshafen. Fahren Sie ab dem Autobahnkreuz Mutterstadt weiter über die Pfalz-Autobahn A 65 bis Kandel-Süd. Es folgt ein kurzes Stück Landstraße (Geschwindigkeitskontrolle!) bis zur französischen Grenze. Von dort aus geht es auf der Autobahn (gebührenfrei) weiter, vorbei an Straßburg, Colmar, Mühlhausen bis nach Basel oder, um die Stadtautobahn Basel zu vermeiden, ab Mühlhausen über die A 36 wieder zurück nach Deutschland auf die A 61.

---

Die übliche und schnellste Strecke führt über Luzern vorbei am Vierwaldstätter See durch den St.-Gotthard-Tunnel (mit fast 17 km der längste Straßentunnel Europas; keine zusätzliche Mautgebühr). Am Grenzübergang Chiasso/Como (Schweiz/Italien) wird in der Ferienzeit Ihre Geduld in Staus auf die Probe gestellt. Unmittelbar nach der Grenze geht es an Como vorbei, hier lohnt ein Zwischenstopp am gleichnamigen fjordartigen See. Von hier aus führt die Autobahn A 1 direkt bis nach Rom.

Alternativen zur schnellsten Strecke durch die Schweiz:

•*Aus der Westschweiz* Eine Passstraße führt über den Großen St. Bernhard bei einer Steigung von bis zu 10 % fast 2.500 m hoch. Der Pass ist deshalb auch bis zu fünf Monate im Jahr gesperrt. In diesem Fall kann man auf den 5,8-km-Tunnel durch den St. Bernhard ausweichen (im Gegensatz zum St.-Gotthard-Tunnel ist hier eine Gebühr zu zahlen: für Pkw einfache Strecke 30,50 sfr, Hin- und Rückfahrt 48,50 sfr; Pkw mit Anhänger oder Wohnmobile 47 sfr einfach, 75,50 sfr Hin- und Rückfahrt; Motorräder einfach 18 sfr, Hin- und Rückfahrt 24 sfr. Die Rückfahrkarte ist einen Monat ab Ausstellung gültig; gebräuchliche Kreditkarten werden akzeptiert. Beim Kauf der Karte auf der italienischen Seite sind zusätzlich 20 % Mehrwertsteuer zu zahlen.

Weiter geht es durch das Aostatal in Richtung Mailand.

•*Aus Richtung Bern* Hier bietet sich die Lötschberg-Autoverladung an. In Kandersteg wird der Wagen auf den Zug verladen und man ist 15 Min. später in Goppenstein (Preis pro Pkw, Wohnmobil einschl. aller mitfahrenden Personen 20 sfr, von Fr bis So und an Feiertagen 25 sfr; Motorrad 15 sfr, ermäßigte Tickets im Vorverkauf beim ADAC für 13 €. Die Züge fahren ab Kandersteg zwischen ca. 6 und 22 Uhr im Halbstunden-Takt sowie um 23 und 24 Uhr; ab Goppenstein ab 6 Uhr bis 22.30 Uhr alle 30 Min. und um 23.30 Uhr.

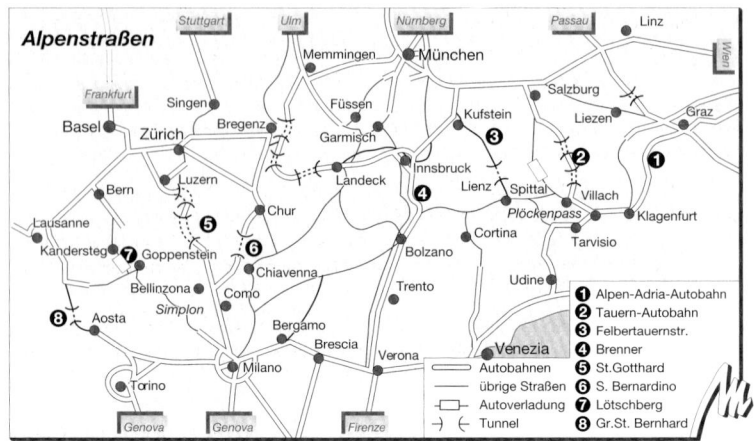

## Durch Oberitalien

Von der Schweiz aus erreichen Sie schon nach wenigen Kilometern bei Mailand die **Autostrada del Sole** (A 1), die direkt auf den Autobahnring G.R.A. *(Grande Raccordo Anulare)* um Rom herum und weiter bis ganz hinunter nach Sizilien führt (unterbrochen nur durch die Fährverbindung Reggio – Messina). Wenn Sie von Österreich aus anreisen, erreichen Sie die A 1 bei Modena.

Da alle Brücken über die Autobahn nummeriert sind (aus unerfindlichen Gründen gleich mit zwei Schildern in jeder Fahrtrichtung), kann man sich grob über die bereits zurückgelegte Strecke orientieren: Von Mailand bis nach Rom werden **543 Brücken** gezählt.

Zunächst bietet sich ein recht vertrautes Landschaftsbild, denn im flachen Norden ist fast die gesamte Industrie Italiens konzentriert. Von der schnurgeraden Autobahn aus erscheint die Region eher langweilig. Erst ab Bologna wird die Landschaft reizvoller. Die kleineren Städte Oberitaliens mit ihren teilweise gut erhaltenen mittelalterlichen Stadtkernen lohnen jedoch durchaus einen Besuch.

**Vorsicht:** Im Frühjahr, Herbst und Winter kann die Strecke durch plötzlich auftretende **dichte Nebelbänke** sehr unangenehm werden. Nicht selten ist kaum noch der nächste Leitpfosten zu erahnen. Zur besseren Orientierung dienen dann die weißen Punkte auf dem rechten Seitenstreifen. Wenn auch die nicht mehr zu erkennen sind, hilft nur noch eine Pause auf dem nächsten Rastplatz. Stressig wird es auch deshalb, weil manche Italiener ihre Geschwindigkeit auf Schritttempo reduzieren, während andere unbeeindruckt weiter fahren, als wären sie mit Radar ausgestattet. Häufige schwere Unfälle belegen, dass das nicht der Fall ist.

**Rastplätze und Tankstellen** gibt es genug. Die entsprechenden Hinweisschilder mit den Entfernungsangaben sollten Sie nicht irritieren, da diese von den Betreiberketten aufgestellt werden und nur auf eigene Stationen und nicht auf die vorher gelegene Konkurrenz hinweisen.

Wenn Sie das flache, etwas öde Teilstück bis Bologna hinter sich haben, wird die Strecke interessanter: Bis nach Florenz sind in den Bergen des Apennin erhebliche Höhenunterschiede zurückzulegen. Auf 36 Viadukten und 14 Schwindel erregenden Brücken führt die Autostrada del Sole über tiefe Täler und Schluchten. Der Fahrer kann die herrliche Aussicht allerdings schwerlich genießen, denn die kaum angekündigten scharfen Kurven, die 46 teilweise stockdunklen Tunnel, einige Baustellen und die Wettrennen der Lkw, die Schwung holen müssen, um die nächste Steigung zu schaffen, erfordern einige Konzentration.

Bei Florenz sehen Sie links der Autobahn in der Ferne den Campanile des Giotto und die herrliche Domkuppel des Brunelleschi. Weiter geht's durch die typische Landschaft der Toscana mit den schlanken Zypressen, den Pinien mit ihrem breiten Zweigendach und den blausilbern schimmernden, knorrigen Olivenbäumchen in das Tal des Arno.

Wieder folgen Hügel mit Steigungen und Kurven. Wer meint, nun gleich in Rom anzukommen, irrt sich. Nur die manchmal neben der Autobahn zu sehende, schnurgerade Gleisstrecke ermöglicht es, mit der Bahn in weniger als zwei Stunden von Florenz nach Rom zu gelangen.

Wenn Sie kurz vor Ihrem Ziel noch Zeit für eine **Übernachtung** haben und am nächsten Tag ganz entspannt in Rom ankommen wollen, hier ein Tipp: Verlassen Sie die Autobahn am Ende der Toscana bei der Abfahrt **Chiusi** (von Frankfurt aus sind es bis hierher etwa 1050 km). Unmittelbar hinter der Mautstelle nach Chiusi abzweigen, rechts des Kreisels, weit vor der Stadt, liegt das kleine Hotel mit dem nettem Restaurant **La Locanda della Ribollita** (rustikales Landhaus, keine drei Minuten von der Autobahn entfernt). Lassen Sie sich ein Zimmer nach hinten geben, denn vorne ist es wegen der Zufahrtsstraße sehr laut. Bei der für die Toscana typischen Aussicht und vor allem dem guten Essen in dem gepflegten Restaurant werden Sie sich nach der anstrengenden Fahrt schnell erholen. Preis für ein DZ ca. 80 € (in der Hauptsaison 95 €), für ein Menü ca. 30 € pro Pers. Di ist das Restaurant geschlossen. Vorbestellung empfehlenswert, ℡ 0039/0578.275061, ℗ 0039/0578. 275062, www.lalocandadellaribollita.com. Ein ebenfalls empfehlenswertes Lokal in Chiusi ist *Il Kantharos*, Via Potsenna 37/39, ℡ 0578. 21936. Mo Ruhetag.

Von Chiusi aus führt die Autobahn im Tal des Flusses Paglia am berühmten Weinort **Orvieto** vorbei, der rechts auf einem mächtigen Tuffplateau liegt, überragt von der mächtigen gotischen Kathedrale.

Etwa 14 km nach Orvieto in der Autobahnraststätte „Tevere Ovest" gibt es neben der Tankstelle ein kleines Büro für **Hotelreservierungen**. Auch wenn die schäbige Baracke einen verlassenen Eindruck macht, ist sie doch in der Regel von 9.30–20.30 Uhr (an Sonntagen und außerhalb der Saison kürzer) geöffnet. Hier erhält man Informationsmaterial über die Provinz Viterbo und wenn nicht vergriffen, dann wenigstens einen Stadtplan von Rom. Hotelreservierungen sind für die größeren italienischen Städte hier auch möglich.

Mehrfach überqueren Sie nun den Tiber und wechseln einige Male zwischen Umbrien und Latium. Erst hinter dem Städtchen Orte entscheidet sich die Autostrada endgültig für Latium und nimmt direkten Kurs auf Rom. Wenn Sie nun zunächst den Norden Latiums erkunden wollen, bietet sich hierfür die Ausfahrt **Viterbo** an.

**Tipp:** Auf der Webseite **www.autostrade.it** lässt sich die genaue Route durch Italien planen. Die anfallenden Mautgebühren werden errechnet und man erhält einen Überblick über die aktuellen Verkehrsstörungen. Vom Verkehr um Mailand und Rom kann man sich mit den Live-Webcams sogar selbst einen aktuellen Eindruck verschaffen.

Beim Autobahndreieck „Roma Nord", km 530 (von Mailand aus gerechnet), müssen Sie rechts nach Rom abzweigen, geradeaus gelangen Sie auf die Umgehungsautobahn in Richtung Neapel. Nach 4 km erreichen Sie die Mautstelle von Fiano Romano; die letzten knapp 20 km zum **römischen Autobahnring G.R.A.** *(Grande Raccordo Anulare)* sind kostenlos. Dort wird der Verkehr dann wirklich abenteuerlich und hat nichts mit dem vergleichsweise geruhsamen Vorwärtskommen auf der Autobahn gemeinsam (→ „Unterwegs in Rom", S. 101).

Da es aber trotz allem sehr viel einfacher ist, die Stadt auf dem G.R.A. zu umrunden, als sie zu durchqueren, was schon die für den Verkehr teilweise gesperrte Innenstadt und unzählige Einbahnstraßen nahezu verhindern, sollten Sie so lange wie möglich auf dem **Autobahnring** bleiben und ihn möglichst nahe Ihrem Zielgebiet verlassen. Folgende Ausfahrten bieten sich an (Übersichtskarte → S. 103):
Für die Region um den Vatikan, den Gianicolo und Trastevere nimmt man am besten die Ausfahrt *(uscita)* **Nr. 1** – *Via Aurelia*. Befahren Sie dazu den Autobahnring entgegen dem Uhrzeigersinn in Richtung Westen und legen etwa einen Viertelkreis zurück.
Über die *Via Flaminia* (**Nr. 6**), die Sie wieder entgegen dem Uhrzeigersinn nach Westen schon nach knapp 1 km erreichen, gelangen Sie in die nördlichen Stadtgebiete, den Bereich der Piazza del Popolo und der Villa Borghese.
Zu den zahlreichen Hotels um die Stazione Termini (den Hauptbahnhof) und die Kirche S. Maria Maggiore befahren Sie den G.R.A. am besten im Uhrzeigersinn in Richtung Osten und legen bis zur *Tangenziale est* (Osttangente) etwas mehr als einen Viertelkreis zurück (**Nr. 14**).
In den Süden der Stadt, das Gebiet um die Caracalla-Thermen und den Aventinhügel, aber auch zum *Centro storico* (dem historischen Zentrum wie z. B. der Gegend um den *Campo de'Fiori*) kommen Sie recht gut über den *Viale C. Colombo* (**Nr. 27**) oder die Ausfahrt Pontina (**Nr. 26**) ganz im Süden des Rings, sodass es egal ist, in welcher Richtung Sie den Ring befahren, da Sie hierzu in jedem Fall die Stadt halb umrunden müssen.

Wegen des Verkehrschaos im Zentrum, der limitierten Zonen mit wechselnden Zufahrtsbeschränkungen und besonders dem fehlenden Parkraum (Parkhäuser sind rar und immens teuer) können Sie einen der problemlos erreichbaren Park-and-Ride-Parkplätze an den Metrostationen in Betracht ziehen (z. B. an der Endhaltestelle der Linie B „Laurentina", zu erreichen von der Ausfahrt 25 über die Via Laurentina oder über die Ausfahrt 21; ebenso an der Via Tuscolana bei der Station „Arco Travertino" der Metrolinie A). Diese Parkplätze sind billig, werden aber auch nicht bewacht, man sollte also nichts im Fahrzeug zurück lassen, um keine eingeschlagene Scheibe zu riskieren.

| Entfernungen nach Rom | | | |
| --- | --- | --- | --- |
| Hamburg | 1680 km | München | 930 km |
| Berlin | 1530 km | Wien | 1130 km |
| Frankfurt (via Schweiz) | 1250 km | Frankfurt (via Österreich) | 1300km |
| Chiasso (Schweizer Grenze) | 640 km | Brenner | 750 km |

# Autobahngebühren

•*Schweiz* Alle Schweizer Autobahnen und autobahnähnlichen Straßen sind gebührenpflichtig. Für alle Fahrzeuge bis zu 3,5 t (kein Unterschied zwischen Kfz und Motorrad; Anhänger sind gesondert mautpflichtig) ist pauschal eine **Vignette** (Plakette) für 25 € erforderlich. Sie ist nicht übertragbar (nur lose an der Frontscheibe befestigte Vignetten sind ungültig und führen zu hohen Bußgeldern) und gilt im Kalenderjahr sowie im Januar des Folgejahres. Um lange Wartezeiten bei der Einreise zu vermeiden, sollte man sich die Vignette vorher besorgen (bei den Automobilclubs auch für Nichtmitglieder oder vor der Grenze an großen Tankstellen oder Autobahnraststätten).

• *Österreich* Es gibt Pickerl für die pauschale Autobahngebühr mit unterschiedlicher Gültigkeitsdauer: **Pkw/Wohnmobil** bis 3,5 t Gesamtgewicht: Jahrespickerl 73,80 € (gilt vom Dezember des Vorjahres bis einschließlich Januar des Folgejahres, 2-Monats-Pickerl 22,20 € (gilt 2 Monate ab Tag der Ausstellung), 10-Tages-Pickerl 7,70 € (gilt ab 0 Uhr des Ausstellungstages bis 24 Uhr des 9. Folgetages).
**Motorrad:** Jahrespickerl 29,50 €, 2-Monats-Pickerl 11,10 €, 10-Tages-Pickerl 4,40 €.
Für einen Wohnwagen oder andere Anhänger sind keine zusätzlichen Pickerl erforderlich.
Es gibt sie an der Grenze oder bei den Geschäftsstellen hiesiger Automobilclubs.
Hinzu kommen noch die speziellen Gebühren für bestimmte Streckenabschnitte, wie z. B. für die Brenner-Autobahn ab den Anschlussstellen Innsbruck/Ost bzw. West.

• *Italien* In Italien werden keine Pauschalgebühren erhoben. Sie zahlen individuell für die zurückgelegte Strecke, etwa 6 Cent pro Kilometer. Kontrollstellen befinden sich an jeder Autobahneinfahrt und -ausfahrt („Alt stazione"). Meist ist bei der Einfahrt am Automaten ein Ticket zu ziehen (den dicken roten bzw. gelben Knopf drücken). Bei der Ausfahrt wird abgerechnet. Anders ist dies zwischen Como und Mailand: Hier wird an zwei Stellen jeweils sofort eine Maut von insgesamt 5,80 € fällig. Halten Sie deshalb nach der Grenze Kleingeld bereit. Größere Scheine werden manchmal nicht angenommen. Bei Milano Sud, wo die A 1 beginnt (Richtung Bologna), wird nur ein Einfahrt-Ticket ausgegeben.

Eine Grafik mit einer Übersicht über die Gebühren für die wichtigsten Autobahnabschnitte ist beim *ADAC* kostenlos erhältlich. **Preisbeispiele:** Schweizer Grenze bis Rom ca. 35 €, Grenze Österreich bis Rom ca. 41 €.
Schneller geht es an den bargeldlosen Schaltern der Mautstationen. Für Touristen kommen nur die blauen Spuren für VIACARD in Betracht. Am Schalter müssen Sie zunächst das Autobahnticket von der Einfahrtstation in den Automaten schieben. Wenn der zu zahlende Betrag auf der Anzeigetafel erscheint, führen Sie die VIACARD ein. Der fällige Betrag wird von den Karten mit einem Guthaben von 25,25 € elektronisch abgebucht. Zuzahlungen in bar sind nicht möglich! Achten Sie deshalb stets auf ausreichende Deckung Ihrer Karte. Auch ein Wechsel des Schalters ist dann nicht mehr möglich. Zurücksetzen und Spurwechsel im Mautstellenbereich sind strikt verboten und werden mit hohen Bußgeldern geahndet. Die VIACARD erhält man bei den Automobilclubs (auch in den italienischen ACI-Büros), an den Grenzübergängen, den größeren Raststätten und Tankstellen. Ihre Gültigkeitsdauer ist auf der Karte vermerkt.

> Verwechseln Sie die reservierten blauen Spuren für VIACARD nicht mit den gelben für **Telepass**-Inhaber. Der Telepass ermöglicht nur Fahrern mit registrierter Bankverbindung in Italien bargeldlos zu bezahlen.

**Tipp**: Bei größeren Ausfahrten werden an den VIACARD-Schaltern auch gängige **Kreditkarten** und **EC-Karten** akzeptiert. In diesem Fall befindet sich das Symbol des Kartenunternehmens bzw. die Bezeichnung „Maestro" für die EC-Karte auf den Hinweisschildern.

**Achtung**: Wer bei der Ausfahrt sein Autobahnticket verloren hat, muss die Gebühr ab der am weitesten entfernten Einfahrtstation zuzüglich einer Strafgebühr bezahlen!

Wer auf den total überfüllten, schmalen und kurvenreichen **Landstraßen** und in den chaotischen Ortsdurchfahrten nicht verzweifeln will, sollte trotz der hohen Kosten die Autobahn benutzen. Ansonsten ist mit Umwegen, langen Staus und einem erheblichen Zeitaufwand zu rechnen.

# Tanken

• *Schweiz* Benzin ist deutlich, Diesel kaum preiswerter als in Deutschland und Italien.

• *Österreich* Die Kraftstoffpreise in Österreich sind etwas niedriger als in Deutschland und in Italien.

• *Italien* Die Benzin- und Dieselpreise entsprechen etwa denen in Deutschland. Da die Kraftstoffpreise in Italien einheitlich festgelegt sind, entfällt die Suche nach der günstigsten Tankstelle. Einige gewähren aber ein paar Prozent Rabatt *(sconto)*, insbesondere bei Selbstbedienung.

• *Öffnungszeiten* Nur die Tankstellen an den Autobahnen und den wichtigsten Zufahrtsstraßen der großen Städte haben tägl. rund um die Uhr geöffnet. Sonst gilt: an Werktagen etwa von 7–12.30 und 15.30–

19.30 Uhr (Ausnahmen werden nach Lust und Laune des Pächters festgelegt); an Sonn- und Feiertagen haben viele kleinere Tankstellen nur eingeschränkt oder gar nicht geöffnet; es gibt inzwischen verbreitet aber auch Automatentankstellen (akzeptiert werden 10- und 20-Euroscheine, gelegentlich auch Kreditkarten). Sollten die Tankstellenpächter streiken, können Sie auf Autobahntankstellen ausweichen, hier herrscht Streikverbot.

• *Gasbetriebene Fahrzeuge* Die Versorgung mit Fahrzeuggas ist in Italien recht gut. Einen Überblick über Versorgungsstellen erhalten Sie im Internet: www.gas-tankstellen.de.

**Achtung**: Nur die großen Tankstellen akzeptieren in der Regel auch Kreditkarten.

## Pannenhilfe, Unfälle

**Pannenhilfe**: ☎ **116,** Notrufsäulen stehen in Abständen von 2 km an den Autobahnen. **Straßenhilfsdienst des ACI** *(Automobile Club Italiano)* rund um die Uhr unter Festnetz-Tel. 803 116, mobil 800 116 800 (Pannendienst des ACI für ADAC-Mitglieder kostenlos). Der ADAC unterhält in Mailand einen deutschsprachigen Notruf, ☎ 02.661 591.

**Automobilclub d'Italia**: Via Marsala 8, Rom, ☎ 06.49981.

**Automobil Club Rom**: Via Cristoforo Colombo 261, ☎ 06.514971 (kooperiert mit dem ADAC, Mitglieder können nach Vergünstigungen fragen, Pannenhilfe und Abschleppen zur nächsten Werkstatt ist z. B. für ADAC-Mitglieder kostenlos).

| | |
|---|---|
| Polizeinotruf | ☎ 112 |
| Feuerwehr | ☎ 115 |
| Rettungsdienst | ☎ 118 |

## Besondere Verkehrsregeln

• *Schweiz* **Höchstgeschwindigkeiten** auf Autobahnen 120 km/h (für Wohnmobile über 3,5 t gilt Tempo 100), außerorts ohne Autobahnen und in Tunnels 80 km/h, innerorts 50 km/h. Geschwindigkeitsüberschreitungen von 20 km/h kosten mindestens ca. 110 €. Wer das Bußgeld nicht zahlen kann, muss pro 100 sfr (ca. 60 €) mit einem Tag Gefängnis rechnen. Ignoriert man eine an die Heimatadresse nachgesandte Zahlungsaufforderung, droht bei der nächsten Einreise in die Schweiz Haft.

Pkw mit Wohnwagen oder Anhänger dürfen auf dreispurigen Autobahnen die linke Spur nicht nutzen.

**Radarwarner** sind selbst dann verboten, wenn sie außer Betrieb gesetzt wurden. Allein das Mitführen kann ca. 300 € kosten.

**Parken** ist bis 5 m vor Straßenkreuzungen verboten.

**Promillegrenze**: 0,8.

**Nationalitätenkennzeichen**: Wer noch kein EU-Kennzeichen hat, benötigt ein gesondertes Nationalitätenkennzeichen. Fehlt der Hinweis auf das Herkunftsland werden 10 € Bußgeld fällig.

• *Österreich* **Höchstgeschwindigkeiten** auf Autobahnen 130 km/h (für Wohnmobile über 3,5 t gilt Tempo 80), zwischen 22 Uhr und 5 Uhr gilt auf einigen Autobahnen 110 km/h, außerorts ohne Autobahnen 100 km/h, innerorts 50 km/h. Die Geschwindigkeitsmessung *„per freiem Amtsauge"*, also ohne exakte Messung, wurde von den Gerichten akzeptiert! Geschwindigkeitsüberschreitungen von 20 km/h kosten zwischen 20 und 55 €. Verwarnungsgelder sollte man besser sofort bezahlen, da sich die Sache bei späterer Überweisung erheblich verteuert.

**Promillegrenze**: 0,5.

**Nationalitätenkennzeichen**: EU-Kennzeichen oder gesondertes Nationalitätenzeichen, sonst kostet es wie in der Schweiz 10 €.

Wird man mit **italienischen Vorschriften** konfrontiert, ist Fingerspitzengefühl erforderlich. Alles zu beachten ist kaum möglich, da mit manchen hoch differenzierten Regelungen einfach nicht gerechnet werden kann. Zu unterscheiden sind die Regeln, die unbedingt eingehalten werden müssen, weil sie meist durchgesetzt werden, von den weniger wichtigen und denen, die niemand beachtet (wenn ein Kontrolleur schlechte Laune hat, kann es in Ausnahmefällen trotzdem ein empfindliches Bußgeld geben, gelegentlich lässt sich aber handeln).

*•Italien* **Höchstgeschwindigkeiten**: Auf Autobahnen 130 km/h, bei Regen, Schnee oder Nebel 110 km/h, bei einigen dreispurigen Autobahnen nur mit entsprechender Beschilderung 150 km/h; auf Schnellstraßen mit zwei Fahrstreifen in jeder Richtung und baulicher Trennung der Fahrbahnen 110 km/h, bei Regen, Schnee oder Nebel 90 km/h; auf Landstraßen 90 km/h; für Wohnmobile über 3,5 t auf Autobahnen 100 km/h, auf Schnell- und Landstraßen 80 km/h; Pkw mit Anhänger auf Autobahnen 80 km/h, außerorts 70 km/h. Innerorts gilt stets die Grenze von 50 km/h.

Nach einer Gesetzesänderung ist es nun auch zulässig, Verstöße durch die Stempelzeiten auf den Mautkarten nachzuweisen. Computer, die beim Verlassen der Autobahnen automatisch die Durchschnittgeschwindigkeit errechnen, gibt es bisher allerdings nicht, und die Kontrolleure an den Mautstellen haben wohl weder Zeit noch Lust Ein- und Ausfahrzeiten zu vergleichen. An die Geschwindigkeitsbeschränkungen hält sich kaum jemand, selbst Polizisten gehen nicht immer mit gutem Beispiel voran. Trotzdem kann das Rasen teuer werden: Bei einer Überschreitung von mehr als 20 km/h werden ab 150 € Bußgeld fällig, bei mehr als 40 km/h können es bis zu 1460 € werden, dazu kommt ein Fahrverbot von einem halben Jahr. Ab 60 km/h über dem erlaubten Limit kostet es mindestens 500 bis maximal 2000 € und den Führerschein ist man möglicherweise bis zu einem Jahr lang los.

**Tipp**: Auf fest installierte Radarfallen müssen Schilder etwa 100 bis 200 m vorher hinweisen.

*Blickfang: das wachsame Auge des Gesetzes*

**Licht**: Außerhalb geschlossener Ortschaften muss auch tagsüber mit Abblendlicht gefahren werden, bei Verstößen bitten die Ordnungshüter gerne mit mindestens 35 € zur Kasse.

**Promillegrenze**: 0,5, schon geringe Verstöße kosten ab 280 €, kommt ein Unfall hinzu, droht neben einem Bußgeld von 2.500 € sogar eine Freiheitsstrafe.

**Nationalitätenkennzeichen**: EU-Kennzeichen oder gesondertes Nationalitätenzeichen, sonst kostet es 50 €.

**Überstehende Ladung**: Bei hinten überstehender Ladung, wie z. B. einem Surfmast, ist eine spezielle Warntafel erforderlich. Es handelt sich um eine 50 cm x 50 cm große, rot-weiß-quergestreifte, reflektierende Tafel. Sie muss senkrecht zur Fahrzeugachse stehen und darf nicht im Wind flattern. Da es geradezu ein Hobby der italienischen Ordnungshüter ist, Fahrzeuge ohne erforderliche Warntafeln aufzuspüren und dann bis zu 250 € Bußgeld zu kassieren, sollten Sie die Tafel unbedingt vor der Reise bei einem der hiesigen Automobilclubs oder spätestens an einer der Autobahnraststätte vor der italienischen Grenze erwerben (Preis ca.30 €).

Nach vorne darf die Ladung nicht über das Fahrzeug hinausragen. Man muss mit dem Fahrzeug so vor eine Wand fahren können, dass die Stoßstange die Wand berührt (machen Sie vor Fahrtbeginn einen Test!). In Italien wird das sehr gerne und häufig kontrolliert. Selbst wenn die Ladung nur wenige Zentimeter vorne übersteht, sind hohe Bußgelder fällig.

**Unfälle/grüne Versicherungskarte**: Die grüne Versicherungskarte ist innerhalb Europas zwar nicht mehr vorgeschrieben, sie erleichtert aber die Unfallabwicklung, weil dem Unfallgegner damit der Versicherungsschutz einschließlich aller relevanter Kfz- und Versicherungsdaten nachgewiesen werden kann. Ansonsten kommt es oft zu sehr zeitraubenden Recherchen.

Bei Unfällen mit **kleineren Schäden** empfiehlt sich in der Regel eine Einigung vor Ort. Den Italienern ist dies meist lieber als der langatmige Papierkrieg und die drastische Höherstufung ihrer Versicherung im Verschuldensfall, und von Deutschland aus lassen sich Forderungen gegen italienische Versicherungen nur schwer und nur nach Jahren durchsetzen. Bei **größeren Schäden** ist der mehrsprachige Europäische Unfallbericht sinnvoll, der von den Unfallbeteiligten gemeinsam ausgefüllt und unterschrieben wird (Vordrucke gibt es für geringe Gebühr bei den Automobilclubs). Auf jeden Fall sollten Sie neben Namen und Anschriften von Zeugen und dem Kfz-Kennzeichen des Unfallgegners auch stets den Namen von dessen Versicherungsgesellschaft und die Versicherungsnummer notieren. Bei italienischen Fahrzeugen klebt immer eine Plakette mit diesen Daten an der Frontscheibe.

Das Mitführen von **Reservekanistern** (egal, ob voll oder leer) ist verboten.

**Trampen** ist auf Autobahnen verboten.

**Privates Abschleppen** auf Autobahnen ist verboten.

Im **Mautstellenbereich** ist Wenden, Rückwärtsfahren und Spurwechsel verboten.

Die **Helmpflicht** für Motorradfahrer und Mitfahrer wird weitgehend durchgesetzt. Gefordert wird ein Helm der ECE-Norm 22. Verstöße führen zu Bußgeldern zwischen 70 und 300 € (gleiches gilt für „unangemessenes Fahren", wenn z. B. nicht beide Hände am Lenker sind) und zur Sicherstellung des Fahrzeugs für normalerweise 60 Tage.

**Handy-Benutzung** ohne Freisprechanlage während der Fahrt ist verboten, die im Jahr 2007 drastisch angehobenen Bußgelder von 148 bis zu 594 € scheinen aber noch nicht viel Wirkung erzielt zu haben, offenbar sind Kontrollen selten.

Vor dem Anhalten rechtzeitig **blinken**.

**Straßenbahnen** haben stets Vorfahrt.

Eine **rote Ampel** ist eine oft sinnvolle Empfehlung anzuhalten, mehr nicht. Besteht in der konkreten Situation kein nachvollziehbarer Grund dafür, beharren nur wenige Polizisten ernsthaft auf einer Haltepflicht. Unabhängig davon kann ein Verstoß aber mit

## Schilder in italienischer Sprache

| | | |
|---|---|---|
| *rallentare* | = | langsamer fahren |
| *deviazione* | = | Umleitung |
| *tenere la destra/sinistra* | = | rechts/links fahren |
| *tutte direzioni* | = | alle Richtungen |
| *sbarrato* | = | gesperrt |
| *senso unico* | = | Einbahnstraße |
| *parcheggio* | = | Parkplatz |
| *attenzione veicoli* | = | Vorsicht Ausfahrt |
| *divieto di accesso* | = | Zufahrt verboten |
| *lavori in corso* | = | Bauarbeiten |
| *zona pedonale* | = | Fußgängerzone |
| *zona tutelata inizio* | = | Beginn der Parkverbotszone |

einem Bußgeld ab 70 € geahndet werden. Ein ganz heikles Thema ist das **Parkverbot**. Nicht selten bestehen nämlich durch unzählige Zusatzzeichen Ausnahmegenehmigungen. Man braucht auch hier Fingerspitzengefühl. Unbedingt beachten sollte man das Parkverbot an den schwarz-gelb oder gelb markierten Bordsteinen. Bei blauer Markierung ist das Parken gebührenpflichtig (→ „Unterwegs in Rom", S. 105). Ansonsten kann man sich einigermaßen sicher an den parkenden Italienern orientieren: Wenn Dutzende falsch parken, ist die Gefahr abgeschleppt zu werden eher gering. Sind Sie an einer Stelle der einzige, ist das gleich sehr viel riskanter. **Parkverstöße** kosten nach Bußgeldkatalog mindestens 35 und höchstens 143 €, in schwerwiegenden Fällen sogar bis zu 286 € Grundpreis, dazu können die Gebühren für die Entfernung einer angebrachten Parkkralle oder Abschleppund Unterbringungskosten kommen.

Werden Sie von einem Polizisten wegen eines Verkehrsverstoßes angehalten, ist noch längst nicht entschieden, ob Sie auch ein Bußgeld zu zahlen haben und wie hoch das ggf. sein wird. Hierüber entscheiden die Beamten vor Ort. Nichts treibt das Bußgeld so sehr in die Höhe wie selbstbewusstes Auftreten und gar Leugnen. Viel preiswerter wird es, wenn Sie den Verstoß kleinlaut zugeben, viel Verständnis für die Vorschriften zeigen, aber darlegen, warum Sie gerade in diesem Augenblick nicht in der Lage waren, sich daran zu halten. Den sonst als so überaus akkurat und auch etwas arrogant geltenden Deutschen gönnen manche Beamte schadenfroh allerdings ganz gern ein saftiges Bußgeld. In diesem Fall sind besondere Geschicklichkeit und eine gute Ausrede erforderlich.

Die EU will Verkehrssünder künftig grenzüberschreitend verfolgen. Dazu sollen demnach die in Mitgliedstaaten verhängten Bußgelder ab 70 € auch zu Hause eingefordert werden. Wegen Verfahrensschwierigkeiten wurde die Umsetzung dieser Regelung allerdings bereits mehrfach verschoben (zwischen Deutschland und Österreich besteht allerdings bereits ein bilaterales Abkommen über die Vollstreckung von Verkehrsverstößen bei Bußgeldern ab 25 €).

Wer eine Geldbuße nicht bezahlt, muss aber zumindest bei erneuter Einreise mit noch viel höheren Geldstrafen und sogar der Sicherstellung des Fahrzeugs rechnen. In der Schweiz droht sogar Haft.

Neben den geschriebenen **Regeln** gibt es nicht weniger wichtige, **ungeschriebene**:

- Man schaut im Stadtverkehr grundsätzlich nicht nach hinten. Der hinten Fahrende muss blitzschnell auf die vorne stattfindenden Manöver reagieren – ohne Rücksicht darauf, was dadurch hinter ihm geschieht.

- Fußgänger genießen hohe Privilegien: Wenn sie die Straße überqueren, werden sie von den Autofahrern ohne Verringerung der Geschwindigkeit umfahren (nicht umgefahren, wie es aus der Sicht des Neulings manchmal aussehen könnte, denn das bleibt auch in Italien verboten). Als Autofahrer müssen Sie also damit rechnen, dass das Fahrzeug vor Ihnen plötzlich die Spur wechselt, um Fußgängern auszuweichen.

- Man rechnet in jeder Situation mit allem. Statt des deutschen Vertrauensgrundsatzes, wonach man sich darauf verlassen darf, dass andere die geschriebenen Verkehrsregeln einhalten, gilt hier das Gegenteil.

- Im Stadtverkehr wird unabhängig von aufgemalten Spuren jeder Platz ausgenutzt (in Rom fordert am Tiber in der Nähe der Villa Borghese sogar ein offizielles Schild dazu auf, sich auf der zweispurigen Straße dreispurig einzuordnen). Besonders Motorradfahrer nutzen im Slalom jede sich bietende Lücke aus, in Ausnahmefällen sogar die Bürgersteige.

• Vorsicht ist immer angebracht: Selbst auf der Autobahn ist Konzentration erforderlich. Lediglich winzige Schilder kündigen da Kurven an, wo in Deutschland große Warnplakate hängen würden. Kommt es im Baustellenbereich zu Gegenverkehr, reichen Fahrbahnabgrenzungen oft kaum über symbolische Maßnahmen hinaus.

# Mit dem Bus

Außerhalb der Hauptreisezeit bieten lokale Busunternehmer gelegentlich preiswerte **Pauschalreisen** nach Rom an. Nicht selten verdient der Veranstalter dann hauptsächlich am überteuerten Ausflugsprogramm und kassiert satte Provisionen von angeblich „typisch römischen Restaurants", in denen die Reisegruppe „zu einem stimmungsvollen Abend in Trastevere" einkehrt. Was den Touristen hier gelegentlich zugemutet wird, grenzt an Körperverletzung. Zwar besteht keine Teilnahmepflicht am Programm und man kann die Stadt auch alleine erkunden, doch liegen die Hotels oft so weit außerhalb der Innenstadt, dass man auf den Bus des Reiseunternehmens angewiesen ist. Lassen Sie sich daher bei der Buchung schriftlich bestätigen, dass die Unterkunft innerhalb des Autobahnrings liegt, denn dann kann man das Zentrum recht gut mit öffentlichen Verkehrsmitteln erreichen.

Teuer werden diese Reisen zu Ostern und im Sommer. Als so genannte **Studienreise**, also mit wissenschaftlichem Anspruch, zahlen Sie noch mehr. Jede selbst organisierte Tour ist wesentlich preiswerter und oft besser, weil Sie selbst entscheiden können, wie viel Zeit Sie sich bei den einzelnen Besichtigungspunkten lassen wollen. In der Regel sind die Unterkünfte bei einer Studienreise recht ordentlich. Auch hier sollten Sie sich allerdings vorher nach der Lage erkundigen, wenn Sie sich auch mal von der Gruppe absetzen wollen.

Viele Pauschalreisende unterschätzen die Strapaze einer solch langen Busfahrt, besonders mit Nachtfahrten. Oft dauert es bereits Stunden, bis die eigentliche Reise beginnt, da die Reisenden zunächst von allen umliegenden Dörfern eingesammelt werden. Da man erst am zweiten Tag der Reise ankommt und am vorletzten Tag bereits wieder abfährt, sind die Angaben zur Reisezeit oft geschönt. Bei einer 7-tägigen Romreise stehen dann tatsächlich nur drei volle Tage in der Stadt zur Verfügung.

Es existiert auch eine preiswerte regelmäßige **Linienbusverbindung** der **Deutschen Touring GmbH** nach Rom, ohne Unterkunft und Programm. In der Regel fährt der Bus mehrmals wöchentl. mit Zusteigemöglichkeiten in 13 deutschen Städten (hauptsächlich im Ruhrgebiet und in Südwestdeutschland, z. B. ab Bochum, Köln, Frankfurt/Main, Stuttgart, Karlsruhe und München). Man braucht viel Geduld und gutes Sitzfleisch: Von Frankfurt aus ist man beispielweise etwa 21 Stunden unterwegs, je nach Auslastung muss man in Bologna umsteigen. Immerhin sind die Busse mit WC ausgestattet. Rom wird in der Regel in den frühen Morgenstunden erreicht. Die Fahrt endet am Busbahnhof Tiburtina. Von hier aus gelangt man mit der Metro schnell ins Zentrum.

**Preisbeispiel**: einfache Strecke Frankfurt/Main – Rom 96 €, Hin- und Rückfahrt 173 €, inbegriffen sind zwei Koffer und Handgepäck, jedes weitere Gepäckstück kostet 5 €. Bei frühzeitiger Buchung gibt es erhebliche Rabatte. Kinder bis 4 Jahre zahlen die Hälfte, bis 12 Jahre 25 %, Jugendliche, Studenten unter 26 Jahren und Rentner über 60 Jahre erhalten 10 % Ermäßigung.

**Auskünfte und Buchung**: Deutsche Touring GmbH, Am Römerhof 17, 60486 Frankfurt a. M.; Servicehotline Mo–Fr 8–20 Uhr, Sa 9–17 Uhr, ✆ 069/7903501; E-Mail service@deutsche-touring.com. Weitere Infos auf der Homepage www.deutsche-touring.com.

# Mitfahrzentrale

Preiswert und gesellig lässt sich die Fahrt auch über die Mitfahrzentralen organisieren. Büros sind in den größeren deutschen Städten über die einheitliche Ortswahl 19440 telefonisch an Werktagen von 9 bis 18 Uhr (einige auch am Wochenende vormittags) zu erreichen. Der Preis für die Fahrt errechnet sich aus dem Kilometergeld (ca. 5 Cent) und der entfernungsabhängigen Vermittlungsgebühr (die Strecke München – Rom kostet dann etwa 75 €, bei zwei Mitfahrern knapp 50 €). Gegen Aufpreis von etwa 2 € kann man noch eine Unfall- und Pannenversicherung abschließen und dann gegebenenfalls seine Reise mit der Bahn zum Zielort fortsetzen. Sonderwünsche, etwa Fahrt nur mit Frauen, Paaren, Nichtrauchern, sind möglich. Weitere Informationen im Internet unter www.citytocity.de.

# Mit der Bahn

Wenn Sie sich weder dem italienischen Straßenverkehr aussetzen, noch fliegen möchten, können Sie auch bequem mit der Bahn anreisen. Für die Strecke nach Rom bietet sich eine Nachtfahrt im Liege- oder Schlafwagen an. Ab **München** startet tägl. um 9.32 Uhr (Eurocity, mit einer Fahrtdauer von knapp 11 Stunden) und um 21.03 Uhr (EuroNight, der etwas länger unterwegs ist) die einzige Direktverbindung ab Deutschland nach Roma Termini (Tagverbindung) bzw. Roma Tiburtina (Nachtverbindung). Die Strecke führt durch Österreich über Kufstein und den Brenner. Ab **Frankfurt** fährt man über Basel und den Gotthard durch die Schweiz, muss aber meist in Mailand umsteigen, wodurch sich eine Fahrzeit von rund 19 Stunden ergibt (auch wegen des höheren Fahrpreises lohnt diese Route kaum).

Vor allem in der Ferienzeit ist eine Reservierung dringend zu empfehlen. Wer im **Liege- oder Schlafwagen** reisen möchte, sollte immer mindestens eine, besser zwei Wochen vorher buchen. Noch früher muss man buchen, wenn man einen der attraktiven Sparpreise (s. u.) ergattern möchte.

Die Anreise per Bahn ist nicht besonders preiswert. Ein Zugticket zweiter Klasse nach Rom kostet zum Normaltarif ungefähr genauso viel wie ein halbwegs günstiger Flug. Startet man im Norden oder Westen Deutschlands ist der Zug – aufgrund der hohen deutschen und Schweizer Bahnpreise – oft sogar deutlich teurer als das Flugzeug.

Dafür ist die Bahnfahrt besonders reizvoll, egal, ob Sie über Österreich oder über die Schweiz reisen: Nach einer imposanten Alpendurchquerung auf hohen Viadukten und durch enge Täler erreichen Sie die Königin der italienischen Bahnstrecken, die **Direttissima Bologna – Florenz – Rom**, eine Trasse ohne zeitraubende Umwege und fast ohne Kurven, trotz des schwierigen Geländes (der Apennin zieht sich praktisch durch das ganze Land).

Schon zwischen den beiden Weltkriegen hat man für die Verbindung Bologna – Florenz diese **Ideallinie** gebaut und damit eine gigantische Ingenieursaufgabe bewältigt. Auf dem Abschnitt waren 29 Tunnels mit einer Gesamtlänge von 37 km (davon der längste 19 km) zu graben. Trotz dieser beinahe idealen Streckenbedingungen sind Verspätungen im Zugverkehr jedoch die Regel. Dass Lokführer auf freier Strecke Mittagspause halten, ist aber nur ein Gerücht.

**In Latium** sind die Provinzhauptstädte Viterbo, Rieti, Frosinone und Latina problemlos mit dem Zug ab Rom zu erreichen. Zu den kleineren Städten und Dörfern in diesen Provinzen fährt man von den Hauptstädten aus oft besser mit den Regionalbussen weiter, denn besonders in der Mitte und im Süden Latiums kleben die Ortschaften meist hoch an einem Berghang oder thronen auf einer Hügelkuppe, während der zugehörige Bahnhof einige Kilometer vom Zentrum entfernt im Tal liegt. In Italien ist Bahnfahren bei den zuschlagfreien Kurzstrecken recht preiswert. Deutlich teurer und zuschlagspflichtig sind die schnelleren Verbindungen.

---

**Achtung:** Sie müssen alle Fahrkarten (egal, ob Regionalbahn oder Intercity) vor dem Einsteigen an den orangefarbenen Stempelautomaten (*„convalida"*) entwerten, die meist am Beginn jedes Bahnsteigs stehen.

---

• *Einige Preisbeispiele aus Deutschland* (Stand Januar 2008):
**Normaltarife (einfache Fahrt):** z. B. ab München 126,10 €, Fahrtdauer um 11 Std. Sparmöglichkeiten bieten **Bahncard** 25 oder 50. Die Rabatte beziehen sich allerdings nur auf die (teuren) Strecken bis zur deutschen Grenze.
**Zuschläge für Liege-/Schlafwagen:** Liegewagen je nach Belegung 20–25 € pro Person (4er- bzw. 6er-Abteil); Schlafwagen 45 € pro Person im 3er-Abteil, 65 € im 2er-Abteil; das Einzelabteil kostet 110 €, ist aber nur in Verbindung mit einem 1.-Klasse-Ticket zu haben. Für Schlafwagenreisende ist ein Frühstück inklusive, es befindet sich auch eine Waschgelegenheit im Abteil.

**Plan & Spar Deutschland:** Bei Ticketkauf mind. 7 Tage vor Reisebeginn reduziert sich der Preis hin/zurück auf die Hälfte, allerdings muss man auf derselben Strecke an- und abreisen und es muss ein Wochenende zwischen den Fahrten liegen. Natürlich ist dieser Spartarif kontingentiert, man sollte daher möglichst frühzeitig buchen.
*Tipp:* Sollte in der 2. Klasse bereits alles ausgebucht sein, versuchen Sie es in der 1. Klasse. Die Preisunterschiede liegen bei den Plan & Spar-Angeboten oft nur bei ein paar Euro!

**SparNight ab München:** Wer über Nacht reisen will und rechtzeitig bucht (mindestens 14 Tage vorher), macht hier ein echtes Schnäppchen! Die Fahrt ab München nach Rom kostet im 6er-Liegewagen 49 €, im 4er-Liegewagen 59 €, im 3er-Schlafwagen 69 €, im 2er-Schlafwagen 79 € und mit Sitzplatz sogar nur 29 €!

**Euro-Sparpreis Italien:** z. B. von München nach Rom ab 29 € (Tagverbindung im EC), hinzu kommt eine Reservierungsgebühr von 3,50 €, mit Zugbindung. Auch hier sollte man so früh wie möglich buchen!

**Europa-Spezial:** ab jedem deutschen DB-Bahnhof nach Italien in einem durchgehenden Zug zu haben, München – Bozen (Tagverbindung im EC) kostet bei entsprechend früher Buchung beispielsweise nur 19 €, ansonsten liegen die Tarife bei 39–139 €, Kinder bis 14 Jahre fahren kostenlos mit! Zugbindung, nur im Tagesreiseverkehr gültig.

Nähere **Informationen** gibt es in den Reise-Centern der DB in allen größeren Bahnhöfen oder unter ☎ 11861 (hier kosten die Auskünfte allerdings 0,39–1,80 € pro Min.) oder auf der Homepage der Deutschen Bahn unter www.bahn.de, speziell zum Nachtzug unter www.dbnachtzug.de. Informationen über die italienische Bahn erhält man auf deren Homepage unter www.ferroviedellostato.it oder unter www.trenitaliaplus.com.

● *Aus Österreich* Ab Wien Südbahnhof gibt es eine Tagverbindung nach Rom (mit Umsteigen und Aufenthalt in Mestre/Venedig, Fahrtdauer insgesamt 12,5 Std.) und eine direkte Nachtverbindung (EN, knapp 14 Std.). Sondertarife bietet die **SparSchiene:** Für Tagfahrten bei rechtzeitiger Buchung ab 29 € (Zugbindung, kontingentiertes Angebot), bei Nachtfahrten gelten die gleichen Tarife wie mit der deutschen Spar Night (s. oben). Infos unter www.oebb.at.

● *Aus der Schweiz* Ab Basel und Zürich mehrmals tägl. in 9–10 Std. nach Roma Termini, mindestens einmal umsteigen (meist in Mailand). Günstige Tickets unter **Click & Rail Europe,** hier gibt es die Strecke Basel – Mailand oder Zürich – Mailand schon ab 48 sfr (nur im Internet buchbare Online-Tickets, kontingentiert, Zugbindung). Weitere Infos unter www.sbb.ch.

● *Ab Mailand* geht es fast stündlich mit dem Eurostar (ES) weiter nach Roma Termini, Fahrtdauer 4,5 Std., Normalpreis 2. Klasse 51 €; im IC 6 Std. und 45 € pro Strecke.

● *Fahrräder* dürfen bei internationalen Verbindungen nicht im Zug mitgenommen, sondern können nur als Stück- oder Expressgut im Güterverkehr versandt werden. Das kann länger als eine Woche dauern.

# Bahnhof Stazione Termini

Nach oft längerer Wartezeit „vor den Toren Roms" – Termini ist ein Sackbahnhof – macht der Bahnreisende hier seine erste Bekanntschaft mit der Stadt.

Auch wenn Ihnen die Knie, teils durch die lange Bahnfahrt, teils durch den merkwürdig dämpfenden, schwarzen Gummifußboden der langen Bahnsteige etwas weich sind, der Lärm, die Hektik und die Hitze Sie fast erschlagen, sollten Sie sich diesen angeblich „schönsten Bahnhof Europas" dennoch etwas näher anschauen oder später im Rahmen der Besichtigungstour noch einmal hierher zurückkehren (seit der grundlegenden Sanierung aus Anlass des Heiligen Jahres 2000 gibt es im Untergeschoss eine Passage mit exquisiten Geschäften, Supermarkt und Wellness- und Fitness-Center, in der Vorhalle stehen Reste der ersten **Servianischen Stadtmauer** aus dem 4. Jh. v. Chr. und im zweiten Stock des südlichen Seitentrakts beim Bahnsteig 24 ist das sehenswerte Museum für zeitgenössische Kunst, **Contemporaneo Temporaneo** untergebracht (→ „Um die Piazza della Repubblica", S. 350).

Hat man den lauten und hektischen Servicebereich am Ende der Bahnsteige endlich erreicht und durchquert, gelangt man in die lichtdurchströmte, 200 m lange Vorhalle, die sich wie eine schwebende Welle aus Beton zum Bahnhofsvorplatz mit Taxistand und Busbahnhof öffnet. Der Architekt Luigi Nervi, von dem auch die verwandte Audienzhalle des Papstes stammt, entwarf sie im Jahr 1950. Auf der anderen Seite des Vorplatzes, dem Haupteingang der Bahnhofshalle gegenüber, befinden sich die Haupträume der großen **Thermen** des Diokletian aus der Spätzeit des antiken Reiches, nach denen der Bahnhof benannt ist. Die Blendbögen an den langen Seitentrakten des Bahnhofs sollen an die Aquädukte erinnern, die in der Antike die Wassermassen in die Thermen leiteten.

**Achtung**: Kommen Sie nicht zu knapp vor Abfahrt Ihres Zuges an den Bahnhof, denn es sind erhebliche Entfernungen zu den Gleisen zurückzulegen. An den schwach besetzten Ticketschaltern kann es zudem lange dauern, bis man seine Fahrkarte erhält (am Automaten geht es wesentlich schneller, vorausgesetzt sie funktionieren).

● *Ausgang* Den nördlichen Ausgang erreichen Sie, wenn Sie von den Zügen kommend die Halle rechts (Richtung Bahnsteig 1) verlassen. Hier befindet sich die Gegend mit den preiswerten, einfachen Pensionen (→ „Übernachten", S. 93). Wenden Sie sich nach links in Richtung Bahnsteig 24, so gelangen Sie in die Gegend der Kirche S. Maria Maggiore und der Innenstadt. Verlassen Sie den Bahnhof geradeaus durch den Haupteingang der Vorhalle, kommen Sie zum Taxistand, zum Busbahnhof und zur Metrostation (dem einzigen Kreuzungspunkt der beiden Linien A und B).

● *Bahnauskunft* Informationsbüro in der Eingangshalle, vor den Bahnsteigen 5 und 22, ansonsten werden die aktuellen Zugverbindungen über Bildschirme an den Bahnsteigen angezeigt.

● *Bahnfahrkarten* an den 33 Schaltern in der Bahnhofsvorhalle, von denen regelmäßig nur ein Bruchteil besetzt ist, oder an den Automaten; in der Hauptsaison bilden sich regelmäßig lange Schlangen, daher sollte man viel Zeit einplanen oder das Ticket im Internet buchen: www.trenitalia.it, hier gibt es auch Informationen über Sonderangebote.

● *Gepäckaufbewahrung* **Deposito bagagli** bei Gleis 24 (*binario 24*) im UG. Geöffnet von 6 bis 24 Uhr, die ersten 5 Stunden kosten pro Gepäckstück pauschal 3,80 €, 6. bis 12. Stunde 0,60 €, ab der 13. Stunde 0,20 €. Meist lange Warteschlangen bei der Abgabe, bei Abholung dagegen kaum Wartezeiten. Schließfächer gibt es aus Sicherheitsgründen nicht mehr.

● *Fundbüro der Bahn* Auskunft über ✆ 06.5810583 von Mo–Sa 8–14 Uhr.

● *Touristeninformation*: Die staatliche Tourismusorganisation **EPT** *(Ente provinciale per il turismo)* unterhält in der Vorhalle am Ausgang zum Busbahnhof ein Büro (in der Hauptsaison tägl. 8–21 Uhr geöffnet). Neben mobilen Ständen gibt es auch noch welche vor den Bahnsteigen 3 und 21. Wenn hier der Andrang zu groß sein sollte, kann man sich auch an die nicht weit entfernte Hauptstelle des EPT wenden, Via Parigi 5, links über den gewaltigen Bahnhofsvorplatz bis zur Pzza. della Repubblica mit dem Brunnen, daran geradeaus vorbei und die zweite Straße rechts; Öffnungszeiten Mo–Sa 9–19 Uhr; Hotelreservierungen oder -buchungen sind hier nicht möglich.

● *Restaurants* Im ersten Stock ist ein großes Restaurant der Kette Autogrill (Eingang von der Bahnhofshalle aus rechts die Treppe hinauf); ansonsten mehrere Fast-Food-Restaurants im Bereich der Ausgänge und im Untergeschoss.

● *Fahrzeugvermietung*: Die Büros der großen Vermietungsfirmen (Maggiore, Hertz, Eurocar und Avis) befinden sich in den Seitentrakten am Bahnsteig 1; die meisten Fahrzeuge stehen auf dem Parkplatz rechts des Haupteingangs (→ „Unterwegs in Rom/Fahrzeugverleih", S. 107).

● *Taxi/Bus/Metro* Der **Taxistand** befindet sich unmittelbar vor dem Haupteingang des Bahnhofs (vom Gleis kommend einfach nur geradeaus). Hier finden besonders bei Regen regelrechte Kämpfe um die Taxen statt. Mit Wartezeiten ist aber selbst bei gutem Wetter fast immer zu rechnen (übrigens ist das Warten auf ein Taxi eine der wenigen Situationen, wo selbst Römer in geordneter Schlange stehen). Das sollte Sie jedoch auf keinen Fall dazu veranlassen, die Wucherpreise der illegalen Privattaxis zu bezahlen (selbst wenn Ihnen Superschnäppchenpreise versprochen werden, wird es immer erheblich teurer, als im offiziellen Taxi). Es kommen regelmäßig recht schnell neue Taxen nach.

Hier ist auch gleich der **Busbahnhof** (Pzza.

dei Cinquecento). Fahrkarten gibt es im Verkaufsstand an der rechten Platzseite oder in der Bahnhofsvorhalle an den Zeitschriftenständen mit dem Schild „*atac*".

Im Untergeschoss des Bahnhofs (Zugang von der Ankunftshalle oder dem Bahnhofsvorplatz aus) kreuzen sich die beiden **U-Bahnlinien** (Metropolitana Linie A und B).

● *Telefone* In der Schalterhalle sind zahlreiche Karten-Telefone (Telefonkarten werden an den Zeitschriftenständen in der Vorhalle verkauft; Achtung, vor Benutzung der Karte muss die linke obere Ecke abgeknickt werden, sonst funktioniert die Karte nicht!). Eine Telefongesellschaft finden sie vor dem Bahnsteig 13.

● *Post* An der Südseite (Bahnsteig 24).

● *Flughafenverbindung* Der Zug **zum Flughafen Fiumicino** (Leonardo da Vinci) fährt ab Gleis 24 in der Zeit von 5.52 bis 22.52 Uhr (→ „Mit dem Flugzeug").

● *Serviceeinrichtungen* Zum Forum Termini im Untergeschoss gehören zahlreiche Geschäfte, Buchhandlungen, Restaurants und ein gut sortierter **Supermarkt**, der von 7 bis 22 Uhr geöffnet ist.

*2000 grundlegend renoviert: Stazione Termini*

## Weitere Bahnhöfe

**Tiburtina**: Hier halten die Durchgangszüge von Nord- nach Süditalien, um nicht extra in den Sackbahnhof Termini einfahren zu müssen. Vom Bahnhofsvorplatz aus bestehen gute Bus- und U-Bahn-Verbindungen in die Innenstadt und zum Hauptbahnhof Termini. Von hier aus fahren auch Überlandbusse in andere Städte Latiums (Busfahrkarten gibt's auf dem Platz). Es besteht eine Nachtbusverbindung zum Flughafen Fiumicino. Zugverbindung zum Flughafen Fiumicino etwa jede halbe Stunde in der Zeit von

6 bis 22.30 Uhr. Die Fahrzeit beträgt mit mehreren Stopps etwa 45 Min.

Von **Roma Ostiense** (gegenüber der Porta S. Paolo bei der Pyramide) fahren kleine, langsame Züge nach Ostia Antica und nach Ostia Lido zum Strand.

Von der **Stazione Trastevere** (Pzza. Biondo) fahren Regionalzüge zum internationalen Flughafen Fiumicino (Leonardo da Vinci), in den Norden Latiums und über den Bahnhof Tiburtina weiter in den Osten Latiums.

# Mit dem Flugzeug

Am schnellsten, bequemsten und oft preisgünstigsten reisen Sie per Flugzeug nach Rom. Selbst wenn Sie in Latium mobil sein wollen und von Deutschland aus einen Mietwagen ab einem der beiden römischen Flughäfen buchen (ab rund 200 € pro Woche bei komplettem Versicherungsschutz), ist die Anreise auf dem Luftweg nicht nur nervenschonender, sondern regelmäßig immer noch deutlich günstiger als mit dem eigenen Auto.

Die Möglichkeiten sind ebenso vielfältig wie die Preise. Nicht nur per Linie wird Rom von vielen deutschen, österreichischen und Schweizer Flughäfen (z. T. mit Umsteigen) aus angeflogen, sondern mittlerweile haben auch die meisten Charter- und Billigflieger die Ewige Stadt im Programm und machen spottbillige Angebote bei sogar noch wesentlich häufigeren Flugverbindungen und besseren Zeiten. Dabei spielt es kaum eine Rolle, welcher der römischen Flughäfen angesteuert wird: Von **Fiumicino** nahe der Küste im Südwesten der Stadt gibt es hervorragende Zugverbindungen zum Zentrum und von **Ciampino** am Autobahnring im Südosten fahren Busse zum Hauptbahnhof oder zur Metroendstation. Der Direktflug ab Frankfurt/Main dauert knapp 2 Std., kommen Zwischenlandungen dazu, kann es je nach Anschluss wesentlich länger dauern (z. B. in Brüssel, München, Zürich oder Wien).

## Linienflüge

Mehrmals tägliche Direktverbindungen bieten nur *Lufthansa* und *Alitalia*. Die *Lufthansa* fliegt 6-mal tägl. ab Frankfurt und 5-mal tägl. ab München, die günstigsten Tarife liegen bei etwa 89 € für die einfache Strecke. Mit *Alitalia* (von Frankfurt und München je 1-mal tägl. nach Rom) geht es noch günstiger, die einfache Strecke ist schon ab 55 € zu haben (Preise jeweils inkl. Steuern und Gebühren). Solche Angebote sind allerdings begrenzt und an bestimmte Bedingungen wie Vorbuchungsfristen, unattraktive Flugzeiten mit geringer Auslastung sowie bestimmte Aufenthaltszeiten gebunden und entsprechend schnell ausgebucht, es empfiehlt sich eine frühzeitige Reservierung. Das Gleiche gilt für die Spezialtarife der *Swiss* (3-mal tägl. nonstop Zürich – Rom ab 104,50 sfr einfach, inkl. Steuern und Gebühren) und die Sondertarife der *Austrian Airlines* (4-mal tägl. nonstop Wien – Rom ab 55 € einfach, inkl. Steuern und Gebühren). Hilfreich ist in jedem Fall auch der Besuch eines Reisebüros, in dem man Ihnen detailliert über Sonderangebote Auskunft geben kann. Aber **Achtung**: Die günstigsten Tarife können oftmals nur im Internet gebucht werden!

## Charter- und Billigflieger

Rom als eines der beliebtesten Städtereiseziele überhaupt wird von den meisten bekannten Charter- und Billigfluganbietern angesteuert. Für deren Kampfpreise muss der Fluggast allerdings manche Unannehmlichkeiten in Kauf nehmen: So sind Zeitungen, Zeitschriften und Getränke an Bord meist nicht im Preis inbegriffen und müssen extra bezahlt werden. Kissen und Decken gibt es wegen der hohen Reinigungskosten nicht. Auf Beinfreiheit muss man auch verzichten, denn die Flugzeuge sind spürbar enger bestuhlt. Die Buchung erfolgt regelmäßig nur über das Internet und wird per Kreditkarte bezahlt. Statt eines Tickets gibt es eine Buchungsnummer und eine Bestätigungs-Mail, die man beim Einchecken zusammen mit einem Ausweis vorlegen muss. Die Abflugschalter werden meist rigoros eine halbe Stunde vor Abflug geschlossen. Wer zu spät ist, hat Pech. Peinlich genau werden auch Gepäckbeschränkungen beachtet (in der Regel sind 20 kg frei, bei Ryanair allerdings nur 15 kg; das Handgepäck darf gewisse Abmessungen und in der Regel ein Gewicht von 10 kg nicht überschreiten) und Übergewicht in Rechnung gestellt (je nach Gesellschaft zwischen 5 und 10 € pro Kilo). Oft werden nur regionale Flughäfen angesteuert (wie z. B. Frankfurt-Hahn, ein ehemaliger Militärflughafen mitten im Hunsrück, etwa 120 km von Frankfurt/Main entfernt, aber mit reichlich Parkmöglichkeiten und mit Zubringerbussen von Mainz oder Frankfurt/Main aus  erreichbar).

Bei Schnäppchenpreisen von 10 bis 50 € pro Strecke sind die Steuern und Flughafengebühren nicht enthalten, auch können weitere Bearbeitungskosten erhoben werden (z. B. für Kreditkartenzahlung, für Buchungen über Call-Center oder, wie bei Ryanair, für jedes aufgegebene Gepäckstück). Wie bei den Linienmaschinen sind die billigen Plätze beschränkt. Man sollte daher so früh wie möglich buchen. Je näher der gewünschte Reisetermin liegt, desto teurer wird der Flug. Daher müssen die Billigflieger nicht unbedingt auch tatsächlich preiswerter als Linienmaschinen sein. Ein Preisvergleich lohnt in jedem Fall.

**Air Berlin** (inzwischen die zweitgrößte Fluggesellschaft in Deutschland) fliegt von 16 deutschen Flughäfen nach Rom-Fiumicino, von größeren Städten sogar tägl., ansonsten mind. 3-mal wöchentl., teilweise mit Stopover; darüber hinaus 2-mal wöchentl. ab Basel und 5-mal wöchentl. ab Zürich nach Rom-Fiumicino (jeweils mit Stopover) sowie 6-mal wöchentl. nonstop ab Wien und 1-mal wöchentl. ab Salzburg (Stopover). Buchungen im Reisebüro, im Call-Center unter ℡ 01805/737800 (0,14 €/Min.) oder im Internet unter www.airberlin.com; die Ticketpreise sind unabhängig davon, wo man bucht, es werden nur unterschiedliche Bearbeitungsgebühren erhoben.
**Germanwings** (gehört teilweise zur Lufthansa), je 6-mal wöchentl. ab Köln-Bonn und ab Stuttgart nonstop nach Rom-Fiumicino, ebenso 6-mal wöchentl. von Berlin, Dresden und Leipzig mit Stopover, 3-mal wöchentl. ab Hamburg mit Stopover. Buchungen über das Call-Center unter ℡ 0900/1919100 (0,99 €/Min.) oder im Internet unter www.germanwings.com.

**Ryanair**, tägl. 2-mal von Frankfurt-Hahn und Karlsruhe-Baden nach Rom-Ciampino sowie 4-mal wöchentl. ab Düsseldorf-Weeze. Buchungen telefonisch unter 0900/1160500 (0,62 €/Min.) oder im Internet unter www.ryanair.com.
**Condor** (Fluggesellschaft des Reiseveranstalters Thomas Cook, früher Neckermann), 6-mal wöchentl. von München nach Rom-Fiumicino. Buchungen im Reisebüro, im Call-Center unter ℡ 01805/767757 (14 Cent/Min.) oder im Internet unter www.condor.com.
**TUIfly**, 5-mal wöchentl. von Hannover nach Rom-Fiumicino sowie 3-mal wöchentl. ab Memmingen/Allgäu. Buchungen im Reisebüro, im Call-Center unter ℡ 0900/1099595 (0,99 €/Min. dazu kommt eine Call-Center-Gebühr von 7,50 € pro Strecke und Person) oder im Internet unter www.tuifly.com.
Die **günstigsten Tarife** einschließlich Steuern und Gebühren liegen um 29 € pro Strecke, in der Regel zahlt man bei langfristiger Buchung um 69 bis 99 €.

Stand der im Text genannten Preisbeispiele: Januar 2008.
Preiswerte Flüge lassen sich im Internet unter www.Travel-overland.de ermitteln oder Sie informieren sich gezielt bei den Fluggesellschaften bzw. deren Websites.

## Flughafen Fiumicino

Für die meisten Besucher beginnt der Romaufenthalt auf dem internationalen Flughafen **Leonardo da Vinci** 28 km westlich der Stadt in Fiumicino, der zur Fußball-Weltmeisterschaft 1990 aufwändig renoviert wurde. Bei der Landung kann man sehen, dass der Flughafen im antiken, achteckigen Hafenbecken erbaut wurde, das Kaiser Claudius (er regierte von 41–54 n. Chr.) anlegen ließ. Der Hafen versandete schon bald, und heute ist die Küste einige Kilometer weit entfernt.

In die Stadt kommt man am besten mit der ebenfalls aus Anlass der Fußball-WM eigens neu gebauten Schnellbahn „**LeonardoExpress**" (im Flughafen Beschilderungen „*treno*" folgen), die von 6.37 bis ca. 23.37 Uhr jede halbe Stunde *nonstop* zum Hauptbahnhof Termini fährt (11 €, 30 Min. Fahrtzeit).

Günstiger, aber länger fährt man mit dem Nahverkehrszug **FM 1** (Richtung „Orte" oder „Fara Sabina") vom Flughafen über Trastevere und Ostiense zum Bahnhof Tiburtina im Osten der Stadt (zwischen 5.57 und 23.27 Uhr alle 15 bis 30 Min., Fahrtdauer bis Tiburtina 45 Min., Ticket 5,50 €). Am Bahnhof Tiburtina kann man in die Metrolinie B umsteigen und in 4 Stationen den Hauptbahnhof erreichen (Metrotickets am Automaten, 1 €). Am Bahnhof Trastevere kann man in die Straßenbahn (Linie 8) zum zentralen Largo Argentina umsteigen. Hier ist man direkt im historischen Zentrum, in der Nähe vom Campo de'Fiori und der Piazza Navona.

Tickets für Leonardo Express und FM 1 gibt's am Schalter und am Automaten. **Achtung**: Sie müssen vor dem Einsteigen am Automaten auf dem Bahnsteig abgestempelt werden.

**Busse** fahren nach der Ankunft am Terminal Internazionale zwischen 7 und 19 Uhr alle 2 Stunden in die Innenstadt zur Stazione Termini (Zwischenstopp an der Metrostation Lepanto). Es gibt außerdem einen Nachtbus (**N 40**), der den Flughafen von 1.15 bis 5 Uhr etwa stündlich mit der Innenstadt (Termini) verbindet. Die Busfahrkarten erhält man am Schalter im Flughafengebäude (Fahrpreis 5 €) oder nachts beim Busfahrer.

Im Jahr 2006 hat die Stadtverwaltung Festpreise für Fahrten mit dem **Taxi** zwischen Fiumicino und der Innenstadt (konkret: alles innerhalb der Aurelianischen Stadtmauer) festgelegt: 40 € für die gesamte Strecke und maximal 3 Fahrgäste, dazu kommen Zuschläge für Nacht- oder Feiertagsfahrten. Die Unkenntnis der neu ankommenden Touristen nutzen manche unseriösen Fahrer aus und verlangen Fantasiepreise von bis zu 100 €. Bestehen Sie auf dem zulässigen Fahrpreis und bitten Sie im Notfall den Portier Ihres Hotels um Hilfe oder notieren Sie die Zulassungsnummer und beschweren sich bei der Touristeninformation. Dringend zu warnen ist vor den inoffiziellen Taxis ohne Zulassung (die zugelassenen Taxen sind gelb oder weiß und haben eine Nummer). Vertrauen Sie den Versprechungen dieser Privatanbieter nicht, preiswert sind die nie. Entweder stellt sich ein günstiges Angebot später als Missverständnis heraus oder die Fahrt endet weit entfernt vom Zentrum vor einem schäbigen Hotel, für das der Fahrer Provision kassiert.

Wer nicht mit öffentlichen Verkehrsmitteln fahren will, kann den Haus-zu-Haus-Service kommerzieller Anbieter nutzen, z. B. den **Airport Shuttle**. Man kann bereits vor dem Urlaub per Internet buchen, unter www.airportshuttle.it, ✆ 06.42014507 (pro Strecke 35 € für eine Person, für jede weitere Person 6 €, in der Zeit von 22 bis 7 Uhr wird ein Zuschlag berechnet).

Manche Hotels bieten einen **Transfer-Service**, der im Einzelfall aber sehr teuer sein kann. Selten ist diese Dienstleistung im Hotelpreis inbegriffen, wenn doch kann man sich aber nicht unbedingt darauf verlassen, dass tatsächlich ein Fahrer bereit steht.

Wer selber fahren will, sollte sich an die **Leihwagenfirmen** wenden. Informationen und den genauen Weg zu den Büros im Parkhaus erhalten Sie über eines der kostenlosen Firmentelefone in der Ankunftshalle. **Hotelreservierungen** sind in der Halle schon vor der Gepäckausgabe möglich. Es gibt auch eine **Touristeninformation** der EPT (Terminal B, tägl. 8–19 Uhr geöffnet), einen Schalter der Banca di Roma, EC-Geldautomaten sowie Kreditkartentelefone.

• *Flugauskunft/allgemeine Infos* ✆ 06.65951 (Zentrale) bzw. www.adr.it.

• *Fundbüro im Flughafen* ✆ 06. 65953343.

• *Mietwagen* Kostenlose Firmentelefone in der Ankunftshalle. Avis ✆ 06.65011531, Hertz ✆ 06.65011448; die Büros sind in der Regel tägl. von 7–24 Uhr geöffnet.

Reisepraktisches

## Flughafen Ciampino

Einige Fluggesellschaften und fast alle Billigflieger steuern den kleinen Flughafen **Ciampino** im Südosten der Stadt beim Autobahnring an. Abgesehen von einer Bar, einem Schalter für Hotelreservierungen, mehreren Büros von Autovermietern und einem Geldautomaten gibt es hier sonst fast keine Infrastruktur. Direkt vor dem Eingang fährt der **Reisebus** des Unternehmens „Terravision" zum Hauptbahnhof Termini (Haltestelle mit Blick auf den Haupteingang links in der Via Marsala). Die Tickets erhält man am Schalter von Ryanair im Flughafengebäude oder direkt am Bus (einfache Fahrt 8 €, sie dauert etwa 45 Min.).

Preiswerter sind die öffentlichen Verkehrsmittel, allerdings muss man dann einmal umsteigen: Ebenfalls direkt vor der Eingangshalle fährt von 7.20 bis 22.40 Uhr alle 30–60 Min. ein blauer **Cotral-Bus** bis zur Metrostation Anagnina, der Endstelle der Linea A (Ticket 1 €). Von hier aus geht es mit der Metro weiter ins Zentrum (weitere 1 €).

Nach 22.40 Uhr gibt es keine Busse mehr, einzige Möglichkeit ist dann das **Taxi** (in die Innenstadt gilt ein Festpreis von 30 € bei maximal 3 Fahrgästen).

- *Flughafeninfos* ✆ 06.65951 bzw. www. adr.it.
- *Fundbüro im Flughafen* ✆ 06. 65959327 (Mo–Fr 9–13 Uhr).
- *Mietwagen* einige Schalter in der Ankunftshalle, die in der Regel von 8 bis 19 Uhr besetzt sind. Avis ✆ 06.79340195, Hertz ✆ 06.79340616.

- *Flughafentransfer* Haus-zu-Haus-Service z. B. von Airport Shuttle kann man bereits vor dem Urlaub per Internet buchen unter www.airportshuttle.it, ✆ 06.42014507, pro Strecke 42 € für eine Person, für jede weitere Person 6 €, in der Zeit von 22 bis 7 Uhr wird ein Zuschlag berechnet.

### Zum Flughafen

Die Tickets für die Nahverkehrszüge zu den Flughäfen werden an der Stazione Termini am schnellsten an den Tabak- und Zeitschriftenläden verkauft, Metrotickets ausschließlich am Automaten. Auch Zugtickets gibt es am Automaten, aber Achtung: Geldscheine werden oft wieder ausgespuckt, auch wenn sie nur leicht angeknittert sind. Das Zuginformationsbüro am Bahnhof ist tägl. von 7 bis 21.45 Uhr geöffnet.

**Zum Flughafen Fiumicino (Leonardo da Vinci):** Mit dem schnellen *Leonardo Express* ab Stazione Termini (Gleis 24), von 5.52 bis 22.52 Uhr jede halbe Stunde nonstop zum Flughafen, Fahrtdauer 30 Min., 11 € (Tickets auch am Automaten). Sollten Sie spät dran sein, können Sie Ihr Zugticket nach Fiumicino auch noch direkt am Gleis 24 zum erhöhten Preis von 12 € kaufen. Nachts fährt ein Bus von der Stazione Termini zum Flughafen (von 0.30 bis 3.45 Uhr ca. stündlich). Kommen Sie rechtzeitig vor der Abfahrt zum Bahnhof, denn der Weg zum Bahnsteig 24 ist sehr weit!

**Zum Flughafen Ciampino:** Von 5.30–23.30 Uhr etwa alle 5–10 Min. mit der Metro Linea A zur Endstation Anagnina. Ab hier mit den Bussen der Gesellschaft **Cotral** von 6.30–23.10 Uhr etwa alle 30–60 Min. zum Flughafen.

Für 8 € pro Person kann man, wie auf dem Hinweg, den **Reisebus** des Unternehmens „Terravision" ab Hauptbahnhof Termini nehmen (die Haltestelle liegt dort, wo man auf dem Hinweg ausgestiegen ist, in der Via Marsala, mit Blick auf den Haupteingang des Bahnhofs links) und gelangt so bequem ohne Umsteigen direkt zum Flugplatz Ciampino.

# Wissenswertes von A bis Z

## Ärztliche Versorgung

Die medizinische Notfallversorgung ist in Rom kein Problem. Es gibt hervorragende Krankenhäuser und Ärzte. Man findet sogar einige deutsche Ärzte, die sich hier niedergelassen haben. In den Krankenhäusern gibt es fast immer jemanden, der Deutsch spricht, zumindest können die Mediziner wenigstens Englisch.

Auf das staatliche Gesundheitssystem verlassen sich die Italiener dennoch höchst ungern. In den staatlichen Krankenhäusern, die übrigens fast alle nach Heiligen benannt sind, kann man zusätzlichen himmlischen Beistand gut gebrauchen, denn hier ist noch viel weniger Pflegepersonal als in Deutschland vorhanden. Die Versorgung geht deshalb über das rein medizinisch Notwendige kaum hinaus. Es ist daher nicht ungewöhnlich, wenn Familienangehörige für Körperpflege und Ernährung der Kranken sorgen. Darüber hinaus ist das gesetzliche Gesundheitssystem extrem bürokratisch. Eine freie Arztwahl ist nicht möglich. Auf Antrag wird dem Versicherten ein bestimmter Hausarzt zugewiesen, der nach eigenem Ermessen über Facharztbehandlungen und Krankenhauseinweisungen entscheidet. Wer es sich nur irgendwie leisten kann, ignoriert bei schwerwiegenden Erkrankungen seinen Anspruch gegenüber der gesetzlichen Krankenkasse und lässt sich lieber in einer Privatklinik behandeln. Hier gleicht der Service in der Regel dem eines guten Hotels. Viele Ärzte behandeln inzwischen schon gar nicht mehr auf Krankenschein.

Über eine **Liste** deutsch- oder englischsprachiger Ärzte verfügen die meisten Hotels. Man kann sich auch an die deutsche Botschaft oder an das deutsche Pilgerbüro wenden. In dringenden Fällen oder an Sonn- und Feiertagen gewährt jedes Krankenhaus **Erste Hilfe** *(pronto soccorso)*. Bei **Zahnschmerzen** an Wochenenden oder Feiertagen sollte man die Poliklinik der Universität nordöstlich des Bahnhofs Termini aufsuchen (Viale Regina Elena 287).

• *Krankenhäuser* Neben der Uniklinik *(Policlinico Umberto I.)* gilt das große *Policlinico A. Gemelli* als eines der besten öffentlichen Krankenhäuser. Largo A. Gemelli 8 (Via Pineta Sacchetti), ✆ 06.301540-36/-37.

**Private Krankenhäuser**: *European Hospital*, Via Portuense 694, ✆ 06.65975.

Internationales Krankenhaus *Salvator Mundi*, Viale delle Mura Gianicolensi 57, ✆ 06.588961.

*Clinica Mater Dei*, Via A. Bertolini 32, ✆ 06.8841471.

• *Krankentransport* Croce Bianca Italiana, ✆ 06.8181011. Nuova Croce Verde Romana, ✆ 06.24302222.

• *Adressen von Ärzten/Zahnärzten*

Liste bei der **Deutschen Botschaft**, Via San Martino della Battaglia 4 (nördlich des Bahnhofs Termini), ✆ 06.492131, Mo–Fr 9–12 Uhr oder dem **Deutschen Pilgerzentrum**, Via della Conciliazione 51 (die breite Straße, die auf die Peterskirche zuführt), ✆ 06.6897197, ✆ 06.6869490.

**Deutschsprachige Ärzte**: Dres. Marcus Fröhlich, Michael Haas, Studio Diagnostico Pantheon, Via Giustiniani 12, ✆ 06.6864609.

Dr. Andreas Heinz, Via Stazione San Pietro 45, ✆ 06.39387984.

Dr. Dagmar Rinnenburger-Spinsanti, Via Buonarotti 7, ✆ 06.77207573.

Dr. Tobias Wallbrecher, Via Domenico Silveri 30, ✆ 06.6380569.

*Auch die ärztliche Versorgung hat in Rom eine lange Tradition*

**Deutschsprachige Zahnärzte**: Dres. Roswitha und Peter Althoff, Via Salaria 280/int.21, ✆ 06.8848512.

Dr. Wolfgang Hornstein, Via delle Belle Arti 7, ✆ 06.3224649.

Die **Erste-Hilfe-Behandlung** in Krankenhäusern ist in Italien stets kostenlos. Seit dem 1. Januar 2006 geben die gesetzlichen Krankenkassen in Deutschland die europäische Krankenversicherungskarte aus, die den Auslandskrankenschein ersetzt. Für die Mitglieder der gesetzlichen Krankenversicherung, die diese **EHIC** *(European Health Insurance Card)* bereits haben, entfällt der bisher notwendige Umtausch des Auslandskrankenscheins in einen italienischen Krankenschein. Mit der neuen Karte rechnet jeder Arzt in Europa direkt mit der deutschen Kasse ab. Ersetzt werden aber immer nur die Kosten, die auch bei einer Behandlung in Deutschland angefallen wären. Mehrkosten trägt der Patient. Privatversicherte und solche, die sich privat behandeln lassen, müssen bar bezahlen. Gegen Vorlage einer detaillierten Quittung *(ricevuta)* mit Übersetzung erfolgt zu Hause die Erstattung, allerdings nur bis zu bestimmten Höchstgrenzen. Um sicher vollständigen Kostenersatz zu erhalten, empfiehlt sich für alle eine **private**

**Auslandskrankenversicherung.** Dabei sind Langzeitverträge oft sehr viel preiswerter als kurzzeitige Urlaubsversicherungen in Paketform. Darin enthalten ist in der Regel ein **Rücktransport**, wenn er medizinisch notwendig ist. Diesen erhalten auch die Inhaber bestimmter Schutzpakete (z. B. ADAC Schutzbrief). Ein privat organisierter Krankentransportflug nach Deutschland ist extrem teuer. Bei manchen Kreditkarten ist eine Auslandskrankenversicherung im Servicepaket enthalten.

Die Auswahlmöglichkeiten an **Apotheken** *(farmacie)* ist groß. In der Regel wird mindestens eine in Ihrer Nähe sein. Die Preise für Arzneimittel liegen meist beträchtlich unter denen in Deutschland. Nachtbereitschaften sind den Hinweisschildern an den Apotheken zu entnehmen.

Um dem Medikamentenmissbrauch vorzubeugen, gibt es seit einigen Jahren ein Gesetz über Rezeptpflicht, das auch strikt beachtet wird. Wer ein bestimmtes Medikament benötigt, sich aber in den italienischen Bezeichnungen nicht auskennt, kann bei der **Farmacia Internazionale** nachfragen, Pzza. dei Cinquecento 51 (gegenüber dem Bahnhof Termini, an der Ecke der Via Cavour). Weitere internationale Apotheken: Pzza. Barberini 49 und die Vatikanapotheke

**Farmacia Vaticana** (Eingang: Porta Angelica, man muss mit dem wachhabenden Schweizergardisten verhandeln, ob man zur Apotheke darf; eigentlich haben nur Geistliche und Vatikanmitarbeiter Zutrittsrecht. Mo–Fr 7.30–13 und 15.30–18.30 Uhr, Sa 7.30–13 Uhr).

Regulär haben Apotheken werktags von 9–12.30 oder 13 Uhr und von 15.30–19 oder 19.30 Uhr, samstags in der Regel vormittags geöffnet.

---

**Telefonnummern für dringende Fälle (auch im Mobilnetz)**
**Notarzt, Unfallrettung** (Pronto Soccorso): ℡ 118.
**Notruf** : ℡ 112 (Carabinieri).
**Feuerwehr**: ℡ 115.
**ADAC**-Notrufnummer: ℡ 02/661591.

---

# Aufenthaltsgenehmigung/Jobs/Kunststipendien

Wer länger als drei Monate in Italien bleiben möchte, um hier zu studieren, ein Praktikum zu machen, zu arbeiten oder einfach um das Leben zu genießen, benötigt eine **Aufenthaltserlaubnis**. Bürger der Europäischen Union haben einen gesetzlichen Anspruch darauf, solange sie nicht auf finanzielle Unterstützung ihres Gastlandes angewiesen sind. Das erforderliche Antragsformular *(EEC 1)* bekommt man bei der örtlichen Polizei oder der Stadtverwaltung. In aller Regel wird die Aufenthaltserlaubnis problemlos erteilt. Nähere Informationen, auch zu Fragen der Sozialversicherung, finden Sie unter www.rom.diplo.de.

Wer einen **Job** sucht, findet vielleicht im Stadtmagazin *Wanted in Rome* (am Kiosk erhältlich) schon das Passende. Manchmal wird man auch über das Schwarze Brett in der deutschen Buchhandlung Herder oder die vielen Aushänge auf dem Unigelände fündig. In der Uni werden besonders während der Semesterferien **Unterkünfte auf Zeit** und Mitwohngelegenheiten angeboten (Vermittlung von möblierten Zimmern und freien Zimmern in Wohngemeinschaften findet man auch im Internet unter www.easystanza.com). Gesucht werden vor allem Au-pairs, Sprachlehrer, Übersetzer und Rezeptionisten. Fließendes Englisch und Italienisch sind meist Voraussetzung.

Nachwuchskünstler, die über außergewöhnliches Talent verfügen und bereits erste öffentliche Anerkennung erreicht haben, können sich über die Kultusministerien der Bundesländer um eines der zehn **Stipendien** der **Deutschen Akademie Villa Massimo** (Largo di Villa Massimo 1–2, nicht weit von der Pzza. Bologna entfernt, www.villamassimo.de) bewerben. Wer zum ausgewählten elitären Kreis junger Maler, Bildhauer, Komponisten oder Literaten gehört, erhält in der Regel für ein Jahr neben einem Taschengeld ideale Arbeitsbedingungen in einem der großzügigen Wohnateliers, die im herrlichen Park der Villa liegen. Das weitläufige Anwesen mit altem Baumbestand vermachte der Kunstfreund Eduard Arnhold im Jahr 1910 dem preußischen Staat. Unter der Trägerschaft des Bundesinnenministeriums werden hier seit 1957 die von den Bundesländern vorgeschlagenen jungen Künstler gefördert. Nach dreijähriger Renovierung wurde die Villa im Mai 2003 wiedereröffnet.

Die Villa Massimo verwaltet auch die Deutsche Akademie der **Casa Baldi** in Olevano Romano (→ S. 726), wo zwei Stipendiaten für drei Monate beherbergt werden. Ebenfalls in Olevano Romano liegt stimmungsvoll in einem alten Steineichenhain die **Villa Serpentara**, die der Berliner Akademie der Künste zugeordnet ist und einen Stipendiaten für drei Monate aufnimmt.

## Ausweispapiere

Auch wenn die Grenzkontrollen zwischen Deutschland, Österreich und Italien nach dem Schengen-Abkommen entfallen sind, benötigen Sie spätestens beim Einchecken im Hotel immer einen gültigen Personalausweis oder Reisepass (bei der Anreise über die Schweiz sind Personalpapiere auch für den Grenzübertritt erforderlich). Kinder unter 16 Jahren brauchen einen Kinderausweis oder müssen im Pass ihrer Eltern eingetragen sein. Lassen Sie Ihren Ausweis nicht im Hotel zurück, denn sie brauchen ihn manchmal. So wird in Museen ein Audioguide nur gegen Ausweis ausgeliehen (bei mehreren Personen reicht in der Regel ein einziger Ausweis) und auch bei Führungen durch nicht allgemein zugängliche Bereiche des Vatikans wird stets ein Ausweis verlangt (z. B. Führung durch die Gärten oder die Nekropole).

Um die Reise nach einem Diebstahl des Personalausweises problemlos fortsetzen zu können empfiehlt es sich, zusätzlich auch noch den Pass mitzunehmen und diesen im Hotelsafe sicher zu hinterlegen. Im Fall des Verlustes sind auch Kopien der Dokumente hilfreich (am besten einen weiteren Satz zu Hause deponieren, es könnte ja auch das ganze Gepäck weg sein). Das erleichtert nicht nur die Arbeit der Polizei, sondern auch die Beschaffung von Ersatzpapieren (→ „Diebstahl", S. 35).

**Autofahrer** benötigen natürlich Führerschein *(patente di guida)* und Fahrzeugschein *(libretto di circolazione)*. Zum Nachweis des Versicherungsschutzes ist auch eine grüne Versicherungskarte sinnvoll. Sonst gibt die Polizei das Fahrzeug nach einem Unfall manchmal nur gegen hohe Sicherheitsleistung frei (→ „Anreise", S. 18).

Reisen Sie mit **Tieren**, benötigen Sie einen EU-Heimtierausweis mit gültiger Tollwut-Impfbescheinigung (→ „Haustiere", S. 51).

## Behinderte

Personen, die auf Mobilitätshilfen angewiesen sind, haben es in dem chaotischen Verkehr, auf den engen Bürgersteigen und dem Kopfsteinpflaster nicht gerade leicht. Von den preiswerten Hotels sind nur sehr wenige rollstuhlgeeignet und kleinere Restaurants erst recht nicht. Immerhin denkt man bei neueren Bauvorhaben inzwischen an Barrierefreiheit. Die meisten Museen, viele Kirchen, auch der Vatikan in weiten Bereichen bieten zumindest Hilfen für Rollstuhlfahrer. Die Metrolinie B ist rollstuhlgeeignet, die Linie A nicht, man kann aber auf den Bus Nr. 590 ausweichen, der die gleiche Strecke fährt. Ansonsten verfügen die neuen Straßenbahnwagen über Einstiegshilfen und es werden auch zunehmend Niederflurbusse eingesetzt.

## Botschaften/Konsulate

Die Botschaften und Konsulate haben nicht nur Verwaltungs- und Repräsentationsfunktionen wahrzunehmen, sondern müssen sich auch um die Bürger ihres Landes kümmern und ihnen im akuten Notfall beistehen. Nach einem Diebstahl muss deshalb ein „Reiseausweis zur Einreise nach Deutschland" ausgestellt werden (Gebühr 21 €, man benötigt die Verlustbescheinigung der Polizei, zwei Passbilder, die man am Automaten auf der Piazza dell'Indipendenza in unmittelbarer Nähe zum Konsulat anfertigen lassen kann, und bis zu einen halben Tag Zeit). Notfalls wird auch ein Überbrückungsdarlehen gewährt, um die Heimreise zu finanzieren, das Geld zur Fortsetzung des Urlaubs gibt es natürlich nicht (→ „Diebstahl", S. 39).

Da diese pflichtgemäße Hilfsbereitschaft in der Hauptsaison von Touristen manchmal stark strapaziert wird und beträchtliche Mehrarbeit verursacht, wimmeln gestresste Mitarbeiter bisweilen die Hilfesuchenden rüde ab. Lassen Sie sich aber nicht abschrecken, denn auch wenn Sie das zehnte Diebstahlsopfer dieses Tages sind, haben Sie einen Anspruch auf notwendige Hilfe. Manche Touristen, die sich hilfesuchend an das deutsche Konsulat wandten, berichteten über eine herablassende Arroganz einzelner Sachbearbeiter. Es ist keine besondere Gnade, wenn sich ein Beamter des Auswärtigen Amtes mit Ihnen beschäftigt, sondern seine Dienstpflicht. Erinnern Sie notfalls freundlich daran und legen Sie ggf. eine (formlose) Dienstaufsichtsbeschwerde beim Auswärtigen Amt in Berlin ein.

**Deutsche Botschaft**, Via San Martino della Battaglia 4 (nördlich des Bahnhofs Termini), 00185 Roma, ☏ 06.492131, ✆ 06.4452672, www. rom.diplo.de. Die konsularische Betreuung von deutschen Staatsbürgern erfolgt durch das Konsularreferat der Botschaft.

**Österreichische Botschaft**, Viale di Liegi 32, 00198 Roma, ☏ 06.8552880, ✆ 06.85352991.

**Schweizer Botschaft**, Via Barnaba Oriani 63, ☏ 06.809571 oder 06.8088361, ✆ 06.8088510.

## Deutsches in Rom

Bis heute besitzt Deutschland im winzigen Vatikanstaat eine Enklave, was nichts mit dem deutschen Papst Benedikt XVI. zu tun hat, sondern auf eine Schenkung an Karl den Großen aus dem Jahr 799 zurück geht. Zu diesem **Campo Santo Teutonico** gehö-

ren ein wunderschöner kleiner Friedhof, die Kirche Santa Maria in Campo Santo, wo täglich Gottesdienste in deutscher Sprache stattfinden (→ „Gottesdienste", S. 50) und ein Priesterkolleg (→ „Campo Santo", S. 524).

Es gibt auch eine deutsche römisch-katholische Gemeinde in Rom mit der **deutschen Nationalkirche Santa Maria dell'Anima**, wo regelmäßig die Heilige Messe in deutscher Sprache gehalten wird (→ „Gottesdienste", S. 50). Das Pfarr- und Pilgerbüro veranstaltet auch Kirchenkonzerte und Kindergottesdienste. Die Aushänge am Schwarzen Brett im Eingangsbereich informieren über die aktuellen Aktivitäten (→ „Santa Maria della Pace", S. 411).

*Adresse* Via della Pace 20; der Eingang zum Pfarr- und Pilgerbüro liegt gleich um die Ecke in der Via S. Maria dell'Anima 60, ☎ 06.6864160, 📠 06.68195140.

Eine der wichtigsten Anlaufstellen für Pilger ist das **deutsche Pilgerzentrum**, das neben einer Betreuung von Pilgergruppen und der Vermittlung von Gottesdienstgelegenheiten auch viele andere Informationen für Romreisende bietet, wie z. B. Übernachtungsmöglichkeiten in Klöstern (direkte Buchung oder eine Vermittlung ist allerdings nicht möglich), Gottesdienst- und Beichtzeiten in den wichtigsten Kirchen, Fremdenführer, Katakomben und natürlich alle Dinge, die den Vatikan betreffen. Eine direkte Buchung der touristischen Attraktionen im Vatikan (wie die Ausgrabungen unter St. Peter, die Führung durch die Gärten oder die Vatikanischen Museen mit der Sixtinischen Kapelle) sind leider nicht mehr möglich, wohl aber kann man über das Pilgerzentrum eine Einladung zur Papstaudienz oder zu religiösen Veranstaltungen des Vatikans beantragen. Von der Homepage kann man sich bequem das erforderliche Formular für die Anmeldung zur Papstaudienz herunterladen und dieses per E-Mail oder Fax an das Pilgerzentrum schicken.

*Adresse* Pilgerzentrum, Via della Conciliazione, 51 – I-00193 Roma, ☎ 0039/06.6897-197 oder -198 (nur zu den Geschäftszeiten: Mo–Fr 8.30–18 Uhr und Sa 8.30–12.30 Uhr. Achtung: Änderungen der Zeiten sind häufig), 📠 0039/06.6869490, www.pilgerzentrum.de.

In der internationalen **Buchhandlung Herder**, Pzza. Montecitorio 117–120 (gegenüber dem Parlament, an der Pzza. Colonna) erhalten Sie deutschsprachige Bücher, darunter ein umfangreiches Sortiment an Romliteratur und an Reiseführern sowie Karten über Italien. Was nicht auf Lager ist, kann bestellt werden. Die freundlichen Angestellten sprechen Deutsch und helfen kompetent weiter. Auf dem Schwarzen Brett findet man gelegentlich Job- und Zimmerangebote oder andere interessante Hinweise. Mo–Sa 9.30–13.30 und 15–19.30 Uhr.

**Aktuelle deutsche Zeitungen** sind ab dem frühen Vormittag an den größeren Zeitschriftenkiosken der Innenstadt (z. B. in der Via del Corso, auf der Pzza. Navona oder dem Campo de'Fiori) oder am Kiosk bei der Peterskirche (hinter den rechten Kolonnaden beim Eingang zur Vatikanpost) zu bekommen.

In der Bibliothek des **Goethe-Instituts** sind deutsche Zeitungen und Bücher kostenlos für jeden zugänglich. Man kann hier lesen oder gegen Vorlage des Personalausweises auch Bücher ausleihen. Andere Veranstaltungen (Filme, Konzerte, Lesungen) entnehmen Sie den dort ausliegenden Programmen.

*Adresse* Via Savoia 15, ☎ 06.844005-1, zu erreichen ab Largo Argentina mit Bus Nr. 56 bis Pzza. Fiume.

Die **Deutsche Akademie Villa Massimo** (→ „Aufenthaltsgenehmigung/Jobs/Kunststipendien", S. 33) bietet einmal im Jahr während der *„open studios"* allen Interessierten die Möglichkeit, Einblick in die Ateliers ihrer Stipendiaten zu nehmen. Im Juni findet das Sommerfest statt und in der *„Notte Bianca"*, etwa Mitte September, ist Tag der offenen Tür. Ein besonderes Ereignis ist die Werkausstellung Ende November, mit der die Stipendiaten den Abschluss ihres Jahres in Rom feiern. Ansonsten sind Ausstellungen, Lesungen und Konzerte überwiegend nur geladenen Gästen vorbehalten. Informationen im Internet unter www.villamassimo.de.

*Adresse* Largo di Villa Massimo 1–2 (nahe Pzza. Bologna), I-00161 Roma, ☎ 06.4425931, 📠 06.44259355.

# Diebstahl

Merkur, der Gott der Diebe, hat sich in Italien stets besonders wohl gefühlt und seine traditionsbewussten Jünger perfektionierten ihr Metier hier stets mit Geschicklichkeit und Fantasie.

Man mag an jenes amerikanische Kriegsschiff denken, das in den mageren Nachkriegsjahren vor Neapel in einer einzigen Nacht von der Bevölkerung vollständig zerlegt und abtransportiert wurde. Die Damenmode soll in der Region danach besonders von Streifen geprägt gewesen sein – das Schiff hatte nämlich amerikanisches Flaggentuch geladen. Dass diese Selbstbedienung nicht nur in Notzeiten erfolgt, belegt ein Beispiel aus dem Sommer 1986: Mitglieder einer offiziellen Delegation der Stadt Rieti (Nordlatium) hatten bei einem Besuch der japanischen Partnerstadt Ito wertvolle Aschenbecher mitgehen lassen. Auf höfliche Anfragen aus Japan forderte die Opposition im Stadtrat den Rücktritt des Delegationsleiters. Der Stadtrat aber zeigte Verständnis und lehnte den Antrag mit Mehrheit ab.

In Neapel stießen zwei jugendliche Motorraddiebe, die im Sommer 2005 auf frischer Tat festgenommen werden sollten, auf mütterliches Verständnis. Anwohnerinnen hatten das Geschehen beobachtet und bewarfen die Ordnungshüter wütend mit allem, was die Küche hergab. Selbst die zur Verstärkung herbeieilenden Beamten konnten sich dem herabprasselnden Gemüse nicht erwehren. Bald prügelten 200 Personen auf 12 Polizisten ein. Das Ganze endete mit der Verhaftung von drei Frauen, während die Diebe unerkannt entkamen.

Rom ist sicherer geworden. So viele Diebstähle wie noch im letzten Jahrhundert gibt es nicht mehr. Die 200 Polizeistreifen, die seit dem Heiligen Jahr 2000 täglich unterwegs sind, haben Wirkung gezeigt. Stolz meldete die Stadtverwaltung für die ersten zehn Monate des Jahres 2001 nur noch 14.480 Taschendiebstähle, ganz überwiegend zu Lasten ausländischer Besucher, und nur noch 11.480 geknackte Autos. Später dämmerte dann wohl die Erkenntnis, dass auch diese Erfolgsbilanz Touristen nur mäßig beruhigt. Jedenfalls verzichtet man seither auf die mediale Präsentation von aktuellen Zahlen.

Der größte Fehler wäre nun, furchtsam und misstrauisch durch die Stadt zu schleichen. Mal abgesehen davon, dass Sie so als besonders lohnendes Opfer auffallen, werden Sie auch den Römern nicht gerecht: Die sind in der Regel aufgeschlossen, ehrlich und hilfsbereit. Wachsam sollte man trotzdem sein und ein paar **grundlegende Regeln** beachten:

▸ Der **Fahrzeugdiebstahl** spielt in Italien keine große Rolle mehr. Zwar sind elektronische Wegfahrsperren für technisch versierte Spezialisten unter den Autoklauern keine ernsthaften Hindernisse, aber die Ganoven begehren in der Regel nur hochpreisige Luxuskarossen oder Flitzer, die als Statussymbol taugen. Am betagten Familiengefährt interessiert nur der Inhalt, und um den in Ruhe auswerten zu können, wird gelegentlich auch gleich das Auto mitgenommen. Vorsichtshalber sollten Sie Ihr Fahrzeug daher stets nur auf bewachten Parkplätzen abstellen und es auf den Autobahnrastplätzen niemals aus den Augen lassen.

**Achtung**: Wenn der Fahrzeugschlüssel gestohlen wurde, müssen Sie sofort Ihre Kaskoversicherung benachrichtigen!

▸ In der Regel beschränken sich die Diebe also auf das **Gepäck**. Ein Auto aufzubrechen stellt überhaupt kein Problem dar und ist blitzschnell erledigt. Wenn sich der Inhalt irgendwie lohnt oder auch nur zu lohnen scheint, ist eine verschlossene Wagentür kein Hindernis. Auch der Kofferraum ist kein sicheres Versteck. Gepäck oder gar Wertsachen sollte man noch nicht einmal für einen kurzen Augenblick unbewacht im Wagen lassen. Gerade einmal 10 % der Diebstähle ereignen sich nachts. Am gefährlichsten sind die Orte, an denen sich Touristen nur

*Nichts aus den Augen lassen, sonst ist es weg*

kurz aufhalten. Auf Rastplätzen wurden schon Autos ausgeräumt, während sich der Fahrer direkt daneben im Schatten ausruhte. Beliebt sind auch Ablenkungsmanöver: Während jemand mit einer riesigen Karte vor Ihrer Nase rumfuchtelnd nach dem Weg fragt, hat ein Komplize sich aus dem Fahrzeug bedient. Verriegeln Sie besser auch dann die Türen, wenn Sie unmittelbar beim Wagen bleiben.

Haben Sie Ihr Ziel erreicht, sollten Sie keinerlei Gepäck im Fahrzeug zurücklassen. Um keine eingeschlagene Scheibe zu riskieren, öffnen Sie am besten auch das leere Handschuhfach; man sieht dann schon von außen, dass hier nichts zu holen ist.

Selbst **während der Fahrt** ist Ihr Gepäck im Fahrzeug nicht sicher. Es gab bereits Fälle, in denen ein Motorradfahrer an der Ampel blitzschnell die Scheibe einschlug und dem überrumpelten Beifahrer eine Handtasche vom Sitz zog. Wertsachen und die Kamera sollten daher nie offen wahrnehmbar sein. Zur Sicherheit empfiehlt es sich, im Stau oder an Ampeln die Türen zu verriegeln.

Einige Diebe bringen das Gepäck mitsamt dem Wagen auf besonders dreiste Weise an sich. Dabei machen sie sich die Tatsache zu eigen, dass besonders deutsche Autofahrer ihren Autolack über alles schätzen und z. B. sofort (natürlich ohne vorher den Zündschlüssel abzuziehen) die Verfolgung eines kleinen Jungen aufnehmen, der dem vor der Ampel haltenden Urlauber-Pkw einen tiefen Kratzer beigebracht hat.

Eine ähnliche Reflexbewegung wird auch von dem Fahrer erhofft, dem man zuvor von der Straßenseite aus eine fette Ratte in das geöffnete Wagenfenster geschleudert hat.

Als Autofahrer sollten Sie schon allein wegen des chaotischen Verkehrs in jeder Situation kühlen Kopf bewahren und vor dem Aussteigen, aus welchem Grund auch immer, den Zündschlüssel mitnehmen!

▶ **Für Bahnreisende** gilt Entsprechendes: Man sollte sein Gepäck nicht aus den Augen lassen und auf Bahnhöfen die Abteilfenster schließen, denn vom Bahnsteig aus lässt sich recht gut mit einer langen Stange nach Gepäckstücken angeln.

Um nicht im Schlaf ausgeplündert zu werden, sollten Sie kein leeres Abteil wählen. Einzelne Personen in einem Abteil wurden bereits mit Gas betäubt. In Liegewagen können die Abteile verriegelt werden.

▸ **Fußgänger** sollten auf Mopeds und Vespa-Roller achten: Während der Fahrer das knatternde Zweirad virtuos durch den dichten Verkehr schlängelt, nutzt der Hintermann jede Gelegenheit zu greifen, was in seine Reichweite kommt (Vorsicht bei Brustbeuteln, Sie können leicht umgerissen oder mitgeschleift werden!). In Neapel sperrte die Polizei beispielsweise im Jahr 1997 einige Straßen für Zweiräder, nachdem hier innerhalb weniger Wochen 265 Handtaschen auf diese Weise geraubt wurden.

Der Kenner schützt sich, indem er Tasche und Fotoapparat mit sicherem Griff auf der straßenabgewandten Seite trägt, die Augen offen hält (was sich bei dem Verkehr und den Schönheiten der Stadt sowieso immer lohnt), Schmuck zu Hause oder im Hotelsafe lässt und statt des uneleganten Brustbeutels auf diskrete Geldgürtel oder eingenähte Taschen zurückgreift. Nicht genügend sicher sind Reißverschlusstaschen, die von außen zugänglich sind (wie z. B. Bauchtaschen, Taschen auf Hosenbeinen oder selbst Innentaschen von Rucksäcken), schnell lenkt ein Komplize ab und ein Langfinger greift unbemerkt zu.

Erhöhte Aufmerksamkeit ist immer dort geboten, wo sich viele Menschen drängeln. In Rom ist das besonders in der **Metro** und in den **Bussen** der Fall (berüchtigt sind die Linien 64 oder 40 vom Bahnhof durch die Innenstadt nach St. Peter!). Geschickt werden hier unter den Arm geklemmte Handtaschen sowie sichtbar ausgebeulte Hosentaschen aufgeschlitzt und mit geübten Fingern Geldbeutel herausgeangelt. Geben Sie nicht zu erkennen, wo sich Ihre Wertsachen befinden, und halten Sie sich den Rücken frei.

Besondere Vorsicht ist bei bettelnden Frauen mit Säuglingen auf dem Arm geboten. Wer aus Mitleid die Geldbörse zückt, ist sie meist im nächsten Augenblick los.

Am geschicktesten – und deshalb auch am gefährlichsten – sind aber die **Kinderbanden**. Während einige mit vorgehaltenem Pappschild herzerweichend betteln, haben andere unter diesem Sichtschutz blitzschnell die Taschen geleert. Selbst wenn es gelingen sollte, eines der Kinder zu fassen, kann es passieren, dass es sämtliche Kleidungsstücke von sich wirft, um splitternackt die Unschuld zu beweisen. Die Beute wurde längst weitergegeben und ist unwiederbringlich verloren. Machen Sie also besser einen weiten Bogen um diese Kinderbanden und wechseln Sie die Straßenseite. Von Zeit zu Zeit greift die Stadtverwaltung durch und bringt die Kinder in Heimen auf dem Land unter. Nach und nach kehren sie zurück, bis die Kriminalität wieder überhand nimmt.

**Fazit**: Bestohlen wird, wer leichtfertig Gelegenheit dazu bietet oder unaufmerksam ist. Brutal geraubt wird höchst selten und auch vor Kapitalverbrechen muss man wenig Angst haben.

## Was tun bei Diebstahl?

Als erstes sollte man umgehend seine **ec-Karte** und die **Kreditkarten** telefonisch sperren lassen. Vorher haftet man in der Regel selbst, wenn Unberechtigte mit der Karte bezahlen oder Geld abheben. Wegen der ec-Karte können Sie während der üblichen Bürozeiten Ihre Bank informieren oder sich rund um die Uhr an den zentralen **Sperrannahmedienst der Banken** wenden, der unter der einheitlichen Telefonnummer **0049/1805/021021** erreichbar ist. Dort müssen Sie den Namen des Kreditinstituts und die Kontonummer angeben. Seien Sie aber sicher, dass wirklich ein Diebstahl vorliegt, denn die einmal gesperrte Karte kann nicht wieder freigeschaltet werden.

Von Ihrem Kreditkartenunternehmen erfahren Sie die für Ihre Karte relevante Telefonnummer; eine Liste gibt es aber auch bei den Polizeistellen oder im Konsulat.

Alternativ kann man sich auch rund um die Uhr an den allgemeinen **Sperrnotruf** unter der einheitlichen Telefonnummer 116.116 (aus dem Ausland 0049 vorwählen oder bei Überlastung 0049/30.4050.4050) wenden. Damit kann man Kredit-, Bank- und Mobilfunkkarten sowie andere elektronische Berechtigungskarten (Elektronische Signaturkarten und Mitarbeiterausweise) von überall auf der Welt aus sperren lassen, vorausgesetzt, die ausgebende Stelle ist dem Verbund beigetreten. Dazu gehören inzwischen fast alle Banken und Sparkassen sowie die gängigen Kreditkartenunternehmen und viele Mobilfunkanbieter. Von der zentralen Stelle aus wird man an die für die jeweilige Karte zuständigen Stellen weiter verbunden. Der Service ist im Inland kostenlos, vom Ausland aus werden nur die normalen Telefongebühren fällig (weitere Infos unter www.sperrnotruf.de).

In jedem Fall müssen Sie einen Diebstahl bei der **Polizei** anzeigen und dort ein Protokoll anfertigen lassen, wenn Sie Versicherungsschutz in Anspruch nehmen wollen oder einen Ausweisersatz vom Konsulat (→ „Botschaften", S. 34) benötigen. Zuständig ist jedes Polizeikommissariat (im Zentrum z. B. **Ufficio di Polizia**, Pzza. del Collegio Romano 3, zwischen Pantheon und Via del Corso). Besser ist es jedoch, sich an die **Questura Centrale** zu wenden, da dort in der Abteilung für Ausländer, „*Ufficio stranieri*", fast immer jemand Deutsch spricht. Via Genova 2 (kreuzt die Via Nazionale, nicht weit vom Bahnhof entfernt), ✆ 06.46861.

Schwierigkeiten kann es geben, wenn auch Ihr **Flugticket** weg ist. Die Gesellschaften sind zwar zur Ausstellung eines Ersatzes verpflichtet, wenn die Buchung im Computer registriert ist. Manchmal lässt sich per PC allerdings nicht überprüfen, ob der Flug auch bezahlt wurde, sodass ein entsprechender Nachweis verlangt wird. Nehmen Sie deshalb eine Kopie der Rechnungsquittung mit oder hinterlegen Sie das Original zu Hause, damit man es Ihnen notfalls per Fax zusenden kann. Für die Ersatzbeschaffung werden oft hohe Bearbeitungsgebühren verlangt.

Sollte Ihr Auto über eine elektronische Wegfahrsperre verfügen, wird es schwierig, wenn der **Autoschlüssel gestohlen** wurde. Im Schutzbrief gibt in diesen Fällen keinen Anspruch auf Rücktransport, denn rechtlich gilt der Wagen als fahrbereit. Deponieren Sie deshalb einen Ersatzschlüssel an einem sicheren Ort oder zu Hause, sodass man ihn notfalls nachschicken kann.

Wenn alles weg sein sollte, muss das **Konsulat** oder die Botschaft erste Notfallhilfe leisten. Dazu kann auch ein Kredit gehören, wenn die Heimreise sonst nicht möglich ist. Natürlich bekommen Sie hier nicht das Geld zur Fortsetzung Ihres Urlaubs und Sie müssen später den zur Verfügung gestellten Betrag auch wieder zurückzahlen. Für einen „Reiseausweis zur Einreise nach Deutschland" benötigt man die Verlustbescheinigung der Polizei, zwei Passbilder, die man am Automaten auf der Pzza. dell' Indipendenza in unmittelbarer Nähe zum Konsulat anfertigen lassen kann, und bis einen halben Tag Zeit (Gebühr 21 €).

# Eintrittspreise/Audioguide

Die Eintrittspreise sind generell hoch. Für die meisten Museen und Ausgrabungen zahlt man zwischen 4 und 9 € pro Person, für Kolosseum, Forum/Palatin 11 € und für die Vatikanischen Museen sogar 14 €. Bei den staatlichen und den meisten kommunalen Sehenswürdigkeiten ist der Eintritt für EU-Bürger unter 18 und über 65 Jahren frei. Einige Museen gewähren auf ausdrückliche Nachfrage an der Kasse auch bestimmten Personengruppen freien Eintritt (z. B. europäischen Studenten und Professoren der Fachrichtungen Kunst, Kunstgeschichte und Architektur, Schulklassen mit Reservierung, Journalisten und lizenzierten Fremdenführern). Jugendliche aus EU-Mitgliedstaaten zwischen 18 und 25 Jahren zahlen in der Regel ermäßigten Eintritt (30 bis 50 % weniger). Museen in privater Trägerschaft gewähren oft nur für kleine Kinder oder Gruppen oder gar keine Rabatte. In den Vatikanischen Museen erhalten Schüler oder Studenten unter 26 Jahren nur mit gültigem internationalen Schüler- oder Studentenausweis und einem Einschreibenachweis für das laufende Jahr vergünstigten Eintritt.

> **Achtung:** Alle Vergünstigungen werden stets nur gegen Nachweis gewährt. Selbst wenn ein Kind offensichtlich noch nicht volljährig ist, kann der freie Eintritt ohne Vorlage eines Ausweises verwehrt werden.

Neuerdings sind manche Eintrittskarten nur als **Kombikarten** erhältlich. Sie berechtigen dann innerhalb einer bestimmten Gültigkeitsdauer zum Besuch anderer Sehenswürdigkeiten ohne Mehrkosten. So kann man mit der Eintrittskarte zum Kolosseum am selben Tag auch noch Forum und Palatin besichtigen (kauft man die Karte am Nachmittag, gilt sie auch noch am folgenden Vormittag). Die Karte für die Nationalmuseen Palazzo Massimo, Aula Ottagona, Terme di Diocleziano, Palazzo Altemps und Crypta Balbi kostet einheitlich regulär 7 € und gilt drei Tage. Das Ticket für die Caracalla-Thermen berechtigt innerhalb einer Woche auch zu einem Besuch der Villa dei Quintili und des Grabmausoleums der Cecilia Metella an der Via Appia.

Für einen kleinen Zuschlag kann man oft auch Sonderausstellungen besuchen.

Zu den Sakralräumen der **Kirchen** ist der Eintritt immer frei (also selbst zur Peterskirche und zu den anderen Hauptkirchen), nur für den Kirchenschatz, den Kreuzgang, die Krypta oder Ausgrabungsstätten unter dem Kirchengebäude wird bisweilen Eintrittsgeld verlangt. Freien Eintritt hat man am jeweils letzten Sonntag im Monat in die Vatikanischen Museen (sofern dies kein kirchlicher Feiertag ist). Wegen des enormen Andrangs und langer Wartezeiten ist davon jedoch dringend abzuraten.

In jedem Jahr gibt es **Sonderaktionen** mit Rabatten z. B. für Personen unter 30 Jahren oder bei bestimmten Museen. Regelmäßig findet eine Kulturwoche *(settimana dei beni culturali)* statt, in der viele Museen kostenlosen Eintritt gewähren oder einige von ihnen die ganze Nacht über offen bleiben (wie auch in der *„notte bianca"* Mitte September). Ob es gerade solche saisonalen Vergünstigungen gibt, erfahren Sie bei der Touristeninformation.

Dauerhaft angeboten wird die Touristenkarte „**Roma Pass**". Für 20 € bekommt man freien Eintritt für die ersten beiden Museen oder archäologischen Stätten nach Wahl und ermäßigten Eintritt für alle weiteren, die zu diesem Verbund von 40 touristischen Attraktionen gehören (darunter z. B. Kolosseum, Forum mit Palatin, Kapitolinischen Museen, Ara Pacis, Centrale Montemartini, Galleria Borghese und Engelsburg, nicht aber die Vatikanischen Museen). Rabatt gibt es auch für bestimmte Ausstellungen, Konzerte und andere Veranstaltungen. Zum Paket gehört neben Informationsmaterial für die Museen und Veranstaltungen sowie einem Stadtplan auch der „**Roma Transport Pass**", der zur kostenlosen Nutzung aller Stadtbusse und der Metro, sowie des Zugs nach Ostia Antica, zum Strand und nach Viterbo berechtigt. Der Roma Pass ist drei Tage lang ab dem Besuch des ersten Museums gültig; der Transport Pass gilt bis Mitternacht des dritten Tages.

Der „**Roma & Più Pass**" kostet 25 €, gilt ebenfalls drei Tage und erstreckt sich auch auf die römische Provinz mit den außerhalb gelegenen Museen und die Benutzung der Überlandbusse *Cotral* sowie der meisten Regionalzüge.

Der große Vorteil des „Roma Passes" ist neben der Kostenersparnis für diejenigen, die ein reichhaltiges Besichtigungsprogramm haben, auch die Zeitersparnis, weil man nicht an den Ticketschaltern anstehen muss. Man erhält die beiden Pässe in allen angeschlossenen Museen und den Touristeninformationsbüros;

die Vorlage eines Ausweises ist erforderlich. Da der Pass nicht übertragbar ist, muss der Name eingetragen werden und man muss sich beim Betreten stets ausweisen können. Weitere Infos im Internet unter www.romapass.it.

In den Museen sind die Exponate selten beschriftet. Erklärungen bietet dann nur ein **Audioguide**, der meistens auch in deutscher Sprache (oder zumindest in Englisch, wie z. B. in der Galleria Doria Pamphilj) gegen eine Leihgebühr erhältlich ist. Regelmäßig muss ein Ausweis als Pfand hinterlegt werden; für mehrere Personen, die zusammen gehören, reicht in der Regel ein Ausweis.

## Fernsehen

Von Vielfalt kann man beim Fernsehen trotz der unzähligen Kanäle nicht sprechen. Die Sender unterscheiden sich kaum: Wenn es sich nicht um einen der vielen Verkaufssender handelt, bei denen man per Telefon die aberwitzigsten Dinge bestellen kann, laufen in den anderen Programmen beinahe rund um die Uhr Shows, in denen alle gleichzeitig laut, hektisch und gestikulierend aufeinander einreden, dazu wird stets noch gesungen und getanzt. In regelmäßigen Abständen schreitet eine grell geschminkte, tief dekolletierte und auch sonst leicht bekleidete Dame mit Löwenmähne oder ein durch Selbstbräuner-Missbrauch entstellter Herr mit tiefschwarzem Haar im stramm sitzenden Anzug eine bunt blinkende Showtreppe hinunter. Immer wieder wird das Ganze durch immer gleiche Werbeblöcke und gelegentlich durch TV-Trash, gerne uralte Italowestern, unterbrochen.

Es heißt, Silvio Berlusconi (→ Kasten Silvio Berlusconi im Kap. „Rom ab 1945", S. 180) sei insgesamt an 90 % der privaten Sender in irgendeiner Form beteiligt, wobei ihm die drei größten sogar gehören. In seiner zweiten Amtszeit als Ministerpräsident von 2001 bis 2006 nahm er zudem massiv Einfluss auf die staatlichen Sender RAI, sodass sich auch deren Programme der allgemeinen Volksverblödungsindustrie anschlossen. Kein Journalist des staatlichen Fernsehens konnte es sich leisten, Berlusconis Regierung zu kritisieren oder auch nur zu karikieren, ohne als „Kommunist" davongejagt zu werden. Darum war es geradezu verwegen von RAI-Uno, dem Italo-Altstar Adriano Celentano im Herbst 2005 eine dreistündige Show zu geben, in der er behauptete, dass Italien auf der Länder-Rangliste bei der Pressefreiheit zwischen Bulgarien und der Mongolei auf Platz 79 geführt werde und man im Fernsehen nur noch das sagen dürfe, was Berlusconi helfe, die Wahlen zu gewinnen. Solch kritische Worte hatte das Publikum lange nicht gehört, alle Zeitungen berichteten und fast die ganze Nation schaltete ein, um die paar harmlosen Anspielungen auf den Ministerpräsidenten nicht zu versäumen.

Eigentlich ist daher nur der Fernseh-Wetterbericht interessant. Bei Meteosat in den RAI-Programmen informiert ein sehr ernster Offizier in eindrucksvoller Uniform über die Wetteraussichten.

## Feste/Feiertage

Schon immer haben die Römer gerne gefeiert und den Alltagstrott unterbrochen. Zwar gibt es heute nicht mehr 93 offizielle Feiertage im Jahr wie unter den antiken Imperatoren (Caligula befahl in einem Jahr sogar 200 arbeitsfreie Jubeltage!), doch nutzt man auch heute noch gerne jeden Anlass für ein Fest.

Ein besonders festliches Ereignis ist an den Wochenenden in fast allen Kirchen zu beobachten: Es wird überall mit großem Aufwand geheiratet. Wer zufällig vorbeikommt, sollte sich eine solche italienische **Hochzeit** nicht entgehen lassen. Die Kirche ist über und über mit Blumen dekoriert, die ganze Familie ist tief gerührt, vor der Kirche warten Fotografen und der gemietete Rolls-Royce, an den man sonst nicht einmal im Traum denken würde. Mit einer solchen Hochzeit verschulden sich die Familien oft über Jahre hinaus.

Hier eine Auswahl der großen **offiziellen Feste**:

Am **6. Januar** ist **Epiphania**, ein staatlicher Feiertag, an dem die **Winterhexe Befana** den Kindern Geschenke bringt. Ihr Name geht auf die Verballhornung des griechischen Wortes *"epiphanie"* zurück und durch die Missdeutung wurde aus dem Fest der Erscheinung des Herrn die Ankunft der Hexe Befana. Nach der Überlieferung ist sie die launische, hässliche Frau des Herodes und hat die Funktionen von Nikolaus und Knecht Ruprecht in sich vereinigt. Sie reitet in der Nacht vom 5. auf den 6. Januar auf ihrem Besen über Italien und steckt den braven Bambini Süßigkeiten und den ungezogenen schwarze Kohlestückchen in die Strümpfe. Bei traditionsbewussten italienischen Familien gibt es erst jetzt die Weihnachtsgeschenke (oder wie bei vielen den Hauptteil der Bescherung). Überall werden Befana-Hexen dekoriert und auf dem Weihnachtsmarkt auf der Pzza. Navona kann man sie in allen Größen kaufen. Gefeiert wird Epiphania ausgelassen, Kinder verkleiden sich als Hexen und Familien verlängern die weihnachtlichen Futterorgien mit einem weiteren üppigen Mahl im Restaurant. Anschließend zieht es die Jugend in die Tanz-Clubs. Die Ursprünge von Epiphania gehen auf das frühantike Fest zu Ehren des Gottes Janus zurück.

Am **8. März** ist die **Festa delle Donne**, das Fest der Frauen, das von Kundgebungen und Demonstrationen begleitet wird. Symbol des Tages ist ein Sträußchen Mimosen, das man dann überall kaufen kann.

Am **19. März** findet das Straßenfest **Festa di San Giuseppe** (Josephstag) besonders im Trionfale-Viertel in der Nähe der Peterskirche statt. Zu diesem Anlass gibt es auf den Straßen Stände mit *frittelle* (Pfannkuchen) und *bigné* (eine Art Berliner).

**Ende März** und den ganzen April über wird die Spanische Treppe zum Frühlingsbeginn mit blühenden Azaleen geschmückt. Dann sieht sie so aus, wie man sie von Postkarten und Abbildungen in Büchern kennt.

Am **Palmsonntag** werden feierlich auf dem Petersplatz Palmwedel geweiht. An verschiedenen Ständen wird Geflochtenes verkauft.

Zu **Ostern** treffen die meisten Touristen in Rom ein. Am **Gründonnerstag** findet in der Lateransbasilika eine Papstmesse statt.

Der **Karfreitag** ist nur im Vatikan Feiertag (dort haben die Museen geschlossen), im Kolosseum wird ein Kreuzweg aufgebaut, den der Papst in der Nacht feierlich abschreitet.

Am **Ostersonntag** findet nach der Ostermesse in St. Peter die traditionelle Osteransprache des Papstes mit dem Segen *"Urbi et Orbi"* auf dem Petersplatz statt. **Ostermontag** ist Feiertag.

Ende April trifft sich die High Society zum **Pferderennen** um den *Coppa della masione* in der Villa Borghese, Pzza. di Siena.

Am **21. April** feiert Rom Geburtstag (nach der Mythologie hat Romulus die Stadt am 21. April 753 v. Chr. gegründet); manchmal gewähren städtische Museen und Ausgrabungsstätten freien Eintritt.

Am **25. April** wird der Tag der Befreiung von der deutschen Wehrmacht *(Anniversario della Liberazione)* gefeiert. Am Nationaldenkmal werden Kränze niedergelegt.

Am **1. Mai** *(Festa del Lavoro)* haben alle Geschäfte und Museen geschlossen, Busse fahren nicht und es ist schwierig, ein offenes Restaurant zu finden. Es gibt Maikundgebungen mit Aufmärschen auf der Via dei Fori Imperiali (zwischen Nationaldenkmal und Kolosseum), Kundgebungen am Circus Maximus und auf dem großen Platz vor der Lateransbasilika (an der Porta S. Giovanni), wo auch ein großes Open-Air-Konzert mit bekannten Stars und Bands Hunderttausende Zuhörer anzieht.

An **Pfingsten** *(Pentecoste)* ist nur der Sonntag Feiertag.

Am **2. Juni** ist **Nationalfeiertag** *(Fondazione della Repubblica)*, der mit Kranzniederlegung und Kundgebungen am Nationaldenk-

Reisepraktisches

*Römische Hochzeitsgesellschaft auf dem Kapitolsplatz*

mal sowie Paraden auf der Via dei Fori Imperiali (zwischen Nationaldenkmal und Kolosseum) gefeiert wird.

Am **24. Juni** ist **Johannistag** und um die Kirche S. Giovanni in Laterano werden Backwerk, Spanferkel und Castelli-Wein verkauft.

Von **Juli bis Mitte September** findet das römische Sommerfest **L'estate romana** statt mit zahlreichen Open-Air-Konzerten (z. B. im Park der Villa Ada, oder dem Jazzfestival im Park der Villa Celimontana), mit Ausstellungen, Freiluftkino (z. B. auf der Tiberinsel) und anderen Veranstaltungen (z. B. Kammerkonzerten in mittelalterlichen Kreuzgängen, Ballett und Theater in den Ruinen der Caracalla-Thermen, denen der Hadriansvilla bei Tivoli oder im antiken Theater auf dem Ausgrabungsgelände von Ostia). Die römische Club-Szene verlagert sich an den Strand nach Ostia und feiert nachts Beach-Partys. Infos unter www.estateromana.it.

**Mitte Juli** ist **Tevere-Expo**, am Tiberufer wird an Ständen allerlei Kunsthandwerk gezeigt und verkauft.

In den **letzten beiden Juliwochen** steht für zehn Tage Trastevere Kopf. Die Bewohner feiern die **Festa de Noantri**, das Fest der „Übrigen", und betonen damit ihre Sonderstellung am „anderen" Tiberufer. Dieses bunte und ausgelassene Fest mit vielen

Verkaufsständen wird immer kommerzieller. Es ist aber dennoch sehr populär und voll. Der Verkehr bricht während der Festtage völlig zusammen.

Am **5. August** wird mit dem Fest **Maria Schnee** einem Wunder gedacht, das zum Bau der Kirche S. Maria Maggiore geführt haben soll. Von der Kuppel der Kirche rieseln weiße Blütenblätter als Schnee auf den Platz.

Am **15. August** ist **Ferragosto** (Himmelfahrt) und in der ohnehin fast verlassenen Stadt haben auch noch die letzten Restaurants, Geschäfte und Museen geschlossen. Die verbliebenen Römer nutzen wenigstens diesen Tag, um der Hitze der Stadt zu entkommen und fahren zu den anderen ans Meer.

Mitte **September** ist die „Notte Bianca", in der viele prachtvolle Palazzi besichtigt werden können, die sonst nicht öffentlich zugänglich sind, und einige Museen bis Mitternacht oder die ganze Nacht lang geöffnet sind.

Anfang **Oktober** beginnen die **Weinfeste** Latiums.

Ende Oktober findet eine sehenswerte **Antiquitätenschau** in der Via dei Coronari statt.

Am **1. November** ist Allerheiligen *(Ognisanti)* und Vieles hat geschlossen.

Am **8. Dezember** wird durch gesetzlichen Feiertag **Mariä Empfängnis** *(Festa dell'Immacolata)* gedacht. Der Papst huldigt aus diesem Anlass der Marienstatue auf der Pzza. Mignanelli (vor der Spanischen Treppe wenige Meter rechts).

Von Dezember bis zum 6. Januar findet auf der Pzza. Navona der **Weihnachtsmarkt** statt. Es gibt neben Schieß- und Wurfbuden allerlei Händler, die Krippenzubehör und unglaublichen Kitsch anbieten. Jeder deutsche Weihnachtsmarkt ist schöner. Gemütliche Atmosphäre und Glühwein sucht man vergebens. Mit der Erscheinung der Hexe Befana endet der Markt am Dreikönigstag (s. o.).

In der **Adventszeit** füllt sich die Stadt und überall herrscht Einkaufsstress. Über den Straßen blinken in allen Farben Weihnachtsdekorationen. Einige Straßen erinnern dann nachts an Las Vegas – bei genauerem Hinsehen erkennt man weihnachtliche Themen. Auf dem Petersplatz werden ein riesiger Weihnachtsbaum und eine Krippe in Überlebensgröße aufgebaut. Tannenbäume sind ansonsten eher selten, man hat stattdessen **Krippen**. Jedes Dorf und jede Kirche wetteifert um die prachtvollste Ausstattung. Der thematisch vorgegebene bescheidene Stall wird dann oft in eine ganze Landschaft mit üppigster Staffage eingebettet.

Für Besinnlichkeit oder festliche Stimmung in der Vorweihnachtszeit sorgen die vielen Konzerte in den Kirchen. Am **Heiligabend** ist zunächst ein normaler Arbeitstag. Aus den Ländern nördlich der Alpen wird zunehmend der Brauch der Geschenke importiert. Die Bescherung ist aber meist bescheiden, denn die eigentlichen Geschenke für die Kinder bringt traditionsgemäß die Hexe Befana in der Nacht zum 6.

Januar. Um Mitternacht geht dann die ganze Familie in die Heilige Messe.

Am eindrucksvollsten ist die vom Papst in der Peterskirche zelebrierte Mitternachtsmesse, in der sich zeigen muss, wer in Rom zur gehobenen Gesellschaft gehört. Die Eintrittskarten (gratis!) können rechtzeitig vorher schriftlich beim Vatikan (Prefettura della Casa Pontificia, ☎/📠 06.69885863) oder über das deutsche Pilgerzentrum (→ S. 488) beantragt werden.

Am ersten Weihnachtstag findet auf dem Petersplatz gegen 12 Uhr die aus dem Fernsehen bekannte Ansprache des Papstes mit dem Segen *„Urbi et orbi"* statt.

**Weihnachten** ist auch in Italien das Fest der Familie. Traditionsgemäß tafelt man üppig bei der amtierenden Mama der Großfamilie und macht anschließend mit den herausgeputzten Bambini einen kleinen Verdauungsspaziergang, bevor die Völlerei fortgesetzt wird. Traditionsbewusste römische Familien besuchen das Santo Bambino (Jesuskind) in der Kirche S. Maria in Aracoeli (neben dem Kapitol, → S. 207).

Die meisten Restaurants sind an den Weihnachtstagen geschlossen, nur die Chinesen haben vollständig geöffnet und sind oft die letzte Rettung für hungrige Touristen.

**Silvester** wird meist im Freundeskreis privat, in Restaurants oder Clubs gefeiert (Reservierungen sind erforderlich, es gibt nur komplette Menüs zu hohen Preisen). Um Mitternacht kommen die Menschen auf die Straßen und die Spanische Treppe ist gestopft voll. Das neue Jahr wird mit viel Krach und Scherben begrüßt. Auffallend sind die vielen Betrunkenen, die manchmal Kracher und leere Flaschen in die Menge werfen. Es kommt in jedem Jahr zu zahlreichen Verletzten. Bringen Sie sich und auch unbedingt Ihr Auto in Sicherheit!

# Frauen allein unterwegs

Jüngere Frauen, die allein oder in kleinerer Gruppe, jedenfalls ohne männliche Begleitung nach Rom reisen, sind bisweilen nach einiger Zeit total genervt. Ursache dafür sind die jungen römischen Männer.

Am Anfang sind die allermeisten Frauen von den gestylten oder einfach nur schönen Raggazzi hingerissen. Sie sind auch nicht selten geschmeichelt, wenn ein solcher Bilderbuch-Romeo bei der ersten Kontaktaufnahme allen verfügbaren Charme versprüht und sich als perfekter Kavalier empfiehlt. Auf die Dauer wird die ständige Anmache allerdings zur Plage, besonders wenn klar wird, dass Romeo mit seiner Tour nicht eben wählerisch ist und sie konsequent bei allen Menschen weiblichen Geschlechts unter 50 Jahren zur Anwendung bringt (die Altersgrenze ist individuell verschieden und vom sportlichen Einsatz abhängig).

Für einen Römer – die anderen Italiener aus dem Süden sind da kaum anders – scheint es eine Sache des Ehrgeizes zu sein, jede Gelegenheit zu einem Flirt zu ergreifen. Bei den allein eher schüchternen (Süd)Italienerinnen kommt er damit allerdings regelmäßig nicht sehr weit. Ein ernsthafter Kontakt zwischen den Geschlechtern wird fast immer aus einer Clique heraus geknüpft mit Beratung, Beistand und Schutz durch die anderen.

Besser zum Flirt geeignet sind deshalb die als weit weniger schüchtern geltenden Touristinnen aus dem Norden, bei denen kein schützender Freundeskreis oder womöglich gar ein älterer Bruder überwunden werden müssen. Zudem haben Ausländerinnen den entscheidenden Vorteil, bald wieder weg zu sein. An solch idealen Studienobjekten lässt sich nicht nur prima üben, sondern zugleich die hohe Selbsteinschätzung bestätigen und im Freundeskreis erfolgreich angeben.

Am besten geeignet ist hierzu die Spanische Treppe, auf der man so herrlich zwanglos beieinander auf den Stufen sitzen kann. Der routinierte Römer hat sein Revier genau im Blick und bald eine Wahl getroffen, dann pirscht er sich heran und betrachtet sein anvisiertes Opfer erst einmal ausführlich. Eine Gelegenheit, sich neben sie zu setzen, findet sich schnell: Bei aufgeschlagenem Stadtplan, Reiseführer usw. wird ortskundige Hilfe angeboten, eine hervorgezogene Zigarette blitzschnell mit Feuer versorgt. Es folgen ein strahlendes Lächeln und die Frage nach Namen, Nationalität, Dauer des Aufenthalts, ein paar Komplimente noch und dann die Einladung zum Kaffee oder Eis, später die zum Pizzaessen am Abend und in den Club.

Machen Sie mit und ist der Römer allein, wird es anschließend nur selten Schwierigkeiten geben. Vorsicht aber, wenn noch ein Kumpel in dessen Wohnung abgeholt werden soll. Versprechen Sie nichts, was Sie nicht halten wollen. Wenn Sie deutlich auf Distanz bleiben, werden Sie Ihren Verehrer in der Regel ohne größere Probleme wieder los.

Unangenehm und womöglich gefährlich kann es werden, wenn die römischen Herren im Rudel auftauchen. Eine Gruppe schaukelt sich schnell auf und Zurückhaltung schadet dem Ansehen bei den Kumpels. Wenn Sie kein Italienisch verstehen, können die Bemerkungen risikolos immer drastischer, obszöner und brutaler werden. Die Aufmerksamkeit, die Sie ringsum

*Sehen und gesehen werden auf der Spanischen Treppe*

genießen, die ausgelassene Stimmung und die Zurufe von gaffenden, zahnlosen Greisen sind selten Ausdruck wahrer Bewunderung. In der aufgeheizten Stimmung rückt auch schon mal ein Mutiger näher und versucht Hand anzulegen. Geraten Sie dann nicht in Panik, sondern ziehen Sie sich eiskalt und sehr bestimmt zurück.

Wenn Sie die auf Dauer lästige **Anmache vermeiden** oder im Keim ersticken wollen, müssen Sie die **Tricks der Italienerinnen** anwenden:

Nichts entmutigt einen Ragazzo schneller als totales Desinteresse. Dazu müssen Sie unbedingt Augenkontakt vermeiden (Sonnenbrillen sind sehr hilfreich), immer eisern schweigen und ggf. gelangweilt wegschauen. Sie können den Spieß auch umdrehen und sich den Kerl zunächst von oben bis unten betrachten und sich dann desinteressiert und wortlos abwenden (funktioniert nicht immer, da sein Selbstbewusstsein meist nicht zu schlagen ist; wenn's klappt, wirkt es wie eine kalte Dusche).

Wenn Ihr Schweigen den Wortschwall nicht zum Erliegen bringt, können Sie mit MP3-Player eine Unterhaltung vermeiden (das weckt allerdings wiederum das Interesse der auf der Spanischen Treppe praktizierenden Taschendiebe). Auf der Straße entgehen Sie der Anmache, wenn Sie unbeeindruckt und zielstrebig weitergehen und so tun, als hätten Sie ein bestimmtes Ziel.

Einen gewissen Schutz vor Verehrern bieten auch ein Ehering und die ständige Erwähnung von Ehemann und kleinem Kind (auch ganz dreiste Typen sind hier streng katholisch).

Wenn alles nicht hilft, suchen Sie die Nähe älterer Frauen. Die werden sofort erkennen, was los ist und Sie unter ihren mütterlichen Schutz stellen. Vor der Autorität einer italienischen Mama weicht selbst ein Wüstling schnell zurück. Ist keine Mama zur Stelle, finden Sie vielleicht einen Polizisten (eine Mama ist aber besser, weil sie weit mehr Autorität besitzt!).

Eine ganz üble Anmache findet im voll besetzten Bus (besonders in den Linien 40 und 64 vom Hauptbahnhof zum Vatikan während der Hauptverkehrszeit) statt, wenn Typen die Situation nutzen, um Körperkontakt herzustellen. Können Sie sich dem wegen des Gedrängels nicht entziehen, bleiben Sie ruhig und stellen Sie sich scheinbar unabsichtlich auf seinen Zeh.

Als Frau sollten Sie sich spätabends und nachts nicht allein in der Bahnhofsgegend und auf der Pzza. Vittorio Emanuele II sowie allgemein an wenig frequentierten Plätzen aufhalten. Für allein reisende Frauen sind daher auch die Billigpensionen in der Umgebung von Termini kaum zu empfehlen. Abzuraten ist von der Benutzung der Metro nach 22 Uhr.

● *Interessante Adressen für Frauen* **Frauenbuchladen** *Al Tempo Ritrovato*, Via dei Fienaroli 31d (Trastevere), ✆/📠 06.5817724. Mo 15–20 Uhr, Di–Sa 10–20 Uhr.

**Le Sorellastre**, Via San Francesco di Sales 1a (zweigt in Trastevere am Gefängnis von der Via Lungara ab), ✆ 349.7622845. Restaurant und Winebar nur für Frauen, auch (aber nicht ausschließlich) für Lesben; beliebt ist der Sonntags-Brunch.

# Fußball (calcio)

Antike Gladiatorenkämpfe und Wagenrennen, die einst die Römer begeisterten, sind schon seit Jahrhunderten abgeschafft. Dafür gibt es nun den Fußball als vollwertigen Ersatz.

Kein Thema beherrscht das Leben so sehr wie der Fußball. Jeder hat seine Meinung zum jüngsten Spiel und äußert sie, wo immer er kann. Im Bus und in der Bar wird das kleinste Detail der letzten *partita* durchdiskutiert. Täglich beschäftigt sich der *Corriere dello Sport*, eine der meistgelesenen Tageszeitungen Italiens, mit jeder Hintergrundinformation über die Ballprimadonnen.

So sehr sich die Italiener darüber einig sind, dass Fußball eine der wichtigsten Angelegenheiten überhaupt ist, so zerstritten sind sie, wenn es darum geht, welcher Mannschaft die Zuneigung und unbedingte Unterstützung gebührt. Ganze Komödien leben allein davon, dass die Hauptpersonen Fans, die hier *tifosi* heißen, verfeindeter Clubs sind. Auch das Drama von Romeo und Julia kann sich in Rom jederzeit wiederholen, wenn die Familie eines Liebenden dem *A.S. Roma* (Vereinsfarben rot/orange mit dem schwarzen Kopf der Wölfin) nahesteht, während sich die andere Familie zum Lokalrivalen *S.S. Lazio* (blau/weiß mit einem Adler) bekennt.

So überraschte es kaum, dass sich am 22. Februar 2004 der damalige Ministerpräsident und Inhaber des Clubs AC Milano, Silvio Berlusconi, in der wichtigsten Sportsendung des italienischen Fernsehens nach einer negativen Äußerung über Milan per Telefon spontan live zuschalten ließ und mit den Worten *„wie ich sehe, redet ihr gerade über mich"* eine Beschwerde einleitete. Verbürgt ist auch seine Feststellung gegenüber Papst Johannes Paul II. während einer Audienz: *„Wir exportieren beide eine siegreiche Idee in die Welt – Sie das Christentum, ich den AC Mailand."*

Für Außenstehende ist dieses Getue um den Fußball – trotz gewonnener Weltmeisterschaft 2006 – kaum verständlich, schon gar nicht nach den vielen Problemen der letzten Jahre.

Im Mai 2006 kam die Verwicklung von mehreren Vereinen der ersten Liga, hohen Verbandsfunktionären und Schiedsrichtern in einen **Manipulationsskandal** ans Licht. Weil insbesondere seit 2004 viele Ergebnisse entscheidender Partien systematisch abgesprochen worden sein sollen, hat man dem Rekordmeister Juventus Turin gleich mehrere Titel aberkannt und mehrere Vereine von der ersten in die zweite oder sogar gleich in die dritte Liga zurückgestuft. Es gab Berufsverbote sowie Geldstrafen für einige Vereinsfunktionäre und Schiedsrichter. Kein Thema der letzten Zeit hat die italienischen Medien vergleichbar aufgewühlt.

Zum größten Problem der letzten Jahre hat sich aber der grassierende **Hooliganismus** entwickelt. In den Fankurven mancher Stadien herrscht der Mob und immer wieder kommt es zu Gewaltausbrüchen. Die durch horrende Ablösesummen und den Gehaltspoker der Spielerstars kurz vor der Pleite stehenden Clubs investieren kaum in Fanbetreuung und vernachlässigen die Sicherheitsmaßnahmen. Viele Stadien sind veraltet und bieten keinen ausreichenden Schutz vor Randalierern. Nach Schätzung des italienischen Innenministeriums gibt es in Italien etwa 80.000 organisierte, gewaltbereite Tifosi. Längst reicht die Gewalt aus Anlass eines Fußballspiels über die Stadien hinaus. Im Juni 2005 wurde ein Polizist von Hooligans so schwer am Kopf verletzt, dass er behindert bleibt. Bei Straßenkämpfen nach einem Fußballspiel in Catania kam Anfang 2007 ein Polizist ums Leben, woraufhin die nächsten Spiele vor leeren Rängen unter Ausschluss der Zuschauer stattfanden. Als im Dezember 2007 ein Fan von einem nervösen Polizisten erschossen wurde, gab es in Rom tagelange Krawalle mit vielen Verletzten und demolierten Polizeifahrzeugen.

Dazu kommt eine wachsende Politisierung der militanten Fans, die sich besonders in Rom auswirkt, wo die beiden rivalisierenden Liga-Clubs *A.S. Roma* und *S.S. Lazio* beheimatet sind. Die *Società Sportiva Lazio* wurde im Jahr 1900 gegründet und zog besonders die Faschisten an. Zu den prominenten Vereinsmitgliedern gehörte der „Duce", Benito Mussolini. Aus dieser Tradition stoßen heute vermehrt rechtsradikale Fußballfans zu den Laziali. Man schätzt ihren harten Kern auf etwa 7.000 gewaltbereite Personen, von denen manche auch Kontakte zur deutschen NPD unterhalten. Bei Spielen von Lazio erschallten aus der Fankurve schon Sprechchöre, die Mussolini feierten oder rassistischen Inhalt hatten, wie die Affenlaute bei jeder Ballberührung eines farbigen Spielers der gegnerischen Mannschaft.

Zweimal im Jahr kommt es zum **Stadtderby**, das selbst die friedlichen Tifosi, die nur das Spiel genießen wollen, zutiefst erregt. Das Spektakel beginnt dann meist schon lange vor dem Anpfiff, wenn am Morgen die ersten Trupps der *Romanisti* und der *Laziali* durch die Straßen ziehen und sich mit Sprechchören anheizen. Jetzt darf keinem Unbeteiligten eine Äußerung oder nur eine Geste entschlüpfen, die ihn als Sympathisant des jeweiligen Gegners entlarven könnte. Die Stimmung ist explosiv wie vor einer Schlacht.

Besonders gefährlich sind jetzt die politisierten Hooligans beider Vereine, denn die Mitglieder des 1927 im Arbeiterviertel Testaccio gegründeten *AS Roma* stehen traditionell eher links, und inzwischen sammeln sich hier auch gewaltbereite linke Ultras. Beim Derby 1999 entrollten die Laziali in ihrer Nordkurve ein 18 m langes Transparent, auf dem zu lesen war *„Auschwitz ist eure Heimat, die Öfen euer Zuhause".* Das war eine Anspielung auf den ersten Präsidenten von *AS Roma*, der Jude war.

Will man sich das Stadtderby anschauen, sollte man wachsam sein und einen großen Bogen um die Fanblöcke machen. Schauplatz des Geschehens ist das **Olympia-Stadion** im Norden der Stadt, auf der anderen Tiberseite. Davor finden sich fliegende Händler mit gut sortiertem Angebot ein. Alles, was ein Fan braucht, ist hier zu haben, Dosen, Flaschen und Alkohol dürfen allerdings nicht mit hineingenommen werden. Im Stadion üben bereits Chöre ihre Anfeuerungsrufe und rhythmisches Händeklatschen. Auch die ersten Leuchtraketen werden abgefeuert. Die Nervosität wächst. Dann geht es los. Angst und Schrecken verbreiten sich, wenn ein gegnerischer Stürmer auf den eigenen Strafraum zurennt; Empörung kommt auf, wenn der Schiedsrichter für die anderen entscheidet, Wut, wenn der eigene Held gefoult wird. Rückt der Erfolg näher, bricht Jubel aus. Schreien, Brüllen, Gestikulieren gehören dazu. Hier ist alles erlaubt, was sonst nicht raus darf. Beim ersten Tor fließen die Tränen der Fans, je nach Zugehörigkeit aus Trauer oder aus Freude. Nach dem Spiel ziehen Triumphzüge durch die Stadt. Die Autos hupen, Fahnen werden geschwenkt und jeder ist erleichtert, wenn es bei solch ausgelassenen Freudenbekundungen geblieben ist.

Der Familienvater, der nicht ins Stadion darf, presst beim sonntäglichen Spaziergang mit der Familie wenigstens sein Radio ans Ohr. Er will schließlich mitreden können und kein Detail versäumen, das der Reporter mit sich überschlagender Stimme ins Mikrofon brüllt.

Die Spiele finden von August bis Ende Mai sonntagnachmittags im **Stadio Olimpico** statt (ab Termini mit Metrolinie A bis „Ottaviano". Zu Fuß über die Via Ottaviano in Richtung St. Peter bis zum Piazzale Risorgimento, und von dort weiter mit dem Bus Nr. 32 bis zum großen Busparkplatz auf dem Piazzale della Farnesina, neben dem

Stadion). In der Südkurve sitzen die *Romanisti*, in der Nordkurve die *Laziali*; beide Bereiche sollten Sie unbedingt meiden. Die billigsten Karten kosten 15 €, Tribünenplätze bis zu 170 €, bei Spitzenspielen sogar noch mehr. Für das Lokalderby sind nur schwer Karten zu bekommen, manchmal hat man über das Internet Glück oder man muss sich frühzeitig an einen der Fanshops wenden. Bei weniger begehrten Spielen kann man oft auch noch vor dem Stadion Karten kaufen (Kartenverkauf ab drei Stunden vor dem Spiel). Tickets kann man online buchen unter www.asromastore.it (es gibt auch Seiten auf Englisch).

Spiele der unteren Liga finden auch im **Stadio Flaminio** (nördlich der Pzza. del Popolo, mit der Straßenbahn Linie 2 ab Piazzale Flaminio oder dem Bus Nr. 910 ab Termini oder Pzza. della Repubblica).

**Fanshops** von AS Rom: **AS Roma Store**, Via Cola di Rienzo 136 (zwischen Vatikan und Tiber). Riesiger Fanshop mit Bar, Cafeteria und preiswertem Mittagsbuffet. Etwas kleiner an der Pzza. Colonna 360 (bei der Marc-Aurel-Säule), oder Pzza. B. Cairoli 119 (zwischen Largo Argentina und Tiber), www.asromastore.it.

**Roma Caput Mundi**, Via Flaminia 40.

Ein besonders uriges Lokal des Fanclubs von *AS Rom* liegt im Stadtteil Testaccio, wo der Verein gegründet wurde (**Testaccio i Fedelissimi Roma Club Testaccio**, Via Giovanni Branca 32, Ecke Via Antonia Cecchi).

**Fanshop** von *S.S. Lazio*: **Lazio-Point**, Via Farini 34 (von Santa Maria Maggiore in Richtung Bahnhof).

# Geld

Aus Sicherheitsgründen sollte man nicht zu viel Bargeld mit auf die Reise nehmen und alles, was an einem Tag nicht gebraucht wird, im Hotelsafe deponieren. Viel Bargeld ist auch nicht erforderlich, da es selbst in kleineren Städten Latiums genügend Geldautomaten gibt, an denen man sich mit Maestro-Karte (ec-Karte) oder Kreditkarte mit Barem versorgen kann. Problematisch wird das nur, wenn die Banken streiken, denn dann werden auch die Automaten abgeschaltet. Am sichersten ist daher die Kombination aus Bargeld, Reiseschecks und Maestro- sowie Kreditkarte.

> **Tipp**: Überprüfen Sie rechtzeitig vor dem Urlaub die Gültigkeitsdauer Ihrer Karten. Die Ausstellung einer neuen kann bis zu einigen Wochen dauern. Eine neue Karte sollte man zunächst erproben, bevor man sich im Urlaub darauf verlässt. Wenn eine Karte verloren geht, muss sie sofort gesperrt werden. Bis zur Sperrung haftet in der Regel der Karteninhaber, danach springt die Versicherung ein, wenn Unberechtigte Geld vom Konto abheben oder mit der Karte zahlen (→ „Diebstahl", S. 38).

• *Maestro- (ec-)Karte mit Geheimnummer*
Solange kein Streik oder Computerausfall die Geldautomaten lahm legt, kann man sich damit auf bequemste Art mit Bargeld versorgen (am Geldautomaten der Banken auf rot-blaues ec-Symbol achten). Die Benutzungsanweisungen werden auf dem Bildschirm auch in Deutsch angezeigt (*fuori servizio* heißt *außer Betrieb*). Nach einer EU-Verordnung dürfen dafür zwar nicht mehr Gebühren verlangt werden als im Herkunftsland. Aber das Recht sieht keine Sanktionen bei Verstößen vor, weshalb einige Kreditinstitute zusätzliche Gebühren für das Abheben in Italien verlangen. Andere haben einfach mit der Erhöhung ihrer Gebühren in Deutschland reagiert. So werden für das Abheben mit der ec-Karte jedes Mal pauschal 3 bis 6 € berechnet. Am teuersten sind oft die Sparkassen.

Mit der **Postbank-Sparkarte** kann man 4-mal im Jahr kostenlos von fremden Instituten Geld ziehen, egal ob in Deutschland oder in Italien. Danach wird es teuer (5,50 €). Glück hat man mit einer ec-Karte der **Deutschen Bank**; an den Automaten der Filialen in Italien zahlt man keine Gebühren für das Abheben (z. B. am zentral gelegenen Largo Torre Argentina 4, Ecke Via Corso Vittorio Emanuele II).

• *Kreditkarten*  Unkompliziert, preiswert und in Diebstahlsfällen auch sicher (sofern Sie sofort den Verlust anzeigen, Notfallnummern → „Diebstahl", S. 38) sind Kreditkarten. *Eurocard/Mastercard* und die *Visa-Karte* sind weit verbreitet und werden in allen größeren Geschäften, Tankstellen und Restaurants fast immer akzeptiert. Nicht ganz so häufig sind *American Express* und *Diners*, sie sind eher dort vertreten, wo viele Amerikaner unter den Kunden sind. Teuer wird es, wenn man mit der Kreditkarte am Automaten Bargeld zieht (bis zu 7 €).

•*Reiseschecks*  Reiseschecks haben den Vorteil, dass sie im Fall eines Diebstahls von den ausstellenden Instituten ersetzt werden. Wenn Sie die Schecks bei Banken, Wechselstuben oder größeren Hotels einlösen, fallen allerdings hohe Gebühren an. Besser wenden Sie sich an die Filialen der Scheck-Unternehmen. Beim Einlösen ist immer ein Ausweis erforderlich. Der bürokratische Aufwand kostet etwas Zeit. Man sollte deshalb nur einen Teil der Urlaubskasse für Notfälle in Reiseschecks anlegen.
**American Express**, Pzza. di Spagna 38 (rechts der Spanischen Treppe), ℘ 06.67641. Mo–Fr 9–17.30 Uhr und Sa 9–12.30 Uhr. Kei-

ne Gebühr beim Eintauschen von Am.Ex. Travellers' cheques.
**Thomas Cook**, Pzza. Barberini 21 und Via di Conciliazione 23. Jeweils Mo–Sa 9–20 Uhr. Keine Gebühr beim Eintauschen von Thomas Cook und Master Card Travellers' cheques.

•*Überweisung*  Mit Überweisungscode und speziellem Formular sind Überweisungen nach Italien kostenlos (nähere Infos erhalten Sie bei Ihrer Bank).

•*Kontoeröffnung*  Aufwändig ist die **Kontoeröffnung** bei einer italienischen Bank, für die man u. a. eine Niederlassungsbescheinigung benötigt. Für Ausländer, die auf konstante heimatliche Bankverbindungen angewiesen sind, soll es angeblich weniger umständlich sein, gelegentlich in die Heimat zu reisen. Die Medici, die den modernen Bankenverkehr erfunden haben, würden sich im Grabe umdrehen!
Als Alternative bietet sich der Bankverkehr über die Deutsche Bank an, die in Rom einige Zweigstellen unterhält.

•*Öffnungszeiten der Banken*  In der Regel haben Banken Mo–Fr von 8.45 bis 13.30 und von 14.45 bis 16 Uhr geöffnet, sofern kein Streik stattfindet oder ein Stromausfall die Computer lahmgelegt hat.

# Gottesdienste in deutscher Sprache

Die deutsche römisch-katholische Gemeinde in Rom zelebriert die Heilige Messe in ihrer Gemeindekirche **Santa Maria dell'Anima** (→ „Piazza Navona", S. 412) außer im Juli und im Aug. regelmäßig von Mo–Fr um 18.45 Uhr, Sa und am Vorabend von Feiertagen um 18 Uhr sowie an So und an Feiertagen um 10 Uhr und 18 Uhr. Änderungen der Zeiten sind möglich. Genaueres sowie die Termine von Kirchenkonzerten und Kindergottesdiensten erfahren Sie am Schwarzen Brett im Eingangsbereich des Pfarr- und Pilgerbüros (→ „Deutsches in Rom" S. 35).
*Adresse*  Santa Maria dell'Anima, Via della Pace 20. Eingang zum Pfarr- und Pilgerbüro der römisch-katholischen Gemeinde gleich um die Ecke, in der Via S. Maria dell'Anima 60, ℘ 06.6864160, ℘ 06.68195140.
Zur deutschen Enklave im Vatikan gehört neben dem schönen kleinen Friedhof auch die Kirche **Santa Maria in Campo Santo** (→ „Campo Santo", S. 525), wo außer im Aug. an Werktagen jeweils um 7 Uhr und So um 9 Uhr Gottesdienst gehalten wird. Kardinal Ratzinger hat hier vor seiner Wahl zum Papst gelegentlich die Messe gelesen.

Pilgergruppen, die mit einem Priester nach Rom kommen, können über das **Pilgerzentrum** Rom einen Termin für eine Messe in einer Kirche buchen. Mit entsprechend langer Vorlaufzeit ist es auch möglich, zwischen 7 und 7.45 Uhr nach Anmeldung die Heilige Messe in einer der Seitenkapellen von St. Peter zu feiern. Informationen zu den Sakramenten der Taufe von Neugeborenen, Erwachsenenfirmung und Eheschließung auf Anfrage beim Pilgerzentrum oder schriftlich direkt beim Vatikan per Fax an 0039/06.698.85793.
Für Gruppen, die ohne Priester in Rom sind, stehen der Leiter des Pilgerzentrums, Don Antonio Tedesco, oder einer seiner Mitarbeiter zur Zelebration einer Heiligen Messe, zur Beichte oder zur geistigen Einstimmung zur Verfügung (→ „Deutsches in Rom", S. 35).
*Information*  Pilgerzentrum, Via della Conciliazione, 51 – I-00193 Roma, ℘ 0039/06.6897-197 oder -198 (nur zu den Geschäftszeiten: Mo–Fr 8.30–18 Uhr und Sa 8.30–12.30 Uhr; Achtung: Änderungen der Zeiten sind häufig), ℘ 0039/06.6869490, www.pilgerzentrum.de.

# Haustiere

Der Tierschutzbund empfiehlt, Haustiere nicht mit in den Urlaub zu nehmen, da Klima- und Ortsveränderung einen enormen Stress für sie bedeuten. Besonders Katzen würden leiden, wenn man sie von ihrem vertrauten Revier trennt, sie sollte man am besten zu Hause betreuen lassen (es gibt z. B. „Catsitter", im Tierheim nachfragen, Sie können sich von Mai bis Sept. auch an die Urlaubs-Hotline des Deutschen Tierschutzbundes wenden, ✆ 0228/6049627). Hunde müssen im Gepäckraum des Flugzeuges in einer speziellen Flugbox (im Tierhandel erhältlich) reisen, wo es laut, kalt und dunkel ist. Mancher sensible Vierbeiner erholt sich nur schwer von den dort ausgestandenen Todesängsten. Kleine Hunde und Katzen werden von manchen Fluggesellschaften auch in einer Tasche im Passagierraum toleriert.

*Selbstbewusst: Römische Katzen*

Bevor Sie Ihren Hund mit auf die Reise nehmen, sollten Sie sich darüber informieren, ob er im Hotel geduldet ist. Rechtzeitig vor Urlaubsbeginn ist eine Tollwutimpfung (mindestens 30 Tage und maximal 12 Monate vor Einreise in einen anderen Mitgliedstaat der EU oder die Schweiz) und die Bescheinigung darüber im **EU-Heimtierausweis** sowie eine Identitätskennung durch Tätowierung oder durch Mikrochip erforderlich. Beim Tierarzt kann man sich auch nach einem Beruhigungsmittel für das Tier erkundigen (besonders bei Flugreisen ratsam). Für größere Hunde besteht in Italien Leinen- und Maulkorbzwang.

Als Beitrag zum aktiven Tierschutz werden häufiger herrenlose Hunde und Katzen adoptiert und mit nach Deutschland genommen. Amtstierärzte weisen darauf hin, dass hierdurch zunehmend Probleme entstehen. Besonders freilebende Hunde im Mittelmeerraum seien Träger von Erkrankungen, die in Deutschland noch kaum vorkämen. Da sie mit den Parasiten, die diese Erkrankungen häufig verursachen, aufgewachsen seien, hätten sie einen besseren Immunstatus und könnten mit den Beschwerden leben. Die heimischen Tiere verfügten dagegen über keinerlei Abwehrkräfte. Ansteckungen führten dann bei jenen oft zu schwersten Erkrankungen der inneren Organe und zum Tod. Selbst Kleinkinder könnten infiziert werden und seien gefährdet. Wenn man Tieren helfen wollte, sollte man das durch Geldspenden oder Patenschaften vor Ort tun.

Wenn Sie trotzdem einen aufgelesenen Streuner mitnehmen möchten, ist vorher ein Besuch beim Tierarzt erforderlich. Neben den Impfungen für den EU-Heimtierausweis sollte man dann auch gleich eine Wurmkur durchführen lassen.

Weitere Tipps bekommt man von den freundlichen Leuten des Katzenasyls am Largo Argentina (Kontakt über Silvia Viviani, Via Marco Papio 15, 00175 Roma, ✆ 0039/06.6872133 oder im Internet unter www.romancats.com) oder direkt bei den Tierärzten (Ansprechpartnerin ist für die Region Rom Angelika Fragione, Via della Rena 104, Trevignano/Roma, ✆ 0039/06.9997210; sie spricht Deutsch).

Ein besonderes Problem sind die vielen **ausgesetzten Katzen** in Rom. Oft leben sie in den Ausgrabungsgebieten, wo sie vor dem Straßenverkehr sicher sind und wo sich einige Tierfreunde um sie kümmern. Ein solches **Katzenasyl** befindet sich beim Torre Argentina (dem Ausgrabungsgebiet mit den republikanischen Tempeln an der Via Vittorio Emanuele II). Eine Gruppe Freiwilliger opfert dort Freizeit und Geld, um die Katzen zu sterilisieren, zu füttern und medizinisch zu betreuen. Hauptziel der Tierfreunde ist es, durch Adoption ein gutes Zuhause für die Katzen zu finden (→ „Um den Largo Argentina", S. 430).

## Informationsmaterial

Übersichtspläne, Hotelverzeichnisse, Museumslisten sowie jede Menge Prospekte kann man sich vor der Reise kostenlos vom Staatlichen Italienischen Fremdenverkehrsamt **ENIT** *(Ente Nazionale Italiano per il Turismo)* zusenden lassen oder über die Homepage www.enit.it herunterladen. Bei individuellen Fragen gibt die deutsche ENIT-Zentrale in Frankfurt oder eine der Zweigstellen in Berlin oder München Auskunft. Eine unmittelbare Hotelbuchung ist über ENIT aus Wettbewerbsgründen nicht möglich.

Wenn Sie Adressen suchen, ist der Kauf eines ausführlichen **Stadtplans** mit Straßenindex zu empfehlen (z. B. von Falk).

In Italien bekommt man weiteres kostenloses Infomaterial von den regionalen **Touristenbüros** der **EPT** *(Ente di Promozione Turistica)*. Das Hauptbüro der EPT für Rom und die Provinz Rom befindet sich in der Nähe des Bahnhofs Termini, Zweigstellen gibt es im Bahnhof (am Gleis 24) und im Terminal C (Ankunftshalle für internationale Flüge) des Flughafens Fiumicino. Daneben stehen den Besuchern an vielen zentralen Stellen die grünen Informationspavillons zur Verfügung. Adressen und Öffnungszeiten der EPT sehen Sie unten.

Telefonische Auskünfte über Museen erhalten Sie per Handy unter ☎ 800/163163; Informationen über alle Dienstleistungen der Stadtverwaltung einschließlich des örtlichen Verkehrsbetriebs **Atac** und kommunaler Kulturveranstaltungen erhalten Sie täglich rund um die Uhr über ☎ 06.0606 (Mo–Sa 16–19 Uhr, auch auf Deutsch und Englisch).

•*Deutschland* **ENIT Zentrale**: Kaiserstraße 65, 60329 Frankfurt, ☎ 069/237434, ☏ 069/232894, E-Mail: Enit.ffm@t-online.de; **ENIT Berlin**, Kontorhaus Mitte, 5. OG, Friedrichstraße 187, 10117 Berlin, ☎ 030/2478398, ☏ 030/2478399, E-Mail: Enit-berlin@t-online.de; **ENIT München**, Prinzregentenstraße 22, 80538 München, ☎ 089/531317, ☏ 089/534527, E-Mail: Enit-muenchen@t-online.de.

•*Rom* Bei den staatlichen Fremdenverkehrsämtern bekommt man zwar neben Informationsmaterial und einem recht brauchbaren Stadtplan (leider ohne Register) auch ein Hotelverzeichnis, doch Reservierungen oder Buchungen sind nicht möglich. **Hauptbüro der EPT**: Via Parigi 5 (über Bahnhofsvorplatz, vorbei an der Pzza. della Repubblica, die zweite Straße rechts), ☎ 06.488991. Tägl. außer So 9–19 Uhr.

**Zweigstellen der EPT**: Vorhalle des Bahnhofs Termini, ☎ 06.48906300. In der Hauptsaison tägl. 8–21 Uhr.

**Grüne Infopavillons**: U. a. vor der Engelsburg, in Trastevere (Viale Trastevere/Pzza. Sonnino), vor der Lateransbasilika (Pzza. S. Giovanni in Laterano), am Trevibrunnen (Via Minghetti), an der Pzza. Cinque Lune (nördlicher Zugang zur Pzza. Navona), Pzza. del Tempio della Pace (bei den Kaiserforen), Largo Goldoni, Via del Corso/Via Condotti, Via Nazionale 194 (vor dem Ausstellungspalast, dem **Palazzo delle Esposizioni**). Die Pavillons sollen eigentlich täglich von 9.30 bis 19 Uhr geöffnet sein, sind es aber aus uns unbekannten Gründen nicht immer. Gelegentlich sieht auch das Infomaterial vergriffen oder nur spärlich verfügbar. Wenigstens bekommt man in der Regel einen groben Stadtplan (ohne Index).

•*Weitere Informationsmöglichkeiten* **Enjoy Rome**, Via Marghera 8a, 00185 Roma (Straße beim nördlichen Ausgang der Halle des Hauptbahnhofs Termini), ℡ 06.4451843, ℡ 06.4450734, www.enjoyrome.com. Mo–Fr 8.30–13 und 15.30–18 Uhr, Sa 8.30–13 Uhr. Ausgezeichnete englischsprachige Anlaufstelle für Touristen (auch für Low-Budget-Reisende und jüngere Leute), gleichzeitig Veranstalter von Stadtrundgängen zu speziellen Themen (z. B. Vatikan, antikes Rom, nächtliches Rom, Trastevere und jüdisches Ghetto, Stadtplanung unter Mussolini, Essen und Trinken usw.) und von Tagesausflügen (z. B. nach Florenz, Assisi oder Pompeji). Es gibt viele Veranstaltungshinweise, Buchungsmöglichkeiten für Museen und es werden auch Unterkünfte vermittelt.

**Pilgerbüro** auf dem Petersplatz, Mo–Sa 8.30–19 Uhr.

**Deutsches Pilgerzentrum**: Via della Conciliazione, 51 – I-00193 Roma, ℡ 0039/06.6897-197 oder -198 (nur zu den Geschäftszeiten: Mo–Fr 8.30–18 Uhr und Sa 8.30 –12.30 Uhr; Achtung: Änderungen der Zeiten sind häufig), ℡ 0039/06.6869490, www.pilgerzentrum.de.

•*Aktuelle Veranstaltungs- und Ausstellungshinweise* finden Sie in der Beilage *Trovaroma* zur Donnerstagsausgabe der Zeitung *La Repubblica* (nicht im August!), in der wöchentlich erscheinenden zweisprachigen (ital./engl.) Zeitschrift *Roma c'è* (am Kiosk erhältlich; auch viele Partyhinweise), oder in der kostenlosen Broschüre *Un Ospite a Roma* (erscheint 14-tägig und liegt in vielen Hotels, Restaurants und bei EPT aus) mit Ausstellungshinweisen, Adressen von Vorverkaufsstellen und mehr oder weniger aktuellen Öffnungszeiten.

Wer keinen **Stadtplan** hat, obwohl dieser in kaum einer anderen europäischen Hauptstadt so notwendig ist wie in Rom, findet auf den „gelben Seiten" der Telefonbücher einen ausführlichen Plan mit Register.

# Internet-Adressen und Internet-Cafés

Ausführliche und aktuelle Informationen erhalten Sie auf zahlreichen Websites. Hier nur eine kleine Auswahl:

•*Allgemeine Informationen* **www.rome guide.it** oder auch **www.romecity.it**: Infos zu Sehenswertem, Restaurants, Hotels, Nachtleben, auch in Englisch.

**www.enit.it**: offizielle Seite der staatlichen italienischen Tourismusbehörde.

**www.romaturismo.it**: offizielle Seite des regionalen Touristenbüros.

**www.liveinrome.com**: englischsprachige Seite für Ausländer, die länger in Rom bleiben, mit Wohnungsanzeigen, Jobvermittlung und Schwarzem Brett.

**www.enjoyrome.com**: praktische Touristeninformationen insbesondere auch für jüngere Leute, darunter preiswerte, auch private Unterkünfte, Ausgehtipps, fachkundige Stadtführungen zu speziellen Themen, Ausflüge (z. B. Biking Tours).

**www.comune.roma.it**: offizielle Web-Seite der römischen Stadtverwaltung.

**www.culturaroma.it**: aktuelle Kulturveranstaltungen, Ausstellungen, Konzerte.

**www.museionline.it**: Auflistung von Museen, Ausstellungen und Ausgrabungen in ganz Italien mit Adressen und weiterführenden Links.

**www.vatikan.va**: offizielle Seite des Vatikans mit einer Flut von Auskünften über den Kirchenstaat und seine Verwaltung, der Ansprachen von der Zeit Papst Pauls VI. bis zur Gegenwart bis hin zu Museumsinformationen und bevorstehenden Messen in der Peterskirche.

**www.pilgerzentrum.de**: ausführliche Informationen für kirchlich interessierte Besucher sowie praktische Hinweise zu preiswerten Unterkünften in Klöstern und Buchung von Karten zur Generalaudienz des Papstes oder großer Papstmessen.

•*Transportmittel* **www.adr.it**: alles über die römischen Flughäfen Fiumicino und Ciampino.

**www.fs-on-line.com**: Die italienische Bahn stellt sich vor (interessant sind die aktuellen Sonderangebote).

**www.aci.it**: Informationen vom italienischen Automobilclub.

**www.atac.roma.it**: alles über die römischen Verkehrsbetriebe.

•*Reisewetter* www.cnn.com/weather.

•*Antikes Rom* **www.romereborn.virginia. edu/** Wissenschaftler aus vier Ländern arbeiten an der Universität von Virginia seit einigen Jahren an einer digitalen Auferstehung des antiken Roms der Zeit 320 n. Chr. Rund 7.000 Gebäude innerhalb der 13 km langen Aurelianischen Stadtmauer sollen digital rekonstruiert werden, von 30 Gebäuden, darunter dem Kolosseum, will man sogar die Innenräume detailliert animieren, damit man sie bei einem virtuellen Stadtrundgang auch besichtigen kann.

• *Internet-Cafés* Die Adressen, wo man mailen, surfen oder chatten kann, nehmen ständig zu. Kleine und preiswerte Internet-Cafés findet man hauptsächlich in der Bahnhofsgegend (empfehlenswert ist z. B. **navigater 50 towers** in der Via Marghera 21 mit 60 Computern, Internetzugang unter 1 € pro Stunde) oder in der Nähe des Petersplatzes (z. B. **TheNetGate**, Borgo S. Spirito 17, Mo–Sa 10–20 Uhr).

In der Regel kostet Surfen oder Mailen ca. 5 € pro Stunde, zu bestimmten Zeiten ist es preiswerter.

# Junge Leute/Informationen

Auskunft und Anlaufstellen für jüngere Romreisende:

**Centro Turistico Studentesco e Giovanile (CTS)**, Via Genova 16, (der internationale Studentenausweis ISIC − *International Student Identity Card* − ist hier erforderlich). Mo–Fr 9–13 und 15.30–19 Uhr, Sa 9–13 Uhr. Billigreisen für junge Leute, nützliche Informationen für Rom (internationales Schwarzes Brett), Mitfahrgelegenheiten.

**Jugendzentrum San Lorenzo**, Via Pfeiffer 24 (von der Via della Conciliazione kurz vor dem Petersplatz links ab, am Ende der Gas-se), ist kirchlich organisiert, 11–19 Uhr geöffnet. Hier kann man Leute kennenlernen, beten und meditieren. Zum Jugendzentrum gehört eine Kirche, ein schlichter Ziegelbau in Basilikaform mit antiken Säulen. Täglich findet von 17 bis 18 Uhr eine Andacht statt und von Mo bis Sa um 18.15 Uhr eine Messe in englischer Sprache (So um 10.30 Uhr).

**Associazione Turistica giovanni**, Via di Torre Argentina 47. Offizielles Touristeninformationsbüro speziell für Jugendliche.

# Kinder

Auch wenn eine der niedrigsten Geburtenraten in Europa es nicht vermuten lässt, die Italiener lieben Kinder. Einen Säugling will jeder anschauen, möglichst tätscheln und den stolzen Eltern Komplimente machen. Reisen Sie mit Kleinkind, werden Sie oft angesprochen, man ist besonders hilfsbereit und die Sympathien fliegen Ihnen zu. Abgesehen von sehr teuren Feinschmeckerlokalen ist es auch kein Problem, Kinder mit in ein Restaurant zu nehmen. Sonntagmittags gehören die herausgeputzten Bambini und ihre gestylten älteren Geschwister selbstverständlich dazu, wenn die gesamte Familie zum Essen ausgeht. Eines dieser Ristorante, in denen man sonntags klassisches italienisches Familienleben beobachten kann, ist z.B. Perilli in der Via Marmorata 39 (→ „Der Aventin", S. 282).

Nicht ganz so einfach ist es, sich mit Kindern in dem dichten Verkehr zu bewegen oder in den oft überfüllten Bussen zu fahren. Einstiegshilfen für Kinderwagen sind seltene Ausnahmen und selbst mit einem Buggy ist das Kopfsteinpflaster kein Vergnügen.

▸ Viel hat Rom für Kinder nicht zu bieten. Es gibt ein kleines **Karussell** auf dem Pinciohügel oberhalb der Piazza del Popolo und den **Puppenspieler** auf der Piazza Garibaldi, der Aussichtsterrasse auf dem Gianicolo. Weitere Karussells bietet der Vergnügungspark in EUR (Luna Park → S. 74).

▸ Eine besondere Attraktion speziell für Kinder bis 12 Jahre ist die kleine **Spielstadt Explora**. In unterschiedlichen Bereichen des Alltags (Fernsehstudio, Läden, Umwelt) dürfen Kinder alles anfassen und ausprobieren, um zu entdecken, wie die auf ihre Größe angepasste Welt der Erwachsenen funktioniert. Das ist für die Kleinen nicht nur spannend und lehrreich, sondern auch ein Riesenspaß. Bei fehlenden Sprachkenntnissen ist allerdings nicht alles verständlich und der

Wiedererkennungswert ist z. B. im Themenbereich „Fernsehstudio" gering. Im großzügigen Außenbereich laden dafür die Spielplätze zum Toben ein und schnell finden sich ohne Italienischkenntnisse Verständigungsmöglichkeiten.

●*Adresse* **Explora, il Museo dei Bambini di Roma**, Via Flaminia 82 (nördlich der Pzza. del Popolo, Metrolinie A bis „Station Flaminia").

●*Öffnungszeiten* Immer nur zu festen Einlasszeiten für jeweils 1 Std. 45 Min., dann folgt die nächste Gruppe. Di–Fr um 10, 12, 15 oder 17 Uhr; im Aug. um 12, 15 und 17 Uhr; Mo geschlossen; am Wochenende ist vorherige Reservierung erforderlich.

●*Eintrittspreis* Kinder unter 3 Jahre frei, 3–12 Jahre 7 €, darüber 6 €, Do Nachmittag für alle 5 €.

●*Infos/Reservierung* ✆ 06.3613776, ✆ 06.3608803, www.mdbr.it.

●*Museumsshop* Hier erhält man pädagogisch wertvolles Spielzeug und Kinderbücher; es gibt auch ein Restaurant und eine Cafeteria.

▸ Für etwas ältere Kinder und Erwachsene bietet **Time Elevator** im Surround-Kino eine 45-minütige Reise durch 3.000 Jahre römische Geschichte. Durch optische und akustische Effekte (über Kopfhörer auch auf Deutsch) und die auf Plattformen schwenkbaren Sitze erlebt man den Flug durch die Zeit hautnah. Man ist bei der Aussetzung der Zwillinge Romulus und Remus und der Ermordung Caesars dabei, sieht Rom brennen, Christen sterben, Michelangelo malen und vieles mehr. Anschaulich sind die Rekonstruktionen antiker Monumente (auch wenn die Realisierung weit von der Perfektion von Hollywood-Filmen entfernt ist und die Spielszenen recht kitschig wirken). Immerhin bekommen gerade Kinder (sofern sie sich bei dem Spektakel nicht ängstigen) einen ganz guten Überblick über die Geschichte und manches wird so viel verständlicher. (Es sind noch zwei weitere Filme im Angebot: „Die Evolution" mit Dinosauriern und „Das Haus des Schreckens").

●*Adresse* Via dei SS. Apostoli 20 (enge Gasse, die vom Nationaldenkmal kommend rechts von der Via del Corso abzweigt).

●*Öffnungszeiten* Tägl. 10.30–20.30 Uhr (= Beginn der letzten Vorstellung).

●*Eintrittspreis* 11 €, für Kinder bis 12 Jahre und Erwachsene ab 65 Jahren (Ausweis ist erforderlich) 8 €. Wer zwei oder alle drei Filme bucht, bekommt Rabatt.

●*Information/Reservierung* ✆ 06.97746243 oder www.time-elevator.it.

▸ Der Spezialist für Kulturführungen durch Rom, **Romaculta**, hat auch einige **Stadtführungen** zu besonderen Themenbereich speziell für Kinder im Programm (z. B. „Etappen aus Asterix in Rom", „Roms Katzenkolonien", „Mit Rollerblades im Borghesepark", „Die 7 Hügel in 400 Minuten" oder „Brot und Spiele: das Kolosseum"). Die Touren sind so konzipiert, dass Kinder auch ohne ihre Eltern daran teilnehmen können.

●*Kontaktadresse* DM Destinazione Mondo, Via Caio Canuleio 95, I-00174 Roma.

●*Buchung* Per Internet unter www.romaculta.de oder per Fax 0039/06.23328533.

●*Information* Über die homepage oder unter ✆ 0039/3387.607470.

▸ Eine auch für Kinder anschauliche Vorstellung von der Antike vermittelt das **Museo della Civiltà Romana** in EUR, wo man ein riesiges Modell des antiken Roms sieht (→ S. 578).

Dank der vielen Modelle, die die Entwicklungen eines Grundstücks vom ehemaligen antiken Theater bis zur heutigen Bebauung zeigen, kommt auch das Museum für Stadtentwicklung in der **Crypta Balbi** bei interessierten Kindern und Jugendlichen gut an (→ S. 430).

# Kleidung

Die römische Bevölkerung, unabhängig von Geschlecht und Alter, legt stets größten Wert auf gepflegtes Äußeres. Sobald das Wetter es nur irgendwie zulässt, gehen Jung und Alt am frühen Abend ihrer Lieblingsbeschäftigung nach, sie flanieren durch die Haupteinkaufsstraßen der Innenstadt und treffen sich an den zentralen Plätzen. Man macht **bella figura** und genießt die bewundernden Blicke der anderen. In Rom herrscht deshalb bei schönem Wetter ab 18 Uhr auf der Via del Corso und vor der Spanischen Treppe ein Gedränge wie bei einem Volksfest.

Selbst ältere Damen geben sich modebewusst, sind geschminkt und balancieren gekonnt auf hohen Stöckeln. Nach der Garderobe wird man taxiert und in einem Geschäft oder Restaurant dementsprechend behandelt. Kaum etwas verabscheuen die Römer mehr als amerikanische Touristen mit käsigen Beinen in schlecht sitzenden Shorts und bunten Hemden. Fast genauso grauenerregend sind deutsche Reisegruppen, die mit Rucksack, Wanderschuhen und Allwetterwindjacke (von Senioren bevorzugt in Lila oder Pastelltönen) wie für eine Bergwanderung gerüstet sind. Wer zuvorkommend und respektvoll bedient werden will, sei es im Restaurant oder beim Einkaufsbummel in den Geschäften, sollte sich daher gut kleiden.

In besseren **Restaurants** sind, zumindest am Abend, Jeans verpönt. In gerade angesagten **Clubs** ebenfalls, hier kommen auch die jungen Herren ohne Krawatte oder total gestyltes Outfit meist nicht am strengen Türsteher vorbei.

*„Notfallbekleidung" für den Kirchgang*

Eine strikte Kleiderordnung herrscht in **Kirchen** und auf dem gesamten Gebiet des **Vatikans** (auch in den Vatikanischen Museen und bei der Führung durch die Gärten!): Selbst bei größter Sommerhitze müssen die Schultern bedeckt sein, Shorts und bauchfreie Shirts sind tabu, und für Männer sind lange Hosen vorgeschrieben. Während in kleineren Kirchen oft das Personal fehlt, um die Bekleidungsvorschriften durchzusetzen, wird im Vatikan streng kontrolliert. Wer nicht ordnungsgemäß gekleidet ist, wird vom Aufsichtspersonal konsequent zurückgewiesen. Im Sommer hat es sich bewährt, eine leichte, lange Hose mitzunehmen und sie einfach über die Shorts zu ziehen. Ausreichend ist auch bereits ein Papier-Overall, den es in den Farbenabteilungen der Baumärkte gibt (er ist allerdings empfindlich und übersteht kaum häufige Kleiderwechsel).

# Klima/Reisezeit

Rom hat durchschnittlich gemäßigt warmes Klima. Im Winter sinken die Temperaturen selten unter null Grad, dafür ist der Wind schneidend kalt. Im Frühjahr und Herbst regnet es oft, manchmal auch stark mit sintflutartigen Sturzbächen, Dauerregen von einigen Tagen ist aber eher selten. Der Sommer kündigt sich mit Gewittern an und verabschiedet sich auch so. Während der Sommerferien im Juli und August kann es brüllend heiß und stickig werden.

Wenn es in Rom **regnet**, gibt es nur noch ein Gesprächsthema – das Wetter. Man leidet, denn die Wassermassen schaden nicht nur der Frisur, sondern der ganzen *bella figura* und man muss auf das so geliebte abendliche Flanieren verzichten. Zum Glück tauchen schon bei den ersten Tropfen scheinbar aus dem Nichts fast an jeder Ecke Schirmverkäufer auf. Es sind Inder oder Pakistani mit meist gut sortiertem Angebot, um den farblichen Wünschen der Kunden zu entsprechen. Zu allem Übel haben die Züge noch mehr Verspätung als üblich, Busse bleiben liegen und wenn endlich einer kommt, ist er berstend voll. Hoch begehrt und rar sind dann die Taxis.

Falls sogar einmal **Schnee** fallen sollte, was in den letzten Jahrzehnten gelegentlich vorkam, obgleich die Überlieferung sagt, dass es in Rom nur schneie, wenn ein Papst stirbt, bricht alles zusammen: Die Wasserleitungen in den alten Wohnblocks, die oft unzureichende Heizungen haben, vereisen, sodass es tagelang kein Wasser gibt, Busse und Eisenbahnen fahren nur zu vollkommen unberechenbaren Zeiten und die Taxifahrer machen durch fantasievolle Risikozuschläge ihr Geschäft des Jahres.

## Durchschnittstemperaturen/Niederschlag

| Monat | Temperatur | Regentage/Monat | Monat | Temperatur | Regentage/Monat |
|---|---|---|---|---|---|
| Januar | 10° C | 8 | Juli | 30° C | 2 |
| Februar | 12° C | 9 | August | 31° C | 2 |
| März | 15° C | 8 | September | 25° C | 5 |
| April | 19° C | 8 | Oktober | 21° C | 8 |
| Mai | 23° C | 7 | November | 16° C | 10 |
| Juni | 27° C | 4 | Dezember | 12° C | 10 |

Rom kann man das ganze Jahr über besuchen. Jede Jahreszeit hat ihre Vorteile:

Im **Winter** nehmen die Touristenströme etwas ab. Am Eingang der Museen muss man nicht mehr so lange warten und man kann vor den Kunstwerken verweilen ohne fortgedrängt zu werden. Die Anreise mit Auto oder Bus ist angenehmer, weil man nicht in unzählige Staus gerät (stattdessen können aber Schnee in den Alpen und Nebel in Oberitalien die Fahrt erschweren). Die Temperaturen sind erträglich, jedoch müssen Sie auch gegen Kälte gerüstet sein. Schneidend kalt bläst der *Tramontana*, ein eisiger Wind aus dem Apennin. In der Mittagssonne kann es aber warm genug werden für eine Rast auf einer Bank in einer windgeschützten Ecke oder auf der Terrasse einer Bar. Die Parks präsentieren sich immer noch grün und die Brunnen plätschern. Bei der klaren Luft breitet sich das römische Panorama wie gemalt aus, gestochen scharf ragen Kuppeln und Paläste aus dem Gewimmel der Dachgärten vor den erstaunlich nahen Albaner Bergen. Durch das schräg einfallende, warme Licht wirken die Fassaden viel plastischer als im grellen Sommersonnenschein, und sie glühen in den typischen Farben Ocker, Terrakotta und Blassrosa.

In der **Weihnachtszeit** wird es voll und hektisch. Der festliche Schmuck ist kitschig, überall blinken bunte Lichter in weihnachtlichen Motiven. An den Feiertagen ist fast alles geschlossen, die Römer bleiben zu Hause im Kreis der Familie. Es gibt kaum Auswahl an offenen Restaurants.

Ab **April/Mai** kommen die Touristen wieder. Der eisige Tramontana nimmt ab, es ist schon angenehm warm, aber noch lange nicht so unerträglich heiß wie im Sommer. Das Wetter kann aber unbeständig sein, Regenschutz ist unbedingt erforderlich.

**Ostern** ist erste Hauptreisezeit. Ein guter Zeitpunkt, Freunde und Verwandte wieder zu treffen, die man zu Hause schon immer mal besuchen wollte und die nun alle hier zu sein scheinen. Dann ist es auch schwierig, ein bezahlbares Hotel zu finden. Die Umgangssprache in den Touristenrestaurants ist Deutsch. In der Masse der Kultursuchenden muss man den richtigen Moment finden, wenigstens für einen Augenblick den Fotoapparat auf ein Kunstobjekt halten zu können. Vor dem Eingang der Vatikanischen Museen bildet sich eine Schlange von einem Kilometer Länge und es kann leicht zwei Stunden dauern, bis man drinnen ist. Doch Rom verträgt auch diese Einfälle der Horden aus dem Norden: Die Stadt ist vielseitig, sodass man selbst zu dieser Zeit den Touristenströmen entkommen kann. Kommen Sie aber dennoch möglichst nur **wegen** Ostern, nie aber **trotz** Ostern hierher! Am Karfreitag ist in Rom normaler Arbeitstag, sodass auch die Museen (bis auf die im Vatikan) und Geschäfte zu den gewöhnlichen Zeiten geöffnet sind. Ostersonntag und -montag sind allerdings Feiertage.

So richtig heiß wird es spätestens im **Juli** und **August**. Seit der Antike fliehen die Römer „*sobald die ersten Feigen und die Hitze den Bestattungsunternehmer und sein Gefolge schwarzer Helfer mit Arbeit versorgt*", wie bereits Horaz schrieb. Das Leben in der Stadt wird immer schleppender. In dieser Zeit fallen die Touristenmassen am meisten auf. Doch auch das Interesse des hartgesottensten Besuchers schwindet, wenn er von unerbittlichen Fremdenführern durch die Stadt getrieben wird. Der Kopf wird schwer und kann selbst kaum mehr für die herrlichsten Deckengemälde gehoben werden. Lassen Sie sich Zeit, verbringen Sie die Mittagshitze in einer Bar, auf einer Piazza im

Schatten, oder dösen Sie in Ostia unter einer Pinie und versuchen Sie, etwas Verständnis für den missmutigen Kellner aufzubringen, der auch so gerne bei seinen Landsleuten am Meer wäre. Nach seiner Meinung sind Sie daran schuld, dass er nicht dort sein kann.

Ein Vorteil dieser Reisezeit ist sicher, dass sich das Urlaubschaos am Meer abspielt und Rom ungewöhnlich ruhig ist. Da die meisten Römer die Stadt verlassen haben, sind allerdings auch die meisten Restaurants und Geschäfte, ja sogar einige kleinere Museen geschlossen. Die Zeit ist denkbar ungünstig für einen Einkaufstrip, und auch von den meisten geöffneten Restaurants dürfen Sie sich nicht zu viel versprechen; diese sind auf Touristen spezialisiert und fühlen sich nicht den hohen Qualitätsansprüchen der Römer verpflichtet.

Um die Stadt in dieser Zeit etwas attraktiver zu machen, finden zahlreiche Open-Air-Veranstaltungen statt (→ „Feste/Feiertage", S. 43). Da gibt es Konzerte in mittelalterlichen Kreuzgängen, Theater- und Ballettaufführungen z. B. in den Ruinen der Caracalla-Thermen und in dem fast perfekt erhaltenen Theater von Ostia Antica, im Park der Villa Celimontana wird ein erstklassiges Jazzfestival veranstaltet und auf der Tiberinsel gibt es Open-Air-Kino.

Die Clubszene verlagert sich an die Strände und veranstaltet rauschende Beach-Partys. Ab dem Sommer machen sich abends und nachts manchmal **Moskitoschwärme** unangenehm bemerkbar. Rom war immerhin bis Ende des Kirchenstaates Mitte des 19. Jh. ein Sumpfloch, in dem viele Bewohner der Malaria zum Opfer fielen. Die Malariagefahr ist hier nach der Trockenlegung der Sümpfe zwar gebannt, einige lästige Moskitostämme sind aber geblieben.

Ab **September** kehren die Römer nach Hause zurück und nehmen langsam ihre Arbeit wieder auf. Der Verkehr wird chaotischer, und ganz allmählich ist auch alles wieder zu den üblichen Zeiten geöffnet. Dies ist die beliebteste und schönste Zeit für einen Romaufenthalt und die Hotelpreise sind entsprechend hoch. Bevor die ersten Gewitter den Sommer beenden, ist es auch am späten Abend noch angenehm warm. Der irgendwann einsetzende starke Regen dauert selten lange und hinterher scheint wieder die Sonne, doch die Temperatur nimmt jedes Mal ein bisschen ab und es wird immer erträglicher. Die Tage sind oft bis in den Dezember hinein noch angenehm mild, das Herbstlicht taucht die verwaschenen Fassaden in warme, leuchtende Farben und auf der Piazza kann man auch abends noch draußen essen oder am Brunnen sitzen.

## Literatur- und Filmtipps

Wer sich auf Rom einstimmen möchte oder die passende Urlaubslektüre sucht, hat geradezu unerschöpfliche Möglichkeiten. Hier folgen nur ein paar sehr subjektive Anregungen:

### Literatur aus der Antike

Zahlreiche überlieferte Werke von **Vergil**, **Horaz**, **Ovid**, **Tacitus**, **Juvenal**, **Seneca**, **Cicero** und besonders vom antiken Klatschkolumnisten **Sueton** ermöglichen einen zeitgenössischen Blick auf die einstige Hauptstadt der Welt und ihre Mythen. Die meisten Werke sind günstig bei Reclam zu bekommen.

### Alte und neue Klassiker

Zu einem klassischen Rombesuch gehört natürlich **Goethes** *Italienische Reise*. Während seiner zweijährigen Italienreise (1786–88) wohnte Goethe mit Unterbrechungen über ein Jahr lang in der Via del Corso. Ein besonders unterhaltsamer, empfehlenswerter Roman über Goethes römische Zeit ist *Faustinas Küsse* von Hanns-Josef Ortheil (1998).

Zu den wichtigsten Klassikern gehört die zweibändige *Geschichte der Stadt Rom im Mittelalter* von Ferdinand Gregorovius. Auf etwa 3.000 Seiten erlebt man das Mittelalter packend wie in einer Live-Reportage. Dazu passt ergänzend der Roman *Die nackten Masken* von Luigi Malerba über die Intrigen der Kardinäle und das Leben der vornehmen Gesellschaft in Rom Anfang des 16. Jh. Ein Roman, der im 17. Jh. spielt und das Leben einer der Hexerei verdächtigten Frau schildert, ist *Die verliebte Hexe* von Pasquale Festa Campanile (1988).

Zu den modernen Klassikern gehören Hermann Hesses *Italien* (1958), der Roman *Die Römerin* von Alberto Moravia (1947), der die Geschichte von Adriana erzählt, die für den ersehnten Wohlstand Prostitution und Verbrechen in Kauf nimmt, *La Storia* von Elsa Morante (1976), in der sich die Lehrerin Ida mit ihren Söhnen durch die kargen Zeiten des Zweiten Weltkriegs und danach in Rom irgendwie durchschlägt. Nino Erné erzählt in seinem Roman *Rom – ein Tag, eine Nacht* (1982) von einem einzigen, scheinbar ganz normalen Tag, den ganz unterschiedliche Menschen erleben und deren vielfältige Erlebnisse in Rom zu einem Punkt zusammen laufen, der diesen Tag auf bedrohliche Weise in Frage stellt.

### Unterhaltendes

Einer der bekanntesten Klassiker unter den vielen Unterhaltungsromanen, die im Rom der Antike spielen, ist Robert von Ranke Graves *Ich, Claudius Kaiser und Gott* (1947). Viel über das antike Leben vermitteln auch der Roman *Klatscht Beifall, wenn das Stück gut war* (1988) von Philipp Vandenberg, in dem es um die geheimen Tagebücher des Göttlichen Augustus geht, und die fiktiven Erinnerungen Kaiser Hadrians mit dem Titel *Ich zähmte die Wölfin* von Marguerite Yourcenar (1961).

Iain Pears veröffentlicht seit 1990 Krimis vor kunsthistorischem Hintergrund. Sein Ermittlerduo besteht aus dem in Rom lebenden Engländer Jonathan Argyl und der Agentin einer römischen Spezialeinheit Flavia di Stefano, die sich um Kunstdiebstahl kümmert. Der erste Roman war *The Raphael Affair* (1990, nur noch auf Englisch erhältlich), auf Deutsch ist *Die Makellose Täuschung* (2004) auf dem Markt. Auf der Spur einer ungeheuerlichen Verschwörung schickt der Bestsellerautor Dan Brown seine Hautdarsteller in dem spannenden Krimi *Illuminati* (2003) auf eine temporeiche Schnitzeljagd durch Rom. An den Schauplätzen der brutalen Hinrichtungen von Kardinälen kann man Browns Beschreibungen vor Ort überprüfen und miträtseln.

## Filme

*Rom, offene Stadt* (1944/45): Mit dem karg inszenierten Schwarz-Weiß-Film begründete Roberto Rossellini unmittelbar nach dem Ende der deutschen Besatzung die neue Stilrichtung des Neorealismus im Film. Es geht um die Geschichte einer römischen Widerstandsgruppe, die von der Gestapo entdeckt wird. Die Nazis erschießen Anna Magnani, die Verlobte des Anführers, auf offener Straße und nehmen andere Mitglieder gefangen.

*Quo Vadis?* (1951): Monumentalfilm, der in 170 Minuten unser Bild von Kaiser Nero (der genauso ausgesehen haben muss wie Peter Ustinov), Christenverfolgung und Circusspielen geprägt hat. In einer Filmszene steht Nero vor dem Modell seines „neuen Rom". Heute sieht man es im Museo della Civiltà Romana im Stadtteil EUR (→ S. 578).

Ebenfalls prägend für unsere Vorstellung von der Antike waren die anderen Sandalenfilme der 1950er und 1960er Jahre, wie *Ben Hur*, dessen packendes Wagenrennen im Circus Maximus in die Kinogeschichte einging, und *Spartakus*, in dem es um den legendären Sklavenaufstand geht. Mit ganz anderen technischen Mitteln gelang im Jahr 2000 eine Wiederbelebung des Monumentalfilms: Russell Crowe trat als *Gladiator* im sehr überzeugend animierten Kolosseum auf und brachte uns einen ausgestorbenen, höchst gefährlichen Beruf recht authentisch näher.

Prägend für ein ganz anderes Bild von Rom war der romantische Filmklassiker *Roman Holiday (Ein Herz und eine Krone)* mit Audrey Hepburn und Gregory Peck (Kalender mit den Schwarz-Weiß-Fotos vom Film gibt es an jeder Straßenecke als Souvenir). Die 1953 von William Wyler an Originalschauplätzen gedrehte US-Produktion handelt von einer Prinzessin, die, in Rom einen Staatsbesuch absolvierend, den protokollarischen Zwängen für aufregende 24 Stunden inkognito entflieht. Sie freundet sich unwissentlich mit zwei amerikanischen Paparazzi an, die sie erkennen und die Story ihres Lebens wittern. Bei ihrer unvergessenen Fahrt auf der Vespa taucht nach jeder Kurve eine andere, weit entfernt liegende Sehenswürdigkeit auf. Durch den Film wurde die Legende um den Wahrheitsmund (→ S. 263) populär. Die abschließende Pressekonferenz der zu ihren Pflichten zurückgekehrten Thronfolgerin findet im prächtigsten profanen Barocksaal Roms statt, der Großen Galerie im Palazzo Colonna (→ S. 293).

Fellinis Kultfilm *La Dolce Vita* (1960) machte mit Anita Ekbergs nächtlichem Bad nicht nur den Trevibrunnen (→ S. 375) weltberühmt, sondern prägte eine Ära, die man seither nach dem Filmtitel nennt, und gab dem Berufsstand aufdringlicher Fotografen den Namen der Filmfigur Papparazzo. Erzählt wird die Geschichte des Klatschreporters Marcello Rubini (die erste große Rolle für Marcello Mastroianni), der zusammen mit einer Pressemeute, darunter dem Fotografen Paparazzo, auf der Jagd nach Sensationen für die Klatschspalten der römischen Zeitungen durch die exklusiven Nachtclubs der Via Vittorio Veneto zieht. Dort langweilt sich die verwöhnte High Society auf endlosen, rauschhaften Partys. Zu dieser dekadenten Gesellschaft stößt der zickige Hollywood-Star Sylvia (für Anita Ekberg die Rolle ihres Lebens), eine üppige Blondine, der Marcello verfällt und die mit ihm durch das nächtliche Rom zieht, wobei es zu der legendären Badeszene kommt (→ „Via Vittorio Veneto", S. 339).

Auch andere Werke Federico Fellinis, wie *Gauner* (*Il Bidone*, 1955), *Roma* (1971) und *Intervista* (1986 – wieder ein Film mit Anita Ekberg und Marcello Mastroianni) gehören zu Rom.

In *Mamma Roma* (1962) erzählt Pier Paolo Pasolini die Geschichte einer römischen Hure, die versucht, ihrem Milieu zu entfliehen.

Ein schwer verdaulicher Film ist Peter Greenaways *Der Bauch des Architekten* (1986): Der amerikanische Stararchitekt Stourley Kracklite soll in Rom eine Ausstellung vorbereiten und erlebt dabei den seelischen und körperlichen Verfall, bis er sich schließlich aus dem Fenster des protzigen Nationaldenkmals stürzt. So bizarr Figuren und Handlung sind, so ästhetisch sind die Bildkompositionen, z. B. vor dem Pantheon oder beim Festbankett in der gigantischen Wandelhalle des Nationaldenkmals.

Ebenfalls hinreißende Bilder aus Rom zeigt die erfolgreiche Neuverfilmung des Klassikers von Patricia Highsmith: *Der Talentierte Mr. Ripley* (1999). Matt Damon als Tom Ripley sucht als Hochstapler die Leichtigkeit des Seins der besseren Gesellschaft (verkörpert von Gwyneth Paltrow und Jude Law) und stolpert dabei nahezu unversehens von Mord zu Mord.

# Öffnungszeiten

Eine exakte Vorhersage, wann **Museen und Kirchen** geöffnet haben, ist praktisch nicht möglich. Die offiziellen Zeiten werden nicht nur häufig saisonweise geändert, sondern auch gelegentlich vom Personal ganz inoffiziell abgekürzt. Dazu kommen Schließungen wegen angeblicher Renovierungsarbeiten (*in restauro* oder *chiuso per lavoro in corso*). Doch das entspricht oft nicht der Wahrheit, denn in den wenigsten Fällen wird tatsächlich renoviert. Entweder fehlt nur das Personal oder das Geld für irgendeine Maßnahme, und wenn es nur die Reparatur einer Stromleitung für das Licht im Treppenhaus ist.

Als allgemeine **Faustregel** gilt: Die meisten staatlichen und kommunalen Museen haben montags geschlossen (nicht aber die Vatikanischen Museen). Die meisten Ausgrabungsgebiete sind montags geöffnet, dafür aber dienstags geschlossen. Besichtigungsgebiete unter offenem Himmel sind in der Regel von 9 Uhr bis eine Stunde vor Sonnenuntergang bzw. im Sommer bis etwa 19 Uhr geöffnet; Museen von 9 bis 19 oder 20 Uhr. Weniger bedeutende Sehenswürdigkeiten öffnen nur vormittags, in der Regel zwischen 9 und 13 oder 14 Uhr.

Während der **Kulturwoche** im Frühjahr und im Spätsommer bleiben einige Attraktionen auch am späten Abend oder sogar die ganze Nacht geöffnet. Wenn sich die Gelegenheit bietet, sollten Sie sich den Zauber der Engelsburg bei Nacht mit Blick auf die Lichter der Stadt von der oberen Terrasse aus nicht entgehen lassen. Manche Sehenswürdigkeiten mit Einlassbeschränkungen (z. B. Galleria Borghese, Domus Aurea oder das Ausgrabungsgebiet unter St. Peter) sind nur nach Voranmeldung zu den mitgeteilten Zeiten zu besichtigen. In manchen Museen sind Reservierungen nicht notwendig, aber möglich, was langes Anstehen an den Ticketschaltern erspart (telefonisch möglich bei der **Reservierungszentrale** der römischen Museen, ✆ 06.32810 oder im Internet unter www.ticketeria.it).

Für die **Vatikanischen Museen** wird Anfang des Jahres ein Kalender veröffentlicht, der die Öffnungszeiten für jeden Tag individuell bestimmt (geschlossen ist an kirchlichen Feiertagen und sonntags bis auf den letzten Sonntag im Monat); der Kalender hängt an allen wichtigen strategischen Orten im Vatikan aus (→ „Die Vatikanischen Museen", S. 537).

**Kirchen** haben oft von 7 oder 8 bis etwa 12 oder 13 Uhr und dann wieder ab 15, 16 oder 16.30 Uhr bis 19 oder 19.30 Uhr (im Winter auch kürzer) geöffnet. Die großen Basiliken wie St. Peter, der Lateran, Maria Maggiore und St. Paul sind mittags durchgehend auf.

Bei den **Geschäften** gilt Folgendes: Kleinere **Lebensmittelläden** sind von Montag bis Samstag am Vormittag meist zwischen 8.30 und 13.30 Uhr und dann wieder am Nachmittag von 15 oder 16 bis 20 Uhr geöffnet und Donnerstagnachmittag geschlossen. Supermärkte haben in der Regel keine Mittagspause. Sie öffnen zwischen 8 und 9 Uhr und schließen gegen 20 oder 21 Uhr, einzelne haben auch bis 22 Uhr oder sogar sonntags von 9 bis 21 Uhr geöffnet.

Alle anderen **Geschäfte** sind etwa an Werktagen von 10 bis 13 Uhr und von 16 bis 20 Uhr geöffnet, Buchhandlungen gelegentlich viel länger. Montags haben die meisten am Vormittag geschlossen. Einige Läden in der Nähe von Touristenattraktionen und in der Via del Corso haben durchgehend und auch sonntags geöffnet.

**Bars** öffnen für den ersten Kaffee vor der Arbeit schon um 6 oder 7 Uhr, manche schließen am frühen Abend, andere erst gegen Mitternacht. **Restaurants** beginnen mittags ab 12.30 oder 13 Uhr und abends ab 19.30 oder 20 Uhr, feine Restaurants erst ab 21 Uhr; geschlossen wird gegen 23 oder 24 Uhr. Pizzerien sind in der Regel mittags geschlossen.

**Clubs** öffnen frühestens um 22 Uhr und schließen zwischen 3 und 8 Uhr.

In den **Sommerferien** von Mitte Juli bis Ende August sind sehr viele Geschäfte, Restaurants, fast alle Clubs und einige kleinere Museen geschlossen.

## Papstaudienz

→ „Vatikan", S. 492.

## Pilger

**Deutsches Pilgerzentrum** → „Deutsches in Rom", S. 35; „Gottesdienst in deutscher Sprache", S. 50.

**Deutsche Nationalkirche Santa Maria dell'Anima** und deutsche römisch-katholische Gemeinde in Rom → „Deutsches in Rom", S. 35; „Gottesdienst in deutscher Sprache", S. 50.

**Campo Santo Teutonico** → „Deutsches in Rom", S. 34; „Gottesdienst in deutscher Sprache", S. 50.

**Pilger- und Touristeninformationsbüro** (Ufficio Informazioni Pellegrini e Turisti) des Vatikans auf dem Petersplatz (linke Kolonnadenseite), ✆ 06.69881662. Mo–Sa 8.30–18.30 Uhr. Hier erhält man auch Informationsmaterial über den Vatikan.

**Präfektur des Vatikans** (Prefettura della Casa Pontificia), Pzza. San Pietro, ✆ 06.69885863, www.vatican.va. Mo und Di 9–13.30 Uhr. Hier können Karten für die Hochämter zu Weihnachten, Ostern oder besonderen Anlässen und zur päpstlichen Generalaudienz an jedem Mittwoch außer im August kostenlos beantragt werden (→ „Papstaudienzen", S. 493).

**Internationales Jugendzentrum San Lorenzo**, → „Junge Leute/Informationen", S. 54.

# Post

Die italienische Post ist etwas besser als ihr Ruf. Sie macht zumindest Fortschritte: Während im 14. Jh. ein Brief von Mailand nach Florenz sechs Tage unterwegs war, sind es heute im Durchschnitt nur noch fünf. Immerhin kommen die meisten Sendungen wenigstens irgendwann an. Für die Urlaubskarte sollten Sie mit einer Woche rechnen, es können aber auch vier werden, bevor sie den Bestimmungsort erreicht. Wem es dringlicher ist, sollte einen Brief per **Einschreiben** oder per **Posta Prioritaria** abschicken und so zu verstehen geben, dass die Sendung wirklich wichtig ist. Vielleicht hält das den Briefträger davon ab, die Post einfach in den Tiber zu schmeißen.

Zuverlässiger und schneller arbeitet die **Vatikanpost** (aber nur mit Vatikan-Briefmarken!). Dort werden die Briefkästen garantiert geleert. Sie sind blau im Gegensatz zu den roten der italienischen Post (die mit der orangefarbenen Haube sind Abfalleimer!).

Schneller sind die nationalen und internationalen **Kurierdienste**, z. B. MBE

*Rom auf einen Blick*

– MailBoxesEtc –, Via Leonina 38–41, bei der Metrostation Linie B, Cavour, ✆ 06.47824139, man kann hier auch Pakete verpacken lassen; weitere Anbieter finden Sie auf den gelben Seiten unter „*corrieri*". Insbesondere Antiquitätengeschäfte organisieren auch oft den Transport sperriger oder schwerer Mitbringsel.

---

Ein übler Streich gelingt Ihnen, wenn Sie unliebsamen Personen ein Paket nach Italien schicken: Die Postboten wählen vermehrt den bequemeren Weg und stellen dem Empfänger nur eine Benachrichtigung zu. Der muss nun das Paket an einer zentralen Stelle abholen und dazu zahlreiche Abenteuer der Bürokratie wie lange Wartezeiten, Kompetenzwirrwarr, Formulare und Lagergebühren bestehen.

---

• *Öffnungszeiten* Die über 100 Postämter in Rom sind Mo–Fr von 8.25–13.50 Uhr und samstags sowie am letzten Tag eines Monats bis 11.50 Uhr geöffnet. Einige größere Postämter öffnen auch am Nachmittag für wenige Stunden.

• *Hauptpost* Pzza. S. Silvestro (nahe Trevibrunnen), Mo–Fr 8.25–18 Uhr, Sa 8.30–12.50 Uhr (Möglichkeit, Faxe abzusenden).

*Weitere Postfilialen* Via Arenula 2 (nahe Campo de´Fiori); Via S. Giovanni in Laterano (gegenüber von San Clemente, in der Nähe des Kolosseums); Via Terme Diocletiano 30 (nahe Pzza. della Repubblica); Via di Porta Angelica (nahe von St. Peter).

• *Vatikanpost* Postamt auf dem Peters-platz, links der Kirche bei der Touristenin-formation oder in den rechten Kolonnaden. Mo–Fr 8.30–19 Uhr, Sa bis 18 Uhr. Eine wei-tere Post befindet sich im Eingangsbereich der Vatikanischen Museen (nur während der Öffnungszeiten des Museums).

• *Briefmarken* (francobolli) gibt es bei der Post (oft lange Wartezeiten) oder in Tabak-geschäften, die außen durch weißes „T" auf schwarzem Grund gekennzeichnet sind.

• *Porto* Für Sendungen innerhalb der EU: Ansichtskarten oder Briefe bis 20 g: 0,62 €.

# Rauchen

Stellt man sich typische Italiener vor, gehört die Zigarette meist dazu: bei der Signora, die sie so elegant hält wie Sophia Loren in unzähligen Filmen, oder bei dem braungebrannten Macho mit Sonnenbrille, der lässig daran saugt.

Doch damit ist Schluss: Seit dem 1. Januar 2005 darf in allen Restaurants, Bars, Clubs, Zügen, Bahnhöfen, Flughäfen, Museen, Krankenhäusern und allen an-deren öffentlich zugänglichen Räumen nicht mehr geraucht werden. Raucherzo-nen sind nur in abgeschlossenen Nebenräumen mit separater Lüftung gestattet, doch nur die wenigsten Lokale können die notwendigen Voraussetzungen erfül-len. Berlusconis Gesundheitsminister, der Medizinprofessor und Chefarzt *Giro-lamo Sirchia,* hatte so schnell, dass es kaum aufgefallen war, und ohne größere Diskussion das Gesetz durch alle Gremien gepeitscht. Nach einer Übergangsfrist von nur zehn Tagen griffen bereits die gesetzlich festgeschriebenen Sanktionen: Wer an einem verbotenen Ort raucht, muss sofort zwischen 27,50 und 275 € Bußgeld entrichten. Sind Schwangere oder Kinder in der Nähe, verdoppelt sich der Betrag. An allen rauchfreien Orten sind Hinweisschilder aufzuhängen, die einen Verantwortlichen für die Einhaltung des Rauchverbots benennen müssen. Wenn trotzdem geraucht wird und der Verantwortliche dagegen nicht einschreitet, droht auch ihm eine Geldstrafe bis zu 3.300 €.

Anfangs gab es wütende Proteste. Zum Jahreswechsel 2005 schworen aufgebrachte elegante ältere Herren vor laufender Fernsehkamera, dass sie sich der staatlichen Unterdrückung niemals beugen würden. Einige ließen sich rauchend von den Carabinieri abführen oder zahlten als heldenhafte Widerstandskämpfer im Blitz-lichtgewitter bar die verhängte Geldbuße. Wirte belegten alle Politiker, speziell aber den Gesundheitsminister, mit kraftvollen Ausdrücken und kündigten zivi-len Ungehorsam an, weil sie sich nicht das Geschäft ruinieren lassen wollten.

Dann aber geschah das **Wunder**, das Italienkenner für eines der größten in der Geschichte des Landes halten: Es wird tatsächlich ausschließlich im Freien oder in privaten Wohnungen geraucht. Die Restaurants, Bars, Kneipen und selbst die Clubs sind komplett rauchfrei und die Wirte sind nicht reihenweise bankrott, sondern melden tendenziell sogar höhere Umsätze. Überall wird das Verbot be-achtet. Das überrascht und kann kaum mit den hohen Bußgeldern begründet werden, denn auch sonst veranlassen ähnlich drakonische Strafandrohungen die Italiener nicht dazu, etwa an roten Ampeln zu halten, Geschwindigkeitsbegren-zungen zu beachten oder korrekte Angaben bei der Steuerbehörde zu machen.

Die Beobachter sind sich einig, dass die Einhaltung des Rauchverbots wohl nicht auf Abschreckung, sondern vielmehr auf Einsicht beruht. Die Raucher schätzen offenbar den Gewinn an Lebensqualität, nicht nur, weil der Qualm beim Essen stört und man nach einem Abend in der verräucherten Kneipe unangenehm riecht, sondern weil man sich so herrlich überlegen fühlt. Während die Barbaren überall rauchen, geht der kultivierte Italiener dazu nach draußen. Schließlich

*Immer in der Nähe: Bustickets, Briefmarken, Telefonkarten und Raucherbedarf findet man in den Tabacchi-Läden*

pinkelt er ja auch nicht mehr in jede Ecke, sondern sucht dafür das speziell zu diesem Zweck eingerichtete Örtchen auf. Am wichtigsten ist aber wohl die Erkenntnis, dass man wunderbar *bella figura* machen kann. Wenn beispielsweise die Familie im Restaurant nervt und der nächste Gang noch auf sich warten lässt, kann man sich als qualmfreier Gourmet präsentieren oder rücksichtsvoll gegenüber dem kränkelnden Großvater und den kleinen Kindern. Auf dem Weg nach draußen kann man der aufsehenerregenden Schönheit am Nachbartisch diskret ein strahlendes Lächeln schenken, woraufhin die mit etwas Glück nun gleichfalls Lust auf eine Zigarette verspürt und folgt. Wenn nicht, dann bietet sich meist draußen eine neue Bühne, man steht in Grüppchen beieinander, kommt ins Gespräch oder es ergibt sich ein kleiner Flirt, zumindest entflieht man für ein paar Minuten dem Terror der Schwiegermutter und den quengeligen Bambini.

Das Rauchverbot in den Lokalen ist somit für alle ein Gewinn.

## Schwule und Lesben

Das Klischee von der mediterranen Leichtigkeit des Lebens und die zum normalen Stadtbild gehörenden, Arm in Arm flanierenden Männer lassen eine lebendige Homo-Szene vermuten, doch die Realität ist weit davon entfernt. Körperkontakte zwischen Menschen gleichen Geschlechts in der Öffentlichkeit besagen nichts, denn sie sind üblich und setzen kein besonderes Maß an Vertrautheit voraus. Da alles, was vom normalen, heterosexuellen Verhalten abweicht, von der einflussreichen katholischen Kirche massiv bekämpft wird, existiert eine größere Schwulen- und Lesbenszene bisher nur weitab von der Konzernzentrale im Vatikan, in den großen norditalienischen Städten Turin, Mailand und Bologna.

Verglichen mit anderen Metropolen der Welt ist Rom in dieser Beziehung tiefste Provinz. Es gibt kein pulsierendes Schwulenviertel wie in Berlin, Paris oder Madrid, und es ist noch nicht einmal eine gewisse Konzentration von Szeneadressen auf dem Stadtplan auszumachen. Einzelne schwule Bars, Clubs und neuerdings auch Saunen gibt es zwar, doch die liegen über das Stadtgebiet verstreut, meist verschämt im Verborgenen und oft in den Randbezirken, doch ihre Anzahl nimmt seit ein paar Jahren stetig zu. Langsam hat die römische Gay-Community ihr Coming Out und beschränkt sich nicht mehr ausschließlich auf den rein privaten Bereich. Angesagte Hetero-Clubs bieten inzwischen regelmäßig an einem bestimmten Tag der Woche oder des Monats ein schwules oder lesbisches Event, was als hip und cool gilt. Im Sommer gibt es sogar eine Fülle von Veranstaltungen, die immer beliebter werden und ein gemischtes Publikum anziehen. Außerhalb von solchen Happenings sind schwule und lesbische Paare in der Öffentlichkeit aber bisher immer noch kaum wahrnehmbar.

Diese Zurückhaltung überrascht, weil die **rechtlichen Rahmenbedingungen** lange sogar besser waren als in vielen anderen Ländern. Schon im Jahr 1898 legalisierte das noch junge Königreich Italien homosexuelle Handlungen und ärgerte damit mal wieder genüsslich den gerade militärisch besiegten Papst. An den religiös motivierten Vorurteilen der Italiener gegen Homosexualität und an den Diskriminierungen im täglichen Leben änderte das allerdings nichts. Während des Faschismus unter Mussolini und dem deutschen Einfluss wurden zwischen 1943 und 1945 Schwule sogar hingerichtet. Nach dem Krieg blieb es bei gesellschaftlichen Repressalien für alle, die von der Norm abwichen. Sexuelle Kontakte unter Männern fanden meist flüchtig und an diskreten Orten im Freien statt, denn die Wohnverhältnisse waren eng und keineswegs anonym. Stillschweigend geduldet wurde die traditionell große Stricherszene, die manchem bieder erscheinenden Familienvater genügte. Junge Schwule betätigten sich auch gelegentlich als Transvestiten, da diese von einigen Heteromännern gerne für ein sexuelles Abenteuer genutzt werden. Wer im Fummel auftritt, muss deshalb auch heute noch mit recht drastischer Anmache von Heteros rechnen.
Schwule Aktivisten waren erstmals im Jahr 1985 durch die Gründung von „**Arcigay**" öffentlich wahrnehmbar. Inzwischen ist dies die weltweit größte Schwulenorganisation mit zahlreichen lokalen Gruppen und über 100.000 Mitgliedern. Im Jahr 1989 organisierten 300 lesbische Arcigay-Mitglieder in Verona ein erstes nationales Lesben-Treffen, später spaltete sich „Arcilesbica" als selbständige Organisation ab.
*Arcigay* engagiert sich gesellschaftspolitisch, aber auch auf kulturellem Gebiet und in der Aidsprävention. Man setzte sich für eine registrierte Partnerschaft ein und for-

derte Antidiskriminierungs-Vorschriften. Während 1990 der damalige Staatspräsident Francesco Cossiga noch eine Delegation von Arcigay empfing, gab es in der Regierungszeit von Silvio Berlusconi herbe Rückschläge. Sein Koalitionspartner Umberto Bossi, Chef der separatistischen Lega Nord, sowie Abgeordnete der postfaschistischen Partei hetzten gegen Schwule.
Dennoch fand am 2. Juni 1994 die **erste Gay-Pride-Parade** in Rom statt. Knapp 10.000 Menschen nahmen teil und eifrig wurde über diese exotische, ausgelassene Veranstaltung berichtet. Allmählich wuchs die Akzeptanz in der Bevölkerung. Gerade Rom, das in zweieinhalb Jahrtausenden die merkwürdigsten Aufzüge erlebt hat, gesteht mit gewisser Gelassenheit jedem zu, nach seiner Fasson glücklich zu werden. Umso heftiger waren die Reaktionen der katholischen Kirche.
In der Debatte um die Einführung einer eingetragenen **Lebenspartnerschaft** macht der Vatikan seinen ganzen Einfluss auf die Parteien beider politischer Lager geltend. Unter Silvio Berlusconi hatte das Vorhaben keinerlei Chance. Romano Prodi warb zwar im Wahlkampf 2006 um die Stimmen der Schwulen und Lesben mit dem Versprechen, ihre Partnerschaften anzuerkennen und legte dann auch einen Gesetzentwurf für einen „Pacs" nach französischem Vorbild vor. Aber unter dem massiven Druck des Vatikans wurde das Vorhaben schnell wieder auf Eis gelegt, obwohl es nur um eine Art Zivilvertrag geht, der von einer Gleichstellung mit der Ehe weit entfernt ist. Immerhin wird im Parlament inzwischen offen über Homorechte debattiert und besonders der Transgender *Vladimir Luxuria*, die nach 2006 für die Neokommunisten im italienischen Parlament saß, macht sich dafür stark. Nicht nur wegen des skurrilen wochenlangen Streits um die Benutzung

der Parlamentstoilette (S. 392), sondern auch wegen ihres Redetalents und ihrer Schlagfertigkeit avancierte sie zum anerkannten Politstar und Liebling der Medien. Auf eine Beleidigung des nicht eben großen und ausgesprochen eitlen damaligen Oppositionsführers Berlusconi verwies sie beispielsweise nur trocken auf ihre Gemeinsamkeiten: *„Wir tragen doch beide hohe Schuhe und schminken uns, wenn wir ausgehen."*

---

### World-Gay-Pride in Rom

Entscheidend kam die römische Szene durch den World-Gay-Pride voran, zu dessen Gastgeber die italienische Hauptstadt ausgerechnet im Heiligen Jahr 2000 erkoren wurde. Kaum war die Einladung an die Lesben und Schwulen aus aller Welt ausgesprochen, empörte sich der Vatikan und setzte die Regierung ein Jahr lang machtvoll unter Druck. Ministerpräsident Amato knickte ein und statt der angekündigten Unterstützung sprach er von einem unangebrachten Spektakel, sah sich aber wegen der Versammlungsfreiheit an einem Verbot verfassungsrechtlich gehindert. Roms Bürgermeister zog seine zugesagte Schirmherrschaft zurück und beschnitt dem beantragten Paradeweg angeblich aus Sicherheitsgründen, sodass kaum mehr als ein Straßenfest übrig blieb. Die Medien berichteten ausführlich und wie immer, wenn die Obrigkeit zu sehr als Spaßbremse empfunden wird, solidarisierten sich die freiheitsliebenden Römer. So wurde aus dem Umzug eine ausgelassene, bunte Demo für Bürgerrechte, die das Fernsehen bis in den letzten Winkel Italiens übertrug und so für breite öffentliche Wahrnehmung sorgte.

Die enorme Resonanz brachte der Gay Community einen Schub Selbstvertrauen. Seither eröffneten, wenn auch in gebührendem räumlichen Abstand zum Vatikan, einige neue Clubs, Cafés und neuerdings sogar Cruisingbars wie z. B. *„Il Diavolo Dentro"* (→ Serviceteil). Die meisten geben sich noch unauffällig mit diskreter Klingel, ein paar haben aber immerhin eine Regenbogenflagge rausgehängt.

---

Ein gewisser Schwerpunkt der Szene scheint sich langsam zwischen Kolosseum und Lateran zu bilden. Hier benannten am 2. August 2007 hunderte Aktivisten die **Via San Giovanni in Laterano** in „Gay Street" um und erklärten die Straße zum *„Bezugspunkt für die Gemeinde der Schwulen und Lesben in Rom"*. Das war der Höhepunkt einer Protestaktion gegen die kurz zuvor erfolgte Festnahme eines schwulen Pärchens wegen unzüchtigen Verhaltens, weil es sich vor dem Kolosseum in der Öffentlichkeit geküsst hatte.

Mehrere Adressen für das späte Nachtleben finden sich in der Umgebung der **Via Casilina**, der unattraktiven verkehrsreichen Ausfallstraße südöstlich des Hauptbahnhofs. Beliebt ist hier vor allem der Club *Frutta e Verdura*, der erst in den frühen Sonntagmorgenstunden öffnet (→ Serviceteil).

Auch sonst beginnt das Nachtleben spät, meist nicht vor 23 Uhr. Da fast kein Szenelokal eine Lizenz besitzt, haben nur Mitglieder Zutritt. Das ist aber kein Problem, denn die **Mitgliedschaft** erhält man am Eingang gegen sofortige Bezahlung des Jahresmitgliedsbeitrags, der in der Regel dem auch sonst üblichen Eintrittsgeld entspricht. Man muss aber nicht überall Mitglied werden, denn die meisten schwulen Clubs und Saunen gehören zu *Arcigay*, sodass die einmal erworbene **UNO/Arcigay-Card** genügt und man nur für den obligatorischen Getränkebon zahlt. Auch damit ist das Ausgehen allerdings ein recht teures Vergnügen, denn die Getränkepreise liegen in den Bars und Clubs deutlich höher als in Deutschland.

Alternativ dazu kann man an den meisten belebten Plätzen im historischen Zentrum zu fast jeder Tageszeit ausgiebig flirten. Wer es handfester mag, besucht die nicht immer ungefährlichen outdoor-Cruisingorte, wobei man nicht ungewollt an den vergleichsweise großen Straßenstrich geraten sollte.

Abgesehen von den reinen *Men´s Clubs* ist das Publikum auch bei Gay-Veranstaltungen (bis auf bestimmte Partys) oft gemischt, denn viele Heteros meinen, dass hier mehr los und die Musik besser ist als anderswo. Zudem schätzen es Römerinnen gelegentlich, dass sich die lästige Anmache beim Tanzen hier naturgemäß in Grenzen hält.

Seit 2002 findet etwa von Mitte Juni bis Mitte September, wenn die meisten Bars und Clubs der Innenstadt Sommerpause haben, das **„Gay Village"** im Bezirk EUR statt. Dort gibt es dann fast jeden Abend Programm mit ausgelassenen Partys, Konzerten, Filmen u. a. (→ Serviceteil).

Im Sommer zieht es die meisten Römer ans Meer und wer nicht in Urlaub fahren kann, fährt wenigstens an die schwarzen Sandstrände von Ostia. Etwas weiter südlich, an der Küstenstraße nach Anzio, liegt der beliebte schwule Strand **„Il Buco"** (→ Serviceteil).

• *Infos*  Am besten informiert man sich im schwulen Buchladen **Libreria Babele**, Via dei Banchi Vecchi 116 (zentral gelegen: zweigt nahe des Ponte Pr. Savoia Aosta von der Via del Corso ab), ☎ 06.6876628. Mo–Sa 10–19.30 Uhr. Es gibt ein Schwarzes Brett und aktuelle Flyer von Szenelokalen und -partys.

• *Internet-Infos*  www.gay.it/guida/Lazio/index (auch Seiten auf Englisch); www.gayclubbing.it; www.gayroma.it; www.gayvillage.it (Infos zu zahlreichen aktuellen schwul/lesbischen Events; Programm des „Gay Village", s. u.). Zu Politik und Kultur bietet auch www.mariomieli.org viele Infos.

• *Gruppen*    **Arcigay**, Via Goito 35, ☎ 3403475710, www.arcigay.it. Arcilesbica Roma, Viale G. Stefanini 15, ☎ 06.4180211, www.arcilesbica.it.

• *„Gay Village"*, Veranstaltungsreihe von Mitte Juni bis Mitte Sept. mit Partys, Konzerten, Kino, Bars im Stadtviertel EUR (Metrolinie B, Station „EUR Fermi"), auf der gegenüberliegenden Seite des Sees, an der Ecke Via Cristofero Colombo/Viale Africa (Tagesprogramm ausführlich unter www.gayvillage.it).

• *Bars/Pubs*  **Hangar** wurde 1983 von einem Amerikaner eröffnet und ist die älteste Schwulenbar Roms; enger Raum mit zwei Theken, besonders am Wochenende und bei Partys sehr voll (Mo laufen Pornovideos, Do ist Strip angesagt). Via in Selci 69 (Metrolinie B, Station „Cavour"), ☎ 06.48813971,

www.hangaronline.it. Di und im Aug. geschlossen, sonst 22.30–2 Uhr.

**Coming Out Pub**, diese nette, gut besuchte Birreria und Cocktail Bar ist die einzige schon tagsüber geöffnete Schwulenbar in Rom. Regelmäßig gibt es Live-Musik. Via San Giovanni in Laterano 8 (direkt beim Kolosseum, Metrolinie B „Colosseo"), ☎ 06.7009871, www.comingout.it. Tägl. 11–2 Uhr.

**Garbo**, freundliche Szenebar mitten in Trastevere. Vicolo di S. Margherita 1A (zwischen Via della Scala und Tiber), ☎ 06.5812766.

• *Men´s Clubs*  **Skyline Club**, zwei Bars, Video-Bereich, Labyrinth, viele Veranstaltungen (auch Leder-Partys mit dress code, montags Naked Party). Via Pontremoli 36 (nahe des Laterans, Metrostation „San Giovanni"), ☎ 06.7009431, www.skylineclub.it. Tägl. 22.30–4 Uhr.

**Il Diavolo Dentro**, Cruisingbar, im Eingangsbereich Kleinigkeiten zu essen, oben im Keller geht es zur Sache; in der Regel Themen-Partys (Info unter www.ildiavolodentro.com). Largo Itri 23 (etwas außerhalb an der Ausfallstraße Via Penestrina, südöstlich des Bahnhofs, ab Termini mit dem Nachtbus Nr. 12 bis Largo Telese). Nur am Wochenende geöffnet: Fr und Sa 23–5 Uhr, So 22–3 Uhr.

**K Men's Club**, älteste Leder-Bar (dress code), Shows. Via A. Amati 6/8 (südöstlich des Bahnhofs nahe der Via Casilina), ☎ 347.6220462. Ab 23 Uhr.

**Sphinx**, für Leder- und Bärenfreunde. Pzza. M. Fanti 40 (nahe Stazione Termini), ☎ 06.4441312. Di–So ab 23 Uhr.

● *Saunen* Es gibt im Stadtgebiet inzwischen sechs Saunen, akzeptabel sind z. B.: **Europa Multiclub**, größte und am besten ausgestattete Schwulensauna in Rom, mit Pool, 1.300 m² auf 3 Etagen. Via Aureliana 40 (nahe Via Vittorio Veneto), ✆ 06.4823650. Tägl. 14–24 Uhr, Fr/Sa bis 6 Uhr.

**Mediterraneo**, auf drei Etagen. Via P. Villari 3 (nahe dem Lateran, Metrolinie A „Manzoni"), ✆ 06.77205934, www.saunamedi terraneo.it. Tägl. 13–24 Uhr.

● *Danceclubs* **Alibi**, ist seit den 1980er Jahren die angesagteste Disco der römischen Szene. Auf zwei Etagen, die in den antiken Scherbenberg Testaccio hineingegraben sind, tanzt man hier am Wochenende bis in den frühen Morgen. In lauen Nächten kann man sich auf der herrlichen Dachterrasse erholen. Viele Veranstaltungen und Motto-Partys. Via di Monte Testaccio 39–44, ✆ 06. 5743448. Mi–So 23–4 Uhr, Fr, Sa, So auch länger.

**Max´s Bar**, Szene-Bar mit Disco. Via A. Grandi 7A (Metrolinie A, Station „Manzoni", in der Nähe der Pzza. Porta Maggiore), ✆ 06.70301599, www.maxsbar.net.

In der Nacht verlagert sich die Szene nach Schließung der meisten Clubs zum Gay Afterhour ins **Frutta e Verdura**, Via P. Zurla 68–70 (zweigt am Largo Alessi von der Via Casilina ab), ✆ 06.290620, www.fruttae verdura.roma.it. In der Nacht zum Sonntag ab 4.30 Uhr früh bis ca. 10 Uhr geöffnet.

● *Danceclubs mit regelmäßig stattfindenden Gay-Events* Freitags: **Muccassassina** im Qube, Via Portonaccio 212 (im Stadtviertel Prenestino, nahe dem Bahnhof Prenestina), ✆ 06.5413985, www.muccassassina.com. Fr 22.30 bis ca. 5 Uhr. Auf den drei Dancefloors ist es meist voll (auch Mottopartys).

**Samstags**: **Gorgeous** im Alpheus Multiclub (wo 2.500 Pers. Platz finden), oft Live-Musik. Via del Commercio 36 (beim Gasometer). Nur von Okt. bis Mai 22.30 bis ca. 5 Uhr.

● *Strand* **Gay-Beach** „*Spiaggia Il Buco*" („Das Loch"), an der Küstenstraße von Lido di Ostia nach Süden in Richtung Anzio, zwischen km 8 und 7, kurz vor Tor Vaianica (etwa 25 km vom Zentrum entfernt). Von der Pyramide aus (Metrostation der Linie B) mit der S-Bahn nach Lido di Ostia und dann weiter mit Bus Nr. 7 in Richtung Anzio. Am Strand gibt es eine Bushaltestelle (die Regenbogenflaggen sind kaum zu übersehen). In den Dünen amüsiert sich eine recht gemischte Szene, im Sommer ist bei schönem Wetter viel los.

*Tagsüber ein unschuldiges Idyll: das Alibi*

● *Cruising* Nächtliches Outdoor-Cruising (wie z. B. um das Galoppatoio im Park der Villa Borghese) ist nicht ungefährlich. Einer der zentralsten und beliebtesten Plätze ist der Park am südlichen Hang des Kapitolinischen Hügels, gegenüber vom Marcellustheater (Monte Caprino). Viel los ist auch im Garten des Palazzo Civiltà di Lavoro beim Colosseo Quadrato im Stadtteil EUR (Metrolinie B, Station „EUR Magliana").

● *Lesben* In den Clubs finden regelmäßig auch spezielle Veranstaltungen für Lesben statt. Besonders beliebt ist **Venus rising** im angesagten **Goa-Club**, an jedem letzten So im Monat. Eintritt nur für Frauen. Via G. Libetta 5 (in der Clubmeile südlich der Pyramide, Metrolinie A, Station „Garbatella"), ✆ 339.7725619.

Eine Winebar mit Restaurant für „women only" ist **Le Sorellastre**, Via San Francesco di Sales 1, Ecke Via della Lungara (in Trastevere), ✆ 349.7622845. Sehr beliebt ist hier der Sonntags-Brunch.

• *Übernachten* **Tipp** – preiswerte private Übernachtungsmöglichkeiten weltweit (auch mit Angeboten in Rom) vermittelt „*enjoy bed and breakfast*" aus Berlin, www.ebab. de, in Deutschland: ✆ 030/23623610, ✉ 030/23623619.

Akzeptabel ist z. B.: **B&B In and Out**, Via Arco del Monte 97 (sehr zentral in der Nähe des Campo de´Fiori gelegen), ✆ 0039/339. 7840653. DZ um 120 €.

**Gayopen B&B**, Via dello Statuto 44, 3. Stock (stark befahrene Straße südlich des Bahnhofs, nahe der Pzza. Vittorio Emanuele II mit der Station der Metrolinie A). ✆ 06. 4820013, www.gayopen.com. Einfache Ausstattung, DZ 90 €.

# Sport

Die ab den 1980er Jahren aus Amerika nach Europa herüberschwappende Fitnesswelle streifte das südliche Italien verspätet und nur schwach. Das liegt wohl zum einen daran, dass jüngere Italiener auch ohne größere sportliche Anstrengungen nicht zu Figurproblemen neigen (mit zunehmendem Alter wird das zwar anders, doch scheint man sich nicht mehr viel daraus zu machen, wenn die Familie bereits gegründet ist), und zum anderen an der Tatsache, dass man hier eben doch viel lieber die angenehmen Seiten des Lebens genießt als sich sportlichen Torturen auszusetzen.

Natürlich gibt man sich auch sportlich, man interessiert sich nämlich für Fußball (doch das ist ein eigenes Kapitel, → S. 46). Aktiver Sport wird vor allem dann geschätzt, wenn man ihn als Mitglied in einem teuren Privatclub elitär betreiben kann (selbst die größeren Sportzentren im Norden und in EUR sind überwiegend in privater Hand und stehen nur den reichlich zahlenden Mitgliedern zur Verfügung) oder wenn er gerade „in" ist bzw. an angesagten Orten betrieben wird, was erklärt, warum neue, teure Sportstudios reichlich Zulauf haben.

*Aktive Sportmöglichkeiten*

• *Bowling* **Bowling Roma**, Viale Regina Margherita 181, ✆ 06.8551184.
• *Fitness* Inzwischen gibt es eine Reihe von Sportstudios, von denen einige auch Tagesmitgliedschaften anbieten. Die Studios im Zentrum sind meist klein, bieten aber oft ein abwechslungsreiches Kursprogramm, darunter auch Tanz und Ballett an. Die größeren Studios findet man in der Nähe des Autobahnrings. Ein neuer, auch bei Geschäftsleuten beliebter Fitnessclub befindet sich im Bahnhof Termini. Die Adressen entnehmen Sie den gelben Seiten *(pagine gialle)*.
• *Golf* Auskunft beim **Circolo del Golf Roma**, Via dell'Acqua Santa 2.
• *Fußball (calcio)* → S. 46.
• *Joggen* Wenn Sie selbst in Rom auf das Laufen nicht verzichten wollen, ist dies ebenso problemlos wie angenehm in einem der vielen ausgedehnten Parks möglich. Die römischen Jogger bevorzugen meist die Villa Borghese.
• *Reiten* Gelegentlich werden Ausritte organisiert. Information bei der **Associazione Nazionale Turismo Equestre** (Largo Messico 13, ✆ 06.864053) oder beim **Reitsportclub** (Viale Tiziano 70).
• *Schwimmen* Zur Zeit der Antike gab es über 100 öffentliche Bäder in Rom. Heute sind es zwei, die überfüllt sind und kaum an modernen Standard heranreichen. Die übrigen Bäder sind privat, die schönsten und luxuriösen gehören zu teuren Hotels.
**Piscina delle Rose**, das Freibad mit einem 10-Bahnen-Becken (50 mal 25 m) ist gut mit der Metro erreichbar. Mo–Fr 10–22 Uhr, Sa/So 9–22 Uhr. Eintritt 15 € für den ganzen Tag, 12 € für den halben, freier Eintritt für Kinder bis 12 Jahre in Begleitung eines zahlenden Erwachsenen. Viale America 20 (EUR, mit Metrolinie B bis Station „EUR Palasport"), ✆ 06.5926717, www.piscinadellerose.it.
**Isola Verde** bietet etwas mehr, liegt aber auch weiter entfernt, bei Ostia. Neben dem großen Becken gibt es zwei kleinere für Kinder, ein Beach-Volleyball-Feld, Wassergymnastik usw. Tägl. 9.30–19 Uhr. Eintritt Sa/So 8 € für den ganzen Tag, 6 € für den halben; an Werktagen 6 € für den ganzen und 5 € für den halben Tag. Via di Casal-

polocco 89 (mit Metrolinie B bis Station „EUR Fermi" und von dort aus weiter mit Bus Linie 709), ℡ 06.50911734, www.piscinaisolaverde.it.

**Luxuriöse Bäder einiger Hotels** mit Handtuchservice, Sonnenschirm, Liege und oft auch mit herrlichem Ausblick sind nicht nur Hotelgästen vorbehalten. Die Eintrittspreise sind aber sehr hoch.

Den wohl spektakulärsten Ausblick hat man vom Pool des **Hotels Exedra** auf der Panoramaterrasse des 5. Stocks. Von hier aus scheint das Nationaldenkmal zum Greifen nah. Der Wellnessbereich im 4. Stock bietet teure Arrangements mit Massage, Dampfbad und vielen anderen Anwendungen. 10–21 Uhr, Eintritt 50 €. Piazza della Repubblica 47, ℡ 06.48938465, www.boscolohotels.it.

Sehr exklusiv ist auch der Poolbereich auf der Dachterrasse des neuen **ES Design-Hotels**. Der Blick über das bisher unspektakuläre Viertel Esquilino südlich des Bahnhofs ist bemerkenswert. Auf die Poolterrasse öffnet sich die großartige neue Bar **Zest**. Via Filippo Turati 171, ℡ 06.7444841, www.eshotel.it.

Elegant, mit einem Touch Kitsch ist die großzügige Wellnessanlage des **Hotels Aldrovandi Palace** mit Schwimmbadbereich innen und einem Pool in der gepflegten Parkanlage. Mo–Sa 7–23 Uhr, So 8–

21 Uhr; Eintritt an Werktagen 40 €, So 60 €. Via Mercati 11 (nördlich der Villa Borghese), ℡ 06.32223993, www.aldrovandiresidence.it.

Eine Oase der Ruhe ist der Poolbereich im Park des **Hotels Cavalieri Hilton** auf dem Monte Mario mit Blick auf ganz Rom. Das Schwimmbad selber ist von Bäumen umgeben. Tägl. 9–19 Uhr, Eintritt werktags 45 € (Kinder 25 €), So 65 € (Kinder 30 €). Via Cadlolo 101, ℡ 06.35091, www.cavalierihilton.it.

Als Alternative bleibt das Baden im **Meer** (mit der S-Bahn ab Stazione Roma Ostia Lido gegenüber der Pyramide und der Metrostation Linie B, „Piramide", in Richtung Ostia, bei einer der beiden letzten Stationen aussteigen: Lido Castelfusano oder Lido C. Colombo). Der Strand ist hier nur über Badeanstalten zugänglich (Eintritt) und ist besonders an den Wochenenden im Sommer extrem voll. Das Meer ist im Einzugsbereich von Ostia nicht sehr sauber. Schöner sind die Strände weiter im Süden ab Anzio/Nettuno und besonders im Nationalpark Circeo (einfach zu erreichen: ab Termini mit dem Zug nach Latina und von dort mit dem Bus zum Strand).

● *Tennis* Regelmäßig Anfang Mai findet die **Internationale Tennismeisterschaft** von Italien statt (Informationen und Karten unter ℡ 06.3219064 oder 06.3219041).

Auskunft über sportliche Ereignisse entnehmen Sie den Sportzeitungen *Corriere dello Sport* und *Gazzetta dello Sport*.

# Sprachschulen

Ein paar italienische Wörter sind schnell gelernt. Und wenn man auf diese Weise guten Willen zeigt, wird man gleich viel freundlicher behandelt. Dabei sind die Römer in der Regel geduldig, wenn der Wortschatz nicht ganz reicht und die Grammatik holpert. Die meisten sprechen aber auch Englisch, sodass man auch damit gut zurechtkommt.

Wer das melodiöse Italienisch besser beherrschen will, kann auch einen Sprachkurs absolvieren. Man sagt zwar, dass das reinste Italienisch in Siena gesprochen wird, doch auch in Rom gibt es sehr gute Schulen mit Unterrichtsklassen für unterschiedlichste Ansprüche. Fortgeschrittene Sprachschüler machen zunächst einen Einstufungstest und werden dann einer Klasse mit dem entsprechenden Niveau zugewiesen. Es gibt weniger intensive Kurse mit drei oder vier Stunden am Vor- oder Nachmittag, ganztägigen Unterricht oder individuell gestalteten Einzelunterricht. Attraktiv sind auch die Begleitangebote von Konversations-, Kultur- bis zu Kochkursen und Exkursionen. Da hier auch andere Sprachen gelehrt werden, lassen sich in den Pausen schnell Kontakte zu Italienern knüpfen und die erworbenen Sprachkenntnisse erproben.

Die Buchung eines Sprachkurses von Deutschland aus ist möglich, aber nicht immer empfehlenswert, denn der einmal gebuchte Kurs ist nicht stornierbar, wenn er nicht gefällt. Besser ist es, vor Ort eine Probestunde zu verabreden und die Sprachschulen zu vergleichen. Auch wenn Sie sich zunächst einmal nur für eine kurze Zeit verpflichten, können Sie die Schule danach in der Regel wechseln. Verlängerungen sind normalerweise problemlos möglich. Der Unterricht findet in den großen Schulen das ganze Jahr über statt. Der Einstieg in einen laufenden Kurs ist möglich, wenn gewisse Grundkenntnisse vorhanden sind.

Die Sprachschulen vermitteln normalerweise auch preiswerte Privatunterkünfte. Empfehlenswert sind folgende Institute:

**Dilit**, Via Marghera 22 (zentrale Lage, ca. 150 m vom Hauptbahnhof entfernt), ☎ 0039/06.4462593, 🖂 0039/06.4440888, www. dilit.it. Das Konzept dieser wohl größten Sprachschule der Stadt ist ungewöhnlich, denn es findet kein getrennter Grammatikunterricht statt. Im ganzheitlichen Ansatz geht es besonders um Kommunikation und Sinnerfassung. Eher spielerisch bekommt man so recht schnell Zugang zur Sprache. Zum Eigenstudium steht den Teilnehmern von 9 bis 20 Uhr ein Sprachlabor zur Verfügung. Die Klassen bestehen aus maximal 15 Schülern mit 6, 15, 20 oder 30 Wochenstunden. Daneben existieren Spezialkurse für Personen über 50 Jahre und für

Business-Italienisch. Über das kulturelle Programm, Ausflüge Kochkurse und Filmabende informiert das Schwarze Brett. Kontakte lassen sich gut an der Bar oder im *Students Club* knüpfen. Ein zweiwöchiger Kurs mit 15 Wochenstunden kostet z. B. 285 €, mit 30 Stunden 522 €. Individualunterricht kostet 39 € pro Stunde.

**Torre di Babele**, Via Cosenza 7 (weniger zentral gelegen: nördlich des Bahnhofs, nahe der Uni), ☎ 0039/06.44252578, 🖂 0039/ 06.44251972, www.torredibabele.com. Die Atmosphäre ist nett und locker. Ein 2-wöchiger Kurs mit 20 Wochenstunden kostet ab 365 €, zuzügl. Einschreibegebühr von 50 € und Kursbuch für 22 €.

# Telefonieren

Sie wollen nicht sofort als Tourist auffallen? Ohne ein Handy und die Bereitschaft, dieses in absolut jeder Situation einzusetzen, werden Sie immer als Ausländer erkannt. Das Handy heißt in Italien liebevoll „telefonino", also *„Telefönchen"*, was das innige Verhältnis der Italiener zu diesem allgegenwärtig piepsenden, schnarrenden oder Melodien anstimmenden Gerät bereits bestens beschreibt. Die Fähigkeit, Lärm gar nicht zu registrieren, ermöglicht den Einsatz des telefonino selbst mitten im tosenden Verkehr.

Im Auto ist das Telefonieren ohne Freisprechanlage zwar strikt verboten. Die recht hohen Bußgelder scheinen aber keinerlei abschreckende Wirkung zu haben.

Beim Telefonieren sollten Sie einige Dinge beachten:

Vom **Hotelzimmer** aus ist das Telefonieren zwar überall teuer, aber in Rom sind die Tarifaufschläge unverschämt. In manchen Hotels zahlt man sogar für die Anwahl einer kostenlosen Servicenummer. Am besten vermeiden Sie es, vom Zimmer aus zu telefonieren, oder Sie benutzen eine *Calling Card*.

**Calling Cards** erhalten Sie in vielen deutschen Reisebüros. Auf dieser Plastikkarte ist eine Zugangsnummer angegeben, mit der Sie sich gegenüber dem Vermittlungsrechner durch eine Geheimnummer identifizieren und dann den gewünschten Teilnehmer unmittelbar anrufen. Weil bei dem

Apparat, vom dem aus Sie telefonieren, keine Kosten anfallen, umgehen Sie die hohen Hoteltarife. Gezahlt wird entweder im Voraus oder über Kreditkarte.

Die Telekom bietet einen *Deutschland Direkt Service* für **R-Gespräche**. In Italien wählt man die Nummer 800172490, nach einer Begrüßungsansage nennt man die Telefonnummer des gewünschten Gesprächspartners in Deutschland. Wenn dieser sich bereit erklärt, die Gesprächskosten zu tragen, wird eine pauschale Vermittlungsgebühr fällig und die Verbindung kommt zustande (3,99 € für die Vermittlung, 0,50 € pro Minute).

**Handy-Benutzer** sollten vor allem beachten, dass sie auch dann zur Kasse gebeten werden, wenn sie sich **im Ausland anrufen lassen**. Da der Anrufer meist nicht wissen kann, dass sich das Mobiltelefon im Ausland befindet, zahlt er nur die regulären Kosten eines Inlandsgesprächs. Der Teil der Gebühren, der im Ausland entsteht, geht auf das Konto des Handybesitzers („Roaming-Gebühren"). Nach einer neuen EU-Verordnung dürfen für den Angerufenen Handybesitzer nur bis zu 29 Cent pro Minute und ab 2009 höchstens 23 Cent pro Minute berechnet werden. Ein Anruf aus dem Ausland darf höchstens 58 Cent und ab 2009 nur noch höchstens 51 Cent kosten. Die tatsächlichen Kosten für ein **Handygespräch nach Deutschland** hängen von der Netzwahl ab. Informieren Sie sich vor Reiseantritt bei Ihrer Gesellschaft über die derzeit günstigsten italienischen Netzbetreiber und stellen Sie Ihr Handy auf manuelle Netzwahl ein.

Preiswerter ist es mit einer italienischen **Prepaid-Karte** z. B. von TIM oder WIND (Filialen gibt es im gesamten Stadtgebiet), sofern ein Provider dies zulässt (informieren Sie sich vorher bei Ihrer Telefongesellschaft). Am günstigsten sind die **öffentlichen Telefone**. Die meisten funktionieren mit Telefonkarten *(carta telefonica)* oder gelegentlich auch mit Kreditkarten (hohe Grundgebühr!). **Telefonkarten** zu 2,50 und 5 € erhalten Sie meist aus Automaten, an Zeitschriftenständen, in Bars oder Tabacchi-Läden (auf Aufkleber *carte telefoniche* achten). **Achtung**, bevor Sie sich beschweren, weil die Karte nicht funktioniert: **Vor dem Gebrauch ist die linke obere vorgestanzte Ecke abzuknicken!** Bei **Diebstahl** des Handys sollte man sofort seine Sim-Karte sperren lassen. Informieren Sie sich vorher bei Ihrem Provider oder rufen Sie den zentralen Kartensperrdienst unter 0049/116116 an (→ „Diebstahl", S. 39). Mehr Infos zum Thema „Telefonieren im Ausland" unter www.teletarif.de/reise.

**Telefonnummern**: Die Vorwahl von Deutschland und der Schweiz aus nach Italien ist 0039, von Österreich aus 0040.
**Achtung**: Für alle Gespräche **nach Italien** muss nach der Landesvorwahl immer **auch die Null der Ortsvorwahl** mitgewählt werden. Für Rom wählen Sie von Deutschland aus also 0039-06.
Für Telefongespräche in umgekehrter Richtung, also **von Italien ins Ausland**, gilt dies nicht! In diesem Fall müssen Sie nach der Vorwahl für Deutschland (0049) die Null der Ortsvorwahl weglassen. (Die Vorwahl der Schweiz ist 0041, die von Österreich 0043). Internationale Gespräche sind von allen öffentlichen Telefonen in Italien möglich.
**Innerhalb der Ortsnetze müssen immer die Vorwahlnummern mitgewählt werden!** Ein Ortsgespräch innerhalb Roms beginnt deshalb stets mit der römischen Vorwahl 06. Dies gilt auch für Faxe nicht aber bei Handynummern.

## Toiletten

Ein wahrer Notstand herrscht in Rom bei den öffentlichen Toiletten. Man könnte meinen, es gebe noch immer die von Kaiser Vespasian (69–79 n. Chr.) eingeführte Steuer auf die Bedürfnisanstalten (mit der legendären Gesetzesbegründung *„pecunia non olet"* – „Geld stinkt nicht"). Selbst die übelriechenden Stehtoiletten oberhalb des Tiberufers wurden nach und nach entfernt und die zum Heiligen Jahr 2000 vereinzelt angeschafften modernen WC-Häuschen sind so rar, dass sie kaum zur Erleichterung der Situation beitragen. Auszubaden haben das oft die Barbesitzer, vor deren durchweg schäbigen schmutzigen Klos sich regelmäßig Schlangen bilden. Manche von ihnen haben die Nase voll und verweigern gelegentlich selbst Not leidenden Touristen den Zutritt zum stillen Örtchen. Rettung bieten die inzwischen verbreiteten Fastfood-Restaurants und auch die Museen sind hinreichend ausgestattet. Im Notfall kann auch so tun als wäre man Hotelgast und sich dort Erleichterung verschaffen. Geradezu beschämend sind die Toiletten vieler Restaurants. Oft ist nur eine einzige vorhanden, die von Damen und Herren gleichermaßen genutzt werden muss, und meist ist diese noch dazu so eng, dass beleibte Personen kaum einatmen dürfen und Gehbehinderte gar keine Chance haben.

## Trinkgeld

Selbst wenn der Service *(servizio)* auf der Restaurantquittung zusätzlich erscheint, was bis vor einigen Jahren die Regel war, ist das nur der Beitrag für die Personalkosten des Wirts. Das Trinkgeld für das Bedienungspersonal hat damit also nichts zu tun. Wenn man zufrieden war, lässt man etwa zehn Prozent des Rechnungsbetrags diskret am Platz zurück. Hat man in der Bar an der Kasse bezahlt und seinen Bon bekommen, beschwert man diesen meist mit ein paar Cent-Münzen, wenn man beim *Barista* seine Bestellung aufgibt. Einige Euromünzen sollte man auch stets für das Hotelpersonal, die Toilettenaufsicht und Taxifahrer bereit halten.

## Vergnügungspark

**Luna Park EUR**: Der ganzjährige Jahrmarkt wurde nach dem Vorbild des Tivoli in Kopenhagen angelegt. Er liegt an einem Abhang mit parkähnlichen Anlagen und einem kleinen See. Es gibt Karussells für Groß und Klein, Los- und Schießbuden jeder Art, Autoscooter zu Wasser und zu Land, ein Spiegelkabinett, eine Geisterbahn, das Riesenrad darf natürlich auch nicht fehlen. Für die ganz Kleinen wird Ponyreiten veranstaltet. Hauptattraktionen sind die original Disneyland-Minenbahn, das 180-Grad-Kino und die Loopingbahn. Die Eintrittspreise der Karussells sind denen auf deutschen Rummelplätzen vergleichbar.

• *Anfahrt/Verbindung* Zu erreichen über die Via Cristoforo Colombo in Richtung EUR, kurz vorher bei Tre Fontane abzweigen (bewachter Parkplatz ist vorhanden); Metrolinie A bis „Piazzale Re di Roma" und weiter mit Bus Nr. 671 bis Via delle tre Fontane oder Metrolinie B bis „S. Paolo" und weiter mit Bus Nr. 707.

• *Öffnungszeiten* Tägl. außer Mi 10–18 Uhr, Eintritt frei.

## Wäschereien

Die Adressen von Wäschereien *(lavanderie)* findet man in den gelben Seiten des Telefonbuchs *(pagine gialle)*. Besonders in der Bahnhofsgegend gibt es einige, so z. B. in der Via Milazzo 20b (nördlich des Bahnhofs Termini), wo man sich die Wartezeit mit Kaffee oder Surfen im Internet vertreiben kann (Öffnungszeiten: 8–24 Uhr). Weitere Waschsalons in der Nähe: in der Via Montebello 44 und in der Via Castelfidardo 29 oder südlich des Bahnhofs in der Via Principe Amedeo 70b. Ein kleinerer Waschsalon befindet sich auch in der Nähe des Kolosseums, in der Via SS. Quattro Coronati 91.

## Zeitungen/Zeitschriften

Die auflagenstärksten italienischen Tageszeitungen sind der konservative Mailänder *Corriere della Sera,* die liberale *La Stampa* aus Turin und die beiden linksliberalen Traditionsblätter *Il Messagero* und *La Repubblica.* Bei Letzterer ist besonders die Veranstaltungsbeilage *Trovaroma* am Donnerstag beliebt. Auf Veranstaltungshinweise und touristische Tipps spezialisiert ist *Roma c'è.* Fast alle Zeitungen werden an den bunten Straßenständen verkauft, der Anteil von Abon-

nements liegt unter 10 Prozent. Daneben existiert ein unübersichtlicher Markt an Zeitschriften. Den Bedarf an Klatsch bedienen die Regenbogenblätter *Gente*, *Chi* und *Oggi*, zahlreiche Spezialtitel werben mit beigefügten Geschenken *(regali)*.

Die überregionalen deutschen Zeitungen sind schon am selben Vormittag an den Zeitungskiosken in der Innenstadt erhältlich. Man zahlt etwa die Hälfte mehr als zu Hause.

## Zollbestimmungen

Innerhalb der Europäischen Union dürfen Waren zum eigenen Verbrauch unbegrenzt ein- und ausgeführt werden.

Folgende Mengen werden problemlos als **Eigenverbrauch** akzeptiert: 800 Zigaretten, 400 Zigarillos, 200 Zigarren, 1 kg Tabak, 10 l Spirituosen, 20 l Likör, 90 l Wein (davon 60 l als Schaumwein) und 110 l Bier. Wenn Sie mehr mitnehmen, müssen Sie bei einer Kontrolle dem Zoll glaubhaft machen, dass die Waren tatsächlich Ihrem eigenen Bedarf dienen und nicht gewerblich genutzt werden.

Lassen Sie sich nicht dadurch zum Kauf animieren, dass Ihnen eine Erstattung der Mehrwertsteuer in Aussicht gestellt wird. Das gilt nur für Touristen, die außerhalb der Europäischen Union ihren Wohnsitz haben!

Bei Transitfahrten durch die Schweiz ist zu beachten, dass hier für Ein- und Ausfuhren die allgemeinen Zollbestimmungen gelten. Wenn die zulässigen Grenzen überschritten werden (200 Zigaretten, 50 Zigarren, 2 l Wein, 1 l Spirituosen), müssen Sie Angaben machen und eine Kaution bezahlen, die bei der Ausreise erstattet wird. Dies ist zwar problemlos möglich, kostet aber Zeit. Manchmal scheuen auch die Schweizer Zöllner diesen bürokratischen Aufwand und verzichten auf Deklaration und Zoll. Wenn Sie bei der Einreise keine Angaben machen und erwischt werden, müssen Sie auch dann Strafe zahlen, wenn Sie die Schweiz nur durchqueren wollen.

*Siesta in der römischen Nachmittagssonne*

# Übernachten

**Das Angebot an Übernachtungsmöglichkeiten von der schäbigsten Absteige bis zum prunkvollsten Palazzo ist enorm, doch die Zahl der Touristen, Geschäftsreisenden, Gastarbeiter und Studenten, die alle eine Unterkunft suchen, ist es ebenfalls.**

Schon seit der Antike strömen Besucher nach Rom. Und es ist eine entsprechend lange, bis zur Vollendung perfektionierte Tradition, bestens an ihnen zu verdienen. Bereits im Mittelalter waren die frommen Pilger eine wichtige Einnahmequelle für die Kirche. Jeder, der in die Stadt des Papstes kam, brauchte eine Unterkunft. Die Betuchten stiegen in standesgemäß vornehmen Häusern ab, doch die allermeisten Reisenden mussten in den bescheidenen Herbergen manche Komforteinbußen hinnehmen. So berichtete vor 200 Jahren ein Zeitgenosse über die Praktiken damaliger Hotels:

*„Es müssen sich mehrere einander völlig unbekannte Reisende das Zimmer, meistens sogar das Bett teilen. Es kann passieren, dass der Wirt mitten in der Nacht noch einen neuen Gast ins Zimmer schiebt, der zu einem ins Bett schlüpft, ohne sich überhaupt vorzustellen".*

Von solchen Ungehörigkeiten wird der Gast heute nicht mehr überrascht. Doch stattdessen stört oft Lärm seinen Schlaf und er muss sich mit Kammern begnügen, deren Ausstattung und Größe in einem schamlosen Missverhältnis zum Preis stehen. Mittlerweile gibt es kaum noch einen Unterschied zwischen Haupt- und Nebensaison, fast das ganze Jahr über kommen die Touristen in Scharen. Nur wenn die Hitze im August unerträglich wird oder von Dezember bis Ende

Februar der kalte Wind von den Bergen herunterbläst, entspannt sich die Lage etwas. Aber selbst dann ist es nicht einfach, ein schönes und zugleich bezahlbares Hotel zu finden. Buchen Sie daher möglichst frühzeitig. Besonders die begehrten Zimmer mit Balkon, Terrasse oder herrlicher Aussicht im Zentrum sind nur mit Glück – und dann Monate im Voraus – zu reservieren.

# Hotels und Pensionen

Im historischen Zentrum gibt es nur die großen alten Traditionshotels und einige kleinere, oft ehrwürdige Herbergen. Die wachsende Nachfrage nach Hotelbetten ist kaum zu befriedigen, da neue Bauten nicht genehmigt werden und einfach kein Platz für weitere Hotels vorhanden ist. In den Gründerzeitvierteln wandelt man zwar seit Jahren viele der großen Wohnungen mit zehn und mehr Zimmern in profitablere Pensionen um, ansonsten waren in der Hotelszene aber lange Zeit kaum Entwicklungen spürbar. Das änderte sich erst, als absehbar wurde, dass zum Heiligen Jahr 2000 so viele Besucher wie noch nie in die Stadt drängen und zigtausende Pilger keinen Schlafplatz finden würden. Großzügige staatliche Zuschüsse und Steuervorteile erleichterten gewaltige Investitionen. Im nicht unproblematischen Stadtviertel Esquilin, das gerade grundlegend umstrukturiert wird, erlaubte die Stadtverwaltung sogar den Neubau des futuristischen 5-Sterne-Designhotels **Radisson SAS Es**. Auf dem Dach dieses siebenstöckigen Glasquaders genießen in der coolen Bar mit direktem Zugang zum Pool trendbewusste Gäste die Aussicht und ihre Drinks (→ „Um die Piazza della Repubblica", S. 362). Als weiteres glanzvolles Hotel der Weltklasse eröffnete das nach dem Zweiten Weltkrieg anderweitig genutzte und dann arg heruntergekommene **De Russie,** nahe der Piazza del Popolo, mit Gartenterrassen, dort, wo sich in der Antike der Park der Villa des legendären Feinschmeckers Lukullus befand. Zu den spektakulärsten Neueröffnungen gehört die **Residenza Paolo VI.** in einem Kloster unmittelbar hinter den linken Kolonnaden von St. Peter. Beim Frühstück auf der sensationellen Dachterrasse schaut man über den Petersplatz direkt auf die Papstwohnung und hat sonntags beim Angelusgebet des Papstes einen Logenplatz auf Augenhöhe.

Die meisten bestehenden Hotels erweiterten ihre Kapazitäten, wie etwa das **Excelsior** an der Via Vittorio Veneto (→ S. 341), das seine Kuppel zur größten Hotelsuite Italiens ausbauen ließ und nun dem privilegierten Gast auf 1.100 m² jeden erdenklichen Luxus vom Privatkino, eigenem Wellness-Bereich sowie Vinothek bis zur Dachterrasse mit Aussicht bietet. Den Übernachtungspreis erfahren nur ernsthaft Interessierte, er soll irgendwo zwischen 5.000 und 20.000 € pro Nacht liegen. Auch die meisten anderen Hotels und Pensionen wurden, wenn auch nicht vergleichbar aufwändig, aufgemöbelt, um einen Stern zuzulegen und die nächste Preiskategorie zu erklimmen.

Wegen der großen Nachfrage zum Heiligen Jahr und dem weiteren Preisschub nach der Euroumstellung rechneten sich nun auch Privatleute ihre Chance aus, was zu einem andauernden Boom von **Bed-and-Breakfast** führte. Inzwischen gibt es für jedes Budget fast alles vom einfachen Fremdenzimmer mit Familienanschluss über Ferienappartements und Privatpensionen bis zur Suite mit Zimmerservice im Piano Nobile eines ehrwürdigen Renaissance-Palazzos. Eine günstige Alternative zu den teuren Hotels sind besonders die zahlreichen Ferienwohnungen geworden, die man in der Regel wochenweise mieten kann.

▶ **Reservierung**: Wer ohne **Hotelreservierung** nach Rom reist, ist entweder ein Spieler, extrem reich oder ein absolut anspruchsloser Asket, der zur Not auch mit der Tonne des Diogenes zufrieden wäre.

Man kann jedenfalls nicht erwarten, vor Ort eine reiche Auswahl an freien Unterkünften vorzufinden. Da die günstigen Hotels regelmäßig ausgebucht sind, muss man bereit sein, in den größeren Häusern für eine höhere Kategorie notfalls sehr viel mehr zu bezahlen, als ursprünglich gewollt. Auch wird dann regelmäßig die Notlage des Touristen auf Zimmersuche ausgenutzt und der staatlich festgesetzte Höchstpreis verlangt. Wer nicht bereit ist, diese Tarife zu zahlen, muss sich mit einer der unzähligen Billigpensionen in der Bahnhofsgegend begnügen. Hier kann man schon eher eine noch freie bezahlbare Unterkunft finden.

Wenigstens sollten Sie sich zunächst bei der staatlichen Touristeninformation **EPT** *(Ente Provinciale per il Turismo)* an der Autobahnraststätte Tevere Ovest (→ S. 13), im Flughafen noch vor der Zollabfertigung, im Bahnhof Termini oder in der Hauptverwaltung der römischen Touristeninformation **APT** *(Azienda di Promozione Turistica del Comune di Roma)* in der Via Parigi 5, nahe Stazione Termini, ein Hotelverzeichnis besorgen oder gleich von hier aus nach freien Kapazitäten suchen lassen. Fallen Sie besonders am Bahnhof nicht auf die Schlepper herein (manche geben sich sogar als APT-Mitarbeiter aus, was nicht stimmt, da diese keine Hotels empfehlen dürfen). Bei der Ausstattung, der Sauberkeit und der günstigen Lage übertreiben die Schlepper meist schamlos und die versprochenen angeblichen Rabatte sind manchmal das Gegenteil von Schnäppchen bzw. entpuppen sich bei der Bezahlung als Missverständnis.

Wenn Sie **von Deutschland aus buchen** wollen, können Sie sich ein Hotelverzeichnis mit aktuellen Preisangaben vom italienischen Fremdenverkehrsamt ENIT schicken lassen oder es von deren Homepage herunterladen (→ „Informationsmaterial", S. 52). Buchen Sie Hotels am besten direkt per **E-Mail** (die meisten römischen Hotels haben eigene Webseiten), wobei meist die Daten einer Kreditkarte angegeben werden müssen; im Fall einer telefonischen Zimmerreservierung ist immer eine schriftliche Bestätigung **per Fax** zu empfehlen. Bei Hotels, die lange im Voraus gebucht wurden, sollten Sie möglichst die Reservierung einige Tage vorher noch einmal telefonisch bestätigen. Auf eine späte Ankunftszeit muss man bereits bei der Buchung hinweisen. Auch sollte man zusätzlich am Ankunftstag anrufen, um die ungefähre Ankunftszeit mitzuteilen, da das Zimmer sonst womöglich trotzdem vergeben wird.

Hotels aus den Städtereisen-Programmen großer Veranstalter (z. B. Airtours, Dertour, Thomas Cook, TUI) lassen sich fast immer auch separat bei eigener Anfahrt preiswert über **Reisebüros** buchen.

Im Internet kann man über zahlreiche Adressen die Verfügbarkeit von Zimmern und Sondertarife recherchieren und auch direkt buchen, z. B. unter:

**www.romaturismo.it** – mit Links zu den nach Lage und Kategorie geordneten Hotels.
**www.cphi.it** – besonders für Last-Minute-Angebote.
**www.romeguide.it** – mit recht ausführlichen Beschreibungen und vielen Bildern, detaillierten Preisangaben. Buchung zentral über Romeguide.

▶ **Preise:** Da der Touristenstrom von Jahr zu Jahr weiter anwächst und die Unterkünfte knapp bleiben, übersteigen die Zimmerpreise manchmal jede Schamgrenze. Dabei sind die jeweils zulässigen Preisspannen vom prachtvollen Luxus-Palazzo mit fünf Sternen bis zur schäbigsten Pension (wenn sie über Dach und Bett verfügt wird sie bereits mit einem Stern klassifiziert) **staatlich festgelegt**. Allerdings ist die Schwankungsbreite zwischen Minimal- und Maximal-Preis erheblich, zudem werden regelmäßig Preiserhöhungen bewilligt, die in den vergangenen Jahren beträchtlich ausfielen. Das galt besonders im Heiligen Jahr 2000, als zahlreiche Herbergen nach Renovierungsarbeiten zudem eine Höherklassifizierung erhielten und die Preisspirale noch einmal angezogen wurde, ebenso zur Euroumstellung im Jahr 2002.

Die Preisangaben zu den hier empfohlenen Hotels können nur grobe Richtwerte sein. Fragen Sie bei der Buchung auch nach **Zuschlägen**: legal sind Preisaufschläge für eine Klimaanlage, das Frühstück und einen Parkplatz. Manchmal werden Sonderangebote geschönt, indem die Mehrwertsteuer in Höhe von 20 % noch aufgeschlagen wird (in Listenpreisen muss sie allerdings immer enthalten sein). Gesetzlich vorgeschrieben ist, dass die Übernachtungspreise mit allen Aufschlägen im Zimmer aushängen. Anhand der Liste können Sie kontrollieren, ob man einen illegalen Fantasiepreis verlangt. Bezahlen Sie nie mehr als dort angegeben und beschweren Sie sich notfalls beim Touristenbüro. Bei Bed & Breakfast kann man eine böse Überraschung erleben, wenn die Rechnung doppelt so hoch ausfällt, weil sich die Preisangabe häufig nicht auf das Zimmer, sondern pro Person bezieht. Bei manchen Ferienwohnungen hängt der Preis ebenfalls von der Belegungszahl ab. Hier werden meist zusätzlich Gebühren für Handtücher und Bettwäsche sowie für die Endreinigung verlangt.

**Achtung**: Die hier angegebene Schwankungsbreite der Preise betrifft in der Regel nicht unterschiedliche Komfortklassen eines Hauses, sondern Haupt- und Nebensaison (u. U. jeweils wieder mit Abstufungen, der heiße Monat August gilt als Nebensaison). Sind Sie während der Hauptsaison in Rom, dürften jeweils ausschließlich die oberen Preisangaben zutreffen.

**Verzeichnisse** mit allen Unterkünften (unterteilt in „Hotels", „Bed & Breakfast" und „Case per Ferie" – zu Letzteren gehören Ferienwohnungen, Privatzimmer, Hostels und Campingplätze) und den zulässigen Preisen gibt auch die **APT** (*Azienda di Promozione Turistica del Comune di Roma*, 00185 Roma, Via Parigi 5) heraus.

> **Tipp**: Es lohnt immer, nach Ermäßigungen *(sconto)* zu fragen. Bei längerem Aufenthalt oder wenn noch Kapazitäten frei sind, hat das nicht selten Erfolg. Oft gibt es bei größeren Hotels der gehobenen Mittelklasse, in denen häufig Geschäftsreisende absteigen, auch günstige Sonderarrangements und Wochenendtarife.

Preiswerter als eine individuelle Direktbuchung beim Hotel ist meist der Weg über ein deutsches Reisebüro oder über einen der großen **Reiseveranstalter** (allerdings nur bei eigener Anreise), denn Großabnehmer erhalten bei den Hotels Sonderkonditionen, die sie wenigstens zum Teil an ihre Kunden weitergeben.

▶ **Wo übernachten?** Bei der Entscheidung für eine Unterkunft sollten Sie sich nicht allein auf die staatlich festgelegte Kategorie verlassen. Die **Anzahl der Sterne** (minimal ein Stern, maximal fünf mit einem „L" für besonderen Luxus) wird nach formellen Kriterien festgelegt (Telefon, Fernseher, Kühlschrank, Klimaanlage usw.) und sagt nur bedingt etwas über die Qualität aus, da Pflege und Zustand der Ausstattung selten überprüft werden.

Wenn Sie eine etwas großzügigere Hotelanlage mit Pool bevorzugen und Ausflüge mit dem Auto in die Umgebung planen, sollten Sie ein **Hotel außerhalb der Innenstadt** wählen. In diesem Fall müssen Sie aber trotz guter Busverbindungen wegen des meist chaotischen Verkehrs mit langen Fahrzeiten rechnen. Liegt das Hotel sogar außerhalb des Autobahnrings G.R.A. *(Grande Raccordo Anulare)*, kann es abends auch schwierig werden, ein Taxi zu bekommen, zumindest muss man Zuschläge zahlen.

Wer die Zeit in der Stadt optimal nutzen möchte und gerne auch abends durch die Stadt bummelt, ohne an die Abfahrtszeit des letzten Busses zu denken, sollte sich für eine **Unterkunft im historischen Zentrum** entscheiden. Für die Anreise mit dem Auto sollten Sie jedoch unbedingt beachten, dass das gesamte Centro Storico, Trastevere, der Stadtteil Monti, Testaccio und San Lorenzo zur **Zona Traffico Limitato (Z.T.L.)** gehören und Mo–Fr von 6.30–18 Uhr für nicht Autorisierte gesperrt sind, Videokameras überwachen die Zufahrten zum Zentrum. Zwischen 18 und 21 Uhr, teilweise auch bis 23 Uhr, können dann auch Ortsfremde zu ihrem Hotel in der Altstadt fahren (→ S. 105).

Bei einer Übernachtung im Zentrum (*centro storico*, um die Piazza Navona, das Pantheon, den Campo de'Fiori oder im Nobelviertel um die Spanische Treppe) oder in Trastevere sollten Sie bedenken, dass auf den stimmungsvollen Plätzen auch nachts noch recht viel los ist und selbst durch schmale Gassen mitunter wenig rücksichtsvolle Nachtschwärmer ziehen. Dazu kommen schon lange vor Sonnenaufgang Müllabfuhr und Straßenreinigung. Es ist also ständig mit **Lärm** zu rechnen. Geräuschempfindlichen Menschen sei deshalb ein Fenster zum oft vorhandenen Innenhof oder Garten empfohlen (*„giardino“*, gleich bei der Buchung reservieren). Hier nerven zwar laute Touristengruppen, von denen mindestens eine am Abend weinselig Abschied von Rom feiert, doch meist sorgt das Hotelpersonal irgendwann mit sanfter Beharrlichkeit für Stille. Eine besonders ruhige, aber trotzdem noch zentrumsnahe Gegend ist der Aventinhügel (gepflegt und mit vielen Gärten, dafür weniger ursprünglich).

Die vergleichsweise noch bezahlbaren Hotels im Zentrum sind nicht unbedingt großzügig ausgestattet und man muss über manche Unzulänglichkeit und mangelnden Komfort hinwegsehen können. Entschädigt werden Sie dafür, wenn Sie mit etwas Glück (oder entsprechender vorheriger Reservierung) ein Zimmer mit Balkon erhalten oder in einem der oberen Stockwerke ein **Zimmer mit Aussicht** auf Kuppeln, Hinterhöfe, das Gassenwirrwarr, die zahllosen verwinkelten Dachgärten und Terrassen ergattern. Beinahe noch schöner ist es, wenn Ihr Hotel eine **Dachterrasse** hat. Manchmal befindet sich dort eine Bar und im Sommer wird dort das Frühstück serviert. Etwas Schöneres kann man sich kaum vorstellen, als hier bei einem *aperitivo* vor dem Bummel zum Abendessen den Sonnenuntergang zu genießen. Nicht bei allen Hotels wird übrigens auf eine Dachterrasse hingewiesen. Probieren Sie deshalb aus, ob es im oberen Stockwerk einen Ausgang nach draußen gibt. Wenn man die anderen Gäste nicht stört, wird die Benutzung einer solchen „halböffentlichen" Terrasse meist geduldet.

Eine fast unüberschaubare Anzahl vergleichsweise **preiswerter Hotels und Pensionen** einfachster Art finden Sie in der wenig beschaulichen Gegend um den Hauptbahnhof (Stazione Termini). Meist fehlt jeder Komfort und die an den stark befahrenen Straßen liegenden Zimmer sind entsetzlich laut. Die Hinterhöfe sind auch nicht immer ruhig und im Gegensatz zu denen im Centro Storico meist düster und unattraktiv. Nicht alle Besitzer halten die Sauberkeit der Zimmer für unverzichtbar, sodass man seine Unterkunft unter Umständen sogar mit kleinen krabbelnden oder hüpfenden Mitbewohnern teilen muss. Wenn Sie hier ein preiswerteres Zimmer buchen wollen, sollten Sie es sich deshalb vorher ansehen. Der Eindruck der Rezeption kann täuschen.

Vom Bahnhof aus sind alle interessanten Punkte der Innenstadt problemlos mit dem Bus oder der Metro, notfalls auch zu Fuß erreichbar. Bedenken Sie, dass die nächtliche Busfahrt nach einem Bummel durch die pittoresken Gässchen des Centro Storico ein ernüchternder Stimmungstöter sein kann.

Einige Unterkünfte finden sich auch in der Nähe von St. Peter, im Gründerzeitviertel Prati, auf der dem Zentrum gegenüber liegenden Seite des Tibers. Die Gegend ist deutlich gepflegter als die in Bahnhofsnähe, doch der Verkehr braust vergleichbar laut.

*Das Excelsior: ein Grand-Hotel mit bewegter Geschichte*

▸ **Arten der Zimmer:** Bei der Frage nach einem Zimmer ist zu unterscheiden zwischen einem Einzelzimmer *(camera singola)*, einem Zimmer mit Doppelbett *(matrimoniale)* und einem Zimmer mit zwei getrennten Betten *(camera doppia)*. Für ein drittes Bett in einem Doppelzimmer darf ein Aufschlag von bis zu 35 % des Doppelzimmer-Tarifs verlangt werden. Bei einem zweiten Bett in einem Einzelzimmer darf der Preis nicht höher sein als der des Doppelzimmers. Bei billigen Herbergen (besonders in der Bahnhofsgegend) gibt es auch Mehrbettzimmer und kleinere Schlafräume.

▸ **Frühstück:** Das Frühstück fällt in Italien traditionell sehr bescheiden aus. Üblich ist es, auf dem Weg zum Büro einen Kaffee zu trinken und ein Croissant zu essen (→ „Italienische Essgewohnheiten", S. 127).

Bis auf die billigen, kleinen Pensionen bieten die Hotels inzwischen durchgängig ein Frühstück an. Wenn dies allerdings aus dem üblichen *Caffè latte* (Milchkaffee) mit einem trockenen Hörnchen besteht, sind die dafür normalerweise verlangten 6 bis 12 € entschieden zu viel. Besser und viel preiswerter ist es dann, wie die Italiener in der nächsten Bar einen Cappuccino und ein Cornetto zu bestellen. Dank der Gäste aus Ländern mit Frühstückstradition setzen sich aber selbst in einfachen Hotels immer mehr Frühstücksbüffets durch. Die Preise hierfür sind nicht immer inklusive, je nach Hotelkategorie ist ein Aufschlag von ca. 10 bis 15 € zu zahlen, im Vier-Sterne-Bereich können es auch 20 bis 25 € sein.

▸ **Parken:** Die großen Hotels außerhalb des Autobahnrings haben fast alle genügend sichere Parkmöglichkeiten. Problematisch wird es eher bei den Unterkünften in der Innenstadt. Nicht einmal alle Luxushotels verfügen dort über eine eigene Garage. Nur ganz selten bekommt man Gelegenheit, das Auto kostenlos in einem Hof abzustellen. Wenn eine bewachte Parkmöglichkeit vorhanden ist, werden dafür meist ca. 15 bis 25 € pro Tag berechnet. Weisen Sie schon bei der Hotelreservierung darauf hin, dass Sie einen Parkplatz benötigen, die Stellfläche ist nämlich sehr beschränkt. Wenn das Hotel keine eigene Parkmöglichkeit bietet, wird aber regelmäßig eine organisiert. Ein Fahrer holt dann Ihr Fahrzeug ab und bringt es bei Bedarf wieder zum Hotel zurück. Bedenken Sie aber, dass die Autos in den kleinen privaten Garagen und Hinterhöfen extrem eng zusammengeschoben werden. Wenn Sie Ihr Fahrzeug benötigen, müssen deshalb oft viele andere rangiert werden. Kündigen Sie deshalb Ihre Abfahrt rechtzeitig an und erinnern Sie am Vorabend noch einmal daran. Sonst müssen Sie mit längeren Wartezeiten rechnen. Erkundigen Sie sich auch nach den Öffnungszeiten der Garagen. Oft ist der Besitzer sonntags nämlich nur für kurze Zeit am Vormittag erreichbar. Bei einer längeren Abstelldauer lassen sich gut Rabatte aushandeln. Das Fahrzeug kann dann nämlich bequem in einer hinteren Ecke abgestellt werden und muss nicht ständig verschoben werden. Das ist einigen Garagenbesitzern schon einen *sconto* wert.

Preiswerter als die Hotelgaragen oder die privaten von den Hotels vermittelten Garagen sind die wenigen **öffentlichen Parkhäuser** (→ S. 106). Fahren Sie am besten direkt dorthin und lassen sich dann mit dem Taxi zum Hotel bringen. Gerade wenn Ihr Hotel im Centro Storico liegt, ist es bei all den Einbahnstraßen und Absperrungen oft sehr kompliziert, direkt dort vorzufahren. In der Innenstadt sollten Sie das Fahren deshalb lieber den Profis überlassen.

Einen **kostenlosen Parkplatz** irgendwo am Straßenrand gibt es so gut wie gar nicht. Quasi alle Parkplätze in der Innenstadt sind inzwischen gebührenpflichtig. Wenn nicht bezahlt wird, droht dort das Abschleppen oder eine Parkkralle (→ „Unterwegs in Rom", S. 106).

Selbst wenn Sie am frühen Sonntagmorgen entlang der Gleise beim Hauptbahnhof oder in einigen Randbezirken der Stadt durch einen außerordentlichen Zufall einen kostenlosen Parkplatz gefunden haben sollten, ist es nicht zu empfehlen, ein Auto mit ausländischem Nummernschild über einen längeren Zeitraum dort abzustellen. Auch wenn das Fahrzeug nicht als Diebesobjekt lohnend erscheint, schlagen Junkies auf der Suche nach Verwertbarem doch ganz gerne mal die Scheibe ein, um zu schauen, ob man nicht doch etwas mitnehmen könnte. Nur wenn eindeutig in Ihrem Fahrzeug nichts zu holen ist und auch das leere Handschuhfach offen steht, ist die Wahrscheinlichkeit eines Aufbruchs geringer.

Die im Folgenden angegebenen **Zimmerpreise** haben den Stand vom Frühjahr 2008 und beziehen sich auf die Listenpreise in der **Hochsaison**. Eventuelle Preisspannen ergeben sich aus Größe und Ausstattung der Zimmer, teilweise sind auch *„Alta Stagione"* und *„Altissima Stagione"* zusammengefasst. Sofern nicht anders angegeben, gelten die Preise für ein Zimmer mit Bad, in der Regel auch mit TV. Sollte Frühstück im Preis enthalten sein, wird dies aufgeführt, ebenso ein eventueller Aufpreis dafür.

Die Hotels **in Latium** sind bei den jeweiligen Ortschaften aufgeführt.

## Hotels außerhalb der Innenstadt

Besonders für Autofahrer, die sich das römische Verkehrsgetümmel nicht antun wollen, sind die Hotels außerhalb der Innenstadt interessant. Abgesehen davon, dass Sie Ihr Fahrzeug hier bequem und sicher abstellen können, sind die meist großzügigen Anlagen auch gut dazu geeignet, sich nach anstrengenden Besichtigungstouren mal einen Tag am Pool zu erholen oder von hier aus einen Ausflug nach Latium zu unternehmen.

Der Nachteil liegt auf der Hand: Sie müssen längere Anfahrtswege in die Stadt in Kauf nehmen. Die teuren Hotels haben Shuttlebusse, aber auch mit öffentlichen

Verkehrsmitteln ist das tagsüber normalerweise kein Problem. Nachts ist es schon schwieriger, denn es gibt nicht viele Nachtbuslinien und die Taxis fahren entweder nicht über den Autobahnring hinaus oder verlangen dafür wegen der langen Rückfahrt erhebliche Zuschläge.

● *Luxushotels* Das **Cavalieri Hilton** liegt innerhalb des Autobahnrings auf dem Monte Mario und damit noch recht nahe am Zentrum. Mit dem Hotelbus, der jede Stunde verkehrt, gelangt man in nur 15 Min. ins Zentrum. Einzigartig ist der Blick auf nahezu die ganze Stadt, besonders wenn man ihn abends vom Restaurant *La Pergola* aus genießt (mit drei Michelin-Sternen das beste Restaurant Roms und eines der besten Italiens) oder wenn man im herrlichen Garten mit den alten Pinien lustwandelt oder am Pool einfach nur entspannt. Nach der aufwändigen Renovierung steht nun ein Wellness-Bereich mit Fitnessraum, Hallenbad, Sauna, türkischem Bad, Massage und Kosmetik zur Verfügung, der keinen Wunsch offen lässt.
5 Sterne, Luxuskategorie. Bewachter Parkplatz, hoteleigene Garage, 376 Zimmer. EZ 620–810 €, DZ 675–900 €, Frühstück 45 €, allerdings gibt es zahlreiche günstigere Pauschal- und Spezial-Arrangements. Via Cadlolo 101, 00136 Roma, ☎ 06.35091, ☏ 06.3509156, www.cavalieri-hilton.it.

Das **Sheraton Golf** liegt südlich der Innenstadt am Tiber in Richtung Flughafen Fiumicino. Für Aktive gibt's einen Pool, Tennisplätze und einen der wenigen Golfplätze Roms (27 Loch).
4 Sterne, bewachter Parkplatz, hoteleigene Garage, Restaurants, Bars, 622 Zimmer. EZ 411–502 €, DZ 440–532 €, Frühstück inkl. Auch hier diverse Sonderangebote. Viale Salvatore Rebecchini 39, 00148 Roma, ☎ 06.65288, ☏ 06.65287060, www.sheraton.com/golfrome.

● *Obere Mittelklassehotels* Das **Shangri La Corsetti** befindet sich im ehemaligen Weltausstellungsgelände EUR, einem heute begehrten, ruhigen Wohn- und Geschäftsviertel mit Parkanlagen und monumentalen Gebäuden. Sehr gut ist die Verkehrsanbindung zur Innenstadt mit Metro und Bussen. Gehobene Ausstattung, mit Pool, bei Amerikanern beliebt.
4 Sterne, bewachter Parkplatz, 52 Zimmer, hoteleigenes Restaurant. EZ 160–170 €, DZ 220–240 €, Frühstück inkl. Viale Algeria 141, 00144 Roma, ☎ 06.5916441, ☏ 06.5413813, www.shangrilacorsetti.it.

**Holiday Inn Rome West**, die Via Aurelia ist zwar sehr stark befahren, doch steht das Haus nicht unmittelbar an der Straße, so dass die Zimmer weitgehend ruhig sind. Die Ausstattung des 2006 komplett renovierten Hauses ist modern und gehoben komfortabel, die Zimmer sind geschmackvoll und angenehm eingerichtet. Fitness-Center, Billardraum, Pool und Garten sind vorhanden, außerdem ein kostenloser Shuttle-Service ins Zentrum. Das sehr empfehlenswerte Haus ist während der Woche häufig belegt, da hier viele Firmenveranstaltungen und Kongresse stattfinden. Am Wochenende gibt es oft günstige Spezial-Arrangements.
4 Sterne, bewachter Parkplatz, 237 Zimmer. EZ/DZ ab 175 €, Frühstück 15 €. Via Bogliasco 27 (Via Aurelia km 8,400), 00165 Roma, ☎ 06.66411200, ☏ 06.66414437, www.ichotelsgroup.com.

**Marc'Aurelio**, die Zimmer sind vergleichsweise ruhig, und die Ausstattung ist gut (Pool, Garten, Klimaanlage). Die Metrostation „Cornelia" der Linie A ist einige hundert Meter entfernt, zur Innenstadt gelangt man aber auch bequem mit Bussen. Von der Autobahn leicht zu erreichen (Via Aurelia, dann links halten, die Via Gregorio XI geht links von der breiten Via di Boccea ab).
4 Sterne, bewachter Parkplatz, 120 Zimmer. EZ 110 €, DZ 150 €, Dreier 180 €, Frühstück inkl. Via Gregorio XI 141, 00166 Roma, ☎ 06.6637630, ☏ 06.6625269, www.hotelmarcoaureliorome.it.

**Cristoforo Colombo**, liegt an der autobahnähnlich ausgebauten Ausfallstraße nach EUR und zum Meer nach Ostia und ist daher für Autofahrer gut erreichbar (vom Autobahnring im Süden an der Abfahrt Latina in Richtung Zentrum, dann sind Sie bereits auf der Via Cristoforo Colombo). Die Innenstadt ist mit der Metro (Metrostation ist 500 m vom Hotel entfernt) gut erreichbar. Es gibt Garagen und Parkplätze, einen Garten mit Pool und Terrasse sowie ein Hotelrestaurant. Gepflegte Zimmer mit eleganter Einrichtung.
4 Sterne, 205 Zimmer. EZ 120–180 €, DZ 150–280 €, Frühstück inkl. Via Cristoforo Colombo 710, 00144 Roma, ☎ 06.5921901, ☏ 06.5913262, www.hotelcolomboroma.it.

**Carlo Magno**, für Autofahrer ebenfalls gut erreichbar (verlassen Sie den Autobahnring im Nordosten bei der Abfahrt Mentana, folgen Sie der Via Nomentana in Richtung Innenstadt – das Hotel liegt unmittelbar vor der Bahnüberquerung). Die Innenstadt ist weit entfernt, aber mit Bussen von der nahen Via Nomentana aus gut erreichbar. Die Ausstattung der Zimmer ist ordentlich und gediegen (Bad, Klimaanlage, Fernseher). Die Garage ist in der Nähe gesondert zu be-

zahlen; man muss schon bei der Buchung des Zimmers den Garagenplatz reservieren. 3 Sterne, 50 Zimmer. EZ 90–130 €, DZ 110–190 €, Dreibettzimmer 210 €, Frühstück 10 €. Zahlreiche Sonderangebote, z. B. bei Online-Buchung. Via Sacco Pastore 13, 00141 Roma, ☏ 06.8603982, ✆ 06.8604355, www.carlomagnohotel.com.

## Luxushotels der Weltklasse (5 Sterne plus L, DZ über 400 €)

Die Fünf-Sterne-Luxus-Hotels mit all den erlesenen Antiquitäten, dem vielen Kristall und den verschwenderischen, edlen Stoffen bieten Ihnen zweifellos höfischen Pomp. Alles, was in der Politik, der Hochfinanz und im Show-Business Rang und Namen hat, residierte hier bereits. Dem entsprechen auch die Preise.

•*Via Vittorio Veneto (→ Karte S. 341)*
**Grandhotel Eden (11)**, liegt zwischen Spanischer Treppe und Via Vittorio Veneto. Es wurde 1889 erbaut und bei einer Renovierung vor einigen Jahren gründlich entstaubt. Das Flair des 19. Jh. blieb dabei zum Glück unangetastet, während die Zimmer vom DVD-Player bis zum High-Speed-Internetanschluss unauffällig mit allem nur erdenklichen Komfort ausgestattet wurden. Die Zimmer der oberen Stockwerke bieten einen fantastischen Ausblick auf den Renaissancegarten der Villa Medici und die Stadt von St. Peter bis zum Kapitol. Die Zimmer zum Innenhof sind absolut ruhig. Traumhaft sind auch die großzügigen Marmorbäder, oft sogar mit eigenem Whirlpool. Sensationell ist auch das Panorama-Restaurant.
5 Sterne Luxus, 121 Zimmer, hoteleigener Parkplatz ca. 25 €/Tag. EZ ab 400 €, DZ ab 440 €, es geht aber auch für mehr als doppelt so viel, eine Suite kommt auf ca. 1000 €, Frühstück inkl. Via Ludovisi 49, 00187 Roma, ☏ 06.478121, ✆ 06.4821584, www.lemeridien.com/eden.

**Westin Excelsior (6)**, das Hotel war einmal der Inbegriff des Dolce Vita, und alles, was sich damals zum Jetset zählte, stieg hier ab. Von diesem legendären Ruhm, der besonders in den USA noch nicht verblasst zu sein scheint, lebt das Hotel noch heute. Die prunkvolle Ausstattung und der perfekte Service sind genau so, wie man es sich bei einem Grandhotel vorstellt.
5 Sterne Luxus, 327 Zimmer, hoteleigene Garage kostet extra. EZ/DZ ab 380 €, Suiten etwa das Doppelte, Frühstück 35 €. Via Vittorio Veneto 125, 00187 Roma, ☏ 06.47081, ✆ 06.4826205, www.starwoodhotels.com.

**Aleph (10)**, Designhotel der Luxusklasse seitlich der Via Vittorio Veneto, gestaltet vom New Yorker Architekten Adam Tihany,

der sich von Dantes *Göttlicher Komödie* (genauer gesagt: vom „Inferno" und „Paradiso") hat inspirieren lassen. Eigenwillige Einrichtung mit viel Rot, die Zimmer dagegen in zartem Pastell. Dachterrasse und Spa, zwei Restaurants und zwei Bars.
5 Sterne, 96 Zimmer. EZ/DZ ab 320 € (Sondertarif), offiziell 650 €, Frühstück 26 €. Via di San Basilio 15, 00187 Roma, ☏ 06.422901, ✆ 06.42290000, www.boscolohotels.com.

•*Nähe Spanische Treppe (→ Karte S. 315)*
**De Russie (2)**, im Jahr 2000 wieder eröffnete Luxusherberge, gehört nun zur Rocco-Forte-Hotelgruppe, nur wenige Meter von der Pzza. del Popolo entfernt. Das strenge Art-Déco-Ambiente könnte kaum edler sein, zum Hotel gehören ein herrlicher Garten samt Terrasse, diverse Bars (darunter die berühmte Strawinskij-Bar, in der es die besten Cocktails der Stadt geben soll) und mehrere Restaurants, das Spa soll ebenfalls zu den besten in Rom zählen. Ruhige Lage, dennoch sehr zentral.
5 Sterne Luxus, 130 Zimmer, bewachter Parkplatz. EZ 440–490 €, DZ 660–850 €, Frühstück 35 €. Via del Babuino 9, 00187 Roma, ☏ 06.32881, ✆ 06.32888888, www.hotelderussie.it.

**Hassler Villa Medici (35)**, das Hotel mit der wohl spektakulärsten Aussicht auf Spanische Treppe, Tiber und Peterskirche (rechts neben Trinità dei Monti oberhalb der Spanischen Treppe) und den prominentesten Gästen. Alles ist hier vom Feinsten. Während der warmen Jahreszeit frühstückt man im idyllischen Innenhof, im Panoramarestaurant auf dem Dach speist man vor einzigartiger Kulisse.
5 Sterne Luxus, 102 Zimmer, hoteleigene Garage. EZ 510 €, DZ 640–890 €, Suiten bis 3500 € (!), Frühstück 45 €. Pzza. Trinità dei Monti 6, 00187 Roma, ☏ 06.699340, ✆ 06.6789991, www.hotelhasslerroma.com.

Wer es etwas intimer mag, sollte sich im angeschlossenen Hotel **Il Palazzetto (27)** – ebenfalls wenige Schritte von der Spanischen Treppe – einmieten: nur wenige Zimmer und ein empfehlenswertes Restaurant (mit herrlichem Blick von der Terrasse). DZ 310–400 €. Vicolo del Bottino 8, 00187 Roma, ✆ 06.699341000, ✉ 06.6991065, www.ilpalazzettoroma.com.

**D'Inghilterra (44)**, war schon im 19. Jh. ein erstklassiges Hotel, mit Gästen wie Mendelssohn-Bartholdy, Liszt und Hemingway. Die Lage, nur wenige Schritte von der Via Condotti mitten im exklusivsten Einkaufsviertel, ist optimal, die Zimmer sind individuell und sehr elegant. Eine schöne Aussicht genießen Sie von den Zimmern im fünften Stock und vom Dachgarten, der zu den schönsten Roms zählt. 5 Sterne, 97 Zimmer. EZ 316–423 €, DZ 488–700 €, Suiten können noch teurer sein, Frühstück 30 €. Via Bocca di Leone 14, 00187 Roma, ✆ 06.699811, ✉ 06.69922243, www.hir.royaldemeure.com.

•*Centro Storico* **Plaza (→ Karte S. 286/287, 21)**, dieses Hotel an der Via del Corso im feinen Einkaufsviertel, nur wenige Schritte von Via Condotti und Spanischer Treppe entfernt, könnte mit all den Marmorsäulen, dem vergoldeten Stuck, den Kristalllüstern und Damastvorhängen ideale Kulisse für einen alten Hollywoodfilm sein. Im großen Saal können Sie bei einem Kaffee die mondäne Welt übrigens auch genießen, ohne Hotelgast zu sein. 5 Sterne Luxus, 200 Zimmer. EZ 330 €, DZ 430–540 € (für die Zimmer zum Innenhof mit herrlichem Blick zahlen Sie mehr), Frühstück inkl. Diverse Sonderangebote u. a. bei Online-Buchung. Via del Corso 126, 00186 Roma, ✆ 06.67495, ✉ 06.69941575, www.grandhotelplaza.com.

**Grand Hotel de la Minerve (→ Karte S. 383, 49)**, liegt wenige Schritte vom Pantheon an der Pzza. della Minerva mit Berninis wundervollem Elefanten. Das Gebäude stammt zwar aus dem 17. Jh., wurde aber mit Blick auf die überwiegend amerikanischen Gäste postmodern ausgestattet. Die Lounge ist durch die Glaskuppel freundlich hell. Die geräumigen Zimmer bieten teilweise einen schönen Blick auf den Platz und die flache Kuppel des Pantheons. Manche der Marmorbäder haben Whirlpools. Im Sommer wird das Frühstück auch auf dem großen Panorama-Dachgarten serviert. Ein Fitnesscenter ist vorhanden.

5 Sterne Luxus, 134 Zimmer. EZ 360–460 €, DZ 460–620 € (es gibt manchmal Pauschal-, Spezial- und Wochenend-Arrangements, die wesentlich preiswerter sind!), Frühstück 32 €. Pzza. della Minerva 69, 00186 Roma, ✆ 06.695201, ✉ 06.6794165, www.grandhoteldelaminerve.it.

Das **Raphael (→ Karte S. 401, 15)** wurde durch seinen langjährigen Stammgast, den 2000 verstorbenen ehemaligen Ministerpräsidenten Bettino Craxi, bekannt. Der wusste nämlich die zentrale Lage wenige Schritte von der Pzza. Navona, den herrlichen Blick vom Dachgeschoss und die komfortable Ausstattung (mit Antiquitäten und einer sehenswerten Keramiksammlung in der Lobby, die zum Teil von Picasso stammt, sowie einer Sauna und einem Fitnesscenter) zu schätzen. Wunderbar sind die vollständig mit Efeuranken bewachsene Fassade und der Dachgarten mit Blick auf das Kloster S. Maria della Pace. 4 Sterne, 83 Zimmer. EZ 400 €, DZ 500 €, Frühstück 35 €, Sonderangebote besonders im Winter ab 190 €. Largo Febo 2, 00186 Roma, ✆ 06.682831, ✉ 06.6878993, www.raphaelhotel.com.

•*Nähe Bahnhof Termini (→ Karte S. 348/349)* **Exedra (18)**, ein Halbrund der prachtvollen neoklassizistischen Arkaden aus dem späten 19. Jh. an der Pzza. della Repubblica, ein überaus elegantes Hotel mit Stuck und Kronleuchtern, Stilmöbeln in gedeckten Pastellfarben und viel Grün. Die Zimmer dagegen in moderner Eleganz und sehr komfortabel, es gibt ein Spa, Bar und Restaurant, absolutes Highlight ist allerdings der Pool auf der Dachterrasse mit Bar. 5 Sterne, 241 Zimmer. EZ/DZ 600–800 €, Spezialtarife ab 330 € (EZ/DZ), Frühstück 30 €. Pzza. della Repubblica 47, 00185 Roma, ✆ 06.489381, ✉ 06.48938000, www.boscolohotels.com.

**Radisson SAS Es (28)**, in nicht sehr schicker Umgebung liegt dieses noch recht neue Designhotel (vorher: Es Hotel) mit herrlicher Dachterrasse im 7. Stock: hier befinden sich der Pool, eine hippe Bar und das Restaurant des Hotels. Das Design der Zimmer mit verglasten Außenwänden ist modern-minimalistisch, z. T. gruppieren sie sich um den Innenhof. 5 Sterne, 232 Zimmer, Parkhaus nebenan. EZ/DZ 199–356 €, Frühstück 26 €. Via Filippo Turati 171, 00185 Roma, ✆ 06.444841, ✉ 06.44341396, www.rome.radissonsas.com.

# Außergewöhnliche Hotels für gehobene Ansprüche

**(DZ um 250 € und mehr)**

Teure Hotels gibt es viele in Rom. Darunter sind einige wegen ihrer Lage oder Ausstattung besonders bemerkenswert. Beachten Sie aber, dass ein hoher Preis hier nicht unbedingt eine Garantie für Perfektion ist und z. B. Duschvorhänge auch mal fehlen und erbetene Reservierungen mal vergessen werden können. Über all die kleinen Mängel sollte man mit einer gewissen Gelassenheit hinwegsehen, man wird durch andere Annehmlichkeiten – und sei es nur durch den Ausblick von der Dachterrasse – reichlich entschädigt. Da die Hotels oft in alten Palazzi residieren, können Ausstattung und Größe der Zimmer innerhalb eines Hauses erheblich differieren.

*•Um das Kolosseum (→ Karte S. 228/229)*
**Forum (17)**, nicht nur die Freunde der Antike werden es genießen, hier praktisch auf dem Forum des Augustus zu übernachten. Das ursprüngliche Kloster aus dem Mittelalter wurde 1962 in ein komfortables Luxushotel umgebaut. Hauptattraktion ist die Dachterrasse. Schon beim Frühstück haben Sie hier einen Logenplatz mit Blick auf die Trümmer der Kaiserforen. Die Zimmer zur Via dei Fori Imperali sind leider etwas laut. 4 Sterne, 78 Zimmer. EZ 170–240 €, DZ 240–340 €, Frühstück inkl. Sonderangebote im Internet, günstige Buchungsmöglichkeiten über deutsche Reiseveranstalter. Via Tor de'Conti 25, 00184 Roma, ℰ 06.6792446, ℰ 06.6786479, www.hotelforum.com.

**Capo d'Africa (26)**, noch recht neues Designhotel nahe dem Kolosseum in einem aufwändig restaurierten Palazzo des 19. Jh. Im Inneren sehr modern und elegant, die Zimmer großzügig und stilvoll eingerichtet. 4 Sterne, 64 Zimmer, Parkplatz in der Nähe (gegen Gebühr). EZ ab 240 €, DZ ab 270 €, Frühstück inkl. Via Capo d'Africa 54, 00184 Roma, ℰ 06.772801, ℰ 06.77280801, www.hotelcapodafrica.com.

*•Um die Via del Corso (→ Karte S. 286/287)*
**Locarno (6)**, wenige Schritte von der Pzza. del Popolo entfernt. Der Empfang bewahrt den Originalstil der 1920er Jahre. Vom Dachgarten aus hat man einen schönen Blick bis zur Peterskuppel. Kostenloser Fahrradverleih sowie kostenloser Internet-Point. 4 Sterne, 68 Zimmer, Garage für 25 €/Tag (früh buchen – es gibt nur 4 Stellplätze!). EZ 150–200 €, DZ 230–320 €, Frühstück inkl. Via della Penna 22, 00186 Roma, ℰ 06.3610841, ℰ 06.3215249, www.hotellocarno.com.

*•Um die Spanische Treppe (→ Karte S. 315)* **Scalinata di Spagna (43)** liegt, wie der Name schon sagt, an der Spanischen

Treppe und zwar genau gegenüber vom piekfeinen Hassler. Die Zimmer der beiden Hoteletagen sind eher klein (wenn auch elegant mit Seidentapeten und Antiquitäten) und es geht auch nicht so hochherrschaftlich her wie im Hassler, doch der Blick von der Frühstücksterrasse ist fast genauso atemberaubend schön. 3 Sterne, 16 Zimmer. DZ 130–250 €, Frühstück inkl. Sonder- und Last-Minute-Angebote. Pzza. Trinità dei Monti 17, 00187 Roma, ℰ 06.6793006, ℰ 06.69940598, www.hotelscalinata.com.

**Mozart (17)**, kleines, hübsches Hotel, gerade mal 200 m von der Spanischen Treppe entfernt, mitten im Modeviertel. Das Gebäude aus dem 19. Jh. wurde 1998 komplett renoviert. Besonders hübsch ist der Dachgarten mit Blick auf den Pincio, es gibt aber auch eine kleine Terrasse mit Liegestühlen. 4 Sterne, 56 Zimmer, Garage 300 m entfernt für ca. 20 €/Tag. EZ 130–185 €, DZ 180–285 €, Frühstücksbuffet inkl. Via dei Greci 23b, 00187 Roma, ℰ 06.36001915, ℰ 06.36001735, www.hotelmozart.com.

*•Um die Piazza della Repubblica (→ Karte S. 348/349)* **Artdeco (10)** (Best-Western-Kette), trägt seinen Namen zu Recht. Nicht nur Sammler dieser Stilrichtung werden begeistert sein: Die Innenausstattung ist nahezu stilrein (mehrere Zimmer sind nur Nichtrauchern vorbehalten), wobei es dank einer aufwändigen Renovierung nicht an modernem Komfort mangelt, sogar eine Sauna ist vorhanden. 4 Sterne, 68 Zimmer, Garage ca. 20 €/Tag. EZ 195 €, DZ ab 250 €, Frühstück inkl. Via Palestro 19, 00185 Roma, ℰ 06.4457588, ℰ 06.4441483, www.bestwestern.it.

*•Um den Quirinal (→ Karte S. 370)* **Trevi (20)**, kleines Hotel in einem alten Palazzo (Zimmer teilweise mit rustikalen Balkende-

cken), nur wenige Schritte vom Trevibrunnen und dem Aufgang zum Quirinal entfernt. In der schönen Jahreszeit wird das Frühstück auf dem begrünten Dachgarten serviert.

3 Sterne, 25 Zimmer, Vertragsgarage für etwa 20 €/Tag. EZ 240 €, DZ 340 €, Frühstück 15 €. Vicolo del Babuccio 21, 00187 Roma, ✆ 06.6789563, ✆ 06.69941407, www.gruppotrevi.it.

●*Um den Vatikan (→ Karte S. 478/479)*

**Columbus (44)**, nur wenige Meter vom Petersplatz entfernt, steigen in diesem geräumigen, in vielen Details (originale Fresken, Gemälde, Gobelins) erhaltenen, mittelalterlich anmutenden Priorats-Palast, den sich Kardinal della Rovere im Jahr 1478 erbauen ließ, gerne kirchliche Würdenträger und Pilgergruppen ab. Angeblich brachten die Päpste hier schon vor Jahrhunderten ganz gerne ihre Gäste unter. Bemerkenswert: die großzügige Halle mit Balkendecke und mannshohem Kamin. Das reichhaltige Frühstücksbüffet gibt's in der Loggia zum fantastischen Garten-Innenhof. Einige Zimmer zur Via Conciliazione sind etwas laut; der Service ist ausgezeichnet, hoteleigenes Restaurant.

4 Sterne, 92 Zimmer, hoteleigener Parkplatz. EZ 110–220 €, DZ 175–350 €, Frühstück inkl. Günstige Buchungsmöglichkeiten über deutsche Reiseveranstalter. Via della Conciliazione 33, 00193 Roma, ✆ 06.6865435 ✆ 06.6864874, www.hotelcolumbus.net.

**Residenza Paolo VI (46)**, seit Ende 1999 gibt es dieses Hotel in der ehemaligen Pilgerherberge eines Augustinerklosters, direkt hinter den linken Kolonnaden des Petersplatzes. Nur 28 großzügige und elegant eingerichtete Zimmer, von der großen Hotelterrasse bietet sich ein fantastischer Blick auf Petersplatz, Peterskirche und den Papstpalast gegenüber. Deutschsprachiger Service, persönliche Atmosphäre.

4 Sterne, 28 Zimmer. EZ ab 180 €, DZ ab 200 €, Frühstück inkl. Via Paolo VI 29, 00193 Roma, ✆ 06.684870, Buchungen unter ✆ 06.68487500, ✆ 06.6867428, www.residenzapaolovi.com.

**Atlante Star (35)**, wegen seiner Dachterrasse mit der ungewöhnlichen Aussicht auf die nahe Petersplatz und den Vatikanpalast bekannt (auch vom Restaurant „Les Etoiles" im 6. Stock). Die Terrasse können Sie allerdings auch als Gast des preiswerteren Hotels Atlante Garden (s. u.) benutzen. Bequem ist die kostenlose Abholung vom

*In der Nachbarschaft des Papstes: Auf der Dachterrasse des Atlante Star*

Flughafen. Die zur Straße liegenden Zimmer sind etwas laut.

4 Sterne, 70 Zimmer. EZ ab 270 €, DZ ab 300 €, Frühstück inkl. Es gibt Pauschal- und Wochenend-Arrangements, die wesentlich günstiger sind, am besten über einen großen Veranstalter von Deutschland aus buchen. Sondertarife erfahren Sie auch auf der Website des Hotels. Via Vitelleschi 34, 00193 Roma, ✆ 06.6873233, ✆ 06.6872300, www.atlantehotels.com.

**Atlante Garden (29)**, in unmittelbarer Nachbarschaft zum feineren Schwester-Hotel Atlante Star (s. o.). Die Ausstattung ist komfortabel, die Zimmer zur stark befahrenen Via Crescenzio sind recht laut. Vorteile sind die kostenlose Abholung vom Flughafen und das Recht, den sensationellen Dachgarten des Atlante Star benutzen zu dürfen.

4 Sterne, 55 Zimmer. EZ ab 190 €, DZ ab 250 €, Frühstück inkl. Bei Buchung von Deutschland aus über einen deutschen Veranstalter oder über das Reisebüro sind die Zimmer preiswerter, ebenso sind auf der Website immer wieder interessante Angebote zu finden. Via Crescenzio 78/a, 00193 Roma, ☎ 06.6872361, ☏ 06.6872315, www.atlantehotels.com.

## Mittelklassehotels (3 bis 4 Sterne, DZ um 150–250 €)

•*Um das Kolosseum (→ Karte S. 228/229)* **Nerva (15)**, sehr zentral und – zumindest nachts – ruhig gelegenes kleines Hotel gegenüber dem gleichnamigen Forum (Foro di Nerva). Zimmer relativ neu renoviert, recht klein, aber nicht ungemütlich.
3 Sterne, 19 Zimmer. EZ 100–160 €, DZ 130–220 €, Frühstück inkl. Via Tor de'Conti 3, 00184 Roma, ☎ 06.6781835, ☏ 06.69922204, www.hotelnerva.com.

**Duca d'Alba (13)**, hervorragende Lage mitten im netten Stadtteil Monti in Sichtweite zur U-Bahn-Station Cavour. Abends ist das Viertel voller Menschen, aber ohne Autos (Fußgängerzone), zahlreiche Restaurants in unmittelbarer Umgebung. Gepflegte und behagliche Zimmer, an denen es nichts auszusetzen gibt, sehr freundlicher Service.
3 Sterne, 27 Zimmer. EZ 160 €, DZ 210 €, Frühstück inkl. Via Leonina 14, 00184 Roma, ☎ 06.484471, ☏ 06.4884840, www.hotelducadalba.com.

•*Auf dem Aventin (→ Karte S. 271)* Die Hotels auf dem Aventin liegen wie in einer Oase. Der Hügel südlich des Circus Maximus oberhalb des Tibers ist ganz untypisch für Rom, denn hier gibt es viel Grün, großzügige Klosteranlagen, Villen und wenig Verkehr und als Rarität sogar Parkplätze am Straßenrand. Wollen Sie den Lärm der Innenstadt meiden, ohne sich allzu weit von ihr zu entfernen (Trastevere ist zu Fuß noch gut erreichbar), sind Sie hier richtig.

**Domus Aventina (1)**, nur wenige Schritte vom Piazzale Ugo la Malfa entfernt, von dem aus Sie den besten Blick auf Circus Maximus und den Palatin haben. Das kleine, schlichte Hotel liegt sehr ruhig nahe der Mauer von Santa Prica; mit Trompe-l'œil-Malerei. Von den meisten Zimmern aus hat man einen schönen Blick in den angrenzenden Park.
3 Sterne, 26 Zimmer. EZ 100–150 €, DZ 125–240 €, Dreibettzimmer 150–320 €, Frühstück inkl. Via di S. Prisca 11/B, 00153 Roma, ☎ 06.5746135, ☏ 06.57300044, www.hoteldomusaventina.com.

**Sant'Anselmo (4)**, am gleichnamigen Platz in Sichtweite des Malteser-Palastes. Die gepflegten, sauberen Zimmer dieser Villa aus der Jahrhundertwende sind von leicht kitschigem Neo-Rokoko bis funktional-modern recht unterschiedlich eingerichtet. Von den oberen Stockwerken aus hat man einen herrlichen Panoramablick. Wunderbar ist der Garten mit Bougainvillea und Orangenbäumen, hier wird im Sommer das Frühstück serviert.
4 Sterne, 35 Zimmer, unbewachte Parkmöglichkeit vor dem Haus. EZ 160–320 €, DZ 180–360 €, Frühstück inkl. Pzza. S. Anselmo 2, 00153 Roma, ☎ 06.570057, ☏ 06.5783604, www.aventinohotels.com.

**Villa San Pio (5)**, das Schwesterhotel von Sant'Anselmo liegt nur wenige Schritte davon entfernt ebenfalls sehr ruhig in einem Garten; Frühstücksraum in einem modernen, verglasten Wintergarten. Einige Zimmer haben separate Eingänge zur Gartenseite.
3 Sterne, 78 Zimmer, unbewachte Parkmöglichkeit am Straßenrand. EZ 105–180 €, DZ 150–320 €, Dreibettzimmer 165–350 €, Vierbettzimmer 180–370 €, Frühstück inkl. Via S. Melania 19, 00153 Roma, ☎ 06.570057, ☏ 06.5741112, www.aventinohotels.com.

**Aventino (2)**, liegt herrlich ruhig mitten im Grünen und gehört zum Hotel Sant'Anselmo (s. o.); dort muss man ein- und auschecken. Schön ist auch hier der kleine Garten, in dem im Sommer das Frühstück serviert wird. Die Zimmer sind gediegen eingerichtet, die Bäder modern.
3 Sterne, 23 Zimmer, unbewachte Parkmöglichkeiten am Straßenrand in der Umgebung. EZ 220 €, DZ 270 €, Dreibettzimmer 300 €, Frühstück inkl. Im Internet werden Wochenend- und Sondertarife angeboten. Via S. Domenico 10, 00153 Roma, ☎ 06.5743547, ☏ 06.5783604 oder 06.5/83604, www.aventinohotels.com.

•*Um die Spanische Treppe (→ Karte S. 315)* **Homs (49)**, liegt mitten im Modeviertel nahe der Spanischen Treppe, entsprechend gehoben sind die Preise. Die Zimmer sind gediegen ausgestattet, die Dachterrasse ist wunderbar.

4 Sterne, 48 Zimmer. EZ 120–150 €, DZ 170–300 €, Frühstück 8–30 €. Achtung: Die Preise variieren stark, mitunter auch innerhalb einer Woche! Via della Vite 71/72, 00187 Roma, ℰ 06.6792976, ℰ 06.6780482, www.hotelhoms.it.

**Madrid (47)**, ebenfalls mitten im edelsten Einkaufsviertel, nur wenige Schritte von der Via Condotti entfernt. Die Zimmer sind renoviert und recht behaglich, die Badezimmer modern. Es gibt auch eine überdachte Dachterrasse, wo man sich nach anstrengenden Shopping-Touren erholen oder die Mittagspause der Geschäfte angenehm überbrücken kann.
3 Sterne, 26 Zimmer. EZ 170 €, DZ 245 €, Dreibettzimmer 310 €, Vierbettzimmer 330 €, Frühstück inkl. Via Mario de'Fiori 93, 00187 Roma, ℰ 06.6991510, ℰ 06.6791653, www.hotelmadridroma.com.

**Forte (19)**, ebenfalls in Bestlage, nur wenige Schritte von der Spanischen Treppe in der recht ruhigen Via Margutta (Parallelstraße zur Via del Babuino). Kleines Haus aus dem 18. Jh. mit nur 18 – teilweise recht kleinen – Zimmern, renoviert und komfortabel. W-Lan in den Zimmern.
3 Sterne, 18 Zimmer. EZ 130–180 €, DZ 160–260 €, Frühstück inkl. Via Margutta 61, 00187 Roma, ℰ 06.3207625, ℰ 06.3202707, www.hotelforte.com.

**King (45)**, in der Via Sistina (die zur Piazza oberhalb der Spanischen Treppe führt, das Hassler befindet sich in derselben Straße), nahe der Pzza. Barberini, wo die Via Vittorio Veneto beginnt. Das Haus wirkt recht düster und das original erhaltene, aus den 1930er Jahren stammende Treppenhaus hätte eine einfühlsame Restaurierung nötig. Die ohnehin hellhörigen Zimmer sind zur Straße recht laut (im oberen Stock gibt es aber kleine Balkone), die zum Hinterhof sind ruhiger, dafür ist der Ausblick nicht sehr attraktiv. Von einer Ecke des Dachgartens aus sieht man die Peterskuppel.
3 Sterne, 72 Zimmer, Garagenvermittlung je nach Größe des Wagens 25–42 €/Tag. EZ 150 €, DZ 210 €, Dreibettzimmer 260 €, Vierbettzimmer 290 €, Frühstück inkl. Günstiger ist die Reservierung von Deutschland aus über einen großen Veranstalter. Via Sistina 131, 00187 Roma, ℰ 06.4880878, ℰ 06.42011388, www.hotelking.net.

**Gregoriana (46)**, liegt in einer ruhigen Straße oberhalb der Spanischen Treppe. Die Innenausstattung dieses kleinen Hotels ist teilweise noch im Art-déco-Stil erhalten. Die

Zimmer sind komfortabel und recht ruhig.
3 Sterne, 19 Zimmer. EZ 150–170 €, DZ 230–260 € (mit Balkon: 270–290 €), Dreibettzimmer 290–310 €, Frühstück inkl. Via Gregoriana 18, 00187 Roma, ℰ 06.6794269, ℰ 06.6784258, www.hotelgregoriana.it.

**Pincio (55)**, ordentliches, kleines Hotel in einem hübschen, alten Palazzo mit Dachterrasse, auf der bei schönem Wetter das Frühstück serviert wird.
3 Sterne, 16 Zimmer. EZ 130 €, DZ 190 €, Dreibettzimmer 250 €, Frühstück inkl. Via Capo le Case 50, 00187 Roma, ℰ 06.6790758, ℰ 06.6791233, www.hotelpincio.it.

•*Um die Piazza della Repubblica (→ Karte S. 348/349)* **Impero (23)**, nur wenige Schritte vom äußerlich eher unspektakulären Opernhaus entfernt. Einige Zimmer sind mit Möbeln der 1920er Jahre ausgestattet, insgesamt eine elegant-gediegene Einrichtung.
3 Sterne, 75 Zimmer, Garage vorhanden. EZ 130–170 €, DZ 170–220 €, Frühstück inkl. Via Viminale 19, 00184 Roma, ℰ 06.4820066, ℰ 06.483762, www.blueglobehotels.com.

**Andreotti (13)**, nahe der Pzza. Indipendenza, bietet bei modernem Komfort und üppig ausgestatteten Zimmern ausgezeichnete Entspannungsmöglichkeiten.
3 Sterne, 26 Zimmer. EZ 155 €, DZ 215 €, Dreibettzimmer 300 €, Frühstück inkl. Immer wieder Sonderangebote im Internet. Via Castelfidardo 55, 00185 Roma, ℰ 06.4441006, ℰ 06.4453777, www.hotelandreotti.it.

**Lloyd (1)**, nicht direkt im Bahnhofsviertel, sondern nördlich davon in einer etwas ruhigeren Straße parallel zur Via Nomentana, nahe der Porta Pia. Das Haus mit Innenhof ist sehr gepflegt, die Zimmer angenehm und zum Wohlfühlen (gutes Preis-Leistungs-Verhältnis), die Besitzer sind hilfsbereit und freundlich. Mit dem Bus sind alle Sehenswürdigkeiten noch gut erreichbar.
3 Sterne, 52 Zimmer. EZ 100 €, DZ 160 €, Dreibettzimmer 190 €, Frühstück inkl. Via Alessandria 110a, 00198 Roma, ℰ 06.44251262, ℰ 06.44251260, www.lloydhotel.it.

**Villa Florence (2)**, ein wenig außerhalb der Porta Pia, zu Fuß ca. 15 Min. zum Bahnhof Termini. Etwas zurückversetzt von der breiten Via Nomentana, daher nicht allzu laut, mehr Ruhe garantiert allerdings ein Zimmer nach hinten hinaus. Ruhige Atmosphäre, Zimmer mit nachempfundenen Stilmöbeln und viel Rot; mit Terrasse.
3 Sterne, 32 Zimmer, hoteleigener, kostenloser Parkplatz. EZ 140–170 €, DZ 180–230 €,

Frühstück inkl. Via Nomentana 28, 00161 Roma, ☎ 06.4403036, ℡ 06.4402709, www.hotelvillaflorence.it.

**Alpi (14)**, in einem Palazzo vom Ende des 19. Jh., nördlich des Bahnhofs, nah am Busbahnhof gelegen, sodass jeder Ort in der Stadt bequem erreicht werden kann. Gute, komfortable Ausstattung.

3 Sterne, 48 Zimmer, Garage ca. 20 €/Tag. EZ 160 €, DZ 175 €, Dreibettzimmer 230 €, kleines Frühstück inkl. Via Castelfidardo 84/A, 00185 Roma, ☎ 06.4441235, ℡ 06.4441257, www.hotelalpi.com.

•*Um den Quirinal (→ Karte S. 370)* **Fontana (19)**, lebt hauptsächlich von seiner unschlagbaren Lage direkt am Trevibrunnen. Haben Sie ein Zimmer mit Blick auf den Brunnen, entschädigt dieser für die ständige Lärmkulisse der Touristen, die oft sogar nachts das heftige Rauschen des Wassers übertönt.

3 Sterne, 25 Zimmer. EZ 160–190 €, DZ 210–250 €, Dreibettzimmer 290–340 €, Frühstück inkl. Pzza. di Trevi 96, 00187 Roma, ☎ 06.6786113, ℡ 06.6790024, www.hotelfontana-trevi.com.

•*Um das Pantheon (→ Karte S. 383)* **Albergo Abruzzi (36)**, hier ist die grandiose Lage ausschlaggebend: direkt gegenüber vom Pantheon an der Pzza. della Rotonda. Die Traditionsherberge bietet nach umfänglicher Renovierung zwar nun einigen Komfort, ist dafür aber auch ziemlich teuer geworden und trotz der neuen Doppelglasfenster immer noch nichts für Lärmempfindliche.

3 Sterne, 25 Zimmer. EZ 170 €, DZ 220 €, Dreibettzimmer 280 €, kleines Frühstück inkl. Pzza. della Rotonda 69, 00186 Roma, ☎ 06.6792021, ℡ 06.69788076, www.hotelabruzzi.it.

**Santa Chiara (47)**, trotz der zentralen Lage, wenige Schritte vom Pantheon entfernt, ist es hier sehr ruhig und man kann sich im kleinen Innenhof prächtig erholen. Die blitzsauberen Zimmer sind elegant, die Bäder komfortabel. Es gibt auch drei Appartements mit Terrasse, direkt unter den blanken Dachbalken. Angeblich soll in diesem Haus im Jahr 1380 die hl. Katharina von Siena gestorben sein, damals war es noch ein Kloster.

3 Sterne, 96 Zimmer. EZ 145–175 €, DZ 223–280 €, Dreibettzimmer 260–280 €, Vierbettzimmer 280–320 €, Frühstück inkl. Via di Santa Chiara 21, 00186 Roma, ☎ 06.6872979, ℡ 06.6873144, www.albergosantachiara.com.

**Due Torri (5)**, liegt recht ruhig nördlich der Pzza. Navona auf der Höhe des Parlaments, wenige Schritte vom Tiber entfernt in einer ruhigen Gasse. Das Haus wurde lange Zeit von Kardinälen und Bischöfen bewohnt und ist z. T. mit Antiquitäten, vorwiegend aber mit Stilmöbeln an der Grenze zum Kitsch eingerichtet. Empfehlenswert sind besonders die Zimmer im vierten Stock mit Balkon oder das im fünften mit kleiner Terrasse.

3 Sterne, 26 Zimmer, Garage ca. 25 €/Tag. EZ 114–165 €, DZ 175–255 €, das Appartement für 3–4 Personen kostet 235–350 €, Frühstücksbuffet inkl. Vicolo del Leonetto 23, 00186 Roma, ☎ 06.68806956, ℡ 06.6865442, www.hotelduetorriroma.com.

**Portoghesi (9)**, liegt nördlich der Pzza. Navona an einer der malerischsten Ecken. Das Hotel ist allein wegen dieser Lage schon empfehlenswert, zudem ist das Portoghesi vergleichsweise günstig. Der Palazzo stammt aus dem 17. Jh., die Ausstattung ist einfach, aber in Ordnung. Der Frühstücksraum ist recht rustikal, sehr schön ist die Dachterrasse. W-Lan in allen Zimmern.

3 Sterne, 27 Zimmer, Garage ca. 25 €/Tag. EZ 150–170 €, DZ 170–190 €, Dreibettzimmer 240 €, Vierbettzimmer 280 €, Frühstück inkl. Via dei Portoghesi 1, 00186 Roma, ☎ 06.6864231, ℡ 06.6876976, www.hotelportoghesiroma.com.

**Fontanella Borghese (3)**, liegt zentral zwischen Parlament und Augustusmausoleum im zweiten und dritten Stock eines ehemals pompösen Palastes aus dem 14. Jh., der Stadtresidenz der Fürsten Borghese. Das Hotel wurde vor einigen Jahren komplett renoviert und ist ordentlich ausgestattet.

3 Sterne, 29 Zimmer. EZ 120–175 €, DZ 175–255 €, Frühstück inkl. Largo Fontanella Borghese 84, 00186 Roma, ☎ 06.68809504, ℡ 06.6861295, www.fontanellaborghese.com.

•*Um die Piazza Navona (→ Karte S. 401)* **Residenza Zanardelli (6)**, mitten im Zentrum, nördlich der Pzza. Navona gelegen. Leider sind die Zimmer zur stark befahrenen Via Zanardelli recht laut. Besser ist es auf der Rückseite, vis-a-vis zum Palazzo Altemps. Das Hotel befindet sich im ersten Stock eines großen Wohnhauses aus der Jahrhundertwende. Die wenigen Zimmer sind ordentlich, die Atmosphäre ist freundlich und familiär.

4 Sterne, 7 Zimmer. DZ 145–185 €, Frühstück inkl. Es gibt auch ein Appartement für 155–

*Zimmer mit Blick auf die Antike: Hotel Forum*

250 €, je nach Dauer des Aufenthaltes. Via G. Zanardelli 7, Buchungen über das Hotel Navona, Via dei Sediari 8, 00186 Roma, ✆ 06.6864203, ✆ 06.68803802, www.hotelnavona.com.

●*Um den Campo de'Fiori (→ Karte S. 420/421)* **Campo de'Fiori (31)**, wegen seiner zentralen Lage bei dem wohl malerischsten Platz Roms zu empfehlen. Das Haus wurde jüngst renoviert und um einen Stern aufgewertet (seitdem leider kein Schnäppchen mehr), sehr ordentlich und hübsch eingerichtet (über die Ausstattung der „romantischen Zimmer" im ersten Stock kann man unterschiedlicher Meinung sein), die Zimmer sind z. T. aber sehr klein. Der Dachgarten mit herrlicher Aussicht eignet sich gut zum Entspannen. Es ist allerdings nachts manchmal recht laut.
3 Sterne, 12 Zimmer. EZ 150–170 €, DZ 160–190 €, Dreibettzimmer 180–300 €, Frühstück inkl. W-Lan Internet 7 €. Via del Biscione 6, 00186 Roma, ✆ 06.68806865, ✆ 06.6876003, www.hotelcampodefiori.com.

**Smeraldo (46)**, versteckt in einer winzigen Gasse zwischen Campo de'Fiori und Via Arenula. Nach der Renovierung sind die Zimmer nun schlicht, funktional und sauber, dabei aber nicht ungemütlich. Optimale Lage.
3 Sterne, 50 Zimmer. EZ 120 €, DZ 180 €, Frühstück 7 € (oder in der nächsten Bar –

günstiger). Via dei Chiodaroli 11, 00186 Roma, ✆ 06.6875929, ✆ 06.68805495, www.smeraldoroma.com.

**Teatro di Pompeo (36)**, dieses winzig kleine Hotel an einem Plätzchen wenige Schritte vom Campo de'Fiori steht auf einem Abschnitt der Zuschauertribüne des Pompeiustheaters (55 v. Chr. eingeweiht), auf dessen Stufen Julius Caesar ermordet wurde. Im stimmungsvollen, kleinen Frühstücks- und Aufenthaltsraum sind die antiken Gemäuer erhalten. Das gepflegte Haus mit der hübschen Aussicht in das Gassengewimmel hat einen typisch römischen Charakter und ist sehr zu empfehlen.
3 Sterne, 13 Zimmer, Garage ca. 20 €/Tag. EZ 140–160 €, DZ 180–210 €, Dreibettzimmer 210–240 €, Frühstück inkl. Es gibt auch einige Last-Minute- und Sondertarife. Largo del Pallaro 8, 00186 Roma, ✆ 06.68300170, ✆ 06.68805531, www.hotelteatrodipompeo.it.

●*In Trastevere (→ Karte S. 444/445)* **Santa Maria (19)**, in einer Gasse im Herzen von Trastevere, nur wenige Schritte von der Kirche Santa Maria in Trastevere entfernt. Hübscher Innenhof mit Orangenbäumen, in dem bei schönem Wetter auch gefrühstückt wird, die Zimmer wurden im Jahr 2000 renoviert. Den Gästen stehen kostenlose Internet-Nutzung sowie ein kostenloser Fahrradverleih zur Verfügung; freundlicher, familiärer Service.

3 Sterne, 17 Zimmer. EZ 160–190 €, DZ 175–230 €, Dreibettzimmer 210–280 €, Vierbettzimmer 240–310 €, Frühstück inkl. Vicolo del Piede 2, 00153 Roma, ✆ 06.5894626, ✆ 06.5894815, www.hotelsantamaria.info.

•*Um den Vatikan (→ Karte S. 478/479)* **Sant'Anna (38)**, wenige Schritte von St. Peter entfernt, ist in dieser Gegend ein echter Tipp. Das kleine Hotel liegt ruhig und hat einen hübschen Innenhof. Im kleinen Frühstücksraum ist das niedrige Gewölbe mit Trompe-l'œil-Malerei dekoriert. Zimmer und Bäder sind komfortabel ausgestattet.

3 Sterne, 20 Zimmer, Garage ca. 25 €/Tag. EZ 110–160 €, DZ 130–220 €, Dreibettzimmer 140–230 €, Frühstück inkl. Via Borgo Pio 134, 00193 Roma, ✆ 06.68801602, ✆ 06.68308717, www.hotelsantanna.com.

**Spring House (22)**, Best-Western-Hotel in einer sehr ruhigen Gegend ganz in der Nähe vom Eingang zu den Vatikanischen Museen. Bis zur Peterskirche ist es etwas weiter; die Innenstadt ist bequem mit der Metro zu erreichen (Linie A, Station „Cipro/Musei Vaticani" ist nicht weit entfernt). Die Zimmer sind funktional ausgestattet, aber bequem. Vom Frühstücksraum mit Dachterrasse im sechsten Stock haben Sie einen schönen Blick.

3 Sterne, 51 Zimmer, hoteleigene Garage! EZ 90–200 €, DZ 100–270 € (mit gehobener Ausstattung 210–300 €), Dreibettzimmer 130–330 €, Vierbettzimmer 150–370 €, Frühstück inkl. Via Mocenigo 7, 00192 Roma, ✆ 06.39720948, ✆ 06.39721047, www.hotelspringhouse.com.

**Bramante (43)**, Traditionsherberge in einer winzigen Gasse in unmittelbarer Nähe der Peterskirche, aber trotzdem recht ruhig. Die Innenstadt ist bequem zu Fuß erreichbar. Das Gebäude stammt aus dem 14. Jh.; auf der Terrasse wird im Sommer das Frühstück serviert. Das Hotel wurde 1999 komplett renoviert, die Zimmer sind komfortabel und angenehm eingerichtet.

3 Sterne, 19 Zimmer, Garage wird auf Anfrage vermittelt. EZ 160 €, DZ 220 €, Dreibettzimmer 235 €, Vierbettzimmer 245 €, Frühstück inkl. Vicolo delle Palline 24, 00193 Roma, ✆ 06.68806426, ✆ 06.68133339, www.hotelbramante.com.

# Einfache Hotels und Pensionen im Zentrum

## (1 bis 2 Sterne, um 100–200 €)

•*Um die Spanische Treppe (→ Karte S. 315)* **Suisse (52)**, nahe der Spanischen Treppe am Rand des nobelsten Einkaufsviertels, wo man ein Hotel dieser Kategorie nie vermuten würde. Einrichtung im alten Stil, die gepflegten Zimmer sind mit antiquarischen Möbeln und Parkettböden ausgestattet. Mit Bar.

2 Sterne, 12 Zimmer. EZ 100 €, DZ 165 €, Frühstück inkl. Via Gregoriana 54, 00187 Roma, ✆ 06.6783649, ✆ 06.6781258, www.hotelsuisserome.com.

•*Um die Via del Corso (→ Karte S. 286/287)* **Parlamento (31)**, sehr zentral gelegen, nur wenige Schritte von der Via del Corso entfernt (auf Höhe des Parlaments, wie der Name schon sagt). Im 3. und 4. Stock eines Stadtpalazzo, daher auch nicht allzu laut, ein nettes kleines Albergo mit Dachterrasse.

2 Sterne, 23 Zimmer. EZ 130 €, DZ 180 €, Dreibettzimmer 195 €, Vierbettzimmer 230 €, Frühstück inkl. Via delle Convertite 5, 00187 Roma, ✆/✆ 06.69921000, www.hotelparlamento.it.

•*Um den Quirinal (→ Karte S. 370)* **Boccaccio (2)**, in einer winzigen Seitenstraße der Via del Tritone am Fuß des Quirinalhügels, in einer zentralen, aber nicht ausgesprochen schönen Gegend. Die Herberge im ersten Stock ist bescheiden, hat aber familiären Flair.

1 Stern, 8 Zimmer. EZ ohne Bad 45 €, DZ 100 € (ohne Bad 80 €), Frühstück wird nicht angeboten. Via del Boccaccio 25, 00187 Roma, ✆/✆ 06.4885962, www.hotelboccaccio.com.

•*Um das Pantheon (→ Karte S. 383)* **Mimosa (48)**, kleine Herberge ohne großen Komfort, aber sauber, familiär und sympathisch, bei jungen Leuten beliebt, manchmal etwas laut und hellhörig. Ideal ist die Lage wenige Schritte vom Pantheon entfernt, ganz in der Nähe von Berninis Elefanten auf der Pzza. Minerva.

1 Stern, 11 Zimmer. EZ 88 €, ohne Bad 77 €, DZ 118 €, ohne Bad 90 €, Frühstück 9,50 €. Via Santa Chiara 61 (2. Stock), 00186 Roma, ✆ 06.68801753, ✆ 06.6833557, www.hotelmimosa.net.

**Navona (45)**, seit über 100 Jahren eine Pension. Das Gebäude stammt aus dem 16. Jh. Die Zimmer sind renoviert und für die Kategorie durchaus komfortabel, das Hotel ist gut in Schuss und gepflegt.

1 Stern, 21 Zimmer. EZ 120 €, DZ 150 €, Frühstück inkl. Via dei Sediari 8 (1.–3. Stock), 00186 Roma, ℡ 06.6864203, ℡ 06.68803802, www.hotelnavona.com.

•*Um den Campo de'Fiori (→ Karte S. 420/421)* **Rinascimento (11)**, in der schönen Via del Pellegrino, die in den Campo de'Fiori mündet. Relativ ruhig, einfache, aber gepflegte Zimmer mit Fliesenboden. Dachterrasse vorhanden.

2 Sterne, 19 Zimmer. EZ 120 €, DZ 150–180 €, Dreibettzimmer 220 €, Vierbettzimmer 250 €, Frühstück inkl. Via del Pellegrino 122, 00186 Roma, ℡ 06.6874813, ℡ 06.6833518, www.hotelrinascimento.com.

**Sole al Biscione (30)**, soll das älteste Hotel der Stadt sein. Angeblich hat die Geliebte von Papst Alexander VI., bevor die gemeinsamen Kinder Lucrezia und Cesare Borgia auf die Welt kamen und die Mama in den Vatikan umzog, in diesen Räumen ein gut gehendes Bordell betrieben. Heute ist das Albergo del Sole eine der beliebtesten Unterkünfte von Low-Budget-Urlaubern, entsprechend jung ist das Publikum und entsprechend hoch ist die Fluktuation. Die Atmosphäre ist familiär, die Zimmer sind einfach und recht hellhörig, aber sauber. Reizvoll ist der malerische Innenhof und Dachgarten, von dem aus man einen schönen Blick auf Kuppeln, das umliegende Gassengewirr und viele andere Dachterrassen hat.

2 Sterne, 58 Zimmer, hoteleigene Garage 18–23 €/Tag (Rarität in dieser Hotelkategorie). EZ 90–120 €, ohne Bad 65 €, DZ 120–135 €, ohne Bad 95 €, DZ mit Bad und Dachterrasse 160 €, Frühstück wird nicht angeboten. Via del Biscione 76, 00186 Roma, ℡ 06.68806873, ℡ 06.6893787, www.soalbiscione.it.

**Della Lunetta (24)**, zwischen Campo de'Fiori und Corso Vittorio Emanuele, sehr zentral, dafür auch laut. Die Zimmer sind ziemlich einfach, doch bei manchen entschädigt der Blick auf die nahe Kirche Sant'Andrea della Valle und der günstige Preis.

2 Sterne, 25 Zimmer. EZ 70 €, ohne Bad 60 €, DZ 120 €, ohne Bad 90 €, Dreibettzimmer 150 €, ohne Bad 120 €, Vierbettzimmer mit Bad 180 €, Frühstück wird nicht angeboten. Pzza. del Paradiso 68, 00186 Roma, ℡ 06.6861080, ℡ 06.6892028, www.albergo dellalunetta.it.

•*Um den Largo Argentina (→ Karte S. 433)* **Arenula (13)**, einfaches, ordentliches und sauberes Hotel. Die zentrale Lage – man ist zu Fuß sehr schnell in Trastevere, aber auch jeder andere Punkt der Innenstadt ist bequem zu erreichen – macht den Vorteil dieses Hauses aus; leider sind einige Zimmer wegen der nahen, stark befahrenen Via Arenula auch nachts recht laut.

2 Sterne, 50 Zimmer, Garage ca. 20 €/Tag. EZ 92 €, DZ 125 €, Frühstück inkl. Via S, Maria dei Calderari 47, 00186 Roma, ℡ 06.6879454, ℡ 06.6896188, www.hotelarenula.com.

•*In Trastevere (→ Karte S. 444/445)* **Cisterna (32)**, relativ einfaches Hotel mitten im pittoresken Trastevere und idealer Ausgangspunkt für einen Bummel durch das abendliche Flanierviertel. Die Innenstadt auf der anderen Tiberseite ist bequem zu Fuß erreichbar.

2 Sterne, 20 Zimmer. EZ 80–98 €, DZ 120–130 €, Frühstück inkl. Via della Cisterna 8, 00153 Roma, ℡ 06.5817212, ℡ 06.5810091, www.cisternahotel.it.

•*Um den Vatikan (→ Karte S. 478/479)* **Al San Pietrino (5)**, gepflegtes kleines Hotel in der 3. Etage eines alten Wohnhauses, jenseits des Viale Giulio Cesare und zu Fuß ca. 5 Min. zur Metrostation „Ottaviano" (Linea A). Freundlich eingerichtete Zimmer, z. T. mit Balkon, ruhig, nette Atmosphäre.

2 Sterne, 12 Zimmer. EZ 90 €, DZ 118 €, Dreibettzimmer 148 €, Vierbettzimmer 168 €, ohne Frühstück. Via Giovanni Bettolo 43, 00195 Roma, ℡ 06.3700132, ℡ 06.3701809, www.sanpietrino.it.

**Colors Hotel & Hostel (28)**, hauptsächlich bei jungen englischsprachigen Travellern aus aller Welt beliebt. Auf drei Stockwerke in einem Mietshaus verteilt, die Zimmer sind einfach und auf junge Leute ausgerichtet, manche aber auch recht komfortabel.

1 Stern, 21 Zimmer. EZ ohne Bad 75 €, DZ ohne Bad 90 €, DZ mit Bad 110–120 €, Dreibettzimmer 150 €, Frühstück inkl. Via Boezio 31, 00192 Roma, ℡ 06.6874030, ℡ 06.6867947, www.colorshotel.com.

# Hotels und Pensionen in der Bahnhofsgegend

In der Gegend um den Hauptbahnhof Stazione Termini gibt es neben wenigen großen, mit allem Komfort ausgestatteten Mittelklasse- sowie ein paar Luxushotels auch eine schier unüberschaubare Anzahl von Billigpensionen für Low-Budget-Reisende, die keine großen Ansprüche an Ausstattung, Ausblick und Umgebung stellen. Viele dieser kleinen Pensionen in den Gründerzeit-Palazzi, von denen sich oft auch gleich mehrere in einem Haus befinden, waren früher einmal Privatwohnungen. Es sind deshalb meist nur ein knappes Dutzend Zimmer vorhanden, die – wenn überhaupt – nur über ein nachträglich eingebautes Bad verfügen. Häufig wechseln Namen und Besitzer, manche von ihnen widmen sich mit viel Engagement der Verschönerung (Kunstdrucke, Nippes, Trocken- und Plastik-Blumenarrangements überall) oder der Sauberkeit. Andere Besitzer sehen in der Wohnung nur eine Kapitalanlage, mit der möglichst einfach möglichst viel Geld gemacht werden soll, bis sich eine Chance zu einem günstigen Verkauf bietet. Viele Pensionen verschwinden auch ganz, weil die Aufteilung in Luxusappartements oder moderne Büros noch mehr Profit verspricht. Wegen dieser Fluktuation fällt es schwer, eine zuverlässige Empfehlung abzugeben. Machen Sie sich deshalb am besten selbst ein Bild.

**Voranmeldungen**, selbst wenn Sie gleichzeitig eine Anzahlung leisten sollten, haben oft keinen Zweck. Die Besitzer halten sich an das Sprichwort vom Spatz in der Hand: Wenn ein Zimmer an einen bar zahlenden Gast vergeben werden kann, geschieht das, bevor womöglich der angekündigte Gast doch nicht erscheint und der Raum für die Nacht leer steht. Selbst heiligen Schwüren des Besitzers, dass ein reserviertes Zimmer auch wirklich frei gehalten wird, ist nicht immer zu trauen. Das Geld in der Hand ist oft stärker.

Wenn Sie also in dieser Gegend günstig wohnen wollen, deponieren Sie Ihr Gepäck am bequemsten am Bahnhof und machen sich auf die Suche. Verlassen Sie sich nicht auf die Schlepper am Bahnhof. Deren Versprechen treffen selten zu und auch die Sonderangebote sind nie wirklich günstig. Ein Vergleich des aktuellen Angebots von Ausstattung, Lage und Preis lohnt! Lassen Sie sich das Zimmer immer vorher zeigen, denn ein gepflegter Empfang sagt nichts über den Zustand der Zimmer aus. Fragen Sie auch, ob das Haus nachts abgeschlossen wird und ob ein Hausschlüssel herausgegeben wird. Im Winter sollten Sie darauf achten, dass das Zimmer eine (funktionierende) Heizung hat, da es nachts empfindlich kalt werden kann. Schauen Sie nach, ob die Etagendusche unmittelbar neben dem Zimmer liegt; in diesem Fall wird es meist laut, da zu den unmöglichsten Zeiten geduscht wird.

Wenn Sie in der Bahnhofsgegend eine Unterkunft suchen, sollten Sie beachten, dass die Gegend vom Bahnhof aus gesehen links in Richtung S. Maria Maggiore und besonders in Richtung Piazza Vittorio Emanuele II nachts recht laut und auch nicht sehr sicher ist. Besonders allein reisenden Frauen ist eine Unterkunft hier nicht zu empfehlen.

Sehr viel ruhiger und sicherer ist das Gebiet vom Bahnhof gesehen rechts, von der Piazza dell'Indipendenza bis zur Via XX Settembre, besonders die Via Castelfidardo, Via Palestro, Via Montebello und die enge Via Calatafimi.

Die **Höchstpreise** sind zwar staatlich festgelegt, doch wird das von den Hotelbesitzern gerne ignoriert. Manche verlangen in der Hauptsaison zunächst einmal den doppelten Preis. Nun sollten Sie nicht sofort auf den Listenpreis hinweisen, denn dann finden sich mitunter doch noch ein paar übersehene Buchungen, sodass das Haus zum großen Bedauern des Besitzers leider doch schon ausgebucht ist. Erfolg versprechender ist deshalb zunächst eine freundliche Verhandlung über den Preis, erst wenn das überhaupt nichts nützt, kann man mal vorsichtig auf die offizielle Preisliste hinweisen. Wenn trotzdem höhere Übernachtungsgebühren verlangt werden, können Sie sich beim Touristenbüro der APT (praktischerweise ganz in der Nähe, in der Via Parigi 5) beschweren.

**Achtung**: Für den, der die Liste bereits beim Betreten der Pension in der Hand hält, ist oft von vornherein alles ausgebucht.

*In der Bahnhofsgegend (→ Karte S. 348/ 349)* **Lilium (8)**, eine nette Herberge im 3. Stock (Aufzug) eines Palazzos in der Via XX Settembre, nicht weit von Quirinal und Pzza. Barberini. Sehr freundlicher Service, im Aufenthaltsraum zwitschern die Kanarienvögel in ihrer Voliere, einladender Frühstücksraum. Die Zimmer sind ordentlich und angenehm eingerichtet, mit guter Ausstattung, einige auch mit Balkon zum Innenhof. 2 Sterne, 14 Zimmer. EZ 100–170 €, DZ 120–220 €, Dreibettzimmer 150–290 €, Frühstück inkl. Via XX Settembre 58/A, 00187 Roma, ℡ 06.4741133, ℡ 06.23328387, www.liliumhotel.com.

**Papa Germano (15)**, seit Jahrzehnten eine Institution für junge Low-Budget-Reisende aus aller Welt. Die Atmosphäre ist locker familiär und freundlich, die Zimmer wurden vor einigen Jahren renoviert und schlicht aber sauber, z. T. mit TV und Kühlschrank ausgestattet, außerdem mit Föhn im Badezimmer. Internet-Point. 2 Sterne, 9 Zimmer. EZ ohne Bad 50 €, DZ ohne Bad 85 € (mit Bad 105 €), Dreibettzimmer ohne Bad 95 € (mit Bad 125 €), Vierbettzimmer ohne Bad 125 € (mit Bad 145 €), alle Preise inkl. Frühstück. Via Calatafimi 14a, 00195 Roma, ℡ 06.486919, ℡ 06.47825202, www.hotelpapagermano.com.

**Fawlty Towers Hotel & Hostel (19)**, ebenfalls bei Travellern (hauptsächlich englischsprachigen) überaus beliebt, schlichte Zimmer über mehrere Stockwerke verteilt, alle mit TV; Küchennutzung, Dachterrasse. 2 Sterne, 14 Zimmer. EZ ohne Bad ab 30 €, EZ mit Dusche ab 40 €, DZ ohne Bad ab 45 €, DZ mit Dusche ab 55 €, Dreibettzimmer mit Dusche oder Bad 75–99 €, Vierbettzimmer ohne Bad 100 €, Vierbettzimmer mit Dusche 110 €, Frühstück inkl. Via Magenta 39, 00185 Roma, ℡ 06.4454802, ℡ 06.45435942, www.fawltytowers.org.

**Continentale (16)**, relativ gut ausgestattete, renovierte Zimmer mit Fliesenböden (teilweise auch mit Klimaanlage und Fernseher), die Zimmer zur stark befahrenen Via Palestro sind etwas lauter. Alle Zimmer haben ein Bad. 2 Sterne, 25 Zimmer. EZ 50–70 €, DZ 80–140 €, Dreibettzimmer 110–180 €, Familienzimmer 140–200 €, Frühstück inkl. Diverse Sonderangebote auf der Website. Via Palestro 49, erster Stock rechts, 00185 Roma, ℡ 06.4450382, ℡ 06.4452629, www.hotelcontinentale.com.

**Castelfidardo (11)**, einfach, sauber und freundliche Atmosphäre, die sauberen und ordentlichen Zimmer mit TV bieten für die Kategorie durchaus Komfort. 1 Stern, 13 Zimmer, Parkplatz in der Nähe kann vermittelt werden. EZ ohne Bad 40–60 €, EZ mit Bad 50–90 €, DZ ohne Bad 60–100 €, DZ mit Bad 80–120 €, Dreibettzimmer mit Bad 120–150 €, Vierbettzimmer mit Bad 130–160 €, Frühstück inkl. Via Castelfidardo 31, 00185 Roma, ℡/℡ 06.4464638, www.hotelcastelfidardo.com.

**Ercoli (4)**, renovierte und sehr ansprechende Zimmer, für die Kategorie überaus komfortabel, alle Zimmer mit Bad, Fernseher und Föhn. Ein gepflegtes kleines Hotel mit sehr freundlichem Service; nahe der Porta Pia, aber auch nicht allzu weit von der Via Vittorio Veneto entfernt. 2 Sterne, 14 Zimmer. EZ 95 €, DZ 130 €, Dreibettzimmer 170 €, Vierbettzimmer 190 €, Frühstück inkl. Via Collina 48, 3. Stock, 00187 Roma, ℡ 06.4745454, ℡ 06.4744063, www.hotelercoli.com.

**Piave (5)**, noch recht neues Hotel, komfortable Zimmer, gediegener Frühstücksraum. Nahe Porta Pia in einer Seitenstraße der Via XX Settembre. 2 Sterne, 11 Zimmer (im 3. Stock). DZ mit Bad und TV 130 €, Frühstück inkl. Via Piave 14, 00187 Roma, ℡ 06.4743447, ℡ 06.4873360, www.albergopiave.it.

**Porta Pia (3)**, das Hotel liegt nördlich des Bahnhofs in einer Seitenstraße nahe der Porta Pia. Die Zimmer sind renoviert und gut ausgestattet, die Eigentümer sind freundlich und hilfsbereit. 2 Sterne, 19 Zimmer. EZ 90 €, DZ 130 €, Frühstück 6 €. Via Messina 25, 2. Stock, 00198 Roma, ℡ 06.44249911, ℡ 06.44249924, www.hotelportapia.it.

# Alternative Übernachtungsangebote

▶ **Klöster:** Wer die teilweise unverschämten Hotelpreise scheut und keinerlei Zugeständnisse an Sauberkeit machen möchte, sollte sich an ein Kloster wenden. Inzwischen bessern rund 40 Konvente ihren Etat auf, indem sie Touristen eine verhältnismäßig preiswerte Unterkunft bieten (EZ 40–60 €, DZ 70–100 €, nur z. T. mit Bad). Die Teilnahme am besinnlichen Ordensleben ist damit allerdings nicht verbunden und eher unerwünscht. Die Räume sind klösterlich karg und bieten in der Regel wenig Komfort und Service. Früher hatten alle Ordenshäuser strenge Schließzeiten. Wer um 22 Uhr nicht da war, musste draußen bleiben. Für ein ausgedehntes Abendessen blieb dann kaum Zeit. Inzwischen machen viele Häuser wenigstens Kompromisse. Entweder wurde die Sperrzeit um eine Stunde bis auf 23 Uhr (im Sommer teilweise bis 23.30 Uhr) verlängert oder die Gäste erhalten einen Schlüssel – manchmal ist dazu allerdings reichlich freundliche Überredungskunst erforderlich. Einige wenige Klöster verzichten mittlerweile ganz auf Schließzeiten.

Die Gäste müssen nach den Regeln vieler Häuser zwar eigentlich katholisch sein, allerdings wird hierfür kein Nachweis verlangt; meist fragt man heute nicht einmal mehr danach. Die Unterbringung eines Paares in einem Raum setzt allerdings noch immer voraus, dass sie miteinander verheiratet sind. Tragen Paare unterschiedliche Familiennamen, bestehen die meisten Orden auf einer getrennten Unterbringung.

Da diese vergleichsweise preiswerten Übernachtungsmöglichkeiten immer beliebter werden, sind längerfristige Vorausbuchungen erforderlich; zu den Feiertagen an Ostern, Pfingsten oder Weihnachten ist es besonders schwierig, einen Platz zu bekommen. Zudem werden Pilgergruppen gegenüber Einzelreisenden bevorzugt.

•*Auskünfte* **Deutschsprachiges Pilgerzentrum** (Centro Pastorale Pellegrini di Lingua Tedesca), Via della Conciliazione, 51 – I-00193 Roma, ✆ 0039/06.6897-197 oder -198 (nur zu den Geschäftszeiten: Mo–Fr 8.30–18 Uhr und Sa 8.30–12.30 Uhr; Achtung: Änderungen der Zeiten sind häufig), ✆ 0039/06.6869490, E-Mail pilgerzentrum@libero.it. Das Pilgerbüro vermittelt zwar selbst keine Unterkünfte mehr, informiert aber und hält eine Liste der Klöster und Gästehäuser bereit. Diese ist auch im Internet unter www.pilgerzentrum.de zu finden, unter „Informationen" und dann „Unterkünfte".

**Pfarr- und Pilgerbüro der deutschen Gemeinde S. Maria dell'Anima**, Via S. Maria dell'Anima 64 (2. Stock), 00186 Roma, ✆ 06.68801394, ✆ 06.68281851. Mo–Fr 8.30–13 und 14–16.30 Uhr.

•*Klöster* **Suore Pallottine**, Via delle Mura Aurelie 7b (auf dem Gianicolohügel, zwischen St. Peter und Trastevere), 00165 Roma, ✆ 06.3936351, ✆ 06.39366943. Deutschsprachig, 75 Betten (Zimmer z. T. ohne Bad), Schließzeit 23 Uhr, nur Übernachtung und Frühstück möglich.

**Collegio Universitario P.G. Minozzi** (→ **Karte S. 401, 4**), Via dei Gigli d'Oro 15 (ideale Lage, nördlich der Pzza. Navona, wenige Schritte vom Tiber entfernt), 00186 Roma, ✆ 06.6864561, ✆ 06.6861025. 75 Betten, Schließzeit 23.30 Uhr (im Winter 23 Uhr),

Übernachtung mit Frühstück oder Halbpension möglich.

**Suore Nostra Signora di Lourdes**, Via Sistina 113 (sehr zentral, nur wenige Schritte von der Spanischen Treppe entfernt), 001187 Roma, ✆ 06.4745324, ✆ 06.4741422. 30 Betten, feste Schließzeiten, nur Übernachtung und Frühstück möglich.

•*Gästehäuser* **Casa S. Francesca Romana** (→ **Karte S. 444/445, 40**), Via dei Vascellari 61 (sehr zentral, aber trotzdem vergleichsweise ruhig in Trastevere, wenige Schritte vom Ponte Palatino entfernt), 00153 Roma, ✆ 06.5812125, ✆ 06.5882408, www.sfromana.it. 84 Betten. EZ 80 €, DZ 115 €, Dreibettzimmer 150 €, Vierbettzimmer 175 €, Preise inkl. Frühstück; auch Halb- und Vollpension möglich. Keine Schließzeit.

**Villa Maria, Gästehaus** (→ **Karte S. 444/445, 51**), Largo Giovanni Berchet 4 (auf dem Gianicolohügel, an der Stadtmauer oberhalb von Trastevere), 00152 Roma, ✆ 06.5852031, ✆ 06.585520321, www.villamaria.pcn.net. Deutschsprachig, für Rollstuhlfahrer geeignet, 84 Betten, EZ 65 €, DZ 95 €, Dreibettzimmer 120 €, Vierbettzimmer 130 €, Frühstück inkl., auch Halbpension möglich. Keine Schließzeit.

**Casa Valdese** (→ **Karte S. 478/479, 9**), Via Alessandro Fernese 18, 00192 Roma, ✆ 06.3215362, ✆ 06.3211843, www.casavaldeseroma.it. Das evangelische Gästehaus der Waldenser Kirche in Rom, gleich bei der Metrostation „Lepanto", zu Fuß ca. 20 Min. zum Vatikan. Sehr viele deutsche Gäste. 75 Betten, EZ 89 €, DZ 119 €, Dreibettzimmer 163 €, Vierbettzimmer 194 €,

Frühstück inkl., ab drei Übernachtungen wird es günstiger, Halbpension ist möglich. Keine Schließzeit.

▸ **Private Ferienappartements** sind für zwei bis vier Personen eine interessante Alternative zu den meist winzigen, oft hellhörigen und überteuerten Hotelzimmern. Sie kommen besonders für Individualisten in Betracht, die sich hin und wieder auch selbst verpflegen möchten. Adressen finden Sie in überregionalen Zeitungen (die Wochenzeitung *Die Zeit* hat z. B. im Reiseteil regelmäßig auch einige Annoncen für Wohnungen in der Innenstadt Roms) oder in der Zeitschrift *ADAC-Motorwelt* und vor allem im Internet. In der Regel werden die Wohnungen nur wochenweise von Samstag bis Samstag vermietet. Billig ist diese Art der Unterkunft allerdings auch nicht: Je nach Lage und Jahreszeit werden im Durchschnitt etwa 500–900 € verlangt.

•*Adresse* Empfehlenswert ist z. B. ein blitzsauberes Zwei-Zimmer-Appartement im 3. Stock eines Hauses aus dem 16. Jh. in der Via della Reginella 19, wenige Schritte vom Marcellustheater und dem Kapitolshügel entfernt, mitten im Gassengewirr des ehemaligen jüdischen Ghettos. Alle interessanten Punkte der Stadt sind von hier aus bequem zu Fuß erreichbar. Zum Haus gehört eine (leider nur noch tagsüber nutzbare) 200 m² große Dachterrasse mit Blick über die pittoreske Dachlandschaft des jüdischen Ghettos bis auf die Schmalseite des Nationaldenkmals und die Spitze des Rathausturms auf dem Kapitol. Die Wohnung ist mit einer Küchenzeile und Bad perfekt ausgestattet. Vermieterin ist Frau Monika Leygraf, Viale Bruno Buozzi 54, 00040 Castel Gandolfo, Italien, ✆/📠 0039/06. 9386495, www.romareginella.com. Preis pro Woche 700–800 €.

•*Angebote im Internet* Eine relativ große Auswahl an Ferienwohnungen findet man unter **www.fewo-direkt.de**, die Preisspanne reicht hier von 350–1000 € pro Woche. Ein ähnliches – teilweise auch etwas höheres – Preisniveau bietet **www.romabed.de**. Auch bei **www.liveinrome.com** findet man einige Appartements, die auch tage- und wochenweise angeboten werden, teilweise sogar recht günstig. Gleiches gilt für **www.myhome.it**, auch hier tageweise Vermietung, z. T. schon ab 80 € pro Nacht (für 2 Pers.). Deutlich eingeschränkt ist die Auswahl bei **www.italyinfo.it**. Für Studenten könnte **www.easystanza.it** interessant sein: Zimmervermittlung (WGs), auch einige Wohnungen, oft weit außerhalb vom Zentrum und längerfristig zu vergeben, relativ günstig.

▸ **Bed & Breakfast/Privatzimmer:** Nicht nur aufgrund explodierender Hotelpreise erfreut sich diese Form der Unterkunft immer größerer Beliebtheit: Auch die gehobenen **B & B**s sind in der Regel immer noch etwas günstiger als Hotels in vergleichbarer Kategorie und wer nicht allzu anspruchsvoll ist und über eine der großen Agenturen bucht, kann sogar recht günstig unterkommen. Vermittelt werden Zimmer mit und ohne Familienanschluss oder winzige Appartements. Mit viel Glück können Sie sogar eine Dachwohnung mit Kochnische und Blick auf die Dachgärten von Trastevere bekommen. Die nicht allzu teuren Häuser in bester Innenstadtlage sind allerdings rar gesät, frühzeitige Buchung ist dringend ratsam! Einige Empfehlungen:

•*Agentur-Adressen* Größter Anbieter der Stadt (und italienweit) ist **Bed & Breakfast Italia,** Booking Office, Palazzo Sforza Cesarini, Corso Vittorio Emanuele II 282, 00186 Roma, ✆ 06.6878618 (auch deutschsprachig), 📠 06.6878619, www.bbitalia.it. Es gibt drei Kategorien: 1. Badezimmer ist mit dem Eigentümer zu

teilen (EZ 37,70 €, DZ 61 €, Dreibettzimmer 85,20 €). 2. Zimmer und eigenes Gästebad (EZ 50,60 €, DZ 86,80 €, Dreibettzimmer für 122,40 €). 3. Unterkunft in einem namhaften historischen Gebäude mit eigenem Gästebad (EZ ab 66,60 €, DZ 115–130 €, Dreibettzimmer für ca. 155 €).

Frühstück ist jeweils inbegriffen. Die Unterkünfte können im Internet besichtigt werden.

*Piazza di Spagna/Barberini* **B & B Daphne Inn** (→ **Karte S. 341, 12**), eine ungemein stilvolle Unterkunft nur wenige Schritte von der Pzza. Barberini, dennoch ruhig, da etwas zurückgesetzt. Die eleganten Zimmer sind in warmen Tönen und sehr modern eingerichtet, zum Wohlfühlen. Persönliche Leitung, nette Atmosphäre, nur 8 Zimmer (und zwei Suiten). Ein paar Minuten entfernt, in der Via degli Avignonesi 20 (neben dem Ristorante Colline Emiliane), gibt es eine Dependance mit weiteren 5 Zimmern (zwei davon teilen sich ein Bad, eher für Familien/Freunde geeignet) und zwei Suiten.
13 Zimmer. EZ 160 €, DZ 200 €, das DZ mit gemeinsamem Bad kommt auf 130 €, das dazugehörige Dreibettzimmer auf 165 €, großes Frühstück inkl. Via di San Basilio 55, 00187 Roma, ☎ 06.87450086, ✆ 06.233240967, www.daphne-rome.com.

**Casa Howard** (→ **Karte S. 315, 59**), für gehobene Ansprüche. Hinter unscheinbarer Fassade in der Via Capo le Case 18 verbirgt sich diese äußerst gepflegte Herberge. 5 individuell eingerichtete Zimmer, persönlicher Service, stilvolles Ambiente. Seit 2002 gibt es in einem Palazzo in der Via Sistina 149 (nur einen Steinwurf entfernt) eine Dependance mit weiteren 5 Zimmern, außerdem ein türkisches Bad.
10 Zimmer. In der Via Capo le Case kostet das EZ 140–220 €, das DZ 170–250 € und das Dreibettzimmer 230–280 €; in der Via Sistina das EZ 150–210 €, das DZ 180–240 € und das Dreibettzimmer 280 €, die Preise variieren nach Ausstattung der Zimmer, Frühstück kostet 10 € extra. Postanschrift: Via Due Macelli 97, 00187 Roma, ☎ 06.69924555, ✆ 06.6794644, www.casahoward.com.

*Vatikan* **B & B Tibullo** (→ **Karte S. 478/479, 30**), in zentraler, aber ruhiger Lage in einer Seitenstraße der Via Crescenzo, nur 4 Zimmer (DZ) im Hochparterre, 2 davon mit eigenem Bad, die anderen 2 teilen sich ein Bad. Sauber und gepflegt, freundlicher Service, das Frühstück macht man sich im Zimmer selbst, die Zutaten werden gestellt und sind inklusive (alle Zimmer mit Kühlschrank).
4 Zimmer. EZ 80 €, DZ 120 €. Via Tibullo 20, 00193 Roma, ☎ 06.6868420, www.tibullo.com.

**B & B A Roma San Pietro (di Federico Traldi)** (→ **Karte S. 478/479, 32**), eher einfache Zimmer in der Via Crescenzio, aber mit TV, Kühlschrank und Teekocher ausgestattet. Relativ günstig.
3 Zimmer. EZ 70 €, DZ 110 €, Dreibettzimmer 150 €, Vierbettzimmer 180 €, Frühstück inkl. Via Crescenzio 85 (500 m vom Petersplatz entfernt, stark befahrene Straße), 00193 Roma, ☎ 06.6878205, ✆ 06.68131932, www.ftraldi.it.

*Stadtteil Monti* **B & B Il Covo** (→ **Karte S. 228/229, 8**), in der schönen Via del Boschetto mit ihren zahlreichen Geschäften und Restaurants. Die Zimmer sind z. T. etwas klein, aber überwiegend nett hergerichtet, das Frühstück wird in der zugehörigen Bar „La Bottega del Caffè" an der idyllischen Pzza. Madonna dei Monti serviert, nur wenige Minuten von der Unterkunft entfernt.
6 Zimmer. EZ 100 €, DZ 130 €, Dreibettzimmer 150 €, Vierbettzimmer 180 €, Frühstück inkl. Via del Boschetto 91, 00184 Roma, ☎/✆ 06.4815871, www.bbilcovo.it.

*Trastevere und Umgebung* **B & B Villa della Fonte** ( → **Karte S. 444/445, 21**), im Herzen von Trastevere, gleich bei der Pzza. Santa Maria in Trastevere liegt dieses kleine und sympathische B & B. Nett und gepflegt, mit kleiner Terrasse.
5 Zimmer. EZ ab 90 €, DZ 130–160 €, Frühstück inkl. Via della Fonte dell'Olio 8, 00153 Roma, ☎ 06.5803797, ✆ 06.5803796, www.villafonte.com.

*Raststätte: Landgasthof außerhalb*

•*San Lorenzo* **B & B Casa della Palma** (→ **Karte S. 363, 3)**, mitten im angesagten Arbeiter- und Studentenviertel San Lorenzo liegt diese stilvoll-minimalistisch gestaltete Pension mit nur 8 Zimmern und nettem grünen Innenhof. Holzböden und warme Farben schaffen ein gemütliches Ambiente, Leihfahrräder stehen zur Verfügung. Busse ab der Via Tiburtina, dorthin ca. 5 Min. zu Fuß.
8 Zimmer, Garage 14–18 €/Tag. EZ 50–70 €, großes EZ 60–80 €, DZ 60–80 €, großes DZ

70–90 €, Dreibettzimmer 90–115 €, Vierbettzimmer 100–125 €, das „Loft" für 5 Personen (mit Zwischenetage) kostet 125–155 €, Frühstück 7 € pro Person. Via dei Sabelli 98, 00185 Roma, ✆ 06.4454264, ✆ 06.233245562, www.casadellapalma.com.

**Tipp**: Die Sprachschulen vermitteln in der Regel preiswerte Privatunterkünfte.

▸ Wer eine Unterkunft für eine längere Zeit sucht, sollte sich in einer **Residenza** einmieten. Diese Appartementhotels werden wochen- oder monatsweise vermietet. Auch sie gibt es in allen Komfort- und Preisklassen. Informationen erhalten Sie bei der APT. Hier nur eine Empfehlung (insgesamt gibt es ca. 60 Residenze in der Stadt):

**Blanc et Noir**, dem Park Hotel angeschlossen, mit Parkplatz, Schwimmbad und Restaurant. Etwas außerhalb nahe der Via Portuense gelegen. Via Alberese 38, 00149 Roma, ✆ 06.659749, ✆ 06.6571612, www.park hotelblancetnoir.com. Preis für ein Einzim-

mer-Appartement (mit Kochecke): 420 €/ Woche, 580 € für 2 Wochen, 990 € im Monat; ein Zweizimmer-Appartement mit Küche kostet 630 € pro Woche, 780 € für 2 Wochen und 1330 € pro Monat.

## Jugendherbergen

Es gibt nur eine einzige Jugendherberge, das **Ostello per la Gioventù** im Norden der Stadt, im Bereich des Foro Italico. Um überflüssige Wege zu vermeiden, empfiehlt es sich vorher anzurufen, denn die vorhandenen 334 Betten sind oft belegt. In jedem Fall ist es sicherer, sich vorher schriftlich anzumelden. Auch dann sind nur *maximal drei Nächte* möglich! Ein Jugendherbergsausweis ist Voraussetzung (wird notfalls auch an der Rezeption verkauft). Nichts für Anspruchsvolle.

Falls mal ein paar Herren mit kugelsicherer Weste und Maschinenpistolen zum Fenster hereinschauen, nur keine Angst. Das sind Sicherheitsmaßnahmen der Polizei, wenn im Hochsicherheitstrakt gegenüber wieder mal ein brisanter Prozess stattfindet.

•*Adresse* **Ostello per la Gioventù**, Viale delle Olimpiadi 61, 00194 Roma, ✆ 06. 3236267, ✆ 06.3242613, www.ostellionline.org. Ziemlich weit vom Zentrum entfernt, aber gut zu erreichen (Metro A bis Station „Ottaviano" und weiter mit Bus 32; oder ab Pzza. Venezia mit Bus Nr. 628 sowie mit Nr. 280 ab Castel Sant'Angelo).
•*Öffnungszeiten/Preise* Zimmer 7–9 und 14–24 Uhr, die Bar ist von 10 bis 22.30 Uhr ge-

öffnet. Die Übernachtung kostet mit Frühstück 18 € pro Person (Mittag- oder Abendessen jeweils 9,50 €).
**YWCA** (→ **Karte S. 348/349, 24)** (nur für junge Frauen oder verheiratete Paare), Via Cesare Balbo 4 (nahe am Bahnhof Termini), 00184 Roma, ✆ 06.4880460, ✆ 06.4871028, www. ywca-ucdg.it. Übernachtung mit Frühstück 37 € pro Person, Halbpension 47 €.

## Campingplätze

Bei schönem Wetter ist das Campen zu empfehlen. Im Herbst, wenn die ersten ergiebigen Regenfälle einsetzen, versinkt man allerdings mit dem Zelt leicht im aufgeweichten Boden. Nur drei Campingplätze liegen innerhalb des Autobahnrings und haben gute Stadtbusverbindungen, ansonsten werden Zubringerdienste angeboten. Die Preise liegen etwa bei 8–9 € pro Person und ab 7 € für den Stellplatz.

•*Innerhalb des Autobahnrings* **Roma-Camping**, relativ nah am Zentrum (ca. 3 km); durch die Lage an der stark befahrenen Via Aurelia sind die Stellplätze recht laut. Auf dem weitläufigen Gelände (620 Plätze) gibt es jedoch auch etwas ruhigere (keine ruhigen!) Möglichkeiten. Die Sanitäranlagen (unter offenem Himmel!) sind relativ sauber. Warme Duschen sind vorhanden, außerdem ein Pool, Bar und Ristorante (mit Pizzeria) sowie für die Abendunterhaltung ein Disco-Pub. Vorteil dieses Platzes für Selbstversorger: Direkt gegenüber liegt *„Panorama"*, einer der wenigen großen Supermärkte Roms. Zu erreichen von der Innenstadt mit der Metro A bis Station „Cornelia", dann mit dem Bus Nr. 246 die Via Aurelia entlang, aussteigen beim Supermarkt *„Panorama"*. Vom Autobahnring aus braucht man nur den Schildern zu folgen, der Platz liegt direkt an der Einfallstraße Via Aurelia (Abfahrt Nr. 1). Via Aurelia 831 (bei km 8.200), 00165 Roma, ✆ 06.6623018 (es wird Deutsch und Englisch gesprochen), ✆ 06. 66418147, www.ecvacanze.it.
Pro Person 10,50 €, Zelt 4,80–7,30 €, Auto 4,90 €, Wohnwagen 8,20 €, Wohnmobil 12 €, Bungalow 81–115 €. Ganzjährig geöffnet.

**Camping Flaminio Village**, ebenfalls nicht weit vom Stadtzentrum entfernt, liegt im Tal und auf Terrassen eine Anhöhe hinauf. Der Lärm ist nicht übermäßig groß. Es gibt einen kleinen Pool mit Liegewiese, Bar und Restaurant. Zu erreichen ab Stazione Termini mit Bus Linie 910 bis Pzza. Mancini und von dort aus weiter mit Bus Nr. 200 bis zum Campingplatz. Vom Autobahnring aus gute Beschilderung (Abfahrt Nr. 6, Via Flaminio). Via Flaminia Nuova 821, 00189 Roma, ✆ 06.3332604 (es wird Deutsch und Englisch gesprochen), ✆ 06.3330653, www.villageflaminio.com.
Pro Person 10,70 €, Zelt 7,30 €, Auto 7,40 €, Auto + Wohnwagen oder Wohnmobil 13,30 €, Bungalow für 2–5 Personen 77–175 €. Ganzjährig geöffnet.

**Camping Tiber**, nicht weit von Camping Flaminio entfernt. Wiesengelände, durch das ein Bach läuft, direkt am Tiberufer, viele Busgruppen, Pool, Bar, Restaurant, W-Lan-Zone. Von 8–23 Uhr alle 30 Min. kostenloser Zubringerbus zur Bahnstation „Prima Porta", von dort zur Metrolinie A, Station „Flaminio". Via Tiberina (km 1.400), 00188 Roma, ✆ 06.33610733, ✆ 06.33612314, www.campingtiber.com.
Pro Person 10,50 €, Zelt 5–6 €, Auto 5,10 €, Wohnwagen 8,30 €, Wohnmobil 12,20 €,

Bungalow für 2–3 Personen 55–70 €, für 4–5 Personen 115–130 €. Von Mitte März bis Ende Oktober geöffnet.

•*Außerhalb des Autobahnrings* **Seven Hills Camping**, 8 km nördlich von Rom liegt dieser ruhige Platz auf Terrassen zwischen Hügeln (gute Schattenplätze), die Ausstattung ist gut (Schwimmbad, Squash, Bar, Restaurant). Mit öffentlichen Verkehrsmitteln allerdings schlecht zu erreichen (Metrolinie A bis Station „Valle Aurelia", dort in den Zug Richtung Viterbo und bei der Station „Giustiniana" aussteigen und dann noch gut 1 km weiter zu Fuß die Via Italo Piccagli entlang); mit dem Auto G.R.A.-Abfahrt Nr. 3, beschildert. Via Cassia 1216 (bei km 8), 00189 Roma, ✆ 06.303310826, ✆ 06. 303310039 (es wird Deutsch gesprochen), www.sevenhills.it.
Pro Person 9,50 €, Auto 4,50 €, Zelt 6 €, Auto + Wohnwagen 12 €, Wohnmobil 10,50 €, Bungalow für 2–4 Personen 55–102 €. Mitte März bis Ende Oktober geöffnet.

**Happy Camping**, auf Terrassen nördlich des Autobahnrings gelegen, Restaurant, Bar, Schwimmbad und Kinderspielplatz vorhanden, nette Atmosphäre. Vom Autobahnring aus gut beschildert (Abfahrt Nr. 5), mit Metrolinie A bis „Flaminio" und vom Bahnhof Roma Nord bis Station „Prima Porta", von dort aus freier Zubringerdienst (von 8–22.30 Uhr etwa stündlich). Via Prato della Corte 1915, 00123 Roma, ✆ 06.33626401, ✆ 06.33613800, www.happycamping.net.
Pro Person 10,50 €, Auto 3,90 €, Zelt 5,90 €, Wohnwagen 7,90 €, Wohnmobil 10,90 €, Bungalow für 2–5 Personen 69–120 €. Von Ende März bis Anfang November geöffnet.

**Castelfusano Country Club**, im Südwesten von Rom, ca. 3 km vom Meer entfernt. Das Gelände ist weiträumig mit vielen Schatten spendenden Pinien bestanden, gute Ausstattung (Pool, Tennis, Supermarkt, Bar, Ristorante, Pub, Internet-Point). Vom Autobahnring in Richtung Ostia (Abfahrt Nr. 28) und dann weiter in Richtung Castel Fusano; vor der Innenstadt Metrolinie B bis „Magliana", weiter mit dem Zug nach Ostia bis „Lidi Centro", von dort aus mit Bus Nr. 014 in Richtung Casalpolacco. Pzza. di Castelfusano 1, 00124 Casalpolacco – Roma (Ostia Lido), ✆ 06.56185490, ✆ 06.56185227, www.countryclubcastelfusano.it.
Pro Person 7 €, Stellplatz Auto + Zelt 6 €, Stellplatz Wohnwagen/-mobil 10 €, Bungalow für 1 Person ab 38 €, für 2 Personen ab 47 €, für 3 Personen ab 61,50 €, für 4 Personen ab 76 €. Ganzjährig geöffnet, der Camping nur von April–Oktober.

*Und es funktioniert doch irgendwie:*
*Roms Verkehrschaos ist seit der Antike berüchtigt*

# Unterwegs in Rom

## Mit dem eigenen Fahrzeug

**Alle Anfahrtsstraßen nach Rom enden schließlich am großen Autobahnring (G.R.A., „*Grande Raccordo Anulare*"), der Innenstadt und Peripherie weiträumig umgibt. Die Situation ist bereits hier völlig anders als auf den Autobahnen: Der Verkehr ist dicht, hektisch und fordert oft blitzschnelle, auch unkonventionelle Reaktionen. Das ist aber erst die Einstimmung auf den dann folgenden römischen Stadtverkehr.**

Der „Raccordo" oder G.R.A., wie man die Ringautobahn in Rom kurz nennt, ist aus Anlass des Heiligen Jahres 2000 erheblich ausgebaut worden. Dabei sind auch die meisten jahrzehntelangen Dauerbaustellen, Behelfsbrücken und knöcheltiefen Schlaglöcher verschwunden. Abschnittsweise stehen nun sogar acht Spuren zur Verfügung, aber leider nicht durchgängig. An den Engstellen stauen sich die Fahrzeuge zur Rushhour und improvisierte Zusatzspuren auf Mittel- und Standstreifen lassen dann ein schwer überschaubares Knäuel entstehen. Aber selbst bei zügigem Verkehr wird jede freie Stelle, auch außerhalb von gekennzeichneten Fahrbahnen, zum Überholen genutzt. Mindestens so erschreckend wie die im Zentimeterabstand links und rechts vorbeirauschenden Fahrzeuge sind die jähen Ausweichmanöver bei verlorener Ladung oder weil ein betagtes Vehikel plötzlich im Schritttempo aus der Einfahrt auf den Raccordo rollt, denn nicht alle Zufahrten haben Beschleunigungsspuren, an manchen steht einfach nur ein Stoppschild. Auch bei einigen Abfahrten ist Vorsicht geboten, wenn eine direkt folgende scharfe Kurve zur Vollbremsung zwingt.

Dennoch kommt man auf dem G.R.A. noch vergleichsweise gut voran und man sollte daher so lange wie möglich dort bleiben. Suchen Sie sich deshalb eine für Ihr Zielgebiet möglichst günstig gelegene Ausfahrt. Insgesamt existieren 33 Abfahrten, die im Uhrzeigersinn nummeriert sind. Von der Autostrada del Sole (A 1) aus dem Norden stoßen Sie bei Abfahrt Nr. 10 auf den G.R.A. Die besten Ausfahrten für die jeweiligen Zielgebiete finden Sie im Kapitel „Anreise" (S. 14).

Nach Verlassen des Rings sollte man zügig einen der Park-and-Ride-Parkplätze an den großen Metrostationen (z. B. ab der Ausfahrt 25 die Via Laurentina entlang bis Endhaltestelle der Linie B; ab der Ausfahrt 21 über die Via Tuscolana bis „Arco Travertino", der Station der Metrolinie A; → „Diebstahl", S. 36) oder eines der Parkhäuser ansteuern (→ „Parken", S. 106). Der Innenstadtverkehr treibt nicht nur wegen der Sperrzeiten des historischen Zentrums (→ „Zona Traffico Limitato", S. 105), sondern auch wegen des labyrinthartigen Einbahnstraßensystems und der gebotenen Fahrweise dem deutschen Autofahrer Schweißperlen auf die Stirn. Man merkt schnell, warum der ADAC eine Verkehrsteilnahme in Rom nur dem geübten Fahrer empfiehlt.

Wie fast alles in Rom hat auch das Verkehrschaos eine **lange Tradition**: Die Leidenschaft der Römer gilt wie vor 2.000 Jahren dem Rennen, zwar nicht mehr im Circus mit leibhaftigen Rössern, aber dafür unter geschicktem Einsatz aller verfügbaren Pferdestärken unter der Motorhaube. Erlaubt scheint alles, was ein paar Meter Vorsprung bringt. Nach verbreiteter Ansicht soll man sich eben nicht überholen lassen, denn das habe einfach keinen Stil. Derjenige mit den stärkeren Nerven gewinnt. Wer zögert, hat schon verloren, nimmt die Niederlage dann aber auch sportlich und gibt sich letztlich ohne Weiteres geschlagen, selbst wenn er hupt und unflätig schimpft. Beleidigungen im Straßenverkehr sind vor allem bei jugendlichen Fahrern zwar moralisch verwerflich, wie im Jahr 2002 das höchste italienische Gericht entschied, aber nicht strafbar, weil sie im Alltagsleben nun mal vorkämen und auch im Fernsehen verwendet würden (so die Urteilsbegründung).

Die römischen **Verkehrsprobleme** sind heute kaum anders als in der Antike. Noch immer sind die Straßen ständig verstopft und der einst ohrenbetäubende Lärm eisenbeschlagener Räder der Ochsenkarren über unebenen Granitquadern und das Geschrei von Menschen und Tieren wird durch das Knattern der Vespas, das Hupen und die allgegenwärtigen Sirenen vollwertig ersetzt. Selbst der unangenehme Gestank hat heute lediglich andere Ursachen als damals.

Obwohl sich alle über den anarchischen Verkehr beklagen, will doch niemand auf sein Fahrzeug verzichten. Ganz im Gegenteil: Letztlich zählt nur, wer motorisiert ist. Kein Wunder also, dass Knirpse, die gerade einmal ein Lenkrad halten und darüber schauen können, schon mit einem Mofa umherknattern, dann zum Moped oder gleich zum Roller aufsteigen, später folgt natürlich das Auto, *„la bella macchina"* (sprich: *mákina*). Das Ansehen des Fahrers hängt unmittelbar von der PS-Zahl oder der Auffälligkeit seines Gefährts ab. Wer schon keinen dunkel glänzenden und chromgeschmückten Sportwagen sein eigen nennen oder nicht wenigstens dank besonderer Geschicklichkeit als erster an der Ampel vorpreschen kann, der muss auf andere Weise auffallen. Deshalb ersetzt er das, was an PS fehlt, durch **Lärm**. Zum üblichen Motorengeräusch gesellt sich noch die Hupe, ein wichtiges Verständigungsmittel. Irgendeiner hupt immer: als Warnung vor einem Verkehrsverstoß, aus Wut, weil es wieder einmal nicht weiter geht, um einen Bekannten zu begrüßen, um auf sich aufmerksam zu

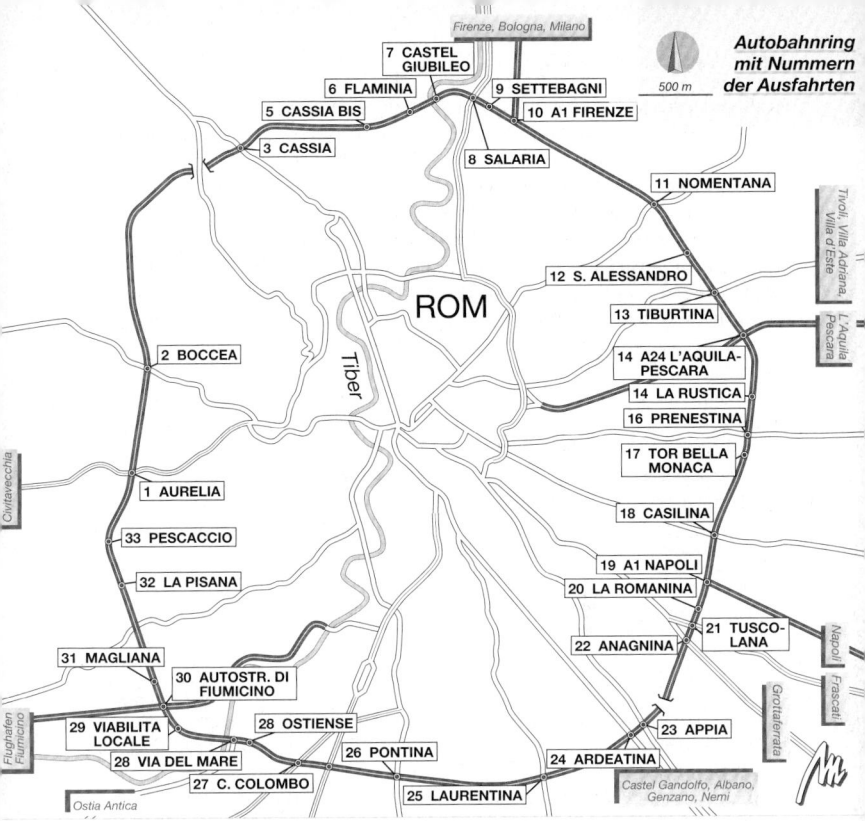

Firenze, Bologna, Milano

**Autobahnring
mit Nummern
der Ausfahrten**

*500 m*

7 CASTEL GIUBILEO

6 FLAMINIA

9 SETTEBAGNI

5 CASSIA BIS

10 A1 FIRENZE

3 CASSIA

8 SALARIA

11 NOMENTANA

ROM

12 S. ALESSANDRO

13 TIBURTINA

2 BOCCEA

14 A24 L'AQUILA-PESCARA

Tiber

14 LA RUSTICA

16 PRENESTINA

17 TOR BELLA MONACA

1 AURELIA

18 CASILINA

33 PESCACCIO

19 A1 NAPOLI

32 LA PISANA

20 LA ROMANINA

21 TUSCO-LANA

22 ANAGNINA

31 MAGLIANA

30 AUTOSTR. DI FIUMICINO

28 OSTIENSE

23 APPIA

29 VIABILITA LOCALE

26 PONTINA

28 VIA DEL MARE

24 ARDEATINA

27 C. COLOMBO

25 LAURENTINA

*Ostia Antica*

Tivoli, Villa Adriana Villa d'Este

L'Aquila Pescara

Napoli Frascati

Grottaferrata

Civitavecchia

Flughafen Fiumicino

Castel Gandolfo, Albano, Genzano, Nemi

machen oder wohl auch nur um gelegentlich zu hören, ob die Hupe noch funktioniert. Zwar besteht seit Jahrzehnten ein Hupverbot im Zentrum und manchmal gibt es sogar Verwarnungen, doch der römische Freiheitssinn lässt sich davon kaum beeindrucken.

Unerträglich wird der Lärm, wenn sich ein Krankenwagen, Polizei, Feuerwehr oder die Eskorte eines Politikers nähern. Ihre Sirenen sind unterschiedlich, mal klingt es, als würde ein Esel ganz fürchterlich gequält, mal durchbohrt ein einziger hoher Ton das Trommelfell.

Durch die etwa 5.000 km langen, überwiegend einst für Karren und Kutschen gebauten, engen Straßen schieben sich Busse, Lieferwagen und die vielen Fahrzeuge der Berufstätigen und der römischen Hausfrauen, die ihre Kinder chauffieren, weil sie diese nicht den unattraktiven öffentlichen Verkehrsmitteln anvertrauen möchten, und bei der Gelegenheit die Einkäufe im „Vorüber-Halten" in der dritten Reihe erledigen. Die Phasen des fließenden Verkehrs, in denen man vorpreschen kann, werden genossen, denn der nächste Stau ist sicher. Das immer wieder ziemlich **hohe Geschwindigkeitsniveau** ist für deutsche Fahrer besonders gewöhnungsbedürftig. Man fährt, wie es die Situation zulässt. Da weicht auch schon einmal ein Motorradfahrer auf den Gehsteig aus, wenn die Fahrbahn zu eng wird und es bilden sich improvisierte Zusatzspuren, da auf

Straßenmarkierungen ohnehin meist verzichtet wird. Wer etwa auf Vorfahrtsregeln beharrt, riskiert Unfälle. Man muss sich in erster Linie situationsangemessen verhalten, sich auf die vor einem fahrenden Fahrzeuge konzentrieren (was hinten geschieht, ist deren Problem) und vor allem notfalls blitzschnell reagieren können. (Machen Sie sich auch unbedingt mit den ungeschriebenen Regeln vertraut, → „Besondere Verkehrsregeln", S. 19).

Viele, die im Berufsverkehr auf ihr Fahrzeug angewiesen sind und den Stau satt haben, weichen auf einen **Motorroller** aus. Selbst seriöse Banker im feinen Kaschmir oder gestylte Sekretärinnen im Minirock mit High Heels brettern auf ihren Vespas durch den Verkehr und schlängeln sich zwischen den stauenden Autos bis an die vorderste Ampelfront, um bei Grün geschwaderweise in einer blaugrauen Abgaswolke davonzupreschen. Wegen ihres virtuosen Fahrstils nennt man die Rollerfahrer auch „*Centauri*", weil Mensch und Moped auf Rumpfhöhe verwachsen scheinen.

Ein bisschen besser ist die Verkehrsdisziplin allerdings geworden, nicht zuletzt durch die drastischen Geldstrafen, die seit einigen Jahren selbst bei kleineren Verkehrssünden verhängt werden. Mittlerweile wird inzwischen an einer roten Ampel überwiegend angehalten, wenn auch nicht immer sofort.

> Wenn ausnahmsweise nicht ein Stau dafür sorgt, dass der Verkehr zum Erliegen kommt, dann wird das schon eine rote Ampel übernehmen. Nörgler meinen sogar, die römischen Verkehrsplaner seien die Erfinder der „*onda rossa*", der „roten Welle". Der Umstand, dass Autofahrer so lange vor der Ampel halten müssen, hat einen ganzen Berufszweig entstehen lassen – die **Ampelverkäufer**. Bei ihnen kann der Autoinsasse während der Wartezeit von Zeitungen über Papiertaschentücher, Feuerzeuge, Blumen und Spielwaren bis zum Christbaum alles kaufen, ohne aussteigen zu müssen.
>
> Die fleißigen Hände der **Lavavetri** (Fensterputzer), die den Dreck auf Ihrer Windschutzscheibe gleichmäßig verreiben, strecken sich Ihnen – kurz bevor es Grün wird – übrigens entgegen, um wenigstens 50 Cent in Empfang zu nehmen. Wenn man die dienstbaren Geister nicht vorher durch Handbewegungen vertrieben hat, ist es üblich zu zahlen. Und Sie sollten es auch tun, schon um keinen Kratzer im Lack zu provozieren.

Um das Verkehrschaos und die zerstörerischen Abgase wenigstens in den verwinkelten Gassen des historischen Zentrums einzudämmen, begann die Stadtverwaltung schon vor über 20 Jahren mit zeitweiligen **Verkehrsbeschränkungen**. Keine neue Idee, denn schon in der Antike war die Stadt tagsüber für Pferdewagen tabu. Doch mit der demonstrativen Bereitschaft zu zivilem Ungehorsam setzten sich die Römer darüber hinweg oder ergatterten dank guter Beziehungen eine Ausnahmegenehmigung. Als der Verkehr wieder so dicht war wie eh und je, sollten mobile Polizeisperren die Verbote durchsetzen und manche Verkehrsteilnehmer sahen es geradezu als sportliche Herausforderung an, die Ordnungshüter mit abenteuerlichsten Argumenten davon zu überzeugen, dass die Durchfahrt wegen eines Notfalls ausnahmsweise zwingend erforderlich ist. Inzwischen werden Sperrungen und Parkverbote aber rigoros durchgesetzt, selbst Ausnahmegenehmigungen erhält man tatsächlich meist nur noch in den vorgesehenen Fällen. Zum Heiligen Jahr 2000 wurden dann die ehrgeizigen Pläne für ein bereichsweise komplett autofreies historisches Zentrum umgesetzt. Die Piazza del Popolo mit vielen Gassen um die Spanische Treppe sind seither durch feste Barrieren ebenso für Autos unerreichbar wie der Platz vor der Engelsburg und die Bezirke um die berühmtesten Sehenswürdigkeiten. Wichtige Durchgangsstraßen sind zumindest stundenweise für den Verkehr gesperrt.

**Sollten Sie ein Hotel im Centro Storico gebucht haben und es während der Sperrzeiten anfahren wollen, beachten Sie bitte die Reglementierungen durch die Z.T.L. (Zona Traffico Limitato).**

## Zona Traffico Limitato (Z.T.L.)

Das **historische Zentrum** (zwischen Tiber, Piazza del Popolo, Piazza Barberini, Piazza Venezia und Kolosseum) ist Mo–Fr von 6.30 bis 18 Uhr und Sa von 14 bis 18 Uhr für den Verkehr gesperrt (Ausnahme: Anwohner, Sondergenehmigung, Lieferfahrzeuge etc.). Der Stadtteil **Trastevere** ist Mo–Sa von 6.30 bis 10 Uhr gesperrt. Hinzu kommt seit Oktober 2007 auch eine nächtliche Sperrung für das **historische Zentrum**, die Ausgehviertel **Monti** (zwischen Kolosseum und Via Nazionale), **Trastevere** und **Testaccio**: immer Fr und Sa von 21 bis 3 Uhr morgens. Für den Stadtteil **San Lorenzo** gilt die Sperrung von Mai bis Oktober Mi–Sa, im Winter nur Fr/Sa zwischen 21 und 3 Uhr. Alle Zufahrten zum gesperrten Bereich der Z.T.L. werden videoüberwacht und bei Verstößen droht ein Bußgeld von 66 €.

Auch während der frei zugänglichen Zeiten ist das Parken in den Z.T.L.-Gebieten durchgängig gebührenpflichtig (blaue Markierungen, 1 €/Std.).

Weitere Infos unter www.metrebus.it. Hier sind auch die einzelnen Zonen genau aufgeführt, ebenso sind die elektronischen Zugangsschranken in einem Stadtplan eingezeichnet.

Wer ein **Hotel im historischen Zentrum** gebucht hat, muss von diesem bei der Stadtverwaltung die entsprechende Zufahrtserlaubnis (es sei denn, man kommt nach 18 und vor 21 Uhr) noch vor der Anreise beantragen lassen. Das ganze Procedere lohnt allerdings nur, wenn das Hotel auch über einen eigenen Parkplatz verfügt, ansonsten fährt man am besten gleich in eines der Parkhäuser und nimmt ein Taxi zum Hotel.

## Parken

Wenn Sie nun all die Herausforderungen des römischen Straßenverkehrs nervenstark bestanden haben, stellt sich ein beinahe noch größeres Problem, schließlich wollen Sie Ihr Fahrzeug ja auch mal verlassen – Sie brauchen also einen **Parkplatz**. Im Zentrum, auch außerhalb der Z.T.L., beispielsweise am Circus Maximus und am Tiber, gibt es ausschließlich gebührenpflichtige Parkplätze für 1 € pro Stunde, zu erkennen an einem blauen Strich auf der Straße („blaue Zone" – „Centro blu"). Die gebührenpflichtigen Zeiten entnehmen Sie den Schildern oder dem Hinweis auf dem Parkschein-Automaten (normalerweise zwischen 8 und 20 Uhr, in einigen Bereichen sogar bis 23 Uhr). Bezahlt wird am Automaten mit Münzgeld, eine andere Möglichkeit sind die **Rubbel-Parkkarten** („grattino") zu 1 €, also für eine Stunde, die in Tabakläden oder an Zeitschriftenständen verkauft werden. Auf der Karte, die an die bekannten Rubbel-Lose erinnert, sind Jahreszahlen, Monatsnamen (Mese) sowie Ziffern für Tage (Giorno) und Stunden (Ora) aufgeführt und mit einer dünnen Silberfolie bedruckt. Der Zeitpunkt, zu dem die Karte gültig sein soll, muss freigerubbelt werden.

Da fast überall **Parkverbot** besteht, ist es möglich, dass Ihr unauffindbares Auto nicht gestohlen, sondern nur von der Polizei in Verwahrung genommen wurde.

Wenden Sie sich am besten an die zuständige städtische Polizei (*Commando della Polizia Municipal*, ✆ 06.67691; über abgeschleppte Fahrzeuge informiert auch der Teletext des Fernsehsenders Rai Tre).

Das **Abschleppen** kostet ca. 100 €, für die Verwahrung werden pro Tag ca. 10 € berechnet. Nachts und an Sonn- und Feiertagen ist ein Zuschlag von 50 % fällig. Dazu kommt jeweils noch die Mehrwertsteuer in Höhe von 20 %. Bezahlt wird beim Abholen des Fahrzeugs.

Wenn aus Sicherheitsgründen nicht sofort abgeschleppt werden muss, erhält der Falschparker oft zuerst eine **Radklemme**. Ein unter dem Scheibenwischer befestigtes Infoblatt klärt mehrsprachig darüber auf, welche Nummer man anrufen muss, um die Fessel beseitigen zu lassen. Dazu hat man 24 Stunden Zeit, danach wird abgeschleppt. Für die Beseitigung der Klemme zahlt man eine Gebühr von rund 40 €, dazu kommen mindestens 35 € Bußgeld für das unerlaubte Parken. Die Verteiler von Parkkrallen und die Abschleppwagen scheinen sich derzeit noch überwiegend an den allgemeinen Feierabend zu halten. Abends wird nämlich außerhalb der Z.T.L. jedes freie Plätzchen zugeparkt und in den ohnehin schon engen Gassen müssen selbst kleine Fahrzeuge viel rangieren, um durchzukommen. Findige Römer lassen einen Beifahrer aussteigen, der sich zu Fuß auf die Suche nach einem freien Flecken macht, wird er fündig, lotst er den Fahrer per Handy dorthin.

Sollten Sie Ihr Fahrzeug **vollkommen eingeparkt** wiederfinden, schauen Sie zunächst, ob die blockierenden Fahrzeuge weggeschoben werden können. Ist das nicht möglich, fragen Sie in den umliegenden Bars nach dem Besitzer oder begnügen sich, wie die meisten Römer auch, mit einem Hupkonzert (was natürlich verboten ist, aber oft Erfolg hat).

In den zahlreichen kleinen privaten **Mietgaragen** der Innenstadt, die meist von den Hotels vermittelt werden, stehen die Fahrzeuge eng nebeneinander bis in den hintersten Winkel. Melden Sie daher rechtzeitig an, wenn Sie Ihr Fahrzeug benötigen, denn die erforderliche Rangiererei kann lange dauern. Erinnern Sie möglichst noch einmal am Vorabend an Ihren Abfahrtstermin. Erkundigen Sie sich auch nach den oft eingeschränkten Öffnungszeiten der Garage; sonntags sind die meisten nur ein paar Stunden geöffnet und man hat keine Chance, danach an das Fahrzeug zu kommen. Die Standgebühr hängt oft vom Verhandlungsgeschick und der Aufenthaltsdauer ab. Benötigt man das Fahrzeug einige Tage lang nicht und muss der Garagenbetreiber es nicht ständig rangieren, kann ihm das einen Rabatt wert sein. In der Regel zahlt man zwischen 18 und 30 € pro Tag. Eine **große Tiefgarage** befindet sich unter der Villa Borghese *(Park SI – Villa Borghese)*, Einfahrt an der Porta Pinciana oberhalb der Via Vittorio Veneto, ✆ 06.3225934. Rund um die Uhr geöffnet, 1.800 Stellplätze. Preise: 1,15 €/Std., 4.–15. Std. 0,90 €/Std., 16 €/Tag.

Zum Heiligen Jahr 2000 wurde unter dem **Vatikan** eine Tiefgagarge für 800 Pkw und 100 Busse in den Gianicolohügel gegraben *(Terminal Gianicolo)*. Die Einfahrt liegt hinter der Pzza. della Rovere, beim Tunnel unter dem Hügel südlich von St. Peter, eine weitere zweigt links (in Fahrtrichtung St. Peter) von der Via della Conciliazione ab. Dieses Parkhaus ist ideal, wenn man nach Trastevere möchte. Gleich am Ausgang Porta Cavalleggeri ist die Endhaltestelle des Elektrobusses Nr. 115, dessen Route über den Gianicolohügel und in einer Rundfahrt durch ganz Trastevere führt (→ „Elektrobusse", S. 111).
Besonders sicher ist das Parkhaus unmittelbar neben dem **Bahnhof Termini** *(Terminal Park)* in der Via Marsala 30/32, ✆ 06.4441067. Hier wird das Fahrzeug wie in einer Waschstraße automatisch zu einer elektronisch gesteuerten Hebebühne und von dort auf einen der nicht zugänglichen 290 Abstellplätze befördert. Auf der ausgegebenen Parkkarte sind die Daten des Stellplatzes kodiert, sodass das Fahrzeug beim Abholen nach einigen Minuten wieder automatisch bereitgestellt wird. Preis: 5 € für die ersten 2 Std., 3.–12. Std. 1,50 €/Std., 1.

Tag 28,40 €, ab dann ca. 17 €/Tag und ca. 100 €/Woche. Öffnungszeiten: tägl. 6–01 Uhr. Sollte diese Garage belegt sein, finden Sie auf der anderen Seite der Gleise, in der Via Giolitti 267, das große, etwas preiswertere Parkhaus **Espark-Giolitti** (der Via Marsala folgen, dann durch den Tunnel unter den Bahngleisen und anschließend gleich links). Große, sehr preiswerte **Park-and-Ride-Plätze** *(parcheggi di scambio – P+R)* befinden sich an den Haltestellen der Metrolinien außerhalb der Innenstadt in der Nähe des Autobahnrings, z. B. Linie B: Tiburtina, Ponte Mammolo und Rebibbia; Linie A: Cinecittà, Anagnina oder Arco Travertino (an der Via Tuscolana). Die Gebühren betragen zum Teil nur 1,50 € pro Tag (für Inhaber einer Monatskarte der Verkehrsbetriebe ist das Parken sogar kostenlos), doch sollte man bedenken, dass die Parkplätze nicht bewacht sind (→ „Diebstahl", S. 36).

## Fahrzeugverleih

Die großen **Autoverleiher** wie *Hertz*, *Avis* oder *Maggiore* sind natürlich auch in Rom vertreten. Bei einer Buchung vor Ort sollte man die Preise vergleichen, was am einfachsten an den beiden Flughäfen oder am Hauptbahnhof Termini möglich ist. Die Preise beginnen bei 200–300 € pro Woche und ca. 55 € pro Tag für einen Kleinwagen ohne Kilometerbegrenzung und inkl. Versicherung; relativ teuer ist die Sonderausstattung mit Navigationssystem. Für größere Fahrzeuge und besonders für Kabrios zahlt man rund das Doppelte. Am Wochenende und bei Buchungen per Internet bzw. über ein Reisebüro vom Ausland aus werden oft Rabatte gewährt. Die Abholung erfolgt meist an einem der beiden Flughäfen oder am Bahnhof Termini, einige Verleiher bringen das Fahrzeug auch bis zum Hotel (ca. 20 € Gebühr). Wenn Sie mehr Geld ausgeben wollen, können Sie auch gleich einen Fahrer dazu mieten.

Mit einem gemieteten **Zweirad** ist man zwar die Parkprobleme los, doch dem Straßenverkehr noch näher. Sie sollten daher ein geübter Fahrer sein, wenn Sie ein **Motorrad** oder auch nur ein meist erstaunlich schnelles **Moped** leihen wollen, zumal die Autofahrer von Zweirädern höchste Virtuosität gewohnt sind. Ganz so entspannt wie Gregory Peck und Audrey Hepburn in *Ein Herz und eine Krone*, dem Kult-Vespa-Film schlechthin, kann man heute nicht mehr durch die Stadt brausen. Zumal auch Helmpflicht besteht, deren Einhaltung streng kontrolliert wird. Bei Verstößen sind mindestens 70 € fällig, sogar bis zu 300 € Bußgeld sind möglich.

Auch **Mountainbikes** und **Inline-Skates**, die man im Sommer an vielen Plätzen und im Borghese-Park ausleihen kann, werden immer beliebter, seitdem die Innenstadt zeitweise tatsächlich weitgehend autofrei und das Fahrradfahren auch nicht mehr ganz so gefährlich ist. Von einer idealen Fahrradstadt ist Rom aber immer noch weit entfernt. Geradezu erholsam ist allerdings eine Tour durch die weitläufigen Parkanlagen der Villa Borghese (dort gibt es auch Möglichkeiten für Inline-Skater) oder entlang der Via Appia Antica (der Weg dorthin ist allerdings gefährlich, zudem taugt das streckenweise holperige Pflaster nur für Mountainbikes). Sonntags, wenn die Via Appia Antica für den Autoverkehr gesperrt ist, gibt es hier auch mobile Verleiher.

•*Fahrräder* Bekommen Sie entweder bei einigen der großen Fahrzeugvermieter (s. u.) oder im Sommer bei den mobilen Verleihern, z. B. auf der Pzza. del Popolo, dem Übergang vom Pincio zum Borghesepark, am Ausgang der Metrostation „Spagna", an der Metrostation „Colosseo" oder in Trastevere (Fahrräder ab ca. 4–5 €/Std., 10 €/Tag; Mountainbike ab 6 €/Std., ca. 12 €/Tag). Oft sind die Räder allerdings in schlechtem Zustand, überprüfen Sie daher immer erst die Technik und schützen Sie sich vor unberechtigten Schadensersatzforderungen, wenn bei der Rückgabe Beschä-

digungen geltend gemacht werden.
Gut gewartete Räder verleiht das seit 1899 bestehende Fahrradgeschäft **Collalti Bici**, Via del Pellegrino 82 (Nähe Campo de'Fiori), ✆/☎ 06.68801084, collaltibici@libero.it. Di–Sa 9–13 und 15.30–19.30 Uhr, So durchgehend 9–19 Uhr, Mo geschlossen. 4 €/Std., jede weitere Stunde 1 €, 10 €/Tag.
Bei längerer Mietdauer sollte man sich stets ein gutes Schloss geben lassen.

• *Autoverleih* **Hertz**, u. a. am Hauptbahnhof Termini, ✆ 06.4740389; am Flughafen Fiumicino, ✆ 06.65011553; am Flughafen Ciampino, ✆ 06.79340616, www.hertz.de.
**Avis**, am Hauptbahnhof Termini, ✆ 06.4701219; am Flughafen Fiumicino, ✆ 06.65011531; am Flughafen Ciampino, ✆ 06.79340368, www.avis.de.
**Maggiore**, am Hauptbahnhof Termini, ✆ 06.4880049; am Flughafen Fiumicino, ✆ 06.65010678; am Flughafen Ciampino, ✆ 06.79340368, www.maggiore.it.

• *Verleih von Motorrädern, Rollern und Fahrrädern* **Eco Move Rent**, Via Varese 48–50 (etwas nördlich vom Bahnhof Termini), ✆ 06.44704518, ☎ 06.44360850, www.ecomo verent.com. Tägl. 8.30–19.30 Uhr. Scooter 37 €/Tag, Vespa 40 €/Tag, auch Fahrräder.

**Treno e Scooter**, auf der Pzza. dei Cinquecento, dem Vorplatz der Stazione Termini, ✆/☎ 06.48905823, www.trenoescooter.191.it. Tägl. 9.30–19.30 Uhr. Fahrrad 5 €/Std., 10 €/Tag, Scooter ab 35 €/Tag.
**Bici & Baci**, Via del Viminale 5 (nahe der Stazione Termini), ✆/☎ 06.4828443, www.bici baci.com. Tägl. 8–19 Uhr. Scooter ab 32 €/Tag.
**I bike Rome**, Via Vittorio Veneto 156 (an der Porta Pinciana), im Parkhaus unter der Villa Borghese 3. Sektor, ✆ 06.3225240, ☎ 06.3613307. Mo–Fr 9–13 und 15–19 Uhr, Sa/So 9–20 Uhr. Auf Anfrage auch Tandems, Kinderräder und Kinderfahrräder.
**Rent Scooter Center**, Via In Lucina 13/14 (nahe der Via del Corso, hinter dem Parlament), ✆ 06.6876455.

• *Voraussetzungen* Benötigt wird grundsätzlich ein Ausweis; für Roller und Motorräder außerdem ein Führerschein, das Mindestalter ist meist 18 Jahre, für die Kaution reicht normalerweise eine Kreditkarte, sonst werden Travellerschecks oder Bargeld verlangt. Im Mietpreis enthalten sind üblicherweise eine Versicherung, Helm und Straßenkarte.

# Taxi

Das Taxi ist eine bequeme Alternative zu den oft überfüllten Bussen und zur Metro, vorausgesetzt man findet eines. Nicht selten sind die Taxistände leer und manchmal winkt der Chauffeur ab, weil ihm die Fahrt zu unrentabel erscheint. Besonders bei Regen oder im Fall eines gar nicht so seltenen Busfahrerstreiks ist ein Taxi nur mit Glück und Ausdauer zu bekommen. Es gibt in Rom 5.900 Lizenzen, das sind deutlich weniger als in Berlin und etwa nur halb so viele wie in Paris. Dafür, dass es nicht mehr Zulassungen werden, sorgt seit langem die gut organisierte Taxigewerkschaft.

Auch wenn man etwas warten muss, sollte man ausschließlich die regulären weißen (oder älteren gelben) Taxis nutzen, erkennbar am Schild auf dem Dach, denn nur diese sind mit einem Taxameter und einer mehrsprachigen Preisliste ausgestattet. Selbst deren Fahrer zocken aber gelegentlich gerne unwissende Ausländer ab, am liebsten Japaner oder Amis. Mit denen unternehmen sie weite Umwege oder sie stellen den Zähler nicht an und verlangen Fantasie-Festpreise mit kreativen Aufschlägen. Beliebt ist es auch, den Taxameter schon im Stadtgebiet auf den höheren Tarif umzustellen, der offiziell erst außerhalb des Autobahnrings gilt. Besonders dreist sind die Betrügereien bei Fahrten von den beiden Flughäfen ins Zentrum. Trotz des staatlich verordneten Festpreises (s. u.) werden für diese Strecke oft 70 bis 100 € verlangt (→ „Anreise", S. 28).

Die schlimmsten Wegelagerer sind aber die Fahrer der illegalen **Piratentaxis** ohne Taxameter. Ihre Opfer suchen Sie meist am Bahnhof oder am Flughafen und locken mit angeblich billigeren Tarifen, was natürlich immer gelogen ist. Manche Reisende mussten an der Rezeption sogar schon feststellen, dass sie bei einem ganz anderen Hotel gelandet waren, als gewünscht. Ist der Fahrer dann noch greifbar, handelt es sich um ein Missverständnis. Besteht man auf Fortsetzung der Fahrt, weil man sich nicht davon überzeugen lassen will, dass diese Herberge viel besser ist, wird es oft richtig teuer.

•*Preise* Achten Sie beim Einsteigen darauf, dass die Grundgebühr von derzeit 2,33 € (So 3,36 €, von 22–7 Uhr 4,91 €) auf dem Taxameter erscheint, dazu kommen alle 141 m 0,78 € (bei einer Geschwindigkeit unter 20 km/h wird ein Preis von 20,66 € pro Stunde veranschlagt; außerhalb des Autobahnrings kosten alle 141 m 1,29 €. Bei einem telefonisch bestellten Taxi wird auch der Anfahrtsweg berechnet. Dazu kommen einige legale Zuschläge für Sonn- und Feiertage (1,03 €), für jedes Gepäckstück im Kofferraum (1,04 €), für Nachtfahrten (22–7 Uhr 2,58 €) sowie für mehr als drei Personen. Nach jahrelangen Wucherpreisen wurden von der Stadtverwaltung im Jahr 2006 feste Tarife für Fahrten zwischen der Innenstadt und den Flughäfen festgelegt: 40 € von/nach Flughafen Fiumicino, 30 € von/ nach Flughafen Ciampino.

Erscheinen Ihnen die Preise oder Aufschläge zu dubios, lassen Sie sich eine Quittung mit Taxinummer und lesbarer Unterschrift ausstellen oder bitten notfalls einen Polizisten *(vigile urbano)* zur Überprüfung. Allein ein solches Verlangen reicht oft aus, um den Fahrer zu realistischeren Preisvorstellungen zu bewegen.

•*Taxistände* Die **Funktaxizentrale** ist unter ☎ 06.3570, 06.4994, 06.8822, 06.5551, 06.4157, 06.6645 oder 199.106601 zu erreichen. **Taxistände** befinden sich z. B. auf der Pzza. del Popolo, der Pzza. Venezia, dem Largo Argentina, der Pzza. della Repubblica, der Pzza. Barberini, am Viale Trastevere, in der Nähe des Tibers an der Pzza. Sonnino und am Petersplatz; weitere sind in den gelben Seiten des Telefonbuches *(pagine gialle)* verzeichnet.

# Busse

Innerhalb des Autobahnrings lässt sich jeder Ort recht gut mit den Bussen der römischen Verkehrsbetriebe **atac** erreichen. Ihre Fahrer sind offensichtlich durchweg praktizierende *Ferraristi*, auch wenn ihre Wagen orange und nicht rot sind: Ist endlich mal ein Stückchen Straße frei, wird beschleunigt, bis der Motor aufheult und dicke schwarze Rußwolken ausstößt, selbst wenn die rote Ampel nur noch wenige Meter entfernt ist. Gebremst wird bei der suizidalen Fahrweise nur, wenn es gar nicht anders geht, dann aber so heftig, dass sich Fahrgäste ungewollt nahe kommen. Wenn man nicht einen der wenigen Sitzplätze ergattert hat, sollte man daher stets festen Halt suchen. Das empfiehlt sich auch aus Sicherheitsgründen, denn oft knallen die Türen erst einige Meter nach dem Anfahren zu und springen schon wieder auf, während der Wagen noch bremst. Zu den Hauptverkehrszeiten kann man wenigstens nicht umfallen, denn dann sind die Busse zum Bersten voll. Besonders eng wird es in der Linie 64, die die Innenstadt in Ost-West-Richtung vom Bahnhof Termini aus über die Via Nazionale, Piazza Venezia, Via Vittorio Emanuele II zum Vatikan durchquert, wie auch im Expressbus Nr. 40 auf derselben Strecke oder – ganz schlimm – am Sonntag Morgen in den Bussen zum Flohmarkt an der Porta Portese. Einen Römer wird auch die größte Enge nicht daran hindern, sich gewaltsam in einen Bus hineinzuquetschen, der längst total überfüllt ist. Dann kann es passieren, dass man Wange an Wange steht, den Kopf auf der Schulter des anderen, unfähig zu jeder kleinen Bewegung und ohne jede Chance, jetzt z. B. ein Taschentuch hervorzuangeln. Bei der nächsten ruckartigen Beschleunigung wird man derart in die Menge gepresst, dass sich die Anzahl der Münzen in der Hosentasche allein durch den schmerzhaften Druck bestimmen lässt. Selbst in solch beengter Lage ergibt sich Gelegenheit für einen Plausch. Beherrschende Themen sind wie immer der Fußball und das Wetter. Wenn die Enge jede Bewegung verhindert, entfallen wenigstens die lautstarken Live-Berichte von der Fahrt per *telefonino*. (Mehr zu den unangenehmen Erfahrungen beim Busfahren → „Diebstahl", S. 38 und „Frauen allein unterwegs", S. 46.)

Im Bus stellen sich für Sie stets zwei Aufgaben: Zuerst müssen Sie sich von der hinteren Tür, wo Sie eingestiegen sind, zu einem der orangefarbenen Stempelautomaten vorarbeiten, um ihre Fahrkarte zu **entwerten**. Das ist besonders dann eine Herausforderung, wenn der Automat beim Einstieg nicht funktioniert und man einen anderen suchen muss, denn ein defekter Stempler entschuldigt bei einer Kontrolle nicht. Zur Not müssen Sie selbst Datum und Uhrzeit auf dem Fahrschein in die vorgesehene Stempelzeile schreiben, um nicht schwarzzufahren. Ist die Fahrkarte entwertet, sollten Sie sich rechtzeitig bis zur mittleren Tür vorarbeiten, denn nur dort kann man **aussteigen**. Damit Sie die Tür erreichen, bevor sie sich wieder zischend schließt, machen Sie es wie die Italiener und murmeln das Zauberwort *permesso* (Verzeihung), bevor Sie sich notfalls mit Gewalt vorbeiquetschen.

• *Tarife für Bus, Straßenbahn und Metro im Stadtgebiet (ausgenommen Stadtrundfahrten)*

Kinder unter 1 m Körpergröße fahren kostenlos.

Der Einzelfahrschein (**BIT** – *biglietto integrato a tempo*) kostet einheitlich 1 € und ist 75 Min. ab Stempelung in allen *atac*-Linienbussen (nicht in Linie 110 und den anderen Stadtrundfahrten → S. 115) und Straßenbahnen sowie in der Metro gültig. Man kann während der Gültigkeitsdauer beliebig oft umsteigen, allerdings öffnet sich die automatische Schranke zum Metroeingang nur bei Entwertung eines ungenutzten Fahrscheins. Daher kann man zwar von der Metro in den Bus, nicht aber in umgekehrter Reihenfolge umsteigen. Der Wechsel von einer in die andere Metro ist nur am Bahnhof Termini möglich, wo sich beide Linien kreuzen.

Eine **Tageskarte** (**BIG** – *biglietto integrato giornaliero*) zu 4 € gilt bis 24 Uhr; sie muss nur einmal abgestempelt werden, sodass Ihnen danach das Gewühl um den Fahrkartenentwerter erspart bleibt. Bei der Metro ist der Schein nur vorzuzeigen, die Aufsicht öffnet dann die Schranke. Nicht eingeschlossen sind die Fahrten zum Flughafen.

Die **Wochenkarte** (**CIS** – *carta integrata settimanale*) kostet 16 € und gilt sieben Tage, vorausgesetzt, man hat sie unterschrieben, das Datum eingesetzt und kann sich bei einer Kontrolle ausweisen.

Besonders günstig ist die **Monatskarte** (*abbonamento integrato mensile*) zu 30 €, hierfür ist ein Passfoto erforderlich.

Darüber hinaus wird auch ein **Touristenticket** (**BTI** – *biglietto turistico integrato*) zu 11 € angeboten, das an drei aufeinander folgenden Tagen zu unbegrenzten Fahrten im Stadtgebiet und auf der Strecke nach Ostia berechtigt.

Bleiben schließlich **BIRG**, **BTR** und **CIRS**: Diese Fahrscheine gibt es mit einer Gültigkeit von einem Tag (BIRG), drei Tagen (BTR) oder einer Woche (CIRS). Sie sind über das Stadtgebiet hinaus auch in den „*treni urbani*", den Nahverkehrszügen (z. B. nach Ostia) und in Regionalzügen (z. B. nach Viterbo, Frascati oder Tivoli) gültig. Preis je nach Strecke ab 2,50 € (günstigster Tarif für das BIRG) bis 41 € (teuerster Tarif für das CIRS). Lohnend sind diese Tickets für alle, die einen Romaufenthalt mit vielen Ausflügen in ihre Umgebung planen.

• *Fahrscheinverkauf* An den Automaten größerer Bushaltestellen (z. B. Largo Argentina) bekommt man nur Einzelfahrscheine. Die gibt es auch in Tabakläden, Bars oder an Zeitschriftenständen mit *atac*-Aufkleber. Einige davon verkaufen auch Zeitkarten (auf Aufkleber *atac-abbonamenti* achten, z. B. die Zeitschriftenstände in der Bahnhofshalle).

Das verbreitete **Schwarzfahren** kostet 50 € (plus 1 € für das Ticket). Kontrolleure sind zwar eigentlich an ihrer blauen Uniform leicht zu erkennen, sie treten aber in dem dichten Gedränge meist recht überraschend auf. Wenn man erwischt wurde, ist Handeln zwecklos; auch vom noch so ahnungslosen Ausländer ohne jede Sprachkenntnis wird das Bußgeld notfalls mit Hilfe der Polizei in bar eingetrieben.

Wenn Sie größere Strecken mit Bussen zurücklegen wollen, sollten Sie sich zur besseren Übersicht bei den 241 Linien (auf 2.130 km Strecke) an einem Zeitungsstand einen **Linienplan** (6 €) kaufen. Beachten Sie, dass ein Balken neben den Ziffern der Buslinien eine andere Streckenführung bedeutet. Als Neuling darf man sich nicht wundern, wenn man nicht ganz am gewünschten Ort ankommt, zumal die Stationen weder ausgerufen noch angezeigt werden. Dafür lernt man auf diese Weise die Stadt und die Menschen besser kennen. Irgendein Bus fährt auch wieder zurück (allein schon deshalb lohnt der Kauf von Wochenkarte oder 3-Tages-Ticket).

Ein Verzeichnis mit **Abfahrtszeiten** werden Sie vergeblich suchen, denn solche gibt es nicht (bis auf besondere Strecken und bei manchen Nachtbuslinien), sie wären bei dem unberechenbaren Verkehr auch gar nicht einzuhalten. Während des normalen Betriebs von ca. 5.30–24 Uhr fahren die Busse auf den Hauptstrecken normalerweise im Abstand von wenigen Minuten. Wenn Sie Pech haben, kommt eine halbe Stunde lang gar kein Bus und dann dafür fünf hintereinander. Einige Linien machen schon um 21 Uhr Feierabend, in diesem Fall finden Sie einen Hinweis auf dem Schild der Bushaltestelle.

Nachts, d. h. von 0.30–5.30 Uhr, fahren im Abstand von etwa einer halben Stunde auf einigen Linien **Nachtbusse** (*notturno*, am Zusatz „N" hinter der Liniennummer und am Symbol der blauen Eule auf den Haltestellenschildern zu erkennen). Manche Nachtbusse stoppen nur, wenn ein Haltesignal gegeben wurde oder Fahrgäste an der Haltestelle deutlich Zeichen geben (ansonsten brettert der Busfahrer vorbei). Die Streckenführung in der Nacht kann von der am Tag abweichen und man kann nur an den speziell gekennzeichneten Haltestellen zusteigen.

Einige wichtige der 23 **Nachtbuslinien** sind:

**29 N**: Piramide (P.le Ostiense), Ponte Vittorio Emanuele II, Pzza. Risorgimento, Viale Belle Arti, Viale Regina Margherita, Pzza. Porta Maggiore, Pzza. Porta San Giovanni, Pzza. Colosseo, Piramide;

**40 N**: gleiche Route wie Metrolinie B; fährt etwa alle 30 Min. zwischen Testaccio und Termini (ideal für Nachtschwärmer im Bereich des Testaccio);

**45 N**: Stazione Termini, Pzza. San Silvestro, Via del Corso, Largo Argentina, Corso Vittorio Emanuele II, Via Aurelia, Largo Millesimo (Monte Mario);

**55 N**: gleiche Route wie Metrolinie A;

**60 N**: Pzza. Venezia, Via del Corso, Pzza. Barberini, Via Vittorio Veneto, Via Boncompagni, Porta Pia, Via Nomentana, Pzza. Sempione, Stazione Fidene (Via Salaria);

**78 N**: Pzza. Cavour (neben der Engelsburg, hinter dem Justizpalast), Corso Rinascimento (parallel zur Pzza. Navona), Largo Argentina, Pzza. Venezia, Via Nazionale, Pzza. Viminale, Stazione Termini.

> Die genauen Routen aller Nachtbuslinien findet man im Internet unter www.atac.roma.it.

▶ **Elektrobusse:** Eine ausgezeichnete Möglichkeit, in der Innenstadt voranzukommen, bieten die **Elektrobus-Linien 115, 116, 117 und 119**. Da Sie nur den normalen Busfahrschein benötigen, ist dies eine billige Rundfahrt an vielen Sehenswürdigkeiten vorbei und durch winzige malerische Gassen (die Busse sind allerdings klein, und es gibt nur wenige Sitzplätze). Beachten Sie, dass diese Busse nicht an Sonn- und Feiertagen fahren!

Seit 2003 erschließt die **Linie 115** den Stadtteil Trastevere am linken Tiberufer. Ab dem neuen Parkhaus im Gianicolohügel südlich des Petersplatzes (Terminal Gianicolo, Ausgang Porta Cavalleggeri) fährt der Bus den Gianicolo hinauf und außen an der Leonischen Mauer entlang bis zum Largo Porta S. Pancrazio, wo es über die Via Garibaldi den Hügel hinab geht. Es folgt eine Rundfahrt durch Trastevere über Via della Scala, Vic. del Cinque, Pzza. Trilussa, Via del Moro, Pzza. GG Belli, am Tiber entlang bis

Pzza. Sonnino, Viale Trastevere, Via San Francesco a Ripa, Via di San Cosimato (wenige Schritte von der zentralen Pzza. S. Maria in Trastevere entfernt), wieder den Hügel hinauf und bis zum Ausgangspunkt am Parkhaus zurück.

**Linie 116** (grobe Richtung: von Nordost in Richtung Südwest durch das Zentrum; Mo–Fr 8–21 Uhr, Sa 8–24 Uhr, etwa alle 10–15 Min.): ab Viale Cavalli Marini (im Park der Villa Borghese) durch die Porta Pinciana durch die Via Vittorio Veneto, zur Pzza. Barberini, zur Pzza. di Spagna, weiter über den Corso Rinascimento, dann wird der Corso Vittorio Emanuele II überquert, zum malerischen Campo de'Fiori, vorbei am Palazzo Farnese bis zur Endstation in der Via Giulia.

**Linie 117** (grobe Richtung: von Südosten nach Norden und durch die Innenstadt wieder zurück; Zeiten wie Linie 116): ab Lateran

(Pzza. S. Giovanni in Laterano), weiter über die Via di San Stefano Rotondo zum Park der Villa Celimontana, weiter über die Via Claudia, vorbei am Kolosseum, immer weiter in Richtung Norden, durch den Tunnel unter dem Quirinal, hinein ins mondäne Modeviertel, durch die Via del Babuino, vorbei an der Spanischen Treppe bis zur Pzza. del Popolo. Von hier aus geht's in Richtung Süden durch die ganze Via del Corso bis zum Nationaldenkmal, vorbei an den Kaiserforen und dem Forum Romanum (Via dei Fori Imperiali) wieder zum Kolosseum. Endstation ist in der Via Celimontana.

**Linie 119** fährt von der Pzza. del Popolo die Via del Corso entlang zum Nationaldenkmal und von dort aus über die Via del Tritone, Pzza. Barberini, Spanische Treppe, Via del Babuino zurück zur Pzza. del Popolo.

Die städtischen Verkehrsbetriebe *atac* bieten täglich auch eine 2,5-stündige **Stadtrundfahrt** mit dem Bus Nr. 110 (*110 City Tour*), eine Fahrt zu den wichtigsten Kirchen (Roma Cristiana) sowie eine Tour zu den wichtigsten antiken Stätten (Archeobus) an, für die gesonderte Tarife gelten (→ „Besichtigungstouren", S. 115).

**Achtung**: Am *1. Mai* fahren keine Busse, die Taxipreise werden dann vom Fahrer mit einem selbst erdachten Faktor multipliziert. Diese Praxis ist illegal.

● *Information* Weitere Informationen über den öffentlichen Personennahverkehr kostenlos über ✆ 800/431784 (Mo–Sa 8–20 Uhr) und im Internet unter www.atac.roma.it.

In die **Regionen außerhalb des Stadtbereichs** fahren die blauen **Überlandbusse** der **CO.TRA.L.**; Informationen gibt es in der Via Giosuè Carducci 2, ✆ 06.57031.

### Die wichtigsten Busbahnhöfe für Latium

**Nach Norden und Nordwesten** (Cerveteri, Ladispoli, Bracciano-See, Fregene, Civitavecchia): Metrostation „*Cornelia*", vorletzter Halt der Linie A.
**Nach Norden** (Viterbo, Ronciglione, Nepi, Anuillara, Bracciano-See): Bahnstation Saxa Rubra der *Ferrovia Roma Nord*; einzelne Busse nach Viterbo starten und enden auch, wie früher, an der Metrostation „*Lepanto*" (Linie A).
**Nach Osten** (Tivoli, Subiaco, Palestrina): Metrostation „*Ponte Mammolo*", vorletzte Station der Linie B.
**Nach Süden und Osten** (Frascati, Castelli Romani, Rocca di Papa, Grottaferata, Anzio, Latina, Velletri, Alatri, Fiuggi, Frosinone): Metrostation „*Anagnina*", Endstation der Linie A.
**Nach Süden**: (Albano, Anzio, Latina, Lanuvio, Nettuno, Pontina, Sabaudia, S. Felice Circeo, Terracina): Metrostation „*Laurentina*", letzte Station der Linie B; nach Latina und Frosinone auch ab Metrostation „*EUR Fermi*" (vorletzte Station der Linie B).
**In andere Regionen Italiens** (z. B. nach Siena), aber auch ins Gebirge, nach Rieti und Terminillo fahren Busse vom Bahnhof *Tiburtina* aus (zu erreichen mit Metrolinie B oder Bus Nr. 492 ab Hauptbahnhof Termini); an diesem größten Busbahnhof der Stadt haben auch viele Busgesellschaften ihre Büros.

Reisepraktisches

## Straßenbahn (Tram)

Viele Jahre lang waren die römischen Straßenbahnen vom Aussterben bedroht. Die Freunde der uralten grünen Trams konnten wiederholt die Stilllegung der letzten Linien verhindern. Als die Luftverschmutzung kaum noch zu ertragen war und die Schäden an Gebäuden und Kunstwerken dramatische Ausmaße annahmen, besann man sich auf die umweltfreundlichen Stadtbahnen. So gibt es inzwischen wieder einige moderne Züge. Insgesamt sind es fünf Linien, die jedoch hauptsächlich in verschiedenen Schleifen um die Innenstadt herum fahren. Für Touristen interessant ist die Linie 8 zwischen Stazione Trastevere, Viale Trastevere und Largo Argentina; die Linie 3 (zwischen Stazione Trastevere im weiten Bogen an Piazzale Ostiense und Kolosseum vorbei über Santa Croce in Gerusalemme und San Lorenzo zur Villa Borghese) wurde jüngst eingestellt und wird nun auf gleicher Strecke von Bussen befahren.

## Metropolitana

Wer es eilig hat oder große Entfernungen im Stadtgebiet zurücklegen muss, sollte möglichst auf die Metro (weißes „M" auf rotem Grund) ausweichen. Allerdings existieren gerade mal zwei Linien, die Rom etwa X-förmig erschließen und sich beim Hauptbahnhof Termini schneiden (dazu kommt seit 1999 die Verlängerung der Linie A von ihrem einstigen Ende im Nordwesten um fünf weitere Stationen in südwestlich gelegene Wohnbezirke).

Obwohl man vor über 45 Jahren mit dem Bau der Linie A begann (um eine schnelle Verbindung vom Außenbezirk EUR in das Stadtzentrum zu schaffen), wurden vom ehrgeizigen Projekt bisher insgesamt nur 36 km mit 48 Stationen realisiert. Die Arbeiten an der geplanten Linie C (vom Kolosseum in östlicher Richtung) sind derzeit rund 20 Jahre hinter dem Zeitplan zurück. Die Bauarbeiten werden nicht nur durch die Bürokratie (während der Bauzeit wechselten unzählige Regierungen und Zuständigkeiten) und die verschlungenen Finanzpfade des öffentlichen Bauwesens behindert, sondern auch durch die archäologischen Funde. Der Untergrund der Stadt besteht aus zahllosen alten Trümmern, sodass es häufig zu Baustopps kommt und die Streckenführung immer wieder umgestellt werden muss.

Die Metro fährt etwa alle 5–10 Min. zwischen 5.30 Uhr und 23.30 Uhr (Sa bis 0.30 Uhr). **In der Nacht** übernimmt der **Bus Nr. 55 N** die Route der Linie A und **Bus Nr. 40 N** die der Linie B (Abfahrt alle 30 Min.).

•*Linien* **Linie A** führt von der Station Battistini im Westen der Stadt über Cornelia (Umsteigebahnhof der Überlandbusse *Cotral*), Cipro/Musei Vaticani (Vatikanische Museen), Ottaviano/S. Pietro (zwischen Petersplatz und dem Eingang zu den Vatikanischen Museen), Via Flaminia (bei der Pzza. del Popolo), Spanische Treppe, Via Barberini, Hauptbahnhof Termini zu den Außenbezirken entlang der Via Tiburtina, vorbei an Cinecittà (dem Hollywood Italiens) bis nach Anagnina, wo sich das Busterminal für Überlandbusse in Richtung Süden und Osten befindet. Der Strecke der Linie A folgt der **Bus Nr. 590**; dieser ist im Gegensatz zu den Bahnhöfen der Linie A auch für Rollstuhlfahrer geeignet.

Die **Linie B** führt von Rebibbia im Nordosten der Stadt über den Bahnhof Tiburtina, wo viele Regionalzüge abfahren und sich ein großes Terminal für Überlandbusse befindet, zum Hauptbahnhof Termini und von dort aus über das Kolosseum, Circus Maximus, Pyramide mit Umsteigemöglichkeit in den Regionalzug nach Ostia Antica und an die Küste (gesonderte Fahrkarte erforderlich) weiter nach S. Paolo bis in das südliche Stadtviertel EUR – *Esposizione Universale Romana* – und zur Endstation Laurentina. Mit Ausnahme der Stationen Cavour, Colosseum und Circus Maximus sind alle Stationen der Linie B rollstuhlgerecht ausgebaut.

Den Regionalzug zu den Ausgrabungen von Ostia Antica und die Strandbäder an der Küste bei Lido di Ostia erreicht man auch ab **Magliana** (der viertletzten Station der Linie B vor Laurentina). Besonders an Wochenenden im Sommer sind die Züge oft extrem voll.

•*Fahrkarten*  Die Metro hat zwar eigene Fahrscheine zu 1 € (an Automaten im Eingangsbereich jeder Station erhältlich), doch gelten auch die normalen Bustickets und die Zeitkarten. Ein Umsteigen vom Bus in die Metro ist nicht möglich, wohl aber kann man mit der abgestempelten Metrokarte während der Gültigkeitsdauer von 75 Min. mit Bussen weiterfahren. Einzelfahrscheine werden beim Betreten des Bahnsteiges entwertet, die Zeitkarten muss man nur vorzeigen. Die Karten nach Ostia sind teurer.

## Zu Fuß

Auch wenn es manchmal heiß, laut und anstrengend ist und Ihnen der Verkehr auf die Nerven fällt, so ist es doch am besten, die Stadt zu Fuß kennenzulernen. Sie können auf Kleinigkeiten achten, sich nach Lust und Laune in Bars stärken, die Menschen beobachten oder am Brunnen ausruhen und an einigen den Durst stillen. Die meisten Sehenswürdigkeiten der Innenstadt sind auch nicht weit voneinander entfernt.

Schnell werden Sie feststellen, dass man der hektischen Weltstadt Rom auch entfliehen kann. In den engen und krummen Gassen abseits der großen Straßen herrscht fast beschauliche Dorfatmosphäre. Hier arbeiten Handwerker noch auf der Straße, jeder kennt jeden und hat Zeit für ein Schwätzchen, eine Piazza mit kleiner Bar und Kirche ist meist auch nicht weit entfernt. Viel anders hat die mittelalterliche Kleinstadt Rom sicherlich auch nicht ausgesehen. Gerade diese Vielfalt im Erscheinungsbild macht den Reiz der Stadt aus.

Zunächst wird es sicher einige Überwindung kosten, die Straße wie ein Römer, also ohne Zögern, zu überqueren. Selbst wenn man bei der unvermindert hohen Geschwindigkeit und dem unveränderten Kurs daran zweifeln mag: Die Autos fahren Sie nicht um, sondern umfahren Sie geschickt, wenn auch bisweilen im Abstand von wenigen Zentimetern. Gefährlich wird es erst, wenn Sie sich widersprüchlich verhalten, also plötzlich stehen bleiben oder wieder zurücktreten. Damit rechnen die Fahrer, die Ihre Route mit der Präzision eines spanischen Stierkämpfers berechnen, nämlich nicht.

Fußgängerampeln werden von Autofahrern oft respektiert, von Motorradfahrern allerdings eher selten. Die Funktion eines Zebrastreifens scheint demgegenüber weitgehend unbekannt zu sein.

## Besichtigungstouren

Kaum eine andere Stadt bietet so viele Touristenattraktionen und ein so großes Angebot an kommerziellen Besichtigungsunternehmen. Wenn Sie nur sehr wenig Zeit haben und dabei möglichst viel fotografieren möchten, haben Sie zahllose Möglichkeiten, sich einem organisierten Touristenrudel mit klimatisiertem Luxusbus und mehrsprachiger Fremdenführung anzuschließen (die Preise liegen zwischen 30 und ca. 50 € für eine rund 3-stündige Tour, manchmal ist auch ein Mittagessen eingeschlossen, Sie versäumen allerdings nichts, wenn Sie darauf verzichten). Nicht ganz so „effektiv", dafür aber intensiver sind die Kultur- und Stadtführungen. Speziell für deutsche Individualreisende organisiert der **römische Kulturverein** regelmäßig Touren zu besonderen Themen (z. B. „Goethe in Rom", „Auf Luthers Spuren", „Jüdisches Ghetto und Trastevere") oder auch speziell für Kinder („Etappen aus Asterix in Rom", „Brot und Spiele, das Kolosseum" usw. → S. 55). Interessant sind auch die vom Touristenbüro **Enjoy Rome** organisierten Stadtrundgänge (*Walking Tours*) für Gruppen von 10 bis 15 Personen mit englischsprachiger Führung (z. B. „Night Tour", „Catacombs & the Appian Way").

*•Kontaktadressen für Stadtrundgänge*
**Römischer Kulturverein**, Informationen über die Homepage www.romaculta.de oder unter ✆ 0039/3387.607470, Buchungen im Internet oder per Fax 0039/06.23328533.

**Enjoy Rome**, Via Marghera 8a (Nähe Bahnhof Termini), ✆ 06.4451843, 📠 06.4450734, www.enjoyrome.com. Preis pro Tour 20–35 € pro Person, unter 26 Jahre 14–30 €.

**Walks of Rome**, ✆ 0039/06.484853 oder 0039/347.7955175, www.walksofeurope.com.

*•Veranstalter von Bustouren* **Carrani Travel Service**, Via Vittorio Emanuele Orlando 95 (in der Nähe der Pzza. Repubblica), ✆ 06.4742501, 📠 06.48903564, carrani.viaggi @tiscalinet.it. Freundlicher und kundiger Service, Busausflüge für viele Interessen, z. B. kombiniert mit Papstaudienz oder auch in die Umgebung, nach Neapel, Pompeji, Capri, Umbrien oder Florenz.

**Appian Line**, Pzza. dell'Esquilino 6, ✆ 06.487861, 📠 06.4742214, www.appian line.it. Diverse thematische Rom-Bustouren sowie Ostia Antica, ab 35 €.

**Green Line Tours**, Via Farini 5A, ✆ 06.483787,

*Für Romantiker: Rom-Rundfahrten mit 1 PS*

📠 06.48919035, www.greenlinetours.com. Angeboten werden themenbezogene Touren mit deutschsprachiger Reiseleitung (klassisches Rom, kaiserliches Rom, christliches Rom, nächtliches Rom) und Tagesausflüge nach Capri, Pompeji, Assisi oder Tivoli; auf Wunsch werden Sie vom Hotel abgeholt.
Andere Unternehmen stehen im Telefonbuch oder sind beim Informationsbüro **APT** (Via Parigi 5) zu erfragen.

Auch der römische Verkehrsbetrieb **atac** bietet täglich eine 2,5-stündige **Stadtrundfahrt** mit dem Bus Nr. 110 (*110 City Tour*), eine Fahrt zu den wichtigsten Kirchen (Roma Cristiana) sowie eine Tour zu den wichtigsten antiken Stätten (Archeobus) an.

Die Fahrten beginnen auf dem Bahnhofsvorplatz (Pzza. dei Cinquecento), Tickets werden am *atac*-Kiosk an der Pzza. dei Cinquecento oder direkt im Bus verkauft. Die

**110 City Tour** (gibt es auch mit offenem Deck als *110 open*) startet tägl. von 9–20 Uhr (im Sommer 20.30 Uhr) alle 15 Min., insgesamt 10 Stopps, an denen man die

Fahrt beliebig oft und lange unterbrechen kann. Ticket 16 € (Kinder 6–12 Jahre 7 €, darunter frei).

Die **Roma Cristiana-Tour** startet tägl. von 8.30–19.30 Uhr alle 40 Min., insgesamt 15 Kirchen. Das 24-Stunden Ticket kostet 13 € (48 Std. 20 €, 72 Std. 28 €).

Mit dem **Archeobus** gelangt man stündlich zwischen 9.45–16.45 Uhr u. a. zum Circus Maximus, zu den Caracalla-Thermen, zur Via Appia Antica und zu den Katakomben;

die gesamte Tour dauert 2 Stunden, auch hier kann man beliebig unterbrechen. Ticket 10 €.

Das **Kombiticket** Archeobus und 110 City Tour kostet 24 €. Informationen und Buchungen unter ☎ 06.46952252. Die Erklärungen zu den jeweiligen Touren entnehmen Sie dem mehrsprachigen Heftchen, die im Preis enthalten sind. Von den Busfahrern sprechen nur wenige Englisch.

▶ **Fremdenführer:** Wer keine organisierte Tour machen, sondern nur einen Fremdenführer mieten will, kann sich an das Touristenbüro APT oder an das *Sindacato Nazionale delle Guide Turistiche* wenden; auch das deutsche Pilgerzentrum (→ S. 35) vermittelt eine kompetente deutschsprachige Fremdenführerin.

•*Adresse* **Sindacato Nazionale delle Guide Turistiche**, Via Santa Maria alle Fornaci 8/d, ☎ 06.6390409, 🖷 06.630601, www. centroguideroma.net. Mo–Fr 9–13 Uhr.

•*Preise der offiziellen Führer* Drei Stunden für max. 20 bis 30 Personen kosten pauschal zwischen 100 und 130 €. Für einen ganzen Tag (6 Std.) verdoppelt sich der Tarif. Für Ausflüge nach Tivoli, Ostia, Albaner Berge wird eine Stunde mehr berechnet. Eine Führung am Abend oder an Sonn- und

Feiertagen kostet etwa 15 % Zuschlag. Staatlich geprüfte Stadtführer vermitteln u. a. auch folgende Institutionen:

**Centro Guide CAST**, Via Cavour 184, ☎ 06. 4825698, 🖷 06.4880577, www.cast-turismo.it.

**Organizzazione Sindacale Interpreti Turistici (O.S.I.T.)**, Via Luigi Gadola 1, ☎ 06. 2304101, 🖷 06.2302047, www.guideroma.com.

▶ **Kutschfahrten:** Ein romantisches, aber sehr teures Vergnügen sind die Kutschfahrten. Die Kutschen *(carrozzella)* haben ihren Standort u. a. auf der Pzza. S. Pietro, Pzza. del Popolo, Pzza. di Spagna und am Kolosseum.

•*Preise* Jede der insgesamt 43 lizensierten *carrozzelle* transportiert höchstens vier Personen. Da die Pferde viel fressen und ein „akademischer Servizio", also eine Art Künstlerhonorar, für den munter plaudernden Fahrer mitzubezahlen ist, müssen Sie für eine große Tour von 1 Stunde mit einem Preis von 150 €

rechnen, die kleinere 40-Minuten-Tour kommt auf 100 €.

Wichtig ist es in jedem Fall, vorher mit dem Kutscher einen Festpreis auszuhandeln, sonst kann man eine böse Überraschung erleben.

▶ **Schiffe auf dem Tiber:** Linienfahrten mit dem Boot von der Tiberinsel (Calata Anguillara) zum Ponte Duca d'Aosta im Norden und zurück bieten eine ganz ungewöhnliche Perspektive. Sehr viel von der Stadt sieht man dabei allerdings wegen der 10 m hohen Ufermauern nicht, die 1870 nach einem verheerenden Tiberhochwasser gebaut wurden.

Die Schiffe fahren Mi–So zwischen 10 und 18 Uhr stündl., Mo und Di nur 3-mal tägl., in den Sommermonaten sogar zwischen 7.30 und 20 Uhr etwa alle 20–30 Min. Die einfache Fahrt kostet 1 €, hin und zurück 2 € (am Wochenende 3 €/6 €). Darüber hinaus gibt es 4-mal tägl. eine „Touristenkreuzfahrt" *(Crociera Turistica)*, Dauer 1 Std. 15 Min., 12 €. Vom Ponte Marconi startet außerdem tägl. um 10 Uhr die Ganztages-Bootstour nach Ostia Antica (Ankunft ca. 12 Uhr, nach 2 Std. Besichtigung geht es zurück, flussaufwärts ca. 2,5 Std. bis Ponte Marconi), Preis 13 € (hin und zurück). Infos zu weiteren Angeboten unter Batelli di Roma, ☎ 06.6789361, www.battellidiroma.it.

*Nur das Beste für die römische Küche*

# Römische Küche

Dort, wo sich in der Antike die reiche Oberschicht mit exzentrischen Orgien überbot, die Not des Mittelalters Improvisation mit bescheidenen Mitteln lehrte, der dekadente Klerus es sich stets gut gehen ließ, Generationen von Hausfrauen Traditionelles sorgsam pflegten und die Umgebung beste Zutaten hervorbringt, kann man in den Sinnesfreuden der *Cucina alla Romana* schwelgen – oder übelste Enttäuschungen erleben. Um sich die Urlaubslaune nicht zusammen mit dem Magen zu verderben, sollte man ein paar grundlegende Dinge beachten.

Wer nur die antiken Trümmer, die würdevollen Basiliken, die prachtvollen Barockkirchen und die stolzen Palazzi bewundert, lernt nur eine Facette der Ewigen Stadt kennen. Eine weitere und nicht weniger reizvolle ist die römische Lebensart. Bereits eine gewisse Ahnung davon bekommt, wer die Römer flanieren sieht, wobei sie stets mühelos *„bella figura"* machen oder sich auf einer Piazza ausruhen und dabei etwas spöttisch, fast mitleidsvoll die in der Mittagsglut umherhetzenden Touristen betrachten. Wahre römische Lebensart erfährt man aber erst beim Essen.

Die italienischen Gerichte werden überall geschätzt. Pastaköche haben fast den ganzen Planeten erobert und selbst in rückständigsten Gebieten und nach den Verwüstungen eines Krieges sind oft italienische Restaurants und Eisdielen die ersten Vorposten der wieder einkehrenden zivilisierten Kultur. Daher ist die Erwartung der Freunde guter Küche an Rom natürlich hoch, aber leider werden sie oft bitter und kostspielig enttäuscht. Früher sagte man, es sei unmöglich, in Rom schlecht zu essen, nun heißt es oft, die besten „Italiener" gebe es eben doch nur in Hamburg oder München.

Dabei ist schwer zu entscheiden, was unverfrorener ist, der vorgesetzte ungenießbare Fraß oder die anschließend präsentierte, absurd hohe Rechnung. Beides grenzt an die Straftatbestände von Körperverletzung und Betrug. Derartige Erlebnisse hat man oft in den Restaurants an **den allzu schönen Plätzen**, wie z. B. der Piazza Navona, wo vor lauter Begeisterung das Herz und manchmal auch das Portemonnaie der Besucher aufgeht. Zumindest scheinen die Wirte darauf zu spekulieren. Manche nehmen wohl auch nachträglich Rache für die Barbarenüberfälle in der Spätantike, jedenfalls massakrieren und plündern sie jetzt die wilden Horden aus dem Norden. Die Küchenchefs halten ihre ausländischen Gäste durchweg für Ignoranten ohne jede Esskultur und Ahnung von Qualität. Bei *Amerikanern* und *Japanern* wollen sie wohl ausloten, was man denen noch an Ungenießbarem zumuten kann. Bei den chronisch sparsamen *Deutschen*, die nur einen einzigen Gang, dafür aber jede Menge billigen Hauswein bestellen und stundenlang den Tisch blockieren, schlägt ein Patron bei der Rechnung schon mal fantasievoll auf, um ungefähr auf den üblichen Menüpreis zu kommen; wenigstens aber weist er ihnen einen eher unattraktiven Tisch zu. Das alles lässt sich gefahrlos machen, denn die Wirte sind nicht auf Gäste angewiesen, die wieder kommen. Selbst wenn diese nach der Bezahlung empört gehen, kommen neue hungrige Touristen, weil der Ausblick so schön, die Atmosphäre so romantisch oder die Lage neben einer Sehenswürdigkeit so praktisch ist.

Die **Touristenlokale** taugen also nichts für Leute, die gerne essen (was erst recht für die allermeisten Museumsrestaurants gilt). Da viele Touristen nach Rom strömen und man mit ihnen maximalen Profit erzielen kann, wird es immer schwieriger, zu fairen Preisen gut zu essen. In den Serviceteilen der einzelnen Stadtviertel werden einige der interessantesten Adressen empfohlen. Dabei reicht die Auswahl von einfachsten Lokalen mit ehrlicher, schlichter Küche bis zu teuren Gourmetrestaurants. Es dürfte für jeden Geschmack und Geldbeutel etwas dabei sein.

Ist kein passables Lokal in der Nähe oder wollen Sie nicht viel Zeit investieren, verzichten Sie lieber auf einen Restaurantbesuch, bevor Sie sich auf ein preiswertes schnelles Touristen-Tagesmenü einlassen. In der Regel ist das aufgewärmt und oft ungenießbar. An einem ausgefüllten Besichtigungstag ist eine *Pizza a taglio* oder eine *Tavola calda* (→ S. 124) eine passable Alternative. Billiger ist ein Picknick auf einem der Plätze mit den herrlich plätschernden Brunnen. Frisches Obst und Gemüse sind vom Markt schnell besorgt, dazu noch ein paar Panini oder unbelegte Pizzastücke aus der Bäckerei, oder aus einer Metzgerei das nur mit Glück zu findende köstliche *porchetta* im Brötchen (das ist eine Scheibe vom aufgeschnittenen und mit Kräutern gefüllten Spanferkel).

Wollen Sie auf den Mittagstisch nicht verzichten, ist eine **Osteria** oder **Trattoria** etwas abseits der großen Touristenplätze mit traditioneller Küche zu empfehlen. Als Alternative hierzu können Sie mittags, manchmal auch abends, in **Enotheken** (Weinhandlungen mit Probierstuben, → S. 124) kleine Gerichte zu einem Glas Wein bekommen. Einmal am Tag aber sollte man sich in Ruhe mit mindestens drei, besser noch wie die Römer mit vier Gängen richtig verwöhnen lassen. Wenn die Urlaubskasse dies nicht zulässt, bieten sich einige gute preiswerte **Pizzerien** als Ausweichmöglichkeiten an.

*„Bei Tisch altert man nicht": die Zeit anhalten in der ewigen Stadt*

## Die Lokale

Der römische Schriftsteller Plinius (61–113 n. Chr.) schrieb bereits:

*„Die Gastwirte sind verrufen, und ihr Gewerbe ist missachtet. Sie prellen, betrügen und fälschen den Wein. Nicht nur die Habe, nein, auch die Person des Reisenden ist eine zu verwertende Beute. Gar mancher verschwindet für immer in den Kellern, in denen die Unternehmer ihre Sklaven in Gewahrsam halten."*

So schlimm ist es immerhin nicht mehr, denn nach dem Bezahlen darf der Gast das Lokal wieder verlassen. Um aber nicht zur Beute von betrügerischen Wirten zu werden, sollte man ein paar Dinge wissen. Oft liegen die guten Restaurants versteckt in kleinen Gassen, nur einen Katzensprung von den Lieblingsorten der Touristen entfernt. Von außen geben sie sich eher unscheinbar, denn sie legen keinen Wert auf sparsame Fremde, die selten die traditionelle Speisefolge mit mindestens drei Gängen schätzen. Diese Lokale leben von der Gunst der wählerischen Römer, die ein gutes Menü zu schätzen wissen. Mit etwas Glück können Sie hier unvergessliche kulinarische Feste erleben.

Von den meist miesen Lokalen direkt bei den berühmten Sehenswürdigkeiten war schon die Rede. Manchmal wollen diese die Touristen auch über den Preis ködern und werben mit billigen **Touristen-Tagesmenüs**. Tatsächlich preiswert sind die nie, denn an Menge, Qualität und Zubereitung wird gespart. Sind die Getränke extra zu bezahlen, verlangt man hierfür Wucherpreise und die Gerichte sind oftmals zur Umsatzsteigerung überwürzt.

Eine **mehrsprachige Speisekarte** zielt auf ausländische Gäste und kann auch ein Indiz für lieblos vorgefertigte Einheitskost sein. Das gilt jedenfalls dann, wenn die Karte auf Englisch oder Japanisch schon draußen aushängt. Bekannte Restaurants mit internationalem Publikum halten inzwischen aber ebenfalls aus Höflichkeit Speisekarten in anderen Sprachen bereit. Die hohen Rechnungen entsprechen hier der Qualität oder zumindest dem Renommee. Misstrauen Sie den gemütlichen, allzu malerisch hergerichteten Lokalen. Meist soll schummriges Kerzenlicht Ausländern den Blick dafür verschleiern, was da auf dem Teller liegt. Helles Neonlicht schreckt keinen Römer ab! Kein Italiener isst rein zufällig in einem Lokal. Ein sicheres Zeichen für miserables Essen ist ein leeres Restaurant (es sei denn, Sie sind zu früh dran) oder eine Kundschaft, die allein aus Japanern besteht oder aus in Gruppen auftretenden, übergewichtigen Blonden mit stark geröteter Haut unter kurzen Hosen. Umgekehrt ist das Essen selbst in einer übel aussehenden Kneipe mit Sicherheit gut, wenn viele Römer an den Tischen sitzen. Die erkennt man meist an einer Zeitung, die viele ständig bei sich tragen. Allein ein paar Italiener im Lokal sind keine Garantie, denn auch die können Touristen sein – man erkennt diese leicht, denn sie lesen meist in Reiseführern.

Köstliche Gerichte können ganz einfach oder höchst anspruchsvoll zubereitet sein. Entsprechend unterschiedlich ist das Preisniveau. Eine grobe Orientierung liefert die Bezeichnung der Lokale. Traditionell unterscheidet man bei den Speiselokalen zwischen der derben **Osteria**, der gutbürgerlichen **Trattoria** und dem gediegenen **Ristorante**. Verlassen kann man sich auf die Bezeichnung allerdings nicht mehr, denn sie kann Bestandteil eines alten, eingeführten Namens sein. So kann auch eine „Osteria" mal ein piekfeiner, teurer Laden sein. Vielleicht war der Besitzer auch nur geschäftstüchtig und hat, weil es den Gästen schmeckte und sie zahlreich kamen, den Gastraum erweitert, mehrere weiße Tischtücher aufgelegt, sich selbst in ein weißes Jackett gezwängt und nach diesem Aufstieg zum „Ristorante" die Preise erhöht. Manches Gourmet-Restaurant nennt sich auch bescheiden „Osteria" oder „Trattoria", um traditionsbewusst zu erscheinen. Schwerpunkt ist hier die überlieferte, aber dann raffiniert verfeinerte Küche.

▶ **Osteria:** Die klassische Osteria bietet nur Mittagstisch nach traditionellem Wochenplan mit täglich wechselnder, einfacher, unverfälschter römischer Hausmannskost. Meist handelt es sich um arbeitsteilige Familienbetriebe, in denen Mutter und Oma kochen, Sohn und Tochter servieren, Vater kassiert, Opa in der Gaststube alles kommentiert und dabei den Hauswein trinkt sowie schließlich der jüngste Spross des Hauses, der mit seinen Kumpels das Geld ausgibt. Bestellen Sie hier nicht nach Speisekarte (falls eine solche überhaupt vorhanden ist, muss der Wirt das einzige Exemplar oft erst suchen), denn die wenigsten aufgelisteten Gerichte sind gerade vorrätig. In der Regel betet man Ihnen das aktuelle Tagesangebot der Küche vor und wartet auf Ihre Bestellung. Sie können sich bedenkenlos den Empfehlungen anvertrauen, denn diese Gerichte sind mit Sicherheit frisch. Bei der Rechnung geht es ähnlich unkompliziert zu. Wie Sie bei den immer glatten Beträgen schon ahnen können, handelt es sich meist um überschlägige Schätzungen (mit gelegentlichem Sympathiebonus oder Launenzuschlag). Üblicherweise bestellt man hier ein Nudelgericht, den Hauptgang mit Beilage, Nachtisch, eine Flasche Wasser und einen halben Liter Hauswein. Dafür zahlt man pro Person zwischen 20 und 30 €.

Die Osteria war **ursprünglich** eine Postkutschenstation. Hier wurden die Pferde gewechselt und die Reisenden konnten sich erholen. Man trank, aß die zünftige Hausmannskost und erzählte.

Blick vom Altare della Patria (Vaterlandsaltar) auf den Palazzo Venezia ▲▲
Erholung in den kühlen Gassen der Stadt   ▲

▲▲ Das Forum Romanum, im Hintergrund das Kolosseum
▲ Pasta – endlose Variationen um ein Grundnahrungsmittel

Archäologen an den Foren ▲▲

Augustus an den Fori Imperiali ▲▲
Forum Romanum, Tempel der ▲

▲▲ Naive Kunst an S. Caterina dei Funari
▲ Markt auf dem Campo de'Fiori

Bis heute hat sich daran in der traditionellen Osteria nicht viel geändert, nur hält statt der Postkutsche der Bus in der Nähe und statt die Pferde zu wechseln, verbringt man hier die Mittagspause – der Handwerker in seiner Arbeitskleidung ebenso wie der Rechtsanwalt im Maßanzug. Selbst das spärliche Inventar mit den Papierdecken auf wackligen Tischen scheint noch aus der Postkutschenzeit zu stammen. Geht es richtig traditionell zu, streut der Wirt bei Regenwetter Sägespäne auf dem Fußboden aus, um den Schmutz zu binden und ihn später leichter auskehren zu können. Schon in der Antike nutzte man diese einfache, aber effektive Reinigungsmethode.

In der klassischen Osteria pflegt der Wirt den **überlieferten Speiseplan**. Darauf werden Sie donnerstags *gnocchi di patate* (Kartoffelnudeln mit Tomatensoße), freitags *pasta e ceci* (Kichererbsen mit Nudeln) sowie *baccalà fritto* (Stockfisch) und samstags *trippa alla romana* (Kutteln) finden. Am Sonntag sind die meisten Osterien geschlossen. Wenn nicht, gibt es *lasagne* oder *abacchio* (Milchlamm).

Zu allen Gerichten trinkt man den billigen, manchmal gewöhnungsbedürftigen, aber nach zwei, drei Gläsern durchaus angenehmen und zum deftigen Essen vorzüglich passenden weißen Hauswein aus der Umgebung (→ S. 138) und Wasser. Andere Getränke sind selten vorrätig.

Typische Beispiele für Osterien sind: **Hosteria del Angelo** (Via G. Bettolo, nördlich des Vatikans, S. 532), **Sora Margherita** (Via delle Cinque Scole 30, im jüdischen Ghetto, S. 441), **Enoteca Corsi** (Via del Gesù 87, nahe dem Pantheon, S. 396), **Da Giovanni** (Via Lungaretta 41 A, in Trastevere, S. 454) und **Da Augusto** (Pzza. de Renzi 15, in Trastevere, S. 455).

Die meisten traditionellen Osterien findet man außerhalb des Zentrums der Hauptstadt oder in den klassischen Arbeitervierteln Testaccio (→ S. 280) und San Lorenzo (→ S. 362) sowie in fast allen kleineren Ortschaften Latiums.

▶ **Trattoria**: Die Trattoria war früher wie die Osteria ein reiner Familienbetrieb, der ebenfalls deftige Cucina alla Romana (s. u.) zu Hauswein und Wasser anbot. Im Gegensatz zur Osteria geht es hier traditionell nicht ganz so rustikal zu, die Auswahl an Gerichten ist größer und die Speisekarte üblich, manchmal bekommt man sogar Flaschenweine und Limonaden. Man isst in der Regel, wie in der Osteria, drei Gänge und trinkt danach einen Kaffee (Espresso, niemals Capuccino, → S. 138). In einer typischen Trattoria sind die Preise zudem nicht wesentlich höher als in einer Osteria. Inzwischen gibt es aber immer weniger klassische Trattorien, viele nähern sich den größeren Ristoranti an, sodass die Übergänge mittlerweile fließend sind. Eine Trattoria kann heute auch ein piekfeiner, teurer Laden sein.

Typische Beispiele für Trattorien sind: **Trattoria Gino** (Vicolo Rosini 4, beim Parlament, in der Nähe des Pantheons, S. 395), **Da Sergio** (Vicolo delle Grotte 27, in der Nähe des Campo de'Fiori, S. 426), **Da Marcello** (Via dei Campani 12, in San Lorenzo, S. 367), **Piccolo Arancia** (Via Scanderberg 112, in der Nähe des Trevibrunnens, S. 379), **Dar Cordaro,** Ple. Portuense 4, am südlichen Rand von Trastevere, S. 458), **Hostaria Isidoro** (Via San Giovanni in Laterano 59–63, in der Nähe des Kolosseums, S. 256) und **Trattoria Alfredo a Via Gabi** (Via Gabi 36/38, in der Nähe der Lateransbasilika, S. 256).

In den jeweiligen Serviceteilen finden Sie zahlreiche weitere Adressen.

▶ **Ristorante**: Dies ist traditionell eine feine Adresse, wo man gepflegt speist. Auf den Tischen liegen mehrere weiße Decken, der Service ist aufmerksam, dabei so freundlich und locker, wie es ihn fast nur in Italien gibt. An Werktagen finden hier die entscheidenden Geschäftsverhandlungen statt und werden politische Bündnisse beschlossen oder Intrigen gesponnen. Am Samstagabend kommt man mit der Geliebten her, wenn nötig als Geschäftstermin getarnt, und am Sonntagmittag mit Ehefrau, Kindern, Eltern, Schwiegereltern, unverheirateten Onkeln und Tanten. Das Familienleben ist schließlich heilig.

Im Ristorante lässt man sich in Ruhe richtig verwöhnen – als Ausgleich für die oftmals viel zu kurzen Mittagspausen. Dazu gehört ein **komplettes Menü** mit

Antipasto, gefolgt von Primo, Secondo mit Beilage, Dessert oder Käse, Obst, Kaffee und schließlich etwas Hochprozentigem.

Leider werden diese klassischen, vorzüglichen Ristoranti weniger. Viele nennen sich nur noch so, um die hohen Preise zu rechtfertigen.

Typische Ristoranti sind z. B.: **Da Paris** (Pzza. San Calisto 7 A, in Trastevere, S. 456), **Checchino dal 1887** (Via Monte Testaccio 30, im Stadtviertel Testaccio, S. 283) und **L'Altro Mastai** (Via G. Giraud 53, nördlich der Pzza. Navona, S. 413).

Es gibt in Rom nur wenige **Gourmetrestaurants** von internationalem Rang. Das beste ist **La Pergola**, das Dachgartenrestaurant des **Cavalieri Hilton**, hoch auf dem Monte Mario mit einmaligem Blick über die ganze Stadt. La Pergola hat es in der roten Essensbibel von Michelin sogar zu drei Sternen gebracht, als eines der wenigen Restaurants in Italien. Küchenchef ist seit 1994 der in der Presse umjubelte, aus Altötting stammende **Heinz Beck**. Seit Jahren ist der Schlemmertempel ausgebucht und man muss mindestens einen Monat im Voraus reservieren. Das Menü kostet ohne Getränke um 180 € pro Person (mit Fischgängen kann es auch teurer werden), dafür wird aber auch der Gipfel der Gaumengenüsse geboten.

Das zweitbeste Restaurant mit internationaler Küche ist wohl **Il Convivio Troiani**. Es liegt versteckt in einer winzigen Gasse nördlich der Piazza Navona (Viccolo dei Soldati 31, S. 413).

▸ **Trendlokale:** Seit ein paar Jahren taucht ein ganz neuer Restauranttyp in Rom auf, der genau so auch in jeder anderen Metropole der Welt existiert. Es ist eine Art Club-Lounge, die auch eine Design-Ausstellung sein könnte, in der Häppchen gereicht werden und wo man sich ausschließlich schöne, junge, perfekt gestylte Gäste vorstellen kann. Und tatsächlich findet man hier genau diese Leute, die demonstrativ Erfolg und Geld zur Schau stellen. Manche dieser hippen Trendlokale geben sich betont schlicht mit hellem, kühlem, minimalistischem Industriedesign, andere sind glamourös mit edlem Samt und gedämpftem Licht. Man schlürft im Barbereich Cocktails, bevor man sich zu Tisch begibt, wo eine italienische Art der Nouvelle Cuisine gereicht wird: opulent arrangierte Kleinigkeiten aus besten Zutaten, hauptsächlich asiatisch inspiriertes kalorienarmes Seafood und natürlich stets die total angesagtes Sushi.

Angefangen hat dieser Trend mit **'Gusto**, einer Mischung aus Ristorante, Enoteca, Pizzeria, Buchhandlung, Formaggeria, Haushaltswarengeschäft und neuerdings auch Seafood-Restaurant in den Arkaden mit Blick auf das Augustusmausoleum (Pzza. Augusto Imperatore, S. 308).

Inzwischen ist die Pzza. Augusto Imperatore mit Mussolinis Propagandabauten das Zentrum dieser Life-Style-Lokale geworden: **Recafé** (Pzza. Augusto Imperatore 33–36, S. 308), **RHome** (Largo Schiavoni, S. 308).

Weitere vergleichbare Trendlokale sind z. B.: **Le Bain, Osteria & Cucina** (Via delle Botteghe Oscure 33, in der Nähe des Largo Argentina, S. 441), **Bloom** (Via del Teatro Pace 30, in der Nähe der Pzza. Navona, S. 413, wo nachts auch szene-bekannte DJs auflegen) und **Supperclub** (Via dei Nari 14, in der Nähe des Pantheons, S. 397, das mit seiner Mischung aus Essen, Musik, Performance, Kunst, und Mottopartys *„ganz neue Erfahrungen"* bietet, indem jeder Gast seine *„fünf Sinne neu entdecken und die Außenwelt vergessen"* soll).

▸ **Pizzeria:** Das Gegenteil eines klassischen Ristorante ist eine Pizzeria: Hier stehen die Tische so eng beieinander, dass kaum durchzukommen ist, als Tischdecke dient Makulaturpapier, es ist immer voll (vorausgesetzt, die Pizza taugt was) und laut. Das Publikum besteht überwiegend aus jungen Leuten, denn die Preise sind vergleichsweise niedrig. Zur Pizza trinkt man Bier vom Fass, das seit einigen Jahren das In-Getränk der Jugendlichen ist. Auch hier sind kleine Vorspeisen im Angebot, in der Regel Salat, eingelegtes Gemüse, *suppli* (rote Reisbällchen mit Mozzarella-Füllung), *crostino* (geröstetes Brot mit einem Belag aus Spinat oder

Pasten aus Oliven oder Sardellen), *bruschetta* (geröstetes Brot mit Knoblauch und frischen Tomaten) oder *fileto di baccalà* (frittiertes Stockfischfilet). Bei der Pizza unterscheidet man zwei Arten: Die **römische Pizza** hat einen hauchdünnen, knusprigen Teig und ist riesig groß. Die originale **neapolitanische Pizza** hat einen dicken, weichen weißen Teig mit noch dickerem Teigrand. Sie ist kleiner, sättigt aber mindestens genauso.

Die traditionellen Pizzerien haben nur abends geöffnet, denn sie heizen ihren Ofen mit offenem Feuer, und dessen Betrieb lohnt sich nur im Abendgeschäft. Wenn in einer Trattoria/Pizzeria mittags Pizza angeboten werden sollte, wurde

---

### Preise

Rom ist eine der teuersten Städte der Welt, was besonders in der Gastronomie zu spüren ist. Nach einem kurzzeitigen Preisverfall und vielen Pleiten während der politischen und wirtschaftlichen Krise Mitte der 1990er Jahre hat sich die Restaurant-Szene erstaunlich schnell wieder erholt. Einen ersten deutlichen Preisschub brachte das Heilige Jahr 2000 mit seinen Besucherrekorden. Kurz darauf stiegen die Preise mit der Euro-Umstellung noch einmal drastisch.

Günstig sind nur die seit jeher staatlich festgelegten Brotpreise sowie das Obst und Gemüse der Saison auf dem Markt. Wer sparen will, sollte sich selbst verpflegen. Unter den Lokalen sind die Pizzerien in der Regel preiswert, während man in den Restaurants schon deshalb deutlich mehr als in Deutschland zahlt, weil man hier traditionell mehrere Gänge isst. In gehobenen Ristoranti wird oft ein etwas günstigeres *„menù degustazione"* angeboten (nicht zu verwechseln mit dem nur scheinbar billigen Touristenmenü), das als Tagesmenü besonders frisch ist.

Bitte beachten Sie, dass auf die Preise der Gerichte manchmal noch zusätzliche feste Posten aufgeschlagen werden (sie müssen aber auf der Speisekarte ausgewiesen sein, meist findet man sie hinten im Kleingedruckten):

**Pane e Coperto**: Zunächst ist eine Art Tellerbenutzungsgebühr für das Gedeck *(coperto)* und das obligatorische Brot *(pane)* zu zahlen. Dieser Pauschalpreis fällt unabhängig davon an, was tatsächlich bestellt wird. Es lohnt also nicht, nur eine Kleinigkeit zu essen, die ist in einer *Tavola calda* günstiger.

**Servizio**: Auf die Rechnung werden manchmal 10 bis 15 % Bedienung *(servizio)* aufgeschlagen. Dies ist der Personalkostenanteil des Wirts und hat mit dem Trinkgeld für den Kellner nichts zu tun.

Früher bezahlte man in jedem Lokal beide Zuschläge, doch seit einigen Jahren verzichten immer mehr Gastronomen auf Coperto und Servizio oder sogar auf beides; in den ländlichen Regionen Latiums werden die Zuschläge üblicherweise noch verlangt.

**Trinkgeld**: Ein Trinkgeld wird erwartet und ist immer üblich, wenn der Service passabel war. In der Regel rundet man die Rechnungsbeträge auf, die Höhe des Trinkgelds sollte etwa 10 % der Rechnung betragen.

Eine dieser unverständlichen, typisch italienischen Vorschriften, deren Einhaltung zum Glück bisher selten kontrolliert wird, ist die **Aufbewahrungspflicht von Rechnungsbelegen**:

Danach ist jeder Gast gesetzlich verpflichtet, im Lokal eine offizielle Rechung *(„ricevuta fiscale")* zu verlangen, diese beim Verlassen des Lokals mitzunehmen und während der folgenden 110 Meter aufzubewahren. Wer dagegen verstößt, zahlt bei einer Kontrolle wegen Beihilfe zur Steuerhinterziehung ein hohes Bußgeld. In der Regel sind die Wirte bemüht, keine solche Quittung auszustellen und präsentieren eine improvisierte Rechnung. Sicherheitshalber sollten Sie auf einer *ricevuta fiscale* bestehen.

die fast immer vorgebacken und in der Mikrowelle erhitzt. Das Ergebnis ist mit einer abendlichen Pizza aus dem Holzofen nicht zu vergleichen.

Es gibt neben vielen schlechten auch einige sehr gute Pizzerien in Rom und in den größeren Städten Latiums. In den kleineren Dörfern auf dem Land ist die Auswahl eher gering. Tipps finden Sie in den jeweiligen Servicekapiteln.

Besonders empfehlenswert sind in Rom z. B.:

Il Baffetto (Via del Governo Vecchio 114, in der Nähe der Pzza. Navona, S. 413), Panattoni bzw. Pizzeria ai Marmi (Viale Trastevere 53–59, in Trastevere, S. 456), Dar Poeta (Vicolo del Bologna 45, in Trastevere, S. 456) und Pizzeria Formula Uno (Via degli Equi 9–11, im Stadtteil San Lorenzo, S. 366).

▸ **Enoteca/Winebar:** Klassische Weinhandlungen *(enoteca),* in denen man sich den billigen Hauswein aus großen Fässern abfüllen lassen kann, gibt es kaum noch (eine ist **Marco & Giancarlo Antica Vineria,** Via del Monte della Farina 38, in der Nähe des Campo de'Fiori, S. 427).

Die meisten führen die großen Weine Italiens im Programm (z. B. **Bottega del Vino da Bleve,** Via S. Maria del Pianto 9a–12, in der Nähe des Largo Argentina, S. 442).

Es gibt auch zunehmend Enotheken, in denen Flaschenweine glasweise ausgeschenkt und manchmal dazu auch kleine Happen (Schinken, Käse oder Salami) angeboten werden. In einigen Enotheken, die sich seit ein paar Jahren „Winebars" nennen, werden mittags oder abends auch komplette kleine Mahlzeiten mit Vorspeisen, Suppen, Hauptgerichten und Desserts serviert. Größere Enotheken betreiben in Nachbarräumen des Ladengeschäfts ein richtiges Lokal (was auf eine schicke Variante der Osteria hinausläuft; sie haben oft nur mittags geöffnet). Diese Art des Mittagstisches erfreut sich bei den Römern einer sehr großen Beliebtheit, da Firmen und Behörden fast nie eine eigene Kantine besitzen.

Wenn Enotheken ein Essen anbieten, dann haben Sie die Möglichkeit, dazu zwischen 10 bis 30 offenen Flaschenweinen zu wählen (sie werden glasweise verkauft). Die Auswahl der Weine ist somit erheblich größer als in den normalen Trattorien oder Restaurants, pro Glas zahlt man zwischen 3 und 10 €.

Eine Vielzahl von Adressen finden Sie in den Serviceteilen. Besonders zu empfehlen sind z. B.:

**Casa Bleve** (Via del Teatro Valle 48/49, in der Nähe des Pantheons, S. 396), **La Vineria Reggio** (direkt auf dem Campo de'Fiori 15,

S. 427), **Il Goccetto** (Via dei Banchi Vecchi 14, in der Nähe des Campo de'Fiori, S. 427) und **Trimani Il Winebar** (Via Cernaia 37/b, in der Nähe der Pzza. della Repubblica, S. 365).

▸ **Pizza rustica/Pizza a taglio** und **Tavola calda/Rosticceria:** Bei den beiden handelt es sich um eine preiswerte Alternative zu den bisher genannten Lokalen. In diesen traditionellen, italienischen „Fastfood-Lokalen" wird im Stehen oder auf Barhockern Aufgewärmtes gegessen. Das ist zwar nicht gerade das, was sich Italiener unter einem guten Essen vorstellen, doch als Imbiss für eine kurze Mittagspause gerade richtig.

In der **Pizza a taglio** (auch: Pizza rustica) gibt es verschiedene Sorten von Pizza, die in einem Stück Papier – kalt oder im Ofen kurz angewärmt – aus der Hand gegessen wird. Der Belag besteht aus Gemüse, Schinken, Käse oder Meeresfrüchten. Meist gibt es auch *suppli* (Reiskroketten, mit Mozzarella gefüllt), *filetto di baccalà* (frittierten Stockfisch) und *pollo arrosto* (gegrillte Hähnchenteile).

Die Pizza wird nach Gewicht bezahlt. Die Preisangaben beziehen sich immer auf ein *„etto",* das sind 100 Gramm. Eine normale Portion hat etwa 250 Gramm und kostet zwischen 3 und 8 €. Gelegentlich werden von Touristen überteuerte Pauschalpreise verlangt; bestehen Sie darauf, dass man das Stück abwiegt, dann wird es meist deutlich preiswerter.

**Achtung:** Auf keinen Fall mit einer Pizza rustica zu verwechseln sind die fahrbaren Verkaufsstände vor den Touristenhochburgen! Hier wird zur Dezimierung von Ausländern eine gummiartige, so bezeichnete „Pizza" verkauft. Dabei handelt es sich um ein elastisches, aufgewärmtes Produkt aus unbekanntem Material mit Ketchup-Aufstrich.

Eine preiswertere und leckere Variante zur belegten Pizza sind *pizza bianca* (ein unbelegtes Pizzabrot) oder *pizza rossa* (Pizzabrot mit Aufstrich aus Tomatenmark), die man in vielen Bäckereien bekommt. Frisch aus dem Ofen schmecken sie herrlich (z. B. bei **Il forno del Ghetto** an der Pzza. Costaguti, in der Nähe des Largo Argentina, S. 442).

In der **Tavola calda** (auch: Rosticceria) ist das Angebot größer als in der Pizza rustica und umfasst meist auch Vorspeisen und Desserts. Diese Lokale gibt es sowohl für bescheidene als auch für gehobenere Ansprüche. Eine Bedienung ist nicht vorhanden, Sie müssen sich die gewünschten Speisen und Getränke am Tresen selber aussuchen und an der Kasse bezahlen. Auch hier ist alles vorgefertigt und wird nur noch erwärmt.

Typische Gerichte der Tavola calda oder Rosticceria sind: *suppli, pollo arrosto, abbacchio arrosto con le patate* (Lamm mit Rosmarin und Kartoffeln gebraten), *baccalà fritto o in umido* (frittiertes oder in Tomaten geschmortes Stockfischfilet) sowie frische Salate.

▸ **Bar:** In Rom gibt es in fast jeder Straße des Centro Storico eine Bar, die nicht mit einem Nachtclub zu verwechseln ist. Insgesamt sollen es an die 5.000 sein − wie die Kirchen sind sie allgegenwärtig. Die meisten von ihnen sind namenlos und für den Touristen kaum zu unterscheiden. Die Einrichtung besteht regelmäßig nur aus einem Tresen mit einem Flaschenregal dahinter und einer Kasse neben dem Eingang. Produktionstechnischer Mittelpunkt ist die Espressomaschine, die der *Barista* virtuos bedient. Sie muss exakt die richtige Betriebstemperatur haben, darf nicht abkühlen und muss eigentlich ständig laufen, um allerbeste Ergebnisse zu erzielen. Zur beinahe sakralen Handlung verfeinert wird das Kaffeebrauen z. B. im **Eustachio** (Pzza. Sant'Eustachio 82, in der Nähe des Pantheons, S. 397).

Für die Römer ist die Bar eine der wichtigsten Begegnungsstätten. Hier erfährt man die Neuigkeiten aus dem Viertel, palavert ein bisschen und ist nach fünf bis zehn Minuten wieder weg. Das erste Mal kommt man zum Frühstück. Auf dem Weg zur Arbeit trinkt man hier üblicherweise einen Cappuccino und isst dazu ein Cornetto (Hörnchen). Im Laufe des Tages kommt man öfter mal auf ein Päuschen vorbei. Wer partout am Arbeitsplatz bleiben muss, lässt sich den Kaffee bringen. Barjungen, die ein Tablett mit winzigen Tässchen, zum Transport mit einer Serviette abgedeckt, über die Straßen balancieren, gehören zum Stadtbild. Wer zufällig einen Bekannten trifft, lädt ihn − typisch italienisches Ritual − in die Bar ein, denn immer liegt eine ganz in der Nähe.

Zuerst wird an der Kasse bezahlt, und man erhält einen *scontrino* (Kassenbon), den legt man dem Barmann am Tresen vor und gibt seine Bestellung auf.

Statt eines Kaffees kann man auch einen der in grellbunten Bonbonfarben schillernden *Liköre* trinken. Meist werden dazu Oliven, Erdnüsse oder Chips gereicht. Viele Bars (sie heißen dann **Snack Bars**) bieten auch Kleinigkeiten zu essen an, neben süßem Hefe- oder Blätterteig-Gebäck verschieden belegte *panini* (Brötchen) und *tramezzini*, das sind dreieckig geschnittene, reichlich belegte Weiß-brot-Sandwiches (meist mit Thunfisch, Käse, gekochtem Schinken, manchmal mit Salatblättern oder gekochtem Ei und stets mit Mayonnaise).

In manchen Bars stehen drinnen oder auch draußen ein paar Stühle und Tische für die erschöpfte Kundschaft bereit. Wer sich dort niederlässt, muss allerdings deutlich mehr als am Tresen bezahlen, dabei kann sich der Preis draußen, je nach Ausblick auf eine Piazza oder eine touristische Sehenswürdigkeit, vervielfa-chen. Die Preise (*„al banco"* – am Tresen, *„al tavolo"* – am Tisch bzw. *„fuori"* – draußen) entnehmen Sie der Tafel über der Kasse.

## Kleine Kaffeekunde

Da die Italiener auch bei ihrem heiligen Kaffee sehr wählerisch sind und als Individualisten höchste Ansprüche stellen, gibt es zahlreiche Arten:
Den Begriff *Espresso* kennt man nicht. In Italien heißt diese Grundform schlicht *caffè* (sprich *kaffä*, mit kurzem stimmlosen *„e"* am Ende); deutschen Filterkaf-fee gibt es hier ebenfalls nicht.
Ein *ristretto* ist ein konzentrierter Espresso,
*macchiato* (gefleckt) heißt der *caffè* mit einem Schuss Milch, zu unterscheiden von *caffèlatte* mit viel Milch,
der *caffè correto* wird mit Grappa, Sambuca oder einem Amaro „korrigiert",
der *caffè lungo* ist ein mit etwas mehr Wasser zubereiteter Espresso,
der *caffè americano* ist ein mit Wasser verlängerter Espresso, sodass er etwas schwächer als deutscher Filterkaffee ist.
Ein *cappuccino* ist ein Espresso mit aufgeschäumter Milch (niemals mit Sahne!), der ausschließlich zum Frühstück oder allenfalls noch am Vormittag getrunken wird. Auch hierbei unterscheiden Kenner zwischen verschiedenen Varianten: *bollente* (kochend heiß serviert), *tiepido* (lauwarm), *poca schiuma* (we-nig Schaum) oder *senza schiuma* (ohne Schaum, nur mit erwärmter Milchhaube).

▶ **Café**: Es ist das klassische Kaffeehaus, wo man den Kaffee oder einen Aperitif im Sitzen genießt. Oft sind auch ein paar kleine Snacks (Salate oder Nudelgerichte), selten Kuchen im Angebot.

Der erste Kaffeeausschank in Rom eröff-nete 1647, kurz nachdem das belebende Getränk aus dem Orient nach Europa im-portiert wurde und schnell in Mode kam.
Das älteste noch existierende Café ist das **Antico Caffé Greco** in der Via Condotti 86 (S. 319) mit der Wand füllenden Gemäldede-koration und der historischen Einrichtung von 1860. In den beiden engen parallelen Räumen, die man wegen ihrer schlaucharti-gen Form auch „Omnibus" nennt, bedie-nen Kellner im Frack, wie es die Würde die-ses Ortes gebietet.
Ein weiteres Traditionscafé ist das **Rosati** an der Pzza. del Popolo (S. 309), das seit 1922 existiert. Neu und opulent ist die **Caf-fetteria Museo Atelier Canova Tadolini** (Via Babuino 150 A, in der Nähe der Spanischen Treppe, S. 322).
Die exklusiven Kaffeehäuser an der Via Vittorio Veneto, z. B. das **Caffé de Paris**, vor dem Federico Fellini den Kultfilm *La Dolce Vita* drehte, haben außer den Schwarz-Weiß-Fotos an den Wänden nichts vom einstigen Flair bewahrt und wirken heute nur noch kitschig modern mit der aseptischen Atmosphäre, wie sie von viel-en amerikanischen und japanischen Touris-ten geschätzt wird (S. 346).

▶ **Gelateria**: Über die italienische Eiscreme *(gelato)* braucht wohl kaum etwas ge-sagt zu werden, sie ist schließlich zu Recht weltberühmt! Jede größere Gelateria, die etwas auf sich hält, stellt sie selbst nach streng geheim gehaltenen Rezepten her. Dass dabei keine chemischen Aromastoffe, sondern nur natürliche Zutaten und Früchte verwendet werden, versteht sich von selbst.

Darüber, welches denn nun die wirklich allerbeste Eisdiele Roms ist, herrscht Streit. Wenigstens auf einen der ersten Plätze gehören **Giolitti** (Via del Vicario 40, in der Nähe des Pantheons, S. 398), **S. Crispino** (Via della Panetteria 42, in der Nähe des Trevibrunnens, S. 380) und **Alberto Pica** (Via della Seggiola 12, in der Nähe des Campo de'Fiori, S. 426).

Eine besondere Eisspezialität ist der halbgefrorene Espresso mit Sahne bei **Tazza d'Oro** (Via degli Orfani 84, in der Nähe des Pantheons, S. 397).

Eine erfrischende Variante sind im Sommer auch die *granite*, halbgefrorene Säfte, die es in manchen Eisdielen gibt. Besonders beliebt sind die *granite* mit Sirup und gekühlten frischen Früchten von **Sora Mirella**, einem Kiosk am Tiberufer von Trastevere zwischen Ponte Garibaldi und Ponte Cestio gegenüber der Tiberinsel (Lungotevere d. Anguillara).

## Essen in den verschiedenen Stadtvierteln

Gute Lokale sind über das gesamte Stadtgebiet verstreut. Die größte Konzentration findet sich im volkstümlichen Viertel **Trastevere** auf der anderen Seite des Tiberufers mit den malerisch verwinkelten Gassen. Hierher kommen die Römer traditionell zum Abendessen und für einen romantischen Bummel. Auch Touristen schätzen das besondere Flair, dementsprechend gibt es auch zahlreiche Nepplokale. Nach dem Essen kann man hier einen ausgiebigen Kneipenbummel anschließen (insbesondere in der Via della Scala, → S. 458).

Im **Centro Storico** um Piazza Navona, Pantheon, Trevibrunnen und Campo de'Fiori ist das Preisniveau der Lokale besonders hoch und schlechte Touristenlokale überwiegen. Im teuren Modeviertel bei der **Spanischen Treppe** und in der näheren Umgebung der **Peterskirche** ist es fast unmöglich, ein gutes und preiswertes Restaurant zu finden. Besonders auf dem Weg von St. Peter zum Eingang der Vatikanischen Museen gibt es den schlimmsten Touristennepp. Fallen Sie hier vor allem nicht auf die vielen Schlepper herein oder vertrauen den Versprechen auf den verteilten Handzetteln. Ein paar wenige, versteckt liegende Lokale gibt es aber selbst hier (Empfehlungen im Serviceteil zum Vatikan, → S. 531).

Ausgezeichnete, preiswerte und authentische Restaurants mit traditioneller, römischer Küche findet man in den beiden touristisch nicht erschlossenen Arbeitervierteln von **Testaccio** im Süden, hinter dem Aventinhügel (→ S. 282), und in **San Lorenzo** im Westen, jenseits des Bahnhofs, in der Nähe der Universität (→ S. 366). Die klassisch römisch-jüdische Küche mit den wunderbaren *fritti* (frittiertes Gemüse oder frittierter Stockfisch) wird fast nur noch im Ghetto (in der Nähe des Largo Argentina, → S. 441) gepflegt; hier gibt es sogar koschere Pizza.

## Italienische Essgewohnheiten

Das Essen ist in Rom keine bloß lebenserhaltende Notwendigkeit, sondern eine seit der Antike gepflegte, geradezu kultische Handlung, auf die man stolz ist. Für das Tafeln nimmt man sich Zeit. Nichts ist verpönter, als in großer Hast etwas Lauwarmes oder Aufgewärmtes hinunterzuschlingen. Den Ober oder Koch zur Eile anzutreiben gilt als barbarischer Frevel.

Die Römer lieben es, lange und ausgiebig zu speisen, möglichst mit vielen unterschiedlichen Gängen ohne allzu überladene Teller. Geselligkeit wird dabei hoch geschätzt; *„Bei Tisch altert man nicht"*, sagt hier ein Sprichwort.

▸ **Am Morgen:** Traditionell fällt das Frühstück *(colazione)* in Italien noch spärlicher aus als in Frankreich. Für gewöhnlich wird auf dem Weg zur Arbeit in einer Bar nur rasch ein *cappuccino* oder ein *caffèlatte* getrunken. Dazu isst man allenfalls ein *cornetto*, eine Art Hörnchen, ähnlich einem Croissant.

Die Hotels bieten inzwischen überwiegend ein Frühstück an, doch ist es meist teuer und schlecht: Ein faustgroßes, hohles Brötchen (es heißt *rosetta* und ist mit Absicht innen hohl, da die Römer lieber die Kruste als das weiche Innere mögen) wird mit einer winzigen Portion Butter, reichlich übersüßer Marmelade, schmierigem Käse und Formschinken serviert. Außerhalb der Stadt oder in den kleinen Hotels der unteren Kategorie gibt es oft nur abgepackten Zwieback mit einem Hauch von Butter und etwas Marmelade. Dazu gibt es starken Kaffee, wenn gewünscht mit Milch, und einen Saft, der zwar nach Orangen aussieht, aber nicht so schmeckt. In der Regel ist das Frühstück überteuert (wenn nicht im Zimmerpreis enthalten). Daher sollte man besser auf ein Hotelfrühstück verzichten und die nächste Bar aufsuchen.

Ein ausgiebiges Frühstück nach internationalem Standard gibt es fast nur in den großen, teuren Hotels.

▶ **Am Mittag:** Das Mittagessen *(pranzo)* zwischen 12.30 *(la mezza)* und 14.30 Uhr ist traditionell die Hauptmahlzeit des Tages. Normalerweise werden mindestens drei Gänge in aller Ruhe genossen. Dazu trinkt man Wasser und Wein. In den letzten Jahren haben sich nun doch auch in Italien feste Bürozeiten durchgesetzt. So bleibt vielen Italienern nichts anderes übrig, als nur einen Imbiss in einer Tavola calda oder Bar zu sich zu nehmen. In den Speiselokalen wird erwartet, dass Sie mindestens zwei Gänge bestellen, in der Regel einen Nudelgang zur Sättigung *(primo)* und ein Hauptgang als „Gaumenschmeichler", wie man hier sagt. Er dient nicht der Sättigung (dazu hatte man die Nudeln), sondern dem Genuss. Ein Dessert *(dolce)* gehört eigentlich auch noch zum normalen Essen, man kann aber auch darauf verzichten, dann bestellt man aber meist einen *caffè* zum Abschluss.

▶ **Am Abend:** Beim Abendessen *(cena)* ab frühestens 20 Uhr, in feineren Restaurants ab 21 Uhr, wird nachgeholt, was man mittags versäumt hat. Auf jeden Fall wird am Abend warm in mehreren Gängen gegessen. In der Regel müssen alle Gänge sofort bestellt werden, damit die Küche planen kann, nur die Dessertauswahl lässt sich auf später verschieben. Da der Wirt den Tisch am Abend gerne mehrfach vergeben möchte, werden die Gänge oft unmittelbar nacheinander serviert. Wenn Ihnen das zu schnell ist, weisen Sie bei der Bestellung darauf hin, dass Sie nach dem Primo erst einmal eine Pause brauchen, bevor Sie das Secondo schaffen können.

# Cucina alla Romana

Die vielgerühmte italienische Küche existiert als solche eigentlich gar nicht. Wie in Deutschland auch, unterscheiden sich die einzelnen Regionen nicht nur stark in ihrem Dialekt, sondern auch durch die jeweils typischen Gerichte.

In Rom ist beinahe jede Regionalküche Italiens vertreten, denn wahre Römer gibt es kaum. Die meisten, die sich heute so nennen, stammen von Einwanderern ab, die nach Auflösung des Kirchenstaates ab 1870 in die neue Hauptstadt des soeben gegründeten Königreichs Italien kamen, um hier Arbeit zu finden. Viele zogen auch nach dem Zweiten Weltkrieg aus den rückständigen Regionen Italiens zu. Einige von ihnen eröffneten Restaurants, um den Leuten ihrer Region ein Stück Heimat in der großen fremden Stadt zu bieten. Daher kann man heute in Rom wunderbar und oft authentischer als in den Herkunftsgebieten z. B. „alla Siciliana", „alla Neapolitana" oder „alla Fiorentina" essen.

Klassisch römisch ist nur die *Cucina alla Romana*, die eine lange Entwicklung hinter sich hat und die für ihre *profumi e sapori* (Düfte und Geschmäcker) bekannt ist. Manchmal kann man beobachten, wie ein Römer zuerst seine große etruskische Nase über das dampfende Primo hält, um zu kontrollieren, ob Menge und Mischungsverhältnis von Knoblauch und Kräutern stimmen, bevor er seine Geschmacksnerven mit den *sapori* konfrontiert. Geschätzt wird nicht der für ein Gericht getriebene Aufwand, sondern die Qualität der ausgesuchten Zutaten, die perfekt gegart und in Harmonie mit den Gewürzen „eins" werden.

Schon **in der Antike** legten die Römer größten Wert auf das Essen. Zu Beginn war die Küche noch von heimischen Erzeugnissen dominiert, doch schon mit den ersten Feldzügen in ferne Regionen kamen ganz neue Einflüsse und der Aufschwung in der römischen Küche begann.

Geradezu sprichwörtlich bekannt wurde der steinreiche Berufssoldat und engagierte Feinschmecker **Lucullus**, ein Zeitgenosse Caesars. Berichte über Galadiners in den lukullischen Gärten (heute befindet sich an deren Stelle die Villa Borghese) mit den ausgeklügeltsten Speisen sind bis heute überliefert. Von seinen Feldzügen importierte er exotische Früchte und machte sie in Italien heimisch. Bei ihm müssen wir uns für die Kirsche aus Asien, die Artischocke aus Afrika, die Pistazie aus Syrien und die Aprikose aus Armenien bedanken. Mitentscheidend für die Entwicklung der römischen Küche wurden die Agrarreformen von **Cato dem Älteren**. Auf dem fruchtbaren Boden vor den Türen Roms konnten bald unzählige Gemüsesorten, Salate und Früchte in reicher Menge geerntet werden. Die römische Tafel wurde in der zunehmend dekadenten Kaiserzeit immer vielfältiger. Die vornehme Gesellschaft schreckte vor keinem Experiment zurück. Auf die Speisekarte gelangten gebackenes Pfauenhirn, gesottene Flamingozunge, gebratenes Murmeltier und ein kompliziertes Soufflé aus Straußeneiern. Kaiserliche Orgien dauerten regelmäßig mehrere Tage. Um Platz für immer neue Gänge zu schaffen, blieb den Gästen nichts anderes übrig, als sich zu erbrechen, wozu man sich Pfauenfedern in den Rachen einführte.

Doch auch schon in der Antike stießen die Orgien mit ihren ausschweifenden Protzereien auf Kritik. Vom römischen Feinschmecker **Marcus Gavius Apicius** (er lebte unter Kaiser Tiberius im 1. Jh. n. Chr.) stammt das älteste erhaltene Kochbuch mit dem Titel *De re coquinaria* (Über die Kochkunst). In rund 400 Rezepten preist er einfache Zubereitungsarten und den unverfälschten Geschmack der verwendeten frischen Zutaten. Über Jahrhunderte wurde die Kochbibel überliefert und legte die Grundlagen für die römische Hausmannskost. Ein paar dieser Gerichte haben noch immer einen festen Platz in der römischen Traditionsküche, z. B. die Suppe von frischen Erbsen, auch kennt man bis heute die Linsensuppe *apico*, die mit Reis zubereitet wird, oder die Schweineleberscheiben mit frischem Lorbeer, im Schweinenetz über einem Holzkohlefeuer gebraten. Weitere wichtige Wurzeln der *Cucina alla Romana* reichen bis ins Mittelalter. Damals war der größte Bevölkerungsteil arm und musste sich mit dem begnügen, was Adel und Klerus übrig ließen. Vom Schlachtvieh waren das nur die **Innereien**, das sogenannte *„fünfte Viertel"*, welches die Küchen der Reichen verschmähten. Mit viel Fantasie entstanden aus den Innereien, frischem Gemüse und reichlich Olivenöl deftige, bodenständige Gerichte, die über Generationen nur behutsam perfektioniert wurden. Dieses Traditionsbewusstsein ist einerseits der Autorität der römischen Hausfrauen zu verdanken, die die Rezepte ihrer Großmütter in Ehren halten (*„alla nonna"* ist immer noch ein Gütesiegel, wenn auch leider ein von der Werbung missbrauchtes), und beruht andererseits auf der typisch römischen Überheblichkeit: Etwas Besseres als die eigenen Gerichte kann es sowieso nicht geben, warum also Fremdes übernehmen. Diese herzhafte Innereienküche pflegt man heute besonders in den schlichten Osterien in der Nähe des ehemaligen Schlachthofs im Stadtteil Testaccio (→ S. 280).

Vergleichbares gilt auch für die seit Jahrhunderten überlieferte **römisch-jüdische Küche** mit den köstlichen frittierten Gemüsesorten und dem frittierten Stockfisch. Im ehemaligen jüdischen Ghetto (in der Nähe des Largo Argentina, → S. 436) finden Sie zahlreiche Lokale, die diese für Rom ebenfalls typischen Gerichte anbieten.

Als Rom Anfang der zweiten Hälfte des 20. Jh. das *Dolce Vita* erlebte, die Filmproduktion in Cinecittá auf Hochtouren lief und alle Schönen und Reichen sich hier trafen, reformierte **Gualtiero Marchesi** die römische Küche grundlegend: Statt deftiger Kost gab es bei ihm hochfeine Gerichte mit Hummer, Safran und Goldplättchen zu astronomischen Preisen. Zunächst war man entsetzt, dann begeistert und die kunstvoll verfeinerte Küche wurde Mode. Selbst einfache Trattorien witterten ein großes Geschäft und schlossen sich der Wende an. Dazu beförderte man das einfache Lokal zunächst durch ein neues Schild zum „Ristorante". Der Ober, zuvor stets nur im Unterhemd, bekam Hemd, Fliege und Jacke. Mit solch neuem Schick stiegen die Preise.

Die große politische und wirtschaftliche Krise Mitte der 1990er Jahre erfasste bald auch die vielen teuren Restaurants. Bei rasant verfallender Lira blieb das Publikum weg, das für ein Abendessen damals schon umgerechnet 100 € zahlen konnte, und viele bekannte Restaurants meldeten Konkurs an. Doch bald ging es wieder aufwärts und die Preise in der Gastronomie stiegen noch weit über das alte Niveau. Die abgehobene Haute Cuisine kehrte allerdings nicht wieder zurück. Stattdessen wird entweder internationale Küche geboten oder man veredelt mit viel kulinarischer Fantasie die römische Hausmannskost. Sogar Innereien werden dabei wieder salonfähig und köstlich verarbeitet.

Seit Beginn des neuen Jahrtausends ist ein **neuer Trend** auszumachen: Man gibt sich nun auch in Rom betont figur- und gesundheitsbewusst, obwohl die Italiener eigentlich von Natur aus selten mit Figurproblemen belastet sind (zumindest bis zur Hochzeit oder spätestens bis die Kinder da sind und man sich vermehrt den kulinarischen Freuden widmet). Die dynamisch erfolgreichen Römer und Römerinnen aber wollen schlank sein. Sie bevorzugen die neuen gestylten Restaurants und essen nach aktueller Mode Sushi oder andere Kleinigkeiten, wie

z. B. in der angesagten Mozzarella-Bar **Obikà** (Via dei Prefetti 26 in der Nähe des Parlaments, S. 310). Im Zuge der Gesundheitswelle werden sogar vegetarische Restaurants beliebt, z. B. das superschicke **Margutta Vegetaria** (Via Margutta 118, in der Nähe der Spanischen Treppe, S. 321).

## Die Gerichte

Das Speiseangebot der Lokale hängt besonders in Rom von den Jahreszeiten ab und richtet sich nach dem aktuellen Marktangebot. Die Römer verlangen ausschließlich frische Ware und verabscheuen in der Regel teures Treibhausgemüse und -obst, das oft kaum den typischen Geschmack hat. Deshalb finden sich nur im Frühsommer Gerichte mit Spargel, frischen Erbsen, Erdbeeren, Kirschen und Pfirsichen. Die aromatischen kleinen Walderdbeeren zum Dessert bekommt man allerdings noch bis in den Herbst. Dann beginnt auch die Saison der Pilze und besonders Steinpilzgerichte dominieren die Tageskarten. Die herrlichen römischen Artischocken gibt es schon am Ende des Winters, sie sind ein besonders wichtiger Bestandteil von Gerichten oder werden als Beilage gereicht.

Auch wenn zur Zeit Ihres Aufenthalts in Rom sicher nicht alle typischen römischen Köstlichkeiten verfügbar sind, soll hier ein kurzer Überblick über die wichtigsten Gerichte geboten werden:

### Antipasti

Vor dem eigentlichen ersten Gang wird als Appetitanreger ein Antipasto gegessen. Es besteht in der Regel aus diversen Schinkensorten, Oliven und manchmal eingelegten Artischocken. Dazu isst man Brot. Es gibt aber daneben noch viele andere Antipasti:

**Bruschetta**: Sie ist typisch römisch und so selbstverständlich, dass sie selten noch ausdrücklich auf einer Speisekarte erscheint. Fragen Sie also danach.
Die Zubereitung ist einfach: Man reibt eine Scheibe dickes Brot mit Knoblauch ein, bestreicht sie mit Öl, gibt Salz und Pfeffer dazu und röstet das Ganze kurz. Bruschetta wird oft auch mit Tomaten und Basilikum („*al pomodoro e basilico*") angeboten und schmeckt dann etwas frischer.

**Prosciutto con melone/con fichi**: Schinken mit Melone oder mit Feigen, herrlich erfrischend.

**Bufala campana e prosciutto di Parma**: frischer Büffelmilch-Mozzarella mit Parmaschinken.

**Antipasto di mare**: gegarte Meeresfrüchte, mit Olivenöl und Zitrone angemacht, z. B. Tintenfische, Sepie, Muscheln und marinierter Fisch, kalt serviert.

**Antipasto misto di mare e monti**: ähnlich wie die Fischvorspeisen, zusätzlich aber noch mit Schinken, Salami und verschiedenem Gemüse (*monti* = Berge, Land).

**Antipasto misto di verdure**: gemischte Gemüsevorspeise mit Auberginen, Zucchini, Pilzen, Paprika. Sie werden gegrillt, überbacken, mit Olivenöl zubereitet oder einfach als Salate gereicht. Diese Vorspeise wird ebenfalls kalt, im Winter manchmal lauwarm serviert.

### Erster Gang (primo piatto)

Der erste Gang besteht meist aus Suppen oder Nudelgerichten. Das *risotto* (Reisgericht) und die *polenta* (Maisbrei) sind, wie in anderen Regionen Italiens auch, in der römischen Küche heimisch geworden, z. B. *risotto alla marinara* (mit Fisch und Meeresfrüchten) oder die *polenta con sugo di baccalà* (Ragout mit Stockfisch, Tomaten, Pinienkernen und Rosinen).

Drei Arten des Primo sind zu unterscheiden: Da gibt es die leicht bekömmlichen Brühen *(minestra* oder *brodo)*, die dicken Nudelsuppen *(pasta)* und die bekannten Nudelgerichte mit Sauce *(pasta asciutta* [sprich: pastaschuta]).

In der Regel wird kein italienischer Gastwirt erfreut sein, wenn ein Hauptgericht ohne vorheriges Primo bestellt wird. Es soll sogar Gastronome geben, die sich standhaft weigern, ein Hauptgericht vor der Pasta zu servieren.

Wer aber trotzdem nur ein Secondo möchte, sollte höflich darauf hinweisen. Der Wirt wird erkennen, dass Sie sich in der Kunst des Tafelns auskennen, vielleicht wird er auch Verständnis für Ihren Magen haben und dann mit großem Eifer versuchen, Ihren Wünschen gerecht zu werden.

▸ **Le Minestre** (Brühen):

**Stracciatella**: Der Name bedeutet „Fetzchen" und kommt von den Eiern, die mit dem zerklopften Parmesankäse in die Fleischbrühe gegeben werden. Die Eier gerinnen zu kleinen „Fetzchen". Diese Suppe ist sehr leicht und ein guter Auftakt für die anderen Köstlichkeiten.
**Minestra di lenticchie e riso**: Suppe mit Reis und Linsen.

**Minestra di pasta e broccoli**: Diese Suppe wird mit luftgetrocknetem Speck, Knoblauch, Peperoncino, einer bitteren Sorte des Broccoli, Weißwein und Cannolicchiotti (kleinen Suppennudeln) gekocht.
**Minestra di arzilla** (auch **razza** genannt) **e broccoli**: Suppe mit Broccoletti, Rochenflügel, Knoblauch und Peperoncino.

▸ **Pasta** (dicke Suppe mit Nudeln): In dieser sämigen Suppenart werden Nudeln mit Hülsenfrüchten oder mit Gemüsesorten kombiniert. Auf einigen Speisekarten sind sie auch als *passato* zu finden.

**Pasta e patate**: Eine sehr deftige Suppe, die man allenfalls in einer Osteria bekommt. Wird sie sorgfältig zubereitet, schmeckt sie hervorragend. Die Zutaten sind hauptsächlich Kartoffeln und Nudeln, dazu kommen noch Speck, Knoblauch, Peperoncini, Öl und verschiedene Kräuter.
**Pasta e fagioli**: Suppe aus weißen Bohnen,

Knoblauch, Tomaten, Rosmarin, Sellerie und Cannolicchiotti. Es gibt sie auch in der Variante mit Meeresfrüchten als **pasta e fagioli con i frutti di mare.**
**Pasta e ceci**: Im Gegensatz zur *pasta e fagioli* nimmt man hier statt Bohnen Kichererbsen, dazu kommt beim Servieren noch ein Schuss Olivenöl.

▸ **La pasta asciutta** (Nudeln mit Soße): Italien ist bekannt für seine unendlichen Nudelsorten in allen Formen und mehreren Farben, die mit den unterschiedlichsten Soßen serviert werden. Grob zu unterscheiden sind die getrockneten und frischen Nudeln. Letztere erkennen Sie daran, dass sie nicht ganz bissfest *(al dente)* sind. Sie sind nämlich noch nicht durchgetrocknet und können daher keinen harten Kern haben.

Die vielen unterschiedlichen Nudelformen sind keine optische Spielerei, sondern dienen dazu, das richtige Verhältnis von Teig und Soße herzustellen. Verschiedene Oberflächenbeschaffenheiten sorgen dafür, wie viel Soße aufgenommen wird. Der Form nach sind z. B. folgende Nudelarten zu unterscheiden:

**Angolotti**: halbkreisförmige gefüllte Taschen.
**Bucatini**: lange dünne Hohlnudeln.
**Farfalle**: Schmetterlingsform.
**Fettuccine**: schmale Bandnudeln, die meist zu Nestern zusammengerollt sind.
**Fusilli**: kurze Spiralen.
**Linguine**: flache Spaghetti.
**Maccheroni**: lange dickere Bandnudeln.

**Mezze maniche**: kurze dicke Röhren.
**Orechiette**: Öhrchen.
**Pappardelle**: breite lange Bandnudeln.
**Penne lisce**: schräg abgeschnittene, glatte kurze Röhrchen.
**Penne rigate**: Penne mit Riffelung, um mehr Soße aufzunehmen.
**Ravioli**: quadratische, gefüllte Taschen.
**Rigatoni**: dicke kurze geriffelte Röhren.

*Nudeln, immer neu, immer anders*

**Spaghetti**: der Name kommt von *spago* (Bindfaden), was alles erklärt.

**Spaghettini**: sehr dünne Spaghetti.

**Spaghettoni**: dicke Spaghetti.

**Spaghetti alla chitarra**: eher kantige Spaghetti, die über einen Rahmen mit Stahlseiten (erinnert an eine Gitarre) geschabt werden; durch die raue Oberfläche bleibt mehr Soße haften; in der Regel sind sie frisch und hausgemacht.

**Tagliatelle**: Bandnudeln.

**Tagliolini**: lange schmale Bandnudeln.

**Tonnarelli**: in Rom sehr beliebte, viereckige Spaghetti.

**Tortellini** oder **Tortelli**: kleine ringförmige gefüllte Taschen, die in Rom nur als Suppeneinlage verwendet werden.

**Tortelloni**: große ringförmige gefüllte Taschen.

**Tortiglioni**: geriffelte gedrehte kurze Röhren.

---

### Wie isst man Spaghetti?

Man isst die endlos langen **Spaghetti** übrigens weder mit dem Messer noch mit dem Löffel! Die Römer benutzen nur die Gabel. Dabei kann man die Nudeln am gewölbten Tellerrand vornehm um die Gabel drehen oder sie weit weniger vornehm schnell zum Mund führen, ohne lange zu wickeln.

Legt der Wirt mehr als nur die Gabel neben Ihren Teller, traut er dem Touristen römische Essgewohnheiten nicht zu!

---

Typische **Nudelgerichte** sind:

**All'amatriciana**: Die langen Nudelformen werden oft mit dieser würzigen Soße aus Tomaten, scharfen Peperoncini, Knoblauch, Zwiebeln und luftgetrocknetem Speck serviert; dazu kommt reichlich frisch geriebener Pecorino Romano (Hartkäse, der etwas würziger als Parmesan ist).

**All'arabiata**: Kurze Röhrennudeln werden mit dieser extrem scharfen Soße aus Tomaten, Knoblauch, Petersilie, Olivenöl und reichlich Peperoncini serviert.

**Al ragù**: lange Nudelformen mit Hackfleischsoße und Gemüse.

**Al sugo**: Die schlichteste Soße für lange Nudelformen gibt es meist in ganz einfachen Trattorien; es ist eine kräftige, lang gekochte Tomatensoße.

**Con fiore di zucchine** oder **di zucca**: kurze Röhrennudeln mit Zucchiniblüten und etwas Sahne, manchmal auch mit gekochtem Schinken.

**Fettuccine con fegatini di pollo**: Bandnudeln mit Hühnerleber.

**Fettuccine con ricotta di bufala, zucchine e pancetta**: Bandnudeln mit Büffelmilch-Frischkäse, Zucchini und Bauchfleisch.

**Pappardelle al sugo di lepre**: breite Bandnudeln mit Wildhasensoße.

**Pappardelle con sugo di cinghiale**: breite Bandnudeln mit Wildschweinragout.

**Rigatoni/fettuccine con la pajata** (eine besondere römische Spezialität): Röhren- oder Bandnudeln mit Milchdarm in Tomatensoße, oft scharf gewürzt; die Därme vom Kalb, das bisher nur gesäugt wurde und in denen sich noch Reste von Milch befinden, werden in einer Tomatensauce mit Sellerie und Karotten kurz gekocht.

**Spaghetti alla carbonara**: mit Eiern, luftgetrocknetem Speck, Käse, Pfeffer und Olivenöl. Diese Soße wurde kurz nach dem Zweiten Weltkrieg erfunden. Damals wollte ein amerikanischer General ein römisches Festmahl veranstalten. Man organisierte die allernötigsten Dinge, doch für die Pasta war nichts aufzutreiben. In seiner Not erfand der Koch eine Spaghettisauce aus den Bestandteilen des amerikanischen Frühstücks, nämlich Eiern und Speck. Das war ein großer Erfolg. Der Koch taufte seine Pasta „alla carbonara". Damit spielte er auf die „Carbonari" an, eine Gruppe von Oppositionellen im Kirchenstaat, die sich im 19. Jh. vor den päpstlichen Truppen versteckt halten mussten.

**Spaghetti con aglio, olio e peperoncino**: Diese bei den Römern sehr beliebte Pasta hat eine Sauce aus Öl, Knoblauch und Peperoncini (sehr scharf!).

**Spaghetti alle vongole**: In einer Sauce aus Olivenöl, etwas Weißwein, vielen scharfen Peperoncini, Knoblauch und Petersilie werden die Herzmuscheln gekocht und dann anschließend mit der Schale unter die Nudeln gegeben. Während im übrigen Italien noch Tomaten in die Sauce gehören, isst nur der Römer sie ohne, also wie er sagt „in bianco" (in weiß).

**Tagliolini ai carciofi**: Bandnudeln mit Artischockenstückchen und frisch geriebenem Pecorino, auch als **orecchiette con i carciofi**, mit Öhrchennudeln.

**Tonnarelli cacio e pepe** ist eine weitere sehr schlichte, aber schmackhafte, typisch römische Spezialität: in der Regel hausgemachte frische Tonnarelli nur mit geriebenem Pecorino Romano und viel frisch gemahlenem schwarzem Pfeffer.

**Ravioli**, **tortelloni**, **tortelli** und **angolotti** werden auf römische Art meist nur mit Ricottakäse und Spinat gefüllt und in einer Tomatensoße serviert; die größeren **ravioli** gibt es oft auch nur mit „burro e salvia" (Butter und Salbei) sowie etwas Parmesan. In den gehobenen Restaurants werden sie auch mit Fisch oder Fleisch gefüllt angeboten. In der Regel sind sie ausgezeichnet und sehr zu empfehlen.

Auf alle Pastagerichte muss man eine Weile warten, denn üblicherweise werden die Teigwaren frisch gekocht und nicht nur aufgewärmt. Nur so können sie „al dente", also noch bissfest sein.

▶ **Weitere Primi:**

**Gnocchi** (sprich: Njokki): auf römische Art aus Kartoffeln und Mehl geknetet, in Stücke geschnitten und dann in Salzwasser gekocht (eine Variante sind **Gnocchetti**, kleine Gnocchi). Man serviert sie mit einer kräftigen Tomatensoße. In der Osteria gibt es Gnocchi meist donnerstags.

**Risotto**: Dieses Reisgericht wird auf verschiedene Art zubereitet, z. B.:

**Risotto alla pescatora**: mit Tomaten und verschiedenen Meeresfrüchten gekocht.

**Risotto con crema di scampi**: Der Reis wird in der Garnelensoße gekocht, dazu kommen Sahne, Tomaten und Garnelen.

**Risotto con radicchio**: Reis mit rotem Radicchio, Rosinen und Pinienkernen zubereitet – ein typisches Wintergericht.

## Zweiter Gang (secondo)

Nach dem Primo folgt das Hauptgericht, das Secondo. Wegen der gehaltvollen Vorspeise fällt das natürlich schmäler aus. Üblich ist, dass das Secondo immer ganz solo, also ohne jede Beilage serviert wird. Dennoch gehören Beilagen zum Secondo dazu, man muss sie nur extra bestellen. In der Regel besteht das Secondo aus Fleisch, das auf vielfältige Weise schmackhaft zubereitet wird. Auch bei den Innereien sollten Sie keine Scheu haben.

‣ **Fleischgerichte:**

**Abbacchio** oder **agnello**: Milchlamm, das noch nie Gelegenheit hatte, Gras zu fressen (Alter zwischen 25 und 30 Tagen). Das Fleisch ist zart, hat aber doch einen besonderen Geschmack. Es wird auf viele raffinierte Arten zubereitet. Besonders gut ist **abbacchio al forno**, im Ofen gegartes Lamm, **abbacchio alla griglia**, gegrilltes Lamm, oder **agnello con le patate**, das Lamm wird hier mit Rosmarin und Kartoffeln im Ofen gegart.

**Animelle di vitello**: Kalbsbries oder Lammbries in einer Soße aus Weißwein und Rosmarin. Dazu isst man in Rom Artischocken oder Erbsen oder man genießt es **al vino bianco**, mit Weißwein.

**Braciole di maiale**: Schweinekoteletts, die mit verschiedenen Zutaten in der Pfanne schmackhaft gebraten werden.

**Coda alla vaccinara**: lecker zubereiteter geschmorter Ochsenschwanz.

**Coniglio al cacciatore**: Kaninchenteile mit Kräutern und scharfen Peperoncini; als Variante **coniglio al pomodoro con verdure e olive**, Kaninchen mit Tomaten, Gemüse und Oliven.

**Coratella d'abbacchio con carciofi**: Herz, Leber, Lunge und Milchdärme vom Lamm werden zusammen mit Zwiebeln und Weißwein geschmort. Dazu gibt es Artischocken.

**Fagioli con le cotiche**, ein typisch römisches Festessen: weiße Bohnen, Schweinebauch, Tomaten und Peperoncino werden zusammen gekocht.

**Fritto misto alla Romana**: Das „fritto" ist ein römisch-jüdisches Gericht, hervorgegangen aus langer jüdischer Tradition (serviert wird es traditionell im ehemaligen Ghetto, → S. 436). Je nach Jahreszeit und Angebot auf dem Markt werden Hirn, Bries, Mozzarella, Zucchiniblüten, Baccalà, Artischocken und Broccoli im Backteig frittiert. Die Variante nur mit Gemüse heißt **fritto misto vegetario**.

**Involtini**: Kalbsrouladen gehören zu den Klassikern römischer Hausmannskost; es gibt sie in vielen Varianten, die Grundform wird in einer Gemüse-Tomatensoße serviert, lecker sind sie auch **con zucchini**, mit Zucchini.

**Ossobuco con risotto**: geschmorte Kalbshaxenscheiben mit Reis.

**Petto di vitello al forno**: Kalbsbrust aus dem Ofen.

**Pollo**: Hähnchen, bevorzugt werden Freilandhühner (*„pollo ruspante"*). Die Zubereitungsarten sind: **alla romana** (zerlegt und mit Tomaten und Gewürzen in der Pfanne gebraten), **al forno** (mit Gewürzen gefüllt und dann im Ofen gebacken), **con i peperoni** (mit römischem Paprika).

**Polpette di carne alle erbe**: Fleischklops mit Kräutern.

**Porchetta**, eines der wichtigsten römischen Fleischgerichte, weil es in seiner derben Einfachheit besonders charakteristisch ist: Ein ganzes Ferkel wird ausgeweidet; dann wird der Bauch mit allerlei Kräutern gefüllt, zusammengebunden und im Ofen geröstet. Man isst es kalt mit frischem Brot.

Die Tradition der Porchetta ist lang; schon Plinius, der römische Schriftsteller, berichtet, wie bei großen Gelagen in der Antike ein ganzes Ferkel aufgetragen wurde, *„dessen Bauch gefüllt war wie das trojanische Pferd mit Kriegern"*. Wer also dieses kleine Schwein (der Kopf ist noch dran, wird aber nicht mitserviert) an einem Ehrenplatz der römischen Restaurants liegen sieht, kann sich eine Portion abschneiden lassen und richtig römisch speisen.

**Saltimbocca** (*„Spring in den Mund"*), das wohl bekannteste typisch römische Gericht: kleine Kalbsmedaillons werden mit Schinken und Salbei belegt und mit Butter und Wein gebraten.

**Scaloppine ai capperi**, Schnitzelchen mit Wein, Butter und Kapern.

**Scamorza**, ein getrockneter Mozzarella, der in vielen Osterien gegrillt und an Stelle von Fleisch als Hauptgericht serviert wird.

**Straccetti con rucola**: geschmorte Rindfleischstreifen auf Rucolasalat.

**Testicciuola di abbacchio**: ein in Olivenöl gebackener Lammkopf. In Rom ist dies eine besondere Delikatesse.

**Trippa alla Romana**: Kutteln (= Kalbsmagen) mit Tomaten, Sellerie, Minze, Peperoncino und Weißwein gekocht und anschließend mit Pecorinokäse verfeinert.

Außer den genannten Fleischgerichten sind noch drei weitere Fleischarten auf den meisten Speisekarten zu finden: *manzo* (Rindfleisch), *vitellone* (jüngeres Rind) und *vitello* (Kalb). Gewöhnlich werden diese drei Fleischsorten gegrillt oder in der Pfanne gebraten. Vom *manzo* und *vitellone* werden *fettine* (dünne, kurz gebratene Scheiben), *bistecca* (dem Steak in Deutschland vergleichbar) und das *filetto* (Filetsteak) zubereitet.

▸ **Fischgerichte** *(secondo di pesce)*:

Obwohl das Meer nur 30 km von Rom entfernt ist, spielt der Fisch in der klassischen römischen Küche kaum eine Rolle. Die Küste war versumpft und von Malaria verseucht. Es gab daher kaum Fischer. Nur der haltbare Stockfisch *(baccalà)*, der auf dem Landweg nach Rom kam, hat hier einen festen Platz im Speiseplan. Das erste Fischrestaurant Roms war „La Rosetta" (→ S. 394), das der Sizilianer Carmelo Riccioli im Jahr 1965 in der Nähe des Pantheons eröffnete. Es ist bis heute eine kaum schlagbare Institution geblieben, obwohl es mittlerweile viele, auch sehr gute Fischlokale gibt. Auf den Märkten ist heute ein riesiges Angebot an frischen Fischen und Meeresfrüchten zu bekommen. Die Preise sind aber recht hoch, sodass auch die Fischgerichte in den Lokalen teuer sind.

Die hochwertigen Edelfische wie *pesce spada* (Schwertfisch), *rombo* (Steinbutt), *sogliola* (Seezunge), *spignola/branzino* (Wolfsbarsch) oder die *orata* (Zahnbrasse) werden nach Gewicht berechnet und gegrillt oder im Ofen gegart angeboten. Typische Fischgerichte sind:

**Anguilla**: Aale, die am Spieß oder auf dem Grill zubereitet werden. Sie kommen aus den Seen Latiums. Besonders empfehlenswert sind die Aale in Bracciano oder in Anguillara (→ S. 663).

**Baccalà** (Stockfisch): Dieses typisch römische Fischgericht findet sich meist freitags auf dem Speiseplan der traditionellen Osteria. Erst war dies ein Arme-Leute-Essen, doch inzwischen ist der Stockfisch längst salonfähig. Es gibt ihn in den Varianten: **alla romana** (in Stücke geschnitten und auf jüdische Art in Teig ausgebacken), **in bianco** (mit Weißwein und Gewürzen), **in guazzetto bianco** (in einem Weißweinsud mit Gemüse geschmort), **con le patate** (im Ofen gegart mit Kartoffeln und Tomaten), oder **in umido** (in Tomatensoße); wunderbar ist der Stockfisch z. B. in der schlichten Kneipe **Filetto di Baccalà** (Largo dei Librari 88 B, in der Nähe des Campo de'Fiori, S. 426).

**Calamari**: die Tintenfische werden hier gefüllt (ripieno) oder ungefüllt und mit Tomaten geschmort als **calamari in umido** serviert, eine Variante ist **calamari ripieni e in guazzetto** (gefüllt und in Tomaten, Gemüse und Kräutern geschmort).

**Cozze**: Miesmuscheln, die „alla marinara", also mit Gemüse und Gewürzen gekocht werden. Trotz des Namens sollten Sie gegen dieses leicht verderbliche Gericht keine Vorurteile haben: Die Muscheln in Rom sind meist frisch.

**Fritto misto di pesce** oder **fritto di paranza** (Frittiertes aus dem Schleppnetz): je nach Lokal mit zwei bis fünf verschiedenen kleinen Fischsorten und Krustentieren zubereitet. Die Fische wendet man in Mehl und backt sie dann in heißem Olivenöl aus. Man trennt nur den Kopf ab und isst den Rest komplett.

**Involtini di pesce spada**: Röllchen vom Schwertfisch.

**Mazzancolle** oder **Gamberi**: gegrillte Riesengarnelen mit einer wohlschmeckenden Marinade.

**Rombo con carciofi**: Steinbutt mit Artischocken.

**Seppie**: Tintenfische, die üblicherweise **in umido** (= feucht) mit Tomaten geschmort werden, es gibt sie aber auch **alla griglia** (gegrillt) oder als **seppie con piselli** (mit Erbsen, aber nur während der Erntezeit).

**Spaghetti alle vongole**: Spaghetti mit Herzmuscheln in oft sehr scharfer Tomatensoße.

**Spaghetti al nero di seppie**: mit schwarzer Tintenfischsoße.

**Tagliolini alla polpa di granchio fresco**: Bandnudeln mit frischem Krebsfleisch.

**Tartare di tonno**: Thunfisch-Tartar, wird gerne als Antipasto angeboten.

**Triglie con salvia e vino bianco**: Rotbarbe mit Salbei und Weißwein.

**Zuppa di pesce**: Der Name täuscht, denn die klassische „Fischsuppe" besteht aus verschiedenen Fischen und Krustentieren, die in Tomaten, Knoblauch und frischen Kräutern gegart wurden und die man mit geröstetem Brot auf einer Platte serviert. Dabei muss man die Krustentiere in der Tomatensoße mit den Fingern zerlegen, was nicht jedem Gast gefällt.

▶ **Beilagen** *(contorni):* Zu den Hauptgerichten gehören eigentlich auch die separat zu bestellenden Beilagen (Salate oder Gemüse, auch Kartoffeln gehören zum Gemüse). Da immer Brot auf dem Tisch steht, sind sie nicht unbedingt erforderlich, aber doch empfehlenswert und sehr lecker.

**Broccoli:** In Rom existieren zwei Arten; der zarte Broccoli und der bittere Broccoletti. Er wird heiß oder kalt, mit Zitronensaft und Olivenöl oder mit Peperoncini serviert.

**Carciofi:** römische Artischocken. Sie werden auf unzählige Arten zubereitet und schmecken jedes Mal anders; köstlich sind sie **alla romana** (mit etwas Minze, Petersilie und Knoblauch gekocht) und werden kalt mit Blättern und Stil gegessen, dabei sind sie herrlich zart; **alla giudea** (flach gedrückt und im heißen Olivenöl knusprig gebacken).

**Fave al guanciale:** mit Zwiebeln, Knoblauch und luftgetrockneter Schweinebacke *(guanciale)* gegarte Saubohnen.

**Fiori di zucca:** mit Ricottakäse gefüllte Zuchiniblüten; auch in der frittierten Variante, **fiori di zucca fritti,** sehr lecker.

**Insalata mista:** gemischter Salat ohne Dressing, dazu werden dem Gast Essig und Öl gereicht.

**Melanzane alla parmiggiana:** Auberginen mit Parmesankäse überbacken.

**Peperoni:** Das sind nicht die scharfen Pfefferschoten, sondern Paprika (was in Deutschland als Peperoni bezeichnet wird, ist in Italien der kleine, sehr scharfe *peperoncino*). Die Paprika werden in Öl und Weißwein gedünstet, auf dem Grill geröstet oder mit Paniermehl, Käse und Kräutern gefüllt *(ripieni)* serviert; bei der Variante **alla romana** kommen Tomaten und scharfe Peperoncini dazu.

**Piselli al prosciutto:** gedünstete Erbsen mit luftgetrocknetem Schinken (gleicht dem Parmaschinken).

**Pomodori:** Tomaten, von denen die länglichen, eierförmigen die aromatischsten sind.

**Zucchine:** roh, mit Tomaten als Salat, gefüllt, gebacken oder gebraten schmecken sie in Rom immer gut.

▶ **Käse** *(formaggio):* Nach dem Secondo hat man die Wahl zwischen Käse und Dessert. Da der Käse in Italien recht teuer ist, bieten nur die besseren Restaurants, aber oft auch die Enotheken Käseplatten an. Typisch für Rom ist z. B. *pecorino Romano,* scharfer, intensiver Hartkäse aus Schafsmilch, der herrlich zu kräftigem Rotwein, aber auch zu den weißen Hausweinen aus der Umgebung passt (*caciotta* nennt man den Pecorino, der etwa ein bis zwei Monate länger reift, bevor er verzehrt wird; er ist besonders typisch für Latium); der *parmeggiano,* der Parmesan, ist dann natürlich nicht gerieben, sondern wird am Stück und in Brocken serviert, der *ricotta* (Frischkäse aus Schafs- oder Kuhmilch) und vor allem der *mozzarella di buffola,* der Büffelmilch-Mozzarella, kommen meist aus der Gegend um Latina, wo es viele Büffelherden gibt; er ist unter einer festeren Haut herrlich cremig und im Sommer wunderbar erfrischend.

## Dessert (dolce)

Nach dem Secondo darf das Dessert nicht fehlen. Es besteht je nach Geschmack aus *dolci* (Süßigkeiten) oder *frutta* (Obst). Bei Letzterem wird in Trattorien oder Osterien meist eine große Schüssel mit verschiedenen Obstsorten auf den Tisch gestellt. Man bedient sich und bezahlt nur nach Verzehr.

Ein köstlicher Nachtisch ist *macedonia* (Obstsalat) oder als besondere Variante *con maraschino,* mit Kirschlikör. Weitere Dolci sind:

**Biscottini con le mandorle:** Plätzchen mit Mandeln, hart und gut zum Tunken geeignet.

**Ciambellete con vino:** trockene, harte Biskuitkringel, die man in Wein getunkt genießt (auch **ciambelline al vino**).

**Crostata:** flacher Kuchen mit Obst- oder Marmeladenbelag.

**Millefolie con frutti di bosco:** Blätterteig mit Waldbeeren.

**Mousse di castagna:** frische Kastanienmousse (leider nur kurzzeitig im Herbst zu bekommen).

**Semifreddo di nocciole:** Sorbet mit Nüssen.

**Tiramisù**: in Kaffee eingeweichter Biskuit und mit Mandellikör abgeschmeckter Mascarpone.

**Torta di ricotta**: herrlicher Kuchen mit Schafsfrischkäse.

**Zuppa inglese**: Cremetorte, mit Rum getränkt.

Je nach Saison werden leider nur noch in wenigen Osterien eingelegte Früchte, wie z. B. **pesca al vino bianco**, Pfirsich in Weißwein, angeboten.

## Abschluss

Ein derart reichhaltiges Essen beendet man gewöhnlich mit einem *caffè*, also einem Espresso (→ S. 126). In einfachen Osterien gibt es meist keine Espressomaschine, deshalb flitzt manchmal ein Angestellter in die nächste Bar und holt dort einen. Am besten nehmen Sie Ihren caffè dann gleich in der Bar ein.

---

### Wann trinkt man Cappuccino?

Auf keinen Fall sollte man nach dem Essen *cappuccino* bestellen. Im besten Fall signalisieren Sie damit, dass Sie Tourist sind, der von italienischer Lebensart keine Ahnung hat. Sensible Wirte können das Verlangen nach einem Cappuccino allerdings auch als subtile Beleidigung missverstehen: Das Essen war so schlecht oder so wenig, dass man danach noch ein vollständiges Frühstück braucht (das Frühstück besteht hier für gewöhnlich nur aus einem Cappuccino)!

---

Erleichterung bringt dem strapazierten Magen ganz zum Schluss auch ein **Verdauungsschnaps**. Üblich sind:

**Amaretto**: ein süßer Mandellikör, der in Rom eigentlich nur als Nachtisch zusammen mit hartem Gebäck zum Eintauchen gereicht wird.

**Amaro**: Sammelbezeichnung für Kräuterliköre. In Italien gibt es mehr als hundert verschiedene Produzenten. Grob zu unterscheiden sind süße und bittere Amaros; zu den süßen zählen die auch in Deutschland bekannten Marken *Ramazotti* und *Averna*, unter den bitteren ist *Fernet* der wohl bekannteste (der in Deutschland unter Lizenz hergestellte Fernet schmeckt anders als das italienische Original).

**Cognachino** (auch **Brandy** genannt): italienischer Weinbrand, wie z. B. *Vecchia Romana*.

**Grappa** (italienischer Tresterbrand) darf bei dieser Aufzählung von Digestifs natürlich nicht vergessen werden. Es gibt ihn für jeden Geschmack und Geldbeutel.

**Sambuca con la mosca**: Der Anislikör mit „Fliegen" (Kaffeebohnen, die man zum Schnaps kaut; die Anzahl der Bohnen muss ungerade sein, sonst bringt es Unglück!) ist in Rom besonders beliebt.

## Wein/Mineralwasser

Den ersten Weinstock soll Götterchef Jupiter persönlich hier angepflanzt haben. Der ließ sich nämlich in den nahen Albaner Bergen nieder, nachdem er seinen Vater Saturn vom Götterthron gestoßen hatte. Dort kelterte er zur Freude der Menschen das standesgemäße, göttliche Getränk.

Die heutigen Römer sind meist keine großen Weinkenner. Sie halten ihren rustikalen, schweren goldgelben Wein von den Castelli (Gebiet im Südosten Roms, → S. 731) für hervorragend. Wie vor Jahrhunderten darf er auch heute bei keinem Menü in der klassischen Osteria oder Trattoria fehlen. Kritiker meinen, dass der etwas tranig schmeckende Weißwein am nächsten Morgen einen dicken Kopf beschert und mit seinem Nachgeschmack an Sellerie erinnert. Es sind wohl auch eher nur die römischen Weinbauern, die behaupten, dass dieser Wein mit seinem hohen Säuregehalt sehr bekömmlich sei. Zur rustikalen traditionellen Küche passt er jedenfalls hervorragend.

**Schon Papst Paul III. (1534–49) berichtete treffend:** „...auch mir schmecken die Weine von den Castelli nicht, aber wenn es manchmal der Zufall will, dass ich in einer Osteria in Frascati, Marino oder sogar in Grottaferrata als Gast eingeladen werde und der Wirt, treu der Tradition ergeben, mir Spaghetti all'amatriciana oder Carciofi alla giudea in einem Meer aus Olivenöl ausgebacken und danach ein gebackenes Milchlamm in einer Soße aus Oliven und Paprika vorsetzt, finde ich, dass dieser Wein sehr gut dazu passt. Frisch aus dem Fass in das Glas schmeckt er in diesem Moment besser als jeder andere, vielleicht bessere Wein."

Jedes Lokal verfügt über seinen speziellen offenen **vino della casa**, der von einem der kleinen umliegenden Weingüter stammt. In Viertel-, Halb- und Literkaraffen serviert, schmeckt er nach einigen Gläsern immer besser. Ein römischer Wirt kann es sich schon wegen seiner einheimischen Gäste nicht leisten, schlechten und gepanschten Wein zu servieren. Den Wein trinkt nämlich jeder und er ist das Aushängeschild des Lokals.

In den besseren Restaurants gibt es in der Regel eine gute Auswahl an Flaschenweinen. Außer in einer Enothek wird der Wein nur sehr selten glasweise ausgeschenkt. Als Zugeständnis an die ausländischen Gäste gibt es in manchen Restaurants allerdings halbe Flaschen.

Wer noch ein großes Besichtigungsprogramm vor sich hat und die angenehme Schwere, die sich nach Essen und Wein einstellt, fürchtet, kann den Wein mit Wasser verdünnen (ein Espresso nach dem Essen hilft allerdings auch wieder auf die Beine). Das machen die Italiener ebenso, und es ist längst nicht so barbarisch wie eine zum Essen getrunkene Cola oder Limonade. Die gesteht man in römischen Lokalen allenfalls Kindern zu.

Eine Alternative ist das **Mineralwasser**. In Deutschland kennt man zwar nur das zu Tonnen über die Alpen gekarrte Mode-Wasser *San Pellegrino*, doch daneben gibt es zahlreiche andere Sorten, die recht unterschiedlich schmecken. Grob zu unterscheiden ist das nur leicht mit Kohlensäure versetzte **acqua minerale gassata** (der in Deutschland übliche Kohlensäuregehalt ist in Italien unbekannt) vom **acqua minerale non gassata** bzw. **naturale** (stilles Wasser). Im Lokal bekommt man meist eine Literflasche, die stets erfreulich billig ist (meist 2 bis 3 €, in Nobelrestaurants natürlich mehr).

Wer einen guten **Flaschenwein** probieren will, dem sei der Frascati aus den nahen Albaner Bergen empfohlen, wie z. B. *Fontana Candida* oder *Conte Zandotti*. Einen guten Rotwein gibt es in Anagni, *Torre Ercolana* vom Weingut Colacicchi; in Castiglione in Teverina *Santa Julia* vom Weingut Vasselli; besonders in der Nähe von Latina *Mater Matuta* vom Weingut Casale del Giglio (→ S. 761). Gute Weißweine (Frascati D.O.C.) baut in Monte Porzio Catone das Weingut Villa Simone an. Dem Besitzer Signor Piero Costantini gehört auch eine Enoteca an der Piazza Cavour (→ S. 533). Sein *Frascati superiore Villa Simone* und der aus der kleinen Lage (Filonardi) kommende *Vigneto Filonardi* zählen zu den besten Frascati-Sorten in diesem Gebiet.

In den römischen Weingeschäften finden Sie alle Etiketten, die in Italien Rang und Namen haben, zu vergleichsweise günstigen Preisen. In den bekannten Orten der Toscana und dem Piemont bezahlen Sie stets einen Touristenaufschlag, der hier entfällt. Oft sind selbst die großen französischen Weine deutlich günstiger als in Deutschland.

*Flanieren auf der Via del Corso gehört zum Feierabend*

# Nachtleben

**Das Angebot an Revueshows und Abendveranstaltungen kann sich nicht mit dem von Paris, London oder Madrid messen. Römisches Nachtleben findet hauptsächlich auf den Straßen und Plätzen statt, die als Laufsteg und Bühne dienen. Dort flaniert man, trifft sich mit Freunden zum Aperitif und anschließend zum geselligen Abendessen. Die Nachtschwärmer ziehen danach weiter zu den Clubs in den Szene-Vierteln.**

Von den vielfach angepriesenen Erlebnistouren „**Rom bei Nacht**" sollten Sie sich nicht allzu viel versprechen: In der Regel werden Sie im Bus lediglich an hübsch angestrahlten Sehenswürdigkeiten vorbeigefahren und anschließend in einem Touristenlokal von Trastevere mit billigem Wein und schlechtem Essen bewirtet. Viel mehr erleben Sie, wenn Sie sich einfach treiben lassen. Gerade im Centro Storico ist auf beinahe allen Plätzen etwas los.

Das römische Nachtleben beginnt **am frühen Abend**, wenn die Sonne langsam hinter der Kuppel von St. Peter verschwindet, die letzten Strahlen die Fassade der Kirche Trinità dei Monti oberhalb der Spanischen Treppe ausleuchten, die roten Ziegeldächer zu glühen scheinen und der römische Himmel in feinen Perlmuttfarben schimmert.

Die jüngeren Römer sammeln sich dann im Freundeskreis auf ihrer bevorzugten Piazza. Man erzählt, erfasst die Umgebung aus den Augenwinkeln mit Scanner-Blick und vor allem geht man der Lieblingsbeschäftigung aller Römer nach, dem *fare una bella figura*. Das bedeutet viel mehr, als nur modisch gestylt zu sein und mit körperlichen Reizen zu spielen – wozu sich die Römerin in überaus knappe Röcke zwängt und unendlich lange Beine sowie den perfekt gebräunten Bauchnabel zur Schau stellt. Man muss vor allem Lässigkeit mit einem Hauch Arroganz verkörpern und bei einem Jung-Römer gehört unbedingt Coolness dazu. Es wird ein wenig herumgeschmust, mehr um die eigene verführerische Wirkung auf das andere Geschlecht zu dokumentieren. In der Clique zieht man dann auf ein Eis zu einem der Cafés oder zu einer Bar. Dorthin strömen auch die Berufstätigen, die beim *Aperitivo* den Feierabend einleiten. Die Schönen und Reichen oder die, die sich dafür halten, nehmen einen Cocktail in den schicken Club-Lounges zwischen Tiber und Via del Corso. Besonders angesagt ist auch die **Zest Bar** auf der Dachterrasse des ultramodernen Designhotels Radisson SAS im Esquilinviertel (südlich des Bahnhofs), wo man von der Poolbar aus einen ungewöhnlichen Blick über die Dächer der Stadt genießt (→ S. 365).

Dann beginnt das große **Schaulaufen**, um gesehen zu werden und zu sehen, dass man gesehen wird. Jeder ist Zuschauer und Darsteller zugleich. Selbst die Carabinieri hoch zu Pferd und andere schmucke Uniformträger spielen mit und präsentieren sich bewundernden Blicken.

**Abends und nachts sind folgende Plätze und Straßen besonders beliebt:**

**Modeviertel:** Das letzte Drittel der Via del Corso, zwischen Pzza. Colonna und Pzza. del Popolo, und die Via Condotti mit der Pzza. di Spagna sowie den umliegenden Gassen sind die beliebtesten Flanierstrecken. Hier kann man Schaufenster oder die vielen schrägen und extravaganten Gestalten anschauen.

**Spanische Treppe:** Am frühen Abend wird es auf den Stufen der Spanischen Treppe besonders voll und die römische Jugend nutzt die Gelegenheit zum intensiven völkerverbindenden Flirten. Nachts, wenn es hier stiller wird, entfaltet die geschwungene Treppe einen eigenen Zauber. Dann ist das ein wunderbarer Ort für Romantiker und Liebespaare.

**Trevibrunnen:** Auch tief in der Nacht ist vor dem stimmungsvoll beleuchteten Trevibrunnen noch viel Betrieb und das Rauschen des Wassers kann selbst jetzt das Stimmengewirr kaum übertönen. Zu den vielen Touristen gesellen sich aufdringliche Straßenhändler, Taschendiebe und auf amouröse Abenteuer erpichte Jung-Römer. Wenn man all das ausblendet und ein freies Plätzchen auf den ansteigenden Stufen vor dem Brunnen ergattert, kann man die üppige Marmorinszenierung im Wasserspiel wunderbar genießen.

**Pantheon:** Auf der Pzza. Rotonda vor dem Pantheon treffen sich hauptsächlich Jugendliche aus aller Welt, von denen meist wenigstens einer in der Vorhalle des antiken Tempels oder auf den Stufen des Brunnens der Piazza versonnen die Gitarre zupft. Oft sind auch noch ein paar einheimi-

sche Punker zugegen, die friedlich die Bierflasche kreisen lassen.

**Piazza Navona:** Auf Touristen und Einheimische gleichermaßen übt die Piazza Navona abends besonders große Anziehungskraft aus. Hier ist wohl am meisten los, es gibt Porträtisten, Karikaturisten, Bilderverkäufer, Wahrsager, Kartenleger, Magier, Akrobaten, Puppenspieler, allerlei sonderbare Gestalten. Oft finden auch Veranstaltungen, Kundgebungen und Filmaufnahmen statt.

Jüngere Leute flanieren eher durch die **Via della Pace** und die umliegenden Gassen mit der Pzza. del Fico (nur wenige Meter westlich der Pzza. Navona, der Gasse rechts der Kirche folgen), wo es einige nette Cafés und Kneipen gibt.

Eine auch nachts besonders beliebte Flanierstrecke ist die **Via Governo Vecchio**, die am südlichen Ende der Pzza. Navona beginnt und mit ihrer Verlängerung, der **Via Banchi Nuovi**, parallel zum vielbefahrenen, lauten Corso Vittorio Emanuele II verläuft. Am westlichen Ende sind es nach rechts nur noch wenige Meter bis zur Engelsbrücke, von der man einen zauberhaften Blick auf die Engelsburg und die nächtlich beleuchtete Kuppel von St. Peter hat.

**Campo de'Fiori:** Der beliebteste und frequentierteste Treffpunkt aller jüngeren Römer und Touristen ist im Centro Storico der Campo de'Fiori mit seinem nachts noch morbider wirkenden Charme. Die Sitzplätze draußen vor den zahlreichen Kneipen sind oft noch nach Mitternacht komplett belegt. Die meisten trinken ihr Bier daher im Stehen oder lassen sich auf den Stufen des düsteren Denkmals für Giordano Bruno in der Mitte nieder. Eine enge, aber am frühen Abend außerordentlich beliebte Flanierstraße ist die **Via Giubbonari**, die östlich vom Campo de'Fiori zur Verkehrsachse der Via Arenula führt.

**Trastevere**: Auf der anderen Tiberseite, wo schon in der Antike die einfacheren Leute wohnten, hat sich der Charme enger, krummer, mittelalterlicher Gassen mit tropfender Wäsche darüber bewahrt. Auf einen romantischen Spaziergang durch das Viertel sollte man nicht verzichten, auch wenn die Atmosphäre durch die unzähligen Straßenhändler mit ihren bunten Ramschartikeln und nachgemachten Designerprodukten etwas leidet. Aber noch kann man diesem Trubel abseits der Hauptpfade entgehen.

Gerade bei jungen Touristen, aber auch Einheimischen, ist Trastevere außerordentlich beliebt. Die Szene hier ist etwas weniger schick als auf dem Campo de'Fiori. Speziell auf der zentralen **Piazza Santa Maria in Trastevere** treffen sich viele „Alternative", sitzen auf dem Boden, trinken Bier und machen Musik. Die Straße mit den meisten Kneipen ist die **Via della Scala** mit ihren abzweigenden kleinen Gassen.

Gegen 21 Uhr leeren sich die Straßen, man begibt sich zum **Abendessen** in eine Trattoria oder ein Ristorante. Die römische Jugend mit schmalem Budget zieht es eher in eine Pizzeria, zur Not begnügt man sich auch mit der italienischen Fastfood-Variante, einer Pizza a taglio oder einer Rosticceria (→ „Römische Küche/Die Lokale" S. 119).

Nach dem abschließenden Kaffee in der Bar und einem letzten Bummel machen sich die einen auf den Heimweg. Andere ziehen sich zu einer ungestörten Liebesnacht im Auto auf einen der kaum beleuchteten Parkplätze mit Aussicht entlang der Passeggiata del Gianicolo (→ S. 452) zurück. (Selbst wer über Beruf und eigenes Einkommen verfügt, hat in der Regel kein eigenes Appartement, sondern genießt bis zur Hochzeit die Annehmlichkeiten des Hotels Mama.)

Wieder andere drehen mit der Vespa noch ein paar Runden und fahren die gerade angesagten Plätze ab oder genießen es, in dem nun ruhigeren Verkehr so richtig aufzudrehen. Die meisten von ihnen schauen später noch auf dem Campo de'Fiori oder im *Café della Pace* vorbei (Via della Pace, in der Nähe der Pzza. Navona, → S. 415) und trinken einen Kaffee oder einen der wirklich guten Cocktails.

Seit einiger Zeit ist auch ein **Kneipenbummel** angesagt, denn Bier ist bei den jungen Römern das Szenegetränk geworden. Stattdessen kann man sich auch ins **wahre römische Nachtleben** stürzen. Das beginnt frühestens ab 23 Uhr und ist lange nicht mehr so öde wie vor Jahren. Damals hat man die als kreuzbieder empfundene Stadt des Papstes weit hinter sich lassen und nach Florenz oder Mailand fahren müssen, um wirklich etwas zu erleben.

Neben den sehr gestylten und teuren Clubs, Pubs, Lounges und ein paar Diskotheken in der Innenstadt und vor allem in Trastevere zieht es die Nachtschwärmer in die eher studentische Kneipenszene von **San Lorenzo** (südöstlich des Bahnhofs in Uninähe, → S. 362) und vor allem in den südlichen Stadtteil **Testaccio** (→ S. 281), in die Umgebung der stillgelegten Schlachthöfe. In diesem wenig attraktiven Viertel mit den gleichförmigen Mietshäusern und Barackenwerkstätten (im Szenejargon „*Arsch von Rom*" genannt) ist nachts (besonders am Wochenende) der Teufel los. Dann werden unscheinbare Eisentore und Kellerverschläge geöffnet, flimmerndes Licht der angesagtesten **Clubs** dringt nach draußen und Fackeln oder herausgestellte Schilder weisen den Weg. Vor 23 Uhr ist von all dem aber kaum etwas zu ahnen.

Während sich auf dem alten Schlachthofgelände eine lebendige Kunstszene etabliert hat, entwickelten sich gegenüber um den antiken Scherbenhügel Testaccio die Clubs. Bestehende Gänge wurden erweitert und zu Discobars, Kneipen und abgedrehten Partytreffs ausgebaut. Szene-Kids und Vertreter der Underground-Kultur meinen, dass hier inzwischen mehr los sei als in Paris oder London. Das erscheint wohl doch übertrieben, aber die Ausstattung ist sehenswert, zumal die Wände in manchen Bars noch ganz aus den antiken Tonscherben bestehen.

Besonders auf dem letzten Abschnitt der **Via Galvani** (ab Via Nicola Zabaglia) und in der **Via Monte Testaccio**, die im Halbkreis um den antiken Scherbenhaufen herum führt (besonders an der Seite der Via Nicola Zabaglia), reihen sich gestylte Lokale und trendige Clubs aneinander. Die Auswahl ist groß und für fast jeden Musikgeschmack dürfte etwas zu finden sein. Die ganze Bandbreite von Techno, House, Dancefloor, Grunge-Rock bis Rave, aber auch Latino, Reggae und die schrille Schwulenszene sind vertreten (Adressen s. u. „Live-Musik").

Seit wenigen Jahren dehnt sich die Disco-Szene weiter in die teilweise aufgegebenen Industrieviertel im Süden aus. Zuerst eröffnete in der Nähe des stillgelegten, rostigen Gasometers, der das Viertel Testaccio im Süden überragt und so etwas wie dessen Wahrzeichen geworden ist, die Großdiskothek **Alpheus** (s. u.). Ein weiterer neuer Szene-Spot des Nachtlebens entsteht gerade östlich der stark befahrenen Via Ostiense in der kleinen **Via G. Libetta** und der angrenzenden **Via d. Argonauti** (schräg gegenüber der Metrostation „Garbatella" der Linie B). In diversen Clubs und Discos kann man z. T. auch essen. Wer die Nacht zum Tag machen will, ist hier richtig.

**Achtung:** Der Schein einer heruntergekommenen Gegend trügt. Um in einen Club hineinzukommen, sollte man – wie auch in der Innenstadt – gut (Kleid bzw. Sakko, Hemd, Krawatte), besser aber trendy gekleidet sein, oft reicht auch eine erkennbar teure Designer-Garderobe.

### Die „Tessera"

Vielen Bars, Clubs und Kneipen bereiten die selten ausgegebenen Lizenzen und der gewaltige Steuersatz erhebliche Probleme. Sehr viel einfacher ist die Gründung eines steuerlich begünstigten Kulturvereins *(associazione culturale)*. Aus diesem Grund sind fast alle Szenelokale Clubs, die nur Mitglieder einlassen dürfen. Wird bei einer Razzia ein Nichtmitglied erwischt, wird der Laden sofort von der Polizei geschlossen und den Besitzer erwarten hohe Geldstrafen. Deshalb wird am Eingang peinlich genau der Clubausweis *(tessera)* kontrolliert. Das ist aber für Sie kein Hindernis, denn überall kann man am Eingang problemlos Mitglied werden, man muss nur den **Jahresbeitrag** von ein paar Euro bezahlen (zum Ausgleich gibt es dafür oft ein „Willkommensgetränk" gratis). Manche Clubs haben sich auch zusammengeschlossen, sodass eine Tessera für mehrere Adressen ausreicht. Zu diesen einmaligen Mitgliedsbeiträgen kommen oft noch Verzehrbons oder Eintrittsgelder (meist bei Live-Musik). Da die Getränkepreise allgemein deutlich höher als in Deutschland sind, kann ein ausgiebiger Ausflug ins römische Nachtleben recht teuer werden.

# Kneipen, Pubs, Discobars, Lounges

Während es bis vor einigen Jahren überhaupt keine Kneipen gab, findet man heute sogar im historischen Zentrum jede Menge. Die größte Auswahl auf engstem Raum hat man auf dem **Campo de'Fiori**. Das zentrale Kneipen- und nächtliche Flanierviertel ist **Trastevere** und dort besonders die Via della Scala.

Abseits der üblichen touristischen Pfade liegen die Kneipen im etwas angegammelt wirkenden Arbeiter- und Studentenviertel von **San Lorenzo** (südöstlich des Hauptbahnhofs Termini). Hier verzichtet man auf teures Design, und auf gestyltes Outfit kommt es hier nicht an. Wer aufgeschlossen ist, findet schnell Kontakt zu den vielen römischen Studenten. Manche Kneipen werden aus einer Laune heraus eröffnet und sind genauso schnell wieder geschlossen. Die Fluktuation ist groß, man kann daher immer wieder neue Adressen entdecken. Am meisten los ist in der **Via degli Equi**, um den **Largo degli Osci** und am Anfang der Via Tiburtina um den **Largo dei Falisci.**

Da Trends und Besitzer häufig wechseln, kann es viele Änderungen geben. Die hier folgenden Empfehlungen sind etabliert, aber können nur Beispiele sein. Sie werden in den angegebenen Vierteln auch darüber hinaus sicher fündig.

**Achtung**: Von Ende Juli bis Anfang September haben die meisten Lokale geschlossen. Das Nachtleben verlagert sich dann hauptsächlich ans Meer nach Ostia (→ S. 591).

## Um Campo de'Fiori und Largo Argentina

**La Vineria Reggio,** traditionsreiche Winebar direkt auf dem Campo de'Fiori, bis spät abends geöffnet und meist sehr voll. Hier kann man z. B. vor dem Abendessen vorbeischauen und ein Glas Prosecco als Aperitif nehmen. Es gibt auch gute Cocktails und Bier vom Fass. Campo de'Fiori 15, ✆ 06.68803268. Mo–Sa 8.30–2 Uhr, So 17–2 Uhr.

**Taverna del Campo**, beliebte Cocktailbar, Enoteca und Pub. Campo de'Fiori 16, ✆ 06.6874402. Tägl. außer Mo 9–2 Uhr.

**The Drunken Ship**, vor allem junge Amerikaner und Engländer, auch viele römische Studenten, gute Stimmung. Gelegentlich Live-Musik, sonst DJs. Campo de'Fiori 20/21 (an der Ecke zum Vicolo del Gallo), ✆ 06. 68300535. Tägl. 17–2 Uhr, Happy Hour 17–20 Uhr.

**Aristocampo**, laute Musik und eine große Leinwand für Sportübertragungen. Sehr beliebt bei Römern unter 30, die Terrasse ist meist bis auf den letzten Platz besetzt. Campo de'Fiori 30.

**O Connor's Pub**, gemütliche Bierkneipe (auch Guinness vom Fass) mit Live-Musik am Wochenende. Via dei Cartari 7 (nahe Corso Vittorio Emanuele II an der Höhe der Chiesa Nuova). Tägl. außer Mo 20–2 Uhr.

**Crudo**, in dem großen Palazzo aus dem 16. Jh. mit mehreren Etagen gibt es seit ein paar Jahren den gerade so ungeheuer angesagten Mix aus Lounge, Bar, Winebar und Restaurant. Am späten Abend bis in die Nacht legen bekannte DJs auf. Sehr hip, schickes junges cooles Publikum. Via degli Specchi 6, ✆ 06.6838989, www.crudoroma.it. So geschlossen (im Winter Mo), nur abends geöffnet.

**Gloss**, gestylte Bar mit roten Wänden. Partys an jedem Di, auch Live-Musik. Via del Monte della Farina 44, ✆ 06.68135345, www.glossroma.it. 19–2 Uhr.

**Bar Targa**, extravagante Bar gegenüber des Schildkrötenbrunnens auf der stimmungsvollen kleinen Pzza. Mattei. Die rot lackierten Wände, plüschigen Sofas und bunt schummrig glitzernden Lüster wirken etwas schwülstig. Schon zum Aperitif bestens besucht, je später der Abend, desto unkonventioneller das Publikum und lauter die Musik. Es gibt auch Live-Auftritte, gelegentlich Jazzsänger. Man bekommt (teure) Cocktails, aber auch Bier. Pzza. Mattei 9, ✆ 06.6892299. Nur abends geöffnet.

**Le Bain, Osteria & Cucina**, wieder der angesagte Mix aus Lounge, Cocktailbar, Restaurant, Winebar und Club mit Live-Musik und anderen Events für das topgekleidete jüngere, römische Partyvolk. Am späten Abend beginnt die Musik, oft live gespielt, ansonsten legen die angesagtesten DJs aus Stadt und Land auf. Via delle Botteghe Oscure 33, ✆ 06.68655673, www.lebain.it. So Ruhetag.

## Um Piazza Navona und Pantheon

**Jazz Café**, große American Bar & Ristorante (kleine Karte, schnelle, preiswerte Gerichte), am Tresen sitzt man auf Bongos und um Musik geht es hier auch hauptsächlich: häufig live gespielt, sonst DJs. Jüngeres Publikum von Schülern bis zu Gästen Mitte 30, am Wochenende sehr gut besucht. Via Zanardelli 11/12 (die breite Straße, die vom nördlichen Ende der Pzza. Navona zum Ponte Umberto I führt, gleich

*Das Testaccio: ein riesiger Scherbenhaufen der Antike*

rechts an der Straßenecke), ☎ 06.6861990. Tägl. außer Mo 12–15.30 und 22.30–3 Uhr.

**Fluid**, coole Cocktail- und Winebar (man sitzt auf Plastik-Eiswürfeln), am späten Abend Live-Musik oder DJs; junges Publikum. Via dei Banchi Nuovi 46, ☎ 06.6832361, www.fluideventi.com.

**Abbey Theatre**, Irish Pub mit allem, was dazu gehört, einschließlich der Fernsehübertragung aller wichtigen Fußball- und Rugbyspiele (bei manchen Spielen stehen die Zuschauer bis auf die Straße und es herrscht gespannte bis ausgelassene Stimmung). Via del Governo Vecchio 51/53, ☎ 06.6861341. Tägl. 15–2 Uhr.

**Jonathan's Angels**, beliebter Pub, der schon wegen seiner kuriosen Einrichtung einen Besuch wert ist: Selbstporträts des Besitzers zieren die Wände von oben bis unten. Gelegentlich Live-Musik. Via della Fossa 16, ☎ 06.6893426. Tägl. außer Mo 16–2 Uhr.

**Bar della Pace**, eine der bekanntesten Bars der Innenstadt, mit stilvoller Einrichtung. Man kann aber auch draußen sitzen und die stimmungsvolle Atmosphäre genießen. Tagsüber ein gemütliches Café und abends eine beliebte Cocktailbar, in der sich schicke Römer und Römerinnen auf ein Glas treffen, plaudern, sehen und vor allem gesehen werden. Via della Pace 4-7. Tägl. von 9 bis etwa 3 Uhr nachts.

**Modo**, coole Live-Music-Bar (beim letzten Besuch total schwarze Deko), oft Live-Musik, DJs oder andere Veranstaltungen. Das Publikum ist überwiegend jünger als 30. Vicolo del Fico 3, ☎ 06.6867452, www.modo. roma.it. Di–So 19.30–2 Uhr.

**Café Friends**, moderne, gestylte Cocktailbar, die bei jungen Römern gerade „in" ist; auch Snacks, Sandwiches, Tramezzini an der Bar. Abends ist die Musik recht laut, es gibt regelmäßig Veranstaltungen. Via d. Scrofa 60, Ecke Via delle Coppelle, ☎ 06. 6861416.

**Riccioli Café**, Mischung aus Sushi-, Austern-, Cocktail- und Winebar, Lounge, Restaurant und Tearoom, also modern gestylt (viele moderne Lampen) mit kleinen Gerichten, Schwerpunkt Fisch und Meeresfrüchte. Pzza. delle Coppelle 12, ☎ 06.68210313, www. ricciolicafe.com. So Ruhetag, sonst 10–2 Uhr.

**Trinity College**, gemütlicher irischer Pub auf zwei Etagen mit allem, was dazu gehört (z. B. Guinness vom Fass und TV-Fußballübertragungen), auch kleine Gerichte. Beliebt bei jüngeren Touristen, aber auch Römer kommen gerne her. Bekannt sind hier die zahlreichen Varianten des Irish Coffee. Via del Collegio Romano 6 (bei der Via del Corso, hinter dem Palazzo Doria), ☎ 06. 6786472. Tägl. 11.30 bis ca. 2 Uhr, Happy Hour 16–20 Uhr.

**Supperclub**, Mischung aus Essen, Musik, Performance, Kunst und Mottopartys (→ S. 397). Via dei Nari 14, ☎ 06.68807207, www.supperclub.com. So Ruhetag.

**Bloom**, modernes schickes Ambiente, im 1. Stock Sushi-Bar, ab ca. 23 Uhr legen internationale DJs auf, dann sinkt der Altersdurchschnitt der Gäste unter 30. Via del Teatro Pace 30 (bei der Pzza. Navona, zweigt von der Via del Governo Vecchio ab), ☎ 06.68802029, www.bloombar.it.

**Anima**, von außen recht unscheinbar, drinnen aber hypermodernes Ambiente, dazu schwülstige Sessel und Kronleuchter. Sushi und Cocktail-Kreationen als Aperitivo, später legen bekannte DJs auf – v. a. House, Funk etc. Via Santa Maria dell'Anima 57, ☎ 06.6864021. Tägl. 19–4 Uhr.

**The Black Duke**, im Stil eines irischen Pubs mit irischer Küche und natürlich Guinness. Via della Maddalena 29 (Nähe Pantheon), ☎ 06.68300381. Im Mai geschlossen, sonst 12–2 Uhr, Happy Hour 17–21 Uhr.

**Lowenhaus**, „echt" bayerische Kneipe mit Weißbier und bayerischer Küche. Via della Fontanella 16 b (Nähe Pzza. del Popolo), ☎ 06.3230410. Tägl. außer Mo 11–1.30 Uhr.

## Um Piazza della Repubblica, Esquilin und Monti

**Bar Tazio**, luxuriöse Champagnerbar des Hotels Esedra in den Arkaden der Pzza. della Repubblica (auf der Seite in Richtung Bahnhof) mit dunklem Holz und Kaskaden von glitzerndem Kristall als Lampen. Man hat die Wahl zwischen mehreren Champagnersorten und kann sich dazu Austern oder andere Kleinigkeiten bestellen. Pzza. della Repubblica 47.

**Flann O'Brien**, einer der größten irischen Pubs der Stadt mit skurriler Dekoration, reichhaltiger Speisekarte und mehreren Biersorten (auch Guinness vom Fass). Beliebt sind die TV-Übertragungen von Fußballspielen der italienischen und englischen Liga auf drei Großbildschirmen. Häufig auch Themenabende. Via Nazionale 17 (Ecke Via Napoli), ☎ 06.4880418. Tägl. 8–2 Uhr (Sa bis 4 Uhr), So ab 10 Uhr Brunch, Happy Hour tägl. 17.30–20.30 Uhr.

**Zest Bar** auf der Dachterrasse des Radisson SAS Hotels (→ S. 365), Via Filippo Turati 171, ☎ 06.444841.

**La Bottega del Caffè**, an der herrlich beschaulichen (aber immer beliebteren) Pzza. Madonna dei Monti befindet sich diese überaus einladende Bar, die bereits zum Aperitivo bis auf den letzten Platz besetzt ist. Man kann hier auch Kleinigkeiten essen oder später gute Cocktails genießen. Pzza. Madonna dei Monti 5, ☎ 393.9311013.

**Finnegan**, gemütliche Bierkneipe mit internationalen Bieren vom Fass. Via Leonina 66 (Stadtteil Monti), ☎ 06.4747026. 14–1 Uhr.

**Druids**, irischer Pub mit internationalen Biersorten vom Fass und irischer Musik. Via San Martino ai Monti 28 (von S. Maria Maggiore auf der Via Merulana in Richtung Lateran, die zweite Gasse rechts), ☎ 06.48904781. Tägl. 17–2 Uhr.

## San Lorenzo

**Rive gauche 2**, eine der angestammten Kneipen von San Lorenzo mit sehr entspannter Atmosphäre; am späten Abend wird es meist sehr voll. Via dei Sabelli 43, ☎ 06.4456722. Tägl. 20–2 Uhr.

## Trastevere

Besonders in der Via della Scala oder ihren Seitengassen reihen sich Kneipen und Restaurants aneinander, z. B. das besonders bei jüngeren Touristen sehr beliebte **Caffè della Scala** mit Tischen auf der netten Piazza. Typische Birreria mit kleiner Speisekarte. Via della Scala 4, ☎ 06.5803619. Tägl. 16–2 Uhr. Noch beliebter ist nur ein paar Schritte weiter, an der Pzza. Sant'Egidio, das Café **Ombre Rosse**, ☎ 06.588415. Tägl. 8–2 Uhr, So erst ab 18 Uhr.

**Bar San Calisto**, eigentlich eine Bar wie unzählige andere auch, aber trotzdem ist ausgerechnet hier am meisten los. Besonders abends und nachts ist dies ein idealer Ort, um Kontakte zu knüpfen. Pzza. San Calisto 5–7.

**La Bucca di Bacco**, eine gestylte Cocktailbar, in der immer viel los ist (gelegentlich auch Veranstaltungen). Via San Francesco a Ripa 165, ☎ 348.7647388. Tägl. 17–2.30 Uhr, So schon ab 15 Uhr, Happy Hour Mo–Do 17–21 Uhr (Cocktails für 3 €).

**Mr. Brown**, ein Pub mit vergleichsweise moderaten Getränkepreisen, der besonders bei jungen Leuten sehr beliebt ist. Vicolo del Cinque 29, ☎ 06.5812913.

Weitere Empfehlungen für Trastevere finden Sie im Serviceteil zu „Trastevere" (→ S. 454).

## Testaccio

Adressen s. u. „Live-Musik".

# Live-Musik: Rock, Folk, Jazz und Blues

Wenn auch das Angebot nicht mit dem in Berlin oder Hamburg konkurrieren kann, so gibt es doch seit einigen Jahren einige recht gute Konzerte und ein paar ausgezeichnete Jazzclubs, in denen gelegentlich auch große Stars auftreten. Selbst im Sommer, wenn die meisten Römer vor der Hitze ans Meer fliehen, viele Restaurants und die meisten Clubs geschlossen haben, gibt es inzwischen ein recht gutes Angebot an Live-Musik. Zum Programm des Römischen Kultursommers, **L'estate romana** (→ S. 43), von Juli bis Mitte September gehören regelmäßig ausgezeichnete Open-Air-Konzerte, darunter das renommierte Jazzfestival im Park der Villa Celimontana.

**Große Rock- und Popkonzerte** finden in den Sälen des 2002 eröffneten **Auditorium di Roma** am Rande des Olympischen Dorfes statt (→ „Auditorium di Roma", S. 474).

Informationen über das aktuelle Programm gibt es auch im Internet unter www.musica perroma.it. Karten in Italien: ℡ 199109783; vom Ausland aus: ℡ 0039/06.3700106. Kartenverkauf vor Ort: 11–18 Uhr und jeweils vor Vorstellungsbeginn.

---

## Programmtipps

Das aktuelle Programm und die Anfangszeiten aller größeren Veranstaltungen erfährt man aus den wöchentlich erscheinenden Stadtmagazinen *Roma c'è* (sprich: „romaschä") oder *Time Out Roma*. Sie sind überall an den Kiosken erhältlich (1,50 €). Und auch die Donnerstagsbeilage (*Trovaroma*) der Tageszeitung *La Repubblica* informiert umfassend über alle Veranstaltungen in der Stadt (sie erscheint nicht im August). Im Internet findet man einige Veranstaltungshinweise z. B. unter www.2night.it oder unter www.romaturismo.com („*eventi*").

---

**Big Mama** ist eine überaus renommierte Kellerkneipe mit mehreren Räumen, in denen hauptsächlich Blues, aber auch Jazz und Funk gespielt wird – nach eigener Einschätzung ist Big Mama sogar ein „Nationalmonument" Italiens. Jedenfalls haben fast alle namhaften internationalen Stars hier schon gespielt und das Programm ist immer wieder beeindruckend (das Monatsprogramm liegt an der Kasse aus). Es gibt auch kleine Gerichte und Bier vom Fass. Eintritt nur für Mitglieder, die Tessera bekommt man am Eingang für 13 € Jahresmitgliedsbeitrag. Mit ihr sind die meisten Konzerte kostenlos. Via S. Francesco a Ripa 18 (zweigt vom Tiber kommend links vom Viale Trastevere ab), ℡ 06.5812551, www. bigmama.it. So/Mo geschlossen, sonst 21– 1.30 Uhr (es lohnt kaum, vor 22 Uhr herzukommen).

**Alexanderplatz** im Viertel nördlich des Vatikans ist der älteste und einer der besten Jazzclubs Italiens. Hier geht es schicker zu als im Big Mama, das Kellergewölbe ist weiß getüncht. Man kann in lauschigen Nischen für 2 bis 8 Personen oder auf der Empore sitzen. Es gibt kleine Gerichte, Cocktails und Bier. Alexanderplatz ist auch der Veranstalter des **Roma Jazz Festivals** im Park der Villa Celimontana. Via Ostia 9, ℡ 06.39742171, www.alexanderplatz.it. Das Restaurant öffnet um 21 Uhr, die Konzerte beginnen in der Regel ab 22.30 Uhr. Eine Reservierung ist zu empfehlen. Eintritt nur mit Mitgliedskarte *(tessera)*, die man am Eingang erhält (10 € für einen Monat, die Jahreskarte kostet 30 €).

**Fonclea**, Jazz, Soul, Funk und Rock. Via Crescenzio 82A (in der Nähe der Pzza. Risorgimento beim Vatikan), ℡ 06.6896302. Tägl. außer So 20–2 Uhr. An Werktagen ist der Eintritt frei, Sa muss man zahlen, der Preis variiert je nach Konzert (ab 10 €).

**Gregory's Live Jazz & Dinner Club**, nahe der Spanischen Treppe wird hier Jazz, Dixieland, Bebop und Swing in eleganter Umgebung geboten, man kann auch ordentlich essen. Via Gregoriana 54d, ℡ 06.6796386.

Tägl. außer Mo 20–2 Uhr. Die Konzerte finden von Mi bis Sa ab ca. 22 Uhr statt. Der Eintritt ist auch ohne Mitgliedschaft möglich, doch dafür ist wenigstens ein Getränk (ab 10 €) obligatorisch.

**Jam Session Music** (früher als **Saint Louis Music City** bekannt), fast ausschließlich Live-Musik, aktuelles Programm hängt draußen (viel Rhythm'n'blues, Soul). Nach den Konzerten ist Disco. Bier vom Fass, gute Cocktails, auch kleine Speisekarte mit Steaks, Hamburgern und Salaten. Via del Cardello 13 a, ☎ 06.4745076. Tägl. außer Mo ab 22.30 Uhr.

## Testaccio

Das größte Angebot an Live-Musik auf engstem Raum findet man im Viertel **Testaccio**, in der Via Galvani und in der Via Monte Testaccio, die im Halbkreis um den antiken Scherbenhügel herum führt:

**Etro**, im Jahr 2004 eröffnet und zur Zeit in der römischen Szene recht angesagt, entsprechend gestylt ist das Publikum. Die Musikrichtung tendiert zu Black und House, wenn keine Live-Musik ist, legen DJs auf. Via Galvani 46. 23–4 Uhr.

**Pub Music Bar On the Rox**, Via Galvani 54.

**Caruso – Café de Oriente**, sehr beliebte Disco mit hauptsächlich kubanischer Musik und anderen lateinamerikanischen Rhythmen, an manchen Tagen speziell Reggae, Hip Hop, Black, Salsa. Via Monte Testaccio 36, ☎ 06.5745019, www.carusocafedeoriente.com. Tägl. außer Mo 23–4 Uhr. Eintritt je nach Veranstaltung um 10 € (So ist der Eintritt frei).

**Radio Londra**, zwei Säle, die wie ein Luftschutzkeller dekoriert sind, auch sonst dominiert Military-Style. Jüngeres Publikum, viele Waver. Live-Bands spielen hauptsächlich Rock oder Blues. Anständiges Essen (Pizza, Sandwiches, Salate), man trinkt Bier oder Cocktails. Via Monte Testaccio 65b. Tägl. 23–4 Uhr. Die Tessera kostet 5 €.

**Akab** war früher eine Fabrik und ist heute ein Konzertsaal mit skurrilem Ambiente, in dem schon hochkarätige Musiker aufgetreten sind (auch viele italienische und internationale Chansoniers). Nach den Konzerten legen einige der besten DJs von Rom hauptsächlich schwarze Musik auf. Große Auswahl an guten Cocktails. Sehr beliebt und häufig voll. Via Monte Testaccio 69, ☎ 06.5782390. Tägl. 23–4.30 Uhr. Eintritt 10 €.

**Jungle**, der Name dieser Cocktail-Bar ist eine Anspielung auf den Großstadtdschungel; besondere Ausstattung und Lichteffekte. Fr und Sa Live-Musik und Disco mit den besten römischen DJs. Gelegentlich Ausstellungen und Überraschungsabende. Via Monte Testaccio 93. Tägl. außer Mo 23–3 Uhr. Eintritt um 10 € (je nach Veranstaltung).

**Caffè Latino Jazz Club**, eine der ältesten, sehr populären Diskotheken, fast jeden Abend Live-Musik, danach oder ansonsten Disco (Musik variiert je nach Abend, hauptsächlich aber Funk, Black Jazz, Acid). Das Ambiente wechselt häufiger, seit einiger Zeit ist Ethno-Stil angesagt mit gemütlichen Sitzecken und sanfter Beleuchtung; drei Säle und Café nebenan. Via Monte Testaccio 96, ☎ 06.57288556. Tägl. außer Mo 22.30–2.30 Uhr. Eintritt 8 €, am Wochenende ist es teurer (ab 10 €).

## Diskotheken

Wer Diskotheken mag, findet ein reichhaltiges Angebot. Die Ausstattung ist meist sehr schick und der Türsteher sorgt dafür, dass es die Gäste auch sind. Perfekt gestylt zu sein ist nirgends so wichtig wie hier. Für Männer ist ein Hemd mit Sakko üblich und oft herrscht Krawattenzwang. Frauen erscheinen im Kleid oder im (möglichst kurzen) Rock mit Top, aber regelmäßig nicht in Hosen. Modische Designer-Kleidung geht in der Regel auch, besonders, wenn die Marken erkennbar und teuer sind. Die Eintrittspreise liegen bei 12 bis 30 € (Getränke meist ab 8 €). An Wochentagen ohne besondere Party-Veranstaltungen oder vor 24 Uhr ist fast nichts los (in der Regel auch nicht am Freitag, denn der Samstag ist für viele ein normaler Arbeitstag). Richtig voll wird es nur am Samstag. In den Sommermonaten Juli und August sind die Diskotheken im Zentrum geschlossen und die Szene verlagert sich an den Strand (→ „Lido di Ostia", S. 590).

Die Vorliebe für einzelne Diskotheken ist stark der Mode unterworfen. Was „in" und was „out" ist, wechselt häufig. Am besten fragt man jüngere Römer, wo sie hingehen. Zu den Klassikern gehören:

**Gilda**, in dieser feinsten und teuersten Disco mit bequemen Sofas und hohen Decken trifft sich seit über 20 Jahren hauptsächlich Roms Schickeria und Prominenz. (Der frühere italienische Außenminister De Michelis kommt inzwischen auch wieder, nachdem er seine vierjährige Haftstrafe wegen Korruption abgesessen hat). Besonders sorgfältig wird das Publikum hier von den wählerischen Türstehern handverlesen. Als Nicht-Promi hat man ohne elegantes Sakko bzw. tief dekolletiertes Cocktailkleid kaum eine Chance. Man kann auch Kleinigkeiten essen. Zum Gilda gehört eine der meistbesuchten Pianobars der Stadt. Via Mario de'Fiori 97 (am Rand des Modedreiecks bei der Spanischen Treppe), ✆ 06.6784838, www.gildabar.it. Tägl. außer Mo 22.30–4 Uhr. Eintritt ab 25 €. Im Sommer zieht Gilda ans Meer nach Fregene (nördlich von Rom), Infos unter www.gildaonthe beach.it.

**Piper**, älteste Großdisco Roms (besteht schon seit 1965) mit einer riesigen Leinwand. Gemischtes, auch viel jüngeres Publikum. Jeden Abend andere Musik-Schwerpunkte (z. B. House, Underground, Rock, 70er oder 80er), auch Themenabende und Live-Konzerte. Via Tagliamento 9 (zweigt ein gutes Stück nördlich des Hauptbahnhofs Termini vom großen Viale Regina Margherita ab), ✆ 06/8555398, www.piper club.it. Tägl. außer Mo 23–4 Uhr, So auch 16.30–19.30 Uhr für Teenies. Eintritt 15 €.

**Alien**, eine der beliebtesten Discos in Rom mit hauptsächlich jungem Publikum. Sehenswerter, verrückter Laden, in dem die Selbstinszenierung des Publikums eine bedeutende Rolle spielt (Musik entsprechend der Themenabende, z. B. Heavy Metal oder House). Via Velletri 13/19 (Nähe Pzza. Fiume, parallel zur Via Salaria, im Viertel Salario), ✆ 06.8412212. Tägl. außer So 22.30–5 Uhr. Eintritt 8–15 €.

**Alibi** ist seit den 1980er Jahren die angesagteste Disco der römischen Schwulenszene mit recht gemischtem Publikum (es gibt auch viele Frauen und Heteros, außer bei einigen speziellen Veranstaltungen). Auf zwei Etagen, die in den antiken Scherbenhügel Testaccio hineingegraben sind, tanzt man hier am Wochenende bis in den frü-

*Nur für Nachtaktive:*
*die Clubs am Testacciohügel*

hen Morgen. In lauen Nächten kann man sich auf der herrlichen Dachterrasse erholen. Viele Veranstaltungen und Motto-Partys. Via di Monte Testaccio 39–44 (im Testacciohügel), ✆ 06.5743448, www.lalibi.it. Mi–So 23–4 Uhr, Fr/Sa/So auch länger. Eintritt 8–15 € (je nach Veranstaltung).

**Alpheus multiclub**, ehemalige Käsefabrik, heute Kulturzentrum mit verschiedenen Sälen auf über 3.000 m² für 2.500 Gäste. Es gibt mehrere Discos für unterschiedlichsten Musikgeschmack (z. B. Latino, Ethno, Blues, Soul, Motto- und Themen-Partys), Restaurants (eines mit arabischer Küche), Bühnensäle für Konzerte, Cabaret und Theater. Sehr beliebt ist samstags der Gay- und Lesbian-Abend „**Gorgeous**". Via del Commercio 36 (in der Nähe des Gasometers südlich des Testaccio, auf der anderen Seite der Bahngleise), ✆ 06.5747826. Tägl. außer Mo 22–4.30 Uhr. Eintritt ab 8 € (je nach Veranstaltung).

Angesagte Discos im neuen Szene-Spot der Via G. Libetta sind z. B. **Goa-Club** (Hausnummer 13, ✆ 339.7725619; bei Lesben ist hier das **Venus rising** an jedem letzten Sonntag im Monat beliebt, dann haben aber nur Frauen Eintritt) oder **Loft** (Hausnummer 7).

# Oper, Theater und Kino

**Opern und klassische Konzerte kommen bei den musikbegeisterten Italienern gut an. Zudem bietet die Oper als gesellschaftliches Ereignis willkommenen Anlass, sich in bester Garderobe zu zeigen. Großer Beliebtheit erfreut sich auch das sommerliche Kulturprogramm, dessen Veranstaltungen fast ausschließlich unter freiem Himmel vor herrlicher Kulisse stattfinden. Für zusätzliche Attraktionen sorgt das 2002 eröffnete Auditorium di Roma im Norden der Stadt.**

Wer sich von Juni bis Ende September in der Ewigen Stadt aufhält, kommt in den Genuss des „**Römischen Sommers**" *(L'estate romana)* mit zahlreichen Open-Air-Konzerten, Musiktheater, Ballett, Filmfestivals und vielen anderen Veranstaltungen. Die APT (Touristeninformation) gibt kostenlos die Info-Broschüre *L'Evento* mit den wichtigsten Terminen des Monats heraus (auch in englischer Sprache).

Das **Theaterangebot** ist vielfältig. Neben den Bühnen, die vorwiegend klassische Werke aufführen, gibt es zahlreiche kleine experimentelle Theater. Da kaum eine staatliche Subventionierung existiert und nur die wenigsten Häuser über feste Ensembles verfügen, wird nicht immer professionellste Schauspielkunst geboten. Die Nachfrage ist trotzdem hoch. Deshalb ist unbedingt eine Kartenvorbestellung zu empfehlen. Nähere Infos können Sie den zahlreichen Veranstaltungsprogrammen entnehmen (s. o. Kasten „Programmtipps", S. 147).

Die **Tickethotline** der Stadt *(„Hello Ticket")* für Theater und Konzerte ist aus dem italienischen Festnetz unter ☏ 800907080 kostenlos zu erreichen (Gebühren fallen vom Handy aus dem Ausland an, Auslandsnummer ☏ 0039/06.48078400). Tickets können auch online unter www.helloticket.it geordert werden.

Mit dem **Auditorium di Roma** verfügt Rom seit 2002 endlich über ein auch architektonisch repräsentatives Konzertzentrum, das zu den weltweit spektakulärsten der Gegenwart zählt. In den drei offenen Saalgebäuden des Stararchitekten Renzo Piano, die die Römer an mutierte Kellerasseln erinnern, werden unterschiedlichste kulturelle Veranstaltungen und Musik von Klassik bis Pop geboten. Die größten Säle verfügen über 2.860, 1.200 und 600 Plätze; dazu kommt noch die zentrale Open-Air-Bühne mit weiteren 3.000 Plätzen (→ „Auditorium di Roma", S. 474). Seit 2006 findet hier jeweils Ende Oktober das **Internationale Römische Filmfestival** mit riesigem Staraufgebot statt. Ehrgeiziges Ziel ist es, die Festivals von Venedig und Cannes zu übertrumpfen.

Ein besonderer Genuss sind auch die vielen kleinen **Konzerte**. In vielen **Kirchen** finden sie hauptsächlich in der Adventszeit statt. Wenn Sie klassische Musik mögen und sich die Gelegenheit bietet, sollten Sie ein Kammerkonzert im Hof von **Sant'Ivo della Sapienza** besuchen. Die Kulisse, überragt von Borrominis Spiralturm, ist herrlich und die Akustik erstaunlich gut (→ S. 390).

Ein besonderes Erlebnis sind auch die Kammerkonzerte in der prachtvollen **Capella Paolina** des Quirinalspalastes, die den Glanz päpstlicher Hofhaltung widerspiegelt (→ S. 370); die Konzerte finden in unregelmäßiger Folge und wenn, dann sonntags um 12 Uhr statt.

Konzerte, Bälle und Ausstellungen sollen künftig vermehrt auch in der nach langer Renovierungszeit 2005 wiedereröffneten französischen Akademie in der **Villa Medici** stattfinden. Das hauseigene Kino will sogar ein eigenes Filmfestival veranstalten (→ S. 314).

Unüberschaubar groß ist die Anzahl der **Kinos**, deren Besuch bei den Römern sehr beliebt ist, vielleicht aus Nostalgie – schließlich war die Filmbranche mal der Hauptindustriezweig der Stadt. Noch immer entstehen an der Via Tuscolana am südöstlichen Stadtrand in den arg heruntergekommenen Barackenstudios der **Cinecittà** ein paar Kinofilme, ansonsten hält man sich mit der Produktion der unsäglichen Spielshows für die Privatsender mühsam über Wasser. Das „*Hollywood Europas*" ist Cinecittà jedenfalls schon längst nicht mehr.

Eine Übersicht über die laufenden Filme mit Preisen und Zeiten findet man in der Filmzeitung *Paese Sera* (am Kiosk erhältlich) oder im *Trovaroma* und in *Roma c'è* (s. o. Kasten „Programmtipps", S. 147).

*Leicht zu übersehen: Roms Opernhaus*

## Oper

**Teatro dell'Opera:** Von außen ist das Opernhaus, das Ende 1880 vom damaligen Hotelinhaber an das Hotel Quirinal angebaut wurde, derart unscheinbar, dass man es leicht übersehen kann. Die Inszenierungen können zwar nicht mit denen der Mailänder Scala konkurrieren, haben jedoch einen seit Jahren wachsenden guten Ruf. Karten sind schwer zu bekommen. Vorverkauf tägl. außer Mo 9–17 Uhr, So nur bis 13 Uhr. Die Karten kosten ab 17 € (bis ca. 130 € für einen Logenplatz), bei Ballett und Konzerten zahlt man etwas weniger. Via Firenze 72, Pzza. Beniamino Gigli (Nähe Via Nazionale), ✆ 06.48160255 (zur Hauptspielzeit von Nov. bis Juni auch ✆ 06.4881755), www.operaroma.it.
Am Sommerkulturprogramm beteiligt sich auch die Opera mit Freilichtveranstaltungen. Berühmt sind z. B. die gelegentlichen Aufführungen in den **Caracalla-Thermen** (→ S. 267).

## Klassische Konzerte

**Auditorium di Roma**: Das Konzertzentrum ist auch neue Heimat des römischen Spitzenorchesters *Accademia di Santa Cecilia*, das regelmäßig hochgelobte Sinfoniekonzerte veranstaltet (Tickets 17–44 €).
Informationen über das aktuelle Programm gibt es auch im Internet unter www.musicaperroma.it.
*Karten* in Italien ✆ 199109783; vom Ausland aus ✆ 0039/06.3700106 (Zahlung erfolgt per Kreditkarte); Kartenverkauf vor Ort 11–18 Uhr und jeweils vor Vorstellungsbeginn. Im Zentrum bei *Orbis*, Pzza. dell'Esquilino 37 (an der Rückseite von Santa Maria Maggiore).

*Adresse* Viale Pietro de Coubertin 30 (neben dem Palazetto dello Sport). *Verbindung* Mit Metrolinie A bis Station Flaminio und weiter mit Straßenbahn Linie 2; ab Termini mit Bus Nr. 217 oder 910, abends gibt es nach Veranstaltungsende einen Shuttle-Bus zurück zur Stazione Termini (ca. alle 15 Min.).

Erlebenswert sind auch die **Freilichtveranstaltungen** in den Parks (z. B. im Nymphaeum der Villa Giulia oder im Park der Villa Doria Pamphilj), auf Plätzen (z. B. dem Kapitol, vor dem Lateran oder vor dem Marcellustheater) oder in malerischen Innenhöfen und Klostergärten.

Über das aktuelle Angebot informieren Plakate, das Fremdenverkehrsamt oder die Stadtmagazine *Roma c'è* sowie *Time Out Roma* oder die Donnerstagsbeilage *Trovaroma* der Tageszeitung *La Repubblica*.

## Theater

**Teatro Argentina:** Das wichtigste Theater der Stadt existiert bereits seit 1731. Im Jahre 1816 wurde Rossinis *Barbier von Sevilla* hier uraufgeführt. Heute inszeniert man in der Regel italienische Klassiker und Komödien. Die Bühnenbilder des Theaters sind berühmt. Largo Argentina 52, ℅ 06.684000311, www. teatrodiroma.net. Vorverkauf Mo–Fr 10–14 Uhr und 15–18 Uhr, Sa 10–14 Uhr. Tickets 12–27 €.

**Teatro Sistina:** Hauptsächlich ist das Theater für seine Musical-Inszenierungen bekannt, es finden aber auch Shows und Chansonabende statt. Via Sistina 129 (Nähe Pzza. Barberini), ℅ 06.4200711, www.il sistina.com. Kartenvorverkauf Di–Fr 10–19 Uhr. Tickets 26–44 €.

**Sala Umberto**: Hauptsächlich ausländische Ensembles. Via della Mercede 50, ℅ 06.6794753, www.salaumberto.com. Vorverkauf Mo–Sa 10.30–19 Uhr, So 14–17 Uhr. Tickets 18–30 €.

**Teatro delle Marionette degli Accettella:** Hübsches Marionettentheater an der Pzza. Gondar 22, ℅ 06.87189984, www.accettellateatro.it.

**Il Puff:** Es ist nicht das, was Sie jetzt womöglich glauben, sondern eine der besten Kleinkunstbühnen Roms (das dazu gehörende Restaurant öffnet ab 20 Uhr, die Vorstellungen beginnen in der Regel gegen 22 Uhr). Via Giggi Zanazzo 4 (bei der Pzza. Sonnino in Trastevere), ℅ 06.5810721, www.ilpuff.it. Tickets 30–35 €.

Die einzelnen Bühnen bieten im Sommer auf vielen Plätzen zusätzlich **Freiluftveranstaltungen** an. Ein besonderes Erlebnis sind dabei bei trockenem Wetter die Aufführungen im nahezu perfekt erhaltenen antiken römischen **Theater von Ostia Antica.** Meist werden klassische griechische Stücke gespielt. Informationen dazu erhalten Sie im Teatro Argentina, ℅ 06.684000311 (10–14 und 15–18 Uhr).

## Kino

Neben den unzähligen Multiplex-Kinos im ganzen Stadtgebiet (z. B. **Metropolitan** in der Via del Corso 7), die die üblichen Blockbuster zeigen, existieren auch ein paar Programmkinos mit Filmen in Originalsprache: **Pasquino,** in der Regel laufen drei englischsprachige Filme pro Tag. Eintritt ab 6,20 €. Pzza. S. Egidio (in Trastevere, nur wenige Schritte von der zentralen Pzza. S. Maria in Trastevere entfernt), ℅ 06.5803622.

**Alcazar**, sehr komfortables Kino mit guter Akustik, montags laufen Filme in Originalfassung mit Untertiteln. Eintritt 6,20 €. Via Cardinal Merry del Val 14 (in Trastevere), ℅ 06.5880099.

**Quirinetta**, Filme in Originalsprache. Eintritt 7,50 €, nachmittags und mittwochabends ermäßigt. Via Marco Monghetti 4 (zweigt in der Nähe des Trevibrunnens von der Via del Corso ab), ℅ 06.6790012.

**Deutsche Filme** laufen manchmal im **Goethe-Institut.** Meist sind es entweder sehr alte Streifen oder neue, experimentelle Filme junger deutscher Regisseure mit künstlerischem Anspruch. Via Savoia 15, ℅ 06.8411628.

Einige Programmkinos sind so genannte **Cineclubs,** zu denen nur Mitglieder Zutritt haben. Eine Clubkarte *(tessera)* ist nicht teuer und kann mit der Eintrittskarte zusammen an der Kasse gekauft werden.

*Immer wieder sonntags: Flohmarkt an der Porta Portese*

# Einkaufen

**Zur Auflockerung eines allzu dichten Kulturprogramms bietet sich ein Einkaufsbummel an. An unwiderstehlichen Angeboten mangelt es nicht. Schon manche Kreditkarte hat hier einen regelrechten Amoklauf hinter sich gebracht und dürfte durch viele Schlitze gezogen worden und ein wenig abgerieben mit ihrem Besitzer nach Hause zurückgekehrt sein.**

An erster Stelle steht dabei natürlich die Mode von klassisch bis extravagant, von preiswert bis sündhaft teuer. Hier wird jeder fündig, egal, ob er die international bekannten Top-Stylisten, die traditionsbewussten Maßschneider oder die unzähligen kleinen Modeboutiquen sucht. Das gilt erst recht für die vielfältigen, oft vergleichsweise preiswerten Angebote der unzähligen Schuhgeschäfte. Auch Liebhaber von Antiquitäten werden begeistert sein, man kann wahrhaft prachtvolle, museale Stücke finden (aber leider meist nicht bezahlen). Dann gibt es noch allerlei interessante Läden für Küchendesign, Wohnaccessoires, Kunsthandwerk, Delikatessen, Wein und vieles andere zu entdecken. Man ist schließlich im Mutterland der Schönheit und des kultivierten Genusses!

Die Römer sind Individualisten und die persönliche Atmosphäre ist ihnen auch beim Einkauf wichtig. Am liebsten ist ihnen daher ein Stammgeschäft, wo möglichst schon die Eltern hingingen, wo man auf die Vorlieben der Kundschaft ohne Aufhebens eingeht und nebenbei den neuesten Klatsch austauschen kann. Deshalb, aber auch wegen der rigorosen Niederlassungsbeschränkungen, spielen Supermärkte und Warenhäuser kaum eine größere Rolle. Natürlich gibt es an den Ausfallstraßen zum Autobahnring die großen Discounter, wo man alles für den täglichen Bedarf bekommen kann, doch das meiste kauft man nach wie vor in den unzähligen Winzgeschäften im Zentrum.

Das **Sortiment** der kleinen Läden, besonders der Boutiquen und Schuhgeschäfte, wird nahezu komplett im Schaufenster ausgebreitet, da der Verkaufsraum oft klein ist und sich die Ware verpackt in Schränken und Regalen bis zur Decke stapelt. Die Wahl trifft der Kunde draußen beim Schaufensterbummel und betritt den Laden nur, um sich etwas genauer zeigen oder sich beraten zu lassen. Es ist deshalb eher unüblich, ohne bestimmte Absicht durch Geschäfte zu schlendern.

Drei große **Warenhausketten** gibt es in Italien: *Upim* (z. B. Via Nazionale, Pzza. S. Maria Maggiore) und *Standa* (z. B. Viale di Trastevere 60) führen ein recht beschränktes Angebot. Neben allerlei Ramsch bekommt man hier recht günstig die notwendigen Kleinigkeiten des täglichen Bedarfs. *La Rinascente* (Via del Corso, gegenüber der Pzza. Colonna mit der Marc-Aurel-Säule) bietet in Rom hauptsächlich konventionelle, etwas konservative Kleidung an, die Preise liegen etwas über dem Niveau der kleinen Boutiquen.

Das moderne **Geschäftszentrum** *Cinecittà Due* mit rund 100 Einzelhandelsgeschäften (überwiegend Modeboutiquen) unter einem Glasdach (klimatisiert) liegt etwas außerhalb (Viale Palmiro Togliatti 2, mit Metrolinie A bei „Subaugusta/Cinecittà" aussteigen).

In der Regel sind alle Geschäfte sonntags geschlossen, mit Ausnahme derjenigen bei den stark frequentierten Sehenswürdigkeiten sowie einigen an der Via del Corso. Die meisten Läden machen erst am Montagnachmittag auf. Das gilt nicht für Lebensmittelgeschäfte, die schließen dafür am Donnerstagnachmittag. Wer im Juli oder August nach Rom reist, hat mit seinem Einkaufsbummel generell Pech – wie vieles andere sind auch die meisten Geschäfte geschlossen. Näheres zu den Öffnungszeiten erfahren Sie im Kap. „Wissenswertes von A bis Z" (→ S. 61).

## Mode

Dass man in Italien unabhängig von Geschlecht und Alter besonderen Wert auf ein gepflegtes Äußeres legt, ist nicht neu und allenthalben offensichtlich. Dabei spielt die aktuelle Kleidung der Saison eine wesentlich größere Rolle als in Deutschland. Selbst dann, wenn ein schmales Einkommen kostspieliges Styling eigentlich nicht zulassen würde, wird eher an anderer Stelle gespart als beim modischen Outfit. Es gehört einfach dazu, stets gut gestylt das Haus zu verlassen. Regelmäßig wird man nach der Garderobe beurteilt und entsprechend behandelt. Kaum etwas verabscheuen die Römer mehr als unpassend angezogene amerikanische oder mitteleuropäische Touristen, deren käsige Beine aus schlecht sitzenden Shorts ragen. Selbst hochbetagte Senioren kleiden sich hier lieber elegant als nur praktisch und bequem. Sie sollten sich dem italienischen Kleiderkodex anpassen, zumindest wenn sie einen Einkaufsbummel oder einen Restaurantbesuch planen und zuvorkommend bedient werden wollen. Für Diskotheken und angesagte Clubs gilt dies erst recht, ansonsten hat man bei den Türstehern ohnehin keine Chance.

**Italienische Couturiers** beweisen in jeder Saison ihren Geschmack und ihr Gefühl für tragbare Eleganz. Die Modeindustrie ist ein bedeutender Wirtschaftsfaktor. Italien streitet sich heute mit Frankreich um den Ruf, „bestimmende Modenation der Welt" zu sein.

Zwar haben ausgefallene Designerstücke, besonders wenn sie die Etiketten der bekannten Häuser tragen, auch regelmäßig atemberaubende **Preise**, doch werden in Deutschland in den Edelboutiquen der Großstädte, wo Sie Vergleichbares in weniger großer Auswahl finden, noch unverschämtere Preise verlangt. Auch gängige Mode ist hier regelmäßig erheblich günstiger als nördlich der Alpen.

Beim **Kleidungskauf** sollten die Damen nicht erschrecken, weil ihre Größe plötzlich nicht mehr passt, denn die italienische Konfektionsgröße ist vier Ziffern höher als die deutsche. Die größte gängige Größe ist 46 (nach deutschen Maßen also 42). Die Schuhgrößen stimmen mit den deutschen überein, ebenso die Größen der Herrenkonfektion (die Zwischengrößen der 20er und 90er sind allerdings unbekannt). Kinderkleidung wird nach Lebensalter bemessen.

---

### Saldi

Richtige Schnäppchen können Sie jeweils zum Saisonende, kurz vor Beginn der Ferienzeit ab Juli/August und im Januar ab der Woche nach Silvester, im Schlussverkauf *(saldi)* machen. Drastische Preisreduzierungen sind die Regel. Anders als in Deutschland gibt es hier keine gesonderte billige, minderwertige Schlussverkaufsware. Wegen der geringen Lagerkapazitäten und der bevorstehenden neuen Saison werden selbst die Reste der teuren Marken-Kollektionen rigoros geräumt. Preisnachlässe von 40–70 % sind durchaus möglich. Halten Sie die Augen offen, denn mit ein paar günstigen Einkäufen haben Sie den Reisepreis spielend wieder drin. Die Japaner machen es auch so und reisen teilweise extra zu den „*saldi*" an.

---

Das **Viertel der Spitzen-Couturiers** (und Spitzenpreise) finden Sie im Dreieck *Via del Corso, Via del Tritone* und *Via del Babuino* mit der schmalen **Via Condotti** als teuerster und vornehmster Einkaufsmeile im Zentrum. In dieser Gegend sind alle bekannten Modehäuser, z. B. Armani, Gucci, Valentino, Fendi, Laura Biagiotti, Versace, Gianfranco Ferre, Byblos, Dolce & Gabbana, Moschino und viele mehr mit ihren Dependancen vertreten. Die Adressen finden Sie im Serviceteil des Kapitels über die Spanische Treppe (→ S. 321). Die Schaufenster sind hier meist spärlichst, aber oft sehr extravagant dekoriert. Auf Preisangaben verzichtet man dabei diskret, wohl um keine Atemnot bei manchen Damen mit den begehrlichen Blicken zu provozieren. Im Sommer sind einige der Gassen vornehm mit roten Teppichen belegt und mit Blumenkübeln geschmückt. Zum Flanieren ist das Modeviertel wie geschaffen selbst wenn man sich überhaupt nicht für „*Alta Moda*" interessiert, denn allein das Publikum ist sehenswert.

**Bezahlbare Bekleidung** finden Sie in anderen Gegenden:

Die empfohlenen genauen Adressen finden Sie in den Serviceteilen der jeweiligen Stadtkapitel, hier folgt nur eine grobe Orientierung:

Im letzten Abschnitt der **Via del Corso** vor der Pzza. del Popolo reiht sich eine Boutique für junge Mode an die andere, das Zielpublikum reicht bis maximal um die 30 Jahre; interessant sind die guten und teilweise auch preiswerten Schuhgeschäfte.

Einige exklusive Geschäfte finden Sie in den Gassen von der Via del Corso in Richtung **Pantheon** und weiter in Richtung **Pzza. Navona**.

Beliebte Einkaufsstraßen mit Modegeschäften für jede Altersgruppe sind die **Via Nazionale** und die **Via del Tritone**. Das Angebot ist vielseitig, aber nicht so ausgefallen wie bei den großen Modeschöpfern, dafür aber auch bezahlbarer.

Um den **Campo de'Fiori** (besonders in der Via dei Giubbonari) gibt's Mode für jüngere Leute, weniger schrill als in der Via del Corso, doch dafür preiswerter.

Einige gute Läden für ein gemischtes Publikum mit unterschiedlichen Ansprüchen sind in der Gegend um die **Via Ottaviano** und die **Via Cola di Rienzo** zu finden (hinter dem Vatikan, beide Straßen zweigen von der Pzza. del Risorgimento ab; die Via Cola di Rienzo führt in Richtung Tiber, die Via Ottaviano zur Haltestelle der Metrolinie A). Von Teenie-Mode bis gediegen-klassisch, von Billigware bis zu bekannten Labels dürfte für beinahe jeden Geschmack etwas dabei sein. Gleiches gilt für die **Via Appia Nuova** ab dem Platz vor dem Lateran (Piazzale Appio) etwa bis zur Pzza. Re di Roma (Metrohaltestelle der Linie A). Hier ist die Auswahl noch größer und einige Läden führen auch die Top-Designer zu etwas günstigeren Preisen als in der Innenstadt.

In der **Via Governo Vecchio** und ihrer Verlängerung, der Via Banchi Nuovi (am südlichen Ende der Pzza. Navona in Richtung Tiber), finden Sie hauptsächlich kreative Newcomer der Damenmode-Szene, von denen die meisten noch keinen bekannten Namen haben, die aber tragbare, kreative und individuelle Stücke in meist sehr guter Qualität bieten. Daneben gibt es auch noch einige spezialisierte, hochwertige **Second-Hand-Läden** (z. B. original aus den 1930er oder 1950er Jahren).

**Hochwertigen Modeschmuck** findet man auch in der Via Governo Vecchio sowie im Stadtteil Monti (besonders in der Via Boschetto, einer der Hauptgeschäftsstraßen des Viertels).

# Kunst und Antiquitäten

Auf dem Gebiet der Kunst und der Antiquitäten bietet Rom eine reiche und schier unerschöpfliche Auswahl. Teilweise werden museale Stücke, allerdings auch zu astronomischen Preisen, angeboten. Auch bei weniger sensationellen Objekten sind die Preise meist sehr hoch. Ein wirklich guter und preiswerter Fang gelingt nur selten.

## Vorsicht beim Antiquitätenkauf

Bei Antiquitäten ist in der Regel Vorsicht geboten. Manches „uralte Stück" hat vor gar nicht langer Zeit in einem Hinterhof eine Express-Alterung hinter sich gebracht. Nicht nur zu Restaurierungszwecken haben manche Antiquitätenläden eine Tischlerei im Haus. Auch prachtvolle Expertisen, die gerne mitgegeben werden, lassen sich fälschen. Dazu kommt, dass es in Rom viele traditionelle Handwerksbetriebe gibt, die noch alte, überlieferte Techniken beherrschen und sehr qualitätvoll arbeiten.

• *Antiquitäten* Die wertvollsten Stücke gibt es in den Nobelsalons der **Via Babuino** und **Via Margutta** (zwischen Spanischer Treppe und Pzza. del Popolo). Wenn Sie zufällig ein Schloss einzurichten haben und es Ihnen auf ein paar Millionen mehr nicht ankommt, sind Sie hier genau richtig. Allererste Qualität bieten auch die Antiquitätenhändler in der wesentlich ruhigeren **Via Giulia** (→ S. 423).
Die Hauptstraße der Antiquitätenhändler ist die **Via dei Coronari** (am nördlichen Ende der Pzza. Navona links in Richtung Tiber, → S. 409), die Auswahl reicht von Barockmöbeln bis zu 1970er-Jahre-Design, wobei vieles, was so aussieht, kein Original und dann den Preis auch nicht wert ist.

Interessante kleinere Antikläden finden Sie auch in der **Via del Governo Vecchio** und um den Campo de'Fiori, so z. B. in der **Via del Pellegrino**.
• *Kunstgalerien*  Feine Gemäldegalerien sind meist in der Nähe des höherwertigen Antikhandels zu finden; besonders edle gibt es in der **Via Giulia**.
• *Möbelschreiner*  Auch wenn sich hinter den unscheinbaren Fassaden der engen, düsteren **Via dei Cappellari** (vom Campo de'Fiori parallel zum Tiber) immer mehr Galerien und schicke Winebars ansiedeln, gibt es auch noch ein paar der alteingesessenen Möbelschreiner, die meist auf der Straße arbeiten, weil ihre Ladenwerkstätten viel zu eng sind und hauptsächlich als Lager dienen (→ S. 419).

*Straßenhändler in Trastevere*

• *Kunsthandwerk* Viele kleine Läden mit kreativem und oft auch qualitätsvollem Kunsthandwerk gibt es in den malerischen engen Gassen von **Trastevere** (→ S. 443).

• *Bilderrahmen* mit viel Stuck und Gold bekommt man vor allem in der **Via Margutta** (→ S. 320). Dort ist noch immer, seit dem 19. Jh., das Viertel der Malerateliers.

## Straßenhändler und Souvenirs

Überall, wo besonders viele Touristen anzutreffen sind, finden sich auch Heerscharen von Straßenhändlern ein (geballt am Trevibrunnen, am Fuß der Spanischen Treppe, auf der Brücke zur Engelsburg und in Trastevere). Ihr Angebot reicht von unsäglichen bunten Kitsch- und Ramschartikeln über billigstes Spielzeug, primitive afrikanische Schnitzkunst und chinesische Perlenstickereien bis zu nachgemachten Designerwaren, vor allem Taschen, Gürtel und Sonnenbrillen mit den Logos teuerster Hersteller sowie gefälschten Luxusuhren. Dabei gehen italienische Ermittler schon seit längerem rigoros gegen **Markenpiraterie** vor. Zwar drückt die Polizei bei den armen Händlern auf der Straße aus Mitleid schon mal ein Auge zu, doch kann man als vergleichsweise wohlhabender Käufer nicht unbedingt mit Milde rechnen. Aus Gründen der Abschreckung greift man von Zeit zu Zeit sogar sehr hart durch, wie im Fall einer 60-jährigen Dänin, die im Sommer 2005 zur Höchststrafe von 10.000 € verdonnert wurde, weil sie am Strand eine gefälschte Armani-Sonnenbrille gekauft hatte.

Die höchste Konzentration von **Souvenirgeschäften** findet man in der **Via del Lavatore** beim Trevibrunnen und mit sakralem Bezug in der Gegend um den Vatikan (besonders in der Via della Conciliazione).

## Lebensmittel

Die römischen Lebensmittelgeschäfte der Innenstadt sind winzig klein und gestopft voll mit Waren und meist auch mit Kunden. Die römischen Kunden erwarten individuelle Bedienung. Zeit für einen kleinen Plausch muss immer sein.

Die Anwesenden schalten sich gerne in andere Gespräche ein und geben auch ungefragt ihre Kommentare ab. Ungeduld ist bei den Römern Ausdruck schlechter Erziehung. Wer wartet, braucht mitunter viel Geduld.

Es gibt auch eine Reihe von **Supermärkten** der Ketten *DeSpar, Di per Di, Punto Sma* und *CONAD,* deren Eingänge oft so diskret in die alten Fassaden eingepasst sind, dass man sie meist erst bemerkt, wenn man unmittelbar davor steht. Im Gegensatz zu den Einzelhändlern sind sie auch mittags, manchmal sogar sonntags oder nach 20 Uhr geöffnet (wie z. B. *De Spar,* zentral gelegen am Corso Vittorio Emanuele II 42, der an sieben Tagen der Woche von 8 bis 21 Uhr geöffnet ist). **Bio-Supermärkte** bzw. **Reformhäuser** sind in Rom selten, einen zentral gelegen Laden finden Sie in der Via S. Maria del Pianto 20 (Nähe Campo de'Fiori).

Die **Preise** für Lebensmittel sind durchweg höher als in Deutschland. Besonders teuer sind Milchprodukte und Wurstwaren. Wer als Selbstversorger auf jeden Euro angewiesen ist, sollte das reiche Angebot von preiswertem Obst und Gemüse auf einem der zahlreichen Märkte nutzen. Ebenfalls günstig sind Brot und Wein. Eingelegtes Gemüse wie Oliven und Artischocken (auch auf manchen Märkten erhältlich) ist erheblich besser und preiswerter als nördlich der Alpen.

*Öffnungszeiten der Lebensmittel-Einzelhändler* (alimentari): In der Regel von 7 oder 8 bis 13 oder 13.30 Uhr und von 15 oder 16 bis 20 Uhr, Do Nachmittag sind viele geschlossen.

Wegen der extrem gestiegenen Mieten stellen Einzelhändler im historischen Zentrum das Sortiment zunehmend auf lukrativere **Feinkost** um. Ihre Zielgruppe sind Touristen, die sich mit ausgefallenen Nudelsorten, feinem Öl, Essig oder anderen Spezialitäten als Mitbringsel eindecken und schon aus Unkenntnis vollkommen überzogene Preise für allenfalls durchschnittliche Ware zahlen, die lediglich aufwändig verpackt ist (man sollte hier auch unbedingt auf das für alle Lebensmittel in Italien obligatorische Mindesthaltbarkeitsdatum achten). Mit Sicherheit gute Qualität zu reellen Preisen erhält man bei den großartigen, alteingesessen Delikatessenhändlern wie z. B. *Volpetti* (Hauptgeschäft an der Via Marmorata 47, südlich des Aventins, Filiale in der Via della Scrofa 31, Nähe Pzza. Navona ), *Castroni* (Via Cola di Rienzo 196, Nähe Vatikan mit Filialen z. B. in der Via Flaminia 30, jenseits der Porta del Popolo) oder *Roscioli* (Via dei Giubbonari 21, nur wenige Schritte vom Campo de'Fiori entfernt). Nähere Angaben zu den Geschäften finden Sie in den Serviceteilen zu den entsprechenden Stadtvierteln.

# Weinhandlungen

Die alten, klassischen Weinhandlungen, in denen man Olivenöl und den derben Hauswein vom Fass in mitgebrachten Gefäßen abzapfte, sind in Rom fast komplett ausgestorben *(Marco & Giancarlo Antica Vineria* in der Via del Monte della Farina 38, nahe dem Campo de'Fiori verkauft noch offenen Wein aus der Umgebung, der aber nicht lange haltbar ist und erst recht keinen Transport über die Alpen aushält). Die meisten Weinläden haben sich heute in Enotheken (→ „Römische Küche/Die Lokale", S. 124) verwandelt und machen den Hauptumsatz mit Ausschank und kleinen Gerichten bis hin zu regelrechten Menüs. Die großen, bedeutenden Weinhandlungen wie z. B. *Trimani* (Via Goito 20, nahe der Pzza. della Repubblica), *Costantini* (Pzza. Cavour 16, Nähe Engelsburg) oder *Bottega del Vino da Bleve* (Via S. Maria del Pianto 9a–12 im jüdischen Ghetto) sind wahre Fundgruben für Weinkenner. Hier bekommt man in der Regel alles, was sowohl national als auch international Rang und Namen hat, oft sogar deutlich preiswerter als in Deutschland. Vor allem die großen italienischen Weine sind hier meist günstiger als in der Herkunftsregion, wo nicht selten ein saftiger Touristenzuschlag verlangt wird. Zudem kaufen die Händler direkt beim Erzeuger mit erheblichem Großhändlerrabatt ein. (Die Adressen der Enotheken und vieler weiterer interessanter Weinhandlungen finden Sie in den jeweiligen Serviceteilen der Kapitel.)

## Märkte

Grundlage jeder guten italienischen Küche sind erstklassige Zutaten wie feines Gemüse, die vielfältigen Salate und das geschmacksintensive Obst. Was man für die traditionellen Gerichte braucht, stammt vorwiegend aus der

*Unverzichtbare Grundstoffe:*
*Vino e Olio*

Umgebung. Da alles immer möglichst frisch sein soll, kaufen die Römer am liebsten direkt von den Bauern, die jeden Morgen ihre Erzeugnisse auf einem der 134 Märkte appetitlich arrangiert anbieten (immer werktags von 7 bis ca. 13.30 Uhr). Hier wird dann kritisch geprüft, verglichen und lautstark verhandelt. Es gibt kaum einen besseren Ort, sich mit italienischer Lebensart vertraut zu machen, als auf diesen bunten, lauten Märkten der Innenstadt.

Das Obst und Gemüse ist hier sehr verlockend und vergleichsweise preiswert. Hüten Sie sich beim Einkauf aber vor allzu günstigen Angeboten. Der Händler will Ihnen bestimmt nichts schenken, sondern ein gutes Geschäft machen. Besonders bei schon zurecht gelegten Obsttüten ist Vorsicht geboten. Auch in geöffneten Tüten können faule Früchte so arrangiert sein, dass man sie zunächst nicht bemerkt, und die schönen, von Ihnen ausgesuchten Früchte werden nur oben aufgelegt. Echte Sonderangebote gibt es gegen Mittag beim Kehraus kurz vor Marktschluss, denn am nächsten Tag verlangen die wählerischen Römer wieder nur ganz frische Ware. (Achtsamkeit ist auch wegen der **Taschendiebe** geboten, die hier im dichten Gedränge besonders gerne zugreifen.)

Von den unzähligen Märkten sind folgende besonders zu empfehlen:

**Campo de'Fiori**, gehört zu den schönsten und qualitätvollsten Märkten der Stadt (die Preise liegen allerdings über dem sonst üblichen Niveau). Vor der malerischen Kulisse finden Sie fast alles, was Latium und Rom zu bieten haben. Wegen der vielen Touristen gibt es inzwischen allerdings auch einige Ramsch- und Souvenirstände (→ S. 416).

**Mercato Rionale**, Via Flaminia 60 (jenseits der Porta del Popolo, rechts der Straßenbahnschienen). Den Eingang zu den überdachten Marktständen kann man leicht übersehen, darum gibt es trotz der relativ zentralen Lage erstaunlich wenige Touristen. Das Angebot an Obst und Gemüse ist gut und preiswert (→ S. 311).

Eine **Markthalle** mit appetitlichem Angebot an Obst, Gemüse, Fleisch und Fisch finden Sie in der **Via Cola di Rienzo** (in der breiten

Einkaufsstraße hinter der Engelsburg gegenüber der Einmündung der Via Properzio; → S. 534).

**Mercato di Testaccio,** dieser große Markt mit überdachten Ständen im Stadtteil Testaccio ist einer der besten Lebensmittelmärkte Roms und ideal, um sich für ein reichhaltiges Picknick auszurüsten. Das Angebot an Früchten, Gemüse, Käse, Salami und Schinken ist riesig und vergleichsweise preiswert. Es soll hier auch die besten Hülsenfrüchte und auf dem gut sortierten Fischmarkt den besten Baccalà (Stockfisch) der Stadt geben (→ S. 284).

**Nuovo Centro Esquilino,** in der Nähe der Bahngleise, knapp einen Kilometer südlich der Eingangshalle des Hauptbahnhofs Termini (zwischen Via Filippo Turati und Via Principe Amedeo). Hier ist nun in glasgedeckten, modernen, nagelneuen Hallen der große Markt von der Pzza. Vittorio Emanuele II untergebracht. In den verschiedenen Abteilungen Fleisch, Fisch, Gewürze, Käse, Schinken, Obst und Gemüse bekommt man alles, was man sich an Lebensmitteln nur wünschen kann, herrlich frisch und günstiger als auf den meisten Stadtteilmärkten. In einem angrenzenden separaten Gebäude befindet sich der **Kleider- und Taschenmarkt** (sehr günstige Preise, man muss aber zäh feilschen; → S. 365).

**Mercato di Trionfale,** Via Andrea Doria (Nähe Vatikan). Ein weiterer der nicht ganz zentral liegenden großen Märkte mit riesiger Auswahl von heimischen bis zu exotischen Früchten, Gemüse, Fisch, Fleisch und Nudeln, selbst Kleidung und Haushaltswaren (→ S. 533).

## Flohmärkte

Jeden Sonntagmorgen findet der größte Flohmark an der **Porta Portese** in Trastevere statt. Wertloser Ramsch, sagenhafter Kitsch, teure Antiquitäten und vieles mehr wird in den Straßen zwischen Viale Trastevere und Via Portuense sowie dem Ponte Sublicito und dem Ponte Testaccio feilgeboten. Unglaublich, was für exotisch anmutende Autoteile es zu Beginn des Markts gleich hinter der Porta Portese noch gibt!

In der Via Portuense (hinter der Porta Portese geradeaus) gibt es hauptsächlich neue **Kleidungsstücke** und **Haushaltswaren.** Neben allerlei Ramsch bieten Afrikaner und Inder auch billige, mehr oder weniger gelungene Fälschungen teurer Markenartikel (Kleidung, Sonnenbrillen, Taschen und Markenuhren) an. Manches ist auf den ersten Blick als Fälschung zu entlarven, weil sich z. B. beim Markennamen ein Druckfehler eingeschlichen hat (wie T-Shirts der Firma „Adadas"). Beliebte Objekte sind Armanis Adler und das Krokodil von Lacoste. Der Erwerb ist streng verboten und kann zu horrenden Bußgeldern führen (s. o.). Abgesehen davon ähnelt das gefälschte Kleidungsstück seinem Original oft allenfalls bis zur ersten Wäsche. Nur wenige Sachen, die so aussehen, sind auch wirklich echt. Dabei handelt es sich dann regelmäßig um Diebesgut.

Die eigentlichen Flohmarktstände erreichen Sie, wenn Sie die Straße direkt hinter der Porta Portese nach rechts hochgehen, nach einigen hundert Metern. Die Stände mit den meisten alten Sachen (darunter selten Hochwertiges, es überwiegt unsäglicher billiger Ramsch) konzentrieren sich um die Piazza Ippolito Nievo.

**Weitere Flohmärkte:**

**Büchermarkt,** Pzza. Borghese (werktags 9–19 Uhr).

**Markt in der Via Sannio,** hier finden Sie werktags von 9 bis etwa 14 Uhr vor allem Kleidungsstücke, neu und Secondhand (z. B. aus Armeebeständen), aber auch Schuhe, Motorteile, Camping- und Motorradzubehör, neue Küchengeräte und vielerlei Ramsch sowie manchmal auch erstaunlich günstige Markenartikel (viel kleiner und chaotischer als Porta Portese).

An der **Piazza del Paradiso** und an der Metrostation **S. Giovanni in Laterano** gibt es jeden Vormittag (außer So) viel Ramsch, alte Kleidung und Bücher.

*Das Wahrzeichen der Stadt: die Adoptivmutter von Romulus und Remus*

# 3000 Jahre Rom im Überblick

*Rom, täglich im Kleinen*
*durchschlendern,*
*Lehrt Rom das Große erfassen,*
*Und Rom, das Große, es lehrt*
*Liebevoll das Kleine verstehn.*
(J. W. von Goethe)

**Der Legende nach wurde Rom am 21. April des Jahres 753 vor unserer Zeitrechnung gegründet, so jedenfalls hat es schon in der Antike eine Art staatliche Historikerkommission verbindlich bestimmt, und bis heute feiert die Ewige Stadt an diesem Tag ihren Geburtstag.**

Alles begann, als sich Kriegsgott Mars in die Königstochter Rhea Silva aus Alba Longa verliebte. Das hübsche Mädchen stammte vom griechischen Helden Aeneas ab, den es bei seiner Flucht aus dem brennenden Troja an die Küste Latiums verschlagen hatte, wo er dann viele bedeutende Städte gründete – doch das ist eine andere Heldensage. Rhea Silva, die als Priesterin der Vesta von Berufs wegen zur Keuschheit verpflichtet war, erlag dem göttlichen Drängen und brachte neun Monate später Zwillinge zur Welt. Um den Bruch ihres Gelübdes zu verheimlichen, setzte der Diener ihres Vaters König Numitor von Alba Longa die Neugeborenen weisungsgemäß in einem Körbchen auf dem Tiber aus. Doch statt ins Meer zu treiben, verfing sich der Korb im Uferschilf. Eine Wölfin (lat. *lupa*), die gerade ihren Wurf verloren hatte, kam zufällig vorbei, nahm beide Knaben an ihre Zitzen und säugte sie. Später dann entdeckte der Hirte Faustulus die wohlgenährten Zwillinge, nannte sie **Romulus** und **Remus**, nahm sie mit nach Hause und zog sie mit seiner Ehefrau Acea Larentina auf.

Diese Geschichte erhält eine überraschende Wendung, wenn man bedenkt, dass das lateinische Wort „*lupa*" auch eine Bezeichnung für eine Prostituierte war. Schon in der Antike bezweifelten Lästermäuler die göttlich-königlich-heldenhafte Abstammung des Stadtgründers und unterstellten Frau Faustulus schlicht ein anrüchiges Vorleben.

Am 21. April des Jahres 753 v. Chr., so berichtet die Legende weiter, beschlossen die beiden mittlerweile herangewachsenen Brüder eine Stadt zu gründen, deren künftiger Herrscher durch ein göttliches Zeichen bestimmt werden sollte. Sie vereinbarten, dass derjenige von ihnen als König auserkoren sei, der die meisten Vögel am Himmel erspähte. Während Romulus mit sechs Geiern Vorsprung klar siegte, erwies sich Remus als schlechter Verlierer. Kaum hatte der frisch bestimmte König Romulus die Grenzen seiner Stadt auf dem Palatin mangels Untertanen zunächst noch persönlich mit dem Pflug markiert und mit umherliegenden Steinen befestigt, machte Remus sich lustig und sprang mühelos über das lächerliche Mäuerchen. Darüber regte sich Romulus derart auf, dass er Remus im Affekt erschlug.

### Ein archäologischer Sensationsfund?

Dass die alte Wolfsgeschichte bis heute fasziniert, belegt z. B. der *Bild*-Aufmacher im November 2007, wonach „*eine der berühmtesten Sagen der Menschheit entschlüsselt*" sei. Und *La Repubblica* brauchte sogar eine Doppelseite für die Schlagzeile, man habe „*die Wiege der Heroen gefunden*". Selbst der damalige Kulturminister Rutelli meinte begeistert: „*Es ist unglaublich, dass ein Mythos zu einem realen Ort geworden ist!*"

Es ging um die Meldung eines archäologischen „Sensationsfunds": Bei Untersuchungen auf dem Palatin hatte man in 16 Metern Tiefe unter dem Haus des Kaisers Augustus eine Höhle entdeckt. Eine herabgelassene Miniaturkamera zeigte einen mit Mosaiken aus Muscheln, Marmor und vergoldeten Kieseln reich geschmückten Kuppelraum. Chefarchäologe Andrea Caradini war sich gleich sicher, dies sei „*eine der großartigsten Entdeckungen, die jemals gemacht wurden*", denn es handele sich um die Kulthöhle „**Lupercale**", in der die Wölfin als Amme wirkte und wo Priester in der frühen Antike alljährlich das Fest zu Ehren des Hirtengottes Faunus Lupercus feierten. Damit hatte sich das viele Geld für das zuvor heftig kritisierte Grabungsprojekt also doch gelohnt!

Historiker vermissten auf den Aufnahmen allerdings einen Altar oder irgendetwas, was auf Kulthandlungen hindeutete. Stattdessen gleicht die Höhle in Ausmaßen und Dekoration verdächtig den typischen privaten Speiseräumen des Adels, die gerne auch in kühlen unterirdischen Grotten eingerichtet wurden. Womöglich wurde hier also nicht Romulus gesäugt, sondern hat sich Augustus an heißen Sommertagen zusammen mit intimen Freunden ein paar Häppchen reichen lassen. Archäologisch interessant ist die aus früher Antike stammende Höhle in jedem Fall; zu besichtigen ist sie allerdings vorerst nicht.

Der Legende nach war der Gründer der führenden antiken Militärmacht also ein mit Wolfsmilch aufgezogener Sohn des Kriegsgottes Mars, und der Gründungsakt stand im Zusammenhang mit dem Ehrenmord am Zwillingsbruder. Das war bestes Marketing der militärischen inneren Führung und geniale Motivation jedes römischen Soldaten zum Heldenmut.

## Prähistorie

Wissenschaftlich ist die schöne Findelkindergeschichte widerlegt. Archäologen fanden auf den Hügeln Kapitol und Palatin Siedlungsspuren, die weit über das Datum des 21. April 753 hinaus zurück bis in die Bronzezeit um 1200 v. Chr. reichen. Schon zu dieser Zeit gab es dort armselige Hirtensiedlungen mit Strohhütten. Etwa im 8. Jh. v. Chr. taten sich die Stämme zu einem Zweckbündnis zusammen, um die vorbeiführenden etruskischen Handelswege besser kontrollieren zu können. Alles, was gemeinsame Angelegenheiten betraf, regelte man auf neutralem Gebiet.

Um 600 v. Chr. übernahmen etruskische Könige die Siedlung. Sie legten das sumpfige Gebiet in der Senke zwischen beiden Hügeln durch einen Entwässerungskanal, die noch heute intakte *cloaca maxima*, trocken und bauten auf der gewonnenen Fläche einen Marktplatz (das Forum, von lat. *foris* – draußen). Hier fasste man politische Beschlüsse, bestimmte einen König und ehrte die Götter durch kultische Handlungen. Wechselnde Bündnisse mit Nachbarstämmen ermöglichten erfolgreiche Kriegszüge. Als überaus klug erwies sich dabei die Idee, nicht alle Besiegten zu töten oder zu versklaven, sondern sie in das eigene Stammesgebiet umzusiedeln oder vertraglich zu Verbündeten zu machen. Auf diese Weise wuchsen rasch Macht und Einfluss.

Aus der römischen **Königszeit** sind fast nur Heldenmythen überliefert und kaum gesicherte Fakten bekannt. Man weiß aber, dass der Etruskerkönig Servius Tullius die römische Gesellschaft in eine über Jahrhunderte prägende Hierarchie mit genau umrissenen Rechten und Pflichten der einzelnen Stände einteilte. Danach waren die ärmsten Bürger zunächst politisch völlig rechtlos und vom Militärdienst ausgeschlossen, während sich aus den mit politischen Rechten ausgestatteten höheren Klassen die Streitkräfte rekrutierten. Um das Jahr 500 v. Chr. war die Monarchie am Ende und man jagte den tyrannischen König Tarquinius Superbus aus der Stadt.

## Rom zur Zeit der Republik

Damit war in Rom nicht nur die Herrschaft der Etrusker, sondern auch die Monarchie als Staatsform erledigt und das Volk rief 507 v. Chr. die Republik aus. An der Spitze des Staates standen nun zwei für eine begrenzte Amtszeit gewählte patrizische **Konsuln**, die dem **Senat** Rechenschaft abzulegen hatten. Gewählt wurde nach den alten Ständen, sodass die Macht dem Adel vorbehalten blieb. In Zeiten der Not beauftragte der Senat einen **Diktator** als „Krisenmanager" und stattete ihn mit weitreichenden Vollmachten aus. Höchster Priester war der **Pontifex Maximus**, der über alle Bereiche des religiösen Lebens wachte.

Bereits Anfang des 5. Jh. v. Chr. kam es zu ersten heftigen Standeskämpfen zwischen der adligen Herrscherklasse und dem einfachen Volk, den **Plebejern**, die die Bevölkerungsmehrheit stellten. Um 470 v. Chr. setzten die Plebejer eine politische Interessenvertretung durch, die rund 120 Jahre später zu dem Recht führte, einen der beiden Konsuln zu stellen. Letztendlich entscheidend blieben aber weiterhin die Patrizier. Wirkungsvoller war das auf dem Forum öffentlich ausgehängte **Zwölftafelgesetz** von 450 v. Chr., das die Grundlage des Rechtsstaates legte. Jeder Römer konnte hier seine Rechte nachlesen und sich vor Gericht darauf berufen. Das Emblem des Zwölftafelgesetzes wurde zum Staatssymbol und ist auch heute noch überall in Rom zu sehen: **S.P.Q.R.** – *Senatus Populusque Romanus* (Der Senat und das Volk Roms).

Der verheerende Einfall der Gallier um ca. 380 v. Chr. veranlasste Rom zum Bau einer Stadtmauer (Reste davon sieht man beim Bahnhof Termini), die alle **sieben Hügel** der Stadt einbezog: Palatin, Kapitol, Aventin, Quirinal, Viminal, Esquilin und Celius. Durch eine Reihe militärischer Erfolge dehnten die Römer ihren Einflussbereich immer weiter aus. Dabei waren nicht zuletzt die bei Überfällen auf die Nachbarsiedlungen gesammelten Erfahrungen der räuberischen Vorfahren recht nützlich. Nachdem sie die Latiner, Samniten und vor allem die Etrusker so gründlich besiegt hatten, dass von deren hoch entwickelten Kulturen kaum etwas erhalten blieb, erstreckte sich die römische Herrschaft über fast ganz Mittelitalien. Es folgten die Eroberungen griechischer Städte im Süden. Wenn sich die Besiegten nicht als allzu renitent erwiesen, wurde ihr Leben oft verschont und Städte, die sich widerstandslos ergaben, konnten eine gewisse Autonomie oder sogar das volle römische Bürgerrecht erhalten.

Im Streit um die Vorherrschaft auf Sizilien kam es zu den drei **Punischen Kriegen**, in denen durch geschicktes Taktieren die Großmacht Karthago bis 146 v. Chr. vollständig vernichtet wurde. Das Stammland Karthagos in Nordafrika und seine Kolonien in Spanien gehörten nun zum römischen Reich. Eroberungsfeldzüge nach Griechenland und Kleinasien dehnten den römischen Herrschaftsbereich auch nach Osten und somit über den ganzen Mittelmeerraum aus.

Durch die Steuerbefreiung römischer Bürger ab 167 v. Chr. und den Import riesiger Getreidemengen aus dem unterworfenen Sizilien wuchs der Wohlstand der Stadt beträchtlich, verteilte sich aber nicht gleichmäßig auf alle Bevölkerungsschichten. Erzeugnisse heimischer Handwerker ließen sich nicht mehr absetzen, denn hochwertige, aber dennoch preiswerte Importware aus den unterworfenen Ländern überschwemmte den Markt. Die als Kriegsbeute aus allen Ländern mitgebrachten, zunächst völlig rechtlosen Sklaven mussten jede erdenkliche Arbeit in Rom verrichten. Kleinere Bauern konnten gegen die Konkurrenz der billigen Sklavenarbeit nicht bestehen und waren bald gezwungen, ihre überschuldeten Höfe an römische Großgrundbesitzer zu verkaufen. Die gewannen mit ihren Latifundien immer mehr an wirtschaftlichem und politischem Einfluss. Besitzlos gewordene Bauern und Handwerker zogen auf der Suche nach Broterwerb in die Stadt, wo das römische Proletariat schnell anwuchs. Schon bald lebten rund eine halbe Million Menschen in Rom und es kam zu erheblichen sozialen Problemen. Die Lage entspannte sich etwas, als 104 v. Chr. Konsul Marius durch seine **Heeresreform** den Militärdienst auch für erwerbslose Proletarier öffnete. Nach Beendigung ihrer Dienstzeit bekamen diese in den neu eroberten Gebieten als Altersversorgung ein Stück Land zugewiesen. Dort konnten sie passabel leben und trugen gleichzeitig zur Verbreitung römischer Lebensart sowie zur Befriedung der neuen Provinzen bei.

Zu den sozialen kamen auch politische Krisen. Durch Wahl kamen nur diejenigen an Ämter, die das Geld für den teuren **Wahlkampf** (besonders die Veranstalter von Circus-Spielen waren beim Volk beliebt und wurden gewählt) oder den Stimmenkauf hatten. An der Spitze des Staates standen deshalb nicht fähige Politiker,

Geschichte

sondern reiche Adelige, Großgrundbesitzer oder siegreiche Armeeführer, die ihren politischen Einfluss in der Regel nur dazu nutzten, noch reicher zu werden.

In den Jahren 136–132 v. Chr. kam es zu ersten Sklavenaufständen, die 73–71 v. Chr. unter der Führung von **Spartacus** erneut aufflammten und vom ehrgeizigen Feldherrn **Crassus** blutig niedergeschlagen wurden. Ihm zur Seite stand **Pompeius**, der bald darauf auch erfolgreich die Piraten bekämpfte und als Ordnungshüter bei den römischen Bürgern hoch angesehen war. Zusammen mit dem genialen Strategen **Julius Caesar**, der durch seine Eroberungen in Germanien, Gallien und Ägypten zu immensem Reichtum gekommen war und es zum Praetor (dem zweithöchsten Amt nach dem eines Konsuls) gebracht hatte, bildeten Crassus und Pompeius im Jahr 62 v. Chr. das erste **Triumvirat** (Dreierherrschaft), um die allgemeine Lage in Rom zu stabilisieren. Nach dem Tod des Crassus sollte Pompeius als Diktator alleine weiter regieren. Dies wollte Caesar nicht hinnehmen und es kam zum Bürgerkrieg, den Caesar durch den Sieg über Pompeius in der Schlacht bei Pharsalus (Nordgriechenland) 48 v. Chr. für sich entschied. Caesar erhielt als neuer Diktator die von ihm geforderten weitreichenden Vollmachten und man pries ihn in einem 40-tägigen Dankesfest schon als Überwinder der maroden Republik. Konservative Senatoren sahen in Caesar den kommenden Herrscher einer neuen Monarchie und fürchteten um ihre Macht. Um die Abschaffung der Republik zu verhindern, kam es zum

*Augustus, Adoptivsohn Julius Caesars*

Attentat. An den Iden des März (= 15. März) 44 v. Chr. wurde Caesar im Vorraum der Kurie plötzlich von mehreren Senatoren umringt. Mindestens 23 Mal stachen sie zu, danach war der „Retter Roms" tot.

## Rom in der Kaiserzeit

Dem politischen Mord folgten wieder Unruhen und Bürgerkrieg, bis der junge **Octavianus**, der Neffe und Adoptivsohn Caesars, nach 17 Jahren Kampf die Verschwörung gerächt, alle seine Gegner in zahlreichen Schlachten geschlagen und den Frieden in Rom gesichert hatte *(Pax Romana)*. Der Senat übertrug ihm als Princeps („dem erstem Bürger") die alleinige Macht und verlieh ihm bald darauf den Ehrentitel **Augustus** (der Erhabene). Ohne es zu fordern, beließ der Senat ihm die eigentlich nur auf Krisensituationen befristeten Sondervollmachten eines Diktators. In seiner 41-jährigen Regierungszeit sorgte Augustus für stabile innenpolitische Verhältnisse mit einer effektiven Verwaltung, sicherte die äußeren Grenzen des riesigen Reiches und baute die bis dahin weitgehend schmucklose Stadt zu einer repräsentativen Hauptstadt mit prachtvollen öffentlichen Gebäuden und Tempeln aus Marmor um. Die Römer wurden großzügig mit Lebensmitteln versorgt und durch ein umfangreiches Unterhaltungsprogramm bei Laune gehalten. Julius Caesar ließ er vom Senat zum Gott erheben und machte dessen Namen zum Ehrentitel aller Herrscher (von „Caesar" leitet sich das Wort „Kaiser" ab). Damit war er selbst als Verwandter Caesars auch göttlich legitimiert, doch lehnte er die ihm mehrfach angebotene Verehrung als lebendiger Gott stets ab, um die konservativen Republikaner nicht gegen sich aufzubringen. Im Volk war diese Bescheidenheit populär und man sah darin einen eindeutigen Beweis wahrhaftiger Göttlichkeit.

Als er im Jahr 14 n. Chr. mit fast 76 Jahren starb, wäre niemand auf die Idee gekommen, die Legitimation seines schon zu Lebzeiten als Nachfolger bestimmten Stiefsohns Tiberius in Zweifel zu ziehen. Damit war die Dynastie des **Julisch-Claudischen Herrscherhauses** begründet. Obwohl man die Republik niemals formal abgeschafft hat, war Rom tatsächlich zur Monarchie geworden, in der der Senat vom Wohlwollen des Kaisers abhängig war und es für konservative Senatoren mitunter lebensgefährlich sein konnte, allzu laut die Wiederherstellung der eigentlichen verfassungsrechtlichen Ordnung zu fordern.

**Tiberius** (14–37 n. Chr.), der das Amt des Augustus zunächst diszipliniert fortführte und eine leistungsfähige Verwaltung weiter ausbaute, erlag als Greis den Verlockungen unbegrenzter Macht. Ausschweifungen und willkürliche Hinrichtungen bestimmten das Leben an seinem Hof. Den ersten Höhepunkt des Caesarenwahns erlebte die Stadt unter **Caligula** (37–41 n. Chr.), dem geisteskranken Nachfolger des Tiberius, der sich als Gott anbeten ließ und zur Brüskierung des Senats sein Lieblingspferd Incitatus zum Konsul ernannte. Nach Caligulas Ermordung rief die Garde den ängstlichen, stotternden **Claudius** (41–54 n. Chr.) zum Kaiser aus, der als einziges Mitglied der kaiserlichen Familie die Hinrichtungswellen Caligulas überlebt hatte. Eine Verlegenheitslösung, der man den Ausbau des Hafens Ostia und einen Sieg in Britannien verdankte. Ihm folgte sein systematisch von der Mutter zur Thronherrschaft erzogener Stiefsohn **Nero** (54–68 n. Chr.), der die effektvolle Show liebte und das trockene Regierungsgeschäft verabscheute. Er nutzte seine Macht, um Stiefbruder, Ehefrau und Mutter ermorden und nach dem großen **Brand von Rom** (64 n. Chr.) eine gigantische Palastanlage bauen zu lassen, die den Staatshaushalt ruinierte. Dem aufgebrachten Volk präsentierte er die unbeliebten Christen als Brandstifter und ließ sie erstmals brutal verfolgen. Mit dem Selbstmord Neros endete die Dynastie.

Nach einem Jahr politischer Wirren ordneten sich die Zustände unter der Herrschaft der **Flavier**. Kaiser **Vespasian** (69–79 n. Chr.) sanierte den Staatshaushalt durch lukrative Beutezüge in Palästina und begeisterte das Volk mit dem Bau des Kolosseums. Zu dieser Zeit kam die Produktion in Rom vollständig zum Erliegen, man musste alle Waren importieren, was eine exzellente Verwaltung und gut ausgebaute Verkehrswege ermöglichten. Die Versorgung und Unterhaltung der Bürger waren die zentralen Aufgaben, um Unruhen zu vermeiden.

In der Regierungszeit Kaiser **Trajans** (98–117 n. Chr.) erlangte das Römische Reich seine **größte territoriale Ausdehnung**. Es gab 46 Provinzen mit insgesamt 80 Mio. Einwohnern. Das Imperium Romanum erstreckte sich von Spanien bis in den Orient und von England bis zu den Wüsten Afrikas. Rom hatte mittlerweile über eine Million Einwohner, die meist in engen, sechsstöckigen **Insulae** (Mietshäusern) ohne sanitäre Einrichtungen lebten. In den durchweg viel zu engen Straßen herrschte beispielloses Verkehrschaos, dem man durch Fahrverbote für Pferde- und Ochsenwagen am Tage zu begegnen versuchte. Die unermesslich reiche Oberschicht lebte dagegen märchenhaft luxuriös in weitläufigen Villen.

Hohe Preise, sozialen Wohnungsbau und Lärm gab es in Rom schon im 2. Jh. n. Chr. Damals schrieb der römische Autor Juvenal:

*„Ein elendes Zimmer ist teuer, und teuer sind die Wänste der Sklaven, auch das einfachste Essen ist zu teuer. Schämt man sich doch, von irdenem Geschirr zu speisen. Rom schätzt nur Eleganz, die über die Kraft geht; um es kurz zu sagen, in Rom kostet alles Geld ...*
*Unsere Hauptstadt, sie ruht in vielen von ihren Wohnungen nur auf schmächtigen Stützen; dem erforderlichen Abriss widersetzt sich der Verwalter stets, und hat er die Risse und Spalten verkleistert, lässt er ruhig den Mieter trotz drohendem Niederbruch schlafen ... Krank vor Schlaflosigkeit stirbt meist hier der Mensch. Denn welch ein Mietshaus erlaubt den Schlaf? Man kann in der Stadt nur mit riesigem Aufwand schlummern. Ein Quell allen Leids ist das Poltern der Wagen im engen Durchlass des Blocks, und das Schelten bei stecken gebliebenen Herden rauben sogar einem Drusus den Schlaf."*

Trajans Nachfolger **Hadrian** (117–131) war der erste, der die Eroberungspolitik stoppte und kluge Maßnahmen zur politischen Stabilität und zur Befestigung der Grenzen (u. a. durch den Ausbau des Limes in Germanien und des Hadrianswalls in England) des Riesenreiches vornahm. Erst unter Kaiser **Marc Aurel** (161–180) kam es wieder zu einem Krieg, um die Aufstände der Parther im unruhigen Osten niederzuschlagen. Im Jahr 212 verlieh **Caracalla** (211–217) allen freien Bewohnern das volle Bürgerrecht – eine Maßnahme, mit der durch längst wieder eingeführte Steuern die Staatskasse gefüllt wurde.

Bald gab es wieder Streit um das höchste Staatsamt. Das Militär erkannte seine Einflussmöglichkeit und bestimmte den Staatschef. Ständige Machtkämpfe waren die Folge: Sobald ein Imperator die Gunst der Truppe verlor, wurde er abgesetzt. In der Zeit von 235–284 wechselten sich überwiegend **Soldatenkaiser** oft nur nach wenigen Monaten in der Herrschaft ab. Bald schon vermieden es die Kaiser, Rom zu verlassen, aus Sorge, in der Zwischenzeit könnte ein Konkurrent ihren Platz einnehmen.

## Der Niedergang Roms

Während Rom mit innenpolitischen Schwierigkeiten kämpfte, formierten sich die unterworfenen Völker. Im Norden bedrohten die Germanen die Grenzen des Weltreichs, im Osten die Perser. Barbareneinfälle bis tief nach Italien sorgten in der Hauptstadt für Panik. Bisher waren die Grenzen des Reichs mit den dahinter lauernden Gefahren für die Römer unendlich weit entfernt. Erstmals erschien nun eine **Invasion** und Bedrohung Roms tatsächlich denkbar. Eilig ließ Kaiser **Aurelian** (270–275) eine gewaltige Schutzmauer um die Stadt ziehen.

Innerhalb des römischen Imperiums kam es zu schweren Wirtschaftskrisen, Hungersnöten, Aufständen und Seuchen. Eine weitere Gefahr für den Staat war das sich ausbreitende **Christentum**. Anfangs hatte man diese merkwürdige Sekte von hauptsächlich mittellosen Proletariern nicht ernst genommen, nun aber bekamen die Christen auch von angesehenen Bürgern Zulauf. Sie verwehrten den alten Göttern die vorgeschriebenen Kulthandlungen, leugneten die göttliche Autorität des Kaisers und untergruben durch das ständige Beschwören eines bevorstehenden Weltuntergangs die öffentliche Moral. Ab ca. 250 reagierte der Staat mit systematischen Christenverfolgungen. Die letzte, besonders grausame, fand 303 unter **Diokletian** (284–305) statt. Er war auch der erste Kaiser, der die Herrschaft über das beinahe unregierbar gewordene Reich aufteilte und einen Mitregenten ernannte. Doch schon in der nächsten Generation schlug **Konstantin**, einer seiner Nachfolger, den Mitregenten Maxentius, in der Schlacht an der Milvischen Brücke und kehrte zur Alleinherrschaft zurück (313–337). Der Legende nach war ihm kurz vor der Schlacht das Christussymbol als Siegeszeichen erschienen. Ein Jahr später jedenfalls erkannte Konstantin im **Toleranzedikt von Mailand** das Christentum als gleichberechtigte Religion an und veranlasste den Bau mehrerer großer Kirchen, darunter der alten Peterskirche über dem Grab des Petrus und des Laterans als Kirche für Papst Sylvester.

> Roms Entwicklung hatte ihren **Höhepunkt** erreicht: Man zählte 1,3 Mio. Einwohner, 28 Bibliotheken, zehn Markthallen, elf öffentliche Kaiserthermen, fünf Circusse, sieben Foren, zehn Aquädukte, 856 Badeanstalten, 1.352 große Brunnen, 926 Tempel, 1.790 Paläste und 46.000 Mietshäuser.

Durch die Förderung des Papsttums und den Bau der ersten Kirchen zog sich Konstantin neben innenpolitischen Schwierigkeiten auch noch den Zorn des Senates zu. Ein Neuanfang sollte gemacht werden. Der Kaiser verlegte 330 seinen Regierungssitz nach Byzanz, das nach seinem Tod in **Konstantinopel** umbenannt wurde (heute Istanbul). Rom blieb zwar Caput Mundi (Hauptstadt der Welt), doch die Verwaltung und viele einflussreiche Bürger verließen ebenfalls die Stadt.

Kaiser **Theodosius** (379–395) erklärte das Christentum 391 zur Staatsreligion und verbot sämtliche heidnischen Kulte. Vier Jahre später zerbrach das Imperium Romanum endgültig in einen oströmischen und einen weströmischen Teil. Das **weströmische Reich** wurde von Ravenna aus regiert. Die bedeutungslos gewordene ehemalige Hauptstadt Rom konnte die Prachtbauten nicht mehr unterhalten. Was in der weitgehend schutzlosen Stadt noch vorhanden war, plünderten 410 die Westgoten. Am schlimmsten hausten 455 die Vandalen, worauf das Wort „Vandalismus" zurückgeht. Mit der Absetzung des letzten weströmischen Kaisers Romulus Augustulus endete das antike Römische Reich endgültig.

## Rom im Mittelalter

Nach dem Einfall der Langobarden (568) wurde die Stadt erneut schwer verwüstet. Ende des 6. Jh. lebten nur noch 50.000 Menschen in den Trümmern der Stadt. Das einst mächtige Forum Romanum verkam zur Viehweide und auf dem Kapitol wuchsen die Zwiebeln. Da die Aquädukte weitgehend zerstört waren, trank man das Wasser aus dem Fluss, was zu Seuchen führte und bald grassierte auch die Pest.

Unter **Papst Gregor I.** (590–604) verbreiteten Missionare das Christentum in ganz Europa. Bald darauf kamen zahlreiche **Pilger** zu den Gräbern der Märtyrer und verhalfen Rom wieder zu bescheidenem Wohlstand. Antike Basiliken und Tempel, die noch nicht vollständig zerstört waren, verwandelte man in Kirchen oder nutzte sie als Steinbrüche, um Material für neue Bauten zu gewinnen. Auf diese

Weise wollte man auch das Andenken an heidnische Götter tilgen. Besonders häufig entstanden Kirchen über den Versammlungsorten des lange konkurrierenden Mithraskults, damit es an diesen Stellen nicht zu einem Wiederaufleben dieser Religion kommen konnte. Ungewollt wurden so manche Mithräen konserviert. Gregor hinterließ ein gut organisiertes **Papsttum**, das aus den Einnahmen durch die Pilger über ein beachtliches Vermögen verfügte und ein eigenes kleines Heer aufbauen konnte.

Als 753 die Langobarden Rom erneut belagerten, bat Papst Stephan II. den Frankenkönig Pippin um Hilfe. Wunschgemäß salbte er den König zum *„Schutzherrn der Kirche"* und erhielt als Gegenleistung Schutz gegen die Eindringlinge sowie ein eigenes päpstliches Territorium (**„Pippinische Schenkung"**), das Keimzelle des **Kirchenstaates** wurde. Auch Leo III. (795–816) bemühte den Schutz des Frankenherrschers Karl, diesmal um sich gegen aufbegehrende römische Adelsfamilien zu behaupten. Dafür setzte der Papst **Karl dem Großen** in der Weihnachtsnacht des Jahres 800 die Kaiserkrone des so geschaffenen Heiligen Römischen Reiches Deutscher Nation auf. Die folgenden Jahrhunderte waren allerdings von ständigen Konflikten zwischen Papst- und Kaisertum geprägt.

Durch Überfälle der Sarazenen (846), die zum Bau der Leonischen Mauer um den Vatikan führten, und die Invasion der Normannen (1048) wurde Rom erneut verwüstet. Zudem terrorisierten die **Milizen** des um Macht und Einfluss streitenden Adels die Stadt. Die mächtigsten Familien verschanzten sich in den zu Festungen ausgebauten Ruinen. Gegen die Anarchie in Rom konnten auch die Päpste wenig ausrichten. So ist es verständlich, dass der 1305 zum Papst gewählte Franzose Klemens V. sein kultiviertes Frankreich nicht gegen das verwahrloste und gefährliche Rom eintauschen wollte. Kurzerhand verlegte er den Papstsitz nach **Avignon**. Während der Zeit des sog. Großen Abendländischen Schismas gab es zwei, zeitweise sogar drei Päpste, die sich mit ihren Gefolgschaften und königlichen Hintermännern bekriegten. Nach Rom kamen nun kaum noch Pilger und die Lage wurde dramatisch. Francesco Petrarca stellte 1334 fest, dass die Stadt *„nur noch ein Schatten ihrer selbst"* war. Die antike Metropole war zu einem armseligen Nest mit nur noch knapp 12.000 Einwohnern verkommen. Da es auf den Hügeln kein Wasser gab, lebten die Römer am sumpfigen Tiberufer, wo Malaria und Seuchen grassierten. Mehrfach wütete die Pest. In den schäbigen, engen, düsteren Gassen zeugten Marmorreste von der großartigen Pracht der einstigen antiken Gebäude und man sehnte sich nach einem Neubeginn nach antikem Vorbild.

## Rom erneuert seine Pracht

Mit dem Ziel der Wiedergeburt (**Renaissance**) des prachtvollen antiken Roms als Zentrum neu erstarkender kirchlicher Macht kehrte Papst Gregor XI. 1377 als *„legitimer Erbe der Imperatoren"* aus Avignon zurück. Da die einstige Residenz im Lateran völlig verwüstet war, bezog er hinter den starken Mauern des Vatikans eine wohl recht schäbige Wohnung. Anfangs gelang es den Päpsten nur mühsam, sich gegen die Terrorregimes der Adligen durchzusetzen und die anarchischen Verhältnisse zu ordnen.

Als die Kardinäle 1417 mit Ottone Colonna erstmals wieder einen römischen Fürsten zum Papst wählten (Martin V. 1417–31), begann der ersehnte Aufschwung. Zahlreiche Bauten dieser Zeit zeugen davon, wie sehr die Antike die Päpste inspirierte. Nach dem Vorbild der Imperatoren wollte jeder spektakuläre

*Michelangelo Buonarrotti*

Bauwerke hinterlassen, die mit seinem Namen verknüpft waren. Die christliche Aussicht auf eine ferne Auferstehung von den Toten reichte den Päpsten allein nicht mehr, sie wollten unsterblichen, weltlichen Ruhm für sich und natürlich auch für die Kirche. Eine rege Bautätigkeit setzte ein. Das erforderliche Material lieferten die als Steinbrüche freigegebenen antiken Ruinen. Auf dem Forum standen die Öfen, in denen man den Marmor der heidnischen Kunstwerke zu Kalk für christliche Kirchen verbrannte. Im Vergleich dazu waren die Verwüstungen durch die Barbareneinfälle eher gering. Die bis dahin noch allgegenwärtige Antike verschwand langsam aus dem Stadtbild und Rom erstrahlte in neuer Pracht. Selbst die Spuren einer letzten verheerenden Plünderung durch die Landsknechte Karls V. beim **Sacco di Roma** (1527/28) waren bald verschmerzt.

Die größten Künstler und Baumeister des 16. Jh. wie **Donato Bramante** (1444–1514), **Michelangelo Buonarrotti** (1475–1564) und Raffaelo Santi, genannt **Raffael** (1483–1520), bauten und malten im Auftrag der Päpste und zur Ehre der Kirche. Größtes Projekt war ab 1506 der **Neubau der Peterskirche**. Gleichzeitig betrieben die Päpste den Ausbau ihrer weltlichen Macht. Finanziert wurde das Ganze aus Steuermitteln und durch den lukrativen Ablasshandel. Angewidert von den römischen Verhältnissen löste der Mönch **Martin Luther** die Reformation aus, die der Papst mit Gewalt nicht in den Griff bekam und deshalb mit der **Gegenreformation** durch den neu gegründeten Jesuitenorden auch politisch bekämpfte. Dessen Mitglieder setzten auf barocke Prachtentfaltung, um schon optisch an der Überlegenheit der alleinseligmachenden römisch-katholischen Kirche keinen Zweifel aufkommen zu lassen. Papstkritiker wurden durch die **Inquisition** in ganz Europa verfolgt, gefoltert und verbrannt.

Die größten Veränderungen des Stadtbilds in kürzester Zeit verdankt Rom dem energischen Papst **Sixtus V.** (1585–90). Er sorgte für die Fertigstellung der Kuppel von St. Peter und ließ die Hauptkirchen durch schnurgerade Straßen miteinander verbinden. Die prachtvollsten Paläste und Kirchen mit ihren unzähligen Kuppeln entstanden im 17. Jh. während des Barock. Besonders **Gianlorenzo Bernini** (1598–1680) prägte das Stadtbild im gehässig ausgetragenen Wettbewerb mit seinem ebenso genialen, aber weniger erfolgreichen Konkurrenten **Francesco Borromini** (1599–1667).

Auch im 18. Jh. sorgten die Päpste mit den Großaufträgen für Trevibrunnen und Spanische Treppe noch für die Stadtverschönerung. Die erste bedeutende Niederlage des über Jahrhunderte gewachsenen machtvollen Kirchenstaates ereignete sich 1808, als **Napoleon** mit seinen Truppen in Rom einmarschierte, die päpstliche Herrschaft per Dekret abschaffte und Pius II. nach Frankreich deportieren ließ. Erst mit der Wiederherstellung der alten Verhältnisse durch den **Wiener Kongress** 1814/15 erhielt der Papst die Macht über den Kirchenstaat zurück. Noch im 19. Jh., als ganz Europa in Aufbruchstimmung war, wurde der Kirchenstaat nach außen gegen jede moderne Neuerung abgeschottet. Von Norditalien aus, das teilweise von den Österreichern besetzt war, verbreitete sich das **Risorgimento**, die nationale Einheitsbewegung Italiens.

## Vereinigtes Königreich Italien

Zunächst gelang es dem Papst mit Unterstützung französischer Hilfstruppen, die Autonomie seines absolutistisch regierten Kirchenstaates gegen die von **Giuseppe Garibaldi** (1807–82) geführten Revolutionäre zu verteidigen. Als die französische Armee dann aber in den Krieg gegen Preußen abzog, fehlte dem Papst eine militärische Schutzmacht zur Unterstützung seiner eigenen Soldaten. Am 20. September 1870 marschierten die Freischärler des Nationalistenführers Garibaldi in Rom ein und riefen das **Vereinigte Königreich Italien** unter der Regentschaft von König Viktor Emanuel II. von Savoyen und mit Rom als neuer Hauptstadt aus. Papst Pius IX. (1846–78) blieb nur der Vatikan als Rückzugsgebiet, von wo er in „freiwilliger Gefangenschaft" aus Protest alle Kollaborateure des neuen Italiens exkommunizierte. Erst Mussolini beendete am 11. Februar 1929 den Kalten Krieg des Papstes gegen Italien durch Abschluss der **Lateranverträge**. Neben der staatlichen Autonomie für das Gebiet des Vatikans sowie einiger exterritorialer Kirchen und einer erheblichen Entschädigungszahlung erhielt die Kirche Mitbestimmungsrechte für das italienische Ehe- und Familienrecht (→ S. 501).

Für das Heer von Beamten, das ab 1870 in der neuen Hauptstadt Italiens gebraucht wurde, war eigentlich kein Platz vorhanden. Zudem weigerten sich viele, in die mittelalterliche, verwahrloste Altstadt zu ziehen (diesem Umstand verdankt man heute ein intaktes historisches Zentrum). Um den Bahnhof Termini, nördlich der Piazza del Popolo und beim Vatikan wurden in wenigen Jahrzehnten riesige neue Wohnviertel im typischen Gründerzeitstil erbaut. Neben repräsentativen Straßenzügen wie der Via Vittorio Veneto, der Via Tritone und der Via Nazionale entstanden staatliche Prestigebauten als Ausdruck neuen Nationalstolzes wie der Justizpalast neben der Engelsburg, die Ausstellungshalle an der Via Nazionale und vor allem das Nationalmonument Vittorio Emanuele II an der Piazza Venezia.

Nach den Staatsbediensteten kamen ärmere Leute, vor allem aus dem Süden, die sich von der neuen Hauptstadt Arbeit und Wohlstand erhofften. Da es keine Wohnungen gab, siedelten sie sich in immer größer werdenden behelfsmäßigen Barackensiedlungen an der Peripherie an.

## Der Faschismus

Nach dem Ersten Weltkrieg versprachen linke und rechte Extremisten gleichermaßen radikale Lösungen der wachsenden sozialen Probleme. Gewalt gegen politische

Kontrahenten und Terroranschläge zur Destabilisierung des maroden Staates
führten immer weiter in die Anarchie. Die Bevölkerung sehnte sich nach einer
„starken Hand". Das war die Voraussetzung für die Machtergreifung **Mussolinis**.

## Der Aufstieg Mussolinis

Benito Mussolini kam am 29. Juli 1883 als Sohn eines Hufschmieds, der
nebenbei als Schankwirt leidenschaftlich gegen die Obrigkeit wetterte,
und einer streng katholischen Lehrerin zur Welt. Mehrere Schulen
musste der respektlose und rauflustige Junge wechseln. Als junger Mann
begeisterte er sich für den Klassenkampf-Gedanken von Karl Marx und
die Idee Nietzsches vom Übermenschen. 1902 entzog er sich dem Wehrdienst durch Flucht in die Schweiz, wo er Sprecher der Sozialisten wurde.
Den wortgewandten Jüngling hielt man für den kommenden Star des linken Flügels der Sozialisten und sogar Lenin lobte seinen Einsatz. Als
Chefredakteur der sozialistischen Parteizeitung *Avanti* konnte er mit seinen reißerischen Artikeln die Auflage binnen kurzer Zeit verfünffachen.
Im Oktober 1914 schockierte der bis dahin leidenschaftliche Pazifist, als
er plötzlich Italiens Kriegseintritt forderte. Parteiausschluss und Entlas-
sung als Redakteur waren die Folge. Er schloss sich einer Gruppe linker
Kriegsenthusiasten an, die sozialrevolutionäre mit nationalistischen Gedanken verband. Hieraus ging 1919 seine Bewegung *„Fascio di combatti-
mento"* hervor.

Als Italien in den Ersten Weltkrieg eintrat, meldete er sich sogleich als
Freiwilliger. Schon bald kehrte er verwundet zurück und präsentierte sich
als Held, während ihn seine Gegner für einen krückenschwingenden
Simulanten hielten. Als Chefredakteur der nationalistischen Zeitung *Popolo d'Italia* hatte er noch mehr Erfolg als zuvor bei dem Parteiorgan der
Sozialisten. Geschickt nutzte er den Einfluss des spleenigen Dichters und
Abenteurers **Gabriele d'Annunzio**, der antidemokratische und nationalis-
tische Kräfte in Italien lenkte. Mit seinem Gespür für theatralische Inszenierungen staffierte er seine Gruppierung mit einheitlichen schwarzen
Hemden nach dem Vorbild von Garibaldis Truppen aus und entlehnte aus
der Antike einige Herrschaftssymbole wie Liktorenbündel, Beil und
Dolch. Bei den Wahlen im Herbst 1919 blieb seine merkwürdige Truppe
jedoch zunächst noch ohne jeden Erfolg. Nach einem Bündnis mit den Liberalen zog Mussolini drei Jahre später an der Spitze von 21 faschistischen Abgeordneten dann aber doch in das römische Parlament ein.

Der Terror beherrschte besonders den Norden Italiens. Sozialisten hatten hier
Meutereien unter den Soldaten angezettelt und einige Rathäuser sowie Fabriken
gewaltsam besetzt. In die Enge getriebene Aristokraten und um ihre Existenz
bangende Kleinbürger schlossen sich den national gesinnten Faschisten an und
schlugen zurück. Auf revolutionäre folgte nun reaktionäre Gewalt.
In dieser Situation drängten ehemalige Frontkämpfer Benito Mussolini im Oktober 1922 zu einem **Marsch auf Rom**, um die Macht zu übernehmen und die Ordnung wiederherzustellen. König Viktor Emanuel III. fürchtete weitere Straßenschlachten und sah nur noch den Ausweg, Mussolini per Telegramm zum Mi-

nisterpräsidenten zu berufen. Dieser stellte schon bald seine bürgerlichen Koalitionsparteien kalt und nutzte die neuen Möglichkeiten von Foto und Film, um sich als Übermensch und *„Duce del fascismo"* (Führer des Faschismus) zu präsentieren. Die Opposition wurde ausgeschaltet, rechtsstaatliche Normen außer Kraft gesetzt. Mitte der 1930er Jahre erreichte Mussolini den Höhepunkt seiner Macht als Diktator. Er befahl einen Eroberungsfeldzug in Äthiopien, um die Grundlage eines italienischen Imperiums im Mittelmeerraum nach antikem Vorbild zu legen und wollte ein „drittes Rom" bauen. Es sollte dem der Antike und der Renaissance ebenbürtig sein. Dazu ließ er die Via dei Fori Imperiali für die Aufmärsche mitten durch die Kaiserforen bauen und die Umgebung des Augustus-Mausoleums umgestalten. Am nordöstlichen Stadtrand entstand 1931 die gigantische Sportanlage des *Foro Italico* mit antiken Anklängen, die bis heute 60 riesige, sehr männliche Athletenstatuen säumen. Im Süden der Stadt plante er den Bau des Weltausstellungsgeländes E.U.R. (*Esposizione Universale Romana*).

An der Machtergreifung Mussolinis orientierte sich der sieben Jahre jüngere Hitler. Sein „Marsch auf Berlin" scheiterte 1923 dank Münchner Polizisten allerdings schon an der Feldherrnhalle. Nach der Machtergreifung der Nationalsozialisten in Deutschland nahm der Duce seinen Führer-Kollegen anfangs nicht recht ernst, doch bewunderte er die deutsche Disziplin. Besonders nach der überwältigenden, fünftägigen Show, die Hitler seinem italienischen Gast 1937 bei einem Staatsbesuch bot, unterlag Mussolini immer stärker dem Einfluss der Nazis. Selbst die deutschen Rassegesetze wurden in Italien übernommen, obwohl die italienischen Faschisten nicht antisemitisch waren, denn Juden hatten sogar am Marsch auf Rom teilgenommen und gehörten zu den Gründern der Bewegung. Zur Deportation und Ermordung der Juden kam es erst im Oktober 1943 unter deutscher Besatzung.

Im Juni 1940 trat Italien an der Seite Deutschlands in den **Zweiten Weltkrieg** ein. Nach militärischen Misserfolgen im März 1943 gab es einen Generalstreik, und als kurz danach die Westalliierten auf Sizilien landeten, setzte der *„Gran Consiglio del Fascismo"* den Duce ab. Mussolini wurde auf Anordnung des Königs inhaftiert und auf den Gran Sasso in den Abruzzen gebracht. Dort befreiten ihn zwei Monate später deutsche Fallschirmspringer und übertrugen ihm die Führung der von Deutschen besetzten **Republik von Salò** in Norditalien. Durch den von den Alliierten erzwungenen Rückzug der deutschen Truppen schrumpfte auch Mussolinis Herrschaftsbereich von Hitlers Gnaden. Zur Flucht gezwungen, fiel er zusammen mit seiner Geliebten Clara Patacci in die Hand italienischer Widerstandskämpfer, die beide am 28. April 1945 erschossen und die Leichen mit dem Kopf nach unten, am Schild einer Tankstelle in Mailand aufgehängt, zur Schau stellten.

Bereits am 4. Juni 1944 waren die Alliierten widerstandslos in Rom einmarschiert. Einen Tag später trat Kronprinz Umberto als Generalstatthalter an die Spitze des Königreichs. König Viktor Emanuel III. dankte am 9. Mai 1945 zu Gunsten seines Sohnes ab. Drei Wochen später entschieden sich die Italiener in einer Volksabstimmung mit hauchdünner Mehrheit gegen den Fortbestand der Monarchie und verwiesen die Königsfamilie des Landes. Umberto III. ging ins Exil nach Portugal. Erst seit der Verfassungsänderung im Jahr 2002 dürfen die Savoyer als Privatleute wieder nach Italien einreisen.

## Rom ab 1945

Am 1. Januar 1948 trat die neue Verfassung der **Republik Italien** in Kraft. Seitdem zählt man 61 Nachkriegsregierungen (bis zu den für Frühjahr 2008 anstehenden, vorgezogenen Neuwahlen). Von denen hat nur eine einzige die volle fünfjährige Legislaturperiode durchgehalten, und zwar die tief zerstrittene Mitte-Rechts-Koalition unter Führung von Ministerpräsident Silvio Berlusconi in der Zeit von 2001 bis 2006. Alle anderen dauerten im Schnitt kaum länger als eine Schwangerschaft.

Italien, das wie Deutschland vom Marshallplan profitierte, setzte nach dem Zweiten Weltkrieg fast ohne Unterbrechung viele von Mussolinis Bauprojekten fort. In Rom wurde selbst das Gelände für die abgesagte Weltausstellung EUR im Süden der Stadt nach den ursprünglichen Plänen der Faschisten fertiggestellt. Dennoch blieb die Wohnungsnot eines der drängendsten Probleme. Noch lange nach Kriegsende strömte die verarmte, von Arbeitslosigkeit betroffene Landbevölkerung aus den unterentwickelten Regionen Italiens in die Hauptstadt. In noch nicht einmal einhundert Jahren seit Auflösung des abgeschotteten Kirchenstaates stieg die Bevölkerungszahl Roms von 250.000 auf fast drei Millionen. Die Stadtverwaltung plante zwar den Bau zahlreicher Sozialwohnungen und stellte mit nationaler und internationaler Hilfe die notwendigen finanziellen Mittel zur Verfügung, aber dennoch lebten Anfang der 1970er Jahre immer noch rund 70.000 Menschen in slumähnlichen Barackensiedlungen an der Peripherie. Das Geld für den Wohnungsbau versickerte im undurchdringlichen, korrupten Verwaltungsapparat. Das Parlament setzte einen Untersuchungsausschuss nach dem anderen ein, aber weder deckte man auf, wohin die vielen Gelder geflossen waren, noch änderte man die bestehenden Verhältnisse. In der Zeit von 1971 bis 1976 fanden regelmäßig Demonstrationszüge gegen die desolate Wohnungspolitik zum Rathaus auf dem Kapitol statt. Erst Mitte der 1980er Jahre verschwanden die Slums allmählich und entlang des Autobahnrings entstanden zahlreiche neue Hochhaussiedlungen.

Stärkste politische Kraft Italiens war die **christdemokratische Partei DC** *(Democrazia Cristiana)*, die bis kurz vor ihrer Auflösung 1994 alle Koalitionsregierungen dominierte und bis 1981 sogar stets den Ministerpräsidenten stellte.

Das Ende des Kalten Krieges zerstörte auch das italienische Parteien- und Politiksystem. Bis dahin galt es, das Land um jeden Preis vor den gottlosen Kommunisten zu schützen. Zu diesem Zweck wählten die Italiener immer die gleichen Politiker als vermeintlich kleineres Übel, trotz Gerüchten über Verbindungen zur Mafia und der in vielen Bereichen offensichtlichen **Korruption**. Nun aber gab es keinen Grund mehr, dies alles hinzunehmen, und einige mutige Richter, Staatsanwälte und Politiker begannen gegen die Missstände vorzugehen. Die **Mafia** reagierte mit ihrer üblichen Einschüchterungstaktik, doch weder mit der Ermordung von Staatsanwälten noch mit Bombenterror hatten sie Erfolg. Stattdessen rang die aufgebrachte Bevölkerung den Politikern erstmals wirksame Instrumente im Kampf gegen die organisierte Kriminalität ab. Zur gleichen Zeit kam durch Zufall in Mailand eine Korruptionsaffäre ans Licht, die sich bald auf das ganze Land und die großen Parteien erstreckte. Fast alle mächtigen Repräsentanten der italienischen Nachkriegspolitik stürzten und mit ihnen gingen die Volksparteien unter. Sie lösten sich auf und an ihre Stelle traten oft mehrere Splittergruppierun-

*Gut behütet: die Eingänge des Parlaments*

gen. Dazu kam eine **Finanz- und Wirtschaftskrise**, die erst durch Übergangsregierungen unabhängiger Fachleute bewältigt wurde, sodass Italien unter enormen Anstrengungen im letzten Moment die Kriterien für die Euro-Einführung erfüllte und Gründungsmitglied der Europäischen Währungsunion werden konnte.

Neue politische Kräfte traten auf und kündigten pathetisch das Ende der Ersten und die Gründung der **Zweiten Italienischen Republik** an. Unverändert aber blieben die für die italienische Politik seit jeher typischen Streitigkeiten. Zudem erzwingt das aufgefächerte Parteienspektrum Koalitionen unterschiedlichster Gruppierungen, die oft nur Machtinteresse verbindet. Während der Übergangsphase, bevor sich die beiden heute existierenden politischen Blöcke bildeten, änderten sich die Bündnisse beinahe täglich. Immer wieder mussten die jeweiligen Regierungen ihre Mehrheiten neu organisieren, weil ein Partner, der sich davon strategische oder andere Vorteile versprach, spontan die Seiten wechselte. Das führte im Parlament oft zu Tumulten und manchmal sogar zu Handgreiflichkeiten. Inzwischen treten schon zu den Parlamentswahlen überwiegend Parteienbündnisse an, doch auch die sind untereinander tief zerstritten und in den wenigsten Sachfragen herrscht Einigkeit. Wenn es bei knappen Mehrheitsverhältnissen in einer der beiden Parlamentskammern auf jede Stimme ankommt, liegt es auch in der Macht eines jeden Abgeordneten, die zerbrechliche Koalition zu sprengen. Eine Reform des Wahlrechts durch Einführung einer Sperrklausel, die die Übermacht der vielen kleinen Parteien im Parlament begrenzt, war bisher nicht durchzusetzen, da immer irgendjemand von den instabilen Verhältnissen profitierte und eine Gesetzesänderung verhinderte. Eigene strategische Vorteile gehen eben regelmäßig dem Wohl des Landes vor.

Als die Mitte-Links-Regierung von **Romano Prodi** Ende Januar 2008 scheiterte, weil der Chef einer 1,4-Prozent-Partei das Regierungsbündnis verließ, sprach ein

Kommentator den Bürgern aus der Seele: *„Ich weiß nicht, was die Italiener verbrochen haben, dass sie diese Politiker verdienen!"*.

Bis Anfang der 1990er Jahre wurde die **Mafia** von Politik und Justiz eher halbherzig bekämpft. Sie garantierte immerhin eine gewisse Ordnung, sorgte für die Infrastruktur und für die Wahlerfolge der Christdemokraten, jedenfalls solange diese sich mit den Clanchefs arrangierten. (Als es einmal zu Unstimmigkeiten kam, siegten bei den nächsten Wahlen auf Sizilien prompt die sonst weit abgeschlagenen Sozialisten.) In der Regel schickte die **Justiz** junge Ermittlungsrichter zu Beginn ihrer Karriere nach Sizilien, weil sie als noch nicht korrumpiert galten. Doch das änderte sich meist schnell, wenn kurz nach Dienstantritt die *„ehrenwerte Gesellschaft"* eine Liste der unerwünschten staatsanwaltschaftlichen Aktivitäten übermitteln ließ und die Ernsthaftigkeit des Anliegens gegebenenfalls mit „Unfällen" der Familienangehörigen des Richters unterstrich. Daraufhin beantragten die meisten ihre baldige Versetzung und arrangierten sich bis dahin.

Einer der im Kampf gegen die Mafia erfolgreichsten Ermittlungsrichter war **Giovanni Falcone**. Er bereitete gerade einen Mammutprozess gegen die Hintermänner der organisierten Kriminalität vor und stand kurz davor, Chef einer neuen „Super-Staatsanwaltschaft" zu werden, als die Mafia ihn mitsamt seiner Personenschützer durch eine unter der Autobahn vergrabene Bombe in die Luft sprengte. Sein Freund und Nachfolger **Paolo Borsellino** erlitt wenige Wochen später das gleiche Schicksal. Daraufhin war die Geduld der Italiener am Ende. Im ganzen Land fanden so lange Massendemonstrationen statt, bis die Regierung endlich die lange geforderten **Anti-Mafia-Dekrete** erließ und zur Unterstützung der Polizei 7.000 Soldaten nach Sizilien entsandte. Dank einer attraktiven Kronzeugenregelung und eines neuen Schutzprogramms für Aussteigewillige und deren Familien gelang es erstmals, die ungeschriebenen Gesetze des Schweigens (*omertà*) und der Rache *(vendetta)*, bisher die Garanten für den Zusammenhalt der Mafia, zu brechen. Auch einer der Paten packte aus, um die eigene Haut zu retten, und berichtete über die inneren Strukturen sowie die Verbindungen zu Justiz und Politikern. Sogar **Giulio Andreotti**, der wie kein anderer seit dem Krieg die italienische Politik geprägt hatte, sollte angeblich mit

der Mafia paktiert haben. Erstmals konnten die Super-Staatsanwälte Detailerkenntnisse zu einem umfassenden Bild über die Mafia zusammenfügen und es wurde erkennbar, wie sehr die Mafia die italienische Gesellschaft bereits durchdrungen hatte. In einigen Gemeinden Siziliens entschied die Mafia beispielsweise allein über die Vergabe öffentlicher Aufträge und teilte den Politikern Wähler zu. Nach Schätzungen der **Anti-Mafia-Kommission** machte die Mafia einen Umsatz von umgerechnet über 50 Milliarden Euro pro Jahr. Man zählte rund 20.000 Menschen zum Kern der Mafiaclans und konnte im Laufe der Ermittlungen bis Ende der 1990er Jahre 5.000 Mafiosi verhaften. Zeitweilig lebten 1.100 Kronzeugen mit ihren Familien im Schutzprogramm.

Das meiste Aufsehen erregte der Strafprozess gegen Andreotti und einige seiner Vertrauten, in dem Ex-Mafiosi als Kronzeugen der Anklage über enge Verbindungen der Mafia zur Staatsführung bis hin zum Auftragsmord im Zusammenhang mit der Entführung von Andreottis Parteifreund und Amtsvorgänger **Aldo Moro** berichteten. Währenddessen sorgten die zwanzig Verteidiger für manchen Eklat und zogen immer wieder die Glaubwürdigkeit der Kronzeugen in Zweifel. Begleitend wetterten konservative Politiker in der Presse gegen eine parteiische „linke Justiz", die Verbrechern ein Forum gegen verdiente Staatsvertreter biete. Manche forderten, einen Schlussstrich unter die Korruptionsermittlungen zu ziehen, und der damalige Oppositionsführer **Berlusconi** meinte, dass ein Urteil niemals auf der Aussage von „*selbst tausend Mafiosi-Kronzeugen*" beruhen dürfte. Dabei waren bis zu diesem Zeitpunkt schon 300 lebenslange Freiheitsstrafen gegen Mafiamitglieder aufgrund der Aussagen von Aussteigern verhängt worden. Nach jahrelanger Prozessdauer wurde Andreotti im Mai 2003 in letzter Instanz aus Mangel an Beweisen freigesprochen. In der italienischen Bevölkerung war die Stimmung schon vorher gekippt. Man war die endlosen Korruptions- und Mafiaprozesse leid, zumal sie kaum zu etwas führten. Journalisten behaupten sogar, die Schläge gegen die Mafia seien von ihr selbst gesteuert worden, um konkurrierende Clans zu schwächen und eine Neustrukturierung herbeizuführen. Die wahre „ehrenwerte Gesellschaft" operiere längst auf anderen lukrativen Feldern. Zudem falle auf, dass bei all den Ermittlungen so gut wie keine illegalen Konten und in Geldwäsche verstrickten Banken von den Überläufern verraten worden seien.

Etwa zur selben Zeit, als der Kampf gegen die Mafia ernsthaft begann, setzte der **Zusammenbruch des italienischen Parteiensystems** ein:

Staatspräsident **Francesco Cossiga** reagierte im November 1991 auf die schlechte Stimmung in der Bevölkerung und forderte auch von seiner eigenen Partei vehement eine „moralische Revolution". Erstmals hatte ein führender Politiker damit öffentlich und uneigennützig die bestehenden Verhältnisse angeprangert. Als ihm dafür die Parteifreunde mit einer Präsidentenanklage drohten, trat er nach 40-jähriger Mitgliedschaft aus der DC aus und genoss dafür beim Wahlvolk geradezu heldenhafte Verehrung.

Wenige Monate später wurde ausgerechnet in Mailand, das sich bisher immer als moralische Hauptstadt des Landes verstanden hatte, eine Lawine ausgelöst: Zufällig entdeckten Ermittler beim Verwalter eines Mailänder Altenheims Schwarzgeld. Die Spur führte zu einem **Bestechungsskandal** ungeahnten Ausmaßes. Bald war klar, dass Mailänder Baufirmen allein in den zehn Jahren zuvor umgerechnet ca. 100 Mio. Euro Schmiergeld an Politiker gezahlt hatten.

Die im Frühjahr 1992 unter der Leitung von Antonio di Pietro gegründete Sonderstaatsanwaltschaft **Mani Pulite** („Saubere Hände") ermittelte bald auch gegen den früheren Außenminister Gianni de Michelis, der 1995 wegen illegaler Finanzgeschäfte zu vier Jahren Haft verurteilt wurde, und gegen den mächtigen Chef der Sozialisten und ehemaligen Ministerpräsidenten **Bettino Craxi.** Als sich das Parlament zunächst weigerte, die Immunität Craxis uneingeschränkt aufzuheben, kam es in allen größeren italienischen Städten zu Protestdemonstrationen und in der Abgeordnetenkammer war die Hölle los. Nach 17 Jahren im Amt des Vorsitzenden der PSI *(Partito Socialista Italiano)* wurde Craxi zum Rücktritt gezwungen. Im November 1994 löste sich die angeschlagene Partei 102 Jahre nach ihrer Gründung auf und ihre Mitglieder gründeten zwei sozialistische Nachfolgeparteien.

Kurz vor Prozessbeginn setzte sich Craxi in sein Ferienhaus in Tunesien ab und wurde später in Abwesenheit zu achteinhalb Jahren Freiheitsstrafe verurteilt. Trotz internationalen Haftbefehls blieb er in seinem Exil, wo er im Januar 2000 nach vielen erfolglosen Gnadensuchen an die italienische Justiz starb.

Schon wenige Wochen nach Beginn der Aktion *Mani Pulite* saßen 150 Personen in Haft, darunter auch elf von insgesamt zwölf Mitgliedern der Provinzregierung der Abruzzen. Längst waren die Fälle nicht mehr allein auf Mailand beschränkt. Es stellte sich heraus, dass im ganzen Land bei öffentlichen Aufträgen immer auch an Parteien und Politiker gezahlt wurde. Nach einem vereinbarten geheimen Schlüssel gingen je 40 % der Schmiergelder an die Christdemokraten und die Sozialisten sowie 20 % an die kleineren Parteien.

Die Absicht der Regierung, den Korruptionsskandal politisch zu lösen und eine weitgehende Strafmilderung für Geständnisse von bedrängten Politikern anzubieten, führte zu Tumulten im Parlament. Eine Amnestie ließ sich politisch nicht durchsetzen. Im Verlauf des Jahres 1993 wurden immer weitere Bestechungen aufgedeckt. Mindestens 164 Parlamentarier waren in Straftaten verwickelt und die Römer sahen fassungslos zu, wie beinahe täglich Politiker aus dem Parlament heraus verhaftet wurden. Ende des Jahres richteten sich die Ermittlungen gegen rund 22.000 Personen. Auch der Bürgermeister von Genua, ein früherer Bürgermeister von Rom, mehrere Richter und Wirtschaftsbosse kamen in Untersuchungshaft. Der Schatzmeister der Democrazia Cristiana gestand, dass seine Partei von 1986 bis 1993 rund 85 Mrd. Lire (damals rund 55 Mio. Euro) an illegalen Zuwendungen erhalten hatte. Kurz darauf löste sich die DC auf und gründete sich unter dem Namen Volkspartei *(Partita Popolare)* neu. Diese spaltete sich im Laufe der nächsten Monate in fünf Parteien auf.

Schon vorher verfielen die etablierten Parteien bei den Kommunalwahlen zu unbedeutenden Splittergruppierungen. In der Stichwahl um das Amt des **Bürgermeisters** setzte sich in Rom der 38-jährige Kandidat der Grünen, **Francesco Rutelli,** knapp gegen den Neofaschisten Gianfranco Fini durch. Ein Glücksfall, denn die dynamische Rutelli machte die Stadtregierung effizienter und bürgerfreundlicher. Nach Ablauf seiner regulären Amtszeit bestätigten ihn die Römer mit großer Mehrheit im Amt. Hauptsächlich ihm ist es zu verdanken, dass

Rom zum Heiligen Jahr 2000 in neuem Glanz erstrahlte und zahlreiche Ausgrabungen sowie Museen, die jahrelang vergeblich auf eine Restaurierung gewartet hatten, mit gewaltigem Aufwand und überwiegend sogar pünktlich zum Jubiläumsjahr fertig wurden. Später wechselte Rutelli in die nationale Politik, unterlag 2001 aber bei den Parlamentswahlen und wurde Oppositionsführer.

Das politische Chaos der frühen 1990er Jahre führte auch zu einer **Finanzkrise** mit dramatischer Abwertung der italienischen Lira. Daher wurde im April 1993 der parteilose bisherige Präsident der Notenbank, **Azeglio Ciampi**, an dessen Integrität niemand zweifelte, als Chef eines **Notstandskabinetts** berufen. Er ernannte unabhängige Fachleute und Vertreter mehrerer Parteien zu Ministern. Als sich nach knapp einem Jahr dank durchgesetzter Reformen die Wirtschaft etwas stabilisierte, machte er den Weg frei für Neuwahlen.

Inzwischen hatte **Silvio Berlusconi** (→ S. 180), der mächtigste Medientycoon Italiens, die politische Bühne betreten. Durch die Gründung einer neuen konservativen Bewegung (um *„Italien vor den Kommunisten zu retten"*) gab er den katholisch-konservativen Wählern nach Auflösung der Democrazia Cristiana eine neue Heimat. Als Namen für seine neue Partei wählte er den Schlachtruf der Fußballfans **Forza Italia** („Vorwärts Italien"). Er versprach den Italienern, die die alten, heuchlerischen, vornehmen Politik-Funktionäre satt hatten, frischen Wind, 1,5 Millionen neue Arbeitsplätze, Steuersenkungen und alles, was sie sonst noch hören wollten. Dem Selfmade-Milliardär mit dem überbordenden Selbstbewusstsein *(„Ich bin der Beste der Welt!")* nahm man ab, dass er sich nicht persönlich bereichern wollte und am besten wisse, wie die Wirtschaft des Landes wieder in Schwung gebracht werden könne. Dank seiner populären TV-Sender war er im Wahlkampf nahezu ständig in allen italienischen Haushalten präsent. Erwartungsgemäß wurde die *Forza Italia* im März 1994 auf Anhieb stärkste Kraft und Berlusconi Chef einer 5-Parteien-Koalition, in der erstmals seit 1945 auch die neofaschistische Partei *Alleanza Nazionale* und die separatistische *Lega Nord* vertreten waren. Das von Anfang an zerstrittene Rechtsbündnis hielt nur acht Monate. Daraufhin erteilte der Staatspräsident dem Wirtschaftsfachmann ohne Parteibuch,

ohne Wahlkreis und politische Basis, **Camberto Dini**, den Auftrag zur Bildung einer über den Parteien stehenden Expertenregierung, die Anfang 1995 nur unter erheblichen Schwierigkeiten zustande kam. Deren finanzpolitisches Notprogramm stieß auf erbitterten Widerstand im Parlament, sodass die italienische EU-Präsidentschaft mit einer Regierungskrise begann. Die *Newsweek* schrieb dazu:

*„Nach drei Jahren düsterer Skandale, die die wirtschaftliche und politische Führung des Landes diskreditiert haben, ist das öffentliche Leben Italiens beinahe ins Chaos abgedriftet. Keine Partei oder in Frage kommende Koalition verfügt über eine parlamentarische Mehrheit, und die neuen Parteien, die die politische Bühne betreten haben, verbindet nichts außer ihrer gegenseitigen Abneigung."*

Im April 1996 kam es schließlich zu Neuwahlen, bei denen sich die Mitte-Links-Parteien zum Bündnis *L'Ulivo* („der Olivenbaum", als Symbol für Frieden, Tradition und Wirtschaftskraft) unter der Führung des parteilosen, populären Wirtschaftsprofessors **Romano Prodi**, zusammenschlossen. Im rechten Parteispektrum formierte sich der *Polo per le Libertà* (Pool für die Freiheit) unter Führung von **Silvio Berlusconi**. Mit dem knappen Sieg des Olivenbaums hatte erstmals seit Kriegsende die gemäßigte Linke eine Parlamentswahl in Italien gewonnen. Ministerpräsident Prodi machte Italien trotz vieler Streitigkeiten und Regierungskrisen mit einer Steuerreform fit für den Euro, und so gehörte Italien im Mai 1998 zu den elf Gründungsmitgliedern der Währungsunion. Das hätte kurz zuvor niemand in Europa für möglich gehalten. Fünf Monate später kündigten die Kommunisten Prodi bei einer Vertrauensabstimmung die Gefolgschaft und zwangen ihn nach 876 Tagen im Amt zum Rücktritt (bis dahin hatte nur Craxi sich in den 1980er Jahren länger als Regierungschef gehalten). Kurz darauf zog Prodi nach Brüssel und war von 1999 bis 2004 Präsident der EU-Kommission.

Nach dem Scheitern der nachfolgenden Regierung unter dem Sozialdemokraten und einstigen Kommunisten **Massimo d'Alema** gab es im Mai 2001 wieder einmal Neuwahlen, aus denen Berlusconis Parteienbündnis, erneut bestehend aus der eigenen *Forza Italia*, der *Lega Nord*, der *Alleanza Nazionale* und kleiner Nachfolgeparteien der Christdemokraten als klarer Sieger hervorging. Im Wahlkampf hatten die drei Berlusconi gehörenden größten landesweiten privaten TV-Sender wieder ohne Scham pausenlos Loblieder auf ihn gesungen. Nach seinen Wahlversprechen würden die Menschen unter seiner Regierung länger leben, wer keine eigene Wohnung habe, bekäme eine, die Steuern würden um ein Drittel gesenkt und die Mindestrente mehr als verdoppelt. Die Ermittlungsverfahren und Anklagen und sein verbissener Kampf gegen die Justiz schmälerten seine Popularität kaum. Ein großer Teil der Italiener bewunderte sogar, wie sich der Selfmade-Unternehmer clever gegen Staat und Gesetz behauptet hatte. Der Vorwurf der Steuerhinterziehung brachte ihm zudem eher Respekt bei dem Drittel der Wählerschaft ein, das als Selbständige sein Geld verdient und davon überzeugt ist, dass Steuerhinterziehung nur gerechte Notwehr gegen einen gierigen Staat ist. Für viele ist Berlusconi bis heute der Popstar der Weltpolitik und vor seinen Personality-Shows verblasst jeder Konkurrent.

Obwohl auch Berlusconis zweite Regierung tief zerstritten war und regelmäßig wichtige Vorhaben kippten, weil die eigenen Leute sie niederstimmten, hielt sie die volle Legislaturperiode bis zu den regulären Parlamentswahlen im April 2006 durch.

Anfangs meinte Berlusconi noch, seine laufenden Strafverfahren wären erledigt, *„weil die Bürger das Urteil schon gesprochen hätten"*, als sie ihm 2001 den Wahlsieg bescherten. Doch die Justiz fand nicht, dass ein Politiker per Mehrheitsvotum über dem Gesetz steht und betrieb die Verfahren unbeirrt weiter, was zu Dauerkonflikten mit der Regierung und zu manchen Gesetzesänderungen führte. Die meisten Wahlversprechen konnte Berlusconi nicht halten. Die Steuersenkungen kamen nur den Reichen zugute und wurden durch Haushaltsverschuldung finanziert. Der Kampf gegen die Mafia ließ dramatisch nach. Das Land war heruntergewirtschaftet und bei den Wahlen 2006 drohte der Regierung ein Desaster.

Spitzenkandidat der Linken wurde der aus Brüssel zurückgekehrte **Romano Prodi**. Wieder konnte Berlusconi dank seines Medienimperiums und der inzwischen auf Linie gebrachten staatlichen Sender zehnmal häufiger als sein Konkurrent im Fernsehen für sich werben. Bei seinen besonders rüden, populistischen Wahlkampfauftritten, bei denen er schon mal Mitte-Links-Wähler als *„Vollidioten"* bezeichnete, verärgerte er einmal Peking, als er sich als Retter vor dem Kommunismus darstellte und den Italienern erklärte, *„Maos Kommunisten kochten Kinder und düngten damit ihre Felder."*

Prodi gewann die Wahlen mit 24.755 Stimmen Vorsprung, dem knappsten Ergebnis seit Bestehen der Italienischen Republik. Berlusconi sprach von Wahlbetrug und wollte sich mangels bestehender Rechtsgrundlage durch ein Gesetzesdekret die Nachzählung der Stimmen gestatten lassen, was der Staatspräsident aber verhinderte. Das angerufene Verfassungsgericht erklärte Prodi endgültig zum Sieger.

Die **61. italienische Nachkriegsregierung** unter Ministerpräsident Romano Prodi bestand aus einer Neun-Parteien-Koalition, deren Spektrum von gemäßigten Katholiken bis zu radikalen Linken und Postkommunisten reichte. Da nur der Kampf gegen Berlusconi sie verbunden hatte und von Anbeginn eine politische Linie fehlte, war koalitionsinterner Krieg Dauerzustand. Nur verbunden mit 31 Vertrauensfragen konnte Prodi seine Politik durchboxen. Als die Regierung dann auch noch auf Einhaltung von Gesetzen und Steuerehrlichkeit bestand, was dem Staat beträchtliche Einnahmen brachte, stürzten ihre Umfragewerte ab.

Mitte Januar 2008 trat der Chef der 1,4-Prozent-Partei Udeur von seinem Amt als Justizminister zurück, weil die Staatsanwaltschaft gegen ihn und seine Frau wegen Korruptionsverdachts ermittelte und kündigte beleidigt die Koalition. Bei der notwendigen Vertrauensfrage gab es im Parlament ein Handgemenge und Prodis Regierung war nach knapp 20 Monaten gescheitert.

Staatspräsident **Napolitano** wollte vor Neuwahlen eine Übergangsregierung einsetzen, um durch eine Wahlrechtsreform die Übermacht der kleinen Parteien im Parlament zu begrenzen, doch Berlusconi erzwang die Parlamentsauflösung und Neuwahlen, um den Rückenwind der guten Umfragewerte für sich zu nutzen und eine dritte Amtszeit anzusteuern. Mit dieser Aussicht hat er im eigenen Lager auch seine Verbündeten wieder geschlossen hinter sich gebracht. So wurde bei Redaktionsschluss ein erneutes Comeback des 71-jährigen Milliardärs erwartet.

## Silvio Berlusconi

Der Medientycoon und Multimilliardär (laut *Forbes*, Ausgabe 2008, steht er mit einem Vermögen von 9,4 Milliarden US-Dollar als drittreichster Italiener auf Platz 90 der Weltrangliste) ist als Spätberufener in die Politik eingestiegen und nutzt sie als Mittel, um seine Privatinteressen durchzusetzen. Er hat viel mehr Affären überstanden als irgendein Politiker in einem vergleichbaren Industriestaat überstehen könnte. Dafür wird er von der Mehrzahl der Europäer verachtet, doch von annähernd der Hälfte der Italiener geschätzt, wenn nicht sogar bewundert.

Am 29. September 1936 als Sohn eines Bankangestellten in einem Mailänder Vorort geboren, finanzierte Silvio Berlusconi sein Jurastudium teilweise als Conférencier auf Kreuzfahrtschiffen. Anfang der 1960er Jahre gründete er eine Baufirma und bekam schon bald den städtischen Auftrag zum Bau einer Appartementsiedlung und danach für die Satellitenstadt *„Milano due"*, in der über 10.000 Bewohner leben. Der Staatspräsident zeichnete ihn dafür 1977 als *„Cavaliere del Lavoro"* (Ritter der Arbeit) aus, und noch heute lässt sich Berlusconi liebend gerne mit dem Titel *Cavaliere* anreden.

In den 1970er Jahren stieg er ins aufkommende Privatfernsehgeschäft ein und übernahm die ersten kleinen privaten Lokalsender. Durch Vermittlung des einst mächtigen Sozialistenführers Bettino Craxi, mit dem ihn eine enge, profitable Freundschaft verband, erhielt er per Dekret landesweite Sendelizenzen und wurde rasch größter Konkurrent für die öffentlich-rechtlichen Programme der RAI *(Radiotelevisione Italiana)*. Es folgte die Gründung der Dachholding *Fininvest*, zu der neben TV-Sendern heute auch große Verlage, Zeitungen, Zeitschriften, Werbefirmen, Versicherungen und Handelsketten gehören und deren Wert inzwischen auf 15 Milliarden Euro geschätzt wird. Seit 1986 ist Berlusconi zudem stolzer Besitzer des Welt-Spitzenfußballclubs AC Mailand.

Über die Herkunft des Startkapitals für all die Unternehmungen wird schon lange spekuliert. Ermittler fanden heraus, dass in den Anfangsjahren umgerechnet 250 Mio. Euro in bar auf Schweizer Konten der Fininvest eingezahlt wurden, scheiterten dann aber am Schweizer Bankgeheimnis. Die Behauptung von Mafiaüberläufern, das Geld stamme von der *Cosa Nostra*, ließ sich nie belegen.

Als Craxi, der die drängendsten Probleme für Freund Berlusconi stets diskret gelöst hatte, sich vor Beginn des eigenen Strafverfahrens ins Ausland absetzte, Berlusconis juristische Schwierigkeiten anwuchsen, zudem ein Gesetz gegen Konzentration von privater Medienmacht drohte und Ermittlungsrichter sich anschickten, auch die Fininvest im Zusammenhang mit öffentlicher Vergabepraxis, Parteienfinanzierung sowie Mafiakontakten zu durchleuchten, verkündete Berlusconi am 24. Januar 1994 in einer Fernsehrede an die Nation seinen Eintritt in die Politik und Gründung der Partei *Forza Italia*.

In gigantischen Wahlkampagnen setzt Berlusconi die eigenen Medien schamlos zu Werbezwecken ein. Dabei verpackt er seine Botschaften nach dem Rezept für die Spitzenquote seiner Sender in gefälligen Bildern (bei Parteiversammlungen sitzen in den ersten Reihen angeblich immer gecastete Leute) und hämmert den Italienern die einfachen, markanten Slogans durch ständige Wiederholungen ein. Den Fernsehgeschmack der Nation hat er in Jahrzehnten entsprechend geprägt. Die amerikanischen Billigserien und vor allem triviale Spieleshows voller Mädchen in sexy Outfits rund um die Uhr sind die Lieblingsunterhaltung der Italiener.

Auf politische Diskussionen ließ Berlusconi sich kaum ein und als er einmal von einer Journalistin kritisch befragt wurde, brach er das Live-Interview ab und stürmte wutentbrannt aus dem Studio. Als Ministerpräsident brachte er das staatliche Fernsehen RAI immer mehr auf Regierungslinie und ließ missliebige Sendungen absetzen sowie die Verantwortlichen austauschen. Journalisten, die um ihren Job fürchteten, parierten weitgehend. Darum sorgte 2005 die harmlose Satiresendung des italienischen Star-Komikers Adriano Celentano, in der dieser behauptete, dass Italien auf der US-Rangliste zur Lage der Pressefreiheit mit Bolivien und der Mongolei auf dem 77. Platz rangiere, für höchste Einschaltquoten und wütende Reaktionen der Regierung.

Auch während seiner Regierungszeiten liefen gegen ihn manchmal bis zu sechs Strafverfahren gleichzeitig. Zweimal wurde er in erster Instanz zu Haftstrafen verurteilt, doch konnte er sich stets auf dem Instanzenweg oder durch Amnestie retten. Teilweise gingen Freisprüche und Einstellungen wegen Verjährung auf Strafrechtsänderungen zurück, die seine Mehrheitsallianz im Parlament durchsetzte. Die Vorlagen stammten überwiegend von seinen Rechtsanwälten, die ihn nicht nur vor Gericht vertreten, sondern für seine Forza-Italia-Partei auch im Parlament sitzen. So wurde z. B. die Bilanzfälschung zur Ordnungswidrigkeit mit kurzen Verjährungsfrist herabgestuft und schon hatten sich gleich zwei Anklagen erledigt. Das englische Wirtschaftsmagazin *The Economist* kommentierte: *„Dieses Gesetz würde selbst die Wähler einer Bananenrepublik beschämen."*

Seine Wähler aber glauben Berlusconi, dass alle Anklagen auf Verleumdung von Neidern und Kommunisten beruhen, als deren Handlanger sich „linke Staatsanwälte" und „rote Richter" betätigen, um ihm und dem Land zu schaden. In einem Interview für ein britisches Magazin im September 2003 zog er über die Richter her: *„Um diesen Beruf auszuüben, müssen sie geistesgestört sein und psychische Probleme haben. Sie machen diesen Beruf, weil sie anthropologisch andersartig sind als der Rest der menschlichen Rasse."*

Auch sonst waren seine Ausfälle gefürchtet. So sorgte er für eine kurze diplomatische Verstimmung, als er am 2. Juli 2003 auf eine kritische Frage des deutschen EU-Abgeordneten Martin Schulz im Europaparlament erwiderte: *„Herr Schulz, ich weiß, dass es in Italien einen Produzenten gibt, der einen Film über ein KZ macht. Ich werde Sie für die Rolle eines Kapos vorschlagen. Sie wären wie geschaffen dafür."* (Kapos waren besonders brutale, als Aufseher von der SS eingesetzte Häftlinge.)

Bei Staatsempfängen folterte er die anwesenden Regierungschefs auch schon mal mit eigenen musikalischen Darbietungen (er schreibt Schnulzentexte und brachte zusammen mit einem neapolitanischen Schlagersänger sogar eine CD heraus ) oder erfreute mit der Erkenntnis *„Italien ist ein Land der Lebensfreude, und wir sind große Playboys"*. Um diesem Anspruch auch persönlich gerecht zu werden, überraschte der 1,64-Meter-Mann 2003 mit einem Gesichtslifting und danach mit einer Haarverpflanzung. Er wolle eben aussehen, wie er sich fühle, und das sei „jung", erklärte der damals 69-Jährige, was sein Leibarzt einige Jahre später konkretisierte: Silvio Berlusconi sei „gefühlte 42 Jahre" alt.

Besonders im Wahlkampf vergleicht er sich gerne mit Moses oder Napoleon, mit dem immerhin Statur und Selbstbewusstsein übereinstimmen, oder selbst mit Jesus (*„ich bin der verfolgte Christus der Politik"*). Als er im Park seiner Residenz ein Mausoleum für sich, seine Familie und engsten Vertrauten errichten ließ, meinte ein Kommentator trocken, das viele Geld sei doch für die drei Tage bis zur Auferstehung reine Verschwendung.

# Wasserversorgung

**Rom war schon in der Antike eine Stadt mit verschwenderischer Wasserfülle und einem höchst ausgefeilten Versorgungssystem.**

Um das Jahr 110 n. Chr. speisten elf Aquädukte, deren Wasserleitungen insgesamt 450 km lang waren, unter anderem zwei künstliche Seen für die Aufführung von Seeschlachten *(Naumachien)*, elf große kaiserliche Thermen, 926 öffentliche Bäder und 1.352 Brunnen. Täglich flossen 1,5 Mrd. Liter Trinkwasser aus verschiedenen Quellen, Flüssen und Seen in ganz Latium durch unterirdische Kanäle aus wasserfestem Beton und über zum Teil mehrstöckige Bogenstellungen nach Rom. Die insgesamt 50 km langen Arkaden der römischen Aquädukte sind bis heute charakteristisch für das Landschaftsbild der römischen Campagna. Ein ungeheurer technischer Aufwand und größte Ingenieurskunst waren dazu erforderlich. Exakt musste man das oft nur minimale Gefälle der Leitungen von 0,2–0,5 % über große Entfernungen berechnen. Über 400 Jahre lang hatte man die Kunst des Wassertransports von entlegenen Quellen bis in die Stadt perfektioniert, nachdem der Zensor Appius Claudius Caeus 312 v. Chr. den ersten Aquädukt erbauen ließ. Aus einer 16,5 km entfernten Quelle in den Albaner Bergen ließ Claudius, nach dem die Leitung bis heute benannt ist *(„aqua claudia")*, Wasser z. T. überirdisch über Bögen aus Ziegeln und 6 km weit unterirdisch bis nach Rom leiten.

Über die technischen Gerätschaften zum Bau der Wasserleitungen, die erstaunlich modern wirken, die Vorgehensweise der hoch spezialisierten Architekten und den bürokratischen Aufwand zur Überwachung der Leitungen und Verteilung des Wassers informiert sehr anschaulich das Museo della Civiltà Romana in EUR (→ „EUR", S. 578).

Jeder Aquädukt endete in der Stadt in einem **Castellum**, einem gewaltigen Brunnen in Form eines großen Triumphbogens. Die Wassermassen sollten triumphal empfangen werden. Die Inschrift über dem Bogen feierte den Auftraggeber und Erbauer des Aquädukts. Von diesem Hauptbrunnen aus erfolgte die Verteilung des Wassers über ein Labyrinth von Gängen und Bleirohren zu den Thermen, zu kleineren öffentlichen Brunnen und auch zu den vornehmeren Privathaushalten. Das Versorgungsnetz mit öffentlichen Brunnen war so dicht, dass von jeder Wohnung aus ohne lange Wege bequem eine Wasserstelle erreichbar war.

Einem solchen Castellum ist der Brunnen auf dem Gianicolo (Aqua Paola, → S. 453) und der Mosesbrunnen auf der Piazza San Bernardo (→ S. 352) nachempfunden.

Von den 1.352 antiken Brunnen können heute nur noch wenige identifiziert werden. Zu diesen gehören der bronzene **Pinienzapfen** im Vatikan, **Marforio** (der Flussgott) im Hof der Kapitolinischen Museen und die beiden **Flussgötter Nil und Tiber** auf dem Kapitolsplatz vor dem Senatorenpalast.

Die Stadt wurde mit der endgültigen Zerstörung der letzten intakten Aquädukte im Jahre 537 n. Chr. durch die Goten und Vandalen regelrecht ausgetrocknet. Nur der Tiber lieferte noch Wasser. Rom verelendete und für die Bewohner war der alte Glanz nur noch Erinnerung. Erst als ein päpstlicher Sekretär 1429 zufällig das Manuskript *De Aquae ductu urbis Romanae* des obersten Wasserverwalters **Julius Frontius** aus dem 1. Jh. v. Chr. entdeckte und den Wert dieser detaillierten Aufzeichnungen erkannte, war das Wissen über den Wassertransport

und die Verteilung des Wassers in der Stadt wieder zugänglich. Frontius hatte peinlich genau über die Versorgungswege, deren Bau und Funktion Buch geführt. Nach diesem Leitfaden ging man nun vor, stöberte die alten Leitungen auf und setzte sie zum Teil wieder in Gang. Eine der ältesten antiken Wasserleitungen, die **aqua virgo** (eine Jungfrau soll die Konstrukteure zur Quelle geführt haben, daher der Name), wurde schon 1453 restauriert und wieder in Betrieb gesetzt. Ende des 16. Jh. gestattete das „Kardinalskollegium für die Quellen" einigen wohlhabenden Adligen, Wasserleitungen sogar bis in die Paläste zu legen und privat zu nutzen. Voraussetzung war aber, dass ein Teil des Wassers über Brunnen an der Außenfassade der Allgemeinheit zugute kam. So plätschern noch heute an vielen Palazzi kleine Brunnen, an denen sich jeder erfrischen kann.

Heute wird die Stadt über sechs Fernwasserleitungen, von denen immer noch einige antiken Ursprungs sind, versorgt. Wie zur Zeit der alten Römer endet jeder Aquädukt in einem eigenen Stadtviertel, von dem aus das Wasser in die privaten Haushalte und öffentlichen Brunnen verteilt wird.

Trotz moderner Techniken überwachen die Hydrauliker wie einst ihr antiker Vorgänger Frontius den Fluss des Wassers, und auch heute noch wird es nicht vermischt. Geschmack und Qualität des Leitungswassers sind deshalb in der Stadt unterschiedlich. Es gibt Exzentriker, die es ablehnen, anderes Wasser als das eines bestimmten Viertels zu verwenden, und deshalb an den dortigen öffentlichen Brunnen das Wasser in Kanister abfüllen (z. B. oft am Facchino-Brunnen in der Via Lata → S. 295, zu beobachten). Das Wasser der kleinen Brunnen kann man trinken (wenn das ausnahmsweise nicht so ist, weist ein Schild ausdrücklich darauf hin: *Acqua non potabile*). Zum Kochen von Gemüse soll es übrigens nichts Besseres geben als das Wasser der **acqua vergine** (aqua virgo). Sie endet beim Trevibrunnen – wobei das Wasser des Trevibrunnens natürlich nicht trinkbar ist, an der Wand rechts ist jedoch ein kleinerer Brunnen mit Wasser zum Probieren!

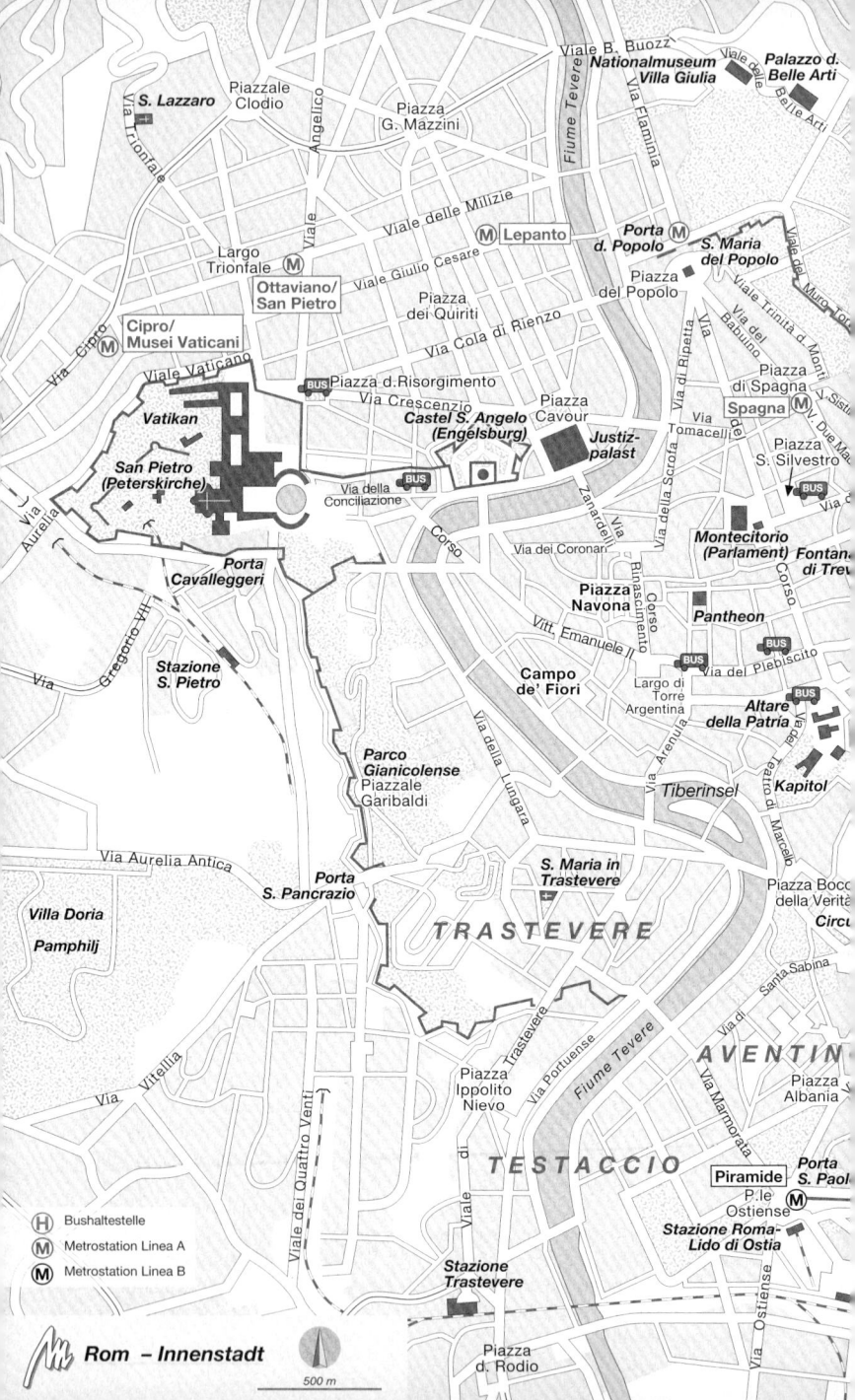

*Meisterhafte Inszenierung: Michelangelos Gestaltung des Kapitolsplatzes*

# Das Kapitol

Der Kapitolinische Hügel war als Sitz des Götterchefs Jupiter sakraler Mittelpunkt des römischen Imperiums und Symbol staatlicher Ordnung, das bis in die Neuzeit gerne benutzt wurde. Er ist zudem der Schauplatz vielfältiger Anfänge: Hier lebten die frühgeschichtlichen Vorfahren der Römer, standen die ersten Hütten der Stadt Rom, befand sich der erste Tempel des Staates, eröffnete das erste Museum der Welt, schuf Michelangelo das erste städtebauliche Gesamtkunstwerk, und heute beginnen hier im Standesamt römische Paare ihre Ehe (wenn auch nicht immer die erste).

Auf den Hügel führt die **Cordonata**, eine breite, von der Via del Teatro di Marcello rechts hinter dem Nationaldenkmal sanft ansteigende Rampe. Ihren Fuß flankieren zwei Brunnen mit originalen, antik ägyptischen Löwen. Das Wasser stammt von einem antiken Aquädukt, das im 16. Jh. nach über tausend Jahren repariert wurde und seitdem diesen Stadtteil wieder mit fließendem Wasser versorgt. Besonders beliebt waren die Brunnen im 17. Jh., wenn bei Festen der eine Löwe statt Wasser roten, der andere weißen Wein spendete.

Links der Rampe, fast verdeckt von den Imbisswagen und Souvenirhändlern, sind die Reste eines **römischen Mietshauses** erhalten. Ein kleines Dach schützt notdürftig ein Fresko, das eine im Mittelalter in den Ruinen errichtete Kirche zierte.

Zwischen der Cordonata und der steilen Treppe zur Kirche Santa Maria in Aracoeli erinnert auf halber Höhe die Bronzestatue an den Volkstribun **Cola di Rienzo**.

Oben endet die Rampe zwischen den **Dioskuren Castor und Pollux**. Man fand die beiden monumentalen antiken Statuen 1560 im nahen jüdischen Ghetto. Nach antiker Sage sollen die göttlichen Zwillingsbrüder 499 v. Chr. in der fast verlorenen

## Aufstieg und blutiges Ende des Volkstribuns Cola di Rienzo

Cola di Rienzo (1313–54) lebte in der unruhigen Zeit des Mittelalters, als sich das von Milizen des verfeindeten Adels terrorisierte Rom nach einem starken Mann sehnte. Der aus kleinen Verhältnissen stammende Cola machte schon früh durch sein rhetorisches Talent und seine Idee von der Wiederherstellung des römischen Imperiums auf sich aufmerksam. Selbst Papst Clemens VI. erfuhr in seinem fernen Exil in Avignon davon und war angetan. Nur der Adel nahm den Burschen aus dem Volk auch dann noch nicht ernst, als seine Anhängerschar wuchs.

Unter dem Jubel der Bürger besetzte di Rienzo am 20. Mai 1347, in der Nacht zum Pfingstsonntag, mit seinen gut bewaffneten Leuten das Kapitol und ließ sich auch noch antikem Vorbild zum **Volkstribun** (das war nach römischem Recht ein gewählter Interessenvertreter des Volkes, der sogar Beschlüsse des Senats kippen konnte) ausrufen. Seine ersten Anordnungen galten der Herstellung von Sicherheit und Ordnung sowie der Einführung gerichtlichen Rechtsschutzes. Beflügelt vom sensationellen Erfolg verkündete er schon nach drei Monaten die Wiedergeburt des Römischen Reiches mit ihm als neuem **Imperator**. Als er sich dann auch noch in der Lateransbasilika sechsfach krönen ließ, wurde es dem Papst zu viel. Er ächtete ihn als Ketzer, forderte von den Römern die Amtsenthebung und drohte ansonsten mit der Absage des Heiligen Jahrs 1350, was einen enormen wirtschaftlichen Verlust für die Stadt bedeutet hätte. Als di Rienzo merkte, dass seinen Anhängern Wohlstand wichtiger war als die Revolution, floh er in die Berge. Die Adligen kehrten zurück und mit ihnen die Anarchie.

Di Rienzo gab noch nicht auf und schlug sich zu König Karl IV. durch. Doch der zeigte sich an einem Bündnis nicht interessiert und lieferte den Emporkömmling an den päpstlichen Hof in Avignon aus. Aber di Rienzo hatte Glück, Clemens VI. starb 1354 und dessen Nachfolger Innozenz VI. schickte ihn nach Rom zurück, um dort nochmals mit dem Adel aufzuräumen.

Im August 1354 zog der Volkstribun, erneut als Retter umjubelt, in Rom ein, herrschte dann aber noch anmaßender als zuvor. Nach massiven Steuererhöhungen reichte es den Römern endgültig. Einer aus der wütenden Menge zog das Schwert und dann fiel der Pöbel im Blutrausch über seinen einstigen Helden her. Sein Kopf wurde abgeschlagen, der Rumpf durch die Stadt geschleift, öffentlich zur Schau gestellt und nach einigen Tagen verbrannt.

Das Denkmal errichtete man 1887 an der Stelle der Bluttat, um daran zu erinnern, dass es über 500 Jahre vor der Schaffung des geeinten Königreichs Italien schon einmal die Vision eines wiedergeborenen Nationalstaates gegeben hatte.

Schlacht am Regillus-See den verzweifelt kämpfenden Römern im letzten Moment zu Hilfe geeilt sein. Aus Dankbarkeit und um die Truppen nebenbei daran zu erinnern, dass Legionäre nie aufgeben, weil sie sich selbst in scheinbar aussichtsloser Lage stets göttlichen Beistands sicher sein können, errichtete man den himmlischen Rettern in der Antike zahlreiche Standbilder (das Motiv taucht z. B. vor dem Quirinal wieder auf). Bei dem Kriegsgerät daneben, auf der Balustrade, handelt es sich um die **Marius-Trophäen**. Sie stammen von einem monumentalen Brunnen auf dem Esquilin aus der Zeit des Alexander Severus (208–239 n. Chr.).

Der **Kapitolsplatz** mit dem Reiterstandbild des Kaisers Marc Aurel im Zentrum wird an drei Seiten von Renaissancepalästen eingerahmt. Er ist trapezförmig angelegt, um eine größere Tiefe vorzuspiegeln. Den gleichen Effekt bewirkt die sternförmige, zur Mitte hin leicht gewölbte Pflasterung.

Der Konservatorenpalast rechts und ihm gegenüber links der Palazzo Nuovo beherbergen, zum Teil schon seit über 500 Jahren, die unbedingt sehenswerten **Kapitolinischen Museen**. Dem Aufgang gegenüber befindet sich der **Senatorenpalast**, das heutige Rathaus von Rom.

▸ **Geschichte des Kapitols**: Dieser mythische Ort ist in seiner jahrtausendealten Geschichte derart umgestaltet worden, dass heute nichts mehr an das Aussehen in der Antike erinnert. Ursprünglich bestand der Hügel aus den beiden Anhöhen *Arx* und *Capitolium,* wo schon vor der legendären Stadtgründung ein Stamm der Sabiner lebte. Neue Funde belegen sogar Siedlungsspuren aus der Bronzezeit um 1200 v. Chr. (unter dem Palazzo Caffarelli kamen jüngst Kindergräber in Baum-

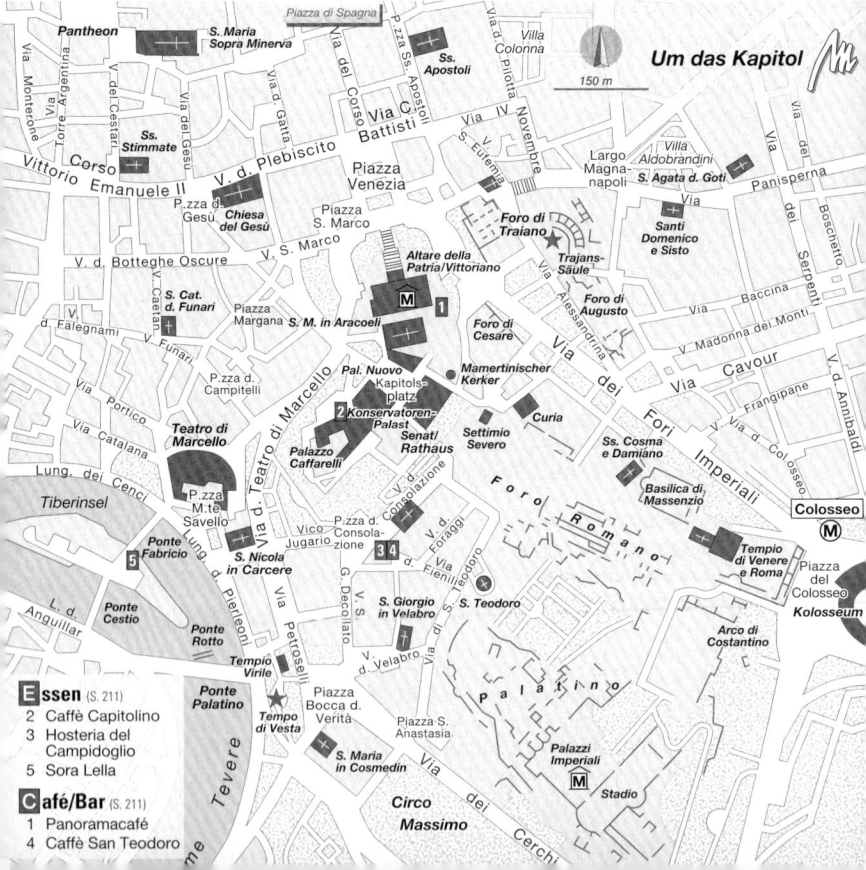

Um das Kapitol

150 m

**E**ssen (S. 211)
2  Caffè Capitolino
3  Hosteria del Campidoglio
5  Sora Lella

**C**afé/Bar (S. 211)
1  Panoramacafé
4  Caffè San Teodoro

stämmen und Hinweise auf Metallverarbeitung zu Tage). In der Senke zwischen den Kuppen soll Romulus zu Ehren des **Gottes Asylius** ein Lager für die Aufnahme von angeworbenen oder zwangsweise umgesiedelten Zuwanderern aus den umliegenden Dörfern, mit denen er seine neue Stadt bevölkern wollte, eingerichtet haben. Hier hat unser Asylrecht seinen Ursprung und Namensgeber.

Schon im Jahr 509 v. Chr., noch vor der Zeit der Republik, als die Etrusker in Rom herrschten, wurde auf dem *Capitolium* ein riesiger Tempel zu Ehren der Götter **Jupiter, Juno und Minerva** geweiht. Damit erfüllte man ein Versprechen, das König Traquinius Priscus nach einer siegreichen Schlacht gegen die Sabiner im Jahr 579 v. Chr. gegeben hatte. Reihen gewaltiger Mauern bildeten das Fundament für das 60 m lange Podest. Das Innere des Tempels war hinter drei Säulenreihen in drei Zonen aufgeteilt. Jeder der drei wichtigsten Staatsgötter, die zusammen die „**Kapitolinische Trias**" bildeten, hatte seine eigene Cella. Das Dach war mit farbigen Ziegeln gedeckt und soll nach der Legende später sogar vergoldet gewesen sein. Auch wenn der Tempel in den folgenden Jahrhunderten gelegentlich abbrannte oder einfach nur baufällig wurde, hat man ihn stets auf demselben Fundament und mit gleichen Proportionen wieder aufgebaut.

Alle wichtigen Staatshandlungen und auch jeder Triumphzug eines siegreichen Feldherrn fanden hier ihren kultischen Höhepunkt und Abschluss. Ausgerichtet war der später nur dem Jupiter vorbehaltene Tempel zum Forum hin. Nur von hier aus war der sonst steil abfallende Hügel über den Prozessionsweg der **Via Sacra** erreichbar. Daneben vermutet man den **Tarpeischen Felsen**, von dem Staatsverbrecher in die Tiefe gestürzt wurden. Das Kapitol als Sitz der Götter symbolisierte die unveränderbare, göttliche Weltordnung, in der Rom über die anderen Völker herrschte. Deshalb wurde in jeder von den Römern neu gegründeten Stadt ein Kapitol an zentraler Stelle mit einem Jupitertempel auf erhöhtem Plateau erbaut.

Auf der Anhöhe der Arx, etwa dort, wo sich heute die Kirche Santa Maria in Aracoeli befindet, stand ab 343 v. Chr. der **Tempel der Juno Moneta**, der Gattin Jupiters. Der nach drei Seiten steil abfallende Felsen war zugleich ein sicherer Platz für die staatliche Münzpräge. Vom Standort bei der Juno Moneta leitet sich das Wort für Geld („Moneten", „Money") ab.

---

### Die Gänse auf dem Kapitol

Auf der Arx lebten die berühmten Gänse, die den Auguren (Sehern) Aufschluss über die Zukunft gaben und den Römern gleichzeitig als Wachen dienten. Nachts haben Gänse einen sehr leichten Schlaf und machen beim kleinsten Geräusch einen Höllenlärm. Auf diese Weise retteten sie nach der Legende um 390 v. Chr. die Stadt, indem Sie die heimlich eindringenden Gallier durch ihr lautes Geschnatter verrieten. Da nach damaliger Überzeugung die Göttin Juno den Gänsen den Auftrag erteilt hatte, die Stadt zu retten, erhielt sie als Warnerin (*Juno Moneta* von lat. „monere", „warnen") hier einen schönen Tempel, und für ihre nun heiligen Gänse sah der römische Staatshaushalt stets einen unabänderlichen festen Posten für Gänsefutter vor.

---

Der Hang zum Forum hinab wurde ab 78 v. Chr. durch das **Tabularium**, ein Archiv für geschriebenes Recht, Staatsverträge, wichtige Dokumente, Maße und Eichgefäße, gestützt. Die mächtigen Mauern der ersten Stockwerke, die seit dem

Rom – Das Kapitol

Karte S. 188

Mittelalter die Basis für den Senatorenpalast bilden, sind gut zu erkennen und von den Kapitolinischen Museen aus zu besichtigen.

Mit der abnehmenden Bedeutung Roms verwahrloste auch das Kapitol. Die wertvollsten Tempelschätze schmückten längst die neuen Residenzen, als Plünderer die Bauten verwüsteten. Sie konnten aber den mächtigen Tempelmauern nicht viel anhaben. Diese blieben noch bis ins 6. Jh. weitgehend erhalten. Die Erinnerung an die einstige Pracht lebte in Legenden weiter und stand in krassem Kontrast zu den erbärmlichen Lebensumständen im Rom des **Mittelalters**. Eine Verklärung der heidnischen Antike wollte das aufstrebende Christentum aber nicht dulden und vereinnahmte oder verunglimpfte den sakralen Mittelpunkt des römischen Imperiums. Auf den Trümmern des Tempels der Göttin Juno errichtete man die Marienkirche **Santa Maria in Aracoeli**. Die Reste des Jupitertempels auf der benachbarten Anhöhe wurden als Baumaterialien abgetragen, so dass heute nur noch die Steinquader des Fundaments erhalten sind. Sie wurden in den 1990er Jahren zufällig unter dem Caffarelli-Palast entdeckt und können heute in den Kapitolinischen Museen besichtigen werden. Den legendären Ort des Jupitertempels brachte die Kirche in Verruf. Es hieß, pestbringende Dämonen trieben in den Ruinen ihr Unwesen. Papst Sylvester habe die Ungeheuer zwar persönlich gefesselt, doch könnten sie sich jederzeit losreißen und erneut über die Stadt hereinbrechen. So traute sich kaum jemand an diesen unheimlichen Ort, der fast vollständig von wilden Zwiebeln überwuchert wurde und in Vergessenheit geriet. Aus dem einst so stolzen Namen *Capitolium* wurde der **Campo d'Oglio** (Feld der Zwiebeln).

In der kriegerischen Zeit des Mittelalters nutzten Adelsfamilien die soliden römischen Ruinen und bauten sie zu Festungen aus. So erkannte die einflussreiche Familie der Corsi den strategischen Wert des nach drei Seiten steil abfallenden Kapitolshügels und richtete sich in den Mauern des Tabulariums ein.

Zunehmend selbstbewusst rebellierte der Adel im Jahr 1143 gegen den Papst und gründete nach antikem Vorbild den **Senat** und einen beigeordneten **Magistrat** als Stadtregierung. Zum Sitz wählten sie symbolträchtig die sichere Festung der Corsi. Die Aufstockung des Tabulariums auf dem Kapitolinischen Hügel wurde zum **Senatorenpalast**, der in den folgenden Jahrhunderten nach den Bedürfnissen der Verwaltung vielfach umgestaltet wurde und noch heute den Bürgermeister und das Stadtparlament beherbergt.

## Das Kapitol als Regierungssitz

Nach einer frühen mittelalterlichen Schrift galt das Kapitol wegen der überlieferten Pracht seiner Bauten und den Nachbildungen des Hügels in den römischen Provinzstädten als Sitz der römischen Kaiser, von dem aus die Welt regiert wurde. Die tatsächlich ausschließlich sakrale Bedeutung geriet in Vergessenheit. Diese irrtümliche Zuschreibung veranlasste den aufständischen Adel dazu, genau hier einen neuen Regierungssitz zu schaffen. Man wollte ein imposantes Zeichen für wiedererstarkende politische Macht setzen. Die Idee war so wirkungsvoll, dass sie die Gründungsväter der USA übernahmen und den Sitz ihrer Legislative in Washington „Kapitol" sowie eine Parlamentskammer „Senat" nannten. Und letztlich wird die Stadt Rom auch heute noch vom Kapitol aus regiert, obwohl man sich sehr viel bequemere Rathäuser vorstellen könnte.

**Tipp**: Sonntags (eventuell nicht von Mitte Juli bis Ende August) kann man in der Zeit von 9 bis 16 Uhr kostenlos das Rathaus besichtigen (ein Ausweis ist erforderlich), sofern dort keine offiziellen Veranstaltungen stattfinden oder aus anderen Gründen Besichtigungen entfallen müssen. Am Eingang erhält der Besucher eine Beschreibung in italienischer oder englischer Sprache. Man gelangt u. a. in den Sitzungssaal des Stadtparlaments, der fast die gesamte Fassade einnimmt, in Konferenzräume, darunter den Saal mit den Flaggen der 14 Stadtregionen *(Rioni)* aus der Zeit der Eroberung des Kirchenstaates, der sich im ehemaligen Turm von Papst Martin V. aus dem Jahr 1430 befindet. Manchmal darf man sogar einen Blick in das Büro des Bürgermeisters werfen, und wenn ausreichend Wachpersonal verfügbar ist, wird sogar der Glockenturm aus dem 16. Jh. für Besucher geöffnet, von dem aus man einen herrlichen Blick auf die Stadt hat.

Der untere, antike Teil des Senatorenpalastes wurde später von den Aufbauten auf dem Hügel getrennt und jahrhundertelang als Salzlager und Gefängnis (man sieht heute noch den Raum des Henkers) genutzt. Das Terrain vor dem Palast über der Senke hob man an, um einen größeren Platz zu schaffen, auf dem Recht gesprochen und Eichgefäße aufbewahrt wurden. Als Getreidemaß diente die Urne der Agrippina, Ehefrau des Germanicus, die Caligula einst eigenhändig im Augustus-Mausoleum beigesetzt hatte. Das Weinmaß war eine alte ausgehöhlte Säulentrommel.

Eine neue Epoche des Hügels begann, als der Papst aus dem Exil in Avignon zurückkehrte, die Macht der Stadtrepublik brach und die weltliche Herrschaft der Kirche festigte. Senat und Magistrat bestanden zwar weiter, doch ihre Kompetenzen blieben auch nach zähem Kampf gering, die Befehlsgewalt lag beim päpstlichen Gouverneur.

Listig wollte Papst Sixtus IV. die Pläne des Magistrats vereiteln, das Kapitol als Schauplatz eines politischen Neuanfangs zu nutzen, indem er den Ort zur Gedenkstätte an vergangene Zeiten erklärte. Für die politische Zukunft sollte der Papstpalast und nicht das Kapitol stehen. Er ordnete daher am 15. Dezember 1471 an, *„dass die hervorragenden ehernen Bildwerke als Zeugnisse altehrwürdiger Tugend und Vortrefflichkeit dem römischen Volke wiederzugeben und zu überlassen sind, aus dem sie hervorgegangen waren"*, und ließ vier bedeutende antike Bronzeskulpturen, darunter die römische Wölfin, aus dem päpstlichen Lateranspalast auf den Kapitolshügel überführen. Erstmals seit der Antike waren dann diese Kunstwerke wieder öffentlich zugänglich, und die Welt hatte damit den Grundstock für ein erstes Museum. Der Auftrag von Papst Paul III. an Michelangelo, die Reiterstatue Kaiser Marc Aurels auf dem Kapitol prachtvoll zu inszenieren, war der Anlass für eine komplette Umgestaltung der Bebauung und die Änderung der Ausrichtung mit der Schaffung eines neuen Zugangs. Bis dahin war das Kapitol seit der Antike zum Forum hin geöffnet und auch nur von dort aus über die schmale Via Sacra zu erreichen (zur Umgestaltung s. u. „Marc-Aurel-Reiterstandbild" und „Kapitolsplatz").

Immer mehr antike Skulpturen gelangten auf den Hügel, wenn auch aus ganz unterschiedlichen Motiven: Einige Schenkungen galten dem „Denkmal zum Ruhme Roms". Andere Gründe hatte Papst Pius V., der 1566 fast alle seine antiken Statuen hierher schaffen ließ, weil es sich für den Nachfolger Petri nicht zieme, *„heidnische Götterbilder in Seinem Haus zu beherbergen"*. Nur mit Mühe konnten einige kunstsinnige Kardinäle wenigstens die berühmtesten Werke im Vatikan halten. Auf einer Zeichnung aus dem Jahr 1603 sieht man, wie dicht gedrängt antike Kunstwerke im Hof des Konservatorenpalastes, aber selbst in den

Repräsentationsräumen und Arbeitszimmern standen. Entlastung gab es erst, als der allein aus Gründen der Symmetrie dem Konservatorenpalast spiegelbildlich gegenüber gestellte **Palazzo Nuovo** im Jahr 1668 fertiggestellt wurde. Es war das erste Gebäude, das nur dazu diente, der Öffentlichkeit antike Kunst zu präsentieren. Bis heute ist die Zusammenstellung nach Themen und Ästhetik nahezu unverändert erhalten. Napoleon hatte zwar fast den gesamten Museumsbestand geplündert und nach Paris schaffen lassen, doch auf Vermittlung von Canova, der damals Direktor der Sammlung war, gelangte das meiste wieder zurück.

Da im geeinten Königreich Italien nach 1870 Symbole nationaler Einheit besonders gefragt waren, erweiterte man die Kapitolinischen Museen. Material gab es genug, denn die rege Bautätigkeit in der neuen Hauptstadt förderte Unmengen archäologischer Fundstücke zutage. Um Platz zu schaffen, verlor der Konservatorenpalast seine Verwaltungsfunktion, nur das Standesamt blieb im Erdgeschoss. Im Zuge der grundlegenden Renovierung ab 1990 wurden das antike Tabularium und der benachbarte **Palazzo Caffarelli** in die Museen mit einbezogen. Dabei stieß man zufällig auf die Fundamente des Jupitertempels. Ein Teil der Sammlung, der während der Arbeiten eigentlich nur vorübergehend in das ehemalige Kraftwerk **Centrale Montemartini** am südlichen Stadtrand ausgelagert wurde, kehrt wohl nicht mehr zurück, sondern bleibt in der ungewöhnlichen, aber sehr reizvollen Umgebung des Industriedenkmals (→ S. 276).

## Marc-Aurel-Reiterstandbild

Die einzige vollständige Bronze-Reiterskulptur der Antike (wohl um 177 n. Chr. geschaffen) war nie verschüttet und stand seit dem 10. Jh. im Vorhof der Lateransbasilika, weil man sie für die Darstellung des segnenden Konstantin zu Pferde hielt. Nur diesem Irrtum ist es zu verdanken, dass das Standbild erhalten blieb. Niemand hätte es gewagt, das Abbild des Kaisers einzuschmelzen, der die Verfolgung der Christen beendete und ihnen im Toleranzedikt von 313 Glaubensfreiheit gewährte, obwohl Bronze teuer und begehrt war. Als Münzfunde

---

### Marc Aurel – einer der besten Herrscher Roms

Marc Aurel (121–180 n. Chr.) war Philosoph und einer der besten Herrscher, die Rom je hatte. Als Stoiker war er emotionaler Selbstbeherrschung und dem Streben nach Weisheit verpflichtet. Zu seinen politischen Leitvorstellungen gehörten Freiheit und Gerechtigkeit für alle sowie Sozialfürsorge für Bedürftige. Tragischerweise war seine Regentschaft von Naturkatastrophen, eingeschleppten Pestepidemien und Aufständen an den fernen Ostgrenzen überschattet. Gleich an mehreren Fronten musste er einfallende Barbaren zurückschlagen. Er starb in einem Militärlager an der Donau. Zu sehen ist Marc Aurel in Ridley Scotts Film *Gladiator*, dargestellt von Richard Harris, wie er noch in seinen letzten Tagen in nebligen Wäldern gegen wilde Horden kämpft.

Lesenswert sind seine immer noch aktuellen *Selbstbetrachtungen* (u. a. erschienen bei Reclam), wo er z. B. zur Gelassenheit rät: *„So oft du an der Unverschämtheit Jemandes Anstoß nimmst, frage dich sogleich: Ist es auch möglich, dass es in der Welt keine unverschämten Leute gibt? Das ist nicht möglich. Verlange also nicht das Unmögliche"* (9. Buch, Maxime 42).

*Kopie des Marc-Aurel-Reiterstandbildes vor dem Senatorenpalast*

belegten, dass nicht Konstantin sondern Marc Aurel vor dem Lateran grüßte, ließ Papst Paul III. das Reiterstandbild auf den Kapitolsplatz schaffen und erteilte Michelangelo im Jahr 1538 den Auftrag, es dort prachtvoll zu inszenieren.

Die Statue Marc Aurels wurde zum Symbol für Pracht und Größe der römischen Antike und ist so auch auf der italienischen Rückseite der 50-Cent-Münze abgebildet. Sie stand knapp 450 Jahre bis zu ihrer Restaurierung im Jahr 1981 auf dem Kapitolsplatz, wo man heute nur eine Nachbildung sieht.

Bei der Schadensermittlung nach einem Bombenanschlag auf den Senatorenpalast im Jahr 1979 diagnostizierte man an der Statue zufällig Bronzefraß infolge der starken Luftverschmutzung. Eine Instandsetzung vor Ort war unmöglich. 1981 wurde die Statue zur **Restaurierung** in die Werkstätten am anderen Tiberufer transportiert. Am 20. April 1990 kehrte der Kaiser mit nun wieder erkennbaren Resten seiner einstigen Vergoldung wie in einem Triumphzug zurück. Tausende säumten die Straßen und applaudierten. Da die Schädigung schon unerwartet weit fortgeschritten war, stand für die Restauratoren fest, dass man die schönste Reiterstatue der Welt nicht weiterhin ungeschützt der Witterung aussetzen darf. Der Vorschlag, den Sockel dauerhaft leer zu lassen, sorgte aber für Empörung, denn Michelangelo hatte den gesamten Platz mitsamt den Gebäuden schließlich nur für dieses Standbild konzipiert. Zum Glück wurde auch nichts aus der Idee, den Kaiser mit seinem Sockel in einem großen Plexiglas-Würfel zu schützen oder gleich den ganzen Platz zu überdachen. Man entschied sich für eine **Replik** auf dem Platz und quartierte Ross und Reiter in die Kapitolinischen Museen ein. Seit 2006 steht der antike Marc Aurel im eigens umgebauten Hof des Palazzo Caffarelli unter einem riesigen Glasdach (→ S. 200).

Die Anfertigung der Kopie für den Sockel auf dem Platz erwies sich als schwierig. Eine herkömmliche Abformung erlaubte die empfindliche Oberfläche nicht, da die Vergoldungsreste an der Abformmasse hängengeblieben wären. So musste ein ganz neues Verfahren entwickelt werden: Mittels eines Lasers wurde die Oberfläche gescannt und über das ermittelte Relief ein millimetergenaues Modell erstellt, das dann aufwändig in Bronze gegossen und von einem Bildhauerteam nachgearbeitet wurde. Vier Meter hoch, fast genauso lang und zweieinhalb Tonnen schwer ist die exakte Kopie. Den Römern trauerten aber dem Original nach, fanden „den Klon einfach grässlich" und seine braune Farbe ohne die vertraute Patina „peinlich". Sogar ein Kommunalwahlkampf war von dem Thema beherrscht. Nach etwa zehn Jahren verliert die Bronze nun doch ihren ungewohnten Glanz und langsam scheint man sich an den Anblick zu gewöhnen.

Papst Paul III. gab bei **Michelangelo** auch einen **Sockel** zur besseren Präsentation des Bronzereiters in Auftrag. So viel Mühe hatte man seit der Antike nicht mehr auf eine alte Plastik verwandt. Michelangelo ging viel weiter und entwarf einen würdigen Rahmen für die Statue, der die gesamte Bebauung und sogar die Pflasterung einbezog. Die Reiterstatue platzierte er in der Mitte des Platzes vor dem Senatorenpalast. Da das Kapitol aber immer noch nur über die antike Via Sacra vom Forum her zugänglich war, hätte man sich dem Reiter von hinten genähert. Um die volle Wirkung von Statue und Platz zu erzielen, war also ein neuer Zugang notwendig. Eine eigens eingerichtete Steuer ermöglichte es, das Gebiet am Fuß des Hügels zu kaufen, die dichtgedrängten Häuser abzureißen und die breite Rampe zu bauen, bei der die flachen Stufen durch das Gefälle von oben gesehen optisch verschwinden und wie eine Prachtstraße aussehen.

## Kapitolsplatz

Michelangelo wollte einen perfekten architektonischen Raum schaffen, bei dem die Architektur der Gebäude, die Gestaltung des Platzes und die Dekorationen eine Einheit bilden. Das machte zunächst die äußere Umgestaltung des **Senatorenpalastes** erforderlich. Im Inneren bewahrt dieser bis heute Strukturen des Mittelalters und sogar der Antike. Zur Betonung der Symmetrie des Platzes setzte Michelangelo vor die Fassade eine großzügige, „doppelwangige" Treppe, die danach in unzähligen Varianten kopiert wurde (so z. B. vom Barockbaumeister Johann Balthasar Neumann). Vor die Treppe arrangierte er antike Statuen. In der Mittelnische steht die für Staatsgeschicke zuständige Göttin *Minerva*. Wegen der geringen Größe stellte er das antike Original aus mehrfarbigem Marmor auf einen doppelten Sockel. Zu ihren beiden Seiten lagern lässig die Personifikationen von *Tiber* und *Nil*.

**Flüsse** wurden in der Antike als bärtige, halbnackte Männer dargestellt, die sich auf ein Wahrzeichen des jeweiligen Wasserlaufs stützen und in einer Hand ein Füllhorn halten – Zeichen des landwirtschaftlichen Reichtums durch das Wasser. Den Nil erkennt man an der Sphinx, den Tiber an der Wölfin.

Die beiden Statuen waren wie Marc Aurel niemals verschüttet. Sie standen über tausend Jahre auf dem Quirinalshügel und tauchten in jeder mittelalterlichen Reisebeschreibung als schöne Zeugnisse der Antike auf.

Der Umbau des **Konservatorenpalastes** begann 1563. Aus Gründen der Symmetrie hielt es Michelangelo für zwingend erforderlich, auf der rechten Platzseite, wo nur eine Stützmauer der Kirche Santa Maria in Aracoeli mit dem Marforio-Brunnen aufragte, einen spiegelbildlichen neuen Palast zu bauen. Da keinerlei Bedarf für diesen **Palazzo Nuovo** bestand, zögerte sich der Bau lange hinaus. Erst 1668 wurde er vollendet, und 66 Jahre später ordnete Papst Clemens XII. an, die antiken Kunstwerke, die sich im Konservatorenpalast angesammelt hatten, dort auszustellen. Im Jahr 1734 wurde das Kapitolinische Museum im Palazzo Nuovo eröffnet. Die Ausstellung ist bis heute nahezu unverändert geblieben.

Endgültig vollendet wurde Michelangelos Plan aber erst Ende der 1930er Jahre mit dem sternförmigen Muster der **Pflasterung**. Damals musste man den Platz wegen Sanierungsarbeiten ohnehin aufgraben. Bei dieser Gelegenheit entstand auch ein unterirdischer Verbindungsgang zwischen den drei Palästen. Für die Museumsbesucher wurde der **Tunnel** erst mit der grundlegenden Renovierung ab 1990 zugänglich. Vom Tunnel aus gibt es nun auch einen Zugang zum antiken Tabularium, von dem aus man einen phantastischen Ausblick auf das Forum Romanum hat. Ebenfalls renoviert und seit 2006 in die Museen einbezogen wurde der **Palazzo Caffarelli** rechts hinter dem Konservatorenpalast. Ab dem 19. Jh. war der Palast in preußischem Besitz, bis der Italienische Staat ihn nach dem Ersten Weltkrieg enteignete. In den oberen Etagen finden wechselnde Ausstellungen statt, vom Restaurant auf der Dachterrasse aus hat man einen herrlichen Blick auf die Stadt.

Überquert man den Platz und geht rechts am Senatorenpalast vorbei, bietet sich ein **Überblick über das Forum Romanum** mit dem Kolosseum im Hintergrund. Unter dem Senatorenpalast ist das antike Tabularium (Staatsarchiv) zu sehen, davor wurden vor einigen Jahren die Fundamente des **Concordiatempels** und Reste des **Aerariums**, der Schatzkammer des Staates, ausgegraben. Während des Bürgerkrieges (48 v. Chr.) entwendete Julius Caesar hier 15.000 Gold- und 30.000 Silberbarren sowie 30 Millionen Sesterzen, die er brauchte, um seine Truppen zu bezahlen und seinen Gegner Pompeius zu besiegen. Ebenfalls ausgegraben wurden Teile des Prozessionsweges, der **Via Sacra**, mit der originalen Pflasterung. Auf diesem früher einzigen Zugang zum Kapitol gelangte der Triumphator am Ende der Parade zum Jupitertempel.

Links neben dem Senatorenpalast steht auf einer Säule eine verkleinerte **Reproduktion der römischen Wölfin**. Das Original befindet sich in den Kapitolinischen Museen. Wenige Meter weiter bietet sich wieder ein lohnender Blick auf das Forum. Der Fußweg führt am **Septimius-Severus-Triumphbogen** vorbei zum **Mamertinischen Kerker** (→ S. 208) und zum Eingang des Forums (→ S. 214).

**Tipp**: Der Kapitolsplatz zählt besonders nach der Restaurierung zu einem der schönsten Plätze der Welt. Ein ganz besonderer Zauber geht jedoch nachts von ihm aus, wenn das sanfte gelbliche Licht die Fassaden und Figuren beleuchtet und es langsam leer und stiller wird. Wenn Sie dann auch noch um den Senatorenpalast herumgehen, genießen Sie einen einzigartigen Blick auf das nächtlich angestrahlte Forum Romanum und das Kolosseum in der Ferne.

# Die Kapitolinischen Museen

Selbst eilige Besucher sollten sich wenigstens die Zeit für einen kurzen Abstecher in die Kapitolinischen Museen nehmen. Man kann allerdings auch leicht einen ganzen Tag dort verbringen.

Im **Konservatorenpalast** sind die Repräsentationsräume der Stadt zu besichtigen, in denen die Europäische Gemeinschaft gegründet wurde; man sieht neben vielen bedeutenden antiken Skulpturen das Original der römischen Wölfin und den berühmten bronzenen Dornauszieher. Von hier gelangt man in den neu integrierten **Caffarelli-Palast** mit einer großen Halle, in der das echte Reiterstandbild Kaiser Marc Aurels steht und die Fundamente des Jupitertempels freigelegt sind. In den oberen Stockwerken finden wechselnde Ausstellungen statt (gesonderter Eintritt). Die Dachterrasse mit dem Café zählt wegen des

Rom – Das Kapitol
Karte S. 188

wunderbaren Ausblicks auf das Gassengewirr des jüdischen Ghettos zu einem der schönsten Orte der Stadt. Über den unterirdischen Gang, der den Konservatorenpalast mit dem Palazzo Nuovo verbindet, erreicht man die Galerie des antiken **Tabulariums**, von der sich ein Blick auf das Forum Romanum wie aus einer Theaterloge bietet. Die Sammlung eindrucksvoller antiker Skulpturen wird im prachtvollen Ambiente des **Palazzo Nuovo** noch so präsentiert, wie man sie zu Beginn des 18. Jh. zusammengestellt hat. Fast die gesamte antike High Society ist mit lebensnahen Porträtbüsten vertreten, eine gute Gelegenheit, die Personen kennenzulernen, über die man schon so viel gehört hat und deren Nachlässe man überall in der Stadt bestaunen kann.

Aus Anlass der Restaurierungsarbeiten ab den 1990er Jahren lagerte man einen **Teil der Antikensammlung** in das 1912 im Jugendstil erbaute ehemalige Elektrizitätswerk **Centrale Montemartini** (→ S. 276) in einer schäbigen Gegend im Süden der Stadt aus (Via Ostiense nahe der Pyramide). Die Verbindung der gigantischen Maschinen des Industriedenkmals mit den antiken Kunstwerken ist derart reizvoll, dass sich das notdürftige Provisorium etabliert hat. Es soll daher bei der Außenstelle bleiben.

●*Eingang* Der Haupteingang mit Ticketverkauf, Museumsshop und Garderobe befindet sich im Konservatorenpalast, von der Rampe aufsteigend rechts.

●*Öffnungszeiten* Di–So 9–20 Uhr, Einlass bis 19 Uhr; 24.12. und 31.12 nur 9–14 Uhr; Mo stets geschlossen, ebenso 25.12., 1.1. und 1.5.

● *Eintritt* 6,50 € für Konservatorenpalast und Palazzo Nuovo (Eintrittskarte aufbewahren); Jugendliche zwischen 18 und 24 Jahren aus EU-Staaten zahlen 4,50 €. Zuschlag für die gerade stattfindende Ausstellung in den oberen Stockwerken des Palazzo Caffarelli 1,50 € (das separate Ticket für die Ausstellung kostet 4,50 €). Kombiticket mit dem Museo Montemartini 8,50 €, erm.  6,50 € (eine Woche gültig) Personen aus EU-Staaten unter 18 und über 65 Jahren haben freien Eintritt (Vergünstigungen nur bei Vorlage des Ausweises).

Reservierungen sind an Sonn- und Feiertagen in der Hochsaison zu empfehlen, Gebühr 1 €, ☏ 06.82059127.

● *Führungen* Nur in italienischer Sprache, 4 €; Audioguides auch in deutscher Sprache, 4 € (Ausweis ist als Pfand zu hinterlegen).

● *Information* Auch über die aktuellen und geplanten Ausstellungen im Palazzo Caffarelli: ☏ 06.82059127, www.museicapitolini.org.

## Konservatorenpalast

Der Rundgang beginnt im **Hof** des Konservatorenpalastes, wo ab 1471 antike Skulpturen ausgestellt wurden und das Museum seinen Ursprung hat. An der Rückwand, hinter dem Säulenbogen, sitzt die Göttin *Roma* (1. Jh. n. Chr.), erkennbar an den Attributen Schild und Helm, die an ihrer Sitzbank lehnen. In den beiden flankierenden Nischen steht jeweils ein gefangener Barbar aus wertvollem grauen Marmor. Auf den Reliefplatten an der linken Hofseite repräsentieren die weiblichen Figuren die römischen Provinzen. Sie stammen vom Tempel, den Antonius Pius 145 n. Chr. seinem vielgereisten Vorgänger Hadrian weihte. Eine komplette Seite des Tempels mit elf Säulen ist erhalten und in die Außenmauer der Börse an der Piazza di Pietra (→ S. 298) integriert. Der mahnend erhobene Zeigefinger rechts hat keinen Bezug zum Standesamt in den Räumen dahinter, sondern gehört zu den Fragmenten der **kolossalen Sitzstatue Kaiser Konstantins**, die 1486 in der Maxentius-Basilika gefunden wurden. Die Statue war wohl zwölf Meter hoch, wird um 315 n. Chr. datiert und stand in der Apsis der Basilika, die Maxentius beginnen, aber Konstantin vollenden ließ (→ S. 220).

**Konstantin der Große** (ca. 280–337 n. Chr.)

Konstantin der Große war der letzte Kaiser vor der Teilung des römischen Imperiums. Rechnet man die Anfangsjahre seiner Mitregentschaft hinzu, hat er 31 Jahre regiert. Nur Augustus, mit dem die Epooche der römischen Imperatoren begann, war mit 41 Jahren länger an der Macht. Konstantins Vater war der römische General Constantius Chlorus, der während seiner Stationierung in Bithynien am Marmarameer Konstantins Mutter, die Kellnerin **Helena**, kennenlernte und heiratete. Die niedrige Herkunft seiner Frau erwies sich für den General als derartiges Karrierehindernis, dass er sich scheiden ließ und die Stieftochter von Diokletians Mitkaiser Maximian zu heiraten. Daraufhin wurde er von Maximian adoptiert und im Zuge der 293 eingeführten Tetrarchie (= Vier-Kaiser-Herrschaft) zunächst zu dessen Unterkaiser ernannt. Nach dem Rücktritt der beiden Seniorkaiser rückten Constantius Chlorus und der Unterkaiser Diokletians, Galerius, nach.

Da Helena ihrem Ex-Mann als Konkubine folgte und im kaiserlichen Haushalt lebte, wuchs Konstantin als Bastard zusammen mit seinen jüngeren Halbgeschwistern auf. Die Mutter sorgte dafür, dass Konstantin Karriere machen und die Offizierslaufbahn einschlagen durfte. Erste Feldzüge an der Donau meisterte er mit Bravour und folgte im Jahr 305 seinem Vater nach Schottland. Dort erlangte er bei der Truppe so hohes Ansehen, dass die Soldaten ihn nach dem überraschenden Tod des Generals im Jahr darauf als dessen Nachfolger zum Kaiser ausriefen ohne sich um die tetrarchische Ordnung zu kümmern. Nach einigen Wirren akzeptierten die Regenten Galerius, Severus, Maximinus Daia und Licinius ihn als weiteren Unterkaiser. Das aber wollte Maxentius, der Sohn von Diokletians ehemaligem Mitregenten Maximian, nicht einsehen und erklärte sich in Rom selbst zum Kaiser. Es folgten Bürgerkriege mit wechselnden Bündnissen. Jeder wollte nun die ganze Macht für sich allein.

Klug und skrupellos schaltete Konstantin die Rivalen in den westlichen Provinzen aus, dann rückte er nach Rom vor. Die entscheidende Schlacht gegen Maxentius fand am 28. Oktober 312 an der Milvischen Brücke statt. Die Legende berichtet, wie ihm ein christliches Kreuz erschienen ist und den Weg zum Sieg gewiesen hat (→ „Milvische Brücke", S. 473). Konstantin beherrschte danach den Westen, während sich Licinius im Osten durchsetzte. Beide trafen sich wenige Monate später, um in Mailand ein Edikt zu erlassen, das im ganzen Reich Religionsfreiheit garantierte und damit das Christentum zuließ. Es ist umstritten, ob Konstantin überzeugter Christ wie seine Mutter war oder ob er nur geschickte Politik betrieb. Getauft wurde er wohl erst unmittelbar vor seinem Tod. Jedenfalls beschenkte er die Kirche mit Ländereien und ließ seine Söhne und Nachfolger christlich erziehen. Die sog. **„Konstantinische Schenkung"**, der zufolge der Bischof von Rom von Konstantin mit zahlreichen Privilegien ausgestattet und als Erbe der Caesaren eingesetzt worden sei, ist eine politisch motivierte Fälschung der Kirche aus dem Mittelalter (→ „Santi Quattro Coronati", S. 252).

Das Arrangement mit Licinius, dem Regenten im Osten, blieb brüchig und immer wieder wurden Konflikte blutig ausgetragen, doch die Massenschlachten brachten viele Jahre keine Entscheidung. Erst 324 errang Konstantin den Sieg und gewann nach 18 Jahren den Kampf um die Alleinherrschaft.

Wenig später verlegte er die Hauptresidenz in den Osten nach **Byzanz**, das er prachtvoll ausbauen ließ und 330 feierlich als „Neues Rom" einweihte. Der Name setzte sich nicht durch und bald schon wurde die Stadt nach ihm „Konstantinopel" genannt (heute Istanbul). Das alte Rom verlor an Bedeutung und Wirtschaftskraft, die Elite folgte an den neuen Kaiserhof. Der langsame Untergang Roms begann.

Zwölf Jahre lang hat Konstantin auch von Trier aus regiert und dort viele Bauwerke hinterlassen.

Der Kaiser war, wie sonst Jupiter, auf einem Thron sitzend dargestellt. Der Rumpf bestand wahrscheinlich aus einem Holzgerüst, das mit einem Gewand aus Gold und Bronze verkleidet war, die unbedeckten Teile des Körpers hatte man in Marmor ausgeführt. Davon erhalten sind der Kopf, der mit einem Diadem gekrönt war, die erwähnte rechte Hand, beide Füße sowie ein Teil des Schienbeins und des muskulösen Arms. Dieses Werk gilt als typisches Beispiel für den dekadenten, maßlosen Kaiserpomp in der Spätzeit des Römischen Reichs.

▶ **Museum der Konservatoren:** Vom Eingang zum Hof führt links eine monumentale Treppe zu den **Repräsentationsräumen** der Stadt, in denen der Magistrat seinen Sitz hatte. Im großen Saal wurde 1957 die Europäische Union durch die *Römischen Verträge* gegründet, damals noch als Wirtschaftsgemeinschaft „EWG". Am 29. November 2004 kehrten die europäischen Regierungschefs hierher zurück, um symbolträchtig an Europas Geburtsort den Vertrag über die europäische Verfassung zu unterzeichnen. Es wurde eine Totgeburt, die Verfassung scheiterte bei Volksentscheiden in einigen Mitgliedsstaaten.

● *Treppenhaus* Zur Dekoration des Treppenaufgangs sind **vier antike Reliefs** in die Wände des ersten Absatzes eingelassen. Drei zeigen Kaiser Marc Aurel, vor dem Jupitertempel ein Opfer darbringend, auf dem Prunkwagen beim Triumphzug mit der Siegesgöttin über seinem Kopf und bei einem Feldzug, als er knienden Barbaren Gnade gewährt. Auf dem Relief links sieht man Kaiser Hadrian, wie er in die Stadt einzieht und von der Göttin Roma sowie den Senatoren empfangen wird.

Auf dem nächsten Treppenabsatz zeigt ein Relief Hadrian auf einem Sockel stehend, wie er Geschenke an römische Kinder verteilt. Auf dem obersten Relief vor der Pinakothek sieht er zu, wie seine verstorbene Gattin Sabina auf dem Rücken eines Engels aus dem Scheiterhaufen, auf dem ihre Leiche verbrannt wurde, zu den Göttern aufsteigt. Der Kaiser hatte zwar zu Lebzeiten nicht viel für seine Frau übrig, ließ sie aber immerhin danach vergöttlichen. Links neben dem Relief auf dem zweiten Absatz,

wo es zu den Repräsentationsräumen geht, hängt die schon erwähnte Stiftungsinschrift von Sixtus IV., in der es um die Überführung der antiken Bronzestatuen im Jahr 1471 geht, um das Kapitol zu einer historischen Gedenkstätte zu machen (→ S. 191).

● *1. Saal (der Horatier und der Curiatier)* In diesem großen Prunksaal tagte der Magistrat der Stadt, dem adlige Familien und schwerreiche Aufsteiger angehörten. Der glanzvolle Rahmen steht dabei im Kontrast zu den geringen Befugnissen. Autonomierechte konnten sie dem Papst nur für die Bereiche der kommunalen Wirtschaft und Finanzen abringen. Um aber stets daran zu erinnern, wer das Sagen hatte, wurden hier schon im 16. Jh. Papststatuen aufgestellt. Man sieht vom Eingang aus rechts das Marmorbildnis **Urbans VIII.** von Bernini, und gegenüber, zwischen den Türen zum nächsten Saal, **Innozenz X.** in Bronze von Algardi. Die heroisierenden Fresken aus dem 16. Jh. von Cavalier d'Arpino, die wie kostbare Gobelins aussehen, beschäftigen sich mit dem römischen Gründungsmythos: Über Innozenz X. sieht man die Wölfin mit Romulus und Remus, rechts folgt an der Fensterseite die Szene, in der Romulus den Grundriss seiner künftigen Stadt in den Sand zeichnet, danach die Entstehung des Vestakults mit der Berufung der ersten Vestalinnen. An der Stirnseite des Saals sieht man den Raub der Sabinerinnen und auf der Längsseite, gegenüber den Fenstern, die Schlacht der römischen Sippen der Horatier und der Curiatier.

● *2. Saal der Heerführer* Die Statuen stellen die fünf wichtigsten Kommandanten der Päpstlichen Armee dar. Die Kombination aus antikem Körper und aufgesetztem Porträt wirkt nicht immer ganz überzeugend, besonders wenn ein eher zartes Antlitz dem gewaltigen Brustkorb eines antiken Helden aufgepfropft wurde. Zwischen den beiden Türen sieht man den Kommandanten der päpstlichen Flotte in der Schlacht gegen die Türken bei Lepanto im Jahr 1571, Colonna, mit dem trainierten Körper des Marc Anton.

● *3. Saal des Hannibal* (Durchgang links): An der Wand geht es um die Punischen Kriege zwischen Römern und Karthagern; darüber befindet sich die älteste Holzdecke des Palastes. Die Tür links führt in die jüngst wiederhergestellte kleine Kapelle (Saal 4).

● *5. Saal der Gobelins* (in der Flucht von Saal 3): Die kostbaren Wandteppiche zeigen Motive von Gemälden von Rubens. Zur Fortsetzung des Rundgangs kehrt man in Saal 2 zurück und betritt von dort aus das Eckzimmer.

● *6. Saal (Triumphsaal)* Der Raum ist nach den Fresken aus dem Jahr 1569 im oberen Teil der Wände benannt. Sehenswert ist der anmutige **Dornauszieher**. Dieses griechische Werk aus dem 1. Jh. v. Chr. gehört zu den Bronzeplastiken aus dem Lateran, die Sixtus IV. 1471 dem römischen Volk zurückgab (→ S. 191). Es war in der Renaissance eines der am meisten geschätzten und kopierten Werke. Bekannt ist auch die Bronzebüste des ersten römischen Konsuls **Brutus** mit eingelegten Augen aus Glaspaste. Sie stammt wohl aus dem 3. Jh. v. Chr., als Bronzeskulpturen extrem selten waren. Die dritte Bronze aus dem 1. Jh. n. Chr. stellt einen knabenhaften Opferdiener *("Camillus")* dar, der einen Kelch für rituelle Handlungen in der Hand hielt.

● *7. Saal der Wölfin* In der Mitte dieses kleinen Raumes steht das Bronzeheiligtum und Wahrzeichen der Stadt – **die Wölfin.** Von besonderer historischer Bedeutung sind die Inschriften aus der Zeit von Kaiser Augustus um 19 v. Chr. (*Fasti Consulares und Triumphales*), sie listen alle Konsuln von 483–19 v. Chr. und alle Triumphzüge von 753–19 v. Chr. auf. Bemerkenswert ist auch der antike Mosaikboden aus einer römischen Villa.

## Die Wölfin – Das Heiligtum Roms

Sie stammt nach allgemeiner Auffassung aus dem 6. Jh. v. Chr., ist etruskischen Ursprungs und wurde von den Römern bei einem Feldzug in der etruskischen Stadt Veji (im Norden Latiums, → S. 665) erbeutet. Anscheinend handelt es sich um das Original, das auf dem Forum aufgestellt war, bis im Jahr 65 v. Chr. der Blitz einschlug. Noch heute sind Schmelzspuren am linken Hinterlauf zu sehen, die von diesem Ereignis stammen könnten. Wegen dieses bösen Omens vergrub man angeblich die so von den Göttern gezeichnete Figur. Wann sie wieder zu Tage trat, ist nicht geklärt.

Die drallen Zwillinge Romulus und Remus, die im Stil nicht zu dem Tier passen, fügte um 1490 der Bildhauer Pollaiuolo aus politischen Gründen hinzu: Bis zur Schenkung von 1471 war die Wölfin im Lateran Symbol des strengen päpstlichen Gerichts gewesen. Nach der Verbringung auf das Kapitol ging es darum, ihr Image zu verbessern und sie zur fürsorglichen *„Mater Romanorum"* (Mutter Roms) zu machen.

(Im Jahr 2007 schockierten einige Wissenschaftler die Römer mit der These, eine neue Analyse der Bronze könnte womöglich für eine Fälschung aus dem Mittelalter sprechen.)

● *8. Saal der Gänse* Der Name des Saals leitet sich von den beiden antiken bronzenen Enten ab, die man für Abbildungen der warnenden Gänse auf dem Kapitol hielt (zur Legende → Kasten S. 189). Eindrucksvoll ist das gerade restaurierte **Medusenhaupt** von Bernini. Angeblich wollte der Künstler damit zum Ausdruck bringen, dass jeder, der seine Werke betrachtet, vor Bewunderung wie zu Stein erstarrt. Sehenswert ist auch die **Porträtbüste Michelangelos**, gefertigt nach seiner Totenmaske.

● *9. Saal (Adlersaal)* Interessant ist der von Grotesken eingerahmte Fries mit Stadtansichten aus dem 16. Jh.; oberhalb des Fensters erkennt man den Kapitolsplatz unmittelbar nach der Aufstellung der Reiterskulptur Marc Aurels, noch vor der Umgestaltung des Platzes.

● *Säle 10 bis 12* Es folgen drei Säle mit der **Sammlung Castellani**, benannt nach dem Museumsdirektor, der der Stadt Rom 1870 seine umfangreiche Sammlung etruskischer Funde schenkte. Man sieht Grabbeigaben aus der Zeit des 8. bis 4. Jh. v. Chr., darunter Küchen- und Vorratsgefäße sowie im Saal 12 die Rekonstruktion eines Prunkwagens mit originalen Fragmenten der Bronzeverkleidung.

▶ **Palazzo Caffarelli**: Vom Saal 12 führt eine Treppe hinauf in den neuen integrierten Trakt des Palazzo Caffarelli. Das erste, was man beim Betreten sieht, ist die wohlgeformte nackte Rückseite der **Esquilinischen Venus** in der Galerie. Rechts grenzt der eigens mit einem Glasdach geschlossene Innenhof an, um dem originalen **Reiterstandbild Kaiser Marc Aurels**, das früher auf dem Kapitolsplatz stand (→ S. 192), einen würdigen und geschützten neuen Rahmen zu bieten.

● *Innenhof (Saal 25)* Der Raum erinnert an ein Amphitheater mit breiten Stufen, die zum Ausruhen und Betrachten einladen. In der Arena sitzt **Marc Aurel** hoch zu Pferd auf einem modernen flachen Sockel, sodass es aussieht, als käme der Kaiser auf einer Straße herangeritten. Die Reste der Vergoldung funkeln im Sonnenlicht, das durch das Glasdach fällt. Wahrscheinlich stammt die Statue aus der Zeit um 171 n. Chr., als Marc Aurel die Germanen besiegt hatte. In respektvollem Abstand, um die Wirkung des Reiters nicht zu stören, stehen einige weitere der wichtigsten antiken Bronzeplastiken:
Der **Herkules** mit der gut erhaltenen Vergoldung wurde in der Nähe von S. Maria in Cosmedin gefunden und stand wahrscheinlich in einem Rundtempel aus dem 2. Jh. v. Chr., der dem Herkuleskult geweiht war. Vorbild war wohl eine Statue des Lysipp, dem Hofbildhauer Alexanders des Großen. Man vermutet, dass die Form durch einen unmittelbaren Abdruck vom Original hergestellt wurde.
Daneben stehen die Fragmente einer weiteren Statue des Kaisers **Konstantin**. Dazu gehören der Kopf, eine Hand, ein Fuß und die Weltkugel als Symbol der Macht. Die Stücke waren Teil der Schenkung Sixtus IV. von 1471 und standen schon seit dem frühen Mittelalter im Lateran. Durch die Restaurierung sind nun Goldspuren erkennbar geworden, wahrscheinlich war die Statue in der Antike komplett vergoldet.

Eine Rampe führt zu den mächtigen Steinquadern des Fundaments des **Jupitertempels** hinab (→ S. 189). Die Mauern wurden vor 509 v. Chr. gesetzt und durch Zufall bei der Renovierung vor wenigen Jahren entdeckt. In der Nähe wird auf Schautafeln die Vor- und Frühgeschichte des Kapitols dargestellt, und im Schaukasten ist eines der gefundenen Gräber mit Knochenresten und Grabbeigaben rekonstruiert. Im Multimediabereich kann man am Bildschirm die Entwicklung des wichtigsten römischen Tempels nachvollziehen.
Vom Bereich des Jupitertempels führt die Galerie an der Seite des Innenhofs zum Ausgang. In den angrenzenden Räumen sind antike Kunstwerke von außerordentlicher Qualität ausgestellt. Sie wurden bei dem Bauboom nach 1870 um den Esquilinhügel in der Nähe des Bahnhofs entdeckt. In der Antike befanden sich hier die **Horti**, das waren luxuriöse Wohnsitze der reichsten römischen Familien mit Parkanlagen, in denen exquisite Kunstwerke ausgestellt waren, um die hohe Bildung ihrer Besitzer zu dokumentieren.

● *Säle 21 bis 23* (vom Jupitertempel aus die ersten Säle rechts der Galerie): Hier sind Fundstücke aus dem Park des **Gaius Maecenas** (70–8 v. Chr.) zu sehen. Er war ein enger Freund von Augustus und großzügiger Förderer von Dichtern, wie z. B. Horaz, Vergil oder Properz, sodass sein Name bis heute für private Kulturförderung steht („Mäzenatentum"). Für den riesigen Park seiner Villa auf dem Esquilin musste eigens ein Friedhof geschlossen werden.

Beachtenswert ist der kämpfende **Herkules** mit weit ausholendem Schritt in dynamischer Bewegung (römische Kopie eines griechischen Bronzeoriginals aus dem 4. Jh. v. Chr.). Man fand die Skulptur, in 74 Stücke zerbrochen, als Bauschutt in einer spätantiken Mauer. In der Mitte des ersten Raums steht ein Marmorbrunnen, dekoriert mit Szenen aus dem Dionysoskult in der Form eines riesenhaft vergrößerten Trinkhorns, wie es die Griechen bei Banketten verwendeten.

Berühmt ist auch das **Haupt einer Amazone** (Saal 21), es ist die römische Kopie eines griechischen Originals, das für eine von der Stadt Ephesos veranstalteten Wettbewerb gefertigt wurde, an dem die bekanntesten Bildhauer der Zeit teilgenommen hatten. Es ging um die Darstellung einer verwundeten Amazone.

Herausragend ist die schaurige Statue des **Satyrs Marsyas**. Nach der griechischen Mythologie hatte er eine Zauberflöte gefunden und Apoll zu einem musikalischen Wettstreit herausgefordert. Apoll gewann zwar, hängte Marsyas aber wegen der Hybris an einer Fichte auf und zog ihm bei lebendigem Leib die Haut ab. Der Marmor mit seinen kalten, dunkelroten, fast lila Strukturen wirkt tatsächlich wie ein blutiger, abgezogener Leib. Der langgestreckte Körper und das schmerzverzerrte Gesicht waren Vorbild für viele Kreuzigungsdarstellungen.

• *Säle 15 bis 18/Saal 24* Vom märchenhaften Reichtum der **Horti Lamiani** aus dem 1. Jh. n. Chr. zeugen die Fundstücke in der Galerie (Saal 24) und den Sälen 15 bis 18. Grandios ist die Gruppe mit den Torsi des **Commodus** und der beiden Tritonen links und rechts von ihm. Ebenso wie bei der Venus am Ende der Galerie zeigt die Marmoroberfläche der Skulpturen noch die ursprüngliche Politur. Der ungewöhnlich gute Erhaltungszustand beruht darauf, dass die wertvollen Kunstwerke schon in der Antike in einem unterirdischen Raum versteckt und erst nach rund 1.800 Jahren gefunden wurden. Der proletenhafte Kaiser Commodus (180–193 n. Chr.) ist in seiner Lieblingspose als Herkules mit Löwenfell auf dem Kopf und einer Keule in der Hand dargestellt, so wie er bei Gladiatorenkämpfen im Amphitheater aufzutreten pflegte. Sein feinsinniger Vater Marc Aurel (→ S. 192) hatte noch die Hoffnung, dass der Sohn vernünftig und mit den Aufgaben wachsen werde, doch leider wurde nichts daraus. Zwar sorgte Commodus für ausreichend Brot und Spiele, doch seine Regentschaft war brutal. Zu seinen Seiten stehen zwei gerade dem Meer entstiegene Tritonen, an deren Körpern das Wasser hinunterrinnt.

Eines der Wahrzeichen des Museums ist die sich keck reckende, nackte **Venus des Esquilin**, die effektvoll am Ende der Galerie inszeniert wurde. Man sieht sie, wie sie sich gerade für das Bad entkleidet hat und nun die Haare hochbindet (auf dem Haarknoten sind Reste von Fingern zu erkennen). Es ist die römische Kopie eines griechischen Originals.

In den *Sälen 16 und 17* sind Abschnitte des Fußbodens einer 79 m langen, mit Gewölbe überdachten Halle *(Kryptoportikus)* aus den Horti Lamiani und kostbarer Goldschmuck zu sehen. Der Boden bestand aus vielfarbigem Marmor und Alabaster. Die Säulen aus gelbem Marmor hatten vergoldete Basen und Kapitelle. Die Wandabschnitte dazwischen waren mit Edelsteinen und Glas verziert.

Durch den *Saal 13* betritt man wieder das Treppenhaus des Konservatorenpalastes.

▶ **Pinakothek:** Im **zweiten Stock** des Konservatorenpalastes sind die 1748 von Benedikt XIV. gegründete Pinakothek mit bedeutenden Gemälden des 14. bis 17. Jh. und eine wertvolle Porzellansammlung untergebracht. In acht Sälen sieht man unter anderem Bilder von Veronese (*Raub der Europa,* Saal 3), Rubens (*Romulus und Remus mit der Wölfin,* Saal 7), zwei berühmte Werke von Caravaggio (*Johannes der Täufer als nackter Junge* und *die Wahrsagerin,* auch Saal 7), Reni (mehrere Werke, darunter *der Heilige Sebastian,* Saal 6), Tizian (u. a. *Taufe des Jesus*), Lotto und Tintoretto. Vom Saal 8 erreicht man die **Galerie Cini** mit der wertvollen Porzellansammlung (Meißen, China und Japan), Wandteppichen (17. Jh., Antwerpener Schule), sowie einer Serie römischer Veduten und bedeutender Porträts (u. a. Van Dyks *Doppelbildnis der Brüder de Wael, Selbstbildnis* von Velázquez).

Zur Fortsetzung des Rundgangs kehrt man über das Treppenhaus in den Hof des Konservatorenpalastes zurück. Auf der rechten Hofseite, beim Kopf des Konstantin, führt ein anderes Treppenhaus in den zweiten Stock des Caffarelli-Palastes.

▸ **Münzsammlung**: In fünf Räumen im **zweiten Stockwerk des Caffarelli-Palastes** ist neben einigen weiteren Marmorplastiken und Gobelins die Münz- und Medaillensammlung untergebracht. Sie wurde nach einem Fund im Jahr 1933 noch beträchtlich erweitert. Als man damals ein Haus abriss, um die breite Straße zum Kolosseum anzulegen, kamen hinter einer Zwischenwand 17 kg Goldmünzen und wertvoller Schmuck zu Tage. Der Eigentümer hatte den Schatz hier kurz vor seinem Tod 1895 vor den Erben versteckt. Bemerkenswert ist auch die Sammlung päpstlicher Medaillen. Ausgestellt sind römische Münzen, antike und moderne Gemmen und andere antike Schmuckstücke. Zu den wichtigsten Stücken zählt die Amtskette des letzten Senators von Rom aus dem Jahr 1869 mit Smaragden, Saphiren, Rubinen und dem Stadtsiegel als Mikromosaik. Er konnte sie nur wenige Monate tragen, bevor der Kirchenstaat aufgelöst, Rom zur italienischen Hauptstadt und das Amt abgeschafft wurde. Von den Ausstellungsräumen hat man einen wunderbaren Blick über die Stadt bis nach St. Peter.

Im Korridor **(Raum V)** zur Cafeteria auf der Dachterrasse ist ein Giebelfeld eines Tempels aus republikanischer Zeit (etwa Mitte 2. Jh. v. Chr.) mit Fragmenten von ursprünglich farbig gefassten Terrakottafiguren rekonstruiert. Der Fund ist sehr selten, da aus dieser Zeit kaum etwas überdauert hat. Dargestellt sind Opferszenen für den Kriegsgott Mars.

Unbedingt lohnenswert ist ein Besuch der **Dachterrasse** mit dem **Caffè Capitolino** (→ Serviceteil S. 211), zwar nicht unbedingt wegen der (teuren) Snacks, sondern wegen des wunderbaren Blicks auf die Dächer und das Gassengewirr des benachbarten jüdischen Ghettos.

Zur Fortsetzung des Rundgangs kehrt man entweder den selben Weg zum Hof des Konservatorenpalastes zurück oder verlässt das Gebäude durch den Haupteingang im Erdgeschoss. In diesem Fall muss man rechts am Caffarelli-Palast vorbei über den Kapitolsplatz wieder den Konservatorenpalast betreten. Im Treppenhaus dort geht es in das Untergeschoss zum Tunnel, der die Paläste verbindet.

▸ **Tabularium**: Zur Behebung von Wasserschäden wurde 1930 der hintere Teil des Kapitolsplatzes zwischen dem Sockel des Marc Aurel und dem Senatorenpalast ausgeschachtet und ein **unterirdischer Verbindungsgang** angelegt (bei der Gelegenheit hat man auch die schon von Michelangelo entworfene Pflastergestaltung ausgeführt). Wegen eindringenden Wassers musste der Tunnel allerdings schon bald wieder gesperrt werden. Erst im Zuge der umfangreichen Restaurierung der 1990er Jahren ist die Isolierung gelungen und der Gang wieder freigegeben worden. Hier befindet sich die Sammlung von Inschriften aus dem ganzen Römischen Reich, nicht nur in lateinischer, sondern auch in den Sprachen der Provinzen. Es handelt sich um Grabinschriften, aber auch um offizielle Verlautbarungen und Dokumente. Besonders gelungen ist die Präsentation: Das Halbdunkel des Tunnels mit den Sternen an der Decke soll den Eindruck einer antiken römischen Konsularstraße im Mondschein vermitteln. Die damaligen Straßen waren häufig von Gräbern und Inschriften gesäumt – so wie heute mancherorts die Straßen von Werbebotschaften.

Am Ende der Galerie führt rechts eine Treppe zum Tabularium hinauf. Oben sieht man rechts die Reste des **Veiovistempels**, der 1930 beim Bau des Tunnels zufällig entdeckt wurde. Das Heiligtum wurde um 196 v. Chr. geweiht und stand frei in der Senke zwischen den beiden Erhebungen des Kapitolshügels, bis es später in das Tabularium integriert wurde. Man sieht die Grundmauern aus Tuffstein und kann ganz gut die Lage der Cella erkennen. Vor dem Eingang steht die hier entdeckte, recht gut erhaltene Statue des Veiovis, von der leider der Kopf verschollen ist. Man sieht ihn als nackten Jüngling, denn sein Name bedeutet „jugendlicher Jupiter". Ansonsten ist über diesen Gott, der vor der Kaiserzeit sehr populär war, fast nichts bekannt.

Etwas weiter gelangt man in die zum Forum Romanum hin offene Galerie des Tabulariums. Die Strukturen des antiken römischen Staatsarchivs sind wegen der vielen Umbauten, die schon in der Spätantike begannen und im Mittelalter durch die Nutzung als Festung und später als Salzlager und Gefängnis fortgesetzt wurden, kaum noch zu deuten. Die mächtigen Mauern sind jedenfalls imposant und der **Blick auf das Forum Romanum** von der Galerie mit den Arkaden ist so grandios, dass es der Dauerberieselung mit Ethno-Pop oder Hotelfahrstuhlmusik eigentlich nicht bedürfte, aber das ist Geschmackssache. Gleich links im Durchgang sieht man ein Fragment vom Fries aus dem Tempel des Vespasian mit einem Relief, das Gegenstände der Kulthandlungen im Tempel darstellt (z. B. einen Kelch, ein Messer und Ochsenköpfe). Das Marmorgesims mit der filigranen Dekoration stammt vom Tempel der Concordia, der etwa auf halber Höhe vor dem Tabularium stand. Ungefähr in der Mitte der Galerie liegt rechts der **Raum des Henkers**, der hier im Mittelalter seinen Sitz hatte, als Teile des Tabulariums als Gefängnis genutzt wurden. Am Ende führt ein gläserner Fahrstuhl in den Verbindungsgang hinab. Von hier aus sind der Veiovistempel und die unteren Etagen des Tabulariums gut zu sehen.

Zur Fortsetzung des Rundgangs kehrt man in den Tunnel zurück und erreicht über die Treppe den Palazzo Nuovo.

## Palazzo Nuovo

Dieser typische Renaissancepalast bietet mit seinen prachtvollen Kassettendecken einen feierlichen Rahmen für die wertvollen antiken Skulpturen. Zum ersten Mal hat man hier ein Gebäude nur für die Präsentation einer Kunstsammlung gebaut. Diese ist seit der Eröffnung im Jahr 1734 nahezu unverändert erhalten.

Vom Eingang gelangt man in den Hof mit dem **Marforio-Brunnen**. Bevor er 1594 vor der Stützmauer der Kirche Santa Maria in Aracoeli seinen Platz fand (mit dem Bau des Palazzo Nuovo wurde erst später begonnen), stand er auf dem Augustusforum (Marsforum genannt, wovon sich der Name ableitet) inmitten von Trümmern. Im Mittelalter gehörte er zu den Sprechenden Statuen (s. u.). In einer Nische steht die über drei Meter große **Minerva,** die wohl aus dem 2. Jh. v. Chr. stammt und eine Nachbildung der berühmten Goldstatue der Athena ist, die von Phidias im 5. Jh. v. Chr. geschaffen wurde. Sehenswert ist im Treppenhaus auch die **Kolossalstatue des Mars** mit prachtvollem Brustpanzer (1. Jh. n. Chr.).

In den drei kleineren Räumen des **Erdgeschosses** sehen Sie Kalenderfragmente aus der Zeit Caesars, Porträts reicher römischer Bürger und zwei Sarkophage (2. und 3. Jh. n. Chr.).

Die antiken Skulpturen im **oberen Stockwerk** sind überwiegend römische Kopien griechischer Originale. Die populärsten Kunstwerke der Antike stammten aus den renommierten griechischen Großwerkstätten, wie z. B. der des Phidias,

Rom – Das Kapitol
Karte S. 188

des Lysipp oder des Praxiteles. Zu deren Lebzeiten war Rom noch ein reiner Zweckverband kleinerer Stämme und wenig zivilisiert. Die Römer waren damit beschäftigt, fremde Dörfer, später Völker zu unterwerfen und nahmen sich, was ihnen passte. Noch zu Caesars Zeiten war die Stadt Rom kaum für repräsentative Zwecke geeignet. Mit der Hochkultur kamen die Römer hauptsächlich durch die Eroberung der griechischen Kolonien in Süditalien in Berührung. Danach stand Griechenland für Bildung, Intellekt und Geschmack. Die bessere Gesellschaft wollte griechische Kunst zur Dekoration ihrer Paläste und importierte griechische Sklaven als Erzieher ihrer Kinder.

## Die Sprechenden Statuen

Sie gab es zu einer Zeit, als Massenmedien noch nicht existierten und freie Meinungsäußerung im Kirchenstaat lebensgefährlich war. Bekannt wurde im 16. Jh. der Schneider **Pasquino**, der dem Torso einer antiken Statue Zettel mit derben Spottversen und satirische Bemerkungen über die klerikale Obrigkeit und arrogante Adlige anheftete. Auf anderen Statuen wurde darauf erwidert, sodass es den Anschein hatte, als würden die steinernen Mitbewohner der Stadt die aktuellen Tagesereignisse kommentieren. Die so entstandenen witzigen, bissigen Dialoge der „Sprechenden Statuen" nennt man bis heute nach dem Schneider „Pasquinaten". Besonders beliebt waren die Figuren der Brunnen, denn dort traf sich ein breites Publikum zum Wasserholen, und jeder konnte die Spötteleien lesen. Mit den ersten Zeitungen und den verbesserten Reinigungsmöglichkeiten der Ordnungskräfte starb der Brauch langsam aus. Zwar haben die Sprayer mit ihren nur schwer entfernbaren Sprühfarben wieder begonnen, die Statuen der Stadt mit ihren Botschaften zu versehen, doch sind die meist weder geistreich noch brisant.

Während der politischen Krisen in der Mitte der 1990er Jahre und dem Zusammenbruch des althergebrachten Parteiensystems erinnerten sich die Römer an den uralten Brauch. Sie ließen besonders die vom Wasser arg ramponierte ehemalige Brunnenfigur in der Via Babuino zwischen Spanischer Treppe und Piazza del Popolo wieder zu Wort kommen. Die notdürftig vielfach überstrichene Wand hinter der Figur zeugt noch vom heftig geäußerten Ärger über die Missstände. Der vom Schneider Pasquino bevorzugte Torso steht auf der nach ihm benannten Piazza am südlichen Zugang zur Piazza Navona.

● *Galerie (Saal 1)* Die Präsentation zahlreicher Skulpturen und Inschriften folgt ausschließlich dekorativen Aspekten. In der Fülle gehen einige **herausragende Werke** beinahe unter: Besonders beachtenswert sind die Kolossalstatue des Herkules, der mit einer Fackel in der Hand die Hydra besiegt, ebenso des nackten, stürzenden Kriegers, dessen antiker Torso im 17. Jh. ergänzt wurde, eine Statue des kleinen Eros mit dem Bogen in den Händen, mit dem er die Liebespfeile verschießt, die der spärlich bekleideten Leda mit Zeus in der Gestalt eines Schwans auf dem Schoß und schließlich Herkules als Kind, wie er eine Schlange erwürgt.

● *Saal 2* Der Raum gleich rechts der Galerie ist nach dem **Mosaik** der trinkenden Tauben benannt. Man fand dieses Fußbodenmosaik aus winzig kleinen Marmor- und Glassteinchen in der Villa des Hadrian bei Tivoli (→ S. 716). Das zweite farbenprächtige Mosaik stammt aus den Thermen des Trajan und zeigt Flöten und Masken, wie sie die Schauspieler im Theater trugen. Sehenswert ist auch das kleine Mädchen, das auf dem Arm eine Taube vor einer

Schlange in Sicherheit bringt, sowie die betrunkene Alte, die einen Weinkrug in den Armen hält und zu den klassischen griechischen Darstellungen der Laster gehört.

● *Saal 3* Im kleinen Kabinett (im weiteren Verlauf der Galerie rechts), das achteckig an ein Nymphäum erinnern soll, steht die berühmte **kapitolinische Venus**. In der Art, wie die gerade dem Bad entstiegene Göttin mit ihren Armen scheinbar schamhaft Brust und Schoß verdecken will, gilt sie als ein Meisterwerk der erotischen Kunst.

● *Saal 4* In dem Raum am Ende der Galerie rechts ist die antike High Society mit 67 Porträts vertreten. Dies ist echte römische Kunst. Einige Porträts sind äußerst selten und deshalb sehenswert, weil über besonders verhasste Herrscher die *Damnatio memoriae* („Verdammung des Andenkens") verhängt wurde (s. u. Kasten). An den Porträts lässt sich auch hervorragend die Entwicklung der Frisuren- und Bartmoden verfolgen. Die Sammlung von Büsten antiker Persönlichkeiten kaufte Papst Clemens XII. um 1730 von Kardinal Albani aus dem Erlös einer eigens zu diesem Zweck veranstalteten Lotterie.

---

## Die römische Porträtkunst

Während die Griechen einem allgemeinen Schönheitsideal folgten und einen vollendeten, wohlgebildeten menschlichen Körper darstellten, ging es den Römern um die lebensnahe Wiedergabe des Individuums. Die Funktion des Porträts lag darin, die Erinnerung an den Dargestellten zu bewahren oder sein öffentliches Ansehen zu steigern und das gewünschte Image zu vermitteln. Erregte Gesichtszüge und wildes Haar standen für Draufgängertum und kriegerische Entschlossenheit, ein Ansatz von Lächeln bedeutete Milde, und ein ernstes Gesicht mit Falten und zusammengezogenen Brauen ließ auf politisches Verantwortungsbewusstsein schließen. Der Kaiser war durch seine Porträts, die überall im ganzen Imperium standen, wie ein Gott allgegenwärtig.

Die Porträtkunst als reine Abbildung des individuellen Kopfes wurde also von den Römern entwickelt. Was aber darüber hinausging, kam weiterhin aus Griechenland. In späteren, dekadenten Zeiten wurden schöne griechische Idealkörper für wohlhabende Privatleute massenhaft produziert, man musste sie nur noch mit dem eigenen Antlitz vervollständigen. Aus diesem Grund sehen viele römische Politiker aus wie Bodybuilder, die sich alle beim gleichen Schneider einkleiden ließen. Auch Figur und Gewänder einiger Damen der besseren Gesellschaft ähneln einander deshalb verblüffend. Das war die antike Variante eitler Körperkultur.

Von einigen Herrschern sind Porträts sehr selten. Dafür sorgte die sog. **Damnatio memoriae** (Verdammung des Andenkens), die über besonders verhasste Herrscher verhängt wurde und die Zerstörung aller Bildnisse und die Tilgung des Namens von sämtlichen Bauwerken und aus Schriften bedeutete.

---

● *Links der Tür zu Saal 5* Hier finden Sie zwei Darstellungen des **Augustus** (63 v. Chr. bis 14 n. Chr.), der fast 50 Jahre lang regierte und der erste Alleinherrscher des Reiches war. Mit ihm begann das eigentliche Caesarentum. Man sieht ihn hier als jungen Mann kurz nach seinem Sieg bei Actium im Jahre 31 v. Chr. und im fortgeschrittenen Alter als Kaiser. Seine überaus ehrgeizige Gattin **Liva** mit Diadem im Look der Göttin Ceres steht ganz in der Nähe. Daneben ist sein Nachfolger zu sehen, **Tiberius** (42 v. Chr. bis 37 n. Chr.), der das Reformwerk des Augustus stabilisierte. Das Ende seiner Regierung war gekennzeichnet von Ausschweifungen und Willkürherrschaft. Nicht weit von ihm sieht man den Kopf **Caligulas** (bis 41 n. Chr.). Nach kurzer Regierungszeit wurde er wahnsinnig. Er hielt sich selbst für den höchsten Gott, ernannte sein Pferd zum Minister und unternahm einen Feldzug zum Ärmelkanal, wo er sein Heer gegen Neptun kämpfen ließ. Nachdem die Schwerter das Meer durchpflügt hatten, ließ er Schilf schneiden, um es in einem Triumphzug dem verblüfften römischen Volk als Kriegsbeute zu präsentieren.

Dem aufgedunsenen Kopf **Neros** (37–68 n. Chr.; → S. 246) sieht man deutlich an, dass er nicht nur Künstler, sondern in erster Linie Genussmensch war. Die mächtige Büste aus grünem Alabaster zeigt **Septimius Severus** (145–211 n. Chr.), den ersten aus Nordafrika stammenden Kaiser. Nicht weit entfernt steht sein Sohn und Nachfolger **Caracalla** (211–217 n. Chr.; → S. 265), der für maßlose Grausamkeiten bekannt war und auch seinen Bruder **Geta**, der hier ebenfalls nicht fehlt, ermorden ließ.

*Rechts der Tür* Hier befindet sich der Philosophenkaiser **Marc Aurel** (121–180 n. Chr.), dessen brutaler Sohn **Commodus** (161–192 n. Chr.) gerne als Gladiator im Circus auftrat, der Stratege **Trajan** (98–117 n. Chr.), der einen Hügel in Rom abtragen ließ, um dort sein Forum zu errichten, und der weise **Had-**

rian (117–138 n. Chr.). Weiter vertreten sind **Titus**, **Nerva** und **Antoninus Pius**. In der Mitte des Raums sitzt die Skulptur der heiligen **Helena** (um 255–330 n. Chr.; → S. 197), Mutter Kaiser Konstantins und fleißige Reliquiensammlerin. Viele Kirchen verdanken ihr die Ausstattung, so z. B. S. Croce in Gerusalemme, die Heilige Treppe in der Nähe des Lateran, auch den in Trier verehrten heiligen Rock soll sie beschafft haben.

Bemerkenswert sind die **Frauenporträts**. Die Damen haben komplizierte Frisuren mit künstlichen Haarteilen und Einlagen. **Faustina Minor**, die Tochter von Antoninus Pius und Ehefrau von Marc Aurel, ist in der römischen Porträtkunst mit acht verschiedenen Frisuren vertreten, weil sie die Angewohnheit hatte, sich nach jeder Geburt eine neue Haartracht zuzulegen. Hier sieht man sie mit bogenförmig gelegten Strähnen.

● *Saal 5* Im benachbarten Saal sind 79 **Porträts der großen Denker der Antike** versammelt. Unter den Philosophen, Rednern, Dichtern und Mathematikern finden sich Sophokles, Cicero, Homer und Pythagoras. In der Antike schmückten reiche Römer gerne ihre privaten Bibliotheken und Parks mit den Büsten der Geistesgrößen, um ihre Bildung zu belegen.

● *Saal 6* In der Mitte des großen Saals steht **Herkules** als Kind, ausgeführt im schwer zu bearbeitenden Basalt. Die beiden Kentauren zu seinen Seiten sind aus seltenem grauen Marmor und wurden in der Hadriansvilla gefunden. Bemerkenswert sind auch die beiden Darstellungen Apolls, einer mit Musikinstrument, der andere mit Stab. Beides sind römische Kopien von Originalen aus Athen. Das gilt auch für die Amazone mit entblößter Brust und den Jäger mit Hasen, dem der Porträtkopf eines Römers aufgesetzt wurde.

● *Saal 7* Die Wände des Raums sind mit Schrifttafeln reich dekoriert, darunter ist eine Bronzetafel mit einem Dekret des Senats, das Vespasian die Kaiserwürde verleiht *(Lex regia)*. Sehenswert ist der Faun mit Weintrauben aus kostbarem rotem Marmor.

● *Saal 8* In der Mitte liegt der **sterbende Gallier**, eines der bekanntesten Stücke der Sammlung (Kopie nach einer Bronzearbeit der griechischen Großwerkstatt von Pergamon). Bekannt sind auch **Amor** und **Psyche** als ineinander verschlungenes Liebespaar, sowie die Amazone mit Bogen und der lässig mit seiner Flöte am Baumstamm lehnende Satyr.

*Antike Herrscher im Palazzo Nuovo*

# Weitere Sehenswürdigkeiten in der Umgebung des Kapitols

▸ **Santa Maria in Aracoeli:** Links neben der Cordonata (der Rampe zum Kapitols-platz) führt eine steile Treppe zur Kirche hinauf. Etwa hier war in der Antike die Hügelkuppe der Arx mit dem **Tempel der Juno Moneta** (→ S. 189). Der Ort für die Basilika war wegen der vorhandenen Fundamente nicht nur günstig, sondern auch mit Bedacht gewählt. Denn Maria nahm hier den Platz der höchsten römi-schen Göttin ein und bekundete somit symbolhaft den Sieg des Christentums über die Heiden. Ein wenig von Juno hat die Zeiten aber überdauert, denn die Göttin war u. a. Schutzpatronin der Ehe (was wundert, wenn man an die aus der Mythologie bekannten häufigen Seitensprünge ihres Gatten Jupiter denkt), und heute wird die Hilfe der Jungfrau Maria von Aracoeli gerne von Frauen bei häus-lichen Problemen oder auf der Suche nach einem geeigneten Ehemann erbeten.

Der Name „Santa Maria in Aracoeli" stammt aus dem 12. Jh. und geht auf eine Legende aus dieser Zeit zurück, mit der die Verant-wortlichen ihre Kirche interessanter ma-chen und dadurch spendenfreudige Pilger anlocken wollten:

Die Geschichte berichtet, dass der Senat Kaiser Augustus zum Gott erklären wollte. Dieser hatte aber Skrupel und ließ eine Wahrsagerin zu ihm in den Tempel der Ju-no kommen. In Trance prophezeite die Se-

herin die bevorstehende Ankunft des himmlischen Königs der Welt. Gleichzeitig öffnete sich der Himmel und in gleißendem Licht erschien auf dem Altar die Jungfrau mit dem Kind auf dem Arm. Augustus fiel nieder und betete zu der Erscheinung. Der Werbebotschaft nach empfahl sich Santa Maria in Aracoeli also den frommen Pilgern als älteste Marienkirche der Welt (was nicht stimmt, denn das ist Santa Maria in Trastevere).

Die ursprüngliche Kirche aus dem 6. Jh. ersetzten die Franziskaner um 1250 durch den heutigen Bau mit seiner ungewöhnlich schlichten Ziegelfassade. Zum Haupteingang führt die **„Himmelsleiter"** mit 124 Marmorstufen hinauf, deren Material aus dem großen Sonnentempel des Kaisers Aurelian stammt. Die Stu-fen sind so steil, dass man beim Erklimmen jeden Teller Spaghetti bereut, den man in der letzten Zeit zuviel gegessen hat und man körperlich spürbar einen Bußgang verrichtet – vor allem im Sommer, wenn die Sonne brennt. Bis vor einiger Zeit sah man gelegentlich Frauen sogar auf Knien die Stufen hinauf-rutschten, um ihr Anliegen der Himmelsmutter besonders inbrünstig vorzutra-gen. Bequemer erreicht man die Kirche vom Kapitolsplatz aus. Links des Senato-renpalastes führt eine Treppe zu einer Bogenhalle hinauf, dort befindet sich etwa auf halber Höhe links der Seiteneingang zur Kirche.

**Tipp:** Ein **Café mit grandiosem Ausblick** auf die Trajanischen Märkte und die Kaiser-foren (→ S. 235) befindet sich auf der Ter-rasse hinter dem rechten Flügel des Natio-naldenkmals. Man erreicht es bequem vom Kapitol aus: Steigen Sie vor dem Senato-renpalast links die Treppe zum Seitenein-

gang der Kirche ganz hinauf und gehen durch das Gittertor des Klosters in die Bo-genhalle. Dort führt rechts ein Korridor zur Terrasse auf der Rückseite des National-denkmals und zum Panormacafé (mehr zur Aussicht vom Café → „Altare della Patria", S. 288).

Hinter der schmucklosen Ziegelfassade versteckt sich eine überraschend prunk-volle Kirche mit barocken Stilelementen. Der Hauptaltar birgt ein berühmtes Madonnenbildnis aus dem 12. Jh. mit einer riesigen Krone darüber. Die Säulen zwischen Haupt- und Seitenschiffen sind antik und stammen überwiegend vom benachbarten Forum. Darüber hängt jeweils ein Heiligenbild: über der linken Säulenreihe die Frauen, rechts die Männer, dazwischen Kronleuchter, die auch den Altar doppelreihig umrahmen. Blickfang ist die vergoldete, geschnitzte Kas-settendecke mit einem Bildnis Marias und dem Jesuskind in der Mitte. Über dem Haupteingang fällt das Licht in effektvollen Farben durch das Fenster mit den drei Bienen des Wappens von Urban VIII. aus der Familie Barberini.

Auf der linken Seite des Mittelschiffs befinden sich der Altar der heiligen Helene mit der sitzenden Papststatue von Leo X. Dahinter gelangen Sie zur Attraktion der Kirche, der Kapelle des wundertätigen Jesuskindes. Das hier hochverehrte **Santo Bambino** war eine kleine bemalte, überreich mit Schmuck behängte Statue, die angeblich aus dem Holz der Ölbäume von Gethsemane gefertigt war. Heute sehen Sie hier leider nur noch eine Kopie des 1994 gestohlenen Originals. Zum Glück wird aber auch der Replik volle Heilswirkung zugesprochen.

*Öffnungszeiten* 9–12.30 und 14.30–17.30 Uhr, im Sommer 15–18.30 Uhr.

Die Figur gilt als bester **Kinderarzt** Roms. Sie soll Wunderkraft besitzen und kranke Kinder heilen können. Viele verzweifelte Mütter kommen hierher, um für die Genesung ihres Kindes zu beten und um Beistand zu bitten. Dass dies schon oft geholfen hat, belegen viele Berichte. In Ausnahmefällen wird das Jesuskind sogar an die Krankenbetten transportiert. Um den Altar stapeln sich Bittbriefe von Kindern aus aller Welt, die sich vom Jesuskind Hilfe erhoffen. Täglich kommt Post, zum Teil aus den Krisengebieten der Welt, die schlicht „an das Jesuskind in Rom" adressiert ist. Gelesen werden die Briefe nicht, da es sich bei dem Inhalt um eine rein persönliche Angelegenheit zwischen den Briefschreibern und dem Jesuskind handelt. Allerlei Souvenirs zum Santo Bambino finden Sie im angrenzenden Verkaufsraum.

▸ **Mamertinischer Kerker:** Auf der Rückseite von S. Maria in Aracoeli führt eine Treppe zum Septimius-Severus-Bogen hinab. Links des Bogens befindet sich unter der **Kirche San Giuseppe dei Falegnami** der Mamertinische Kerker *(Carcer Mamertinus)*. Hier war das gefürchtetste und älteste Gefängnis Roms, in dem die Staatsverbrecher auf ihren Tod warteten. Die Etrusker hatten es schon im 6. Jh. v. Chr. erbaut. Heute ist nur ein kleiner Teil zu sehen, ursprünglich reichten die Verliese bis in den Hang des Kapitolinischen Hügels. Der Name des Gefängnisses stammt aus dem Mittelalter und leitet sich vom nahen Tempel des Mamers (der etruskische Name für den Kriegsgott Mars) ab.

Jeder Triumphzug eines Heerführers (→ S. 216) mit Truppenrepräsentanten und all der Kriegsbeute führte hier vorbei. Kurz vor dem Aufstieg zum Jupitertempel auf dem Kapitol wurden die besiegten Stammesfürsten aus der Parade geführt und hier eingekerkert. Darunter waren der König Iugurtha von Numidien, der hier verhungerte, und der Gallierhäuptling Vercingetorix, der 49 v. Chr. enthauptet wurde und an den heute eine von Franzosen gestiftete Marmortafel erinnert. Nach einer mittelalterlichen Überlieferung soll auch **Petrus** hier inhaftiert gewesen sein. Vor seiner Hinrichtung am Kreuz habe er noch die Gefängniswärter und Mitgefangenen bekehrt. Um die neuen Christen sogleich taufen zu können, sei durch ein Wunder Wasser aus den Felswänden gequollen. Die Taufszene beschreibt ein Relief über dem kleinen Altar, links daneben steht die Marmorsäule, an die Petrus gefesselt worden sein soll. Die Eisenketten werden in der Kirche San Pietro in Vincoli (→ S. 242) verehrt.

Das Gefängnis bestand aus zwei Etagen. Der einzige Zugang zum unteren Bereich, wo die Gefangenen auf den Hungertod oder ihre Hinrichtung warteten, führte durch eine Öffnung im Boden, durch die ein Seil hinabgelassen wurde. Der Raum ist mit einem Tonnengewölbe aus schwarzen Tuffsteinblöcken aus dem 2. Jh. v. Chr. gedeckt. Durch eine Wasserader sind die Wände feucht, eine Abflussleitung (heute von einem Betonring beim Altar gefasst) führt zur Cloaca Maxima und sorgt für Entwässerung. Angeblich sollen hier auch die zerstückelten Leichen der Hingerichteten durch den Kanal entsorgt worden sein.

In der Kirche San Giuseppe dei Falegnami über dem Kerker kann man am Wochenende prunkvolle italienische Hochzeiten miterleben – ein beliebter, aber symbolträchtiger Ort für die Eheschließung!

*Öffnungszeiten* 9–19 Uhr, im Winter bis 17 Uhr. Eintritt gegen eine Spende.

*Ein Theater, in dem Menschen leben*

▶ **Marcellustheater:** Kehren Sie auf den Kapitolshügel zurück und gehen die breite Rampe an der Vorderseite hinab, erreichen Sie die **Via del Teatro Marcello**, die nach links auf die Reste des antiken Marcellustheaters zuführt. Sie können die laute Straße aber auch meiden und das Theater über die Grünanlagen des Kapitols erreichen: Gehen Sie die Rampe nicht hinunter, sondern folgen der Via di Villa Caffarelli vor der Rampe links am Palazzo Caffarelli vorbei immer weiter und dann in Serpentinen die Treppen hinab. Der Weg ist etwas länger, aber auch ruhiger und bietet reizvolle Ausblicke.

Das Theater mit seinem Zuschauerraum auf halbrundem Grundriss (Durchmesser: ca. 130 m) und einem großen Bühnenhaus wurde von Julius Caesar begonnen und um das Jahr 12 v. Chr. von Augustus zum Andenken an dessen früh verstorbenen Neffen und Schwiegersohn Marcellus vollendet.

Ursprünglich bot es 15.000 Zuschauern Platz und war damit das kleinste (!) Theater der Stadt (damit war es aber immer noch größer als jedes Theater in den USA heute). Eine Rekonstruktion sehen Sie im Museo della Civiltà Romana in EUR (dem für 1942 geplanten und erst nach Kriegsende fertiggestellten Weltausstellungsgelände im Süden Roms, → S. 578). Anders als im Amphitheater oder im Circus gab es hier kein blutiges Gemetzel, aufgeführt wurden nur klassische Komödien oder Tragödien.

Im Mittelalter nutzte man das solide Bauwerk als Burg, denn man konnte sich hier während der ständigen Kämpfe gut verschanzen und war vor Plünderern relativ geschützt. Nachdem sich die Lage beruhigt hatte, bauten adlige Familien die Burg in einen Renaissancepalast um, der mehrfach den Besitzer wechselte und schließlich an die mächtige Familie Orsini fiel. Aus dieser Zeit stammen die Stützmauern. Ab dem Jahr 1926 wurden die Wohnräume in den Arkaden der ehemaligen Zuschauerränge sowie die Läden und Werkstätten in den antiken Bogendurchgängen des Erdgeschosses rückgebaut. Eine grundlegende Restaurierung erfolgte zum Heiligen Jahr 2000.

Das Marcellustheater ist heute das anschaulichste Beispiel für die Entwicklung eines antiken Bauwerks im Laufe der Jahrhunderte und die Änderungen der Nutzung. Heute sind die verbliebenen Privatwohnungen auf den oberen Rängen des ehemaligen Theaters überaus begehrt. Es lohnt sich, um das Gebäude herumzugehen (das Theater ist nur von außen einsehbar). Reizvoll ist das System

*Die Tiberinsel: seit über 2.000 Jahren der Heilkunde gewidmet*

der Stützmauern. Sehen Sie sich auch die rationelle Bauweise auf der Rückseite an, zahlreiche Fragmente wurden in die Häuser der Umgebung eingearbeitet. Die Verwendung dieser Stücke bot sich an: Baumaterial war teuer, und Trümmer lagen ja überall herum, man brauchte sich nur zu bedienen.

**Tipp**: Besonders schön und ohne den brausenden Verkehr im Vordergrund fotografieren Sie das Marcellustheater vom Park des Kapitols aus. Gegenüber dem Theater, auf der anderen Seite der Via del Teatro di Marcello, führt eine Treppe in die Grünanlagen. Dort gibt es immer wieder lauschige Plätzchen mit reizvollen Ausblicken.

Rechts des Theaters sind noch drei Säulen des **Apollotempels** und einige Fundamente erhalten. Dahinter, zwischen Via del Teatro di Marcello und Portico d'Ottavia, wurde kürzlich ein **Ausgrabungsgebiet** für die Öffentlichkeit freigegeben. Stege führen über ein Gewirr von Mauerresten und Säulenfragmenten aus republikanischer Zeit. Dabei sind die archäologischen Funde für den Laien weniger eindrucksvoll als die sich bietenden Blickwinkel.

*Öffnungszeiten des Ausgrabungsgebiets* 9–19 Uhr. Eintritt frei.

Von der Via del Teatro di Marcello aus links des Theaters steht die kleine, baugeschichtlich interessante Basilika **San Nicola in Carcere**. Sie geht aus drei antiken Tempeln hervor, die hier am Rand des römischen Gemüsemarkts *(Forum Holitorium)* dicht nebeneinander standen. Die 1128 geweihte Kirche verbindet die drei Tempel. Das Mittelschiff hat die Breite des mittleren Tempels, während in die Außenwände die Säulenreihen der benachbarten Tempel links und rechts integriert sind. Das ist der Grund, warum sich beide Reihen unterscheiden, die Säulen rechts sind ionisch, die links dorisch. Sie dienten nicht dem Schmuck, sondern schlicht der Stabilisierung der Kirchenmauern und der Materialersparnis. Anders war das bei den beiden schönen antiken Säulen der Fassade, aber diese wurde auch erst 1599 von Giacomo della Porta angefügt. Der Innenraum hat seinen düsteren mittelalterlichen Charakter bewahrt. Vor dem Haupt-

altar führt die Confessio zur Krypta und von dort der schmale Durchgang links zu den Ausgrabungen der Tempel. Man sieht einige Fundamente und Säulenbasen.
*Öffnungszeiten* 16–19 Uhr, im August geschlossen.

▶ **Tiberinsel:** In der Antike hatte sie die Form eines Schiffes. Schon im 3. Jh. v. Chr. war die Insel Äskulap, dem Gott der Heilkunde, geweiht und diente als Genesungsort für Kranke. Noch heute befindet sich hier ein Krankenhaus. Es wurde vom heiligen Johannes gegründet, der 1538 als portugiesischer Soldat nach einer schweren Kriegsverletzung gelobt hatte, sich um Kranke zu kümmern.

Über den **Ponte Fabrizio** erreichen Sie die Insel vom Marcellustheater aus wie zu antiken Zeiten. Die Brücke wurde schon im Jahre 62 v. Chr. erbaut. Auch die zweite Brücke, die die Insel mit Trastevere verbindet, der **Ponte Cestio**, ist teilweise noch antiken Ursprungs. Vom Tiberufer sieht die Insel malerisch aus, da die neuen Häuser stets auf den alten Fundamenten gebaut wurden und so gut die verschiedenen Schichten bis ganz unten zu den Travertinquadern des antiken Schiffsrumpfs erkennbar sind. Hinter der Kirche San Bartolomeo all'Isola, die seit dem 10. Jh. auf den Resten des Äskulaptempels steht, können Sie zum Ufer hinuntersteigen. Nachts ist davon abzuraten, weil es hier schon häufiger zu Überfällen kam.

*Essen und Trinken (siehe Karte S. 188)*

• *Um das Kapitol* **Hosteria del Campidoglio (3)**, Via dei Fienili 56, ✆ 06.6780250. So Ruhetag. Empfehlenswert ist dieses Restaurant hauptsächlich wegen der Terrasse neben dem Gastraum mit Blick auf die Rückseite des Kapitolinischen Hügels mit dem nachts beleuchteten Rathausturm. Geboten wird römische Küche, die wechselnde Speisekarte richtet sich nach dem Marktangebot; regelmäßig im Angebot sind die „straccetti con rucola" (geschmorte Rindfleischstreifen auf Rucola-Salat). Menü um 35 € (für das Gebotene nicht unbedingt günstig, mit dem Blick aber durchaus akzeptabel).

Eine preiswerte Alternative ist die Imbiss-Bar **Caffè San Teodoro (4)**, Via dei Fienili 54, links von der Osteria. Mo–Fr 8.30– 19.30 Uhr, Sa 9.30–15 Uhr, So geschlossen.

**Caffè Capitolino (2)**, bietet sich für eine Rast trotz der überteuerten Preise wegen der grandiosen Aussicht von der Dachterrasse des Palazzo Caffarelli an. Über einen separaten Eingang ist es auch für Nicht-Museumsucher zugänglich: Eingang zum Palazzo Caffarelli, an der Straße auf dem Kapitol rechts am Konservatorenpalast vorbei (von der Rampe aus gesehen). Di–So 9–20 Uhr.

Einen ebenfalls phantastischen Ausblick hat man vom **Panoramacafé (1)** auf der Terrasse hinter dem Seitenflügel des Nationaldenkmals (Beschreibung im Text).

• *Auf der Tiberinsel* **Sora Lella (5)**, Via di Ponte Quattro Capi 16, ✆ 06.6861601, www.soralella.com. So Ruhetag. Elegantes Restaurant, professioneller Service, klassische römische Küche auf hohem Niveau und ein spektakulärer Ort in einem mittelalterlichen Wohnturm mit schweren alten Holzdecken auf der Tiberinsel (leider mit nur wenigen, kleinen Fenstern, von denen ein Blick auf den Fluss und den Ponte Fabrico möglich ist). Gegründet wurde das Lokal von der begabten Köchin Sora Lella (ihr Bruder war der bekannte Schauspieler Aldo Fabrizi, der in Roberto Rosselinis Filmklassiker *Rom, offene Stadt* von 1945 die Hauptrolle gespielt hat), heute führt es ihr Sohn Aldo als Familienbetrieb fort. Den besten Eindruck von der Kunstfertigkeit der Küche bekommen Sie mit dem vielgängigen Tagesmenü, man kann natürlich auch á la carte essen, denn alles ist gut. Zu den Klassikern gehören hier „gli gnocchi all'amatriciana", „la pasta e ceci" (sämige Kichererbsensuppe) und bei den Secondi „gli involtini di manzo con i peperoni" (Rindfleischröllchen mit Paprika) sowie „abbacchio brodettato" (geschmortes Lamm). Die Weinkarte ist nicht sehr üppig, aber bietet genug; angenehm ist, dass man den Wein auch glasweise bestellen kann. Der Menüpreis um 60 € ist für das Gebotene und das Ambiente angemessen. Empfehlenswerte Bar und Gelateria befinden sich nebenan.

Karte S. 188

**Rom – Das Kapitol**

*Der Nabel der Welt: das Forum Romanum*

# Forum und Palatin

**Der Mittelpunkt der antiken Welt ist heute ein großes, zusammenhängendes Ausgrabungsgebiet. Auf dem Forum sieht man Überreste von Basiliken, Tempeln und Triumphbögen aus verschiedenen Epochen und auf dem ruhigeren Palatin in einem Park mit Aussicht die Reste der großen Kaiserpaläste.**

*„Nun zeig ich euch, an welchem Ort der Stadt jedweder Mensch am leichtesten zu finden ist, damit ihr nicht lange laufen müsst, wenn ihr jemanden treffen wollt, sei er ein Gauner, sei er ein Ehrenmann",* schrieb der Komödiendichter Plautus schon im 2. Jh. v. Chr.

Die Zeiten haben sich geändert. Das Stadtzentrum liegt nicht mehr hier und mancher mag enttäuscht sein, an diesem einst weltbewegenden Ort nur Fundamente, Säulenstümpfe oder einzelne Marmorbrocken vorzufinden. Dass sich hier aber ausschließlich ältere Amerikanerinnen wohlfühlen, da sie neben den vielen Ruinen noch relativ jung aussehen, ist eine bösartige Unterstellung!

Mit etwas Fantasie oder mit Hilfe der Erinnerung an die großen Sandalenfilme (wie z. B. *Ben Hur* oder zuletzt *Gladiator*) können Sie in Gedanken manche Säulenreihe wieder aufrichten. Vielleicht gelingt es Ihnen sogar, sich in das einst geschäftige Leben einzudenken. Stellen Sie sich die Priester in ihren prachtvollen Gewändern vor, ganz auf ihre diffizilen Opferzeremonien konzentriert, die Verkäufer mit ihren Waren, die Müßiggänger (noch heute sind auf den Stufen der Basilica Julia ihre in den Stein geritzten Brettspiele zu erkennen) oder die politischen Redner auf der Tribüne vor der Kurie, in kleinen Gruppen beratende Senatoren, Rechtsanwälte mit ihren Mandanten auf dem Weg zum Gericht, Geschäftsleute, die in einer Basilika ihre Börsengeschäfte abwickelten, und flanierende Soldaten außerhalb ihrer Dienstzeit. Wer bei den Massen an Touristen, für die das Forum Romanum zu den Highlights der Reise gehört, und lautstarken Führungen nicht das Vorstellungsvermögen aufbringen kann, sollte morgens gleich nach Öffnung oder am späten Nachmittag herkommen. Zu diesen friedlicheren Zeiten kann man die Magie dieses Ortes besser erahnen.

Ein Spaziergang über den Palatinhügel mit seinen Pinien und Zypressen, seinen Ausblicken und der Ruhe ist herrlich erholsam.

Sollte Sie dieser Friedhof des römischen Weltreichs allerdings nur deprimieren oder scheuen Sie den Aufenthalt in der schwülheißen Talsenke, können Sie sich darauf beschränken, sich von der Rückseite des Kapitolinischen Hügels aus einen fabelhaften vollständigen Überblick über das Forum Romanum zu verschaffen.

Spätestens um das Jahr 1200 v. Chr., also lange vor der sagenumwobenen Gründung Roms durch Romulus (753 v. Chr.), gab es auf Kapitol und Palatin erste Siedlungen. Die Sabiner auf dem Kapitol und die Latiner auf dem Palatin schlossen sich um 600 v. Chr. zu einem Bund zusammen, um die vorbeiführenden Handelswege effektiver zu kontrollieren. Da kein Stamm dem anderen so recht traute, regelte man gemeinschaftliche Angelegenheiten auf neutralem Gebiet außerhalb (lat. *foris*) der Siedlungen (daher der Name „Forum", der ursprünglich „draußen" bedeutete und erst später das Gegenteil, nämlich das Stadtzentrum bezeichnete). Dazu legte man das Sumpfgebiet in der Senke zwischen den Hügeln trocken.

Um 500 v. Chr. begann man, einen hier fließenden Bach unterirdisch zu kanalisieren und das Gebiet zu entwässern. Dieser Kanal war die erste architektonische Glanzleistung. Er wurde **cloaca maxima** genannt und ist noch heute in Betrieb! Am Ponte Emilio, nahe der Tiberinsel, mündet der Kanal in den Tiber.

Nun war ein Versammlungsort für politische und religiöse Angelegenheiten geschaffen, auf dem man auch Handel trieb und das **Rathaus** *(curie)* erbaute. Auf dem **Platz** brannte auch ständig ein Feuer, was praktisch war, denn jeder Bewohner konnte sich hier bedienen und musste nicht mühsam selbst ein Herdfeuer entfachen. Aus dieser rein zweckmäßigen Einrichtung wurde später ein religiöser Kult (s. u. Kasten „Die Vestalinnen", S. 219). Auf dem Platz standen auch die ältesten Tempel für die Götter Saturn, Vulkan und Mars.

Mit der beginnenden Expansion wuchsen die Ansprüche. Man wollte den Metropolen Alexandria und Athen nacheifern. Alles, was schmutzig und laut war, verschwand in großen **Markthallen** (Basiliken) unter die Kontrolle eines Marktaufsehers. Streitigkei-

ten entschied vor Ort ein Richter. Monumentale Zweckbauten für Handel und Justiz entstanden.

**Julius Caesar** leitete Mitte des 1. Jh. v. Chr. eine Erneuerung der Bauten des Forums ein, die sein Nachfolger **Augustus** fortsetzte. Schlichte und alte Bauwerke ließ er durch prachtvolle Neubauten aus Marmor ersetzen und an der Ostseite einen neuen Tempel für den zum Gott erhobenen Julius Caesar errichten. Entsprechend der neuen Führungsrolle Roms sollten die Gebäude des politischen Zentrums repräsentativer werden. Aus dem Marktplatz des Hirten- und Bauernstaates wurde der Schauplatz monumentaler staatlicher Selbstdarstellung. Nach antiker Vorstellung war hier der Mittelpunkt der Welt, symbolisch dargestellt durch einen **steinernen Nabel** (daher der Begriff „Nabel der Welt"). Ein goldener Meilenstein gab die Entfernungen zu allen wichtigen Provinzstädten der damals bekannten Welt an. Da der Platz aber insgesamt nicht allzu groß war und ein eindrucksvolles architektonisches Gesamtkonzept fehlte, wurde das Repräsentationsbedürfnis durch angefügte zusätzliche Kaiserforen befriedigt. Aber auch das Forum Romanum wurde von den Imperatoren stets verschönert, um sich dem Volk großzügig zu zeigen und sich selbst ein Denkmal zu setzen.

Mit dem Römischen Reich verfiel auch das Forum. Es wurde von Barbaren geplündert und durch Erdbeben verwüstet. In den stabilen Ruinen entstanden ab dem 6. Jh. Kirchen, wie z. B. im Tempel des Romulus, und Werkstätten für die Verarbeitung von Marmor und Metall. Die größte **Zerstörung** setzte in der Renaissance mit der Freigabe der Ruinen als Steinbruch ein, um billig an Material für die neuen Kirchen und Paläste zu kommen. Zum Bau der neuen Peterskirche wurden um 1540 die damals zu großen Teilen noch erhaltenen Tempel des Saturn, der Dioskuren und des vergöttlichten Julius

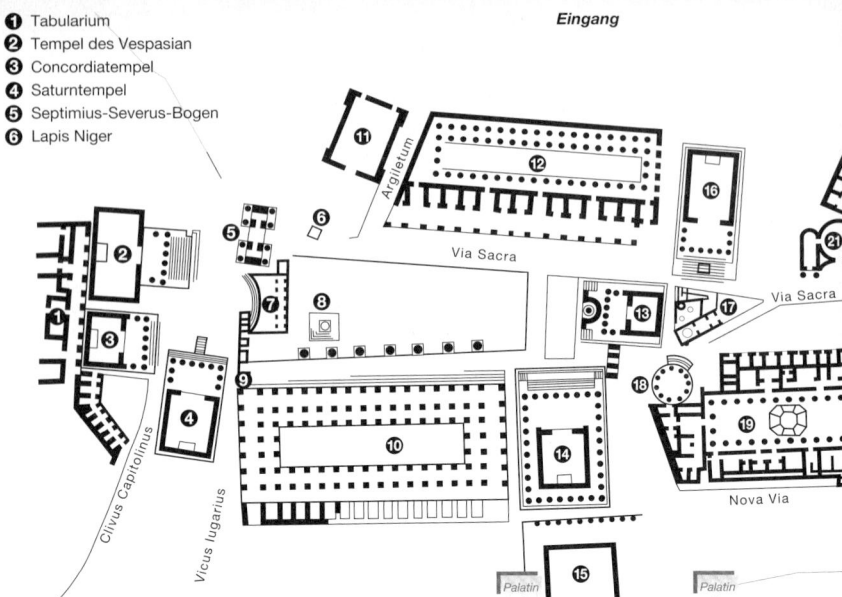

- **1** Tabularium
- **2** Tempel des Vespasian
- **3** Concordiatempel
- **4** Saturntempel
- **5** Septimius-Severus-Bogen
- **6** Lapis Niger

*Eingang*

Argiletum

Via Sacra

Via Sacra

Nova Via

Clivus Capitolinus

Vicus Iugarius

Palatin

Palatin

Caesar weitgehend abgetragen. Es hieß, man zerstöre das Rom der Caesaren, um das Rom der Päpste zu bauen. Zu dieser Zeit weidete noch das Vieh auf den überwucherten Trümmern zwischen den Öfen, in denen Marmor zu Kalk verbrannt wurde, und das Forum hieß bei den Leuten „*Campo Vaccino*", Kuhweide. Ende des 18. Jh. erwachte das Interesse für die Antike und man besann sich der einstigen Bedeutung dieses Ortes. Die Maler der Romantik entdeckten den ästhetischen Reiz der Ruinenlandschaft und die Literaten ließen sich inspirieren. Mit dem Ende des Kirchenstaates und der Gründung eines italienischen Nationalstaats begannen ab 1870 systematische Ausgrabungen, die bis heute andauern.

•*Eingänge* Haupteingang mit Bookshop am Largo Romolo e Remo (Via dei Fori Imperiali auf der Höhe der Einmündung der Via Cavour) und zwischen Kolosseum und Konstantinsbogen (die ansteigende Stichstraße zum Titusbogen gehört zur Via Sacra und hat originales antikes Pflaster); die bisherigen weiteren Eingänge wurden ge-

schlossen, ob hier demnächst auch ein Ticketverkauf eingerichtet wird, stand bei Redaktionsschluss noch nicht fest.

•*Öffnungszeiten* Tägl. 9–18 Uhr, Auslass bis 19 Uhr; im Winter nur bis eine Stunde vor Sonnenuntergang.

•*Eintritt* Nachdem der freie Zugang zum Forum Romanum zu erheblichen Sicherheitsproblemen geführt hatte, muss seit Mitte März 2008 wieder Eintritt gezahlt werden. Das Kombiticket gilt am selben Tag gleichzeitig für Palatin und Kolosseum: 11 €; für EU-Bürger von 18 bis 24 Jahre 8 €; für EU-Bürger unter 18 und über 65 Jahre Eintritt frei. Vergünstigung nur bei Vorlage eines Ausweises. Beim Kauf des Tickets nach 13.30 Uhr, gilt es bis 13.30 Uhr am Folgetag.

•*Führungen* In englischer Sprache tägl. um 15.45 Uhr, in italienischer Sprache am Sa und So um 10 Uhr (Achtung: die Zeiten ändern sich häufig). Treffpunkt ist die Biglietteria am Eingang zum Palatin, rechts des Titusbogens, 3,50 €. Hier kann man auch einen Audioguide in deutscher Sprache leihen, 4 €.

## Rundgang über das Forum

Der hier beschriebene Rundgang beginnt am Haupteingang beim Largo Romolo e Remo an der Via dei Fori Imperiali. Der gleich rechts des Eingangs erkennbare Gebäudegrundriss mit Säulenstümpfen aus buntem Marmor war die **Basilika Aemilia (12)**, die 179 v. Chr. erbaut wurde und damit als einzige Basilika aus repu-

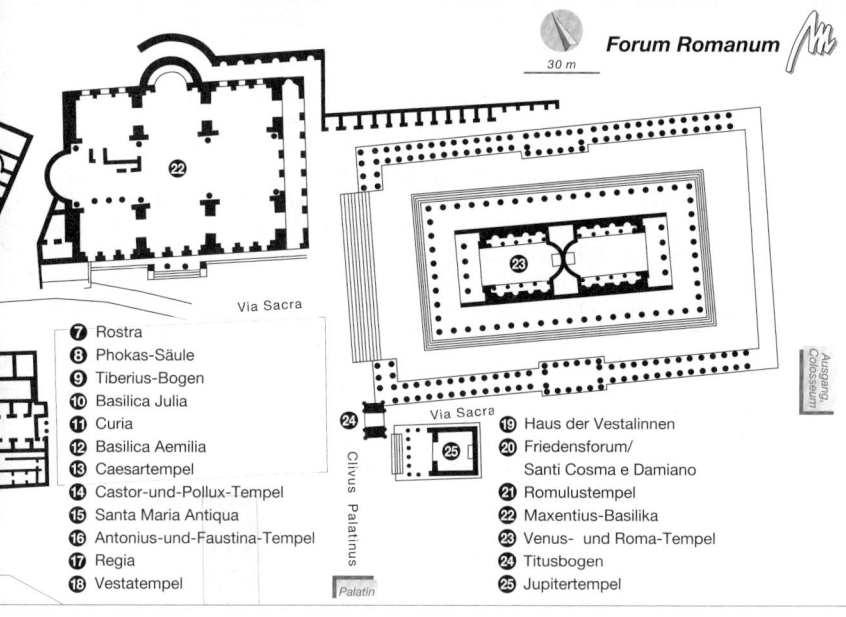

Forum Romanum

30 m

**7** Rostra
**8** Phokas-Säule
**9** Tiberius-Bogen
**10** Basilica Julia
**11** Curia
**12** Basilica Aemilia
**13** Caesartempel
**14** Castor-und-Pollux-Tempel
**15** Santa Maria Antiqua
**16** Antonius-und-Faustina-Tempel
**17** Regia
**18** Vestatempel

Via Sacra

Clivus Palatinus

Palatin

**19** Haus der Vestalinnen
**20** Friedensforum/ Santi Cosma e Damiano
**21** Romulustempel
**22** Maxentius-Basilika
**23** Venus- und Roma-Tempel
**24** Titusbogen
**25** Jupitertempel

Ausgang Colosseum

blikanischer Zeit übrig geblieben ist. Sie bestand aus einem zweistöckigen, 100 m langen Säulengang mit 16 Bögen aus afrikanischem Marmor. Zum Platz des Forums waren ihr Büros der Geldwechsler und Kneipen vorgelagert. Die großzügige Halle war durch Marmorsäulen in mehrere Schiffe unterteilt. Stellenweise ist noch die aufwändige Marmordekoration der Wände erkennbar.

### Die römische Basilika

Eine Basilika war in der Antike ein Zweckbau, in dem man Handel trieb, Versammlungen abhielt und das Gericht tagte. In der Regel bestanden diese Gebäude aus drei oder fünf Schiffen und einer Apsis, in der die Richter und Marktaufseher saßen. Die Schiffe wurden durch Säulenreihen voneinander getrennt. Das Hauptschiff lag etwas höher, mit einer Fensterreihe versehen, um die Beleuchtung des Mittelbaus zu ermöglichen. Später hielten die Christen in diesen Gebäuden ihre Gottesdienste ab und übernahmen diese zweckmäßige Gebäudeform für ihre Kirchenbauten. Noch heute vermitteln viele Kirchen das architektonische Prinzip dieser antiken Bauten (eine gute Vorstellung von einer antiken Markthalle erhalten Sie z. B. in der Kirche Santa Sabina auf dem Aventin, → S. 269).

Dem Weg nach rechts folgend, sieht man hinter der Basilika rechts den Ziegelbau der **Kurie (11)**, in der der Senat von Rom tagte. Das Gebäude (auch *Curia Iulia* genannt) gehörte bereits zum angrenzenden Forum des Julius Caesar (→ S. 237) und wurde von ihm zwischen 54 und 46 v. Chr. auf eigene Kosten erbaut. Es wurde im 8. Jh. in eine Kirche verwandelt und 1933 wieder in die ursprüngliche Form gebracht, deshalb ist es fast vollständig erhalten. Der Fußboden im Innern stammt von einer Renovierung unter Diokletian (303 n. Chr.). Die Ziegelfassade ist durch drei Fenster und die monumentale Tür gegliedert, bei der es sich um eine Kopie handelt. Die originalen Bronzetürflügel befinden sich seit 1660 in der Lateranskirche. Die Halle ist schlicht und nicht sehr groß. An den Längsseiten befanden sich drei Reihen mit Sitzbänken aus Marmor für die Senatoren. An der hinteren Wand stand auf einem Altar die goldene Siegesgöttin, die Augustus aus Tarent mitgebracht hatte und die bis ins 4. Jh. verehrt wurde. Neben dem Eingang sind die sog. **Schranken Trajans** aufgestellt – zwei Marmorreliefs, die zur Verzierung der Rednertribüne dienten. Dargestellt ist die von Trajan angeordnete Zerstörung des Schuldenregisters und die Einführung von Hilfsleistungen für bedürftige Familien; im Hintergrund erkennt man die Bauwerke des Forums.

Gegenüber vom Eingang der Kurie liegt der **Lapis Niger (6)**, zu erkennen an dem Absperrgitter, ein in der Antike hoch verehrter schwarzer Marmorblock, der nach der Überlieferung das Grab des Stadtgründers Romulus bedecken soll. Bei Grabungen fand man darunter ein kleines Heiligtum aus der frühen Königszeit (6. Jh. v. Chr.) mit einer altlateinischen Inschrift.

Rechts davon steht der **Septimius-Severus-Bogen (5)**, der im Jahr 203 n. Chr. aus Anlass des 10-jährigen Dienstjubiläums von Septimius Severus errichtet wurde und an dessen militärische Erfolge im Nahen Osten erinnert, darunter an die Kriege gegen Parther, Assyrer und Araber. Er ist einer der größten und eigentlich auch schönsten römischen Triumphbögen, doch leider sind die Reliefs bereits stark geschädigt. Durch den mittleren der drei Durchgänge führt die Via Sacra.

## Triumphbögen in Rom

Der Triumphbogen hat in Rom eine lange Tradition. Bereits im 2. Jh. v. Chr. wurden Ehrenbögen errichtet, die im Laufe der Zeit immer prächtigeren Schmuck erhielten. Sie dienten dazu, den Augenblick des Triumphs, der dem siegreich heimgekehrten Feldherrn gewährt wurde, in Stein festzuhalten. In einer großen Parade zogen vier weiße Pferde den erfolgreichen Feldherrn mit den Insignien Jupiters auf einem Prunkwagen durch die Stadt. Ein Sklave musste einen goldenen Eichenkranz über das Haupt des Helden halten und ständig flüstern: *„Gedenke, dass Du sterblich bist – eine Warnung vor dem Neid der Götter"*. Dieser Hinweis war wohl notwendig, damit der in diesem Moment über allem stehende Triumphator nicht vollständig überschnappte. Ihm folgten die siegreichen Legionäre, die Wagen mit der Kriegsbeute und schließlich die unglücklichen Verlierer, bevor diese hingerichtet oder in die Sklaverei verkauft wurden.

Das Bauwerk war untrennbar mit der Person des Helden verbunden. Die Inschrift pries seine Taten; ein Bronzegespann auf dem Bogen zeigte den Sieger selbst. So wurde der Triumph versteinert und der Mensch unsterblich wie ein Gott.

Von der **Rostra (7)**, der berühmten Rednertribüne links neben dem Triumphbogen (hier hielten u. a. Caesar und Cicero ihre aus jedem Lateinunterricht bekannten Reden), sind nur die halbkreisförmige Zugangstreppe, einige Mauerreste, auf denen das Podest ruhte, sowie die Front erhalten. Es ist eine 29 v. Chr. von Julius Caesar in Auftrag gegebene Erweiterung der ursprünglichen Tribüne aus dem 4. Jh. v. Chr., die nach den hier präsentierten bronzenen Schiffschnäbeln der in der Schlacht von Antium (338 v. Chr.) erbeuteten feindlichen Schiffe benannt wurde. Die Befestigungslöcher für die Trophäen sind in der Tribünenfront noch gut zu erkennen. Das Rednerpodest war etwa 3 m hoch, 24 m lang und 12 m breit. Schräg links dahinter sehen Sie ein rundes Fundament, auf dem der **Umbilicus urbis Romae**, der „Nabel der Stadt Rom", als symbolischer Weltmittelpunkt ruhte.

Im Hintergrund, vor dem antiken Staatsarchiv (→ „Tabularium", S. 189) am Fuß des Kapitols, stand der **Concordiatempel (3)**, in dem gelegentlich der Senat tagte. Ein Teil des prachtvollen Marmorgesimses mit der filigranen Dekoration ist in der Galerie des Tabulariums in den Kapitolinischen Museen zu sehen. Die drei korinthischen Säulen links daneben stammen vom **Tempel des Vespasian und des Titus (2)**, den Kaiser Domitian zu Ehren seines Vater und Bruders bauen ließ. Teile des Friesreliefs sind ebenfalls im Tabularium zu sehen.

Weiter links gehören die acht noch erhaltenen ionischen Säulen mit einem Teil des Gesimses zum **Saturntempel (4)**. Der Bau stammt aus dem 3. Jh. v. Chr. und ersetzte eines der ältesten Heiligtümer des Forums, von dem noch das Podium stammt. Im Tempel wurde ein Teil des Staatsschatzes aufbewahrt. Auf dem Marmorsockel davor stand eine Säule als Endpunkt aller Wege, die damals bekanntlich nach Rom und an diese Stelle führten. Auf der Säule waren die Richtungen und Entfernungen zu den wichtigsten Provinzstädten vermerkt. Nebenan, gegenüber der Basilika Aemilia, begann man 54 v. Chr. im Auftrag Julius Caesars mit dem Bau der fünfschiffigen **Basilika Julia (10)**, unter Augustus wurde sie fertiggestellt. Ihr Grundriss maß 101 m x 49 m. Einige Bögen und Sockel der Säulen sowie Treppenstufen zum Podium existieren noch. Auf manchen Stufen findet man eingeritzte Linien für Brettspiele, mit denen sich Müßiggänger die Zeit vertrieben und auf eine Einladung zum Essen bei einem reichen Gönner warteten.

Auf der zentralen Fläche zwischen Basilika Aemilia und Basilika Julia war aus dem eigentlichen Markt- und Versammlungsplatz ein Feld des Ruhmes geworden. Hier standen Statuen von Göttern oder vergöttlichten Personen und Ehrensäulen zeitweise so dicht, dass man immer mal wieder entrümpeln und Platz für aktuelle Ehrbezeugungen schaffen musste. Noch erhalten ist die **Phokassäule (8)**, die als letztes Denkmal im Jahr 608 auf dem Forum zu Ehren des oströmischen Kaisers Phokas aufgestellt wurde. Die 13,6 m hohe korinthische Säule war mit einer vergoldeten Statue des Kaisers geschmückt. **Phokas** (547–610) war ein primitiver Soldat ohne jedes Verantwortungsgefühl. Durch einen Aufstand war er eher zufällig an die Macht gekommen, hielt sich selbst aber für gotterwählt, brachte die Elite der Senatoren um und hinterließ nach seinem gewaltsamen Tod ein immenses Chaos. Sein einziger (unfreiwilliger) Verdienst war die Erhaltung des Pantheons, dieses hatte er nämlich Papst Bonifaz IV. als Kirche geschenkt, sodass es davor bewahrt wurde, als billiges Baustofflager abgetragen zu werden.

An der Schmalseite des Platzes, der Rostra gegenüber, ließ Augustus 29 v. Chr. an der Stelle, wo die Leiche des ermordeten Caesar verbrannt worden war, ihm zu Ehren den Tempel **Divus Iulius (13)** errichten. Caesar genoss damit göttergleiche Verehrung und sein Name wurde zum Herrschertitel, der über die Antike hinaus Bestand hatte (von Caesar leitet sich das Wort „Kaiser" ab). Vom Tempel sind nur einige Fragmente, das Podium und Reste des runden Altars genau über der Stelle der Verbrennung erhalten.

## Der Julianische Kalender

Er ist die beständigste Änderung aus der Epoche Julius Caesars, weil er im Prinzip noch heute gilt. Danach wurde das Jahr in zwölf Monate mit 30 und 31 Tagen eingeteilt. Der Februar hatte 29 und nur alle vier Jahre 30 Tage. Zu Ehren von Julius Caesar nannte man einen Monat „Juli", zu Ehren seines Nachfolgers den nächsten Monat „August". Da es aber despektierlich gewesen wäre, dem Monat des Augustus einen Tag weniger als dem des Julius zu geben, erhielt auch der August 31 Tage, weshalb man den ohnehin nicht so langen Februar nochmals um einen Tag verkürzte.

Rechts neben dem Caesartempel gelten die drei erhaltenen Säulen (von ursprünglich 19) des **Dioskurentempels (14)** (484 v. Chr.) heute als Wahrzeichen des Forums. Geweiht war der Tempel den Zwillings-Götterbrüdern Castor und Pollux, deren Standbilder auch die Rampe des Kapitols (→ S. 186) und den Brunnen vor dem Quirinalspalast flankieren. Der Kult um die beiden tapferen Söhne des Zeus und der Lea kam wohl schon im 5. Jh. v. Chr. aus Griechenland nach Rom und war dort sehr populär. Nach einer Legende kamen die beiden den verzweifelt kämpfenden Römern 499 v. Chr. in der fast verlorenen Schlacht am Regillus-See im letzten Moment zu Hilfe und ritten gleich weiter, um den Sieg in Rom zu verkünden. Neben dem Brunnen der Iuturna, wo sie ihre Pferde tränkten, bevor sie in den Himmel entschwanden, baute man ihnen zu Ehren einen der ersten Tempel auf dem Forum. Die heute erhaltenen Reste stammen von einem Erneuerungsbau vom Beginn des 1. Jh. n. Chr., in dem auch das staatliche Eichamt untergebracht war.

Rechts hinter dem Dioskurentempel, am Hang des Palatins, entdeckte man 1981 die Kirche **Santa Maria Antiqua (15)**, die im 6. Jh. in Räumen des Palastes von Kaiser Domitian errichtet wurde. Sehenswert sind die Fresken der Kapelle in drei übermalten Schichten aus dem frühen Mittelalter. Auf dem ältesten ist Maria mit dem Jesuskind und Engeln im typisch byzantinischen Stil zu erkennen (vom Anfang des 6. Jh.).

Zwischen Caesar- und Dioskurentempel stand der Triumphbogen des Augustus, der in Erinnerung an seinen Sieg über Cleopatra und Antonius gebaut wurde und von dem nur Fundamente erhalten sind.

Gleich dahinter sehen Sie den kleinen **Rundtempel der Vesta (18)**, in dem Tag und Nacht das Feuer als „Lebenslicht" der Stadt brannte. Zu Stammeszeiten gab es dafür einen ganz profanen, praktischen Grund: Jeder Einwohner konnte sich hier bedienen und musste nicht mühsam selbst Feuer für seinen Herd entfachen. Junge Mädchen, die sonst keine Aufgaben hatten, waren für das Gemeinschaftsfeuer verantwortlich. Aus dieser frühen Zeit stammt auch der Grundriss des Tempels, abgeleitet von den einfachen, runden Strohhütten der Vorfahren mit einem Loch im Dach, um den Rauch abziehen zu lassen. Aus der Einrichtung des Gemeinschaftsfeuers entwickelte sich der Kult der Göttin Vesta, zuständig für das Wohl der Gemeinschaft. Das nun heilige Feuer durfte niemals erlöschen, weil sonst Unheil drohte. Dafür mussten sechs Vestalinnen, Priesterinnen der Vesta, sorgen.

Erhalten ist ein Teil des Säulengangs mit drei von ursprünglich 20 Säulen und der Kern des Fundaments, in dessen Hohlraum der Herd für das heilige Feuer stand. Es handelt sich um einen Neubau aus dem Jahr 191 n. Chr., der von Julia Domna, der Ehefrau von Septimius Severus und damit First Lady des Römischen Reiches, in Auftrag gegeben und bezahlt wurde.

Gleich daneben befand sich das prächtige **Wohnhaus der Vestalinnen (19)**. Das mehrere Stockwerke hohe Gebäude war mit größtem Komfort ausgestattet. Marmorfußböden und Wandverkleidungen sind teilweise noch erkennbar. In der Mitte des Hauses können Sie den einst sehr schönen Innenhof mit den Standbildern der ranghöchsten Vestalinnen betreten. An den beiden Goldfischteichen sind wieder, wie zur Zeit der Priesterinnen, Rosen angepflanzt.

---

### Die Vestalinnen

Die sechs Priesterinnen der Göttin Vesta hatten die Aufgabe, das heilige Herdfeuer zu hüten, um Unheil von Rom abzuwenden. Sie stammten aus guten Familien und traten zwischen ihrem sechsten und zehnten Lebensjahr den Dienst an, der 30 Jahre dauerte. In dieser Zeit mussten die Frauen fern ihrer Familie in der Gemeinschaft der Priesterinnen in strikter Keuschheit leben, denn die Göttin des reinigenden Feuers verlangte äußere und innere Reinheit von ihren Dienerinnen. Verstieß eine gegen ihr Gelübde (was in elf Jahrhunderten nur in zehn Fällen nachgewiesen wurde), begrub man sie lebend. Dafür genossen die Priesterinnen höchstes Ansehen und zahlreiche Privilegien. So durften sie bei Circusspielen neben der Kaiserloge sitzen, hatten Luxuswagen zu ihrer Verfügung und selbst vor einem Konsul im Straßenverkehr stets Vorfahrt. Begegneten sie einem Verurteilten auf dem Weg zur Hinrichtung, wurde dieser begnadigt, wenn die Priesterin eidesstattlich versicherte, dass die Begegnung zufällig gewesen sei. Nach Ende ihrer Dienstzeit kehrten sie in ein bürgerliches Leben zurück und durften heiraten.

Die Vestalinnen gaben das Vorbild für die späteren katholischen Nonnen ab. Noch heute ähnelt die Aufnahme in manchen Orden der Zeremonie, mit der eine Novizin den Dienst der Vesta antrat. Man schnitt ihnen die Haare und bedeckte Kopf und Schultern mit einem weißen Tuch.

---

Links des Haupteingangs zum Forum entstand im 11. Jh. im kleinen **Antoninus- und Faustinatempel (16)** (141 n. Chr.) die Kirche San Lorenzo in Miranda. Die 17 m hohen Säulen der Eingangshalle aus Cipollin-Marmor sind alle erhalten. Auf den schwer beschädigten Kapitellen ruht das Gesims mit der alten Weihinschrift. Eine in neuerer Zeit restaurierte Treppe führt zum vollständig erhaltenen Podium mit einer Sitzstatue der Faustina. Ihr Ehemann Antoninus Pius ließ den Tempel aus Anlass ihrer Vergöttlichung bauen. Nach dem Tod des Kaisers wurde er auch ihm geweiht.

Der **Rundtempel (21)** nebenan ist vorzüglich erhalten, weil er schon im 6. Jh. als Foyer in die Kirche **Santi Cosma e Damiano** (→ S. 239, von der Kirche aus kann man in das Tempelinnere sehen) einbezogen wurde. Geweiht war der Tempel dem Romulus, allerdings nicht dem legendären Stadtgründer, sondern seinem Namensvetter, dem früh verstorbenen (307 n. Chr.) Sohn von Kaiser Maxentius. Das Portal mit den Porphyrsäulen und der Bronzetür ist das erhalten gebliebene Original. Sogar das Schloss soll angeblich noch immer funktionieren.

Rom – Forum und Palatin
Karte S. 214/215

Vor dem Tempel verläuft die **Via Sacra**, die alte Prozessionsstraße, die sich einst über das Forum bis hinauf zum Kapitol zog. Die teilweise noch erkennbaren, tiefen Wagenspuren stammen nicht aus der Antike, denn abgesehen von den Dienstwagen der Vestalinnen und den Staatskarossen war das Forum eine reine Fußgängerzone. Die Spuren wurden von den schweren Steinmetzkarren in das Pflaster geschliffen, die während der Renaissance mit geplündertem Marmor pausenlos zu den zahllosen Baustellen vorbeirumpelten.

Der Via Sacra folgend, sehen Sie links die **Maxentius-Basilika (22)**, eines der eindrucksvollsten Gebäude der Antike. Erhalten ist nur das 24,50 m hohe Seitenschiff. Das Hauptschiff (man sieht nur noch Ansätze der Gewölbejoche) war 35 m hoch, und die Grundfläche betrug 6.000 m². Eine der acht Säulen des Hauptschiffs hat wie durch ein Wunder unversehrt überlebt, sie steht seit 1613 auf dem Platz vor der Basilika von Santa Maria Maggiore (→ S. 466). Wer sich eine genauere Vorstellung von der Riesenhalle machen will, braucht nur in eine der großen Kirchen zu gehen. Sie haben fast alle die Maxentius-Basilika zum Vorbild.

Begonnen wurde die riesige Basilika 306 n. Chr. unter Kaiser **Maxentius**. Nachdem Konstantin seinen Rivalen in der Schlacht an der Milvischen Brücke (→ S. 473) besiegt hatte, führte er den Bau fort, fertig wurde er im Jahr 312. Das Richterkollegium verbannte der Kaiser aus der Apsis in ein Seitenschiff und ließ hier stattdessen seine 12 m hohe Sitzstatue aufstellen. Man sah ihn auf einem Thron, wie sonst nur Jupiter, mit einem Gewand aus Goldblech (auf einem Trägergerüst aus Holz). Die unbedeckten Teile des Körpers bestanden aus Marmor. Einzelne sind heute im Innenhof des Konservatorenpalastes auf dem Kapitol zu sehen.

Der Legende nach soll **Konstantin** der Figur später das Zeichen, in dessen Auftrag er die Schlacht geschlagen hatte, in die Rechte gegeben haben: Damit wäre dann womöglich erstmalig ein Kreuz in einer Basilika aufgetaucht.

Vor dem Ausgang am Kolosseum steht der **Bogen des Titus (24)** zur Erinnerung an seinen Sieg über die Juden und die Zerstörung des großen Tempels von Jerusalem im Jahre 71 n. Chr., dessen verbliebene Fundamentseite heute Klagemauer genannt wird. Titus gilt durch seinen Sieg als Verursacher der Diaspora (= Zerstreuung) des jüdischen Volkes. Der Triumphbogen ist einer der schönsten Roms. Die Reliefs im Bogendurchgang haben zwar schon stark gelitten, doch sind die Themen gut zu erkennen: Man sieht den stolzen Triumphator (die Siegesgöttin Victoria persönlich hält den Siegerkranz über sein Haupt) und auch den erbeuteten, sagenumwobenen Tempelschatz aus Jerusalem mit dem siebenarmigen Leuchter und den Trompeten von Jericho. Die komplette Parade ist auf dem schmalen Band außen, oberhalb des Bogendurchgangs, zu sehen. Im Mittelalter diente der Bogen den Fürsten Frangipane als Teil der Wehranlage ihrer Burg. Die ergänzenden Mauern sind aber wieder beseitigt und die Schäden ausgebessert worden. Rechts des Titusbogens führt der Weg zum Eingang des Palatins.

Links neben dem Titusbogen stand auf einem künstlich angelegten Plateau der mit einer Grundfläche von 145 m x 100 m größte Tempel, den es je in Rom gab. Geweiht war er der **Venus und der Roma (23)**, also der vergöttlichten ewigen Stadt und der Göttin Venus als Mutter des Aeneas und mythische Stammmutter der Julier, zu deren Geschlecht Julius Caesar gehörte. Genau an dieser Stelle befand sich zuvor die Eingangshalle der Domus Aurea mit der 35 m hohen Bronzestatue des Hausherrn Nero (→ „Domus Aurea", S. 244), die schon unter Vespasian mit Strahlenkranz geschmückt und zum Sonnengott umgewidmet wurde. Kaiser Hadrian ließ die Halle 121 n. Chr. abreißen und den Koloss stehend auf einem von 24 Elefanten gezogenen Karren vor das benachbarte Amphitheater versetzen, das später nach dem Standbild „Kolosseum" genannt wurde. Auf den Fundamenten der Halle ließ Hadrian den Tempel der beiden Göttinnen im griechischen Stil nach eigenen Plänen bauen. Er war so stolz darauf, dass er die Entwürfe an den Stararchitekten seines Vorgängers Trajan, *Appolodor von Damaskus* (→ „Forum des Trajan", S. 239), mit der Bemerkung schickte, er komme auch ohne ihn zurecht. Der aber zeigte sich nicht begeistert, sondern mäkelte an den Plänen herum, vermisste das sonst übliche Podest und höhnte, die zu groß geplanten Sitzstatuen der Göttinnen könnten in der Cella nicht aufrecht stehen. Aus Wut über die arrogante Antwort ließ der Kaiser den Architekten hinrichten.

Die Längsseiten des Tempels bestanden aus einer doppelten Säulenreihe aus grauem Granit. Im Inneren, wo heute noch Reste des prachtvollen Marmorfußbodens erhalten sind, befanden sich in der Mitte zwei gegeneinander ausgerichtete Cellae für die beiden Göttinnen. Von der Cella der Venus in Richtung Kolosseum ist nur ein Teil der Apsis erhalten. Die Cella der Roma an der Schmalseite Richtung Forum wurde in die Kirche Santa Maria Nova mit dem ehemaligen Kloster Santa Francesca Romana integriert. Das Kloster mit einem schönen Kreuzgang beherbergt das **Antiquarium Forense** mit Grabungsfunden aus frühgeschichtlicher Zeit, einem Äskulap und Funden aus dem Haus der Vestalinnen.

Das Museum befindet sich noch im Umbau. Das bereits fertige Erdgeschoss ist offiziell tägl. von 9 bis 18.30 Uhr geöffnet, tatsächlich aber in der Regel wegen Personalmangels geschlossen. Eintritt frei.

# Der Palatin

**Der Hügel mit den Ruinen der antiken Kaiserpaläste, den Gärten und vielen Plätzen mit Aussicht ist ein idealer Ort zur Entspannung oder für ein Picknick. Ein kleines, überaus sehenswertes Museum gibt es auch.**

Der Legende nach gründete **Romulus** am 21. April 753 v. Chr. auf diesem Hügel die Stadt Rom. Archäologische Funde belegen allerdings bereits im 10. Jh. v. Chr. erste Siedlungen der Latiner. Von ihnen stammt wahrscheinlich auch der Name „Palatin", denn ihre Göttin **Pales** war die Beschützerin der Hirten.

Nachdem sich die Latiner mit den Sabinern auf dem benachbarten Kapitolshügel zusammengeschlossen und in der Umgebung zwangsweise die unterworfenen Stämme angesiedelt hatten, wurde der Palatin ein **Wohnviertel** wie andere auch. Die Stadt aber vergrößerte sich rasch und die ruhigeren Grundstücke in luftiger Höhe über der stickigen Senke des Forums wurden privilegierte Wohnlagen. Zudem war die Aussicht reizvoll und die Nachbarschaft von Gott Jupiter auf dem Kapitol ungemein prominent. Entsprechend teuer war es, hier zu wohnen. Bereits zur Zeit der Republik, noch vor Caesar, kostete ein bescheidenes Hausgrundstück umgerechnet etwa 2 Mio. Euro.

Die Entwicklung des Hügels zur Kaiserresidenz begann mit **Augustus**. Er erwarb wohlüberlegt gerade hier ein Haus und das nicht nur, weil seine Frau Livia in der Nachbarschaft bereits ein komfortables Heim besaß. Auf dem Palatin wohnte er geografisch über dem Senat, der auf dem Forum tagte, jedoch noch knapp unterhalb der Höhe des Kapitols, auf dem Götterchef Jupiter seinen Sitz hatte. Damit befand er sich zwischen weltlicher und göttlicher Macht. Diese Idee schien seinen Nachfolgern zu gefallen, denn von nun an war der Palatin, wenn auch mit Unterbrechungen, über 300 Jahre lang bis zur Reichsteilung Residenz der Kaiser. Vom Namen des Hügels leitet sich das Wort „Palast" ab. Selten begnügten sich die Herrscher mit den Räumlichkeiten ihrer Vorgänger und ließen die Residenz zumindest pompös ausbauen. Radikal ging Kaiser **Domitian** (81–96 n. Chr) vor. Er ließ nahezu die gesamte Hügelkuppe zu einem Plateau einebnen und mit einem riesigen Palast überbauen. Seltsamerweise blieb die Region mit den Häusern von Augustus und Livia unangetastet. Die meisten der heutigen Ruinen gehören zum Domitian-Palast. Unter **Septimius Severus** (193–211 n. Chr.) wurde der Hügel später sogar noch durch ein System von Stützmauern erweitert, um Platz für Thermen zu schaffen. Als römischer Kaiser lebte man eben gern großzügig.

Nach der Teilung des Römischen Reichs wurden die Paläste nicht mehr unterhalten und verfielen bereits, als die Plünderungen einfallender Barbaren sie komplett verwüsteten. Im Mittelalter nutzte man die Reste für Festungen, Kirchen und Klöster. Erst im 16. Jh. gewann der Hügel etwas von seinem alten Glanz zurück, als ein Neffe von Papst Paul III. die **Farnesischen Gärten** anlegen ließ. Den beliebten Gartenanlagen und Lusthäusern fielen zahlreiche Teile der antiken Kaiserpaläste zum Opfer.

•*Eingang* Vom Forum kommend führt der Weg rechts vom Titusbogen zum Kartenverkauf und Eingang; der Haupteingang mit Bookshop befindet sich in der Via di San Gregorio 30, zwischen Kolosseum und Circus Maximus (Metrolinie B, Station „Circo Massimo").

•*Öffnungszeiten* Tägl. 9–18.30 Uhr, Auslass bis 19 Uhr; im Winter nur bis eine Stunde vor Sonnenuntergang; Antiquarium des Palatins nur bis 17 Uhr.

•*Eintritt* Nur als Kombikarte mit dem Forum Romanum und dem Kolosseum: 11 €; für EU-Bürger von 18 bis 24 Jahre 8 €; für EU-Bürger unter 18 und über 65 Jahre Eintritt frei. Ermäßigung nur bei Vorlage eines Ausweises. Beim Kauf des Tickets nach 13.30 Uhr gilt es bis 13.30 Uhr am Folgetag, sonst nur am Tag des Kaufs.

•*Führungen* Geführte Touren in englischer Sprache tägl. um 15.45 Uhr für 3,50 € pro Person, Sa und So auch in italienischer Sprache um 12 Uhr (Achtung: die Zeiten wechseln häufig). Treffpunkt am Aufgang zum Palatin nahe dem Titusbogen.

Die auf dem weitläufigen Areal verstreuten Gebäudereste sind für den Besucher nicht leicht zu identifizieren. Zur groben Orientierung: Der zentrale Teil des Hügels wird vom **Domitian-Palast** eingenommen, der aus den offiziellen Amtsräumen (Domus Flavia) und dem kaiserlichen Wohnbereich (Domus Augustana) besteht. In Richtung Kapitol liegen die Farnesischen Gärten (auf der Seite zum Forum Romanum) und die älteren Bauten mit den noch recht gut erhaltenen Häusern des Augustus und der Livia (auf der Seite zum Circus Maximus).

Betritt man den Hügel vom Forum aus, kann man sich grob am Museum orientieren: Etwa alles, was links davon und dahinter liegt, gehörte zur Domus Augustana, rechts daneben und davor sieht man die mächtigen Ruinen der Domus Flavia. Kaiser Domitian nutzte einen großen Brand im Jahr 80 n. Chr., um den Rest der Bebauung einebnen und auf einem 160 m x 200 m großen Plateau einen riesigen Palast bauen zu lassen.

**Domitian**, am 24. Oktober 51 geboren und am 18. September 96 ermordet, stammte aus der bürgerlichen Familie der Flavier. Sein Vater **Vespasian** machte unter Nero Karriere und befehligte zusammen mit seinem ältesten Sohn Titus die Armee im Krieg gegen die Juden. Nach dem Sturz Neros im Jahr 68 und den anschließenden Wirren, als sich Galba, Otho und Vitellius als Kaiser abwechselten, wurde General Vespasian am 1. Juli 69 zum Imperator ausgerufen. Dieser ordnete den Staat neu und regierte zusammen mit seinem Sohn **Titus**, der den Feldzug in Judäa erfolgreich beendet hatte (→ „Bogen des Titus", S. 220). Der jüngere Sohn **Domitian** war hingegen von allen öffentlichen Funktionen ausgeschlossen. Zum missmutigen Einzelgänger wurde

dieser, als Titus im Jahr 79 unangefochten und alleine die Nachfolge des Vaters antrat. Titus war zudem überaus beliebt, er hatte reiche Beute bei seinen militärischen Siegen gemacht, sah blendend aus, hatte Charme, war ein guter Redner und ein Organisationstalent. Nach nur zweijähriger Regierungszeit starb dieser allerdings an Malaria, und der gerade 30-jährige Domitian kam unverhofft an die Macht. Obwohl es ihm niemand zugetraut hatte, meisterte er die Aufgabe zunächst glänzend. Er bekämpfte rigoros die Korruption, sorgte für eine Verwaltungsreform und hatte militärische Erfolge auf dem Balkan und in Germanien vorzuweisen, wo er den 548 km langen Limes zwischen Rheinbrohl und Regensburg baute. Bei den Soldaten war er wegen

*Auf dem Palatin*

der Erhöhung des Solds beliebt und bei den Römern, weil er aufwändige Spiele veranstaltete und mit einem ungeheueren Bauprogramm die Stadt verschönerte. So ließ er das Amphitheater der Flavier, besser als Kolosseum bekannt, fertig stellen, das Stadium Domitiani errichten (heute Pzza. Navona) und sich die gewaltige Residenz auf dem Palatin bauen.

Sein Auftreten war aber diktatorisch. Dem Senat zeugte er keinerlei Respekt. Zwar war der Senat seit Augustus faktisch entmachtet, besaß aber formell noch die Stellung als höchstes Staatsorgan. Diesen Schein hatten die Vorgänger Domitians weitgehend respektiert. Die Unzufriedenheit der Senatoren deutete der Kaiser als Opposition, gegen die er vollkommen überzogen vorging. Jede Lebensäußerung konnte als Majestätsbeleidigung aufgefasst und mit Folter und grausamsten Todesstrafen belegt werden. Er beschäftigte ein ganzes Heer von Spitzeln. Den Denunziationen fielen selbst Senatoren, Angehörige der vornehmsten Familien Roms und auch seine eigenen Verwandten zum Opfer. Der Verfolgungswahn steigerte sich derart, dass Domitian schließlich von führenden Persönlichkeiten seiner engsten Umgebung ermordet wurde. Der begeisterte Senat verhängte eine Damnatio memoriae und ließ alle Inschriften und Bildnisse des Kaisers beseitigen. Damit endete im Jahr 96 n. Chr. die Dynastie der Flavier.

Die **Domus Augustana** war zweigeschossig und schloss zum Circus Maximus mit einer großen, bogenförmigen, offenen Galerie ab. Man steht hier auf dem Niveau des oberen Stockwerks, das untere ist leider nicht zugänglich. Sie können aber von hier in die zahlreichen Innenhöfe und Durchgänge schauen und Reste des kostbaren farbigen Marmors sehen, mit dem Wände und Böden verkleidet waren. Der größte Innenhof hatte einen Brunnen mit vier halbkreisförmigen Inselchen, vom zentralen Podest getrennt durch kleine Kanäle. An den Wänden sind Fresken erkennbar, die derzeit durch improvisierte Dächer nur notdürftig geschützt werden. Von diesem Hof aus betrat man die Arkaden oberhalb des Circus Maximus und die große Kaiserloge. Noch heute hat man von hier einen wunderbaren Blick auf den Circus Maximus und den Aventinhügel gegenüber.

Zum Palast gehörte auch ein riesiges **Stadion** (auch Hippodrom genannt) mit einer Fläche von 160 m x 80 m, in dem kaiserliche Privatspiele und wohl auch Pferderennen stattfanden. Es grenzt rechts an die Domus Augustana an. Noch weiter im Süden wurde der Hügel unter Septimius Severus durch eine aufwändige Konstruktion künstlich verlängert, um Platz für seine Thermenanlagen zu schaffen. Der ganze Bereich ist aus statischen Gründen für Besucher nicht zugänglich.

Kehren Sie zum Museum zurück, um zur **Domus Flavia** mit den offiziellen kaiserlichen Amtsräumen zu gelangen. Gleich rechts neben dem Museum war der große kaiserliche Bankettsaal, von dem ein Teil des bunten Marmorfußbodens erhalten ist. Er bot einen wunderbaren Ausblick auf den Circus und öffnete sich zu einem säulenumrahmten Atrium (rechts vor dem Museum). Auf der anderen Seite des Atriums, dem Bankettsaal gegenüber, befand sich der große **Thronsaal** *(aula regia)*, rechts davon der **Gerichtssaal** *(basilika)* und links angrenzend eine Kapelle des Kaisers *(lararium)*.

Von hier aus erreichen Sie die **Farnesischen Gärten**. Weiter rechts, am nördlichen Ende des Gartens, hat man einen fantastischen Blick auf das Forum Romanum mit der gegenüberliegenden Maxentius-Basilika. Am südlichen Ende grenzen die Anlagen an den ältesten Teil des Palatins, der in der Antike von den

## Die Errungenschaften des Augustus

Mit Augustus endete die Römische Republik und begann die Kaiserzeit. Unter seinem Geburtsnamen Octavian gelang es ihm, die Mörder seines Adoptivvaters Julius Caesar zu stellen, sich beim Volk beliebt zu machen, den blutigen Bürgerkrieg zu beenden und schließlich von vielen Feldzügen siegreich heimzukehren. Unter dem Ehrentitel *„Augustus"* („der Erhabene") kümmerte er sich nicht mehr darum, dass die offizielle Amtszeit abgelaufen war, und nach über 40 Jahren Regierungszeit (31 v. Chr. bis 14 n. Chr.) schien es ihm, wie auch dem römischen Volk selbstverständlich, mit Tiberius einen Nachfolger zu bestimmen. Während seiner Regentschaft veränderte er das Erscheinungsbild der Stadt. In seinem Testament beschrieb er seine städtebaulichen Verdienste wie folgt:

*„... Ich habe das Caesarforum und die zwischen dem Castor- und dem Saturntempel gelegene Basilika fertig gestellt, die von meinem Vater begonnen wurde, und als diese durch ein Feuer zerstört wurde, begann ich mit einem Neubau, wobei ich den Grundriss vergrößerte und ihr die Namen meiner Söhne beilegte. Für den Fall, dass sie nicht zu meinen Lebzeiten vollendet würde, gab ich die Anordnung, dass sie von meinen Erben beendet würde. Während meines sechsten Konsulats restaurierte ich zweiundachtzig Tempel, ohne irgendwelche zu übergehen, die dessen bedurften. In meinem siebten Konsulat erneuerte ich die Via Flaminia von Rom bis Rimini samt allen Brücken ...*
*Ich erbaute auf eigenem Grund den Tempel des Mars Ultor und das Augustusforum sowie das Theater neben dem Apollotempel auf einem Terrain, das ich größtenteils aus Privathand erworben hatte, und gab ihm den Namen des Marcellus."* (Augustus, Meine Taten)

Mehr zu Augustus → „Die Via del Corso", S. 298.

zahllosen Umgestaltungen stets weitgehend unberührt blieb. Recht gut erhalten ist das Erdgeschoss des aus spätrepublikanischer Zeit stammenden **Hauses der Livia**, der Ehefrau von Kaiser Augustus. Zugänglich sind seit März 2008 nach jahrelanger, 1,5 Mio. Euro teurer Restaurierung vier prächtige Säle, darunter ein Arbeits- und ein Schlafzimmer, die mit mythologischen Szenen ausgemalt sind. Für eine Besichtigung braucht man etwas Geduld, denn vorerst sollen aus Sicherheitsgründen nur jeweils maximal fünf Besucher eingelassen werden. Noch nicht beendet sind die Arbeiten am Pinien- und Maskensaal, Letzterer gehört zu den schönsten Räumen der Anlage und ist wie eine Theaterbühne im pompejanischen Stil architektonisch gegliedert und mit Masken von Schauspielern dekoriert.

Einige Schritte weiter südlich sind Reste eines Hauses aus der selben Zeit erhalten. In diesem hat vermutlich **Augustus** 40 Jahre lang bis zu seinem Tod vergleichsweise bescheiden gelebt. Wahrscheinlich wurde das Atrium des Augustus mit dem Haus der Livia zu einem doch recht stattlichen Gebäudekomplex verbunden.

Hinter den Häusern der Livia und des Augustus sind noch wenige Reste vom Palast seines Stiefsohnes und Nachfolgers **Tiberius** (14–37 n. Chr.) und den Umbauten durch dessen Nachfolger **Caligula** (37–41 n. Chr.) erhalten. In antiken Quellen wird über den wahnsinnigen Caligula, der für seine sadistische Mordlust bekannt war, berichtet, dass er sich auf einem Sockel zwischen Götterstandbildern habe anbeten lassen und den Bau einer Brücke von hier aus zum Kapitol verlangt habe, um *„seinen Bruder Jupiter einfacher besuchen zu können"*.

Auf keinen Fall sollten Sie einen Besuch des kleinen Museums **Antiquarium Palatino** versäumen, das nach 13-jähriger Renovierungszeit vor Kurzem neu eröffnet wurde. Erzählt wird hier anschaulich anhand von typischen Kunstwerken die Entwicklung Roms von archaischer Vorzeit bis zur Teilung in ein west- und ein oströmisches Reich.

•*Eintritt* Das Ticket für Forum und Palatin beinhaltet den Eintritt in das Museum. Einlass nur bis 17.40 Uhr, alle 20 Min. für 30 Personen (die Regelung wird aber nicht immer streng gehandhabt).

•*Rundgang* Im **Erdgeschoss** geht es um die Anfänge des Palatins. Anhand von Modellen von Rundhüttendörfern und Mauerfragmenten kann man die frühe Entwicklung des Hügels nachvollziehen.

Das **Obergeschoss** ist der Kaiserzeit gewidmet:

**Raum 5** befasst sich mit der augusteischen Periode, in der von einer eher bürgerlichen zu einer repräsentativen Architektur übergeleitet wird. Interessant sind die Freskenfragmente, auf denen Architekturdetails dargestellt sind.

**Raum 6** (neronische Periode 54–68 n. Chr.): Nero ließ eine Verbindung vom Palatin zur Domus Aurea auf dem Esquilin bauen (Domus Transitoria); es entwickelte sich der zweite pompejanische Stil mit zarten Wand- und Deckendekorationen.

**Raum 7** (julianisch-claudische Periode): Zu sehen sind Fragmente von Fußbodenbelägen mit Marmorintarsien und zahlreiche Porträtstatuen. An ihnen ist die Entwicklung von der klassisch hellenistischen zu einer realitätsnahen Darstellung ablesbar. In der Spätphase Roms kehrt man wieder zum klassischen Ideal zurück.

**Raum 8** beschreibt die Spätphase des Reichs (3.–4. Jh. n. Chr.), die von Bürgerkriegen belastet war und in der die Kaiser vom Militär bestimmt wurden. Die Kunst ist volkstümlicher und mehr um Effekte bemüht. Einzelne Regionen spielen eine größere Rolle, was schließlich zur Reichsteilung führt.

**Raum 9** (Galerie): Man sieht Skulpturen und Architekturfragmente, die dem Schmuck der kaiserlichen Paläste und zur Repräsentation dienten. In der Regel waren es Kopien berühmter griechischer Originale aus dem 4. Jh. v. Chr. aus den großen Werkstätten (→ S. 205).

*Der Konstantinsbogen, im Hintergrund das Kolosseum*

# Um das Kolosseum

**Hier war das antike Stadtzentrum mit prachtvollen Kaiserforen, Einkaufspassagen, Handelsbüros, der gigantischen Palastanlage Kaiser Neros und dem Kolosseum, wo sich die antike Spaßgesellschaft für grausam inszeniertes Blutvergießen begeisterte.**

Das imposante Kolosseum ist das Wahrzeichen des antiken Roms und Hauptanziehungspunkt der meisten Besucher. Die vom Nationaldenkmal darauf zuführende monumentale Via dei Fori Imperiali, angelegt von den Faschisten für Aufmärsche, durchschneidet rücksichtslos das Gebiet der dennoch sehenswerten Kaiserforen. Gleich dahinter, wo in der Antike durch eine große Mauer getrennt die zwielichtige Region Suburra begann, liegt Monti, heute eines der ursprünglichsten Viertel der Hauptstadt. Vom goldenen Palast Neros, der die Ausmaße einer eigenen Stadt hatte, ist ein Teil mit prachtvoll dekorierten Räumen unter der Parkanlage des Esquilinhügels erhalten. Der südlich anschließende Celiushügel war in der Antike dicht bebaut. Zur Zeit des frühen Christentums nutzte man die Ruinen und soliden Fundamente für Kirchenbauten. Als die Päpste ab 1309 ins Exil nach Avignon gingen und den Lateran als Residenz aufgaben, verlor das Gebiet östlich des Kolosseums an Bedeutung. Die Stadt orientierte sich in Richtung Tiber. Der Bauboom in der Renaissance reichte deshalb nicht bis hierher. Die mittelalterlichen Kirchen blieben erhalten und vom sonst verbreiteten Pomp des Barock verschont. Das Viertel wirkt heute mit seinen eher schäbigen Straßen, schmucklosen Wohnhäusern, Werkstätten und schlichten Osterien zwar nicht sehr attraktiv, aber die frühchristlichen Kirchen und Klöster mit ihrer feierlichen Stille lohnen einen Besuch. Besonders erholsam ist ein Spaziergang durch den Park der Villa Celimontana, wo an lauen Sommerabenden ein famoses Jazzfestival stattfindet.

# Das Kolosseum

**Das Bauwerk hat einen Umfang von 527 m und ist 54 m hoch. Das entspricht etwa einem 15-stöckigen Haus. Es ist damit das größte Theater dieser Art.**

Auf der großen Freifläche um das Amphitheater herum, die seit einigen Jahren für den Autoverkehr gesperrt ist, bietet sich heute wieder ein ebenso buntes Gedränge von Menschen wie in der Antike. Damals zogen die Veranstaltungen die Massen an, vergleichbar mit heutigen Fußballspielen. Rund 400 Jahre war das Kolosseum in Betrieb. Forscher haben berechnet, dass dabei im Durchschnitt 1.000 Menschen pro Jahr und unübersehbare Massen exotischer Tiere in der Arena starben.

Heute gehen die Gefahren für die Besucher nur von den zahlreichen Taschendieben aus. Zu ihnen gesellen sich Heerscharen an Souvenirverkäufern und kostümierte **römische Legionäre**, die gerne zu einem Foto auffordern, dafür dann aber in der Regel 10 € verlangen. Durch zähes Feilschen lässt sich der Betrag etwas reduzieren (zulässig sind eigentlich nur 5 €). Nachdem die Antikendarsteller immer zahlreicher und ihre Methoden der Honorareintreibungen den rüden Umgangsformen echter Gladiatoren immer ähnlicher wurden, führte die Stadtverwaltung im Jahr 2003 eine Lizenzpflicht ein und verhindert seitdem die schlimmsten Übergriffe auf desinteressierte oder zahlungsunwillige Touristen. Nun ist alles genau geregelt: Es werden nur 100 Lizenzen vergeben, der Preis für ein Fotos muss vorher mitgeteilt werden, die Länge eines Metallschwerts darf 70 cm nicht überschreiten usw.

**In der Antike** befand sich zwischen den Hügeln Palatin, Esquilin und Celius ein Talkessel, der schon ab dem 7. Jh. v. Chr. besiedelt und zur Zeit der Republik dicht bebaut war. Das Viertel an der Via Sacra, über welche die Triumphzüge siegreicher Feldherrn zum Kapitol führten, und die Nachbarschaft zu Forum und High Society auf dem Palatin machten die Wohnlage attraktiv. Aber auch hier wütete 64 n. Chr. der verheerende Brand, den Kaiser Nero nutzte, um seinen Palast vom Palatin bis auf den Esquilin auszudehnen (→ „Domus Aurea", S. 244). Die Reste der ausgebrannten Häuser ließ er abreißen und ihre Besitzer enteignen.

Nach dem gewaltsamen Tod des Herrschers im Jahr 68 n. Chr. setzte sich nach einigen Unruhen die Dynastie der Flavier durch. Kaiser Vespasian warb um Sympathie und gab der Bevölkerung diesen Teil des Stadtzentrums als Vergnügungsviertel zurück. Kurz nach seinem Amtsantritt im Jahr 69 ließ er den künstlichen See in Neros goldenem Palast trockenlegen und an dessen Stelle auf einem 13 m tiefen Betonfundament das erste dauerhafte Amphitheater aus Stein erbauen. Bis dahin dienten wesentlich kleinere Holzkonstruktionen als Arenen für Tier- und Gladiatorenkämpfe.

Der Bau hat einen elliptischen Grundriss mit einer Achsenlänge von 188 m und 156 m. Um möglichst vielen Zuschauern einen guten Ausblick auf die Bühne zu ermöglichen, mussten die Sitzreihen fast übereinander gebaut werden. In Griechenland benutzte man dazu meist einen steilen Berghang. In der Stadt, wo es solch natürliche Hilfsmittel nicht gab, musste erst ein künstlicher Krater geschaffen werden. Die vielen Stützmauern, Bögen, Treppen und Hallen dienten nur dem Ziel, möglichst viele Plätze in möglichst kurzer Entfernung zur Bühne anzuordnen. Man schätzt, dass ca. 60.000 Zuschauer hier Platz fanden, dazu kamen noch bis zu 13.000 Stehplätze.

# Um das Kolosseum

**Einkaufen** (S. 257)
7 Bottega Elettrica
10 Antico Forno
14 Alveti
16 Bottega del cioccolata
20 Donadio
30 Coin
31 KleiderMarkt

**Nachtleben** (S. 257)
19 Jam Session Music

150 m

## Cafés, Bars und Enoteche
(S. 255–257)

5 Bottiglieria ai Tre Scalini
9 Al Vino al Vino
12 Cafè Bohemien
18 Enoteca Cavour 313
22 Divin Ostilia Enoteca

## Essen & Trinken
(S. 255–257)

1 Birra Broschetto
2 Vecchia Trattoria
3 Quadrifoglio
4 Ristorante Winebar Callas
6 Hasekura
11 La cicala e la formica
21 Pizza Forum
23 Trattoria Pizzeria Luzzi
24 Hostaria Isidoro
25 Trattoria Da Domenico
27 Charly's Sauciere
28 Hostaria Cannavota
29 L'800
32 Alfredo a Via Gabi

## Übernachten

8 B&B Il Covo (S. 98)
13 Hotel Duca d'Alba (S. 88)
15 Hotel Nerva (S. 88)
17 Hotel Forum (S. 86)
26 Capo d'Africa (S. 86)

Es gab 80 Eingänge, von denen einer nur dem Kaiser und drei nur der Prominenz zustanden. Die übrigen waren nummeriert und führten die Zuschauer über ein raffiniertes System von Rampen, Treppen und Gängen unmittelbar zur Sektion mit den ihnen zugeteilten Sitzplätzen. Man saß streng nach sozialer Stellung getrennt. Dazu wurden dem Status entsprechende kostenlose Eintrittsmarken verteilt. Wer auf einem falschen Platz erwischt wurde, musste mit saftiger Geldstrafe rechnen. Man nimmt an, dass es deshalb so gut wie nie zu Ausschreitungen im Publikum kam. Diese Ordnung hatte auch einen ästhetischen Effekt, denn es muss überwältigend ausgesehen haben: Der Kaiser nahm in purpurfarbener Toga mit seiner Familie in einer großen Loge Platz (das Podium ist heute noch erkennbar). Die erste Reihe war den Senatoren in ihrer rot gestreiften Toga und den weiß gekleideten Vestalinnen vorbehalten. Sie hatten als einzige Steinsitze mit eingravierten Namen. Im Rang dahinter folgten die bezeichneten Sektionen für hohe Offiziere, für Adlige, für Vertreter der Priesterkollegien und für Staatsgäste, wiederum aufgeteilt nach Volkszugehörigkeiten, alle in bunt bestickten, prachtvollen Gewändern. Darüber war der Rang der volljährigen männlichen Bürger in weißer Toga. Oben saß der bunt gemischte Rest: Männer ohne Bürgerrecht, Sklaven, Minderjährige und ganz oben die Frauen. Nur fünf Minuten reichten aus, um das Kolosseum komplett zu räumen. Ein ausgeklügeltes System von Wasserleitungen versorgte die auf allen Rängen vorhandenen Toiletten. Ansonsten sorgten Händler in den Arkadengängen für das leibliche Wohl der Zuschauer.

Die filigrane Bauweise verringerte das Gewicht der Mauern und ließ sie eleganter erscheinen. Das galt besonders für die architektonische Meisterleistung der mit Halbsäulen und Arkaden streng gegliederten Fassade. Dort wurden unten schwere dorische, darüber ionische und darüber noch leichter wirkende korinthische Kapitelle verwendet. In der Fläche über den Bögen sind die Säulen als Mauervorsprünge nur noch angedeutet. Hier ragen Konsolsteine aus der Mauer heraus, auf die 240 Holzbalken gestellt werden konnten. An denen hing ein großes **Segel** aus Leinen, das die Zuschauer vor Sonne und Regen schützte.

Eine Truppe von Marinesoldaten war dazu abkommandiert, das Segel zu setzen. Zunächst spannten sie mit Hilfe von Seilzügen und Winden eine Art Spinnennetz aus Tauen über das Theater und befestigten diese außerhalb der Mauern unten auf dem (noch heute) freien Platz um die Arena. Auf den Seilen über dem Innern wurde das Segeltuch ausgerollt. Man musste sehr vorsichtig vorgehen, denn ein einziger Windstoß konnte das Tuch umschlagen und die Matrosen in die Tiefe reißen.

Zeitweise waren bis zu 40.000 Sklaven auf der Baustelle eingesetzt und die Arbeiten gingen rasch voran. Schon im Jahr 80 n. Chr. konnte Kaiser Titus das Theater mit hunderttägigen Spielen einweihen. Nach überlieferten Berichten kamen dabei 5.000 Tiere um. Es war das neue Symbol römischer Macht und Stärke. Die enormen Baukosten finanzierte Vespasian auch über die eingeführte Urinsteuer auf die Benutzung öffentlicher Latrinen, was sein Sohn für anrüchig hielt. Daraufhin hielt ihm der Kaiser die Münzen unter die Nase und meinte, Geld stinkt nicht (*„pecunia non olet"*). Sein Nachfolger Titus bezahlte die Fertigstellung zum Teil aus der Beute seines Judäa-Feldzugs (→ S. 220), wie ein Heidelberger Wissenschaftler im Jahr 2001 durch eine Inschrift belegen konnte.

Die aus Tivoli stammenden Travertinblöcke der Fassade wurden nicht vermauert, sondern mit Bronzehaken verklammert, um bei Erdbeben Stabilität zu erreichen. Im Mittelalter war diese Bronze hochbegehrt, um daraus Münzen zu schlagen und Kanonen zu gießen. Schatzsucher entfernten erreichbare Haken und bohrten dazu die Löcher in die Fassade, die heute an Granateinschläge erinnern.

Mehrfach machten Brände und Erdbeben Renovierungen erforderlich. Nach dem Brand im Jahr 217 wurde das Amphitheater wegen Baufälligkeit sogar für fünf Jahre geschlossen. Die letzte Instandsetzung erfolgte nach der Plünderung durch die Westgoten im Jahr 410, doch das Interesse am Totschlag zu Unterhaltungszwecken hatte mit der Etablierung des Christentums nachgelassen. Schließlich verbot Kaiser Valentinian III. im Jahr 438 die Gladiatorenspiele, und der letzte Tierkampf fand 523 statt. Danach verfiel das Gebäude und wurde erst als Burg und dann als Steinbruch genutzt. Die größte Zerstörung begann mit dem Bauboom in der Renaissance und besonders mit dem Neubau von St. Peter, als Baumaterial knapp wurde und man sich im Kolosseum bediente. Viele Paläste und Kirchen dieser Zeit bestehen zu Teilen aus der Substanz des Amphitheaters. So war diese südliche Fassade bereits abgetragen, als man das Gebäude im 18. Jh. unter Schutz stellte und Sicherungsmaßnahmen ergriff. Die Reisenden des 18. und 19. Jh. entdeckten die Romantik der von Pflanzen überwucherten gewaltigen Ruine. Es wurde Mode, das Kolosseum nachts bei Mondschein und Fackeln zu besuchen, wenn die Einzelheiten nicht so genau zu erkennen waren und Schattenspiele die Phantasie anregten. Texte von Goethe, Stendhal und dem Märchenerzähler Andersen berichten über die nächtlichen Exkursionen durch dunkle Korridore und Arkaden. Ganz ungefährlich war das nicht, denn auch allerlei zwielichtiges Gesindel fand hier Unterschlupf und es bestand

Einsturzgefahr. Seit 1805 stützen riesige Ziegelmauern die Fassade und Grabungen legten nach und nach die unterirdische Anlage frei.

Vor einigen Jahrzehnten diagnostizierte man, dass der Straßenverkehr durch Erschütterungen und Schadstoffe das Kolosseum ernsthaft bedrohte. Es war mit einer schwarzen Rußschicht überzogen und Fassadenelemente von saurem Regen ausgewaschen. Als reiche Amerikaner bereits anboten, das Bauwerk zu kaufen und es komplett unter eine Glaskuppel zu stellen, beschloss die Regierung umfangreiche Reinigungs- und Sanierungsmaßnahmen, die noch andauern. Eine wesentliche Verbesserung hat bereits die Verbannung des Fahrzeugverkehrs gebracht.

Im Zuge der Renovierungen wurde in der Mitte der Manege ein Steg über das Kellerlabyrinth gebaut, der zu einer kleinen Plattform führt, die ein Stück des Bodens der Arena originalgetreu rekonstruiert. Auf dieser Bühne finden im Sommer gelegentlich Aufführungen statt. Vom Steg aus kann man die Gänge, Kammern und Vorrichtungen für die ausgefeilte **Bühnentechnik** mit Aufzugschächten, Gleitschienen der Mechanik und Durchläs-

*Gipfel und Abgrund der Unterhaltungsindustrie: das Kolosseum*

sen für Seilwinden gut erkennen. Außen gab es 28 kleinere Aufzüge, in denen wilde Tiere unmittelbar mit die Arena gehievt wurden. 20 in der Mitte verteilte, bewegliche Plattformen ermöglichten es, schnell ganze Kulissen aus dem Boden auffahren zu lassen. Während der Vorstellungen arbeiteten hier im Schein von Öllämpchen allein an den Seilwinden der Aufzüge wohl 240 Sklaven. Eine Rekonstruktion mit verschiedenen Modellen ist im Museo della Civiltà Romana in EUR (→ S. 578) zu sehen.

Ein unterirdischer Verbindungsgang führte zur nahen **Gladiatorenkaserne**, ein anderer zu einer Art Zoo auf dem Celiushügel und ein reich dekorierter zum Kaiserpalast. Letzterer wird Commodus-Passage genannt, weil dieser Kaiser ihn nachweislich nutzte, um unbehelligt in die Arena zu gelangen. Allerdings wäre er in dem Gang einmal fast einem Attentat erlegen.

Der Name „Kolosseum" taucht erst in Quellen des 11. Jh. auf, in der Antike hieß es *Amphitheatrum Caesareum*. Er leitet sich von der 36 m hohen Bronzestatue Kaiser Neros ab, **Colossos** genannt, die ursprünglich in der Eingangshalle der Domus Aurea stand und unter Hadrian vor das nahe Amphitheater versetzt wurde, um Platz für den Tempel der Venus und der Roma zu schaffen (→ S. 220). Mehrfach wechselte der Koloss sein Gesicht, verwandelte sich mit aufgesetztem Strahlenkranz von Nero in den Sonnengott, als Symbol für die Ewigkeit, und von diesem vorübergehend in Kaiser Commodus. Wie lange die Statue existierte ist nicht überliefert. Ihren Sockel ließ erst Mussolini 1933 als Verkehrshindernis beseitigen. Nach Einrichtung der Fußgängerzone wurden gerade die Fundamente freigelegt.

Das Kolosseum ist ein **Amphitheater** (*amphi* ist griechisch und bedeutet „um – herum"). Die Zuschauer saßen also rund um die Arena. Ein Bühnenhaus, in das sich ein Schauspieler zurückzog, um durch einen Schrei aus dem Innern dem Publikum seinen Bühnentod mitzuteilen, gab es hier nicht. Im Amphitheater konnte nichts vorgetäuscht werden. Hier war alles echt, auch das fließende Blut und der Heldentod. Das Live-Erlebnis begeisterte die Massen, und die Veranstaltungen waren mindestens so populär, wie heute die italienischen Fußballspiele.

### Ein Tag im Kolosseum

Er begann meist gegen 10 Uhr mit den **Tierkämpfen** *(venationes)*. Es gab sie bereits im 2. Jh. v. Chr. und sie dienten ursprünglich wohl der Darstellung der Jagd zu kultischen Zwecken. Mit der Ausdehnung des Reiches nach Afrika kamen exotische Tiere wie Nashörner, Kamele, Löwen und Leoparden in die Stadt. Augustus präsentierte erstmals Krokodile, Pompeius ein Rhinozeros und Caesar eine Giraffe. Es war ein klarer Ausdruck von Macht und Reichtum, solche Bestien zu besitzen und sie zum Vergnügen des Volkes zu opfern. Die Römer liebten Überraschungen und bewunderten die Veranstalter, die daraus wiederum politischen Nutzen zogen. Wer den Massen „Brot und Spiele" bot, war populär und konnte Karriere als Tribun machen und es bis in den Senat bringen. Durch Hunger und Schmerzen brachte man die Tiere zur Raserei oder kettete sie aneinander, damit sie nicht ausweichen konnten und sich gegenseitig zerfleischten. Der Phantasie der Veranstalter und der Gier des Publikums nach Neuem waren keine Grenzen gesetzt. Zur Blütezeit des Kaiserreichs gab es in Rom mehr exotische Tiere als heute in den europäischen Zoos. Antike Quellen berichten, wie Kaiser Gordian III. (238–244 n. Chr.) dem Publikum großzügig in einer einzigen Show den Kampf zwischen 32 Elefanten, 60 Löwen, 30 Leoparden, 20 wilden Eseln, 10 Tigern, 10 Hyänen, 10 Giraffen, einem Nashorn, einem Nilpferd sowie Bären und Ebern präsentiert hat. Manche Kaiser profilierten sich persönlich als Jäger. Commodus soll an einem Tag in der Arena 100 Bären erlegt haben, freilich aus sicherer Entfernung. Im 4. Jh. gab es in Afrika kaum noch Raubtiere, der Nachschub stockte und die Preise explodierten, der Preis für einen Löwen lag z. B. etwa bei einem Wert von 6 Mio. Euro.

Nach den Tierkämpfen folgten mittags die **Hinrichtungen von Kriminellen und Verrätern**. Meist band man sie auf einen zweirädrigen Karren und ließ sie von wilden Tieren zerreißen. Es gab aber auch phantasievolle Inszenierungen mit Rahmenhandlungen. In Sekundenschnelle tauchten aus den beweglichen Bodenplatten Bühnenbilder auf, es entstanden mythologische Landschaften, in denen Orpheus mit lieblichem Lautenspiel nicht nur wilde Tiere anlockte, sondern auch von ihnen verspeist wurde. Der besondere Kick dabei war, dass Herkules am Ende des Stückes wirklich auf dem Scheiterhaufen seinen Tod fand. Beliebt bei den Daheimgebliebenen waren auch die nachgestellten Schlachten. Für eine See-schlacht hatte man einmal sogar ein Kriegsschiff auf Rollen durch knie-tiefes Wasser gezogen.

Am Nachmittag folgte der ersehnte **Höhepunkt.** Zum Schmettern der Trompeten betraten die **Gladiatoren** mit prachtvollen Umhängen die Arena. Es waren Sklaven, Kriegsgefangene, verurteilte Verbrecher, aber auch freiwillige Hasardeure, die Kampf, Ruhm und Preisgeld lockten. Sie wurden in speziellen Gladiatorenschulen trainiert und gut ernährt. Einen anschaulichen Eindruck von ihrem Leben vermittelt Russel Crowe in Rid-ley Scotts Film *Gladiator* aus dem Jahr 2000. Erfolgreiche Kämpfer genos-sen als Idole Verehrung wie heutige Film- oder Fußballstars und waren absolute Frauenhelden. Die Gegner wurden ganz unterschiedlich ausgerüstet. Einer hatte in der Regel eine Waffe mit größerer Reichweite, war dafür aber weitgehend ungeschützt, während sein Rivale über Schild und Helm verfügte, aber nur eine kurze Waffe besaß. Ein Zehntel der Kämpfe verlief sofort tödlich, die meisten endeten mit Verletzungen. Hat-te sich der Unterlegene tapfer geschlagen, rief das Publikum *„Missum!"* – „entlassen!" – und sofort eilten Sanitäter herbei, um ihn zur Erstversor-gung in das Untergeschoss zu tragen. Die medizinische Pflege war ausge-zeichnet, denn Anschaffung und Ausbildung eines Gladiators waren teu-er. Schwerverletzte aber hatten keine Überlebenschance. Ihnen wurde als Gnadenakt die Kehle durchgeschnitten. Ebenso erging es den Feiglingen, wenn die Zuschauer den Daumen gesenkt hatten. Die Veranstalter waren meist nicht am tödlichen Ausgang des Kampfes interessiert, denn dann mussten sie dem Inhaber der Gladiatorenschule den Wert des Kämpfers ersetzen. Nur besonders spendable, reiche Gastgeber ordneten einen Kampf bis zum Tod an. Den Rekord an Großzügigkeit stellte Kaiser Tra-jan auf, als er im Jahr 107 n. Chr. bei einem 123-tägigen Festival 10.000 Gladiatoren und 11.000 wilde Tiere antreten ließ.

Da man glaubte, dass im Kolosseum auch Christen bei den großen Verfolgungen umgekommen seien, wurde der Ort Anfang des 16. Jh. allen **Märtyrern** geweiht. Seit 1720 schreitet der Papst hier am Karfreitag den Kreuzweg ab. Früher trafen sich Pilger aus aller Welt in dieser Freiluftkirche, um der Märtyrer zu gedenken. Inzwischen ist man davon überzeugt, dass die Massenhinrichtungen von Chris-ten nicht im Theater, sondern nur in den Circussen stattfanden. Die aufgestell-ten Passionsbilder und der Holzfußboden, der auf alten Stichen zu sehen ist, wurden im Zuge der Grabungen im 19. Jh. wieder entfernt. Bei der Tradition, dass der Papst am Abend des Karfreitags im Fackelschein den Kreuzweg in feier-licher Prozession abschreitet, ist es allerdings geblieben.

• *Eingang* An der kürzeren Achse der Süd-seite, vom Forum aus gesehen rechts.

• *Öffnungszeiten* 9 Uhr bis eine Stunde vor Sonnenuntergang; im Sommer bis 19.30 Uhr.

• *Eintritt* Nur als Kombikarte mit Forum Ro-manum und Palatin: 11 €; für EU-Bürger von 18 bis 24 Jahre 8 €; für EU-Bürger unter 18 und über 65 Jahre Eintritt frei. Ermäßi-gung nur bei Vorlage eines Ausweises.

Beim Kauf des Tickets nach 13.30 Uhr gilt es bis 13.30 Uhr am Folgetag, sonst nur am Tag des Kaufs. Die wechselnden Ausstellungen kosten oft nur einen geringen Aufschlag von etwa 2 € oder sind sogar inklusive.

**Tipp**: Die in der Regel sehr lange Schlange vor dem Ticketschalter am Kolosseum kann man umgehen, indem man die Karte an einem der Eingänge zum Forum Roma-num kauft (→ S. 214).

• *Führungen* In englischer Sprache mehrfach tägl. (13 €; Personen zwischen 18 und 25 Jahren 9 €; Jugendliche von 12 bis 18 Jahren 2 €; Kinder unter 12 Jahren frei). Audioguide auch auf Deutsch (4 € und Ausweis als Pfand).

• *Rundgang* Zu besichtigen sind die Gänge des Erdgeschosses und die Galerie auf halber Höhe, zu der auch ein Fahrstuhl führt.

Von hier aus hat man nicht nur einen guten Blick auf das Kellerlabyrinth, sondern auch auf Konstantins- und Titusbogen sowie das Forum Romanum. Regelmäßig finden im Inneren interessante Ausstellungen statt.

• *Information und Reservierung* ☎ 06.3996 7700. Fotos und einige Rekonstruktionen unter www.colosseumweb.com.

Vor dem Konstantinsbogen zwischen Kolosseum und dem Eingang zum Forum Romanum wurde vor Kurzem das kreisförmige Fundament der **Meta Sudans**, eines einst 17 m hohen, kegelförmigen Brunnens aus der Zeit Kaiser Domitians (81–96 n. Chr.) freigelegt. Der Name bedeutet „schwitzende Meta", weil die Form einer Meta, also einer Wendemarkierung im Circus glich, an der das Brunnenwasser herabfloss. Nach den Spielen trafen sich hier die überlebenden Gladiatoren, um sich zu erfrischen und ihre Wunden auszuwaschen. Der Ziegelkern stand noch im Jahr 1933, bis er, wie der Sockel des *Colossos* in der Nähe, auf Befehl Mussolinis als Verkehrhindernis beseitigt wurde.

Aus Richtung Forum kommend, auf der Rückseite des Kolosseums, ist zwischen der Via Labicana und der Via di San Giovanni in Laterano ein geringer Teil des *Ludus Magnus*, der größten **Gladiatorenschule** der Antike, ausgegraben worden. Der Rest liegt noch unter den benachbarten Häusern und Straßen. Man erkennt einen Teil des Ovals der Arena für die Proben mit den Zellen der Gladiatoren dahinter. Ähnliche Kasernen gab es in der Nähe für das Personal der Tierkämpfe und für die Seeleute, die für das Sonnensegel zuständig waren.

## Triumphbogen des Konstantin

Gleich neben dem Kolosseum steht über der Via Sacra der größte bekannte Triumphbogen Roms. Mit seinen drei Durchgängen hat er offenkundig den Bogen des Septimius Severus (→ S. 216) auf dem Forum Romanum zum Vorbild. Er feiert den Sieg Konstantins über seinen Rivalen Maxentius in der entscheidenden Schlacht an der Milvischen Brücke (→ S. 473) am 28. Oktober 312 n. Chr.

> Die Inschrift über dem mittleren Bogen bedeutet: „*Dem Kaiser Caesar Flavius Constantinus Maximus Pius Felix Augustus, der aufgrund göttlicher Eingebung und der Größe seines Geistes mit seinem Heer und mit rechten Waffen den Staat von dem Tyrannen und all seiner Gefolgschaft befreite, weihen Senat und Volk von Rom zum Dank diesen Triumphbogen.*"

Durch die Luftverschmutzung stark beschädigt, wurde er in den 1980er Jahren aufwändig restauriert. Dabei bestätigte sich, dass viele Dekorationen von früheren Monumentalbauten stammen, wobei die Auswahl der verwendeten Stücke einem genau durchdachten Konzept folgte. Lediglich die Reliefs an den Säulenbasen und die kleinteiligen Reliefbänder über den äußeren Durchgängen sowie die Medaillons an den Schmalseiten beziehen sich unmittelbar auf Konstantin. Die übrigen Reliefs und Medaillons stammen von Bauten für Trajan, Hadrian und Marc Aurel. Dabei ging es nicht um Sparsamkeit, sondern um Propaganda und um Legitimation der Macht: Konstantin zeigte sich in der Tradition von 200 Jahren erfolgreicher römischer Geschichte. Er stellte sich als Nachfolger herausragender Kaiser des goldenen Zeitalters dar, indem er deren Gesichter auf den Reliefs durch sein eigenes ersetzen ließ. So eignete er sich ihre Taten an und leitete ihr Ansehen auf sich über. Den militärisch besiegten Rivalen bezwang er auf diese Weise auch politisch. Auffallend sind die Relieftafeln oben, rechts und links neben der Weiheinschrift. Sie gehörten zusammen mit drei weiteren Tafeln gleicher Qualität, die im Treppenhaus des Konservatorenpalastes hängen (→ S. 198), zu einem Triumphbogen für Kaiser Marc Aurel. Die flankierenden Figuren stellen gefangene Daker aus den Kriegen Trajans in Germanien dar und stammen vermutlich aus dem Trajansforum.

## Via dei Fori Imperiali und die Kaiserforen

**Die Kaiserforen (Fori Imperiali) ergänzten das alte Forum Romanum aus republikanischer Zeit in nordöstlicher Richtung. Sie waren prachtvolle öffentliche Anlagen mit Tempeln, Verwaltungsgebäuden, Bibliotheken und Freiflächen. Es ging um die Repräsentation des Staates und Propaganda für die kaiserlichen Auftraggeber, die sich glanzvolle, staunenswerte Denkmäler setzten.**

Bereits zu Beginn des 1. Jh. v. Chr. war das übersichtliche Forum Romanum mit seinen zusammengewürfelten Gebäuden verschiedener Epochen als Zentrum der Hauptstadt einer aufstrebenden Supermacht nicht mehr angemessen. Die erforderliche Macht und die finanziellen Mittel, um daran etwas zu ändern, besaß **Julius Caesar**. Er beauftragte Cicero zum Kauf der teuren Grundstücke in 1A-Lage neben dem Forum Romanum, um dort ein eigenes, neues, prachtvolles Forum zu bauen. Reich genug war er dank der Kriegsbeute aus seinem Gallienfeldzug. Als Bauherrn folgten **Augustus**, **Vespasian**, **Domitian** und **Trajan** seinem Beispiel. Jedes ihrer Foren hatte seinen eigenen architektonischen Reiz, aber alle waren klar und symmetrisch gegliedert mit Säulengängen um eine Freifläche und einen kostbar geschmückten Tempel an einer der Seiten mit Bezug zur Person des kaiserlichen Stifters. Alle Foren waren miteinander verbunden und ergaben ein komplexes monumentales Gebiet mit immer wieder erstaunlichen Blickachsen. Da die Hügel Palatin und Kapitol eine natürliche Grenze bildeten, blieb für die neuen Foren nur der Streifen im Nordosten bis zu den Hängen der Hügel Quirinal und Esquilin. Als letzter musste Trajan zur Gewinnung des benötigten Grundstücks sogar den Hang des Quirinals abgraben lassen. Die Foren dienten, neben der Verehrung der Götter in den jeweiligen Tempeln, der Repräsentation und Erbauung, aber auch der Verwaltung und Justiz. Der Senat tagte je nach Tagesordnung in unterschiedlichen Gebäuden. Es gab zwar Handelsniederlassungen und im Bereich des Trajansforums auch Läden, aber keine Marktstände. Die hätten die erhabene Würde der Orte gestört.

Die Foren waren bis zum 5. Jh. in Betrieb, einzelne Gebäude dienten sogar wesentlich länger Verwaltungszwecken. Die meisten von ihnen verfielen im Mittelalter oder wurden in Kirchen oder zu Festungen adliger Familien umgebaut. Eines der in Rom seltenen Beispiele für einen wehrhaften Wohnturm ist der **Torre delle Milizie** aus dem 13. Jh., der seit dem Erdbeben von 1348 zwar schief steht, aber auch heute noch die Trajanischen Märkte überragt. Das Gebiet versumpfte stetig und die Wohnqualität wurde schlecht. Bei den Ausgrabungen stießen die Archäologen auf armselige bäuerliche Behausungen mit offenen Feuerstellen und abgedichtete Gruben zur Aufbewahrung der Ernte. Hauptsächlich diente das einstige prachtvolle Zentrum der Weltmacht nun nur noch der Landwirtschaft.

Rom – Um das Kolosseum
Karte S. 228/229

Heute verläuft die 850 m lange und 30 m breite **Via dei Fori Imperiali** quer über den Kaiserforen. Sie wurde 1932 auf Befehl Benito Mussolinis angelegt. Der „Duce" wünschte eine repräsentative Paradestraße für die Aufmärsche seiner Schwarzhemden und wollte gleichzeitig eine symbolische Verbindung herstellen zwischen der Größe des antiken Roms und der Glorie des neuen faschistischen Italiens. Zu diesem Zweck ließ er die Anhöhe zwischen Maxentius-Basilika und Kolosseum abtragen. Ziegelmauern an der Metrostation und unterhalb der Maxentius-Basilika zur Stützung des verbliebenen Hangs markieren, wie tief der Einschnitt war.

An der Stützmauer der Maxentius-Basilika zeigen vier **steinerne Landkarten** die Entwicklung des römischen Herrschaftsgebiets: Auf der ersten Tafel ist Rom als kleiner Fleck kaum erkennbar, die zweite beschreibt die Zeit nach den Punischen Kriegen um 146 v. Chr. Auf der dritten ist unter Augustus das Mittelmeer fast umschlossen, Spanien, Frankreich und der Balkan gehören zum Römischen Reich. Die vierte Tafel zeigt die größte Ausdehnung zur Zeit Trajans (98–117 n. Chr.), inzwischen gehören auch England und der Mittlere Osten zu Rom.

Dem Bau der Straße mussten auch rücksichtslos sämtliche Gebäude weichen, die vom Mittelalter bis zum Barock auf den Fundamenten der Kaiserforen errichtet wurden. Zwar kamen dadurch viele Zeugnisse der Antike, darunter auch die früher überbauten Trajanischen Märkte zum Vorschein, der zusammenhängende Komplex der Foren aber wurde durch die Schneise geteilt. Die aufgefundenen Säulen hat man als reine Dekorationsobjekte ohne historischen Bezug längs der Straße verteilt.

Da die Kaiserforen für Besucher praktisch unzugänglich und zu wesentlichen Teilen unter dem Asphalt der Via dei Fori Imperiali verborgen waren, plante die römische Antikenverwaltung schon in den 1980er Jahren, die Straße einfach abzureißen und einen vier Quadratkilometer großen **archäologischen Park** zu schaffen. Den Besuchern sollte ein zusammenhängendes Ausgrabungsgebiet vom Kapitol bis zur Via Appia präsentiert werden. Doch die gerade, sechsspurige Achse, die sich zu Stoßzeiten auch mal auf mindestens acht Spuren erweitert, ist eine der wichtigsten Hauptverkehrsadern im historischen Zentrum. Der damals zuständige Senator meinte zwar optimistisch, der Verkehr werde sich „seinen Weg schon bahnen", doch wie das in den engen Gassen möglich sein soll, wusste er auch nicht. Zudem wurde auf die historische Bedeutung der Via dei Fori Imperiali hingewiesen. Man müsse auch diese architektonische Epoche erhalten und dürfe sich nicht einfach einer unliebsamen Erinnerung an die Zeit des Faschismus entledigen. Inzwischen setzt sich Pragmatismus durch: Die Straße wird an manchen Sonntagen für den Fahrzeugverkehr gesperrt, um die Schadstoffbelastung zu verringern und dem Publikum eine gern genutzte Flaniermeile zu bieten. Im Zuge des Aktionsplans für das Heilige Jahr 2000 hat man Teile der angrenzenden Parkanlagen, einige Nebenstraßen und Parkplätze entfernt und dort weitere Teile der Kaiserforen ausgegraben. Insgesamt sind jetzt etwa 15.000 m² freigelegt, was etwa der Hälfte der Gesamtfläche entspricht. Tunnel verbinden einzelne Grabungsfelder, sodass ein größerer zusammenhängender Besuch möglich ist. Von der Straße aus hat man aber bereits einen recht guten Überblick.

*Information/Führungen* Im Visitor Center, gegenüber der Maxentius-Basilika auf der anderen Seite der Via dei Fori Imperiali. Von hier starten geführte Touren durch die Foren (die Zeiten sind saisonabhängig und werden in jedem Jahr neu festgelegt). Es gibt einen Multimedia-Bereich, man sieht die Modelle der Foren des Trajan, des Caesar, des Augustus und des Nerva sowie die Kopien von Porträtbüsten einiger römischer Imperatoren. ☏ 06.6797786 oder 06.6797702, comorg@tiscali.it. Eintritt frei.

## Forum des Julius Caesar

Das erste Kaiserforum wurde im Auftrag Julius Caesars zwischen 54 und 46 v. Chr. nördlich des Forum Romanums auf eigene Rechnung erbaut. Es befindet sich gleich hinter dem Nationaldenkmal als einziges Kaiserforum rechts der Via dei Fori Imperiali. Das Grabungsgebiet ist nur mit Sondergenehmigung zu betreten, kann aber auch von der Straße aus gut eingesehen werden.

> ### Julius Caesar (100–44 v. Chr.)
> Caesar kam als Soldat, Stratege, Redner und Schriftsteller zu Ruhm und Ansehen. Als Prokonsul hatte er Gallien erobert und reiche Kriegsbeute gemacht. Von Ehrungen überhäuft, fühlte er sich zur Staatsführung berufen. Reformen der durch Wirtschaftskrise und Korruption geschwächten Republik schienen notwendig. Seinen Rivalen Pompeius besiegte er im Bürgerkrieg und erreichte damit eine Machtfülle, die das Misstrauen von konservativen Kreisen im Senat erweckte. Gezielte Demütigungen, ehrgeizige Militär- und Bauprojekte machten es für seine Gegner immer offenkundiger, dass Caesar eine königliche Stellung anstrebte. Um die Beseitigung der verfassungsmäßigen Ordnung zu verhindern, kam es zum Attentat. Im Vorraum der Curie wurde Caesar an den Iden des März (= 15. März) 44 v. Chr. plötzlich von Verschwörern umringt, darunter auch Brutus, den er wie einen Sohn geliebt hatte. Mindestens 23-mal wurde mit Dolchen zugestochen. Die Täter flohen, den Leichnam brachte man zum Forum.

Das Caesar-Forum bestand aus einem rechteckigen Platz, an drei Seiten umgeben von einer offenen Säulenhalle und an der kurzen Seite im Norden vom **Tempel der Venus Genitrix** begrenzt. Mit dem Bau des Tempels erfüllte Caesar ein in der Schlacht bei Pharsalos (48 v. Chr.) abgelegtes Gelübde und spielte nebenbei, aber für jeden Römer klar erkennbar, auf seine Abstammung von der Göttin an. Nach der Mythologie war Venus die Mutter des Aeneas, dem Überlebenden aus Troja, der nach Latium kam und Stammvater der Iulier, der Familie Caesars, wurde. Im Tempel, von dem das hohe Podium und einige Säulen mit einem Gesimsteil erhalten sind, stand eine goldene Statue der Kleopatra. Augustus hatte sie 29 v. Chr. erbeutet und dem Tempel der Venus gestiftet. Der halbkreisförmige Bau hinter der erhaltenen Säulengalerie in Richtung Kapitol war eine **öffentliche Toilette** mit Wasserspülung durch einen eigens zu diesem Zweck angelegten Kanal aus der Zeit Trajans. Daran grenzt die **Basilika Argentaria**. Wandkritzeleien und gefundene Buchstabentafeln deuten darauf hin, dass hier in der Spätantike eine Schule untergebracht war.

## Forum des Augustus

Dem Caesarforum gegenüber, auf der anderen Seite der Via dei Fori Imperiali, befindet sich das Augustusforum. Auch diese tiefer liegenden Ausgrabungen können von der Straße aus gut betrachtet werden.

Das Forum wurde im Jahr 2 v. Chr. geweiht, als Augustus den ehrenvollen Titel „Vater des Vaterlandes" *(Pater Patriae)* erhielt. Wie sein Adoptivvater Caesar hatte Augustus die erforderlichen Grundstücke mit seiner Kriegsbeute bezahlt.

Wie beim Caesarforum, auf das es im rechten Winkel trifft, ist der Grundriss rechteckig, wird an der Stirnseite von einem mächtigen Tempel und an den beiden Längsseiten von offenen Säulenreihen begrenzt. Hinter diesen Arkaden befanden sich allerdings noch jeweils zwei halbkreisförmige weitere Säulengänge, in deren Nischen einst wertvolle Statuen standen und wo das Zivilgericht verhandelte. Der Tempel für den rächenden Kriegsgott, Mars Ultor, war schon 40 Jahre zuvor geweiht worden und sollte dem Schwur nach Rache für den Tod Julius Caesars Ausdruck verleihen. Hier tagte der römische Senat, wenn über Kriege oder die Bewilligung eines Triumphzuges zu entscheiden war und hier erhielten die Generäle ihre Marschbefehle. Noch recht gut erhalten sind ein Teil der breiten Marmortreppe zum Podium und drei Säulen vor der rechten Wand mit qualitätsvollen korinthischen Kapitellen. Gleich hinter dem Tempel ragt die 30 m hohe Brandschutzmauer auf. Dahinter begann das berüchtigte Stadtviertel **Suburra**, in dessen engen, übervölkerten Gassen häufig Feuer ausbrach. Links neben dem Tempel befand sich ein Raum mit quadratischem Grundriss, in dem eine 12 m hohe Statue des Augustus stand. Von ihr ist nur noch der Fußabdruck auf dem Sockel erhalten, ebenso wie der Fußbodenbelag aus kostbarem farbigem Marmor.

## Forum des Nerva

Rechts des Augustusforums liegt das schmale, von Domitian begonnene und 97 n. Chr. von Nerva eröffnete Forum, das auch *Forum Transitorium* genannt wird, weil es das Forum Romanum mit der Region Suburra verband (lat. *transire* = hinübergehen). Ursprünglich befand sich hier nur eine breite Straße zwischen Augustusforum und dem sich weiter rechts befindlichen Friedensforum des Vespasian. Aus Platzgründen musste beim Nervaforum auf den üblichen Säulengang an den Längsseiten verzichtet werden. Man begnügte sich mit einer Säulenreihe vor den Begrenzungsmauern der benachbarten Foren links und rechts. An der Schmalseite, bedrängt vom halbkreisförmigen Bogengang des Augustusforums, stand der Tempel der Minerva. Die Göttin galt als Tugendwächterin und passte daher gut zu den strengen Moralvorstellungen Domitians. Es war ein passender Ort zur Vollstreckung der Todesstrafe. Papst Paul V. ließ den Tempel 1606 abreißen. Heute sieht man nur noch das Fundament, der größte Teil des Forums wird von der Straße bedeckt.

## Friedensforum

Noch weniger ist von dem erst bei den Grabungen im Jahr 2000 entdeckten Friedensforum weiter rechts, an der Einmündung der Via Cavour und auf der anderen Seite der Via dei Fori Imperiali beim Largo Romolo e Remo erhalten. Es wurde unter **Kaiser Vespasian** im Jahr 75 n. Chr. aus Anlass der Beendigung des Bürgerkriegs nach Neros Tod dem Frieden geweiht. Ein rechteckiger Platz war an den Längsseiten mit Säulen aus rosa Granit gesäumt. Auf dem Platz wurde eine Anlage aus Ziegelkanälen entdeckt, möglicherweise war hier eine Gartenanlage. Quellen berichten davon, dass im Forum berühmte Skulpturen standen, die Nero in Griechenland zur Dekoration seiner Domus Aurea hatte plündern lassen und die Vespasian hier der Öffentlichkeit zugänglich machte. Im Norden befand sich ein monumentaler Eingang. Dieser Bereich ist heute vom mittelalterlichen Torre dei Conti überbaut. An der Südseite, direkt an das Forum Romanum angrenzend, befand sich in der Mitte der Friedenstempel *(Templum Pacis)*, flankiert von weiteren Bauten, deren Zweck unklar ist. In einem hatte Septimius

Rom – Um das Kolosseum
Karte S. 228/229

Severus 192 n. Chr. Marmortafeln mit einem detaillierten Stadtplan *(Forma Urbis)* aufhängen lassen. Die Befestigungshaken sind noch sichtbar. Viele Fragmente des Plans sind erhalten und für die Archäologen von unschätzbarem Wert. Unter anderem beruht auf diesem Plan auch das große Modell des antiken Roms im Museo della Civiltà Romana in EUR (→ S. 579).

Der prachtvolle Saal, der unmittelbar zum Tempel gehörte, wurde in der Spätantike noch zu Verwaltungszwecken genutzt. Papst Felix IV. (526–530) ließ ihn zusammen mit dem angrenzenden Rundtempel des Romulus auf dem Forum Romanum (→ S. 219), der als Eingangshalle diente, zur Kirche **Santi Cosma e Damiano** umgestalten. Dazu ließ er eine Apsis anbauen und mit einem Mosaik schmücken, für das Gold und Edelsteine verwendet wurden. Es zeigt, wie Christus Schriftrollen an Petrus und Paulus übergibt. Wenn man heute die leuchtenden Farben und geradezu moderne Darstellung sieht, kann man sich kaum vorstellen, dass das Mosaik aus dem Jahr 530 stammt. Geweiht ist die Kirche den beiden heiligen Zwillingsbrüdern Cosmas und Damian aus Syrien, die als Ärzte im 2. Jh. viele bedürftige Kranke kostenlos geheilt und zum Christentum bekehrt hatten. Dafür erlitten sie den Märtyrertod und gelten als Schutzpatrone der Ärzte und Apotheker.

Beim Eingang zur Kirche geht es rechts im Vorhof zur großen **neapolitanischen Krippe**. Sie stammt aus dem 18. Jh., ist 6 m breit, 3,50 m tief und 4 m hoch. Man sieht eine Landschaft mit einer Unzahl von Figuren in den gebräuchlichen Trachten der Zeit, die den damals üblichen Beschäftigungen des täglichen Lebens nachgehen, und im Hintergrund die Grotte mit dem Jesuskind. *Öffnungszeiten der Kirche* 8–13 und 15–19 Uhr; von Nov. bis März Di–Do 10–13 Uhr, Fr–So 10–13 und 15–18 Uhr. Die Krippe ist auch im Sommer montags geschlossen.

## Forum des Trajan, Trajanssäule und Trajanische Märkte

Zwischen Trajanssäule und Augustusforum liegt das 112 n. Chr. geweihte letzte Kaiserforum. Die alles übertreffenden Baukosten finanzierte Trajan mit dem erbeuteten Gold seiner Feldzüge gegen die Daker. Es war die Zeit der größten territorialen Ausdehnung des Römischen Reichs (s. Karte an der Mauer unterhalb der Maxentius-Basilika), entsprechend spektakulär sollte das neue Forum werden. Der beauftragte Architekt *Appolodor von Damaskus* hatte nur leider kein Baugelände für das größte der Kaiserforen. Um das erforderliche Grundstück zu schaffen, ließ er den 30 m hohen Osthang des Quirinals komplett abtragen. Wie gewaltig die Erdbewegungen waren, erkennt man an der Trajanssäule. Ihre Sockelinschrift berichtet, dass sie an der Stelle des abgetragenen Hügelausläufers steht und exakt dessen einstige Höhe hat.

Man betrat das Forum von Norden durch eine prachtvolle Säulenhalle und gelangte in einen kleinen Hof, wo die Trajanssäule noch immer steht. Zu ihren Seiten befand sich links und rechts je ein mehrstöckiges Gebäude mit einem Treppenhaus. Man vermutet hier den Sitz der Bibliothek, von deren Fenstern zum Hof man einen guten Blick auf die Reliefs der Säule hatte.

Die **Trajanssäule** wurde am 18. Mai 113 n. Chr. offiziell fertiggestellt. Im Sockel befindet sich ein Raum, in dem die goldene Urne des Kaisers und die seiner Frau Plotina beigesetzt waren. Im Innern führt eine Wendeltreppe mit einem Durchmesser von 90 cm, beleuchtet nur durch schmale Spalten, nach oben. Dort stand ursprünglich eine goldene Statue des Kaisers, die Papst Sixtus V. später durch ein Petrus-Standbild ersetzen ließ. Die Trajanssäule hat eine Gesamthöhe von

100 römischen Fuß (29,78 m) und besteht aus 18 Säulentrommeln. Ein spiralförmiges Reliefband windet sich in 23 Umdrehungen in die Höhe. Das Relief ist 200 m lang und liefert in 155 Szenen einen faszinierend detaillierten Bildbericht über die beiden Dakerkriege Trajans (101–102 und 105 n. Chr.). Jedes Detail, auch hoch oben, ist bis ins Kleinste ausgearbeitet. Hier findet sich auch der älteste Nachweis einer **Krawatte**: Zum Schutz gegen die Kälte in Germanien knoteten die Soldaten ein Tuch um den Hals. Von den modebewussten Jünglingen der besseren Gesellschaft in der Hauptstadt wurde der Halswärmer übernommen, und sie flanierte jetzt nur noch mit dem raffiniert geknoteten Tuch.

Wer sich diese einzigartige geschichtliche Quelle genauer ansehen möchte, hat dazu im Museo della Civiltà Romana in EUR Gelegenheit (→ S. 580). In einer großen Halle liegen die Gipsabdrücke von 125 Säulensegmenten. Diese wurden von Napoleon III., einem großen Bewunderer der Trajanssäule, in Auftrag gegeben.

Der **Bildbericht** beginnt mit den Vorbereitungen des Feldzuges in einer römischen Grenzstadt mit Wachtürmen an der Donau. Er schildert, wie die Soldaten auf improvisierten Schiffsbrücken den Fluss überqueren, während ein Flussgott aus dem Wasser auftaucht und zuschaut. Man sieht die aufgestellten Feldzeichen in einem Lager und Trajan, der zu seinen Soldaten spricht. Befestigte Vorposten und Brücken werden auf dakischem Gebiet errichtet. Immer ist der Kaiser präsent, man erkennt ihn an seinen Gesten und den respektvollen Blicken der Untergebenen. Eine erste Schlacht gegen die barbarischen Reiter beginnt, andere folgen, in denen die römische Militärmaschinerie mit Belagerungstürmen, Rammen und der „Schildkröte" zum Einsatz kommt. Neue Lager werden gebaut, dakische Siedlungen zerstört. Die Barbaren erkennt man an zotteligen Haaren und Bärten, die römi-schen Soldaten an ihren Brustpanzern oder Umhängen. Von ihnen stammen einige aus unterworfenen Provinzen und dienen in der römischen Armee. Darunter sind Schwarzafrikaner aus Mauretanien und Exoten mit nacktem Oberkörper, bewaffnet mit Keulen. Der Bericht bietet auch grausame Details. Die Gegner werden mit Feuer gefoltert, man präsentiert Trajan abgeschlagene Köpfe der Feinde. Auch über den Mauern einer Dakerstadt ragen Pfähle mit aufgespießten Köpfen. Im Hintergrund einer Szene schleppen zwei Daker einen verwundeten Kameraden fort. Schließlich empfängt Trajan eine Delegation kapitulierender Barbaren, Anführer werden gefangen genommen, andere begehen Selbstmord. Alte, Frauen und Kinder verlassen ihre Heimat und treiben ihr Vieh in andere Gegenden, die ihnen von den römischen Besatzern zugewiesen wurden.

Der Hof mit Trajanssäule und Bibliothek wurde gegenüber dem Eingang von der **Basilika Ulpia** begrenzt, einer mächtigen fünfschiffigen Halle, deren Fassade und Innenraum mit Friesen und Statuen reich geschmückt war. Ein Teil des vielfarbigen Marmorfußbodens ist noch erhalten. Man vermutet hier den Sitz von Gerichten und Verwaltungsstellen. Drei Ausgänge führten von der Basilika auf einen von Kolonnaden gesäumten 9.000 m² großen Platz, in dessen Zentrum sich ein zehn Meter hohes Bronze-Reiterstandbild Trajans befand. An den Längsseiten waren offene Säulenhallen, geschmückt mit Statuen gefangener Daker (einige zierten später den Triumphbogen des Konstantin, → S. 234). Von ihnen gingen, wie beim Augustusforum, zwei große halbkreisförmige Hallen ab, deren kostbarer Marmorboden teilweise erhalten ist. Gegenüber der Basilika wurde der Platz von einem Gebäude abgeschlossen, dessen Zweck unklar ist. Es muss aber eine bedeutende Funktion gehabt haben, denn es ragt in das angrenzende Augustusforum hinein.

Zum Komplex des Forums gehören die offenbar vom selben Architekten entworfenen **Trajanischen Märkte**. Sie sichern auf mehreren Ebenen hinter dem großen Platz des Forums den abgegrabenen Hang des Hügels. Eine Besichtigung der Anlage mit Geschäftsräumen, ungewöhnlich intakten Straßen, Fassaden, den

*Ein Feldzug als antiker Comic-Strip auf der Trajanssäule*

Galerien, die modernen Einkaufszentren erstaunlich gleichen, und immer wieder reizvollen Ausblicken auf das Forum, ist empfehlenswert.

Die Besichtigung beginnt im oberen Teil, in der sogenannten großen Aula, einem zentralen Raum (8 m x 32 m Fläche), der von sechs Kreuzgewölben überdacht wird. In die Halle münden drei offene Stockwerke, jeweils mit Kammern, in denen sich vermutlich Büros oder Läden befanden. Die Türrahmen bestehen aus Travertin. Unterhalb der Aula teilt die **Via Biberatica** die Märkte in zwei Bereiche. Sie war von einigen Tavernen gesäumt, wovon sich vermutlich ihr Name ableitet (*biber* = trinken). Das vorzüglich erhaltene römische Pflaster und die Gehsteige vermitteln einen Eindruck von einer typischen, antiken römischen Straße. Um die Steigung im weiteren Verlauf auszugleichen, weisen die anliegenden Läden treppenartige Niveauunterschiede auf. Links der Straße folgt ein weiterer großer, dreigeschossiger Bau mit unterschiedlich großen Räumen. In einer Halle mit großen Fenstern war wahrscheinlich das Büro des Forumsmanagers *(Prokurators)*. Der Bau wurde im Mittelalter in eine Burg integriert, zu der auch der **Torre delle Milizie** aus dem 13. Jh. gehört. Der nach einem Erdbeben schief stehende Turm soll demnächst für Besucher geöffnet werden. Von ihm aus bietet sich ein phantastischer Ausblick. Unterhalb der Via Biberatica befindet sich in einem halbkreisförmigen Gebäude ein Kolonnadengang mit Blick auf das Trajansforum, der an beiden Enden von halbkreisförmigen Sälen abgeschlossen wird. Dahinter verläuft eine weitere Straße mit gut erhaltenen Fassaden und einigen bemalten Räumen.

● *Eingang*  Via IV Novembre 94, kurz vor dem Largo Magnanapoli, über die Treppen von der Via Alessandrina aus zu erreichen.

● *Öffnungszeiten*  Di–So 9–17 Uhr, im Sommer bis 19 Uhr. Kassenschluss eine Stunde vorher.

● *Eintritt*  6,50 €; für EU-Bürger von 18 bis 24 Jahre 4,50 €; für EU-Bürger unter 18 über 65 Jahre Eintritt frei. Ermäßigung nur bei Vorlage eines Ausweises.

● *Information*  ✆ 06.6790048.

## Stadtteil Monti

In dem Streifen hinter den Kaiserforen, zwischen Via Cavour und Via Nazionale, begrenzt vom Innenministerium an der Via Milano, gibt es eigentlich keine Sehenswürdigkeiten. Vielleicht wirkt diese Region gerade darum so wohltuend ursprünglich. Möglicherweise ist es auch aus langer Tradition ein volkstümliches Viertel, in dem jeder jeden kennt und es noch richtige Werkstätten gibt. In der Antike war hier nämlich die berüchtigte Region **Suburra**, wo auf engstem Raum der Plebs lebte, wo sich Messalina, die Ehefrau von Kaiser Claudius, die heute gerne das Werk von Pornoproduzenten inspiriert, in den Bordellen vergnügte und wo Nero inkognito erfuhr, was die einfachen Leute dachten. Teure Nobelgeschäfte sind hier selten, es überwiegt der Trödel, vielleicht auch deshalb, weil die Straßen so steil sind und das Flanieren Mühe macht. Die Hauptstraßen von Monti sind die **Via dei Serpenti**, die **Via del Boschetto** und die kreuzende **Via Panisperna**, in der Nonnen zum Fest von San Lorenzo Brot und Schinken („panis et perna" – daher der Name) an die Armen verteilten. In der Via degli Zingari lebten einst die Zigeuner, meist als Kesselflicker. An einer Hauswand erinnert eine Tafel daran, dass die Gestapo im Oktober 1943 hier die Sinti und Juden zusammentrieb und deportierte. Das Zentrum des Viertels ist die gemütliche **Piazza Madonna dei Monti** mit Barockkirche, Renaissancebrunnen von Giacomo della Porta und zwei Cafés, an deren Tischchen draußen man sich besonders am frühen Abend wie auf einer netten, typischen italienischen Dorfpiazza fühlt. Offiziell reicht der Stadtteil Monti weit über die Via Cavour hinaus, doch diese gründerzeitliche Achse wirkt wie eine Barriere. Auf der anderen Straßenseite erscheinen die engen, schattigen Gassen in Richtung Kolosseum mit den überraschend reizvollen Durchblicken auf das antike Theater melancholischer.

## San Pietro in Vincoli

Von der Via Cavour sind es nur wenige Schritte, vorbei an der technischen Fakultät der römischen Universität, bis zu San Pietro in Vincoli auf der gleichnamigen Piazza. Hierher strömen die Besucher wegen **Michelangelos** überlebensgroßer **Mosesstatue**, deren faszinierender körperlicher Ausdruckskraft man sich kaum entziehen kann.

An dieser Stelle ließ bereits die weströmische Kaiserin Licinia Eudoxia (422–462) eine Kirche bauen, um einen würdigen Aufbewahrungsort für die Ketten zu schaffen, mit denen angeblich Petrus gefesselt worden war (daher der Name *„Heiliger Petrus in Fesseln"*). Im Auftrag von Papst Sixtus IV. wurde der Bau 1475 grundlegend erneuert. Aus dieser Zeit stammen Vorhalle und Fassade. Das Deckenfresko wurde erst im 18. Jh. hinzugefügt.

Die dreischiffige Basilika San Pietro in Vincoli ist im Gegensatz zu den meisten Kirchen Roms recht spärlich ausgestattet. Nichts sollte von den wertvollen Reliquien unter dem prachtvollen Renaissance-Tabernakel des Hochaltars ablenken, wo die Eisenfesseln des Petrus hinter Glas liegen. Aber heute haben nur die wenigsten Besucher auch nur einen Blick dafür übrig. Sie zieht es in das rechte Querschiff zum **Grabmal für Papst Julius II.** (1503–13) in Form einer plastisch gearbeiteten, zweigeschossigen Fassade mit dem sitzenden Moses im Zentrum. Seit 2002 ist es nach langer Restaurierung wieder vollständig zu sehen.

Die Entstehungsgeschichte des Monuments hat **Michelangelo** einen großen Teil seines Berufslebens begleitet und belastet. Im Alter von 70 Jahren wurde er endlich fertig. Als 30-Jähriger hatte Michelangelo im April 1505 den Auftrag erhalten, ein monumentales Grab für Papst Julius II. mit 40 Statuen anzufertigen. Es sollte im Zentrum der neuen Peterskirche stehen und das prächtigste Grabmonument aller Zeiten werden. Dafür stellte der Papst einen Wert von umgerechnet vielen Millionen Euro in Aussicht. Michelangelo machte sich sogleich an die Arbeit und suchte persönlich in Carrara den Marmor aus. Doch die schlechte Zahlungsmoral verärgerte den Künstler, Streit und Intrigen der Konkurrenz kamen hinzu. Als der Papst 1513 starb, waren noch nicht einmal Teile ausgeführt. Julius II. wurde sehr viel schlichter in der Peterskirche beigesetzt, doch die Familie della Rovere wollte die Fortsetzung der Arbeit am Monument. Es kam zu einem neuen Vertrag, die Erben zahlten mehr als dreiviertel des Honorars an und Michelangelo arbeitete weiter. Es entstanden die berühmten Statuen des gefesselten und des sterbenden Sklaven, die sich heute im Louvre befinden. Doch dann lockten andere, lukrative Aufträge der Medici, und Termine platzten. Michelangelo wurde zum Objekt der Begierde konkurrierender Auftraggeber. In den nächsten Jahren einigte man sich auf mehrere, immer weiter abgespeckte Versionen, es gab Ärger, Klageandrohungen, Papst Clemens VII. schaltete sich als Vermittler ein und 1533 wurde schließlich ein drastisch reduziertes Wandgrab im Querhaus von San Pietro in Vincoli, der alten Titularkirche des Verstorbenen, verabredet. Der Papst hatte ohnehin kein Interesse daran, die neue Peterskirche mit dem ursprünglich geplanten gigantischen Mausoleum für einen seiner Vorgänger zu schmücken. Michelangelo musste nach der Wahl Pauls III. zwar noch den Auftrag für das *Jüngste Gericht* in der Sixtinischen Kapelle dazwischenschieben und den Meißel sechs Jahre lang mit dem Pinsel tauschen, doch ab 1542 ging es zügig voran und drei Jahre später war das Grabmal fertig. Zu den Figuren auf der oberen Ebene war er allerdings nicht gekommen, die stammen in deutlich geminderter Qualität von anderen Bildhauern.

*Öffnungszeiten* 7–12.30 und 15.30–18 Uhr (im Sommer bis 19 Uhr). Souvenirs im Shop nebenan, dort sind sie meist preiswerter als bei den fliegenden Händlern auf der Piazza.

Keine Darstellung hat das Bild einer biblischen Gestalt so geprägt, wie der **Moses des Michelangelo**. Seine Wirkung ist überwältigend. Man spürt die enorme Spannung eines unmittelbar bevorstehenden Wutausbruchs.

Moses sitzt in der mittleren Nische der unteren Ebene des Monuments, flankiert von den biblischen Schwestern Rachel und Lea, den Stammmüttern Israels. Er hält die empfangenen Gesetzestafeln unter seinem rechten Arm und ist mit dem ärmellosen Gewand eines Hirten bekleidet, das die muskulösen Schultern und Arme frei lässt. Auf dem Kopf hat er **Hörner**. Dieses traditionelle Merkmal geht auf einen Übersetzungsfehler zurück. Da im Hebräischen Vokale nicht geschrieben werden, ist die Schreibweise der Wörter „*umstrahlt*" und „*gehörnt*" identisch. Das hatte der Bibelübersetzer Hieronymus übersehen und so dem Moses nach dessen Begegnung mit Gott in der lateinischen Version Hörner aufgesetzt (*facies cornuta* statt *facies coronata*). Die bildnerischen Darstellungen übernahmen das Attribut zunächst werkgetreu. Und auch Michelangelo bleibt hier dabei, obwohl die meisten seiner Zeitgenossen die Hörner schon durch Strahlenbündel ersetzt hatten. Der Bildhauer spielt damit nach einer kunsthistorischen Theorie auf den Hirtengott Pan an, um die animalische Wildheit noch zu unterstreichen.

Es gibt zahlreiche Interpretationen des Werks. Eine besonders beachtete Analyse stammt von **Sigmund Freud**. Der sieht die Bändigung äußersten Zorns über die ungläubigen Israeliten. Am liebsten würde Moses die Tafeln zerschmettern, doch gilt es einen Auftrag zu erfüllen.

Damit erkennt Freud, dass die Spannung des Werks in seinen Gegensätzen liegt: Die rechte Körperhälfte des Moses wirkt ruhig, die Gesetzestafeln balancieren mit einer Ecke auf dem Hocker, lässig von einer Handkante gehalten, während die Finger mit dem wallenden Bart spielen. An seiner rechten Seite steht **Rahel** in der Kutte einer Nonne, betend mit Blick zum Himmel, als Ausdruck des reinen Glaubens und der *Vita contemplativa* (des beschaulichen Lebens). Dazu steht die linke Seite im Kontrast. Moses schaut über seine linke Schulter, runzelt die Stirn mit Zornesfalten, die Augen scheinen zu funkeln. Der linke Arm ist leicht abgewinkelt, so als würde er gleich zu großer Geste ausholen. Der linke Fuß ist zurückgesetzt wobei sich der große Zeh im Sprung von der Kante abzustoßen scheint.

Zu seiner Linken steht die liebliche **Lea**, nach Art einer klassischen Göttin gekleidet, mit Blick nach vorne. Sie repräsentiert das Diesseits als *Vita activa* (tätiges, auf die Umwelt einwirkendes Leben). Der Sarg im oberen Teil des Grabmals verbindet die gegensätzlichen Seiten. Auf ihm erhebt sich Julius II., als würde er gerade von den Toten auferstehen. Der Oberkörper ist schon aufgerichtet, der Rest ruht noch. Über ihm trägt die Madonna das Christuskind. An den Seiten des Papstes sitzen eine trauernde Sybille und ein Prophet.

## Domus Aurea

**Die Domus Aurea (goldenes Haus) war der prunkvollste Palast der Antike. Kaiser Nero lebte hier nur etwa 18 Monate, bevor er im Alter von 31 Jahren starb. Der Bau, der den römischen Staatshaushalt ruiniert hat und nie fertig wurde, verschwand schon bald aus dem römischen Stadtbild. In der Renaissance wurden zufällig einige verschüttete Räume mit fantastischer Dekoration entdeckt, was zu einer neuen Stilrichtung in der Malerei führte. Nach schwierigen Restaurierungen sind heute einige Säle für Besucher zugänglich.**

In der Mitte des 1. Jh. n. Chr. fehlte der Supermacht Rom eine repräsentative Residenz, die mit der Pracht orientalischer Höfe konkurrieren konnte und wo sich ausländische Staatsgäste angemessen empfangen ließen. Diesen Mangel wollte Kaiser Nero beheben. Nach dem großen Brand von Rom (64 n. Chr.) bot sich eine günstige Gelegenheit dazu. Nero ließ die Reste der Häuser in bester Lage abreißen und die Grundstücke enteignen. *„Gierig nach Außergewöhnlichem"* (Tacitus über Nero), hatte er nun den Platz, um seiner Fantasie freien Lauf zu lassen. Er wollte einen Bau, der die Kaiserresidenz auf dem Palatin mit den Gärten auf dem Esquilin verband. Die Ausmaße seines „goldenen Hauses" waren damit größer als die der meisten antiken Provinzstädte, und Satiriker aus der Zeit rieten ihren Mitbürgern zur Flucht, denn ein einziger Palast würde ganz Rom einnehmen.

Die Eingangshalle mit der 35 m hohen vergoldeten Kolossalstatue des Nero befand sich beim Forum. Dahinter lag an der Stelle des Kolosseums ein künstlicher See mit Arkaden, deren Fundamente kürzlich neben dem Konstantinsbogen ausgegraben wurden. Die Baukosten überstiegen die Kapazität des Staatshaushalts. Zusätzliches Geld brachte die Enteignung vermeintlicher reicher Verräter. Man hob Steuern und Preise an, presste den Provinzen Sondersteuern ab und senkte den Edelmetallgehalt der Münzen, was zur Inflation führte. Nero kümmerte das nicht, Sueton zitiert ihn mit dem Satz: *„Nur schmutzige Geizhälse kümmern sich um die Ordnung ihrer Finanzen, wahrhaft große, feine Herren sind die, die Geld mit vollen Händen ausgeben".*

Selbst in den chaotischen Monaten nach Neros Tod im Juni 68 n. Chr., als kurz nacheinander drei Kaiser regierten, liefen die Bauarbeiten am Palast weiter und kosteten allein in dieser Zeit weitere 50 Mio. Sesterzen (zum Vergleich: der Tagesbedarf eines Arbeiters lag bei vier Sesterzen, ein Liter Wein kostete knapp einen, ein ordentlicher Sklave um 2.000 Sesterzen). Am 1. Juli 69 riefen die Soldaten der Donau-Armee den Kommandanten **Vespasian** zum neuen Kaiser aus.

Mit dem Rückhalt des Militärs setzte er sich in Rom durch und begründete die neue **Dynastie der Flavier**. Beim Volk machte er sich populär, indem er den protzigen Palast als Symbol der Tyrannei des verhassten Nero auflöste und unterbrochene Straßenverbindungen wieder herstellte. Das Gebiet zwischen Palatin und Esquilin gab er dem Volk als Vergnügungsviertel zurück. Den See ließ er trockenlegen und an dessen Stelle das erste steinerne Amphitheater *(Kolosseum)* bauen. Die grandiosen Kunstwerke, die der Ästhet Nero in Griechenland zur Dekoration seiner Residenz hatte rauben lassen – die Plünderung der Akropolis in Athen dürfte der unverschämteste Kunstraub der Antike gewesen sein – machte Vespasian in seinem Friedensforum (→ S. 238) der begeisterten Öffentlichkeit zugänglich.

## Der Palast des Nero

Der römische Biograph **Sueton** (ca. 70–140 n. Chr.) beschreibt 50 Jahre nach Neros Tod den Palast folgendermaßen:

*„Die Eingangshalle war so hoch, dass eine Kolossalstatue Neros von 120 Fuß (ca. 36 m) Höhe darin Platz hatte, und der ganze Bau war so groß, dass ihn ein Portikus mit drei Säulenreihen in einer Länge von 1000 Fuß (298 m) umfasste. Auch ein künstlicher See befand sich innerhalb dieser Anlagen, der wie ein Meer ringsum von Bauten umgeben war, die Städte darstellen sollten. Dazu kamen noch Ländereien mit Feldern, Weinbergen, Wiesen und Wäldern in buntem Wechsel, mit einer Fülle von zahmen und wilden Tieren. Die Innenräume des Palastes waren vollständig vergoldet und mit Gemmen und Muscheln geschmückt. Die Speisesäle hatten mit Elfenbeinschnitzereien verzierte Kassettendecken, deren Täfelung verschiebbar war, damit man Blüten auf die Gäste herabregnen lassen konnte. Auch besaßen sie ein Röhrenwerk, durch das man duftende Essenzen herabsprühte. Der Bankettsaal hatte die Form einer Rotunde, deren Kuppel sich wie das Weltall Tag und Nacht ständig drehte. In den Bädern gab es Meer- und Schwefelwasser. Als er nun dieses Prachtgebäude nach der Fertigstellung einweihte, fand er keine anderen Worte der Zufriedenheit als: ‚Jetzt fange ich endlich an, menschenwürdig zu wohnen!'"*

Einen weiteren Großbrand im Jahr 104 nutzte Kaiser Trajan zum Bau neuer **Thermen** über dem goldenen Haus des Nero auf dem Esquilinhügel. Der untere Bereich des Palastes diente teils als Keller mit Wirtschaftsräumen der Thermen, teils wurde er mit Bauschutt vom Abriss der oberen Stockwerke aufgefüllt und war so ein solides Fundament für die Baderäume. Damit war die Domus Aurea bei Eröffnung der Trajansthermen im Jahr 110 vollständig aus dem Stadtbild verschwunden. Die verfüllten Räume mit ihrer noch vorhandenen Dekoration blieben unterirdisch aber recht gut erhalten.

Nachdem ein Bauer am 1. Juni 1506 bei Feldarbeiten auf dem Esquilin durch ein Loch in einen unterirdischen Raum der Domus Aurea rutschte und dabei zufällig die **Laokoon-Gruppe** entdeckte (→ „Die Vatikanischen Museen", S. 541), wurden Schatzsucher auf die verborgenen Säle aufmerksam. Sie werden gestaunt haben, als im Fackelschein die sonderbaren Wanddekorationen auftauchten. Bald darauf erschienen die bedeutendsten Künstler der Zeit auf Motivsuche.

Rom – Um das Kolosseum
Karte S. 228/229

Raffael, Pinturicchio, Guido da Udine, Girlandaio und andere (einige haben ihre Namen an den Wänden hinterlassen) seilten sich durch Löcher in den Gewölben der großen Säle ab und kopierten die faszinierend fantasievolle Illusions- und Architekturmalerei. Etwas Vergleichbares hatten sie noch nicht gesehen (die antiken römischen Wandmalereien von Pompeji und Herkulaneum wurden erst rund 200 Jahre später entdeckt). Dieses unerschöpfliche Reservoir an Mustern nutzten die Künstler der Renaissance zur Dekoration der vielen neuen Palazzi sowie besonders der Loggien des Vatikans und begründeten eine neue Mode, die sich in ganz Europa verbreitete.

Die antiken Fresken zeigen z. B. filigrane Scheinarchitektur, befreit von statischen Zwängen, sodass zarte Bänder mit Schleifchen Säulen und ganze Tempel tragen. Vielschichtige Perspektiven scheinen die Wände bis in die Unendlichkeit aufzulösen. Man sieht Zaubergärten und Fabelwesen. Alles erscheint in leuchtendem Zinnoberrot, kostbarem Purpur, intensivem Blau oder Türkis. Diese neu entdeckte Art von Malereien nannte man **Grotesken** nach den feuchten unterirdischen Räumen der Domus Aurea (Grotten), wo die antiken Vorbilder kopiert wurden.

Nicht alle mochten allerdings diesen Stil.

So schrieb Vasari, Kunstkritiker (1511–74): *„Es handelt sich um eine zügellose und äußerst lächerliche Malerei, von den Alten zur Ausschmückung ihrer Räume verwandt, wo an einigen Stellen nichts anderes hinein passte als Luftdinge. Deshalb schufen sie all diese Widerwärtigkeiten unter Absehung von Natur und aus lauter Launen- und Grillenhaftigkeit der Maler, die ohne eine Regel zu Werke gehen, indem sie Gewichte an Fäden hängen, welche diese gar nicht tragen konnten, die Pferden Beine aus Blättern machen und Menschen solche von Kranichen. Und wer sich das Merkwürdigste ausdachte, der galt als der Tüchtigste."*

## Nero (37–68 n. Chr.) – Kaiser und Gott

Im Alter von drei Jahren verlor Nero den Vater. Seine Mutter Agrippina Minore wurde bald darauf von ihrem verrückten Bruder Kaiser Caligula wegen angeblich geplanter Verschwörung auf die Insel Ponza verbannt. Der kleine Nero blieb völlig mittellos bei seiner Tante Domitia. Bei ihr wurde er von einem syrischen Tänzer und einem griechischen Friseur, der ihn mit den erlesensten Schönheitsmittelchen pflegte, erzogen, während die beiden Herren ansonsten hauptsächlich im Bett der Tante tätig waren. Nachdem Caligula ermordet und Claudius Kaiser geworden war, durfte Agrippina nach Rom zurückkehren. Zielstrebig setzte die ehrgeizige Frau eine Heirat mit ihrem Onkel Claudius durch, der gerade seine Ehefrau Messalina wegen deren nymphomanischen Ausschweifungen hatte hinrichten lassen und sich nun einsam fühlte. Agrippina überredete den Kaiser, ihren Sohn Nero zu adoptieren. Die Ausbildung des inzwischen elfjährigen Jungen übernahm der Philosoph Seneca.

Im Alter von 17 Jahren (54 n. Chr.) trat Nero die Nachfolge des Kaisers an, den Mutter und Sohn mit einem vergifteten Pilzgericht aus dem Weg geschafft hatten. Anfangs noch ganz unter dem Einfluss seines Lehrers Seneca, regierte Nero zunächst vorbildlich. Doch bald setzte sich sein eigentliches Interesse für Musik, Theater, Pferderennen, Wein und andere Vergnügungen durch. Er gewann Dichterwettbewerbe und interessierte sich nicht für militärische Erfolge oder Politik. Seine Eitelkeit verlangte nach anderem Beifall. Zur Begeisterung der Massen inszenierte er gigantische Shows, die ihn bis heute zum Thema von Historienfilmen machen. Dann entdeckte er die Möglichkeiten grenzenloser Macht.

Während er im Theater sang, und das konnte lange dauern, war es bei Todesstrafe verboten, den Zuschauerraum zu verlassen. Sogar Kinder wurden während der Aufführungen geboren. Geplagte Besucher sollen sich tot gestellt haben, um auf der Bahre nach draußen getragen zu werden. Im Laufe der Zeit befahl der launische Herrscher die Hinrichtung aller seiner Familienmitglieder, sein Lehrer Seneca beging auf Anordnung Selbstmord. Die Mutter, die ihren Einfluss auf die Regierung auszubauen suchte, entging mehreren Giftanschlägen, weil sie sich mit Gegenmitteln immunisierte. Schließlich versuchte Nero, sie durch einen vorgetäuschten Unfall zu töten. Dazu ließ er sie zu einer Audienz mit einem präparierten Schiff abholen, das sich auf hoher See in seine Einzelteile zer-

*Kaiser Nero*

legte. Agrippina ging aber nicht wie geplant mit dem Wrack unter, denn sie war eine gute Schwimmerin und konnte das rettende Ufer erreichen. Dort aber traf sie das Schwert eines Offiziers der Leibwache, der dem Kaiser persönlich für den Erfolg des Attentats verantwortlich war.

Prägendes Ereignis der Regierungszeit Neros war der **Brand von Rom** (64 n. Chr.). Sechs Tage und Nächte loderte das Feuer und zerstörte zehn von 14 Bezirken der Innenstadt. Nero, der auf seinem Landsitz in Anzio davon erfuhr, ritt die 70 km zur Hauptstadt, um den Brand selbst zu bekämpfen. Anschließend gab es wirkungsvolle staatliche Aufbauhilfe für die Betroffenen und innovative Brandschutzvorschriften. Die Straßen wurden verbreitert, feuergefährdete Räume mussten aus Stein gebaut werden und die Höhe der Wohnhäuser durfte 23 m nicht überschreiten. Es kam aber das Gerücht auf, Nero selbst habe den Brand gelegt, um Platz für seinen neuen Palast zu schaffen. Zur Beruhigung der aufgebrachten Menge und um das Rachebedürfnis zu stillen, beschuldigte man die Christen. Das war den Römern nachvollziehbar, denn die Christen waren suspekt, weil sie die gewohnten Götter ablehnten und auch den Kaiser nicht als Gott verehrten. Bei der daraufhin einsetzenden ersten **Christenverfolgung** starben viele den Märtyrertod im Circus oder wurden ans Kreuz geschlagen. Einige Quellen berichten, dass Christen in brennende Tücher eingehüllt und als lebende Fackeln in den Gärten aufgestellt wurden.

Das Volk litt unter den wirtschaftlichen Problemen aufgrund Neros Verschwendungssucht. Als auch die Armee rebellierte, erklärte der Senat den flüchtenden Herrscher zum Staatsfeind. Für den Selbstmord war er zu feige, sein Sekretär musste ihm den Dolch ins Herz stoßen. Nero starb im Alter von 31 Jahren.

Erst 1907 begannen unter dem deutschen Archäologen Fritz Weege systematische Ausgrabungen, bei denen man 88 Räume freilegte. Heute wird vermutet, dass der Palast bis zu 500 Räume hatte. Durch ungünstige Klimaverhältnisse, einsickerndes Wasser und fehlende Sicherungsmaßnahmen bröckelten die Wandornamente und die leuchtenden Farben verblassten. Ab 1981 mussten die Ausgrabungen für das Publikum geschlossen werden. Während der 18-jährigen **Restaurierung** hat man die Mauern stabilisiert, eine dicke Kalkschicht von den Fresken entfernt, 12.000 m² Wandfläche gesäubert und zum Schutz der Farben für konstantes Klima gesorgt. Nach der Wiedereröffnung im Juni 1999 wurden Besuchergruppen auf einem Rundgang durch 32 Säle geführt, doch 2001 stürzte nach heftigen Regenfällen ausgerechnet ein Teil der Kuppel des spektakulären Oktogonsaals ein. Vier Jahre später musste die Domus Aurea wegen akuter Einsturzgefahr komplett gesperrt werden. Nach weiteren Sicherungsmaßnahmen scheinen die Probleme derzeit behoben zu sein. Seit Frühjahr 2007 ist die Domus Aurea für eine limitierte Besucherzahl wieder geöffnet. Wie es weiter geht und ob der gesamte Rundgang möglich sein wird, hängt von den künftigen Messergebnissen ab.

Während des **Rundgangs** sieht man über zehn Meter hohe Räume, Ziegelmauerwerk, auf denen einst kostbare Marmor- und Travertinverkleidungen befestigt waren, aber auch mit feinstem Stuck, Fresken oder Mosaiken verzierte Wände sowie Reste von Mosaikfußböden. Irritierend sind manchmal die gewaltigen Stützmauern, die später unter Trajan eingezogen wurden, um die darüber liegenden Thermen zu stützen. Man gelangt in ein **Nymphäum** mit einem Mosaikfragment, das Odysseus und Polyphem zeigt. In Seitenräumen sieht man gemalte Szenen aus den Trojanischen Kriegen mit Achilles, Hektor und Andromache. Weitere Gänge und Säle sind mit perspektivisch gemalter, höchst filigraner Scheinarchitektur versehen. Der Höhepunkt des Rundgangs ist der frisch wieder hergestellte **oktogonale Kuppelsaal**, der nur durch eine Öffnung in der Decke beleuchtet werden konnte, weil er in der Mitte des Palastes lag. Dies ist möglicherweise der von Sueton beschriebene drehbare Saal, in dem von oben Blütenblätter und duftende Essenzen auf die Gäste rieselten. Hinweise auf eine entsprechende Mechanik fehlen zwar, aber eine von Wasserkraft angetriebene Holzkonstruktion auf Kugellagern wird für denkbar gehalten. Vermutlich war die Kuppel ein Vorbild für das später entstandene Pantheon.

• *Eingang* Gegenüber des Kolosseums, im Park des Esquilinhügels, der in diesem Bereich *Colle Oppio* genannt wird.

• *Öffnungszeiten* Nach längerer Schließung wegen Einsturzgefahr ist die Domus Aurea seit Frühjahr 2007 wieder probeweise eingeschränkt geöffnet: Di–Fr 10–16 Uhr für begleitete Gruppen von max. 40 Personen im Halbstundentakt. Derzeit werden pro Tag nur zwei Touren in englischer Sprache angeboten, die übrigen sind auf Italienisch. Eine Reservierung ist notwendig, unter ☎ 06.39967700 oder online unter www.pierreci.it.

• *Eintritt* 5 € zuzügl. 1,50 € Reservierungsgebühr, keine Ermäßigung.

**Achtung**: In den Räumen ist es das ganze Jahr über ca. 12 Grad kalt bei hoher Luftfeuchtigkeit. Im Sommer sollten Sie daher unbedingt eine Jacke mitnehmen!

Von der Domus Aurea ist von außen nichts zu sehen, nur einige Schächte auf dem **Monte Esquilino** deuten auf die unterirdischen Räume hin. Die wenigen Reste römischen Mauerwerks stammen von den Trajansthermen. Der Park auf dem Hügel mit den Palmen und Oleanderbüschen ist zwar etwas ungepflegt, doch trotzdem zur kurzen Entspannung recht gut geeignet. Zumindest hält sich hier der Verkehrslärm in Grenzen. Vorsicht, nach Sonnenuntergang gilt die Gegend als unsicher.

# San Clemente

Vom Kolosseum aus lohnt ein Abstecher zur Basilika San Clemente an der Straße zum Lateran in Richtung Osten, wo **drei Bauwerke** verschiedener Zeitepochen übereinander geschichtet sind. Man betritt zunächst eine romanische Oberkirche aus dem Jahr 1108. Die drei Schiffe sind durch unterschiedlich gearbeitete Säulen getrennt, die von verschiedenen antiken Bauwerken stammen. Sehenswert sind der Marmorfußboden und die Chorschranken mit besonders qualitätvollen Cosmatenarbeiten.

Die **Cosmaten** waren eine italienische Künstlerfamilie aus dem 12. Jh., die farbige Marmorstücke aus den antiken Ruinen sammelte, zu kleinen Plättchen schliff und diese Mosaiksteine in komplizierten geometrischen Mustern zur Dekoration hauptsächlich von Kirchen verwendete.

Berühmt ist auch das Goldmosaik *Triumph des Kreuzes* (12. Jh.) in der Apsis.

Maurer entdeckten 1861 zufällig bei Erdarbeiten, dass die Kirche auf den Überresten einer größeren **frühchristlichen Basilika** aus dem 4. Jh. steht, die 1080 von plündernden Normannen zerstört wurde. Einige Kunstwerke konnten gerettet werden und gehören noch heute zum wertvollen Inventar von San Clemente. Die Ruine riss man nicht ab, sondern füllte sie lediglich mit dem reichlich vorhandenen Schutt. Auf diesem Fundament wurde dann auf einem etwas höheren Niveau die heutige Oberkirche gebaut. Als man im letzten Jahrhundert den Schutt entfernte, kamen gut erhaltene Fresken mit Szenen aus dem Leben des heiligen Clemens (frühes 11. Jh.) zum Vorschein. Die Wirkung dieses einst großen Raums wird heute durch die zur Sicherung der Oberkirche eingezogenen Stützpfeiler leider etwas beeinträchtigt.

Bei weiteren Forschungen entdeckte man unter der frühchristlichen Basilika Reste eines antiken **römischen Wohnhauses** und ein hervorragend erhaltenes **Mithrasheiligtum** aus dem 2. Jh. n. Chr. Der Mithraskult war eine frühe, lange in Konkurrenz zum Christentum stehende Weltreligion. Man sieht in die Wände eingelassene Sitze der Glaubensanhänger und in der Mitte den Altar des Mithras. Wahrscheinlich sind Sie in diesem Heiligtum den wahren Ursprüngen des Christentums näher als sonst an einem Ort:

Man nimmt an, dass die frühen Christen, denen es darum ging, Anhänger zu werben und konkurrierende Religionen auszulöschen, von diesen einige Glaubensinhalte und Gebräuche übernahmen und als wahrhaft christliche Lehren ausgaben. Auch fremde Heiligtümer wurden zu christlichen Versammlungsstätten umgestaltet, um die heidnischen Kultstätten für eigene Zwecke zu vereinnahmen. Wohl auch aus diesem Grund erbaute man die Kirchen oft gezielt auf den Überresten von Tempeln und Mithräen.

Einige Forscher meinen, dass die noch ältere Religion des **Zarathustra** der Vorläufer von Mithraskult und Christentum war: Zarathustra wurde von einer Jungfrau geboren. Zwei Engel, Abgesandte des Lichtgottes, kündigten ihr dies zuvor an. Zarathustra selbst wurde verbrannt. Auf diese Weise selbst Licht geworden, fuhr er zum Vater in den Himmel auf. Für das Ende aller Zeiten kündigte Zarathustra ein Weltengericht an, zu dem die Toten körperlich auferstehen und entweder ins Paradies auffahren oder in die Hölle abstürzen sollten.

Auch **Mithras** ist der Sohn des Sonnengottes, der von einer Jungfrau geboren wird und nach seinem Tod in den Himmel zum Vater auffährt.

Rom – Um das Kolosseum
Karte S. 228/229

Noch verblüffender sind nach Auffassung einiger Religionsforscher **parallele Details von Mithraskult und Christentum:** Der in der Bibel zu Jesu Geburt erschienene Komet war nach astronomischer Forschung nicht am 24. Dezember, sondern nur im Frühling und im Herbst zu sehen. Auch fand die erwähnte Volkszählung erst im Jahre 13 unserer Zeitrechnung statt. Lange vor Christus feierten aber bereits die Mithräer den 25. Dezember als Tag der Geburt des Mithras in einer Felsenhöhle.

Die Dreifaltigkeit taucht bei Mithras früher als im Christentum auf. Ihm zur Seite stehen *Cautus* mit erhobener Fackel als Symbol für aufgehendes Licht (= Anfang) und *Cautopates* mit gesenkter Fackel für untergehendes Licht (= Ende).

Die Heiligen Drei Könige aus dem Morgenland sind keine historischen Personen, Kö-

---

## Der Mithraskult

Der Name des Mithras war schon im 4. Jh. v. Chr. in Persien bekannt. Über orientalische Händler und häufig ihren Einsatzort wechselnde Legionäre verbreitete sich die Religion von Nordafrika bis nach Großbritannien. Sie geriet dann in Vergessenheit, weil die Christen sämtliche Schriftquellen des Mithraskults vernichteten, die Heiligtümer zerstörten und mit Schutt auffüllten. Damit trugen sie aber gleichzeitig ungewollt zur Erhaltung der Versammlungsorte bei. Noch immer werden nämlich unter alten Bauwerken, besonders unter Kirchen, gut erhaltene Mithräen entdeckt und ausgegraben. Das unter San Clemente gehört aber wohl zu den eindrucksvollsten.

Über die Riten dieser Mysterienreligion, der nur Männer angehörten, ist bis heute kaum etwas bekannt – die wenigen bildlichen Darstellungen anscheinend auch blutig verlaufender Kulthandlungen entziehen sich weitgehend den Deutungsversuchen der Archäologen. Man weiß jedoch, dass selbst die meisten Mithrasjünger die heiligen Handlungen nicht vollständig kannten, denn sie mussten *sieben Grade* der Einweihung durchlaufen, und erst die Eingeweihten des 4. Grades, die *Löwen,* durften an den vollständigen Kulthandlungen teilnehmen. Die einzelnen Grade, vom *Raben* bis zum *Pater,* sind häufig mit ihren Attributen auf den Fußbodenmosaiken der Mithräen dargestellt. Jeder Grad unterstand dem besonderen Schutz einer Planetengottheit, sodass das Durchlaufen dieser Grade dem Aufstieg durch die verschiedenen Sphären des Himmels bis zum Sonnengott gleichkam.

Auf dem **Relief des Altars** ist typischerweise das Segen spendende Stieropfer des Mithras abgebildet: Mithras, der Sohn des Lichtgottes, der über das Gute herrscht, sorgt dafür, dass die Natur am Ende des Jahres nicht stirbt. Er jagt den Urstier durch das Universum, erreicht ihn am Tag der Wintersonnenwende und stößt ihm das Schwert in den Hals. Das Blut des Stiers ist der Lebenssaft, aus dem neue Kraft für neues Wachstum entsteht und der damit die Welt erlöst. Ein von rechts aufspringender Hund will sich an dem Blut laben, während von der entgegengesetzten Seite die Schlange, ein Wesen der Finsternis, herankriecht. Ein Skorpion verbeißt sich in die Hoden des Opferstieres, der im Sterben seinen Samen ausstößt, um der Welt neue Fruchtbarkeit zu bringen. Mithras trägt dabei einen flatternden Mantel, was einerseits zeigt, dass er den Stier im Lauf erlegt, andererseits symbolisiert, dass die himmlischen Mächte ihm einen Sturm zur Unterstützung schickten.

*Mithras tötet den Stier und bringt dadurch neues Leben*

nige mit den Namen Caspar, Melchior und Balthasar existierten nicht. Statt dessen wird die Mithrastrinität manchmal durch die Buchstaben C+M+CP dargestellt. Es ist möglicherweise das Symbol der Trinität – Anfang, Höhepunkt und Untergang.

Den Tag, an dem die Mithräer ihre Kulthandlungen vornahmen, weihten sie ihrem Sonnengott und nannten ihn „Sonntag". Die Christen machten daraus den Tag des Herrn (lat. *dominus* = Herr), was aber nicht in allen Sprachen übernommen wurde (ital. *domenica*, aber dt./engl. *Sonntag*).

Wichtiger Bestandteil der Mithrasreligion war die Erlösung durch das Stieropfer, das die Jünger des Mithras durch ein feierliches Kultmahl nachvollzogen. Das Vorbild hierfür, ebenso wie für das christliche Abendmahl, findet sich schon bei Zarathustra, wo es heißt: „*Wer von meinem Leib isst und von meinem Blut trinkt, auf dass er eins werde mit mir und ich mit ihm*".

Vor dem Eingang zum Mithrasheiligtum durchquert man das recht gut erhaltene, römische **Wohnhaus**. Das rauschende Wasser, das man in der Ferne hört, stammt von einem unterirdischen Bachlauf in der Nähe. Auch antike Wasserleitungsreste sind noch zu sehen.

Diese Reise durch die unterschiedlichen Epochen ist unbedingt empfehlenswert: Besser und eindrucksvoller kann die Geschichte der Stadt kaum erlebt werden.

• *Eingang* Via di S. Giovanni in Laterano.
• *Öffnungszeiten* Tägl. 9–12.30 und 15–18 Uhr, So erst ab 10 Uhr.

• *Eintritt zu den Ausgrabungen* 3 €, keine Ermäßigung.

## Mittelalterliche Kirchen auf dem Celiushügel

Südlich des Kolosseums liegt der von Touristen kaum beachtete Celiushügel, benannt nach dem etruskischen Feldherrn Caelius Vibenna. In der Antike war hier eine bessere Wohngegend und der nördliche Hang gehörte zur Domus Aurea (→ S. 244), wo sich ein gigantisches Nymphäum befand. Heute herrscht hier eine wohltuende Ruhe im ansonsten meist hektischen Rom. Sehenswert sind vier mittelalterliche Kirchen und besonders erholsam ist ein Abstecher in die abwechslungsreiche Parkanlage der **Villa Celimontana** mit Palmen und vielen exotischen Gewächsen, wo im Rahmen der Veranstaltungen des römischen Kultursommers ein hochkarätiges Jazzfest stattfindet

●*Eingang* In der Via San Paolo della Croce gegenüber der Kirche SS. Giovanni e Paolo oder in der Via della Navicella schräg gegenüber der Kirche S. Stefano Rotondo.
●*Öffnungszeiten* Von 7 Uhr bis Sonnenuntergang.

▶ **Santi Quattro Coronati**: In unmittelbarer Nähe von San Clemente sieht man auf dem Celiushügel die hoch aufragenden, wehrhaften Mauern des Klosters und der Kirche Santi Quattro Coronati. Nur wenige Touristen besuchen die Anlage, denn der Aufstieg über die steile Straße ist mühsam, aber er lohnt sich. Die Atmosphäre ist dörflich. Ein paar Nonnen, die hier in strenger Abgeschiedenheit fernab vom Lärm der Großstadt leben, verwalten die Kirche.

Zur **Legende über die vier Heiligen**, nach denen die Kirche benannt ist, existieren zwei Versionen: Einmal sollen es vier Soldaten gewesen sein, die sich weigerten, dem Gott Äskulap zu huldigen, ein anderes Mal wird von vier Steinmetzen berichtet, die keine Götterskulptur schaffen wollten. Jedenfalls geht es um vier christliche Märtyrer, die unter Diokletian getötet wurden.

Die Normannen, die 1084 die benachbarte Kirche San Clemente verwüstet hatten, zerstörten auch diese ursprünglich aus dem 4. Jh. stammende Kirche. Im 12. Jh. wurde SS. Quattro Coronati in wesentlich bescheideneren Ausmaßen wieder aufgebaut. Man erkennt, dass die ursprüngliche Basilika verkürzt wurde, denn die Säulenreihen des Hauptschiffs setzen sich in der Wand der Vorhalle der heutigen Kirche fort. Sie ist auch schmäler als der Vorgängerbau und hat nun auf dem Grundriss des ursprünglichen Hauptschiffs Platz. Dessen erhaltene Apsis umschließt heute alle drei Schiffe und wirkt deshalb so merkwürdig unproportioniert.

Die wenigen kunstinteressierten Besucher kommen aber nicht wegen der merkwürdigen Proportionen der Kirche, sondern wegen des kleinen idyllischen **Kreuzgangs** aus dem 13. Jh. (links der Apsis klingeln, die Nonnen sind sehr nett und schließen gerne auf, sonntags bleibt der Kreuzgang geschlossen) und vor allem wegen des Freskenzyklus im **Oratorium des heiligen Silvester**. Die erstaunlichen Wandfresken dieser Kapelle berichten davon, wie Papst Silvester (314–335) die Macht aus den Händen des römischen Kaisers Konstantin erhält.

Die Geschichte beginnt mit dem ersten Bild über der Tür. Sie sehen den von der Pest befallenen **Kaiser Konstantin** (gezeichnet von roten Pestbeulen im Gesicht). Seine Ärzte rieten dazu, alle Kinder als Opfer für die Götter hinrichten zu lassen. Um ein Massaker zu verhindern, erschienen dem Kaiser Petrus und Paulus im Traum, die als einzige Erfolg versprechende Therapie die Taufe durch **Papst Silvester** empfohlen. Der Kaiser ritt daraufhin in die Berge, wo Silvester sich aufgrund der Christenverfolgungen versteckt hielt. Nach der Taufe war der Kaiser geheilt und vom Christentum überzeugt. Er führte den Papst in die Stadt und verlieh ihm durch die so genannte „*Konstantinische Schenkung*" Besitz und Macht.

Der Freskenzyklus entstand 1246 im Auftrag von Papst Innozenz IV., der damit seine dem Kaiser überlegene Stellung legitimieren wollte. Papst und Kaiser stritten damals nämlich erbittert um die weltliche Macht. Innozenz IV. wies sich mit dem Fresko als legitimer Erbe der römischen Kaiser und damit zusätzlich als weltlicher Herrscher aus. Die abgebildete Geschichte ist nichts als Propaganda, denn sie ist offensichtlich falsch. Konstantin ließ sich – wenn überhaupt – erst nach dem Tod Silvesters taufen. Auch die „Konstantinische Schenkung„ hat es so nie gegeben; im 15. Jh. wies der deutsche Theologe und Philosoph Nikolaus von Kues nach, dass die Kirche entsprechende Dokumente gefälscht hatte.

Auf der rechten Seite des Raumes zeigen die Fresken verschiedene Szenen: die Bekehrung der Heiligen Helena, der Mutter Konstantins, und ihre Reise nach Jerusalem, wo sie eine Reihe von Reliquien fand und nach Rom schaffen ließ, darunter die Heilige Treppe aus dem Palast des Herodes (→ S. 463).

•*Eingang* Zum Oratorium gelangen Sie vom zweiten Vorhof der Kirche durch den Raum rechts mit Resten eines Kirchenkalenders. In diesem Raum befindet sich rechts der Eingang. Sollte dieser verschlossen sein, finden Sie neben der vergitterten Luke eine Klingel. Sie bekommen dann den Schlüssel. Die Eingangstür befindet sich gegenüber.

•*Öffnungszeiten* **Oratorium** Mo–Sa 9.30–12 und 16.30–18 Uhr, So 9–10.40 und 16–17.45 Uhr.

**Kirche** Mo–Sa 6.15–19 Uhr, So 6.45–12.30 und 15–19.30 Uhr.

▶ **Santo Stefano Rotondo**: Diese unter Papst Simplicius (468–483) in einem antiken Marktgebäude errichtete frühchristliche Kirche gehört ebenfalls zu den wenig besuchten, ruhigen Orten. Sie war 25 Jahre lang bis zum Februar 2007 die Titularkirche von Friedrich Kardinal Wetter, dem ehemaligen Erzbischof von München und Freising und Nachfolger von Joseph Ratzinger in diesem Amt. Der Grundriss des fast schmucklosen Innenraums aus dem 5. Jh. ist rund. Er war ursprünglich von zwei konzentrischen Ringen mit einem Gesamtdurchmesser von 66 m umgeben. Ein Kreis aus 22 originalen, antiken Säulen mit einer Höhe von 23 m bildet den inneren Ring. Aus statischen Gründen wurde im 11. Jh. in der Mitte ein dreigeteilter Bogen eingezogen. Unter dem Kirchenboden fand man bei Restaurierungsarbeiten ein Mithräum. Die Wandfresken aus dem 16. Jh. zeigen die grausamen Folterungen christlicher Märtyrer. Geweiht ist die Kirche dem ersten überlieferten christlichen Märtyrer Stefanus, der im 5. Jh. besonders populär war, nachdem man im Jahr 415 in Jerusalem sein Grab fand. Man glaubt, in dem eigenartigen Bau das römische **Haus für Fleischhandel**, das sich in dieser Gegend befand, zu erkennen.

•*Eingang* Durch einen unscheinbaren Torbogen von der gleichnamigen Straße aus.

•*Öffnungszeiten* Im Winter Di–Sa 9.30–12.30 und 15–17 Uhr, So 9.30–12.30 Uhr; im Sommer Di–Sa 9.30–12.30 und 16–18 Uhr, So 9.30–12.30 Uhr. An Weihnachten, Ostersonntag, im August und den ersten beiden Januarwochen geschlossen.

▶ **Santi Giovanni e Paolo:** Wenn Sie von S. Stefano Rotondo aus die stark befahrene Via Claudia überqueren und dem Via Paolo della Croce folgen, gelangen Sie nach wenigen Metern zur Piazza SS. Giovanni e Paolo mit einem schlanken Glockenturm aus dem 4. Jh. und der benachbarten Kirche.

Die Basilika SS. Giovanni e Paolo ist ein anschauliches Beispiel kontinuierlichen Lebens und Bauens in Rom. Sie ist zwei Offizieren am Hofe Kaiser Konstantins (312–337) geweiht, die 362 unter der antichristlichen Herrschaft seines Neffen Julian (361–363) den Märtyrertod fanden. Sie wurden auf dem Gelände eines weitläufigen, luxuriösen Privathauses beigesetzt, aus dem rasch die Keimzelle eines frühchristlichen Andachtsortes erwuchs. Die zum Teil recht gut erhaltenen Reste der antiken Bauten sind zu besichtigen (der Eingang befindet sich außerhalb der Kirche, s. u. „Case Romane"). Der römische Senator Pammachius errichtete hier um 400 eine dreischiffige Basilika, die im 12. und 13. Jh. schließlich ihr heutiges äußeres Erscheinungsbild erhielt. Der Innenraum wurde im 17. Jh. barockisiert. Bei den Römern ist sie besonders als Hochzeitskirche beliebt.

Durchschnittlich finden hier pro Jahr 400 Trauungen statt, sodass die Braut-paare mit ihren Gästen manchmal bis in den Abend hinein fast Schlange stehen. Neben den zahlreichen Grabmälern und dem festlichen, von Kristalllüstern be-leuchteten Innenraum ist besonders ein mittelalterliches Fresko sehenswert, das Christus mit den Aposteln zeigt. Es befindet sich hinter dem linken Seitenaltar und ist nur vom Hauptaltarraum aus zugänglich (links durch die Tür mit dem Vorhang). Unter dem Hauptaltar befinden sich Reliquien der beiden heiligen Märtyrer Giovanni al Croce und Paolo.

*•Eingang* Auf dem Celiushügel, südlich des Kolosseums, an der Pzza. SS. Giovanni e Paolo.

*•Öffnungszeiten* 8.30–12 und 15.30–18 Uhr, wenn nicht gerade eine Hochzeit stattfin-det.

▶ **Case Romane (römische Wohnhäuser):** Im Jahr 1887 begann der hier lebende Pater Germano mit ersten Grabungen unterhalb der Basilika. Er drang in die Geschichte des Gebäudes vor und legte rund 20 Räume aus der Antike frei. Ur-sprünglich bestand der verwinkelte Komplex aus einem an der Straße Clivus Scauri gelegenen Etagenwohnblock (Insula) für Handwerker aus dem 2. Jh., der ein ganzes Straßengeviert einnahm. Eine schmale Gasse trennte ihn rück-seitig von einem privaten Anwesen eines wohlhabenderen Bürgers. Im 3. Jh. wurden beide Gebäude zu einer großen, villenartigen Anlage zusammenge-fasst. Aus dieser Zeit stammen die elegant dekorierten Räume, die seit 2002 restauriert und konserviert der Öffentlichkeit zugänglich sind. Sie bergen se-henswerte Fresken der späten Kaiserzeit, kurz bevor das Christentum die anti-ke Götterwelt ablöste.

In der **Stanza di geni** (Raum der Genien) halten die geflügelten Schutzgeister ein duftig gemaltes Girlandenband, oberhalb einer Schmuckleiste tummeln sich Eroten in zierlichen Weinranken. Farbenfroh gefiederte Vögel beleben die Szenerie. Im benachbarten *Nymphäum* zeigt eine vormals unter freiem Himmel stehende Brunnenfassade ein bedeutendes Fresko mit der mythologischen Dar-stellung eines opulenten Festes auf dem Wasser. In prachtvollem Blaugrün er-scheint Venus oder Proserpina, umgeben von Eroten, die sich aus dem Reichtum des Meeres bedienen. Wände und Decke der **Aula dell'Orante** sind systematisch in Felder eingeteilt, die Pflanzen- und Tiermotive enthalten. Auch sind Reste figürlicher Darstellungen zu sehen, u. a. eine Gestalt mit zum Himmel erhobe-nen Armen, in der man gerne einen frühchristlichen Beter oder Prediger sieht. Die **Confessio** ist der Raum oberhalb der Märtyrergräber. Wertvolle Fresken christlichen Inhalts aus der zweiten Hälfte des 4. Jh. zeigen nicht nur Johannes und Paulus, sondern weitere frühchristliche Heilige wie Crispus, Crispinianus und Benedicta. Einige Räume wurden bis ins Mittelalter hinein genutzt, als in der ehemaligen Eingangshalle der antiken Insula ein Oratorium eingerichtet wurde. Hier sind Fresken vom 8. bis 12. Jh. erhalten, eines zeigt eine seltene Dar-stellung des gekreuzigten Christus in einer ärmellosen, knöchellangen, syri-schen Tunika.

Im anschließenden Ausstellungsraum sind noch archäologische Funde aus den Häusern und der Basilika zu sehen. Hauptattraktion ist islamische Keramik aus dem 12. Jh., die einstmals den romanischen Glockenturm zierte.

*•Eingang* Von der Straße neben der Kirche (Clivio di Scauro) den Hügel hinab, bei der letzten Arkade rechts.

*•Öffnungszeiten* Di und Mi geschlossen, sonst 10–13 und 15–18 Uhr.

*•Eintritt* 6 €, 12–18 Jahre und über 65 Jahre 4 €, unter 12 Jahren frei. Führungen für

Gruppen von 15 bis 25 Personen 80 €. An Wochenenden finden auch Führungen in deutscher Sprache statt (3,50 € pro Person), eine Anmeldung ist erforderlich unter ℡ 06.70454544.
• *Information* www.caseromane.it.

▸ **San Gregorio Magno:** Wenn Sie von SS. Giovanni e Paolo aus der Straße bergab folgen, gelangen Sie gegenüber vom Palatin auf einen Platz, von dem aus die monumentale Freitreppe zur Kirche und dem Kloster hinaufführt. Die auf Fernwirkung angelegte, palazzoartige Travertinfassade ist ein typisches Beispiel für die römische Barockarchitektur im 17. Jh. Der Bau wurde von Kardinal Scipione Borghese (→ S. 328) in Auftrag gegeben (unübersehbar das Familienwappen der Borghese im Giebeldreieck). Er ersetzte eine Basilika aus dem 11. Jh., die aus einem frühchristlichen Bau entstanden war.

Der heilige **Papst Gregor der Große**, nach dem die Kirche benannt ist, hatte im Jahr 574 den stattlichen Familiensitz auf dem Celiushügel in ein Benediktinerkloster umgewandelt. Hier lebte er, verfasste umfangreiche Schriften und betrieb unter anderem die Missionierung Englands. Zum Papst wurde er 590 gegen seinen Willen gewählt. Obwohl er anfangs heftig protestiert hatte, nahm er das Amt bis zu seinem Tod im März 604 kompetent und entschlossen wahr. Er reformierte die Kirche nach innen durch neue, strenge Strukturen (z. B. Einführung des Zölibats für Geistliche) und erweiterte ihren weltlichen Einfluss durch geschickte Sozial- und Außenpolitik. Er führte Friedensverhandlungen mit den Langobarden und anderen Aggressoren.

Hinter der Schaufassade betritt man einen idyllischen Säulenhof vor der eigentlichen Kirche. In ihrem Innern sind bis auf den Cosmatenfußboden keine Reste des romanischen Vorgängerbaus erhalten. In der Seitenkapelle links des Altarraums (*Cappella del S. Sacramento*) zeigt ein bedeutendes Fresko die Engelsburg. Sehenswert sind außerhalb der Kirche die drei Oratorien (Kapellen), von denen *S. Andrea* und *S. Barbara* noch vom heiligen Gregor gegründet wurden, S. Silvia kam im 16. Jh. hinzu. Von herausragender Bedeutung sind die Fresken von Guido Reni in den Kapellen von S. Andrea und S. Silvia. Man erreicht sie durch das Tor auf der Hälfte der Treppe vor der Kirche, ebenso den dahinter liegenden Gemüsegarten des Klosters.

• *Eingang* Von der Via di San Gregorio aus, die das Kolosseum mit dem Circus Maximus verbindet (Metrolinie B, Station „Circo Massimo").

• *Öffnungszeiten* 9–12.30 und 15–18 Uhr. Sollte die Kirche während der Besichtigungszeiten geschlossen sein, können Sie links beim Klostereingang klingeln und die Kirche durch das Kloster betreten.

## *Essen und Trinken/Nachtleben (siehe Karte S. 228/229)*

• *Beim Kolosseum* **Pizza Forum (21)**, hier bekommen Sie eine Pizza mit dünnem Teig und leckerem Belag, dazu gibt es Bier oder Hauswein. Die Atmosphäre ist zwar etwas kühl und touristisch, dafür ist die Lage günstig. Preis um 15 €. Via San Giovanni in Laterano 34/38, ℡ 06.7002515. Mo Ruhetag.
**Trattoria Pizzeria Luzzi (23)**, ein großes, sehr lautes Lokal, das in der Mittagspause auch von Römern genutzt wird und daher meist recht voll ist. Zu empfehlen ist es wegen der vergleichsweise günstigen Preise. Auf der umfangreichen Speisekarte stehen auch die traditionellen Gerichte, recht passabel ist die Pizza, der Service ist eher wechselhaft. Im Sommer kann man draußen sitzen. Menü um 17 €. Via Celimontana 1 (Ecke S. Giovanni in Laterano 88), ℡ 06.7096332. Mi Ruhetag.
**Trattoria Da Domenico (25)**, eines der schlichten, typischen, leider immer seltener werdenden Gasthäuser mit einfacher, ehrlicher, traditioneller und daher etwas schwerer römischer Hausmannskost, immer frisch zubereitet mit guten Zutaten. Besonders empfehlenswert: Rigatoni con la pajata (mit Milchdarm – köstlich!), Pasta e ceci (Kichererbsensuppe). Menü um 30 €, nicht gerade preiswert, aber für römische Verhältnisse angemessen. Via San Giovanni

in Laterano 138, ☎ 06.77590225. Mo Ruhetag.

**Hostaria Isidoro (24)**, große Auswahl an traditionellen Primi und durchweg empfehlenswerte Hauptgerichte, abends auch Pizza. Am Abend ist es oft sehr voll, man sollte dann reservieren. Innen etwas düster, netter Service. Menü um 25 €. Via San Giovanni in Laterano 59–63, ☎ 06.7008266. Sa mittags geschlossen.

**Charly's Sauciere (27)**, das Restaurant mit dem wohltuend lässigen Ambiente bietet auch nach dem kürzlich erfolgten Besitzerwechsel noch eine hauptsächlich französisch inspirierte Küche. Es gibt z. B. Schnecken, verschiedene Suppen und Gratins; gute Auswahl hauptsächlich französischer Weine. Menü um 40 €. Via San Giovanni in Laterano 270, ☎ 06.70495666. So Ruhetag, Mo und Sa nur abends, sonst mittags und abends geöffnet.

**L'800 (29)**, Tavola calda mit Snacks, Tramezzini, Terrasse mit vielen Tischen, etwas erhöht über den Straßen. Via San Giovanni in Laterano 278, am Schnittpunkt der Via S. Giovanni in Laterano und der Via Quatro Coronari. 6–20.30 Uhr.

**Hostaria Cannavota (28)**, mit Blick auf den Lateranspalast und durchaus auf Touristen eingestellt, ist dies dennoch ein typisch römisches Ristorante mit traditioneller Küche. Empfehlenswert ist z. B. Saltimbocca. Menü um 30 €. Pzza. San Giovanni in Laterano 22, ☎ 06.77205007. Mi Ruhetag.

•*Vom Kolosseum etwas weiter entfernt, aber sehr empfehlenswert* **Alfredo a Via Gabi (32)**, die Trattoria von Loretta und Roberto Mancinelli (sie in der Küche, er im Service) ist den Römern einen längeren Anfahrtsweg wert, man sollte daher stets reservieren. Hier gibt es noch die traditionelle römische Küche, mit den typischen, stets frischen Zutaten bester Qualität. Empfehlenswert ist eigentlich alles. Zu den Spezialitäten zählen „Pasta e fagioli con i frutti di mare" (Bohnensuppe mit Meeresfrüchten), „Gnocchetti" (kleine Gnocchi, die es nur donnerstags gibt), „Baccalà in umido" (Stockfisch in Tomatensoße), „Trippa alla romana" (Kutteln auf römische Art), zur Saison alle Gerichte mit Artischocken („carciofi") sowie die köstlichen hausgemachten Desserts (z. B. Sehr gutes Tiramisu und Zuppa inglese). Die Weinkarte ist überschaubar, aber nicht schlecht. Menü um 33 €, bei vorzüglichem Preis-Leistungs-Verhältnis. Via Gabi 36/38 (westlich, zwischen Lateran und Pzza. Re di Roma), ☎ 06.

77206792. Di Ruhetag.

•*Im Stadtteil Monti* **La cicala e la formica (11)**, zwei Schwestern führen dieses kleine Restaurant, in dem eine leichte Mittelmeerküche angeboten wird. Kleine Weinkarte und ein sympathischer Service, 6 Tische draußen. Menü um 30 €. Via Leonia 17, ☎ 06.4817490. So Ruhetag.

**Hasekura (6)**, wohl das beste, japanische Restaurant der Stadt. Der Chef ist Japaner und verbürgt sich für die Authentizität der Gerichte. Empfehlenswert sind z. B. das „Sashimi" (verschiedene rohe Fischsorten) und das „Fritto misto con gamberi, pesce bianco e verdure", es gibt natürlich auch Sushi. Dazu wird japanisches Bier serviert, die Weinauswahl ist knapp. Menü um 45 €, günstiger sind die wechselnden Mittagsmenüs (20–35 €). Via dei Serpenti 27, ☎ 06.483648. So geschlossen.

**Quadrifoglio (3)**, neapolitanische Küche mit vielen Fischgerichte. Menü um 35 €. Via del Boscetto 19. So Ruhetag.

**Vecchia Trattoria (2)**, wie der Name schon vermuten lässt, eine schlichte, typisch römische Trattoria mit einfachen, aber traditionellen Gerichten. Menü um 20 €. Via del Boscetto 16. Mo Ruhetag.

**Ristorante Winebar Callas (4)**, „Cuccina mediterranea" steht auf dem Schild draußen, doch das Innere des Restaurants erinnert eher an einen „Self-service" und scheint auf Touristen zugeschnitten zu sein. Das Mittagsbüffet ist aber ganz passabel und vergleichsweise günstig, man kann auch draußen am Straßenrand sitzen. Menü um 20 €. Via del Boschetto 73.

**Birra Boschetto (1)**, existiert schon seit Anfang des letzten Jahrhunderts und war ursprünglich eine zünftige Kneipe. Daraus wurde eine zu Recht hochgeschätzte Trattoria mit familiärem Service und nicht nur, aber auch traditioneller Küche. Mittags findet man meist nur schwer einen freien Tisch. Menü um 30 €. Via del Boschetto 37. So Ruhetag.

•*Enoteca/Winebar* Im Stadtteil Monti gibt es eine große Auswahl empfehlenswerter Winebars mit leckeren kleinen Gerichten, eine echte Alternative zum Restaurant.

**Enoteca Cavour 313 (18)**, existiert schon seit 1978 und war eine der ersten Winebars der Stadt. Wunderbar sind die antipasti und die wechselnden Tagesgerichte, darunter ausgefallene, aber geschmackvolle Kreationen, wie z. B. Couscous mit Pflaume, Rindfleisch und Zwiebeln. Auch die Desserts sind ausgesprochen lecker. Ausgezeichnet ist die Auswahl von 500 Flaschenweine, von denen einige auch im Ausschank sind. Menü um 30 €, Weine im Ausschank 3–8 € pro Glas. Via Cavour 313, ✆ 06.6785496. Im Sommer So Ruhetag, sonst 12.30–14 und 19.30–24 Uhr.

**Cafè Bohemien (12)**, „Café, Bar, Wineroom", neu und angesagt. Via degli Zingari, nur abends geöffnet.

**Al Vino al Vino (9)**, kleine, gemütliche Winebar mit nur wenigen Tischen drinnen. Die Auswahl besonders an italienischen Rotweinen ist sehr gut, zu essen gibt es kalte Kleinigkeiten und hausgemachte Desserts. Zum Schluss sollte man einen der vielen Grappas probieren. Via dei Serpenti 19, ✆ 06.485803. Täglich geöffnet.

**Bottiglieria ai Tre Scalini (5)**, erst kürzlich als Enoteca eröffnet (nur 5 Tische und Plätze an der Theke), die Weinhandlung besteht hingegen schon seit 1895. Es geht familiär zu, das Ambiente ist gemütlich, die Leute aus der Umgebung kommen gerne, um bei einem Gläschen Wein Karten zu spielen oder zu lesen. Neben den üblichen antipasti gibt es auch warme Tagesgerichte. Empfehlenswert ist z. B. die Lasagne mit hauchdünnen Teigschichten und Pesto oder die kleinen Nudeln (quadrucci) mit Trüffel und Nüssen. Weine im Ausschank etwa 3–5 € pro Glas. Via Panisperna 251, ✆ 06.48907495. Mo–Fr 12–2 Uhr, Sa/So 17.30–2 Uhr.

**Divin Ostilia Enoteca (22)**, liegt nicht in Monti, sondern in der Nähe des Kolosseums und ist ein gestyltes Bistro mit großer Weinauswahl und kleinen qualitätvollen Gerichten. Via Ostilia 4. Nur abends geöffnet.

•*Nachtleben* Jazz (meist live) hört man täglich (außer Mo) ab 22.30 Uhr im **Jam Session Music (19)**, früher als Saint Louis Music City bekannt. Via del Cardello 13 a, ✆ 06.4745076.

*E*inkaufen (siehe *K*arte *S*. 228/229)

•*Einkaufen um das Kolosseum* Einen **Markt (31)** für billige (auch gebrauchte und sehr abgetragene) Klamotten findet man werktags von 9 bis 14 Uhr in der Via Sannio, hinter dem Lateran.

**Coin (30)**, Porta S. Giovanni, mehrstöckiges Kaufhaus für Damen- und Herrenbekleidung, viel Traditionelles, auch Aktuelles, aber nicht Extravagantes, moderate Preise. In der Bar im obersten Stock gibt es Snacks und zur Happy-hour ab 18 Uhr preiswerte Cocktails.

**Bekleidungsgeschäfte** für nahezu jeden Geschmack und Anspruch, von Teenie-Mode bis gediegen-klassisch, von Billigware bis zu großen Labels, dabei häufig deutlich preiswerter, als in der Gegend um die Via del Corso, gibt es in der Via Appia Nuova zwischen Pzza. Porta S. Giovanni und Pzza. Re di Roma (Metrostation Linie A).

Besonders preiswerte Mode bietet **Vestiastock**, Via Appia Nuova 391. Di–Sa 9.30–13.30 und 15.30–19.30 Uhr, Mo nur vormittags. Es handelt sich um eine Art Fabrikund Zweite-Wahl-Verkauf. In der Regel findet man zwischen allerlei No-Name-Produkten auch normalerweise extrem teure Markenware zu Schnäppchenpreisen (auf Fehler achten!).

**Donadio (20)**, riesige Auswahl an Gemmen und Korallenschmuck. Largo Gaetana Agnesi 1 (oberhalb des Kolosseums mit tollem Blick auf Kolosseum und Konstantinsbogen).

•*Einkaufen im Stadtteil Monti* Die Via Boschetto ist eine der Hauptgeschäftsstraßen des Viertels, mit Trödel, wenigen Antiquitäten, vielen Geschäften für Modeschmuck und Damen-Boutiquen.

**Bottega del ciocolata (16)**, ein Familienbetrieb, der Schokolade und Pralinen nach traditioneller piemontesischer Art mit allerbesten Zutaten in höchster Qualität herstellt. Die Schokolade wird in alten Kupferkesseln von Hand gerührt, was sich beim Preis, aber auch beim Geschmack bemerkbar macht. Es gibt auch Modisches, wie die gerade populären Schokoladen mit scharfen Gewürzen (z. B. peperoni). Im Sommer ist der Laden für drei Monate geschlossen und die Produktion ruht, weil die Schokolade sich mit der Hitze nicht verträgt und man keine geminderte Qualität anbieten möchte. Via Leonia 82, ✆ 06.4821473.

**Alveti (14)**, Knöpfe, Modeschmuck, Gürtel in eigener Herstellung, kleiner Verkaufsraum mit Blick in die Fertigung. Via degli Zingari 54.

**Antico Forno (10)**, Bäckerei, Pizza, Kekse, Kuchen. Via dei Serpenti 123.

**Bottega Elettrica (7)**, ausgefallene Glühbirnen, Lampen, Porzellanfassungen. Via dei Serpenti 114.

*Circus Maximus vor der Fassade des Palatins*

# Um den Circus Maximus

**Gleich zwei der größten antiken Vergnügungsstätten vermitteln in dieser Gegend einen Einblick in antike Lebensart: Sie sehen die Reste des größten Circus und der luxuriösesten Thermen der Stadt. Am Tiberufer befinden sich gut erhaltene kleine Tempel und in der Kirche Santa Maria in Cosmedin der erste Lügendetektor der Welt.**

## Circus Maximus

Der Circus Maximus *(circo massimo)* im Tal zwischen den Hügeln Palatin und Aventin war der größte Veranstaltungsort aller Zeiten. Er fasste in seiner Endausbauphase (zu Beginn des 2. Jh. n. Chr.) rund 200.000 Zuschauer und war bis 549 n. Chr. mehr als tausend Jahre in Betrieb.

Schon von den Anfängen Roms an fanden hier erste Pferderennen statt. Der fünfte römische König Tarquinius Priscus (616–579 v. Chr.), der auch für den Bau des Jupitertempels auf dem Kapitol verantwortlich war (→ S. 189), hatte hier eine befestigte Rennbahn mit Holztribünen anlegen lassen. Solche Zuschauerränge gerieten in Verruf, als 27 n. Chr. der Circus eines kommerziellen Veranstalters, der billig gebaut hatte, in der Provinzstadt Fidenae zusammenbrach und es zu 20.000 Toten und Verletzten kam. Danach wurden auch im Circus Maximus die Holzkonstruktionen durch Tribünen aus Stein ersetzt. An der Außenseite boten die Gebäude Platz für Kneipen, Imbisse, Bordelle, Läden mit Souvenirs und Wettbüros, in denen schwindelerregende Summen auf die favorisierten Wagenlenker gesetzt wurden. Zur Kaiserzeit ließen die Caesaren den Circus bei Bedarf renovieren und immer weiter ausschmücken.

Die Unterhaltung und der Nervenkitzel im Circus begeisterte Römer aller Gesellschaftsschichten. Das einfache Volk lebte in engen, schäbigen Wohnungen, die nur zur Übernachtung akzeptabel waren und mit denen Vermieter maximalen Profit erstrebten. Tagsüber hielt man sich daher draußen oder in öffentlichen Gebäuden auf. Viel zu tun gab es nicht, denn die Kolonien lieferten fast alle erforderlichen Waren nach Rom, und die Sklaven erledigten weitgehend die Arbeit. Für Versorgung und Unterhaltung der Bürger hatte der Staat zu sorgen. Das Volk war zufrieden, wenn der Imperator sich bei „Brot und Spielen" großzügig zeigte. Schon zur Zeit der Republik hing eine politische Karriere oft von der Sympathie der Masse ab. Die Veranstaltung von Spielen war das wirksamste, aber auch teuerste Mittel des Wahlkampfes. Da ein politisches Amt bald nur noch mit sehr viel Geld und Unterhaltungsshows zu erringen war, hat man Privatleuten die Ausrichtung von Spielen untersagt, und sie zur ausschließlich öffentlichen Aufgabe gemacht. Man merkt, dass sich die Mentalität in den beiden letzten Jahrtausenden nicht wesentlich geändert hat: Noch heute ist in Italien letztlich der Politiker erfolgreich, der Wohlstand verspricht und dafür sorgt, dass jedes Fußballspiel im Fernsehen übertragen wird. Die Begeisterung für das Spektakel ist ungebrochen, wie man bei jedem Fußballspiel erleben kann.

Im Circus fanden hauptsächlich **Wagenrennen** statt. Im langgestreckten Rechteck des Circus Maximus waren zwei Bahnen von je 600 m Länge durch einen Aufbau in der Mitte *(Spina* = Rückgrad) getrennt. Auf diesem rund eineinhalb Meter hohen und sechs Meter breiten Marmorwall standen mehrere Heiligtümer, darunter der ägyptische Obelisk von Ramses II., den Augustus aus Heliopolis hatte nach Rom bringen lassen (heute steht er auf der Pzza. del Popolo, → S. 305), sowie die beiden in Form von sieben bronzenen Delfinen, bzw. sieben goldenen Eiern ausgestatteten Rundenanzeiger und an den Enden jeweils eine kegelförmige Wendemarke *(meta)*.
Die Renngespanne mit 4 bis zu 8 PS gehörten zu vier verschiedenen Teams *(factiones)*, die durch die Vereinsfarben weiß, rot, blau und grün zu unterscheiden waren und im Mannschaftsfahren gegeneinander antraten. Die organisierten, fanatischen Fans fieberten mit dem Erfolg ihres Vereins und wünschten den Gegnern das Schlimmste. Es kam zu regelrechten Feindschaften, wie man sie in Rom heute nur noch zwischen den Lagern der Fans von AS Roma (den Rotgelben) und Lazio (den Weißblauen) kennt (für Fußballuninteressierte: das sind die beiden regionalen Fußballclubs der italienischen Liga). Sogar die Kaiser ergriffen Partei, und es konnte dann gefährlich werden, gegnerische Farbe zu bekennen. Manchmal pfuschte man der Siegesgöttin durch Korruption und Bestechung ins Handwerk. So hat angeblich Caligula zur Absicherung des Erfolgs der „Grünen" einmal sogar Pferde und Lenker der Rivalen vergiften lassen. Das ist immerhin im Fußball bisher wohl noch nicht praktiziert worden. Der Satiriker Juvenal (60–126 n. Chr.) berichtet über diese Leidenschaft: *„Ganz Rom fasst heute der Zirkus und ein Getöse schlägt an mein Ohr, aus dem ich auf den Erfolg der Grünen schließe. Denn würden sie versagen, sähest du diese Stadt traurig und erschüttert wie nach der Niederlage der Konsuln im Staub von Cannae"*. In der Spätzeit des Römischen Reiches erlangten die Vereine auch **politischen Einfluss** und wurden zu Parteien (die Verbindung von Sport und Politik ist auch heute nicht unbekannt: Die stärkste italienische Partei des ehemaligen Ministerpräsidenten Silvio Berlusconi, *„Forza Italia"*, ist schließlich nach dem Schlachtruf der Fußballfans benannt).
Der Beruf des Wagenlenkers im Circus konnte zu einer Verehrung durch die Massen führen, wie sie heute erfolgreichen Formel-1-Piloten oder Fußballstars zuteil wird. Die Topstars verdienten viele Millionen und wechselten gelegentlich für horrende Ablösesummen auf den Rennstaat. Es war aber auch ein extrem gefährlicher Job. Der Nervenkitzel des Publikums verlangte waghalsige Überholmanöver, die häufig in schrecklichen Unfällen endeten. Oft genug verschätzten sich die Lenker im Seitenabstand und kollidierten mit gegnerischen Gespannen oder blieben unter dem begeisterten Gejohle der Zuschauer bei einer zu eng genommenen Kurve an einer Wendemarke

hängen und überschlugen sich mitsamt dem einachsigen Wagen. Regeln gab es nicht. Um als erster nach sieben Runden ins Ziel zu kommen, durfte man sogar den Konkurrenten umstoßen oder absichtlich rammen. Zur Steigerung der Spannung sollen manchmal sogar Kampfwagen mit langen Messern an den Radnaben eingesetzt worden sein, um beim Vorbeifahrt die Radspeichen der Konkurrenten zu zersägen. In *Ben Hur* hat eine solche Szene Filmgeschichte gemacht.

Die Circus-Spiele dauerten lang. Kaiser Nero, der ein begeisterter Zuschauer war und gelegentlich sogar selbst Runden im Rennwagen drehte, hatte angeordnet, dass an den 60 Renntagen im Jahr die Shows ganztägig stattzufinden hätten. Dabei gab es natürlich auch ein Beiprogramm mit Massenhinrichtungen (die Christen starben bei den großen Verfolgungen hauptsächlich im Circus), Gladiatorenkämpfen und Tierhatzen (→ Kasten „Ein Tag im Kolosseum", S. 232). Bei einem Tierkampf im Jahr 55 v. Chr. durchbrach einmal ein Elefant ein Absperrgitter und es kam zu vielen Toten bei der ausgelösten Massenpanik. Es gab aber auch **Lotterien** *(sparsio missilium)*, bei denen man vom Stück Kuchen bis zur Villa auf dem Lande alles gewinnen konnte (sehr schön im Axterix-Band *Trabantenstadt* wiedergegeben). Seneca berichtet, wie er sich einmal vor dem tumultartigen Ansturm auf die Lose in Sicherheit brachte. Dazu kam noch die gelöste Stimmung durch den Wein, der auf den Rängen reichlich ausgeschenkt wurde. Und gelegentlich gerieten sich auch Randalierer in die Haare. Nero fand Spaß an solchen Ausschreitungen und ließ seine prätorianische Elitetruppe, die sonst für Ordnung bei den Veranstaltungen sorgte, abziehen, um die Stimmung in den Fanblöcken noch mehr anzuheizen.

Anders als im Kolosseum gab es im Circus keine feste Sitzordnung. Nur die Kaiserloge, die direkt vom Palast aus zu betreten war, und die Plätze für die VIPs, wie Senatoren und Vestalinnen, waren reserviert.

### Flirt im Circus

Wegen der freien Platzwahl fand auch keine Geschlechtertrennung statt, was man für sehr private Zwecke nutzen konnte. Dazu gab der römische Dichter **Ovid** sachkundig Flirttipps: *„Wenn im Circus Renntag ist, sei jedesmal zur Stelle! Denn weil der Raum viele Menschen fasst, ergibt sich hier manches Nette. Geheime Fingerzeichen brauchst du nicht zu verschicken, die Antwort fällt hier klarer aus und ist kein bloßes Nicken. Setz dreist dich zu einer Dame – dran hindert dich niemand –, sodass ihre Seite möglichst eng neben deiner ist. Wenn sie abrückt, rück ihr nach! Die Bank hat schließlich ein Ende. Dort fällt sie dir spätestens in die Hände. Zum Zwiegespräch such dann irgendeinen Anlass ohne Zögern. Erzähle, wovon jeder heute spricht, das bringt euch ins Plaudern. Du kannst sie höflich bitten, dir einen Wetttipp zu geben. Dann setze, egal wer es ist, auf ihren Favoriten. Hinterher, wenn sich die Sieger im Festzug einreihen, dann jubel der Frau Venus zu und zeig dich ihr ergeben."*

Heute besteht der Circus Maximus nur noch aus einer Brachfläche, auf der Hunde ausgeführt werden und Jogger ihre Runden drehen. Von den Tribünen und der Architektur ist nur in der Südostkurve (in der Nähe der Piazza di Porta Capena) ein spärlicher Rest erhalten. Die Bahnen der Arena sind in ihren Ausmaßen aber erkennbar und werden wie früher durch einen Mittelwall getrennt. Der Ort wirkt dennoch allein durch seine riesigen Ausmaße beeindruckend, und man kann sich mit etwas Phantasie vorstellen, wie es hier einmal zuging. Heute ist die große Freifläche immer wieder Schauplatz moderner Massenspektakel: Im Rahmen des römischen Kultursommers finden hier Veranstaltun-

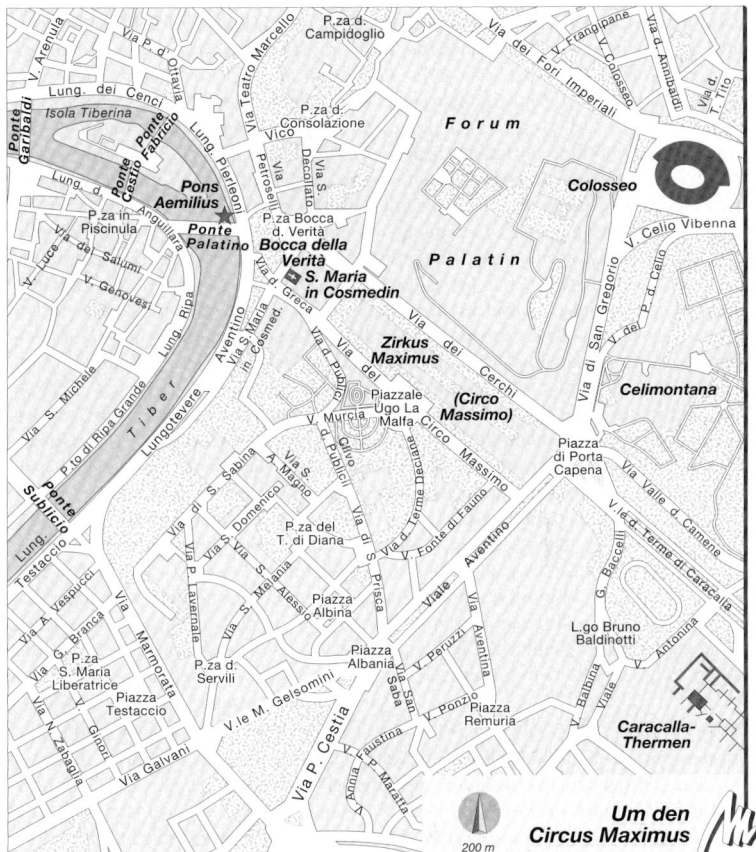

gen statt, Katholiken aus aller Welt folgten hier auf Großleinwänden der Beerdigung von Papst Johannes Paul II. und zigtausend italienische Fußballfans feierten hier den Sieg bei der Fußballweltmeisterschaft 2006.

Vom steilen Hang an der Stelle der Westtribüne bietet sich ein guter Blick auf den Palatin gegenüber mit der halbrunden Fassade des Diokletian-Palastes und rechts davon auf das System von Mauern zur Erweiterung des Hügels nach Südosten.

*Öffnungszeiten* Gibt es nicht, da der Circus von der Straße aus einsehbar ist. Die Arena selbst ist von 9 Uhr bis gegen Sonnenuntergang geöffnet (dann wird die Gegend allerdings etwas unsicher!). Keine Eintrittsgebühren.

▸ **Piazza Bocca della Verità**: Vom Circus Maximus in Richtung Tiber erreicht man nach wenigen Metern die viel befahrene Piazza Bocca della Verità, wo sich in der Antike der Viehmarkt *(Forum Boarium)* befand. Der Platz ist nach dem „Mund der Wahrheit" benannt, der in der Vorhalle der Kirche **Santa Maria in Cosmedin** (s. u.) ein beliebtes Ziel von Touristen ist.

Zwei kleine Tempel aus der Zeit der Republik gegen Ende des 2. Jh. v. Chr. stehen zwischen hohen Oleandersträuchern in der verkehrumtosten Platzmitte. Der rechteckige Tempel galt lange als dem „männlichen Glück" gewidmet (*„della Fortuna Virile"*), doch neuere Funden belegen, dass es eher der **Tempel des Portunus**, des Gottes der Häfen, war. Seine Erhaltung verdankt er der Umwandlung in eine christliche Kirche im 9. Jh., und aus dieser stammen auch die Freskenreste im Innern. Daneben steht ein **Rundtempel** mit einem offensichtlich falsch rekonstruierten Ziegeldach, der wegen seiner Form lange für einen Vestatempel gehalten wurde, aber wohl dem *Hercules Victor* (dem siegreichen Herkules) geweiht war. Man nimmt an, dass die in der Nähe gefundene vergoldete Bronzestatue des Herkules einst in dem Tempel stand (heute befindet sie sich in den Kapitolinischen Museen). Er ist der älteste Marmorbau in Rom. Der schöne **Barockbrunnen** mit den Tritonen (18. Jh.) kann seine Verwandtschaft mit Berninis Triton auf der Piazza Barberini nicht verleugnen, auch wenn die Qualität hier weit hinter dem Vorbild zurückbleibt.

Den Tempeln gegenüber, wenige Meter die Via del Velabro hinein, stehen zwei weitere ungewöhnliche antike Bauwerke. Der weiße, würfelförmige **Janus-Quadrifons-Bogen** (340 n. Chr. und wohl dem Konstantin gewidmet), der sich über eine Straßenkreuzung wölbt, bildete den Eingang zum Viehmarkt. Links davon scheint der kleine **Arcus Argentariorum** mit einer Seite in der Vorhalle der Kirche San Giorgio in Velabro zu versinken. Den Bogen hatten die Geldwechsler und Viehhändler des Marktes 204 n. Chr. dem Kaiser Septimius Severus, seiner Gattin Iulia Domna und den Söhnen Geta und Caracalla gewidmet. Man nimmt an, dass dies der monumentale Eingang des Forums war. Der Bogen ist zwar reich dekoriert, doch die mindere Qualität der Bildhauerarbeit deutet darauf hin, dass die privaten Stifter sich nicht die teuren Handwerker geleistet haben, die im Auftrag des Kaisers die großen Tempel bauten. Caracalla hat auch an diesem Bauwerk den Namen seines Bruders Geta auslöschen lassen (→ „Die Caracalla-Thermen", S. 264).

Interessant ist auch die **Basilika San Giorgio in Velabro**, sie wurde im 7. Jh. genau an dem Ort gebaut, wo nach der Legende der Hirte Faustulus die Zwillinge Romulus und Remus im Sumpf entdeckt haben soll (→ „3000 Jahre Rom im Überblick", S. 161). Die Säulen zwischen dem Haupt- und den Seitenschiffen wurden aus dem antiken Bauschutt zusammengesammelt und sind daher komplett unterschiedlich, sodass auch die Bögen darüber ungleichmäßig ausfielen. Sehenswert sind auch die Fresken aus dem 14. Jh.

*Öffnungszeiten der Kirche* 10–12.30 und 16–18.30 Uhr.

Die Vorhalle der Kirche und der Geldwechslerbogen wurden am 28. Juli 1993 durch eine Autobombe so stark beschädigt, dass eine Rettung unmöglich schien. Zur selben Zeit explodierte eine Bombe vor dem Lateranspalast. In den Wochen zuvor hatte bereits eine Terrorwelle mit Anschlägen in Rom, Mailand und Florenz viele Opfer gefordert und Italien in Angst und Schrecken versetzt. Nach Expertenmeinung wollte die Mafia mit diesen Anschlägen die Einstellung der begonnenen politischen Reformen und des Kampfes gegen sie erzwingen. Das Gegenteil wurde erreicht, die Empörung und Entschlossenheit der Bevölkerung, den Kampf fortzuführen, wuchs und die neu gegründete Anti-Mafia-Behörde wurde weiter aufgestockt. Einige Jahre hat die aufwändige Restaurierung der Gebäude gedauert. Inzwischen sind die meisten Schäden behoben, leider wird der Bogen nun allerdings durch ein schweres Eisengitter geschützt, sodass er nicht mehr sehr gut zu betrachten ist.

Ein gleichfalls prächtiges Zeugnis antiker Baukunst bietet der letzte noch existierende Bogen des **Pons Aemilius (Ponte Rotto)**, der im Wasser des Tiber steht und früher den Viehmarkt mit Trastevere verband. Fast 1.800 Jahre lang stand diese erste steinerne Brücke Roms, bis sie 1598 durch ein Hochwasser zerstört wurde. Hier in der Nähe mündet auch gut sichtbar die Cloaca Maxima in den Tiber. Dieser Entwässerungskanal, den schon Tarquinius Priscus im 6. Jh. v. Chr. hatte anlegen lassen, ist noch heute in Betrieb. Die Cloaca verläuft unter dem Janus-Quadrifons-Bogen zum Forum Romanum.

▶ **Santa Maria in Cosmedin:** Diese frühmittelalterliche Kirche wurde im 6. Jh. auf dem Aufsichtsamt des antiken Viehmarkts *(Forum Boarium)* erbaut. Schon in der Antike war hier eine Niederlassung griechischer Kaufleute und später kamen griechische Mönche an diesen Ort. Wohl deshalb leitet sich der Name der Kirche vom griechischen Wort für „Schmuck" ab *(cosmedin)*. Ab dem Jahr 772 wurde die Kirche auf drei Schiffe erweitert. Im Zuge der notwendigen Restaurierung nach einem Normanneneinfall ließ Papst Calixtus II. von 1120–23 den Innenraum neu gestalten. Aus dieser Zeit stammen die qualitätvollen Cosmatenarbeiten im Innern sowie der siebenstöckige Campanile und die Vorhalle mit der berühmten **Bocca della Verità** links an der Stirnseite. Der Mund der Wahrheit ist ein Marmorrelief aus dem 4. Jh. v. Chr., das ein furioses Gesicht mit offenem Mund und zotteligem Haar zeigt. Die ursprüngliche Funktion ist nicht geklärt. Herkömmlich wird angenommen, es handele sich um einen antiken Kanaldeckel der Cloaca Maxima und zeige einen Flussgott. Dafür erscheinen Qualität und Aufwand (die Platte mit einem Durchmesser von 1,66 m wiegt ca. 1.300 kg) aber zu hoch und auch die fehlenden Abnutzungen sprechen eher dagegen. Es könnte sich auch um die Darstellung des Gottes *Faunus* handeln. Faunus war der römische Kollege des griechischen Gottes Pan und für die Felder und Schafherden zuständig. Er stand im Zusammenhang mit den Götter für Landwirtschaft und Ernte, *Ceres* und *Consus,* deren Tempel aus dem 4. Jh. v. Chr. ganz in der Nähe stand. Das Marmorrelief könnte aus diesem Tempel stammen. Die runde Form würde dann die symbolische Verbindung von Sonne und Feldern zum Nutzen der Landwirtschaft bedeuten.

**Im Mittelalter** setzte man das Furcht erregende Gesicht bei der Rechtsfindung (bzw. -beugung) ein: Wer eine Aussage machte, musste dabei die Hand in den Mund des Ungeheuers legen. Bei einem Meineid soll die Hand abgebissen worden sein. Es wird erzählt, dass jemand mit einem Schwert hinter der Marmorplatte gelegentlich etwas nachgeholfen hat, um den beängstigenden Ruf des **Lügendetektors** zu erhalten.

In den 1950er Jahren machten Gregory Peck und Audrey Hepburn durch den Film *Roman Holiday (Ein Herz und eine Krone)* das alte Steingesicht wieder sehr populär. In dem Film erklärte der Journalist der naiven Prinzessin, das Gesicht sei für Liebesschwüre zuständig und solle Restzweifel vor der Hoch-zeit zerstreuen, natürlich nur, sofern die Hand mit dem Ringfinger dran blieb (mehr zum Film → „Palazzo Colonna", S. 393): Dieser hübsche, aber leider erfundene romantische „Brauch" zieht viele ehrliche (weil stets unversehrte) Touristen an. Oft bilden sich lange Schlangen.

Der **Innenraum** der frühmittelalterlichen Kirche wurde erst vor 120 Jahren vom barocken Zierrat befreit und in den ursprünglichen Zustand zurückversetzt. Heute bekommt man hier wieder einen sehr guten Eindruck vom Aussehen frühchristlicher Kirchen. Besonders sehenswert sind die vielfältigen **Cosmatenarbeiten** auf dem Fußboden, der wie ein Teppich erscheint, und an den Chorschranken. Beachtenswert sind auch der gotische Altarbaldachin, die Marmorkanzel und der steinerne Bischofsthron mit Löwenköpfen. Die Apsidenbemalung imitiert den Stil der Fresken aus der Unterkirche von San Clemente, ist aber neuzeitlich. Bemerkenswert sind die 18 zum Teil unterschiedlichen antiken Säulen, die von alten Tempeln der Umgebung stammen. Unter dem Altar gelangen Sie in die erste dreischiffige Hallenkrypta Roms. Im kleinen Verkaufsraum nebenan befindet sich recht unscheinbar das kostbarste Mosaik der Kirche. Es wurde 706 von Papst Johannes VII. in Auftrag gegeben und stellt die Heiligen Drei Könige zusammen mit Maria und dem Jesuskind dar. Das Mosaik, das nach seinem Auftraggeber auch *Mosaico di Giovanni VII.* genannt wird, befand sich ursprünglich in der alten Peterskirche.

● *Öffnungszeiten* Im Sommer 9–19 Uhr, im Winter 10–13 und 15–17 Uhr. Die Bocca della Verità kann man auch außerhalb der Öffnungszeit durch das Gitter der Vorhalle gut sehen. Wegen der seit 2005 andauernden Renovierung sind immer wieder Teile des Innenraums gesperrt.

# Die Caracalla-Thermen

Verlässt man den Circus Maximus in südöstlicher Richtung (vom Tiber weg, die Ruinen des Kaiserpalastes auf dem Palatin liegen dann links der Circusbahn, deren Verlängerung man folgt), gelangt man über die breite Via delle Terme in der verlängerten Achse des Stadions zu den gigantischen Mauerresten der Caracalla-Thermen. Sie zählen wegen ihrer imposanten Größe heute zu den eindrucksvollsten Anlagen dieser Art. Die 216 n. Chr. von Kaiser Caracalla nach zehnjähriger Bauzeit eröffneten Thermen waren die luxuriösesten der Antike und bis zum Bau der Diokletiansthermen (gegenüber vom Hauptbahnhof Termini) 100 Jahre später auch die größten.

Die öffentlichen **Thermen** erfüllten eine wichtige soziale Aufgabe, denn das Leben der durchschnittlichen Bevölkerung spielte sich außerhalb der unangenehm feuchten, dunklen Mietsblöcke *(Insulae)* ab. Um Unzufriedenheit und Aufstände zu verhindern, hielt man das Volk durch ein attraktives Freizeitangebot bei Laune. Dazu gehörte neben den Unterhaltungsprogrammen der Gladiatorenkämpfe, Tierhatzen und Wagenrennen auch ein vielfältiges Angebot in den Thermen. Diese dienten als Begegnungsstätten, man konnte Körper und Geist pflegen, faulenzen oder sich verwöhnen lassen. Darüber hinaus trugen sie entscheidend zum hohen Hygienestand der Römer bei.

Üblicherweise war so ein **Spaßbad** samt Sportstätten von Mittag bis Sonnenuntergang geöffnet, viele verbrachten den ganzen Nachmittag hier. Die luxuriöse Ausstattung der Anlage, zum Teil mit Wand- und Fußbodenheizung, stand der Pracht kaiserlicher Paläste in nichts nach. Dabei stammten die Besucher aus allen sozialen Schichten. Die Eintrittspreise waren so gering, dass selbst die Ärmsten sich den Badespaß leisten konnten. Manchmal kam sogar der Kaiser. So berichtet z. B. Sueton, dass Vespasian besonders gerne im Ballspielsaal trainierte. Dass es hier Selbstdarsteller, Spinner, aber auch regelrechte Stars gab, belegt ein gewisser Ursus, der über sich im 2. Jh. n. Chr auf eine Wand gekritzelt hatte: *„Das Volk lobt mich und jubelt mir zu in den Thermen von Trajan, von Agrippa und von Titus, auch in denen von Nero: Glaubt mir nur, ich bin es, kommt mich feiern, ihr Ballspieler, und, Freunde, schmückt meine Statue mit Blumen, Veilchen und Rosen."*

Marc-Aurel-Säule ▲▲
Antike Sarkophagteile in der Hauswand  ▲

Forum Romanum ▲▲
Kaiserforen, Gesimsdetail ▲

▲▲ Blick vom Aventin auf die Peterskirche
▲ Puppendoktor in der Via di Ripetta

Altare della Patria (Vaterlandsaltar) ▲▲
Dioskurengruppe auf dem Quirinal ▲

▲▲ Forum Romanum: Titus-Bogen,
im Hintergrund S. Francesca Romana

▲▲ Die Cestius-Pyramide

Berninis Elefant auf der Piazza Minerva

## Die Regentschaft des Caracalla

Am 4. April 188 n. Chr. als Antonius Bassanus geboren, wurde er nur unter seinem Spitznamen bekannt. Den bekam er, weil er nach einem Militäreinsatz in Gallien gerne eine „Caracalla" trug, das war ein Umhang mit Kapuze.

Sein Vater war der ehrgeizige Statthalter der Provinz Gallien, Septimius Severus, den die Donaulegion 193 als Herrscher durchsetzte. Dieser nahm den Sohn schon früh auf Feldzüge mit, was wohl Spuren hinterließ, denn Caracalla galt als strenger Finsterling, der dem verblüfften Senat später einmal mitteilte, dass der Geist Alexander des Großen in ihm wohne. Um dies zu unterstreichen, hielt er den Kopf stets etwas rechts geneigt, weil Alexander auf einem berühmten Porträt auch mit dieser Haltung dargestellt war.

Nach dem Tod des Vaters im Februar 211 regierte Caracalla zunächst ein Jahr lang zusammen mit seinem verhassten Bruder **Geta**. Nachdem er die Prätorianer (Elitesoldaten der Leibgarde) mit Geschenken auf seine Seite gebracht hatte, ermordete er den Bruder, verhängte über diesen die **Damnatio memoriae** (→ Kasten „Römische Porträtkunst", S. 205), ließ sich als Alleinherrscher ausrufen und alle Gegner verfolgen. Während er fast ständig mit seinen Truppen unterwegs war, um die Grenzen des Reiches gegen drohende Invasionen zu sichern, kontrollierte seine Mutter **Julia Domna** höchst effektiv die Innenpolitik. Die enormen Militärausgaben finanzierte er unter anderem mit kräftigen Steuererhöhungen. Um die innere Einheit des Reiches herzustellen, verlieh er den Bewohnern aller Provinzen das Römische Bürgerrecht und schuf damit erstmals eine einheitliche Staatsangehörigkeit von Britannien bis nach Nordafrika. Den Ruf eines blutrünstigen Brudermörders wurde er dennoch niemals los. Der Präfekt Macrinus ließ ihn 217, knapp ein Jahr nach der glanzvollen Eröffnung der Thermen, von seinen Soldaten erdolchen.

Rom – Um den Circus Maximus

Karte S. 261

Das **Baderitual** begann üblicherweise mit dem Heißbad *(caldarium)*, dann kam ein heißer Abguss, es folgten ein warmer Übergangsraum *(tepidarium)*, das Kaltbad *(frigidarium)* und schließlich eine Massage. Danach konnte man in den Sportanlagen trainieren (üblich waren Gymnastik, Kraftsport, Ringen und Ballspiele) oder in den angelegten Parks lustwandeln. Große Bibliotheken luden zum Lesen ein; Räume für Geselligkeiten und Darbietungen standen zur Verfügung; Feinschmecker-Restaurants verwöhnten mit exotischen Köstlichkeiten.

Als Trajan den Versuch unternahm, die Geschlechtertrennung in den Badeanstalten abzuschaffen, kam es zu deftigen Skandalen, und das gemeinsame Baden von Männern und Frauen wurde rasch wieder verboten. Entweder fand eine räumliche oder eine zeitliche Trennung statt.

Ab der Eröffnung im Jahr 216 n. Chr. waren die Caracalla-Thermen wohl bis zur Zerstörung der Aquädukte durch die Goten im Jahr 537 in Betrieb. Danach begann der langsame Verfall. Erst ein Erdbeben im 9. Jh. zerstörte die Räume vollständig. Die Anlage geriet in Vergessenheit. Im 12. Jh. nutzte man die Ruinen als Steinbruch für den Bau von Kirchen und Palästen. Als 1545 zufällig Statuen und wertvolle Bronzen unter dem Schutt gefunden wurden, erwachte das Interesse und eine intensive Schatzsuche begann. Wie bei den meisten antiken Monumentalbauten setzte die größte Zerstörung während des Baubooms in der Renaissance ein. Auch hier wurden in Öfen Tag und Nacht Marmorwandverkleidungen, Säulen und Statuen zu Kalk verbrannt. Ab dem 18. und 19. Jh. entdeckten Maler die Romantik der von Pflanzen überwucherten gewaltigen Mauern, und ab 1824 begannen systematische Ausgrabungen, bei denen wunderbare Fußbodenmosaike gefunden wurden.

Das reichhaltige Angebot im Freizeitzentrum selbst einer kleinen Provinzstadt beschreibt Seneca in einem Brief an seinen Freund Lucilius. Auf einer Reise übernachtete der Philosoph in einer Herberge über den Thermen und beschwert sich wegen des unerträglichen Lärms:

*„Nun stell Dir alle Geräusche vor, die uns dazu bringen, unsere Ohren zu hassen. Ich höre jedesmal das Keuchen derjenigen, die Übungen mit Hanteln in den Händen machen und sich anstrengen oder so tun, als würden sie sich anstrengen, wenn sie die angehaltene Luft ausstoßen, und das überaus unangenehme Zischen und Pfeifen ihrer Atmung. Wenn sich jemand damit begnügt, auf gewöhnlichste Art gesalbt zu werden, hört man die verschiedenen Geräusche der Hand, die auf die Schultern klatscht, je nachdem ob sie geöffnet oder geschlossen ist. Wenn dann ein Ballspieler ankommt und beginnt die Punkte zu zählen, dann ist alles aus. Denk Dir jetzt noch jemanden, der Streit sucht, einen Dieb, der auf frischer Tat ertappt wird, und einen Schwätzer, der seine Freude daran hat, sich selbst zu hören; dazu noch die, die mit lautem Aufklatschen in das Becken springen, sodass das Wasser nach allen Seiten hoch spritzt. Außer den Stimmen, die wenigstens immer die gleiche Tonlage beibehalten, gibt es die hohe Fistelstimme des Haarentferners, der alle Augenblicke seine Dienste anbietet und nicht eher ruhig ist, bis er jemanden gefunden hat, dem er die Haare entfernen kann; dann fängt aber der an zu schreien, dem er gerade die Achselhaare ausreißt. Stell Dir die verschiedenen Rufe der Getränke-, Wurst- und Gebäckverkäufer vor und mit welchem eigentümlichen und auffallenden Tonfall die Ladenbesitzer ihre Waren anpreisen."*

Die Caracalla-Thermen nahmen eine **Fläche** von 337 m x 328 m ein. Die zentralen Gebäude hatten zwei über- und zwei unterirdische Geschosse. In den Sälen, in denen 1.600 Personen gleichzeitig baden konnten, standen nach Schätzungen mindestens 250 Säulen, von denen 16 höher als 12 m waren. Man nimmt an, dass pro Tag etwa 8.000 Besucher kamen.

Das **Wasser** floss über einen speziellen Aquädukt zunächst in Zisternen an der Umfassungsmauer im Süden mit einem Fassungsvermögen von 80.000 Litern. Von dort aus leitete man das Wasser zum Teil unter Druck über Bleirohre in die verschiedenen Becken und Brunnen. In den Räumen unter dem Caldarium befand sich die Heizungsanlage. Die unterirdischen Gänge, die zur Besichtigung freigegeben werden sollen, sobald die statischen Probleme gelöst sind, sind 6 m breit und hoch, damit man die enormen Holzmengen auch hier unten auf Pferdewagen transportieren konnte. Schächte sorgten für Beleuchtung und Belüftung. Für den Badebetrieb wurden täglich etwa 10 Tonnen Brennholz benötigt; in den Gängen lagerte der Bedarf für sieben Monate, also über 2.000 Tonnen.

Heute vermitteln die an manchen Stellen über 30 m hohen Mauerreste und die zum Teil erhaltenen Bodenmosaike noch immer einen Eindruck von der Monumentalität der Thermen. Leider fehlt jeder Hinweis auf das ursprüngliche Aussehen und auf die Funktion der Räume. Immerhin gibt es im Museo della Civiltà Romana in EUR (→ S. 578) eine Rekonstruktion der Caracalla-Thermen. Man muss sich alle Wände mit Verkleidungen aus Glas- und Marmormosaiken, mit bemaltem Stuck und unzähligen Bronze- und bemalten Marmorstatuen in den Nischen vorstellen. Soweit die Statuen nicht in den Kalköfen verbrannt wurden, sind sie heute in Museen über die ganze Welt verstreut. Zwei graue Granitwannen aus dem Frigidarium sehen Sie, später mit der Farneselilie geschmückt, als Brunnen auf der Piazza Farnese, wenige Schritte vom Campo de'Fiori entfernt. Berühmt sind die verschiedenartigen **Mosaikfußböden**, teilweise mit geometrischen Mustern, mit floralen Motiven oder figürlichen Darstellungen. Das wertvollste farbige Mosaik mit verschiedenen Athleten, Schiedsrichtern und Sportgeräten sehen Sie in den Vatikanischen Museen.

Der rechteckige Saal an der nördlichen Außenmauer war ursprünglich einmal das Schwimmbad (*natatio*). Der Raum hatte gewaltige Ausmaße: Die Grundfläche betrug 50 m x 22 m, die Wände waren über 20 m hoch und mit riesigen grauen Granitsäulen gegliedert. Auf diesen Saal folgt das Kaltbad (*frigidarium*) in zentraler Lage mit unmittelbarem Zugang zu den anderen Sälen. Der Raum mit einer Grundfläche von 58 m x 24 m war von drei Kreuzgewölben überspannt, die auf acht Monumentalsäulen aus ägyptischem Granit ruhten. An den Seiten standen in Nischen, die durch Porphyrsäulen vom Hauptraum abgegrenzt wurden, vier große Kaltwasserbecken. Über einen Verbindungsraum (*tepidarium* – Warmwasserbad) mit den seitlichen Durchgängen zu den Saunen (*laconica*) gelangt man in das Schwitzbad (*caldarium*) mit ursprünglich kreisförmigem Grundriss. Dies war wohl der eindrucksvollste Raum, der mit einer auf acht Pilastern ruhenden Kuppel mit einem Durchmesser von 36 m geschlossen war. Die sieben Marmorbecken, in die das heiße Wasser floss, wurden zusätzlich durch das darunter befindliche Heizungssystem erwärmt. Wenn im Rahmen des römischen Kultursommers hier wieder Opern aufgeführt werden, befindet sich in diesem zum Garten gelegenen Saal die Bühne.

Im Sommer waren ab 1938 die imposanten **Opernaufführungen**, besonders die der Aida, vor der Kulisse der gewaltigen Ruinen beliebt. Unvergessen ist auch der erste gemeinsame Auftritt der „Drei Tenöre" (Carreras, Domingo, Pavarotti) aus Anlass der Fußball-Weltmeisterschaft 1990. Nachdem es zu Schäden am antiken Mauerwerk kam, setzte der Denkmalschutz 1996 ein Verbot der Veranstaltungen durch. Im Rahmen des römischen Kultursommers finden hier dennoch Opernaufführungen statt, bei denen zum Schutz der Mauern die Kulissen nur projiziert werden. (Information über das Programm bei der Touristeninformation oder in der Tageszeitung).

•*Öffnungszeiten* Mo 9–14 Uhr, Di–So 9–19.30 Uhr, im Winter bis eine Stunde vor Sonnenuntergang. **Achtung:** Wegen Einsturzgefahr wurden ab Anfang 2006 einige Bereiche der Thermen für Besucher gesperrt, bis die notwendigen Sicherungsmaßnahmen abgeschlossen sind.

•*Eintritt* 6 €, Jugendliche zwischen 18 und 24 Jahren aus EU-Staaten 3 €, Personen aus EU-Staaten unter 18 und über 65 Jahren haben freien Eintritt (Vergünstigungen nur bei Vorlage des Ausweises). Das Ticket berechtigt auch zu einem Besuch der Villa dei Quintili und des Grabmausoleums der Cecilia Metella an der Via Appia innerhalb einer Woche. Audioguide in Englisch oder Italienisch 4 € (Ausweis als Pfand erforderlich).

•*Führungen* Nur in italienischer Sprache Sa und So um 10 und 12 Uhr (Achtung: Die Zeiten werden häufig geändert).

•*Information* ✆ 06.39967700.

*Blick vom Aventin*

# Um den Aventin

**Der Aventinhügel, der das Tal des Circus Maximus im Südwesten begrenzt, gilt als eines der besseren Wohnviertel und ist ein ruhiger, erholsamer Ort mit viel Grün, einer sehr alten Kirche bei einem kleinen Park mit Orangen-bäumen und einer phantastischen Aussichtsterrasse. Auf der Rückseite schließt sich das Arbeiterviertel Testaccio mit einer antiken Müllhalde an, wo nachts die trendige Clubszene feiert.**

## Der Aventin

Der Aventin gehört zu den ältesten bewohnten Gebieten Roms. Zur Zeit der Re-publik war es ein einfaches Wohn- und Geschäftsviertel, doch in der Kaiserzeit entdeckte die Oberschicht die Vorzüge des Hügels mit der besseren Luft und der prestigeträchtigen Nähe zum Kaiserpalast auf dem Palatin gegenüber. Die luxu-riösen antiken Villen zogen allerdings die plündernden Barbaren besonders an; schon die Goten hatten im 5. Jh. fast alles zerstört. Im Mittelalter konzentrierte sich die Stadt auf dem Marsfeld und der Hügel war, abgesehen von einigen Klös-tern, entvölkert. Etwa ab dem 19. Jh. entdeckte man die Vorzüge neu und es ent-stand wieder eines der gehobenen Wohnviertel, mit freistehenden Häusern und schattigen Gärten. In vielen der gepflegten Villen residieren heute Botschaften, doch dazwischen gibt es auch gelegentlich banale Wohnblocks. Angenehm ist die Ruhe. Auch wenn die Gegend nicht allzu spektakulär ist, lohnt der Besuch einiger Sehenswürdigkeiten.

Vom **Piazzale Ugo la Malfa** aus, von dem man einen Postkarten-Blick auf den Circus Maximus und den Palatin hat, führt rechts die Via di Valle Murcia den

Aventinhügel hinauf. Links und rechts der Straße liegt der ab Mai intensiv duftende, farbenprächtige **Rosengarten**. In der unteren Abteilung mit modernen Züchtungen und der oberen Abteilung mit teilweise uralten Sorten soll es zusammen 5.000 Rosenstöcke geben. Der Garten ist von Mai bis Ende Oktober geöffnet und dann ein reizvoller Platz zum Ausruhen.

*Öffnungszeiten* Tägl. 8–17.30 Uhr. Eintritt frei.

Folgen Sie der nun etwas steiler ansteigenden Via di Santa Sabina, liegt rechts hinter der Mauer ein kleiner Orangenhain, der **Parco Savello**, den man auf keinen Fall übersehen sollte. Von der **Aussichtsterrasse** bietet sich ein reizvoller Blick auf die Stadt, vor allem auf das Viertel um die Synagoge und gegenüber auf Trastevere. Am frühen Abend, wenn das Licht sanfter ist, kommen oft Maler her, die den Zauber der verwinkelten Gassen und Farbschattierungen von Trastevere auf Leinwand festhalten. Mit den duftenden Orangenblüten ist dies ein beschaulicher und geradezu idealer Rastplatz, der besonders am Wochenende von ganzen Familienverbänden zum Picknick genutzt wird. An den Park grenzt die sehenswerte Kirche Santa Sabina.

*Eingang/Öffnungszeiten* Vom Parkplatz vor der Kirche oder vom Tiberufer über den steilen Weg, den Clivo di Rocca Savello. Tägl. 8 Uhr bis Sonnenuntergang. Eintritt frei.

▸ **Santa Sabina**: Die Kirche der heiligen Sabina, einer römischen Märtyrerin, deren Reliquien in der Krypta verehrt werden, bietet einen guten Eindruck vom Aussehen einer dreischiffigen **frühchristlichen Basilika**. Wesentlich anders sahen auch die großen Mehrzweckhallen auf den Foren zur Zeit der römischen Imperatoren nicht aus. Mit dem Bau begann man bereits im Jahr 422, dann folgten im 9. und 13. Jh. Veränderungen, und vor allem die barocke Umgestaltung unter Papst Sixtus IV. Ende des 16. Jh. gaben der Kirche ein völlig anderes Erscheinungsbild. Da die alte Substanz im wesentlichen noch vorhanden war, entschloss man sich Anfang des 20. Jh., Santa Sabina in den ursprünglichen Bauzustand zurückzuversetzen. Lediglich in zwei Seitenkapellen beließ man den barocken Zierrat, sie wirken heute seltsam fremd in dem ansonsten feierlich schlichten Bau.

Wertvollstes Kunstwerk ist die **Porta lignea**, die hölzerne Pforte im Mittelportal, das von der Vorhalle ins Kircheninnere führt. Diese einzige gut erhaltene Holzschnitzerei frühchristlicher Kunst wurde schon im Jahr 432 für die Basilika geschaffen. Von den ursprünglich 28 Bildtafeln mit Szenen aus dem Alten und Neuen Testament sind noch 18 vorhanden. Auf der Tafel oben rechts befindet sich die älteste bekannte Darstellung der Kreuzigungsszene.

Im **Innern** werden die drei Schiffe durch Marmorsäulen mit korinthischen Kapitellen getrennt, die eigens für die Kirche angefertigt wurden. Das war zur damaligen Zeit extrem teuer und daher ungewöhnlich. In der Regel bediente man sich bei vorhandenen Bauteilen antiker Gebäude, die aber selten in der benötigten Stückzahl zu finden waren. Man musste dann unterschiedliche Säulen kombinieren, was nicht immer perfekt aussah, die Baukosten aber erheblich senkte. Die Wandverkleidungen mit den verschiedenfarbigen Marmorintarsien stammen noch aus der Zeit des Baus der Basilika. Auf dem Deckenfresko in der Apsis stellte der Maler Zuccari im Jahr 1559 Jesus bei der Bergpredigt dar. Die Decke wurde 1936 entsprechend dem Original rekonstruiert. Die Rechtecke sollen den Blick des Betrachters auf die Apsis lenken.

Besonders wertvoll ist das **Schriftmosaik** über dem Portal, das an die Gründung der Kirche durch Petrus von Illyrien erinnert und erahnen lässt, wie prachtvoll diese ursprünglich ganz mit Mosaiken geschmückte Kirche ausgesehen haben muss. Die beiden Frauen an den Seiten des Mosaikstreifens symbolisieren die Bekehrung von Heiden und Juden.

Links des Eingangs sehen Sie einen Altar im Stil der Cosmaten, der aus Teilen anderer Altäre zusammengesetzt wurde. An das linke Seitenschiff grenzt die Kapelle der heiligen Katharina aus dem Jahre 1671 mit barocker Kuppel und kostbarer Marmorausstattung. Die Kapelle gegenüber im rechten Seitenschiff ist dem heiligen Dominikanermönch Hyazinth geweiht. Die Fresken zeigen Szenen aus seinem Leben. Von der Vorhalle aus betritt man den **Kreuzgang**, einen beschaulichen Ort, dessen Umgang zwischen fragilen phantasievollen Säulchen den Blick auf den Garten freigibt.

In der Vorhalle kann man durch ein gläsernes Guckloch in den benachbarten Klosterhof schauen. Das **Kloster** wurde im 13. Jh. vom heiligen Dominikus errichtet, der den nach ihm benannten Orden gegründet hatte (Dominikaner) und dafür die Kirche Santa Sabina als Ordenskirche mit dem benachbarten Kloster als Stammsitz erhielt. Im Klostergarten soll der Heilige eigenhändig einen Orangenbaum gepflanzt haben, und zwar genau das knorrige Exemplar, das man durch das Guckloch sieht.

Auf dem Parkplatz vor der Kirche ist noch ein kaum beachteter antiker **Brunnen** zu erwähnen: Aus dem Mund eines Marmorgesichts fließt Wasser in eine antike Badewanne.

*Öffnungszeiten/Eintritt*  Mo–Sa 6.30–12.45 und 15.30–19 Uhr, So 10.30–11.30 Uhr. Eintritt für den Kreuzgang 1 €.

▶ **Piazza dei Cavalieri di Malta:** Am Ende der Via di S. Sabina liegt die Piazza dei Cavalieri di Malta, die mit aufwändigem Skulpturenschmuck auf den begrenzenden Gartenmauern im Jahr 1765 von Giambattista Piranesi (hauptsächlich bekannt durch seine Kupferstiche) gestaltet wurde. Hinter Hausnummer 3 verbirgt sich das Stammhaus des souveränen **Malteserordens**. Es ist der einzige noch existierende Ritterorden des Mittelalters, einer der ältesten religiösen Orden, und er genießt zugleich, wie der Vatikan, als autonomes Völkerrechtssubjekt eigener Art die Rechte eines Staates, auch wenn er über kein eigenes Staatsgebiet verfügt.

**Gegründet** wurde der Ritterorden der Malteser zu Kreuzfahrerzeiten etwa um das Jahr 1048 in Jerusalem, um dort eine Anlaufstelle und ein Hospital für christliche Pilger zu bieten. Offiziell hat ihn Papst Paschalis II. im Jahr 1113 als kirchlichen Orden anerkannt. Bis 1522 übte der Orden die Herrschaft von Rhodos aus, erhielt 1530 von Karl V. das Gebiet der Insel Malta und wurde dort 1798 von Napoleon vertrieben. Sein Exil fand der Orden im Jahr 1834 in Rom, wo ihm seitdem Exterritorialität garantiert ist. Der Orden hat seinen Sitz im Palazzo di Malta (in der Via Condotti 68, wo der Großmeister residiert und die Ordensregierung tagt) und in der Villa Malta auf dem Aventin, wo sich die Repräsentations- und Botschaftsräume befinden. Diese Grundstücke besitzen einen exterritorialen Status.
Der **souveräne Malteserorden** hat eine eigene Regierung, eine eigene Gerichtsbar-

keit und unterhält bilaterale diplomatische Beziehungen zu 97 Staaten; bei den Vereinten Nationen hat er den Status eines ständigen Vertreters. Der Orden stellt eigene Ausweispapiere und Kfz-Kennzeichen aus (sie beginnen mit „SMOM") und gibt eigene Briefmarken heraus (verwendbar nur für Briefe nach Somalia, Paraguay und in wenige andere Länder, mit denen Postabkommen bestehen) und besitzt das Münzrecht („Scudi"), von dem derzeit nicht Gebrauch gemacht wird.
Weltliches und religiöses **Oberhaupt** des Ordens ist der vom *Großen Staatsrat* auf Lebenszeit gewählte *Großmeister*, der bei offiziellen Anlässen eine prächtige Galauniform mit Säbel trägt. Seit April 1988 leitet Seine Hoheit und Eminenz, der 1929 in London geborene Fürst Frà Andrew Bertie, als 78. Großmeister den Orden.

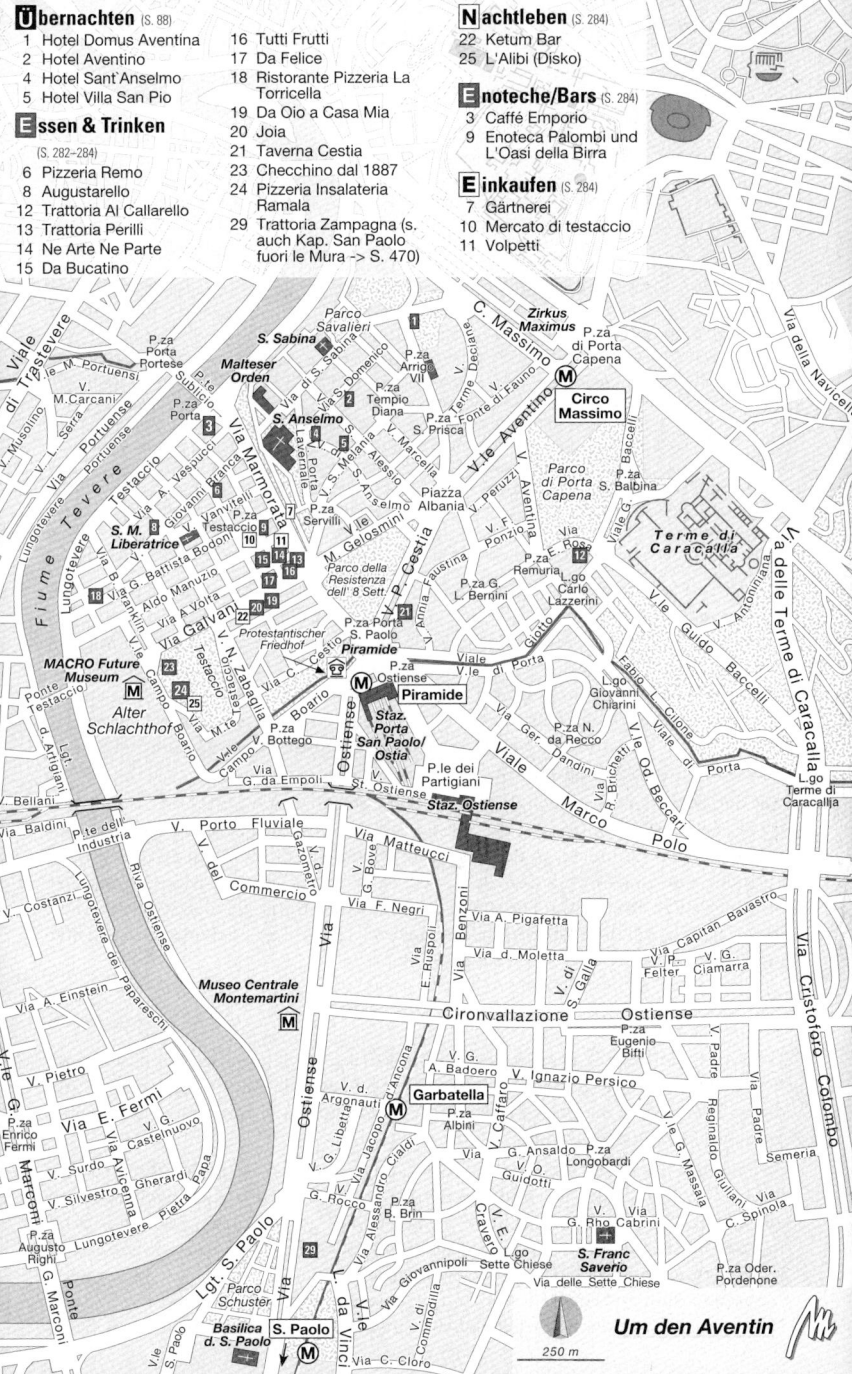

Um den Aventin

250 m

Der Großmeister, der sich nach der Verfassung gänzlich dem Wohlergehen des Ordens zu widmen hat und allen Ordensmitgliedern ein Vorbild religiöser Pflichterfüllung sein muss, übt die höchste Amtsgewalt aus. Er erlässt im Rahmen der Ordensverfassung die Gesetze, verwaltet das Schatzamt und beruft alle fünf Jahre das *Generalkapitel* (die oberste Ordensversammlung) ein, das den Souveränen Rat wählt. Zu diesem beratenden Gremium gehören der *Großkomtur*, der *Großkanzler*, der *Großhospitalier*, der *Rezeptor* sowie sechs weitere Mitglieder. Die Staaten, zu denen der Orden diplomatische Beziehungen unterhält, räumen dem Großmeister alle Privilegien, Ehrenbezeugungen und Rechte ein, die Staatsoberhäuptern zustehen sowie den Titel Hoheit und Eminenz. Von der Katholischen Kirche wird ihm der Rang eines Kardinals zuerkannt. Die Rechtsprechung wird von *Ordensgerichten* ausgeübt, deren Mitglieder vom Großmeister

und vom Souveränen Rat ernannt werden. Dem Orden gehören etwa 12.500 *Ritter* und Damen an, die heute in der Mehrzahl Laien sind, also kein religiöses Gelübde abgelegt haben und nicht in Klöstern leben, sondern einen Beruf ausüben und Familien haben. Sie sind aber in besonderer Weise dem christlichen Leben und der christlichen Caritas verpflichtet – getreu dem Leitwort des Ordens *„Tuitio Fidei et Obsequium Pauperum"* („Bezeugung des Glaubens und Dienst an den Armen und Kranken"). In Deutschland kennt man hauptsächlich ihre Hilfsdienste, den **Malteser Hilfsdienst** und die **Johanniter Unfallhilfe** (Schutzpatron des Ordens ist Johannes der Täufer). Um die Mitgliedschaft in dieser exklusiven und sehr einflussreichen Loge kann man sich nicht bewerben, sondern man wird in den Orden berufen, vorausgesetzt man ist *„von untadeliger moralischer und christlicher Haltung und hat sich Verdienste um den Orden, seine Einrichtungen und Werke erworben"*.

Die Villa Malta mit der angrenzenden Prioratskiche liegt in einem herrlichen Garten und ist leider nicht öffentlich zugänglich (man kann sich beim weltlichen Sitz der Ritter in der Via Condotti 68 um eine Ausnahme-Besuchsgenehmigung bemühen). Den meisten Touristen genügt aber ein Blick durch das **Schlüsselloch** des Tores *(Buco di Roma),* und der ist wirklich hübsch: Eingerahmt vom Grün eines Laubengangs sieht man direkt auf die kilometerweit entfernte Kuppel der Peterskirche. Wenn ein Reisebus vorbeikommt, muss man vor dem Schlüsselloch schon mal Schlange stehen.

Auf der gegenüberliegenden Seite der Piazza befindet sich hinter der Mauer, zurückgesetzt in einem Garten, die Kirche **San Anselmo** mit dem angeschlossenen riesigen Klosterkomplex, in dem sich die Schaltzentrale des Benediktinerordens befindet sowie das internationale Benediktinerkolleg, in dem Mönche des Ordens aus aller Welt ausgebildet werden. Im Hof rechts vor der Kirche ist ein neuer Laden, der **Klostererzeugnisse** (Liköre, Konfitüren, Seifen usw.), Bücher und Souvenirs in reicher Auswahl anbietet.

*Öffnungszeiten des Klosterladens* Di–So 10–12 und 16–19 Uhr.

## Cestius-Pyramide

Folgen Sie der Via di Porta Lavernate und deren Verlängerung, der Via Asinio Pollione, den Hügel hinunter, stoßen Sie nach der für Rom untypischen Stille dieses Viertels auf die große, lärmende Via Marmorata. Etwas weiter links sehen Sie schon die antike Pyramide.

Sie ist eines der vielen extravaganten antiken Grabmäler. Da es den Römern verboten war, ihre Toten im Stadtbereich beizusetzen, sollten diese weit draußen auf dem Land wenigstens nicht in Vergessenheit geraten. Jeder, der es sich finanziell leisten konnte, ließ sich deshalb ein besonders auffälliges Mausoleum bauen, möglichst an einer der großen Straßen, damit viele vorbeikommende Menschen seinen Namen lesen und sich seiner erinnern konnten. Auf diese Weise einen Hauch von Unsterblichkeit zu erlangen, ist ohne Zweifel dem **Gaius**

**Cestius** gelungen. Seine Idee für ein Mausoleum beruht auf einer Mode der damaligen Zeit. Cestius lebte unter der Herrschaft des Augustus (gestorben ist er 12 v. Chr.), als die Erinnerung an den Glanz der Cleopatra noch sehr präsent war und Rom mit erbeuteten ägyptischen Kulturgütern überschwemmt wurde, nachdem der Kaiser den Caesarmörder Marc Anton in Ägypten besiegt hatte. Ägypten war „in", als der vermögende Cestius in seinem Testament die Beisetzung wie ein Pharao in einer Pyramide anordnete. Damit sich der Aufwand auch lohnte, wählte man einen Standort an der stark frequentierten Via Ostiense, die zum Seehafen nach Ostia führte.

*Ort der Stille: Cestius-Pyramide und Protestantischer Friedhof*

Der Name des Verstorbenen hat 2.000 Jahre überdauert, zur Person kennt man nur die spärlichen Informationen von den Inschriften seines Grabes. Eine fasst den Lebenslauf zusammen: *„Caius Cestius, Sohn des Lucius, Prätor, Volkstribun und Mitglied der Septemviri Epulonum".* Die andere berichtet über die Erbauung des Mausoleums: *„In Übereinstimmung mit dem Testament, wurde der Bau in 330 Tagen, unter der Leitung von L. Pontius Mela, Sohn des Publius, mit dem Freigelassenen Pothus, errichtet".*

Die Pyramide besteht aus Ziegelmauerwerk, das mit Travertinblöcken verkleidet wurde. Sie ist etwa 37 m hoch. Im Innern befindet sich eine mit Fresken geschmückte 20 m² große, 5 m hohe Grabkammer, die leider für Besucher gesperrt ist.

Da das Niveau der heutigen Straße durch den in 2.000 Jahren angefallenen Schutt angehoben wurde, wirkt die Pyramide von der Straße aus niedriger. Um die volle Größe zu erkennen, muss man an das Gitter herantreten, wo man auch die freigelegte Basis auf dem antiken Straßenniveau sieht.

Dort, am Fuß der Pyramide, wo keine Fahrzeuge und auch keine Touristen hinkommen, haben zahllose streunende **Katzen** ihr Revier bezogen. Sie werden hier von Tierfreunden mit großem Engagement regelmäßig verpflegt, sterilisiert und medizinisch betreut.

## Protestantischer Friedhof

Auf der Rückseite der Pyramide, zwischen Aurelianischer Mauer und Via Caio Cestio, liegt der sehenswerte, so genannte „Protestantische Friedhof". Die italienische Bezeichnung *cimitero acattolico* ist richtiger, denn hier können seit 1720 auch Angehörige anderer Religionen beigesetzt werden – solange noch Platz ist, nur eben keine Katholiken. Man hat die Toten im 18. Jh. und noch bis ins 19. Jh. hinein hier nur bei Nacht begraben, um Ausschreitungen des fanatischen, „rechtgläubigen" Pöbels zu vermeiden.

*Öffnungszeiten/Eintritt* Mo–Sa 9–17 Uhr, letzter Einlass 16.30 Uhr, an Sonn- und Feiertagen geschlossen. Eintritt 2 €.

**Rom – Um den Aventin**
Karte S. 271

## Streifzug über den Friedhof

Es ist ein nachdenklicher Genuss, in diesem Friedhof umherzuwandeln, mit der antiken Mauer und der Pyramide im Hintergrund und beschattet von dunkel glänzenden, hier besonders hohen Zypressen. Von einem Engländer stammt der Satz: „*It might make one in love with death, to be buried in so sweet a place*".
Am meisten besucht werden wohl die Gräber zweier berühmter Romantiker aus England: Von Percy Bysshe Shelley heißt es, sein Herz sei nicht mit dem Körper verbrannt und ruhe unter dem Stein. Den Grabspruch des anderen, John Keats, hat dieser Dichter selbst für sich formuliert, er besagt, hier liege einer, dessen Name in Wasser geschrieben wurde. Denn ohne Hoffnung auf Unsterblichkeit war er 25-jährig gestorben, in einem Haus an der Spanischen Treppe, das besichtigt werden kann (→ S. 316).
Am häufigsten stoßen Sie bei Ihrem Rundgang allerdings auf Namen aus der deutschen Kulturgeschichte, aus jenem unaufhörlichen Strom deutscher Italienfahrer. Darunter sind der Schleswiger Maler Jakob Asmus Carstens, ein Begründer des Klassizismus im 18. Jh., der jung im Tiber ertrunkene, hoch begabte Zeichner Karl Philipp Fohr, Henriette Herz, die Freundin Nietzsches sowie Wagners Malwida von Meysenburg und der größte „Deutschrömer", Hans von Marées.
Die meisten dieser Grabmäler beeindrucken durch schöne Schlichtheit, ihr Schmuck ist zuweilen das Reliefporträt des Toten, manchmal nur eine wohl formulierte Inschrift. Einige Grabmäler sind als Säulen geformt, so jenes des kleinen Friedrich von Humboldt, der 1803 einjährig starb, oder das des Wilhelm Waiblingers, eines Dichters aus Schwaben.
Auch der Stein Augusts von Goethe zeigt das Relief des Gesichts, was ein wenig darüber hinwegtröstet, dass sein eigener Name fehlt. Erwähnt ist nur, dass hier Goethes Sohn seinem Vater ins Jenseits vorausging: GOETHE FILIUS/ PATRI/ ANTEVERTENS/ OBIIT. Dann folgt nur noch die Jahreszahl. Diesen Grabspruch hat man Goethe in Weimar, nicht ganz zu Unrecht, übelgenommen. Vielleicht aber erlag er nur der Erinnerung an seine Jahre in Rom, wo er selbst hatte begraben werden wollen: „*Dulde mich, Jupiter, hier, und Hermes führe mich später, Cestius' Mal vorbei, leise zum Orkus hinab*".

# Aurelianische Mauer

Wie ein Edelstein wird die nach jeder Restaurierung wieder im ursprünglichen Weiß des Travertin erstrahlende Pyramide vom roten Terrakotta der Aurelianischen Stadtmauer gefasst. Die Konstrukteure waren in großer Eile, als sie im Jahr 271 von Kaiser Aurelian den Befehl erhielten, einen Schutzwall um die Stadt zu ziehen. Um Zeit und Material zu sparen, integrierten sie alle möglichen soliden Bauwerke, wie z. B. einen Teil des Amphitheaters des Elagabal, Abschnitte von Aquädukten oder eben die Pyramide des Cestius.

Bis zu dieser Zeit war das kaiserliche Rom nicht durch eine Wehrmauer geschützt. Ganz am Anfang, als die Kriege mit den Nachbarstämmen noch die Stadt berührten, gab es die Befestigungsmauer des Servius Tullius (aus dem Jahr 387 v. Chr.; Reste davon sind am Bahnhof zu sehen). Mit der Expansion des Römischen Reiches drohten höchstens am Limes im kalten Germanien oder an den östlichen Außengrenzen feindliche Überfälle, die ein paar Garnisonsstädte betrafen, Rom aber nicht sonderlich interessierten. Die Barbaren aber formierten sich und im Jahr 258 n. Chr. gelang es den Alemannen, bis auf italienischen Boden vorzustoßen. Die Erkenntnis, dass Rom im Fall einer Invasion schutzlos wäre, muss ein Schock gewesen sein. Mit schlagkräftigen Offensiven der Völker aus dem Norden war ernsthaft zu rechnen und die Zeit drängte, als der Kaiser den Bau einer schützenden Mauer anordnete.

Die Stadtmauer ist der größte erhaltene Architekturkomplex der römischen Antike. Sie ist 19 km lang, 7 m hoch und 3,5 m stark. Sie hatte 7.080 Zinnen, 383 Türme, 116 Toiletten, 18 Haupttore und fünf Wachen. Man stelle sich nur einmal vor, wie viele Ziegelsteine dafür gebrannt werden mussten (bei den Ausmaßen wären ca. 390.000 Kubikmeter erforderlich gewesen, doch tatsächlich waren es deutlich weniger, denn man hat viele Zwischenräume einfach nur mit Bauschutt aufgefüllt). Nach knapp zwölf Jahren Bauzeit war das Werk vollbracht. Im 5. Jh. verdoppelte man die Mauerhöhe und fügte noch weitere Türme hinzu, doch es kam trotzdem immer wieder zu verheerenden Plünderungen. Endgültig verlor die Mauer am Morgen des 20. September 1870 ihre militärische Schutzfunktion. Die Truppen Garibaldis hatten die Grenzen des Kir-

chenstaates überrannt und lagerten vor der Stadt des Papstes. Dieser ließ noch einen Schuss abfeuern, doch um 9 Uhr rissen die Kanonen der Angreifer bei der Porta Pia (nördlich des Hauptbahnhofs Termini) eine Bresche in die Ziegelwand. Keine ganze Stunde später kapitulierte der Papst, verließ seine Residenz im Quirinal und zog sich, alle eindringenden Nationalisten exkommunizierend, in den Vatikan zurück.

Heute verteidigt die Mauer den Denkmalschutz: Die Stadtverwaltung hat erstaunlich unbürokratisch angeordnet, dass pauschal alles, was innerhalb der Mauer liegt, zum historischen Zentrum gehört und damit den strikten Auflagen des Denkmalschutzes unterliegt. Kein Detail, noch nicht mal ein Anstrich, darf hier ohne Genehmigung der Behörde verändert werden.

Reizvoll ist eine **Fahrradtour** entlang des eindrucksvollsten Mauerabschnitts von der Pyramide mit der Porta San Paolo bis zur Porta Maggiore, südöstlich des Hauptbahnhofs Termini (ca. 7 km).

**Porta Maggiore:** Das große Tor ist besonders eindrucksvoll. Hier blieb sogar noch ein Teil des antiken Straßenpflasters erhalten, in dem die eisenbeschlagenen Räder der Karren im Laufe von vielen Jahrhunderten tiefe Spurrillen gegraben haben. Ursprünglich gehörte der Bogen zum Aquädukt, das 52 n. Chr. von Kaiser Claudius in Auftrag gegeben wurde. An dieser Stelle folgt die Mauer der stabilen Wasserleitung ein kurzes Stück und nutzt einen der Stützbögen als Tor. Unmittelbar davor sieht man das besonders kuriose **Grab des Großbäckers Eurysaces**. Es ist ein Marmorblock mit runden Löchern, die Getreidefässern entsprechen. Auf dem Fries darüber hat er im Detail sein offensichtlich reichlichen Gewinn abwerfendes Handwerk darstellen lassen. So wurden alle Schritte der antiken Brotherstellung überliefert.

Wem der Weg bis zur Porta Maggiore zu weit ist, kann sich auch auf den gut erhaltenen Abschnitt bis zur **Porta Latina** beschränken. Diese Strecke (ca. 3,5 km) kann man noch bequem und reizvoll erwandern. Hier ist der Verkehr ruhiger und bald ist auch die Besiedelung nicht mehr so dicht. Man sieht Olivenhaine und Äcker und könnte meinen, die Mauer grenze unmittelbar an die römische Campagna, nur die hohen Wohnblöcke in der Ferne erinnern daran, dass aus Rom, wie es Goethe beschrieb, eine moderne Millionenstadt geworden ist. Der Weg führt an der **Porta San Sebastiano** vorbei, in der das kleine Museum der Stadtmauern untergebracht ist (**Museo delle Mura**). Hier sieht man eine Rekonstruktion der gesamten Mauer und erfährt auf Schautafeln etwas über die Verteidigungsanlagen und über die Geschichte der Via Appia. Früher konnte man auch einen ganzen Abschnitt auf der Mauer entlang gehen, doch als 2001 20 m eines gerade ausgebesserten Mauerabschnitts einstürzten, wurde der Wehrgang geschlossen, um die Statik zu untersuchen.

*Öffnungszeiten/Eintritt* Di-So 9–14 Uhr. Eintritt 3 €, ermäßigt 1,50 €. Informationen unter ✆ 06.70475284.

Ebenfalls interessant ist das kleine **Museo della Via Ostiense** in der Porta San Paolo, gegenüber der Pyramide. Man sieht im unteren Raum ein großes Modell der Hafenstadt Ostia (→ S. 582) und den Verlauf der Via Ostiense von hier bis nach Ostia zur Zeit der Antike. Zum Vergleich mit der heutigen Zeit reicht ein Blick von der Mauer im Stockwerk darüber. Dort sind Gräber- und Freskenfragmente sowie Urnen ausgestellt; in einem weiteren Raum befindet sich ein großes Modell des später unter Trajan angelegten Hafens in Fiumicino. Das sechseckige Hafenbecken gehört jetzt zum Flughafen, die Küste ist aufgrund der Versandung einige Kilometer weit entfernt. Eine Treppe führt in einen der Türme des Stadttors. Freskenfragmente belegen, dass der Ort als Kirche genutzt wurde. Man kann nach draußen treten und hat zwischen den Zinnen einen besonders guten Blick auf die Cestius-Pyramide. Im gegenüberliegenden Turm sieht man das Modell eines antiken Wohnhauses in Ostia.

*Öffnungszeiten* Mo geschlossen, Di und Do 9–13.30 und 14–17.30 Uhr, bei Personalmangel am Mi, Fr, Sa und So nur 9–13.30 Uhr. Eintritt frei.

Die schnurgerade, stark befahrene **Via Ostiense** führt stadtauswärts durch ein wenig einladendes Stadtviertel. Nach Unterquerung der Bahn kommt man auf der linken Straßenseite am römischen **Zentralmarkt** vorbei (riesiges Angebot an preiswertem Obst, Gemüse, Fleisch und Fisch), rechts ragt in einer großen Industriebrache mit abbruchreifen Lagerhallen der inzwischen unter Denkmalschutz stehende **Gasometer** hervor. Um den Gasometer, vor allem aber in der Via G. Libetta, etabliert sich gerade eine neue Clubszene (→ Serviceteil, „Nachtleben", S. 148). Folgt man der Straße etwa zwei Kilometer, erreicht man die Basilika von St. Paul (→ S. 467). Danach führt die Straße weiter, an EUR vorbei bis nach Ostia.

## Centrale Montemartini

Etwa auf halber Strecke von der Porta San Paolo zur Paulskirche befindet sich die sehenswerte Außenstelle der Kapitolinischen Museen, untergebracht in der Centrale Montemartini (Via Ostiense 106). Das ehemalige Elektrizitätswerk mit seinen gewaltigen Dampfturbinen, Heizkesseln, riesigen Motoren und einem Labyrinth von Rohren bildet einen ungewöhnlich reizvollen Hintergrund für eine faszinierende Auswahl mächtiger Kaiser, kraftvoller Athleten und anmutiger Mädchen aus weißem Marmor.

Nach einem längeren Dornröschenschlaf wurde das Montemartini in den 1980er Jahren wiedererweckt und als Veranstaltungszentrum genutzt, bis es Ende der 1990er Jahre Teile der Antikensammlung der Kapitolinischen Museen aufnehmen sollte. Das bevorstehende Heilige Jahr 2000 nahm man zum Anlass, auf dem Kapitol die dringend notwendigen Renovierungen und einen lange geplanten Erweiterungsbau sowie die Neuordnung der Sammlung in Angriff zu nehmen. Dazu war eine temporäre Auslagerung von Teilen der Sammlung notwendig – und was als Provisorium mit kurzfristigem Event-Charakter geplant war, blieb als ständige Außenstelle des Museums bestehen. Heute beklagt man jedoch, nach anfänglichem begeisterten Ansturm auf die ungewöhnliche Präsentation, rückläufige Besucherzahlen. Zu Unrecht, denn der Weg in den Außenbezirk lohnt sich.

Anfang des Jahres 1911 legte König Viktor Emanuel den Grundstein für Roms **erstes Städtisches Elektrizitätswerk**. Am Rande der Stadt gelegen, bot es mit seinem großen Freigelände ausreichend Raum zur Expansion, falls die Nachfrage nach Strom weiterhin so rapide steigen sollte. Das neue Kraftwerk hatte die bedeutende Aufgabe, Straßen und Plätze Roms mithilfe des erzeugten Stroms zu beleuchten – und in der Nacht zum 1. Juli 1912 erstrahlte die Pzza. del Popolo erstmals in elektrischem Licht. Erst 1909 war die Städtische Elektrizitätsgesellschaft gegründet worden und Prof. Giovanni Montemartini wurde zum Technischen Direktor ernannt. Als dieser 1913 starb, übertrug man seinen Namen auf „sein" Kraftwerk.

Außen in regelrecht mondänem Neoklassizismus, innen in einem sachlichen, zweckorientierten Spätjugendstil gestaltet, war das Werk mit hochmodernen, riesigen Dieselmotoren ausgestattet, die 1912 7.000 kWh Strom erzeugten, 1924 mit zusätzlichen Dampfturbinen 16.000 kWh. 1933 ersetzten zwei neue, gigantische Dieselaggregate mit zusammen 15.000 PS die alten und erweiterten die Leistung auf 23.400 kWh. Als einziges der römischen E-Werke überstand das Montemartini den Krieg unbeschadet. Angestellte hatten es mit den weiß-gelben Farben des Vatikans „getarnt" und damit Angriffe verhindert. 1952 erreichte es mit einer Leistung von 431 Mio. kWh einen letzten Höhepunkt, bevor es allmählich mit ihm abwärts ging. Zu hoch waren mittlerweile die Betriebskosten der alten Dieselkolosse, neue Werke erzeugten weit effizienter den Strombedarf der Stadt. 1963 schließlich wurde die Anlage abgestellt, benachbarte Gasturbinenanlagen übernehmen bis heute den Dienst.

Bei der Neuordnung der Kapitolinischen Sammlung ging man neue Wege. Endlich wollte man die unüberschaubar wuchernden Magazine sichten, verstreute Teile zusammenbringen und alles in einen strukturierten Zusammenhang zum Fundort und dem historischen und gesellschaftlichen Kontext bringen. Die seit dem 16. und 17. Jh. eher aus spektakulären Zufallsfunden bestehende Sammlung erfuhr während der großen Stadterweiterung ab 1870 gewaltigen Zuwachs. Angesichts der Staatsgründung Italiens wurden in größter Eile ganze Wohn- und Verwaltungsviertel aus dem Boden gestampft, und die Archäologen konnten nur im Eiltempo versuchen zu bergen, was sonst verloren gewesen wäre. Einer der dramatischsten Eingriffe während der Stadterneuerung und -erweiterung war der völlige Abriss der Villa Ludovisi-Boncompagni mit ihrem riesigen Park. Ein Gelände zwischen Pincio und Quirinalshügel, das über Jahrhunderte unangetastet geblieben war und wo einst die exquisiten Villen und Parks der mächtigsten Adelsfamilien des antiken Roms lagen. Hier war verschwenderischer Luxus zu Hause, ausgestattet mit dem Besten, was der Kunstmarkt seinerzeit bot. Jetzt holte man diese Schätze in höchster Zeitnot aus dem Boden, allein 36.000 Goldmünzen und 192 Statuen in gutem Erhaltungszustand wurden gezählt.

Im Montemartini werden nun in drei Raumabschnitten einige Facetten der **Stadtentwicklung** beleuchtet: im unteren Bereich des Gebäudes, dem *Pfeilersaal*, die Anfänge Roms und die Zeit der Republik. Die über eine Treppe erreichbare *Maschinenhalle* lässt die Geschichte eines Tempelbezirks am Marcellustheater greifbar werden und das *Kesselhaus* geht im Wesentlichen auf die Villen und Gärten der römischen Oberschicht und die Kaiserhäuser ein.

### Rundgang

● *Pfeilersaal* Zu sehen sind hier Funde aus der Frühzeit Roms, als es erste Siedlungen auf dem Kapitol und dem Palatin gab, sowie ein dazu gehörendes Gräberfeld im Tal des späteren Forum Romanum. Bei einem Flussübergang auf der Höhe der Tiberinsel, wo sich heute der Bereich des Marcellustheaters erstreckt, entwickelte sich früh ein Handelsplatz mit Tempelbezirk, das *Forum Boarium* (→ S. 261). Die Entwicklung dieses Heiligtums lässt sich in der Ausstellung besonders anschaulich nachvollziehen.

Zu verdanken sind die Funde den umfangreichen Grabungen, die ab 1926 dort stattfanden, als man die breite Via del Teatro di Marcello vom Tiberufer zum Nationaldenkmal quer durch die monumentalen Ruinen anlegte. Als erste Spuren eines bereits in der antiken Literatur erwähnten **Tempels der Fortuna und Mater Matuta** aus dem frühen 6. Jh. v. Chr. fand man die Fragmente des einstigen Terrakottaschmucks des Giebels im typisch etruskischen Stil. Im Giebelfeld sind zwei einander gegenüber sitzende Löwinnen zu sehen. Rund 100 Jahre jünger zu datieren sind die Elemente, die auf dem Giebeldreieck aufsaßen: die als Voluten ausgeformten Eckornamente (Akroterien) und auf der Giebelspitze eine Statue des Herkules, der von Athene auf den Olymp geführt wird.

Aus den Gräberfeldern am Esquilin sind Urnen und Beigaben vom 9. Jh. v. Chr. bis in die Zeit der Römischen Republik zu sehen, ebenso die Reste von Fresken aus dem 3. Jh. v. Chr., die einst die Grabkammer der einflussreichen Familie der Fabii schmückten und Szenen aus dem erfolgreichen Leben der Verstorbenen zeigen. Interessant sind weiter die Urnen aus Peperino, einem schlichten Stein der Region, in denen man weitaus prächtigere Gefäße aus griechischem Marmor verbarg, aufgrund eines Gesetzes aus dem 5. Jh. v. Chr., das übermäßig zur Schau gestellten Reichtum bei Beisetzungen verbot.

Ebenfalls aus Peperino ist eine umfangreiche Figurengruppe, die man, in viele Teile zerbrochen, 1878 an der Via Tiburtina unweit der Basilika San Lorenzo ausgegraben hat. Sie stammt aus dem 2. Jh. v. Chr. und gehörte zu einem reich mit Figuren geschmückten **Herkules-Heiligtum** im griechischen Stil. Die Figuren zeigen minimale Reste von einem Stücküberzug und farbiger Bemalung, ebenso kleine Bohrlöcher, wo man einst Goldschmuck angebracht hatte.

Der stets stärker werdende Einfluss der hochkultivierten Griechen zeigt sich auch im **Mobiliar**, das hier, aus den gefundenen Artefakten rekonstruiert, zu bestaunen ist. Die Eroberung Griechenlands und Vorderasiens brachte eine ganze Fülle von feinst gearbeiteten Luxusartikeln aus edelsten Materialien ins Land. Eine große Anzahl an meisterhaften griechischen Kunsthandwerkern folgte der steigenden Nachfrage, sie konnten es hier als gefragte Spezialisten zu Reichtum bringen. So ist u. a. eine **Prunkliege** zu sehen, die in einer Grabkammer in den Abruzzen entdeckt wurde, das wohl besterhaltene Exemplar überhaupt, mit wunderbaren Einlegearbeiten aus Silber und Bronze, die raffinierte Ornamente und figürliche Szenen mit Putti und Bacchanten zeigen.

Große gestalterische Raffinesse zeigt auch ein **feingliedriges Mosaik** an der Wand,

Reste eines rund 14 m² großen Wasserbeckens einer Villa an der Via Panisperna, das in vielen Farben eine artenreiche Unterwasserwelt zeigt, umgeben von einem herrlichen Akanthusrand voller Blüten und Vögel. Büsten und Statuen aus dem bürgerlichen Umfeld runden das Bild der Gesellschaft um 100 v. Chr. ab.

Individuelle Porträts zeugen selbstbewusst von gesellschaftlichem Ansehen und sozialem Aufstieg. Exemplarisch ist der *Togate Barberini*: ein aufgrund seiner Toga als Mitglied der oberen Gesellschaft erkennbarer Mann hält in den Händen die Büsten seiner Vorfahren, den Vater in der linken, den Großvater in der rechten. Einflussreiche Patrizierfamilien besaßen Wachsporträts ihrer Ahnen, die sie zu offiziellen Handlungen mitnahmen, so waren die Verstorbenen bei bedeutenden Ereignissen körperlich anwesend (der Kopf der Statue wurde im 17. Jh. ergänzt).

● *Maschinensaal* Der zentrale Saal des Museums, über eine Treppe zu erreichen, wird von den beiden gigantischen Dieselmotoren beherrscht. Zwischen den beiden schwarzen Riesen führt eine Galerie fein gearbeiteter **Marmorstatuen** nach griechischem Vorbild zu einer beeindruckenden **Architektur-Rekonstruktion** weiter hinten im Saal. Die Statuen stammen meist aus Tempeln und öffentlichen Anlagen des Stadtgebiets von Rom und lassen die zunehmende Verfeinerung der Handwerkskunst nachvollziehen. Blickfang im hinteren Teil des Saals ist der rekonstruierte Giebel des **Tempels des Apollo Sosianus**, der uns wieder an den eingangs erwähnten Bezirk rund ums Marcellustheater führt. Hier befand sich einst ein Tempel für Apollo „den heilenden", errichtet um 400 v. Chr. als Einlösung eines Pestgelübdes und über die Zeit mehrfach erneuert, bis ihn Gaius Sosius, ein Konsul und enger Vertrauter Marc Antons, umfassend neu gestaltete. Als man 1926 daran ging den Bereich zu erschließen, fand man am Fuß des Kapitolshügels die Trümmer des Tempels, nahezu unverändert seit dem Zeitpunkt ihres Zusammenbruchs. Wahrscheinlich hatte einst ein Erdbeben den Bau zerstört. 1985 rekonstruierte man aus den Fundstücken den figürlichen Schmuck des 18 m breiten Giebelfeldes, das die Schlacht zwischen Griechen und Amazonen zeigt, als Herakles die Aufgabe hatte, gemeinsam mit Theseus den Gürtel der Hippolita, Königin der

Amazonen, zu rauben. Zu sehen sind in der Mitte Athene, zu ihrer Rechten Herakles, der Hippolita (nur als Torso zu erkennen) attackiert. Eine Nike zur Linken der Athene erscheint als Siegesgöttin. Weitere Bruchstücke lassen ein dramatisches Spektakel erahnen, das in der Antike durch eine farbige Bemalung (Reste am Kopf der Nike) und die zusätzliche Montage von Waffen und anderen Requisiten aus Bronze in seiner realistischen Wirkung noch erheblich gesteigert wurde. Die Rekonstruktion des Giebelschmucks dauert an und noch ist nicht eindeutig geklärt, welche Figuren fehlen, wenn auch stilistische Ähnlichkeiten zum Parthenon in Athen manche Hinweise bringen, und man noch auf manche spannende Wiederentdeckung eines Bruchstücks in anderen Sammlungen hofft. So glaubt man, den fehlenden Kopf der Athene in den Vatikanischen Sammlungen entdeckt zu haben. Faszinierend hierbei ist auch die Erkenntnis, dass die Römer diese Bauteile bereits als Antiquitäten importiert hatten und es sich um den Giebelschmuck eines 490 v. Chr. zerstörten Apollotempels in Eritrea handelt, von dem weitere Teile im Museum Chalcis auf der griechischen Insel Euböa ausgestellt sind.

Von anderen am Marcellustheater gefundenen Architekturteilen nimmt man an, dass es sich um Reste eines **Rundtempelchens** aus der Zeit Vespasians handelte, das man hier ebenfalls in seinen Dimensionen rekonstruieren konnte, denn die gebogenen Gesimsteile ließen auf einen Durchmesser von vier Metern schließen. Wahrscheinlich enthielt es ein Wasserbecken und diente der rituellen Reinigung in dem der Gesundheit geweihten Tempel.

Unter den vielen ausgestellten Skulpturen ist beispielhaft die meisterlich aus grünschwarzem Basamit, einem seltenen ägyptischen Basalt, gehauene **Statue einer Betenden** zu erwähnen. Sie wurde – kopflos –in den Resten des Tempels des Claudius am Celiushügel entdeckt und ließ in der Dargestellten aufgrund von Material und Pose eine Dame allerhöchsten Rangs vermuten. Akribische Forschung ergab, dass das Haupt der **Agrippina** in der Ny Carlsberg Glyptothek in Kopenhagen zu dieser Statue gehört (hier als Abguss ergänzt). Es war über den Antikenhandel bereits im 19. Jh. in den hohen Norden gelangt. Diese Entdeckung war delikat, stand doch die Nichte und Gemahlin des Kaisers Claudius in Verdacht,

diesen mit einem Pilzgericht vergiftet zu haben. Um dem entgegenzutreten, ließ sie sich wohl als fromme Priesterin in seinem Tempel abbilden. Damit unterstrich sie ihren unanfechtbaren Status, der ihr erlaubte, ihren Sohn Nero als Nachfolger seines Stiefvaters auf den Thron zu bringen.

*Kesselhaus* Der 15 m hohe Kessel in diesem letzten großen Saal war einer von dreien, die der Kohleverbrennung dienten. Hier richtet sich jetzt der Blick auf die **privaten Gärten und Villen** der Oberschicht und des Kaiserhauses. Als Rom 1870 Hauptstadt eines geeinten Italiens wurde, ergab sich beim Bau ganzer Wohn- und Regierungsviertel Material für Generationen von Archäologen. Im Gegensatz zum von konstanter Besiedlung vielfach überbauten Centro Storico lagen hier in den Außenbezirken die Reste von den prachtvollen Villen mit ihren weitläufigen Parks und Wein- und Obstgärten *(Horti)* meist noch unangetastet im Boden. Diese bildeten einst einen grünen Gürtel rund um die Stadt und gehen auf die Zeit der ausgehenden Republik zurück, später gerieten sie größtenteils in kaiserlichen Besitz.

**Horti Sallustiani**: Die Anlage nahm das gesamte Gebiet des heutigen Ludovisi-Viertels ein. Ursprünglich im Besitz Julius Caesars, erhielt sie Sallustius als Ruhesitz. Dieser hatte als hoher Beamter in Numidien enorme Reichtümer zusammengetragen und stattete Haus und Gärten opulent aus. Ca. 20 n. Chr. ging alles wieder an das Kaiserhaus zurück. Später erstreckte sich darüber das Gelände der Villa Ludovisi-Boncompagni. Als diese zu Zwecken der Stadterweiterung abgerissen wurde, förderte man eine Vielzahl von Statuen zu Tage, die zu Zeiten des Sallustius schon begehrte Antiquitäten waren, so zum Beispiel die **Knieende Amazone** (500 v. Chr.). An einem weiteren Ort demonstrierte er wohl seine ruhmreiche Karriere, indem er den Sieg über Ägypten mit einem triumphalen Denkmal feierte, davon zeugen u. a. der Rest eines herrlichen Akanthusfrieses mit Sphinx-Darstellungen und Marmorplastiken, die in der Art von Trophäen auf Baumstümpfen aufgesteckte Rüstungen zeigen.

**Horti des Maecenas**: Auf dem Esquilin befanden sich ebenfalls bedeutende Anwesen. Einst Gräberfeld, wurde das Gelände später mit fruchtbarem Boden aufgeschüttet und galt bald als eine der exklusivsten Adressen der Stadt. Ausgrabungen im

19. Jh. brachten Bauten aus dem 1. Jh. v. Chr. hervor. Einige Fresken stammen aus der Zeit des Maecenas, dem Freund und Berater des Augustus, weitere Fresken deuteten auf eine spätere Periode hin, als die Horti bereits in kaiserlichen Besitz übergegangen waren, und sich die kaiserliche Familie hier bevorzugt privat aufhielt, während der Palatin eher der öffentlichen Repräsentation diente. Später wurde das Gelände an die unermesslichen Ausmaße der Domus Aurea Kaiser Neros angeschlossen. Die hier ausgestellten Skulpturen stammen aus den unterschiedlichen Bauphasen; die wertvollsten Stücke sind vor Kurzem in den neuen Trakt der Kapitolinischen Museen (im Caffarelli-Palast) zurückgekehrt (→ S. 200).

**Horti Lamiani**: Nachbar von Maecenas war die Familie des Konsuls Lamia, deren Horti sich über das Gebiet rund um die heutige Pzza. Vittorio Emanuele II erstreckten. Im 19. Jh. stieß man hier auf Reste einer Villa riesigen Ausmaßes, die man danach teilweise wieder zuschüttete. Ein unglaublicher Luxus muss hier geherrscht haben, so entdeckte man z. B. eine 79 m lange Galerie, die teilweise unterirdisch verlief. Sie hatte einen Bodenbelag aus Alabaster, Säulen aus gelbem Marmor mit Basen und Kapitellen aus vergoldeter Bronze. 1874 stieß man auf einen unterirdischen Raum, der eine außergewöhnliche Anzahl erstklassiger Skulpturen barg. Wie zum Schutz hatte man sie hier zusammengestellt, darunter die Esquilin-Venus oder Commodus als Herkules flankiert von Tritonen, Höhepunkte der Sammlung auf dem Kapitol (→ S. 201). Im Montemartini sind viele weitere kostbare Teile der Raumdekoration und Skulpturen der Horti Lamiani zu bewundern.

**Horti Liciani**: Aus der späten Kaiserzeit stammen die Relikte der Horti des Kaisers Licinius Galliensus (253–268) auf dem Esquilin, welche bis zum ausgehenden 4. Jh. genutzt wurden. Von herausragender Qualität ist ein aus großen Bruchstücken wieder zusammengesetztes, großflächiges **Bodenmosaik**. Es zeigt Jagdszenen, bei denen allerlei Tiere für das Amphitheater mithilfe von Hunden, Netzen und Köderkästen eingefangen werden, sowie ein Wildschwein, das von einem Reiter mit Lanze erlegt wird – ein vor allem aus Nordafrika bekanntes Bildmotiv, das in Rom nur mit diesem Beispiel bekannt ist. Es zeigt mit seiner Fülle an exotischen Tieren aus allen Teilen des Reichs die Größe des Imperiums und indirekt auch den Stolz auf die Organisationskunst, all diese Tiere lebend zu den Spielen nach Rom zu schaffen. Das außergewöhnliche Mosaik lässt sich von der darüber liegenden Galerie am wirkungsvollsten betrachten, dort oben befindet sich auch der Verkaufsraum für Andenken, Postkarten und begleitende Literatur.

- *Verbindung* Metrolinie B bis Station „Garbatella", dann über die Via Argonauti bis zur Via Ostiense (ca. 200 m), die überqueren und noch etwa 100 m weiter nach rechts.
- *Öffnungszeiten* Di–So 9–19 Uhr.
- *Eintritt* 4,50 €, für Personen zwischen 18 und 25 Jahren 2,50 €. Gratis ist der Eintritt für europäische Staatsbürger unter 18 und über 65 Jahren (Ausweis ist erforderlich); Kombiticket mit Kapitol. Museen 8,50 €, reduziert 6,50 €.
- *Information:* ✆ 06.5748030.
- *Café mit Buchladen* Auf der Galerie im 2. Stock; gute Auswahl an Kunstbänden.

# Testaccio

Im Dreieck zwischen Protestantischem Friedhof, Aventinhügel und Tiber liegt das volkstümliche Viertel Testaccio mit langen, geraden Straßen und großen eintönigen Wohnblocks, völlig unbeeindruckt von der Betriebsamkeit und der Pracht des nahen Zentrums. Die Gegend war nach der Antike versumpft und wegen des ungesunden Klimas weitgehend verlassen. Erst als die Stadt nach 1870 explosionsartig wuchs, legte man das Gebiet trocken und siedelte hier, wie schon in der Antike, die großen Versorgungsbetriebe an. Gleich in der Nachbarschaft bekamen die Arbeiter ihre Wohnungen.

In Testaccio scheinen sich die Leute untereinander zu kennen. Der soziale Mittelpunkt für ein geselliges Beisammensein am Abend oder am Sonntag ist die große **Piazza Santa Maria Liberatrice**. Werktags trifft man sich vormittags (von 7 bis 14 Uhr) in den **Markthallen** auf der Piazza Testaccio, wo Bauern aus der

Umgebung noch ihre selbst angebauten, erntefrischen Waren anbieten und auch sonst alles appetitlich präsentiert wird.

Nur ein paar Schritte weiter, an der Ecke der Via Giovanni Branca und der Via Antonio Cecchi *(Testaccio i Fedelissimi Roma Club)*, ist eine der Fan-Hochburgen von AS Roma, wie die Vereinsfarben Orange und Rot und der grimmige Kopf der Wölfin unübersehbar belegen. Hier werden in der Saison alle Fußballspiele des vergangenen Wochenendes noch einmal lautstark im Detail diskutiert.

In Testaccio gibt es auch noch die kleinen Pizzerien und die Trattorien, in denen die Mama kocht, der Papa kassiert und der Rest der Familie serviert. Da Touristen nur selten kommen, stimmt die Qualität und die Preise sind moderat. Traditionell stehen deftige Gerichte aus Innereien auf der Speisekarte, denn der große zentrale Schlachthof lag hier. Dort verteilte man das „fünfte Viertel", also alles was übrig blieb (Schwänze, Innereien, Füße) an die Arbeiter, in deren Haushalten daraus köstliche Gerichte zubereitet wurden. Diese Tradition wird von den Restaurants gepflegt, allen voran von **Checchino dal 1887**, direkt gegenüber der Haupteinfahrt zum früheren Schlachthof.

Wie der unter Denkmalschutz stehende, stillgelegte Gasometer, der zu den Wahrzeichen von Testaccio gehört, gammelt auch der zentrale, verlassenen **Schlachthof** vor sich hin. Da lange keiner der hochtrabenden Pläne zur Nutzung des Geländes realisiert wurde, zogen Hausbesetzer, Punks, Freaks, später auch Musiker und Avantgarde-Künstler ein. Die Stadtverwaltung duldete das bunte Völkchen zunächst unwillig, hat sich aber inzwischen damit arrangiert und den Schlachthof zum **Kulturzentrum** erklärt. Hier finden nun Ausstellungen, Workshops und Konzerte statt, ohne dass der angegammelt alternative Underground-Charakter gewichen wäre. Einen Teil des Komplexes nimmt das **MACRO Future** (Museo d'Arte Contemporaneo Roma) ein, das mit wechselnden Ausstellungen zeitgenössischer Künstler seinen Beitrag zur kulturellen Aufwertung des Viertels leisten will. Passend zu den Gewohnheiten des überwiegend jüngeren Publikums und den Öffnungszeiten der gegenüber liegenden Clubs hat das MACRO Future bis 24 Uhr geöffnet.

*Öffnungszeiten* **Macro Future**, Pzza. Orazio Giustiniani 4, ✆ 06.671070400. Di–So 16–24 Uhr, Einlass bis 23.30 Uhr. Eintritt frei.

Nachts, wenn die tristen Fassaden kaum noch zu erkennen sind, öffnen die unscheinbaren Türen und flimmerndes Licht der angesagtesten **Clubszene** dringt nach draußen. Besonders auf dem letzten Abschnitt der Via Galvani (ab Via Nicola Zabaglia) und um den Scherbenhügel Testaccio (besonders an der Seite der Via Nicola Zabaglia) reihen sich gestylte Lokale und trendige Clubs aneinander. Die Auswahl ist groß und für fast jeden Musikgeschmack dürfte etwas zu finden sein.

Seinen Namen hat das Viertel vom **Monte Testaccio**, einem Berg aus antiken Amphorenscherben. Hier befanden sich in der Antike die gewaltigen Lagerhauskomplexe des Tiberhafens, wo die über Ostia aus den Provinzen importierten Waren vor dem Verkauf oder der kostenlosen Verteilung an die 1,3 Mio. Bürger zunächst zwischengelagert wurden. Das übliche Transportgefäß, die Amphore aus gebranntem Ton, gewährleistete zwar eine gute Haltbarkeit des Inhalts, doch war sie selbst empfindlich. Viele Amphoren hatten den weiten Weg nicht überstanden oder zerbrachen in den Lagerhäusern. Die Scherben wurden zwischen dem 1. und 3. Jh. zu einem großen Schutthaufen aufgestapelt. Der wuchs zu einem beachtlichen Berg, dem Monte Testaccio (**Scherbenberg**, von lat. *testa*

= Scherbe). Noch heute ist er fast 40 m hoch und besteht nur aus antiken Amphorenscherben. Man vermutet, dass hier Bruchstücke von 25 Mio. Amphoren lagern. Leider ist das Betreten des Hügels seit einigen Jahren verboten und der Zugang an der Ecke Via Galvani/Via Zabaglia geschlossen. Vom Gelände vor dem Schlachthof aus kann man die Scherben aber wenigstens recht gut sehen. Wenn man die Augen offen hält, findet man an den Mauern gelegentlich einige vom Berg heruntergerutschte Amphorenstücke. Mit etwas Glück kann sogar mal ein schöner Henkel oder eine Scherbe mit dem Teil einer Firmeninschrift zu finden sein. Die Mitnahme antiker Fundstücke ist allerdings nicht erlaubt.

Seit dem 16. Jh. trieb man Stollen in den Schutthaufen und lagerte den Wein zwischen den kühlen Scherben. Später nisteten sich Werkstätten in den Gängen ein, bis Kneipen und Clubs das skurrile Ambiente mit den Wänden aus aufgeschichteten antiken Tonscherben für sich entdeckten. Inzwischen befinden sich hier die besten Jazzclubs, Kneipen und die älteste und größte Schwulendiskothek (L'Alibi).

## Essen und Trinken (siehe Karte S. 271)

In dem reinen Wohnviertel des Aventinhügels gibt es weder Restaurants noch Geschäfte. Dafür ist die Auswahl an traditionellen, kleinen Trattorien in Testaccio umso besser. Die typische römische Küche war ursprünglich eine reine *cucina povera*, also eine Arme-Leute-Küche, in der viele Innereien auf raffinierte Weise nach alten Überlieferungen zubereitet wurden. Die derben, aber schmackhaften Gerichte haben Feinschmecker längst entdeckt. Diese traditionelle Küche wird besonders in der Gegend um den alten Schlachthof gepflegt.

**Taverna Cestia (21)**, empfehlenswert sind die Pizze, „fiori di zucca" (gefüllte Zucchiniblüten), verschiedene „fritture" und die ausgezeichneten Fischgerichte. Menü um 35 €. Viale Piramide Cestia 65-69, ✆ 06.5743754. Mo Ruhetag.

**Trattoria Al Callarello (12)**, bietet hauptsächlich sehr empfehlenswerte Fischgerichte (besonders die traditionellen Spaghetti con vongole veraci – mit Venusmuscheln, oder die gegrillten Calamari); abends gibt es auch Pizza. Menü um 35 €. Via Salvator Rosa 8, ✆ 06.5747575.

**Trattoria Zampagna (29)**, typische Osteria, die schon seit 1924 besteht. Serviert wird schlichte römische Hausmannskost nach der alten römischen Tradition: donnerstags gibt es hausgemachte Gnocchi, samstags Trippa (Kuddeln). Menü um 20 €. Via Ostiense 179 (in der Nähe von San Paolo fuori le Mura), ✆ 06.5742306.

**Trattoria Perilli (13)**, diese typisch römische Mittelklasse-Trattoria wird vor allem sonntagmittags bei italienischen Großfamilien geschätzt. Es gibt etwas laut zu, denn es gibt nur einen großen Gastraum mit sehr eng gestellten Tischen, die fast immer belegt sind. Die gediegenen Kellner sind davon aber nicht aus der Ruhe zu bringen und

stets zu einem Scherz aufgelegt. Nicht selten muss man auf einen freien Platz warten, doch das lohnt sich, denn hier gibt es die typisch römische Küche, perfekt zubereitet; hervorragende Nudelgerichte, wie z. B. „buccatini all'amatriciana", „tagliolini ai carciofi" (kleine Bandnudeln mit Artischocken) und vor allem die „rigatoni con pajata" (mit Tomatensoße mit Milchdarm); von den Secondi sind besonders die Involtini (Rindsrouladen), das „l'abbacchio al Forno" (Lamm aus dem Ofen) und das köstliche „coniglio al cacciatore" (Kaninchenteile mit Kräutern) zu erwähnen. Der Nachtisch ist hausgemacht (wunderbar sind im Sommer die kleinen Walderdbeeren in Limonensaft mariniert). Der offene (weiße) Wein stammt aus der Umgebung von Rom, ist kräftig aber passt ausgezeichnet zum Essen. Preis pro Menü um die 30 € bei sehr gutem Preis-Leistungs-Verhälnis. Via Marmorata 39, ✆ 06.5742415. Mi Ruhetag.

**Tutti Frutti (16)**, vorzügliche Küche, die durch den freundlichen Service vollendet wird. Besonders zu empfehlen sind z. B. „arrosto in vinaigrette" (Kalbsbraten in Vinaigrette), „involtini con zucchini" (Kalbsrouladen mit Zucchini), „polpette di carne alle erbe" (Fleischklops mit Kräutern), freitags gibt es frischen, sehr guten Fisch; offener Wein aus den Albaner Bergen und bescheidene Weinkarte. Menü etwas über 30 €. Via Luca della Robbia 3A, ✆ 06.575902. Mo Ruhetag, nur abends geöffnet (20–23.30 Uhr).

**Ne Arte Ne Parte (14)**, typisches Restaurant mit authentischer, römischer Küche, das sehr beliebt ist. Schauspieler und Journalisten kommen gerne her, ohne Reservierung muss man längere Wartezeiten in Kauf nehmen. Menü um 30 €. Via Luca della Robbia 15, ✆ 06.5750279. Mo Ruhetag.

**Da Bucatino (15)**, klassischer Familienbetrieb mit gut zubereiteter, traditioneller, deftiger römischer Küche. Es gibt auch etwas Fisch und abends Pizza. Auch längere Wartezeiten auf einen freien Tisch lohnen. Menü um 25 € bei sehr gutem Preis-Leistungs-Verhältnis. Via Luca della Robbia 84, ✆ 06.5746886. Mo Ruhetag.

**Pizzeria Remo (6)**, die beliebte Pizzeria auf dem Hauptplatz des Viertels Testaccio zieht Kundschaft aus der ganzen Umgebung an, und obwohl es 150 Plätze gibt, muss man oft auf einen freien Tisch warten, aber das lohnt sich. Das Ambiente ist einfach und die Preise sind moderat. Die Pizza wird in verschiedenen Größen angeboten, zusätzlich gibt es Suppli und vegetarische Vorspeisen. Pzza. S. Maria Liberatrice 44. So Ruhetag, nur abends.

**Augustarello (8)**, zwei schlichte Räume (im Sommer sitzt man auch draußen), in denen traditionelle römische Küche mit ausgesuchten, frischen Produkten serviert wird. Probieren Sie doch mal die „animelle muscoletti con funghi" (Bries und Haxe vom Kalb mit Steinpilzen) – ein Genuss! Kleine Weinkarte mit regionalen Produkten. Menü um 23 €. Via G. Branca 98, ✆ 06.5746585. So Ruhetag.

**Ristorante Pizzeria La Torricella (18)**, sehr gute Pizza-Auswahl, aber nur abends. Von 19-20.30 Uhr „happy hour", dann kosten die Pizzen nur um 6 €! Gute Auswahl auch an Fischgerichten und typisch römischen Gerichten. Menü um 30 €. Via Torricelli 1–4, ✆ 06.5746311. Do Ruhetag.

**Checchino dal 1887 (23)**, dieses vielfach ausgezeichnete Traditions-Restaurant hat die römische Innereienküche perfektioniert und zum Teil gekonnt weiter entwickelt. Natürlich gibt es auch andere Gerichte, aber es wäre schade, sich diese Spezialitäten des Hauses entgehen zu lassen. Als Primo sind besonders die prämierten „rigatoni con la pajata" (Röhrennudeln mit

Milchdarm in Tomatensoße) zu empfehlen. Egal, ob Sie danach „coda alla vaccinara" (geschmorter Kalbsschwanz), „trippa alla romana" (Kutteln auf römische Art), „la coratella coi carciofi" (Lamminnereien mit Artischocken) oder „le animelle al vino bianco" (gebratenes Kalbs- oder Lammbries mit Weißwein) bestellen, Sie werden immer ein frisches und perfekt zubereitetes Gericht bekommen. Zum Abschluss ist das „semifreddo di nocciole" (Sorbet mit Nüssen) ein Genuss. Herausragend ist auch die Weinkarte, sie soll eine der zehn besten in ganz Italien sein. Man findet darauf Raritäten, die in großen Weinhandlungen, wenn überhaupt, oft teurer angeboten werden. Die moderaten Preise sind einer klugen Einkaufspolitik und gewaltigen Lagerkapazitäten zu verdanken.

Der einzige Gastraum ist wegen des Gewölbes leider etwas laut. Joschka Fischer hat hier übrigens seine letzte Hochzeit gefeiert. Menü um 55 €, preiswerter sind die aktuellen Tagesmenüs ab ca. 35 € (ohne Wein). Via Monte Testaccio 30, ✆ 06. 5743816, www.checchino-dal-1887.com. So und Mo geschlossen.

**Pizzeria Insalateria Ramala (24)**, für die kleine Stärkung beim Ausgehen. Via Monte Testaccio 34 D. Nur abends bis spät in die Nacht geöffnet.

**Ketum Bar (22)**, Cocktail-Bar und modernes, schickes Restaurant mit Ledersesseln, darüber alte Gewölbe. Die Küche ist asiatisch inspiriert (Wok-Gerichte); in der Sushi-Bar sieht man hinter einer Glasscheibe die aufgeschichteten Amphorenscherben des Testacciohügels. Draußen sitzt man auf der Dachterrasse und kann die Nachtschwärmer auf der Via Galvani vorbeiziehen sehen. Menü ca. 50–70 €. Via Galvani 24, ✆ 06.57305338, www.ketumbar.it. Nur abends geöffnet.

**Da Oio a Casa Mia (19)**, auch wenn der Service manchmal etwas chaotisch ist, präsentiert die Küche stets gut zubereitete, typisch römische Hausmannskost mit Schwerpunkt auf Innereienküche. Als Beilage sind hier die Artischocken (carciofi) besonders gut, ebenso wie das hausgemachte tiramisù als Dessert. Es gibt eine Weinkarte aus der Region, doch der offene Hauswein passt bereits hervorragend. Menü um 30 € bei sehr gutem Preis-Leistungs-Verhältnis. Via Galvani 43, ✆ 06.5782680. So geschlossen.

**Joia (20)**, spärlich möbilierte, gestylte Bar mit Restaurant und Lounge, in die man geht, um gesehen zu werden und um schicke Leute zu sehen. Menü um 50 €. Via Galvani 20–22. Abends bis nachts geöffnet.

**Da Felice (17)**, modern gestaltetes, schickes Restaurant mit freigelegten Ziegelwänden und ausgezeichneter Küche. Die Nudelgerichte sind hervorragend und ausnahmslos zu empfehlen. Unter den secondi sollten Sie die Polpette oder die „involtini al sugo" probieren und sich anschließend nicht die hausgemachten Desserts entgehen lassen. Menü um 35 €. Via Mastro Giorgio 29, ✆ 06.5746800.

● *Enoteca/Winebar/Pub*   Enoteca Palombi

und **L'Oasi della Birra (9)**, seit den 1920er Jahren gehört diese Enothek, in der es familiär und etwas laut zugeht, zu diesem Viertel. Gute Weinauswahl, Bier aus fast allen Teilen der Welt (angeblich über 600 Sorten); kleine Karte mit kalten (Käse- und Salamiauswahl) und wenigen warmen Gerichten zu korrekten Preisen. Pzza. Testaccio 38/42, ✆ 06.5746122. So Ruhetag, sonst 19.30–1.00 Uhr.

**Caffé Emporio (3)**, irischer Pub, in dem es auch kleine Gerichte gibt. Pzza. dell'Emporio 1, gegenüber vom Ponte Sublicio. Tägl. 18–22 Uhr.

## Einkaufen *(siehe Karte S. 271)*

**Volpetti (11)**, Via Marmorata 47, www.volpetti.com. Mo–Sa 8–14 und 17–20.15 Uhr. Dieses Geschäft gehört mit zwei anderen zu denen, die Rom mit **Delikatessen** versorgen. Hier bekommt man einfach alles, den wahren Parmaschinken, den Parmesan, der hier in verschiedenen Reifegraden angeboten wird, oder auch den Pecorino toscano. Vom gleichen Niveau sind Kaviar, Räucherlachs und getrocknete Steinpilze. Überzeugend auch die verschiedenen Sorten Bottarga (getrockneter Fischrogen, für feine Nudelgerichte und Salate). Es gibt einfach ein umwerfendes Angebot, dem nur schwer zu widerstehen ist, allerdings zu nicht gerade günstigen Preisen.

**Mercato di testaccio (10)**, Pzza. di Testac-

cio. Geöffnet an Werktagen von 7–14 Uhr. Mit seinen überdachten Ständen ist dies einer der besten Lebensmittelmärkte Roms. Bekannt ist der Markt auch für seine gute Fischauswahl. Traditionelle Stände mit Eiern, Sardellen im Salzfass und Baccalà (freitags auch eingeweicht) runden das reichhaltige Angebot ab. Wenn man Glück hat, findet man im Frühjahr auch den feinen, wilden grünen Spargel (hauchdünn, wie Gras, darum wird er nicht gestochen, sondern gepflückt). Man kann sich hier bestens und preiswert für ein Picknick ausrüsten.

**Gärtnerei (7)**, Via Marmorata, am Hang des Aventin bis zur Ecke der Via A. Pollione. Angeboten werden Pflanzen für Balkon und Terrasse sowie üppige Kräuter.

## Nachtleben *(siehe Karte S. 271)*

Um den **Monte Testaccio** und die **Via Galvani** reihen sich dicht gedrängt die Clubs, in denen ständig wechselnde Partys stattfinden, sodass für fast jeden Musikgeschmack etwas dabei sein dürfte. Häufig sorgen Türsteher dafür, dass das Publikum auch schick genug gekleidet ist. Das Nachtleben beginnt recht spät und konzentriert sich auf das Wochenende, mit Schwerpunkt am Samstag.

Zu den beliebtesten Locations gehört **L'Alibi (25)**, Via Monte Testaccio 40 B-44. Ab 23 Uhr geöffnet. Dies ist eigentlich der älteste und größte Schwulenclub Roms, zu dem auch Frauen Zutritt haben und wo das Publikum recht gemischt ist. Es gibt drei Etagen, die weit in den Scherbenhügel hinein reichen (man sieht auch die Scherben hinter den Glaswänden), und eine wunderbare Dachterrasse, von der aus man die Nachtschwärmer betrachten kann.

**Class Music Club**, Via Monte Testaccio 33.

**Coyote** (mit Bar und Grill), Via Monte Testaccio 48 b.

**Fake**, Via Monte Testaccio 64. Hier finden viele Veranstaltungen statt, es gibt Livemusik.

**Sim** Via Monte Testaccio 64 A. Bis 4 Uhr geöffnet.

**Radio Londra**, Via Monte Testaccio 67. Viele Veranstaltungen, auch Jazz.

**Akab**, Via Monte Testaccio 69. Skurriles Ambiente.

**Jungle**, Via Monte Testaccio 93.

**Caffè Latino Jazz Club**, Via di Monte Testaccio 96. Eine der ältesten Diskotheken, oft Livemusik, das Ambiente wechselt häufiger. Seit einiger Zeit ist Ethno-Stil angesagt, mit gemütlichen Sitzecken und sanfter Beleuchtung.

**Pub Music Bar On the Rox**, Via Galvani 54.

*Historistischer Pomp: Der Altar des Vaterlands*

# Die Via del Corso

**Quer durch die Innenstadt verläuft die Via del Corso als Hauptschlagader Roms, vom riesigen Vaterlandsaltar aus, vorbei am Palazzo Venezia, der antiken Siegessäule Marc Aurels und an vielen Geschäften bis zur Piazza del Popolo. Dieser schöne, ganz und gar symmetrische Platz hat seine Bedeutung als Eintrittstor in die Stadt zwar verloren, doch bietet er noch immer viel Sehenswertes.**

Auf der **Piazza Venezia**, einem der verkehrsreichsten Plätze Europas, schieben sich zu den Stoßzeiten Autos und Busse wie Packeisschollen am Polarkreis ineinander. Ein lautes Hupkonzert, zu dem sich das Heulen der Krankenwagensirenen und das Knattern der Mopeds mischt, liefert die akustische Kulisse für das Chaos, das Ampeln niemals in den Griff bekommen könnten. So bahnt sich der Verkehr seinen Weg, nur die Fußgänger haben es dabei nicht eben leicht, die Fahrbahn zu überqueren. Diese müssen sich vor allem konsequent verhalten und dürfen nicht unberechenbar vor- und zurückspringen.

## Altare della Patria

**Das dominierende Bauwerk an der Piazza Venezia ist der pathetisch-protzige „Altar des Vaterlandes", *Altare della Patria*. Dieses 81 m hohe, neoklassizistische Kolossaldenkmal wurde 1895–1911 als Symbol für das geeinte Italien errichtet.**

Das 12 m hohe Reiterstandbild in der Mitte stellt Vittorio Emanuele II. dar, den ersten König des geeinten Italiens und „Vater des Vaterlandes" (daher wird das Monument weniger pathetisch auch „*Vittoriano*" genannt). Er stammte aus dem Hause Savoyen, das schon einmal einen König dieses Namens stellte, der über Sardinien herrschte (deshalb ist der erste König Italiens gleich „der Zweite").

Unterhalb des Reiterstandbilds befindet sich seit 1921 das Grab des Unbekannten Soldaten des Ersten Weltkrieges. Davor halten Soldaten rund um die Uhr eine Ehrenwache. Da sich die verschiedenen Waffengattungen abwechseln, sieht man immer wieder andere prachtvolle Gala-Uniformen.

Der Platz am Hang des Kapitolshügels, der einst als Sitz des Jupiter Mittelpunkt des Römischen Reichs war, ist mit Bedacht gewählt worden. Das neue Italien vereinnahmte damit das Symbol des antiken Weltreichs, um sich daran zu messen und es mit diesem überdimensionalen Monument sogar noch zu übertreffen. Ärgerlicherweise überdeckt der Bau einen Teil der Kaiserforen und sprengt in aufdringlicher Weise die feinen Proportionen des Kapitolshügels.

Kunsthistoriker nennen das Nationaldenkmal daher einen „Scherz schlechten Geschmacks" und forderten, wie z. B. im Appell von 1987, es endlich abzureißen. Andere erfinden alle möglichen Spitznamen für das Monstrum: So sprechen die Amerikaner z. B. von „wedding cake", andere bezeichnen das Denkmal als „Schreibmaschine" oder gar als „Gebiss".

Die Kritik hat in den letzten Jahren nachgelassen. Seit der grundlegenden Restaurierung Ende der 1990er Jahre kann man die bombastischen Innenräume für Ausstellungen nutzen und Ausstellungsfläche ist im historischen Zentrum Mangelware. Seit das Denkmal für das Publikum begehbar ist, trösten sich die Kritiker damit, dass es nun immerhin einen Ort gibt, an dem man die Scheußlichkeit nicht sieht, dann nämlich, wenn man drauf steht und von der oberen Kolonnade das herrlich Panorama auf das gesamte römische Stadtzentrum genießt: im Norden die Achse der Via del Corso bis zur Piazza del Popolo und dem Grün der

 **Die Via del Corso**

150 m

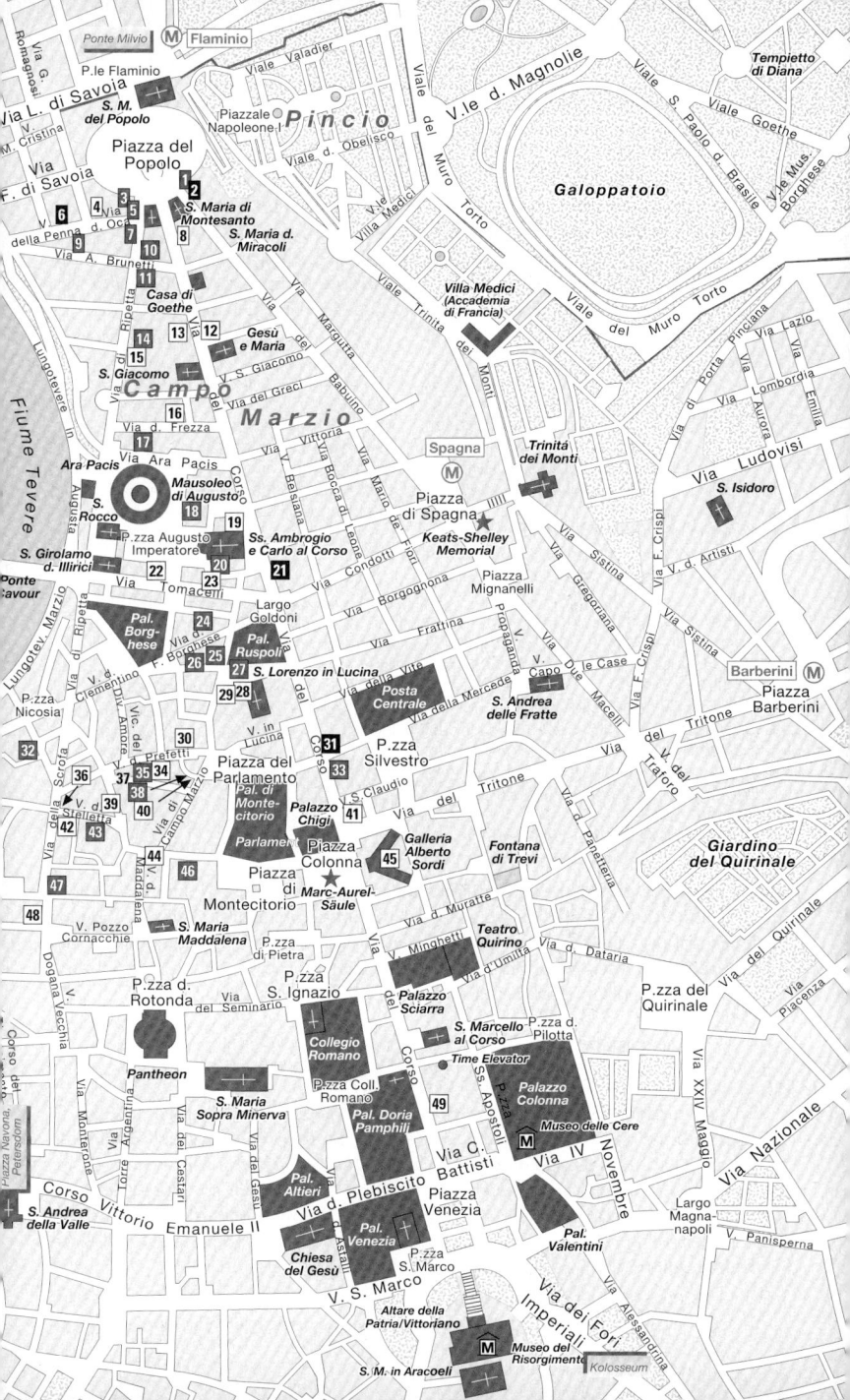

Villa Borghese rechts im Hintergrund und dem Monti Mario in der Ferne; nach Westen ganz rechts das Dächergewirr des Ghettos, im Hintergrund auf der anderen Tiberseite Trastevere, darüber der Piazzale Garibaldi auf dem Gianicolohügel (→ S. 453) und weiter rechts davon die Kuppel von St. Peter im Hintergrund; nach Osten die Achse der Via Nazionale bis rauf zur Apsis der antiken Diokletiansthermen am Bahnhof, der Eingang der Kirche S. Maria delgi Angeli (→ S. 354); im Südosten auf der Rückseite die Ausgrabungen der Kaiserforen und das Kolosseum. Jüngste Attraktion ist der **gläserne Aufzug**, der die Besucher nun bis auf das Dach des Mittelteils, fast bis auf die Höhe der Quadrigen befördert.

● *Rundgang:* Auf dem linken Flügel (von vorne gesehen) erreicht man an der Rückseite des Denkmals eine **Cafeteria** mit grandiosem **Ausblick** auf das antike Rom: Man sieht gegenüber die Trajanischen Märkte (→ S. 240), rechts daneben eine Bogenhalle aus dem 15. Jh., in der die Ritter des Heiligen Johannes von Jerusalem ihr Hauptquartier hatten.

Der massige schiefe Ziegelturm ist der **Torre delle Milizie** aus dem 13 Jh. Er ist ein typisches Beispiel für die Architektur des Mittelalters, als adlige Familien sich bekriegten und zum Schutz in wehrhaften Burgen verschanzten. Durch das Erdbeben von 1348 wurde der Turm beschädigt und steht seither schief (→ „Forum des Trajan", S. 239). Die 30 m hohe Ziegelwand mit der sich abzeichnenden Giebelfront des Mars-Ultor-Tempels diente als Brandschutzmauer und begrenzte das Augustusforum zum Stadtteil Suburra (→ „Forum des Augustus", S. 237).

Links vom Kolosseum sieht man in der Ferne den Obelisken vor der Lateransbasi-

lika, er ist der höchste in Europa und stammte aus Theben, nach Rom wurde er 347 n. Chr. gebracht und im Circus Maximus ausgestellt; Domenico Fontana versetzte ihn auf Anordnung von Papst Sixtus V. vor den Lateran (→ S. 463).

Am Ende des Seitenflügels führt ein Gang zum Eingang des Klosters von S. Maria in Aracoeli, davor liegt eine Bogenhalle mit einer Treppe, die direkt auf den Kapitolsplatz führt (→ S. 207).

● *Öffnungszeiten des Denkmals* Mo–Do 9.30–18.30 Uhr, Fr–So 9.30–19.30 Uhr; Einlass nur bis eine Stunde vor Schließung. Danach fährt das schwere Bronzegitter aus dem Boden vor den unteren Stufen und es bleibt nur der Blick von außen.

● *Eintritt* Das Betreten des Denkmals ist kostenlos; für die Benutzung des Aufzugs zum Dach werden 7 € verlangt, erm. 3,50 €.

● *Achtung* Es ist verboten, sich auf die Stufen zu setzen. Versucht man es, wird man von den Trillerpfeifen des aufmerksamen Wachpersonals rüde aufgescheucht.

Im **Innern** des gigantischen Bauwerks befinden sich große Säle, deren pathetische Dekoration allgegenwärtig auf die nationale Einheit und Größe des gerade wieder erstandenen Italien anspielt. Einen guten Eindruck vom pompösen Inneren vermittelt Greenaways Film *Der Bauch des Architekten* von 1987, die Schlussszene zeigt Innenräume und ein Bankett auf der oberen Galerie.

Die Räume sind nur im Rahmen der hier häufig stattfindenden Ausstellungen zugänglich. Man erreicht sie an der rechten Schmalseite der Pzza. d'Aracoeli (Rich-

tung Kapitol) oder von der Rückseite links in Richtung Kolosseum, von der Via S. Pietro in Cacere, zwischen Denkmal und Caesarforum.

Im Nationaldenkmal sind auch Museen untergebracht, die einen Bezug zur Glorifizierung der Nation haben: Das **Museo Storico dell'Arma dei Carabinieri** (Dokumentation über die Bewaffnung der Carabinieri von den Anfängen bis heute) ist seit einiger Zeit wegen Renovierung geschlossen. Im **Museo Sacrario delle Bandiere** sieht man die Fahnen einzelner Truppenteile der italienischen Armee ab 1870 bis heute (Eingang von der Via dei Fori Imperiali, linke Seite); Öffnungszeiten: Di–So 9.30–15 Uhr; Eintritt frei).

Abwechslungsreicher ist das **Museo del Risorgimento**. Es geht um die Überwindung der italienischen Kleinstaaten unter Revolutionsführer Garibaldi, die militärische Bezwingung des Kirchenstaates und die Errichtung des Nationalstaates mit dem König von Savoyen als italienischem König.

Dargestellt werden auf Stichen, Gemälden und Karten die Einflüsse der Französischen Revolution auf die italienischen Kleinstaaten sowie das Vorgehen bei der Einnahme des Kirchenstaates. Man sieht Bronzebüsten aller wichtigen Partisanen und Heerführer und viele Reliquien des Helden **Garibaldi** (z. B. die Kugel, die ihn bei einem Gefecht in den Fuß getroffen hat, den durchlöcherten Stiefel, die Decke, in der er weggetragen wurde und die Hose, die er trug). Es gibt auch die Lafette, auf der der unbekannte Soldat des Ersten Weltkriegs symbolisch beigesetzt wurde und eine Videodokumentation über den Ersten Weltkrieg.

•*Eingang:* Via S. Pietro in Carcere (linke Rückseite, in Richtung Kolosseum, zwischen Denkmal und Caesarforum), oder direkt vom Denkmal aus, im Innern des linken Flügels.

•*Öffnungszeiten/Eintritt* Di–So 9.30–18 Uhr, im Sommer bis 18.30 Uhr Eintritt frei.

## Palazzo Venezia

**Papst Paul II. (1464–1471) gab diesen ersten Renaissancepalast Roms in Auftrag. Zuvor hatte er jedem Kardinal für den Fall seiner Wahl zum Kirchenoberhaupt ein eigenes Schloss versprochen.**

Da überraschte es kaum, dass Paul II. die Wahl mit deutlicher Stimmenmehrheit gewann. Weil er sehr anspruchsvoll, der Lateran aber unbewohnbar und ihm der Vatikan zu schlicht war, musste eine neue Residenz für ihn als den Stellvertreter Gottes auf Erden gebaut werden, eben jener Palazzo Venezia.

Um an preiswertes Baumaterial zu kommen, gab er das Kolosseum als Steinbruch frei. Ein nicht enden wollender Zug von Travertinquadern bewegte sich über das Forum zur nahen Baustelle. Der Palast konnte in Teilen schon 1466 eingeweiht werden (fertig wurde er 1470). Die Pilger, die von Norden durch das Tor an der Piazza del Popolo in die Stadt zogen, brauchten nun nur noch der Via del Corso zu folgen, um zum Heiligen Vater zu gelangen.

Da das Kirchenoberhaupt sich gerne amüsierte, verlegte er im Frühjahr 1466 den Karneval in die Via del Corso. Zwei Jahre später nutzten Attentäter das unübersichtliche Gewühl dieser Festtage zu einem Mordanschlag auf Paul II. Der Attentat misslang zwar, doch der Papst war so schockiert, dass er beschloss, in den Vatikan mit seinen dicken, schützenden Mauern umzuziehen.

In der Zeit von 1546 bis 1797 hatte im Palazzo Venezia die venezianische Gesandtschaft ihren Sitz – daher auch der Name. Von 1922 bis 1943 residierte dann **Mussolini** in den alten Mauern. Von dem kleinen Balkon aus schrie er dem versammelten Volk seine Propagandareden hinunter. Hier hatte er die großen Zeugnisse der Antike und das Symbol des Vaterlandsaltars als Zeichen des neu erstehenden Italiens vor Augen. Einen besseren Platz, um die Großmacht Italiens zu beschwören, konnte es nicht geben. Von dem Balkon verkündete er nach der Eroberung Äthiopiens die Wiedergeburt des antiken Imperiums und die Begründung einer neuen Zeitrechnung (manche faschistischen Bauten, wie z. B. auf der Piazza S. Andrea della Valle, nennen deshalb neben dem Anno domini auch das dem faschistischen Kalender entsprechende Jahr).

Das **Nationalmuseum** des Palazzo Venezia beherbergt in prachtvollen Räumen eine sehenswerte Sammlung von Kunstgegenständen, hauptsächlich aus dem Mittelalter, der Renaissance und dem Barock. Regelmäßig finden hier auch hochkarätige Sonderausstellungen statt.

•*Rundgang* Vom Eingang in der Via del Plebiscito aus erreichen Sie zunächst das gewaltige Treppenhaus. Die Kasse befindet sich im ersten Stock rechts. Dahinter folgen Säle mit Gemälden; zu sehen sind spätmittelalterliche Tafelbilder und Renaissance-Werke.

Es folgen Ausstellungen mit Gobelins und allerlei wertvollen liturgischen Gegenständen. Sehenswert sind besonders die schwere Renaissance-Holzdecke mit Grotesken-Bemalung und der Fußboden mit teilweise glasierten Ziegeln in komplizierten Mustern.

Es schließen sich Räume mit Rokoko-Porträts und ein langer Gang mit Fayencen und Porzellan an (darunter sind die Manufakturen von Meißen, Hoechst und Fürstenberg vertreten). Die folgenden Ausstellungen zeigen Sammlungen von mittelalterlichen Tontöpfen sowie kunstvollen Silber- und Bronzearbeiten aus diversen Jahrhunderten.

Interessant ist besonders die **Sammlung von Tonskulpturen**. Es handelt sich um Modelle und Detailstudien bekannter römischer Kunstwerke, darunter sind z. B. das Modell eines Engels von der Engelsbrücke, eine Studie zum Kopf des Mohren vom Mohrenbrunnen auf der Pzza. Navona, das Modell des Grabes von Innozenz XI. in der Peterskirche und das des Neptun vom Trevibrunnen.

Anschließend sind eine weitere umfangreiche Sammlung von Silberobjekten, sakraler Kunst (Kelche, Kruzifixe, Heiligenstatuen, die ältesten aus dem 14. Jh.) und mehrere Räume mit chinesischem Porzellan aus verschiedenen Epochen zu sehen. Auch hier ist die reiche Raumausstattung mit geschnitzten Holzdecken, Mosaikböden und Fresken beachtenswert.

Ein Höhepunkt der Ausstellung ist die **Sala del Mappamondo** mit einer Weltkarte aus dem 16. Jh.; diesen Raum hatte sich Mussolini als Arbeitszimmer eingerichtet.

•*Eingang* Via del Plebiscito 118.

•*Öffnungszeiten* Di–So 8.30–19.30 Uhr, Kassenschluss 18.30 Uhr.

•*Eintritt* 4 €, für Personen zwischen 18 und 25 Jahren 2 €. Gratis ist der Eintritt für europäische Staatsbürger unter 18 und über 65 Jahren, sowie für Architektur- und Kunststudenten, die sich entsprechend ausweisen können.

Die **Sonderausstellungen** sind über den Museumsrundgang nicht zugänglich, der Besuch ist im Eintrittspreis für das Museum nicht enthalten (die Preise variieren, meist werden 8 € verlangt).

•*Information* ✆ 06.69994318.

•*Hinweis* Aus Anlass der Sonderausstellungen können einzelne Teile des Museums geschlossen sein, weil sie als Ausstellungsfläche benötigt werden.

▶ **San Marco**: In eine Seite des Palazzos wurde San Marco als Hauskirche des Papstes integriert. Sie war bereits 630 Jahre vor dem Palazzo Venezia erbaut worden und steht auf den Überresten eines aus dem 4. Jh. stammenden Vorgängerbaus zu Ehren des Evangelisten Markus.

Einen Kontrast zum schlichten Palast bildet die **Fassade** aus dem Jahr 1468 mit offener doppelter Loggia, von der aus Papst Paul II. dem Volk nach der Messe den Segen erteilte. Über der Fassade kann man ein Stück des romanischen Glockenturms (12. Jh.) erkennen. Die offene Vorhalle zur Kirche ist mit zahlreichen interessanten antiken Fundstücken ausgestattet.

Der **Innenraum** wurde im 18. Jh. barock „modernisiert". Unverändert geblieben ist die blau-goldene Kassettendecke, eine der frühesten der Renaissance, aus der Zeit Pauls II. Beachtenswert sind die byzantinischen Apsismosaike aus dem 9. Jh. Auf ihnen ist Christus unter Heiligen und Päpsten dargestellt, ein Akt päpstlicher Imagepflege. Zu den herausragenden Kunstwerken der Kirche zählen der Tabernakel von Mimo da Fiesole sowie die Gemälde von Melozzo und da Forli. Unter dem Fußboden fand man Reste des Vorgängerbaus aus dem 4. Jh. Die Urne des heiligen Markus ist unterhalb des Altars beigesetzt. In der karolingischen Krypta befinden sich weitere Reliquien.

*Öffnungszeiten* 7–12 und 16–19 Uhr.

# Palazzo Doria Pamphilj

Gleich neben dem Palazzo Venezia, auf der anderen Seite der Via del Plebiscito, beginnt der weitläufige, um fünf Innenhöfe gruppierte Palast der Fürsten **Doria Pamphilj Landi**. Mehrere Besonderheiten machen den Besuch der **Galleria Doria Pamphilj** zu einem einzigartigen Erlebnis: Sie erhalten Einblick in die sich noch immer in Privatbesitz befindende und bewohnte Stadtresidenz einer der bedeutendsten und ranghöchsten Adelsfamilien der Stadt, betreten authentische und kostbar ausgestattete Räume aus dem 17. und 18. Jh. sowie eine erlesene Kunstsammlung – und werden vom jungen Fürsten Jonathan selbst durch die Säle geführt! Nicht persönlich, aber auf eine sehr persönliche Weise in Form eines (im Eintrittspreis enthaltenen) Audioguides. Er leitet Sie, wahlweise in Italienisch oder Englisch, von Barockmusik untermalt, in kurzen Episoden durch die Familiengeschichte und die Kunstsammlung, bleibt bei herausragenden Werken erläuternd stehen und garniert die Führung mit kleinen Anekdoten, wie etwa dem Vorfall, als er in seiner Kindheit mit dem Skateboard über die wertvollen, über Jahrhunderte auf Hochglanz gewachsten Ziegelböden bretterte und ziemlichen Ärger mit den Eltern bekam.

Das mit allein fünf Fürstentiteln belegte Adelsgeschlecht stammte ursprünglich aus Genua und kann seine Ahnen bis ins 12. Jh. zurückverfolgen. Berühmtester Vorfahre ist Andrea I. Doria (1466–1560), bekannt als „Befreier des Vaterlandes", da er Genua im Dienste des Habsburgerkaisers Karl V. von der Fremdherrschaft befreite und zu einer neuen Blüte brachte. Dafür wurde er in den Reichsfürstenstand erhoben. Die Familie stellte im Laufe der Jahrhunderte eine Vielzahl militärischer und geistlicher Würdenträger, einige Kardinäle und mit Innozenz X. einen bedeutenden Papst des Barock (1644–55), der die bekanntesten Architekten seiner Zeit großzügig mit Aufträgen bedachte. Er war es, der die Piazza Navona mit Palast (heute Brasilianische Botschaft), Kirche und Berninis Vier-Ströme-Brunnen zur prachtvollen Zurschaustellung seiner Macht umgestaltete (→ S. 400). Heute manifestiert sich die Bedeutung der Familie für die Stadt Rom in zahlreichen karitativen Stiftungen und durch das Andenken an Filippo Andrea VI. (1884–1958), der gleich nach dem Zweiten Weltkrieg, auch aufgrund seiner Verdienste um den Widerstand gegen den Faschismus, zum Bürgermeister Roms gewählt wurde.

Der Palazzo Doria entstand ab 1650 aus der Zusammenlegung und Umgestaltung mehrerer Gebäude, im Kern aus dem Palazzo Aldobrandini, der durch Heirat in Familienbesitz gelangte. Camillo, Neffe des Papstes und angesehener Kunstmäzen, hatte 1647 Olimpia Aldobrandini geheiratet, welche als Witwe Paolo Borgheses ein gewaltiges Vermögen und eine beeindruckende Kunstsammlung mitbrachte, den Grundstock der stetig gewachsenen und bis heute ungeteilt erhaltenen Kollektion. Bis ins 19. Jh. hinein wuchs der Bau zu dem heute ein ganzes Straßengeviert dominierenden Komplex heran. Die breit zur Via del Corso angelegte Hauptseite des Palastes wurde 1731–1734 vom römischen Architekten Gabriele Valvossori errichtet und zählt in ihrer eleganten Bewegtheit zu den schönsten Fassaden des 18. Jh. in Rom.

• *Rundgang* Man betritt den Palast von der Pzza. Collegio Romano aus (von der Via del Corso links über die enge Via Lata zu errei-chen). Die Eintrittskarten erhalten Sie im ersten Stock vor dem Eingang zur **Galerie**.

Rom – Die Via del Corso

Karte S. 286/287

Zunächst gelangt man in eine Folge von Sälen (Poussin-Saal, Blauer Saal, Thronsaal) und benachbarten kleineren Salons, die allesamt seit jeher der Repräsentation dienten. Mit kostbaren Stoffen ausgeschlagene Wände, bemalte Decken und prunkvolles Mobiliar bilden den Rahmen für die **Gemäldesammlung**, die zum Teil dicht gedrängt in „Fürstenhängung", also in mehreren Reihen bis zur Decke, ausgestellt ist. Es finden sich hier bedeutende Originale großer Meister zwischen Werken ihrer Schüler und meist zeitgenössischen Kopien. Da die Bilder in der Galerie nicht betitelt, sondern nur nummeriert sind, lohnt die Anschaffung eines Kataloges, in dem Name des Künstlers, Titel und Entstehungszeit genannt sind. Es liegen aber an der Kasse auch Listen aus, die kostenlos verliehen werden – auf die bedeutendsten Werke weist der Audioguide hin.

Am Ende der Raumfolge liegt der große **Ballsaal**, der 1903 durch Zusammenlegung zweier Zimmer vergrößert und als einer der ersten Räume der Stadt mit elektrischem Licht ausgestattet wurde. In der Orchesternische sind noch die Originalleuchten zu sehen. Puppen in historischen Kostümen und eine wertvolle Harfe aus dem 17. Jh. vermitteln eine Ahnung von einst glanzvollen Festen an diesem Ort.

Zwei Räume weiter links befindet sich die **Privatkapelle** der Fürstenfamilie, um 1690 von Carlo Fontana geschaffen und im 18. und 19. Jh. restauriert, mit den besonders verehrten Reliquien der Heiligen Theodora. Wieder zurück, kommen Sie nun in eine vierseitig um einen Innenhof angelegte **Galerie** mit einem Ziegelboden, der durch jahrhundertelange Politur mit Bienenwachs einen wunderschönen Glanz erhalten hat. Sie durchwandern ihn am besten im Uhrzeigersinn und sollten, neben den zahlreichen ausgestellten Gemälden, auch die Decken mit der aufwändigen, meist barocken Gestaltung beachten. In einem kleinen Kabinett links am Ende der 1. Galerieseite wird als Höhepunkt der Sammlung das 1650 entstandene *Porträt von Papst Innozenz X.* von Diego **Velásquez** gezeigt. Das durch seine Lebendigkeit und Blickintensität in den Bann ziehende Meisterwerk spiegelt den Charakter des schwierigen und misstrauischen Mannes wieder, der es, als er es zum ersten Mal sah, nachdenklich mit „*Che vero!*" („wie wahr!") kommentierte. Im gleichen Raum steht auch die **Marmorbüste des Papstes** von Gianlorenzo Bernini.

Im 2. Flügel der Galerie, auf der Seite der Via del Corso (Spiegelsaal, 1734 kostbar mit Goldstuck und Marmor im barocken Stil angelegt, nachdem die ehemals zum Corso offene Loggia geschlossen wurde), ist der Weg beidseitig von antiken Statuen flankiert. Das Deckenfresko zeigt die Werke des Herkules.

Am Ende zweigt eine Flucht von **vier Räumen** ab, die jeweils Gemälden eines Jahrhunderts gewidmet sind (beginnend mit dem 17. Jh. bis zum 14. Jh. im letzten Raum). Es finden sich darunter Werke von Memling, eine Winterlandschaft von Breughel d. Ä., ein Doppelporträt von Raffael, Gemälde von Tintoretto, Tizian, Caracci und Rubens sowie Caravaggios Frühwerk *Rast auf der Flucht nach Ägypten*. Zurück in der Galerie steht am Ende des 3. Flügels, diagonal gegenüber dem Kabinett mit dem Porträt von Innozenz X., die Büste seiner ihm einst schwer zusetzenden, herrischen Schwägerin *Donna Olimpia* (mehr über das Verhältnis der beiden zueinander → S. 402). Laut ihrem Nachfahren auf dem Audioguide verdankt die Familie ihr zwar die entscheidende Grundlage zu einem stattlichen Vermögen, er selbst wäre ihr jedoch nur äußerst ungern persönlich begegnet. Die virtuos aus Marmor gearbeitete Büste stammt von Alessandro Algardi um 1650.

Seitlich öffnet sich nun der **Aldobrandini-Saal**, der über dem ursprünglichen, gleichnamigen Palast errichtet wurde und den Übergang in den Flügel mit den Privatgemächern bildet. Infolge der Last eines unerwartet starken Schneefalls stürzte hier 1956 die Decke ein. Die schwer beschädigten antiken Statuen und Reliefs wurden sorgsam restauriert. Sie stammen zumeist aus dem weitläufigen Gelände des auf dem Gianicolo gelegenen ehemaligen Sommersitzes der Fürsten, der Villa Pamphilj. In der Raummitte ein sehenswerter Zentaur aus unterschiedlich farbigen Marmorsorten zusammengesetzt – er wurde Mitte des 18. Jh. in Albano ausgegraben.

Der vierte und älteste Flügel der Galerie zeigt einen weiteren Teil der Gemäldesammlung unter einem fein mit Grotesken ausgemalten Gewölbe, bis der Weg wieder zurück in den zentral gelegenen Raum mit Postkarten und allerlei Literatur führt.

• *Eingang* Pzza. Collegio Romano 2.

• *Öffnungszeiten* Do geschlossen (auch geschlossen am 1. Januar, Ostersonntag, 1. Mai, 15. August, 25. Dezember), sonst 10–

17 Uhr, der Kartenverkauf schließt um 16.15 Uhr.

•*Eintritt* 8 €, Personen ab 65 Jahre und Studenten mit internationalem Studentenausweis 5,70 €; im Preis ist ein Audioguide in italienischer oder englischer Sprache enthalten.

•*Information* ℡ 06.6797323 (Kartenreservierung für Gruppen ℡ 06.32810), www.doriapamphilj.it.

•*Café* Im Erdgeschoss der Galleria befindet sich der stilvolle Teesalon **Bar Doria**, täglich von 8–20 Uhr geöffnet.

## Palazzo Colonna

Rom-Liebhaber müssen ihn kennen: den Film *Roman Holiday* (*Ein Herz und eine Krone*) mit Audrey Hepburn und Gregory Peck (Kalender mit den Schwarz-Weiß-Fotos vom Film gibt es an jeder Straßenecke als Souvenir). Die 1953 von William Wyler an Originalschauplätzen gedrehte US-Produktion handelt von einer Prinzessin, die, in Rom einen Staatsbesuch absolvierend, den protokollarischen Zwängen für aufregende 24 Stunden inkognito entflieht. Sie freundet sich unwissentlich mit zwei amerikanischen Paparazzi an, die sie erkennen und die Story ihres Lebens wittern. Die abschließende Pressekonferenz der zu ihren Pflichten zurückgekehrten Thronfolgerin findet im **prächtigsten profanen Barocksaal** Roms statt, der Großen Galerie im Palazzo Colonna. Dieser imposante Stadtpalast liegt unweit des Corso, seitlich des Quirinalshügels und wird von der Via IV Novembre, Via della Pilotta, Via Vecaro und der Piazza SS. Apostoli umfasst, letztere Kirche ist Teil der Anlage. Der Palazzo entstand aus einer vielteiligen Gebäudegruppe, die man um 1650 unter dem Baumeister Antonio del Grande zusammenlegte und grundlegend umbaute.

Die **Familie Colonna** gehört zu den ältesten und einflussreichsten Adelsfamilien Roms. Die in ihrem Wappen abgebildete Säule *(Colonna)* interpretiert man gerne als die nahe des Palasts stehende Trajanssäule und man führt den weitverzweigten Stammbaum auf niemand geringeren als Julius Caesar zurück, der sich ja bekanntlich auf den heldenhaften Trojaner und Rom-Urvater Aeneas als Ahnherrn berief. Jenseits dieser stolzen Legenden liegt der Ursprung der Familie in den Albaner Bergen, im Örtchen Colonna, das sie bereits im 12. Jh. beherrschten. Die aus dem niederen Landadel aufsteigende Sippe vermehrte tüchtig ihren Landbesitz um Dörfer, Castelli und u. a. zwei Stadtfestungen in Rom. Insbesondere das Viertel rund um die Kirche SS. Apostoli stand seit jeher unter der Kontrolle des Clans.

Signifikant für die Geschichte der Colonna ist das geschickte Taktieren zwischen Opposition zum Papst und Gefolgschaft. Sie bekleideten zahlreiche Senatorenämter und erhielten Kardinalswürden mit lukrativen Pfründen, sie koalierten aber auch mit dem Kaiser und später mit französischen und neapolitanischen Königen und ließen sich die Rückkehr zur Partei der Kurie stets aufs Neue teuer bezahlen. Auf besondere Weise legte man sich mit Papst Bonifaz VIII. an, dessen Anspruch auf die unumschränkte weltliche Macht man nicht nachvollziehen wollte. An der Seite des französischen Königs beteiligten sie sich an der *„Demütigung von Anagni"*, dem abenteuerlichen Staatsstreich, bei dem man den Papst in seinem Palast in Latium kurzfristig gefangen setzte (→ *„Anagni"*, S. 800). Als der Papsthof im 14. Jh. nach Avignon übersiedelte, geriet Rom zunehmend in die blutigen Machtkämpfe verfeindeter Familien, die Fehde zwischen den Colonna und den Orsini zog sich über Jahrhunderte.

Doch den Colonna gelang der große Coup: Oddone Colonna (1368–1413) wurde 1417 zum Papst gewählt. Als Martin V. beendete er die Kirchenspaltung und brachte 1420 das Papsttum zurück nach Rom. Er war es auch, der als erster Gesetze zum Schutz antiker Monumente erließ. Seine Antikensammlung war bedeutend, er besaß u. a. den von Michelangelo so bewunderten **Torso von Belvedere** (heute Vatikanische Museen, → S. 543). Er baute den Familiensitz bei SS. Apostoli großartig um und ließ auf seinen Clan den ganzen Segen des höchsten irdischen Amtes niederprasseln: Fürsten- und Herzogtitel, machtvolle Stellungen in der Kurie, Ländereien und Schlösser.

Selbst der Papstschatz geriet in den Colonna-Palazzo, musste jedoch nach Ableben Martins V. wieder herausgerückt werden. Einen weiteren Höhepunkt in der Familienchronik markierte Marcantonio Colonna, der 1571 die päpstliche Flotte bei der Schlacht von Lepanto anführte und gemeinsam mit den verbündeten Mächten die Türken besiegte. Unter Girolamo (1604– 66) und Lorenzo Colonna (1637–89) wurde der römische Familiensitz zur Barockresidenz ausgebaut. Ist heute der feudale Glanz auch längst untergegangen, hat die Familie dennoch ihre Stellung in der Stadt behauptet. Sie ist politisch aktiv, stellte zwei Bürgermeister und bekleidet traditionsreiche Ehrenämter im Vatikan.

Der Palast öffnet leider nur einmal in der Woche seine Tore und lässt in die prunkvollen Räume blicken, deren Hauptattraktion die eingangs erwähnte **Große Galerie** ist. Sie wurde 1654–56 von Antonio del Grande konzipiert und in ihrer Ausstattung 1703 vollendet, wobei der „letzte Schliff" noch bis 1725 andauerte. Der insgesamt 76 m lange und zwei Stockwerke hohe Saal ist dreigeteilt, die kleineren Bereiche an beiden Enden jeweils mit einem Paar freistehender Säulen aus goldgelbem Marmor offen abgegrenzt. Er erhält Licht von zwei Fensterreihen zu beiden Längsseiten, das die dichte Abfolge von Marmor-Blendpfeilern, vergoldetem Stuck, glitzernden Lüstern, Wandspiegeln, Gemälden und weißen Marmorstatuen wirkungsvoll in Szene setzt. Ein alles überziehendes Deckenfresko zeigt Marcantonio Colonna als Sieger von Lepanto, in Episoden erzählt es von seiner Ernennung zum Befehlshaber bis hin zur triumphalen Rückkehr nach Rom. Der Besucher betritt den Saal über das höher gelegene östliche Ende. An den Wänden sieht man zwei figurenreich geschnitzte und vergoldete Konsolen vom Anfang des 18. Jh., darüber u. a. Angelo Bronzinos *Venus, Amor und Satyr*, eines der Hauptwerke des Manierismus, sowie Werke von Ghirlandaio. Einige Stufen führen hinunter zum Mittelsaal – Vorsicht, stolpern Sie nicht über die **Kanonenkugel**, die hier irrtümlich einschlug, als die Franzosen 1800 Rom belagerten und den Quirinalspalast beschossen!

Im Hauptsaal sind u. a. vier bemerkenswerte, mit Putti und kunstvollen Blumenarrangements bemalte Spiegel zu sehen, sowie Gemälde von Guido Reni und Francesco Salviati. Der letzte Abschnitt der Galerie, der **„Raum der Landschaften"**, lässt noch einmal die großartige Raumachse genießen, deren Besonderheit es ist, dass sie sich nach draußen fortsetzt. Der Raum öffnet sich zu einer Terrasse mit anschließendem Kaffee-Pavillon, der erhöht liegende Raum auf der anderen Seite ist mit einer Brücke über die Via della Pilotta (eine von insgesamt vier) geradewegs mit den Gärten am Quirinalshang verbunden – eine nicht nur für Rom einzigartige **Perspektive**, im Entwurf älter als der Spiegelsaal von Versailles. Im „Raum der Landschaften" sind Werke von Gaspard Dughet und Nicolas Poussin ausgestellt, wichtigen Vertretern französischer Landschaftsmalerei, sowie zwei **Prunkschränke** aus römischen Werkstätten. Der erste aus der Mitte des 17. Jh., dessen üppige Schauseite mit 12 Amethystsäulen, 66 Halbedelsteinen und 10 vergoldeten Silberstatuetten geschmückt ist, der andere ist ein Ebenholz-Kabinettschrank, der von mächtigen Atlanten getragen wird. Vermutlich nach einem Entwurf von Carlo Fontana wurde er 1678–80 von den Brüdern Franz und Domenikus Steinhart ausgeführt, deutschen Kunsthandwerkern, die in Rom arbeiteten. Die Türchen und Fächer der kolossalen, architektonisch gegliederten Schrankfassade sind mit Elfenbein-Halbreliefs ausgelegt, die Werke von Michelangelo und Raffael zitieren.

Es schließt sich seitlich eine kurze **Folge von Räumen** an. Im „Saal der Apotheose Martins V.", benannt nach der Thematik des in die schwere Holzdecke eingesetzten Gemäldezyklus' (Decke 1670, Gemälde 1722/1739), sind die **Höhe-**

**punkte der Sammlung** zu sehen: Werke von Tintoretto, Veronese und Caracci. Im angrenzenden Thronsaal ist u. a. der päpstliche Ahnherr in einer Kopie des Portraits von Pisanello zu betrachten, bevor man einen im 19. Jh. ausgemalten Raum erreicht, welcher der frühen, meist flämischen Malerei des 15. und 16. Jh. gewidmet ist, sehenswert hier zwei kleine Tafelbilder von Bernard van Orley, *Die sieben Freuden/Die sieben Leiden der Jungfrau*. Mit diesen Eindrücken endet der Besuch. Einige wenige weitere Räume des Flügels können nur auf Anfrage besichtigt werden, sie erreichen jedoch bei weitem nicht die überwältigende Pracht der spektakulären Großen Galerie.

- •*Eingang* Via Pilotta 17.
- •*Öffnungszeiten* Nur Sa 9–13 Uhr.
- •*Eintritt* 7 €, für Personen ab 60 Jahren und Kinder von 5 bis 10 Jahren 5,50 €.

- •*Information* Für Gruppen ab 10 Personen gibt es eine Führung. ℡ 06.6784350, www.galleriacolonna.it.

▶ **Wachsfigurenmuseum (Museo delle Cere):** An der Piazza Santi Apostoli 67 (dort, wo sich der Verkehr in einer Kurve den Hügel in Richtung Via Nazionale und Bahnhof hinaufquält) befindet sich auch ein kleines privates Wachsfigurenkabinett. Man sieht hier neben Napoleon Bonaparte, Michelangelo, Leonardo da Vinci, Galilei, Papst Johannes XXIII. auch viele italienische Nationalhelden und andere Persönlichkeiten. Mit dem Wachsfigurenmuseum von Madame Tussaud, dem großen Vorbild, ist dies hier nicht vergleichbar.

*Öffnungszeiten/Eintritt* Pzza. Santi Apstoli 67. Tägl. 9–20 Uhr. Eintritt 6 €, keine Ermäßigung.

▶ **Facchino-Brunnen:** Von der Via del Corso zweigt auf der linken Straßenseite am Palazzo Doria die enge, dunkle Via Lata ab. Nach wenigen Schritten sehen Sie einen kleinen, in einer Hauswand eingelassenen und bereits stark beschädigten Brunnen. Es ist der **Facchino**, ein Mann mit von Abgasen zerfressenem Gesicht, der ein Fässchen vor der Brust hält, aus dem ein Wasserstrahl fließt. Die lateinische Inschrift bedeutet: *„Er lebte so lange er konnte und er ein Fass Wein trug, als er ein zweites in sich hatte, starb er, ohne es zu wollen."*

Während manche meinen, in der Figur die Darstellung Martin Luthers zu erkennen, sehen andere in ihm einen der typischen Wasserverkäufer, die in der wasserknappen Zeit des Mittelalters ihre Geschäfte mit dem wertvollen Nass machten. Bei den qualitätsbewussten Römern ist dieser Brunnen sehr beliebt, denn sein Wasser gilt als das beste, um darin Gemüse zu kochen. Manchmal füllen sie hier Flaschen ab.

▶ **Zeitmaschine:** Auf der anderen Seite der Via del Corso, der Via Lata mit dem Facchino-Brunnen genau gegenüber, mündet die schmale, dunkle Via dei SS. Apostoli. Dort kann man im Surround-Kino **Time Elevator** eine 45-minütige Reise durch 3000 Jahre römische Geschichte erleben kann. Durch optische und akustische Effekte (über Kopfhörer auch auf Deutsch) und die auf Plattformen schwenkbaren Sitze erlebt man den Flug durch die Zeit hautnah. Man ist bei der Aussetzung der Zwillinge Romulus und Remus und der Ermordung Caesars dabei, sieht Rom brennen, Christen sterben, Michelangelo malen und vieles mehr. Anschaulich sind die Rekonstruktionen antiker Monumente (auch wenn die Perfektion sich natürlich nicht mit Hollywood-Filmen messen kann und die Spielszenen recht kitschig sind). Immerhin bekommen gerade Kinder (sofern sie sich bei dem Spektakel nicht ängstigen) einen ganz guten Überblick über die Geschichte, manches wird so viel verständlicher. (Es sind noch zwei weitere Filme im Angebot: *Die Evolution* mit Dinosauriern und *Das Haus des Schreckens*).

●*Eingang* Via dei SS. Apostoli 20 (enge Gasse, die vom Nationaldenkmal kommend rechts von der Via del Corso abzweigt).
●*Öffnungszeiten* Tägl. 10.30–20.30 Uhr (= Beginn der letzten Vorstellung).

●*Eintritt* 11 €, für Kinder bis 12 Jahre und Erwachsene ab 65 Jahren (Ausweis ist erforderlich) 8 €. Wer zwei oder alle drei Filme bucht bekommt Rabatt.
●*Information/Reservierung* ☎ 06.97746243 oder www.time-elevator.it.

▶ **Triumphsäule Marc Aurels:** Folgen Sie der Via del Corso ein Stück, gelangen Sie auf der linken Seite zur **Piazza Colonna** mit der Triumphsäule Marc Aurels (193 n. Chr.). Die Säule besteht aus 28 Marmorblöcken und ist mit Sockel 42 m hoch. Unverkennbar diente ihr die Trajanssäule (→ S. 239) als Vorbild, deren Qualität sie aber nicht erreicht. Auch sie stellt auf einem spiralförmigen Band, an dem Bildhauer 16 Jahre lang gearbeitet haben, Kriegsereignisse dar. Hier geht es um den Krieg gegen die Germanen und Sarmaten, die im 2. Jh. erstmals in größeren Aktionen gegen die Römer rebellierten.

Die Abbildungen vermitteln keinen exakten historischen Bericht wie bei der Trajanssäule. Vielmehr werden hier einfach nur dramatische Kampfszenen aneinandergereiht, bei denen der siegreiche Imperator Marc Aurel natürlich als Held allgegenwärtig ist (mehr zu Marc Aurel → Kasten „Marc Aurel", S. 192). Eine ausgeprägte Relieftechnik sorgt für Schatteneffekte, die die Dramatik der dargestellten Szenen für den Betrachter noch beeindruckender erscheinen lassen sollten.

Im **Inneren** führen 203 Stufen zu einer kleinen Plattform hinauf, auf der ein Standbild des Kaisers Marc Aurel auf Anordnung von Papst Sixtus V. im Jahr 1589 durch das des heiligen Paulus ersetzt wurde. Darüber berichtet die Inschrift: „*Triumphal und heilig bin ich jetzt, da ich Christus' wahrhaft gläubigen Schüler trage, der durch des Kreuzes Verkündigung über Römer und Barbaren triumphiert hat.*" Während des Mittelalters war die Aussicht von hier oben beliebt. In jedem Jahr vermietete man die Säule an den Meistbietenden; der konnte dann zwölf Monate lang das Eintrittsgeld kassieren. Heute dürfen Besucher leider nicht mehr hinaufsteigen.

Gegenüber, auf der anderen Straßenseite der Via del Corso, erbaute man 1923 nach Mailänder Vorbild im klassizistischen Stil auf V-förmigem Grundriss die Galleria Colonna, die erste **Einkaufspassage** Roms. Viele Jahre war sie geschlossen. Nach einer grundlegenden Restaurierung wurde sie Ende 2004 unter dem Namen **Galleria Alberto Sordi** neu eröffnet. Nun sind hier viele schicke Läden, im rechten Flügel ist ein Café, wo man auch Cocktails, Champagner und kleine Gerichte bekommt (→ S. 309). Sehenswert ist in der Buchhandlung **La Feltrinelli** der große Marmorsaal, der sich über beide Stockwerke erstreckt.

▶ **Palazzo Chigi** : Der Chigi-Palast aus dem Jahr 1656 (von der Via del Corso aus gesehen rechts der Marc-Aurel-Säule) ist **Sitz der italienischen Regierung**. Hier feierte man im Jahr 1990 ein in ganz Europa mit Spott kommentiertes Jubiläum, als das 50. Kabinett seit Inkrafttreten der italienischen Verfassung am 1. Januar 1948 antrat. Dabei war das politische System in Italien bis zur großen Krise ab 1992 gar nicht so instabil, wie es erscheinen mag, denn von Kriegsende bis 1981 stellte die *Democrazia Cristiana (DC)* ununterbrochen den Ministerpräsidenten und hatte danach bis zur ihrer Auflösung 1994 infolge der Aufdeckung krachender Skandale stets eine beherrschende Stellung. Es war immer derselbe Parteiklüngel mit denselben Personen, an der Spitze die Christdemokraten *Giulio Andreotti* und *Arnaldo Forlani* sowie der Sozialistenchef *Bettino Craxi*, der in den ständig wechselnden Koalitionsregierungen, aber in verdeckter Kontinuität und mit internen Absprachen, Italien regierte. Die Italiener wählten trotz aller Gerüchte über Verbindungen zur Mafia und offensichtlicher Korruption immer die gleichen Politiker, denn es galt, Italien um jeden Preis vor den gottlosen Kommunisten zu schützen. Das Ende des Kalten Krieges und die Auflösung des Ostblocks zerstörte auch das italienische Parteien- und Politiksystem (→ „Rom ab 1945", S. 174).

Ende Januar 2008 scheiterte die 61. Regierung. Der ehemalige EU-Kommissionspräsident **Romano Prodi** hatte sie 20 Monate zuvor nach einer hauchdünn gewonnenen Parlamentswahl aus einem bunten Strauß von neun Parteien gebildet, die von Kommunisten über Grüne, Radikale, Liberale, Sozialdemokraten bis zu christdemokratischen Kleinstparteien reichten. Diese gemischte Truppe verband allein das Ziel, eine Wiederwahl **Silvio Berlusc20nis** zu verhindern, ansonsten war sie so tief zerstritten, dass Prodi alle wichtigen Vorhaben nur in Verbindung mit Vertrauensfragen durchsetzen konnte. Als sein christdemokratischer 1,4-Prozent-Partner die Koalition beleidigt

*Der Obelisk auf der Piazza di Montecitorio*

kündigte, weil die Staatsanwaltschaft gegen den Parteichef und dessen Ehefrau wegen Korruption ermittelte, fiel der Ministerpräsident bei seiner 32. Vertrauensfrage im Senat durch (→ „Rom ab 1945", S. 179). Für die bei Redaktionsschluss anstehenden Neuwahlen wird mit einem Comeback von Silvio Berlusconi gerechnet, der dann wohl zum dritten Mal als Regierungschef in den Palazzo Chigi einziehen wird.

▶ **Parlament**: Nur getrennt von der schmalen Via della Impresa ringt neben dem Regierungssitz das Parlament mit immer neuen Krisen, und manchmal ringen auch die Abgeordneten miteinander und das nicht nur im übertragenen Sinn – das Hohe Haus hat besonders in der ersten Hälfte der 1990er Jahre manche Schlägerei erlebt, so z. B. als man nach dem Rücktritt von Staatspräsident Cossiga im Mai 1992 16 Wahlgänge zur Bestimmung des Nachfolgers brauchte, während derer es zu tumultartigen Auseinandersetzungen kam. Ab 1993, als ein riesiger Bestechungsskandal Italien erschütterte und die großen Parteien kollabierten, fuhren beinahe täglich Polizeiwagen vor und die Römer schauten zu, wie Politiker verhaftet und abgeführt wurden (→ „Rom ab 1945", S. 177).

Das Gebäude passt aufgrund seiner Geschichte recht gut zum italienischen Parlament: Innozenz X. (1644–55) gab den Auftrag für den Palast mit dem ursprünglichen Ziel, hier ein Armenasyl unterzubringen, doch dann setzte der Papst andere Prioritäten und machte das große Gebäude zum Sitz des Strafgerichts. Bernini begann die Arbeiten 1650, Fontana schloss sie erst 1694 ab.

**Tipp**: Jährlich wird neu darüber entschieden, ob weiterhin Besichtigungen des Parlaments ermöglicht werden. In den letzten Jahren fanden regelmäßig jeweils am ersten Sonntag im Monat von 10 bis 18 Uhr **Führungen** (leider nur in italienischer Sprache) durch das Parlamentsgebäude (*„Montecitorio a porte apre"*) statt. Dabei kam man durch die große Lobby, den eindrucksvollen Plenarsaal und mehrere prunkvolle Empfangsräume.

Auf der **Piazza di Montecitorio** vor dem Parlamentsgebäude steht einer der größten **Obelisken** der Welt. Der Pharao Psammetich II. (594–588 v. Chr.) hatte ihn in Auftrag gegeben, und Augustus ließ ihn im Jahre 8 n. Chr. von Heliopolis nach Rom transportieren, wo er den damals noch 29 m hohen Steinkoloss zum Uhrzeiger der größten Sonnenuhr aller Zeiten machte (→ „Die Sonnenuhr des Augustus", S. 301). Als Goethe die ungewöhnliche Schönheit der Hieroglyphen lobte, lag der Obelisk noch in Trümmern verstreut am Boden. Zusammengesetzt und aufgerichtet wurde er erst kurz danach im Jahr 1792.

**Tipp**: An der Pzza. di Montecitorio können Sie in der **Buchhandlung Herder** jedes deutsche Buch zumindest bestellen. Ein Schwarzes Brett für Mitteilungen und Angebote steht zur Verfügung.

An der hübschen **Piazza di Pietra**, in der Nähe der Marc-Aurel-Säule, ist an der Seitenmauer der Börse und Handelskammer eine Reihe von elf schönen **korinthischen Säulen** erhalten. Sie gehörten zu einem unter Hadrian errichteten Tempel (2. Jh. n. Chr.). Der Kaiser hatte diesen Bereich des Marsfeldes mit prächtigen Thermen, Tempeln (auch das Pantheon gehört dazu) und Kultureinrichtungen sehr aufwändig erneuern lassen.

## Die Monumente des Augustus

Auch in der Ewigen Stadt erstrahlen manche Schätze nur eine kurze Zeit und geraten in Vergessenheit. Vielleicht liegt die wahre Bedeutung der viel zitierten Ewigkeit darin, dass sie nicht verloren sind, sondern doch irgendwann wieder ans Licht kommen und sich wundersam in ein Ganzes fügen. So ist es der monumentalen Anlage ergangen, die **Octavian** (63 v. Chr. bis 14 n. Chr., den Beinamen **Augustus** erhielt er 27 v. Chr.) zu seinen eigenen Ehren errichten ließ. Der überaus gewiefte Machtpolitiker verstand es dabei blendend, das Denkmal den ihn argwöhnisch beobachtenden konservativen Kreisen des Senats und den Bürgern Roms auf so subtile Weise unterzujubeln, dass es trotz seiner gewaltigen Ausdehnung regelrecht bescheiden wirkte. Erst in den 1970er Jahren gelang es, die komplexe Anlage, bestehend aus Mausoleum, einem Friedensaltar und der größten Sonnenuhr aller Zeiten als bauliche Gesamtkonzeption zu entschlüsseln (mehr zu Kaiser Augustus → S. 224).

▶ **Mausoleum des Augustus**: Zwischen der antiken Via Flaminia (bis zur Porta del Popolo heißt sie heute Via del Corso) und dem Tiber errichtete Octavian 28 v. Chr. ein Grabmal für sich und seine Familie. Der 35-jährige Großneffe, Adoptivsohn und Erbe Julius Caesars hatte soeben Ägypten unterworfen und seinen Rivalen Antonius besiegt. Er befand sich an der Schwelle zur Macht eines

Alleinherrschers und ging, republikanischen Widerstand klug kalkulierend, äußerst vorsichtig vor. Er entschied sich für ein Tumulusgrab nach etruskischem Vorbild. In republikanischer Zeit waren Gräber dieser Art bei den Römern üblich gewesen, freilich wesentlich kleiner. Als scheinbarer Traditionalist mied er bescheiden den Pomp eines dekorierten Baus und entschied sich für die alte Form, wodurch er sich die Konservativen gewogen hielt. Gleichzeitig ließ er aber durch die gewaltigen Ausmaße des Grabmals seine herausgehobene Stellung unmissverständlich belegen.

Der Bau besteht aus einem äußeren, einstmals mit weißem Marmor verkleideten Mauerring von 10 m Höhe und 87 m Durchmesser. In diesem Kreis erhebt sich ein weiterer Zylinder von 35 m Höhe, worin sich wiederum eine runde, massiv abgedeckte Grabkammer befindet. Der Raum innerhalb der Ringmauern wurde aufgeschüttet und bepflanzt, sodass die zentrale Kammer nur über einen tunnelartigen Gang zu erreichen war. Auf der Spitze dieses künstlichen Hügels stand weithin sichtbar eine Kolossalstatue des Kaisers. Am Eingang waren die Tafeln mit dem *Res Gestae*, dem politischen Rechenschaftsbericht, aufgestellt (eine Rekonstruktion davon befindet sich heute an der Außenmauer des Museums Ara Pacis, s. u.), sowie zu beiden Seiten je ein ägyptischer Obelisk, welche heute auf dem Platz vor dem Quirinalspalast bzw. vor der Kirche S. Maria Maggiore stehen. Im Inneren des viergeschossigen Gewölbes, das heute unzugänglich ist, verwahrte man die Asche der Verstorbenen. Dort fand man auch Urnen der nachfolgenden Kaiser aus der Familie des Augustus (Tiberius, Caligula, Claudius), doch nicht die des Augustus, sie war bei den Plünderungen im Mittelalter verloren gegangen. Auf verschlungenen Wegen gelangte die Urne der Agrippina, der Mutter Neros und zweiten Ehefrau des Claudius, von hier aus auf das Kapitol, wo sie als Hohlmaß für Wein zweckentfremdet Verwendung fand.

Die Familie **Colonna** (s. S. 293) wandelte die Mauerringe im 12. Jh. in eine Festung um. Später fanden Sie als Mini-Arena für ausgelassene Stierhatzen (die *„Giostre di giovenchi, tori e bufali"*) Verwendung sowie für blutige Tierkampfspektakel, auf deren Ausgang man Wetten abschloss. Im 19. Jh. überdachte man das Rund mit einer verglasten Gusseisenkonstruktion und richtete darin einen **Konzertsaal** ein, dessen Akustik ausgezeichnet gewesen sein soll. Dennoch wurde er 1935 geschlossen. **Mussolini** hatte ein Auge auf das Mausoleum geworfen und es als selbsternannter Nachfolger römischer Imperatoren zu seiner eigenen Grabstätte auserkoren. Er ließ den von Wohnhäusern eng umbauten Hügel freilegen und wieder nach antikem Vorbild bepflanzen. Heute bietet es einen verwilderten Anblick und kann nur auf Antrag zu wissenschaftlichen Zwecken besichtigt werden. Vielleicht entschließt man sich bald, dieses Baudenkmal im Zuge der Neugestaltung des Platzes in Verbindung mit dem Museum Ara Pacis attraktiver einzubinden.

▶ **Ara Pacis:** Ein Höhepunkt römischer Bildhauerkunst ist der **Friedensaltar des Augustus,** der viele Jahrhunderte nach seinem Untergang nun wahrhaft wiedererstrahlt in einem Glas- und Travertinschrein des New Yorker Stararchitekten Richard Meier. Diesen rund 11,5 m x 10,5 m großen, raumhohen Altar aus Carrara-Marmor weihte man nach knapp vier Jahren Bauzeit am 30. Januar 9 v. Chr. dem Frieden, den Augustus im Römischen Reich wieder hergestellt hatte. Das Imperium erstreckte sich von Ägypten bis zur Donau, Kunst und Dichtung blühten, Rom glänzte mit prächtigen Neubauten und erfreute sich der eingekehrten Ruhe, Ordnung und des Wohlstands. Ursprünglich lag der Altar vier Häuserblöcke weiter südlich am Rande des Corsos, nahe der Rückseite des Parlaments. Bereits im 16. Jh. fand man an dieser Ecke hin und wieder Fragmente

Rom – Die Via del Corso
Karte S. 286/287

der herrlich behauenen Wände, sah aber nicht den Zusammenhang und verstreute sie in vielerlei Sammlungen in Europa (ein Fragment befindet sich immer noch in der Fassade der Villa Medici, ein anderes im Louvre). Ende des 19. Jh. erforschte der deutsche Archäologe Carl von Duhn die Identität der Bruchstücke und spürte sie wieder auf. In alten Aufzeichnungen war der Fundort vermerkt und bei gezielten Grabungen fand man tatsächlich nach und nach weitere Teile. Da sie teilweise unter Hausfundamenten lagen, erwies sich die Bergung als extrem schwierig, dennoch gelang es, bis 1938 alle Puzzlestücke soweit möglich zusammenzutragen. Mit Originalstücken, Abgüssen und rekonstruierten Flächen fügte man den Altar unter der Leitung des Archäologen Giuseppe Moretti wieder zusammen und stellte ihn zur 2000-Jahr-Feier des Geburtstags Kaiser Augustus' in einen eilig errichteten Glaspavillon am heutigen Standort. Der zugige Bau war jedoch auf Dauer den wachsenden Abgasen, den großen Temperaturschwankungen und der Feuchtigkeit des nahen Tibers nicht gewachsen, sodass man 1996 den Auftrag für einen Neubau an Richard Meier vergab. Es sollten dann fast noch 10 Jahre bis zur Eröffnung des neuen Museums vergehen, weil es immer wieder zu neuen Schwierigkeiten und vom Denkmalschutz verfügten Baustopps kam.

Eigentlich hatte der **Senat** ganz andere Pläne gehabt: Er wollte Augustus in der Kurie schon 14 Jahre vorher einen Altar errichten und ihn per Gesetz zu einem Gott mit eigenen Tempeln und Priesterschaft erheben. Caesars Nachfolger lehnte jedoch eine solch privilegierte Stellung bescheiden ab. Später einigte man sich auf einen Kompromiss, den Friedensaltar des Augustus. In jedem Jahr vollzogen Priester in dem Heiligtum vor Magistratsbeamten, Würdenträgern und Vestalinnen das Opfer zu Ehren des Kaisers.

Der Altar ist ein rechteckiger, nach oben offener Raum. Zwei einander gegenüber liegende Portale in der Mitte der Breitseiten führen über Stufen ins Innere, wo auf einem nochmals erhöhten Podest die Opfergaben dargebracht wurden. Man opferte meist Rinder, die vor dem Tempel rituell getötet wurden. Bestimmte Teile des Tiers trug man dann feierlich ins Innere. Zur Zeit des Augustus lag die Ara Pacis im Grünen. Dieses Ursprüngliche spiegelt sich im **Inneren** wieder, wo die Gestaltung die schlichte Architektur früher Weihestätten aufnimmt: man erkennt einen stilisierten Bretterzaun, der oberhalb mit Rinderschädeln, Blumen- und Fruchtgirlanden und Opferschalen geschmückt ist.

Von weit größerer Bedeutung ist das **Äußere**. Die Umfassungsmauer ist in zwei horizontale Ebenen eingeteilt, die Gebäudeecken und Portalseiten werden von Lisenen mit vertikalem **Akanthusornament** akzentuiert, sie tragen als statisches Element das rundum laufende Gesims. Die untere Wandhälfte ist rundum von einem detailreichen Rankenwerk aus Akanthuspflanzen bedeckt, das von einer Vielzahl anderer Pflanzen durchzogen ist und in dem sich eine Fülle von Vögeln und anderen Kleintieren tummelt. Obwohl die Akanthusstauden in einer regelmäßigen Grundstruktur aufgebaut sind, ist keine wie die andere, sie bilden kein bloßes Ornament, sondern symbolisieren in ihrem **Artenreichtum** eine überbordende Fruchtbarkeit. Und trotz der Vielfalt liegt hinter allem eine Ordnung und ein harmonisches Regelmaß. Diese Rankenfelder zählen zu den vollendetsten Werken, die die römische Kunst hervorgebracht hat. Die **oberen Felder** zeigen halbplastische, figürliche Darstellungen, die eine große räumliche Tiefe durch eine geschickte Komposition der Bildebenen erreichen. Teilweise treten die Gestalten fast vollständig heraus, andere sind nur konturhaft flach angedeutet. Auf der **vorderen Breitseite**, links von der Eingangsöffnung, sieht man eine Darstellung des Gründungsmythos Roms, die Zwillinge Romulus und Remus mit der Wölfin unter einem Feigenbaum, wo sie die Kleinen säugte. Rechts davon der Hirte Faustulus, der die Buben fand und adoptierte, links der leibliche Vater der beiden, der Kriegsgott Mars.

**Rechts vom Eingang** sehen wir den tugendhaften Helden Aeneas, wie er sich nach seiner Flucht aus Troja auf den Boden Latiums rettete und ein Dankopfer darbringt, assistiert von seinem Sohn Julus, dem Romgründer, und weiteren Figuren, die Opfergaben mit sich führen. Der Bezug ist deutlich: Augustus, Großneffe und Adoptivsohn Caesars, beruft sich auf dessen legendenumwobenen Stammbaum, der auf Julus zurückgeführt wurde. Die Familie der Julier steht demnach in der dynastischen Folge der Gründer Roms und stammt über Aeneas, dessen Mutter Venus war, zudem von den Göttern ab.

Die **andere Portalseite** wird ebenfalls von zwei Bildtafeln geschmückt. Eine davon, links, zeigt eine Göttin, entweder Italia oder eine Erdgöttin, möglicherweise auch die Venus, mit Früchten als Symbol der Fruchtbarkeit auf dem Schoß, umgeben von grasenden Tieren. Zwei weibliche Wesen stehen als Allegorien für Wind und Wasser. Die rechte Steinplatte konnte leider nicht vollständig rekonstruiert werden, es ist wahrscheinlich die Darstellung der Roma, als siegreiche Kriegerin wie eine Amazone mit entblößter rechter Brust dargestellt.

Die beiden **Reliefs an den Außenseiten** zeigen eine Prozession. Wahrscheinlich ist die Grundsteinlegung der Ara Pacis der Anlass. Auf der rechten (tiberabgewandten) Altarseite sieht man zunächst eine Gruppe von Liktoren, zu erkennen an den Rutenbündeln, dann schreitet Augustus seiner Familie voran (leider ist die Figur, wie dieser gesamte Tafelteil, beschädigt). Neben ihm stehen vier Priester, die an ihrer spitzen Kopfbedeckung zu erkennen sind. Etwas weiter hinten tritt Agrippa hervor, die Toga über den Kopf gezogen. An seinem Mantel zieht der kleine Gaius Caesar. Die Frau dahinter ist entweder, weil sie als erste und damit wichtigste Frau der Prozession dargestellt ist, Livia, Gattin des Augustus, oder seine Tochter Julia. Für Letzteres spricht, dass sie neben ihrem Mann Agrippa und ihrem Sohn steht. Der Mann zu ihrer anderen Seite ist wohl Tiberius, der spätere Nachfolger des Augustus. Es folgt Antonia Minor, die Nichte des Familienoberhaupts. Sie schaut ihren Gatten Drusus an, den einzigen Mann in Uniform. Dieser hatte 13 v. Chr. am Ostufer des Rheins erfolgreich die Germanen geschlagen.

Auf der **linken Seite des Altars,** zum Tiber hin, sind weitere Familienmitglieder des Augustus zu identifizieren, von hinten beginnend wird der kleine Junge für Lucius Caesar gehalten, den zweiten Sohn von Julia und Agrippa. Die Frau vor ihm, leider ohne Kopf, ist eventuell Livia oder Julia (je nachdem, wer die Frau auf der gegenüberliegenden Altarwand ist). Wenn dies hier Julia wäre, wäre es besonders schade, dass der Kopf fehlt, denn von Augustus' missratener Tochter sind keine Abbildungen erhalten. (Über Julia wurde im Jahr 2 v. Chr. die *Damnatio memoriae* verhängt, d.h. man vernichtete ihr Andenken in allen Darstellungen.)

Diese Abbildung des gesamten Clans auf der Ara Pacis als bescheidene, fast private Opferprozession und nicht etwa als Triumphzug, dennoch aber mit unübersehbaren Bezügen zu ihrer hohen Herkunft und ihren Verdiensten um Rom, demonstriert deutlich den dynastischen Herrschaftsanspruch einer sehr bald kaiserlichen Familie. Der Altar wird so zum Staatsdenkmal. Wann dieses herrliche Bauwerk unterging, ist unklar. Es war wohl der häufig über die Ufer tretende Tiber, der auf diesem Schwemmland das Andenken an Augusts allmählich unter Sand begrub.

Im **Eingangsbereich** des Museums ist ein Modell der Gesamtanlage zu sehen, im **Untergeschoss** dokumentiert eine reich bebilderte Ausstellung die abenteuerliche Bergung und Zusammenführung des Altars. Besonders interessant ist die Erläuterung der Flora und Fauna des Rankenwerks.

•*Öffnungszeiten* Di–So 9–19 Uhr, Mo geschlossen, ebenso am 1. Jan., 1. Mai und 25. Dez. Am 24. und 31. Dez. 9–14 Uhr. Einlass bis eine Stunde vor Schließung.

•*Eintritt* 6,50 €, für Personen zwischen 18 und 25 Jahren 4,50 €. Für europäische Staatsbürger unter 18 und über 65 Jahren (Ausweis erforderlich) ist der Eintritt frei. Audioguide auch in deutscher Sprache 3,50 €, für zwei zahlt man 5 €.

•*Information/Reservierung für Gruppen* ✆ 06.82059127 oder www.arapacis.it.

▶ **Die Sonnenuhr des Augustus:** Was aber verband die beiden Monumente, das Mausoleum und den Friedensaltar miteinander? Warum stand der Friedensaltar ausgerechnet dort, so unspektakulär am grünen Stadtrand? Diese Fragen trieben den deutschen Archäologen Edmund Buchner um, dem es in den 1970er Jahren gelang, die gesamte Anlage in einen faszinierenden Zusammenhang zu bringen: Mittelpunkt der Augustus-Monumente war eine riesige Sonnenuhr mit Funktionen eines Jahreskalenders! Von deren Existenz wusste man zwar aufgrund mancher Zufallsfunde von großen Steinplatten mit griechischen Symbolen und Tierkreiszeichen sowie eines Berichts des Zeitzeugen Plinius. Doch erst Buchner errechnete aufgrund einer Vielzahl von vorliegenden Fakten und Indizien den gigantischen, niemals wieder erreichten Umfang des Ziffernblatts von 150 m Durchmessern. Er bestätigte seine Theorie mit gezielten Probegrabungen in der Via del Campo Marzo und förderte tatsächlich unter dem Haus Nr. 48 Teile der runden, massiv gepflasterten Bodenfläche zutage.

Die Steinplatten waren Teile des nördlichen Halbkreises dieses Platzes. Darin waren aus Bronze die Linien der Stundenanzeige eingegossen, zusätzlich auch Monate, Sonnenwenden in Sommer und Winter sowie die Tagundnachtgleichen zu Frühlings- und Herbstbeginn sowie vielerlei weitere, höchst erstaunliche astronomische Details. In der Mitte stand als Schattenspender ein **Obelisk** aus dem 6. Jh. v. Chr., 29 m hoch und bekrönt von einer vergoldeten Bronzekugel. Diesen in fünf Teile zerbrochenen Ägypter hatte man bereits im 15. Jh. unter einem Gebäude an der Piazza del Parlamento entdeckt, im 18. Jh. grub man ihn aus und stellte ihn 1792 vor dem Palazzo Montecitorio auf – rund 200 m von seinem ursprünglichen Standort entfernt. Der Sockel konnte aufgrund der Überbauung nicht geborgen werden, blieb in der Erde, wurde aber genau vermessen und seine auf Augustus verweisende Inschrift wissenschaftlich erfasst.

Obwohl auch niemals das ganze Ziffernblatt wiedererstehen wird, hat Buchner dieses astronomische Wunderwerk, erdacht von den klügsten Köpfen des antiken Imperiums, in der Theorie und von Fakten belegt rekonstruiert. Die sensationellste Entdeckung dabei war der direkte Bezug auf die Ara Pacis. Denn die horizontale Linie der Tagundnachtgleiche führte genau von Osten nach Westen auf die Mitte des Friedensaltars zu. So kam es, dass am Abend des 23. September der Schatten des Zeigers exakt auf das Friedensdenkmal wies, am Geburtstag des Augustus. Der wurde somit als Heilsbringer eingebunden in den Lauf der Gestirne, was für antike Betrachter seine Göttlichkeit zusätzlich unterstrich.

## Nördlicher Abschnitt der Via del Corso

▶ **Goethe-Museum**: An dem dreistöckigen Haus der Via del Corso 18 weist eine Tafel auf einen prominenten Gast hin. Dort wohnte der unbekannte deutsche Maler „Filippo Möller" alias Johann Wolfgang von Goethe bei seinem Freund Tischbein als Untermieter des pensionierten Pferdekutschers Collina und dessen Familie. Wie viele Künstler und Intellektuelle im 18. Jh. kam auch Goethe nach Rom, um sich mit den Wurzeln der europäischen Kultur zu befassen. Die hier gewonnenen Eindrücke prägten das gesamte weitere Werk und Leben des Dichters.

Am 3. September 1786 brach Goethe heimlich zu der seit vielen Jahren geplanten Italienreise auf. Seine ihn wenig befriedigende Tätigkeit als Minister in Weimar verließ er, ohne auch nur eine Nachricht zu hinterlassen. Das holte er erst später nach, und der großzügige Herzog gewährte nachträglich bezahlten Sonderurlaub, was ein merkwürdiges Licht auf die Arbeitsbelastung eines damaligen Staatsdieners wirft. Am 29. Oktober erreichte Goethe das Ziel seiner Reise, die insgesamt zwei Jahre dauerte.

Im Mai 1997 konnte nach jahrelangen Verhandlungen über den Kaufpreis und Denkmalschutzauflagen endlich das „Casa di Goethe" eröffnen. Es ist das vierte Goethe-Museum und das einzige außerhalb Deutschlands. Da über die Ausstattung (als einzige Innenansicht existiert eine Skizze Tischbeins, die Goethe am Fenster zeigt) nichts bekannt ist, versuchte man gar nicht erst, die originale Wohnung zu rekonstruieren. Gewollt war eine Mischung aus historisch restaurierter Bausubstanz und einer modernen museumstechnischen Einrichtung. Das Museum, das eher ein Ort des kulturellen Austauschs mit Konferenzen und Wechselausstellungen sein soll, ist daneben dem Werk Goethes und speziell dessen italienischer Reise gewidmet.

Zu den ständigen Ausstellungsstücken gehört als eines der wenigen Originale Andy Warhols Goethe-Porträt. Tischbeins berühmtes Gemälde *Goethe in der Campagna,* das wohl hauptsächlich in dieser Wohnung entstand, ist als ungerahmte Kopie (das Original ist immer noch im Frankfurter Städel) auf einer Staffelei zu sehen. Weiterhin wird ein Faksimile von Goethes italienischem Reisetagebuch gezeigt. Ein Raum ist Goethes Farbenlehre und ihrer Anwendung gewidmet. Die modern gestaltete Bibliothek mit 5.000 Büchern steht Wissenschaftlern und Stipendiaten als Arbeitsraum zur Verfügung.

● *Öffnungszeiten* Di–So 10–18 Uhr. Nach Absprache können Führungen organisiert werden. Eine Voranmeldung ist auch für die Bibliothek erforderlich.

● *Eintritt* 3 €, für Schüler, Studenten und Senioren über 65 Jahren 2 €, für Kinder unter 10 Jahren Eintritt frei. Bei Sonderausstellungen kann sich der Eintrittspreis erhöhen.

● *Information* ✆ 06.32650412, www.casadigoethe.it.

▶ **Flanier- und Einkaufsstraße:** Die nördliche Hälfte der Via del Corso, kurz nach der Marc-Aurel-Säule bis zur Piazza del Popolo, ist Roms beliebteste Flanier- und Einkaufsstraße. Ab dem späten Nachmittag, wenn der Corso von der Via del Tritone bis zum Ende an der Porta del Popolo für den Autoverkehr gesperrt ist, wird es hier richtig voll. Jung und Alt schlendern meist in Grüppchen oder als Paar die Straße entlang, schauen, wie die anderen so aussehen und genießen bewundernde Blicke, denn jeder ist darum bemüht, hier *„bella figura"* zu machen. Ältere Damen präsentieren, sobald man es beim ersten kühlen Lufthauch vertreten kann, stolz ihre Pelzmäntel, während die jüngeren, so lang es eben geht, tapfer den Bauchnabel zur Schau tragen und mit auch ansonsten knappen Textilien ihre Reize betonen. Die älteren Herren und die jungen coolen Businesstypen tragen dunklen Anzug zu braunen Schuhen, während die Jungs mit glänzend gegelten Haaren, kunstvollen Frisuren und nach der aktuellen Mode gekleidet, ihre Augen hinter den Sonnenbrillen, mit Scannerblick und möglichst lässig die Szene erfassen. Die Schaufenster der zahlreichen Boutiquen (für ein Zielpublikum bis maximal Mitte 30), die kaum einen der altehrwürdigen Palazzi verschont haben, informieren über die aktuelle Mode. Die teuren Geschäfte der international bekannten Modedesigner liegen in den Gassen rechts davon, im Dreieck zwischen Via del Corso, Piazza del Popolo und Via della Vite (mehr zum „Modedreieck" → S. 318).

▶ **Piazza del Popolo:** Schließlich endet der Corso am nördlichen Tor der antiken Aurelianischen Stadtmauer (→ S. 274). Es hieß ursprünglich „Porta Flaminia", nach der Konsularstraße, die der Zensor Gaius Flaminius 220 v. Chr. hatte bauen lassen und die von hier nach Rimini führte (noch heute heißt die Straße jenseits des Tors „Via Flaminia").

Papst Alexander VII. ordnete 1655 die prachtvolle Umgestaltung des Stadttors an, um hier König in **Christine von Schweden** zu empfangen. Die Tochter des protestantischen Königs Gustav Adolf, der im Dreißigjährigen Krieg gegen die Papsttreuen gekämpft hatte, war zum Katholizismus konvertiert, hatte abgedankt und suchte Zuflucht beim Papst. Das war ein enormer Triumph für die Kirche. Ihr Einzug in Rom sollte deshalb mit einer pompösen Inszenierung propagandistisch ausgeschlachtet werden (viele Gemälde bilden den Aufmarsch

Rom – Die Via del Corso    Karte S. 286/287

*Piazza del Popolo mit der Zwillingskirche S. Maria in Montesanto (li) und S. Maria dei Miracoli (re)*

sämtlicher Würdenträger in aller Pracht ab, als Christines Kutsche das Stadttor passiert). Dazu war kein Aufwand zu hoch und so bekam **Bernini** den Auftrag, die Stadtfassade umzugestalten. Da er gerade mit der Überarbeitung der angrenzenden Kirche Santa Maria del Popolo beschäftig war, stellte er eine Verbindung her und das Tor wurde in „**Porta del Popolo**" umbenannt. Dem Portal gab er die Form eines antiken Triumphbogens und krönte die Stadtseite mit dem Wappen der Chigi, der Familie des Papstes.

Die Piazza del Popolo hatte nach dem Staatsempfang Christines durch den Papst die Funktion als Empfangsraum der Stadt unterstrichen. Der große Platz war lange Zeit das erste, was die Besucher aus dem Norden von Rom sahen. Vom Monte Mario hinab über die Milvische Brücke betrat man durch das schöne Stadttor das ersehnte Ziel. Überwältigt berichtete Goethe von seinen Gefühlen, als er auf der Piazza del Popolo ankam, nachzulesen in der *Italienischen Reise*. Am Brunnen stillten Wanderer nach endlosen Märschen ihren Durst und romantische Seelen veranstalteten rituelle Waschungen, um gereinigt die Stadt ihrer Sehnsucht zu betreten (der Brunnen ist nicht mehr hier, er steht jetzt als kaum beachteter Pensionär auf der Piazza Nicosi zwischen Ponte Cavour und Ponte Umberto I). Die Bedeutung als Entree schwand mit dem Bau des Bahnhofs und später durch die modernen Verkehrsmittel. Touristen kommen heute von allen Seiten in die Stadt, doch nur selten durch dieses altehrwürdige Eingangstor und sehen nicht als erstes diesen wunderschönen Platz.

Auf der Platzseite, dem Tor gegenüber, verlaufen in schöner Symmetrie drei Straßen schnurgerade durch die Stadt. Dabei ist die mittlere, die Via del Corso, von den beiden genau gleich aussehenden Kirchen **Santa Maria dei Miracoli** und **Santa Maria in Montesanto** (beide aus dem 17. Jh.) eingerahmt. Rechts verläuft die Via di Ripetta, wo im 16. Jh. Prostituierte ihrem Gewerbe nachgingen. Den Bau dieser Straße finanzierten sie durch ihre an Papst Leo X. (1513–21) zu diesem Zweck gezahlten Steuern selbst.

Das heutige Aussehen verdankt die Piazza del Popolo der klassizistischen Umgestaltung durch den Architekten **Giuseppe Valadier**, dessen Pläne Napoleon persönlich 1811 genehmigt hatte. Valadier fügte auf der Querachse des ursprünglich rechteckigen Platzes je einen Halbkreis nach Vorbild der antiken Kaiserforen an. Den Hang des Pinciohügels gliederte er in Terrassen mit Brunnenkaskaden und einer oben abschließenden, dreibogigen Grotte. Darauf befindet sich eine Aussichtsterrasse (→ S. 326).

Im Zentrum des Platzes steht nach römischer Tradition ein **Obelisk** mit vier wasserspeienden Löwen. Der 24 m hohe und 235 Tonnen schwere Stehle war unter Augustus (10 v. Chr.) aus Ägypten zum Schmuck des Circus Maximus nach Rom transportiert worden. Sixtus V. ließ ihn mit großem Aufwand 1589 an diese Stelle bringen. Er war schon in der Antike eine Antiquität, denn bereits der ägyptische Pharao Ramses II. hatte ihn 1200 v. Chr. für den Sonnentempel von Heliopolis anfertigen lassen. Das war die Zeit, als Moses sein Volk Israel aus ägyptischer Gefangenschaft befreite und in das Gelobte Land führte.

Aus der Zeit des Pharao stammt die noch immer gut zu erkennende Inschrift. Sie bedeutet: *„Also spricht der Gebieter der Welt, das Licht der Welt, der erhabene Gott, der Herr des Himmels, zum König, dem Gebieter der Welt, dem gewaltigen, mächtigen Ramses Osymandyas, dem Sonnensprossenen: Wir haben dir die Herrschaft der Welt verliehen, die Herrschaft der Länder, die Herrschaft der Meere. Wir haben dir Ägyptens unvergängliches Reich geschenkt."*

Bis zur Restaurierung des Platzes aus Anlass des Heiligen Jahres 2000 war hier ein tosender Verkehrskreisel. Seitdem die Piazza zur **Fußgängerzone** wurde, ist sie eine der schönsten der Stadt. Wie zu Goethes Zeiten flanieren wieder die Leute, Künstler lassen sich inspirieren, allerlei Schausteller bemühen sich um Zuschauer und fliegende Händler um Kunden. Häufig finden Veranstaltungen statt, mal werden Modenschauen vor der Kulisse des Pincio inszeniert, mal Fernsehshows aufgezeichnet. Es gibt auch einen mobilen Fahrradverleih an der Seite Richtung Tiber. All dem Treiben kann man von den Stufen am Obelisken oder bequemer (und teurer) von den Terrassen der Cafés Rosati oder Canova (→ Serviceteil, S. 309) zuschauen.

▶ **Santa Maria del Popolo**: Auch der Name der Piazza del Popolo stammt von der alten Kirche, die rechts neben dem Tor steht. Sie heißt wohl deshalb Santa Maria del Popolo, weil sie 1227 von Spenden römischer Bürger in Eigeninitiative gebaut wurde. Ihnen ging es angeblich darum, den Geist Neros fernzuhalten, dessen Grab sich nach der Legende hier unter einem riesigen Nussbaum befand und der hier mit Dämonen und Hexen sein Unwesen getrieben haben soll.

Nachdem die alte, aber noch immer sehr beliebte Kirche recht unansehnlich geworden war, gab Papst Sixtus IV., dessen Wappen Sie über dem Hauptportal sehen, den Befehl zu einem großartigen, prächtigen Neubau mit Unterkünften für Pilger, die aus dem Norden über die Via Flaminia in die Stadt kamen. Als erste Renaissancekirche in Rom wurde sie um 1475 unter der Leitung eines unbekannten Baumeisters fertig gestellt. Diesen Charakter schlichter Eleganz hat sie trotz Berninis späteren Barockbeigaben (Stuckverkleidungen täuschen Marmor vor, auf Gesimse wurden Marmorfiguren gesetzt) bewahrt. Der **Innenraum** ist reich mit bedeutenden Kunstwerken fast aller namhafter Meister dieser Zeit ausgestattet. Ein Besuch lohnt, und man sollte sich besonders für die Seitenkapellen etwas Zeit nehmen. In der Chigi-Kapelle des linken Seitenschiffs spielt eine Szene von Dan Browns Bestseller-Thriller *Illuminati* (der Held Robert Langdon entdeckt hier die geheimen Zeichen der Freimaurer und findet in einer Gruft den ersten mit Erde erstickten Kardinal, dem das Zeichen „Earth" in die Brust gebrannt wurde).

•*Rundgang* Wenn Sie Ihren Rundgang (gegen den Uhrzeigersinn) im **rechten Seitenschiff** beginnen, sehen Sie als erstes die **Kapelle della Rovere**, der Familie, aus der auch Papst Sixtus IV. stammte. Kardinal Domenico della Rovere ließ 1478 hier für sich und seinen Bruder Cristoforo ein prachtvolles Grab errichten. Bemerkenswert ist die Dekorationsmalerei von Pinturicchio und sein Fresko über dem Altar, das die Anbetung des Heiligen Jesuskindes darstellt.

Etwas vom rechten Seitenschiff zurückgesetzt folgt die nachträglich zwischen 1682 und 1687 von Architekten Carlo Fontana angefügte **Kapelle Cybo** mit den Gräbern der Kardinäle Lorenzo und Alderano Cybo. Über die in die Seitenwände eingelassene Marmorsärge beugen sich die von Francesco Cavallini porträthaft ausgeführten Figuren der Verstorbenen aus der Wand. Über dem Altar ist auf dem wohl bekanntesten Werk Carlo Marattis (1625–1713) die *Unbefleckte Empfängnis* in Anwesenheit mehrerer Heiliger dargestellt.

Die dritte Kapelle, **Basso della Rovere**, wurde Ende des 15. Jh. von Pinturicchio aufwändig dekoriert. Berühmt sind die Fresken über dem Altar an der linken Wand (*Himmelfahrt Marias*).

Es folgt die vierte Kapelle, die der heiligen Katharina gewidmet ist.

An den beiden Enden der **Querschiffe** präsentieren jeweils zwei Engel im Stil Berninis auf den Altären ein Bild: Rechts malte Giovanni Maria Morandi im Jahr 1659 die *Heimsuchung*, und im linken Querschiff stellte der Maler Bernardino Mei im selben Jahr die *Heilige Familie mit den Passionssymbolen* dar.

Über der Mitte des Querschiffs wurde die große **Kuppel** von **Bramante** (der auch die Idee zur Peterskuppel hatte) geplant und ausgeführt.

Im Zentrum des **Hauptaltars** wird das ikonenhafte Madonnenbildnis aus dem 13. Jh. besonders verehrt. Nach der furchtbaren Pest im Jahr 1231 soll Papst Gregor IX. dieses angeblich vom heiligen Lukas persönlich gemalte, wundertätige Bild eigenhändig von der Sancta Sanctorum des Laterans (→ S. 464) hierher gebracht haben.

Im Bogen über dem Hauptaltar sind auf fünf Relieftafeln Szenen der Kirchengründung zu sehen. Der geräumige Chor hinter dem Altar entstand unter der Leitung von Bramante.

Die bekanntesten Gemälde der Kirche sind wohl die von Carlo Caravaggio (in der ersten Kapelle des Querschiffs, gleich links vom Hauptaltar): Links ist die fast naturalistisch gemalte *Kreuzigung des heiligen Petrus* und rechts in dramatischer Perspektive und Beleuchtung die *Bekehrung des heiligen Paulus* zu sehen. Beide Meisterwerke Caravaggios, die zu seiner Zeit abgelehnt wurden, weil sie Heilige wie normale Menschen und nicht als entrückte, idealisierte Gestalten zeigten, entstanden von 1600 bis 1601.

Betreten Sie nun vom linken Arm des Querschiffs aus das **linke Seitenschiff**, gelangen Sie zur ersten Kapelle (vom Hauptaltar aus), die dem heiligen Kreuz gewidmet ist. In der folgenden Kapelle sind die erfolgreichsten Mitglieder der adligen Familie Mellini beigesetzt. Als Meisterwerke des Bildhauers Alessandro Algardi gelten die Skulpturen der Kardinäle Mario und Urbano Mellini.

Die anschließende, prächtige **Chigi-Kapelle** wurde, wie die Kapelle Cybo genau gegenüber im rechten Schiff, erst um 1513 nach Plänen Raffaels angefügt. Er schuf einen harmonischen Raum, der sich aus einem Viereck mit gliedernden Wandbögen und abgesetzten Eckpfeilern im unteren Teil zu einem Zylinder und schließlich zur halbrunden Kuppel entwickelt. Das Mosaik der Kuppel setzt eine Zeichnung Raffaels um. Von den Statuen in den Nischen sind besonders die des jungen *Jonas* (ein Meisterwerk von klassisch-griechischem Ebenmaß aus dem Jahr 1519 von Lorenzetto) betrachtenswert und die Figurengruppen von Bernini (*Daniel mit dem Löwen* und der *Prophet Habakuk mit dem Engel*), zu denen Fabio Chigi (der später Papst Alexander VII. wurde) 1652 den Auftrag erteilte. In der Mitte des Fußbodens schuf Bernini ein Relief mit einem geflügelten Skelett mit dem Wappen der Familie Chigi.

Die letzte Kapelle des linken Seitenschiffs vor dem Ausgang schmückte im 15. Jh. Andrea Bregno mit zwei sehenswerten, kleinen Altären.

Durch eine Tür im rechten Arm des Querschiffs gelangen Sie in einen Gang, in dem Gräber und Bruchstücke von Skulpturen aus dem Vorgängerbau der Kirche und dem zerstörten, großen Kloster zu sehen sind. In diesem Kloster stiegen früher gerne Pilger ab, die aus dem Norden anreisten und hier vorbeikamen. Prominenter Gast war im Januar 1511 der Mönch **Martin Luther**, der hier einen Antrag seines Ordens zur Verschärfung einiger Augustinerregeln beim Papst stellen sollte. Anfangs war er von Rom noch schwer beeindruckt. Er schrieb später: „*Ich lief wie ein toller Heiliger durch alle Kirchen und Klüfte* (Anm.: = Katakomben) *und glaubte alles, was daselbst erlogen und erstunken ist*".

Von den zahllosen **Reliquien**, für die diese Kirche einmal bei den frommen Pilgern bekannt war, wie z. B. der „*Nabel unseres Herrn*" und die „*Milch der seligen Jungfrau*", die auf einem Kupferstich des Jahres 1600 als Kirchenbesitz verzeichnet sind, werden den Besuchern leider nur die wenigsten Stücke gezeigt.

• *Öffnungszeiten* 7–12 und 16–19 Uhr.

## *Essen und Trinken (siehe Karte S. 286/287)*

**La Campana (32)**, Vicolo della Campana 18, ☎ 06.6867820. Mo Ruhetag. Das Restaurant besteht angeblich seit 1518 und wäre damit das älteste in Rom. Es pflegt jedenfalls die römische Küche, und ganz traditionell serviert man hier donnerstags Gnocchi, samstags Trippa (Kutteln) und sonntags Abacchio (Lamm). Sehr gut ist das Antipasti-Büffet; es gibt auch Fisch. Das Ambiente entspricht gediegener römischer Mittelklasse. Menü um 35 €.

**Trattoria Gino (38)**, Vicolo Rosini 4 (von der Pzza. del Parlamento rechts in die Via Campo Marzio und beim Schild „*bottiglieria*" in die winzige, dunkle Gasse), ☎ 06.6873434. So Ruhetag. In dieses alteingesessene Lokal der Familie von Gino del Grosso kommen gerne Abgeordnete (auch Altkanzler Kohl hat hier schon gespeist) und Journalisten, ohne dass es hier formell zuginge. Im Gegenteil, die Atmosphäre ist geradezu herzlich. Entsprechend voll ist es vor allem mittags. Der Gastraum mit den Wandfresken römischer Impressionen von zweifelhafter Qualität ist zwar dunkel, laut und sehr eng, doch die stets einfachen, frisch zubereiteten traditionellen Gerichte sind ein Genuss. Es gibt die für die jeweiligen Wochentage typischen Gerichte, dazu trinkt man den offenen weißen Hauswein. Wunderbar sind z. B. die „ravioli di ricotta e spinaci" (Ravioli mit Frsischkäse- und Spinatfüllung in frischer Tomatensoße), „pasta ceci" (Kichererbsensuppe) und bei den Secondi die „trippa alla romana" (Kuddeln) oder „coniglio" (Kaninchen mit Kräutern). Auch die Desserts sind hausgemacht, z. B. „crostata" (flacher Kuchen mit Obst oder Marmeladenbelag). Preis pro Menü um 25 € bei exzellentem Preis-Leistungs-Verhältnis.

**Da Ugo (35)**, Via dei Prefetti 19, ☎ 06. 6873752. So Ruhetag. In diesem schlichten, sympathischen Familienbetrieb arbeiten Vater Ugo und Tochter im Service, Mutter Maria kümmert sich um die Küche. Man fühlt sich sofort wohl, und obwohl Ugo nur italienisch spricht, klappt die Konversation auch mit den Touristen glänzend. Allerdings braucht man Zeit. Das geht schon bei der Platzvergabe los, selbst wenn noch genügend Tische frei sind, wählt Ugo den Tisch für die Gäste mit Bedacht aus. Auch danach lässt man sich nicht hetzen. Geboten wird typisch römische Hausmannskost von guter Qualität, bei den Primi z. B. „bucatini all'amatriciana", „rigatoni carbonara", Gnocchi und bei den Secondi sind besonders das „ossobuco", „coniglio alla cacciatora" (Kaninchen mit Kräutern) und das „pollo ruspante con patate" (Hühnchen aus Freilandhaltung mit Kartoffeln) zu empfehlen. Die Portionen sind üppig, da kann man auf den Nachtisch verzichten. Dazu passt der offene weiße Wein aus den Castelli. Menü um 55 €.

**Rom – Die Via del Corso**

Karte S. 286/287

**Matricianella (26)**, Via del Leone 2, ☎ 06.6832100. Nur an Werktagen abends geöffnet. Das enge Lokal mit zwei Gasträumen und einer Terrasse auf der Straße hat eine angenehme Atmosphäre und ist stets ausgebucht. Man sollte daher immer reservieren. Geboten wird eine verfeinerte klassisch italienische Küche; empfehlenswert sind z. B. die fritti (besonders die „carciofi alla giudia" – frittierte Artischocken), „fettuccine con fegatini di pollo" (Bandnudeln mit Hühnerleber), oder „rigatoni con pajata" (Röhrennudeln mit Milchdarm scharf gewürzt); bei den Secondi sollte man sich ganz auf die Tagesempfehlung verlassen; zum Abschluss ein hausgemachtes Dessert oder etwas von der vorzüglichen Käseplatte. Gute Weinkarte. Menü um 35 bis 40 €.

**Pizzeria Leoncino (25)**, Via del Leoncino 28, ☎ 06.6867757. Mi Ruhetag, Sa und So mittags geschlossen. Pizza mit dünnem, knusprigen Teig, um 15 €.

**Settimio all'Arancio (24)**, Via dell'Arancio 50, ☎ 06.6876119. Gepflegte Trattoria, beliebt bei Römern, besonders bei Politikern und Journalisten, wie auch bei Touristen. Man sollte daher reservieren. Im Sommer kann man draußen sitzen. Menü um 30 €.

Seit einigen Jahren sind **durchgestylte Design-Restaurants** mit leichter Küche bei den jüngeren, erfolgreichen Römern angesagt. Um das Augustus-Mausoleum mit der Pzza. Augusto Imperatore herum sind gleich drei dieser superschicken Restaurants entstanden, wo sich die Schönen und Reichen treffen. Das erste war **'Gusto**, das mit seinem neuartigen Konzept als Ristorante, Enoteca, Pizzeria, Buchhandlung, Formaggeria und Haushaltswarengeschäft unter einem Dach bei den Römern für Aufsehen sorgte. Es existiert nun schon seit einigen Jahren ist aber immer noch „in".

**'Gusto**, Pzza. Augusto Imperatore 9 und 42–47, ☎ 06.322673, www.gusto.it. Tägl. geöffnet. Restaurant: 12.45–15 und 19.45–24 Uhr; Pizzeria: 12.30–15 und 19.30–1 Uhr; Winebar: 11–2 Uhr; Brunch So 12–15.30 Uhr. Das Restaurant hat draußen Plätze, man sitzt geschützt unter den Arkaden und hat einen schönen Blick auf die Zypressen vor dem Augustus-Mausoleum. Angeboten wird leichte mediterrane Küche, gelegentlich mit asiatischen Einflüssen. Sonntags ist hier einer der wenigen Orte in der Stadt, wo man einen schönen Brunch bekommt. Die Pizza wird auf neapolitanische Art

bereitet, also mit dickem Teigrand. Die Enoteca befindet sich im ersten Stock. Im Laden werden Küchenutensilien und Kochbücher verkauft. Menü im Restaurant um 50 €.

**'Gusto 28 (17)**, Pzza. Augusto Imperatore 28, zur Vervollständigung des Angebots wurde Anfang 2007 ein eigenes Fischrestaurant von Gusto eröffnet.

**Recafé (18)**, Pzza. Augusto Imperatore 33–36, ☎ 06.68134730, www.recafe.it. Tägl. 12.45–13.50 und 19.30–0.30 Uhr. Cool modern, Plätze draußen, neben dem Restaurant gibt es noch eine Pizzeria (neapolitanische Pizza mit dickem Teigrand in unzähligen Variationen, um 10 €) und eine Winebar (sehr beliebt für einen Aperitif vor dem Abendessen), sehr gut ist die Salatauswahl (um 10 €). Menü um 30 €.

**RHome (20)**, Largo Schiavoni (neben der Kirche Santi Ambrogio e Carlo al Corso). Sehr cool gestylt, etwas zurückgesetzt vom Platz und daher ruhiger, viele Tische draußen. Menü um 45 €.

**La Buca di Ripetta (14)**, Via di Ripetta 36, ☎ 06.3219391. So abends und Mo geschlossen. Etwas laut und sehr eng, aber recht gute Küche bei für diese Gegend noch akzeptablen Preisen. Gute Weinauswahl, man ist allerdings ganz auf Touristen eingestellt (die Speisekarte gibt es in deutscher und in japanischer Fassung). Menü um 30 €.

**Dal Pollarolo 1936 (7)**, Via di Ripetta 4, 5, ☎ 06.3610276. Do Ruhetag. Die absolut authentische Trattoria gehört zu den immer seltener werdenden Familienbetrieben im historischen Zentrum und ist ein Glücksfall. Die deftigen Gerichte sind zwar schlicht, aber immer schmackhaft und von besten Zutaten. Abends gibt es auch Pizza. Die Weinliste ist bescheiden, doch der weiße Hauswein passt ohnehin am besten. Von den Primi sind z. B. empfehlenswert: „tonnarelli cacio e pepe" (Nudeln nur mit geriebenem Parmesan und viel Pfeffer), oder „pasta e fagioli" (Bohnensuppe), von den Secondi z. B. „straccetti con rucola" (Rindfleischstreifen auf Rucola-Salat); unter den Beilagen sind besonders die frittierten Zucchini zu empfehlen, und zum Abschluss sollte man die herrlichen Desserts nicht versäumen, wie z. B. die „variante del tiramisù". Menü um 20 €, exzellentes Preis-Leistungs-Verhältnis.

**Pizza Ré (10)**, Via di Ripetta 14. Preiswerte Mittagsmenüs, reiche Pizza-Auswahl, gute „fritture".

**Penna d'oca (9)**, Via della Penna 53, ✆ 06.3202898. So Ruhetag, sonst nur abends geöffnet. Schickes Restaurant mit Schwerpunkt auf Fisch und Meeresfrüchten. Im Sommer gibt es auch einige wenige Plätze draußen. Menü zwischen 30 und 60 €.

**Pizzeria Il Buchetto,** jenseits der Porta del Popolo in der Via Flaminia 119 (linke Straßenseite, gleich hinter der Pzza. della Marina), ✆ 06.3201707. Sa und So jeweils mittags, Di abends geschlossen. Bei den Römern eine der beliebtesten Pizzerien der Innenstadt. Es geht sehr schnell und es wird erwartet, dass die Gäste sich auch nicht zu lange Zeit lassen, denn die Plätze sind rar und meist warten hungrige Gäste vor der Tür. Preise um 12 €.

**Dal Bolognese (5)**, Pzza. del Popolo 1/2, ✆ 06.3611426. Mo Ruhetag. Auf einem der schönsten Plätze Roms ist dies eines der renommierten Traditionslokale für gehobenere Ansprüche. Es gibt gehobene italienische Küche, mit Einflüssen der Region Emiglia-Romana, das Ambiente ist gediegen, die Gäste sind entsprechend gekleidet. Zu den Spezialitäten gehören ein sehr gutes „fritto misto alla bolognese" (frittierte Gemüse), „tagliatelle al ragù" (Bandnudeln mit Fleischsoße), „la tartare di tonno" (Thunfisch-Tartar), „ossobuco con risotto" (geschmorte Kalbshaxenscheiben mit Reis); sehr gute Weinkarte. Für die Raucher gibt es einen separaten Zigarrenraum, wo auch Digestivs angeboten werden. Der Menüpreis um 55 € ist angemessen.

*Aussichtsterrasse des Pincio*

**Autogrill (33)**, Via del Corso 182, tägl. geöffnet. Jeder Autofahrer kennt den italienischen Schnellimbiss von den Autobahn-Raststätten; hier gibt es eine große, laute Filiale.

## *Enoteca/Winebar/Café/Eis (siehe Karte S. 286/287)*

**Caffè Rosati (3)**, Pzza. del Popolo 4, ✆ 06.3225859. Tägl. 7.30–24 Uhr. Zusammen mit dem Canova auf der gegenüberliegenden Seite der Pzza. del Popolo ist das Rosati schon seit den Zeiten des Dolce Vita in den 1950er Jahren der traditionelle Treffpunkt der Schönen und der Reichen für einen Aperitif; heute überwiegen amerikanische Touristen. Vormittags liegt das Rosati, nachmittags das Canova in der Sonne. Man kann sich also aussuchen, ob man ein schattiges Plätzchen bevorzugt oder nicht. Ein Cappuccino mit einem Cornetto (ähnlich einem Croissant) zum Frühstück auf der Terrasse ist zwar teuer, aber dafür bekommt man auch einen der schönsten Blicke der Stadt. Die Backwaren sind vorzüglich; mittags gibt es belegte Brötchen, aufgewärmte Pizzastücke oder andere Kleinigkeiten.

**Canova (1)**, Pzza. del Popolo 16, ✆ 06.3612231. Tägl. 7.30–24 Uhr. Ein Bierchen auf der Terrasse am Nachmittag ist mit etwa 10 € nicht gerade preiswert, doch der Blick auf einen der schönsten Plätze Roms, wo es immer etwas zu gucken gibt, ist allein schon den Preis wert (zugegeben: kostenlos hat man den Blick auch auf den Stufen am Obelisken, doch im Canova sitzt man schöner und diskreter).

**Cafè in Galleria (45)**, tägl. 8–22 Uhr. Im rechten Flügel der 2004 neu eröffneten Passage der Galleria Alberto Sordi am Corso genießt man einen Kaffee, ein Glas Champagner oder einen Cocktail mindestens so stilvoll, wie in Düsseldorf auf der Kö. Es gibt eine kleine Tageskarte für ein schnelles Mittagessen (dabei stets gute Salate).

**Friends Cafè (47)**, Via d. Scrofa 60, ✆06.6861416. Moderne, gestylte Cocktailbar, die bei jungen Römern gerade „in" ist; es gibt eine sehr gute kleine Tageskarte mit vorzüglichen Gerichten (z. B. Ravioli gefüllt mit Mozzarella und Pistazien, Rindersteak und viele leckere Desserts), abends ist die Musik recht laut. Menü um 35 €.

**Ciampini (27)**, Pzza. San Lorenzo in Lucina 29. So Ruhetag, sonst 7.30–21 Uhr. Diese hochgeschätzte Bar bietet viele Tische draußen auf der Piazza, von wo man wunderbar das Geschehen beobachten kann. Es gibt guten Kaffee, feine Backwaren, man kann auch Eis essen oder, wie es die Römer gerne tun, hier mit einem Aperitif den Feierabend beginnen.

**Obikà (37)**, Via dei Prefetti 26, ✆ 06.6832630. Die erste Mozzarella-Bar der Stadt, in der es aber auch andere, hauptsächlich gesunde Snacks gibt; Auswahl an Öko-Salaten, Käse, Salami, leckere Desserts, gute Weinkarte. Das edel-moderne Ambiente zielt auf den Geschmack jüngerer ernährungsbewusster Geschäftsleute. Sehr angenehm sitzt man draußen auf der Terrasse zur Pzza. di Firenze. Menü am Abend um 35 €.

**Enoteca Buccone (11)**, Via di Ripetta 19, ✆ 06.3612154. So Ruhetag, Mo–Do 9– 20.30 Uhr, Fr/Sa 9–24 Uhr. Auf den Regalen dieser alteingesessenen Enoteca (1870 eröffnet) finden Sie die besten Weine aus allen Regionen Italiens und auch die großen Weine der Welt, sowie Öle, edle Essigsorten und verschiedene Delikatessen. Am Tresen sind viele Weine im Ausschank, dazu kann man vorzügliche Kleinigkeiten essen (z. B. „porchetta", kalt servierte Scheibe vom gefüllten Spanferkel).

**Café Gotico (43)**, Via della Stelleta 7A. Eine Bar, in der man unter gotisierendem Gewölbe auch Kuchen essen kann.

**Green Rose Pub (15)**, Pass. di Ripetta 33. Kneipe, abends geöffnet.

**Le Pain Quotidien**, Via Tomacelli 24/25, ✆ 06.68807727, www.painquotidien.com. Gehört zu einer neuen Kette von Bäckereien, in denen man auch gesunde Kleinigkeiten aus ökologischem Anbau essen kann; modern gestylt mit rustikaler Ziegelwand.

**Ristorante al Borghetto**, Via Flaminia 77. Mo–Fr ab 18 Uhr. Sympathische kleine Wine Bar.

Ein Besuch bei **Giolitti (46)**, Via Uffici del Vicario 40, Mo Ruhetag, gehört zu den kulinarischen Höhepunkten jedes Romaufenthalts (→ S. 398), denn die unzähligen hausgemachten Eissorten sind einfach köstlich.

## Einkaufen (siehe *K*arte *S. 286/287*)

● *Kleidung/Schuhe* Die Via del Corso bietet im Abschnitt zwischen Via del Tritone und dem Ende an der Pzza. del Popolo mit ihren zahlreichen kleinen Modeboutiquen eine reiche Auswahl aktueller Mode für junge und sehr junge Leute. Dies ist ab dem späten Nachmittag die Flaniermeile Roms.

**Energie (34)**, Via del Corso 487, (weitere Filialen z. B. Via del Corso 179). Für extrem modebewusste Kids, die auch sehr laute Musik und vom Einkauf abschreckt. Für die ausgefallene Dekoration gilt im Hauptgeschäft Fotografierverbot.

Vertreten sind natürlich auch die großen Mode- und Jeansketten mit ihren Haupthäusern: **Zara**, Via del Corso 131 und 205; **Diesel**, Via del Corso184; **Guess**, Via del Corso 141; **Stefanel**, Via del Corso 123.

**La Rinascente (41)**, Via del Corso (schräg gegenüber der Marc-Aurel-Säule auf der Pzza. Colonna). Alteingesessenes Kaufhaus für konventionelle und konservative Bekleidung, auch Parfums und Accessoires.

**Strada (19)**, Via del Corso 444. Große Auswahl teurer, sehr ausgefallener, modischer Kleidung der aktuellen Labels für Damen und Herren. Man findet vieles von dem, was auf den letzten Couture-Schauen gezeigt wurde.

**Marco (12)**, Via del Corso 44. Gute Auswahl preiswerter, sportlicher und konventioneller Damen- und Herrenschuhe. Die Auswahl trifft man am Schaufenster, nicht drinnen.

**Dominici (8)**, Via del Corso 14. In schwarzweißen Quadraten und Spiegeln gestylter Laden mit modischen Damenschuhen.

**Armani Jeans (22)**, Via Tomacelli 138. Große Auswahl auf mehreren Etagen.

Weitere Jeans-Shops bekannter Designer Linien befinden sich im Passage der **Galleria Alberto Sordi**, gegenüber der Marc-Aurel-Säule: **Guess**, **Trussardi**, **Calvin Klein**.

**Tombolini (44)**, Via del Ufficio del Vicario 53. Großes Bekleidungsgeschäft für gehobene konservative Damen- und Herren-Mode.

**Zingone (40)**, Via di Campo Marzio 37. Geschäft für sehr feine, teure Kinderkleidung.

**Pickwick (4)**, Via del Oca 37. Kinderkleidung.

• *Parfüm* **La Cardeniar (49)**, Via del Corso 260. Große, preiswerte Discount-Parfumerie.

**Materozzoli (28)**, Pzza. S. Lorenzo in Lucina 5. Fachgeschäft für Damenparfums, Kosmetik, Bürsten und Rasierzeug (besonders große Auswahl an Rasierpinseln).

**Durante Profumum Roma**, Via di Ripetta 10. Filiale einer gestylten Parfümerie, die eigene, sehr ausgefallene Duftkreationen vertreibt, hinter denen jeweils eine eigene Philosophie steckt und mit denen sich Assoziationen verbinden (z. B. *Victrix*: „Duft der Via Appia im Abend", *Aqua di Sale*: „Salz des Meeres an der Küste bei Sardinien", *Fumidus*: „Alter schottischer Whiskey mit feuchtem Leder"; mehr dazu unter www.profumum.com).

**Degustazione di Profumi**, Via di Ripetta 34. Gestylte Parfumbar, in der Düfte auf Wunsch individuell kreiert werden.

• *Musik* **Ricordi (13)**, Via del Corso 506. Reiche Auswahl an Schallplatten, CDs und DVDs; die Preise sind regelmäßig höher als in Deutschland.

**La Feltrinelli (45)**, in der Passage der Galleria Alberto Sordi (gegenüber der Marc-Aurel-Säule). Neben Büchern auch CDs und DVDs (sehenswert ist der große Marmorsaal, der sich über beide Stockwerke erstreckt).

**Goody Musik for DJ's**, Via Flaminia 23 (jenseits der Porta del Popolo). Venyl-Platten, CDs, auch Raritäten.

• *Markt/Delikatessen* **Enoteca al Parlamento (34)**, Via dei Prefetti 15, ☏ 06.6873446, www.enotecaalparlamento.it. Die Enoteca von Gianfranco Achilli kennt und schätzt jeder Römer. Die Auswahl reicht von in- und ausländischen Spitzenweinen über Sekt bis zu Champagner und diversen Bränden. Beeindruckend ist auch die Anzahl großer Jahrgänge von Cru-Weinen aus Bordeaux und Burgund. Signore Achilli bietet wohl die größte Palette von Spirituosen, allein 400 Whisky-Marken sind vertreten, die Jahrgänge des Armagnac beginnen mit dem Jahr 1825. Zusätzlich gibt es hier auch feine Öle, eingelegte Früchte, zahlreiche Essigsorten, Schokolade und viele andere Spezialitäten.

**Teichner (29)**, Pzza. S. Lorenzo in Lucina 17. Tägl. 8–20 Uhr. Qualitätsvolle Delikatessen (Salami, Schinken, Gewürze und vieles mehr).

**Antico Forno (36)**, Via d. Scrofa 33. Gebäck, Brot, Pizza.

**Castroni**, Via Flaminia 30 (jenseits der Porta del Popolo). Mo–Fr 8–14.30 und 16–19 Uhr, Sa 8–13 und 16–19 Uhr, So geschlossen. Kleinere Filiale des bekannten Feinkostgeschäfts.

**Mercato Rionale**, Via Flaminia 60 (jenseits der Porta del Popolo, rechte Straßenseite). Den Eingang zu den überdachten Marktständen kann man leicht übersehen. An Werktagen kann man sich hier bis 13.30 Uhr wunderbar und preiswert versorgen (wie wär's mit einem anschließenden Picknick in der nahen Villa Borghese oder auf der Pzza. del Popolo?).

• *Verschiedenes* **Galleria S. Carlo,** Via del Corso 116. Etwas kitschige Spielwaren.

**Disney Store,** Via del Corso 165.

**Orologiai Hausmann,** Via del Corso 406. Ältestes Uhrengeschäft in Rom.

**Restauri Artistici**, Via di Ripetta 29. Skurriler, winziger Laden, dessen verstaubtes Schaufenster mit lädierten Puppenköpfen einen morbiden Charme ausstrahlt. Hier wird Porzellan fachkundig restauriert.

**Old Soccer Nostalgia**, Via di Ripetta 30/31. Fußballfanshop mit alten Sammlerstücken, darunter vielen Raritäten.

**BBK Interior Design Forniture (16)**, Via della Frezza 60. Moderne Einrichtungsgegenstände.

**Ferrari Store (23)**, Via Tomacelli 147-152. Devotionalien aller Art für Liebhaber der Sportwagenmarke.

**Passamanerie Crocianelli (30)**, Via dei Prefetti 37-40. Quasten und Borden in reicher Auswahl.

**L'image (48)**, Via d. Scrofa 67. Postkarten, Poster.

**Città del Sole**, Via d. Scrofa 65. Phantasievolle Holzspielsachen für Kinder und Erwachsene.

**Fefé Aldo (42)**, Via della Stelleta 20 B. Seit 1932 bestehender Laden für Papierwaren mit kunstvollen Florentiner Drucken.

**Maria Theresa Vitti Valentini (39)**, Via della Stelleta 4. Alter Modeschmuck.

*Beliebter Treffpunkt: die Spanische Treppe*

# Um die Spanische Treppe

**In dem Dreieck, dessen Spitze die Piazza del Popolo bildet, und das begrenzt wird durch die Villa Borghese, die Via del Corso und die Via del Tritone, ist in engen Gassen mit gepflegten Häusern aus dem 16. bis 18. Jh. die Haute Couture zu Hause. Im Zentrum des Viertels dient die Spanische Treppe als Laufsteg. Sie ist der beliebteste Treffpunkt und die „gute Stube" Roms.**

Wer gerne Schaufenster ansieht, Leute beobachtet und bummelt (das Viertel ist für den Autoverkehr gesperrt), ist in der Gegend um die **Piazza di Spagna** genau richtig. Die Spanische Treppe nur zu sehen reicht nicht, man muss sie erleben: Hier wird vor allem geflirtet, geschmust, aber auch gedöst, geplaudert, beobachtet, Theater gespielt, musiziert, gemalt, gesonnt, geruht, gelesen, kurz: auf engstem Raum gelebt, wie es gerade gefällt (nur trinken und essen darf man laut einer städtischen Verordnung seit der aufwändigen Restaurierung im Jahr 1995 auf der Treppe nicht mehr, bei Verstößen können Bußgelder verhängt werden). Nehmen Sie sich die Zeit und setzen Sie sich auf die Stufen zwischen einkaufsgestresste Damen oder Herren, Nonnen, Lebenskünstler und Geschäftsleute, zwischen immer im Rudel auftauchende Japaner und deutsche Reisegruppen mit dozierendem Reiseleiter oder italienische Gigolos, die sich um die Aufmerksamkeit einer Blondine bemühen. Es gibt wohl keinen vergleichbaren Platz in Europa. (Aber Achtung, auch Taschendiebe finden hier ein ideales Arbeitsgebiet!)

Die Römer gehen hier ab dem späten Nachmittag ihrer Lieblingsbeschäftigung nach, dem *fare una bella figura*. Römische Ragazzi üben ihren Charme und die Kontaktaufnahme mit Ausländerinnen. (Allein reisenden Frauen wird an dieser Stelle das Kap. „Frauen allein unterwegs", S. 44, empfohlen.) Straßenhändler bieten, wie in allen Großstädten, billigen Schmuck oder andere Waren an. Künstler porträtieren oder karikieren Sie gegen gute Bezahlung. Im vorletzten Jahrhundert war das übrigens umgekehrt. Damals mieteten die Maler hier ihre Modelle; die hübschesten stellten sich auf der Treppe aus und warteten auf Engagements. Viele von ihnen kamen aus dem Dorf Saracinesco in den Sabiner Bergen. Es sollen angeblich die gut aussehenden Nachkommen jener Sarazenen gewesen sein, denen nach einem Raubzug im Jahr 927 der Rückweg versperrt wurde, sodass ihnen nichts anderes übrig blieb, als sich in den Bergen anzusiedeln. Einer aus dem Dorf, der sich hier präsentierte, stand Modell für den Poseidon im Najadenbrunnen auf der Piazza della Repubblica (→ S. 351).

Im Frühjahr ist die Treppe ein idealer Platz, um die ersten warmen Sonnenstrahlen zu genießen. Hier ist es am Nachmittag selbst dann noch sonnig, wenn die Häuserschluchten schon im Schatten liegen. Zu dieser Jahreszeit findet dann die berühmte Azaleenschau statt, und die Treppe ist, wie das ganze Jahr über auf Postkarten zu sehen, ein Blumenmeer.

So vielfältig wie die Besucher sind auch die **architektonischen Formen** der Treppenanlage: Die Stufen sind mal konkav, mal konvex geschwungen, manchmal auch gerade; die Treppe teilt sich und fließt wieder zusammen, immer laden Absätze zum Verweilen ein. Es ist deshalb fast unmöglich, die 138 Stufen eilig hinabzuhetzen. Bei so viel beschwingter Architektur müssen zwangsläufig auch der Gang anmutig und die Stimmung heiter werden.

Mit Spanien hat die um 1725 erbaute Treppe wenig zu tun. Ihren **Namen** bekam sie, weil sie vom Spanischen Platz aufsteigt, der nach der hier ansässigen Spanischen Botschaft beim Heiligen Stuhl benannt ist. Offiziell heißt sie **Scalinata della Trinità dei Monti** und müsste eigentlich „französische Treppe" genannt werden, weil sie den Zugang zur französischen Nationalkirche der Dreieinigkeit und zur französischen Akademie in der Villa Medici schafft.

Den französischen König hatte es gestört, dass die Nationalkirche der Schutzmacht des Papstes in Rom nur über eine schlammige, steile Wiese erreichbar war. Er erteilte deshalb 1585 den Auftrag zum Bau einer Monumentaltreppe. Später wollte der Sonnenkönig Ludwig XIV. sein Abbild als Reiterstatue auf der Treppe platzieren und es auf die Stadt hinabschauen lassen. Ein solches fremdes Herrschaftssymbol wollte der Papst auf eigenem Boden allerdings selbst seiner Schutzmacht nicht zugestehen. Man löste das politische Problem auf traditionell italienische Weise und ließ den Bauantrag einfach 130 Jahre lang liegen, um dann schließlich nach päpstlichen Plänen zu bauen. Diese verkehrten die Ziele der Franzosen ins Gegenteil: Die Treppe lenkt eher von der Kirche ab, statt monumental auf sie zuzuführen. Von den Stufen aus versperrt die breite Brüstung oben den Blick auf die Kirchenfassade. Statt des Sonnenkönigs zu Pferde stellte man einen mit dem Kreuz bekrönten Obelisken an die Spitze. Eigentlich erinnert nur die Bourbonenlilie auf den Pfeilern noch daran, dass dies einmal die Treppe der Franzosen werden sollte und noch dazu nannten die Römer sie stets nach dem französischen Erzrivalen Spanien.

Von der Terrasse oberhalb der Treppe haben Sie einen schönen Blick auf die verwinkelten, grünen Dachterrassen, die in den 1970er Jahren trotz strenger Bauvorschriften dank einiger Geschenke und guter Beziehungen zu den Behörden fast überall entstanden. Im oben an die Treppe angrenzenden Palazzo (mit Blick in Richtung Kirche) befindet sich das Hotel Il Palazzetto (→ S. 85) und die feine internationale **Weinakademie Rom.**

Man kann hier in Kursen (auch an einzelnen Abenden oder Ein-Tages-Seminaren) viel über Wein lernen oder an Verkostungen teilnehmen. Es gibt auch ein herrlich gelegenes Restaurant auf der Dachterrasse mit Blick auf Treppe und Kirche.
● *Adresse* Vicolo del Bottino 8.
● *Informationen* ☎ 06.6990878 oder www.wineacademyroma.com.

Der **Obelisk** vor der Kirche wurde zwar in der frühen Antike in Ägypten geschnitten, doch hatte er dort noch keine Beschriftung erhalten, als ein reicher Römer ihn zum Schmuck seiner Villa nach Hause transportieren ließ. Ägypten galt damals als Kulturnation, und es war für wohlsituierte Römer ein von Bildung zeugendes Statussymbol sich mit ägyptischen Werken zu umgeben. Der schlichte Stein schien dem Eigentümer daheim wohl nicht genügt zu haben, denn er beauftragte einen Steinmetz damit, die vermissten ägyptischen Hieroglyphen nachzutragen. Leider beherrschte der wackere römische Handwerker die ägyptische Sprache nicht, sondern kannte nur ein paar Schriftzeichen, die er nach rein dekorativen Aspekten in den Stein meißelte. Dass nun kompletter Blödsinn auf dem originalen Obelisken stand, störte den stolzen Römer nicht, Hauptsache der Stein sah gut aus und machte Eindruck.

▸ **Santissima Trinità dei Monti**: Die Dreifaltigkeitskirche rundet das harmonische Bild der Spanischen Treppe ab. Sie wurde auf Veranlassung Karls VIII. von Frankreich 1495 gebaut und Anfang des 16. Jh. vollendet. Napoleons Truppen plünderten sie während der Besetzung Roms. Ludwig XVIII. finanzierte 1816 die Restaurierung. Noch heute ist sie französische Stiftskirche, und täglich außer sonntags um 18.30 Uhr wird Gottesdienst in französischer Sprache gehalten.

Der **Innenraum** ist zur Hälfte durch ein Gitter versperrt, das nur für die Messen geöffnet wird. Dem Betrachter bleiben dennoch einige sehenswerte Seitenkapellen, u. a. die Kapelle der Unbefleckten Empfängnis (1527) mit einem Ikonenbildnis der Maria. Beachtenswert ist die Darstellung der Kreuzabnahme von **Daniele da Volterra**, dem wohl besten Schüler Michelangelos, in der zweiten Kapelle links. *Öffnungszeiten* 8.30–13 und 15.30–19.30 Uhr.

▸ **Palazzo Zuccari**: Von der Kirche aus gesehen links kommen Sie in der Via Gregoriana zu einem beliebten Fotomotiv, dem **Höllenmaul** des Palazzo Zuccari. Ein Tor und die beiden flankierenden Fenster führen in den offenen Schlund eines steinernen Ungeheuers. Dahinter gelangte der unerschrocken eintretende Besucher früher in einen Garten. Auf diese skurrile Weise machte der manieristische Malerfürst Taddeo Zuccari, der hier wohnte und arbeitete, auf sich aufmerksam.

▸ **Bibliotheca Hertziana**: Gleich nebenan beginnt der Komplex der Bibliotheca Hertziana. Er gehört heute zum deutschen Max-Planck-Institut für Kunstgeschichte. Dem Interessierten stehen hier (nur nach schriftlicher Anmeldung) 150.000 Bücher zur Verfügung, darunter auch eine bedeutende Sammlung von Rom-Führern aus fünf Jahrhunderten. Zusammen mit einer umfangreichen Kunstsammlung von Henriette Hertz wurde dies alles 1913 dem italienischen Staat vermacht. Wie man bei Bauarbeiten feststellte, hatte sich bereits 2.000 Jahre zuvor genau an dieser Stelle die öffentlich zugängliche Bibliothek des bekannten Feinschmeckers **Lucullus** befunden.

*Kontakt* Bibliotheca Hertziana, Max-Planck-Institut für Kunstgeschichte, Via Gregoriana 28, I–00187 Roma, ☎ 06.69993227, institut@biblhertz.it.

▸ **Villa Medici**: Gehen Sie von SS. Trinità dei Monti in Richtung Pincio (Viale della Trinità dei Monti, von der Kirche aus gesehen nach rechts), bietet sich immer wieder ein herrlicher Ausblick auf die Stadt und Sie erreichen kurz darauf die Villa Medici, den einstigen Familiensitz der reichen Florentiner Bankiersfamilie. Der Renaissancepalast mit der schlichten Fassade und den beiden charakteristischen Türmchen wurde in der 2. Hälfte des 16. Jh. erbaut. Seit 1804 hat die schon 1666 gegründete Französische Akademie hier ihren Sitz. Unter den jungen,

## Übernachten

2 Grandhotel De Russie (S. 84)
17 Hotel Mozart (S. 86)
19 Hotel Forte (S. 89)
27 Hotel Il Palazzetto (S. 85)
35 Grandhotel Hassler Villa Medici (S. 84)
43 Hotel Scalinata di Spagna (S. 86)
44 Hotel D'Inghilerra (S. 85)
45 Hotel King (S. 89)
46 Hotel Gregoriana (S. 89)
47 Hotel Madrid (S. 89)
50 Hotel Homs (S. 88)
52 Hotel Suisse (S. 92)
55 Hotel Pincio (S. 89)
59 B&B Casa Howard (S. 98)

## Essen & Trinken (S. 321/322)

1 Casa Valadier
5 Ristorante Barbette
6 Margutta Vegetaria
11 Trattoria Edy
25 Ristorante Otello alla Concordia
31 Al 34
32 Beltramme
42 Ristorante Nino
51 AO
53 Ristorante da Mario
60 Hamasei
61 Pizza Ciro

## Cafés (S. 322)

9 Café Notegen
13 Caffetteria Museo Atelier Canova Tadolini
33 Babington's
39 Caffè Greco

## Nachtleben/Enoteche (S. 322)

7 Il Brillo Parlante
24 L'Enoteca Antica di Via della Croce
30 Fior-Fiore
34 Shaki
49 Palatium Enoteca Regionale
57 Gilda
58 Le Cru

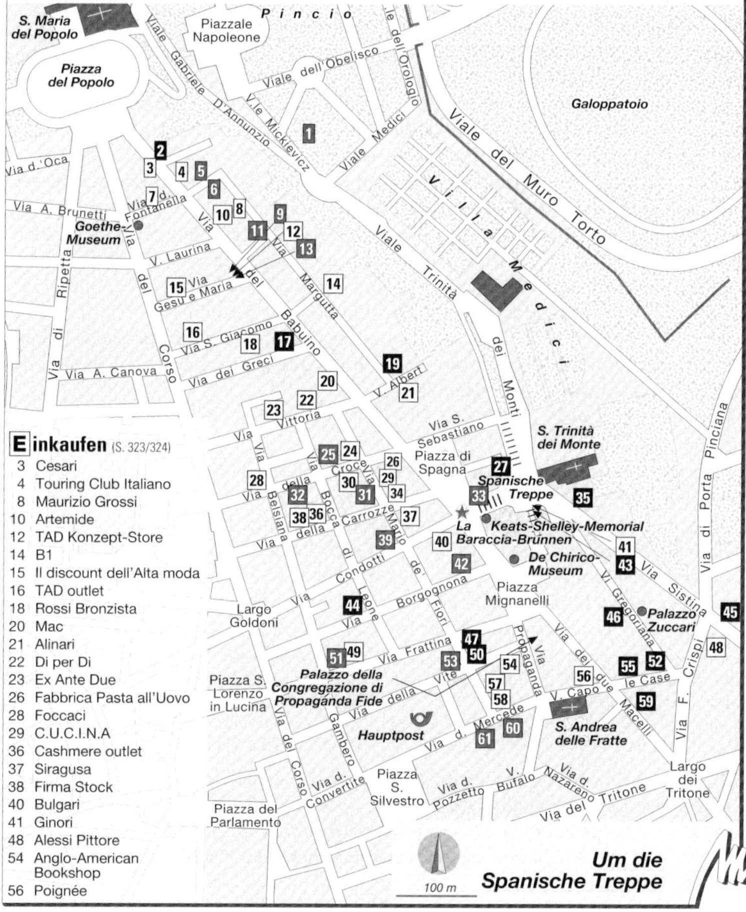

## Einkaufen (S. 323/324)

3 Cesari
4 Touring Club Italiano
8 Maurizio Grossi
10 Artemide
12 TAD Konzept-Store
14 B1
15 Il discount dell'Alta moda
16 TAD outlet
18 Rossi Bronzista
20 Mac
21 Alinari
22 Di per Di
23 Ex Ante Due
26 Fabbrica Pasta all'Uovo
28 Foccaci
29 C.U.C.I.N.A
36 Cashmere outlet
37 Siragusa
38 Firma Stock
40 Bulgari
41 Ginori
48 Alessi Pittore
54 Anglo-American Bookshop
56 Poignée

Rom – Um die Spanische Treppe
Karte S. 315

begabten Franzosen, die hier ein Stipendium erhielten, befanden sich Berlioz und Debussy.

Anfang 2005 wurde die Akademie nach längerer Restaurierung und mit neuem Direktor wiedereröffnet. Er will die Akademie künftig auch für ausländische Künstler öffnen, es sollen neben Ausstellungen Konzerte und Bälle stattfinden, auch an ein Filmfestival im hauseigenen Kino ist gedacht. Man sollte daher auf die Veranstaltungshinweise achten. Früher waren nur Teile des Gebäudes mit den imposanten Gängen, Rampen und Sälen und diese auch nur im Rahmen von seltenen Kunstausstellungen für die Öffentlichkeit zugänglich. Heute finden gelegentlich am Wochenende Führungen durch die Villa und den Park statt (meist vormittags, Eintritt 7 €, erm. 5 €; Informationen über Führungen, Konzerte, Ausstellungen und sonstige Veranstaltungen unter www.villamedici.it). Nur im Rahmen dieser Führungen gelangt man in den herrlichen Park und nur von dort aus sieht man die reich mit Reliefs geschmückte Gartenfront des Palastes.

▶ **Keats-Shelley-Memorial**: Steigen Sie die Spanische Treppe hinab, sehen Sie links angrenzend das Haus (Pzza. di Spagna 26), in dem der englische Poet John Keats am 23. Februar 1821 im Alter von 25 Jahren an Schwindsucht starb. Heute ist hier im zweiten Stock das Keats-Shelley-Memorial zu besichtigen.

In fünf liebevoll eingerichteten Zimmern mit herrlichen Ausblicken auf die Spanische Treppe sind zahlreiche Bücher und Originalbriefe sowie Manuskripte von Keats, Shelley und Lord Byron ausgestellt. Letzterer wohnte gleich gegenüber auf der anderen Seite der Piazza di Spagna. Viele Skizzen, Veduten (Stadtansichten), Kopien bekannter Porträts und Miniaturen vermitteln einen Eindruck vom Aufenthalt englischer Touristen im frühen 19. Jh. in Rom. Zu sehen sind auch Briefe aus dem Freundeskreis der Dichter und die Totenmaske Shelleys. Wer sich für englische Literatur interessiert oder gerne in Ruhe die Spanische Treppe aus ungewöhnlicher Perspektive genießen möchte, sollte sich einen Besuch des kleinen Museums nicht entgehen lassen.

*Öffnungszeiten/Eintritt* Mo–Fr 9–13 und 15–18 Uhr, Sa 11–14 und 15–18 Uhr. Eintritt 4 €, erm. 3 €, Kinder unter 6 Jahren frei.

▶ **La Barcaccia-Brunnen**: Auf der Piazza di Spagna, am Fuß der Treppe, steht seit 1627 ein flacher Brunnen in Form eines sinkenden Flussbootes (*barca*). Es ist das letzte Werk von **Pietro Bernini**, dem Vater von Gianlorenzo, der später als größter Baumeister des Barock das Stadtbild entscheidend prägte. Der Brunnen soll an das verheerende Hochwasser im Jahr 1598 erinnern. Im Pantheon stand damals der Tiber fünf Meter hoch, und an der Anhöhe, wo heute die Spanische Treppe steht, strandete ein solches Boot.

Eine andere Deutung gab Papst Urban VIII.: Er meinte, das „Schiff Kirche" sei dargestellt, das lebensspendendes Wasser statt Feuer speit. Warum er gerade bei einem sinkenden Schiff an die Kirche dachte, ist unklar. Andere, die Sigmund Freud viel Freude bereitet hätten, sehen in dem Brunnen eine offene Vagina, die vom lebensfrohen Künstler als Schiff getarnt mit Bug und Heck versehen wurde.

Ab dem 18. Jh., mit dem Beginn der Romantik, kamen viele Künstler und Bildungsreisende in das Stadtviertel um die Spanische Treppe. Je nach Nationalität bildeten sich spezielle Treffpunkte. Die Deutschen gingen ins **Caffè Greco** (→ S. 319) und die Engländer später in den **Babington's Tea Room** (am Fuß der Treppe rechts).

### Der erste Teesalon in Rom

Im Frühjahr des Jahres 1893 zog die 30-jährige **Anna Maria Babington** von England nach Rom, um dort ihr Glück zu machen. Die Zeit war günstig, denn Papst Leo XIII. und König Umberto empfingen gerade viele ausländische Gäste, unter denen besonders die Engländer schmerzlich ihre gewohnte gute Tasse Tee vermissten. Diese Marktlücke entdeckte das energische Fräulein und schuf mit der Eröffnung eines Teesalons Abhilfe.

Die Ausgabe der Zeitschrift *Anglo-American* vom 10. Dezember 1894 vermerkte zur Eröffnung: *„Fräulein Babingtons Teesalon verdient eine treue, zahlreiche Kundschaft. Er ist sauber, gemütlich eingerichtet, gut geheizt und gelüftet. Ein hübscher Leseraum ist angeschlossen, und alle Räume liegen im Erdgeschoss, sodass man keine Treppen zu steigen hat."*

Der Teesalon besteht noch immer (bis 1928 unter der Leitung von Fräulein Babington persönlich), die Atmosphäre und die Leute sind vornehm britisch, die Preise entsprechend hoch (z. B. Muffins für 9 €, der Tee dazu kostet noch einmal 10 €). Für Ausländer, die gerne mal wieder ausgiebig frühstücken wollen, wird hier englisches und amerikanisches Frühstück angeboten.

▶ **Piazza Mignanelli:** Gehen Sie von der Piazza di Spagna nach links (von der Treppe aus gesehen), gelangen Sie nach wenigen Schritten zur Piazza Mignanelli. Die antike Säule mit der **Marienstatue** erinnert an die Verkündung des päpstlichen Dogmas von der unbefleckten Empfängnis im Jahr 1870. An jedem 8. Dezember ist die Säule das Ziel einer Papstprozession.

Zwischen Piazza di Spagna und Piazza Mignanelli lebte der Maler **Giorgio De Chirico** bis zu seinem Tod im November 1978. Er gilt als einer der Wegbereiter der Surrealisten. Bekannt sind seine menschenleeren perspektivischen Stadtansichten. Die Wohnung im dritten Stock des *Palazetto dei Borgognoni* aus dem 17. Jh., in der er mit seiner Frau Isa lebte, ist heute ein kleines Museum. Im Rahmen einer Führung sieht man die drei seit 1978 unveränderten Salons (sogar die Bar ist noch bestückt) mit mehreren seiner Werke. Im Stockwerk darüber befindet sich das spartanische Schlafzimmer des Meisters sowie das größere seiner Frau, die vom Bett aus einen schönen Blick auf SS. Trinità dei Monti hatte. Nebenan war das Atelier, noch immer vollgestopft mit unzähligen Dingen, die der Meister bei seiner Arbeit um sich haben wollte.

• *Eingang* Pzza. di Spagna 31, klingeln bei „Fondazione Giorgio e Isa de Chirico.
• *Öffnungszeiten* Di–Sa und an jedem 1. So im Monat 10–13 Uhr, nur im Rahmen einer Führung. Die finden statt um 10, 10,45, 11.30 und 12.15 Uhr.
• *Eintritt* 5 €, Kinder bis 12 Jahre 3 €.
• *Information* ✆ 06.6796546 und www.fondazionedechirico.it.

Der Mariensäule gegenüber, an der Schmalseite der Piazza Mignanelli, sehen Sie eine der Fassaden des riesigen **Palazzo della Congregazione di Propaganda Fide**, der das gesamte Dreieck zwischen Via Propaganda, Via dei due Macelli und Via Capo le Case einnimmt. Die Kongregation wurde hier 1622 als *„Werbeagentur für den Glauben"* (so der Name) gegründet, um jesuitische Missionare auszubilden. Dies erschien nötig, nachdem der Universalanspruch der katholischen Kirche durch die sich ausbreitende Reformationsbewegung immer mehr in Frage gestellt wurde.

Das Innere des Palastes ist nicht zu besichtigen und leider auch nicht die integrierte Kapelle der Heiligen Drei Könige, *Chiesa dei Re Magi* (mit etwas diplomatischem Geschick gelingt es Ihnen vielleicht, den Pförtner zum Aufschließen zu überreden).

Aber allein die Außenarchitektur ist interessant, weil hier die beiden Kontrahenten **Bernini** und **Borromini** ihre ganz unterschiedlichen Architekturstile verwirklicht haben (mehr zum Streit der beiden Barockgenies → „Um die Piazza Barberini", S. 344). Bernini gestaltete im Jahr 1644 die Fassade zur Pzza. Mignanelli klassisch und würdevoll. Zwei Jahre später beauftragten die jesuitischen Hausherrn Borromini mit der Umgestaltung der Seitenfassade zur Via Propaganda. Der übernahm die Aufgabe nur unter der Bedingung, die von Bernini geschaffene Hauskapelle abreißen zu dürfen. Darauf ließen sich die Jesuiten ein,

und mit dem Gefühl größter Genugtuung beseitigte er das Bauwerk des verhassten Konkurrenten und ersetzte es durch die Kapelle nach eigenen Entwürfen. Bernini war außer sich vor Wut über die Schmach und nannte Borromini nur noch „Steineklopfer". Typisch für Borromini ist der geschwungene Mitteltrakt der Fassade mit den Kolossalpilastern, zwischen denen die Fensterrahmen wie unter Spannung eingeklemmt wirken. Im Gegensatz zu Bernini hält sich Borromini nicht an die klassischen Grundsätze der Architektur, sondern entfaltet frei seine Vorstellungen vom Spiel mit schwingenden Bewegungen und Auflösungen von Flächen.

Gegenüber der südlichen Fassade des Palazzo di Propaganda Fide, in der Via Capo le Case, steht die interessante Kirche **Sant'Andrea delle Fratte**. Sie wurde ebenfalls von Borromini entworfen, aber nie fertiggestellt und ist gerade deswegen besonders reizvoll. Bei der Kuppel fehlt die Stuckverkleidung von Wänden und Laterne. Im Kontrast zu dem grob wirkenden rohen Ziegelmauerwerk erscheint der strahlend weiße Turmaufsatz noch graziler. Er besteht aus ganz verschiedenartigen Geschossen. Den Abschluss bilden Flammenvasen, Voluten und schließlich eine stachelige Krone. Wieder zeigt sich Borrominis Vorliebe für Ungewöhnliches. Und man kann nachvollziehen, dass viele seiner Zeitgenossen seinen Geschmack für bizarr hielten.

Im Inneren der Kirche sind die beiden **Marmorengel** Berninis besonders sehenswert. Angeblich soll er sie ursprünglich für die Engelsbrücke angefertigt haben, doch dort wurden sie nie aufgestellt. Mehrfach wechselten sie den Besitzer, bis man sie schließlich hierher brachte. Rechts des Kirchenportals hat man von der Straße aus Zugang zum **Kreuzgang** mit duftenden Orangenbäumen. Leider wird er durch parkende Autos und Motorräder etwas verschandelt.

*Öffnungszeiten* 6.30–12.30 und 16.30–19.30 Uhr (im Winter nachmittags 16–19 Uhr).

# Via Condotti

Diese enge, etwas dunkle Gasse führt direkt auf die Spanische Treppe zu. Ihren Namen verdankt sie den *condotte*, den Wasserleitungen, die hier im 16. Jh. verlegt wurden. Noch vor 40 Jahren arbeiteten Handwerker auf der Straße, und Gemüsehändler verkauften ihre Waren. Dann wurde die Straße mit dem herrlichen Blick auf die Spanische Treppe bei der Schickeria, die man hier *Roma bene* nennt, beliebt und stieg zur Hauptstraße der Mode auf. Fast alle kleinen Läden verschwanden. Die bekanntesten Modeschöpfer bezogen prunkvoll hergerichtete Residenzen hinter den unscheinbaren Fassaden.

Zum ausgiebigen Shopping-Trip kommen gerne reiche Prominente und Adlige sowie neureiche Russen und vor allem Japaner. Die Schaufenster in der Via Condotti sind meist spärlichst aber oft sehr extravagant dekoriert. Auf Preisangaben verzichtet man diskret, wohl um keine Atemnot bei manchen Damen mit den begehrlichen Blicken zu provozieren. In der Regel sind die Preise derart hoch, dass sich normalverdienende Personen selbst bei einem noch so schönen Stück kaum zu Amokläufen mit der Kreditkarte hinreißen lassen. Das kann sich zu Zeiten des Schlussverkaufs *(„saldi")* ändern, wenn die Reste der Kollektion einer Saison zu einem Bruchteil des Originalpreises angeboten werden. Nicht gerade Preiswertes, aber immerhin Erschwinglicheres bieten viele Filialen bekannter Mode-Labels in den Parallelstraßen.

Aber auch wer nicht bereit ist, die Urlaubskasse für Modisches zu plündern, sollte schon wegen des Blicks auf die Spanische Treppe und wegen des Publikums einen Bummel durch die Via Condotti und die angrenzenden Straßen nicht versäumen. Ab dem späteren Nachmittag kann es jedoch sehr voll werden.

In der Via del Corso 9 residiert der Lederfachmann **Gucci**. Das nicht zu übersehende „G" auf allen handgearbeiteten Artikeln dieses Hauses ist ein begehrtes Statussymbol geworden. Besonders die Japaner stehen hier Schlange, denn ein für sie günstiger Wechselkurs lässt eine Tasche oder ein Paar Schuhe nur einen Bruchteil des Preises von Tokio kosten. Billiger bekommen Sie eine Tasche oder einen Gürtel mit dem prestigeträchtigen Firmenlogo als Fälschung bei den fliegenden Straßenhändlern, die sich hier ständig nervös nach der Polizei umschauen und nach einem Warnruf ihrer Kollegen blitzschnell verschwinden können (Achtung: Wer beim Kauf einer Fälschung erwischt wird, muss mit astronomischen Strafen rechnen → S. 157). In die Schlagzeilen gerieten die Gucci, als 1999 ein Mitglied wegen Anstiftung zum Mord am Firmenchef verurteilt wurde.

Nebenan (Via Condotti 10) stellt Juwelier **Bulgari**, der schon fast alle europäischen

*Sant'Andrea delle Fratte*

Fürstenhäuser beliefert hat, hinter kugelsicherem Glas seine meist recht protzigen Preziosen aus. Das Geschäft ist mit modernsten Sicherheitseinrichtungen gegen Diebstahl gerüstet. An das Vermögen des prominenten Juweliers kamen Kriminelle in den 1980er Jahren trotzdem – durch Entführung und Lösegelderpressung.

Etwas dezenter tritt schräg gegenüber die französische Konkurrent **Cartier** (Via Condotti 82) in Erscheinung.

Bekannt und traditionsreich ist das **Caffè Greco**, das älteste Café der Stadt (Via Condotti 86). Erstmals erwähnt in den Memoiren Casanovas (1742), wurde es 1760 von dem leutseligen Griechen Georgios übernommen und erhielt daher den Namen. Er machte guten Kaffee, plauderte gern, und die Gäste kamen zahlreich. Das Caffè Greco wurde zum Treffpunkt vieler berühmter Zeitgenossen (Schopenhauer, Liszt, Wagner, Balzac, Tischbein, Lord Byron, der spätere König Ludwig I. von Bayern als Kronprinz usw.). Es war auch erste Anlaufstelle deutscher Künstler. Hier stellten sie ihre Bilder zum Verkauf aus, und hierher ließen sie sich ihre Post schicken. Aus dieser Zeit stammen die vielen Gemälde an den Wänden. Auch Goethe saß an einem der runden Marmortischchen und schrieb an seiner *Iphigenie*. Sehr viel anders als damals sieht es hier auch heute nicht aus. Die beiden schmalen, langen Räume mit den roten Samtbänken und Stühlchen erkennt man schon auf Zeichnungen aus dem 18. Jh.

**Felix Mendelssohn-Bartholdy** gefiel dieses Etablissement weniger, er berichtete 1830 in einem Brief an seinen Vater:
*„Es sind furchtbare Leute, wenn man sie in ihrem Café Greco sitzen sieht. Ich gehe auch fast nie hin, weil mich zu sehr vor ihnen und ihrem Lieblingsort graut. Das ist ein kleines, finsteres Zimmer, etwa acht Schritt breit, und auf der einen Seite der Stube darf man Tabak rauchen, auf der anderen aber nicht. Da sitzen sie denn auf den Bänken umher, mit den breiten Hüten auf, große Schlächterhunde neben sich, Hals, Backen, das ganze Gesicht mit Haaren zugedeckt, machen einen entsetzlichen Qualm (nur auf der einen Seite des Zimmers), sagen einander Grobheiten; die Hunde sorgen für die Verbreitung von Ungeziefer; eine Halsbinde, ein Frack wären Neuerungen – was der Bart vom Gesicht frei lässt, versteckt die Brille, und so trinken sie Kaffee und sprechen von Tizian und Pordenone, als säßen sie neben ihnen und trügen auch Bärte und Sturmhüte!"*

Seit den 1970er Jahren kommen nur noch selten bekannte Künstler oder andere Prominente in das Caffè Greco. Meist sind es Touristen, aber auch ältere Römerinnen und Römer, die es sich leisten können, mindestens 5 € für den Kaffee zu bezahlen und eine jahrzehntelange Gewohnheit pflegen. Ebenso trifft man auf jüngere, die hier einen erfolgreichen Einkaufsbummel stilecht feiern, nach dem es auf den überzogenen Preis hier auch nicht mehr ankommt. Die meisten Römer stehen aber vorne an der Bar, wo man einigermaßen normale Preise zahlt. Aber wenn es auch wirklich sehr teuer ist, hat doch die einzigartige Atmosphäre dieses Traditionscafés mit seinen vornehmen Kellnern im Frack ihren Reiz.

Wie wäre es mit einem Original **Caffè-Greco-Tässchen** als Souvenir? Die kleine Espresso-Tasse ist für 24 € pro Stück, die große Capuccino-Tasse mit Goldrand für 58 € zu haben.

Die „Alta Moda" ist längst nicht mehr nur in der Via Condotti zu finden. Im Dreieck zwischen Piazza del Popolo, Via del Corso, Via del Tritone und Via del Babuino sind alle bekannten Modehäuser mit ihren Dependancen vertreten. Ihre Adressen sind im Serviceteil zu diesem Kapitel in alphabetischer Reihenfolge aufgelistet (→ S. 323).

In diesem Viertel haben aber dennoch ein paar wenige Handwerksbetriebe überlebt und es gibt sogar auch noch ein paar normale Lebensmittelgeschäfte, die sich nicht auf den Verkauf von Spezialitäten als Touristen-Souvenirs zu überzogenen Preisen spezialisiert haben. Eine der alten Weinhandlungen ist **L'Enoteca Antica di Via della Croce** in der Via della Croce 76, wo man am Tresen ein Gläschen probieren kann (→ Serviceteil, S. 322).

Seit alten Zeiten ist die **Via Margutta** die Straße der **Maler und Bilderrahmenmacher**. Aber auch hier ziehen immer mehr Nobelgalerien ein und verdrängen langsam die Tischlereien, die ihre opulent vergoldeten Bilderrahmen zum Teil auf der Straße fertigten, weil die winzigen Werkstätten zu klein und zu vollgestopft waren. In den oberen Etagen der Häuser soll es allerdings noch einige Ateliers geben.

Sehenswert sind auch die prachtvollen **Antiquitätengeschäfte** in der Via del Babuino mit wahrhaft musealen Stücken. Wenn Sie gerade zufällig ein Schloss erworben haben, das Sie noch einrichten müssen und Ihnen unbegrenzte Finanzmittel zur Verfügung stehen sollten, sind Sie hier genau an der richtigen Adresse.

*Essen und Trinken (siehe Karte S. 315)*

Nirgendwo sonst in Rom ist die Konzentration wohlhabender Touristen so groß, wie im Modedreieck bei der Spanischen Treppe. Verständlich, dass die Gastwirte davon gerne profitieren möchten. Da immer wieder andere Reisende nachkommen, besteht kaum Gefahr, Stammkunden zu vergraulen, wenn man bei der Größe der Portionen spart und billige Zutaten von minderer Qualität verwendet. Es ist in dieser Gegend also ziemlich schwer, zu angemessenen Preisen gut zu essen.

**AO (51)**, Via Belsiana 57. Zu dem gerade eröffneten, sehr eleganten Café mit Cocktailbar gehört im 1. Stock ein luxuriöses Gourmetrestaurant mit täglich wechselndes Menüs und im 2. Stock für Raucher ein Zigarrenclub, der allgemein zugänglich ist.

**Al 34 (31)**, Via Mario de'Fiori 34, ☎ 06. 6795091. Mo Ruhetag. In einem angenehmen Ambiente mit schnellem und freundlichem Service wird eine ordentliche Küche serviert; gute Desserts und große Auswahl an Dessertweinen. Menü um 40 €.

**Ristorante Barbette (5),** im Innenhof der 2006 neu eröffneten Marguta Arcade. Man sitzt hier angenehm ruhig, die kleine Karte bietet leichte Gerichte. Menü um 30 €.

**Margutta Vegetaria (6)**, Via Margutta 118, ☎ 06.32650577, www.ilmargutta.it. Großes, elegantes vegetarisches Restaurant; die Gerichte sind kreativ, sehen appetitlich aus und sind köstlich, schade nur, dass die Portionen recht überschaubar sind; mittags ist der „grüne Brunch" zu empfehlen (Mo–Sa für 15 €, an Sonn- und Feiertagen für 25 €).

**Trattoria Edy (11)**, Vicolo del Babuino 4, ☎ 06.36001738. So Ruhetag. Trotz der Nähe zur Spanischen Treppe eine der wenigen Trattorien, die traditionelle Gerichte (auch guten Fisch) zu vergleichsweise angemessenen Preisen bietet. Menü um 35–40 €.

**Hamasei (60)**, Via della Mercede 36, ☎ 06. 6792413. Mo Ruhetag. Seit 1974 existiert dieses vorzügliche japanische Restaurant nun schon. Nach Auffassung von Kennern ist die Küche authentisch, natürlich gibt es auch Sushi und Sashimi. Menü um 40 €, das täglich wechselnde „Lunch Menü" ist preiswerter.

**Pizza Ciro (61)**, Via della Mercede 43/44, ☎ 06.6786015. Nur abends. Große, moderne, bei Römern und Touristen beliebte Pizzeria (viel helles Holz), die eine große Auswahl an Pizzen auf neapolitanische Art bietet, also mit dickem Teig.

**Ristorante da Mario (53)**, Via delle Vite 55, ☎ 06.6783818. So Ruhetag. Der Schwerpunkt dieses meist ausgebuchten Restaurants, in das auch Römer gerne gehen, liegt auf der toskanischen Küche; der Service ist sehr freundlich. Menü um 35 €.

**Ristorante Nino (42)**, Via Borgognona 11, ☎ 06.6795676. So Ruhetag. Seit etwa 30 Jahren existiert dieser Familienbetrieb und pflegt eine Mischung aus römischer und toskanischer Küche. Das Ambiente ist gediegen, der Gastraum vielleicht etwas düster, doch schon der Glastresen mit den Antipasti gegenüber vom Eingang ist verlockend. Probieren sollte man die „pappardelle al sugo di lepre" (breite Bandnudeln mit Wildhasensoße); Di und Fr gibt es frischen Fisch. Der Preis für ein Menü ist mit 45 € noch angemessen.

**Beltramme (32)**, Via della Croce 39, www. fiaschetteriabeltramme.com. So Ruhetag. Eine der wenigen guten und preiswerten Osterien dieser Gegend mit einfacher, aber traditioneller Küche. Empfehlenswert sind ist z. B. die „fetuccine al sugo di arrosto" (Bandnudeln mit Bratensoße) oder „la tagliata con la rucola" (geschmorte Rindfleischstreifen auf Rucola-Salat). Menü um 25 €.

**Ristorante Otello alla Concordia (25)**, Via della Croce 81, ☎ 06.6791178, www.otelloalla concordia.com. So Ruhetag. An diesem ganz zu Recht beliebten Restaurant kann man leicht vorbei laufen, denn von der Straße aus führt nur ein schmaler Durchgang zum hellen, überdachten Hof mit Brunnen, wo man zwar eng, aber dennoch angenehm sitzt. Innen stehen mehrere dunkle Gasträume zur Verfügung. Geboten wird authentische römische Küche von guter Qualität. Zu empfehlen sind unter den Primi z. B. die „fetuccine con la pajata" (Bandnudeln mit Milchdarm in Tomatensoße geschmort), die Nudelgerichte mit Artischocken (carciofi), und unter den Secondi z. B. die „involtini" (Rindsrouladen), das „coniglio" (Kaninchen) oder auch der frische Fisch. Menü um 25 € bei gutem Preis-Leistungs-Verhältnis.

**Casa Valadier (1)**, Pzza. Bukarest (auf dem Pinciohügel), ☎ 06.69922090, www.casinna valadier.it. Tägl 12.30–15 und 20–23 Uhr. Der Architekt Valadier (der auch die Pzza. del

Popolo mit dem Pincio-Hang neu gestaltet hat) hat die klassizistische Villa auf dem Pincio mit dem sensationellen Blick auf das Stadtzentrum und St. Peter zwischen 1816 und 1837 gebaut, um ein Zentrum für die intellektuelle Szene in Rom zu schaffen. Anfang des 20. Jh. war das Restaurant beliebter Treffpunkt der Prominenz, dann stand die Villa Jahrzehnte leer, bis sie nach einer Kernsanierung im Juni 2004 wieder eröffnet wurde. Ein Abendessen an einem lauen Sommerabend auf der Terrasse mit dem Blick auf das nächtliche Rom nach einem Aperitif an der Bar im ersten Stock ist ein Erlebnis. Einen kleinen Imbiss nimmt man im Café auf der Rückseite zum Garten. Geboten wird leichte italienische Küche (z. B. „mezze maniche con zucchine fiore" – kurze Röhrennudeln mit Zucchiniblüten), ausgezeichnet sind auch die Desserts; gute Weinkarte. Der Service ist professionell und freundlich. Menü um 70 €.

## *Enoteca/Winebar/Snacks/Café (siehe Karte S. 315)*

**Il Brillo Parlante (7)**, Via della Fontanella 12, ✆ 06.3243334, www.ilbrilloparlante.com. Mo mittags geschlossen. Winebar mit 400 Weinen im Verkauf, Restaurant (vorzüglich z. B. die „fettuccine con ricotta di bufala, zucchine e pancetta" – Bandnudeln mit Büffelmilchfrischkäse, Zucchini und Bauchfleisch) und Pizzeria, im Sommer auch einige Plätze draußen. Menü um 30 €.

**Shaki (34)**, Via Mario de'Fiori 29 A, ✆ 06. 6791694, www.shakiroma.com. Tägl. 7.30–21 Uhr. Schicke, kühl und modern gestylte Winebar, im Sommer ein paar Tische draußen, es gibt kleine, internationale Küche.

**Le Cru (58)**, Via delle Mercede 10/d (Ecke Via Mario de'Fiori, neben der Nobeldisco **Gilda (57)**, → S. 149), ✆ 06.6784838. Mo Ruhetag, sonst 19–3.30 Uhr. Mit schweren Holzmöbeln etwas protzig aufgemachte Cocktail Bar, die beim trendigen Publikum sehr beliebt ist. Man trifft häufig (italienische) Prominente, die hier auf dem Weg ins *Gilda* einen Aperitif nehmen. Es gibt auch kleine Gerichte.

**Café Notegen (9)**, Via Babuino 158 B (gegenüber von Vicolo del Babuino). Eines der wenigen alten unverfälschten Cafés der Gegend. Hier kann man sich an einem Tischchen niederlassen und in Ruhe einen Kaffee mit Gebäck oder einen Aperitif genießen. Das ist auch nicht wesentlich teurer als am Tresen. Abends finden manchmal Autorenlesungen statt.

**Caffetteria Museo Atelier Canova Tadolini (13)**, Via Babuino 150 A, ✆ 06.32110702. Tägl. 7–0.30 Uhr. Neues, gestyltes Café, das mit den Lüstern und riesigen Marmorskulpturen in den beiden offenen Stockwerken zu überdekoriert wirkt, um wahrhaft elegant zu sein. Die Skulpturen stehen hier aber nicht ohne Grund, denn hier war das Atelier des Bildhauers Antonio Canova (der auch die hübsche *Paolina* in der Galleria Borghese schuf). Reizvoll sind die Plätze draußen, wo man die vorbeiströmenden Passanten beobachten kann. Es gibt Kaffee, Gebäck und Aperitifs.

**Babington's (33)**, Pzza. di Spagna 23, ✆ 06.6786027, www.babingtons.com. Di geschlossen, sonst 9–20.15 Uhr. Englisches und amerikanisches Frühstück in elegantem Ambiente, teurer Mittagstisch (s. S. 316).

**Caffè Greco (39)**, Via Condotti 86 (→ S. 319).

**Palatium Enoteca Regionale (49)**, Via Frattina 94, ✆ 06.69202132. So geschlossen, sonst 11–1 Uhr. Das Lokal ist modern mit minimalistischem Ambiente (die ständig laufenden Videos können stören), das Konzept ist neu: Hier stellen sich verschiedenste Produzenten aus Latium vor, in der Mehrheit sind es kleine Weingüter mit vorzüglichen Erzeugnissen. Es gibt eine aktuelle Tageskarte mit einer nicht allzu großen Auswahl leichter Gerichte, die gekonnt und lecker zubereitet werden. Mittagstisch um 25 €, Wein um 3 € pro Glas.

**Fior-Fiore (30)**, Via della Croce 17/18, ✆ 06.6791386. So 11–22.30 Uhr, Mo 10.30–20 Uhr, Di–Sa 10.30–22.30 Uhr. Es gibt Pizza mit dünnem, knusprigem Boden und reichlich Auswahl beim Belag, daneben auch Brötchen, Eis und Fruchtsalate.

**L'Enoteca Antica di Via della Croce (24)**, Via della Croce 76/b, ✆ 06.6790896. Seit 1726 werden hier Öl und Wein verkauft. Man kann im Sommer draußen direkt an der Straße sitzen. Drinnen gibt es einen großen Gastraum mit Tresen, wo man ausgezeichnete Weine probieren kann (pro Glas ab 4 €). In den ansprechenden hinteren Räumen werden die Tische eingedeckt; es gibt kleine Gerichte, das aktuelle Angebot steht auf der Tafel (darunter auch Pizza, die aber vorgefertigt zu sein scheint). Das Publikum besteht hauptsächlich, aber nicht ausschließlich, aus Touristen.

*Bulgari: Juwelier der Königshäuser*

## Einkaufen (siehe Karte S. 315)

• *Flagstores der Modedesigner* (in alphabetischer Reihenfolge): **Armani Jeans**, Via del Babuino 70 A.

**Brioni**, Via Condotti 22. Der Herrenausstatter für höchste Ansprüche (Altkanzler Schröder war mal einer der Werbeträger von Brioni, was prima zur Zigarre passte und zum Image als „Genosse der Bosse" beitrug).

**Burberry**, Via Condotti 59.

**Calvin Klein**, Via Borgognona 42.

**Cartier**, Via Condotti 82.

**Chanel**, Via del Babuino 98.

**Costume National**, Via del Babuino 106.

**D&G**, Pzza. di Spagna 82/83.

**David Meyer**, Via Babuino 55 A (nur Herren).

**Dior**, Pzza. di Spagna 73.

**Emporio Armani**, Via del Babuino 140. Großes Geschäft für Damen und Herren; fast die gesamte aktuelle Kollektion ist hier zu bekommen.

**Fendi**, Via Borgognona 36 A-39, Mode und Wohnaccessoires.

**Gente** für Herren, Via Babuino 188; **Gente** für Damen, Via Frattina 70.

**Gente Roma,** Via del Babuino 81 und 101.

**Gianfranco Ferré**, Via del Babuino 5.

**Giorgio Armani**, Via Condotti 76.

**Givenchy**, Via Borgognona 21.

**Gucci**, Via Condotti 9.

**Hermes**, Via Condotti 67.

**Iceberg**, Via Babuino 87–88.

**Jil Sander**, Via Babuino 153.

**Krizia**, Pzza. di Spagna 87.

**Laura Biagiotti**, Via Borgognona 43. Großes Geschäft mit herrlichem Innenhof.

**Luis Vitton**, Via Condotti 15.

**Max Mara**, Via Condotti 16.

**Missoni**, Pzza. di Spagna 78.

**Moschino**, Via Bocca di Leone 82. Nur für Damenmode in der Via Borgognona 32.

**Pal Zileri**, Via Frattina 40.

**Prada**, Via Condotti 98 und Via Babuino 89 A–91.

**Roberto Cavalli**, Via Borgognona 27.

**Roccobarocco**, Via Bocca di Leone 65 A, Ecke Via delle Carozze.

**Salvatore Ferravamo**, Via Condotti 64 und 73.

**Trussardi**, Via Condotti 50.

**Valentino** Herren, Via Bocca di Leone 16; **Valentino** Damen, Via Babuino 61 und Via Condotti 13.

**Versace,** Via Bocca di Leone 27 und Via Borgognona 25.

**Windsor,** Via Frattina 33.

**Yves Saint Laurent,** Pzza. di Spagna 77.

Yves Saint Laurent Rive Gauche, Via Bocca di Leone 34.

• *Kleidung* **Max & Co,** Via Borgognona 6. Teure Designer-Mode.

**Firma Stock (38),** Via delle Carozze 18. Outlet, überwiegend Damenmode, darunter viel Ramsch.

**Cashmere outlet (36),** Via delle Carozze 20.

**Il discount dell'Alta moda (15),** für Herren in der Via Gesù e Maria 14, für Damen Via Gesù e Maria 16 a. Di–Sa 10–19.30 Uhr, Mo 14.30–19 Uhr.

• *Schmuck* **Alcozer & J,** Via delle Carozze 48. Ausgefallener Modeschmuck.

**Siragusa (37),** Via delle Carozze 64. Repliken antiken Schmucks sowie moderner Schmuck mit eingearbeiteten antiken Stücken.

**Hedy Martinelli,** Via Mario de´Fiori 59. Ausgefallener Schmuck.

**Bulgari (40),** Via Condotti 10, (→ S. 319).

• *Kinderkleidung* **Lavori artigianali femminilli,** Via Capo le Case 6. Teuer.

**Mettimi giù,** Via Due Macelli 59.

**Pure,** Via Frattina 111.

• *Lebensmittel/Feinkost* **Foccaci (28),** Via Bellisana, Ecke Via della Croce. Feinkost.

**Marktstände** in Via Boca di Leone, zwischen Via Vittoria und Via della Croce. Fr großer Fischstand.

**Quezalcoatl Chocolatier,** Via delle Carozze 26. Kleiner Laden mit edlen Pralinen und Schokolade.

**Fabbrica Pasta all'Uovo (26),** Via della Croce 8. Frische Nudeln.

**Nanni,** Via della Croce 26. Feinkost, Nudeln, Öle, Wein (etwas teuer).

Supermarkt **Di per Di (22),** Via Vittoria 22 A (gegenüber Via Bocca d. Leone). Versteckt liegender, etwas von der Straße abgesetzter Eingang.

• *Kunsthandwerk/Stiche* **Giulio Lampronti,** Via del Babuino 67. Alte Stiche und Drucke.

**Maurizio Grossi (8),** Via Margutta 109, ☎ 06. 36001935. Marmorarbeiten aller Art, von Tischplatten mit Intarsien oder Mosaiken über Statuen, Büsten, Obelisken, Schalen bis hin zu täuschend echt aussehendem Obst.

**Via Margutta 153 B1 (14)** (gegenüber mündet die Via di Orte di Napoli). Winziger Laden mit Marmor-Schrifttäfelchen nach antikem Vorbild – ein ausgefallenes Souvenir.

**Alessi Pittore (48),** Via Francesco Crispi 24/a. Gemäldekopist.

**Rossi Bronzista (17),** Via San Giacomo 27, ☎ 06.36001722. Repliken von feuervergoldeten Leuchtern und Lampen (hochwertig, fast alles nur auf Bestellung, aber allein die Werkstatt ist interessant).

• *Haushaltswaren/Kleinmöbel/ Accessoires* **C.U.C.I.N.A (29),** Via Mario de´Fiori 65. Große Auswahl an Küchengeräten und Haushaltswäsche.

**TAD Konzept-Store (12),** Via del Babuino 155 A, www.taditaly.com. Unscheinbarer Eingang, dahinter: Café, Parfum, Haushaltsaccessoires, Mode, Schuhe, Musik, Blumen, Friseur, Restaurant.

**TAD outlet (16),** Via San Giacomo 5/a. Sonderangebote aus dem Hauptladen.

**Artemide (10),** Via Margutta 107. Showroom des bekannten Lampenherstellers.

**Poignée (56),** Via Capo le Case 34. Möbel- und Türgriffe, Beschläge, Haken und Gardinenstangen.

**Merletti,** Via Frattina 79. Spitzen und Tischwäsche.

**Ex Ante Due (23),** Via Vittoria 13. Ausgefallene, moderne Designerstücke (Vasen, Lampen, Kästchen, Modeschmuck).

**Ginori (41),** Via Gregoriana (oben an der Spanischen Treppe, gegenüber vom Hotel Hassler). Kleines Geschäft des weltbekannten italienischen Porzellan- und Glasherstellers.

• *Sonstiges* **Cesari (3),** Via del Babuino 15 und 197. Edle Deko-Stoffe, Decken und Kissen.

**Mac (20),** Via Babuino 124 b. Kosmetikstudio.

**Touring Club Italiano (4),** Via Babuino 20. Buchhandlung mit vielen Straßenkarten, Bildbänden, Reiseführern (nicht auf Deutsch).

**Alinari (21),** Via Alibert 16 a. Historische Fotos mit römischen Motiven.

**Vatentino Guido,** Via Sistina 16. Günstige Ledertaschen.

**Outlet di Pelle,** Via Capo le Case 27. Günstige Ledersachen.

**Anglo-American Bookshop (54),** Via delle Vite 102. Englischsprachige Literatur.

**Gucci,** Via Borgognona 7 A. Taschen.

**De Paola,** Via della Croce 23. Großes Fachgeschäft für Parfum und Kosmetik.

*Villa Borghese: elegantes Domizil für die hochkarätige Kunstsammlung eines Papstneffen*

# Villa Borghese

**Der prächtige Landsitz eines Papstneffen bietet heute den größten und schönsten Stadtgarten Roms. Hier können Sie in aller Ruhe spazieren gehen, Sport treiben und auch stille Plätzchen zum Ausruhen und Sonnen finden. An arbeitsfreien Tagen ist die Stille allerdings dahin, denn dann scheinen sich hier fast alle Römer zu treffen.**

Hauptanziehungspunkte für römische Familien und Liebespaare sind der Zoologische Garten und ein winziger See. Einen Besuch wert sind die drei Museen im Park: Die **Galleria Borghese** mit den prachtvollen Repräsentationsräumen des Palastes, in denen eine der berühmtesten Kunstsammlungen der Welt präsentiert wird, die **Galleria d'Arte Moderna** mit der größten italienischen Sammlung moderner Kunst und das **Etruskische Museum** in der Villa Giulia.

Der 80 ha große **Park** der Villa Borghese gilt als einer der abwechslungsreichsten Europas. Es gibt angelegte Rosen- und Magnoliengärten, aber auch große Rasenflächen auf Hügeln, die im Sommer braun verbrannt sind. In den kleinen Wäldchen wachsen Pinien, mächtige Eichen, Palmen und sogar Eukalyptusbäume. Breite Alleen eignen sich gut zum Flanieren. Geräumige Freiflächen wechseln mit versteckten, ruhigen Plätzchen, die an arbeitsfreien Tagen von diskreten römischen Liebespärchen belegt werden. Den müden Touristen bleiben aber genügend Liegeplätze für eine Rast.

**Achtung**: Es gibt Diebesbanden, die sich nur auf das Gebiet der Villa Borghese spezialisiert haben!

Im Sommer finden hier viele Kulturveranstaltungen statt, wie z. B. Jazzkonzerte, Theateraufführungen oder Freiluftkino (aktuelle Programme erhält man in den

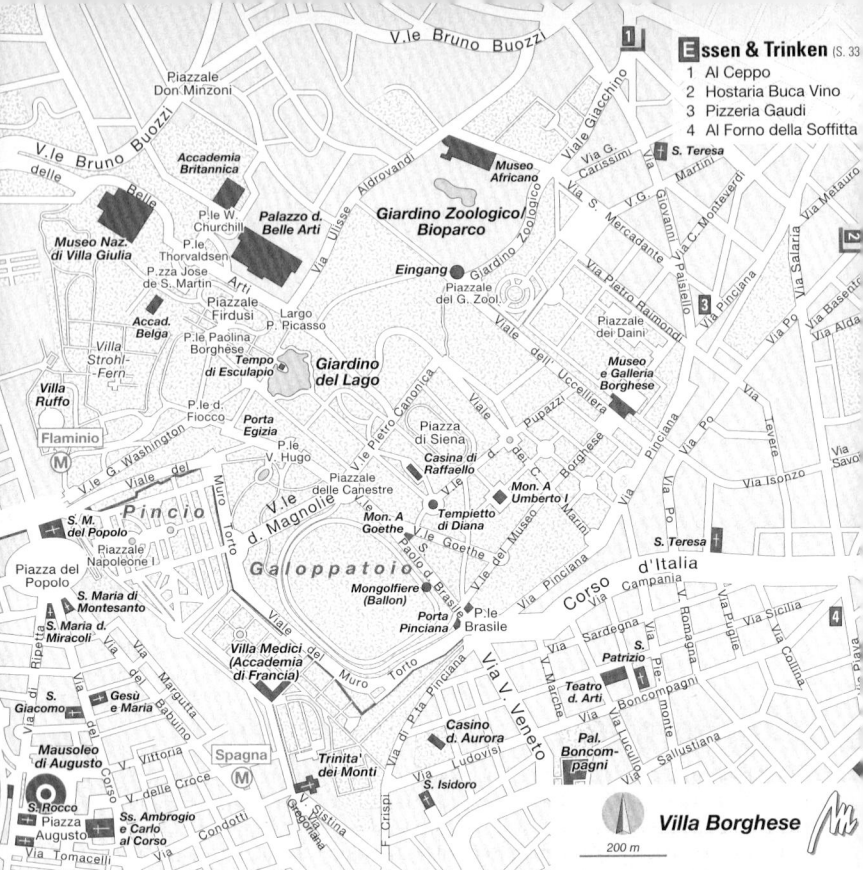

**E**ssen & Trinken (S. 33)
1 Al Ceppo
2 Hostaria Buca Vino
3 Pizzeria Gaudi
4 Al Forno della Soffitta

Touristenbüros, über Plakate oder in *Trovaroma,* der Donnerstagsbeilage der Zeitung *Repubblica*). Man kann Fahrräder, auch Tandems oder eine Art Riksha für drei Personen mieten, auf dem Pincio dreht sich ein Kinderkarussel und der Nachwuchs kann seine Fertigkeiten in Autoscooter erproben.

Als Ausgangspunkt für einen Spaziergang durch den grünen Teil der Villa Borghese eignet sich besonders der **Pinciohügel** im westlichen Teil des Parks. Hier auf der Aussichtsterrasse über der Piazza del Popolo hat man einen herrlichen Blick auf die Stadt: rechts der Monte Mario, daneben der Justizpalast am Tiberufer, Engelsburg, St. Peter, die gesamte Innenstadt und ganz links zwischen den Bäumen das pompöse, alles überragende Nationaldenkmal. Besonders schön ist es hier am frühen Morgen, wenn die ersten Sonnenstrahlen im Rücken die Dächer und Kuppeln der Stadt ausleuchten.

In der Antike hatte der Feinschmecker **Lucullus**, ein Zeitgenosse Caesars, an diesem Platz seine luxuriösen Gärten anlegen lassen, in denen er seine berühmten Gala-Diners feierte. Ihm verdanken wir übrigens u.a. den Import der Kirsche aus Asien.

Den **Obelisk** auf dem Platz mit der Aussichtsterrasse ließ Kaiser Hadrian im 1. Jh. zur Erinnerung an seinen Geliebten Antinous anfertigen. Der Jüngling war während einer Dienstreise des Kaisers durch Ägypten auf tragische Weise ertrunken. Da die römischen Handwerker in ägyptischer Orthographie nicht ganz sattelfest waren, ist die Lobpreisung des Kaisers und die Huldigung der Schönheit des Antinous nicht so ganz überzeugend, aber wer kann schon so gut Altägyptisch lesen.

Hinter dem Platz liegt das neue „Pantheon" des vereinigten Italiens: Alle Volkshelden und Soldatenanführer des Risorgimento sind hier mit einer Büste vertreten. Sie sehen recht würdevoll aus, wenn ihnen auch regelmäßig die Nasen abgeschlagen werden. Das Amt für öffentliche Arbeiten fühlt sich dem Andenken an die Nationalhelden aber verpflichtet und hält ein gut sortiertes Lager an Ersatznasen bereit.

Eine Brücke führt hoch über dem tosenden Verkehr auf dem Viale del Muro in den eigentlichen Park. (Im Sommer steht hier meist einer der mobilen Verleiher von Fahrrädern, auch Kinderrädern, Go-Karts und Inline-Skates.) Links erreichen Sie einen kleinen **See** mit einem Tempelchen darin. Für romantische Seelen gibt es sogar einen Bootsverleih. Wenn aber mehr als zehn Boote auf dem Wasser sind, wird es bereits eng. Hinter dem See können Sie zur Galleria d'Arte Moderna oder weiter zum Etruskischen Museum in der Villa Giulia hinabsteigen. Gehen Sie den Weg vom See zurück bis zur Piazza delle Canestre und weiter über den Viale Canonica, so kommen Sie zur **Pferderennbahn**. Sie liegt unter den riesigen Kiefern zwar recht hübsch, ist aber nicht mit den Anlagen in Ascot oder in Baden-Baden zu vergleichen. Trainiert wird in der Nähe auf dem staubigen *Galoppatoio*.

Wenn Sie sich nun rechts halten, erreichen Sie das Museum der Galleria Borghese.

## Galleria Borghese

Die Wiedereröffnung der Galleria Borghese 1997 nach 14-jähriger Restaurierung war ein international beachtetes Kulturereignis. Viele Berichterstatter sprachen sogar vom „schönsten Museum der Welt".

Das Besondere ist die wiederhergestellte **opulente Innenausstattung** des Palais, so wie Scipione sie als Rahmen für seine Kunstkollektion konzipiert hatte. Darum wirkt die Galleria Borghese nicht wie ein herkömmliches Museum. Die Dekoration der Säle mit Wand- und Deckengemälden, die Mosaiken, Säulen und Marmorverkleidungen sind selbst schon Kunstwerke und wirken mit den Exponaten, die z. T. exklusiv für diesen Rahmen angefertigt wurden, in Harmonie zusammen. In den Repräsentationsräumen geht es jeweils um Geschichten aus der antiken Mythologie. Eine Skulptur stellt eine dramatische Schlüsselszene der Geschichte dar und die wird dann in den Gemälden oder Raumdekorationen fortgesetzt. Dem gebildeten Betrachter erschließt sich sogleich das Zusammenspiel und er nimmt den Raum mit seiner Ausstattung als zusammenhängendes Kunstwerk wahr.

Auch das **Äußere** der Villa wurde rekonstruiert. Man ergänzte den beschädigten antiken Figurenschmuck, stellte die hellen Farbschattierungen der Fassade wieder her und mischte dabei, wie im 17. Jh., dem Putz fein zerriebenen Marmor bei, um einen feinen Glanz zu erzeugen.

Rom – Villa Borghese
Karte S. 326

## Die Familie Borghese

Von den mächtigen Medici aus der Toscana verdrängt, siedelte die reiche Familie Borghese zu Beginn des 16. Jh. nach Rom über. Dank geschickter Allianzen und kluger Heiratspolitik gelangte sie auch hier bald zu hohem Ansehen und stellte mit Paul V. (1605–21) sogar einen Papst. Damit sanierte sich die Familie endgültig, denn zu jener Zeit war es üblich, dass ein neu gewählter Stellvertreter Christi seine Verwandten mit Titeln und üppigsten Einnahmequellen bedachte. Besonders die Neffen profitierten von der Gunst ihres Onkels. Diesen ausgeprägten Familiensinn bei der Ämtervergabe, der bis heute in Italien verbreitet ist, nennt man daher „Nepotismus" (von lat. *nepote* = Neffe, Vetter, aber auch allg. Verwandter).

So war es auch nicht ungewöhnlich, dass Paul V. schon zwei Monate nach seiner Wahl seinen 26-jährigen Lieblingsneffen **Scipione Borghese** zum Kardinal ernannte, was diesem schier unerschöpfliche Geldquellen erschloss. Scipione war ein gebildeter und kunstbegeisterter junger Mann. Er sammelte antike Statuen, Gemälde der Renaissance und förderte mit treffsicherem Blick für Qualität zeitgenössische Künstler wie Bernini, Caravaggio, Reni, Rubens und viele andere.

Für den passionierten Sammler war es ideal, dass der Onkel nicht nur ein spendabler Mensch mit Familiensinn, sondern als Papst zugleich ein absoluter Monarch mit uneingeschränkter weltlicher Macht war. Als z. B. der bekannte Maler Cesare d'Arpino einmal mit den päpstlichen Finanzbeamten in Konflikt geriet, sorgte der Kardinal diskret dafür, dass man 107 Bilder des Künstlers beschlagnahmte, damit der Papst sie ihm später schenken konnte. Ein anderer Maler, der sich weigerte, Scipione ein bestimmtes Bild zu verkaufen, landete sogar unter fadenscheinigem Vorwand im Gefängnis. Unbedingt besitzen wollte er auch Raffaels *Kreuzabnahme* aus der Kirche S. Francesco in Perugia. Da das Gemälde natürlich unverkäuflich war, ließ er es 1608 stehlen und fügte es heimlich in seine Sammlung ein. Der Papst legalisierte dann den Besitz.

Eine buchstäbliche Fundgrube für antike Kunst waren die zahlreichen Baustellen. Paul V. setzte seine Vision einer Stadtverschönerung zum höheren Ruhme Gottes und der Kirche („*ad maiorem Dei et Ecclesiam gloriam*"), aber auch zu seinem eigenen (dafür sorgt sein an vielen Gebäuden zu sehendes Wappen mit Adler und Drache bis heute) konsequent um. Die Skulpturen, die man bei Ausschachtungsarbeiten fand, bekam Kardinal Borghese.

Der ansehnliche Palast, den sich Scipione 1609 bei der Peterskirche gekauft hatte, reichte bald für alle seine Schätze nicht mehr aus. Er gab deshalb eine Landvilla nach Art der Antike in Auftrag, die in erster Linie als würdiger Rahmen für seine Sammlung und auch zu Repräsentationszwecken dienen sollte. Ein üppiger Park, der so groß war, dass er sogar zur Jagd taugte, gehörte ebenfalls dazu. Im Jahr 1620 war alles fertig. Kurz vor seinem Tod ordnete Scipione Borghese 1633 an, dass seine Sammlung von den Nachkommen weder veräußert noch geteilt werden durfte (Fideikommiss).

Zwischen 1770 und 1800 ließ die Familie Borghese Park und Villa modernisieren. Zahlreiche namhafte Maler und Architekten wirkten daran mit, die Innenräume des Palastes mit spätbarocken und klassizistischen Formen zu verändern. Im Zuge der Französischen Revolution interessierten die Erbbeschränkungen nicht mehr und es ließ sich nicht verhindern, dass 1798 die besten Stücke der Sammlung nach Paris verfrachtet wurden. Neun Jahre später sah sich **Camillo Borghese** gezwungen, 160 Büsten, 154 Statuen, 70 Reliefs und 30 Säulen an seinen Schwager Napoleon Bonaparte zu verkaufen. Heute befinden sich diese Stücke in der Borghese-Abteilung des Louvre in Paris. Es kamen aber auch neue Kunstwerke hinzu. So meißelte **Canova** zwischen 1805 und 1808 das Marmorporträt der **Paolina Borghese als Venus** – heute das Wahrzeichen des Museums. Die verbleibenden Lücken der Sammlung wurden um 1830 mit Stücken aus anderen Palästen der Familie geschlossen.

Nach der Einigung Italiens führten Grundstücksspekulationen zum finanziellen Ruin der Familie. Es blieb nichts anderes übrig, als 1901 den Palast mit allen Kunstschätzen an den neuen italienischen Staat zu verkaufen. Den Park übernahm 1902 nach langwierigen Verhandlungen die Stadt Rom. Anfangs sah man in der Anlage nur ein „Verkehrshindernis", das der Entwicklung der neuen Hauptstadt im Wege war. Die Bevölkerung bestand aber auf der Erhaltung ihres Stadtparks. So wurden Tunnels für den Verkehr angelegt und Brücken über unvermeidliche Durchgangsstraßen gebaut.

Im **Souterrain** befinden sich die Serviceeinrichtungen mit Ticketverkauf, Garderobe, Bar und Museumsshop, der eine große Auswahl an Bild- und Kunstbänden bietet. In den Repräsentationsräumen des Erdgeschosses sind die wichtigsten Marmorskulpturen Berninis, mehrere Hauptwerke Caravaggios und die berühmte **Statue der Paolina** (das Wahrzeichen des Museums) ausgestellt. Die Gemäldesammlung im ersten Stock umfasst über 340 bedeutende Gemälde, hauptsächlich aus dem 16. und 17. Jh.

### Rundgang

Man beginnt die Besichtigung im großen **Eingangssaal**, wo der Besucher gleich beim Betreten des Palais von üppigster Prachtentfaltung überwältigt werden sollte. Diesen Effekt erzielt Scipione auch noch heute, 300 Jahre nach seiner Zeit.

Das gewaltige Deckengemälde hat die Verherrlichung Roms zum Thema. Man sieht Jupiter in der Mitte und links vor ihm Romulus. Bemerkenswert ist das aus der Wand in die Tiefe stürzende Pferd. Dargestellt wird hier der Held Marcus Curtius, der sich nach antiker Legende als Opfer für die Götter in die Felsspalte stürzte und Rom dadurch rettete. Das Pferd ist ein griechisches Original, den Reiter fügte Gianlorenzo Berninis Vater Pietro hinzu. Die vier antiken Kolossalköpfe aus dem 1. Jh. n. Chr. stellen die Kaiser Hadrian (links) und dessen Nachfolger Antoninus Pius (rechts) sowie die Göttinnen Isis (links, mit der Lotusblüte auf dem Kopf) und Juno (rechts) dar. Von außerordentlicher Qualität ist das farbenprächtige antike Fußbodenmosaik, das kämpfende Gladiatoren und wilde Tiere zeigt.

Der Rundgang beginnt rechts vom Eingang.

*Saal I* In der Mitte ruht **Paolina Borghese** in freizügiger Pose als Venus auf einem Bett. Im Alter von 23 Jahren verheiratete ihr Bruder Napoleon sie 1803 zwangsweise mit dem immens reichen, aber todlangweiligen Fürsten Camillo Borghese, und sie musste aus dem mondänen Paris in die biedere Papststadt umziehen. Ihre Launen, ihre Verschwendungssucht und ihre zahlreichen Liebhaber sorgten für manchen Skandal. Als sie fast nackt beim Bildhauer **Antonio Canova** Modell für die Venus lag (es sollte ein Hochzeitsgeschenk für ihren Mann werden), fragte eine Freundin schockiert, wie sie das nur fertig gebracht habe. Darauf antwortete sie trocken: *„Es war gar nicht schlimm. Es gab ja einen Ofen im Atelier!"* Die Skulptur ist eines der berühmtesten Meisterwerke des Klassizismus.

Paolinas Pose mit dem Apfel in der Hand spielt auf das **Urteil des Paris** an: Die Göttinnen Venus, Juno und Minerva hatten sich gestritten, wer von ihnen die Schönste sei. Zum Schiedsrichter beriefen sie den Hirten Paris. Dieser entschied zu Gunsten von Venus, denn sie hatte ihn bestochen und ihm als Lohn die schöne Helena versprochen. Die Geschichte endete katastrophal. Venus bekam den Apfel als Siegestrophäe, hielt sich aber nicht an die Abmachung. Daraufhin entführte Paris die Helena und löste so den Trojanischen Krieg aus.

Das Urteil des Paris ist auch Thema des Deckengemäldes.

*Saal II* In der Mitte des Raumes sehen Sie den *David* (1623), die erste von fünf bedeutenden Skulpturen **Berninis**, die Kardinal Scipione Borghese bei ihm bestellte. Der damals 25-jährige Bildhauer zeigt den Augenblick unmittelbar bevor der junge Hirte mit seiner Steinschleuder ausholt und den übermächtigen Goliath tötet. Der hoch konzentrierte Gesichtsausdruck mit den zusammengepressten Lippen belegt die Anspannung, die sich bis in die Zehenspitzen fortsetzt. Als Modell für das Gesicht diente Bernini sein eigenes Spiegelbild.

Das Gemälde von Carracciola (1613) gegenüber hat dasselbe Thema, es spielt nur eine Szene später. Hier hat David bereits gesiegt, und man sieht Goliaths abgetrennten Kopf.

*Saal III* Die nächste **Skulpturengruppe Berninis** befindet sich seit ihrer Fertigstellung im Jahr 1624 in diesem Raum. Es geht um die entscheidende Szene aus den *Metamorphosen* des römischen Dichters Ovid (43 v. Chr.–18 n. Chr.):

Der kleine Amor ärgerte sich über den arroganten Apoll, weil der gemeint hatte, Pfeil und Bogen seien nur etwas für richtige Männer. Amor zeigte ihm daraufhin, dass er sehr wohl damit umgehen konnte: Mit einem goldenen Pfeil traf er **Apoll**, der daraufhin in Liebe zur schönen Nymphe **Daphne** entbrannte. Gemeinerweise bewirkte ein zweiter Pfeil mit einer bleiernen Spitze bei ihr das Gegenteil. Voller Abscheu floh sie vor den göttlichen Zudringlichkeiten. Als Apoll, von Liebe beflügelt, sie gerade einholte, verwandelte sie sich in einen Lorbeerbaum. Ovid beschreibt das so:

*„Kaum hat sie so gefleht, ergreift eine Starre die Glieder*
*Zäher Bast umspinnt das Fleisch des geschmeidigen Leibes*
*Wie als Blätter die Haare, so wachsen die Arme als Zweige*
*Eben so schnell noch, haften in trägen Wurzeln die Füße*
*Wipfel nimmt ein das Gesicht. Ein Glanz nur bleibt über allem."*

Bernini zeigt genau diesen Augenblick. Ein Teil von Daphnes Körper steckt schon in der Rinde, aus den Zehen schießen Wurzeln in den Boden, aus Haaren und Fingern sprießt das Laub. Wenn Sie um die Skulpturengruppe herumgehen, erleben Sie die Metamorphose wie in einem Film. Aus einer Perspektive ist Daphne noch ein Mädchen, aus einer anderen fast schon ein Baum.

Die Perfektion, mit der der 26-jährige Bernini die filigranen, fast durchscheinenden Blätter und den im schnellen Lauf flatternden Umhang des Apoll in Marmor meißelte, lässt nur staunen. Genial macht Bernini auch die Gefühle der beiden sichtbar. Apoll bleibt der Mund offen vor Verblüffung, Daphne erstarrt buchstäblich in Verzweiflung und Angst.

Damit das anzügliche Thema einer göttlichen Beinahevergewaltigung für einen Kardinal noch vertretbar blieb, befestigte man eine Tafel mit moralischem Sinnspruch am Figurensockel. *„Wer voll Begierde den flüchtigen Freuden nachjagt, hält zuletzt nur Blätter in Händen und pflückt sich bittere Beeren."*

Das Thema von Apoll und Daphne wiederholt sich im **Deckengemälde**. Dort trifft Amor den Apoll gerade mit seinem goldenen Liebespfeil. An der Wand sehen Sie im Gemälde von Dossi (1522) die Schlussszene: Daphne ist völlig zum Baum geworden. Apoll hat sich von ihrem Laub einen Lorbeerkranz geflochten und spielt gegen den Liebeskummer ein Liedchen.

Vom Saal III aus durchqueren Sie die kleine **Hauskapelle**. Es ist der einzige Raum, der aus der Zeit Scipione Borgheses unverändert erhalten ist und nicht rekonstruiert werden musste. Beachtenswert ist der Hausaltar eines Augsburger Silberschmieds (16. Jh.).

*Saal IV* Dieser große, prachtvoll dekorierte Saal wird wegen der Marmorbüsten römischer Imperatoren **Kaisergalerie** genannt (die Arbeiten stammen aus dem 18. Jh.).

**Berninis** Statuengruppe **Raub der Proserpina** (1622) in der Saalmitte hat wieder eine Szene aus der griechischen Mythologie zum Thema: Diesmal ist es Pluto, der Herrscher der Unterwelt, der sich in Proserpina verliebte und sie in sein düsteres Reich entführte. Die Bedauernswerte versuchte vergebens, sich zu befreien. Später gab es einen Kompromiss, und man vereinbarte eine Jahreszeitenehe. Im Frühling und Sommer durfte sie auf die Erde und dort segensreich wirken, Herbst und Winter hatte sie bei Ehemann Pluto in der Unterwelt zu verbringen.

In der hoch dramatischen Szene zeigt Bernini, wie sich Plutos starke Hände tief in Proserpinas Oberschenkel eingraben. Realistisch bis ins Detail des abgespreizten großen Zehs ist die Anspannung der sich heftig wehrenden Frau dargestellt. Die Figuren sind spiralförmig angeordnet, um auch dadurch zu betonen, wie sehr Proserpina sich windet. Rechts neben Pluto sehen Sie den dreiköpfigen Höllenhund Zerberus, der für die Bewachung des Totenreichs zuständig ist.

*Saal V* In dem kleinen Durchgangsraum räkelt sich in der Mitte auf einer Matratze aus Marmor ein Hermaphrodit aus dem 1. Jh. n. Chr. nach einem griechischen Original von Polykles (150 v. Chr.). Der Hermaphrodit, den Scipione Borghese einst an dieser Stelle präsentierte, wurde 1807 an Napoleon verkauft und befindet sich heute im Louvre. Das Zwitterwesen, das Sie heute hier sehen, ist dem von Scipione recht ähnlich.

*Saal VI* Die Figurengruppe **Aeneas, Anchises** und **Ascanius** (1618) gilt als das erste große Werk **Berninis**. Der Vater des gerade 20-Jährigen hat noch deutlich mitgewirkt.

Es geht diesmal um den Helden der *Aeneis* des römischen Dichters Vergil: Aeneas, der als einziger den Unheil verkündenden Prophezeiungen Laokoons glaubt, flieht gerade noch rechtzeitig aus dem brennenden Troja. Er trägt den Vater Anchises auf seinen Schultern. Dieser hält die Penaten (Schutzgötter des Hauses und der Familie) seines Hausaltares fest in der Hand. Die Augen des Alten sind von den schrecklichen Ereignissen noch angstvoll aufgerissen. Aeneas' kleiner Sohn Ascanius folgt zu Fuß mit den Opfergeräten und dem heiligen Feuer. Vergil schilderte die Odyssee der drei einzigen überlebenden Trojaner, die schließlich in Latium endete. Er wollte auf diese Weise zur Imagepflege die Wurzeln der römischen Kultur bis nach Troja nachweisen. Im übertragenen Sinn steht die Gruppe für die drei Lebensphasen: Kindheit, Erwachsenenzeit und Alter und für die Kontinuität.

Das **Deckengemälde** geht auf das Thema ein und zeigt den Götterrat. In der Mitte leitet Jupiter die Diskussion über das Schicksal Trojas.

Ein Spätwerk **Berninis** ist die nur teilweise fertig gestellte **Von der Zeit enthüllte Wahrheit** (1645). Die nackte Wahrheit in ihrer barocken Weiblichkeit hält die Sonne in der Hand. Die Decke, unter der sie steckte, scheint sich hinter ihr aufzurichten. Hier fehlt die leider nicht fertig gestellte Allegorie der Zeit, die die Wahrheit enthüllen sollte.

Die Skulptur gilt als das persönlichste Werk Berninis. Nach dem Tod Urbans VIII. (1644) fiel er bei dessem Nachfolger Innozenz X. in Ungnade. Seine Gegner hatten nämlich das Gerücht verbreitet, die von ihm in die Kuppelpfeiler von St. Peter eingefügten Nischen hätten die Statik der Kirche gefährdet und es seien schon Risse in der Kuppel zu sehen. Das war zwar gelogen, traf den erfolgsverwöhnten Bernini jedoch und schädigte seinen Ruf. Die Skulptur sollte die Hoffnung ausdrücken, dass die Zeit die Wahrheit über seine Fähigkeiten ans Licht bringen werde.

*Saal VII* Für die **ägyptische Sammlung** der Fürsten Borghese wurde hier eigens ein Raum in ägyptisierendem Stil ausgestattet. Die Gemälde unter dem Gesims zeigen Szenen aus dem Leben von Kleopatra und Antonius. Berühmt ist die Darstellung des auf einem Delphin reitenden Satyrs in der Mitte des Raumes. Es handelt sich um eine römische Kopie (1. Jh. n. Chr.) eines Originals von Lysipp. Der fehlende Kopf wurde im 16. Jh. ergänzt.

*Saal VIII* Der tanzende Satyr in der Saalmitte entstand im 2. Jh. n. Chr. nach einem berühmten Original von **Lysipp.** Die fehlenden Arme ergänzte Thorwaldsen.

Ansonsten sind hier sechs der bedeutendsten Gemälde **Caravaggios** zu sehen.

Das große Altarbild *Madonna dei Palafrenieri* (1605) war eigentlich für die Peterskirche gedacht, doch dort hielt man es für zu profan und hängte es schnell wieder ab. Das hinderte Kardinal Borghese nicht, ihm daraufhin einen Ehrenplatz in seinem Palais freizuräumen. Dargestellt ist der kleine Jesus mit Maria, die ihm beibringt, wie man mit einer Schlange (Symbol für Sünde und Ketzertum) umgeht, die Frau rechts daneben ist Marias Mutter Anna. Die äußerst realistisch gemalten Figuren stehen wie im grellen Scheinwerferlicht vor dem dunklen Hintergrund.

Das schaurige Bild *David mit dem Haupt des Goliath* (ca. 1610) schickte Caravaggio von seiner Flucht mit der Bitte um Gnade nach Rom. Um zu zeigen, wie sehr er litt, porträtierte er sich selbst im abgeschlagenen Kopf des Goliath. Ein früheres Selbstporträt zeigt ihn in Gestalt des jungen Bacchus mit Weinlaub auf dem Kopf und Weintrauben in der Hand (1593). Da er grün im Gesicht ist, wird er manchmal für krank oder betrunken gehalten. Dem Maler ging es aber wohl eher um eine besonders fremdartige, nächtliche Beleuchtung. Ähnlich ist das bekannte Gemälde *Knabe mit dem Fruchtkorb* (1594). Das bis ins kleinste Detail ausgearbeitete Obst hat viele spätere Stillleben beeinflusst. Ein weiterer Junge stellt den *Heiligen Johannes als Knaben* dar (ca. 1609). Zu den berühmtesten Gemälden Caravaggios gehört schließlich auch der *Heilige Hieronymus* (1605/1606). Der große Kirchenlehrer ist als schreibender Greis zu sehen. Seinem Kopf gegenüber weisen ein Schädel und das sichelförmige weiße Tuch darunter auf den Tod hin. Der ausgestreckte Arm stellt meisterhaft die Verbindung wie bei einer Waage her.

## Michelangelo da Caravaggio (1571–1610)

Caravaggio revolutionierte die Malerei. Als 16-Jähriger kam er nach Rom und schlug sich zunächst als Assistent anderer Maler durch, indem er Porträts kopierte und Hintergrund-Details ausführte. Man erkannte aber bald sein großes Talent, und einflussreiche Gönner wie Kardinal Borghese förderten ihn. So konnte er seinen eigenen Stil entwickeln. Er war der Erste, der mit perspektivischen Verkürzungen und mit krassen Gegensätzen von Hell und Dunkel arbeitete, um die Plastizität und die Dramatik seiner Bilder zu betonen.

In heftigen Konflikt mit der Kirche geriet er durch seinen hemmungslosen Lebensstil und weil er es ablehnte, seine Kunst in den Dienst der Gegenreformation zu stellen. Seine Heiligen waren keine entrückten Idealgestalten, sondern ganz alltägliche Menschen, noch dazu von niedrigem Stand, mit nackten, schmutzigen Füßen, schwarzen Rändern unter den Nägeln der schwieligen Hände und mit einfacher, grober Kleidung. Solchen Leuten konnte man auf der Straße begegnen, als ehrfurchtsgebietende Gestalten einer alleinseligmachenden Kirche taugten sie nicht.

Durch sein cholerisches Temperament kam Caravaggio häufig mit dem Gesetz in Konflikt. Als er 1606 bei einem Streit seinen Gegner erstach, musste er aus Rom fliehen. Rastlos zog er durch Süditalien. Bevor sein Gnadengesuch nach den Fürsprachen seiner Mäzene Erfolg hatte, starb er 1610 an Sumpffieber. Obwohl seine Bilder heftigen Anstoß erregten, wurden sie zum Glück nicht zerstört. Immer fanden sich Bewunderer, die die Bilder zu geringen Beträgen kauften und in privaten Sammlungen vor allzu strengen päpstlichen Sittenwächtern schützten.

---

Um zur **Gemäldegalerie** im ersten Stock zu gelangen müssen Sie das Gebäude verlassen. Durch einen Seiteneingang erreichen Sie das Treppenhaus. Leider ist es unmöglich, in der eingeräumten Besuchszeit alle Bilder der Pinakothek eingehend zu betrachten. Hier soll deshalb auch nur auf eine kleine Auswahl hingewiesen werden.

### Rundgang

*Vorraum* Eine Miniatur zeigt die Villa um 1636, kurz nach dem Tod von Scipione Borghese. Bemerkenswert sind auch die außerordentlich feinen Mosaike. Eines zeigt Paul V., den Papst aus der Familie Borghese, der dem Neffen die ganze Pracht finanzierte.

*Saal IX* Hier sehen Sie Gemälde florentinischer und umbrischer Meister aus der Zeit um 1500, darunter drei Gemälde von **Raffael**: das *Porträt eines Mannes mit rundem Gesicht*, die *Dame mit dem Einhorn* und die später in vielen Varianten kopierte *Grablegung Christi*. Letzteres hing 101 Jahre in der

Kirche S. Francesco in Perugia, bis Scipione es stehlen und den Besitz später vom Papst legalisieren ließ.

*Saal X* Zu den vielen herausragenden Gemälden dieses Raums gehört *Venus und Amor mit der Honigwabe* (ca. 1531) von **Lukas Cranach**, der mit Albrecht Dürer die Renaissance in der deutschen Malerei einleitete. Der Honig naschende Amor neben der Dame, deren hauchdünner Schleier sie nicht ansatzweise verhüllt, wird im Text am oberen Bildrand erklärt: Danach wird die Süße der Liebeswonne regelmäßig auch von Schmerz begleitet.

*Saal XI* Schule von Ferrara mit Gemälden aus dem 16. Jh.

*Saal XII* Lombardische und venezianische Malerei. Das bekannteste Bild dürfte die *Leda mit dem Schwan* sein. Früher hielt man es für ein Werk Raffaels. Sein Stil ist zwar ähnlich, doch zeigt die sehr unterschiedliche Qualität einzelner Bildteile, dass hier verschiedene Künstler gearbeitet haben. Sehenswert ist auch das Porträt des *Mercurio Bua* von **Lotto** (ca. 1535). Die Rosenblätter mit dem kleinen Schädel unter seiner rechten Hand deuten an, dass seine Frau und sein Kind bei der Geburt gestorben sind.

*Saal XIII* Werke der Bologneser und Florentiner Schule aus dem 15. und 16. Jh.

*Saal XIV* In dem großen Saal, der ursprünglich einmal eine offene Loggia war, ist **Bernini** mit zwei Selbstporträts vertreten, die ihn im Alter von 25 und 38 Jahren zeigen. Auch das Terrakotta-Modell einer Reiterstatue des Sonnenkönigs stammt von Bernini. Der kam mit seinen Entwürfen in Frankreich jedoch nicht an.

Die Skulptur der *Ziege Amalthea* (1615), die den kleinen Zeus zusammen mit einem kindlichen Faun säugt, hielt man zu Beginn des 20. Jh. noch für ein antikes Original. Man weiß inzwischen, dass sie von dem noch nicht einmal 17 Jahre alten Bernini stammt. Der hatte beim Betrachten der Skulpturensammlung des Kardinals Borghese den Stil der Antike so verinnerlicht und war auch handwerklich schon so perfekt, dass seine ersten eigenen Werke den antiken Vorbildern zum Verwechseln ähnlich waren.

Sehenswert sind außerdem die vier runden Gemälde mit dem Liebesspiel der Eroten während der Jahreszeiten (1616/1617) und ein Bild von **Guido Reni**, das den wütenden Moses mit den Gesetzestafeln zeigt.

*Saal XV* Schulen der Lombardei und des Veneto mit Gemälden aus dem 16. Jh. Zu den wichtigsten Kunstwerken dieses kleinen Raums gehört das *Letzte Abendmahl* von **Jacopo Bassano** (1542), bei dem Jesus gerade den bevorstehenden Verrat ankündigt.

*Saal XVI* Gemälde von **Giorgio Vasari** (*Geburt Christi*, 1546), **Jacopo Zucchi** (*Allegorie der Entdeckung Amerikas* und *Allegorie der Schöpfung*, beide um 1585) und von **Pellegrino Tibaldi** (*Anbetung des Kindes*, 1548), das deutlich von den Figuren Michelangelos in der Sixtinischen Kapelle beeinflusst ist.

*Saal XVII* Werke ab dem 17. Jh., darunter die *Galerie eines Antiquars* aus der Zeit Scipione Borgheses (ca. 1620).

*Saal XVIII* Hier ist besonders die *Pietà* von **Peter Paul Rubens** zu erwähnen (1602).

*Saal XIX* Meister des römischen Barock. Das Gemälde *Aeneas Flucht aus Troja* von **Barocci** befand sich seit 1613 im Besitz des Kardinals Borghese. Hierdurch kam er auf die Idee, das Thema als Skulptur in Auftrag zu geben. Das Ergebnis haben Sie im Erdgeschoss gesehen. Ganz besonders gelungen ist auch das kleine Gemälde von **Annibale Carracci** (1583), das einen lächelnden Schauspieler zeigt (erkennbar an der Kopfbedeckung, die im Bologneser Theater für einen Arzt gebräuchlich war).

*Saal XX* Venezianische Schule der Renaissance. Zu den herausragenden Werken des letzten Saales gehören die Gemälde **Tizians**. Seine *Himmlische und irdische Liebe* malte er mit 25 Jahren. Die Rothschilds wollten das Gemälde 1899 unbedingt kaufen und boten dafür einen Preis, der deutlich über dem lag, was der italienische Staat ei-

*Galleria Nazionale d'Arte Moderna: Spalier für Canovas „Herkules und Lika"*

Rom – Villa Borghese
Karte S. 326

nige Jahre zuvor für das ganze Palais einschließlich aller Kunstwerke bezahlt hatte.

• *Eingang* Piazzale del Museo Borghese 5.

• *Ticketverkauf* Im Souterrain des Museums, dort befinden sich auch ein großer Museumsshop und eine Cafeteria.

• *Öffnungszeiten* Mo geschlossen (ebenso am 1. Jan. und 25. Dez.), sonst 9–19 Uhr, Einlass bis 18.30 Uhr.

Der **Zugang** ist **beschränkt**: alle zwei Stunden werden maximal 360 Personen eingelassen. Daher ist eine **Reservierung erforderlich**; man erhält eine Reservierungsnummer, unter der die Tickets an der Kasse abrufbereit sind. 30 Min. vor Beginn der zugeteilten Einlasszeit müssen die Tickets abgeholt werden (problemlos telefonisch oder online möglich, s. u.).

Für die Besichtigung stehen dann wirklich nur maximal zwei Stunden zur Verfügung. Anschließend wird das Gebäude für die nächste Gruppe konsequent geräumt.

Wenn Sie keine Karte reserviert haben, können Sie sich auf die Warteliste für die nächste Gruppe setzen lassen, mit etwas Glück werden nicht alle Reservierungen eingelöst.

• *Eintritt* 8,50 € (einschl. Reservierungsgebühr); für EU-Bürger von 18–25 Jahre und für Lehrer aus der EU 5,25 €; für EU-Bürger unter 18 und über 65 Jahre, für europäische Studenten und Professoren der Fachrichtungen Kunst, Kunstgeschichte und Architektur 2 € (Reservierungsgebühr). Audioguide (auch auf Deutsch) 5 €.

• *Führungen* In englischer Sprache: tägl. 9.10 und 11.10 Uhr; in italienischer Sprache: 11.10, 15.10 und 17.10 Uhr. Preis 5 € pro Person (zuzügl. Eintrittskarte). Führungen sind nicht für Einzelpersonen buchbar. Mit etwas Glück kann man sich einer Führung anschließen.

• *Information/Reservierung* ✆ 06.32810; Buchungen für Gruppen: ✆ 0039.06.32651329; Buchung einer Führung: ✆ 0039.06.8555952, ✆ 06.22582493. Auch online Buchung möglich: www.ticketeria.it; Informationen unter www.galleriaborghese.it.

## Museo di Villa Giulia

Dieses sehenswerte Bauwerk war früher die Sommerresidenz von Papst Paul III. (1534–49). Es ist das Ergebnis der Zusammenarbeit dreier berühmter italienischer Renaissancekünstler: des Malers und Architekten Giorgio Vasari (1511–74), des Bildhauers und Architekten Bartolommeo Ammanati (1511–92) und des Architekten Iacopo Barozzi (1507–73); schließlich wurde sogar noch Michelangelo als Berater hinzugerufen. Heute beherbergt es das **Museum für etruskische Kunst**.

Die Villa besteht aus einem Palazzo, drei anmutigen Gartenabschnitten und einem Nymphäum. Alle Bereiche sind harmonisch aufeinander abgestimmt. Im **Erdgeschoss** des Palazzos befinden sich die wichtigsten Räume des Bauwerks: zwei Bankettsäle, denn Repräsentation war die Hauptfunktion dieses Papstsitzes. Obwohl die prächtigen Fresken noch heute eindrucksvoll sind, muss die Villa mit dem damaligen antiken Skulpturenschmuck noch hinreißender gewesen sein. Das **Nymphäum** ist der architektonische Schwerpunkt der Anlage. Im rechten Teil des Gartens steht die maßstabsgetreue Rekonstruktion eines etruskischen Tempels aus Alatri; das Original stammt aus dem 3. bis 2. Jh. v. Chr.

Das Museum beherbergt unzählige etruskische Funde aller Art, hauptsächlich aus Vulci (→ S. 686), Cerveteri (→ S. 672) und Vejo (→ S. 665), die Zeugnis von ihrer großen und noch immer nicht restlos erforschten Kultur ablegen (mehr über das Volk der Etrusker → „Viterbo/Umgebung", S. 627).

### Rundgang

*Räume 1–5* Funde aus Vulci, u. a. eine Urne aus Bronze in Form einer Hütte aus dem 7. Jh. v. Chr. (mehr zur Begräbniskultur der Etrusker → „Cerveteri", S. 674).

*Raum 6* Funde aus Bisenzio, u. a. ein kleiner Streitwagen, als Räuchervase zu benutzen (aus dem 8. Jh. v. Chr.).

*Raum 7* Funde aus Veio, u. a. die berühmte, etwas über lebensgroße Terrakottastatue eines vollständig erhaltenen Apolls aus dem 6. Jh. v. Chr. mit scharf geschnittener, spitzer Nase, spitzem Kinn und mandelförmigen Augen.

*Räume 8–10* Funde aus Cerveteri, u. a. der wunderschöne Sarkophag mit einem liegenden, halb aufgestützten etruskischen Ehepaar aus Terrakotta (2. Hälfte des 6. Jh. v. Chr.) und der Löwensarg mit vier Löwen auf dem Sargdeckel (Mitte des 6. Jh.), sowie viele Vasen.

*Räume 11–18* Antiquarische Sammlung; hier werden Stücke aufgehoben, deren genaue Herkunft unbekannt ist.

*Räume 19–22* Castellanische Sammlung: griechische Keramik und antike Schmuckstücke, die in der 2. Hälfte des 19. Jh. von Augusto Castellani und seinem Sohn Alfredo zusammengetragen wurden.

*Räume 23–27* Funde aus dem Gebiet Ager Faliscus, u. a. eine bemalte Platte aus dem 3. Jh. v. Chr., auf der ein Kriegselefant dargestellt ist.

*Räume 28–31* Funde aus Süd-Latium.

*Raum 31* Funde aus Palestrina, u. a. eine goldene Spange mit Tierfiguren aus dem 7. Jh. v. Chr.

Die vorangestellte Gliederung des Museums deutet schon die große Menge der Ausstellungsstücke an. Einige Räume kann man getrost schnell durchschreiten; viele Funde sind nur für den Kenner interessant. Der Laie ist meist nicht in der Lage, die große Anzahl etruskischer Vasen zu unterscheiden. Interessant ist besonders der **rechte Flügel** des Museums. Hier sieht man den Terrakotta-Dachschmuck und Figurenfragmente des **Merkurtempels**, den man bei Sassi Caduti gefunden hat. Unter den Figuren, die teilweise noch Farbreste aufweisen, ist besonders der Apoll bemerkenswert (erhalten sind nur Oberkörper und Kopf). Ein ausgehöhlter Stamm diente als Sarg, darin enthalten sind noch Skelettfragmente. Als Grabbeigaben dienten die nachgebildeten Körperteile aus Terrakotta, die an Anatomiestudien erinnern. Etwas mehr Zeit sollte man sich auch für die reiche **Schmucksammlung** nehmen. Darunter befinden sich z. B. eine goldgefasste Zahnprothese, Behälter mit rosa Farbstoff, der als Schminke verwendet wurde, Spiele, Kämme und Würfel, die sich nicht von heutigen unterscheiden.

•*Eingang* Piazzale di Villa Giulia 9. An der Pzza. Thorwaldsen befindet sich lediglich ein Ausgang des weitläufigen Museumskomplexes.

•*Öffnungszeiten* Mo geschlossen, sonst 8.30–19.30 Uhr, Einlass bis 18.30 Uhr.

• *Eintritt* 4 €; für EU-Bürger von 18–25 Jahre 2 €; für EU-Bürger unter 18 und über 65 Jahre Eintritt frei. Vergünstigungen nur gegen Vorlage eines Ausweises.

• *Information/Reservierung* ✆ 06.3226571.

# Galleria Nazionale d'Arte Moderna

Ein Stück weiter den Hang hinauf liegt der **Palazzo delle Belle Arti** mit der Nationalgalerie für moderne Kunst. Nachdem sich der Palazzo delle Esposizioni in der Via Nazionale (→ „Piazza della Repubblica", S. 360) für die dauerhafte Ausstellung moderner Kunst als zu klein erwiesen hatte, fiel 1915 die Wahl auf den vier Jahre zuvor anlässlich der Weltausstellung errichteten Hauptpavillon auf dem weitläufigen Gelände, das vormals zur Villa Giulia gehört hatte. Mit zwei großen Erweiterungsbauten besitzt das Museum heute über 4.000 Gemälde und Plastiken sowie über 12.000 Zeichnungen und Druckgrafiken. Dazu kommen noch vier angegliederte Museen, wie z. B. das kleine *Museo Mario Praz* (→ „Die Piazza Navona", S. 408). Begonnen hat man mit einer strukturierten Sammlung bereits 1881 per Regierungsdekret, heute ist sie (neben Mailand) eine der bedeutendsten Italiens. Sie umfasst zeitlich etwa die letzten 200 Jahre künstlerischen Schaffens und dokumentiert mit wichtigen Werken die Entwicklung der Malerei und Bildhauerei vom Neoklassizismus bis zur Gegenwart. Das alles natürlich mit besonderem Blick auf die italienischen Künstler, was eine Gelegenheit bietet, hier viele neue Namen zu entdecken, die oft zu weit in den Schatten der großen internationalen Meister geraten sind.

•*Rundgang* Der Weg durch die Nationalgalerie ist chronologisch gegliedert und beginnt mit Porträts, Stadtansichten und Landschaften um 1800, noch ganz in der Idealwelt des **Neoklassizismus**. Für die Bildhauerei dieser Zeit steht Canovas Gruppe **Herkules und Lika**. Weitergehend streift man die **Nazerener**, einen Künstlerkreis, dem hauptsächlich in Rom lebende deutsche Künstler angehörten, die mit stark religiösem Schwerpunkt und deutlichen Bezügen zur Hochrenaissance, insbesondere zu Raffael, malten und auch Italiener beeinflussten. Es folgt die **Romantik**, die sich von eher verträumten Veduti hin zu manchmal recht pathetischen, historisierenden Szenen aus Sagenwelt und Literatur bewegt und sich zunehmend hin zu einer bürgerlichen Genremalerei entwickelt, die mancher schon als „Kitsch" abtun mag. Mit Werken aus dem letzten Drittel des 19. Jh. ist eine Wende zum **Realismus** erkennbar, die sich als durchaus kritisch erweist, nicht nur in ihrer Haltung zur akademischen Kunst. Sie treffen auf die **Präraffaeliten** (u. a. Dante Gabriel Rossetti), die auf ihre Weise eine Rückbesinnung der Kunst auf die Zeit vor Raffael anstrebten, und kommen zu **Jugendstil** (Franz von Stuck) und **Sezession** (Gustav Klimt mit *Die drei Lebensalter*). Natürlich ist auch der **Impressionismus** vertreten (z. B. Claude Monet, Edgar Degas). Die weitere Entwicklung in das 20. Jh. markieren Vincent van Goghs *Gärtner* und eine Landschaft von Paul Cézanne. Werke dieser beiden wurden 1998 auf spektakuläre Weise gestohlen, konnten aber glücklicherweise sieben Wochen später in Rom und Turin unbeschädigt sichergestellt werden. Besonders gut lässt sich die künstlerische Entwicklung der Maler Giorgio de Chirico und Giorgio Morandi nachvollziehen, die mit Gemälden unterschiedlicher Schaffensperioden zu sehen sind. Der italienische **Futurismus** fügt mit Werken u. a. von Umberto Boccioni einen weiteren Aspekt zur

Moderne hinzu. Es handelt sich um eine eigene Kunstrichtung, die um 1910 propagierte, das Revolutionäre der technischen Entwicklung auf die Kunst zu übertragen: „*Es gibt eine ganz neue Schönheit, das ist die Schönheit der Geschwindigkeit, und ein Rennwagen ist schöner als die Nike von Samothrake*", heißt es im Futuristischen Manifest des F. T. Marinetti von 1909/1911. Weiter geht es anschließend zu berühmten Italienern wie Amedeo Modigliani und Marino Marini sowie zu den **Abstrakten** Piet Mondrian und Kurt Schwitters mit ihren italienischen Zeitgenossen und Nachfolgern. Werke wie die von Jackson Pollock und Antoni Tapiès führen in die zweite Hälfte des 20. Jh., und von ihrer gestischen, expressiven Malweise zu monochromen Arbeiten, die die Leinwand selbst langsam zur Skulptur verwandeln. Hochinteressant sind die so genannten „cinevisuellen" Arbeiten der 1960er und 1970er Jahre, die mit optischen und mechanischen Mitteln sich permanent wandelnde Bilder erzeugen. Die letzten Säle vermitteln nur noch eine Ahnung, wie es mit der Modernen weitergeht. Ganz anders als sonst im musealen Rom ist man hier eben noch mitten drin in der Geschichte!

•*Adresse:* Viale delle Belle Arti 131.

•*Öffnungszeiten* Mo geschlossen, sonst 8.30–19.30 Uhr, Einlass bis 18.50 Uhr.

• *Eintritt* 6,50 €; für EU-Bürger von 18–25 Jahre 3,25 €; für EU-Bürger unter 18 und über 65 Jahre, für europ. Studenten und Professoren der Fachrichtungen Architektur und Kunstgeschichte und Journalisten Eintritt frei. Alle Vergünstigungen nur gegen Vorlage eines Ausweises. Wenn eine Ausstellung stattfindet gibt es eine vergünstigte Kombi-Karte zusammen mit dem Museum für 9 €, erm. 7 €, Audioguide (engl. und ital.) 4 €.

• *Information/Reservierung* ☏ 06.322982211 (nur 9–14 Uhr). Informationen auch unter www.gnam.arti.beniculturali.it (auch über aktuelle Ausstellungen im Museum).

▸ **Zoologischer Garten:** In der nördlichen Ecke der Villa Borghese liegt der von Hagenbeck konzipierte Zoo, einer der ältesten Europas und der bedeutendste in Italien. Hier leben über 200 Spezies in einem Park mit sehr altem, schönem Baumbestand. Das Interesse italienischer Familien ist sehr groß und entsprechend voll und laut wird es an den Wochenenden.

Es gibt eine Reihe von ganz unterschiedlichen Freigehegen und Tierhäusern sowie einen Streichelzoo. Auch sonst finden für Kinder viele Veranstaltungen statt, es gibt Spielplätze, Malwettbewerbe, man kann bei den Fütterungen zusehen oder sich den geführten Touren anschließen (die sind kostenlos, aber nur in

*Beschaulichkeit im Park der Villa Borghese*

italienischer Sprache). Auch die Infrastruktur ist gut: Es gibt mehrere Bars, ein Restaurant, ein Café und einen Souvenirshop. Wer etwas Abwechslung nach all der Kunst und Kultur sucht, wird sie im Zoo finden.

• *Öffnungszeiten* Vom 1. Jan. bis 23. März und vom 2. Nov. bis 31. Dez.: 9.30–17 Uhr (letzter Einlass 16 Uhr). Vom 24. März bis 1. Nov.: 9.30–18 Uhr (letzter Einlass 17 Uhr).

• *Eintritt* 8,50 €; für Kinder zwischen 3 und 12 Jahren, Lehrer in Begleitung einer Schulklasse, Soldaten, für Personen über 60 Jahre (an allen Tagen außer mittwochs), für Gruppen ab 15 erwachsenen Personen 6,50 €; für Kinder unter 3 Jahre und Personen über 60 Jahre (nur mittwochs) Eintritt frei.

Reptilienhaus: Eintritt nur dafür: 5 €; zusammen mit dem Zoo: 2,50 € (jeweils ohne Vergünstigung).

• *Information* ℡ 06.3608211; Buchung geführter Touren: ℡ 06.3614015. www.bioparco.it.

## Essen und Trinken (siehe Karte S. 326)

**Al Forno della Soffitta (4)**, Via Piave 62 (nahe der Pzza. Fiume), ℡ 06.42011164. Nur an Werktagen und nur abends. Hier gibt es die „echte", neapolitanische Pizza (mit dickem Teig), zusätzlich im Angebot sind „fritti" und Antipasti. Pizza um 15 €.

**Hostaria BucaVino (2)**, Via Po 45a (nahe der Pzza. Buenos Ayres), ℡ 06.8412803, www.bucavino.it. Täglich geöffnet. Kleines, schlichtes, aber liebevoll gestaltetes Restaurant, das gut zubereitete römische Küche bietet; die Primi sind alle ordentlich, unter den Secondi sind die „involtini di pesce spada" (Röllchen vom Schwertfisch) besonders zu empfehlen; kleine, attraktive Weinkarte; Menü um 30 €.

**Pizzeria Gaudi (3)**, Via Ruggero Giovannelli 8, ℡ 06.8845451. Sa und So mittags geschlossen. Neapolitanische Pizza.

**Al Ceppo (1)**, Via Panama 2 (bei der Pzza. Ungheria), ℡ 06.8419696, www.ristorantealceppo.it. Mo Ruhetag. Das behaglich elegante Restaurant gehört zu den besten in Rom und bietet eine kreative Küche mit einfühlsam weiterentwickelten traditionellen Gerichten (z. B. „filetto di manzo con carciofi e zabaione di pecorino romano" – Rinderfilet mit Artischocken und Pecorino-Käseschaum oder „petto d'anatra all'arancia con involtini di melanzane e mozzarella" – Entenbrust in Orange mit Auberginenröllchen und Mozzarella). Menü um 60 €. Tischreservierung ist erforderlich.

*Vielversprechend ist schon der Prunkzaun: der Palazzo Barberini*

# Um die Piazza Barberini

**Es ist die Gegend des Barock, in der Gianlorenzo Bernini gleich mit drei seiner bekannten Werke vertreten ist, und selbst die Via Vittorio Veneto, die in den 1960er Jahren Tummelplatz des Jetset in Europa war, verläuft geschwungen.**

**Gianlorenzo Bernini** hat das Stadtbild Roms entscheidend geprägt. Viele der kleinen Kuppeln und klassisch-eleganten Fassaden, die so typisch sind für Rom, gehen auf Ideen des großen Barockbaumeisters und Bildhauers zurück.

▸ **Tritonbrunnen**: Mitten auf der Piazza Barberini steht im tosenden Verkehr **Berninis** faszinierender **Triton**. Dieser Meeresgott, eine mythologische Gestalt, halb Mann, halb Fisch, sitzt auf dem Scharnier einer offenen Muschel, hat den Kopf weit zurückgelehnt und bläst aus dem Tritonschneckenhaus, einer Kriegstrompete, einen mächtigen Wasserstrahl empor. Getragen wird die Muschel von vier Delfinen, durch deren Mäuler das Wasser abläuft. Die drei Bienen, die zahlreiche Werke Berninis zieren, verweisen auf das Wappen von Papst Urban VIII. aus der Familie Barberini, seinem wichtigsten Förderer.

Das Motiv, das Bernini größte Anerkennung einbrachte und danach oft kopiert wurde, hat sich der gefeierte Künstler allerdings nicht selbst einfallen lassen. Es stammt vom Baumeister und Bildhauer **Maderno**, der bereits Jahre zuvor einen ganz ähnlichen, allerdings viel kleineren Brunnen für die vatikanischen Gärten angefertigt hatte. Auch der große, geniale Bernini hat sich also mit fremden Federn geschmückt. Der Vorfahr von Berninis Triton steht heute kaum beachtet im Garten der Villa Borghese.

▸ **Bienenbrunnen (Fontana delle Api)**: Gleich gegenüber vom Tritonbrunnen, am Beginn der Via Vittorio Veneto, sehen Sie einen weiteren Brunnen **Berninis**, der zwei Jahre später (1644) entstand. Auch hier ist der Auftraggeber unverkennbar: Die drei Bienen aus dem Wappen Papst Urbans VIII. sitzen auf einem Muschelrand und speien in dünnen Strahlen Wasser in das Becken.

Urban VIII. wollte der Stadt zur Verschönerung ein Geschenk machen und sich bei der Gelegenheit selbst ein weiteres Denkmal setzen. Der Auftrag klang kompliziert, denn es durfte kein menschlicher Körper in Konkurrenz zum nahen Triton dargestellt werden und trotzdem sollte ein eindeutiger Bezug zum Sponsor erkennbar sein. Der muschelförmige Brunnen mit den fein gearbeiteten Marmorbienen, von denen behauptet wurde, dass sie in ihrer monströsen Größe vorzüglich zu Urban passten, war Berninis geniale Ausführung. Die lateinische Inschrift bedeutet, dass in diesem Kunstwerk die öffentliche Zierde der Stadt mit der Bequemlichkeit für die einzelnen Bürger, sich Wasser holen zu können, verbunden ist (*„Urbanus VIII. fonti ab publicum usibus seorsim commoditate hac consuluit"*).

▶ **Via Vittorio Veneto**: Hinter dem Brunnen schlängelt sich die legendäre Via Vittorio Veneto unter schattenspendenden Bäumen bis zur Villa Borghese hinauf. Vor 50 Jahren wurde sie (nicht nur wegen ihrer doppelten S-Form) das „Rückgrat Roms" genannt. Die Straße ist untrennbar mit **Federico Fellinis** Filmklassiker *La Dolce Vita (Das süße Leben)* von 1960 verbunden.

Der Film handelt vom Klatschreporter Marcello Rubini (die erste große Rolle für Marcello Mastroianni), der zusammen mit einer Pressemeute, darunter dem Fotografen Paparazzo, auf der Jagd nach Sensationen für die Klatschspalten der römischen Zeitungen durch die exklusiven Nachtclubs der Via Vittorio Veneto zieht. Dort langweilt sich die verwöhnte High Society auf endlosen, rauschhaften Partys. Zu dieser dekadenten Gesellschaft stößt der zickige Hollywood-Star Sylvia (für Anita Ekberg die Rolle ihres Lebens), eine üppige Blondine, der Marcello verfällt und die mit ihm durch das nächtliche Rom zieht, wobei sie ein Bad im Trevibrunnen nimmt.

Der Film sorgte nicht nur wegen Anita Ekbergs tiefem Dekolleté und ihrem anzüglichen Bad für einen riesigen Skandal, sondern auch, weil er die vergnügungssüchtige Schickeria mit ihrem sinnentleerten Leben derart treffend karikierte, dass der Film später sogar zum Synonym für diese Epoche in Rom und für das „**Dolcefarniente**", das süße Nichtstun, wurde. Deren Repräsentanten waren ab den 1950er Jahren vertriebene Monarchen, vermögende Adlige und superreiche Industrielle mit ihrem Gefolge von Künstlern und Intellektuellen, die besonders in der Via Vittorio Veneto auf rauschenden Partys keinen Exzess ausließen. Schick war, was verrückt und teuer war. Einer dieser Schauplätze war das **Café de Paris** (Via Vittorio Veneto 90), wo dem dreisten Fotografen Tazio Secchiaroli ein etwas unvorteilhafter Schnappschuss von Ex-König Faruk von Ägypten gelang. Seine Hoheit geriet darüber derart in Rage, dass er mit Tischen nach dem Reporter warf. Dieser konnte sein Leben nur mit knapper Not vor dem tobenden Monarchen retten (was sind dagegen schon adlige Schirmattacken gegen aufdringliche Presseleute in heutiger Zeit). Der Eklat soll Fellini zu seinem Film inspiriert haben, jedenfalls war Secciaroli Vorbild für die Filmfigur des Fotografen **Paparazzo**, dessen Name später sogar zur Berufsbezeichnung für aufdringliche Bildreporter der Klatschpresse wurde. Dem Andenken an das echte Vorbild aller Paparazzi ist in den Kolonnaden an der Piazza della Repubblica die noble Champagnerbar „Tazio" gewidmet. An den Wänden hängen Original-Fotos von Secchiaroli (→ „Piazza della Repubblica", S. 351).

Der Film verbreitete den Ruf der Via Vittorio Veneto weltweit und zog nicht nur Prominenz an, die die Atmosphäre des „Dolce Vita" suchte und auch fand. Die Wirklichkeit näherte sich dem Film und übertraf dessen Übertreibungen sogar noch. Hübsche, aber unbekannte Sternchen flanierten hier in der Hoffnung auf Entdeckung durch einen Filmproduzenten oder einen Märchenprinzen, oder zur Not auch nur auf eine Einladung zu einer dekadenten Party. Wer die Presse auf

Rom – Um die Piazza Barberini
Karte S. 341

sich aufmerksam machen konnte und in den bunten Illustrierten auftauchte, hatte eine gute Chance auf schnelle Karriere. Die großen Stars der Zeit wollten natürlich nicht fehlen und genossen die Aufmerksamkeit von Publikum und Presse. Liz Taylor, Richard Burton, Anita Ekberg, Ava Gardner, Marcello Mastroianni und viele andere Filmstars tranken ihren Cappuccino fast täglich auf den Terrassen eines Straßencafés, wenn gerade Drehpause in Cinecittà war, wo zu jener Zeit die großen Monumentalfilme entstanden. Abends feierten sie in den Grandhotels Excelsior, Majestic und Flora, in den Café-Restaurants Doney (Hausnummer 141) oder Café de Paris (Nr. 90), aber vor allem in Harry's Bar (Nr. 150) und den vielen Nachtclubs. Die legendären Clubs sind weitgehend verschwunden, doch die anderen Adressen existieren noch heute. Sie geben sich immer noch elitär, erinnern aber eher an herausgeputzte alternde Diven, die ihrer verlorenen wilden Jugend nachtrauern – wie die meisten ihrer Gäste.

Als die großen Filme nicht mehr in Cinecittà gedreht wurden und die Schickeria andere schöne Orte für sich entdeckte, verblasste langsam der Glanz der Via Vittorio Veneto. Als dann Entführungen mit Lösegelderpressungen zunahmen, Straßenschlachten während des Vietnamkriegs vor der amerikanischen Botschaft tobten und in den frühen 1980er Jahren mehrere Bomben detonierten, blieben auch noch die letzten Prominenten aus und die Via Vittorio Veneto galt als tot. Vergeblich bemühten sich Stadtverwaltung und Anlieger um Wiederbelebungsmaßnahmen. Die Veranstaltungen im Sommer blieben vereinzelte, bemühte Ereignisse, die Modenschauen fanden kein rechtes Publikum. Als man meinte, die Straße würde im oberen Bereich als Fußgängerzone attraktiver, kamen noch nicht einmal mehr die römischen Angeber mit ihren protzigen Sportwagen und es wurde noch öder.

Inzwischen gilt die Gegend aber wieder als sicher und selbst gelegentliche Kundgebungen vor der US-Botschaft verbreiten keine Angst mehr. Die Via Vittorio Veneto ist seither wieder eine bevorzugte Adresse, nun von meist älteren, wohlhabenden Touristen aus den USA, Japan, den Golfstaaten und seit einigen Jahren auch aus Russland, die den Luxus der Grandhotels schätzen, gerne in den etwas protzigen Nobelgeschäften einkaufen und in den überteuerten Restaurants internationale Küche genießen. Man kann sogar „nach südländischer Art" draußen am Straßenrand speisen, dann aber auf einer vollverglasten Terrasse mit Klimaanlage ohne Lärm- oder Abgasbelästigung. Ein paar ältere Gäste kommen auch wegen des legendären „Dolce Vita" und sitzen dann erwartungsvoll in Harry's Bar und tatsächlich lassen sich dort auch hin und wieder mal aktuelle Promis sehen, wie die im Fenster stolz präsentierten Fotos belegen.

Ein **Spaziergang über die Via Vittorio Veneto** ist wegen der immer noch mondänen Adressen und des skurrilen Publikums nicht ohne Reiz. Merkwürdig sind am frühen Abend besonders die Glaskästen der Restaurants, wo Kellner im Frack distinguierte Gäste mitunter in Abendgarderobe bedienen, während auf der Straße Autos vorbeirasen und am Gehweg müde, verschwitzte Touristen in Freizeitkleidung den Hang hinaufschlendern.

Der größte Gebäudekomplex in der Linkskurve, etwa in der Mitte der Via Vittorio Veneto hinter einem mächtigen Gitter, ist die **Amerikanische Botschaft**. Etwas weiter, auf derselben Straßenseite, befindet sich das legendäre **Hotel Excelsior** (es gehört heute zur Westin-Gruppe), in dessen alten Gästebüchern die Namen vieler bedeutender Persönlichkeiten stehen.

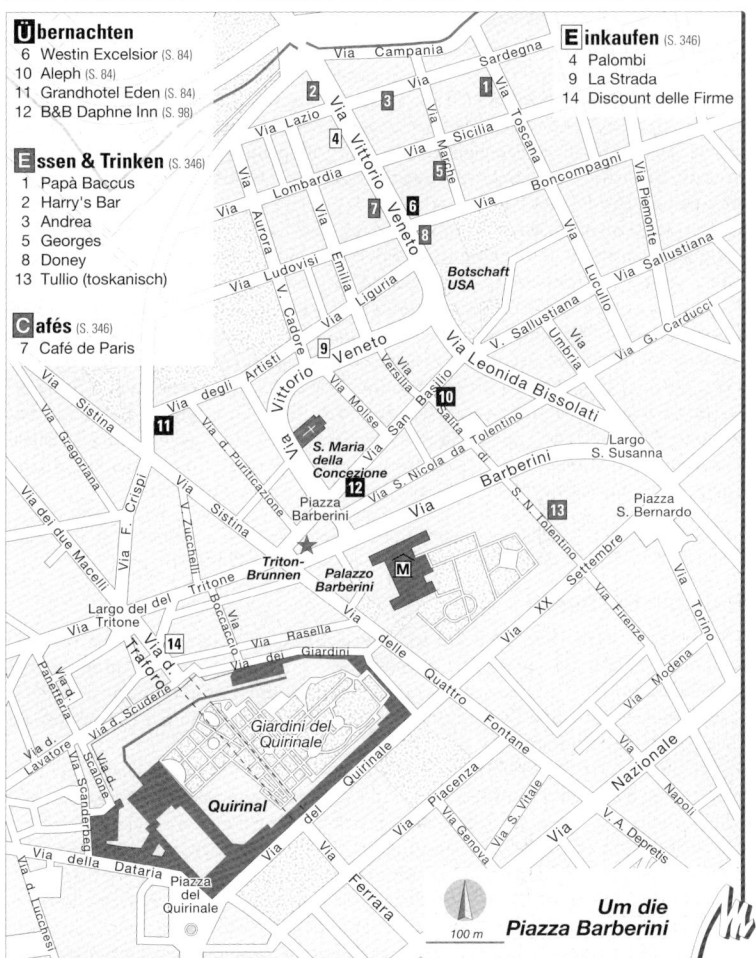

**Ü bernachten**
6  Westin Excelsior (S. 84)
10  Aleph (S. 84)
11  Grandhotel Eden (S. 84)
12  B&B Daphne Inn (S. 98)

**E ssen & Trinken** (S. 346)
1  Papà Baccus
2  Harry's Bar
3  Andrea
5  Georges
8  Doney
13  Tullio (toskanisch)

**C afés** (S. 346)
7  Café de Paris

**E inkaufen** (S. 346)
4  Palombi
9  La Strada
14  Discount delle Firme

Es heißt, das Hotel sei auch deshalb so beliebt gewesen, weil seine Besucher über unterirdische Gänge von der Presse unbemerkt ein und aus gehen konnten. Das Zimmer mit der Kuppel an der Ecke des Hotels kann man übrigens mieten. Der Raum ist zwölf Meter hoch und freskenverziert, dazu gehören noch ein paar weitere Annehmlichkeiten wie ein eigenes Dolby-Surround-Kino, Fitnessraum, Sauna, Dampfbad, Whirlpool, eigene Bar (nicht Mini-, sondern mit 200 erlesenen Weinen zur Auswahl) und einer Dachterrasse mit weitem Blick auf die Stadt. Insgesamt hat die La-**Cupola-Suite** 1.100 m². Sie ist damit die größte Hotelsuite Europas. Der Preis pro Nacht liegt bei rund 20.000 Euro (ohne Frühstück). Auch nicht ganz billig, aber deutlich preiswerter ist ein Aperitif in der etwas überdekorierten, aber herrlich dekadenten Bar. Hier sind Sie nicht nur am Originalschauplatz des Dolce Vita, sondern haben selbst ein bisschen Anteil daran.

Neben weiteren Grandhotels und epocheprägenden Straßencafés gibt es auch pompöse Banken, das Industrieministerium, Fluggesellschaften und mehrere internationale Zeitungskioske.

▶ **Santa Maria della Concezione**: Die Kirche der Kapuzinermönche steht am unteren Anfang der Via Vittorio Veneto in der Nähe der Piazza Barberini und bildet einen Gegensatz zur weltlichen Pracht ihrer Umgebung, der nicht krasser sein könnte. Sie wurde um 1626 für Kardinal Antonio Barberini, einen Kapuzinermönch und Bruder des Papstes, erbaut.

Zum Haupteingang führen Treppen hinauf. Auf halber Höhe ist rechts der Zugang zum Cimitero, dem **schaurigen Friedhof**, der die Knochen von 4.000 Mönchen (gestorben zwischen 1530 und 1870) beherbergt. Sie wurden in sechs Kapellen zur Raumdekoration verwendet. Mal bilden Schädel eine Wandverzierung, mal sind mit Rippenbögen Stuckornamente nachgebildet, mal sind Kinderskelette (darunter das der Prinzessin Barberini, eines Mitglieds der päpstlichen Familie) komplett als Wandschmuck verarbeitet und erinnern den Betrachter mit Sense und Sanduhr (natürlich auch aus Knochen gefertigt) an die nur begrenzte Zeit auf Erden. Sogar die Lampen bestehen aus Becken- oder Wirbelknochen. Die Mönche dokumentieren damit ihre Einstellung zum hinfälligen Körper, der nur als sterbliche Hülle für den Geist angesehen wird.

*Öffnungszeiten* Tägl. 9–12 und 15–18 Uhr. Eine „Spende" von mehreren Euro wird als Eintrittsgeld verlangt. Das Fotografieren ist streng verboten; gerne verkauft man Ihnen am Eingang aber die Motive als Postkarten. Information unter ✆ 06.4871185.

## Palazzo Barberini

Der Palazzo Barberini, ein weiteres Werk Berninis in diesem Gebiet, gilt als schönster Palast des römischen Barocks. Der Eingang zur darin aufbewahrten Gemäldesammlung befindet sich wenige Schritte vom Triton entfernt in der Via Barberini. Die prachtvolle Gartenseite grenzt mit einem hohen Eisengitter an die Via Quattro Fontane.

Papst Urban VIII. (1623–44) aus der Familie Barberini verfügte über einen besonders ausgeprägten Familiensinn und ernannte seine Neffen Francesco und Tadeo nicht nur schon im jugendlichen Alter zu Kardinälen, sondern bedachte sie auch mit einem stattlichen Vermögen. Als neue Familienresidenz kauften sie 1625 den alten, hässlichen Palazzo Sforza und beauftragten den 69-jährigen renommierten Baumeister Carlo Maderno mit den Umbauarbeiten. Der plante einen komplett neuen Flügel mit einem grandiosen Verbindungsbau zum alten Trakt, wodurch der Grundriss eines „H" entstand. Für **Maderno** arbeiteten die damals noch nicht zerstrittenen, jungen Talente **Gianlorenzo Bernini** und **Francesco Borromini**. Sie sollten sich nach dem Willen des Meisters bei diesem Projekt profilieren. Als Maderno vier Jahre später starb, stand kaum mehr als die Planung. Zu seinem Nachfolger als Bauleiter bestimmte er kurz vor seinem Tod noch Bernini, obwohl der bis dahin hauptsächlich als hochbegabter Bildhauer und kaum als Architekt gearbeitet hatte. Indem er Borromini, der immerhin schon am Mailänder Dom mitgewirkt hatte und über wesentlich mehr Erfahrungen auf dem Bau verfügte, überging, legte Maderno bereits die Grundlage für die Rivalität der beiden Genies. Mit der Fertigstellung des Palastes im Jahr 1633 begann Berninis Karriere als erfolgreichster Baumeister seiner Zeit.

Im ersten Stock des Palazzo Barberini ist die **Galleria Nazionale d'Arte Antica** untergebracht, eine große Sammlung von ca. 1.500 Gemälden (13.–18. Jh.). Da

die seit vielen Jahren andauernden Restaurierungsarbeiten noch immer nicht ganz abgeschlossen sind, ist nur ein Teil der Sammlung zugänglich, und es kann sich auch die Reihenfolge der hier beschriebenen Werke ändern.

Inzwischen betritt man den Palazzo Barberini wieder durch den Haupteingang hinter dem Hof an der Via Barberini. Man gelangt in den großen Eingangssaal mit dem monumentalen **Haupttreppenhaus**, das Bernini gestaltet hat. Qualitätsvolle Statuen schmücken die Nischen. Im großen Saal (15 m breit, 25 m lang und 15 m hoch) des Piano Nobile stellt das berühmte **Deckenfresko** mit dem Titel *Triumph der göttlichen Vorsehung* von Pietro da Cortona (angefertigt zwischen 1632 und 1639) eine in figurenreichen Szenen schwelgende Allegorie auf das Pontifikat Urbans VIII. dar. Im Mittelfeld schwirren die Bienen aus dem Familienwappen in einem gigantischen Lorbeerkranz. Die perspektivisch gemalte Gewölbearchitektur täuscht auf der flachen Decke eine schier endlose Höhe vor. Zu den architektonischen Höhepunkten des Palazzos gehört auch die jüngst wiedereröffnete Wendeltreppe, die von Borromini stammt, mit zierlichen Doppelsäulen und nun wieder im strahlend weißen Travertin.

### Rundgang

*Saal I* Ikonenhafte Darstellung der Kreuzigung Jesu aus dem Jahr 1235.

*Saal II* Prächtige Altargemälde des Filippo Lippi (1406 bis ca. 1469), die berühmte *Madonna mit Kind* (1437) und die *Verkündigung.*

*Saal III* Gemälde toskanischer Meister aus dem 15. Jh., darunter die *Kreuzigung* von Girolamo di Benvenuto und das anmutige *Porträt der lesenden Magdalena* von Pietro di Cosimo (1462–1521).

*Saal IV* Bilder von verschiedenen Regionen Mittelitaliens aus dem 15. und 16. Jh.; Altargemälde mit der *thronenden Madonna mit Kind* und dem *Erzengel Michael* sowie dem *heiligen Petrus* von Lorenzo da Viterbo aus dem Jahr 1471; sehenswert ist auch das Porträt des *heiligen Nicolas* von Perugino.

*Saal V* Bilder der römischen und toskanischen Schule, z. B. Beccafumi, *Madonna mit Kind* und *die Heilige Familie* von Andrea del Sarto.

*Saal VI* Einer der Höhepunkte der Galerie ist das berühmte Meisterwerk **Raffaels** (1483–1520) *La Fornarina*; sie war die vom Künstler umschwärmte und oft dargestellte Tochter eines Bäckers und für ihre Schönheit bekannt. Auf dem Armreif trägt sie Raffaels Namen.

*Saal VII* *Porträt des Stefano Colonna* von Bronzino, weitere Bilder von Lotto, Tintoretto und Altarbilder von El Greco.

*Saal VIII* Mehrere sehenswerte Porträts aus dem 16. Jh., darunter die einiger Kardinäle (z. B. Alessandro Farnese).

*Saal X* Schmale, reich mit Putti dekorierte Galerie; *Pietà mit Heiligen* von Annibale Carracci; *Landschaft mit Diana und Pan* von Agostino Tassi.

*Saal XI* Landschaftsmalereien des 17. Jh.

*Saal XII* *Flucht aus Ägypten*, wohl nur die Kopie eines Werks von Andrea Ansaldo.

*Saal XIII* Weitere Höhepunkte der Galerie sind die Bilder **Caravaggios** (1573–1610) und die seiner Schule. Am bekanntesten sind die dramatisch ausgeleuchtete *Enthauptung des Holofernes* durch Judith (1599) und der in sein Spiegelbild im Wasser verliebte *Narcissus.* Im Stil Caravaggios gemalt sind die *heilige Cecilia* beim Musizieren mit einem Engel und die *Heilige Familie.*

*Saal XIV* Zur Schule Caravaggios gehört die *Vanitas;* sehenswert sind auch die Bilder Valentins (z. B. *das Gericht Salomons*).

*Saal XV* Bilder im Naturalismus nach Caravaggio (z. B. *Konzert* von Hendrick Ter Bruggen, *Samson und Delilah*).

*Saal XVI* Herausragendes Werk ist das Porträt der *Beatrice Cenci* von Guido Reni.

*Saal XVII* Zwei bekannte Porträts Berninis: *Papst Urban VIII.* und *David* (dabei soll es sich um ein Selbstporträt handeln). Das prachtvolle, berühmte Porträt des englischen Königs **Heinrich VIII.** von Hans Holbein (in der kleinen Kapelle) zeigt ihn am Tag der Hochzeit mit seiner vierten Frau Anne of Cleves im Jahr 1540.

Über Borrominis Wendeltreppe erreicht man den **zweiten Stock** mit dem **Appartamento del '700,** den Wohnräumen der Cornelia Costanza Barberini, die im Stil des 18. Jh.

eingerichtet sind. Bis 1960 war das Appartement bewohnt. Nachdem der Palazzo 1943 in Staatseigentum überging, gab es hier noch ein Wohnrecht für die Familie Barberini. Man sieht die Wandbespannung mit bemalter Seide aus dem 18. Jh., einen wertvollen Bücherschrank und einige Gemälde.

• *Eingang* Via Barberini 18.

• *Öffnungszeiten* Mo geschlossen (ebenso am 1. und 2. Jan. und vom 25. bis 27. Dez.), sonst 9–19 Uhr, Einlass bis 18.30 Uhr.

• *Eintritt* 5 €; für EU-Bürger von 18-25 Jahre und für Lehrer aus der EU 2,50 €; für EU-Bürger unter 18 und über 65 Jahre, für europ. Studenten und Professoren der Fachrichtungen Kunstgeschichte und Architektur, Schulklassen mit Reservierung, Journalisten und lizenzierte Fremdenführer Eintritt frei. Alle Vergünstigungen nur gegen Vorlage eines Ausweises.

• *Information/Reservierung* ✆ 06.48244184; Buchungen für Gruppen: ✆ 0039.06.32651329; Buchung einer Führung für Gruppen: ✆ 0039. 06.8555952, ✆ 06.22582493. Auch online Buchung möglich: www.ticketeria.it. Informationen unter www.galleriaborghese.it.

## Bernini und sein Gegenspieler Borromini

**Gianlorenzo Bernini** (1598–1680) hat sein Universalgenie nicht nur als Architekt, sondern auch als Bildhauer, Maler, Dichter und Theaterregisseur unter Beweis gestellt. Im Alter von acht Jahren kam er mit seiner Familie aus Neapel nach Rom. Sein Vater, ein hervorragender Bildhauer, wollte von den lukrativen Aufträgen am päpstlichen Hof profitieren. Da ein Schulbesuch nur wenigen Privilegierten vorbehalten war, begleitete der kleine Gianlorenzo, wie viele andere Söhne auch, den Papa zur Arbeit. In dessen Werkstatt lernte er spielend den Umgang mit Hammer und Meißel. Als Paul V. eine Figur des damals Zehnjährigen sah, war er über das Talent verblüfft. Er schenkte dem Knaben so viele Goldstücke, wie dieser mit beiden Händen greifen konnte. Von nun an stand Gianlorenzo in der besonderen Gunst des Papstes und machte schnell Karriere. Mit 20 Jahren feierte man ihn bereits als Genie. Seine Frühwerke kann man in der Galleria Borghese bewundern (→ S. 330). Die realistischen Marmorfiguren sind wie in der klassischen griechischen Kunst im Augenblick einer höchst angespannten Bewegung festgehalten. Diese dramatische Momentaufnahme fasst oft eine ganze Geschichte zusammen.

Den Durchbruch als Baumeister erlebte Bernini, als 1623 sein langjähriger Mäzen Kardinal Barberini unter dem Namen **Urban VIII.** den Papstthron bestieg. Hauptanliegen der Politik dieses Kirchenfürsten war es, die päpstliche Macht im Zeichen der Gegenreformation zu festigen und die triumphale Glorie des Papsttums durch prachtvolle Bauwerke für alle Welt deutlich zum Ausdruck zu bringen. Die Kunst war wie schon in der

Antike ein gut geeignetes Propagandamittel. Für diesen Papst war ein Genie wie Bernini ein Glücksfall. Der kunstsinnige Urban wusste dies auch, denn er hatte Berninis künstlerische Entwicklung seit dessen Kindertagen aufmerksam begleitet: *„Uns hat die göttliche Vorsehung dieses seltene Genie zum Ruhme Roms persönlich geschickt. Wir sollten ihn einbalsamieren lassen, damit er Uns ewig erhalten bleibt.“*

Bernini wurde mit Aufträgen überschüttet. Überall entstanden Baustellen, und die drei Bienen aus dem Wappen Urbans waren im Stadtbild allgegenwärtig. Um die Arbeit bewältigen zu können, bediente sich der Meister eines großen Mitarbeiterstabes. Baumeister, die nach Rom kamen, hatten gegen diese übermächtige Konkurrenz keine Chance. Man sagte, in Rom zu arbeiten heiße, für Bernini zu arbeiten. Selbständige Werkstätten schluckte der Großbetrieb oft schon nach kurzer Zeit. Als er im Alter von 82 Jahren am 28. November 1680 starb, hatte er im Auftrag von acht Päpsten Rom ein neues Aussehen gegeben. Beigesetzt wurde er unter einer schlichten Platte in der Kirche Santa Maria Maggiore (→ S. 466).

Berninis ärgster Konkurrent war der fast gleichaltrige, ehrgeizige **Francesco Borromini** (1599–1667). Beide hatten zusammen bei Meister Maderno in dessen Werkstatt angefangen, doch Bernini hatte mehr Glück und die besseren Kontakte als sein Kollege. Der war ein einfacher Steinmetz aus dem Norden und eigensinnig bis schroff, was die vornehme Kundschaft nicht immer schätzte. Zudem verstanden viele Bauherren Borrominis ganz und gar neue Ideen nicht, die seiner Zeit weit voraus waren. Aus Stolz behauptete er sich gegen Berninis Übermacht und gab seine Selbständigkeit nie auf.

Der vollendeten, klassischen Formensprache Berninis setzte er eine bisher unbekannte, „bewegte“ Architektur mit spannungsvoll geschwungenen, vor- und zurückspringenden Flächen und Formen entgegen. Kraftvoll aufgesprengte Raumgrenzen und unkonventionelle, aber sorgfältig ausgearbeitete Details prägten seinen Stil. Er bekam einige wichtige Aufträge, bei denen er seine große Begabung unter Beweis stellte. Den Kampf mit Bernini um die spektakulärsten Arbeiten verlor Borromini oft nur, weil er undiplomatisch vorging oder ihm die Beziehungen zur päpstlichen Kurie und dem mächtigen Adel fehlten. Die tiefe Feindschaft zwischen beiden ging so weit, dass sie nachts Sabotageakte an der jeweils gegnerischen Baustelle ausführen ließen. Als mit Urban VIII. der wichtigste Kunde Berninis starb, nutzte Borromini seine Chance und es gelang ihm, den Stararchitekten beim Nachfolger Innozenz X. zu diffamieren und selbst an den Auftrag zum Bau der Kirche auf der Piazza Navona zu kommen. Der erfolgsverwöhnte Bernini war geschockt. Nur durch Geschenke an die einflussreiche päpstliche Schwägerin Donna Olimpia ergatterte er auf deren Intervention im letzten Augenblick wenigstens noch den Auftrag für den Brunnen auf dem Platz (→ S. 403).

Als Borromini erkennen musste, dass er trotz aller Anstrengungen immer nur die Nummer zwei in Rom sein würde, beging er in der Nacht vom 2. August 1667 tief verzweifelt Selbstmord. Bernini überlebte ihn noch 13 erfolgreiche Jahre. Für die Barockarchitektur hat aber Borromini die entscheidenden Impulse gesetzt.

*Essen/Einkaufen (siehe Karte S. 341)*

Aus dem Ruhm der Via Vittorio Veneto in den 1960er Jahren versuchen hier einige Besitzer von Geschäften und Restaurants noch heute Kapital zu schlagen. Als ob sich das Leben und die Stadt um sie herum nicht verändert hätten, geben sich manche außerordentlich elitär und verlangen astronomische Preise. Beim Anblick der Restaurantrechnung sollen Gäste schon einen Herzinfarkt bekommen haben.

• *Essen* **Papà Baccus (1)**, Via Toscana 36, ☏ 06.42742808, www.papabaccus.com. Sa mittags und So geschlossen. Gediegenes Ambiente und römische Küche mit toskanischem Einschlag, feine Nudeln, Fisch- und Fleischgerichte. Zu empfehlen sind besonders „la pappa col pomodoro" (Brot-Tomatensuppe), „Orata al forno con porcini" (Goldbrasse im Ofen gegart mit Steinpilzen), Filet vom toskanischen Chianina-Rind in verschiedenen Variationen. Im Sommer kann man draußen auf der kleinen Terrasse sitzen. Menü um 55 €.

**Andrea (3)**, Via Sardegna 28 (in unmittelbarer Nähe der Via Vittorio Veneto), ☏ 06. 4821891. Sa mittags und So geschlossen. Elegantes Restaurant mit perfektem Service und gehobener traditioneller italienischer Küche. Empfehlenswert sind unter den Primi z. B. die „tagliolini al foie gras" (Bandnudeln mit Gänsestopfleber) und die „tagliolini alla polpa di granchio fresco" (Bandnudeln mit frischem Krebsfleisch), unter den Secondi die „aragosta alla catalana in versione personalizzata" (Languste auf catalanische Art nach eigener Art) und der „rombo con carciofi" (Steinbutt mit Artischocken); auch die durchweg hausgemachten Desserts sind vorzüglich. Menü um 70 €.

**Tullio (13)**, Via S. Nicola da Tolentino 26, ☏ 06.4874125. So Ruhetag. Gehobene toskanische Küche mit Fleisch- und Fischgerichten von sehr guter Qualität. Menü um 60 €.

Die für ihr Jetset-Publikum in den 1950er und -60er Jahren bekannten Restaurants zehren noch von ihrem legendären Ruf und kommen besonders bei wohlhabenden Amerikanern gut an. Die Preise sind für das Gebotene in der Regel weit überzogen. Zu den legendären Plätzen gehören:

**Georges (5)**, Via Marche 7, ☏ 06.4284575. So Ruhetag. Internationale Küche in einem stark dekorierten Gründerzeitpalast. Menü um 80 €.

**Café de Paris (7)**, Via Vittorio Veneto 90, ☏ 06.4201225. Tägl. 7.30–24 Uhr. Auf der verglasten Veranda direkt an der Via Vittorio

Veneto kann man Kaffee trinken oder am Cocktail nippen und die vorbeiziehenden Leute betrachten; es werden auch kleine Gerichte gereicht. Im ersten Stock liegt der Teesalon (*Sala degli Angeli*), wo man zum Tee Gebäck oder Schokolade bekommen kann.

**Doney (8)**, Via Vittorio Veneto 141, ☏ 06.47082805. Tägl. 8–3 Uhr. Seitdem das Doney, in dem sich einst die Filmstars den Paparazzi präsentierten, im Jahr 2000 vom Hotel Excelsior nebenan übernommen wurde, hat man es mit der Eleganz etwas übertrieben, man könnte es auch kitschig nennen. Wer sich gerne zur Schau stellt, kann auf der verglasten Veranda zwischen Gehsteig und Fahrbahn Platz nehmen. Das Restaurant bietet internationale Küche mit italienischem Einschlag. Menü um 70 €.

**Harry's Bar (2)**, Via Vittorio Veneto 150, ☏ 06.484643, www.harrysbar.it. So Ruhetag. Eine Dependance des berühmten Originals in Venedig und den ausgestellten Fotos nach zu urteilen Schauplatz von ausgelassenen Promi-Feten. Es gibt ein Restaurant mit internationaler Küche und eine Enoteca. Menü zwischen 60 und 100 €.

• *Backwaren* **Palombi (4)**, Via Vittorio Veneto 114. So geschlossen, sonst 7.30–19.30 Uhr. Es ist schon komisch, eine Bäckerei auf der Straße des Luxus und der Dekadenz zu finden, aber Palombi ist auch etwas ganz Besonderes. Neben den großen Namen der Geschäfte in der Nachbarschaft behauptet sich Palombi mit seinem reichhaltigen Angebot verschiedener Brotsorten, seinem Gebäck und den Pizze. Für seine Backwaren werden allerdings Liebhaberpreise berechnet.

• *Buchhandlung* **La Strada (9)**, Via Vittorio Veneto 42. Gut sortierte Buchhandlung (auch Zeitungen und Zeitschriften) mit internationaler Abteilung.

• *Kleidung* **Discount delle Firme (14)**, Via dei Serviti 27. Kleiner Laden mit reduzierter Markenbekleidung, manches aus der Vorsaison, darunter viel Ramsch.

*Sinnliche Badefreuden: der Najadenbrunnen auf der Piazza della Repubblica*

# Um die Piazza della Repubblica

**In der Gegend um den Hauptbahnhof befindet sich die größte Thermenanlage der Antike, deren vollständig erhaltenen Teile heute zweckentfremdet genutzt werden, des Weiteren die auf drei Stellen verteilte grandiose Antikensammlung des Nationalmuseums, ein großstädtischer Multikulti-Bezirk, den man aufwerten will, und ein Arbeiterviertel, das von Studenten und der Künstler-Avantgarde entdeckt wird. Zudem sorgten in dieser Gegend zu verschiedenen Zeiten gleich mehrere Kunstwerke für Skandale.**

Die Piazza della Repubblica geht fast in den weitläufigen **Bahnhofsvorplatz** der Stazione Termini (Piazza dei Cinquecento) mit dem Busbahnhof über. Wie in anderen Bahnhofsgegenden von Großstädten geht es hektisch und laut zu. Allerlei Schlepper, Taschendiebe und andere zwielichtige Gestalten lungern herum. Fliegende Straßenhändler bieten Imitate von Taschen und T-Shirts mit den begehrten Logos teurer Luxusfirmen. Wer zäh feilscht, zahlt zwar nicht viel für die Fälschungen, kann aber mit gewaltigen Geldbußen bestraft werden, denn Erwerb und Besitz solcher Dinge sind in Italien streng verboten (→ S. 157). Die Grünflächen zwischen Bahnhof und Piazza della Repubblica sind Treffpunkt von Migranten. Manche picknicken zwischen Müllbergen, einige dösen auf den Bänken, andere leben in den Tag hinein oder scheinen zu warten. Dazu passen im Herbst die Schwärme von Staren, die sich auf den Bäumen vor dem Bahnhof sammeln, um gemeinsam ihren Flug in den Süden anzutreten. Mit gewaltigem Spektakel scheinen sie sich die Erlebnisse des vergangenen Sommers zu erzählen. Wenn sie gelegentlich aufsteigen und am Himmel zu abertausenden rasch wechselnde Wolkenformationen bilden, ist das ein faszinierendes Schauspiel, das an ein Ballett erinnert.

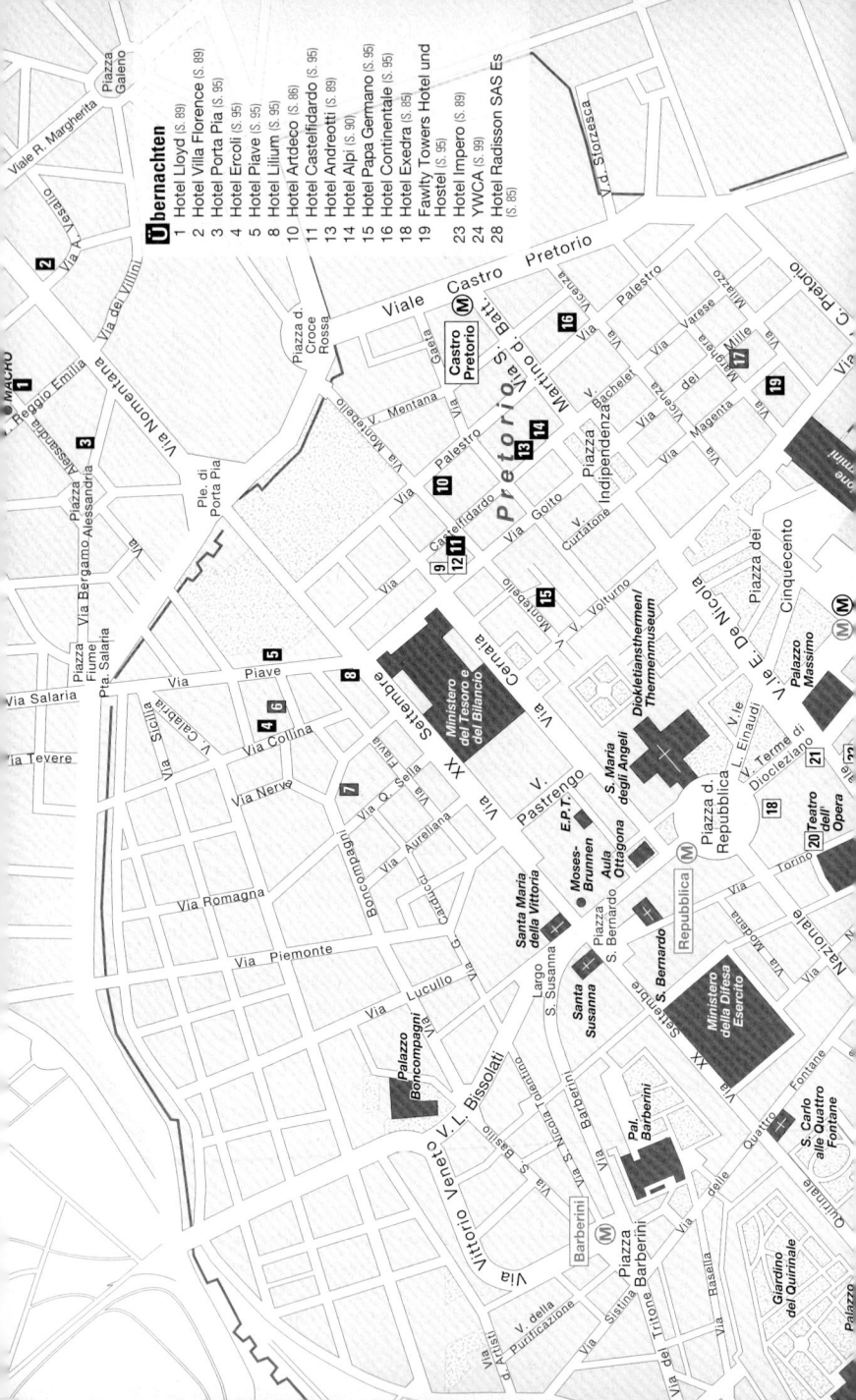

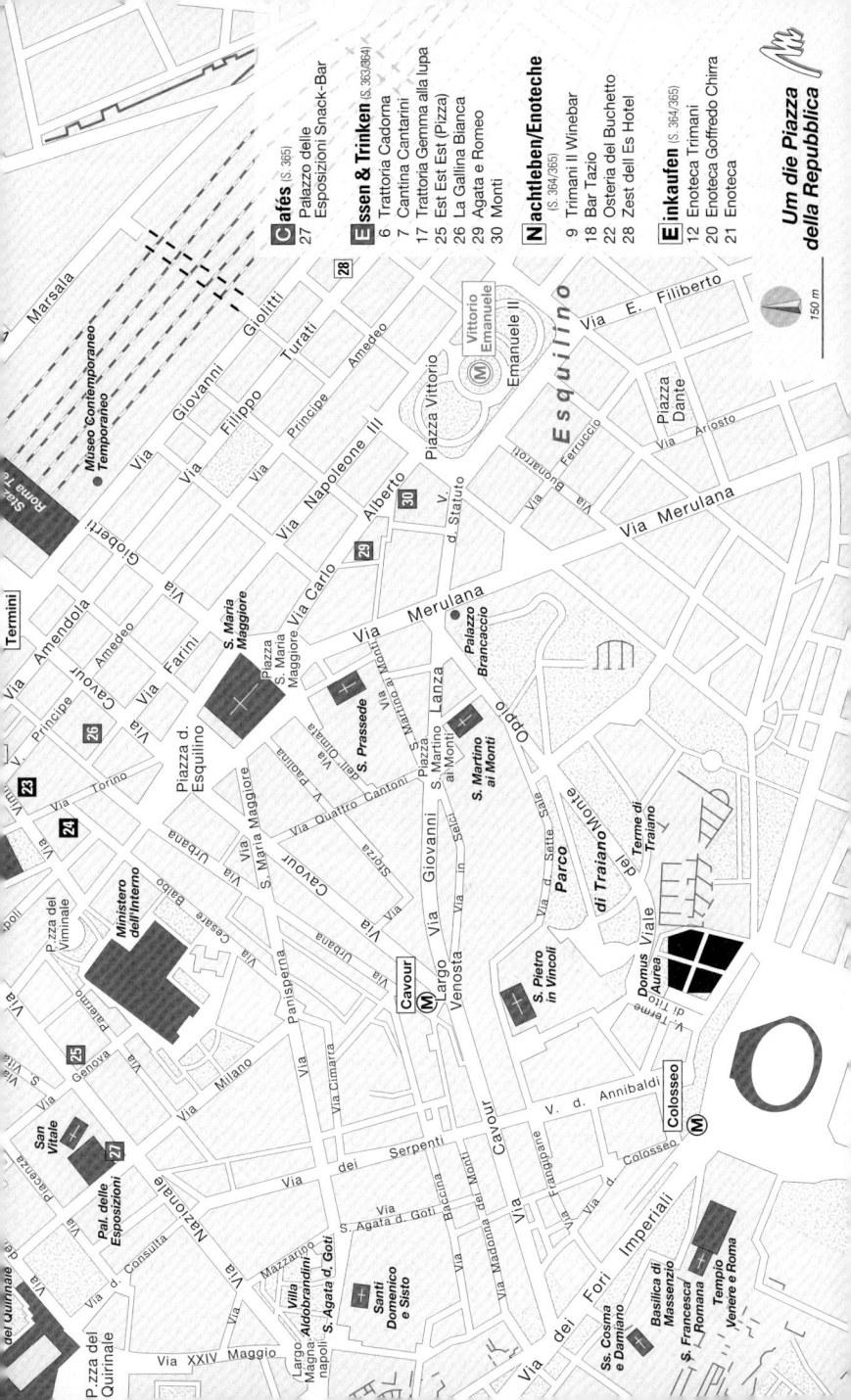

**C afés** (S. 365)
27 Palazzo delle
   Esposizioni Snack-Bar

**E ssen & Trinken** (S. 363/364)
6  Trattoria Cadorna
7  Cantina Cantarini
17 Trattoria Gemma alla lupa
25 Est Est Est (Pizza)
26 La Gallina Bianca
29 Agata e Romeo
30 Monti

**N achtleben/Enoteche**
(S. 364/365)
9  Trimani Il Winebar
18 Bar Tazio
22 Osteria del Buchetto
28 Zest dell Es Hotel

**E inkaufen** (S. 364/365)
12 Enoteca Trimani
20 Enoteca Goffredo Chirra
21 Enoteca

**Um die Piazza
della Repubblica**

150 m

▶ **Stazione Termini**: Durchaus sehenswert ist der Hauptbahnhof mit seiner lichtdurchfluteten 200 m langen Vorhalle, die sich wie eine schwebende Welle aus Beton zum Bahnhofsvorplatz öffnet. Der Architekt Luigi Nervi, von dem auch die verwandte Audienzhalle im Vatikan stammt, entwarf sie im Jahr 1950. Der erste Bahnhof der Stadt wurde hier nach der Auflösung des Kirchenstaates im Jahr 1870 gebaut, als sich die neue italienische Hauptstadt dem modernen Verkehr nicht mehr länger verschließen wollte. Schon bald erwies sich das Gebäude als zu klein. Mussolini wollte es durch einen monumentalen Prachtbau ersetzen, als angemessenen Empfangsraum für die Hauptstadt seines neuen faschistischen Imperiums. Rücksichtslos wurden dazu ehrwürdige Palazzi und antike Bauwerke beseitigt, darunter noch gut erhaltene Teile der ersten Servianischen Stadtmauer aus dem 4. Jh. v. Chr.; rechts der Vorhalle und im Untergeschoss sind Reste davon erhalten. Realisiert wurde nur die Gleisanlage mit den Bahnsteigen und Nebengebäuden. Zum Bau der Eingangshalle kam es nicht mehr. Diese wurde nach Kriegsende neu geplant. Die Blendbögen an den langen Seitentrakten des Bahnhofs sollen an die Aquädukte erinnern, die in der Antike die Wassermassen in die gegenüberliegenden Thermen des Diokletians leiteten.

Lange war der Bahnhof verwahrlost und galt als Tummelplatz für Drogenhändler. Der Zustand war untragbar geworden, als das Heilige Jahr 2000 bevorstand und unzählige Besucher auch per Bahn nach Rom drängten. Man entschloss sich daraufhin zur grundlegenden Sanierung und investierte schließlich fast 100 Mio. Euro. All das, was vor wenigen Jahren noch schmutzig und dunkel war, strahlt nun hell und freundlich, es gibt neben Fast-Food-Ketten auch ein Restaurant mit Blick in die Halle und auf die Gleise, Bars, Cafés, einen Supermarkt und ein Kaufhaus. Im Untergeschoss entstand die elegante Shoppingmeile „**Forum Termini**" mit vielen Geschäften (hauptsächlich Bekleidung) und einem besonders bei Geschäftsleuten beliebten Wellness- und Fitnesscenter mit Sauna und Solarium.

Sehenswert ist ein kleines Museum für zeitgenössische Kunst, **Contemporaneo Temporaneo**, im zweiten Stock des südlichen Seitentrakts beim Bahnsteig 24. Abgesehen von Wechselausstellungen sieht man Werke der Transavantgarde von 1983 bis 1986 sowie junger Künstler der 1990er Jahre aus Mailand, Turin, Bologna und Rom, darunter auch kunstvoll verfremdete Fotoarbeiten. Ein wahrhaft erholsamer Ort ist allein schon der Brunnen im runden Hof.

*Contemporaneo Temporaneo*  Eingang beim Bahnsteig 24 oder von der Via Giolitti aus. Öffnungszeiten 10–23 Uhr, Di geschlossen. Eintritt 2 €.

## Piazza della Repubblica

Doch zurück zur Piazza della Repubblica, die früher *Piazza Esedra* hieß und auch heute noch oft so genannt wird. Der Platz entstand nach der Einigung Italiens und der Erbauung des ersten Bahnhofs um 1886 als neues monumentales Entree zur Hauptstadt des jungen Königreichs Italien. Die hier beginnende Via Nazionale, die zum Nationaldenkmal führt, wird symmetrisch von zwei halbrunden Gebäudekomplexen im historisierenden Stil mit Arkadengängen eingerahmt. Sie stehen genau auf den Fundamenten der Exedra der Diokletiansthermen, woher der Platz seinen ursprünglichen Namen hatte. Die Exedra war ein halbrunder Säulengang, der den Innenhof der Thermen abschloss. Durch die heutige Bebauung wird so die Dimension des Hofs des größten antiken Freizeitzentrums gut erkennbar.

In den kürzlich restaurierten Kolonnaden gibt es neben ein paar Geschäften auch Cafés und Snack-Bars, in denen man, vor Sonne und Regen geschützt, draußen sitzen und sich ausruhen kann. Wie immer in italienischen Bars an frequentierten Plätzen ist das auch hier ein teures Vergnügen. Im Stehen drinnen am Tresen ist alles wesentlich preiswerter.

Besonders elegant ist die Champagnerbar **Tazio** in der linken Kolonnade (vom Bahnhof aus gesehen mit Blick in die Via Nazionale), die nach dem Fotografen *Tazio Secchiaroli* benannt ist. Er war das lebende Vorbild für die Figur des Fotografen Paparazzo in Fellinis Filmklasiker *La Dolce Vita* (→ „Via Vittorio Veneto", S. 339). Seine originalen Fotos, also quasi die ersten Paparazzi-Schnappschüsse, aus den 1960er Jahren hängen an den Wänden. Auf dem Regal hinter dem Bar-Tresen steht eine beachtliche Auswahl unterschiedlichster Champagnersorten. Man kann stilvoll draußen sitzen oder drinnen, wo auf schwarz-weißem Marmorboden dunkles Holz dominiert, beleuchtet von modernen Kristalllüstern. Hier ist auch der Zugang zur Lobby des Fünfsterne-Luxushotels Exedra (→ S. 85). Auf dessen Dachterrasse, die die gesamte linke Kolonnade einnimmt, befindet sich ein Luxusrestaurant mit spektakulärem Blick auf die Piazza della Repubblica; auf der Rückseite der Dachterrasse erscheint vom Pool aus das Nationaldenkmal zum Greifen nahe zu sein.

Die Piazza della Repubblica ist einer der wichtigsten Verkehrsknotenpunkte der Stadt. Linienbusse, Lastwagen, Pkws und Mopeds schieben sich dicht zusammen und preschen in jede sich bietende Lücke. Mitten in diesem Verkehrsknäuel bildet der Najadenbrunnen das Zentrum des Platzes.

▶ **Fontana delle Naiadi (Najadenbrunnen)**: Der große, vierstufige Brunnen mit Mittelfontäne erregte kurz nach der Jahrhundertwende die Gemüter der Römer. Eigentlich war er schon 1888 fertig und auf den noch leeren Sockeln sollten nach dem Willen des Architekten würdevolle Marmorlöwen liegen. Das erschien dem Magistrat der Stadt aber zu langweilig und nach hitziger Debatte gaben die Herren (Damen waren damals in der Kommunalpolitik noch nicht vertreten) schließlich mehrheitlich nackte, sich räkelnde Bronzenymphen als Brunnenschmuck in Auftrag. Im Jahre 1911 waren die Bronzedamen endlich fertig gegossen und warteten hinter einem hohen Bretterzaun auf ihre Enthüllung. Nun geschah es aber, dass jemand wohl vorher über den Zaun gespäht und die Nackten gesehen hatte. Er sah die Moral zutiefst gefährdet und schaltete die Presse ein. So kam es zu einer eilig einberufenen Sondersitzung des Stadtparlaments, wo die Entfernung der anstößigen Nymphen beantragt wurde, weil Sittlichkeit, Zivilisation und die Unschuld der Jugend auf dem Spiel stünden. Nach heftigen Diskussionen fand der Antrag schließlich keine Mehrheit und es blieb beim Termin für die Enthüllung. Zu der erschien dann fast die gesamte Bevölkerung, um sich persönlich ein Bild vom Ausmaß des Skandals zu verschaffen. Als es dann endlich zur Enthüllung kam, war die Enttäuschung groß, man hatte sich die Bedrohung von Sitte und Anstand viel aufregender vorgestellt. In der Zeitung war am nächsten Tag zu lesen, dass die merkwürdig zahlreich anwesenden Chorknaben sich wenig interessiert gezeigt hätten, dass das Kunstwerk aber recht schön gelungen sei.

In der Mitte des Brunnens ringt Neptun mit einem Fisch. Das Thema, der Sieg des Menschen über die Natur, wirkt mitten in den lärmenden und stinkenden Autokolonnen ringsum etwas befremdlich.

Rom – Um die Piazza della Repubblica
Karte S. 348/349

▸ **Mosesbrunnen:** Folgen Sie von der Piazza della Repubblica aus rechts (in entgegengesetzter Richtung zum Bahnhof) der Via Orlando, erreichen Sie an der Kreuzung mit der Via XX Settembre den Mosesbrunnen, der viele Jahre früher ebenfalls für einen Skandal gesorgt hatte. Papst Sixtus V. (1585–90) griff für sein restauriertes antikes Aquädukt eine römische Idee wieder auf und ließ einen großen Brunnen in Form eines „castellums" als Abschluss der Wasserleitung bauen.

---

### Castellum – die Ankunft des Wassers

In der Antike feierte man die Ankunft des Wassers in der Stadt am Ende eines Aquädukts, von wo aus das Wasser durch ein System von unzähligen Leitungen auf private Haushalte, öffentliche Brunnen, Thermen und Latrinen verteilt wurde, mit einem großen Brunnen, den man „castellum" nannte. Der bestand meist aus einem Triumphbogen, durch den der überschüssige Teil des Wassers in ein großes Becken stürzte (→ „Wasserversorgung", S. 182).

Ähnlich wie der Mosesbrunnen und die Fontana Paola auf dem Gianicolohügel müssen auch vor 2000 Jahren viele Castellum-Brunnen ausgesehen haben.

An der Stelle, wo früher üblicherweise der Name des stiftenden Imperators vermerkt war, um dessen Verdienste herauszustellen, wurde in späteren Zeiten aus den gleichen Motiven ein Papstwappen befestigt.

---

Der Künstler **Prospero Antichi** war wohl etwas zu sehr von seinen Fähigkeiten überzeugt, als er die Mosesstatue für die Mittelnische des Brunnens schuf. Kollegen hatten ihm noch geraten, vorher unbedingt ein Modell zu fertigen, doch er hielt das für überflüssig. Da sein Atelier nicht hoch genug war, musste er die Figur horizontal aus dem liegenden Travertinblock meißeln. Er verrechnete sich dabei in den Proportionen derart, dass die Bevölkerung bei der Enthüllung in Anwesenheit des Papstes in brüllendes Gelächter ausbrach. Offensichtlich waren die Arme viel zu lang geraten. Der Marmorkünstler bot kleinlaut an, die Figur nachzubessern, doch der zornige Papst lehnte dies rundweg ab und entschied, dass das Standbild als Ausdruck der Unfähigkeit seines Schöpfers und zu dessen Schande für alle Zeiten erhalten bleiben sollte. Der bedauernswerte Antichi bekam danach keine Aufträge mehr, er wurde depressiv und nahm sich schließlich das Leben.

▸ **Santa Maria della Vittoria:** Da wir schon beim Thema Skandal sind, sollten Sie noch rasch einen Blick in die Kirche Santa Maria della Vittoria auf der anderen Straßenseite an der Ecke der Via XX Settembre werfen. Diese etwas düstere Kirche gleicht mit ihrer überladenen, barocken Dekoration in Marmor, Gold und Stuck vielen anderen italienischen Kirchen. Sehenswert ist aber im linken Querschiff die Privatkapelle der Fürsten Cornaro. Einige der in Marmor portätierten Familienmitglieder haben in Seitenlogen wie in einem Theater Platz genommen und folgen wie auf einer Bühne im Zentrum der Kapelle einem sehr zweideutig dargestellten Ereignis, der **Verzückung der heiligen Therese**. Diese Skulptur aus weißem Carrara-Marmor schuf Gianlorenzo **Bernini** zwischen 1645 und 1652. Manche halten sie für einen **barocken Porno:**

Man sieht Therese, wie sie sich in fülligem Kleid mit leicht geöffnetem Mund und nach hinten geneigtem Kopf auf einer Wolke lasziv räkelt. Ihr linker, entblößter Fuß ist herabgerutscht und ihre linke Hand sucht irgendwo Halt. Über ihr steht ein hübscher junger Engel mit entblößter Brust und zielt mit einem goldenen Pfeil zwischen spitzen Fingern auf ihren Körper. Im Hintergrund strahlt goldenes Licht. Der Gesichtsausdruck der Heiligen vermittelt nun nicht gerade den Eindruck von sittsamer katholischer Andacht, sondern eher im Gegenteil von Versenkung in Wollust und fleischlicher Hingabe. Auf diese Weise sorgte Bernini natürlich für einen deftigen Skandal. Dabei hatte er doch nur die Heilige beim Wort ihres persönlich niedergeschriebenen Berichts genommen. Sie hatte von der Erscheinung eines wunderschönen Engels *„in leiblicher Gestalt"* und ihrer Verzückung geschrieben:

*„Unmittelbar neben mir sah ich einen Engel in vollkommener körperlicher Gestalt. Der Engel war eher klein als groß, sehr schön, und sein Antlitz leuchtete in solchem Glanz, dass er zu jenen Engeln gehören musste, die ganz vom Feuer göttlicher Liebe durchleuchtet sind. In der Hand des Engels sah ich einen langen, goldenen Pfeil, und an der Spitze des Eisens schien mir ein wenig Feuer zu sein. Es kam mir vor, als stieße er ihn einige Male in mein Herz, ich fühlte, wie der Pfeil mein Innerstes durchdrang, und* als er ihn wieder herauszog, war mir, als nähme er mein Innerstes mit, und ich blieb erfüllt von feuriger Liebe zu Gott. Der Schmerz war so stark, dass ich klagend aufschrie. Doch zugleich empfand ich eine solch unendliche Wonne, dass ich dem Schmerz ewige Dauer wünschte. Es war nicht körperlicher, sondern seelischer Schmerz, trotzdem er auch auf den Körper eingewirkt hat; süßeste Liebkosung, die der Seele von Gott gegeben werden kann."*

**Hinweis:** In der Santa Maria della Vittoria spielt eine Szene von Dan Browns Bestseller-Thriller *Illuminati* (hier wurde der spanische Kardinal an Ketten aufgehängt und verbrannt).
*Öffnungszeiten* 7–12 und 15.30–19 Uhr.

## Diokletiansthermen

▶ **Geschichte:** Die Piazza della Repubblica bildet mit ihren halbkreisförmigen Kolonnaden den Grundriss des Innenhofs der Diokletiansthermen ab. Die mächtigen Ziegelmauern gegenüber den Arkaden, die von mehreren Gebäuden genutzt werden, gehörten zu verschiedenen Sälen des gigantischen antiken Spaßbades. Rund hundert Jahre nach Eröffnung der Caracalla-Thermen erteilte Kaiser Diokletian 298 n. Chr. den Auftrag zum Bau einer weiteren großen öffentlichen Badeanstalt. Die Anlage entsprach mit den Sälen und Außenanlagen dem traditionellen Schema (→ „Die Caracalla-Thermen", S. 264). Sie war allerdings noch größer als die des Caracalla, wenn auch nicht ganz so luxuriös wie diese, und bot ausreichend Platz für die Rekordzahl von 3.500 Badegästen. Nach nur acht Jahren Bauzeit war das 370 m x 320 m große Freizeitzentrum fertig. Man hat errechnet, dass 35.000 Sklaven und Verurteilte, darunter überwiegend Christen, auf der Baustelle eingesetzt waren.

Unter **Diokletian** (284–305) fanden die größten **Christenverfolgungen** statt. In der Residenzstadt Nikomedia ließ er z. B. 20.000 Christen niedermetzeln, in Ägypten sogar eine halbe Million. Als die Bewohner einer Stadt in Phrygien Christen versteckten und sich weigerten, sie auszuliefern, ließ er die Stadt abriegeln und mitsamt allen Einwohnern niederbrennen. In Lutetia Parisiorum (dem heutigen Paris) tränkte das Blut der Märtyrer einen ganzen Hügel, den man deshalb später „Montmartre" nannte. Ein Gesetz Diokletians ordnete an, die Hinrichtungen möglichst grausam zu vollstrecken. Wörtlich hieß es : „Wo immer der Folterer zu sanftmütig ist, möge er selbst der Folter übergeben werden". Die Heilige Römische Inquisition übernahm später dieses Weisung.

Rom – Um die Piazza della Repubblica
Karte S. 348/349

Die Diokletiansthermen waren in Betrieb, bis die Goten im Jahr 538 die Aquädukte zerstörten und es kein Wasser mehr gab. Die Räume mit den solidesten Mauern in Rom blieben weitgehend erhalten. Selbst das starke Erdbeben von 1703, das Teile des Kolosseums einstürzen ließ, verursachte hier kaum Schäden. Ab dem 16. Jh. nutzte man die leer stehenden Räume wieder. Im mittleren großen Kaltbadesaal (*Frigidarium*) entstand die Kirche **Santa Maria degli Angeli** und in den Nebenräumen ein Karthäuserkloster, in das später das Nationalmuseum einzog. Auf die Fundamente der **Exedra**, der halbkreisförmigen Arkaden zur Einfassung der Außenanlagen, baute man später die Gebäude an der Piazza Esedra (heute Piazza della Repubblica, s. o.). Ein kleiner Warmbaderaum mit Kuppel, der zum Bereich des *Tepidariums* gehörte, war ab dem 17. Jh. Kornspeicher. Ab 1928 nutzte man die **Aula Ottagona** zunächst als Planetarium, bis hier 1991 eine Abteilung des Römischen Nationalmuseums untergebracht wurde (→ S. 359).

▶ **Santa Maria degli Angeli**: Papst Pius IV. beauftragte 1561 **Michelangelo** mit dem Bau einer Kirche für den Kartäuserorden in den Diokletiansthermen. Dabei sollte der antike Baubestand und insbesondere das mächtige Kreuzgewölbe des einstigen großen Kaltbadesaals erhalten bleiben.

In das Innere der Kirche tritt man von der Piazza della Repubblica aus durch einen achteckigen Rundsaal, der zum ehemaligen Warmwasserbad gehörte. Der quer zum Eingang liegende zentrale Kirchenraum war einst der große Kaltbadesaal (*Frigidarium*), gegenüber schließt sich im Bereich der nicht mehr erkennbaren Schwimmhalle (*Natatio*) der tiefe Chor an.

Besonders der Hauptraum der Kirche (91 m lang, 27 m breit und 28 m hoch) vermittelt eine gute Vorstellung von der Monumentalität der antiken Thermen. Die acht gigantischen Säulen aus rotem Granit mit ihren prachtvollen Gesimsen und die drei Porphyrsäulen vor der Wand gehören zur originalen Ausstattung. Unverändert geblieben ist auch das Deckengewölbe, das Michelangelo schmucklos belassen hat, um nicht von der antiken Architektur abzulenken. Bis heute blieb es das größte, das je gemauert wurde. Die Dekoration mit Stuck, echtem und kunstvoll gemaltem Marmor an den Wänden geht auf eine Umgestaltung der Kirche im 18. Jh. zurück.

Durch das gesamte Querschiff verläuft ein 44 m langer bronzener **Meridian** mit vielen Gravuren. Ein Sonnenstrahl, der in mehr als 20 m Höhe durch ein exakt berechnetes Loch in der Kirchenmauer fällt, bildet einen Lichtfleck auf dem Kirchenboden. Genau in dem Augenblick, in dem der Fleck den Bronzestreifen überquert, hat die Sonne den Tageshöchststand erreicht und es ist 12 Uhr mittags. Da die Sonnenstrahlen je nach Jahreszeit ihren Winkel ändern wandert der Fleck auf dem Bronzestreifen und zeigt so den **Kalender** und die Tierkreiszeichen an. Bis zum Ende des Kirchenstaates 1870 gab der Meridian von Santa Maria degli Angeli für alle Uhren Roms verbindlich die Mittagszeit vor. Auch heute noch ist die Zeitangabe außerordentlich präzise, vorausgesetzt, die Sonne scheint.

*Öffnungszeiten* Mo–Sa 7–18.30 Uhr, So 8–19.30 Uhr; ausgenommen sind jeweils die Zeiten der Messe.

Papst Clemens XI. (1700–21) setzte unmittelbar nach seiner Wahl eine **Kommission zur Überprüfung des geltenden Gregorianischen Kalenders** von 1582 ein. Dabei ging es ihm darum, bei der Festlegung des konkreten Datums für das Osterfest nicht auf Überlieferungen angewiesen zu sein, sondern den Termin wissenschaftlich exakt zu bestimmen. Er wollte schließlich nicht am falschen Tag die Auferstehung des Herrn feiern. Hierfür hatte das *Konzil von Nicäa* im Jahr 325 den Sonntag verbindlich festgelegt, der dem ersten Vollmond nach der Frühjahrs-Tagundnachtgleiche folgt. Den Mathematiker und Astronomen Francesco Bianchini ernannte der Papst zum Kommissions-Sekretär und beauftragte ihn, einen Sonnenkalender zu konstruieren, der die Tagundnachtgleiche als Bezugsdatum anzeigt. Zur genauen Berechnung bedurfte es eines möglichst hohen Lichtschachtes und langen Meridians, an dem der Sonnenstand zur Mittagszeit im Verlauf des Jahres abzulesen war. Die erforderlichen Bedingungen fand der Astronom in der Kirche von Santa Maria degli Angeli. Am 6. Oktober 1702 konnte Clemens XI. die **Sonnenuhr** einweihen.

Neben die große Mittagslinie setzte Bianchini noch eine zweite, kleinere zur Beobachtung des Polarsterns, dessen Bewegungen auf dem Kirchenboden in 16 elliptischen Bahnen abzulesen waren. Leider wird man hier nicht miterleben können, wie der Polarstern im Jahr 2100 dem Nordpol am nächsten kommt, denn der dazugehörige Lichtschacht wurde bei Renovierungsarbeiten im Jahr 1749 geschlossen.

## Römisches Nationalmuseum

Das Museo Nazionale Romano wurde 1889 gegründet und sollte die antiken Fundstücke aus der Zeit vom 3. Jh. v. Chr. bis zum 5. Jh. n. Chr. zusammenführen. Die Sammlung brachte man zunächst im ehemaligen Kartäuserkloster neben der Kirche Santa Maria degli Angeli, in den östlichen Trakten der Diokletiansthermen unter. Sie wurde rasch immer umfangreicher, denn der Bauboom in der noch jungen italienischen Hauptstadt brachte ständig weitere antike Schätze zu Tage. Zudem gab es Schenkungen, und im Jahr 1901 erwarb der italienische Staat große Teile der berühmten **Ludovisi-Sammlung** mit außerordentlich schönen und bedeutenden Kunstwerken (→ „Palazzo Altemps", S. 406). Nach offiziellen Angaben verfügt das Römische Nationalmuseum inzwischen über mehr als 300.000 Exponate und ist eine der bedeutendsten archäologischen Sammlungen der Welt. Da der Platz im Thermenmuseum, das auch schon recht marode wurde, bei weitem nicht ausreichte, waren nur wenige Stücke zu sehen und der große Rest gammelte unter haarsträubenden Bedingungen in den Magazinen. So entschloss man sich, den Fundus auf fünf Orte zu verteilen und der Öffentlichkeit nahezu komplett zugänglich zu machen. Der Kernbereich des Nationalmuseums wurde auf drei Gebäude in unmittelbarer Nachbarschaft verteilt: Der größte Teil mit den wichtigsten Exponaten von der Zeit der Republik bis zu den Kaiser-Dynastien und den herrlichen Fresken aus dem Haus der Livia sowie aus anderen herrschaftlichen antiken Villen ist im neu gestalteten **Palazzo Massimo** zu sehen. Eine kleine Auswahl besonders qualitätvoller Marmor- und Bronzeskulpturen beherbergt die **Aula Ottagona**, die Frühgeschichte mit der gewaltigen Sammlung antiker Inschriften sieht man im jüngst wiedereröffneten **Thermenmuseum** im alten Kartäuserkloster und den Nebenräumen der Thermen. Die Sammlung Ludovisi ist mit einigen Ergänzungen im **Palazzo Altemps** bei der Piazza Navona untergebracht (→ S. 406) und das Museum zur Stadtentwicklung am Beispiel eines Häuserblocks befindet sich in der **Crypta Balbi** nahe des Largo Argentina (→ S. 433).

▸ **Palazzo Massimo alle Terme**: Das Römische Nationalmuseum im Palazzo Massimo wurde 1998 eröffnet und beherbergt einen Teil des alten Thermenmuseums sowie eine Goldschmuck- und Münzsammlung im Untergeschoss. Zu sehen sind einige der bedeutendsten Kunstwerke der ausgehenden Römischen Republik (ab dem 2. Jh. v. Chr.) und der folgenden Kaiserzeit bis zur Reichsteilung im 4. Jh. n. Chr. Bei den Skulpturen handelt es sich überwiegend um römische Kopien, aber auch um importierte Originale griechischer Kunst (meist aus dem

5. Jh. v. Chr.). Gut nachvollziehbar in der Ausstellung sind sowohl die künstlerische, als auch die gesellschaftliche Entwicklung des Römischen Reichs. Im zweiten Stock des Museums werden einzigartige Fresken aus antiken römischen Villen gezeigt.

Die Exponate sind – anders als in den meisten anderen römischen Museen – großzügig in modernen, nüchtern gehaltenen Räumen, die nicht ablenken, mit perfekten Lichtverhältnissen inszeniert.

### Rundgang

Das **Erdgeschoss** besteht aus den Galerien um den Innenhof und den sich daran jeweils anschließenden Sälen. Der hier beschriebene Rundgang beginnt vom Eingangsbereich kommend in der ersten Galerie rechts des Innenhofs.

**Galerie I**: Porträts aus republikanischer Zeit (2.–1. Jh. v. Chr.), die hauptsächlich der Ahnenverehrung dienten. Am Ende der Galerie hängt ein Mosaik, dessen Bildfeld in der Mitte deutlich älter ist als der Rahmen mit Zopfmuster. Das besonders fein ausgeführte Bild stellt den Mythos des Jünglings Hylos dar, der von Nymphen entführt wurde.

**Saal I** (zurück zum Beginn der Galerie): An der Wand Reste eines Kalenders aus der Villa Neros bei Anzio mit einem Verzeichnis der Feiertage und einer Auflistung von Amtsträgern aus der Zeit von 173–67 v. Chr.

**Saal II**: Grabmäler und Porträts aus der Zeit Caesars und der sich anschließenden Bürgerkriegswirren. Der auf Marmortafeln geritzte Kalender berücksichtigt bereits die von Augustus angeordneten Änderungen.

**Galerie II** (an der Schmalseite des Innenhofs): Kopfloser Kaiser in Militärbekleidung.

**Saal III**: Auswahl römischer Münzen.

**Saal IV**: Der Zeit des Augustus gewidmet. Man sieht ein Jugendbild vor seiner Machtübernahme, als er noch Oktavian hieß, und ein Porträt seiner Ehefrau Livia. Ihre aufwändige Frisur beeinflusste die Darstellung anderer Damen der besseren Gesellschaft und wohl auch die damalige Mode. Ebenfalls mit Porträts vertreten sind die Nachfolger des Augustus, Tiberius und Caligula. Die kleine Büste des Caligula im Glaskasten rechts des Eingangs ist überaus selten, weil man nach seinem Tod alle Erinnerungen an den wahnsinnigen Kaiser auslöschte *(damnatio memoriae)*.

**Saal V** (zum Innenhof): Beschäftigt sich mit der Macht des Augustus. Eine große Statue zeigt ihn ganz in eine Tunika mit perfektem Faltenwurf gehüllt als höchsten Priester *(Pontifex Maximus)*. Nach der chaotischen Bürgerkriegszeit propagierte er da-

mit eine Besinnung auf traditionelle Werte, was geschickt die konservativen Kreise für ihn einnahm und seinen Machtanspruch als Retter Roms begründete.

Auf den mythologischen Ursprung Roms spielt der bedeutende **Altar von Ostia** an: Zu sehen ist die Hochzeit von Mars und Venus. Mars ist der göttliche Vater des Stadtgründers Romulus und Venus die Schutzpatronin der Sippe der Julier, zu der Julius Caesar gehörte. Auf der anderen Seite erkennt man Romulus und Remus, die von der Wölfin gesäugt werden, umgeben von den Personifikationen von Palatin und Tiber. Sehenswert ist auch das Freskenband aus einer Grabanlage; es zeigt Szenen aus der Troja- und der Romulus-Mythologie.

**Galerie III**, die zur Eingangshalle zurückführt: Importierte Porträts griechischer Gelehrter, mit denen intellektuelle Römer gerne ihre Bibliotheken schmückten.

**Saal VI**: Fragmente antiker Tonrepliken von damals berühmten und populären griechischen Skulpturen.

**Saal VII**: Griechische Originale aus dem 4. Jh. v. Chr., die reiche Römer oder sogar Mitglieder der kaiserlichen Familie zum Schmuck von Palästen und Gärten importierten. Darunter befindet sich die berühmte Statue einer Tochter Niobes, die im Sturz versucht, sich einen Pfeil aus dem Rücken zu ziehen, mit dem Artemis sie getroffen hatte. Die Figur gehörte ursprünglich in das Giebelfeld eines griechischen Tempels.

**Saal VIII**: Antike dekorative Kunst, die um Christi Geburt nach griechischen Vorbildern fast schon als Massenware für vornehme Villen und Gärten angefertigt wurde.

Im **ersten Stock** geht es um die Kaiserzeit vom 1.–4. Jh. n. Chr.

**Saal I**: Gewidmet der Zeit der Dynastie der Flavier mit den Kaisern Vespasian, Titus und Domitian. Das Porträt Vespasians, der von seinen Soldaten zum Herrscher ausgerufen wurde, soll seine schlichte bäuerliche Herkunft betonen. Das Porträt Kaiser Domitians (→ S. 222) mit der so genannten Bürgerkrone aus Eichenblättern ist selten, da auch über ihn nach seinem Tod eine *damnatio memoriae* verhängt wurde.

**Saal II**: Zeit von Trajan und Hadrian. Die Porträts dienen nun offenkundig Propagandazwecken und vermitteln den Bürgern die gewünschten Positiv-Eigenschaften des Herrschers. So ist Trajan in Gestalt des Herkules dargestellt, um Heldentum und Unbesiegbarkeit auszudrücken. Mit Hadrian nehmen wieder hellenistische Einflüsse und damit auch Idealisierungen zu. Neben Hadrian sieht man dessen Ehefrau Sabina und seinen geliebten Antinous (→ „Die Vatikanischen Museen", S. 544).

**Saal III**: Porträt des Antoninus Pius (138–161 n. Chr.) und zwei sehenswerte Reliefs, die in Frauengestalt die Provinzen Thrakien (barfuß mit freier Brust und Säbel) und Ägypten (mit Mantel, und Früchten in den Händen) symbolisieren.

**Saal IV**: Zur Zeit Marc Aurels (161–180 n. Chr.) wird die Kunst pathetischer. Der Kaiser und Philosoph wird einerseits tatkräftig entschlossen, andererseits aber auch vergeistigt dargestellt.

Kehren Sie nun zurück und betreten vom Saal I aus die **Galerie I** zum Innenhof. Ausgestellt sind hier besonders schöne Porträts, die in der Hadriansvilla bei Tivoli gefunden wurden (darunter eines von Marc Aurel und von Antoninus Pius).

**Saal V**: In diesem großen Saal werden dekorative Kunstwerke aus Villen und Gärten gezeigt, besonders aus den Villen Neros bei Anzio sowie Subiaco und natürlich aus der riesigen Hadriansvilla bei Tivoli.

Zu den herausragenden Werken in diesem Raum zählt die Statue eines opfernden Mädchens, das ein Tablett in Händen hält, sowie die hockende Aphrodite von Doidalses, eine Kopie des Bronzeoriginals aus dem 3. Jh. v. Chr.

**Saal VI**: Dekorative Plastiken aus den Gymnasien, die in den Gärten der Villen sportlicher und geistiger Betätigung dienten. Besonders sehenswert ist die Apollstatue, die man stark beschädigt im Tiber fand. Die griechische Vorlage für diese römische Kopie stammt aus der berühmten Werkstatt des Phydias.

Kopien eines sehr bedeutenden griechischen Originals des Bildhauers Miron aus dem 5. Jh. v. Chr. sind die beiden Diskuswerfer. Beim komplett erhaltenen fehlt allerdings die Dreidimensionalität des Originals, bei dem anderen ist leider der Kopf verloren gegangen.

**Saal VII**: An der Schmalseite des Innenhofs gelegen, ist dieser Raum dekorativen Götterstatuen gewidmet. Für die Gärten waren besonders die Darstellungen der Aphrodite des Dionysos und der Satyre in seinem Gefolge beliebt.

Es schließen sich drei Räume an: Der hintere **Saal VIII** zeigt mythologische Themen, **Saal IX** Werke, die mit dem Theater zu tun haben. In **Saal X** sehen Sie einige Stücke des Bronzeschmucks von zwei antiken Schiffen aus dem Nemi-See, auf denen Caligula legendäre Gelage feierte. Die Schiffe konnten 1932 geborgen werden, wurden dann aber bei einem Bombenangriff im Zweiten Weltkrieg zerstört (→ „Lago di Nemi", S. 750).

Wieder zurück durch den Saal VII gelangt man vor der Galerie II in die kleineren **Räume XI** (ein Relief zeigt den Bau eines Hafens) und **XII** (Sarkophage, z. T. mit Kriegsszenen).

**Galerie II**: Frauenporträts aus dem 3. und 4. Jh. n. Chr.

**Saal XIII**: Hier geht es um die Severianische Zeit mit Porträts der Kaiser Septimius Severus (193–211 n. Chr.), Caracalla (211–217 n. Chr.), Geta (211–212 n. Chr.) und Alexander Severus (222–235 n. Chr.) als letztem dieser Dynastie. Da Caracalla gegen seinen Bruder Geta die *damnatio memoriae* verhängte, existieren von diesem auch nur sehr wenige Abbildungen.

**Saal XIV**: In diesem großen Saal sind Kunstwerke aus der von Umbrüchen geprägten Spätzeit des Reichs nach dem Tod des Alexander Severus (235 n. Chr.) bis zur Reichsteilung unter Konstantin (313–337 n. Chr.) zu sehen. Während dieser Zeit kamen 21 Herrscher manchmal nur für wenige Monate an die Macht. Das Christentum wurde immer stärker und setzte sich unter Konstantin schließlich durch. Auch in der Kunst sind Veränderungen feststellbar. Der Realismus weicht einer stärkeren Idealisierung und größerer Abstraktion.

Bedeutend ist die kleine Statue des lehrenden Christus aus dem 3. Jh. in der klassischen Darstellung eines dozierenden Philosophen.

Im **zweiten Stock** sind einige der schönsten existierenden Fresken, Mosaike und Stuckarbeiten aus antiken römischen Villen zu sehen. Hier bekommen Sie einen guten Eindruck vom luxuriösen Lebensstil vornehmer Römer.

**Säle I und II**: Herrliche Fresken aus dem **Haus der Livia**, der Ehefrau des Augustus,

Rom – Um die Piazza della Repubblica
Karte S. 348/349

*Fußbodenmosaik im Nationalmuseum*

auf dem Palatin (→ S. 225). Man sieht Fragmente mit gemalten Landschaften und Szenen aus der Odyssee. Es schließt sich die Rekonstruktion des Speisesaales *(triclinium)* an. Die Wände waren vollständig mit einem Paradiesgarten perspektivisch bemalt. Im Vordergrund sieht man einen Zaun aus Weidenrohr, dahinter eine flache, marmorverkleidete Mauer, die einen üppigen Obstgarten umgibt, dessen Bäume blühen und zugleich reife Früchte tragen. Die Darstellung ist so naturgetreu, dass unterschiedliche Pflanzen- und Tierarten zu identifizieren sind.

In den **Galerien I und II** werden Fußbodenmosaike aus der Zeit vom 2. Jh. v. Chr. bis zum 1. Jh. n. Chr. gezeigt.

Es folgt die **Galerie II** mit den **Sälen III bis V** mit den zarten Fresken einer Villa aus der Zeit des Augustus, die man 1879 im Garten der Farnesina am Tiberufer ausgegraben hat. Nach Meinung der Archäologen sind dies die wichtigsten Zeugnisse der antiken römischen Malerei. Zu sehen sind feinste Architekturteile, perspektivisch im pompejanischen Stil gemalt, mit Rankenwerk, Figuren, mythologischen Szenen und manchmal nur angedeuteten Landschaften ergänzt.

**Säle VI und VII:** Wandmalereien, Fußbodenmosaike und Stuckelemente der „Villa von Castel di Guido", die im 1. Jh. n. Chr. einer reichen Familie gehörte.

**Saal VIII:** Ein Nymphäum aus der Villa Kaiser Neros bei Anzio. In der Hauptnische der grottenartigen Brunnenanlage ruht Herkules. Ausgestellt sind auch Freskenfragmente mit naturgetreuer Meeresfauna (mindestens 20 verschiedene Arten sind identifizierbar).

**Saal IX:** Fußbodenmosaike aus der Villa von Kaiser Septimius Severus in Bracciano. Besonders interessant sind die Mosaike mit den Wagenlenkern der vier Circus-Mannschaften (→ „Um den Circus Maximus", S. 259). Die Farben haben seit dem 2. Jh. n. Chr. nichts von ihrer Leuchtkraft verloren.

**Saal X:** Malereien aus dem 3. und 4. Jh. n. Chr.

Am Ende des Rundgangs sehen Sie in **Saal XI** seltene Marmorintarsien. Sie stammen wohl überwiegend aus dem Landhaus von Kaiser Lucius Verus (161–169 n. Chr. ) an der Via Cassia. Das Gesichtsfragment stellt den Sonnengott „Helios-Sol" dar und gehörte zu einem Mithräum (3. Jh. n. Chr.).

Im **Untergeschoss** des Museums zeigt eine Ausstellung allerlei **Alltagsgegenstände** aus dem antiken Rom, darunter Handwerkszeug (Lot, Zirkel und Ziegelstempel), Küchengeräte (z. B. Schöpflöffel und Glaskrüge) sowie Schmuck (feinste Ringe, Ketten, Haarnadeln und goldene Haarnetze) und andere Luxusgüter (Parfumfläschchen, Siegel usw.). Zu sehen ist auch die Mumie eines ca. 8-jährigen Kindes.

Durch Gitter und eine dicke Stahltür geht es zur **Münzsammlung** im Tresorraum. Tausende von Münzen in aufrecht stehenden Ausstellungskästen können mit beweglichen Lupen betrachtet werden. Die Münzen sind fast ausnahmslos in hervorragendem Zustand. Es wird beinahe die gesamte Münzgeschichte auf italienischem Boden abgedeckt: von sehr frühen Exemplaren bis zu prächtigen Münzen des Kirchenstaates, denen der Königreiche Sardinien und Italien bis zu den Anfängen der Lira und schließlich die italienischen Euro-Münzen.

● *Eingang* Largo di Villa Peretti 1.

● *Öffnungszeiten* Mo geschlossen, ebenso am 1.1. und 25.12. Di–So 9–19.45 Uhr, am 24.12. und 31.12. 9–17 Uhr; Einlass nur bis eine Stunde vor Schließung.

● *Eintritt* 7 €; für EU-Bürger zwischen 18 und 25 Jahren 3,50 €; für EU-Bürger unter 18 und über 65 Jahren ist der Eintritt frei (alle Vergünstigungen nur gegen Altersnachweis). Die Karte gilt für die Nationalmuseen **Palazzo Massimo**, **Aula Ottagona**, **Terme di Diocleziano**, **Palazzo Altemps** und **Crypta Balbi** und ist **drei Tage lang gültig**. Für einen Zuschlag von 3 € kann man auch Sonderausstellungen besuchen.

● *Information/Kartenreservierung*

✆ 06.39967700, nur in der Zeit von Mo–Sa 9–13.30 und 14.30–17 Uhr; www.archeorm.arti. beniculturali.it.

▸ **Aula Ottagona:** Der kleine erhaltene Warmbaderaum der Diokletiansthermen mit seiner schönen antiken Kuppel war ab dem 17. Jh. ein Kornspeicher, wurde 1928 als Planetarium genutzt und beherbergt seit 1991 eine kleine Gruppe exquisiter antiker Marmor- und Bronzeskulpturen des Römischen Nationalmuseums. Zu den Prachtstücken gehört der berühmte Faustkämpfer. Die Gusseisensäulen stammen aus der Zeit des Planetariums. Eine schmale, eiserne Treppe führt in das Untergeschoss zu den freigelegten Fundamenten der Thermen.

Ein Heer von griechischen Kunsthandwerkern arbeitete im antiken Rom und brachte die hellenistische Bildhauerkunst zu neuer Blüte, nicht ohne sie auf römische Bedürfnisse hin weiterzuentwickeln und auch gewissen Modeerscheinungen nachzugeben. Sie füllten Foren und Tempel, Thermen und all die vielen anderen öffentlichen Gebäude sowie die Privatpaläste der Oberklasse mit einer wahren Flut von Skulpturen und Denkmälern. Vieles war „Gebrauchskunst" und hielt sich an konventionelle Muster, doch andere waren von herausragender Qualität. So erwartet uns im Oktogon der sogenannte **Thermenherrscher**, die aufrecht stehende, kraftvolle Heldengestalt aus ehemals vergoldeter Bronze, die sich auf eine ihn überragende Lanze stützt. Die an griechischen Vorbildern orientierte, idealisierte Figur hat einen naturalistisch wiedergegebenen, individuellen Kopf. Man nimmt an, es handelt sich um das Porträt einer bedeutenden römischen Persönlichkeit aus dem 2. Jh. v. Chr. Die Statue wurde 1885 entdeckt und gehörte zum Gelände des Serapis-Tempels am Quirinal.

Dort in der Nähe kam auch die bekannteste Gestalt des Oktogons wieder ans Licht, der ruhende Faustkämpfer, der **Pugilatore** aus dem 1. Jh. v. Chr. Diese meisterhaft ausgeführte, schonungslos realistische Bronzeskulptur schreibt man neuerdings dem griechischen Bildhauer Lysipps zu. Der Boxer verschnauft in einer Kampfpause und schaut mit gewisser Verzweiflung auf. Das seitwärts gedrehte, von Narben gezeichnete Gesicht lässt ahnen, dass es nicht gut aussieht für ihn. Die zerschlagene Nase und die verknorpelten Ohren (die „Blumenkohlohren") zeugen von einer langen Karriere, doch jetzt hängen die erschöpften, mit Knöchelschonern bandagierten Hände kraftlos herab.

Die weiteren ausgestellten Figuren sind meist Funde aus den Thermen der Stadt.

● *Eingang* Via Orlando, Ecke Via Parigi (ein paar Schritte links neben dem Eingang zur Kirche von Santa Maria degli Angeli).

● *Öffnungszeiten/Eintritt/ Information/Kartenreservierung* siehe Angaben zu **Palazzo Massimo**.

**Achtung:** Eintrittskarten werden nicht hier, sondern nur an den anderen Standorten des Nationalmuseums verkauft.

▸ **Therme di Diocleziano (Thermenmuseum):** Diejenigen, die mit dem Besuch des Nationalmuseums im Palazzo Massimo, dem Oktogon und der Santa Maria degli Angeli in den ehemaligen Thermen des Diokletian noch nicht ausgelastet sind, können sich nun das Thermenmuseum im östlichen Teil des Komplexes ansehen. Es verdankt seinen Namen dem Standort, nicht etwa seinem Inhalt, denn es geht hier nicht um antike Badefreuden. Dies ist der ursprüngliche Standort des Nationalmuseums, das 1889 eröffnet wurde und enthält jetzt nur noch einige spezielle Themenbereiche. Einzigartig ist hier die bedeutende Sammlung römischer Inschriften und Texte, wohl die größte ihrer Art und ein Eldorado für Historiker und Schriftgestalter. Rund 300 Exponate zeigen nicht nur die Schriftentwicklung bis hin zur ästhetischen Vollendung, sondern bilden mit ihren mal offiziell-feierlichen, mal banal-alltäglichen Inhalten ein vielstimmiges Echo des Lebens im alten Rom. Im beschaulichen Kreuzgang des in den letzten Jahren neu und modern gestalteten ehemaligen Klosters, an dem einst auch Michelangelo Hand anlegte, sind weitere Exponate des riesigen Museumsbestands zu betrachten: Statuen, Sarkophage und Architekturelemente von großer Qualität. Ein weiterer Themenschwerpunkt taucht bis ins 12. Jh. v. Chr. ein und entwickelt anhand zahlreicher Grabbeigaben und anderer Funde die Frühgeschichte Roms und Latiums. Vom Museum aus öffnen sich schöne Blicke auf die antiken Wände der Thermen und man bekommt schon allein angesichts des reich gegliederten blanken Mauerwerks eine Ahnung vom prachtvollen Anblick, den der Bau zu Zeiten Diokletians dargeboten haben muss.

•*Eingang* Viale Enrico de Nicola 78 (dem Bahnhofseingang gegenüber, hinter einer Grünfläche).

•*Öffnungszeiten/Eintritt/ Information/Kartenreservierung* siehe Angaben zu **Palazzo Massimo**.

▸ **Einkaufsviertel Via Nazionale**: Von der Piazza della Repubblica aus erreichen Sie in der Via Nazionale ein beliebtes Einkaufsviertel. Die breite, stark befahrene Straße verläuft von hier aus schnurgerade in Richtung Nationaldenkmal. Zahlreiche Geschäfte bieten eine große Auswahl an Bekleidung und Schuhen. Von lässiger, junger Jeansmode bis zu eleganten Kleidern und Anzügen ist für beinahe jeden Geschmack etwas dabei. Das Angebot ist zwar nicht so extravagant, wie bei den bekannten Marken im mondänen Modeviertel um die Spanische Treppe, doch dafür sind auch die Preise wesentlich moderater. Besonders während des Schlussverkaufs *(saldi)*, kurz vor Beginn der Ferienzeit im Juli oder im Januar gleich nach Silvester, kann man hier preiswerte Schnäppchen machen.

▸ **Palazzo delle Esposizioni**: Vom Bahnhof aus kommend gelangen Sie auf der rechten Seite der Via Nazionale (kurz vor dem Tunnel unter dem Quirinal) zum großen historischen Palazzo delle Esposizioni. Um seine neue Hauptstadt aus der Provinzialität des Kirchenstaates herauszuführen und auch im modernen Europa wahrgenommen zu werden, plante das gerade vereinigte Königreich Italien eine repräsentative und funktionelle Ausstellungshalle. Es war das erste öffentliche Gebäude, für das man 1876 einen Architektenwettbewerb ausschrieb. Eingereicht wurden 74 Vorschläge und erst 1880 hatte man sich entschieden und konnte mit dem Bau beginnen. Drei Jahre später war der Palast fertig. Die Fassade mit griechisch-römischen Stilelementen beherrscht ein riesiger Triumphbogen. Eine breite Treppe führt hinauf und weiter zur großen, überkuppelten Eingangshalle mit einem ersten Ausstellungsbereich. Häufig finden mehrere Kunstausstellungen gleichzeitig statt, von alten Meistern über die Klassische Moderne bis hin zur jungen Avantgarde, die hier ein Forum für Experimentelles findet.

•*Information* Über aktuelle Ausstellungen informieren Plakatanschläge in der ganzen Stadt und die Ankündigungen in den Veranstaltungskalendern der Tageszeitungen oder www.palazzoesposizioni.it.

•*Essen/Trinken* Sehr schöne **Snack-Bar** und **Dachgarten-Café** über dem Seiteneingang in der Via Milano 9 (Di geschlossen).

Blick vom Kapitol ▲▲
Kopie der Reiterstatue des Marc Aurel auf dem Kapitol ▲

▲▲ Antikensammlung im Nationalmuseum
▲ Forum Romanum, Saturn-Tempel

Im Kolosseum ▲▲
Am Forum Romanum ▲

▲▲ Najaden-Brunnen auf der Piazza Repubblica
▲ Trevi-Brunnen

▲▲ An der Spanischen Treppe
▲ Trevi-Brunnen

# Nuovo Centro Esquilino

Die etwas heruntergekommene Gegend auf der südlichen Seite des Bahnhofs mit langen geraden, sich rechtwinklig kreuzenden Straßen und gleichförmigen Gründerzeit-Wohnblocks vom Ende des 19. Jh. ist fest in der Hand von Einwanderern. Die unterschiedlichen Volksgruppen bleiben hier jeweils unter sich, mit eigenen Treffpunkten, eigenen Kneipen und Teestuben. Jede Gruppe hat sich auf eigene Handelszweige spezialisiert. In der Via Rattazzi und der Via Filippo Turati gibt es z. B. eine unübersehbare Anzahl kleiner chinesischer Geschäfte mit Billig-Klamotten und Schuhen. Sie sehen fast alle gleich aus, scheinen die gleiche Ware anzubieten und sind meist bis zur Decke vollgestopft. Dann gibt es Straßen, in denen sich Geschäfte von Äthiopiern aneinander reihen, alle voll mit Arzneimitteln, unidentifizierbaren exotischen Gewürzen oder Lebensmitteln. In manchen Hinterzimmern und dunklen Hauseingängen wird auch mit Drogen und Hehlerware gehandelt. Arbeitslosenquote und Kriminalitätsrate sind hier hoch. Häufig eskalieren lautstarke Streitigkeiten zu Prügeleien, in denen auch schon mal ein Messer eingesetzt wird. Die Gegend gilt nachts als unsicher, besonders um die Metrostation „Vittorio Emanuele". Bei Dunkelheit sollten Frauen dort nicht allein unterwegs sein.

Herz des Viertels war bis 2001 der laute, bazarähnliche Ethno-Markt um die Piazza Vittorio Emanuele II mit schäbigen Bretterverschlägen, aus denen teilweise atemberaubende exotische Gerüche hervorströmten und die den Blick auf den Park in der Mitte der Piazza verdeckten.

In den 1990er Jahren entwickelte die Stadtverwaltung ehrgeizige Pläne zur „Neubelebung Roms", man wollte weg vom Image der trägen, verschlafenen Hauptstadt, die nichts als alte Denkmäler und gigantische Bürokratie zu bieten hat und endlich Anschluss an die Moderne finden. In diesem Zusammenhang entstand das **Stadtteil-Entwicklungsprogramm** „Nuovo Centro Esquilino". In der Bahnhofsgegend, die von Römern bisher möglichst gemieden wurde, sollte mit der Kriminalität aufgeräumt werden und ein schickes, innovatives Viertel entstehen. Dazu ließ die Stadtverwaltung im September 2001 alle Bretterbuden um die Piazza Vittorio Emanuele II entfernen. Der Platz mit seinem Park in der Mitte sollte als Begegnungsstätte aufgewertet werden. Die Bewohner des Viertels nutzen ihn auch gerne. Es gibt Spiel- und Sportplätze, Veranstaltungsbühnen und reichlich Bänke. Leider werden die antiken Ruinen durch Gitter gesichert, hinter denen sich Müll anhäuft. So kann man die *„Porta Magica"*, ein antikes Tor mit geheimnisvollen Zeichen, das von zwei ägyptischen Schutzgottheiten bewacht wird, und die Reste eines Nymphäums aus dem 3. Jh. n. Chr. nur aus der Distanz betrachten. Sonderlich gepflegt wirkt der Park nicht. Und auch in den gammeligen Arkaden an der nördlichen Seite des Platzes ist keine Aufwertung zu spüren. Es gibt noch allerlei Ramschläden und ein buntes Volk von fliegenden Händlern, Bettlern, Obdachlosen und zwielichtigen Gestalten, das hier Schutz vor der Witterung sucht.

Der **Markt** zog zwei Blocks weiter in die ehemalige **Kaserne Pepe**, wo zwischen Via Filippo Turati und Via Principe Amedeo moderne blitzsaubere Hallen entstanden sind. Hier gibt es unter hellen, freundlichen Glasdächern Abteilungen für Fisch, Fleisch, Obst, Gemüse, Gewürze, Käse und Schinken, alles äußerst appetitlich präsentiert. Die Preise sind moderat und zum Teil deutlich niedriger

*Rom – Um die Piazza della Repubblica*
Karte S. 348/349

als auf den Stadtteilmärkten im *Centro Storico*. Nebenan ist auf dem Gelände einer ehemaligen Molkerei der bunte **Kleidermarkt** eingezogen. Hier findet man neben billigen Klomotten und Schuhen aller Art auch eine große Auswahl an Taschen und Koffern sowie Haushaltswaren. Die Märkte sind inzwischen bei den Römern auch weit über das Viertel Esquilin hinaus beliebt.

Wiedereröffnet wurde zudem das Jugendstil-Theater **Jovinelli**, wo Kabarett und Konzerte nicht nur jüngeres Publikum anziehen.

*Theater Jovinelli* Via Guliemo Pepe 43/47 (Ecke Via Giolitti). Information und Ticketreservierung unter ℡ 06.44340262 oder www.ambrajovinelli.com.

Auf der Rückseite der Hallen, zwischen Via Filippo Turali und Via Giolitti mit Blick auf die Bahngleise, wurde das ultramoderne Designerhotel **Radisson SAS Es** (→ S. 85) gebaut. Die Fassade des siebenstöckigen Glasquaders löst sich nachts in bunte Quadrate auf. Die gläserne Außenwand jedes Zimmers leuchtet dann in einer anderen Farbe. Geradezu futuristisch ist die Eingangshalle. Die Rezeption ist mit einer organisch geformten Theke aus einem grellweiß beleuchteten Gewebewulst umgeben. Manche Zimmer sind mit James-Bond-würdigen Extras, wie z. B. sanft schaukelnden Betten oder weichen Gummiböden, in denen man Fußabdrücke hinterlässt, ausgestattet. Das Beste ist aber die Dachterrasse mit Pool (der ist nur im Sommer geöffnet) und einer Bar, die nachts die Trendsetter Roms reichlich anzieht. Aber auch am frühen Abend wird es immer beliebter, hier mit einem ungewöhnlichen, aber reizvollen Blick auf die Stadt einen Cocktail vor dem Abendessen zu genießen.

So hat das Stadtentwicklungskonzept immerhin ein paar Impulse für das Viertel Esquilin gebracht, bislang sind es jedoch nur punktuelle Maßnahmen im ansonsten unverändert gammeligen Mulitikulti-Bezirk.

## San Lorenzo

In das traditionelle Arbeiterviertel San Lorenzo, südöstlich des Bahnhofs zwischen Universität, Hauptfriedhof und Stadtautobahn (Tangenziale Est), dringt kaum ein Tourist vor. Es ist wie ein Schachbrett angelegt, mit geraden Straßen, die nach lateinischen Stämmen benannt sind. Die Häuser sind schlicht und oft bis in eben noch erreichbare Höhe mit Graffiti verschmiert, ein paar sind von Punks besetzt. Dazwischen stehen Kriegsruinen, denn bis hierher fielen die Bomben der Alliierten. Danach erfolgte die Kapitulation und rettete den Rest der Stadt. In San Lorenzo beginnt der Roman *La Storia* von Elsa Morante von 1978 (die Lehrerin Ida schlägt sich mit ihren Söhnen durch die kargen Zeiten des Zweiten Weltkriegs). Bis heute leben hier die Geringverdiener und Studenten der nahen Universität. Die Leute sind etwas derb, aber halten doch zusammen. Die Porta Tiburtina, das antike Tor der Aurelianischen Stadtmauer (→ S. 274) nahe der Unterführung der Gleise, bildet so etwas wie ein eigenes Stadttor für San Lorenzo, das dadurch noch abgeschlossener wirkt und nichts mit den bekannten Schokoladenseiten Roms gemeinsam hat. Eher erinnert das Viertel an den Prenzlauer Berg in Berlin vor einigen Jahren. Man findet noch die schlichten Restaurants mit der typischen, traditionellen, etwas derben römischen Küche, einige preiswerte, aber vorzügliche Pizzerien und viele Kneipen, in denen man nicht schick oder elegant gekleidet sein muss und schnell ins Gespräch kommt (besonders in der Via degli Equi und um den Largo Osci).

Via Monzabano
Via dell'Università
Viale dell'Università
Viale Porta Tiburtina
Viale Pretoriano
Viale Piero Gobetti
Viale delle Scienze
Viale Regina Elena
Via Tiburtina
Via Tiburtina

**Città Universitaria**

Piazzale S. Lorenzo

**S. Lorenzo Fuori Le Mura**

Piazzale del Verano

**Cimitero del Veterano**

Via dei Frentani
Via d. Claudini
Via d. Taurini
Via d. Pelasgi
Via dei Dauni
V. del Iburni
Piazzale Aldo Moro
Via dei Irpini
Via Cesare de Lollis
Via dei Dalmati
Via dei Marrucini
Via dei Ramni
Via dei Luceri
V. d. Tizi
**Villa Mercede**
P.za dei Siculi
Via dei Corsi
Via dei Salentini
Piazzale Sisto
Via dei Peligni
Via Tiburtina
Via dei Volsci

Piazza dei Saniti ▮**1**
▮**2**
Via dei Reti
▮**3**
Via Piceni
Via degli Ausoni
Via dei ▮**5**

**Porta Tiburtina**
P. le Tiburtino
▮**7**
Via dei Latini
▮**6**▮**4**
L.go d. Osci
▮**8**
Via dei Sardi
Via d. Enotri

P.za Porta S. Lorenzo
V. d. Rutoli
▮**10**
Via dei Sabelli
P.za Immacolata
▮**12**
▮**11**
Via degli Apuli
Via degli Aici
V. d. Enotri
Via dello Scalo di San Lorenzo

▮**13**
▮**14**
Via d. Aurunci
Via dei Marsi
P.za dei Campani
Via dei Campani
Via dei Liguri
Via dei Lucani

Via di Porta Labicana
▮**15**

A. Manzoni
Via G. Giolitti

**E** ssen & Trinken (S. 366/367)
1 Vinarium
2 Pommidoro
4 Trattoria Colli Emiliani
5 Tram Tram
7 Pizzeria l'economica
8 Pizzeria Formula Uno
9 Il dito e la luna
11 Arancia Blu (vegetarisch)
13 Uno e Bino
14 Il Pulcino Ballerino
15 Da Marcello

**N** achtleben (S. 367)
6 Enoteca Ferrazza
10 La Pinta und Dalhu Pub
12 Rive gauche 2

**Ü** bernachten (S. 99)
3 B&B Casa della Palma

**San Lorenzo**

100 m

---

Dieser ursprüngliche, derbe Charme wirkt auf viele anziehend: Erst kamen arme Künstler, die teure Mieten nicht zahlen konnten und in der Kneipe auf ein Freibier hofften, danach auch die durchaus erfolgreiche Avantgarde. Es gibt einige Ateliers, in denen sich gerade eine beachtete, eigenständige Kunstströmung, eine Art aktuelle *„römische Schule"* entwickelt, und inzwischen auch Ausstellungsräume für zeitgenössische Kunst in der **Galleria d'Arte Contemporanea Pino Casagrande** (Via degli Ausoni 7, ☎ 06.4463480, in der Regel ist täglich außer Sa von 17–20 Uhr geöffnet). Auch hervorragende gehobene Restaurants haben eröffnet, sodass San Lorenzo allmählich zu einem Viertel wird, in dem man einen genussvollen Abend verbringen kann.

*Essen und Trinken um die Piazza della Repubblica (siehe Karte S. 348/349)*

**Est Est Est (25)**, Via Genova 32, ☎ 06.4881107. Mo Ruhetag, sonst nur abends von 18–24 Uhr. Die zu Recht beliebte Pizzeria

liegt am Ende der Gasse, unterhalb des Innenministeriums, sodass beim Draußensitzen kein Durchgangsverkehr stört. Besonders gut ist die Calzone; angeboten werden auch Crostini und frittierte Gemüse („frittura"). Oft muss man auf einen freien Platz warten, aber das lohnt sich. Menü um 15 €.

**La Gallina Bianca (26)**, Via A. Rosmini 5, ✆ 06.4743777. Täglich geöffnet. Sympathisches Lokal mit netten jungen Leuten im Service; im Sommer kann man auch draußen sitzen. Es gibt eine kleine Tageskarte (gut ist das gegrillte Fleisch) und sonst hauptsächlich neapolitanische Pizza, die hier auch mittags frisch gebacken wird. Menü um 15 bis 25 €.

**Cantina Cantarini (7)**, Pzza. Sallustio 12, ✆ 06.485528. So Ruhetag. Alteingesessene Trattoria mit traditioneller, einfacher römischer Küche; Mo bis Do mittags gibt es Fleischgerichte, ab Do Abend frischen Fisch. Empfehlenswert sind bei den Primi z. B. die „spaghetti alle vongole" (mit Herzmuscheln) und „all'amatriciana", bei den Secondi das „coniglio alla cacciatora" (Kaninchen auf Jägerart mit Kräutern). Menü um 30 €.

**Trattoria Cadorna (6)**, Via Raffaele Cadorna 12, ✆ 06.4827061. Sa und So mittags geschlossen. Eine der typischen, alten Trattorien mit genauso typischer, perfekt zubereiteter römischer Hausmannskost; drinnen gibt es zwei schlichte Galaräume, im Sommer wird auch draußen serviert. Nicht versäumen sollte man den Vorspeisenteller des Hauses mit einer Vielfalt an kleinen Köstlichkeiten („l`antipasto Cadorna"), bei den Primi wird das Übliche geboten (darunter „pappardelle Cadorna" − breite Bandnudeln mit Ei und Erbsen; sehr gut z. B. auch die „fettuccine ai carciofi" − Bandnudeln mit Artischocken), unter den Secondi ist das „saltimbocca alla romana" und „l`ossobuco alla romana" besonders empfehlenswert, ebenso wie die leckeren hausgemachten Kuchen zum Abschluss. Menü um 35 €.

**Trattoria Gemma alla lupa (17)**, Via Marghera 39, ✆ 06.491230. So Ruhetag. Familienbetrieb mit schlichter, typisch römischer Küche, einem süffigen weißen Hauswein aus den Castelli und einem manchmal vielleicht etwas rustikalem Service. Angeboten wird auch ein preiswertes Tagesmenü. Menü um 20 bis 25 €.

**Agata e Romeo (29)**, Via Carlo Alberto 45 (in der Verbindungsstraße zwischen Maria Maggiore und Pzza. Vitt. Emanuele II mit einer antiken Säule vor dem Restaurant), ✆ 06.4466115, www.agataeromeo.it. Sa und So geschlossen. Das elegante Restaurant

mit schönem Porzellan und feinen Kristallgläsern gehört in die oberste Klasse der römischen Gastronomie. Es ist zudem ein prominenter Ort, denn die Küchenchefin Agata Parisella hat mehrere Kochbücher geschrieben, war für Staatsbankette verantwortlich und ist wegen ihrer Kochsendungen im italienischen Fernsehen dem breiten Publikum bekannt. Ihr Mann Romeo Caraccio gehört zu den besten Sommeliers Italiens, und sein Weinkeller wurde mehrfach ausgezeichnet. Agata entwickelt traditionelle Gerichte der Region phantasievoll weiter, die Karte ist nicht sehr groß, doch stets neu. Im Angebot sind zwei Tagesmenüs, ein opulentes mit einem Feuerwerk vieler kleiner Gänge („Menù Agata e Romeo") und ein kleineres („Menù Traditionale"). Auch wenn viel geboten wird, sind die Preise für die sehr übersichtlichen Portionen doch überzogen (30 € für die Antipasti, ab 25 € für die Primi, alle Secondi deutlich über 30 €) und auch die Menüs sind mit ca. 110 € nicht wesentlich günstiger.

**Monti (30)**, Via di San Vito 13 A (an der Einmündung zur Via Carlo Alberto), ✆ 06.4466573. So Abend und Mo geschlossen. Ansprechende Trattoria, etwas abgesetzt von der vielbefahrenen Via Carlo Alberto. Drinnen sitzt man in einem langgestreckten, etwas dunklen Gastraum, im Sommer gibt es draußen ein paar Tische. Die Gerichte sind klassisch und sorgfältig zubereitet (im Herbst sind die Gerichte mit Trüffeln köstlich), besonders gut sind die hausgemachten Desserts; interessante Weinkarte und ein besonders freundlicher, kompetenter Service. Menü um 35 €.

• *Enoteca/Winebar/Bar/Snacks* **Enoteca Goffredo Chirra (20)**, Via Torino 133, ✆ 06.485659, www.enoteca-chirra.it. Bar und gute Auswahl an Weinen, Champagner (darunter Raritäten, eine 15-l-Flasche) und Spirituosen sowie einige Spezialitäten und Süßigkeiten. Am Tresen kann man Wein trinken, zu essen gibt es nichts.

Weinhandlung, **Enoteca (21)**, Via del Viminale 7a/b (schräg gegenüber vom Eingang zum Nationalmuseum). Wein und belegte Brötchen.

**Osteria del Buchetto (22)**, Via del Viminale 2 f, ✆ 06.4883031. Sa Abend und So geschlossen. Winziges, seit 1890 bestehendes Geschäft für Porchetta und Wein mit gerade mal drei kleinen Tischen, sehr rustikal. Hier isst man natürlich frisch aufgeschnittene Porchetta (Scheibe vom Spanferkel mit

Kräutern gefüllt) im Brötchen auf einem Papier serviert. Es gibt auch leckere eingelegte Gemüse. Dazu passt der herbe Wein von einem kleinen Weingut in der Nähe von Frascati wunderbar. Ein schmackhaftes Essen für rund 12 €.

**Bar Tazio (18)**, Pzza. della Repubblica 47. Luxuriöse Champagnerbar des Hotels Esedra in den Arkaden der Pzza. della Repubblica (auf der Seite in Richtung Bahnhof) mit dunklem Holz und Kaskaden von glitzerndem Kristall als Lampen. Man hat die Wahl zwischen mehreren Champagnersorten und kann sich dazu Austern oder andere Kleinigkeiten bestellen (→ S. 351).

**Trimani II Winebar (9)**, Via Cernaia 37/b (gegenüber vom Finanzministerium, nördlich des Hauptbahnhofs), ℡ 06.4469630, www.trimani.com. So Ruhetag, sonst 11.30– 0.30 Uhr. Wenn man in Rom von einer Winebar spricht, dann denken die meisten sofort an Trimani, denn dies ist die bekannteste und wohl auch wichtigste Winebar der Stadt. Sie ist modern in warmen Holztönen gestaltet und in der Mittagspause oder nach Feierabend zur happy hour (18–21 Uhr) ein fester Treffpunkt für viele Geschäftsleute und Beamte der umliegenden Ministerien. Jeden Tag sind rund 20 verschiedene Weine im Ausschank, dazu gibt es eine Tageskarte mit kleinen, feinen Gerichten, (z. B. Crostini, Quiche und verschiedene Käsesorten, aber auch Suppen und Desserts). Zwischen 18 und 21 Uhr bekommt man den Wein zum Sonderpreis von 3,90 €. Essen um 35 €, Wein 3 bis 6 € pro Glas.

**Enoteca Trimani (12)**, Via Goito 20 (bei „Il Winebar" um die Ecke), ℡ 06.4469661. Seit 1820 ist dieses Weingeschäft (ohne Ausschank, dafür gibt es die Winebar) im Besitz der Familie Trimani. Es ist heute eines der modernsten, vielfältigsten und größten ganz Italiens. Weinliebhaber werden begeistert sein!

**Palazzo delle Esposizioni Snack-Bar (27)**, Dachgarten-Café, Via Milano 9. Di geschlossen.

**Zest dell Es Hotel**, Restaurant und Bar Zest auf der Dachterrasse des Radisson Rome Hotels auf beiden Seiten des Pools, Via Filippp Turati 171 (gegenüber Nuovo Mercato Esquilino, hinter dem südlichen Flügel des Bahnhofs Termini), ℡ 06.444841. Tägl. ab 18 Uhr auch für Nicht-Hotelgäste geöffnet. Restaurant und Bar dieses ultramodernen Hotels gehören seit Kurzem zu den angesagtesten Plätzen der Schönen und Reichen Roms. Man hat von der Dachterrasse aus einen ganz ungewöhnlichen Blick auf die Stadt mit dem Bahnhof auf der einen Seite und auf der anderen Seite mit dem Nationaldenkmal in der Ferne und dem zwielichtigen Esquilin-Viertel im Vordergrund. Es ist gerade „in", dort am frühen Abend einen Aperitif zu genießen und bis spät in die Nacht zu feiern (→ S. 362).

●*Eis* **Palazzo del Freddo**, Via Principe Eugenio 65/67 (Nähe Pzza. Vitt. Emanuele II). Mo geschlossen. Fantastische, hausgemachte Eissorten in reicher Auswahl.

---

## *Einkaufen um die Piazza della Repubblica (siehe Karte S. 348/349)*

●*Markt* Der früher an einen riesigen Bazar erinnernde Markt um die Pzza. Vittorio Emanuele II ist umgezogen und befindet sich heute ein paar Blocks weiter in Richtung Bahnhof in den glasgedeckten, modernen, nagelneuen Hallen, die zum **Nuovo Centro Esquilino** gehören, auf dem Gelände der ehemaligen Kaserne Pepe (zwischen Via Filippo Turati und Principe Amedeo). In den verschiedenen Abteilungen von Fleisch, Fisch, Gewürzen, Käse, Schinken, Obst und Gemüse bekommt man alles, was man sich an Lebensmitteln nur wünschen kann, herrlich frisch und günstiger als auf den meisten Stadtteilmärkten. In einem separaten Gebäude der

ehemaligen Molkerei ist der Kleider- und Taschenmarkt untergebracht. Öffnungszeiten: Mo–Sa 8–14 Uhr (→ S. 361).

●*Textilien/Schuhe* Eine reiche Auswahl für jeden Geschmack bieten die Damen- und Herrenbekleidungsgeschäfte der **Via Nazionale**. Sie ist eine wichtige Einkaufsstraße für bezahlbare Mode und vor allem für Schuhe. Billige Klamotten und Schuhe gibt es auch in unzähligen chinesischen Geschäften in der Via Ratazzi, der Via Filippo Turati und Umgebung .

●*Sonstiges* Mehrere **Münzhandlungen** in der Via Giolitti 99, 101, 103 (gegenüber den südlichen Längsseite des Bahnhofs Termini). **Wäscherei**, Via Amora 10.

● *Essen* **Trattoria Colli Emiliani (4)**, Via Tiburtina 70. So Ruhetag. Eine sehr schlichte Trattoria mit einfacher, deftiger, preiswerter römischer Küche. Man darf sich vom Chaos im Gastraum und dem stets laufenden Fernseher nicht abschrecken lassen. Menü um 20 €.

**Pizzeria l'economica (7)**, Via Tiburtina 46. Nur abends geöffnet. Der Name stimmt, es ist eine preiswerte Pizzeria, die besonders bei Studenten beliebt ist.

**Tram Tram (5)**, Via dei Reti 44 (Ecke Via D. Piceni), ✆ 06.490416. Mo geschlossen. Das Tram Tram (die Straßenbahn fährt direkt vorbei, daher der Name) ist eine sympathische, familiär geführte Trattoria mit meist jüngerem Publikum. Das Interieur kombiniert warme Farben mit modernen Elementen und Dekorationsstücken aus Eisenbahnen (der Name verpflichtet). Die Küche war die erste im Viertel, die in den 1980er Jahren damit begann, traditionelle Küche modern weiterzuentwickeln. Spürbar sind die Einflüsse Apuliens. Die aktuelle Tageskarte hängt vom Angebot des Marktes ab. Empfehlenswert sind z. B. „gli gnocchetti al baccalà" (kleine Gnocchi aus Stockfisch), „lasagna di mare e quella vegetale" (Lasagne mit Meeresfrüchten oder die mit verschiedenen Gemüsen) oder „calamari ripieni e in guazzetto" (gefüllte und in Tomaten, Gemüse und Kräutern geschmorte Calamari). Auch die Desserts sind lecker, z. B. die „panna cotta"; es gibt eine gute Weinkarte und eine sehr gute Grappa-Auswahl. Reservierung ist erforderlich. Menü um 35 €.

**Pommidoro (2)**, Pzza. dei Sanniti 44, ✆ 06. 4452692. So Ruhetag. Eine der ältesten Trattorien des Viertels mit treuer Stammkundschaft. Schon seit Jahrzehnten treffen sich hier die Intellektuellen und Künstler (Pier Paolo Pasolini soll oft hier gewesen sein), heute kommen Schauspieler und Fußballstars hinzu. Es geht trotzdem ungezwungen und familiär zu. Die Gerichte sind bodenständig römisch, die Karte ist fast immer gleich, wie auch die Qualität. Neben den römischen Standards wie z. B. „carciofi fritti" (frittierte Artischocken), „rigatoni con la pajata" (Röhrennudeln mit Milchdarm in Tomatensoße) und „gli straccetti con la rucola" (Rindfleischstreifen geschmort auf Rucola-Salat) sind je nach Saison vorzügliche Wildgerichte im Angebot, z. B. vom „lepre" (Wildhase), „cinghiale" (Wildschwein, z. B.

„pappardelle all'cinghiale" oder „cinghiale in umido" – in Tomatensoße) und „fagiano" (Fasan). Nicht versäumen sollte man die Spezialität des Hauses: „la pasta alla carbonara". Die Weinkarte ist nicht schlecht. Das Lokal ist groß, aber trotzdem meist ausgebucht (früh kommen oder reservieren), im Sommer sitzt man schön auf der verglasten Terrasse zur Piazza. Menü um 35 €.

**Vinarium (1)**, Via dei Volsci 107, ✆ 06. 4462110. Mo Ruhetag, sonst nur abends. Hervorgegangen aus einer Enoteca ist dieses Restaurant im Moment wohl das beste, was in San Lorenzo zu finden ist. Das Ambiente ist klassisch-modern, wobei grobe Ziegelwände mit dunklem Holz und Leder kombiniert sind. Die Räume liegen im Souterrain mit Blick auf die Straße und sind recht hoch. Der Service ist ausgesprochen freundlich. Die Karte ist nicht sehr groß und auf das aktuelle Marktangebot frischer, qualitätsvoller Zutaten abgestimmt. Empfehlenswert sind z. B. ein Carpaccio von feinem Fisch, Tatar vom Thunfisch mit Zitrusfrüchten, „i ravioli di baccalà all'amatriciana" oder „con tartufo e formaggio" (Ravioli mit Stockfischfüllung oder mit Trüffel und Käse) und „tagliata di manzo all'aceto balsamico e radicchio trevigiano" (Rindfleischstreifen mit Balsamicoessig und dem etwas bitteren Radicchio); leckere Desserts und ausgezeichnete Weinkarte. Reservierung ist notwendig. Menü um 50 €.

**Il dito e la luna (9)**, Via dei Sabelli 51, ✆ 06.4940726. So Ruhetag, sonst nur abends geöffnet. Der Sizilianer Mino Grassadonia bietet in seinem elegant-modernen Restaurant eine feine römisch-sizilianische Küche. Auf den täglich wechselnden Menükarten überwiegen Fisch- und Gemüsegerichte; empfehlenswert ist z. B. „cuscous di pesche e verdure" (Couscous mit Fisch und Gemüse), zum Abschluss folgt eine interessante Auswahl sizilianischer Käsesorten oder ein hausgemachter sizilianischer Nachtisch (z. B. „tortino cioccolato dal cuore morbido" – Schokotörtchen mit weichem Kern); reichhaltige Weinkarte. Reservierung erforderlich. Menü um 40 €.

**Pizzeria Formula Uno (8)**, Via degli Equi 9-11, ✆ 06.4453866. So geschlossen, sonst nur abends geöffnet. Der schnelle und sympathische Service dieser einfachen, großen, sehr lauten Pizzeria macht dem Namen alle Ehre. Es gibt mehrere Säle mit überwiegend jungem und studentischem Publikum. Außer den klassischen Pizze werden auch extravagante Variationen angeboten (vegetarisch oder mit Lachs und Garnelen belegt), alle sind jedenfalls hervorragend, auf römische Art mit dünnem, knusprigem Teig. Empfehlenswert sind auch die „filetti di baccalà" (frittierter Stockfisch) und die „fiori di zucchina" (mit Frischkäse gefüllte Zucchiniblüten). Dazu trinkt man hier italienisches Bier vom Fass, es gibt aber auch Hauswein. Preis 10 bis 20 €.

**Il Pulcino Ballerino (14)**, Via degli Equi 66/68, ✆ 06.4941255. Sa Mittag und So geschlossen. Osteria mit frischer, gut zubereiteter italienischer Küche und jugendlichem Ambiente. Lecker sind auch die hausgemachten Desserts. Menü um 35 €.

**Uno e Bino (13)**, Via degli Equi 58, ✆ 06. 4460702. Mo Ruhetag, sonst nur abends geöffnet. Schlichtes, aber trotzdem moderngepflegtes Ambiente. Es erinnert zwar an eine Enoteca, bietet aber eine hervorragende Küche mit ausgefallenen, kreativen Variationen von traditionellen italienischen Gerichten (z. B. „petto d`anatra arrosto con salsa di fegatini e scalogno caramellato" – gebratene Entenbrust mit Soße aus Entenleber und karamellisierten Schalotten; oder als Dessert „la mousse di tabacco da pipa con gelatina di rum" – Mousse von Pfeifentabak mit Rumgelee). Die Karte wechselt ja nach Marktangebot. Die gereichten, verschiedenen Brotsorten sind hausgemacht; bei der Auswahl des passenden Weins kann man sich auf die Empfehlungen des freundlichen Sommeliers verlassen, und auch sonst ist der Service ausgesprochen sympathisch. Reservierung ist zu empfehlen. Menü um 45 €.

**Arancia Blu (11)**, Via dei Latini 65, ✆ 06. 4454105. Nur abends geöffnet. Dieses gemütliche Lokal gehört zu den wenigen mit rein vegetarischer Küche. Die Zutaten stammen alle aus ökologischem Anbau. Die Gerichte wechseln mit dem aktuellen Marktangebot, sie sind immer wieder überraschend und gelungen. Besonders lecker sind auch die hausgemachten „dolci", z. B. die Schokoladentorte mit Soße von bitterer Orange; gute Käseauswahl, einige gute Weine. Reservierung ist zu empfehlen. Menü um 30 €.

**Da Marcello (15)**, Via dei Campani 12, ✆ 06. 4463311. Sa und So geschlossen. Diese rustikale, kleine römische Trattoria gehört zur Geschichte des Viertels. Geboten werden die klassischen, deftigen Gerichte, alle frisch zubereitet und alle gut. Empfehlenswert sind z. B. der Büffelmilchmozzarella und die „rigatoni alla carbonara". Die Nachtischauswahl ist bescheiden, dafür ist das Tiramisù aber besonders lecker. Menü um 28 €.

● *Winebar/Kneipe* Die Zielgruppe der Kneipen von San Lorenzo sind nicht, wie in Trastevere, die Touristen. Hierher kommen hauptsächlich Studenten. Die Umgebung ist weniger gepflegt und nicht malerisch, es gibt kaum aufwändiges modernes Design und das Gesehenwerden spielt auch keine große Rolle. Wer aufgeschlossen ist, findet schnell Kontakt. Manche Kneipen werden aus einer Laune heraus eröffnet, denn die Pacht hält sich meist im Rahmen. Genauso schnell sind die Lokale aber auch wieder geschlossen. Die Fluktuation ist groß, man kann daher immer wieder neue Adressen entdecken. Am meisten los ist in der **Via degli Equi**, um den **Largo Osci** und am Anfang der Via Tiburtina um den **Largo Falischi**.

**Enoteca Ferrazza (6)**, Via dei Volsci 59, ✆ 06.490506. So Ruhetag, sonst 17–1 Uhr. Von den etwa 2.000 Weinen sind täglich zahlreiche im Ausschank, daneben gibt es eine große Auswahl an Champagner, Spirituosen, Likören und Feinkostartikeln. Die Enoteca ist sehr beliebt, um einen Kaffee oder Aperitif vor dem Abendessen zu nehmen oder gleich hier zu versacken. Es gibt leckere Kleinigkeiten, auch Salate. Von 18.30 bis 21.30 Uhr wird ein Büffet zum Aperitif geboten. Wein zwischen 3 und 10 € pro Glas.

**Rive gauche 2 (12)**, Via dei Sabelli 43. Eine der angestammten Kneipen von San Lorenzo, die am späten Abend meist sehr voll wird.

**La Pinta (10)**, Via degli Equi 39, 39 A. Tägl. geöffnet. Von 19.30 bis 21.30 Uhr ist das Büffet zum Aperitif frei.

**Dalhu Pub (10)**, Via degli Equi 38. Einer der typischen, sympathischen Pubs.

● *Einkaufen:* San Lorenzo war bisher kein Einkaufsviertel, dazu war es nicht schick genug. Seit sich aber immer mehr Künstler zu den Arbeitern und Studenten gesellen, entstehen auch kleine interessante Läden oder kreative Werkstätten (z. B. phantasievolle Ledertaschen von Claudio Sano, Largi degli Osci 67), die aber manchmal kaum eine Saison überstehen. Wer etwas Zeit hat, sollte selbst auf Entdeckungstour gehen.

● *Sonstiges:* **Internet-Café** mit Bar (Snacks) in der Via Marucci 12.

**Rom – Um die Piazza della Repubblica**
Karte S. 348/349

*Einst Sommersitz der Päpste: Der Quirinalspalast*

# Um den Quirinal

**Der Quirinal gehört zu den sieben klassischen Hügeln Roms. Der östliche Teil des ursprünglichen Geländes, das bis zum Kapitol reichte, wurde von Kaiser Trajan abgetragen, um Platz für sein Forum zu schaffen. Der Rest diente später Päpsten, Königen und Präsidenten als Amtssitz.**

▶ **Palazzo del Quirinale:** Auf dem Hügel steht heute der Quirinalspalast. In der Antike befanden sich an dieser Stelle die legendären Gärten des Historikers Sallust (86–35 v. Chr.), bis Konstantin hier die letzten großen öffentlichen Thermen erbauen ließ. Im Mittelalter war der Hügel unbewohnt. Um 1520 kaufte Kardinal Ippolito d'Este das verwilderte Gelände. Er hatte bemerkt, dass die Luft hier oben wesentlich besser war als in der Senke am Fluss, wo in den Sümpfen die Moskitos brüteten und die Malaria schon viele Opfer gefordert hatte. Nach dem Vorbild der Antike ließ er prachtvolle Gärten anlegen. Sobald die erste Hitze des Sommers einsetzte, zog er mit seinem Hof aus der stickigen Stadtresidenz auf den Quirinalshügel hinauf, „auf's Land". Auch dem Papst blieb nicht verborgen, wie angenehm es sich hier leben ließ. Gregor XIII. (1572–85) erwarb den Hügel und gab den Bau eines großzügigen Sommerpalastes in Auftrag. Als er zwei Jahre später starb, erbte sein Nachfolger Sixtus V. die Baustelle. Der war begeistert von dem Projekt und beschloss sogar, den Vatikan aufzugeben, um nur noch hier oben mit dem Blick auf die Stadt zu leben. Dazu mussten die Baupläne wesentlich erweitert werden und man fügte den langen Trakt an der Via del Quirinal hinzu. Da der energische Papst (→ Kasten S. 505) seinen Einzug kaum erwarten konnte, besuchte er jeden Tag die Baustelle, um die Fortschritte persönlich zu überwachen und die Arbeiter anzutreiben. Auch die behäbigen Kardinäle hatten auf päpstlichen Befehl den steilen Hügel hinaufzusteigen und die Arbeiter zu beaufsichtigen. Die Präsenz der hohen Herren zeigte Wirkung: Abgesehen von den Zeiten der Antike ist in Italien selten ein derart großer Komplex so schnell fertig geworden wie dieser.

Das Säulenportal des Haupteingangs auf der Piazza del Quirinale fügte Maderno 1615 hinzu. Bernini stockte es 1638 noch etwas auf und schuf Platz für den Balkon. Zur gleichen Zeit wurde am Hang des Hügels zur Stadtseite der halbrunde Befestigungsturm hinzugefügt.

Viele der 29 Päpste, die hier residierten, investierten auch in den herrlichen Park, der im Laufe der Zeit stets vergrößert und mit duftenden und blühenden Rabatten, mannshohen Labyrinthen und allen denkbaren exotischen Raritäten bepflanzt wurde. Zur Bewässerung schloss man die Anlagen an die Quelle *Acqua Felice* an. Diese speiste nicht nur die üppigen Wasserspiele, sondern auch eine wasserbetriebene Orgel, die unter Clemens VIII. (1592–1605) installiert wurde und bis heute existiert.

In ihrer schönen neuen Residenz hatten die Päpste jedoch nur wenig Glück: Napoleon nahm hier Pius VI. gefangen und deportierte ihn nach Frankreich. Pius VII. wurde von Soldaten überfallen. Pius IX. gelang knapp die Flucht vor der anrückenden Revolution. Zwar konnte er noch einmal für kurze Zeit in seine prächtige Residenz zurückkehren, doch dann besiegten ihn 1870 die Truppen Garibaldis endgültig. Dem Papst blieb nichts anderes übrig als seinen bequemen Palast aufzugeben und sich in den von starken Mauern umgebenen Vatikan zurückzuziehen. Bereits vier Wochen später erschien der neue Hausherr: König Viktor Emanuel II. übernahm als Herrscher des vereinigten Königreichs Italien den Quirinalspalast und machte ihn zur neuen Residenz. Aber schon 1946 musste auch der König den Quirinal räumen und ins Exil gehen. Per Volksabstimmung war die Monarchie abgeschafft. Seither ist der Quirinalspalast der Amtssitz **des Präsidenten der Republik.** Weilt das Staatsoberhaupt in Rom, weht seine Standarte zusätzlich zur Nationalflagge auf dem Glockenturm.

Den Eingang zum Quirinalspalast sichern prächtige Kürassiere mit ihren Gardemaßen und den 10 kg schweren, auf Hochglanz polierten Brustpanzern sowie eine Ehrenwache in Galauniform, die abwechselnd von Elitesoldaten verschiedener Militäreinheiten gestellt wird. Ihnen zur Seite stehen weitere Herren, die den Schutz des Präsidentenpalastes notfalls auch mit modernen Maschinengewehren durchsetzen. Zwischen 15 und 16 Uhr findet der Wachwechsel statt.

**Tipp:** Von September bis Juni können einige Empfangsräume des Palastes sonntags von 8.30 bis 12.30 Uhr besichtigt werden (die Zeiten werden jährlich neu festgelegt und können sich daher ändern). **Informationen und Reservierung** unter www.quirinale.it. Eintritt 5 €.

Allein schon der sensationelle Blick auf die Stadt lohnt den Besuch. Die herrliche Gartenanlage ist aus Sicherheitsgründen leider nur am ersten Sonntag im Juni (anlässlich des Tages der Republik) öffentlich zugänglich. Staatspräsident Ciampi öffnete 2001 die Räume für Besucher und ließ sie wissenschaftlich untersuchen. Unter den Dekorationsmalereien vom Ende des 19. Jh. kamen vielfach qualitativ hochwertige Barockfresken zum Vorschein sowie Empire-Raumgestaltungen aus dem kurzen napoleonischen Intermezzo. Freigelegt wurden auch Fresken von **Pietro da Cortona** (1596–1669) in der Galerie Alexander VII., deren Existenz man nur aufgrund von Vorzeichnungen wusste.

Die sonntäglichen Besucher erwarten 21 üppig dekorierte Säle und Salons rund um den großen Innenhof. Vergoldetes Neobarock, venezianische Lüster, Gemälde, Gobelins, Spiegel und feines Mobiliar prägen die meisten Repräsentationsräume, welche

## Übernachten

2  Hotel Boccaccio (S. 92)
19  Hotel Fontana (S. 90)
20  Hotel Trevi (S. 86)

## Essen & Trinken (S. 379)

1  Colline Emiliana
6  Al Presidente
13  Piccolo Arancia
18  Al Moro
22  Spaghetteria Pizzeria
L'Archetto

## Cafés (S. 380)

8  S. Crispino (Eis)
12  Cecere (Eis)

## Nachtleben/Enoteche (S. 379/380)

10  Vineria il Chianti
17  Tavola Calda
23  Nadia e Davide
24  Birreria Peroni

## Sonstiges (S. 380)

5  Lufthansa City-Center

## Einkaufen (S. 380)

3  Il discount dell'Alta moda
4  Castroni
7  Münzgeschäft
9  Librerie Internazionali
11  Beatrice Palma
14  Marmorarbeiten
15  Il Papiro
16  L'Antico Forno
21  Ex Libris

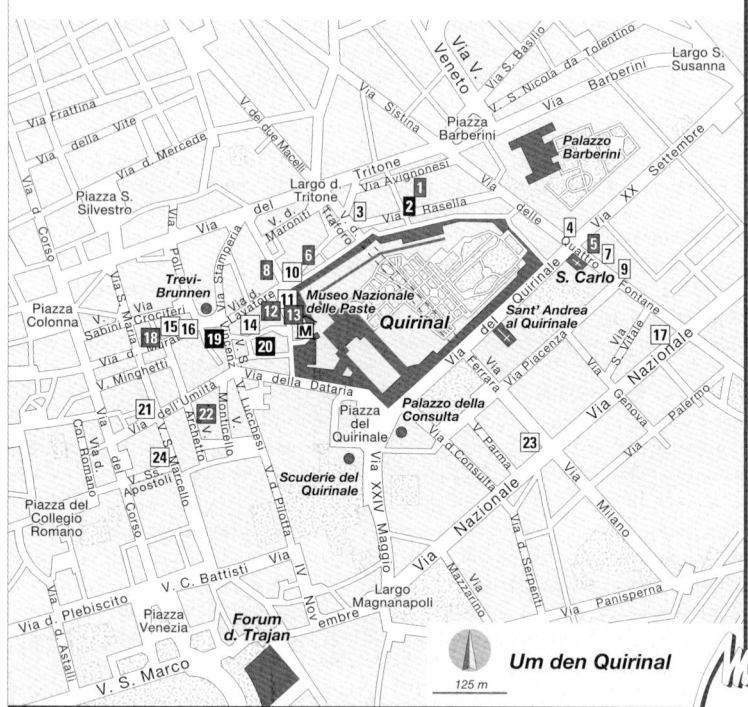

*Um den Quirinal*

125 m

in französischem Stil des ausgehenden 19. Jh. eingerichtet wurden, als die Königsfamilie hier einzog. Von besonderer Raffinesse sind die Fresken im **Salone dei Corazzieri** aus dem 17. Jh., wo u. a. Botschafter aus aller Herren Länder in exotischen Kostümen aus luftigen Loggien auf die Besucher herabschauen. Imposant die schwere blaugoldene Kassettendecke aus der Zeit Pauls V. (1605-21), die ebenso wie die benachbarte riesige **Capella Paolina**

noch ganz den Glanz päpstlicher Hofhaltung widerspiegelt. In der Kapelle finden sonntags um 12 Uhr häufig **Kammerkonzerte** statt. Aus der Vielzahl weiterer Gemächer ragt besonders das elegante, ovale **Treppenhaus** heraus, das Ottaviano Mascarino (1524-1606) für Papst Gregor XIII. (1578-84) entwarf. Paarweise gestellte Säulen umgeben die Wendeltreppe – eines der ersten Beispiele dieser Art.

## Das Staatsoberhaupt Italiens

Nach der italienischen Verfassung vom 1. Januar 1948 ist der Präsident der Republik Staatsoberhaupt Italiens mit vorwiegend repräsentativen Aufgaben. Bei Regierungskrisen, die es ja zahlreich gab, hat er jedoch die Befugnis, das Parlament aufzulösen oder denjenigen mit der Regierungsbildung zu beauftragen, dem er diese Aufgabe am ehesten zutraut.

Gewählt wird der Präsident für sieben Jahre von beiden Parlamentskammern und Vertretern der 20 Regionen. In den ersten drei Wahlgängen ist eine Zweidrittelmehrheit erforderlich, ab dem vierten Wahlgang reicht die absolute Mehrheit. Aber auch die ist bei den vielen zerstrittenen Parteien in Italien nicht ohne Weiteres zu erreichen. So benötigte der Christdemokrat Giovanni Leone 1971 23 Wahlgänge. Seinem Vorgänger von den Sozialisten war es mit 21 Wahlgängen nicht viel besser ergangen.

Im Mai 2006 endete die Präsidentschaft des überaus beliebten **Carlo Azeglio Ciampi**. Als langjähriger integrer Chef der italienischen Notenbank hatte er 1993 auf dem Höhepunkt des Korruptionsskandals, als sich die etablierten Parteien auflösten und Politiker reihenweise verhaftet wurden, eine Notstandsregierung unabhängiger Fachleute gebildet. Es gelang ihm, mit seinem Übergangskabinett die Wirtschaft zu stabilisieren und die politische Lage zu beruhigen, sodass ordnungsgemäße Neuwahlen mit neugegründeten Parteien möglich waren. In dieser schwierigen Lage hatte er sich so viele Verdienste erworben, dass man ihn 1999 zum Staatspräsidenten wählte.

Gerne hätten ihn die Italiener 2006 noch für eine zweite Amtszeit gewählt, doch der 85-Jährige lehnte ab und wollte den Weg für einen Jüngeren frei machen. Den sah die Regierung von Romano Prodi im 81-jährigen Senator auf Lebenszeit, **Giorgio Napolitano**. Dieser war zwar früher einmal Kommunist, aber inzwischen als Staatsmann gereift und schien als harmloser Kompromisskandidat auch der Opposition vermittelbar. Doch die spielte nicht mit. Politische Kommentatoren meinten, der Kandidat sei *„längst jenseits von Gut und Böse"* und wer ihn wählt könnte *„genauso gut für die Reiterstatue Marc Aurels stimmen"*.

So begann im Mai 2006 eine typisch italienische **Wahl-Komödie:** Da der Regierungskandidat wegen der erforderlichen Zweidrittelmehrheit in den ersten drei Wahlgängen chancenlos war, gab die Mehrheit der 1.009 Mitglieder der Wahlversammlung leere Stimmzettel ab, von der Opposition gab es einige Stimmen für einen TV-Moderator, einen Fußballschiedsrichter sowie eine Angehörige des ehemaligen Königshauses und für einen vor Jahren verstorbenen Neofaschisten. Im entscheidenden vierten Wahlgang am 10. Mai 2006 bekam Napolitano jedoch knapp die erforderliche Mehrheit.

Als im Januar 2008 die Neun-Parteien-Regierung von Romano Prodi aufgeben musste, weil ein 1,4-Prozent-Partner ausscherte, wollte der Staatspräsident eine Wahlrechtsreform mittels einer Übergangsregierung durchsetzen. Das gegen die Schlüsselrolle der Splitterparteien gerichtete Vorhaben Napolitanos hätte Italien stabilere politische Verhältnisse bringen können, scheiterte aber am Widerstand Berlusconis. So blieb auch diesem Präsidenten bei der Regierungskrise nichts anderes übrig, als das Parlament vorzeitig aufzulösen und Neuwahlen anzuordnen.

Rom – Um den Quirinal

Karte S. 370

▶ **Piazza del Quirinale**: Von der Terrasse des Quirinalsplatzes aus bietet sich ein schöner Blick auf die Dächer der Stadt mit den vielen Renaissancepalästen, Kirchen und der Kuppel von St. Peter im Hintergrund. Auf dem Platz steht der **Lieblingsbrunnen** des englischen Poeten Percy Bysshe Shelley, der ihn so beschrieb:

*„Auf einem Postament aus weißem Marmor erhebt sich ein Obelisk aus rotem Granit und durchbohrt den blauen Himmel. Davor ist ein weites Becken aus Porphyr, in dessen Mitte sich eine Säule von reinstem Wasser erhebt, die in sich alle Wolken des Himmels versammelt und sie zu tausend prismatischen Farben und Folgen von Schattierungen zerbricht – sie fallen zusammen mit den spritzenden Wassertropfen in das äußere Becken ...“*

Das Urteil über den Brunnen fällt allerdings unterschiedlich aus. Nicht jeder ist von ihm so begeistert, wie Shelley. Manche werden an den 5,50 m hohen Marmorfiguren an Mussolinis heroische Ideale erinnern. Bei anderen stößt die Zusammenstellung auf Kritik, denn die Schale sei viel zu flach für den monströsen Hintergrund, auch gebe es überhaupt keine Beziehung zwischen den Komponenten.

Zwar hatten Obelisk, Dioskuren und Schale tatsächlich ursprünglich nichts miteinander zu tun und sind hier nur zu einer Einheit komponiert worden, doch handelt es sich bei allen um antike Originale von außerordentlicher Qualität.

Die **Rossebändiger Castor und Pollux** (mehr zu dieser Legende → S. 187, 218), die in ihrer pathetisch anmutenden Art typisch für die Spätantike sind, standen schon immer genau an dieser Stelle. Sie bewachten hier den Eingang zu den Konstantinsthermen. Merkwürdigerweise sind die Marmorfiguren die einzigen Überbleibsel der ansonsten vollständig abgetragenen Thermenanlagen. Papst Sixtus V. ließ die Figuren lediglich etwas besser voreinander drehen, um sie besser von seinem Fenster aus betrachten zu können.

Den **Obelisken**, in drei Teile zerbrochen und stark beschädigt, fand man 1781. Geflickt und wieder zusammengesetzt bekam er seinen Platz zwischen den beiden Götterbrüdern. Er ist das Gegenstück zu dem Obelisken, der vor S. Maria Maggiore steht. Beide Originale hatte einst Augustus als Schmuck für sein Mausoleum (→ S. 298) aus Ägypten kommen lassen. Die Sockelinschrift besagt:

*„... Pius ruft mich zurück an das Licht und befiehlt, dass ich, der ausgebesserte Obelisk, auf dem Gipfel des Quirinalshügels aufrecht stehen soll, der ich in der Mitte zwischen den gewaltigen Bildwerken die großen Taten Pius VI. bezeugen werde.“*

Schließlich schaffte man 1820 das Becken hierher; es hatte seit der Antike auf dem Forum gestanden und dort im Mittelalter als Viehtränke gedient.

Der Aussichtsterrasse gegenüber befindet sich der **Palazzo della Consulta**, in dem heute der italienische Verfassungsgerichtshof seinen Sitz hat. Der Bau mit dem prachtvollen Wappen auf der Fassade wurde im 18. Jh. in Auftrag gegeben. Hier tagte einst das päpstliche Gericht für Zivil- und Strafsachen.

An der dritten Seite des Platzes, dem Eingang zum Quirinalspalast gegenüber, liegt die **Scuderie del Quirinale**, in der sich bis 1938 das Kutschenhaus und die Stallungen befanden. Lange stand das Gebäude leer, bis es grundlegend umgebaut und 1999 als Kulturzentrum für wechselnde Ausstellungen neu eröffnet wurde. Die Räume mit den alten Gewölben sind modern gestaltet und bieten optimale Lichtverhältnisse für die Exponate. Einen großartigen Panoramablick auf das historische Zentrum hat man vom verglasten Treppenhaus. Im Eingangsbereich gibt es einen Buchladen mit guter Auswahl an Kunstbänden und Ausstellungskatalogen.

*Öffnungszeiten/Eintritt* Abhängig von den jeweils stattfindenden Ausstellungen. Information und Reservierung unter ✆ 06.39967500 oder www.scuderiequirinal.it.

## Piazza Quattro Fontane

Vom Quirinalsplatz aus verläuft die stark befahrene Via del Quirinale am weitläufigen Palast vorbei zur Piazza Quattro Fontane, die ihren Namen von den vier Brunnen an den Platzecken erhalten hat. Früher erfrischte sich hier der Klerus nach dem beschwerlichen Aufstieg über die Via Quattro Fontane auf dem Weg zum Quirinalspalast. Einen ganz besonderen Genuss können Sie auf der Kreuzungsmitte leider nur noch im wabernden Abgasqualm und unter den Gefahren des starken Autoverkehrs nachempfinden: Hier treffen sich die drei Achsen, auf denen die drei größten Obelisken der Welt stehen: Es handelt sich um den Obelisken oberhalb der Spanischen Treppe, den Quirinalsobelisken und seinen Zwilling vor S. Maria Maggiore.

In unmittelbarer Nachbarschaft hinterließen die beiden größten Baukünstler des Barocks jeweils ein besonders geglücktes Beispiel ihres Könnens: Sant'Andrea al Quirinale und San Carlo alle Quattro Fontane.

▶ **Sant'Andrea al Quirinale**: Auf halber Strecke vom Quirinalsplatz zur Piazza Quattro Fontane befindet sich die Andreaskirche, ein weiteres Hauptwerk **Berninis**. Im Quirinalspalast waren ursprünglich auch die Novizen der Jesuiten untergebracht. Für sie sollte Bernini auf der gegenüberliegenden Straßenseite eine prachtvolle Kirche bauen. Später wurde Sant'Andrea die Hofkirche des Quirinalspalastes. In seinen Erinnerungen berichtete Domenico, der Sohn Gianlorenzo Berninis, dass sein Vater sehr oft zum Beten in diese Kirche gegangen sei, weil kein anderes Werk ihn in seinem Alter so erfreut habe wie dieses.

Bei dem gesamten Bau spielen gerade und geschwungene Flächen kontrastreich zusammen. Die Mittelfassade mit gewaltigem Dreiecksgiebel, zu der eine flache Treppe hinaufführt, hat die Form eines monumentalen Eingangstors. Genial werden hier strenge antike Elemente mit barocken Formen, wie der Rundung des Portals mit dem krönenden Wappenschild, verbunden. Bernini soll mit dem Motiv des Tores auf den bevorstehenden Eintritt der Novizen in das Ordensleben angespielt haben.

Durch eine kleine Vorhalle betritt man den querovalen Hauptraum mit kleinen rechteckigen und ovalen Seitenkapellen. Der Unterbau bis zum Gesims ist fensterlos. Dadurch wirkt er noch massiver und erinnert mit den Säulen und Pilastern an antike Bauten, besonders an ein ins Ovale gezogenes Pantheon. Im unteren Bereich fällt Licht von außen nur in den abgesetzten Altarraum gegenüber vom Eingang. Das zieht die Aufmerksamkeit des Betrachters sogleich auf diesen wichtigsten Punkt der Kirche. An der Altarwand wird das Martyrium des heiligen Andreas beleuchtet und erscheint dadurch beinahe plastisch. Der Betrachter sollte den Eindruck bekommen, dass von dem dargestellten heiligen Ereignis die Erleuchtung ausgeht.

Der Unterbau schließt, wie beim Pantheon, mit einem breiten Gesims ab, über das sich unmittelbar die Kuppel wölbt. Obwohl es nach dem Bau von St. Peter im Barock üblich war, die Kuppel erhöht auf einen Tambour zu setzen, ließ der Papst diesen hier untersagen, weil sonst der Ausblick vom Quirinal versperrt worden wäre. Die Kuppel wirkt im Vergleich zum Unterbau leicht, wie allein durch die Rippen gehalten. Der Eindruck verstärkt sich durch das Licht, das durch die Fenster über dem Gesims fällt. Hier ist der heilige Andreas noch einmal bei seiner Himmelfahrt dargestellt.

Karte S. 370

Rom – Um den Quirinal

Das Thema des Übergangs hat Bernini in dieser Kirche inszeniert. Es kündigt sich durch das riesige Tormotiv in der Fassade an, setzt sich drinnen mit dem Übergang von dunklen, antiken in helle, barocke Formen sowie dem Übergang des Heiligen vom Leiden in die Erlösung fort.

*Öffnungszeiten* 8–12 und 16–19 Uhr.

▶ **San Carlo alle Quattro Fontane**: Direkt an der Piazza Quattro Fontane schuf Berninis ärgster Feind **Borromini** (mehr über die beiden Barockgenies → Kasten „Bernini und sein Gegenspieler Borromini" S. 344) das nicht weniger gelungene Kirchlein San Carlo alle Quattro Fontane, das wegen seiner geringen Größe auch **San Carlino** (Sankt Karlchen) genannt wird. An der engen Kreuzung mit dem chaotischen Verkehr wird es leider häufig übersehen.

*Kleine Kostbarkeit: „Sankt Karlchen"*

Borromini schuf ab 1638 auf dem winzigen Grundstück des Trinitarierordens ein Kirchlein mit Kloster und Innenhof, das es so bis dahin noch nie gegeben hatte. Da der Orden nur wenig Geld hatte, setzte er zum ersten Mal in beträchtlichem Maße Stuck zur Ausschmückung ein.

Die erst 1665 begonnene Fassade hat keine ebenen Flächen und besteht nur aus konkaven und konvexen Schwüngen. Es soll damit der Eindruck entstehen, dass die Wände in Bewegung sind und sich auflösen, während der Giebel der Kirche nur vom Gerüst der davor stehenden Säulen gehalten wird. Der Grundriss des Innenraums basiert auf einem Oval, das mit vielgliedrigen geometrischen Formen nach außen und innen schwingt. Insgesamt soll die Grundfläche exakt mit der eines Kuppelpfeilers von St. Peter übereinstimmen. Die Wandflächen, Ecken und Winkel sind mit Zwischenzonen ebenfalls vielgliedrig aufgelöst. Darüber scheint eine ovale Kuppel zu schweben, da ihre durch Fenster beleuchtete Basis von unten nicht zu sehen ist. Die Kuppel selbst ist mit plastisch ausgearbeiteten, wabenartigen Stuckelementen dekoriert. Die nach oben perspektivisch sich verkleinernden Waben haben die Form von Kreuzen, Sechs- und Achtecken. Darüber bildet die helle Laterne den Abschluss. Der Abt des Klosters beschrieb seine Kirche so: *„Alles ist so zusammengestellt, dass ein Stück das andere ergänzt und dass der Betrachter stimuliert wird, seinen Blick stets aufs Neue herumwandern zu lassen."*

Rechts vom Hochaltar geht es zur Sakristei (berühmtes Gemälde von Borgianni: *Der heilige Karl Borromäus in Anbetung*) und zum Kreuzgang. Der ist winzig klein, wie ein Schacht und ohne jedes Grün, aber von perfekten Proportionen.

*Öffnungszeiten* Mo-Fr 9–13 und 18–18 Uhr, Sa 9–13 Uhr, So geschlossen.

## Der Trevibrunnen

Vom Quirinalsplatz erreichen Sie über Treppen die Via della Dataria, an deren Ende Sie rechts auf den Trevibrunnen stoßen.

Erst im 18. Jh. erhielt der Brunnen unter Papst Clemens XIII. sein heutiges Aussehen. Er nimmt die gesamte Rückseite des Palazzos der Herzöge von Poli ein, und der winzige Platz scheint von dem breit über viele Felsstufen hervorsprudelnden Wasser nahezu geflutet zu werden. Gesteigert wird die Wirkung noch durch das laute Rauschen, das der Widerhall in diesem kleinen, dicht umbauten Raum zusätzlich verstärkt. Es ist ein dramatischer, kalkulierter Effekt, wenn man aus den schmalen Gässchen tritt und unvermittelt vor einem überwältigenden Schauspiel steht. Es sollte der Eindruck entstehen, als betrete man einen barocken Theatersaal. Auf dessen Bühne, vor einem kolossalen Triumphbogen, hat **Neptun** seinen spektakulären Auftritt, der Herr des Wassers und damit auch dieser kühlenden und lebenserhaltenden Quelle. Die Bühne ist das halbrunde Bassin, Stufen davor und am Rand sind die Logenplätze, der übrige Platz ist der weitere Zuschauerraum. Der Gott der Meere steht wie ein siegreicher Held auf einer großen Muschel, die von zwei Pferden gezogen wird. Das linke, sich wild aufbäumend, kann von seinem Führer, einem Triton, nur mit Mühe gezügelt werden, das andere ist friedlich und ruhig – Sinnbilder für die Eigenschaften der See. Die Szene wirkt ungeheuer lebendig, wie eine Momentaufnahme. Die Wucht des Wassers scheint in diesem Augenblick den Fels zu sprengen. An der rechten Wandseite scheint das Gebäude dramatisch aus den Felsspalten hervorzubrechen. Der Übergang von Architektur und Bildhauerei verschwimmt. Während in der Mitte die Gruppe des Meeresgottes voll in Aktion ist, scheinen die Statuen in den Nischen gerade erst zu erwachen: die weibliche Gestalt in der linken Nische der Schauwand symbolisiert die Ergiebigkeit *(copia)*, die in der rechten die Bekömmlichkeit *(salubritas)* des Quellwassers.

Die **Relieftafeln** über den beiden Damen zeigen Szenen der Entstehung der antiken Wasserleitung, die bis heute den Brunnen speist: Römische Legionäre hatten nach einer Schlacht gewaltigen Durst, aber nichts zu trinken. Da zeigte ihnen eine Jungfrau eine versteckte Quelle mit köstlichem Wasser. Augustus befahl daraufhin sofort, die Quelle anzuzapfen und eine Leitung bis nach Rom zu legen. Auf der linken Tafel begutachtet Agrippa den Plan für das Projekt. Am 9. Juni des Jahres 19 v. Chr. wurde der 19 km lange Aquädukt, den man nach der Jungfrau „**Aqua Virgo**" nannte, in Betrieb genommen. Wie man sieht, ist diese Leitung bis heute in Gebrauch. Bekrönt wird die Schauwand vom prächtigen Wappen Clemens XII., darunter die Inschrift „*Papst Clemens XII. hat die Wasserleitung der Jungfrau, die durch ihre Ergiebigkeit und Bekömmlichkeit empfohlen ist, mit großartiger Ausgestaltung geschmückt im Jahre des Herrn 1735, seines Pontifikats 6*". Darunter sieht man die vier Jahreszeiten als allegorische Darstellungen.

Die meisten Besucher werfen traditionsgemäß eine **Münze** über die linke Schulter in das Wasserbecken (ohne hinterherzusehen!). Man sagt, man werde dann irgendwann wieder nach Rom zurückkehren. Dass das stimmt, beweist Goethe: Der hatte den Brunnen stets gemieden und kam nach seiner Italienreise nie wieder nach Rom zurück!

1960 erlangte der Brunnen Kultstatus, als **Federico Fellini** in seinem legendären Film *La Dolce Vita* die vollbusige Anita Ekberg durch das Wasser waten ließ (mehr zum Film → „Via Vittorio Veneto", S. 339). Weil allzu viele es der Ekberg

Rom – Um den Quirinal    Karte S. 370

nachtun wollten, werden heute drastische Geldstrafen für das Baden im Brunnen verhängt! Als ihr Filmpartner Marcello Mastroianni 1996 starb und ganz Rom trauerte, verhüllte ein 30 m langes Tuch den Mittelteil des Brunnens und weiße Rosen schwammen auf dem Wasser.

Kein Tourist, auch wenn er sich noch so kurz in Rom aufhält, lässt einen Besuch des Trevibrunnens aus. Es gehört einfach dazu, hier eine Münze ins Wasser zu werfen und ein Foto zu machen.

## Das Münzopfer im Trevibrunnen

Vor mehr als hundert Jahren, als es die deutschen Romantiker nach Rom drängte, lebte der Archäologe Wolfgang Helbig hier in der deutschen Kolonie. Er liebte gesellschaftliche Ereignisse und feierliche Inszenierungen. Bei einem Abschiedsfest für einen Landsmann, der wieder in die Heimat zurückkehren musste, sollte dieser arg betrübte Mensch am Vorabend seiner Rückreise noch einmal aufgeheitert werden. Anknüpfend an den antiken Brauch der Geldopfer in Flüssen und Quellen (den man sogar bis in die Bronzezeit zurückverfolgen kann), ließ Helbig ihn feierlich ein Glas Wasser aus dem Brunnen trinken und eine Münze in das Becken werfen. Das sollte die Gewähr dafür bieten, eines Tages wieder nach Rom zurückzukehren. Mit diesem tröstlichen Gedanken verabschieden sich seit diesem Abend viele Besucher mit einem Münzopfer im Trevibrunnen von Rom.

In regelmäßigen Abstand wird der Brunnen am frühen Morgen für einige Stunden abgestellt und der Wasserspiegel gesenkt. Arbeiter waten mit hohen Stiefeln durch das Wasser, kehren Münzen zusammen, saugen sie mit einem Spezialsauger aus dem Brunnen und verpacken sie unter Polizeibewachung in Säcke. Jährlich bringt man so rund 100.000 Euro ins Trockene, die wohltätigen Zwecken überlassen werden.

Früher kamen nachts die Gassenjungen und angelten mit Magneten nach den Münzen. Mancher von ihnen verdankt dem durch ein Geldopfer bekräftigten Rückkehrwunsch der Touristen die Finanzierung seines ersten Fahrrads oder einer Vespa. Der Streit um die Eigentumsrechte an den Münzen füllt meterlange Akten. Bereits 1994 entschied der oberste Gerichtshof Italiens, dass es nicht illegal ist, sich die Münzen aus Brunnen anzueignen. Seit der Euro-Umstellung fällt auch das mühselige Geschäft, die Münzen unterschiedlichster Währungen zu sortieren und einzutauschen, weitgehend weg. Medialen Ruhm erlangte 2002 der 50-jährige Roberto Cercelletta, der aus dem Münzenfischen im Trevibrunnen über Jahre einen routinemäßigen und einträglichen Beruf machte. Er stieg täglich bei Morgengrauen ins Wasser und hatte sich dabei ein solches Tempo antrainiert, dass er das Becken in Rekordzeit „abberntete", was ihm angeblich pro Einsatz bis zu 600 Euro einbrachte. Das blieb auf Dauer den Behörden nicht verborgen, zumal sich Roberto auch gerne mal von Touristen fotografieren ließ und erste Artikel über ihn erschienen. Weil man dem Urteil von 1994 nicht widersprechen konnte, dass das Geld niemandem gehöre, verhängte man stattdessen drakonische Strafen für alle erdenklichen Übergriffe in die Brunnenbecken. Roberto wurde so das Handwerk gelegt, was ihn veranlasste, ein letztes Mal vor der versammelten Presse ins Wasser des Trevibrunnens zu steigen, um sich in theatralischer Pose und unter lautem Wehklagen über das ihm angetane „Unrecht" blutige Streifen in den bis dato so wohlgenährten Bauch zu ritzen. Inzwischen überwacht die Stadt Rom peinlich genau ihre Vorschriften und der Brunnen wird Tag und Nacht nicht aus den Augen gelassen. Wer dem Reiz des Verbotenen nicht widerstehen kann, wird für ein Bad à la Ekberg mit mindestens 500 Euro Bußgeld zur Kasse gebeten.

*Großer Auftritt: Neptun auf der barocken Bühne des Trevi-Brunnens*

Die **Geschichte des Brunnens** ist älter, als sein jetziges Aussehen vermuten lässt. Sie beginnt 1453 mit dem Befehl von Papst Nikolaus V., die antike Wasserleitung *Aqua Virgo* in ihrem ganzen Verlauf aufzuspüren und auszubessern. Obwohl der Aquädukt fast tausend Jahre außer Betrieb war, konnte das Wasser schon bald wieder fließen. Die antiken Baumeister des Generals Agrippa hatten offensichtlich gut gearbeitet. Nach alter Tradition setzte man einen großen Brunnen an das Ende des Aquädukts, von dem aus das Wasser über ein Leitungssystem verteilt wurde. Der Brunnen erhielt allerdings nicht die Form eines prachtvollen Castellums (→ „Wasserversorgung", S. 182), vielmehr floss das Wasser aus drei großen Öffnungen in ein Steinbassin mit den Ausmaßen eines kleinen Schwimmbades. Dies war zwar langweilig, aber praktisch, denn lange Zeit war dieser Vorläufer des Trevibrunnens der einzige wasserführende in Rom, folglich herrschte dort rege Betriebsamkeit. Papst Urban VIII. erschien der Brunnen zu schlicht, und er beauftragte 1640 seinen Lieblingsarchitekten Bernini mit der Neugestaltung. Der riss den Brunnen ab und verlegte ihn an seine heutige Stelle, damit sich der Papst vom Quirinalspalast aus am Anblick erfreuen konnte. Dass dafür ein paar Häuser aus der Blickachse verschwinden mussten, war damals kein Problem. Als Urban VIII. 1644 starb, war nur das flache Becken fertig. Der neue Papst zeigte wenig Interesse an dem Projekt, und so geschah lange Zeit nichts. Erst Clemens XII. (1730–40) griff die Idee wieder auf und schrieb einen Wettbewerb aus, den **Nicola Salvi** (1697–1751) gewann. Dieser war eigentlich gar kein Baumeister, sondern eher Dichter, der es verstand, üppige Feste mit sensationellen Feuerwerken zu inszenieren. Von ihm stammt die Idee, den Brunnen wie ein Barocktheater zu gestalten. Als Rückwand nutzte man die soeben errichtete Fassade des Palazzos des Herzogs von Poli, dessen Widerspruch der Papst ignorierte. Aus diesem Bühnenbild hervorsprudelnd, sollte das Wasser seinen großen Auftritt haben, präsentiert vom Gott der Flüsse und der Meere. Salvi erlebte die Umsetzung seiner Pläne nicht mehr. Auch seine Nachfolger lebten jeweils nicht lange (gleich zwei starben an den Folgen einer Erkältung), und es hieß schon, dass ein Fluch auf dem Brunnen laste. Im Mai 1762 konnte er von Clemens XIII. schließlich doch noch eingeweiht werden.

Unterschiedliche namhafte Bildhauer arbeiteten an dem Projekt, die Neptungruppe stammt von Pietro Bacci (1759). Die Kosten wurden teilweise durch Spenden der Anlieger aufgebracht. Angeblich weigerte sich nur ein Friseur, seinen Beitrag zu leisten. Wer nicht zahlte, sollte aber auch nichts vom Brunnen haben, befand der Architekt, und platzierte genau vor dem Salon des Geizhalses auf der Brunnenbrüstung eine große Vase, die den Blick versperrt (wenn Sie auf den Brunnen schauen, sehen Sie rechts die Vase, dahinter lag das Friseurlädchen).

▶ **Museo Nazionale delle Paste Alimentari:** Folgen Sie mit Blick auf den Trevibrunnen rechts der Via Lavatore und biegen nach wenigen Schritten rechts ab in den Vicolo Scanderberg, erreichen Sie das **Nudelmuseum** im Palazzo Scanderberg. Hier lernen Sie wirklich restlos alles über Nudeln. Es geht um die erste schon im Jahr 1154 auf Sizilien getrocknete Pasta, über Anbauweisen der Zutaten, chemische Analysen, frühe primitive Werkzeuge, einfache historische und hochkomplizierte moderne Maschinen zur Herstellung bis hin zu Plakaten und Kunstwerken, die sich alle irgendwie mit Nudeln beschäftigen. Die wahren Fans wird es nicht wundern, dass für eine vollwertige Ernährung pro Tag 200 g Nudeln mit etwas Olivenöl und Käse (oder einer Handvoll Bohnen) ausreichen sollen. Die Pasta wird als das geeignete Mittel zur Bekämpfung des Hungers in der Welt bejubelt. Wer für diese Teigwaren schwärmt und mehr darüber wissen will, sollte sich die Zeit für einen Besuch des *„weltweit einzigen Museums dieser Art"* (so die Direktion) nehmen.

- *Adresse* Pzza. Scanderberg 117.
- *Öffnungszeiten* Tägl. (ausgenommen staatl. Feiertage) 9.30–17.30 Uhr.
- *Eintritt* 10 €, Personen unter 18 Jahren 7 €. Rollstuhlfahrer zahlen 5 €, da nicht alle Ab-

teilungen barrierefrei erreichbar sind. Im Preis enthalten ist ein Audioguide, u. a. in deutscher Sprache.
- *Information* ✆ 06.6991120 oder www.museodellapasta.it.

*Essen und Trinken (siehe Karte S. 370)*

Um die Pzza. di Trevi, wo fast alle Touristen hinkommen und einige davon Hunger haben, kann man kaum etwas anderes als Touristenrestaurants und hohe Preise erwarten. Entsprechend schwer ist es, gerade hier ein passables Lokal zu finden.

**Al Moro (18)**, Vicolo delle Bollette 13 (wenige Schritte vom Trevibrunnen entfernt zweigt die Gasse von der Via delle Muratte ab), ✆ 06.6783495. So Ruhetag. Gehobenes, gediegenes Ambiente, allerdings etwas laut und beengt. Die Küche ist ordentlich, auch Fisch. Empfehlenswert sind z. B. „fiori di zucca fritti" (frittierte Zucchiniblüten), „spaghetti alle vongole o alle uova di spigola" (Spaghetti mit Venusmuscheln oder mit Rogen vom Wolfsbarsch), „abbacchio al forno con patate" (Milchlamm mit Kartoffeln, aus dem Ofen); bei den Desserts z. B. die „mousse di castagna" (frische Kastanienmousse). Menü um 45 €.

**Piccolo Arancia (13)**, Via Scanderberg 112 (neben dem Nudelmuseum), ✆ 06.6786139. Mo Ruhetag. Kleine, familiäre Trattoria (im Sommer auch sechs Tische draußen auf der schmalen Gasse, trotz Durchgangsverkehrs). Typische regionale Küche mit Zutaten vom Land und vom Meer, die auf Jahreszeiten und Marktangebot abgestimmt ist; es gibt ein Tagesmenü, ansonsten sind z. B. „frittura di paranza" (frittierte kleine Fischlein, von denen man nur den Kopf abtrennt und den Rest komplett isst) sehr gut, ebenso die Desserts. Menü um 30 €.

**Al Presidente (6)**, Via in Arcione 95, ✆ 06.6797342, www.alpresidente.it. Mo Ruhetag. Unter all den miserablen Lokalen der Gegend ist dieses großartige Restaurant geradezu eine kulinarische Oase: drinnen klassisch-elegant, im Sommer auch draußen, im kleinen Garten. Man isst und trinkt hervorragend, mittags gibt es Selbstbedienung am Büffet oder man wählt eines der zwei bis drei Tagesgerichte. Abends speist man à la carte oder wählt zwischen den Menüs. In der Regel gibt es ein klassisch römisches, ein Fisch- und ein Fleischmenü sowie das große „il menu Al Presidente".

Zu den Spezialitäten gehören z. B. „il carpaccio con funghi freschi" (hauchdünnes rohes Rindfleisch mit frischen Pilzen), „tartare di tonno con menta fresca" (Thunfischtartar mit frischer Minze), die „spaghetti dell'amatriciana" nach Art des Hauses; beliebt sind auch die Desserts, besonders das hausgemachte Sorbet und das Eis (z. B. „creme brulée con gelato al té verde" – mit Eis vom grünen Tee, oder „carpaccio di ananas con gelato" – dünn aufgeschnittene, frische Ananas mit Eis). Die Weinkarte ist gut ausgestattet, und man kann Wein auch glasweise bekommen. Menü um 60 €, was angemessen ist.

**Colline Emiliana (1)**, Via degli Avignonesi 22 (verläuft parallel zur Via del Tritone), ✆ 06.4817538. So Abend und Mo geschlossen. Kleines, gepflegtes, sehr beliebtes Restaurant mit freundlichem, perfekten Service. Die Gerichte sind typisch für die norditalienische Region Emilia Romagna, deshalb sollte man hier natürlich die berühmten „echten", hausgemachten „tagliatelle alla bolognese" (Bandnudeln mit Hackfleischsoße) probieren; sehr gut sind auch die „tagliatelle asparagi e prosciutto" (mit Spargel und Schinken) und als Secondo die weitere Spezialität des Hauses: „bollito di manzo con salsa verde" (gekochtes Rindfleisch mit grüner Soße). Einfache, regionale Weinkarte und ein ordentlicher Sangiovese-Hauswein. Reservierung ist zu empfehlen. Menü um 35 €.

**Spaghetteria, Pizzeria L`Archetto (22)**, Via dell`Archetto 26 (gleich beim Teatro Quirino), ✆ 06.6789064. Tägl. auch bis spät abends geöffnet. Preiswertes Lokal, recht touristisch, aber ordentliche Nudelgerichte und abends gibt es auch Pizza. Menü um 25 €.

- *Snacks/Enoteca/Birreria* **Nadia e Davide (23)**, Via Milano 33 (zwischen Via d. Quirinale und Via Nazionale), ☎ 06.4882842. So Ruhetag, sonst von 7.30-20.30 Uhr geöffnet. Ausgezeichnete „pizza al taglio", also stückweise vom Blech; viele leckere Sorten zur Auswahl.

**L'Antico Forno (16)**, Via delle Murate 8 (direkt am Trevibrunnen). Dieses Lebensmittelgeschäft mit Bäckerei im hinteren Teil ist ganz auf touristischen Bedarf eingestellt: An der Wurst- und Käsetheke werden Brötchen belegt, die Bäckerei bietet auch „pizza bianca" (Stücke vom Pizzateig ohne Belag, frisch aus dem Ofen), es gibt kalte Getränke, auch Bier und Wein und sogar Speicherkarten für elektronische Kameras sind im Angebot.

**Birreria Peroni (24)**, Via S. Marcello 19, ☎ 06.6795310. Mo-Sa 12-24 Uhr, So Ruhetag. Für diesen Bierausschank der großen italienischen Brauerei Peroni haben wohl bayerische Brauhäuser als Vorbild gedient. Es gibt mehrere große, holzvertäfelte Räume, in denen es recht laut werden kann, Bier vom Fass und auch spät am Abend noch kleine Gerichte (Primi 5-8 €, Secondi 6-10 €); beliebt bei Touristen, aber auch bei jüngeren Römern und Leuten, die nach dem Theater noch einen Kleinigkeit essen wollen.

**Vineria il Chianti (10)**, Via del Lavatore 81 (wenige Schritte vom Trevibrunnen entfernt), ☎ 06.6787550. So Ruhetag. Drinnen ist es etwas dunkel, im Sommer kann man aber auf dem Vorplatz an der Straßenecke auch draußen sitzen und die Touristenmassen vorbeiströmen sehen. Die Gerichte sind von der toskanischen Küche beeinflusst, es gibt aber auch ein paar klassisch römische. Es ist recht teuer (für ein Essen mit Wein muss man mit etwa 30 bis 40 € rechnen); im Service arbeiten junge Leute, die nicht immer besonders aufmerksam sind. Die meisten Gäste sind Touristen.

**Tavola Calda (17)**, Via delle Quattro Fontane 9. Mit dem üblichen Angebot, das hier nicht schlecht ist - eine günstige Alternative zum Restaurant.

● *Gelateria* **Cecere (12)**, Via del Lavatore 84. Do geschlossen. Viele Eissorten, aufgeteilt in Milcheis (Crema) und Fruchteis (Frutta), Milchskakes, „Granite" (Halbgefrorenes in unterschiedlichen Geschmacksrichtungen) und „Spremute" (frisch gepresste Säfte).

**S. Crispino (8)**, Via della Panetteria 42. Di Ruhetag, sonst ab 12 Uhr. Eine der besten Eisdielen der Stadt und immer so voll, dass sich draußen vor dem schmalen Lädchen eine Menschentraube bildet. Damit es gerecht zugeht, muss man eine Nummer ziehen, und es wird angezeigt, wann man dran ist. Viele schlecken ihr Eis dann direkt vor dem Geschäft, wobei der Genuss durch den geruchsintensiven Fischladen gegenüber geschmälert werden kann.

*Einkaufen (siehe Karte S. 370)*

Um den Trevibrunnen wird unsäglicher Touristenkitsch in jeder Preislage feilgeboten. Die höchste Konzentration an Souvenirläden findet sich in der **Via del Lavatore**.

● *Feinkost* **Castroni (4)**, Via delle Quattro Fontane 37, 38. Filiale des großen Feinkostladens mit Stammsitz in der Via Cola di Rienzo. Im Angebot sind im vorderen Teil bei der langen Theke der Bar Süßigkeiten und Kaffee, im hinteren Teil auch In- und ausländische Spezialitäten (z. B. ausgefallene Nudelsorten).

● *Verschiedenes* **Il Papiro (15)**, Via dei Crociferi 17 (zwischen Via del Corso und Trevibrunnen). Eine der vielen Filialen mit feinem Florentiner Papier, Postkarten, und Schreibwaren.

**Ex Libris (21)**, Via dell'Umiltà 77 A. Breites Angebot an Stichen, Zeichnungen und alten Büchern (international sortiert).

**Marmorarbeiten (14)** in allen erdenklichen Größen, Formen und Farben (beliebt sind die mehr oder weniger naturnah getroffenen Marmorrepliken von Früchten), Via del Lavatore 28.

**Beatrice Palma (11)**, Vicolo Scanderberg 110, ☎ 06.6789221. Gipsatelier mit Gipsrepliken von bekannten Plastiken oder Teilen davon.

**Il discount dell'Alta moda (3)**, Via dei Serviti 27. Kleines Geschäft für Damenbekleidung, Taschen und Gürtel, darunter mit etwas Glück auch bekannte Marken zu reduzierten Preisen.

**Librerie Internazionali (9)**, Via delle Quattro Fontane 20/A. Kleine internationale Buchhandlung.

**Lufthansa City-Center (5)**, Via delle Quatro Fontane 21/C.

**Münzgeschäft (7)**, Via delle Quattro Fontane 20/B. Breites Angebot, darunter auch Vatikan-Euro-Sätze (mit Johannes Paul II., Benedikt XVI., aber auch von der Sedisvakanz, den papstlosen Tagen nach dem Tod von Johannes-Paul II. vor der Wahl des Nachfolgers).

*Abbild des Himmelgewölbes: das Pantheon, eines der erstaunlichsten Bauwerke der Antike*

# Um das Pantheon

**Im Herzen des Centro Storico mit den besonders verwinkelten, malerischen Gassen um das am besten erhaltene und wohl auch eindrucksvollste antike Bauwerk, das Pantheon, gibt es einige bemerkenswerte Kirchen und ein außergewöhnliches Einkaufsviertel.**

Dieses gewachsene historische Viertel gehörte in der Antike zum **Marsfeld**, das nach dem Gott des Krieges benannt war und anfangs als rein militärisches Übungsgebiet nördlich des Forums und der angrenzenden Wohnviertel diente. Da man im Krieg den Beistand der Götter besonders dringend benötigte, bestand ein enger Zusammenhang zu sakralen Handlungen. Entsprechend viele heilige Bezirke und Tempel gab es hier, dazu kamen später noch Thermenanlagen. In der Kaiserzeit war das Marsfeld dicht bebaut und kaum noch militärisch genutzt (einen Eindruck davon erhält man durch das große Modell des antiken Rom im Museo della Civiltà Romana in EUR, → S. 579). Von den vielen antiken Tempeln ist nur das Pantheon nahezu unverändert erhalten geblieben.

Da die Barbaren bei ihren Plünderungen auch die Aquädukte unterbrochen hatten, herrschte in der Stadt mit den einst unzähligen Brunnen und Badeanstalten im Mittelalter Wasserknappheit. Die Menschen waren auf den Fluss angewiesen und siedelten deshalb in der Nähe des Tibers. Die Stadt konzentrierte sich auf dem Marsfeld und die anderen Viertel des antiken Rom verfielen. Entsprechend wird das Centro Storico zwischen Tiber, Kapitol und Via del Corso noch durch die vielen engen, krummen mittelalterlichen Gässchen geprägt. Zum Glück sind sie seit einigen Jahren weitgehend autofrei, wodurch die Luft etwas besser wurde und man nun das Flair mehr genießen kann. Das allerdings tun viele Touristen und so kann es recht voll werden, besonders auf den Verbindungswegen zwischen den wichtigsten Sehenswürdigkeiten.

# Das Pantheon

Aus der Fülle von Sehenswürdigkeiten in Rom fällt es schwer, die allerwichtigsten auszuwählen, doch mit Sicherheit gehört das Pantheon als eines der Wahrzeichen Roms dazu. Kaum sonst hat man Gelegenheit, einen antiken Tempel so vollendet erhalten zu sehen. Kaum ein anderes Bauwerk ist so faszinierend und hat die Architektur seit der Antike vergleichbar beeinflusst. Letztlich gehen sämtliche Kirchenkuppeln seit der Renaissance auf das Pantheon zurück.

Ein Zylinder bildet die untere Hälfte des Gebäudes. Darauf setzte man eine halbkugelförmige Kuppel, die exakt so hoch ist wie der Zylinder, sodass sie die Mitte des Fußbodens berühren würde, ergänzte man sie zur vollständigen Kugel. Der Durchmesser (und somit auch die Raumhöhe) beträgt 43,3 m. Heute ließe sich Vergleichbares nur mit modernsten Mitteln und aufwändigen Statikberechnungen realisieren. Ganz offensichtlich müssen die antiken Erbauer die Gesetze der Statik, der Materialkunde und der Gewölbetechnik ausgezeichnet beherrscht haben. Gehalten wird das Gebäude von einem 4,50 m tiefen und 7,30 m breiten Fundamentring, der den Druck der riesigen Halbkugel auffängt. Das Gewölbe selbst durfte wiederum nicht zu schwer sein, damit es nicht einstürzte. Dazu benutzte man Materialien unterschiedlicher Dichte und Gussmörtel, eine Art Beton, um das Gewicht nach oben hin zu verringern.

Der monumentale Eindruck des recht schlichten **Inneren** wird durch die vertieften Kassettenfelder der Kuppel noch verstärkt. Die Öffnung am Scheitelpunkt mit einem Durchmesser von neun Metern dient als einzige Lichtquelle (und der Statik, indem sie die Kuppel leichter macht). Sie ist nicht abgedeckt, der hereinfallende Regen wird durch ein perfekt funktionierendes Drainagesystem unter dem Fußboden abgeleitet. Die Ausstattung des Zylinders mit buntem Marmor, grauem Granit und dunkelrotem Porphyr ist so gut erhalten wie bei keinem anderen antiken Tempel. Die sieben Nischen finden vollständig in der Mauertiefe Platz und veranschaulichen die Massivität der 6,20 m dicken Mauern.

## Ziegel zur Altersbestimmung antiker Bauwerke

Das Alter antiker Bauwerke kann sehr genau durch die verwendeten Ziegel bestimmt werden. Die Ziegelherstellung war ein bedeutender römischer Industriezweig und eine wichtige Einnahmequelle. Der Staat erhob eine Ziegelsteuer, um mitzuverdienen (als das dem Staat später nicht mehr ausreichte, ging er dazu über, die Betriebe gleich ganz zu übernehmen, bis es um 300 n. Chr. auf diesem Sektor überhaupt keine privaten Anbieter mehr gab). Zur Kontrolle der fälligen Abgaben wurde angeordnet, dass jeder Stein mit einem kaiserlichen Stempel zu versehen war. Deshalb kann heute jeder verarbeitete Stein anhand des Siegels zeitlich bestimmt werden.

Einen Kontrast zu dem Rundbau bildet die rechteckige **Vorhalle** (33,10 m breit und 15,5 m tief) mit 16 korinthischen Säulen und einem 6,50 m hohen Bronzetor. Die Originaltür befindet sich in der Lateransbasilika, hier sehen Sie nur eine Replik. In den beiden Rundnischen neben dem Portal standen einst die Statuen von Hadrian und Augustus.

Rom – Um das Pantheon
Karte S. 383

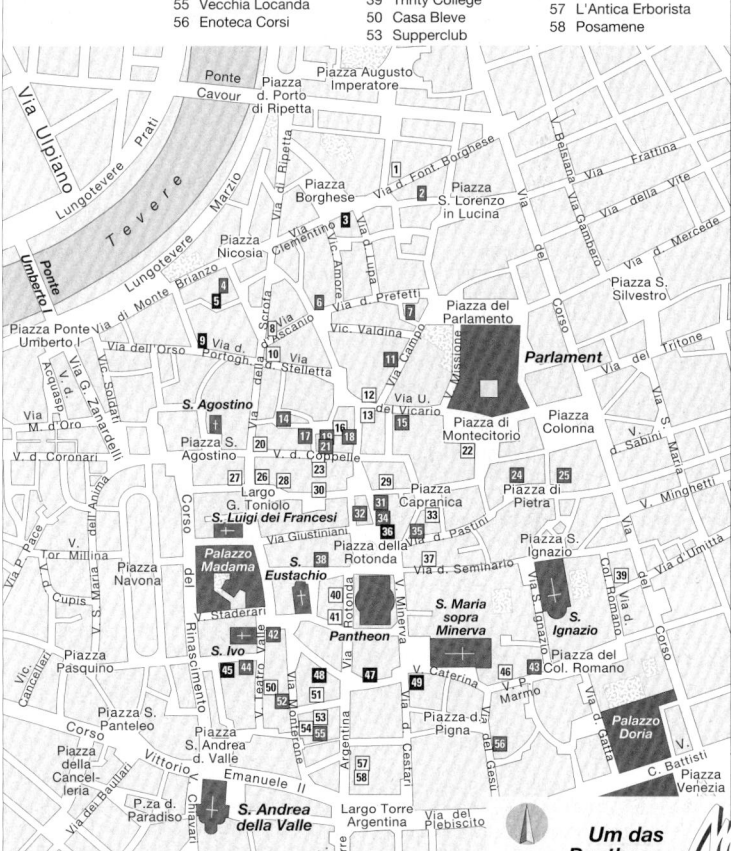

Um das Pantheon
100 m

Im dreieckigen **Giebelfeld** über dem Eingang steht „M[arcus] AGRIPPA L[ucii] F[ilius] CO[n]S[ul] TERTIUM FECIT", dies bedeutet: *„Marcus Agrippa, Sohn des Lucius, Konsul zum dritten Male, hat erbaut".* Demnach müsste das Pantheon zu den Thermenanlagen des Agrippa gehört haben, die sich an dieser Stelle des Marsfelds befanden und aus dem Jahr 27 v. Chr. stammen. Es ist aber auch bekannt, dass die Thermen bei zwei späteren Bränden komplett zerstört wurden. Wie die Ziegelstempel belegen, ließ Kaiser Hadrian den ursprünglich konventionellen Tempel in der Zeit von 118–128 n. Chr. durch diesen spektakulären Neubau ersetzen.

Die alte Inschrift, die Agrippa, den Freund und wichtigsten General des Augustus ehrt, ließ Hadrian an seinem Neubau wieder anbringen, was ihm das Volk als noble Geste hoch anrechnete: Der Kaiser ließ einen Tempel bauen, wie es ihn in der antiken Welt bisher noch nie gegeben hatte, und gleichzeitig war er bescheiden genug, dieses Wunder nicht mit seinem Namen, sondern dem eines längst verstorbenen, hoch angesehenen Generals zu schmücken.

*Öffnungszeiten* Mo–Sa 8.30–19.30 Uhr, So 9–18 Uhr; Sa um 17 Uhr und So um 10.30 Uhr wird die Messe gelesen. Der Eintritt ist frei (wie bei allen Kirchen in Italien).

Das alte Straßenniveau lag sehr viel tiefer als das heutige (man erkennt es noch zu beiden Seiten des Baus). Ursprünglich führten sogar fünf Treppenstufen zum Tempel hinauf, sodass der Betrachter in der Antike die Kuppel von außen nicht erkennen konnte: Er stand also scheinbar vor einem gewöhnlichen Podiumstempel mit rundem Grundriss. Um so überwältigender muss der Eindruck beim Eintreten gewesen sein.

Das **Kuppelinnere** steht für das Himmelsgewölbe (die Kassetten waren ursprünglich mit Bronze ausgekleidet und mit goldenen Sternen geschmückt). Durch eine kreisrunde Öffnung in der Mitte fällt das Licht herein, ein Symbol für die Sonne. Rundum in den Nischen standen Statuen der Götter, denn der Tempel war allen Gottheiten geweiht (daher der griechische Name *„Pan-Theon"*). Der Betrachter erkannte in dieser Architektur **die Welt**: Die Sonne steht im Zentrum des Himmels, im Himmelsgewölbe befinden sich die Götter gemeinsam mit dem Kaiser. Das entsprach der antiken Weltordnung, in der der Imperator seinen vorgegebenen Platz unter den Göttern hoch über den Menschen hatte. Ein Aufbegehren gegen den Herrscher musste daher stets zwecklos sein, denn ein Mensch kann die göttliche Ordnung nicht ändern.

Als das Christentum sich in Rom durchzusetzen begann und heidnische Kulte verboten wurden, behagte das prachtvolle Haus der alten Götter den frühen Päpsten gar nicht. Es zu einer Markthalle zu profanieren misslang, denn für schnöden Handel war das Gebäude zu respekteinflößend.

Vielleicht wäre das Pantheon, wie viele andere antike Tempel, zerstört worden, wenn nicht Kaiser Phokas (→ „Forum und Palatin", S. 217) es im Jahr 609 Papst Bonifaz IV. geschenkt hätte. Der adoptierte den Bau, trieb die heidnischen Götter aus und weihte ihn unter dem Namen **S. Maria dei Martiri** allen christlichen Märtyrern. Um den Namen zu legitimieren, ließ der Papst 28 Wagenladungen mit Gebeinen von Märtyrern aus den von Plünderern heimgesuchten Katakomben herschaffen und hier an sicherer Stelle beisetzen. Dank seiner neuen Bestimmung blieb der antike Tempel im Wesentlichen unverändert bis heute erhalten. Lediglich Konstantinus II. plünderte 663 die bronzene Innenverkleidung der Kuppel.

Auch Papst **Urban VIII.** (1623–44) war hinter dem wertvollen Material her. Er ließ auf Vorschlag Berninis auch noch die Bronzeverkleidung der Vorhalle entfernen und daraus den 93 Tonnen schweren Baldachin für den Hauptaltar der neuen Peterskirche anfertigen. Die Ausbeute reichte sogar noch für den Guss von 80 Kanonen. Die Römer waren empört. An der Sprechenden Statue des Pasquino (→ Kasten „Die Sprechenden Statuen", S. 204) stand geschrieben: *„Quod non fecerunt barbari, fecerunt Barberini"* („Was die Barbaren nicht taten, taten die Barberini".). Der Papst jedoch war stolz auf dieses sinnvolle Recycling und ließ seine Tat loben. Auf einer Tafel in der Vorhalle liest man: *„Papst Urban VIII. die Reste der bronzenen Decke zu den vatikanischen Säulen und zu kriegerischen Geschützen eingeschmolzen, damit der* unnütze Zierrat im Vatikanischen Tempel zu Schmuckstücken des Apostolischen Grabes und in der hadrianischen Burg [der Engelsburg] zu Werkzeugen der öffentlichen Sicherheit werde".

Für den Neubau der Peterskirche war das Pantheon Vorbild. Baumeister Bramante hatte die Idee, die größten Bauwerke der Antike zu kombinieren und auf einen Bau nach Vorbild der Maxentius-Basilika die Kuppel des Pantheons noch darauf zu setzen, um den Triumph des Christentums auszudrücken (→ „Basilica di San Pietro", S. 503).

Der ehrgeizige Plan, die Kuppel des Pantheons bei St. Peter in den Ausmaßen noch zu übertreffen, gelang den päpstlichen Statikern nicht. Der Durchmesser der Peterskuppel blieb ca. 1,40 m kleiner als der des Pantheons.

Da sich eine runde Kirche für Gottesdienste wenig eignet, nutzte man das Pantheon später hauptsächlich für Begräbnisse.

Einige prominente Künstler liegen hier begraben, darunter auch der 1520 gestorbene **Raffael** in einem antiken Sarkophag. Die Inschrift berichtet: „Hier ruht jener Raffael, von dem zu seinen Lebzeiten die große Mutter Natur fürchten musste, besiegt zu werden, während sie jetzt, da er tot ist, glaubt, selber sterben zu müssen."

Nach der Einigung Italiens fand auch die **Königsfamilie** der Savoyen hier ihre letzte Ruhe. Besonders protzig ist das Grab Viktor Emanuels II. (Vittorio Emanuele II., „Vater des Vaterlandes"), den man bereits mit dem Nationaldenkmal feiert. Vor dem Grab von König Umberto I. steht ein Foto des im Exil verstorbenen Umberto II. und Monarchisten präsentieren ein dickes Buch, in dem Besucher durch eine Unterschrift dem Königshaus ihre Ehrerbietung erweisen können.

## Das italienische Königshaus Savoyen

Das Haus Savoyen trat um das Jahr 1000 in die Geschichte ein, als es die Region zwischen dem Schweizer Jura und den Südwestalpen, und damit die wichtigen Bergpässe Großer St. Bernhard und Mont Cenis kontrollierte. Später dehnte es seine Machtbereiche auf Turin, Nizza und den Piemont aus. Seit 1200 Grafen und seit 1416 Herzöge von Savoyen, blieb das Gebiet seither im Besitz der Familie. Durch den Vertrag von Utrecht 1713 erhielt Viktor Amadeus II. von Savoyen noch das Königreich Sizilien, das er 1720 gegen Sardinien tauschte (so etwas war damals noch möglich). Er nahm den Titel „König von Sardinien" an. Nach dem Untergang Napoleons geriet Italien mehr und mehr in den Interessenkonflikt zwischen Österreich und Frankreich, wobei Österreich mit Venetien, der Lombardei, der Toskana und Modena die Vorherrschaft in Norditalien erlangte. Das versetzte das Land in jahrzehntelangen Aufruhr, der den Wunsch nach einem Nationalstaat Italien erstarken ließ. Immer wieder aufflackernde Aufstände in diversen Städten und eine zermürbende Guerilla-Taktik schwächten Österreich. Das Haus Savoyen, und an dessen Spitze seit 1849 König Viktor Emanuel II. (1820–78), regierte Nordwestitalien und Sardinien mit der liberalsten Verfassung aller italienischen Fürstentümer und verteidigte diese auch mutig gegen österreichischen Druck. Savoyen wurde Zentrum der Freiheitsbewegung und mit Unterstützung des charismatischen Giuseppe Mazzini, des Partisanen Garibaldi und seines Ministerpräsidenten, dem äußerst geschickten Grafen Cavour, gelang es Viktor Emanuel II., Frankreich auf seine Seite zu ziehen und Österreich aus Norditalien zu vertreiben. Es kam 1859/60 zur ersten Vereinigung italienischer Fürstentümer, 1866 schloss sich Venetien an, 1870 eroberten die Nationalisten zuletzt den Kirchenstaat in Mittelitalien und machten Rom zur neuen Hauptstadt des vereinigten Italiens. Als integre Gestalt, die selbst von revolutionären Anführern wie Garibaldi akzeptiert wurde, rief man Vittorio Emanuele II. am 17. März 1861 zum König von Italien aus. Unter seinem Sohn, Umberto I. (1844–1900), erlebte die junge Nation eine Phase des Wachstums, insbesondere der Norden erstarkte wirtschaftlich durch eine gewaltige Industrialisierung. Als Umberto bei einem Attentat starb, bestieg dessen Sohn **Vittorio Emanuele III.** (1869–1947) den Thron. Er führte sein zunächst neutrales Land in den ruinösen Ersten Weltkrieg, was aufgrund der daraus erwachsenden Wirtschaftskrise Italien in eine sozial höchst explosive Lage brachte. Ihm gelang es zwar, im Gegensatz zu allen deutschen Fürsten und zum russischen Zaren, seine Krone zu behalten, doch sah er 1922 nur die Möglichkeit, ein Bündnis mit Mussolini einzugehen, um den massiven kommunistischen Tendenzen zu begegnen und die wachsende Gefahr eines Bürgerkriegs abzuwenden. Gegen diesen massigen „Duce" nahm sich der schmächtige kleine König schon allein körperlich wie eine Karikatur aus. Er konnte denn auch dem Faschismus keinen entscheidenden Widerstand leisten und geriet kraftlos in die Defensive. Dass er weder den antisemitischen Gesetzen noch dem Kriegsbeitritt entgegentrat, nahm man ihm übel. Und obwohl er sich 1943 am Sturz Mussolinis beteiligte, war der Ruf seines Hauses nachhaltig geschädigt. Die Flucht vor den in Rom einrückenden Deutschen ins sichere Pescara und die Tatsache, dass er es in Zeiten größter nationaler Not schaffte, unbemerkt ein stattliches Vermögen ins Ausland zu transferieren, gaben den letzten Ausschlag – man wollte ihn nicht mehr. Im Mai 1946 dankte Vittorio Emanuele III. zugunsten seines Sohnes Umberto III. (1904–83) ab. Dieser wurde jedoch aufgrund eines, mit 54,9 % Zustimmung trotz allem knappen, Volksentscheids einen Monat später abgesetzt und per Gesetz mitsamt seiner Familie des Landes verwiesen. Das Verbot, italienischen Boden zu betreten, setzte man doch nicht ganz so streng durch, da wäre Italien nicht Italien, dennoch dauerte es bis 2002, bis den Savoyern unter dem aktuellen Chef des Hauses Vittorio Emanuele (geb. 1937) die Rückkehr offiziell erlaubt wurde. Politisch spielen die Savoyer keine Rolle mehr (das ist ihnen auch nicht gestattet), ihre Präsenz im Italien des 21. Jh. findet heute eher auf den Seiten der Yellow Press statt.

▶ **Piazza della Rotonda**: Der Platz vor dem Pantheon ist bis in die späte Nacht ein beliebter Treffpunkt für Römer und Touristen. Auf den Stufen des schönen Brunnens von Giacomo della Porta (1578) mit seinem antiken ägyptischen Obelisk und dem Blick auf die imposante Säulenvorhalle des Pantheons kann man ausruhen, die Besucherschwärme beobachten und in Ruhe ein Eis essen.

Die Cafés und Restaurants am Rand der herrlichen Piazza bieten draußen zwar viele Sitzplätze, sind aber auch recht teuer. Sehr viel preiswerter mit nahezu idealem Blick sitzt man bei **McDonald's**, dessen Filiale zwischen den Straßencafés kaum auffällt. Ausgerechnet an der Hauswand über dem Eingang hängt als Ironie der Geschichte eine Gedenktafel, die an eine Restaurierung des Platzes unter Papst Pius VII. (1800–23) erinnert. Sie bedeutet: *„Pius VII. hat im Jahr 23 seines Pontifikats das Areal vor dem Pantheon des Marcus Agrippa, das von unvornehmen Tavernen besetzt war, durch den umsichtigen Abriss von seiner verabscheuten Verunstaltung befreit und zu freiem Ausblick auf den Ort offen sich darbieten lassen".*

Kaffeeliebhabern sei das **Tazza d'Oro** (rechts vom Pantheon aus gesehen, Via degli Orfani 84) empfohlen. Der frisch geröstete Kaffee ist ausgezeichnet. Eine besondere Spezialität ist „Granita di café con panna" (halbgefrorener Espresso mit Sahne – ein ausgezeichneter Muntermacher); denken Sie daran, erst an der Kasse zu bezahlen, das Eis gibt es dann genau am anderen Ende des Ladens (→ S. 397).

▶ **Piazza della Minerva:** Die Via Minerva führt links am Pantheon entlang (mit Blick auf den Eingang) zur gleichnamigen Piazza mit einem besonders anmutigen Werk von **Bernini:** Kirche, Platz und angrenzende Grundstücke gehörten dem Dominikanerorden. In dessen Klostergarten fand man 1665 einen kleinen ägyptischen Obelisken aus dem 6. Jh. v. Chr., der aus dem Isis-Heiligtum stammt, das sich hier in der Antike befand. Auf Anordnung Papst Alexanders VII. (1655–67) sollte der Stein seinen Platz vor der Kirche finden. Obelisken repräsentieren einen gebündelten Sonnenstrahl und wurden deshalb als Symbol für die Weisheit angesehen und die brachten Päpste gerne mit ihrer Person in Verbindung. Deshalb ließen sie oft die entdeckten antiken Obelisken aufstellen und mit ihrem Namen schmücken. Um das Symbol noch zu verstärken, wollte Alexander VII. seinen Obelisken mit einem Elefanten kombinieren, der ebenfalls ein Symbol für gottgegebene Weisheit ist. Damit auch dem Letzten klar war, wer hier als Weiser gelobt wurde, versah man die Decke des Elefanten mit dem Wappen Alexanders VII. aus der Fürstenfamilie Chigi (Berge, Stern und Eiche).

Da dieser nur 3,40 m hohe Obelisk der kleinste in Rom ist, hätte er auf dem Platz etwas verloren gewirkt und eher von bescheidener Weisheit gezeugt. Bernini wertete ihn deshalb mit einem doppelten Sockel auf: Zunächst setzte er ihn auf den gewünschten Elefanten. Dann stellte er das Ensemble auf einen weiteren Sockel mit Inschrift. Leider kam es während der Planung zu einem hässlichen Streit zwischen Künstler und den Dominikanern als Grundstückseigentümern. Dabei behielt Bernini auf seine ganz typische Art das letzte Wort: Auf seinen zur Genehmigung vorgelegten Plänen fand sich ein sehr diskreter Hinweis an die Werkstätte zur spiegelverkehrten Ausfertigung. Den hatten die geistlichen Herren übersehen oder nicht verstanden. Die Werkstatt hielt sich jedenfalls an die Vorgaben. So kam es dazu, dass der Elefant nicht vor dem Ordenshaus der Dominikaner links der Kirche sein

*Klein und ein bisschen frech: Berninis Elefanten-Obelisk*

Haupt neigt, sondern den Mönchen sein faltiges Hinterteil entgegenstreckt. Damit hat Bernini genau das gemeint, was Goethe sehr viel später seinen Götz von Berlichingen etwas derb hat sagen lassen.

Die Sockelinschrift bedeutet: *„Dass des weisen Ägypten in den Obelisken einge-hauene Schriftzeichen von einem Elefanten, dem stärksten Tier, getragen werde – wer immer du das hier siehst, erkenne es als ein Lehrstück, dass es eines robusten Geistes bedarf, eine solide Weisheit zu ertra-gen".* Sie wird gelegentlich auch als An-spielung auf **Galilei** interpretiert. Denn ge-nau hier musste der Gelehrte beim Sitz der Hohen Inquisition 1633 in einem Prozess seinen Theorien abschwören. Zuvor hatte er noch trotzig behauptet: *„Und sie bewegt sich doch!"*, wobei er die Erde in ihrer Be-wegung um die Sonne meinte. Die katholi-sche Kirche entschloss sich 1968, den Fall neu aufzurollen und hob 1992 das als fehler-haft erkannte Urteil auf. Galileo Galilei wurde postum rehabilitiert.

▶ **Santa Maria sopra Minerva:** Der Name der Kirche leitet sich von ihrem Standort ab, denn unter der Kirche wurde ein Tempel der Minerva, der antiken Schutz-heiligen Roms, vermutet. Es ist zwar ungewöhnlich, eine heidnische Göttin mit dem Namen einer Kirche in Verbindung zu bringen, aber hier drückt er die überlegene Stellung der Maria aus, die an die Stelle der Minerva getreten ist. Tatsächlich verehrte man in der Antike an diesem Standort sogar gleich drei Heiligtümer: Es gab neben dem Tempel der Minerva auch den der Isis und den des Serapion. Nach neueren Erkenntnissen ruht das Kirchenfundament auf den Resten des prachtvollen Isis-Tempels, von dem der Obelisk auf dem Platz stammt. Der Minervatempel befand sich dahinter, etwa an der Stelle des heutigen Colle-gio Romano. Begonnen wurde mit dem Bau der Kirche bereits 1280, unmittelbar nachdem der Papst den Dominikanern dieses Areal zugewiesen hatte. Da es dem Bettelorden an Geld fehlte, gingen die Arbeiten nur schleppend voran und zogen sich über 200 Jahre hin. Statt der seit dem Mittelalter üblichen offenen Holzbal-kendecke entschieden sich die Bauherrn um 1450 für ein Kreuzgewölbe im bis dahin in Rom ungebräuchlichen Stil der Gotik. Das war das erste Mal seit der Antike, dass ein Saal wieder ein steinernes Gewölbe erhielt. Die schlichte Renais-sancefassade war 1453 fertig, der Innenraum einige Jahrzehnte später.

Santa Maria sopra Minerva blieb die **einzige gotische Kirche** Roms. Der durch die bunten Rosettenfenster nur schwach beleuchtete Innenraum unterscheidet sich daher stark von den barocken Kirchen der Umgebung. Allerdings zeugt das eher breite als hohe Mittelschiff von der Verwandtschaft zu den traditionellen römischen Kirchenbauten.

*Öffnungszeiten* Tägl. 8–19 Uhr, ausgenommen sind die Zeiten der Messe.

Unter dem Hauptaltar liegt das Grab der Heiligen **Katharina von Siena** (gestorben am 29. April 1380). Sie ist Schutzpatronin Ita-liens, da sie Papst Gregor XI. (1370–78) zur Rückkehr aus Avignon überredet hatte. Un-ter dem gläsernen Altartisch sieht man die liegende Statue der Heiligen. Ihr Körper im Sarg ist unvollständig, da der Kopf schon fünf Jahre nach ihrem Tod als Reliquie in die Kathedrale San Domenico in Siena überführt wurde.

Hinter dem Altar befinden sich rechts und links die prachtvollen Gräber der Medici-Päpste (Leo X., gest. 1521, und Cle-mens VII., gest. 1534) von Antonio da San-gallo. Das bedeutendste Kunstwerk der Kir-che ist die **Erlöserstatue** von **Michelangelo** (links vom Hauptaltar), die er 1519 be-gann. Ursprünglich war die Figur nackt, das bronzene Tuch ist ein späteres Zugeständ-nis an prüde Kirchenmänner.

Im rechten Querschiff ist die **Carafa-Kapel-le** sehenswert. Kardinal Oliviero Carafa von Neapel ließ sie Ende des 15. Jh. zu Ehren des heiligen Thomas von Aquin und natür-lich auch zu seinem eigenen Ruhme von **Filippo Lippi** ausmalen. Im Bogenfeld über dem Altar ist die Himmelfahrt Marias, um-kreist von jubilierenden Engeln, dargestellt. Das Altargemälde zeigt die Verkündigung und rechts Thomas von Aquin im blauen Mantel, der Maria den frommen (nicht uneitlen) Auftraggeber vorstellt (der Kardinal kniet im roten Mantel vor der Jungfrau). Auf der rechten Seite sieht man oben den betenden Thomas von Aquin und darunter den Sieg des Heiligen über den Irrtum (Thomas sitzt auf einem Katheder und hält ein Buch in der linken Hand, mit der rechten weist er auf den besiegten personifizierten Irrtum). Vier Frauenfiguren stellen die Grammatik, die Rhetorik, die Dialektik und die Philosophie dar.

Genau gegenüber im linken Querschiff ist die größte Kapelle dem heiligen Dominik, dem Gründer des Dominikanerordens, geweiht. Auf der rechten Seite befindet sich das prachtvolle Grab von Papst Benedikt XIII. (gest. 1730). Die weiblichen Figuren verkörpern die Reinheit (rechts) und die Religion (links). Die Figurengruppe gegenüber stellt die Madonna mit Kind und Johannes den Täufer, sowie Johannes den Evangelisten in ihrer Jugend dar. Diese harmonische Alabastergruppe schuf Franco Siciliano (17. Jh.).

*Shopping für Geistliche*

▶ **Via dei Cestari – Modemeile des Klerus:** Rom ist eine der Modemetropolen der Welt. Aber nicht nur die von überirdisch schönen Models in Magazinen und auf mondänen Modeschauen präsentierte weltliche Eleganz ist hier in reicher Auswahl zu finden. Die Stadt des Papstes bietet auch seinem Personal schier unerschöpfliche Shopping-Möglichkeiten. Zwischen Piazza della Minerva und Largo Argentina, hauptsächlich in der Via dei Cestari, wird von der klerikalen Grundausstattung bis zur goldbestickten Bischofsrobe für Feiertage alles geboten. Eitle Priester und flotte Nonnen können sich hier von der Unterwäsche bis zum Messgewand in poppigen Farben (die natürlich nicht für Frauen) komplett einkleiden, immer mit dem guten Gefühl, dass hier alles von höchster Stelle abgesegnet und nichts als „zu gewagt" beanstandet werden kann. Aber auch andere Kundenwünsche werden erfüllt: Es gibt transportable Altäre aus Gold und Silber, Reliquien- und Hostienschreine von der preiswerten Plastikversion bis zur Luxusausführung in Edelmetall oder Marmor, Ringe in allen Ausführungen, die einmal an Bischofsfingern von vielen Menschen geküsst werden, Weihesets in Lederetuis für die Reise, Heiligenstatuen in nahezu allen erdenklichen Größen, Farben und Materialien und vieles andere mehr. Das größte Kaufhaus für Klerikerbekleidung ist **De Ritis** in der Via dei Cestari 48. Und bei **Ghezzi** in Hausnummer 33 erhält man Monstranzen in allen Variationen und alles, womit man jedes Gotteshaus von der Dorfkirche bis zum Dom verschönern kann. Die edelste Adresse ist **Gammarelli** an der Piazza di S. Chiara. Von außen wirkt der Laden, der sich bescheiden „*Schneiderei für Geistliche*" nennt, unscheinbar. Drinnen ist er gediegen mit langem Tresen, dunklen Holzregalen, auf denen feinste Stoffe lagern und Vitrinen für unterschiedlichste Kopfbedeckungen. Gleich beim Eingang hängen die Fotos von

Karte S. 383

sechs Päpsten, der Stammkundschaft des seit 1798 existierenden Familienbetriebs. Als **Hoflieferant** hält Gammarelli bei der Papstwahl eine stets von Hand genähte Komplettausstattung in den drei Größen „small", „medium" und „large" bereit, um Peinlichkeiten wie bei der Wahl von Johannes XXIII. zu vermeiden. Der kleine dicke Papst sah in seiner viel zu engen Soutane wie eine Weißwurst aus, als er am 28. Oktober 1958 nach seiner Wahl auf die Loggia von St. Peter trat. Dabei hatte man schon die Rückennaht aufgetrennt.

Kürzlich sickerte aus dem Vatikan das Gerücht durch, Benedikt XVI. lasse weiter bei seinem alten Schneider und nicht bei Gammarelli arbeiten, weil er an diesen gewöhnt sei. Auch habe er es gerne prachtvoll und bunt und weniger zurückhaltend als beim traditionellen Lieferanten. Das erscheint eigentlich unvorstellbar, würde die Firma aber nicht ruinieren, denn schließlich zählen auch Bischöfe und Kardinäle, die hohe Qualität und Handarbeit schätzen, zur Stammkundschaft. Die Namen sind geheim, Diskretion ist bei Gammarelli selbstverständlich. Daher äußert man sich auch nicht zu den Gerüchten.

> Der alte Brauch, dass Straßenzüge oder Stadtviertel nur von einer **Handwerkszunft** bewohnt werden, ist in Rom nicht nur in der Via dei Cestari anzutreffen. Ein paar Straßen weiter haben in der Via dei Sediari und der Via del Teatro Valle einige der traditionellen Korbmacher überlebt. Bis unter die Decke sind ihre winzigen Läden mit Geflochtenem für vielerlei Verwendungszwecke vollgestopft.

▶ **Sant'Ivo della Sapienza**: Eine Kuriosität, die vom Barockbaumeister **Borromini** stammt, ist die Kirche Sant'Ivo im Hof der von Papst Clemens VIII. im Jahr 1600 gegründeten Universität. Ivo ist der Schutzheilige der Rechtsgelehrten und mit „Sapienza" ist die Weisheit gemeint. Die alte Universität war hier bis 1935 untergebracht; heute dient der Palazzo als Kirchen- und Stadtarchiv.

Als Borromini 1650 den Auftrag zum Kirchenbau erhielt, lag der Grundriss der Universitätskapelle bereits fest und sein Vorgänger Giacomo della Porta hatte den ovalen Arkadenhof schon so weit fertiggestellt, dass für eine eigenständige Kirchenfassade kein Platz mehr war. Borromini sah sich daher gezwungen, den Arkadenhof in seine Gestaltung zu integrieren. Der Kircheneingang befindet sich somit unauffällig in der nach innen gebogenen Rundung der Arkaden. Als Kontrast dazu setzte er ein in mehreren Stufen nach außen gebogenes Geschoss darauf, das sich zudem durch seinen weißen Stein von den Ziegelmauern des Hofes absetzt. Die flache Kuppel darüber ist von draußen kaum zu erkennen, wohl aber die schlanke, hohe Laterne mit dem **spiralförmigen Turmaufsatz**. Kopiert wurde die Idee des Schneckenturms bei Kopenhagens Erlöserkirche, nur ist deren Spirale mit 91 m wesentlich höher.

Bis heute rätseln die Kunsthistoriker, wie die **Schneckenspirale** zu deuten ist. Manche sehen darin eine Anspielung auf den Turmbau zu Babel und damit auf die Hybris der nach Gottgleichheit strebenden Menschen. Dafür wäre die wissensvermittelnde Universität wohl der rechte Ort. Das Kreuz über dem Turm wäre dann ein deutlicher Hinweis, woran sich das Streben nach Wissen stets zu orientieren hat.

Eine andere Deutung basiert auf der Erklärung Borrominis, wonach die Windungen drei mit Juwelen besetzte Kronen sein sollen. Danach würde es sich um die stilisierte Tiara, die Papstkrone, handeln. Die Studenten hätten dann ihren Schirmherrn immer deutlich vor Augen gehabt.

Auch über die Umrisse des Gebäudes selbst wird gerätselt: Manche erkennen in dem ovalen Bau mit den Rundungen eine stilisierte Biene und damit einen Hinweis auf das Wappentier von Papst Urban VIII. aus der Familie Barberini.

Der **Innenraum** ist als Zentralbau aus übereinander gelegten, gleichseitigen Dreiecken mit ein- und ausschwingenden Wänden gebildet, die von Pilastern gegliedert werden. Darüber wölbt sich die Kuppel, deren Rippen von der Ovalform zur kreisförmigen Laternenbasis überleiten. Mit seinen durchdachten geometrischen Formen gehört Sant'Ivo zu den Meisterwerken römischer Architektur.

• *Eingang* Da die Kirche im Hof liegt, übersieht man leicht den Eingang am Corso Rinascimento 40, an der Tür steht nur „Archivo dello Stato".

• *Öffnungszeiten* Tägl.9–12 Uhr; der Zugang zum Hof ist während der Bürozeiten des Staatsarchivs möglich, an Werktagen i. d. R. bis 19 Uhr.

• *Tipp* Im Sommer finden im Hof vor der herrlichen Kulisse und bei erstaunlich guter Akustik regelmäßig **Kammerkonzerte** statt. Über das Programm und die genauen Zeiten informieren die Aushänge im Eingangsbereich.

▶ **San Luigi dei Francesi**: Die Institution einer französischen Nationalkirche in Rom geht auf eine Gründung Karls des Großen zurück. Hier sollten alle französischen Pilger Aufnahme und in Notfällen Hilfe finden. Der Bau der heutigen Kirche wurde 1580 fertig gestellt, er gilt mit dem recht düsteren Innenraum als qualitativ nicht besonders hochwertig. Sehenswert sind aber die drei Gemälde von **Caravaggio** (→ Kasten S. 332) mit Szenen aus dem Leben des Evangelisten Matthäus in der Contarelli-Kapelle im linken Seitenschiff, nahe dem Hauptaltar. An der linken Wand sehen Sie die Berufung des Steuereintreibers zum Apostel (diesen in der Mitte eines Tisches und Jesus spannungsvoll ganz rechts an den Bildrand gestellt), an der Stirnwand den Heiligen, das Evangelium schreibend, rechts das Martyrium. Die bis dahin unüblichen Hell-Dunkel-Effekte und perspektivischen Verkürzungen verleihen den um 1600 entstandenen Bildern eine ungeheure Dramatik und symbolisieren hier auch den Übergang von dunkler Sündhaftigkeit in die Helligkeit des Glaubens. Bemerkenswert ist auch, dass die Darsteller keine verklärten Heiligen, sondern sehr realistisch und individuell gestaltete Persönlichkeiten sind. (Die Münze für die Beleuchtung der ansonsten sehr schlecht erkennbaren Gemälde lohnt.)

Beachtenswert sind auch die Gemälde **Domenichinos** in der zweiten Kapelle des linken Seitenschiffs.

• *Eingang* Pzza. Luigi dei Francesi 20 (liegt auf dem Weg vom Pantheon zur Pzza. Navona).

• *Öffnungszeiten* 8–12.30 und 15.30– 19.30 Uhr. Do nachmittags geschlossen.

▶ **Palazzo Madama**: Gleich links von San Luigi dei Francesi hat im gut bewachten Palazzo Madama der **Senat der Republik** seinen Sitz. Der Haupteingang am Corso del Rinascimento wird durch Ehrenwachen in der Galauniform der jeweils diensthabenden Militäreinheit gesichert.

Als Kardinal Giovanni de'Medici 1513 zum Papst gewählt wurde und den Namen Leo X. annahm, beauftragte er Giuliano da Sangallo, den Hofarchitekten der Familie, mit dem Bau eines angemessenen, repräsentativen Palastes mit großzügigem Innenhof auf dem vorher von ihm schon erworbenen Grundstück. Nach seinem Tod (1522) geriet das Anwesen über Umwege an

Margarete von Parma, jene „Madama", nach der der Palast bis heute benannt wird. Sie lebte lange Jahre hier und weigerte sich strikt, zu ihrem verhassten zweiten Ehemann, dem Herzog Ottavio Farnese zu ziehen. Später fiel der Palast an die Medici zurück, die ihn weiter kostbar ausschmückten. Wenn abends Licht aus den Repräsentationsräumen im ersten Obergeschoss nach

Rom – Um das Pantheon Karte S. 383

draußen scheint, sieht man heute noch die prachtvollen geschnitzten und vergoldeten Kassettendecken. Zu besichtigen ist der Palast leider nicht. Benedikt XIV. richtete hier 1745 den Sitz der päpstlichen Regie-

rung ein, ab 1849 arbeitete hier die kirchliche Finanzbehörde. Nach dem Ende des Kirchenstaates tagt seit 1871 der Senat Italiens im Palazzo Madama.

Neben der Kammer im Parlamentsgebäude mit 630 Abgeordneten (→ S. 297) ist der Senat die **Zweite Kammer der Legislative.** Jedes Gesetz bedarf der Zustimmung beider Gremien. Ein Vermittlungsverfahren, wie in Deutschland, gibt es in Italien nicht. Wenn also eine Kammer einen Gesetzentwurf ändert, muss die andere dem zustimmen. Das kann zu einem langwierigen Ping-Pong-Spiel führen und die Gesetzgebung enorm verzögern. Dem Senat gehören 315 Senatoren an. Ein Teil von ihnen wird in den 20 Regionen Italiens je nach Bevölkerungszahl gewählt. Der andere Teil besteht aus ehemaligen Staatspräsidenten und Senatoren auf Lebenszeit. Letztere ernennt der Staatspräsident, wenn sie *„durch höchste Verdienste auf sozialem, wissenschaftlichem, künstlerischem oder literarischem Gebiet in besonderer Weise dem Vaterland zur Zierde gereichen"* (Art. 59 Abs. 2 der italienischen Verfassung). Zur Zierde gereicht offenbar auch der siebenmalige Ministerpräsident **Giulio Andreotti** (geb. 1919), der wiederholt wegen Verbindungen zur Mafia und wegen Anstiftung zum Mord angeklagt, in letzter Instanz aber stets freigesprochen wurde (→ „Rom ab 1945", S. 176). Dass er der Mafia bis 1980 *„mit freundschaftlicher Bereitschaft begegnet"* ist, steht zwar rechtskräftig fest, war aber schon verjährt. Eine recht bunte Mischung findet sich in diesem Kreis, der auch treffend als *„politisches Altersheim"* bezeichnet wird. Ihm gehört beispielsweise die immer noch aktive 97-jährige Nobelpreisträgerin Rita Levi-Montalcini an, ebenso wie Franca Frame, die Ehefrau von Dario Fo, die gegen ihren Willen Mitglied wurde, oder die Drag-Queen Vladimir Luxuria (gewählt über die Liste der Neokommunisten), die für einen tagelangen Streit über die Toilettenbenutzung im hohen Haus sorgte. Den Kompromiss-Vorschlag, ein *„Transger-WC"* einzurichten, lehnte sie empört ab und geht nun weiterhin zu den Damen.

Manchmal erschüttert auch ein **handfester Krach** das ehrenwerte Haus, wie z. B. am 24. Januar 2008: Ministerpräsident Romano Prodi stellte im Senat die Vertrauensfrage, nachdem Tage zuvor sein christdemokratischer Koalitionspartner *Udeur* das Neun-Parteien-Bündnis aus Ärger darüber verlassen hatte, dass der Udeur-Chef wegen Korruptionsverdachts zum Rücktritt vom Amt des Justizministers gezwungen worden war. In der Sitzung stand der Udeur-Senator Nuccio Cusumano im Anschluss an die dramatische Rede Prodis überraschend auf und erklärte: *„Einsam und in Freiheit entscheide ich mich für das Wohl des Landes*

*und für Romano Prodi".* Daraufhin schrien seine Parteifreunde *„Du Stück Scheiße"*, *„Verräter, elende Schwuchtel"* und einer bespuckte Cusumano sogar, woraufhin dieser in Ohnmacht fiel und aus dem Saal getragen wurde. Prodi verlor die Abstimmung. Berlusconis Oppositionstruppe packte die mitgebrachten Sektflaschen aus und ließ die Korken knallen. In Fontänen ergoss sich der Sekt über Akten und die betreten dreinschauenden, unterlegenen Senatoren der Regierungsparteien. Mit Mühe gelang es dem Präsident des Senats schließlich die Ordnung im Hohen Haus wieder herzustellen.

▶ **Sant'Ignazio:** Ein weiteres Beispiel fantasievoll-barocker Baukunst finden Sie auf der Piazza di Sant'Ignazio östlich des Pantheons. Die geschwungenen Fassaden der ockerfarbenen **Miethäuser** (von Filippo Raguzzini 1726 entworfen) gegenüber der Kirche wirken wie eine große Theaterkulisse oder die Front einer geschwungenen Barockkommode.

Sant'Ignazio ist neben Il Gesù (→ S. 434) die zweite große Jesuitenkirche Roms. Die **Jesuiten** unter der Führung ihres Ordensgründers Ignatius von Loyola hatten sich die Gegenreformation zum Ziel gesetzt und wollten schon äußerlich durch den prunkvollen Barockstil ihrer Bauten die Überlegenheit der *„alleinseligmachenden katholischen Kirche"* veranschaulichen. Ein solcher Anspruch forderte von der Kunst als Propagandamittel natürlich Höchstleistungen.

Mit dem Bau von Sant'Ignazio konnte 1626, vier Jahre nach der Heiligsprechung des Ordensgründers, dank einer mehr als großzügigen Spende von Kardinal Ludovico Ludovesi begonnen werden. Der Kardinal, ein Neffe von Papst Gregor XV., hatte Geld genug und konnte sich so ein angemessenes Denkmal setzen lassen. Sein Name ist über dem Hauptportal verewigt.

Sehenswert ist Sant'Ignazio wegen seiner **Perspektivenmalerei** an der Decke (hier hat der Mathematiker und Künstler Andrea Pozzo mitgewirkt). Den perfekten Eindruck erhalten Sie, wenn Sie sich auf die im Fußboden des Hauptschiffs eingelassene gelbe, runde Marmorplatte stellen. Thema des Deckengemäldes ist der Einzug des **heiligen Ignatius von Loyola** in das Paradies: Über einer filigranen Architektur sieht der Betrachter direkt in den Himmel. Auf einer Wolke schwebt der Heilige. Von seinem Herzen breitet sich die christliche Lehre, als Lichtstrahl dargestellt, auf die damals bekannten vier Kontinente aus.

Ein weiterer gelber Marmorkreis im Fußboden nahe des Hauptaltars markiert den Blickpunkt für das hintere Illusionsgemälde: ein schräger Blick in eine hohe **Kuppel**, täuschend echt gelungen. Gehen Sie nun weiter bis zum Altar, so entlarven Sie durch einen Blick zurück den Schwindel. Der Eindruck ist verblüffend! Eigentlich war über dem Altar eine echte Kuppel geplant, doch schon während des Baus musste man die Öffnung aus statischen Gründen schließen. Das mit 17 m Durchmesser größte Leinwandgemälde ist aber ein reizvoller Ersatz (die Münze für die Beleuchtung lohnt).

*Eingang/Öffnungszeiten* Pzza. San Ignazio (auf dem Verbindungsweg zwischen Pantheon und Via del Corso). 8–12.30 und 15–19.15 Uhr.

In der Kirche liegt das Grab Papst **Gregors XV.** (1621–23), eines eifrigen Kämpfers für die Einheit des Christentums, wobei er auch vor gewaltsamer Bekehrung der Abtrünnigen nicht zurückschreckte. Auch sonst war er ein recht zielstrebiger Mann: Er fädelte 1622 den Raub des größten deutschen Bücherschatzes, der **Bibliotheca Palatina** aus der kurfürstlich-pfälzischen Bibliothek zu Heidelberg, und seine Überführung in den Vatikan ein. Es hieß, er habe damit die Christenheit vor dem auch zum Bibliotheksbestand gehörenden ketzerischen Material beschützen wollen. Als späte „Wiedergutmachung" lieh der Vatikan 1986 die Bücher für eine Ausstellung in Heidelberg kurzzeitig aus.

## *Essen und Trinken (siehe Karte S. 383)*

**Papà Giovanni (44)**, Via dei Sediari 4/5 (am südlichen Ende der Pzza. Navona nach rechts, den Corso del Rinascimento überqueren), ℡ 06.688004807, www.ristorante papagiovanni.it. So Ruhetag. Das stimmungsvolle Restaurant in einem Palazzo aus dem 16. Jh. wurde vor rund 50 Jahren gegründet. Hier sollte man essen wie zu Hause, nur besser. Dem ist die Küche bis heute verpflichtet: Geboten werden deftige traditionelle römische Gerichte, bei den Primi z. B. „spaghetti dell'amatriciana", bei den Secondi „trippa alla romana" (Kutteln auf römische Art) oder der ausgezeichnete „baccalà in guazzetto bianco" (Stockfisch in einem Weißweinsud mit Gemüse geschmort). Hervorragend ist auch die Weinkarte, denn zum Restaurant gehört eine Enoteca mit drei Untergeschossen, in denen der Wein lagert. Menü um 50 €.

**L'Eau Vive (52)**, Via Monterone 85/A, ℡ 06.68801095. So Ruhetag. Zu diesem sehr bekannten Restaurant gehören mehrere Räume des Palazzo Lante aus dem 16. Jh., zum Teil noch mit der originalen, prunkvoll bemalten Decke. Betrieben wird es von

Rom – Um das Pantheon Karte S. 383

Missionsschwestern des Karmeliterordens, die dafür sorgen, dass Bibeln und Gesangbücher immer griffbereit sind. Im Hintergrund spielt oft klassische Musik, einmal am Abend kommen die Schwestern zum gemeinsamen Beten und Singen in den Gastraum. Viele Kardinäle sind hier Stammkunden. Geboten wird französische und internationale Küche; der Service ist professionell und diskret. Menü um 40 €, das Tagesmenü ist günstiger.

**Vecchia Locanda (55)**, Vicolo Sinibaldi 2, ✆ 06.68802831. So Ruhetag, sonst nur abends 19.30–23.30 Uhr. Da einer der Teilhaber zu den besten Sommeliers Italiens zählt, kann man sich bei der Auswahl unter den vielen hervorragenden Weinen auf der Karte ganz auf die Empfehlung verlassen. Die Gerichte sind traditionell und ordentlich zubereitet. Zum Eingang des Lokals in der engen dunklen Gasse weisen Fackeln. Unter den Gästen sind hauptsächlich Touristen. Menü um 40 €.

**Da Armando al Pantheon (38)**, Sali. de'Crescenzi 31 (nur wenige Scritte vom Pantheon entfernt), ✆ 06.68803034, www. armandoalpantheon.it. Sa Abend und So geschlossen. Familiäres Restaurant mit etwas dunklem Gastraum und traditioneller Küche mit typisch römischen Gerichten (freitags gibt es baccalà – Stockfisch) und einem vegetarischen Menü; Weine aus ganz Italien. Menü um 35–40 €.

**La Rosetta (32)**, Via della Rosetta 8/9 (in der dunklen Gasse, die direkt auf das Pantheon zuführt), ✆ 06.6861002, www.larosetta.com. Sa und So geschlossen. Das elegante und teure Fischrestaurant (es gibt nur Fisch und Meeresfrüchte) ist eine Institution in Rom. Nirgendwo sonst werden Sie in der Stadt frischeren und perfekter sowie raffinierter zubereiteten Fisch bekommen. Die Speisekarte wechselt je nach Fang- und Saisonangebot; bekannt ist La Rosetta auch für die herrlichen Antipasti (z. B. „fritturina di moscardini con fili di zucchine" – fingernagelgroße Tintenfische und Sepie, im heißen Olivenöl frittiert mit Zucchini-Streifen). Zu den Spezialitäten des Hauses gehören unter den Primi z. B. „spaghetti con vongole veraci selvagge" (Spaghetti mit frischen Venusmuscheln), unter den Secondi z. B. „triglie con salvia e vino bianco" (Rotbarbe mit Salbei und Weißwein). Hervorragend sind die Desserts, wie z. B. „mousse al cioccolato con arancia candita" (mit kandierten Orangen) oder „millefolie con frutti

di bosco" (Blätterteig mit Waldbeeren). Mittags gibt es ein Tagesmenü für 60 €; das große Menü am Abend kostet 180 €, ein Menü à la carte um 130 € (mit Langusten und Hummer wird's natürlich teurer). Der Preis ist durch die außerordentliche Qualität aber gerechtfertigt.

**La Campana (4)**, Vicolo della Campana 18, ✆ 06.6867820. Mo Ruhetag. Das Restaurant soll seit 1518 bestehen und damit das älteste existierende in Rom sein. Es pflegt jedenfalls die römische Küche, und ganz traditionell serviert man hier donnerstags Gnocchi, samstags Trippa (Kutteln) und sonntags Abacchio (Lamm). Sehr gut ist das Antipasti-Büffet; es gibt auch Fisch. Das Ambiente entspricht gediegener römischer Mittelklasse. Menü um 35 €.

**Café Mancini (6)**, Via Metastasio 21, Ecke Pzza. Firenze, ✆ 06.6872051, www.Cafemancini.com. In der fünften Generation betreibt die Familie Mancini Gastronomie. Dieses behagliche Restaurant besteht seit 1905, entsprechend perfekt sind Service und Küche. Es gibt behutsam weiter entwickelte, traditionelle Gerichte und viel Fisch. Die Karte ist nicht sehr umfangreich und richtet sich nach Jahreszeit und aktuellem Marktangebot. Vorzüglich sind bereits die Antipasti, besonders „bufala campana e prosciutto di Parma" (frischer Büffelmilch-Mozzarella mit Parmaschinken) oder „delizie di mare" (kalte Meeresplatte mit Thunfischtartar, Carpaccio vom Wolfsbarsch, Garnelen und was sonst frisch gefangen wurde). Von den Primi sind z. B. die Ravioli mit Fisch- und Muschelfüllung zu empfehlen, von den Secondi z. B. das gegrillte Rinderfilet mit Kräutern oder der tagesfrische Fisch; neuerdings gibt es abends auch Pizza. Menü um 35 bis 45 €.

**Romilo (11)**, Via di Campo Marzio 13, ✆ 06.6893499. So Ruhetag. Schickes, modernes neues Restaurant mit einer Mischung aus traditionellen römischen Gerichten und interessanten Eigenkreationen (z. B. bei den Antipasti: „carciofi fili di limone e arancia" – Artischocken mit Zitrone und Orangen; bei den Primi: mit Büffelmilch-Mozzarella gefüllte Gnocchi mit Tomate und Basilikum; bei den Secondi: „tagliata di manzo con tortino di finocchio gratinato e riduzione al Porto" – geschmorte Rindfleischstreifen mit gratiniertem Fenchel und Portweinsoße). Es gibt auch viele Salate und hausgemachte Desserts. Menü um 40 €.

**Trattoria Gino (7)**, Vicolo Rosini 4 (von der Pzza. del Parlamento rechts in die Via Campo Marzio und beim Schild „bottiglieria" in die winzige, dunkle Gasse), ✆ 06. 6873434. So Ruhetag. In dieses alteingesessene Lokal der Familie von Gino del Grosso kommen gerne Abgeordnete (auch Altkanzler Kohl hat hier schon gespeist) und Journalisten, ohne dass es hier formell zuginge. Im Gegenteil, die Atmosphäre ist geradezu herzlich, ein Platz, um es sich richtig gut gehen zu lassen. Entsprechend voll ist es vor allem mittags. Der Gastraum mit den Wandfresken römischer Impressionen von zweifelhafter Qualität ist zwar dunkel, laut und sehr eng, doch die stets einfachen, frisch zubereiteten traditionellen Gerichte sind ein Genuss. Es gibt die für die jeweiligen Wochentage typischen Gerichte, dazu trinkt man den offenen weißen Hauswein; wunderbar sind z. B. die „ravioli di ricotta e spinaci" (Ravioli mit Frischkäse- und Spinatfüllung in frischer Tomatensoße), „pasta ceci" (Kichererbsensuppe) und bei den Secondi die „trippa alla romana" (Kuddeln) oder „coniglio" (Kaninchen mit Kräutern). Auch die Desserts sind hausgemacht, z. B. „crostata" (flacher Kuchen mit Obst oder Marmeladenbelag). Preis pro Menü um 25 € bei exzellentem Preis-Leistungs-Verhältnis.

**Matricianella (2)**, Via del Leone 2, ✆ 06.6832100. Nur an Werktagen abends. Das enge Lokal mit zwei Gasträumen und einer Terrasse auf der Straße hat eine angenehme Atmosphäre und ist stets ausgebucht. Man sollte daher immer reservieren. Geboten wird eine verfeinerte klassisch italienische Küche. Empfehlenswert sind z. B. die Fritti (besonders die „carciofi alla giudia" - frittierte Artischocken), „fettuccine con fegatini di pollo" (Bandnudeln mit Hühnerleber) oder „rigatoni con pajata" (Röhrennudeln mit Milchdarm scharf gewürzt); bei den Secondi sollte man sich ganz auf die Tagesempfehlung verlassen; zum Abschluss ein hausgemachtes Dessert oder etwas von der vorzüglichen Käseplatte. Gute Weinkarte. Menü um 35 bis 40 €.

**Quinzi & Gabrielli (21)**, Via delle Coppelle 6, ✆ 06.6879389, www.quinziegabrielli.it. So Ruhetag, sonst nur abends geöffnet. Bekanntes, teures Fischrestaurant mit häufig prominenten Gästen. Sehr gute Meeresfrüchte und Krustentiere. Im Sommer sitzt man auch draußen auf der Terrasse. Menü um 130 €.

**Maccheroni (19)**, Pzza. delle Coppelle 44, ✆ 06. 68307895, www.ristorantemaccheroni.com. So Ruhetag. Im Sommer einige Tische draußen, drinnen kann man dem Treiben in der Küche durch die Glasscheibe zusehen. Angeboten werden die klassischen römischen Gerichte, wie z. B. „ravioli di ricotta e spinaci al pomodoro e basilico" (Ravioli mit Frischkäse und Spinat gefüllt in Tomatensoße mit Basilikum). Menü um 30 bis 35 €.

**Myosotis (17)**, Pzza. delle Coppelle 49 (Eingang), Vicolo della Vaccarella 3, ✆ 06. 6865554, www.myosotis.it. Mo Mittag und So geschlossen. Gutbürgerliches, etwas verwinkeltes Restaurant mit mehren Räumen; umfangreiche Speisekarte (auch einige Fischgerichte), gute Weinauswahl; moderne Interpretation traditioneller römischer Küche. Menü um 35 bis 45 €.

**Coco Eating & Drinking (16)**, Pzza. delle Coppelle 54–56, ✆ 06.68136545, www.coco restaurant.it. Restaurant mit leichter, mediterraner Küche, Pizzeria, Cocktailbar und Winebar in einem. Das Ambiente entspricht einer modernen Business-Lounge mit braunen Lederbänken, Stahlrohrstühlen mit Weidengeflecht, an den Wänden teilweise freigelegte römische Flachziegel, ansonsten viele Fotos. Einige Tische draußen auf der gemütlichen, kleinen Pzza. delle Coppelle. Mittagsbuffet von Mo–Sa für rund 10 €, So Buffet von 13–16 Uhr, abends ab 19 Uhr bis 2 Uhr. Menü um 25 bis 35 €.

**Il Bacaro (14)**, Via degli Spagnoli 27, ✆ 06.6872554. So Ruhetag. Ein zauberhaftes kleines Restaurant für einen romantischen Abend zu zweit. Im Sommer sitzt man lauschig unter einem Blätterdach an der ungewöhnlich ruhigen Straßenecke bei Kerzenschein. Der Service ist zuvorkommend und kompetent, die Gerichte „di terra e di mare" (also Fleisch und Fisch) sind qualitätsvoll und gut zubereitet. Menü um 45 €.

**Osteria dell'Ingegno (24)**, Pzza. di Pietra 45, ✆ 06.6780662. So Ruhetag. Schickes, modernes Restaurant mit Enoteca. Im Sommer gibt es auch Plätze draußen, auf der herausgeputzten Pzza. di Pietra mit Blick auf eine gut erhaltene Säulenreihe des Hadrianstempels, die in die Seitenwand der Börse integriert ist. Dies ist ein wunderbarer Ort, um das rege Geschehen zu beobachten oder sich ohne Verkehrslärm zu erholen. Geschäftsleute mit kurzer Mittagspause nutzen gerne die Mittagskarte mit kleinen Gerichten und Salaten. Abends gibt es eher leichte, klassisch italienische Küche, z. B. die hausgemachten „fusilli con fiori di zucca e zafferano" (mit Zucchiniblüten und Safran) oder das Lammkarre. Menü um 30 bis 45 €.

**Fortunato al Pantheon (34)**, Via del Pantheon 55, ☎ 06.6792788. So Ruhetag. Dieses Ristorante gehört zu den Klassikern Roms. Früher trafen sich hier überwiegend Politiker und Journalisten. Schöne Holzmöbel und ein untadeliger Service. Die Speisekarte ist seit vielen Jahren dieselbe, was zwar etwas langweilig sein kann, doch dafür hat das bei den Köchen zur Perfektion der Gerichte geführt. Zu den Spezialitäten gehören z. B. „Pasta e faggioli", „risotto con tartuffo d`Alba" und „Saltimbocca alla romana", zu empfehlen sind auch die hausgemachten Desserts. Menü um 40 bis 50 €.

**Enoteca Corsi (56)**, Via del Gesù 87, ☎ 06.6790821. So Ruhetag, sonst nur mittags geöffnet. Diese spartanische, typisch römische Osteria ist in allen drei Räumen mittags bis auf den letzten Platz belegt und meist warten vor der Tür noch eine Reihe von Leuten auf einen freien Tisch. Trotz der Hektik, der Enge und des Lärms lässt sich der stets freundliche Service nicht aus der Ruhe bringen, auch dann nicht, wenn Touristen wieder mit der Entscheidung überfordert sind. Entscheiden muss man sich hier flott, aber das ist auch nicht schwer, denn die Küche bietet nur einige wenige Tagesgerichte. Die stehen auf der Tafel am Eingang oder im großen Raum hinten rechts bei der Theke. Geboten wird stets einfache, deftige römische Hausmannskost. Es wird erwartet, dass man ein Primo und ein Secondo bestellt, beim Nachtisch (obwohl der zu empfehlen ist) kommt es darauf an, wie viel Zeit ein Gast hat. Die meisten sind römische Geschäftsleute, für die die Enoteca Corsi die Funktion einer Kantine hat. Typische Gerichte sind bei den Primi z. B. „orecchiette con i carciofi" (Öhrchennudeln mit Artischocken), „pasta e fagioli" (sämige Bohnensuppe), Risotto und natürlich auch „spaghetti all'amatriciana"; bei den Secondi „saltimbocca alla romana", „arrosto di vitello", „pollo con i peperoni" (Hähnchenteile mit Paprika). Menü um 20 € bei bestem Preis-Leistungs-Verhältnis.

● *Tavola Calda/Enoteca/Pub* **Casa Bleve (50)**, Via del Teatro Valle 48/49, ☎ 06.6865970, www.casableve.it. So/Mo Ruhetag, Di und Sa 10.30–15 und 18–20 Uhr, Mi–Fr 10.30–15 und 18–22 Uhr. Der Familienbetrieb von Anacleto und Tina Bleve begann mit einem Weingeschäft im Jüdischen Ghetto. Mittags wurden Tische in die Verkaufsräume geschoben und Tina bot ihre phantastischen Häppchen-Kreationen zum Wein im Ausschank an. Die herzliche Gastfreundschaft, die Sachkunde von Anacleto und das Essen machten die Bottega del Vino da Bleve in Rom so bekannt, dass die Familie vor einigen Jahren groß expandierte: Die Casa Bleve auf der Rückseite des Teatro Valle gehört heute zu den elegantesten und besten Enoteken Roms. Von außen eher unscheinbar, betritt man die umgebaute Remise eines Palazzos aus dem 14. Jh. mit einer großzügigen hohen Halle als Salon, Arkaden, Marmorsäulen, Repliken antiker Statuen und einem Marmorbrunnen. Im Boden eingelassene Glasscheiben geben den Blick frei auf Kellergewölbe voller Weinregale und römisches Mauerwerk. Diskret ist die Hintergrundmusik, die Tische sind großzügig in den Räumen verteilt. Bei der reichen Auswahl an Weinen im Ausschank kann man sich auf die freundliche Beratung der im Service arbeitenden Söhne verlassen. Die Seele des Hauses ist immer noch die stets herzliche, kleine, aber doch einzigartige Tina, deren kalte Platten unübertroffen sind. Ein Feuerwerk an Genuss bietet die gemischte Platte des Hauses (z. B. feinste Schinkenröllchen mit Rucola und Käse, gefüllte Röllchen aus hauchdünn geschnittener Ananas, Feigen mit Ziegenkäse und Trüffelöl, Roastbeef mit mariniertem Rotkohl, Mozzarella mit Trüffel und Anchovis und vieles mehr), daneben gibt es Salami und Käse der besten Hersteller Italiens, außerdem Salate, verschiedene geräucherte Fische, Carpaccio, auch zwei bis drei warme Gerichte sowie herrliche Desserts. Eine Reservierung ist erforderlich. Der Hausteller kostet etwa 25 bis 30 €, für ein leichtes Mittagessen muss man mit rund 40 € rechnen; Weine zwischen 6 und 12 € pro Glas. Die **Bottega del Vino da Bleve** existiert noch als Weinverkauf in der Via S. Maria del Pianto 9a–12 (→ S. 442)

**Volpetti alla Scrofa (8)**, Via della Scrofa 31, www.volpetti.com. Feinkost, Filiale des Hauptgeschäfts an der Via Marmorata 47. So Ruhetag, sonst 8.30–20.30 Uhr. Mit ordentlicher Tavola calda, man isst vorbereitete Gerichte, die aufgewärmt werden, wie z. B. donnerstags „gnocchi al sugo", freitags „pesce al forno" (verschiedene Fische im Ofen gegart), „fritto o bolito" (Stockfisch oder Zucchiniblüten frittiert) oder gekochtes Fleisch, z. B. vom Huhn oder Rind. Daneben gibt es die üblichen Klassiker, Gemüse und einige Desserts im Angebot. Die Preise variieren, über der Kasse hängt eine Liste. Man sitzt im Untergeschoss in einem etwas ungemütlichen, großen Raum.

**Café Friends (20)**, Ecke Via delle Coppelle, Via della Scrofa, www.cafefriends.it. Moderne Cocktailbar mit hauptsächlich jungem Publikum, auch Snacks, Sandwiches, Tramezzini an der Bar. Abends regelmäßig Veranstaltungen.

**Riccioli Café (23)**, Pzza. delle Coppelle 12, ✎ 06.68210313, www.ricciolicafe.com. So Ruhetag. Mischung aus Sushi-, Austern-, Cocktail- und Winebar, Lounge, Restaurant und Tearoom. Modern gestylt (viele moderne Lampen). Geboten werden kleine Gerichte. Geöffnet ist tägl. ab 10 Uhr, Mittagessen gibt es von 12 bis 17 Uhr (auch belegte Baguettes und Salate), von 17 bis 21 Uhr ist Aperitif-Zeit, angeboten wird ein Getränk mit Austern und Büffet, von 17 bis 1 Uhr gibt es Abendessen à la carte oder das Tagesmenü. Die Bar schließt um 2 Uhr. Sushi ist immer frisch, man kann bei der Zubereitung an der Bar im Untergeschoss zuschauen. Für ein komplettes Abendessen muss man mit 50 bis 60 € rechnen.

**Trinty College (39)**, Via Alessandro Specchi 6. Tägl. 12–ca. 2 Uhr geöffnet. Gemütlicher englischer Pub mit allem, was dazu gehört (z. B. Guiness vom Fass), auch kleine Gerichte; beliebt bei jüngeren Touristen, aber auch Römer kommen gerne her.

**green Tea (43)**, Via del Pie'di Marmo 28, ✎ 06.6798628, www.green-tea.it. Mo Ruhetag. Modern gestyltes chinesisches Gourmet-Restaurant, das nichts mit den sonst üblichen Chinesen zu tun hat und das versuchen will, das ramponierte Image der chinesischen Küche in der westlichen Welt zu verbessern. Mittags gibt es schnelle Küche, auch Fleisch und Fisch aus dem Wok; tagsüber auch Tearoom und Boutique. Abendessen um 45 €.

**Supperclub (53)**, Via dei Nari 14, ✎ 06.68807207, www.supperclub.com. So Ruhetag. Der Supperclub will mit dem, was man herkömmlich unter Restaurant, Lounge, Cocktailbar oder Diskothek versteht, nichts zu tun haben. Man will eine Mischung aus Essen, Musik, Performance, Kunst und Mottopartys bieten und der schnell gelangweilten jüngeren Schickeria eine *"ganz neue Erfahrung"* bieten, indem jeder Gast

seine *"fünf Sinne neu entdecken und die Außenwelt vergessen"* soll. Das Konzept stammt aus Amsterdam, Ableger gibt es mittlerweile in Istanbul und San Francisco, der römische Supperclub soll aber der beste sein, und er ist bei seiner Zielgruppe total angesagt. Im großzügigen Treppenhaus des Palazzos aus dem 18. Jh. finden Kunstausstellungen statt von Installationen über Fotokunst bis zu Ölgemälden, es gibt eine rote Bar in der Cocktails gemixt werden, eine "Champagner-art-gallery", einen Salon mit Galerie in blendendem Weiß, einen Saal für das Dinner, den man nicht mit Schuhen betreten darf und wo man beim Essen auf bequemen weißen oder schwarzen Sofas liegt (die asiatisch inspirierte mediterrane Küche ist kreativ). Es gibt eine Diskothek, in der DJs einen ganz eigenen Stil mischen und man kann sich auch massieren lassen (nicht anzüglich, sondern von echten, ausgebildeten Masseuren). Für ein Essen muss man mit 70 € rechnen.

● *Café/Bar* **Eustachio (42)**, Pzza. Sant'Eustachio 82. So–Do 8.30–1 Uhr, Fr bis 1.30 Uhr, Sa bis 2 Uhr. Die Café-Bar ist nachts ein beliebter Treffpunkt. Die Spezialität ist der besonders cremige "Grancaffè", um die Zubereitung wird ein Geheimnis gemacht, entweder ist es eine besondere Bohnenmischung oder möglicherweise sorgt eine Prise Kakao für den besonderen Geschmack dieses zugegeben guten Espressos. Es gibt auch frische Torten und leckeres Eis (z. B. halbgefrorenen Espresso – "granita di caffè"). Am Tresen getrunken, ist der Kaffee nicht viel teurer als sonst auch; wer sich aber an einem der Tischchen, womöglich gar auf der Piazza niederlässt, muss unverschämt hohe Preise zahlen (z. B. Cappuccino für rund 6 €).

**La Caffèttiera (25)**, Pzza. di Pietra 65. Der Duft des Kaffees erfüllt den ganzen Platz. Zum Frühstück kann man unter anderem "plum cake" oder Brot, Butter und Marmelade bekommen (für römische Verhältnisse ungewöhnlich); gegen Mittag werden auch einige Snacks sowie ein (teurer) Mittagstisch angeboten.

**Tazza d'Oro (35)**, Via degli Orfani 84 (vom Pantheon aus gesehen schräg rechts gegenüber). Hier bekommen Sie alles, was die Kaffeebohne hergibt, unterschiedlichste Sorten und Röstungen, aber auch Tees, Marmeladen und Schokoladen. An der Theke können Sie den vorzüglichen "Tazza d'oro" direkt im Stehen genießen oder sich im Sommer mit einer „granita di café con panna" (Becher halbgefrorener Kaffee mit Sahne) stärken.

• *Gelateria* **Giolitti (15)**, Via degli Uffici del Vicario 40 (nicht weit vom Parlament). Mo Ruhetag, sonst bis 2 Uhr nachts geöffnet. Diese wohl beste Eisdiele Roms wurde schon mehrfach erwähnt. Im Sommer werden pro Tag in diesem Familienbetrieb mit 40 Angestellten neun Doppelzentner Eis (es gibt bis zu 60 Sorten!) hergestellt, wofür 9.000 Eigelb benötigt werden. In einem Nebenraum kann man in vornehmer Rokoko-Atmosphäre auch sitzen (sonst unüblich).

**Gelateria della Palma (18)**, Via della Maddalena 20–23. Die moderne Eisdiele ist für die große Auswahl an ausgefallenen Eissorten (auch Süßigkeiten) bekannt. Hier ist auch noch spät abends etwas los, manchmal finden Musikveranstaltungen statt.

**Fiocco di Neve (31)**, Via del Pantheon 5. Bietet ebenfalls leckeres Eis. Besonders gut sind die „suppli al gelato" und die mit Eis gefüllten warmen Hörnchen („cornetti caldi con gelato").

---

*Einkaufen (siehe Karte S. 383)*

• *Haushaltswaren/Dekoration* **Art'è (30)**, Pzza. Rondanini 32. Moderne Designer-Haushaltswaren, viel Alessi.

**Ex Ante (28)**, Largo Toniolo 4. Ausgefallene Designer-Stücke wie Lampen, Tischchen, Vasen, Modeschmuck, Kerzenleuchter usw. (z. B. die Sachen im fantasievollen Materialmix von *R&Y Augousti*).

• *Kleidung* **Davide Cenci (12)**, Via di Campo Marzio 1–5. Klassische, auch sportliche, aber eher konservative Mode für Damen und Herren (z. B. Polo, Burberry), gehobene Preisklasse.

**Tombolini (13)**, Via del Ufficio dell Vicario 53. Großes Bekleidungsgeschäft für gehobene, konservative Business-Mode.

**Degli effetti (33)**, Pzza. Capranica 75/79, www.deglieffetti.com. Auf dieser Seite für Herren, gegenüber, Pzza. Capranica 93/b, ist der Laden für Damen. Ausgefallen, schrill und extrem teuer.

**Replay (40)**, Via del Pantheon 20. Die bekannte Jeans- und Sportswear-Marke, großer Laden nur für Kinderkleidung, daneben der Laden für Erwachsene.

**Dakota (37)**, Via del Seminario 111. Billigklamotten (hauptsächlich Ramsch, viel Secondhand aus den 1970er Jahren, Restposten und Uniformteile auf Wühltischen) und allerlei Flohmarkttrödel in einem alten, restaurierten Gebäude (ein Besuch lohnt allein wegen der Deckengemälde).

**Quadrifoglio outlet (29)**, Via delle Colonelle 10. Kleiner Laden mit guten Angeboten preiswerter Kindersachen.

• *Lebensmittel* **Di per Di (54)**, Via Monterone 8. Supermarkt.

**Shopping Paradise (1)**, Via F. Borghese 20. Supermarkt.

**L'Antico Forno (10)**, Via della Scrofa 33. Auch So geöffnet. Bekannte Bäckerei mit vielen Brotsorten, Pizzastücken, kleinen Kuchen und leckeren Keksen.

**Moriondo & Gariglio (46)**, Via del Pie'di Marmo 21–22. Kandierte Früchte, Maronen in Schokolade getaucht. Die 1886 von Turin nach Rom übergesiedelte Familie produziert Pralinen- und Schokoladensorten mit besten Zutaten nach alten Rezepten, in Kupferkesseln von Hand gerührt. Hervorragend sind auch die „Canditi" (kandierte Früchte) und die „Gelè alla frutta" (Früchtegelees). Die hohen Preise sind bei der gebotenen Qualität angemessen.

• *Sonstiges* **Bassetti (51)**, Via dei Narri 8A. Kleines Geschäft mit Bassetti-Decken und Bettwäsche.

**L'Antica Erborista (57)**, Via di Torre Argentina 15. Eine der ältesten Kräuterapotheken Europas.

**Posamene (58)**, Via di Torre Argentina 14. Kleiner Laden mit Quasten, Bommeln und Borden.

**Cartoleria al Pantheon (41)**, Via della Rotonda 20. Wertvoll bedrucktes Florentiner Papier, Schachteln und Schreibwaren.

**Il Papiro**, Salita de'Crescenzi 27 und Via del Pantheon 50. Weitere Filialen mit edlem Briefpapier, Karten und Schreibwaren.

**L'image (27)**, Via della Scrofa 67. Postkarten, Poster.

**Città del Sole (26)**, Via della Scrofa 65. Fantasievolle Holzspielsachen für Kinder und Erwachsene.

**Herder (22)**, auf der Pzza. Monte Citorio (gegenüber vom Parlament). **Deutsche Bücher.**

*Einst wie heute ein „Zirkus": die Piazza Navona*

# Piazza Navona

**Ein Besuch dieses Platzes gehört zu den Höhepunkten jeder Romreise. Eigentlich könnte man seinen gesamten Urlaub nur hier verbringen, denn es ist immer etwas los – und das schon seit fast 2000 Jahren. In der Umgebung haben Mittelalter und Barock ihre Spuren in engen Gassen und an prachtvollen Fassaden hinterlassen.**

Auf der Piazza Navona, die zu den schönsten und wichtigsten barocken Platzanlagen Italiens gehört, sind vor allem abends die unterschiedlichsten Leute anzutreffen. Die einen verdienen hier ihr Geld, andere ruhen sich aus, bestaunen die Schönheit der Architektur, inszenieren sich selbst oder wollen einfach nur vor dem Essen noch ein wenig flanieren. **Künstler** stellen ihre mehr oder weniger gelungenen Bilder aus, die besonders bei amerikanischen und japanischen Touristen gut ankommen. Manche Motive entspringen der Fantasie, andere entstehen als Massenware durch freies Überpinseln einer fotokopierten Vorlage. Porträtisten, die im trüben Schein von Camping-Gaslaternen auf Kundschaft warten, garantieren Ähnlichkeit, doch das ist nur selten zu befürchten, denn die Meister des weichen Bleistifts verstehen es, ihr Modell bis an die Grenze der Unkenntlichkeit zu verschönern, was selten beanstandet wird. Besonders für das zuschauende Publikum sind die **Karikaturisten** interessanter. Die mit weit ausholender Geste flink aufs Papier gebrachten, frechen und manchmal wirklich treffenden Ideen stoßen auf johlende Zustimmung der schadenfrohen Menge, während es dem Opfer, das nicht sieht, was auf dem Papier geschieht, immer mulmiger zumute wird. Ein Spaß ist es aber trotzdem.

**Gaukler** wie Feuerschlucker, Schlangenbeschwörer, Jongleure und Kettensprenger, führen an lauen Sommerabenden, wenn der Platz von Touristen überquillt, ihre

Kunststücke vor. Und auch Pantomimen, Schauspieler und Musiker nutzen die herrliche Kulisse und das reichlich vorhandene Publikum für ihre Darbietungen. Nicht zu vergessen sind die Handleser, Kartenleger und Wahrsager mit Kristallkugeln, die sogar mehrsprachig Auskunft über die Zukunft geben. Zu all dem kommen noch die schrillen Gestalten, die ausschließlich sich selbst präsentieren. Wer dem bunten Treiben von einem der vielen **Straßencafés** aus zuschauen möchte, zahlt die ringsum gebotene Show einschließlich des grandiosen Bühnenbildes mit. Die Preise sind unverschämt – man muss sich damit trösten, dass der Eintritt ins Varieté noch teurer wäre. Allerdings kann man die Szenerie auch kostenlos genießen, und zwar von einer der Marmorbänke oder der eisernen Brunnenumfassung aus – vorausgesetzt, man wird nicht Opfer eines Taschendiebs.

**Tipp**: Eine Ausnahme aber sollten Sie machen bei **Tre Scalini** ein „Tartufo-Eis" (zum Mitnehmen, nicht hinsetzen, denn dann wird es wieder sehr teuer) probieren. Es gibt in Rom nichts, was mit dieser süßen Kalorienbombe aus Schokoladenstückchen und kandierten Kirschen im Klumpen Schokoladeneis vergleichbar ist (Mi Ruhetag).

Eine Vergnügungsstätte war dieser Platz schon in der Antike. Der ungewöhnliche Grundriss eines lang gezogenen Ovals geht auf den 92–96 n. Chr. unter Domitian erbauten **Circus** zurück. Das Stadion war 276 m lang und 54 m breit. Auf der Tribüne konnten bis zu 20.000 Zuschauer den Gladiatorenkämpfen folgen. Sogar berühmte Seeschlachten mit echten Kampfszenen und vielen Toten wurden hier nachgestellt.

Bis in die Renaissance hinein blieben Teile von Domitians Circus erhalten. Da dieses Gebiet des ehemaligen Marsfeldes damals als einziges noch dicht bewohnt war, nutzten die Menschen die Arena für Turniere und Stierkämpfe. Ab 1477 hielt man hier regelmäßig Markt ab, der für damalige Verhältnisse nach der Pflasterung des Platzes im Jahr 1485 geradezu komfortabel wurde. Die Travertinblöcke aus den Ruinen der antiken Zuschauerränge fanden nach und nach auf den umliegenden Baustellen als billiges Baumaterial Verwendung. Auf den übrig gebliebenen, soliden Fundamenten baute man Häuser. So kommt es, dass der Platz exakt Form und Ausmaß der ovalen Arena von Domitians **Circo Agonale** bewahrt hat.

In den Kellern sind die alten Fundamente noch erhalten. So auch in der Kirche **Sant'Agnese**, die delikaterweise auf den Mauern eines antiken Bordells ruht. Nur an der nördlichen Peripherie des Platzes (mit Blick auf die Kirche rechts), auf der Häuserrückseite an der Piazza Tor di Sanguigna, sind noch antike Tribünenreste zu sehen.

▸ **Palazzo Pamphilj**: Links der Kirche Sant'Agnese ist heute im noblen Palazzo Pamphilj die Brasilianische Botschaft untergebracht. Ursprünglich stand hier ein vergleichsweise bescheidener Palast der Pamphilj. Das änderte sich, als die Familie mit Innozenz X. (1644–55) einen Papst stellte. Direkt nach seiner Wahl gab er die nun notwendige standesgemäße Erweiterung des Palazzos in Auftrag. Zwei Nachbargrundstücke wurden hinzugekauft. Man schloss die Gasse dazwischen, verband die bestehenden Gebäude miteinander, schmückte sie aus und blendete schließlich eine einheitliche Fassade davor. Der Papst ließ auch den Platz repräsentativ mit der neuen Kirche Sant'Agnese und dem zentralen Brunnen umgestalten. Vielleicht wollte er den Familiensitz zur neuen Papstresidenz machen und sah dazu den Platz als angemessenen Vorhof an. Jedenfalls nutzte er seine Stellung, um das Anwesen (und die Anwesenheit) der Pamphilj in Rom kräftig aufzuwerten.

## Übernachten

4 Kloster Collegio Universitario
   P.G. Minozzi (S. 96)
6 Residenza Zanardelli (S. 90)
15 Hotel Raphael (S. 85)

## Essen & Trinken (S. 413/414)

1 Il Convivio Troiani
2 Hostaria dell'Orso
5 Il Primoli
8 Passetto
9 Monteforte ai Coronari
11 Montevecchio
16 La Focaccia
17 Osteria Da Alfredo e Ada
23 Navona Notte
27 L'Altro Mastai
28 Hostaria Da Francesco
40 Pizza Ciccia Bomba
41 Il Baffetto
45 Pizzeria La Montecarlo
46 Insalata Ricca

## Nachtleben/Enoteche (S. 414/415)

7 Jazz Café
20 Caffè della Pace
21 Bar und Ristorante del Fico
22 La Bevitoria Navona
24 Modo
26 Winebar Giulio Passami l'Oliva
29 Jonathan's Angels
29 Enoteca del Corso
30 Area 5
35 Fluid
36 Bloom
37 shaki restaurant
38 Abbey Teatre (Irish Pub)
39 Enoteca Il Piccolo
44 Cul de Sac

## Sonstiges (S. 415)

47 Internet Point

## Cafés (S. 415)

18 Dolce vita
20 Caffè della Pace
25 Tre Scalini
31 Caffè Novecento

## Einkaufen (S. 415)

3 Codocnotto
10 Marmi Line
12 Ai Monasteri
13 Navona Antiquariato
14 Amerikanischer
   Modeschmuck
19 Daniele Alessandrini
32 Di per Di
33 Nardecchia
34 Più Sale
42 Pasticceria La Deliziosa
43 Midali

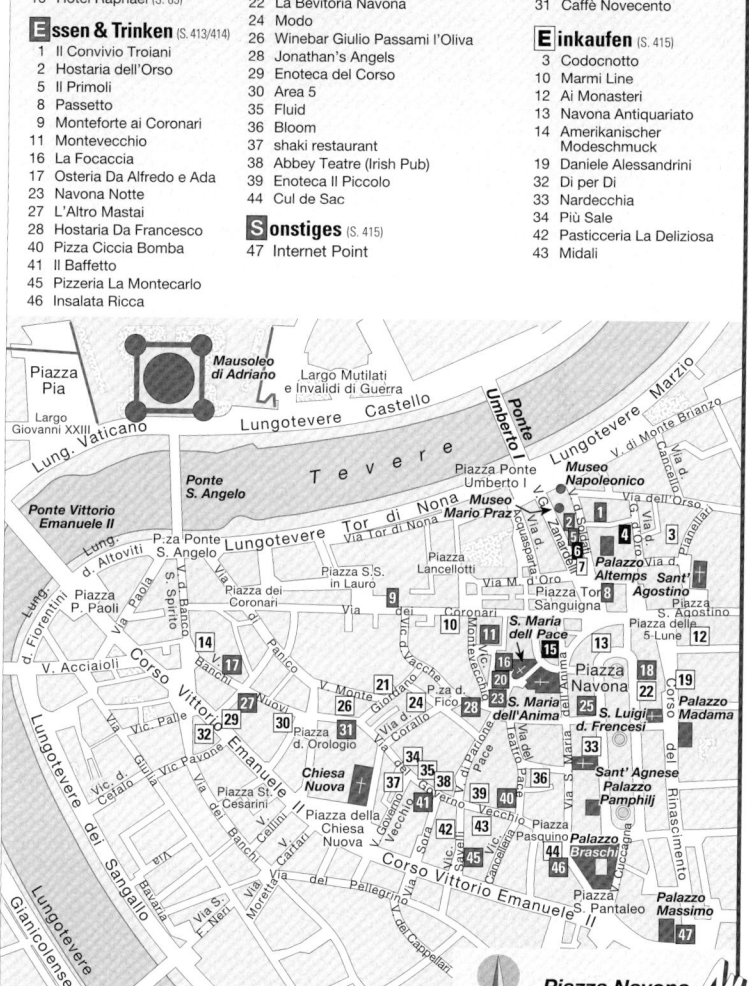

Piazza Navona

100 m

Nach dem Ausbau zog aber nicht Innozenz X. in den Palazzo ein, sondern seine Schwägerin **Donna Olimpia**. Wer sich die Büste dieser resoluten Dame in der Galleria Doria Pamphilj (→ S. 292) ansieht, ahnt, warum der Papst es vorzog, ihren Wünschen nachzugeben.

Seine steile Karriere zum Papstthron verdankte **Innozenz X.** überwiegend den kräftigen Finanzspritzen seiner Schwägerin. Schon bald wurde klar, dass sie nur ein Darlehen gewährt hatte: Die Habgier der Matrone war unbegrenzt. Der Papst hatte nichts mehr zu sagen, sie herrschte durch ihn und nutzte ihn schamlos aus. Immer wieder beschäftigten sich die „Sprechenden Statuen" (→ Kasten S. 204) mit ihr und nannten sie treffend „*die römische Päpstin*". Im Jahre 1650 verlangte sie vom Papst sogar die goldenen Gedenkmünzen, die im heiligen Jahr in die heilige Tür des Lateran eingemauert wurden, als Geschenk. Pilger versammelten sich vor ihrem Fenster an der Pzza. Navona, um bei ihr vorzusprechen, was sie sehr genoss. Da ihr egozentrischer Charakter stadtbekannt war, machten die Römer aus ihrem Namen **Olimpia** den Spruch „*Olim pia, nunc impia*" (Einst war sie fromm, nun ist sie ruchlos). Es heißt, dass sie seit ihrem Tod 1657 immer um Mitternacht, wenn der Platz menschenleer ist(!), auf einem Feuer speienden Wagen aus dem Palast rase, um sich in den Tiber zu stürzen. Wie schade, dass man das nicht nachprüfen kann!

▸ **Sant'Agnese:** Gleich neben dem Familiensitz ließ sich Innozenz X. eine prachtvolle Haus- und Grabkirche erbauen. Die Arbeiten, an denen auch Borromini maßgeblich als Architekt beteiligt war, schleppten sich ab 1652 bis nach dem Tod des Papstes noch 20 Jahre lang hin. Typisch für den von Borromini vollendeten barocken Stil sind die aufgelösten Wandflächen mit ein- und ausschwingenden Elementen zwischen tragenden Säulen und Pilastern.

Der Auftrag war nicht einfach, denn die Kirche sollte den Platz dominieren, durfte aber nicht die Struktur des Circo Agonale stören. Gleichzeitig wollte der Papst auf St. Peter anspielen. Das Ergebnis ist eine verkleinerte, hochbarock überarbeitete Version des ursprünglichen Entwurfs der neuen Peterskirche. Auch hier wurde eine tempelartige Fassade vorgeblendet. Wie Michelangelo es eigentlich auch für St. Peter geplant hatte, hat man einen freien Blick auf die ganze Pracht der Kuppel, die nicht teilweise durch ein vorgezogenes Hauptschiff verdeckt wird. Im Inneren, das mit viel Stuck, Gold, Gemälden und Skulpturen dekoriert ist, erinnern die abgeschrägten Kuppelpfeiler mit Nischen an die Peterskirche.

Auf ein großes Grabmonument für den Pamphilj-Papst, für das die Kirche der schmückende Rahmen sein sollte, verzichteten seine Nachfolger. Immerhin setzten sie Innozenz X. hier bei und erfüllten ihm damit einen Wunsch, wenn auch nur zum Teil, denn sein Grabmal über dem Kirchenportal ist vergleichsweise bescheiden ausgefallen.

Geweiht wurde die Kirche der **Agnes**, deren Heiligsprechung auf einige Wunder zurückgeht: Unter den Tribünen auf der Westseite vom Circo Agonale gehörte auch ein **Bordellbetrieb** zu der Vergnügungsstätte. Die Heilige geriet nun irgendwie hier hinein (die Legende bleibt da diskret ungenau) und wurde dort von einem Römer belästigt. Auf ihr verzweifeltes Flehen kamen Engel zu Hilfe und töteten den Lüstling. Die prüde Agnes sollte daraufhin zur Strafe im Circus nackt enthauptet werden. Ein Gebet von ihr ließ ein zweites Wunder folgen, wodurch ihre Haare augenblicklich bis zu den Füßen wuchsen und sie auch ohne Kleidung vor den gierigen Blicken sittsam verhüllt war. In ihrer christlichen Milde betete sie nun auch für den zudringlichen Freier, der daraufhin wieder zum Leben erwachte. Genützt hat es ihr nichts, die Hinrichtung fand wie geplant statt.

Skeptiker deuten die Geschichte anders: Sie meinen, Agnes habe in Wirklichkeit genau das getan, was in so einem Etablissement Frauen üblicherweise tun. Der Römer sei den Anstrengungen aber womöglich nicht gewachsen gewesen, vor Erschöpfung kurzzeitig in Ohnmacht gefallen und ohne jedes Wunder später wieder zu Bewusstsein gekommen. Wie es wirklich war, ist nicht mehr zu klären, jedenfalls ist Agnes nun die **Schutzheilige der Keuschheit** und gewidmet ist ihr die Kirche über den Resten eines antiken Bordells.

Der Keller ist übrigens manchmal zu besichtigen. An die einstige Nutzung der Räume erinnert heute natürlich nichts mehr. Auf einer Marmortafel ist im Relief lediglich die Haarwuchsszene festgehalten.

*Öffnungszeiten* Mo geschlossen, Di–Sa 9–12 und 16–19 Uhr, So 10–13 und 16–19 Uhr.

▶ **Die drei Brunnen auf der Piazza Navona:** Als im 16. Jh. einige antike Aquädukte repariert wurden und wieder frisches Quellwasser nach Rom floss, legte Giacomo della Porta um 1570 an den beiden Schmalseiten des Circo Agonale je einen Brunnen an. Später fügte man noch einen schlichten dritten in der Mitte hinzu, um die Achse des Platzes zu betonen.

Den Brunnen am südlichen Ende gestaltete **Bernini** 1652 neu. Er fügte ein großes, flaches Becken und den Figurenschmuck hinzu. Umgeben von Tritonen kämpft ein Maure mit einem großen Fisch – daher auch der Name **Fontana del Moro**. Der Neptunbrunnen, **Fontana del Nettuno**, im Norden erhielt erst im 19. Jh. sein heutiges Aussehen: Dort ersticht Neptun einen Oktopus mit dem Dreispitz. Andere Meeresgestalten wie Tritonenkinder, Seepferde und Meerjungfrauen ergänzen die Figurengruppe.

Diese beiden Brunnen flankieren den **Hauptbrunnen** in der Mitte, den man unbedingt genauer betrachten sollte. Im Rahmen der neuen Platzgestaltung unter Innozenz X. bekam nach Intrigen und Ränkespielen schließlich **Bernini** den Auftrag für den großen zentralen Vier-Ströme-Brunnen, die **Fontana dei Quattro Fiumi**.

Berninis Förderer Urban VIII. (→ „Um die Piazza Barberini", S. 344) war bereits vier Jahre tot und der schon legendäre Ruhm des genialen Baumeisters und Bildhauers hatte durch geschickt gestreute Verleumdungen seiner Feinde erheblich gelitten. Bei Innozenz X. in Ungnade gefallen, ging er nun bei großen öffentlichen Aufträgen regelmäßig leer aus. Als er für die umfangreichen Arbeiten auf der Pzza. Navona noch nicht einmal Pläne vorlegen durfte, schaltete er diplomatisch geschickt die mächtige Donna Olimpia als Verbündete ein. Der habgierigen Schwägerin des Papstes übergab er unter allerlei Schmeicheleien ein wunderschönes Modell seines Brunnenentwurfs aus Silber, das sie in ihrer Wohnung unübersehbar aufstellte. Bei seinem nächsten Besuch war Innozenz X. erwartungsgemäß entzückt von dem Schmuckstück und lobte es über alle Maßen. Als er dann erfuhr, dass es sich um einen Entwurf Berninis für den Mittelbrunnen des Circo Agonale handelte, konnte er seine Meinung schlecht wieder ändern. Angeblich soll er geseufzt haben: *„Das einzige Mittel, seinen Entwürfen zu widerstehen, ist, sie nicht anzuschauen."* Bernini bekam jedenfalls den Auftrag für den Brunnen, während einige Jahre später sein ärgster Widersacher Borromini die Kirche bauen durfte.

Fast wäre das Brunnen-Projekt doch noch gescheitert. Bernini hatte nämlich den Wasserdruck falsch berechnet, sodass der Brunnen nie funktioniert hätte. Borromini bemerkte dies und konnte es sich in seiner übergroßen Schaden(vor)freude nicht verkneifen, deswegen über den Konkurrenten herzuziehen. Bernini kam das zu Ohren und er konnte seinen Fehler in letzter Minute korrigieren.

Nach den Auftragsvorgaben sollte der Brunnen die päpstliche Weltherrschaft symbolisieren und in diesem Zusammenhang diskret auf den Pamphilj-Papst anspielen. Zugleich war ein Obelisk zu integrieren, den Innozenz X. vor Familienpalast und Hauskirche aufstellen lassen wollte. Dieser **Obelisk** stammt nicht aus Ägypten, sondern war zu Ehren von Kaiser Domitian im Jahr 81 n. Chr. von römischen Handwerkern angefertigt worden. Die Schriftzeichen beschreiben Domitian im Stil eines Pharaos. Bei Ausbesserungsarbeiten im Mittelalter ergänzte man ohne Sprachkenntnisse die fehlenden Hieroglyphen nach rein dekorativen Aspekten, sodass jetzt völliger Unsinn auf dem Stein steht.

Rom – Piazza Navona
Karte S. 401

Bernini hatte die großartige Idee, den Obelisk auf einen künstlichen, offenen Felsbogen zu stellen, um den Stein weniger schwer und den Felsen weniger wuchtig erscheinen zu lassen. Unterhalb des Obelisken lagern auf Absätzen **vier Figuren**, die jeweils einen Fluss und damit gleichzeitig einen Kontinent symbolisieren: Die *Donau*, versinnbildlicht durch das Papstwappen und ein Pferd, repräsentiert Europa. Asien ist durch den *Ganges* (mit den Attributen Palme und Schlange) vertreten. Der *Nil*, der sein Haupt mit einem Tuch verdeckt, da man seine Quelle noch nicht entdeckt hatte, steht für Afrika, symbolisiert durch einen Löwen. Den *Rio de la Plata* für Amerika erkennt man an einem Gürteltier. Da man von diesem seltsamen Tier bisher nur gehört, aber noch nie eines gesehen hatte, ließ der Künstler seiner Fantasie freien Lauf und erfand ein gürtelförmiges Tier, das an eine Seeschlange erinnert. In Stein gehauene Münzen stehen für das Gold, das gerade aus Südamerika nach Europa floss. Gemeinsam verkörpern diese vier Kontinente die damals bekannte Welt, über der sich der Obelisk als Zeichen päpstlicher Weisheit (mit dem Wappen von Innozenz X.) erhebt. Der Brunnen ist einer der Schauplätze von Dan Browns Bestseller-Thriller *Illuminati* (ein Kardinal wird im Brunnen ertränkt und der Held Robert Langdon kann sich retten, indem er sich unter Wasser tot stellt).

Die bewegten Posen der vier Figuren ließen eine **Legende** über Berninis eigentliche Aussage, die er mit diesem Brunnen treffen wollte, entstehen: Er habe damit in Wirklichkeit nur die Kirche seines Feindes Borromini verunglimpfen wollen. Alle Brunnengestalten würden sich von ihr abwenden, weil sie so scheußlich sei. Nur der Rio de la Plata halte mit einem Ausdruck des Entsetzens abwehrend den Arm hoch, weil er jeden Augenblick den Einsturz befürchte. Der Nil ziehe sich ein Tuch über den Kopf, um das Machwerk nicht ansehen zu müssen. **Borrominis Rache** für Berninis Gemeinheit ließ angeblich nicht lange auf sich warten: Obwohl dadurch die strenge Symmetrie regelwidrig durchbrochen wird, habe er die Statue der heiligen Agnes auf die Fassade seiner Kirche gestellt. Mit höchst arroganter Miene blicke sie über den Brunnen tief unter ihr hinweg und versichere mit einer beschwichtigenden Geste, dass die Kirche selbstverständlich nicht einstürzen werde. Gegen diese Deutung spricht, dass der Vier-Ströme-Brunnen bereits fertig war, als Borromini im Frühjahr 1653 die Arbeiten an S. Agnese übernahm. Allerdings war die Umgestaltung des Platzes bereits beschlossen, und klar war auch, dass Bernini hier keine Kirche bauen würde. Dass den erfolgsverwöhnten Mann dies ärgerte und er jeden Kirchenbau seines Intimfeindes für hässlich halten würde, dürfte stimmen. Auch wenn die Geschichte nicht wahr sein sollte, so ist sie doch gut erfunden. Da es durchaus üblich war, mit doppeldeutigen Symbolen in der Kunst zu spielen, wäre die boshafte Absicht Berninis bei der Brunnengestaltung durchaus vorstellbar (mehr zum Streit der beiden Baumeister → S. 344).

Von der Barockzeit bis weit in das 19. Jh. hinein fanden an heißen Sonntagnachmittagen besondere Vergnügungen statt: Die Abflüsse der Brunnen wurden verstopft. Bald schon floss das Wasser über und es bildete sich ein See, der **Lago di Piazza Navona**. Menschen und Tiere stürzten sich in das Wasser und planschten um die Wette. Die vornehmere Gesellschaft lenkte ihre Kutschen hinein. Zur großen Freude der Zuschauer in den umliegenden Häusern kippte auch mal eine Kutsche im Wasser um, Reifröcke, Hochfrisuren und Perücken wurden nass. Auf alten Zeichnungen und Stichen sind solche Szenen festgehalten (einige davon sieht man im Palazzo Braschi, S. 410).

▶ **Sant'Agostino**: Verlässt man die Piazza Navona am nördlichen Zugang und folgt der Straße wenige Schritte nach rechts, erreicht man auf einem kleinen Platz die breite Freitreppe zur Kirche Sant'Agostino mit einer streng gegliederten Fassade.

Das Grundstück erwarben die Augustiner als Bauplatz für ihre Ordenskirche schon 1279, doch dann fehlte das Geld. Erst 200 Jahre später fand sich ein großzügiger Kardinal, der den Bau finanzierte. Material war auch gerade verfügbar, denn kurz zuvor war das Kolosseum als Steinbruch für Sakralbauten freigegeben worden. Deshalb besteht der größte Teil der Kirche aus den Travertinblöcken des antiken Amphitheaters.

Sant'Agostino ist eine der frühesten Renaissancekirchen Roms. Nur leider bemerkt man davon im Innern kaum noch etwas. Der gesamte Raum wurde unter Pius IX. (1846–78) mit Marmor und Fresken neu dekoriert. So erinnert nichts mehr an den warmen Farbton der einst schlichten Travertinwände. Die Fresken im Mittelschiff stellen zwölf Geschichten aus dem Leben Marias dar. Aus dem 19. Jh. stammt auch das Fenster über dem Hauptaltar, das den Sieg des Hl. Augustin über die Irrlehren darstellt. Das Zentrum des Altars bildet eine byzantinische Marienikone, die schon seit 1482 im Besitz des Ordens ist. Die beiden Engel im oberen Bereich des Altars sollen nach Zeichnungen Berninis gefertigt worden sein.

*Piazza Navona: Berninis Vier-Ströme-Brunnen trägt Domitians Krönungsobelisken*

Die wichtigsten Kunstwerke der Kirche sieht man links: In der ersten Kappelle des linken Seitenschiffs hängt über dem Altar die berühmte *Pilgermadonna* von **Caravaggio**. Maria mit dem Jesuskind auf dem Arm steht in der offenen Tür. Auf der Schwelle kniet ein Pilgerpaar. Typisch für Caravaggio ist das Spiel mit Licht und Schatten. Das Kind scheint zu leuchten und erhellt die Gesichter der ganz gewöhnlichen Leute mit ihren schäbigen Kleidern. Sie sind barfuß und geradezu fotorealistisch zeigen sie dem Betrachter ihre rissigen, schmutzigen Füße. Solch schlichtes Volk von der Straße mit den Allerheiligsten in Verbindung zu bringen, schockierte den prunkverliebten Klerus (mehr zu Caravaggio → Kasten S. 332).

Ein zweites Meisterwerk schmückt im Hauptschiff den dritten Pfeiler zum linken Seitenschiff. Es ist ein Fresko von **Raffael** (1485–1520), das den Propheten Jesaia zeigt, offensichtlich von Michelangelos Propheten in der Sixtinischen Kapelle inspiriert. Die Figurengruppe darunter stammt aus dem 15. Jh., sie wurde aus einem einzigen Marmorblock geschaffen und zeigt die Heilige Anna mit Maria und dem Jesuskind.

*Öffnungszeiten* 7.45–12 und 16–19.30 Uhr.

## Palazzo Altemps

Die stark befahrene Straße am nördlichen Zugang zur Piazza Navona geht in die Piazza di Sant'Apollinare über, die vom mächtigen Aussichtsturm des Renaissance-Palazzo Altemps beherrscht wird. Vier Zierobelisken krönen diesen zweistöckigen Altan aus dem 16. Jh., auf dessen erhöhter Dachmitte sich das Wappentier der Altemps, ein Steinbock, aufrichtet. Der asymmetrisch in einer Ecke des Platzes angeordnete Bau nimmt das ganze dahinterliegende Straßengeviert ein und beherbergt eine der legendärsten und ältesten **Antikensammlungen** der Stadt. Sie ist Teil der archäologischen Sammlung des Nationalmuseums (→ „Römisches Nationalmuseum", S. 355).

Im antiken Rom waren an dieser Stelle Marmorwerkstätten und ein Apollotempel zu finden, im Mittelalter teilten sich hier die Clans der Orsini und der Colonna eine befestigte Wohnanlage. Die Gebäudegruppe wechselte vom 14. bis 16. Jh. häufig die Besitzer, wurde nach und nach ausgebaut und schließlich zu einem Palazzo zusammengefasst. Seine heutige Gestalt verdankt er zwei wesentlichen Bauphasen: einer um 1480 im Auftrag von Girolamo Riario, einem Neffen von Sixtus IV., sowie einer Bauphase, für die Kardinal Marco Sittico Altemps um 1570 verantwortlich war. Über weitere gewundene Wege kam der Palast Ende des 18. Jh. in den Besitz des Heiligen Stuhls und wurde zu einem päpstlichen Priesterseminar der Spanier. Heute vereint dieser exponiert gelegene Ausstellungsort in 33 kunsthistorisch wertvollen Sälen verschiedene Sammlungen römischer Familien. Viele der Exponate fristeten zuvor in Magazinen und unzugänglichen Innenhöfen ein kümmerliches Dasein, darunter die einst von Goethe hoch gelobte **Ludovisi-Sammlung**. Die Bologneser Familie der Ludovisi stellte mit Gregor XV. (1621–23) einen Papst, kam damit gehäuft zu Ämtern und Würden und wurde sehr schnell sehr reich. In Villa und Park ihres 30 ha großen Sommersitzes auf dem Quirinalshügel stellte sie über 400 exquisite antike Skulpturen zur Schau. 1883 verkauften die Erben das zum Bau neuer Wohnviertel sehr begehrte Gelände. Die Kunstsammlung kam 1901 unter den Hammer, wobei sich der italienische Staat rund ein Viertel sicherte, der Rest ging ins Ausland. Einer der Höhepunkte der Kollektion ist sicherlich das überlebensgroße *Haupt der Juno*, einstmals der Kopf einer Kolossalstatue. Goethe schaffte sich als Souvenir seiner Italienreise eine Kopie davon an, die seit 1823 das Juno-Zimmer seines Hauses am Weimarer Frauenplan ziert. Seine erste Begegnung mit der Göttin beschrieb er aus Rom Charlotte von Stein folgendermaßen: *„Es war diese meine erste Liebschaft in Rom, und nun besitz' ich diesen Wunsch ... keine Worte geben eine Ahnung davon, es ist wie ein Gesang Homers."* Mittlerweile ist man sich ziemlich sicher, dass es sich bei der Büste wohl doch nicht um Juno oder Hera, sondern eher um ein idealisiertes Porträt von Antonia Augusta handelt, der Mutter des Kaisers Claudius. Im Gespräch ist aber auch Antonia Minor, Mutter des Germanicus und Großmutter Caligulas.

● *Rundgang*: Sie betreten das Museum durch ein Portal am Platz und kommen nach dem Servicebereich in einen **Innenhof**, der mit zweigeschossigen offenen Arkadenreihen den Mittelpunkt der Palastanlage bildet. Er wurde 1513–17 von Antonio da Sangallo begonnen und 1589 von Martino Longhi vollendet, der unter den Altemps weite Teile des Palastes umgestalte. Zu ebener Erde fällt ein Wandbrunnen (1585) auf, der durch eine vielfältige Materialkombination von Travertin, Stuck, Glas, Muscheln und farbigen Kieseln einen farbenfrohen Blickfang bietet. In den Bogenzwickeln der Arkaden und auf vielen Schlusssteinen erscheint wieder der Steinbock aus dem Wappen der Altemps. Im Hof und in den anschließenden **Loggien** sehen Sie erste Figuren der **Ludovisi-Sammlung**. Unter den Bögen links vom Einlass beginnt der Museumsrundgang, aus dem hier nur einige Höhepunkte herausgegriffen werden können. Interessant sind die Reste des mittelalterlichen Wohnturms, die man bei der Restaurierung wieder sichtbar gemacht hat, ebenso das kunstvoll restaurierte Fayencegeschirr der früheren Hausbewohner. Viele Skulpturen sind bereits im 16. und 17. Jh. zusammengesetzt worden, oftmals mit Fragmenten verschiedener Herkunft und recht freien Ergänzungen.

Nach mehreren Räumen im Erdgeschoss gelangen Sie über die **Scala monumentale** in das erste Geschoss des Palastes, das einst vornehmlich der Repräsentation diente. Durch eine kleine, offene Loggia hindurch betreten Sie den **Saal der Landschaftsmalereien**, auch Saal der Edelleute genannt, einer der Hauptsäle des Palazzos. Große Reste einer Wandgestaltung „al fresco" aus dem 16. Jh. geben eine monumentale Scheinarchitektur vor, die sich zu einer weiten sommerlichen Landschaft öffnet. Hauptwerk in diesem Saal ist der **Hermes Loghios** (1. Jh. n. Chr.) nach einem Bronzeoriginal aus dem 5. Jh. v. Chr., dessen rechter Arm 1631 ergänzt wurde. Bemerkenswert auch die Reste einer farbigen Fassung im Haar und auf dem Gewand.

Der folgende Saal hat während der Restaurierung **Fresken** zu Tage gebracht, die anlässlich der Hochzeit von Girolamo Riario mit Caterina Sforza 1477 entstanden. Sie zeigen an der Stirnwand zwischen den Fenstern eine Wand aus kostbarem Marmor mit vorgesetzten, prächtigen korinthischen Säulen und davor eine Kredenz mit wertvollem Geschirr. Diese so genannte „*Piattaia*" ist eine Ausstellung prestigeträchtiger Hochzeitsgeschenke: Teller, Schalen, Karaffen aus Silber, dahinter aufgespannt ein edler orientalischer Stoff mit floralen Motiven. Die Bedeutung solcher ehelicher Verbindungen unter mächtigen Familien wird klar, wenn man den Aufwand bedenkt, eigens zur Hochzeit einen ganzen Saal themenbezogen auszumalen. Jedoch bereits 1484, nach dem Tode Sixtus' IV. und auf dem Höhepunkt des sittlichen Verfalls des Kirchenstaates, kam es häufig zu Plünderungen

und Vandalismus. Auf den Tellern der Piattaia sind rabiat eingeritzte Graffiti aus den Jahren 1496 und 1498 zu sehen, Zeichen einer schon bald einsetzenden Verwahrlosung des Gebäudes. Erst etwa ab 1515 kam mit neuen Bewohnern wieder Ruhe und eine neue Raumdekoration ins Haus. Die Hochzeitsgeschenke verschwanden bis zum Zufallsfund 1984 unter neuen Farbschichten.

Der Saal zeigt weitere berühmte Stücke aus der **Ludovisi-Sammlung**, u. a. die Gruppe des *Orest und der Elektra* (1. Jh. n. Chr.), einst von Winckelmann gepriesen, und den **Ares Ludovisi**, den kein Geringerer als Bernini 1622 restaurierte. Er gesellte dem ernsten Kriegsgott einen kleinen Eros zu, der frech hinter dem Bein des Sitzenden hervorschaut.

Der nächste Saal, dessen Wandgemälde die Geschichte des Moses erzählen, enthält die eingangs erwähnte **Juno** und den bedeutenden **Ludovisi-Thron** (5. Jh. v. Chr.) mit seinen überaus eleganten Darstellungen weiblicher Schönheit; auf der breiten Seite die *Geburt der Venus*.

Nach drei weiteren Sälen gelangen Sie in die **Loggia dipinta**. Hier können Sie eine köstliche illusionistische Malerei bewundern, die Sie in einen über und über bewachsenen Laubengang versetzt, in dem sich allerlei Tiere und Amoretten tummeln – eine Arbeit von 1595. Aus derselben Zeit stammt der prachtvolle Wandbrunnen mit Variationen des Steinbocks der Altemps und kleinen Faunen, die stolz das Wappenschild der Familie halten.

Der sich an die Loggia anschließende **Salone del camino** wird, wie der Name schon vermuten lässt, von einem sehr schönen Renaissance-Kamin dominiert. Dieses Prachtstück wurde im 19. Jh. verkauft und war schon zu einem Brunnen umfunktioniert worden, als man ihn wiederentdeckte und nach 120 Jahren an seinen angestammten Platz zurückbrachte. In diesem Saal stehen die dramatische **Galata-Gruppe** und ein kolossaler Sarkophag mit Schlachtszenen des Feldherrn Ostilian (252 n. Chr.).

Versäumen Sie nicht einen Blick in die opulent ausgestattete **Hauskirche Sant'Aniceto**, die ab 1603 gebaut und 1617 geweiht wurde. Der für eine Privatkirche außergewöhnlich prachtvoll ausgestattete Innenraum mit angrenzender Kapelle und Sakristei enthält ein höchst lebendiges Deckengemälde, einen Himmel voller Engelchen, zudem sehr schöne Marmorintarsien und

Perlmutterbeiten, Gemälde und eine lange Liste an Reliquien, die auf schwarzen Marmortafeln in der Sakristei sorgfältig aufgezählt sind. Alle diese Schätze wurden durch eine Tür geschützt, deren erstaunliches Schloss ein Labyrinth an Hebeln, Sperren und Riegeln freisetzt, das wohl jeden Einbrecher resignieren ließ.

Der Rundgang setzt sich fort mit dem **Saal der Herzogin** (Isabella Lante Altemps), der um 1650 mit mythologischen Szenen ausgeschmückt wurde. Sehr fein passen dazu die Statuengruppen der badenden Aphrodite und Amor und Psyche. Eine Folge kleinerer Räume schließt sich an.

● *Eingang* Pzza. di Sant'Apollinare 44.

● *Öffnungszeiten* Mo geschlossen, ebenso am 1.1. und 25.12.; Di–So 9–19.45 Uhr; am 24.12. und 31.12. 9–17 Uhr.

● *Eintritt* 7 €; für EU-Bürger zwischen 18 und 25 Jahren 3,50 €; für EU-Bürger unter 18 und über 65 Jahren ist der Eintritt frei (alle Vergünstigungen nur gegen Altersnachweis). Die Karte gilt für die Nationalmuseen **Palazzo Massimo, Aula Ottagona, Terme di Diocleziano, Palazzo Altemps** und **Crypta Balbi** und ist **drei Tage lang gültig**. Für einen Zuschlag von 3 € kann man auch Sonderausstellungen besuchen.

● *Information/Kartenreservierung*

✆ 06.39967700, nur in der Zeit von Mo–Sa 9–13.30 und 14.30–17 Uhr, www.archeorm.arti.beniculturali.it.

▶ **Museo Mario Praz:** Ein Besuch im Museo Mario Praz bedeutet einzutreten in die ganz private Atmosphäre eines leidenschaftlichen Sammlers klassizistischer Möbel, Gemälde und dekorativer Objekte aller Art. Die über 1.200 europaweit zusammengetragenen Zeugnisse der Zeitspanne von 1790 bis 1840 erheben keinen Anspruch auf kunsthistorische Geschlossenheit und großen musealen Wert, sondern sind sehr individuell ausgesuchte Stücke, teilweise mit der höfischen Strenge des Empire, teilweise mit der bürgerlichen Schlichtheit des Biedermeier – eine Adresse ausschließlich für Kenner und Liebhaber dieser Epoche und einem größeren Besucheransturm schon allein organisatorisch nicht gewachsen. Seit 1995 ist die 250 m² große Wohnung in der obersten Etage eines großen ehemaligen Palazzos mit schlichter Fassade als Satellitenmuseum der Nationalgalerie für Moderne Kunst (→ „Galleria Nazionale d'Arte Moderna", S. 335) zu besichtigen. Das so entstandene Museum ist also eigentlich keines, und so wirkt es auch: als hätte der Bewohner seine Wohnung eben erst verlassen.

## Mario Praz

Der aus italienischem Adel stammende Gelehrte, Übersetzer und Schriftsteller Mario Praz wurde 1896 in Rom geboren, studierte zunächst Jura, wandte sich dann der englischen Literatur zu und wurde Professor für Anglistik an der Universität Rom und für Italienisch in Manchester. Ab den 1940er Jahren veröffentlichte er Werke über Malerei und Wohnkultur insbesondere der Zeit des aufblühenden Bürgertums zu Beginn des 19. Jh. Praz starb 1982, vier Jahre später verkauften die Erben die Sammlung an den italienischen Staat.

● *Rundgang* Im Empfangsraum des Erdgeschosses, wo in Bücherschränken ein Teil der umfangreichen Bibliothek von Mario Praz untergebracht ist, meldet man sich zur Museumsführung an. Die Nachfrage ist nicht sehr groß und meist kann man sich bereits der nächsten Gruppe anschließen. Hier werden auch Postkarten und ein schön bebilderter, nur in Italienisch erhältlicher Führer verkauft. Am Tresen hält man aber auch eine Fotokopie mit Kurzinformationen bereit.

Im Stundentakt ist begleiteter Einlass. Dazu fährt man mit dem engen Aufzug bis vor die Wohnungstür, wo man von einem nicht sehr gesprächigen Mann in Empfang genommen und mit sanftem Druck durch die Räume begleitet wird. Lassen Sie sich dennoch Zeit, die dicht behängten Wände und vollen Vitrinen anzuschauen, eine zweite Runde ist nicht drin.

• *Adresse* Via Zanardelli 1, dritter Stock.

• *Öffnungszeiten* Di–So 9–14 und 14.30–18.30 Uhr; Mo 14.30–18.30 Uhr; begleitete Touren ohne Kommentare alle Stunde für Gruppen von maximal 10 Personen (Dauer: 20 bis 45 Min., je nach Lust und Geduld des Führers).

• *Eintritt* frei.

• *Information/Reservierung* ✆/🖂 06.6861089, www.museopraz.beniculturali.it.

Rom – Piazza Navona
Karte S. 401

▸ **Museo Napoleonico**: Im Erdgeschoss desselben Palazzos, in dem sich das Museo Mario Praz befindet (aber mit Eingang zum Tiber hin, an der Piazza Ponte Umberto I), sind zahlreiche authentische Besitztümer der Bonapartes zu besichtigen. Die Grafen **Portoli**, die mütterlicherseits von der weit verzweigten Familie Napoleons abstammen, kauften den Palazzo 1828 und unterzogen ihn 1904–11 umfassenden Renovierungen und Erweiterungen. Graf Giuseppe Portoli, ein gebildeter Kunsthistoriker und -sammler, war zeitlebens damit beschäftigt, alles zusammenzutragen, was mit seinen Bonaparte-Ahnen zu tun hatte. Die Kollektion schenkte er 1927 der Stadt Rom, seit 1929 ist sie öffentlich zugänglich und zeigt, mittlerweile leicht angestaubt und etwas düster, Handschriften, persönliche Gegenstände, Möbel, Grafik, Kleidung, Schmuck, Münzen und vieles mehr aus dem Besitz Napoleons I. und seiner schillernden, kurzen Dynastie.

Das Haus ist auch Sitz der **Primoli-Stiftung**, die die italienisch-französische Kulturarbeit fördert, und beherbergt die Primoli-Bibliothek mit rund 30.000 Bänden über Kunst, Geschichte und Literatur.

*Öffnungszeiten/Eintritt* Pzza. di Ponte Umberto I. Di–So 9–19 Uhr. Eintritt 5 €, keine Ermäßigung.

▸ **Via dei Coronari**: Wenn Sie nach all den Schätzen in den beiden kleinen Museen sich selber ein paar **Antiquitäten** leisten möchten, haben Sie ganz in der Nähe vorzügliche Gelegenheiten dazu. Verlassen Sie die Piazza Navona an der Schmalseite im Norden und biegen links in die Via dei Coronari in Richtung Tiber ein. Papst Sixtus IV. hatte die Straße aus Anlass des Heiligen Jahres 1475 wie eine Schneise durch das Gewirr der Gässchen und Plätze schlagen lassen, um den Pilgern einen besseren Zugang zur Engelsbrücke zu verschaffen, die St. Peter und den Vatikan auf der anderen Tiberseite mit der römischen Innenstadt verband. Sie war die erste schnurgerade Straße Roms. Ihren Namen erhielt sie erst später von den Krämern, die den ständig vorbeiströmenden Pilgern Rosenkränze und Devotionalien feilboten.

Das Stadtviertel zwischen dem Corso Vittorio Emanuele II, der Piazza Navona und dem Tiber war noch bis zur ersten Hälfte des 20. Jh. bettelarm. Lange Zeit durften Kleriker die Via dei Coronari nicht betreten, weil es hier so viele Bordelle gab – von etwas mussten die Menschen schließlich leben. Gleich zu Beginn hat rechts die Piazza Fiammetta ihren Namen von der schönen Prostituierten Fiammetta, die hier ein großes Haus unterhielt und Cesare Borgia (1475–1507), der bereits im Alter von 18 Jahren von seinem Vater, Papst Alexander VI., zum Kardinal ernannt wurde, zu ihren Stammkunden zählte (mehr über ihn → „Die Vatikanischen Museen", S. 552 und „Nepi", im Norden Latiums, S. 638). Man erzählt noch heute, dass in der Via dei Coronari 48 der Henker wohnte, als der Kirchenstaat Verbrecher in den berüchtigten Verließen der Engelsburg einkerkerte. Die in diesem Stadtviertel lebenden Lumpensammler zogen vor nicht einmal hundert Jahren noch über die Dörfer, sammelten alten Plunder und richteten diesen in ihren kleinen Werkstätten in der Via dei Coronari wieder her. Hieraus entstanden exquisite Antiquitätengeschäfte. Heute drängen sich in der schmalen, dunklen und unregelmäßig gepflasterten Straße Händler mit Waren aus der Zeit des Barock bis zu den 1970er Jahren, darunter immer mehr Art déco. Seit Kurzem nehmen auch die Geschäfte mit teurem, ausgefallenem Modeschmuck und neuem Design zu. Wenn zweimal im Jahr das Straßenfest gefeiert wird, brennen vor den Geschäften Öllämpchen und auf der Straße werden Teppiche ausgerollt. Dann ist es ein besonders stimmungsvolles Vergnügen, hier einen Bummel zu unternehmen.

▶ **Palazzo Braschi**: Nach 15 Jahren *„in restauro"* eröffnete das **Museo di Roma** im Palazzo Braschi 2002 wieder seine großen Tore. Der an die Piazza Navona im Süden angrenzende Palast wurde Ende des 17. Jh. errichtet und ab 1790 von Pius VI. (1775–96) aus dem Hause Braschi für seinen Neffen großzügig und grundlegend umgestaltet. Es sollte das letzte Mal sein, dass ein Papst seiner Familie in Rom einen Palast erbaute, denn die Fanale der Französischen Revolution waren auch in Rom nicht mehr zu übersehen und es empfahl sich fortan dringend, sich in Bescheidenheit zu üben. In kommunalen Besitz übergegangen, beherbergt das Haus heute das **Stadtmuseum** und vollzieht die Stadtentwicklung vom 16. bis zum Ende des 19. Jh. nach. Gezeigt werden in Räumen mit teilweise noch erhaltener Originalausstattung vielerlei Möbel, Gemälde, Porzellan, Terrakotta, zeitgenössische Kostüme sowie im Innenhof historische Fahrzeuge. Besonders reizvoll sind auch immer wieder die Ausblicke auf die Piazza Navona. Von hohem architektonischem Wert ist das klassizistische Treppenhaus, das **Giuseppe Valadier** zugeschrieben wird und 1791–98 erbaut wurde. Die dekorative Ausgestaltung dauerte, unterbrochen von allerlei politischen Wirren, bis 1804. Die reich mit Stuck versehene Decke wird von 18 Säulen aus rotem Granit getragen. Sie sind antiken Ursprungs aus der Zeit Caligulas, waren Jahrhunderte lang im Ospedale di Santo Spirito eingesetzt, bis sie schließlich hier Verwendung fanden.

● *Rundgang* In den Räumen rund um den Innenhof sind historische Fahrzeuge untergebracht, darunter die Berlina Chigi, eine **Luxusreisekutsche** aus dem 17. Jh.

Im **ersten Stock** wird in 12 Sälen das gesellschaftliche Leben in der Stadt unter der dominierenden Macht von Papst, Kurie und Adel vom 16. bis 18. Jh. gezeigt. Stimmungsvolle Gemälde illustrieren die Veränderung des Stadtbilds mit seiner barocken Umgestaltung. Alltagsszenen schildern das einst dörfliche Leben in Rom. Der Esel war damals Hauptverkehrsmittel, Vieh weidete zwischen überwucherten, antiken Gebäuden, Ruinen dienten als Steinbrüche, dazwischen brannten die Kalköfen und auf dem Tiber fuhren Fischerboote. Straßenszenen, Porträts geistlicher und weltlicher Würdenträger sowie eingefangene Momente von feierlichen Prozessionen, Empfängen und ausschweifenden Festen, wertvolle Kunstobjekte, Möbel, Gala-Uniformen, Livreen und Kleider lassen die Feudalgesellschaft wieder lebendig werden. Im Fortgang ist die Veränderung der Gesellschaft durch das aufstrebende Bürgertum, die Vereinigung Italiens und die Auflösung des Kirchenstaats zu sehen. Der am Anfang des 19. Jh. international gefeierte Bildhauer **Antonio Canova** ist mit Skulpturen und Bildnissen vertreten, sehenswert auch ein Deckenfresko aus der Gartenlaube des Palazzo Borghese am Quirinal, der 1875 dem Straßenbau weichen musste.

Auch im **zweiten Stock** sind schon allein die Originaldekorationen der Säle sehenswert. Sie wurden ganz nach der herrschenden Mode gestaltet: antikisierend, ägyptisierend und auch „à la chinoise". Diese Etage widmet sich hauptsächlich einigen der großen Familien Roms in unterschiedlichen Epochen, u. a. den Barberini, den Rospigliosi und den Torlonia, und zeigt signifikant den Wandel der Machtverhältnisse und den immer schneller werdenden Takt von Aufstieg und Verfall. Die **Barberini** erlebten eine lange Blüte durch das Papsttum Urbans VIII. (1623–44), in den Gemälden und Büsten sind die Familienmitglieder verewigt, ebenso ihre Prestigebauten und üppigen Feste auf der Pzza. Navona (1634) oder im Innenhof ihres Palazzos zu Ehren der Königin Christine von Schweden (1656, → S. 303, 447). Die **Rospigliosi** gehörten zur Entourage der Barberini und stellten nur für zwei Jahre einen Papst, Clemens IX. (1687–89), was jedoch für eine repräsentative Residenz am Quirinal reichte. Sie machten mit ihrer erfolgreichen Pferdezucht von sich reden (was zahlreiche Gemälde belegen), waren aber auch aufgrund politischer und sozialer Leistungen angesehen.

Die Familie **Torlonia** kam erst 1750 aus Frankreich in die Stadt und war mit Bankgeschäften zu enormem Reichtum gekommen. Sie residierten in einem neu erbauten Palazzo an der Pzza. Venezia, welche in der 2. Hälfte des 18. Jh. eine der vornehmsten Adressen der Stadt war. Das wunderbare klassizistische Gebäude wurde 1902 vom „Altar des Vaterlands" und der erforderlichen Platzerweiterung verdrängt, Teile der exquisiten Dekorationen und Möbel sind hier zu sehen.

Die brutalen Abrissaktionen in der Innenstadt am Ende des 19. Jh. sind anhand zeitgenössischer Fotos dokumentiert. Ebenfalls in der Fotografischen Sammlung: die Gesellschaft der „Belle Epoque", u. a. Mitglieder des Königshauses und Berühmtheiten wie Giuseppe Verdi oder Franz Liszt – auch diese Zeitspanne wird begleitet von historischen Kostümen.

● *Adresse*    Pzza. di S. Pantaleo 10 (am Corso Vittorio Emanuele II).

● *Öffnungszeiten*    Mo geschlossen, sonst 9–19 Uhr (Einlass bis 18 Uhr).

● *Eintritt*    9 €; für EU-Bürger zwischen 18 und 25 Jahren 7 €; für EU-Bürger unter 18 und über 65 Jahre ist der Eintritt frei (nur gegen Vorlage eines Ausweises). Audioguide nur in italienischer oder englischer Sprache für 3,50 €.

● *Information/Anmeldung für Gruppen*    ✆ 06. 67108346.

▶ **Palazzo Massimo:** Gleich nebenan, auf der anderen Seite der Piazza San Pantaleo, liegt der Palazzo Massimo (Corso Vittorio Emanuele II, Ecke Corso del Rinascimento), ein weiterer Renaissancebau mit aufwändiger Fassade und Säulenportikus. Hier führten zwei deutsche Buchdrucker erstmals die Kunst der beweglichen Lettern auf römischem Boden ein.

▶ **Via Governo Vecchio:** Ein Bummel durch die enge Straße, die parallel zur großen Via Corso Vittorio Emanuele II ab der Piazza Pasquino am südlichen Ende der Piazza Navona in Richtung Tiber verläuft, führt an vielen extravaganten Geschäften und Winebars vorbei (→ Serviceteil, S. 415). Hauptsächlich gibt es hier kreative Newcomer der Damenmode-Szene, von denen die meisten noch keinen bekannten Namen haben, die aber tragbare, kreative und individuelle Stücke in meist sehr guter Qualität bieten. Daneben gibt es auch noch einige spezialisierte, hochwertige Secondhandläden, für die die Straße früher hauptsächlich bekannt war. Beim Stöbern findet man so manches ausgefallene und alte Kleidungsstück, z. T. original aus den 1920er oder 1930er Jahren. Malerisch sind auch die vielen verwinkelten, kleinen Seitengassen mit winzigen Handwerksbetrieben, kleinen Restaurants und Geschäften.

Die Via Governo Vecchio, die bei der Piazza Pasquino abzweigende Via del Teatro Pace und besonders die Gegend um die Piazza del Fico sind beliebte **Flanier- und Ausgehviertel.**

▶ **Santa Maria della Pace:** Einen Besuch wert ist auch die Via della Pace. Sie endet vor dem Portal der Kirche Santa Maria della Pace, die bereits 1482 anlässlich des Friedens mit Mailand und Neapel gebaut wurde. Papst Alexander VII. (1655–67) stiftete nach einem Gelübde eine neue Fassade. Den Auftrag dafür bekam der Architekt Pietro da Cortona, der hier die erste barocke Schauwand mit vor- und zurückspringenden Flächen schuf. Bis dahin waren Fassaden weitgehend flach und wurden meist durch Nischen und vorgeblendete Säulen oder Pilaster symmetrisch gegliedert. Dieser Tradition folgt noch das Obergeschoss der Kirche; unten allerdings ist die halbrunde Fassade gänzlich aufgelöst und nur auf Säulen reduziert. Nach außen und innen schwingende Wandflächen setzen sich bei den angrenzenden Gebäuden in Form von Bögen und Durchgängen über die kleinen Straßen zu beiden Seiten fort. So entstand erstmals eine einheitliche Gesamtkomposition, und der Platz erhält die Funktion eines Vorhofs der Kirche. Aufgegriffen wurde die Idee im 18. Jh. auf der Piazza San Ignazio (→ S. 392).

Im Inneren ist in der ersten Kapelle rechts das Fresko der Sibyllen von **Raffael** sehenswert. Von besonderem kunsthistorischen Wert ist der kleine zweigeschossige **Kreuzgang** von **Donato Bramante** aus dem Jahr 1499 *(Chiostro del Bramante)* links neben der Kirche. Die massiven Arkaden unten tragen die Galerie, wo sich vergleichsweise zierliche Säulen mit kräftigen Pfeilern abwechseln. An diesem besonders reizvollen Ort finden im Sommer regelmäßig Konzerte und Ausstellungen statt. Die Galerie im Obergeschoss beherbergt ein nettes Café mit einem Verkaufsraum (→ S. 415).

*Öffnungszeiten*   Di–Fr  10–12.45 Uhr,  Mo  und  Sa  16.30-17.50 Uhr,  www.chiostrodel bramante.it.

Steht man vor der Fassade von S. Maria della Pace, sieht man rechts die Rückseite von **Santa Maria dell'Anima**, der deutschen Nationalkirche. Der Haupteingang liegt in der Via della Pace 20. Den Eingang zum Pfarr- und Pilgerbüro der römisch-katholischen Gemeinde befindet sich um die Ecke, in der Via di S. Maria dell'Anima 60 (parallel zur Pzza. Navona; ✆ 06.6864160, ✆ 06.68195140). Am Schwarzen Brett sind hier die Veranstaltungen der Gemeinde angekündigt.

**Tipp**: Regelmäßig findet die Heilige Messe in deutscher Sprache in S. Maria dell'Anima statt: Außer im Juli und Aug. jeweils Mo–Fr um 18.45 Uhr, Sa und am Vorabend von Feiertagen um 18 Uhr; So und an Feiertagen 10 Uhr und 18 Uhr.

Regelmäßig werden auch Kirchenkonzerte und Kindergottesdienste veranstaltet.

▸ **Chiesa Nuova** (eigentlich *Santa Maria in Vallicella*): Gehen Sie den Corso Vittorio Emanuele II weiter in Richtung Tiber, so gelangen Sie zur Chiesa Nuova. Der „Neubau" wurde 1575 von Papst Gregor XIII. in Auftrag gegeben. Mehrfach änderte man die Pläne, bis schließlich 1590 die Kuppel und drei Jahre später auch das Gewölbe des Hauptschiffs fertig waren. Bemerkenswert ist das Bauwerk, weil es schon zehn Jahre nach seiner Einweihung als erste Kirche der gegenreformatorischen Bewegung eine neue hochbarocke Dekoration mit üppigem Stuck und vielen Fresken erhielt. Bis dahin waren die jesuitischen Kirchen eher karg. Manche Kunsthistoriker meinen, die Innenausstattung der Chiesa Nuova sei ein Vorbild für die Dekoration von Il Gesù (→ S. 434) und damit auch der anderen barocken Jesuitenkirchen gewesen. Es könnte aber auch sein, dass der sich wandelnde Zeitgeschmack zufällig hier erstmals bei der Gestaltung eines Kirchenraums zum Tragen kam. Bemerkenswert sind die geschnitzten und vergoldeten Orgeln und zwei sinnliche Heiligenbilder von **Rubens** im Chor.

▸ **La Terrina**: Vor der Kirche steht ein merkwürdiger Brunnen, der wegen seiner Form „Terrina", Suppenschüssel, genannt wird. Nachweislich stand er im 16. Jh. noch ohne Deckel auf dem Markt- und Hinrichtungsplatz Campo de'Fiori (→ S. 417). Da die Markthändler ihn wohl zur Kühlung ihrer Waren missbrauchten und immer wieder mit Abfällen verschmutzten, bekam er seinen steinernen Deckel. 1889 musste er dem Denkmal für Giordano Bruno Platz machen, war dann einige Zeit verschwunden und tauchte schließlich hier wieder auf. Weil der Wasserdruck an dieser Stelle nicht ausreichte, musste er leider halb im Pflaster versenkt werden, sodass man seine Eleganz kaum noch bemerkt.

*Essen und Trinken (siehe Karte S. 401)*

Es gibt sehr teure und manchmal auch gute Restaurants in dieser Gegend. Problematisch wird es, wenn Sie den Magen füllen möchten, ohne Ihre Reisekasse plündern zu müssen.

**Passetto (8)**, Via Zanardelli 14, ✆ 06.6879937. So Ruhetag. Ein klassisches Restaurant mit ordentlicher Küche und Weinkarte, das wegen seiner zentralen Lage, wenige Schritte vom nördlichen Zugang zur Pzza. Navona, gerne von Touristen besucht wird. Im Sommer kann man auch draußen sitzen. Menü 40 bis 50 €.

**Il Convivio Troiani (1)**, Vicolo dei Soldati 31, ✆ 06.6869432, www.ilconviviotroiani.com. So Ruhetag, sonst nur abends geöffnet (20–23 Uhr). Auf der Rückseite des Palazzo Altemps in einer engen, dunklen Gasse liegt das Restaurant der drei Brüder Troiani (zwei arbeiten im Service, einer in der Küche) mit der seit Jahren anerkannt besten Küche im historischen Zentrum Roms. Die Eleganz entspricht der hohen Preisklasse, der Service ist natürlich perfekt. Es gibt ein Tagesmenü und eine kleine zusätzliche Karte. Die Weinkarte mit großen nationalen, aber auch internationalen Weinen ist beachtlich. Es gibt ein kleines gemütliches Raucherzimmer, in dem man Zigarren und Digestifs bekommen kann. Reservierung ist notwendig. Tagesmenü um 90 €, beim Menü à la carte muss man mit 110 € rechnen.

**Hostaria dell'Orso (2)**, Via dei Soldati 25c, ✆ 06.668301192, www.hdo.it. So Ruhetag, sonst nur abends geöffnet (Do–Sa 20–3 Uhr auch Diskothek). Dieses feine Restaurant mit Pianobar und schicker Diskothek befindet sich in einem Turm mit Tiberblick aus dem 14. Jh., schwerer Holzbalkendecke und Freskenresten, wozu die modernen tomatenroten Ledersessel einen reizvollen Kontrast bilden. Über die Küche herrscht der international renommierte Starkoch Gualtiero Marchesi. Er bietet in der Regel vier Tagesmenüs mit jeweils vier Gängen von erstklassiger Qualität, die Gerichte sind mediterran leicht und kreativ. Die Weine sind sehr teuer, der Service könnte manchmal etwas aufmerksamer sein. Menü um 100 €.

**Il Primoli (5)**, Via dei Soldati 22, ✆ 06.68135112, www.ilprimoli.it. So Ruhetag. Sehr gute Küche mit Einflüssen der ligurischen Küste; man bekommt hausgemachte Nudeln, frischen Fisch, aber auch Fleischgerichte und Pizza. Menü um 35 €.

**L'Altro Mastai (27)**, Via G. Giraud 53, ✆ 06.688301296, www.laltromastai.it. So und Mo Ruhetag, sonst nur abends geöffnet. Dieses luxuriöse Restaurant gehört seit wenigen Jahren zu den besten Roms; der Service, die umfassende Weinkarte und die innovative, leichte Küche sind perfekt. Eine Reservierung ist erforderlich. Das aktuelle Tagesmenü kostet um 90 €, beim Essen à la carte muss man mit 100 € rechnen.

**Osteria Da Alfredo e Ada (17)**, Via dei Banchi Nuovi 14, ✆ 06.6878842. Sa und So geschlossen. Eine der im Zentrum nahezu ausgestorbenen, spartanisch schlichten römischen Osterien mit schlichten, deftigen Gerichten. Die Auswahl ist gering, doch dafür wird alles frisch und authentisch zubereitet (als Primo z. B. „rigatoni al sugo" – Röhrennudeln mit Tomatensoße, als Secondo „gli involtini" – Rindsrouladen), zum Dessert gibt es stets die etwas trockenen „ciambelline al vino" (feste Gebäckkringel, die mit Wein zubereitet werden), man tunkt sie am besten in den Hauswein. Menü um 20 €.

**Il Baffetto (41)**, Via del Governo Vecchio 114, ✆ 06.68612617. Nur abends geöffnet (18.30–1 Uhr). Fast jeden Abend das gleiche Bild: Eine große Menschenmenge auf der Via del Governo Vecchio wartet geduldig auf einen Platz in der Pizzeria Baffetto. Dabei ist der Raum gar nicht so klein, und über eine schmale Stiege geht es in den ersten Stock mit weiteren Tischchen. Im Sommer gibt's auch noch draußen Platz. Die Nachfrage ist berechtigt, denn die Pizze – dünner Teig und im Ofen bei offenem Holzfeuer gebacken – sind großartig und noch dazu preiswert. Wenn Sie nicht lange auf einen Platz warten wollen, sollten Sie sehr früh oder sehr spät kommen. Aber selbst Wartezeiten lohnen, Sie müssen sich dann zunächst beim Kellner bemerkbar machen. Der hat alle Wartenden genau im Blick und teilt die Plätze in gerechter Reihenfolge zu. Wegen des Andrangs ist dies natürlich kein Ort, um einen Abend zu verbringen. Wer gegessen hat, bekommt die Rechnung und wird sanft aber bestimmt zum Gehen aufgefordert. Pizza um 10 €.

**La Focaccia (16)**, Via della Pace 11. Ordentliche Pizza.

**Bloom (36)**, Via del Teatro Pace 30, ✆ 06.68802029, www.bloombar.it. So geschlossen, sonst nur abends geöffnet. Modernes, schickes Ambiente, im ersten Stock Sushi-Bar, nach 23 Uhr legen internationale DJs auf, dann liegt der Altersdurchschnitt der Gäste unter 30.

**Pizzeria La Montecarlo (45)**, Vicolo Savelli 12, ☎ 06.6861877, www.sevoinapizzadillo.com. Mo Ruhetag. Sehr beliebte Pizzeria im Zentrum. Pizza auf römische Art mit dünnem Teig und knusprig. Es gibt auch einige Primi und wenige Secondi.

**Montevecchio (11)**, Pzza. Montevecchio 22a, ☎ 06.6861319. Mo Ruhetag, sonst nur abends geöffnet. In einem Palazzo aus dem 17. Jh., gute, gehobene traditionelle Küche; im Sommer auch draußen. Menü um 40 €.

**Hostaria Da Francesco (28)**, Pzza. del Fico 29, ☎ 06. 6864009. Di Ruhetag. Typischer Familienbetrieb mit authentisch römischer Küche. Abends gibt es auch Pizza.

•*Tavola Calda/Enoteca/Winebar/Pub* **La Bevitoria Navona (22)**, Pzza. Navona 72. So Ruhetag. Direkt auf dem traumhaft schönen Platz werden in dieser Winebar Kleinigkeiten (warm/kalt, auch Pizza) und verschiedene offene Weine (z. B. Prosecco, Spumante, Weiß- und Rotweine) angeboten, und das noch nicht einmal zu überteuerten Preisen (im Gegensatz zu den meisten anderen gastronomischen Betrieben auf dem Platz). Preis um 20 bis 25 €.

**Jazz Café (7)**, Via Zanardelli 11/12 (die breite Straße, die vom nördlichen Ende der Pzza. Navona zum Ponte Umberto I führt, gleich rechts an der Straßenecke). Tägl. außer Mo 12–15.30 und 22.30–3 Uhr. Große American Bar mit Restaurant (kleine Karte, schnelle Gerichte), am Tresen sitzt man auf Bongos, und um Musik geht es hier auch hauptsächlich: häufig live gespielt, sonst DJs, jüngeres Publikum von Schülern bis Mitte 30.

**Monteforte ai Coronari (9)**, Via dei Coronari 180. Tägl. geöffnet. Ristorante/Winebar, die zwar sehr touristisch ist, aber man sitzt angenehm auf der Piazza, um ein Glas Wein zu trinken.

**Enoteca del Corso (29)**, Via Corso Vittorio Emanuele II 295, ☎ 06.68801594. So geschlossen. Kleine, elegante Enoteca mit guter Wein- und Spirituosenauswahl, aber auch anderen Spezialitäten (Essig, Senf, Öl). Bis 21 Uhr gibt es mehrere kleine Tagesmenüs für 12 €.

**Area 5 (30)**, Via dei Banchi Nuovi 52. Moderne, elegante Winebar direkt in der beliebten Flanierstraße, ideal zum Ausruhen und Schauen. Gute Salatauswahl, kleine Gerichte.

**Fluid (35)**, Via dei Banchi Nuovi 46, ☎ 06. 6832361, www.fluideventi.com. Coole Cocktail- und Winebar (man sitzt auf Plastik-Eiswürfeln), am späten Abend Live-Musik oder DJs, junges Publikum.

**Abbey Teatre (38)**, Via del Governo Vecchio 51/53. Irish Pub mit allem, was dazu gehört, einschließlich der Fernsehübertragung aller wichtigen Fußballspiele (bei manchen Spielen stehen die Zuschauer bis auf die Straße und es herrscht gespannte bis ausgelassene Stimmung).

**Enoteca Il Piccolo (39)**, Via del Governo Vecchio 74. Tägl 10.30 bis etwa 1 Uhr nachts geöffnet. Die kleine, sympathische Enoteca mit den wenigen Tischchen vor der Tür bietet mittags ein paar kleine schnelle Gerichte oder Snacks (Käse, Salami), gut sind die hausgemachten Dolci und die Waldbeeren-Bowle (Sangria ai frutti di bosco) oder der Heidelbeerwein (Mirtilino).

**Pizza Ciccia Bomba (40)**, Via del Governo Vecchio 76. Mi Ruhetag. Hübsches kleines Restaurant, zwar etwas touristisch, aber dennoch ordentliche, klassisch römische Küche, abends auch Pizza. Menü um 30 €.

**shaki restaurant (37)**, Via del Governo Vecchio 123/123 A, ☎ 06.68308796, www.shaki roma.com. Café, Restaurant, Cocktailbar, sehr modern gestylt, einige Plätze draußen an der beliebten Flanierstraße, ideal zum Ausruhen und Schauen. Frühstück ab 9.50 Uhr, durchgehend bis 2 Uhr nachts geöffnet.

**Cul de Sac (44)**, Pzza. Pasquino 73 (schräg gegenüber vom Palazzo Braschi, nur wenige Schritte von der Pzza. Navona entfernt), ☎ 06. 6880194. Tägl. geöffnet. Dieses war die erste Enoteca, die in den 1970er Jahren vom Verkauf offener Weine und Öl aus Fässern abkam, Flaschenweine ins Sortiment nahm und auch glasweise verkaufte. Dazu wurden Kleinigkeiten zu essen angeboten. Aus dieser Idee sind die heutigen Winebars entstanden. Cul de Sac ist seiner Tradition treu geblieben und bietet noch immer verschiedene kleine, kalte und warme Gerichte an (z. B. Lasagne, Suppen, Salate, Käse, Salami), Spezialität des Hauses ist die „gran misto di patè" und zum Nachtisch „crostata mandorle e arance" (kandierte Mandeln mit Orangen). Die Weinkarte ist wegen des Umfangs von rund 1.500 Etiketten und der Vielseitigkeit beeindruckend; helles freundliches Lokal. Das Mittagsmenü kostet um 30 €.

**Insalata Ricca (46)**, Pzza. Pasquino 72, gleich nebenan. Das vegetarische Schnellrestaurant gehört zu einer Kette in Rom.

**Navona Notte (23)**, Via della Pace 46. Eine Art einfaches Schnellrestaurant mit preiswerten Nudelgerichten (ab 17 Uhr), hauptsächlich junges Publikum.

**Bar, Ristorante del Fico (21)**, Via Monte Giordano 49, ☎ 06.6876880, www.ilfico.com. Bis Anfang 2007 noch an der Pzza. del Fico und eine der lebhaftesten Kneipen im Zentrum, ist Il Fico nun umgezogen und bietet als Restaurant nun auch italienische Küche.

**Jonathan's Angels (28)**, Via del la Fossa 16. Beliebter Pub.

**Winebar Giulio Passami l'Oliva (26)**, Via di Monte Giordano 28. Nur abends geöffnet.

•*Café/Bar/Gelateria* **Tre Scalini (25)**, Pzza. Navona. Mi geschlossen (→ S. 400).

**Dolce vita (18)**, Pzza. Navona 70, Café/Bar. Der Kaffee ist gut, mittags und abends gibt es kleine Gerichte (wegen der Lage natürlich sehr teuer, man bezahlt für das einzigartige Ambiente).

**Caffè Novecento (31)**, Via del Governo Vecchio 12, ☎ 06.6865242. Kaffee und Kuchen, klein und gemütlich.

**Caffè della Pace (20)**, Via della Pace 4-7.

Tägl. von 9 bis etwa 3 Uhr nachts geöffnet. Man sitzt hier sehr schön draußen, kann morgens frühstücken, tagsüber ist es ein gemütliches Café und abends eine beliebte Cocktailbar, in der sich schicke Römer und Römerinnen auf ein Glas treffen, plaudern, sehen und vor allem gesehen werden.

**Modo (24)**, Vicolo del Fico 3. Coole Live-Music-Bar (beim letzten Besuch total schwarze Deko), mit viel Live-Musik, DJs oder anderen Veranstaltungen; das Publikum ist überwiegend jünger als 30.

**Caffeteria Chiostro del Bramante**, Arco della Parce 5, links neben der Kirche Santa Maria della Pace, ☎ 06.68809035, www.chiostrodelbramante.it. Di-Fr 10-19.30 Uhr, Sa/So 10-15 Uhr. Das Café im Obergeschoss des von Bramante entworfenen Kreuzgangs ist herrlich ruhig und relativ günstig, also ideal für eine kleine Erholungspause. Kekse, Kuchen und süße Kleinigkeiten in der Vitrine, kleine Snacks (Salate, Sandwiches). Sa/So Brunch für 28 €.

*Einkaufen (siehe Karte S. 401)*

•*Mode/Secondhand* Die Via del Governo Vecchio bietet eine reiche Auswahl an extravaganter Damenbekleidung von überwiegend jungen Modedesignern, die meist noch keinen großen Namen haben. Es gibt auch eine Reihe, zum Teil spezialisierter, Secondhandläden. Hier nur eine kleine Auswahl an Empfehlungen, beim Bummeln entdeckt man sicher mehr:

**Morgana**, Via del Governo Vecchio 27. Ausgefallene, lässige Damenmode.

**Atelier 36**, Via del Governo Vecchio 36. Boutique, kreative Damenmode.

**Arsenale**, Via del Governo Vecchio 63/ 64. Ausgefallene, junge Damenmode.

**Midali (43)**, Via del Governo Vecchio 105. Designer-Damenmode.

**Tempi Moderni**, Via del Governo Vecchio 107. Alter Modeschmuck.

**Amerikanischer Modeschmuck (14)** aus den 1940er und 1950er Jahren. Via dei Banchi Nuovi 2.

**Daniele Alessandrini (19)**, Corso del Rinascimento 56. Nur die aktuelle Mode der Marke Alessandrini für Damen und Herren.

•*Kunst/Antiquitäten/Stiche/ Geschenkideen* Die Hauptstraße der Antiquitätenhändler ist die Via dei Coronari. Man findet hier museale Stücke (aber auch viele Fälschungen) von Barockmöbeln bis zu 1970er-Jahre-Design, allerdings nicht zu Schnäppchenpreisen.

**Marmi Line (10)**, Via dei Coronari 113, 141. Marmorarbeiten, von kleinen Obstnachbildungen bis zu Kolossalstatuen.

**Navona Antiquariato (13)**, Pzza. Navona 52. Antiquitäten, aber auch neues Nachgemachtes und kuriose Kleinigkeiten.

**Nardecchia (33)**, Pzza. Navona 25. Große Auswahl an Stichen und Handzeichnungen (teuer).

**Più Sale (34)**, Via del Governo Vecchio 20/a. Moderne Designeraccesoires.

•*Lebensmittel* **Di per Di (32)**, Supermarkt, Via Corso Vittorio Emanuele II 200.

**Pasticceria La Deliziosa (42)**, Vicolo Savelli 50. Feine Torten, Kuchen.

• *Sonstiges* **Ai Monasteri (12)**, Via Corso Rinascimento 72 (Ecke Via S. Giov. d. Arco), www.monasteri.it. 10–13 und 15–19 Uhr, Do nachmittags geschlossen. Unterschiedlichste Waren, die ausschließlich in verschiedenen Klöstern hergestellt wurden, wie z. B. frische Schokolade, naturreiner, geschleuderter Bienenhonig, handgeschöpfte Seifen und Kräuterschnäpse und andere Naturprodukte. Eine Spezialität des Hauses ist "Grappa al tartufo bianco" (Grappa mit weißen Trüffeln).

**Codocnotto (3)**, Via dei Pianellari 14. Von filigranen Blumen bis zu Motorrädern wird hier alles in Holz kopiert.

• *Internet* **Internet Point (47)**, Pzza. di San Andrea delle Valle, Ecke Corso Vittorio Emanuele II.

*Roms malerischster Markt: der Campo de'Fiori*

# Um den Campo de'Fiori

In dem mittelalterlichen Handwerkerviertel mit engen, dunklen Gassen und der wunderschönen, schnurgeraden Königin der Straßen, der Via Giulia, stößt man überraschend auf Plätze mit mächtigen Palästen. Im Zentrum liegt der wohl stimmungsvollste Platz Roms, der sich vom Marktplatz am Vormittag zu einer lebhaften Freiluftkneipe ab dem frühen Abend bis spät in die Nacht entwickelt.

## Der Campo de'Fiori

Auch wenn es hier heute zwei Blumenstände gibt, ist der Name „Campo de'Fiori" schon lange nicht mehr ganz treffend. Er stammt von der Blumenwiese, die sich an dieser Stelle ausbreitete, lange bevor Anfang des 15. Jh. die Bebauung dichter wurde und man den Platz schließlich pflasterte. Heute duftet es kaum nach Blumen, am wenigsten in der Nähe der Fischstände, die wahrhaft eindrucksvolle Fänge darbieten. Aber auch die riechen nicht unangenehm, denn auf diesem ältesten und beliebtesten Markt Roms ist die Ware stets besonders frisch. Für leuchtende Farben sorgen die appetitlich präsentierten, vielfältigen Obst- und Gemüsesorten aus ganz Italien. Die durchweg makellose Qualität lässt Hobby- wie Profiköche ins Schwärmen geraten. Für diese exzellenten Produkte sind die Römer auch bereit, höhere Preise als sonst in der Stadt zu zahlen. Der Campo de'Fiori bietet zu all dem auch ein einzigartiges Flair mit seiner Kulisse aus schmalen, mittelalterlichen Fassaden in kürzlich restaurierten zarten Pastelltönen. Werktags rattern schon vor Sonnenaufgang die Gemüsekarren herbei, aus Stangen, Brettern und Zeltplanen werden scheppernd Stände gebaut. Im Morgengrauen erscheinen auch schon die ersten Kunden, darunter ein paar Köche der teuren Restaurants auf der Suche nach den besten Stücken. Im Laufe des Vormittags wird es voll und es kommen immer mehr Touristen, doch die Römer stört das kaum. Unbeeindruckt lassen sie sich von den Händlern ausführliche Zubereitungstipps geben, was schnell zu lautstarken Diskussionen mit der übrigen Kundschaft führen kann, die entweder Rezeptvarianten beisteuert oder drängelt, weil es mal wieder nicht voran geht. Daran, dass die gestenreichen Gespräche und bunten Marktstände beliebtes Fotomotiv sind, hat man sich gewöhnt, wie auch an die leider zunehmenden Stände mit Souvenirs und bunten T-Shirts, die schon einige alteingeführte Händler verdrängt haben. Die verbliebenen profitieren auf ihre Art von den Fremden und schmuggeln den Unaufmerksamen unter ihnen gelegentlich minderwertige Qualität in die Obsttüte. Ab Mittag wird's lauter, wenn die Marktleute mit heiseren Stimmen die Schleuderpreise für ihre restliche Ware ausrufen. Es soll möglichst alles weg, denn am nächsten Tag verlangt die verwöhnte Kundschaft Frisches. Kurz nachdem die Stände abgebaut sind, spritzen die Müllmänner das Pflaster sauber, die Restaurants ringsum füllen sich zum Mittagessen und auf dem Platz lassen sich müde Touristen zum Picknick nieder.

Am späten Nachmittag stehen die Bars und die Plätze draußen vor den Cafés hoch im Kurs, wo man einen ersten Aperitif nimmt, dem regen Leben ringsum zuschaut und die herrliche Atmosphäre genießt. Gegen Abend erscheinen Blumenverkäufer und Händler mit Bauchläden voller Feuerzeugen oder anderem Krimskrams. An Ständen gibt es wassergekühlte Stücke von Melonen und Kokosnüssen, aus denen stundenlang fast jeglicher Geschmack herausgewaschen wurde. Wieder füllen sich die Restaurants. Je später es wird, desto mehr Nachtschwärmer erscheinen. Selbst nach Mitternacht ist ein Sitzplatz draußen vor den Kneipen sogar im Winter nur mit Glück zu ergattern. **Jugendliches Partyvolk** steht in Grüppchen beieinander, erzählt, knüpft Kontakte oder plant den weiteren Verlauf der Nacht. Erst ab 2 Uhr, wenn die meisten Bars und Kneipen schließen, wird es ruhiger, bis zwischen 4 und 5 Uhr die Müllabfuhr laut scheppernd die Abfallkörbe mit unzähligen Flaschen leert. Und bald danach nähern sich wieder die Karren der Marktleute.

Auf dem Campo de'Fiori war auch schon früher stets etwas los und laut ging es dabei auch immer zu. Schon vor etwa 500 Jahren gab es in diesem dicht bewohnten, volkstümlichen Viertel Bordelle und finstere Spelunken, die billigen Wein und billige Weiber feilboten. Prügeleien zwischen berauschten Kutschern und Handwerkern gehörten dazu. Am meisten los aber war, wenn die heilige Inquisition die Abweichler von der reinen Glaubenslehre und Hexen oder andere Personen, die verdächtigt waren, mit dem Teufel im Bund zu stehen, den weltlichen Strafvollstreckern auslieferte, um sie auf dem Campo de'Fiori den reinigenden Flammen des **Scheiterhaufens** zu übergeben. Die Henker hatten viel zu tun und für die Bevölkerung waren die Hinrichtungen Nervenkitzel und schaurige Abwechslung, die sich niemand entgehen lassen wollte. Da war Volksfeststimmung, wie bei den Vorfahren im antiken Circus.

In den frühen 1970er Jahren trafen sich die Hippies aus aller Welt auf dem Platz, dessen umgebende Häuser damals noch sehr marode waren. Alles soll von aufsteigenden Marihuana-Wolken vernebelt gewesen sein, begleitet von zupfenden Gitarrenklängen. 20 Jahre später kamen die Punks mit ihren farbenfrohen,

Rom – Um den Campo de'Fiori
Karte S. 420/421

bizarren Frisuren und allerlei martialisch aussehendem Metall an Kleidung und im Gesicht. Sie tranken Bier aus Dosen und pöbelten herum, wenn man ihnen nicht die erbetenen Lire-Scheine gab. Und seit ein paar Jahren überwiegt nun das mehr oder weniger schicke junge Partyvolk aus der ganzen Welt.

In all der Geschäftigkeit steht ungerührt das Denkmal für den Mönch **Giordano Bruno**, der hier in den frühen Morgenstunden des 17. Februar im Heiligen Jahr 1600 als Ketzer lebendig verbrannt wurde. Man sieht ihn, wie er kurz vor seiner Hinrichtung mit gesenktem Kopf und düsterem Blick eine seiner beanstandeten Schriften fest in der Hand hält.

Genau an der Stelle des Scheiterhaufens errichtete man ihm 1889 das Bronzedenkmal, provokant zum Vatikan hin ausgerichtet. Erst nach dem Sieg über den Kirchenstaat, als der Papst alle weltliche Macht an das neue vereinigte Königreich Italien abgeben musste und sich in den Vatikan zurückzog, war es möglich, an die Verbrechen der Inquisition zu erinnern. (Bis heute verwehrt der Vatikan Einblick in Giordano Brunos Prozessakten.)

### Giordano Bruno (1548–1600)

Giordano Bruno trat bereits mit 15 Jahren in den Dominikanerorden ein. Schon bald kamen ihm Zweifel am Christentum, und auch seine Überlegungen zur Philosophie und Astronomie widersprachen der herrschenden katholischen Lehre. Als die Inquisition ihn 1576 verhaften wollte, konnte er gerade noch rechtzeitig fliehen. In den folgenden Jahren lehrte er an deutschen Universitäten sowie in Frankreich und England. In ganz Europa waren seine Schriften und sein Weltbild von einem unendlichen, alllebendigen Universum bekannt. In seinem Buch *De immenso (Von der Unermesslichkeit)* schrieb er 1591: *„Es ist ausgesprochen töricht, zu glauben, es gäbe keine anderen Lebewesen, keine anderen Sinne, keine anderen Intelligenzen, als sie unseren Sinnesorganen erscheinen."* Erst sehr viel später bestätigten Astronomen z. B. Brunos Theorie von den Fixsternen als Zentren anderer Planetensysteme. 1592 fiel er der Inquisition doch noch in die Hände. In Venedig machte man ihm den Prozess, auf den eine achtjährige Kerkerhaft folgte. In einem zweiten Prozess vor der Inquisitionsbehörde in Rom weigerte er sich, seinen Lehren abzuschwören und sich der Kirche zu unterwerfen. Papst Clemens VIII. sah sich herausgefordert und setzte zu Beginn des Heiligen Jahres ein deutliches Zeichen gegen abtrünnige Thesen: Am 8. Februar 1600 bestätigte er persönlich das Todesurteil gegen Giordano Bruno. Der soll bei der Verkündung nur erwidert haben: *„Ihr verhängt das Urteil vielleicht mit größerer Furcht, als ich es annehme."* Neun Tage später verbrannte man ihn mitten auf dem Campo de'Fiori.

## Die Gassen um den Campo de'Fiori

Gleich in der Nähe fand ein weiterer Prominenter, der seiner Zeit voraus war, einen gewaltsamen Tod: Etwa dort, wo sich heute der Palazzo Orsini Pio befindet (am Ende des Campo de'Fiori, zwischen Via dei Giubbonari und Piazza di Biscione), stand einst das **Theater des Pompeius**, an das sich ein Versammlungsort des Römischen Senats anschloss. Auf den Eingangsstufen dieses Gebäudes erdolchten konservative Senatoren am 15. März des Jahres 44 v. Chr. den Staatsmann und erfolgreichen Militärstrategen Julius Caesar, der kurz davor war, die Alleinherrschaft an sich zu reißen, den Senat zu entmachten und die Republik abzuschaffen (→ S. 165).

Folgen Sie von der Piazza di Biscione aus rechts der Via Grotta Pinta, erkennen Sie am gebogenen Straßenverlauf einen Teil des Halbrunds der Tribünen. Die Häuser stehen auf deren Fundamenten und die Fläche der Via Grotta Pinta gehörte zur Bühne des antiken Pompeius-Theaters. Von den Mauern selbst ist nichts mehr zu sehen. Nur in manchen Kellern sind Reste der Fundamente erhalten, wie z. B. im Frühstücksraum des Hotels Teatro di Pompeo am Largo del Pallaro.

*Giordano-Bruno-Denkmal auf dem Campo de'Fiori*

Die Gegend um den Campo de'Fiori mit den hohen, eng beieinander stehenden Häusern in dunklen Gassen war seit dem Mittelalter von **Handwerkern** geprägt. Die Straßennamen erinnern noch daran. So war z. B. die Via dei Chiavari die Straße der Schlüsselmacher, die Via dei Baulari die Straße der Koffermacher, die Via dei Giubbonari die Straße der Jackenschneider und die Via del Cappellari die Straße der Hutmacher.

Bis vor Kurzem reihten sich in der **Via dei Cappellari** und der **Via del Pellegrino** die Trödler und Schreiner aneinander. Da es in den meist voll gestopften Werkstätten viel zu eng war, wurde auf der Gasse gearbeitet, gelagert, gehandelt und ausgestellt. Es roch nach frischem Holz, nach Leim und Beize. Antiquitäten wurden restauriert oder gleich komplett neu gefertigt. Seit aber immer mehr Prominente und vermögende Unternehmer den Flair des Viertels genießen und sich die oberen Etagen der pittoresken Häuser zu luxuriösen Appartements umgebaut haben, tropft immer weniger Wäsche über den engen Gassen. Die Mieten sind in absurde Höhen gestiegen und haben schon viele einfache Läden und Handwerker verjagt. Nachgezogen sind edle Boutiquen, Kunstgalerien und schicke Winebars.

Eine der beliebtesten und lebendigsten Einkaufsstraßen ist die glücklicherweise zur Fußgängerzone erklärte **Via dei Giubbonari**, die den Campo de'Fiori mit der stark befahrenen Via Arenula verbindet. Hier bekommt man bezahlbare Mode, viele Silberwaren und bei *Roscioli* (Nr. 21) herrlichen Schinken, Käse, Wein und andere Spezialitäten (→ Serviceteil). Zwischen den vielen Geschäften befindet sich das an den überklebten Plakaten leicht erkennbare Parteibüro der DS (Democratici di sinistra), der Linkspartei. Der alte Name der Kommunistischen Partei Italiens (PCI) ist auch noch auf der Fassade erkennbar. Die Institution einer typisch römischen Variante des Fast Food begegnet Ihnen am stimmungsvollen Largo dei Librari, wo man bei *Er filettaro* herrlichen frittierten Stockfisch von der Serviette direkt aus der Hand isst (→ Serviceteil). Früher war hier der Platz der Buchhändler. Deren Bruderschaft erhielt 1601 die kleine angrenzende Kirche **Santa Barbara dei Librari** (geweiht 1306).

Weitere Juweliere und Silberschmiede findet man in der abzweigenden Via del Arco del Monte und deren Verlängerung, der Via Pettinari, die am Ponte Sisto, der Brücke nach Trastevere endet.

▶ **Palazzo della Cancelleria:** An die nördliche Ecke des Campo de'Fiori grenzt der gewaltige Bau der Cancelleria an, der das gesamte Straßengeviert zwischen Corso Vittorio Emanuele II und Via del Pellegrino einnimmt. Hier sitzt heute der Päpstliche Gerichtshof, der unter anderem über die Annullierung einer Ehe und somit über die einzige Möglichkeit der Trennung nach Kanonischem Recht entscheidet. Da Scheidungen nach Kirchenrecht nicht anerkannt werden, ist dies die Voraussetzung für eine weitere Trauung durch einen katholischen Priester.

Den riesigen Palast ließ sich ab 1483 Kardinal Raffaele Riario mit finanzieller Unterstützung seines Onkels, Papst Sixtus IV. (1471–84), und dank beträchtlicher Spielgewinne bauen. Dass zu diesem Zweck eine ehrwürdige Basilika aus dem 4. Jh. abgerissen werden musste, war bei den guten Kontakten des Bauherrn kein größeres Problem. Als Ersatz ließ er eine neue Kirche (San Lorenzo in Damaso), die ihm als Hauskapelle diente, so in seinen Palast einpassen, dass sie von außen nicht erkennbar ist.

Bei seiner Fertigstellung im Jahr 1495 war dies der spektakulärste Palastbau

seit der Antike und richtungsweisend für die römische Architektur. Die lange, 13-achsige Fassade besteht aus Travertinblöcken, die von den Tempeln des Forum Romanums und vom Kolosseum stammen. Der Erdgeschossbereich ist mit schmalen Bogenfenstern als Sockel gestaltet. Darauf ruht der Piano Nobile, mit Pilastern regelmäßig gegliedert. Das folgende zweite, etwas niedrigere Obergeschoss mit eckigen Fenstern und kleinen Mezzaninfenstern darüber, nimmt die Gliederung auf. Den Abschluss bildet ein breit überstehendes Gesims. Eine solche Aufteilung fand zur damaligen Zeit Vorbilder in Florenz, doch waren sie

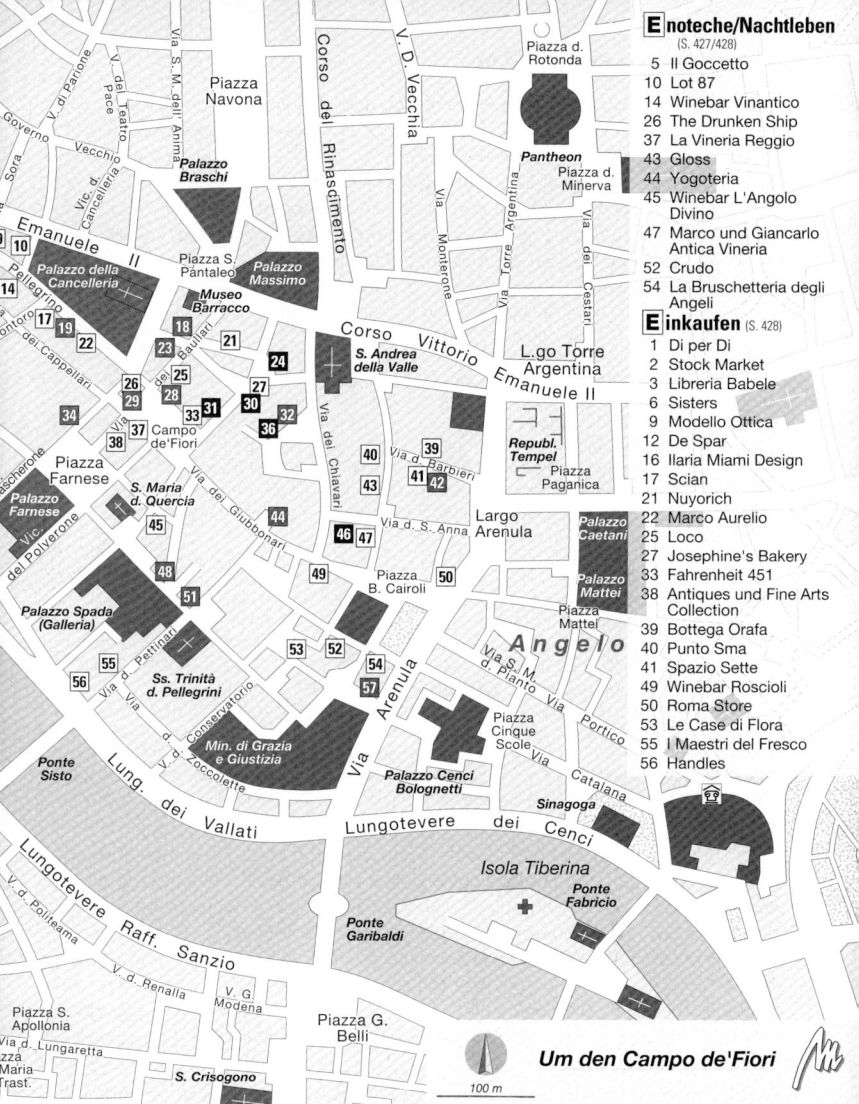

**E noteche/Nachtleben**
(S. 427/428)

5 Il Goccetto
10 Lot 87
14 Winebar Vinantico
26 The Drunken Ship
37 La Vineria Reggio
43 Gloss
44 Yogoteria
45 Winebar L'Angolo Divino
47 Marco und Giancarlo Antica Vineria
52 Crudo
54 La Bruschetteria degli Angeli

**E inkaufen** (S. 428)

1 Di per Di
2 Stock Market
3 Libreria Babele
6 Sisters
12 De Spar
16 Ilaria Miami Design
17 Scian
21 Nuyorich
22 Marco Aurelio
25 Loco
27 Josephine's Bakery
33 Fahrenheit 451
38 Antiques und Fine Arts Collection
39 Bottega Orafa
40 Punto Sma
41 Spazio Sette
49 Winebar Roscioli
50 Roma Store
53 Le Case di Flora
55 I Maestri del Fresco
56 Handles

*Um den Campo de'Fiori*

100 m

dort sehr viel bescheidener. In Rom kannte man so einen Bau noch nicht. Die Ideen wurden danach vielfach kopiert und weiter entwickelt. Spektakulär ist auch der große Innenhof, der ringsum mit doppelstöckigen Arkaden filigran gegliedert ist.

▸ **Palazzo Farnese**: Einen krassen Kontrast zur engen mittelalterlichen Bebauung in der Umgebung bildet auch der Palazzo Farnese zwischen Campo de'Fiori und Tiber. Den Stadtpalast dieser mächtigen Fürstenfamilie (→ „Caprarola", S. 635) ließ Alessandro Farnese (1468–1549), der spätere Papst Paul III., erbauen. Unter anderem trug auch Michelangelo dazu bei, dass der Palast eines der schönsten Renaissancebauwerke Italiens wurde. Heute wird er stark bewacht, denn die französische Botschaft hat hier ihren Sitz. Für die Öffentlichkeit ist er deshalb nicht zugänglich. Eine Besuchserlaubnis wird nur in Ausnahmefällen auf schriftlichen Antrag erteilt. Wenn es im Winter früh dunkel ist, kann man immerhin von außen durch die hell erleuchteten Fenster im ersten Stock etwas von der prachtvollen Ausstattung erahnen.

Als **Alessandro Farnese** 1534 zum Papst gewählt wurde, war ihm klar, dass er die Tiara nicht wie eine Königskrone vererben konnte. So musste er die verbleibende Zeit nutzen. Den Stadtpalast ließ er für die Familie bauen, um die fürstliche Macht gegenüber künftigen Päpsten zu demonstrieren und zu sichern. Das ist mit dem bis heute anmaßend wirkenden Palazzo auch gelungen.

Offenbar war die Innenausstattung noch nicht ganz fertig, als Papst **Clemens VIII.** (1592–1605) im April 1594 den Wunsch äußerte, im Sommer ein Weilchen im Palast der Farnese zu residieren.

Dieser Tugendbold, der mit seinen übertriebenen Moralvorstellungen die Stadt tyrannisierte und sich das Ziel gesetzt hatte, in der Kunst „alles Nackte" zu beseitigen, war in der Familie Farnese überaus unbeliebt. Nicht genug, dass der Papst als Emporkömmling aus einer Familie ohne Adel und Vergangenheit stammte, er hatte es zudem gewagt, sogar die Figuren am Grab des Farnesepapstes in der Peterskirche als unzüchtig zu beanstanden(→ S. 513).

Odoardo Farnese (1573–1626) sann deshalb darauf, diesem kleinkarierten, bigotten Papst die in seiner Familie traditionell geübte Freiheit der Sitten mit einer demonstrativen Geste ins Gesicht zu schleudern. Allein um den Papst zu ärgern, beauftragte er die Brüder **Annibale** und **Agostino Caracci**, die Decke der Galerie im ersten Stock mit den heiteren und sehr freizügigen „*amori degli dei*", den Liebschaften der antiken Götter, ausmalen zu lassen. Die Arbeiten zogen sich hin, und um den Zwist nicht weiter eskalieren zu lassen, ließ er allzu deftige Szenen dann doch mit Schleiern abgedeckt. Der Papst muss wohl von Odoardos Absichten und den Fresken erfahren haben, denn er sagte seinen Besuch in dem damals schönsten Palast der Stadt schlicht ab.

Die gewünschte Brüskierung des päpstlichen Tugendwächters war zwar fehlgeschlagen, doch ganz umsonst war der Aufwand nicht, denn das Gemälde war gelungen und die Familie konnte sich daran erfreuen.

Einen Blick auf den herrlichen Garten kann man durch ein Tor an der Rückseite des Palastes an der Via Giulia werfen. Die mächtige Wirkung der Hauptfassade kommt durch den ausgedehnten Vorplatz (Piazza Farnese) mit den beiden **Brunnen** besonders gut zur Geltung. Sie sind beide absolut identisch und unterstreichen noch einmal die Symmetrie der Fassade und des Platzes. Es sind übrigens antike Granitbadewannen aus den Caracalla-Thermen, also Gebrauchsgegenstände, die ursprünglich keinerlei künstlerischen Wert hatten. Die *Schale mit der Lilie* aus dem Wappen der Fürsten Farnese wurde natürlich erst später als Schmuck hinzugegeben.

▶ **Palazzo Spada**: Nur wenige Schritte vom Palazzo Farnese entfernt erreichen Sie den Palazzo Spada. Obwohl er wie der Palazzo Farnese im 16. Jh. erbaut wurde, wirkt er viel weniger streng. Seine manieristische Fassade in Richtung der kleinen Piazza della Quercia ist reich mit Stuck verziert. Der Übergang von der Renaissance zum Barock kündigt sich an. Sie sollten unbedingt durch das Tor in den Innenhof gehen. Die frisch renovierten Wände sind wie die Fassade mit vielen Statuen reich geschmückt.

Ein besonders hübsches Kuriosum sehen Sie links durch die Glastür eines Arbeitsraumes in dem sich dahinter befindenden **Orangengarten**. Es ist wieder einmal ein Beweis für **Borrominis** Fantasie: Von dem kleinen Hof mit Orangenbäumen führt eine scheinbar lange Säulengalerie mit mächtigem Tonnengewölbe auf einen anderen Hof mit einer Skulptur im Zentrum. In Wirklichkeit ist der Hof nur ein enger Lichtschacht. Die Kolonnade misst gerade mal 8,58 m, und die Figur erreicht noch nicht einmal einen Meter Höhe. Borromini hat beim Bau seiner **Prospettiva** (1632–35) die Gesetze der perspektivischen Verkürzung perfekt ausgenutzt. Die Säulen des trichterförmigen Gangs werden zum Ende hin immer kleiner, dadurch wirkt die Galerie sehr viel länger. Um die optische Täuschung zu entlarven, muss man den Gang vom Garten aus betreten: Fast scheint man zu wachsen, bzw. die Architektur zu schrumpfen.

Im zweiten Stock des Gebäudes ist die **Galleria Spada** zu besichtigen. Sie umfasst vier Säle. Eine Übersicht auf Italienisch und Englisch liegt für jeden Saal aus.

Karte S. 420/421

Rom – Um den Campo de'Fiori

Die 187 Bilder gehörten zu einer Privatsammlung und sind mit großem Sachverstand ausgewählt. Die überwiegend barocken Motive stellen Landschaften, Schäferszenen, Porträts und Schlachten dar. Berühmte Maler wie Tintoretto, Tizian, Reni, Gentileschi, Jan Breughel der Ältere, Jan van Scorel und ihre Schüler sind hier vertreten. Die Bilder werden in „Fürstenhängung", d. h. in mehreren Reihen übereinander, präsentiert. Zwar beeinträchtigt das ein intensives Betrachten, doch dafür wird ein authentischer Eindruck dieser typischen Repräsentationsräume vermittelt. Allein schon die Räumlichkeiten mit poliertem Ziegelboden und prächtigen Deckengemälden sind sehenswert.

Neben den Bildern sind auch sehr schöne Muranoglasleuchter, eine Bernini zugeschriebene Kopie des Kopfes von Laokoon und einige antike Büsten zu sehen.

●*Eingang* Pzza. Capo di Ferro 13 oder Vicolo del Polverone 15.

●*Öffnungszeiten* Mo geschlossen (ebenso am 1. Jan. und 25. Dez.), sonst 8.30–19.30 Uhr, Einlass bis 19 Uhr. Die Prospettiva (im Innenhof links) ist stündlich nur für ca. 15 Min. geöffnet (Einzelheiten an der Kasse erfragen).

● *Eintritt* 5 €; für EU-Bürger von 18–25 Jahre und Lehrer aus der EU 2,50 €; für EU-Bürger unter 18 und über 65 Jahre, für europ. Studenten und Professoren der Fachrichtungen Kunst, Kunstgeschichte und Architektur, sowie Schulklassen mit Reservierung Eintritt frei. Alle Vergünstigungen nur gegen Nachweis der Voraussetzungen.

● *Information/Reservierung* ✆ 06.6832409 oder 06.6874896; Buchungen für Gruppen ✆ 0039.06.32651329; Buchung einer Führung ✆ 0039.06.8555952, ✆ 06.22582493. Buchung auch möglich unter www.ticketeria.it; Informationen unter www.galleriaborghese.it.

▶ **Via Giulia:** Hinter dem Palazzo Spada und dem Palazzo Farnese ließ Papst Julius II. (1503–13) die schnurgerade, nach ihm benannte Via Giulia quer durch das mittelalterliche Gewirr von winzigen Gässchen schlagen, um einen neuen Prozessionsweg nach St. Peter und dem Vatikan zu schaffen. Sie beginnt nahe dem Ponte Principe Amedeo und endet einen knappen Kilometer weit entfernt am Ponte Sisto. Es ist schwer zu beschreiben, was den besonderen Reiz dieser Straße ausmacht, die auch *„Königin der Straßen"* genannt wird. Sie ist eigentlich keine Touristenattraktion, kein Einkaufsparadies und keine Prachtstraße. Wer die Via Giulia entlanggeht, spürt aber etwas vom Rom dieser Zeit: Große Palazzi mit schweren Eisengittern säumen die Straße. Von Dachgärten und Gartenmauern herabhängende Pflanzen sorgen für Abwechslung, durch geöffnete Tore erkennt man herrliche Innenhöfe. Mal lockern Kirchenfassaden oder winzige Stichstraßen das Bild auf. Hinter den alten Fassaden verbergen sich zum Teil schicke Stadtwohnungen, vornehme Kunstgalerien und teure Antiquitätengeschäfte, doch Letztere fallen kaum auf und stören das stille Bild nicht.

An der Rückseite des Palazzo Farnese kann man in den Garten schauen. Eine kleine Brücke verbindet den Palazzo mit der gegenüberliegenden Kirche. Lange Pflanzenranken hängen fast bis auf die Fahrbahn herunter und bilden beinahe einen Vorhang am Eingang dieser Straße. An der Kirche deutet ein Skelett auf eine Tafel mit der Inschrift: *„hodie mihi, cras tibi"* (heute mir, morgen dir). Im Keller der Kirche sind zahlreiche weitere (diesmal echte) Skelette aufgestapelt.

Ein **Brunnen** gehört natürlich auch hierher: ein etwas dümmlich dreinschauendes Gesicht, aus dessen Mund Wasser rinnt (*Fonte Mascherone* – Brunnen der großen Maske).

▶ **Museo di Criminologia:** Das kleine Kriminalmuseum, wenige Schritte von der Via Giulia entfernt, veranschaulicht die Entwicklung des Strafvollzugs auf italienischem Boden.

Der erste Abschnitt beschäftigt sich mit dem Erfindungsreichtum, mit dem Menschen gequält wurden: Stiche schildern grausame Verhör- und Hinrichtungsmethoden, man sieht eine eiserne Jungfrau (das ist ein mit Nägeln gespickter aufklappbarer Kasten) und einen eisernen Ochsen, in dessen Bauch ein Delinquent gesteckt wurde, bevor man darunter Feuer entzündete, was den Effekt eines Gartopfes hatte. Dagegen nimmt sich der ausgestellte Pranger geradezu harmlos aus. Man sieht auch Skelette mit Eisenfesseln, die man eingemauert hinter Wänden gefunden hat. Modelle veranschaulichen an kleinen Püppchen unterschiedlichste Hinrichtungsarten, wie z. B. eine Vierteilung. Schließlich findet sich hier auch die Guillotine, mit der die Justiz des Kirchenstaates in späterer Zeit gearbeitet hatte. Ein letztes Mal kam sie am 9. Juli 1870 zum Einsatz.

Im **ersten Stock** geht es um frühe Gefängnisbauten, die auf Stichen abgebildet sind, um Uniformen, Asservate und die Anfänge der Kriminaltechnik. Der **zweite Stock** beschäftigt sich mit der modernen Entwicklung. Man sieht Fotos aus Gefängnissen und Gefängniswerkstätten, beschlagnahmte Waffen der Mafia und des politischen Terrorismus, Waffenattrappen, manipulierte Spielkarten und illegales Tätowierwerkzeug aus den Gefängnissen. Interessant ist auch ein präparierter Koffer, mit dem ein Spion nach Kairo eingeschleust werden sollte. Er wurde 1964 bei einer Zwischenlandung auf dem römischen Flughafen entdeckt.

• *Eingang* Via del Gonfalone 29 (zweigt von der Via Guiulia ab).

• *Öffnungszeiten* So, Mo und an Feiertagen geschlossen, Di–Sa 9–13 Uhr, Di und Do zusätzlich 14.30–18.30 Uhr.

• *Eintritt* 2 €.

• *Information/Reservierung für Gruppen* ☎ 06.68300234 oder museo.criminologico@giustizia.it.

▶ **Museo Barracco:** Nördlich des Campo de'Fiori, am Corso Vittorio Emanuele II (Nr. 168, Ecke Via dei Baullari), steht ein weiterer Renaissancepalast, die **Piccola Farnesina**, in der das Museo Barracco untergebracht ist. Den kleinen Palast ließ sich ein französischer Würdenträger bauen. Die Lilie Frankreichs ist deshalb ein immer wiederkehrendes Ornament.

Im Inneren sind auf zwei Stockwerken antike Skulpturen und Reliefs ausgestellt. Es sind größtenteils Fragmente von Originalen, die in der Antike aus allen Mittelmeerländern nach Rom importiert wurden, um Kaiservillen und Prunkbauten auszuschmücken.

Im **ersten Stock** sind Werke griechischer, ägyptischer, assyrischer und phönizischer Kunst ausgestellt (interessant z. B. der Kopf des Pharao Ramses II., eine Sphinx, Reliefs mit Schriftzeichen und verschiedene Büsten). Der Raum von der Treppe aus gesehen links beherbergt etruskische Fundstücke aus Latium und Zypern.

Im **zweiten Stock** sind überwiegend griechische Plastiken aus der Zeit des 6. bis 3. Jh. v. Chr. zu sehen. Besonders erwähnenswert sind ein kleiner Kopf der Athene, ein Kopf der Minerva, eine verwundete Hündin, die Sitzstatue eines Philosophen ohne Kopf und viele Fragmente von Statuen, Bildern und Mosaiken. Sehenswert sind auch die reich bemalten Holzdecken der Räume.

Nicht ohne weiteres zugänglich sind die Reste eines Hauses aus dem 4. Jh. unter dem Palazzo. Bitten Sie einen Museumswächter, Ihnen die **Ausgrabungen** („scavi") zu zeigen. Der Eingang befindet sich im Eingangshof rechts. Man sieht Reste von Fresken aus dem 4. Jh. n. Chr. und Teile des Marmorbodens sowie einige Säulenstümpfe vom antiken Haus.

Ein Besuch lohnt für den, der sich besonders für antike Kunst interessiert und dabei auch Fragmente in Kauf nimmt (Öffnungszeiten Di–Sa 9–19 Uhr. Eintritt 3 €).

*Essen und Trinken (siehe Karte S. 420/421)*

**Renato e Luise (42)**, Via dei Barbieri 25, ☎ 06.6869660. Mo Ruhetag, sonst nur abends geöffnet. Geschmackvoll eingerichtetes Mittelklasse-Restaurant mit einer süditalienisch beeinflussten, sehr ordentlichen Küche. Es gibt interessante Tagesgerichte, zu empfehlen ist zu Beginn das sehr gute „bruschetta". Es ist häufig voll (auch viele Touristen), eine Reservierung ist daher empfehlenswert. Menü um 35 €.

**Der Pallaro (32)**, Largo del Pallaro 15, ☎ 06.68801488. Mo Ruhetag. Eine der wenigen noch existierenden schlichten römischen Trattorien mit deftiger, einfacher Hausmannskost. Selbst eine Speisekarte gibt es nicht, das jeweilige Tagesmenü ist immer gut und typisch römisch. Dazu trinkt man den weißen Hauswein, er passt genau. Menü für 20 €.

**Grappolo d'Oro (23)**, Pzza. della Cancelleria 80/84 (zwischen Campo de'Fiori und Corso Vittorio Emanuele II), ☎ 06.6897080. Di und Mi Mittag geschlossen. Moderne, freundliche Trattoria mit nettem Service und einer modernen Interpretation traditioneller römischer Küche, die sich am Marktangebot und der Saison orientiert. Sehr lecker sind z. B. „i ravioli di baccalà" (hausgemachte Ravioli mit Stockfischfüllung). Menü um 40 € bei gutem Preis-Leistungs-Verhältnis.

**Ditirambo (18)**, Pzza. della Cancelleria 74, ☎ 06.6871626, www.ristoranteditirambo.it. Mo Mittag geschlossen. Kleines Restaurant mit eng beieinander stehenden Tischen, freundlichem, lockerem, trotzdem aufmerksamem Service und einer raffinierten Küche. Die kleine Karte wechselt monatlich, es sind stets vegetarische Gerichte dabei; ausgezeichnete Weinauswahl. Reservierung ist in der Regel erforderlich. Menü 35 bis 40 € bei sehr gutem Preis-Leistungs-Verhältnis.

**Hostaria Romanesca (28)**, Pzza. Campo de'Fiori 40, ☎ 06.6864024. Mo Ruhetag. Man kann draußen auf dem Campo de'Fiori sitzen und die Atmosphäre des Platzes und die recht ordentliche römische Küche genießen. Obwohl diese Hosteria bei Touristen sehr beliebt ist (aber auch Römer kommen gerne her), sind die Preise noch nicht überzogen. Zu den hier sehr guten Traditionsgerichten gehören „i tonnarelli cacio pepe" (Nudeln mit gemahlenem schwarzem Pfeffer und geriebenem Pecorino-Käse) und bei den Secondi „il coniglio alla caccia-

tora" (Kaninchen mit Kräutern) und „il pollo con i peperoni" (Hähnchenteile mit Paprika). Menü um 30 €.

**Carbonara (29)**, Campo de'Fiori 23. Di Ruhetag. Im ersten Stock unter schweren Holzbalkendecken gelegen. Man hat von hier einen schönen Blick von oben auf die Piazza, recht touristisch, ordentliche italienische Küche. Menü 35 bis 40 €.

**Acchiappafantasmi (13)**, Via dei Cappellari 66, ☎ 06.6873462, www.acchiappafantasmi.it. Mo Ruhetag. Sehr gute, reichlich belegte Pizze (auch mittags frisch gebacken) und andere Gerichte, hauptsächlich aus der kalabrischen Küche. Menü um 15 bis 35 €.

**Il Pagliaccio (4)**, Via dei Banchi Vecchi 129 A, ☎ 0668809595, www.ristoranteilpagliaccio.it. Mo und Di nur abends geöffnet, sonst auch mittags. Kleines elegant rustikales (Holzbalkendecke, stellenweise freigelegtes Ziegelmauerwerk) Gourmet-Restaurant, das es in wenigen Jahren bis an die Spitze der römischen Restaurants geschafft hat, ohne dabei im Service oder bei den Preisen abzuheben. Reservierung ist erforderlich. Tagesmenü („menù degustazione") mit 4 Gängen 65 €, mit 5 Gängen 75 € und mit 8 Gängen 85 €; normales Menü à la carte um 70 €.

**Il Gonfalone (7)**, Via del Gonfalone 7; ☎ 06.68801268; So Ruhetag, sonst nur abends geöffnet. Sympathisches Restaurant mit mediterraner Küche, im Sommer auch Plätze draußen auf der schmalen Gasse. Menü um 40 €.

**Il Drappo (8)**, Vicolo del Malpasso 9, ☎ 06.6877365, www.ildrappo.it. So Ruhetag. Der allzu reichlich drapierte Stoff im Fenster, nach dem das Lokal benannt ist, mag etwas plüschig erscheinen, drinnen gibt es zünftige sardische Küche. Menü um 40 €.

**Hosteria del Pesce (20)**, Via Monserrato 32, ☎ 06.6865617. So Ruhetag, sonst nur abends. Einladend appetitlich sehen die Berge von frischen Fischen und Krustentieren am Eingang aus, gemütlich das Interieur mit kleinen Tischen im Kerzenschein, gut und frisch sind die Gerichte auf der Tageskarte natürlich auch, das Lokal ist sogar recht gut besucht, man muss nur entscheiden, ob dies alles die hohen Preise rechtfertigt. Menü um 130 €!

**Monserrato (35)**, Via Monserrato 96, ☎ 06.6873386. Mo Ruhetag. Nur wenige Schritte von der Pzza. Farnese entfernt, auf einem Plätzchen, an das gleich drei Kirchen grenzen, liegt dieses alteingesessene Ristorante. Auf der Speisekarte stehen hauptsächlich Fisch und Meeresfrüchte (je nach Saison z. B. „spaghetti al astice" – mit Hummer oder „sauté di vongole" – große Venusmuscheln mit Weißwein und Kräutern gegart), es gibt aber auch Fleischgerichte. Menü um 50 €.

**Ristorante Pierluigi (15)**, Via Monserrato 144/146 (Ecke Pzza. dei Ricci), ℘ 06.6861302, www.pierluigi.it. Mo Ruhetag. Das große gutbürgerliche Restaurant (auf italienische Art) mit mehreren Räumen und im Sommer zahlreichen Tischen auf der malerischen kleinen Piazza dei Ricci besteht bereits seit 1938 und hatte schon viele prominente Gäste, darunter bekannte amerikanische Schauspieler und Showgrößen. Auch bei amerikanischen Touristen ist Pierluigi beliebt, aber Römer kommen ebenfalls gerne her. Der Schwerpunkt der Küche liegt bei Fisch und Meeresfrüchten, es gibt aber auch die Palette der traditionellen Gerichte. Zu empfehlen sind unter den Primi z. B. „tagliolini ai fiori di zucca" (Nudeln mit Sahnesoße, Schinken und Zucchiniblüten) oder „risotto alla crema di scampi" (Reis mit Sahne, Tomaten und Garnelen), unter den Secondi „fritto di paranza" (frittierte Fischlein, Calamari und Shrimps) oder „scaloppine ai capperi" (Schnitzelchen mit Wein, Butter und Kapern). Da das Restaurant gut besucht ist, wird Ihnen, selbst wenn Sie früh erscheinen, ohne Reservierung oft nur ein Katzentisch zugewiesen. Obwohl es viele Plätze gibt, ist das Restaurant doch häufig voll besetzt, was für seine Qualität spricht. Menü um 45 € (mit frischem Fisch auch mehr).

**Da Giovanni ar Galletto (34)**, Pizz. Farnese 102, ℘ 06.6861714. So Ruhetag. Im Sommer Plätze auf der Pzza. Farnese. Der Familienbetrieb bietet ordentlich zubereitete, traditionelle römische Gerichte. Empfehlenswert sind z. B. die „fiori di zucca fritti" (frittierte Zucchiniblüten), „melanzane al parmigiana" (Auberginen mit Parmesankäse überbacken) und das sehr gute „saltimbocca alla romana" (Kalbfleischscheiben mit Salbei und Schinken in Weißwein gegart). Menü um 40 €.

**Da Sergio (48)**, Vicolo delle Grotte 27, ℘ 06.6864293. So Ruhetag. Eine schlichte, typisch römische Trattoria, wie sie im Zentrum gar nicht mehr so leicht zu finden ist. Im Sommer sitzt man draußen, eng an der Hauswand, wodurch die schmale Gasse noch enger wird, aber malerisch ist es

trotzdem. Drinnen gibt es nur einen Raum, in dem die Tische eng stehen und es recht laut werden kann. Die Küche bietet die typischen, schlichten römischen Spezialitäten und hält sich sogar an die Wochentradition, so gibt es freitags „baccala" (Stockfisch) und samstags „trippa alla romana" (Kuddeln). Die Kenner essen hier das sehr gute Fleisch, das in einem gläsernen Kühlschrank neben dem Eingang präsentiert wird. Der Service ist mitunter sehr lässig und der Charme kann etwas herber wirken, als er gemeint ist. Menü um 30 €.

**Gattopardo (51)**, Via dell Arco del Monte 94 (zweigt von der Via Giubbonari ab), ℘ 06.6867810. Elegantes Lokal mit sizilianischen Spezialitäten. Menü um 40 €.

**Filetto di Baccalà** oder **Er filettaro (44)**, Largo dei Librari 88 (Ecke Via dei Giubbonari). Nur abends geöffnet, So ab 17.30 Uhr, Mo geschlossen. Auf dem kleinen Platz erkennt man das Lokal allein schon an der Menschenmenge davor. Wie der Name schon sagt, gibt es hier den traditionellen Baccalà, den Stockfisch, der frittiert ganz heiß und köstlich auf einer Papierserviette gereicht wird, Finger Food all'Italiana. Bei der Bestellung muss man nur die gewünschte Anzahl angeben, man kann aber auch als Vorspeisen noch Salat, „suppli" (panierte Reisbälle mit Mozzarella-Tomaten-Füllung), „olive ascolane" (gefüllte Oliven) und zur Saison die wunderbaren „fior di zucca" (frittierte Zucchiniblüten) bekommen. Der winzige Innenraum hat bei dem grellem Neonlicht den Charme von einem Bahnhofsimbiss (obwohl es da auch schon hübschere gibt), im Sommer sitzt man auf den wackligen Holzstühlen draußen auf der malerischen Piazza – herrlich und eine Institution in Rom!

• *Tavola Calda/Snacks* **Aristocampo**, Campo de'Fiori 30. Traditionelle Snacks, Panini (belegte Brötchen).

**Taverna del Campo**, Campo de'Fiori 16. Kneipe, Tavola Calda und Pizzeria in einem mit jungen Touristen als Zielgruppe.

**Fior di Panna**, Via del Pellegrino 113. Brot, Gebäck, „weiße" (unbelegte) Pizza.

**Yogotista (44)**, Largo dei Librari 86, gleich neben Filetto di Baccalà (s. o.), Crêpes, Trinkjoghurt, Halbgefrorenes von frischen Früchten, Säfte.

• *Gelateria* **Alberto Pica (57)**, Via della Seggiola 12 (zweigt beim Justizministerium von der Via Arenuela ab), ℘ 06.68806153. So vormittags im Sommer, sonst den ganzen So geschlossen. Auch Snack-Bar, die aussieht wie tausende andere. Das Besondere hier ist das Eis und nach Meinung des Chefs Alberto Pica, *„Il presidente dell'Associazione Italiana Gelaterieri"* (Präsident der Vereinigung der italienischen Eishersteller) das einzig wahre und gute Eis, das es nur hier gibt. Die ausgezeichnete Qualität dank frischer und natürlicher Zutaten geben dem überbordenden Selbstbewusstsein des Patrone Recht: Das Eis ist wirklich gut, auch wenn man über das Ergebnis der in der Vergangenheit häufigeren Experimente mit Gorgonzola-Eis oder Garnelen-Eis geteilter Meinung sein konnte. Heute gibt es hier eher die leckeren Klassiker.

● *Enoteca/Winebar/Kneipe* **Marco & Giancarlo Antica Vineria (47)**, Via del Monte della Farina 38, ✆ 06.68806989. So geschlossen. Etwas angeschmuddelter kleiner Weinladen, in dem die intellektuellen Linken des Viertels bei lautstarken Diskussionen oft mehr als nur ein Gläschen probieren. Am frühen Abend ist der Laden gedrängt voll und man steht bis auf die Gasse, gute Stimmung.

**Gloss (43)**, Via del Monte della Farina 44, www.glossroma.it. Gestylte Bar mit roten Wänden, Partys an jedem Di, auch Live-Musik, 21–2 Uhr.

**La Bruschetteria degli Angeli (54)**, Pzza. B. Cairoli 2 a. Kneipe.

**La Vineria Reggio (36)**, Campo de'Fiori 15, ✆ 06.68803268. 8.30–2 Uhr, So erst ab 17 Uhr. Traditionsreiche Enoteca, direkt auf dem Campo de'Fiori, bis spät abends geöffnet und meist sehr voll. Hier kann man z. B. vor dem Abendessen vorbeischauen und ein Glas Prosecco als Aperitif nehmen; es gibt auch gute Cocktails und Bier vom Fass.

**The Drunken Ship (26)**, Campo de'Fiori 20/21 (an der Ecke der Via Pellegrino). Sehr beliebte Kneipe.

**Al Bric Osteria Enoteca (19)**, Via del Pellegrino 51, ✆ 06.6879533, www.albric.it. Nur im Sommer Mo geschlossen und stets nur abends geöffnet. Schick gestylte, recht teure Enoteca mit einer wunderbaren Käseauswahl im Fenster. Zu den rund 2.000 Etiketten Wein aus aller Welt (mit Schwerpunkt Italien und Frankreich) werden auch noch leckere kleine Gerichte angeboten. Die meisten Nudeln sind hausgemacht (z. B. „spaghetti con gamberi"), schön auch die Feigen mit Gorgonzola und der Baccalà mit Muscheln und Parmesan.

**Winebar Vinantico (14)**, Via del Pellegrino 79/80, ✆ 06.6877058. So geschlossen. Junge

*Piazza Farnese: antike Badewannen vor imposanten Adelssitz*

Enoteca, von 18.30 bis 21 Uhr zahlt man 4,50 € für ein Getränk und Bedienung am Büffet.

**Lot 87 (10)**, Via del Pellegrino 87, ✆ 06.97618344. So geschlossen. Modern gestylte Bar, leider nicht viele Weine im Ausschank, Snacks, von 19 bis 21 Uhr Büffet.

**Il Goccetto (5)**, Via dei Banchi Vecchi 14, ✆ 06.6864268. So geschlossen, sonst etwa ab 18 Uhr (wenn sich Sergio Ceccarelli, der Besitzer, nicht verspätet). Gemütliches Ambiente in einem alten Palazzo unter schwerer Holzdecke (der moderne Träger stört etwas, ist aber notwendig) mit zwei ineinander übergehenden Räumen und wenigen Tischen. Beliebter Treffpunkt von Journalisten der Wein- und Gastronomieszene, die mit Sergio an der Bar fachsimpeln (Sergio selbst kennt sich aus, er schreibt den renommierten Weinführer *„Gambero Rosso"*, man kann sich daher auf seine Empfehlung verlassen. Als Snack zum Wein gibt es meist Salami oder Käse.

**Winebar L'Angolo Divino (45)**, Via dei Balestrari 12–14, ✆ 06.6864413. So Mittag und Mo geschlossen. Gute Enoteca mit reichlich Auswahl an Weinen aus Italien und Frankreich, aber auch sehr gute Olivenöle aus unterschiedlichen Regionen sowie leckere kleine Gerichte (z. B. Tartar, Entenbrust mit Radicchio). Mittagsangebot: Nudeln, Salat, Wasser für 10 €; abends kostet das Essen um 25 €.

**Winebar Roscioli (49)**, Via dei Giubbonari 21, ✆ 06.6875287, www.anticofornoroscioli.com. So Ruhetag, verlockend appetitlich aussehender Feinkostladen mit Käse-, Schinken- und Salamitheke (edelste Produkte), dazu frisches Brot, gutes Weinangebot und immer Weine im Ausschank.

**Crudo (52)**, Via degli Specchi 6, ✆ 06.6838989, www.crudoroma.it. Mo geschlossen (im Sommer So), sonst nur abends geöffnet. Man bekommt hier auch noch am späten Abend etwas zu essen. In dem großen Palazzo aus dem 16. Jh. gibt es über mehrere Etagen seit ein paar Jahren den gerade angesagten Mix aus Lounge, Bar, Winebar und Restaurant mit dem allgegenwärtigen Sushi, anderen kalorienarmen Rohkosthäppchen oder Tellern, auf denen deutlich mehr Dekoration als wirklich Essbares zu finden ist. Am späten Abend bis in die Nacht legen bekannte DJs auf. Das Publikum besteht hauptsächlich aus der Zielgruppe superschicker, jüngerer, erfolgreicher cooler Römerinnen und Römer. Abendessen um 45 €.

## *Einkaufen (siehe Karte S. 420/421)*

• *Supermärkte* **Punto Sma (40)**, Via del Monte della Farina 51.

**De Spar (12)**, Vicolo della Moretta 10. Mo–Sa 8–21, So 9–21 Uhr.

**I Maestri del Fresco (55)**, Via d. Pettinari 70.

**Di per Di (1)**, Via Corso Vittorio Emanuele II 200.

• *Lebensmittel* **Josephine's Bakery (27)**, Pzza. de Paradiso 56/57, ✆ 06.6871065. Torten, Törtchen, Pralinen.

**Il forno di campo de'fiori**, Campo de'Fiori 22. Eine der besten und ältesten Bäckereien Roms, mit vielfältigen Brotsorten (z. B. Nussbrot, Tomatenbrot und das wohl beste Olivenbrot der Stadt), Brötchen, Pizza bianca (auch die ist hier ganz besonders gut!), Kuchen und Keksen (probieren sollten Sie den Klassiker, die „ciambelloni").

• *Design/Möbel/Accessoires/ Antiquitäten* **Spazio Sette (41)**, Via dei Barbieri 7A. Modernes Wohnungsdesign und Accessoires.

**Antiques & Fine Arts Collection (38)**, Via Baullari 38. Hochwertigste, ausgefallene Antiquitäten und Asiatika (sehr teuer).

**Scian (17)**, Via del Pellegrino 54. Bunte, etwas plumpe orientalische Gläser und Lampen.

**Stock Market (2)**, Via dei Banchi Vecchi 51. Billiges für die Wohnungs-Erstausstattung (Geschirr, Küchengeräte, preiswerte Geschenkartikel).

**Sisters (6)**, Via dei Banchi Vecchi 143. Accessoires, Samtdecken, opulente Dekostoffe.

**Ilaria Miami Design (16)**, Via Monserrato 35. Modernes, ausgefallenes Interiordesign.

**Handles (56)**, Via d. Pettinari 53. Edle Badezimmermöblierung, Tür- und Schrankgriffe, Möbelknäufe und -beschläge, ausgefallen und kunstfertig in Messing, Kupfer, Stahl und Glas.

• *Schmuck/Kleidung* **Bottega Orafa (39)**, Via dei Barbieri 24. Goldschmiede mit selbst entworfenem Schmuck für Damen und Herren, hauptsächlich Ringe und Siegelringe nach antikem Vorbild in Silber und Gold.

**Loco (25)**, Via dei Baullari 22. Extravagante, modische Schuhe.

**Marco Aurelio Gioielli (22)**, Via del Pellegrino 48, www.marcoaurelio.it. So und Mo geschlossen. Schmuckdesigner, goldene Ringe, Broschen, Anhänger.

**Laura Urbinati**, Via dei Banchi Vecchi 50a. Ausgefallene Damenmode.

**Nuyorich (21)**, Vicolo dei Bovari. Extravagante Damenmode.

**Old Bench**, Via dei Banchi Vecchi 115. Kleiner Laden für preisreduzierte Designer-Kleidung (Damen und Herren).

• *Buchläden* **Fahrenheit 451 (33)**, Campo de'Fiori 44. Der Schwerpunkt des Sortiments liegt bei linken politischen Themen, Foto- und Kunstbüchern; gute Postkartenauswahl.

**Libreria Babele (3)**, Via dei Banchi Vecchi 116. Schwuler Buchladen und gleichzeitig Infobörse für schwul/lesbische Veranstaltungen, kostenlose Infoblätter.

• *Sonstiges* **Roma Store (50)**, Pzza. B. Cairoli 119. Fanartikel des Fußballclubs AS Rom.

**Modello Ottica (9)**, Via del Pellegrino 97, ✆ 06.6861955. Extravagante Brillen zu guten Preisen, prima Beratung (auch auf Englisch), in der Regel wird die Brille schon nach ein bis zwei Tagen fertig (die Werte werden auch ohne Rezept von der alten Brille übertragen).

**Le Case di Flora (53)**, Via San Salvatore in Campo 51. Mo–Fr 10–19 Uhr. Spezialgeschäft für Puppenstuben (auch Puppenstubenbau) und Zubehör.

*Der Largo Argentina: benannt nach Straßburg (lat. Argentoratum)*

# Um den Largo Argentina

**In diesem Viertel sind die Gegensätze zwischen der Prachtentfaltung in zwei sehenswerten Barockkirchen und dem malerischen, dunklen, mittelalterlichen Gassengewirr des Judenviertels besonders krass.**

## Der Largo Argentina

Der Largo Argentina mit dem Busbahnhof, der Endhaltestelle der Straßenbahnlinie 8 und den Taxiständen ist der wichtigste Verkehrsknotenpunkt in der Innenstadt. In der Mitte des Areals liegt ein interessantes **Ausgrabungsgebiet**. Es ist zwar für Besucher nicht zugänglich, doch von dem etwa vier Meter höheren Straßenniveau aus ist alles gut zu erkennen.

Bei den Abbrucharbeiten zur Anlage dieses zentralen Platzes fand man 1926 Gebäudereste und stieß bei weiteren Grabungen bis auf das tiefere antike Straßenniveau mit einer Tempelgruppe aus republikanischer Zeit. Sie ist deshalb von besonderer Bedeutung, weil die meisten Bauwerke dieser frühen Epoche den sehr viel prächtigeren Projekten der späteren Kaiserzeit weichen mussten. Der rechteckige Tempel auf erhöhtem Podium ist der älteste der Gruppe, er entstand bereits um 300 v. Chr. Daneben sehen Sie Ruinen eines Rundtempels aus dem 1. Jh. v. Chr. und den Tempel der Quellnymphe Juturna (Anfang 2. Jh. v. Chr.) mit einigen Säulenfragmenten, die auf einen Umbau in der Kaiserzeit zurückgehen. Gut zu erkennen ist auch die antike Pflasterung, über die heute nur noch die besonders reichlich vorhandenen Katzen flanieren.

## Die Katzen Roms

Der Überlieferung nach kamen die Katzen in der Antike nach Rom. Sie dienten als Mäusefänger auf den Getreideschiffen aus Ägypten, wo sie als heilig galten, oder sie hatten ein bequemes Auskommen in den vielen Isis-Tempeln der Stadt. Ihr sozialer Abstieg erreichte unter Papst Innozenz VIII. (1484–92) einen Tiefpunkt. Er ließ sie als Teufelsbrut ächten und auf Scheiterhaufen verbrennen. Die dann einsetzende Mäuseplage war eine gerechte Strafe. Heute soll es in Rom rund 200.000 frei streunende Katzen geben. Dort, wo sie sich an geschützten Stellen versammeln, werden sie meist von älteren Frauen standesgemäß italienisch mit Nudeln oder mit anderen Essensresten, im besten Fall sogar mit Katzenfutter, versorgt. Sie balancieren auf den Dächern, streunen durch stille Gässchen oder dösen auf angenehm warmen Autodächern und Vespa-Sitzen. Am liebsten mögen sie offensichtlich die abgesperrten Ruinenfelder am Largo Argentina, am Forum, an den Kaiserforen oder an der Cestius-Pyramide. Hier bieten vielerlei Hohlräume und unterirdische Gänge reichlich Schutz vor Regen und Anfeindungen aller Art. Auf den sonnengewärmten antiken Steinblöcken lässt es sich herrlich schlafen, Säulenstümpfe und Mauerreste dienen als strategisch ideale Beobachtungsposten und an heißen Sommertagen spenden sie angenehmen Schatten. Doch so nett und niedlich, wie sich das vielfältige Katzenvolk den Touristen auch darbietet oder für Kalenderblätter ablichten lässt, die Probleme sind groß. Viele der Vierbeiner sind krank und verlaust und manch ein alter Tiger trägt schwer an den Verletzungen unzähliger Kämpfe mit Rivalen um Futter und Revier. Der mörderische Straßenverkehr und die nasskalten Winter fordern ebenfalls ihren Tribut. Manch ein Exemplar der *„Felis romana"* wird mehr tot als lebendig beim Katzenasyl am Largo Argentina abgegeben und mühsam wieder aufgepäppelt. Seit 2002 hat die Stadt ihre Katzen zwar als Kulturgut unter Schutz gestellt, die Sorge um die Pflege und die Last der täglichen Versorgung liegt jedoch weiterhin in den Händen privat organisierter Initiativen.

Um die Katzen am Largo Argentina kümmert sich seit Jahren Silvia Viviani mit einer Gruppe engagierter Freiwilliger aus verschiedenen Ländern, die für die Vierbeiner Geld und Freizeit opfern. In einem am Platz angrenzenden, unterirdischen Raum, dem **Katzenasyl**, werden die Tiere geimpft, sterilisiert und regelmäßig gefüttert. Manchmal gelingt es auch, für einige von ihnen ein neues Zuhause zu finden. Inzwischen leben ständig etwa 250 Katzen im Bereich des Largo Argentina, man freut sich deshalb natürlich über Spenden (in bar oder per Überweisung). Es ist auch möglich, eine Patenschaft „auf Distanz" für ein bestimmtes Kätzchen zu übernehmen. Die Fälle, die dringend Hilfe benötigen, sind im Internet (s. u.) vorgestellt. Es ist ebenfalls möglich, ein Kätzchen zu adoptieren und mit nach Hause zu nehmen. Bei den notwendigen Impfungen und Bescheinigungen hilft das Katzenasyl gerne (Kontakt über Silvia Viviani, Via Marco Papio 15, 00175 Roma, ☎ 0039/06.6872133 oder im Internet unter www.romancats.com). Mehr zu diesem Thema s. „Wissenswertes von A bis Z/Haustiere", S. 51.

# Crypta Balbi

Es ist in Rom insbesondere für Familien mit Kindern nicht leicht, eine kompakte und nachvollziehbare Darstellung der **Stadtentwicklung von der Antike bis heute** zu finden. Freilich gibt es das Museo della Civiltà Romana in EUR mit dem herrlichen Stadtmodell (→ S. 579) und im Museo Capitolino eine schöne Darstellung der Geschichte des Kapitolshügels (→ S. 188), dennoch bietet wohl nur das **Museum Crypta Balbi** einen besonders anschaulichen Einstieg: Am Beispiel eines Häuserblocks werden spannende Einblicke in die Abfolge der Siedlungsgeschichte von der Zeit der Römischen Republik über die Kaiserzeit bis hin zum Mittelalter und zur Neuzeit eröffnet. In überschaubarem Rahmen sind antike Mauerreste, vielerlei Grabungsfunde sowie detailreiche begleitende Illustrationen und Modelle zu sehen. Es entsteht ein faszinierendes und greifbares Bild vom Alltag der Menschen, die in den letzten 2000 Jahren in diesem „Planquadrat" gelebt haben.

Ein kurzer Abriss der **Geschichte** zum leichteren Verständnis der Ausstellung: Der zu betrachtende **Stadtausschnitt** befindet sich im heutigen Straßengeviert der Via delle Botteghe Oscure, Via dei Polacchi, Via dei Delfini und Via Michelangelo Caetani, nur wenige Schritte vom Largo Argentina entfernt. Zur Zeit der **Römischen Republik** war dies ein Bereich, dem sich nördlich das Marsfeld anschloss, ein sumpfig-feuchtes Gelände außerhalb der Stadtmauern, das Militärübungen diente und dem Kriegsgott Mars geweiht war, sowie südlich der öffentliche städtische Raum in der Gegend des heutigen Marcellustheaters. Dort hatte sich beim Flussübergang an der Tiberinsel bereits seit der Frühzeit ein Marktplatz mit Kultstätten gebildet. In unmittelbarer Nähe des Areals befand sich zudem der Tempelbezirk am heutigen Largo Argentina und östlich die Villa Publica, die für die staatliche Organisation so bedeutende Stelle, wo der Census erstellt wurde, das Verzeichnis der Bürger Roms, welches das Wahlrecht, den Wehrdienst und die Steuerpflichten regelte. In dessen Nachbarschaft befand sich das Getreidelager, wo zu staatlich festgesetzten Preisen Getreide an die Römer ausgegeben wurde (später, ab Mitte des 1. Jh. n. Chr., sogar kostenlos). Das im Kreuzungspunkt so vieler für das öffentliche Leben wichtiger Orte liegende Viertel wurde rasch mit Wohnhäusern und Werkstätten bebaut. Als Kaiser Augustus 31 v. Chr. die Macht übernahm, setzte er sich eine grundlegende **Stadterneuerung** zum Ziel. Neben politischen Reformen wurden öffentliche Gebäude renoviert, unkontrolliert gewachsene Wohnviertel strukturiert und neue, auch privat finanzierte Bauprojekte gefördert. In unserem Areal stiftete ein Mitglied des engsten Stabs des Kaisers, der wohlhabende **Cornelius Balbus,** ein **Theater**. Es war nach dem Pompeiustheater und dem soeben von Augustus fertiggestellten und seinem Neffen Marcellus gewidmeten Theater mit 60 m Durchmesser und Platz für rund 6.500 Zuschauer zwar das kleinste, aber wohl auch feinste Roms. So schmückten z. B. vier große Säulen aus dem Halbedelstein Onyx die hohe Bühnenschauwand, im Halbkreis davor befanden sich die aufsteigenden Sitzreihen.

Hinter dem Bühnenhaus schloss sich unmittelbar die **Crypta** an. Hier ist es nicht im herkömmlichen Sinn ein unterirdischer, „verborgener" Raum, sondern ein großer rechteckiger Hof, von einem bedachten Wandelgang umbaut, welcher nach innen offen und nach außen nur von kleinen Fensteröffnungen durchbrochen ist. An der dem Theater gegenüberliegenden Ostseite befand sich ein halbrunder Anbau, die **Exedra**. In der Mitte des so umschlossenen Geländes stand ein Gebäude, möglicherweise ein Tempel, der mit der Nutzung der Crypta als Stätte religiös geprägter Spiele und Wettkämpfe in Zusammenhang stand. Theater und Crypta des Balbus wurden 13 v. Chr. eingeweiht.

Fast 100 Jahre später, 80 n. Chr., kam es zu einem verheerenden Brand, der das gesamte Viertel schwer schädigte. Während das Theater wieder instand gesetzt wurde, bekam die Crypta neue Aufgaben: Umgebaut und aufgestockt erhielt hier u. a. die Präfektur der Feuerwehr ihren Sitz, später, unter Hadrian (117–138), wurde die Exedra zu einer großen öffentlichen Latrine umfunktioniert. Nördlich des Theaters entstand in direkter Nachbarschaft, nur durch eine schmale, später überbaute Gasse getrennt, ein weitläufiger, ebenfalls von Gebäuden umschlossener Bereich, in dessen Mitte ein großer, den Nymphen geweihter Tempel stand. Es war der Nachfolgerbau der Ausgabestelle kostenlosen Getreides, die **Minucia frumentaria**. An 44 Schaltern wurden hier den freien Bürgern Roms einmal im Monat bis zu 35 kg Korn ausgehän-

Rom – Um den Largo Argentina
Karte S. 433

digt. Julius Caesar führte dazu einen Census ein, der die Abgabe kontrollierte. Ab Kaiser Aurelian (270–275) wurde statt Getreide Brot ausgegeben, hierfür fand man andere Verteilungsformen, sodass die Minucia ihre Funktion verlor.

Mit der Christianisierung unter Kaiser Konstantin (306–337) verfielen auch die Tempel. Tiberüberschwemmungen, gelegentliche Erdbeben und der politische Zerfall des Reiches, der mit der Plünderung Roms unter dem Gotenkönig Alarich 410 seinen vernichtenden Tiefpunkt fand, taten ihr übriges, unseren Stadtausschnitt nahezu unbewohnbar zu machen.

In der 2. Hälfte des 4. Jh. wurde in der Nordwestecke der Crypta, an die Ruinen des Bühnenhauses geschmiegt, ein wehrhaftes **Wohnhaus** errichtet. Kleinere Hütten und u. a. eine Glaswerkstätte folgten ebenso ungeregelt wie ein Begräbnisplatz – Letzteres wäre in der Antike ein Unding gewesen, denn damals lagen Gräber stets außerhalb der Siedlung. Von der Municia war die ganze Seitenwand zur Crypta hin verschwunden und die ehemals schmale Gasse wurde zu einem breiteren Pfad, Vicus Pallacinae, aus dem sich die im Verlauf bis heute unveränderte Via delle Botteghe Oscure entwickelte.

Im 9. Jh. wurde das **Kloster S. Lorenzo** am Nordostwinkel des Balbi-Rechtecks gegründet, und in der Mitte der Crypta, auf den Ruinen des antiken Tempelbaus, die **Kirche** Santa Maria Domine Rose, aus der sich später ein Konvent bildete. Ein einträglicher Handwerkszweig siedelte sich an, die Kalkbrenner. Sie verbrannten antiken Marmor zu Kalk, der als Baustoff für neue Kirchen und Paläste benötigt wurde. (Ein paar Reste der damals als wertlos eingeschätzten, wegen ihrer heidnischen Inhalte sogar absichtlich zerschlagenen Statuen und Reliefs, die man in der Kalkbrennerei fand, sind in der Ausstellung zu sehen.)

Um 1000 wuchs die Stadt, und aus unserem locker bebauten, noch stets von Ruinen durchzogenen Gelände entstand ein geschlossenes Karree mit geschlossenen bebauten Straßenfronten, kleinen Gässchen und zu Plätzen erweiterten Innenhöfen sowie mit größeren Anwesen einflussreicher Familienclans, ummauerte Gärten und in der Mitte das Kloster Santa Maria domine Rose, das an Bedeutung gewann. Die dicht bebaute, lichtabgewendete Vicus Pallacinae wurde zu einer **Geschäftsstraße** („Via delle Botteghe"), die im 15. Jh. den Beinamen „Oscure" (= dunkel) erhielt, im Gegensatz zu den hellen Läden an den großen Plätzen im benachbarten Mercatoviertel. In dieser Zeit befand sich das Kloster bereits wieder im Niedergang. Im 16. Jh. wurde das Gebäude vom Konvent Santa Caterina übernommen und in ein **Heim für Töchter der römischen Prostituierten** umgewandelt. Im weiteren Zeitverlauf verlor der Block seinen kleinteiligen Charakter, er wurde vornehm! **Palazzi** fassten jetzt mehrere Parzellen zusammen, die Erdgeschosszonen vermietete man, meist an Geschäfte mit gehobener Ware, d. h. Luxusartikeln wie Juwelen oder feinen Ledererzeugnissen. So erhielt unser Planquadrat langsam sein heutiges Gesicht. Zu größeren Veränderungen kam es erst am Ende des 19. Jh., als die Via delle Botteghe massiv verbreitert wurde – dabei stieß man auf die Reste des Theaters Balbi. 1943/44 wurde das Kloster Santa Caterina weitgehend zugunsten eines Neubaus abgerissen, und erst in den 1960er Jahren erschloss man den gesamten Bereich archäologisch.

Die Ausstellung im Museum Crypta Balbi ist zweigeteilt; zu sehen ist im **Erdgeschoss** in rund zehn Räumen die Geschichte des Stadtbereichs anhand vielfältiger Ausgrabungsfunde und Schautafeln, sowie die Reste der nördlichen Umfassungsmauer der Crypta (Reste der Exedra hat man ebenfalls gesichert, sie liegen jedoch ungefähr in der Mitte des Straßenblocks unter anderen Gebäuden und sind nicht öffentlich zugänglich). Im **ersten und zweiten Stockwerk** wird in jeweils fünf Räumen die allgemeine Stadtentwicklung ab dem Ende des Römischen Reiches beleuchtet: der Niedergang, das Byzantinische Rom unter dem Einfluss des christlichen Vorderen Orients und Griechenlands sowie Handel und Wandel im Mittelalter und das Erstarken des Papsttums. Alles wird anschaulich belegt mit Funden meist aus der Crypta Balbi, aber auch aus anderen Stadtgebieten. Dazu kommen viele Modelle und Zeichnungen, die das wechselvolle Erscheinungsbild des Viertels über die Jahrhunderte detailreich darstellen.

## **Ü**bernachten
13  Hotel Arenula (S. 93)

## **E**ssen & Trinken (S. 441)
15  Sora Margherita
16  Il pompiere
17  La Taverna del Ghetto
20  Da Giggetto
21  Piperno
23  Sora Lella (s. Kap. Kapitol -> S. 211)

## **N**achtleben/Enoteche (S. 441/442)
4  Le Bain
5  Vinando
8  Bar Targa
9  Koscher Bistro

## **C**afés/Bars/Gelaterie (S. 441)
6  Russian Tea Room
14  Alberto Pica (s. Kap. Campo de'Fiori -> S. 426)

## **E**inkaufen (S. 442)
1  Linearia
2  Lufthansa City Center
3  Rinascita
7  Yaki
10  Il forno del Ghetto
11  Bottega del Vino da Bleve
12  Buccioni di Limentani
18  La Dolce Roma
19  Astrologo
22  Ditta Leone Limentani

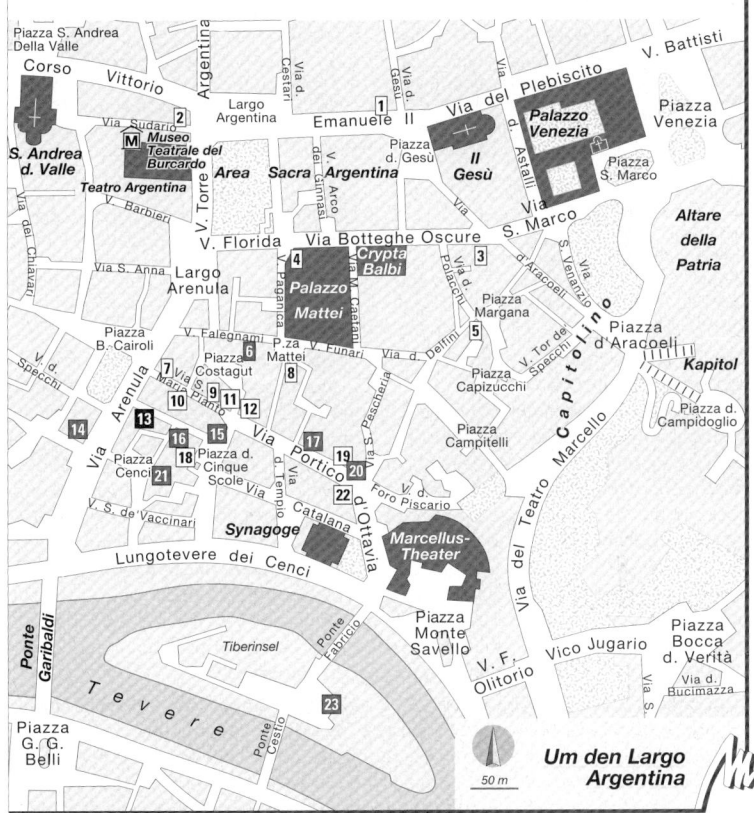

•*Eingang* Via Botteghe Oscure 31.
•*Öffnungszeiten* Mo geschlossen, Di–So 9–19 Uhr; am 24. und 31.12. 9–17 Uhr.
•*Eintritt* 7 €; für EU-Bürger zwischen 18 und 25 Jahren 3,50 €; für EU-Bürger unter 18 und über 65 Jahren ist der Eintritt frei (alle Vergünstigungen nur gegen Altersnachweis). Die Karte gilt auch für die Nationalmuseen Palazzo Massimo, Aula Ottagona, Terme di Diocleziano, Palazzo Altemps und Crypta Balbi und ist drei Tage lang gültig. Für einen Zuschlag von 3 € kann man auch Sonderausstellungen besuchen.
•*Information/Kartenreservierung* ✆ 06.399 67700 nur Mo–Sa 9–13.30 und 14.30–17 Uhr, www.archeorm.arti.beniculturali.it.

▶ **Il Gesù**: Wenige Schritte vom Museum Crypta Balbi entfernt (auf der anderen Seite der Via delle Botteghe Oscure, der Via Celsa folgend), erreicht man an einer stark befahrenen Straßengabelung die Mutterkirche des Jesuitenordens. Es ist der erste große sakrale **Propagandabau der Gegenreformation**, der die barocke Kirchenarchitektur in ganz Europa beeinflusst hat. Die in ihrem Prunk nicht steigerungsfähige Ausstattung war Vorbild für das, was man später *Jesuitenbarock* nannte.

Papst Paul III. erkannte 1540 die von **Ignatius von Loyola** zur Verteidigung und Verbreitung des Glaubens gegründete Gesellschaft Jesu als kirchlichen Orden an. Das zugewiesene kleine Kirchlein erschien den Jesuiten vollkommen unzureichend für ihre Mission, die Menschen durch Vorträge und Predigten zu christlich-katholischem Leben anzuhalten. Erst 1568 konnten sie dank der großzügigen Unterstützung ihres Sponsors Kardinal Alessandro Farnese (mehr über die Familie → S. 422) die Grundstücke in guter Lage erwerben und mit einem respektablen Neubau beginnen. Der Geldgeber hatte allerdings ziemlich genaue Vorstellungen von der Gestaltung des Bauwerks, die er gegen den Widerstand der Ordensleute auch durchsetzte. Der Architekt des Kardinals, Giacomo Barozzi da Vignola, kam

zumindest den Raumbedürfnissen der Jesuiten entgegen und entschied sich für ein kurzes, aber breites Längsschiff mit Tonnengewölbe. So wird die Aufmerksamkeit des Kirchenbesuchers sogleich auf die Vierung mit der Kuppel darüber und den Altarraum gelenkt. Obwohl der Grundriss noch die gewünschte Form des lateinischen Kreuzes beibehält, entsteht fast der Eindruck eines Saalbaus. Diese Idee Vignolas wurde in den folgenden 200 Jahren bei vielen katholischen Kirchenbauten aufgegriffen.
Als es 1571 Streit um die Fassadengestaltung gab, ersetzte Kardinal Farnese Vignola durch das noch junge und bis dahin unbekannte Talent Giacomo della Porta, der die Kirche bis zur Weihe 1584 vollendete.

Das Innere war anfangs, wie zu dieser Zeit üblich, zunächst noch karg in schlichten Grau- und Weißtönen gehalten. Auch das Gewölbe über dem Längsschiff zeigte sich schmucklos. Doch schon wenige Jahrzehnte später änderten die Jesuiten ihre Strategie: Sie erkannten, dass man den sich rasch ausbreitenden Protestantismus nicht allein mit Exkommunikation, dem Schwert und mit dem Scheiterhaufen besiegen konnte. Man musste die Menschen von dem allein selig machenden Katholizismus überzeugen. Dazu entwickelten sie ein regelrechtes Marketing-Konzept. Sie setzten der asketischen Strenge der Protestanten eine opulente, verschwenderisch reiche Dekoration entgegen, die staunen lassen und deutlich machen sollte, dass die Kirche des Papstes reich und mächtig ist. Die Idee gefiel dem hohen Klerus, der schon im privaten Bereich der Askese wenig abgewinnen mochte und es auch sonst üppig liebte. Dem protzig zur Schau gestellten Luxus waren nun keine Grenzen mehr gesetzt.

Zunächst erhielt die Chiesa Nuova (→ S. 412) eine pompöse, hochbarocke Innenausstattung, um die Wirkung zu erproben. Es war ein voller Erfolg. Sie war dann Vorbild für die noch viel reichere Dekoration der jesuitischen Hauskirche Il Gesù.

Das Gewölbe ist nach barocker Art teilweise bemalt, teilweise in Stuck gearbeitet, um die Grenzen zwischen Plastik und Malerei zu verwischen und die Architektur aufzulösen. Der Hauptaltar wird noch vom Altar über dem **Grab des heiligen Ignatius** im linken Querschiff an Pracht übertroffen. Auf der Welt soll es angeblich keinen anderen geben, der reicher geschmückt ist als dieser. Entworfen wurde er im Jahr 1700 von Andrea Pozzo, der auch die Decke von Sant'Ignazio (→ S. 392) bemalte. Die versilberte Statue des Ordensgründers steht lebensgroß in der Mitte des Altars. Sein Gewand setzt sich aus Silberfäden und Edelsteinen zusammen. In die vier Säulen, die ihn einrahmen, ist Lapislazuli

eingelegt. Über allem thront die Dreifaltigkeit. Die Weltkugel in ihrer Mitte besteht aus dem angeblich größten Lapislazuliblock der Welt. Im Bronzesarg unter dem Altar liegen die Reliquien des ersten Gegenreformators.
Zu beiden Seiten des Grabes sind allegorische Szenen platziert. In der rechten Marmorgruppe vertreibt die personifizierte Wahrheit mit dem Kreuz die Irrlehren. Wen wundert es, dass diese über Bücher stolpern, deren Rücken Martin Luther und Johannes Calvin als Autoren ausweisen. Ein Engel daneben zerreißt ein solches Buch. Ein barockes Bronzegitter mit Schnörkeln, Ranken und Heerscharen von Putten umgibt den Altar.

*Öffnungszeiten* 7–12.30 und 16–19.15 Uhr. Am 2. und 4. Do in jedem Monat finden um 16.30 und um 19 Uhr Führungen in italienischer Sprache statt.

Genau gegenüber ist dem Jesuiten **Franz Xaver** ein Altar gewidmet. Zusammen mit drei Gefährten reiste er 1541 nach Ostindien und begann damit die erste jesuitische Missionsarbeit außerhalb Europas. Von Bronzeengeln umsäumt, liegen die Überreste des Heiligen in einem silbernen Reliquienschrein. Mittelpunkt des Altars ist ein mumifizierter Unterarm. Es ist der originale rechte Arm des Missionars, mit dem er viele Heiden getauft und bekehrt hatte.

Zehn weitere Kapellen sind ebenfalls ähnlich prachtvoll gestaltet (besonders links des Hauptaltars die Kapelle der S. Maria della Strada und rechts des Hauptaltars die Kapelle des Herzen Christi).

Wer sich mehr für die Jesuiten und ihren Ordensgründer interessiert, kann im angrenzende ● Gebäude rechts, dem **Jesuitenkolleg**, den Raum besichtigen, in dem Ignatius von Loyola am 31. Juli 1556 starb. Man sieht auch eine kleine Ausstellung mit persönlichen Gegenständen und Briefen des Heiligen Gegenreformators.

▶ **Wasseruhr:** Ganz in der Nähe von Il Gesù findet man eine unscheinbare Sehenswürdigkeit. Im Innenhof des Hauses in der Via del Gesù 62 (die Gasse, mit Blick auf die Kirche, nach links) steht eine Wasseruhr aus dem Jahre 1870. Ein Wasserstrahl treibt über verschiedene Schaufeln Pendel und Zahnräder an.

*Eingang* Um zum Hinterhof zu gelangen, sollte man den Portier des Vorderhauses sehr höflich um Erlaubnis fragen. Manchmal kann man aber auch unbemerkt in den Hof schlüpfen.

▶ **Teatro Argentina:** An den Largo Argentina grenzt (vor der Endhaltestelle der Straßenbahnlinie 8) das bereits seit 1731 existierende Teatro Argentina. Von außen wirkt es eher unscheinbar und klein, doch hat es einen hervorragenden Ruf. Hier wurde 1816 Rossinis *Barbier von Sevilla* uraufgeführt. Heute inszeniert man in der Regel italienische Klassiker und Komödien.

• *Adresse* Largo Argentina 52.
• *Information zum Programm* ✆ 06.68804601/ 02 oder unter www.teatrodiroma.net.
• *Preis* Karten zwischen 16 und 27 €, Sondertarife für Schüler und Studenten; am Do Nachmittag sind vergünstigte Vorstellungen (etwa 5 € Rabatt, außer bei manchen Gastspielen).
• *Vorverkauf* Di-Fr 10-14 und 15-18 Uhr, Sa 10-14 Uhr.
• *Reservierung* ✆ 06.68400031.

▶ **Museo Teatrale del Burcardo:** Um die Ecke vom Theater, in der engen Via del Sudario 44, beherbergt ein Palazzo aus dem 15. Jh. das für Theaterfreunde interessante kleine Museo Teatrale del Burcardo. Zu sehen ist hier eine bedeutende Sammlung von Bühnenbildern, Masken, Kostümen und anderen Requisiten, die zur Theaterwelt gehören. Besonders bemerkenswert ist die Bibliothek mit 40.000 Büchern (ab dem 16. Jh.) zum Thema Theater.

*Öffnungszeiten* Mo–Fr 9–13.30 Uhr. Eintritt frei. ✆ 06.6819471 oder www.theatrelibrary.org.

▸ **Sant'Andrea della Valle**: Folgen Sie vom Theater aus die Via del Sudario, erreichen Sie am Corso Vittorio Emanuele II die Kirche Sant'Andrea della Valle. Nachdem die Jesuiten ihre Hauptkirche Il Gesù gerade eingeweiht hatten, planten die konkurrierenden Theatiner eine eigene, mindestens ebenso eindrucksvolle Ordenskirche. Für das Projekt gewannen sie Kardinal Alfonso Gesualdo als Sponsor, doch schon kurz nach Baubeginn im Jahr 1591 flossen die Gelder nur noch spärlich und der Orden war gezwungen, auf Kredit weiterzubauen. Die böse Überraschung kam mit dem Tod des Kardinals 1603. Statt der erhofften Summe hatte er die hoch verschuldeten Theatiner nur mit einem symbolischen Betrag in seinem Testament bedacht. Die Arbeiten mu,sten eingestellt werden. Fünf Jahre später fand sich aber dann mit Kardinal Montalto doch noch ein neuer Stifter, der sein Wappen gerne an der Fassade einer repräsentativen Kirche sehen wollte. Er bestand auf dem Stararchitekten Carlo Maderno, der die Pläne überarbeitete und die zweitgrößte Vierungskuppel Roms konzipierte, die bis heute zu den schönsten Italiens zählt. Im Vergleich zum größeren Vorbild der Petersskuppel ist hier im Verhältnis zur Haube der Tambour höher und in Relation zur Wand die Fensterfläche größer. Manche halten die Kuppel von Sant'Andrea deshalb sogar für noch eleganter als die von St. Peter.

Der üppig mit Gold, Marmor und Stuck ausgestattete Innenraum besteht nur aus einem Schiff mit mehreren Seitenkapellen. Das Fresko in der Kuppel verherrlicht das Paradies. In der Apsis ist auf drei Monumentalgemälden das Martyrium der Kreuzigung des heiligen Andreas dargestellt, dem die Kirche gewidmet ist. Besondere Verehrung genießt ein kleiner Tabernakel im linken Querschiff mit einer Jesuskind-Darstellung.

*Öffnungszeiten* 6.30–12.30 und 16–19.30 Uhr.

Von den Kapellen ist besonders die zweite rechts zu erwähnen, in der bronzene Reproduktionen berühmter Werke Michelangelos ausgestellt sind. In der **Kapelle der Lancelotti** (erste rechts) hat der Opernkomponist **Puccini** gerne gesessen. Opernfreunde wird interessieren, dass hier der erste Akt der Oper *Tosca* spielt (bei Puccini heißt sie Cappella Attavanti).

# Judenviertel

**Südlich des Largo Argentina, begrenzt durch die Via delle Botteghe Oscure, die Via Teatro di Marcello, den Tiber und die Via Arenula, betreten Sie das einstige jüdische Ghetto, noch heute bei den Römern „Il Ghetto" genannt.**

Nach dem Sieg des Generals und späteren Kaisers Titus über die Juden im Jahr 71 n. Chr. kam die erste größere Zahl von ihnen als Sklaven nach Rom. Judäa war römische Provinz geworden, und einige freie Handwerker und Händler folgten in die Hauptstadt, dort gründeten sie unbehelligt die älteste jüdische Gemeinde Europas. Die *italienischen Juden* bilden eine von den drei Gruppen, in das sich das nach Europa eingewanderte Volk traditionell einteilt. Außer ihnen gibt es noch die *Sefardim*, die sich im gesamten mediterranen Raum niederließen, und die *Aschkenasim*, die sich jenseits der Alpen über ganz Nordwesteuropa verbreiteten und nach Vertreibungen im 13. Jh. ins Baltikum und nach Polen flohen. Die italienischen Juden betrachten sich als die älteste der drei Gruppen, die den ursprünglichen Ritus des Tempelbergs am reinsten erhalten haben. Ab dem Mittelalter wurde jedoch auch ihre Freiheit, wie in ganz Europa, stark beschnitten und sie wurden Opfer päpstlicher Willkürherrschaft. Papst Paul IV.

befahl im Jahr 1555, dass alle Juden in einem besonderen, von einer Mauer umgebenen Viertel zu leben hatten. Das Leben in diesem eng bebauten, dunklen Ghetto wurde immer schwieriger, die Familien wuchsen und es wanderten weitere Menschen zu, die man aus Spanien und Sizilien vertrieben hatte. Tagsüber durften die Juden das Ghetto verlassen, wenn auch nur mit der strengen Auflage, dass man sie anhand vorgeschriebener, spezieller Kleidungsmerkmale als solche erkennen konnte. Bis zur Auflösung des Kirchenstaates 1870 waren sie gezwungen, bei Einbruch der Dunkelheit wieder zurück zu sein, denn dann wurden die Tore von außen verschlossen. Vor jedem Tor standen demonstrativ große christliche Kirchen, wo sich jeden Freitag die jüdische Gemeinde vollzählig versammeln musste, um von frommen Franziskanern Predigten anzuhören, die sie zum Christentum bekehren sollten.

Besonders übel erging es den Juden **während des Karnevals**. Hauptattraktion waren dabei die Wettrennen. Schon die Statuten aus dem Jahr 1469 sahen vor, dass das erste Rennen von den Juden trotz der winterlichen Kälte vollkommen nackt gelaufen werden musste. Für die Zuschauer war dieses entwürdigende Schauspiel eine große Gaudi, und zur Steigerung ihres Vergnügens bewarfen sie die Läufer noch mit faulem Gemüse, Eiern, Matsch und Schnee. Der aufgeheizte Pöbel sah dann oft nicht ein, warum er sich nur auf die Läufer beschränken sollte, und traktierte auch die anderen Juden. Während der Karnevalszeit kam es manchmal zu derartigen Exzessen, dass schließlich sogar der Papst einschritt. Am 14. Februar 1596 wurde durch ein päpstliches Edikt verboten, *„Juden und Jüdinnen zu beleidigen, sie mit Abfällen zu bewerfen, ihnen die Mütze oder anderes, was sie tragen, abzureißen oder ihnen überhaupt persönliche Beleidigungen zuzufügen"*. Das demütigende traditionelle Karnevals-Rennen blieb als Traditionsspektakel erlaubt. .

Nach der Einigung Italiens 1870 und der Entmachtung der Kirche zerstörte man die Ghettomauern und gab den Juden volle Bürgerrechte. Die Freiheit hielt jedoch nicht lange an. **Mussolini** und sein Faschistischer Großrat bekannten sich 1938 zur Nazi-Rassenideologie, setzten sie allerdings nicht mit der systematischen, todbringenden Grausamkeit wie in Deutschland um. Dennoch: die Juden wurden wieder separiert, aus dem gesellschaftlichen, wirtschaftlichen und kulturellen Leben gedrängt, sowie aus staatlichen Ämtern und der Wirtschaft. Die Lage verschärfte sich noch unter den deutschen Besatzern. In der Nacht des 16. Oktober 1943 stürmte die Gestapo das Viertel, trieb die Juden zusammen und deportierte sie in die deutschen Vernichtungslager. Nur wenige konnten sich retten. Eindrucksvoll beschreibt Elsa Morante diese Zeit in ihrem Roman *La Storia*, der im Ghetto spielt. Von den 2.091 Deportierten überlebten 15. Die Namen der Opfer lesen Sie auf einer Gedenktafel am Eingang der Synagoge. An die Schreckensnacht erinnert auch der Name des Platzes hinter der Synagoge, *Largo 16 Ottobre*, auf dem man sich am Jahrestag zum Gedenken regelmäßig versammelt. Umstritten bleibt bei den furchtbaren Ereignissen die Rolle von **Papst Pius XII.** (1939–58), der, letztlich auch als Bischof von Rom, dem Geschehen tatenlos zusah. Sein Vorgänger Pius XI. (1922–39) hatte 1937 seine berühmte Enzyklika *Mit brennender Sorge* veröffentlicht und war damit Hitler entgegengetreten (→ S. 516). Eine weitere, *Die Einheit des Menschengeschlechts,* die sich explizit gegen Rassismus richtete, wurde nie veröffentlicht. Erst Johannes Paul II. setzte Zeichen, als er 1986 die römische Synagoge besuchte, und damit als erster Papst ein jüdisches Gotteshaus betrat.

Wer etwas Zeit hat, sollte einen **Spaziergang** durch die engen Gassen in dieser Gegend mit den vielen kleinen Plätzen unternehmen. Etwa 500 jüdische Familien

Rom – Um den Largo Argentina
Karte S. 433

leben heute hier und pflegen meist noch die alten Traditionen. Es gibt viele jüdische Geschäfte, oftmals Juweliere und Bekleidungsgeschäfte (viel Großhandel), Sparten, die sich aus dem Umstand entwickelt haben, dass den Juden im Mittelalter nur Geldverleih (daraus ergaben sich Pfandhäuser und der Handel mit Gold und Edelsteinen) sowie der Lumpenhandel zugestanden waren, woraus sich wiederum Herstellung und Handel von Kleidung ergab. Natürlich werden auch koschere Lebensmittel verkauft, und in den Restaurants serviert man typisch jüdische Gerichte. Doch die alten Abgrenzungen verwischen, denn auch Nichtjuden finden es inzwischen schön, hier zu wohnen; geschätzt wird der menschliche, fast ländliche Charakter des Viertels. Und die Juden Roms leben längst auch in anderen Stadtteilen und unterhalten dort eigene Synagogen, dennoch ist dies Viertel der Kern ihrer Tradition, und die große Synagoge das Herz der Gemeinde. Das ist jeden Freitagabend zu erleben, wenn sich die sonst recht ruhige Via del Portico mit Menschen füllt und wie auf einer Dorfpiazza auf einmal alle Generationen plaudernd beieinander stehen. Ob jung oder alt, jeder scheint jeden zu kennen, von den Omas, die ihre Stühle vor die Tür gestellt haben und würdig die Grüße der Jüngeren entgegennehmen, bis hin zu den mit entzückten Ausrufen bedachten Bambini.

▶ **Synagoge:** Die große Synagoge vor dem Ponte Fabricio mit der markanten quadratischen Kuppel aus grauglänzendem Aluminium (ein bewusst gewählter Kontrast zu den runden Kuppeln der christlichen Kirchen) ist heute Wahrzeichen des Ghettos und der jüdischen Gemeinde von Rom. Gebaut wurde sie als Ausdruck eines neuen Selbstbewusstseins nach der Auflösung des Ghettos im Jahr 1870. Das Grundstück schenkte die Stadt der israelitischen Universität zur Errichtung einer Synagoge. Im Jahr 1900 begannen die Arbeiten, die mit der Einweihung 1904 ihren festlichen Abschluss fanden.

Das enge alte jüdische Ghetto wich nach der Öffnung einer großzügigeren Bebauung, ein räumliches Aufatmen, das man nachvollziehen kann. Dass man 1908 auch das alte Gemeindehaus mit 5 Synagogen, die *Cinque Scuole,* abriss, wird heute bedauert. Verloren ist dieses ehrwürdige Gebäude, das über Jahrhunderte Zeuge jüdischen Lebens in der Stadt war. Die neue Synagoge zeigt typisch den Zeitgeschmack der Jahrhundertwende um 1900 und bedient sich in ihrer Gestaltung einer bunten Stilmischung aus assyrischen, babylonischen und ägyptischen Dekorationselementen. Sie hat den Grundriss eines gleichmäßigen (griechischen) Kreuzes. Im östlichen Arm befinden sich der Thoraschrein und das Lesepult, in den drei anderen die Sitzplätze der Gemeinde – unten für die Männer, auf großen Emporen darüber für die Frauen. Die kunstvolle Originalausmalung ist aufgrund des Bilderverbots ornamental und zeigt u. a. Regenbogenfarben als Zeichen der Versöhnung Gottes mit den Menschen nach der Sintflut. Das Gewölbe ist von einem Sternenhimmel überzogen als Erinnerung an den Bund Gottes mit Abraham, der dessen Nachkommen, das Volk Israels, unter seinen Schutz stellt, auf dass sie sich vermehren und zahlreich sein werden wie die Sterne am Himmel.

Rom war im Zweiten Weltkrieg „Offene Stadt" und durch die Anwesenheit des Papstes vor Zerstörung geschützt. So entging auch die Synagoge der Verwüstung. Sie überstand die dunkle Zeit versiegelt und wurde nach der Befreiung wieder eröffnet. Relikte der langen Gemeindetradition sind im **Museum** zu sehen, das im Gebäude der Synagoge untergebracht ist.

Die Synagoge wird streng bewacht, nachdem bei einem Bombenattentat im Oktober 1982 ein Kind getötet und viele Menschen verletzt wurden. Das Gotteshaus ist in Begleitung im Rahmen des Museumsbesuchs (**Mostra permanente della Comunità ebraica**) für interessierte Besucher zugänglich.

Den **Gebetsraum** betritt man ehrfurchtsvoll bedeckt mit einer kleinen, kreisrunden Kappe, der Kippa. Man erhält sie am Eingang. Die Sammlung des Museums beinhaltet Zeremonialkunst sowie historische Schriftstücke, wie z. B. Urkunden, in denen es um das Verhältnis des päpstlichen Staates zu den Juden geht – darunter auch die Bulle von Paul IV. aus dem Jahr 1555, mit der das Ghetto eingerichtet und Berufsverbote angeordnet wurden. Zum Verständnis einiger Angaben im Museum sollte man bestimmte Hintergründe kennen: Die Juden datieren nicht mit „vor" oder „nach Christus" sondern mit b.c.e. = before the common era/v.d.z. = vor der Zeitrechnung bzw. c.e. = common era/d.Z. = der Zeitrechnung. Die ausgestellte, kunstvoll meist aus Edelmetallen gefertigte **Zeremonialkunst** besteht aus folgenden Hauptgruppen:

An oberster Stelle steht die **Thora** (hebr. Lehre), die Gesetzesrolle mit den Fünf Büchern Moses'. Die Schrift ist auf Stäbe gewickelt, die man gleichmäßig dreht, um so an den gesuchten Text zu gelangen, denn der ist so verehrungswürdig, dass man ihn nicht berühren darf. An einem der Stäbe hängt darum oftmals eine Lesehilfe, der Thorazeiger (*Jad*, hebr. Hand), dessen Spitze meist wie eine weisende Hand geformt ist. Die Stäbe sind mit Thoraschmuck bekrönt, den *Rimonim*, oftmals in Granatapfelform oder wie kleine, mit Glöckchen behangene Laternen, manchmal werden beide Stäbe auch unter einer Krone aus getriebenem Silber zusammengefasst. Um die Thora wird als Staub- und Lichtschutz der Thoramantel aus kostbaren bestickten Stoffen gelegt. Ein Thoraschild, ebenfalls meist eine Silberschmiedearbeit mit auswechselbarer Beschriftung, bezeichnet den Tag, an dem die Thora wieder aus dem Schrein genommen wird. Dieser Schrein wird wiederum mit einem prächtigen Vorhang verschlossen.

Aus dem häuslichen Gebrauch kennt man die **Menorah**, den siebenarmigen Leuchter aus dem Tempel in Jerusalem und bereits auf dem Titusbogen als Beutekunst darge-

*Antiker Straßenzug: die Via del Portico d'Ottavia Im Ghetto*

stellt (→ S. 220), das heutige Staatssymbol Israels.

Der neunarmige Leuchter, den Sie sehen, ist eigentlich ein achtarmiger, der neunte trägt das Bedienlicht (*Schammasch*). Es ist die **Chanukkiah**, für die acht Tage des Lichterfestes im Dezember, an dem man an allen Abenden des Festes stets ein Licht mehr entzündet. Diesen Leuchter gibt es häufig auch als schalenförmige Öllampe oder als Wandlampe, das sind meist die älteren Exemplare.

Am wöchentlichen Sabbatabend verbreitet man im Wohnraum feinen Duft mit der **Besamimbüchse** (*Besamim* = Wohlgerüche), die man mit Nelken, Gewürzen und ähnlichen Duftstoffen füllt.

•*Eingang* Lungotevere Cenci. Der Gebetsraum ist für Nichtjuden nur im Rahmen des Museumsbesuchs in Begleitung möglich (etwa alle 30 Min). An der Kasse erfahren Sie, wann die nächste Führung stattfindet.

•*Öffnungszeiten* Sa geschlossen, So–Fr 10–16.15 Uhr.

•*Eintritt* 7,50 €; für Studenten und Kinder unter 10 Jahren 3 €.

•*Information* ✆ 06.68400661.

▶ **Fontana delle Tartarughe:** Mitten im Ghetto steht der von Carlo Maderno 1598 erbaute Palast der reichen Herzöge **Mattei**. Sehenswert ist der **Innenhof** des ansonsten nicht zu besichtigenden Palazzos (Eingang an der Ecke Via Michelangelo Caetani, Via dei Funari). Dessen Wände sind nach der Art eines sog. „Fassadenmuseums" üppigst mit antiken Skulpturen dekoriert.

Die Rückseite des Palazzo Mattei grenzt an die wunderbare kleine **Piazza Mattei** mit dem fröhlichen Schildkrötenbrunnen, der **Fontana delle Tartarughe**, ganz im Stil der Renaissance. Vier Jünglinge aus Bronze heben in tänzerischer Bewegung Schildkröten zum Schalenrand hinauf.

Der Brunnen war eine Idee von Giacomo della Porta. Er sollte ein Geschenk von Papst Gregor XIII. (1572–85) an das römische Volk sein. Gewählt hatte er zunächst eine preiswertere Marmorausführung. Später besann man sich anders und entschied sich für Bronzefiguren. Die Mehrkosten wurden durch Steuern für Fleisch aufgebracht. Auf diese Weise finanzierten die Bürger das so „großzügige Geschenk" selbst. Ein schönes und anschauliches Beispiel für eine gewisse Kontinuität in der Finanzpolitik von der Renaissance bis heute.

Ein paar Schritte von der Pzza. Mattei entfernt erinnert in der Via Caetani eine Bronzetafel an einer Hauswand daran, dass man hier im Frühjahr 1978 im Kofferraum eines Fahrzeugs die Leiche des früheren Ministerpräsidenten und Parteichefs der Christdemokraten, **Aldo Moro**, fand.

Der Politiker war acht Wochen zuvor von den **Roten Brigaden** entführt und dann ermordet worden. Seine in den Medien verbreiteten, dramatischen Appelle, auf die Forderungen der Entführer einzugehen, blieben ohne Erfolg. Besonders sein Parteifreund **Giulio Andreotti** lehnte jede Verhandlung mit den Entführern strikt ab.

Anfang der 1990er Jahre gingen der neu gegründeten Anti-Mafia-Staatsanwaltschaft mehrere Mafiosi ins Netz, von denen einige als Kronzeugen umfassend aussagten. Bei dieser Gelegenheit erzählte einer, dass der siebenfache Regierungschef und Senator auf Lebenszeit, Giulio Andreotti, die Mafia gebeten habe, ihm den lästigen Journalisten Carmine Pecorelli vom Hals zu schaffen. Pecorelli sei nämlich auf die verschwundenen Aufzeichnungen Aldo Moros mit belastendem Material über Andreotti gestoßen. Diese soll Moro kurz vor seiner Ermordung angefertigt haben, als er erkannte, dass Andreotti gar kein Interesse an seiner Freilassung hatte, weil dieser Moros Nachfolge anstrebte. Pecorelli habe sich mit dem gebotenen Schweigegeld nicht begnügt und mehr für die brisanten Unterlagen gefordert. Kurz danach wurde er am 20. März 1979 von zwei Mafia-Killern mitten in Rom regelrecht hingerichtet.

Ende September 1995, genau am 50. Jahrestag seines Parlamentsmandats, begann der Prozess gegen Andreotti. Ein Gericht in Perugia verurteilte ihn 2002 wegen Anstiftung zum Mord zu 24 Jahren Haft, was der damals 83-Jährige in einem Interview ungerührt und gewohnt schlagfertig *„als gutes Omen für ein langes Leben"* wertete. Im Jahr 2004 wurde er vom obersten Gerichtshof in letzter Instanz aus Mangel an Beweisen von allen Vorwürfen freigesprochen, weil kein ehemaliger Mafioso glaubwürdiger Zeuge für den italienischen Staat werden könne. Andreotti ist bis heute Mitglied des Senats, der zweiten Kammer des Parlaments (→ S. 392).

*Graziös: die Fontana delle Tartarughe*

*Essen und Trinken (siehe Karte S. 433)*

**La Taverna del Ghetto (17)**, Via del Portico d'Ottavia 8, ✆ 06.68809771, www.latavernadel ghetto.com. Fr Abend und Sa Mittag geschlossen. In einem Gebäude aus dem 13. Jh. wird hier traditionelle jüdisch-römische Küche serviert, natürlich koscher (wunderbar sind die auf jüdische Art frittierten Artischocken). Menü um 30 €.

**Da Giggetto (20)**, Via del Portico d'Ottavia 21, ✆ 06.6861105, www.giggettoalportico.com. Mo Ruhetag. Sehr großes, verwinkeltes Mittelklasserestaurant direkt neben einem antiken Tempel am Marcellustheater und den Resten eines antiken Säulenportikus vor der Tür (im Sommer sitzt man hier draußen wunderbar malerisch). Es gibt traditionelle jüdisch-römische Küche, deren Wahrzeichen, die frittierten Artischocken angeblich hier erfunden wurden. Der Service in diesem oft voll besetzten Restaurant ist bisweilen gestresst und unaufmerksam, schon wegen des unschlagbaren Ambientes kommen viele Touristen, die Küche hat dadurch aber nicht an Ehrgeiz eingebüßt. Menü um 30 bis 40 €.

**Piperno (21)**, Via Monte de'Cenci 9, ✆ 06.68806629, www.ristorantepiperno.it. So Abend und Mo geschlossen. Auch hier gibt es klassische jüdisch-römische Küche in einer etwas gehobeneren Version und gediegenem Ambiente mit Stofftapeten und Kristalllüstern. Menü um 50 bis 60 €.

**Sora Margherita (15)**, Via delle Cinque Scole 30 (rechts neben dem Eingang zur Kirche Santa Maria del Pianto; kein Ladenschild, von außen nur bei geöffneter Tür zu erkennen), ✆ 06.6874216. Im Winter Mo geschlossen, Di–So 12.30–15 Uhr, zusätzlich Fr/Sa 20–23 Uhr; im Sommer Sa und So geschlossen, Mo–Fr 12.30–15 Uhr und Fr 20–23 Uhr. Als die kleine Margherita vor ein paar Jahren noch Chefin war, kannte fast jeder in Rom diese winzige, schlichte Osteria, in der es riesige Portionen römischer Gerichte gab, wie man sie seit jeher zubereitete, ohne jedes Zugeständnis an moderne Einflüsse. Die Einrichtung ist spartanisch wie früher, der Tisch wird noch mit Papier gedeckt und es gibt deftige Hausmannskost, allerdings kleinere Portionen, denn man soll ja nach dem Primo noch ein Secondo essen. Auch bei den Preisen ist Geschäftssinn eingekehrt. Ganz billig ist es also nicht, aber trotzdem authentisch: eng, warm, laut und derb, aber so gehört sich das in Rom. Menü um 25 €.

**Il pompiere (16)**, Via S. Maria dei Calderari 38 (zweigt gegenüber der Pzza. B. Cairoli von der Via Arenuela ab), ✆ 06.6868377. So Ruhetag. Großer, hoher Saal im ersten Stock des Palazzo Cenci mit dunkler Holzvertäfelung und Fresken, eingerichtet im Stil des 17. Jh. Geboten wird traditionelle römische Küche mit einigen jüdisch-römischen Gerichten, nach Aussagen von Kennern soll es hier die besten frittierten Artischocken in Rom geben. Menü um 35 €.

**Le Bain, Osteria & Cucina (4)**, Via delle Botteghe Oscure 33, ✆ 06.68655673, www.le bain.it. So Ruhetag. Wieder der beliebte Mix aus Lounge, Cocktailbar, Restaurant, Winebar, und Club mit Live-Musik und anderen Events für das topgekleidete jüngere, römische Partyvolk. Gleich im Eingangsbereich trifft man sich zum Aperitif (man kann aber auch gepflegt Tee trinken), auf mehreren Etagen geht es weiter, dazu gehört ein Restaurant mit geschmackvoller Mischung aus Alt und Modern; hier wird eine mediterrane Küche mit Spezialitäten aus verschiedenen Regionen Italiens geboten. Bei Geschäftsleuten ist das vielfältige Mittagsbüffet beliebt: Es gibt verschiedene Salate, Suppen, Fleisch- und Fischgerichte. Am späten Abend beginnt die Musik, oft live gespielt, ansonsten legen die angeblich angesagtesten DJs aus Stadt und Land auf. Abendessen um 30 bis 40 €.

• *Snacks/Enoteca/Tee* **Koscher Bistro (9)**, Via S. Maria del Pianto 64. Fr Nachmittag und Samstag geschlossen. Eine der seltenen Gelegenheiten, koschere Pizza zu essen. Das poppig bunte kleine Bistro bietet wunderbare *Pizza a taglio* (also stückweise vom Blech), aber auch Hamburger, Falaffeln, Würstchen und Brötchen, alles zum Mitnehmen und garantiert koscher, wie die vielen Bescheinigungen des Rabbinats bezeugen.

**Russian Tea Room (6)**, Via dei Falegnami 7/9, ✆ 06.6869164, www.russtearoom.com. Mo–Sa 11–20 Uhr, So 12–20 Uhr. Teegeschäft mit kleinem, liebevoll eingerichteten Salon. Hier sitzt man auf zierlichen Stühlchen und trinkt russischen Tee, dazu gibt es Kuchen, Pralinen, kleine Törtchen oder Blinis und Kaviar.

**Bar Targa (8)**, Pzza. Mattei 9, ✆ 06.6892299. Extravagante Bar gegenüber vom Schildkrötenbrunnen auf der stimmungsvollen kleinen Pzza. Mattei. Die rotlackierten Wände, plüschigen Sofas und bunt schummrig glitzernden Lüster wirken etwas schwülstig. Schon zum Aperitif bestens besucht, je später der Abend, desto unkonventioneller das Publikum und lauter die Musik; es gibt auch Live-Auftritte, gelegentlich Jazzsänger. Man bekommt (teure) Cocktails, aber auch Bier.

**Vinando (5)**, Pzza. Margana 23, ℡ 06.69200741. Tägl. ab etwa 10 Uhr bis irgendwann in der Nacht (je nach Stimmung und Gästen). Exzellente Weinauswahl und dazu sehr gute kleine Gerichte, wie z. B. die mit Ricotta gefüllten Zucchini-Blüten, oder die übliche Käse- oder Salamiauswahl (nicht gerade preiswert, für ein Abendessen muss man mit etwa 30 € rechnen).

• *Bäckerei/Patisserie/Kuchen/weiße Pizza* Die süßen Backwaren und bunten Kuchen gehören zur jüdischen Tradition und sind weit über das Ghetto hinaus bekannt.

**Boccioni di Limentani (12)**, Via del Portco d'Ottavia 1, ℡ 06.6878637. Sa geschlossen. Der winzig kleine Eckladen ist eine Institution in Rom, nirgendwo sonst bekommt man in Rom so authentisch jüdische Süßigkeiten, bunt dekorierte Torten und Kuchen mit Mandeln oder kandierten Früchten wie hier; freitags gibt es den traditionellen Hefekuchen.

**La Dolce Roma (18)**, Via del Portico d'Ottavia 20b. Mo geschlossen, Di–Sa 8–13.30 und 15.30–20 Uhr, So 10–13.30 Uhr. Die Konditorei ist in ganz Rom bekannt, denn nur hier bekommt man originale österreichische Kuchen und Torten. Die Sachertorte gilt als legendär, gut sind auch die Linzertorte und der Studel; ebenfalls im Programm: jüdische Süßigkeiten, amerikanische Kuchen (z. B. Joghurttorte, Muffins, cheese cake) und das gute, hausgemachte Eis.

**Il forno del Ghetto (10)**, Pzza. Costaguti 30/31. So geschlossen. Bäckerei mit Lebensmittelladen und Wursttheke. Das Brot ist großartig und preiswert, wie auch die beliebte weiße Pizza.

## *Einkaufen (siehe Karte S. 433)*

• *Kurzwaren* Es gibt unüberschaubar viele kleine Geschäfte im Ghetto. Wenn Sie einen verlorenen Knopf ergänzen wollen, dann versuchen Sie es hier.

• *Porzellan/Gläser/Küchenkleingeräte* **Ditta Leone Limentani (22)**, Via del Portico d'Ottavia 48. 9–13 und 16–20 Uhr, So und Montagvormittag geschlossen. Der unscheinbare Eingang zu diesem Kellerlabyrinth gegenüber den Ruinen des antiken Tempels beim Marcellustheater ist leicht zu übersehen. Vor allem ist nicht zu ahnen, was einen erwartet: Total verstaubt, in Regalen bis zur Decke aufgeschichtet oder zu Bergen angehäuft, finden Sie hier Küchengeräte in jeder Form und die meisten der edlen Porzellanhersteller gleichberechtigt neben billigem, simplem Steingut-Geschirr. Sollten bei Ihrem Lieblingsservice Teile fehlen, hier haben Sie die reelle Chance, Ersatz zu bekommen, und das auch noch zu günstigen Preisen! Der Ausstellungsraum ist genau das Gegenteil dieses staubigen Lagergeschäfts: Er befindet sich gegenüber rechts in den Resten des antiken Theaters neben dem Kircheneingang in einer prächtig ausgestatteten Fischhalle aus dem Jahr 1638. Hier sind in erster Linie edelste Hochzeitstische aufgebaut. Es werden aber auch feinste Gedecke und Gläser präsentiert. Limentani ist übrigens in der siebten Generation ein Familienbetrieb und Hoflieferant für Könige, Fürsten, den Vatikan und Botschaften.

• *Asiatische Kunst und chinesische Möbel* **Yaki (7)**, Via S. Maria del Pianto 55, große Auswahl qualitätsvoller chinesischer Einrichtungsgegenstände und Möbel; weitere Ausstellungsräume im Keller.

• *Wein/Lebensmittel* **Bottega del Vino da Bleve (11)**, Via S. Maria del Pianto 9a–12, www.casableve.it. So geschlossen. Wer im Ghetto eine gute Flasche Wein, Prosecco, Champagner oder etwas Hochprozentiges kaufen will, geht zu Anacleto Beves Bottega. Es gibt aber auch erstklassige andere Spezialitäten, Olivenöle, feine Essigsorten, besondere Schokoladen oder Konfitüren. Früher war hier auch eine Enoteca, die dann in einen großen Palazzo zwischen Pzza. Navona und Pantheon umgezogen ist (Enoteca **Casa Bleve**, Via del Teatro Valle 48/49, → S. 396).

**De Spar**, Corso Vittorio Emanuele II 42. Tägl. 8–21 Uhr. Supermarkt.

• *Sonstiges* **Buchhandlung Rinascita (3)**, Via delle Botteghe Oscure 6.

**Lufthansa City Center (2)**, Largo Argentina 45.

**Astrologo (19)**, Pzza. delle Cinque Scuole 28. Großhändler für Souvenirs, T-Shirts und alles, was man sonst bei den fliegenden Souvenirständen so findet.

**Linearia (1)**, Via Corso Emanuele II 5. Museumsrepliken auf zwei Stockwerken.

*Roms älteste Marienkirche: Santa Maria in Trastevere*

# Trastevere

**Ohne einen Spaziergang durch das Stadtviertel am anderen Tiberufer (von der Lage ist der Name abgeleitet: *trans Tiberim*) ist jeder Romaufenthalt unvollständig. Hier am Fuß des Gianicolohügels wohnten von der Antike bis Ende der 1970er Jahre nur die ärmeren Römer. Kleine, verwinkelte Gassen, volkstümliche Plätze, alte Kirchen und zünftige Trattorien zeugen davon, dass es mitten in der Großstadt ein „Dorf" geben kann.**

Es gibt mehrere mögliche Ausgangspunkte für einen Spaziergang durch Trastevere. Der vielleicht schönste Weg führt vom Vatikan aus über die **Via della Lungara**. Sie zweigt an der Piazza della Rovere von der stark befahrenen Via Lungotevere am Tiberufer ab, die auf dem erst im letzten Jahrhundert aufgeschütteten Uferwall weiter verläuft. Die Via della Lungara bleibt auf dem tieferen, ursprünglichen Niveau.

Am gut bewachten, mächtigen Komplex an der rechten Straßenseite weist nur noch der Name **Regina Coeli** (Himmelskönigin) auf die frühere Nutzung als Kloster hin. Die Abkehr der heutigen Bewohner von der Welt ist nicht freiwillig gewählt. Hier ist nämlich inzwischen eines der großen Gefängnisse der Stadt untergebracht.

Bevor die schnurgerade Straße vor einem alten Stadttor endet und Sie das eigentliche Trastevere erreichen, kommen Sie noch an zwei bemerkenswerten alten Adelspalästen vorbei, in denen sich heute Museen befinden.

▶ **Villa Chigi („La Farnesina")**: Inmitten eines alten Gartens liegt die Villa Chigi, bekannt als die „Farnesina". Mit ihrem Erbauungsjahr um 1510 (vollendet ca. 1518) ist sie nicht nur eine der ersten suburbanen Villen der Stadt seit der Antike, sondern in Architektur, Raumprogramm, Dekoration und der Einbeziehung eines riesigen Parks *das* Ideal einer Villa der Hochrenaissance. Kein Wunder, denn der Bauherr konnte es sich leisten, mit den Päpsten seiner Zeit, Julius II. und Leo X., zu wetteifern und die besten Meister der Renaissance für dieses Projekt zu verpflichten.

Der päpstliche Bankier **Agostino Chigi** (1465–1520) war eine der schillerndsten Persönlichkeiten seiner Zeit. Er war ein europaweit agierender Unternehmer, ein hoch gebildeter Mäzen und Kunstsammler, Verleger, Lebemann und der reichste Bürger Roms. Dabei gehörte er weder dem Klerus an, noch stammte er aus römischem Adel. Der Sohn einer Sieneser Kaufmannsfamilie kam 1487 mit 22 Jahren nach Rom und lebte zunächst im Stadtzentrum. Mit seiner steilen Karriere wuchs der Wunsch nach einem größeren Anwesen. Dabei fasste er die Ufer jenseits des Tibers ins Auge, wo er große Mengen Land aufkaufte und seinen Sieneser Landsmann Peruzzi mit dem Bau der Villa beauftragte. Vieles spricht dafür, dass Chigi auch Rat bei Raffael einholte, mit ihm die Pläne besprach, und dass der Meister einige Ideen beisteuerte.

Der zweistöckige Hauptbau hat eine regelmäßig gegliederte Fassade und öffnet sich mit einer ehemals unverglasten Loggia und zwei vorgelagerten Seitenflügeln zum **Park** hin. Dieser Park erstreckte sich vormals um ein Vielfaches bis an die damals noch unbefestigten Ufer des Tibers. Darin gab es Lusttempelchen, Grotten, Terrassen, Brunnen, antike Plastiken, seltene Pflanzen und Bäume, eine offene Laube am Ufer und ein Stallgebäude für 100 Pferde. Schon Zeitgenossen Chigis feierten Haus und Park als Kunstzentrum der Stadt, so z. B. Vasari in seinen Schriften. Noch Johann Wolfgang von Goethe, Wilhelm Tischbein und Ludwig Tieck, die das Anwesen viel später und schon stark heruntergekommen kennenlernten, waren begeistert.

Im **Inneren der Villa** dreht sich alles nur um ein Thema: die Liebe. Früh verwitwet lernte Chigi 1511 Francesca Andreosia kennen, eine bürgerliche Venezianerin. Ihre Eltern waren gegen die Verbindung, sodass er sie entführte, in Rom erziehen ließ und dann zu sich nahm. Mit ihr lebte er hier zusammen und hatte, zunächst unehelich, vier Kinder – Papst Leo X. traute das Paar schließlich 1518. Die ganze Villa reflektiert diese glückliche Beziehung.

## Übernachten (ab S. 84)

19 Hotel Santa Maria (S. 91)
21 B&B Villa della Fonte (S. 98)
32 Hotel Cisterna (S. 93)
40 Casa S. Francesca Romana (S. 96)
51 Gästehaus Villa Maria (S. 96)

## Nachtleben/Enoteche (S. 458/459)

3 Good Café Pub
8 Ferrara (Enoteca)
18 Caffè della Scala
22 Ombre Rosse Caffè
23 Dineria
38 Selarum (Live-Musik)
39 Gardini dei ciliegi

## Einkaufen (S. 459)

7 Laboratorio Arti decorative
9 Joseph Debach
10 Sorelle Piras
11 Polvere di Tempo
25 L'albero della vita
31 Libreria del Cinema
33 Innocenti
34 Bibli
41 Pasticciore
45 Panella
46 Il Tortellino
48 Innocenzi
52 Gandini il mondo dei bambini

## Cafés (S. 458)

24 Marzio
26 Bar San Calisto

## Essen & Trinken (S. 454-458)

1 Da Giovanni
2 Da Gildo
4 Dar Poeta (Pizza)
5 Checco er Carettiere
6 Ciak (toskanisch)
12 La Parolaccia
13 Glass Hostaria
14 Da Augusto
15 Trattoria degli Amici
16 Vizi Capitali
17 Da Lucia
26 Da Paris
27 San Calisto (Pizza)
28 Osteria della Gensola
29 Comparone
30 Da Carlone di Remo
34 Il Boom
35 Panattoni (Pizza)
36 Ostriche a Colazione (Fisch)
37 Pizzeria Ivo
42 Alberto Ciarla (Fisch)
43 Le Mani in Pasta
44 Asino Cotto
47 A'Ciaramira
49 Bros
50 Dar Cordaro

## Sonstiges (S. 458)

20 Belli (Eis)

*Trastevere*

100 m

Das **Erdgeschoss** hat zwei wesentliche Räume, den Saal der Galatea und die Loggia der Psyche. Des Weiteren gibt es noch das kleinere Frieszimmer. Den Gang durch diese ehemaligen Gesellschaftsräume beginnen Sie im Gartensaal, der ursprünglich zum Park hin offen war, heute als **Saal der Galatea** bekannt. Zwei Wandfresken mit Darstellungen aus diesem Mythos sind zu sehen: auf dem linken Feld am Fenster sieht man Polyphem, den Zyklopen, der Odysseus' Gefährten gefressen hatte. Dieser Unhold verliebt sich in die Nymphe Galatea, schreibt nunmehr Gedichte, singt und hält vom Ufer sehnsüchtig nach ihr Ausschau. Giacomo del Piombo malte dieses Fresko 1511. Daneben **Raffaels** berühmte *Galatea*, wie sie, von Tritonen, wilden Meereszentauren und Meerjungfrauen umgeben, in einer von Delfinen gezogenen Muschel übers Meer fährt. Im Himmel suchen gleich drei Amoretten ihr Ziel, eine vierte hält vorsorglich Ersatzpfeile bereit. Raffaels *Galatea* gilt als Inbegriff reinster Renaissancemalerei, die es schafft, selbst bei solch erotischen Themen einen höchst kultivierten Ton anzuschlagen.

Wie und ob weitere Szenen der Sage in diesem Raum umgesetzt waren, kann man nicht mehr sagen, die restlichen Wände sind im 17. Jh. mit rein dekorativen, noch unrestaurierten Landschaften bemalt worden. In der Sage erwiderte die Nymphe die Liebe nicht, sondern zeigt sich als verführende, aber unerreichbare Schönheit. Es ist Raffael auch gelungen, sie so darzustellen. Andere Wandflächen hat man später mit bemalter Leinwand verkleidet, darunter kamen vor ein paar Jahren spielerische Skizzen der an der Raumdekoration beteiligten Künstler zum Vorschein. Eine große Studie *al fresco* über der rechten Tür der Schmalseite hat man wohl schon zu Chigis Zeiten so belassen, sie wird **Peruzzi** zugeschrieben. Von ihm stammt auch die Decke mit mythologischen Szenen, Allegorien der Planeten und Tierkreiszeichen inmitten der exakten Sternenkonstellation des Tages der Geburt des Hausherrn.

Angrenzend an diesen Saal, dessen Thema man wohl als die schicksalhafte Begegnung Mann/Frau und die Formen der Annäherung begreifen kann, gelangt man in die **Loggia der Psyche**. Ihr Inhalt ist die Legitimation der Liebe – auch dies ein deutlicher Bezug zur Biografie Chigis, der nach sieben Jahren wilder Ehe in dem Jahr heiratete,

als dieser Raum vollendet wurde. Der Saal der Psyche ist seit Generationen sehr populär. **Goethe** war 1787 mit der Malerin Angelika Kauffmann hier und schrieb: *„Dieser Saal ist das Schönste, was ich von Dekoration kenne, soviel auch jetzt daran verdorben und restauriert ist."* Der Raum ist das Werk Raffaels, ohne dass er selbst einen Tropfen Farbe an die Decke gebracht hat. Das viel beschäftigte Genie gab die Ideen der Bilder und die Zeichnungen vor, seine Schüler setzten sie um – die einen die Figuren, andere das florale Rahmenwerk. Es ist die szenische Nacherzählung der Sage von Amor und Psyche. Jeder Blick durch die umkränzte Architektur des Laubengangs in den (Götter-)Himmel gibt eine weitere Episode frei:

Die Vorgeschichte handelt davon, dass ein König drei Töchter hat, von denen eine, nämlich Psyche, so schön ist, dass sie anstelle der Venus als Göttin verehrt wird. Die wütende Venus sendet daraufhin ihren Sohn Amor aus, um die Konkurrentin auszuschalten (*Gewölbezwickel 1* an der Schmalseite rechts der Fensterfont). Der verliebt sich in das Menschenkind, darf sich aber nicht als Gottheit zu erkennen geben, sondern nähert sich der Schönen nur im Dunkeln und mit der Auflage, dass sie ihn nicht anschauen dürfe (*Zwickel 2*, lange Wandseite: Der glückliche Amor zeigt den drei Grazien seine Geliebte). Psyches eifersüchtige Schwestern machen sie dann aber misstrauisch und überreden sie, ihn während des Schlafs mit einer Öllampe zu betrachten. Amor erwacht und flieht enttäuscht über den Wortbruch zur Mutter, der er alles gesteht. Venus verfolgt die Schöne umso schärfer weiter und fordert Ceres und Juno auf, ihr zu helfen; vergebens (*3. Zwickel*). Sie begibt sich nunmehr zu Jupiter und bittet den Göttervater demütig um Hilfe (*4. und 5. Zwickel*), der schickt seinen Boten Merkur aus, um ihr das Mädchen zu holen (*6. Zwickel*). Er findet sie, liefert sie Venus aus, die ihr einige schwere Strafarbeiten aufgibt, die eigentlich kein Sterblicher überleben kann. Psyche erledigt alle, bringt ihr sogar die Büchse der Proserpina aus dem Hades, wie die Göttin überrascht zur Kenntnis nehmen muss (*7. und 8. Zwickel*). Mittlerweile spricht Amor bei Jupiter vor (*9. Zwickel*), der zusagt, die Sache vor den Götterrat zu bringen. Merkur soll Psyche dorthin bringen (*10. Zwickel*).

Im linken der beiden großen Hauptfelder des Gewölbes ist die Gerichtsszene auf dem Olymp zu sehen. Jupiter sitzt darin ganz rechts, während er Venus' und Amors Darstellungen der Angelegenheit lauscht, im linken Bildteil ist das Urteil bereits gefallen: Psyche wird herangeführt und empfängt den Kelch mit Nektar, womit sie in den Kreis der Götter aufgenommen wird. Das zweite Deckenfeld zeigt dann das abschließende, versöhnliche Hochzeitsfest. Die ungleiche Liebe ist von den Göttern sanktioniert worden.

Nachdem Sie im kleinen **Frieszimmer** die kostbaren, von Peruzzi gemalten Szenen aus Ovids *Metamorphosen* angesehen haben, wartet im **oberen Stockwerk** der **Saal der Perspektiven**, ebenfalls von **Peruzzi**, mit herrlicher Scheinarchitektur und gemalter Aussicht auf die Stadt. Interessant sind einige Graffiti von Landsknechten, die hier 1527 während des „Sacco di Roma" (→ S. 486) hausten.

Nebenan das **Schlafzimmer** Chigis mit Fresken **Sodomas**. Dargestellt ist als Hauptbild gegenüber den Fenstern die Hochzeit Alexanders des Großen mit Roxane (auch eine große Liebesgeschichte). Hierzu sind auch Skizzen Raffaels erhalten. Das überrascht nicht, denn Raffael war eng mit Sodoma befreundet (in den Stanzen des Vatikans hat er sich in der „Schule von Athen" neben ihm porträtiert), sodass die beiden sicherlich auch gemeinsam wichtige Aufträge diskutiert und geplant haben. Eine zweite Szene an der Kaminwand beschreibt den Großmut Alexanders, indem er die Familie des besiegten Darius dennoch standesgemäß empfängt. Eine dritte

großes Fresko, *Die Zähmung des Bukephalos*, fällt in der Qualität der Figuren extrem ab. Nachgewiesen ist, dass die Landschaften links im Bereich der Tür und ganz rechts von Sodoma stammen, dass die ganze Aktion der Gruppe in der Mitte jünger ist und von anderer Hand gemalt wurde. Der Grund ist einfach: Hier stand das große Himmelbett Chigis, das die Wand großteils verdeckte und deshalb eine aufwändige Gestaltung Sodomas überflüssig machte.

Chigi starb hier 1520, vier Tage nachdem Rom den frühen Tod Raffaels beklagen musste. Seine Erben zerstritten sich, das Anwesen wurde nicht mehr gepflegt und verwahrloste bald. 1577 kauften es die Farnese (daher der Name „Farnesina"), die damit Stadtpalast und Sommervilla angenehm nah zusammenbrachten, nur vom Tiber getrennt. 1714 übernahmen die Bourbonen das Anwesen. Trotz ständiger, mehr oder weniger gelungener Renovierungsarbeiten ging es mit dem Gebäude weiter bergab. Es verlor, bis zuletzt durch die Tiberregulierung, weite Teile des Parks und seiner Pavillons, und auch der riesige Pferdestall verschwand. Nachdem die Villa ab Mitte des 19. Jh. noch für einige Zeit spanische Botschaft war, übernahm sie 1927 der italienische Staat, der sich seither mit großer Akribie um Pflege und Restaurierung dieser legendären Stätte kümmert.

● *Öffnungszeiten* Mo–Sa 9–13 Uhr, So geschlossen.

● *Eintritt* 5 , erm. 4 € (für Jugendliche von 14-18 Jahren und Studenten), für Personen unter 14 und über 65 Jahre Eintritt frei.

● *Information* ✆ 06. 68027268.

▶ **Galleria Nazionale di Palazzo Corsini**: Ursprünglich stand an dieser Stelle der Palazzo Riario, im 15. Jh. erbaut für den Neffen von Sixtus IV., Domenico Riario. Berühmteste Bewohnerin war Königin **Christine von Schweden**, Tochter des Vorkämpfers des Protestantismus, Gustav Adolf. Sie bestieg mit 18 Jahren den Thron, umgab sich mit Künstlern und Intellektuellen, und machte Stockholm rasch zu einem der kulturellen Zentren Europas. Als sie 1655 zum katholischen Glauben konvertierte, war sie gezwungen abzudanken und ging ins Exil nach Rom, wo sie 30 Jahre ihres Lebens verbrachte. Bernini, der von Papst Alexander VII. dazu bestimmt wurde, sie bei ihrer Ankunft an der Piazza del Popolo zu empfangen und zum Vatikan zu führen (→ „Piazza del Popolo", S. 303), war ein großer Freund und Verehrer der Schwedin. Als Mäzenin und Förderin der Akademie für Wissenschaft und Kunst mit dem späteren Namen „Arkadia" leistete sie einen wichtigen Beitrag zum kulturellen Reichtum der Stadt. 1689 wurde sie in St. Peter beigesetzt. Als der florentinische Bankiersadel der Corsini 1730 mit Clemens XII. einen Papst stellte, kauften sie bald den alten Palazzo, auch wegen des riesigen Parks, der sich bis in den heutigen Botanischen Garten und den Gianicolo hinauf erstreckte. Unter dem Baumeister Ferdinando Fuga erweiterten sie ihn zu einer riesigen barocken Palastanlage, die letztlich unvollendet blieb. Seit 1884 ist sie in Staatsbesitz und birgt heute u. a. eine Nationalgalerie für Malerei des 17. und 18. Jh.

• *Rundgang* Über ein Vestibül mit anschließendem Treppenhaus gelangen Sie ins erste Stockwerk mit der **Galleria Corsini**, deren Bestand auf die Sammlungen der Fürstenfamilie zurückgeht, die sie dann Ende des 19. Jh. dem Staat übertrug. In acht mit kostbaren Wandmalereien, Bronzeplastiken und fürstlichem Mobiliar ausgestatteten Sälen begegnen Ihnen u. a. Werke von Rubens, van Dyck, Teniers d. J., del Sarto, Murillo, Caravaggio, Gentileschi, Poussin und Reni. Der **Saal V** war das Schlaf- und Sterbezimmer Königin Christines mit Fresken aus dem 16. Jh. Sehr schön passend in diesem Raum aufgestellt: eine Marmorbüste Papst Alexanders VII. von Bernini.

• *Adresse* Via Lungara 10.

• *Öffnungszeiten* Di–So ist Einlass um 9.30, 11 und 12.30 Uhr. Mo geschlossen, ebenso am 25.12 und 1.1.

• *Eintritt* 4 €; für Personen von 18 bis 25 Jahre 2 €; für Personen unter 18 und über 65 Jahre, Studenten der Fachrichtung Kunstgeschichte und Architektur ist der Eintritt frei (Vergünstigungen nur gegen Nachweis der Voraussetzungen).

• *Information* ✆ 06.68802323; für Reservierungen ✆ 06.32810; Reservierungen für Gruppen ✆ 06.32651329; für Führungen von Gruppen ✆ 06.22582493; www.galleriaborghese.it.

▶ **Botanischer Garten (Orto Botanico):** Am Ende der Seitenstraße neben dem Palazzo Corsini (Via Corsini) liegt der Eingang zum Botanischen Garten. Die gepflegte Anlage am Hang des Gianicolohügels gehörte früher zum berühmten Park des Palazzo Corsini. Dieser ruhige Ort mit den herrlichen Palmen und einem alten Eichenwäldchen ist wie geschaffen für ein Picknick oder eine erholsame Verschnaufpause. Es gibt sogar einen Gemüsegarten zu besichtigen.

• *Öffnungszeiten* So geschlossen, Mo–Sa 9–17.30 Uhr (im Sommer bis 18.30 Uhr, im August geschlossen).

• *Adresse* Largo Cristina di Svezia 24 (Via Corsini).

• *Eintritt* 2 €.

Folgen Sie der Via della Lungara vom Palazzo Corsini aus noch einige Schritte, erreichen Sie an der **Porta Settimia** den eigentlichen Eingang zum Stadtviertel Trastevere. Als Teil eines unter Kaiser Septimius Severus (193–211 n. Chr.) errichteten Gebäudes wurde das Tor später in die aurelianische Stadtmauer einbezogen (mehr zur Stadtmauer → S. 274).

*Essen/Trinken* Dem Tor gegenüber findet man eine nette **Bar**. Im Sitzen ist der Kaffee zwar teurer, doch ist dies ein hübscher Ort zum Entspannen.

▶ **Gassen von Trastevere:** Dahinter beginnen die engen, verwinkelten Gässchen von Trastevere. Beim Anblick der so typischen ocker- und terrakottafarbenen, abblätternden Fassaden und der Wäsche, die über den Straßen trocknet, fühlt man sich wie in einem kleinen italienischen Provinznest. Besonders malerisch sind die Sackgassen am Hang des **Gianicolohügels**. Sie enden meist vor überwucherten Treppen. Wer die Stufen hinaufsteigt, hat einen wundervollen Blick über das Gassengewirr, fleckige Giebel, schiefe Ziegeldächer, unzählige bepflanzte Dachgärten, das grüne Band der Baumallee am Tiber und dahinter die Silhouetten der Kuppeln auf der anderen Tiberseite.

Der Reiz dieses Stadtteils ist schon lange kein Geheimnis mehr. Trastevere wird von reichen Römern und Ausländern bereits seit Jahrzehnten überaus geschätzt. Immo-bilienfirmen boten den Bewohnern hohe Abstandszahlungen und bauten lauschige, aber morsche Dachwohnungen zu Luxusappartements um, deren Preise kein Durchschnittsverdiener mehr bezahlen kann. Inzwischen verbergen sich hinter den scheinbar verkommenen Fassaden oft feudale Wohnungen. In den Erdgeschossen entstanden Galerien und teure Geschäfte. Ein sehr wachsames Denkmalsamt sorgt dafür, dass sich an dem morbiden Charme und den warmen, fleckigen Erdtönen der Fassaden nichts ändert. Bei Renovierungen dürfen außen keine deckenden, synthetischen Farben zu sehen sein, man muss Naturpigmente verwenden, die meist auch von Spezialisten nach alter Manier mit Quastenpinseln strukturiert aufgetragen werden. Auch alle Veränderungen im Inneren der Häuser sind genehmigungspflichtig. Bei Verstößen werden extrem hohe Bußgelder fällig und sogar gnadenlos eingetrieben (was sonst in Italien eher selten der Fall ist).

Auch die **Restaurants** in den versteckten, kleinen Seitengassen werden vornehmer. Man hat gemerkt, dass es den zahlungskräftigen Fremden schmeckt und gut gefällt. Also hat man vergrößert, legt nun mehrere Tischtücher aufeinander, zwängt sich in ein weißes Jackett und erhöht die Preise! Die Fremden kommen trotzdem. Hier gibt es eben Atmosphäre und traditionell die besten Feinschmeckerrestaurants.

Wirklich gute Lokale geben sich aber von außen eher unscheinbar. Sie legen keinen Wert auf Fremde mit beschränkter Urlaubskasse, die ohnehin nicht wiederkommen und selten ein anständiges Menü mit mehr als vier Gängen schätzen. Diese Lokale leben von der Gunst der wählerischen Römer. Für die ist das Speisen in Trastevere ein kostspieliger, aber unverzichtbarer Luxus.

Wenn Sie ein unvergessliches kulinarisches Fest erleben wollen, misstrauen Sie den großen, leeren oder ausschließlich mit Touristen besetzten und den allzu malerisch hergerichteten Restaurants. Achten Sie auf eher unscheinbare Lokale, die es nicht nötig haben, sich anzupreisen. Wer die Augen offen hält, findet auch noch kleine Osterien, in denen man preiswert unter Einheimischen das Tagesgericht (selten gibt es eine große Auswahl) essen kann. Der Bogen Makulaturpapier als Tischdecke ist meist ein Indiz für schmackhafte, einfache Küche (Empfehlungen s. Serviceteil ab S. 454).

Seit einigen Jahren gibt es auch unzählige **Kneipen** in Trastevere, deren Zielgruppe hauptsächlich jüngere Touristen sind. Aber auch bei Römern kommen die häufig aufwändig dekorierten Kneipen und Clubs gut an. Die meisten gibt es in der Via della Scala und in den Gassen um die Piazza S. Maria in Trastevere (→ Serviceteil ab S. 458).

Die kleineren **Handwerksbetriebe**, deren winzige Räume oft so voll gestopft sind, dass sie einem Schrottplatz ähneln, sind nicht mehr so häufig wie vor einigen Jahren. Trotzdem wird mancherorts noch wie eh und je auf der Straße gearbeitet und Vorübergehende bleiben gern für ein Schwätzchen stehen. Durch die vielen Besucher, die inzwischen nicht nur am Abend durch die Gassen streifen, gibt es eine Menge kleiner Läden mit zum Teil ausgefallenem Kunsthandwerk.

Mitten im Gassengewirr von Trastevere stoßen Sie auf die großzügige **Piazza Santa Maria in Trastevere**, die zwar zum Besichtigungsprogramm der meisten Touristen gehört, aber dennoch nichts von ihrem dörflichen Charakter eingebüßt hat. Wie in jeder italienischen Kleinstadt treffen sich am Brunnen auf der Piazza im Zentrum auch hier die Jugendlichen der Umgebung, spielen Fußball oder präsentieren lässig ein knatterndes Moped. Besonders stimmungsvoll ist die Piazza S. Maria in Trastevere bei Dunkelheit, wenn die uralte Kirche mit den immer noch farbenprächtigen Mosaiken an der Fassade und dem Campanile angestrahlt wird.

▶ **Santa Maria in Trastevere**: Die Kirche passt besonders gut in dieses Stadtviertel, weil sie trotz einiger Veränderungen ihren mittelalterlichen Charakter bewahrt hat. Sie gehört zu den wichtigsten und aufwändigsten Bauten des 12. Jh. in Rom. Damals orientierte man sich wieder an den Anfängen des Christentums und nahm die frühchristlichen Bauwerke zum Vorbild. Den Auftrag für Santa Maria in Trastevere erteilte Papst Innozenz II. (1130–43), der damit eine kleinere, morsch gewordene Kirche ersetzte, die als erste der Verehrung Marias gewidmet war. Santa Maria in Trastevere ist damit die **älteste Marienkirche der Welt.**

Diese frühe Kirche hatte bereits Papst Julius I. an dem Ort gegründet, wo sich nach der Überlieferung im Jahre 38 v. Chr. eine Ölquelle aufgetan hatte. In diesem Ereignis sahen die damals hier wohnenden Juden ein Zeichen für das nahende Erscheinen des Messias. In der Antike stand hier ein größerer Bau, der wohl als Altersheim für verarmte Legionäre diente.

Der romanische Baukörper aus dem 12. Jh. ist heute noch vorhanden. Aus dieser Zeit stammen auch der Campanile und das Mosaik am oberen Teil der Fassade. Die Vorhalle darunter ist 1702 von Carlo Fontana zugefügt worden. In ihr sind zahlreiche Fragmente antiker Inschriften ausgestellt.

Im **Innenraum** der Basilika sind die beiden Seitenschiffe jeweils durch antike Granitsäulen vom Hauptschiff abgetrennt. Die vergoldete Kassettendecke darüber geht auf eine Modernisierung im 17. Jh. zurück und entspricht barockem Zeitgeschmack. Der wunderschöne Cosmatenfußboden gehört wie der Bischofsthron und der Osterleuchter zur Originalausstattung. Vor der Apsis mit dem Altarraum tragen zwei antike Kolossalsäulen, die aus den Caracalla-Thermen stammen, einen Triumphbogen, in dessen Rundung eine Girlande aus Obst und Blumen als farbenprächtiges Mosaik ausgeführt ist. Die Mosaike in der Apsis mit den leuchtenden Farben auf dem goldenen Hintergrund und die formvollendeten Darstellungen gehören zu den schönsten Roms.

Im oberen Teil aus dem 12. Jh. ist Jesus dargestellt, der Maria auf dem Thron umarmt, ein Sinnbild der Marienverehrung. Darunter sehen Sie das Lamm Gottes mit Heiligenschein in der Mitte, umgeben von zwölf Lämmern, den Aposteln. Im unteren Teil, der knapp hundert Jahre später entstand, schildern Mosaike Szenen aus dem Leben Marias.

Am Mittag des ersten Weihnachtstages werden in dieser Kirche traditionell Obdachlose und Arme mit einem Festmahl bewirtet.

● *Öffnungszeiten* Tägl. 8–20 Uhr (ausgenommen die Zeiten der Messe).

▶ **Museo di Roma in Trastevere**: In dem kleinen Museum an der hübschen Piazza, rechts am Hauptschiff von Santa Maria in Trastevere vorbei, sind neben wechselnden Ausstellungen im Erdgeschoss hauptsächlich folkloristische Gegenstände aus dem 19. Jh. zu sehen.

Sehenswert sind einige Aquarelle von Franz Roesler (1845–1907), die Straßenszenen aus dem 19. Jh. zeigen. Man sieht hier die antiken Monumente z. T. noch umbaut und noch nicht vollständig freigelegt. Ein weiterer Schwerpunkt der Sammlung beschäftigt sich mit dem populären Volksdichter **Trilussa** (1871–1950), der in Trastevere lebte. Man sieht seine (eher bescheidene) Kunstsammlung und allerlei Krimskrams aus seinem persönlichen Besitz sowie Illustrationen zu seinen Stücken. Sehenswert sind im 3. Abschnitt des Museums die lebensgroßen Genreszene aus dem 19. Jh.: eine eingerichtete Apotheke, ein Stall mit typischen Karren, auf denen Wein transportiert wurde, eine Schenke, in der getanzt wird, eine historische Osteria, einen Schreiber an der Ecke einer Gasse und einen für die Zeit typischen Straßenaltar.

● *Adresse* Pzza. Sant'Egidio 1.
● *Öffnungszeiten* Di–So 10–20 Uhr.
● *Eintritt* 5,50 €, erm. 4 €, für Personen unter 18 und über 65 Jahre Eintritt frei.
● *Information* ✆ 06.5816563.

Folgen Sie der Via Lungaretta noch ein Stück weiter, so stoßen Sie auf den breiten Viale Trastevere, der den Durchgangsverkehr durch dieses Viertel kanalisiert und damit Trastevere in zwei Teile zerschneidet. Kurz vor der Tiberbrücke, dem Ponte Garibaldi, erinnert auf der Piazza G. G. Belli das Standbild eines Herrn mit Mantel und Zylinder an den populären Mundartdichter **Gioacchino Belli**.

▶ **Basilika San Crisogono**: Dem Denkmal schräg gegenüber erhebt sich direkt am Viale Trastevere (Pzza. Sonnino 44) die Basilika San Crisogono. Hier soll das erste Mal eigens zu diesem Zweck ein Versammlungsort für Christen gebaut worden sein (bis dahin hat man sich in größeren Privathäusern oder in einigen der vorhandenen Markthallen zum Gottesdienst getroffen). Die noch sehr bescheidene erste Kirche wurde im 8. Jh. erheblich erweitert. Aus der Zeit sind noch einige Teile unter dem heutigen Bau, der sieben Meter höher liegt, erhalten. Am Ende des linken Seitenschiffs führt in der Sakristei eine Wendeltreppe hinab, wo Sie Wandfresken und gemauerte Becken sehen können.

Den Neubau der Kirche gab Papst Calixtus II. (1119–24) in Auftrag. Wie bei Santa Maria in Trastevere entschied man sich für eine dreischiffige Basilika mit antiken Granitsäulen und einem von Porphyrsäulen getragenen Triumphbogen vor dem Altarraum. Von der Barockisierung im Jahr 1626 blieben der schöne Cosmatenfußboden und der romanische Campanile verschont.

*Öffnungszeiten* 7.30–11.30 und 16–19 Uhr.

▶ **Santa Cecilia in Trastevere**: Auf der anderen Seite des Viale Trastevere, nicht weit vom Tiberufer entfernt, wo es wesentlich ruhiger und ursprünglicher als im quirligen Viertel um die zentrale Piazza S. Maria in Trastevere zugeht, steht die Kirche Santa Cecilia.

---

### Die Legende der heiligen Cäcilie

Von Cäcilie, der Schutzheiligen der Musik, berichtet die Legende, dass sie, von göttlichen Himmelschören inspiriert, die Orgel erfunden habe. Sie ging für ihren Glauben den Weg des Martyriums. Nachdem der Versuch gescheitert war, die christliche Organistin im Dampfbad ihres Hauses zu ersticken, befahl man, Cäcilie zu köpfen. Doch ihre Schönheit muss den Henker derart gelähmt haben, dass ihm die Kraft fehlte, sein blutiges Werk kunstgerecht zu vollenden. So kam es, dass man viele hundert Jahre später den Leichnam der schönen Delinquentin mit nur halb abgetrenntem Kopf in der Calixtus-Katakombe entdeckte. Der Körper war angeblich vollständig erhalten, und sie soll ausgesehen haben, als schliefe sie nur.

---

An der Stelle der Kirche stand in der Antike ein luxuriöses Wohnhaus (Reste sind unter der Kirche freigelegt und können besichtigt werden), in dessen Schwitzbad *(Caldarium)* man im 2. Jh. versucht hat, die Heilige Cäcilie zu ersticken. Nach Umbauten im 5. Jh. wurde die Villa wohl nur noch für Gottesdienste genutzt. Papst Pascalis I. (817–824) ließ sie zum Teil abtragen um auf den Resten eine romanische Basilika zu bauen, die später mehrfach verändert und schließlich mit barocken Stilelementen überzogen wurde.

Sehenswert ist das **Atrium** vor der Kirche mit dem Wasserbecken, an dem sich früher die Gläubigen vor der Messe reinigten. Vorhalle, Campanile und Kreuzgang sind aus dem 12. Jh. fast unverändert erhalten. Aus den Anfängen der Kirche stammt nur noch das **Apsismosaik** (9. Jh.), das als eines der schönsten Zeugnisse frühchristlicher Kunst gilt. Unter dem Altar fand die Heilige nach der Überführung aus den Katakomben ihr endgültiges Grab. Eine Skulptur Madernos zeigt, wie man Cäcilie gefunden hat. Das antike Caldarium ist unter der Apsis in der Krypta zu sehen. In den anderen ausgegrabenen Räumen des antiken Wohnhauses sehen Sie einige Säulen, Fundamente und Bruchstücke von Inschriften.

*Öffnungszeiten/Eintritt* Mo–Sa 9.30–13 und 16–19.15 Uhr. Eintritt für die Ausgrabungen 2,50 €.

## Der Gianicolo

Die Via Garibaldi, neben dem Viale Trastevere die zweite große Straße dieses Viertels, windet sich ab der Porta Settimia kurvenreich den Gianicolohügel hinauf. Der bei Sommerhitze etwas mühevolle Aufstieg wird mit einem winzigen, aber die Baukunst prägenden Kapellchen, einem imposanten Brunnen und vor allem mit einem der schönsten Ausblicke auf ganz Rom belohnt. In einem weiten Bogen geht es rechts zu einem terrassenartigen Platz mit herrlichem Blick auf die Dächer und Gassen von Trastevere.

▶ **San Pietro in Montorio**: Im päpstlichen Auftrag identifizierte eine Kommission 1480 diese Stelle als den Ort, an dem Petrus im Jahr 66 kopfüber gekreuzigt worden sein soll. Die hohen Herren fanden sogar das Loch, in dem angeblich das Kreuz gesteckt hatte. Gleich daneben ließen der spanische König Ferdinand II. und seine Frau Isabella ein Kloster und die Kirche S. Pietro in Montorio erbauen. Sie erfüllten damit nach der Geburt ihres ersehnten Sohnes ein Gelübde. Zur angemessenen Präsentation des ehrwürdigen Lochs verpflichteten die Majestäten den erfolgreichen Baumeister Donato Bramante, der hier mit dem **Tempietto** den formvollendeten Idealbau der Hochrenaissance schuf.

Später wiesen Archäologen nach, dass während der Antike niemals Hinrichtungen auf dem Gianicolo stattgefunden hatten, doch die Verehrung von Bramantes

*Wo die Liebe hinfällt: Treffpunkt Gianicolo*

wunderschönem Tempelchen litt darunter nicht. Eine andere Legende setzte sich durch, wonach Petrus im Circus des Nero am vatikanischen Hügel gekreuzigt und auf dem Gräberfeld daneben beigesetzt worden war. Die Peterskirche soll sich genau über dem Grab erheben. (Einige Historiker bezweifeln heute, dass der Apostelfürst überhaupt je in Rom war, da weder in den Briefen des Paulus noch im Neuen Testament entsprechende Hinweise zu finden sind.)

*Öffnungszeiten* Tägl. 7-12 und 16-18 Uhr.

Rechts neben der Kirche ist der Eingang zum Klosterhof, in dessen Mitte der Tempietto steht. Drei Stufen führen zum Säulenring des Rundtempels. Der Raum dahinter ist winzig klein (Durchmesser 5,5 m) und dient nur dem Schutz und der Präsentation des Lochs, in dem das Kreuz gesteckt haben soll. Anders als bei den antiken Vorbildern setzte Bramante eine Balustrade auf den Säulenkranz und, dahinter zurückgesetzt, einen kleineren Tambour mit einer Halbkugel darauf als Abschluss. Die Proportionen von Untergeschoss, Tambour und Kuppel sind derart gelungen, dass der Tempietto als Motiv in zahlreichen Gemälden auftauchte und in der Baukunst vielfach kopiert wurde.

Bramante hatte dabei die Idee, den klassischen antiken Rundtempel mit der Kuppel des Pantheons zu kombinieren, um so mit einem christlichen Bauwerk die Antike zu übertreffen. Für den Neubau der Peterskirche wollte er diese Lösung vorschlagen und die Wirkung erproben. Il Tempietto ist damit der **Prototyp** (natürlich sehr verkleinert) **der Peterskuppel**.

In dem Gebäude nebenan mit der verglasten Loggia hat die spanische Kunstakademie ihren Sitz.

▸ **Aqua Paola:** Gehen Sie die Straße weiter hinauf, so kommen Sie zu einem prächtigen Brunnen, zur Aqua Paola, auch **Fontanone** genannt. Mit einem solchen Brunnen (Castellum), der an einen Triumphbogen erinnert, feierten die alten Römer den Abschluss eines Aquädukts und den Einzug des Wassers in die Stadt (→ S. 182). Auch an der Aqua Paola endet eine alte Wasserleitung, die Kaiser Trajan 109 n. Chr. einweihte. Ab dem Mittelalter gab es in Trastevere keine funktionierenden Brunnen mehr. Erst Papst Paul V. (1605–21) gab die Wiederherstellung der Aqua Traiana in Auftrag. Seit damals wird von dieser Stelle aus das Wasser in das Leitungsnetz eingeleitet. Aus dem Bogen stürzen fünf Wasserströme hervor und sammeln sich in einem großen Becken.

Auf der breiten Inschriftentafel über den Hauptbögen ließ sich Paul V. im Stil eines römischen Imperators feiern: *„Paul V., Pontifex Maximus, sammelt dieses Wasser, entnommen den reinsten Quellen bei Bracciano, und brachte es 35 km weit von seinem Ursprung über die antiken Röhren der Aqua Alsientina, die er wiederherstellte, und neue, die er hinzufügte".*

Hinter der Fassade mit den sechs roten Granitsäulen wird der Hauptstrom der Wasserleitung (in den Brunnen fließt natürlich nur der Überschuss) auch heute noch mit den originalen Armaturen von 1612 gelenkt und den Haushalten von Trastevere zugeführt.

▸ **Piazza Garibaldi:** Rechts des Brunnens beginnt hinter dem Tor die **Gianicolo-Promenade** (Passagiata del Gianicolo). Eine Schatten spendende Allee führt zur Piazza Garibaldi.

An dieser Stelle war 1849 der Schauplatz der ersten Schlacht zwischen Garibaldis Truppen und denen des Papstes. Dank der Unterstützung durch französische Einheiten konnte der Papst seinen Kirchenstaat zunächst noch verteidigen. Erst 21 Jahre später, als die Franzosen mit ihrem Krieg gegen Preußen zu beschäftigt waren, um helfen zu können, waren Garibaldis Leute genau am selben Ort siegreich. Der Papst wurde entmachtet und man rief das neue Königreich des nun geeinten Italiens aus.

Das Reiterstandbild **Garibaldis** in der Platzmitte blickte früher in die andere Richtung. Der Papst fand es aber geschmacklos, dass Garibaldi auch noch nach der Aussöhnung mit Italien auf den Vatikan herabschaute. Daraufhin wurde die Statue um 180 Grad gedreht.

Büsten von Garibaldis siegreichen Mitstreitern säumen den Platz um das Denkmal und die Straße. Mit ihrem ernsten, würdevollen Gesichtsausdruck stehen sie im Gegensatz zu dem heiteren **Puppentheater**, das hier schon seit Generationen Kinder begeistert. Jeder, der in Rom seine Kindheit verbracht hat, wird sich an einen Sonntagsspaziergang auf dem Gianicolo und an die *pulcinellas* erinnern.

Vom Platz aus genießt man einen **faszinierenden Blick** auf ganz Rom: Sie sehen die typischen Gelbtöne der Fassaden, die höchsten Bauwerke sind die Kuppeln und Türme der Kirchen sowie die unzähligen Kapellen. Betonbauten und Hochhäuser gibt es im Innenstadtbereich nicht. Kein hässliches Parkhaus verschandelt den Blick. Von hier oben aus betrachtet hat sich Rom im letzten Jahrhundert kaum verändert. Der grüne Hügel mit der Antenne ist der Monte Mario, es folgt die Engelsburg; das grüne Band, das sich durch die Stadt schlängelt, deutet den tiefer fließenden Tiber an; am Horizont der Pincio; das, was wie eine umgestülpte Suppenschüssel aussieht, ist das Pantheon; dahinter, kaum zu erkennen, die geraden Linien des Quirinal; weiter rechts der weiße Bau des protzigen Nationaldenkmals und im Vordergrund Trastevere.

Folgt man der Passagiata del Gianicolo noch ein Stück weiter, kommt man zum Reiterstandbild von Garibaldis Ehefrau **Anita**, die ihm hilfreich mit Kind und Pistole zur Seite stand.

## *Essen und Trinken (siehe Karte S. 444/445)*

Früher war Trastevere das Stadtviertel, das am wenigsten von der Entwicklung Roms zur Weltstadt und Touristenmetropole mitbekommen hatte. Trastevere blieb ein beschauliches Dorf neben der Großstadt. Vielleicht wurde gerade deshalb hier die traditionelle Küche besonders gepflegt. Dann aber entdeckten erst die Bohème, bald darauf Ausländer und sehr gutverdienende Römer diesen malerischen Ort. Seit dieser Zeit trifft man sich in Trastevere zum Essen. Entsprechend fein putzten sich manche kleinen Familienbetriebe heraus oder wichen teuren Restaurants, die unverschämte Preise verlangen. Die Touristen halten Trastevere mit seinen engen Gassen häufig für die „Altstadt" von Rom, was natürlich nicht stimmt, aber die Funktion (im Vergleich zu anderen Großstädten) recht treffend beschreibt. So haben sich die Via della Scala und ihre Umgebung zum Kneipenviertel entwickelt, wo bis spät in der Nacht Betrieb ist.

• *Im Zentrum von Trastevere, nordöstlich des Viale Trastevere* **Da Giovanni (1)**, Via Lungaretta 41 A (vom Vatikan aus kommend ein ganzes Stück von der Porta Settimiana entfernt, wo Trastevere eigentlich beginnt, sogar noch vor dem Gefängnis), ☎ 06.6861514. So Ruhetag. Eine schlichtere Osteria mit noch einfacherer Ausstattung werden Sie in Rom kaum finden. Eine große Auswahl gibt es auch nicht, aber was auf den Tisch kommt, ist zwar schlicht, aber meisterhaft zubereitet. Alles ist frisch und authentisch römisch (z. B. bei den Primi „gli spaghetti al sugo di tonno" – mit Thunfischsoße, bei den Secondi „le zucchine ripiene di carne" – Zucchini mit Fleischfüllung). Dazu gibt's den stets passenden Hauswein oder Wasser, sonst nichts. Menü um 15 bis 20 €, ein spottbilliger Preis in Rom für ein wirklich gutes, zünftiges Essen.

**Da Gildo (2)**, Via della Scala 31 A, ☎ 06.5800733. Do Ruhetag. Diese Pizzeria gehört zu den traditionellen Lokalen von Trastevere. Pizze gibt es in allen Variationen, aber auch gute Antipasti und Salat, es gibt Bier und ein paar ordentliche Weine. Die Desserts sind hausgemacht. Preis für ein Menü um 20 €.

**Da Augusto (14)**, Pzza. de Renzi 15, ✆ 06.5803798. Sa Abend und So geschlossen. Dieser Familienbetrieb ist eine schlichte, ganz und gar typische Trattoria an der ebenfalls typischen kleinen Piazza, wo man im Sommer draußen an wackligen Tischen mit Papierdecken sitzt und gar nicht anders kann, als am mitunter lautstarken Leben der ringsum wohnenden typischen italienischen Familien teilzuhaben. Im Winter wird drinnen serviert, wo es eng, warm und natürlich auch laut zugeht. Die Bedienung ist einfach chaotisch und man braucht viel Geduld und Zeit. Aber mit etwas Gelassenheit, dem ordentlichen Hauswein und (irgendwann kommt es doch) dem schlichten, guten Essen stört das nicht weiter. Die Gerichte sind authentisch und im Gegensatz zum Service perfekt (z. B. „rigatoni cacio pepe" oder „spaghetti all'amatriciana" und bei den Secondi z. B. „bollito di manzo" – gekochtes Rindfleisch, „coniglio alla cacciatora" – Kaninchen auf Jägerart mit Kräutern). Menü um 25 € bei gutem Preis-Leistungs-Verhältnis. Da es oft sehr voll wird, sollte man möglichst kurz nach Öffnung (mittags 13 Uhr, abends 20 Uhr) herkommen, sonst muss man warten. Eine Reservierung führt auch nicht immer zum Erfolg.

**Da Lucia (17)**, Vicolo del Mattonato 2, ✆ 06.5803601. Mo Ruhetag. Alteingesessene Trattoria in einer dunklen Gasse nahe der Pzza. della Scala mit ordentlicher, römischer Küche. Empfehlenswert sind z. B. die Suppen und der gute Baccalà. Menü um 35 €.

**Trattoria degli Amici (15)**, Pzza. di S. Egidio 5, ✆ 06.5806033. So Ruhetag, sonst nur abends geöffnet. Sympathische, gemütliche Trattoria mit schönem Blick auf die Pzza. S. Egidio und im Sommer einigen Plätzen draußen. (Der Betrieb arbeitet mit der Gemeinde von S. Egidio zusammen und kümmert sich um die Integration von Menschen mit Behinderungen.) Der Service ist aufmerksam und freundlich, das Essen tadellos, die Weinauswahl ordentlich. Empfehlenswert z. B. „frittura di pesce" (frittierte Fischlein) oder „coniglio al pomodoro con verdure e olive" (Kaninchen mit Tomaten, Gemüse und Oliven). Menü um 25 €.

**Ciak (6)**, Vicolo del Cinque 21, ✆ 06.5894774. Mo Ruhetag, von Di bis Do nur abends. Rustikale Trattoria mit Spezialitäten aus der Toskana, z. B. bei den Primi „pappa col pomodoro" (Brot-Tomatensuppe) und „pappardelle con sugo di cinghiale" (breite Bandnudeln mit Wildschwein), bei den Se-

*Stillleben: Trastevere wird erst am Abend laut*

condi sind die Fleischgerichte besonders gut. Eine Reservierung ist zu empfehlen. Menü um 30 bis 35 €.

**La Parolaccia (12)**, Vicolo del Cinque 3, ✆ 06.5803633. So Ruhetag, sonst nur abends geöffnet. Bekannte, urige Trattoria mit nettem Service und typisch römischen Gerichten. In der Regel gibt es ein festes Menü. Preis um 30 bis 40 €.

**Glass Hostaria (13)**, Vicolo del Cinque 58, ✆ 06.58335903, www.glass-hostaria.it. Mo Ruhetag, sonst nur abends geöffnet. Modernes Restaurant mit Designerstühlen und -tischen auf zwei offenen Stockwerken verteilt. Raffinierte, kreative, je nach Marktangebot wechselnde Gerichte, z. T. mit asiatischen Einflüssen (Ingwer, Zitronengras, Wasabi, Kokos), die sehr lecker sind (und überaus appetitlich aussehen). Es gibt auch ein bis zwei reichhaltige Tagesmenüs für 45 oder 50 €. Ansonsten zahlt man à la carte um 40 € bei gutem Preis-Leistungs-Verhältnis. Reservierung ist erforderlich.

**Dar Poeta (4)**, Vicolo del Bologna 45, ☎ 06.5880516. Mo Ruhetag, sonst nur abends geöffnet. In einer schmalen Gasse mitten in Trastevere liegt diese zu Recht beliebte Pizzeria. Im Sommer gibt es draußen einige eng stehende kleine Tischchen. Die Pizze mit dünnem, knusprigem Teig sind sehr lecker und fantasievoll belegt, sehr gut sind auch die Bruschette (üppige Portion, die man sich zu zweit teilen sollte) und die Calzone. Die Portionen sind insgesamt recht groß. Abendessen um 15 €.

**Checco er Carettiere (5)**, Via Benedetta 10, ☎ 06.5817018, www.checcoercarettiere.it. Tägl. geöffnet. Das gediegene, gutbürgerliche Restaurant mit Tischen im Erdgeschoss sowie auf einer offenen Empore im 1. Stock gehört zu den Traditionslokalen von Trastevere und ist schon seit jeher im Besitz der Familie Porcelli. Entsprechend traditionsbewusst wird hier gekocht, mit besten und frischesten Zutaten. Die Spezialität des Hauses sind „gli spaghetti alla carrettiera" (Spaghetti mit Tomaten, Pilzen und Thunfisch), bei den Secondi sind besonders zu empfehlen: „l´abbacchio a scottadito" (Lamm), und „saltimbocca alla romana" sowie „i carciofi alla giudia" (frittierte Artischocken). Herrlich ist auch der Kuchen und vor allem das hausgemachte Eis. Dieses bekommt man auch in der nebenan kürzlich eröffneten **Gelateria** des Hauses. Menü um 50 €.

**Da Paris (26)**, Pzza. San Calisto 7 A, ☎ 06.5815378. So Abend und Mo geschlossen. Unter den vielen Restaurants von Trastevere gehört dieser Familienbetrieb von Dario Cappellanti und seiner Frau Iole zu den wenigen alteingesessenen und gleichbleibend guten. Es ist ein gehobenes Restaurant mit rustikal-gediegenem Ambiente drinnen und einer großen Veranda zur Piazza im Sommer draußen. Spezialitäten des Hauses sind die herrlichen frittierten Gemüse (kaum irgendwo sonst in Rom sind sie so gut wie hier), wie z. B. die frittierten Artischocken auf jüdisch-römische Art oder die frittierten Zucchiniblüten. Aber Achtung: Man verschätzt sich leicht bei der Bestellung, allein die Vorspeise der mächtigen „fritto misto" kann für ungeübte Mägen leicht zu einer Hauptspeise geraten. Ebenfalls sehr gut ist der frittierte Baccalà. Es gibt natürlich auch die anderen traditionellen römischen Gerichte (wie z. B. „spaghetti cacio e pepe", „rigatoni all'amatriciana", „involtini" usw.). Die Desserts sind hausgemacht und alle zu empfehlen. Exzellent ist schließlich auch die Weinauswahl. Man sollte reservieren. Menü um 45 €.

**San Calisto (27)**, Pzza. San Calisto 9a (neben „Da Paris"), ☎ 06.5818256. Mo Ruhetag, sonst von 20 bis etwa 1 Uhr geöffnet. Die Pizze sind knusprig, sehr dünn und riesig groß. Dazu trinkt man Bier vom Fass oder den süffigen, weißen Hauswein, leicht mit Kohlensäure versetzt. Im Sommer sitzt man draußen auf einem abgetrennten Teil der Piazza, drinnen ist nicht sehr viel Platz. Preis ca. 15 €.

**Pizzeria Ivo (37)**, Via di San Francesco a Ripa 158. Di Ruhetag. In dieser beliebten Pizzeria dreht sich alles um Fußball und während eines Spiels starren die durchweg jungen Gäste auf die Fernseher. Im Sommer gibt es auch ein paar Plätze draußen am Straßenrand. Menü um 18 €.

**Il Boom (34)**, Via dei Fienaroli 30 A. So Ruhetag, sonst nur abends geöffnet. Ungewöhnliches Restaurant, das ganz im Stil der 1960er Jahre eingerichtet ist. Menü um 30 €.

**A'Ciaramira (47)**, Via Natale del Grande 41, ☎ 06.5881670. Mo geschlossen. Hübsches Restaurant mit mediterraner und römischer Küche; im Sommer einige Tische draußen, direkt an der Durchgangsstraße. Menü um 30 €.

**Alberto Ciarla (42)**, Pzza. San Cosimato 40, ☎ 06.5818668, www.albertociarla.com. So Abend geschlossen. Das elegante Fischrestaurant von Alberto Ciarla ist in Rom bekannt und wird sehr geschätzt. Die Meeresfrüchte und der Fisch sind stets ganz frisch, und was daraus zubereitet wird, erfreut das Auge und den Gaumen. Zur hohen Qualität des Essens passt die hervorragende Weinkarte. Angeboten werden meist auch vier interessante Tagesmenüs von etwa 50 bis 90 € (dafür wird aber auch die ganze Palette des Könnens geboten), wer à la carte isst, muss mit etwa 75 € rechnen.

**Panattoni (Pizzeria ai Marmi) (35)**, Viale Trastevere 53–59, ☎ 06.5800919. Mi Ruhetag, sonst nur abends geöffnet. Diese beliebte Pizzeria ist ständig voll und man bekommt selten einen Tisch ohne Wartezeit, obwohl die Gasträume groß sind und die Marmortische drinnen so eng stehen, dass kaum noch Platz für einen Durchgang bleibt. Im Sommer gibt es auch draußen jede Menge Plätze, entlang des stark befahrenen Viale Trastevere. Der Andrang erklärt sich leicht, wenn man hier mal eine Pizza gegessen hat. Es gibt sie auf römische Art, also knusprig und mit dünnem Teig, mit unterschiedlichstem Belag (die Klassiker gelten als die besten, z. B. „con i funghi", lecker ist aber auch die mit Zucchiniblüten „con i fiori di zucca", oder die mit Wurst „con la saliccia"). Ebenfalls im Angebot: „suppli", „crostini", „fagioli" und „filetto di baccalà". Dazu trinkt man Bier oder den süffigen Hauswein. Der Service ist freundlich und meist gut gelaunt, obwohl der Stress bei der Enge, dem Lärm und dem Andrang gewaltig sein muss. Menü um 15 €.

•*Südöstlich des Viale Trastevere* **Da Carlone di Remo (30)**, Via della Luce 5/6/7, ✆ 06.5800039. Mo geschlossen. Hübsches, kleines Restaurant mit zünftiger, ordentlicher Küche und sehr freundlichem Service (eine der Spezialitäten ist „s carmorza" – gebackener Mozzarella mit Tomaten). Im Sommer gibt es auch draußen auf der malerischen, recht ruhigen Via della Luce ein paar Plätze. Hier kann man an einem lauen Sommerabend die römische Atmosphäre so richtig genießen. Menü um 30 €.

**Comparone (29)**, Pzza. in Pinscinula 47, ✆ 06.5816249. Tägl. geöffnet. Dieses große Lokal nimmt fast die gesamte Längsseite der (leider meist zugeparkten) Piazza ein und besteht aus einer Bar, einer Pizzeria und einem Restaurant mit einer großen, breiten Terrasse davor. Obwohl man hier deutlich auf Touristen eingestellt ist, sind die Gerichte doch für Rom typisch. Die Auswahl ist groß, es gibt Fleisch und Fisch sowie ordentliche Pizza. Menü um 40 €.

**Osteria della Gensola (28)**, Pzza. della Gensola 15, ✆ 06.58332758. Tägl. geöffnet. Gepflegtes, kleines Restaurant mit aufmerksamem Service und sehr guter, sizilianischer Küche. Die Karte wechselt mit der Saison und dem Marktangebot. Es gibt meist ein paar vegetarische Gerichte, ansonsten liegt der Schwerpunkt auf der Fischküche, empfehlenswert sind z. B. „spaghetti al nero di seppie" (mit schwarzer Tintenfischsoße), oder bei den Secondi „involtini di pesce spada" (Röllchen vom Schwertfisch, gegrillt). Dazu trinkt man am besten den offenen Weißwein aus den Castelli. Menü um 40 € bei gutem Preis-Leistungs-Verhältnis.

**Le Mani in Pasta (43)**, Via de´Genovesi 37 (nahe S. Cecilia), ✆ 06.5816017, www.lemaninpasta.com. Mo Ruhetag. Ein kleines, gehobeneres Restaurant in einer sehr ruhigen Gegend von Trastevere: Vom Gastraum aus

*Trastevere: Genießen in allen Gassen*

kann man durch die Glasscheibe dem hektischen Treiben in der Küche zusehen. Auf der nach Jahreszeiten wechselnden Karte stehen interessante Kreationen (z. B. „pasta con fave, pomodori e tartufo" – hausgemachte Nudeln mit dicken Bohnen, Tomaten und Trüffeln; „gnocchetti con asparagi" – kleine Gnocchi mit Spargel), aber auch gekonnt zubereitete römische Klassiker sowie sehr gute Fischgerichte. Auch wenn die Portionen nicht klein sind, sollte man sich zum Abschluss eines der feinen hausgemachten Desserts gönnen. Menü um 35 €.

**Ostriche a Colazione (36)**, Via d. Vascellari 21, ✆ 06.5898896. So und Mo geschlossen. Gehobenes, elegantes Restaurant, in dem hauptsächlich Fisch und Krustentiere angeboten werden. Empfehlenswert sind z. B. „insalata di polpo" (Tintentischsalat) und „pesce spada marinato al pomodoro"

(Schwertfisch mit Tomaten mariniert); kleine, aber ausgesuchte Weinkarte: Menü um 55 €.

**Asino Cotto (44)**, Via d. Vascellari 48; 📞 06.5898985; www.asinocotto.com. Mo Ruhetag, sonst nur abends geöffnet. Gemütliches kleines Lokal mit liebevoll zubereiteten mediterranen Gerichten. Menü um 40 €.

**Dar Cordaro (50)**, Ple Portuense 4, 📞 06.5836751. So und Mo Ruhetag, sonst nur abends. Zugegeben, es ist ein längerer Fußmarsch bis zur Porta Portese und der Weg dahin ist am Abend auch nicht sonderlich abwechslungsreich. Die Gasträume dieser Trattoria sind bei dem grellen Licht, der zweifelhaften „Kunst" an den Wänden und einfachen Tischen auch weder elegant noch romantisch, aber dafür ist hier alles echt: Das ist mal eine der wirklich originalen römischen Trattorien mit dem herben Charme der Bedienung und ohne jedes Zugeständnis an Touristenerwartungen oder modischen Schick. Und ebenso ist das Essen, derb und gut, wie bei einer römischen Mama, vielleicht sogar besser. Es gibt eine kleine Weinkarte, aber am besten passt der weiße Hauswein aus der Gegend. Menü um 25 bis 30 €.

• *Café/Bar* **Marzio (24)**, Pzza. S. Maria in Trastevere 14a. Die auf dem wunderschönen Platz gelegene Bar ist wegen des Ausblicks zwar teuer (besonders draußen am Tisch), doch schon wegen der Lage an einem der schönsten und lebhaftesten Plätze ein idealer Ort, um sich bei einem Aperitif auf ein gutes Abendessen einzustimmen.

**Bar San Calisto (26)**, Pzza. San Calisto 5–7. Eigentlich unterscheidet sich diese Bar nicht von unzähligen anderen, außer darin, dass hier stets Betrieb herrscht. Morgens kommen Berufstätige auf dem Weg zur Arbeit, dann schauen die auf einen Kaffe vorbei, die gerade in der Gegend zu tun oder Zeit für einen Plausch haben, gegen Abend nehmen viele Römer hier einen Aperitif, um den Feierabend zu zelebrieren oder sich auf ein Abendessen einzustimmen und danach kommen die Jugendlichen, um abzuhängen, etwas zu trinken, Eis zu essen, Freunde zu treffen oder um zu sehen, was los ist und wer auf dem Weg zum Zentrum von Trastevere vorbeikommt. San Calisto ist ein Treffpunkt für Jung und Alt.

• *Gelateria* **Belli (20)**, Viale Trastevere 9 F. Bis spät in die Nacht geöffnet, gutes Eis.

## Nachtleben (siehe Karte S. 444/445)

Trastevere ist mit den vielen kleinen, ursprünglichen Gässchen auch Anziehungspunkt für junge Leute. Entsprechend groß ist die Zahl der Kneipen, von denen einige aus einer Laune heraus eröffnet und genauso schnell auch wieder geschlossen werden. Andere wechseln als Spekulationsobjekt häufig den Besitzer oder ändern im Kampf um zahlungskräftige Gäste das Erscheinungsbild, immer auf der Spur des aktuellen Trends. Am meisten los ist in den Gassen um die Pzza. S. Maria in Trastevere. Die meisten Kneipen gibt es in der Via della Scala und den Richtung Tiber abzweigenden Gassen.

**Good Café Pub (3)**, Via di S. Dorotea 8. Nette Kneipe, in der es auch kleine Gerichte gibt; im Sommer einige Plätze draußen auf der schmalen Gasse.

**Caffè della Scala (18)**, Via della Scala 2. Kneipe (auch Bier) mit Restaurantbetrieb (nur kleine Speisekarte), besonders beliebt bei jüngeren Touristen. Im Sommer sitzt man auch draußen an der Pzza. della Scala und kann den Passanten beim Flanieren zuschauen.

**Ombre Rosse Caffè (22)**, Pzza. di S. Egidio 12. Tagsüber nettes Straßencafé, auch ideal für einen Aperitif, abends Pub mit netter Bedienung, entspannte Atmosphäre, man lernt leicht Leute kennen und sitzt im Sommer angenehm auf der Terrasse an der Piazza.

**Ferrara (8)**, Via del Moro 1/a, 📞 06.58333920, www.enotecaferrara.it. Täglich am Abend bis spät in die Nacht geöffnet. Anders als gewöhnlich gehört zu dieser Enoteca ein regelrechtes Restaurant mit feinen, sehr gut zubereiteten Tagesgerichten. Elegantes Ambiente, große Auswahl an Weinen, im Angebot sind auch ausgezeichnete Olivenöle, ausgefallene Nudelsorten, verschiedene Reissorten und besondere Schokoladen sowie andere Süßigkeiten. Abendessen um 40 €.

**Vizi Capitali (16)**, Vicolo della Renella 94, 📞 06.5818840, www.vizicapitali.com. So geschlossen, sonst nur abends. Benannt nach den sieben Todsünden, sind diese auch beherrschendes Thema der ansonsten eher schlicht rustikalen Innenausstattung des Ristorante mit Enoteca. Es gibt zum Wein aber kleine, sehr gelungene Gerichte. Abendessen um 25 bis 35 €.

**Selarum (38)**, Via dei Fienaroli 12. Live-Musik.

**Gardini dei ciliegi (39)**, Via dei Fienaroli 4. Drinks, Cocktails.

**Bros (49)**, Via L. Santini 10, ✆ 06.97270660, www.brosgrill.com. So geschlossen. Neue Lounge Bar mit Restaurant, rustikal mit freigelegtem Ziegelmauerwerk, aber moderner Einrichtung, im Sommer gibt es auch ein paar Plätze draußen entlang der Gasse. Mittags gibt es römisch inspirierte Gerichte, manchmal Büffet; ansonsten dominiert hier eher die brasilianische Küche mit Fleisch vom Grill.

**Dineria (23)**,Via degli Stefaneschi 5 (gleich am Anfang des Viale Trastevere, bei der Pzza. G.G. Belli). So geschlossen. Kleine, recht gemütliche Winebar, in der sich oft die Künstlerszene des Viertels trifft. Es gibt auch Bier.

## Einkaufen (siehe Karte S. 444/445)

Früher gab es in Trastevere nur Handwerker und Geschäfte für den täglichen Bedarf. Seitdem das Viertel aber von wohlhabenden Römern, Touristen und dem Nachtleben beherrscht wird, haben sich viele kleine Läden mit qualitätsvollem Kunsthandwerk angesiedelt. Manche starten hoffnungsvoll mit guten Ideen, erwirtschaften dann aber die durchweg hohe Miete nicht und scheitern schnell wieder.

•*Supermarkt* **Panella (45)**, Via Natale del Grande 19.

•*Feinkost/Patisserie/Bäckerei/Nudeln*
**Vicolo del Cinque 11 A.** Das Sortiment des kleinen Ladens besteht aus einer ungewöhnlichen, aber durchaus passenden Mischung aus Büchern Schokoladen, Pralinen und Wein.

**Sorelle Piras (10)**, Via d. Moro 32. Frische Nudeln.

**Innocenzi (48)**, Via Natale del Grande 31 A. Feinkost mit riesiger Auswahl. Hier kann man sich mit italienischen Köstlichkeiten zu nicht überzogenen Preisen eindecken. Touristen finden selten hierher.

**Il Tortellino (46)**, Via L. Santini 18. Frische Tortellini mit unterschiedlichsten Füllungen, z. B. Steinpilzen, Radicchio und vielen anderen.

**Innocenti (33)**, Via della Luce 21 (von draußen nur zu erkennen, wenn die Tür nicht verschlossen ist). So geschlossen. Große Auswahl an traditionellem Gebäck und Kuchen, die alle hervorragend und lecker sind. Kaufen Sie hier direkt beim Hersteller mit Sicht auf die großen Backöfen (entsprechend wirkt der Laden eher wie ein Fabrikverkauf, allerdings ist die Ware besser als in den meisten Bäckereien). Schon die Besitzer sind einen Besuch wert: Ohne einen kleinen Plausch verlässt hier niemand den Laden, vollkommen egal, ob er der italienischen Sprache mächtig ist, wozu gibt es schließlich Hände und Füße. Ist man erst mal als Ausländer erkannt und lässt sich freundlich auf die erstaunlich gut funktionierende Kommunikation ein, kennt die Chefin kein Halten mehr: manchmal muss man sogar das gesamte Sortiment probieren. Der Laden gehört wirklich zu den Institutionen der Stadt!

**Pasticciore (41)**, Via Cardinale Marmaggi 23. Mo–Fr 8–13.30 und 15.30–19.30 Uhr, Sa 8–12.30 und 16.30-19.30 Uhr. Herrlich altmodischer Süßigkeitenladen.

• *Sonstiges* **Joseph Debach (9)**, Vicolo del Cinque 19, www.josephdebach.com. Eigene und eigenwillige (sehr teure) Schuhkreationen.

**Laboratorio Arti decorative (7)**, Vicolo del Cinque 13. Glasschmuck.

**Polvere di Tempo (11)**, Via del Moro 59. Kuriose Sanduhren, Globen, magische Amulette, Kompasse, Stundengläser, Sonnenuhren.

**Libreria del Cinema (31)**, Via dei Fienaroli 31 d. Alles über Filme, auch in englischer Sprache, DVDs, Café.

**Gandini il mondo dei bambini (52)**, Viale Trastevere 235/237 (sehr weit in Richtung Bahnhof Trastevere). Spielwaren.

**L'albero della vita (25)**, Pzza. in Piscinsula. Naturprodukte wie Kräutertees, Körperpflegemittel usw.

•*Internet* **Internet caffè**, Vicolo del Cinque 30 A.

**Lettere caffè**, Via del Moro 40.

**Bibli (34)**, Via dei Fienaroli 28. Neben Internet auch Buchhandlung (auch Bücher auf Deutsch und Englisch) mit Lesungen. Auch So ab 12.30 Uhr geöffnet.

*„Haupt und Mutter aller Kirchen": San Giovanni in Laterano*

# Die Hauptkirchen Roms

**Rom ist die Stadt der Kirchen. Es gibt unzählige davon, angefangen mit der berühmtesten, der Peterskirche, bis zu den kleinsten Kapellen in unscheinbaren Ordenshäusern.**

Die Kirchen haben unterschiedliche Ränge und damit auch unterschiedliche Bedeutung für die Gläubigen. **Basilika** meint zum einen eine architektonische Gattung, denn in der Antike war die Basilika eine Mehrzweckhalle, in der Markt und Gericht abgehalten wurden und die die Christen später für ihre Gottesdienste nutzten. Zum anderen ist „Basilika" ein Ehrentitel im liturgischen Sinn. Diesen Ehrentitel tragen in Rom 13 Kirchen:

Zunächst die **Basilicae maiores**, die man auch als Patriarchalbasiliken bezeichnet. Das sind Kirchen, in denen der Papst Titular oder Patriarch ist, d. h. er leitet die zugehörige Gemeinde persönlich:

- San Giovanni in Laterano,
- San Pietro in Vaticano (Peterskirche),
- San Paolo fuori le Mura (St. Paul),
- Santa Maria Maggiore.

Die übrigen sind **Basilicae minores**:

- San Lorenzo fuori le Mura,
- Santa Croce in Gerusalemme,
- San Sebastiano in Via Appia,
- Santa Maria in Trastevere,
- San Lorenzo in Damaso,
- Santa Maria in Cosmedin,
- Santi Dodici Apostoli,
- San Pietro in Vincoli,
- Santa Maria in Monte Santo.

**Pilgerkirchen** sind die Kirchen, die man laut Pius IX. (1866) alle an einem Tag besuchen und in denen man „Bußwerke" vollbringen muss, um vollkommenen

Ablass zu erlangen. Da die Entfernungen zwischen diesen Kirchen recht groß sind, hat der Papst die Benutzung von Verkehrsmitteln ausdrücklich gestattet. Es gibt davon sieben: die vier Basilicae maiores und die drei zuerst genannten Basilicae minores.

Die so genannten **Stationskirchen** sind im *Missale Romanum* (römisches Gesamtmessbuch) als solche gekennzeichnet. Hier finden an bestimmten Feiertagen besondere Feste statt, die „Stationsfeiern". Diese jeweiligen Feste gibt es in keiner anderen Kirche.

Eine letzte Kategorie bilden die **Titelkirchen**. Über dem Portal hängen in der Regel zwei Wappen, das des jeweils amtierenden Papstes und das eines Kardinals. Jeder Kardinal, also auch ein ausländischer, hat in Rom seine eigene Kirche, der er formell vorsteht. Von dieser leitet er seinen Titel ab.

## San Giovanni in Laterano

An dieser Stelle stand in der Antike ursprünglich das prachtvolle Wohnhaus der **Laterani**, einer reichen römischen Familie. Weil einer ihrer Angehörigen sich an einer fehlgeschlagenen Verschwörung gegen Nero beteiligt hatte, wurde der Attentäter hingerichtet und der Familienbesitz vom Staat eingezogen. Später schenkte Kaiser Konstantin das von seiner Familie genutzte Areal Papst Silvester. Im Jahr 326 wurde auf dem Grundstück mit dem Bau der ersten großen christlichen Kirche begonnen. Sie wird deshalb als *„caput et mater omnium ecclesiam"*, („Haupt und Mutter aller Kirchen") bezeichnet.

In den angrenzenden Palästen residierten mehrere Jahrhunderte lang die Päpste. Zahlreiche Könige wurden im Lateran gekrönt und Kaiser **Karl der Große** ließ sich hier im Jahr 774 taufen.

Aber auch **Gräueltaten** fanden an diesem Papstsitz statt: Berühmt wurde zum Beispiel die schaurige **Leichensynode** im Jahr 896: Damals ließ Papst Stefan VI. seinen Vorgänger Formosus aus dem Sarg holen, kleidete die Leiche in päpstliche Gewänder und machte ihr dann den Prozess. Anschließend hackte man ihr die Segensfinger der rechten Hand ab und warf die Leiche in den Tiber.

Mehrmals wurde der Papstsitz geplündert und von schweren Erdbeben heimgesucht. Als 1309 ein Franzose die Nachfolge Petri antrat, schauderte ihm vor einem Umzug in die römische Bruchbude und er verlegte seine Residenz in das viel angenehmere Avignon unter dem Schutz des Königs von Frankreich. Die nur noch von Hausbesetzern bewohnte Kirche mit den angrenzenden Palästen verfiel nun vollständig. Erst nach der Rückkehr der Päpste aus Frankreich (1377) wurde alles wieder aufgebaut und mehrfach neu ausgeschmückt. Die letzte grundlegende Modernisierung im Barockstil vertraute man Borromini (1646–49) und A. Galilei (1735) an.

Am **28. Juli 1993** wurden der Eingang zum Querschiff und die Palastfront zur Pzza. S. Giovanni in Laterano durch eine Autobombe schwer beschädigt (mittlerweile sind die Schäden, die auch die Statik gefährdeten, wieder behoben). Exakt zur selben Zeit detonierte auch vor der Kirche **San Giorgio in Velabro** eine Bombe (→ S. 262). Diese Anschläge, die im Zusammenhang mit einer Reihe von Terrorakten der Mafia standen, waren speziell als Warnung an die Kirche gedacht: Am 8. Mai 1993 hatte der Papst die Mafia als *„Ausgeburt des Teufels"* bezeichnet und damit erstmals gegen die Mafia Partei ergriffen. So deutlich hatte die Kirche noch nie Position bezogen. Der Erzbischof von Palermo hatte 30 Jahre zuvor sogar die Existenz der Mafia geleugnet und erklärt, das ganze Theater darum sei *„eine Erfindung der Kommunisten, um einer christlich inspirierten Partei zu schaden"*. In einem Kommentar zur Äußerung des Papstes schrieb das *Handelsblatt* damals, dass das Verhältnis der Kirche zur Mafia oft von Kompromissen und stillschweigenden Übereinkommen geprägt sei. Die Erzbischöfe von Palermo hätten die Verbrecherorganisation nicht ernsthaft bekämpft, weil sie eine gewisse soziale Ordnung garantiert und einen Schutzwall gegen die Säkularisierung gebildet habe. *„Die Mitglieder der Mafia vertraten die Tradition und die starken Familienbande; sie nahmen an den Pro-* *zessionen teil, finanzierten den Bau von Kirchen und zeigten gegenüber dem Klerus Respekt".*

Obwohl die Päpste nach ihrer Rückkehr aus Avignon nicht mehr den Lateranspalast als Amtssitz wählten, ist S. Giovanni in Laterano traditionsgemäß noch die **Kirche des Bischofs von Rom**, des Papstes also, und somit die eigentliche Papstkirche (und nicht, wie häufig vermutet wird, St. Peter). Oben auf der hoch aufragenden **Hauptfassade** (vollendet 1736) erheben sich kolossale, 7 m hohe Travertinstatuen: in der Mitte Christus als Erlöser, links neben ihm Johannes der Täufer und rechts Johannes der Evangelist, denen diese Kirche geweiht ist, sowie die wichtigsten Kirchenlehrer.

Das mächtige **Eingangstor** aus Bronze wurde aus der antiken *Curia Julia* auf dem Forum Romanum (→ S. 215) entwendet, die heute mit einer Ersatztür vorlieb nehmen muss. Ganz rechts die *Porta Santa*, die nur während eines heiligen Jahres geöffnet ist. Die Kirche ist fünfschiffig. Die ursprünglich hallenartige Wirkung ging durch Baumaßnahmen Borrominis verloren. Er stockte das Mittelschiff auf und bewirkte durch das Zusammenfassen jeweils zweier Pfeiler und Entfernung jedes dritten eine stärkere Betonung dieser Hauptachse und gleichzeitig eine starke Abgrenzung zu den Seitenschiffen. Die Nischen der Pfeiler mit der Pamphili-Taube im Giebel bergen Statuen der zwölf Apostel, die von bedeutenden Bildhauern des 18. Jh., u. a. von Schülern Berninis, geschaffen wurden. Am ersten Pfeiler des rechten Seitenschiffs überdauerten Fragmente eines Giotto-Freskos, welches Bonifaz VIII. darstellt, wie er 1300 das erste heilige Jahr verkündet. Das Hauptschiff hat eine prachtvoll gearbeitete Kassettendecke mit vergoldeten Schnitzereien aus dem 16. Jh. Der Hauptaltar besteht aus einem gotischen **Baldachin** aus dem Jahr 1367, in dem sich in Goldgefäßen die Köpfe von **Petrus** und **Paulus** befinden sollen. Unten vor dem Altar, in der Confessio, ist Papst Martin V. (1417–31) hinter einer Bronzegrabplatte (Donatello zugeschrieben) beigesetzt. Mit diesem Papst endete 1417 das Große Schisma. Nach fast 70 Jahren Exil in Avignon und den anschließenden 30 Jahren, in denen sich zwei und gar drei Päpste gegenüberstanden, kehrte das Papsttum dauerhaft nach Rom zurück. In der Apsis des Hauptaltars schmückt ein großes Mosaik die Wände, das ursprünglich von Torriti im 13. Jh. geschaffen wurde, seit einer umfassenden Vergrößerung 1878 allerdings nur noch als Kopie vorhanden ist. Im linken Querschiff sehen Sie die vergoldeten Säulen des antiken **Zeustempels**. Im Giebelaufbau darüber befinden sich angeblich noch Reste des Tisches, an dem Jesus mit den Jüngern das letzte Abendmahl einnahm. Darüber ein Fresko mit der Darstellung der Himmelfahrt Christi. Für eine Kapelle im rechten Seitenschiff stifteten polnische Rompilger im heiligen Jahr 1975 Papst Paul VI. die Kopie der berühmten **Madonna von Czenstochau.**

Zu besichtigen ist auch das historische Museum (**Museo Laterano** mit Teilen des Kirchenschatzes und prachtvollen Messgewändern) sowie neuerdings im Rahmen einer Führung das *„Appartamento Nobile"* im Papstpalast neben der Lateransbasilika.

Führungen zu jeder vollen Stunde von 9 bis 12 Uhr von Mo bis Fr, ausgenommen an Feiertagen. Der Eingang befindet sich in der Vorhalle der Lateransbasilika; die Eintrittskarte für die Vatikanischen Museen be- rechtigt zum kostenlosen Eintritt innerhalb von fünf Tagen einschließlich des Ausgabetags. Ansonsten kostet der Eintritt regulär 4 €, ermäßigt für Jugendliche unter 14 Jahren und Studenten unter 26 Jahren 2 €.

Links vor dem linken Querschiff führt eine Tür zum berühmten **Kreuzgang** aus den Jahren 1215–32. Er ist neben dem von St. Paul *(S. Paolo fuori le Mura)* der schönste Roms. Bevor der Besucher zu diesem beschaulichen Ort vordringt, muss er 2 € Eintritt bezahlen. An den Wänden entlang sind Reste aus der alten Basilika ausgestellt.

*Adresse/Öffnungszeiten* Pzza. di Porta San Giovanni. Tägl. 7–19.30 Uhr, Kreuzgang 9-18 Uhr. Audioguide (auch auf Deutsch) 3 €.

Verlässt man die Kirche durch den Hinterausgang (rechts des Hauptaltars), gelangt man hinter der Mauer links zum **Baptisterium**. Es ist die älteste christliche Taufkirche und der Prototyp aller Baptisterien. Der achteckige Bau geht auf einen der Baderäume im antiken Haus der Laterani zurück. Konstantin selbst ließ ihn zur Kapelle umbauen, die acht Porphyrsäulen sind ein persönliches Geschenk von ihm. Ein Bronzetor gibt beim Öffnen merkwürdige Klänge von sich. Man nennt es deshalb die *„singende Tür"*.

*Öffnungszeiten* Tägl. 9–13 Uhr.

*Romanisches Kleinod: der Kreuzgang von San Giovanni in Laterano*

Auf dem Platz vor dem Eingang zum Querschiff der Basilika steht der höchste **Obelisk** der Welt (31,5 m). 2000 Jahre nachdem er für den Pharao Tuthmosis III. geschnitten worden war, brachte ihn Konstantin 330 n. Chr. von Karnak nach Alexandria. Sein Sohn Constantinus veranlasste den weiteren Transport bis nach Rom. Es war der letzte Obelisk, der aus Ägypten nach Rom verfrachtet wurde. Er bekam zunächst einen privilegierten Platz im Circus Maximus, wo er später umstürzte und zerbrach. Unter Sixtus V. fand man die Trümmer, schnitt die schadhaften Teile ab und fügte alles vor dem Lateran wieder zusammen. Auf seine Spitze setzte man das Kreuz als Symbol für die Macht, die nun die Welt beherrschen wollte.

▶ **Scala Santa:** Stehen Sie vor dem Obelisk mit Blick auf die Kirche, so gelangen Sie linker Hand auf der gegenüberliegenden Straßenseite zum Gebäude der heiligen Treppe, der Scala Santa. Darin wird die Treppe aus dem Jerusalemer Palast des Pontius Pilatus verehrt, die Jesus mehrmals benutzt haben soll.

Die 28 Stufen aus weißem Marmor erhielten 1723 eine schützende Nussbaumverkleidung, die inzwischen durch unzählige Gläubige fast durchgewetzt ist. Ursprünglich wurden die Stufen 326 n. Chr. von der heiligen Helena (→ S. 197), der frommen Mutter Kaiser Konstantins, als Reliquien nach Rom geschafft. Seit dieser Zeit werden sie hier verehrt. Als Zeichen der Verbundenheit mit dem leidenden Jesus darf man nur kniend nach oben rutschen und soll auf jeder Stufe einen Rosenkranz beten. Als Lohn verspricht eine Tafel in sechs Sprachen

*„vollkommenen Ablass an jedem Freitag der Fastenzeit, am Karfreitag und einmal im Jahr nach eigener Wahl und Teilablass an allen anderen Tagen des Jahres, vorausgesetzt, dass man vollkommene Reue empfindet".*

**Martin Luther** wird sich den Ablass wohl nicht verdient haben, als er auf halber Höhe plötzlich aufstand und erhobenen Hauptes die restlichen Stufen hinaufschritt. Ein Wächter hat heute die Aufgabe, Wiederholungen dieses Präzedenzfalles zu verhindern.

Die elfte Stufe soll unter dem Sturz des erschöpften Christus zersprungen sein. Auf der zweiten, der elften und der 28. Stufe kann der Gläubige durch kleine Sichtfenster in der Holzverkleidung die Blutspuren Christi sehen, heißt es.

Die Gläubigen, die tatsächlich pflichtbewusst auf jeder Stufen den Rosenkranz gebetet haben, erreichen den oberen Treppenabsatz meist halb in Trance, sicher aber mit schmerzenden Knien.

*Öffnungszeiten* Im Sommer: 6.15–12 und 15.30–18.45 Uhr; im Winter: 6.15–12 und 15–18.15 Uhr.

Wer seine Knie schonen will oder eher wie Luther denkt, kann die Treppen links und rechts benutzen. Hier ist aufrechtes Gehen gestattet. Viele Gläubige wählen einen Kompromiss und beschränken sich beim Hinaufrutschen auf eine symbolische, stark verkürzte Version des Rosenkranzes.

Die Stufen führen zum **Sancta Sanctorum**, die schon im 8. Jh. urkundlich erwähnte Privatkapelle der Päpste, die zu den bedeutendsten mittelalterlichen Schätzen Roms gehört. Die Inschrift auf dem Altar verkündet: *„Kein Ort ist heiliger als dieser auf dem ganzen Erdkreis".* Darauf steht ein mit Metall reich verkleidetes Bild des Erlösers, das angeblich nicht von Menschenhand gemalt ist und schon immer *„Anker des Heils in Unglückszeiten"* war. Historisch erwähnt wurde es beispielsweise, als Papst Stefan III. das Bild im Jahr 756 durch die Straßen trug, um eine Invasion der Langobarden abzuwehren. Dass die Langobarden trotzdem kamen, hat dem hohen Ansehen des Heiligtums nicht geschadet.

Die prestigeträchtigsten Reliquien der römischen Kirche wurden hier im Mittelalter aufbewahrt. Darunter fanden sich auch die Köpfe von Petrus und Paulus, bevor man sie zum Hauptaltar der Lateransbasilika überführte. Papst Sixtus V. (1585–90) ließ die Kapelle renovieren und bei der Gelegenheit die alten Fresken übermalen. Durch Zufall entdeckte man in den 1990er Jahren, dass die mittelalterlichen Originale noch vollständig unter der obersten Farbschicht vorhanden waren. Mit aufwändiger Reinigungstechnik entfernte man die Übermalung und es kamen wunderschöne Fresken von allerhöchster Qualität zu Tage.

*Öffnungszeiten* Das **Sancta Sanctorum** wird nur Di, Do und Sa von 10.30–11.30 und von 15–16 Uhr geöffnet (von April bis Sept. nachmittags 15.30-16.30 Uhr). Gruppen können eine Führung beantragen: Superiore dei Padri Passionisti, Pzza. San Giovanni in Laterano 14, 00184 Roma.

Auf der Bildtafel über dem Altar in der Rundung links neben dem Fenster an der Ostwand ist der Stiftungsakt dargestellt: Der Papst reicht dem heiligen Petrus ein Modell der Kirche. Daneben, rechts des Fensters, thront Christus umgeben von Engeln. Auf gleicher Höhe sieht man auf der Südwand links den gekreuzigten Petrus mit dem Kopf nach unten, dahinter römische Paläste und die Engelsburg. Auf dem Bild rechts daneben wird Paulus bei Tre Fontane enthauptet. Auf der Westwand ist links des Fensters die Steinigung des heiligen Stephan und rechts die Folterung des heiligen Laurentius auf einem glühenden Rost dargestellt. Am unteren Bildrand bemüht sich der Folterknecht, mit dem Blasebalg noch mehr Glut anzufachen. Schließlich zeigt die Nordwand die Enthauptung der heiligen Agnes und das Nikolauswunder. Hier sieht man einen von Sorgen geplagten Mann wach im Bett liegen. Aus finanzieller Not sieht er sich gezwungen, seine drei noch friedlich neben ihm schlummernden Töchter zu verkaufen. Da erscheint der heilige Nikolaus am Fenster und reicht einen Beutel Geld herein, um freundlich auszuhelfen. Die Fresken darunter zeigen Heilige zwischen kunstvoll gedrehten Säulen.

Verlassen Sie das Gebäude der Scala Santa und gehen einige Meter nach links, so sehen Sie hinter einer Wiese eine große, mit Mosaiken geschmückte, **offene Apsis**. Sie ist der einzige noch erhaltene Teil des Speisesaals des alten Papstpalastes. Die Mosaike wurden bereits im Jahr 810 unter Leo III. geschaffen. Sie sehen hier das später restaurierte Werk. Thema ist die göttliche Legitimierung der Macht von Papst und Kaiser.

● *Essen (Karte S. 228)* **Alfredo a Via Gabi, (32)** Via Gabi 36/38 (westlich, zwischen Lateran und Pzza. dei Re di Roma), ✆ 06.77206792. Di Ruhetag. Die Trattoria von Loretta und Roberto Mancinelli (sie in der Küche, er im Service) ist den Römern selbst einen längerer Anfahrtsweg wert, man sollte daher stets reservieren. Hier gibt es noch die traditionelle römische Küche, mit den typischen, stets frischen Zutaten bester Qualität. Empfehlenswert ist eigentlich alles. Zu den Spezialitäten zählen „pasta e fagioli con i frutti di mare" (Bohnensuppe mit Meeresfrüchten), „gnocchetti" (kleine Gnocchi, die es nur donnerstags gibt), „baccalà in umido" (Stockfisch in Tomatensoße), „trippa alla romana" (Kutteln auf römische Art), zur Saison alle Gerichte mit Artischocken („carciofi") sowie die köstlichen hausgemachten Desserts (z. B. sehr gutes Tiramisu und die Zuppa inglese). Die Weinkarte ist überschaubar, aber nicht schlecht. Menü um 33 €, bei vorzüglichem Preis-Leistungs-Verhältnis.

**Hostaria Cannavota (28)**, Pzza. San Giovanni in Laterano 22, ✆ 06.77205007. Mi Ruhetag. Mit Blick auf den Lateranspalast und durchaus auf Touristen eingestellt, ist dies dennoch ein typisch römisches Ristorante mit traditioneller Küche, empfehlenswert ist z. B. Saltimbocca. Menü um 30 €.

Gute **Pizze al taglio** und **Tavole calde** finden Sie am Anfang der Via Magna Grecia und der Via Appia Nuova bis zur Pzza. Re di Roma.

# Santa Maria Maggiore

Sie gehört ebenso zu den vier Patriarchalbasiliken von Rom und soll die größte Marienkirche der Welt sein. Ihre Entstehungsgeschichte ist mit einer Legende verknüpft.

---

### „Maria Schnee"

Johannes, ein reicher römischer Adliger, der mit seinem Geld ein frommes Werk vollbringen wollte, und Papst Liberius hatten am 4. August 352 beide den gleichen Traum. Ihnen erschien Maria mit der Aufforderung, an der Stelle eine Kirche zu bauen, an der am nächsten Morgen frischer Schnee liegen würde. Tatsächlich fielen mitten im Sommer dicke Flocken, und der Papst zeichnete in den noch frischen Schnee sogleich die Umrisse der neuen Kirche ein. In Erinnerung an dieses Wunder wird alljährlich das Fest „Maria Schnee" gefeiert. Da Wunder selten geworden sind und sich erst recht nicht jährlich wiederholen, rieselt zum Fest jetzt nur noch künstlicher Schnee vom Kirchendach.

---

Von dieser ältesten Kirche des Liberius stehen heute nur noch die 44 Säulen und deren Aufmauerung durch Architrave. Von außen ist die Kirche eher „modern", d. h. höchstens 300 Jahre alt. Zur Rückseite, aus der sich die Apsis wölbt, führt

**Die Hauptkirchen Roms**

eine gewaltige geschwungene Treppe. Davor steht ein **Obelisk**, der zu dem Obelisken auf dem Quirinal gehört. Beide stammen aus dem Sonnenheiligtum von Heliopolis in Ägypten, von wo aus sie zum Schmuck des Augustus-Mausoleums (→ S. 298) nach Rom geschafft wurden. Die Basisinschrift erinnert daran, dass Sixtus V. die mit großem Aufwand verbundene Aufrichtung an dieser Stelle in die Wege leitete:

*„Sixtus V., souveräner Pontifex, befahl, dass dieser Obelisk, gebracht von Ägypten und dem Augustus in seinem Mausoleum zuerkannt, danach gestürzt, zerbrochen in verschiedene Stücke, liegen geblieben in der Straße bei S. Rocco, dass er hier aufgerichtet wurde, wiederhergestellt in seiner früheren Form und glücklicherweise dem Kreuz geweiht wurde. A. D. 1587“.*

Der Haupteingang befindet sich auf der Piazza S. Maria Maggiore. Vor der Hauptfassade steht eine antike **Marmorsäule**, die ursprünglich zur Maxentiusbasilika gehörte und nun eine Marienstatue trägt. Der Campanile rechter Hand wurde 1377 gebaut und ist der höchste Glockenturm Roms.

Vom Haupteingang aus geht man durch das Haupt- oder Mittelschiff auf den Hochaltar zu. Im Hauptschiff fällt sofort die kostbar geschnitzte **Kassettendecke** auf, die aus dem 16. Jh. stammt und mit dem ersten erbeuteten Gold aus Amerika geschmückt wurde. Zwischen den Fenstern sehen Sie eine Serie von 36 Mosaiken aus dem 5. Jh. mit Szenen aus dem Alten Testament. Es handelt sich um den ältesten erhaltenen Bibel-Bilderzyklus. Der **Fußboden** besteht aus einem Marmormosaik aus dem 12. Jh. Unten in der Confessio, vor dem Hauptaltar, sollen angeblich Bretter der **Krippe zu Bethlehem** liegen. Eine unscheinbare Grabplatte rechts neben dem Hauptaltar bekundet, dass hier die *„noble Familie Bernini ihre Auferstehung erwartet“.* Gianlorenzo Bernini wurde an dieser Stelle am 28. November 1680 beigesetzt. Hauptwerk der Kirche ist das **Mosaik**, das die Apsis auskleidet und die Krönung Marias darstellt. Es wurde 1295 von Torriti geschaffen. Die Seitenschiffe und Kapellen sind prunkvoll ausgestattet. In der Sakramentskapelle *(cappella sistina)* liegt der energische Papst Sixtus V. begraben (mehr über ihn → Kasten S. 505).

*Adresse/Öffnungszeiten* Pzza. Santa Maria Maggiore. Tägl. 7–19 Uhr.

*Essen (Karte S. 348/349)* **Monti (29)**, Via di San Vito 13 A (an der Einmündung zur Via Carlo Alberto, ℡ 06.4466573. So Abend und Mo geschlossen. Ansprechende Trattoria, etwas abgesetzt von der vielbefahrenen Via Carlo Alberto. Drinnen sitzt man in einem langgestreckten, etwas dunklen Gastraum, im Sommer gibt es draußen ein paar Tische. Die Gerichte sind klassisch und sorgfältig zubereitet (im Herbst sind die Gerichte mit Trüffeln köstlich), besonders gut sind die hausgemachten Desserts; interessante Weinkarte und ein besonders freundlicher, kompetenter Service. Menü um 35 €.

## Santa Croce in Gerusalemme

Die Kirche gehört zu den sieben Pilgerkirchen, die man besuchen muss, um den Sünden:blass zu erhalten. Sie wurde entweder von Konstantin, wahrscheinlicher aber von seiner Mutter, der heiligen **Helena**, gestiftet, um die Kreuzreliquien aufzubewahren.

Nachdem ihr Sohn das Christentum zur Staatsreligion erklärt hatte, rüstete Helena eine Expedition aus, um das Kreuz Christi zu suchen und den Fund in die neue Hauptstadt des Glaubens, nach Rom, zu bringen. Dort stapelten sich mittlerweile die Reliquien derart, dass allein die Teile, die angeblich zum Kreuz Christi gehörten, ein Wäldchen bilden konnten.

Die barocke Basilika ist dreischiffig; die einzelnen Schiffe werden von korinthischen Säulen getrennt. Über dem **Haupteingang** befindet sich ein sehr schönes, buntes Glasfenster, das die Kreuzigung Christi darstellt.
Der Fußboden besteht aus Cosmatenarbeiten. Unter dem **Hochaltar** liegen die Gebeine des heiligen Cesarius und des heiligen Anastasius. Die Apsis schmückt ein Fresko von Romano, das die Entdeckung des Kreuzes durch die heilige Helena schildert. Außerdem befindet sich dort das Grabmal des Kardinals Quinones aus dem Jahre 1536, der Beichtvater von Kaiser Karl V. war. Im rechten Seitenschiff vorne führt eine Treppe hinab zur St. Helena-Kapelle.
Im linken Seitenschiff befindet sich der Eingang zur **Reliquienkapelle**. Sie wurde 1930 von F. D. Fausto entworfen und birgt in einem Glaskasten hinter dem Altar zahlreiche Reliquien: Bruchstücke der Inschriftentafel des Kreuzes, einen Kreuznagel, zwei Dornen der Dornenkrone, den Zeigefingerknochen des Apostels Thomas, mit dem jener die Seitenwunde Christi berührt hat, und weitere Reliquien. Von dieser Unzahl an „Beweisstücken" sollen selbst hart gesottene Atheisten schon beeindruckt gewesen sein. Man kann sie wegen einer Absperrung nicht aus der Nähe betrachten und muss eine gehörige Portion Phantasie aufwenden, um überhaupt Einzelheiten identifizieren zu können.

• *Öffnungszeiten* Im Winter: werktags 6.45–12 und 15.30–18.30 Uhr, So 6.30–13.30 und 15.30–19 Uhr; im Sommer werktags 6.45–12 und 15.30–19.30 Uhr, So 6.30–13 und 16–19.30 Uhr.

• *Verbindungen* Bus Nr. 3 ab Kolosseum, Nr. 571 ab Largo Argentina und Pzza. Venezia, Nr. 649 ab Hauptbahnhof Termini.

• *Essen* **La Proposta,** Via Terni 13, ☎ 06. 701561506, www.ristorantelaproposta.it. So Ruhetag, sonst nur abends geöffnet. Einfaches Lokal mit fantasievoller Küche, die südamerikanische, internationale und römische Einflüsse mischt. Menü um 35 €.

## San Paolo fuori le Mura (Karte S. 271)

Überlieferungen und archäologische Funde belegen mit einiger Sicherheit, dass der heilige Paulus tatsächlich an dieser Stelle beigesetzt wurde. Die Spur des Apostels lässt sich anhand seiner Briefe an die christlichen Gemeinden, die man in der Bibel nachlesen kann, über ausgedehnte Missionsreisen recht genau bis nach Rom verfolgen. Um das Jahr 67 wurde er dort zum Tode verurteilt und bei **Tre Fontane** enthauptet. Als römischer Staatsbürger genoss er das Privileg der „humanen Exekution" durch das Schwert. Nur Ausländer mussten langsam am Kreuz sterben. Mehrere frühchristliche Schriften berichten, wie Frauen den Leichnam auf dem Friedhof bei der Via Ostiense beisetzten. Diese Stelle wurde von Anfang an von den ersten Christen stets hoch verehrt. Kaiser Konstantin ließ dort im Jahr 314 einen kleinen Andachtsort einrichten, an dem eine Marmortafel auf *„Paulus, den Apostel und Märtyrer"* hinwies. Schon 80 Jahre später machte man die Gedenkstätte zum Mittelpunkt einer fünfschiffigen Basilika, die in den folgenden Jahrhunderten im Wesentlichen unversehrt blieb. Bis zum Neubau von St. Peter war sie die größte Kirche Roms.

**Das Ende** der trotz ihres hohen Alters gut erhaltenen frühchristlichen Basilika kam in der heißen Sommernacht des 15. Juli 1823. Ein Arbeiter hatte eine noch glimmende Kohlenpfanne auf dem Dachstuhl vergessen. Ein Windstoß hatte wohl Funken verteilt, das trockene Dach fing Feuer, und bald darauf war die Kirche fast vollständig zerstört. Verschont blieben Teile der Apsis und des Triumphbogens vor dem Querschiff mit ihren wertvollen Mosaiken sowie des frühgotischen Altars. Nur der berühmte, kolossale Osterleuchter konnte unbeschädigt gerettet werden. Papst Pius VII.

*Die Hauptkirchen Roms*

lag zu dieser Zeit nur wenige Kilometer weit entfernt im Vatikanspalast im Sterben. Niemand mochte ihm sagen, dass seine Lieblingskirche nicht mehr existierte. Sein Nachfolger Leo XII. (1823–29) sah dann den möglichst schnellen Wiederaufbau schon als moralische Verpflichtung an. Grundriss und Proportionen der alten Kirche behielt man bei, überzog sie aber mit vergoldeten Palmett- und Akanthusornamenten und weiterem klassizistischen Dekor.

Der **Wiederaufbau** wurde 1854 mit der Weihe der Kirche unter Pius IX. offiziell abgeschlossen. Die Gestaltung der Hauptfassade mit den Mosaiken der vier Propheten Jesaias, Jeremias, Ezechiel und Daniel sowie im Giebeldreieck der segnende Christus mit Petrus und Paulus dauerte bis 1874. Der Bau des 65 m hohen Campanile war

1860, des säulenumstandenen Vorhofs erst 1928 vollendet. Während der jahrzehntelangen Arbeiten entdeckte man auch das große antike Gräberfeld entlang der Via Ostiense und im Bereich des Altarraums die kleine Gedenkstätte Konstantins mit der Schrifttafel *„Pavlo Apostolo Mart"* (dem Apostel und Märtyrer Paulus gewidmet). Bei weiteren Forschungen der letzten Jahre fand sich in der Tiefe unter der Tafel ein römischer **Steinsarkophag**, von dem man durch Lage und Zustand überzeugt ist, denjenigen vor sich zu haben, in dem sich einst Paulus' Gebeine befunden haben. Der Deckel weist zudem ein faustgroßes Loch auf, durch das man wohl Leintücher und ähnliches steckte, um durch den Kontakt mit den heiligen Überresten Berührungsreliquien herzustellen.

Heute vermittelt die Kirche nicht mehr den gewaltigen Eindruck wie damals im Mittelalter, als sie einsam auf einer Wiese stand. Nun liegt sie in einer Kleinindustrielandschaft inmitten eines neuen Stadtviertels, in dem mindestens 30.000 Menschen in eintönigen Wohnblocks leben.

## Der Apostel Paulus

Obwohl Paulus schon wegen seiner intensiven Missionstätigkeit einer der wichtigsten christlichen Führer war, schenkt man ihm nicht so viel Beachtung wie Petrus. Der gilt wegen des überlieferten Jesusworts vom Fels, auf dem die neue Kirche gebaut werden sollte, als dessen legitimer Stellvertreter. Die Bevorzugung des Petrus geht aber wohl auch darauf zurück, dass er sich für eine zentrale, hierarchisch organisierte Führung der Gläubigen aussprach, während Paulus gegen monarchische Strukturen und für eine Gleichberechtigung der Gläubigen als Kollektiv eintrat. Die machtvolle Rolle des Papstes ließ sich nur mit Petrus' Auffassung vereinbaren. Er wurde folglich zur zentralen Figur der Apostel.

Der **Haupteingang** zur Paulusbasilika liegt an der Tiberseite. Das Innere besteht aus fünf Schiffen, die durch insgesamt 80 Granitsäulen getrennt werden. Im Mittelschiff fällt vor allem die 23 m hohe, vergoldete Kassettendecke mit dem Wappen von Pius IX. auf. In der ursprünglichen Kirche war der Blick in den Dachstuhl offen, wie in antiken und frühchristlichen Basiliken üblich. Zur Fensterdekoration wurden Alabasterplatten verwendet. Zwischen den Fenstern befinden sich Fresken mit Szenen aus dem Leben des heiligen Paulus. Darunter zieht sich über die Wände der Kirche ein Mosaikband, auf dem alle bisherigen Päpste porträtiert sind. Als unter dem Pontifikat Pauls VI. nur noch wenige freie Plätze vorhanden waren und einige Gläubige fürchteten, das Ende der Welt sei nahe, eröffnete man eine weitere Reihe – nun ist Platz genug, und es können noch zahlreiche Nachfolger Petri gewählt werden.

Ein Original aus der ursprünglichen Basilika, die Kirche betretend rechts vom Haupteingang, ist das **byzantinische Tor** aus Bronze und Silber aus dem Jahr

1070. Es wurde beim Brand schwer beschädigt. Von den 54 Bildplatten gingen einige verloren, dennoch lassen sich noch viele Szenen aus dem Christusleben sowie die 12 Apostel und ihr jeweiliger Märtyrertod aus den linearen Darstellungen entschlüsseln. Das Querschiff wird von einem **Triumphbogen** abgeteilt, welcher um das Jahr 461 von der Kaiserin Galla Placida gestiftet und im 8. und 9. Jh. nahezu vollständig erneuert wurde. Dargestellt ist in der Mitte ein segnender Christus, zu beiden Seiten die Symbole der vier Evangelisten Lukas, Matthäus, Markus und Johannes (v. l.), darunter die 24 Ältesten der Apokalypse, darunter links Paulus und rechts Petrus. Vor dem Bogen stehen die Kolossalstatuen dieser beiden Apostel aus dem Jahr 1882, hier Petrus links und Paulus rechts. Auf der Rückseite des Bogens fanden Teile des alten Fassadenmosaiks einen neuen Platz.

Das **Paulusgrab** befindet sich unter dem Hochaltar. Darüber erhebt sich ein steinerner Baldachin *(Ziborium)*. Hier darf, wegen der Heiligkeit des Ortes, nur der Papst und zu ganz bestimmten Gelegenheiten auch der Abt von San Paolo die Messe zelebrieren.

*Pilgerziel höchsten Ranges:*
*San Paolo fuori le Mura*

Das ursprüngliche Ziborium entstand im Jahr 1285, zum Teil unter Verwendung antiker Marmorbruchstücke. Auch diese außerordentlich wertvolle, frühgotische Arbeit erlitt beim Brand schwerste Schäden, dennoch konnte man einen Teil des Original-Figurenschmucks und andere Bauteile auf neuen Porphyrsäulen wieder zusammensetzen. Das Apsismosaik von 1220–30 überstand den Brand nur mit Not und es waren großflächige Rekonstruktionen notwendig. Einige nicht mehr verwendbare Original-Fragmente sind separat in der Sakristei ausgestellt. In der Mitte des oberen Halbrunds thront Christus auf einer paradiesischen Blumenwiese, links von ihm Petrus und Andreas, rechts Paulus und Lukas. Zu seinen Füßen verneigt sich winzig klein und demutsvoll Papst Honorius III. (1216–27). Darunter, in einem abgetrennten Streifen, mittig der verlassene, irdische Thron Christi mit den Werkzeugen der Passion (dieses Detail ist gänzlich original), flankiert von Engeln und Heiligen. Am Beginn des rechten Seitenschiffes steht der vor den Flammen gerettete, 5,60 m hohe **Osterleuchter**, ein kostbares Meisterwerk vom Ende des 12. Jh. Der Schaft ist vollständig von Pflanzenornamenten und figürlichen Darstellungen überzogen. In horizontale Ebenen aufgeteilt, wird die Passion, Auferstehung und Himmelfahrt Christi erzählt. Die Ausarbeitung der biblischen Szenen, die Fülle frühchristlicher Symbolik mit Fabelwesen, Monstern und verschlungenen Flechtornamenten, machen den Leuchter zu einem Glanzstück der Romanik. Jeweils an den Enden des Querschiffes erheben sich großzügige Geschenke des russischen Zaren Nikolaus I. – Malachit-Altäre mit feuervergoldeten Bronzeapplikationen (19. Jh.).

Vom rechten Querschiff aus gelangen Sie zu dem sehenswerten romanischen **Kreuzgang**, der etwa zur selben Zeit wie der von S. Giovanni in Laterano entstand und ihm ähnelt. Die doppelten Säulenreihen sind mal glatt, mal mit Cosmatenarbeiten geschmückt, mal gedreht oder aus zwei Strängen verknotet. Die Holzdecke des Umgangs war ehemals bemalt. Man nimmt an, dass er von Vassalletto zwischen 1193 und 1214 gebaut wurde. An den Wänden befinden sich Reststücke der alten Kirche und ausgestellte Sarkophage.

• *Verbindung*   **San Paolo** liegt außerhalb des Stadtzentrums, südlich der Pyramide an der Ausfallstraße nach Ostia; am besten fahren Sie mit der Metro (Linie B) bis „S. Paolo". Beachten Sie, dass die Kirche von der Porta Paolo noch ein ganzes Stück weit entfernt ist.

• *Öffnungszeiten*  Im Winter: 9–13 und 15–18 Uhr; im Sommer: 9–13 und 15–18.30 Uhr.

• *Essen    (Karte   S.   271)*    **Trattoria Zampagna (29)**, Via Ostiense 179 (in der Nähe von San Paolo le Mura), ✆ 06.5742306. Typische Osteria, die schon seit 1924 besteht, mit schlichter römischer Hausmannskost. Hier folgt man noch der alten römischen Tradition: donnerstags gibt es hausgemachte Gnocchi, samstags Trippa (Kudeln). Menü um 20 €.

**Trattoria Moschino (28)**, Pzza. B. Brin 5, ✆ 06. 5139473. So Ruhetag, im Sommer nur abends. Eines der typischen römischen Lokale mit authentischen, etwas schweren, aber sehr lecker zubereiteten Gerichten, sie wechseln täglich und hängen vom Marktangebot ab. Menü um 25 € bei bestem Preis-Leistungs-Verhältnis.

**Tre Fontane:** Wenn Sie noch Zeit haben, können Sie der Hinrichtungsstätte des Paulus beim Stadtteil EUR einen Besuch abstatten. Der Ort Tre Fontane war unter der Herrschaft des Kaisers Nero eine der größten **Hinrichtungsstätten**. Hier wurden nur römische Staatsangehörige enthauptet. Die den Ausländern vorbehaltenen Kreuzigungen hatten größeren Unterhaltungswert und fanden deshalb mit Publikum an verschiedenen Stellen statt, z. B. im Zirkus.

Der Legende nach soll der abgeschlagene Kopf des Paulus dreimal aufgeschlagen sein. An diesen drei Stellen entsprang dann eine (inzwischen versiegte) Quelle – deshalb der Name Tre Fontane *(drei Quellen)*.

• *Verbindung*  Von S. Paolo aus mit Bus Linie 707 oder 761 oder mit der Metrolinie B bis „Laurentina" und entweder zu Fuß oder mit Bus Linie 761 weiter. An der Via Laurentina Ecke Via del Solario führt eine Allee zum Klosterbezirk mit drei Kirchen.

• *Einkaufen*  Die Mönche des Klosters bieten hier einen selbst gebrauten Eukalyptusschnaps an. Die Blätter dafür ernten sie von den hier wachsenden Eukalyptusbäumen.

**Tipp**: Wenn Ihnen dieser Ort zu besinnlich ist, können Sie sich in der Via delle Tre Fontane im **Lunapark** ins Vergnügen stürzen (→ S. 74).

# San Lorenzo fuori le Mura

Sie gehört ebenfalls zu den sieben Pilgerkirchen, die man für einen Ablass besuchen muss. San Lorenzo fuori le Mura besteht eigentlich aus den beiden frühen Kirchen **San Lorenzo** und **Chiesa della Madonna**, die Honorius III. (1216–27) zusammenlegen ließ.

Die **Basilika von Honorius III.** wurde im 15. und 17. Jh. umgebaut sowie 1870 und 1943 (nach Bombenschäden) renoviert. Sie besteht aus drei Schiffen, die durch ionische Granitsäulen voneinander abgegrenzt sind. **Das Innere** ist bemerkenswert einfach: ein Fußboden mit Cosmatenarbeit aus dem 12. Jh. und eine Holzdecke, jetzt in völlig unbemaltem Zustand. Den Chor bildet die ursprüngliche Kirche San Lorenzo: Auf der rechten Seite des Mittelschiffes, neben dem Altar, kann man noch die Reste der alten Mauer sehen. Die Emporen der Seitenschiffe am Altar, die von korinthischen Säulen getragen werden, wurden von Pilagius II. zusätzlich angebracht. Über dem Altar spannt sich ein Baldachin aus dem Jahre 1148, darunter befinden sich die Gebeine des heiligen Laurentius und der Rost, auf dem der Heilige zu Tode gekommen sein soll.

Zu unregelmäßigen Zeiten werden **Führungen** (nur in englischer und italienischer Sprache) veranstaltet, die das Innere der Kirche genauer vorstellen. Im Rahmen dieser Führung gelangt man auch zum **Narthex**, zur inneren Vorhalle der ehemaligen Kirche San Lorenzo, die vor einigen Jahren aufwändig renoviert wurde. Die Kapelle ist über und über mit herrlichen, goldfunkelnden Mosaiken geschmückt. In Augenhöhe zieht sich ein Mosaik, das die Fahnen der Spendernationen für die Restaurierung zeigt. Sie muss eine Menge Geld gekostet haben: Zwei Arbeiter waren acht Jahre damit beschäftigt.

In Kontrast zu dieser Pracht stehen die **Katakomben** von San Lorenzo. Der Gang mit den Grabnischen ist fünf Kilometer lang (keine Angst, man muss nicht die ganze Strecke laufen!). Man wird durch einige verwinkelte Gänge, in denen bei manchen Führungen Knochenfragmente gezeigt werden, bis in einen schönen romanischen Kreuzgang geführt, an dessen Wänden Funde aus den Katakomben angebracht sind.

---

### Der heilige Laurentius

Die Kirche San Lorenzo wurde im Jahr 330 unter Konstantin über dem Grab des heiligen Laurentius errichtet, der dort 258 den Märtyrertod gestorben war. Angeblich folterte man den Märtyrer auf einem glühenden Rost, wovon er sich unbeeindruckt gezeigt haben und sogar noch zu Späßen aufgelegt gewesen sein soll. Einem der Henkersknechte soll er gesagt haben, dass ihm kalt sei. Daraufhin habe der dann verwundert in die Flammen gefasst, um die Temperatur zu kontrollieren und sich schrecklich die Finger verbrannt. Anschließend habe Laurentius gefordert: *„Dreht mich um, auf der einen Seite bin ich gar!"*

Verfolgt wurde der Heilige aus finanziellen Gründen: Man wollte von ihm die Kirchengelder, die er nicht herausgab, sondern lieber an die Armen verteilte. Das verursachte selbstverständlich großen Ärger und führte zu seiner Verhaftung. Bei den Armen gilt er noch heute als Held.

---

• *Verbindung* Wer sich den Ablass verdienen will, sollte mit der Linie 30 ab der Villa Giulia im Park der Villa Borghese oder in umgekehrter Richtung ab der Porta Paolo an der Pyramide fahren, sie hält direkt vor der Kirche. Dieselbe Bus-Linie hält auch vor S. Croce in Gerusalemme und vor S. Giovanni in Laterano, sodass damit ein Teil der Ablass-Tour problemlos zu erledigen ist. (Die Benutzung von Verkehrsmitteln ist bei der Ablasserlangung ausdrücklich erlaubt!).

• *Öffnungszeiten* Von Okt. bis März 6.45–12 und 15–18.30 Uhr; von April bis Sept. 6.45–12 und 15.30-19.30 Uhr; an Sonn- und Feiertagen 6.30–13.30 und 15.30–19 Uhr bzw. 6.30–13 und 16–19.30 Uhr.

• *Essen* Es bieten sich die Restaurants von San Lorenzo an. → Karte S. 363, Serviceteil S. 366.

*Trockenübung: Die römischen Parks sind in den Hitzemonaten wahre Oasen*

# Der Norden

**Da es hier kaum spektakuläre Sehenswürdigkeiten gibt, kommen nur wenige Touristen in diese Gegend. Für den, der etwas Zeit hat, ist ein Spaziergang über den Monte Mario, den höchsten Hügel Roms, oder durch die Sportstätten, die teilweise unter Mussolini nach faschistischen Formvorstellungen gebaut wurden, recht aufschlussreich.**

▶ **Monte Mario:** Mit 139 m ist er der höchste Hügel Roms. Schon in mittelalterlichen Reisebeschreibungen taucht er als *mons gaudii,* als Berg der Freude, auf, denn hier trafen die Touristen aus dem Norden zu Fuß oder per Kutsche ein und sahen das erste Mal die Stadt vor sich liegen. Die deutschen Kaiser ordneten und sammelten an diesem Ort ihr Gefolge, um dann in festlicher Prozession in Rom einzuziehen (eher aus politischen als aus spirituellen oder touristischen Gründen, ihr Ziel war es, vom Papst gekrönt zu werden).

Heute fallen die meisten Besucher entweder über die Verbindungswege zu den Flughäfen, die Autobahn oder über Stazione Termini mitten in Rom ein, ohne vorher einen Blick auf die ganze Stadt werfen zu können und sich etwas zu sammeln. Wer das nachholen möchte, sollte die **Via Trionfale** hinaufsteigen, um nach jeder Biegung einen anderen Ausblick zu genießen.

Oben beherrscht der Riesenbau des **Hilton** mit einem der teuersten und führenden Dachrestaurants Italiens das Bild. Als schöne Wohngegend wurde der Hügel bereits vor vielen Jahren entdeckt. Wer das Geld für ein Grundstück mit Aussicht hat, dem wird es sicher auf ein paar Millionen Euro für ein entsprechendes Haus auch nicht ankommen.

▶ **Milvische Brücke:** Die Milvische Brücke verbindet die von der Porta del Popolo aus schnurgerade nach Norden verlaufende Via Flaminia mit dem anderen Tiberufer. Sie ist die dienstälteste Brücke der Welt. Man kann ihre Existenz in antiken Schriften sogar bis in das 3. Jh. v. Chr. zurückverfolgen. Als massiver Steinbau wurde sie 109 v. Chr. eingeweiht. Nur die Auffahrten hat man in den folgenden Jahrhunderten ersetzt, die vier mittleren Bögen der Brücke sind noch antike Originale.

Mit ihrem Namen verbindet sich ein wichtiges historisches Ereignis: An der Brücke tobte 312 n. Chr. die **Schlacht** zwischen den römischen Kaisern Konstantin und Maxentius. Der Sieg Konstantins war für die spätere Anerkennung des Christentums entscheidend. Da er mit seinen Truppen aus den nördlichen Provinzen nach Rom zog und dadurch sowohl strategisch als auch zahlenmäßig dem Heer seines Mitregenten unterlegen war, konnte ihm wohl nur ein **Wunder** helfen.

**Eusebius,** der erste Bischof von Rom im 4. Jh., hat dieses Wunder in einer Schrift über das Leben Kaiser Konstantins festgehalten:

*„Wie nun Konstantin auf den Thron gekommen war und sehen musste, dass die Hauptstadt der ganzen Welt, die Herrscherin des Römischen Reiches, der Knechtschaft eines Tyrannen unterworfen war, traf er die notwendigen Rüstungen zum Sturze der Tyrannenschaft ... Während der Kaiser betete und eifrig flehte, erschien ihm ein ganz unglaubliches Gotteszeichen.*

*Um die Stunde der Mittagszeit, da sich der Tag schon neigte, habe er, so sagte der Kaiser, mit eigenen Augen oben am Himmel über der Sonne das Siegeszeichen des Kreuzes, aus Licht gebildet, und dabei die Worte gesehen: „Durch dieses siege!" Staunen aber habe bei diesem Gesichte ihn und das ganze Heer ergriffen, das ihm eben auf seinem Marsche folgte und dieses Wunder sah ...*

*Dieses Heil bringende Zeichen gebrauchte der Kaiser nun stets als Schutzmittel gegen jede Macht, die sich ihm feindlich entgegenstellte, und er befahl, dass das Abbild desselben allen seinen Heeren vorangestellt werde".*

Das Kreuzzeichen habe Konstantin bekehrt und seinen Soldaten Kraft gegeben, um die Übermacht der Truppen des Maxentius zu schlagen. Das Christentum wurde hoffähig und verdrängte unter der Herrschaft des ersten christlichen Kaisers die übrigen Religionen.

Nach einer historisch wahrscheinlicheren Version der Geschichte waren die Legionäre des Maxentius meist Anhänger des Mithras (→ S. 250), die das Sonnensymbol auf ihren Schildern angebracht hatten. Konstantin befürchtete nun, dass die auch in seinen Reihen zahlreich vertretenen Mithrasanhänger zum Feind überlaufen könnten. Deshalb ließ er an den Schildern seiner Vorhut das Christusmonogramm XP (mit griechischen Buchstaben) in einem Kreis, das dem Zeichen des Mithras zum Verwechseln ähnlich sah, aufmalen, um die Legionäre des Maxentius in die Irre zu führen. Konstantin sah also wohl nicht *„über der Sonne ein Zeichen"*, wie Eusebius schrieb, sondern das Sonnenzeichen des Mithras beim Gegner.

## Die Sportstätten

Der Norden ist auch Schauplatz für moderne, heute allerdings meist unblutige Schlachten. Hier liegen die großen Sportstätten, besonders bei einem Fußballspiel ist die Hölle los. Ganz Rom scheint dann hier versammelt. Fußball wird

**Rom – Der Norden**

hier noch viel ernster genommen als bei uns und kann zu hitzigen Auseinandersetzungen führen. Wenn Italien gegen Deutschland verloren hat, was aus italienischer Sicht natürlich unverdient geschah, sollte man sich besser nicht als Deutscher zu erkennen geben und abwarten, bis sich die Gemüter beruhigen! (→ „Wissenswertes von A bis Z/Fußball", S. 46).

Begonnen wurde mit den Bauarbeiten zum **Foro Italico** 1928 im Auftrag Mussolinis. Die Zeugnisse dieser Ära sind alle erhalten! Zentrum ist das **Stadio di Marmi**, das Marmorstadion. 60 Athletenstatuen (alle faschistische Idealtypen), die jeweils eine Provinz Italiens symbolisieren, umgeben die Zuschauerränge. Deutliche Hinweise auf Italiens Vergangenheit findet man auch auf dem **Piazzale del Foro Italico** mit der riesigen Marmorweltkugel.

An der Prachtstraße stehen Gedenksteine für Siegesdaten (z. B. Kriegseintritt 5.5.1915; Ausrufung des Imperiums 5.5.1936). Die Geschichtsschreibung setzte man nach Untergang des Faschismus nahtlos im alten Stil fort, z. B. Sturz des Faschismus 25.7.1943; Verfassung 1.1.1948. Bodenmosaike dokumentieren Propaganda und Sprüche, die aus alten Wochenschauen bekannt sind („Duce, Duce, Duce"). Ein 19 m hoher Obelisk trägt noch immer sichtbar die Inschrift „Mussolini Dux".

Das große **Olympiastadion** westlich dieser Anlage wurde erst in den 1950er Jahren erbaut, da Mussolinis Bauten für die Olympischen Spiele 1960 etwas zu klein gewesen wären. Für die **Fußballweltmeisterschaft** 1990 wurde das Stadion noch einmal beträchtlich erweitert und mit einer architektonisch gelungenen Dachkonstruktion versehen. Auf der anderen Tiberseite erstrecken sich das Olympische Dorf (heute Kaserne) und weitere Sportstätten.

## Auditorium di Roma

Seit dem 21. April 2002 verfügt Rom wieder über ein repräsentatives Konzerthaus – das Auditorium di Roma. 66 Jahre nach dem Abriss des „Augusteums" (→ S. 299), das Mussolinis aggressiven Spitzhacken zum Opfer fiel, hat sich Rom damit wieder in die Gruppe der Spitzenadressen für internationale Musikereignisse zurückgemeldet. Am Rande des Olympischen Dorfs von 1960 gelegen und verkehrstechnisch hervorragend angebunden, ist nach den Plänen des italienischen Stararchitekten **Renzo Piano** eines der weltweit größten und spektakulärsten Konzertzentren entstanden. Wie zu gigantischen Ausmaßen mutierte Käfer starren drei ovale Saalgebäude in eine offene Arena. Die Saalgrößen staffeln sich von 2.860, 1.200 und 600 Plätzen, die zentrale Open-Air-Bühne fasst weitere 3.000 Musikfreunde. Die in sieben langen Jahren entstandenen und 180 Mio. Euro teuren Häuser entsprechen modernster Veranstaltungstechnik und sind nicht nur neue Heimat des römischen Spitzenorchesters *Accademia di Santa Cecilia*, sondern Schauplatz für alle denkbaren Musikdarbietungen von Klassik bis Pop.

Dass man hier im Tiberbogen und im unmittelbaren Umkreis der antiken Metropole auf Siedlungsreste stoßen würde, war keine Überraschung. So kam denn auch bei Baubeginn altes Gemäuer zum Vorschein, das sich als Teil einer großen, suburbanen Villa herausstellte. Die auf 2.500 m² geschätzte Anlage wurde in Teilen gesichert und von Renzo Piano nachträglich in die Pläne integriert.

•*Führungen* An Wochenenden und Feiertagen finden von 11.30 bis 16.30 Uhr stündlich Führungen statt. Auskunft und Reservierung unter ✆ 06.80241281; Preis 9 €, für Personen über 65 Jahre 7 €; Personen unter 26 Jahren 5 €.

•*Karten* Informationen über das aktuelle Programm gibt es auch im Internet unter www.musicaperroma.it. Kartentelefon: 1991 09783 (in Italien), 0039/06.3700106 (vom Ausland aus). Kartenverkauf vor Ort 11–18 Uhr, und jeweils vor Vorstellungsbeginn.

**Al Ceppo**, Via Panama 2 (bei der Pzza. Ungheria), ☏ 06.8419696, www.ristoranteal ceppo.it. Mo Ruhetag. Das behaglich elegante Restaurant gehört zu den Besten in Rom und bietet eine kreative Küche mit einfühlsam weiterentwickelten traditionellen Gerichten (z. B. „filetto di manzo con carciofi e zabaione di pecorino romano" – Rinderfilet mit Artischocken und Pecorino-

Käseschaum; „petto d`anatra all`arancia con involtini di melanzane e mozzarella" – Entenbrust in Orange mit Auberginenröllchen und Mozzarella). Menü um 65 €. Tischreservierung ist erforderlich.

Auf den großen Straßen findet man fast an jeder Ecke eine **Pizza al taglio** oder eine **Tavola calda**.

# Die römischen Parks

**Sie bieten dem gestressten Reisenden nach den Besichtigungstouren etwas Ruhe und Erholung, sofern man nicht gerade am Wochenende herkommt. Wenn das Wetter es zulässt, genießen die Römer hier an freien Tagen Sonne und Natur oder nutzen die Parks als Open-Air-Fitness-Center.**

Die Parks entstanden ab der Renaissance um Villen des römischen Adels. In der Antike war eine **Villa** ein Haus auf dem Lande mit großzügigen Gartenanlagen. Zunächst bevorzugten nur Intellektuelle ein solches Anwesen, um in ländlicher Idylle die Ruhe für Muße und Meditation zu finden. In der späteren Kaiserzeit reichte die Stadt für große Prunkbauten nicht aus. Es entstanden Palastkomplexe auf dem Land (z. B. Hadrians Villa bei Tivoli). Reiche Bürger taten es den Imperatoren gleich, es wurde modern, auf dem Land eine großzügige Villa zu unterhalten.

Im 16./17. Jh. wurde diese Idee wieder aufgegriffen. Kardinäle, reiche Adlige und die Papstfamilie legten sich als luftige Alternative zu ihren Stadtpalästen für den Sommer Landhäuser zu, wenn es in der Senke am Tiber unerträglich heiß wurde, die Moskitos die Menschen plagten und Malaria sich ausbreitete. Außerhalb der Innenstadt war nicht nur das Klima besser, sondern es gab auch mehr Platz zu günstigen Grundstückspreisen, sodass man die großzügigen Häuser mit viel dekorativem Grün umgeben konnte, das sich für Feste und sogar für die Jagd nutzen ließ. Die vermögenden Herrschaften veranstalteten in der Renaissance einen regelrechten Wettbewerb um die schönsten und extravagantesten Gärten, die die besten Landschaftsarchitekten dieser Zeit gestalteten.

Als man Rom 1870 zur Hauptstadt des neuen Königreichs Italien machte und ganze Stadtviertel für Heerscharen von Beamten und Einwanderern aus ärmeren Regionen neu geschaffen werden mussten, verkauften einige Adlige der riesigen Grundstücke aus ererbtem Familienbesitz, die nun im Innenstadtbereich lagen, andere wurden enteignet. Auf Druck der Bevölkerung blieben manche Parks aber auch unangetastet. So verfügt Rom heute über knapp 400 ha Grünfläche, als dringend notwendige Oasen der Ruhe mitten im Verkehrschaos der Metropole. Die meisten dieser Villen wurden zum öffentlichen Besitz erklärt und sind frei zugänglich. Bis auf die Villa Borghese schließen jedoch alle nach Sonnenuntergang.

Die **Villa Borghese** ist der abwechslungsreichste und beliebteste Stadtpark Roms. Man kann sich hier entspannen, aber auch einiges anschauen (ausführliche Beschreibung → ab S. 325).

Nordöstlich der Villa Borghese liegt die **Villa Ada**. König Viktor Emanuel III. hatte hier seine Privatwohnung. Heute ist ein Teil der Villa gesperrt, weil dort die ägyptische Botschaft liegt. Ähnlich wie in der Villa Borghese finden auch hier im Sommer Musikfestivals statt; es gibt auch einen winzigen See mit Bootsverleih. Im Osten, an der Via Salaria, erreicht man die Priscilla-Katakomben (→ S. 572).

*Verbindung* Z. B. mit Bus Linie 56 ab Pzza. Venezia oder ab Termini mit der Linie 319 bis zur Via Salaria. Eingang von der Via Salaria aus.

Die **Villa Celimontana** ist der älteste Park der Stadt (bereits 1582 entstanden). Die Villa liegt auf dem Celiushügel am Kolosseum und ist wesentlich kleiner als die Villa Ada oder Borghese (Eingang von der Via della Navicella). In dem dicht bewachsenen Park mit den gepflegten Blumenbeeten (das ist selten und wohl dem Einfluss der nahen Zentrale der Stadtgärtnerei zu verdanken), alten Zypressen, Lorbeerhecken und hohen Zedern kann man sich nach einer anstrengenden Besichtigungstour etwas erholen (→ S. 251).

Die **Villa Doria Pamphilj** ist mit 140 ha der größte Park Roms. Er wurde im 17. Jh. für den Neffen von Papst Innozenz X. auf der anderen Tiberseite westlich von Trastevere angelegt. Der weitläufige Park mit seinen Pinienwäldern, Wiesen und einem kleinen Wasserfall ist sehr gut geeignet, um ein ruhiges Plätzchen zu finden und der Lunge gesündere Luft zu gönnen. Für die Bewohner von Trastevere ist dies ein beliebter Picknickplatz und bevorzugte Joggingstrecke. Es gibt auch eine Rollschuhbahn und Ponyreiten für Kinder. Leider verläuft quer durch den Garten die breite Via Olimpica, die anlässlich der Olympischen Spiele 1960 in Rekordzeit auf den Boden geteert wurde, um den Verkehr zu entlasten. Sehenswert ist der **Giardino del Teatro**, ein gepflegter englischer Garten mit vielen Pflanzenarten. Die eigentliche Villa des Papstneffen ist für das Publikum geschlossen. Die schöne Fassade ist aber dennoch sehenswert. An gleicher Stelle soll in der Antike ein schönes Haus gestanden haben: Caesar hatte es für Kleopatra bauen lassen.

Die **Villa Sciarra** liegt innerhalb der Stadtmauer auf dem Gianicolo oberhalb von Trastevere und ist mit nur 7 ha wesentlich kleiner als die benachbarte Villa Doria Pamphilj. In dem herrlichen Garten mit Bougainvillea, Rosenhecken, Statuen, Springbrunnen und umherstolzierenden Pfauen kann man mit schöner Aussicht auf Trastevere und die Innenstadt die Ruhe genießen. Das bietet sich an, wenn man gerade in Trastevere ist (Eingang von der Via Calandrelli).

Die **Villa Torlonia** im Osten Roms an der Via Nomentana ist 14 ha groß und wurde von dem verschrobenen Prinzen Giovanni Torlonia Ende des 19. Jh. umgestaltet. Der Prinz hatte eine Abneigung gegen den klassizistischen Familienpalazzo und ließ sich ganz in der Nähe davon eine merkwürdige Mischung aus mittelalterlicher Burg und Jugendstil-Chalet bauen. Den Familiensitz vermietete er später für den symbolischen Betrag von einer Lira an **Mussolini**. Mit dem Duce soll der betagte Prinz oft im Park ausgeritten oder spazieren gegangen sein. Später verwahrlosten für eine lange Zeit Park und Gebäude. Bürgermeister Rutelli ließ vor seiner Wiederwahl werbewirksam alles etwas herrichten, was ihm Sympathien brachte. Der Park wird inzwischen wieder gerne genutzt.

*Mittelpunkt der katholischen Welt: die Peterskirche*

# Der Vatikan

*„Stato della Città del Vaticano"*, also *„Staat der Vatikanstadt"* ist der offizielle Name des kleinsten autonomen Staates der Erde.

Dabei scheint selbst die Bezeichnung „Stadt" übertrieben, denn gerade mal 0,44 km² sind dem Papst als symbolischer Rest seines ehemaligen Kirchenstaates geblieben. Einst gehörte fast ganz Mittelitalien zum weltlichen Herrschaftsgebiet des Papstes. Doch gegen die im 19. Jh. aufstrebenden Nationalisten konnte er sich nicht behaupten und das vereinte Königreich Italien mit Rom als Hauptstadt nicht verhindern. Erst Mussolini schloss mit der grollenden Kirche Frieden und räumte dem Papst in den Lateranverträgen vom 11. Februar 1929 wieder eine bescheidene territoriale Souveränität ein.

**Staatsgebiet**: Zum Vatikanstaat gehört die Peterskirche mit dem apostolischen Palast, seinen Nebengebäuden, Gärten und den Museen. Hinzu kommen noch einige exterritoriale Kirchen in und um Rom sowie die päpstliche Sommerresidenz in Castel Gandolfo. Das Kerngebiet liegt innerhalb der Leonischen Stadt, einer wehrhaften Mauer, die im 9. Jh. zum Schutz vor Plünderungen der Grabkirche des Heiligen Petrus um den Vatikanischen Hügel gezogen wurde. Es wird im Norden, Süden und Westen von der alten hohen Mauer, im Osten von St. Peter und den Kolonnaden des Petersplatzes begrenzt. Während Kirche und Museen besichtigt werden können, gelangt man nur mit Sondergenehmigung auf das übrige Territorium des Vatikanstaats. Dazu muss man einen überzeugenden Besuchsgrund angeben können, Interesse allein reicht nicht. Schweizergardisten kontrollieren tagsüber an den vier großen Toren die Zugangsberechtigung; nachts schließt der Staat seine Grenzen.

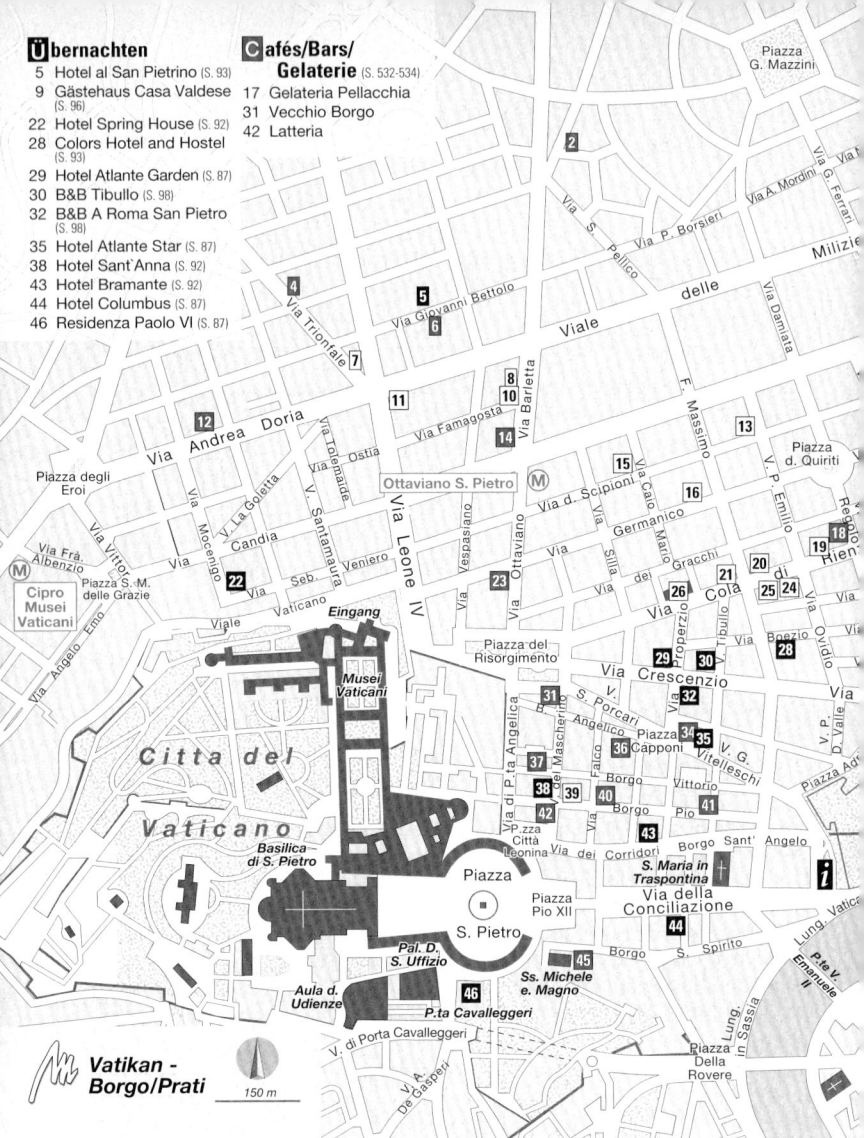

Vatikan - Borgo/Prati

150 m

**Staatsvolk**: Es besteht aus rund 500 Bürgern, von denen die meisten leitende Beamte sind. Sie sind die Chefs einer vielfachen Anzahl geistlicher und weltlicher Gastarbeiter, die in Rom leben und täglich über die Grenze pendeln. Zu seinen Untertanen zählt der Papst darüber hinaus noch über eine Milliarde Katholiken auf allen Kontinenten. Für sie gelten einheitliche Regeln, die hier im Vatikan erlassen werden, an die sich jedoch nur eine kleine Minderheit strikt hält.

**Der Vatikan**
Karte S. 478/479

**Staatsform**: Der Vatikan ist die letzte absolute Monarchie Europas mit dem Papst an der Spitze einer streng höfischen Gesellschaft. Er erlässt die Gesetze, ist oberster Richter und Chef der Verwaltung. Nichts kann im Vatikan und in der katholischen Kirche gegen seinen Willen geschehen. In Fragen der Lehre ist der Papst sogar unfehlbar. Einziger echter demokratischer Augenblick ist die geheime Papstwahl durch die wahlberechtigten Kardinäle im Konklave (mehr zur Papstwahl → „Vatikanische Museen", S. 556). Der Papst kann nicht abgelöst werden, sondern nur durch Tod aus dem Amt scheiden. Als sich der Gesundheitszustand von Johannes Paul II. ab dem Frühjahr 2002 dramatisch verschlechterte, gab es bis kurz vor seinem Tod am 2. April 2005 zwar immer wieder Rücktrittsspekulationen, doch der Papst wollte die ihm anvertraute Mission bis zur Abberufung durch Gott weiterführen. Einzig Coelestin V., ein wunderheilender Eremit, wurde 1294 im Alter von 85 Jahren gewählt und trat nach nur fünf Monaten zurück. Er war mit der Aufgabe komplett überfordert und wurde von den Kurienkardinälen unter Vorspiegelung von Präzedenzfällen zum Amtsverzicht gedrängt, nachdem er mit seinen ersten Anordnungen ein gewaltiges Chaos angerichtet hatte.

**Staatsorganisation**: Der Staat der Vatikanstadt ist zwar völkerrechtlich anerkannt, tritt aber international nicht in Erscheinung. National wird er in Vertretung des Papstes vom Kardinalstaatssekretär und einer Regierung geleitet, bestehend aus sieben Kurienkardinälen, die der Papst für fünf Jahre ernennt. Solange der Papst keine andere Anordnung trifft, erlassen sie die Gesetze und sind ansonsten hauptsächlich für Finanzen zuständig.

Wichtiger als der Vatikan ist der **Heilige Stuhl**. Darunter versteht man die Leitung der römisch-katholischen Kirche, also den Papst mit den ihn unterstützenden Zentralbehörden, die *„Römische Kurie"* genannt werden. Der Heilige Stuhl mit Verwaltungssitz im Vatikanstaat ist ebenfalls ein eigenständiges Völkerrechtssubjekt. Da der Papst daneben auch noch Staatsoberhaupt ist, genießt er also in zweifacher Hinsicht völkerrechtliche Anerkennung. Der Heilige Stuhl unterhält zu 180 Ländern diplomatische Beziehungen und ist bei vielen internationalen Organisationen vertreten. Aus diesem Grund hat Deutschland, wie die meisten anderen Länder, zwei Botschaften in Rom: eine für Italien und eine weitere für den Heiligen Stuhl.

Nach dem Papst ist der **Kardinalstaatssekretär** der höchste Repräsentant des Heiligen Stuhls. Gelegentlich vertritt er den Papst sogar und ist ansonsten als eine Art Außenminister für die Beziehungen zu den Staaten sowie als quasi Innenminister für den Kontakt zu den Ortskirchen verantwortlich. Im Jahr 2006 entließ Papst Benedikt XVI. Kardinal Angelo Sodarno, mit dem er vor seiner Wahl viele Auseinandersetzungen hatte, nach 16 Dienstjahren aus diesem Amt und berief seinen deutlich konservativeren Vertrauten, Kardinal Tarcisio Bertone.

Seit dem 11. Jh. steht dem Papst die **Römische Kurie** zur Seite. Sie besteht aus neun straff organisierten **Kongregationen** mit unterschiedlichen Geschäftsbereichen (z. B. für Klerus, Missionierung der Völker, Selig- und Heiligsprechungsprozesse, Bildung und andere Themen), die wie Ministerien für eine einheitliche Verwaltung der katholischen Weltkirche zu sorgen haben. Die älteste und wichtigste ist die **Kongregation für die Glaubenslehre**. Sie wurde 1542 von Paul III. unter dem Namen *„Congregatio Romanae et universalis Inquisitionis"*, kurz *„Inquisition"*, gegründet, um die Kirche vor Irrlehren zu schützen. Damals zwang man Abweichler, also Häretiker oder Ketzer noch unter Folter zum Widerruf und übergab sie auf dem Scheiterhaufen den reinigenden Flammen. Dabei heißt **„Inquisition"** eigentlich ganz harmlos „Befragung". Ihren schrecklichen Ruf erhielt sie durch die brutalen Befragungsmethoden.

Die Anfänge der **Inquisition** gehen wohl auf Innozenz III. (1198–1216) zurück. Er gab 1208 den Befehl, eine Gruppe auszurotten, die in Südfrankreich Zweifel an der göttlichen Legitimation von Kirche und Papst verbreitete. Daraufhin meldete ein päpstlicher Soldat die Zerstörung des Ketzer-Nestes Béziers: *„Getötet wurden alle 20.000 Bewohner jeden Alters und Geschlechts. Gottes Strafgericht hat wunderbar gewütet".*

Im Auftrag Gregors IX. (1227–41) profilierten sich besonders die Dominikaner bei der Bekämpfung der Häresie. Man nannte sie deswegen auch *„domini canes" – „Hunde Gottes".*

Ab 1231 führte man detaillierte **Verfahrensvorschriften** zur Inquisition ein und ließ Folter als Verhörmethode offiziell zu. Der Ankläger war gleichzeitig Richter, eine Verteidigung hielt man für überflüssig. Geständige Ketzer übergab man dem *„weltlichen Arm der Gerechtigkeit"*, also der Strafjustiz, die die Hinrichtung erledigte.

Besonders Frauen waren von der Verfolgung betroffen. Weil Eva sich im Paradies von der Schlange hatte verführen lassen, hielt man es für logisch, dass Frauen als

**Hexen** mit dem Teufel verkehrten, der durch sie die Kirche und die Gläubigen vernichten wollte. Ausgerechnet auf dem Scheiterhaufen wurden die Hexen dann vom Herrn des Fegefeuers befreit und dadurch „gereinigt". Den Verdächtigen versprachen die Inquisitoren im Fall eines Geständnisses die Begnadigung. Dass die „Gnade" dann Befreiung vom Teufel durch den Feuertod bedeutete, zeugt geradezu von Hinterhältigkeit. In Deutschland war die Verfolgung im *Hexenhammer* gesetzlich geregelt. Danach bestand z. B. die berühmte Hexenprobe, wer, ins Wasser geworfen, nicht schwamm, sondern wie ein ordentlicher Christenmensch ertrank. In diesem Fall war die Ehre (postum) wieder hergestellt. Die erste Frau führte man 1275 in Toulouse, die letzte 1782 in der Schweiz auf den Scheiterhaufen. Das berühmteste Opfer des Hexenwahns war *Jeanne d'Arc*, die Jungfrau von Orléans, sie starb 1431 auf dem Marktplatz von Rouen.

Zur offiziellen **römischen Zentralbehörde** wurde die Inquisition erst 1542 aufgewertet, nachdem sie sich als Machtinstrument glänzend bewährt hatte. Unter dem Vorwand, für die Reinerhaltung des Glaubens zu kämpfen, bespitzelte man das Volk, unterdrückte jede kritische Stimme und vernichtete alle missliebigen Personen.

Erst Napoleon schaffte die Inquisition 1808 per Dekret ab. Nach Schätzungen wurden bis dahin zwischen einer und zehn Millionen Menschen ermordet. Als Behörde existierte sie dennoch weiter und wurde 1908 in *„Heiliges Offizium"* und nach dem Zweiten Vatikanischen Konzil 1965 in *„Kongregation für die Glaubenslehre"* umbenannt.

Die Glaubenskongregation residiert seit dem Jahr 1566 in einem Renaissancepalast nahe der Peterskirche. Hier wachte Kardinal **Joseph Ratzinger** von 1982 bis zu seiner Wahl zum Papst am 19. April 2005 peinlich genau über die Rechtgläubigkeit der Katholiken (→ Kasten S. 490). Neuer oberster Glaubenshüter ist der ehemalige Erzbischof von San Francisco, Kardinal William Levada.

Die Kongregation hat die Aufgabe, Irrtümer in aller Welt aufzuspüren und gefährliche Meinungen zu bekämpfen.

*Schlüsselrolle: Petrus gilt als erster Bischof von Rom*

Zu den vielen prominenten Opfern der Kongregation in der Gegenwart gehört der Schweizer Theologieprofessor **Hans Küng,** dem 1979 die kirchliche Lehrerlaubnis entzogen wurde, weil er Zweifel an der Unfehlbarkeit des Papstes geäußert hatte.

Da sich die Kirche als Institution versteht, die sich um das ganze Leben der Gläubigen zu kümmern hat, überprüft die Kongregation für die Glaubenslehre nicht nur kirchliche Schriften, sondern befasst sich weit darüber hinaus z. B. auch mit dem Inhalt *deutscher Schulbücher* und beanstandet alles, was den kirchlichen Richtlinien zur Sexualethik widerspricht (Empfängnisverhütung, vorehelicher Geschlechtsverkehr und ehelicher Verkehr ohne Zeugungsabsicht gelten als Sünde und dürfen in den Unterrichtsmaterialien nicht anders dargestellt werden).

Beinahe wären 1910 sogar die Werke *Karl Mays* auf den Index verbotener Bücher gelangt. Eine Anzeige lag schon vor, denn May hatte in einem späten Werk den Gedanken einer alle Religionen vereinenden Weltreligion entwickelt. Man sah dann doch von einer Zensur ab, weil man fürchtete, nur größere Aufmerksamkeit auf das bisher kaum beachtete Buch zu lenken.

Immerhin schaffte das Zweite Vatikanische Konzil den **Index** ab. Noch 1956 waren Buchtitel von ca. 2.000 Autoren dort aufgeführt und es war den Katholiken bei Androhung der Exkommunizierung bis dahin verboten, Bücher z. B. von Kant, Heine, Lessing, Sartre, Dumas oder Voltaire zu lesen.

Ebenfalls zur Römischen Kurie gehören **drei päpstliche Gerichtshöfe,** die Kurialämter, elf päpstliche Räte sowie mehrere päpstliche Kommissionen und Akademien.

**Hoheitszeichen:** Als Symbol für seine Herrscherstellung wurde der Papst früher mit der **Tiara** gekrönt, einer kegelförmigen Kopfbedeckung mit dreifachem Kronreif, wohl als Symbol für die Dreifaltigkeit, jedenfalls als Ausdruck der Überlegenheit des Papstes über die weltlichen Herrscher mit nur einer Krone. Als letzter Papst wurde Paul VI. 1963 traditionell gekrönt. Als er nach dem

**Der Vatikan**
Karte S. 478/479

Zweiten Vatikanischen Konzil den päpstlichen Pomp verringern wollte, setzte er ein Zeichen und verkaufte seine eigens für ihn modern gestaltete Papstkrone, um den Erlös den Armen zu stiften (sie befindet sich heute in einer Kirche in Washington D.C.). Johannes Paul I. und Johannes Paul II. führten die Tiara nur in ihrem Wappen. Im Wappen von Benedikt XVI. wurde die Tiara durch eine Bischofsmitra mit drei Streifen ersetzt. Deshalb ist die Tiara derzeit nur noch im offiziellen **Staatswappen** enthalten, auf weiß-gelbem Grund mit zwei Schlüsseln (dem Symbol für Petrus, der die „Schlüsselgewalt" von Jesus selbst erhielt: *„Ich werde dir die Schlüssel des Himmelreiches geben ..."*, Mt. 16,19).

Der Vatikan gibt auch eigene Pässe heraus und besitzt eigene Kfz-Kennzeichen. Das Nationalitätenkennzeichen *„SCV"* für Dienstfahrzeuge bedeutet offiziell *„Stato della Città del Vaticano"*, wird aber von neidischen Italienern, die für ihr liebstes Spielzeug Steuern zahlen müssen, spöttisch mit *„se Cristo vedesse"* („wenn Christus dies sähe!") übersetzt. Privatfahrzeuge tragen das Nationalitätenzeichen *„CV"*.

**Amtssprache**: Die offizielle Sprache des Vatikans ist **Latein**. Darum werden alle amtlichen Dokumente, wie Enzykliken, Dekrete und Ernennungsurkunden in lateinischer Sprache abgefasst. Die Wahl eines neuen Papstes wird von der Loggia der Peterskirche aus mit den Worten *„Habemus Papam"* verkündet, und auf den Gängen des Staatssekretariats soll auf dem Display des Geldautomaten *„inserite scidulam questo"* („Karte hier einschieben") zu lesen sein. Papst Benedikt XVI. hielt die Messe vor den versammelten Kardinälen nach seiner Wahl in lateinischer Sprache, der universalen Sprache der Kirchenleute, so jedenfalls in der Theorie. Die Praxis sieht anders aus: Seitdem das Zweite Vatikanische Konzil in den 1960er Jahren angeordnet hat, dass Messen nur in der Landessprache gehalten werden dürfen, damit das Kirchenvolk versteht, worum es geht, wird Latein in der Priesterausbildung immer mehr vernachlässigt. Selbst hohe Kleriker sollen die offiziellen Schriften der Kirche nicht mehr im Originaltext verstehen können. Dabei hatte Johannes Paul II. sogar seine ganze Doktorarbeit noch auf Latein verfasst. Aber vielleicht steht eine Renaissance bevor, denn Benedikt XVI. hat im Sommer 2007 die vom Konzil verbotene *„Tridentinische Messe"* aus dem Jahr 1570 und damit auch vermehrt lateinische Texte *„zur Förderung des Sakralen"* wieder zugelassen.

**Geld:** Wie andere Ministaaten auch, bedient sich der Vatikan der Währung des Mutterstaates. Im Lateranvertrag von 1929 ist die Währungsunion mit Italien geregelt, wobei dem Vatikan als Ausdruck seiner Souveränität das Recht eingeräumt wurde, ein beschränktes Kontingent an eigenen Münzen prägen zu dürfen, die auch in Italien als reguläres Zahlungsmittel anerkannt sind. So kommt es, dass der Vatikan, der nicht zur europäischen Union und auch nicht zur europäischen Währungsunion gehört, trotzdem jährlich eigene Münzen im Wert von 670.000 Euro prägen darf. Die erste Serie, die zwischen März 2002 und 2005 herausgegeben wurde, zeigt auf der Rückseite Johannes Paul II. im Profil. Nach dessen Tod erschien aus Anlass der *Sedisvakanz* (der papstlosen Zeit vor der Wahl des Nachfolgers) eine zweite Serie mit dem Wappen des Kardinalkämmerers. Die dritte Serie mit dem Bild Benedikts XVI. wurde ab April 2006 herausgegeben. Allzu genau muss man die Motive allerdings nicht kennen, denn man wird den Papst-Euros im Umlauf nicht begegnen. Sie sind bei Sammlern hochbegehrt und nur über den Münzhandel zu erhalten.

Im Jahr 2002 konnte man den lieben Bekannten in Rom kaum etwas Schlimmeres antun, als sie zu bitten, den ersten **Vatikan-Euro-Münzsatz** zu besorgen. Um den zu bekommen, brauchte man Zeit und starke Nerven: Alle, die nicht im Vatikan arbeiteten, mussten zunächst die Genehmigung beantragen, im Gouverneurspalast vorzusprechen. Wenn man dann nach umfangreichen Sicherheitskontrollen eingelassen wurde, konnte man viele Stunden vor dem zuständigen Büro warten, bis man die Genehmigung für den Bezug von maximal zwei „Starterkits" erhielt. Mit der ging man dann zur Ausgabestelle und zahlte für die Münzen zum Nominalwert von 3,88 €, die nicht im Plastiksäckchen, sondern eingelassen auf blau bezogener Pappe abgegeben wurden, 12 €. Das war aber trotzdem ein gutes Geschäft und die Mühe wert, denn auf dem Markt brachten die Sätze damals bis zu 2.000 €.

Ein Jahr später ging es weniger bürokratisch zu: Einen Teil der fieberhaft erwarteten frisch geprägten Münzen erhielten die registrierten Sammler nach ihrer laufenden Nummer, der andere Teil ging in den freien Verkauf und war im Vatikan an der Kasse des *„Ufficio Filatelico e Numismatico"* zu bekommen. Schon 24 Stunden vor Öffnung bildete sich eine Schlange vor dem Tor. Inzwischen hat sich die Hysterie etwas gelegt. Im Münzhandel bekommt man den ersten Satz für einige hundert Euro, der Satz mit der Sedisvakanz (der papstlosen Zeit nach dem Tod von Johannes Paul II. bis zur Wahl Benedikts XVI.) ist etwas und die neueren sind deutlich preiswerter. **Achtung**: Wer sich für Vatikan-Euros interessiert, muss sehr genau hinschauen. Im Handel sind auch die täuschend ähnlichen, aber viel billigeren Vatikan-Gedenkmünzen oder die alten Vatikan-Lire-Stücke.

**Der Vatikan**
Karte S. 478/479

**Finanzhaushalt:** In einer Hinsicht unterscheidet sich der Vatikan von anderen Staaten grundlegend, es gibt hier nämlich keine Steuern. Der Grundstock des Staatsvermögens stammt von Mussolini und wurde 1929 in den Lateranverträgen festgelegt. Danach erhielt der Vatikan als Entschädigung für den Verlust des Kirchenstaates Schatzbriefe im Wert von ca. 90 Mio. Dollar als Startkapital. Durch geschickte Anlagepolitik soll sich daraus ein beachtliches Vermögen entwickelt haben. Dazu kommen viele Grundstücke, Immobilien und umfangreiche Geschäftsbeteiligungen, die erhebliche Erträge abwerfen. Auch am Tourismus verdient die Kurie kräftig mit. Zahlreiche Restaurants und Hotels sind im Besitz der Kirche. Gewinn bringen neben den Eintrittsgeldern auch die Lizenzen zur Vermarktung des Papstes durch die Souvenirindustrie. Den Heiligen Vater gibt's auf kitschigen Postkarten, als Plastikbüste in allen Größen, auf Lollis, im Schneegestöber einer Glaskugel, oder er lächelt milde vom Grund des Suppentellers hervor. Beliebt sind auch die **Segensbriefe des Papstes** in fast allen Sprachen zu unterschiedlichsten Anlässen (z. B. Vermählung, Geburt, Taufe, Kommunion, Tod, aber noch nicht zur Auferstehung). Mit persönlicher Unterschrift des Heiligen Vaters kostet die Prachtversion einer solchen Urkunde auf echtem Bütten über 2.500 Euro, während man den bunten Abklatsch mit nur gedruckter Papst-Unterschrift und Papst-Foto in den Souvenirgeschäften der Umgebung schon sehr viel preiswerter bekommt. In beiden Versionen wird der Name der gesegneten Person oder des Paares in kunstvoller Handschrift von autorisierter Stelle im apostolischen Palast eingetragen. Dann heißt es etwa: *„Seine Heiligkeit Benedikt XVI. erteilt von Herzen Herrn und Frau [Name einsetzen] den erbetenen apostolischen Segen anlässlich ihrer Vermählung, auf dass ihre Liebe am Altar besiegelt, durch die Gnade Gottes jeden Tag aufs neue Frucht bringe und erbittet die Fülle der göttlichen Gnaden."* Das dauert natürlich einige Tage, die erforderlichen Formalitäten erledigt das Geschäft, in dem Sie das Papier kaufen. Wer nicht warten will, bekommt schon für wenige Euro die gedruckten allgemeinen Segenssprüche ohne individuellen personalen Bezug.

Zu den regelmäßigen Einnahmen des Vatikans gehören auch Spenden, darunter der **Peterspfennig**, der immer am 29. Juni, dem Namenstag des heiligen Petrus, weltweit gesammelt wird und zur persönlichen Verwendung durch den Papst gedacht ist. Im Durchschnitt kommen dabei jährlich 80 Mio. Euro zusammen. Nach dem Beschluss der Deutschen Bischofskonferenz werden darüber hinaus 0,2 Prozent des Deutschen Kirchensteueraufkommens nach Rom abgegeben.

Das Vatikan-Vermögen wird seit 1942 vom *„Istituto per le Opere di Religione"* („Institut für die Werke der Religion") verwaltet, kurz *„IOR"* bzw. *„Vatikanbank"* genannt. Den Umstand, dass das IOR von Laien geführt wurde und als Zentralbank eines autonomen Staates weltweit operieren konnte, ohne dabei einer behördlichen Bankenaufsicht zu unterliegen, nutzten offenbar zwielichtige Geschäftemacher aus. So geriet die Vatikanbank 1982 unter ihrem damaligen Chef, dem aus Chicago stammenden Erzbischof *Paul Marcinkus*, in den Strudel der Affäre um die bankrotte Mailänder **Banco Ambrosiano**. Deren Präsidenten, *Roberto Calvi*, hatte man unter mysteriösen Umständen an der Londoner Blackfriars-Bridge erhängt aufgefunden. Ein verworrenes Geflecht illegaler Geschäfte und mafiöser Verbindungen kam zu Tage, wobei Transaktionen häufig über die Vatikanbank liefen. Welche Rolle der Vatikan dabei gespielt hatte, ließ sich nicht aufklären. Die Kirchenleute beriefen sich auf ihre Souveränität und erlaubten keine ausländischen Ermittlungen. Am Ende zahlte der Vatikan (*„als freiwilligen Beitrag"*) ca. 250 Mio. Dollar für eine geplatzte Bürgschaft an die Ambrosiano-Gläubiger. Verzweifelt appellierten die „Banker Gottes" dann an die Spendenbereitschaft der Gläubigen, um die leeren

Kassen wieder zu füllen. Da hatte der Herr wohl ein Einsehen und ließ seinen Stellvertreter auf Erden über Nacht erkennen, dass der 1950. Todestag Jesu Anlass genug für ein außerplanmäßiges Heiliges Jahr sei. Überraschend und sehr kurzfristig rief Johannes Paul II. im Oktober 1982 alle Pilger auf, zum Heiligen Jahr 1983, dem **„Iubilaeum Redemptionis"** („Jubiläum der Erlösung") nach Rom zu kommen. So geschah es und die beträchtlichen Einnahmen, die dem Vatikan dabei zuflossen, standen nach offiziellen Verlautbarungen natürlich in keinem Zusammenhang zu seinen Finanzproblemen. Wundersam sind eben die Wege des Herrn.

Zur Verhinderung weiterer finanzieller Katastrophen vertraute Johannes Paul II. die Leitung des IOR einer Gruppe renommierter Finanzexperten an. Heute arbeitet das Institut hochprofessionell und verfügt wieder über einen glänzenden Ruf. Inzwischen gibt es auch keine anrüchigen Investments in Rüstungs- oder Pharmaunternehmen mehr. Zu allem Überfluss hatte nämlich die Presse berichtet, dass das IOR beträchtliche Anteile an der italienischen Pharmafirma hielt, die die Pille herstellt, während der Papst vehement gegen künstliche Empfängnisverhütung eintrat.

**Vatikan-Post**: Ausdruck der Souveränität ist auch der Druck eigener Briefmarken und der Beitritt zum internationalen Postabkommen. Das vatikanische Postwesen arbeitet hoch profitabel. Die Briefmarkendruckerei im Keller des Gouverneurspalastes hinter der Peterskirche liefert den Sammlern eine Fülle immer neuer Motive und zudem halten sich die Kosten in überschaubaren Grenzen. Das Porto wird entsprechend der italienischen Tarife kassiert, dafür leert man die Briefkästen auf dem Territorium des Staates der Vatikanstadt, füllt den Inhalt ordentlich in Postsäcke und übergibt diese dann den italienischen Kollegen an der nahen Grenze zum Weitertransport. Im Gegenzug übernimmt man – Gerechtigkeit muss sein – von den Italienern die für den Vatikan bestimmten Postsendungen und stellt sie den Empfängern auf vatikanischem Boden zu.

Die Vatikanpost ist nicht nur bei Touristen und Sammlern wegen der großen, bunten Briefmarken, sondern auch bei den Römern sehr beliebt. Die blauen Briefkästen im Vatikan werden nämlich, im Gegensatz zu ihren roten Verwandten im italienischen Ausland, garantiert geleert – und das sogar pünktlich. Ein Brief der Vatikanpost kommt deshalb mit größerer Wahrscheinlichkeit und meist auch noch erheblich schneller beim Empfänger an. Werfen Sie eine Sendung mit Vatikanmarke allerdings in Italien ein, kommt sie überhaupt nicht an, sondern landet meist auf dem Müll. Postämter finden Sie auf dem Petersplatz links vor dem Aufgang zur Peterskirche, hinter den rechten Kolonnaden und in den Vatikanischen Museen.

**Medien:** Offizielles **Presseorgan** des Vatikan ist *L'Osservatore Romano*. Er wurde im Jahr 1861 als päpstliches Propagandainstrument gegen den sich gerade etablierenden italienischen Nationalstaat gegründet. Heute werden in diesem kurialen Amtsblatt alle Reden und Botschaften des Papstes sowie die offiziellen Verlautbarungen der Kurie abgedruckt. Seit 1971 gibt es wöchentlich eine Zusammenfassung in deutscher Sprache, die zudem allerlei Informationen für Pilger bietet. Sie wird z. B. am Zeitungsstand hinter den rechten Kolonnaden des Petersplatzes verkauft oder ist im Abonnement zu beziehen.

Effektiver verbreitet die leistungsstarke **Radiostation** Nachrichten, liturgische Sendungen und vor allem den Papst im Originalton in alle Welt. Unter der Leitung von 30 Jesuitenpatres sorgen 400 Beschäftigte für täglich 70 Sendungen in 35 verschiedenen Sprachen. Der Sender ist so stark, dass *Radio Vatikan* weltweit problemlos empfangen werden kann und in Rom gelegentlich die Frequenzen zahlreicher kleiner Privatsender stört. Da es keine Werbeeinnahmen gibt, reißt der aufwändige Sendebetrieb ein beachtliches Loch in die Staatskasse.

Zwar stehen dem Vatikan auch eigene **Fernsehfrequenzen** zu, doch ein eigener päpstlicher TV-Kanal mit Vollprogramm ist nicht finanzierbar. Stattdessen wurde 1983 das vatikanische Fernsehzentrum „*Centro Televisivo Vaticano*" – CTV gegründet, um die Aktivitäten des Heiligen Stuhls zu dokumentieren. Es zeichnet alle öffentlichen Handlungen des Papstes (z. B. Messen, Generalaudienzen, Angelusgebete und die Papstreisen) sowie andere wichtige kirchliche Ereignisse auf. Dazu kommen ein paar eigene Produktionen über das Pontifikat Johannes Pauls II. und die römischen Kirchen. Das Material wird über katholische Sender, wie z. B. *Tele Pace* oder über Agenturen verbreitet. Weltweit übertragen wird der päpstliche Segen *„urbi et orbi"* zu Weihnachten und Ostern in etwa eine halbe Milliarde Haushalte. Wer andächtig zuschaut, verdient sich dabei übrigens, wie die Gläubigen auf dem Petersplatz, ebenfalls den Nachlass seiner Sünden.

Gut vertreten ist der Vatikan auf seiner Homepage im **Internet**. Unter der Adresse www.vatican.va erhält man eine Flut von Informationen, überwiegend auch in deutscher Sprache, über den Kirchenstaat und seine Verwaltung, eine Auflistung sämtlicher Reisen, Ansprachen und Veröffentlichungen der Päpste von der Zeit Leos XXIII. (1878–1903) bis zur Gegenwart sowie Auskünfte über die Museen (wichtig ist vor allem der Kalender mit den sehr unterschiedlichen Öffnungszeiten) und bevorstehende Messen in der Peterskirche.

**Bahnhof:** Zu den profanen Infrastrukturen der Vatikanstadt gehört neben der altertümlichen Feuerwehr auch der kleine **Bahnhof** in den vatikanischen Gärten mit einem eigenen Schienennetz von immerhin 262 m Gesamtlänge bis zur Anbindung an das italienische Netz jenseits der Vatikanmauern. Da der Papst bei seinen Reisen aber schon aus Sicherheitsgründen den Hubschrauber zum Flughafen oder in die nähere Umgebung bevorzugt und Waren per Lkw angeliefert werden, hat man den Bahnverkehr eingestellt und das Bahnhofsgebäude zu einem **Luxus-Shopping-Paradies** umgebaut. Leider dürfen hier nur die Zugangsberechtigten noch dazu steuerfrei einkaufen.

**Der Vatikan**
Karte S. 478/479

**Sicherheit**: Rein statistisch gesehen müsste der Vatikan einen mehr als zweifelhaften Ruf genießen: Bei 486 Strafverfahren im Jahr 2006 und knapp 500 Einwohnern ergibt sich eine erschreckend hohe Kriminalitätsrate, obwohl die Dichte an Ordnungskräften mit einem Schweizergardisten für vier Bürger so hoch ist, wie in keinem Polizeistaat der Welt. Immerhin handelt es sich fast ausschließlich um Kleinkriminalität, die auf das Konto von Ausländern geht, denn rund 18 Mio. Touristen und Pilger besuchen jährlich das vatikanische Gebiet. Nur wenige der Betrüger und Taschendiebe werden gestellt. Den meisten gelingt die Flucht ins italienische Ausland jenseits des Petersplatzes, wohin sie von der Vatikan-Polizei nicht verfolgt werden dürfen, weil der Papst einen Beitritt zum Schengen-Abkommen, das die grenzüberschreitende Kooperation von Polizei und Justiz ermöglicht, bisher abgelehnt hat. Daher wird auch das **Gefängnis** des Vatikans nur selten gebraucht.

Ein kompliziertes, schwer zu durchschauendes Gefüge von Zuständigkeitsbereichen regelt die Sicherheit des Kirchenstaates. Die Personenkontrolle und die Überwachung des Petersplatzes übernehmen italienische Gendarmen und Carabinieri sowie Sicherheitsbeamte in Zivil. Für Ordnung und vorschriftsmäßige Kleidung der Besucher sorgt die **Vatikan-Polizei** *(Vigilanza)*. Die Bewachung der Grenzen und der persönliche Schutz des Heiligen Vaters ist seit Jahrhunderten ehrenvolles Privileg des *Cohors Pedestris Helvetiorum*, der **Schweizergarde**. Sie ist die älteste noch heute aktive Militäreinheit. Als persönliche Leibgarde des Papstes stellt sie die Wachen an den Außentoren des Vatikans und den Eingängen des Apostolischen Palastes und hat alleinigen Zutritt ins Gebäude und die Privatgemächer. Sobald der Papst den Petersplatz betritt, übernimmt auch hier die Schweizergarde die Befehlsgewalt. Über Art und Umfang ihrer Bewaffnung sowie ihre zivile Präsenz gibt es unterschiedliche Berichte, sicher ist jedoch, dass man es trotz ihres anachronistischen Aussehens mit modernen, sehr gut ausgebildeten und kampfsporterprobten Soldaten zu tun hat.

Nachdem die Ritterkollegien des Mittelalters aufgelöst und in alle Winde zerstreut waren, nutzten die damals noch armen Schweizer diese Marktlücke und vermieteten einen Teil ihrer tapferen Bürger als Söldner an die kriegerischen Mächte Europas. Die Schweizer hatten bereits seit Jahrhunderten den Ruf unerschrockener, loyaler Kämpfer. Der Kriegsdienst unter fremder Flagge war für viele der einzige Ausweg aus den kargen Bergdörfern und übervölkerten Städten.

Auch Papst Julius II. erkannte, dass er in den unsicheren Zeiten zuverlässige, professionelle Soldaten brauchte, und ließ 1506 **Schweizer Söldner** anwerben und stellte sie als Streitmacht von 6.000 Mann auf. Die Investition machte sich schon wenige Jahre später bezahlt, als deutsche und spanische Landsknechte Kaiser Karls V. vom 6. Mai 1527 bis zum 17. Februar 1528 Rom plünderten. Über diesen **Sacco di Roma** berichtete ein kaiserlicher Hauptmann: *„Rom wurde im dritten Sturm genommen. Und die*

*Schweizer, des Papstes Garde, wurden größtenteils erstochen und alle umgebracht, die sich zur Wehr setzten. Der Papst Clemens fühlte sich so sicher, dass er an diesem Tag in die vatikanische Kapelle ging und sich drinnen die Messe lesen ließ. Und er wurde nicht eher gewahr, dass die Stadt genommen war, bis die Landsknechte vor die Kirche kamen. Der Papst entlief auf die Engelsburg. Und wenn er nicht einige Türen durch die heimlichen Gänge zugeschlagen und verriegelt hätte, wäre er auch gefangen und ihm übel mitgespielt worden. Die übrigen Schweizer, auch ihr Hauptmann Resch von Zürich, wurden fast alle erschlagen. Die Kardinäle und Bischöfe liefen auf die Engelsburg zu. Da ließ man sie ein. Von den Anderen wurde ein Teil zertreten, ein Haufen blieb ausgeschlossen. Die Landsknechte stürmten und plünderten die Stadt, es wurde nichts verschont und sie hielten wüst haus.“* Wenn die tapfere Garde die Feinde nicht unmittelbar an der südlichen Fassade von

St. Peter aufgehalten und dafür mit dem Leben bezahlt hätte, wäre es Clemens VII. wohl nicht mehr gelungen, die uneinnehmbare Engelsburg zu erreichen. Im allerletzten Augenblick hetzte der Papst durch den 700 m langen **„Passetto"**, den kleinen, verborgenen Gang unterhalb der Zinnen der Stadtmauer zwischen Papstpalast und Engelsburg. Hinter ihm und den 42 Gardisten, die ihn zur Flucht gedrängt hatten und die als einzige Schweizer überlebten, schlossen sich die schweren Festungstore. Nach diesem Treuebeweis erhielten die Schweizer den Ehrentitel *„immerwährende Verteidiger der kirchlichen Freiheit"*. Sie stellen bis heute die Leib- und Palastgarde des Papstes.

Im Gedenken an den Heldentod beim Sacco di Roma findet an jedem 6. Mai vor dem Papst die **festliche Vereidigung** der neuen Rekruten und der beförderten Offiziere statt. In martialisch anmutendem militärischem Zeremoniell leisten Sie ernst und feierlich den Schwur, sich für den Papst und seine rechtmäßigen Nachfolger *„mit ganzer Kraft einzusetzen, bereit, wenn es erheischt sein sollte, selbst mein Leben für sie hinzugeben (...)"*.

*Ernstzunehmen: Schweizer Gardisten*

Die Garde besteht heute aus 110 Mann, den Hellebardieren, rund 25 Unteroffizieren, fünf Offizieren und der Banda, einem kleinen Musikkorps mit Trommlern. Sie tragen seit Anfang des 20. Jh. wieder konsequent eine **Uniform** mit Wams und Pluderhosen im Stil des 16. Jh. Der Legende nach soll sie von Raffael oder Michelangelo entworfen worden sein, was nicht stimmt. Sie bezieht sich auf die Mode zur Zeit Klemens' VII. (1523–34), einem Papst aus dem Hause Medici und zeigt auch die Farben des Florentiner Herrscherhauses, Gelb, Rot und Blau. Bei feierlichen Anlässen tragen die Gardisten die prächtige Ausführung mit gebauschten und geschlitzten Hosen und Ärmeln, gefälteter weißer Halskrause, Helm mit rotem Federbusch und blankpoliertem Stahlkürass – alles in allem 119 Teile. Zu ihrer unübersehbaren Standardausrüstung gehört eine 2,40 m lange mittelalterliche Hellebarde, weitere Kampfmittel bleiben verborgen. Wie die Garde zur Zeit Raffaels tatsächlich gekleidet war, ist auf seinem Fresko *Die Messe von Bolsena* in den Stanzen der Vatikanischen Museen (→ S. 549) zu sehen, dort bilden einige Eidgenossen eine farbenfrohe Figurengruppe im unteren rechten Bildteil. Im Alltag tragen sie heute eine schlichte blaue Uniform mit dunklen Baretten. Sie sind als Judo- und Karatekämpfer ausgebildet und dienen dem Papst auf Reisen in Zivil als Bodygards.

Die **Rekrutierung** ist in einem Staatsvertrag mit der Schweiz geregelt. Um in der päpstlichen Garde zu dienen, muss man die Schweizer Staatsangehörigkeit besitzen, zudem katholisch, über 1,74 m groß, wehrdiensterfahren, von untadeligem Charakter, nicht älter als 30 Jahre und ledig sein. Heiraten dürfen nur Offiziere, voraus-gesetzt, der Papst erteilt sein Einverständnis. Rund ein Drittel der Gardisten wird jährlich ausgetauscht. Die Rekruten verpflichten sich für zwei Jahre mit Verlängerungsmöglichkeit um jeweils ein Jahr. Sie erhalten einen steuerfreien Monatssold von ca. 1.200 Euro plus Überstundenvergütung und 13. Monatsgehalt. Quartier beziehen sie in der Gardistenkaserne beim St.-Anna-Tor, am Fuße des Papstpalastes, in unmittelbarer Nähe der Vatikanbank. Ab Mitternacht herrscht Anwesenheitspflicht, geschlafen wird in großen Sälen. Es stehen ihnen dort allerlei Sport- und Freizeiträume zur Verfügung und die (ersatz-)mütterliche Verpflegung durch Albertiner Schwestern sorgt für etwas Nestwärme.

Eigentlich wird von den Schweizergardisten in religiöser, moralischer und soldatischer Hinsicht stets tadelloses Benehmen erwartet, doch der strenge Kasernenalltag mit Exerzieren und Übungen aller Art sowie der stundenlange Wachdienst in Konfrontation mit feixenden Touristen führen hin und wieder zu unrühmlichen, aber verständlichen

**Eskapaden**. Die Sauftouren und Raufereien der Gardisten sind stadtbekannt. Die Schweizergarde ist nun mal kein Mönchsorden, sondern ein kleines Söldnerheer, deren Angehörige, wie vor 500 Jahren, anschließend wieder in ihr ziviles Berufsleben in der Heimat zurückkehren. Für rund 40 % bedeutet der Dienst am Papsthof eine hochangesehene Referenz für eine Tätigkeit im Sicherheits- und Wachdienstgewerbe. Die meisten Ehemaligen stehen zeitlebens miteinander in Kontakt. Sie sind in der *Vereinigung der ehemaligen Gardisten* organisiert und geben sogar regelmäßig ein Vereinsmagazin namens *Der Gardist* heraus (weitere Informationen und Bewerbungsunterlagen unter www.schweizergarde.org).

## Informationen zum Vatikan

•*Information* **Touristeninformationsbüro** *(Ufficio Informazioni Pellegrini e Turisti)*, auf dem Petersplatz (linke Kolonnadenseite). Mo–Sa 8.30–19 Uhr. Hier erhält man Informationsmaterial über den Vatikan, Briefmarken und Souvenirs.

**Präfektur** des Vatikans *(Prefettura della Casa Pontificia)*, Pzza. San Pietro, ☎ 06.698.84876, ☎ 0039/6.698.85378. Mo und Di 9–13 Uhr. Hier können Sie Karten für die Hochämter (zu Weihnachten, Ostern oder besonderen Anlässen) und zu Generalaudienzen (→ S. 493) erhalten.

**Ufficio Filatelico e Numismatico** (Sonder-Briefmarken und Papst-Euros), im Gouverneurspalast. Zugang durch das Tor hinter den linken Kolonnaden, dort bei den Schweizergardisten melden. ☎ 06.698.83414, ☎ 0039/6.698.81308, order.ufnm@scv.va. Mo–Fr 9–13 Uhr, Sa 8.15–12.30 Uhr.

**Pilgerzentrum** *(Centro Pastorale Pellegrini di Lingua Tedesca)*, Via della Conciliazione

51, I–00193 Roma, ☎ 0039/06.6897-197 oder -198 (nur zu den Geschäftszeiten Mo–Fr 9–17 Uhr und Sa 9–12.30 Uhr), ☎ 0039/06.6869490, www.pilgerzentrum.de.

•*Beten, Meditation* **Internationales Jugendzentrum San Lorenzo**, Via Pfeiffer 24 (von der Via della Conciliazione kurz vor dem Petersplatz links ab, am Ende der Gasse, 11–19 Uhr geöffnet). Kirchliche Begegnungsstätte für junge Christen. Hier kann man Leute kennenlernen, beten und meditieren. Zum Jugendzentrum gehört eine Kirche, ein schlichter Ziegelbau in Basilikaform mit antiken Säulen, wo Messen in englischer Sprache gelesen werden.

•*Einkaufen* Eine gute **Buchhandlung**, die auch Bücher in deutscher Sprache führt, ist die **Libreria Ancora** in der Via della Conciliazione 63.

**Sakrale Souvenirs** sind rund um die Peterskirche und besonders in der Via Conciliazione zu bekommen.

# Papst Benedikt XVI.

Das Konklave dauerte gerade mal den zweiten Tag an, als nach dem 4. Wahlgang am Abend des 19. April 2005 etwas zögerlich weißer Qualm aus dem Schornstein der Sixtinischen Kapelle aufstieg. Kurz darauf betrat unter dem Jubel zehntausender Menschen auf dem Petersplatz der zum Benedikt gewordene *Joseph Ratzinger* (→ Kasten S 490/491) die Loggia von St. Peter. Deutlich mehr als die notwendigen 77 der 115 wahlberechtigten Kardinäle hatten ihn als ersten Deutschen seit Papst Hadrian VI. (1522–23) zum 265. Nachfolger des Heiligen Petrus gewählt.

Diejenigen, die ihn aus seiner bisherigen Tätigkeit kannten, bemerkten auch gleich **ein erstes Wunder**: Benedikt XVI. lächelte – das hatte Kardinal Ratzinger in der Öffentlichkeit nie getan! Als dieser sonst so distanziert wirkende Mann die Arme hochreckte und die Ärmel seines schwarzen Pullovers unter dem Papstgewand hervorschauten, meinte ein Journalist, er habe offensichtlich nicht mit seiner Wahl gerechnet. Möglich ist aber auch, dass der hochgebildete Kardinal an Leo XI. gedacht hatte. Dieser war nur vom 1. bis 27. April 1605 im Amt, weil er sich während der langen Krönungsfeierlichkeiten eine Erkältung zuzog, von der er sich nicht mehr erholte und starb.

Die *Bildzeitung* brachte die Stimmung in Deutschland mit der vielzitierten Schlagzeile **„Wir sind Papst!"** auf den Punkt. Es war überschwänglicher Nationalstolz, mindestens wie nach einer gewonnenen Fußball-Weltmeisterschaft. Ein Deutscher hatte im Konklave gesiegt und das für alle anderen Deutschen gleich mit. Weniger euphorisch titelte die Presse in Großbritannien: *„Von der Hitlerjugend zum Papa Ratzi"* (The Sun), *„Gottes Rottweiler ist der neue Papst ... Diese Wahl ... war wohl die umstrittenste Entscheidung, die die Kardinäle treffen konnten"* (Daily Telegraph) und in Dänemark: *„Es kam wie erwartet und wie befürchtet. Die Entscheidung ... war denkbar klar und so reaktionär wie möglich"* (Politiken), oder in Frankreich: *„Ein Papst im Rückwärtsgang"* (Libération).

Einige Kommentatoren hofften auf einen bislang „verborgenen Ratzinger". Nun, da er von den Anforderungen an das Amt des Chefs der umbenannten Inquisition befreit sei, werde er vielleicht gütig, immerhin lächelte er seit seiner Wahl fast ständig, was als Zeichen für Altersmilde genommen wurde. In der Namenswahl sah man eine Anknüpfung an den Friedenspapst Benedikt XV. (1914–22), andere erinnerten aber auch an den Gründer des Benediktinerordens, der seinen Mönchen erstmals feste, strenge Regeln des Zusammenlebens verordnete und den Wahlspruch *„ora et labora!"* („bete und arbeite!") prägte (→ Kasten S 724).

Die meisten erwarteten eine inhaltliche Kontinuität mit dem altem Pontifikat. Der Spiegel schrieb: *„Die schnelle Wahl und das Alter des neuen Pontifex deuteten darauf hin, dass der vatikanische Chefdenker das Erbe Johannes Pauls II. verwalten soll, bis ein eigentlicher Nachfolger übernimmt."* Den Neuanfang mit einem lang erwarteten Pontifex aus der Dritten Welt hätten die Kardinäle nur vertagt. Mit seinen 78 Jahren ist Ratzinger seit 200 Jahren der älteste Kardinal, der zum Papst gewählt wurde. Daher hatte man seine Chancen auch für nicht sehr hoch eingeschätzt.

Immer wieder hieß es, er habe sich nicht aufgedrängt und die Wahl als Last empfunden. Angenommen habe er nur, um seine Pflicht zu erfüllen, obwohl er sich eigentlich nach dem Ruhestand in seiner bayerischen Heimat gesehnt habe und nur noch Bücher schreiben wollte. Das Abstreiten jeder Ambitionen gehörte aber schon lange zum Ritual. Seit den Renaissance-Päpsten ist es verpönt, das Amt anzustreben und es heißt, jeder, der als Favorit ins Konklave gehe, komme als Kardinal wieder heraus.

Dabei lässt sich kaum übersehen, wie geschickt Ratzinger **Wahlkampf** betrieb. Als Dekan des Kardinalskollegiums war er für die Begräbnisfeiern zuständig und predigte bei der Totenmesse für Johannes Paul II. ungewohnt sanftmütig und empfahl sich so als Seelsorger. Das Konklave organisierte er perfekt und predigte zum Auftakt als strenger Glaubenswächter. Brillant definierte er seine Wertvorstellungen und warnte vor den gefährlichen „-ismen", wie „Marxismus, Individualismus und Liberalismus". Aufrüttelnd forderte er eine Rückbesinnung auf Christus und den reinen Glauben. Das hat die überwältigende Mehrheit der Kardinäle offenbar überzeugt.

Der Vatikan
Karte S. 478/479

## Joseph Ratzinger

Joseph Ratzinger wurde am 16. April 1927 in Marktl am Inn nahe des Wallfahrtsortes Altötting geboren. Seine frommen Eltern, ein Gendarmeriemeister und eine ehemalige Köchin, ließen ihn noch am selben Tag taufen. Es war ein Karsamstag und diese Nähe zum Osterfest sieht er bis heute als besonderes Privileg an. Die Kindheit verbrachte er in Traunstein, einer bayerischen Kleinstadt nahe der österreichischen Grenze. Wie seine Geschwister und Altersgenossen kam er zur Hitler-Jugend und wurde von dort mit 16 Jahren als Flakhelfer nach München eingezogen.

Bereits in der Schule fiel der blitzgescheite, fleißige Knabe auf. Er wurde gefördert, studierte Philosophie und Theologie. Nach der Priesterweihe entschied er sich für eine wissenschaftliche Karriere. Schon mit 30 Jahren war er **Professor** und lehrte an der Hochschule von Freising. Einen Lehrstuhl für Dogmatik erhielt er in Bonn, später wechselte er nach Münster und Tübingen, wo er auf den Schweizer Theologen *Hans Küng* traf. Beide galten mit ihren modernen Theorien als ungewöhnlich fortschrittlich. Dank seines mitreißenden Redetalents und der scharfsinnigen Ausführungen waren Ratzingers Vorlesungen stets überfüllt. Nebenher schrieb er Reden für den Kölner Kardinal Frings und begleitete ihn 1962 auch zum Zweiten Vatikanischen Konzil.

Schockierend war es für ihn 1968, in seiner Tübinger Vorlesung von linken Studenten niedergebrüllt zu werden. Die **Studentenunruhen** prägten sein weiteres Leben entscheidend. Ratzinger sah die Gefahr, Europa könne vom Glauben abfallen, und fortan seine Mission darin, die katholische Kirche um jeden Preis vor dem Zeitgeist zu bewahren. Er wechselte an die ruhigere Uni Regensburg und gab alle von der reinen Lehre abweichenden, progressiven Ideen auf. Küng warf ihm vor, nur noch *„mittelalterliche Positionen"* zu vertreten.

Im März 1977 ernannte Paul VI. ihn zum **Erzbischof von München und Freising** und kurz darauf zum Kardinal. Bis Anfang 1982 blieb Ratzinger in München, dann wechselte er nach Rom, als Johannes Paul II. ihn zum **Präfekten der Kongregation für die Reinerhaltung der Glaubenslehre** berief, der Nachfolgebehörde der Heiligen Inquisition. Damit war der streng konservative, brillante Analytiker oberster Gralshüter des Glaubens geworden. Seinem Bischofsmotto *„Mitarbeiter der Wahrheit"* sah er sich durch eine besonders kompromisslose Amtsführung verpflichtet. Dabei hatte er so viele empörte Kritiker, wie kein anderer lebender Kirchenmann. Die Zeitung *Die Woche* beschrieb ihn im November 2000 in einem Porträt als *„Speerspitze der Erzkonservativen im Vatikan"*, die Italiener nannten ihn *„Panzer-Kardinal"*.

Schon bald nach Amtsantritt brachte Ratzinger die katholische Kirche Südamerikas auf Linie. Repräsentant der sog. Befreiungstheologie war der Franziskanerpater Leonardo Boff, der in Brasilien eine Kirche für die Armen und Unterdrückten forderte, die sich für Gerechtigkeit und Freiheit schon auf Erden einsetzen und dies nicht erst für das Jenseits versprechen sollte. Darin sah der Glaubenshüter einen Aufruf zum Klassenkampf, der zum gottlosen Marxismus führe. Boff wurde in den Vatikan einbestellt und drei Stunden lang in den Räumen der alten Inquisition befragt, anschließend entzog Ratzinger ihm die Lehrbefugnis und erteilte Rede- und Schreibverbot. Obwohl Johannes Paul II. das Verbot später wieder aufhob, verlor die Kirche in Südamerika unter der einfachen Bevölkerung dramatisch an Mitgliedern.

In Europa sorgte Ratzinger für Empörung, als er 1991 Abtreibungen als *„Kultur des Todes"* und Feminismus als *„neue Knechtschaft der Frauen"* geißelte. Gegen heftigen Widerstand zwang er die deutschen Bischöfe 1999 zum Ausstieg aus der staatlichen Schwangerenberatung. Die restriktive Sexualmoral führte zum Verbot der Empfängnisverhütung einschließlich Kondomen als Schutz vor HIV-Infektionen, was angesichts der dramatischen Verbreitung von Aids in Afrika fatal war.

Ratzinger galt auch als Initiator der strengen Linie zu Fragen des Zölibats und des Verbots weiblicher Priester. Da Jesus ein Mann war, seien nur Männer imstande, ihn zu repräsentieren. Frauen seien dazu bestimmt, sich für das Wohl anderer einzusetzen. Ihr Vorbild sei Maria, die die weiblichen Tugenden „Demut" und „Treue" repräsentiere.

Als Vertreter der reinen Wahrheit berief er sich auf den Grundsatz *„extra ecclesiam nulla salus"* – außerhalb der (katholischen) Kirche kein Heil. Anderen Religionen stehe daher nicht mehr als „Respekt" zu; eine Heilswirkung oder gar göttlichen Ursprung könne man ihnen nicht zubilligen. In seinem Lehrdokument *Dominus Jesus* (1999) kanzelte er evangelische Kirchen als zweitklassige Vereine ab: *„Meine evangelischen Freunde sind im Irrtum ... Ihr seid keine Kirchen im eigentlichen Sinn. Ihr seid getrennte Gemeinschaften, deren Wirksamkeit sich von der der katholischen Kirche anvertrauten Fülle der Gnade und Wahrheit herleitet."* Gleichberechtigung könnten sie nicht verlangen, weil ihre Kirche von dem Menschen Luther gestiftet sei, während sich die Katholische Kirche auf direkten göttlichen Willen gründe.

Selbst Johannes Paul II. war ihm nicht immer linientreu genug: Als der in einer lange angekündigten und sorgfältig vorbereiteten Erklärung im März des Heiligen Jahres 2000 einräumte, dass „Söhne und Töchter der Kirche" gesündigt und Verbrechen gegenüber Juden, Heiden Ketzern, Ungläubigen, dem wissenschaftlichen Geist und der Gewissensfreiheit begangen hätten, war Ratzinger strikt dagegen. Das Gebäude der gesamten Lehre würde wanken, wenn eine unfehlbare Institution anfinge, Fehler einzuräumen. Er sah sich deshalb veranlasst, das *mea culpa* des Papstes zu interpretieren: *„In einem gewissen Sinn ist diese Kirche auch Sünderin, insofern sie real die Sünden derer, die sie wie eine Mutter in der Taufe als ihre Kinder geboren hat, auf sich nimmt, ähnlich wie Christus, der selbst ohne Sünden war, die Sünden der Welt getragen hat."*

Dennoch trafen sich der als „kühler Chefdenker" der römischen Kurie bezeichnete Ratzinger und Johannes Paul II. mindestens einmal pro Woche. An der Seite des Papstes prägte er die katholische Kirche über 23 Jahre lang. Er war dabei nicht nur Präfekt der Glaubenskongregation, sondern auch Mitglied des Rates des Staatssekretariates sowie des obersten päpstlichen Gerichtshofs und vieler einflussreicher Kommissionen. Als Dekan des Kardinalskollegiums war er ranghöchster Kardinal und für die Beisetzungsfeierlichkeit des verstorbenen Papstes sowie die Papstwahl zuständig.

In den ersten beiden Jahren des Pontifikats von Benedikt XVI. hat es nicht die von manchen befürchtete autoritäre Generalsäuberung der katholischen Kirche gegeben. Aber auch erhoffte Korrekturen der alten fundamentalistischen Ansichten zur Wiederverheiratung von Geschiedenen, Homosexualität, Fragen priesterlicher Disziplin, Stellung der Frau, Abtreibung, Verhütung und vieler anderer strittiger Fragen blieben bislang aus.

Als er die Zusage seines Amtsvorgängers einhielt und im August auf dem **Weltjugendtag in Köln** erschien, war die Begeisterung trotz aller mahnender Worte gewaltig. Man genoss das Gemeinschaftserlebnis rhythmischer „Benedetto"-Rufe und fand „Papa Razi" irgendwie cool, wie er lächelnd und grüßend an Bord eines Schiffes auf dem Rhein vorbeiglitt. Im Mai 2006 folgte ein **Besuch in Polen**, wo er den polnischen Papst Johannes Paul II. besonders würdigte und den tiefgläubigen Menschen mit seinen konservativen Ansichten aus der Seele sprach. Wie sein Vorgänger gedachte er in Auschwitz aller Ermordeten. Im September 2006 besuchte er **Bayern**, um noch einmal die Orte seiner Kindheit sowie seines Wirkens als Professor und Erzbischof zu besuchen. Die Münchner waren begeistert und boten zum Empfang von Trachtenkapelle bis zum Schützenverein das ganze Repertoire bayerischen Brauchtums auf. Kaum zehn Jahre zuvor hatte der Stadtrat nach hitzigen Debatten noch abgelehnt, den damaligen Erzbischof zum Ehrenbürger von München zu machen. Einen *„Großinquisitor aus Marktl am Inn"* bräuchte man nicht, ließ das Münchner Stadtparlament 1997 ausrichten.

Zur Erinnerungsreise gehörte es auch, noch einmal eine **Vorlesung in der Universität Regensburg** zu halten. Und die fand ein Echo wie noch keine zuvor. Der Papst berichtete von einem Dialog, den im Jahr 1391 der byzantinische Kaiser mit einem Perser über Christentum und Islam führte. Dabei zitierte er den Kaiser mit den Worten: *„Zeige mir doch, was Mohammed Neues gebracht hat, und da wirst du nur Inhumanes finden wie dies, dass er vorgeschrieben hat, den Glauben, den er predigte, durch das Schwert zu verbreiten."* Ein Proteststurm erfasste die islamische Welt, der nur mühevoll wieder zu beruhigen war.

Bei deutschen Pilgern kennt die **Benediktbegeisterung** keine Grenzen. In Massen kommen sie nach Rom, um den deutschen Papst zu sehen, viel mehr als in den Jahren unter seinem Amtsvorgänger. Bei den meisten ist es Nationalstolz, viele suchen aber auch genau das, was Ratzinger verkörpert: In einer Zeit zunehmender Beliebigkeit, mit wachsendem Egoismus, Geringschätzung von Solidarität, Abnahme von sozialem Zusammenhalt, vertritt der Papst kompromisslos seine moralischen Werte und Überzeugungen, auch wenn sie unbequem sind. Er ist keiner, der heute etwas sagt und morgen das Gegenteil davon tut, nur um es allen recht zu machen. Benedikt XVI. ist eine unbeugsame Autorität. Das ist selten geworden und imponiert. In einer komplizierter werdenden Welt ist es zudem verlockend, von einer einzigen unumstößlichen Wahrheit zu hören. Selbst wenn man sie im Einzelnen gar nicht teilt.

▸ **Papstaudienzen: Einzel- oder Gruppenaudienzen** sind nur für ein erlesenes Publikum gedacht. Ein Empfehlungsschreiben einer hohen Persönlichkeit des Vatikans, ein außerordentlich bekannter Name oder eine wichtige, meist politische Funktion sind erforderlich, um an eine Einladung zu kommen. Es gilt eine strikte Kleiderordnung (für den Herrn festlicher schwarzer Anzug, für die Dame ein hoch geschlossenes, möglichst schwarzes Kleid und Schleier, auf den selbstbewusste Damen in den letzten Jahren zunehmend verzichten).

*1971 von Paul VI eingeweiht: die Audienzhalle von Pier Luigi Nervi für rund 10.000 Personen*

**Der Vatikan**
Karte S. 478/479

Im Gegensatz dazu ist eine Einladung zur **Generalaudienz** für das gemeine Volk ohne weiteres und zudem kostenlos zu bekommen. Vorausgesetzt, der Papst ist nicht auf Reisen oder im Urlaub, findet die Generalaudienz in der Regel mittwochs ab 10 Uhr auf dem Petersplatz und bei schlechtem Wetter in der Audienzhalle statt. Die Sommermonate verbringt der Papst zwar regelmäßig in Castel Gandolfo, liegen aber genügend Anmeldungen vor, lässt er sich zur Mittwochsaudienz nach Rom einfliegen.

Die **Audienzkarten** werden von der *Prefettura della Casa Pontificia* auf Antrag ausgegeben. Am einfachsten und sichersten ist es, sie mindestens vier Wochen vor dem Termin über das Pilgerzentrum (s. u.) zu bestellen. Von dort wird die Anfrage an die Prefettura weitergeleitet und in der Regel erhält das Pilgerzentrum auch die Tickets in gewünschter Anzahl. Da sie erst am Vortag der Audienz vom Vatikan ausgestellt werden, können sie im Pilgerbüro auch erst am Tag vor der Audienz (Di zwischen 15 und 18 Uhr) oder am Tag der Audienz (Mi ab 8.30 Uhr) abgeholt werden.

Auf dem Ticket ist nur der zugewiesene Sitzplatzbereich angegeben. Da in diesem Bereich freie Platzwahl herrscht und zeitaufwändige Sicherheitskontrollen stattfinden, sollte man frühzeitig erscheinen. Einlass ist in der Regel ab 8.30 Uhr. Erforderlich ist **korrekte Kleidung**. Wie überall im Vatikan wird man in kurzen Hosen, Shorts, knappen Miniröcken und mit schulterfreien Oberteilen nicht eingelassen. Verboten sind auch Taschenmesser und größere Metallgegenstände sowie Getränkeflaschen.

Zu Beginn der Audienz wird der Papst im Papamobil auf dem Petersplatz über abgegrenzte Wege zwischen den Platzbereichen gefahren, damit die meisten der 2.000 bis 3.000 Anwesenden ihn mal aus der Nähe sehen können. Anschließend hält das Kirchenoberhaupt eine Ansprache, die in verschiedenen Sprachen (meist auch auf Deutsch) wiederholt wird.

Gegen Ende der Audienz können **Frischvermählte** (bis drei Monate nach der Hochzeit) einen speziellen Segen des Papstes erhalten. Dazu ist ein erweiterter Antrag erforderlich, auf dem die Namen der Eheleute, das Datum der Hochzeit, der Ort der Trauung mit dem zuständigen Bistum sowie der Name des Priesters, der die Trauung vorgenommen hat, anzugeben sind. Zur Audienz muss eine Kopie der kirchlichen Hochzeitsurkunde vorgewiesen werden, zudem ist erwünscht, dass die Eheleute ihre Hochzeitskleidung tragen.

Ohne Einlasskarte kommt man bei der Generalaudienz nicht in den abgesperrten Bereich des Petersplatzes. Dahinter bekommt man von der Generalaudienz kaum etwas mit.

Eine andere Chance, den Papst zu sehen, hat man sonntags beim **Angelus-Gebet**: Um 12 Uhr erscheint er am Fenster seines Arbeitszimmers im obersten Stock des Apostolischen Palastes (rechts hinter den Kolonnaden) und betet mit den Pilgern auf dem Petersplatz. Anschließend hält er eine kurze Ansprache und erteilt den päpstlichen Segen. Wenn der Papst sich im Sommer in seiner Residenz in Castel Gandolfo aufhält, findet das Angelus-Gebet dort statt. Eine Einlasskarte ist für diese kurze Veranstaltung nicht erforderlich.

Allein wegen der **Atmosphäre** lohnt ein Besuch der Generalaudienz: Zunächst herrscht gespannte Erwartung. Wenn das Kirchenoberhaupt dann endlich erscheint, bricht großer Jubel aus. Die Ansprache wird wegen der ständigen Wiederholungen allerdings bald langweilig.

*Anmeldung* Am bequemsten ist es, die Eintrittskarten per Internet über das deutsche **Pilgerzentrum** *(Centro Pastorale Pellegrini di Lingua Tedesca)* zu bestellen. Auf der Homepage kann man ein Formular ausdrucken und dieses per E-mail oder Fax zurückschicken. Pilgerzentrum, Via della Conciliazione 51, I–00193 Roma, ✆ 0039/ 06.6897-197 oder -198 (nur zu den Geschäfts-

zeiten Mo–Fr 9–17 Uhr und Sa 9–12.30 Uhr), ✆ 0039/06.6869490, www.pilgerzentrum.de.

Die Tickets zur Audienz können auch direkt im Vatikan bestellt werden, was oft auch kurzfristig möglich ist. Dazu kann man das erforderliche Antragsformular (auch auf Deutsch erhältlich) direkt vor Ort bei der **Prefettura della Casa Pontificia** ausfüllen. Man erreicht die Prefettura durch das Bronzetor am Ende der rechten Kolonnaden. Den wachhabenden Schweizergardisten muss man um Einlass bitten, Sie müssen nur nach der Präfektur fragen (die Gardisten sprechen fast alle Schweizerdeutsch). Öffnungszeiten: Mo–Fr 9–13 Uhr.

# Von der Verfolgung zur Macht – geschichtlicher Überblick

Schon als die ersten Römer in der frühen Antike die unterworfenen Nachbarstämme nicht, wie sonst üblich, niedermetzelten, sondern in ihr Gebiet umsiedelten und in ihre Gemeinschaft integrierten um schneller zur Großmacht aufzusteigen, kamen sie auch mit fremden Göttern in Kontakt. Später war es nicht ungewöhnlich, dass Soldaten während ihrer langjährigen Stationierungen in entfernten Regionen des Reiches, etwa in Afrika, Kleinasien, Germanien oder bis hoch nach Britannien die örtlichen religiösen Bräuche übernahmen und auch nach Beendigung ihrer Dienstzeit und Rückkehr in die Heimat weiter praktizierten. Siegreiche Feldherren brachten Heerscharen von Sklaven aus exotischen Kulturen nach Rom. Aus den neuen Provinzen folgten Kaufleute und freie Handwerker, die sich in der Hauptstadt niederließen, ihren vertrauten Glauben pflegten und den eigenen Göttern Tempel bauten. Verbreitet waren z. B. der ägyptische Isiskult und später die wohl aus Persien stammende Mithras-Bruderschaft (→ Kasten S. 250). Die Römer tolerierten die vielen Religionen und Kultstätten nicht nur aus Tradition, sondern auch, um es sich mit den unbekannten fremdartigen Gottheiten nicht zu verderben. Man hatte genügend Erdbeben, Feuersbrünste und andere Katastrophen erlebt, um nicht auch noch den Zorn diskriminierter wilder Götter aus den Barbarenreichen zu riskieren, indem man deren Anhängern die vorgeschriebenen Kulthandlungen verbot. So konnte in Rom jeder Mensch, selbst wenn er Sklave war, nach seiner religiösen Fasson leben. Erst als Gallier ihren Druidenkult einführten und, wie von zu Hause gewöhnt, an hohen Feiertagen öffentlich Menschenopfer darbringen wollten, schritten Ordnungskräfte ein, was in der Bevölkerung aber schon ein mulmiges Gefühl hervorrief.

So wurden zunächst auch die **Juden** respektiert, obwohl ihr Glaube es ihnen untersagte, dem römischen Kaiser als einem Gott zu huldigen. Weil sie damit indirekt dessen erhabene Legitimation bestritten, galten sie als politisch unzuverlässig. Dass sie sich für ein auserwähltes Volk hielten und die Existenz aller anderen Götter leugneten, machte sie zudem unsympathisch. Eine solch arrogante Respektlosigkeit gegenüber den höheren Mächten galt als gefährlich, denn deren Rache konnte ganz Rom treffen. Diese allgemeine Abneigung traf auch die **frühen Christen**, die man für eine skurrile jüdische Sekte unter der Führung eines hingerichteten Bettelpredigers aus einfachen Verhältnissen hielt. Die Römer spotteten darüber, dass Christen weder für die Vergnügungen des Zirkus, noch des Theaters zu haben waren und statt dessen das Ende der Welt herbeisehnten, an dem ausschließlich sie als Rechtgläubige der Verdammung entgehen und in das Paradies einziehen sollten. Wie viele Anhänger anderer Erlösungsreligionen aus dem Osten, zogen auch die Christen mit ihrer tröstlichen Lehre von der Erlösung im Jenseits zunächst hauptsächlich die Benachteiligten und Hoffnungslosen der Unterschicht an.

Zur ersten systematischen staatlichen **Christenverfolgung** kam es nach dem großen Brand im Jahr 64 unter *Nero*. Der Kaiser konnte sich dem Verdacht der Brandstiftung nicht entziehen und präsentierte den aufgebrachten Bürgern schließlich die Christen als Schuldige. Hierzu berichtet der berühmte römische Historiker Publius Cornelius **Tacitus** (55–116 n. Chr.):

*„Das furchtbare Gerücht, Nero selbst habe den Brand legen lassen, wollte sich durch keine Unterstützungen, durch keine Schenkungen und Opferhandlungen beseitigen lassen. Um es zu beenden, schob Nero daher die Schuld auf andere und strafte die wegen ihrer Verbrechen verhassten Leute, die das Volk Christen nennt. Der Gründer dieser Sekte, Christus, ist unter der Regierung des Tiberius durch den Prokurator Pontius Pilatus hingerichtet worden. Der unheilvolle Aberglauben wurde dadurch kurzzeitig unterdrückt, trat später aber wieder hervor und verbreitete sich von Judäa aus, wo er herkam, auch in Rom, wo alle furchtbaren und verabscheuungswürdigen reli-*

*giösen Gebräuche, die es auf der Welt gibt, versammelt sind und ausgeübt werden. Man fasste zuerst Leute, die sich offen als Christen bekennen, und auf ihre Anzeige hin dann eine riesige Menge Menschen. Sie wurden zwar nicht der Brandstiftung, aber des Hasses gegen die Menschheit überführt. Man machte aus ihrer Hinrichtung ein vergnügliches Fest: In Tierhäute gesteckt, wurden sie entweder von Hunden zerfleischt oder ans Kreuz geschlagen und angezündet, um bei Dunkelheit als Fackeln zu leuchten. Nero hat seinen eigenen Park für dieses Schauspiel zur Verfügung gestellt und damit Zirkusspiele verbunden.“*

Nach dieser Massenhinrichtungswelle beruhigte sich der Volkszorn allmählich, zumal der Kaiser den vom Brand Betroffenen großzügig Aufbauhilfe gewährte. Die überlebenden Christen hielten sich in der Öffentlichkeit zurück und blieben von staatlicher Seite weitgehend unbehelligt, bis **Domitian** (81–96) die Macht

**Der Vatikan**
Karte S. 478/479

übernahm. Der autoritäre Herrscher hatte eine panische Angst vor Anschlägen und vermutete überall Feinde (→ S. 222). Den Beschuldigten seiner zahlreichen Spitzel ließ er rigoros nachstellen und Verdächtige willkürlich hinrichten. Jeder konnte das Opfer von Verleumdungen werden. So erging es auch vielen Christen, die als Außenseiter besonders unbeliebt waren und häufig angezeigt wurden. Da sie Domitian zudem die geforderte göttliche Verehrung verweigerten, erklärte er sie zu Staatsfeinden und ließ sie systematisch verfolgen und ermorden.

Mit dem Ende der Schreckensherrschaft Domitians entspannte sich die Lage auch für die Christen zunächst wieder. Die meisten Kaiser ließen sie in Ruhe, wenn sie nicht allzu viel Aufhebens von ihren Überzeugungen machten und nicht offen zum Widerstand gegen die Staatsreligion aufriefen. Als sich später die allgemeine Lage verschlechterte, Barbaren die Grenzen bedrohten und Naturkatastrophen, Seuchen und Wirtschaftskrisen Rom heimsuchten, gaben viele den Christen die Schuld, weil sie mit ihren ständigen Weltuntergangsphantasien die Krisen erst herbeigebetet hätten. Zur Konfrontation mit den Römern kam es auch deswegen, weil der Staat allen Bürgern große Opfer zur Bewältigung der Krisen abverlangte, denen sich die Christen verweigerten. So kam es zu weiteren Hinrichtungswellen. Trotz aller grausamen Verfolgungen nahm die Zahl der Christen ständig zu. Viele hatten in den schlechten Zeiten ohnehin kaum etwas zu verlieren und der Märtyrertod verhieß das Himmelreich. In der Zeit von 303–305 ordnete Kaiser **Diokletian** aus Angst vor einem Putsch die brutalsten Christenverfolgungen an. Dabei wurden die meisten von ihnen unter unvorstellbaren Bedingungen als Sklavenarbeiter beim Bau der Diokletiansthermen eingesetzt (→ S. 353).

Die Gräueltaten endeten endgültig mit dem Sieg Kaiser **Konstantins** über seinen weströmischen Mitregenten *Maxentius* an der Milvischen Brücke am 28. Oktober 312. Die Legende berichtet, wie Konstantin nach einer Himmelserscheinung Kreuze auf die Schilder seiner Soldaten malen ließ und daraufhin die Übermacht der Feinde bezwang (→ „Milvische Brücke", S. 473). Einige Monate später gewährten er und der oströmische Kaiser Licinius im **Toleranzedikt von Mailand** *„sowohl den Christen als auch überhaupt allen Menschen das freie Recht, der Religion anzuhängen, die jeder für sich wählt".*

Als Zeichen der Anerkennung empfing Konstantin den Nachfolger Petri, Papst Sylvester I. (314–335), und schenkte ihm das Grundstück, auf dem einst der von Nero beschlagnahmte Palast der Familie Laterani stand. Einen noch erhaltenen Baderaum ließ Konstantin zum Baptisterium umgestalten und nebenan die erste große christliche Basilika bauen, die bis heute die Bischofskirche des Papstes ist und den Titel „**Haupt und Mutter aller Kirchen**" trägt (→ S. 461). Außerhalb der Stadt gab Konstantin über dem Grab des Petrus am Hang des Vatikanischen Hügels und über dem Grab des Paulus an der Straße nach Ostia jeweils eine weitere monumentale Basilika in Auftrag. Seine Mutter, die Heilige Helena, spürte als engagierte Christin im Heiligen Land viele Reliquien auf, die sie nach Rom schaffen und in den von ihr neu gegründeten Kirchen würdevoll präsentieren ließ. So kam auch die heute noch als „Scala Santa" verehrte Treppe nach Rom, über die Jesus am Tag seiner Verurteilung den Palast des Herodes betrat (→ S. 463).

Nachdem Konstantin im Jahr 324 auch den oströmischen Kaiser Licinius besiegt hatte, verlegte er seine Residenz nach Byzanz, das er zum „neuen Rom" machen wollte und das man ihm zu Ehren später in „Konstantinopel" umbenannte (heute Istanbul). Da der Westen von Ravenna aus regiert wurde, nutzten die Bischöfe den Umstand, dass sich keine weltlichen Herrscher mehr in Rom aufhielten, zum Ausbau ihrer Macht. Sie setzten im Jahr 391 bei Kaiser Theodosius das Verbot aller anderen Religionen durch und brachten alles Heidnische in Verruf. So waren auch die Olympischen Spiele als heidnischer Kult drei Jahre später die letzten der Antike. Nach und nach wurden die alten Tempel zerstört oder in Kirchen umgewandelt. Schulen wurden geschlossen und alles, was auf antiken Werten und Erkenntnissen basierte, war verpönt, sodass Wissenschaft und Philosophie fast in Vergessenheit gerieten.

**Die ersten Päpste** wählten Rom als ihren Sitz, obwohl die heiligen Stätten, an denen Christus gewirkt hatte, doch eigentlich weit entfernt, in Judäa lagen. Aber von Rom aus wurde schon einmal ein Weltreich erschaffen, die Lage war günstig und die Infrastruktur mit dem beispiellosen Straßennetz ließ sich nutzen, um schnelle Verbindungen zu weit entfernten Regionen aufzubauen. Zur Legitimation ihrer Ortswahl beriefen sich Päpste auf die Apostel Petrus und Paulus, deren Grabstätten für die Gläubigen immer bedeutender wurden. Auch verlor Jerusalem nach der Eroberung durch die Muslime im Jahr 638 an Attraktivität für die Pilger. Die strömten dafür umso zahlreicher nach Rom, wo sie an den Märtyrergräbern beten und eine Papstmesse besuchen wollten. Im 8. Jh. gab es Ärger, weil angelsächsische Frauen vermehrt dazu übergingen, die Kosten ihrer Pilgerreise unterwegs durch Prostitution zu decken. In Rom kamen die meisten Pilger in Klöstern unter, was für diese, ebenso wie der aufblühende Reliquienhandel, zur wichtigen Einnahmequelle wurde. Eine besondere Reliquie wertete jede Kirche auf und machte sie zum lukrativen Ziel von Wallfahrten. Zudem stellten die Reliquien einen unmittelbaren Kontakt zu den himmlischen Fürsprechern her. Die kirchlichen Würdenträger waren sogar verpflichtet regelmäßig an den Papsthof zu kommen. So war z. B. die Ernennung zum Erzbischof nur dann wirksam, wenn der Betreffende das *Pallium* (den wollenen Schal als Zeichen des Hirtenamtes) aus der Hand des Papstes erhielt, nachdem es durch Berührung des Petrusgrabes geweiht worden war.

**Der Vatikan**
Karte S. 478/479

---

## Pontifex Maximus

Auf heidnische Oberpriester geht auch der Ehrentitel *Pontifex Maximus* (oberster Brückenbauer) zurück, den der Papst bis heute führt. Der Pontifex Maximus war in der frühen Gründungszeit der Herr der Brücken. Gleichzeitig nahm er eine Richterstellung bei Streitigkeiten zwischen den Siedlungen auf den Hügeln ein. Seit Beginn der Römischen Republik schlug der Pontifex Maximus symbolisch die Brücke von den Menschen zu den Göttern und war damit oberster Priester. Stellung und Titel übernahmen später die allmächtigen Imperatoren. Traditionsgemäß veranstalteten sie glanzvolle Prozessionen, an deren Ende sie auf einem Altar mit Weihrauchgefäßen den Göttern Opfer darbrachten. Der sakrale Titel „Pontifex Maximus" ging seit Augustus automatisch auf den Herrscher über und wurde unter Berufung auf die „Konstantinische Schenkung" als dessen angeblich legitimer Nachfolger vom Papst beansprucht.

---

Gegen Ende des 8. Jh. tauchte eine gefälschte Urkunde über die sogenannte „**Konstantinische Schenkung**" auf. Daraus ging hervor, dass Kaiser Konstantin als Herrscher des Römischen Reiches dem Papst Sylvester I. und dessen Nachfolgern verbindlich die geistliche und weltliche Herrschaft über Rom, Italien und das ganze weströmische Reich überschrieben hatte. Die begleitende Legende, wie es angeblich dazu kam, ist Thema eines Freskenzyklus im Oratorium des Heiligen Sylvester in der Kirche Santi Quattro Coronati (→ S. 252). Mit diesem Dokument legitimierten sich die Päpste als Erben der antiken Imperatoren und begründeten damit bis zum Ende des Mittelalters territoriale Forderungen und eine den Königen überlegene Stellung. Erst der deutsche Theologe Nikolaus von Kues bewies 1433 anhand von Sprache und verwendeten Ortsnamen, dass das Schriftstück nicht aus dem 4. Jh. stammen konnte und eine Fälschung sein musste. Der Papst räumte daraufhin zwar die spätere „Ausfertigung" der Urkunde ein, doch sei darin der Schenkungsakt zutreffend beglaubigt worden. Erst nach weiteren Erkenntnissen im 19. Jh. gelangte auch die Kirche zur Überzeugung, dass die Konstantinische Schenkung auf freier Erfindung beruhte.

Leicht fiel es den Päpsten in der Spätantike und dem beginnenden Mittelalter nicht, sich als Nachfolger der Imperatoren in Rom zu behaupten. Immer wieder verwüsteten Plünderer die Stadt. Adelsfamilien stritten um die Vorherrschaft und verschanzten sich in den zu Festungen ausgebauten antiken Ruinen, von denen sie ihre Milizen aussandten, um die Gegner zu bekriegen. Einige Male war auch der Lateran bedroht und der Papst musste fluchtartig seine Residenz verlassen und sich in Sicherheit bringen.

Als Leo III. (795–816) nach einem missglückten Attentat im April 799 von Adligen wegen Ehebruchs und Meineids gefangen genommen und förmlich abgesetzt wurde, verhalfen ihm Freunde zur Flucht und er schlug sich zum Frankenkönig Karl nach Paderborn durch. Der ließ Leo nach Rom zurückgeleiten. Wenig später traf Karl selbst dort ein, um den Anschlag auf den Papst und die vorgebrachten Anschuldigungen der Adligen zu untersuchen. Auf einem in St. Peter abgehaltenen Konzil konnte sich Leo im Dezember des Jahres 800 entlasten, woraufhin die Verschwörer verbannt wurden. Zwei Tage später setzte der rehabilitierte Papst dem betenden König in der Weihnachtsmesse die **Kaiserkrone** auf und huldigte ihm mit Kniefall als Kaiser des erneuerten Römischen Reiches, das wegen der Legitimation durch die Kirche nun „heilig" genannt wurde. Als Gegenleistung bezeichnete sich **Kaiser Karl der Große** als Beschützer des Papstes und des christlichen Glaubens. Nach ihm ließen sich noch 18 weitere deutsche Könige in Rom vom Papst zum Kaiser des Heiligen Römischen Reichs Deutscher Nation krönen. Die Kompetenzen, die sie daraus gegenüber dem Papst ableiteten, sorgten über Jahrhunderte für Streit.

Nach verheerenden Überfällen der Sarazenen im Jahr 846 wurde wenig später Leo IV. (847–855) mit dem Auftrag zum Papst gewählt, Rom zu verteidigen. Der ließ sofort die antike aurelianische Stadtmauer ausbessern und verstärken. Ein Problem war die besonders von Plünderungen bedrohte Petersbasilika, die als Grabkirche auf freiem Feld außerhalb der Stadtmauern stand. Niemand lebte dort und die Wohnung, die sich Papst Symmachus im Jahr 498 im Vorhof hatte bauen lassen, stand leer, weil die Päpste im Lateranspalast residierten. Leo IV. ließ eine mächtige Mauer um den Vatikanischen Hügel mit Peterskirche und einem neu gegründeten Kloster errichten. Mit dieser **Leonischen Stadt** schuf er gleichzeitig eine sichere Festung und legte, freilich ohne dies zu ahnen, die Grenzen des heutigen Vatikanstaates fest. Bis die Freischärler Garibaldis 1870 den Kirchenstaat zur Kapitulation zwangen, suchten die Päpste bei Gefahr stets den Schutz der Mauern des Vatikans. Besonders angenehm war das Leben dort lange Zeit nicht, denn von den stehenden Wassertümpeln um den Hügel breitete sich das Sumpffieber aus und der Palast war im Vergleich zum Lateran noch äußerst bescheiden. Der grandiose Ausbau begann erst ab der Renaissance.

Im **Mittelalter** war Rom nach Naturkatastrophen, zahllosen Plünderungen und bürgerkriegsähnlichen Revolten zu einer schäbigen kleinen Stadt geworden, in der nur noch rund 12.000 Menschen unter erbärmlichen Umständen lebten. Als der Franzose Clemens V. 1305 zum neuen Papst gewählt wurde, weigerte er sich nach Rom zu ziehen und zog es vor, sehr viel angenehmer unter dem Schutz seines Freundes, des Königs von Frankreich, in **Avignon** zu residieren. Und obwohl jeder seiner sieben französischen Nachfolger vor der Wahl fest versprach, die Residenz zu den Apostelgräbern in Rom zurückzuverlegen, konnten sie sich dann doch nicht dazu überwinden. In Rom herrschte derweil ein völliges Chaos. Die Adelsfamilien legten Recht und Gesetz nach eigenen Maßstäben willkürlich fest, ihre Milizen und Räuberbanden zogen durch die Stadt, ein Erdbeben zerstörte viele Gebäude und schließlich wütete auch noch die Pest. Trotz dieser schlimmen Zustände entwickelte sich langsam eine neue geistige Strömung, die **Renaissance**. Die überall vorhandenen, beeindruckenden Trümmer zeugten noch von Luxus und Glanz in der Antike. Die Menschen hatten genug von ihrem Elend und wollten „zurück zur glorreichen Zeit".

Die heilige Katharina von Siena schilderte Papst Gregor XI. (1370–78) den beklagenswerten Verfall Roms so drastisch, dass er tief bewegt war. Zugleich drohte sie ihm alle Höllenqualen an, wenn er seiner Bestimmung, nach Rom zurückzukehren und die Stadt zu retten, nicht folgen würde. Das tat er auch, sobald sich ab 1377 die politischen Verhältnisse in Europa etwas stabilisierten. Den Lateranspalast fand er völlig zerstört vor und als Ausweichquartier blieb ihm nur der Vatikan. Dank der Autorität der Schutzmächte und durch geschicktes Taktieren wurden die Adelsfamilien weitgehend entmachtet, und der Papst konnte seine Stellung in Rom wieder neu organisieren.

Zur Zeit von **Nikolaus V.** (1447–55) erlebte die Renaissance ihre erste Blüte. Die Antike wurde zum Vorbild, humanistische Bildung war wieder gefragt. Man las alte lateinische Texte und studierte die Geschichte der Antike. Bis dahin gab es neben der Peterskirche nur ein paar planlos errichtete Gebäude als päpstlichen Zufluchtsort. Nikolaus, der in Florenz studiert hatte, war tief beeindruckt von den imposanten antiken Ruinen auf dem Palatin. Er fasste den Entschluss, die Stadt zum Ruhme der Kirche neu erstrahlen zu lassen und den Vatikan zum gewaltigsten Palast der Welt auszubauen. Diesem Ziel widmeten sich über Jahrhunderte auch seine Nachfolger.

Freilich gelang es nicht sogleich, das gewaltige Vorhaben in die Tat umzusetzen. Zunächst wurden nur einige Innenräume von Kirchen und Palästen ausgeschmückt. Künstler waren noch rar in Rom. Doch der Ehrgeiz aller nachfolgenden Päpste war geweckt. Man wollte die heruntergekommene Stadt in neuem Glanz auferstehen lassen, so wie einst Augustus ein Dorf aus Lehmziegeln zu einer Stadt aus Marmor gemacht hatte. Künstler aus ganz Italien trafen in Rom ein, um vom Bau- und Dekorationsboom zu profitieren.

Auch die **Ruhmsucht der Päpste**, die sich selbst ein Denkmal schaffen wollten, war Anlass für immer neue Projekte: Aquädukte wurden wiederhergestellt, prachtvolle Brunnen entstanden ganz nach antikem Vorbild. An Stelle der Inschriften zur Huldigung des Imperators erschienen nun an allen Bauten Wappen und Namen des päpstlichen Wohltäters. Rom war zu einer einzigen Bau-

**Der Vatikan**
Karte S. 478/479

stelle geworden. Um das erforderliche Material zu beschaffen, gaben die Päpste die verfallenen antiken Tempel als Steinbrüche frei. Auf dem Forum brannte man in Öfen den Marmor von Statuen, Säulen, Gesimsen und wertvollen Wandverkleidungen zu Kalk. Für das neue Rom vernichtete man rücksichtslos Überreste der Antike. Deren Bauwerke sollten als Zeugnis für die Überlegenheit der Kirche noch übertroffen werden.

Auch die inzwischen baufällige, alte Peterskirche aus der Zeit Konstantins wurde abgerissen. Bis zur Weihung des Neubaus dauerte es dann aber über 100 Jahre und alle namhaften Baumeister dieser Zeit wirkten mit, um zum Ruhm der Kirche und des Papstes alle Rekorde zu brechen (mehr zur Baugeschichte von St. Peter ab S. 502).

**Urban VIII.** (1623–44) war einer der eifrigsten Bauherren Roms. Ganze Schwärme von Bienen aus seinem Familienwappen sitzen in Stein gehauen an Fassaden und Kirchendekorationen, um bis heute den Ruhm Papst Urbans aus der Familie Barberini zu verkünden.

Auch militärisch konnten die Päpste dank geschickter Allianzen einige Erfolge erringen. Ihr **Kirchenstaat** nahm zeitweise fast ein Viertel Italiens ein und reichte im Norden bis nach Bologna und im Osten bis an die Adria. Da auf die Verbündeten aber nicht immer Verlass war und die eigene päpstliche Truppe weder überragend ausgestattet noch besonders zahlreich war, blieben auch Niederlagen nicht aus. So kam es auch vor, dass der Papst verkleidet fliehen musste oder sogar in Gefangenschaft geriet.

Besonders demütigend war der Sieg Napoleons über Pius VII. (1800–23). Im Jahr 1804 hatte **Napoleon** den Papst gezwungen, ihn zum Kaiser zu krönen. Später erklärte er, Pius sei sein Untertan und habe ihn gegen seine Feinde zu unterstützen. Als der Streit daraufhin eskalierte, marschierte Napoleon am 2. Februar 1808 in den Kirchenstaat ein, ließ die Trikolore über der Engelsburg aufziehen und schaffte per Dekret den Kirchenstaat und die päpstliche Herrschaft ab. Als Pius mit einer Bannbulle antwortete, ordnete Napoleon dessen Deportation nach Frankreich an, wo der Papst in der berüchtigten Festung Fontainebleau bis zu seiner Befreiung durch die Alliierten im Mai 1814 gefangen gehalten wurde. Auf dem Wiener Kongress erhielt Pius VII. dann seinen Kirchenstaat zurück. Von menschlicher Größe und christlicher Barmherzigkeit zeugt, dass er später trotz allem der Familie Napoleons Asyl in Rom gewährte. Die Mutter Bonapartes residierte bis zu ihrem Tod in einem Palazzo an der Ecke der Via del Corso zur Pzza. Venezia.

Als in der **ersten Hälfte des 19. Jh.** revolutionäre Bewegungen überall in Europa aufkamen und Österreich Norditalien besetzt hielt, wurde auch in Italien der Wunsch nach nationaler Einheit immer stärker. Die Forderung, der Papst solle sich an die Spitze der Bewegung stellen und Position gegen Österreich beziehen, lehnte Pius IX. (1846–78) ab. Es widerspreche seiner Würde als Oberhaupt des Staates und der Weltkirche auf Forderungen von Revolutionären einzugehen. Schon um seine weltliche Herrschaft über den Kirchenstaat nicht zu gefährden, wollte er den Befreiungskampf Italiens auf keinen Fall unterstützen. Diese Haltung kostete ihn viel Sympathie und man beschimpfte ihn als Vaterlandsverräter. Als die Stimmung 1848 immer gereizter wurde und Schüsse auf den Quirinalspalast abgegeben wurden, floh der Papst nach Gaeta unter den Schutz des Königs von Neapel und bat die europäischen Staaten um Hilfe (→ S. 779). Im April 1849 marschierten französische Truppen in Rom ein und stellten die alte Ordnung wieder her. Pius IX. kehrte in den Quirinal zurück und hob seine wenigen liberalen Zugeständnisse wieder auf. Strikt lehnte er nun alle modernen politischen Strömungen und Ideen ab. In der Kirche festigte er die streng hierarchische Struktur mit Gehorsamspflichten und der Stellung des Papstes als höchster Entscheidungsgewalt in Fragen des Glaubens, der Disziplin und der Kirchenführung. Auf dem **Ersten Vatikanischen Konzil**, das 1869 begann und an dem Bischöfe aus der ganzen Welt teilnahmen, verkündete er das **Dogma der Unfehlbarkeit**. Danach seien die amtlichen Äußerungen des Papstes zu Glaubens- und Sittenfragen durch göttlichen Beistand vermittelt und daher unfehlbar.

Währenddessen zogen die französischen Schutztruppen ab, weil sie im gerade ausgebrochenen Deutsch-Französischen Krieg an der Heimatfront benötigt wurden. Die Nationalisten besetzten nun den gesamten Kirchenstaat bis auf Rom und boten dem Papst gegen den Verzicht auf die Stadt weitgehende Privilegien an. Der aber lehnte ab. Daraufhin marschierten am 20. September 1870 die Freischärler des Nationalistenführers **Garibaldi** ein und riefen König **Viktor Emanuel II.** von Savoyen zum neuen König von Italien aus (→ Kasten S. 385). Der Papst zog sich unter Protest in den Vatikan zurück und exkommunizierte alle, die mit dem neuen italienischen Staat zusammenarbeiteten. Er selbst lehnte weiter konsequent alle Verhandlungen ab und verließ als *„freiwilliger Gefangener"* den Vatikan nicht mehr. Ausgerechnet Pius IX. hatte mit 32 Jahren das längste Pontifikat der Papstgeschichte. Allgemein anerkannt war seine außerordentliche Frömmigkeit. Als er aber am 3. September 2000 von Johannes Paul II. selig gesprochen wurde, sahen viele Kritiker darin einen Affront gegen den italienischen Staat.

Knapp 60 Jahre lang folgten die Päpste dem Beispiel von Pius IX. und begaben sich nach ihrer Wahl gleichfalls in die freiwillige Gefangenschaft hinter den vatikanischen Mauern. Sie verweigerten jeden Kontakt zum italienischen Königreich und exkommunizierten weiterhin alle Katholiken, die den König und seine Regierung unterstützten.

Nach dem Ende des Ersten Weltkriegs gewann die Kirche wieder an Einfluss. Die katholische Volkspartei war inzwischen eine starke politische Kraft geworden. Pilgerreisen, Heiligenfeiern und die Festlichkeiten zum heiligen Jahr 1925 trugen zur Popularität bei. Im Jahre 1929 wollte **Mussolini** den kalten Krieg mit dem Papst endlich beenden, um seine innenpolitischen Ziele besser durchsetzen zu können. Die Verhandlungen zwischen dem Duce und *Pius XI.* endeten am 11. Februar 1929 mit den **Lateranverträgen** als Grundlage für den heutigen Staat der Vatikanstadt. Neben der staatlichen Autonomie und einer erheblichen Entschädigungszahlung erhielt die Kirche große Einflussmöglichkeiten auf das italienische Ehe- und Familienrecht. Zum Beispiel konnten die standesamtliche Heirat und das Scheidungsrecht erst unter erheblichen politischen Schwierigkeiten zu Beginn der 1970er Jahre mit einer Vertragsänderung durchgesetzt werden.

In Erinnerung an die Verträge legte man 1950 die breite **Via della Conciliazione** (Straße der Versöhnung) vom Tiberufer zur Peterskirche an. Das mittelalterliche Stadtviertel Borgo mit einem Gewirr enger Gassen musste dafür fast komplett weichen. Verloren war der atemberaubende Effekt, aus den dunklen, kleinen Gassen plötzlich den riesigen Petersplatz zu betreten.

Uninteressante, monumentale Häuserblocks flankieren heute die Straße. In den oberen Stockwerken sind viele vatikanische Ministerien und der Verwaltungsapparat untergebracht. In den Läden im Erdgeschoss kann der Tourist die Erzeugnisse der päpstlichen Souvenirindustrie bewundern. In allen Formen und Farben funkelt der Sakralkitsch.

**Der Vatikan**
Karte S. 478/479

# Basilica di San Pietro – Peterskirche

Eine Grabkirche zu Ehren des Simon, genannt Petrus (griech. „*Fels*"), des Ersten unter den Aposteln, den Christus persönlich als Oberhaupt der Urchristen-Gemeinde legitimiert hat, existiert an dieser Stelle seit fast 1.700 Jahren. Sie ist die größte und prachtvollste Kirche der Welt. Kaum ein Museum kann Kunstwerke vergleichbarer Qualität und so bedeutende Zeugnisse europäischer Geschichte aufweisen. Ein Besuch ist für gläubige Katholiken unerlässlich und auch für alle anderen ein Erlebnis.

▸ **Geschichte der Kirche:** Kaiser Caligula (37–41 n. Chr.) ließ im Tal zwischen den Hügeln Janiculus und Vaticanus ausgedehnte Gärten anlegen und begann mit dem Bau eines Circus, der unter Nero (54–68) fertig wurde. Daran entlang führte die Via Cornelia vom Tiber kommend den Hang des Vatikanischen Hügels hinauf und weiter zur Via Aurelia, der überregionalen Küstenstraße nach Pisa. Als wichtiger Zubringer war sie stark frequentiert. Da die Gegend nicht mehr zum Stadtgebiet gehörte und Beisetzungen hier erlaubt waren, standen viele prachtvolle Grabmonumente am Straßenrand. Die begehrten Grabstätten lagen vorne, wo möglichst viele Reisende die Namen und rühmenden Texte der Verstorbenen lesen konnten. Weiter hinten erstreckten sich die Armengräber den Hügel hinauf.

Der Legende nach soll **Petrus** unter den Christen gewesen sein, die von Nero für den großen Brand im Jahr 64 verantwortlich gemacht und pauschal zum Tode verurteilt wurden. Als Wortführer der ersten Christengemeinde Roms habe man ihn mit dem Kopf nach unten im gerade eingeweihten Circus des Nero gekreuzigt und anschließend bei den Gräbern der Mittellosen am Hang des Vaticanus beigesetzt. Bei Ausgrabungen im 20. Jh. stießen Archäologen jenseits der vornehmen Grabhäuser auf ein Gebiet mit vielen dicht gedrängten frühchristlichen Gräbern, die strahlenförmig auf eine besonders verehrte Stelle ausgerichtet schienen. Dort stand etwa seit dem Jahr 150 ein kleines Grabdenkmal, das nachweislich von vielen christlichen Pilgern besucht wurde und hohes Ansehen genoss (mehr zum Petrusgrab und der spannenden Geschichte über die Grabungen → „Die Totenstadt am Vatikanischen Hügel", S. 527).

Bereits zehn Jahre, nachdem **Kaiser Konstantin** den Christen durch das Mailänder Edikt (313) Religionsfreiheit gewährt hatte, ordnete er den Bau einer riesigen Basilika mit dem als Petrusgrab verehrten Denkmal als Mittelpunkt an. Das abschüssige, am Hang des Vaticanus gelegene Gelände war dafür denkbar ungeeignet. Die kaiserlichen Architekten trugen deshalb den oberen Teil des Hügels ab und füllten die Mausoleen unterhalb des Grabes auf (wodurch die antiken Gräber gut konserviert wurden), sodass ein 228 m langes und 122 m breites Plateau entstand, auf dem sie die Kirche bauten.

Die Legende berichtet, dass Kaiser Konstantin sich sogar persönlich engagierte. Er habe seine kostbare Amtsrobe abgelegt und die ersten zwölf Körbe Erde – einen für jeden Apostel – fortgeschafft. Nachdem so der Anfang gemacht war, überließ er den Rest seinen Bauarbeitern und Sklaven. Fünf Jahre später war die fünfschiffige Basilika mit 118 m Länge, 64 m Breite und 88 Säulen fertig.

Größere Renovierungsarbeiten machten die Raubzüge der Westgoten (410), das sprichwörtliche Hausen der Vandalen (455) sowie die Einfälle der Sarazenen (846) erforderlich. Die reich ausgestattete Grabkirche stand damals auf freiem Feld

*St. Peter: Fassade von Carlo Maderna*

Der Vatikan
Karte S. 478/479

und war eine leichte Beute. Papst Leo IV. zog deshalb eine große Schutzmauer um den Vatikanischen Hügel. Die Plünderung durch die Normannen im Jahr 1084 konnte aber auch sie nicht verhindern.

Trotz dieser Rückschläge trugen fast alle Päpste zur Verschönerung der Peterskirche bei und schmückten sie mit Gold, Edelsteinen, Marmor, Mosaiken und Wandteppichen. Pilger berichteten von vergoldeten Bodenplatten rings um das mit Marmor verkleidete Grabmonument. Nach über tausend Jahren wurde die mächtige Basilika jedoch allmählich baufällig. Trotz aller Restaurierungsversuche war die Substanz inzwischen so angegriffen, dass der Einsturz drohte. Nikolaus V. beendete das Flickwerk und gab 1455 den Abriss der alten und den Bau einer noch größeren und repräsentativeren Kirche zu Ehren des heiligen Petrus bekannt. Kurz darauf starb er und es blieb zunächst bei der Ankündigung.

Erst Julius II. (1503–13) ging das Problem der nunmehr beängstigend wackligen Peterskirche wieder an. Während die Traditionalisten noch Bedenken erhoben, schuf er Fakten und ließ schon mal einen Teil der konstantinischen Basilika abreißen. Der **Grundstein für einen kompletten Neubau** wurde 1506 gelegt, doch bis zur Einweihung sollten noch 120 Jahre vergehen.

Schon im April 1505 bekam der damals 30-jährige **Michelangelo** den Auftrag, ein monumentales Grabmausoleum mit 40 Marmorskulpturen für Julius II. zu schaffen. Es sollte genau über dem Petrusgrab stehen und glanzvoller Mittelpunkt der neuen Peterskirche werden. Die Arbeiten zogen sich hin und steckten noch in den Anfängen, als der Papst acht Jahre später starb. Die Nachfolger zeigten wenig Interesse an der Fortsetzung und schließlich schaffte man den fertigen Teil, zu dem auch die berühmte Mosesstatue gehört, nach San Pietro in Vincoli (→ S. 243).

Zum leitenden Architekten berief Julius II. **Donato Bramante**, von dem es hieß, dass alles, was seine Hand berührte, in Schönheit erstrahle. Bramantes Plan sollte die gesamte Baugeschichte beeinflussen: Die beeindruckendsten antiken

Bauwerke Roms wollte er kombinieren und übertreffen, um die Überlegenheit des Christentums für jeden sichtbar zu machen. Dazu sollte auf das Dach einer Kopie der mächtigen Maxentius-Basilika ein Bau nach dem Vorbild des Pantheons aufgesetzt werden. Damit stand das Konzept für die neue Peterskirche, die Vorbild unzähliger späterer Kuppel-Kirchen werden sollte.

Die Renaissance-Architektur strebte nach der vollendeten, in sich ruhenden Harmonie. Ein Ideal sah man im zentralen Kuppelbau, den man bereits aus den bewunderten Bauten der Antike kannte. In Florenz wurde die Kuppelarchitektur unter Filipo Brunelleschi maßgeblich weiterentwickelt. Er krönte sein Werk mit der Domkuppel, die er 1417 zu planen begann und die 1436 im Rohbau fertig gestellt wurde. Donato Bramante erreichte 1502 in Rom mit seinem Tempietto von San Pietro in Montorio auf dem Gianicolo (→ S. 452) die Vollendung des Proportionsideals und wurde 1503 von Julius II. beauftragt, den Vatikan mit St. Peter komplett zu restrukturieren. Es lag nahe, die neue Kirche ebenfalls als zentralen Kuppelraum zu konzipieren.

Acht Jahre nach der Grundsteinlegung starb Bramante (1514) und **Raffael** (1483–1520) übernahm die Bauleitung. Nach dessen frühem Tod beriefen die Päpste viele weitere Stararchitekten, doch das gigantische Projekt ging nur sehr schleppend voran. Zudem wollte keiner dieser Künstler die Entwürfe des Vorgängers umsetzen, ohne sich mit eigenen Ideen zu profilieren. Ständige Neuplanungen waren die Folge.

Ernsthafte Probleme bereitete auch die **Finanzierung** des Mammutbaus. Um das notwendige Geld zu beschaffen, verkaufte Leo X. ab dem Jahre 1517 Ablassbriefe an die Gläubigen. Dieses lukrative Geschäft mit dem Sündenerlass trieb den erbosten Mönch Martin Luther dazu, seine 95 kritischen Thesen an die Schlosskirche im fernen Wittenberg zu nageln. Damit löste er die Reformation aus.

Man schrieb den Beginn des Jahres 1547, als **Michelangelo Buonarroti** im Alter von 71 Jahren auf Befehl von Paul III. die Bauleitung übernahm. Er kehrte zu den ursprünglichen Plänen Bramantes zurück. Da ihm eine exakt halbrunde Kuppel nach dem Vorbild des Pantheons aber als zu plump erschien, konzipierte er sie steiler. Für den Grundriss wählte er das griechische Kreuz, bei dem die Hauptachsen gleich lang sind, um von jeder Seite einen ungestörten Blick auf die krönende Kuppel zu ermöglichen. Wieder gingen die Arbeiten nur zäh voran. Marode Finanzen der Kirche und zahlreiche Intrigen machten dem Künstler das Leben schwer. Am 15. Mai 1555 schrieb er an einen Freund in Florenz: *„Ich wurde mit Gewalt zur Leitung des Baus von St. Peter gezwungen und habe nun schon ungefähr acht Jahre ohne Entgelt, ja mit großem Schaden und viel Ärger der Aufgabe geopfert".* Während der Zeit lebte Michelangelo privat in einer winzigen Kammer innerhalb der Basilika, von der aus eine Wendeltreppe direkt zur Baustelle der Kuppel führte. Dies belegt eine im Februar 2007 zufällig in den vatikanischen Archiven gefundene Rechnung über zehn Scudi, die der Schmied Gianangelo für die Fertigung eines Schlüssels zur Truhe gestellt hat, *„die in dem Zimmer in der Peterskirche steht, in das sich Maestro Michelangelo zurückzieht".* Von der Kuppel stand wenig mehr als der Tambour (der trommelförmige Mauerring, auf die die Wölbung ruht), als Michelangelo 1564 starb. Wieder ging es nicht voran und der Glaube an die Fertigstellung schwand bereits, als 1585 **Sixtus V.** den Papstthron bestieg und den Bau geradezu brutal voran trieb.

Auf Anfrage schätzten die Architekten die zur Fertigstellung der Kuppel noch benötigte Bauzeit auf mindestens weitere zehn Jahre. Sixtus V. setzte eine Frist von zwei Jahren, erhöhte die Anzahl der Arbeiter auf 800, befahl Nachtschichten

Aeskulap-Tempel im Park der Villa Borghese ▲▲
Zoo im Park der Villa Borghese ▲

▲ Zwillingskirche an der Piazza del Popolo

Peterskirche mit der Via della Conciliazione ▲▲
Kolonnaden am Petersplatz ▲

▲▲ In den Vatikanischen Gärten

▲▲ In den Vatikanischen Gärten, Casina Pius' IV.

## Papst Sixtus V.

Sixtus V. war der Sohn eines armen Landarbeiters. Ein reicher Onkel finanzierte die Ausbildung des intelligenten Buben. Nach dem Eintritt in einen Franziskanerorden fiel er schnell durch seine raue Art auf. Als außergewöhnlicher Prediger brachte er es zum Kardinal. Papst wurde der 65-Jährige durch einen Trick: Bereits vor der Wahl war klar, dass die Kardinäle sich nur auf einen Übergangspapst würden einigen können, also auf jemanden, der ohnehin nicht mehr lange leben würde. So wankte Sixtus mühsam auf einen Stock gestützt ins Konklave. Nach inszenierten Zusammenbrüchen wählte man ihn einstimmig. Sofort danach warf er den Stock weg und regierte mit fester Hand. Die anlässlich einer Papstkrönung übliche Amnestie lehnte er ab und ließ statt dessen alle Banditen im Kirchenstaat gnadenlos hinrichten. Karrenweise kamen abgeschlagene Köpfe nach Rom, wo sie zur Abschreckung ausgestellt wurden. Man sagte, es habe zu dieser Zeit in Rom mehr abgeschlagene Köpfe als Melonen auf dem Markt gegeben.

Einmal wollte sich ein Herzog durch eine spektakuläre Polizeiaktion beim Papst beliebt machen. Er schickte einen Wagen mit vergifteten Lebensmitteln auf die Reise nach Neapel, der unterwegs erwartungsgemäß von Straßenräubern geplündert wurde. Ein ganzer Landstrich wurde infolge des Gifts entvölkert. Der Papst war über diese Art der unmittelbaren Bestrafung entzückt.

Sixtus' Wahlspruch lautete: *„Wer nie aufhört zu überlegen, beginnt nie zu handeln!"* Entsprechend energisch trieb er Bauprojekte voran und gestaltete in seinem nur fünfjährigen Pontifikat das Stadtbild um. Treffend bekam er den Beinamen „der Eiserne".

bei Fackelschein und ließ regelmäßig über die Fortschritte auf der Baustelle berichten. Bereits nach 22 Monaten konnte er am 12. Mai 1590 bekannt geben lassen: *„Sixtus V. hat zu seinem immerwährenden Ruhm und zur Beschämung seiner Vorgänger das großartige Bauwerk, die Kuppel von St. Peter, vollendet."*

Nach Michelangelo wurden Giacomo della Porta und Domenico Fontana als Bauleiter berufen. Ein letztes Mal überarbeitete Carlo Maderna die Pläne. Um den Innenraum zu vergrößern, verlängerte er den Westarm und änderte den Grundriss so vom griechischen zum lateinischen Kreuz. Nun konnten hier 60.000 Menschen Platz finden, das entsprach damals der gesamten Bevölkerung Roms. Leider ging dadurch der von Michelangelo erstrebte freie Blick von der Frontfassade auf die Kuppel verloren. Einige Pontifikate später wurde schließlich auch noch Gianlorenzo Bernini verpflichtet, der für die glanzvolle Innenausstattung sorgte.

Auf der gerade fertig gestellten Fassade ließ sich Papst Paul V. (1605–21) selbstbewusst nach Sitte der Imperatoren verewigen. Die Inschrift über dem Portal bedeutet: *„Zu Ehren des Apostelfürsten von Paul V. Borghese, Römer und Papst, im Jahr des Herrn 1612, im VII. Jahr seines Pontifikats"*. Die **offizielle Einweihung** erlebte Paul V. allerdings nicht mehr. Sie fand unter seinem Nachfolger Urban VIII. am 18. November 1626 statt, dem 1300. Jahrestag der Einweihung der alten Petersbasilika. Nach fast 120 Jahren Bauzeit war die größte

Kirche der Welt schließlich doch noch fertig geworden. Zwar hatte noch niemals zuvor eine Kuppelkonstruktion eine derartige Höhe (137 m) erreicht, aber das Ziel, die Kuppel des Pantheons in ihren Ausmaßen (43,30 m) zu übertreffen, wurde verfehlt. Ein größerer Durchmesser als 41,90 m war statisch nicht möglich gewesen. Damit blieb die Kuppel des antiken Pantheons die größte in Rom.

▶ **Petersplatz:** Die Architektur von Kirche und Vorplatz ist so harmonisch abgestimmt, dass die riesigen, tatsächlichen Ausmaße der gesamten Anlage dem Betrachter zunächst gar nicht auffallen. Eine Ahnung von den Dimensionen des Platzes (340 m Länge und 240 m Breite) bekommt man erst nach dem Betreten des weiten Ovals.

Die Idee für den ellipsenförmigen Platz stammt vom Barockgenie **Bernini**. Die halbrunden Seiten säumte er mit Kolonnaden. In vier Reihen stehen 284 Travertinsäulen mit einer Höhe von je zwölf Metern. Die Kolonnaden sollen die ausgestreckten Arme der „Mutter Kirche" symbolisieren, die ihre Gläubigen an sich zieht und ihnen Schutz und Geborgenheit gewährt.

Gehen Sie über den Platz auf die Kirche zu, erscheinen die Säulen der Kolonnaden wie ein ungeordneter Wald. Doch das täuscht, denn die Reihen stehen exakt in der Flucht der beiden **Ellipsen-Brennpunkte**. Wenn man diese betritt (markiert durch Marmorkreise, die zwischen dem Obelisken und den Brunnen in die Pflasterung eingelassen sind) rücken die vier Säulenreihen einer Platzseite hintereinander und wirken wie eine einzige. Keine Säule ist aus der Achsenrichtung verschoben – ein Beweis für Berninis Perfektionismus.

Auf den Kolonnaden rahmen **140 Heiligenstatuen** den Platz ein. Auch wenn Bernini zahlreiche Köpfe und Motive wiederholte, zeugt die große Anzahl der Figuren, die schon (wie alte Rechnungen belegen) sechs Jahre nach der Bestellung fertig waren, von der Leistungsfähigkeit seiner fabrikartig arbeitenden Ateliers.

Unter Papst Sixtus V. gelangte der 25,5 m hohe antike **Obelisk** auf seinen heutigen Platz vor der Kirche. Er war der einzige in Rom, der seit seiner Aufrichtung im Circus des Nero immer sichtbar und unverändert an derselben Stelle gestanden hatte.

**Caligula** (37–41 n. Chr.) hatte den Obelisken in Ägypten entdeckt und als Dekoration für seinen neuen Circus in Rom ausersehen. Um den 331 Tonnen schweren Stein nach Italien schaffen zu können, wurde eigens ein Schwerlastschiff konstruiert. Im Circus am Vatikanischen Hügel stand er dann auf dem Mittelwall zwischen den Bahnen. Auch als ein Teil der Nordtribünen von der ersten Peterskirche überbaut wurde und nichts mehr auf die antike Arena hindeutete, blieb er 1.500 Jahre lang exakt an dieser Stelle. Die Arbeiten an der neuen Peterskirche waren noch nicht abgeschlossen, als Sixtus V. den Befehl gab, den Obelisken von der Südseite der Kirche knapp 300 m weiter auf die Mitte des Platzes vor der Kirche umzusetzen.

Zu dieser Zeit war nicht bekannt, wie man in der Antike derartige Gewichte hat bewegen können. Michelangelo hielt das Projekt für schlicht undurchführbar, Sixtus V. war jedoch weniger pessimistisch: Da der Obelisk in der Antike irgendwie von Ägypten hierher transportiert worden war, musste es theoretisch möglich sein, ihn 300 m weit zu versetzen. Also schrieb der Papst einen Architektenwettbewerb aus und erhielt über 500 Vorschläge. Viele davon basierten auf geheimnisvollen Beschwörungsformeln oder inbrünstigen Gebeten. Sixtus überzeugte aber eher der Plan einer mechanischen **Hebevorrichtung**. Der ausführende Architekt Domenico Fontana erhielt das Recht, jedes gewünschte Hilfsmittel und jede notwendige Arbeitskraft anzufordern. Am 10. September 1586 war die komplizierte Konstruktion am Obelisken aufgebaut. 900 Menschen und 140 Pferde hoben den Stein mit Hilfe von 47 Seilwinden an und bewegten ihn ganz langsam aufrecht zu seinem heutigen Platz. Der Bevölkerung war währenddessen unter Androhung schwerster Strafe absolute Ruhe befohlen. Beinahe wäre das Unternehmen doch noch gescheitert. Ein Seemann bemerkte, dass die Halteseile durch die Reibung heiß liefen und durchzubrennen drohten. Sein Schrei warnte die Arbeiter, und sie kühlten die Taue gerade noch rechtzeitig. Obwohl der Mann damit das angeordnete Schweigen gebrochen hatte, ließ der eiserne Papst Milde walten und sah zum Dank für die Rettung des Unternehmens von Strafe ab. Den ursprünglichen Standort des Obelisken links neben dem linken Seitenschiff markiert heute eine Steintafel.

Rechts und links des Obelisken schmücken zwei **Brunnen** den Platz. Das Wasser wird vom 64 km entfernten Bracciano-See hierher geleitet. Der rechte Brunnen unterhalb des Papstpalastes stand schon an dieser Stelle, als es den Platz noch gar nicht gab. Der linke ist eine Kopie, die aus Symmetriegründen hinzugefügt wurde. Unter den vielen Besuchern soll auch der Schweizer Dichter **Conrad Ferdinand Meyer** von den Brunnen begeistert gewesen sein. Es heißt, dass er durch sie zu seinem bekannten Gedicht *Der römische Brunnen* inspiriert worden sei.

**Der römische Brunnen**
Aufsteigt der Strahl, und fallend gießt
Er voll der Marmorschale Rund,
Die, sich verschleiernd, überfließt
In einer zweiten Schale Grund;
Die zweite gibt, sie wird zu reich,
Der dritten wallend ihre Flut.
Und jede nimmt und gibt zugleich
Und strömt und ruht.

▶ **Fassade**: Die Kirchenfassade von **Carlo Maderna** ist 45 m hoch und 114 m breit. Sie wird von 13 jeweils 5,60 m hohen Statuen gekrönt. In der Mitte steht Jesus, der mit erhobenem Arm die Besucher segnet. Eingerahmt wird er von Johannes dem Täufer und elf Aposteln. Es fehlt Petrus, da der unten links an der Treppe steht und die Gläubigen begrüßt. Ihm gegenüber, rechts der Kirche, steht Paulus.
Gegliedert wird die Fassade von acht riesigen Säulen, die das Gesims mit der Inschrift zu Ehren von Papst Paul V. tragen. Vom Balkon in der Mitte aus richtet sich der Papst an Ostern und zu Weihnachten mit seiner Botschaft an die Gläubigen und erteilt den Segen *„Urbi et orbi"*. Von hier aus wird der Welt auch die Wahl und der Name eines neuen Papstes verkündet *(„Nuntio vobis gaudium magnum! Habemus Papam!")*.

## Rundgang durch die Peterskirche

*„In St. Peter habe ich begreifen lernen, wie die Kunst sowohl als die Natur alle Maßvergleichungen aufheben kann."*
(J. W. von Goethe, Italienische Reise, Brief vom 9. November 1786)

Mit einer Grundfläche von 15.160 m² ist die Peterskirche die größte Kirche der Welt. Die Innenausstattung ist dabei so harmonisch in ihren Proportionen abgestimmt, dass man die gigantischen Ausmaße unmöglich abschätzen kann. Man fühlt sich wie ein Zwerg in einem märchenhaft vergrößerten Palast. Als Schmuck dienen 778 Säulen (533 Travertin-, 229 Marmor- und 16 Bronzesäulen, viele davon übernommen aus dem Vorgängerbau), 396 Statuen, 44 Altäre, 135 Mosaike sowie unzählige Gemälde und Fresken. Da sehr viel zu sehen und die Kirche meist von Besuchern überfüllt ist, sollte man für die Besichtigung etwas mehr Zeit einplanen.

● *Eingang zur Peterskirche* Vom Petersplatz aus rechts durch die Absperrungen; links ist nur der Ausgang.

● *Öffnungszeiten* Tägl. 7–18 Uhr (April–Sept. 7–19 Uhr); wegen der Sicherheitskontrollen können sich lange Schlangen bilden.

**Der Vatikan**
Karte S. 478/479

**Achtung**: Wenn es nicht regnet und die Generalaudienz am Mittwochvormittag auf dem Petersplatz stattfindet, ist die Kirche während dieser Zeit für Besucher geschlossen.

• *Bekleidungsvorschriften* Wie überall im Vatikan ist selbst bei größter Sommerhitze der Eintritt in kurzen Hosen, Miniröcken, bauchfreien Shirts oder Tops mit freien Schultern nicht gestattet. Wer nicht ordnungsgemäß gekleidet ist, wird vom Aufsichtspersonal konsequent zurückgewiesen.

• *Sicherheitskontrollen* Vor dem Betreten der Kirche finden Sicherheitskontrollen wie auf dem Flughafen statt. Taschen und Rucksäcke müssen bei der (kostenlosen) Gepäckaufbewahrung im Untergeschoss abgegeben werden (rechts, am Fuß der Treppe zum Eingang). Hier befinden sich auch Toiletten.

• *Gottesdienstzeiten* Mo–Sa 8.30 Uhr, ab 9 Uhr jeweils zur vollen Stunde bis 12 Uhr und um 17 Uhr; So Hochämter um 10.30 Uhr, Messen um 9, 11.30, 12.15, 13, und 16 Uhr, Vesper um 17.30 Uhr.

• *Privatmessen* Tägl. zwischen 7 und 7.45 Uhr nach Anmeldung. Informationen zu den Sakramenten der Taufe von Neugeborenen, Erwachsenenfirmung und Eheschließung auf Anfrage per Fax an 0039/06.698. 85793.

• *Beichtgelegenheit* Auch auf Deutsch, an Werktagen 7–18 Uhr; an Feiertagen 7– 18.30 Uhr; die Sprache, in der die Beichte abgelegt werden kann, ist außen am Beichtstuhl vermerkt.

▶ **Eingangshalle**: Durch die hohen Gittertüren betritt man zunächst den *Portikus*, die Eingangshalle. Durch die beträchtlichen Ausmaße (71 m Länge und 14 m Breite), den aufwändigen Marmorfußboden und die reich dekorierte Stuckdecke wirkt der Portikus selbst fast wie ein Kirchenschiff. Auf den Medaillons im Deckenbereich sind Szenen vom Bau der ersten Basilika unter Kaiser Konstantin abgebildet. Die 20 m hohen Marmorsäulen stammen aus der alten Peterskirche. Ganz rechts an der Schmalseite steht ein **Reiterstandbild Kaiser Konstantins (3)**, der verzückt in den Himmel schaut. Der allgegenwärtige Bernini hat hier den Kaiser kurz vor der Entscheidungsschlacht an der Milvischen Brücke dargestellt, als ihm das Christuszeichen erschien (→ S. 473). Dem Standbild gegenüber, im Portikus ganz links beim Ausgang der Kirche, steht als Pendant die Reiterstatue Karls des Großen (2) von Agostino Cornacchini (18. Jh.).

Fünf Portale führen in das Kircheninnere. Das **Haupttor (5)** in der Mitte (von dem Florentiner Bildhauer Filarete zwischen 1433 und 1445 geschaffen) stammt noch aus der alten Basilika. Die stehenden Figuren stellen Paulus (mit dem Schwert) und Petrus mit dem Evangelium in der Hand dar. Mit der anderen Hand reicht Petrus die Schlüssel als Symbol für die Stellvertretung Gottes auf Erden an Papst Eugen IV. (1431–47), der die Tür in Auftrag gegeben hatte und dafür angemessen bei der Gestaltung berücksichtigt werden wollte.

Vor dem Haupttor ist im Boden die moderne Fassung des Wappens von Papst Johannes XXIII. (1958–63) zur Erinnerung an das von ihm einberufene Zweite Vatikanische Konzil eingelassen. Hier zogen am 11. Oktober 1962 in feierlicher Prozession 3.000 Bischöfe in die Kirche ein, um über anstehende Fragen zu beraten.

Die anderen Bronzetüren sind Zeugnisse moderner Sakralkunst und stammen aus dem 20. Jh. Die *Pforte des Guten und des Bösen* (links vom Haupttor) wurde anlässlich des 80. Geburtstages von Paul VI. (2. September 1977) geschaffen und stellt im rechten Flügel das Gute und im linken das Böse dar. Das *Portal des Todes* (4) von Manzù (links außen) gab Johannes XXIII. in Auftrag. Die kleinste Pforte, ganz rechts, ist normalerweise vermauert. Es ist die **Porta Santa (6)**, eine Bronzetür, die nur im Heiligen Jahr geöffnet wird.

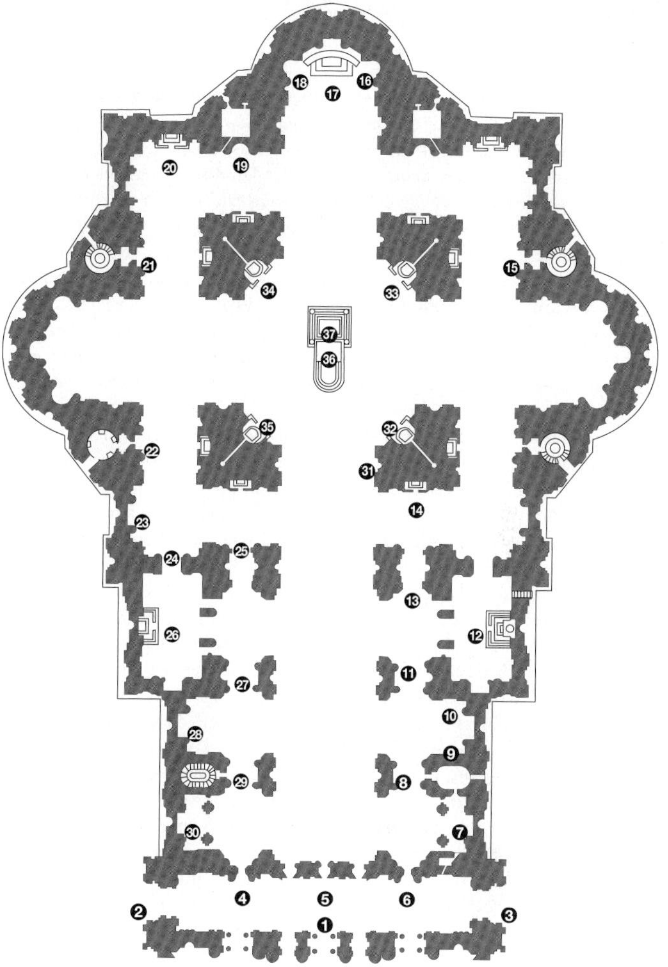

**St. Peter**

❶ Eingangshalle von Carlo Maderna

❷ Reiterstandbild Karls des Großen

❸ Reiterstandbild Kaiser Konstantins

❹ Porta des Todes von Manzù

❺ Bronzetor des Filarete

❻ Heilige Pforte

❼ Pietà des Michelangelo

❽ Denkmal der Königin Christine von Schweden

❾ Denkmal Pius XI.

❿ Denkmal Pius XII.

⓫ Grab der Gräfin Mathilde

⓬ Sakramentskapelle

⓭ Grab Gregors XIII.

⓮ Sarg von Johannes XIII.

⓯ Clemens XIII.

⓰ Denkmal Urbans VIII.

⓱ Hauptaltar mit Kathedra des Hl. Petrus von Bernini

⓲ Denkmal Pauls III.

⓳ Denkmal Alexanders VIII.

⓴ Altar des Hl. Leo

㉑ Denkmal Alexanders VII.

㉒ Denkmal Pius VIII. und Eingang zu Sakristei und Kirchenschatz

㉓ Altar des Hl. Gregor

㉔ Denkmal Pius VII.

㉕ Denkmal Leos XI.

㉖ Chorkapelle

㉗ Denkmal Innozenz VIII.

㉘ Kapelle der "Presentazione", Denkmal Benedikts XV.

㉙ Denkmal der Stuart

㉚ Taufkapelle

㉛ Statue des Hl. Petrus

㉜ Statue des Hl. Longinus

㉝ Heilige Helena

㉞ Statue der Hl. Veronika

㉟ Statue des Hl. Andreas

㊱ Confessio

㊲ Baldachin/Papstaltar

## Das Heilige Jahr

Die Institution des Heiligen Jahres ist ein Nebenprodukt des **Ablasshandels**. Die ersten Ablässe kamen im 11. Jh. auf und bezogen sich anfangs nur auf Bußen, die im irdischen Leben zu leisten waren. Gewöhnlich verordnete der Beichtvater dem Sünder für ein paar Jahre an bestimmten Wochentagen oder jeweils während der 40 Tage vor Ostern streng zu fasten. Eine großzügige Spende für ein kirchliches Bauprojekt brachte einen Ablass, wodurch sich die Dauer dieser Zwangsdiät verringerte.

Eine Sonderregel galt bald für die Teilnehmer an den Kreuzzügen. Da die reale Gefahr bestand, auf der weiten Reise ohne priesterlichen Beistand und Beichte zu sterben, drohte der Übergang ins Jenseits mit vollem Sündenkonto und schrecklichen Folgen. Wer von Schuld beladen war, hatte diese vorher im **Fegefeuer** unter unbeschreiblichen Qualen abzubüßen, denn in das Himmelreich konnten nur die sündenfreien, reinen Seelen einziehen. Deshalb wurde exklusiv den Kreuzfahrern für den Todesfall ein pauschaler vollständiger Sündenerlass zugesichert.

Ein solcher umfassender Schutz vor dem Fegefeuer war natürlich auch für die Daheimgebliebenen attraktiv. Und als ein Prediger in der **Neujahrsnacht zum Jahr 1300**, als wegen des Jahrhundertwechsels Unruhe herrschte, ein glückliches *Jubeljahr* ankündigte, verbreitete sich schnell das Gerücht, der Papst werde zur Feier des Tages einen vollständigen Ablass verkünden. Ein Zeitgenosse schrieb: *„Sie eilten in Scharen zur Basilika des heiligen Petrus und drängten sich zum Altar, der eine hinderte den anderen, sodass es schwer war, nahe heranzukommen"*.

Der bedauernswerte **Bonifaz VIII.** wusste überhaupt nicht, was er machen sollte. Der Krisenstab im Vatikan befürchtete Unruhen und riet davon ab, die erwartungsvollen Gläubigen einfach nach Hause zu schicken. So ließ der Papst kundtun, dass die wahrhaft Bußfertigen im Jahr 1300 und zu jedem künftigen Jahrhundertwechsel einen vollkommenen **Jubiläumsablass** erhalten würden, wenn sie die Gräber der Apostel Petrus und Paulus jeweils 15-mal besuchen würden. Damit sollte der Pilger um das Fegefeuer herum und direkt in den Himmel kommen. Die Gläubigen zogen hochzufrieden ab. Sonst geschah anfangs nicht viel, denn das Dekret verbreitete sich nur langsam. Im Spätsommer aber schwoll der **Strom von Pilgern** plötzlich an. Ein Chronist berichtete, dass pro Tag 30.000 Gläubige in Rom eintrafen. Auf der Engelsbrücke, der einzigen Verbindung zur Peterskirche, soll das Gedränge so beängstigend gewesen sein, dass man durch ein Seil in der Mitte die Laufrichtungen abgrenzen musste. Jedes Haus nahm Pilger auf, und die Römer verdienten prächtig an den Gästen. Die Basiliken von St. Peter und St. Paul hatten **sensationelle Einnahmen**, und auch der Papst profitierte von der Hälfte aller Spenden und Erlöse aus dem Souvenirgeschäft.

Nach diesem Erfolg wollten die Römer ungern bis zum nächsten Jahrhundertwechsel auf ein weiteres Heiliges Jahr warten. Da es nach der Verlegung des Papstsitzes nach Avignon wirtschaftlich sehr schlecht um Rom stand, hatte Clemens VI. ein Einsehen und verkündete 1343 die Halbierung der Fristen unter Berufung auf das **alte Testament**. Dort fand sich eine Vorschrift über den kollektiven Erlass während des jüdischen „Yobel-Jahres": Das nach sieben mal sieben Jahren folgende 50. Jahr wurde vom Klang der „Yobel", einer Art Posaune, angekündigt. Es war das Jahr der Versöhnung, in dem die Juden alle Schulden erlassen, fremde Güter an die Berechtigten zurückgeben und ihre Sklaven freilassen sollten. Denn alles war ein Geschenk Gottes und ging symbolisch an ihn zurück, wofür er im Gegenzug Freistellung von allen Sünden gewährte.

Zum zweiten Heiligen Jahr 1350 kamen wieder unzählige Pilger, doch sie spendeten nur für St. Peter und St. Paul, sowie für die von Clemens VI. als Mutter aller Kirchen in das **Ablass-Pflichtprogramm** aufgenommene Lateranbasilika. Die anderen Kirchen waren weniger besucht als sonst und meldeten am Ende des Jahres sogar Einnahmeausfälle. Deshalb ließen sich deren Hausherren etwas einfallen und präsentierten kunstvoll gefälschte „historische Dokumente", in denen Päpste ihnen angeblich das Privileg zur Erteilung **befristeter Ablässe** zu allen möglichen Gelegenheiten eingeräumt hätten. Plakatanschläge oder Werbeaktionen durch Ausrufer machten die Angebote bekannt. Auch die großen drei Basiliken folgten dem Beispiel, um in normalen Jahren nicht an Attraktivität zu verlieren. Im Wettbewerb um die Gläubigen kam es zu einer regelrechten **Inflation**: So brachte im Jahr 1452 ein Besuch von St. Peter am Tag des Schweißtuchs der Veronika allein 14.000 Jahre. Wer kniend die 28 Stufen der heiligen Treppe beim Lateran hinaufrutschte bekam pro Stufe 1.000 Jahre. Mit einiger Geschicklichkeit konnte man es an hohen Feiertagen im Lateran sogar auf bis zu 42.000 erlassene Jahre im Fegefeuer bringen. Ab 1517 verkaufte man **Ablassbriefe** mit unterschiedlichen Laufzeiten, um die Baukosten für die neue Peterskirche aufzubringen und löste damit die Reformation aus.

Den **vollständigen Sündenablass** aber gab es nur im Heiligen Jahr. Dazu war ab 1575 der Besuch der sieben Hauptkirchen erforderlich. Zu St. Peter, St. Paul und der Lateranbasilika kamen noch San Lorenzo, Santa Maria Maggiore, Santa Croce in Gerusalemme und San Sebastiano zum Pflichtprogramm der Pilger. Dabei ist es geblieben. Wer die Kirchen im Heiligen Jahr besucht und aufrichtig bereut, erspart sich auch heute noch das Fegefeuer (die Lehre von der qualvollen Reinigung der mit Sünde beladenen Seelen im Fegefeuer hat das Zweite Vatikanischen Konzil in den 1960er-Jahren ausdrücklich bestätigt).

Alexander VI. führte 1500 eine **Heilige Pforte** als Zugang zur Peterskirche ein, die seither nur im Heiligen Jahr geöffnet und sonst vermauert ist. Gleich dahinter standen die Truhen für die Spenden der Pilger. Später bekamen auch die anderen sechs Pilgerkirchen jeweils eine eigene Heilige Pforte.

Da die Heiligen Jahre zu den einträglichsten Geschäften der Päpste gehörten, wurde der Abstand weiter auf 33 Jahre und seit 1468 auf 25 Jahre verkürzt, auch um jeder Generation die Gelegenheit zur Teilnahme an einer „Jubelfeier" zu geben. Besondere Ereignisse führten zu **außerplanmäßigen Heiligen Jahren** (1929: 50. Priesterjubiläum Pius' XI. sowie 1933 und 1983 zum 1900. bzw. 1950. Todesjahr Jesu).

Seit der Renaissance verschönern die stolzen Kirchenfürsten aus Anlass eines Heiligen Jahres die Stadt. Kirchen und Paläste wurden gebaut, Brunnen aufgestellt, Straßen angelegt oder als Prozessionswege begradigt. Auch das **Heilige Jahr zum Jahrtausendwechsel** und runden 2000. Geburtstag Jesu war wie seit Jahrhunderten ein mit großen Erwartungen verbundenes Massenereignis. Rom unternahm gewaltige Anstrengungen, um den Ansturm der Pilger zu bewältigen und sich im besten Licht darzustellen. Der Autobahnring wurde erneuert und ausgebaut, die Innenstadt für Reisebusse gesperrt und das historische Zentrum in weiten Teilen zur Fußgängerzone erklärt, sogar ein paar der oft knietiefen Schlaglöcher hat man aufgefüllt und in den Gianicolohügel eine riesige Tiefgarage gebohrt. Fast alle Fassaden der wichtigsten Bauwerke wurden abgewaschen oder restauriert; seit Jahrzehnten geplante Museumsprojekte hat man realisiert oder Renovierungen nach Jahrzehnten abgeschlossen. Hotels zwängten Betten in ihre geräumten Besenkammern, putzten gut durch, wechselten in eine höhere Kategorie und erhöhten drastisch die Preise. Durch monatelange Berichterstattung über die sich abzeichnenden chaotischen Zustände ließen sich viele abschrecken und mit insgesamt 24,5 Mio. Besuchern kamen weniger als man erwartet hatte.

▸ **Das Kircheninnere:** Durch das Mittelportal gelangt man in das **Hauptschiff**. Es ist 187 m lang (mit Portikus und Mauern sogar 227 m) und 27,5 m breit. Ein 46 m hohes Tonnengewölbe mit reicher Stuckkassettendecke ruht auf vier Bögen, die das Hauptschiff von den Seitenschiffen abgrenzen. In den Nischen der Gewölbepfeiler stehen die Statuen berühmter Ordensgründer. Am Eingang tragen zwei barocke Putten ein Weihwasserbecken. Die „Engelchen" sind allein schon etwa zwei Meter hoch.

Direkt am Eingangsportal ist eine antike runde **Porphyrplatte** in den Fußboden eingelassen. In der alten Petersbasilika hatte sie einen prominenten Platz vor dem Altar. Porphyr war in der Antike besonders kostbar, denn er kam damals ausschließlich von einem einzigen Steinbruch in Ägypten. Wegen seiner Seltenheit und der roten Purpurfarbe war er allein den kaiserlichen Bauten vorbehalten. Es war daher eine symbolträchtige Inszenierung, als Karl der Große in der Weihnachtsmesse des Jahres 800 auf dieser roten Steinplatte vor dem Altar kniete und der Papst ihn zum Kaiser des erneuerten Römischen Reiches krönte, das man später **„Heiliges Römisches Reich Deutscher Nation"** nannte.

Im Mittelgang des Hauptschiffs sind verschiedene **Sterne** und Inschriften in den Boden eingelassen. Sie markieren die Längenmaße anderer großer Kirchen, gemessen von der Apsis bis zum Stern, und veranschaulichen noch einmal die gewaltigen Ausmaße der Peterskirche. Ein Stern, fast in der Mitte des Hauptschiffes, steht für den Kölner Dom.

Wenn Sie nun zunächst das Hauptschiff entlanggehen, sehen Sie vor dem zentralen Papstaltar am rechten Kuppelpfeiler auf einem Marmorsockel die besonders verehrte alte **Petrusstatue (31)**. Nach dem Vorbild antiker Togabildnisse wurde diese Bronze vermutlich im 13. Jh. geschaffen; manche halten sie für ein Werk aus dem 5. Jh., in alten Schriften ist sogar von einer umgearbeiteten antiken Plastik die Rede. Den genauen Ursprung der Figur kennt man nicht, denn wissenschaftliche Untersuchungen wurden bisher nicht gestattet. Dieses Urporträt des Apostels mit dichtem, lockigem Haupthaar und gepflegtem Vollbart ist das Vorbild sämtlicher Petrusdarstellungen. Wie seit Jahrhunderten üblich, berühren oder küssen noch heute die Pilger den vorgeschobenen rechten Fuß der Statue (der Fußkuss galt bis Mitte des 20. Jh. als die dem Papst zustehende Ehrbekundung). Die Zehen sind von dem eifrigen Kontakt mit den Gläubigen schon reichlich abgenutzt. Am 29. Juni, dem Namenstag der Heiligen Petrus und Paulus, kleidet man die Statue mit Brokatmantel, Stola und Tiara (der dreifachen Papstkrone) und steckt ihr den Bischofsring an den Finger.

Mittelpunkt der Kirche ist der insgesamt 29 m hohe **Papstaltar (37)** unter der Kuppel über dem Grab des heiligen Petrus. Vier spiralförmige Bronzesäulen mit goldenen Oliven- und Lorbeerranken, an denen Engelchen herumklettern, tragen einen Baldachin nach Art eines Prozessionshimmels. Die schraubenförmige Kannelierung im unteren Abschnitt der Säulen symbolisiert den Aufstieg der Seelen in den Himmel. Allein der Papst ist berechtigt, in diesem prunkvollen Rahmen die Messe zu zelebrieren.

Entworfen und ausgeführt wurde dieses größte Bronzekunstwerk der Welt von dem gerade erst 25-jährigen **Bernini**. Neun Jahre hat er daran gearbeitet. Schwärme von Bienen auf der Drapperie und an den Marmorsockeln weisen auf das Wappen des Auftraggebers Urban VIII. (1623–44) hin.

Wie sehr auch **ganz private Ereignisse** die Gestaltung von Kunstwerken selbst an diesem heiligen Ort beeinflussten, erkennen Sie an den Basen der vier gedrehten Pfeiler des Papstaltars:

**Urban VIII.** fühlte sich seiner Familie ganz besonders verbunden, was nicht nur durch Schenkung üppiger Paläste und Verleihung von Titeln an die lieben Verwandten äußerte, sondern auch durch Anteilnahme an persönlichem Glück und Unglück. So schmerzte ihn sehr, dass die Ehe seiner Lieblingsnichte trotz aller Bemühungen ihres Ehegatten kinderlos geblieben war. Die Gebete Urbans scheinen dann aber doch noch erhört worden zu sein, denn schließlich brachte die glückliche Mutter einen gesunden **päpstlichen Großneffen** zur Welt. Dieses freudige Ereignis ließ der Papst nun an diesem heiligen Ort verewigen: Direkt unter der oberen Abschlussvolute der Wappenkartusche, dort wo die beiden Schlüssel sich kreuzen, sehen Sie das von den Wehen gezeichnete, schmerzverzerrte Gesicht der den Mutterfreuden entgegensehenden Papstnichte. Wenn Sie nun an der Basis der linken Säule vor der Front des Altars beginnen und im Uhrzeigersinn um den Altar herumgehen, werden Sie jede Phase der Geburtswehen miterleben, bis schließlich an der Basis der rechten Säule gegenüber vom Ausgangspunkt ein lockiger, pausbäckiger Babykopf zu sehen ist.

Um die erforderlichen 93 Tonnen Goldbronze für die Säulen und den Baldachin des Altars zu beschaffen, ließ Urban auf Vorschlag Berninis die Bronzeverkleidung der Vorhalle des Pantheons einschmelzen (→ S. 384). Die Römer waren empört, und kurz darauf las man in Anspielung auf die mittelalterlichen Plünderungen an einer sprechenden Statue: *„Quod non fecerunt barbari, fecerunt Barberini“* („Was die Barbaren nicht taten, taten die Barberini“).

Vor dem Altar wird durch eine reich verzierte Balustrade die **Confessio (36)** abgegrenzt, eine Öffnung im Kirchenboden, beleuchtet von 95 vergoldeten, ständig brennenden Öllampen, mit einer prachtvollen, halbkreisförmigen Doppeltreppe hinab zum **Petrusgrab**. Die Nische, die man unten sieht, ist überaus wertvoll geschmückt. Hinter dem goldenen Gitter liegen die Ausgrabungen einer antiken Totenstadt, in der man 1950 das mutmaßliche Grab des Apostels Petrus entdeckte (→ S. 527).

Der Papstaltar besteht aus einem massiven Marmorblock, der vom Forum des Nerva stammt. Über dem Bronzetabernakel wölbt sich die von Michelangelo entworfene **Kuppel**. Der Innenraum ist hier 130 m hoch. Wer zum Kuppelfries hinaufsteigt, bemerkt von dort aus erst die gewaltigen Ausmaße und die farbenfrohen Mosaike. Über den Pfeilern sind in Mosaikmedaillons die vier Evangelisten dargestellt. Jedes Medaillon hat einen Durchmesser von 8 m. Die Schreibfeder des heiligen Marcus ist beispielsweise 1,50 m lang. Auf dem Fries darüber steht auf goldenem Grund mit rund 2 m hohen Buchstaben geschrieben:

TU ES PETRUS ET SUPER HANC PETRAM AEDIFICABO ECCLESIAM MEAM ET TIBI DABO CLAVES REGNI COELORUM

(Du bist Petrus, und auf diesem Felsen will ich meine Kirche bauen, und Dir werde ich die Schlüssel des Himmelreiches geben. Mt. 14,16).

In den 16 Kuppelsegmenten stellen Mosaike die Büsten der ersten Päpste dar. Vom Abschluss der allein 18 m hohen Laterne streckt Gott seine Arme segnend zum Petrusgrab aus.

Die vier **Kuppelpfeiler** haben jeweils einen Umfang von 71 m. Die gigantische Grundfläche eines einzigen solchen Pfeilers reichte Borromini aus, um darauf in der Nähe des Quirinals die Kirche San Carlino zu errichten (→ S. 374).

Urban VIII. hatte die Idee, im Vierungsraum, dessen Zentrum Papstaltar und Petrusgrab bilden, die drei **Hauptreliquien** der alten Peterskirche zu inszenieren. Sie sollten die Bedeutung dieses heiligen Ortes zusätzlich steigern, indem sie ihn wie eine Ehrenwache einrahmen und so ein „magisches" Viereck bilden. So

**Der Vatikan** Karte S. 478/479

werden sie zudem zu Stützen eines weiteren Baldachins, der sich in Form der riesenhaften Kuppel über das Grab wölbt. Dass während der Messe auch der Papst Zentrum dieser Inszenierung ist, war ein wohl kalkulierter Nebeneffekt. Jeder der vier umstehenden Kuppelpfeiler sollte eine der Reliquien aufnehmen. Für den vierten ließ er den größten Teil der Kreuzfragmente aus Santa Croce in Gerusalemme überführen.

Zu diesem Zweck wurde Bernini beauftragt, nachträglich 10 m hohe Nischen in die Vierungspfeiler einzulassen. Dieses kühne Projekt war für die Feinde Berninis ein willkommener Anlass, ihn zu verleumden. Geschickt streuten sie das Gerücht, der Meister habe sich mit den Nischen verrechnet und die Kuppel beschädigt, es hätten sich sogar schon Risse in der Schale aufgetan. Der Vorwurf war zwar aus der Luft gegriffen, schädigte aber den Ruf Berninis so nachhaltig, dass das erfolgsverwöhnte Genie in Ungnade fiel und kaum noch Aufträge erhielt. Erst mit guten Beziehungen und einer List kam er mit dem Vier-Ströme-Brunnen auf der Pzza. Navona mühsam wieder ins Geschäft (→ S. 403).

In den **Nischen der Pfeiler** präsentieren jeweils 5 m hohe kolossale Marmorstatuen die Reliquien. Rechts vorne sieht man den **heiligen Longinus (32)**, den Angehörigen des Golgatha-Exekutionskommandos, der mit seiner Lanze dem gekreuzigten Jesus die Seite aufschlitzte. Er steht für die originale Lanzenspitze, die dem Papst von Kreuzrittern geschenkt, dann aber von Sarazenen geraubt wurde. Papst Innozenz VIII. erlangte sie durch einen schändlichen Handel mit Sultan Bayezit II. zurück (mehr dazu später) und war extrem stolz auf dieses Prestigeobjekt. In einer anderen Pfeilernische steht die **heilige Veronika (34)** mit dem Schweißtuch. Sie soll Jesus auf dem staubigen Weg zum Kalvarienberg damit das Gesicht getrocknet haben, das sich danach angeblich durch ein Wunder auf dem Tuch abbildete. Kreuzritter brachten die Reliquie von Jerusalem nach Rom. Die Dame mit dem Kreuz ist die **heilige Helena (33)**. Die Mutter Kaiser Konstantins spürte in der Nähe des Kalvarienbergs Teile des Kreuzes auf, die in S. Croce in Gerusalemme aufbewahrt wurden. Partikel davon wurden 1629 nach St. Peter geschafft. Schließlich steht noch der **heilige Andreas (35)** mit x-förmigem Kreuz in einer Pfeilernische. Dieser Bruder des heiligen Petrus missionierte in Griechenland. Dortige Christen schickten seinen Schädel im Jahr 1400 nach Rom, um ihn bei seinem Bruder beisetzen zu lassen. Es kam aber nicht zur Bestattung, sondern der Schädel wurde als wertvolle Reliquie in Alt-St. Peter ausgestellt. Papst Paul VI. gab den Schädel 1966 als Geschenk an die orthodoxe Kirche in Griechenland zurück.

Vor den hohen Sockeln der vier Statuen sind jeweils Zugänge zu den **Grotten**, dem Untergeschoss der Kirche (dazu später mehr). Durch Gitterfenster am Boden sieht man die zugehörigen Altäre. Über den Nischen befinden sich Balkone an den Pfeilern, von denen aus die Reliquien den Gläubigen zu besonderen Anlässen gezeigt wurden. Wie bedeutend ein solches Ereignis war, ist einem Bericht von 1452 zu entnehmen, nach dem die Präsentation des Schweißtuchs der Veronika allen anwesenden Gläubigen jeweils 14.000 Jahre Ablass einbrachte. An der Pfeilerwand über den Balkonen befinden sich Reliefs zwischen Schraubensäulen, auf denen Engel Darstellungen der Reliquien vorführen.

Die **Westapsis** wird vom **Hauptaltar (17)** eingenommen. Seinen Mittelpunkt bildet ein Fenster mit einer Taube, die den Heiligen Geist symbolisiert (Flügelspannweite von 1,75 m). Ein goldener Strahlenkranz mit zahlreichen Engeln umgibt das Fenster mit Scheiben aus dünn geschnittenem Alabaster. Das Wichtigste des Altars ist der von Bernini geschaffene, bronzene Reliquienschrein in Form eines Sessels, die **Cathedra Petri**. Darin wird ein elfenbeinerner Stuhl aufbewahrt. Die Legende berichtet, dass darauf bereits die ersten Bischöfe Roms saßen, womöglich sogar Petrus persönlich. Im Hochmittelalter diente er jedenfalls den Päpsten noch als Thronsitz, bevor er später nur noch als Reliquie verehrt wurde. Als Original des **Heiligen Stuhls** wurde er zum Synonym für das päpstliche Lehramt und später allgemein für die katholische Kirchenleitung. Der in den Altar eingearbeitete Schrein der Cathedra wird vom Heiligen Geist (vom Fenster mit der Taube) erleuchtet. Gehalten wird er von den vier bronzenen Kirchenlehrern Ambrosius, Augustinus, Athanasius und Johannes Chrysostomos.

Rechts des Throns erwies Bernini seinem Gönner **Urban VIII.** (1623–44) einen letzten Dienst und setzte ihm mit dem imposanten **Grabmonument** und der Porträtfigur des Papstes in Herrscherpose ein weiteres Denkmal (16).

Gegenüber, links des Hauptaltars, sieht man das **Grab von Papst Paul III.** (1534–49) aus der Familie Farnese (18). Er

*Berninis Cathedra: barocke Verherrlichung des Papstthrons*

war der Mäzen Michelangelos und gab ihm den Auftrag für das Fresko des Jüngsten Gerichts an der Altarwand der Sixtinischen Kapelle. Später ernannte er den bereits 71-jährigen genialen Künstler zum Bauleiter der neuen Peterskirche.

Die Schwester Pauls war die für ihre Schönheit weit über die Landesgrenzen hinaus gepriesene **Giulia Farnese**. Sie war die junge Geliebte des berüchtigten Borgia-Papstes Alexander VI. (1492–1503), der ihr regelrecht verfiel und allen ihren Wünschen nachgab. So wurde sein de facto „Schwager" Alessandro Farnese bereits mit 25 Jahren Kardinal. Die derben Römer gaben diesem daraufhin den Spitznamen „*Kardinal Fregnese*" („*fregna*" = vulg. für Vagina). Weder dies noch das Verhältnis mit Silvia Ruffini und die vier gemeinsamen Kinder verhinderten seine Wahl zum Papst. 15 Jahre lang saß Paul III. auf dem Stuhl Petri bevor er 81-jährig starb.

Wenig verwunderlich ist bei diesem Lebenslauf, dass Giugliemo della Porta das Grab des Papstes mit vier Damen

schmückte (zwei wurden später entfernt und sollen sich im Farnese-Palast befinden). Offiziell sind sie die Allegorien der menschlichen Tugenden, der Legende nach soll es sich aber um die vier Konkubinen des Papstes handeln. Das ist jedoch widerlegt, denn die junge Dame rechts ist eindeutig seine schöne Schwester Giulia, die hier die Wahrheit verkörpert. Rechts steht für die Klugheit die ehrwürdig gealterte päpstliche Mama.

Nur konsequent war es, die Wahrheit nackt darzustellen, zumal Giulia sich das durchaus leisten konnte. Dies erregte später den Unmut von Papst Clemens VIII., der sich die systematische Bekämpfung der Unmoral zum Ziel gesetzt hatte, als er unmittelbar nach seiner Wahl am 2. Juli 1592 die Kirche inspizierte. Die mächtige Familie Farnese konnte als Kompromiss immerhin erreichen, dass die Figur nicht vom Grab entfernt, sondern nur bedeckt wurde. Erst 1595 war das schon zwei Jahre zuvor in Auftrag gegebene Metallkleid für die Figur fertig. In einem Brief vom 6. Dezember 1595 wird berichtet: *„Die Reformer hier haben einer marmornen Frauenstatue neben der Statue Pauls III. beim Apostelaltar in St. Peter die* *Brustwarzen, die Brust und andere bloße Stellen am Schenkel mit Bronze bedecken lassen, denn sie waren ihnen zu aufreizend, zur großen Empörung des Herrn Kardinals Farnese, da Marmorstatuen dieser Art bei der Betrachtung noch nie Begierde erweckt haben, wenn diese Statue auch einen bis zum Rand des natürlichen Gefäßes hin bloßen Schenkel zeigt.“* (Mehr zur Familie Farnese → „Palazzo Farnese“, S. 422).

**Seitenschiffe:** Die Beschreibung des Rundgangs durch die Seitenschiffe beginnt rechts des Haupteingangs (mit Blickrichtung zum Altar).

Die **erste Kapelle** gehört allein der **Pietà** Michelangelos, sie ist eines der schönsten und bedeutendsten Kunstwerke der Peterskirche (7). Nachdem im Mai 1972 ein Geisteskranker mit einem Hammer auf das Kunstwerk einschlug, wird es von einer Panzerglasscheibe geschützt. So bleibt heute leider nur der Blick von vorne aus einiger Entfernung, der zudem fast ständig durch eine dichte Traube von Touristen behindert wird.

**Michelangelo** war erst 25 Jahre alt, als er die *Pietà* 1499 vollendete. In ein Band über Marias Brust kerbte er die auf Latein verfasste Zeile *„Dies hat Michelangelo Buonarroti aus Florenz gemacht“.* Er war nicht nur stolz auf sein erstes in Rom geschaffenes Werk, sondern machte damit auch geschickt Werbung. Mit einem Schlag war sein Name in Rom bekannt und Folgeaufträge gab es so reichlich, dass er keine andere Arbeit mehr signieren musste. Pietà, vom lateinischen *„pietas“,* heißt Frömmigkeit. Sinnbild dafür ist Maria, die den vom Kreuz genommenen toten Jesus in den Armen hält. Michelangelo meißelte das Gesicht der Mutter wesentlich jünger als das des etwa 33-jährigen Sohnes, weil er der Ansicht war, dass *„Reinheit und Jungfräulichkeit einer Frau jugendliches Aussehen und Schönheit bewahren“.* Die aus einem Block gehauene Figurengruppe von herausragender Qualität deutet meisterhaft zugleich Trauer um den Tod und Zuversicht in eine baldige Auferstehung an.

Weiter sind im rechten Seitenschiff zahlreiche **Papstgräber** von Fontana, Bernini, Rusconi und anderen prominenten Künstlern zu sehen.

In den ersten Pfeiler zum Hauptschiff ist das **Grabmal der Christine von Schweden (8)** eingelassen, die zur Abdankung gezwungen wurde, als sie 1655 zum katholischen Glauben konvertierte und nach Rom ins Exil ging. Der Papst bereitete ihr einen pompösen Empfang auf der Piazza del Popolo (→ S. 304). Anschließend lebte sie noch 30 Jahre im Palazzo Corsini in Trastevere (→ S. 447). Ihr Sarkophag befindet sich in den „Grotten“ der Krypta.

Die **zweite Kapelle** mit eindrucksvollen Mosaiken, links neben der **Pietà**, ist dem Martyrium des heiligen Sebastian gewidmet. Hier befinden sich auch die Gräber von zwei bedeutenden Päpsten aus dem 20. Jh.

Rechts steht das **Denkmal für Pius XI.** (1922–39), den Gründer des Vatikanstaates (9). Er schloss am 11. Februar 1929 mit Mussolini die Lateranverträge ab, in denen er formell auf den seit der Einigung Italiens verlorenen Kirchenstaat verzichtete und dafür die Autonomie des Vatikans, ein beträchtliches Startkapital und maßgeblichen Einfluss auf die italienische Bildungs- und Familienpolitik erhielt. Er war ein autoritärer Pontifex, dem sein 50-jähriges Priesterjubiläum (1929) Anlass genug für die Anordnung eines außerordentlichen Heiligen Jahres war.

Im September 1933 vereinbarte Pius XI. mit Hitler ein **Konkordat** (Staatskirchenvertrag) mit dem Deutschen Reich, das den Kulturkampf und die Diskriminierung der Katholiken beenden sollte. Die Kirche sollte sich dafür aus der Politik heraushalten, was zur

Schwächung der oppositionellen kirchennahen Zentrumspartei führte. Am 14. März 1937 gab Pius XI. die berühmte (auf Deutsch verfasste) Enzyklika „*Mit brennender Sorge*" heraus, die sich hauptsächlich auf den Bruch des Reichskonkordats durch die Nationalsozialisten bezog, aber auch die nationalsozialistische Ideologie verurteilte und die Gläubigen zum Eintreten für die Menschenrechte aufforderte.

Gegenüber steht die Bronzestatue eines beinahe unheimlich wirkenden schlanken Mannes mit Brille, der ganz in einen kostbaren Mantel gehüllt ist und mit den langen Fingern seiner darunter hervorgeschobenen knochigen Hand einen Segen andeutet (10). Es ist der wegen seiner Zurückhaltung gegenüber dem Naziterror umstrittene Papst **Pius XII.** (1939–59). Paul VI. eröffnete 1965 für ihn den Seligsprechungsprozess, der erst im Mai 2007 vorankam, als die zuständige Heiligsprechungskongregation entscheidende Voraussetzungen anerkannte.

In sein Pontifikat fällt die Verkündung des Dogmas der leiblichen Himmelfahrt Marias (zu Allerheiligen 1950) und die Bekanntgabe der Auffindung des Petrusgrabes unter dem Hochaltar der Peterskirche.

Als Kardinal stand Pius im diplomatischen Dienst der Kurie und war erster päpstlicher Nuntius (Botschafter) in Deutschland, bevor er unter Pius XI. Kardinalstaatssekretär und später dessen Nachfolger wurde.

Als besonderer Freund Deutschlands und erbitterter Gegner des „gottlosen Bolschewismus" ist seine **Haltung gegenüber dem Nationalsozialismus** unklar. Die Dokumente, die Aufschluss darüber geben, wann und in welchem Ausmaß Pius von den Deportationen und dem Völkermord erfuhr und was er konkret zur Rettung der Juden unternahm, liegen im Vatikan unter Verschluss und dürfen nicht eingesehen werden.

So prägt das 1963 in Berlin uraufgeführte Drama *Der Stellvertreter* von **Rolf Hochhuth** bis heute das Bild dieses Papstes. In diesem halbdokumentarischen Stück geht es um einen (fiktiven) Jesuitenpater, der Pius XII. vergeblich zu einem öffentlichen Protest gegen die Judenvernichtung veranlassen möchte. Als selbst detaillierte Augenzeugenberichte aus den Konzentrationslagern ihn nicht dazu bringen können, lässt sich der Pater als „Stellvertreter" des Papstes, der sich der historischen Verantwortung entzieht, zusammen mit den Juden Roms nach Auschwitz deportieren. Im 4. Akt heißt es: „*Ein Stellvertreter Christi, der das vor Augen hat und dennoch schweigt, ein solcher Papst ist ein Verbrecher.*"

Als die Nazis 1942 auch Katholiken verfolgten und die Vernichtung der Juden Osteuropas rassistisch begründeten, verurteilte der Papst die Gewalt so allgemein, dass die Kritik sich auch auf die Bombardements der Alliierten beziehen konnte. Es hieß, Pius sei für alle Gläubigen verantwortlich und könne als Oberhaupt eines neutralen Staates nicht deutlicher Partei ergreifen. Als die Wehrmacht am 16. Oktober 1943 im römischen Ghetto quasi vor den Augen des Papstes 1.000 Juden zusammentrieb und nach Auschwitz deportierte, schwieg Pius immer noch. Angeblich weil er fürchtete, dass eine offene Verurteilung des Nationalsozialismus die ohnehin schon bedrängten katholischen Priester und Gläubigen stärker gefährdet hätte. Auch wären kritische Äußerungen des Papstes für Hitler womöglich ein willkommener Vorwand für den Angriff auf den Vatikan gewesen. Dieser hätte nicht nur den Papst, sondern alle dort untergebrachten Verfolgten getroffen.

Belegt ist, dass in 150 Kirchen und Klöstern in Rom und Umgebung rund 4.500 Juden versteckt wurden, wozu der Papst den Befehl gegeben haben soll. Sicher ist auch, dass Juden im Vatikan zumindest mit seiner Billigung Unterschlupf fanden.

*Der Vatikan* Karte S. 478/479

Schräg gegenüber, am zweiten Pfeiler zum Hauptschiff, sieht man die Statue mit dem Grab der **Gräfin Mathilde** (11), der Eigentümerin der berühmten Burg Canossa, wo sich Papst Gregor VII. (1073–85) gerne aufhielt. Dorthin musste der deutsche König Heinrich IV. zur Buße mit nackten Füßen gehen, um sich beim Papst zu entschuldigen. Auf der Reliefplatte am Sarg der Mathilde können Sie die Szene sehen: Heinrich küsst im Büßergewand den päpstlichen Fuß, und hinter ihm trägt ein Knappe seine Krone.

Zum berühmten **Canossagang** kam es wegen eines Streits um die Laieninvestitur, also die Besetzung hoher kirchlicher Ämter durch Personen außerhalb der Kirche. Heinrich IV. war auf die Unterstützung durch Äbte und Bischöfe gegen die Fürsten angewiesen. Um sich diese zu sichern, wollte der Salierherrscher persönlich diese Ämter an ihm genehme Männer vergeben und verbat sich jede Einmischung Roms in die Personalentscheidungen. Darin sah Papst Gregor VII. einen Angriff auf die Freiheit der Kirche und exkommunizierte den renitenten

Heinrich. Den Ausgestoßenen wollten nun die Fürsten nicht länger als König akzeptieren und drohten mit einer Neuwahl. Heinrich blieb also nichts anderes übrig, als sich beim Papst zu entschuldigen und um die Wiederaufnahme in die christliche Gemeinschaft zu bitten. So tauchte er am 25. Januar 1077 vor der Burg Mathildes in Norditalien auf und musste drei Tage lang barfuß im Büßergewand den Gipfel umrunden, bevor seine Entschuldigung akzeptiert und der päpstliche Bann aufgehoben wurde.

Es folgt die **Sakramentskapelle (12)**, in die sich viele Gläubige zu stiller Andacht und zum Gebet zurückziehen. Ein Wächter vor dem Eingang sorgt dafür, dass die Gläubigen nicht gestört werden. Drinnen haben die beiden verfeindeten Barockmeister Bernini und Borromini auf engstem Raum ihre Werke hinterlassen: Von **Borromini** stammt das Gitter, das die Kapelle vom Seitenschiff abtrennt, und **Bernini** hatte die Idee zu dem Ziborium (Behältnis zur Aufbewahrung geweihter Hostien), das eine Kopie von Bramantes berühmtem Tempietto auf dem Gianicolohügel ist.

Schräg gegenüber, an der Front des rechten vorderen Kuppelpfeilers, ruht unter dem Altar des heiligen Hieronymus in einem gläsernen Sarg mit bizarr geschwungenen goldenen Ästen, an deren Enden verschiedenste Blumen sprießen, der mumifizierte Leichnam von Papst **Johannes XXIII.** (1958–63) mit einer Wachsmaske auf dem Gesicht (14). In seinem Testament hatte Johannes ausdrücklich ein sehr schlichtes Grab gewünscht. Dies hatte er auch in den Grotten unter der Kirche, bis Johannes Paul II. ihn nach der Seligsprechung im September 2000 hierher umbetten ließ. Johannes Paul II. wurde dann im April 2005 im frei gewordenen Grab von Johannes XXIII. beigesetzt.

Weiter rechts stößt man auf das **Grab Gregors XIII.** (1572–85), eines bedeutenden Juristen und Theologen, der die nach ihm benannte römische Universität gründete, den Kalender reformierte und die Missionstätigkeit der Jesuiten in Südamerika und Asien förderte (13). Auf dem Sargrelief ist der Papst umgeben von Mathematikern und Astronomen zu sehen.

Im **rechten Querschiff** folgen verschiedene Darstellungen von heiligen Märtyrern. Im anschließenden hinteren Teil des rechten Seitenschiffs steht das klassizistische **Denkmal für Clemens XIII.** (1758–69) von Antonio Canova (15). Der Papst ist dargestellt, wie er kniend betet und seine Tiara neben sich abgestellt hat. Die Frau mit dem Strahlenkranz-Diadem verkörpert die Religion, der rechts an das Grab lehnende Engel, der traurig die Fackel des Lebens löscht, steht für den Tod. Berühmt sind die beiden darunter liegenden Löwen, die sich bei der Bewachung des Grabes abzulösen scheinen. Sie symbolisieren die vertrauensvolle und die wachsame Kirche. Der Löwe rechts hat den Kopf auf die Tatzen gelegt und schläft, sein Kollege links wacht und faucht den Betrachter leise an.

Gehen Sie nun um den Papstaltar herum, an der Apsis mit dem Hauptaltar vorbei, in das **linke Seitenschiff**. Zwischen Apsis und linkem Querschiff (gegenüber dem Kuppelpfeiler) befindet sich das pompöse **Grab Alexanders VII. (19)**. Es war der letzte Auftrag, den **Bernini** im Alter von 80 Jahren ausführte. Der Papst ist darauf kniend und betend dargestellt. Das Skelett, das vor ihm unter den Falten der roten Marmordecke auftaucht, deutet mit der Sanduhr an, dass seine Zeit

## Papst Johannes XXIII

*„Il Papa buono"* (der gute Papst), wie man Johannes XXIII. auch nannte, wurde 1881 als Sohn einer armen Familie in Bergamo geboren. Obgleich hochgebildet, gab er sich stets unkompliziert und bescheiden. Aufgrund seiner außergewöhnlichen Sprachkenntnisse trat er in den diplomatischen Dienst der Kurie ein. Während der deutschen Besetzung Griechenlands linderte er die Not der Bevölkerung und verhalf 1.000 ungarischen Juden zur Flucht vor der Deportation, indem er ihnen Taufscheine ausstellte. 1953 wurde er zum Kardinal und Patriarchen von Venedig ernannt.

Als sich fünf Jahre später das in zwei Lager gespaltene Konklave nicht einigen konnte, wählten die Kardinäle ihn als Kompromisskandidaten. Eigentlich sollte der 77-Jährige nur ein Übergangspapst sein, doch dann stand er wie keiner seiner Amtsvorgänger für den Aufbruch in eine neue Zeit. Er berief das **Zweite Vatikanische Konzil** zur Erneuerung und Modernisierung der Kirche ein. In der Eröffnungssitzung am 11. Oktober 1962 versammelten sich so viele Bischöfe wie noch nie zuvor in der Peterskirche, um zu diskutieren und die notwendigen Reformschritte einzuleiten. Auch wenn sich der schwer kranke Johannes bereits nach der ersten Sitzung zurückziehen musste und das Ende des Konzils im Dezember 1965 nicht mehr erlebte, hatte er doch den entscheidenden Anstoß für die Reformen gegeben. Johannes XXIII. starb am 3. Juni 1963 an Krebs.

Auch sonst blies er **frischen Wind** in die verstaubten Kirchenstrukturen: Er berief eine Kommission zur Neufassung des Kirchenrechts, erweiterte das Kardinalskollegium, um es internationaler zu machen, setzte sich für mehr Ökumene ein, entfernte die Bekehrungsaufforderung an die Juden aus der Karfreitagsliturgie (was Benedikt XVI 2008 wieder einführte) und schaffte den Fußkuss, als Ehrbezeugung gegenüber dem Papst, ab. Er forderte die reichen Nationen auf, den ärmeren beizustehen und die Menschenrechte als Grundlage für den Weltfrieden anzuerkennen. In der Kubakrise vermittelte er zwischen Chruschtschow und Kennedy, sodass selbst der wenig kirchenfreundliche Sowjetführer respektvoll anerkannte, *„dieser Papst ist ein Heiliger"*.

Bekannt war Johannes XXIII. auch für seinen Humor: Auf die Frage eines Journalisten, wie viel Menschen eigentlich im Vatikan arbeiten würden, antwortete er: *„Ich hoffe, ungefähr die Hälfte"*. Sein Leitmotiv war *„Giovanni, nimm dich nicht so wichtig, du bist ja nur Papst"*. Dazu passt seine Erkenntnis *„Papst werden kann jeder, ich selbst bin das beste Beispiel"*. Sein Amtsverständnis beschrieb er einmal so: *„Ich bin jetzt unfehlbar, gedenke aber nicht, davon Gebrauch zu machen"*.

*Der Vatikan*
*Karte S. 478/479*

abgelaufen ist. Der Totenkopf ist von der Decke verhüllt, da der Tod alle Menschen ohne Standesunterschiede holt. Die vier weiblichen Figuren, die an das Tuch lehnen, verkörpern die Tugenden Wahrheit, Nächstenliebe, Gerechtigkeit und Besonnenheit. Die Wahrheit, vorne rechts, steht auch für die Religion. Mit ihrem Zeh berührt sie England auf der Weltkugel. Darin wird eine Anspielung auf den erfolglosen Einsatz des Papstes für die Lösung der Probleme mit der anglikanischen Kirche gesehen. Im linken Querschiff sind drei mit kostbaren Mosaiken geschmückte Altäre zu sehen, die verschiedenen Heiligen geweiht sind. Es folgen zahlreiche Beichtstühle, in denen ausländische Gläubige in ihrer Landessprache beichten können (s. o.).

Gegenüber dem vorderen Kuppelpfeiler befindet sich der Eingang zur Sakristei und **Schatzkammer (22)** (Kunsthistorisches Museum). In vier kleinen Räumen sind einige wertvolle Sakralgegenstände und Messgewänder ausgestellt. Bemerkenswert ist ein **Goldkreuz** des oströmischen Kaisers Justinus II. und ein Modell der alten Peterskirche. Die angebliche Dalmatica (Krönungsgewand) Karls des Großen mit byzantinischen Stickereien ist in Wirklichkeit erst lange nach Kaiser Karl entstanden. Sehenswert sind einige Abbildungen der alten Peterskirche. Ein Besuch lohnt sich für Liebhaber von Sakralkunst.

*Öffnungszeiten* **Schatzkammer**, von Anfang April bis Ende Sept. 9–18.15 Uhr, von Okt. bis März 9–17.15 Uhr (Eintritt ist bis 30 Min. vor Schließung möglich).

An der Stelle, wo das linke Querschiff in das linke Seitenschiff übergeht, sieht man das **Grab von Leo XI. (25)**, der nur 27 Tage im Amt war – vom 1. bis zum 27. April 1605. Er zog sich während der pompösen Krönungsfeier eine Erkältung zu, von der er sich nicht mehr erholte. Die Reliefplatte auf seinem Grab zeigt seinen größten Erfolg: Als Kardinal hatte er König Heinrich IV. von Frankreich dazu gebracht, dem protestantischen Glauben abzuschwören und katholisch zu werden. Rechts davon steht das **Denkmal für Pius VII.** (1800–23) (24). Die von Thorwaldsen geschaffene Statue des Papstes, wie er segnend auf seinem Thron sitzt, drückt zugleich auch seinen Kummer aus. Napoleon hatte ihn gefangen genommen und nach Fontainebleau verschleppt.

Es folgt die vom Seitenschiff abgegrenzte **Chorkapelle (26)** mit einem reich verzierten Chorgestühl, das von Giacomo della Porta entworfen und 1627 von Urban VIII. eingeweiht wurde. Die Stuckverzierung ist hier noch aufwändiger als an anderen Stellen der Peterskirche.

Schräg gegenüber, am Pfeiler zum Hauptschiff, befindet sich das **Denkmal für Innozenz VIII.** (1484–92) (27). Das Bronzewerk wurde bereits 1498 von Antonio Pollaiuolo angefertigt und stammt noch aus der alten Basilika des Konstantin.

Im oberen Teil sieht man den Papst würdevoll auf seinem Thron sitzen. In seiner linken Hand hält er die schon bei den Vierungspfeilern erwähnte **Lanzenspitze des Longinus**. Diese überaus wertvolle Reliquie, auf die der Papst offensichtlich sehr stolz war, hatten die ersten Christen in Palästina gefunden und den Kreuzrittern mitgegeben, die sie sicher nach Rom bringen sollten. Sie wurde dann aber später von Sarazenen geraubt und in Konstantinopel als Beutegut aufgewahrt. Sultan Bayezit II. bot die Reliquie 1492 Innozenz VIII. als Gegenleistung dafür an, dass der Papst den Bruder des Sultans, Dschem, in Gewahrsam behielt. Dieser hatte nämlich ältere Rechte auf das Herrscheramt in Konstantinopel angemeldet und musste deshalb aus dem Weg geschafft werden. Der Papst akzeptierte, ließ Dschem einkerkern und erhielt seine eiserne Spitze zurück. Später ließ sein Nachfolger Alexander VI. den osmanischen Thronanwärter umbringen.

Innozenz VIII. ging auch ansonsten recht skrupellos vor; er war es, der die Inquisition und Hexenverbrennung einführte. Unter dem Denkmal ist der Papst noch einmal, tot auf seinem Sarg liegend, dargestellt.

Es folgt die **Cappella della Presentazione (28)**. Sehenswert ist hier die prachtvolle Kuppel. Im Kristallsarg in der Mitte wird der heilig gesprochene Pius X. (1904–14) ausgestellt. Hände und Gesicht sind mit Silber abgedeckt. Darüber sieht man die Statue des Papstes mit ausgebreiteten Armen. Das moderne Bronzerelief rechts zeigt Johannes XXIII., wie er Kinder, Gefangene und Kranke segnet. Die Statue links stellt Benedikt XV. (1914–22) dar, wie er niederkniet und für die Opfer des Ersten Weltkriegs betet. Die Olivenzweige, die die Ecken seines Sargs schmücken, sind Symbole des Friedens.

Am Pfeiler zum Hauptschiff ist das von Canova angefertigte klassizistische **Denkmal der Stuarts (29)** zu sehen. Die Familie verlor den englischen Thron wegen ihrer Treue zur katholischen Kirche und erhielt Asyl in Rom. Hier in der Peterskirche beigesetzt ist Jakob III. (1688–1766), dessen Vater als letzter Stuart König von England, Schottland und Irland war, zusammen mit seinen beiden Söhnen Karl und Heinrich. Letzterer war Bischof von Frascati. Das Denkmal ist einer antiken Grabstele nachempfunden. Vor der verschlossenen Tür wachen zwei Engel, die mit traurig gesenktem Kopf Fackeln zum Boden halten als Zeichen des verloschenen Lebens. Berühmt sind ihre wohl proportionierten Popos (der Form nach weiblich, während die Engel entsprechend der Tradition männlich sind).

Direkt neben dem Eingangsportal sollte man noch einen Blick in die **Taufkapelle (30)** werfen. Der untere Teil des Taufbeckens aus hellrotem Porphyr war lange Zeit der Sargdeckel des im Jahr 974 gestorbenen Kaisers Otto II. Den barocken vergoldeten Bronzedeckel fügte Fontana im 17. Jh. hinzu.

Vor der Taufkapelle wurde das Wappen Johannes Pauls II. (schlichtes Kreuz mit dem „M" für Maria auf blauem Hintergrund aus Lapislazuli) aus Anlass seines 20-jährigen Dienstjubiläums 1998 in den Kirchenboden eingelassen.

▶ **Vatikanische Grotten:** Als „Grotten" (Felsenhöhlen) bezeichnet man die Krypta, die auf dem Niveau der ursprünglichen konstantinischen Basilika liegt, wegen ihrer engen, niedrigen, einst feuchten und dunklen Gänge im Bereich unter dem Hauptaltar. Frauen hatten hier früher aus moralischen Gründen keinen Zutritt, denn Gelegenheiten fördern die Sünde und man fürchtete, dass nicht alle Kirchenmänner an diesem verschwiegenen Ort der Versuchung widerstehen könnten. Heute bestehen diese Bedenken nicht mehr, denn es ist hell, soweit wie möglich ausgebaut und diskrete Plätzchen gibt es wegen der vielen Besucher auch nicht mehr. Seit der Beisetzung von Johannes Paul II. im April 2005 reißt der Strom von Pilgern, die sein Grab sehen wollen, nicht ab. Wegen des großen Andrangs sind die extrem engen Zugänge im Kircheninnern vor den Kolossalskulpturen an den Kuppelpfeilern meistens geschlossen (gelegentlich wird der am vorderen rechten Pfeiler unterhalb der Statue des Longinus oder der am vorderen linken Pfeiler beim heiligen Andreas geöffnet). In der Regel betritt man die Krypta daher mittlerweile durch den neu geschaffenen Eingang, den man rechts neben der Kirche durch die Vorhalle erreicht (gegenüber befindet sich auch der Eingang zur Kuppelbesteigung). Dahinter führt ein Gang, in dem einige Säulenbasen der alten Peterskirche zu sehen sind, in die große dreischiffige Krypta unter dem Hauptschiff.

In der Krypta wurden bisher 164 Päpste, einige Kaiser und Könige beigesetzt. Es gibt auch eine **deutsche Kapelle** mit den Gräbern von Kaiser Otto II. (967–983) und dem deutschen Papst Gregor V. (996–999).

Vom Eingang kommend, liegt in einer Nische rechts das mit einer schlichten Platte bedeckte **Grab von Papst Paul VI.** (1969–78). Dessen Nachfolger **Johannes Paul I.**, der „lächelnde Papst" genannt, ruht in einem teilweise antiken Marmorsarkophag gegenüber, links des Gangs. Er starb nach nur 33 Tagen im Amt wohl an einem Infarkt. Wegen allerlei Unstimmigkeiten und einer mehrfach im Detail überarbeiteten offiziellen Todesmitteilung, ranken sich zahlreiche Verschwörungstheorien um seinen plötzlichen Tod. Schräg gegenüber, nahe am Petrusgrab, folgt rechts die Kapelle mit dem **Grab von Johannes Paul II.** Die schlichte Marmorplatte trägt nur die Inschrift: *„Joannes Paulus II (1920–2005)"*.

## Papst Johannes Paul II. (16. Oktober 1978 bis 2. April 2005)

Am späten Abend des 2. April 2005 ließ der Vatikan den rund 50.000 Gläubigen auf dem Petersplatz mitteilen, dass Johannes Paul II. eine halbe Stunde zuvor gestorben war. Damit endete sein langes, schonungslos öffentlich gezeigtes Leiden und Sterben. Drei Tage vorher hatte man den 84-Jährigen ein letztes Mal am Fenster seines Arbeitszimmers gesehen, wie er sich, unfähig zu sprechen, im Rollstuhl mit schmerzverzerrtem Gesicht aufbäumte, um einen Segen anzudeuten, dann wurde der Vorhang wieder vorgezogen.

Im Jahr 2002 hatte sich der Gesundheitszustand des Papstes schon einmal so drastisch verschlechtert, dass er die Ostermesse nicht mehr lesen konnte. Ein Rücktritt, über den seither oft spekuliert wurde, kam für ihn aber nicht in Frage. Christus sei schließlich auch *nicht vom Kreuz gestiegen*". Johannes Paul sah es als seine Pflicht an, die ihm anvertraute Mission zu Ende zu führen und seinen persönlichen Kreuzweg als Leidender für die Christenheit anzunehmen. Auch wenn er wegen seiner Parkinson-Erkrankung kaum noch sprechen konnte und wegen der Probleme mit Knien und Hüften in den letzten Jahren seines Lebens überwiegend im Rollstuhl saß, erfüllte er seine Pflicht und scheute keinen anstrengenden Auftritt. Die eiserne Disziplin, die Tapferkeit, mit der der einst so vitale Mann den gesundheitlichen Verfall ertrug, und den Mut, sich öffentlich so hinfällig zu zeigen, nötigte selbst seinen Kritikern Respekt ab.

Dank seines ungewöhnlichen Charismas und der starken Medienpräsenz nahm er die Massen für sich ein. Das Gemeinschaftserlebnis des von ihm 1985 als Tradition **begründeten Weltjugendtages** machte ihn bei den Jungen zur Kultfigur und man verglich ihn mit einem Popstar.

Für seine Verehrer besiegte er den Kommunismus, beendete den kalten Krieg nahezu im Alleingang, engagierte sich für den Weltfrieden, wies die Globalisierung in die Schranken, förderte den Dialog der Religionen, festigte die Kirche und stärkte die Gemeinschaft der Gläubigen. Seine Kritiker hielten ihn für einen autoritären Kirchenfürsten, der z. B. in Fragen der Ökumene, des Zölibats, der Stellung der Frau, der Wiederverheiratung Geschiedener und der Empfängnisverhütung erzkonservative Positionen vertrat und durch seine Ächtung von Kondomen an der Ausbreitung von Aids und dem qualvollen Massensterben Mitverantwortung trug.

Außergewöhnlich sind jedenfalls die **Fakten seines Pontifikats**: Seine Amtszeit von 26 Jahren und knapp sechs Monaten ist die drittlängste der Kirchengeschichte (nach der von Petrus mit etwa 34 Jahren und der von Pius IX. mit knapp 32 Jahren). Er wurde am 16. Oktober 1978 als erster Nichtitaliener seit 455 Jahren und als erster Pole überhaupt als Kompromisskandidat überraschend zum 264. Nachfolger Petri gewählt. Er war mit 58 Jahren der jüngste Papst seit über einem Jahrhundert. Auf 104 Reisen in 129 Länder hat er fast 1,3 Mio. Kilometer zurückgelegt. Mit 1.590 Staats- und Regierungschefs hat er gesprochen. Er hat mehr als 20.000 Reden und 1.160 Generalaudienzen im Vatikan gehalten, bei denen insgesamt etwa 18 Mio. Menschen anwesend waren. 1.338 Personen hat er selig und 482 heilig gesprochen und damit mehr als seine Vorgänger in vier Jahrhunderten zusammen. Alle Kardinäle, die später seinen Nachfolger wählten, hatte er ausgesucht und ernannt.

Während der viertägigen Aufbahrung in St. Peter, über der Confessio vor dem Papstaltar, nahmen etwa fünf Mio. Menschen von Johannes Paul II. Abschied. Sie standen in der Schlange, die über den Petersplatz, den Vorplatz, die Via della Conciliazione entlang bis fast zur Engelsburg reichte und warteten teilweise über 24 Stunden, um ihn ein letztes Mal zu sehen.

An der Stirnseite der Krypta schaut man durch die Glastüren in die **Confessio**, den zum Kirchenschiff offenen Vorraum vor dem Petrusgrab mit dem Papstaltar und der Kuppel darüber. Überaus kostbar sind die reichen Marmorintarsien des Bodens und der Wände. An der Rückseite befindet sich die **Pallien-Nische** zur Aufbewahrung der Pallien. Das **Pallium** ist ein langer Schal aus Schafwolle, der mit fünf Kreuzen für die Wundmale Christi bestickt ist und über dem Messgewand wie ein Kragen auf den Schultern nach vorn fallend getragen wird. Es symbolisiert das Hirtenamt und wird nur vom Papst an die Erzbischöfe als Zeichen ihrer Ernennung übergeben. Dazu muss es als eine Art Berührungsreliquie mindestens eine Nacht lang an dieser Stelle in unmittelbarer Nähe des Petrusgrabes gelegen haben.

Im Zentrum der Rückwand steht vor einem Madonnenbild ein kostbarer silberner Reliquienschrein, der die **Reliquien des Petrus** symbolisiert. Die bei den archäologischen Grabungen in den 1940er Jahren gefundenen Knochensplitter, die mutmaßlich von Petrus stammen, werden am Fundort gleich hinter dem Gitter aufbewahrt, das im oberen Teil der Rückwand erkennbar ist (mehr zur Auffindung des Grabes → S. 527).

Ein schmaler, mit Mosaiken und Fresken dekorierter Gang führt im Halbkreis hinten um die Confessio herum (wegen des großen Besucherandrangs ist dieser Gang mittlerweile meist geschlossen). Hieran grenzen kleine Kapellen, darunter eine von Johannes Paul II. in Auftrag gegebene, neue polnische Kapelle mit einer Nachbildung der Madonna von Czenstochau über dem Altar und Reliefabbildungen polnischer Heiliger an den Wänden. Exakt auf der Rückseite der Confessio liegt die **Cappella Clementina**. Hier sieht man hinter dem Altar durch ein Gitter eine weiße, mit rotem Porphyrstreifen geschmückte Marmorwand. Sie gehört zu einem großen Marmorkasten, in dem sich das mutmaßliche Petrusgrab befindet.

*Öffnungszeiten* **Vatikanische Grotten**, 7–17 Uhr; Eintritt kostenlos.

▶ **Die Kuppel:** Auf keinen Fall sollten Sie es versäumen, die Kuppel zu besteigen. Erst von oben sind die gigantischen Ausmaße des Innenraumes der Kirche zu erfassen. Vom Umgang unterhalb der Laterne genießen Sie bei klarem Wetter einen einzigartigen Ausblick auf das Palastgewimmel und die Gärten des Vatikans sowie auf die Innenstadt bis hin zu den Albaner Bergen. Kommen Sie möglichst am Nachmittag hin, denn dann senkt sich die Sonne hinter der Kirche und leuchtet die Stadt besonders schön aus.

Den **Kuppelaufgang** rechts neben der Kirche erreicht man durch die Eingangshalle (gegenüber des Eingangs zu den „Grotten"). Man muss einige Wartezeit in Kauf nehmen. Gegenüber, gleich links an der Kirchenmauer, gibt es einen **Brunnen** mit Trinkwasser; nebenan einen großen Souvenirshop.

•*Öffnungszeiten* April–Sept. 8–17 Uhr, Okt.–März 8–16.30 Uhr.

•*Eintritt* Mit dem Aufzug bis auf die Höhe des Dachs der Basilika 7 €; ohne Aufzug 4 € (537 Stufen, die am Anfang noch flach sind und in einer spiralförmigen Rampe ansteigen, dann geht es mit normalen Stufen weiter).

Vom **Dach des Hauptschiffes** aus haben Sie einen freien Blick auf die Kuppel, die von hier aus immer noch 95 m hoch ist. Von der Balustrade mit den Statuen der Apostel und Christus in der Mitte (5,60 m hoch) kann man auf den Petersplatz, die Via della Conciliazione und die Stadt sehen. Interessant ist auch ein Blick in die Laternen der Seitenkuppeln. Am Fuß des Tambours der Kuppel geht der Aufstieg weiter in ihr Inneres. Nach wenigen Schritten gelangen Sie zur **ersten Galerie**. Hier stehen Sie auf dem Gesims direkt über dem Buchstabenfries unter

**Der Vatikan** Karte S. 478/479

der Fensterreihe der Kuppel und haben einen sagenhaften **Blick in das Kircheninnere**. 53 m über dem Kirchenboden begreift man erst die gewaltigen Ausmaße. Die Mosaike der Kuppel kommen von diesem Standpunkt aus sehr gut zur Geltung. Hier oben gibt es übrigens ein akustisches Phänomen: Wenn Sie ganz leise gegen die Wand flüstern, ist dies am anderen Ende des Umganges zu hören. Man spricht deshalb auch von der **„Flüstergalerie"**.

Zwischen der inneren und der äußeren Kuppelschale geht es bis zur Laternenbasis hinauf. Einen Fahrstuhl konnte man in dem gekrümmten Zwischenraum nicht einbauen, Sie müssen also die folgenden 320 Stufen zu Fuß weiter, doch das lohnt sich! **Achtung**: Wer unter Platzangst leidet, sollte auf den weiteren Aufstieg verzichten. Da der Weg nach oben immer schmaler wird, gibt es ein Einbahn-System, sodass ein späteres Umkehren unmöglich ist.

Die **zweite Galerie** nach innen (73 m über dem Boden) ist seit einigen Jahren ständig geschlossen. So auch die Kupferkugel (2,5 m Durchmesser) ganz oben unter dem Kreuz. Als sie vor vielen Jahren noch zugänglich war, sollen angeblich zehn Personen darin Platz gefunden haben.

Ein wunderschöner Blick bietet sich von der **Außengalerie** am Fuß der Laterne oberhalb der Kuppel. Man sieht den Petersplatz, den Fluchtgang vom pittoresk verschachtelten Papstpalast zur Engelsburg und natürlich die ganze Stadt. Bei klarem Wetter erkennt man dahinter die Außenbezirke und die Albaner Berge. Die kleinen, runden Metallplatten auf den Rippen der Kuppel und oberhalb der Fenster sind Kerzenständer. Bei besonderen Ereignissen haben sich früher von hier oben Arbeiter an Seilen herabgelassen und auf jedes Eisen eine brennende Kerze gestellt. Die Kuppel erstrahlte dann festlich im Kerzenschein. Goethe hat eine solche Illumination erlebt und beeindruckt beschrieben.

Wer die Galerie umrundet, sieht den hoch aufragenden, schlichten Backsteinbau der **Sixtinischen Kapelle** mit ihrem breiten, quadratischen Turm dahinter. Aus seinem Schornstein werden bei der Papstwahl die Rauchzeichen an die wartende Menge auf dem Petersplatz gegeben (bei weißem Qualm ist ein neuer Papst gewählt, bei schwarzem wurde die notwendige Mehrheit verfehlt; mehr zur Papstwahl → S. 556/557). Von hier oben kann man auch einen Blick in die überaus gepflegten Vatikanischen Gärten hinter der Kirche werfen.

Die Antenne auf einer Erhöhung des Gartens gehört zum Rundfunksender Radio Vaticano. Vor dem Gouverneurspalast, dem Sitz der weltlichen Vatikanregierung, wächst als Blumenornament das Papstwappen. Links der Kirche sticht das moderne geschweifte Dach der neuen Audienzhalle aus den verwinkelten Gebäuden heraus; 12.000 Menschen finden hier Platz. Sie wurde 1971 von dem Betonkünstler **Nervi** gebaut (von ihm stammt auch die Vorhalle des Bahnhofs Termini).

# Weitere Sehenswürdigkeiten im Vatikanstaat

▸ **Campo Santo**: Der überwiegende Teil des Vatikanstaates ist für Touristen gesperrt. Das Machtzentrum der Kurie in den verwinkelten Palästen und die Gärten werden von den Schweizergardisten gegen alle Unbefugten abgeschirmt. Allein die Deutschen besitzen in diesem winzigen Staat eine Enklave, die jeder besuchen darf. Man muss nur den wachhabenden Schweizer am Glockentor links der Kolonnaden nach dem **Campo Santo Teutonico** fragen. Mit diesem „Losungswort" können Sie während der Öffnungszeiten des Campo Santo ungehindert passieren.

Um den Pilgern aus der Heimat beizustehen, unterhielten viele Nationen im Mittelalter bei der alten Peterskirche die so genannten *„Scholae Pelegrinorum"*, zu denen Hospize, Spitäler und Friedhöfe gehörten. Bis heute sind nur die Scholae der teutonischen und abessinischen Kirche erhalten.

Der Campo Santo Teutonico ist als „*Schola Francorum*" im Jahr 799 erstmals urkundlich erwähnt und geht wohl auf eine Grundstücksschenkung des Papstes an Karl den Großen zurück. Das Gelände soll exakt auf dem antiken Circus des Nero liegen, wo die heilige Helena später Erde des Berges Golgatha verstreute, um symbolisch das Blut Christi mit dem Blut der ersten Märtyrer zu vermischen. Der Kaiser soll persönlich den Auftrag erteilt haben, an diesem heiligen Ort ein Pilgerzentrum für die Wallfahrer aus Deutschland zu bauen, die damals noch zu Fuß oder in der Pferdekutsche den weiten, beschwerlichen Weg über die Alpen zurücklegten.

Um 1450 ging das Gebiet in den Besitz einer deutsch-niederländisch-flämischen Erzbrüderschaft zur *Schmerzhaften Mutter Gottes* über, die hier auch das Begräbnisrecht erhielt. Seit 1876 ist in den Hospizgebäuden ein Priesterkolleg untergebracht, das dem Studienaufenthalt von Geistlichen aus deutschsprachigen Ländern dient. Seit 1888 hat hier auch das römische Institut der Görresgesellschaft seinen Sitz. Und obwohl das „Heilige Römische Reich Deutscher Nation" schon längst nicht mehr besteht, genießt das privilegierte Gebiet der Deutschen noch immer **diplomatische Exterritorialität**.

Zum Campo Santo gehört die Kirche **Santa Maria in Campo Santo Teutonico**, die im Jahr 1500 geweiht wurde. Man kann sie und den kleinen Friedhof unter hohen Bäumen nebenan hinter einer mannshohen Mauer besuchen. Hier findet täglich ein Gottesdienst in deutscher Sprache statt. Bevor er Benedikt XVI. wurde, hat Kardinal Ratzinger hier gelegentlich die Messe gelesen.

Überragt von der mächtigen Kuppel, drängen sich an diesem stillen, friedlichen Ort zwischen wuchernden Pflanzen viele Gräber dicht aneinander. Neuere Grabsteine, wie z. B. der des deutschen Schriftstellers Stefan Andres (1906–70), belegen, dass bis heute einigen frommen Romliebhabern das Privileg einer letzten Ruhestätte in unmittelbarer Nähe des Petrusgrabes gewährt wird.

*Öffnungszeiten* Tägl. 7–12 Uhr. **Gottesdienste:** Wochentags um 7 Uhr; So um 9 Uhr; an kirchlichen Feiertagen zu unterschiedlichen Zeiten. Im August finden keine Gottesdienste statt und die Kirche ist geschlossen.

▶ **Vatikanische Gärten:** Ein besonderes Erlebnis ist der Besuch der gepflegten und hochinteressanten Vatikanischen Gärten. In der Zeit zwischen Auflösung des Kirchenstaates und der Autonomie des Vatikans (1870–1929) entschlossen sich die Päpste, das Grundstück hinter der Leonischen Mauer nicht mehr zu verlassen. Hier richteten sie ihre eigene kleine Welt ein, mit Gärten, zu „Landsitzen" umfunktionierten Gebäuden und kopierten die unerreichbare Wundergrotte von Lourdes. Der Spiegel nannte die Gärten einmal *„ein religiöses Disneyland"*, doch so künstlich wirken sie nicht und vor allem ergeben sich immer andere reizvolle Blicke auf die Kuppel der Peterskirche, die man sonst so von keinem anderen, frei zugänglichen Ort genießen kann.

Die Gärten sind schon aus Sicherheitsgründen nur im Rahmen einer Führung zugänglich. Dazu ist eine vorherige Anmeldung erforderlich, die leider nur am Informationsschalter in den Vatikanischen Museen erfolgen kann. Theoretisch ist auch eine schriftliche Anmeldung möglich, doch in der Regel bleiben entsprechende Anfragen unbeantwortet.

• *Adresse* Musei Vaticani – Gardini Vaticani, Viale Vaticano, I–00165 Roma.

• *Information* ☎ 06.698.83145 oder 06.698.84676; ☎ 0039/06.698.85100.

• *Eintritt* 12 €; für Pilgergruppen mit Empfehlungsschreiben des zuständigen Heimat-Ordinariats 8 € pro Person.

• *Führungen* Bei entsprechender Nachfrage werden auch Führungen in deutscher oder englischer Sprache angeboten; zu den verschiedenen Stationen des erstaunlich hügeligen und weitläufigen Geländes fährt man per Bus, dort geht es jeweils einige Schritte zu Fuß weiter.

**Achtung:** Erforderlich ist ein Ausweis (schließlich wird die Grenze eines souveränen Staates überschritten). Wie überall im Vatikan sind auch in den Gärten keine kur-

**Der Vatikan** Karte S. 478/479

*Sommervilla Pius IV in den Vatikanischen Gärten (1558–62)*

zen Hosen, Miniröcke, bauchfreie Shirts, schulterfreie Tops u. ä. gestattet.

*•Rundfahrt* Die Tour startet mit dem vatikaneigenen Bus in der Regel am **Glockentor** hinter den linken Kolonnaden (Es kommt gelegentlich zu Änderungen des Tourplans. Einzelheiten erfahren Sie bei der Reservierung).

Zu Beginn der Fahrt sieht man links ein von Johannes Paul II. in Auftrag gegebenes neues **Pilgerheim**, in dem während des letzten Konklave die Kardinäle untergebracht waren. Erstmals wurden sie nicht im Trakt der Sixtinischen Kapelle mit den primitiven Übernachtungszellen eingeschlossen, sondern durften hier etwas komfortabler schlafen.

Weiter geht es am **Gerichtsgebäude** mit dem Gefängnis vorbei (zuletzt saß hier der Attentäter auf die **Pietà** ein), es folgt der vatikaneigene ehemalige Bahnhof, in dem nun ein zollfreier Laden für Luxusgüter untergebracht ist und das repräsentative Gouvernement (Sitz der weltlichen Vatikanregierung). Der Weg führt nun den Hügel hinauf, der bis zu 76 m hoch ist. Der **Gemüsegarten** hier oben wird von der privaten Küche des Papstes genutzt. Hoflieferanten der Eier sind die päpstlichen Hühner, die im 50 ha großen Park des Landsitzes von Castel Gandolfo gehalten werden.

Es folgt der unter Leo XIII. (1878–1903) angelegte **italienische Garten**, der typischerweise keinen Blumenschmuck hat, sondern gleichbleibend grün ist, mit kunstvoll geschnittenen Buchsbaumhecken und plätschernden Brunnen. Hier sieht man die mächtige Mauer, die Leo IV. im 9. Jh. zum Schutz vor Plünderungen anlegte und die heute die Grenze des Vatikans bildet. Zu dieser Wehranlage gehört auch der Turm, der *„Torre Giovanni"* genannt wird, weil Johannes XXIII. ihn 1963 renovieren und im obersten Stockwerk für sich eine Wohnung einrichten ließ. Die herrliche Aussicht konnte er hier nicht mehr genießen, denn kurz vor der Fertigstellung wurde er krank und starb.

Im nördlichsten Winkel befindet sich der Hubschrauberlandeplatz. Aus Sicherheitsgründen legt der Papst die meisten Wege per Hubschrauber zurück. In der Nähe steht die moderne Skulptur eines New Yorker Künstlers, die Johannes Paul II. in Erinnerung an seine Rettung bei dem Attentat am 13. Mai 1981 während der Generalaudienz auf dem Petersplatz aufstellen ließ. Dargestellt ist Maria als Beschützerin, denn der Papst war fest überzeugt, dass Maria persönlich eingegriffen und die Kugel des türkischen Rechtsextremisten Ali Agca abgelenkt hatte, damit er schwer verletzt überlebte und seine Mission erfüllen konnte.

Weiter geht's zur **Grotte von Lourdes**, die sich Leo XIII. exakt kopieren ließ. Der Altar ist sogar das Original (in Lourdes steht heute eine größere Nachbildung). Es folgt der **französische Garten** mit Rosenhecken, Jasmin, bewachsenen Bogendurchgängen und immer wieder reizvollen Blicken auf die Peterskuppel. Hier befindet sich auch das Klausurkloster, in dem Nonnen verschiedener Nationen in absolutem Schweigen leben. Der Turm mit der Antenne daneben ist die Sommerresidenz Leos XIII., da Castel Gandolfo bis zur Wiedererlangung durch die Lateranverträge unerreichbar war. Später bezog Radio Vatican die Räume. Von hier aus wurde 1931 zum ersten Mal die Stimme eines Papstes übertragen. Es war Pius XI., der sich per Rundfunk an die Gläubigen in aller Welt wandte.

Nun folgt der **englische Garten** mit einem Wäldchen, durch das sich Pius XI. gerne fahren ließ. Er liebte Autos und bekam auch eines geschenkt, das er aber zunächst nur in den Gärten nutzen konnte (erst als er 1929 mit Mussolini die Lateranverträge schloss, konnte er seine Freiheit wieder genießen). Sein Nachfolger Pius XII. musste den Weg aus gesundheitlichen Gründen nach dem Essen zu Fuß zurücklegen. Exakt um 14 Uhr begann er seinen Rundgang. Dann durfte sich niemand sonst hier aufhalten. Entsprechend schockiert waren die Gärtner, als Johannes XXIII. bei seinen Spa-

ziergängen spontan zu einem Plausch bei ihnen auftauchte und sich hier nachmittags Tee und Kuchen servieren ließ. Paul VI. hielt solchen Müßiggang für Zeitverschwendung. Da er die Gärten ohnehin nicht nutzte, ordnete er die Öffnung für das zahlende Publikum an. Auch Johannes Paul II. war selbst vor seiner Erkrankung nur selten in den Gärten. Benedikt XVI. bevorzugt die Ruhe und Abgeschiedenheit des Parks seiner Sommerresidenz in Castel Gandolfo (→ S. .742)

Den Hügel hinab führt der Weg nun zum großen **Adlerbrunnen**, der seinen Namen vom Wappentier der Borghese-Fürsten hat. Das Wasser stammt aus dem wiederhergestellten Aquädukt Kaiser Trajans. Besonders schön ist ganz in der Nähe die **Casina Pius' IV.** Wie bei reichen Adligen üblich, hat auch der Medici-Papst sich eine üppig dekorierte Dependance mit Innenhof und hübschen Brunnen für seine Sommerpartys bauen lassen. Heute gibt hier die päpstliche Akademie einmal im Jahr einen Empfang für bedeutende Wissenschaftler.

Von hier aus sehen Sie nebenan auf einige Gebäude der Vatikanischen Museen und die gewaltige Ziegelwand der Sixtinischen Kapelle. Die Tour führt um die Apsis der Peterskirche herum zur ältesten erhaltenen Kirche des Vatikans, **S. Stefano di Abessinio** aus dem 5. Jh. (links neben dem Aufgang zum Gouverneurspalast), und endet dann am Ausgangspunkt.

**Der Vatikan** Karte S. 478/479

# Die Totenstadt am Vatikanischen Hügel

**Unter der Peterskirche hat man auf der Suche nach dem legendären Petrusgrab eine perfekt konservierte, antike Totenstadt entdeckt.**

Da der Vatikan nicht daran interessiert ist, die Ausgrabungsstätte vielen Touristen zugänglich zu machen, wird kaum Werbung dafür gemacht. Nur wenige Interessierte dringen bis hierher vor. Also fast ein **Geheimtipp**! Gelingt es Ihnen, sich einer Führung anzuschließen, ist das bestimmt einer der Höhepunkte Ihrer Reise.

In seinem Testament äußerte Papst Pius XI. den Wunsch, in der Nähe von Pius X. beigesetzt zu werden. Mitarbeiter des Bauamts machten sich auf die Suche nach einem geeigneten Platz für das Grab. Zufällig stießen sie dabei auf antike Mausoleen. Pius XII. befahl daraufhin 1939, den Spuren nachzugehen, solange die Statik der Kirche nicht gefährdet wird, um dabei das Grab des Petrus aufzuspüren. Bis 1951 höhlten Archäologen den Untergrund der Kirche vorsichtig aus und entdeckten eine hervorragend erhaltene antike Totenstadt.

Die Nekropole ist so gut erhalten, weil Kaiser Konstantin das überlieferte Petrusgrab am Hang des Hügels zum Mittelpunkt einer neuen Basilika machen wollte und dazu das abschüssige Terrain begradigen musste. Der Friedhof wurde geschlossen. Dann hat man die Gräber am unteren Teil des Hangs mit Erde und Schutt aufgefüllt, wodurch sie (im Gegensatz zu den Katakomben) versiegelt und gut konserviert blieben.

## Die Entstehung von Totenstädten

Nach antikem Begräbnisrecht war es verboten, die Toten innerhalb der Stadtgrenzen beizusetzen. Jenseits davon errichteten sich reiche Bürger an den großen Straßen, wie z. B. an der Via Appia, auffällige Denkmäler, um nicht in Vergessenheit zu geraten. Für die Armen blieb nur ein preiswertes unterirdisches Grab in den Katakomben.

Es gab aber auch überirdische Totenstädte. Man wollte nämlich die Familie, zu der auch die Sklaven gehörten, nach dem Tode möglichst zusammenhalten. Starb ein Römer, wurde sein Leichnam oder seine Asche bei den Ahnen in einem *Mausoleum* beigesetzt. In diesem Haus, dessen Größe und Ausstattung von der Höhe des Familienvermögens abhing, gedachte man der Verstorbenen. Am Jahrestag des Todes hielten die Angehörigen hier z. B. ein großes Festessen ab, bei dem man für den Verstorbenen einen Platz frei ließ und ihn so symbolisch beteiligte. Dieser heidnische Brauch wurde später von den Christen übernommen und wird bis heute von manchen katholischen Familien praktiziert.

Ein solcher Friedhof existierte bis zum Beginn des 4. Jh. n. Chr. auf der anderen Tiberseite, am Vatikanischen Hügel, neben dem Circus des Nero.

Die Archäologen legten eine enge antike Straße frei, die von römischen **Mausoleen** flankiert ist. Zu sehen sind die zum Teil verputzten und mit Stuck verzierten Ziegelfassaden mit Fenstern und Türen, ganz nach dem Vorbild der üblichen damaligen Wohnhäuser. Auf Tafeln liest man die Namen Verstorbener oder letzte Verfügungen. Die Innenausstattung ist mal schlicht, mal üppig mit Fresken, Marmorverkleidungen und Mosaiken gestaltet. Die Toten wurden entweder in kostbaren Sarkophagen oder in bogenüberfangenen Wandnischen **(Arkosolien)** beigesetzt, oder man hat sie verbrannt und die Aschenurnen auf Konsolen oder in kleineren Nischen aufgestellt. Nur ein vergleichsweise kleiner Teil der Nekropole wurde frei gelegt, da man Schäden in der Kirche nicht ausschließen konnte, und auch weil die heutigen Konservierungsmöglichkeiten nicht ausreichen, um alles zu erhalten.

Am Rande dieser Totenstadt der reichen Römer stießen die Archäologen auf ein Feld von **Armengräbern**, die nur aus abgedeckten Erdwällen bestanden. Dabei fiel auf, dass ein Grab offenbar besonders verehrt wurde und sich strahlenförmig viele andere Erdgräber um diesen Ort, teilweise sogar übereinander, scharten. Es handelte sich dabei ausnahmslos um **frühchristliche Gräber**, was auf dem sonst überwiegend heidnischen Friedhof eher ungewöhnlich war. Darin sahen die Forscher einen Hinweis auf die Legende, wonach der im Circus des Nero gekreuzigte Petrus auf diesem Friedhof beigesetzt worden war und Konstantin tatsächlich über dem Petrusgrab seine Kirche bauen ließ.

Um das Jahr 150 wurde der christliche Teil des Friedhofs bei dem verehrten Grab durch eine rot verputzte Mauer von den Mausoleen abgegrenzt. Daran lehnte man über dem Grab ein ca. 1,50 m hohes **Tropaion** (*„Trophäe"* – ein kleines Ehrenmal) mit zwei kleinen Marmorsäulchen an. Als etwa 40 Jahre später die rote Mauer umzufallen drohte, wurde senkrecht dazu eine Stützmauer gezogen. Um diese mussten die Wallfahrer herumgehen, um vor das Grab zu treten. Da sie wohl ein Weilchen anzustehen hatten, übersäten die frommen Leute die

Wand mit Graffitti. Aus einem Inschriftenfragment meinen die Forscher die Zeile *„Petrus ist hier" („Petrus eni")* entziffern zu können und sehen darin den Beleg dafür, das Petrus wirklich hier beerdigt wurde.

Schon im Jahr 200 wurde diese Stelle als hoch verehrter Wallfahrtsort in einer alten Handschrift erwähnt. Im Jahr 324 muss das inzwischen reich geschmückte Tropaion Kaiser Konstantin so beeindruckt haben, dass er trotz der denkbar ungeeigneten Lage beschloss, zu Ehren des Apostels Petrus eine große Kirche mit dem Grab als Mittelpunkt zu bauen. Da das kleine Denkmal allein in der riesigen Kirche recht dürftig ausgesehen hätte, ließ Konstantin auch einen Teil der roten Mauer und der Stützmauer beim Tropaion stehen und stülpte darüber einen 2,50 m hohen Marmorkasten, der den Mittelpunkt der Kirche bildete. Plünderer beschädigten diesen quaderförmigen Bau, sodass Papst Gregor einen größeren zweiten Marmorkasten darüber setzen ließ. Gleichzeitig ließ er das Niveau des Kirchenbodens so anheben, dass der Deckel des Grabgehäuses als Altar genutzt werden konnte.

Tausend Jahre lang stand die alte Kirche, bis sie baufällig war und abgerissen werden musste. Die jetzige Peterskirche wurde wieder etwas höher errichtet, sodass der heutige Hochaltar über den beiden Kästen mit dem Tropaion des Erdgrabes ruht.

Die Enttäuschung der Archäologen war zunächst groß, als sie von unten durch die Marmorkästen zum Tropaion, der roten Mauer und der Grafitti-Stützmauer vordrangen, das Erdgrab aber leer fanden. Erst zehn Jahre später kam man auf die Idee, die Mauern näher zu untersuchen. In einer Nische eingelassen, wohl zum Schutz vor Reliquienjägern, fanden sie tatsächlich Knochenfragmente. Analysen haben ergeben, dass es sich um einen Mann im fortgeschrittenen Alter gehandelt hat, der wohl an einem Stock gegangen sein musste. Dies deutet tatsächlich auf Petrus hin. Damit glaubt man, nun das **Petrusgrab** und die Überreste des Petrus gefunden und die Legitimation der Peterskirche bestätigt zu haben.

Andere Forscher sind skeptisch, denn im neuen Testament findet sich kein Hinweis darauf, dass Petrus jemals in Rom war. Auch Paulus, dessen Identität gut belegt ist, erwähnt Petrus in seinen Briefen aus Rom nicht, obwohl Petrus der Legende nach zu dieser Zeit als Bischof von Rom gepredigt haben soll. Die Legende kam erst um 170 auf und hat sich dann durchgesetzt. Auf den *„Fels Petrus"* wollte Jesus seine Kirche bauen. Da die Kirche sich als Erbin des römischen Weltreichs verstand und von Rom aus wirkte, musste auch der erste Papst hier gewesen und als Märtyrer gestorben sein.

•*Anmeldung* Die Anmeldung für die Besichtigung der Ausgrabungen unter St. Peter kann nur schriftlich und ausschließlich über das Büro der *Scavi* (Ausgrabungen) erfolgen. **Achtung: In der Regel ist eine Anmeldung bis spätestens 5 Monate vor dem gewünschten Termin erforderlich!** Auf jeden Fall sollten Sie kurz vor dem Termin anrufen und sich vergewissern, dass der zugesagte Termin eingehalten wird, da er evtl. wegen unvorhergesehener Ereignisse verschoben sein könnte.

•*Adresse* Ufficio-Scavi – Fabbrica di San Pietro, I–00120 Città del Vaticano, ℡ 0039/06.698.85318, ℻ 0039/06.698.73017, scavi@fsp.va.

Das benötigte Anmeldeformular kann in deutscher Sprache auch über die Homepage des Pilgerbüros (www.pilgerzentrum.de, anklicken „Information", „Scavi") heruntergeladen werden. Man kann sein Glück auch direkt im *Ufficio Scavi* versuchen und dort anfragen, ob es möglich ist, sich einer der nächsten Gruppen anschließen zu dürfen. Das Anmeldebüro bzw. der Eingang zu den Ausgrabungen ist durch den Arco delle Campane (links neben der Fassade von St. Peter) oder durch den Eingang hinter der linken Kolonnade (Via Paolo VI.) zu erreichen. Wenn Sie den wachhabenden Schweizergardisten nach dem *Ufficio Scavi* fragen, werden Sie eingelassen.

**Der Vatikan** Karte S. 478/479

•*Öffnungszeiten* des Ufficio Scavi: Nur werktags 9–17 Uhr.

•*Eintritt* 10,00 € (keine Ermäßigung). Die Bezahlung der Tickets erfolgt **im Voraus** nach der Zusage per Kreditkarte.

•*Einlassbedingungen* Gruppen bis maximal 10 Personen; Mindestalter 15 Jahre; **Achtung**: Taschen, Rucksäcke und größere

Fotoapparate müssen bei der zentralen Gepäckaufbewahrung rechts vor der Fassade von St. Peter abgegeben werden. Das Fotografieren ist streng verboten.

•*Führungen* Die Führungen dauern etwa eine Stunde. Sie finden auch in deutscher Sprache statt und sind sehr anschaulich.

## Castel Sant'Angelo – Engelsburg

Die Engelsburg wurde unter Kaiser Hadrian 130 n. Chr. als Mausoleum für ihn und seine Familie nach seinen eigenen Plänen gebaut. Die Päpste nutzten das massive Gebäude in Krisenzeiten als Festung und sonst als ausbruchsicheres Gefängnis. Warum das Hadrian-Mausoleum in „Engelsburg" umbenannt wurde, erklärt die Legende:

590 wütete in Rom die **Pest**. Um sie mit Gottes Hilfe einzudämmen, veranstaltete Papst Gregor der Große eine Bittprozession. Als er an der Engelsburg vorbeikam, sah er über dem Gebäude einen Engel, der ein Schwert in die Scheide zurücksteckte, was als Zeichen für das Ende der Plage gedeutet wurde. Und wirklich war die Stadt danach von ihrem Übel befreit.

*Die Engelsbrücke: Bernini konzipierte den Figurenschmuck auf antiken Bögen*

Im Laufe ihrer Geschichte war die Burg schon oft Schauplatz für Missetaten und Folterungen, wofür sie bestens ausgestattet war. Eine Anzahl von Kerkern, Verliesen und Folterkammern garantierte eine tief gehende Befragung durch die **Inquisitionsbehörde** und sichere Verwahrung von unliebsamen Zeitgenossen. Zu den prominenten Häftlingen gehören Giordano Bruno, Galileo Galilei und Caravaggio.

Das solide Gebäude war aber auch ausgezeichnet zur Verteidigung und Verschanzung geeignet. Die Päpste konnten – wenn sie nicht schon sicherheitshalber ganz darin wohnten – vom Vatikan aus in einem noch erhaltenen Mauerring in ihre sichere Burg flüchten. Fluchtgang und Burg waren die Rettung des Papstes, als die Landsknechte Karls V. beim Sacco di Roma im Jahr 1527 die Stadt plünderten (→ Schweizergardisten S. 486).

Auf der oberen Terrasse der Engelsburg spielt der dritte Akt von Puccinis Oper **Tosca**, deren Charaktere sich an historische Personen anlehnen. Dort stürzte sich die schöne Tosca nach einer herrlich gesungenen Arie von den Mauern in die Tiefe (so wie in den Theaterinszenierungen funktioniert es in Wirklichkeit nicht, denn von oben fällt man auf die Terrasse darunter und nicht ganz in die Tiefe).

Die dramatischen Ereignisse der Vergangenheit kann man noch heute spüren, wenn man das düstere Gebäude betritt. An den Seiten der nach oben gewundenen Rampe, die man auch zu Pferde erklimmen konnte, befinden sich einige düstere Kerkerkammern und niedrige, dunkle Gänge. Eine Falltür vor dem Eingang zum eigentlichen Hauptgebäude sicherte dieses für den schlimmsten Fall, wenn die Feinde sich schon Eintritt verschafft hatten. Zum Glück sind die Wohnräume nicht so finster und unheimlich. Einige sind noch teilweise eingerichtet; so steht in dem prächtigen Empfangsraum der Papstthron, und das Schlafzimmer zeigt das päpstliche Ruhelager mit den Ausmaßen eines Doppelbettes. Fenster im Fußboden geben den Blick auf schaurige Tiefen der Burg frei. Einige Räume beherbergen eine beachtliche Waffensammlung von Steinschleudern über Speere, Rüstungen und Kettenhemden bis hin zu Duellpistolen.

• *Öffnungszeiten* Mo geschlossen, ebenso am 25.12. und 1.1.; sonst 9–19 Uhr, Einlass bis 18.30 Uhr.

• *Eintritt* 7 €; für EU-Bürger zwischen 18 und 25 Jahren 3,50 €; für EU-Bürger unter 18 und über 65 Jahren, Studenten der Fachrichtung Kunstgeschichte und Architektur ist der Eintritt frei (Vergünstigungen nur gegen Nachweis der Voraussetzungen).

• *Information* ✆ 06.6819111.

• *Tipp* Unbedingt empfehlenswert ist das Café auf der Aussichtsterrasse. Kleine Tischchen stehen entlang der Mauer. Von hier aus hat man einen fantastischen Blick auf die Peterskirche, und für das gebotene Panorama sind die Preise noch vergleichsweise moderat.

## *Essen und Trinken (siehe Karte S. 478/479)*

In der näheren Umgebung der Peterskirche ist es fast unmöglich, ein gutes und preiswertes Restaurant zu finden. Die meisten Lokale um den Petersplatz und entlang des Weges zu den Vatikanischen Museen haben sich darauf spezialisiert, bei maximaler Gewinnspanne Touristen, die ohnehin in den seltensten Fällen wieder kommen, mit Minderwertigem abzuspeisen. Misstrauen Sie also den Angeboten auf Handzetteln, Plakaten und den Versprechungen der Schlepper. Ein paar wenige Lokale sind dennoch im **Borgo** (den Gassen zwischen Via Conciliazione und Via Crescenzio) und dahinter im **Stadtteil Prati** (Metrostationen „Lepanto" und „Ottaviano") zu empfehlen.

• *Restaurants im Borgo* **La Veranda dell'Hotel Columbus (44)**, Borgo di Santo Spirito 33 (direkt an der breiten Via della Conciliazione, die auf die Peterskirche zuführt), ✆ 06.6872973, www.laveranda.net. Kein Ruhetag. Das elegante Restaurant des traditionsreichen Hotels Columbus, nur wenige Schritte von St. Peter entfernt, bietet ausgezeichnete Küche mit kreativen Variationen traditioneller römischer Gerichte (raffiniert und weniger schwer). Das Schönste aber ist der in Terrassen angelegte Garten, wo man im Sommer herrlich entspannt und gepflegt speisen kann (auch ein idealer Ort für ein romantisches Abendessen bei Kerzenschein). Die aktuelle Tageskarte bietet mittags auch kleine Gerichte und eine Auswahl an Salaten. Die Wein- und Digestifauswahl entspricht dem hohen Standard; den Wein gibt es auch glasweise. Menü am Abend um 70 €.

**Ristorante Tre Pupazzi (41)**, Borgo Pio 183, ✆ 06.6868371. Kein Ruhetag. Nicht weit vom Vatikan bei der Verbindungsmauer zur Engelsburg bietet dieses Restaurant zwar nicht ganz so typisch römische Küche, wie der Aushang verspricht, doch im Vergleich zu den Alternativen ringsum ist die Küche noch akzeptabel. Im Sommer auch draußen, direkt am Straßenrand. Abends gibt's recht ordentliche Pizze. Menü um 30 €.

**Velando (37)**, Borgo Vittorio 26, ✆ 06.68809955, www.ristorantevelando.com. So Ruhetag. Dieses kleine, elegante Restaurant bietet klassisch italienische Küche mit norditalienischen Einflüssen. Zu den Spezialitäten gehören die verschiedenen Varianten des Risotto (z. B. Feigenrisotto); interessante Auswahl lombardischer Käsesorten. Es gibt ein preiswertes Mittagsmenü für 20 €, sonst Menü um 45 €.

**Der Vatikan** Karte S. 478/479

**Da Benito e Gilberto (40)**, Via del Falco 19, ℡ 06.6867769, www.dabenitoegilberto.it. So und Mo geschlossen, sonst nur abends. Wunderbares, kleines, manchmal etwas lautes Fischrestaurant (nur 30 Plätze), familiäre Atmosphäre, sehr frische Zutaten. Empfehlenswert unter den Primi z. B. „pasta e fagioli con frutti di mare" (sämige Bohnensuppe mit Meeresfrüchten) oder „ risotto al nero di seppia" (Risotto mit der Tinte von Tintenfischen), bei den Secondi das herrliche „fritto di Paranza" ( frittierte Fischchen, von denen nur der Kopf nicht gegessen wird). Menü um 50 € bei gutem Preis-Leistungs-Verhältnis.

**Angeli a Borgo (36)**, Borgo Angelico 28–30, ℡ 06.6869674. So Mittag und Die Abend geschlossen. Große, preiswerte Pizzeria, in der die Pizza auch mittags frisch gebacken wird; es gibt auch noch einige andere traditionelle Gerichte. Menü um 20 €.

**Taverna Angelica (34)**, Pzza. Americo Capponi 6, ℡ 06.6874514, www.tavernaangelica.it. Schlichtes Restaurant mit moderner Kunst an den Wänden; ordentliche mediterrane Küche mit einigen Fischgerichten, recht viele Touristen. Menü um 40 bis 45 €.

•*Snacks/Pubs im Borgo* **the Proud Lion (39)**, Borgo Pio 36. Schottischer Pub mit kleinen Gerichten, wenige Tische draußen.

**Latteria (42)**, Borgo Pio 40. So Ruhetag. Ehemaliges Milchgeschäft und heute eine Snackbar mit leckeren Brötchen.

**Vecchio Borgo (31)**, Borgo Angelico 11. Mittags preiswertes Fastfood, beliebt bei jungen Touristen, abends auch Cocktail-Bar. Fr und Sa Live-Musik.

•*Restaurants in Prati* **Trattoria Micci (12)**, Via Andrea Doria, ℡ 06.39733208. Mo Ruhetag. Ansprechende Trattoria mit klassischer Küche (sehr gut sind z. B. die „fettuccine al ragù", abends auch Pizza. Menü um 35 €.

**Antico Falcone (4)**, Via Trionfale 60, ℡ 06.39743385. Di Ruhetag. Diese Trattoria, die aus einer alten Poststation hervorgegangen ist, liegt zwar etwas abseits, doch der Umweg lohnt sich wegen der guten, authentischen römischen Küche. Besonders gut ist hier z. B. „il petto di vitello al forno" (Kalbsbrust aus dem Ofen) oder „baccalà alla romana" (Stockfisch in Tomaten, mit Rosinen und Pinienkernen geschmort); freundlicher, familiärer Service. Menü um 25 €.

**Hosteria del Angelo (6)**, Via G. Bettolo 24–26, ℡ 06.3729470. So geschlossen, Mo und Sa 20.30–23 Uhr, Di–Fr 12.30–14.30 und 20.30–23 Uhr. Das Lokal des Ex-Rugbyspielers Angelo Croce, der so aussieht, wie man sich wohl einen antiken Gladiator nach Beendigung seiner aktiven Zeit vorstellen kann, ist eine Institution in Rom. Das liegt nicht nur am herben Charme des Chefs und seiner Mannschaft, sondern auch an der ehrlichen, deftigen römischen Küche, die hier nach alter Tradition gepflegt wird. Entsprechend zünftig geht es zu: Auf der Papierunterlage des Tellers sind die Mittagsgerichte aufgelistet, was es sonst noch gibt, beten Angelo oder einer seiner Helfer herunter. Auch wenn Sie nicht alles verstehen, vertrauen Sie ruhig den Empfehlungen, denn hier ist alles gut, wie z. B. bei den Primi die famosen „tonarelli cacio e pepe" (Tonarelli mit Parmesan und frisch gemahlenem schwarzen Pfeffer, und zwar reichlich) und bei den Secondi „involtini" (Rindsrouladen) oder „coniglio" (geschmortes Kaninchen), zum Nachtisch gibt es ganz traditionell nur „ciambelline e vino dolce" (harte Gebäckkringel, die man in den dazu gereichten Süßwein eintaucht). Zum Abendessen gibt es ein Menü zum Festpreis von 25 € (mit gegrilltem Fleisch für 30 €) einschließlich dem weißen oder roten Hauswein; das Mittagessen kostet um 20 €, bestes Preis-Leistungs-Verhältnis.

**Trattoria Sole e Luna (2)**, Via G. Bazzoni 13, ℡ 06.37512750. So Ruhetag. Kleine, typische Trattoria mit klassischen Gerichten, empfehlenswert sind bei den Primi „spaghetti cacio e pepe" (mit frisch geriebenem schwarzen Pfeffer und Pecorino-Käse), bei den Secondi z. B. „melanzane alla parmigiana" (Aubergine mit Parmesan überbacken), „coda alla vaccinara" (Ochsenschwanz) oder „trippa alla romana" (Kutteln). Im Sommer kann man auch draußen am Straßenrand sitzen. Menü um 35 €.

**Cacio e Pepe (1)**, Via Avezzana 11, ℡ 06.3217268. So und Sa Abend geschlossen. Seit 1964 besteht diese spartanisch schlichte, authentisch römische Trattoria, in der es wie bei einer römischen Mama schmeckt; zu den Spezialitäten des Hauses zählen „tonarelli all'uovo cacio pepe" (Eiernudeln mit Pecorino-Käse und frisch gemahlenem schwarzen Pfeffer). Menü um 20 €.

**Il Ciociaro (14)**, Via Barletta 21 (der breiten Straße rechts vom Petersplatz folgen, nahe der Metrostation „Ottaviano"), ℡ 06.37352496. Im Sommer einige Tische draußen, der Gastraum drinnen liegt etwas dunkel im Souterrain; einfache Küche mit schönem Vorspeisen-Buffet und guten Primi

(z. B. „fettuccine con frutti di mare e crosta-cei" – Bandnudeln mit Meeresfrüchten und Krustentieren), hausgemachte Desserts; Menü um 35 €.

**Napu'le Pizza (3)**, Viale Giulio Cesare 91, ℡ 06.3231005. Hier gibt es die „wahrhaft originalen" neapolitanischen Pizze (also mit dickem Teig und hohem Rand), gleich 50 Arten stehen zur Auswahl, dazu noch einige Antipasti und ein paar weitere, typisch neapolitanische Gerichte. Menü um 15 bis 25 €.

**Dal Toscano (23)**, Via Germanico 58/60, ℡ 06.39725717, www.ristorantedaltoscano.it. Mo Ruhetag. Dieses traditionsreiche Restaurant, seit 1938 im Familienbesitz (Federico Fellini war hier Stammgast), bietet typische Küche aus der Toskana und ist besonders für seinen überragenden Fleischgerichte stadtbekannt. Das „fiorentina" (ein riesengroßes T-Bone-Steak von erstklassiger Qualität) wird nach allen Regeln der Kunst zubereitet, was allein schon einen Besuch wert ist. Die vorzüglichen Fleischgerichte werden durch andere toskanische Teller ergänzt, z. B. als Antipasto der von Hand aufgeschnittene Schinken mit Büffelmilch-Mozzarellastückchen, als Primo „pappardelle al ragù" (breite Bandnudeln mit Fleischsoße), in der Saison gebratene Steinpilze („funghi porcini arrosto") oder „i fagioli al fiasco" (das sind keine verunglückten Bohnen, „fiasco" ist eine bauchige Chianti-Flasche aus der Toscana; darin werden am Kaminfeuer langsam die weißen Bohnen mit Salbei, Knoblauch, Rosmarin, Wasser und Olivenöl gegart, bis fast die ganze Flüssigkeit verschwunden ist, die Bohnen werden dann wie Wein aus der Flasche ausgeschenkt). Zu all den Köstlichkeiten wird ein roter Chianti classico della casa angeboten, der zu den Gerichten ausgezeichnet passt. Im Sommer viele Plätze draußen unter einem Zeltdach entlang der Straße. Preis pro Menü um 40 €.

**La Cava (18)**, Via Attilio Regolo 21, ℡ 06.3215532. Sa Mittag und So geschlossen. Mittelklasserestaurant mit modernem Ambiente und sehr guter Küche, hausge-machte Nudeln, einige gute, frische Fischgerichte, gutes Fleisch. Empfehlenswert z. B. „l'insalata do polpo e patate" (Salat mit Tintenfisch und Kartoffeln) oder „calamari ripieni" (gefüllte Calamari). Menü um 40 €.

**L'Arcangelo (27)**, Via G.G. Belli 59, ℡ 06.3210992. Sa Mittag und So geschlossen. Eines der besten Gourmet-Restaurants der Stadt, aber bodenständig und ohne jede Show, der Service ist freundlich und geradezu familiär, dennoch aufmerksam. Auf den Tisch kommen nur Gerichte von allerbesten Zutaten, häufig sind es verfeinerte Variationen römischer Traditionsgerichte, ohne allzu abgehobene Kreationen. Wechselnde Tagesgerichte, je nach Saison und Marktangebot, Menü um 60 € bei sehr gutem Preis-Leistungs-Verhältnis.

•*Enoteca/Winebar in Prati* **Centrovini Arcioni (7)**, Via della Giuliana 13 (Verlängerung der Via Leone IV.), ℡ 06.39733205. So geschlossen. Die Weinliebhaber aus dem Viertel treffen sich in dieser kleinen Winebar. Sie ist von 9–22 Uhr geöffnet und bietet eine große Auswahl von Weinen aller Anbaugebiete Italiens und der wichtigsten aus dem Ausland. Zum Essen werden Snacks, Salami und Schinken, Käse, Salate und Desserts angeboten.

**Winebar del Frate (15)**, Via degli Scipioni 118, ℡ 06.3211612. So und Mo Vormittag geschlossen. Gute Auswahl an Weinen und Spezialitäten, auch Biere und Spirituosen; sehr freundliche Beratung. Zum Wein kann man kleine Snacks bekommen.

**Il Simposio (33)**, Pzza. Cavour 16 (hinter dem Justizpalast), ℡ 06.32111131, www.piero costantini.it. Sa Mittag und So geschlossen. Inzwischen ist die Enoteca Costantini in den beiden kleinen Nebenräumen zu einem feinen, teuren Restaurant geworden, in dem formell gekleidete Gäste italienische Küche auf hohem Niveau genießen. Der Ruf der Enoteca mit der gewaltigen Weinauswahl, darunter manche Raritäten, ist legendär, auch weil seinem Inhaber das renommierte Weingut „Villa Simone di Constantini" gehört, entsprechend hoch sind die Preise. Menü um 75 €.

**Der Vatikan** Karte S. 478/479

## Einkaufen

•*Märkte* **Mercato di Trionfale (11)**, Pzza. Trionfale. Einer der größten Märkte Roms überzeugt durch die Vielfalt des Angebots, das hohe Niveau und die moderaten Preise. Man findet hier einfach alles, von heimi-schen bis zu exotischen Früchten, Gemüse, Fisch, Fleisch und Nudeln, selbst Kleidung und Haushaltswaren. Man kommt sich vor wie in einem alten Krämerladen. Hier gibt es auch das beste Pferdefleisch der Stadt, vom Braten über Roastbeef bis zum Filet. Man erkennt den Stand sofort an den schönen Pferdebildern.

Eine **Markthalle (26)** mit herrlichem Obst, Gemüse, Fleisch und Fisch finden Sie in der **Via Cola di Rienzo** (gegenüber der Einmündung der Via Properzio).

•*Delikatessen/Wein* **Castroni (25)**, Via Cola di Rienzo 196 oder Via Ottaviano 55. Der Laden in der Via Cola di Rienzo wurde als erster Verkaufsladen von der Familie Castroni im Jahr 1929 eröffnet. Die Spezialitäten reichen von einheimischen bis zu asiatischen Produkten, und es ist fast unmöglich, alle Herkunftsländer aufzuzählen. Sie bekommen die feinsten englischen Marmeladen, französische und belgische Pralinen, frische Gänseleber oder Paté, Wachteleier, geräucherten oder gebeizten Lachs, Bottarga (getr. Fischrogen) bis hin zum Champagner. Auch Produkte aus kontrolliert-biologischem Anbau sind im Sortiment.

**Azienda Agricola Auriemma (10)**, Via Barletta 25. Kleiner Kellerladen, den man leicht übersieht, mit Büffelmilch-Mozzarella und daraus verarbeiteten Produkten.

**Frische Nudeln (20)** in erstaunlicher Vielfalt an Formen und Farben bekommen Sie in der Via Cola di Rienzo 211 (gegenüber von Cartroni).

**Enoteca Costantini (33)**, Pzza. Cavour 16 (s. o.). 9–13 und 16.30–20 Uhr, So geschlossen. Piero und Rosy Costantini haben in den 1970er Jahren diese außergewöhnliche Enoteca gegründet. In den großen, alten Gewölbekellern lagern über 2.000 verschiedene Etiketten, im Erdgeschoss befinden sich Liköre, Brände, Schaumweine, Champagner und andere Spirituosen; gehobenes Preisniveau.

**Franchi (24)**, Via Cola di Rienzo 200-204, www.franchi.it. Reiche Auswahl an Delikatessen.

•*Bäckereien* **Dolce Maniera (8)**, Via Barletta 27 (wenige Schritte von der Metrostation „Ottaviano" entfernt). Von außen ausschließlich am Duft zu bemerken: Da, wo es besonders herrlich nach frischem Backwerk duftet, führt gleich hinter der offenen Tür eine steile Eisentreppe in den Verkaufsraum im Keller hinab. Hier stapelt sich das süße Gebäck in vielen Variationen auf und hinter dem hohen Glastresen (mit Creme gefüllt, mit Schokolade überzogen, mit Streuseln garniert), aber auch schlichtes Brot und „weiße" (unbelegte) Pizza. Alles sehr preiswert und überaus verlockend.

**Mosca**, Via Candia 16. Die Spezialität dieser Bäckerei ist das Brot „Martufato". Es wird aus einem Teig hergestellt, der dem Sauerteig ähnelt, und in der so genannten „Terza Camera" (dritten Kammer) des Ofens bei einer Temperatur unter 180 Grad gebacken wird. Nicht zu vergessen sind auch die Leckereien, wie z. B. „Pizza rossa e bianca" (unbelegt), „Cornetti", „Ciambelloni" (harte Kekse, die man zum Dessert in Süßwein taucht) und anderes, süßes Gebäck.

•*Süßigkeiten/Eis* **Gelateria Pellacchia (17)**, Via Cola di Rienzo 103–107, www.pellacchia.com. Mo geschlossen. Als Milchgeschäft im Jahr 1900 gegründet, ist Pellacchia seit Jahrzehnten einer der besten Eishersteller Roms. Alle Sorten sind wunderbar, man kann sich hinsetzen. Ein Café gehört auch dazu (zu den Spezialitäten des Hauses gehört der Fruchtsalat, „Macedonia").

Konditorei **Giuliani (13)**, Via Paolo Emilio 67 A. Ist für ihre arg klebrigen, aber köstlichen kandierten Kastanien bekannt.

•*Kleidung* Die Via Ottaviano von der Pzza. del Risorgimento bis zur Metrostation „Ottaviano" und die Via Cola di Rienzo bieten sich an für einen Einkaufsbummel. Es gibt tragbare Damen- und Herrenmode für jedes Alter und (beinahe) jeden Geschmack. Die Preise sind hier allemal etwas günstiger als in der Gegend um die Via del Corso.

Besonders preiswerte Mode bietet **Vestiastock (16)**, Via Germanico 170 A. Mo 15.30–19 Uhr, Di–Sa 10.30–14.30 und 15.30–19 Uhr, So 10–13 und 15.30–19.30 Uhr. Es handelt sich um eine Art Fabrik- und Zweite-Wahl-Verkauf. In der Regel findet man in diesem etwas unansehnlichen Souterrainladen zwischen allerlei No-Name-Produkten auch normalerweise extrem teure Markenware zu Schnäppchenpreisen (auf Fehler achten!). Weitere Filialen: Via dei Gracchi 83–85, Via Carozze 18: tägl., auch So, 10–19.30 Uhr; Via Appia Nuova 391: 9.30–13.30 und 15.30–19.30 Uhr.

**United Colors of Benetton (21)**, Via Cola di Rienzo 205. Sehr großes Hauptgeschäft, kleinere Filialen sind in der ganzen Stadt verteilt.

**Coin (19)**, Via Cola di Rienzo 178/179. Mehrstöckiges Kaufhaus für Damen- und Herrenmode, viel Traditionelles, auch Aktuelles, aber nichts extravagant Modisches.

•*Internet* **The Net Gate (45)**, Borgo di Santo Spirito 17. Mo–Sa 10–20 Uhr, So 14–20 Uhr.

# Die Vatikanischen Museen

**Die Vatikanischen Museen gehören zu den bedeutendsten Sammlungen der Welt. Sie nehmen einen großen Teil des in Jahrhunderten durch Um- und Anbauten unübersichtlich gewachsenen Vatikanspalastes ein, zu dem etwa 1.400 Kapellen, unzählige Säle, Zimmer, Gänge und geheime Verbindungskorridore gehören, die teils in Vergessenheit gerieten und manchmal nur durch Zufall wieder entdeckt werden. Nur von den Museen aus ist die *Sixtinische Kapelle* zu erreichen, wo unter den berühmten Fresken Michelangelos seit dem 15. Jh. die Kardinäle nach dem Tod eines Papstes eingeschlossen und erst wieder befreit wurden, wenn sie der Welt durch weiße Rauchzeichen die Wahl eines neuen Papstes signalisiert haben.**

Für einen Besuch der Museen sollten Sie mindestens einen halben Tag einplanen, denn es erwartet Sie eine Ausstellungsfläche von über 42.000 m² mit über 50.000 Kunstwerken und, wenn Sie keine Abkürzungen wählen, eine Wegstrecke von etwa sieben Kilometern. Früher schätzte die Museumsleitung die für den umfassenden Rundgang benötigte Zeit auf etwa fünf Stunden (die ehemals gut beschilderten, unterschiedlich langen Routen sind heute leider abgeschafft und man muss sich seinen Weg selbst suchen oder sich vom Audioführer leiten lassen) – was einen ausführlichen Besuch in den Wintermonaten zu einer sportlichen Herausforderung macht, denn dann sind die Museen nur für gut dreieinhalb Stunden pro Tag geöffnet. Im Sommer hat man eher eine realistische Chance, den Rundgang in Ruhe zu beenden, zu dieser Zeit sind die Museen bis in den Nachmittag hinein für gut sechseinhalb Stunden offen.

Den wenigsten Besuchern aber steht die gesamte Dauer zur Verfügung, denn vor dem Eingang wird ihre Geduld durch lange **Wartezeiten** auf die Probe gestellt. Bei mittlerweile knapp vier Millionen Museumsbesuchern pro Jahr bilden sich oft **Warteschlangen**, die zur Hauptsaison **einen Kilometer Länge** erreichen können. Wer dann nicht rechtzeitig erscheint, kann bis zu zwei Stunden anstehen, bevor er den Eingang erreicht. Extrem voll wird es regelmäßig am letzten Sonntag im Monat, denn dann ist der Eintritt stets frei (an den anderen Sonntagen sowie an kirchlichen Feiertagen sind die Museen geschlossen).

Der **Gesamtkomplex** umfasst neben der Sixtinischen Kapelle mehrere Museen, die innerhalb der letzten fünf Jahrhunderte von den Päpsten gegründet wurden. Material ist mehr als reichlich vorhanden, denn fast jeder Papst hat je nach Geschmack und Vorliebe Kunstschätze aus vielen Epochen und Ländern zusammengetragen. Der Anfang der Sammlung geht auf Julius II. (1503–13) zurück, der einige besonders schöne antike Statuen im kleinen Belvederehof (*Cortile Ottagono*) aufstellen ließ. Seine Nachfolger erfreuten sich und ihren Hofstaat an all den zusammengetragenen Kunstschätzen oder präsentierten sie in ihrem Palast einem ausgesuchten, staunenden Publikum. Erst Klemens XIV. (1769–74) und sein Nachfolger Pius VI. (1775–99) ließen eigens Museumstrakte errichten, die für das Publikum geöffnet wurden. Allmählich setzte sich bei den Päpsten der Gedanke durch, das ihnen anvertraute Erbe allen Menschen zugänglich zu machen. Bis in die Gegenwart hinein werden die Museen erweitert: 1932 ließ Pius XI. den Komplex im Norden um eine Pinakothek erweitern. Daran schloss sich 1963 ein moderner Betonbau an, in dem das Ethnologische Museum seinen

Platz fand. Aus Anlass des Heiligen Jahres 2000 entstand der neue großzügige Eingangsbereich mit Ausstellungsfläche. Und im Sommer 2007 öffnete, vorerst nur für kleine geführte Gruppen nach Voranmeldung bei der Museumsverwaltung, ein freigelegter Teil eines gerade entdeckten **antiken Gräberfeldes**.

Beim Bau einer Tiefgarage für Angestellte am nordöstlichen Zipfel der Vatikanstadt nahe der Leonischen Mauer stießen die Bauarbeiter im Jahr 2003 auf ein erstaunlich gut erhaltenes, riesiges antikes Gräberfeld, das während der gesamten Kaiserzeit (1. Jh. v. Chr. bis 4. Jh. n. Chr.) genutzt wurde. Möglicherweise reichte es sogar bis zum Hang des Monte Mario. Man fand hier bisher schon 250 Gräber, teilweise mit Inschriften und Mosaiken, sowie Dutzende vollkommen erhaltene Sarkophage mit Grabbeigaben. Die begeisterten Archäologen sprachen sogar von einem *„kleinen Friedhofs-Pompeji"*. In einem steinernen Sarg entdeckte man das Skelett eines kleinen Kindes, das ein quasi intaktes Hühnerei in der rechten Hand hielt, wohl als Symbol für eine erhoffte Wiedergeburt. Ein Mausoleum lässt sich mit großer Sicherheit dem Sekretär Kaiser Neros zuschreiben.

Man kann die Vatikanischen Museen nicht mit einer wissenschaftlichen Sammlung vergleichen. Ausgestellt wird, was gefiel oder aus anderen Gründen in päpstlichen Besitz gelangte.

Zu sehen sind viele der wichtigsten antiken Meisterwerke, wie z. B. die Laokoon-Gruppe, außerdem frühchristliche Skulpturen, Sarkophage und Inschriften. Die Museen Papst Gregors XVI. beherbergen die bedeutende ägyptische und etruskische Sammlung. Es folgen Kunstwerke aus Renaissance und Barock. Seit 1973 besteht die umfangreiche Sammlung moderner Sakralkunst. Oft sind auch die reichen Raumausstattungen selbst bereits die Exponate, wie z. B. die Stanzen Raffaels mit der berühmten Schule der Athener. Höhepunkt im letzten Abschnitt des Rundgangs ist zweifellos die Sixtinische Kapelle mit Michelangelos Decken- und Altarwand-Fresko. Sehenswert sind kurz vor dem Ausgang auch noch die Gemäldegalerie (Pinakothek) sowie das moderne Missions- und Ethnologische Museum.

Leider sind nie alle Abteilungen der Museen zugänglich. Manche werden seit Jahren restauriert, andere bleiben aus Personalmangel oder aus Sicherheitsgründen geschlossen, wie die Loggien (nicht zu verwechseln mit den Stanzen) Raffaels, die genau gegenüber der päpstlichen Privatwohnung liegen. Die Übergänge zwischen Museen und Papstpalast sind fließend, was zu zusätzlichen Problemen führt. Im Eingangsbereich informiert eine Anzeigetafel über die aktuell gesperrten Sektionen.

Die folgende Beschreibung kann natürlich nicht vollständig sein, sondern beschränkt sich auf eine Auswahl einiger bemerkenswerter Exponate, um einen gewissen Eindruck zu vermitteln (Achtung: durch Schließungen einzelner Abteilungen können sich Änderungen in der Reihenfolge ergeben; beachten Sie deshalb bitte immer den am Eingang angegebenen Namen des Museums oder Saals). Ausführlichere Hinweise bieten Audiotour oder Führungen. Ansonsten sind die Ausstellungsstücke oft nur nummeriert und Aushänge in der Nähe geben in italienischer und englischer Sprache knappe Erläuterungen (wegen der kleinen Schrift bei großem Besucherandrang kaum lesbar). Während des Rundgangs informieren Übersichtstafeln immer wieder über die Struktur des weitläufigen Komplexes und den jeweiligen Standort. Schilder weisen den Weg zur Sixtinischen Kapelle. Folgt man ihnen, passiert man automatisch die meisten Sektionen der Museen, denn die Sixtina befindet sich fast am Ende des Rundgangs. Man sollte daher die Kräfte gut einteilen und sich nicht am Anfang zu lange aufhalten. Allerdings ist es nicht möglich, bis zur Sixtina vorzueilen, um dann später an den Anfang zurückzukehren. Abgesehen von den beträchtlichen Entfernungen und unübersichtlichen Wegen, die dies verhindern, ist ein Rückwärtsgang wegen der nachdrängenden Menschenmassen nicht erlaubt (in den engen Stanzen Raffaels wird die vorgeschriebene Einbahnregelung genau überwacht).

● *Eingang/Anfahrt* Der Eingang zu den Vatikanischen Museen und der Sixtinischen Kapelle befindet sich knapp einen Kilometer vom Petersplatz entfernt im **Viale Vaticano**.

**Zu Fuß** erreicht man den Eingang, indem man vom Petersplatz aus hinter den rechten Kolonnaden immer der Vatikanmauer folgt. Mit der **Metrolinie A** sollte man nicht erst bei der offiziellen Station „*Cipro/Musei Vaticani*" nahe des Eingangs, sondern bereits eine Station vorher, bei „*Ottaviano/San Pietro*" aussteigen, um das Ende der Warteschlange zu erreichen. Mit dem Bus (Linien 32, 81, 98) oder mit der Straßenbahn (Linie 19) fährt man am günstigsten bis zum Busbahnhof an der Pzza. del Risorgimento. Die Buslinie 49 hält zwar direkt vor dem Museumseingang, doch muss man dann entlang der Warteschlange zurücklaufen.

● *Öffnungszeiten* Jährlich werden die Öffnungszeiten **für jeden einzelnen Tag** neu festgelegt. Ein aktueller Kalender hängt an allen wichtigen strategischen Orten im Vatikan (z. B. in der Eingangshalle von St. Peter, im Informationsbüro an der linken Seite des Petersplatzes oder am Palasteingang zur Scala Regia, am Ende des rechten Kolonnadengangs).

**In der Regel gilt**: Von Nov. bis Febr.: Mo–Sa 10–13.45 Uhr, Einlass bis 12.30 Uhr.

Von März bis Okt.: Mo–Fr 10–16.45 Uhr, Einlass bis 15.30 Uhr; Sa 10–14.45 Uhr, Einlass bis 13.30 Uhr.

Ganzjährig an jedem letzten So im Monat: 9–13.45 Uhr, Einlass bis 12.30 Uhr (an diesem Tag ist der Eintritt frei).

Geschlossen: jeweils So (bis auf den letzten im Monat), am 1. und 6. Jan., 11. Febr., 19. März, Ostersonntag und Ostermontag, 1. Mai, Christi Himmelfahrt, Fronleichnam, 29. Juni, 15. und 16. Aug., 1. Nov., 8., 25. und 26. Dezember.

*Die Vatikanischen Museen: Blick von der Kuppel in den Pinienzapfenhof am Ende des Komplexes*

● *Wartezeiten* Man muss das ganze Jahr über mit langen Wartezeiten rechnen (zur Hauptreisezeit kann das Anstehen vor dem Eingang zwei Stunden dauern). Drinnen verlaufen sich die Massen allerdings meist. Bereits bei Öffnung der Museen reicht die Schlange oft bis zur Pzza. del Risorgimento oder noch weiter an der Vatikanmauer entlang in Richtung Petersplatz. Man sollte sich daher spätestens um 9 Uhr, besser noch um 8.30 Uhr anstellen.

Von allen Wochentagen ist der Mittwoch der günstigste, wenn auf dem Petersplatz die Generalaudienz stattfindet. Direkt nach der Audienz strömen die Besucher dann allerdings in die Museen und es wird sehr voll.

Tipp: Sehr viel schneller kommt man durch einen separaten Zugang am Haupteingang hinein, wenn man eine Führung reserviert hat (s. u.).

• *Kleiderordnung* **Achtung**: Wie überall im Vatikan ist der Eintritt in kurzen Hosen, Miniröcken, bauchfreien Shirts oder schulterfreien Tops nicht gestattet. Wer nicht ordnungsgemäß gekleidet ist, wird selbst nach stundenlanger Wartezeit vom Aufsichtspersonal konsequent zurückgewiesen.

• *Eintrittspreis* **Regulär** 14 €, **ermäßigt** 8 € für Jugendliche unter 14 Jahren gegen Altersnachweis, für Schüler oder Studenten unter 26 Jahren mit gültigem internationalen Schüler- oder Studentenausweis und einem Einschreibenachweis für das laufende Jahr, für Schulklassen oder Gruppen einer Bildungseinrichtung bei Vorlage eines erkennbar offiziellen Antragsschreibens der Schule oder des Bildungsträgers sowie für Pilgergruppen bei Vorlage eines offiziellen Antragsschreibens der Heimatdiözese oder der Pfarrei; die Antragsschreiben müssen an die „Direzione dei Musei" adressiert sein.

**Kostenloser Eintritt** für Kinder unter 6 Jahren gegen Altersnachweis, am letzten Sonntag im Monat und dem 27. Sept. (Welttag des Tourismus) sowie für Schwerbehinderte (100 % Behinderung) mit einer Begleitperson.

• *Gültigkeit* Das Ticket gilt nur am Ausgabetag für einen Besuch der Vatikanischen Museen mit der Sixtinischen Kapelle; zusätzlich berechtigt es innerhalb der folgenden vier Tage zu einer Führung durch das Historische Museum im Apostolischen Palast neben der Lateransbasilika (Mo–Fr, außer an Feiertagen, zu jährlich wechselnden festen Einlasszeiten); der Eingang befindet sich in der Vorhalle der Lateransbasilika (→ S. 462).

• *Garderobe* Stockschirme, Koffer, Rucksäcke oder andere größere Gepäckstücke müssen an der Garderobe hinter dem Kassenbereich abgegeben werden.

• *Fotografieren* In der Sixtinischen Kapelle ist das Fotografieren verboten. In den anderen Bereichen darf ohne Blitz und Stativ fotografiert werden.

• *Audioguide* Da die Exponate nicht bezeichnet werden, empfiehlt sich ein Audioguide (auch auf Deutsch erhältlich), der allgemeine Informationen zu den Sammlungen und zu 350 Kunstwerken bietet; Leihgebühr 6 €, als Pfand muss der Ausweis hinterlegt werden.

• *Führungen* Die Führung durch die Museen und die Sixtinische Kapelle in englischer Sprache dauert 2 Stunden.

Zeiten für **Individualreisende**: Von März bis Okt. Mo–Fr 10.30, 12, 14 Uhr; Sa 10.30 und 11.30 Uhr. Von Nov. bis Febr. Mo–Fr 10.30 Uhr. Für **Gruppen**: Tägl. zu den reservierten Zeiten. **Preise** inkl. Eintritt pro Person: Regulär 23,50 €, ermäßigt 12,50 €.

Eine **Reservierung** ist erforderlich: Für Individualreisende innerhalb eines Monats bis spätestens eine Woche vor dem Besuch; bei Gruppen innerhalb von zwei Monaten bis spätestens 2 Wochen vor dem Besuch. Reservierung per Mail oder Fax unter 0039/ 06.6988.5100; mit dem Bestätigungsfax meldet man sich spätestens 15 Min. vor dem Termin am Schalter „Guided Tour", zu erreichen durch den Haupteingang, dort ist rechts ein separater Eingang für Teilnehmer an Führungen (**hierfür muss man nicht in der Warteschlange anstehen**, man wird aber nur eingelassen, wenn man die Reservierungsbestätigung vorweisen kann; ist man erst einmal drinnen, kontrolliert niemand, ob man sich zum Schalter begibt und der Tour anschließt oder ob man ein normales Ticket für einen individuellen Besuch kauft).

• *Auskunft* Im Internet unter www.vatican.va (auch auf Deutsch).

• *Museumsshop/Post* In der Eingangshalle befinden sich viele Serviceeinrichtungen, darunter ein Postamt sowie Souvenir- und Bücherstände. Kleinere Stände mit Postkarten, Münzen und Kurzführern sind auch auf dem Rundgang verteilt. Am Ende des Rundgangs befindet sich ein großer Museumsshop mit einer guten Auswahl u. a. an Kunstbüchern und qualitätsvollen Repliken.

• *Restaurant* Am Ende des Rundgangs, vor dem Eingang zur Pinakothek, befinden sich in einem modernen Baukomplex ein Self-Service-Restaurant mit großem runden Speisesaal (kleine Gerichte, auch Salate und Gemüsebar), eine Kaffeebar und eine Pizzeria, von wo aus man durch die schmalen Bogenfenster einen schönen Blick auf die Vatikanischen Gärten hat.

▶ **Neue Eingangshalle**: Aus Anlass des Heiligen Jahres wurde Anfang 2000 die großzügige neue Eingangshalle eröffnet. Man betritt sie durch das moderne Bronzeportal, dessen Reliefs päpstliche Insignien mit dem Wappen des Auftraggebers Johannes Paul II. zeigen und ansonsten dem Thema der Schöpfung gewidmet sind. Damit will der Künstler den Besucher einladen, die Wunder der

Schöpfung in den Museen zu bestaunen. Realisiert wurde die Arbeit vom römischen Bronzegießer-Familienbetrieb Ceschi, der seit fünf Generationen für den Papst arbeitet. Hier muss man zunächst durch die Sicherheitskontrollen. Im Erdgeschoss befinden sich nur die Schalter für Gruppen-Eintrittskarten. Über das für Wechselausstellungen genutzte Zwischengeschoss erreicht man über Rolltreppen die nächsten Ebene mit Servicebereich und Kartenverkauf.

Gleich nach dem Einlass, an der Wand des hinteren Hofs, sollte man das große polychrome **Mosaik** aus einer antiken Landvilla (1. Jh. v. Chr.) nicht übersehen. Es zeigt in der Mitte einen Medusenkopf, eingerahmt von geometrischen Mustern, und im unteren Teil Schiffe, die auf umfangreiche Handelsbeziehungen des offenbar vermögenden Hausherrn hinweisen. Von hier aus erreicht man den Pinienzapfenhof.

▸ **Pinienzapfenhof:** In einer 15 m hohen Apsis steht auf einer Terrasse der riesige bronzene **Pinienzapfen**. Die Apsis wurde nur zu dem Zweck gebaut, dem Pinienzapfen einen würdigen Rahmen zu geben.

*Kolossaler Blickfang: der antike Pinienzapfen*

Der Zapfen stammt aus der Antike und diente ab dem frühen Mittelalter im Vorhof von Alt-St. Peter als Brunnen. Von dort kannte ihn der Dichter Dante und beschrieb ihn in seinem berühmten „Inferno". Über seine ursprüngliche Verwendung bestehen verschiedene Theorien. Wahrscheinlich wurde er für eine Brunnenanlage der Thermen in der Nähe des Pantheons angefertigt. Es handelt sich bei ihm um die erste bekannte Darstellung dieser Art. Oft trifft man auf Nachahmungen des Pinienzapfen-Motivs, die hier ihr Vorbild haben.

Auch bei den bronzenen **Pfauen** links und rechts des Pinienzapfens handelt es sich um originale antike Kunstwerke. Sie schmückten einst den Garten der prächtigen Sommerresidenz von Kaiser Hadrian bei Tivoli (→ S. 716). In der Mitte des Hofs wird zeitgenössische Kunst ausgestellt: die Weltkugel, **Mappa Mondo**, des modernen italienischen Künstlers Arnaldo Pomodoro.

▸ **Museo Gregoriano Egizio:** Das 1839 von Gregor XVI. gegründete Museum beherbergt eine bedeutende ägyptische Sammlung. In neun Sälen sieht man Schätze, die zum Teil schon in der Antike als Antiquitäten nach Rom importiert wurden. Damals genoss die alte Kulturnation Ägypten hohes Ansehen bei den Römern und der Besitz ägyptischer Kunst galt beim Bildungsbürgertum als prestigeträchtiger Ausdruck von Geschmack und Bildung. Die meisten Exponate fand man bei

Ausgrabungen, insbesondere in der Hadriansvilla bei Tivoli. Zusätzlich erwarben die Päpste einige Privatsammlungen, denn auch sie hatten Interesse am alten Ägypten als einem der Schauplätze biblischer Überlieferungen.

Man betritt das Museo Gregoriano Egizio durch ein Portal aus rotem, ägyptischem Marmor. Die Ausstattung der ersten Säle ist den typischen Grabkammern nachempfunden und soll die Besucher auf die Welt der Pharaonen einstimmen.

*1. Saal* Die Dekoration entspricht dem **Vorraum einer Grabkammer**. Zu sehen sind Grabstelen mit hieroglyphischen Inschriften aus der Zeit von 2.500 bis 600 v. Chr. und Schriftrollen aus Papyrus (um das 14. Jh. v. Chr.). Die Statue in der Mitte des Raumes stellt Ramses II. auf dem Thron dar (1298–1213 v. Chr.).

*2. Saal* Der folgende Raum entspricht der eigentlichen **Grabkammer**. Ausgestellt sind Inschriften, Grabbeigaben und Mumiensarkophage aus farbig gefasstem Holz. Die noch in Leinenstreifen gewickelte **Mumie** mit dem blauen Glasperlenschmuck war die Priesterin Djet-Mut aus Theben, die um 1000 v. Chr. gelebt hat. Die vasenförmigen Kanopen-Gefäße mit Deckeln in Form von Tierköpfen (Symbole für ägyptische Gottheiten) dienten zur Aufbewahrung der inneren Organe. Für die Mumifizierung war es nämlich erforderlich, alle Eingeweide und das Gehirn zu entfernen. Den Schädelinhalt zog man durch die Nase an Haken heraus. Nichts davon wurde weggeworfen. Alle Bestandteile des Leichnams verwahrte man säuberlich voneinander getrennt.

Bemerkenswert ist die Vitrine 5 mit Alltagsgegenständen wie Kopfstützen, Fächern und Sandalen.

*3. Saal* Hier wurde der **Serapis-Tempel** (Gott der ägyptischen Unterwelt) aus der Villa des Hadrian (→ S. 718) rekonstruiert. Der Tempel bildete im Anwesen des Hadrian den Abschluss des dort nachgebildeten *Canopus* (das war der Kanal, der Alexandria mit dem Nil verband). Mit dem Kanal war der Kaiser schmerzlich verbunden, denn sein Geliebter **Antinous** war hier während einer Schiffsreise durch Ägypten ertrunken. Hadrian ließ den hübschen Jüngling später unzählige Male als Darsteller verschiedener Gottheiten abbilden. Besonders beliebt beim Kaiser war Antinous als personifizierter Gott Osiris, einer der Hauptgötter des alten Ägyptens, zuständig für die Toten im Jenseits, aber auch für die Wiedergeburt. So sieht man Antinous auch hier, als 2,50 m

hohe Marmorskulptur, nackt bis auf ein Lendentuch und mit typischem Kopfschmuck (angefertigt zwischen 131 und 138 n. Chr.). Sehenswert ist auch die Monumentalbüste der Göttin **Isis Sothis**, die für das Nilhochwasser zuständig war. In Hadrians Serapeion diente die Skulptur als Brunnen, der von einer Zisterne versorgt wurde und mit dem Canopus geflutet wurde, um das überlebenswichtige jährliche Nilhochwasser zu imitieren.

*4. Saal* Es werden originale ägyptische Kunstwerke gezeigt, die in der Antike als beliebte Gartendekoration nach Rom importiert wurden, ebenso römische Kunst aus dem 1. und 2. Jh. n. Chr. im ägyptischen Stil. Typisch hierfür ist die Statue des Gottes **Anubis**, der nach ägyptischem Glauben die Verstorbenen in die Unterwelt führt und über sie richtet. Man sieht ihn, wie üblich, in Menschengestalt mit dem Kopf eines Schakals, hier ist er aber mit einer römischen Toga bekleidet.

Die Marmorplastik eines liegenden, halbnackten Mannes personifiziert den **Nil**. Es handelt sich um die typisch römische Art der Darstellung eines Flusses: Das Füllhorn in der Hand steht für die Fruchtbarkeit, der linke Arm ist zur Identifizierung der Gottheit wie stets auf ein für seine Region charakteristisches Symbol gestützt.

*5. bis 9. Saal* Die folgenden Räume liegen im Halbkreis um die Apsis des großen Belvederehofes. Durch die Fenster bietet sich immer wieder ein schöner Blick auf den Pinienzapfen.

Ausgestellt sind meisterhafte ägyptische **Herrscher- und Götter-Skulpturen**. Zu den wichtigsten gehört in *Saal 5* der Kopf von **Pharao Mentuhotep II.** aus Sandstein mit Resten der farbigen Fassung; es ist das älteste Herrscherporträt im Vatikan (2010–1995 v. Chr.). Beachtenswert ist auch die Kolossalstatue der **Königin Tuya**, der Mutter Ramses' II. (1279–1213 v. Chr.) aus schwarzem Granit.

Im kleinen *Saal 6* geht es um **Votivfiguren und Kultobjekte**. Die Fundstücke aus frühchristlicher Zeit (5.–8. Jh.) belegen die einstige Bedeutung der koptischen Christen in Ägypten. Die Keramiken aus dem 11.–14. Jh. sind Zeugnisse islamischer Kunst aus Ägypten.

Thema der *Säle 8 und 9* ist die Bronzezeit im Gebiet von Syrien und Palästina. Man sieht **Keilschrifttafeln und Rollsiegel** (3000–1000 v. Chr.) aus Mesopotamien, dem Ursprungsland der Schrift, wo sich erste Staatsstrukturen bildeten und früheste Dokumente der öffentlichen Verwaltung erhalten sind.

Von hier aus führt ein Durchgang zum Museum Pio-Clementino mit dem kleinen Belvederehof.

▸ **Museo Pio-Clementino:** Das von Clemens XIV. (1769–74) und seinem Nachfolger Pius VI. (1775–99) beim Architekten Michelangelo Simonetti (von dem auch das Treppenhaus vor dem Eingang zum Ägyptischen Museum stammt) in Auftrag gegebene Museum wurde 1784 für das Publikum eröffnet. Es beherbergt einige der berühmtesten antiken Skulpturen, mit denen die vatikanische Sammlung begann. Als erstes kam 1503 der **Apoll des Belvedere** hierher. Julius II. hatte diese römische Marmorkopie (um 130 n. Chr. angefertigt) eines griechischen Originals aus Bronze (330 v. Chr.) gleich nach seiner Wahl und dem Umzug in den Vatikan aus seinem Kardinalspalast mitgebracht und im Belvederehof aufstellen lassen. Er erkannte als erster Papst die Schönheit der antiken Kunstwerke und ließ besonders eindrucksvolle Fundstücke, wie die wenige Monate später entdeckte **Laokoon-Gruppe,** beim Apoll im Hof aufstellen, um sich daran zu erfreuen. Kurz zuvor hatte man noch alles Heidnische verdammt und auch manche antike Marmorskulptur in den Öfen zum begehrten Baustoff Kalk verbrannt. Das Museum ist in mehrere sehenswerte Abteilungen unterteilt, die jeweils eigene Bezeichnungen tragen.

Im Durchgang zum Belvederehof steht der **Apoxyomenos**. Diese römische Kopie einer berühmten griechischen Bronze aus der Werkstatt des Lysipp aus der Zeit um 320 v. Chr. zeigt einen Athleten, der sich nach dem Wettkampf mit einem Schaber vom Öl reinigt, mit dem er sich zuvor eingerieben hatte.

Dahinter befindet sich der Zugang zur fünfstöckigen **Wendeltreppe des Bramante**, eines der Meisterwerke der Renaissance aus dem Jahr 1512. Die enge Rampe mit jeweils acht Säulen pro Umdrehung verband die Papstwohnung in den oberen Stockwerken des Belvedere-Flügels mit dem Ausgang zur Stadt und ließ sich zu Pferde erklimmen.

**Cortile Ottagono** oder **kleiner Belvederehof:** Für den kleinen achteckigen Hof sollten Sie sich etwas mehr Zeit nehmen, denn in den vier Nischen stehen die wichtigsten antiken Skulpturen der Museen. Sie gehören zu den am häufigsten reproduzierten, abgebildeten und beschriebenen Meisterwerken der Kunstgeschichte Europas.

Bereits Michelangelo und später Winckelmann und Goethe sahen bewundernd im **Apoll des Belvedere** ein Beispiel für klassische Formvollendung. Ursprünglich hielt Apoll als Symbol seiner Heilkunst einen Lorbeerkranz in der rechten Hand, Reste davon sind am Baumstamm zu erkennen. Gleichzeitig trug er mit dem ausgestreckten linken Arm einen Bogen als Zeichen dafür, dass er auch zur Vergeltung fähig ist. Genau gegenüber steht der ebenfalls berühmte und unzählige Male kopierte **Mars** aus der Villa Kaiser Hadrians. Der **Perseus** mit dem Medusenhaupt und die beiden flankierenden Faustkämpfer sind nicht antik, sondern wurden um 1800 von Antonio Canova gefertigt.

Die Hauptattraktion ist die **Laokoon-Gruppe** in einer Nische des Hofes. Sie hat in 2.000 Jahren bis in die jüngste Zeit immer wieder für Schlagzeilen gesorgt. Ihre jahrhundertelang gerühmte Rekonstruktion ist erst im 20. Jh. als Sinnverdrehung entlarvt worden. Die original griechische Figurengruppe hat eine Szene aus Homers *Ilias* zum Thema:

**Der Vatikan**
Karte S. 478/479

Dargestellt ist **Laokoon**, der Priester des Poseidon, mit seinen beiden Söhnen. Er warnte die Trojaner vergeblich vor dem hölzernen Pferd und dem bevorstehenden Untergang ihrer Stadt. Niemand außer Aeneas, der deshalb als einziger mit Vater und Sohn fliehen konnte, nahm ihn ernst. Göttin Athene, die den Sieg der Feinde Trojas wünschte, regte sich über diese versuchte Einmischung so auf, dass sie den Priester zusammen mit seinen beiden Söhne zum Tode durch Schlangenbisse verurteilte.

Die Statuengruppe kam in der Antike von Rhodos nach Rom. Hier begeisterte sie selbst die qualitätsverwöhnten Römer, und der antike Schriftsteller **Plinius** pries ihre Formvollendung. Diese Beschreibung blieb in den folgenden Jahrhunderten erhalten und war allgemein in Künstlerkreisen bekannt. Was fehlte, war das Kunstwerk. Es galt als verschollen, bis zum zufälligen **Sensationsfund im Jahr 1506**:

*Das Original der Laokoon-Gruppe*

Der Sohn des Architekten Giuliano de Sangallo berichtete später von jenem aufregenden 14. Januar 1506: Ein Bauer war beim Graben am Hang des Esquilins auf antiken Marmor gestoßen und hatte dem Vater von der Entdeckung berichtet. Zusammen mit dem gerade anwesenden Michelangelo begaben sie sich sogleich zum Fundort. *„Wir gingen alle drei los, ich auf meines Vaters Schultern. Als wir an die Stelle kamen, wo die Statue lag, rief mein Vater sogleich: ‚Das ist der Laokoon, von dem Plinius spricht!' Das Loch wurde erweitert, sodass die Statue gehoben werden konnte. Als wir sie genug bewundert hatten, gingen wir zum Essen nach Hause."* Auch Papst Julius II. war von dem Fund begeistert. Als Finderlohn stellte er dem Bauern einen Platz im Himmel in Aussicht und übertrug ihm zur Überbrückung bis dahin sämtliche Zolleinnahmen von der Porta San Giovanni. Leider war der Fund unvollständig: Es fehlten jeweils die rechten Arme der Figuren. Dieser kleine Schönheitsfehler sollte jedoch (vermeintlich) rasch behoben werden. Montorsoli, ein Schüler Michelangelos, rekonstruierte die Gruppe. Er hatte die Kraftlinien studiert (gedachte, gerade Linien, an denen sich das Auge orientiert). Nach seiner Analyse verlief eine solche Linie über den linken Fuß des Priesters, sein linkes Bein, Bauchnabel und rechte Brust. Damit die Linie weiterlaufen konnte, musste der rechte Arm des Priesters folglich ausgestreckt nach oben weisen. Dann bildete sein Arm mit dem Kopf, dem zu ergänzenden rechten Arm des Jungen und dessen Kopf eine zweite Linie. Der Arm des anderen Knaben musste konsequent in die Höhe gestreckt sein, um die Verbindung zum rechten Arm des Priesters herzustellen. Mit diesen Ergänzungen galt die Gruppe bis in die Gegenwart als bedeutendstes Beispiel antiker griechischer Kunst.

Dann ereignete sich 1956 ein **weiterer sensationeller Zufallsfund**: Man fand ein fehlendes Stück Arm und die Rekonstruktion erwies sich als falsch. Der rechte Arm des Priesters war tatsächlich angewinkelt und nicht ausgestreckt! Damit ist die Wirkung komplett anders als zuvor gedacht. Während der falsch ergänzte Priester die Schlange in seiner erhobenen rechten Faust hält und mit ihr angestrengt kämpft, hat die Schlange in Wirklichkeit das Handgelenk bereits umwickelt, den Arm hinter den Kopf auf den Rücken gezogen und kampfunfähig gemacht. Der Ausdruck des Gesichts meint also nicht Anspannung im Überlebenskampf, sondern das Leid des Verdammten, dessen Schicksal sich erfüllt.

Die **Interpretation der Skulptur** war bei der Ergänzung offensichtlich von der typischen Vorstellungswelt der Renaissance beeinflusst: Der ambitionierte Papst Julius II., der von der Wiedergeburt der Größe Roms träumte, sah darin die Ermutigung zum heldenhaften Kampf selbst in scheinbar aussichtsloser Situation. Für den Betrachter der Antike signalisierte die Gruppe das Gegenteil: Wer sich gegen die Götter auflehnt, wird von ihrem Zorn getroffen, für den gibt es keinen Ausweg und jeder Kampf ist vergebens.

Seitdem wird von vielen Archäologen die Auffassung vertreten, dass Kunstwerke belassen werden sollen, wie sie gefunden wurden, um nicht noch einmal eine solche Fehlinterpretation zu riskieren.

Da die früher hier ebenfalls ausgestellte viel heroischer wirkende Kopie mit der falschen Rekonstruktion oft mehr beachtet wurde als das Original, hat man sie in eine hintere Ecke der Musei Ex-Lateranensi verbannt und durch ein Foto ersetzt, damit der Vergleich weiterhin möglich bleibt.

**Sala degli Animali** (Saal der Tiere): Den Eingang zu diesem Saal (vom Hof aus rechts der Laokoon-Gruppe) flankieren zwei Hundeplastiken. Bei diesen handelt es sich um eine in der Antike speziell für die Jagd gezüchtete, aggressive frühe Kampfhunderasse. Im Saal sehen Sie einen davon, wie er sich in den Rücken eines Hirschs verbeißt.

In dem überfüllten Raum mit den unzähligen, etwas willkürlich zusammengetragenen Tierdarstellungen können Sie feststellen, wie exakt auch seltene Tiere zur Zeit der Antike dargestellt wurden.

Unauffällig zwischen den anderen Figuren und vollkommen deplatziert steht eine der schönsten erhaltenen **Mithras-Gruppen** (vom Eingang aus rechts an der langen Seitenwand). Es handelt sich nicht, wie in dem Kontext offenbar suggeriert werden sollte, um eine profane Jagdszene, sondern um den zentralen Teil des Weihealtars aus einem Mithrasheiligtum. Der Kult war in der Antike sehr populär und konkurrierte lange mit dem Christentum. Die Plastik stellt den Persergott Mithras mit Stier, Hund, Skorpion und einer Schlange dar (mehr zum Mithraskult → Kasten S. 250).

**Galleria delle Statue** (Galerie der Statuen): Der Eingang zu dieser reichhaltigen Sammlung antiker Skulpturen befindet sich an der rechten Seite des Saal der Tiere. Beachtenswert ist gleich links vom Eingang die Darstellung der schlafenden **Ariadne**, eine römische Kopie aus dem 2. Jh. n. Chr. nach einem 400 Jahre älteren griechischen Original aus der Werkstatt des Pergamon. Meisterhaft wird im Marmor die Erotik der mit einem komplett durchsichtigen Kleid bedeckten Göttin dargestellt. Zu den bekanntesten Werken der Museen gehört auch der **Apollo Sauroktonos** (Apoll als Eidechsentöter), eine römische Kopie eines griechischen Originals von Praxiteles (um 325 v. Chr.), einem der besten und erfolgreichsten Bildhauer der Antike.

**Sala delle Muse** (Saal der Musen): Die hier ausgestellten Porträts bedeutender antiker Dichter und Gelehrter sind durchweg römische Kopien griechischer Originale. Sie dienten hauptsächlich zur Dekoration der Bibliotheken des reichen römischen Bildungsbürgertums. Unter ihnen befindet sich auch die Büste des **Perikles**, der als brillantester Staatsmann der Athener Demokratie galt und 429 v. Chr. an der Pest starb. Ein schon in der Antike besonders wertvolles Original des Athener Bildhauers **Apollonios** ist der berühmte **Torso des Belvedere** (1. Jh. v. Chr.) in der Mitte des Raums. Auch wenn der Sitzstatue so viele wesentliche Teile fehlen, dass sie sich nicht rekonstruieren lässt, wurde der dynamisch verdrehte, muskulöse Rücken in der Renaissance und im Klassizismus vielfach bewundert. Michelangelo soll bei der Gestaltung der Decke in der Sixtinischen Kapelle vom Torso zu den Jünglingen inspiriert worden sein, die auf den architektonischen Rahmungen in lebendiger, lässiger Bewegung zwischen den Sibyllen und Propheten sitzen. Winckelmann und viele andere haben den Torso leidenschaftlich bewundert und ausführlich gepriesen. Generationen von Künstlern diente er zu Anatomiestudien.

**Sala Rotonda** (Runder Saal): Der folgende runde Kuppelsaal hat das Pantheon zum Vorbild. In der Mitte des immer noch in kräftigen Farben strahlenden antiken Fußbodenmosaiks, das aus den Thermen von Otricoli in Umbrien stammt (3. Jh. n. Chr.) und die Götter des Meeres darstellt, steht ein riesiges **Porphyrbecken** mit einem Durchmesser von 4,76 m. Es wurde komplett aus einem einzigen Steinblock für Neros Goldenes Haus (→ „Domus Aurea", S. 244) gefertigt. Die Wandnischen beherbergen antike Kolossalstatuen wie den **Herkules** aus vergoldeter Bronze, den man 1864 fand und der wie ein Mensch bestattet worden war, nachdem ein Blitz die Statue getroffen hatte. Da dies als Zeichen des Zornes von Jupiter gedeutet wurde, entledigte man sich des Bildnisses, indem man es begrub, um den Gott zu versöhnen. Im Grab lag auch eine Münze mit dem Abbild von Kaiser Commodus (180–192 n. Chr.).

Rechts des Herkules befindet sich eine Büste **Hadrians**. Er war jener Kaiser, der von 117–138 n. Chr. regierte und die noch heute viel bewunderte Residenz bei Tivoli errichten ließ (→ S. 716). Hier scheint er die Büste seines ihm gegenüber wohl platzierten Geliebten **Antinous** anzuschauen. Der schöne Jüngling aus Bythien (in Kleinasien) war kurz vor dem 30. Oktober des Jahres 130 vor den Augen des Kaisers, den er auf einer Inspektionsreise begleitete, vom Schiff gestürzt und im Nilkanal ertrunken. Der tief betrübte Herrscher hat Antinous zu Gott erhoben und in unzähligen Varianten abbilden lassen. Dieser Fülle von Plastiken ist es zu verdanken, dass jedes bessere Museum antiker Kunst heute im Besitz mindestens eines Antinous ist.

Neben dem Ausgang sieht man Büste und Standbild des Kaisers **Claudius** (41–54 n. Chr.) mit Lorbeerkranz und Adler.

Als einziges Mitglied der kaiserlichen Familie hat **Claudius** (Enkel von Livia, der Frau von Kaiser Augustus) die Regierungszeit seines Neffen Caligula überlebt. Durch seine Rolle als harmloser, dummer Onkel, den niemand am Hof des Kaisers ernst nahm, blieb er von den Massenhinrichtungen verschont.

Nachdem Caligula es in seinem Wahnsinn zu weit getrieben und Verschwörer ihn ermordet hatten, musste schnell ein neuer Kaiser gefunden werden, um die von Arbeitslosigkeit bedrohte und deshalb aufgebrachte Kaisergarde zu beruhigen. Da besann man sich des anscheinend leicht manipulierbaren Onkels. Dieser hatte sich versteckt, als er seinen Namen rufen hörte, weil er glaubte, nun ginge es schließlich auch ihm an den Kragen. Doch er mag

nicht schlecht gestaunt haben, als man ihn hinter dem Vorhang hervorzog und ihm den Kaiserlorbeer auf den Kopf drückte.

Die Verlegenheitslösung hat sich schließlich bewährt: Claudius sanierte den vom Neffen ruinierten Staatshaushalt; er errang im Krieg gegen die Britannier einen Sieg, indem er ihnen durch den Einsatz von Elefanten und Kamelen einen gehörigen Schrecken einjagte, und er ließ in Ostia ein Hafenbecken anlegen (die achteckige Form können Sie beim Anflug auf Rom gut erkennen, da der Flughafen heute genau im versandeten antiken Hafen liegt).

Bekannter als Claudius wurde seine nymphomanisch veranlagte Gattin **Messalina**, deren legendäres Liebesleben bis heute Pornofilmer anregt. Angeblich hat in Rom nur Claudius von ihren Ausschweifungen nichts gewusst. Als es ihm schließlich doch zugetragen wurde, hat er sie hinrichten lassen. Auch die nächste Ehe stand unter keinem glücklichen Stern: Nachdem **Agrippina** die Adoption ihres Sohnes Nero aus erster Ehe beim Kaiser durchgesetzt hatte, soll sie den nun entbehrlich gewordenen Gatten durch ein Pilgergericht vergiftet haben. Ihre Rechnung, durch ihren Sohn regieren und selbst Macht ausüben zu können, ging nicht lange auf. **Nero** bemühte sich mehrfach (schließlich mit Erfolg), die lästige Mama zu beseitigen (mehr zu Nero → Kasten S. 246).

**Sala a Croce Greca** (Treppenhaus in Form des griechischen Kreuzes): Am Durchgang zum Treppenhaus stehen zwei prächtige **Sarkophage** aus rotem Porphyr, dem extrem harten Stein, der ausschließlich von dem damals einzigen bekannten Steinbruch in Ägypten stammte und wegen seiner Purpurfarbe allein dem Kaiser vorbehalten war. In dem mit Szenen einer Weinernte geschmückten Sarkophag wurde **Constantina**, die Tochter Kaiser Konstantins, beigesetzt. Den anderen Sarg schmücken bewaffnete Reiter und Gefangene. Ursprünglich war er wohl für den Kaiser selbst vorgesehen, diente dann aber, recht unpassend, seiner friedliebenden Mutter, der **heiligen Helena**, als letzte Ruhestätte (mehr zu Kaiser Konstantin und seiner Familie → Kasten „Konstantin der Große" S. 197). Zwischen den Särgen ist im Fußboden ein prächtiges Mosaik eingelassen (3. Jh. v. Chr.), das Athena darstellt und aus Tusculum in den Sabiner Bergen (→ S. 736) stammt.

▸ **Museo Gregoriano Etrusco:** Eine Treppe höher erreicht man das 1837 von Gregor XVI. gegründete Etruskische Museum. Die Exponate in den 22 Sälen geben einen umfassenden Eindruck von der rund 1000-jährigen Geschichte des Volkes der **Etrusker**, das Mittelitalien vor den Römern beherrschte und im ganzen Mittelmeerraum bis nach Phönizien Handel trieb. Die Funde, hauptsächlich aus der Zeit vom 9. bis 1. Jh. v. Chr., stammen von systematischen archäologischen Grabungen, die ab 1828 in Südetrurien (hauptsächlich in den ehemaligen Etruskermetropolen **Todi** und **Cerveteri** im Norden Latiums), das damals zum Kirchenstaat gehörte, durchgeführt wurden. Zu sehen sind Tuffsteinarbeiten, Keramiken sowie Gold-, Silber- und Bronzeobjekte, die intensive Handelsbeziehungen insbesondere zu Griechenland, aber auch eine eigenständige, hoch entwickelte Kultur belegen. Die meisten Objekte stehen in Bezug zu den umfangreichen Totenriten, man sieht aber auch luxuriöse Alltagsgegenstände und erstaunlich modern wirkenden, fein gearbeiteten Schmuck.

*1. Saal* Hier geht es um die Frühgeschichte der Etrusker in der Eisen- und Bronzezeit (9.–6. Jh. v. Chr.). Damals wurden die Toten verbrannt und ihre Asche in kunstvoll behauenen Stein- und Tonurnen beigesetzt. Jeder der großen Stadtstaaten des etruskischen Bundes entwickelte eigene Urnenformen, die zum Teil den Rundhütten der Bewohner nachempfunden waren. Andere hat man kunstvoll mit mythologischen Szenen dekoriert, die eine enge Verwandtschaft mit der griechischen Mythologie belegen. Auf manchen Urnendeckeln wurde der Verstorbene halb liegend dargestellt, wie er am Festmahl teilnimmt, das Bestandteil der Beisetzungsfeier war (mehr zu den Bestattungsformen → Kasten S. 674).

Bemerkenswert sind auch ein Thronsessel aus Bronze (7. Jh. v. Chr.) sowie der Nachbau eines einachsigen Wagens (um 550 v. Chr.).

*2. Saal* In diesem Saal mit prächtigen Fresken aus dem 16. Jh. sieht man Grabungsfunde aus den Nekropolen von Cerveteri, darunter eine goldene Fibel zur Befestigung eines Prunkmantels (7. Jh. v. Chr.), Silbergeschirr und eine Grabliege.

*3. Saal* Der Saal der Bronzen beherbergt die Höhepunkte der Sammlung. In der Mitte steht der sog. **Mars von Todi** (5. Jh. v. Chr.), ein Krieger mit Rüstung und intensivem Blick (durch die eingelegten Augen). Er wurde aus sieben gegossenen Bronzeteilen zusammengesetzt und ist fast vollständig erhalten. Etwa aus der selben Zeit stammt der Bronzespiegel, dessen Gravuren auf der Rückseite einen Seher zeigen, der aus den Eingeweiden eines Opfertieres die Zukunft deutet.

*Saal 7 und 8* Die hier ausgestellten Schmuckstücke zeugen von der hohen Kunstfertigkeit etruskischer Goldschmiede. In den *Sälen 10 und 11* hat man durch die tiefen Halbbogenfenster einen besonders schönen Blick auf Teile des verschachtelten Vatikanpalastes und den Stadtteil Prati jenseits der Leonischen Mauer.

*Säle 17 bis 22* Von unschätzbarem Wert ist die Sammlung bemalter Vasen, die hauptsächlich aus Griechenland nach Etrurien exportiert wurden. Die Themen der Zeichnungen beschäftigen sich neben der Mythologie hauptsächlich mit Krieg, Sport und immer wieder mit üppigen Gelagen. Beachten sollte man auch die historischen römischen Stadtansichten an den Wänden der Räume.

▶ **Sala della Biga** (Saal des Zweigespanns): Nach dem Besuch des Etruskischen Museums erreicht man wieder das Treppenhaus und kehrt in das untere Stockwerk zurück. Dort betritt man zunächst den kleinen Raum, der nach der Marmorgruppe eines von zwei Pferden gezogenen einachsigen Wagens *(Biga)* benannt ist. Es ist das Abbild eines in der römischen Antike verbreiteten Sportwagens der Luxusklasse. Original ist nur der Wagenkasten (1. Jh. n. Chr.), der Rest wurde nachträglich ergänzt.

Wichtigstes Kunstwerk des Saales ist der berühmte **Diskuswerfer**, es ist eine römische Kopie des Originals aus Bronze vom griechischen Bildhauer Myron (um 460 v. Chr.). Das griechische Kunstideal, nämlich den menschlichen Körper in der Bewegung wohlproportioniert darzustellen, ist in dieser Statue vollendet erreicht. Der entscheidende Moment im Bewegungsablauf eines Diskuswerfers ist genau getroffen. Wie moderne Zeitlupenstudien bewiesen haben, stimmt auch die kleinste dargestellte Muskelanspannung.

▶ **Galleria dei Candelabri**: Es folgt ein langer Korridor, der nach den Kandelabern (mehrarmige Ständer für Beleuchtungskörper) in den Seitenöffnungen der Durchgangsbögen benannt ist. Ursprünglich war dies eine offene Loggia, deren Seiten man im 18. Jh. geschlossen hat. Zu sehen sind etwa 500 römische Skulpturen, meist Kopien griechischer Originale (aus der hellenistischen Periode vom 3. bis 1. Jh. v. Chr.), von denen hier nur auf wenige hingewiesen werden kann:

Im zweiten Saalabschnitt befindet sich rechts ein Standbild der griechischen Göttin **Artemis**. Wie man unschwer an den vielen Brüsten und den Tierdarstellungen auf dem Gewand erkennt, war sie im Olymp für Fruchtbarkeit und Natur zuständig. Bei den Römern hieß diese Göttin Diana und hatte zusätzlich den Kompetenzbereich der Jagd. Deren Statue steht der Artemis genau gegenüber, in der zweiten Nische links.

Im anschließenden Saalteil sehen Sie gleich rechts eine Dame aus der griechischen Mythologie im kurzen Kleidchen einer Läuferin. Es ist **Atalante**.

Sie ist die griechische Version der germanischen Brunhild, denn auch sie wollte nur den als Ehemann akzeptieren, der imstande war, sie im Wettrennen zu besiegen. Nach ihren Regeln war das ein Spiel auf Ehe oder Tod, denn den Verlierer traf ihr Pfeil. Ein Bewerber war schließlich doch erfolgreich. Er lenkte die schnelle Frau mit goldenen Liebesäpfeln ab, die er in die Gegend warf, sobald sie ihm vorauszueilen

drohte. Leider vergaß er nach der Hochzeit, sich bei der Göttin Aphrodite, die ihm den Tipp gegeben hatte, durch ein großzügiges Opfer zu bedanken. Aus Ärger darüber verwandelte sie das Sportlerehepaar in zwei Löwen. Auf Atalantes männermordende Wettkampferfolge weisen die Lorbeerzweige hin. Dabei handelt es sich um Vorläufer der in der Antike noch nicht gebräuchlichen Goldmedaillen.

Nach dem nächsten Durchgangsbogen begegnet man links einem **Satyr**, der Dionysos auf den Schultern trägt. Typisch griechisch ist wieder die lebendige Bewegungsdarstellung. Bei den Augen handelt es sich um die Originale aus Glaspaste. Der Auftraggeber der Galerie, Leo XIII. (1878–1903), hat sich auf dem Fußboden in der Mitte des folgenden Abschnitts durch sein **Wappen** verewigt. Der Hintergrund des farbenprächtigen Mosaiks besteht aus tiefblauem Lapislazuli.

Im letzten Abschnitt befindet sich auf dem Sarg links die Figur eines **persischen Kriegers**. Er trägt die typische Mütze der persischen Armee. Diese Figur gehörte zu einer größeren Gruppe, die der König von Pergamon im 2. Jh. v. Chr. der Stadt Athen zum Weihegeschenk machte: Passendes Thema war der persisch-griechische Krieg. Nicht bekannt ist, ob die Beschenkten sich über die kunstvoll gefertigte Abbildung ihres Feindes freuten.

▸ **Galleria degli Arazzi** (Galerie der Gobelins): In der anschließenden Galerie hängen Wandteppiche, die zwischen 1520 und 1530 in Brüssel nach den Entwürfen der Schüler Raffaels für die Sixtinische Kapelle gefertigt wurden. Man nennt sie *„Gobelins der Neuen Schule"*, in Abgrenzung zu denen der *„Alten Schule"*, die Raffael selbst für die Sixtinische Kapelle entworfen hatte. Die Themen stammen aus dem Neuen Testament. Bei den drei Gobelins im zweiten Abschnitt links geht es um den Kindermord von Bethlehem. Das Pantheon, das Sie im Hintergrund auf dem ersten Teppich sehen, zeigt, dass der Künstler es mit der Geografie nicht so genau nahm. Weitere Gobelins zeigen Szenen der Auferstehung.

Der Gobelin-Zyklus auf der rechten Seite entstand knapp 100 Jahre später und befasst sich mit Szenen aus dem Leben Urbans VIII. (1623–44), jenes Papstes, der als Feudalherrscher die Macht und mit Bernini auch den genialen Baumeister hatte, um das Stadtbild entsprechend dem barocken Geschmack der Zeit zu prägen.

▸ **Galleria delle Carte Geografiche** (Galerie der Landkarten): In der 120 m langen Galerie ließ Papst Gregor XIII. (1572–85) auf Wandfresken ganz Italien und die Besitztümer der Kirche kartografisch darstellen. Innerhalb von drei Jahren waren die 40 Landkarten nach den Vorlagen des Dominikanerpaters Ignazio Danti, eines bedeutenden Geografen, der Naturwissenschaften an der Universität in Florenz lehrte, fertig. Man betritt die Galerie bei den Landschaften im Süden Italiens. Links sieht man den Verlauf der tyrrhenischen und ligurischen Küste mit dem Hinterland und den Inseln Sardinien sowie Korsika und rechts die Adriaregion. Auf jedem Kartenabschnitt befindet sich der Plan einer größeren Stadt mit ein paar charakteristischen Gebäuden zur Orientierung. Bis 1631 wurden die Karten ständig aktualisiert.

Das Tonnengewölbe schmücken 80 Episoden aus der Kirchen- und Heiligengeschichte.

Etwa in der Mitte des Raumes befindet sich auf der linken Seite die Karte Latiums. In der linken unteren Ecke sehen Sie Rom zur Zeit des 16. Jh. Viele Details der damals recht kleinen Stadt sind gut zu erkennen. Die Marienstatue vor S. Maria Maggiore existierte zur Zeit der Kartenerstellung noch nicht und wurde offenbar später zugefügt. Am Ende des Ganges befinden sich Übersichtskarten von ganz Italien. Dabei ist rechts das Bild des antiken und links des „modernen" Italien (also des 16. Jh.) aufgemalt. Das Bild an der Stirnseite stellt die damalige Supermacht Venedig dar.

▸ **Appartamento di Pio V** (Räume von Pius V.): Nach dem Gang der Landkarten schließen sich links die Räume von Gregors Vorgänger, Pius V. (1566–72) an, die **Giorgio Vasari** mit Fresken dekoriert hat. Man sieht im ersten Saal flämische Gobelins aus dem 15. und 16. Jh. sowie Keramiken und Bodenbeläge, die aus dem Vatikan stammen und als Bauschutt verwendet wurden. Man fand sie zufällig bei Renovierungsarbeiten. Im kleineren zweiten Raum geht es um **Micromosaike**, die besonders im 19. Jh. ein begehrtes und extrem teures Sammelgebiet waren. Hauptsächlich verwendete man sie auf den Deckeln wertvoller Dosen, aber auch als Tischplatten oder Schmuckstücke. In der Regel zeigen sie römische Stadtansichten. Viele der qualitätvollsten Stücke stammen aus eigenen Werkstätten des Vatikans, wo ab 1795 produziert wurde. In einer Vitrine sieht man die Glasstäbe, aus denen man die winzig kleinen Mosaiksteinchen herstellte. Im Anschluss folgen einige Durchgangsräume auf dem Weg zu den Stanzen Raffaels.

▸ **Sala Sobieski e dell'Immacolata** (Säle Sobieski und Immacolata): Der erste Saal wird ganz von dem größten auf Leinwand gemalten Schlachtengemälde der Welt dominiert. Es stammt aus dem 19. Jh. und zeigt den polnischen König Johann II. Sobieski, wie er 1683 die Türken vor Wien besiegt und damit das Abendland rettet. Der anschließende Saal der Immacolata ist ebenfalls nach einem Monumentalgemälde benannt. Es zeigt Pius IX. (1848–78) mit ausgebreiteten Armen inmitten der Hofgesellschaft, wie er vom Kreuz erleuchtet 1854 das Dogma von der unbefleckten Empfängnis verkündet. Kurz bevor er sich 16 Jahre später der italienischen Nationalstaatsbewegung geschlagen geben musste und seine weltliche Macht verlor, hatte er für sich und seine Nachfolger noch die Unfehlbarkeit in Fragen der Moral und der kirchlichen Lehren durch ein weiteres Dogma gesichert (→ S. 501). Sehenswert ist der wertvolle **Bücherschrein** in der Mitte des Raums. Er ist ein Geschenk der bekannten französischen Silbermanufaktur *Christofle* an Pius IX.

▸ **Stanzen des Raffael:** Der Rundgang führt nun zu den Gemächern von Julius II. mit den Fresken von **Raffael** und seinen Schülern, die zu den Höhepunkten der Vatikanischen Museen gehören. Da die Räume recht eng sind und es hier häufig zu fürchterlichem Gedränge kommt, besteht in Stoßzeiten eine Einbahnregelung und die Besucher werden draußen auf einem Steg an der Außenmauer hoch über dem großen, als Parkplatz dienenden Hof in einer Richtung an den Stanzen vorbeigeleitet.

▸ Da Julius II. nicht ständig an seinen verhassten Vorgänger, den berüchtigten Borgia-Papst Alexander VI. (→ S. 552) erinnert werden wollte, zog er nach seiner Wahl ein Stockwerk höher, in den 60 Jahre zuvor unter Nikolaus V. erbauten Flügel. Mit der neuen Wandgestaltung seines Appartements beauftragte er den damals 25-jährigen Raffael Sanzio. In der Zeit von 1508 bis 1524 entstanden die Fresken in den vier Räumen. Die Fertigstellung hat Raffael nicht mehr erlebt, er starb am 6. April 1520 im Alter von nur 37 Jahren, wohl an den Folgen einer Infektion.

*Sala di Costantino* Der Besucher beginnt den Besuch der Stanzen gewöhnlich mit dem Saal Kaiser Konstantins des Großen, der als letzter Raum zwischen 1517 und 1524 nach Raffaels Tod weitgehend von dessen Schülern ausgeführt wurde.

Dieser größte Raum der Suite diente dem Papst für Empfänge. An den Wänden sieht man vier entscheidende **Szenen aus dem Leben Kaiser Konstantins**: Es geht um die Erscheinung des Kreuzes kurz vor der Entscheidungsschlacht gegen Maxentius mit interessantem Blick auf Rom im Hintergrund, um die dann folgende Schlacht an der Milvischen Brücke mit dem Sieg über den Konkurrenten Maxentius, der im Tiber ertrinkt (→ „Milvische Brücke", S. 473), und

um die Taufe Konstantins, bei der er im Baptisterium des Laterans vor Papst Sylvester niederkniet (als kleine Schmeichelei an den Auftraggeber sieht Sylvester dabei aus wie Clemens VII., der 1523 zum Papst gewählt wurde und den Auftrag für den Abschluss der Arbeiten erteilte). Auf dem vierten Fresko an der Fensterseite sieht man Konstantin in der alten Peterskirche, wie er Papst Sylvester mit einer goldenen Statue symbolisch Rom übergibt. Diese **Konstantinische Schenkung** war eine reine Erfindung zu Propagandazwecken und diente den Päpsten als Legitimation ihrer weltlichen Macht (mehr zur Konstantinischen Schenkung → S. 497).

**Papst Julius II.** (1503–13)

Julius II, mit bürgerlichem Namen Giuliano delle Rovere, hatte drei illegitime Töchter. Auch er hat die Freuden des Lebens ähnlich wie sein Amtsvorgänger (mehr dazu bei den Gemächern der Borgia, → S. 552) nicht verschmäht. Als aufbrausender, machtgieriger Mann war er allgemein gefürchtet. Um sein Andenken für die Nachwelt zu erhalten, wollte er sich mit einem einzigartigen Mausoleum ein Denkmal setzen. Es sollte direkt über dem Petrusgrab den Mittelpunkt einer neuen Peterskirche bilden. Mit der Realisierung der ehrgeizigen Pläne wurde Michelangelo beauftragt. Dieser kam jedoch nur dazu, einen kleinen Teil fertigzustellen (das bekannteste Detail ist der Moses, der mit Teilen einer Mausoleumswand in der Kirche S. Pietro in Vincoli zu sehen ist, → S. 243). Sein Nachfolger Leo X. aus der Familie der Medici verfolgte das Mausoleumsprojekt nicht weiter, erneuerte aber den Auftrag an Raffael und dessen Schüler zur Fertigstellung der Fresken in den Stanzen.

Sehenswert ist auch das perspektivische **Deckenfresko** von Tommaso Laureti (1583), das den Sieg des Christentums über heidnische Religionen zum Thema hat: Die alte Götterstatue liegt zerschmettert am Boden. Ihren Platz auf dem Sockel hat das Kreuz eingenommen. Die gebrochenen Glieder der Statue tauchen übrigens auf surrealistischen Bildern von modernen Künstlern wieder auf und erinnern an Dalí.

Vom Saal des Konstantin bietet sich ein kurzer Abstecher in den **mittelalterlichen Flügel des Papstpalastes** an, der während des Pontifikats Nikolaus' III. (1277–80) gebaut wurde und nicht zu den Stanzen gehört.

*Sala dei Chiaroscuri* Der Name des etwas düsteren Raums leitet sich von den monochromen Wandfresken ab, die die Apostel darstellen. Ursprünglich wirkte der Raum ohne die aus statischen Gründen im 19. Jh. gesetzten Säulen großzügiger. Hier wurden lange Zeit feierlich bedeutende Dokumente unterzeichnet und verstorbene Päpste vor ihrer Beisetzung aufgebahrt (wie auch Julius II. nach seinem Tod am 20. Februar 1513). Die prachtvolle Holzdecke entstand im Auftrag von Leo X. (1513–21).

Im Hintergrund des Raums befindet sich der Zugang zur sehenswerten kleinen Kapelle Nikolaus' V.

*Cappella Niccolina* Papst Nikolaus V. (1447–55) galt als Gelehrter und war schon vor seiner Amtsübernahme als Humanist unter dem Namen Tommaso Parentucelli bekannt. Nachdem er den Papstthron bestiegen hatte, beauftragte er den Mönch Fra Giovanni aus Fiesole, genannt **Fra An-**gelico, seine Privatkapelle auszumalen. Seine Bilder erzählen die Märtyrergeschichten der Diakone Stephanus und Laurentius, die später heilig gesprochen wurden.

Von hier aus führt der Weg zurück in die Stanzen Raffaels.

*Stanza d'Eliodoro* Der Raum, den Julius II. für Privataudienzen nutzte, ist nach dem Fresko mit dem Titel *Vertreibung Heliodors aus dem Tempel* benannt. Dargestellt ist die Szene aus dem alten Testament, in der Heliodor den Schatz des Tempels von Jerusalem im Auftrag des Königs von Syrien stehlen will, was auf Bitten des Hohepriester durch die von Gott gesandten Reiter verhindert wird. Der Betrachter erkannte darin den göttlichen Schutz aller weltlichen Güter der Kirche. Als Zeuge der spannungsgeladenen Szene ist der Papst persönlich anwesend, man sieht ihn vorne links.

Das zweite Fresko handelt vom *Wunder von Bolsena*, das sich 1263 ereignet haben soll und bis heute Anlass für das Fronleichnamsfest ist (mehr zu dem Wunder um während der Wandlung plötzlich blutenden Hostie lesen Sie im Kap. über Bolsena, Kasten S. 648). Auch hier hat sich Julius II. als andächtig kniender Zeuge abbilden lassen. Man sieht ihn mit seinen zu Kardinälen ernannten Neffen.

Im Fresko *Befreiung des hl. Petrus aus dem Kerker* gelingt Raffael durch den raffinierten Lichteffekt des strahlenden Engels, der den schlafenden Petrus aus seinem Gefängnis mit großer Geste befreit, eine Licht- und Schatteninszenierung, die man später erst wieder bei Caravaggio sieht.

**Der Vatikan**
Karte S. 478/479

Im vierten Fresko geht es um die Begegnung von Papst Leo dem Großen mit Attila, bei der Petrus und Paulus mit dem Schwert auftreten und den Hunnenkönig so davon abbringen, nach Italien einzufallen und Rom zu verwüsten. Die Botschaft von der beschützenden Kirche ist deutlich.

*Stanza della Segnatura*   In den Fresken des Bibliotheks- und Arbeitszimmers von Julius II., das auch vom höchsten Gericht des Heiligen Stuhls genutzt wurde, geht es um das Thema Bildung und Wahrheit.

Das **berühmteste Werk der Stanzen** ist die *Schule von Athen*: In einer perspektivisch gemalten Renaissance-Architektur versammelt Raffael alle bedeutenden Gelehrten der Antike und verpasst ihnen die Gesichtszüge seiner Künstlerkollegen. Im Zentrum sieht man den Philosophen Platon mit gelichtetem Haupthaar und langem grauen Bart in der Gestalt Leonardo da Vincis. Daneben steht Aristoteles. Zu dessen Füßen räkelt sich Diogenes auf den Stufen, links davor, den Kopf grüblerisch auf einen Marmorblock gestützt, sitzt Michelangelo als Heraklit. Links liest der Mathematiker Pythagoras in einem Buch. Rechts sieht man Euklid in Gestalt von Bramante, wie er eine geometrische Figur auf eine Tafel zeichnet. Hinter ihm hält der Astronom Ptolemäus die Erd- und der persische Religionsgründer Zarathustra die Himmelskugel in der Hand. Raffael selbst (zweite Person rechts hinter der Säule, mit dunkler Mütze) blickt als einzige Person den Betrachter des Gemäldes direkt an.

Auf der Wand gegenüber diskutieren in der *Disputa del Santissimo Sacramento* zu beiden Seiten des Altars Geistliche über die religiösen Wahrheiten, während sich im Himmel Christus mit Maria und Johannes dem Täufer sowie den Aposteln und Märtyrer versammeln.

Rechts von der Athener Schule geht es um die Kardinalstugenden Tapferkeit, Klugheit und Mäßigung. Unter den Personen erkennt man Papst Julius II. sowie die Kardinäle Giovanni de'Medici, der später als Leo X. Papst wurde, und den jungen Alessandro Farnese, der als Paul III. Karriere machte.

Das Fresko links stellt den Parnass als Ausdruck der Schönheit dar, in dessen Mitte Apoll sitzt, umgeben von Musen und Dichtern.

*Stanza dell'Incendio di Borgo*   Nach dem Tod von Julius II. gab dessen Nachfolger Leo X. die Fresken des letzten Saales in Auftrag, der als sein Esszimmer diente. Thema sind die großartigen Taten seiner Namensvetter, also der früheren päpstlichen Leos. Benannt ist der Raum nach dem Brand des Borgo, des Stadtviertels in unmittelbarer Nähe von St. Peter (im 20. Jh. musste das Viertel weitgehend der Via della Conciliazione weichen). Man sieht Papst Leo IV. (847–855), wie er auf der Loggia der alten Peterskirche steht und nur durch ein Kreuzzeichen den verheerenden Brand löscht.

Auf dem nächsten Fresko besiegt derselbe Leo im Jahr 849 die Sarazenen in der *Seeschlacht von Ostia*. Porträtiert ist aber Leo X., womit wohl auf die von ihm initiierten Kreuzzüge angespielt wird.

An der Stirnseite des Raums sieht man die *Krönung Karls des Großen* in der Weihnachtsnacht des Jahres 800. Leo III. setzt ihm in der alten Peterskirche die Kaiserkrone auf, wodurch das Heilige Römische Reich gegründet wurde.

Das letzte Fresko zeigt ebenfalls Leo III., wie er den Lehrsatz verkündet, wonach der Papst niemandem außer Gott Rechenschaft schulde.

Als **Loggien Raffaels** werden die Arkadenreihen der zweiten Etage vor dem Palast von Nikolaus III. bezeichnet. Sie sind leider aus Sicherheitsgründen vom Museumsrundgang ausgeschlossen, denn die Privaträume des Papstes liegen genau gegenüber.

▸ **Collezione d'Arte Religiosa Moderna**: Von den Stanzen des Raffael aus wird der Besucher über Treppen und schmale Gänge in das untere Geschoss mit dem Museum für moderne religiöse Kunst geleitet, der letzten Station vor der Sixtinischen Kapelle.

Die Ausstellung wurde 1973 von Paul VI. eröffnet und umfasst 550 Werke von 250 Künstlern in 55 Sälen. Darunter befinden sich Gemälde, Skulpturen, Messgewänder und vieles mehr. Einige bedeutende Künstler der Moderne wie Otto Dix und Georges Rouault sind hier vertreten.

Interessant sind die im krassen Kontrast zu den Exponaten stehenden Räumlichkeiten. Die ersten Säle befinden sich in den **Gemächern der Borgia:** Der verrufenste Papst der Kirchengeschichte, **Alexander VI.**, ließ sich im ersten Stock des Palastes von Nikolaus V. für sich und seine Familie eine Wohnung einrichten. Diese wurde von Pinturricchio und seinen Schülern zwischen 1492 und 1495 ausgemalt.

Alexander VI. richtete sich in den Gemächern des Papstpalastes ein, die sein Onkel in den 1450er Jahren mit gotischen Spitzbogen hatte ausbauen lassen. Das **Appartement** bestand aus zwei Turmzimmern (Saal der Sybillen und Propheten und der Saal des Glaubensbekenntnisses) und drei ineinander übergehenden Sälen, dem Saal der Mysterien, der Heiligen und dem der Sieben Freien Künste (der letzte war das päpstliche Studierzimmer) sowie einer ganzen Reihe weiterer Gemächer, die jedoch nicht so stark auf Repräsentation ausgerichtet waren. Mit der Raumdekoration beauftragte er Bernardino Betti, genannt **Pinturricchio**, der kurz zuvor für Innozenz VIII. die Ausmalung der Loggia des Belvedere-Palastes im Norden des Vatikans, hinter dem heutigen Pinienhof, realisiert hatte. Dabei hatte er sich stark von antiker Dekorationsmalerei inspirieren lassen, die man an verschiedenen Stellen der Stadt entdeckt hatte. Das entsprach dem Geschmack des Papstes, der als Renaissance-Mensch diesen „heidnischen" Inhalten sehr interessiert gegenüber stand.

Pinturicchios **Bildprogramm** ist komplex und basiert, wie meist, auf den Vorgaben von Theologen und Gelehrten und ist bis heute nicht vollständig entschlüsselt. Es verbindet Antike mit Christentum, stellt Bezüge her, spiegelt die Kultiviertheit und Bildung des Bewohners wieder und stellt die Bedeutung und den **Herrschaftsanspruch des Hauses Borgia** nicht nur dar, sondern belegt sie auch mit zahlreichen Herleitungen und Parallelen zur Götterwelt vergangener Kulturen, zur Bibel und Heiligenlegenden.

Im **Saal der Sybillen und Propheten** ist die Gewölbedecke überzogen vom Kosmos, Darstellungen der Gestirne und ihrem Einfluss auf die Menschen. In einem von einem Stier, dem Wappentier der Borgia, gezogenen Wagen triumphiert Venus gemeinsam mit Papst und Gefolge. In den Wandfeldern unterhalb der Gewölbebögen erscheinen die Sybillen und Propheten. Die ursprünglich aus heidnischem Umfeld bekannten Wahrsagerinnen werden mit den biblischen Propheten vereint, die geschwungenen Inschriftenbänder wiederho-

len Worte ihrer Weissagungen vom Kommen des Erlösers.

Sie bereiten den Betrachter auf die neutestamentarischen Gegenstücke vor, die zwölf Apostel, die im folgenden **Saal des Glaubensbekenntnisses** *(Sala del Credo)* in den Lunetten dargestellt sind. Sie sprechen in dekorativ geschwungenen Schriftbändern jeweils einen Artikel aus dem Glaubensbekenntnis.

Der **Saal der Mysterien** zeigt Szenen aus dem Marienleben und aus dem Leben Jesu. Im Gewölbebogen an der Hauptwand ist Alexander VI. zu sehen, wie er vor dem auferstandenen Christus kniet, der als Triumphator über einem geöffneten Sarkophag erscheint.

Der **Saal der Heiligen** glorifiziert komplex und vielschichtig den Papst und das Haus Borgia als Spender von Frieden und Gerechtigkeit. Der Stier, das allgegenwärtige Wappentier, wird als Symbol hergeleitet vom Heil, Wohlstand und Kultur bringenden ägyptischen Gott Osiris, der als Stier Apis wieder erstanden war und als Sinnbild der Auferstehung galt. Hier, im Saal der Heiligen, ist auch das berühmte Fresko der *hl. Katharina von Alexandrien* zu sehen, wie sie im Jahr 307 vor dem Thron des Kaisers Maximianus steht und in einem von diesem einberufenen Disput über die Wahrheit des Glaubens 50 heidnische Gelehrte bekehrt. Auf dem Triumphbogen im Hintergrund der Stier mit der Inschrift *„Pacis cultori"* – der Friedensbringer. Diese Darstellung hat Bezüge zum Sieg des Papstes über die Spanier am Namenstag der Katharina, dem 25. November 1492. Dass der Kaiser die Züge Cesare Borgias trägt und für die Heilige die Papsttochter Lucrezia Modell stand, ist Legende. Weitere Bilder zeigen u. a. die Heiligen Antonius und Sebastian sowie die Heilige Barbara auf der Flucht.

Der **Saal der Sieben Freien Künste**, das Studierzimmer, ist ganz im Sinne der Renaissance bebildert, die die Wissenschaft und die Erkenntnisse der Menschheit nicht als Gegensatz zum Glauben betrachten, sondern sie vielmehr als Grundlage für das tiefere Verständnis der göttlichen Schöpfung sieht.

**Der Vatikan**
Karte S. 478/479

## Die Familie der Borgia

Das Borgia-Appartement wurde nach dem Familiennamen **Alexanders VI.** benannt.

Dessen Onkel war bereits 1455 überraschend auf den Papstthron gekommen. Aufgestiegen als Spross einer unbedeutenden spanischen Landadelsfamilie aus der Region Valencia hatte Alonso de Borja als Jurist und Sekretär des spanischen Königs Alfons V. Karriere gemacht, wurde mit dem Bistum Valencia belohnt und stieg bald zum Kardinal auf. Im Alter von 77 Jahren ging er als Kompromisslösung aus dem Konklave als neuer Papst hervor – nunmehr Calixtus III., mit italianisiertem Namen Borgia. Er holte seinen Neffen Rodrigo an den Hof, den er 1456 zum Kardinal machte.

**Rodrigo de Borgia** war mit seinen gerade mal 25 Jahren bald bekannt als zielstrebiger Strippenzieher, der es intelligent verstand, aus seinem Amt den höchstmöglichen Profit zu ziehen. Bald hatte er den Ruf, in seinem prunkvollen Palast ein luxuriöses Leben mit zügellosen Festen zu führen. Als sein Onkel bereits 1458 starb, gelang es ihm, seine Stellung beharrlich auszubauen und geduldig auf seine Stunde zu warten, die vier Päpste später, 1492, kam – wohl mit finanzieller Entscheidungshilfe für manchen Kollegen im Kardinalskollegium. Er nahm den Namen Alexander VI. an und machte sich sofort daran, diese Machtstellung stabil auszubauen. Bereits als Kardinal hatte der gut aussehende, gebildete und wohl durchaus charmante Spanier mehrere Liebesverhältnisse, aus denen man ihm acht Kinder nachweisen kann. Besonders innig und von langer Dauer war die eheähnliche, wenn auch nicht immer treue Beziehung zur schönen **Vanozza Catanei**, die eigentlich mit einem reichen Römer verheiratet war. Die Dame war sehr stolz auf ihre Männer und ließ an der Wand ihres Hauses am Campo de'Fiori ein Fantasiewappen befestigen, bestehend aus ihren Insignien, denen der Familie ihres Gatten sowie den päpstlichen Schlüsseln. Sie führte mit dem späteren Papst unverhohlen ein glückliches Familienleben mit vier von diesem heiß geliebten und offiziell anerkannten Bambini, drei Söhnen und der Tochter Lucrezia. Das war dann doch selbst für die Römer ein neues Szenario, die von den Kardinälen und ihrer sinnenfrohen Hofhaltung bereits einiges gewöhnt waren, deren Liebesleben aber, wenn es denn stattfand, doch eher diskret behandelt wurde. Trotz alledem wurde das Treiben als lässliche Sünde akzeptiert. In der Kirche S. Agosto zeugt der Grabstein der langjährigen Maitresse heute noch stolz von der Mutterschaft der Papstkinder. Der Papst betrachtete seine Nachkommenschaft als Grundlage einer neuen Dynastie und versuchte, sie fest im System der alten italienischen Adelsfamilien zu installieren. So förderte er seine Sprösslinge nach Kräften, erhob sie in hohe Adelsränge, arrangierte lukrative Ehen und setzte sie als geistliche und weltliche Würdenträger an strategisch günstige Positionen.

Besonders rücksichtslos tat sich der verzogene Sohn **Cesare** hervor, der zur Durchsetzung seiner Ziele im Wortsinn über Leichen ging. Er schreckte dabei auch nicht vor seinem Schwager zurück, den er vor den Augen **Lucrezias** in diesem Appartement (in der Sala delle Sibille) wohl mit Billigung des Papstes erdrosselte. Nicht nachgewiesen ist, dass er auch hinter dem Mord an seinem Bruder steckte, den man eines Tages erstochen aus dem Tiber zog. Besonders schlimm trieb er es als Kommandeur der kirchlichen Söldner, mit denen er ungehindert rauben und morden konnte. Über ihn berichtete im Jahr 1500 ein venezianischer Gesandter: *„Jede Nacht findet man zu Rom vier bis fünf Ermordete, nämlich Bischöfe, Prälaten und andere, sodass ganz Rom davor zittert, vom Herzog ermordet zu werden".* Der päpstliche Papa sah dem tatenlos zu und hatte auch selbst einige Missetaten zu verantworten.

Als der Papst 1503 nach einer Mahlzeit erkrankte und eine Woche später starb, endete auch der Aufstieg der Borgia. Der Geschichtsschreiber Guicciardini erlebte, wie Rom nach dem Tod des Borgia-Papstes erleichtert aufatmete. Er berichtete: *„Zu dem Leichnam Alexanders strömte in St. Peter ganz Rom mit unglaublicher Freude zusammen, und niemand konnte sich satt sehen an dem tot daliegenden Drachen, der durch seinen maßlosen Ehrgeiz, durch seine unheilvolle Meineidigkeit und durch alle Beispiele von schauderhafter Grausamkeit, von unnatürlicher Unzucht, von unerhörter Habgier, indem er ohne Unterschied Heiliges und Profanes verkaufte, die ganze Welt vergiftet hat."*

Rasch stellten die alteingesessenen römischen Clans ihre Macht wieder her. Cesare gelang die Flucht und er starb wenige Jahre später bei einem unbedeutenden Scharmützel. Um die machtbesessene Familie ranken sich zahllose Legenden, die sich in der Schilderung blutiger, heimtückischer und sittenloser Szenarien genüsslich überbieten. Kein Zweifel besteht, dass man es mit einem skrupellosen und in seiner Gier völlig enthemmten Clan zu tun hatte, dennoch sind viele der überlieferten Exzesse gezielt lancierte Diffamierungen der zahlreichen Feinde der Borgia, die später zu volkstümlichen Schauergeschichten ausgebaut wurden. (Mehr über diese skandalträchtige Familie lesen Sie auch im Kap. über das Städtchen Nepi, Kasten S. 638.)

Karte S. 478/479

**Der Vatikan**

Die Räume muss man sich zur Zeit des unermesslich reichen und prunkliebenden Papstes üppig mit wertvollen Möbeln und Stoffen ausgestattet vorstellen. Die farbintensiven und figurenreichen Fresken mit ihren vergoldeten, oftmals halbplastisch herausgearbeiteten Details haben dazu wie kostbar gerahmte, mit Juwelen besetzte Teppiche gewirkt. Das Gold kam um diese Zeit zentnerweise mit Schiffsladungen nach Rom, denn Alexander gelang es, mit der vertikalen Teilung Südamerikas den Streit zwischen Spanien und Portugal zu schlichten, und er wurde dafür stattlich mit den Schätzen des neu entdeckten Kontinents belohnt.

Die Gemächer wurden von den Nachfolgern erhalten, wenn auch Julius II. bereits 1507 ein Stockwerk höher in ein neues Appartement umzog, wo Raffael 1509 mit seinen Fresken begann.

▶ **Cappella Sistina** (Sixtinische Kapelle): Die Sixtinische Kapelle ist das berühmteste Gebäude der Vatikanischen Museen und Ziel fast aller Romtouristen. Zu Recht, denn schon Goethe meinte, man könne sich keine genaue Vorstellung davon machen, was ein Mensch alles vollbringen könne, ehe man die Sixtinische Kapelle gesehen habe. Leider lässt die drangvolle Enge und das Gemurmel der Besuchermassen eine staunende Andacht kaum zu. Zwar klatscht der Wachmann immer wieder in die Hände oder zischt und bittet mit *„silencio, per favore"* um Ruhe, aber schon Augenblicke später ist der Lärmpegel wieder so hoch wie zuvor. Es herrscht ein Kommen und Gehen, fast wie in einem Ameisenhaufen, denn viele Besucher begnügen sich mit ein paar Blicken und wanken dann benommen wieder hinaus. Dabei lohnt es sich, das Gewusel und Sprachengewirr der Reisegruppen auszublenden und die faszinierendsten Kunstwerke der Renaissance genauer zu betrachten.

Der Name der offiziellen päpstlichen Hofkapelle geht auf **Sixtus IV.** (1471–84) zurück, der sie in Auftrag gab und nach neunjähriger Bauzeit am 15. August 1483 weihte. Von außen wirkt das schmucklose Gebäude mit drei Meter dicken Mauern wehrhaft und erinnert mit seinem Zinnenkranz an eine Burg. Die Ausmaße entsprechen exakt den Angaben der Bibel zum Tempel Salomons in Jerusalem. Von Anfang an fand hier das Konklave (s. u. Kasten „Papstwahlen" S. 556/557) statt. Entsprechend prachtvoll sollte das Innere gestaltet werden. Deshalb schickte Lorenzo de'Medici als diplomatische Geste dem päpstlichen Bauherrn die besten Florentiner Hofmaler nach Rom. Die Fresken von **Botticelli, Perugino, Ghirlandaio, Piero di Cosimo, Roselli** und **Signorelli** an den Seitenwänden der Sixtina gehören zu den Meisterwerken der Frührenaissance. Leider werden sie bei den alles überstrahlenden Werken **Michelangelos** von den meisten Besuchern kaum gewürdigt.

Die Bemalung der langen **Seitenwände** ist dreigeteilt: Im unteren Bereich sieht man gefältelte Scheinvorhänge. Darüber befinden sich Bildergeschichten aus Altem und Neuem Testament und im oberen Teil zwischen den Fenstern und in den Fensternischen verläuft eine Bildreihe über alle Wände und stellt die ersten 31 Päpste dar. Der Beginn der Folge mit Christus und Petrus an der Altarwand wurde später abgeschlagen, um Platz für Michelangelos Fresko zu schaffen. Die Fresken in den Lünettenfeldern (Bogenfeldern) ganz oben neben den kleinen Fenstern stellen die Vorfahren Christi ab Abraham dar, wie sie im Matthäus-Evangelium überliefert sind.

Die Bildfolge in der Mitte berichtet an der Südwand (vom Altar aus gesehen rechts) aus dem Leben des Moses. Etwa in der Mitte sieht man ihn, wie er kniend die Gesetzestafeln erhält und vom Berg Sinai zurückkehrt, derweil sein Volk das goldene Kalb anbetet. Das Fresko daneben behandelt den Durchzug durch das geteilte Rote Meer.

Gegenüber, an der Nordwand der Kapelle (also vom Altar aus links), geht es um Geschichten aus dem Leben Christi. Man erkennt die Taufe, Versuchung und Reinigung eines Aussätzigen, Berufung der Apostel Petrus und Andreas mit Johannes und Jakobus im Hintergrund, die Bergpredigt mit der Heilung des Aussätzigen, dann das Hauptwerk **Peruginos**: die Schlüsselübergabe als symbolische Übertragung der Macht von Christus auf seinen Stellvertreter Petrus, dargestellt auf einem leeren, perspektivisch gemalten Platz mit einem idealen Renaissancegebäude im Hintergrund. Auf dem letzten Fresko folgt das Abendmahl, wobei man durch die Fenster im Hintergrund bereits die Verhaftung und Kreuzigung erkennt.

Übergreifendes Thema beider Bilderfolgen ist die Kontinuität von Altem und Neuem Testament: Moses, der Retter des auserwählten Volkes Israel, und Jesus als Retter der Menschheit.

Weltruhm erlangte die Kapelle jedoch durch die Arbeiten **Michelangelo Buonarrotis** (1475–1564), des Universalgenies der Renaissance, der vor allem als Bildhauer, man denke nur an die **Pietà**, den **David** (in Florenz) und den **Moses**, aber auch als Architekt, Dichter und Maler Grandioses leistete. Er hat in der Sixtina zwei Gemälde geschaffen, die in Dimensionen, Pracht und Vielfalt beispiellos sind und bei denen ohne Rücksicht auf Konventionen der menschliche Körper im Mittelpunkt steht. Dabei verherrlicht er vor allem den männlichen Körper, zeigt ihn muskelschwellend und kraftstrotzend, und das schon fünf Jahrhunderte vor Erfindung des Bodybuildings, den Idealen der Antike folgend.

Papst Julius II., dessen Onkel die Kapelle erbauen ließ, wandte sich 1508 an Michelangelo mit dem überraschenden Auftrag, die **Decke der Sixtinischen Kapelle** auszumalen. Die Idee des Papstes beruhte auf einer Intrige von Michelangelos neidischen Künstlerkollegen. Sie wollten dem allzu erfolgreichen und überheblichen Bildhauer, der noch nie „*al fresco*" gemalt hatte, eine peinliche Blamage bescheren und ihm die Grenzen seines Genies zeigen. Sie ahnten nicht, dass sie das Gegenteil erreichen würden und Michelangelo auch mit diesem Werk Triumphe feiern würde.

Michelangelo lehnte die Bitte des Papstes zunächst ab, nicht weil er sich mit der Aufgabe überfordert sah, sondern weil er als leidenschaftlicher Bildhauer schon seit drei Jahren am Großauftrag für das herrlichste Grabmausoleum aller Zeiten arbeitete, das der Papst für sich selbst bei ihm in Auftrag gegeben hatte (→ „San Pietro in Vincoli", S. 242).

Julius II. duldete aber keinen Widerspruch und stellte die Pläne für sein Mausoleum einstweilen zurück. So begann Michelangelo die Arbeit als Maler in der Sixtina recht widerwillig im Mai 1508. Seine Gehilfen schickte er bald wegen Unfähigkeit fort und arbeitete allein weiter. Er malte **al fresco**, also auf den frischen, noch feuchten Putz, in den die Farbe einzieht und mit dem sie sich dauerhaft verbindet. Dabei muss schnell gearbeitet werden, denn ist der Putz erst trocken, lässt sich nichts mehr ändern ohne ihn wieder abzuschlagen.

Mühevoll war die Arbeit, die er hauptsächlich auf einem Gerüst stehend, mit dem Kopf weit in den Nacken gebogen, ausführte, so wie er es in einem Sonett aus dieser Zeit beschrieb: *„Nach hinten schrumpft das Leder mir zu Fransen / Je mehr ich vorn mich auszudehnen plage / Und krümme mich als wie ein Syrer-Bogen."* An Freunde schrieb er in einem Brief: *„In meinem Werk scheiße ich Blut".*

Nach etwas über vier Jahren war das Meisterwerk vollbracht und der Papst weihte im Oktober 1512 die Decke seiner neuen Hauskapelle mit einem Dankgottesdienst ein.

**Das Deckengemälde mit der Schöpfungsgeschichte**: Ursprünglich hatte sich Julius II. die zwölf Apostel als Motiv für das zunächst notdürftig mit ultramarinblauem Sternenhimmel dekorierte Tonnengewölbe der Kapelle gewünscht, doch Michelangelo hielt das für viel zu banal. Stattdessen schlug er die Schöpfungsgeschichte des Alten Testamentes als Thema vor. Dazu gliederte er die Deckenfläche von 40 m x 13,50 m in vier große und fünf kleine rechteckige Felder, die jeweils von plastischer Scheinarchitektur eingerahmt sind. In den neun Szenen tummeln sich insgesamt 343 Figuren und illustrieren die *Genesis* (= das Erste Buch Mose von der Erschaffung der Welt bis zum Wirken von Jakobs Söhnen in Ägypten).

Zwischen den **Lünetten** begleiten sieben Propheten aus dem Alten Testament und fünf Sibyllen (Seherinnen aus der Antike), die auf Marmorthronen sitzen, den Bilderzyklus. Bei dem bärtigen Propheten Jeremias, der den Lockenkopf nachdenklich in die linke Hand stützt, vermutet man ein Selbstporträt Michelangelos. Die Architekturelemente dazwischen bilden den Rahmen. Dieser wird von 20 „**ignudi**", nackten athletischen Jünglingen, belebt, die auf So-

ckeln in immer anderen Posen lässig sitzen und dadurch wie zum Leben erwachte Skulpturen wirken. Besonders an ihnen erkennt man, dass es Michelangelo darum ging, die menschliche Anatomie bei ungewöhnlichen Körperhaltungen und in perspektivischen Verkürzungen exakt darzustellen. Vorbild für die muskulösen Rückenansichten war der **Torso des Belvedere** (s. o., S. 543).

Michelangelo begann mit der Darstellung von Noahs Trunkenheit und der Sintflut über der Eingangswand, dem Altar gegenüber, und rollte so die Schöpfungsgeschichte rückwärts auf bis zur Erschaffung des Lichts über der Altarwand. Nach den ersten drei Szenen stellte der Künstler fest, dass die vielen kleinen Figuren in den komplexen Bildern vom Boden aus kaum in allen Details zu erfassen waren. Allein bei der Sintflut drängen sich 63 Figuren in Vorder-, Mittel- und Hintergrund. Für die nachfolgenden Szenen vergrößerte er daher die Figuren und vereinfachte den Bildaufbau.

## Papstwahlen in der Cappella Sistina

In der Sixtinischen Kapelle finden seit ihrer Erbauung bis heute traditionsgemäß die Papstwahlen statt. Dazu ziehen die aus aller Welt herbeigeeilten Kardinäle feierlich in die Sixtinische Kapelle ein und werden dort so lange zum Konklave (lat. *cum clave* = mit Schlüssel) eingeschlossen, bis sie einen neuen Papst gewählt haben. Kirchenrechtlich betrachtet ist es eigentlich die Wahl des Bischofs von Rom *(electioni Romani Pontificis)*, der im frühen Christentum von Klerus und Gemeinde gleichermaßen bestimmt wurde. Später übernahm die weltliche Aristokratie der Stadt den Part der Volksbeteiligung. 1059 erließ Papst Nikolaus II. ein Dekret, dass die Wahl fortan nur noch ausschließlich durch das Kardinalskollegium erfolgen sollte. Dies bestand im Ursprung aus den obersten Geistlichen der 28 Hauptkirchen Roms, den *„presbyter cardinales"*. Aus diesem Kollegium erweiterte sich im Lauf der Jahrhunderte der Begriff *„Kardinal"*, der dann auch nicht mehr auf Rom beschränkt war. Die Präsenz der Kardinäle in Rom blieb jedoch traditionell erhalten, indem jeder von ihnen zusätzlich in Rom eine „Titelkirche", somit auch eine römische Gemeinde, erhielt. Seit dem 12. Jh. gewannen die Kardinäle zunehmend an Bedeutung in der kirchlichen Hierarchie.

Das Regelwerk für die Papstwahlen wurde immer wieder den Anforderungen der Zeit angepasst. Das heutige System geht in seinen Grundzügen auf Alexander III. zurück, der 1179 die Mindest-Zweidrittelmehrheit festlegte. Seit 1970 sind Kardinäle jenseits ihres 80. Lebensjahres von der Wahl ausgeschlossen, wie auch die seit 1965 im Kardinalsrang anerkannten Würdenträger der orthodoxen Ostkirchen. Es ist allerdings nicht explizit festgelegt, dass ein Papst nur aus den Reihen der Kardinäle gewählt werden kann, theoretisch kann es jeder männliche Katholik sein. Er würde dann „im Schnellverfahren" noch im Konklave zum Bischof geweiht. Man sollte sich als katholischer Mann jedoch keine großen Hoffnungen machen: Der letzte Außenseiter bestieg im Jahr 1024 den Papstthron, seit dem 14. Jh. wurden alle Päpste nur aus dem Kardinalskollegium gewählt.

Johannes Paul II. reformierte 1996 in seiner Apostolischen Konstitution *Universi Domini Gregis* die Wahlgesetze. Danach gehörte es der Vergangenheit an, dass die Kardinäle zum Konklave im festungsartigen Bau der Sixtinischen Kapelle regelrecht eingemauert und versiegelt wurden. Dort nächtigten sie traditionsgemäß in eigens errichteten Holzverschlägen, karg wie Mönchszellen, und wurden, um ihnen zu einer schnellen Entscheidung zu verhelfen, nach acht Tagen nur noch auf Wasser, Brot und Wein gesetzt. Bei der **Wahl Benedikts XVI.** folgte alles dem vom Vorgänger festgelegten Ablauf. Die 117 wahlberechtigten Kardinäle logierten im frisch renovierten Gästehaus „Domus Sanctae Marthae" unweit der Peterskirche, das ausreichend Zimmer und angemessenen Komfort bietet. Jeder der Kardinäle durfte max. nur zwei Begleiter mitbringen, Zugang hatten darüber hinaus lediglich noch der Päpstliche Zeremonienmeister mit seinem Stab, der Sekretär des Kardinalskollegiums, einige Ordensleute als Beichtväter, zwei Ärzte, Techniker und Hauspersonal. Alle wurden ungeachtet von Stand und Titel auf die Bibel zur absoluten

Verschwiegenheit vereidigt, bei Verstoß droht die Exkommunikation. Sowohl das Gästehaus als auch die Sixtinische Kapelle wurden vor Beginn des Konklaves akribisch auf Abhörgeräte abgesucht, das Mobilfunknetz abgeschaltet, alle Leitungen nach außen gekappt, Zeitungen, Zeitschriften, Nachrichtenmedien aller Art verboten, denn nichts und niemand außer dem Heiligen Geist darf die Wahl beeinflussen.

In der eigens zum Konklave mit Stühlen und Tischen möblierten Kapelle sind nun die Kardinäle unter sich und können ungestört beraten, während sich auf dem Petersplatz Gläubige und Weltpresse versammeln. Es wird geheim und per Stimmzettel gewählt. Dabei gelten einige Fristen.

Grundsätzlich müssen 15, spätestens 20 Tage nach Tod oder Amtsverzicht die Kardinäle ins Konklave gehen. In dieser Zeit der **Sedisvakanz** (lat. *Sedes* = Stuhl, *vacans* = leer) werden die wichtigsten, unaufschiebbaren Amtshandlungen vom Kardinalsdekan bzw. dem Kollegium getroffen. Oberstes Ziel ist jedoch die zügige Neubesetzung des Amtes und die Kontinuität der Kirche. Dazu finden täglich vier Wahlgänge statt, Ruhetage dienen der Besinnung und zwanglosen Gesprächen. Wenn nach dem 30. Wahlgang immer noch keine 2/3-Mehrheit zustande gekommen ist, reicht von da an eine absolute Mehrheit, also bereits eine Stimme mehr als die Hälfte. Jeder Kardinal schreibt den Namen seines Favoriten mit verstellter Schrift auf eine Stimmkarte, die er anschließend auf Briefmarkengröße zusammenfaltet und für alle sichtbar auf einen silbernen Teller legt. Die Zettel werden in einem Kelch gesammelt, mehrfach kontrolliert und ausgezählt. Wurde kein gültiges Ergebnis erzielt, verbrennt man die Stimmkarten zusammen mit feuchtem Heu und einer Chemikalienbeimischung. Die so entstehende dunkle Rauchwolke aus dem Kamin der Kapelle verkündet dem wartenden Volk, dass der Wahlgang ergebnislos verlief. Ist jedoch die erforderliche Stimmenanzahl erreicht, werden die Zettel mit anderen Rauchentwicklern verbrannt und eine weiße Wolke zeigt den positiven Wahlausgang an.

Über allen diesen beschriebenen Formalien steht jedoch der spirituelle Vorgang der Papstwahl. In feierlichen Eiden, Gesängen, Anrufungen und Gebeten – und in der weihevollen, unvergleichlichen Aura dieser einzigartigen, freskengeschmückten Kapelle – beschwören die Kardinäle den Ernst und den Anspruch des Wahlakts und erflehen die Eingebung Gottes, damit sein Wille umgesetzt werden möge. Ist nun die Wahl auf einen von ihnen gefallen, erklärt dieser die Annahme der Wahl und nennt seinen künftigen Namen als Papst. Dieses wird beurkundet und damit ist die Ernennung rechtlich vollzogen. Dem wahrscheinlich noch etwas benommenen Menschen wird in einer benachbarten Kammer Gelegenheit zum Durchatmen gegeben, dort legt er auch eines der vorsorglich in mehreren Größen bereitliegenden Gewänder an und begibt sich nun mit seinem Gefolge in die Peterskirche. Mit den traditionellen lateinischen Worten „*Annuncio vobis gaudium magnum: Habemus Papam*" (Ich verkünde euch eine große Freude: Wir haben einen Papst!) wird hier vom Balkon aus dem Volk der Name des neuen Papstes genannt. Dieser tritt hinaus und spendet zum ersten Mal den nur ihm vorbehaltenen Segen „*Urbi et orbi*" – der Stadt und dem Erdkreis.

Die Tafeln haben in der Reihenfolge vom Altar aus folgende Themen:

**Scheidung von Licht und Finsternis:** Diagonal wird das Bild in Hell und Dunkel geteilt. Dazwischen wirbelt Gott mit heftigen Bewegungen, wie man an den dynamischen Falten seines Gewandes sieht, direkt über dem Betrachter.

**Erschaffung der Gestirne:** Mit ausgebreiteten Armen, angespanntem Gesicht und wehendem Bart (so erinnert er an Michelangelos Mosesstatue) schafft Gott gleichzeitig die gelbe Sonnenscheibe und den fahlweißen Mond.

**Sammlung der Meere:** Perspektivisch verkürzt scheint Gott mit ausgestreckten Armen von oben direkt auf den Betrachter zuzuschweben.

**Erschaffung Adams:** Hier sehen Sie den berühmten **Zeigefinger**, der zum Erkennungszeichen für die Sixtina wurde und zu den am häufigsten reproduzierten und missbrauchten Werken der Kunstgeschichte gehört. Mit aufgeblähtem Mantel, unter dem zahlreiche Engel zuschauen, streckt Gott seinen Arm aus, um dem schon vollendeten Leib Adams die Seele einzuhauchen. Genial setzt Michelangelo diese Idee um. Aus dem Hauchen wird ein göttlicher Funke, der von Gottes kraftvoll ausgestrecktem Zeigefinger auf den wenige Zentimeter entfernten Finger der noch schlaff erhobenen Hand Adams überzuspringen scheint und ihn beseelen wird.

**Erschaffung Evas:** Neben ihr der nach der Rippenentnahme noch schlafende Adam.

**Sündenfall und Vertreibung aus dem Paradies:** Links im Bild geht es um den Sündenfall. Um den Baum der Erkenntnis ringelt sich die Schlange mit menschlichem Körper. Anders als in der Bibel berichtet wird, greift das Paar hier gleichberechtigt nach der verbotenen Frucht. Diese unorthodoxe Interpretation, die der Vorstellung von der sündigen Frau die Basis entzieht, sorgte für Empörung. Im rechten Bildteil werden sie mit einem Schwert aus dem Paradies verwiesen. Ihre Gesichter zeigen Angst und Verzweiflung. Eva ist sichtlich gealtert, ihr Körper scheint die Belastungen durch viele schmerzhafte Geburten schon zu ahnen.

**Noahs Dankopfer** wirkt mit den vielen kleinen Personen etwas unübersichtlich (s. o.).

**Sintflut:** Menschen versuchen sich auf Inseln und einem bereits abgestorbenem Baum in Sicherheit zu bringen. An ein Boot, das schon Schlagseite aufweist, klammern sich Ertrinkende. Das scheunenartige Gebäude im Hintergrund ist die Arche. An einem Fenster erscheint die Taube als Symbol für die Geretteten.

**Trunkenheit Noahs:** Der trunkene und nackt eingeschlafene Noah wird von seinen Söhnen gefunden. Einer von ihnen versucht, ihn zu bedecken, hinter dem Schlafenden stehen Weinkrug und Becher. Im Rückblick sieht man draußen, wie Noah den Boden für den Weinberg bereitet.

**Die Altarwand mit dem Jüngsten Gericht:** Während die Decke der Sixtina den Beginn des Lebens nach alttestamentarischer Weltanschauung zum Thema hat, beschäftigt sich das gigantische Gemälde auf der rund 200 m² großen Altarwand mit dem Strudel der Ereignisse während des letzten Tages der Menschheit.

Vierundzwanzig Jahre waren vergangen, als der inzwischen 61-jährige Michelangelo nach langem Zögern und mit Widerwillen auf Anordnung von Papst Paul III. im Sommer 1536 in die Sixtinische Kapelle zurückkehrte, um auch die Altarwand mit einem Fresko zu schmücken. Als Thema wählte er das Jüngste Gericht und ließ sich völlige Freiheit bei der Gestaltung zusichern.

Zunächst verfügte Michelangelo, die vorhandenen Fresken abzuschlagen, die beiden Fenster zu vermauern und die Altarwand mit Ziegeln zu besetzen, sodass sie sich etwas in den Raum hinein neigt, um das Werk besser vor Staub zu schützen. Dann machte er sich mit Verbissenheit an die Arbeit. Im Herbst 1541 war seine Vision von Verdammnis und Seelenheil fertig und alle abgebildeten 391 Figuren waren nackt, selbst der Weltenrichter. Das war ein riesiger Skandal, der die Päpste bis jüngst Johannes Paul II. beschäftigte.

Michelangelo hatte mit dem Wandfresko über dem Altar der Sixtina das größte Skandalbild seiner Zeit geschaffen. Nicht nur, dass Christus nackt war, er trug auch entgegen jeder Tradition keinen Bart. Im Strudel um ihn waren auch nur Nackte, alle Männer waren bartlos und die dynamisch herumwirbelnden Engel hatten allesamt keine Flügel. Schon während der Arbeiten musste sich Michelangelo deshalb herbe Kritiken anhören, so gab der Zeremonienmeister des Papstes, Biagio da Cesena, zu bedenken, dass *„die vielen nackten Leiber, die ihre Scham zur Schau stellen, für einen so ehrwürdigen Ort wie die Papstkapelle unschicklich und eher für eine Badestube oder ein Wirtshaus geeignet"* seien.

Der leicht reizbare Michelangelo rächte sich, indem er den Herrn Zeremonienmeister kurzerhand zur Hölle schickte: Er porträtierte ihn deutlich erkennbar rechts unten als Minos, den Richter der Unterwelt, umgeben von einer Teufelsschar mit wilden Fratzen, natürlich ebenfalls nackt und hässlich und von einer Schlange umwunden, die in seine Genitalien beißt. Der Abgebildete rannte empört zum Papst und verlangte die sofortige Beseitigung. Doch Paul III. Farnese, dessen Familie schon immer mit Tugendbolden und übertriebenen Moralvorstellungen nichts anfangen konnte (→ „Palazzo Farnese", S. 421), schien es zu gefallen, auch war er wohl froh, dass der schwierige Michelangelo die Arbeit noch nicht hingeworfen hatte, jedenfalls lehnte er jede Intervention ab. Gegenüber dem beleidigten Biagio da Cesena gab er zu bedenken, dass sein päpstliches Wirkungsfeld auf die Erde beschränkt sei und selbst er nichts mehr ausrichten könne, wenn jemand bereits in der Hölle schmore.

Auch nach der Fertigstellung verstummte die Kritik nicht. Die Konservativen warfen Michelangelo Gotteslästerung vor und forderten mehrfach, das Gemälde abzuschlagen.

Schließlich kam das Thema sogar auf die Tagesordnung des **Konzils von Trient**, wo als Kompromiss beschlossen wurde, einige der für allzu obszön gehaltenen Figuren bedecken zu lassen. Noch zu Lebzeiten Michelangelos bekam sein Schüler **Daniele da Volterra** 1558 den Auftrag, zahlreiche Gestalten des Jüngsten Gerichts zu übermalen, was ihm den Spottnamen *„braghettone"* – *„Höschenmaler"* einbrachte. In späteren, noch prüderen Zeiten bekamen auch fast alle anderen Personen flatternde bunte Tücher über ihren Blößen verpasst.

Die alte Diskussion über die „Schamtüchlein" von Michelangelos Figuren lebte vor wenigen Jahren wieder auf. Im Zuge der Restaurierungsarbeiten wurde gefordert, neben dem Schmutz die nachträglich zugefügten Gewänder gleich mit zu entfernen. Zum Teil hatte Volterra sich allerdings nicht nur darauf beschränkt, die beanstandeten Details zu überdecken, sondern sie sogar

*Die Sistina von außen*

herausgeschlagen und die frisch verputzte Stelle *„al freso"* neu bemalt. Bei seiner Rede zum Abschluss der Arbeiten am 8. April 1994 rechtfertigte Papst Johannes Paul II. seine Entscheidung, die Bekleidung der meisten Figuren beizubehalten, mit dem noch bindenden Beschluss des Konzils von Trient. Nur die später bedeckten Gestalten befreite man von ihren „Höschen".

## Die Restaurierung der Fresken – eine Farbsensation

Bereits Goethe klagte bei seinem Besuch in der Sixtina: *„Die einzigartige Sonne dieser Kunst wird immer mehr verdunkelt von Ruß und Schmutz eines alles verdunkelnden Kults"*. Die Kerzen und der Weihrauch hatten die Fresken in den vergangenen Jahrhunderten immer mehr eingetrübt.

Im Jahr 1980 gelang es dem Vatikan, das japanische Fernsehen als Sponsor der Reinigung (umgerechnet waren dafür rund 7 Mio. Euro veranschlagt) zu gewinnen und er räumte ihm im Gegenzug die Weltexklusivrechte an der Dokumentation der Restaurierungsarbeiten ein. Zunächst wurden Decke und Gewölbezwickel mit einer Spezialgelatine von Staub, Ruß und einer Firnisschicht gereinigt. Dann legte man quadratzentimeterweise die ursprünglichen Farben frei, und das war eine Sensation: Zum Vorschein kam ein nie gekannter Michelangelo, der mit leuchtenden Farben gemalt hat, die aggressiv und nahezu anmaßend wirken. Alles war genau so, wie man es heute sieht, unter dem Dreck vorhanden, Nichts hat man ergänzt, übermalt oder auch nur aufgefrischt.

Die Kunstexperten waren geschockt. Grundlage jeder Interpretation dieses einzigartigen Kunstwerks war nämlich die These von der Vorliebe Michelangelos für düstere, matte Erdfarben, in denen man ein Spiegelbild seines depressiven Charakters zu erkennen glaubte. Dem Bildhauer sei es um das plastische Formenspiel und nicht um die Farbwirkung gegangen. Einige Fachleute weigerten sich umzudenken und beklagten ein *„Tschernobyl der Kunstgeschichte"*. Sie meinen, dass außer dem Schmutz und Ruß auch der Künstler selbst die Gemälde nachträglich durch eine spezielle Firnisschicht verdunkelt habe. Dem sind die Restauratoren entschieden entgegengetreten: Untersuchungen bewiesen eindeutig, dass es sich bei der Firnisschicht um Leime aus tierischen Substanzen handelte, die sich erst langsam durch chemische Prozesse verdunkelten. Diese Substanzen trugen frühere Restauratoren auf, um die Wasserflecken (das Dach der Kapelle war über Jahrhunderte undicht) zu beseitigen und den Farben ihre Leuchtkraft zurückzugeben.

Wenn man heute die fertig restaurierten Fresken an Decke und Altarwand betrachtet, kann man kaum keinen Zweifel mehr daran haben, dass sie die wahren Farben Michelangelos sind. Erstmals sind Details zu erkennen, die vorher verschwunden waren; der Ideenreichtum des Künstlers wird deutlich, Farben, Kontraste und Schatten unterstreichen die Wirkung der Figuren. **Zum Vergleich** mit dem vorherigen Zustand haben die Restauratoren ein kleines Rechteck unten links im Himmel über den Gräbern, oben links beim Ansatz des Gewölbebogens und ein größeres Rechteck unten rechts im Höllenfeuer unbehandelt gelassen.

Das Bild beschreibt einen gewaltigen **Strudel an Menschenleibern,** der sich um das Zentrum dreht. Dort steht Christus als Weltenrichter in einer Gloriole aus strahlendem, gelbem Licht. Um ihn herum kreisen die Menschen. Unter ihm blasen die himmlischen Heerscharen zum Jüngsten Gericht. Links unten öffnen sich die Gräber und die Toten erwachen. Ihre blanken Knochen setzen wieder Fleisch an, die schon Auferstandenen und flügellose Engel helfen den anderen, einer wird an einem Rosenkranz hinaufgezogen. Die Menge versammelt sich vor

Jesus und wartet auf das Urteil. An seiner Seite steht Maria, noch im Strahlenkranz des gelben Lichtes. Umgeben sind sie von den Fürsprechern, den Aposteln und von Heiligen, erkennbar an ihren Attributen: Petrus an den Schlüsseln, Lorenz am Rost, Katharina von Alexandria am gezahnten Rad, Sebastian an den Pfeilen und Bartholomäus an seiner Haut. (Mit dem ihm eigenen skurrilen Humor hat Michelangelo sich selbst als gehäuteten Bartholomäus, der über den Verdammten hängt, dargestellt. So entkräftet hat er sich bei der strapaziösen Arbeit gefühlt.) Die Erlösten steigen in den Himmel auf, die Verdammten fallen rechts zur Hölle hinab. Für sie gibt es kein Entrinnen: Die Mächte der Unterwelt ziehen die Unglücklichen gnadenlos hinab und treiben sie auf den Kahn des Charon, der sein Ruder schwingt, um sie für immer in die lodernd brennende Hölle zu bringen. Am Eingang, den man im Feuerschein sieht, erwartet sie der von einer Schlange umwundene Höllenrichter Minos (s. o.).

▶ **Biblioteca Apostolica Vaticana:** Nach der Sixtinischen Kapelle passiert man zunächst einen kleinen Raum, in dem sich die Privatkapelle von Pius V. (1566–72) befand. In den Wandschränken werden hier Teile des alten Vatikanschatzes ausgestellt. Die kostbaren Schatullen waren früher mit besonders verehrten Reliquien gefüllt und wurden oberhalb der heiligen Treppe im Sancta Sanctorum (→ S. 464) aufbewahrt.

Weiter führt der Rundgang durch eine endlos scheinende Flurflucht der **Vatikanischen Bibliothek.**

Zur Bibliothek gehört neben unzähligen, einzigartigen Zeugnissen handgemalter und gedruckter Buchkunst auch das **Archiv des Vatikans,** das nur wenigen ausgesuchten Wissenschaftlern in einzelnen Bereichen zu Forschungszwecken zugänglich gemacht wird.

Nach Erweiterungsbauten stehen unter dem Pinienhof in zwei Etagen mit Wänden aus Stahlbeton insgesamt Regale von 90 km Länge zur Verfügung. Hier werden Dokumente aus 2.000 Jahren europäischer Geschichte verwahrt, handschriftliche Aufzeichnungen nahezu aller bedeutenden Persönlichkeiten, Könige und Kaiser (z. B. Heinrich VIII. von England, Maria Stuart, Napoleon), Abdankungsurkunden und Bittgesuche, z. B. die des deutschen Kaisers Heinrich IV. anlässlich seines Bußgangs nach Canossa.

In einem gesonderten Bereich ist das **Archiv der Inquisitionsbehörde** untergebracht. Dort dokumentieren 4.500 Bände mit Akten des Gerichtshofs die Jagd auf Menschen, die der Ketzerei oder Hexerei verdächtigt wurden. Hier soll auch die für verschollen gehaltene 500-seitige Zusammenfassung der Verhandlungsprotokolle aus dem Prozess gegen Giordano Bruno aufbewahrt werden. Bis 1881 hatten nur der Papst, sein Kardinalstaatssekretär und der Archivbeamte Zugang zu den Inquisitionsakten, anderen Personen war schon der Eintritt in die Archiväume bei schwerster Strafe verboten. Im Januar 1998 öffnete der Vatikan das geheimnisumwitterte Archiv einem Historikerkongress und gewährte Einsicht in die Akten aus der Zeit vor 1903.

Im langen Gang der Apostolischen Bibliothek folgt nach einer Ausstellung liturgischen Geräts (darunter auch Werkzeuge zum Öffnen und Verschließen der vermauerten heiligen Tür der Peterskirche) eine Unzahl von Schränken, in denen man früher Bücher aufbewahrte. Auf den Schranktüren sind manchmal Details alter Stadtansichten gemalt. Dazwischen deponierte man die Kunstwerke, die dem Papst als Staatsgeschenke überreicht wurden. Bemerkenswert ist ein Geschenk Nixons: eine kleine Vatikanflagge, die von Apollo 11 mitgeführt wurde, und ein paar Krümel Mondgestein.

Über den Durchgangsbögen dokumentieren Fresken die verschiedenen Bauabschnitte zur Errichtung der Peterskirche und die enormen Anstrengungen zur Versetzung des Obelisken (→ „Petersplatz", S. 506).

**Der Vatikan**
Karte S. 478/479

Der kostbar ausgeschmückte und bemalte **Salone Sistino**, entstanden unter Sixtus V. (1585–90), ist glanzvoller Mittelpunkt der Bibliothek. In den Glasvitrinen liegen sehr wertvolle Handschriften. Interessant sind besonders die Wandgemälde, auf denen die im Auftrag von Sixtus V. errichteten Bauwerke zu sehen sind. Man kann hier auch den Entwurf zu dem tragisch verunglückten Mosesbrunnen (nahe der Piazza della Repubblica, → S. 352) betrachten und die einzelnen Bauabschnitte der Peterskirche, wobei noch Teile der ursprünglichen konstantinischen Basilika erkennbar sind.

▶ **Museo Pio Cristiano:** Das 1854 von Pius IX. gegründete Museum befindet sich am Ende des Korridors der Biblioteca Vaticana und gilt als eines der reichsten Museen frühchristlicher und mittelalterlicher Kunst. Ausgestellt werden Statuen, Sarkophage und Schrifttafeln, die hauptsächlich in den christlichen Katakomben gefunden wurden. Bemerkenswert ist die qualitätvolle Statue des guten Hirten, eines Jungen, der ein Schaf auf den Schultern trägt. Dieses Bild war eines der frühchristlichen Symbole, bevor das Kreuz sich durchgesetzt hat.

Berühmt ist auch das antike Fresko der *Aldobrandinischen Hochzeit,* das im Stil an die Malereien in Herculaneum und Pompeji erinnert. Es zeigt die Vorbereitung einer traurigen Braut auf ihre Hochzeit und Aphrodite, die tröstend den Arm um ihre Schultern legt. Der Name dieses Freskos, das 1605 entdeckt wurde, rührt von seinem ehemaligen Aufbewahrungsort her: Bis 1818 befand es sich in den Gärten der römischen Familie Aldobrandini.

Der Rundgang ist nun wieder am Ausgangspunkt beim großen Pinienhof angekommen. Hier befindet sich auch das oben im Serviceteil erwähnte Restaurant (S. 538). Zum Schluss folgen noch drei Museen in den neuen Bauten.

▶ **Pinakothek:** Die Gemäldesammlung wurde am 27. Oktober 1932 neu eröffnet, nachdem ein weiteres Gebäude dem Museumskomplex hinzugefügt worden war, in dem die wertvollen Kunstwerke unter optimalen klimatischen Bedingungen hängen. In 16 Sälen sind die rund 460 Gemälde untergebracht, in historischer Folge und nach sachlichen Kriterien geordnet. Von seltenen mittelalterlichen Werken des 11. Jh. über Künstler wie Giotto, Perugino, Raffael, Leonardo da Vinci, Tizian, Veronese, Caravaggio und Poussin reicht die Palette. Man kann allein in diesen Räumen mehrere Stunden verbringen.

Die Ausstellung beginnt in den ersten drei Sälen mit ikonenhafter italienischer Malerei des 12. und 13. Jh., darunter das *Triptychon* von Giotto (um 1320).

Besonders sehenswert sind im **Saal 4** die abgenommenen Freskenfragmente von Melozzo da Forli aus dem Chor der Kirche Santi Apostoli an der Piazza Venezia. Die musizierenden Engel mit ihren heiteren Gesichtern sind beliebtes Motiv von Weihnachtskarten und zählen zum Schönsten, was die Malerei des 15. Jh. hervorgebracht hat.

Im **Saal 8** hängen flämische Gobelins aus dem 16. Jh. nach Vorlagen von Leonardo da Vinci und Raffael.

Im **Saal 9** sieht man das unvollendete Gemälde von Leonardo da Vinci: *Der heilige Hieronymus.* Er malte es 1482 in braunen, dunklen Farben. Leid und Verzückung kommen gleichermaßen vollkommen zum Ausdruck.

Unter den Gemälden der venezianischen Meister des 16. Jh. im **Saal 10** befindet sich das Bild der *Heiligen Helena* von Veronese.

Sehenswert ist in **Saal 12** die *Kreuzabnahme* von Caravaggio (1604). Die anderen Gemälde sind von seinem Stil beeinflusst, wie z. B. *der Heilige Matthäus mit Engel* von Guido Reni.

▶ **Musei Ex-Lateranensi**: Der jüngste Museumsbau im Vatikan (1963 begonnen) liegt neben der Pinakothek. Das Innere des modernen Baus ist als Einheitsraum ohne abgeschlossene Abteilungen gestaltet, die Gliederung wird durch halbhohe Trennwände und verschiedene Ebenen erreicht. Die Fenster ermöglichen Ausblicke in die Vatikanischen Gärten. Im Erdgeschoss des Gebäudetraktes ist das **Museo Gregoriano Profano** untergebracht, das einst von Gregor XVI. (1831–46) zur Aufbewahrung antiker Skulpturen aus dem Gebiet des Kirchenstaates im Lateran gegründet wurde.

In der Abteilung römischer Kopien nach griechischen Vorbildern findet man z. B. die Statue des berühmten attischen Dichters **Sophokles** in würdevoll nachdenklicher Pose. Das Original stammt wahrscheinlich aus den Jahren 340–336 v. Chr. Bekannt ist auch die Plastik der **Niobide Chiaramonti**, einer Tochter der Niobe, die vor den Pfeilen Apollos und Artemis flieht, die sie am Ende doch töten werden. Kopf und Unterarme fehlen, dennoch ist die flüchtende und abwehrende Bewegung sehr gut zu erkennen.

Das seit langem geschlossene **Museo Missionario-Etnologico** im Untergeschoss, das 1926 auf Wunsch Pius' XI. entstand, beherbergt eine völkerkundliche Missionsausstellung mit vielen asiatischen Kunstgegenständen, darunter interessante Modelle bedeutender Kultstätten anderer Religionen (z. B. des Himmelstempels in Peking).

Im ebenfalls meist geschlossenen, 1973 gegründeten **Museo delle Carozze** sind alte Kutschen, Sänften und die ersten päpstlichen Automobile zusammengetragen. Interessant sind die erste Lokomotive der Vatikanstadt von 1929 und der päpstliche Eisenbahnwaggon, der bis in die 1930er Jahre bei den Reisen des Heiligen Vaters genutzt wurde.

Wer immer noch Energie hat, kann sich im Kino die Kunst im Vatikan erklären lassen. Die Filmvorführung läuft ständig.

Man verlässt die Museen über die im Jahr 1932 von Scalone Elicoidale erbaute bronzene **Wendeltreppe**.

*Das Theater von Ostia Antica, der antiken Hafenstadt*

# Nähere Umgebung Roms

**Wenn Sie etwas Erholung von der lauten Innenstadt mit den überfüllten Museen brauchen, bieten sich zur Abwechslung am Stadtrand oder in der näheren Umgebung Roms einige problemlos erreichbare lohnende Ziele an.**

In der Regel hat ein Besucher allerdings zu hohe Erwartungen an die Katakomben, die Via Appia und die römischen Strände. Beschauliche Orte sind das durchweg auch nicht. Wenn Sie einen ruhigen, entspannten Spaziergang machen möchten, fahren Sie besser zum Ausgrabungsgebiet der antiken Hafenstadt Ostia. Einen städtebaulichen Kontrast mit sehenswerten Museen bietet Ihnen der unter Mussolini geplante moderne Stadtteil EUR im Süden Roms.

## Katakomben

Der Ahnenkult hatte in der Antike eine fundamentale Bedeutung. Wichtigste Aufgabe der Lebenden war es dabei, für eine würdevolle Bestattung der Verstorbenen zu sorgen, denn nur so konnte deren Seele Frieden finden und die Familie ihr Ansehen bewahren.

Vorwiegend wurde der Leichnam verbrannt und die Asche in einem Grabmonument möglichst auffallend an einer der verkehrsreichen Verbindungsstraßen beigesetzt. Innerhalb der Stadtgrenzen waren Gräber schon seit dem alten Zwölftafelgesetz aus dem 5. Jh. v. Chr. verboten. Rund tausend Jahre lang galt diese Regel und selbst für Kaiser machte man nur selten eine Ausnahme. So ließ der Senat ein riesiges Mausoleum für Augustus und seine Familie am Marsfeld zu, das damals aber auch noch nicht zum eigentlichen Stadtgebiet zählte, und auch das ähnliche Hadrian-Mausoleum (die spätere Engelsburg, → S. 530) stand zwar angemessen prominent, aber auf der anderen Tiberseite und damit nicht mehr in der Stadt. Eine echte Ausnahme ließ der Senat für Trajan und dessen Familie zu. Deren Urnen durften auf dem Forum des Kaisers im Sockel der prachtvollen Trajanssäule beigesetzt werden.

Die Bevölkerung war auf die Begräbnisstätten außerhalb der Stadt angewiesen. Eine lag am Hang des Vatikanischen Hügels unter St. Peter (→ „Die Totenstadt am Vatikanischen Hügel", S. 527) und war wohl wesentlich größer als die Archäologen bisher dachten. Möglicherweise erstreckte sie sich sogar bis zum Hang des Monte Mario. Hinweise darauf entdeckte man kürzlich, als bei Ausschachtungsarbeiten für ein Parkhaus auf dem Territorium des Vatikans ein großes Gräberfeld zu Tage kam (es gehört nun zu den Vatikanischen Museen, → S. 536).

Wer es sich leisten konnte, wählte eine letzte Ruhestätte nicht irgendwo unscheinbar auf einem der Friedhöfe, sondern auffallend an einer großen Konsularstraße, wo viele Leute vorbeikamen, die Namen der Verstorbenen lasen und sie so in bewundernder Erinnerung behielten. Das war zumindest dann zu erwarten, wenn das Monument genügend prächtig oder schon wegen seiner Größe unübersehbar war. Dann blieb ein Passant womöglich stehen und las von den auf Inschriften gepriesenen großartigen Taten des so immer noch präsenten Verstorbenen und der überragenden Bedeutung seiner Familie (wovon die Erben profitierten, die meist für den Bau, wenigstens aber für den Unterhalt des Monuments zu sorgen hatten). Die gewünschte Unsterblichkeit erlangten so z. B. Gaius Cestius, dessen Name dank seiner extravaganten Pyramide (→ S. 272) bis heute bekannt ist, wie auch der Großbäcker Eurysaces, dessen Grab direkt hinter der Porta Maggiore mit antiken Getreidefässern und dem Relieffries über die Brotherstellung dekoriert ist und noch immer über seine erfolgreiche Geschäftstätigkeit berichtet (→ S. 275).

In Stadtnähe konnten sich bald nur noch sehr Wohlhabende einen Bestattungsplatz für sich und ihre Familie leisten. Die normalen Bürger mussten zum Teil lange, beschwerliche Wege zurücklegen, um den Ahnen an deren Gräbern zu gedenken.

**Die Christen** lehnten eine solch eitle Präsentation der Verstorbenen ab. Für die meisten von ihnen kam ein opulentes Grab auch schon aus finanziellen Gründen überhaupt nicht in Betracht. Zudem lohnte sich nach ihrer Überzeugung die Mühe nicht, denn sie sahen im Tod nur eine schnell vorübergehende Zwischenphase, eine Art tiefen, bedürfnislosen Schlaf bis zum bald bevorstehenden Jüngsten Gericht und zu ihrer Auferstehung. Auf eines aber legten sie Wert: sie wollten nicht wie Heiden verbrannt werden, sondern bestanden auf einer Erdbestattung, um den Leib für die körperliche Auferstehung komplett zu erhalten. Erdgräber waren auf den römischen Friedhöfen problemlos zulässig, sie waren nur teurer, weil sie mehr Platz beanspruchten. Man findet daher immer wieder auch christliche Gräber auf den großen Beisetzungsfeldern. Selbst Petrus wurde nach Meinung der Vatikan-Archäologen nach seinem Märtyrertod im Circus des Nero auf dem heidnischen Friedhof am Hang des benachbarten Hügels bestattet (→ Baugeschichte von St. Peter, S. 502).

Im Laufe der Jahrhunderte wurden aber selbst die einfachsten Grabplätze im Einzugsbereich der Millionenstadt Rom knapp und teuer. Als im 2. Jh. wohlhabende, zum Christentum bekehrte Römer ihrer Gemeinde einige Grundstücke an der Via Appia ganz in der Nähe vom Grabmal der Cecilia Metella als Beisetzungsort stifteten, fasste man deshalb den Beschluss, den Platz optimal auszunutzen und einen Friedhof unterirdisch zu erweitern. Das Gebiet wurde *„ad catacumbas"* (nach dem aus dem Griechischen entlehnten Wort für „Mulde") genannt, weil dort durch früheren Abbau von Tuffsteinblöcken eine Senke entstanden war. Aus dieser Ortsangabe entstand später die Bezeichnung *„Katakombe"* als gebräuchlicher Begriff für alle unterirdischen christlichen Friedhöfe. Neuste Forschungen belegen, dass die Idee der Urchristengemeinde nicht neu war und auch die römischen Juden sogar schon im 1. Jh. v. Chr. ihre Toten in unterirdischen Gängen beerdigten.

Die Bodenbeschaffenheit an der Via Appia war optimal für die Zwecke der Christengemeinde, denn leicht ließen sich Stollen in den weichen, aber dennoch stabilen vulkanischen Tuffstein treiben. Entlang der Tunnelwände grub man rechteckige Nischen *(Loculi)*, in die der mit Kalk bestreute und in ein Tuch gewickelte Leichnam geschoben wurde. Anschließend schloss man die Loculi mit einer Ziegelmauer oder, wenn das Geld dafür reichte, mit einer Marmorplatte, die mit Eisenklammern befestigt wurde. Auf der Platte stand der Namen des Verstorbenen zusammen mit einem christlichen Symbol und manchmal auch einem kurzen Text, in dem es um Frieden und die Erwartung der Auferstehung ging. Die Inschriften sind oft ungelenk und manche voller Rechtschreibfehler. Es waren eben nicht die erstklassigen Handwerker, die für die frühen Christen arbeiteten. Diese einfachen Symbole auf den Verschlussplatten gelten als Ursprung **christlicher Kunst**.

War so ein Gang links und rechts vollständig mit Grabnischen belegt, grub man ihn einfach ein Stückchen tiefer und legte eine zweite Reihe von Loculi darunter an. Es folgte eine Reihe unter der anderen und die Wände der Stollen ragten immer höher auf. Dass die Verstorbenen eng beieinander lagen, störte die Christen nicht, denn die Gemeinschaft war ihnen auch im Tode während der Wartezeit auf die Auferstehung wichtig. Zudem vermittelten die Gänge den Eindruck eines Schlafraumes, weshalb man sie auch *„Coemeterium"* nannte (nach dem griechischen Lehnwort für „Ruhelager"). Da alle Menschen vor Gott gleich sind und niemand in der Gemeinde eine Sonderstellung beanspruchen sollte, ähnelten sich die Gräber der Urchristen zunächst. Nur den Gräbern der Märtyrer billigte man von Anfang an eine herausgehobene Stellung zu. Da die Urchristen glaubten, dass alle für ihren Glauben hingerichteten Personen sofort in das Himmelreich auffahren, wollte man in deren Nähe beten und um Fürsprache bitten. Die Gräber mussten deshalb erkennbar sein und wurden besonders verehrt.

Wenn die Statik der Wände eine weitere Vertiefung der Gänge nicht mehr zuließ, hob man neue, noch tiefer gelegene Stollen aus. Dies war relativ unproblematisch, weil es hier keine unterirdischen Quellen gab, der Grundwasserspiegel sehr tief lag und deshalb auch bei Regenwetter keine Überschwemmungen drohten. Auf einem relativ kleinen Grundstück konnten in den labyrinthartig verzweigten unterirdischen Gängen, die alle über ein System von ausgeklügelten Schächten beleuchtet und belüftet wurden, tausende Tote ihre letzte Ruhestätte finden.

Etwa ab dem 3. Jh. entstanden auch andere Grabformen, wie das Bogengrab *(Arcosolium)* in einer wesentlich höheren Nische, die oben halbkreisförmig endete. Die Leiche wurde hier nicht von vorne, sondern von oben in das Grab gelassen und dieses mit einer horizontalen Platte bedeckt. Die Rückwand über der Grabplatte wurde oft mit Fresken geschmückt. Anfangs wurden fast ausschließlich Märtyrer in Arcosolien beigesetzt, oft legte man als Zeichen für den Märtyrertod einen Lorbeerzweig oder eine Blutamphore als Reliquiengefäß mit in das Grab. Später, als sich auch zunehmend wohlhabendere Römer zum Christentum bekannten, nutzten diese ebenfalls häufiger ein Arcosolium. Manche stellten auch Sarkophage aus Stein in die Nischen. Auf denen erkennt man vielmals heidnische Motive, gelegentlich auch mit nachträglich eingearbeiteten christlichen Symbolen. Ihre Besitzer hatten den kostspieligen Steinsarg wohl schon zu Lebzeiten und vor ihrer Bekehrung angeschafft und nutzten diesen dann auch.

Familien, die auch im Tode vereint bleiben wollten, ließen sich eine kleine Kammer *(Cubiculum)* in den Tuffstein schlagen, in denen mehrere Loculi für die Angehörigen und oft auch für die Sklaven Platz fanden.

Immer gab es auch einen etwas größeren Raum *(Krypta)* für Gottesdienste, der meist mit Fresken oder Mosaiken ausgeschmückt war. Sie dienten Schulungszwecken und zeigten Szenen aus dem Leben Christi.

Als **Verstecke** während der Christenverfolgungen dienten die Katakomben allerdings nicht. Verängstigte Christen, die in den düsteren Labyrinthen Zuflucht vor brutalen Legionären suchten und sich hier zu geheimen Messen trafen, gab es nur in den Sandalenfilmen der 1950er und 60er Jahre. Als Schlupfwinkel taugten die Katakomben schon deshalb nicht, weil ihre Lage und Eingänge den Behörden bekannt waren. Zwar wären die Soldaten damals kaum hinabgestiegen, um Personen aufzuspüren, denn diese Totenreiche galten als heilig. Doch hätte man sämtliche Öffnungen bewacht. Abgesehen davon waren die Gänge viel zu schmal und die Räume zu klein, um als Unterkunft für lebende Menschen zu dienen. Zudem dürfte bei dem Verwesungsgestank aus den nicht luftdicht abschließbaren Gräbern ein längerer Aufenthalt unmöglich gewesen sein. Die zwischen den Loculi in die Wände eingelassenen Öllämpchen und Parfumgefäße machten die kurzen Treffen zu den Beerdigungsriten und zum Jahrgedächtnis der Verstorbenen oder zur Andacht für die Märtyrer wohl nur wenig erträglicher. Während der Verfolgungsphasen wurde hier unten in den Krypten, wo man vor Spitzeln und Störungen einigermaßen geschützt war, auch die Eucharistie gefeiert.

Als die Zeit der Christenverfolgungen mit dem Edikt von Mailand ab Februar 313 im ganzen Römischen Reich endgültig endete und sich zunehmend auch die Mittel- und Oberschicht zum Christentum bekannte, blieben die Katakomben weiterhin als Friedhöfe beliebt. Hier war man den Märtyrern nahe und die konnte man beim Jüngsten Gericht gut als Fürsprecher brauchen. Erst ab dem 5. Jh. setzten sich allmählich die oberirdischen Friedhöfe in der Nähe der Kirchen innerhalb der Stadtmauer durch, denn es waren unruhige Zeiten, in denen immer wieder Barbarenstämme in Italien einfielen, sogar bis nach Rom vordrangen und die Stadt plünderten. Selbst die Katakomben wurden mehrfach verwüstet. Ab dem 7. Jh. entschlossen sich deshalb die Päpste dazu, die Gebeine der Märtyrer zu sichern und in die Kirchen zu überführen. Ganze Wagenladungen von Knochen schaffte man in den Schutz der Stadtmauern (z. B. in das allen Märtyrern geweihte Pantheon, → S. 382). Die Kirchen nahmen die Überreste der Heiligen mit Begeisterung auf, denn durch ihre Nähe erhoffte man sich Beistand und himmlische Fürsprache. Zudem zogen die Reliquien Pilger an und die sorgten für irdische Einnahmen. Dabei nahm man es nicht immer sehr genau mit der Zuordnung der Knochen. Oft reichte es, dass sie aus einem Arcosolium stammten, um als Reste von Märtyrern ausgegeben zu werden; möglich war es immerhin und das Gegenteil ließ sich kaum beweisen. Was von den menschlichen Überresten noch in den Katakomben verblieben war, gelangte über Grabräuber in den Reliquienhandel. Deshalb findet man heute selbst in neu entdeckten Stollen fast nur leere Gräber.

Im 9. Jh. wurden die unterirdischen Friedhöfe endgültig aufgegeben. Erdrutsche verschütteten bald die Eingänge, Pflanzen überwucherten die Lüftungslöcher und die Katakomben gerieten vollständig in Vergessenheit. Rund 800 Jahre später begann man sich wieder für die geheimnisvollen, zufällig von Bauern entdeckten Tunnel zu interessieren. Eine systematische wissenschaftliche Erforschung setzte erst mit Giovanni Battista de Rossi ein (1822–94), der als Begründer der christlichen Archäologie gilt. Inzwischen sind 60 antike unterirdische Grabstätten mit Gängen von rund 800 Kilometern Gesamtlänge bekannt. Man vermutet, dass noch weitere existieren, deren obere Etagen eingebrochen oder deren Eingänge verschüttet sind. Von den entdeckten Grabanlagen sind heute nur sechs für Besucher freigegeben, da in den meisten anderen Einsturzgefahr droht. Drei davon liegen in unmittelbarer Nachbarschaft an der Via Appia Antica.

## Frühchristliche Symbole

Die christlichen Gräber sind durchweg an Zeichen auf den Verschlusstafeln der Grabnischen oder auf den Sarkophagen zu identifizieren. Die frühen Christen nutzten verschiedene Symbole als Erkennungsmerkmale. Das Kreuz setzte sich erst später durch. In der Antike war es viel zu sehr als gängiges Hinrichtungsinstrument im Bewusstsein der Bevölkerung verankert und damit ebenso wenig als Religionssymbol vorstellbar, wie es heute ein Gewehr oder ein Galgen wäre.

Gebräuchlich war die Darstellung des **Guten Hirten** mit einem verlorenen Schäfchen auf den Schultern. Es stand für Christus den Erlöser und Retter der Seele.

Man sieht auch die **Orante**, eine Person mit geöffneten, gen Himmel gereckten Armen. Sie personifiziert das Gebet und die zu Gott aufstrebende Seele. Ähnliches symbolisiert die **Taube mit dem Ölzweig** im Schnabel, sie steht für die Seele, die in Gott Frieden findet.

Sehr häufig ist das **Christus-Monogramm** aus den übereinander geschriebenen griechischen Buchstaben „chi" (wie ein „x") und „roh" (der Form nach ein „P"), den ersten Buchstaben des griechischen Wortes „christos" („Erlöser").

Auf Christus und das Bekenntnis zum christlichen Glauben spielt der **Fisch** an. Dabei ging es weniger um den „Menschenfischer", sondern um das griechische Wort für Fisch, „*IXOYS*" (gesprochen „ichthys"), als Abkürzung für die Wörter „*Jesus Christus Gottes Sohn Erlöser*".

Für viele Touristen gehört ein Besuch der Katakomben zum unverzichtbaren Programm eines Romaufenthalts. Die einen erwarten einen schaurig schönen Nervenkitzel wie beim Film *Ben Hur* und die anderen ein besonderes spirituelles Erlebnis auf der Suche nach den frühchristlichen Wurzeln ihrer Religiosität. Fast alle sind hinterher enttäuscht. Viel eindrucksvoller als die Katakomben ist die Nekropole unter St. Peter (→ S. 527).

Die **wichtigsten Grabanlagen** sollen nun kurz beschrieben werden.

•*Rundgang* Die Katakombenverwaltung hat sich auf den Massentourismus eingestellt. Der Andrang ist nur durch eine effektive Organisation zu bewältigen. Die Besucher werden daher in Gruppen gebündelt und durchgeschleust.

•*Führungen* Die unterirdischen Gänge sind nur im Rahmen einer Führung zugänglich. Rund 30 Min. stehen dafür zur Verfügung. Sieben Sprachen werden angeboten, darunter auch Deutsch. Im Kassenbereich werden die Sprachen der nächsten Führungen ausgerufen. Die Gruppe erhält dann zunächst draußen eine ausführliche Information, bevor sie die Katakombe betritt. Dort unten werden keine weiteren Erläuterungen gegeben und Fragen sind nicht erwünscht, das würde nur aufhalten. Als früher mehr Zeit war, brauste ein babylonisches Sprachengewirr durch die Gänge. Ein deutscher Lehrer in einer Reisegruppe reichte aus, um mit seinen Zwischenfragen alle nachdrängenden Führungen zu blockieren. Wenn eine Gruppe dann überholen wollte, wurde es eng und unübersichtlich, manche verloren ihren Anschluss. Zu solchen Staus kommt es jetzt nur noch selten. Für einen angemessen zügigen Fluss wird meist freundlich, aber stets bestimmt gesorgt. So bleibt leider auch in den unterirdischen Krypten kaum Zeit für besinnliche Momente.

•*Gottesdienste* Nur in wenigen Katakomben finden regelmäßig Heilige Messen statt. Pilgergruppen haben aber Gelegenheit zur **Andacht** oder können mit eigenem Priester einen **Gottesdienst** feiern. Alles dafür Notwendige ist vorhanden und kann vor Ort ausgeliehen werden. Erforderlich ist aber eine vorherige Anmeldung (per Fax oder E-Mail, s. u.); wegen der großen Nachfrage sollte man sich einige Monate vor dem gewünschten Termin melden. Auch hier ist die Zeit strikt auf max. 30 Min. limitiert.

**Achtung**: Für den kalten Schauer auf dem Rücken sorgt nicht die schaurige Atmosphäre, sondern die **konstante Temperatur um 14 Grad Celsius**, unabhängig von der Jahreszeit. Nehmen Sie vor allem in den Sommermonaten, wenn der Temperaturunterschied besonders groß ist, unbedingt eine Jacke mit, sonst riskieren Sie eine typische „Katakomben-Erkältung".

•*Bekleidungsvorschriften* Da es sich trotz allem immer auch um Andachtsorte handelt, gelten die Bekleidungsvorschriften wie im Vatikan (keine Shorts, kurzen Röcke, schulter- oder bauchfreie Tops).

•*Öffnungszeiten* Die Katakomben sind **ganzjährig geöffnet**, sie schließen nur jeweils zeitversetzt für etwa einen Monat, um notwendige Wartungsarbeiten durchzuführen. Es gibt außerdem unterschiedliche Ruhetage, sodass außer an bestimmten Feiertagen niemals alle gleichzeitig geschlossen sind. Etwas entspannter ist ein Besuch außerhalb der Ferienzeit, möglichst im Winter, wenn der Massenandrang etwas nachlässt.

•*Eintritt* 6 €, ermäßigt 3 € (für Kinder und Jugendliche von 6 bis 15 Jahren und für Klassen auf Studienfahrt bei Vorlage einer Bescheinigung ihrer Schule); für Kinder unter 6 Jahren und bei Klassenfahrten für eine Aufsichtsperson pro 15 Schüler ist der Eintritt frei; keine Ermäßigung für Schüler und Studenten ab 16 Jahren und für Senioren.

•*Fotografieren und Filmen* In den unterirdischen Bereichen verboten.

▶ **Callixtus-Katakombe**: Die Callixtus-Katakombe ist die älteste und nach kirchlicher Ansicht auch die wichtigste Katakombe Roms. Sie wurde um 150 n. Chr. begonnen und bis zum 4. Jh. weiter ausgebaut. Hier befinden sich wohl mindestens 170.000 Gräber in vier Stockwerken mit einer Gesamtlänge von 20 km. Die längste Treppe führt in eine Tiefe von 25 m hinab.

Die Katakombe des heiligen Callixtus ist insbesondere deshalb bedeutend, weil hier **neun Päpste** aus der Zeit von 236 bis 289 n. Chr. beigesetzt wurden. Zur Krypta der Päpste führt vom Eingang aus eine groß angelegte, steile Freitreppe. An den Wänden sieht man einige Grabinschriften mit dem Zusatz „epi" (Abk. für „*episcopos*" – Bischof) oder „*martyr*" (Märtyrer). Von hier aus gelangt man über einen kleinen Gang zu der Stelle, wo das **Grab der heiligen Cäcilie** gefunden wurde. In einer Nische liegt eine Replik der Skulptur Madernas, die die Schutzheilige der Musik zeigt. Cäcilie wurde in die nach ihr benannte Kirche in Trastevere überführt (mehr zu ihrer Heiligenlegende → Kasten im Kap. „S. Cecilia", S. 451). In der Nähe befindet sich der Abstieg zum **Beinhaus**, wo Totengräber früher die

Knochen fein säuberlich aufstapelten, um mehr Raum für neue Bestattungen zu schaffen. Eine letzte Ruhe in unmittelbarer Nachbarschaft von so vielen Heiligen und Märtyrern machte die Gräber hier sehr beliebt. Sehenswert sind zahlreiche Zeugnisse frühchristlicher Kunst wie Grabinschriften und christliche Symbole (z. B. Anker, Fische, Tauben, der Gute Hirte und oft das Christusmonogramm). Der Gang aus dem 3. Jh. ist besonders wegen der Malereien (dargestellt sind Taufe, Eucharistie und Szenen aus der Bibel) interessant. Man sieht auch einzelne Sarkophage, die jedoch selten in Katakomben Verwendung fanden. In einigen Räumen befinden sich Öllämpchen aus Ton und Amphoren, die als Duftbehälter dienten, um den unerträglichen Verwesungsgeruch zu überdecken. Die Gläubigen kamen wegen des Gestanks in der Regel nur zu Bestattungen oder zu Messen anlässlich des Jahrgedenkens hierher.

Obwohl Grabstätten – und besonders die unterirdischen – als Totenreiche für die nichtchristlichen Römer tabu waren, drangen Soldaten am 6. August 258 hier ein und überraschten Papst Sixtus II. in der Krypta beim Lesen der Messe, was damals nach einem Dekret Kaiser Valerians verboten war. Alle Teilnehmer wurden verhaftet und starben den Märtyrertod im Circus.

•*Eingang* Via Appia Antica 110–126, ✆ 06. 51301.580 (nur während der Öffnungszeiten) oder 06.51301.51, ✉ 06.51301.567, www.catacombe.roma.it.

•*Verbindungen* Zu erreichen mit Metrolinie A bis „S. Giovanni" und vom Busbahnhof an der Pzza. di S. Giovanni in Laterano (gegenüber vom Obelisken) weiter mit Bus Nr. 218, der vor dem Eingang zur Callixtus-Katakombe in der Via Ardeatina hält (Haltestelle „Fosse Ardeatine").

Andere Möglichkeit: mit Metrolinie A weiter bis „Colli Albani" und weiter mit Bus Nr. 660 bis zur Via Appia bei der Sebastiano-Katakombe und von dort ein kurzes Stück zu Fuß (mit Blick auf die Kirche nach rechts der Via Appia folgen).

•*Öffnungszeiten* Mi und den ganzen Feb. geschlossen (ebenso am 25.12. 01.01. und Ostersonntag), sonst tägl. 9–12 und 14–17 Uhr; an Feiertagen meist gegen 10.30 Uhr Gottesdienst.

▶ **Fosse Ardeatine**: Gegenüber vom Eingang zur Callixtus-Katakombe in der Via Ardeatina weisen Schilder an der Bushaltestelle der Linie 218 zur Gedenkstätte Fosse Ardeatine, dem bedrückenden Ort eines der schlimmsten nationalsozialistischen **Kriegsverbrechen** in Italien.

Das graue Betondenkmal mit den 335 Gräber erinnert daran, dass deutsche SS-Angehörige am 24. März 1944 in diesen Tuffsteinhöhlen als Vergeltungsmaßnahme 335 willkürlich ausgesuchte italienische Zivilisten, darunter auch Kinder, erschossen haben.

Ein halbes Jahr zuvor hatte Italien mit den aus dem Süden vorrückenden Alliierten einen separaten Waffenstillstand geschlossen. Die verbündeten Deutschen sahen darin Verrat und besetzten Italien von Norden her bis nach Rom. Ihnen boten die Partisanen Widerstand und töteten bei einem Bombenanschlag auf eine SS-Division nahe des Quirinals 33 deutsche Soldaten. Berlin befahl daraufhin zur Abschreckung für jeden toten Deutschen zehn Italiener hinzurichten. Leiter des Exekutionstrupps war Major Herbert Kappler, der im Juli 1948 in Italien als Kriegsverbrecher zu lebenslangem Zuchthaus verurteilt wurde, weil er fünf Personen mehr hinrichten ließ, als es ihm befohlen war. Er saß bis zu seinem Tode dreißig Jahre lang in italienischer Haft.

• *Öffnungszeiten* Im Sommer tägl. 8.30–17 Uhr.

An der Erschießung war auch der damals 31-jährige SS-Hauptsturmführer **Erich Priebke** beteiligt. Nach dem Krieg konnte dieser aus britischer Gefangenschaft fliehen und sich nach Argentinien absetzen, wo ihn 1994 ein amerikanisches Fernsehteam aufspürte. Priebke wurde nach Italien ausgeliefert und im August 1996 vom römischen Militärtribunal aufgrund von Verjährung zunächst freigesprochen, was zu unerwartet heftigen Protesten in der Bevölkerung führte. Daraufhin inhaftierte man Priebke erneut und hoffte auf ein deutsches Auslieferungsersuchen, doch das kam nicht. So wurde das Problem im Berufungsverfahren gelöst: Die Richter erklärten 1998 die Vorinstanz nachträglich für befangen und verurteilten Priebke 1998 zu lebenslanger Freiheitsstrafe. Ein Jahr später wandelte man die Haft in Hausarrest um. Seither lebt der inzwischen 95-Jährige zusammen mit seinem Anwalt in einer römischen Wohnung, mit einem Polizeifahrzeug davor zur Bewachung und begrenzten Ausgangszeiten unter Aufsicht eines Beamten. Eine Begnadigung lehnte der Staatspräsident bisher ab, weil Priebke sich weder entschuldigen, noch das Unrecht einsehen will. Er meint, er habe korrekt und auf unmittelbaren Befehl gehandelt. Im Juni 2007 lockerte ein italienischer Militärrichter aber den Hausarrest. Priebke darf nun kommen und gehen, wann er will, solange er davon der Polizei Meldung macht. Auch diese Erleichterung führte zu heftigen Protesten. Allerdings ist die öffentliche Meinung nicht ganz einheitlich, wie die Sympathiebekundungen italienischer neofaschistischer Gruppen belegen.

▶ **Domitilla-Katakombe:** Dieser Friedhof gleich in der Nähe der Callixtus-Katakombe ist die größte christliche Grabanlage Roms. Sein Eingang liegt auf dem Grundstück, das die zum Christentum konvertierte **Flavia Domitilla** ihrer Gemeinde schenkte. Ihr Onkel war der für besonders grausame Christenverfolgungen bekannte Kaiser Domitian. Als Flavia zusammen mit anderen Christen verhaftet wurde, wandelte Domitian die Todesstrafe für seine Nichte in lebenslange Verbannung auf die Insel Ponza um.

Vom Eingang aus führt eine Treppe in die Vorhalle einer großen, dreischiffigen Basilika aus dem 4. Jh. Hier stehen mehrere Sarkophage. Das Innere der Basilika ist gut erhalten. In der Apsis befindet sich in einer Nische der alte **Bischofsstuhl**. Vom linken Seitenschiff führt eine Treppe in den Bereich der Katakombe, der nach Einführung des Christentums als Staatsreligion Begräbnisstätte prominenter Mitglieder der kaiserlichen Familie war. Später wurde sie zur weitläufigsten Katakombe ausgebaut. Heute verwalten die *Barmherzigen Brüder* aus Trier den Ort. Von der Vorhalle der Basilika gelangt man ins **Hypogäum**, ein unterirdisches Gewölbe der Flavier, das für Totengedenkfeiern genutzt wurde. Mit etwas Gefälle führt der Gang schließlich zum eigentlichen **Friedhof**. Die folgenden Gänge sind mit Inschriften und Malereien aus der Zeit des 1. bis 4. Jh. geschmückt. Die Abbildungen zeigen meist biblische Geschichtsdarstellungen, wie sie im Neuen Testament überliefert sind. Wer sich für **frühchristliche Malerei** interessiert, findet hier das ganze Repertoire der Motive. Leider mussten schon einige Gänge gesperrt werden, da das elektrische Licht den Wandfresken beträchtlich zugesetzt hat.

• *Eingang*  Via delle Sette Chiese 282, ✆ 06.5110342 (in der Regel auch in Deutsch), ✉ 06.5135461, www.catacombe.domitilla.it.
• *Verbindungen*  Wie zur Callixtus-Katakombe (s. o.). Vom Eingang dort ist der Weg zur Domitilla-Katakombe beschildert.
• *Öffnungszeiten*  Di und den ganzen Jan. geschlossen (ebenso am 25.12. 01.01. und Ostersonntag), sonst tägl. 9–12 und 14–17 Uhr.

▶ **Sebastiano-Katakombe:** Die Katakombe des heiligen Sebastian wurde lange vor den anderen wiederentdeckt. Durch die vielen Pilger- und Besuchergruppen sind die vier Stockwerke daher leider in einem schlechten Zustand.
Die Grabanlage besitzt einen ursprünglich heidnischen Kern, der später mit christlichen Gräbern erweitert wurde. Steile Treppen führen in die Tiefe zu dunklen, verwinkelten Gängen mit Nischen rechts und links. Manchmal öffnen

sich Räume, die prächtig ausgemalt als Familiengräber dienten. In anderen Räumen mit Altären verehrte man Märtyrer. Zahlreiche Malereien, Inschriften und Graffiti sind gut zu erkennen. An einem Versammlungsplatz, an dem Leichenfeiern stattfanden, werden in Inschriften Petrus und Paulus genannt. Archäologen schließen daraus, dass hier Feiern zu Ehren der beiden Apostel stattfanden, was bedeuten könnte, dass sich ihre Gebeine vorübergehend hier befanden. Gesichert ist jedoch nur, dass der unter Diokletian hingerichtete Märtyrer Sebastian hier beigesetzt wurde.

●*Eingang* Via Appia Antica 136, ☎ 06.7887035, 📧 06.7843745.

●*Verbindungen* Wie zur Callixtus-Katakombe (s. o.) und dann ein Stück weiter auf der Via Appia.

●*Öffnungszeiten* So, Mo nachmittags und von Mitte Nov. bis Mitte Dez. geschlossen (ebenso am 25.12. 01.01. und Ostersonntag), sonst tägl. 9–12 und 14–17 Uhr.

▶ **Priscilla-Katakombe**: Diese weit ausgedehnte Katakombe besteht aus verschiedenen alten Teilen. Bereits vor Christus befand sich hier eine Begräbnisstätte, die ständig, besonders aber im 3. Jh., erweitert wurde. Zahlreiche Märtyrer und auch einige Päpste setzte man hier bei.

Die Priscilla-Katakombe liegt nicht bei der Via Appia, sondern im Norden der Stadt, am westlichen Rand der Villa Ada. Der Eingang in der Via Salaria führt zur **Basilika des heiligen Silvester**. Darunter liegt ein labyrinthartiges Netz von Gängen, Verbindungsstollen und Treppen. Die unterschiedlichsten Gemälde und Dekorationen ermöglichen einen guten Einblick in die Entwicklung frühchristlicher Kunst.

Zu den bekanntesten **Fresken** zählen die Darstellung der wundersamen Brotvermehrung, die Gute Hirte, die Jungfrau mit dem Kinde, bei der es sich um das älteste Marienbild überhaupt handeln soll, und mehrere Abbildungen von Noah und Abraham.

●*Eingang* Via Salaria Nuova 430, ☎/📧 06.86206272, nahe der Villa Ada (→ S. 476).

●*Verbindungen* Mit Bus Nr. 92 ab Stazione Termini oder mit Nr. 63 ab Pzza. Venezia bis zur Haltestelle an der Pzza Crati.

●*Öffnungszeiten* Mo und den ganzen Jan. geschlossen (ebenso am 25.12. 01.01. und Ostersonntag), sonst tägl. 9–12 und 14–17 Uhr.

## Die Via Appia

Diese *„Regina viarium"* („Königin der Straßen") verband das antike Rom über den Fährhafen Brindisi mit dem Osten des Reiches. Sie war die erste bedeutende Straße und wurde schon im 4. Jh. v. Chr. von Appius Claudius zusammen mit der ersten großen Wasserleitung in Auftrag gegeben und von ihm privat finanziert. Der Aquädukt trägt seinen Nachnamen (*Aqua Claudia*), die Straße wurde nach seinem Vornamen benannt.

Zwar gab es auch schon vor dem 4. Jh. v. Chr. gepflasterte Straßen, doch waren diese relativ unbedeutend und dienten nur dem regionalen Handelsverkehr. Mit der Via Appia entstand sozusagen der antike Vorläufer der Autobahn. Von Anfang an sollte eine überregionale Verbindung von Rom über Terracina bis nach Capua, der Hauptstadt Kampaniens, geschaffen werden. Diese 195 km waren für antike Verhältnisse eine enorme Entfernung. Der Straßenbau mit Brücken, Trassen und Felsdurchbrüchen war das erste Großprojekt römischer Ingenieure. Später führte man die Via Appia sogar über das Gebirge an die Adria bis nach

Bari, und anschließend verlängerte man sie bis nach Brundisium (Brindisi), um diesen wichtigen Hafen nach Kleinasien und Griechenland von Rom aus schnell und bequem erreichen zu können. Die Reisezeit von Rom zum Ost-Hafen Brundisium betrug nur noch fünf bis sechs Tage, was ungewöhnlich kurz war. Auf dieser Route konnten nun problemlos Waren aus Asien nach Rom importiert werden.

Die Via Appia hatte in ihrer besten Zeit einen Unterbau von bis zu einem halben Meter. Darauf lag die mit Basaltsteinen gepflasterte Straßendecke. Die zweispurige Fahrbahn selbst war etwa 4,75 m breit, rechts und links befanden sich je 1,5 m breite Bürgersteige. Alle 10 bis 15 km gab es Rastplätze zum Pferdewechseln mit Herbergen und Schänken.

Gesäumt war die Straße jeweils in Stadtnähe von unzähligen Gräbern (→ „Katakomben", S. 564). Nach dem Verfall des Imperiums gingen auch zahllose Grabmonumente unter. Sie waren willkommenes, leicht zugängliches Baumaterial, und der Marmor wanderte zuhauf in die Kalköfen. Als mit der Renaissance die Antikensammlungen entstanden, wurden viele weitere Relikte, oftmals grob aus dem Zusammenhang gehauen, in die Villen und Paläste der Kunstliebhaber abtransportiert.

Wenn Sie die antike Via Appia entlanggehen möchten, dürfen Sie diese nicht mit der *Via Appia Nuova* verwechseln, die an der Porta S. Giovanni am Lateran beginnt. Die Via Appia Antica liegt weiter südlich und führt von der Porta S. Sebastiano in eine wenig besiedelte Gegend, die mit Feldern, Pinien, Zypressen und antiken Ruinen zum Teil noch wie die **römische Campania** zu Goethes Zeiten aussieht. In dem Abschnitt hinter der Porta S. Sebastiano ist die Mutter aller Straßen zunächst noch sehr hässlich. Auto- und Buskolonnen drängen sich dicht an dicht. Fußwege existieren nicht und an engen Stellen muss man sich flach an die schmutzigen Hauswände stellen, um nicht von Bussen überfahren zu werden. Auch die Abgasschwaden sind unangenehm. Den ersten uninteressanten Abschnitt bis zur Sebastiano-Katakombe sollten Sie deshalb am besten mit dem Bus zurücklegen.

Stazione Ostiense

Via Marco Polo

Porta s. Sebastiano

BUS

P

Via Cristoforo Colombo

Kirche Quo Vadis

Grab von Priscilla

Via Appia Antica

Fiume Almone

# Essen & Trinken
(S. 577)

Calixtus-Katakomben

Domitilla-Katakomben

Fosse Ardeatine

Via Ardeatina

1 Quo Vadis
2 Trattoria di Priscilla
3 Hostaria Antica Roma
4 Archeologia
5 Alessandrini 'Qui nun se more mai'

# Cafés

6 Appia Antica Caffè

Katakomben des Heiligen Sebastian

Grabmal des Romulus

Circus Maxentius

Mausoleum der Cecilia Metella

Via C. Metella

BUS

Via Appia Pignatelli

Capo di Bove (Ausgrabungen)

Villa dei Quintili

**Via Appia Antica**

300 m

Vorher führt die Straße bei Kilometerstein 0,8 (an der Kreuzung Via Appia/Via della Caffarella bzw. Circone Ardeatina) an dem Kirchlein **Quo Vadis** (17. Jh., ursprünglich aus dem 9. Jh.) vorbei. Nach der Legende begegnete Petrus auf seiner Flucht an dieser Stelle Jesus, der den entgegengesetzten Weg in die Stadt eingeschlagen hatte. Petrus soll ihn gefragt haben: *„Quo vadis domine?"* (*„Wohin gehst Du, Herr?"*) Und jener antwortete: *„Venio iterum crucifigi"* (*„Ich komme, um wieder gekreuzigt zu werden"*). Darin sah der Apostel die Aufforderung, seine Gemeinde nicht im Stich zu lassen. Er kehrte um, wurde von Neros Truppen verhaftet und zum Tode verurteilt. Er bestand darauf, aus Ehrfurcht vor Christus umgekehrt, also mit dem Kopf nach unten, gekreuzigt zu werden.

*Öffnungszeiten* Mo-Sa 8.30-12.30 und 14.30-19.45 Uhr (im Winter nur bis 18.45 Uhr).

Gegenüber sehen Sie einen mittelalterlichen Turm. Es handelt sich um das **Grab von Priscilla**, der Frau des einflussreichen Freigelassenen Flavius Abascantus aus der Zeit des Kaisers Domitian (81–96 n. Chr.). Der würfelförmige Unterbau trägt einen durch Nischen gegliederten Zylinder, der später zum Wachturm ausgebaut wurde. Die Grabkammer diente im 19. Jh. als Kühlraum für Käse.

Bereits kurz nach der Kirche Quo Vadis tauchen die ersten Gräber auf und man sieht Reste von Standbildern, meist aber ohne Kopf. Bald nach dem Eingang der Callixtus-Katakombe folgt das **Grabmal des Romulus**, das mit seinem Rundbau und der vorgestellten Säulenarchitektur auf quadratischem Grundriss dem Stil des Pantheons nachempfunden wurde. Das Gebäude war vierseitig von einem Arkadengang (Portikus) umgeben. Es handelt sich natürlich nicht um das Grab des sagenumwobenen Stadtgründers, sondern um das des 309 n. Chr. früh verstorbenen Sohnes von Kaiser Maxentius, dem auf dem Forum Romanum ein Tempel geweiht ist (→ S. 219). Hinter dem Grabmonument entstand auf einem Vorgängerbau eine kaiserliche Villenanlage sowie der für 10.000 Zuschauer konzipierte **Circus des Maxentius** mit einer 482 m langen und 79 m breiten Bahn. Die Kaiserloge hatte über weitläufige Korridore eine direkte Verbindung zur Villa. Inmitten des Zirkusovals stand einst der Obelisk, der heute Berninis Vier-Ströme-Brunnen auf der Piazza Navona ziert. Das weitläufige Ausgrabungsgebiet mit viel Grün um die lange Zirkusbahn herum und einigen Mauerresten kann besichtigt werden. Noch gut zu erkennen sind die Startvorrichtungen.

● *Adresse* Via Appia Antica 136.

● *Öffnungszeiten* Mo geschlossen, Di–So 9–13 Uhr (vom 1.4.–30.9. Mi und Do bis 19 Uhr).

● *Eintritt* Nur als Kombiticket zusammen mit dem Eintritt zu den Caracalla-Thermen, dem Grab der Cecilia Metella und der Villa dei Quintili. 7 Tage gültig, 6 €, für EU-Bürger zwischen 18 und 25 Jahren 3 €, für EU-Bürger unter 18 Jahren und über 65 Jahren ist der Eintritt frei.

Bei Kilometerstein 3 erreichen Sie kurz nach dem Ausgrabungsgebiet das 11 m hohe und mit einem Durchmesser von fast 30 m außergewöhnlich imposante, marmorverkleidete **Grabmal der Cecilia Metella**. Es stammt aus den letzten Jahren der Republik (ca. 30–20 v. Chr.). Cecilia Metella war die Schwiegertochter des Crassus, jenes schwerreichen Konsuls, der 71 v. Chr. Spartacus besiegte und zusammen mit Caesar und Pompejus das erste Triumvirat bildete. Wie das bereits erwähnte, jüngere Grabmal der Priscilla wurde der Bau in zylindrischer Form auf einer quadratischen Basis errichtet. Es war hier weniger die Person der Cecilia, um die der Aufwand eines solch kolossalen Grabmals getrieben wurde, als die Manifestation der Macht und des Einflusses einer Familie, was bereits deutlich

*Malerische Gräberstraße und bedeutender Naturpark: die Via Appia*

in die Kaiserzeit verweist, in der solche dynastischen Gedanken eine große Rolle spielen sollten. Das Grabmal der Cecilia Metella kann man betreten.

*Adresse/Öffnungszeiten/Eintritt* Via Appia Antica 161. Tägl. (bis auf 1. Jan. und 25. Dez.) von 9 Uhr bis eine Stunde vor Sonnenuntergang. Eintritt: Kombiticket s. o. Circus des Maxentius.

Im Mittelalter wurde das Grabmal der Cecilia Metella vom Papst an die Grafen von Tuscolo übergeben, die es zur Burg ausbauten. Bonifatius VIII. aus dem Hause Caetani (1294–1303) schanzte die Anlage, die langsam zu einem kleinen befestigten Städtchen heranwuchs, seinem Clan zu. Der von da an *Castrum Caetani* benannte Ort wurde dank der Einnahmen aus dem Wegezoll zu einer lukrativen Geldquelle. Die Abgaben waren jedoch so hoch, dass sich langsam eine Alternativroute herausbildete: die Via Appia Nuova. Spätestens als diese Umgehungsstraße unter Gregor XIII. Ende des 16. Jh. gepflastert wurde, verlor die antike *„Königin der Straßen"* endgültig ihre Bedeutung. Sie wurde Teil der riesigen Ländereien von Fürstenfamilien wie den Torlonia, den Farnese oder den Boncompagni-Ludovisi, was sie vor großen Veränderungen und Besiedlung bewahrte. Noch heute gehört die Region zu 40 % diesen alten Adelsfamilien.

Zu Beginn des 19. Jh., als unter Napoleon die imperiale Antike erneut ins Blickfeld des Interesses rückte und zeitgleich der Geist der Romantik jenes ideale Landschaftsbild suchte, das man hier mit den malerisch verstreuten Ruinen und stets neuen Blickpunkten fand, entstand die Idee, aus der Appia Antica einen archäologischen Park zu gestalten. Künstler wie Valadier und Canova wurden mit der Gestaltung und Restaurierung betraut und seither verlor das Projekt – ob unter Päpsten, Königen oder Mussolini – nie seine Aktualität. Der Weg zur Realisierung allerdings war lange und mühsam. Besonders nach dem Zweiten Weltkrieg, als Rom einen großen Bauboom erlebte, konnten Bürgerinitiativen und Regionalpolitiker die Gegend nur mühsam gegen stets neue, übergeordnete

Nutzungsvorschläge und wilde Zersiedlung verteidigen. Der Bau des Autobahnrings G.R.A. zerschnitt die antike Strecke in zwei Teile und es gab sogar Pläne,
nur noch einen wenige Meter breiten Streifen zu beiden Seiten der Appia Antica
unter Denkmalschutz zu stellen.

In den 1970er Jahren erfolgte eine Rückbesinnung auf die Werte des kulturellen
Erbes und der in weiten Teilen intakten Natur, sodass es 1988 endlich zur Grün-
dung des geschützten **Regionalparks Via Appia Antica** mit rund 2.500 ha Fläche
kam. 1997 wurde er auf 3.400 ha ausgedehnt und erstreckt sich 16 km von der
Porta San Sebastiano in der Aurelianischen Stadtmauer zwischen den Achsen
der Via Tuscolana und der Via Ardeatina hinaus in die Landschaft der Albaner
Berge. Der Park ist heute Schutzraum für eine unüberschaubare Anzahl von
Pflanzenarten – von Korkeichen bis hin zu wilden Orchideen – und dient vielen
Wildtieren als überlebenswichtiger Korridor. Entsprechend strikt sind die Vor-
schriften für Besucher, denen es untersagt ist, Blumen zu pflücken, Pflanzen zu
beschädigen oder auszugraben sowie offenes Feuer zu machen und Müll in die
Landschaft zu werfen.

Der nach dem Grab der Metella folgende, vier Kilometer lange Abschnitt ist der
interessanteste und landschaftlich reizvollste der Via Appia Antica. Hier kann
man sich gut vorstellen, wie sie in der Antike ausgesehen hat. Der Straßenrand
ist von zahlreichen **Resten der Grabdenkmäler** gesäumt. An einigen Stellen fehlt
der Asphalt und das antike Pflaster kommt zum Vorschein.

Obwohl die Straße nur sonntags für den Verkehr gesperrt ist und hin und wieder auch ein Touristenbus darüber holpert, eignet sich diese Strecke gut für einen Spaziergang. Unter den Pinien oder auf Grabhügeln finden sich auch reizvolle Picknickplätze, von denen man einen schönen Blick in die typische römische Campania genießen kann – ganz wie auf dem berühmten Goethe-Portrait
Tischbeins, auf dem der Meister mit Hut und weißem Mantel in eben diese
Landschaft schaut. Am Wochenende und nach Feierabend kommen allerdings
Mountainbiker und Jogger, sodass es dann ziemlich voll werden kann.

Die Herren, die mit ihren Fahrzeugen sehr langsam die Straße entlangfahren, sind weniger an landschaftlichen Reizen interessiert. Da sich viele diskrete Plätzchen finden lassen, hat sich hier ein beliebter **Straßenstrich** etabliert. Vergewissern Sie sich deshalb, bevor Sie mit einem Picknick beginnen, ob Sie niemanden stören, sonst kann es leicht Ärger geben. Manchmal sieht man auch einige spärlich bekleidete Damen (und gelegentlich auch Herren) in lässigen oder aufreizenden Posen an antiken Trümmern lehnen, was bisweilen etwas skurril wirkt.

Wegen der herrlichen Umgebung und der Ruhe wird die Via Appia Antica von
sehr reichen Prominenten als Wohnadresse geschätzt. Von Zeit zu Zeit sieht
man mächtige, kameraüberwachte Tore. Hinter undurchdringlichen Hecken liegen uneinsehbar großzügige Parkanlagen mit Villen. Hier residiert z. B. Gina
Lollobrigida und auch Ex-Kaiserin Soraya hatte bis zu ihrem Tod an der Via Appia Antica ein Anwesen.

Ein ganzes Stück weiter, nach der Kreuzung der Via Appia mit der Via Erode At-
tico, gelangen Sie zu den jüngst aufwändig restaurierten Resten der **Villa dei
Quintili**. Sie gehörte den zwei sehr reichen Brüdern Maximus und Condius
Quinitilius, die hier im 2. Jh. n. Chr. innerhalb von 30 Jahren Bauzeit ein riesiges
Vermögen in ihr schmuckes Eigenheim investierten. Den allzu protzig zur Schau
gestellten Luxus hielt Commodus für anmaßend. Der Herrscher ließ die beiden
Quintilier unter einem Vorwand hinrichten und zog deren Nachlass ein. Man sieht

von der Villa noch mächtige Ruinen der großen Gebäudeteile und einen mittelalterlichen Laubengang. Der Anlage ist ein kleines Museum angeschlossen.
*Adresse/Öffnungszeiten/Eintritt* Via Appia Antica 1092. Tägl. (bis auf 1. Jan. und 25. Dez.)
von 9 Uhr bis eine Stunde vor Sonnenuntergang. Eintritt: Kombiticket s. o. Circus des
Maxentius.

Ein Stück danach (ab Kilometerstein 8) verläuft sich die Via Appia in einem
kümmerlichen Feldweg, bevor sie sich mit der Ausfallstraße Via Appia Nuova
zu einer ganz gewöhnlichen Straße vereinigt.

• *Verbindungen zur Via Appia* Metrolinie A
bis S. Giovanni in Laterano und vom Busbahnhof an
der Pzza. di S. Giovanni in Laterano (gegenüber vom Obelisken) weiter mit Bus Nr. 218,
der bei der Kirche Quo Vadis hält (von hier
aus kann man mit dem Bus Nr. 118
unmittelbar auf der Via Appia den folgenden unattraktiven Abschnitt überbrücken).
Man kann mit der Nr. 218 auch weiter bis
vor den Eingang zur Callixtus-Katakombe
an der Via Ardeatina fahren (hier muss man
das Gelände der Katakombe überqueren,
um zum anderen Ausgang an der Via Appia
zu gelangen).

Mit Metrolinie B bis Station „Piramide" und
dort gegenüber dem Metroausgang am
Piazzale Ostiense mit Bus 118 bis zur Kirche
Quo Vadis oder weiter bis zum Eingang der
Callixtus-Katakombe an der Via Appia (dort
biegt der Bus ab).

Ein paar Meter weiter, beim Eingang der
Sebastiano-Katakombe, mündet die Linie
660, mit der man auf der Via Appia bis zum
Romulustempel, dem Circus des Maxentius oder noch ein Stück bis zur Abzweigung der Via di Cecilia Metella (kurz nach
dem gleichnamigen Grab) weiterfahren
kann (dort biegt der Bus ab). Ab hier beginnt der landschaftlich schönste Teil der
Via Appia.

**Tipp:** Auf dem Rückweg sollte man an der
Abzweigung der Via di Cecilia Metella mit
dem Bus Nr. 660 bis zur Station der Metrolinie B „Colli Albani" fahren, um den weiten,
nicht ganz so attraktiven Rückweg abzukür-
zen; Achtung: der Bus Nr. 660 fährt nur bis
20.30 Uhr. Wer es 2 km weiter geschafft hat,
kann auch an der Kreuzung der Via Tor Carbone in die Linie 765 steigen und bis zur
Metrostation „Arco di Travertino" fahren.

• *Fahrradverleih* Sonntags ist die Via Appia
bis zur Via Tor Carbone (etwa 2 km hinter
dem Grab der Cecilia Metella) für den Autoverkehr gesperrt (etwa auf der halben Strecke bis zur Via di Cecilia Metella fahren
allerdings Busse) und es gibt mehrere mobile Fahrradverleiher: an der Porta Sebastiano; bei „Appia Info" an der Via Appia Antica 42; oft auch nahe der Metrostation
„Colli Albani", am Infopunkt am Largo Tac-
chi Venturi, dazu vom Metroausgang der
Via Menghini folgen (→ „Fahrzeugverleih",
S. 107). Die Landschaft ist zwar herrlich für
eine Fahrradtour, die Piste ist aber streckenweise recht holprig.

• *Essen* **Quo Vadis (1)**, Via Appia Antica 38,
✆ 06.5115013. Di Ruhetag. Dieses riesige Lokal wird hauptsächlich von Touristen (besonders von amerikanischen) frequentiert.
Was denen dort als römische Küche präsentiert wird, hat wenig damit zu tun, obwohl das Essen gar nicht einmal so
schlecht ist wie sonst oft bei Touristenab-
fütterungen üblich. Menü um 20 €.

**Trattoria di Priscilla (2)**, Via Appia Antica 68,
✆ 06.5136379. So Ruhetag. Preiswerte, einfache Trattoria mit einigen typisch römischen
Gerichten. Menü um 25 €.

**Hostaria Antica Roma (3)**, Via Appia Antica
87, ✆ 06.5132888. Mo Ruhetag. Man sitzt hier
im Innenhof vor dem Eingang der Callixtus-
Katakombe. Die Gerichte sind typisch und
recht ordentlich. Menü um 40 €.

**Archeologia (4)**, Via Appia Antica 139,
✆ 06.7880494, www.larcheologia.it. Di Ruhetag. In diesem seit 1890 bestehenden Tradi-
tionslokal am Archäologischen Park sitzt
man besonders schön im Garten mit Blick
auf ein antikes Grabmonument. Es gibt
mehrere Tagesmenüs zur Auswahl, die Gerichte sind typisch und gut zubereitet. Menü zwischen 30 und 50 €.

**Alessandrini (5)** (auch „**Qui nun se more
mai**" genannt), Via Appia Antica 198, ✆ 06.
7803922. So und Mo geschlossen. Bekannt
für gute Fleischgerichte vom Grill. Menü
um 30 €.

• *Café/Snacks* **Appia Antica Caffè (6)**, Via
Appia Antica 175 (Ecke Via Cecilia Metella,
Endhaltestelle des Busses Nr. 660), zugleich
Info-Punkt und Fahrradverleih. Es gibt bele-
gte Brötchen, Kuchen, Snacks; man kann
auch draußen im Garten sitzen.

# EUR – Esposizione Universale Romana

**Am südlichen Stadtrand von Rom liegt EUR, das architektonisch hochinteressante Gelände der für 1942 geplanten und dann aus ersichtlichen Gründen entfallenen Weltausstellung.**

Bereits 1938 begannen die Vorarbeiten unter Mussolinis Regime. Eine einzigartige, richtungsweisende moderne Stadt zum Beweis faschistischer Größe sollte Italiens Beitrag zur Weltausstellung 1942 (gleichzeitig auch zum 20. Jahrestag des Marsches auf Rom, → „Geschichte", S. 173) werden. Der Arbeitstitel des Projekts lautete *„Olympiade der Kulturen"*. Großzügige Grünanlagen, ein künstlicher See, gerade, breite Achsen wurden angelegt, gesäumt von strengen Monumentalgebäuden.

Wegen des Zweiten Weltkriegs kam es nicht zur Weltausstellung. Die Arbeiten ruhten schon bald nach Baubeginn. Nach 1945 jedoch ging alles weiter, als wäre nichts geschehen. Während in Deutschland die zerbombten Reste nationalistischer Gigantomanie beseitigt wurden, stellte man in Italien Mussolinis ideale Musterstadt fertig. Hier hatten nur die Auftraggeber gewechselt.

Der Entschluss, die Planungen weiter auszuführen, war allerdings auch vollkommen richtig. Bis heute gilt EUR als ein Beispiel moderner Stadtplanung (weiterentwickelt und auf größere Dimensionen übertragen tauchten ähnliche Ideen und Strukturen in Südamerika beim Bau der futuristischen Hauptstadt Brasilia auf). Mehr als die Hälfte des Gebiets besteht aus Grünanlagen. Die Straßen und Plätze sind großzügig angelegt. Es gibt ausgezeichnete Sport- und Freizeitmöglichkeiten. In den strengen, teilweise im martialisch-faschistischen Stil ausgeführten Gebäuden haben heute Ministerien und größere Unternehmen ihren Sitz. An arbeitsfreien Tagen wirkt EUR deshalb recht verlassen. Es gibt jedoch auch einige sehr exklusive Wohnviertel. Die sind wegen des hohen Freizeitwertes und der Ruhe trotz ihrer Nähe zum Stadtzentrum überaus begehrt. EUR hat deshalb heute den Ruf eines Nobelviertels. Neben den Zeugnissen hervorragender Stadtplanung gibt es auch ausgezeichnete Museen, die bisher noch nicht vom großen Touristenstrom erfasst wurden.

● *Verbindungen* Nach EUR gelangen Sie von der Innenstadt aus mit der Metrolinie B (Stationen „EUR Magliana", „EUR Palasport", „EUR Fermi" oder Endstation „Laurentina") oder mit dem Bus Nr. 170 ab Stazione Termini oder Pzza. Venezia (National-denkmal) bis Piazzale Agricoltura bzw. bis zu einer der Stationen an der zentralen Via Cristofero Colombo.

**Achtung:** Passable Restaurants und selbst simple Snack-Bars sind in EUR kaum zu finden.

▶ **Museo della Civiltà Romana**: Es ist das bedeutendste Museum in EUR, das aus verschiedenen Ausstellungen hervorging, die 1955 in einem monumentalen Gebäudekomplex am Viale della Civiltà Romana dauerhaft untergebracht wurden. Das Bauwerk, das an den Imperatoren-Größenwahn vergangener Zeiten erinnert, war ein großzügiges Geschenk des Fiat-Konzerns an das italienische Volk. Es besteht aus zwei riesigen Flügelbauten, die mit einem Säulenportikus verbunden sind. Leider hat sich der einst bombastische Prachtbau als baufällig erwiesen. Teile des Daches sind bereits heruntergestürzt und haben einige Ausstellungsstücke zerstört. Innen mussten Bereiche mit stabilen Dächern gegen Steinschlag von der Decke gesichert werden. Seit Jahren dauern die aufwändigen Restaurierungsarbeiten an. Deshalb sind immer wieder größere Abschnitte des Museums für Besucher gesperrt.

In den 59 Sälen gibt es keine Originale. Gezeigt werden Modelle, Reproduktionen und Gipsabdrücke von all den Gegenständen, die die antike römische Kultur ausmachten. Die Ausstellung ermöglicht so umfassende soziokulturelle Einblicke in Politik, Wirtschaft, Versorgung, familiäres Leben und Vergnügungsstätten. Durch die Rekonstruktionen der wichtigsten römischen Bauten in verkleinerten Modellen oder ausschnittsweise sogar in Originalgröße wird vorstellbar, wie das, was heute nur noch als Ruine existiert, einst aussah. Allein das 200 m² große **Modell der Millionenstadt** Rom der späten Kaiserzeit im Maßstab 1:250 (Poster davon werden an Zeitschriften- und Souvenirständen verkauft) oder das in 125 Teile zerlegte **Band der Trajanssäule** (in Originalgröße!) sind einen Besuch wert.

•*Rundgang* Die ersten Räume beschäftigen sich mit **Roms Anfängen**, man sieht Hüttenmodelle, es geht um die Aeneas-Legende und die römische Wölfin. Es folgen Modelle von der Stadt zur Zeit der Republik, vom Ponte Fabricio (der Brücke zur Tiberinsel) und von einem Kriegsschiff.

Die folgenden Säle sind nach Herrschern geordnet: Im **Saal des Julius Caesar** zeigt ein Modell den Aufwand bei der Belagerung der gallischen Stadt Alesia (den Asterix-Lesern wohl bekannt), hier kamen Rampen, Türme, Rammen und riesige Steinschleudern zum Einsatz. Interessant ist auch der Triumphbogen des Caesar in Orange nach dessen Sieg über Gallien.

Im **Saal des Augustus** sieht man ein Modell des berühmten Pont-du-Gard, Säulen vom (heute nicht mehr existierenden) Augustus-Bogen in Originalgröße, Modelle der Ara Pacis, des Augustusmausoleums und des Marcellustheaters sowie das Eingangsportal des Augustustempels in Ankara im Format 1:1 mit einem Modell des gesamten prachtvollen Tempelkomplexes.

Im Raum, der der Familie des Augustus gewidmet ist, geht es um seine Frau Livia und seine Nachfahren Nero, Claudius, Agrippa, Tiberius; sie sind jeweils mit Büsten vertreten. Man sieht die Porta Maggiore im Maßstab 1:100 mit den Verzweigungen des Aquädukts davor und dem Grab des Großbäckers Eurysaces. Die Reliefs der Ara Pacis in Originalgröße zeigen Drusus mit seiner Familie.

Im **Raum der Flavier** mit den Büsten der Kaiser Titus und Vespasian steht ein Modell des Kolosseums, das Einblicke in das kom-

*Museo della Civiltà Romana*

plizierte Gangsystem gewährt. Vom Titusbogen gibt es ein Modell und eine Relieftafel in Originalgröße, die vom Abtransport des legendären Schatzes aus dem großen Tempel von Jerusalem berichtet. Interessant ist auch das Modell des Stadions von Domitian, heute die Piazza Navona.

Weiter geht es mit Hadrian und Trajan, die mit ihren Büsten vertreten sind. Die Reliefs vom Trajansbogen haben Originalgröße. Aufschlussreich ist ein Modell der ausgedehnten Villa Hadrians bei Tivoli. Am Modell des Pantheons sieht man, wie gut das Gebäude heute noch erhalten ist.

Im **Saal des Antonius Severus** steht der ihm geweihte Bogen auf dem Forum Romanum mit Relieffeldern im Maßstab 1:1, es folgen Statuen des Commodus sowie die Büsten von Caracalla, Geta und Antonius Opius. Interessant ist auch ein Thermenmodell und der Bogen des Marc Aurel in Tripolis.

Der letzte Kaisersaal ist den Imperatoren in der Spätphase des Römischen Reichs gewidmet. Man sieht den Konstantinsbogen am Kolosseum, ein Kastell bei Köln-Deutz und den Circus des Maxentius.

In der nächsten Abteilung geht es um die Christianisierung. Zu sehen sind frühchristliche Symbole, der Porphyrsarg von Konstantins Tochter (das Original steht in den Vatikanischen Museen) und Inschriften zu den frühen Kirchenbauten.

Es folgen Säle, in denen es um die Themen Kunst, Handel (gezeigt wird z. B. eine Gesetzestafel zur Festlegung von Höchstpreisen für bestimmte Waren des täglichen Gebrauchs), Nahrungsmittelversorgung, Landwirtschaft und Vermessungswesen, Industrie geht.

Einer der Höhepunkte des Museums ist die in 125 Teile zerschnittene **Trajanssäule** (die Gipsabdrücke wurden für Napoleon II. hergestellt) im Verbindungsgang zwischen den beiden Museumsflügeln. Während das Original der Säule bereits stark beschädigt und von der Straße aus nur ausschnittsweise erkennbar ist, hat man hier Gelegenheit, die eingemeißelten Kriegsberichte in Form einer packenden Bildergeschichte genauestens zu verfolgen. Der Augenzeugenbericht handelt von gut gedrillten römischen Legionären, der Eroberung, Plünderung und Zerstörung von Städten im Barbarenreich und davon, wie die Römer einen Teil der Besiegten niedermetzelten und den anderen Teil in die Sklaverei führten (→ Trajanssäule, S. 239).

Im **linken Museumsflügel** folgen die Themen Medizin und Pharmazie (man erkennt, wie hoch entwickelt Chirurgie, Gynäkologie sowie Augen- und Zahnheilkunde in der römischen Antike bereits waren), Geisteswissenschaften und Literatur und Musikinstrumente. Man kann u. a. eine in Originalgröße nachgebaute typische Privatbibliothek betreten. Weiter geht es mit dem Rechtssystem (zu sehen z. B. das *Corpus iurus civilis* des Kaisers Justinian, welches das Zivilrecht bahnbrechend regelte und heute Grundlage vieler Zivilgesetze ist; auch unser deutsches Vertragsrecht basiert darauf) und dem Schulwesen.

Im großen Saal schaut man von oben auf die Hauptattraktion des Museums im unteren Geschoss: das 200 m² große **Modell der Stadt Rom** zur Zeit Konstantins (4. Jh. n. Chr.). Der Architekt Italo Gismondi stützte sich bei der faszinierend detailgenauen Darstellung auch auf den Stadtplan *(Forma Urbis)*, den Septimius Severus im Jahr 192 n. Chr. auf dem Friedensforum hatte aufstellen lassen (→ S. 238). Gut erkennt man am Modell, dass sich am Straßenverlauf bis heute nur wenig geändert hat, man kann sich daher auch leicht orientieren.

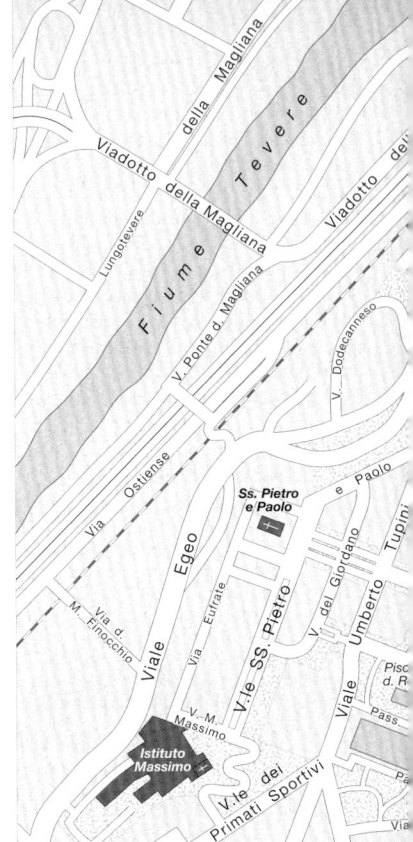

•*Eingang* Pzza. G. Agnelli 10 (am Ende des Viale della Civiltà Romana, in der Verlängerung der zentralen Pzza. G. Marconi ). Man betritt das Museum durch den rechten Flügel, wo sich der Kassenbereich befindet.

**Achtung**: Wenn der Verbindungsgang zwischen den beiden Museumsflügeln geschlossen ist, muss man beim Eingang wieder hinaus, den Platz überqueren und gegenüber den linken Flügel betreten, um das große Stadtmodell zu sehen.

•*Öffnungszeiten* Mo geschlossen, Di–Sa 9–14 Uhr (im Sommer möglicherweise bis 18 Uhr, was vom Stand der Restaurierungsarbeiten abhängt), So 9–13.30 Uhr. Die Kasse schließt jeweils eine Stunde vorher.

•*Eintritt* 6,50 €, für EU-Bürger zwischen 18 und 25 Jahren 4,50 €, für EU-Bürger unter 18 Jahren und über 65 Jahren ist der Eintritt frei.

**Weitere große Museen für speziell Interessierte liegen an der Piazza Marconi:**

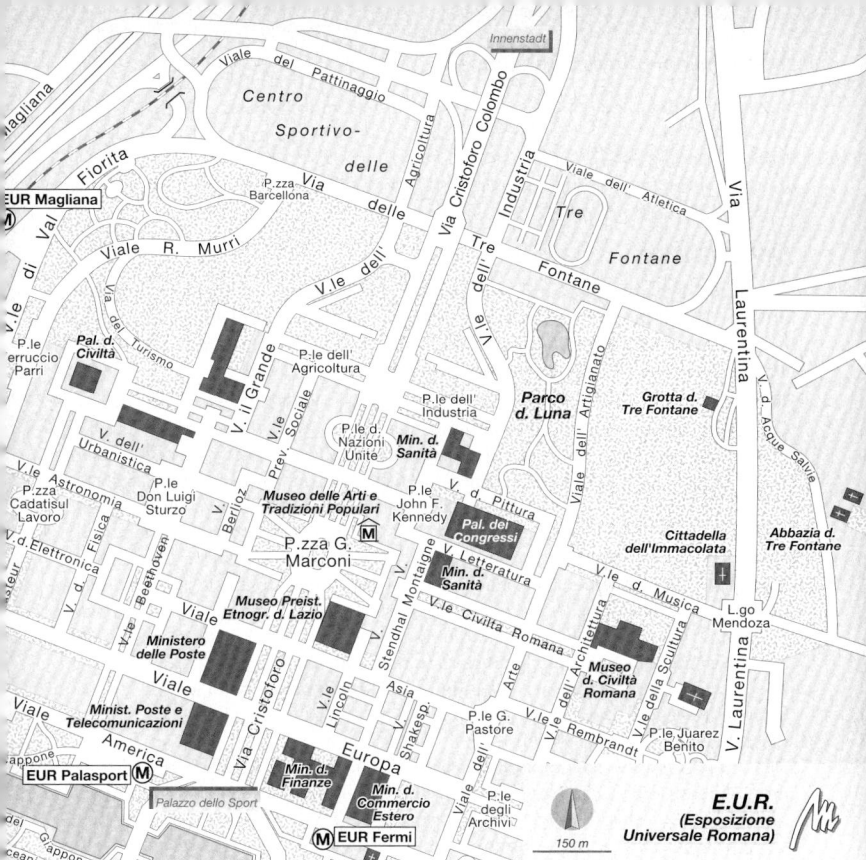

▶ **Museo Nazionale Preistorico Etnografico „Luigi Pigorini":** Das vorgeschichtliche und ethnografische Museum enthält in der ersten Abteilung Funde aus der Vorgeschichte Latiums etwa bis zur Eisenzeit, darunter viele Werkzeuge aus Stein und Knochen sowie Grabdarstellungen. Wichtigstes Stück ist ein Neandertalerschädel (Saal V). In der zweiten Abteilung geht es um asiatische, mittel- und südamerikanische sowie afrikanische Kulturen.

- *Adresse* Pzza. Marconi 14, ✆ 06.549521.
- *Öffnungszeiten* Mo geschlossen, Di–So 9–14 Uhr.

- *Eintritt* 4 €, für EU-Bürger zwischen 18 und 25 Jahren 2 €, für EU-Bürger unter 18 Jahren und über 65 Jahren ist der Eintritt frei.

▶ **Museo Nazionale delle Arti e Tradizioni Popolari:** Das Staatsmuseum für Volkskunst und Traditionen beherbergt eine umfassende Sammlung zu den Themenkreisen Landwirtschaft, Kunst, Religion, Trachten und Musik des einfachen italienischen Volkes in der Stadt und auf dem Land. Sehenswert ist die große Abteilung mit kunstvoll gearbeiteten neapolitanischen Krippenfiguren; man sieht auch zwei riesige komplette Krippen.

*Adresse/Öffnungszeiten/Eintritt* Pzza. Marconi 10; ✆ 06.5910709. Öffnungszeiten und Eintritt s. o. Ethnographisches Museum.

▶ **Museo dell'Alto Medioevo:** Das Museum des Hochmittelalters zeigt Grabfunde aus der Spätantike, Keramiken und Marmorbilder bis zum 10. Jh.
*Adresse/Öffnungszeiten/Eintritt* Viale Lincoln 3; ℡ 06.54228199. Öffnungszeiten s. o. Ethnographisches Museum. Eintritt 2 €, für EU-Bürger zwischen 18 und 25 Jahren 1 €, für EU-Bürger unter 18 Jahren und über 65 Jahren ist der Eintritt frei.

# Ostia Antica

**Das wohl erholsamste und lohnendste Ausflugsziel ist die ausgegrabene antike Hafenstadt und Handelsmetropole Ostia Antica. Dieser weitläufige, mit Pinien und Zypressen begrünte archäologische Park vermittelt einen ausgezeichneten Einblick in das antike römische Leben.**

Wie in Pompeji oder Paestum kann man eine fast vollständig ausgegrabene antike Stadt besichtigen. Die Örtchen am Vesuv haben durch ihre plötzliche Konservierung natürlich einen anderen wissenschaftlichen Wert. Der Vulkanausbruch überraschte die Pompejianer bekanntlich mitten im Leben und begrub alles innerhalb weniger Stunden. Dagegen verlor Ostia allmählich an Bedeutung, wurde schließlich vollständig verlassen und geriet allmählich in Vergessenheit.

Dennoch kann man sich heute in Ostia Antica ein Bild vom alten Rom auf dem Höhepunkt seiner Bedeutung machen. Man spürt, dass in dieser Hafenstadt das Leben pulsierte, anders als im eher mondänen Pompeji, und dass sich Menschen aus allen Teilen der damals bekannten Welt hier drängten. Für Besucher ist Ostia auch wesentlich erholsamer als die Stadt am Vesuv, da der Massentourismus seinen Weg noch nicht hierher gefunden hat. Man kann sich ungehindert in den Straßen bewegen, fast alles ist frei zugänglich, und es lassen sich ruhige, hübsche Plätzchen unter schattigen Pinien zum Ausruhen oder für ein Picknick finden.

Das antike Ostia wirkt erstaunlich modern. Große Mietshäuser für Angestellte und Arbeiter unterscheiden sich mit ihren geräumigen Treppenhäusern und praktischer Raumaufteilung kaum vom heutigen Wohnungsbau. Versorgungseinrichtungen wie Wasser- und Abwasserleitungen sind teilweise gut erhalten. Büros von Handelsfirmen, Agenturen und Reedereien lassen ein wohl organisiertes Wirtschaftssystem erkennen. Riesige Lagerhäuser vermitteln einen Eindruck von den gewaltigen Importen aus den Provinzen in die Hauptstadt. Auch kulturelle Einrichtungen fehlten nicht: Badeanstalten, Theater, Kneipen, Tempel aller bekannten Religionen (allein 26 Mithrasheiligtümer hat man entdeckt, dazu kommen Tempel zu Ehren der ägyptischen Göttin Isis, eine Synagoge und ein christlicher Versammlungsort) und sogar öffentliche Gemeinschaftstoiletten zum geselligen Beisammensein gab es.

Berühmt sind Ostias Bodenmosaike, die fast ausschließlich mit schwarzen und weißen Steinen gelegt sind. Da die Mosaike durch Umwelteinflüsse bereits schwer geschädigt wurden, deckte man einige von ihnen mit Sand zu, um sie notdürftig zu schützen. Manche werden wieder aufgedeckt und restauriert, andere sind nur zeitweise zu sehen. Sie können deshalb wohl leider nicht alle hier erwähnten Mosaike anschauen.

● *Anfahrt* Ostia liegt ca. 25 km von Rom entfernt am Tiber, etwa 5 km vor der heutigen Küste mit dem modernen Badeort Lido di Ostia. Mit dem **Auto** gelangt man über die Schnellstraße Via del Mare oder Via Ostiense zum Ausgrabungsgebiet. Es gibt ausreichend **Parkmöglichkeiten** (gebührenpflichtig).

Am einfachsten ist die Anfahrt mit der **Metro**linie B bis zur Station „Piramide" und weiter mit der S-Bahn ab Bahnhof Ostiense (gegenüber vom Ausgang der Metrostation).

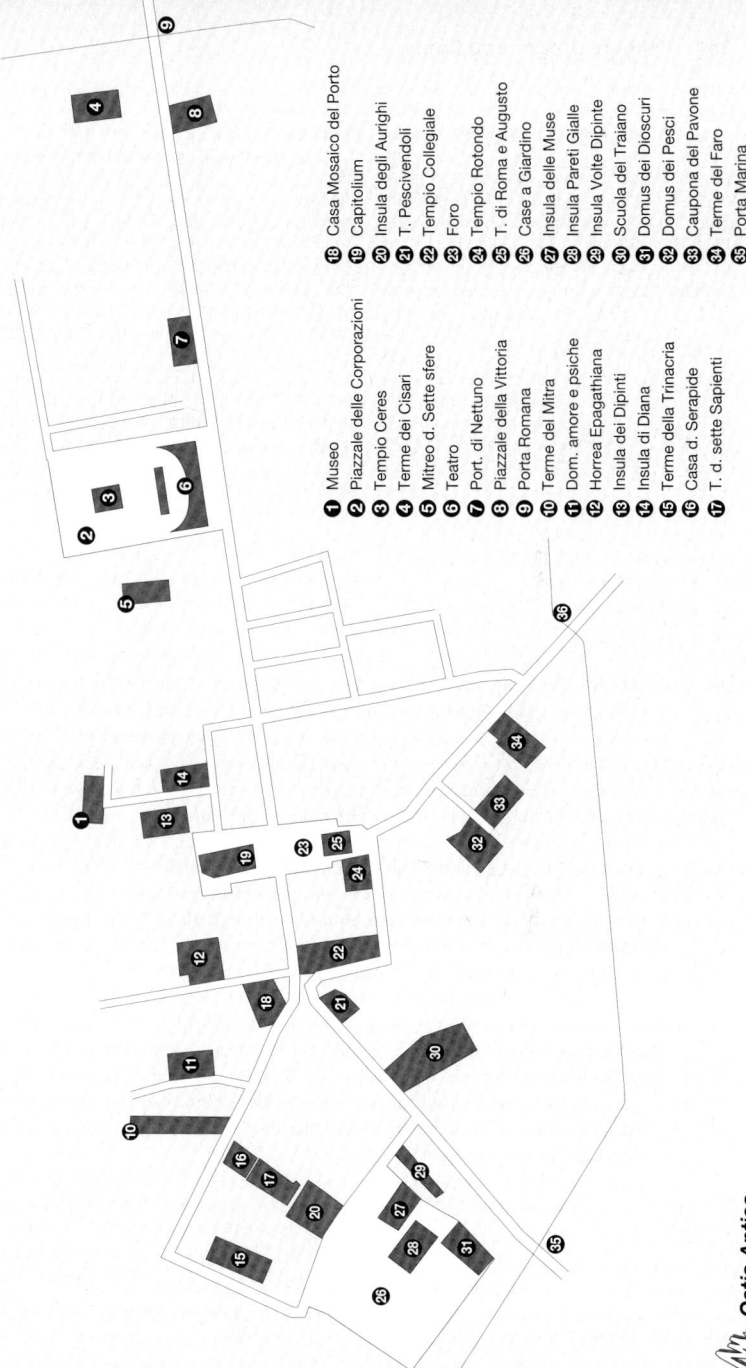

1 Museo
2 Piazzale delle Corporazioni
3 Tempio Ceres
4 Terme dei Cisari
5 Mitreo d. Sette sfere
6 Teatro
7 Port. di Nettuno
8 Piazzale della Vittoria
9 Porta Romana
10 Terme del Mitra
11 Dom. amore e psiche
12 Horrea Epagathiana
13 Insula dei Dipinti
14 Insula di Diana
15 Terme della Trinacria
16 Casa d. Serapide
17 T. d. sette Sapienti
18 Casa Mosaico del Porto
19 Capitolium
20 Insula degli Aurighi
21 T. Pescivendoli
22 Tempio Collegiale
23 Foro
24 Tempio Rotondo
25 T. di Roma e Augusto
26 Case a Giardino
27 Insula delle Muse
28 Insula Pareti Gialle
29 Insula Volte Dipinte
30 Scuola del Traiano
31 Domus dei Dioscuri
32 Domus dei Pesci
33 Caupona del Pavone
34 Terme del Faro
35 Porta Marina
36 Porta Laurentia

Ostia Antica

Von hier aus fahren die Züge etwa alle 15 Min. zum Meer nach Roma Lido. Aussteigen müssen Sie bei der Station „Ostia Antica" (nicht zu verwechseln mit der heutigen modernen Hafenstadt Lido di Ostia). Im Sommer sind die alten Waggons gestopft voll mit sonnenhungrigen Römern, die an den Strand wollen. Die Fahrt dauert ab der Pyramide etwa eine halbe Stunde.

● *Öffnungszeiten* Mo geschlossen (ebenso am 1. Jan., 1. Mai und 25. Dez.). Von Jan. bis Ende Feb. 8.30–16 Uhr (Auslass bis 17 Uhr); im März 8.30–17 Uhr (Auslass bis 18 Uhr); vom letzten So im März bis zum letzten So im Okt. 8.30–18 Uhr (Auslass bis 19.30 Uhr); vom ersten So im Okt. bis Ende Okt. 8.30–17 Uhr (Auslass bis 18 Uhr); im Nov. und Dez. 8.30–16 Uhr (Auslass bis 17 Uhr).

● *Eintritt* 6,50 €, die sich lohnen, für EU-Bürger zwischen 18 und 25 Jahren 3,25 €, für EU-Bürger unter 18 Jahren und über 65 Jahren ist der Eintritt frei.

● *Besichtigung* Ein Audioguide ist leider nicht auf Deutsch erhältlich (nur auf Italienisch, Englisch und Französisch).

Da das Gelände sehr weitläufig ist (über 3 km lang, ca. 1 km breit), sollte man viel Zeit mitbringen. Für eine ausführliche Besichtigung braucht man drei bis fünf Stunden.

**Achtung**: Kräfte einteilen! Die am besten erhaltenen Gebäude befinden sich im hinteren Teil der Ausgrabungen, wohin kaum ein Tourist vordringt. Auch wenn es schwer fällt, gehen Sie zunächst zügig die Hauptstraße entlang, erst um das Theater und einige hundert Meter weiter um Kapitol und Forum wird es wirklich interessant!

● *Service* Beim Museum gibt es eine schöne Cafeteria mit ordentlichem Self-Service-Restaurant und Museumsshop.

**Tipp**: Nehmen Sie genügend Getränke und vielleicht auch Verpflegung mit, denn die Besichtigung ist anstrengend. Zudem ist dieser archäologische Park mit seinem herrlichen Baumbestand für ein Picknick wie geschaffen. An einigen Stellen der Hauptstraße gibt es Leitungen mit **Trinkwasser** (auf Hinweisschilder „acqua potabile" achten).

**Das Ostia der Antike**: Ursprünglich mündete der Tiber an dieser Stelle ins Meer. Schon im Jahr 338 v. Chr. gründeten die Römer hier eine Stadt, um die Schifffahrt besser kontrollieren zu können und um Rom vor überraschenden Pirateneinfällen zu schützen. Der Name der Stadt leitet sich von ihrer Lage ab (lat. *ostium* = Mündung). Von hier aus starteten die Kriegsschiffe nach Karthago und später in den ganzen Mittelmeerraum. Mit der Ausdehnung des Imperiums gewann auch die Hafenstadt immer mehr an Bedeutung. Zur Zeit des Augustus war sie bereits ein wichtiger Umschlagplatz für Waren. Kaiser Claudius ließ im Jahr 54 n. Chr. ein weiteres künstliches Hafenbecken anlegen und einen gewaltigen Leuchtturm errichten. Inzwischen lebten über eine Million Menschen in der nahen Hauptstadt. Die Versorgung war nicht mehr aus eigener Kraft möglich. Viele Waren mussten aus den Kolonien importiert werden. Die Grundnahrungsmittel wie Getreide und Hülsenfrüchte kamen per Schiff aus Sizilien und Ägypten. Weine und Öle stammten aus Spanien und Frankreich, Baumaterialien und exotische Tiere aus Afrika, Erze wie Eisen, Kupfer, Zink und Blei, ja sogar Quecksilber aus den Minen auf Sardinien und Sizilien, aus Numidien in Nordafrika, aus der Türkei und vom Balkan. Wertvolle Stoffe, Gewürze und Parfüms kamen über die Häfen des Nahen Ostens und zuvor über persische und indische Handelsstraßen.

Ein buntes Gemisch von Arbeitern und Kaufleuten aus der ganzen damals bekannten Welt muss Ostia bevölkert haben. Sie brachten ihre zahlreichen Religionen mit, deren Kultstätten teilweise heute noch zu besichtigen sind. Zur Blütezeit Ostias lebten rund 80.000 Menschen hier, eine wahrhaft **multikulturelle Gesellschaft**. Eine römische Legion sorgte für Ordnung. Die kleine Oberschicht römischer Beamter, Kaufleute und Spekulanten organisierte Bestellungen, den Weitertransport und die anschließende Verteilung der riesigen Warenströme. Die soziale Mittelschicht von Handwerkern und Arbeitern überwog, wie für eine antike Handelsstadt üblich.

Der **Verfall** Ostias begann langsam. Es gibt mehrere Theorien, warum die Stadt im 4. und 5. Jh. verlassen wurde und danach in Vergessenheit geriet. Wahrscheinlich waren verschiedene Gründe für den Niedergang verantwortlich: Die Versandung der Tibermündung machte das Anlegen für große Schiffe immer problematischer. Auch das benachbarte sechseckige Hafenbecken (heute liegt dort der Flughafen Fiumicino), das unter Claudius angelegt wurde und für große Schiffe geeignet war, musste ständig freigegraben werden. (Bis heute sind durch die Versandung rund 5 km Land aufgeschüttet worden – so weit ist das Meer inzwischen entfernt). Ein Auftragsrückgang, Arbeitslosigkeit und die Verlegung der Handelsniederlassungen war die Folge. Ostia konnte nicht mehr so viele Menschen ernähren. Wer keine Arbeit finden konnte, zog weg.

Zudem entstanden neue Häfen, die auf gut ausgebauten Straßen von Rom aus leicht zu erreichen waren, sodass die Konkurrenz wuchs. Schließlich rottete die Malaria einen großen Teil der verbliebenen Bevölkerung aus.

Die Gebäude, die noch nicht vom Sand bedeckt waren, dienten ab dem 5. Jh. als Steinbrüche. Vereinzelt gruben Schatzsucher im 15. Jh. einen Teil der Stadt aus. Damals wurde die Antike unter dem Einfluss der Renaissance wieder zum Vorbild und man suchte nach antiken Kunstwerken. Die

*Firmenlogos vor antiken Büros*

eigentlichen Ausgrabungen begannen erst im 19. Jh. und wurden besonders nach der Trockenlegung des Sumpfgebiets unter Mussolini systematisch betrieben. Sie dauern bis heute an.

**Rundgang:** Hinter der Kasse betritt man durch die **Porta Romana (9)** (Stadttor) das eigentliche Ostia. Dort wird man auf dem Piazzale della Vittoria von der wohl aus der Regierungszeit Domitians (81–96 n. Chr.) stammenden Minervastatue empfangen. Von hier zieht sich die Hauptstraße, der mehr als 1 km lange **Decumanus Maximus**, durch die Stadt. An der Kreuzung mit dem **Cardus Maximus**, der zweiten Hauptstraße der Stadt, befindet sich das Forum **(23)**. Von dieser Straße aus sind die interessantesten Ausgrabungen nicht weit entfernt. Um die Übersicht nicht zu verlieren, sollten Sie immer auf die Hauptstraße zurückkehren.

Viele tiefe Rinnen im Pflaster stammen von unzähligen, schwerbeladenen Wagen, die die Waren über diese Straße nach Rom brachten. Am Straßenrand sind stellenweise die Bleirohre der Wasserleitungen und die größeren Abwasserkanäle zu sehen. Gleich hinter dem Eingang, auf der rechten Seite der Hauptstraße, sehen Sie Reste von Verkaufsläden und Lagerhäusern. Dahinter befinden sich die mit Mosaiken ausgestalteten Ruinen der **Terme dei Cisari (4)** (Thermen der Kutscher). In einem Raum der Thermen sieht man ein schönes Mosaik. Es zeigt Szenen aus dem Leben von Ostia: von Maultieren gezogene Wagen, Darstellungen der Stadtmauer und Meereswesen. Nach etwa 200 m an den Grundmauern einiger Lagerhäuser vorbei, gelangen Sie wiederum an der rechten Straßenseite zu den **Terme di Nettuno (7)** (Neptunsthermen). Eine Treppe führt hinauf zu einer kleinen Terrasse. Von dort aus bietet sich bereits ein erster Blick

Nähere Umgebung Roms

über die Ausgrabungen, die Landschaft und in die verschiedenen Badesäle der Thermen. Besonders schön ist das Fußbodenmosaik des Hochzeitszugs von Neptun und Amphitrite. In den Thermen können Sie auch gut die Heizluftkanäle der Heizungsanlage erkennen.

Neben den Neptunsthermen verläuft die **Via della Fontana**, eine der besterhaltenen Geschäftsstraßen von Ostia. An deren Ende befand sich eine Kneipe. Das Fußbodenmosaik trägt die Inschrift: *„dicit Fortunatus: vinum cratera quod sitis bibe"* (Fortunatus spricht: „Trink aus diesem Becher Wein, solange du Durst hast"). Eine Straße weiter, in der **Via delle Corporazioni**, befindet sich eine gut erhaltene Wohnung des für Ostia typischen Zuschnitts: drei Zimmer mit Malereien an der Decke und an den Wänden.

Nach dem Überqueren der Via delle Corporazioni betreten Sie das sehr gut erhaltene **Theater (6)**. Es entstand bereits unter Augustus, wurde im 2. Jh. erweitert und 1927 restauriert. Heute finden in dem perfekten Halbrund wieder bis zu 2.700 Zuschauer Platz. Die Bühne ist nach hinten offen und ermöglicht einen schönen Blick auf den säulenumstandenen Platz dahinter. Im Sommer wird das Theater für klassische Aufführungen genutzt. Beachtenswert sind auch die drei Marmorgesichter am Bühnenrand. Solche Masken (allerdings nicht aus Stein, sondern aus Leder) trugen die Schauspieler der Antike vor ihrem Gesicht, um bestimmte Charaktere darzustellen.

Hinter der Theaterbühne gelangen Sie auf den **Piazzale delle Corporazioni (2)**, einen Platz mit 70 Büros in- und ausländischer Handelsvertretungen. Hier befand sich das **Wirtschaftszentrum** Ostias. In jedem Büro war auf dem Fußboden das Firmenlogo als Mosaik abgebildet.

Noch heute sehen Sie u. a. die Firmenzeichen eines Galeerenunternehmens, eines Fellhändlers, eines Getreidehändlers und vieler ausländischer Importeure, die meist ihren Heimathafen bzw. dessen Leucht-turm als Logo hatten. In der höher gelegenen Mitte des Platzes befinden sich die Reste des **Tempels der Ceres (3)** (Göttin der Fruchtbarkeit und des Getreides).

Die Römer entwickelten ein gut organisiertes Wirtschaftssystem. Die gewaltigen Ausmaße des Riesenreiches ermöglichten es, dort zu produzieren, wo die Bedingungen am besten waren. So hatten die meisten Nahrungsmittel, die sich auf Roms Tischen wiederfanden, bereits lange Reisen hinter sich. Öl wurde z. B. hauptsächlich aus Spanien, Getreide aus Ägypten, Wein aus Syrien und Thunfisch aus Byzanz importiert. Links vom Theater befindet sich das **Mitreo delle Sette Sfere (5)** (Mithrasheiligtum der Sieben Sphären). Erhalten sind die steinernen Liegen, auf denen die Anhänger das Kultmahl einnahmen, und ein Mosaik mit sieben Kreisen, die die Planetensphären symbolisieren (mehr zum Mithraskult → S. 250).

Nach ca. 100 m verläuft parallel zur Hauptstraße die **Via di Diana** mit verschiedenen Mietshäusern. Stabil gebaut war offensichtlich die **Insula di Diana (14)** (Mietshaus der Diana), benannt nach einem hier gefundenen Relief der Jagdgöttin Diana. Erdgeschoss und erster Stock sind gut erhalten, sogar Reste von Balkonen sind zu sehen.

Gegenüber vom Haus der Diana auf der anderen Straßenseite gibt es eine ausgezeichnet erhaltenes **Thermopolium** (Bar). Der alte Schanktisch, die Gefäße und Teile der Wandgemälde (dargestellt sind Stillleben) ermöglichen eine gute Vorstellung davon, wie der Betrieb damals ablief. Bemerkenswert ist ein Balkon, der von Travertin-Konsolen gestützt wird, ein Element, das aus der antiken römischen Architektur im Mittelalter übernommen wurde. Ebenfalls gut erhaltene Malereien sind in einem anderen Mietshaus, der **Insula dei Dipinti (13)** in der parallelen Via dei Dipinti, zu sehen.

Kehren Sie zur Hauptstraße zurück, so erreichen Sie an der Kreuzung Decumanus Maximus und Cardo Maximus das **Kapitol (19)** (**Capitolium**) und das **Forum (23)** (**Foro**). Ein Kapitol, Sitz des höchsten Staatsgottes (hier teilt sich Jupiter seinen Tempel mit Juno und Minerva), errichtete man nach dem Vorbild der Hauptstadt in vielen Siedlungen des Imperiums. Wenn kein Hügel wie in Rom dafür vorhanden war, wurde zumindest ein erhöhtes Plateau für den Tempel aufgeschüttet. Von dem Erneuerungsbau unter Kaiser Hadrian (2. Jh. n. Chr.) sind noch die steile Treppe und Säulenstümpfe der Vorhalle erhalten. Wer zum Podium hinaufklettert, hat einen schönen Überblick über das Forum und die Mietshäuser der Umgebung.

Wenn Sie auf die Hauptstraße zurückkehren, erreichen Sie nach wenigen Metern eine große Kreuzung, die **Porta del Castrum**. Die dahinter liegenden Ausgrabungen wurden erst in der Mitte des 20. Jh. abgeschlossen. Die Gebäude sind deshalb deutlich besser erhalten als die am Beginn der Hauptstraße. Da die meisten Touristen schon vorher müde umkehren, ist diese Gegend meist menschenleer und daher besonders reizvoll.

## Wohnprobleme in der Antike

Wohnungsnot gab es bereits in der Antike. Nur wenige Arbeiter konnten sich ein Verkehrsmittel (ein Pferd oder gar ein Gespann) leisten. Schon aus diesem Grund mussten sie möglichst in der Nähe ihrer Arbeitsstelle wohnen. Darüber hinaus wurden die Bürger des Römischen Reichs in der Kaiserzeit von den zahlreichen Geschenken, kostenlosen Getreiderationen und Vergnügungen, die die Stadt anzubieten hatte, angezogen.

Sie alle mussten irgendwo wohnen. Bei der hohen Nachfrage stiegen natürlich die Grundstückspreise. Spekulanten nutzten die Lage schamlos aus und verlangten immer höhere Mieten. Noch einträglicher war es, die Menschen übereinander unterzubringen. Da aus Profitgier oft zu hoch gebaut wurde und man es mit der Statik nicht so genau nahm, kam es zu Einstürzen mit vielen Opfern. Um die schlimmsten Unglücke zu verhindern, erließ die Verwaltung strenge **Bauvorschriften**, die unter anderem die Maximalhöhe der Wohnblöcke auf 20 m begrenzten (diese Vorschrift wurde übrigens aus der Antike übernommen und gilt im Innenstadtbereich Roms in ähnlicher Form noch heute). Gefahren gab es aber dennoch: Um das Gewicht der Mauern in den oberen Stockwerken zu verringern, benutzte man hier Fachwerk. Das Holz, das sich je nach Witterung ausdehnte oder zusammenzog, sorgte für Risse in den Wänden, durch die der Wind pfiff. Probleme bereiteten auch die Kochstellen. Nicht selten fing ein Holzbalken Feuer und sofort brannten das Haus und bald auch das ganze Viertel lichterloh. Verheerende Feuersbrünste richteten gewaltige Schäden an. Manchmal stürzten auch niedrige Häuser einfach ein, weil betrügerische Bauunternehmer minderwertiges Material verarbeitet hatten, welches unter den Witterungseinflüssen nach kurzer Zeit bereits zerfiel.

Von der Kreuzung aus scharf nach rechts gelangen Sie über die Via Epagathiana zu einem **Handelskontor (12)** (**Horrea Epagathiana et Epaphroditiana**), einem der besterhaltenen Gebäude Ostias, das mit den modernen Warenmagazinen heutiger Häfen vergleichbar ist. Die Besitzer waren zwei freigelassene orientalische Sklaven, deren Namen auf einem Marmorstreifen über dem Eingangstor verewigt sind.

Schräg rechts von der Kreuzung beginnt die Via della Foce. Im ersten Haus auf der rechten Straßenseite, der **Casa del mosaico del porto (18)**, sind schöne Mosaike zu sehen, unter anderem eines mit dem antiken Leuchtturm von Ostia. Einige Schritte weiter auf der Via della Foce biegt rechts die Via del Tempio di Ercole ab. Dort fand man im vornehmen **Haus von Amor und Psyche (11)** (**Domus Amore e Psiche**) eine Kopie der beiden Götterstandbilder. Über einer Art Atrium öffnen sich im Westen vier kleine Zimmer, von denen eines mit buntem Marmor ausgelegt und mit Marmorverkleidungen an den Wänden geschmückt ist.

Weiter die Via della Foce entlang entdeckt man im Untergeschoss der Thermenanlage aus der Zeit Hadrians das größte **Mithräum (10)** Ostias (**Terme del Mitra**). Eine Kopie der Statue des persischen Gottes Mithras wurde an Ort und Stelle wieder aufgestellt. In den Gebäuden auf der linken Straßenseite, dem mehrstöckigen **Caseggiato del Serapide (16)**, der **Terme dei Sette Sapienti (17)** (sehenswert sind hier die Jagdmosaike im runden Saal) und auch der **Casa degli Aurighi** (Kutscherhaus), sind zahlreiche Wandmalereien, Reliefs und Mosaike erhalten.

Am Ende der Via della Foce geht links die Via del Tempio di Serapide mit weiteren **Thermenanlagen (15)** ab (**Terme della Trinacria**); in den Ruinen finden sich sehr schöne Mosaike. Dort sind zudem die unterirdischen Anlagen, die Zisternen mit dem Eimerwerk zur Beförderung des Wassers und die Fußbodenheizungsanlagen (Hypocausta) gut erhalten.

Am Ende biegt links die Via degli Aurighi ab. Nach wenigen Metern ist links ein Mietshaus bis zum Beginn des dritten Stockwerks erhalten (**Insula degli Aurighi, 20**). Sehenswert sind hier einige Wandmalereien (Wagenlenker, Hirschjagd, Panther). Nebenan folgen drei Tempel aus republikanischer Zeit.

Gegenüber sehen Sie einen weitläufigen Komplex, der sich von hier aus fast bis zum Decumanus Maximus erstreckt. In der Antike war dies eine vornehme Gartenstadt (**Case a Giardino, 26** – Häuser umsäumt von Parkanlagen und Springbrunnen). Seit ein paar Jahren beschäftigen sich Architekten sehr intensiv mit dieser Anlage. Die Besonderheit (z. B. die **Insula delle volte dipinte, 29**) liegt in der Einhaltung strenger Symmetrie. Jede Wohnung besteht aus zwei Zimmerflügeln, die von einem mittleren Korridor mit Kreuzgewölbe getrennt sind. Einige Decken sind zum Teil mit erotischen Szenen bemalt.

In der **Insula delle Muse (27)** (Haus der Musen) gegenüber sind ebenfalls einige Teile der Wände und Decken reich bemalt. Zudem befindet sich hier ein Hof mit einem Porticus, dessen Holzdecke wiederhergestellt wurde. Des weiteren können hier einige in Ostia sehr seltene Graffiti bewundert werden: die Wiedergabe eines Schiffes und des Leuchtturms von Ostia und der Trajanssäule. Daneben liegt die **Insula delle Pareti Gialle (28)** (Haus der gelben Wände) mit entsprechenden Malereien.

Bemerkenswert sind auch die bunten Mosaike (sehr selten in Ostia!) der benachbarten **Casa dei Dioscuri (31)** (Haus der Dioskuren). Hier gelangen Sie nun an das Ende der Hauptstraße (Decumanus Maximus). Dort befindet sich das antike Hafentor, die **Porta Marina (35)**.

Hier kehren Sie um und gehen auf dem Decumanus Maximus wieder zum Eingang zurück. Auch an diesem Weg liegen noch eine ganze Reihe interessanter Ausgrabungen: Etwa 150 m von der Porta Marina entfernt passieren Sie auf der rechten Seite des Decumanus Maximus die **Scuola del Traiano (30)**, den Sitz einer Handelsvereinigung mit einem Bankettsaal, marmorverkleideten Wänden und einem herrlichen Mosaikfußboden, dem Abguss einer Statue des Kaisers Trajan und einer dreisitzigen **Toilette**. Ein Stück weiter des Weges existierte ein **Fischgeschäft (Taberna pesci vendoli, 21)**; Verkaufstresen, Fischbecher und Werbemosaike sind noch erhalten.

Nun befinden Sie sich wieder an der Kreuzung Porta del Castrum. Sie können entweder auf dem Decumanus Maximus schnurgerade zum Ausgang zurückgehen oder noch einen Abstecher nach rechts in die Via del Pomerio

*Antike Mietshäuser*

machen. An einem Vereinsgebäude, dem **Tempio Collegiale (22)**, gelangen Sie nach der nächsten Ecke links in die **Via del Tempio Rotondo**. Der gut erhaltene Rundtempel war den römischen Imperatoren geweiht. Wer noch nicht erschöpft ist, kann über eine Treppe Zellen und Nischen des oberen Stockwerkes erreichen.

Geht man weiter die Straße entlang, gelangt man an die Rückseite des Forums, wo sich ein dem Augustus und der Göttin Roma (Personifikation der Stadt Rom) geweihter Tempel befand **(25)**. In den erhaltenen Überresten ist die Statue der siegenden Roma zu sehen. Dahinter befinden sich gut erhaltene **Gemeinschaftstoiletten** mit Wasserspülung: Unter den Marmorsitzen wurde ein Abwasserkanal vorbeigeleitet. Probieren Sie die bequemen Sitze ruhig einmal aus!

Sehenswert sind auch die Malereien des **Pfauenhauses (33) (Caupona del Pavone)**. Man erreicht es, indem man vom Cardo Maximus nach rechts in die Via della Caupona einbiegt. Es handelt sich hier um ein antikes Hotel mit einer Osteria und einer Bar (Thermopolium).

In der gleichen Straße gegenüber ist der Eingang zur **Domus dei Pesci (32)** zu sehen, in dem sich ein buntes Fußbodenmosaik mit Fischdarstellungen befindet, die hier auf christliche Eigentümer schließen lassen.

Kehren Sie auf den Cardo Maximus zurück und folgen ihm in Richtung der Porta Laurentia, so kommen Sie von einem Korridor, der neben einer Taverne mit Verkaufstresen in buntem Marmor vorbeiführt, in die **Terme del Faro (34)**. Auch dort können Sie noch einmal prachtvolle Mosaike bewundern.

Vom Cardo Maximus aus können Sie an der Piazza Gorgoni links in die Via Semita dei Cippi einbiegen, die auf den Decumanus Maximus zurückführt. Dort geht es nach rechts am Theater vorbei zum Eingang zurück.

**Nähere Umgebung Roms**

▸ **Museo Ostiense (1)**: Das Gebäude selbst stammt aus dem 15. Jh. und ist ein ehemaliges Salzhaus. In dem Museum sind Funde aus Ostia zusammengetragen. Es handelt sich dabei vor allem um Statuen, Büsten, Sarkophage und Reliefs aus römischer Zeit. Der Besuch ist für Kultur- und Geschichtsbegeisterte empfehlenswert. Bei vielen Ausstellungsstücken ist jedoch etwas Sachkenntnis erforderlich. Gleich vor dem Eingang liegt im Garten ein historischer **Grenzstein**.

*Exponate* Sehenswert sind u. a. die Statuette des bartlosen **Herkules**, der seine Jagdtrophäe, ein Löwenfell, als Kleidung benutzt; ebenso die Statue des **Dionysos** aus dem 2. Jh. n. Chr. Die Statue der **Isis** zeigt ihre typischen Merkmale: den langen Chiton, einen Fransenmantel, und das mit der Uräusschlange verzierte Diadem.

Nach einem Original von Lysipp ist die Statue des Bogen spannenden Eros gestaltet. Der Knabe ist nicht idealistisch verklärt, sondern im realistischen Stil dargestellt.

Ein **Rundaltar** mit den zwölf Göttern (*Dodekatheon*) stellt die Hochzeit von Zeus und Hera dar, umgeben von den Mitbewohnern des Olymp. Links neben Zeus: Athena, Apollon, Hestia (sitzend), Hermes; rechts von Hera: Demeter, Poseidon, Aphrodite, Ares, Hephaistos.

Die drei Grazien tummeln sich als Marmorgruppe und Wandbild. Sie waren ein beliebtes Motiv auf Sarkophagen.

*Öffnungszeiten* Entsprechen denen des Ausgrabungsgebietes.

## Weiter zum Meer

Die Küste ist wegen der Tiberversandung noch über 5 km von Ostia Antica entfernt. Dorthin gelangt man vom Ausgrabungsgebiet aus nur mit der Bahn oder mit einem Wagen.

*Anfahrt* Mit dem **Auto** fährt man über die Schnellstraße Via del Mare oder die Via Ostiense zu den Stränden nach Ostia oder Castelfusano. Wenn Sie sich dann noch ein Stück in Richtung Süden halten, kommen Sie zu etwas weniger überlaufenen Strandabschnitten.

Zum etwas schöneren Strand in Fregene (nördlich des Flughafens) verlassen Sie den Autobahnring (G.R.A.) bei Abfahrt 30 in Richtung Flughafen und biegen dann auf die A 12 in Richtung Civitavecchia ab. Diese Autobahn verlassen Sie an der nächsten

Abfahrt (Maccarese/Fregene) und fahren in Richtung Strand (Lido).

Auch mit **Metro und S-Bahn** können Sie das Meer problemlos erreichen: Mit Metrolinie B bis zur Station „Piramide" und weiter vom Bahnhof Ostiense (gegenüber vom Ausgang der Metro) mit der S-Bahn etwa alle 15 Min. bis Roma Lido. Aussteigen können Sie in Lido di Ostia oder an einer der nächsten drei Stationen. Im Sommer sind die alten Waggons gestopft voll mit sonnenhungrigen Römern. Die Fahrt dauert ab der Pyramide etwa 45 Min.

▸ **Lido di Ostia**: Im Zusammenhang mit Mussolinis Projekt, das malariaverseuchte Sumpfgebiet in der Pontinischen Ebene trockenzulegen und in fruchtbares Ackerland zu verwandeln (→ „Latina", S. 758), entstand auch die Idee für ein neues Ostia als moderner Badeort für Rom. Man baute gerade Straßen mit gleichförmigen, modernen Appartementblocks im Stil des Rationalismus.

In den 1950er und 60er Jahren, zu Hochzeiten des Dolce Vita (→ „Via Vittorio Veneto", S. 339) flanierten, sonnten und planschten hier die Reichen und Schönen. Doch als diese später andere Ziele für sich entdeckten und ihnen Rom fad wurde, war es schnell vorbei mit dem mondänen Ruf Ostias, denn dafür fehlten die luxuriösen Hotels und eleganten Bars.

Die Römer aber blieben ihrem 12 km langen Hausstrand mit dem feinkörnigen schwarzen Sand, der sich unter der Sommersonne unerträglich aufheizt, treu. Stets kommen sie bei den ersten Sonnenstrahlen des Frühlings und stellen sich am Wochenende mit Geduld in der Via Cristofero Colombo am Stauende hinten an, um dann nach einer Stunde oder mehr endlos nach einem Parkplatz zu suchen. Den Ort selbst aber mieden sie lange Zeit, er war eine reine Schlafstadt mit sozialen Spannungen und hoher Kriminalitätsrate. Es gab Fixer, die sich am Straßenrand die Nadel setzten oder sich mit allen Mitteln das Geld für den nächsten Schuss besorgten. Weltweit in die Schlagzeilen geriet Ostia, als hier 1975 ein rauschgiftsüchtiger Stricher den Regisseur Pier Paolo Pasolini ermordete. Inzwischen ist die harte Drogenszene kaum noch präsent und die Kriminalität ist auch nicht mehr höher als in Rom. In den 1990er Jahren, als viele Millionen Euro investiert wurden, um den von Erosion teilweise weggespülten Sandstrand wieder aufzuschütten und die arg morbiden Badeanstalten *(stabilimenti balneari)* grundlegend zu modernisieren, war Ostia auch beim jungen Partyvolk wieder angesagt.

In den Sommermonaten findet man hier die besten **Clubs** und Pubs von Rom. Oft sind es Sommerquartiere der bekannten Szeneadressen aus dem Zentrum, wo während der Sommermonate von Mitte Juli bis Ende August fast alles geschlossen ist, manche Adressen existieren aber auch nur für eine Saison. Die Auswahl ist so groß, dass für beinahe jeden Geschmack etwas dabei sein müsste. Die *Stabilimenti*, die den gesamten Strand säumen und eigentlich um 19 Uhr schließen, haben inzwischen alle eine Nachtkonzession. So verwandeln sie sich nach Schluss des Badebetriebs in Diskotheken, die an den Sommerwochenenden leicht eine halbe Million **Nachtschwärmer** anziehen. Selbst an Werktagen ist hier nachts immer etwas los. Die Party beginnt meist kaum vor 23 Uhr und endet nach Sonnenaufgang. Von da, wo die Stimmung nicht brodelt, zieht man einfach weiter zum nächsten Club, dorthin, wo der DJ besonders gut einheizt und den Nerv der Leute trifft. Weiter südlich, hinter **Castel Fusano** (in Richtung Tor Vaianica), wo es keine Badeanstalten mehr gibt und der Strand frei zugänglich ist, finden in den Sommernächten **spontane Beachpartys** mit oft hunderten von Teilnehmern statt, natürlich ohne Genehmigung und damit illegal. Man erfährt davon durch Mund-zu-Mund-Propaganda in den *Stabilimenti*.

Sonnenhungrige, die das Meer sehen, aber nicht unbedingt im Meer baden wollen (die Tibermündung ist nah und das Wasser derart schadstoffbelastet, dass vom Baden im Meer abgeraten wird) und auch keine einsamen Strände, sondern **pralles Strandleben** suchen, kommen am Lido von Ostia voll auf ihre Kosten. Zum Wasser gelangt man ausschließlich über die Badeanstalten, was Eintritt kostet. Dafür wird der schwarze Strand aber auch täglich vom Müll befreit, man kann Liegestühle und Sonnenschirme mieten, es gibt Umkleidekabinen, Toiletten, Duschen (wichtig, denn der schwarze Sand klebt hartnäckig), diverse Sportmöglichkeiten (Beachtvolleyball fehlt nie), Strandbars und manchmal auch ein passables Restaurant. Das bekannteste *Stabilimento* ist „*Kursaal*" mit eigenem Schwimmbad und dem Wahrzeichen des Lido, einem Sprungturm in einer kreisrunden Stützkonstruktion.

▸ **Castel Fusano bis Torvaianica**: Einen Hauch besser (wenn auch längst nicht unbedenklich) ist die Wasserqualität südlich von Ostia ab Castel Fusano, der Endstation der S-Bahn. Es gibt zwar auch hier nur die üblichen Badeanstalten, den vulkanischen schwarzen Sand und dicht gedrängt Römer mit dröhnenden Radios. Es ist allerdings nicht ganz so extrem voll, wie direkt in Lido di Ostia und zur Not kann man sich auch im Wasser abkühlen, sollte danach aber unbedingt duschen. Wenn Sie noch weiter nach Süden in Richtung Torvaianica fahren, ist der Strand frei, also nicht an die *Stabilimenti* verpachtet, und Sie müssen daher kei-

*Nähere Umgebung Roms*

nen Eintritt bezahlen, um ans Wasser zu gelangen. Die freien **Strandabschnitte** werden allerdings auch weniger gepflegt, sodass sich hier regelmäßig der Müll häuft. In den breiten Dünen einige Kilometer vor Torvaianica wird **FKK** geduldet. Hier in der Nähe liegt der von Schwulen bevorzugte Strandabschnitt „Il Buco".

Erst südlich von **Nettuno** und besonders im **Nationalpark Circeo** (→ S. 767) ist das Wasser recht sauber und man kann ohne Bedenken schwimmen. Auch der Rummel ist nicht so groß wie im unmittelbaren Einzugsbereich der Hauptstadt.

An der Küstenstraße in Richtung Süden ist das Bild **bis Anzio** recht einheitlich: Dicht an dicht stehen eintönige Ferienhäuser und schmuddelige Touristenrestaurants. Besonders am Ende der Saison türmt sich der Abfall in den Straßen und am Strand. Ab Herbst wirkt die Gegend wie ausgestorben.

▶ **Fregene**: Wenn Sie von Ostia aus in Richtung Norden fahren, kommen Sie zunächst in der Nähe des internationalen Flughafens nach **Fiumicino**, das im Kern noch den alten Charakter eines Fischerdorfes bewahrt hat. Hier können Sie ausgezeichnet Fisch essen. Knapp 10 km weiter nördlich liegt der hübsche Ort Fregene. Hier ist die Wasserqualität zwar auch nicht gut, doch dafür gibt es einen sehr schönen Strand, der während der Woche nicht allzu überlaufen ist. Am Wochenende wird es natürlich sehr voll; auch an diesen Strand gelangt man nur über die Badeanstalten gegen Eintritt.

## *Essen und Trinken*

•*Ostia Lido*   Direkt an der Strandpromenade liegen jede Menge Restaurants (die meisten sind nur in der Sommersaison geöffnet), die nicht schlecht, aber auch nicht gerade preiswert sind.

**La Vecchia Pineta**, Pzza. dell'Aquilone 4, ☏ 06.56470255. So und Di abends geschlossen. Ein wunderbares Restaurant mit Terrasse zum Meer, freundlichem Service und einer hervorragenden Küche mit Schwerpunkt Fisch (z. B. ausgezeichnete spaghetti alle vongole). Menü um 55 €.

**Rosario**, Lungomare Toscanelli 119, ☏ 06. 5612727. Mo Ruhetag. Modernes Ambiente mit sehr guter Küche (besonders die sehr frischen Fischgerichte sind zu empfehlen). Menü um 45 €, die festen Tagesmenüs sind günstiger (z. B. das 4-Gang-Menü gibt es schon für rund 35 €).

**Il Giardino degli Aranci**, Viale della Marina 40, ☏ 06.56340130, www.ilgiardinodegli aranci.it. Nur abends geöffnet, im Sommer kein Ruhetag, sonst ist Mo geschlossen. Feines Restaurant mit hervorragender Weinkarte und guter, gehobener Küche. Menü um 55 €.

**Birrificio Ostiense Artigianale**, Pzza. dei Ravennati 1, ☏ 06.5640138, www.boabirra.it. Kein Ruhetag. In dieser Birreria gibt es Pils vom Fass und leckere kleine Gerichte.

•*Fiumicino*   **Al Molo**, Via Torre Clementina 312, ☏ 06.6505118. Mo geschlossen. Dieses Restaurant gehört wohl zu den besten Fischrestaurants Latiums und ist leider entsprechend, aber angemessen teuer. Menü um 65 €.

•*Fregene*   **Trattoria Baffo**, Via della Muratella 627 (Ortslage Maccarese), ☏ 06.6678068. Fr geschlossen. Diese typisch römische Trattoria, in der ununterbrochen die Fernseher läuft, verfügt zwar nur über eine kleine, einfache Karte, aber die Gerichte sind sehr schmackhaft. Das Fleisch wird nach Gewicht verkauft und von Ihnen ausgesucht, bevor es auf den Grill kommt. Täglich wechselnde Nudelgerichte, sowie Desserts (z. B. ein tolles Tiramisù und herrliche Panna Cotta). Menü um 30 €.

**Osteria Maga Bruna**, Via Maccarese 13 (in der Ortslage Maccarese, in der Nähe der kleinen Bahnstation), ☏ 06.6678661. Im Winter So abends und Mo, im Sommer So mittags und Mo geschlossen. Dieses von jungen Leuten professionell geführte Lokal existiert erst seit wenigen Jahren, verfügt aber schon über einen ausgezeichneten Ruf. Die Küche ist kreativ und orientiert sich am aktuellen Angebot der Saison. Menü um 40 €.

*Landschaftserlebnis Latium: urwüchsige Natur und Jahrhunderte alte Kultur*

# Latium

> „Ich habe die meisten Gefilde Italiens durchzogen, ich habe die berühmten Fluren von Agrigent und Syrakus durchwandert, aber trotz aller Farbenpracht jener südländischen Zone muss ich doch bekennen, dass mir die Campagna von Rom und Latium den mächtigsten Eindruck macht. Diese Landschaft bleibt immer neu und groß für mich ..."
> (Ferdinand Gregorovius, 1860)

**Obwohl viel Zeit vergangen ist, seit der Historiker Gregorovius von Latium schwärmte, müsste er seinen Eindruck heute nicht grundlegend revidieren: Latium ist noch immer eine der reizvollsten und vielfältigsten Regionen Italiens. Die Landschaft reicht von flachen, fruchtbaren Zonen am Meer und sanften Hügeln im Norden bis zu hohen Gebirgen mit malerischen, engen Tälern.**

Die Begeisterung von Ferdinand Gregorovius teilte der Maler Franz Horny, der 1817 berichtete: „Das ist ein wahres Zauberland. Überhaupt ist die ganze Gegend so fantastisch, dass man es in Deutschland gar nicht glauben würde, wenn man Zeichnungen davon sähe." Das empfanden auch viele andere Künstler im 19. Jh. so. Aus allen Teilen Europas ließen sich Schriftsteller, Poeten, Musiker, Zeichner und vor allem Maler von der Landschaft Latiums inspirieren. Allein in dem winzigen Bergdorf Olevano Romano logierten in den Sommermonaten bis zu 200 Künstler. Fast jedes Museum, in dem Bilder der Romantik vertreten sind, besitzt heute Ansichten der römischen Campagna mit sanften Hügeln, Schafherden und

*Ein Mekka für Landschaftsmaler des 19. Jh.: der Vesta-Tempel bei Tivoli*

antiken Ruinen in einem besonderen, fast glühenden Licht. Auch der Vestatempel in Tivoli über der tiefen Schlucht mit dem Wasserfall ist ein in unzähligen Varianten auftauchendes Motiv.

Wenn man heute durch Latium fährt, kann man vieles davon noch entdecken. Die **Landschaft** ist wie geschaffen für Staffelei und Pinsel. Das Licht ist wirklich so wie in den Gemälden der Romantik eingefangen, und auch die sanften Hügel und Schluchten mit Wäldern, aus denen der Dunst aufsteigt, findet man noch. Es gibt die Olivenhaine, die am frühen Morgen neblig graugrün, mittags flirrend silbrig und im Abendlicht fast golden schimmern. Auch auf Schafherden trifft man gelegentlich, wenn sie auf der Straße zu neuen Weideplätzen getrieben werden. Mancherorts muss man außerdem darauf gefasst sein, dass hinter einer Kurve eine gemächlich dahintrottende Büffelherde die enge, gewundene Landstraße blockiert. Massentierhaltung und Monokulturen sind seltene Ausnahmen. In der Landwirtschaft herrschen Kleinbetriebe vor.

Im Gegensatz zur Toskana oder weiten Teilen Umbriens ist Latium noch nicht fest in der Hand von **Touristen** und auf deren Geschmack und Bedürfnisse eingestellt. Fremde sind willkommen, bestimmen aber nicht das Leben der Bewohner. Anders als im 19. Jh. kommen aber auch nicht sehr viele Ausländer her. Die zieht es heute eher in die bekannten Urlaubsgebiete oder direkt nach Rom. Für das Land im Schatten der Hauptstadt bleibt dann keine Zeit.

Fast unberührt von den letzten Jahrhunderten scheinen die meisten Städtchen mit ihren oft **intakten mittelalterlichen „Centri Storici"**, auf einer Hügelkuppe gelegen und beherrscht von dem mächtigen Gemäuer einer Kirche oder eines Kastells. Nur die sich selbst durch engste Gassen zwängenden Autos und knatternden Mopeds verweisen auf die Gegenwart. Antike Fragmente sind ganz selbstverständliche Bestandteile der Häuser geworden, und recht respektlos dient ein uraltes Portal schon mal als Fußballtor oder eine antike Marmorsäule zur Warenpräsentation. In der Mittagszeit, wenn die Eisenrollläden vor den Geschäften heruntergelassen sind, scheinen die Orte ausgestorben zu sein. Man sieht nur noch träge Katzen, die unter geparkten Autos im Schatten dösen. Gelegentlich dringt Radiomusik oder Tellergeklapper aus dem Inneren der Häuser, sonst herrscht die fast gespenstische Ruhe der Siesta. Besonders wenn man aus der lärmenden Hauptstadt kommt, fällt diese auf. Am späten Nachmittag erwacht dann das Leben wieder und die Orte wirken wie verwandelt. Plötzlich füllen sich die Straßen, auf der zentralen Piazza mit der Gedenktafel für die Gefallenen und Freiheitskämpfer streben die ersten in die Bars, Mopeds scheuchen Schwärme von Tauben auf, auf den Bänken nehmen die Alten Platz, überall wird palavert und in Gruppen lautstark diskutiert, meist geht es um Fußball, das Wetter oder die Politik. Scheppernd öffnen die Geschäfte, die Ware wird nach draußen geschleppt und auf der Gasse arrangiert. Später kommt noch die Jugend hinzu, die ein Grüppchen um den stolzen Inhaber eines motorisierten Fahrzeugs bildet oder sich flanierend um „*bella figura*" bemüht.

Dennoch hat es mit dem **gestiegenen Wohlstand** in den letzten Jahrzehnten auch Veränderungen gegeben: An den Stadträndern sind Neubauviertel entstanden, die Küste nördlich von Anzio wird über weite Strecken von Ferienappartements gesäumt, entlang der Autobahn A 1 in Richtung Süden hat sich Industrie niedergelassen und vor allem das Tal des Flüsschens Sacco ist von Einfamilienhäuschen zersiedelt. Diese wohl unvermeidlichen modernen Erscheinungen sind aber eher die Ausnahme und prägen nicht das Bild.

Charakteristisch ist die abwechslungsreiche Landschaft: Der **Norden Latiums** ist eher hügelig, waldreich und wegen des Vulkanbodens besonders fruchtbar. Es gibt zwei große, saubere Kraterseen mit schwarzem Sandstrand und Luftkurorte in den Cimini-Bergen. Die Küste ist im Sommer überlaufen und im Norden weniger attraktiv als die im Süden.

Der **Nordosten** reicht bis in das **Hochgebirge** des **Apennin**. Mit 2216 m ist der **Terminillo** der höchste Berg Latiums. Hier befindet sich das beste mittelitalienische Skigebiet mit Liftbetrieb etwa von Dezember bis März. Herrliche Panoramastraßen führen kurvenreich durch malerische Täler, erklimmen beachtliche Höhen mit fantastischen Blicken in Schluchten, Täler und weite Ebenen oder schrauben sich mit halsbrecherischen Windungen zu Gipfeln hinauf, auf denen einsame mittelalterliche Ortschaften liegen. Zu den schönsten Gegenden Latiums gehören die sanfteren Hügel der **Sabiner Berge** mit jahrhundertealten Olivenbäumen.

Fast bis an den Autobahnring reichen im **Südosten** von Rom **die Albaner Berge**. Da die kleinen Ortschaften auf den vulkanischen Hügeln wie Burgen aussehen, nennt man sie auch **Castelli Romani**. Die Römer nutzen die luftige Gegend um die beiden Kraterseen Lago Albano und Lago di Nemi als Naherholungsgebiet und beziehen hierher ihren Hauswein. Der weiße, frische Frascati ist aber auch weit über die Region hinaus bekannt und beliebt.

Die Ebene an der **Küste südlich von Rom** war schon in der Antike ein malariaverseuchtes Sumpfgebiet. Erst unter Mussolini gelang die Trockenlegung, neue Städte wurden gebaut und das fruchtbare Land für die Landwirtschaft gewonnen. Am Meer erstreckt sich im **Nationalpark von Circeo** eine lange Dünenlandschaft, an die sich weitläufige Sandstrände und weiter im Süden steile Felsen mit vielen Grotten und malerischen Badebuchten anschließen. Weiter im Landesinneren sind die Berge im Süden karg und bis auf das parallel zur Autobahn verlaufende Sacco-Tal eher dünn besiedelt.

Neben der herrlichen Landschaft bietet Latium auch einen unglaublichen Reichtum an **Sehenswürdigkeiten und Kunstschätzen**. Seit einigen Jahrzehnten bemühen sich die Provinzregierungen darum, Latium touristisch besser zu erschließen. Sogar in abgelegenen Orten entstehen kleine, sorgfältigst eingerichtete Museen. Die Ausgrabungen sind meist in hervorragendem Zustand. Es gibt zunehmend mehr Hotels und einige Campingplätze, Wanderwege werden angelegt, Trekking- und Klettertouren veranstaltet. Hochglanzbroschüren preisen die Attraktionen und weisen auf die vielfältigen Möglichkeiten für einen Erholungs-, Aktiv- und Bildungsurlaub hin.

▸ **Geschichte Latiums**: Da Latium schon seit der Frühzeit besiedelt ist und Zivilisationsspuren bis jenseits des 9. Jh. v. Chr. nachweisbar sind, kann beinahe jeder Ort irgendein Zeugnis seiner Geschichte vorweisen, das aus prähistorischer, etruskischer, römischer oder mittelalterlicher Zeit stammt. Der **Norden** gehörte zum **Kernland der Etrusker**, deren wunderbare Grabmalereien bei Tarquinia, monumentale Grabhügel bei Cerveteri und Felsengräber mit Scheinarchitekturen in den Tälern bei Viterbo von einer hochstehenden Kultur zeugen, die ihre Blüte hatte, als Rom noch aus den armseligen Hüttendörfern auf Kapitol und Palatin bestand.

Im **Süden** lebten in vorrömischer Zeit die Latiner, Sabiner, Volsker und Herniker. Die gewaltigen **Zyklopenmauern** z. B. in den Städten Alatri, Arpino und Norba gehen auf sie zurück. Unregelmäßige Steinblöcke von gigantischen Ausmaßen hat man passgenau zusammengefügt und an der Außenfläche glatt poliert. Ab dem 4. Jh. v. Chr. gelang es den inzwischen gut organisierten Römern nach einer Reihe von Kriegen, die Vorherrschaft zu erringen. Seit dieser Zeit konnte keine der einst bedeutenden Städte mehr eine eigenständige Rolle neben Rom übernehmen. Obwohl reiche Adlige und selbst einige Imperatoren ihre luxuriösen Villen und Sommerresidenzen in Provinzstädte verlegten, konnte keine von ihnen besonderen Ruhm oder gar Einfluss erlangen.

Die imposantesten Ruinen aus **römischer Zeit** sind im Osten Roms die Residenz Kaiser Hadrians bei Tivoli und das Orakelheiligtum bei Palestrina, das einen ganzen Berghang bedeckte, sowie der mächtige Jupitertempel auf dem Berg hoch über dem Meer bei Terracina im Süden. Von diesem Tempel ist zwar nur noch die Terrasse des Unterbaus erhalten, doch die allein ist schon imposant. Überall existieren noch die antiken Konsularstraßen, von denen die Via Appia sicher die bekannteste ist. Bis heute sind sie wichtige Verbindungsstraßen geblieben. Im Mittelalter stellten sie die einzigen Verkehrswege dar und so wurden die alten römischen Posten entlang der Straßen zu Städtchen mit **wehrhaften Burgen** ausgebaut.

Im frühen **Mittelalter** hauste der heilige Benedikt als Eremit in der Felsnische eines Tals bei Subiaco im Osten Latiums und ersann dort die Regeln für die erste Mönchsgemeinschaft des Abendlandes. An der Stelle befindet sich heute eine sehenswerte Felsenkirche. Zu seinen Gründungen gehört auch das Kloster von Monte Cassino, wo er im Jahr 547 starb. Die mächtige Abtei auf einem Felsplateau an der wichtigsten Passage von Rom nach Neapel, ganz im Süden Latiums, ist bis heute das Mutterkloster des Benediktinerordens. Im Zweiten Weltkrieg wurde es in einer furchtbaren Schlacht komplett vernichtet und ist inzwischen wieder rekonstruiert.

Als weiterer Ordensgründer wirkte später der heilige Franziskus im Norden Latiums. In den Bergen bei Rieti fand er in Höhlen und Felsspalten Ruhe zur Meditation. An den Schauplätzen der von ihm vollbrachten Wunder und dem Ort, an dem er den Brauch der Weihnachtskrippe begründete, entstanden **Wallfahrtsorte**.

Die unruhigen Zeiten des Mittelalters waren von Auseinandersetzungen zwischen dem Papst, dem Kaiser und selbstbewussten, steinreichen Adelsfamilien

*Einst Verbannungsort, heute Trauminsel: Ponza*

geprägt. Nicht selten musste der Papst aus Rom fliehen und in den Provinzstädten Zuflucht suchen. So wurden z. B. Viterbo im Norden und Anagni im Süden vorübergehend Papstresidenzen mit noch heute eindrucksvollen **Papstpalästen**. Diese Zeit prägt bis heute das Bild der Städte mit ihren wehrhaften Befestigungsanlagen und den mächtigen Palästen der Adligen, die meist auf einem Bergkegel liegen und den Mittelpunkt eines Dorfes bilden. Rings um den Palast, am Hang des Hügels, wohnten in den schmalen Häusern der steilen, engen Gassen die Angestellten und Bauern der hohen Herren.

Als die Zeiten in der Renaissance ruhiger wurden und die Adligen sich mit dem Papst arrangierten, genoss man Reichtum und Luxus. Man machte es den antiken Römern nach und verließ im Sommer das stickig heiße Rom und zog aufs Land. Die einen ließen sich prachtvolle Villen in den Albaner Bergen bauen, um die nahe Hauptstadt rasch erreichen zu können und nichts zu versäumen, die anderen zog es in die Nähe ihrer Besitztümer, wo sie Platz hatten für weitläufige **Gartenschlösser**. Bis heute zählen die Villa d'Este bei Tivoli, die Villa Lante in

Latium hat insgesamt eine Fläche von 17.000 km². Die 300 km lange Küste des Tyrrhenischen Meeres besteht aus feinem, mal hellem, mal vulkanisch schwarzem Sandstrand, erst südlich von Sperlonga gibt es felsige Buchten.
Die Verwaltung ist in fünf Provinzen mit den Hauptstädten Rom, Frosinone, Latina, Rieti und Viterbo eingeteilt. Die südlichen Städte, Frosinone und Latina, sind moderne industrialisierte Orte, zwar nicht schön, aber wichtige Verkehrsknotenpunkte.

Latium

Bagnaia und der Palazzo Farnese in Caprarola zu den schönsten Gartenanlagen Europas. Das beste erhaltene Beispiel eines Parks des Manierismus ist die mit geheimnisvollen gigantischen Steinmonstern ausgestattete Anlage bei Bomarzo.

▶ **Die Küche Latiums** ist ausgesprochen vielseitig, oft kräftig und derb, aber von hoher Qualität. Sie profitiert von dem herrlichen frischen Gemüse, das direkt von den fruchtbaren Feldern kommt. Das fantastische Olivenöl stammt aus den Sabiner Bergen, während es die besten eingelegten, dicken und fruchtig süß schmeckenden Oliven bei Gaeta und vor allem in Itri gibt. Die Schafherden liefern die Milch für den guten Käse und die Büffel für den originalen, cremigen *Mozzarella di Buffola*. Am Meer und an den Seen wird natürlich Fisch angeboten. Hier sind besonders die Aalgerichte der Restaurants am Bracciano-See zu erwähnen.

Überraschenderweise bewegen sich die Preise auf dem hohen Niveau von Rom. Allerdings sind schlechte und total überteuerte Touristennepp-Lokale fast nicht vorhanden. Wenn Sie sich nicht gerade für ein (seltenes) offensichtlich reines Touristenlokal entscheiden, werden Sie in Latium deshalb kaum einen Reinfall erleben.

Von den **Weinen** Latiums ist eigentlich nur der leichte weiße Frascati bekannt, der seit den 1970er Jahren seinen Erfolg in den Pizzerien der Welt feiert. Eine gewisse Bekanntheit hat dank der geschickt vermarkteten Geschichte um seine Entdeckung auch der *Est! Est!! Est!!!* aus Montefiascone erlangt. Für Qualität ist Latium aber bisher nicht bekannt, und das zunehmend zu Unrecht. Selbst in Frascati lässt man die Vergangenheit der Massenweine inzwischen hinter sich. Vor allem junge, ehrgeizige Winzer haben sich auf Qualitätssteigerung durch fortschrittliche Kellermethoden und Ertragsreduzierung besonnen. Sie wollen die heimischen Rebsorten aufwerten und für die unterschiedlichen Klima- und Bodenverhältnisse die optimalen Sorten erforschen. Zu beachtlichen Erfolgen hat es dabei bereits das Weingut von *Casale del Giglio* bei der Provinzhauptstadt Latina gebracht. Die fehlende Bekanntheit der Spitzenweine Latiums hat den großen Vorteil, dass man noch keinen Preiszuschlag allein wegen der Herkunftsbezeichnung bezahlen muss, wie das z. B. bei Weinen aus dem Barolo häufig der Fall ist.

Im Jahr 2002 gab es in Latium 30.000 Hektar Weinbaufläche und 69.000 Winzer. Es wurden 3 Millionen Hektoliter Wein produziert, davon 70 % Weißwein und 30 % Rotwein, 1,6 Millionen Hektoliter waren DOC-Weine. Allein im Gebiet Frascati wird mehr als die Hälfte der Weine Latiums erzeugt.

▶ **Verbindungen:** Mit dem Bus oder Zug kommen Sie fast überall hin. Wenn Sie die Bahn benutzen, sollten Sie beachten, dass die Bahnhöfe immer im Tal und damit oft ein ganzes Stück außerhalb von Stadt oder Dorf liegen. Sie müssen damit rechnen, noch einen beschwerlichen Aufstieg zu den meist auf Bergen oder Hügeln liegenden Orten zu bewältigen. Das wird besonders in der heißen Mittagszeit strapaziös, denn dann fahren selten Busse und auch Taxifahrer machen Pause. Bequemer sind deshalb die guten Busverbindungen. Die (oft altehrwürdigen) Überlandbusse der COTRAL erkennen Sie an ihrer dunkelblauen Farbe.

*Trutzige Bergspitze: Soviano nel Cimino*

# Der Norden von Latium

**Das an die Toskana und Umbrien angrenzende Gebiet der Provinz Viterbo im nördlichen Latium, zwischen dem Tyrrhenischen Meer und dem Tiber, nennt man auch Tuscia. Hier sind überall historische Spuren zu finden, die bis in die Bronzezeit zurückreichen. Am eindrucksvollsten sind die monumentalen Totenstädte der Etrusker. Mit pittoresken mittelalterlichen Städtchen, sehenswerten Schlössern und den sauberen Kraterseen ist der Norden Latiums für einen abwechslungsreichen Ferienaufenthalt geradezu ideal.**

Tuscia gehörte einst zum südlichen Etrurien, dem Kernland der **Etrusker**. Diese waren durch Erzabbau und -verarbeitung sowie Handel mit dem ganzen Mittelmeerraum zu Wohlstand gekommen und entwickelten bereits ab dem 7. Jh. v. Chr. eine hochstehende Kultur, die rund zweihundert Jahre später von den aufstrebenden Römern verdrängt wurde. Manche der Stadtstaaten des etruskischen Bundes ließen sich auf erzwungene Koalitionen ein und wurden römische Provinzposten, andere, die sich widersetzten, wurden gnadenlos geplündert und restlos vernichtet. Von den etruskischen Sitten, Gebräuchen und der Religion übernahmen die Römer was gefiel, alles andere geriet in Vergessenheit.

So blieben von den Etruskern kaum mehr als ihre erstaunlichen **Totenstädte** erhalten, die für die Ewigkeit gedacht und entsprechend aufwändig angelegt waren. Heute geben sie auf ganz unterschiedliche Weise Einblicke in die Entwicklung, das Leben und die Gesellschaftsstruktur dieses teilweise noch immer rätselhaften Volkes.

Bei **Tarquinia**, das eine der reichsten und mächtigsten Städte Etruriens war, sieht man unterirdische Grabkammern mit eindrucksvollen, lebendigen Wandmalereien. Etruskische Künstler stellten dar, was der Verstorbene im Leben als Annehmlichkeit schätzte und ihm auf diese Weise auch nach dem Tod nicht fehlen sollte. Sport- und Bankettszenen mit Musik und Tanz zeugen von praller Lebenslust. Faszinierend sind auch die Nekropolen bei **Cerveteri**, die zu den monumentalsten vorchristlichen Fundstätten Europas gehören. Gut erkennbar ist hier die Entwicklung von primitiven Urnenbeisetzungen aus der Eisenzeit bis hin zu riesigen Grabhügeln mit kunstvoll ausgestatteten Totenkammern aus dem 4. Jh. v. Chr. Imposant wirken auch die in den Tuffstein geschlagenen Felsengräber an den steilen Berghängen in einsamer Natur bei Norchia, Blera und vor allem bei San Giuliano. Bei Vogelgezwitscher und dem Rauschen der Bäche im Tal kann man hier herrliche Spaziergänge unternehmen.

Fast jedes Städtchen im Norden Latiums verfügt über ein kleines Heimatmuseum, wo die unzähligen etruskischen Fundstücke ausgestellt sind. Hauptsächlich sieht man bemalte Vasen, Urnen und Sarkophage. Unbedingt sehenswert ist das **Etruskische Museum in Tarquinia** mit den besten Malereien und den wertvollsten Funden aus Gräbern und Tempeln, darunter die berühmten geflügelten Pferde aus Terrakotta.

Nach den Etruskern haben natürlich auch die **Römer** überall ihre Spuren hinterlassen. Besonders bedeutend sind das nicht gemauerte, sondern vollständig in den Hügel aus Tuffstein geschlagene Amphitheater bei **Sutri** und die Reste der Thermen bei **Civitavecchia**. Landschaftlich reizvoll liegt das kleine römische Theater von **Ferento** bei Viterbo – mit Bühnenhaus und rekonstruiertem Halbrund des Zuschauerrangs. Im Sommer finden hier regelmäßig Aufführungen statt.

Einen Eindruck von der unruhigen Zeit des **Mittelalters** bekommen Sie anhand der gut erhaltenen Wohntürme in der Altstadt von **Tarquinia** oder der vielen wehrhaften Burgen, wie z. B. in **Bolsena** oder **Vulci**, wo zudem eine uralte Steinbrücke im kühnen Bogen über eine tiefe Schlucht führt. Die Fundamente der Brücke legten die Etrusker im 4. Jh. v. Chr., die Erneuerung durch einen römischen Architekten im Jahr 90 v. Chr. ist bis heute im Wesentlichen unverändert. Von den vielen mittelalterlichen Ortschaften mit erhaltenem Stadtmauerring und engen, verwinkelten Gassen gehören **Barbarano Romano** sowie **Tuscania**, wo darüber hinaus noch zwei bemerkenswerte frühromanische Kirchen etwas außerhalb der Stadt malerisch in die Landschaft komponiert sind, sicherlich zu den schönsten. Im wahrsten Sinne überirdisch schön liegt die aufgegebene, sterbende Stadt **Civita di Bagnoregio** auf einem steil abfallenden Plateau in zerklüfteter, karger Felslandschaft.

Die Provinzhauptstadt **Viterbo** besitzt mit dem Viertel San Pellegrino wohl die am besten erhaltene, geschlossene mittelalterliche Altstadt Italiens. Charakteristisch sind hier die düsteren Paläste und Wohnhäuser mit Außentreppen. Wahrzeichen der Stadt ist der Papstpalast, wo man 1271 die Regeln des Konklave für die Papstwahl erfand, nachdem die Kardinäle sich jahrelang nicht auf einen neuen Papst einigen wollten.

Manche Burgen wurden zur Zeit der Renaissance von reichen Fürsten oder Kardinälen zu repräsentativen **Schlössern** umgebaut. Zu den wichtigsten gehört der kolossale **Farnesepalast**, der das Bild des kleinen Ortes **Caprarola** vollständig beherrscht. Bei anderen Renaissancevillen, wie z. B. bei der eleganten **Villa Lante** in Bagnaia, ging es den Auftraggebern hauptsächlich um prächtige oder, wie bei den riesigen, geheimnisvollen Steinmonstern von **Bomarzo,** um erstaunliche Gartengestaltungen.

Neben diesen und vielen anderen Sehenswürdigkeiten bietet der Norden Latiums auch viel **Natur**. Der fruchtbare vulkanische Boden wird landwirtschaftlich genutzt, es gibt Olivenhaine, Weinberge, neuerdings zunehmend auch Kiwiplantagen und immer viel Wald rundherum. Das Naturschutzgebiet der **Cimini-Berge** südlich von Viterbo wird wegen der reinen, kühlen Luft als erfrischender Gegensatz zur Hitze Roms gerne zur Erholung genutzt. Die Haselnuss- und Kastanienwälder z. B. bei Soriano nel Cimino bieten ideale Wandermöglichkeiten. Sehr viel einsamer sind die dünn besiedelten **Tolfa-Berge** zwischen Meer und

Bracciano-See. Eine Panoramastraße führt durch die fast unberührte, abwechslungsreiche Landschaft vom Meer bei Civitavecchia bis zum Städtchen Tolfa mitten in den Bergen.

Landschaftlich besonders reizvoll sind die drei Kraterseen, Bracciano, Vico und Bolsena. Der **Bolsena-See** soll nach Angabe der Touristeninformation nicht nur der größte, sondern auch der sauberste Vulkansee Europas sein. Hier ist es nie unangenehm überlaufen. Trotzdem besteht ein breites Angebot an Restaurants, Unterkünften und Campingplätzen. Wegen der flachen Strände aus feinem schwarzen Sand sowie der vielen Sport- und Freizeitmöglichkeiten (auch zahlreiche deutschsprachige Angebote) ist der See für Badeferien und Aktivurlaub mit der ganzen Familie hervorragend geeignet. Malerisch liegen zwei Inseln im See und alte Ortschaften direkt am Ufer oder hoch darüber auf dem Kraterrand. Sehenswert ist das Städtchen Bolsena, wo die Kirche **Santa Cristina** die Zeugnisse gleich zweier Wunder birgt. Den Ort Montefiascone hat die hübsche Legende um den Wein *Est! Est!! Est!!!* weltbekannt gemacht.

Vom kleineren **Bracciano-See** ist Rom so problemlos mit öffentlichen Verkehrsmitteln zu erreichen, dass man hier gut einen Erholungsaufenthalt mit einer Städtereise verbinden kann. Auch hier haben die Strände schwarzen Sand. Das Wasser ist sauber, aber wegen der Tiefe ziemlich kalt. Man kann surfen oder in der waldreichen Umgebung Wanderungen und Reitausflüge unternehmen. Einen Besuch wert sind die Städtchen Bracciano mit mittelalterlichem Kern und einer mächtigen Burg, Anguillara Sabàzia, malerisch auf einem in den See ragenden Landvorsprung gelegen, sowie Trevignano. Das Angebot ihrer Restaurants profitiert vom Fischreichtum des Sees, herrlich sind z. B. die auf verschiedene Weise zubereiteten Aale.

Die **Küste** hat zwar langgezogene Sandstrandabschnitte, ist aber trotzdem weniger reizvoll als die im Süden (ab dem Nationalpark Circeo). Bei Civitavecchia, der modernen, wichtigsten Hafenstadt Latiums, sind schon von weitem die Industrieanlagen der Stadt zu sehen. Weite Teile der Küstenstraße von Civitavecchia in südlicher Richtung bis Santa Severa und weiter mit Unterbrechungen bis nach Rom werden von Appartementblocks, Hotelanlagen oder Badeanstalten gesäumt.

# Viterbo

**In der Stadt der Päpste und des Mittelalters, wie sich Viterbo stolz selbst bezeichnet, umschließt eine vollständig erhaltene Ringmauer aus dem 13. Jh. das Zentrum mit seinen vielen Plätzen, Brunnen, Wohntürmen, romanischen Kirchen sowie mittelalterlichen Palästen und Häusern. Besonders in den stimmungsvollen *Vierteln San Pellegrino* und *Pianoscarno* ist das mittelalterliche Stadtbild authentisch erhalten.**

Die Provinzhauptstadt im Norden Latiums mit ca. 60.000 Einwohnern verdankt ihre Bedeutung der Lage an der antiken Via Cassia, die noch im Mittelalter für alle Reisenden aus dem Norden die wichtigste Verbindung nach Rom war. Auch heute eignet sich Viterbo wegen der günstigen Lage als idealer Ausgangspunkt für Touren zu den zahlreichen etruskischen Ausgrabungsgebieten, den Seen, reizvollen Ortschaften und zu einigen der interessantesten Renaissanceschlösser Italiens. Etwas Zeit sollte man sich auch für die Stadt selbst nehmen. Überall stößt man auf Zeugnisse der besonderen Bedeutung, die sie im Mittelalter besaß. Heiter wirkt Viterbo selbst bei Sonnenschein kaum, die dunkelgraue Farbe des einheitlich verwendeten vulkanischen Baumaterials in den engen Gassen und Durchgängen passt aber zur düsteren Strenge des Mittelalters und lässt gar nicht erst den Eindruck eines zur Künstlichkeit restaurierten Museumsstädtchens aufkommen.

## Geschichte

Die Bewohner Viterbos berufen sich auf den doppelköpfigen Gott Janus, der in gegensätzliche Richtungen schaut, als ihren Stadtgründer. Das ist ein recht passender Patron, denn oft waren sie in ihrer wechselvollen Geschichte gezwungen, in den Konflikten zwischen Kaisern und Päpsten ganz unterschiedlichen Herren zu dienen.

Welcher Volksstamm sich hier in grauer Vorzeit als erster heimisch einrichtete, ist nicht bekannt. Durch Mauerreste auf dem Domhügel ist aber zumindest eine kleine etruskische Siedlung belegt. Die Römer kamen im Jahr 310 v. Chr. und nutzten den Ort als Vorposten bei der Besetzung des südlichen Etruriens. Mit dem Bau der Via Cassia Ende des 2. Jh. v. Chr. nahm die Bedeutung zu. Da Rom schnell und bequem zu erreichen war, errichteten in der Kaiserzeit viele Familien der reichen Oberschicht in dieser Gegend prachtvolle Landhäuser. Mit dem Niedergang des Römischen Reiches kamen auch die plündernden Invasoren aus dem Norden. Im 8. Jh. bauten die Langobarden unter König Desiderius im Kampf gegen den Papst Viterbo zu einer Grenzfestung aus. Karl der Große vertrieb 774 die Eindringlinge und die Stadt fiel im Rahmen der Pippinschen Schenkung an die Kirche. Durch die günstige Lage an der wichtigsten Verbindungsstraße von Nord nach Süd wuchs ihre Bedeutung ab dem Jahr 1000 wieder. Bei den Auseinandersetzungen zwischen Kaiser, Papst und Gegenpäpsten im Mittelalter spielte sie eine wichtige Rolle. Zu Wohlstand gekommene Kaufleute und Handwerker übernahmen die Verwaltung in eigener Regie, während sich in Rom durch die Scharmützel der verfeindeten Adelsfamilien Chaos und Anarchie ausbreiteten. Im Jahr 1145 suchte mit Eugen III. zum ersten Mal ein Papst hier Schutz. 1160 verlieh dann Kaiser Friedrich Barbarossa Viterbo zum Dank für seine militärische Unterstützung die Stadtrechte. Die erste Hälfte des 13. Jh. war durch ständige Kämpfe zwischen dem Stauferkaiser Friedrich II. und dem Papst geprägt. In dieser Zeit stand die Stadt meist auf der Seite des Kirchenstaates, was aber eine bisweilen kritische Haltung gegenüber dem Papst nicht verhinderte, wofür zornige Päpste später manchmal sogar alle Bürger kollektiv exkommunizierten.

Kardinal Raniero Capocci führte den endgültigen Bruch der Beziehungen zwischen Viterbo und **Kaiser Friedrich II.** herbei, indem er offiziell Partei für den Papst ergriff. Bei der Belagerung durch kaiserliche Truppen im Jahr 1243 sprach die erst 10-jährige **Rosa** den Bürgern immer wieder Mut zu. Sie predigte immerfort Papsttreue und war wegen ihrer außerordentlichen Frömmigkeit und Nächstenliebe bekannt und beliebt. Der Kaiser verbannte sie 1250 schließlich als Aufrührerin ins Exil. Erst nach dem von ihr vorhergesagten Tod Friedrichs II. konnte sie in ihre Heimatstadt zurückkehren, wo sie ein Jahr später starb. Unmittelbar nach ihrem Tod und ohne das

(bis heute nicht offiziell abgeschlossene) Heiligsprechungsverfahren abzuwarten, wurde Rosa durch Volkes Stimme heilig gesprochen. In Anwesenheit des Papstes und einiger Kardinäle überführte man die unverweste Leiche 1258 in einer feierlichen Prozession in das Kloster San Damiano. In Erinnerung hieran wird zu Ehren der Stadtheiligen Rosa noch heute ab jedem 2. September ein mehrtägiges Fest gefeiert. Als Höhepunkt wird am Abend des 3. September ein 30 Meter hoher, festlich beleuchteter Turm auf den Schultern von 100 kräftigen Männern durch die Stadt getragen (→ „Sehenswertes/Kirche Santa Rosa", S. 613).

Als die Päpste sich wegen der wachsenden Unruhen in Rom nach einer sichereren Zuflucht umschauten, bewarb sich Viterbo mit mehreren anderen Städten um diese Ehre. Um die Chancen Viterbos zu verbessern, ließ der reiche Stadtkommandant Raniero Gatto zwischen 1255 und 1266 einen prachtvollen Palast auf dem Domhügel bauen. Die Investition sollte sich lohnen, denn gleich nach der Fertigstellung verlegte Clemens IV. den **Papstsitz** nach Viterbo. Nach dessen Tod kam es 1268–71 zum längsten *Interregnum* (papstlose Zeit) der Kirchengeschichte. Das lag an den Kardinälen, die sich nicht auf einen Nachfolger einigen konnten, und auch an Kaiser Karl I., der die Anhänger der verschiedenen Parteien geschickt gegeneinander ausspielte, um so lange wie möglich ohne die Einmischung eines Papstes regieren zu können. Schließlich ergriff ein berühmter Kirchenlehrer, der heilige **Bonaventura**, die Initiative, um endlich eine Einigung zu erzwingen. Er ließ die hohen Würdenträger im Konklavesaal des Papstpalastes einsperren, nachdem er zuvor das Dach hatte abdecken lassen. Auch die Verpflegung reduzierte er auf ein Minimum. In dem zugigen Gefängnis bei strenger Diät fanden die zerstrittenen Kardinäle dann doch noch einen Ausweg aus ihren verfahrenen Beratungen und wählten in Abwesenheit den Bischof von Lüttich zum Papst, einen klugen Diplomaten, der sich Gregor X. nannte. Aus den gewonnenen Erfahrungen erließ er die bis heute geltenden Regeln für die Papstwahl. Heute werden die Kardinäle nicht mehr ganz so rigoros eingesperrt (mit Schlüssel – *cum clave*, daher leitet sich der Name „Konklave" ab), bis sie einen Nachfolger Petri bestimmt haben. Später wurden noch drei weitere Päpste, Johannes XXI. (1276–77) sowie seine Nachfolger Nikolaus III. (1277–80) und Martin IV. (1281–85), in Viterbo gewählt.

Ende des 13. Jh. nahmen auch in Viterbo die Auseinandersetzungen zwischen einflussreichen Familien verschiedener politischer Richtungen zu und die Blütezeit der Stadt war vorbei. Als die Zustände während des Exils der Päpste in Avignon (1309–77) unerträglich wurden, erhielt der spanische Kardinal Albornoz den Auftrag, für Ordnung zu sorgen. Er ließ 1354 den Grundstein für eine Festung, die Rocca, legen. Mit der Wiederherstellung päpstlicher Autorität in Rom fiel Viterbo an den Kirchenstaat und nahm nur noch Verwaltungsaufgaben wahr. Auch diese Funktion verlor die Stadt einige Jahrhunderte später mit der Besetzung des Kirchenstaats durch Napoleon. Erst am 1. Januar 1927 errang Viterbo durch die Ernennung zur Hauptstadt der gleichnamigen Provinz wieder eine gewisse Bedeutung. Im Zweiten Weltkrieg erlitt die Stadt 1943 und 1944 schwere Bombenschäden. Die zerstörten historischen Bauten im Zentrum sind inzwischen wieder aufgebaut und bei der Gelegenheit von späteren Zutaten befreit worden, sodass der Eindruck mancher Kirchen ohne barockes Stuckwerk heute oft authentischer ist als noch vor dem Krieg.

*Information/Verbindungen/Sonstiges (siehe Karte S. 607)*

● *Information* Touristenbüro **PromoTuscia**, Veranstalter von organisierten Touren (auch mehrtägig) in die nähere und weitere Umgebung. Pzza. dei Caduti 16, ✆ 0761. 304643 oder 0761.307284, 📠 0761.308480, www.promotuscia.it. Mo–Fr 9–14 und 15.30–18 Uhr, Sa 9–14 Uhr.

Fremdenverkehrsamt für die Provinz APT (Azienda di Promozione Turistica della Provincia di Viterbo), Pzza. San Carluccio, ✆ 0761.304795, 📠 0761.220957.

● *Verbindungen* Über die Autobahn A 1, Abfahrt Orte, und 28 km weiter über die gut ausgebaute SS 204; der direkte Weg nach Rom führt über die Via Cassia (SS 2).

**Entfernungen**: Nach Rom 75 km, Florenz 214 km, Siena 144 km, Orvieto 45 km, Civitavecchia 58 km und zum Bolsena-See 31 km.

**Parkplätze**: An vielen Stellen entlang der Stadtmauer, z. B. gegenüber vom Bahnhof bis zur Porta Fiorentina oder im Zentrum unterhalb des Papstpalastes auf der Pzza. Martiri d'Ungheria.

**Bus**: Busbahnhof auf der Pzza. Martiri d'Ungheria. Es bestehen gute Busverbindungen nach Rom (werktags von 7–19 Uhr mindestens stündl., an Sonn- und Feiertagen nicht so häufig, dafür aber schon ab 5.30 Uhr); Rückfahrt ab Rom mit dem Bus bis „Saxa Rubra", dann weiter mit der Bahn bis Viterbo, ab mittags bis 21 Uhr mindestens stündl., an Sonn- und Feiertagen ab „Lepanto" (Metrolinie A) schon ab morgens bis 21.30 Uhr.

Außerdem gute Verbindungen ans Meer und in die meisten größeren Orte der Provinz (z. B. Tarquinia, Caprarola, Bolsena).

**Zug**: Es gibt auch viele Zugverbindungen, z. B. nach Rom (ab/bis Roma-Ostiense), Orvieto, Siena, Florenz. Infos unter www.treniitalia.it.

● *Einkaufen*  Die größeren **Supermärkte** und Warenhäuser befinden sich an den größeren Straßen außerhalb des Zentrums. Kleinerer, zentral gelegener Supermarkt in der Via Marconi 36.

**Feinkost** mit wunderbarer Salami- und Käseauswahl und vielen anderen, auch hausgemachten Leckereien bei *Cencioni* **(10)**, Via Cairoli 18. Gute Soßen, Marmeladen und Süßigkeiten bietet *Emporio Enogastronomico*, Via Dobici 33.

**Bio-Lebensmittel** in reichhaltiger Auswahl und sehr guter Qualität erhält man bei *Arvalia* **(15)**, Via Montello 18.

Im Stadtviertel San Pellegrino gibt es Geschäfte mit **Kunsthandwerk**, z. B. kunstvolle Keramik, auch nach mittelalterlichen Vorbildern, bei *Artistica* **(21)**, Via S. Pellegri-

*Viterbo: Die größte Stadt Latiums bietet einen mittelalterlichen Kern*

no 8, www.artistica-vt.it. Haupteinkaufsstraße ist der Corso Italia.

Gute Auswahl an **Führern und Karten**: *Libreria dei Salici* **(9)**, Via Cairoli 35.

**Antiquitätenmarkt** an jedem 3. Sonntag im Monat.

● *Thermalbad*  Ein Thermalschwimmbad gehört zu dem noblen 4-Sterne-Hotel Terme dei Papi in Strada Bagi 12, ☎ 0761. 3501, www.termedeipapi.it. Wenn Ihnen der Zimmerpreis von 192 bis 232 € pro Nacht zu teuer ist, können Sie gegen Eintrittsgeld auch nur das Schwimmbad nutzen oder Massage oder Fango buchen. Schwimmbad: ☎ 0761.350555, 📠 0761.350273. 9–19 Uhr, Di geschlossen, Sa auch nachts von 21.30–1.00 Uhr. Nach Terme dei Papi fährt ein Bus von der Pzza. Mancini aus.

## *Übernachten (siehe Karte S. 607)*

● *Hotels im Zentrum*  Empfehlenswert ist das **Hotel Tuscia (8)**, Via Cairoli 41, ☎ 0761. 344400, 📠 0761.345976, www.tusciahotel. com. Nur wenige Schritte von der Pzza. dei Caduti entfernt und damit zentral gelegen, dennoch ruhig, Dachterrasse mit Aussicht. 3 Sterne, 39 gut ausgestattete Zimmer, in der Nähe Garage für 8 € pro Tag. DZ 74–82 € inkl. Frühstücksbuffet, Zuschlag für Klimaanlage 4 € pro Tag.

Nahe der Porta Fiorentina (etwa 400 m vom Hauptbahnhof entfernt) befinden sich in der Via della Cava schlichte, aber ordentliche Hotels:

**Albergo Roma (7)**, Via della Cava 26, ☎ 0761.226474, 📠 0761.305507. 2 Sterne, 22 Zimmer, Parkmöglichkeiten. DZ 50–60 €.

Einige Häuser weiter liegt das größere **Leon d'Oro (5)** in einem Gebäude aus den 1960er Jahren, Via della Cava 36, ☎ 0761.344444,

**Der Norden von Latium**    Karte S. 601

✆ 0761.344447. 3 Sterne, 36 einfach ausgestattete Zimmer, Parkgelegenheit. DZ ca. 53–65 €.

• *Bed & Breakfast* Diese Häuser sind oft preiswerter als Hotels. Empfehlenswert schon wegen der Lage im mittelalterlichen Kern sind:

**B & B dei Papi (18)**, Via del Ginnasio 8 (zentral zwischen Dom und Stadtviertel San Pellegrino gelegen), ✆ 0761.309039, www.bbdei papi.it. In einem efeubewachsenen Haus aus dem 14. Jh., elegante Zimmer mit Ziegelböden und Holzbalkendecken. 3 Fremdenzimmer und eine Suite. DZ 90 €, Suite 100 €, Zustellbett 20 €, jeweils inkl. Frühstück.

**B & B San Pellegrino (22)**, Via San Pellegrino 4, ✆ 0761.325082. 3 DZ in einem herrschaftlichen, mittelalterlichen Palazzo mit großem offenen Kamin in der Halle. DZ 80 €, Suite 100 €, Zustellbett 20 €, jeweils inkl. Frühstück.

**B & B Il Cardinale (19)**, Via Ottusa 8 (zentral in der Altstadt gelegen), ✆ 0761.392446 ✆ 0761.392470. Funktional eingerichtete Räume mit Frühstücksgelegenheit draußen auf der Terrasse. DZ 60 € (ab 3 Nächte).

• *Außerhalb* **B & B Villa Farinella**, in der Gemeinde La Quercia (nicht weit vom Zentrum entfernt in Richtung Bagnaia), Via Capodistria 14, ✆ 0761.344253 oder mobil 340.0831848, www.villafarinella.it. Imposante Landvilla aus dem 18. Jh. in großem Garten, sehr familiär, liebevoll (nicht unbedingt stilsicher) eingerichtete Zimmer sowie ein Appartement mit Kochgelegenheit. DZ 80 €, Appartement 100 € (ab 2 Nächte), jeweils mit Frühstück.

Mehr Luxus mit einem phänomenalen Blick auf das nördliche Latium (bei gutem Wetter bis zum Meer) finden Sie 7 km entfernt in San Martino al Cimino (in Richtung Lago di Vico): **Balletti Park Hotel (23)**, Via Umbria 2 (vor dem unteren Stadttor ca. 50 m nach links), ✆ 0761.3771, ✆ 0761.379496, www.ballet ti.com. 4 Sterne, 134 Zimmer, Garten, Tennisplatz, schöne Poolanlage. DZ mit Frühstück 85–134 €, Halb- und Vollpension möglich. Eine funktionale Dependance des Hotels liegt in Viterbo nahe dem Bahnhof Stazione di Porta Fiorentina: **Balletti Palace Hotel (1)**, Via Molini 8, ✆ 0761.344777, ✆ 0761.345060. 3 Sterne, 105 Zimmer. DZ 120 €.

## *Essen*

**Ristorante Il Richiastro (13)**, Via della Marrocca 16, ✆ 0761.228009. Nur Fr bis So Mittag geöffnet (im Juli und Aug. sowie an Weihnachten und Ostern geschlossen). Mit kleinem Innenhof eines mittelalterlichen Palazzos. Leider lässt man Ihnen nur den Freitag und das Wochenende, um in diesem außergewöhnlichen Lokal zu speisen. Egal was Sie hier auch probieren, seien es „bruschetta", eine Suppe mit Linsen (lenticchie) oder weißen Bohnen (fagioli), die Nudelgerichte oder das herrliche Lamm (agnello) und zum Abschluss einen hausgemachten Nachtisch, Sie werden bestimmt begeistert sein. Die Atmosphäre ist familiär und rustikal. Menü 30 € – einfach fabelhaft!

**Trattoria Porta Romana (20)**, Via della Bontà 12, ✆ 0761.307118. So Ruhetag. Mutter und Tochter führen diese kleine traditionelle Trattoria. Es gibt der Jahreszeit angepasste, gut zubereitete Hausmannskost. Durchweg empfehlenswert sind die Nudelgerichte und besonders die „pignattaccia" (ein Ragout aus Schwein, Kalb und Rind, mit Gemüse im Ofen gegart). Menü um 20–25 €.

**Il Grottino (6)**, Via della Cava 7, ✆ 0761.308188. Mo Ruhetag. Trattoria mit den regionalen, typischen Gerichten. Empfehlenswert sind die je nach Marktangebot wechselnden Tagesmenüs. Tagesmenü um 25 €, Menü á la carte um 35 €.

**Taverna dal Padrino (4)**, Via della Cava 22, ✆ 0761.342743. Kein Ruhetag. Gute regionale Küche, besonders empfehlenswert ist hier das gegrillte Fleisch (carne alla griglia). Menü um 25 €.

**Enoteca La Torre (14)**, Via della Torre 5, ✆ 0761.226467, www.enotecalatorrevt.com. So abends und Mo geschlossen (ebenso im Aug.). Die im historischen Zentrum gelegene Enoteca/Osteria bietet mit 1.500 Etiketten eine reiche Auswahl an Weinen aus dem In- und Ausland. Sie können hier aber auch vorzüglich essen. Empfehlenswert sind als Primi die Suppen und zu den jahreszeitabhängigen Secondi die gemischten Gemüse. Menü um 50 € bei bestem Preis-Leistungs-Verhältnis.

**Ristorante Pizzeria Il Labirinto (17)**, Via S. Lorenzo 46, ✆ 0761.307026. Mo Ruhetag. Bietet neben einer großen Pizzaauswahl (Pizza mit sehr dünnem Teig über offenem Feuer gebacken) auch andere recht ordentlich zubereitete Gerichte.

Rustikaler und lauter geht es in der immer voll besetzten **Pizzeria Il Monastero (16)** zu, Via Fattungheri 10, ✆ 0761.324346. Di Ruhetag. Die Pizza wird über dem Holzfeuer

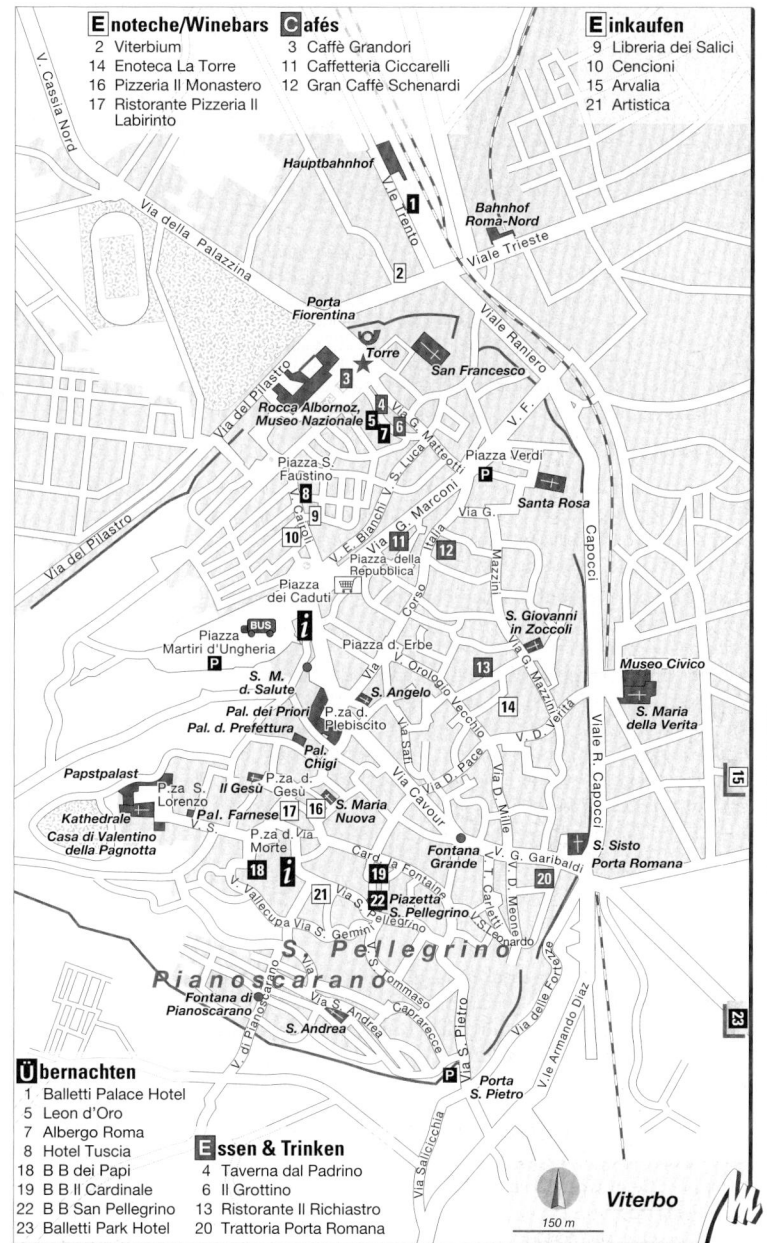

**E noteche/Winebars**
- 2 Viterbium
- 14 Enoteca La Torre
- 16 Pizzeria Il Monastero
- 17 Ristorante Pizzeria Il Labirinto

**C afés**
- 3 Caffè Grandori
- 11 Caffetteria Ciccarelli
- 12 Gran Caffè Schenardi

**E inkaufen**
- 9 Libreria dei Salici
- 10 Cencioni
- 15 Arvalia
- 21 Artistica

**Ü bernachten**
- 1 Balletti Palace Hotel
- 5 Leon d'Oro
- 7 Albergo Roma
- 8 Hotel Tuscia
- 18 B B dei Papi
- 19 B B Il Cardinale
- 22 B B San Pellegrino
- 23 Balletti Park Hotel

**E ssen & Trinken**
- 4 Taverna dal Padrino
- 6 Il Grottino
- 13 Ristorante Il Richiastro
- 20 Trattoria Porta Romana

Viterbo

150 m

gebacken und dürfte wohl die größte sein, die Sie je bekommen haben. Es ist nämlich ein doppeltes Exemplar, das auf zwei Tellern nebeneinander serviert werden muss (und das zu einem Preis, der sonst für eine üblich ist). Reicht Ihr Hunger dafür nicht, können Sie auch eine halbe Portion bestellen. Dazu trinkt man Bier vom Fass (es gibt auch offenen Hauswein).

● *Außerhalb* Mehrere gute Restaurants finden Sie auch in **San Martino al Cimino**, etwa 7 km außerhalb von Viterbo in Richtung Lago di Vico (Adressen s. dort, S. 615).

*Café/Bar/Enoteca*

**Gran Caffè Schenardi (12)**, Corso Italia 11/13 (→ S. 613). Kein Ruhetag.
**Caffetteria Ciccarelli (11)**, Via Marconi 81. Die cornetti (Hörnchen) in diesem netten Café in der Fußgängerzone gelten als die besten der Stadt, man bekommt auch andere Kleinigkeiten (z. B. sehr gute Sandwiches und tramezzini) sowie ausgezeichnete Aperitivi und Cocktails.
**Caffè Grandori (3)**, Pzza. della Rocca 32. Ideale Frühstücksbar und abends prima Cocktails.
**Viterbium (2)**, Via Garbini 1A. Gute Auswahl an Weinen und Spirituosen (z. B. ein *Est! Est!! Est!!!*-Grappa), sowie Feinkost (Aceto Balsamico, Trüffelöl, Käse, Salami, aber auch Süßigkeiten und Honig).

# Sehenswertes/Rundgang

Zu den wichtigsten Sehenswürdigkeiten führt Sie der hier vorgeschlagene ausführliche Rundgang. Die Hauptattraktionen sind der Dom auf der Piazza San Lorenzo mit dem Papstpalast, dessen offene Loggia mit den gotischen Maßwerkbögen das Wahrzeichen Viterbos ist, und das mittelalterliche Viertel San Pellegrino.

Der Rundgang beginnt auf der **Piazza del Plebiscito**, dem politischen Zentrum der Stadt seit dem Mittelalter. Die längere Platzseite mit dem Arkadengang wird fast ganz vom **Palazzo dei Priori** eingenommen, der ursprünglich aus dem 13. Jh. stammt und noch heute vom Bürgermeisteramt genutzt wird. An die Umgestaltung der Fassade im 15. Jh. unter Papst Sixtus IV. erinnert dessen Wappen. In der Mitte des Innenhofes steht ein Brunnen aus dem 17. Jh. Die prachtvollen Repräsentationsräume im ersten Stock können besichtigt werden. Sehenswert sind die Fresken aus dem 16. Jh. in der *Sala Regia* mit Themen der Stadtgeschichte an den Wänden und Veduten von Ortschaften des Regierungsbezirks.

● *Eingang/Öffnungszeiten* Eingang durch den Palazzo Comunale, Via Ascenzi 1 (durch den Arkadenbogen über der Zufahrtsstraße rechts). Dort beim Pförtner melden, gegen Hinterlegung eines Ausweises erhält man einen Besucherausweis.
Mo–Sa 9–13 und 15–18 Uhr, So Eingang direkt vom Platz aus, 10–13 und 15–18 Uhr. Eintritt frei. Im ersten Stock führt eine Passage über die Zufahrtsstraße in die vier zur Besichtigung freigegebenen Säle.

Mit dem Bau des **Palazzo del Podestà** an der rechten Platzseite, in dem die Stadtverwaltung ihren Sitz hat (Palazzo Comunale), wurde schon 1247 begonnen. Heute sieht man das Ergebnis zahlreicher Umbauten. Überragt wird der Palazzo vom 44 m hohen, schlanken **Uhrturm** *(Torre dell'Orologio)*, der in seiner jetzigen Form aus dem Jahr 1487 stammt. Gegenüber vom Turm steht die kleine romanische Kirche **Sant'Angelo** aus dem 12. Jh., die später dem barocken Zeitgeschmack angepasst wurde. Rechts neben dem Portal ist ein mit Jagdszenen dekorierter römischer Sarkophag in die Fassade eingelassen. In ihm soll die hinreißend schöne **Galiana** beigesetzt worden sein, über deren tragischen Tod eine Legende berichtet:

Irgendwann vor dem Jahr 1150 verliebte sich ein römischer Adliger in die bezaubernde **Galiana**. Sie aber gab ihm einen Korb, was ihn so aufbrachte, dass er Viterbo belagerte, um die Herausgabe der Frau zu erzwingen. Als sie sich noch nicht einmal durch diesen Einsatz beeindrucken ließ, bat der verschmähte Liebhaber darum, sie vor seinem Abzug wenigstens noch einmal von der Ferne aus sehen zu dürfen. Galiana willigte ein und zeigte sich auf einem Turm. Dort traf sie der tödliche Pfeil des aufdringlichen Verehrers. Sie sollte entweder ihn oder keinen haben.

Folgen Sie durch den Arkadenbogen einige Schritte der Via Ascenzi, dann sehen Sie links das elegante Kirchlein **Santa Maria della Salute**. Den gotischen Zentralbau ließ 1320 ein reicher Notar in der Nachbarschaft des ebenfalls von ihm gestifteten „Heims für gefallene Mädchen" errichten. Die Fassade der Kirche wird von einem Schachbrett-Fries verziert, feine Reliefs am Portal vervollständigen das harmonische Bild.

Zurück und die Piazza del Plebiscito überquerend, folgen Sie der Via Lorenzo bis zur Piazza del Gesù (links) mit einem Brunnen aus dem 17. Jh. und dem mittelalterlichen **Turm des Borgognone**. Benannt ist dieser nach einem Mann, dessen Fußlänge als offizielles Längenmaß galt. Die Länge gibt der senkrecht an der Turmecke in den Sockel eingelassene Stein wieder. Der Turm ist ein typisches Beispiel für die **Wohntürme** Viterbos. Sie dienten im Mittelalter neben dem Schutz vor Eindringlingen auch der Repräsentation. Mit der Bedeutung einer Familie wuchs die Höhe ihres Turms. Umgekehrt funktionierte die Symbolik auch: Wenn eine Familie Missfallen erregte, konnte sie auch zum Kappen ihres stolz aufragenden Turms verpflichtet werden. Einige der Turmstümpfe in der Stadt zeugen noch heute vom Niedergang der einstigen Besitzer.

Die Kirche **Il Gesù** mit der schlichten romanischen Fassade an der Rückseite des Platzes war am 14. März 1272 Schauplatz eines spektakulären Verbrechens:

Während der Messe ermordeten die Brüder Guido und Simon de Monfort hinterrücks den englischen Prinzen Heinrich von Cornwall. Dieser Mord löste Entsetzen aus, denn der junge Prinz war sehr beliebt und eigentlich als Schlichter in diplomatischer Mission unterwegs.
Der Vater der Täter war der Earl of Leicester, ein führender Oppositioneller, den Kronprinz Eduard I. in einer Schlacht getötet hatte. Dieser Zwischenfall belastete die ohnehin schlechten Beziehungen der Monforts zum englischen Königshaus schwer. Eduard wollte nun Frieden schließen und schickte Prinz Heinrich zu Versöhnungsgesprächen nach Viterbo, wo sich die beiden Söhne des Earls im Gefolge Karls I. gerade aufhielten. Diese hatten mit einer Aussöhnung überhaupt nichts im Sinn und schlugen das freundliche Angebot durch die Bluttat recht drastisch aus, bevor Gespräche auch nur begonnen hatten.

Biegen Sie gegenüber der Piazza rechts von der Via Lorenzo in die schmale Gasse unter dem Bogendurchgang ein. Sie erreichen nun **Santa Maria Nuova**, die älteste Kirche der Stadt. Eine Inschrift im Kircheninnern (links des Eingangs) nennt 1080 als Stiftungsjahr. Wohl auf den Resten eines Tempels erbaut, gehen einige Strukturen auf das 6. Jh. zurück. Der über dem Portal in die schlichte Fassade eingelassene Marmorkopf stellt vermutlich Jupiter dar. Zeitweise diente das massive Steingebäude dem Magistrat auch zur sicheren Aufbewahrung von Urkunden und öffentlichen Geldern. Von der kleinen **Außenkanzel** predigte 1266 der Heilige *Thomas von Aquin*, worauf eine Inschrift hinweist. Die drei Schiffe des Innenraums werden von Säulen mit jeweils individuell gestalteten Kapitellen getrennt. Sehenswert sind die Fresken aus der Zeit vom 13. bis zum 16. Jh. Von besonderer Bedeutung ist im linken Seitenschiff ein auf Leder gemaltes Triptychon (Anfang des 13. Jh.) mit dem segnenden Erlöser zwischen dem heiligen Johannes und der Gottesmutter Maria. Ein altes Manuskript berichtet davon, wie das Triptychon während der Belagerung durch die kaiserlichen Truppen 1243 auf einem Feld vergraben und 40 Jahre später durch ein Wunder wieder aufgefunden wur-

Der Norden von Latium — Karte S. 601

de, als Ochsen sich weigerten ihren Pflug weiterzuziehen und in die Knie gingen. Als ein Meisterwerk lombardischer Architektur gilt der kleine **Kreuzgang**.

Zurück auf der Via Lorenzo gelangen Sie links zur Piazza della Morte mit einem für Viterbo typischen **Bronzegussbrunnen** (13. Jh.) und der Loggia delle Morte, einem gekappten, ehemals prachtvollen Wohnturm. Von der Piazza aus führt rechts die Dombrücke mit etruskischem Unterbau zum Domhügel. Rechts sehen Sie zunächst den **Palazzo Farnese**. Er ist der älteste Palast dieser einflussreichen Familie. Sehenswert ist der herrliche Innenhof. In diesem Gebäude, das Ranuccio Farnese errichten ließ, wurde wohl sein Enkel, der spätere Papst Paul III., geboren.

Kurz darauf erreichen Sie auf der Piazza San Lorenzo die **Kathedrale**. Erbaut wurde sie im 12. Jh. auf den Resten eines römischen Herkulestempels und wahrscheinlich auch eines etruskischen Heiligtums. 1369 fügte man den Campanile mit Streifenschmuck und gotischen Fensteröffnungen hinzu, was zur Fassade von 1570 nicht so recht passt. Die Veränderungen aus dem 16. und 17. Jh. wurden bei der Restaurierung nach den schweren Bombenschäden im Zweiten Weltkrieg beseitigt. So erhielt der Innenraum mit der schlichten Apsis und dem herrlichen Cosmatenfußboden wieder seine offene Balkendecke zurück.

Das **Innere** besteht aus drei Schiffen. Gleich am Eingang links sieht man wertvolle Fresken aus dem 12. Jh. Im linken Schiff befindet sich das **Grabmal von Johannes XXI.**, einem der in Viterbo gewählten Päpste.

Er war der einzige Portugiese auf dem Stuhl Petri und von Beruf Arzt. Johannes XXI. war zu seiner Zeit ein berühmter Gelehrter, dessen Werke bis ins 15. Jh. an den Universitäten Europas hoch angesehen waren. Seine Amtszeit endete 1277 nach nur acht Monaten abrupt, als er im benachbarten Papstpalast durch die herabstürzende Decke seiner Bibliothek erschlagen wurde.

Im linken Seitenschiff befindet sich in der Nebenapsis ein wertvolles Altarbild aus dem 13. Jh. Im rechten Seitenschiff begegnet man in einer Barockkapelle der Büste von Letitia Bonaparte, einer Cousine Napoleons III. Hier steht auch ein altes Taufbecken aus Marmor von 1470.

*Öffnungszeiten*  **Cattedrale San Lorenzo**, 8.30–12 und 15.30–17.30 Uhr (Sommer bis 18.30 Uhr).

Das **Dommuseum** erreichen Sie durch den linken Eingang neben dem Campanile. Ein von antiken Marmorfragmenten gesäumter Weg führt links neben der Kirche vorbei in ein kleines, modern gestaltetes Museum. Man sieht liturgisches Gerät und zahlreiche Reliquiare. Ein gläserner Steg führt über offene Steinsarkophage, manche noch mit Gebeinen. Im ersten Stock sind prachtvolle liturgische Gewänder und Ehrbezeugungen für den einzigen portugiesischen Papst Johannes XXI. ausgestellt.

*Öffnungszeiten*  **Dommuseum**, Di–So 9–12.30 und 15–16.30 Uhr (im Sommer bis 17.30 Uhr), Mo geschlossen. Eintritt 3 €, erm. 1 €.

Links am Fuß der Domtreppe befindet sich die Casa di Valentino della Pagnotta, die mit ihrer großen offenen Bogenhalle ein typisches Beispiel für ein elegantes Wohnhaus aus dem 13. Jh. darstellt. Im Zweiten Weltkrieg wurde es fast vollständig zerstört, inzwischen aber originalgetreu wieder aufgebaut. Die rechte Platzseite nimmt der gotische **Papstpalast** ein, der als eines der schönsten Gebäude Italiens gilt und dessen elegante Loggia mit den filigranen, sehr fein gearbeiteten Maßwerkbögen Wahrzeichen der Stadt ist. Erbaut hat ihn der Stadtkommandant Raniero Gatti zwischen 1255 und 1266 als Viterbos Einladung an

*Zerbrechliche Gotik: die Loggia des Papstpalastes in Viterbo*

die Päpste, in unruhigen Zeiten hier eine sichere und würdige Residenz zu finden. Erster Bewohner war direkt nach der Fertigstellung Clemens IV. (1265–68). Sehr stabil war das eindrucksvolle Bauwerk allerdings nicht. Da die schlanken Säulchen der Loggia das Gewicht des Daches nicht tragen konnten, stürzte schon bald die Rückfront der Loggia ein. Bis heute steht nur die nachträglich gesicherte Schauseite.

Von dieser Loggia aus exkommunizierte der strenge Papst **Clemens IV.** den letzten Staufer **Konradin**. Schon vorher hatte Clemens seine Abneigung gegen die Staufer unter Beweis gestellt: Als der Stauferkönig Manfred in der Entscheidungsschlacht gegen Karl I. bei Benevent gefallen war, befahl der Papst, dass man die Leiche nicht zu begraben, sondern wie Aas wegzuwerfen habe. Der Papst unternahm auch später nichts zur Rettung Konradins, als der in die Hände Karls I. fiel und in Neapel auf dem Schafott hingerichtet wurde.

Eine breite Treppe führt zum Palast hinauf, dessen Fassade mit sechs Doppelbogenfenstern und Zinnen geschmückt ist. Im großen Saal des Palastes, der die gesamte Front einnimmt, fand das erste Konklave der Kirchengeschichte statt, bei dem die Kardinäle sich nach drei Jahren immer noch nicht einigen konnten und Bonaventura 1271 zu den schon beschriebenen drastischen Maßnahmen griff. Auch die nächsten drei Papstwahlen fanden hier statt. Heute wird der Konklave-Saal für Ausstellungen und Musikveranstaltungen genutzt. Wenn gerade keine Veranstaltung ansteht (und nicht wegen Personalmangels geschlossen ist), ist der Saal zu besichtigen. Die Loggia ist über die Treppe frei zugänglich.

*Öffnungszeiten* **Papstpalast**, im Sommer tägl. 10–13 und 15–18 Uhr, im Winter nur So. Eintritt frei.

Kehren Sie von der Piazza San Lorenzo über die Brücke und die Piazza della Morte zurück, erreichen Sie den nahezu unverfälscht erhaltenen mittelalterlichen **Stadtteil San Pellegrino** mit seiner Hauptstraße Via San Pellegrino. Die engen Gassen mit Bogendurchgängen und typischen Außentreppen zu den Eingangsbalkonen der Wohnhäuser, in denen einst Handwerker und Kaufleute wohnten, sind zweifellos die Hauptattraktion Viterbos. Man kann sich hier gut ins Mittelalter zurückversetzen, dementsprechend ist der Ort auch oft Schauplatz von Filmen und historischen Volksfesten. Der kleine Platz im Zentrum, die **Piazzetta San Pellegrino**, gehört zu den stimmungsvollsten Orten von Viterbo. Ihn umgeben der Palazzo degli Alessandri, Residenz einer mächtigen Kaufmannsfamilie, und die romanische Kirche San Pellegrino mit ihrer 1899 erneuerten, gotisierenden Fassade.

Folgen Sie von der Piazzetta aus nun der Via San Gemini ins Tal. Sie gelangen schließlich links zur Brücke in das benachbarte mittelalterliche **Viertel Pianoscarano** mit seinen sehr viel schlichteren Häuschen. Eindrucksvoll ist immer wieder der Blick auf das benachbarte San Pellegrino und die Wohntürme der Stadt. Von der Brücke aus steigt die Via di Pianoscarano bis zur Piazza mit einem schönen Bronzegussbrunnen an. Die Reliefplatten an der Hauswand berichten von einem **Drama,** das sich hier 1364 abspielte:

In diesem Jahr machte Papst **Urban V.** mit großem Gefolge auf der Durchreise Station in der Stadt. Der Hofstaat benahm sich recht arrogant und strapazierte die Gastfreundschaft der Bevölkerung außerordentlich. Die Atmosphäre war deshalb schon sehr gespannt, als ein Höfling einen Hund ausgerechnet in diesem mit Trinkwasser gefüllten Brunnen baden wollte. Der Streit eskalierte, erfasste die ganze Stadt und die Wut führte sogar zu Übergriffen auf die hohen Würdenträger. Der Papst musste Truppen aus den Nachbargemeinden zu Hilfe rufen und ließ damit beginnen, die Häuser der Aufrührer und die Türme der Stadtmauer abzureißen. Schnell zwang dies die Bürger wieder zur Ruhe und zur Entschuldigung bei ihren Gästen.

Von der Piazza aus links führt die Via Sant'Andrea durch das Viertel, vorbei an der Kirche **Sant'Andrea** (aus dem 12. Jh.), dem ältesten Bauwerk von Pianoscarano. Sie ist vollständig restauriert und inzwischen wieder von allen barocken Zutaten befreit. Zum Eingang führt ein dreibogiger Säulengang. Das Innere mit Kreuzgewölbe ist in vier Schiffe unterteilt und zeigt Reste von Fresken (13. Jh.).

Durchqueren Sie Pianoscarano, gelangen Sie links hinunter zum Stadttor Porta San Pietro mit dem ältesten Abschnitt der Stadtmauer und von dort innerhalb der Mauer links die Via San Pietro hinauf, wieder am Viertel San Pellegrino vorbei über die Via delle Fabbriche bis zur zentralen Piazza **Fontana Grande**. An dem recht bizarren mittelalterlichen Brunnen haben zwischen 1206 und 1279 mehrere Künstler gearbeitet. Das Wasser wird heute wie in der Antike über den Aquädukt des römischen Konsuls Mummius Niger Vigetus in die Stadt geleitet.

Von hier aus führt ein Abstecher nach rechts über die Via Giuseppe Garibaldi zur Porta Romana, die anlässlich des Besuchs von Papst Innozenz X. im Jahr 1653 ihre barocke Form erhielt. Neben dem Tor an der Stadtmauer befindet sich die Kirche **San Sisto**, die wohl schon im 9. Jh. über den Ruinen eines römischen Tempels erbaut wurde. Dreihundert Jahre später erfolgten umfangreiche Erweiterungsbauten. Nach Bombenschäden im letzten Weltkrieg war die Rekonstruktion größerer Teile notwendig. Die Kirche wurde dabei in ihren ursprünglichen Zustand zurückversetzt.

Ältester Teil der Kirche ist der kleine Glockenturm, der zu den wenigen erhaltenen langobardischen Werken zählt. Da er jedoch nicht in seiner vollen Höhe erhalten war, bezog man im 13. Jh. den dahinter liegenden Turm der Stadtmauer ein und stockte diesen zum neuen Campanile auf. Die äußere Apsis der Kirche ist in die Stadtmauer eingelassen. In den Hauptaltar sind Fragmente aus dem 4. bis 5. Jh. eingearbeitet.

Kehren Sie zur Piazza Fontana Grande zurück und folgen der gegenüber mündenden Via Saffi mit mehreren sehenswerten mittelalterlichen Wohnhäusern (z. B. Nr. 102 Casa Poscia) bis zur Piazza del Erbe. Hier beginnt der Corso Italia, die Haupteinkaufsstraße der Stadt. Berühmt ist das **Gran Caffè Schenardi**, das 1818 von einem Neapolitaner eröffnet wurde und sich ohne Einschränkung mit den großen, eleganten Kaffeehäusern in Venedig, Florenz und Rom vergleichen ließ. Zu den illustren Gästen gehörten Könige und bedeutende Künstler. Der Tiefpunkt des Niedergangs kam mit dem Einzug von McDonalds in den 1990er Jahren, aber ab dem Frühjahr 2004 wurde es nach altem Vorbild wieder hergestellt und hat inzwischen an die alten, ruhmreichen Zeiten angeknüpft. Ein Kaffee im Schenardi gehört wieder unverzichtbar zum Besuch von Viterbo dazu. Köstlich sind auch die vielen Kuchenspezialitäten der Region.

Von der Piazza del Erbe aus führt der Rundgang rechts über die Via dell'Orologio und dann nach links in die Via Marrocca zur rein romanischen Kirche **San Giovanni in Zoccoli** (1. Hälfte 11. Jh.). In die schlichte Fassade ist eine elegante Fensterrosette eingelassen. Zum bedeutenden Schmuck des dreischiffigen Innenraumes gehören die Fresken und der Bischofsthron in der Apsis.

Folgen Sie der Via Mazzini ein kurzes Stück nach rechts, sehen Sie links die Porta della Verità. Ihr gegenüber, außerhalb der Mauer, befindet sich der Klosterkomplex von **Santa Maria della Verità**. Der Kirchenbau wurde im 12. Jh. begonnen, während der Renaissance erweitert und nach Bombenschäden im Krieg aufwändig restauriert. Sehenswert ist die von dem hochbegabten jungen Künstler Lorenzo da Viterbo 1469 mit Fresken dekorierte **Mazzatosta-Kapelle**. Das Fresko an der linken Seitenwand, *Die Vermählung der Jungfrau,* zeigt die Porträts mehrerer bekannter Persönlichkeiten. Darunter hat sich auch Lorenzo selber verewigt, links im Gespräch mit dem Bauherrn der Kapelle. Beachtenswert ist zudem der gotische Kreuzgang.

Im ehemaligen Kloster befindet sich das Städtische Museum (**Museo Civico**). Im Erdgeschoss sind antike Ausgrabungsfunde (teilweise etruskischen, teilweise römischen Ursprungs), darunter einige Sarkophage aus den etruskischen Gräbern der Umgebung, zu sehen. Die Sammlung im Obergeschoss beinhaltet Gemälde aus der Zeit vom Mittelalter bis zum 18. Jh. (darunter Werke der bedeutenden Schule von Viterbo) und Exponate zur Stadtgeschichte (z. B. einen Stadtplan von 1596 und eine Münz- und Keramiksammlung) sowie interessante Pläne von Modellen der „*Macchine*", also der Türme, die bei der jährlichen Prozession zu Ehren der Stadtheiligen Rosa getragen werden.

*Öffnungszeiten* **Museo Civico**, Pzza. Crispi 2. Mo geschlossen, sonst April bis Okt. 9–19 Uhr, Nov. bis März 9–18 Uhr. Eintritt 3,10 €, erm. (18–25 Jahre) 2,10 €, freier Eintritt für Personen unter 18 und über 65 Jahre (mit Ausweis).

Kehren Sie in die Via Mazzini zurück und folgen ihr links, bis Sie am Ende auf die Via Casa und dort rechts auf die Via di Santa Rosa stoßen. Die Kirche **Santa Rosa** ist der Stadtheiligen geweiht (→ „Viterbo/Geschichte", S. 603). Ihr Sarg (1683) befindet sich in der Kapelle rechts. Im 19. Jh. wurde die Kirche im klassizistischen Stil vollständig erneuert und mit einer Kuppel bekrönt.

Zu Ehren der Heiligen Rosa feiert man noch heute alljährlich ein großes Fest. Höhepunkt ist am Abend des 3. September ab 21 Uhr der Umzug der **Macchina di Santa Rosa**. Dabei tragen 100 in weiße Trachten mit roter Schärpe gekleidete Männer auf ihren Schultern einen 30 m hohen und 5 t schweren, beleuchteten Turm mit einer Statue der heiligen Rosa auf der Spitze auf ihren Schultern durch die verdunkelten Straßen. Der Turm wird alle fünf Jahre neu angefertigt (und dabei jeweils dem Zeitgeschmack angepasst). Damit wird traditionell einer festlichen Prozession gedacht, mit der Papst Alexander IV. am 4. September 1258 die sechs Jahre nach ihrem Tod noch immer unverweste Leiche des Mädchens Rosa in die Kirche überführen ließ. Die Unversehrtheit sah man als eindeutiges Hinweis auf ihre Heiligkeit an. Der ehemals religiöse Charakter der alljährlichen Erinnerungsprozession wandelte sich im Lauf der Zeit immer mehr zu dem eines **Volksfestes**, wozu Besucher von überall her anreisen. Am 4. September, dem Tag nach der Prozession, findet in der Stadt ein großer **bunter Markt** statt.

Dem Turm ist in der Via San Pellegrino sogar ein kleines **Museum** gewidmet (*Museo della Macchina di S. Rosa*, Hausnummer 60). Dort sieht man Entwürfe für alte Türme, Fotos von Prozessionen und allerlei andere Erinnerungsstücke. *Öffnungszeiten*: Okt.–März Mo–Do 10–13 und 15–19 Uhr, April–Sept. nur Mo und Di 10–13 und 16–20 Uhr. Eintritt frei.

Von der Via di Santa Rosa gelangen Sie zur Piazza Giuseppe Verdi mit der mittelalterlichen Kirche **San Marco** und dem klassizistischen Theater. Überqueren Sie die Piazza und folgen der Via Matteotti und halten sich dann rechts, so erreichen Sie in der Nähe der Stadtmauer die sehenswerte **Basilika San Francesco** (13. Jh.). Nach einem Bombentreffer am 17. Januar 1944 wurde die Kirche erheblich beschädigt und anschließend in der ursprünglichen Form wieder aufgebaut. Beachtenswert ist die Außenkanzel aus dem 15. Jh. an der rechten Ecke der Fassade. Mehrere bedeutende Persönlichkeiten sind dem Inneren beigesetzt. Im linken Querschiff befindet sich das mit Cosmatenarbeiten geschmückte Grab von Papst Hadrian V., der 1276 (ein Jahr mit vier Päpsten) in Viterbo starb. Seine Regierungszeit währte nur vier Wochen. Bekannt ist dieser Papst durch Dante, der ihn in seinem *Inferno* als Musterexemplar eines Geizkragens schilderte. Sein Mausoleum gestaltete Alforno di Cambio, dem auch das wie lebendig wirkende Porträt des Toten zu verdanken ist. Im rechten Querschiff liegt Papst Clemens IV. beerdigt, der 1268 in Viterbo das Zeitliche segnete. Seine Statue zählt zu den ersten lebensnahen und nicht idealisierenden Papstporträts. Man sieht einen kalten, abweisenden Mann. Ferner sind noch Reste des Grabes von Kardinal Vicedomini zu sehen, der als *Ein-Tages-Papst* in die Geschichte einging: Er starb unmittelbar nach seiner Wahl im Jahre 1276.

An der nahen Porta Fiorentina, die im vergangenen Jahrhundert umgestaltet wurde, gelangen Sie zur Festung **Rocca Albornoz**. Kardinal Egidio Albornoz gab sie 1354 in Auftrag und Papst Paul III. ließ sie 1524 vollenden.

**Kardinal Albornoz** war maßgeblich an der Rückkehr des Papstes aus Avignon beteiligt. Innozenz VI. schickte den spanischen Granden, der vorher Erzbischof von Toledo gewesen war, mit dem schwierigen Auftrag nach Italien, den verwahrlosten Kirchenstaat wieder auf Vordermann zu bringen. 14 Jahre lang räumte der Kardinal mit der Anarchie auf und hinterließ Latium ein Gesetzeswerk, die *Constitutiones Egidianae*, das bis zu Napoleons Zeiten Geltung behielt. Die Rocca Albornoz war die erste Festung des Kardinals, von der aus er Ordnung schaffte. Hier starb er auch im Sommer 1367, nachdem er seine Aufgabe erfüllt und Urban V. den Papstsitz von Avignon wieder zurück nach Rom verlegt hatte.

In der Burg ist heute das gerade restaurierte **Museo Nazionale** mit antiken Fundstücken aus der Umgebung untergebracht. Im Erdgeschoss sehen Sie eine Sammlung etruskischer Funde. Der erste Stock ist Ausgrabungen aus dem nahen Ferento (s. u.) gewidmet. Zu den herausragenden Exponaten gehören ein Münzschatz und ein Mosaik aus den Thermen. Anschaulich sind Rekonstruktionen etruskischer Wohnhäuser, zum Teil im verkleinerten Modell, aber auch in Originalgröße.

*Öffnungszeiten/Eintritt* **Museo Nazionale**, ℘ 0761.325929. Mo geschlossen (ebenso an Weihnachten und am 1. Jan.), sonst 8.30–19.30 Uhr. Eintritt 4 €, für Personen unter 18 und über 65 Jahre (Ausweis erforderlich) ist der Eintritt frei.

# Die Umgebung von Viterbo

▶ **San Martino al Cimino**: Der kleine Ort am Hang der Cimini-Hügel oberhalb von Viterbo (ca. 7 km in Richtung Lago di Vico) wird von der mächtigen Zisterzienserkirche beherrscht und stellt eine der schönsten erhaltenen Dorfanlagen aus dem 17. Jh. dar.

Schon im Jahr 830 lebte hier eine kleine Gruppe von Mönchen. Deren Kirchlein ging 1150 in den Besitz der Zisterzienser über, die es bis zum 13. Jh. zu einem mächtigen Klosterkomplex mit einer monumentalen Kirche ausbauten. Mit dem Verfall des Klosters im 16. Jh. wechselte auch der Ort mehrfach die Besitzer. Die Fürsten Pamphilj kauften 1544 die Gemeinde, Papst Innozenz X. erwarb sie später im Tausch und schenkte das Dorf mitsamt Abtei und Kirche 1645 seiner machtgierigen Schwägerin Donna Olimpia (→ „Piazza Navona/Palazzo Pamphilj", S. 402), deren Palast (links neben der Kirche) den Ort überragt.

Noch im 17. Jh. wurde das Dorf nach einem **einheitlichen Bebauungsplan** komplett neu errichtet und so zeigt es sich bis heute: Niedrige Häuserzeilen mit schräg abfallenden Dächern säumen die den Hang hinaufführenden breiten Straßenachsen, an deren oberen Ende sich die Kirche erhebt, die, auf diese Weise inszeniert, noch monumentaler wirkt. Im dreischiffigen Innenraum ist das Kreuzgratgewölbe typisch für die Zisterziensergotik, ungewöhnlich ist die fünfeckige Apsis. Die Kirche kommt ohne jeden weiteren Schmuck aus. Nur die Sandsteinarchitektur und das durch das breite Fassadenfenster mit Maßwerk einfallende Licht bewirken die feierliche Stimmung. Die beiden Zwillingstürme wurden 1651 bis 1654 aus statischen Gründen hinzugefügt. Von der Terrasse vor der Kirche erkennen Sie gut das Konzept der Dorfanlage und haben einen herrlichen **Fernblick**. An einem klaren Morgen sehen Sie hinter Viterbo in der Ebene den Kraterrand des Bolsena-Sees und links das Meer. Abends hat man Gegenlicht, doch dafür erstrahlt die Kirchenfassade golden in der Abendsonne, während der Ort bereits malerisch im Schatten der Dämmerung liegt.

*Eingang zur Kirche*: an der linken Seite von der Pzza. del Oratorio aus. Hier sind auch noch einige Reste der zerstörten Abtei zu sehen.

● *Information* **Informationsbüro der Provinz Viterbo**, Palazzo Doria Pamphilj, Pzza. dell'Oratorio 1, ✆ 0761.375305.

● *Übernachten* **Baletti Park Hotel** (→ Viterbo, S. 606).

● *Essen* **Ristorante Sale e Pepe**, Via Abate Lamberto 2/4, ✆ 0761.379242. Di Ruhetag. Wunderbares, gepflegtes Restaurant mit für die Region typischen, sorgfältig zubereiteten Gerichten. Wegen der verwendeten frischen Zutaten ist die Karte jahreszeitenabhängig. Besonders hervorzuheben sind die hausgemachten Tagliolini und Gnocchi. Als Secondo sollte man, wenn gerade angeboten, das geschmorte Ziegenfleisch (capro in umido) oder die Steinpilzgerichte (funghi porcini) probieren. Herrlicher Abschluss sind die hausgemachten Desserts. Man kann auch draußen sitzen. Menü à la carte um 35 €, Tagesmenü 25 €.

**Trattoria Il Moderno**, Pzza. Buratti 22, ✆ 0761.379952. Di Ruhetag. Familiär geführtes, rustikales Restaurant mit vorzüglicher Küche (abends auch Pizza), lecker ist die hausgemachte Salami als Antipasto, als Primo z. B. eine der ausgezeichneten Suppen oder besonders die gnocchi mit Kastanien, bei den Secondi sind besonders die Wildgerichte zu empfehlen (u. a. Wildschwein nach Jägerart – cinghiale alla cacciatora); es gibt auch eine Reihe empfehlenswerter vegetarischer Gerichte. Menü um 30 €.

▶ **Ruinen von Ferento und Aquarossa**: Zu den Ausgrabungen kommen Sie über die Straße nach Bagnoregio (von der SS 204 in Richtung Autobahn zweigt die Straße ab und verläuft etwa parallel zur Via Cassia, ca. 9 km nördlich von Viterbo).

**Der Norden von Latium** Karte S. 601

Zuerst erreichen Sie die schmale Abzweigung zum Ausgrabungsgebiet von **Aquarossa**: Hier sind schwedische Archäologen 1966 auf Reste einer etruskischen Siedlung gestoßen. Da in der Regel nur die Totenstädte der Etrusker erhalten sind – für die Lebenden verwendeten sie meist vergängliche Baumaterialien –, brachten die hier entdeckten Steinhäuser neue Erkenntnisse über das Leben der Etrusker. Den Laien beeindrucken die spärlichen Mauerreste dagegen weniger. Mehr haben Sie von der Ausstellung der Funde und den Rekonstruktionen im Museo Nazionale in Viterbo (→ S. 614).

Nach etwa einem weiteren Kilometer auf der Straße nach Bagnoreggio treffen sie auf die Abzweigung zu den eindrucksvolleren **römischen Ruinen** von **Ferento**. Von den Etruskern gegründet, dann von den Römern erobert und ausgebaut, erreichte die Stadtentwicklung unter Augustus ihren Höhepunkt. Die noch im frühen Mittelalter große und mächtige Stadt lag im ständigen Streit mit Viterbo. Nach einem üblen Verrat legten die Bewohner Viterbos im Jahr 1172 Ferento so definitiv in Schutt und Asche, dass aus dieser Zeit nichts erhalten ist. Seit Anfang des 20. Jh. werden die römischen Reste freigelegt. Recht gut erhalten ist das **Theater** mit dem Bühnenhaus und dem rekonstruierten Halbrund des Zuschauerraums, den nur noch eine stehen gebliebene Bogenreihe umgibt. Im Sommer finden hier Aufführungen und Konzerte statt. Die weiteren Ruinen sind nicht ganz so eindrucksvoll: Freigelegt wurden ein kurzes Stück der gepflasterten Hauptstraße und neben dem Theater einige Mauerreste, die zu einer Thermenanlage gehörten; durch Dächer geschützt sind einige Fußbodenfragmente. Größere Teile der antiken Stadt dürften noch unter den benachbarten Feldern liegen. Zweifellos gibt es interessantere Ausgrabungsgebiete, doch mit der sanften, stillen Hügellandschaft im Hintergrund umgibt diesen Ort eine stimmungsvolle Atmosphäre.

*Öffnungszeiten* Di–So 9–13.30 Uhr. Eintritt frei. Man kann das Wesentliche aber auch gut vom Zufahrtsweg aus sehen.

▶ **Bagnaia/Villa Lante:** Rund 6 km östlich von Viterbo (an der alten SS 204 in Richtung Orte) liegt dieser kleine Ort mit mittelalterlichem Kern und den Resten einer Burg, der durch die unbedingt sehenswerte Villa Lante aus dem 16. Jh. bekannt geworden ist. Sie ist **eines der drei prachtvollsten Gartenschlösser Latiums**. Der Gebäudetrakt besteht aus zwei Pavillons. Die wichtigste Rolle aber spielen der Garten und das Wasser.

Bauherr der Villa (darunter verstand man zu dieser Zeit einen prachtvollen Palazzo mit einer Parkanlage auf dem Land) war Kardinal de Gambara, ein entfernter Verwandter von Alessandro Farnese. Bei einem Besuch in Caprarola (→ S. 634) war Kardinal de Gambara derart vom Farnesepalast begeistert, dass er sofort ein ähnliches Schmuckstück besitzen wollte. Den Auftrag erhielt der auf Schlösser spezialisierte Stararchitekt Jacopo Vignola. Leider erlebte der Kardinal nur noch die Vollendung des ersten Pavillons. Kardinal Alessandro Montalto ließ später den zweiten Pavillon hinzufügen. Die Bauarbeiten verzögerten sich, als Pius V. die Verschwendungssucht seiner Kardinäle durch strenge Kontrollen und Beschränkung der Spesen einzudämmen versuchte. Nach dem Tod des Papstes 1572 endete dieser asketische Trend und man konnte wieder ungehindert seinen Reichtum zur Schau stellen.

Im 16. Jh. frönten die Kardinäle der verschwenderischen Prunksucht. Sie zogen nach dem Vorbild antiker Kaiser aufs Land, um fern vom päpstlichen Hof in Rom konkurrenzlos und glanzvoll Hof zu halten, ohne auf die räumlichen Zwänge in der Stadt

*Der Mohrenbrunnen in den Gärten der Villa Lante*

Rücksicht nehmen zu müssen. Sie errichteten Landhäuser und Schlösser, die an architektonischer Raffinesse und Verschwendung alles, was es in Rom gab, in den Schatten stellten. Die Villa Lante gehört neben der Villa d'Este bei Tivoli (→ S. 713) und dem Palast der Farnese in Caprarola (→ S. 634) zu den bedeutendsten Beispielen dieser Epoche.

Der **Garten** der Villa Lante ist eines der meisterhaften und besten Beispiele des sogenannten *Giardino all'Italiana.*

### Giardino all'Italiana

Nach der italienischen Auffassung von der Gestaltung eines Gartens, die überall in Europa kopiert wurde, beherrscht die Kunst die Natur und ordnet sie nach ihren architektonischen Prinzipien. Die Wildnis wird in die geometrischen Formen des Kreises, des Quadrats oder Vielecks zurechtgestutzt. Dabei fehlt jeder Blütenschmuck. Dieser würde durch seine Veränderung im Lauf der Jahreszeiten die ewig gleichbleibende Harmonie von immergrünen Pflanzen, Steinen und Wasser nur stören.

Belebt wird der Garten der Villa Lante durch die herrlichen **Wasserspiele** des Tommaso Chinucci, der auch die Brunnen in der Villa d'Este ausgetüftelt hat. Durch verzweigte Leitungssysteme und komplizierte Mechanismen verbunden, plätschern überall im Park Brunnen. Darunter befindet sich zum Beispiel der **Pegasusbrunnen**, in dem das geflügelte Ross – Sinnbild der Dichtkunst – zu höheren Sphären aufstrebt. Auf dem höchsten Punkt des Parks steht das quadratische Bassin des **Conservone-Brunnens**, in dem früher die Fische für die Tafel des Kardinals gezüchtet wurden. Auf dem Rundbrunnen daneben ist ein kleiner Biber dargestellt.

Der verwöhnte Kardinal ließ außerdem einen **wassergekühlten Tisch** herstellen. Durch eine steinerne Vertiefung floss das Wasser, kühlte Speisen und Getränke und erfrischte die tafelnden Gäste. Besonders schön ist ein künstlicher Bachlauf in Kaskadenform. Zur Schadenfreude des Hausherrn und seiner Gäste setzte eine verborgene Mechanik Fontänen in Gang, die einen Ahnungslosen beregneten, sobald dieser eine bestimmte Stelle betrat. Leider reicht heute der Wasserdruck für diese Scherze nicht mehr aus.

In der Gartenmitte steht der große **Mohrenbrunnen**, der den Namen wohl wegen seines dunklen Materials erhielt. Das untere, viereckige Bassin ist von kleinen Brücken optisch in vier Segmente untergliedert. In jedem Abschnitt ankert eine steinerne Barke. Vier Jünglinge – die angeblichen Mohren – halten das Wappensymbol der Montalto-Familie hoch. Einst brachte der Wasserdruck der Fontäne die am Wappen befestigten Glöckchen zum Klingen. Weitere Wasserstrahlen kamen aus allen Enden des zum Wappen gehörenden vielzackigen Sterns und erzeugten effektvolle Lichtspiele.

Zur Ausstattung der Innenräume der **Pavillons** schufen Agostino Tassis und der damals 19-jährige **Claude Lorrain** herrliche Fresken. Der junge Claude wurde später zu einem der berühmtesten Maler Latiums. Er verstand es, die Eigenart und Schönheit dieses Landstrichs so einfühlsam zu malen, dass der Historiker Jacob Burckhardt ihm ein Sonett widmete und am Ende seines Lebens den Wunsch geäußert haben soll, in einer Landschaft von Claude Lorrain sterben zu dürfen.

● *Öffnungszeiten/Eintritt* **Garten der Villa Lante**, Mo geschlossen (ebenso am 1. Jan., 25. Dez. und 1. Mai), Nov.–Feb. 9–16.30 Uhr (letzter Einlass 16 Uhr), 1. März bis 15. April 9–17.30 Uhr (letzter Einlass 16.30 Uhr), 16. April bis 15. Sept. 9 –19 Uhr (letzter Einlass 18 Uhr), 16. Sept. bis 31. Okt. 9–17.30 Uhr (letzter Einlass 16.30 Uhr).
Der Garten ist nur im Rahmen einer Führung zu besichtigen. Führungen finden etwa alle halbe Stunde statt. Bis zum Beginn der Führung müssen Sie vor dem Tor warten.
Eintritt 4 €, erm. (18–25 Jahre) 2 €, für Personen unter 18 und über 65 Jahren Eintritt frei.
● *Information* **Ufficio Informazioni Turistiche**, Pzza. XX Settembre 4, ✆ 0761.288125,

www.bagnaia.vt.it. Unregelmäßige Öffnungszeiten.
● *Übernachten* **Albergo Biscetti**, Via General Gandin 11a, ✆ 0761.288252, ✉ 0761.289254, www.hotelbiscetti.it. Etwas antiquiertes Hotel mit Restaurant (s. u.), ordentliche Zimmer, familiäre Atmosphäre. 2 Sterne, 13 Zimmer mit Bad. DZ 55–65 €, Frühstück 7 € pro Pers., Halb- und Vollpension möglich.
● *Essen* **Ristorante Biscetti** (gehört zum Hotel). Do Ruhetag. Lokal mit für die Gegend typischer, gut zubereiteter Hausmannskost. Menü um 25 €.
**Ristorante Becco Rosso**, Pzza. XX Settembre 26, ✆ 0761.289730. Mi Ruhetag. Einfache, aber vorzügliche Küche. Menü ca. 30 €.

# Bomarzo

**Der kleine Ort liegt in einer waldreichen, reizvollen Landschaft auf einem Hügel mit Ausblick in das weite, fruchtbare Tibertal hoch über dem berühmten Monsterpark.**

Überall in der Umgebung finden sich Spuren der Etrusker. Die Tufffelsen der benachbarten Hügel sind durchlöchert von Grabkammern, zu denen aber selten beschilderte Wege führen. Hier sollen die Etrusker in einer letzten, entscheidenden Schlacht den Römern unterlegen sein. Bei den Machtkämpfen im frühen Mittelalter war Bomarzo ein begehrter Besitz. Die Stadt fiel in die Hände von Langobarden, Byzantinern und später in die von päpstlichen Truppen. Schließlich wurden die Fürsten von Orsini Herren der Stadt. Ihr mächtiges **Kastell** (1523–

83 erbaut, nicht zu besichtigen) beherrscht das Ortsbild. Reizvoll ist der mittelalterliche Ortskern mit den Aussichtsterrassen auf die weite Tiberebene.

Die Attraktion von Bomarzo ist ein verwilderter Park mit verwitterten, riesigen Steinskulpturen tief im Tal unterhalb der Stadt (ca. 2 km vom Ort entfernt). Der zugkräftige Namen **Parco dei Mostri** (**"Monsterpark"**) zieht die Touristen an, die wohl eine Art Geisterbahn der Renaissance erwarten. Viel treffender ist die alte Bezeichnung *"Heiliger Wald"* oder *"Zauberwald"*, denn die Figuren, in denen Dalí eine Vorwegnahme des Surrealismus sah, stecken voll tiefer Symbolik und dienten dazu, die ungeheure Bildung ihres Auftraggebers unter Beweis zu stellen. So ist denn der *"Zauberwald"* von Bomarzo eines der schönsten erhaltenen Beispiele für einen Park des Manierismus.

## Manierismus

Der Begriff entstand im 19. Jh., als man die Zeit zwischen Hochrenaissance und Barock Mitte/Ende des 16. Jh. kunsthistorisch einzugrenzen versuchte. Es ist ein Spätstil, den man als degeneriert und überfeinert verachtete. Man warf den Künstlern vor, nur noch *"in der Manier von"* zu malen, keinen eigenständigen Stil zu schaffen, sondern lediglich in übertriebener Weise nachzuahmen. Erst in neuerer Zeit sieht man den Manierismus in viel engerem Bezug zu seinem sozio-politischen Umfeld. Man begreift ihn als Reaktion auf eine Epoche, in der ein tiefgreifender Bewusstseinswandel stattfand. Die Kirche verlor im Zuge der Reformation an Macht und Autorität, die wachsenden naturwissenschaftlichen Erkenntnisse entzogen dem bis dahin festgefügten Weltbild den Boden. In dieser Zeit der Verunsicherung gediehen Alchimie, Mystizismus und Astrologie. Die Gegenreformation, eine Flut an Sekten sowie Hexenverfolgungen verstärkten den chaotischen Eindruck, den die damalige Welt auf die Menschen machte. In Italien bildete die Plünderung Roms 1527 ein Trauma, das für viele ein Anzeichen für das bevorstehende Ende der Welt bedeutete. Das nächste Jahrhundert brachte 1618 den Beginn des 30-jährigen Krieges, der im Europa jenseits der Alpen Verheerungen ungekannten Ausmaßes anrichtete. Endlose Kriege, Bauernaufstände und grassierende Epidemien verstärkten die Katastrophenstimmung. So entstand eine vielschichtige Kunstrichtung, die sich dieser Bilder bediente, ob grausam, verzerrt, deformiert oder dekadent, überdehnt und überfeinert sowie voller geheimnisvoller Zeichen und verschlüsselter Symbole. Die Schlossparks der Zeit (z. B. Pratolino bei Florenz, Fontainebleau bei Paris) bildeten eigene verspielte Kunstwelten, in die man, wie in der Malerei, einerseits vor all den sich überstürzenden Ereignissen floh und sich der Wirklichkeit entzog, gleichzeitig sich aber andererseits auch neue Dimensionen eröffnete, sich befreite von Zwängen und den Widersprüchlichkeiten der Realität und diese raffiniert und sehr gebildet neu zusammensetzte.

Der Norden von Latium

Karte S. 601

● *Verbindungen* Von Viterbo SS 204 in Richtung Autobahn/Orte, Abzweigung nach Bomarzo; von Rom Autobahn A 1 in Richtung Florenz (Abfahrt Orte und dann weiter über die SS 204 Richtung Viterbo oder Abfahrt „Attigliano"). Der Weg zum Park ist ausgeschildert. Entfernung nach Rom ca. 66 km, nach Orvieto 27 km, nach Viterbo 22 km.
● *Essen* Im großen **Schnellrestaurant** des Monsterparks gibt es zu überhöhten Preisen die üblichen Snacks.

• *In Bomarzo* **Ristorante Da Vicenzo agli Etruschi**, Via Madonna delle Valle 20. Mi Ruhetag.

**Da Zena**, Via del Piano 246, ☎ 0761.924184. Di abends geschlossen. Familiäre Trattoria mit typischen Gerichten der Region, empfehlenswert sind bei den Primi z. B. „fettuccine con funghi e tartufo" (Bandnudeln mit Pilzen und Trüffel) und „gnocchi di patate" (Gnocchi aus Kartoffeln), bei den Secondi z. B. „coniglio" (Kaninchen) und zum Abschluss die köstlichen, hausgemachten Desserts. Menü um 20 €.

• *Übernachten* Etwas außerhalb von Bomarzo (Richtung Sipicciano und Orvieto) liegt landschaftlich reizvoll der sehr empfehlenswerte **Agriturismo Fattoria Collevalle Villa Meonia**, Loc. Collevalle, ☎ 0761. 924016, www.villameonia.it. Das Gutshaus aus dem 19. Jh. liegt in einem herrlichen, gepflegten Garten mit Schwimmbad. Bei schönem Wetter wird draußen serviert. Nach Voranmeldung kann man im gehobenen Restaurant essen (sonst öffnet es meist nur für Veranstaltungen und private Feste). Derzeit stehen 2 Appartements und eine Suite zur Verfügung, jeweils 100 €.

▶ **Parco dei Mostri – Monsterpark:** In dem dunklen, feuchten Tal mit der üppig wuchernden Vegetation wirken die steinernen Figuren, die man im Dickicht manchmal erst auf den zweiten Blick überraschend erkennt, bedrohlich und alptraumhaft. Die Bildnisse mit erschreckenden Fabelwesen, Fratzen, merkwürdigen Arrangements und scheinbar brutalen Kampfszenen sind weitgehend unverständlich und erscheinen dadurch besonders unheimlich. Es ist, als würde man in eine bizarre Fantasiewelt eintreten, ins Unterbewusstsein blicken.

Wer sich aber genauer mit den Skulpturen beschäftigt und die Inschriften enträtselt, erkennt, dass es dem Schöpfer **Vicino Orsini** hauptsächlich darum ging, seine hohe Bildung unter Beweis zu stellen und mit Rätseln und Symbolen zu spielen, die sich häufig auf die überragende Bedeutung seiner Familie beziehen. Dass die verwitterten Figuren heute von der Vegetation fast vereinnahmt sind, hätte Vicino Orsini vielleicht sogar gut gefallen, denn auch hier, wie in den anderen italienischen Gärten des Manierismus, ist die Vermischung von Natur und Kunst ein Gestaltungsprinzip. Mal scheint es, als werde die Natur zur Kunst, mal, als imitiere die Kunst die Natur.

Schon in weitem Umkreis weisen Schilder den Weg zum *„Parco dei Mostri"*. Vom Busparkplatz am Eingang aus sieht man oben auf dem Hügel die schmalen mittelalterlichen Häuser von Bomarzo mit dem alles dominierenden Orsini-Schloss liegen.

Lange war das Zauberwäldchen von Vicino Orsini vergessen. Nach seiner zufälligen Wiederentdeckung wurde es zunächst vernachlässigt und verfiel immer mehr, bis es schließlich in Privatbesitz überging. Mit erheblichem Werbeaufwand machten die neuen Eigentümer unter dem Namen *„Monsterpark"* ein beliebtes Ausflugsziel für die ganze Familie daraus mit allem, was typischerweise dazu gehört: Ein riesiger Parkplatz wurde angelegt, 1983 kam eine Besucherhalle hinzu mit Bar, Spielautomaten, Pizzeria, Souvenirständen und einer kleinen Ausstellung, in der man stolz die zahlreichen internationalen Veröffentlichungen über den Park von Bomarzo präsentiert. Draußen vor dem eigentlichen Eingang zum Wäldchen schließen sich Kinderspielplatz und Minizoo an. Etwas störend sind auch die angelegten Wege und Zäune um manche Skulpturen. Das beabsichtigte Wechselspiel von Kunst und Natur leidet darunter. Trotzdem kann man sich an einem ruhigen Wochentag oder außerhalb der Feriensaison noch von dem merkwürdigen Park bezaubern lassen.

• *Rundgang* Am Eingang stößt man auf **zwei Sphinxen**. Die Inschrift auf der einen bedeutet: „*Der Du hier eintrittst, betrachte* *Stück für Stück, und sage mir dann, ob so viele Wunder durch Täuschung bewirkt sind oder allein durch Kunst.*" Damit wird

**Vicino Orsini** (4. Juli 1523 bis 28. Januar 1585)

Vicino Orsini entstammte einer uralten Adelsfamilie, die seit dem 13. Jh. einen riesigen Besitz an Ländereien und Städten zwischen Rom und Siena erworben hatte. Schon als Jugendlicher feierte er literarische Erfolge und war politisch engagiert. Die dekadente Hofgesellschaft verabscheute Vicino, er zog das ungezwungene Landleben vor. Einfluss im römischen Hochadel hatte er dennoch. Den sicherte ihm vor allem die Hochzeit im Jahr 1541 mit Giulia Farnese, die den Namen ihrer legendär schönen Urgroßtante (der Schwester von Papst Paul III.) trug. Doch ging es ihm bei der Verbindung nicht allein um gesellschaftliche Beziehungen, denn als Giulia, mit der er sieben Kinder hatte, 1560 starb, war er tief betrübt und zog sich ganz nach Bomarzo zurück.

Die Ortschaft war ihm 1542 bei einer Erbteilung zugesprochen worden. Da es die Zeit der großen Landvillen des Adels war, wollte auch er dem Familienpalast einen Aufsehen erregenden Garten beifügen. Doch ihm war wohl klar, dass er nicht mit den gerade entstehenden kostspieligen Anlagen der Villa d'Este, dem Farnesegarten in Caprarola oder der nahen Villa Lante mithalten konnte. Im Wettbewerb mit den anderen Fürsten konnte er also nur durch Geist und Originalität bestehen. Ab 1547 plante er persönlich an seinem Gärtchen, das immer mehr zu seinem Lebensinhalt wurde. Das Projekt ließ ihn auch nach der Fertigstellung des ersten Bauabschnitts 1552 nicht los, und immer wieder fügte er neue und noch skurrilere Skulpturen hinzu, die selbst seinen gebildetsten Besuchern intellektuelle Rätsel aufgaben. Wenn er manche seiner Figuren für zu frech oder derb hielt, bemühte er sich, die regelmäßig auftauchenden päpstlichen Zensoren durch Inschriften abzulenken und zu verwirren. In einem Brief aus dem Jahr 1575 schrieb er dazu: *„Und wenn mir umständehalber Betrübnisse kommen, versuche ich um so mehr, diese mit Lesen oder neuen Zeichnungen für das Wäldchen vergehen zu lassen, und ich bemühe mich, das Bessere, das ich kann, in der Gewissheit zu versuchen, dass der Mensch am Ende davon soviel hat, wie er sich nimmt."*

Diese Worte Vicinos sollten den Besucher bei seinem Rundgang begleiten. Da es heute weniger denn je möglich ist, den Sinn der steinernen Figuren zu erfassen, kann man sie nur auf sich wirken lassen und sich seine eigenen Gedanken machen. In der folgenden Beschreibung sollen aber wenigstens ein paar Hinweise auf Interpretationsversuche gegeben werden.

Der Norden von Latium

Karte S. 601

wohl auf die *Sphinx von Theben* angespielt, die dem Wanderer Rätsel aufgab und jeden verschlang, der die Lösung nicht wusste. Die Schrift auf der anderen bedeutet: *„Wer nicht mit hoch gezogenen Augenbrauen und angespannten Lippen diesen Ort durchschreitet, dem wird es an Bewunderung für die Weltwunder an sieben Stätten fehlen."* Hier wird ein angemessenes Erstaunen der Besucher über den Garten erwartet, welcher somit nach Wunsch des Eigentümers den Weltwundern in nichts nachstehen soll.

Zu den merkwürdigsten Dingen gehört das **schiefe Haus**, das wie nach einem Erdbeben gegen den Berg gekippt erscheint. Drinnen passen die wirkenden Erdanziehungskräfte nicht zu den konsequent schräg stehenden Wänden, was beim Betreten Verunsicherung erzeugt. Schaut man aus dem Fenster, meint man zudem, die Außenwelt sei aus dem Lot geraten.

Die Grundidee der Relativitätstheorie konnte der Besucher hier so schon lange vor Albert Einstein erfahren. Der aufgerichtete, über 2 m große **Bär** an einer Ecke des schiefen Hauses repräsentiert das Familienwappen der Orsini.

Bleiben Sie zunächst im unteren Teil des Wäldchens, so erreichen Sie in der Nähe des Theaterhofs am schiefen Haus das **Nymphäum**. In den Wandnischen dieser Liebesgrotte, deren Dach heute leider fehlt, stehen nackte Frauengestalten. Überall finden sich erotische Anspielungen (z. B. weibliche Mischwesen und Symbole wie die Rose, das Attribut der Aphrodite, oder die Ziege als Inbegriff der Lüsternheit). Nach wenigen Schritten stößt man auf den stark beschädigten **Pegasosbrunnen**. Die aus einem Stück gearbeitete, riesige Brunnenschale ist durch einen Erdrutsch leider zerbrochen. In der Mitte schwingt sich das geflügelte Pferd von einem Felsen, der das griechische Heiligtum für Kunst und Wissenschaft auf dem Berg Helikon symbolisiert, in die Höhe. Vicino spielte damit auf seine literarischen Erfolge an.

Gleich daneben sehen Sie eine riesige **Schildkröte**, die einen formenreichen Sockel mit einer geflügelten weiblichen Person trägt und sich auf ein geöffnetes Fischmaul zu bewegt. Die Gruppe ist nur schwer zu deuten. Auffallend ist der Gegensatz zwischen Bedächtigkeit (für die Schildkröte) und Hast (für die Flügel). Die Riesenschildkröte war zu Vicinos Zeit auch ein Symbol für das neu entdeckte Amerika, denn sie tauchte in den ersten exotischen Reiseberichten auf, für die sich der Fürst begeisterte. Im Gegensatz zum Fischmaul, einem Todesdämon, erklärt sich die Schildkröte auch als Sinnbild der Unsterblichkeit.

Von hier aus führt ein schmaler Weg in den oberen Teil des Wäldchens, vorbei am gigantischen **Roland**. Dieser nackte Riese packt eine rücklings vor ihm aufgestützte nackte Person an beiden Beinen und scheint sie auseinanderzureißen. Nach einer Interpretation ist hier kein brutaler Kampf, sondern ein komplizierter Liebesakt dargestellt. Die unterlegene Figur habe nämlich das Gesicht einer Frau. Der fehlten zwar die Brüste, doch handele es sich vielleicht um eine der wilden Amazonen, die bei Homer auftauchen.

Mit dem künstlichen Fragment eines umgestürzten **etruskischen Grabeingangs** spielte Vicino darauf an, dass sich seine Fa-

miliengeschichte bis zu den Etruskern zurückverfolgen lasse und damit älter und würdevoller als die des römischen Adels sei.

Ein Stück weit nach links durch den Wald kommen Sie zur riesigen **Fratze** mit offenem Maul und weit auseinander stehenden Zähnen. Vorbild waren entweder die vom Medicihof in Florenz bekannten Masken der Azteken oder die Abschlussziegel etruskischer Tempel, die oft mit solchen Fratzen versehen waren. Die Kugel auf dem Kopf ist Symbol der Welt, gekrönt mit den Wappenattributen der Orsini.

Auf dem höchsten Punkt des Wäldchens steht der **Giuliatempel**. Dieses architektonisch eindrucksvollste Werk des Parks stammt vom bekannten Jacopo Vignola und ist eine Gedenkstätte für Vicinos verstorbene Frau Giulia. Die Kuppel mit Außenrippen über dem achteckigen Zentralbau hat sein Vorbild wohl in der Domkuppel des Brunelleschi in Florenz. Die Kassetten im Inneren der Kuppel sind mit Lilien und Blüten aus den Familienwappen der Farnese und der Orsini geschmückt. Die sich teilweise gerade erst öffnenden Knospen sind Symbole der weiblichen Fruchtbarkeit. Rechts des Tempels befindet sich eine kleine Aussichtsplattform oberhalb vom Platz, der von riesigen **Eicheln und Pinienzapfen**, ebenfalls Symbolen der Fruchtbarkeit, und allerlei Wesen aus der griechischen Mythologie eingerahmt wird. Am Sockel bedeutet die Inschrift. *„Es sollten Memphis und jedes andere Wunder, das die Welt bereits besaß, gegenüber dem Ruhm des heiligen Waldes weichen, der nur sich selbst und nichts anderem gleicht."* Da mit Memphis die ägyptische Königsstadt gemeint ist, vergleicht Vicino den Rang seines Gartens mit dem der Pyramiden.

An der gegenüberliegenden Seite des Platzes befindet sich der **Höllenschlund**, das beliebte Wahrzeichen des „Monsterparks". Die unheimliche, ca. 6 m hohe Fratze hat ein weit aufgerissenes Maul, durch das man in eine Höhle mit Tisch tritt. Wenn der Raum früher nachts für ein Abendessen beleuchtet wurde und das Licht durch Maul und Augen fiel, muss der Eindruck furchterregend gewesen sein. Die Inschrift auf der Oberlippe lautet heute *„Ogni pensiero vola"* (Jeder Gedanke fliegt). Dies ist eine falsche Ergänzung, denn ursprünglich stand hier *„Lasciate ogni pensiero voi che entrate"* (Lasst jeden Gedanken fahren, wenn ihr hier eintretet). Damit wandelte Vicino den

Satz aus Dantes *Göttlicher Komödie* ab, wonach die Verdammten am Höllentor alle Hoffnung fahren lassen sollten. Für Vicino ist die Hölle kein hoffnungsloser, sondern ein im Sommer angenehm kühler, entspannender Ort.

Einige Schritte hinter dem Höllenschlund steht eine **überwölbte Bank**. Die Inschrift bedeutet: *„Ihr, die ihr sehnsüchtig auf Weltreisen umherirrt, um große und staunenswerte Wunder zu sehen, kommt her, wo es schaurige Gesichter gibt, Elefanten, Löwen, Bären, Orken und Drachen."* Vicinos heiliger Wald ist also vollkommen ausreichend, weil er alles zu bieten hat, was es sonst auf der Welt gibt.

Durch die Bäume hindurch sieht man beim Höllenmaul einen Kampf zwischen Drachen und Löwen und gleich daneben einen **Elefanten** mit einem gemauerten Turm auf dem Rücken. Mit dem Rüssel hält er einen leblosen römischen Soldaten. Vielleicht spielte Vicino damit auf Hannibal an, um seine Aversion gegen Rom auszudrücken.

Vom **Platz mit den großen Vasen** vor diesen Figurengruppen schaut man sehr schön auf das darunter liegende Theater und das schiefe Haus.

● *Anfahrt*   Von Viterbo über die N 204 in Richtung Autobahn (ca. 20 km) oder von der Autobahn A 1, Abfahrt Attigliano in Richtung Viterbo (ca. 4 km).

● *Parken*   Parkgebühr 8 € pro Tag; für Camper sind Wasseranschlüsse möglich (Gebühr 5 €).

● *Öffnungszeiten*   Tägl. von 9 Uhr bis Sonnenuntergang.

● *Eintritt*   9 €, Kinder unter 4 Jahren frei, Kinder von 4 bis 8 Jahren 7 €, für Gruppen ab

*Sieg über das päpstliche Rom: der mit Orsini-Wappen geschmückte Elefant*

30 Pers. nach Voranmeldung 7 €, für Schulklassen mit Beglaubigungsschreiben der Schulleitung 5,50 € (bei Gruppen hat eine Begleitperson für jeweils 15 Pers. freien Eintritt).

● *Informationen*   ✆/✉ 0761.924029, www. parcodeimostri.com.

# Soriano nel Cimino

**Der malerische Ort in der Nähe des Monte Cimino ist wegen der gesunden Luft, der herrlichen Umgebung und einiger Sehenswürdigkeiten einen Besuch wert.**

Das Städtchen mit dem mächtigen Schloss der Fürsten Orsini liegt am Hang des höchsten Gipfels der Cimini-Bergkette und ist als Luftkurort bekannt. Wenn es im Sommer in Rom unerträglich heiß wird, kann man es hier immer noch gut aushalten. Die Wälder sowie Haselnuss- und Kastanienplantagen der Umgebung eignen sich hervorragend für Spaziergänge.

● *Information*   Örtlicher **Verkehrsverein Pro Loco**, Via S. Maria 28, www.comune.sorianonelcimino.vt.it.

● *Verbindungen*   Von Rom Autobahn A 1, Abfahrt „Orte", weiter auf der SS 204 in Richtung Viterbo, Abfahrt „Soriano" (noch etwa 7 km). Von Viterbo der alten SS 204 in Richtung Orte folgen. Entfernungen: 18 km bis Viterbo, 86 km bis Rom.
**Buslinien** nach Viterbo und Rom.

• *Übernachten* Das beste Hotel der Stadt ist der **Palazzo Catalani**, eine Adelsresidenz aus dem 17. Jh. im mittelalterlichen Zentrum, Via Montecavallo 26, ☎ 0761.744030, ✉ 0761.748715, www.diamondresorts.com. Das komfortable, zur Diamond-Resort-Gruppe gehörende Hotel mit 20 Zimmern (z. T. mit alten gewachsten Ziegelböden und oben mit Holzbalkendecken), stilvoller Bar und Restaurant (Di Ruhetag) ist überall mit prachtvollen Wandfresken dekoriert (grandios ist auch das Kaminzimmer). Immer wieder bieten sich herrliche Ausblicke auf den Ort und weit in die Landschaft. Parkmöglichkeit vorhanden. 4 Sterne. DZ 155–181 € (gelegentlich günstige Arrangements und Sonderangebote).

**Hotel La Bastia**, Via Giovanni XXIII 39A, ☎ 0761.745383, ✉ 0761.745062, www.la bastia.it. Modernes 170-Betten-Haus mit einigen separaten Appartements in einem großen Park (10.000 m²) mit Pool, einige Zimmer mit Balkon und schönem Blick. Respektables Restaurant, Reitgelegenheiten in der Nähe, Parkmöglichkeiten vorhanden. 3 Sterne. DZ inkl. Frühstück 50–55 €.

*Außerhalb* **Agriturismo Parco dei Cimini**, Strada romana per Bagnaia (von Soriano nel Cimino in Richtung Lago di Vico, Viterbo, von der Straße links abbiegen in Richtung Bagnaia), ☎ 0761.752266, ✉ 0761.752855, www.parcodeicimini.it. Rustikale DZ oder Appartements inkl. Frühstück 80–100 €. In dieser schönen großen Anlage werden jede Menge Freizeitaktivitäten geboten: von Reitmöglichkeiten über off-road-Gelände-Touren mit Jeeps oder Exkursionen im Cimini-Outdoor-Park (mit schwankenden Hängebrücken, GPS-Cross-Läufen usw.), Sternerkundungskursen im eigenen Observatorium und vielem mehr. Es gibt ein gutes Restaurant mit typischer Küche aus hauptsächlich selbst produzierten Erzeugnissen (auch die Nudeln sind hausgemacht). Geöffnet Fr–So. Menü 20–30 €, üppiges Tagesmenü 33 €.

• *Essen* **Ristorante La Bastia** im gleichnamigen Hotel (s. o.), schon wegen des Blicks empfehlenswert. Gute traditionelle Küche, im Herbst hervorragende Pilzgerichte. Menü ca. 25 €.

Gute Küche bietet auch die **Taverna dei Frati** im Refektorium eines ehemaligen Klosters mit hohem Gewölbe, Via Callarozzo, ☎ 0761.749083. Di und Mi Ruhetag.

Etwas außerhalb an der SS 204 Viterbo–Orte bei km 14,950 ist die **Trattoria La Molinella** empfehlenswert, Strada Molinella, ☎ 0761.743070. Auf den ersten Blick sieht sie wie eine Tankstelle mit Bar und Bistro aus. Doch Sie werden feststellen, dass das Essen der italienischen Tradition voll entspricht, einfache und schmackhafte Küche mit reichhaltigen Portionen – Mutters gute Küche in Vollendung zu günstigen Preisen. Menü um 20 €.

• *Veranstaltung* Im Oktober findet das **Esskastanienfest** (Sagra delle Castagne) statt. Überall gibt es dann günstige und gut zubereitete Maronen. Höhepunkt des Fests ist ein historischer Umzug.

Die ursprüngliche Etruskerstadt zerstörten die Römer. Erst im frühen Mittelalter fand hier wieder eine Besiedlung statt. Bedeutung erlangte Soriano, als Papst Nikolaus III. (1277–80) aus der Familie der Orsini die Stadt wegen der angenehm frischen Luft zur *Sommerresidenz* bestimmte. Überragt wird der Ort von dem am besten erhaltenen Kastell Latiums aus dem 13. Jh., das schon von weitem zu erkennen ist.

Das **Castello Orsini** war ursprünglich im Besitz der Familie Guastapane (*„Brotverderber"*). Giovanni Gaetano Orsini gefielen das Anwesen, das Klima und die herrliche Landschaft. Als er 1277 zum Papst gewählt wurde, verjagte er die *„Brotverderber"* und zog nach einigen Erweiterungsbauten selbst dort ein. Für seine Habgier war er so bekannt, dass der damals erst 15-jährige Dante sich später daran erinnerte und Nikolaus III. in seinem *Inferno* in der Hölle schmoren ließ. Lange diente das zinnengekrönte Schloss als Strafanstalt, heute ist es auf Anfrage im Rahmen einer etwa 90-minütigen Führung zu besichtigen (☎ 06. 45421126, ✉ 06.68132259, E-Mail info@castellidelazio.com).

Im unteren Ortsteil (am Ortseingang rechts) befindet sich der **Palazzo Chigi-Albani**, den Kardinal Madruzzo zwischen 1564 und 1571 erbauen ließ. Zwischen den beiden Gebäudekomplexen auf einer Terrasse trifft man auf den sehenswerten bekannten **Papacqua-Brunnen** im Stil des Manierismus (16. Jh.). Ähnlich wie im Monsterpark von Bomarzo tummeln sich hier fantastische Geschöpfe und allerlei Getier: Satyren, mythologische Mischwesen, Schlangen, Ziegen und Frösche, in einer Nische steht die Figur des Moses. Die vielen erotischen Anspielungen und Fruchtbarkeitssymbole lassen ahnen, dass der Kardinal wohl ein recht diesseitiger Mensch gewesen sein muss. Gegenüber der Kirche Sant'Eutizio (18. Jh.) steht die **Fontana Vecchia**, ein Brunnen aus dem 15. Jh.

Vom Ortsausgang aus führt ein Fußweg zu der etwa 1 km entfernten Eremitenkapelle **San Giorgio** aus romanischer Zeit, von der aus man den besten Ausblick zum Orsini-Schloss hat.

Empfehlenswert ist auch ein Ausflug zum **Monte Cimino** (1053 m). Eine kleine Straße führt durch das mächtige Stadttor hinaus zwischen Wäldern und Lichtungen zu dem rund 8 km entfernten Gipfel, der eine großartige Aussicht ins Tal bietet.

## Rundfahrt zu etruskischen Felsengräbern

Das südliche Kernland Etruriens reichte bis nach Latium. Ein großer Teil der Ortschaften nördlich von Rom geht auf etruskische Gründungen zurück und die Landschaft ist durchsetzt von Nekropolen der Etrusker. Da nur die Gebäude der Toten für die Ewigkeit sein sollten und die Lebenden sich mit Häusern aus vergänglichem Holz und Lehm begnügten, sind es fast nur die Gräber, die uns Einblicke in die hochstehende Kultur dieses Volkes geben, das während seiner Blütezeit im 7. und 6. Jh. v. Chr. mit dem gesamten Mittelmeerraum Handel trieb. Ganz unterschiedliche Totenstädte sind erhalten. Während man bei Tarquinia

*Etruskische Felsengräber bei Norchia*

**Der Norden von Latium**  Karte S. 601

(→ S. 681) auf den Wänden der unterirdischen Grabkammern alles malte, was der Verstorbene einst als Annehmlichkeiten schätzte und ihn im Tod begleiten sollte, findet man hauptsächlich in der Region um Cerveteri (→ S. 672) riesige Grabhügel, an deren Größe sich die Bedeutung einer Familie messen ließ. In den Tälern der Tolfaberge und der Region um Viterbo sägte man die Gräber in die leicht zu bearbeitenden Tuffstein-Felswände. Zu den eindrucksvollen Felsnekropolen von Norchia, Blera und San Giuliano bei dem sehenswerten Städtchen Barbarano führt die nun beschriebene Rundfahrt.

▸ **Norchia**: Von Viterbo aus fahren Sie die Via Cassia (SS 2) in Richtung Rom bis Vetralla, dort auf die SS 1 in Richtung Tarquinia. Nach ca. 8 km biegt rechts eine schmale Straße mit gelegentlichen Schlaglöchern zur Nekropole ab, vorbei an einem künstlich angelegten Fischteich, wo man gegen Bezahlung Karpfen und Hechte mit Erfolgsgarantie anbeißen lassen kann. Weiter geht es auf unbefestigter Straße zwischen Feldern bis zu einem unbewachten Parkplatz mit Informationstafel. Von hier aus führt ein schmaler Fußweg zwischen blühenden Viehweiden zu einem steil abfallenden Trampelpfad, der gelegentlich mit Geländern zum Festhalten ausgestattet ist. Feste Schuhe sind unbedingt empfehlenswert. Der schmale Weg führt die Felswand entlang durch die Grabanlagen hinunter in ein feuchtes Tal mit Bachlauf. Von hier aus hat man einen eindrucksvollen Blick auf die **Kubusformen der Gräber**, die mit glatter Fassade, Gesims und Scheinportal etwa im 4. Jh. v. Chr. aus dem Fels gehauen wurden, sodass sie zur Hälfte aus dem natürlichen Stein hervortreten und lediglich Front und Dachterrasse vollständig freigeben. Die eigentliche Grabkammer befand sich darunter und war durch einen engen Gang zu erreichen. Die Terrassen, die über Treppen zugänglich waren, dienten als Opferplätze. Aufwändigere Gräber haben eine zweigeschossige Fassade, unterhalb der Ebene mit dem Scheinportal befand sich bei diesen noch zusätzlich ein offener Raum mit Bänken zur Versammlung. Vieles ist verwittert und nicht im Detail zu identifizieren, aber der Gesamteindruck inmitten der üppig wuchernden Natur mit dem Zwitschern der Vögel und dem Summen der Insekten (besonders nach Regenfällen können Mücken und Schnaken lästig werden) macht den Reiz aus. Es gibt in der Nähe noch mehrere weitere Gräberkomplexe, die aber oft so zugewuchert sind, dass man sie kaum erkennen kann. Um noch mehr zu entdecken, folgen Sie dem schlammigen Reitweg entlang dem Bachlauf. Unbedingt zu empfehlen ist ein Abstecher auf das gegenüberliegende Plateau, wo sich die **etruskische Stadt** befand. Laufen Sie am Bach entlang nach rechts, überqueren Sie die kleine Brücke und folgen dem Weg hinauf. Oben erreichen Sie die Ruine einer mittelalterlichen Burg. Nach links führt der Pfad zu einem **Aussichtspunkt**, von dem aus man die gesamte Grabanlage überblicken kann, nach rechts gelangt man zur Ruine des Kirchleins San Pietro (12. Jh.) mit herrlichem Blick ins Tal, auf die sanften Hügel mit Feldern und weidenden Schafherden. Selten kommen Besucher her und man kann ganz ungestört die *romantische „Landschaft mit Ruine"* auf sich wirken lassen.

▸ **Blera**: Fahren Sie auf der Via Cassia (SS 2) noch ein Stück über Vetralla hinaus bis nach Cura, wo die Abzweigung nach Blera (noch ca. 9 km, insgesamt 23 km von Viterbo entfernt) ausgeschildert ist. Die von drei Bögen getragene, hohe **Teufelsbrücke** aus der Römerzeit führt in den Ort. Hier lebt man auf ganz selbstverständliche Weise mit seiner Vergangenheit, schließlich ist Blera dank seiner strategisch günstigen Lage seit der etruskischen Gründung etwa im 8. Jh. v. Chr.

## Die Etrusker

Die Etrusker gehören zu den Völkern, über die trotz zahlreicher Funde noch vieles unbekannt ist. Die Römer haben diese bedeutende Kultur so gründlich vernichtet, dass die Erforschung schwierig ist und erst seit rund 100 Jahren systematisch erfolgt.

**Herkunft** und Geschichte der Etrusker liegen im Dunkeln. Manche identifizieren sie mit einem Volk, das in einer ägyptischen Schrift aus dem 12. Jh. v. Chr. erwähnt wird und meinen damit die Abstammung aus dem Orient belegen zu können. Der griechische Historiker Herodot hielt die Etrusker im 5. Jh. v. Chr. für Einwanderer aus Kleinasien. In der römischen Kaiserzeit nahm man an, dass sie zu den italienischen Urvölkern gehörten. Moderne Forschungen gehen von einem Völkergemisch aus. Inzwischen sind in ihrem Kernland etruskische Stämme bis in das 15. Jh. v. Chr. nachweisbar. Ab dem 2. Jh. v. Chr. verliert sich die Spur als eigenständiges Volk, da es zu einer vollständigen Verschmelzung mit den Römern kam.

Auch **Sprache, Religion und Brauchtum** lassen kaum Parallelen zu anderen Völkern erkennen. Die Sprache war lange ungedeutet, denn die Urnen sind nur mit Eigennamen beschriftet und literarische Zeugnisse sind nicht überliefert, da wohl hauptsächlich auf vergänglichem Leinen geschrieben wurde. Einen Fortschritt brachten die drei Goldfolien in phönizischer und etruskischer Sprache, die man in Pyrgi fand (heute im Museum der Villa Giulia in Rom); mehr als etwa 500 Grundworte der etruskischen Sprache kennt man allerdings noch immer nicht. Lückenhaft sind auch die Erkenntnisse über die **Staatsorganisation**. Bekannt ist nur, dass die zwölf mächtigsten Stadtstaaten eine Föderation bildeten, ohne damit aber die jeweilige Eigenständigkeit aufzugeben. Jede Stadt wurde von einem eigenen Priesterkönig regiert. Die Frauen waren den Männern gleichrangig und nahmen an Banketten und Festspielen teil.

Grundlage des Wohlstands waren die außergewöhnlichen Fähigkeiten bei der Metallverarbeitung. Die Phönizier bezahlten das Eisen mit verschiedenen orientalischen Waren, die Griechen mit kunstvoller Keramik, die man überall in den Gräbern fand und die nun nahezu in jedem Dorfmuseum ausgestellt ist. Neben der Kunst übernahmen sie auch die Mythologie aus Griechenland.

Der **Untergang** Etruriens begann bereits, als die Römer ihren letzten aus Tarquinia stammenden *König Traquinius Superbus* 509 v. Chr. vertrieben. Es folgten katastrophale Niederlagen in Seeschlachten gegen die Griechen, während die Römer immer stärker wurden und nach Etrurien vordrangen. Die entscheidende Niederlage gegen Rom bildete 351 die Vernichtung Tarquinias. Den nicht zerstörten Städten räumten die Römer eine gewisse Autonomie ein, legten ihnen aber Bündnisverpflichtungen auf. Die Bewohner zog es mehr und mehr in die expandierende Großstadt Rom, die Reste der etruskischen Eigenständigkeit lösten sich auf und die Bevölkerung vermischte sich mit den Römern.

ununterbrochen bewohnt. Die Felsgräber der Ahnen aus dem 7. bis 4. Jh. v. Chr. werden genutzt: früher als Verstecke der Straßenräuber, aber auch – und das bis heute – als Ställe und Scheunen, größere sogar als Garagen. Das **Ortsbild** erscheint beschaulich mittelalterlich und lädt zu einem Spaziergang ein. Zum **Gräberfeld** gelangen Sie, wenn Sie den Ort durchqueren und sich links halten. Den steilen Hang führt eine Kommunalstraße hinab, eine Bezeichnung, die für diese sehr enge, steile Holperpiste stark übertrieben ist. Einfacher ist es, den Weg zu Fuß zurückzulegen. Rechts an der Felswand sieht man die immer noch genutzten Grabhöhlen, nach etwa 1,5 km kommt man über den **Ponte della Rocca**, eine römische Brücke aus dem 2. Jh. v. Chr., im Tal an. Direkt gegenüber befindet sich bereits eine größere frühe Grabanlage. Der obere Teil ist stark beschädigt. Man nimmt an, dass sie als Steinbruch genutzt wurde, um Baumaterial für die Brücke zu gewinnen. Der untere Teil wurde erst 1988 von deutschen Archäologen ausgegraben. Rechts von der Brücke führt eine schmale Betonpiste den Hang hinauf und durchschneidet dabei zahlreiche Gräber. Vom Grillplatz am Bach gehen Wanderwege zu weiteren (allerdings stark beschädigten) Gräbern.

● *Übernachten* Außerhalb von Blera (von der Straße in Richtung Monte Romano links in Richtung Civitella Cesi abbiegen, von dort aus beschildert) liegt das **Centro di Archeologia Sperimentale Antiquitates**, ✆ 0761. 415031, ✆ 0761.415096, www.antiquitates.it. Es bietet die wohl ungewöhnlichsten Übernachtungsmöglichkeiten in Latium: Hier wurden einige Hütten **im Stil der Bronze- und Eisenzeit** (9–8 Jh. v. Chr.) nachgebaut, in denen man auch übernachten kann (wer mehr Komfort schätzt, schläft im neuzeitlichen Haupthaus oder im einem der 6 Chalets). Im Zusammenarbeit mit Archäologen wird man in die Handwerkskunst der Menschen vor ca. 3000 Jahren eingeführt, man kann Metall schmelzen, Töpfern, Wolle färben und vieles mehr. Gegessen wird im prähistorischen Restaurant, es gibt entweder regionale oder etruskisch-antik-römische Küche (Menü um 20 €). Auch für Kinder ist das ein riesiger Spaß. DZ inkl. Frühstück 50–60 €.

▶ **Barbarano Romano**: Kurz hinter Blera treffen Sie links auf die Abfahrt nach Barbarano Romano. Der gepflegte, pittoreske mittelalterliche Ort auf einem steilen Felsen mit teilweise erhaltenen Festungsmauern ist wohl einer der schönsten der Umgebung. Die Hauptstraße führt über den Dorfplatz am Rathaus vorbei, in dem sich ein kleines **Museum** mit Fundstücken aus den umliegenden Felsgräbern (auch Sarkophage aus dem 4.–3. Jh. v. Chr.) befindet.
*Öffnungszeiten/Eintritt* Do/Fr 10–13 Uhr, Sa/So 10–13 und 15–18 Uhr. Eintritt 2 €, frei für Kinder bis 6 Jahre.

Durch das Stadttor rechts hinter dem Rathaus führen Wege hinab ins Tal. Am Ortsende haben Sie einen weiten Blick in die waldreiche Hügellandschaft. Auch von hier aus können Sie einen Spaziergang hinunter ins Tal unternehmen.

● *Essen* Ein Besuch von Barbarano lohnt bereits wegen der **Bar Trattoria La Pacchiona**, Via V. Emanuele II 37, ✆ 0761.414633. Di geschlossen. Von der Hauptstraße aus bemerkt man nur die Bar. Die Trattoria liegt dahinter. Der Zugang zu dem ansonsten fensterlosen Gastraum mit dem mächtigen Kamin und dem stets laufenden Fernseher erfolgt von der schmalen Gasse neben dem Eingang zur Bar. Die Tageskarte existiert nur im Gedächtnis des freundlichen Wirts, kein Kunststück bei nur zwei Primi und zwei bis drei Secondi. Die aber sind richtig gute, zünftige Lazio-Küche und dazu gibt's fabelhaften Hauswein. Menü um 17 €.

▶ **San Giuliano**: Die Nekropolen von San Giuliano sind nicht nur die abwechslungsreichsten der hier beschriebenen Tour, sie liegen auch besonders reizvoll, nämlich verstreut in einem herrlichen **Waldgebiet**, das sich hervorragend für Wanderungen eignet. Verschiedene Wanderwege sind ausgewiesen. Hier hat der schwedische König Gustav VI. um 1960 mit einem Archäologenteam Ausgrabungen durchgeführt. Da die Grabkammern nicht beleuchtet sind, sollten Sie eine Taschenlampe mitnehmen, um die teilweise noch erhaltene Innengestaltung erkennen zu können.

Der Weg ist gut ausgeschildert. Fahren Sie von Barbarano in Richtung Bracciano und biegen bereits kurz nach dem Ortsausgang von Barbarano links ins Tal ab, dann erreichen Sie nach rund 2 km links der Straße die Nekropolen. Zum Parkplatz müssen Sie der Straße noch gut 1 km weiter folgen; man kann aber auch am Straßenrand beim Eingang parken und sich so den Marsch entlang der Straße ohne Fußweg sparen.

Kurz nach dem Eingang erreicht man das monumentale Hügelgrab **Tomba Cima** mit einem Durchmesser von 25 m. Es ähnelt den Tomben von Cerveteri (→ S. 675) und ist teilweise in den Fels geschlagen, teilweise gemauert. Verschiedene dunkle Eingänge führen in kleine, später hinzugefügte Grabkammern, die größte und interessanteste aus dem 7. Jh. v. Chr. liegt genau auf der Rückseite. Zur Hauptkammer führt ein offener Korridor *(dromos)*, an dessen Seiten weitere Kammern liegen. Besonders interessant ist der Raum links mit einer fächerförmigen, im Fels nachempfundenen Balkendecke, die die eines etruskischen Hauses imitiert. An den Wänden sind kannelierte Säulen angedeutet. Hier und in der Hauptkammer sieht man auch noch die aus dem Fels im Block herausgearbeiteten Totenbetten. Hinter dem Grab, gegenüber vom *dromos*, führt der Weg ins Tal. Links sieht man mehrere **Höhlengräber** mit typischen Türrahmen. Eindrucksvoll ist die **Tomba Costa** (ganz rechts, die letzte große Kammer) aus dem 5. Jh. v. Chr. mit Totenbetten und einer Scheintür auf der Rückseite, die den Übergang des Toten in das Jenseits symbolisiert. Im Mittelalter waren diese Gräber wohl bewohnt, zumindest hat man sie als Ställe genutzt. Kehren Sie auf den Hauptweg zurück und überqueren im Tal einen Bach, dann sehen Sie links bei der Ruine des mittelalterlichen Kirchleins San Giuliano Wandgräber. Der weitere Weg zur Anhöhe, wo sich die etruskische Siedlung befand, ist wegen Steinschlags gesperrt. Zurück und dann nach rechts führt der Weg zur **Tomba della regina** in der Form eines halben aus dem Fels geschlagenen **Kubus**. Jede der beiden Kammern dieses Doppelgrabes enthält vier steinerne Totenbetten. Die gut erhaltene Fassade weist typisch etruskische Architekturelemente auf. Links führte eine Treppe zur Dachterrasse, wo Begräbnisrituale abgehalten wurden. Wenn Sie mögen, können Sie noch weitere Gräber entdecken, die Wege dahin sind ausgeschildert.

## Sutri

**Das Städtchen Sutri zwischen den Seen Bracciano und Vico an der Via Cassia hat eine bewegte Vergangenheit, deren Zeugnisse heute seinen Reiz ausmachen.**

Unklar ist, wann und von wem Sutri ursprünglich gegründet wurde. Fest steht nur, dass die Stadt wesentlich älter ist als Rom. Im Jahr 389 v. Chr. eroberten die Etrusker ihre zwei Jahre zuvor von den Römern eingenommene Stadt zurück. Allerdings gelang es den Römern noch am selben Tag, Sutri abermals in ihre Gewalt zu bekommen. Auf diesem Handstreich basiert die lateinische Redewendung *„ire Sutrium"* („nach Sutri gehen") für die rasche Lösung eines schwierigen Problems. Wegen seiner Lage an der Via Cassia war Sutri ein wichtiges Handels-

Der Norden von Latium

Karte S. 601

zentrum und von großer strategischer Bedeutung. Die Langobarden schenkten die Stadt im Jahr 728 dem Papst, Karl der Große machte hier im Jahr 800 auf dem Weg zu seiner Krönung in Rom Station, und während der *Synode von Sutri* im Jahr 1046 bestimmte Kaiser Heinrich III. einen neuen Papst und setzte gleichzeitig drei rivalisierende andere ab.

• *Information* Auf der zentralen Pzza. del Comune, links neben dem Torbogen. Mi–So 10–13 und 15–18 Uhr, www.comune.sutri.vt.it.

• *Verbindungen* Sutri liegt direkt an der Via Cassia, etwa 50 km von Rom, 27 km von Viterbo entfernt.

**Bus:** Verbindungen nach Viterbo und Rom. **Bahnhof** in Capranica, (an der Via Cassia, 5 km entfernt).

• *Übernachten* **Albergo Sutrium**, Pzza. S. Francesco 1, ✆ 0761.600468, ✆ 0761.600057, www.sutriumhotel.it. Das kleine Hotel (8 Zimmer mit Bad) bietet keinen größeren Komfort, ist aber sauber, preiswert und bietet einen schönen Ausblick. Es gibt auch ein einfaches, aber ordentliches Restaurant mit typischer, regionaler Küche. 2 Sterne. DZ inkl. Frühstück 60 € (Rabatt ab 3 Tagen).

*Außerhalb* **Il Borgo di Sutri**, Loc. Mezzaroma Nuova, Via Cassia km 46,700 (etwa 2 km bis Sutri), ✆ 0761.608690, ✆ 0761.600057, www.ilborgodisutri.it. Das komfortable Hotel mit Restaurant (regionale und internationale Küche, gute Weinkarte) liegt ruhig in einer 13 ha großen, gepflegten Parkanlage, ein idealer Erholungsort. Im Sommer wird auch draußen auf der Veranda mit Blick in den Garten serviert. 4 Sterne. DZ inkl. Frühstück ca. 145 €.

• *Essen* Sehr empfehlenswert ist **La Locanda di Saturno**, Via Agneni 37 (zentral am großen Hauptplatz des Ortes gelegen), ✆ 0761.608392. Mo geschlossen, Di–Fr nur abends geöffnet, am Wochenende auch mittags. Das rustikale Lokal im ehemaligen Getreidespeicher des Palazzo Conti Cecconi bietet ausgezeichnete traditionelle, von der Jahreszeit abhängige Küche. Bei den Vorspeisen sind neben den lokalen Wurstspezialitäten die „bruschette" mit verschiedenen Olivenölen der Region zu empfehlen, von den Primi sind „aquacotta" aus Viterbo und die „papardelle" mit Wildschwein (al cinghiale) besonders gut. Neben der interessanten Karte italienischer Weine wird auch ein sehr ordentlicher Hauswein (rot und weiß) angeboten. Menü ca. 30 €.

**Trattoria La Stera d'Oro**, Pzza. del Comune 36, ✆ 0761.600030. Mi geschlossen.

*Außerhalb* In Capranica (5 km von Sutri in Richtung Viterbo an der Via Cassia) ist die Trattoria **I Vitigni** sehr zu empfehlen. Via Cavalieri Vittorio Veneto, ✆ 0761.669303. Mo geschlossen. Menü ca. 20 €.

• *Internet-Café* Via Roma 21.

Einige der interessantesten Sehenswürdigkeiten liegen gegenüber von der Stadt direkt an der Via Cassia.

Einzigartig ist das **Amphitheater** (der Zugang ist von der Via Cassia aus durch die beiden hohen Zypressen gut zu erkennen; ca. 100 m weiter in Richtung Viterbo ist ein Parkplatz). Es wurde nicht aufgemauert, sondern vollständig in den Tufffelsen geschlagen. Aus diesem Grund hielt man es lange für ein etruskisches Werk. Inzwischen ist aber belegt, dass es aus dem späten 1. Jh. v. Chr., etwa aus der Zeit des Augustus stammt und wohl von etruskischen Handwerkern nach deren traditionellen Methoden errichtet wurde. Das Theater ist 50 m lang, 40 m breit und 17 Sitzreihen hoch, es bot Platz für 9.000 Zuschauer. Schon die Zugänge durch den Felsen sind eindrucksvoll.

*Öffnungszeiten* Mo geschlossen, Mi und Fr–So 8–14 Uhr, Di/Do 8–17 Uhr (häufig Änderungen), Eintragung ins Besucherbuch erforderlich. Eintritt frei.

Das Amphitheater gehört heute zum **Park der Villa Savorelli**, in den Sie unbedingt einen Abstecher unternehmen sollten. Der Eingang befindet sich am Parkplatz bei der kleinen Kirche **Cavalieri di Malta** (Fr–So 10–11 und 17–18.30 Uhr geöffnet), ca. 100 m vom Eingang zum Theater entfernt. Auf dem Weg hinauf zur Villa kann man immer wieder gut auf das mittelalterliche Sutri schauen.

Oben führt der Weg links durch die Gartenanlage zu einer Aussichtsterrasse über dem Amphitheater mit einem fantastischen Blick.

Zweiter Höhepunkt ist die kleine **Kirche der Madonna del Parto** (Madonna der glücklichen Niederkunft), die ebenfalls vollständig in den Tuffstein gehauen wurde und nur durch schmale Fensterspalten im Fels beleuchtet ist. Dieser Ort hat als Heiligtum schon einige Metamorphosen erlebt: im 6. Jh. als etruskisches Grab angelegt, zur Römerzeit (2. Jh. n. Chr.) in ein Mithräum verwandelt und ab dem 6. Jh. als christliche Kirche genutzt. Im Vorraum erkennt man auf den gut erhaltenen Fresken aus dem 10. Jh. den hl. Christophorus. Der Kirchenraum besteht aus einem Gang, der durch grob aus dem Felsen geschlagene Säulen von den Seitenschiffen getrennt wird. Über dem Altar befindet sich das stark beschädigte Fresko der Madonna der glücklichen

*Keimzelle des Kirchenstaates: Sutri*

Niederkunft. Besser erhalten sind die Madonnendarstellungen im linken Seitenschiff (12. Jh.). Die Sitzreihen entlang der Felswände stammen aus dem Mithräum.

*Eingang* Der Eingang liegt an der steilen Tuffsteinwand, etwa 100 m rechts vom Theater. Zu besuchen nur in Begleitung, ab 9 Uhr etwa zu jeder vollen Stunde. Eintritt frei.

Sehenswert ist auch der **mittelalterliche Stadtkern** von Sutri gegenüber vom Amphitheater, oberhalb der Via Cassia. Besonders malerisch ist die Gegend um die **Porta Vecchia**, die zwischen Mauern und Türmen eingelassen ist und etruskisch-römische Bauelemente aufweist. Am Stadtrand in der Via dell'Anguillara befindet sich noch ein **öffentlicher Waschplatz** mit schönem Blick in das Tal. Ein Großteil des Lebens findet natürlich auf der Piazza vor dem Rathaus statt, an dessen Torbogen die Gedenktafeln für die Gefallenen der Weltkriege nicht fehlen dürfen. Ebenfalls einen Besuch wert ist der **Dom** von Sutri (*Basilica Cattedrale di Santa Maria Assunta*). Seit 16 Jahrhunderten wird dieser Ort für Gottesdienste genutzt. Die Ursprünge des Gebäudes reichen aber wohl noch weiter zurück. Einst soll an dieser Stelle der etruskisch-römische Tempel der Göttin Norzia gestanden haben. Die frühen Christen machten daraus eine der Jungfrau Maria geweihte Kirche. Im Jahr 908 erfolgte ein romanischer Neubau, aus dem heute nur noch der schöne Cosmatenfußboden und die Krypta erhalten sind. Von 1746–53 erfolgte die Barockisierung des Innenraums. Sehenswert ist vor allem die alte Krypta. In drei Reihen tragen je sieben ganz individuell gestaltete Säulen das Kreuzgewölbe, mit den Halbsäulen an den Wänden ergeben sich sieben Schiffe (Beleuchtung der stockdunklen Krypta: 1 € für 4 Min.).

In der Krypta des Doms leitete am 20. Dezember 1046 die **Synode von Sutri** eine entscheidende Wende in der Kirchengeschichte ein: An diesem Tag setzte der damals 29-jährige Kaiser Heinrich III. drei rivalisierende Päpste ab. Der Papstthron war zuvor zum Spielball zwischen den verfeindeten Adelsfamilien geworden und der Meistbietende durfte Papst werden. Nachdem Heinrich III. die drei Konkurrenten um die Petrus-Nachfolge verjagt hatte, ernannte er selbst in der Zeit von 1046 bis 1055 vier deutsche Päpste.

Sein Sohn **Heinrich IV.** hatte weniger Glück mit dem Stellvertreter Christi auf Erden: Er unternahm den berühmten Gang nach Canossa, um von der päpstlichen Exkommunikation erlöst zu werden. Es handelte sich bei diesem Papst um Hildebrand von Soana, der zuvor als Berater von Heinrich III. an der Synode in Sutri teilgenommen hatte.

# Lago di Vico

**Der kleine idyllische Vico-See mit seinen dicht bewaldeten Hängen liegt in einem Naturschutzgebiet am Rand der Cimini-Berge. Die ruhige Gegend mit frischer Luft und herrlicher Landschaft eignet sich hervorragend zur Erholung, aber auch als Ausgangspunkt für interessante Ausflüge.**

Der See, den man in der Antike *Lacus Ciminus* nannte, ist vulkanischen Ursprungs. Heute liegt er tief in einem fast runden Krater und hat nur noch einen Umfang von 18 km. Bereits in der Antike und noch einmal im 17. Jh. hat man den Wasserstand durch einen künstlichen Abfluss gesenkt, um mehr fruchtbaren Boden zu gewinnen. Wie in der Gegend um Soriano (→ S. 623) auf der nördlichen Seite der Cimini-Berge gibt es hier heute große Haselnuss- und Esskastanienplantagen. Am sumpfigen Nordufer leben zahlreiche Vogelarten. Im Hintergrund erhebt sich der Monte Cimino, mit 1053 m der höchste Punkt der Cimini-Bergkette. Im Osten führt die Via Cimina, eine Panoramastraße von Viterbo nach Ronciglione, am Kraterrand entlang und bietet einige reizvolle Ausblicke. Trotz der herrlichen Landschaft ist es hier ruhig und nicht touristisch überlaufen. Das liegt wahrscheinlich auch daran, dass der See wegen seiner schwer zugänglichen Ufer kaum zum Baden geeignet ist. Nur wenige Hotels im Süden in Punta del Lago verfügen über kleine, schmale Strände mit schwarzem Sand.

## Eine Herkuleslegende

Um die Entstehung des Sees ranken sich viele Sagen. Eine davon erzählt, dass die ansässigen Bauern von Herkules, der auf der Suche nach Nymphen dort vorbeikam, einen Beweis seiner legendären Kraft sehen wollten. Ohne zu zögern rammte der starke Held eine gigantische Keule in den Boden und forderte die Bauern auf, sie wieder herauszuziehen. Dazu war natürlich keiner in der Lage. So tat Herkules es selbst und aus dem entstandenen Loch quoll das Wasser – der Lago di Vico war entstanden.

• *Verbindungen* Von Viterbo über die Via Cimina (15 km); von Rom über die Via Cassia, mehrere Abfahrten möglich (ca. 60 km).

• *Übernachten* Die meisten Hotels am See sind recht teuer, heruntergekommen oder schlecht. In Punta del Lago gibt es aber eine ganz schöne **Ferienwohnungsanlage** mit Strand, Pool und Tennisplätzen (Via dei Cerri, ✆ 0761.612330).

Recht schön ist auch das Hotel **La Bella Venere**, (s. u. Caprarola).

Das Hotel **Il Cardinale** liegt an der Panoramastraße Via Cimina (bei km 19), ✆ 0761. 624051, 📧 0761.612377. 3 Sterne, 23 schlichte Zimmer, Garten, großes Restaurant. DZ 70–110 €, zu bestimmten Zeiten günstige Sondertarife, Halb- und Vollpension möglich (18 bzw. 30 € pro Pers.).

• *Camping am See* Sehr ansprechend ist der **Campingplatz Natura** mit vielen Bäumen am Seeufer (4 km von Capodimonte und Ronciglione entfernt). 2 ha für max. 220

Pers., 10 Bungalows, geöffnet von Juni bis Sept. ℡ 0761.612347.

• *Essen* siehe Ronciglione.

• *Sport* Sportzentrum in Punta del Lago mit Schwimmbad.

▶ **Ronciglione:** Der malerische, etwa 2 km vom See entfernt hinter einer Anhöhe liegende Ort war im Mittelalter wegen seiner strategisch günstigen Lage auf dem Weg nach Rom sehr begehrt. Die Familie Farnese baute die Stadt zu einer Industrie- und Verlagsstadt aus. Heute ist Ronciglione ein bekannter Ferienort und ein Handelszentrum. Die herrliche Landschaft lädt zu ausgedehnten Spaziergängen ein.

• *Verbindungen* Gut erreichbar über Landstraßen aus allen Richtungen; Entfernung nach Rom ca. 60 km. **Buslinien** nach Viterbo, Rom. **Bahnstation** an der Linie Capranica – Orte.

• *Übernachten* **Villa Linda di Paola**, Via Magenta 65, ℡/℡ 0761.627857, www.villa linda.com. Zu diesem landwirtschaftlichen Bio-Betrieb (40 ha) gehört ein rund 8 ha großer Park, in dem verstreut mehrere komfortabel und stilsicher eingerichtete unterschiedlich große Häuser liegen, die an Gäste vermietet werden (z. B. ein Landhaus aus dem 19. Jh. für 14 Pers., ein Wohnturm für 8 Pers., auch romantische kleine Bauernhäuser für zwei); unterschiedlich große Küchen sind vorhanden. Alle haben Terrassen und Hängematten, in denen man sich unter schattigen Bäumen wunderbar erholen kann. Als Gemeinschaftseinrichtung stehen zwei Pools, Billiardraum und Joggingstrecke zur Verfügung. Es werden verschiedene Tagesausflüge veranstaltet und für mindestens 8 Pers. ist das Restaurant buchbar, in dem hauptsächlich die eigenen Erzeugnisse verarbeitet werden. Guter Service (z. B. Wäscherei, Babysitting). Die Häuschen für 2 Pers. kosten rund 100 € pro Nacht.

• *Essen* Die Auswahl an Trattorien und Restaurants ist groß.

**Antico Frantoio**, Via San Giovanni 4, ℡ 0761.650156. So und Mo mittags geschlossen. Eines der besten Restaurants des Ortes mit einer von der Jahreszeit abhängigen Karte, oft originellen, sehr gut zubereiteten Gerichten. Menü um 44 €.

*Restaurants am See* Die Lokale am See sind recht teuer. Spezialitäten: Fische aus dem See, vor allem Barsche und Hechte; Schinken, gefülltes Spanferkel (porchetta) und Weine aus der Gegend, während der Saison Steinpilzgerichte. Empfehlenswert sind z. B.:

**Ristorante da Fioro**, Lago di Vico, Punto del Lago, Via dei Noccioletti 16, ℡ 0761.612036. Mi Ruhetag. Das direkt am See liegende Restaurant bietet eine bodenständige Küche, in der besonders die Bruschetta und die Lasagne zu empfehlen sind. Menü um 35 €.

**Ristorante Lido dei Pioppi**, Via del Lido dei Pioppi 14, ℡ 0761.612029. Mo Ruhetag. Mit Blick auf den See isst man hier besonders gute „zuppa di funghi porcini" (Steinpilzsuppe) und „piccione ripieno" (gefüllte Taube) sowie natürlich die frischen Fische aus dem See. Menü um 40 €.

• *Antikmarkt* Am 1. So im Monat.

Das Städtchen hat ein intaktes mittelalterliches Viertel mit engen Gassen, Bogendurchgängen und verschachtelten Häusern mit Außentreppen. Am oberen Rand der Altstadt liegen die Ruinen der verfallenen Kirche **Sant'Andrea** mit dem sehenswerten Campanile aus dem 15. Jh.

Der andere Teil der Stadt stammt aus dem 17. Jh. und ist barock gestaltet. Hier findet man elegante kleine Palazzi und hübsche Kirchen. Sehenswert ist die Ende des 17. Jh. erbaute barocke **Kathedrale**. Im Innern der Kirche befinden sich einige wertvolle Gemälde aus dem 18. Jh. Auf dem Platz vor der Kirche steht ein **Brunnen** mit den steinernen Lilien aus dem Familienwappen der Farnese. Er zählt zu den Meisterbrunnen Italiens.

# Caprarola

In den Cimini-Bergen nahe des Vico-Sees liegt der beschauliche Kurort Caprarola. Die Gegend wird geprägt von der Landwirtschaft, vor allem Haselnussplantagen beherrschen hier das Bild. Caprarola lohnt auch eine längere Anreise wegen des großartigen **Farnesepalastes**. Er gehört zu den **schönsten Fürstenresidenzen Europas.**

• *Verbindungen* Über Landstraßen vom Lago di Vico aus gut zu erreichen; von Viterbo 18 km, von Rom 57 km entfernt. **Busverbindungen** nach Viterbo und Rom.

• *Übernachten* Klein und schlicht mit funktional eingerichteten Zimmern ist das Hotel, Restaurant mit Pizzeria **Il Farnese**, Strada Provinciale Caprolatta, km 2 (Straße von Caprarola in Richtung Vico-See), ☎ 0761.646029, 🖷 0761.646029. 2 Sterne, 11 Zimmer. DZ ca. 45 €.

Direkt am See liegt das **Hotel La Bella Venere**, Lago di Vico (Via Cimina bei km 16), ☎ 0761.612342, 🖷 0761.612344, www.label lavenere.it. Direkter Seezugang über wenige Meter schwarzen Sandstrand. 14 schlicht eingerichtete Zimmer. DZ ca. 90 €. Zum Hotel gehört auch ein ordentliches Restaurant mit Pizzeria.

**Agriturismo La Vita**, Loc. Valle de Vico, ☎ 0761.612077, www.agriturismolavita.it. In einem großzügigen Garten, umgeben von Wald, liegt das Haus. Von den Zimmern aus bietet sich ein wunderbarer Fernblick. Zum Anwesen gehört ein Restaurant (nur am Wochenende nach Vorbestellung geöffnet, Menü um 30 €). Der Betrieb produziert hauptsächlich Nüsse und Kastanien, entsprechend sind die Gerichte im Restaurant inspiriert (die Haselnusstorte sollte man unbedingt probieren). Es gibt einen Reit- und

Nautic-Club, der Ausritte, sowie Surf- und Segeltrips organisiert. DZ mit Frühstück ca. 85 €.

• *Essen* **Trattoria del Cimino**, Via Filippo Nicolai 44, ☎ 0761.646173. So abends und Mo geschlossen, Di und Mi nur mittags. Sehr schlichtes Lokal in einem alten Palazzo, aber hervorragend zubereitete bodenständige Küche mit typischen Gerichten der Region (auch gutem frischen Fisch). Menü um 20 €.

**Trattoria Bella Gioia**, Via A. Tempesta 1, ☎ 0761.646963. Di geschlossen. Ordentliche Trattoria mit für die Region typischen Gerichten, z. B. „misto di salumi locali" (verschiedene Salamisorten aus der Gegend), „pici con ragù" (handgedrehte Spaghetti mit Fleischsoße) und „abbacchio al forno con patate" (Milchlamm aus dem Ofen mit Kartoffeln). Am Abend werden auch Pizze angeboten. Preis für ein Menü um 30 €.

**Enoteca Bacco & C.**, Pzza. Martiri della Libertà 11, ☎ 0761.645028. Alteingesessener Familienbetrieb mit breiter Weinauswahl und einigen Spezialitäten der Umgebung (Öl, Honig und allem, was man aus Nüssen und Kastanien herstellen kann).

• *Fest* Im August, wenn die Haselnussernte beginnt, wird hier das **Haselnussfest** *(Sagra delle Nocciole)* gefeiert.

▶ **Farnesepalast**: Exponiert auf einer Anhöhe über dem Ort gelegen, beherrscht der Farnesepalast das Stadtbild. Die lange, schnurgerade Hauptstraße des Ortes führt ansteigend auf die 42 m breite und 35 m hohe Hauptfassade zu, die dadurch noch mächtiger wirkt. **Stilistisch** ist der Palast in die Übergangsphase von der Renaissance zum Barock einzuordnen und bildet eine merkwürdige Mischung aus massiver Festung und prunkvollem Schloss. Pierluigi Farnese, der Sohn von Papst Paul III. (1534–49), beauftragte 1546 den bedeutenden Architekten Antonio da Sangallo den Jüngeren, an dieser Stelle über dem Vico-See eine mächtige, fünfeckige Burg zu bauen. Zyklopische, bis zu 3 m dicke Mauern und tiefe Gräben waren bereits errichtet, als der Bauherr starb. Sein Sohn Kardinal Alessandro Farnese erbte die Baustelle und engagierte Giacomo Barozzi da Vignola, um ein repräsentatives Lustschloss auf das schon fertig gestellte, massive Fundament zu setzen. Der Baumeister schuf eine grandiose Treppenanlage zur Betonung der Hauptfassade, Loggien, Arkaden und 200 Räume mit 370 Fenstern.

Einzigartig ist auch die **Ausstattung** des Palazzos. Die meisten Räume sind mit plastisch wirkenden Fresken in leuchtenden Farben geschmückt. Nach der Fertigstellung kommentierte der Maler Federico Zuccari sein Werk: „*Weder in Italien noch außerhalb desselben gibt es einen Fürsten, der Wohngemächer hätte, die mehr malerischen Schmuck und anmutigere Malereien besäßen.*"

Die Themen der Fresken entstammen meist der antiken Mythologie, die seit der Renaissance beliebtes Dekorationsthema war. Sie sollten einerseits die klassische Bildung des Auftraggebers belegen, andererseits die Bedeutung der Familie betonen, indem man sie in die Götter- und Heldensagen einbezog oder Ereignisse der Familiengeschichte mit solchen im Götterhimmel gleichsetzte. Daneben tauchen auch Szenen aus der neueren Geschichte auf, in denen exakt porträtierte Familienmitglieder und historische Gestalten belegen sollen, dass die Farnese bei allen wichtigen Ereignissen zugegen waren – was natürlich nicht immer der historischen Wahrheit entsprach, aber um die ging es hier auch nicht, sondern allein um Macht und Selbstdarstellung.

## Die Familie Farnese

Die Familie Farnese stammt ursprünglich aus dem Norden Italiens, wo sie die Herzogtümer Parma sowie Castro und Ronciglione besaß. Durch eine geschickte Heiratspolitik vergrößerten die Fürsten ihr Vermögen um zahlreiche Paläste, Villen und Ländereien. Die Hochzeit Ottavios (1524–86) mit Margarethe von Österreich, der Tochter von Kaiser Karl V., brachte z. B. eine hübsche Summe sowie ganze Städte und Burgen in den Abruzzen ein.

Da die Staaten Parma und Castro nur Lehen der Kirche waren, mussten die Familieninteressen am päpstlichen Hof einflussreich vertreten werden. Unverzichtbar war deshalb ein ständiger Sitz im Kardinalskollegium, der ohne geistliche Ambitionen allein politischen Zwecken diente. Die moralisch eher vorurteilslosen Farnese verlangten von ihrem kirchlichen Würdenträger denn auch keinerlei Hang zur religiösen Berufung oder gar theologische Ausbildung. Es reichte, dass er *„mit literarischer Kultur und dem Anschein guter Sitten geschmückt"* war. Als es darum ging, die Nachfolge von Kardinal Alessandro zu sichern, wurde dessen Großneffe Odoardo (1573–1624) schon im Alter von 18 Jahren Kardinal.

Konsequent verkuppelte man die legendär schöne Giulia Farnese (1475–1524) mit dem Borgia-Papst Alexander VI., was ihrem Bruder Alessandro zunächst den Kardinalsrang und schließlich auch die Wahl zum Papst (Paul III., 1534–49) einbrachte (→ S. 515). Dass der sich dann des Lebens erfreute und mit seiner Konkubine Silvia Ruffini vier Kinder zeugte, von denen das älteste, Pierluigi (1503–47), den Palast von Caprarola in Auftrag gab, überrascht nicht. Dessen Sohn Alessandro II. (1520–89), der den Palast fertig stellte, stand seinem päpstlichen Opa in nichts nach und hinterließ mit seinem Charme und seinem eleganten Auftreten am französischen Hof und in anderen maßgeblichen Gesellschaftskreisen einen bleibenden Eindruck. Von Paul III. zum Kardinal ernannt, erlangte er außerordentlich großen Einfluss. Sein ehrgeiziges Ziel, selbst Papst zu werden, ließ sich allerdings nicht realisieren. Siebenmal unterlag er im Konklave, bevor er seine Karriereabsichten aufgab.

Der Norden von Latium

Karte S. 601

Eine kleine Auswahl der zu besichtigenden Räume im Farnesepalast und insbesondere der Fresken soll hier erwähnt werden:

● *Rundgang* **Eingangshalle**, Darstellung der Häfen von Malta und Messina, Schlösser und Ortschaften der Farnese.

Links führt eine **Wendeltreppe** nach oben. Sie gehört zu den Meisterwerken Vignolas und wird als *Scala Regia* bezeichnet, ausgeschmückt mit Fresken von Antonio Tempesti (1580/83), die Symbole und Landschaften darstellen.

Im **ersten Stock** befinden sich die Säle mit den Arbeiten Zuccaris (1560–69). Zunächst betreten Sie den Saal des Herkules, der früher eine offene Loggia war, dort sehen Sie einen Mosaikbrunnen mit Marmorputten, der die Herkuleslegende zum Thema hat (u. a. Entstehung des Lago di Vico). Von hier aus genießt man Sie einen herrlichen Ausblick auf das Städtchen Caprarola.

Die **Kapelle** weist einen kreisförmigen Grundriss auf, die Decke zeigt Bibelszenen; an den Wänden die Apostel, eine Pietà, Johannes der Täufer und Maria am Grabe Jesu. Abgebildet ist der Farnese-Papst Paul III., dem der Heilige Geist in Gestalt einer Taube etwas ins Ohr flüstert. Sehr schön ist der Ziegelfußboden, dessen kompliziertes Muster eine Lilie, das Familienwappen der Farnese, bildet.

**Festsaal**: Themen sind die Verherrlichung der Familie Farnese (unter besonderer Hervorhebung des Hausherrn Kardinal Alessandro) und die erfolgreichen Familienerweiterungen, z. B. durch die Eheschließung Ottavios mit Margarethe von Österreich.

*Decke*: politisches Leben der Farnese, in der Mitte ihr Wappen.

*Linke Wand*: Alessandro und Ottavio Farnese ziehen mit Kaiser Karl V. in den Krieg gegen die Lutheraner.

*Wand gegenüber vom Eingang*: Paul III. verleiht seinem Sohn Pierluigi das Kommando über das päpstliche Heer; Paul III. ernennt Orazio, seinen Neffen, zum Präfekten von Rom.

*Rechte Wand*: Alessandro und Karl V. vereinbaren den Kampf gegen die Lutheraner; Julius III. schenkt Alessandro das Herzogtum Parma.

*Wand am Eingang*: Ottavio Farnese, der Bruder Alessandros, wird von Paul III. mit Margarethe von Österreich verheiratet.

**Saal des Konzils von Trient**: Dargestellt sind die Stationen von Papst Paul III. mit plastisch wirkender Architekturmalerei. Durch die geschickte Einbeziehung von Licht und Schatten wird die Wirkung noch verstärkt.

*Decke*: Papstkrönung von Paul III.

*Linke Wand*: Einberufung des Konzils von Trient.

*Wand gegenüber dem Eingang*: Karl V. und Paul III. nach der Eroberung Tunesiens.

*Rechte Wand*: Paul III. ernennt vier Kardinäle.

*Eingangswand*: Paul III. als Vermittler zwischen den Kämpfenden Karl V. und Franz I.

**Saal der Morgenröte** (dell'Aurora): An der Decke eine Allegorie der Morgenröte; Scheinarchitektur mit gemalten Säulen.

**Camera di Lanifici**: Die Decke zeigt Wollweber bei der Arbeit.

**Raum der Einsamkeit** (Stanza della Solitudine): biblische Szenen, Philosophen, historische Persönlichkeiten.

**Kabinett der Hermathene**: *Decke*: Hermes und Athena.

*Ecken*: Instrumente der Wissenschaft.

Vom **Turmzimmer** aus gelangen Sie zu den Sälen, die von Jacopo Bertoja, Giovanni de Vecchi, Raffaellino da Reggio und Giovanni Antonio da Varese von 1569 bis 1576 ausgestaltet wurden.

**Camera della Penitenza** (Bußgemach): *Decke*: Kreuzerhöhung.

**Camera dei Giudizi** (Zimmer des Urteilsspruches): *Decke*: Urteil des Salomo; von hier aus bietet sich ein schöner Blick in den Garten.

**Camera dei Sogni** (Raum der Träume): *Decke*: Jakobs Traum.

**Sala degli Angeli** (Engelssaal): Dieser prachtvolle quadratische Saal hat eine interessante Akustik. Wenn Sie genau in der Saalmitte klatschen, wird das Geräusch drei- bis viermal wiedergegeben, was aber ausschließlich an dieser Stelle zu hören ist. An den Wänden stellt sich ein „*Telefoneffekt*" ein.

*Decke*: Vertreibung Luzifers.

*Linke Wand*: Daniel in der Löwengrube.

*Wand gegenüber dem Eingang*: Erscheinung eines Engels.

*Rechte Wand*: Verkündigung Gideons.

*Eingangswand*: Die Erscheinung eines Engels über der Engelsburg bei der Bittprozession.

**Sala del Mappamondo** (Weltkartensaal): An allen Wänden Landkarten der vier damals bekannten Kontinente. *Decke*: Planetensystem.

Hinter dem Palazzo liegt ein weitläufiger **Park** (begleiteter gesonderter Zutritt mit Eintrittskarte „Typ B" und nur, wenn es nicht regnet), überall auf dem terrassenförmigen Gelände stehen Brunnen. Außerdem wachsen in dem Garten über 5 m hohe Kamelienbäume, Azaleen und üppige Rhododendren. Der kleine **Pavillon** im Hintergrund wurde ebenfalls von Vignola errichtet.

*Bedeutender Renaissancebau: der Farnese-Palast in Caprarola*

• *Öffnungszeiten* Mo geschlossen (ebenso Weihnachten, Neujahr, 1. Mai), sonst 8.30–19 Uhr (letzter Einlass 18.30 Uhr). Nur begleiteter Eintritt (ohne Führung) ca. alle 30 Min. Ticket **Typ A** gilt für den Palast, Ticket **Typ B** gilt nur für den Garten. Am Wochenende und an Feiertagen finden Führungen um 10, 12, 15 und 17 Uhr statt (ausschließlich in italienischer Sprache, ein Besuch lohnt aber auch dann, wenn man die Führung nicht versteht).

• *Eintrittspreis* 2 € (Typ A oder Typ B), unter 18 und über 65 Jahren Eintritt frei; für Führungen wird ein Zuschlag von 2,50 € verlangt. Das Fotografieren und Filmen im Palast ist verboten (selbst ohne Blitz und Stativ).

• *Information* Touristenbüro von Caprarola, ☎ 0761.646157; Ticketverkauf ☎ 0761.646052.

## Nepi

Der über 2.500 Jahre alte Ort auf dem Felsen war wegen seiner strategisch günstigen Lage schon immer begehrt und umkämpft. Bereits Etrusker und Römer wechselten sich in ihrer Herrschaft ab. Von den Goten 588 zerstört, dann aber wieder aufgebaut und anschließend immer wieder unter andere Herrschaft geraten, erfolgte die letzte Besetzung 1798 durch die Franzosen unter Napoleon. Der Name der Stadt leitet sich von *Nepete,* dem etruskischen Wort für die Schlange ab, die als Schutzgöttin der Felder verehrt wurde und die Fruchtbarkeit symbolisierte. In der Nähe der Stadt sprudelt eine **Mineralwasserquelle**, für die die Stadt heute bekannt ist. Zur Zeit des Kirchenstaats hatte Nepi mit seinen Herrschern besonders viel Pech (s. u. Kasten).

Das Stadtbild wird von den mächtigen Ruinen einer Burg beherrscht. Sie war einst eine der **größten Festungen Latiums** und wurde 1450 von Kardinal Rodrigo de Borgia erbaut. Das Castello wird seit vielen Jahren restauriert und ist nicht zu besichtigen. Der **Dom Santa Maria Assunta** in der Via Matteotti stammt in wesentlichen Teilen aus den Jahren 1752 und 1831. Um einiges älter, nämlich aus dem 12. Jh., ist die Krypta, die auf den Fundamenten eines antiken Tempels steht. Sehenswert ist auch der barocke Sarg des heiligen Romanus. Vom Dom aus führt die Hauptstraße Via Giacomo Matteotti zum Platz mit dem Rathaus (*Palazzo Comunale*), das von Antonio da Sangallo im 16. Jh. erbaut wurde. In der Mitte der Fassade sprudelt ein großer Wandbrunnen Gianlorenzo Berninis, der das Stadtwappen darstellt: ein Turm mit Schlangen, aus dessen Tür Wasser fließt.

## Die wechselvolle Geschichte des Ortes Nepi

Kardinal **Rodrigo de Borgia** (1431–1503) war ein cleverer Politiker. Für seine Wahl zum Papst (**Alexander VI.**), kaufte der Spanier die entscheidende Stimme des jungen Kardinals Ascanio Sforza im Konklave. Als Preis bot er diesem das reiche Nepi. Da er selbst die Vorzüge der kleinen Stadt aber durchaus zu schätzen wusste, nahm er Sforza nach kurzer Zeit das Gebiet wieder ab und schenkte es seiner jungen Tochter (!) Lucrezia. Die zog sich schon bald in Trauer hierher zurück. Ihr Bruder Cesare hatte nämlich mit Billigung des päpstlichen Papas ihren zweiten Ehemann im Vatikan vergiftet. Cesare konnte die aufgebrachte Schwester nur beruhigen, indem er versprach, für einen neuen, viel reicheren Ersatz-Ehemann zu sorgen. Zunächst aber unternahm er von Nepi aus noch einige Kriegs- und Raubzüge.

Als Kommandeur der päpstlichen Truppen tyrannisierte er mit seinen Söldnern viele Ortschaften. In einem Bericht wurde das Vorgehen von Cesares Truppen überliefert: *„Am Montag, 23. Januar 1503, hieß es in Rom, Cesare habe sich jüngst Chiusi und Pienza unterworfen, ebenso die Ortschaften Sarteano, Castel della Pieve und Santo Quirico, wo man nur zwei Greise und neun alte Weiber vorfand. Die Leute des Herzogs hängten sie an den Armen auf und zündeten Feuer unter ihren Sohlen an, um sie durch die Tortur zum Geständnis zu zwingen, wo die Habe versteckt sei. Sie konnten oder wollten aber nicht gestehen und wurden umgebracht. Die ruchlose Bande riss die Dächer von den Häusern, die Balken, Fenster, Türen, aus den Fässern verschüttete sie den Wein, und steckte alles in Brand.“*

Das Versprechen, seiner Schwester einen neuen Mann zu besorgen, vergaß Cesare darüber nicht und verkuppelte Lucrezia schließlich mit dem schönen und reichen Herzog von Ferrara. Nach der Hochzeit verließ Lucrezia Nepi und der Papst ernannte seinen dreijährigen Sohn (*„geboren von Uns und einer Ledigen“*, wie er in solchen Fällen bekanntgeben ließ) zum Eigentümer der Stadt. Nach der Ermordung des Papstes zog sich Cesare entmachtet und kränklich in das Schloss von Nepi zurück.

Die nachfolgenden Päpste **Julius II.** und **Leo X.** taten es Alexander gleich und verschenkten Nepi mehrfach, meist an verschiedene Damen ihres Herzens. Letzter Herzog von Nepi wurde der furchtbar eitle Dichter und Entertainer Bernardo Accolti. Er verstand es vorzüglich, die Sucht von Papst Leo X. (1513–21) nach leichter Unterhaltung zu befriedigen und in klingende Münze umzusetzen. Seine Gagen müssen unverschämt gewesen sein, denn im Jahr 1521 konnte er ganz Nepi kaufen. Danach setzte er sich zur Ruhe und tyrannisierte seine Bürger. Sieben Jahre später revoltierten diese und vertrieben den alternden Künstler.

Ein Jahr später wurde Pierluigi Farnese, ein Sohn von Papst Paul III., Eigentümer von Nepi. Auch er beschäftigte sich hauptsächlich mit nicht legalen Geschäften, hinterließ aber wenigstens einen schönen Palazzo im Zentrum, in dem heute das Rathaus seinen Sitz hat.

● *Verbindungen* Von der Via Cassia auf die SS 311 in Richtung Civita Castellana, von Rom 35 km entfernt.

● *Übernachten* **Hotel La Tana**, außerhalb von Nepi an der Via Cassia bei km 40,800, ✆ 0761.520141, ✉ 0761.571151. Es verfügt nur über 7 spartanische, dafür aber auch preiswerte Zimmer. 1 Stern. DZ ca. 30 €.

● *Essen* Sehr empfehlenswert ist das gehobene **Ristorante Casa Tuscia**, Via di Porta Romana 15, ✆ 0761.555070, www.

ristorantecasatuscia.it. Mo geschlossen, an Wochenenden und an Feiertagen ist nur mittags geöffnet, sonst mittags und abends. Schöne Lage im Grünen. Die meisten der ausgezeichneten Gerichte auf der täglich wechselnden Karte sind Weiterentwicklungen traditioneller Rezepte (auch hervorragende vegetarische Küche und ausgezeichneter Fisch). Menü um 40–45 € (das Fischmenü ist etwas teurer).

▶ **Castel Sant'Elia**: Am Ortsender von Nepi, auf der Straße nach Civita Castellana zweigt der Weg in ein Tal ab zur Basilika von Sant'Elia. Schon zur Zeit der Falisker soll an dieser Felswand ein Heiligtum gewesen sein, das dann die Römer zu einem Dianatempel ausbauten und in dem sich später Eremiten niederließen und im 6. Jh. eines der ersten Benediktinerklöster gründeten. Die heutige Basilika entstand um das Jahr 1000. Bei ihrem Bau verwendete man noch ältere Fragmente, wie z. B. die qualitätvollen langobardischen Marmorarbeiten aus dem 8. Jh. an der Einfassung des Portals. Sehenswert sind im Innern auch der wunderbare Cosmatenfußboden und die gut erhaltenen Freskenfragmente (11. Jh.).

*Öffnungszeiten/Eintritt* Im Winter 15–17 Uhr, Sa/So auch 9–12 Uhr; im Sommer 17–19 Uhr, Sa/So auch 10–13 Uhr. Eintritt 2 €, Personen unter 18 und über 65 Jahre Eintritt frei.

Neben der Kirche ist ein Friedhof. Man kann auch einen Spaziergang durch das waldige Tal unternehmen.

● *Übernachten* **Zia Cathy's Country House & Banqueting**, einige Kilometer von Castel Sant'Elia entfernt an der Regionalstraße SS 311 Nepesina von Nepi in Richtung Civita Castellana bei km 12, ✆ 0761.599037, www.ziacathys.it. Eine lange Auffahrt führt zu dem landschaftlich in einem Park mit

Pool schön gelegenen Landhaus von 1850. Die 7 Zimmer sind mit alten Möbeln stilecht und komfortabel ausgestattet (moderne Bäder, Klimaanlage) und bieten einen schönen Blick. Restaurant nur auf Vorbestellung. DZ inkl. Frühstück 100 €.

## Civita Castellana

Die malerisch gelegene Kleinstadt ist einer der ältesten Orte Italiens. Mit den herausragend schönen Marmorarbeiten im Dom, der mächtigen mittelalterlichen Burg, dem Panoramaweg entlang der Stadtmauer und dem hübschen Zentrum ist Civita Castellana auf jeden Fall einen Besuch wert.

● *Verbindungen* Von Rom über die Via Flaminia oder die Autobahn in Richtung Florenz (A 1), Abfahrt „Magliano-Sabina", ca. 80 km; von Viterbo über die Via Cassia und Nepi, ca. 35 km.
**Busverbindungen** nach Viterbo und Rom.
**Bahnstation** an der Linie Viterbo – Rom (mit der Lokalbahn ab Roma-Nord, 90 Min.).

● *Übernachten* In einem historischen Gebäude aus dem 17. Jh. mitten in der Altstadt, wenige Schritte vom Dom entfernt, liegt das stilvoll eingerichtete **H Palace Hotel Relais Falisco**, Via Don Minzoni 19, ✆ 0761.5498, ✉ 0761.598432, www.relais falisco.it. Die 43 Zimmer sind sehr schön,

es gibt einen kleinen Wellness-Bereich im Keller (mit Whirlpool-Grotte und Sauna). Parkplatz frei, Garage für 10 €/Tag. 4 Sterne. DZ 150 €, gelegentlich günstigere Arrangements.
**Agriturismo Casa Ciotti**, Via Terni 14, ✆ 0761.513090, www.casaciotti.com. Der rund 100 ha große Bio-Landwirtschaftsbetrieb produziert u. a. hervorragendes Olivenöl. Man wohnt in einem Landhaus vom Ende des 18. Jh. (in der Halle unterschrieben im September 1870 päpstliche Truppen die Kapitulationsurkunde, bevor sich auch der Papst eine Woche später Garibaldis Freischärlern ergab), in geschmackvoll und

stilgerecht möblierten Appartements (2 oder 4 Pers.). Garten und Pool sind sehr gepflegt. DZ 96–126 €, Rabatt bei Buchung für eine Woche.

● *Essen*   **Ristorante L'Altra Bottiglia**, elegantes Restaurant in einem alten Palazzo im Zentrum, Via delle Palme 18, ✆ 0761.517403, www.laltrabottiglia.com. Di geschlossen, So nur mittags, sonst nur abends geöffnet (Reservierung erforderlich). Es ist eines der Spitzenrestaurants in Latium, allein die herausragende Weinkarte mit Raritäten aus der ganzen Welt (bei vergleichsweise moderaten Preisen) lohnt für Weinkenner sogar eine längere Anreise. Regelmäßig stehen vier Menüs auf der stets wechselnden Tageskarte. Allein die Käseauswahl lässt jedes Feinschmeckerherz höher schlagen, wie auch der Cognac von 1960 zum Abschluss. Preis für ein durchschnittliches Menü ohne Getränke ca. 45–75 € .

Gute, traditionelle, bodenständige Gerichte bietet die **Trattoria La Giaretta**, Via Ferretti Vincenzo 108 (zentral in der Altstadt gelegen), ✆ 0761.513398. Mo geschlossen. Menü um 30 €.

● *Einkaufen*   Civita Castellana ist für seine **Keramik** bekannt; mehrere Geschäfte mit **Kunstgewerbe** entlang der Hauptstraße Corso Buozzi.

**Supermarkt** in der Via Gramsci 10.

Die Ursprünge der Stadt reichen bis in die Bronzezeit zurück. Sie war unter dem Namen *Falerii Veteres* Hauptstadt der **Falisker,** die mit den benachbarten Etruskern eng verbunden waren. Der Belagerung durch die Römer im Jahr 437 v. Chr. widerstand die Stadt noch, schlecht sah es dann aber im Jahr 396 v. Chr. aus: Die Legende berichtet, dass die Bevölkerung nicht aufgeben wollte. Um ein Ende zu erzwingen, soll ein Lehrer seine Schüler als Geiseln angeboten haben. Diese Unfairness lehnten die Römer empört ab und schickten den Verräter mitsamt den Kindern wieder zurück in die Stadt. Das wiederum beeindruckte die Falisker, sie ergaben sich und retteten so ihre Stadt vor der Zerstörung. Unglücklicherweise unterstützten sie später im Konflikt der Tarquinier gegen die Römer die falsche Partei. Mit dem Untergang Tarquinias zerstörten die Römer 241 v. Chr. auch *Falerii Veteres* und siedelten die Bewohner 6 km weiter westlich an einem strategisch ungünstigeren Ort an, wo man sie besser im Griff hatte. Dieses Falerii Novi wurde im 8. Jh. n. Chr. aufgegeben. Zu sehen sind heute noch die Reste der Ringmauer, die 2108 m lang und mit vielen Türmen und acht Toren ausgestattet war. Auf den Grundmauern der alten Faliskerstadt wurde stattdessen das heutige Civita Castellana erbaut. Ausgrabungen brachten aufschlussreiche Funde aus faliskischer Zeit zutage, die heute im Museum in der Burg ausgestellt sind.

### Der Volksstamm der Falisker

Die Falisker waren ein Volksstamm, von dem man noch weniger weiß als von den Etruskern. Sie waren vielleicht ein anderer etruskischer oder ein sabinischer, jedenfalls ein selbstständiger Stamm. Ihre Kultur war hoch entwickelt und geprägt von griechischen Einflüssen, die sie vollendet in ihren eigenen Stil übernahmen. So waren seinerzeit die roten, figürlichen Vasen aus den Werkstätten von Falerii in ganz Etrurien begehrt. Civita Castellana ist die einzige Stadt, die bisher als zu diesem Volk gehörig identifiziert werden konnte.

Sehenswert ist der aus dem 12. Jh. stammende **Dom Santa Maria**. Seine Fassade mit ungewöhnlich prachtvoller Eingangsloggia und fein gearbeitetem Portikus aus schneeweißem Marmor und den wertvollen Marmormosaiken gestaltete um 1210 der bekannte römische Meister Jacopo di Lorenzo. Der Innenraum wurde

Mitte des 18. Jh. barockisiert, doch der Fußboden, ein Zeugnis hervorragender Cosmatenarbeit, ist erhalten. Hier sind aus den farbigen Marmor- und Porphyrtrümmern besonders vielfältige und komplizierte geometrische Muster zusammengefügt worden. Als Hauptaltar dient ein römischer Marmorsarkophag. Aus dem 8. Jh. stammt die neunschiffige Krypta mit unterschiedlichen Säulen und ganz verschieden gestalteten Kapitellen. Der Renaissance-Wandaltar links lässt auf dem Marmor noch Reste einer farbigen Fassung erkennen.

Weitere bedeutende Kirchen sind **San Francesco** aus dem 18. Jh. (dort kann man im Pfarrhaus noch zwei kostbare Gemälde aus dem 15. Jh. besichtigen) und **Santa Maria del Carmine** aus dem 16. Jh. mit einem hohen Glockenturm.

*Die Burg von Civita Castellana*

Am Ortsausgang steht das mächtige **Forte del Sangallo**. Den Auftrag zum Bau erteilte 1494 der berüchtigte Borgia-Papst Alexander VI., der für sich und seine Familie bereits im benachbarten Nepi eine Festung hatte bauen lassen, dem bekannten Architekten Antonio da Sangallo. Die fünfeckige Burg ist hervorragend erhalten und gehört zu den wichtigsten Bauten in der Region um Viterbo. Im 19. Jh. wurden Teile als Gefängnis genutzt. Als im Jahr 1870 **Garibaldi** mit seinen Truppen Civita Castellana einnahm, saß hier gerade der prominente Räuber **Gasparone** mitsamt seiner Bande ein. In seiner Zelle diktierte er einem Bandenmitglied seine Memoiren, die später in Paris veröffentlicht wurden.

Im Hauptgebäude befindet sich heute das **Museo Archeologico dell'Agro Falisco**, das in neun Räumen Fundstücke aus faliskischer Zeit präsentiert, darunter hauptsächlich Keramiken und Bronzen. Der Rundgang führt zunächst durch den runden Turm – im Durchgang interessante Fresken – in den großen Innenhof. Das Kreuzgewölbe des Säulenumgangs ist mit zweifarbigen Fresken gestaltet, in den Bogenfeldern der Wände befinden sich weitere Fresken. Im ersten Stock liegen die Ausstellungsräume. Bemerkenswert sind ein Falisker-Schädel, in dessen Gebiss eine erstaunlich perfekte Goldbrücke eingesetzt ist, die Beispiele feiner griechischer Importkeramik im Vergleich zu den eher plumpen faliskischen Nachahmungen sowie archaische Baumstammsärge.

*Öffnungszeiten* **Museo Archeologico dell'Agro Falisco**, ☏ 0761.513735. Mo geschlossen, sonst 9–19 Uhr. Nur begleiteter Einlass (ohne Erklärungen) für maximal 30 Pers. zu jeder vollen Stunde. Eintritt frei.

Gegenüber der Burg (von der Brücke aus sofort rechts durch ein hohes schwarzes Eisentor, Via Tiratore) führt ein **Panoramaweg** an der Stadtmauer entlang. Von hier aus hat man eine weite Aussicht ins Tal und auch einen guten Blick auf die Apsis des Doms. Zahlreiche Bänke laden zum Verweilen ein.

Der Norden von Latium    Karte S. 601

# Lago di Bolsena

**Der annähernd kreisrunde Bolsena-See ist der größte See vulkanischen Ursprungs in Italien. Er ist 14 km lang, 12 km breit, hat eine Uferlänge von 43 km und erreicht eine maximale Tiefe von 146 m.**

Die Landschaft strahlt eine wohltuende Ruhe aus, die man besonders genießen wird, wenn man aus Rom oder im Sommer von den überfüllten Stränden am nahen Meer kommt. Die Umgebung des Sees prägen landwirtschaftliche Kleinbetriebe. Ihre Gemüsegärten, Kiwiplantagen, Weinberge und Olivenhaine bieten mit vielfältigen Grüntönen ein hübsches Landschaftsbild. Im Osten reichen Wälder und Wiesen an den See heran, immer wieder gibt es Strände mit feinem (gewöhnungsbedürftigem) schwarzen Sand, aber auch Abschnitte mit sumpfigen Schilfgebieten. Da das Ufer recht flach ist und erst nach etwa 20 m steil abfällt, ist der See auch für Kinder zum Baden geeignet. Mehrere alte Ortschaften liegen malerisch am Ufer oder hoch darüber auf dem Kraterrand. Im südlichen Teil des Sees befinden sich zwei Inseln, die **Isola Bisentina** und die winzige **Isola Martana**.

Diese Atmosphäre hat schon in vergangenen Jahrhunderten Künstler wie etwa Ludwig Tieck und den französischen Komponisten Hector Berlioz inspiriert.

> Zu der **Entstehung des Sees** trugen vor hunderttausenden von Jahren vier Vulkane bei. Aus vielen hundert über das ganze Gebiet verstreuten Kratern spuckten sie so viel Schlacke und Lava aus, dass unterirdisch ein Hohlraum entstand, der die oben lagernden Geröllmassen nicht mehr tragen konnte. Das Ganze brach ein und füllte sich mit Wasser. Spuren dieser unruhigen Zeit sind heute noch in der Nähe von Bolsena zu finden. Dort wurden Steine wie Pfeile in den Hügel geschleudert und blieben stecken. Auch der Abbau des roten *Lapilli*, der hauptsächlich als Tennisplatzbelag verwendet wird, weist auf die rege Tätigkeit der Vulkane hin.

Obwohl der Bolsena-See ein sehr attraktives Ausflugs- und Ferienziel ist und in den Sommermonaten ein breites Angebot an Restaurants, Unterkünften und Sportmöglichkeiten bietet, wird es hier selbst zur Hauptsaison zwischen Juni und Mitte September nie unangenehm voll. Es lassen sich selbst dann immer noch relativ ruhige **Badestrände** finden, die von der Uferstraße aus zwischen den Plantagen über holprige Feldwege gut erreichbar sind. Die Römer kommen bei schönem Wetter zwar gerne für ein Wochenende, zu einem richtigen Urlaub gehört für sie aber eher das Meer. Ab September wird es noch stiller. Da das Wetter oft bis in den November hinein schön ist, kann man sich prächtig erholen, allerdings sind dann einige Hotels, viele Restaurants und die Campingplätze geschlossen. Eine weniger ideale Reisezeit ist das oft verregnete und kühle Frühjahr. Beliebt ist Bolsena besonders bei deutschen Touristen, für die ein breites Angebot, z. T. auch an deutschsprachig betreuten Freizeiteinrichtungen besteht (mehr dazu im Serviceteil unten). Wenn jedoch der Metzger an der Piazza Matteotti an seiner Markise auf Deutsch mit *„Fleischerei Wurstwaren"* wirbt, deutet dies nicht auf bevorstehenden Massentourismus und Mallorca-Verhältnisse hin. Die Aufschrift existiert schon seit 25 Jahren; der Sohn des Hauses brach damals sein Studium im Ausland ab und kehrte heim in den elterlichen Betrieb, wo er dem Ort stolz die immerhin erworbenen Sprachkenntnisse präsentierte.

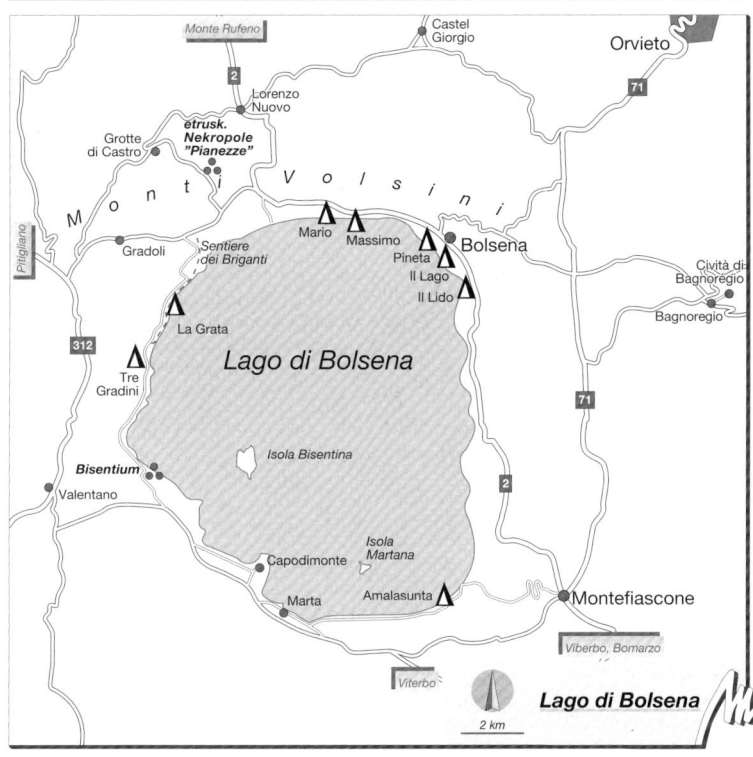

*Lago di Bolsena*

Als sich in den 1980er Jahren die Wasserqualität des Sees verschlechterte, entwickelten die Ufergemeinden ein gemeinsames Konzept zur Abwasserentsorgung. Seitdem ein Ringkanal fertiggestellt wurde und in der Nähe von Marta eines der modernsten Klärwerke Italiens in Betrieb ging, finden keine Abwassereinleitungen in den See mehr statt. Inzwischen ist er **einer der saubersten Gewässer Italiens**. Der Ort Montefiascone bezieht sogar sein Trinkwasser aus dem Bolsena-See.

● *Information*   www.bolsenasee.com, www.bolsena.info. Touristenzeitung *Corriere della Tuscia*, internationale Reisezeitung rund um den Bolsena-See, in deutscher Sprache gratis in vielen Hotels und Restaurants zu erhalten.

● *Verbindungen*   Von Orvieto über die SS 71 bis zur Abzweigung Bolsena, 23 km; von der Autobahn in Richtung Florenz (A 1) Abfahrt „Orvieto" oder von Rom aus über die Via Cassia (80 km).

**Buslinien** nach Orvieto (2-mal tägl.) und nach Viterbo; weitere Regionalbusse fahren nach Montefiascone und Gradoli. Um nach Marta zu gelangen, muss man in Montefiascone umsteigen.

● *Camping*   Das Verbot des Freicampens wird besonders in der Hauptsaison streng durchgesetzt.

In der Zeit von April bis September stehen zahlreiche Plätze mit direktem Seezugang zur Verfügung (da es im August voller wird, ist dann eine Reservierung anzuraten), hier empfehlenswerte Beispiele:

Wohl der beste und größte Platz am See ist **Lido Camping Village** (einziger 4-Sterne-Platz). Via Cassia bei km 111,500, ca. 1,5 km südlich von Bolsena (im Zentrum bei der Ampel Richtung Montefiascone/Viterbo, 1,5 km hinter Bolsena, direkt am See), ✆ 0761.799258, 📠 0761.796105, E-Mail info@bolsenacamping.it. Es gibt schwarzen

Sandstrand, eine Surf- und Badebucht, eine abgegrenzte, kindersichere, stehtiefe Badebucht, sehr gute Sportmöglichkeiten (Tennis, Fußball, Basketball, Beachvolleyball, Tischtennis, Surfen), Kurse in deutscher Sprache (z. B. Surfkurse, Sprachkurse), Café, Restaurant, Supermarkt, Kinderbetreuung (3–15 Jahre), Disco, Animation, regelmäßig Open-air-Buffet, organisierte Ausflüge. 600 Stellplätze, 36 Bungalows, komplett eingerichtete Steilwandzelte in unterschiedlichen Größen. Preisbeispiel: 2 Erwachsene mit Auto und Caravan 31 €.

Einer der kleineren Plätze (max. 175 Pers.) ist **Camping Massimo**, Via Cassia km 116,3 (ca. 3,5 km westlich von Bolsena), ℡ 0761.798738, www.massimo.info. Sehr sauber, nette, familiäre Atmosphäre, kindergeeigneter Strand, alter Baumbestand. Es gibt eine kleine Bar mit Verkaufsstelle und eine Trattoria mit wechselnden Tagesgerichten zu moderaten Preisen. Auf dem Platz befinden sich auch 4 Appartements mit Seeblick und 2 Bungalows (mit Küche inkl. Spülmaschine), jeweils für 4 bis 6 Pers. Camping-Preis: 8 € pro Pers., 10–17 € pro Stellplatz, Auto 6 €; im Appartement oder Bungalow für 4 Pers. pro Woche 650–970 € Grundpreis (je nach Größe und Jahreszeit).

Weitere empfehlenswerte Plätze:

**Blu International Camping**, in Pietre Lanciate, Via Cassia km 111,650 (von Bolsena in Richtung Rom), ℡/℡ 0761.798855, www.blucamping.it. Für ca. 700 Pers., alter Baumbestand, Laden und Restaurant mit Pizzeria. Es gibt auch Hütten für 4 Pers. (60–95 € Grundpreis pro Tag, je nach Saison).

**Amalasunta**, 5 km westlich von Montefiascone am Seeufer, Via Lago 77, ℡ 0761. 825294, www.campingamalasunta.it. Für ca. 600 Pers., alter Baumbestand, beaufsichtigter Kinderpool (2–12 Jahre), Laden, Bar, Restaurant. Etwas preiswerter als der Durchschnitt.

● *Ferienwohnungen/-häuser* Es gibt ein vielfältiges Angebot, deutschsprachige Vermittlung durch:

**Agenzia Ombrellone**, Montefiascone, an der SS 2, Via Cassia bei km 100,5, ℡ 830807, ℡ 0761.834112, www.bolsena.info (auch Veranstaltung und Vermittlung von diversen Kursen und Touren, z. B. mit dem Mountainbike).

**Acacio & Mechthild Murado de la Fuente**, Via Fiordini 786, Montefiascone, ℡ 0761. 823763, ℡ 0761.828026, www.bolsenasee.com.

**Agenzia Immobiliare Domizil**, Pzza. Matteotti 7, Bolsena, ℡ 0761.798444, ℡ 0761.796182, www.immobiliaredomizil.it.

● *Agriturismo* Sehr großes Angebot, Vermittlung durch Agenzia Ombrellone (s. o.). Empfehlenswert sind z. B.:

**Agriturismo Battaglini**, Via della Chiusa 51, Bolsena, ℡/℡ 0761.798.847, www.agriturismobolsena.it. Am Rande des Ortes Bolsena gelegen, ca. 200 m von Strand „*Guadetto*" entfernt. 3 Appartements in einem landschaftstypischen, 2006 grundlegend renovierten Haus. Preis pro Appartement 400–680 € pro Woche (je nach Größe und Saison).

**La Riserva di Montebello**, Strada Orvietana km 3, oberhalb von Bolsena, ℡/℡ 0761. 798965, www.lariservamontebello.com. Am Kraterrand oberhalb von Bolsena gelegen hat man hier einen fantastischen Blick auf den See und die umliegenden Dörfer. Die Anlage ist überaus gepflegt und wird auch hohen Ansprüchen gerecht; es gibt einen Pool und ein gutes Restaurant (Schwerpunkt ist der Fisch aus dem See). Auch die 27 Zimmer haben Seeblick und sind geschmackvoll rustikal eingerichtet. DZ mit Frühstück 96–122 €.

**Azienda Agrituristica Podere Arlena**, SS 2 Cassia km 108,150, ℡ 0761.799538 oder 333/9378769, ℡ 0761.0431175, www.arlena.it. In einem schönen Garten mit großer Liegewiese der 10 ha großen Oliven- und Kiwiplantage liegt das Landhaus von 1850; vermietet werden 8 Appartements (für 2 bis 7 Pers.) mit Seeblick; zum Seeufer führt ein Feldweg durch die Kiwiplantage. Preis für 2 Pers. 450–700 € pro Woche, für 4 Pers. 550–950 € pro Woche. Restaurant nur nach Buchung (Menü 25–30 €).

● *Sport* **Schwimmen**: Da das Wasser nach der Fertigstellung der Kläranlage bei Marta wieder sehr sauber ist, kann man ohne Gesundheitsbedenken im See baden. Die Ufer sind fast überall zugänglich, es wechseln Schilf und Strandabschnitte, deren feiner schwarzer Sand sich bei Sonne sehr aufheizt und hartnäckig auf feuchter Haut klebt.

**Wassersport**: An warmen Frühjahrs- und Herbsttagen wehen der *Tramontana* oder der *Scirocco* mit Windstärke 4, 5 oder noch darüber. Selbst im Sommer kommt der Wind in Stärke 3 bis 4 (in Böen 5) regelmäßig spätestens am Nachmittag und entwickelt eine Thermik, die der des Gardasees vergleichbar ist. Der See ist daher bei Surfern und Seglern beliebt. Es gibt mehrere **Surfschulen**, z. B. auf dem Campingplatz

Lido, s. o., oder **Bolsena Yachting** in Bolsena, Via Gramsci 1 A, ✆ 0761.798717, 🖥 0761.796252, www.bolsenayachting.com. Dort auch Verleih von Segelbooten und Katamaranen; **Bootsverleih** auch im Segelclub von Capodimonte, La Bussola. Von Frühjahr bis zum Herbstanfang gibt es unterschiedliche Regatten, z. B. *International Challenge Trophy* im April, Preis der Stadt Bolsena im Juni oder das Santa-Cristina-Segeln im August. **Achtung: Bei starkem Wind sollte man wegen des hohen Wellengangs auf keinen Fall mit dem Boot hinausfahren.** Erst im Frühjahr 2007 kam ein 37-jähriger Deutscher mit seinen beiden Kindern ums Leben, als ihr Paddelboot von einer Welle erfasst wurde und sich überschlug.

**Radfahren:** In Bolsena kann man die Uferpromenade entlang radeln (ca. 3 km), aber dann muss man zurück auf die schmale, kurvenreiche Straße, was bei dem dichten Verkehr (besonders auf der Via Cassia von Bolsena in Richtung Montefiascone) und der rasanten Fahrweise italienischer Autofahrer nicht ungefährlich ist. Die vielen Steigungen vom Seeufer zum Kraterrand (immerhin bis zu 300 m Höhenunterschied) erfordern zudem einige Kondition. **Fahrradverleih** z. B. in Bolsena, Via Gramsci, oder auf den Campingplätzen.

**Wandern:** Die waldreiche Landschaft lädt geradezu zum Wandern ein. Ausgewiesene Wanderwege sind jedoch rar; organisierte Wanderungen vom Campingplatz Lido (s. o.) oder bei der Touristeninformation in Bolsena, Pzza. Matteotti nachfragen.

● *Seerundfahrt* Ob Bootstouren von den Häfen in Bolsena, Capodimonte oder Marta möglich sind oder ob ein Bootsausflug von Bolsena zur Insel Bisentina stattfindet, erfahren Sie im Touristenbüro in **Bolsena**, Pzza. Matteotti, oder bei *„Alto Lazio"* an der Uferpromenade (✆ 0761.798033), bzw. in **Capodimonte** bei *„La Bussola"* (✆ 0761. 870760).

# Bolsena

**Direkt am Nordostufer des Bolsena-Sees liegt das größte Städtchen dieser Gegend. Es ist bekannt wegen seines angenehmen Klimas, der Landwirtschaft, der Fischerei und nicht zuletzt wegen gleich mehrerer Wunder.**

## Geschichte

Bereits aus der frühen Eisenzeit vor dem 9. Jh. v. Chr. sind Siedlungsspuren rund um den See nachgewiesen. Eine Pfahlsiedlung der Villanova-Kultur aus dem 9./8. Jh. v. Chr. entdeckten Archäologen etwa 6 km südlich von Bolsena bei *Gran Carro* (viele der Funde sind im Museum in der Burg von Bolsena ausgestellt). Vermutlich lag in der Nähe auch das legendäre *Velzna* mit dem Tempel der Nortia, einem der größten Heiligtümer der etruskischen Föderation. In einem rätselhaften Ritus soll dort jedes Jahr ein Nagel eingeschlagen worden sein, und zwar als Symbol für die Unwiderruflichkeit des menschlichen Schicksals.

Die Römer zerstörten die Stadt, die sie *Volsinii Veteres* nannten, im Jahr 265 v. Chr. und zwangen die Bewohner, oberhalb des heutigen Bolsenas eine neue Stadt zu gründen. Dieses *Volsinii Novi* wurde zu einem wichtigen Vorposten Roms. Nach Erhalt der Stadtrechte im Jahr 90 n. Chr. baute man *Volsinii* auf Terrassen mit Amphitheater, Thermen, Forum mit Basilika und luxuriösen Privathäusern an die Via Cassia am Seeufer aus (Teile dieser einst blühenden antiken Stadt sind inzwischen ausgegraben und können besichtigt werden). Wegen der günstigen Lage an der wichtigen Verbindungsstraße zogen auch plündernde Barbaren auf ihrem Weg nach Rom hier vorbei, von Goten und Langobarden wurde *Volsinii* schließlich zerstört. Am Rand der antiken Stadt entstand die mittelalterliche Burgsiedlung Bolsena. Bedeutung erlangte sie, als Papst Gregor VII. 1078 die Kirche zu Ehren der heiligen Cristina weihte. Im Zusammenhang mit Konflikten zwischen Päpsten, Kaisern und Fürsten kam es zu mehrfachen Besetzungen, dem Bau der heute zum Teil noch erhaltenen Stadtmauer

**Der Norden von Latium**

Karte S. 601

und des großen Burgturms im Jahr 1295. Bolsena war Teil von unterschiedlichen Fürstentümern, gehörte immer wieder mal zum Einflussbereich des Kaisers und wurde dann im 14. Jh. Teil des Kirchenstaates. Dem päpstlichen Statthalter errichtete man einen prächtigen Palast. Diesen begehrten Titel erlangten einige der wichtigsten und reichsten Fürsten, die Bolsena dann auch großzügig bedachten. So stiftete Giovanni de'Medici als Statthalter Bolsenas, bevor er als Leo X. 1513 zum Papst gewählt wurde, eine neue Fassade für Santa Cristina, die deutlich Einflüsse der Florentiner Renaissance erkennen lässt. Auch der Neffe Pauls III., Tiberio Farnese, veränderte während seiner Amtszeit das Stadtbild, indem er einen großen Palast bauen ließ.

● *Information* Auf der zentralen Pzza. Matteotti 25. Öffnungszeiten während der Saison: Mo–Sa 10–12.30 und 16.30–19.30 Uhr, So 9.30–13 Uhr.

● *Übernachten* (s. auch oben „Lago di Bolsena/Agriturismo").

**Columbus Hotel sul Lago**, zentral am unteren Platz, ca. 50 m vom Seeufer entfernt, Via Colesanti 27, ✆ 0761.799009, ✆ 0761.798172. 39 Zimmer (teilw. mit Klimaanlage gegen Aufpreis). Große Zimmer mit Balkon nach hinten, kleinere zur Allee, Seeblick nur von Zimmer 220. Gepflegte Atmosphäre, gute Ausstattung, passables Restaurant mit Seeblick. 3 Sterne, Garage. DZ ca. 60–95 €.

**Hotel Lorianda sul Lago** (zwei Häuser), an der Uferpromenade (am Ende der Allee links), Viale Cadorna 33, ✆ 0761.799273, ✆ 0761.799272, www.bolsenahotels.it. Zweigeschossige, modernere Hotelanlage mit mehreren Häusern, Grünanlage, Pool und direktem Seezugang. Vom Restaurant aus hat man Seeblick. Parkmöglichkeiten bestehen. Die ordentlichen, großen Zimmer (Haus 1: 50 Zimmer, Haus 2: 23 Zimmer) verfügen teilweise über Terrasse oder Balkon (ohne Seeblick). DZ 62–94 €, Frühstück inkl., Halb- und Vollpension möglich.

**Hotel Le Naiadi sul Lago**, etwas außerhalb, direkt am Seeufer gelegen, Viale Cadorna 95, ✆ 0761.799017, ✆ 0761.798538, www.bolsenahotels.it. Die Lage ist zwar ruhig, zu Störungen kann es aber manchmal durch Busgesellschaften kommen, die das Haus wohl regelmäßig frequentieren. Gleicher Besitzer und gleiche Preise wie Hotel Lorianda. Schlichte Zimmer, einige aber mit Balkon und Seeblick, kleiner Garten, zwei Pools, großes, etwas unpersönliches Restaurant (3 Sterne), Halb- und Vollpension möglich.

**Albergo Zodiaco**, Via IV Novembre 8 (in der Altstadt, nur wenige Schritte von der Kirche Santa Cristina entfernt), ✆ 0761.798791, www.primitaly.it/hotel/zodiaco. Kleines charman-

tes Hotel mit nur 12 komfortabel eingerichteten Zimmern, z. T. mit Balkon. 3 Sterne. DZ 57–78 €, Frühstück 5,20 € pro Pers.

● *Essen* **Trattoria La Pietra**, Corso Cavour 75, ✆ 0761.798730. Do und Fr Mittag geschlossen. Wie in fast allen besseren Restaurants der Ortschaften um den Bolsena-See wird frischer Fisch aus dem See angeboten, in unterschiedlichsten Varianten köstlich zubereitet. Unter den Secondi dieses sympathischen Familienbetriebs ist besonders der Aal (anguille alla cacciatora) zu empfehlen. Ausgezeichnet sind aber auch die Fleischgerichte (z. B. Kaninchen – coniglio) und erst recht die hausgemachten Desserts; gute Karte italienischer Weine. Menü um 26 €.

**Trattoria da Picchietto**, Via Porta Fiorentina 15, ✆ 0761.799158. Mo Ruhetag. Dieser traditionsreiche Familienbetrieb mit dem überaus freundlichen Service, seinem stimmungsvollen Garten und den typischen Spezialitäten der Region ist sehr zu empfehlen (z. B. „pizzaiola", ein Fischgericht mit Tomatensauce oder „coregone", ein Fisch aus dem See in süßlicher Sauce und der sehr gute Aal). Menü um 20 €.

**Trattoria La Sirenetta**, Via Cadorna 10, ✆ 0761.799096. Mo Ruhetag. Lokal mit Garten und schönem Seeblick. Gute Küche, bei der das Preis-Leistungs-Verhältnis stimmt. Menü um 25 €.

**La Pineta**, Via A. Diaz 48, ✆ 0761.799801. Do Ruhetag. Ausgezeichnete, typische Küche. Menü um 25 €.

**Birreria/Pizzeria Tanaquilla**, Via Marconi 100, ✆ 0761.799686, www.tanaquilla.it. Von Ostern bis Okt. tägl. 19–2 Uhr (im Winter nur Fr–So). Bis spät in die Nacht kann man hier Kleinigkeiten, gute Salate und fantasievoll belegte Pizza essen, dazu gibt's Bier vom Fass. Das Lokal ist besonders bei Jugendlichen beliebt und samstags wird es sehr voll.

• *Eis/Wein* **Enoteca Gelateria Santa Cristina**, Corso della Republica 8. Bietet wunderbares hausgemachtes Eis.

Auf den Hügeln oberhalb des Sees besitzt **Vittorio Puri** (dem in Viterbo auch noch eine Schnapsbrennerei gehört) einige gute Weinlagen. Er produziert einen vorzüglichen *Est, Est, Est di Montefiascone* und einen interessanten Chardonnay *Il Vaiano*. Der Verkauf der **Azienda Agricola Villa Puri** ist in der Via Marconi 86, ✆ 0761.797138 (auch gutes Olivenöl und Grappa).

**Enocacioteca La Piera**, Corso Cavour 75. Wein, Olivenöl und Honig.

• *Markt* Jeden Di bis 13 Uhr auf der Pzza. Matteotti.

• *Internet-Cafés* Via IV Novembre und Corso della Repubblica.

• *Feste* **Fronleichnamsprozession**: Hier, wo das Fronleichnamsfest seinen Ursprung hat, ist die Prozession natürlich ein ganz besonderes Ereignis. Der Weg hinauf zur Burg wird über eine Länge von gut einem Kilometer mit Bildern und kunstvollen Ornamenten aus Blütenblättern geschmückt. Am Fronleichnamstag beginnt die Prozession mit Kardinal, Musikkapellen und Teilnehmern in historischen Gewändern um 18 Uhr.

Das wichtigste Volksfest wird zu Ehren der heiligen Cristina vom Abend des 23. Juli bis zum nächsten Mittag gefeiert. An diesen **Mysterienspielen** nimmt die ganze Stadt teil. Prozessionen führen an mehreren aufgebauten Bühnen vorbei, auf denen Bewohner von Bolsena in erstarrter Pose als „lebende Bilder" Stationen aus dem Martyrium der Cristina nachstellen.

Prachtvoll ist auch die **Prozession der Statue von San Rocco** am Abend des 16. August aus der Kirche Santa Cristina bis zum Brunnen auf der Pzza. 1 Maggio, dessen Wasser gesegnet wird.

Während der Sommermonate findet auf dem See unter großer Anteilnahme der Bevölkerung eine **Regatta** von Fischerbooten aus den verschiedenen Anliegergemeinden des Bolsena-Sees statt.

• *Sprachschule* **Scuola Italiana Senzaparole**, bietet in der Zeit von Mai bis Sept. in familiärer Atmosphäre Unterricht in 6 Kenntnisstufen (nach Einstufungstest) für Gruppen von 3 bis 6 Pers. (je nach Kurstyp 4 oder 6 Std. pro Tag) oder für 1 bis 2 Pers. (2–3 Std. pro Tag), wobei der Schwerpunkt bei der Kommunikation und einer eher spielerischen Sprachvermittlung liegt. An zwei Tagen der Woche wird zusätzlich ein Kulturprogramm angeboten. Gegen eine Gebühr (15 €) werden preiswerte Privatunterkünfte, Hotels, Campingplätze oder ein Jugendherbergsplatz vermittelt. Preisbeispiel für 2-Wochen-Kurs: 523 oder 593 € (abhängig vom Kurstyp). Nähere Informationen und Anmeldeunterlagen erhalten Sie bei Senzaparole, Lange Reihe 117, 20099 Hamburg, ✆ 040/243739, 🖷 040/243122, www.senzaparole.de. Kursort in Bolsena: Viale Colesanti 34, ✆ 333. 6589823.

## Sehenswertes/Rundgang

Den unteren Ortsteil von Bolsena betritt man im Norden durch die Porta San Giovanni. Von hier führt der Corso Cavour über die Piazza 1 Maggio mit einem prachtvollen Brunnen, den Giovanni de'Medici Anfang des 16. Jh. stiftete, bis zur Porta di San Francesco an der Piazza Matteotti, dem Zentrum Bolsenas. Die 1290 erbaute romanische Kirche **San Francesco** wurde im 19. Jh. stark beschädigt und stand lange leer, bis sie vor einigen Jahren in Privatinitiative restauriert wurde. Man nutzt sie heute als Ausstellungs- und Veranstaltungsort. Wenn auch die meiste Dekoration leider verloren ist, so konnten doch noch ein paar Fragmente von Fresken aus der Erbauungszeit gerettet werden.

In Verlängerung des Corso Cavour auf der anderen Platzseite führt der Corso della Repubblica, die Hauptgeschäftsstraße Bolsenas, zur Porta Romana und dahinter zur **Chiesa di Santa Cristina**. Die Kirche, am 10. Mai 1078 von Papst Gregor VII. persönlich geweiht, birgt Zeugnisse gleich zweier Wunder: Im Mittelalter hieß der See nicht *Lago di Bolsena*, sondern wie die Kirche *Lago di Santa Cristina*, denn dort sollte im Jahr 304 die 11-jährige Cristina auf Befehl ihres Vaters, des Stadtpräfekten von Volsinii, Urbanus, wegen ihres christlichen Glaubens den Märtyrertod durch Ertrinken sterben. Man band ihr einen schweren Stein um

*Der Norden von Latium* — Karte S. 601

und warf sie in den See. Der Stein aber zog sie nicht in die Tiefe, sondern schwamm oben und trug sie wohlbehalten ans Ufer zurück. Der hartherzige Vater ließ sich von diesem Wunder nicht beeindrucken, sondern gehorchte dem Befehl Kaiser Diokletians, alle Christen zu ermorden, und schoss Cristina einen Pfeil mitten durch das Herz. Cristina starb und wurde in den Katakomben nahe der Stadt Volsinii beigesetzt. Dort entstanden wohl schon bald ein Gedenkplatz mit vielen christlichen Gräbern und später die Kirche. Den wundertätigen Stein mit dem Fußabdruck der jungen Heiligen hat man in den Altar eingearbeitet. In Erinnerung an das Wunder werden am 23. und 24. Juli alljährlich Mysterienspiele zu Ehren der Heiligen veranstaltet (s. o.).

## Das Wunder von Bolsena

Ein weiteres Wunder, dem wir die Einführung des kirchlichen Feiertags **Fronleichnam** durch Papst Urban IV. verdanken, soll sich im Jahr 1263 ereignet haben: Damals wanderte der böhmische Priester Peter von Prag nach Rom, weil er von Zweifeln geplagt war und sich vom Aufenthalt in der Stadt des Papstes eine Stärkung seines Glaubens erhoffte. Ganz überzeugt war er noch nicht, als er auf dem Rückweg in Bolsena Station machte. Da geschah das Wunder: Während er die Messe in der Kirche Santa Cristina las und im heiligsten Augenblick den Vorschriften gemäß die Hostie über den Kelch hielt, quoll plötzlich Blut heraus und tropfte auf das Tuch, auf dem Kelch und Hostienschale standen. Von dieser göttlichen Bestätigung der katholischen Wandlungslehre erfuhr Papst Urban IV., der sich zu dieser Zeit gerade in Orvieto aufhielt, und schickte sofort einen Bischof in Begleitung von Thomas von Aquin und Bonaventura zum Ort des Geschehens, um das befleckte Tuch nach Orvieto zu bringen. Bis heute wird es dort in einem kostbaren Reliquiar verwahrt und nur an Ostern und Fronleichnam den Gläubigen in der Messe feierlich gezeigt. Dem eigentlichen Ort des Geschehens, der Kirche der heiligen Cristina in Bolsena, blieben einige Blutstropfen auf dem Marmor des Altars. Eine kleine Andachtskapelle zwischen Kirche und Grotte erinnert an das Eucharistie-Wunder. Raffael stellte 1512 das Wunder von Bolsena in einem Wandfresko in den Stanzen des Vatikans dar (→ „Die Vatikanischen Museen", S. 549).

Die Kirche Santa Cristina besteht aus **drei Teilen**: der romanischen Basilika mit Renaissancefassade im Florentiner Stil und Glockenturm aus dem 13. Jh., der 1693 erbauten Kapelle des Blutwunders mit der neoklassizistischen Fassade (im Jahr 1863 fertiggestellt) links daneben und, im Berg, der Grotte der hl. Cristina mit den Katakomben. Das **Innere** der dreischiffigen romanischen Kirche betritt man durch das Portal der Hauptfassade. Durch das linke Seitenschiff gelangt man in die **Cappella del Miracolo**, wo hinter goldenen Türen drei Marmorplatten mit den Blutstropfen aufbewahrt werden, das Gemälde über dem Hauptaltar berichtet vom eucharistischen Wunder. Den vierten überlieferten Blutstropfen sieht man durch die Scheibe des Reliquiars von 1940 im Kuppelraum. Links neben dem Hauptaltar geht es zum Vorraum der aus dem Felsen gehöhlten **Grotte der heiligen Cristina**. Dort steht gleich rechts unter einem von vier antiken Säulen getragenen Überbau der **Altar**, an dem sich die wundersame Wandlung voll-

Blick vom antiken Luftkurort Tusculum in die Pontinische Ebene ▲▲
Am Nemisee  ▲

▲ Sutri

Terracina ▲▲

Ferentino ▲▲

▲▲ Sperlonga

zogen haben soll. Eingearbeitet ist der schwimmende Stein mit dem Fußabdruck Cristinas. Im Gewölbebogen links davon ist schwach die älteste bekannte Darstellung des Märtyrerinnen-Wunders zu erahnen. Durch den Bogen betritt man die mit Fresken aus dem 15. Jh. geschmückte Grotte, in deren Confessio einige Stufen hinunter zu einem großen Steinsarkophag aus spätkaiserlicher Zeit führen. An dessen Rückwand wurde ein Stück herausgebrochen und eine Marmorurne eingesetzt. Diese trägt die Inschrift *„hier ruht der Leib der heiligen Märtyrerin Cristina"*. In der Urne hat man eine Silbermünze aus dem 10. Jh. und Knochenreste eines Menschen gefunden, der nicht älter als 14 Jahre gewesen sein kann. Rechts ist der Eingang zur **Katakombe**, die zwischen dem 3. und 5. Jh. von der frühchristlichen Gemeinde Bolsenas als Friedhof genutzt wurde. Sie besteht aus einem langen zentralen Gang mit davon abzweigenden kürzeren Seitenwegen. Die Grabnischen waren meist mit Tontafeln verschlossen, darauf eingeritzt einfache Graffiti oder Malereien. Die ältesten Gräber befinden sich oben. War eine Reihe belegt, vertiefte man den Gang und hatte darunter dann jeweils Platz für weitere Reihen von Grabnischen. So entstanden die hohen (zutreffender tiefen) Gänge. Es fällt auf, dass links des zentralen Gangs besonders viele Gräber eng aneinander liegen. Dies deutet darauf hin, dass hier das Grab der Heiligen vermutet wurde, dem man möglichst nah sein wollte. Oberhalb der Confessio links befindet sich das sog. *„langobardische Gräberfeld"*; man blickt auf die Gräber, da hier keine tiefere Reihe angelegt wurde. In Seitennischen sind Fragmente von Inschriften ausgestellt.

*Öffnungszeiten/Eintritt* **Catacombe di S. Cristina**, von Ostern bis Sept. 9.30–12 und 15.30–18.30 Uhr, von Okt. bis Ostern 9.30–11.30 und 15–16.30 Uhr. Eintritt 4 €, für Kinder 2 €.
**Kirche S. Cristina**: von Ostern bis Sept. 7.15–12.45 und 15.30–19.45 Uhr, von Okt. bis Ostern 7.15–12.30 und 15–17.30 Uhr.

Zurückgekehrt auf die Piazza 1 Maggio, führt dort eine steile Gasse mit mittelalterlichen Bogendurchgängen über die Piazza del'Orologio hoch zur **Monaldeschi-Burg**. Immer wieder eröffnen sich dabei wunderbare Blicke auf den See und die verschachtelten Dächer des Ortskerns. Den Bau der ersten Burg an dieser Stelle begann man im Jahr 1295. Im 14. Jh. wurde sie erheblich zerstört. Nur der untere Teil des Hauptturms und der Mauer zum See blieben erhalten. Zweihundert Jahre später bauten die Fürsten Monaldeschi den Hauptturm wieder auf und errichteten über den Ruinen die heutige Burg mit den fünf Nebentürmen. Wie damals ist das Innere nur über eine Zugbrücke zu erreichen. Dort befindet sich das Heimatmuseum **Museo Territoriale del Lago di Bolsena**, das sich mit der Entwicklung dieses Gebiets und der Stadt befasst. Angefangen mit anschaulichen Tafeln über den Vulkanismus und die Entstehung des Sees, werden Funde der Pfahlbausiedlung von Gran Carro aus prähistorischer Zeit sowie Zeugnisse aus etruskischer, römischer und mittelalterlicher Epoche bis hin zur Neuzeit gezeigt. Ein Besuch lohnt bereits wegen des herrlichen Ausblicks von den Zinnen der Burg.

*Öffnungszeiten/Eintritt* **Museum**, Mo geschlossen, Di–Fr 10–13 und 15–18 Uhr. Eintritt 3,50 €, erm. (6–14 und über 64 Jahre) 2 €.

Von der Piazza del'Orologio aus führen die mittelalterlichen Gassen Via Adami und Via di Medici durch den oberen Ortsteil. Wenn Sie hinter der Burg der Straße links neben der Kirche San Salvatore in Richtung Orvieto folgen, erreichen sie nach ca. 200 m den Eingang von **Volsinii Scavi**, dem Ausgrabungsgebiet der antiken Stadt Volsinii (hinter dem grünen Zaun rechts der Straße). Man sieht zwischen Olivenbäumen – auch hier gibt es immer wieder herrliche

*Der Norden von Latium* Karte S. 601

Durchblicke auf den See – Teile des noch nicht vollständig ausgegrabenen Amphitheaters, von Thermenanlagen, Wohnhäusern mit Fußbodenfragmenten und Reste des Mauerrings.

*Öffnungszeiten* **Volsinii Scavi**, Mo geschlossen, Di–Sa 8–13.30 Uhr.

# Die Umgebung von Bolsena

▸ **Castigliano in Teverina:** Wenn Sie von Bolsena ca. 17 km weiter nach Osten fahren, kommen Sie nach Castigliano in Teverina, wo das Weingut *Casa Vinicola Vasselli* einen Besuch wert ist. Die dazugehörigen Lagen umfassen ca. 800 Hektar und reichen bis nach Umbrien. Daher wird hier ein Orvieto DOC produziert. Zu empfehlen sind der Orvieto *„Torre Sant'Andrea"* und der *„Santa Giulia"*.

▸ **Capodimonte:** Der kleine Ort liegt reizvoll auf einem in den See ragenden Felsvorsprung und bietet einen herrlichen Ausblick. Beherrscht wird er vom **Farneseschloss,** das nach Entwürfen von Antonio da Sangallo dem Jüngeren im 15. Jh. erbaut wurde und als Sommerresidenz der Fürstenfamilie diente. Es ist eines der prachtvollsten Renaissancegebäude am See.

> In dem Farneseschloss wurde eine der schönsten Frauen von ganz Latium geboren: **Giulia Farnese**, genannt „La Bella". Im Alter von 18 Jahren verkuppelte die Familie sie mit dem berüchtigten, damals 60-jährigen Borgia-Papst Alexander VI. (1492–1503). Sie wurde dessen Geliebte und ihr Bruder Alessandro, der geschickt die Verbindung eingefädelt hatte, zur Belohnung Kardinal. Als Giulia einmal den Versuch machte, sich von ihrem ehrwürdigen Liebhaber zu trennen, griff der Verschmähte zu sehr lieblosen Mitteln und schickte ihr Drohbriefe, bis sie zu ihm zurückkehrte. Eine Marmorplastik der liegenden Giulia sehen Sie übrigens am Grabmal Pauls III. Farnese neben dem Hauptaltar von St. Peter in Rom. Ihre körperlichen Reize wurden allerdings zu Zeiten der prüden Gegenreformation mit einem Bronzekleid bedeckt (→ S. 515).

Heute ist das Schloss in Privatbesitz und leider nicht mehr zu besichtigen. Der Ort hat eine mittelalterliche Bebauung mit engen Gässchen, die immer wieder neue Perspektiven auf den See frei geben. Schön ist auch die Seepromenade am westlichen Ortsrand, die in einen breiten Sandstrand übergeht.

• *Verbindungen* Landstraße nach Tuscania (ca. 12 km), von Montefiascone ca. 10 km. **Busverbindungen** nach Montefiascone, Viterbo.

• *Übernachten* Das einzige Hotel **Riva Blu**, Via dei Pini 3, ☎/℻ 0761.870255, ist eigentlich ein Restaurant, das in 14 Zimmern auch Übernachtungsgäste aufnimmt. Die Zimmer sind zwar etwas kitschig, aber preiswert und sauber (2 Sterne, DZ 60 €).

• *Essen* **Riva Blu**, Via dei Pini 3, ☎0761.870255. Do Ruhetag. Die Pizza ist in Ordnung und groß, es gibt gute Fischgerichte und einen *Est! Est!! Est!!!*.

• *Einkaufen* Auf dem Parkplatz am Seeufer findet am Mo von 7–14 Uhr **Markt** statt.

▸ **Die Inseln:** Gegenüber von Capodimonte liegt die nur 3 km entfernte **Isola Bisentina** (in Privatbesitz, betreten nur im Rahmen einer Führung erlaubt). Die noch immer traumhaft schöne Insel mit ihrer weitgehend unberührten Natur ging im 15. Jh. in den Besitz der Fürsten Farnese über, die hier von Antonio da Sangallo dem Jüngeren einen Palazzo und eine Kirche bauen ließen. Gerne waren Päpste dort zu Gast, wie der Naturfreund Pius II. (1458–64), der anlässlich des Johannistages auf Bisentina eine Messe las und die Besucher für ihre Teilnahme mit einem vollkommenen Ablass belohnte. Von den Gräbern der Familie Farnese ist

*Capodimonte: Die Farnese-Burg dominiert die Halbinsel im Bolsena-See*

**Der Norden von Latium** Karte S. 601

noch das des Großvaters von Papst Paul III., des Feldherrn Ranuccio Farnese, erhalten, der die Familie zu Reichtum und Ansehen brachte. Später gründeten die Franziskaner ein Kloster und bauten eine Reihe winziger Kapellen. Die schönste steht an der Steilküste auf dem 56 m hohen Berg Tabor (Berg der Verklärung).

Wesentlich kleiner ist die **Isola Martana** mit einem Umfang von knapp einem Kilometer. Auch dort war einst ein Kloster und im 12. Jh. existierte sogar eine kleine Gemeinde. Auf dem höchsten Punkt der Insel stehen noch Reste einer Burg. Dorthin soll im Jahr 535 Amalasuntha, die Tochter des Theoderichs, von ihrem Mann, dem Ostgotenkönig, erst verbannt und dort dann ermordet worden sein.

*Bootstouren zur Isola Bisentina mit Führung* Nur in den Sommermonaten bei einer Mindestteilnehmerzahl von 10 Pers., ab Bolsena oder ab Capodimonte. Mi und Do auch Führungen in deutscher Sprache für 12 € (einschl. Bootsfahrt). Ob eine Tour stattfindet, erfahren Sie bei der Touristeninformation in Bolsena, in den Häfen oder (auf Deutsch) unter ✆ 0761.798437.

▶ **Marta:** Von Capodimonte aus gelangen Sie zum benachbarten Fischerdörfchen Marta, das den Namen einer Gotenkönigin trägt. Hier ist das **Zentrum des Fischfangs**. Am Seeufer sitzen die Fischer im Schatten der Bäume und flicken ihre Netze. Es gibt eine hübsche Seepromenade, wo man ausgezeichnet essen kann. Malerisch sind auch die schmalen mittelalterlichen Gässchen, die über enge Treppen hinauf zu den spärlichen Resten der Burg aus dem 13 Jh. führen, nur der Turm ist noch erhalten. Von hier oben hat man einen besonders schönen Blick auf den See.

● *Übernachten* **Il Giardino della Cannara**, Bed & Breakfast, Strada San Savino 1, ✆ 0761872121, www.lacannara.it. Ruhig in einem üppigen Park gelegener mittelalterlicher kleiner Pferdestall, der in zwei komfortable Appartements umgebaut wurde. Zu jedem gehören ein eigenes Bad und eine Veranda zum Fluss hin, der durch den Park fließt. DZ mit Frühstück 80 €.

• *Essen* **Trattoria Gino al Miralago**, Lungolago G. Marconi 58, ✆ 0761.870910 (Reservierung empfehlenswert). Di Ruhetag (im August tägl. geöffnet). Am Ende der Uferpromenade an einem kleinen, baumbestandenen Plätzchen mit Seeblick können Sie in diesem großen Familienbetrieb ganz köstliche traditionelle Fischküche (See- und Meeresfische sowie ganz frische Krustentiere) genießen. Es gibt aber auch gute Fleischgerichte und im Herbst werden zudem vorzügliche Wild- und Pilzgerichte angeboten. Besonders zu empfehlen sind die gute Auswahl an frischen Vorspeisen und die „spaghetti al pesce del lago" (Spaghetti mit Soße von Seefischen); im Sommer sitzt man draußen auf der Terrasse vor dem Eingang. Menü um 25 €.

• *Einkaufen* Täglich findet ein **Fischmarkt** in der Halle kurz hinter der Brücke am Ortsausgang in Richtung Montefiascone statt.

▶ **Gradoli:** In dem kleinen Ort, ungefähr 8 km nördlich von Capodimonte gelegen, steht ein weiteres mächtiges Farneseschloss (erbaut von Antonio da Sangallo dem Jüngeren im 16. Jh.), das den Stadtkern steil überragt. Im kleinen, aber sehenswerten **Museo Civico** im Schloss sind die noch in Teilen erhaltenen Malereien an Wänden und Decken, einige nachgeschneiderte Renaissancekostüme, Keramiken (meist nur Scherben), Familienchroniken und Dokumente der Stadt aus der Zeit von 1500–1800 zu besichtigen. Dazu haben Sie fantastische Ausblicke auf den See und das Panorama der Volsini-Berge.

*Öffnungszeiten/Eintritt* Di–Fr 16–19 Uhr, Sa/So 10–13 Uhr. Eintritt 2,60 €, erm. 1,30 €.

Bekannt ist Gradoli auch für das qualitätvolle Gemüse und seine Weine, den lieblichen *Grechetto* und den würzigen *Aleatico*.

• *Übernachten* **Hotel Restaurant La Ripetta**, Via Roma 38, ✆ 0761.456100, 📠 0761. 456817, www.laripetta.com. Das kleine Hotel verfügt über 16 schöne Zimmer, Garten, Parkmöglichkeit und ein empfehlenswertes Restaurant. 3 Sterne, DZ ca. 65–75 €.

• *Essen* Gegenüber vom gleichnamigen Hotel liegt die feinere **Trattoria La Ripetta**, ✆ 0761.456100. Mo Ruhetag. Zu empfehlen sind hier z. B. die „ravioli di sigola con gamberi e fiore di zucca" (Ravioli vom Wolfsbarsch mit Garnelen und Zucchiniblüten). Bemerkenswert ist auch die Grappa-Auswahl.

• *Wein* **Circolo dei Combatti**, beim Brunnen an der Piazza durch den Torbogen hindurch; unscheinbar hängt an der rechten Häuserfront über dem Eingang des Circolo ein ovales Schild. Der „*Verein der Kriegsveteranen*" ist eher ein Deckname für die Stammkneipe der alten Männer des Dorfes. Sie spielen hier bei lautstarken Diskussionen Karten. Der derbe, ungefilterte Wein sorgt für Stimmung und einen schwankenden Gang!

• *Einkaufen* In der **Cooperativa Comunale**, auf der Hauptstraße aus Richtung Bolsena (rechts gegenüber der Tankstelle abbiegen) kann man landwirtschaftliche Erzeugnisse kaufen: Weiß- und Rotwein (leicht und trocken), den roten fruchtigen Dessertwein „*Aleatico di Gradoli*" (18 %!), Olivenöl und Gemüse nach Jahreszeit.

• *Veranstaltungen* Am Donnerstag vor Karneval findet eine Lebensmittelsammlung für ein **öffentliches Festmahl** statt. Dieses wird am Aschermittwoch abgehalten und kann gegen Eintrittsgebühr besucht werden.

## Montefiascone

Von Bolsena führt die Via Cassia mit herrlichem Panoramablick den Hügel hinauf nach Montefiascone. Schon von Ferne ist auf der höchsten Stelle des Kraterrands das Wahrzeichen der Stadt, die Kuppel des Doms Santa Margherita, zu erkennen. Einige Päpste kamen im Sommer gerne her, vor allem wegen der schönen Landschaft und der entspannenden Ruhe, was man bis heute gut nachvollziehen kann. Bekannt wurde der Ort durch seinen Wein *Est! Est!! Est!!!*, der sich durch die hübsche Geschichte, die mit diesem Namen verbunden ist (s. u.), so gut vermarkten lässt.

• *Information* Via Verentana 4, ☎ 0761.86040.

• *Verbindungen* Von Rom oder Viterbo aus über die Via Cassia (ca. 16 km nördlich von Viterbo); von Orvieto über die SS 71, ca. 25 km; am schnellsten über die Autobahn in Richtung Florenz zu erreichen (A 1, Abfahrt „Orvieto" oder Abfahrt „Attigliano" und weiter über Viterbo bis zur Via Cassia, von dort aus noch 16 km).

**Busverbindungen** nach Viterbo.

**Bahnlinie**: Viterbo – Sipicciano; Bahnstation bei Zepponami (ca. 4,5 km).

• *Übernachten* **Hotel Urbano V.**, Corso Cavour 107, ☎ 0761.831094, ☎ 0761.834152, www. hotelurbano-v.it. In einem gerade sehr aufwändig restaurierten Palazzo aus dem 16. Jh. mitten in der Altstadt übernachten Sie stimmungsvoll. In der Bar wurden alte Fresken freigelegt, im Kellergewölbe kann man zwischen alten Fässern Weine der Region probieren, und von der Dachterrasse hat man einen wunderbaren Blick auf die Domkuppel, die Dächer der Stadt und die umliegende Landschaft. Die Zimmer sind gut ausgestattet, Parkmöglichkeiten vorhanden. 3 Sterne, 6 Suiten, 22 Zimmer. DZ mit Frühstück 70–80 €.

**Hotel Italia & Lombardi**, am Rande der Altstadt, Piazzale Roma 9, ☎ 0761.831091. 3 Sterne, 28 Zimmer, Restaurant. DZ 65–90 €. Parkplatz vorhanden, aber oft belegt.

Im winzigen **Gasthaus Dante**, Via Nazionale 2, ☎ 0761.826015, in dem man auch recht gut essen kann, geht es familiärer zu. Die Ausstattung ist sehr einfach, aber ordentlich. 2 Sterne, 10 Zimmer. DZ ca. 25–45 €.

• *Essen* **Da Cesare alla Cavalla**, gutbürgerliches Restaurant und Pizzeria, Via Bandita 25, ☎ 0761.826068. Mo geschlossen. Sehr schöne Aussicht auf das Tal mit dem See; typische Gerichte aus der Region, guter Fisch. Menü um 25 €.

**Trattoria Da Pancino**, Via Dante Alighieri 3, ☎ 0761.826137. Do Ruhetag. Typische Trattoria mit gehobenem Niveau. Menü um 25 €.

**Buongusto**, Via XXIV Maggio 51, ☎ 0761.825777. Mo Ruhetag. Einfache, rustikale Trattoria mit traditioneller Hausmannskost. Menü um 20 €.

**Osteria Dante** (s. o. Hotel), Via Nazionale 2, ☎ 0761.826015. Di Ruhetag. Eines der wenigen Lokale, in dem der *Est! Est!! Est!!!* aus eigener Produktion ausgeschenkt wird. Empfehlenswert sind die selbst gemachten Nudeln und die Fischgerichte.

• *Spezialitäten* In der Fußgängerzone (Corso Cavour) bieten mehrere Metzgereien „porchetta" an (nach Hausrezepten gefülltes Spanferkel, am Stück gegart und stolz in den Glaskästen der *Norcerien* ausgestellt); in dünne Scheiben geschnitten wird es im Brötchen direkt aus der Hand verzehrt – ein leckerer Imbiss, wenn die Zeit für einen Lokalbesuch nicht reicht.

• *Fest* **Weinfest** in den ersten beiden Augustwochen (*Fiera del Vino*). An den Ständen auf der Pzza. Roma kann man unterschiedlichste Weine der Gegend probieren. Im mittelalterlichen Zentrum öffnen die schönsten Keller und grob behauene Gewölbe werden zu romantischen Weinstuben. Zu den Angeboten gehören auch andere Spezialitäten der Gegend, wie feinste Olivenöle, Schinken, Würste und Käse. In der Umgebung der Burg präsentieren Sommeliers die Spitzenerzeugnisse bekannter Weingüter. Neben dem begleitenden Musikprogramm und Kunstausstellungen ist der folkloristische Umzug zur Erinnerung an den Augsburger Bischof Johannes Fugger und die schöne Geschichte des *Est! Est!! Est!!!* ein Höhepunkt des Festes.

Ob die Stadt an der Stelle errichtet wurde, an der sich das Heiligtum der etruskischen Gottheit *Voltumna* befand und wo sich alle fünf Jahre die Repräsentanten der zwölf in einem Bündnis zusammengeschlossenen etruskischen Stadtstaaten versammelten, wird behauptet, ist nicht bewiesen. Jedenfalls schätzten die Römer und später auch die Päpste Montefiascone wegen der strategisch günstigen Lage auf dem Kraterrand über dem See an der wichtigen Nord-Süd-Verbindung der Via Cassia. Eine steile Straße führt von der zentralen Piazza Vittorio Emanuele hinauf zum Dom **Santa Margherita**, der 1519 begonnen und im 17. Jh. vollendet wurde. Sein Entwurf wird einem Schüler Bramantes, Michele Sanmicheli, zugeschrieben. Die mächtige Kuppel, die den gesamten Innenraum überwölbt, stammt von dem bedeutendsten Schüler Berninis, Carlo Fontana. An der linken Seite der Domfassade führt eine Treppe den Hang hinunter zur achteckigen **Taufkapelle**, die der heiligen Lucia Filippini geweiht ist. Ihre Reli-

**Der Norden von Latium** Karte S. 601

quien werden im modernen Altar unter dem eindrucksvollen Gewölbe aufbewahrt. Die Heilige stammte aus Tarquinia und gründete die erste Mädchenschule in Montefiascone.

Oberhalb des Doms stehen noch einige Reste des ehemals mächtigen **Papstschlosses** (Rocca dei Papi), das sich Urban IV. im Jahre 1261 erbauen ließ und in dem auch einige seiner Nachfolger gerne die Sommermonate verbrachten.

Zuletzt fiel der Palast an Paul III., den ehemaligen Kardinal Alessandro Farnese. Das war Pech für die Stadt, denn sie hatte sich zuvor bei seiner Familie ziemlich unbeliebt gemacht. Die Fürsten Farnese beherrschten nämlich die Gegend um den See und wollten die freie Stadt Montefiascone gerne zur Hauptstadt ihres Herzogtums machen. Dies verhinderten die Bewohner zum großen Ärger der mächtigen Familie immer wieder geschickt. Als Alessandro dann schließlich 1534 Papst wurde, hatte er keinerlei Interesse an dieser Sommerresidenz und ließ den Palast total verkommen. Um die Ruinen der ehemaligen Residenz mit einem mächtigen Turm ist heute ein kleiner **Park** angelegt, der sich vorzüglich für ein Picknick eignet. Von der Aussichtsterrasse genießen Sie einen herrlichen Blick auf den See und die umliegende Landschaft.

*Öffnungszeiten des Parks* Im Winter 8–17 Uhr, im Sommer 8–20 Uhr.

Montefiascone wurde berühmt durch seinen Wein *Est! Est!! Est!!!*, dessen Namensgebung einem Bischof aus Augsburg zu verdanken ist. Sein Grab liegt in der Kirche **San Flaviano** an der Ausfahrt nach Orvieto. Gehen Sie von der zentralen Piazza Vittorio Emanuele die Fußgängerzone (Corso Cavour) ganz hinunter, durch das Stadttor und kreuzen die große Straße. In der Verlängerung des Corso Cavour sehen Sie bereits San Flaviano. Der Grundstein dieser seltenen **Doppelkirche** wurde schon im Jahr 1032 gelegt. Sie zeigt romanische und gotische Stilelemente. Das Mittelschiff leitet in die obere Kirche über, in der Thron und Altar Papst Urbans IV. stehen. Hier befand sich einst die päpstliche Hofkapelle. In den Fußboden ist das Grab des Augsburger Bischofs **Johannes Fugger** eingelassen.

### Est! Est!! Est!!!

Der Bischof Johannes Fugger, der den Genuss des Weines seinen amtlichen Pflichten vorzog, war im Jahr 1111 eigentlich im Gefolge Kaiser Heinrichs V. in Sachen Investiturstreit nach Rom unterwegs. Er persönlich nutzte diese Dienstreise aber eher, um gründliche Forschungen über die Qualität des italienischen Weines zu betreiben. Um dem Gaumen nicht mit Minderwertigem zu belasten, schickte er seinen Diener Martin immer eine Tagesreise voraus. Der hatte den Auftrag, die Gasthäuser mit gutem Wein vorzusortieren: Sofern es einen guten Tropfen gab, schrieb er als Hinweis für seinen Chef *„est"* („hier ist er") an die Wirtshaustür. Schließlich gelangte der treue Diener nach Montefiascone, und als er den dortigen Wein schlürfte, war er derartig begeistert, dass er gleich drei Sterne verlieh und an die Tür des Lokals **„est! est!! est!!!"** schrieb. Sein Herr teilte diesen Enthusiasmus und ließ den Kaiser allein weiterziehen, um sich nur noch dem göttlichen Rebensaft hinzugeben. Das tat er dann auch gründlich bis zu seinem Lebensende.

Die Inschrift des treusorgenden Dieners auf der Grabplatte in der Kirche lautet: *„EST EST EST pr nim est hic Jo De Fuk do meus mortuus est"* (gemeint ist *„Est Est propter nimium est hic Johannes De Fuk dominus meus mortuus est"*, also *„Est*

Est Est, wegen allzu vielem Est ist mein Herr Johannes Fugger hier gestorben"). Dem Bischof schien das weinselige Leben in dieser Stadt so gut gefallen zu haben, dass er angeblich versprach, ihr seinen Besitz zu vermachen, wenn man ihm ein Weinfass mit ins Grab legen würde.

## Civita di Bagnoregio

**Ein Erlebnis der ganz besonderen Art ist der Besuch von Civita di Bagnoregio. Wunderschön liegt es hoch auf einem steil abfallenden Felsplateau inmitten einer zerklüfteten Felslandschaft. Jedoch das besondere und auf schaurige Art Faszinierende ist, dass Civita eine sterbende Stadt ist, und das seit Jahrhunderten.**

Stadt und Umgebung sind von schwerer Erosion des vulkanischen Tuffsteingebirges betroffen, das sich vor einer Million Jahre auf nicht tragfähigen Ton- und Sandschichten aufgetürmt hat. Der Boden duldet keine Bebauung und keinen Bewuchs mehr. Zwei Flüsschen und Regenwasser schwemmen seit Tausenden von Jahren die unteren Schichten weg, was zu einem schleichenden Verfall, aber auch zu regelmäßig auftretenden, dramatischen Erdrutschen führt. Die Flüsse versuchte man schon zur etruskischen Zeiten zu bändigen, gegen Witterungseinflüsse aber war man machtlos.

Bagnoregio ist heute der städtische Mittelpunkt der Gemeinde und eigentlich viel jünger als Civita. Dieser frühere Vorort ist nur dadurch zu eigener Bedeutung gekommen, dass die einstmals blühende Handelsstadt Civita bis auf den historischen Kern weggebrochen und bis auf eine Reihe von Stadtvierteln vollständig untergegangen ist.

*Wie eine Insel in zerklüfteter Landschaft: Civita di Bagnoregio*

• *Verbindungen* Von der Autobahn A 1, Abfahrt „Orvieto" über die Via Cassia (SS 71) in Richtung Bolsena, Montefiascone bis zur Abzweigung nach Bagnoregio; von Montefiascone über die SS 71 in Richtung Orvieto, ca. 9 km nach Montefiascone rechts abbiegen und noch 5,5 km. Von Bolsena ca. 10 km in Richtung Orvieto bis zur SS 71, dort links ab in Richtung Montefiascone, nach knapp 8 km links abbiegen und noch 5,5 km weiter.

• *Übernachten* **Agriturismo Buonasera**, Loc. Buonasera – Bagnoregio, ☎ 0761.792397, ✆ 0761.1760532, www.agribuonasera.com. Ca. 2 km von Bagnoregio entfernt liegt das alte, aufwändig renovierte Bauernhaus mit 7 Gästezimmern für 2 Pers. (mit eigenem Bad) und 2 Appartements für 4 Pers. (Bad mit Whirlpool, Kochgelegenheit, Waschmaschine), Pool und Mountainbike-Verleih. DZ 70–84 €, App. 90–105 €, jeweils Frühstück inkl.

**Agriturismo La Capraccia,** Loc. Capraccia, ℡ 0761.826425, www.agriturismolacapra ccia.it. In dem liebevoll restaurierten, verwinkelten Bauernhaus von 1610 befinden sich 6 rustikale Appartements (Bruchstein-mauerwerk, Balkendecken) jeweils mit Kochgelegenheit. Man hat einen tollen Panoramablick bis zum Bolsena-See; ein Pool ist vorhanden. DZ 60–80 €.

• *Essen* **Hostaria del Ponte,** Loc. Mercatello 11, ℡ 0761.793565, www.hostariadelponte.it. Mo geschlossen. Es ist ausnahmsweise nicht die Küche (obwohl die durchaus typischen Gerichte ordentlich zubereitet sind), sondern der fantastische Blick von der Terrasse, weshalb das Restaurant hier empfohlen werden soll: Auf der Anhöhe gegenüber erblickt man Civita, überragt von seinem kleinen Kirchturm, die fragile Brücke sieht man im Vordergrund. Mit dieser Aussicht ist kaum etwas vergleichbar.

In Civita selbst gibt es eine Bar und zwei kleine Restaurants.

▶ **Bagnoregio:** Man betritt die Stadt durch die Porta Albana (16. Jh.). Zwei Platzanlagen, über die Via Roma miteinander verbunden, führen zur Kathedrale **SS. Nicola, Donato und Bonaventura** und zum **Bischofspalast.** Als Civita zu allem Unglück 1695 auch noch von einem schweren Erdbeben heimgesucht wurde, beschloss man, den Bischofssitz auf festeren Grund nach Bagnoregio zu verlegen. Die Kathedrale steht an der Stelle eines wesentlich kleineren Kirchleins. In der Domkirche wird in der letzten Kapelle des rechten Seitenschiffs der Arm des hl. Bonaventura verehrt. Ein aufrecht stehender, naturalistisch aus teilweise vergoldetem Silber nachgebildeter Arm mit segnender, beringter Hand und in dekorativen Falten gelegtem Ärmel ist eine französische Arbeit von ca. 1490. Civita war die Geburtsstadt des Heiligen (1217–74).

**Der heilige Bonaventura** starb in Lyon. Anlässlich seiner Heiligsprechung wurde er exhumiert und würdig umgebettet. Bei der Gelegenheit erbat sich Civita eine Reliquie des großen Sohnes der Stadt und erhielt den Arm. Heute sind es die einzigen bekannten Überreste des Heiligen, sein Grab in Lyon wurde wahrscheinlich 1562 bei Hugenottenaufständen zerstört.

Bonaventura war Franziskaner, bedeutender Theologe und stand als Kardinal in diplomatischen Diensten des Papstes Gregor X. Als Leiter des Reformkonzils in Lyon kam er unter mysteriösen Umständen ums Leben. Als unbestechlicher Diener der Kirche in Zeiten von Korruption und Dekadenz lag der Rückschluss auf einen Giftmord nahe. Ein weiteres Erinnerungsstück ist seine reich illustrierte Bibel mit eigenhändigen Randnotizen, die ebenfalls in der Kathedrale aufbewahrt wird.

Den **Altar** bildet ein römischer Sarkophag aus dem 1. Jh. n. Chr. Die dargestellte Szene aus der Sage von der Mondgöttin Selene und ihres Geliebten Endymion versinnbildlicht den Übergang von Nacht zu Tag. Wieder auf der Piazza gelangt man über den Corso Mazzini auf einen kleinen Platz mit einem Denkmal des hl. Bonaventura. In einem Palazzo aus dem 16. Jh. ist heute das Rathaus untergebracht. Außerdem liegt hier die Kirche **Chiesa dell'Annunziata e Sant'Agostino,** die romanischen Ursprungs ist. Es können die Reste eines Verkündigungs-Freskos (ca. 1500) und ein bedeutendes Kruzifix aus dem 11. Jh. besichtigt werden. Angrenzend gibt es noch ein kleines Kloster (13. Jh./16. Jh.) mit sehenswertem Kreuzgang. Die Richtung des Spaziergangs fortsetzend, gelangt man zum **Belvedere di San Francesco Vecchio.** An diesem Platz befand sich einst ein vom hl. Franziskus gegründetes Kloster, in dem Bonaventura studierte. Hier hat man den ersten Blick auf Civita. Noch bis 1901 führte von diesem Platz eine Allee zur sterbenden Stadt, bis auch die wegbrach. Heute nimmt man am besten den Weg über die Via Bonaventura Tecchi in den Stadtteil Mercatello. Von dort gelangt man über weitere Aussichtsterrassen schließlich zu einer Fußgängerbrücke, dem einzig noch existierenden Zugang nach Civita. Der alte Vorgängerbau wurde im

Zweiten Weltkrieg durch deutsche Soldaten gesprengt. Jahrelang war Civita nur über einen steilen Pfad vom Tal aus zu erreichen.

▶ **Civita:** Die schmale, 300 m lange, fragil wirkende **Fußgängerbrücke** wurde in den 1960er Jahren unter schwierigen Bedingungen hoch über einem tiefen Taleinschnitt erbaut. Allein schon der Weg zu dem auf einem rundum steil abfallenden Felsen zusammengedrängten Städtchen ist unbeschreiblich schön: links und rechts der weite Blick in die von der Erosion zerrissene Landschaft, vor sich das Städtchen, das ebenso wenig festen Boden unter sich zu haben scheint wie man selbst. Die Brücke endet unterhalb des alten Stadttores aus dem 13. Jh. Nur noch wenige steile Rampen aufwärts und man steht schon inmitten von Gebäuderesten, Hauswänden mit Fenstern und Türen, hinter denen – wie bei Kulissen – gleich der Abgrund beginnt.

Der Boden, den man betritt, ist seit der Etruskerzeit städtisch besiedelt. Im Felsen unterhalb Civitas wurde in den 1930er Jahren ein Tunnel etruskischen Ursprungs entdeckt, der zu einer großen Nekropole gehörte. Selbst das Stadttor zeigt im Inneren noch etruskische Mauerreste. Der verbliebene Kern des einstmals weit größeren, nach einer Ost-West-Achse ausgerichteten Plateaus beinhaltet die Reste der alten Akropolis mit Tempel und Forum (heute Kirche und Piazza). Die darauf zuführende Straße folgt noch der Hauptstraße (*Decumanus*) der antiken Stadt. Heute stehen links und rechts Gebäude und Palazzi und es zweigen kurze Seitensträßchen ab. Alles ist im Sommer durchaus belebt, es wohnen dann ständig etwa 200 Menschen hier, die in der Gastronomie und in Souvenirgeschäften arbeiten oder den Urlaub hier verbringen. Im Winter sind es dann nur noch etwa 30 Bewohner, die die Stellung halten.

Man gelangt auf die Piazza und erblickt die breite Fassade (1524–47) der Kirche **San Donato**, ehemals die Kathedrale der Stadt, bis sie ihren Rang an Bagnoregio abgeben musste. Im Kern geht sie wahrscheinlich auf das 6. Jh. zurück, wurde aber im 16. Jh. so tiefgreifend umgebaut, dass man nur noch am Glockenturm ältere Mauerschichten (mit zahlreichen antiken Fragmenten) erkennen kann. Das Innere wirkt heute fast wie eine kleine bäuerliche Kirche und scheint erstaunlich lebendig und genutzt. Sie birgt das Grab der hl. Viktoria (251 Märtyrertod) in der Kapelle links vom Hauptaltar, sowie das des hl. Hildebrand, der von 856–873 Bischof dieser seiner Geburtsstadt war. Beiden Stadtpatronen wird noch heute eine besondere Verehrung entgegengebracht. Die in ihrer ländlichen Schlichtheit zunächst ärmlich wirkende Kirche birgt in einer Nische des Altarraums ein wertvolles, farbig gefasstes **Holzkruzifix** (15. Jh.) aus der Donatello-Schule. Eine Legende erzählt, dass eine Pestkranke, die vor dem Kreuz verzweifelt betete, deutlich die Ankündigung vernahm, dass mit ihr die Seuche enden würde. Und tatsächlich kam es zu keinen neuen Erkrankungen mehr in Civita. Das Kruzifix spielt noch heute in der Karfreitagsprozession nach Bagnoregio eine bedeutende Rolle. Mit der Pest verbindet sich auch das Fresko der verehrten „Befreiungsmadonna" im linken Seitenschiff. Aus der Schule Peruginos stammend, war es von einem Kalkanstrich bedeckt und in Vergessenheit geraten, bis es das Erdbeben von 1695 wieder freilegte. Zu Zeiten der Pest war es üblich, öffentliche Räume mit der desinfizierend wirkenden Kalktünche zu überziehen. Das wie durch ein Wunder erschienene liebliche Bildnis von Madonna mit Kind wird seit diesem Tag (jährlich am ersten Sonntag im Juni) besonders verehrt. An diesem Tag findet auch die „*Tonna*", ein Eselwettrennen, draußen auf der Piazza statt. Etwa 12 dieser sympathischen Lasttiere treten dann (wenn sie wollen) auf der improvisierten Kreisbahn so lange in Zweierrunden an, bis der Sieger feststeht.

Gegenüber von der Kathedrale steht das alte Rathaus mit dem für den Raum Viterbo so typischen *„Protterlo"*, der Außentreppe mit Balkon. Eine ganze Platzseite nehmen Reste des Bischofspalastes mit Gerichtsgebäude und Gefängnis ein. Im Palast befindet sich noch eine Kapelle mit einem Fresko der Umbrischen Schule, *Madonna mit Kind,* um 1500. Auf der anderen Platzseite beherbergt der Palazzo Alemanni-Mazzocchi (1585) heute das Kulturzentrum. Den Weg durch den Ort weiter fortsetzend, schaut man in malerische Winkel, abrupt endende Gässchen und kleine Innenhöfe. Am gegenüberliegenden Ende des Ortes führt ein steiler Feldweg abwärts ins Tal.

Der Charme Civitas besteht darin, dass man sich hier in den wenigen erhaltenen Resten einer einstmals reichen Handelsstadt befindet, deren Agonie jetzt schon 400 Jahre andauert. Wissenschaftler und einheimische Interessenverbände arbeiten an Lösungen zur Erhaltung Civitas. Am Ende werden es die verfügbaren finanziellen Mittel sein, die über die Zukunft dieses Ortes entscheiden.

Von Bagnoregio lohnt ein Ausflug zu zwei bemerkenswerten **Weingütern**, die herausragende Qualität zu vergleichsweise günstigen Preisen bieten:

Das erste ist **Mottura** in **Civitella d'Agliano** (von Bagnoregio in Richtung SS 71, kurz nach dem Ortsausgang links die schmale Straße in Richtung Viterbo, nach ca. 3 km links ab, gut 13 km weiter vorbei an S. Michele in Teverina bis nach Civitella d'Agliano). Bereits seit über 12 Jahren werden die Weinberge hier biologisch bewirtschaftet und vorbildlich gepflegt, was sich eindeutig in der Qualität bemerkbar macht. Der Chef des Hauses, Sergio Mottura, ist ein international anerkannter Experte für die Rebsorte Grechetto, herausragend sind deshalb auch die beiden Weißweine dieser Sorte *„Poggio della Costa"* und *„Latour a Civitella"*. Neben ihnen lagern auch beachtliche Spumante in den sehenswerten Gewölben unter dem Firmensitz am Dorfplatz des Ortsteils Poggio della Coata. Kontakt: **Az. Agr. Sergio Mottura**, Civitella d'Agliano, ✆ 0761.914533, ✉ 0761. 915783, www.motturasergio.it, Besichtigung und Probe nach Vereinbarung. Neuerdings wird auch ein kleines, feines Hotel mit Restaurant betrieben (4 Sterne, DZ ca. 150 €, Frühstück inkl.).

Ebenfalls einen Besuch wert ist das noch junge, aber viel versprechende Weingut **D'Amico** im winzigen Ort **Vaiano**, dem Fachleute einen raschen Aufstieg zu den besten italienischen Weingütern voraussagen (direkt am Ortsausgang von Bagnoregio links auf die schmale Straße abbiegen und ca. 15 km weiter bis nach Vaiano). Um den optimalen Ausbau der qualitätvollen Chardonnays und Merlots zu erreichen, wurde eigens ein Tunnel in den Tuffstein gegraben. Bei Kerzenlicht und klassischer Musik kann man dort die kunstvoll im Holzfass gereiften Weißweine „Falesia" und *„Calanchi di Vaiano"* und auch die perfekt gemachten Rotweine (nach vorheriger Vereinbarung) probieren. Kontakt: Paolo e Noemia d'Amico, Castiglione in Teverina, ✆ 0761.948868, ✉ 0761.948991.

# Lago di Bracciano

**Der Bracciano-See, nur 33 km von Rom entfernt, ist mit einer Oberfläche von 57,5 km² (Umfang 31 km) etwas kleiner als der Bolsena-See. Der vulkanische Ursprung ist für die ungewöhnliche Tiefe von 170 m verantwortlich, das Wasser ist erfrischend kalt und sauber.**

Das Nordufer ist bewaldet und steigt steil zum Kraterrand, den *Monti Sabatini*, an. Das südliche Ufer ist flacher und teilweise sumpfig. Rund um den See führt eine gut ausgebaute Straße, die *Circumlacuale*, die die drei Orte **Bracciano**, **Anguillara Sabàzia** und **Trevignano** verbindet.

Der See ist abgesehen vom Meer eines der beliebtesten Naherholungsgebiete der Römer. Entsprechend voll wird es bei schönem Wetter an den Wochenenden und in den Ferien. Wer verstopfte Straßen, volle Campingplätze und dröhnende Radios meiden möchte, sollte nur an Werktagen und möglichst nicht im Ferienmonat August herkommen. Außerhalb dieser Zeiten ist es ruhig und man kann wunderbar ausspannen. Wer sich sportlich betätigen will, hat dafür viele Möglichkeiten. Die waldreiche Gegend eignet sich für Wanderungen oder Reitausflüge (einen Reiterhof mit empfehlenswertem Hotel finden Sie z. B. bei Anguillara Sabàzia). Immer wieder gibt es schmale Strandabschnitte (besonders zwischen Bracciano und Trevignano) mit feinem schwarzem Sand. Man kann im klaren Wasser schwimmen, segeln oder surfen. Es existiert eine Reihe von Surfschulen, die Bretter verleihen. Von Bracciano aus werden im Sommer auch Bootsfahrten angeboten.

Die umliegenden Städtchen haben mit ihren pittoresken, engen Gassen ihren mittelalterlichen Charakter bewahrt und bieten auch einige interessante Sehenswürdigkeiten. Vom Fischreichtum profitiert die Gastronomie, zu ihren Spezialitäten gehören Meeräschen, Schleie, Hechte, Barsche und die wunderbaren Aale aus dem See. Da die Verbindungen von und nach Rom mit öffentlichen Verkehrsmitteln sehr gut sind, eignet sich der Bracciano-See auch als Ferienort für Familien, die nur Tagesausflüge in die Metropole unternehmen möchten.

## Bracciano

Von der größten Stadt Bracciano (ca. 11.000 Einwohner) hat der See seinen Namen. Sie liegt etwas oberhalb des Sees auf einem Hügel. Der mittelalterliche Stadtkern mit seinen engen Gassen wird von einer mächtigen, alles beherrschenden Burg überragt.

• *Information* Piazza IV Novembre, ℡ 06.998161, E-Mail turismo@comunedibracciano.it. Mo–Fr 9–13 Uhr, Di und Fr zusätzlich 15–18 Uhr, Sa 10–12 und 16.30–19.30 Uhr, So 10–13 Uhr.

• *Verbindungen* Nach Rom ca. 40 km. Mit dem **Auto** von Rom aus über die Via Cassia (Autobahnring, Ausfahrt Nr. 5) in Richtung Viterbo bis zur Abzweigung nach Bracciano oder bis zur **Metrostation** „Flaminio" (Linie A), weiter mit dem **Zug** nach Saxa Rubra und von dort aus mit dem Cotral-**Bus** nach Bracciano (ohne Stau in ca. 60 Min.) oder mit dem Zug ab Stazione Ostiense (gegen-

über der Metrostation „Piramide" – Linie B) oder ab Metrostation „Valle Aurelia" (Linie A) direkt nach Bracciano. Günstig ist der „*Roma & Più Pass*" (für 25 €, 3 Tage gültig), weil man damit die Überlandbusse Cotral sowie der meisten Regionalzüge innerhalb der Region Rom kostenlos benutzen kann. → „Wissenswertes von A bis Z/ Eintrittspreise", S. 41).
Im Sommer bestehen **Fährverbindungen** nach Anguillara oder Trevignano Romano.

• *Übernachten* **Villa Clementina**, Traversa Quarto del lago 12, ℡/℻ 06.9986268, www.hotelvillaclementina.it. Ruhig gelegen

Der Norden von Latium   Karte S. 601

in einem schönen Garten mit Tennisplatz (ohne Aufpreis) und Pool (natürlich auch Restaurant und Garage) nur etwa 100 m vom Seeufer entfernt, ist sicher das schönste, komfortabelste, aber leider auch das teuerste Haus am Platz. Die Wände der Zimmer sind mit unterschiedlichen Motiven fantasievoll bemalt (es werden auch Malkurse angeboten). 4 Sterne, nur 7 wunderbare Zimmer und 3 Suiten. DZ mit Frühstück 135–175 €.

Etwas preiswerter, aber ebenfalls empfehlenswert ist das große, moderne **Alfredo Hotel**, Via Circumlacuale 7 A, ℡ 06.99802168, 🖷 06.99805455. Es verfügt über einen Garten mit großem Schwimmbad sowie Tennisplätze und eigenen Seezugang. 3 Sterne, 48 Zimmer. DZ 87–120 €.

Nicht schlecht für den Preis ist auch das **Casina del Lago** mit bescheidenen Zimmern und Parkmöglichkeit, Via del Lago 4, ℡ 06. 99805475. 2 Sterne, 12 Zimmer. DZ 50–65 €.

● *Agriturismo* **Monte La Puglia**, Strada Castel Giuliano Sambuco 18, ℡ 06.9986635, www.montelapuglia.it. Landschaftlich reizvoll in den Hügeln zwischen See und Meer gelegen, großer Garten, ordentliche, zweckmäßig ausgestattete Zimmer. DZ 75–80 €.

**Agriturismo Little Big Stud**, Via Baglione 13 (oberhalb von Bracciano in Richtung Cerveteri nicht weit vom See entfernt gelegen), ℡ 06.9988554, www.agriturismolbstud.com. Reitgelegenheiten, Mountain-Bikes. DZ mit Frühstück 60 €.

● *Ferienwohnungen* Das Angebot ist groß, zu empfehlen ist z. B. **Villa Bracciano**, ℡ 0039/06.99806112, www.villa-bracciano.de. Geleitet von einem deutsch-italienischen Ehepaar. 4 DZ jeweils mit Bad, großer Aufenthaltsraum, Terrasse. DZ mit gutem Frühstück 55–60 €.

● *Camping* Ein empfehlenswerter Platz bei Bracciano (15 Min. Fußmarsch entfernt, es fährt aber auch ein Minibus) ist **Camping Porticciolo**, Via del Porticciolo, ℡ 06. 99803060, www.porticciolo.it. Die baumreiche, gepflegte Anlage liegt direkt am See. Der Service ist freundlich und hilfsbereit. Sportmöglichkeiten, Segelkurse, Surfschule, Kinderbetreuung vorhanden. Es existiert ein Zubringerdienst zum Bahnhof, sodass man bequem Ausflüge nach Rom unternehmen kann. Fahrkarten und Fahrpläne sind auf dem Campingplatz erhältlich. Vom 1.4.–30.9. geöffnet, 28 ha für 350 Pers. Preisbeispiel: Zeltplatz und 2 Pers. ca. 15–21 €/Tag je nach Saison.

Empfehlenswert ist auch Camping **Azzurro**, Via Settevene Palo bei km 2, ℡/🖷 06. 99805050. Direkter Seezugang, Bootsverleih, Laden und Restaurant vorhanden. Geöffnet vom 1.4.–30.9., 25 ha für 200 Pers.

**Roma Flash Sporting Club**, Via Settevene Palo bei km 19,9 (zwischen Bracciano und Trevignano bei Vigna Grande), ℡/🖷 06. 99805583. Liegt direkt am See, es gibt aber auch einen Pool mit separatem Kinderbecken. Regelmäßiger platzeigener Busdienst. Geöffnet vom 1.4.–30.9., 65 ha für 500 Pers.

Weitere Campingplätze an der Straße von Bracciano nach Anguillara Sabàzia und bei Trevignano.

● *Essen* Es gibt viele Trattorien, in denen man gut, aber meist auch teuer Fische aus dem See essen kann; außerhalb der Sommermonate sind einige Restaurants geschlossen.

Empfehlenswert ist das **Ristorante Al Fresco** in der Via Fioravanti 46, ℡ 06.99804536. Di Ruhetag. Im Zentrum, nahe der Pzza. del Castello gelegen. Im Sommer sitzt man auf der Terrasse mit fantastischem Seeblick. Sehr gute Antipasti (z. B. Büffelmilchmozzarella oder der Schinken), leckere Primi (z. B. Risotto mit Steinpilzen und Trüffel oder Orecchiette mit Meeresfrüchten); bei den Secondi fühlt sich das Restaurant seinem Namen besonders verpflichtet: köstlich die frischen Fischgerichte (z. B. „pesce di paranza" oder Aal aus dem See), aber auch die Fleischgerichte sind gut, z. B. Entenbrust in Barolo (petto d'anatra) oder geschmortes Wildschwein (cinghiale) und zum Schluss eines der hausgemachten Desserts. Menü um 30 €.

Ausgezeichnet essen Sie auch in der **Winebar Vino e Camino**, Pzza. Manzzini 11, ℡ 06. 99803433. Mo geschlossen, nur abends geöffnet. Zentrale Lage nahe der Burg, im Sommer kann man draußen auf der Piazza sitzen. Dieses kleine, romantische Lokal liegt in der historischen Altstadt und bietet zu hervorragenden Weinen eine sehr gute, kreative Küche (z. B. Tintenfischsalat mit Couscous), aber auch Traditionelles (z. B. „tonnarelli cacio pepe"). Besonders zu erwähnen sind die hausgemachten Desserts und die vorzügliche Käseauswahl. Preis pro Menü ca. 35 € bei gutem Preis-Leistungs-Verhältnis.

Guten Fisch bekommt man z. B. auch bei **Il Luccio d'Oro**, Via Giuseppe Argenti 12 b.

● *Spezialität* Der weiße Wein von Bracciano (*Castelbraccianese*).

- *Märkte* Mittwochvormittag ist auf dem Platz an der Burg Wochenmarkt. An jedem zweiten So im Monat findet ein Flohmarkt statt.
- *Feste* Sehenswert ist das **Passionsspiel** am Karfreitag auf der Piazza vor der Burg.

Die ganze Bevölkerung ist dann auf den Beinen. Die Kreuzigung findet auf der 15 m hohen Burgmauer statt.
- *Sport* Segel- und Surfschulen, Kanuverleih, Wasserski.

Das mächtige **Orsini-Odescalchi-Kastell**, mit dessen Bau in der zweiten Hälfte des 13. Jh. begonnen wurde, zeugt noch davon, dass Bracciano einmal ein bedeutendes Herzogtum war. Der Grundriss ist, etwa fünfeckig und von wehrhaften Mauern mit sechs stattlichen zinnenbekrönten Türmen umgeben. Das Gebäude ist das einzige Kastell in Latium, das seit seinem Bestehen bewohnt ist, zunächst von der über Jahrhunderte sehr einflussreichen Familie Orsini (seit 1560 Herzöge von Bracciano), ab 1698 durch Kauf von den nicht minder bedeutenden Odescalchi. Es befindet sich heute im Besitz der jungen Fürstin Maria Pace Odescalchi.

### Berühmte Gäste im Orsini-Kastell

Auf der Flucht vor der Pest in Rom logierte hier Papst Sixtus IV. (1471–84) zwei Monate lang. Prominenter Gast war auch König Karl VIII. von Frankreich. Fast zwei Wochen erholte er sich hier vor dem Neapel-Feldzug gegen Papst Alexander VI. (1492–1503).
Den gesellschaftlichen Höhepunkt erlebte das Schloss 1560. Damals heiratete Paolo Giordano Orsini die überaus hübsche und sehr gebildete Isabella de'Medici. Sie verwandelte das Schloss in ein Kulturzentrum. Doch ihr Glück währte nicht lang: Der schon etwas ältere, sehr vermögende Ehegatte entdeckte in Rom bei der zielstrebigen Vittoria Accoromboni seine dritte Jugend. Diese überredete den verliebten Fürsten, sowohl ihren noch vorhandenen Gatten als auch Fürstin Isabella aus dem Weg zu räumen. Die Tat blieb nicht folgenlos, denn 1585 wurde mit Sixtus V. ausgerechnet der Onkel des Ermordeten zum Papst gewählt. Der schwor Rache und Orsini musste fliehen. Einsam und verarmt starb er in Venedig. Ein Mitglied seiner Familie brachte daraufhin Vittoria um. Für diesen Akt der Selbstjustiz hatte der Papst allerdings auch kein Verständnis und verhängte dafür die Todesstrafe.

Der große Innenhof ist dreieckig und mit offenem, zweistöckigem Arkadenumgang fein gegliedert. Schöne Portale und eine großartige, überdachte Außentreppe führen zum oberen Stockwerk. Man kann 17 Säle der ursprünglichen drei Wohntrakte mit ihren luxuriösen Einrichtungen aus dem 15. und 16. Jh. besichtigen. Dort finden sich u. a. Gemälde von Antoniazzo Romano und Fresken von den Zuccari. Das **Monumentalfresko von Romano** im Haupthof zählt zu den größten Meisterwerken der Freskokunst. Der Künstler hat mit ungefähr 60 Gehilfen auch mehrere Räume des Schlosses ausgestattet. Von den Wachgängen und den Räumen der Burg aus bieten sich immer wieder herrliche **Ausblicke** auf die Anlagen der Burg und den See.

- *Rundgang* Sie betreten das Gelände über einen Vorhof mit gut ausgeschildertem Ticketverkauf und Souvenirgeschäft.

Ein Weg durch einen schönen Park führt zum eigentlichen, wappengeschmückten Eingangsportal mit Rampe. Durch einen

Turmraum gelangt man in den großen, dreieckigen Innenhof mit Freitreppe in die Repräsentationsräume des ersten Stocks.

Am Fuße der Treppe das Wappentier der Orsini, die Bärin *(Mamma Orsa)*.

**1. Stock**: Die **Räume I und II** sind die **Papstzimmer**, benannt nach Sixtus IV., der hier 1481 zwei Monate wohnte. Die Deckenfresken von Taddeo und Federico Zuccari sind aus der Zeit, das Mobiliar und die Bibliothek spätere Zutaten der Odescalchi-Familie. **Raum III** ist nach Italiens König Umberto I. benannt, der hier im Jahre 1900 privat zu Gast war. Die Deckengestaltung ist auf 1491 datiert, geschaffen von Antoniazzo Romano, das venezianische Mobiliar stammt aus dem 17. Jh. Im **Raum IV** sehen Sie bedeutende Altarfragmente aus Umbrien (15. Jh.). Die **Halle V** hat ihren Namen

von den aus der Pisanello-Schule stammenden Fresken aus dem 15. Jh. mit auf die Dynastie bezogenen Szenen, wie z. B. die Erhebung der Orsini in den Fürstenstand durch Innozenz XI. Der Kamin zeigt das Wappen der Odescalchi. In den Vitrinen wertvolle Fayencen und Prunkgefäße aus den Sammlungen des Hauses. Der Rundgang führt weiter durch die **Halle VI**, größter Raum der Burg, benannt nach antiken Büsten der Caesaren und mit sehr schönen Wandfresken. Der Saal war bis zur großen Restaurierung Mitte des 19. Jh. zwei Stockwerke hoch. **Raum VII** führt zurück zu den ersten Besitzern der Burg, den Orsini. Gemälde zeigen Paolo Giordano I. und seine Gemahlin Isabella de'Medici. Durch den **Raum VIII** (mit Deckenfresken aus dem Ende des 15. Jh.) gelangen Sie in das **Rote Zimmer** der Isabella (IX) mit sehr schönem Mobiliar aus dem 16. Jh. sowie fein gemalter Decken- und Wandgestaltung aus der Zeit Isabellas. Schauriges, gern gezeigtes bauliches Detail ist eine Falltür, von der aus man in messerscharfe Klingen fiel und buchstäblich in Scheiben geschnitten wurde. (Diese tückische Vorrichtung wird der oben erwähnten, boshaften Vittoria zugeschrieben, die sich so ihrer Liebhaber entledigt haben soll.)

Nun geht es hinauf in den **2. Stock**: Hier sehen Sie in restaurierten Räumen mit Neorenaissance-Malereien weitere Schätze aus den fürstlichen Kollektionen, u. a. neugotisches Mobiliar (**Raum XI**), eine bedeutende Sammlung echter mittelalterlicher Rüstungen und Waffen (**Halle XIII**), und etruskische Ausgrabungen eines archäologisch interessierten Odescalchi-Vorfahren (**Raum XVI**).

Ein sehr schöner Rundgang führt hinauf auf die Festungsmauern und durch den oberen Arkadengang des Innenhofs. Herrliche Blicke in kleine Innenhöfe, auf Gärten und verschachtelte Dächer und stets neue Perspektiven auf See und Berge schließen den für Groß und Klein lohnenswerten Besuch der Burg ab.

● *Führungen* Etwa jede halbe Stunde. April–Sept. Di–Sa 10–12 und 15–18 Uhr, So 9–12.30 und 15–18.30 Uhr; Okt.–März Di–Sa 10–12 und 15–17.30 Uhr, So 9–12.30 und 15–17.30 Uhr; Mo geschlossen (außer im Aug.).

● *Eintritt* 7 €, erm. 5 € für Kinder von 6–10 Jahren und Gruppen ab 15 Pers. nach Voranmeldung.

● *Informationen* ✆ 06.99804348, ✉ 06.99802380, www.odescalchi.it.

*Seit Jahrhunderten ununterbrochen bewohnt: Das Orsini-Kastell von Bracciano*

In Bracciano sollten Sie auch einen Spaziergang durch die engen Sträßchen der **Altstadt** mit ihren schmalen Durchgängen, Plätzen und Brunnen unternehmen. Der größte Teil wurde im 15. Jh., etwa zur selben Zeit wie die Haupttrakte der Burg, erbaut. Sehenswert sind auch die Kirchen **S. Stephano** und **S. Maria Novella** mit ihren bekannten Gemälden.

▸ **Trevignano Romano**: Fast gegenüber von Bracciano liegt am nördlichen Seeufer das malerische Örtchen Trevignano Romano. Die Straße führt um die direkt am See gelegene Altstadt herum, die glücklicherweise für den Verkehr gesperrt ist. An manchen Stellen sind die engen, gemütlichen Gassen nur knapp 3 m breit. Am Rathaus (*Palazzo Comunale*) mit seinem Portal aus dem 15. Jh. befindet sich ein kleines **Heimatmuseum** mit hauptsächlich etruskischen Fundstücken (um das 6. Jh. v. Chr.) aus der nahen Umgebung. Die Kirche **Santa Catarina** neben dem *Palazzo Comunale* steht auf den Resten eines römischen Tempels. Wahrzeichen des Ortes sind die Ruinen einer weiteren mittelalterlichen **Orsini-Burg**. Die **Chiesa del Duomo** enthält Fresken aus der Schule Raffaels. Außerhalb des Ortes gibt es Gärtnereien und Plantagen, dazwischen liegt fruchtbares Weideland.

• *Übernachten* **Hotel Il Casale**, Via dell'Acquarella 11, ✆ 06.9985003, 📠 06.9985151, www.hotel-ilcasale.it. Die Hotelanlage besteht aus kleinen Bungalows (Wohn- und Schlafzimmer, Bad und offene Veranda) in einem großzügigen Garten mit Tennisplatz, Schwimmbad mit separatem Kinderbecken und Spielplatz. Zum Seeufer mit vielen Wassersportmöglichkeiten sind es gerade 50 m. Appartement für 2 Pers. 80–95 €.

• *Camping* Empfehlenswert ist der schöne Platz **Smeraldo di Trevignano** an der Via Trevignanese bei km 5,200 (Via dell'Acquarella 13, bei Acquarella), ✆ 06.9985180, 📠 06.9985178. Gute Ausstattung, Sportmöglichkeiten, reservierter Strand. Ganzjährig geöffnet. 20 ha für 220 Pers. Preisbeispiel für Stellplatz und 2 Pers. ca. 24 €/Tag.
**Camping Internazionale Lago di Bracciano**, Via Settevene Palo bei km 7,400, ✆/📠 06.99825433, www.camping-inter-lago-dibracciano.com. Anfang April bis Ende Sept. geöffnet, 18 ha. Eigener Strand, es gibt auch Bungalows für 4 Pers. Preisbeispiel für Stellplatz und 2 Pers. ca. 28 €/Tag.

• *Essen* **la Grotta Azzura**, Pzza. Vittorio Emanuele 18, ✆ 06.999.9420. Di Ruhetag. Gutes Fischlokal mit traditioneller Küche, z. B. Hecht mit frischen Kräutern (luccio in salsa all'erbe fine) oder Aal in Tomaten geschmort (l'anguilla alla cacciatora), es gibt auch Fleischgerichte. Im Sommer sitzt man draußen sehr schön. Menü um 35 €.

**La Locanda del Gusto**, Via Garibaldi 79, ✆ 06.999.9822. Mo und Di geschlossen, sonst nur abends. Trattoria mit vorzüglicher Küche (viel Fisch und Meeresfrüchte) und einer je nach Jahreszeit und aktuellem Marktangebot häufig wechselnden Karte. Menü um 30 € bei sehr gutem Preis-Leistungs-Verhältnis.

**Ristorante Il Palazzetto**, Pzza. Vittorio Emanuele 20, ✆ 06.999.9254. Mi Ruhetag. Wer einmal ausgefallen essen und trinken möchte, ist im Palazzetto bestens aufgehoben. Für Weinliebhaber interessant: ca. 200 Etiketten und vergleichsweise günstig. Menü ca. 35 €.

Preiswert, aber ebenfalls gut essen Sie in der **Osteria La Tavernetta**.

Etwas außerhalb liegt die gehoben rustikale **Villa Valentina dal 1980** wunderschön im Grünen direkt am Seeufer, Via Settevene Palo bei km 9,600, ✆ 06.9997647. Mi geschlossen. Ein ideales Ausflugsziel, um sich zu erholen und sich sowohl von der traditionellen als auch von den internationalen (argentinische und spanische Einflüsse) Küche verwöhnen zu lassen. Menü um 25–35 €.

Guten Kuchen bekommen Sie in der unübersehbaren **Bar Pasticceria** direkt an der Hauptstraße.

• *Spezialitäten* Marinierter Fisch in Dosen.

▸ **Anguillara Sabàzia**: Die kleine, alte Stadt liegt auf einem steilen Felsvorsprung am Südufer des Sees. Ihr Name stammt nicht von den Aalen *(anguille)* ab, für deren würzige Zubereitung der Ort bekannt ist, sondern von einer antiken römischen Villa, die hier im rechten Winkel zur Küste stand. Die gut erhaltene **Altstadt** mit vielen engen, steilen Gassen und Treppen mit vielfältigen Perspektiven auf den See ist von mächtigen Mauern aus dem 15. Jh. umgeben. Das **Tor** mit der schönen Uhr ist das Wahrzeichen der Stadt. Über der Altstadt thront die mittelalterliche **Burg der Anguillara** mit bis zu 15 m dicken Mauern. Die Kirche **St. Franziskus** stammt aus dem 10. Jh.; von hier haben Sie einen guten Ausblick auf die Altstadt, den See und die gegenüberliegende Burg von Bracciano.

Die **Anguillara** waren Feudalherren germanischer Abstammung und wegen ihrer unerbittlichen Grausamkeit berüchtigt. Der wohl schlimmste war der letzte seines Geschlechts, *Graf Everso*. Er lebte gegen Ende des 15. Jh. Vorbeiziehende Kaufleute und Rompilger erpresste er und scheute auch vor Raubmorden nicht zurück. Gegen über seinen weiblichen Untertanen bestand er auf dem *„ius primae noctis"* (Recht der ersten Nacht, also der Entjungferung). Als er auch noch Falschgeld herstellte und seine Raubzüge auf unerträgliche Weise zunahmen, befahl Papst Pius II. einigen Mitgliedern der Orsini-Familie, dem Treiben ein Ende zu bereiten und Everso zu exekutieren.

**3 km weiter auf der Straße nach Rom** befindet sich die Wasserquelle **Acqua Claudia**. Das bekannte Mineralwasser wird dort abgefüllt.

● *Übernachten* Es gibt mehrere Hotels: Empfehlenswert ist z. B. das **Poggio dei Pini**, Via Beethoven 10, bei Marchione, ☎ 06.9995609, 📠 06.9995603. Das Haus verfügt über einen Garten, einen Tennisplatz und einen Pool. 3 Sterne, 33 Zimmer. DZ 70–90 €.

Als Ferienort geradezu ideal ist das Hotel **I due Laghi**, ☎ 06.99607059, 📠 06.99607068, www.iduelaghi.it. Es liegt außerhalb von Anguillara an der Straße nach Trevignano einsam auf einem Hügel zwischen dem Bracciano- und dem kleinen Martignano-See. Der dahin führende Schotterweg, vorbei an Feldern und Pferdekoppeln, ist vom See aus gut ausgeschildert. Eigentlich ist dieses neue, stilvoll ausgestattete, äußerst gepflegte Landhotel ein Reiterhof. Man kann Pferde mieten und Reitstunden vereinbaren. Es gibt einen Pool, einen schönen Garten, ein gutes Restaurant und viele Sportmöglichkeiten. Im Sommer sind die Dachzimmer recht heiß, es gibt aber Klimaanlagen. 4 Sterne, 16 Zimmer. DZ 170 €, Frühstück inkl.

● *Camping* In der Gemeinde von Anguillara Sabàzia gibt es zwei Plätze:
**Camping Parco del Lago**, Lungolago di Polline 75, kurz hinter Anguillara, ☎ 06.99802003, 📠 06.99802000, www.parcodellago.com. Der Platz liegt unter Bäumen landschaftlich reizvoll direkt am See. Vom 1.4.–30.9 geöffnet, 30 ha für 600 Pers. Es gibt auch feste Bungalows für 2 bis 4 Pers. Preisbeispiel: Stellplatz und 2 Pers. ca. 26 € pro Tag.
**Vigna di Valle**, Lungolago delle Muse 12, ☎ 06.9968645, 📠 06.99609084, www.camping vignadivalle.it., im Ortsteil Vigna di Valle an der Straße von Bracciano nach Anguillara Sabàzia. Es gibt Schattenplätze und Seezugang. In der Nähe Surf-, Segel- und Reitmöglichkeiten. Geöffnet vom 1.4.–30.9., 14 ha für 240 Pers.

● *Essen* Es gibt viele Trattorien und Restaurants, in denen man Fisch essen kann. Spezialität: Spaghetti mit Muscheln, Broccoli mit Weißweinsoße und vor allem Aalgerichte.
**Chalet del Lago**, Viale Reginaldo Belloni (am Ende der langen Strandpromenade mit Blick auf die gegenüberliegende Altstadt von Anguillara), ☎ 06.99607053. Do und So abends ist geschlossen. Die Aussicht von der Terrasse direkt am See und die ruhige Lage außerhalb des Ortes sind herrlich, die gehobene Küche steht dahinter nicht zurück. Vorzügliche Fischgerichte (z. B. Cannelloni mit baccalà), zu den Spezialitäten des Hauses gehört die „torta di cioccolato all'arancia" (Schokoladentorte mit Orangen – unbedingt probieren); kleine, aber qualitätvolle Weinkarte. Menü um 34 €.
**La Mucca Golosa**, Via di Vigna di Valle, ☎ 06.99607021, www.lamuccagolosa.com. Tägl. abends und zusätzlich So mittags geöffnet. Gehobenes, modern gestaltetes Restaurant am Seeufer mit großer Terrasse und ausgezeichneter Küche (Fisch- und Fleischgerichte). Menü à la carte um 35 €, Tagesmenüs für günstiger.
**Ristorante Pizzeria Harvey**, Via Anguillarese 96. Mi Ruhetag. Das riesige Lokal am Ortsausgang an der Straße nach Bracciano ist bei Jung und Alt gleichermaßen beliebt. Im Sommer sitzt man angenehm draußen. Die Gerichte sind hervorragend und preiswert. Sehr zu empfehlen sind z. B. zahlreiche Varianten von Bruschetta, die „tonnarelli Harvey" (mit Rughetta und Fischen aus

dem See), die Fischplatte (grigliata mista) und vor allem die kleinen eingelegten Aale (anguille).

Direkt gegenüber liegt das großräumige Ausflugslokal **Ristorante Zaira**, Viale Reginaldo Belloni 2, ✆ 06.9968082. Di Ruhetag.

Es ist etwas gediegener und bietet auch (über die Straße hinweg) einen Blick auf den See. Es gibt eine erstaunlich große Auswahl, die Gerichte sind dennoch frisch und gut zubereitet. Menü um 20 €.

● *Flohmarkt* Am 2. und 4. Sonntag im Monat.

▶ **Manziana:** Auf einem Hügel in Sichtweite des Kratersees (über Bracciano in Richtung Tolfa, Civitavecchia zu erreichen) an einer wichtigen Durchgangsstraße zum Meer wurde im 16. Jh. die kleine, gemütliche Stadt erbaut. Von hier genießen Sie einen **weiten Ausblick** auf den Bracciano-See und können in den umliegenden Wäldern herrliche **Wanderungen** unternehmen. Eine Panoramastraße führt durch das landschaftlich abwechslungsreiche Gebiet der einsamen Tolfa-Berge mit schönen Aussichtspunkten zur Stadt Tolfa (→ S. 669) und weiter nach Civitavecchia zum Meer (→ S. 666).

● *Essen* Die **Trattoria Villa Giulia** liegt mitten im Grünen, außerhalb des kleinen Städtchens in Richtung See (nicht ganz preiswert). Spezialität sind die „rigatoni alla Nocina".

Empfehlenswert ist auch die **Trattoria Ruz-** zi in der Via del Prata Ponte 25, ✆ 06.9962063.

Ansonsten stellen im Ort die **Pasticcerien** (Konditoreien) die zu Recht berühmten Süßigkeiten her.

● *Flohmarkt* Am 1. Sonntag im Monat.

▶ **Isola Farnese:** Das kleine, verschlafene Nest mit der gestrengen **Ritterburg** erreichen Sie nach 20 km auf der Via Cassia zwischen Rom und dem Bracciano-See. Früher lag hier das südlichste etruskische Zentrum. In der kleinen Stadt übernachteten einst die deutschen Könige Otto IV. und Heinrich VII., bevor sie sich in Rom vom Papst die Kaiserkrone aufsetzen ließen.

*Öffnungszeiten* **Burg**, im Sommer 9–14 Uhr, Mo geschlossen.

Bedeutend ist Isola Farnese wegen seiner **etruskischen Ausgrabungen** etwas außerhalb der Stadt.

Dort liegt das Gebiet der etruskischen Königsstadt **Vejo**, die im 5. und Anfang des 4. Jh. v. Chr. immer wieder mit Rom Krieg führte. Im Jahr 396 v. Chr. beschlossen die Römer, die wohl auch neidisch auf die Pracht der Stadt waren, den gefährlichen Konkurrenten endgültig zu beseitigen. Jedoch schützte eine ungeheure Befestigungsanlage, die so mächtig wie die von Troja und Athen gewesen sein soll, die Stadt vor allen Eindringlingen. Die Römer bewiesen Ausdauer und belagerten die Festung zehn Jahre lang. Während der Zeit gruben sie einen Tunnel unter die gewaltigen Mauern und überraschten die sorglosen Etrusker aus dem Untergrund. Weil die Stadt so wunderschön war, ließen sich viele Eroberer hier dauerhaft nieder. Dies wurde dann aber gesetzlich verboten, um eine Entvölkerung von Rom zu verhindern. So nahmen die Römer alle Schätze mit und demontierten die schönsten Bauteile. Die Stadt war damit verwüstet, verfiel und wurde bedeutungslos. Der Fall Vejos war gleichzeitig der Anfang vom Ende der etruskischen Vorherrschaft, und die Römer schufen die Grundlage für die neue Supermacht.

Von den etruskischen Gebäuden sind nur noch wenige Reste zu sehen. Man kann nur noch erahnen, wie gewaltig die Stadtmauern waren. Die Ausgrabungen können nicht mit denen von Cerveteri verglichen werden. Dennoch wurden hier bedeutende Funde gemacht, die im Museum der Villa Giulia in Rom ausgestellt sind. In den Ruinen des Apollotempels fand man die überaus schöne, lebensgroße Terrakottastatue des Apoll von Vejo und mehrere reich dekorierte Stirnziegel, die die Dachfirste der Tempel schmückten (→ S. 334).

*Öffnungszeiten* Mo geschlossen, Di–So 10–16 Uhr (im Sommer bis 19 Uhr).

**Der Norden von Latium**

Karte S. 601

*Landmarke: die Burg von Santa Severa*

# Die Küste nördlich von Rom

Der nördliche Küstenabschnitt Latiums ist mit den schönen Sandstränden im Süden nicht vergleichbar. Dennoch ist die Region für die Römer ein wichtiges Erholungsgebiet, in dem sie gerne Wochenenden und ihre Ferien verbringen. Aus diesem Grund trifft man entlang der Küste auch auf zahllose Appartementbauten. Sehenswert sind vor allem die mittelalterliche Altstadt von **Cerveteri**, einschließlich der etruskischen Nekropolen am Ortsrand, und **Tarquinia**, früher eine der bedeutendsten Städte des antiken Etruriens. Die größte Stadt am nördlichen Küstenabschnitt ist heute **Civitavecchia**, gleichzeitig einer der wichtigsten Häfen Latiums.

## Civitavecchia

**Die moderne Industrie- und Hafenstadt liegt direkt am Meer und ist bereits von weitem an ihrer Dunstglocke und einem hohen Schornstein zu erkennen. Reisende kommen hauptsächlich, um von hier aus mit der Fähre nach Sardinien (Olbia, Golfo Aranci oder Cagliari) überzusetzen.**

Bereits Kaiser Trajan gründete an dieser Stelle im Jahr 106 n. Chr. eine gewaltige neue Hafenstadt, weil der Tiber Ostia zunehmend versanden ließ und größere Schiffe im römischen Hafen kaum noch anlegen konnten. Zwei Molen, die sich 400 m weit ins Meer erstreckten, wurden aufgeschüttet. Davor schützte ein künstlicher, 500 m langer Wellenbrecher das Becken. Über die gut ausgebaute Via Aurelia rollten dann die angelandeten Güter nach Rom, und in umgekehrter Richtung marschierten Soldaten zu den Kriegsschiffen der Flotte. Von Byzantinern und Sarazenen zerstört, wurde die Stadt erst im 16. Jh. als strategisch wichtiger Hafen des Kirchenstaats wieder aufgebaut. Im Zweiten Weltkrieg vernichteten Bomben den alten Stadtkern nahezu vollständig. Als moderne Hafen- und Industriestadt entstand Civitavecchia ab den 1950er Jahren neu und ähnelt heute ohne individuellen Charakter anderen italienischen Kleinstädten. Im Zentrum sind kaum Spuren der Vergangenheit zu finden, die einen Besuch lohnen.

## Information/Verbindungen

• *Information* Viale Garibaldi 42, ☎ 0766.25348, ✆ 0766.21834, E-Mail: iat.civita veccia@tscali.it. Mo–Sa 8.30–12.30 und 15.30–18.30 Uhr. Am **Hafen** beim Forte Michelangelo: Varco Fortezza, ☎ 0766.23078.

• *Verbindungen* Von Rom über die A 12 oder die gut ausgebaute Via Aurelia, 72 km. **Busverbindungen** z. B. nach Rom, Tarquinia und Viterbo. Es bestehen auch gute **Zugverbindungen**: Die Fahrtzeit nach Rom

beträgt etwa 90 Min. und nach Tarquinia 15 Min.

• *Fähren nach Sardinien* Die Fähren legen mehrmals täglich nach Golfo Aranci, Cagliari und Olbia ab. Informationen bei der Società Tirrenia, Via Bissolati 41 in Rom, ☎ 06.732141, www.tirrenia.it.
Karten gibt es direkt am Hafen (oder bei der angegebenen Adresse in Rom). Die Überfahrt nach Olbia dauert 3,5 Std.

## Übernachten

An Werktagen sind viele Hotels von Geschäftsleuten und Pendlern belegt. In der arbeitsfreien Zeit ergeben sich kaum Probleme, ein Zimmer zu bekommen. Einige bessere Hotels bieten außerhalb der Saison einen günstigen Wochenendtarif an.

**De la Ville**, Viale della Repubblica 4, ☎ 0766. 580507, ✆ 0766.505801, www.roseshotels.it. Schönes altes Grandhotel aus dem 19. Jh. mit Stilmöbeln und komfortablen Zimmern. Stimmungsvoll ist das Restaurant im Gewölbekeller. 34 Zimmer, 8 Suiten, Parkmöglichkeiten vorhanden. DZ mit Frühstück 160 €.

**Mediterraneo-Suisse**, Via Lungomare Garibaldi 38, ☎ 0766.23156, ✆ 0766.29262. Großes Hotel ganz in der Nähe von Bahnhof und Hafen. Die Zimmer nach vorne haben teilweise Balkone und bieten einen Blick auf den Hafen. 3 Sterne, Parkmöglichkeit vorhanden, 43 Zimmer. DZ mit Frühstück 90–250 €.

**La Medusa**, Via Aurelia Sud 73c (bei km 68,300), ☎ 0766.24327, ✆ 0766.22775. Kleines Hotel nur 9 Zimmern nahe am neuen Touristenhafen gelegen, hübsche Zimmer mit Meerblick, Parkmöglichkeit vorhanden. Das Hotel hat einen Zugang zum Meer und ein passables Restaurant. 2 Sterne. DZ mit Bad und Frühstück 68–95 €.

Für diejenigen, die vor einer Überfahrt nach Sardinien noch in Civitavecchia übernachten wollen, bietet sich das Hotel **Traghetto**

an, Via Braccianese Claudia 2, ☎ 0766.25920, ✆ 0766.23692. Es befindet sich an einer großen Kreuzung etwa 200 m von der Mole entfernt, von der die Fähre ablegt. Die 39 Zimmer sind sauber und haben fast alle einen Balkon; hoteleigene Garage und Parkplatz (Reservierung erforderlich, 10 € pro Tag). 3 Sterne. DZ mit Frühstück ca. 95–130 €.

• *Außerhalb* Etwas außerhalb an der Via Aurelia Sud 67 (km 67.500) liegt die große Hotelanlage **Sunbay Park**, ☎/✆ 0766.33140, mit Garten, Pool, Squash-Platz und eigenem Zugang zum Meer sowie einem empfehlenswerten Restaurant (s. u.). 4 Sterne, 58 Zimmer. DZ mit Frühstück 130–160 €.

• *Camping* **Traiano**, Loc. La Frasca, Via di Sant'Agostino, ☎/✆ 0766.560248, www. campingtraiano.it. Der Campingplatz liegt einige Kilometer weiter im Norden direkt am Meer in einem Pinienwäldchen, mit Supermarkt, Selbstbedienungsrestaurant, Pizzeria, Reitgelegenheiten in ca. 1 km Entfernung. Auch Bungalows für 4 bis 6 Pers. Von Mitte Mai bis Mitte Sept. geöffnet, ca. 500 Stellplätze. Preisbeispiel für 2 Pers. mit Caravan 19–27 €.

## Essen/Einkaufen

• *Essen* **Ristorante La Bomboniera**, Via Corso Marconi 50, ☎ 0766.25744, www. labomboniera.info. Mo geschlossen. Wer

sich kurz vor der Einschiffung nach Sardinien schon mal einstimmen oder nur etwas Abwechslung in seinen Speiseplan bringen

Der Norden von Latium Karte S. 601

möchte, kann hier ausgezeichnete sardische Küche genießen: sehr gute frische Fischgerichte und hausgemachter Nachtisch, interessante Weinkarte. Modernes Interieur mit skurrilem Kamin. Menü um 40 €.

**Trattoria L'Angoletto**, Via Guglielmotti 2 (am Hafen), ✆ 0766.32825, www.angoletto.com. So abends und Mo geschlossen. Sehr gutes, gehobenes Fischrestaurant mit hervorragender Weinkarte. Empfehlenswert sind z. B. die hausgemachten Tagliolini mit Krustentieren und Gemüse, das Hummerrisotto, die Fischsuppe (muss meist vorbestellt werden), die frittierten Fischlein aus dem Schleppnetz (fritto dei paranza) und zum Abschluss die Sorbets. Menü ca. 37 €.

**Ristorante La Scaletta**, Lungoporto Gramsci 65 (unmittelbar am alten Hafen beim Forte Michelangelo), ✆ 0766.24334, www.ristorantelascaletta.it. Di Ruhetag. Dies ist wohl das beste Fischrestaurant in Civitavecchia und eines der besten an der Küste Latiums. Die gehobenen Preise sind für diese Küche absolut gerechtfertigt (Menü um 35–45 €, große Weinkarte). Besonders empfehlenswert sind die gemischte Vorspeiseplatte „fanatasia di mare", unter den Primi z. B. die Fischsuppe, Spaghetti mit Scampi, „risotto alla pescatora" und bei den Secondi die Krustentiere in Olivenöl oder einfach der frische Tagesfisch (il pescato del giorno).

**Trattoria La Tana**, Via Traiana 28, ✆ 0766. 580634. Mo abends geschlossen. Familiä-res, sympathisches Restaurant mit Schwerpunkt auf gehobener Fischküche und sehr leckeren Desserts. Menü ca. 45 €.

**Ristorante del Sunbay Park Hotel**, Via Aurelia, km 67,500, ✆ 0766.32159. Von der großen Fensterfront des Restaurants hat man einen schönen Ausblick auf Küste und Meer. Die Küche ist gehoben, angeboten wird eine regionale Fischküche mit kreativem Einschlag.

**Trattoria o Pescatore**, Lago S. Francesco d'Assisi 15, ✆ 0766.25662.

Die einfachen Pizzerien in der Hafengegend sind eher durchschnittlich; empfehlenswert ist aber die beliebte **Pizzeria da Baffone**, Viale G. Garibaldi 16.

● *Wein* **Camilletti & La Rosa**, Via Bernini 54. Sehr gute Auswahl besonders von Weinen aus Latium, aber auch feine Olivenöle und qualitätvoller Essig.

Etwas außerhalb, an der Via Aurelia bei km 80,200 liegt das **Weingut Mediterranea**. ✆ 0766.501045. Es besteht seit Ende der 1970er Jahre. Der Betrieb experimentiert mit neuen, interessanten Traubensorten und Traubenmischungen. Zwar wird noch kein „*DOC Cerveteri*" produziert, doch die Tafelweine erreichen schon hervorragende Qualität. Probieren Sie doch mal den *Pinot Bia*nco *Scorfano*, den *Trebbiano Toscano* oder den *San Luigi*, einen Verschnitt aus Pinot Grigio, Chardonnay und Riesling Renano.

Im Hafen liegt malerisch das **Forte Michelangelo**, eine Festung, die Bramante 1508 auf antiken Hafenfundamenten begann und Michelangelo 1558 fertig stellte. Sie besteht aus einer Burg und einer Umfassungsmauer mit Türmen. Leider gehört die Renaissanceanlage zum Militärhafen und ist daher nicht zugänglich. So muss man sich mit dem Blick auf das Wahrzeichen der Stadt aus der Ferne begnügen.

Die kleine Kirche des heiligen Franziskus von Assisi aus dem 18. Jh. hat den Krieg überstanden und befindet sich an der Piazza Vittorio Emanuele. Sehenswert ist das **Archäologische Nationalmuseum** am Largo Cavour mit Fundstücken aus dem Umland.

● *Rundgang* **1. Stock**: etruskische Grabinschriften, Sarkophage, Marmorstatuen, meist aus dem Gebiet des ehemaligen römischen Hafens.
**2. Stock**: Nachbildungen von Ortschaften und Nekropolen der Gegend.

**3. Stock**: Keramik- und Bronzegegenstande.
● *Öffnungszeiten* Tägl. außer Mo 9.30–19.30 Uhr. Eintritt frei.
● *Information* ✆ 0766.23604.

Oberhalb der Autobahnauffahrt „Civitavecchia-Nord", vom Zentrum 4,5 km den steilen Hügel hinauf, liegen die Ruinen der **Thermen Taurine**. Sie wurden unter den Kaisern Hadrian und Trajan auf den Resten einer großzügigen Villa aus republikanischer Zeit erbaut. Einige Mauerreste der Räume des Erdgeschosses, in

denen sich Warmwasserbecken, eine Bibliothek mit Lesesaal und Aufenthalts-
räume für männliche Badegäste befanden, sind noch erhalten.
*Öffnungszeiten* **Thermen,** 9–14 Uhr, Mo geschlossen.

Eine moderne Variante der einst luxuriösen Badeanlagen Trajans ist das **Erleb-
nis-Freibad** *„Aquafelix – Parco Acquatico",* das auf dem Weg von Civitavecchia
zur archäologischen Zone allein schon wegen der unzähligen Werbetafeln und
der von weitem sichtbaren, riesigen Rutschbahn nicht zu übersehen ist (Loc. Casale Altavilla).
*Öffnungszeiten/Eintritt* Etwa von Anfang Juni bis 1. Sept. geöffnet, 10–18.30 Uhr. Tages-
preis 15 €, für Kinder bis 11 Jahre 12,50 €; nachmittags ab 14 Uhr 12,50 € bzw. 8 €.
✆ 0766.32221, www.aquafelix.it.

## Die Umgebung von Civitavecchia

▸ **Tolfa-Berge:** Für einen Ausflug vom Meer ins Landesinnere bietet sich die **Panoramastraße** durch das hügelige Hinterland nach Tolfa (21 km) an und wer mag,
kann die Tour bis zum Bracciano-See (weitere 30 km) fortsetzen. Vom Ortsausgang Civitavecchia überqueren Sie die Autobahn. Die Straße windet sich dann in
vielen engen Kurven den Berg hinauf und es bietet sich ein weiter Blick auf die
Küste und das Meer. Danach geht es
kurvenreich weiter durch die landschaftlich reizvollen *Montini della Tolfa* vorbei am Monte Turco (450 m)
links. Rechts in der Ferne sehen Sie
mit dem Monte Tolfáccia (579 m) die
höchste Erhebung der Hügelkette. Zunächst wirkt die Landschaft noch karg
und im Sommer verdorrt, doch je höher es geht, desto üppiger wird die
Vegetation.

▸ **Tolfa:** Das kleine Städtchen Tolfa mit
mittelalterlichem Kern liegt auf einem
steil abfallenden Hügel. Vom Parkplatz auf der Piazza aus genießen Sie
einen weiten Blick auf die Hügellandschaft. Eine noch bessere Aussicht bietet sich von der Burgruine auf einem
Grat über der Stadt. Ein Fußweg durch
die steilen, schmalen Altstadtgassen
führt hinauf.

Im Rathaus an der Piazza Vittorio
Emanuele befindet sich ein **etruskisch-
römisches Heimatmuseum** mit vorwiegend keramischen Fundstücken aus
den zahlreichen Nekropolen der Umgebung. Tolfa existierte bereits zur
Zeit der Etrusker. Sie bauten in dieser
Gegend Mineralien ab, die im ganzen
Mittelmeerraum ein begehrtes Han-
delsobjekt waren.

*Tolfa*

● *Öffnungszeiten* **Museum**, 9–14 Uhr, Mo geschlossen.
● *Information der Gemeindeverwaltung* www.comuneditolfa.it.
● *Essen* Wie in der nahe gelegenen Maremma ist auch in Tolfa die **acqua cotta** eine regionale Spezialität. Dabei handelt es sich um eine Gemüsesuppe (manchmal mit Steinpilzen verfeinert), die auf einer Brotscheibe mit Ei serviert wird. Wenn möglich, sollten Sie die originale „acqua cotta" unbedingt in Tolfa probieren.

Vorzüglich zubereitete, einfache, aber traditionelle Gerichte bietet die **Trattoria Minandri** in der Via del Forno 18 (im alten Ortsteil), ✆ 0766.93724.
● *Einkaufen* Tolfa war früher für seine ausgezeichneten **Lederwaren** bekannt. Wegen des Überangebots an Billigimporten existieren heute leider nur noch wenige Handwerker, die wie in alten Zeiten Ledertaschen und die berühmten Sättel, die so bequem wie Sessel sein sollen, ganz in Handarbeit anfertigen. Besonders gute Qualität finden sie in den Läden der Via Roma.

# Die Küste zwischen Civitavecchia und Rom

Die aus der Antike stammende Via Aurelia (SS 1) führt südlich von Civitavecchia bis hinter Santa Severa am Meer entlang und wird mit nur wenigen Unterbrechungen von eintönigen Appartementblocks und Strandbädern gesäumt. Im Winter sind kaum Menschen zu sehen, die verbarrikadierten Häuser wirken hässlich und abweisend, im Sommer dagegen ist die Küste total überlaufen und es herrscht gewaltiger Trubel. Die wenigen öffentlich zugänglichen Strandabschnitte sind dann besonders voll, laut und von Müll übersät. Die Badeanstalten verlangen zwar Eintritt und hohe Mietpreise für Liegen und Sonnenschirme, doch dafür ist der Strand relativ sauber, es gibt Duschen, Umkleidemöglichkeiten und Toiletten. Für einen Badeurlaub ist dieser Abschnitt der Küste Latiums weniger zu empfehlen, kein Vergleich mit dem Meer im Süden zwischen San Felice Circeo und Formia und erst recht nicht mit der Dünenlandschaft im Nationalpark Circeo, südlich von Latina. Eine Fahrt entlang der Via Aurelia in Richtung Rom lohnt aber trotzdem wegen einiger interessanter Ortschaften und der überaus sehenswerten etruskischen Nekropolen von Cerveteri.

▸ **Santa Marinella**: Santa Marinella, das langsam mit dem gut 6 km entfernten Santa Severa zusammenwächst, ist noch einer der hübscheren Badeorte. Im kleinen Hafen herrscht zur Sommerzeit reger Schiffsverkehr. Auf etruskischen Resten steht das **Schloss der Fürsten Odescalchi** aus dem 15. Jh. (leider nicht zu besichtigen, aber für Veranstaltungen buchbar; gelegentlich Ausstellungen). Entlang des Sandstrands der sanften Bucht bis Santa Severa ist das Schnorcheln beliebt.

● *Information* Pzza. Civitavecchia, ✆ 0766. 511505, www.castellosantamarinella.it.
● *Camping* Es gibt sehr viele Plätze in der Nähe; u. a. **S. Marinella**, an der Via Aurelia bei km 66,460 in Richtung Civitavecchia, ✆ 0766.536147. Im Sommer ist der Platz voll und laut!
● *Essen* **Trattoria Il Bambu**, Via Puncio 10, ✆ 0766.537693. Sie finden diese Trattoria am Capo Linario. Pizza und gute römische Küche.
Außerhalb sind sehr empfehlenswert:
**La Rotonda**, Via Aurelia bei km 65,700, ✆ 0766.537753. Ganzjährig und täglich

abends geöffnet. Restaurant, Pizzeria mit großer Terrasse zum Meer. Menü um 20 €.
**Al 58**, Via Aurelia bei km 58,400, ✆ 0766.510600. Mo geschlossen, nur von April bis Okt. Schöne Terrasse, vorzügliche Fischküche, empfehlenswert sind die frittierten Fischchen (il fritto di paranza) und „zuppa di pesce alla civitavecchiese". Menü um 25 €.
● *Feste* Im Juni veranstalten die Bewohner ein **Blumenfest**, dessen Höhepunkt eine Prozession durch die Stadt ist.

▸ **Santa Severa und Pyrgi:** Das Stadtbild von Santa Severa wird vor allem durch moderne Betonbauten bestimmt, in denen unzählige erholungssuchende Römer während der Badesaison ihr Quartier beziehen.

Sehr gemütlich wirkt der Ort nicht, denn die noch erhaltenen alten, charakteristischen Gebäude kommen kaum zur Geltung. Im Sommer ist nur schwer eine Unterkunft zu bekommen. Etwa 1 km weiter südlich vom Ortskern ragt die **Burg von Santa Severa** ins Meer. Sie wurde wohl schon um das Jahr 1000 erbaut und diente den Schiffen zur Orientierung. Innerhalb des Mauerrings der Burg liegt ein kleines, malerisches Örtchen.

Am Strand, so erzählt die Legende, soll die junge Märtyrerin **Severa** zu Tode gefoltert worden sein. Später bauten die Grafen von Tusculum an dieser Stelle das erste Kastell. Es wurde von den Normannen übernommen, die die beiden Rundtürme errichteten und von dieser Festung aus gegen die eindringenden Sarazenen kämpften.

Südlich des Kastells liegen die Reste von **Pyrgi**, dem Haupthafen des etruskischen *Cisra* (Cerveteri), der schon im 7. Jh. v. Chr. als der größte Hafen Etruriens galt. Dort bauten die Etrusker im 6. und 5. Jh. v. Chr. die beiden Tempel der *Astarte* (Göttermutter der karthagischen Punier), in denen das reiche Seefahrer- und Handelsvolk angeblich legendäre Schätze angehäuft hatte. Die Ausgrabungen legten die Tuffsteingrundmauern der Anlage frei. Wahrscheinlich handelt es sich um die ältesten Tempel Latiums. Eine Sensation war die Entdeckung dreier **Goldfolien**, von denen zwei in der bis dahin nur bruchstückhaft entschlüsselten etruskischen Sprache und eine in bekannter phönizischer Sprache beschriftet sind. Die Hoffnung der Archäologen, nun die fehlenden Erkenntnisse über die etruskische Schrift zu erhalten, hat sich leider nicht ganz erfüllt. Der phönizische Text ist keine genaue Übersetzung, sondern behandelt lediglich das gleiche Thema. Es handelt sich darüber hinaus nur um eine Weiheinschrift ohne größeren Wortschatz. Beim Pförtner im Antiquarium werden andere Fundstücke und Reste dieses Heiligtums aufbewahrt (Öffnungszeiten: 9–12 und 16–18 Uhr, Mo geschlossen), die Goldfolien sich im etruskischen Museum der Villa Giulia in Rom (→ „Museo di Villa Giulia", S. 334).

● *Übernachten/Essen* **Hotel-Ristorante Pino al Mare**, Via C. Domizio 32, ✆ 0766.570027, ✇ 0766.571541, www.pinoal mare.it. Es liegt am Strand (nur die Straße überqueren) und ist recht komfortabel ausgestattet. 3 Sterne, 57 Zimmer, hoteleigener Strand, Garage, Restaurant (s. u.). DZ ca. 100 €.

Das Restaurant bietet gute Fischküche. Zu empfehlen sind die „pasta e fagioli con gamberi" und die „spaghetti alle vongole veraci". Menü um 35 €.

▸ **Palo:** Noch weiter im Süden, 2 km hinter dem Ferienort Ladispoli, bevor die Via Aurelia ins Landesinnere nach Rom abbiegt, erreichen Sie den kleinen Ort Palo. Er war in der Antike ein weiterer Seehafen der etruskischen Metropole Cisra (Cerveteri). Der mittelalterliche Ort wirkt durch umfangreiche Restaurierungen heute etwas künstlich, eher wie ein Museumsdorf. Sie müssen Ihr Fahrzeug auf dem Parkplatz vor dem Ort abstellen.

Sehenswert ist das gut erhaltene **Odescalchi-Schloss** aus dem 15. Jh. mit viereckigem Grundriss und mächtigen Türmen. Leider ist es für Besucher geschlossen. Sie haben aber von hier aus einen schönen Blick auf das Meer. Vom Schloss führt ein Fußweg zum (frei zugänglichen) Sandstrand. An Wochenenden tummeln sich dort Massen von Römern und dann wird es sehr laut.

In der Nähe befinden sich die Reste der u-förmig angelegten römischen **Villa la Posta** mit mehrfarbigen Mosaiken aus dem 3.–4. Jh. v. Chr.

## Cerveteri

**Der kleine Ort mit der typischen mittelalterlichen Altstadt lässt nicht erahnen, dass sich hier lange vor den Römern eine der bedeutendsten Hauptstädte des ganzen Mittelmeerraums befand. Von hier aus unterhielten die Etrusker weitreichende Kultur- und Handelsverbindungen. Die unbedingt sehenswerten Nekropolen am Ortsrand gelten als eine der monumentalsten vorchristlichen Grabanlagen außerhalb Ägyptens.**

Während ihrer Blütezeit im 6. Jh. v. Chr. gehörte das etruskische *Cisra* auf dem Tuffstein-Hochplateau zu den bedeutendsten Städten der etruskischen Föderation. Ältere Spuren lassen sich bis in die Eisenzeit zurückverfolgen. Die Etrusker kamen wohl im 9. Jh. v. Chr. und bauten mehrere Hüttendörfer, die später zusammenwuchsen. Die Trockenlegung der großen Sumpfgebiete war eine der frühen Meisterleistungen etruskischer Ingenieurskunst. Man bohrte tiefe Kanäle in den Felsen und leitete sogar Flüsse unterirdisch um. Zwei Straßen führten hinunter zu den beiden Seehäfen in *Alsium* (heute Palo) und *Pyrgi* (heute Santa Severa), von denen aus etruskische Schiffe das ganze Mittelmeer befuhren. Schrifttafeln und Grabausstattungen zeugen von engen Handelsbeziehungen und einem regen Kulturaustausch mit den Griechen. Schriftsteller der ganzen antiken Welt erwähnten die bedeutende Stadt *Cisra*. Archäologen schätzen anhand der Grabfunde, dass hier zwischen 30.000 und 80.000 Menschen lebten.

Zu Beginn des 5. Jh. v. Chr. setzte der Niedergang ein. Auf militärische Misserfolge folgten politische und wirtschaftliche Krisen. Die Römer, anfangs noch Bündnispartner, besiegten die Stadt, benannten sie in *Caere* um und machten sie zur römischen Kolonie. Als Kulturzentrum muss Caere aber wohl weiterhin noch einen guten Ruf genossen haben, denn Cicero erwähnte in einer Schrift, dass der Adel Roms gerne seine Söhne zur Ausbildung in Kunst und Literatur hierher schickte. Langfristig konnte sich die Stadt neben Rom nicht behaupten. Viele Bewohner zogen weg, zur Pflege der Kanäle fehlten die Mittel, Sumpfgebiete und damit auch die Malaria breiteten sich aus. Nach mehreren Plünderungen gab man die Stadt schließlich ganz auf und sie geriet in Vergessenheit, bis man im 18. Jh. zufällig auf Grabanlagen stieß. Systematische Ausgrabungen finden erst seit Beginn des 20. Jh. statt.

Von den Häusern der Etrusker sind so gut wie keine Reste mehr erhalten. Man nimmt an, dass sie früher als Nomaden in leichten Rundhütten gewohnt haben. Auch später scheint man vielleicht aus traditionellen Gründen für die Städte vergängliche Materialien wie Holz und Lehm verwendet zu haben. Dauerhaft baute man für die Toten, denn deren Gräber sollten für die Ewigkeit sein. Diese wurden nach dem Vorbild der Wohnungen in den Tuff gegraben. Heute liefern sie die aufschlussreichsten Erkenntnisse über dieses frühe, von den Römern so gründlich vernichtete Kulturvolk.

Die größte zusammenhängende **Nekropole** Cerveteris wird seit 1911 etwa 3 km vom Ort entfernt ausgegraben. Die dicht gedrängten **Hügelgräber**, die einen Durchmesser von bis zu 50 m haben, liegen in reizvoller Landschaft mit zwitschernden Vögeln zwischen Kiefern, Pinien und Oleanderbüschen. Das Grabungsgebiet ist 12 ha groß. Untersuchungen der letzten Jahrzehnte belegen, dass die Gräberfelder um Cerveteri insgesamt etwa eine Fläche von 450 ha bedeckten. Deshalb sieht man auch in der Umgebung immer wieder die typischen runden Grabhügel.

● *Informationen* Touristenbüro, Via delle Mura Castellane 2. Nur an Werktagen im Sommer geöffnet, 9–12 und 16–18 Uhr.

● *Verbindungen* Von Rom über die Via Aurelia oder über die Autobahn A 12 (Rom – Civitavecchia, Abfahrt „Cerveteri/Ladispoli"), 45 km.

**Busverbindungen** z. B. nach Rom mit Cotral (Abfahrt in Rom bei der Metrostation „Lepanto", Linie A) oder **Bahn** (Strecke Rom – Pisa, bis Ladispoli und von dort aus mit dem Bus ab der Via Cagliari weiter).

● *Übernachten* In Cerveteri kaum empfehlenswert, es gibt aber 4 km nordwestlich im Ortsteil Gricciano das ruhige **Agriturismo Casale di Gricciano**, Via Casale di Gricciano 177, ✆ 06.9941358, www.casaledigricciano.com. Mit ordentlichem Restaurant (Mo Ruhetag, Menü 25 €), Pool und 9 Zimmern jeweils mit Bad. Finden sich genügend Interessenten, werden von hier auch Führungen durch die Nekropolen und Töpferkurse angeboten. DZ 80 €, Dreibettzimmer 100 €, jeweils mit Frühstück.

● *Essen* **Antica Locanda Le Ginestre**, Pzza. Santa Maria 5, ✆ 06.9940672, www.leginestre.it. Mo geschlossen. Dieses emp-

fehlenswerte, gehobene Restaurant am schönen Platz im Zentrum bietet verfeinerte traditionelle Küche und gute Fischgerichte; kleine Weinkarte. Menü ca. 40 €.

Preiswerter, aber ebenfalls sehr gut ist die **Trattoria Da Fiore**, ca. 4 km entfernt im Ortsteil Procoio di Ceri, Via San Paolo 4, ✆ 06.99204250. Di Ruhetag. Ausgesprochen freundlicher Service, die Gerichte sind von der Jahreszeit abhängig, nicht versäumen sollte man die wunderbaren hausgemachten Desserts; nur sehr bescheidene Weinauswahl.

**Ristorante Essence**, im Ortsteil Borgo San Martino, Via Doganale 138, ✆ 06.99206711, www.essencelounge.it. Mo Ruhetag, außer So nur abends geöffnet. Modernes, sympathisches, kleines Restaurant mit wechselnder Karte (auch einige gute Fischgerichte), lecker sind auch die Tapas zum Aperitif (ab 16 Uhr).

● *Markt* Jeden Freitag.

● *Spezialitäten* Bekannt sind Erzeugnisse aus den erstklassigen **Artischocken** der Gegend; auch die örtlichen **Weine** sind ordentlich.

Eine Besonderheit in Cerveteri sind die **Fraschette**, private Kellerräume von Winzern, die diese in der Regel nach der Weinlese (manchmal aber auch abhängig von Lust, Laune und vorhandenem Weinvorrat) als Weinprobierstuben öffnen. Das Gerümpel wird dann etwas beiseite geschoben, es werden ein paar wacklige Bänke und Tische aufgestellt und die hauseigenen Rot- und Weißweine zu sehr günstigen Preisen ausgeschenkt. Die Verpflegung bringt sich der Gast meist selbst mit (z. B. frisch vom Markt), in den Fraschette gibt es in der Regel nur Brot und Oliven. Ob und welche Fraschette gerade geöffnet haben, erfahren Sie von den älteren Herren auf dem Dorfplatz oder in der Bar.

▸**Nationalmuseum Cerite**: Das Museum bietet eine ideale Einstimmung auf die Ausgrabungen am Stadtrand und ist seit 1967 in der **Burg der Fürsten Ruspoli** aus dem 16. Jh. untergebracht. Zwar die wertvollsten Fundstücke heute in der Villa Giulia in Rom und in den Vatikanischen Museen zu sehen, dennoch vermittelt die sorgfältig zusammengetragene, moderne Ausstellung eine gewisse Vorstellung von Kunst und Kultur der Etrusker und ihren Begräbnisriten.

Auf zwei Etagen werden etruskische Grabausstattungen gezeigt. Im unteren Saal befinden sich Beigaben aus der früheren Zeit (9.–6. Jh. v. Chr.). Hauptsächlich handelt es sich um Gefäße, Gebeinurnen, Sarkophage und auch Schmuck. Besonders zahlreich sind die charakteristischen schwarzen, dünnwandigen Keramiken. Die Ausstellungsstücke der Vitrinen 16–47 zeigen vor allem griechische Importware. Im oberen Stockwerk sehen Sie Funde aus der Zeit vom 6.– 3. Jh. v. Chr., darunter einige Steinsarkophage.

*Öffnungszeiten* **Nationalmuseum Cerite**, Di–So 8.30–19.30 Uhr, Mo geschlossen. Eingang an der Pzza. Maria Maggiore. Freier Eintritt.

**Der Norden von Latium**

Karte S. 601

## Kurzer Überblick über die etruskische Grabkultur

Ursprünglich verbrannten die Etrusker ihre Toten und setzten die Asche in Felslöchern, die mit einem Steindeckel verschlossen wurden, oder in grob gehauenen, hütten- oder eiförmigen **Urnen** aus Tuffstein bei. Ab dem 8. Jh. hat es wohl aus religiösen Gründen keine Einäscherungen mehr gegeben. Man legte den Leichnam nun in eine Grube und deckte diese mit Tuffsteinquadern ab („*Fossagräber*"). Anscheinend ordnete man etwas später mehrere Fossagräber, womöglich einer Familie, zu einer kreisförmigen Weihestätte an und häufte einen Erdhügel darüber. Dieser diente zugleich zur Fixierung der Felsblöcke, die treppenartig übereinander geschichtet die Gruben abdeckten. Manche Forscher meinen, dass der einzige Zweck der **Tumulusgräber** die Imitation der Wohnhütten gewesen sei, um den Toten im Jenseits ein angenehmes Dasein in gewohnter Umgebung zu ermöglichen.

Später begnügte man sich nicht mehr mit einfachen Gruben, sondern baute sie zu **Kammern** aus. Diese wurden teilweise vollständig aus dem Fels gehöhlt. Die Grabhügel darüber dienten dann nur repräsentativen Zwecken und hatten wohl auch traditionelle Bedeutung. Die unterirdischen Kammern erhielten zunehmend reichhaltigere architektonische Formen. Bei der **Dekoration** nutzten die etruskischen Baumeister bereits Wasserwaage und Lot. In den Räumen ahmte man die häusliche Atmosphäre der Lebenden nach und schnitzte dazu naturgetreu Dachbalken, Säulen und sogar Nachbildungen von Wohnungseinrichtungen in den weichen Tuffstein. Heute kann man deshalb die Entwicklung von den einfachen Rundhütten im 8. Jh. v. Chr. bis zu Häusern mit mehreren Zimmern ab dem 6. Jh. v. Chr. nachvollziehen und sich einen Eindruck von etruskischer Wohnkultur verschaffen.

Auch das **Äußere** der Tumulusgräber wurde kunstvoll mit Ringen, Kehlungen und Rillen verziert. Um die Wirkung der Grabhügel noch zu verstärken, vertiefte man den Fels dazwischen und legte Straßen an. Tief eingeschliffene Spuren im Pflaster lassen auf regen Verkehr und schwer beladene Fahrzeuge schließen.

Da sich eine gerade Form besser an den vorhandenen Straßenlauf anpasste, gab man später die Tumulusform auf und ging zu **eckigen Grabhäusern** über, die zum Teil mit Portalen geschmückt wurden. In der Zeit des wirtschaftlichen Niedergangs ersparte man sich aufwändige neue Grabbauten und nutzte ab dem 3. Jh. v. Chr. die schon vorhandenen Tumuli mehrfach. Manchmal wurden alte Skelettreste in Gruben deponiert, um Platz für neue Sarkophage zu schaffen, oder man grub einfach zusätzliche Nischen in die vorhandenen Wände. Es gab in dieser Zeit auch **Gruppengräber**, die nicht mehr nur einer Familie vorbehalten waren. Auch der dreieckige Stein am Kopf- und Fußende, der das Grab einer Frau identifizierte, war nicht mehr üblich. Um dennoch den Überblick über die Anzahl der dort bestatteten Männer und Frauen zu behalten, stellte man vor dem Grabeingang jeweils einen steinernen **Cippus** auf, der das Geschlecht des Toten symbolisierte (Hausformen mit Giebeldächern für Frauen, Phallus- oder schlichte Säulensymbole für Männer).

▸ **Etruskische Nekropolen:** Vom Museum aus führt ein gut beschilderter Weg etwa 3 km außerhalb der Stadt zu den wohl **bedeutendsten Nekropolen** Italiens. Hier sehen Sie an einem Ort Gräber aus nahezu allen etruskischen Epochen – von primitiven Aschenurnen aus der Eisenzeit bis zu kunstvoll ausgestatteten Grabkammern. Freigelegte Straßen führen zu den interessantesten Gräbern. Im Folgenden kann nur auf eine kleine Auswahl hingewiesen werden. Reizvoll ist es auch, das Gelände zu durchstreifen und selbst auf Entdeckungstour zu gehen. Für einen ausgedehnten Spaziergang sollten Sie sich mindestens zwei Stunden Zeit nehmen.

**Rundgang:** Kurz hinter dem Eingang sehen Sie links unmittelbar an der Straße einen Tumulus mit dem **Kapitellengrab** (Tomba dei Capitelli), das eine authentische Vorstellung von einem etruskischen **Wohnhaus** vermittelt. An der Decke der Hauptkammer täuschen aus dem Tuffstein geschlagene Balken und schräg schraffierte Felder dazwischen eine Holzkonstruktion, eventuell auch ein darüber liegendes Stockwerk vor. Den Namen hat das Grab von den beiden achteckigen Säulen, auf deren Kapitellen die Hauptbalken der Decke zu ruhen scheinen. Da die Kammer aus dem Felsen herausgehauen ist, haben die Pfeiler keinerlei tragende Funktion. Man wollte den Toten nur eine vertraute häusliche Umgebung bieten. Diesem Zweck dienen auch die Ruhebänke, die üblicherweise in den Wohnungen standen, dann aber wohl aus Holz oder Metall gefertigt waren.

Auf der Straße erreichen Sie links einen Weg zur **Archaischen Zone** mit den ältesten Gräbern. Am Rand stehen die grob gearbeiteten, eiförmigen Aschenurnen aus der Eisenzeit und es gibt verstreut zahlreiche Fossagräber. Direkt daneben, durch einen Einschnitt getrennt, befinden sich in einem großen Tumulus vier interessante Gräber: Der Eingang zum **Hüttengrab** (Tomba della Capanna) liegt, von der Straße aus gesehen, etwa an der Rückseite des Tumulus. So ähnlich hat man sich die frühen etruskischen Hütten vorzustellen. Vom Deckenbalken aus fällt das Dach zeltartig nach rechts und links ab. Ein kleiner Abstand zu den niedrigen Wänden deutet an, dass das Dach außen übersteht, um Regenwasser abfließen zu lassen.

Zur Straße hin liegt der Eingang zum **Grab der Totenbetten.** Gut zu erkennen sind hier die unterschiedlichen Bänke für Männer und Frauen. Die steinernen Liegen rechts haben dreieckige Kopf- und Fußteile, sie waren für Frauen bestimmt. Die Betten der Männer sind schlicht flach. Für beide Geschlechter ist am Kopfende ein halbkreisförmiges Kissen im Stein angedeutet. Die anderen Liegen dienen nur der Dekoration und imitieren die Wohnungseinrichtung. Im selben Tumulus befindet sich auch das **Vasengrab**, in dem Archäologen unter einer Erdschicht 180 wertvolle Vasen entdeckten. Man nimmt an, dass die Seitenwände der Hauptkammer nicht fertig wurden und Arbeiter auf der linken Wand Linien mit einer Wasserwaage zogen, um die nächsten Bauabschnitte vorzubereiten. Zu einer späteren Zeit verwendeten die Etrusker das Grab erneut. Für die neuen Särge mussten die Türen erweitert und die Liegebänke verändert werden.

Folgen Sie der Hauptstraße, so stoßen Sie nach dem nächsten Tumulus links auf den schmalen Weg zum **Reliefgrab** (Tomba dei Rilievi, 4. Jh. v. Chr.), dem interessantesten der ganzen Nekropole. Die Grabkammer wurde, wie einige andere auch, nur teilweise ausgehöhlt. Die fehlenden Teile ergänzte man mit Tuffsteinblöcken und schüttete Erde auf. Das Besondere an diesem Grab sind die **farbig gefassten Reliefs** an den Wänden und Pfeilern. Zwischen Fabelwesen, Sym-

*Etruskische Tumulusgräber: Häuser für das Jenseits*

bolen und Tieren tauchen erstaunlich realistisch allerlei **Gebrauchsgegenstände** aus dem etruskischen Haushalt auf, die den Toten im Jenseits symbolisch dienen sollten. Man kann z. B. Behältnisse in verschiedenen Formen erkennen, die für Lebensmittel verwendet wurden, sowie Kissen mit bunten Bezügen und Quasten. Unter einem Bett in einer Nische steht ein Paar Pantoffeln (alles aus Tuffstein). Auf der Seite der Frauen und an dem Pfeiler davor sind Schmuckstücke und Küchengeräte plastisch abgebildet. Auf der gegenüberliegenden Seite der Männer sieht man Waffen und Werkzeuge, darunter Seile, eine Axt und eine Machete. Im rechten Winkel zur Wand und in den Nischen darüber standen die Särge. Da die Farben des Stucks in den letzten Jahren schon erheblich verblasst sind, werden jetzt Raumklima und Luftfeuchtigkeit konstant gehalten. Die Besucher können deshalb nur noch durch eine Glastür in das Innere der Grabkammer schauen.

Die Hauptstraße mündet nach wenigen Metern auf eine große **Kreuzung**. Schlagen Sie den Weg ganz rechts ein, erreichen Sie das **Rahmengrab**. Die Hauptkammer hat eine imitierte Balkendecke. In die hinteren Räume blickt man durch Fenster und Türen, die dekorativ umrahmt sind. Interessant sind neben den Totenbetten zwei Sessel mit Fußbänken davor. Kehren Sie zur Kreuzung zurück und biegen rechts ab, folgen auf der linken Seite nacheinander mehrere Wege mit rechteckigen Gräbern, die an Reihenhauszeilen erinnern. Beinahe am Ende der Straße liegt links der größte Tumulus der Nekropole, der **Tumulus Mengarelli**. Eine Treppe führt 9 m tief zur Grabkammer hinab, die nicht vollendet wurde, denn die Bänke sind roh und die Dekoration ist lediglich vorbereitet. Auf der Suche nach weiteren Gräbern haben Schatzsucher Stollen in den Tumulus getrieben.

Imposant wirkt der tief eingeschnittene Weg, der diesen und den benachbarten Grabhügel umschließt. In der Umgebung liegen unüberschaubar noch viele weitere, kleinere Gräber. Hier stoßen Sie auf den anderen Teil der Hauptstraße. Folgen Sie ihr nach links, erreichen Sie wieder die Kreuzung, von der aus Sie zum Eingang zurückkehren.

● *Öffnungszeiten* **Nekropolen**, Anfang Mai bis Ende Sept. Di–So 8.30–19 Uhr, 1. Okt. bis Ende April Di–So 9–16 Uhr.
● *Eintritt* 4 €, für Jugendliche von 18–25 Jahre 2 €, für Personen unter 18 und über 65

Jahre Eintritt frei (Altersnachweis nur gegen Ausweis).
● *Information* ✆ 06.9940001, www.comune. cerveteri.rm.it.

Cerveteri ist die südlichste der großen etruskischen Nekropolen in Latium. Weitere, aber völlig andersartige Ausgrabungsstätten finden Sie nördlich von Civitavecchia in reizvoller, nur spärlich besiedelter Landschaft. Die nun beschriebene **Rundfahrt** führt zunächst nach **Tarquinia** mit dem wichtigsten etruskischen Museum außerhalb von Rom und prachtvoll ausgemalten Gräbern. Nächste Station ist dann **Tuscania**, auf halber Strecke zwischen dem Meer und dem Bolsena-See, wo neben etruskischen Grabkammern auch zwei herrlich gelegene, uralte ehrwürdige Kirchen einen Besuch wert sind. Die letzte Etappe führt in das zauberhafte **Vulci**.

# Tarquinia

**Die Stadt auf dem Hochplateau mit Meeresblick ist wesentlich älter als Rom und hat in ihrer bewegten Geschichte mehrere Blütezeiten erlebt, deren Zeugnisse unbedingt einen Besuch wert sind.**

Tarquinia war eine der reichsten und mächtigsten etruskischen Städte. Ein Besuch der Nekropole am Stadtrand mit den berühmten, prachtvoll ausgemalten Grabkammern ist ein ganz besonderes Erlebnis. Im Zentrum befindet sich eines der bedeutendsten etruskischen Museen Italiens. Das Bild der Altstadt mit der weitgehend erhaltenen Stadtmauer, den romanischen Kirchen und den zahlreichen schlanken, hohen Wohntürmen wird weitgehend unverfälscht vom Mittelalter geprägt.

**Tarquinia-Lido** liegt 6 km entfernt unmittelbar am Meer und gehört zu den beliebtesten Badeorten Latiums. Der lange, feine Sandstrand ist nur über Badeanstalten zugänglich und im Sommer hoffnungslos überlaufen.

Die Legende berichtet, dass Tarxon die Königsstadt **Tarxuna** auf der Hochebene *La Civita* gründete. Er hatte für die Etrusker die gleiche Bedeutung wie Romulus für die Römer. Die mächtige Stadt spielte wohl die dominierende Rolle in Etrurien, bis *Cisra* (Cerveteri) ihre Nachfolge antrat.

Archäologen nehmen an, dass die Gründung Tarxunas etwa auf das 9. Jh. v. Chr. zurückgeht. Diese ursprüngliche Siedlung befand sich auf dem Nachbarhügel der heutigen Stadt und erreichte zwischen dem 7. und 6. Jh. v. Chr. ihren politischen und wirtschaftlichen Höhepunkt. Reiche Grabbeigaben dokumentieren eine hochstehende Kultur und regen Handel mit Phönizien, Griechenland und Ägypten. Das aus den nahen Tolfa-Bergen gewonnene Erz exportierten die Etrusker hauptsächlich nach Griechenland sowie in den östlichen Mittelmeerraum und importierten dafür Waren des täglichen Gebrauchs und Kunstschätze. Selbst Rom stand damals noch unter dem Einfluss von Tarxuna, das einige der römischen Könige in der Zeit vor der Republik stellte. Der letzte römische König stammte aus Tarquinia, es war der Despot Tarquinius Superbus.

Militärische Niederlagen der Etrusker führten zu wirtschaftlichen und damit auch zu politischen Problemen. Nach vielen Kämpfen gelang es den Römern im Jahr 308 v. Chr. ein für allemal, die marode Stadt zu erobern. Da sich die Bewohner widerstandslos ergaben und die neuen Machthaber akzeptierten, blieben sie von Zerstörungen verschont. Erst nach einer Reihe von Katastrophen und Plünderungen während der späten Kaiserzeit gab man Tarquinia auf.

Im Mittelalter kam es an der Stelle des heutigen Tarquinia, dem Nachbarhügel der einstigen Königsstadt, zur Neugründung unter dem Namen *„Corneto"*. Wieder folgten wirtschaftlicher und politischer Aufschwung. Nach der Entdeckung der einzigartigen Nekropolen benannte man die Stadt 1922 zur Erinnerung an die etruskische Metropole und aus Stolz auf die glanzvolle Herkunft in *„Tarquinia"* um. Die ursprüngliche etruskische Stadtanlage auf dem Nachbarhügel Civita ist von der Porta Nuova aus noch zu erahnen.

• *Information*    Pzza. Cavour 13, ✆/℡ 0766.840479, www.tarquinia.net. Mo–Sa 8–14 und 16–19 Uhr.

• *Verbindungen* Von Rom (ca. 90 km) über die A 12 bis zum Ende der Ausbaustrecke (nördlich von Civitavecchia) und dann auf der Via Aurelia weiter. **Bahnstation**: 3 km außerhalb (ausgeschildert), an der Linie Rom – Pisa (ca. 90 Min.). **Buslinien** nach Rom. Abfahrt in Rom in der Via Lepanto (Metrostation der Linie A).

• *Übernachten* **Hotel Tarconte**, Via Tuscia 19, ✆ 0766.856141, ℡ 0766.856585, www.hotel tarconte.it. Modernes Hotel mit weitem Blick bis zum Meer (von einigen Zimmern und besonders von der herrlichen Terrasse). 3 Sterne, 53 Zimmer, passables Restaurant, gute Ausstattung und guter Service, Parkmöglichkeit. DZ mit Frühstück 80–125 €.

*Außerhalb* **Agriturismo Poggio Nebbia**, Loc. Farnesiana, Via Aurelia bei km 84,100, ✆ 0766.841268, www.poggionebbia.it. 7 Zimmer, 4 Appartements und Restaurant in einem sorgfältig restaurierten Landhaus mit Bruchsteinwänden. DZ mit Frühstück 70–80 €, App. 90 €.

**Agriturismo Valle del Marta**, Loc. Ponte Marta, Via Aurelia Vecchia bei km 93, ✆ 0766.855475, www.valledelmarta.com. Panoramablick, Pool, großes Restaurant (Mo geschlossen). 5 Zimmer und 8 Suiten, alle liebevoll und individuell gestaltet. DZ mit Frühstück 80–90 €.

• *Camping* Mehrere Plätze am Strand in Tarquinia Lido (→ S. 682).

• *Essen* Spezialitäten der Region sind Fischgerichte, Schneckensuppe, Lammbraten und Weine aus der Gegend.

**Arcadia**, Via Manzini 6, ✆ 0776.855501. Mo Ruhetag (im Aug. geschlossen). Die Trattoria befindet sich im Zentrum des etruskischen Städtchens, wenige Schritte von Dom und Museum entfernt. Es wird eine abwechslungsreiche Küche geboten, die von Meeresfrüchten über Fisch bis zu Pilz- und Wildgerichten reicht. Außerdem gibt es hausgemachte Desserts und sehr gute Weine der Region. Menü um 40 €.

**Re Tarquinia Wine & Restaurant**, Via Alberata Dante Alighieri 10, ✆ 0766.842125, www.retarquinio.it. Di geschlossen. Elegantes Restaurant in der Altstadt, nur wenige Schritte vom Rathaus entfernt, im Sommer Plätze auch draußen; gut gemachte, typische Küche. Menü um 30 €.

**Trattoria Le due Orfanelle**, Vicolo Breve 4, ✆ 0766.856276. Di Ruhetag. In dieser einfachen Trattoria mitten in der Altstadt gibt es gute Fleisch- und Nudelgerichte, empfehlenswert ist das Carpaccio vom Fisch (di pesce). Menü ca. 30 €.

• *Veranstaltungen* Am ersten So im Mai finden in Erinnerung an mittelalterliche Sarazenenuberfalle Ritterspiele in historischen Gewändern statt. Das Fest heißt **La Giostra Saracino**.

## Sehenswertes/Rundgang

Im Norden der heutigen Handels- und Industriestadt liegt das mittelalterliche Zentrum mit Mauerring, Wohntürmen, verwinkelten Gassen und malerischen Häusern. Wenn Sie der Beschilderung zum Centro Storico folgen, gelangen Sie zu einem großen Parkplatz an der mittelalterlichen Stadtmauer bei der Piazza Cavour. Hier befindet sich auch gleich der **Palazzo Vitelleschi**. Seine Fassade aus der ersten Hälfte des 15. Jh. zeigt mit sehr schönen Maßwerkfenstern exemplarisch den Übergang von der Gotik zur Renaissancearchitektur.

Der Palazzo beherbergt das **Nationalmuseum** mit einer der bedeutendsten Sammlungen etruskischer Fundstücke. Der größte Teil stammt aus den Gräbern der Umgebung. Bekanntestes Stück ist die Terrakottaskulptur zweier geflügelter Pferde. Sehenswert sind auch Fresken, die aus vier Grabkammern geborgen wurden.

● *Rundgang* Der **Eingang** zum Museum führt durch das prachtvolle Renaissanceportal und einen Spitzbogengang zu etruskischen Sarkophagen aus dem 3. Jh. v. Chr. im **Innenhof**.

In den Sälen des **Erdgeschosses** sehen Sie weitere Sarkophage des 3.–1. Jh. v. Chr. Auf den Deckeln sind z. T. vollplastisch darauf ruhende Personen ausgeführt, sodass der Sarkophag wie eine Liege wirkt. Die teilweise farbig gefassten Figuren stellen die Verstorbenen dar. Ein fein bemalter Sarg zeigt Kampfszenen aus einer Schlacht mit Trojanern.

Im **ersten Stock** sind Funde aus Gräbern der Umgebung von den Anfängen der Eisenzeit, 9. Jh. v. Chr. (Villanova-Periode), bis zur Römerzeit ausgestellt. Darunter befindet sich eine umfassende Kollektion von etruskischen und aus Griechenland importierten Vasen, die die Entwicklung der griechischen und etruskischen Vasenmalerei zeigt: Die Keramik wird in der Form immer gleichmäßiger und in der Bemalung immer feiner und figürlicher. Einige Motive muten fast modern an.

**1. Saal**: Vasen, Urnen, Terrakottaleuchter und Brustharnische aus Gold.

**2. Saal**: Funde aus dem *Grab der Vase von Bokchoris* (8.–7. Jh. v. Chr.), u. a. auch Schmuck.

**3. Saal**: Dekorationsgegenstände und umfangreiche Münzsammlung.

**4. – 7. Saal**: Vasen teilweise mit erotischen Motiven, darunter auch Importware aus Griechenland und Ägypten, die als Grabbeigaben verwendet wurden.

**8. Saal**: Spiegel, Schmuck u. a.

**9. Saal**: Römische Funde (2.–1. Jh. v. Chr.). Im Treppenhaus zwischen dem ersten und zweiten Stock werden in einem separaten

*Einer der Höhepunkte der Sammlung: die geflügelten Pferde*

Saal die berühmten **geflügelten Terrakottapferde** (Ende des 4. und Anfang des 3. Jh. v. Chr.) ausgestellt. Die Gruppe schmückte das Ende eines der Haupttragebalken am Giebel des riesigen Tempels der nahen Akropolis. Bei etruskischen Tempelbauten war es üblich, die sichtbaren Querschnittsflächen der Dachbalken mit lebhaft bemalten Tontafeln zu verkleiden und zu schützen. Diese Funktion hatten auch die geflügelten Rosse. Mit reich verziertem Geschirr waren sie in das Joch eines Wagens gespannt, von dem auf dem Relief nur noch die Deichsel erkennbar ist. Der Tempel von Tarquinia muss ein von den Etruskern besonders verehrter Ort gewesen sein, denn Forschungen haben ergeben, dass hier bereits im 6. Jh. v. Chr. ein bedeutendes Heiligtum existierte. Mehrfach wurde es zerstört und immer wieder neu aufgebaut. Nach der ersten großen Schlacht zwischen Tarquiniern und Römern im Jahr 358 v. Chr. sollen im Tempel 307 römische Gefangene geopfert worden sein.

Im **zweiten Stockwerk** haben Sie vom verglasten Bogengang aus einen weiten Blick über die Ebene bis zum Meer. Am Ende des Gangs befindet sich der Saal der rekonstruierten **bemalten Kammergräber**.

**Der Norden von Latium**

Karte S. 601

Ende der 1950er Jahre stellte man Schäden an den Malereien in den Nekropolen durch Klimaeinflüsse fest, woraufhin man von 1950 bis 1960 die Wanddekoration der vier wichtigsten Gräber abnahm und im Museum unterbrachte. Da man heute größeren Wert auf die Authentizität der Gesamtanlage legt, wird jetzt versucht, die Grabkammern an Ort und Stelle zu konservieren.

**Grab des Gastmahls**: Die auf den Beginn des 5. Jh. v. Chr. datierte Kammer wurde 1830 entdeckt. Unter Weinranken an der Decke ist an den Wänden ein Bankett zu Ehren des Verstorbenen dargestellt, das seine gehobene soziale Stellung belegen soll. Man sieht, wie die auf Speisesofas ausgestreckten Teilnehmer des Gelages von Tänzern und Musikern unterhalten werden. Offenbar genoss die reiche Oberschicht ein angenehmes Leben. Solche Motive waren besonders bei den tarquinischen Gräbern aus dem 5. Jh. v. Chr. beliebt.

**Grab der zwei Gespanne**: Das 1827 entdeckte Grab stammt aus dem ersten Jahrzehnt des 5. Jh. v. Chr. Reliefartig sind Deckenfarbig und Giebelstützen angedeutet. Der obere Fries zeigt Leichenspiele zu Ehren des Toten. Man erkennt die Disziplinen Faustkampf, Stabhochsprung, Ringen, Diskuswerfen und Wagenrennen. Auf dem breiteren, unteren Fries ist wieder ein Bankett mit Tänzern und Musikanten zu sehen.

**Grab der olympischen Spiele**: Seinen Namen hat das 1958 entdeckte Grab aus dem 6. Jh. v. Chr. von den dargestellten sportlichen Wettkämpfen an den Seitenwänden. Auf der linken Wand geht es um Wagenrennen und Faustkampf, auf der rechten um Wettlauf, Weitsprung und Diskuswurf. Kaum zu erkennen ist rechts ein Kampf zwischen einem maskierten Gladiator, der einen gefährlichen Hund an der Leine führt, und seinem mit einem Stock bewaffneten Gegner, dem ein Sack über dem Kopf die Sicht nimmt. Die auf die Rückwand gemalte Tür deutet auf den Übergang zum Jenseits hin.

**Grab des Schiffs**: Die ebenfalls 1958 entdeckte Kammer datiert auf die Mitte des 5. Jh. v. Chr. Auf der vorderen Hälfte der linken Wand erkennt man das Meer mit Schiffen, was wohl auf die weitreichenden Handelsverbindungen des Verstorbenen anspielt. Ansonsten ist wieder ein Gastmahl dargestellt.

● *Öffnungszeiten* Di–So 8.30–19.30 Uhr, Mo und am 1. Jan., 1. Mai sowie Weihnachten geschlossen.

● *Eintritt* Nur Museum 4 €, zusammen mit dem Ausgrabungsgebiet (s. u.) 6,50 €; für Personen zwischen 18 und 25 Jahren halber Preis; für Personen unter 18 und über 65 Jahren (Ausweis erforderlich) Eintritt frei.

● *Information* ✆ 0766.856036, www.tarquinia.net.

Folgen Sie vom Museum aus der Hauptstraße (Corso Vittorio Emanuele II), so kommen Sie zur Piazza Matteotti mit einem Brunnen aus dem Jahr 1721 und dem **Rathaus**. Das Gebäude geht auf einen romanischen Kern zurück, wurde aber mehrfach umgebaut. Im hinteren Teil gibt es einen schönen Säulengang. Von dort aus führt eine Straße zur Kirche **San Pancrazio** aus dem 13. Jh., die romanische, aber auch bereits gotische Elemente aufweist. Der Glockenturm mit zwei Bogenreihen und maurischer Kuppel überragt die Fassade mit schönem Portal und einer prächtigen, filigranen Rosette darüber. Daneben befinden sich die Türme des **Priorenpalastes** aus dem 12. Jh.

Am Ende der malerischen Via delle Torri führt rechts eine Straße zur Kirche **San Martino** aus dem 12. Jh. mit rein romanischer Fassade. Drinnen sehen Sie Reste eines Freskos der Sieneser Schule. Weiter oben treffen Sie rechts auf die schlichte romanische Kirche **dell'Annunziata** (12. Jh.).

Eine weitere Sehenswürdigkeit ist die Kirche **Santa Maria in Castello** in der burgartig ausgebauten Anlage am Rand der Altstadt. Es handelt sich um einen romanischen Bau, der 1121 auf den Fundamenten eines antiken Gebäudes errichtet wurde. Die Kirche hat eine schlichte, von drei Portalen gegliederte Fassade. Das mittlere Portal und das Bogenfenster darüber sind mit feinen Cosmatenarbeiten geschmückt. Auch im Inneren befinden sich wertvolle Marmormosaike der Cosmatenschule, darunter die besonders schön ausgearbeitete Kanzel (1209).

Die ersten Rippengewölbe Italiens künden von zaghaften gotischen Einflüssen. Schon viel weniger romanische Züge weist die frühgotische Kirche **San Francesco** (Beginn des 14. Jh.) in der Via Porta Tarquinia auf (in der diagonal entgegengesetzten Ecke der Altstadt). Der Campanile rechts des Querschiffs stammt aus dem 17. Jh. und ist mit einer Kuppel im Stil Bramantes versehen.

▶ **Das Ausgrabungsgebiet:** Ihre Eindrücke aus dem Nationalmuseum sollten Sie möglichst mit einem Besuch der etruskischen Nekropole ergänzen. Sie befindet sich direkt an der Landstraße in Richtung Viterbo (SS 1), etwa 3 km vom Stadtzentrum entfernt (gute Beschilderung dorthin), und sieht aus wie ein Acker mit wenigen Bäumen und ein paar unscheinbareren grauen Toilettenhäuschen mit Blechtüren. Tatsächlich verbergen sich darin die Zugänge zu ausdrucksvoll bemalten unterirdischen Grabkammern, die man über steile Stufen erreicht. Unten schaut der Besucher durch Glastüren oder Eisengitter und sieht auf den Wänden der Grabkammern, lebhaft und in Farbe, wie Etruriens High Society das pralle Leben mit Lieben, Jagen, Wettkampf, Flötenspiel und immer wieder Galadiners genoss. Das muss der griechische Historiker *Poseidonos von Apameia* (Ende 2., Anfang 1. Jh. v. Chr.) gemeint haben, als er den übertriebenen Luxus und die Verweichlichung der Etrusker anprangerte und es als Gipfel der Dekadenz empfand, dass sie *„sich zweimal am Tag umfangreiche Mahlzeiten auftischen ließen, mit blumenbestickten Decken, Silbergeschirr und einer Unzahl von Sklaven, die sie bedienten."*

In einem weiten Kreis sind auf den Hügeln im Südosten der Stadt bislang 6.000 Gräber entdeckt worden, von denen etwa 200 ausgemalt sind. Die ältesten Funde reichen bis in die Eisenzeit (9. Jh. v. Chr.) zurück. Die meisten Gräber aus dem 6. bis 2. Jh. v. Chr. befinden sich in unterirdischen Höhlen, die in den weichen Tuffstein gegraben wurden. Manche wurden auch gemauert und mit Erdhügeln überwölbt (→ Kasten, S. 674).

Während an anderen Orten nur vereinzelt ausgemalte Grabkammern gefunden wurden, gibt es in Tarquinia auffallend viele, die wertvolle Aufschlüsse über das Leben und die Gesellschaftsstruktur der Etrusker geben. Man vermutet, dass die qualitätvollen Ausschmückungen Ausdruck einer aristokratischen Klasse und eines luxuriösen Zeitalters waren. Wahrscheinlich war Tarquinia ein Stadtstaat, in dem eine Oligarchie, also eine privilegierte Minderheit, über die Bevölkerung herrschte.

Die ältesten bemalten Gräber vom Ende des 7. Jh. bis zur ersten Hälfte des 6. Jh. v. Chr. sind lediglich mit einer Zeltdachform und einer angedeuteten Tür, die den Durchgang ins Jenseits symbolisiert, dekoriert. Ab Mitte des 6. Jh. v. Chr. sind erste figürliche Darstellungen nachzuweisen. Ab 530 v. Chr. wurden vornehme Gräber in einer Art Freskotechnik mit Scheinarchitektur versehen, sodass sie wie komplett eingerichtete Wohnräume wirken. Man sieht gemalte Türen, Säulen, Giebel, geometrische Wandverzierungen, aber auch Gegenstände des täglichen Lebens. Andere Wandmalereien zeigen Szenen aus dem Alltag der Aristokratie. **Themen** sind Bankette mit Tanz und Musik, die Jagd, Gladiatorenkämpfe, Sportveranstaltungen und Beerdigungsriten. Nach einem vorübergehenden Niedergang im 5. Jh. v. Chr., der sich in der nachlassenden Qualität der Grabdekoration bemerkbar machte, kam es anschließend zu einer neuen Blüte. Nun wurden auf den Wänden der Grabkammern ganze Familienclans porträtiert. Andere Motive stammten aus der griechischen **Mythologie** und beschäftigten sich oft mit der Darstellung der Totenwelt. Viele Bilder sind von östlichen und speziell griechischen Stilrichtungen beeinflusst. Man nimmt an, dass Künstler aus diesen Gebieten eingewandert sind und sich auf Grabausstattungen spezialisierten.

> Die Techniken der **Wandmalereien** in den etruskischen Gräbern waren je nach Epoche verschieden: In den ältesten Grabkammern wurde noch auf den bloßen Fels gemalt. Später verkleidete man die Wände mit Pflanzenfasern und trug darauf einen Lehmputz auf. In dieses Material zeichnete der Künstler zunächst die Umrisse. Gemalt wurde, solange der Lehm noch feucht war, in früher Freskotechnik. Die Farben gewann man aus pflanzlichen und mineralischen Stoffen.

Im Besichtigungsgebiet sind derzeit leider nur **acht Gräber** zugänglich. Die anderen sind zum Schutz vor Umwelteinflüssen im Moment geschlossen. Den empfindlichen Pflanzenfarben haben die ständigen Klimawechsel und Ausdünstungen der Besucher bereits erheblich zugesetzt. Im Vergleich zu älteren Fotos sind manche Farben bereits deutlich verblasst. Es gibt deshalb nicht sehr viel zu sehen, doch allein die wenigen zugänglichen Gräber sind schon einen Besuch wert.

Besonders beachtenswert sind folgende Gräber: **Tomba della Caccia e della Pesca** (Grab der Jagd und der Fischerei) aus dem 6. Jh. v. Chr. mit der Darstellung eines Fischerbootes.

Im **Grab der Auguren** (6. Jh. v. Chr.) sehen Sie Kampfszenen. Auf der rechten Wand muss ein Verurteilter mit Kapuze die Angriffe eines Wolfes mit einem Stock abwehren. Der Wolf wird von einer anderen vermummten Figur auf den Verurteilten gehetzt.

Die **Tomba dei Giocolieri** (Grab der Jongleure) stammt aus dem 5. Jh. v. Chr. und zeigt an der rechten Wand vier Tänzerinnen und einen Flötenspieler.

Die **Tomba dei Leopardi** (Grab der Leoparden) aus dem 5. Jh. v. Chr. ist wegen der lebhaften Bankettszene sehr bekannt, man sieht drei zu Tisch liegende Paare, unterhalten von harfenden Musikanten und bedient von nackten Sklaven.

Die **Tomba del Tifone** (Grab des Typhon) enthält die tiefste und größte Grabkammer (2. Jh. v. Chr.), hier sind auch noch Sarkophage zu sehen.

Die **Tomba da Cardarelli** zeigt ein offensichtlich vergnügliches Spiel, bei dem man Wein aus einer Schale in eine schwimmende Wanne schleudern und dabei den Namen seiner Geliebten rufen musste.

Häufig geschlossen ist leider das **Grab der Züchtigung**, es soll so deftige Szenen zeigen, dass angeblich gleich nach der Entdeckung die prekärsten abgebildeten Körperstellen mit Ruß geschwärzt wurden.

• *Öffnungszeiten* Di–So 8.30 Uhr bis eine Stunde vor Sonnenuntergang, Mo und am 1. Jan., 1. Mai sowie Weihnachten geschlossen.

• *Eintritt* Nur Nekropolen 4 €, zusammen mit Nationalmuseum (im Vitelleschi-Palast in der Stadt, → S. 679) 6,50 €; für Personen zwischen 18 und 25 Jahren halber Preis; für Personen unter 18 und über 65 Jahren (Ausweis erforderlich) Eintritt frei.

▶ **Tarquinia-Lido:** Der im Sommer überfüllte Badeort mit langgestrecktem Sandstrand liegt 6 km von Tarquinia entfernt und ist mit dem Bus vom Bahnhof Tarquinia aus etwa alle 30 Min. erreichbar. Hier wurden Reste eines bis 1969 unbekannten etruskischen Hafens freigelegt.

• *Übernachten* **Hotel Velca Mare**, Via degli Argonauti 1, ✆ 0766.864380, 🖷 0766.864024, www.velcamare.com. Das Haus liegt in einem Garten mit Palmen, nur wenige Schritte vom Strand entfernt. Die Ausstattung ist gut, die Zimmer sind recht schlicht aber ordentlich, es gibt einen schönen Pool, Parkplätze und ein empfehlenswertes Restaurant. Die Zimmer im ersten Stock haben Balkone. 3 Sterne, 20 Zimmer. DZ mit Frühstück ca. 95–105 €.

**Hotel La Torraccia**, Viale Mediterraneo 45, ✆ 0766.864375, 🖷 0766.864296, www.torraccia.it. Modernes Gebäude am Meer mit Strandzugang, ordentliche, schlichte Zimmer mit Balkonen. 3 Sterne, 18 Zimmer. DZ ca. 80–100 €.

• *Camping* Der größte Platz der Umgebung (bis zu 2.500 Pers.) ist **Europing**, Via Aurelia bei km 102,00, am Meer gelegen, ✆ 0766.814010, 🖥 0766.814075, www.euro ping.it. Es gibt 89 Bungalows, 2 Restaurants, Geschäfte, Pool, Minigolf, viele Sportmöglichkeiten und Surfschule.

**Tuscia Tirrenica**, Viale delle Nereidi, ✆ 0766.864294. Zweitgrößter Platz (bis zu 1.360 Pers.), 5 km von Tarquinia entfernt, am Meer. 17 Bungalows, Geschäft, Strand, Restaurant, Pool, Tennis. Von April bis Sept. geöffnet.

● *Essen* Jede Menge mittelmäßige, teure Restaurants und Trattorien.

Empfehlenswert, aber auch alles andere als preiswert ist das **Ristorante Velcamare**, Via degli Argonauti 1, ✆ 0766.8664380, www. velcamare.com. Außerhalb der Sommer-

monate Di geschlossen. Sehr freundlicher Service, der Schwerpunkt der Küche liegt auf guten, frischen Fischgerichten. Menü um 60 €.

Direkt am Strand befindet sich das sehr empfehlenswerte **Ristorante Pizzeria Gradinoro**. Lungomare dei Tirreni 69, ✆ 0766. 869834. Tägl. geöffnet (vom 1. Nov. bis 28. Febr.), außer an den Wochenenden nur abends. Es ist zwar ein typisches Ausflugs- und Veranstaltungslokal, doch die Küche (hauptsächlich Fisch) ist vorzüglich; empfehlenswert z. B. als Vorspeise „carpaccio di spigola" (Carpaccio vom Seebarsch), unbedingt probieren sollte man auch von den herrlichen Desserts. Menü um 55 €.

**Weiterreise:** Auf der vorgeschlagenen Rundfahrt verlassen Sie Tarquinia in nördlicher Richtung. Bevor Sie die Via Aurelia in Richtung Montalto di Castro erreichen, zweigt kurz nach Überqueren des Flüsschens Marta rechts eine Straße nach Tuscania ab, einer weiteren, ehemals bedeutenden Etruskerstadt. Die Strecke führt über sanfte Hügel und durch spärlich besiedeltes Gebiet.

# Tuscania

**Die kleine Provinzstadt mit mittelalterlichem Zentrum befindet sich im Süden der Volsini-Berge auf einem Tuffsteinplateau in zauberhafter Landschaft zwischen dem Bolsena-See, Viterbo und dem Meer.**

Die Stadt selbst und ihre unmittelbare Umgebung sind ideal geeignet für erholsame Spaziergänge. Im auffallend gepflegten Zentrum finden sich überall zahlreiche Reste der etruskischen, römischen und mittelalterlichen Vergangenheit. Eine Stadtmauer, verfallene Türme, Stadttore, enge Gässchen mit Treppendurchgängen, kleine Plätze, Brunnen und Paläste mit Loggien schaffen eine romantische Atmosphäre, obwohl einige Erdbeben (zuletzt 1967 und 1971) schwere Schäden angerichtet haben. Man ist hier offenkundig darum bemüht, alle Häuser behutsam zu restaurieren und das authentische Stadtbild zu bewahren. Schon die Fahrt über die kurvenreiche Landstraße dorthin ist lohnenswert, die abwechslungsreiche Landschaft ist wunderschön, besonders unmittelbar bei Tuscania.

● *Information* Piazzale Trieste, ✆ 0761. 436371, www.comune.tuscania.vt.it.

● *Verbindungen* Von Viterbo über die Landstraße in Richtung Meer 23 km nach Westen, von Rom über die Via Aurelia, in Tarquinia abzweigen (117 km), oder über die Via Cassia, vor Viterbo abzweigen (90 km). **Busverbindungen** nach Viterbo, Rom, Tarquinia und Civitavecchia.

● *Übernachten* **Hotel Al Gallo**, Via del Gallo 22, ✆ 0761.443388, 🖥 0761.443628, www. algallo.it. Im Mai geschlossen. Das schöne Hotel in einem alten Gebäude mitten im historischen Zentrum ist sehr gepflegt und

die Zimmer sind komfortabel und individuell ausgestattet. Ausgezeichnet ist auch das Restaurant. 3 Sterne, 13 Zimmer. DZ 90–125 €.

Kürzlich renoviert wurde das **Hotel Tuscania**, Via dell'Olivo 53, ✆ 0761.444080, 🖥 0761.444380, www.tuscaniahotel.it. Vom Restaurant auf der Dachterrasse hat man einen großartigen Blick auf die Stadt. Die Zimmer sind ordentlich, Parkmöglichkeiten vorhanden. 3 Sterne, 25 Zimmer. DZ 70–90 €.

**Locanda di Mirandolina** – Restaurant und Bed & Breakfast, Via del Pozzo Bianco

40/42, 📞/🖥 0761.436.595 (die Besitzerin spricht Deutsch), www.mirandolina.it. Zentral in der Altstadt gelegen, 5 liebevoll eingerichtete Gästezimmer (jeweils mit eigenem Bad), familiäre, herzliche Atmosphäre. DZ mit Frühstück 65–70 €. Dazu gehört ein wunderbares kleines Restaurant (alle Nudeln werden hier hausgemacht) mit täglich je nach Marktangebot wechselnder Karte. Mo Ruhetag.

● *Essen* **Ristorante Al Gallo** (auch Hotel, s. o.), Mo Ruhetag. Hier im Gallo hat man an alles gedacht, was einen Besuch so angenehm wie möglich gestaltet: ausgezeichnete Küche, ein bezauberndes Ambiente, leise Musik, freundlicher Service sowie eine ausgesuchte Weinkarte – es stimmt einfach alles. Ganz besonders gut sind die Nudelgerichte und die Desserts. Menü um 45 €.

**Osteria da Alfreda**, Largo Torre di Lavello, 📞 329.3561886. Nur mittags geöffnet, Do geschlossen. Eine typische Trattoria mit freundlichem Service und der ganz traditionellen Hausmannskost (Fr gibt's Fisch). Im Sommer isst man auf dem Platz unter der Pergola.

Eine hübsche Kneipe, in der Sie auch Kaffee trinken und sich mit Crêpes stärken können, ist **La Meridiana** auf der Pzza. G. Matteotti.

Bereits im 7. Jh. v. Chr. war Tuscania eine bedeutende etruskische Hauptstadt. Rund um den Ort liegen verstreut große, vorwiegend unterirdische **etruskische Grabkammern** aus der Zeit des 7.–2. Jh. v. Chr., die man teilweise besichtigen kann. Der Weg zu den **Nekropolen** ist von der Stadt aus gut beschildert. Welche der Grabanlagen gerade zur Besichtigung freigegeben ist, erfahren Sie im Archäologischen Museum im ehemaligen Kloster Santa Maria del Riposo (s. u.).

Von der Hauptstraße Via Rivellino zweigt die Via degli Archi ab, in der besonders sehenswerte mittelalterliche Häuser stehen. Die Via Rivellino führt weiter zur zentralen **Piazza Basile** mit der ehemaligen Kirche von Santa Croce (heute Bibliothek und Stadtarchiv). Auf den Mauern am Platz sind zahlreiche etruskische Sarkophage zu sehen, auf denen ruhende Männer dargestellt sind. Einige von ihnen scheinen amüsiert das Leben auf der Piazza zu beobachten, so lebensnah sind die Porträts.

Zwei berühmte ehrwürdige Kirchen der frühen Romanik liegen etwas außerhalb der Stadt (gut ausgeschildert) malerisch in die reizvolle Landschaft eingebettet. Die Basilica di Santa Maria Maggiore aus dem 8.–13. Jh. und die Basilica San Pietro aus dem 9.–13. Jh. sind unbedingt einen Besuch wert.

Folgen Sie von Tuscania aus den Schildern, so gelangen Sie zunächst zur **Basilica di Santa Maria Maggiore**, deren Ursprünge bis ins 8. Jh. zurückgehen. Sie steht auf den Resten eines antiken Tempels am Fuß des Hügels di San Pietro mit der gleichnamigen Kirche. Das mittlere der drei Portale unter der Rosette mit ersten gotischen Anklängen ist mit einer frühen Darstellung der Heiligen Petrus und Paulus geschmückt. Im Inneren dieser klassischen, dreischiffigen Basilika sind zahlreiche Malereifragmente und auch die alte Säulenbemalung erhalten. Die Fresken über dem Altar in der Apsis vom Beginn des 14. Jh. stellen das Jüngste Gericht dar. Man sieht links die Öffnung der Gräber und den Aufstieg der Erlösten in den Himmel, rechts öffnet sich im Höllenschlund. In der Mitte ist Jesus als Weltenrichter dargestellt. In die Altarfront wurden Bauelemente aus dem 8. Jh. eingearbeitet. Im rechten Seitenschiff steht eines der wenigen noch erhaltenen Taufbecken, in das der Täufling völlig eintauchte (13. Jh.).

*Öffnungszeiten* Okt. bis April 9–13 und 14–17 Uhr; Mai bis Sept. 9–13 und 15–19 Uhr.

Wenn Sie nun noch ein kleines Stück weiter den Hügel hinauffahren, gelangen Sie zur größeren **Basilica di San Pietro**, die im 9. Jh. begonnen wurde. Die Fassade gleicht der von Santa Maria Maggiore. Bei San Pietro stammt sie aus dem

13. Jh. und besteht auch aus drei Portalen; das mittlere ist ein Werk der Cosmaten. Darüber befindet sich eine schöne Rosette. Das dreischiffige Innere ist feierlich schlicht und nur durch Säulen geschmückt (z. T. aus dem 9. Jh.), die Schiffe werden durch steinerne Sitzbänke unterteilt. Beachtenswert ist der wertvolle Cosmatenfußboden im Mittelschiff. Die Apsis wurde bei dem Erdbeben von 1971 beschädigt, inzwischen aber authentisch wiederhergestellt. Im linken Seitenschiff stehen einige etruskische Sarkophage mit vollplastisch ausgearbeiteten Sargdeckeln, die Darstellung der darauf ruhenden Verstorbenen ist porträthaft genau. Vom rechten Seitenschiff aus führt eine Treppe zu einer sehenswerten Krypta aus dem 11. Jh. mit Kreuzgewölbe, das von 28 unterschiedlichen Marmorsäulen getragen wird, von denen einige aus dem 4.–5. Jh. n. Chr. stammen.

*Öffnungszeiten* Okt. bis April 9–13 und 14–17 Uhr; Mai bis Sept. 9–13 und 15–19 Uhr.

Ebenfalls außerhalb der Stadtmauer befindet sich das kleine **Archäologische Museum** im ehemaligen Kloster von **Santa Maria del Riposo**. Die Sammlung in vier Räumen zeigt Funde verschiedener Epochen aus der nahen Umgebung. Darunter befinden sich etruskische Sarkophage aus Terrakotta (aus der Zeit von 310–240 v. Chr.), ein Bronzehelm aus dem 4. Jh. v. Chr. und zahlreiche Grabbeigaben. Die bedeutendsten Funde aus Tuscania sind heute in der Villa Giulia in Rom und in den Vatikanischen Museen zu sehen.

*Öffnungszeiten* **Archäologisches Museum**, Mo geschlossen, sonst 8.30–19.30 Uhr. Eintritt frei.

**Weiterreise:** Auf der Rundfahrt zum Ausgrabungsgebiet des Etrusker-Stadtstaats Vulci folgen Sie von Tuscania aus der kleinen Straße nach *Arlena di Castro* und weiter nach *Tessennano* und *Canino*. Nach einigen Kilometern wird es sehr kurvig. In Canino stoßen Sie auf die breitere Verbindungsstraße (Nr. 312). Hier fahren Sie links in Richtung *Montalto di Castro* etwa 5 km. Dann zweigt rechts die Straße zum **Ponte dell'Abbadia** und den **Nekropolen von Vulci** ab.

*Einkaufen* Der kleine Ort **Canino** ist für sein ausgezeichnetes **Olivenöl** bekannt. Angeblich fahren Gourmets selbst aus der angrenzenden Toskana hierher, um Olivenöl zu kaufen. Man erhält es in den verschiedenen Lebensmittelläden, aber auch in den Bars. Das in Blechkanistern zu 3–5 Liter abgefüllte Öl der Marke *Latina* ist übrigens genauso hochwertig wie das in Flaschen abgefüllte, es ist nur wesentlich preiswerter.

# Vulci

**Zum Wahrzeichen des südlichen Etruriens ist die uralte Brücke geworden, die über eine Schlucht zur Abtei-Burg dell'Abbadia führt. In der Umgebung gräbt man weiträumig die Reste des etruskischen Stadtstaates Vulci mit den größten bekannten Nekropolen aus.**

Vulci war eine der größten und mächtigsten Städte Etruriens. Die qualitativ hochwertigen Erz- und Keramikarbeiten wurden in den ganzen Mittelmeerraum exportiert und machten die Stadt wohlhabend und berühmt. Das weckte Begehrlichkeiten bei den ehrgeizigen Römern. Im Jahr 280 v. Chr. kam es zur entscheidenden Schlacht. Die Römer siegten, übernahmen die Stadt und zwangen die Bewohner in ein Bündnis. Die begabtesten Handwerker wanderten ab und die weitreichenden Handelsbeziehungen versiegten. Die Stadt verlor unter römischer Verwaltung als Provinz-Vorposten an Bedeutung. Mit den großen

Der Norden von Latium
Karte S. 601

Barbareneinfällen erlebte auch Vulci mehrere verheerende Plünderungen. Im 9. und 10. Jh. machten schießlich die Sarazenen die damals fast 2.000 Jahre alte Stadt dem Erdboden gleich. Die Zerstörung war so gründlich, dass man Vulci für immer aufgab.

Zufällig entdeckte der Fürst von Canino, Luciano Bonaparte, 1820 erste Gräber mit reichen Beigaben. Schatzsucher durchforschten danach die Gegend, trieben Stollen in Grabhügel und richteten einige Schäden an. Systematische Ausgrabungen gibt es seit 1956. Freigelegt wurden Reste der Stadtanlage aus etruskischer und römischer Zeit. Außerhalb der Stadt fand man verstreut mehrere größere Nekropolen. Archäologen haben inzwischen rund 30.000 Gräber geortet und gehen von der ergiebigsten Fundstätte Italiens aus. Nur ein Bruchteil ist bisher ausgegraben.

*Die uralte Brücke von Abbadia bei Vulci, das Wahrzeichen der Gegend*

● *Verbindungen*   Entweder über die hier beschriebene Rundfahrt oder sehr viel schneller (von Rom, Civitavecchia oder Tarquinia aus) über die Via Aurelia Richtung Norden, kurz vor Montalto di Castro rechts abbiegen (SS 312 in Richtung Valentano, Lago di Bolsena) und dann der Beschilderung folgen. 53 km von Viterbo, 123 km von Rom entfernt.

● *Camping*   Bei Montalto di Castro Marina: **Pionier Etrusco** (3 ha für bis zu 750 Pers.), großzügige, gepflegte Anlage am Meer, an der Via Aurelia bei km 108, ca. 4 km von Montalto entfernt, Via Vulsinia, ✆ 0766. 802199, ✆ 0766.801214. Man spricht Deutsch, ganzjährig geöffnet. Strand, Restaurant, Laden, viele Sportmöglichkeiten, z. B. Tennis, Pool, Fahrradverleih, Schwimm- und Tauchschule. 8 Bungalows.

● *Essen*   In Montalto di Castro: **Trattoria La Tavernetta**, Via Umbria 3, ✆ 0766.801390. Fr und So abends geschlossen. Dort werden Sie von Signora Maria Rosa und ihrem Mann Renato (in der Küche) bestimmt nicht enttäuscht. Besonders gut sind hier das „risotto ai frutti di mare" (Reis mit Meeresfrüchten) und die „frittata di pesce" (verschiedene Fische in Olivenöl ausgebacken). Menü um 25 €.

Von der Straße aus sehen Sie bereits bei der Anfahrt die kleine, sehr schöne Anlage der **Abtei-Burg** mit der herrlichen Brücke. Ein Schild weist etwas weiter entfernt auf einen Schotterweg, der zum Parkplatz führt.

Der eindrucksvolle **Ponte dell'Abbadia** überspannt in einem kühnen Bogen die 32 m tiefe Schlucht des Flüsschens Fiora. An dieser Stelle errichteten bereits die Etrusker im 4. Jh. v. Chr. eine Brücke, die zum nördlichen Stadttor von Vulci führte. Römische Architekten ersetzten sie 90 v. Chr. durch den bis heute im Kern unveränderten Steinbau. Sie verstärkten dafür die etruskischen Fundamente.

Die Brücke führt zum **Castello dell'Abbadia**, einer kleinen Burg, die Zisterzienser-Mönche im 13. Jh. an diesem wichtigen Übergang erbauten. Forschungen belegen, dass sich hier schon früher eine Abtei befunden haben muss, die wohl im 10. Jh. von Sarazenen zerstört wurde. Papst Leo X. (1513–21) richtete in der Burg eine päpstliche Zollstation ein, da in der Nähe die Grenze des Kirchenstaates zur Toskana verlief. Bis 1850 war die Zollstation in Betrieb.

Nach einer umfangreichen Restaurierung ist in der Burg inzwischen das kleine **Museo Nazionale di Vulci** untergebracht. Die Ausstellung etruskischer Funde ist relativ bescheiden. Die wertvollsten Stücke aus Vulci sind heute in den großen Museen in Rom (→ „Museo di Villa Giulia", S. 334) oder Florenz zu sehen. Dennoch hat das kleine Museum seinen Reiz, denn schon die Räumlichkeiten der Burg sowie der stimmungsvolle Blick auf Schlucht und Brücke sind einen Besuch wert.

● *Öffnungszeiten* Mo geschlossen, sonst 8.30–19 Uhr. Im Museum erfahren Sie auch, welche Nekropolen gerade für eine Besichtigung freigegeben sind. Informationen und Anmeldung eines Besuchs der Nekropolen unter ✆ 0766.879942 bzw. 0766.89298. Nur im Internet kann man verschiedene Touren durch das Ausgrabungsgebiet und die Umgebung des Naturparks buchen: www.vulci.it.

● *Eintritt* 2 €, erm. (18–25 Jahre) 1 €, für Personen unter 18 und über 65 Jahre (mit Ausweis) freier Eintritt.

Wenn Sie vom Museum aus die Brücke überqueren, sehen Sie eine große Tafel, auf der **Wanderwege** zum etwa 2 km entfernten Ausgrabungsgebiet der Stadt Vulci und einiger umliegender Nekropolen eingezeichnet sind. Wenn Sie auf Wanderungen vorbei an Feldern durch eine (abgesehen von der engen, unzugänglichen Schlucht des Flüsschens Fiora) wenig abwechslungsreiche Landschaft keinen Wert legen, können Sie das **Ausgrabungsgebiet der Stadt Vulci** auch mit dem Auto erreichen. Von der Durchgangsstraße aus führt eine Schotterpiste hin (gut ausgeschildert).

Auf dem weitläufigen Areal sind ein Teil der Straßenanlage mit dem antiken Pflaster und die Basis eines etruskischen Tempels freigelegt worden. In der Nähe befinden sich auch noch Reste der Villa einer vornehmen Familie oder eines öffentlichen Repräsentationsbaus.

Sehr viel imposanter sind die zahlreichen, in der Umgebung verstreut liegenden **Nekropolen**, von denen die meisten leider für Besucher unzugänglich sind. Die bekanntesten Gräber befinden sich auf der anderen Flussseite. Zu ihnen gehört die nach ihrem Entdecker benannte **Tomba François** bei Ponte Rotto. Die bedeutenden Wandmalereien aus dem 20 m langen Gang, der in die Hauptkammer dieses Grabes aus dem 4.–2. Jh. v. Chr. führt, werden zur besseren Konservierung jetzt in der Villa Albani des Fürsten Torlonia in Rom ausgestellt. Das größte bisher entdeckte etruskische Grabmonument mit einem Durchmesser von 150 m ist der **Tumulus Cuccumelletta** aus dem 6./5. Jh. v. Chr. Leider haben Schatzsucher so viele Stollen in den Hügel getrieben, dass vieles zerstört und verschüttet ist. Von der Außenanlage ist ein Stück erhalten. Man sieht Teile des steinernen Sockels und der Deckenplatten sowie einige Steinplastiken, die die Toten vor Bösem beschützen sollten.

*Villa d'Este, Wasserspiele*

# Der Osten von Latium

**Die stille Bergregion östlich der Autobahn A 1 – dazu gehören Teile der Provinz Rom und weiter nordöstlich die Provinz Rieti – ist vom Tourismus noch kaum entdeckt. Die abwechslungsreiche Landschaft ist hier weniger zersiedelt, an den kleinen Ortschaften, die sich malerisch an Berghänge schmiegen oder auf steilen Felsnadeln thronen, scheinen die letzten Jahrhunderte fast spurlos vorübergegangen zu sein.**

Die Provinzhauptstadt **Rieti** ist schon allein wegen ihrer Lage vor der großartigen Kulisse der hohen *Monti Reatini* einen Aufenthalt wert und außerdem ein idealer Ausgangspunkt für Ausflüge ins Gebirge. Am höchsten Berg *Terminillo* (2200 m) liegt Leonessa, einer der wichtigsten Wintersportorte Mittelitaliens. Die Touren durch die Berge führen durch einsame Natur und immer wieder ergeben sich fantastische Ausblicke. Es geht vorbei an kleinen Örtchen wie dem mittelalterlichen Dorf Labro, in dessen engen Treppengassen kein modernes Detail das geschlossene Bild stört.

In der Umgebung von Rieti findet man teils abgeschieden im Grünen und teils weithin sichtbar an einer Felswand vier wichtige Franziskanerklöster, errichtet an Orten, die im Leben des heiligen **Franziskus** eine besondere Rolle gespielt haben. Hier hat er in Höhlen meditiert, die Regeln seines Ordens ersonnen und mit der Aufstellung der ersten Weihnachtskrippe einen neuen Brauch begründet.

Eine der anmutigsten Landschaften Latiums begegnet Ihnen in den **Sabiner Bergen**, nordöstlich von Rom, im Dreieck zwischen Autobahn A 1 und Via Salaria. Die meisten kennen diese Region nur aus der antiken Geschichte vom legendären Raub der Sabinerinnen. Dabei sind die bewaldeten Hügel, die Städtchen in

luftiger Höhe und immer wieder die silbrig schimmernden Olivenhaine landschaftlich kaum weniger reizvoll als die Toskana, nur wesentlich unberührter, obwohl Rom gerade mal 35 Kilometer entfernt ist. Aus dieser Gegend kommt Olivenöl allerfeinster Qualität, dem in Castelnuovo di Farfa ein ganz ungewöhnliches modernes Museum gewidmet ist. Wichtigste Sehenswürdigkeit ist die zauberhaft am Hang eines Hügels gelegene, von Olivenbäumen umgebene, altehrwürdige **Abtei von Farfa**.

Zu den beliebtesten Ausflugszielen von Rom aus gehört das lebhafte Städtchen **Tivoli** an der Via Tiburtina. Prachtvolle Villen erinnern daran, dass der Ort seit der Antike nahezu durchgehend zur Erholung geschätzt wird. Die kunstvollen Wasserspiele im Park der *Villa d'Este* zählen seit 400 Jahren zu den am meisten bewunderten Attraktionen Latiums. Im Kontrast zu dieser gestalteten Gartenanlage steht der naturbelassene romantische Park der *Villa Gregoriana* mit den Wasserfällen des Flusses Aniene. Der Vestatempel auf einer Felsplattform über der Schlucht mit dem großen Wasserfall ist eines der beliebtesten Motive der Landschaftsmaler des 19. Jh. Diese zog es auch in den weiter südlich gelegenen Ort Olevano Romano, wo sie die Motive fanden, die seit Goethes Zeit das Vorstellungsbild der römischen Campagna prägen.

In der Ebene vor Tivoli erstrecken sich die imposanten Ruinen der Villa des römischen Kaisers Hadrian. Sie war die größte Sommerresidenz eines Herrschers, die jemals gebaut wurde, und bot 20.000 Menschen Platz. Gigantisch sind auch die Reste der Tempelanlage des Orakels der *Fortuna Primigenia*, die auf Terrassen einen ganzen Berghang bedeckte und von der frühen Antike bis zum Ende des Römischen Reichs genutzt wurde. Im Mittelalter wurde das Heiligtum dann von der Stadt Palestrina überbaut und kam erst wieder zutage, als man den Schutt der Bombenschäden des Zweiten Weltkriegs beiseite räumte.

Unbedingt sehenswerte Klöster liegen bei **Subiaco**, einem mittelalterlichen Städtchen im Tal des Flüsschens Aniene am Fuß der hohen *Simbruini-Berge.* Hier hat auf einem schmalen Felsvorsprung der heilige **Benedikt** als Eremit gelebt und sich die ersten grundlegenden Regeln für das Zusammenleben in einer Ordensgemeinschaft ausgedacht. Um diesen heiligen Ort, *Sacro Speco* genannt, entstand im Mittelalter auf mehreren Etagen eine fantastisch ausgemalte Felsenkirche mit Kloster.

Besonders reizvoll ist auch die gebirgige Landschaft nordwestlich von Subiaco mit dem abgeschiedenen Felsendorf Cervara di Roma oder dem verschlafenen mittelalterlichen Städtchen Vicovaro, in dessen Nähe der römische Dichter Horaz sein Landgut hatte. Von dem einst luxuriösen Anwesen haben sich zwar nur ein paar Mauerstümpfe erhalten, doch die Landschaft, die Dichter so pries, gibt es noch heute.

# Rieti

**Die Provinzhauptstadt Rieti im Osten Latiums ist der geografische Mittelpunkt Italiens. Das zauberhafte mittelalterliche Zentrum vor eindrucksvoller Bergkulisse und die umliegenden Franziskanerklöster lohnen einen mehrtägigen Aufenthalt. Man kann auch abwechslungsreiche Ausflüge durch die vielfältige Natur, hoch ins Gebirge und zu sehenswerten Dörfern unternehmen, in die nur selten Touristen gelangen.**

Ehemals lag hier eine Hauptstadt der Sabiner und ab dem 3. Jh. v. Chr. eine römische Präfektur. Früh gab es eine erste christliche Gemeinde. Bereits im 5. Jh. war Rieti Bischofssitz. Über die Region hinaus erlangte die Stadt Bedeutung, als im 12. Jh. mehrere Päpste und Kaiser zu Gast waren oder sogar eine Zeit lang hier Zuflucht suchten. Einige Jahrzehnte später kam der heilige Franziskus mit ein paar Gefährten und legte die Grundlage für seinen Orden der Minderen Brüder. Die Schauplätze seines Wirkens ziehen noch heute Pilger an. Politisch hat Rieti als Teil des Kirchenstaates nach dem Mittelalter keine Rolle mehr gespielt. Heute ist die Stadt ein modernes Verwaltungs- und Handelszentrum.

Die Zeugnisse der vergangenen Epochen sind durch mehrere schwere Erdbeben in den letzten Jahrhunderten zum größten Teil zerstört worden. Nur die Altstadt und dort besonders die Via del Porto sowie die Via San Rufo haben noch weitgehend den mittelalterlichen Charme bewahrt. An der Stelle der zentralen Piazza vor dem Dom befand sich in der Antike das Forum. Fragmente der römischen Bebauung sind in vielen Häusern erhalten. Gelegentlich stößt man auf Reste antiker Mauern aus behauenen Steinquadern. Am nördlichen Rand der Altstadt trotzt bis heute die Stadtmauer aus dem 13. Jh. dem Wandel der Zeit. Bis vor ein paar hundert Jahren befand sich in der Ebene nordwestlich der Stadt ein riesiger See, der im 16. Jh. trockengelegt wurde. Einige kleinere Seen in Richtung Terni sind geblieben, und das Gebiet zählt auch heute noch zu den wasserreichsten Gegenden Italiens.

● *Information* **Azienda di Promozione Turistica (ATP)**, auf der zentralen Pzza. Vittorio Emanuele II in der Altstadt, ✆ 0746.203220. Di–Fr 9–13 und 15–18 Uhr, Sa 9–13 und 15–17 Uhr, So 9–13 Uhr, Mo geschlossen.

● *Verbindungen* Von Rom über die gut ausgebaute Via Salaria, 80 km.
**Busverbindung** nach Rom ab Busbahnhof an der Pzza. Mazzini, am Rand der Altstadt beim Bahnhof (von Rom aus Abfahrt am Bahnhof Tiburtina, zu dem Sie mit der Metrolinie B gelangen).
**Bahnverbindungen** nach Rom, L'Aquila, Terni, Ancona. Bahnhof an der Pzza. della Stazione gegenüber von der Pzza. Mazzini. Informationen ✆ 848.88088 oder 0746.203143, www.treniitalia.com.

● *Übernachten* Direkt beim Domplatz im Zentrum der Altstadt liegt das **Grande Albergo Quattro Stagioni (9)**, Pzza. Cesare Battisti 14, ✆ 0746.271071, ✆ 0746.271090, www.hotelquattrostagioni.com. Es wurde um 1900 als typisches elegantes Grandhotel erbaut. Trotz vollständiger Renovierung (auch die Bäder sind komplett neu) hat das Haus seinen eleganten Charme bewahrt. Die recht großen Zimmer sind teils sogar opulent und passend mit Stilmöbeln eingerichtet; eine Garage ist vorhanden (nach Anmeldung und gegen Gebühr). 4 Sterne, 43 Zimmer. DZ ca. 85–110 €, inkl. reichhaltigem Frühstücksbuffet.
Empfehlenswert ist auch das Hotel **Miramonti (6)** an der Pzza. Oberdan 5, ✆ 0746. 201333, ✆ 0746.205790, www.hotelmiramonti. rieti.it. Pittoresk mitten in der Altstadt gelegen, wenige Schritte vom Busbahnhof und Bahnhof entfernt. Das historische Gebäude (seit 1971 Hotel und nationales Monument staatlich anerkannt) steht auf massivem römischem Mauerwerk, von dem einige Strukturen erhalten sind, zum Teil sieht man drinnen und auch in der Fassade mächtige antike Steinquader. Die gediegen eingerichteten Zimmer haben gehobenen Komfort; schön ist die stimmungsvolle Halle mit Kamin, doch das Beste ist der Ausblick auf das Bergmassiv des Terminillo. Garage gegen Voranmeldung und Gebühr. Den Eigentümern gehört auch das niveauvolle Ristorante da Checco al Calice d'Oro (s. u.). Sehr freundlicher Service, 4 Sterne, 27 Zimmer. DZ 75–120 € inkl. Frühstück.

**Hotel Cavour (13)**, Via Velinia 28 (Zugang aber auch von der Rückseite an der Pzza. Cavour), ✆ 0746.485252, ✆ 0746.484072, www. hotelcavour.net. Es liegt sehr hübsch auf der anderen Seite des Flüsschens Velino, gegenüber von der Altstadt an der zentralen Pzza. Cavour, ebenfalls mit Blick auf den Terminillo, drinnen spürt man den Charme der 1960er Jahre. 3 Sterne, 38 helle Zimmer. DZ 45–85 €, Frühstück inkl.
**Hotel Europa (8)**, Via S. Rufo 49, ✆ 0746. 495149, ✆ 0746.274474. In einer ruhigen Gasse der Altstadt ganz in der Nähe des „*Nabels von Italien*" (→ S. 964)oberhalb des Flüsschens Velino, ist etwas kitschig, aber die Zimmer sind ordentlich, und es gibt eine Garage (gegen Gebühr) und ein Restaurant (Halb- und Vollpension sind möglich). 3 Sterne, 25 Zimmer. DZ ca. 80 €.

● *Essen* **Ristorante da Checco al Calice d'Oro (5)**, Pzza. Oberdan 5, ✆ 0746.204271. Mo Ruhetag. Das große, ehrwürdige Ristorante in einem alten Gewölbe aus dem 16. Jh. mit viel Holz und textiler Raumdekoration ist bekannt für sein außerordentliches und mehr als reichhaltiges „bollitto misto al carello con salsa verde" (verschiedene, in der eigenen Brühe gekochte Fleischsorten mit grüner Soße, das Fleisch kann variieren, so können sich darin folgende Sorten und Teile befinden: Kalbskopf, Kalbsfüße, Zunge vom Rind und Kalb, zarte Suppen- und Perlhühner, Kalbs- und Schweinebauch sowie Ochsenschwanz und -brust. Mit dem Servierwagen wird es an den Tisch gefahren und oft vom Chef des Hauses persönlich mit Ruhe und der Erfahrung eines großen Gastronomen stilvoll dargereicht. Aber auch die „cannelloni alla Checco" und die Dolci sind vorzüglich. Menü ca. 35 €.
**Ristorante Bistrot (10)**, an der Pzza. San Rufo 25, ✆ 0746.498798. So und Montagmittag geschlossen. Das Ristorante mitten in der Altstadt, dort wo sich der Mittelpunkt Italiens befinden soll, ist elegant, aber etwas überdekoriert. Geboten wird eine verfeinerte traditionelle Küche bei recht günstigem Preis-Leistungs-Verhältnis, eine sehr gute Weinauswahl sowie freundlicher, schneller Service. Das Angebot ist Jahreszeit abhängig. Empfehlenswert sind z. B. die Rigatoni mit Kräutern (alle erbe), das Risotto, von den Secondi das Kaninchen

**Der Osten von Latium**

Karte S. 689

mit Zucchini und Ingwer (filetto di coniglio con zucchine e zenzero) oder die Rindfleischstreifen mit Steinpilzen (straccetti di manzo ai porcini) und zum Dessert die sehr leckeren Torten. Menü ca. 30 €.

**L'Osteria (4)**, Vicolo Fra'Fedele Bressi 4 (nahe beim Bahnhof), ℘ 0746.496666. Sa abends und So geschlossen. Dieser schlichte Familienbetrieb, ganz in weiblicher Hand, bietet die klassische Küche, perfekt zubereitet und charmant serviert. Menü um 25 €.

**Da Antonietta (11)**, Via San Rufo 12, ℘ 0746.202105. Nur mittags von Mo bis Fr geöffnet. Schlichtes Ambiente und traditionelle Küche. Menü um 20 €.

**Vino al Vino (12)**, Viccolo Arco Santa Lucia 1, Ecke Via del Porto. So und Mo geschlossen. Die Winebar bietet eine gelungene Mischung aus mittelalterlichem Gemäuer mit Gewölbedecke und moderner Möblierung bei diskreter Beleuchtung, in einer engen Gasse unterhalb des Domplatzes gelegen. Die Weinauswahl ist ausgezeichnet (auf Wunsch berät der freundliche Chef, der aufgrund seines Studiums in Deutschland auch gerne Deutsch spricht), dazu gibt es eine Tagessuppe, manchmal Couscous oder Salate und eine wunderbare Vorspeisen-, Käse-, Salami- oder Schinkenplatte. Menü um 25 €.

Die ebenfalls sehr empfehlenswerte **Trattoria La Palazzina (1)** liegt etwas außerhalb der Stadtmauern, ist aber noch gut zu Fuß erreichbar: Via A. M. Ricci 107, die vom Viale Morrani rechts vom Bahnhof abzweigt, ℘ 0746.271111, www.lapalazzina.it. Di abends geschlossen. In diesem traditionellen Fami-lienbetrieb sitzt man im Sommer auch angenehm im Garten. Die Portionen sind großzügig und die Preise fair. Abends gibt es auch Pizza. Menü um 23 €.

Etwa 1 km außerhalb der Stadt an der Straße, die in Richtung Nordosten den Terminillo hinaufführt, befindet sich das **Ristorante La Pecora Nera (2)**, Via del Terminillo 33, ℘ 0746.497669. So Ruhetag. Dieses Restaurant hat zwar ein modernes Ambiente, aber eine traditionelle und sehr gute Küche. Die Speisekarte orientiert sich am frischen Angebot der Saison; gute Weinauswahl. Empfehlenswert sind besonders die Lammgerichte. Auf jeden Fall sollten Sie den Dessertklassiker des Hauses „torta con mousse al limone" (Zitronenmoussetorte) probieren. Der Service ist freundlich und bei der Auswahl des richtigen Weins aus der reichhaltigen Karte fachkundig. Menü um 25 €.

● *Bar/Café* **Gran Caffè Quattro Stagioni (7)**, Pzza. Vittorio Emanuele II 14, ℘ 0746.483970. Das Café an der zentralen Piazza ist einer der beliebtesten Treffpunkte der Stadt, abends vor allem jugendliches Publikum, besonders am Wochenende sehr voll; neben ausgezeichneten Cocktails gibt es auch leckeres, hausgemachtes Eis.

**Gallo d'Oro**, Via Michaelis 8, ℘ 0746.1973128. Eine Mischung aus Café, Bar, Winebar mit kleinen Gerichten.

● *Einkaufen* Leckeren, sehr süßen Kuchen bekommen Sie in der **Konditorei Vittoria (3)** in der Via Garibaldi.

**Frische Nudeln (14)** gibt es bei Chitarra Antica, Via porta Romana 16, ℘ 0746.498678.

## Sehenswertes/Rundgang

Von Rom kommend erreicht man den Rand des historischen Zentrums am Flüsschen Velino. Hier können Sie auf der Piazza Cavour parken und die Altstadt über den Ponte Romano betreten. Rechts sieht man im Wasser noch Reste der antiken Römerbrücke. Von hier führt die Via Roma, eine lebhafte, gepflegte Fußgängerzone mit vielfältigen Geschäften, hinauf zur zentralen Piazza Vittorio Emanuele II. Bemerkenswert ist auf der rechten Seite der große Palazzo Vecchiarelli nach einem Entwurf von Carlo Maderno (16./17. Jh.) und daneben eine ehemalige Kirche mit Freskenfragmenten, in der sich heute ein großer Buchladen befindet. Die Piazza Vittorio Emanuele II am Ende der Fußgängerzone mit den beiden Cafés ist der Haupttreffpunkt der Stadt (im Gran Caffè Quattro Stagioni wird es abends sehr voll, s. Serviceteil). Hier liegt auch das **Rathaus** (*Palazzo Comunale*), dessen Arkaden noch aus der Zeit seiner Erbauung im 13. Jh stammen, ansonsten wurde das Gebäude im 18. Jh. nach barockem Zeitgeschmack umgestaltet. Nach langer Restaurierung ist im Rathaus das **städtische Museum** (*Museo Civico – Sezione Storico-Artistica*) kürzlich wieder eröffnet worden.

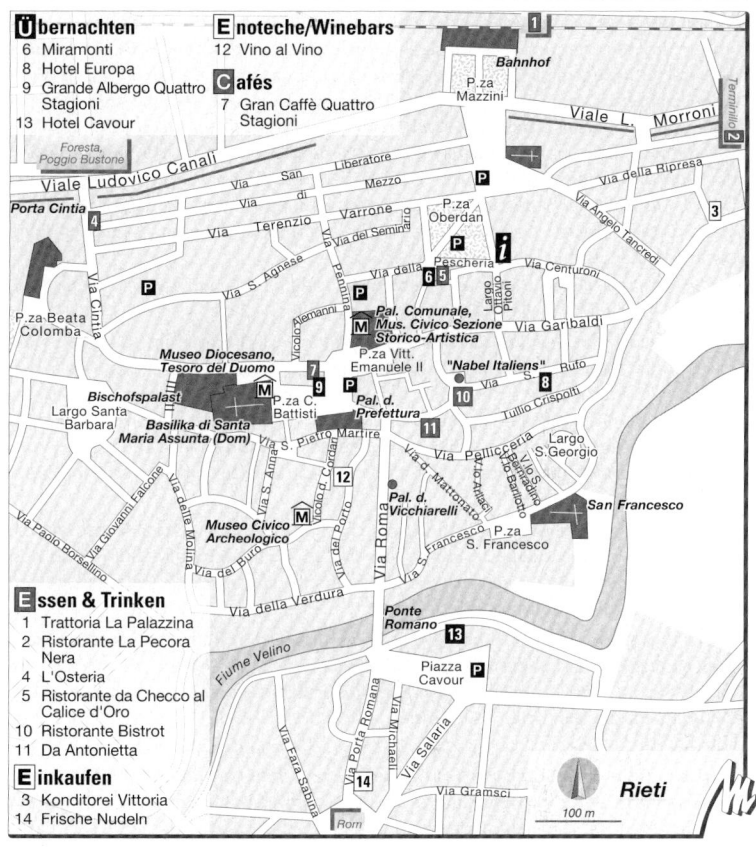

**Übernachten**
- 6 Miramonti
- 8 Hotel Europa
- 9 Grande Albergo Quattro Stagioni
- 13 Hotel Cavour

**Enoteche/Winebars**
- 12 Vino al Vino

**Cafés**
- 7 Gran Caffè Quattro Stagioni

**Essen & Trinken**
- 1 Trattoria La Palazzina
- 2 Ristorante La Pecora Nera
- 4 L'Osteria
- 5 Ristorante da Checco al Calice d'Oro
- 10 Ristorante Bistrot
- 11 Da Antonietta

**Einkaufen**
- 3 Konditoria Vittoria
- 14 Frische Nudeln

Zu sehen sind hauptsächlich Gemälde und Plastiken aus der Zeit vom 14. bis zum 19. Jh. sowie bedeutende Goldschmiedearbeiten.

Die archäologische Abteilung *(Museo Civico Archeologico)* der umfangreichen städtischen Sammlung ist jetzt im ehemaligen Kloster von Santa Lucia untergebracht. Ausgestellt werden dort Funde aus 48 Nekropolen der Umgebung.

*Öffnungszeiten/Eintritt* **Museo Civico – Sezione Storico-Artistica** (im Rathaus) und **Museo Civico Archeologico** (Via S. Anna, zweigt von der Via del Porto ab). Mo geschlossen, Di–Do 9.30–13.30 Uhr, Fr und Sa 9.30–13.30 und 15.30–18.30 Uhr, So 10.30–13 und 15.30–18.30 Uhr. Eintritt 4 €, erm. 2 €, für Kinder unter 10 Jahren frei.

Die Piazza Vittorio Emanuele II geht in den Domplatz (Piazza Cesare Battisti) mit Aussichtsterrasse über. Man hat einen wunderbaren Blick auf die verschachtelten Ziegeldächer der Altstadt und die waldreiche Landschaft im Hintergrund. Links wird die Terrasse vom Palazzo Vincentini aus der Spätrenaissance mit einer besonders prachtvollen Loggia von Vignola begrenzt. Die Gärten unterhalb der Aussichtsterrasse gehören auch noch zum Palazzo, in dem einst die Präfektur ihren Sitz hatte.

**Der Osten von Latium** Karte S. 689

Der **Mariendom** (Santa Maria Assunta) wurde 1225 geweiht – 114 Jahre nach der Grundsteinlegung. Von diesem ursprünglich romanischen Bau sind nur noch der Glockenturm (1252 fertig gestellt) und das zentrale Portal in der Vorhalle erhalten. Die Fassade ist eine Rekonstruktion aus dem Jahr 1941. Den Innenraum dekorierte man im 17. Jh. nach damaligem Geschmack mit barocken Elementen komplett um. Sehenswert ist die erhaltene Krypta von 1157, bei ihrem Bau verwendete man antike Säulen des römischen Forums (Zugang zur Krypta vom rechten Seitenschiff). Im Baptisterium des Doms ist heute der **Domschatz** untergebracht. Zu sehen sind wertvolle liturgische Geräte, Wandteppiche sowie Gemälde und Fresken aus dem 15. Jh.

*Öffnungszeiten* **Museo Diocesano, Tesoro del Duomo**, Eingang von der Vorhalle. Sa 16–18 Uhr, So 10–12 und 16–18 Uhr.

Eindrucksvoll ist der annähernd unverändert erhaltene mittelalterliche **Bischofspalast** (*Palazzo Papale*) rechts hinter dem Dom (Bauzeit 1283–88). An der Fassade zur Piazza öffnet sich die Papsloggia, dahinter liegt ein riesiger Saal *(Sala dei Papi)*. Der Erdgeschossbereich zur Via Cintia besteht aus einem offenen gotischen Kreuzgewölbe. Am Ende des Gebäudes wird die Straße vom Arco del Vescovo überspannt. Den Auftrag zum Bau des Bogens erteilte Papst Bonifaz VI. 1298.

Auf der Straßenseite gegenüber befand sich 1906 eines der **ersten Kinos Italiens**, heute hat hier die Modekette Sisley eine Filiale. Im Laden kann man noch den Zuschauerraum und den gewaltigen Filmprojektor sowie einige Gedenkplaketten sehen, die auf die besondere Filmgeschichte dieses Ortes hinweisen.

Direkt hinter dem Bogen sehen Sie links den (zweiten) **Palazzo Vincentini**, den größten und wichtigsten Renaissancepalast der Stadt, erbaut von Sangallo. Folgen Sie der Via Cintia noch ein Stück weiter hinab, so erreichen Sie an der Porta Cintia die mächtige mit Zinnen und Türmen versehene Stadtmauer aus dem 13. Jh.

Zurück an der Piazza Vittorio Emanuele II mit dem Rathaus sehen Sie in der Via Garibaldi einige große Palazzi aus unterschiedlichen Entstehungszeiten. Eindrucksvoll ist das große, ganz im Stil der Belle Epoque gestaltete Theater von 1893. Es hat einen ausgezeichneten Ruf und ein hervorragendes Ballett. Manchmal werden Aufführungen live auf die Bildschirme in den Arkaden des nahen Rathauses übertragen, wo sie ein zahlreiches Publikum finden. Über die schmale Via Cerroni erreicht man die hübsche kleine Piazza San Rufo. Ein aufwändiges, modernes Monument symbolisiert an dieser Stelle den „Nabel Italiens" *(Umbilicus Italiae)*, also den Mittelpunkt des Landes, wie die Steintafel an der Hauswand in 20 Sprachen behauptet. Von der Piazza aus kann man über die Via San Rufo zur Fußgängerzone zurückkehren oder die engen Gassen der Altstadt in Richtung Fluss durchstreifen. Dabei stößt man fast zwangsläufig auf die Franziskanerkirche **San Francesco** (Piazza S. Francesco). Dieser Bau der frühen Gotik wurde schon 20 Jahre nach dem Tod des heiligen Franz von Assisi errichtet. Seinen Lehren entsprechend war der Innenraum zunächst ganz schlicht. Die heute etwas störenden barocken Elemente kamen erst 1635 hinzu. Besondere Aufmerksamkeit verdienen die seit kurzem freigelegten Apsisfresken aus dem 13. Jh., deren Stil auf die Schule Giottos hindeutet.

## Die Franziskanerklöster

In der Umgebung von Rieti kann man sich auf die Spuren des heiligen Franziskus begeben. Nach seinem Weggang aus Assisi lebte und predigte er für einige Jahre im Tal von Rieti. An den Stätten seines Wirkens wurden nach seinem Tod **vier Klöster** errichtet, die sich erhalten haben und heute zu besichtigen sind.

### Der heilige Franziskus

Die Predigten des heiligen Franziskus von freiwilliger Armut wurden von den Bürgern seiner wohlhabenden Heimatstadt Assisi nicht verstanden. Als man ihm immer feindseliger begegnete, beschloss er, mit einer kleinen Gruppe von Gefährten wegzugehen. Nach langer Wanderung erreichten sie im Sommer 1208 das Tal von Rieti. In Poggio Bustone fand die Gruppe freundlich Unterkunft bei den Benediktinern, die ihnen eine kleine, bescheidene Einsiedelei zur Verfügung stellten. Franz gefiel die Natur und Abgeschiedenheit der Berge rund um Rieti. Auf seinen Streifzügen entdeckte er Felsspalten und Höhlen, in die er sich zum Gebet und zur Meditation zurückzog. Nach dem Volksglauben des Mittelalters waren dies besonders spirituelle Orte. Man nahm an, dass sie sich bei einem großen Erdbeben im Augenblick des Todes Christi geöffnet hätten. In der Einsamkeit schwanden die bisherigen Selbstzweifel und Franz war nun davon überzeugt, auf dem gottgewollten Weg zu sein. Seine anschaulichen Predigten und sein Charisma zog die Menschen in seinen Bann und rasch wuchs die Schar seiner Anhänger. Bald berichtete man auch über vollbrachte Wunder während der Predigten.

Im Jahr 1223 waren es schon mehr als 5.000 Männer, die als *„Mindere Brüder"* über Italien hinaus die Lehre vom gottgefälligen Leben in völliger Armut und der alleinigen Geltung des Evangeliums verbreiteten. Die erforderlichen **Ordensregeln** ersann Franziskus in einem Felsspalt bei Fonte Colombo. Um die Weihnachtsgeschichte anschaulich zu machen, ließ er in einer Felsengrotte bei Gréccio die Szene vom Stall in Bethlehem nachstellen und begründete so den Brauch der **Weihnachtskrippe**. Von einer Pilgerreise in das Heilige Land kehrte Franz 1219 schwer krank zurück. In den letzten Jahren seines Lebens litt er besonders unter einer Augeninfektion, die später eine Operation erforderlich machte.

Schon zu Lebzeiten wurde er begeistert verehrt. Wo er erschien, strömten die Menschen herbei, um ihn zu sehen, zu hören und möglichst auch ein Wunder mitzuerleben. Schon zwei Jahre nach seinem Tod wurde er heilig gesprochen. An den wichtigsten Schauplätzen seines Lebens entstanden die vier Wallfahrtsorte mit Klöstern des Ordens der Minderen Brüder.

Die vier Klöster **Fonte Colombo** im Süden von Rieti, **La Foresta** am Fuß des Terminillo, **San Giacomo** bei Póggio Bustone und die Abtei **Di San Pastore** bei Gréccio strahlen auch heute noch meditative Stille aus. Sie liegen abgeschieden im Grünen oder kleben weithin sichtbar an einer Felswand. Ihre Kirchen sind klein und ohne festliche Pracht, aber dafür liebevoll gepflegt und offensichtlich Mittelpunkt eines aktiven religiösen Lebens.

Wer eine besondere **spirituelle Erfahrung** machen oder ausgedehnte Wanderungen durch eine spektakuläre Landschaft unternehmen möchte, kann auf einem Pilgerweg die Klöster besuchen. Man muss allerdings über gute Kondition verfügen, denn es sind beträchtliche Höhenunterschiede bis hinauf zum Terminillo zu überwinden. Der gesamte „Cammino di Francesco" ist ca. 80 km lang und besteht aus fünf Wanderrouten. Die erste führt von Rieti über Fonte Colombo nach Gréccio (rund 21 km). Von dort geht es in weitem Bogen um das Lago di Ripa Sottile nach Poggio Bustone (ca. 19 km). Von hier aus gibt es drei Touren: Eine führt nach Faggio San Francesco (9 km), die längste hinauf nach

Pian de'Valli am Terminillo (gut 19 km) und eine über das Kloster von La Foresta zurück nach Rieti (gut 12 km). Empfohlen wird die Tour zu Fuß, mit dem Mountainbike oder per Pferd. Nähere Informationen und eine Wanderkarte erhalten Sie bei der Touristeninformation in Rieti oder beim Kloster in Gréccio. Die Karte kann auch angefordert werden: Azienda di Promozione Turistica della Provincia di Rieti, Via Cintia 87, I – 02100 Rieti, ℡ 0039/0746.201146, ✉ 0039/0746.270446 bzw. unter www.camminodifrancesco.it. Dort und bei den Klosterstationen kann man einen Pilgerpass bekommen, der an den vier Klöstern abgestempelt wird. Wer die vier Eintragungen vorweisen kann, erhält eine offizielle Pilgerurkunde.

▶ **Póggio Bustone:** Das Kloster San Giacomo liegt 17 km nördlich von Rieti bei der kleinen Ortschaft Póggio Bustone im Wald am Berghang (zunächst der SS 79 in Richtung Leonessa folgen, dann gut ausgeschildert). Hier kam Franziskus 1208 mit einer Handvoll Gefährten aus Assisi an und fand Unterkunft in einer Einsiedelei bei den Benediktinern. An einem schwer zugänglichen Berghang entdeckte er bei seinen Wanderungen zwei Höhlen, in die er sich zur Meditation zurückzog. Im Gebet soll Gott ihm offenbart haben, dass seine Sünden vergeben seien und ihm bald eine große Anhängerschar folgen werde.

Die **Klosterkirche** besteht aus einem schlichten Raum mit offener Balkendecke. Der Bau geht auf das 13. Jh. zurück. Bei der Renovierung 1948 hat man sich bemüht, etwa diesen Zustand zu rekonstruieren. Rechts daneben befindet sich das Kloster, Teile des Kreuzgangs stammen noch aus dem 13. Jh. Fresken in den Bogenfeldern schildern Szenen aus dem Leben des heiligen Franziskus. Vom Kloster führt ein Weg zur Einsiedelei mit Mauern aus grob behauenem Naturstein, auf dem blanken Felsboden sollen die Glaubensbrüder geschlafen haben. Vom Klosterparkplatz aus führt der Weg zur **Grotte der Offenbarung** *(Santuario superiore).* Der Weg dauert gut eine halbe Stunde, es sind dabei 300 Höhenmeter zu überwinden. Unterwegs zeigen sechs Andachtsstellen Szenen der Heiligenlegende. Die eigentliche Höhle ist mit einer Kapelle überbaut.

*Öffnungszeiten* Santuario di Póggio Bustone, ℡ 0746.688916. 9–12 und 15–18 Uhr. Eintritt frei.

▶ **Fonte Colombo:** Die zweite Wallfahrtskirche mit dem Kloster Fonte Colombo liegt etwa 5 km südlich von Rieti in einer waldreichen Gegend. Vom Zentrum aus überquert man das Flüsschen Velino in Richtung Rom und folgt kurz nach der Piazza della Repubblica rechts der Hauptstraße nach Terni (ab da ausgeschildert).

Schon zur Zeit des Franziskus existierte hier die kleine Kapelle der Maria Magdalena, in die sich der Heilige gerne zum Gebet zurückzog. Den beschaulichen Ort nannte er *Fons Columbarum*, weil in der Nähe eine Quelle war, zu der oft Tauben kamen. Unterhalb der Kapelle entdeckte er eine enge Felsspalte. Nach 40-tägigem Fasten entwarf er hier im September 1223 die grundlegenden Regeln seiner Glaubensgemeinschaft. Bereits 13 Jahre zuvor hatte er einige Zitate aus dem Evangelium bei Papst Innozenz III. hinterlegt, die ihm und seinen Gefährten als Maxime für ein Leben in Armut dienen sollten. Inzwischen war der kleine Kreis zu einer großen Gemeinschaft angewachsen, die über Italien hinaus auch in anderen Ländern wirkte. Ein detailliertes Regelwerk für diesen neuen Minoritenorden wurde erforderlich. Noch im selben Jahr genehmigte Papst Honorius III. die nach Fasten und Beten von Franziskus hier ersonnene endgültige Version der Ordenssatzung. Sie ist bis heute für die Franziskaner verbindlich.

Ein Jahr vor seinem Tod unterzog sich der schwerkranke Franz in Fonte Colombo einer Augenoperation. Als sich das glühende Eisen, mit dem der Arzt die Infektion ausbrennen wollte, seinem Gesicht näherte, soll der tapfere Heilige in seiner ruhigen und freundlichen Art gesagt haben: *„Mein Bruder Feuer, sei in diesem Augenblick gut zu mir. Ich bitte den Herrn, der auch Dich erschaffen hat, dass Du für mich Deine Wärme milderst."* Daraufhin habe er keinen Schmerz gespürt.

Das schlichte **Innere** der 1450 geweihten Kirche ähnelt dem von Poggio Bustone. Bemerkenswert sind an der linken Seitenwand die Abbildung der Ordensregeln und eine Holzskulptur, die die Billigung des Ordensstatuts durch Christus darstellt. Als der Heilige gerade den Felsspalt mit dem fertigen Manuskript verließ, soll ihm Christus an einer Steineiche erschienen sein, um die Regeln abzusegnen. Nachdem die Eiche 1622 umgefallen war, hat man die Skulptur angeblich aus ihrem Holz geschnitzt.

Rechts neben der Kirche befindet sich das Kloster mit dem Eintritt zum Kreuzgang. Durch das Tor links der Kirche führt ein Weg hinab zur **Einsiedelei**, wo Franz mit seinen Gefährten eine Zeit lang wohnte, und weiter zur alten Magdalena-Kapelle mit Freskenfragmenten aus dem 11. Jh.; in der Ecke des linken Fensters ist der griechische Buchstabe *„Tau"* erkennbar, den Franziskus auf die Wand gemalt haben soll. In ihm sah er das meditative Symbol für das Kreuz und damit ein Zeichen der Erlösung. Weiter führt der Weg zur „Heiligen Grotte" *(Sacro Speco)*, wo die Ordensregeln entstanden, und noch weiter zu einer Felsspalte, wo Franziskus ebenfalls meditierte.

*Öffnungszeiten* **Santuario di Fonte Colombo**, ℡ 0746.210125. Im Winter 7–18 Uhr, im Sommer 7–20 Uhr; Führungen durch das Kloster und zur Heiligen Grotte im Winter in der Zeit von 8.30–12 und 15.30–18 Uhr, im Sommer 8.30–12 und 15.30–20 Uhr. Eintritt frei.

▶ **Gréccio**: Der dritte und wohl eindrucksvollste Wallfahrtsort ist die **Abtei von San Pastore** beim Örtchen Gréccio, 15 km westlich von Rieti, oberhalb der Straße in Richtung Terni. Die Klosteranlage klebt schon von weitem sichtbar an einer steilen Felswand.

Der Ort wurde im frühen Mittelalter gegründet. Aus dem 11. Jh. stammt die erste urkundliche Erwähnung. Franziskus soll auf seinen Wanderungen gerne hierher gekommen sein, um auf dem Berggipfel oberhalb des Dorfes zwischen zwei Steineichen zu beten. Eine Legende berichtet, dass er im Jahr 1209 einem Jungen von Gréccio eine brennende Fackel in die Hand drückte und ankündigte, dass er sich dort niederlassen werde, wo der Junge die Fackel hinwerfen würde. Der Bub scheint ein guter Werfer gewesen zu sein – die Legende vermutet ein Wunder. Jedenfalls flog die Fackel über das Tal und landete an der Felswand. Der Heilige hielt Wort und bezog am Felsen eine Einsiedelei, die später unter dem heiligen Bonaventura zu einem Kloster ausgebaut wurde.

Zu **Weihnachten 1223** hatte Franziskus die Idee, Jesu Geburt in all ihrer Bescheidenheit bildlich darzustellen. Er ließ Ochsen, Esel und eine Futterkrippe in eine Felsgrotte am Berg schaffen und alles wie im Stall von Bethlehem herrichten. Den Bauern erzählte er die Weihnachtsgeschichte und betete zusammen mit ihnen an der Krippe. Christi Geburt war nun nicht mehr ein abstraktes,

*Wirkungsstätte des Franz von Assisi: Santuario di Gréccio*

fernes Ereignis, sondern für jeden begreiflich. Die Nachricht, Gréccio sei das neue Bethlehem, sprach sich rasch herum. Von überall her kamen Menschen, um Weihnachten unmittelbar zu erleben. Der Brauch, eine **Weihnachtskrippe** aufzustellen, war entstanden und verbreitete sich rasch.

Eine gut beschilderte Straße führt oberhalb des Ortes den Berg hinauf. Vom neuen großen Parkplatz unterhalb des Klosters aus muss man der steilen Straße zu Fuß folgen. Wer sich das ersparen möchte, versucht sein Glück bei den beiden kleineren Parkplätzen weiter oben. Von der Aussichtsterrasse vor dem Eingang hat man einen weiten Blick in die Ebene von Rieti.

Direkt hinter dem Eingang liegt die Kapelle der Weihnachtskrippe. Sie wurde schon 1228, zwei Jahre nach dem Tod des Franziskus aus Anlass seiner Heiligsprechung an der Stelle erbaut, an der er die erste Weihnachtskrippe aufstellen ließ und der Brauch seinen Ursprung hat. Das Fresko aus dem 14. Jh. zeigt rechts die Weihnacht von Bethlehem mit der stillenden Maria und links die von Gréccio mit dem knienden Franz von Assisi. Ein Gang führt zu den Räumen, in denen Franziskus mit seinen Glaubensbrüdern wohnte. Man sieht ihre Küche und einen langen, engen Schlafraum. In der winzigen Zelle am Ende schlief Franz auf dem blanken Felsen. Die Legende berichtet, dass man ihm einmal ein Kissen hingelegt hat und er wegen dieses unangebrachten Luxus keinen Schlaf finden konnte. Im **oberen Stockwerk** betritt man rechts einen Zellentrakt aus späterer Zeit. In den kargen hölzernen Verschlägen wohnten die Mönche, darunter auch der heilige Bonaventura und der heilige Bernardin von Siena. Von der Treppe aus links gelangt man in den Chor der ersten, dem Franziskus im Jahr seiner Heiligsprechung 1228 geweihten **Kapelle**. Man sieht ein Lesepult mit Lampe und der Kopie eines alten Choralbuchs. Hinter dem Lettner ist im winzigen Kirchenraum auf einem Freskenfragment aus dem 13. Jh. dargestellt, wie Franziskus einen Sündenablass erhält. Im Durchgang zum Souvenirladen auf der oberen Terrasse hängt die Kopie eines Bildes, das schon zu Lebzeiten des Heiligen entstand und sein Aussehen daher wohl relativ authentisch wiedergeben soll. Man sieht, wie er sein krankes Auge trocknet. Viele deuten es jedoch als den „weinenden Franziskus".

Von der oberen Terrasse aus betritt man die 1959 erbaute **Kirche** mit zahllosen Krippendarstellungen. In der lebensgroßen Krippe gegenüber vom Altarraum heben dramatische Lichteffekte einzelne Szenen der Weihnachtsgeschichte hervor.

● *Öffnungszeiten/Eintritt* **Santuario di Gréccio**, ✆ 0746.750127, 📠 0746.751776. Im Winter 9–12.45 und 15–17.45 Uhr, im Sommer 9–12.45 und 15–18.45 Uhr. Eintritt frei.

● *Information* **Ufficio Informazioni e Promozione Turistica Pro-Loco**, Piazzale Santuario Francescano (am oberen Parkplatz vor dem Klostereingang), ✆ 0746. 750640. Mi geschlossen, im Winter 9.45–

12.30 und 15.30–17.30 Uhr, im Sommer 9.45–12.30 und 16.15–18 Uhr. Hier bekommen Sie Informationen über die Franziskanerklöster und über die gesamte Provinz von Rieti.

• *Übernachten* **Casa per Vacanze al Nido del Passero**, Via Colle il al Civico 12 und 16, ℰ 0746.753321, www.alnidodelpassero.com. Zwei winzige rustikale Häuschen mitten in der Altstadt von Gréccio (jeweils mit Bad und 2 Zimmern mit 4 bzw. 5 Betten). Preis pro Woche 340 bzw. 355 € (ab der zweiten Woche Rabatt).

• *Essen* **Hosteria di Nonna Gilda**, Loc. Spinacceto, Via Limiti Sud 85, ℰ 0746.753144. So geschlossen. Unterhalb des Wallfahrtsortes liegt das alte, familiär geführte Lokal mit Winebar (zum Wein, der glasweise ausgeschenkt wird, gibt es hier leckere Kleinig-

keiten). Die Küche des Restaurants bietet Traditionelles sehr gut zubereitet. Besonders lecker sind z. B. die Fettuccine mit Pilzen (con i funghi), Ravioli mit Ricottafüllung und die wunderbaren Entengerichte. Auch den hausgemachten Nachtisch sollte man nicht versäumen. Menü um 25 €.

Im Ort Gréccio ist das **Albergo Ristorante della Fonte** (abends auch Pizza) empfehlenswert. Pzza. Roma 5, ℰ 0746.753110, ✆ 0746.753290. Restaurant Fr. geschlossen. Die Herberge mit bisher recht schlichten Gästezimmern (2 Sterne) soll nach kompletter Renovierung im Sommer 2008 wieder eröffnet werden.

Urig rustikal ist das **Ristorante Il Nido del Corvo**, Via del Forno 15, ℰ 0746.753181. Di geschlossen.

▶ **La Foresta:** Das Kloster La Foresta liegt 4 km nördlich von Rieti (folgen Sie der Straße links hinter dem Bahnhof von Rieti), von schönen Eichen- und Kastanienwäldern umgeben. Es erinnert zunächst eher an einen Gutshof. Hier war Franziskus im Jahr 1225 bei einem Pfarrer zu Gast, um sich von der Augenoperation zu erholen. Der Aufenthalt des prominenten Predigers, dem bereits eine Vielzahl von Wundern nachgesagt wurde, ließ sich nicht lange verbergen und schon bald strömten Scharen von Menschen herbei, die ihn sehen und hören wollten. Die begeisterten Massen zertrampelten in dem Gedränge den Weinberg und stärkten sich an den Trauben. Der Hausherr wurde zornig, weil er seine Ernte vernichtet sah. Franz, dem das peinlich war, betete für den Pfarrer, der dann doch noch aus den Resten einen hervorragenden Wein machte. Eine Tradition wurde allerdings nicht daraus; die Methode der Mengenreduzierung zur Qualitätssteigerung setzte man bei der Weinerzeugung erst sehr viel später gezielt ein. Zur Erinnerung an das **Traubenwunder** des heiligen Franz baute man an dieser Stelle das Kloster, das bis heute ein beliebter Wallfahrtsort ist. Nach Bombenschäden im Zweiten Weltkrieg hat man den Ort originalgetreu rekonstruiert. Im Kirchenraum sind einige Freskenfragmente aus dem 13. und 15. Jh. erhalten. Der ursprüngliche Kirchenboden ist an mehreren Stellen durch Glasscheiben im heutigen Fußboden zu erkennen. Der Kreuzgang des benachbarten Klosters führt zu der Grotte, in der Franziskus meditierte. Außerhalb sieht man Stationen des 1735 geweihten Kreuzwegs mit neapolitanischer Majolika. In der Nähe ist das Haus erhalten, in dem Franz vorübergehend mit seinen Gefährten wohnte.

*Öffnungszeiten* **Santuario de La Foresta**, ℰ 0746.200085. Im Winter 8.30–12 und 14.30–18 Uhr, im Sommer 8.30–12 und 15–19 Uhr; es werden Führungen angeboten. Eintritt frei.

## Rundfahrt durch das Gebirge

Rieti bietet sich auch an als Ausgangspunkt für Ausflüge hoch in die Berge durch einsame Natur mit fantastischen Ausblicken, vorbei an kleinen, vom Tourismus fast unberührten Ortschaften. Die *Monti Reatini* im Norden von Rieti erreichen mit ihrem höchsten Berg, dem **Monte Terminillo**, eine Höhe von bis zu 2213 m. Hier hat sich mit dem Skiort **Pian de'Valli** inzwischen eines der wichtigsten **Wintersportzentren** Mittelitaliens etabliert. Die Pisten bieten alle Schwierigkeitsgrade, die ein durchschnittlicher Skifahrer braucht, und auch Langläufer kommen auf ihre Kosten. Die Saison beginnt im Dezember und dauert mit etwas

*Der Osten von Latium* — Karte S. 689

Glück ungefähr bis Mitte März. Im Sommer schätzen Wanderfreunde und Kletterer die einsamen Wege durch die Berge.

Im Folgenden wird eine **Rundfahrt** (mit Varianten) empfohlen, die man bequem an einem Tag von Rieti aus unternehmen kann:

▶ **Labro:** Von Rieti aus folgt man der Landstraße Nr. 79 knapp 20 km in Richtung Terni bis kurz nach dem Tunnel zur Abzweigung nach Labro, der ersten Station. In dem mittelalterlichen Dörfchen mit seinen hellen Bruchsteinhäusern und den engen Treppengassen stört kein einziges modernes Detail das geschlossene Ortsbild. So intakt findet man das sonst kaum in Mittelitalien. Herrlich sind die Ausblicke zum *Lago di Piediluco* und in die Berge, besonders vom höchsten Platz aus bei der Kirche. Zu besichtigen ist das **Castello** (Führungen zu jeder vollen Stunde von 10–12 und von 15–18 Uhr; Eintritt 5 €).

• *Übernachten* **Casa** Albergo Palazzo Crispolti, Via Vittorio Emanuele II 16, ✆ 0746.636135, www.palazzocrispolti.com. Mit Restaurant, DZ 45–66 €, Frühstück 7 €, Halb- und Vollpension möglich.

• *Essen* **Wine Bar Boccondivino**, Via Garibaldi 9, ✆ 0746.636086, www.boccondi vino.biz. Mo Ruhetag. Mittelalterliches Haus in der Altstadt, im Sommer einige Tische draußen auf der Gasse, drinnen gemütlich und stimmungsvoll. Ausgezeichnete Weinauswahl und kleine Speisekarte mit traditionellen Gerichten. Tagesmenü um 18 €.

Von Labro aus führt die Straße mit vielen Serpentinen durch eine immer einsamer werdende Gegend, vorbei am *Monte Corno* rechts (1736 m) hoch nach Leonessa (974 m), dem Hauptort der Monti Reatini.

▶ **Leonessa:** Das kleine mittelalterliche Städtchen betritt man durch die rosafarbene *Porta Spoletina* mit gotischen Stilelementen. Dieser rosa Marmor beherrscht zusammen mit den apricotfarbenen Häuserfassaden in verschiedenen Schattierungen das alpin wirkende Ortsbild.

An der Hauptstraße Corso San Giuseppe links befindet sich die spätgotische Kirche **Santa Maria del Popolo**. Von dem Bau aus dem 15. Jh. ist noch die Fassade in ihrer ursprünglichen Form erhalten, der Innenraum wurde später barockisiert. Aus der gleichen Zeit stammt die Kirche **San Francesco** in der Via Ciucci (links hinter Santa Maria del Popolo), besonders interessant ist dort die Krippe mit Terrakottafiguren aus dem 16. Jh. Der Corso endet auf der großen Piazza VII Aprile 1944 (das Datum erinnert an die 51 Opfer des Nationalsozialismus aus Leonessa). Dank des weißen Pflasters wirkt der Platz wie schneebedeckt. Der untere Teil der Piazza ist von mittelalterlichen Laubengängen und Gebäuden aus dem 15. und 16. Jh. gesäumt, oberhalb ragt vor dem Bergpanorama der Glockenturm der Kirche **San Pietro** in den Himmel. Sehenswert ist das Kirchenportal aus rosa Marmor. Es stammt wie der Glockenturm aus dem 15. Jh. (Öffnungszeiten: Sa 10.30–12.30 und 16.30–18.30 Uhr, So 10.30–12.30 Uhr).

Außerhalb des Stadttors liegt der moderne Teil von Leonessa mit zwei 4-Sterne-Hotels. Während der **Skisaison** ist der ansonsten eher beschauliche Ort gut besucht. Mit neun Abfahrtspisten (insgesamt 6,5 km Länge) und mehreren Langlaufstrecken finden Wintersportler hier eine weniger überlaufene Alternative zu dem rummeligen, benachbarten Skigebiet von *Terminillo*. Man kann Skiausrüstungen ausleihen. Im Sommer ist Leonessa ein guter Ausgangspunkt für Wanderungen.

• *Information* **Ufficio Informazioni Pro-Loco**, Corso San Giuseppe 48, ✆ 0746.923380, www.leonessa.org. Mo–Fr 10–13.30 und 17–20 Uhr, Sa/So 10–13 Uhr.

• *Übernachten* Es gibt zwei moderne, gut ausgestattete 4-Sterne-Hotels. **Leo Hotel**, Largo Gonesse 1, ✆ 0746.922908, ✆ 0746.922602, www.leohotel.it. Das Hotel liegt nicht weit vom Zentrum am Waldrand in einem großzügigen Garten und verfügt über 86 Zimmer sowie einen großen Wellness-Bereich mit Fitnessraum, Sauna und Hallenbad (Becken 25 x 8 m) und Sportmöglichkeiten im Außenbereich (Tennisplatz, Reitmöglichkeit, Bogenschießen), Restaurant (bis zu 400 Plätze), Garage (Gebühr 4 €/Tag). 4 Sterne. Übernachten im DZ nur mit Halbpension ohne Getränke ca. 40–70 € pro Pers. (Vollpension kaum teurer).

Ebenfalls schöne Außenanlagen und Pool hat das Hotel und Restaurant **La Torre**, Viale F. Crispi 2, ✆ 0746.922166, ✆ 0746.923157, www.hotellatorreleonessa.it. 4 Sterne, 64 helle Zimmer, z. T. mit grandiosem Blick. DZ mit Frühstück 75–90 € (Halb- und Vollpension sind möglich).

• *Essen* Einen Besuch ist Leonessa schon wegen des herrlichen kleinen Restaurants **Leon d'Oro** wert. Corso S. Giuseppe 120, ✆ 0746.923320. Mo geschlossen. In dem gepflegten Gastraum mit dem Kreuzgewölbe aus grob gehauenem Naturstein und dem offenen Kamin stehen gerade mal 9 Tische. Hier kann man sich von den freundlichen Service so richtig verwöhnen lassen. Bei den Antipasti gehören die Crostate zu den Spezialitäten des Hauses, appetitlich ist auch der frisch aufgeschnittene Schinken. Von den Primi sind besonders die Tagliatelle (mit schwarzem Trüffel oder mit Steinpilzen) zu empfehlen. Bei den Secondi überzeugt alles Gegrillte. Man kann zuschauen, wie es am Kamin über dem offenen Feuer zubereitet wird und der Duft steigert dabei die Vorfreude. Auch die hausgemachten Desserts sind zu empfehlen (z. B. Tiramisu oder Crème brûlée). Menü um 35 €.

**Trattoria da Peppino**, Pzza. VII Aprile 49, ✆ 0746.922205. Di geschlossen. Traditionelle, sehr gut zubereitete Gerichte, im Sommer auch draußen auf der Piazza. Menü um 20 €.

• *Wintersportangebot* Liftanlagen: 1 Gondellift, 1 Übungslift, 1 Skilift, 1 Sessellift, 3 Skilifte außerhalb.

Von Leonessa aus bestehen zwei Möglichkeiten, die Rundfahrt fortzusetzen: Die eine führt über eine **steile Panoramastraße** mit fantastischen Ausblicken auf die karge Gebirgslandschaft zum Wintersportgebiet am Monte Terminillo. Alternativ dazu können Sie auch einen etwas größeren Bogen um die Gebirgskette herum schlagen und dabei mehrere **interessante Ortschaften** besuchen. Im Folgenden werden beide Routen beschrieben.

▸ **Terminillo:** Die kurvenreiche, schmale Straße von Leonessa durch das Gebirge führt um den Terminillo herum (ca. 22 km) bis zu den Wintersportorten **Campoforogna** (1775 m) sowie **Pian de'Valli** (1614 m) und von dort aus hinab nach Rieti. Im Winter besteht hier oft Lawinengefahr und im Sommer kann es zu Steinschlag kommen. Die Verbindung zwischen Terminillo und Leonessa muss dann geschlossen werden. Da das Skigebiet des Terminillo von Rom aus bequem zu erreichen ist, herrscht hier an den Wochenenden im Winter Hochbetrieb. Man könnte dann meinen, man sei in den Alpen, und auch die zahlreichen Hotelkomplexe gleichen denen der bekannten Wintersportzentren. Nur die wenigsten Hotels haben das ganze Jahr über geöffnet, die meisten schließen in den regenreichen Frühlings- und Herbstmonaten.

Zwischen Campoforogna und Pian de'Valli liegt ein moderner Wallfahrtsort, der **Tempel des Heiligen Franziskus**. Die Anlage soll daran erinnern, dass Papst Pius XII. Franziskus im Jahr 1939 zum Schutzpatron von Italien ernannt hat. Um dieses Ereignis zu feiern, wurde der Auftrag zur Errichtung einer modernen Kirche auf dem Terminillo erteilt. Die Arbeiten begannen nach Kriegsende im Jahr 1949 und wurden 1964 abgeschlossen. 25.000 Kubikmeter Fels mussten dazu abgetragen werden. Bemerkenswert sind die prachtvollen Mosaiken.

• *Information* **Azienda di Promozione Turistica**, Via dei Villini 33 in Pian de'Valli, ✆ 0746.261121, ✆ 0746.261339.

• *Übernachten/Essen* In diesem Gebiet ist alles sehr teuer. Zur Skisaison gibt es ein breites Angebot an Appartements und größeren, modernen Hotels. Der winzige Flecken ist dann auch entsprechend überlaufen.

Ein exklusives, gut ausgestattetes Hotel mit Sonnenterrasse und schönem Wellness-

*Der Osten von Latium*

*Karte S. 689*

Bereich (Fitnessraum, Sauna, Solarium, Massage, breites Beauty-Angebot) ist das **Cristallo**, Via dei Cerri 9, ℡ 0746.261112, ✆ 0746.261392, www.hotelcristalloterminillo.it. Die schönen, hellen Zimmer sind sehr ruhig. Attraktiv sind die vielfältigen organisierten Sportangebote (z. B. Trekking- und Mountainbike-Touren). 4 Sterne, 50 Zimmer, Garage (gegen Gebühr). DZ 90–170 € (Sonderarrangements im Internet), Frühstück inkl., Voll- und Halbpension sind möglich.

Ganzjährig geöffnet ist auch das **Hotel Terminillo** in Campoforogna, Via Vallonina, ℡ 0746.261014, www.hotelterminillo.com. Es liegt am Waldrand und bietet einen herrlichen Fernblick. Erbaut in den 1930er Jahren als Kurklinik diente das Gebäude im Zweiten Weltkrieg als deutsches Militärkrankenhaus. Nach langem Leerstand und Renovierung wurde es im Jahr 2000 wieder eröffnet. Die Zimmer sind zweckmäßig möbliert und

bieten einen weiten Ausblick. 3 Sterne. Nur Halb- oder Vollpension möglich (75 bzw 80 € pro Pers.).

● *Camping*  **Ski Caravan Club**, in Pian de'Valli (Via Salaria bei km 17,5), ℡ 0746. 261323. 20 ha, ganzjährig geöffnet. Hunde sind nicht erlaubt.

● *Wintersportangebot* Liftanlagen mit Seilbahn, Sessellift und Skiliften, Abfahrtsstrecken mit unterschiedlichen Schwierigkeitsgraden von insgesamt 40 km Länge, drei Pisten sind als internationale Wettkampfstrecken anerkannt. Außerdem: Langlaufloipen von einfacher bis mittlerer Schwierigkeit, Snowboard-Park (Information ℡ 0746. 262221), drei Skischulen (Terminillo, ℡ 0746. 261227; S.A.S. Piccola Baita, ℡ 0746.261289; Scuola Italiana Sci, ℡ 0746.258080), Berghütte CAI (Club Alpino Italiano), Sommer- und Winterschlittschuhlaufbahn.

Die **alternative Route** führt von Leonessa weiter nach Posta, wo man auf die Via Salaria trifft. Ihr folgt man in Richtung Rieti durch das landschaftlich schöne Tal von Velino. Bald nach dem Städtchen Antrodoco, kurz vor dem Ortseingang von Borgo Velino (rechts an der Straße unterhalb der Durchgangsstraße, gut ausgeschildert) ist die Kirche von **Santa Maria Extra Moenia** sehenswert. In der Antike befand sich an dieser Stelle, direkt an der Via Salaria, ein Dianatempel. Auf dessen Ruinen entstand im 5. Jh. eine kleine Kirche, die man dann durch den bis heute erhaltenen Bau ersetzt hat. Geweiht wurde er am 26. November 1051. Das **Baptisterium** mit dem achteckigen Grundriss neben der Kirche ist sogar noch älter. Es ist mit besonders schönen Fresken ausgemalt. Auch im Inneren der Kirche sind Fragmente von Fresken aus dem 15. Jh. erhalten.

*Öffnungszeiten*  Von Juli bis Sept. Sa und So 9–13 Uhr; ansonsten nach telefonischer Anmeldung (℡ 333.3034606); bei der Touristeninformation in Antrodoco kann man auch den Schlüssel erhalten (Corso Roma 17, ℡ 0746.586060, Öffnungszeiten: 10–13 und 17–20 Uhr).

Wenige Kilometer weiter, kurz nach dem Ortsausgang von **Terme di Cotilia**, sehen Sie links, direkt an der Straße, die Rückseite der zur Hälfte **versunkenen Ruine** von **San Vittorino**. In dem von der Straße abzweigenden Wirtschaftsweg können Sie kurz anhalten. Ein Trampelpfad führt bis zum Portal, durch das heute ein Bächlein fließt.

Lohnenswert ist ein Abstecher in das oberhalb der Via Salaria landschaftlich reizvoll gelegene Städtchen **Cittaducale**. Vom Ortseingang mit dem hohen, schlanken Turm (16. Jh.) führt der Corso Mazzini vorbei an romanischen Häusern, in deren Fassaden vielfach antike Säulenfragmente integriert sind, schnurgerade zur großen zentralen Piazza del Popolo mit einem alten Brunnen und der spätromanischen Kirche Santa Maria del Popolo. Außerhalb der Stadt befinden sich die spärlichen Reste der Thermen des Vespasian (2. Jh. v. Chr. bis 6. Jh. n. Chr.). Das Ausgrabungsgebiet ist nicht besonders eindrucksvoll, liegt aber in schöner Umgebung.

● *Essen* **Trattoria I Due Archi**, Corso Mazzini 140, ℡0746.60107, Di geschlossen. Einfache, aber ordentliche Küche.

**Pizzeria La Torre**, Corso Mazzini 1, ℡ 0764.601140, tägl., nur abends geöffnet.

## Weitere Ausflüge in die Umgebung von Rieti

▶ **Lago di Salto:** Ein landschaftlich abwechslungsreicher Ausflug führt zum Stausee **Lago di Salto** mit einer Oberfläche von 8 km² (über die hier beschriebene Route etwa 37 km von Rieti entfernt). Folgen Sie dazu der Via Salaria in Richtung Antrodoco und biegen 2,5 km nach Cittaducale rechts ab. Hier beginnt eine kurvenreiche **Panoramastraße**, die Sie durch eine bewaldete Landschaft vorbei an winzigen Dörfern führt. Nach einiger Zeit taucht parallel dazu eine aufwändig angelegte Schnellstraße (SS 578) mit vielen Brücken und Tunneln auf, die Rieti mit der Autobahn Roma – L'Aquila (A 24) verbindet. Der Blick wird dadurch zwar etwas gestört, doch ist die Strecke auch mit dieser Einschränkung noch sehr reizvoll.

Bei Salto führt eine Verbindungsstraße zu dem 10 km langen, schmalen See hinunter (zum Baden nicht geeignet). Die bewaldeten Ufer sind ideal für Spaziergänge. Von mehreren höher gelegenen Aussichtspunkten haben Sie einen hübschen Ausblick. Bei **Fiumata** führt eine klapprige Brücke zur anderen Seeseite hinüber. Für einen kürzeren Rückweg können Sie die Schnellstraße wählen; die Auffahrt liegt an der Straße in Richtung Fiamignano.

*Essen* **Trattoria Il Pescatore** in Borgo San Pietro, Via Cicolana 25, ✆ 0746.558254. Mo Ruhetag. Die Trattoria bietet neben Fisch auch Wild und Gemüse. Die Gerichte sind einfach, aber gut zubereitet und frisch. Besonders empfehlenswert sind die „pappar-delle al sugo di caccia" und bei den Secondi die Fleischgerichte mit dem hervorragenden Gemüse der Region. Die leckeren Desserts sind hausgemacht. Menü um 25 €.

▶ **Rocca Sinibalda:** Der Ausflug lässt sich über *Varco Sabino* und die kurvenreiche Panoramastraße fortsetzen, vorbei an *Longone Sabino* bis zu dem auf einem Felsen gelegenen Rocca Sinibalda (etwa 30 km). Auf dem Weg dorthin liegt am Fuß des über 1000 m hohen *Monte Sole* das für diese Gegend ungewöhnliche **Weingut** des aus England stammenden Winzerpaares Colin und Gerdy Fraser. Sie produzieren drei vorzügliche Weine, den *„Cardellino"* (Rosé), den roten *„Nibbio"* und den Pinot Bianco *„Rigogolo"* (Adresse: Poggio Fenice, Via del Pereto, ✆ 0765.78123).

Das pittoreske Örtchen mit der schönen Aussicht wird von einer **Spätrenaissance-Burg** beherrscht, die um 1530 von Baldassare Peruzzi geplant wurde. Die Innenräume können derzeit nur von Gruppen nach Anmeldung besichtigt werden (90 Min. Führung, max. 35 Pers., Kontakt über info@castellidelazio.com).

• *Verbindungen* Eine schnelle Verbindung nach Rieti besteht über die Via Salaria in Richtung Rom.

• *Essen* Sehr einfach ist die **Trattoria La Fontana**, Pzza. Vittoria 9, ✆ 0765.878555.

▶ **Ornaro:** Von Rocca Sinibalda in Richtung Via Salaria zweigt eine Straße nach Ornaro ab. Der kleine Ort liegt auf einer Hügelkuppe oberhalb der Via Salaria. Durch ein enges Tor beim Kirchturm betritt man das Dorf mit seinen schmalen Gassen, in denen kaum zwei Personen nebeneinander gehen können. Davor befindet sich ein alter **Waschplatz mit Aussicht**. Besondere Sehenswürdigkeiten gibt es zwar nicht, doch die Atmosphäre und der Blick sind einen kleinen Abstecher wert. Bei klarem Wetter sieht man sogar bis nach Terminillo.

*Essen* Besonders schön sitzt man im **Ristorante La Panarda**, Via di Mezzo 3, ✆ 0765.703169.

▶ **Monteleone Sabino:** Der dritte sehenswerte Ort der Gegend (knapp 10 km südlich von Ornaro, über die Panoramastraße von Rocca Sinibalda in Richtung Via Salaria zu erreichen) war in der Antike wegen seiner Lage an wichtigen Verbindungsstraßen

**Der Osten von Latium**

Karte S. 689

ein bedeutendes Handelszentrum. Der Name „Löwenberg" stammt wohl von den vielen mittelalterlichen, steinernen Löwendarstellungen an den Hausfassaden.

Etwas außerhalb an der Straße nach Oliveto liegt unter Bäumen auf einer Wiese sehr stimmungsvoll die hübsche Kirche **Santa Vittoria**. In der Nähe befand sich schon in der Antike ein Heiligtum. Einige frühchristliche Gräber lassen darauf schließen, dass sich hier bereits im 3. Jh. die ersten Christen versammelten. Eine Kirche an diesem Ort wird auch in Inschriften aus dem 8. Jh. erwähnt. Der heutige Bau geht auf eine Erneuerung im 12. Jh. zurück. In die Fassade sind allerdings noch wesentlich ältere Fragmente integriert. Die Säulen im dreischiffigen Innenraum stammen ebenfalls aus dem Vorgängerbau und sind wohl antiken Ursprungs. In der Mitte der Kirche befand sich früher ein Brunnen. Die Gläubigen tranken daraus, weil dem Wasser heilende Wirkung zugeschrieben wurde. In einem Nebenraum steht ein römischer Sarkophag, in dem der Legende nach die christliche Märtyrerin Viktoria beigesetzt worden sein soll.

# Die Sabiner Berge um Farfa

Die kontrastreiche Region der Sabiner Berge mit ihren Wäldern, steilen und kurvigen Straßen, dem Auf und Ab zwischen Städtchen in luftiger Höhe und schattigen Tälern hat noch eine augenfällige Besonderheit zu bieten, die charakteristisch ist für diese uralte Kulturlandschaft: die sich mancherorts über Berg und Tal hinstreckenden **Olivenhaine**. Ob am frühen Morgen in nebligem

## Olivenöl – eine lange Geschichte

Seinen Ursprung hat der Anbau von Olivenbäumen im heutigen Syrien. Über Palästina, Anatolien und die Ägäis breitete er sich dann über den ganzen Mittelmeerraum aus. Die Griechen brachten die Pflanze nach Kalabrien und Sizilien, die Etrusker führten sie in Mittelitalien ein und sorgten für einen effektiv organisierten Anbau. Die Römer übernahmen die landwirtschaftlichen Methoden und erreichten respektable Ertragszahlen – bereits im 3. Jh. v. Chr. lag der Pro-Kopf-Verbrauch bei 22,5 kg Oliven im Jahr. Dabei waren die Oliven und das Olivenöl nicht nur als Nahrungsmittel begehrt (und wie Wein nicht für jedermann erschwinglich), man nutzte das Öl auch als Leuchtmittel und zur Oberflächenveredelung von Holz, Leder und Elfenbein, selbst als Rostschutz schätzte man seine vielfältigen Eigenschaften. Ein weites Feld war außerdem die Anwendung als Kosmetik- und Heilmittel. Vom Blatt bis zur Wurzel wurden Pflanzenteile zu Arzneien weiterverarbeitet. Das Öl hilft u. a. zur Vorbeugung von Gefäßkrankheiten, Arteriosklerose, es senkt die Cholesterinwerte und beeinflusst positiv den gesamten Stoffwechsel. Kein Wunder, dass der Heil und Nahrung spendende Nutzbaum bereits im Alten Testament und in der griechischen Kultur höchste Ehren genoss; vom Ölzweig, den die Taube zu Noahs Arche brachte, als die Flut zu Ende war, über den heiligen Olivenbaum auf der Akropolis von Athen bis hin zu den rituellen Ölungen bei Krönungen und der letzten Ölung in der christlichen Kirche – unendlich ist der symbolische Gehalt dieser Pflanze.

Graugrün, mittags in flirrendem Silber und am Abend fast golden schimmernd, der Anblick der oftmals jahrhundertealten Baumreihen trägt ganz erheblich zum **Landschaftseindruck** bei und begründet mit der Ruf der Sabiner Berge als eine der schönsten Gegenden Latiums. Hier wird Olivenöl von allerfeinster Qualität hergestellt. Jährlich gehen höchste Auszeichnungen an Öle aus Sabina. Der kalkhaltige, steinige und durchlässige Boden sowie das ausgewogene Klima machen die Lagen zwischen Viterbo und Rieti zu den bedeutendsten Anbaugebieten des hochwertigsten Öls, des Olio Extra Vergine.

Von schätzungsweise 180 Millionen Olivenbäumen Italiens wachsen rund 1,1 Millionen in Tuscia und Sabina, die je nach Witterung pro Saison 12.000 bis 30.000 Tonnen Oliven bringen, was 2.200 bis 5.500 Tonnen Öl entspricht. In dieser Region waren es die Benediktiner- und Zisterzienserklöster, die die Kultur des Olivenanbaus von den Römern in unsere Zeit hinüberretteten. Vom 10. bis 15. Jh. befanden sich weite Teile der Produktion unter ihrer Obhut. Heute kontrollieren Behörden und Erzeugerverbände die Qualität der Erzeugnisse. In den Sabiner Bergen ist man stolz auf die originäre Herkunftsbezeichnung DOP *(Denominazione di origine protetta controlata)*, und in jüngster Zeit haben sich die Erzeuger noch näher zusammengeschlossen, um eine bessere Vermarktung zu erzielen.

In **Canneto di Fara**, nahe dem Städtchen Fara in Sabina, ist übrigens der wohl weltgrößte Olivenbaum zu bestaunen. Sein Stammumfang misst sieben Meter. Angeblich ist er 1.500 Jahre alt. Einen umfassenden Überblick über die Erzeugnisse

### Herstellung von Olivenöl

Das Olivenöl ist das einzige Speisefett, das nur durch **Pressung** der Früchte erzeugt wird. In der Regel sind es die frischen Früchte, die vom Baum geschlagen und mit am Boden ausgebreiteten Netzen oder Tüchern aufgefangen werden. Gepresst wurde früher mit Steinwalzen, die sich mit etwas Abstand zu einem flachen Becken drehen ließen. Dieser Abstand bewirkte, dass die Kerne nicht zermahlen wurden, sondern sich lediglich der Saft herausdrückte, der dann seitlich über eine Rinne abfloss. Heute gibt es dafür moderne Maschinen. Die so kalt gepresste Flüssigkeit wird durch eine Abfolge von Umfüllungen immer weiter dekantiert, bis sich das Öl vom wässrigen Saft getrennt hat – eine besonders schonende Herstellungsweise. Außerdem kann auch gefiltert werden, chemische Methoden oder Trennung durch Erhitzen sind nicht erlaubt. Hat das Öl weniger als 1 % Säuregehalt, gehört es zur Klasse der *Extra Vergine,* der höchsten Qualitätsstufe. Von bernsteinfarben bis zu intensivem Grün und Gelb reicht die Farbskala der Öle, der Geschmack variiert zwischen mehr oder weniger fruchtig – abhängig von Boden, Lage und Baumsorte bzw. Sortenverschnitt. Kenner verkosten das Öl mit etwas frischem oder geröstetem Weißbrot. In der italienischen Küche ist es unentbehrlich. Selbst die frittierten Köstlichkeiten bleiben bekömmlich, weil das Olivenöl auch bei großer Hitze seine wertvollen Inhaltsstoffe behält. Bewirkt wird dies durch seine einfach ungesättigten Fettsäuren, die beim Braten und Frittieren weitaus weniger schädliche Verbindungen mit Sauerstoff eingehen als die mehrfach ungesättigten Fettsäuren der Samenöle, die dann sogar gesundheitsschädlich werden können.

**Der Osten von Latium**

Karte S. 689

der Sabiner Ölpressen erhält man in der im Frühjahr 2004 eröffneten **Oleoteca Regionale** in dem kleinen Örtchen der Abtei von Farfa.

• *Öffnungszeiten*   **Oleoteca Regionale**, vom Haupteingang der Kirche ca. 100 m nach links durch den Torbogen ℡ 0765.277065, ℡ 0765.277191. Mo geschlossen, Di–Fr Termine nur nach Vereinbarung, Sa/So 10–13 und 15.30–18.30 Uhr.

• *Spezialitäten*   Das Öl mit den meisten Auszeichnungen und Preisen in nationalen und internationalen Wettbewerben ist *„La Mola"* von Anna Maria Billi. Sie können es direkt vom Hof kaufen (nur nach telefoni-

scher Anmeldung); hier erhalten Sie auch das ebenfalls preisgekrönte Öl *„Sole Sabino"* von Francesca Pingi. Castelnuovo di Farfa, Loc. Mercato Vecchio, ℡ 0765.36388, ℡ 0765.36381, E-Mail lamola.billi@tiscalinet.com und f.pingi@tiscalinet.it.

Außerdem zu empfehlen ist *„Sabina Sapori"* von Az. Agr. Silvi Sabina Sapori, Palombara Sabina, Loc. Stazzano, ℡/℡ 0774.635423, E-Mail silvisabinasapori@libero.it.

## Castelnuovo di Farfa

Der kleine Ort (930 Einwohner) mit dem mittelalterlichen Kern ist nicht nur wegen seiner malerischen, engen Gassen, sondern vor allem wegen des außergewöhnlichen **Olivenölmuseums** einen Besuch wert. Es ist ganz anders als die rund 3.000 Museen, die es in Italien zu diesem Thema gibt. Fünf namhafte moderne Künstler setzen sich im **Palazzo Perelli** (aus dem 16. Jh.) auf höchst eigenwillige Art mit dem *„goldenen Öl"* auseinander, dem die Region ihren Wohlstand verdankt. Bereits an der Eingangsrampe haben sie ihre hymnischen Gedanken über Öl mit allerlei Schnörkeln in den Mörtel der Betonmauer geritzt. Der erste Raum ist bis auf die beleuchteten Objekte der Kunstinstallation der italienischen Künstlerin Maria Lai stockdunkel. Maschinenteile bilden Wörter, die mit Olivenöl assoziiert werden, einzelne Goldpunkte in der Finsternis symbolisieren das goldene Öl. Thema ist *„das Mirakel zwischen der Bitterkeit der Frucht und der Süße des Öls"*. Im feinen Sand des nächsten Saals liegen staubige Holzstücke und Büsche. Sie sind aus Bronze gefertigt und laden zum Anfassen ein, um „das Knorrige des Olivenbaums" zu erleben. Eine stockfinstere Treppe führt zur Grotte des japanischen Künstlers Hidetoshi Nagasawa hinab. Auf dem See schwimmen kleine Schiffchen mit Öllämpchen, der einzigen Beleuchtung. Von der Decke hängt umgekehrt ein Boot in Originalgröße, aus dem ein kupferner Olivenbaum nach unten herabwächst. Auf diese Weise will der Künstler die Unendlichkeit der Kunst darstellen.

Im **ersten Stock** wird es zunächst gegenständlicher, man sieht einige Ölpressen und Filter sowie eine originale Olivenmühle aus dem 18. Jh. Es folgt eine Klanginstallation von Gianandrea Gazzola: Öl tropft an Leitungen in eingelassene Amphoren hinab und bringt dabei Kupferröhren zum Klingen. Das **„Oliophon"** im nächsten Raum ist noch eindrucksvoller: Ein knorriger Olivenbaumstamm dreht sich um die eigene Achse und spannt dabei Saiten, die sich unterschiedlich lösen und sphärische, manchmal unheimliche und durchdringende Töne erzeugen. Dass diese nicht willkürlich sind, belegen die im Vorraum ausgestellten komplizierten Berechnungen, wann und wie die einzelnen Klangfedern den unregelmäßigen Stamm erfassen und wie sich daraus die Komposition zusammensetzt. Sehr schön und verständlicher ist die **Multimedia-Installation** im folgenden Raum: Die Sterne an der Decke stehen für die Bewohner der Region und versinnbildlichen ihren Gemeinschaftsgeist. Dabei wird eine Diashow gezeigt, unterlegt von Musik aus der Region. In Überblendtechnik werden historische Fotos von Einwohnern und heutige Impressionen der Sabiner Berge präsentiert.

Der Ausgang mit dem Museumsshop führt in die Altstadt von Castelnuovo. Auch dort begegnet man in einer Gasse einem modernen Kunstwerk: Durch ein Gitter sieht man eine rekonstruierte Backstube mit glimmendem Feuer im Ofen und Brote mit goldenen Olivenblättern.

• *Öffnungszeiten/Eintritt* **Museo dell'Olio della Sabina**, Via Perelli 9, ✆/📠 0765.36370, www.museooliosabina.it. Besichtigung nur im Rahmen einer Führung, Mo–Do nach Anmeldung für Gruppen ab 5 Pers., Fr 15.30–20 Uhr, Sa 10–20 Uhr, So 10–13 und 15–20 Uhr; die Führungen finden etwa stündlich statt. Eintritt 4,10 €.

• *Verbindungen* Von der Via Salaria, der SS 4 von Rom nach Rieti, bei der Ausfahrt Osteria Nuova ab und noch etwa 11 km weiter.

• *Einkaufen* Direkt an der Ausfahrt der Via Salaria liegt eine **Schokoladenfabrik** mit **Werksverkauf.** Besonders preiswert ist der leckere Bruch.

• *Essen* **Il Cantinone**, Via Roma Est 5, ✆ 0765.36283. Di geschlossen. Traditionelle Küche, abends auch ausgezeichnete Pizza, leckere hausgemachte Desserts und selbstgebackenes Brot; im Sommer auch draußen. Menü um 25 €.

## Abtei von Farfa

Wenige Kilometer hinter Castelnuovo di Farfa sieht man links der Straße auf dem gegenüberliegenden Hang des Tals, in dem das Flüsschen Farfa dahin plätschert, die altehrwürdige Benediktinerabtei von Farfa, umgeben von Wäldern und Olivenbäumen. Sie war im Mittelalter eines der bedeutendsten Klöster Europas und ist heute die wichtigste Sehenswürdigkeit der Region. Zur Abtei gehört auch ein winziges Dorf mit niedrigen mittelalterlichen Häuschen in einheitlichem Stil. Es besteht hauptsächlich aus einer Straße parallel zum Kloster, die an ihren Enden jeweils von Stadttoren begrenzt wird. Früher nutzte man die Erdgeschosse als Lager und vermietete die Wohnräume darüber an Kaufleute, die mit dem reichen Kloster Handel trieben. Der heutige Klosterkomplex geht im Wesentlichen auf das 15. bis 17. Jh. zurück. Die Ursprünge aber reichen noch viel weiter zurück.

**Geschichte**: In der Antike befand sich an dieser Stelle ein **Tempel** der sabinischen Göttin **Vacuna**, Herrin der Flure sowie des Getreides, und später ein römisches Landgut. Das erste klösterliche Leben entstand im 5. Jh., die früheste Kirche wurde schon bald von den Langobarden zerstört. Ende des 8. Jh. finanzierte Faroaldo, Herzog von Spoleto, eine große Basilika, von der heute nur noch wenige Spuren erhalten sind. Karl der Große, der für seine Frömmigkeit ebenso wie für seine Abneigung gegen den Papst bekannt war, erhob im Zuge seines Machtkampfes gegen Rom das Kloster zur ersten **Reichsabtei** (803). Die damit verbundenen Rechte machten die Mönche weitgehend unabhängig, da sie nur noch dem Kaiser gegenüber verpflichtet waren. Dem Papst blieb lediglich die Weihe des Abts, wodurch er aber kaum Einfluss ausüben konnte.

Es folgten unruhige Jahre mit Angriffen, Plünderungen und schließlich der Zerstörung durch Sarazenen. Einige Jahrzehnte später kam es zur **Neugründung**, doch nun erschütterten **Skandale** das Klosterleben: Schon im Jahr 936 ermordeten zwei Mönche ihren Abt Roffred, der gerade die Abtei mühsam wieder aufgebaut hatte. Sie teilten sich danach brüderlich das Amt des Klosterchefs. Zu ihnen gesellte sich bald sogar noch ein Dritter. Der für Kräuter, Gifte und Medizin zuständige Bruder Campo räumte jedoch durch gezielte medizinische Versorgung alle Vorgesetzten aus dem Weg und krönte seine schnelle Karriere selbst mit dem Amt des Abtes. Die einflussreiche Position ermöglichte ihm ein erfülltes Leben mit seiner Geliebten Linza sowie mit den gemeinsamen sieben Töchtern und drei Söhnen. Als ihm und einigen seiner Mönche das Kloster zu unbequem

Der Osten von Latium — Karte S. 689

wurde, ließen sie sich in der Nähe prächtige Villen bauen. Mit diesen Auswüchsen räumte Abt Hugo (997–1039) auf, indem er die strengen Reformen von Cluny einführte. Unter seiner Führung erlebte Farfa einen gewaltigen Aufschwung. Das **Skriptorium** war in ganz Europa berühmt. Die kunstvollen Handschriften und Kopien von Kodizes aus Farfa gehören bis heute zu den wertvollsten Kirchenschätzen der Welt. In den Kämpfen zwischen Kaiser und Papst ergriff das Kloster auch weiterhin stets Partei für die Kaisertreuen.

Während der unruhigen Zeiten im Mittelalter suchten bisweilen sogar Päpste den Schutz des Kaisers in der reichsunmittelbaren Abtei von Farfa oder wurden hier sogar gekrönt. So entkam beispielsweise Papst Eugen III. kurz nach seiner Wahl im Jahr 1145 nur knapp den aufgebrachten Römern und konnte erst in Farfa ungestört sein Amt antreten. Für einen besonders peinlichen Zwischenfall sorgte der Versuch Barbarossas, auf die Papstwahl Einfluss zu nehmen: Am 7. September 1159 wurde überraschend Kardinal Orlando Bandinelli (Alexander III.) zum Papst gewählt, obwohl der Kaiser den Konkurrenten, Kardinal Ottaviano Monticelli (Viktor IV.), unterstützt hatte. Der sich seines Sieges sicher gewesene kaiserliche Favorit war deswegen derart fassungslos, dass er vor Wut schäumend die Wahl nicht anerkennen wollte und dem Sieger den Purpurmantel von den auserwählten Schultern riss. Sofort entwickelte sich eine heftige Prügelei unter den hohen Würdenträgern. Nachdem man den schlechten Verlierer überwältigt und ihm den Purpur entwunden hatte, zog der schnell seinen eigenen, siegesgewiss bereits mitgebrachten Mantel aus dem Gepäck. Weiter wird berichtet, dass er sich in der Aufregung versehentlich das Kleidungsstück falsch herum angezogen habe. Als er sich dann den staunenden Gläubigen präsentierte, muss er wohl keine sonderlich gute Figur gemacht haben. Kaiserliche Truppen stürmten schließlich die Versammlung, um den Kandidaten ihres Herrn doch noch mit Gewalt durchzusetzen. Der rechtmäßig gewählte Amtsinhaber Alexander III. floh nach Ninfa, wo man am 20. September 1159 die Krönung nachholte. Der Usurpator blieb in Farfa und erklärte die Abtei zur neuen Papstresidenz. Sein Thron steht noch heute in der Kirche. 18 Jahre dauerte die Kirchenspaltung.

Im 12. Jh. erlebte Farfa den Höhepunkt seiner Macht. Nach dem Inventarverzeichnis aus dieser Zeit gehörten der Abtei 683 Kirchen, 18 Städte, 315 Dörfer, 137 Burgen und 82 Mühlen.

Ab dem Jahr 1400 setzte sich der Papst schließlich auch in Farfa durch und beendete endgültig den Status als unmittelbare Reichsabtei. Er vergab die Besitztümer der Abtei als Pfründe an die bedeutendsten Adelsfamilien Roms, die dadurch ihren Reichtum kräftig mehrten. Einige von ihnen investierten aber auch. So ließen die Orsini die alte Klosterkirche abreißen und nach vierjähriger Bauzeit 1496 die neue, prachtvollere Kirche weihen. Etwa 60 Jahre später wurde das Kloster der Aufsicht der Abtei von Montecassino unterstellt und seine Bedeutung schwand. Im 19. Jh. wurde es verlassen, verstaatlicht und schließlich privatisiert. Nach dem Ersten Weltkrieg etablierte sich erneut ein Kloster. Seither leben hier wieder Benediktinermönche.

**Rundgang:** Durch das spätromanische Eingangsgebäude betritt man den ersten Hof mit dem Eingang zur Kirche. Links befinden sich die **Verkaufsräume**. Hier kann man neben den üblichen Souvenirs auch Klostererzeugnisse, wie z. B. Kräutertees und verschiedene, nach überlieferten Klosterrezepten hergestellte Kräuterliköre kaufen.

Das reich verzierte Eingangsportal aus Marmor wird vom Wappen der Orsini gekrönt, die die **Kirche** Ende des 15. Jh. in ihrer heutigen Form neu erbauen ließen. Die fünfblättrige Rose aus dem Familienwappen findet sich vielfach als Schmuckornament. Die Säulen im dreischiffigen **Innenraum** sind antiken Ursprungs. Die

*Europaweite Bedeutung: die Abtei von Farfa*

prachtvolle Kassettendecke mit dem Wappen der Orsini im Zentrum entstand 1495. Bemerkenswert sind die Fresken im Chor, die noch aus dem Vorgängerbau stammen. In der zweiten Seitenkappelle rechts wird die Ikone der Madonna von Farfa (14. Jh.) besonders verehrt. Vor dem Hauptaltar ist noch ein Teil des großartigen Cosmaten-Fußbodens der früheren Kirche erhalten. Die schwarzen Säulen des Ziboriums über dem Altar sind aus antiker römischer Zeit.

Rechts hinter der Kirche hat man vom **langobardischen Kreuzgang** mit wiederverwendeten romanischen Bauteilen einen schönen Blick auf die Apsis und den Glockenturm. Links der Apsis befindet sich der **große Kreuzgang** (17. Jh.). Von dort aus betritt man die Krypta der alten Kirche (9. Jh.) mit originalen Freskenfragmenten aus dieser Zeit. Sehenswert ist im Vorraum der Krypta ein gut erhaltener römischer Sarkophag mit Szenen eines Kampfes berittener römischer Soldaten gegen Barbaren. Er wurde bei Restaurierungsarbeiten gefunden.

Vom großen Kreuzgang aus erreicht man die Bibliothek und das **Museum**. Dieses ist auch für Kinder sehr interessant. In einer langen, freistehenden Vitrine wird die Klostergeschichte in 12 Stationen sehr künstlerisch mit Figuren fantasievoll und anschaulich illustriert. Erläuterungen gibt dazu die Stimme eines Märchenerzählers – leider nur in italienischer Sprache. Die Nebenräume sind wie ein begehbares Kinderbuch gestaltet. Die gemalten Kulissen beinahe in Lebensgröße berichten über mittelalterlichen Handel, Kostüme und das vornehme Leben mit Banketten und Musik. Daneben sind auch drei prachtvoll dekorierte, original erhaltene Bibliotheksräume zu besichtigen.

• *Öffnungszeiten/Eintritt* **Abbazia di Farfa**, Öffnungszeiten der Kirche: Di–Sa 9.30–13 und 15.30–18 Uhr, So 10–13 und 15–18 Uhr, Mo geschlossen.
Führungen durch das Kloster, die Basilika und die Bibliothek: Di–Fr nur nach Voranmeldung, Sa und So um 10.30, 11.30, 12.30, 15.30 und 17.30 Uhr, Audioguide nur in italienischer, englischer und französischer Sprache. Eintritt 2,50 €. Information www.abbaziadifarfa.it, Reservierung unter ℡ 0765.277315.

Der Osten von Latium    Karte S. 689

● *Essen* Die **Trattoria da Lupi**, schräg gegenüber vom Eingang zur Abtei, ist ein großes Ausflugslokal mit überdachter Terrasse. Die Gerichte sind für die Region typisch, allerdings ist der Massenbetrieb spürbar und man wird bisweilen an Kantinenessen erinnert. Die Preise sind noch vergleichsweise moderat.

● *Übernachten* Es ist möglich, in dem 1990 grundlegend renovierten Kloster auch zu übernachten; geboten wird Vollpension mit einem 4-Gänge-Menü am Abend für 55 € pro Pers. Information ✆ 076.5277087 oder www.brigidine.org; Reservierung schriftlich an: *Suore di Santa Brigida, Via del Monastero 12, It-02030 Farfa, Fara Sabina* oder ✆ 076.5277079.

## Fara in Sabina

Von Farfa aus führt eine Panoramastraße auf den Hügel hinauf zu dem beschaulichen Städtchen Fara in Sabina (ca. 11.000 Einwohner). Man betritt den Ort durch das untere Stadttor und folgt der Hauptstraße (Via della Repubblica) bis zur Piazza del Duomo mit der Barockkirche San Antonio. Von der Piazza aus hat man einen fantastischen **Blick** über die römische Landschaft. Bei klarem Wetter kann man in der Ferne links Tivoli, dann Rom mit der Kuppel von St. Peter und rechts Civita Castellana erkennen. Auf dem Platz, neben dem Campanile (16. Jh.), befindet sich unter dem kleinen Pavillon das Wasserreservoir des Ortes. Es wurde 1588 angelegt und fasst 400.000 Liter. Das Gebäude aus grob behauenen Natursteinen rechts davon war einst eine Bank. In dem Palazzo der ehemaligen Klosterverwaltung gegenüber wurde im Sommer 2001 das **Museo Civico Archeologico** eröffnet.

● *Rundgang* Das **Erdgeschoss** ist der Olivenölproduktion gewidmet. Man sieht Geräte zur Herstellung des Öls. Zeichnungen illustrieren den Prozess der Ölgewinnung in unterschiedlichen Epochen und Regionen (z. B. auch in Nordafrika). Im Museumsshop am Eingang werden auch Olivenöle der Region verkauft.

Im **ersten Stock** befindet sich das archäologische Museum.

**Raum 1**: Funde aus prähistorischer Zeit (Feuersteine, Keile).

**Raum 2**: Funde aus Cures, hauptsächlich geht es um die Anfertigung von Tongefäßen im 8. Jh. v. Chr.

**Raum 3**: Töpfe und das Modell einer Wohnung aus der Eisenzeit; im **Durchgang** zu Raum 4: Stein mit einer sehr frühen Schrift.

**Raum 4**: Funde aus verschiedenen Nekropolen der Umgebung (7.–6. Jh. v. Chr.); bemerkenswert sind Schmuck und Goldfolien aus dem Grab einer Fürstin.

● *Öffnungszeiten* Mo geschlossen, Di–So 9–13 und 16–19 Uhr. Eintritt frei.

Links vom Domplatz gelangt man zum großen **Klosterbereich der Klarissinnen**. Hier leben zwei Gruppen von Nonnen in völliger Klausur mit absolutem Schweigegebot. Die Anlage geht auf Strukturen aus dem Jahr 1000 zurück. Nach der Bombardierung im Zweiten Weltkrieg wurden umfangreiche Rekonstruktionen erforderlich. Vom Museum aus werden auf Wunsch Führungen durch das Kloster organisiert (Reservierung ✆ 0765.277321). Dabei sieht man die ehemalige Klosterküche, die seit dem Jahr 1700 kaum verändert wurde, das Refektorium und Kapellen mit herrlichen Fresken. In einem Andachtsraum stehen in gläsernen Vitrinen mumifizierte Nonnen, wie zum Gebet versammelt.

Am gegenüberliegenden Ende des Ortes befindet sich die frühe Barockkirche **San Giacomo** (bei der Piazza G. Marconi).

● *Übernachten* Ein Hotel gibt es in Fara zwar nicht, doch dafür bieten zahlreiche **Agriturismi** in der zauberhaften Landschaft viele (allerdings nicht immer preiswerte) Übernachtungsmöglichkeiten, z. B.:

**Agriturismo la Raja**, Loc. Passo Corese, Via Arci, ✆ 0765.487036, ✆ 0765.488513, www.laura fagiolo.it. Mit Restaurant, in dem hauptsächlich eigene Erzeugnisse, wie Olivenöl, Wein, Fleisch und Käse verarbeitet werden (auch zum Verkauf). DZ 70 €. Halbpension ist möglich.

Sehr fantasievoll, bisweilen sogar skurril eingerichtet sind die 12 Zimmer des **Agriturismo Ille Roif**, Loc. Coltodino (liegt beim Ort Talocci), ☎ 0765.386749, ✆ 0765.386383, www.ille-roif.it. Mit Restaurant (auch mit Garten) und Pool, geboten werden u. a. Reitgelegenheiten und Mountainbike-Touren. DZ ca. 80 €. Halbpension möglich.

**Agriturismo Santo Pietro**, Santo Pietro di Coltodino (von Fara in Sabina in Richtung Rom), ☎ 0765.386748, ✆ 0765.386818, www. agriturismosantopietro.it. Gepflegtes Landgut mit verwinkeltem, großem alten Gutshaus in wunderschöner Landschaft mit Fernblick. Die 6 Zimmer (nur z. T. mit eigenem Bad, eins mit Terrasse) sind schlicht, aber ordentlich eingerichtet, es gibt ein Restaurant. DZ 70–75 €, Frühstück und Abendessen 25 €, Vollverpflegung 45 €, Küchenbenutzung 10 € pro Tag.

● *Essen* Einen fantastischen Blick bei gutem Essen und herzlichem Service genießt man in **Ristorante-Pizzeria Il Belsito**, wenige Schritte vom unteren Stadttor entfernt an der Zufahrtsstraße Via Rieti 18, ☎ 0765.277052, www.ilbelsito.it. Mi Ruhetag. Empfehlenswert ist neben den hausgemachten Nudelgerichten die reichhaltige Grillplatte. Menü um 25 €.

Eine gute Pizza bekommen Sie im **Ristorante e Pizzeria da Pietro**, Via Antonio Gramsci 15, außerhalb im Ortsteil Passo Corese, ☎ 0765.487374. Mi Ruhetag.

● *Einkaufen* **L'Antico Forno** (an der Pzza. del Duomo) backt nach alter Tradition und fühlt sich einem besonderen Reinheitsgebot verpflichtet. Die herrliche weiße Pizza (ohne Belag) ist in der ganzen Gegend bekannt und beliebt.

▶ **Cures:** In der Nähe von Fara in Sabina lag einst die Hauptstadt der Sabiner, das alte Cures. Dort lebten zu der sagenumwobenen Zeit, als Romulus noch Rom beherrschte, unter dem Priester-König *Titus Tatius* die wunderschönen und von den Römern sehr begehrten Frauen der Sabiner. Der Frauenmangel in Rom trieb die römischen Männer der Legende nach schließlich dazu, sich am Tag des Gottes der Fruchtbarkeit, genannt *Consus,* zusammenzutun, um die **Sabinerinnen** zu rauben. An die Stadt erinnern heute nur noch einige kümmerliche Mauerreste.

# Tivoli

**Das lebhafte Städtchen hoch oben auf einer Anhöhe der Tiburtiner Berge war schon in der Antike ein beliebter Erholungsort. Am Fuß des Hügels in der Ebene breiten sich die eindrucksvollen Ruinen der gigantischen Residenz Kaiser Hadrians aus. Fürsten und Kardinälen verdankt Tivoli die berühmten Wasserspiele der Villa d'Este und den romantischen Park der Villa Gregoriana. Wegen dieser Sehenswürdigkeiten ist Tivoli ein beliebtes Ziel von Tagestouristen aus Rom.**

Da der Ort strategisch günstig an einem natürlichen Durchgangsweg zu den östlichen Bergregionen liegt, war er wohl schon zur Eisenzeit bewohnt. Ab dem 6. Jh. v. Chr. sind jedenfalls Siedlungen verschiedener Stämme nachgewiesen. Mit den Römern und dem Bau der Via Tiburtina nahm die Bedeutung von *Tibur,* wie Tivoli damals hieß, noch zu. Man erschloss die vielen Quellen, leitete deren Wasser über Aquädukte nach Rom und nutzte bereits die Heilbrunnen zu Kuren. Noch heute verbreitet das stark schwefelhaltige Wasser der Heilquelle bei dem wenig attraktiven Dorf **Bagni di Tivoli** unmittelbar an der Autobahn seinen fauligen Geruch.

● *Information* Touristenbüro mit Informationen über die Region Rom, Largo Garibaldi, ☎ 0774.334522, ✆ 0774.331294. Mo–Fr 9–13 und 15–17 Uhr, Sa 9–13 Uhr, So geschlossen.

● *Verbindungen* Von Rom aus über die Via Tiburtina oder über die Autobahn in Richtung L'Aquila oder Pescara (A 24), Abfahrt „Tivoli".

**Parkmöglichkeiten** bestehen entlang der Festung Rocca Pia (gebührenpflichtig).

**Bahnverbindung** ab Rom: ab Bahnhof Tiburtina alle 40 bis 60 Min.

• *Übernachten* **Hotel Sirene**, Piazza Massimo 4, ☎ 0774.330605, ✉ 0774.330608. Von der Terrasse dieses schönen Hauses hat man einen Blick aus das Tal des Aniene-Flusses und den kleinen Vestatempel darüber, den man von vielen romantischen Gemälden deutscher Maler kennt. 4 Sterne, 31 Zimmer, Parkmöglichkeit. DZ 125–160 €, Frühstück inkl.

Noch schöner, aber etwas außerhalb gelegen (bergauf zum Torre S. Angelo, in der Via Quintilio Varo mit schönem Blick auf Tivoli), ist das elegante **Hotel Torre S. Angelo**, ☎/✉ 0774.332533, www.hoteltorresangelo.it. Früher war es mal ein Kastell (daher die Bruchsteinmauern), heute verbindet es gekonnt Antikes und Modernes. 4 Sterne, 35 Zimmer, feines Restaurant (Halbpension möglich), Garten und Pool (etwas kitschig mit nachgemachter, freistehender Säulenreihe und Springbrunnen). DZ ab 130 €; Suiten mit allem nur denkbaren Komfort einschließlich Whirlpool bis zu 620 €, Frühstück inkl.; oft preiswertere Wochenendarrangements.

Preiswert und sauber, aber ohne jeden Komfort ist das kleine Hotel **Monte Ripoli**, Via Colle Ripoli 1, ☎/✉ 0774.313238. 1 Stern, 7 Zimmer. DZ 50 €.

Hotel-Restaurant **Adriano**, Loc. Adriana, Via di Villa Adriana 194, ☎ 0774.382235, ✉ 07774. 535122, www.hoteladriano.it. Außerhalb der Stadt am Fuß des Hügels gegenüber vom Eingang zum Ausgrabungsgebiet der Hadriansvilla in einem stimmungsvollen Palazzo aus dem späten 19. Jh. Es ist zudem wegen des hervorragenden Restaurants (s. u.) zu empfehlen. Schöne Außenanlage; es werden Kochkurse (Anmeldung erforderlich), Weinproben und Führungen durch das Ausgrabungsgelände organisiert. 10 Zimmer. DZ mit Frühstücksbuffet 100–120 €.

• *Essen* **Antica Hostaria de'Carrettieri**, Via D. Giuliani 55, ☎ 0774.330159. Mi geschlossen. Das geschmackvoll eingerichtete Restaurant wird von den Schwestern Dedoni mit Leidenschaft und großem Können geführt. Besonders empfehlenswert sind die „rigatoni all'amatriciana", die Gnocchi (mit Käsesoße), das Rindfleisch mit Zwiebeln oder die wunderbaren frittierten Gemüse mit Käse; auch die hausgemachten Desserts sind sehr lecker; gute Weinauswahl. Menü ca. 37 €.

**L'Angolino**, Via della Missione 3, ☎ 0774.312027. Gute, traditionelle Küche. Menü um 25 €.

Vor dem Eingang der Villa Gregoriana finden Sie das Restaurant **Le Cinque Statue**, Largo S. Angelo 1, ☎ 0774.335366. Fr Ruhetag. Besonders zu empfehlen sind die

## Lapis Tiburtinus

In der Antike war der Ort Tibur auch für den nach ihm benannten Stein „*Lapis Tiburtinus*" bekannt. Heute heißt er **Travertin** und ist noch immer ein attraktiver Baustoff. Man kann ihn glatt poliert oder stumpf als Naturstein vielseitig verwenden. Seine Poren und Einschlüsse wirken lebendig, aber nicht so unruhig wie geäderter Marmor. Über drei Viertel der weltweiten Produktion kommen aus Italien. Mehr als 100 Mio. Tonnen werden hier pro Jahr abgebaut. Auf dem Weg von Rom nach Tivoli fallen die gigantischen Löcher in der Landschaft auf, die der Abbau schon seit der Antike hinterlassen hat, und man sieht riesige Steinbrüche.

Travertin kommt auch in der Toskana und in Marken vor, dort ist er aber brauner und nicht so hell gelblich-beige wie der aus Tivoli. Seine Farbe dominiert im römischen Stadtbild. Man findet ihn überall, nicht nur an den Fassaden der Palazzi und Kirchen (St. Peter ist fast ganz aus Travertin erbaut), sondern selbst die Fußgängerwege sind mit dem edlen Stein eingefasst. Da er in der Antike bereits als besonders widerstandsfähig galt, verwendete man den *Lapis Tiburtinus* bei vielen öffentlichen Bauten, wie z. B. dem Marcellustheater oder dem Kolosseum. Allerdings ist er nicht sehr feuerbeständig. Während des Baubooms in der Renaissance verarbeitete man ihn im Ofen zu Kalk.

Crespelle (eine Art Lasagne, anstatt Nudelteig werden Crêpes verwendet) und das „abbacchio alla scottadito" (kurz gebratenes Milchlamm). Menü um 35 €.

**La Ronda**, Via D. Giuliani 22 (in der Altstadt von Tivoli), ✆ 0774.317243, www.ristorantela ronda.com. Nur abends geöffnet, Mo Ruhetag. Gehobene Küche, einige traditionelle Gerichte, raffiniert verfeinert und vorzüglicher Fisch. Menü um 35 € bei sehr gutem Preis-Leistungs-Verhältnis.

Außerhalb von Tivoli, direkt gegenüber von der Villa Adriana, liegt das Hotel-Restaurant **Adriano** (Adresse/Tel. s. o.). So abends und Mo geschlossen. Dies ist der wohl wichtigste Gourmet-Treff in Tivoli. Die Gerichte folgen der Tradition der Region, sind aber raffiniert verfeinert. Das Angebot ist Jahreszeit abhängig. Sehr empfehlenswert sind z. B. die Ravioli, das Risotto mit Zucchiniblüten, das Kaninchen (mit frischen Kräutern, „coniglio all'erbette", oder mit Tomaten) und die Apfeltorte mit Mascarpone (torta di mele con mascarpone) oder die anderen hausgemachten Desserts. Im Sommer isst man im schönen Garten. Menü um 45 €.

In der Nähe der Villa Adriana befindet sich auch die Trattoria/Pizzeria **Villa Esedra**, Via di Villa Adriana 51, ✆ 0774.534716. Mi Ruhetag. Sehr gut sind hier die Vorspeisen, wie auch das Risotto, die hausgemachten Nudeln und die fabelhaften Desserts. Menü um 25 €. Pizze gibt es nur abends.

## Sehenswertes/Rundgang

Kurz nach dem Ortsanfang oben auf dem Berg haben Sie von dem promenadenartigen Platz aus eine weite **Fernsicht**. An der Piazza Trento steht die Kirche **Santa Maria Maggiore** aus dem 15. Jh. Von den Umbauten im 16. Jh. verschont geblieben sind die gotischen Rosetten in der Fassade und das Eingangsportal. Sehenswert ist der mit wundervoller Cosmatenarbeit verzierte Fußboden. Im rechten Kirchenschiff gibt es ein schönes Triptychon (14. Jh.), vermutlich eine Arbeit von Baccio da Montelupo. Rechts neben Santa Maria Maggiore liegt der Eingang zur Villa d'Este.

▶ **Villa d'Este**: Ihre weltberühmten, kunstvollen Wasserspiele gehören seit 400 Jahren zu den am meisten bewunderten Attraktionen Latiums. Der Bau der Villa, bestehend aus einem Palazzo und terrassenartigen Parkanlagen mit unzähligen Brunnen, wurde von Kardinal Ippolito d'Este 1550 veranlasst. Pirro Ligorio plante und entwarf das Gebäude und einen Teil des komplizierten hydraulischen Systems. Um Platz für die Anlage zu schaffen, wurde ein erheblicher Teil der mittelalterlichen Innenstadt, darunter sogar mehrere Kirchen, abgerissen. Zehn Jahre später war das Anwesen fast vollendet und Papst Pius V. kam als Erster, um den verschwenderischen Luxus anzuschauen.

### Kardinal Ippolito d'Este – Bauherr der Villa d'Este

Kardinal Ippolito wurde 1508 als Sohn der Lucrezia Borgia und des Herzogs von Ferrara, Alfonso d'Este, geboren. Er gehörte zu den reichsten und vornehmsten Kardinälen der Zeit. Seine Leidenschaft galt dem Bau von Palästen, zudem war er ein fachkundiger Kunstsammler. Obwohl er sich während seines ganzen Lebens nur mit schönen Dingen umgab, starb er unglücklich, vereinsamt und von Gicht geplagt im Alter von 64 Jahren. Sein Lebenstraum ging nicht in Erfüllung. Die heiß ersehnte päpstliche Tiara blieb ihm trotz seiner vielfältigen Bemühungen versagt. Zum Trost, dass man ihn nicht als Papst wollte, ließ er sich im Garten seine eigene „ewige Stadt" im Miniaturformat nachbilden. So gehörte ihm Rom wenigstens symbolisch.

**Der Osten von Latium**

Karte S. 689

Die **Säle des Palazzos** *(Appartamenti)* schmückten bekannte Künstler, wie die Brüder Zuccari, Musiano, Agresti u. a., mit hervorragenden Fresken. Die Loggia gewährt einen herrlichen Ausblick. Leider sind die Räume nicht mehr möbliert und die noch vorhandene Wandbemalung ist teilweise stark beschädigt. Im Mittelsalon zeigt ein großes Fresco, wie das Areal im 16. Jh. ausgesehen hat. Nachdem Sie die Appartamenti durchquert haben, gelangen Sie in einen Verkaufsraum, wo es allerlei Souvenirs, aber auch eine kleine Bar mit dem fast vergangenen Charme der 1960er und -70er Jahre gibt. Von hier aus kommen Sie in den **Garten** mit den prachtvollen Brunnenanlagen.

Von den symmetrischen Terrassen aus erreicht man zunächst die **Viale delle Cento Fontane** (Allee der Hundert Springbrunnen), die von einem Ovalbrunnen rechts und der **Rometta** (Kleines Rom) begrenzt ist. Dort hat sich Kardinal Ippolito einen Abschnitt des Tibers mit Insel und einigen antiken Ruinen im Modell nachbauen lassen. Dahinter sehen Sie die Brunnen der Drachen, der Eule, der Diana und auch die Zypressenrotunde, die Liszt so sehr beeindruckte.

**Franz von Liszt** war einer der bedeutenden Künstler, die sich in der Villa d'Este aufhielten. Manche Male zog sich der heftig umschwärmte Ungar für einige Wochen hierher zurück, um zu komponieren und vor seinen unzähligen Verehrerinnen zu flüchten. Berichtet wird von der in Liebe entflammten 19-jährigen russischen Gräfin Ol-

ga Janina, die erst in Rom bei Liszt Musikunterricht nahm und ihm dann bis in die Villa d'Este nachstellte. Dieser temperamentvollen Entschlossenheit widerstand der Künstler dann doch nicht dauerhaft. Er gab ihrem Drängen schließlich nach und wurde vorübergehend ihr Liebhaber.

Die Gartenanlage ist seit der Fertigstellung vor über 400 Jahren im Konzept unverändert erhalten. Die ausgeklügelten Brunnen- und Kaskadensysteme haben immer eine große Faszination ausgeübt. Nachdem die Familie der Estensi 1803

*Ausgeklügelt: die Brunnen- und Kaskadensysteme der Villa d'Este*

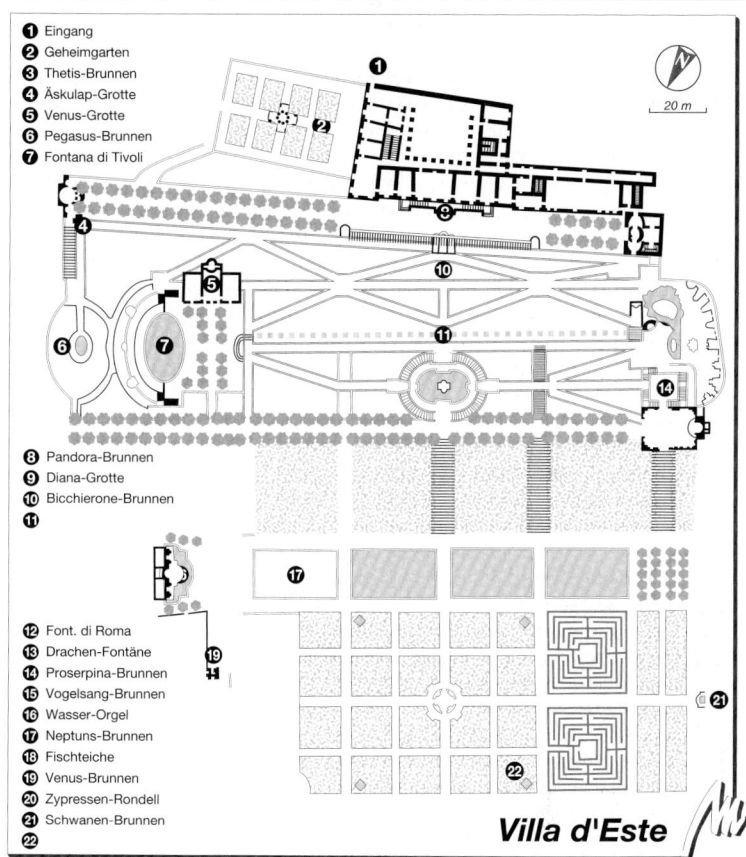

**Villa d'Este**

❶ Eingang
❷ Geheimgarten
❸ Thetis-Brunnen
❹ Äskulap-Grotte
❺ Venus-Grotte
❻ Pegasus-Brunnen
❼ Fontana di Tivoli

❽ Pandora-Brunnen
❾ Diana-Grotte
❿ Bicchierone-Brunnen
⓫

⓬ Font. di Roma
⓭ Drachen-Fontäne
⓮ Proserpina-Brunnen
⓯ Vogelsang-Brunnen
⓰ Wasser-Orgel
⓱ Neptuns-Brunnen
⓲ Fischteiche
⓳ Venus-Brunnen
⓴ Zypressen-Rondell
㉑ Schwanen-Brunnen
㉒

*20 m*

ausstarb, verwahrloste das Anwesen, bis schließlich die italienische Regierung die Villa erwarb und die Brunnen wieder in Gang setzte. Leider sind die Brunnen heute in schlechtem Zustand: Putz und Stuckverzierungen sind zum Teil bereits abgefallen und haben das Ziegelskelett freigelegt. Manche Brunnenfiguren sind bis zur Unkenntlichkeit verwaschen, andere fehlen ganz. Dennoch lohnt ein Besuch dieses einzigartigen Renaissancegartens mit seinem morbiden Charme und dem überall rauschenden Wasser. Von Mai bis September werden die Brunnen an bestimmten Abenden ab 21 Uhr beleuchtet – ein reizvolles Schauspiel, das man sich nicht entgehen lassen sollte, zumal dann die Schäden dank geschickter Ausleuchtung viel weniger auffallen.

● *Öffnungszeiten* **Villa d'Este**, Di–So 9 bis eineinhalb Stunden vor Sonnenuntergang. Mo geschlossen (ebenso am 1. Jan., 1. Mai, 25. Dez.). Ab Ende April ist das Gelände während der Sommerzeit an einigen Tagen bis 23 Uhr geöffnet.

● *Eintritt* 6,50 €, erm. 3,25 € (Jugendliche von 18–25 Jahren), Personen unter 18 und über 65 Jahre frei. Wenn bei Wassermangel ein größerer Teil der Brunnen außer Funktion ist, kann es zu Preisermäßigungen kommen.
● *Information* ✆ 0774.312070.

An der anderen Seite des Parks, nahe der Via Campetelli, steht die kleine Kirche **San Pietro alla Carità** mit einem sehenswerten Cosmatenfußboden. Von der Via S. Maria Maggiore gelangen Sie über den Largo Garibaldi zum Piazzale delle Nazioni Unite und weiter zur massiven Festung **Rocca Pia**. Die Burg wurde von Pius II. im 15. Jh. in Auftrag gegeben. Ihre Grundmauern stehen auf den Resten eines römischen Amphitheaters.

▶ **Villa Gregoriana**: Im nordöstlichen Teil der Stadt, am Largo San Angelo, beginnt der ebenfalls fantastische und, wie es scheint, ganz **naturbelassene romantische Park** der Villa Gregoriana mit den oft gemalten **Wasserfällen** des Flusses Aniene. Hierher kommen zu Unrecht nur wenige Besucher. Vom Eingang aus führt der Weg durch einen mit Wäldern durchzogenen Landschaftspark hinab in das enge Tal des Flusses Aniene. Zahlreiche Marmortafeln berichten von früheren prominenten Besuchern. Immer wieder zweigen Pfade zu verschwiegenen, lauschigen Plätzchen ab oder es bieten sich Ausblicke ins Tal und auf Olivenhaine an entfernten Hängen. Das Rauschen des Wassers ist immer zu hören. Durch einen niedrigen Felsentunnel gelangen Sie zuerst zur oberen Aussichtsplattform des großen Wasserfalls *(Grande Cascata)* mit reizvollem Blick auf die Grotte der Sirene und des Neptun. Von dort aus sieht man, wie der Fluss durch einen künstlichen Felsstollen gelenkt wird. Weiter kommen Sie zur Sibyllengrotte, zu den kleinen Wasserfällen und dem Bernini-Wasserfall. Das Schauspiel des schäumenden Wassers ist faszinierend. Von dem mittleren Belvedere geht es weiter über die Sirenengrotte und die Neptungrotte, in der es im Sommer angenehm kühl ist, zum **Vestatempel**. Der elegante Rundbau mit seinen zehn korinthischen Säulen stammt noch aus der Zeit der ausgehenden Römischen Republik. Er steht auf einer Felsplattform über der Schlucht mit dem großen Wasserfall. Daneben befindet sich der rechteckige Sibyllentempel aus der gleichen Zeit. Das Motiv war bei den deutschen Malern des 19. Jh. besonders beliebt. Man findet es auf unzähligen Ölgemälden der Romantik. Papst Gregor XVI., nach dem die Villa benannt ist, eröffnete die Parkanlage 1835.

● *Öffnungszeiten* Im März 10–14.30 Uhr, 1. April bis 15. Okt. 10–18 Uhr, 16.Okt bis 30. Nov. 10–14.30 Uhr; Kassenschluss eine Stunde vorher.

● *Eintritt* 4 €, Kinder unter 4 Jahren frei, 4–12 Jahre 2,50 €, Familien mit bis zu 4 Pers. 10 €.

● *Information* ✆ 06.39967701.

Von der Villa Gregoriana kommen Sie über die Piazza Rivarola zu der malerischen **Via San Valergio**. Sie führt durch ein mittelalterliches Häuserviertel zum ursprünglich romanischen **Dom**, der leider im 18. Jh. durch Restaurierungsarbeiten grundlegend verändert wurde. Nur der Glockenturm hat seine alte Form bewahrt. Im Inneren befindet sich eine sehenswerte geschnitzte Figurengruppe der Kreuzabnahme (13. Jh.).

▶ **Villa Adriana**: 6 km vor dem heutigen Tivoli, am Fuß des Berges, ließ sich Kaiser Hadrian (117–138 n. Chr.), entrückt vom Lärm und einfachen Volk der Hauptstadt, seine Palastanlage erbauen. Es ist die **größte Sommerresidenz eines Herrschers**, die jemals errichtet wurde. 20.000 Menschen konnten hier im Gefolge des Kaisers gleichzeitig wohnen. Die gigantischen Ruinen in diesem herrlichen archäologischen Park vermitteln noch immer eine Vorstellung vom prachtvollen Luxus der weitläufigen Anlage.

Nach dem Tod Trajans änderte sein Nachfolger **Hadrian** die Ziele römischer Politik. Ihm ging es weniger um Eroberungen als um die Festigung der bestehenden Grenzen des Reiches und die Sicherung des Friedens. Er bereiste alle Provinzen seines riesigen Imperiums und genoss als Ästhet und Philosoph die Schönheiten der antiken Metropolen. Nach Rom zurückgekehrt, ließ er sich außerhalb der Stadt nahe der großen Travertin-Steinbrüche (auf einer Fläche von 56 ha) in nur acht Jahren eine neue Residenz erbauen. Darin sollte alles wiederkehren, was ihn auf den Reisen durch sein riesiges Reich von England bis Nordafrika und von Kleinasien bis Spanien beeindruckt hatte. Vorbilder für Teile der Palastanlage waren berühmte Flussläufe, Täler und Gebäude aus allen Teilen des antiken Weltreichs.

Die verschiedenen Thermenanlagen, Bibliotheken, Tempel, Säle, Gärten und Wasserbecken wurden nicht, wie sonst üblich, in einem zentralen Gebäude untergebracht, sondern in einem Park großzügig verteilt. Bögen, Kuppeln, Arkadenreihen und Durchgänge sorgten mit komplizierten Grundrissen für wirkungsvoll kalkulierte optische Effekte und Durchblicke. Dieses Konzept, das auf Ideen und Wünschen Hadrians beruhte, war für die Architektur ähnlich revolutionierend wie Hadrians Pantheon in Rom (→ S. 382). Von den hier erstmals auftretenden ein- und ausschwingenden Bogenformen ließen sich Barockbaumeister (wie z. B. Borromini) inspirieren.

Die *Historia Augusta* (die wohl aus der Spätantike stammende Sammlung von Kaiserbiografien) berichtet über Hadrian:

*„Hadrian war groß von Statur, von elegantem Äußerem, mit sorgfältig frisiertem Haar, mit dichtem Bart, der die Schären seines Gesichtes bedeckte, und von robuster Konstitution. Er pflegte lange Ausritte zu machen und übte sich beständig im Gebrauch der Waffen und im Speerwurf. Auf der Jagd gelang es ihm oft, mit eigener Hand einen Löwen zu erlegen ... Bei Gelagen ließ er bei jeder Gelegenheit Tragödien, Komödien und volkstümliche Possen aufführen, Flötenspieler auftreten und Dichterlesungen veranstalten. Er erbaute sich bei Tivoli einen wunderschönen Landsitz und ließ darin die Anlagen mit Namen der berühmtesten Sehenswürdigkeiten, die an allen Orten und in den Provinzen existieren, versehen ... Er lebte 72 Jahre, fünf Monate und 17 Tage. Kaiser war er 21 Jahre und elf Monate.“*

Die Plünderungen, die Degradierung zum Steinbruch im Mittelalter und die Schatzsuche zur Zeit der Renaissance haben den Bauten schwer zugesetzt. Die einst prachtvolle Ausstattung (es wurden allein 300 Statuen von allererster Qualität ausgegraben) ist heute auf viele Museen in der ganzen Welt verteilt. Für einen Eindruck reichen aber die vorhandenen monumentalen Ruinen noch aus. **Rundgang**: Folgen Sie der Straße vom Eingang aus, so kommen Sie zu einer Bar. In dem Gebäude nebenan sollten Sie sich zunächst anhand des **Modells** der rekonstruierten Villa einen Überblick verschaffen.

Hinter der hohen Außenmauer betreten Sie ein Rechteck von 232 m Länge und 97 m Breite mit einem Fischteich in der Mitte. Hier befand sich einmal ein Säulengang *(Stoà Poikile)*, der sein Vorbild in der berühmten Philosophenschule von Athen hatte. Halten Sie sich jetzt links, dann gelangen Sie zum eigenwilligsten Bau des kaiserlichen Palastes, dem **Teatro Marittimo**. Hinter einer runden Mauer befindet sich ein Umgang mit einem kreisrunden Kanal. Darin stand auf einer runden künstlichen Insel ein kleines Appartement mit Badeanlagen, einer Toilette, Schlafzimmer und Bibliothek. Die Insel war nur über schwenkbare Brücken erreichbar. Diese Anlage entstand auf den persönlichen Wunsch des stressge-plagten Kaisers, der sich so die Möglichkeit eines vollkommenen Rückzugs von der Außenwelt schuf.

Dahinter beginnt der **Hof der Bibliotheken**. In den beiden mehrstöckigen Gebäu-den links befanden sich eine griechische und eine lateinische Bibliothek. Die daran anschließenden Räume *(Hospitalia)* mit Bodenmosaiken waren für Gäste gedacht. Rechts lagen die einstigen Hauptgebäude: die kaiserlichen Wohnräume und die Repräsentationssäle.

Auf der **Piazza d'Oro**, dem Goldenen Platz, war früher wohl der kaiserliche Au-dienzsaal. Die Fundamente der sechzig Säulen, die den achteckigen Saal umga-ben, sind erhalten. Vom kaiserlichen Palast aus verläuft ein Weg am Nymphäum vorbei (wegen seiner ungewöhnlichen Größe wurde es auch vielfach für ein Sta-dion gehalten) zu sehenswerten **Badeanlagen**. In den Kleinen Thermen *(Piccole Terme)* ist noch ein Saal mit elliptischem Grundriss gut zu erkennen. Zwei Was-serbecken befanden sich hier. Gleich nebenan beginnen die Großen Thermen *(Grandi Terme)*. Im Frigidarium sind die Becken und ein Teil des Kreuzgewölbes mit Stuckresten recht gut erhalten.

An die Badeanstalten schließt sich das dreistöckige **Prätorium** an. Schön zu erkennen sind die engen Arkadenreihen und die Treppen zu den einzelnen Stockwerken. Der Zweck des Gebäudes ist noch nicht geklärt. Man vermu-tet, dass darin die Prätorianer, die kaiserliche Leibgarde, ihre Dienstwoh-nungen hatten.

Wer der großen Allee noch ein kleines Stück nach links folgt, gelangt zum be-rühmten **Kanopus** *(Canopo)*, einem künstlich angelegten, von einem Kanal durchzogenen Tal. Das Becken wurde von herrlichen, säulengetragenen Bögen umgeben. Unter jedem Bogen stand eine Statue; dabei handelte es sich um Re-produktionen griechischer Originale, darunter Nachbildungen der Karyatiden des Erechtheions vom Parthenon in Athen. Am Ende des Beckens sieht man die Apsis eines **Serapis-Tempels**. Hadrian wollte damit ein berühmtes ägypti-sches Heiligtum nachbilden: Die Stadt Kanopus, die im Altertum wegen ihres Orakels im Serapis-Tempel bekannt war, wurde durch einen Kanal mit der Nachbarstadt Alexandria verbunden (Hadrians Serapis-Tempel ist in der ägyptischen Abteilung der Vatikanischen Museen ein spezieller Raum gewid-met, → „Die Vatikanischen Museen", S. 540). Gleichzeitig erinnerte diese An-lage den Kaiser an das schmerzliche Erlebnis, bei dem sein Geliebter Antinous während der gemeinsamen Inspektionsreise durch Ägypten ertrank. Vom Ka-nopus führt ein Weg zum kleinen Museum, in dem verschiedene Fundstücke ausgestellt sind.

● *Öffnungszeiten* **Villa Adriana**, Di–So 9 bis eineinhalb Stunden vor Sonnenuntergang. Mo geschlossen (ebenso am 1. Jan., 1. Mai, 25. Dez.). Ab Ende April ist das Gelän-de während der Sommerzeit an einigen Tagen bis 23 Uhr geöffnet.
● *Eintritt*  6,50 €, erm. 3,25 € (Jugendliche von 18–25 Jahren), Personen unter 18 und über 65 Jahre frei.

● *Information* ✆ 0774.382733.
● *Verbindungen* Die Villa liegt ca. 6 km vor Tivoli, knapp 30 km von Rom entfernt, rechts der Via Tiburtina, kurz bevor die Straße den Berg hinaufführt.
Von Tivoli aus fahren Sie mit dem Bus Linie 4 ab Largo Garibaldi (fragen Sie sicherheits-halber den Fahrer, da die Linien 4a oder 4/ in eine andere Richtung fahren).

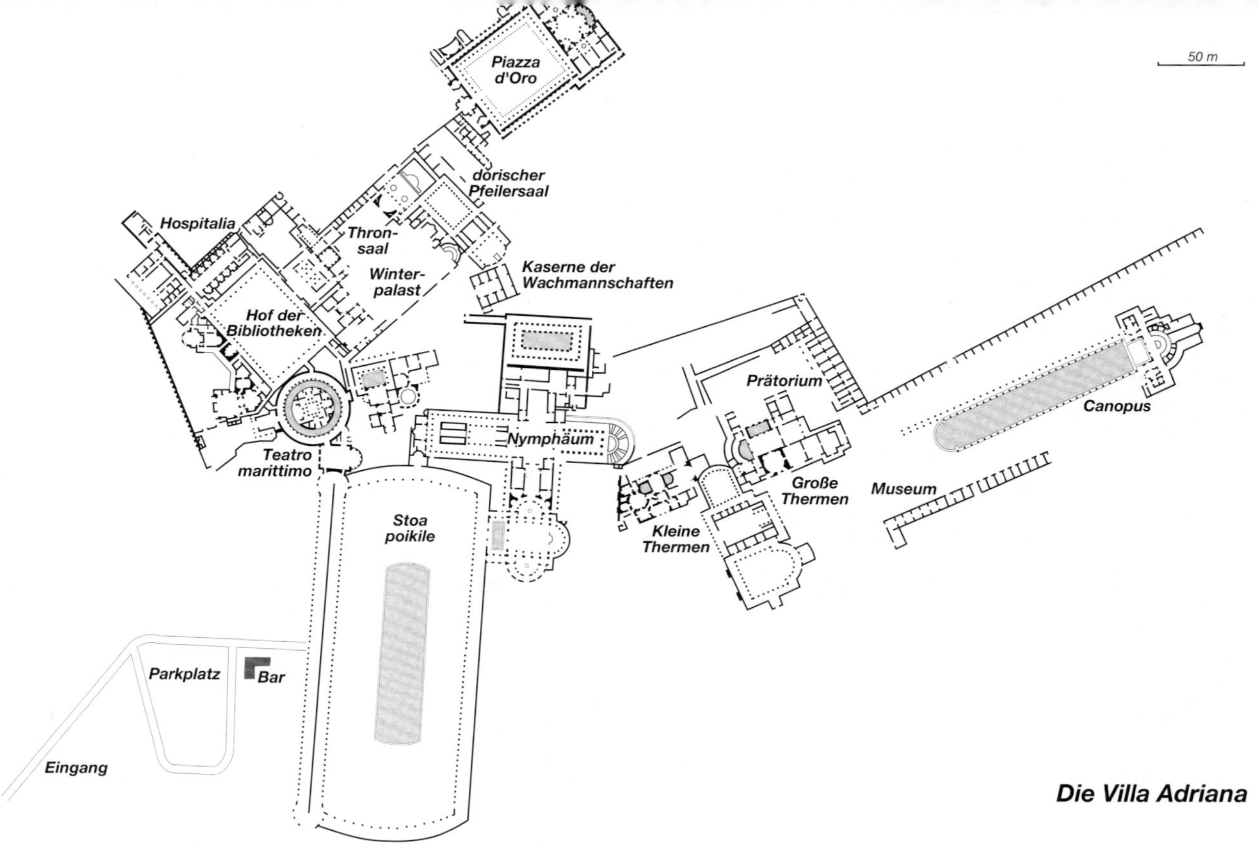

Die Villa Adriana

50 m

Canopus

Museum

Prätorium

Große Thermen

Kleine Thermen

Piazza d'Oro

dörischer Pfeilersaal

Kaserne der Wachmannschaften

Nymphäum

Thronsaal

Winterpalast

Stoa poikile

Hospitalia

Hof der Bibliotheken

Teatro marittimo

Bar

Parkplatz

Eingang

# Vicovaro

**Das etwas verschlafene Städtchen, in das nur wenige Touristen kommen, liegt auf einem Berg über dem Anienetal. Die alte Stadtbefestigung ist auf den Resten einer prähistorischen Zyklopenmauer errichtet.**

Von Tivoli aus folgt man der Via Tiburtina etwa 15 km in Richtung Nordosten. Schon von weitem sieht man den Ort auf dem Hügel liegen. Überragt wird er von der Barockkirche **San Pietro** (18. Jh.), deren wuchtige, breite Fassade eine Seite des Dorfplatzes einnimmt, auf dem sich hauptsächlich das gesellschaftliche Leben Vicovaros abspielt. Sehenswert ist die achteckige Kapelle **San Giacomo Maggiore** gegenüber, ein Meisterwerk von Domenico di Capodistria aus dem 15. Jh. mit schönem gotischem Portal und reichem, kunstvollem Figurenschmuck. Ansonsten hat der Ort selbst mit seinen schmalen Gassen und seinen zum Teil baufällig wirkenden Häusern wenig zu bieten. Sie können allerdings einen Spaziergang zum Kloster **San Cosimato** unternehmen (2 km östlich, der Weg ist beschildert). Das Kloster befindet sich auf einem Bergausläufer. In der schlichten romanischen Kirche ist der Renaissance-Hochaltar sehenswert.

Reizvoll ist der Ort hauptsächlich wegen seiner **landschaftlichen Lage**, die schon der römische Dichter **Horaz** in vielen Versen gepriesen hat. Sein Landgut lag ganz in der Nähe.

● *Verbindungen* Von Rom über die Via Tiburtina (SS 5) Richtung Tivoli, von dort weiter nach Vicovaro (insg. 45 km von Rom) oder über die Autobahn A 24 in Richtung L'Aquila, Abfahrt Vicovaro–Mandela. **Busverbindungen** nach Tivoli, Rom.

● *Essen* Einfache **Pizzeria** in der Via Roma 42.
In der Osteria **Alessandra**, Piazza della Pergoletta, ist die Auswahl auch nicht größer, es gibt außer Nudeln meist nur ein Tagesgericht.

## Umgebung von Vicovaro

▶ **Villa des Horaz:** Von Vicovaro aus bietet sich ein Besuch der Villa des antiken Dichters Horaz an (6 km in Richtung Norden). Dazu fahren Sie auf der schmalen Straße in Richtung Orvinio und Licenza. Die attraktive Strecke führt durch eine Hügellandschaft mit Wald und Olivenhainen. Manchmal kreuzen Maultierpfade die Straße. Der Einsatz dieser geländetauglichen Lastentiere ist in dieser abgeschiedenen Gegend noch üblich.

Der Weg zu den Resten der 1911 entdeckten Villa ist gut ausgeschildert. Das letzte Stück müssen Sie zu Fuß durch einen Kastanienwald zurücklegen. Auf einer Lichtung, umsäumt von Hügeln, liegen die spärlichen Reste der ehemaligen Zwölf-Zimmer-Villa. Die Ausgrabungen (43 x 107 m) der etwa kniehohen Mauerstümpfe lassen nur noch den Grundriss des Gebäudes erkennen. Fast vollständig vorhanden sind aber die schönen Mosaikfußböden. Um sie vor schädlichen Umwelteinflüssen zu schützen, mussten sie leider teilweise mit Planen und Sand abgedeckt werden. Die Luxusbehausung mit riesiger Wandelhalle, zwei Innenhöfen, Pool und eigener Thermenanlage war ein Geschenk von *Maecenas*, dem Freund und Berater von Kaiser Augustus. Nach dem legendär großzügigen Sponsor von Künstlern und Wissenschaftlern werden bis heute die „Mäzene" genannt. Zu dem Anwesen gehörte auch noch reichlich Land, das dem populären Dichter Horaz ein beachtliches Einkommen bescherte und ein sorgenfreies Leben ermöglichte. Gerne ließ er sich an diesem schönen und komfortablen Ort in-

Tivoli, Villa d'Este, Wasserspiele ▲▲
Olivenhain in den Sabiner Bergen ▲

▲▲ Bomarzo, Parco dei Mostri

▲▲ Tolfa

▲ Bagnoregio, die „sterbende Stadt"

Lago di Vico ▲▲
Römische Campagna ▲

▲▲ Tuscania        ▲▲ Fondi

spirieren. Hier schrieb er die meisten seiner Werke und hier starb er im Jahr 8 n. Chr. im Alter von 73 Jahren. Einige Fundstücke aus der Villa sind im Museum von Licenza ausgestellt.

*Öffnungszeiten* Die **Villa des Horaz** ist den ganzen Tag über geöffnet; wenn das Tor geschlossen sein sollte, wenden Sie sich an den Verwalter, der direkt nebenan wohnt.

▸ **Licenza:** Wenn Sie schon in der Villa des Horaz sind, können Sie dem nahen Städtchen Licenza einen Besuch abstatten. Sie sehen den Ort am Hang des nahen Hügels schon vom Ausgrabungsgelände aus. Steile und enge mittelalterliche Gassen führen hinauf. Auch hier spielt sich das Leben hauptsächlich auf der zentralen Dorfpiazza ab. Im winzigen **Museo Oraziano** mit nur einem Ausstellungsraum sind ein paar Fundstücke aus der Villa des Horaz zu besichtigen (unregelmäßige Öffnungszeiten, man erkundigt sich am besten beim Verwalter des Ausgrabungsgeländes, ob das Museum geöffnet ist). Die am steilen Hang auf Terrassen angelegten Olivenhaine laden zu Spaziergängen ein.

*Übernachten* **Albergo Fonte Bandusia,** ☎ 0774.46060, ✆ 0774.446226, liegt etwas außerhalb bei Loc. Monte della Torre und ist das einzige Hotel in der Nähe. 2 Sterne, 24 schlichte Zimmer, Restaurant, Garten und Pool. DZ 55 €.

▸ **Arsoli:** Die wohl schönste Ausflugsstrecke in dieser Gegend führt von Vicovaro aus nach Subiaco. Dazu folgen Sie zunächst der Via Tiburtina parallel zur Autobahn bis Arsoli. Die imposante, zinnenbewehrte Burg **Castello Massimo** (im 11. Jh. von Benediktinermönchen erbaut und Anfang des 17. Jh. umgestaltet) überragt das kleine, quirlige Städtchen am Hang eines Hügels im Aniene-Tal. Die dagegen winzig und schlicht wirkende Pfarrkirche wurde 1574 dem heiligen Salvator geweiht.

In Arsoli zweigt die **Panoramastraße** nach Subiaco von der Via Tiburtina ab. Von nun an geht es ständig bergauf durch den **Regionalpark der Monti Simbruini**. In Serpentinen schmiegt sich die schmale Straße an den Hügel. Immer wieder bieten sich weite Ausblicke. Nach einigen Kilometern können Sie links nach Cervara di Roma, dem höchstgelegenen Ort der Provinz Rom (1053 m über dem Meer) abbiegen.

▸ **Cervara di Roma:** Das kleine Städtchen Cervara (knapp 500 Einwohner) klebt hoch oben am Fels, knapp unterhalb des Berggipfels mit spärlichen Mauerresten einer Burg. Diese wurde Anfang des 12. Jh. von den Mönchen aus Subiaco erbaut und war Teil einer Verteidigungslinie gegen die vom Meer anrückenden Sarazenen. Rund 400 Jahre später ließ der Abt des Klosters Santa Scolastica (→ S. 723) die Burg als eine seiner Residenzen erneuern.

Eine steile Straße führt um den Ort herum, die andere endet auf einem Parkplatz unterhalb des Dorfes. In Cervara selbst ist es für Straßen viel zu eng und zu steil. Es existieren nur labyrinthartige Gassen mit vielen Treppen. Wegen des grandiosen **Fernblicks**, der sich zwischen den Häusern immer wieder bietet, und der wilden Natur ringsum kamen öfter auch Künstler her, darunter der Maler Oskar Kokoschka. Nach einer Idee des Kunsthistorikers Vincenzo Bianchi aus Florenz entstand hier ab 1986 das Projekt der *„Scalinata degli Artisti"* (Künstlertreppe). Zahlreiche Skulpturen und Mosaike schmücken nun die schmalen Treppengassen des Ortes. In einem nationalen Wettbewerb wurde Cervara 1991 sogar zum italienischen Idealdorf *(„Villaggio ideale d'Italia")* gewählt. Einen fantastischen Fernblick haben Sie auch von der kleinen terrassenförmigen Dorfpiazza aus.

*Essen* In der **Trattoria von Francesco Ferrari,** Via XX Settembre 20, ☎ 0774.828720, können Sie sich bei toller Aussicht und sehr gutem Essen hervorragend erholen.

**Der Osten von Latium**
Karte S. 689

# Subiaco

**Die kleine mittelalterliche Stadt Subiaco liegt malerisch im Tal des Flüsschens Aniene. Hier gründete der heilige Benedikt den ersten Mönchsorden und ersann die grundlegenden Regeln klösterlichen Lebens. Die Benediktinerabteien sind die Hauptattraktion Subiacos.**

Die Stadt hat einen pittoresken alten Kern mit einer zentralen Piazza. Da die Straßen eng und meist überfüllt sind, sollten Sie Ihr Auto in den Randbezirken (die leider nicht so malerisch sind) stehen lassen und zu Fuß ins Zentrum gehen. Der Spaziergang lässt sich rundum in die bewaldete Hügellandschaft ausdehnen.

Das erste Domizil an dieser Stelle des feuchten, grünen Aniene-Tals ließ sich **Kaiser Nero** bauen. Er war hierher gekommen, um die damals längste römische Wasserleitung (87 km) in einem Festakt durch den Anschluss an die Quelle freizugeben. Die waldreiche Landschaft muss ihm gefallen haben, denn er gab den Befehl, den Fluss zu drei Seen aufzustauen und ihm am Ufer ein luxuriöses Wochenendhaus zu bauen. Die Seen sind inzwischen verschwunden und auch von Neros Haus sind nur noch wenige Überreste erhalten. Sie liegen 2 km östlich der Stadt unterhalb des Klosters Santa Scolastica. Der Name der Stadt leitet sich von den antiken Seen ab (lat. *sub lacu* = unterhalb des Sees).

● *Information* Via Cadorna 59, ☏/℡ 0774. 822013. Mo 8–14 Uhr, Di–Sa 8–14 und 15.30– 19.30 Uhr, So 9–12 Uhr.

● *Verbindungen* Von Rom aus über die A 24, Abfahrt Vicovaro-Mandela, dann Richtung Subiaco. Reizvoller ist es aber, wenn Sie bis nach Arsoli weiterfahren und von dort aus die oben beschriebene Panoramastraße vorbei an Cervara di Roma wählen. **Busverbindungen** nach Rom und Fiuggi.

● *Übernachten* **Hotel Aniene**, Via Cavour 21, ☏/℡ 0774.85565. Mit Restaurant (s. u.). 1 Stern, 6 schlichte Zimmer. DZ ca. 50 €.

Das Ristorante **Belvedere** (s. u., ℡ 0774. 85920) verfügt über ein paar Fremdenzimmer mit großartigem Blick auf die Altstadt von Subiaco.

● *Camping* Am Monte Livata (→ S. 725), etwa 14 km westlich den Berg hinauf.

● *Essen* **Ristorante Aniene**, (rechts neben der Kirche S. Andrea; auch Hotel, s. o.), ☏ 0774.85565. Di geschlossen. Die Auswahl ist groß, die Preise sind günstig; vorzüglich sind z. B. die hausgemachten Nudeln und die Forellen (trota alla mugnaie). Im Sommer können Sie auf der Terrasse sitzen. Von dort und vom etwas ungemütlich großen Speisesaal haben Sie einen schönen

Blick in das Tal der Aniene.
**Ristorante Belvedere**, Via dei Monasteri 33, ☏ 0774.85531, www.belvederesubiaco.com. Mo Ruhetag. Die Trattoria liegt etwas außerhalb der Stadt an der Straße in Richtung der Klöster mitten im Grünen. Im Sommer sitzt man draußen auf der Panoramaterrasse und hat einen großartigen Blick auf die Altstadt von Subiaco. Angeboten werden z. B. hervorragende frische Bandnudeln mit Steinpilzen (fettuccine ai funghi porcini), gegrilltes Lamm (abbacchio a scottadito) und auf verschiedene Arten zubereitete Forellen (la trota in vari modi). Auch die Desserts werden Sie sicher nicht enttäuschen. Eine gute Weinkarte und ein freundlicher Service runden das Ganze ab; es gibt auch ein paar Fremdenzimmer. Menü um 30 €.

Empfehlenswert ist auch die **Trattoria Romania** in der Via Vittorio Veneto 48.

Gute Pizza bietet **Il Scattore** in der Via Cadorna 37.

● *Einkaufen* Wunderbare Auswahl an Schinken (z. B. vom Wildschwein), Salami und Käse gibt es bei der **Antica Norcineria Sant'Andrea**, Largo Camoresi 4, ☏ 0774. 85387.

## Sehenswertes/Rundgang

Wenn Sie am Ufer des Aniene entlanggehen, kommen Sie im Osten der Stadt an die romantische mittelalterliche **Steinbrücke** des heiligen Franziskus. Auf der anderen Flussseite gelangt man zur gleichnamigen Kirche, die 1327 erbaut wurde und sehenswerte, Sodoma zugeschriebene Fresken enthält. Von besonderer Qualität sind auch das wertvolle Triptychon von Antoniazzo Romano und der Nussbaumchor (um 1500 entstanden).

Kehren Sie zurück, so kommen Sie auf der Hauptstraße zum Triumphbogen von Papst Pius VI. (1775–99), der hier vor seiner Wahl zum Papst als Abt herrschte. Wenn Sie am Ende der Hauptstraße rechts der Piazza den Hügel hinaufsteigen, erreichen Sie ein malerisches mittelalterliches Viertel. Einen Besuch wert ist das Kirchlein San Pietro mit einem Kreuzgang aus dem 11. Jh.

Auf der Spitze des Hügels überragt die Felsenabtei **Rocca Abbaziale** die Stadt. Sie war ein festungsartig ausgebauter Palast, der den Äbten als komfortable Wohnung diente.

Seit dem 11. Jh. gehörte dem Kloster von Subiaco ein großes Gebiet mit 25 befestigten Burgen. Die Äbte beherrschten das Volk und schreckten auch nicht vor grausamen Gewalttaten zurück. 1454 ließ ein Abt einmal aus nichtigem Anlass 15 junge Männer erhängen (der Hügel bei Subiaco heißt noch heute **Colle delle forche**, Galgenberg). Daraufhin stürmten die aufgebrachten Bewohner das Kloster und ermordeten die Mönche. Aufgrund dieser Ereignisse wurde das Kloster unter die Obhut der Kardinäle gegeben, die sich gewaltfreier betätigten: Meist quartierten sie hier ihre Mätressen ein, wie z. B. Vanozza Catanei, die Geliebte des berüchtigten Borgia-Papstes, Alexander VI., die in der Burg die gemeinsamen Kinder, Cesare und Lucrezia Borgia, zur Welt brachte (mehr über Alexander VI. → „Die Vatikanischen Museen", S. 552).

Hauptattraktion des Ortes sind die 3 km außerhalb liegenden **Benediktinerabteien** *Monastero di Santa Scolastica* und *Monastero di San Benedetto*. Der Weg dahin ist gut ausgeschildert.

▶ **Kloster Santa Scolastica**: Von Subiaco aus erreichen Sie zuerst die große Klosteranlage Santa Scolastica. Es ist das einzig erhaltene von 13 Klöstern, die der heilige Benedikt hier im 6. Jh. persönlich gründete. Es ist nach seiner Zwillingsschwester, Santa Scolastica, benannt.

Nach einer Blütezeit im 10.–13. Jh. durch den Erwerb und die Schenkung von reichen Ländereien kam der Niedergang durch korrupte und machtgierige Äbte. Die Zahl der strenggläubigen Mönche ging zurück. Statt ihrer kamen immer mehr Söhne adliger Familien, die kein Erbrecht hatten (Titel und Besitz gingen regelmäßig ungeteilt nur auf den Erstgeborenen über) und die sich wenigstens im Kloster ein bequemes Leben einrichten wollten. Mit ihnen zogen Politik und Dekadenz in die Klöster ein.

Mitte des 14. Jh. gelang es einem Abt jedoch, den Ruf des Klosters von Subiaco, das mit stark verkleinerter Gemeinschaft die chaotischen Zustände und mehrere Naturkatastrophen überstanden hatte, als Kulturzentrum von internationalem Rang zu begründen. Aus vielen Teilen der Welt kamen nun Mönche, darunter zahlreiche Deutsche. So erschienen auch schon zwanzig Jahre nach der Erfindung der Buchdruckerkunst in Mainz im Jahr 1464 die beiden Deutschen **Konrad Sweynheym** und **Arnold Pannartz**. Auf Einladung des Abtes stellten sie die bahnbrechende Erfindung des Bleisatzes vor. Die Benediktiner, die sich immer als fleißige Skriptoren betätigt, d. h. die Bücher mühsam per Hand abgeschrieben hatten (und so das Wissen aus der Antike erhalten und überliefert hatten), nahmen die Idee der beweglichen Lettern mit Begeisterung auf. In Subiaco entstanden so die ersten vier gedruckten Bücher auf italienischem Boden.

Die Eingangsfassade des Klosters am Parkplatz musste nach dem amerikanischen Bombenangriff am 15. Februar 1944 komplett rekonstruiert werden. Direkt dahinter kommen Sie in den **ersten Kreuzgang** im Stil der Renaissance (1580 begonnen und 1689 beendet), der zum Glück unbeschädigt blieb. Im Gewölbegang

Der Osten von Latium

Karte S. 689

## Der heilige Benedikt

Als von Neros Ferienhaus längst nur noch Ruinen standen, kam der heilige Benedikt an diesen Ort. Am Ende der Antike geboren (um 480), lebte er in einer Zeit des Umbruchs, in der gerade die letzten heidnischen Riten verboten wurden. Der junge Benedikt empfand Abscheu für das Chaos und die Haltlosigkeit in Rom und er suchte als „Aussteiger" die Einsamkeit, um zu meditieren. Ein befreundeter Gesinnungsgenosse zeigte ihm eine beinahe unzugängliche Felsnische. Dort lebte der Heilige drei Jahre lang in vollkommener Abgeschiedenheit, versorgt nur von seinem Vertrauten, der gelegentlich Lebensmittel in einem Körbchen vom höher gelegenen Felsen herabseilte.

Schließlich entdeckten einige Hirten den Eremiten und selbst ernannte Schüler eilten aus der ganzen Umgebung herbei. Daraufhin beendete Benedikt die Isolation und predigte zu den Gläubigen. Seine gewonnenen Erkenntnisse schrieb er später in der *Regula Benedicti* auf, die die Kirche maßgebend beeinflussen sollte. Benedikt lehrte, dass Menschen, die ihr Leben Gott weihen wollen, in Zurückgezogenheit, aber gleichzeitig in Gemeinschaft (er wusste, wovon er sprach) leben sollten. Damit entwickelte er die algemeinen **Grundregeln klösterlichen Lebens**. Bis dahin gab es nämlich hauptsächlich Eremiten, die sich in Einsiedeleien zurückzogen oder sich als Wanderprediger betätigten. Gemeinschaften von Gläubigen existierten nur lose und ohne feste Regeln. Seinem Motto „*Ora et labora*" – „bete und arbeite" – fühlen sich bis heute die Mönche seines Ordens verpflichtet.

Auf Bitten seiner Anhänger übernahm Benedikt die Leitung eines Klosters und erprobte dort seine „Heilige Ordnung". Benedikts Lehren verbreiteten sich rasch und immer mehr Gläubige schlossen sich ihm an. Bald mussten zwölf weitere Klöster gegründet werden, um alle Interessenten aufnehmen zu können. Der Erfolg verführte Neider zu einem **Mordanschlag** mit vergiftetem Brot. Benedikt erkannte die Absicht und befahl einem Raben, das vergiftete Geschenk fortzuschaffen. Dieser nahm es in den Schnabel und trug es fort. Seit dieser Tat ist der Rabe das Symboltier des Benediktinerordens – nicht selten werden die Nachfahren des treuen Tieres in den Klöstern gehalten. Später ging Benedikt nach Montecassino, wo er im Jahr 547 starb (→ „Abtei von Montecassino", S. 823).

sind Reproduktionen von alten Handschriften und von den ersten in Italien gedruckten Büchern zu sehen. Nach einem Durchgang erreichen Sie den zweiten, **gotischen Kreuzgang** (14. Jh.). Der verarbeitete Marmor stammt aus Neros Villa. Beachtenswert ist der qualitativ hochwertige spätgotische Portalbogen. Von hier kann man einen Blick auf den romanischen Glockenturm von 1052 und auf die Kirchenfassade werfen. Rechts geht es weiter zum **Cosmaten-Kreuzgang** (13. Jh.) mit herrlichen Säulen. Der Brunnen in der Mitte besteht aus antiken Fundstücken.

Früher befanden sich hier insgesamt fünf Kirchen. Abgesehen von wenigen Fundamentresten sind nur zwei von ihnen erhalten. Die heutige **Hauptkirche** wurde im klassizistischen Stil errichtet und nach 1960 komplett renoviert. Darunter befinden sich mehrere Kapellen der alten Kirche mit schönen Fresken.

• *Öffnungszeiten* Das Kloster kann man von 9–12.30 und 15.30–19 Uhr in Begleitung eines Mönchs besichtigen (dazu müssen Sie beim Pförtner nachfragen, kostenlose Besichtigungstouren etwa alle halbe Stunde).

• *Heilige Messe* Werktags 7.45 Uhr, sonntags 10 Uhr; Vesper tägl. 19 Uhr.

• *Information* ☎ 0774.82421, 🖷 0774.82.42.397 oder www.benedettini-subiaco.it.

• *Einkaufen* In der Eingangshalle befindet sich ein kleiner Laden (**Erboristeria S. Scolastica**), in dem sakrale Souvenirs, Informationsmaterial über den Benediktinerorden, vorzügliche Kräuterliköre (naturreine, eigene Produktion der Mönche nach überlieferten Rezepten) und einige andere Klosererzeugnisse verkauft werden.

• *Übernachten* Auf Anfrage sind auch Übernachtungen im Kloster möglich, vorausgesetzt, der Klosterbetrieb wird nicht gestört. Es gibt auch ein Restaurant, stilecht mit Kreuzgewölbe (2 4-Gänge-Menüs im Angebot, inkl. Wasser und Hauswein 18/25 €). Übernachtung mit Frühstück pro Pers. im DZ 35 €, bei Halbpension 47 €, Vollpension 53 € (jeweils inkl. Wasser und Hauswein). ☎ 0774.85569, 🖷 0774.822862.

▸ **Kloster des heiligen Benedikt:** Hoch über dem Tal befand sich der Felsvorsprung, wo Benedikt meditierte und die ersten Klosterregeln ersann. Um diesen heiligen Ort herum entstand später auf mehreren Etagen, teilweise ganz in den Berghang gegraben, die **Felsenkirche** mit dem Kloster des heiligen Benedikt (auch *Sacro Speco* genannt). Eine schöne Allee aus uralten Steineichen säumt den steilen Weg vom Gebäudetrakt.

Da es im 12. Jh. immer mehr Pilger zur Meditationshöhle des Heiligen zog, entstand auch dort, dicht an den Fels geschmiegt, eine Abtei. Für eine große Kirche reichte der Platz jedoch nicht aus und so unterteilte man sie in einen oberen und einen unteren Bereich.

• *Rundgang* Die drei Gänge hinter dem Eingang sind wie die gesamte Anlage reich mit Fresken geschmückt, die den Gläubigen als „Literatur" dienten, da damals nur wenige lesen konnten. Hier werden in Bildergeschichten Passagen aus der Bibel und lehrreiche Episoden aus dem Leben des Ordensgründers erzählt. Wenn Sie sich etwas Zeit beim Betrachten nehmen, werden Sie viel über das Christentum im Mittelalter erfahren.

Die Gänge führen zur **Oberen Kirche**, die aus mehreren Räumen besteht. Besonders sehenswert ist die **Gregoriuskapelle**. Rechts neben der Eingangstür befindet sich das älteste, wohl recht authentische Porträt des heiligen Franz von Assisi, das im Jahr 1224, also noch zu seinen Lebzeiten, angefertigt wurde.

Gegenüber vom Altar führt eine aus dem Felsen gehauene Treppe zur **Unteren Kirche**. Dort liegt auch der Eingang zur Grotte, in der der heilige Benedikt drei Jahre lebte. Eine Statue aus der Barockzeit erinnert an den Ordensgründer. An den Wänden brennen 13 ewige Lichter, die die 13 Klostergründungen des Benedikt symbolisieren. Eine Innenmauer der unteren Kirche besteht aus dem Marmor, den man in den Ruinen von Neros Villa fand. Hinter einem **Rosengarten** führt ein Weg zur Oberkirche an einem vergitterten Fenster vorbei. In der kleinen Zelle dahinter sieht man den Teufel eingesperrt, allerdings nicht den Leibhaftigen, sondern einen an die Rückwand gemalten.

• *Öffnungszeiten* 9–12.30 und 15–18.30 Uhr, So vormittags wegen Messe geschlossen. Man muss läuten, um das Kloster in Begleitung eines Mönches besichtigen zu können.

• *Heilige Messe* Werktags 8 Uhr, sonntags 9, 10, 11 Uhr.

Vom Kloster führt ein schmaler Weg auf die **Bergspitze**, von der man einen schönen Blick auf Subiaco und die Burg der Äbte hat.

▸ **Monte Livata:** Von den Benediktinerklöstern aus gesehen am anderen, nördlichen Ende von Subiaco zweigt nach einigen Kilometern rechts eine **Panoramastraße** nach Monte Livata ab (links geht es nach Arsoli und zur Autobahn). Die 15 km lange, kurvenreiche Strecke (ein Höhenunterschied von gut 1000 Metern ist zu überwinden) führt auf die Hochebene von Monte Livata in ein beliebtes

**Der Osten von Latium** Karte S. 689

**Wintersportgebiet.** Die höchste Erhebung ist der **Monte Autore** mit 1853 m. Es existieren mehrere verstreut liegende, kleine Siedlungen, die in neuerer Zeit für den Fremdenverkehr geschaffen wurden. Auch im Sommer kommen wegen der reinen Luft und der herrlichen Wandermöglichkeiten einige Besucher hier herauf.

• *Übernachten* Es gibt mehrere Hotels und andere Unterkünfte, die meist nur zur Wintersaison und während der Sommermonate geöffnet haben.

**Hotel Italia**, ℡ 0774.826014, 📠 0774.826128, www.hotelitalialivata.com. Mit Restaurant, Babysitter, Garten. Im Sommer gibt es vielfältige Sportmöglichkeiten (Tennis, Basketball, Bogenschießen, Reiten, Wildwassertouren) und ein Ausflugsprogramm. Das Haus könnte man sich nach Architektur und Zimmerausstattung auch gut in den Alpen vorstellen. 33 Zimmer. DZ mit Früh-stück 90–110 €, Halbpension 50–70 € pro Pers , Vollpension 55–80 €.

• *Camping* **Camping Luisiana**, ℡ 0774. 826087, 📠 0774.826085, www.montelivata.it. Gut ausgestatteter Platz, 20 ha für ca. 1.000 Pers. Ganzjährig geöffnet, es gibt auch Bungalows (28 €/Pers.); Preisbeispiel für 2 Pers. mit Camper ca. 24 €.

• *Wintersportangebot* Liftanlagen: 9 Skilifte; Abfahrten: insgesamt 18 km; Langlaufstrecken: insgesamt 15 km; 2 Skischulen; Information zum Wintersportbetrieb www.livata.it.

▶ **Olevano Romano:** Von Subiaco führt eine kurvenreiche Straße nach Olevano Romano (zunächst den Schildern nach Rocca Santo Stefano folgen). Man passiert schließlich das Dorf Bellagra, kurz bevor man Olevano Romano erreicht. Das kleine Städtchen am Berghang weist zwar keine außerordentlichen Sehenswürdigkeiten auf, doch war es einst wegen seiner Lage und der herrlichen Landschaft bekannt. Im 19. Jh. kamen hauptsächlich **deutsche Landschafts- und Genremaler der Romantik** hierher. Wenn im Sommer die Hitze in Rom unerträglich wurde, zog es sie aufs Land, wo sie in der römischen Campagna mit den pittoresken Bergdörfern stimmungsvolle Motive fanden. In Olevano Romano traf sich in den heißen Monaten eine Kolonie von über 100 Malern und Dichtern. Zu ihren bevorzugten Aufenthaltsorten gehörte das Waldgebiet **La Sepentara**, etwa 1 km außerhalb des Dorfes an der Straße in Richtung Subiaco. Der Wald ist heute nicht mehr frei zugänglich und von außen gibt es nichts Sehenswertes.

Der Karlsruher Akademieprofessor und Maler **Edmund Kanoldt** (1845–1904) machte sich um den Wald verdient, als er ihn vor der Abholzung rettete. Die italienische Regierung plante die Verarbeitung der Bäume zu Bahnschwellen. Kanoldt kaufte 1873 kurzerhand den ganzen Wald (für 2350 Lire) und *„legte ihn dem Kaiser zu Füßen"*, wie es damals hieß. Der übergab das Gelände dem preußischen Staat und im Wege der Rechtsnachfolge erlangte die Bundesrepublik Deutschland das Eigentum. Im Wald liegt die alte Herberge Casa Baldi, wo im 19. Jh. die meisten Künstler logierten. Heute wohnen hier deutsche Stipendiaten (→ S 33).

Nicht nur die Umgebung, auch der Ort selbst mit seinem kleinen mittelalterlichen Kern, in dem sich die grauen Häuser dicht aneinander drängen, lädt zu einem Spaziergang ein. An einigen Stellen sind Reste einer vorzeitlichen **Zyklopenmauer** zu erkennen. Die **Burgruine** aus dem 18. Jh., erbaut von den Fürsten Colonna, überragt die Stadt. Der Schlüssel zum Burghof hängt frei zugänglich am Fensterbrett (Haus Nr. 23) gegenüber vom Zugang zur Ruine.

• *Übernachten* **Albergo Il Boschetto**, Via S. Francesco d'Assisi 95 (direkt am Nordausgang des Tunnels), ℡ 06.9564025, 📠 06.9562652. Familiär geführtes, einfaches, sauberes Hotel mit ausgezeichnetem Restaurant (s. u.). 1 Stern, 11 Zimmer. DZ 40–50 €, Halb- und Vollpension ist möglich.

• *Essen* **Sora Maria e Arcangelo**, Via Roma 42, ℡ 06.9564043, www.soramariae arcangelo.com. Mo und Mi geschlossen. Dieses einladende Restaurant an der Hauptstraße des Dorfes gehört zu den anerkannt besten der Region. Die Gasträume wirken mit den alten Ziegelböden und -decken rustikal, aber gleichzeitig gehoben, dazu passt die Küche, die der Tradition der Gegend folgt, aber raffiniert verfeinert ist. Zu den Spezialitäten des Hauses gehören die hervorragenden Antipasti (z. B. geräucherte Gänsebrust mit Ziegenkäse). Die Nudelgerichte sind alle empfehlenswert (z. B. mit Kaninchenragout oder Artischocken und Krebsfleisch), die gelungenen kreativen Secondi orientieren sich am gerade frischen Angebot der Saison (z. B. Rebhühner in der Kasserolle gegart, mit Weinbrand und Steinpilzen – pernice in casseruola glassata al Brandy con porcini). Sehr gute Käse- und Dessertauswahl. Die reichhaltige Weinkarte ist kundenfreundlich kalkuliert. Menü um 40 €; sehr empfehlenswert ist das etwas preiswertere Tagesmenü.

**Trattoria il Boscetto** (Adresse und Tel. s. o.), Mi Ruhetag. Ausgezeichnete, kreative Küche, zu den Spezialitäten gehören die unterschiedlichen Zubereitungsarten des Stockfisch (baccalà); umfangreiche Weinkarte mit allein rund 100 Etiketten aus Latium. Menü um 30 €.

● *Einkaufen* **Bäckerei Paoletti**, Via Cairoli 7. Neben sehr gutem Brot (im Holzofen gebacken) gibt es hervorragende Kekse und traditionelles Festtagsgebäck.

# Palestrina

**Die Stadt am Südhang der Prenestini-Berge zählt zu den ältesten Siedlungen Latiums. Das historische Zentrum mit den Treppenwegen schmiegt sich an den Hang mit den schon aus der Ferne sichtbaren Terrassen eines gewaltigen antiken Heiligtums.**

Für einen italienischen Autofahrer bedeuten die vielen Treppen der Altstadt im Prinzip zwar kein ernsthaftes Hindernis, doch die meisten respektieren das Verbot, sie zu befahren. Am besten ist es, auch Sie lassen Ihr Auto im unteren, neueren Teil der Stadt stehen und machen sich zu Fuß auf den beschwerlichen Weg nach oben. Hier befinden sich die berühmten Ruinen des imposanten antiken **Heiligtums der Fortuna Primigenia**, auf dessen terrassenartiger Anlage heute ein Teil der Stadt liegt. Auf der obersten Ebene steht der Barockpalast der Fürsten Colonna, denen die Stadt einst gehörte. Von hier oben reicht der Blick weit über das zersiedelte Tal, bei guter Sicht sogar bis zum Meer.

● *Information* Via della Cortina, ✆ 06. 9573176.

● *Verbindungen* Von Rom über die Autobahn A 1 in Richtung Neapel, Ausfahrt Fiuggi oder über die Via Prenestina (32 km) oder schneller über die besser ausgebaute Via Casilina (40 km) zu erreichen.

**Busverbindungen** nach Rom; Abfahrt in Rom vom Busbahnhof an der Metrostation Anagnina (Linie A), etwa stündlich.

● *Übernachten* **Albergo Stella**, Piazzale della Liberazione 3, ✆ 06.9538172, ✉ 06. 9573360, www.hotelstella.it. Modernes Gebäude mit ordentlichem, einfachen Zimmern, überwiegend renoviert, und familiärer Atmosphäre. Garage vorhanden; es gibt auch ein Restaurant. 3 Sterne, 30 Zimmer. DZ 60 €.

**Bed & Breakfast La Dea Fortuna**, Via Prenestina Nuova 313 (außerhalb der Stadt an der SS 155 in Richtung Rom), ✆ 06.9536608. Modernes Gebäude mit nur 3 Zimmern. DZ 62–73 €.

● *Essen* Abgesehen von den vielen, meist guten Osterien und Trattorien im Zentrum finden Sie in der Nähe des Domes das **Ristorante Il Palestrina**, Via E. Todi 4, ✆ 06.9534615. Mo Ruhetag. Dieses gehobene Restaurant ist für seine Fischspezialitäten bekannt.

Empfehlenswert ist die **Taverna degli Anici**, Via Anicia 39, ✆ 06.95310061. Mo geschlossen. Ein hübsches, familiär geführtes Lokal mit herzlichem Service. Die gehobene Küche bietet Traditionelles (sehr gut z. B. die mit Käse gefüllten Auberginen-Rouladen – involtini melanzane con ripieno di formaggio); bemerkenswerte Digestif-Auswahl. Menü um 32 €.

Das beste Restaurant liegt allerdings außerhalb: **Vecchia Osteria di Antonello Colonna** (→ „Labico", S. 730).

● *Einkaufen* Ausgezeichnete Wurstwaren (typische Salamisorten, Porchetta – gefülltes Spanferkel in Scheiben) und Spezialitäten bei **Cilia**, Viale Ungheria 35.

**Der Osten von Latium** Karte S. 689

## Geschichte

Bereits im 8. Jh. v. Chr. spielte der Ort unter dem Namen *Praeneste* im latinischen Städtebund eine wichtige Rolle. Für mehrere verschiedene Volksstämme war es ein heiliger Platz mit einer Orakelstätte, die der von Delphi durchaus vergleichbar war. Der Gründungsmythos reicht noch weiter zurück: Als **Odysseus** sich am nahen Monte Circeo bezirzen ließ, soll aus der Verbindung der Sohn Telegonos hervorgegangen sein. Dieser Spross der Circe und des Odysseus soll der legendäre Stadtgründer gewesen sein.

Lange Zeit verteidigten die Bewohner ihre Pilgerstätte gegen die aufstrebenden Römer, doch bald war absehbar, dass sie ihre Unabhängigkeit nicht bewahren konnten. Sie gingen im Jahr 499 v. Chr. eine aufgezwungene Föderation mit Rom ein, machten dann aber einen verhängnisvollen Fehler, als sie im römischen Bürgerkrieg 82 v. Chr. mit Marius die falsche Seite unterstützten. Der siegreiche Sulla ließ aus Rache die Stadt zerstören und alle Männer hinrichten. Um klarzustellen, dass es sich nur um eine Angelegenheit unter Menschen handelte und die Aktion sich nicht gegen die Gottheit des Heiligtums richtete, gab Sulla den Befehl, das Heiligtum wieder aufzubauen, größer und prachtvoller, als es je zuvor gewesen war. Damit nicht auch gleichzeitig das Selbstbewusstsein der Besiegten gestärkt wurde, übernahmen die Römer den Kult und widmeten ihn der **Fortuna Primigenia**. Platz war ja nach der Zerstörung der Stadt genug, und das Heiligtum konnte nun auf vier Terrassen, die durch gigantische Stützmauern gesichert wurden, fast den ganzen Berghang bedecken. Im Mittelalter nisteten sich Wohnhäuser in den Tempelanlagen ein und überwucherten den heiligen Bezirk, der in Vergessenheit geriet. Zu der Zeit fiel der ganze Ort in den Besitz der Adelsfamilie der Colonna. Auf der obersten Tempelterrasse bauten sie einen Palast, den Dante im 27. Gesang seines *Inferno* erwähnte.

### Die Tempelanlage von Palestrina

Der Tempel war das am meisten verehrte religiöse Zentrum des **Fortunakults**. Dort fand nach der Legende in grauer Vorzeit Nuermius Suffucius in einer Felsgrotte die Offenbarung des Schicksals der Menschheit. In Eichenholzstäbe waren alle bedeutenden künftigen Ereignisse eingeritzt. Aus dem Ölbaum neben der Felsöffnung floss Honig als Zeichen für das Wirken der Götter. An dieser Stelle entstand das **Orakel des Fortunatempels**. Selbst römische Kaiser wie Domitian und Alexander Severus sollen hier um göttlichen Rat nachgefragt haben.

Aus dem Holz des Ölbaums schreinerten die Priester einen Kasten, in den sie alle Schicksalsstäbe legten. Jeder, der das Orakel befragte, musste einen solchen Holzstab ziehen. Daraus ergab sich dann die Vorhersage. Durch die Großartigkeit der Tempelanlage und die Sprüche des Orakels war das Heiligtum weit über die Grenzen hinaus bekannt. Das Licht des Leuchtturms von Rocca di Cave sollte die Seefahrer auf den Tempel aufmerksam machen und sie zu einem Besuch auffordern. Nach der Überlieferung befanden sich in den riesigen Stützmauern des Tempels große Nischen, in denen Feuer brannten. Bei Nacht sollen sie das Heiligtum so beleuchtet haben, dass es schon vom Meer aus zu erkennen war.

Gegen Ende des Zweiten Weltkriegs, als die deutschen Besatzungstruppen auf ihrem Rückzug von amerikanischen Flugzeugen verfolgt wurden, trafen deren Bomben auch Palestrina schwer. Nach Kriegsende räumte man die Trümmer beiseite und entdeckte darunter die Reste der antiken Tempelanlage. Ab 1952 begann die systematische Freilegung, sodass heute die riesigen Ausmaße dieses faszinierenden antiken Heiligtums wieder erkennbar sind. Auch an einigen Stellen des mittelalterlichen Ortskerns, der von den Bomben verschont blieb, sind noch antike Mauerreste zu sehen.

## Sehenswertes/Rundgang

Den besten Eindruck erhalten Sie, wenn Sie den Rundgang unten beginnen und nach der Porta del Sole der Via degli Arconi folgen. Links vom Stadttor erstreckt sich die **untere Stützmauer**. In deren Mitte sind noch einige Reste des ehemaligen Eingangs zu sehen. Rechts davon befinden sich Gewölbe, die in der Antike zu kleinen Läden führten. Die Pilger versorgten sich hier mit Opfergaben und Gegenständen, die sie für die Befragung des Orakels benötigten. Die riesigen Steinquader des **Zyklopenmauerwerks** stammen aus vorrömischer Zeit (6. Jh. v. Chr.). Am Viale Pio XII, auf den die Via degli Arconi trifft, befand sich in dem Gebäude gegenüber von der Kapelle Santa Lucia eine **Cisterna**, also ein Wasserreservoir, das wahrscheinlich zu dem Militärposten gehörte, den Sulla nach seinem Sieg hier einrichten ließ.

Auf der **zweiten Terrasse** steht an der zentralen Piazza Regina Margherita der dem Märtyrer Agapitus geweihte **Dom**. An der Stelle gab es bereits eine frühchristliche Kirche, die man in den Ruinen des antiken Junotempels, wahrscheinlich genau im Mittelpunkt des Fortuna-Heiligtums, erbaute. Von dem romanischen Nachfolgebau aus dem 12. Jh. sind heute nur noch der Glockenturm und die Fassade mit einigen integrierten antiken Fundstücken erhalten. Das Deckengemälde des Hauptschiffs zeigt den Sieg des Christentums über den heidnischen Kult (der sich auch schon durch die Lage der Kirche über dem antiken Heiligtum ausdrückt). Man sieht, wie der heilige Agapitus die Fortuna Primigenia vom Thron verdrängt. Das Tor neben dem Dom gehört zum ehemaligen bischöflichen Seminar. Die vier Säulen an der Außenseite schmückten in der Antike die Aula des Orakels, die im Weihebezirk des Tempels lag. Im Hof des Seminars soll sich in einer Felsnische die **Orakelgrotte** befunden haben. Man entdeckte hier prachtvolle **Fußbodenmosaike**. Das wertvollste ist das *Nilmosaik*, das sich heute im Museum des Palazzo Colonna auf der obersten Tempelebene befindet.

Auf dem Platz vor dem Dom befindet sich das überlebensgroße Standbild des **Giovanni Pierluigi da Palestrina** (1524–94), dessen neuartige A-cappella-Kompositionen auf dem Konzil von Trient zum Leitbild für die Kirchenmusik erklärt wurden. Er schrieb mehr als 100 Messen. Papst Julius III. berief ihn 1551 zum Leiter des Chors der Sixtinischen Kapelle (an der Seitenwand der Sixtina sieht man die Maueröffnung mit der schlichten Balustrade, wo der Chor auftrat). Heute hält die Gesellschaft *Fondazione Giovanni Pierluigi da Palestrina* durch Konzerte und andere Veranstaltungen das Andenken an diese Musik aufrecht und fördert junge Nachwuchsmusiker. Die Gesellschaft hat ihren Sitz im Geburtshaus des Musikers (Vic. Pierluigi 3, Informationen unter ☎ 06.9538083, www.fondpalestrina.org).

Die **dritte Terrasse** ist meist geschlossen und kann deshalb in der Regel nicht besichtigt werden. Sie war über zwei noch gut erhaltene Rampen erreichbar. Auf der **obersten Terrasse** befindet sich heute die Piazza della Cortina. Hier stand

**Der Osten von Latium** Karte S. 689

eine halbkreisförmige Säulenhalle, geschmückt mit Statuen und Votivtafeln. Von ihr sind nur noch die Grundmauern zu erkennen.

An der Stelle des heutigen Colonna-Barberini-Palastes befand sich früher ein kleiner Rundtempel, in dessen Mitte einst die Statue der Fortuna stand. Seit 1956 beherbergt der Palazzo das sehenswerte **Museo Nazionale Archeologico Prenestino** mit wertvollen archäologischen Funden aus der Gegend von Palestrina.

• *Rundgang*  Im **Erdgeschoss** sieht man Skulpturen, Reliefs und Inschriften, darunter eine Statue der Fortuna Primigenia, eine Bildtafel, die einen Triumphzug Kaiser Trajans zeigt, und eine Darstellung der wichtigsten römischen Götter Jupiter, Juno und Minerva.

Der **erste Stock** befasst sich mit Mosaiken, Keramiken und Schmuck. Für die Herstellung von Luxusgütern, die Pilger hier gerne als Souvenir kauften, war das antike Heiligtum bekannt. Die ausgestellten Funde sind überwiegend Grabbeigaben. Man sieht in diesem Teil des Museums auch einige originale Tempelmauern.

Im **zweiten Stock** befindet sich neben dem sehenswerten Modell des Tempels der Höhepunkt des Museums: das faszinierende, aus winzigen, farbintensiven Steinchen gelegte **Nilmosaik**. Unzählige Details berichten über die bunte Vielfalt des Lebens am Nil während der alljährlichen Überschwemmung. Man sieht Pflanzen, Boote auf dem Fluss, Jagdszenen, einen Tempel mit Soldaten und ein munteres Bankett in einer berankten Laube. Die Archäologen sind sich allerdings nicht einig, aus welcher Zeit das Mosaik stammt. Während es vergleichbare Darstellungen aus dem 3. Jh. v. Chr. gibt, deuten andere Hinweise auf die Zeit Hadrians, also das 2. Jh. n. Chr.

• *Öffnungszeiten/Eintritt*  Di–Sa  9–20 Uhr, So 9–14 Uhr, Mo geschlossen. Eintritt 4 €.

Links neben dem Palast steht die kleine Kirche **Santa Rosalia** mit den Gräbern der Fürstenfamilie Barberini. Wenn Sie noch etwas Zeit haben, sollten Sie einen Spaziergang durch das Städtchen unternehmen. Die engen Gassen mit den vielen Treppen sind pittoresk und bieten oft reizvolle Ausblicke. Vielleicht stoßen Sie auch auf den Treppenweg **Via Thomas Mann**. Der Schriftsteller verbrachte zusammen mit seinem Bruder Heinrich von 1895 bis 1897 die Sommermonate in Palestrina, wenn es ihnen im gemeinsamen Quartier in Rom zu heiß wurde. In Erinnerung daran ließ Thomas Mann seinen Adrian Leverkühn im *Doktor Faustus* in Palestrina auf den Teufel treffen. Heinrich Mann wählte Palestrina als Schauplatz seines Romans *Die kleine Stadt*.

▸ **Labico**: Wenn Sie von Palestrina die Via Casilina überqueren (Schildern nach Valmontone in Richtung Autobahn A 1 folgen), erreichen Sie den kleinen Ort **Labico**. Dort finden Sie an der Hauptstraße (Via Roma 89) die **Vecchia Osteria di Antonello Colonna**. Wegen Antonello und seinem Restaurant nehmen Feinschmecker selbst längere Anfahrtswege in Kauf. Die lohnen sich, denn in diesem bezaubernden Ambiente wird außerhalb von Rom wohl die beste Küche Latiums geboten. Schon seit 1874 betreibt die Familie Colonna in einem ehemaligen Stallgebäude das Lokal. Im Sommer wird auch draußen serviert. Zu herausragendem Ruhm hat es Antonello Colonna gebracht. Mit kreativen Ideen und den frischen Zutaten der Umgebung komponiert er auf der Basis von überlieferten Rezepten wirklich erlesene Gerichte. Zu Recht versteht er sich als Künstler. Hier gibt es nichts, was nicht perfekt wäre. Gerichte kann man bei der ständig wechselnden Karte nicht empfehlen, verlassen Sie sich am besten auf das Tagesangebot. Wenn Sie dazu Gelegenheit haben, sollten Sie aber unbedingt die hausgemachten Pralinen probieren (auch zum Mitnehmen), die Antonello mit außergewöhnlichen Füllungen versieht (z. B. mit Rosmarin, Salbei und Lavendel). ✆ 06.9510032, www. antonellocolonna.it. So abends und Mo geschlossen; Reservierung erforderlich. Menü um 90 €.

*Villa Aldobrandini in Frascati*

# Albaner Berge

**Die Hügellandschaft vulkanischen Ursprungs nur wenige Kilometer außerhalb des Autobahnrings, die das Panorama Roms im Südosten begrenzt, ist seit der Antike ein beliebtes Ferienziel. An den Hängen wächst der römische Hauswein Frascati, der längst über Italien hinaus bekannt ist. Die beiden tiefen, in üppigem Grün eingebetteten Seen Lago Albano und Lago di Nemi werden hoch oben auf den Kraterrändern von Dörfern umsäumt. Von diesen ist Castel Gandolfo als päpstliche Sommerresidenz der bekannteste Ort.**

Schon in der Antike war diese Gegend in der unmittelbaren Nähe Roms in vornehmsten Gesellschaftskreisen als Sommerdomizil hoch geschätzt. Wer es sich leisten konnte, verließ die stickig heiße Senke und baute sich hier im angenehm luftigen Klima der Hügelkuppen seine *„Villa Rustica"*. Bequem konnte man die Hauptstadt über die Via Tuscolana oder die Via Appia erreichen, wenn nicht gerade wieder eine Militärkolonne in Richtung Süden die Straßen verstopfte. Direkt an der Via Appia war die 6.000 Mann starke Elitetruppe der *Legion Albani* stationiert. Von dem 10 ha großen Kasernengelände, umgeben von starken Mauern mit Türmen sowie einem riesigen, in den Fels geschlagenen Wasserreservoir, sieht man heute noch Reste im Ort Albano Laziale. Ein in der Antike beliebter Luftkurort war die Stadt **Tusculum**, die bis zur vollständigen Zerstörung im Mittelalter große Bedeutung hatte. Von ihr sind nur noch spärliche Ruinen in der Nähe von Frascati erhalten, die heute wegen der weiten Sicht bis zum Meer und der herrlichen Landschaft mit grünen Hügeln, weidenden Schafherden und eingestreuten antiken Mauerresten ein lohnenswertes Ziel sind.

Während der Renaissance und des Barock folgten reiche Kardinäle und vornehme adlige Familien dem Vorbild der antiken Römer und ließen sich an den

Hängen von Frascati und Grottaferrata prachtvolle Sommerpaläste mit großzügigen Gartenanlagen und grandiosem Blick auf Rom bauen. Leider sind die meisten der noch erhaltenen Villen nicht für Besucher geöffnet.

Viele der Ortschaften in den Albaner Bergen haben noch mittelalterliche Strukturen. Ihre schmalen Häuschen scharen sich häufig auf einer Hügelkuppe oder am Hang um eine Burg herum. Da so die Dörfer aus der Entfernung selbst wie wehrhafte Burganlagen aussehen, nennt man sie auch **Castelli Romani**. Am meisten trifft das auf die verschachtelte Altstadt von **Rocca di Papa** mit den steilen Treppengassen zu. Reizvoll ist hier der Kontrast zwischen der Enge der Bebauung und den weiten Ausblicken bis zum Meer. Leider sind die Castelli heute nicht mehr so unverfälscht erhalten wie viele andere Städtchen Latiums, und manche moderne Zutat stört in den historischen Stadtzentren das geschlossene Bild.

Der größere der beiden Kraterseen ist der **Albaner See** mit einem Umfang von 10 km. Nach der Senkung des Wasserspiegels vor einigen Jahren ist am westlichen Seeufer ein **schwarzer Sandstrand** entstanden und es gibt Badeanstalten, Bars und Bootsverleiher. Den schönsten Blick hat man auf der Panoramaterrasse von **Castel Gandolfo**, hoch über dem Wasser auf dem Kraterrand. Herrliche Aussichten bietet auch die Panoramastraße *„ai Laghi"* von Marino nach Velletri, über die man den kleineren **Nemi-See** erreicht. Dieser liegt dunkelblau, annähernd kreisrund in einem stillen Krater, von dicht bewaldeten, steilen Felswänden umgeben. An seinem Ufer erinnert ein Museum an die beiden gigantischen antiken Schiffe, die Kaiser Caligula als schwimmende Paläste für Partys nutzte. Nur wenige Jahre, nachdem man sie erstaunlich gut erhalten vom Seegrund geborgen hatte, wurden sie im Zweiten Weltkrieg zerstört. Auf einem Felsvorsprung 100 m über dem Wasser befindet sich der zauberhafte kleine Ort Nemi mit einer grandiosen Sicht über den See und die Pontinische Ebene. In der Ferne kann man bei guter Sicht sogar das Meer erblicken. Naturkundliche Wanderwege führen rund um den Krater durch den Wald und hinab bis zum See. Auf dem Kraterrand gegenüber liegt der viel lebhaftere kleine Ort Genzano, der für seine Blumenteppiche zu Fronleichnam bekannt ist. Fährt man von hier aus auf der Via Appia ein Stück in Richtung Rom, so erreicht man das zwischen zwei hohen Brücken auf einem Felsplateau gelegene Dorf **Ariccia** mit einem beeindruckenden Architekturensemble aus Platz, Rundkirche und dem majestätischen Palazzo der Familie Chigi, der mit seiner nahezu komplett erhaltenen Ausstattung zu besichtigen ist. Kurz darauf folgt das langgezogene Städtchen Albano Laziale, in dem ein beinahe ununterbrochenes Verkehrschaos herrscht, weil die Via Appia als eine der wichtigsten Verbindungen in den Süden mitten hindurch führt und sich hier zugleich die Haupteinkaufsstraße mit einer Fülle von gehobenen Boutiquen befindet.

Die größte und bekannteste Stadt der Albaner Berge ist **Frascati**. Die lauschig hergerichtete Altstadt, die einen reizvollen Kontrast zu den pompösen Villen und dem alles dominierenden Park der Villa Aldobrandini bildet, wimmelt von Lokalen, die den bekannten Wein ausschenken, dem die Stadt den Namen gegeben hat. Eine der bedeutendsten Sehenswürdigkeiten der Albaner Berge ist die tausend Jahre alte Festungsabtei von **Sankt Nilius** in Grottaferrata, die mit Erlaubnis der katholischen Kirche bis heute dem griechisch-orthodoxen Ritus folgt.

Obwohl die Albaner Berge zu den Zielen des Massentourismus gehören und im Sommer Tagesausflügler die bekannten Orte Frascati und Castel Gandolfo überschwemmen, sind sie eine Reise wert. Besonders am Abend, wenn die Busgesellschaften ihre Gäste wieder eingesammelt und zurück in die Unterkünfte nach Rom gefahren und die Souvenirhändler ihre Stände abgebaut haben, kann man hier herrlich flanieren und die Aussicht von einer Restaurantterrasse aus genießen, wie die Römer es nach Feierabend an lauen Sommerabenden gerne tun. Dann ist die einst so gepriesene Romantik der Albaner Berge durchaus noch zu erahnen.

## Frascati

**Diese größte und bekannteste Stadt der Castelli Romani liegt terrassenförmig an einem Hang der Albaner Berge. Das Zentrum ist von engen, lauschigen Gassen und schmalen, alten Häusern geprägt. Einen reizvollen Kontrast dazu bilden die prachtvollen Villen mit den großzügigen Parkanlagen.**

Seine Berühmtheit verdankt Frascati dem gleichnamigen trockenen, leichten **Weißwein**, der hier unter idealen Bedingungen gedeiht. Ihn können Sie in der Stadt überall kaufen und probieren. Nahezu jede Pauschalreise hat inzwischen einen Ausflug nach Frascati im Programm. Zur Hauptreisezeit sagt man hier deshalb auch: *„Am Nachmittag ist Frascati voll mit Deutschen, und am Abend sind die Deutschen voll mit Frascati."* Bei solch erhöhter Nachfrage ist es natürlich kein Wunder, dass der Wein hier spürbar teurer ist als in römischen Geschäften oder Restaurants. Lohnend ist ein Besuch von Frascati allerdings auch wegen der bezaubernden Parkanlagen und der weiten Ausblicke auf das im Tal liegende Rom.

### *Information/Verbindungen/Sonstiges*

● *Information* **Tourist Information**, Piazzale G. Marconi 1, ✆ 06.9420331, 🖷 06.9425498. Mo/Sa 9–13 Uhr, Di–Fr 9–13 und 15–18 Uhr, So geschlossen.
● *Verbindungen* Von Rom auf dem Autobahnring (G.R.A.) bei Ausfahrt 21 ab, dann über die Via Tuscolana (SS 215). **Busverbindung:** Von Rom vom Busbahnhof Anagnina an der Metrohaltestelle gleichen Namens. Wesentlich schneller geht es mit dem Zug nach Roma Termini (etwa 30 Min. Fahrtzeit) etwa im Stundentakt; letzter Zug zurück gegen 21 Uhr ab Termini.
● *Parken* Piazzale G. Marconi gegen Gebühr.
● *Einkaufen* **Molinari**, Via Giuseppe Calasanzio, sehr gutes Brot (aus dem Holzofen) und Gebäck (z. B. den typischen Honigkuchen *„Pupazza"*, in Form einer Frau mit drei Brüsten, s. u.).
Eine weitere empfehlenswerte Bäckerei ist **Ceralli Forno a Legna**, Pzza. Bambocci 15. Mo geschlossen.

**Modeboutiquen** in der Via Cairoli.
● *Spezialitäten* Zu den Spezialitäten gehört neben dem bekannten, nach der Stadt benannten Weißwein und dem gefüllten Spanferkel (porchetta) ein Backwerk (aus Biskuit oder Honigkuchen), das eine Frau mit drei Brüsten darstellt *(pupazza)*, wovon die dritte Wein spenden soll, natürlich den aus Frascati, was beweist, dass man hier den Wein schon mit der Muttermilch aufnimmt.
Frascati-Wein können Sie fast überall kaufen, empfehlenswert ist z. B. **Grappolo d'Oro**, Pzza. Fabio Filzi 3 oder **San Marco**, Pzza. San Pietro 8.
● *Feste/Veranstaltungen/Flohmarkt* In den Sommermonaten Juni bis Aug. finden Ausstellungen und Konzerte in den Parks der Villen Aldobrandini und Torlonia statt. Das Weinfest beginnt Ende Sept. An jedem ersten So im Monat gibt es auf den Straßen im Zentrum einen Flohmarkt.

### *Übernachten*

In der kleinen Stadt existieren etwa 20 Hotels. Zu den schönsten gehört das **Hotel Flora**, Viale Vittorio Veneto 8, ✆ 06.9416110,

🖷 06.9416546, www.hotel-flora.it. In einem jüngst restaurierten Palazzo aus dem 19. Jh. im Grünen gelegen, aber dennoch nahe am

**Albaner Berge**

Zentrum; große, elegante Zimmer mit schönen Bädern, modern gestaltetes, schickes Restaurant, Garten und neue grandiose Dachterrasse, Garage vorhanden. 4 Sterne, 37 Zimmer. DZ inkl. Frühstücksbuffet 135–180 €, mit Balkon und Fernblick 26 € Zuschlag.

**Hotel Colonna**, Pzza. del Gesù 12, ✆ 06.94018088, 📠 06.94018730, www.hotelcolonna.it. Das kleine, moderne Hotel liegt mitten im Zentrum und wurde nach der Renovierung im Jahr 2000 wiedereröffnet. Die 20 Zimmer sind sehr gepflegt; im obersten Stockwerk Sonnenterrasse mit schönem Blick. Parkmöglichkeiten. Mountain-Bike-Verleih und Garage (nach Voranmeldung) gebührenfrei. 3 Sterne. DZ 105–140 €.

**Giardrina Cacciani**, Via A. Diaz 13 (im Zentrum gelegen, gleich beim Bahnhof), ✆ 06.9401991, 📠 06.9420440, www.cacciani.it. Es besteht bereits seit 1922 und ist haupt-sächlich als erstklassiges Restaurant bekannt (s. u.), es gibt aber auch 22 komfortable Zimmer, davon die meisten mit Aussicht. 3 Sterne, DZ mit Frühstücksbüffet 90–110 €.

Einen fantastischen Blick bei zentraler Lage und funktionalen, recht großen Zimmern haben Sie im **Hotel Bellavista**, Pzza. Roma 2, ✆/📠 06.9421068, www.hbellavista.it. Garage vorhanden. 13 Zimmer, 3 Sterne. DZ inkl. Frühstück 110–120 €.

**Domus Park Hotel-Tuscolana**, Via Tuscolana 15, ✆ 06.9408589, 📠 06.9408591, www.tuscodom.it. Das gerade renovierte Hotel liegt ruhig in einem parkähnlichen Garten. Die angenehmen Zimmer bieten z. T. einen schönen Blick, aber haben überwiegend nur recht kleine Bäder. Elegantes Restaurant und Parkmöglichkeit vorhanden. 3 Sterne, 36 Zimmer. DZ mit Frühstück 95–110 €.

## Essen/Trinken

● *Essen* **Hotel Ristorante Cacciani**, (Adresse s. o.). Mo geschlossen. Dieses Restaurant ist bereits seit 1922 im Besitz der Familie und gehört bestimmt zu den besten Lokalen der Castelli Romani. Von der Terrasse, wo im Sommer serviert wird, bietet sich ein fantastischer Blick; in der Ferne sieht man sogar die Kuppel von St. Peter. Hier wird besonders auf erstklassige Zutaten und Tradition Wert gelegt. Die überlieferten, typischen Rezepte entwickelt man dabei behutsam und sehr gekonnt weiter. Zu den besonderen Spezialitäten des Hauses gehören die frittierten Gemüse und der für Frascati typische Honigkuchen *„pupazza"*, sehr guter Hauswein und eine fachkundig zusammengestellte Weinkarte. Menüpreis ca. 50 €.

**Zaraza**, Viale Regina Margherita 45, ✆ 06.9422053. So abends, Mo und im Aug. geschlossen. In diesem familiär geführten Restaurant bekommen Sie außerordentlich gute, traditionelle römische Küche und eine reichhaltige Auswahl an Weißweinen der Region zu vergleichsweise niedrigen Preisen (um 30 € pro Menü). Spezialitäten des Hauses sind Polenta mit in Tomaten geschmorten Schweinerippen (con le spuntature), köstliche Rigatoni mit Darmstücken vom Milchlamm (con pajata) sowie Stockfisch in Tomaten und frischen Kräutern geschmort (baccalà in umido), zum Abschluss sind auch die hausgemachten Desserts sehr zu empfehlen. Im Sommer sitzt man draußen und hat einen fantastischen Blick bis nach Rom.

● *Enoteca/Winebar* **Enoteca Frascati**, Via Armando Diaz 42, ✆ 06.9417449. So Ruhetag, im Aug. geschlossen, sonst nur abends geöffnet. Diese Enoteca mit ca. 500 italienischen, aber auch ausländischen Etiketten hat sich in den letzten Jahren zu einem richtigen Restaurant mit sehr guter Küche entwickelt. Angeboten werden einige kleine Vorspeisen, Suppen und Nudelgerichte, hausgemachte Pasteten; als Hauptgang bekommt man Salami, Schinken und verschiedene Käsesorten. Preis für das Essen ca. 35 €, Wein pro Glas 3–6 €.

**Le Vie dei Canti**, Via G. d'Estouteville 3, ✆ 06.94010413. So Ruhetag, sonst nur abends geöffnet, im Aug. geschlossen. Stimmungsvolle, rustikale Winebar in einem alten Palazzo; kleine Gerichte (empfehlenswert z. B. die Salami- und Käseauswahl und die Salate). Preis für das Essen ca. 25 €.

Typisch für Frascati, aber sehr touristisch sind auch die zahlreichen Weinkeller, **„Fraschette"**, in denen man den lokalen Wein meist zu schamlos überhöhten Preisen probieren kann.

● *Eis* **Gelateria Alaska**, Via Solferino 9. Mo und Di geschlossen. Rund 40 Sorten, besonders lecker ist z. B. das Zabaione-Eis.

**Gelateria Milletti**, Via San Francesco d'Assis 42. Tägl. außer Mo 9–20.30 Uhr.

## Sehenswertes/Rundgang

Weil man hier am Hang der Albaner Berge im Sommer nicht nur frischere Luft hatte, sondern auch das nahe Rom und den päpstlichen Hof schnell über die Via Tuscolana erreichen konnte, wenn es notwendig erschien, ließen sich reiche Kardinäle und die vornehmsten adligen Familien in Frascati prachtvolle **Sommerpaläste** mit großzügigen Gartenanlagen bauen. Bis heute zeugen die Villen der Aldobrandini, Falconieri, Lancellotti, Tuscolana, Torlonia und Sora vom unvorstellbaren Luxusleben römischer Würdenträger. Leider sind die Villen nicht für Besucher geöffnet. In der Villa Sora ist eine katholische Schule untergebracht und in der Villa Tuscolana, knapp 2 km vom Zentrum entfernt in einem Park gelegen, wird ein Luxushotel betrieben. Die **Villa Torlonia** wurde bei einem Bombenangriff 1943 komplett zerstört. Ihre Gartenanlagen sind heute öffentlicher **Stadtpark** (Eingang am unteren Ende des Piazzale Marconi, gegenüber der Aussichtsterrasse). Neben dem Nymphäum sind im Park noch einige der alten Brunnen erhalten. Sehenswert ist die **Villa Aldobrandini**, die mächtig an einem Hang oberhalb des Piazzale Marconi das Stadtbild beherrscht. Mit der Planung der repräsentativen Villa hatte Kardinal Aldobrandini, der Neffe von Papst Clemens VIII., 1598 Giacomo della Porta und Carlo Maderna beauftragt, die erfolgreichsten Architekten der damaligen Zeit. Leider sind auch hier die mit Fresken ausgemalten Innenräume nicht öffentlich zugänglich. Zu besichtigen ist aber der herrliche Park mit einer kulissenhaften Brunnenanlage mit Statuen und Grotten auf der Rückseite der Villa. Hier ist der zum Garten gerichtete Mittelteil der Fassade mit Loggien prachtvoll gegliedert. Von der Aussichtsterrasse neben dem Gebäude hat man wohl den schönsten Blick bis nach Rom sowie auf Frascati und die Parkanlagen am Hang vor der Villa.

*Eingang* Zum Betreten des Parks ist eine Erlaubnis erforderlich, die vom Touristenbüro am Piazzale G. Marconi sofort und kostenlos ausgestellt wird (am Eingang zum Park war bei unserem letzten Besuch niemand, der nach der Erlaubnis gefragt hat). Der einzige Eingang liegt oberhalb der Villa (kein Zugang von der Piazzale G. Marconi aus!). Dazu folgt man (mit Blick auf die Villa) links vom Piazzale G. Marconi der Straße nach Monte Porzio Catone (Via Catone, dann rechts gegenüber vom Largo Pistricci in die Via G. Massaia. Ca. 15 Min. Fußweg).

Die Besichtigung des quirligen Kleinstädtchens kann man mit einem Blick auf Rom und die benachbarten Albaner Berge von der **Panoramaterrasse** am Piazzale G. Marconi beginnen. Neben dem Piazzale liegt die Piazza Roma, von der die Einkaufsstraße Via Battisti zur Piazza San Pietro mit der **Kathedrale** aus dem 17. Jh. abzweigt. Den Brunnen auf dem Platz und die Kirchenfassade entwarf Girolamo Fontana. Im Inneren befinden sich an den Pfeilern bemerkenswerte klassizistische Grabplatten und Epitaphe. An der benachbarten Piazza Gesù ist in der **Chiesa del Gesù** die Illusionsmalerei aus dem 17. Jh. von Andrea Pozzo sehenswert (von dem z. B. auch die Illusionsmalerei in Sant'Ignazio in Rom stammt→ S. 392). Hinter dem Altar wird eine große Kuppel vorgetäuscht. Im **Palazzo Vescovile** (15. Jh.) an der Piazza Paolo III residiert heute die Kirchenverwaltung. Man kann aber den Innenhof betreten und von dort aus einen alten Bruchsteinturm gut sehen. Rechts führt eine Treppe hinab zur Kirche **Santa Maria in Vivario** aus dem 9. Jh. mit einem schlichten Innenraum; Freskenreste in der Apsis stellen die Krönung Marias dar. Vor der Kirche halblinks hat man von der Piazza San Rocco einen wunderbaren Blick geradeaus auf die Kuppel von St. Peter in Rom.

**Albaner Berge**

## Die besten Weinerzeuger der Region

Was wäre Frascati ohne die **Fontana Candida**! Ob in New York, Tokio, Rio oder beim Italiener um die Ecke, Fontana Candida hat den Frascati weltberühmt gemacht. Hier schließen sich Qualität und Quantität ausnahmsweise mal nicht aus. Selbst anspruchsvolle Weinkenner schätzen diesen einfachen, süffigen Wein. Die gleichbleibende Güte der in alle Welt exportierten Weine ist schon bemerkenswert und wird durch eine konsequente Ertragsreduzierung sowie moderne Kellerausstattung erreicht. Dieses führende Unternehmen der Region verfügt über 100 ha eigene Weinberge und hat darüber hinaus zahlreiche Traubenlieferanten. Jährlich werden 8 Millionen Flaschen produziert. Zu den besten Lagen gehört das vergleichsweise kleine Stück *Santa Teresa* (allein mit einer Größe von 10 ha!), aus dem das Paradestück, der *Frascati Superiore*, produziert wird; aber auch *Villa Fontana Candida*, ein in Italien üblicher Verschnitt aus traditionellen Traubensorten und Chardonnay, gewinnt immer mehr Anhänger. *Adresse* **Fontana Candida**, in Monteporzio Catone, ℡ 06.8606568, 📠 06.8611016.

Einen ausgezeichneten *Frascati Superiore* produziert auch **Casale Marchese**. Dieses traditionsreiche Weingut mit Sitz in Frascati (es wurde schon in einer Urkunde von Papst Bonifaz V., datiert vom 12. Mai 1301, erwähnt) ist nicht nur für Weinkenner einen Besuch wert. Die Weinerzeugung findet noch heute komplett in den historischen Weinkellern statt. Bonifaz V. gehört zu den bekanntesten Gästen der Villa. Im Hof sind antike römische Pflastersteine zu sehen. *Adresse* **Casale Marchese**, Via di Vermicino 68, ℡/📠 06.9408932, www. casalemarchese.it. Anmeldung erforderlich, So geschlossen.

**Weitere Spitzenerzeuger hervorragender Weine dieser Region:**

**Conte Zandotti** in Frascati ist ein traditionsreiches Weingut, das sich seit Generationen in Familienbesitz befindet; manchmal besteht bei einer Weinprobe auch die Gelegenheit, die prächtig ausgestattete historische Villa der Zandottis (ursprünglich ein befestigtes Kloster, das im 15. Jh. in einen Freiherren-Palast umgewandelt wurde) mit dem alten Kellergewölbe zu besichtigen. Das Gewölbe geht auf eine römische Zisterne aus dem 2 Jh. n. Chr. zurück (schon bei der Anmeldung fragen, ob eine Besichtigung möglich ist). Spitzenprodukt ist der *Frascati Superiore*. ℡ 06.20609000, 📠 06.20609178, www. cantinecontezandotti.it.

**Castel de Paolis** in Grottaferrata: Die bekanntesten Topweine sind der *Vigna Adriana* und der Rotwein *I Quattro Mori* (eine Mischung aus Syrah, Merlot, Cabernet Sauvignon und Petit Verdot). Via Val de Paolis, ℡/📠 06.9413648, www. casteldepaolis.it. Sa nachmittags und So geschlossen, an den übrigen Tagen Besuch nur nach Voranmeldung.

**L'Olivella** in Frascati ist ein vergleichsweise junges, aber aufstrebendes Weingut mit gerade neu eröffneter Vinothek. Sehr guter *Frascati Superiore*, Stolz des Hauses ist der *Racemo Rosso*. ℡ 06.9424527, www.racemo.it.

▶ **Tusculum:** Etwa 5 km außerhalb der Stadt (vom Piazzale G. Marconi links den Berg hinauf) gelangen Sie über eine kurvenreiche Straße zu den **Ruinen von Tusculum**; zuvor passiert man die Villa Lancellotti (nicht zu besichtigen) und dann einen großen Grillplatz im Wald mit einer Vielzahl von Bänken und Tischen. Die Straße endet an einem großen Parkplatz, von hier sind die Ruinen frei zugänglich. Es gibt auch Wanderwege mit herrlichen Aussichtspunkten. Bei guter Sicht sieht man in der Ferne das Meer. Mit den sanften, grünen Hügeln, den weidenden Schafherden und gelegentlich eingestreuten antiken Überresten bekommt man eine Ahnung von der **römischen Campagna**, die die Maler des späten 18. und des 19. Jh. begeisterte. Hier irgendwo könnte auch Goethe gesessen haben, als Tischbein ihn in der römischen Landschaft porträtierte.

Tusculum, der Legende nach von Telegonos, dem Sohn des Odysseus und der Circe gegründet, war in der Antike ein vielbesuchter Luftkurort und besaß bis ins Mittelalter hinein Bedeutung. Schließlich wurde es 1191 von Heinrich VI., dem Sohn Barbarossas, völlig zerstört. Von den ehemals prächtigen Bauten sind nur noch wenige Reste vorhanden, davon manches unter dichtem Gebüsch verborgen. Zu sehen sind hauptsächlich Steinbrocken, einige mit Inschriften, und Mauern, die zu Thermenanlagen, dem Forum und Privathäusern gehörten. Hinter einem Maschendrahtzaun ist ein kleines Theater noch recht gut erhalten. Auf dem Gipfel, von dem man aus man eine besonders schöne Aussicht hat, stand früher einmal die Akropolis.

**Führungen** durch das Ausgrabungsgebiet von Tusculum: Treffpunkt in den Sommermonaten jeden So um 10 Uhr auf dem Piazzale del Tuscolo (Parkplatz beim Ausgrabungsgelände).

## Grottaferrata

Das Städtchen liegt direkt an der antiken Via Latina (SS 511, im Ort heißt sie heute Via Anagnina), einer der wichtigsten Verbindungsstraßen von Rom zu den Castelli. Wie im benachbarten Frascati gibt es hier einige prachtvolle Villen des römischen Adels aus der Zeit des 16. und 17. Jh.

● *Verbindungen* Etwa 3 km nach Frascati; von Rom über die SS 511.

● *Übernachten* Das Hotel mit der schönsten Atmosphäre, aber auch das mit Abstand teuerste ist das **Park Hotel Villa Grazioli** (mehr zu dieser alten Kardinalsvilla s. u.), Via Umberto Pavoni 19, ☏ 06.9454001, ✆ 06.9413506, www.villagrazioli.com. Die meisten der komfortabel ausgestatteten Zimmer befinden sich in den neueren Nebengebäuden (unterirdisch mit dem Hauptgebäude verbunden) und bieten nicht den grandiosen Ausblick auf Rom. Es gibt einen täglichen Zubringerdienst zum Flughafen und nach Rom; man kann auch günstig einen Smart mieten (bei den teureren Zimmern inkl.). Garten mit Pool, Parkmöglichkeiten vorhanden. 4 Sterne, 58 Zimmer. DZ 230–320 € inkl. Frühstücksbüfett (bei Buchungen über das Internet oder über Veranstalter gibt es häufig erhebliche Rabatte). Komfortabel ist auch das **Hotel Verde Borgo**, Via Anagnina 10, ☏ 06.945404, ✆ 06.94546193, www.hotelverdeborgo.it. Das Landhaus liegt in einem Park, ruhig, aber dennoch zentral an der Verbindungsstraße nach Rom (SS 511). Schöne Zimmer, elegante Gemeinschaftsräume. 3 Sterne, 24 Zimmer. DZ ab 100 € inkl. Frühstück.

Eine preiswertere Alternative ist die **Villa Letizia**, Via XXIV Maggio 2, ☏ 06.9411097, ✆ 06.9411098, www.villaletizia.com. Sie liegt in einem Garten an der Straße nach Frascati (SS 218), mit Restaurant. 3 Sterne, 80 EZ, 9 DZ. Vollpension pro Pers. im DZ 47 €.

Keinen Komfort, aber saubere Zimmer in zentraler Lage in der Nähe des Klosters bietet das kleine **Hotel Centro**, Viale I Maggio 98, ☏/✆ 06.9415151. 2 Sterne, 14 Zimmer. DZ ca. 50 € (ohne Frühstück).

● *Essen* **Ristorante La Briciola**, Via G. d'Annunzio 12, ☏ 06.9459338. So abends und Mo geschlossen. Ein seit den 1960er Jahren bekannter, gehobener Familienbetrieb mit sehr freundlicher und kompetenter Beratung durch die Chefin Adriana Montellanico. Sie ist auch für die qualitätvolle, traditionelle Küche verantwortlich, die sich am Angebot der Jahreszeit orientiert; empfehlenswert sind z. B. die Bandnudeln mit Kaninchenragout, die hausgemachten Ravioli, der Stockfisch mit Pinienkernen, das Lamm nach Jägerart und, wenn verfügbar, die köstlichen Steinpilzgerichte. Menü um 35 €.

**Oste del Bon'Ora**, Via Vittorio Veneti 133, ☏ 06.9413778. Mo Ruhetag. Traditionelle Osteria mit den typischen Gerichten, wie z. B. „buccatini cacio e pepe" oder „coda alla vaccinara". Menü um 25 €.

Eine bei Jugendlichen beliebte Pizzeria/Winebar ist das **Crazy Bowling** in der Via Quattrucci 19 über einer Bowlingbahn.

● *Lokale außerhalb von Grottaferrata* An der Via Tuscolana bei km 24,400 (vorbei an Frascati in Richtung Rocca Priora) befindet sich das Restaurant **Casal Molara**,

**Albaner Berge**

✆ 06.9458272, www.casalmolara.it. Di Ruhetag. Das Gehöft liegt auf einem Hügel, von dem aus man einen wunderbaren Blick auf Grottaferrata und Marino hat. Im Sommer ist die große Terrasse geöffnet. Man pflegt hier eine sehr gute traditionelle Küche (besonders gute Steinpilzgerichte) und hat eine ausgezeichnete Weinkarte. Da die Römer dieses hübsche Lokal sehr schätzen, ist am Wochenende kaum ein Platz zu bekommen. Ein Besuch ist deshalb während der Woche zu empfehlen.

Von Rom kommend liegt vor Grottaferrata das Restaurant **La Cavola d'Oro**, Via Anaenina 35, ✆ 06.94315755. Mo Ruhetag. Es hat 280 Plätze, im Sommer mit der Terrasse sogar 400. Aber selbst wenn das Lokal voll ist, werden Sie bestimmt vom guten Service und der sehr guten römischen Küche überzeugt sein. Empfehlenswert sind die Suppe mit weißen Bohnen und Nudeln (pasta a fagioli), die Spiralnudeln mit Artischocken und Wurststücken (fusili con carciofi e salsicce) und der Rinderrücken, auf dem Holz-

kohlengrill zubereitet (bistecca imperiale alla griglia). Menü um 30 €.

● *Einkaufen* Hervorragende Bäckerei **Sognatesori**, Via delle Sorgenti 12.

Sehr guter Käse (vor allem Büffelmilch-Mozzarella) bei **Mini Caseificio Costanzo**, Via delle Sorgenti 77 (mit Filiale in Genzano di Roma).

● *Feste/Veranstaltungen/Flohmarkt* Jeden So um 11 Uhr **orthodoxe Messe** in der Abteikirche San Nilio mit der sehr schwierigen, feierlichen orthodoxen Kirchenmusik.

Jeden 3. So im Monat wird in den Straßen von Grottaferrata ein **Flohmarkt** veranstaltet.

Im März große **Haushaltsmesse** in den Straßen von Grottaferrata (Kunstgewerbe, Kleidung und Lebensmittel).

Im Sept. gibt es viele Veranstaltungen und Konzerte, im Hof der Abtei findet ein Markt mit landwirtschaftlichen Erzeugnissen statt (frische Nudeln, Käse, Gebäck). Höhepunkt ist das **Fest zu Ehren des hl. Nilus** am 26. Sept.

Eine der schönsten Villen ist die 1580 für Kardinal Carafa erbaute **Villa Grazioli**. Im Zweiten Weltkrieg diente sie unter Feldmarschall Kesselring den deutschen Soldaten als Hauptquartier. Wegen einer Verwechslung blieb die Villa von den Bombenangriffen der Alliierten verschont. Nach dem Krieg quartierte man Obdachlose aus dem teilweise zerstörten Frascati hier ein. Durch die offenen Feuer der Kochstellen in den Räumen, die sich jeweils mehrere Familien teilten, litten die prachtvollen Fresken. Dann stand die Villa 40 Jahre lang leer und Regen lief durch das löchrige Dach die Wände entlang. Fast wäre es zu spät gewesen, als 1987 die aufwändigen Rettungsarbeiten begannen. Einige der Fresken waren zwar nicht mehr zu retten, doch der elegante Gesamteindruck und der grandiose Wandelgang im Piano Nobile mit dem **atemberaubenden Blick** in die Ebene bis nach Rom sind wiederhergestellt. Heute ist die Villa ein elegantes Hotel in einer gepflegten Parkanlage. Das Restaurant liegt in den unteren Hanggeschossen. Leider bietet nur ein einziger Tisch den Ausblick, da hätte man bei den sehr hohen Preisen mehr erwartet.

*Adresse* Via Umberto Pavoni 19 (mehr zum Hotel s. o.).

*Grottaferrata, Festungsabtei von St. Nilus*

Grottaferrata ist stark von Zersiedelung geprägt, das Ortsbild ist sehr unübersichtlich. Das Zentrum, vom Largo del Popolo aus zu erreichen, wurde jüngst neu gestaltet und wirkt nun etwas zu gepflegt modern und damit beliebig. Der Corso del Popolo ist die Haupt- und Einkaufsstraße und führt zur **Abbazia di San Nilio**, der wichtigsten Sehenswürdigkeit von Grottaferrata.

## Festungsabtei von St. Nilus

Die Abbazia di San Nilio ist die bedeutendste Klosteranlage der Castelli Romani und die einzige, die mit Erlaubnis der katholischen Kirche dem **griechisch-orthodoxen Ritus** folgt. Im Jahr 2004 feierte die Abtei ihr tausendjähriges Bestehen. Aus ihrer langen Geschichte haben sich viele sehenswerte Zeugnisse erhalten, ein Besuch von San Nilio ist daher sehr zu empfehlen.

### Der hl. Nilus und die Entstehungsgeschichte der Abtei

Im Jahr 1004 zog es den Mönch Nilus aus dem damals zu Griechenland gehörenden Kalabrien nach Rom, wo er sein bewegtes Leben beschließen wollte. Einige Klöster hatte er bereits gegründet und war hoch angesehen. Kurz vor seinem Ziel auf dem Hügel bei Tusculum sah er die Ruinen einer antiken römischen Villa und dazwischen ein christliches Bethaus aus dem 5. Jh. mit eisernen Gittern an den Fenstern. Von dieser *Crypta ferrata* (später wurde daraus „Grottaferrata") hat der Ort noch heute seinen Namen. Hier erschien ihm und seinem Schüler, dem hl. Bartholomäus, die Mutter Gottes und befahl den beiden, ihr an Ort und Stelle ein Heiligtum zu bauen. Das Grundstück dafür ließen sich die beiden Mönche vom Grafen von Tusculum schenken und machten sich sofort an die Arbeit. Als Baumaterial verwendeten sie die Reste der antiken Villa. Nach dem Tod des hl. Nilus führte der hl. Bartholomäus den Bau alleine fort. Am 17. Dezember 1024 weihte Papst Johannes XIX. das Heiligtum in einem feierlichen Akt der Maria. Schon bald danach kam es zu ersten Plünderungen durch vorbeiziehende Soldaten. Mehrfach wurde die Abtei wegen ihrer strategisch günstigen Lage an einer der wichtigen Verbindungsstraßen besetzt und schwer beschädigt. Nach besonders üblem Vandalismus durch Söldner im Jahr 1482 ließ Kardinal Giuliano della Rovere (der spätere Papst Julius II., 1503–13) eine mächtige Verteidigungsanlage mit Türmen, wehrhaften, zinnenbekrönten Mauern und einem Wassergraben um die Abtei errichten. Da der hl. Nilus griechischer Abstammung war, brachte er den byzantinischen Ritus nach Grottaferrata. Auch nach der Spaltung in eine West- und eine orthodoxe Ost-Kirche im 11. Jh. hielten die Mönche eisern an ihrer Tradition fest. Da sie aber gleichwohl die Autorität des Papstes anerkannten, bekamen sie die einzige, je erteilte offizielle Erlaubnis zur Beibehaltung des orientalischen Ritus. Deshalb ist es Katholiken noch immer erlaubt, hier in einer orthodoxen Messe die Sakramente zu empfangen. Die langen und feierlichen Messen mit den überlieferten Gesängen und den prunkvollen Messgewändern sind ein außerordentliches Erlebnis, besonders zu Ostern, zu Weihnachten und am Dreikönigstag.

**Rundgang**: Man betritt die Anlage hinter der Festungsmauer mit den mächtigen Rundtürmen über eine Zugbrücke und erreicht zunächst einen ersten Vorhof

Albaner Berge

(rechts Souvenirladen). Links befindet sich der Durchgang zum **Kloster** und zum Kreuzgang. Wenn die Tür verschlossen ist, kann man klingeln, der Pförtner öffnet. Man betritt zunächst den **Renaissance-Kreuzgang**, entworfen von Giuliano da Sangallo. Mit den Orangenbäumchen und dem Blick auf die ehrwürdige Kirche ist dies ein besonders malerischer Ort. Hier liegt auch der Zugang zum kleinen **Museum** mit einigen antiken Fundstücken, mittelalterlichen sakralen Kunstgegenständen, prunkvollen Messgewändern und liturgischem Gerät. Wieder durch das Pförtnergebäude zurück zum ersten Vorhof erreicht man schließlich den Zugang zum Vorhof der Kirche. Die Fassade und der romanische Glockenturm wurden bei der Restaurierung 1910 wieder in den ursprünglichen Zustand zurückversetzt. Durch die offene Vorhalle, eine Ergänzung aus dem 19. Jh., gelangt man in die ursprüngliche Vorhalle. Sehenswert ist hier links das byzantinische **Taufbecken** aus dem 11. Jh. Auf dem Relief ist symbolisch sehr schön der Akt der Taufe dargestellt (nach orthodoxem Ritus muss man dabei ganz in das Wasser eintauchen): Ein Mensch legt seine Kleider (gemeint sind die Sünden) ab, springt in das Wasser und wird, als Fisch verwandelt, von Petrus für das Christentum herausgefischt. Vor dem Betreten des Hauptschiffs sollte man das reich dekorierte **Marmorportal** und das **Mosaik** mit den intensiven Farben darüber (Christus zwischen Maria und Johannes dem Täufer und, kleiner dargestellt, der hl. Bartholomäus als Bauherr der Kirche) beachten. Beides sind Arbeiten im byzantinischen Stil aus dem 11. Jh. Der Innenraum wurde 1754 barockisiert, wobei Fresken zerstört und Marmorsäulen mit Stuck überzogen wurden. Erhalten ist der alte Fußboden (13. Jh.) und das Mosaik des Triumphbogens, das das Pfingstwunder zeigt. Darüber sind Fragmente von Fresken aus dem 12. und 13. Jh. erhalten. Der eigentliche Altar befindet sich hinter der **Ikonostase** (in der orthodoxen Kirche wird der Gemeinde- vom heiligen Altarraum durch diese dreitürige Bilderwand getrennt; nur während der Liturgie öffnet der Priester die Türen und der Altar wird sichtbar). Sie wurde 1665 von Bernini entworfen. Den Mittelpunkt zwischen zwei betenden Engeln bildet eine Ikone im typisch byzantinischen Stil. Die im traditionellen Stil auf eine vergoldete Holztafel gemalte **Ikone der Mutter Gottes** hat schon viel erlebt. Man vermutet, dass sie von griechischen Künstlern aus Süditalien im 11. Jh. nach älteren Vorlagen geschaffen wurde. Sie gehörte zur Beute der Kirchenplünderung von 1140 und tauchte kurz darauf in der Kirche von Tusculum wieder auf. Als die Stadt 1191 von Römern zerstört wurde, gelangte sie nach Rom. Papst Gregor IX. gab sie dann 1230 anlässlich seiner Krönungsfeier in einem Festakt den Mönchen von St. Nilus zurück. Schön ist auch das **Mosaik-Schriftband** über den antiken Säulen der Seitenschiffe in griechischen Buchstaben vor goldenem Hintergrund. Die erste Kapelle im rechten Seitenschiff ist die **Crypta Ferrata**, das Bethaus aus dem 5. Jh. (siehe Kasten). Mauern und Gewölbe des schlichten Innenraums sind original erhaltene Reste der antiken römischen Villa. Die zweite Kapelle ist die reich dekorierte, barocke **Sakramentskapelle**. Sie ist den Heiligen Nilus und Bartholomäus geweiht, deren Reliquien hier verwahrt werden. Auf den Fresken an den Wänden wird über die Geschichte der Kirchengründung, den Bau und die von den beiden Heiligen vollbrachten Wunder berichtet.

*Öffnungszeiten* Im Sommer 9–19.30 Uhr, im Winter 8.30–12 und 16–18 Uhr. So um 11 Uhr findet die Messe statt. Parkmöglichkeiten bestehen auf einem großen, unbewachten Platz, rechts am Kloster vorbei unterhalb der Festungsmauer, weitere Parkplätze befinden sich links vom Kloster nach einigen hundert Metern.

# Rocca di Papa

Der kleine Ort, der im oberen Teil hauptsächlich aus Treppen besteht, liegt am steilen Nordhang des Berges *Caro* in 681 Metern Höhe. Von hier aus bietet sich bei klarem Wetter ein weiter Blick auf das Meer, nach Rom und die Hügellandschaft der Albaner Berge. Wegen der frischen Luft und der waldreichen Umgebung ist Rocca di Papa ein beliebter **Luftkurort**. Die verschachtelte Altstadt mit schmalen Treppengassen, in denen kaum zwei Personen nebeneinander gehen können, hat mittelalterliche Strukturen. Die Enge der Straßen bildet einen reizvollen Kontrast zu den sich immer wieder ergebenden weiten Ausblicken. Der Dorfkern steht heute zwar komplett unter Denkmalschutz, doch kam das in vielen Fällen zu spät. Häufig sind die Häuser modernisiert, mit allen unschönen Folgen. Zudem wird das Zentrum im unteren Teil von einigen modernen Betonbauten gesäumt.

Im Mittelalter war Rocca di Papa eine uneinnehmbare Festung. Die Burg am höchsten Punkt des Ortes, heute nur noch eine Ruine, ließ Papst Eugen III. im Jahr 1145 errichten. Er und einige seiner Nachfolger fanden hier eine sichere Rückzugsmöglichkeit.

● *Verbindungen* Von Frascati in Richtung Marino (SS 216), bei Grottaferrata links auf die SS 218 abbiegen.

● *Parken* Entlang der Durchgangsstraße beim Ortseingang, kostenpflichtig, die erste Stunde und die Zeit von 13–16 Uhr ist frei.

● *Übernachten* Empfehlenswert ist das **Hotel Angeletto**, Via del Tufo 32, ✆ 06.9499391, ✆ 06.9499973. Nahe der Altstadt gelegen, mit Restaurant, Garten und Parkgelegenheit. 3 Sterne. DZ 65–85 € inkl. Frühstück.

● *Essen* Eine sehr schlichte **Osteria** befindet sich die gerade Hauptstraße hinauf in dem kleinen Platz bei der Kurve. Zugegeben, der mit allerlei Kitsch dekorierte Gastraum ist etwas schmuddelig, doch die Gerichte sind frisch, gut zubereitet und preiswert. Die Chefin ist freundlich, und es geht lässig familiär zu.

Im gehobenen Restaurant **Villa Fiorita**, Via Frascati 254, ✆ 06.9497051, wird die typische traditionelle Küche der Castelli von hoher Qualität (hauptsächlich Steinpilz-, Lamm- und auch einige Fischgerichte) angeboten. Di Ruhetag. Menüpreis um 35 €.

Sehr empfehlenswert ist das Ausflugslokal **La Foresta** an der Via dei Laghi bei km 12, ✆ 06.94749392. Di Ruhetag. Das Lokal verfügt über 650 Plätze, dennoch brauchen Sie keine Massenabfertigung zu befürchten, die Gerichte sind vorzüglich (z. B. die Fischgerichte oder das Spanferkel am Spieß – maialino allo spiedo). Besondere Erwähnung verdienen der aufmerksame Service und die kundenfreundliche Weinkarte. Menüpreis um 45 €.

● *Einkaufen* Eine gute Auswahl qualitätvoller Lebensmittel (neben Obst und Gemüse auch gute Salami- und Käseauswahl, insbesondere der echte Pecorino Romano) bei **La Familiare**, Via Frascati 270.

● *Feste* Am 3. So im Okt. findet das **Kastanienfest** statt.

Von der Durchgangsstraße führt die steile Hauptstraße den Berg hinauf. Folgt man ihr, gelangt man zur Aussichtsterrasse mit der Kirche **Santa Maria dell'Assunta**. Der Bau aus dem 17. Jh. wurde nach dem Einsturz 1815 komplett rekonstruiert. Eine Gedenktafel erinnert an Theodor Wilhelm Achtermann (1799–1884), *„den großen heiligen Mann von Rocca di Papa"*, der das Viertel *„Bavarese"* wieder aufgebaut und der Bevölkerung viel Gutes getan hat. Links von der Statue des Padre Pio bei der Kirche führt eine Wendeltreppe weiter den Ort hinauf. Im oberen Teil befindet sich das Viertel der Bayern *(dei Bavaresi)*, gegründet von Soldaten König Ludwigs von Bayern, die nach Kriegsende hier blieben, weil es ihnen so gut gefiel.

Etwa 2 km außerhalb (beschildert) liegen die **Campi di Annibali**, angeblich der Ort, an dem Hannibal während der Belagerung Roms im 3. Jh. v. Chr. sein

**Albaner Berge**

Heerlager aufschlug. Historiker halten das für ausgeschlossen und nehmen an, dass eher Römer beim Anmarsch Hannibals ihre Soldaten hierher verlegten. Möglicherweise ist die Gegend auch nur nach der Familie Annibaldi benannt, die hier Land besaß. Zu sehen gibt es eigentlich nichts, man kann aber in den Kastanienwäldern schöne Spaziergänge unternehmen.

## Albaner See

**Der See ist der größere der beiden Kraterseen in den Albaner Bergen. Er hat eine elliptische Form und einen Umfang von 10 km. Gespeist wird er von unterirdischen Wasserquellen, einen natürlichen Abfluss besitzt er nicht.**

Zur Zeit der Antike begann der Wasserspiegel des Sees bedrohlich zu steigen und die Bevölkerung befürchtete eine Katastrophe. Das in Krisensituationen gerne zu Rate gezogene Orakel von Delphi gab den ungewohnt klaren und praktischen Rat, einen künstlichen Abfluss zu schaffen. Daraufhin gruben die Römer im Jahr 398 v. Chr. unterhalb von Castel Gandolfo einen 2,5 km langen und 2 m hohen Tunnel, der bis vor 10 Jahren den Wasserstand regulierte. Seitdem sinkt der Pegel aufgrund von Klimaveränderungen und verbotener Wasserentnahme aus den unterirdischen Zuflüssen des Sees. Inzwischen ist der Tunnel vollkommen trocken.

Oben am Kraterrand bietet sich abschnittsweise von der Straße aus ein herrlicher Blick auf das gesamte Becken des Albaner Sees. Die beste Aussicht haben Sie von der **Panoramastraße** *„Via dei Laghi"* (SS 217), die Marino mit Velletri verbindet, oder von der Panoramaterrasse in Castel Gandolfo.

Besucher schätzen das Gebiet wegen des Klimas und der waldreichen Landschaft, die zu Spaziergängen animiert. Auch Wassersportler kommen gerne her. Während der Olympiade von 1960 fanden auf dem See die Ruderwettbewerbe statt. Nach der Absenkung des Wasserspiegels in den 1990er Jahren ist am nordwestlichen Seeufer, an der Seite unterhalb von Castel Gandolfo in Richtung Marino, ein **schwarzer Sandstrand** entstanden. Hier reihen sich jetzt Strandbäder, Bars und Bootsverleiher (viele Tretboote) dicht aneinander. Im Sommer wird es voll und auf dem schwarzen Sand auch sehr heiß. Abkühlung bietet das Wasser. Der See ist mit einer Tiefe von bis zu 170 m schon nach kurzer Entfernung vom Ufer sehr kalt. Den Strandabschnitt erreicht man über eine schmale, steile Straße am Ortseingang von Castel Gandolfo (von Marino kommend).

## Castel Gandolfo

Castel Gandolfo auf dem Kraterrand hoch über dem Albaner See ist neben Frascati der bekannteste Ort der Castelli Romani, weil sich hier seit rund 450 Jahren die Sommerresidenz des Papstes befindet. Traditionell verlagert der heilige Vater von Mitte Juli bis Mitte September, wenn die Hitze in Rom unerträglich werden kann, seinen Hof in die luftige Höhe von Castel Gandolfo mit dem wunderbaren Blick auf den Kratersee und die umliegenden grünen Hügel. Nur Johannes Paul II. hat den Sommer nicht stets hier verbracht, sondern manchmal in Rom weiter gearbeitet oder ist gelegentlich zum Urlaub auch in die Alpen geflogen. Benedikt XVI. kommt wieder regelmäßig und gerne in den Sommermonaten, weil er hier ohne allzu viele offizielle Termine genug Zeit und Ruhe findet, um seine Bücher zu schreiben.

Der **päpstliche Sommersitz** ist sehr viel größer, als die unspektakuläre Eingangsfassade vermuten lässt. Zum Palais gehört ein 55 ha großer, gepflegter Land-

*Castel Gandolfo, Sommerresidenz des Papstes*

schaftspark mit Zedern- und Pinienalleen, einem Blumengarten, in dem Hortensien gezüchtet werden, vielen Brunnen und Grotten sowie einem pontifikalen Bauernhof mit Weinberg, Milchkühen und Hühnerhaltung (der von der päpstlichen Küche nicht benötigte Überschuss an Bioeiern dieser wahrhaft glücklichen Hühner wird im Lebensmittelladen des Vatikans steuerfrei an die Zugangsberechtigten verkauft). Auch ein Pool gehört zu dieser von außen uneinsehbaren Idylle, die für Besucher absolut tabu ist. Von der Terrasse des Belvedere kann man bei klarem Wetter bis zum Meer schauen. An diesem herrlichen Ort stand in der Antike der **Sommerpalast von Kaiser Domitian.** Überall auf dem Gelände finden sich noch Reste davon, die aber auch für Archäologen gesperrt sind, um die Ruhe des Papstes nicht zu stören. Lediglich einmal öffnete ein Papst sein Refugium, als Pius XII. ab September 1943 rund 12.000 Verfolgte aufnahm, die sich in den Zierbrunnen wuschen und vom päpstlichen Gemüse ernährten. Die Schwangeren waren in den Privatgemächern einquartiert, es heißt, es seien damals sogar 40 Kinder im päpstlichen Schlafzimmer geboren worden.

Auf dem Ostflügel des Palastes befindet sich seit 1935 die **Sternwarte** des Vatikans mit zwei Observatorien, durch die man dem Himmel auch auf weltliche Weise nahe sein kann. Schon Gregor XIII. hatte 1576 im Vatikan einen Turm bauen lassen, um die Sonne zu beobachten und nach den Ergebnissen der Studien die Kalenderreform durchzuführen. Seit 1784 diente dieser Turm auch der Sternenbetrachtung; 1891 zog die Sternwarte wegen der besseren Sicht in das höher gelegene Castel Gandolfo um. Da mit den veralteten Teleskopen aus den 1950er Jahren und wegen der auch hier zunehmenden Luftverschmutzung die for-schenden Priester aber kaum über die Milchstraße hinaus blicken können, unterhält das **Vatikanische astronomische Institut** seit 1981 eine Zweigstelle mit modernem Spiegelteleskop am Mount Graham in Arizona, USA. Regelmäßig veranstalten die kirchlichen Sternenforscher in der päpstlichen Sommerresidenz Kongresse, zu denen Astrophysiker aus aller Welt anreisen, um sich über neueste Forschungsergebnisse auszutauschen. Und das ohne Furcht vor den Glaubenswächtern, schließlich hat Papst Johannes Paul II. die Wiederaufnahme des Prozesses gegen Galileo Galilei angeordnet und diesen 1992 vollständig rehabilitiert.

**Albaner Berge**

Der ganze, von einer hohen wehrhaften Mauer umgebene Komplex gehört als exterritorialer Bereich zum Vatikanstaat und ist nicht zu besichtigen. Wenn der Papst in den Sommermonaten hier ist, betet er sonntags um 12 Uhr, wie sonst in Rom (→ S. 494), vom Fenster über dem Hauptportal aus mit den wartenden Gläubigen auf dem Platz davor das Angelusgebet und hält oft auch noch eine kleine Ansprache.

• *Verbindungen* Von Rom auf dem Autobahnring (G.R.A.) bei Ausfahrt 23 ab, dann über die Via Appia (SS 7).
Etwa stündlich fährt auch ein **Zug** nach Rom (Termini). Sehr viel zeitaufwändiger ist der **Bus** bis/ab Busbahnhof Anagnina an der Metrohaltestelle gleichen Namens.

• *Übernachten* Es gibt einige teure Hotels. Außerhalb des Ortes am Seeufer befindet sich das **Hotel Culla del Lago**, Via Spiaggia del Lago 38, ℡ 06.93668231, ℻ 06.93668243, www.culladellago.com. Eigener Zugang zum Wasser, Garten, Restaurant und Parkplatz. 3 Sterne, 15 Zimmer. DZ mit Frühstück. ca. 140 €.

**B & B Dormi in Economia**, Loc. Frattocchie Roma, Via Glicini 25 (ca. 2 km von Castel Gandolfo entfernt, zu erreichen über die SS 140 in Richtung Via Appia und Rom), ℡ 06.93546776 oder 328.2205776, www. dormineconomia.it. Kleines Häuschen mit Garten und Frühstücksraum. DZ mit Bad für 2 Zimmer 55–65 €, DZ mit eigenem Bad 70–80 €, jeweils inkl. Frühstück.

Eine empfehlenswerte **Ferienwohnung** mit 2 Zimmern (max. 5 Pers.), perfekt eingerichteter Küche und Bad in einem großen Garten mit Terrasse und Seeblick (10 Min. Fußweg zum Strand) liegt im Viale Bruno Buozzi 54 (etwas unterhalb der Straße, die Castel Gandolfo mit dem Nachbarort Marino verbindet). Kontakt: Monika Leygraf, ℡/℻ 06.9386495, www.fewo-albalonga.com. Preis pro Woche 600 €.

• *Essen* Wunderbar ist das seit 1882 bestehende **Antico Ristorante Pagnanelli**, Via Antonio Gramsci 4 (direkt am Ortseingang aus Richtung Marino kommend), ℡ 06.93600 04, www.pagnanelli.it. Di Ruhetag. In geho-

benem Ambiente und mit freundlichem, lockerem Service, der kompetent berät, kann man hier nicht nur vorzügliche Küche (verfeinerte traditionelle Gerichte, viele verwendete Zutaten werden auf dem eigenen Hof biologisch angebaut), sondern auch einen herrlichen Blick über den ganzen See genießen. Im Sommer wird draußen auf dem schmalen Balkon serviert, der sich über die ganze Hausbreite erstreckt, hier ist der Blick natürlich noch besser. Besondere Spezialitäten sind Wildschweinschinken mit Trüffelöl (prosciutto di cinghiale con olio al tartufo), hausgemachte Fettuccine, verschiedene gratinierte Gemüse (misto di verdure gratinate) und Fische aus dem See. Gute, gehobene Weinkarte. Menüpreis um 40 €.

Zum Restaurant gehört auch die **Enoteca Pagnanelli**, wo der Wein glasweise ausgeschenkt wird (Preis 3–12 €), geöffnet tägl. außer Di 10–16 und 19–24 Uhr.

**Hosteria La Taberna dei Sentori**, Via Arco delle Scuole Pie 12, ℡ 329.2004049. Mo und Di geschlossen. Kleines Lokal in der Altstadt mit traditioneller Küche. Menü um 30 €.

Daneben gibt es auch einige andere Restaurants mit schöner Aussicht, die aber meist deutlich auf Touristen eingestellt sind, was sich in Qualität oder Preis bemerkbar macht.

• *Einkaufen* **Antica Bottega Arte e Vino**, Corso della Repubblica 49. Neben Kunstgewerbe gibt es auch Wein, Öl und verschiedenste Grappasorten.

• *Feste* Zu den Spezialitäten der Gemeinde gehören die Pfirsiche, ihnen ist Anfang Aug. ein Fest gewidmet, dazu werden traditionelle Trachten getragen.

Von Marino kommend erreicht man am Ortseingang einen Parkplatz. Links führt eine schmale Straße steil zum See hinab. Eine Pinienallee läuft auf das Gartentor des Papstpalastes zu. Parallel dazu führt ein **Panoramaweg** zum Ortskern, der im ersten Abschnitt auch von Autos befahren wird. Von hier überblickt man den ganzen See und den waldreichen Kraterrand. Die Häuser des Örtchens sind meist hell und großzügig gebaut und kleben nicht so dicht aneinander, wie man es von den mittelalterlichen Ortschaften Latiums kennt. Im Ort erreicht man über den Weg rechts den unspektakulären **Haupteingang des Papstpalastes** an einem langgestreckten Plätzchen. Im Sommer kommen mit dem heiligen Vater auch Busladungen von Touristen und mit ihnen die Souvenirverkäufer. Deren Stände mit dem aus Rom bekannten Sakralkitsch sind allgegenwärtig. Die Hauptstraße des Ortes mit verschiedenen Trattorien, einem Café, einer vorzüglichen Konditorei, einem Nudelgeschäft und mehreren Läden für Sakralkitsch führt direkt auf den Palast zu. An ihr liegt auch die Kirche **San Tommaso da Villanova**. Sie ist, wie auch der Brunnen davor auf der Piazza della Libertà, ein Werk Berninis.

## Albano Laziale

Die Kleinstadt Albano Laziale erstreckt sich entlang der Via Appia, der wichtigsten Verkehrsverbindung in Richtung Süden (SS 7), die im Ort zugleich auch noch die Haupteinkaufsstraße ist. Das führt beinahe ständig zu einem Verkehrschaos und am Abend sowie an den Wochenenden zu langen Staus, die viel Geduld erfordern. Immerhin kann man in der Zeit Leute und Schaufenster betrachten. Den Italienern scheint das nur wenig auszumachen, denn sie kommen aus der ganzen Umgebung zum **Einkaufsbummel** hierher. Die Läden sind eleganter als in den anderen Orten der Albaner Berge und in den Boutiquen sind, wie in Rom, die Marken der angesagten Labels vertreten. Einige bekannte römische Läden unterhalten sogar eigene Filialen in Albano.

Wer nicht zum Einkaufen herkommt, findet in den ruhigeren Parallel- und Seitenstraßen trotz der Zerstörungen durch die Bombenangriffe im Zweiten Weltkrieg Reste der alten Strukturen und der antiken Vergangenheit. Auch die Lage in der hügeligen Landschaft mit dem Wald und dem See machen einen Aufenthalt reizvoll.

Am Ortseingang (aus Richtung Castel Gandolfo kommend) gibt es einen größeren Parkplatz (gebührenpflichtig). Rechts davon liegt ein öffentlicher Park. Das Gebiet gehörte zur Villa des Pompejus Magnus. Auf den Grundmauern des antiken Wohnhauses steht heute an der Piazza Mazzini das Rathaus *(Villa Comunale)*. Der Hauptstraße (Corso G. Matteotti) folgend sieht man rechts, etwas tiefer gelegen, die Kirche **San Pietro Apostolo** mit romanischem Glockenturm. Der Bau entstand im 6. Jh. über den Ruinen der Thermen des Caracalla (212–217 n. Chr. erbaut). An den Seiten des Eingangsportals zum Langschiff sind antike Marmorgesimse, reich mit Blattwerk verziert, aus den Thermen verwendet worden. Der schlichte Innenraum hat eine offene Balkendecke. Oben an der Altarwand sind Freskenreste zu erkennen. Als Schranke des Altarraums dienen ebenfalls antike Marmorgesimse. Die Basis des Taufbeckens bildet ein stark beschädigtes Kapitell aus den Thermen. Das unverputzte Mauerwerk belegt die zahlreichen baulichen Veränderungen und die Einbeziehung antiker Strukturen.

Schräg gegenüber, auf der linken Seite des Corso Matteotti, führt die Via Settimio Severo zur **Porta Pretoria**, dem Haupttor des unter Kaiser Septimius Severus Ende des 2. Jh. n. Chr. angelegten **Militärlagers**. Das Tor war ursprünglich 36 m breit, wurde von zwei Türmen eingerahmt und bestand aus drei Bogendurchgängen. Die Reste eines Bogens kamen durch Bombenschäden im Zweiten Weltkrieg zum Vorschein. Das gesamte Lager war etwa 10 ha groß. Starke Mauern aus grauen Steinquadern umschlossen eine Fläche von 435 x 232 m. An den Ecken befanden sich Rundtürme, quadratische Türme säumten die Mauern. Stationiert waren hier 6.000 Elitesoldaten der *Legion Albani*. Von diesem Lager ist in der Via Saffi (den Hügel hinauf rechts) auch noch der **Cisterone** erhalten, ein riesiges, in den Fels gehauenes Wasserreservoir mit einem Fassungsvermögen von 10.000 Kubikmetern. Durch den vergitterten Eingang erkennt man zwei in die Wand eingelassene Mosaike. Die Grabungsfunde sind im Museum ausgestellt, dort kann man sich auch zur Besichtigung des Cisterone anmelden. Weiter oberhalb, an der Straße zum See, kommt man zu den Resten des **Amphitheaters** (erbaut im 3. Jh. v. Chr.). In der Zeit, als das Militärlager genutzt wurde, konnten sich hier 15.000 Zuschauer unterhalten lassen.

In der Via della Rotonda (zweigt links von der Via Saffi ab) befindet sich die Kirche **Santa Maria della Rotonda** mit einem runden Grundriss und mittelalterlichen Anbauten sowie einem romanischen Glockenturm. Errichtet wurde die Kirche auf einem Nymphäum aus der Zeit Kaiser Domitians (1. Jh. n. Chr.). Sehenswert ist in der Vorhalle ein zweifarbiges antikes Mosaik, das eine Seeschlange zeigt. Um die Kirche zu besichtigen, kann man sich an das Museum wenden.

Folgt man dem Corso Matteotti in Richtung Ortsausgang (in Richtung Ariccia), sieht man links oberhalb einer kleinen Parkanlage die klassizistische Villa Ferraioli von 1834, die heute das **Museum** beherbergt. Ausgestellt sind Funde der Umgebung aus prähistorischer bis römischer Zeit, hauptsächlich aus dem Militärlager. Hier kann man sich auch nach Besichtigungsmöglichkeiten des Cisterone, des Nymphäums und der Kirche Santa Maria della Rotonda erkundigen.

*Öffnungszeiten/Eintritt* So–Fr 9–13 Uhr, Mi und Do zusätzlich 15.30–19 Uhr, Sa 8–13 Uhr. Eintritt: 2,50 €, 6 € für das Museum und zwei weitere Sehenswürdigkeiten der Gemeinde nach Wahl (z. B. Amphitheater, Cisterone oder Santa Maria della Rotonda). Viale Risorgimento 3, ☏ 06.9323490, www.museicivicialbano.it.

• *Information* Viale Risorgimento 1 (neben dem Eingang zum Museum). Mo 9–13 Uhr, Di–Fr 9–13 Uhr und 15–18 Uhr, Sa 9–13 Uhr, So geschlossen.

• *Verbindungen* Über die Via Appia. **Busverbindungen** nach Rom, Frascati, Velletri.

• *Parken* Am Ortseingang (aus Richtung Castel Gandolfo kommend) oder links davon auf der Pzza. Luigi Sabatini. Die erste Stunde ist hier kostenlos, donnerstags ist der Platz wegen des Marktes gesperrt.

• *Übernachten* **Hotel Miralago**, Via dei Capuccini 12, ☏ 06.9321018, ✆ 06.9322253, www.hotelmiralagorist.it. Es liegt ruhig am Seeufer in Waldnähe außerhalb der Stadt, hat ein gutes Restaurant und einen schönen Garten, in dem man im Sommer frühstücken kann. Der Service ist freundlich und die Atmosphäre familiär, die Zimmer wurden kürzlich renoviert. 3 Sterne, 45 Zimmer. DZ 110–135 €, Frühstück inkl.

• *Essen* Zu empfehlen ist das Restaurant **Antica Abazia**, Via S. Filippo Neri 19, ☏ 06.9323187. Mo geschlossen. Das Restaurant mit den beiden hellen Gasträumen (über den mit dem Brunnen in der Mitte kann man streiten) wirkt freundlich und gepflegt. Es gibt eine sehr große Auswahl an traditionellen, gut zubereiteten Gerichten, abends kommt noch ein reiches Pizzaangebot hinzu. Zu empfehlen sind z. B. die Ravioli mit Zucchiniblüten (ravioli ai fiori di zucca), die grünen Gnocchi mit Paprika und Rucola (gnocchi verdi con peperoni e rughetta) sowie die sehr guten Desserts. Menü um 30 €.

**La Galleria di Spora**, Via L. Murialdo 9, ☏ 06.9322791, www.lagalleriadisopra.it. Mo Ruhetag, sonst nur abends geöffnet. Elegantes, helles modernes Interieur in einem alten Palazzo im Zentrum mit rustikalem, interessanten Weinkeller. Gehobene Küche mit aktueller Tageskarte (Fisch- und Fleischgerichte, etwa ebenfalls Auswahl). Menü um 40 €.

**Osteria de'San Paolo**, Via A. Saffi 67. Hier geht es familiär zu, mit herbem Charme. Hierher kommen die Handwerker der Umgebung, aber auch Geschäftsleute, und essen ordentlich zubereitete, frische Hausmannskost. Es gibt nur einen Speiseraum mit 25 Plätzen (aber dann wird es richtig eng), im Sommer finden auch auf der Straße ein paar Tische Platz. Der Liter offener Hauswein aus den Castelli kostet rund 4 €, das Menü ca. 15 €.

• *Enoteca* **Io...Vino**, Pzza. Gramsci 4, ☏ 06.9325454. Do und So geschlossen. Große Auswahl und freundliche Beratung.

• *Café/Bar* **Bar Sesta**, Corso G. Matteotti 40, ☏ 06.9320220. Di geschlossen. Elegantes Café mit gutem Kuchen und Eis.

**Fortini Caffè**, Corso Metteotti 16, ☎ 06. 9321106. Mi Ruhetag. Bar mit kleinen, schnellen Gerichten und ausgezeichnetem Eis.
**Dolci Peccati di Gola**, Via Donizetti 21–23. Beliebte Bar mit Enoteca, wo es auch gut zubereitete kleine Gerichte gibt.

● *Einkaufen* Corso G. Matteotti, aber auch in der weniger hektischen Parallelstraße, der Via Cavour, und in der Via de Gasperi gibt es gute Einkaufsmöglichkeiten.
● *Markt* Jeden Do auf der Pzza. Luigi Sabatini.

## Ariccia

Zwischen zwei hohen Brücken der Via Appia und eingerahmt von Albaner See und Nemi-See liegt auf einem kleinen Felsplateau das Städtchen Ariccia. Von hier aus öffnet sich ein weiter Blick über den Krater von Vallericcia, den einst der Ariccia-See füllte. Der Ort erlangte wegen der Schönheit seiner Lage und des harmonischen Zusammenspiels von Landschaft, Brücken und einem einzigartigen Architekturensemble große Beliebtheit bei den Malern der Romantik, u. a. dem Deutsch-Römer Jakob Philipp Hackert (1737–1807), und ist auf vielen Gemälden und Stichen aus der Zeit in herrlichen Perspektiven zu sehen. Hauptattraktion ist bis heute der **Palazzo Chigi**, der zusammen mit einem urban angelegten Platz und dem kuppelbekrönten Rundbau der Kirche Santa Maria Assunta eine beeindruckende bauliche Einheit bildet.

Im Mittelalter stand der Ort unter der Herrschaft der Grafen von Tuscolo, die an diesem strategisch günstigen Punkt an der Via Appia ein Castello errichteten. Im 13. Jh. geriet der Besitz über Papst Honorius III. an die Familie Savelli, die ihn später an die Chigi verkaufte.

● *Verbindungen* Von Rom 26 km südöstlich, über die Via Appia.
● *Übernachten* **Hotel Ristorante Villa Aricia**, Via Villini Nuova bei km. 26,200 (Via Villini 4/6), ☎ 06.9323117, ✆ 06.9320065, www. hotelvillaricia.com. Schönes Hotel mit gutem Restaurant im 2 ha großen, herrlichen Park der Fürsten Chigi ruhig gelegen. 3 Sterne, 60 Zimmer. DZ mit Frühstück um 100 €.
**Agriturismo Villa Germaine**, Via Colli San Paolo 2, ☎ 06.9303275. Etwas außerhalb, ganz im Grünen gelegen, mit liebevoll eingerichteten, komfortablen Zimmern und gutem Restaurant. DZ mit Frühstück 90–120 €.
● *Essen/Spezialitäten* **Osteria l'Ariccarola**, Via Borgo San Rocco 9 (nur wenige Schritte vom Palazzo entfernt), ☎ 06.9334104. Mo Ruhetag. Menü um 20 €.
**Ai Cacciatori**, Via Flora 16, ☎ 06.9330646. Mo geschlossen. Spezialität ist „porchetta" (geröstetes, gefülltes Spanferkel). Für diese besondere Spezialität wird im Ort am ersten So im Sept. sogar ein eigenes Fest gefeiert („*Sagra della Porchetta*"). Um diesen Termin herum gibt es überall Spanferkel und dazu den derben, trockenen Castelli-Wein. Besonders gutes „porchetta" (aber auch andere Wurst- und Schinkensorten) bekommen Sie bei **Egidio Cioli**, Pzza. di Corte 3, ☎ 06.9330596 oder auch im **Casa della Porchetta**, Vicolo dei Rovi 2, ☎ 06.9343436.

● *Feste* Am 29. Juli feiert man mit einer Prozession durch den Ort das Fest der Sant'Apollonia.

*In Ariccia*

**Albaner Berge**

## Die Adelsfamilie Chigi

Die Chigi gehören zu den großen Adelsfamilien Italiens. Ihr Wappen zeigt Gold auf Rot sechs zum Dreieck aufgestapelte Bergsymbole mit einem sechsstrahligen Stern auf der Spitze. Als besonderer Ehrenbeweis von Papst Julius II. (della Rovere) durften sie später sein Wappensymbol, die Eiche, dem ihrigen hinzufügen. Die ursprünglich aus Siena stammende Händler- und Bankiersfamilie kann unter ihren Vorfahren zwei Seliggesprochene, einen Papst und vier Kardinäle vorweisen. Mit **Agostino Chigi** (1466–1520) begegnet uns die schillerndste Persönlichkeit der Sippe. Durch geschickte Geld- und Rohstoffgeschäfte sowie gute Beziehungen zur Päpstlichen Kurie erwirtschaftete er ein gigantisches Vermögen, das sich in seiner verschwenderisch ausgestatteten Villa im römischen Stadtteil Trastevere widerspiegelte, der heutigen „Farnesina" (→ S. 443). Nach seinem Tod bedurfte es nur zweier Generationen, um das Vermögen nahezu restlos zu vernichten. In Siena blieb jedoch ein Bruder Agostinos, Sigismondo, mit seinem Zweig der Familie halbwegs erfolgreich im Geschäft. Dieser schaffte es für die nächsten Generationen, nicht zuletzt durch geschickt eingefädelte Heiraten in mächtige Familienclans, in die Nähe des Geld und Einfluss versprechenden Päpstlichen Hofes zu gelangen. Ein Urenkel Sigismondos, Flavio (1599–1667), schlug eine geistliche Laufbahn ein, die ihn als Päpstlicher Nuntius nach Köln führte. Als Gesandter des Papstes nahm er an den Verhandlungen zum Westfälischen Frieden in Münster teil. 1652 wurde er zum Kurienkardinal ernannt und 1655 zum Papst gewählt. Als **Alexander VII.** mied der musisch veranlagte Mann zunächst persönliche Eingriffe in die Finanzgeschäfte des Kirchenstaates, beugte sich aber bald doch den Gepflogenheiten. Ein letztes Mal blühte während seines Pontifikats der Nepotismus auf; Alexander holte Familienmitglieder in seine unmittelbare Umgebung, stattete sie reich mit lukrativen Ämtern (zwei Kardinalswürden), Titeln und Pfründen aus und ermöglichte ihnen den Aufstieg in höchste Kreise. Fünf der bedeutendsten Ländereien des Kirchenstaates gelangten so an die Chigi. Ein letztes Mal auch griff ein Papst so massiv in das Stadtbild Roms ein. An der Piazza SS. Apostoli ließ er sich von Gianlorenzo Bernini einen Palast (später Palazzo Odescalchi) für seine Antikensammlungen errichten (später erworben von August v. Sachsen). Er gab außerdem die Petersplatz-Kolonnaden, den kleinen Elefanten mit Obelisken vor Santa Maria Sopra Minerva, die Scala Regia, Santa Maria del Popolo und vieles mehr in Auftrag. Agostino Chigi (1634–1705), designierter Erbe von Papst und zwei Kardinälen, vermählte sich höchst effektiv mit Maria Virginia Borghese, erhielt vom Papst die Fürstentümer Farnese und Albano, das Herzogtum Ariccia und erwarb aus der Aldobrandini-Erbmasse einen Palazzo an der Piazza Colonna in Rom, heutiger Sitz der Regierung (→ „Die Via del Corso/Palazzo Chigi", S. 296). Von 1712 bis zum Pontifikat Pauls VI. (1963–78) bekleideten die Chigi das hochangesehene Amt des Konklave-Marschalls. Reichsfürst Mario Chigi-Albani (1832–1914) heiratete mit Prinzessin Antonietta v. Sayn-Wittgenstein in den deutsch-russischen Adel ein. Ludovico Chigi (1866–1951) war Großmeister des Malteser-Ordens und Gründer des Zoologischen Gartens in Rom. Ende des 19. Jh. setzte eine wirtschaftliche Krise ein; der Versuch, das immense Familienvermögen mit riskanten Bankgeschäften zu retten, scheiterte. 1918 verkauften die Chigi ihren Palazzo in Ariccia an die Regierung. Der heutige Chef des Hauses, Agostino, hat als Fotograf mit Büchern und Ausstellungen von sich reden gemacht.

Von Albano aus führt die Via Appia über eine mächtige Brücke, die Papst Pius IX. 1854 bauen ließ. Sie besteht aus drei übereinander liegenden Bogengängen und überspannt auf einer Länge von 300 m ein kleines Tal. Die Brücke führt direkt auf die Platzanlage mit dem Chigipalast.

Von Papst Alexander VII. erhielt Gianlorenzo Bernini den Auftrag, das bestehende alte Castello von Ariccia aus dem späten 15. Jh. zu einem repräsentativen Landsitz, halb Villa – halb Palazzo, umzubauen; ein Auftrag, den er mit Unterstützung seines Bruders Luigi und des Baumeisters Carlo Fontana annahm. Er behielt grob die ursprüngliche Struktur mit den vier massigen Ecktürmen bei, fügte aber zur Platzseite ein Portal mit Balkon hinzu. Weit größere Bedeutung hatte die **Platzgestaltung**, die mit ihrer städtisch wirkenden, dennoch nicht überproportionierten Anlage 1664–72 die Umstrukturierung des ganzen Örtchens nach sich zog. Der Platz ist ganz typisch Berninis Werk. Die **Kirche dell' Assunta** ist ein barocker Rundbau mit direkt aufgesetzter Kuppel, der Vorbau mit Pfeilern und Dreiecksgiebel verweist direkt auf das Vorbild des Pantheons in Rom. Höhe und Durchmesser des Kuppelrunds sind gleich. Im Inneren wird die Altar-Apsis durch Borgognones Gemälde *Maria Himmelfahrt* dominiert, der Kirchenraum selbst ist wertvoll mit Marmor verkleidet. Profane Seitenbauten der Kirche vervollständigen die Platzanlage. Eine kulissenhafte Scheinarchitektur verbindet beide Seitengebäude, bildet einen haushohen Halbkreis hinter der Kirche und verbirgt das mittelalterliche Gefüge des Städtchens dahinter, sodass ein rein barocker Anblick entsteht.

Geht man in die Hauptstraße links des Ensembles hinein, trifft man am Ende auf das **Rathaus** und daneben die ehemalige Kirche San Nicola (von Luigi Bernini). Im Innern steht ein Modell der Stadt. Sollte der Raum verschlossen sein, kann man im Rathaus fragen, ob man sich das Modell ansehen darf. Von der **Aussichtsterrasse** hinter San Nicola bietet sich ein weiter Blick bis zum Meer. Vor der alten Kirche Santa Maria Assunta sind Reste der römischen Akropolis freigelegt worden. Das Gässchen seitlich der Kirche führt hinab zur Porta Nuova mit Überbleibseln der Stadtbefestigung. Das Ortsbild selbst ist wenig attraktiv, schwere Zerstörungen im Zweiten Weltkrieg sind bis heute deutlich an den Baustrukturen abzulesen.

Der **Palazzo Chigi** ist so eindrucksvoll, weil er eine fast unveränderte Ausstattung birgt. Mobiliar, Gemälde und Skulpturen sowie viele persönliche Gegenstände erinnern an die Adelsfamilie, die hier bis 1918 lebte. Seitdem hier 1962 Szenen zu Viscontis Film *Der Leopard* nach dem gleichnamigen Roman von Tomasi di Lampedusa gedreht wurden, ist der Palast regelmäßig Schauplatz unterschiedlichster Filmhandlungen. 1998 wurden aufwändige Restaurierungsarbeiten beendet und das Gebäude zeigt sich wieder im originalen Himmelblau, der *„color dell'aria"*, die in Rom während der Barockzeit groß in Mode war. Der sehr zu empfehlende Rundgang durch die historischen Räume führt u. a. durch den illusionistisch ausgemalten Sommer-Frühstücksraum, in dem man sich fühlt wie in einer Gartenlaube mit paradiesischer Flora und Fauna, durch Räume mit originaler Wandbespannung aus geprägtem und bemaltem Leder (aus dem 17. Jh.) sowie, in Europa fast nicht mehr zu finden, durch eine Schlossapotheke, deren Wände unzählige Porträtminiaturen der Chigi zieren. Der weitläufige **Schlosspark** war ebenfalls Gegenstand der Sammelleidenschaft der Familie. Hier finden sich botanische Raritäten, z. B. amerikanische Mammutbäume, die noch aus dem 16. Jh. stammen.

**Albaner Berge**

• *Öffnungszeiten* **Palazzo Chigi**, nur im Rahmen einer Führung zu besichtigen, die etwa 45 Min. dauert. 1.4.–30.9. Di–Fr 11, 16, 17.30 Uhr, Sa/So 10.30–12.30 und 16–19 Uhr jeweils stündl.; 01.10.–31.3. Di–Fr 11, 16, 17.30 Uhr, Sa/So 10.30–12.30 und 15–18 Uhr jeweils stündl.

• *Eintritt* 7 €. **Park des Palazzo Chigi**, nur im Sommer (1.4.–30.9.) und auch nur im Rahmen einer Führung zu besichtigen: Di–Fr nur für Gruppen ab 15 Pers. nach Anmeldung, Sa/So 10–12 und 15.30–18.30Uhr jeweils stündl.

• *Information* ✆ 06.933053, 🖷 06.9330988, www.palazzochigiariccia.it.

# Lago di Nemi

**Der Nemi-See liegt klein (die Oberfläche beträgt nur 1,56 km² ) und dunkelblau in einem tiefen Kessel, der von dicht bewaldeten, steil abfallenden Kraterwänden umschlossen ist.**

An den fruchtbaren Ufern des Sees wachsen die für ihr Aroma bekannten **Erdbeeren**. Einige Obst- und Gemüsegärten reichen sogar direkt bis an das Wasser heran, ansonsten ist das Ufer überwiegend schilfbewachsen. Zum Baden eignet sich der See nicht, es gibt aber einen Bootsverleih beim Museo delle Navi (Näheres zum Museum s. u.). Von Genzano aus führt eine Straße zum Seeufer und zum Museum hinab. Die von dort ausgeschilderte Straße nach Nemi ist sehr eng und hat extreme Schlaglöcher. Da der letzte Teil gesperrt ist, kommt man nur über einen Wanderweg vom Seeufer bis hinauf nach Nemi. Der Ort ist deshalb nur direkt von Genzano aus über die Straße zu erreichen, die auf dem Kraterrand um den ganzen See herumführt.

Die Umgebung des Sees ist trotz der kleinen Orte Nemi und Genzano di Roma außerhalb der Hochsaison eher ruhig und beschaulich. In römischer Zeit zählten See und Bezirk zum Heiligtum der *Diana Nemorense* (Göttin der Jagd). Bei Vollmond soll die Göttin in der Seeoberfläche die Unvergänglichkeit ihrer Schönheit überprüft haben. Deswegen und weil das dunkle Wasser den Tempel gespiegelt hat, trägt der See auch den Beinamen *„lo specchio di Diana"* (Spiegel der Diana).

Der für seine exzentrischen Ideen bekannte Kaiser **Caligula** (37–41 n. Chr.) ließ im See zwei riesige Schiffe (70 m lang, 20 m breit) verankern, die reich mit vergoldeter Bronze dekoriert waren und wie schwimmende Paläste ausgesehen haben sollen. Die Schiffe, irgendwann morsch geworden, versanken zwar, doch ihr Andenken lebte in Sagen fort. Unter Mussolini gelang es, die Wracks zu orten und unter gewaltigem Aufwand zwischen 1928 und 1933 zu heben. Eigens baute man ein Museum für diese noch erstaunlich gut erhaltenen Zeugnisse des dekadenten Lebens der antiken Kaiser. Als amerikanische Truppen 1944 bei Anzio landeten und bis Nemi vordrangen, wo sich deutsche und italienische Soldaten verschanzt hatten, kam es hier zu Kämpfen. Einige Granaten trafen das Museum und die antiken Schiffe verbrannten vollständig. Erhalten sind nur noch einige Stücke Holz und fein gearbeitete Bronzeappliken, die Episoden aus der griechischen Mythologie zeigen.

Eine Dokumentation zu den Schiffen, Rekonstruktionen von Details und einige gerettete Originalteile zeigt das wieder aufgebaute **Museum** am Seeufer. Vor der Halle ist der in Originalgröße rekonstruierte Kiel eines Schiffes zu sehen.

Die wertvolleren Reste der Bronzedekoration sind heute im Römischen Nationalmuseum im Palazzo Massimo (→ S. 357) zu besichtigen.

• *Öffnungszeiten* **Museo delle Navi**, ✆ 06.9419665. Mo–Sa 9–19.30 Uhr, So 9–13 Uhr.

• *Zufahrt* Nur von Genzano aus möglich.

▶ **Nemi:** Der Ort, der den Namen des Sees trägt, liegt 100 m hoch über dem See auf einem Vorsprung vulkanischer Herkunft, umgeben von Wald. Er ist klein und

*Fruchtbare Gegend am Lago di Nemi*

für die Gegend der Castelli Romani ungewöhnlich ruhig – ein Eindruck, der durch den kleinen, tiefen Kratersee und die dunkelgrünen Wälder noch verstärkt wird. Im alten, dicht gedrängten Zentrum steht auf der Piazza Umberto I das **Schloss der Familie Ruspoli** im Renaissancestil mit einem mächtigen Rundturm. Es geht auf eine Burg der Grafen Tuscolani aus dem 11. Jh. zurück, die oft den Besitzer wechselte und mehrfach umgebaut wurde. Bis 1860 gehörte sogar ganz Nemi einschließlich der Umgebung der Familie Ruspoli. Mit der Vereinigung Italiens erhielt der Ort die Stadtrechte, die Fürsten wurden enteignet, den Palast und einen Teil der Ländereien durften sie allerdings behalten. Noch heute ist er in Privatbesitz, man kann den Palast mit herrlicher Gartenterrasse und großen Räumen im klassizistischen Stil daher leider nicht besichtigen. Von außen wirkt der Bau inzwischen nur notdürftig in Stand gehalten.

Sehenswert sind am Ortseingang die Kapelle des Kruzifixes und im Zentrum die Kirche **Santa Maria Assunta** (17. Jh.) mit einem bedeutenden Triptychon aus dem 15. Jh. Das Beste aber ist der **Blick von der Promenade**, an der die Bars kleine Tische aufgestellt haben und man bei einem Aperitif über den See nach Genzano auf dem gegenüberliegenden Kraterrand und bei klarem Wetter darüber hinaus bis zum Meer sehen kann. Reizvoll ist auch ein Spaziergang durch die engen Gassen den Hügel hinauf. Am höchsten Punkt des Ortes befindet sich ein **Waschplatz** mit alten Bassins, die in neuerer Zeit überdacht wurden (leider durch Vandalismus beschädigt und verschmiert). Vom Belvedere dahinter genießt man den Fernblick in aller Stille.

Oberhalb des Waschhauses beginnt der Wald. Es gibt mehrere beschilderte naturkundliche **Wanderwege** (z. T. mit Seeblick), einer führt sogar bis zum See hinab.

Albaner Berge

• *Verbindungen* Von Rom aus über die Via Appia bis Genzano di Roma und von dort aus der Beschilderung bis Nemi folgen; von Marino die Panoramastraße „*ai Laghi*" (SS 217) in Richtung Velletri und von dort Abzweigung nach Nemi.

• *Übernachten* Das beste Hotel ist das **Diana Park**, Via Nemorense 44, ℡ 06.9364041, 🖳 06.9364063, www.hoteldiana.com. Gut ausgestattete Villa in einem Park mit gehobenem, etwas überdekorierten Restaurant. Von den Zimmern schaut man in den Garten, herrlichen Seeblick hat man von der Terrasse im 1. Stock. 4 Sterne, 30 Zimmer. DZ 110–150 €, Frühstück inkl.

Etwas außerhalb des Ortes an der Straße nach Genzano liegt das **Hotel Ristorante Al Refugio**, Via Nemorense 30, ℡ 06.93659026, 🖳 06.93659025, www.alrifugio.com. Ebenfalls ruhig in einem schönen Garten mit Panoramablick auf den See und bis zum Meer (auch vom Restaurant aus). 3 Sterne, 28 Zimmer. DZ 90–110 €, Frühstück inkl.

• *Essen* **Trattoria Capriccio sul Lago**, Via del Lago 13, ℡ 06.93953002. Mo Ruhetag (im Sommer immer geöffnet). Der Besitzer selbst sammelt am Seeufer die Walderdbeeren, die nach seiner Ansicht die besten der Welt sind. In seinem hübschen Restaurant kann man vorzüglich speisen, besonders empfehlenswert sind die Gerichte mit frischen Pilzen, Wild oder Süßwasserfischen.

• *Feste* Einen Besuch wert ist das **Erdbeerfest** am 1. So im Juni.

▶ **Genzano di Roma**: Gegenüber von Nemi, an der flacheren Seite des Sees, liegt die kleine, lebhafte Stadt längs der Via Appia. Sie ist ein beliebtes Einkaufs- und Ausflugsziel, das besonders wegen der Blütenteppiche *(infiorata)* am Sonntag nach Fronleichnam berühmt ist.

Von der zentralen **Piazza Frasconi** mit hübschem Brunnen führen die drei wichtigsten Straßen strahlenförmig den Hang hinauf: die Via Italo Garibaldi zum Kraterrand und von dort aus zum Nemi-See hinab, die Via Buozzi zum Palast Sforza Cesarini (18. Jh.) und die Via Belardi, über die man zur **Kirche Santa Maria della Cima** gelangt. Letztere Straße verwandelt sich seit 1778 am Sonntag nach Fronleichnam, zum „**Infiorata-Fest**", in 14 riesige Blumenteppiche, deren Motive jedes Jahr unter einem anderen religiösen Motto stehen. Um die Bilder so kunstvoll zu legen, dass sie wie gemalt aussehen, benötigt man fünf Tonnen Blütenblätter und Pflanzenteile. Sogar die Treppe zur Kirche hinauf ist mit einem Blumenbild geschmückt. Das Fest zieht alljährlich unzählige Besucher aus ganz Italien an.

• *Verbindungen* Von Rom über die Via Appia (SS 7), 29 km entfernt.

• *Übernachten* Ruhig in einem Garten unter alten Bäumen gelegen ist das schlichte, familiäre Hotel **Villa Robinia**, Via Rosselli 19 (Via Appia Nuova bei km 28,500), ℡/🖳 06.9396409, www.hotelvillarobinia.it. Restaurant und Garage sind vorhanden. 2 Sterne, 31 Zimmer. DZ 60–80 € inkl. Frühstück.

• *Essen* Es gibt einige recht gute Restaurants und Trattorien, z. B.:
**Trattoria La Scuderia**, Piazzale Sforza Cesarini 1, ℡ 06.9390521. Mo Ruhetag. In den Stallungen des Palazzo Sforza Cesarini; sympathischer Familienbetrieb mit perfekt zubereiteter, für die Castelli und für Rom typischer Küche. Empfehlenswert sind z. B. die „bacatini cacio e pepe", oder die hausgemachten „agnolotti al ragú di cinghiale" (Öhrchennudeln mit Wildschweinragout),

bei den Secondi sind die Fleischgerichte durchweg hervorragend und zum Abschluss sollten man sich eines der hausgemachten Desserts gönnen. Gute Weinauswahl. Menü um 30 €.

Ein feineres Restaurant in Räumlichkeiten aus dem 17. Jh. ist die **Enoteca/Ristorante la Grotta** in der Via Belardi 31, ℡ 06.9364224. Mi Ruhetag. Hervorragende Fischküche (der Fisch wird täglich frisch geliefert), hausgebackenes Brot, eine gut ausgesuchte, nationale Weinkarte und ein fabelhafter offener Wein aus den Castelli. Im Sommer wird im Garten serviert. Man kann auch Weine, Olivenöle und Käse kaufen. Menüpreis um 33 €.

Schlichter, aber ebenfalls empfehlenswert ist die **Trattoria Pietrino e Renata**, Via Cervi 8, ℡ 06.9391497. Mo Ruhetag. Traditionelle Küche, Menü um 25 €.

● *Einkaufen* **Forno a legna Ripanucci,** Corso Don Minzoni 29, ✆ 06.9362033. Brot und Kuchenspezialitäten aus der Gegend.

**Norcineria Danilo Azzocchi,** Corso Don Minzoni 47, ✆ 06.9396553. Gute Lebensmittel, besonders Käse, Schinken, auch etwas Wein.

**Mini Caseificio Costanzo,** Via Colabona 34 (Filiale in Grottaferrata), ✆ 06.9364040. Guter, originaler Büffelmilch-Mozzarella und andere Käsesorten.

## Lanuvio

Der kleine, gemütliche Ort liegt rund 5 km südlich des Nemi-Sees auf einem Hügel, von dem man einen Ausblick über die weite Ebene hat. Um die Kirche stehen dicht gedrängt Häuschen mit roten Ziegeldächern. Lanuvio wurde im Zweiten Weltkrieg und durch Erdbeben zwar beschädigt, hat dafür aber noch viel von seinem ehemals mittelalterlichen Stadtbild bewahrt. Noch heute sind Teile der Umfassungsmauern aus dem 13. Jh. zu sehen.

In Lanuvio bietet es sich an, einen Spaziergang im mittelalterlichen Viertel und außerhalb durch die Weinberge zu unternehmen. Blickt man über die schöne, stille Landschaft, so kann man sich vorstellen, warum die antiken Römer diesen Ort für ihre Landvillen bevorzugten. Zudem beträgt die Entfernung nach Rom nur 18 km. Mit einem guten Gespann (dem antiken Sportwagen) war das Wochenendhaus über die Via Appia in weniger als zwei Stunden zu erreichen.

An der Piazza Santa Maria Maggiore steht ein **Brunnen** (17. Jh.), dessen Wasserbecken aus einem römischen Sarkophag besteht. Schilder führen zu den Ruinen des Herkulestempels. Nahe der ehemaligen Villa Cesarini-Sforza (Via Sforza Cesarini) existieren noch Reste der römischen **Akropolis** und des **Tempels der Juno Sospita** (Via San Lorenzo). Dort wurde die überlebensgroße Statue der Götterkönigin **Juno** gefunden, die heute im Vatikan steht. Der Kult, den die Priester der Juno ausübten, war mit grausamen Menschenopfern verbunden. Im Tempel wurden Giftschlangen gehalten. Verlor ein unverheiratetes Mädchen seine Jungfräulichkeit, so ließ man ihr von der Schlange den tödlichen Biss zufügen, um die zornige Göttin zu besänftigen und die Fruchtbarkeit der Felder zu sichern.

● *Verbindungen* Folgen Sie von Genzano di Roma der Via Appia in Richtung Velletri, so zweigt am Ortsausgang eine kleine Landstraße rechts nach Lanuvio ab.

● *Essen* Im alten Ortskern gibt es nur wenige Restaurants. Recht ordentlich ist das **Ristorante Pizzeria L'Incontro**, Viale Alcide de Gaspari 16, ✆ 06.9375392, unterhalb des alten Stadtkerns. Di Ruhetag, Pizza nur abends.

Pizza zum Mitnehmen hat **Pizza i nummeri** an der Pzza. Carlo Fontana 14.

Wer improvisieren will, findet in der Via Stampiglia 67 schräg gegenüber der Pzza.

S. Maria Maggiore eine **Bäckerei** mit gutem Kuchen, darunter die süße Spezialität *„struffoli"*.

● *Wein* Ein kleiner privater Weinverkauf befindet sich in der Via Borgo S. Giovanni.

Das große **Weingut San Tommaso** liegt außerhalb der Stadt an der Straße nach Velletri. Hier findet Mo–Fr von 8.30 bis 13 und 15 bis 17.30 Uhr und Sa von 8.30 bis 13 Uhr Publikumsverkauf statt. Die Preise sind günstig (fast nur Kisten à 12 Flaschen).

● *Feste* Etwas Besonderes ist das **Weinfest** am letzten So im Sept.

## Velletri

Die hektische Kleinstadt mit guten Einkaufsmöglichkeiten liegt im Zentrum eines Weinbaugebietes auf einem Hügelvorsprung der südlichen Albaner Berge.

**Albaner Berge**

Velletri wurde im Zweiten Weltkrieg so stark zerstört, dass das Stadtbild heute überwiegend modern ist. Von dem ursprünglich beschaulich-verschlafenen Reiz, der noch die meisten Orte Latiums prägt, ist fast nichts mehr vorhanden.

Auf der zentralen Piazza Cairoli steht das Wahrzeichen der Stadt, der 50 m hohe **Torre del Trivio** aus dem Jahr 1353. In der Nähe liegen die Piazza del Comune und das **Rathaus** mit seinem mächtigen Säulengang. Dort ist im Erdgeschoss ein kleines Heimatmuseum eingerichtet mit einer beachtlichen Sammlung archäologischer Funde der Umgebung. Zahlreiche volskische Keramiken befinden sich darunter. Das wertvollste Stück ist ein vollständig erhaltener antiker Sarkophag (Ende 2. Jh. n. Chr.). Sein Reliefschmuck stellt die Taten des Herkules dar.

Die **Volsker** waren ein altitalischer Stamm, der ab dem 6. Jh. v. Chr. im Süden Latiums in den Bergen lebte. 329 v. Chr. wurden sie von den Römern unterworfen.

Südlich des Platzes steht die **Kathedrale San Clemente,** deren Ursprünge auf eine römische Basilika aus dem 4. Jh. n. Chr. zurückgehen. Die einst bescheidene Kirche wurde im 17. Jh. umgestaltet und prunkt jetzt im üppigen Barock. Sehenswert ist hier das „Kreuz von Velletri" *(Croce Veliterna)*, ein altes byzantinisches Reliquiar.

*Öffnungszeiten* 9–12 und 15–19 Uhr.

Von Velletri aus sollten Sie einen Ausflug über die **Panoramastraße „ai Laghi"** (SS 217) vorbei an den Kraterseen Nemi und Albano nicht versäumen (s. u. „Verbindungen").

● *Information* Viale dei Volsci 8, ✆ 06. 9630896, oder Pzza. Garibaldi 1, ✆ 06.9633367.

● *Verbindungen* Von Rom aus über die Via Appia. Landschaftlich schöner ist die Anfahrt über die Panoramastraße *„ai Laghi"* (SS 217) von Marino am Albaner See und am Nemi-See vorbei, dann mit weitem Blick in die Ebene und auf das Meer, bis es in vielen Kurven hinab nach Velletri geht.
**Bahnverbindung** nach Rom (Bahnhof am Ortsausgang).
**Busverbindungen** nach Rom, Latina und Albano.

● *Essen* Man kann in Velletri gut essen. Die Spezialitäten sind hier Wildgerichte (cacciagione), Lamm (agnello), Pilze (funghi), Suppe (zuppa di cavoletti) und Artischocken (alla matticella). Außerdem wird der Weißwein aus der Umgebung (Grechetto) geschätzt.

● *Übernachten/Essen* Ruhig in einem Wald aus Pinien und Wallnussbäumen, außerhalb der Stadt am Hang der Lepinischen Berge, wo es die beste Luft in Europa geben soll, liegt das komfortable Hotel Restaurant **Benito al Bosco**, Via Morice 20, ✆ 06.9641414, www.benitoalbosco.com. Es gibt 60 Zimmer, einen großen Garten mit hohen Bäumen und einen Pool. DZ mit Frühstück um 80 €.
Auf jeden Fall lohnt ein Besuch wegen des Restaurants. Der Gastraum ist zwar groß und eher unpersönlich, doch die Küche ist hervorragend. Die Gerichte sind traditionell, wie z. B. Suppe von grünem Blumenkohl und Stockfisch (zuppa alla velletrana con cavoletti), Polenta in verschiedenen Variationen, Wildgerichte (cacciagione) oder Gemüsesuppe mit Kastanien (zuppa di legumi e castagne), und werden durch eine kreative Fischküche ergänzt (sehr gut ist z. B. das „fritto misto di pesce"). Ausgezeichnet sind auch die Desserts. Im Sommer sitzt man sehr angenehm im Garten oder auf der Terrasse. Das Preis-Leistungs-Verhältnis ist trotz eines Menüpreises um 45 € gut.

**La Vecchia Taverna**, Via San Giorlamo Miani 6, ✆ 06.9637926. Mo geschlossen. Bodenständige, gute Küche (hausgemachte, frische Nudeln), empfehlenswert sind z. B. das gegrillte Fleisch oder der Stockfisch (baccalà in umido). Menü um 30 €.

*Eines der schönsten Städtchen der Küste: das verwinkelte Sperlonga*

# Der Süden von Latium

**An der südlichen Küste Latiums beginnt bald nach dem Hafenstädtchen Anzio die Dünenlandschaft des Nationalparks Circeo mit breiten weißen Sandstränden. Jenseits des bekannten Badeorts Terracina wird die Küste dann abwechslungsreicher und felsiger. Von den Bergen sieht man bei klarem Wetter in der Ferne die Pontinischen Inseln, von denen nur die Hauptinseln Ponza und Ventotene bewohnt sind. Sehenswerte Städtchen archaischen Ursprungs mit kolossalen Mauern und Bauwerken aus dem 10. bis 13. Jh. finden Sie in der Provinz Frosinone, nördlich der Autobahn A 1.**

Die zu einem erholsamen Badeurlaub bestens geeigneten Küstenabschnitte Latiums liegen südlich von Rom und gehören zur Provinz Latina. Diese alte Kulturlandschaft ist eng verbunden mit der Mythologie des Äneas und den Reisen des Odysseus, der sich am Circefelsen bekanntlich vom sinnverwirrenden Gesang der Zauberin sprichwörtlich bezirzen ließ. Auf die Söhne aus dieser Verbindung sind mehrere uralte Städte als legendäre Gründungsväter stolz.

In vorrömischer Zeit lebten hier die Aurunker und die Volsker, die um das 4. Jh. v. Chr. von den Römern unterworfen und später eingebürgert wurden. Entlang der Via Appia entstanden blühende Ortschaften, die vom Handel mit der Küste lebten. Wegen des guten Klimas, dem Meer, günstiger Straßenverbindung nach Rom und der gesicherten Versorgung mit Öl, Früchten und Wein galt die Gegend schon in der Antike als idealer Urlaubsort. Reiche Römer ließen sich großzügige Villen mit üppigen Gärten und Teichen zur Fischzucht anlegen. Auch Kaiser Tiberius bezog eine Grotte bei Sperlonga, deren ungeheuer luxuriöse Ausstattung man im kleinen Museum beim Ausgrabungsgelände erahnen kann.

Die meisten Reste römischer Villen sind bei der auch heute beliebten Bade- und Hafenstadt Formia erhalten.

Nach dem Zerfall des römischen Imperiums suchten im Mittelalter Sarazenen und Piraten die Küste heim. Sie verschleppten die Bewohner, brandschatzten und zerstörten die Küstenstädte. Einige gaben auf, andere versuchten sich mit Befestigungsanlagen zu schützen. Aus dieser Zeit stammen die hohen Mauern und Torbögen von **Sperlonga**, das mit seiner verwinkelten Altstadt auf einem steilen, ins Meer hineinragenden Felsen zu den schönsten Küstenorten Mittelitaliens gehört.

Die ungewöhnlichste Stadt Latiums ist wohl **Latina**. Die Provinzhauptstadt wurde während des Faschismus nach den persönlichen Vorstellungen Mussolinis aus dem Boden der gerade trocken gelegten Pontinischen Sümpfe gestampft. Da die Ideologie hier überall ihre Spuren hinterlassen hat, wirkt das Zentrum von Latina heute wie eine belebte Ausstellung über den Faschismus. Auf der Landseite werden die intensiv landwirtschaftlich genutzten ehemaligen Sumpfgebiete von den hohen Lepinischen Bergen begrenzt, an deren Hängen und auf Felsvorsprüngen, umgeben von Olivenhainen und Weingärten, sehenswerte alte Städte wie Cori, Norma und das reizende Sermoneta mit ihren mittelalterlichen Vierteln liegen. Von hier aus hat man fantastische Ausblicke auf die Ebene und das Meer. Sehenswert ist auch die verlassene romantische **Ruinenstadt Ninfa** mit einem der schönsten Gärten Europas.

Das Meer bei Latina wird durch einen Dünenstreifen mit feinem weißem Sandstrand von langgestreckten Küstenseen getrennt, die zum artenreichen **Nationalpark Circeo** gehören. Im Süden begrenzt das Felsmassiv der Circe den Park. Die Fahrt über steile Serpentinen hinauf zum Gipfel mit der hübschen, gepflegten Altstadt von San Felice Circeo lohnt schon wegen des tollen Fernblicks auf die Küste. Im Osten schließt sich ein 15 km langer Sandstrand an, der bis nach **Terracina** reicht. Dieser bekannteste Badeort des Tyrrhenischen Meers verfügt über zwei besondere Wahrzeichen, nämlich die 36 m hohe Felsnadel des *Pisco Montano* und darüber auf dem Berg die imposanten Pfeilerbögen der Terrasse des ehemaligen *Jupiter-Anxur-Tempels*. Etwas abseits vom lauten Badetrubel des neueren, direkt am Meer gelegenen Stadtteils erhebt sich am Berghang das alte Terracina mit Resten eines antiken Tempelbezirks.

Weiter östlich von Terracina schließen sich die Sandstrände des Lido di Fondi an. Erst ist die Küste noch flach, dann wird sie lebhafter, wenn sich etwa ab Sperlonga die Ausläufer der Berge bis zum Meer erstrecken und kleine Buchten bilden. Die Küstenstraße führt dann durch Tunnel oder gewinnt an Höhe. Die Berge sind meist kahl, doch im Frühling, wenn der Ginster blüht, strahlen die Hänge in sonnigem Gelb. Bei klarem Wetter erkennt man in der Ferne sogar die felsigen **Pontinischen Inseln**. Von den beiden bewohnten Inseln ist Ponza mit seinen weiß gekalkten Häuschen an den engen Treppengässchen die belebtere, während sich auf Ventotene die touristische Infrastruktur noch entwickelt. Beide Inseln erreicht man am besten mit der Fähre von Terracina oder von Formia aus.

Der südlichste Punkt der Küste Latiums ist die weit ins Meer hineinragende felsige Landzunge mit dem malerischen, lebhaften Städtchen **Gaeta**. Auf dem Hügel über der Stadt befinden sich neben einem Naturpark gewaltige Felsspalten und Grotten, die zu einem sehenswerten Benediktinerheiligtum gehören. Der Fischerei- und Jachthafen im Osten, wo auch ein pittoreskes mittelalterliches Viertel erhalten ist, markiert die Grenze zum Golf von Gaeta. Im Zentrum der langgezogenen, stark

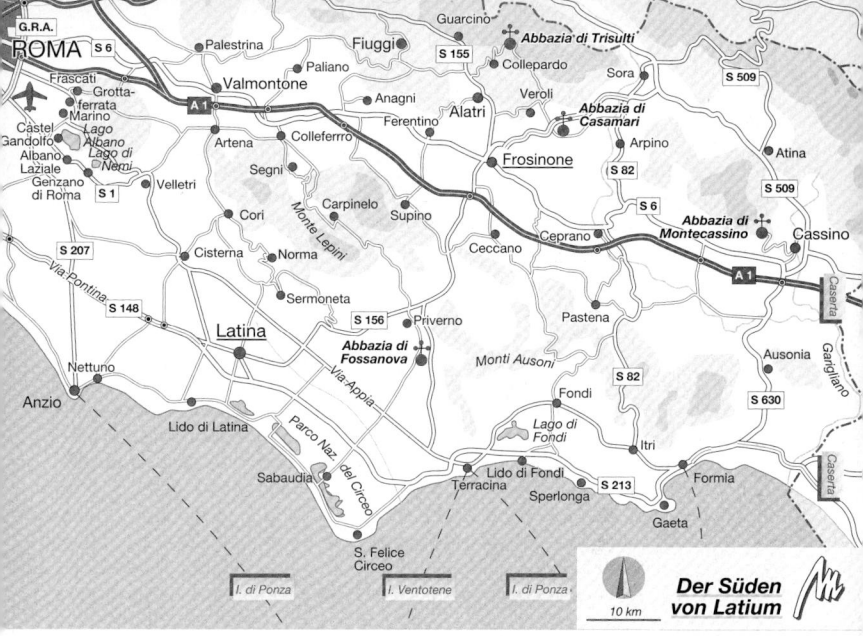

Der Süden von Latium

10 km

zersiedelten Bucht mit breiten Stränden, Hotelanlagen und Campingplätzen liegt **Formia**. Der beliebte Badeort und Fährhafen wurde nach schweren Zerstörungen im Zweiten Weltkrieg weitgehend modern wieder aufgebaut. Durch die steilen Berge im Hintergrund ist die Landschaft nicht nur abwechslungsreicher als weiter nördlich, auch das Klima ist besser, was bereits die antiken Römer schätzten. Da man im Winter vor den kalten Winden aus dem Appenin geschützt wird und im Sommer stets eine angenehm frische Brise vom Meer herüberweht, hat die Bucht von Gaeta die niedrigsten Temperaturschwankungen Italiens.

Zu den lohnenden Ausflugszielen im Hinterland gehören die Städtchen **Itri** und **Fondi** und vor allem die **Abtei von Fossanova**. Sie ist das älteste und berühmteste Bauwerk Italiens im gotisch-zisterziensischen Stil. Weiter im Hinterland, jenseits der Autobahn A 1, bietet die **Region der Ciociaria** in der Provinz Frosinone viele interessante und bedeutsame Städte, mittelalterliche Klöster, reizvolle Landschaften und hohe Gebirge.

Im Süden Latiums können auch **Feinschmecker** es sich so richtig gut gehen lassen. Die Restaurants am Meer bieten natürlich herrlich fangfrischen Fisch. Aber auch Gemüse, das in der fruchtbaren Erde der ehemaligen Pontinischen Sümpfe und in der Ebene vor Fondi prachtvoll gedeiht, gibt es vielfältig zubereitet in hervorragender Qualität. Man sollte auch nicht versäumen, als Nachspeise den hiesigen Kuh- und Schafskäse zu probieren, den *provolone*, *ricotta* oder *marzolina* und vor allem die originale *mozzarella* aus der Milch der Büffel, die man hier häufig auf den Wiesen neben den Straßen grasen sieht. Besonders schmackhaft ist auch die eher derbe, bäuerliche Küche der Ciociaria mit kräftigen Soßen. Unter den Fleischgerichten sind hier besonders die Spieße und die Würste zu erwähnen, die alle mit viel Knoblauch zubereitet werden. Dazu trinkt man auch dort den herben, trockenen, goldgelben Hauswein.

# Latina

**Die Provinzhauptstadt Latina wurde in der Zeit des Faschismus komplett auf dem Reißbrett geplant und mitten in den ehemaligen Pontinischen Sümpfen sieben Kilometer vom Meer entfernt gebaut. Der Ort hat also keinerlei historische Wurzeln und somit auch keine Altstadt – für Latium ist das höchst ungewöhnlich.**

Schon immer war die **Pontinische Ebene** südlich von Rom zwischen dem Meer und den Lepinischen Bergen ein von Malaria verseuchtes **Sumpfgebiet**, das Reisende, die auf der Via Appia unterwegs waren, möglichst schnell hinter sich bringen wollten. Seit der Antike versuchten erst die Römer und später einige Päpste die Sümpfe trocken zu legen, doch ohne nachhaltigen Erfolg. Erst unter Mussolini gelang das Projekt: Er enteignete die römischen Adligen, die Teile des Sumpfes besaßen, kommandierte 60.000 Arbeiter ab und ließ 268 Entwässerungsgräben ausheben. Durch das ausgeklügelte Kanalsystem verwandelte sich der Morast in fruchtbares Ackerland. Durch ein rechtwinklig angelegtes Straßennetz von über 500 km Länge wurde es erschlossen. Mitten im ehemaligen Sumpf ließ Mussolini innerhalb von vier Jahren die neue *Hauptstadt Littoria* bauen, das heutige Latina. Benannt war die Stadt nach dem Rutenbündel mit Axt, dem antiken Zeichen der Staatsgewalt, das die italienischen Faschisten als Symbol übernahmen. Am 18. Dezember 1932 weihte Mussolini persönlich Littoria ein. Drei weitere Stadtgründungen folgten (Sabaudia, Pontina und Aprilia).

Die 4.000 neuen Höfe wurden nur an erfahrene Bauern aus ganz Italien vergeben, die den Boden optimal bewirtschaften sollten. Voraussetzung war außerdem, dass sie sechs erwachsene Familienmitglieder als Arbeitskräfte mitbrachten und dass das Familienoberhaupt Kriegsveteran war. Schließlich sollte die nationale Anstrengung dazu dienen, die Helden des (Ersten) Weltkriegs zu belohnen. Jede Familie erhielt ein neues Haus, 18 Hektar Land, 4 Rinder und monatlich eine Futterration für die Tiere sowie 80 Lire.

Littoria war das **Prestigeprojekt des Duce**, bei dem er seine städtebaulichen Vorstellungen umsetzen konnte, ohne Rücksicht auf bestehende Strukturen nehmen zu müssen. Befremdlich wirken heute viele erhaltene Zeugnisse des Faschismus, weshalb man Latina auch *„Mussolini-Wunderland"* genannt hat. Hier werden beispielsweise an der Fassade des Rathauses noch immer Volk und Führer gegrüßt und die Kanaldeckel ziert das faschistische Rutenbündel. Vor dem Gebäude in Form eines „M" für Mussolini steht die einst Propagandazwecken dienende dralle Marmormutter mit vielen gesunden, lebhaften Kindern, und am Anfang des Viale dell'Aviatore, der Straße der Luftfahrt, zeigt auf einem Sockel ein Flugzeug mit den Nationalfarben senkrecht in den Himmel.

Ungewöhnlich ist auch die ganze Stadtanlage, die etwa achteckig einem Spinnennetz gleicht und in der alle großen Straßen radial auf die Piazza del Popolo zustreben. Im Zentrum dieses großen Verkehrskreisels befindet sich eine symmetrische Grünanlage mit nüchternem Brunnen. Auch in anderer Hinsicht unterscheidet sich Latina von anderen Städten Latiums: Die Straßen wirken sauber, sind breit und haben viele Parkplätze. Direkt im Zentrum gibt es große Bau-, Elektro- und Supermärkte. In den neueren Randlagen überwiegen fantasielose, billige Betonbauten. Dafür ist das **Kulturprogramm** mit einer lebendigen Theater-

und Musikszene vielfältig. Die Wirtschaft wächst und mit ihr die Stadt, in der heute ca. 114.000 Menschen leben. Aus Latina stammen auch recht unterschiedliche Prominente, wie die bekannte Aids-Forscherin *Barbara Ensoli*, der Popsänger *Tiziano Ferro* sowie das ehemalige Sex-Sternchen *Cicciolina*, die auch schon mal Parlamentsabgeordnete war und sich heute als Aktionskünstlerin versteht.

Obwohl die Landschaft in der Pontinischen Ebene recht eintönig ist und Industrieansiedlungen Teile der landwirtschaftlichen Strukturen verdrängt haben, ist die Lage von Latina geradezu ideal. Schnell erreicht man den Nationalpark Circeo mit einem Dünenstreifen zwischen dem Meer und den schmalen Binnenseen, an denen eine reiche Artenvielfalt existiert. Eine gut ausgebaute Straße führt beim Küstenort **Lido di Latina** zum Strand. Im Sommer pendeln fast permanent Busse auf dieser Strecke, entsprechend stark überlaufen ist dann dieser typische, aber wenig reizvolle Bade- und Hotelort.

*Information/Verbindungen/Sonstiges*

● *Information* Pzza. del Popolo, ☎ 0773. 480672, oder Via Duca del Mare 19 (5. Stock), ☎ 0773.695404, ✆ 0773.661266, www.aptlatina turismo.it. 9–13 Uhr.

● *Verbindungen* Von Rom über die gut ausgebaute Via Pontina (SS 148); von der Autobahn A 1 (Rom – Neapel), Abfahrt „Fro-

sinone", weiter über die SS 156. Entfernungen nach Rom 68 km, nach Neapel 175 km.

● *Krankenhaus* Ospedale S. Maria Goretti, V. G. Reni, ☎ 0773.6571.

● *Automobilclub* Via A. Saffi 23, ☎ 0773. 697702, ✆ 0773.691402.

*Übernachten (siehe Karte S. 760)*

● *Hotels im Zentrum* Im Zentrum von Latina gibt es kaum attraktive Übernachtungsmöglichkeiten. In den meisten Hotels steigen Geschäftsleute ab, die Touristen zieht es an den nahen Strand.

Eines der typischen Business-Hotels in recht zentraler Lage ist wohl das **De La Ville Central (4)**, Via Scavarelli 14, ☎ 0773. 661281, ✆ 0773.661153, www.delaville-hotel. com. Mit passablem Ristorante Baccus und komfortablen, etwas kleinen Zimmern. 4 Sterne. DZ mit Frühstück 70–125 €.

**Victoria Residence Palace (5)**, Via Rosetti 24, ☎ 0773.663966, ✆ 0773.489592, www. victoriapalace.it. Eine moderne Wohnanlage am Rande des Zentrums mit großem Pool, Tennisplatz, zwei Restaurants und Parkplatz. 4 Sterne, 150 Zimmer. DZ ca. 1155 € inkl. Frühstücksbuffet.

● *Hotels in Lido di Latina* **Hotel Gabriele**, Lungomare Foceverde 346, ☎ 0773.645800, ✆ 0773.648696, www.hotelgabriele.it. Liegt unmittelbar am Strand. Die hübschen, hellen Zimmer haben z. T. Balkon mit Meerblick. Am hoteleigenen Strand gibt es ein Beachvolleyball-Feld und im Sommer manchmal Strand-Disco. 3 Sterne, 39 Zimmer. DZ mit Frühstück ca. 70–110 €.

Empfehlenswert ist auch das kleine familiäre **Mediterraneo**, Via Valmontone Foceverde, ☎ 0773.645044, ✆ 0773.404114. Nur 15 ordentlich ausgestattete Zimmer, Pool, eigener Zugang zum Strand, Restaurant und Parkplatz. 3 Sterne. DZ 65–110 € inkl. Frühstück.

● *Campingplätze* Allein in Lido di Latina gibt es neun Plätze in Strandnähe, zahlreiche weitere reihen sich entlang der ganzen Küste aneinander. Die Auswahl ist so groß, dass außerhalb der Ferienmonate von Mitte Juli bis Ende Aug. problemlos für jeden Anspruch ein passendes Plätzchen zu finden ist. Fast alle Campingplätze öffnen im April oder Mai und schließen Ende Sept.

**Stella Mare**, Via Lungomare 80, ☎/✆ 0773.273302. Geöffnet von April bis Sept., 19 ha für bis zu 400 Pers., dichter Baumbestand, gute Ausstattung (allerdings kein Pool).

**Fogliano**, Via Casilina Sud 742, ☎ 328. 0303192. Geöffnet von Mai bis Sept., 60 ha für bis zu 800 Pers. Mit Abstand größter Platz der Umgebung, 18 Bungalows, Laden und Restaurant, Tennisplatz. 2 Pers. ca. 25 €, Bungalow 20–32 €.

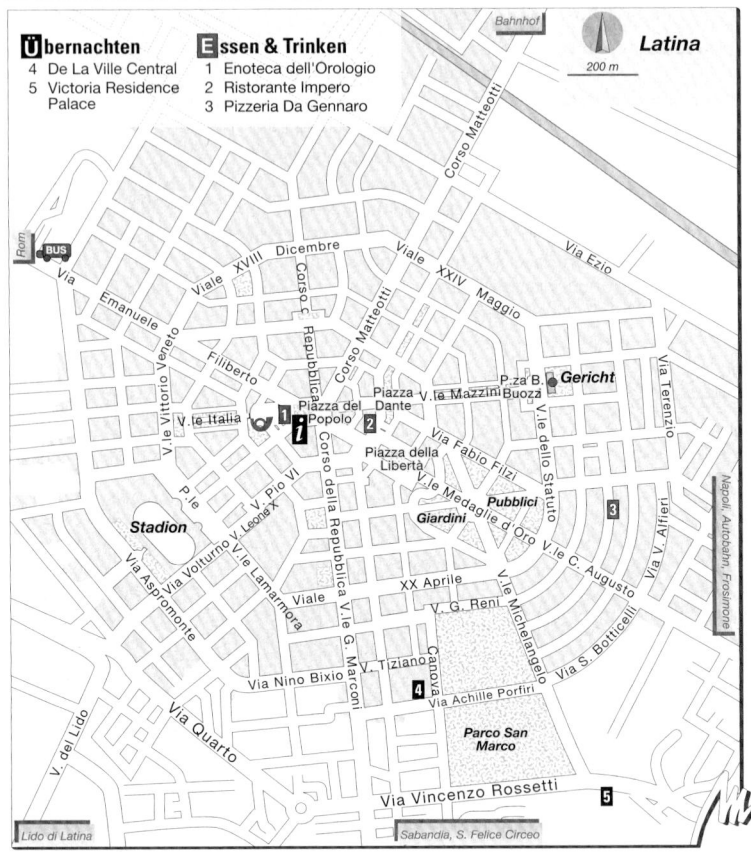

**Übernachten**
4  De La Ville Central
5  Victoria Residence Palace

**Essen & Trinken**
1  Enoteca dell'Orologio
2  Ristorante Impero
3  Pizzeria Da Gennaro

*Latina*
200 m

*Essen/Unterhaltung*

• *Essen* **Enoteca dell'Orologio (1)**, ✆ 0773.473684, www.enotecadellorologio.it. So und Mo mittags geschlossen. Die Enoteca in einem Gebäude aus faschistischer Zeit an der zentralen Pzza. del Popolo (Nr. 20) ist ein modernes Restaurant mit vorzüglicher Küche, die der Jahreszeit angepasst ist und traditionelle Rezepte modern interpretiert. Köstlich sind die stets frischen Fischgerichte, vielfältig die Desserts. Menü zum angemessenen Preis um 50 € (mit Fisch etwas teurer).
**Ristorante Impero (2)**, Pzza. della Libertà 19, ✆ 0773.693140. So abends und Mo geschlossen. Traditionsreiches, aber einfaches Lokal mit bodenständiger Küche. Menü um 25 €.
Unter den vielen guten Pizzerien ist z. B. die

**Pizzeria Da Gennaro (3)** zu empfehlen. Via Tasso 6, ✆ 0773.694296. Hier gibt es auch Couscous und Büffelmilch-Mozzarella.
• *Lokale außerhalb von Latina* **Il Funghetto**, Loc. Borgo Grappa (südlich in Richtung Meer), Via Litoranea 326, ✆ 0773.208009. So abends und Mi geschlossen. Eines der besten Restaurants der Umgebung. Die ausgezeichnete, kreative Küche bietet eine ständig wechselnde, der Jahreszeit angepasste Karte. Zu empfehlen sind besonders die frischen Fischgerichte, auch gute vegetarische Küche. Das Weinangebot ist vielfältig. Im Sommer sitzt man angenehm draußen. Das Menü kostet um 60 €, doch der Preis ist angemessen.

**La Locanda del Bere**, Via Foro Appio 64, Loc. Borgo Faiti, direkt an der Via Appia östlich von Latina, ☎ 0773.258620. So geschlossen. Bei Maurizio und Caterina Mangoni essen und trinken Sie ganz wunderbar. Die Gerichte sind traditionell und gekonnt zubereitet. Hervorzuheben sind schon die Antipasti mit Käse und Salami aus der Region, perfekt auch die Tortelli mit Artischocken und die klassischen Fleischgerichte, es gibt aber auch frischen Fisch, zum Abschluss noch ein hausgemachtes Dessert. Menü um 40 €.

• *Unterhaltung* Es gibt jede Menge Diskotheken und Clubs, deren Namen, Betreiber, Ausstattung und Beliebtheit häufig wechseln; die meisten liegen außerhalb an den großen Verbindungsstraßen oder einsam auf dem Land. In der Stadt gibt es z. B. die Diskothek **Felix Club** in der Via Don Torello 67, ☎ 0773.242496, oder das **New Bird Lives** am Corso Matteotti. Beliebt sind im Sommer auch die **Strandpartys**, die durch Plakate unübersehbar angekündigt werden.

---

## Weinbau im Gebiet der Pontinischen Ebene

Auch nach der Trockenlegung der Pontinischen Sümpfe war die nun landwirtschaftlich genutzte Region für den **Weinbau** lange bedeutungslos. Im Jahr 1968 erwarb die **Familie Santarelli** 150 Hektar Land, pflanzte die ersten Rebstöcke, baute 1975 eine moderne Kellerei und erschloss langsam eine neue Welt für die Weinerzeugung. Man analysierte das weinbauliche Ausgangsökosystem und begann ab 1984 mit dem Versuchsanbau von 50 verschiedenen Rebsorten, immer auf der Suche nach der optimalen Weinerzeugung in der windigen, warmen Ebene am Meer mit dem mineralreichen Boden. Man gab gewohnte Rebsorten auf und wurde fündig bei den Sorten Merlot, Syrah und Petit Verdot. Jeder Wein hat sein eigenes Gesicht und damit sich dies charaktervoll entwickeln kann, wurden für jede Sorte ganz eigene, ausgeklügelte Produktionsmethoden entwickelt. Antonio Santarelli, der in der Schweiz studiert hat und heute Präsident des Weinbauverbands Latium ist, ist Chef des Hauses **Casale del Giglio** *(Lilienhof)*. Er hat die Ertragsmenge weiter reduziert und dafür gesorgt, dass die Lese optimiert wird. Die Trauben werden während des Transports gekühlt und dank kurzer Wege sofort verarbeitet. In Italien hebt man seine „fast beängstigende Perfektion" hervor und wählte ihn zum Aufsteiger des Jahres 2003, seither räumt er jährlich Preise ab. Casale del Giglio gehört heute zu den besten Weingütern Latiums. Erzeugt werden ca. 600.000 Flaschen pro Jahr. Es sind feine Weißweine und vor allem überzeugende, vielfach prämierte Rotweine. Absolute Stars sind die lagerfähigen *Mater Matuta*, bestehend aus 85 % Syrah und 15 % Petit Verdot, und *Madreselva*, eine Mischung aus den Sorten Merlot, Cabernet Sauvignon und Petit Verdot. Hier zeigt sich das hohe Qualitätspotenzial der Küstenregion Latiums. Erfreulich ist, dass man hier noch nicht (wie z. B. im Barologebiet der Toskana) einen bekannten Namen mitbezahlen muss. Die Preise sind für die gebotene Qualität sogar noch relativ gemäßigt. Man kann den Wein direkt beim Weingut kaufen, sollte sich aber vorher telefonisch anmelden.

**Casale del Giglio** an der Straße von Cisterna nach Nettuno bei km 13, Loc. Le Ferriere, ☎ 06.92902530, 🖂 06.92900212, www.casaledelgiglio.it. Öffnungszeiten des Verkaufs: Mo–Fr 7.30–12 und 13–16 Uhr, Sa 10–18 Uhr. Eine Betriebsführung ist für Gruppen nach Anmeldung möglich.

## Ausflüge in die Lepinischen Berge

Die Gebirgskette der Lepinischen Berge begrenzt die Pontinische Ebene im Nordosten. Vom Meer bis zu den Bergen sind es etwa 20 km. Von den höchsten Gipfeln erreicht der *Monte Lupone* eine Höhe von 1378 m, der *Monte Semprevisa* sogar eine von 1536 m. An den Hängen und auf Felsvorsprüngen gibt es einige sehr alte interessante Städtchen mit Fragmenten aus archaischer Zeit und mittelalterlichen Vierteln zu sehen. Außerdem weht hier oben auch im Sommer ein angenehmes Lüftchen. Und schließlich kommt noch der weite Blick über die zersiedelte Ebene und das Meer hinzu.

▶ **Cori**: Die kleine mittelalterliche Stadt ist einer der ältesten Orte Latiums. Angeblich soll sie schon 700 Jahre vor der Gründung Roms existiert haben. Das Leben scheint hier fernab von jeder Hektik zu verlaufen. Cori klebt in 398 m Höhe pyramidenförmig an einem Hang der Lepini-Berge, umgeben von Oliven- und Weingärten, und ist in das untere *(Cori a Valle)* und in das obere Stadtviertel *(Cori a Monte)* unterteilt.

In Cori a Valle steht die Kapelle **Santa Maria della Pietà** auf den Fundamenten eines antiken Fortunatempels. Sehenswert ist hier einer der ältesten Osterleuchter Latiums (Anfang des 12. Jh.). In der Umgebung hat sich das charakteristische **mittelalterliche Stadtbild** mit den engen Gässchen und Durchgängen besonders gut erhalten, wie z. B. in der Via del Porticato. Im oberen Teil, in *Cori a Monte*, befinden sich die Ruinen des **Castor- und Pollux-Tempels** aus dem 1. Jh. v. Chr. Die erhaltene Tempelbasis, Mauerreste der Cella und die beiden korinthischen Säulen lassen erahnen, wie großzügig und prächtig der Bau einst gewesen sein muss. Die **Kirche Sant'Oliva** ist durch die Verbindung zweier benachbarter Kirchen entstanden. Der rechte mittelalterliche Bau geht wohl auf einen römischen Tempel zurück, der dem Gott Janus geweiht war. Wahrscheinlich stammen die antiken Säulen im dreischiffigen Innenraum aus diesem Tempel. Sehenswert sind hier auch die Freskenfragmente. Es schließt sich der später erbaute, prächtig ausgemalte Renaissancebau an. Leider ist der sehr schöne kleine Kreuzgang nicht mehr zugänglich. Man kann aber von der oberen Gasse ganz gut hineinschauen. Auf der Hügelspitze von *Cori a Monte* erheben sich die **Ruinen des Herkulestempels**, der etwa 80 v. Chr. gebaut wurde. Auf einem viereckigen Podest stehen acht schlanke dorische Säulen, die den Giebel tragen. Im oberen und unteren Stadtteil sieht man an einigen Stellen noch Reste der **Zyklopenmauern**, die auf das 5. Jh. v. Chr. zurückgehen. Die Latiner hatten sie zum Schutz gegen die ständigen Angriffe der Volsker errichtet.

● *Verbindungen* Von Rom über die Via Appia und dann über Cisterna di Latina nach Cori abzweigen (etwa 57 km).

● *Übernachten* **Hotel Del Colle**, Via del Colle 4, ☏ 06.96610034, ☏ 06.96611107, www. hoteldelcolle.com. Kürzlich renoviertes, ordentliches Hotel in der Nähe des Hauptplatzes mit Restaurant. 3 Sterne, 20 Zimmer. DZ mit Frühstück ca. 60 €, Voll- und Halbpension möglich.

● *Essen* **Trattoria da Checco**, Via della Repubblica 174 (nicht weit vom Herkulestempel entfernt), ☏ 06.9678336. Do Ruhetag. Traditionelle Gerichte und ordentlicher Hauswein (empfehlenswert z. B. „filetto di manzo in crosta di porcini" – Rinderfilet mit Steinpilzkruste, oder „coniglio alla romana con olive e pompdorini" – geschmorte Kaninchenteile mit Oliven und Kirschtomaten und zum Nachtisch die „biscottini al vino" – harte Kekse mit Wein). Menü um 25 €.

**Osteria da Metardo**, Pzza. Carrette 3, ☏ 06.9678152. Mo Ruhetag. Sehr schlichter Familienbetrieb mit zünftiger, derber klassischer Küche (z. B. „pasta e ceci"). Menüpreis rund 18 €.

**Trattoria del Pergolato la Vedova**, Via della Gradinata 2, ☏ 06.9678204. Mo Ruhetag. Das gutbürgerliche Ambiente entspricht dem Angebot der Küche. Empfehlenswert sind der sehr gute Bergschinken (prosciutto di montagna), die Lasagne, die Fettuccine sowie das im Ofen gebratene Milchlamm (abbacchio al forno). Man trinkt den Weißwein aus eigener Produktion und sogar das Olivenöl wird hier selbst hergestellt. Preis pro Menü ca. 20 €.

● *Feste* In der letzten Juniwoche findet das **Pferderennen** der Madonna del Soccorso statt, es schließt sich Anfang Juli ein **Folklorefest** und ein Umzug mit Trachten aus der Renaissance an.

● *Reitclub* Reitschule und Gelegenheit für Ausritte im Vorort Fontana del Prato, ☏ 06.9677128.

▶ **Norma:** Das friedliche, verschlafen anmutende Dorf liegt in 410 m Höhe auf einem Felsvorsprung der Lepini-Berge mit weiter Fernsicht über die Pontinische Ebene und auf das Meer. Die mittelalterlichen, dicht gedrängt stehenden kleinen Häuser an den schmalen, verwinkelten Gassen und über Durchgängen haben ihren ursprünglichen Charakter weitgehend bewahrt. Abgesehen von dem hübschen Ortsbild sind zwei verlassene alte Stätten aus ganz unterschiedlichen Epochen in der nahen Umgebung sehenswert. Vom Ortseingang aus führt links eine Straße 2 km nordwestlich zu den **Ruinen der Stadt Norba**. Nach der Sage wurde Norba von Herkules, tatsächlich aber wohl eher von latinischen Stämmen in unbestimmter Vorzeit gegründet und dann im 5. Jh. v. Chr. von den Volskern übernommen. Sie bauten die Stadt terrassenförmig mit schachbrettartigem Straßensystem am Hang aus und sicherten sie durch eine Stadtmauer aus mächtigen Steinquadern. Im römischen Bürgerkrieg (82 v. Chr.) ergriffen Norbas Bewohner Partei für die falsche Seite, was ihnen zum Verhängnis wurde. Der Sieger Sulla zerstörte die Stadt und ließ zur Strafe alle männlichen Bewohner töten. Zu einem Wiederaufbau kam es dann nicht mehr. Erst im Mittelalter siedelten hier wieder Menschen. Sie gründeten in unmittelbarer Nachbarschaft das heutige Norma.

Einige Ruinen vom historischen Norba haben bis heute überdauert. Teile der knapp zweieinhalb Kilometer langen **Zyklopenmauer** und der Straßenzüge sind noch erkennbar. Einander gegenüber, genau am Ende der Stadt, lagen jeweils eine Akropolis. Die Terrassen und einige Tempelfundamente sind dort erhalten. Besondere Fundstücke, darunter ein Sarkophag aus dem 2. Jh. v. Chr., sind im kleinen **Heimatmuseum** von Norma ausgestellt. Interessant ist dort vor allem die virtuelle Rekonstruktion Norbas. Hierzu stehen fünf Bildschirme zur Verfügung.

*Öffnungszeiten* Mo–Fr 9.30–12.30 Uhr, Sa und So 9.30–12.30 und 15–18.30 Uhr. Eintritt frei. Der Weg zum Museum ist ausgeschildert.

Skurril ist das **Schokoladenmuseum** des Ortes. Dargestellt werden alle Schritte der Produktion von der Saat bis zum fertigen Produkt; man erfährt aber auch einiges über die Geschichte aus der Zeit der Azteken. Eine weitere Abteilung zeigt schließlich unterschiedlichste Verpackungen.

*Öffnungszeiten* Nur Mai–Sept. Mo–Fr 9.30–13 und 14.30–19 Uhr. Eintritt frei. Via Colle Catilina 1.

● *Verbindungen* Von Rom aus fahren Sie über die Via Appia. Einige Kilometer nach Cisterna di Latina biegen Sie links ab. Sie können die Straße nach Doganella oder ca. 5 km später die Straße über Sermoneta nach Norma nehmen.

● *Essen* **Polli fermo**, Passata San Giovanni (in der Nähe der Ruinen), ☏ 0773.354088. Di geschlossen. Das von einem Garten umgebene Restaurant wird nicht nur wegen seiner Lage, sondern auch wegen seiner guten, bodenständigen Küche geschätzt. Auch die Pizza am Abend lässt nichts zu wünschen übrig.

● *Veranstaltungen* Im Aug. finden ein Pferderennen und ein Sarazenenwettkampf statt.

● *Sport* Wegen seiner Lage wird der Ort als Absprungplatz von Drachenfliegern genutzt.

Der zweite sehenswerte Ort in der Nähe von Norma ist der **Zaubergarten von Ninfa**, den man von hier oben bereits sehr schön aus der Ferne einsehen kann.

▸ **Ninfa**: Unterhalb des Felsenstädchens Norma liegt in einem feuchten Tal am Fuße der Lepini-Berge die zweite **Ruinenstadt**, Ninfa, deren zauberhafter Garten heute die Besucher anzieht. Über die Entstehung des kleinen Sees in ihrer Nähe erzählt die Sage:

Eine schöne Nymphe floh vor einem Mohrenkönig, der dieses Gebiet beherrschte, und rannte von Cori bis an den steilen Hang, von dem aus sie herunter sprang. Unten angekommen, verwandelte sie sich in einen See, **La Ninfa** genannt.

Schon der römische Schriftsteller Plinius erwähnte in seiner Beschreibung dieses Ortes den See mit einem den Nymphen geweihten Tempel und berichtete von schwimmenden Inseln, die *„zur Musik der Naturgeister auf dem Wasser kreisten"*. Aus dem Heiligtum entwickelte sich eine Ansiedlung, dann eine bedeutende Festung, die Papst Bonifaz VIII. 1297 akquirierte, um sie seinem Neffen Pietro Caetani, Graf von Caserta, zum Geschenk zu machen. Dieser fügte dem Castello des Ortes den Turm an, der heute noch Mittelpunkt der Anlage ist. Im Jahr 1382 nahm eine Familienfehde bürgerkriegsähnliche Ausmaße an und führte zur völligen Plünderung und Zerstörung des winzigen Städtchens. Anschließend wurde das Tal der Caetani nicht mehr besiedelt.

Gregorovius bezeichnete den Ort bei seinem Besuch vor hundert Jahren als das *„Pompeji des Mittelalters"*. Ruinen der Stadtmauer, von Häusern, Türmen und Straßen sind zu sehen, dazwischen die Reste der Kirche **Santa Maria Maggiore**, in der 1159 Alexander III. zum Papst gekrönt wurde und in die er schließlich vor dem von Barbarossa erhobenen Gegenpapst floh. Das gesamte Gelände ist üppig bewachsen und erweckt den Eindruck, als läge hier eine **Märchenstadt** in jahrtausendlangem Schlaf. Diese in der Tat verwunschene Stimmung ist der Anglo-Amerikanerin *Ada Bootle-Wilbraham* zu verdanken, die 1867 den Herzog Onorato Caetani di Sermoneta heiratete und sich des Besitzes annahm. Sie begann damit, das nahezu unzugängliche Tal behutsam zu kultivieren. Ihr Sohn, Prinz Gelasio, erbte 1917 nach dem Tod des Vaters den Besitz, restaurierte den Kastellturm und baute das ehemalige Rathaus zu einem kleinen Palazzo aus, wo er sich mit seiner Mutter niederließ. Gemeinsam pflanzten sie Pinien, Zedern, Zypressen, Eichen und Rosen, inszenierten eine gepflegte, harmonische Wildnis im Sinne englischer Landschaftsgärten. Über Erbfolge gelangte der Park an seine Nichte, Donna Lelia Caetani, die den Bestand hingebungs-

*Märchenhaft: der Zaubergarten von Ninfa*

voll versorgte, um unzählige, oftmals seltene Pflanzenarten mehrte und der vielfältigen, gezügelt wuchernden Vegetation Bachläufe und kleine Wasserkaskaden hinzufügte. Mit ihr starb 1977 der letzte Zweig der Caetani aus. Der Garten befindet sich nun in der Obhut eines Kurators, der hier schon als kleiner Junge unter Donna Lelia arbeitete und ihn ganz in ihrem Sinne weiterführt. Heute genießt der romantische Park mit den Ruinen auf einer Fläche von ca. 800 Hektar Weltruf.

● *Verbindungen* 7,5 km südwestlich von Norma an der Straße nach Doganella. Der Weg ist ausgeschildert. Von Rom aus über die Via Cisterna.

● *Öffnungszeiten* Jeweils am ersten Wochenende eines Monats, von April bis Anfang Nov. 9–12 und 14.30–18 Uhr, von Juli bis Nov. nachmittags 15–18.30 Uhr. Im Frühjahr einzelne weitere Wochenenden, die für jedes Jahr individuell festgelegt werden (→ Information).

● *Eintritt* 8 €, nur mit (italienisch- oder englischsprachiger) Führung. Im Sommer können sich lange Besucherschlangen bilden. Für Gruppen bis 40 Pers. ist eine Voranmeldung erforderlich, schriftlich an: Direzione Giardini di Ninfa, I-04010 Doganella di Ninfa, oder telefonisch beim Segreteria Fondazione R. Caetani. Preis für Gruppen: 7 € pro Pers.

● *Information* Genauere Auskünfte erteilt: **APT** (Azienda di Promozione Turistica) **Latina**, Via Duca del Mare 19, ☎ 0773.695404, 🖷 0773.661266, E-Mail: info@aptlatinaturismo.it, www.aptlatinaturismo.it/nifa oder auf schriftliche Anfrage die Direzione Giardini di Ninfa, I-04010 Doganella di Ninfa bzw. telefonisch das Segreteria Fondazione R.Caetani, ☎ 0773.633935.

Auch **in Rom** können Sie reservieren und Eintrittskarten kaufen: Portineria di Palazzo Caetani, Via delle Botteghe Oscure 32, ☎ 06.6873056. 8–19 Uhr, nur Sa 8–12 Uhr.

▶ **Sermoneta**: Dieser Ort gehört zu den am besten erhaltenen mittelalterlichen Ortschaften Latiums. Das Städtchen liegt landschaftlich reizvoll auf einem Bergrücken umgeben von Olivenhainen und Kastanienwäldern am Rande des Lepini-Gebirges. Von hier oben hat man einen **weiten Ausblick** auf die Pontinische Ebene und das Meer. Der kleine, auffallend gepflegte Ort wird vom mächtigen **Castello Caetani** dominiert. Die Festung stammt aus dem Mittelalter (13. Jh.) und wurde in der Renaissance beträchtlich erweitert. Betreten kann man die Burganlage nur über die alte Zugbrücke.

*Öffnungszeiten/Eintritt* Tägl. außer Do, Besichtigung nur im Rahmen einer knapp einstündigen Führung (in italienischer Sprache); Führungen von Okt.–März 10–12 und 14–16 Uhr, April–Sept. 10–12 und 15–18 Uhr jeweils zur vollen Stunde. Eintritt 4 €. ☎ 0773.30008.

Schmale, verwinkelte **Treppengassen** führen zur Burg hinauf. Von der zentralen Piazza del Popolo erreicht man über die Via Santa Maria die sehenswerte gotisch-zisterziensische **Kathedrale Santa Maria Assunta** mit dem Campanile (beides aus dem 13. Jh.).

● *Verbindungen* Von Rom über die Via Appia durch Cisterna di Latina, nach der Stadt links abbiegen Richtung Norma, Sermoneta **Busverbindungen** nach Cisterna di Latina, Sezze. **Bahnstation** im Tal.

● *Übernachten* **Hotel Principe Serrone**, Via del Serrone, ☎ 0773.30342, 🖷 0773.30336, www.hotelprincipeserrone.it. Ordentliches Hotel in einem burgartigen Palazzo aus dem 11. Jh. in mittelalterlichem Viertel. Wunderbar ist die Aussicht ins Tal und in die Monti Lepini. 3 Sterne, 13 schlicht eingerichtete Zimmer. DZ mit Frühstück 80–85 €.

● *Essen* Im Nachbarort Bassiano ist das **Ristorante Belvedere** einen kleinen Abstecher wert. Pzza. Matteotti 13, ☎ 0773.355071. Di Ruhetag. Zugegeben, der Gastraum wirkt ungemütlich, doch fühlt man sich in diesem Familienbetrieb mit den herzlichen Wirtsleuten und den fabelhaft zubereiteten traditionellen Gerichten der Region trotzdem wohl. Als Nachtisch sollte man sich die „dolcetti secci" nicht entgehen lassen, sie werden in hausgemachtem Myrtenlikör getunkt. Menü um 25 €.

Ein weiterer empfehlenswerter Familienbetrieb ist das Ristorante **Il Torrione**, Via Aldo Manuzio 2, ☎ 0773.355042. Menü um 25 €.

● *Spezialität* Bekannt ist der Schinken von Bassiano.

# Die Küste der Provinz Latina

Die tyrrhenische Küste südlich von Rom ist mit Ferienhäusern, gesichtslosen Appartementanlagen und Badeanstalten fast durchgehend gesäumt. Im Sommer sind die Straßen zugeparkt und total überfüllt, im Winter wirkt alles verlassen und öde. Erst nach der Hafenstadt Anzio ist das Meeresufer nicht mehr so dicht bebaut, die Küste wird abwechslungsreicher und die Strände attraktiver. Von den **Badeorten** haben die beiden Städtchen **Anzio** und **Nettuno** noch ein hübsches altes Zentrum. Dank der Beliebtheit der Orte bei den Römern wuchern aber auch hier in den rasch wachsenden Außenbezirken hässliche Betonbauten. So sind Anzio und Nettuno inzwischen zusammengewachsen.

▸ **Anzio:** Die Geburtsstadt Kaiser Neros besitzt einen lebhaften kleinen Hafen mit einer gepflegten Promenade. Durch die Gassen der Altstadt kann man flanieren, wie es im Sommer nach einem ausgiebigen Sonnenbad am Strand Römer und Touristen gerne tun. Am frühen Abend wird es dann richtig voll. Besondere Sehenswürdigkeiten hat Anzio nicht aufzuweisen, dafür verfügt es über eine Reihe von ausgezeichneten, aber auch recht teuren Restaurants.

● *Verbindungen* Von Rom über die Via Pontina (SS 148 in Richtung Latina) bis zur Abzweigung bei Aprilia, weiter auf der SS 207. Zeitaufwendiger ist die Fahrt über die Küstenstraße.
**Bahnlinie** nach Rom. Bahnstation in Nettuno.
**Busverbindungen** nach Latina und Rom.
● *Essen* Ristorante Pierino, Pzza. C. Battisti 5, ☎ 06.9845683. Mo geschlossen, im Sommer an Werktagen nur abends. Es gehört zu den besten Fischlokalen der Umgebung. Empfehlenswert sind z. B. die Spaghetti mit Sardellen und auch die sonst schlichten „spaghetti con le vongole" sind hier besonders köstlich. Menü um 70 €.

La Vecchia Osteria, Via Gramsci 103, ☎ 06.9846100. Im Winter ist Di Ruhetag. Ein alteingesessener Familienbetrieb mit gekonnt zubereiteter traditioneller Küche. Die wechselnde Karte orientiert sich am aktuellen Angebot des Markts und am Tagesfang der Fischer. Im Sommer sitzt man schattig im Hof. Menü um 35 €.
Alceste al buon Gusto, Piazzale S. Antonio 6, ☎ 06.9846744, www.alcestealbuongusto.it. Di mittags geschlossen. Bietet gehobene Küche vorwiegend, aber nicht ausschließlich, mit Meeresspezialitäten. Auf der direkt am Strand gelegenen Terrasse sitzt man an einem lauen Sommerabend sehr angenehm. Menü um 55 €.

▸ **Nettuno:** Anzio geht fast übergangslos in die unattraktiven Randbezirke von Nettuno über. Auf dem Weg kommt man an einer Renaissance-**Festung** vorbei, die sich der Borgia-Papst Alexander VI. von Antonio da Sangallo dem Älteren 1496 bauen ließ (leider nicht zu besichtigen). Hat man die Appartementanlagen hinter sich gelassen, erreicht man die mittelalterliche Altstadt, die ihren behaglichen Charakter bisher bewahrt hat. Sie ist weitgehend von einer **Stadtmauer** mit Rundtürmchen umgeben. Die Anlage stammt von den Sarazenen, die die Stadt im Mittelalter gründeten.

Der **weitläufige Strand** besteht aus feinem, hellem Sand. Man kann hier gut Wasserski fahren und schnorcheln.

Hinter Nettuno verlässt die Straße die Küste, führt durch ein vorwiegend landwirtschaftlich genutztes Gebiet und erreicht nach etwa 15 km den feinkörnigen, weißen Strand von **Lido di Latina** (→ S. 759). Hier gibt es wieder einige Strandbäder. Landschaftlich schöner ist ein paar Kilometer weiter der Dünenstrand des Nationalparks Circeo.

● *Information* **Pro Loco**, Via Cristoforo Colombo 6.

● *Übernachten* Hotels und Campingplätze gibt es massenweise. Die Gegend ist allerdings nicht sehr schön. Sie sollten besser in Richtung Latina und Nationalpark Circeo ausweichen.

● *Essen* **Trattoria Al Centro**, Pzza. Marcantonio Colonna 13, ✆ 06.9880946. Mo geschlossen. Auf dem hübschen Platz im mittelalterlichen Zentrum Nettunos liegt diese Trattoria/Pizzeria, die eine schmackhafte Fischküche bietet und mit Roberto Spadaro einen der besten Sommeliers der Gegend hat. Menüpreis um 30 €.

**Ristorante Cacciatori**, Via Giacomo Matteotti 27, ✆ 06.9880330, www.ristorantecaccia

tori.com. Mi Ruhetag. Gehobenes Lokal, im hinteren Teil mit einem Ziegelgewölbe. Es gibt fangfrischen Fisch in allen Variationen. Die Fischfrikadellen (polpettine di pesce) und der Steinbutt aus dem Ofen (rombo al forno) sind erstklassig. Auch die Weinkarte ist attraktiv. Es gibt nicht nur hervorragende Weißweine, sondern auch eine Auswahl an großen Rot- und Dessertweinen. Der Service ist aufmerksam und freundlich. Menüpreis um 50 €.

# Nationalpark Circeo

**Südlich von Lido di Latina beginnt der Nationalpark Circeo, der sich an der Küste entlang bis San Felice Circeo erstreckt und heute eine der schönsten und interessantesten Naturlandschaften Italiens ist.**

Der Park ist seit 1934 gesetzlich geschützt und dient dazu, einen Teil der einzigartigen Tier- und Pflanzenwelt zu erhalten, wie sie hier vor Trockenlegung der Pontinischen Sümpfe bestand. Wahrzeichen des Parks ist der schmale **Dünenstreifen mit dem feinen, weißen Sandstrand**, der das Meer von den Küstenseen trennt. Der strenge Schutz in den inneren Zonen, die nur mit Sondergenehmigungen betreten werden können, hat inzwischen zu Erfolgen geführt: Viele der durch die Entwässerung der Sümpfe immer seltener gewordenen Tierarten werden hier wieder heimisch. Man sieht eine Vielzahl unterschiedlichster Vogelarten, darunter auch die seltenen Seidenreiher.

Im Süden begrenzt das steile **Felsenmassiv der Circe** mit einer Höhe von 541 m den Park. Ursprünglich war der Berg einmal eine Insel, auf der nach der Mythologie die Zauberin **Circe** gelebt haben soll. Die Dame soll die Gefährten des Odysseus vorübergehend in Schweine verwandelt und den Helden mit ihrem Gesang sprichwörtlich bezirzt haben. Aus dem lustvollen Jahr seines Aufenthalts sollen gleich mehrere Söhne hervorgegangen sein, die dann einige bedeutende Städte in der Umgebung gründeten.

▶ **Sabaudia**: Im Nationalpark, einen Steinwurf vom Meer entfernt am Ufer des weit verzweigten Binnensees *Lago di Sabaudia*, liegt die Ortschaft Sabaudia, eine der vier Stadtgründungen in den Pontinischen Sümpfen unter Mussolini. Nach nur einem Jahr Bauzeit wurde der Ort am 5. August 1933 eingeweiht. Wegen des nüchternen Erscheinungsbilds nennt sich Sabaudia auch treffend *„Stadt des Rationalismus"*. Das Rathaus mit dem schlichten, eckigen Stadtturm erinnert an Bauhausarchitektur. Erhalten ist auch das Gebäude der faschistischen Partei. Heute ist der Ort ein beliebtes Ferienziel mit vielen Hotels, Ferienwohnungen und mehreren gut ausgestatteten Campingplätzen.

Zu besichtigen ist das **Museum des Meeres und der Küste**. Man erfährt dort etwas über Meeresbiologie und sieht Funde aus einem antiken römischen Schiffswrack.

*Öffnungszeiten* **Museo del Mare e della Costa**, Di–Fr 9–13, Di und Do zusätzlich 15–18 Uhr (im Juli und Aug. Di und Do 16–19 Uhr), Sa 8–14 Uhr. Via Verbania 13, ✆ 0773.511340.

● *Übernachten* Eines der besten Häuser der Umgebung ist das 1969 erbaute und jüngst umfassend renovierte **Le Dune**, Via

Lungomare 16, ✆ 0773.51291, ✆ 0773.5129251, www.ledune.com. Es hat gut ausgestattete Zimmer z. T. mit Balkon und mit Meerblick (die Zimmer sind wesentlich teurer als die in Richtung Festland), Fitnessraum, Sauna, Garten, 2 Tennisplätze, Minigolfanlage, einen hoteleigenen Strand und ein gutes Restaurant. 4 Sterne, 77 Zimmer. DZ mit Frühstücksbüffet 100–300 €.

*Der Dünenstreifen – Wahrzeichen des Nationalparks*

Noch etwas größer und ähnlich ausgestattet ist das Hotel **Oasi di Kufra**, Via Lungomare bei km 29,800, ℡ 0773.515775, ℻ 0773.515598, www.oasidikufra.it. Auch direkt an der Küstendüne gelegen und mit hoteleigenem Strand, Garten, gut ausgestattetem Fitnesscenter mit Sauna, Dampfbad, Hydromassage, Restaurant und Diskothek, Animation am Strand und Abendunterhaltung. 4 Sterne, 120 Zimmer mit Balkon, mit Meerblick Zuschlag von 10 € pro Pers. DZ 130–220 €, Voll- und Halbpension möglich; im Sommer gibt es Mindestaufenthaltszeiten von einer Woche (von Sa bis Sa).

Deutlich preiswerter ist das ebenfalls empfehlenswerte **Mini Hotel Saporetti** im Zentrum von Sabaudia, Via Corso Vittorio Emanuele III 120, ℡ 0773.515987, www.saporetti.com. Mit schönem Garten und Restaurant. 27 Zimmer, DZ ca. 75–130 €, Voll- und Halbpension möglich.

Als Alternative bietet sich auch eine Übernachtung im **Agriturismo Sedita Sabaudia** an, Loc. Cerasella, Via Migliara 51, ℡ 0773. 531052, www.agriturismosabaudia.it. Das Haus mit 7 Zimmern liegt herrlich ruhig in einem gepflegten Garten mit Pool und ist etwa 10 km vom Strand entfernt. Herr Sedita spricht Englisch und Französisch und ist sehr hilfsbereit. DZ mit Frühstück ca. 54–85 €.

● *Campingplätze*   **Camping Marelago Lilandà**, Lungomare bei km 33,600, ℡ 0773. 515504, www.lilanda.it. Dies ist der größte und wohl auch der modernste Platz der Gegend (von Anfang März bis Ende Sept. geöffnet) mit Bungalows, Laden und Restaurant.

● *Essen*   **Lo Scoglio**, Loc. Caterattino, Via Lungomare, ℡ 0773.55581. Kein Ruhetag. Die Brüder Natale betreiben diese Trattoria/Pizzeria/Bar und bieten für die (gehobenen) Preise angemessene Qualität. Die Pizze sind empfehlenswert und natürlich auch die gute, frische Fischküche.

▶ **San Felice Circeo**: Die Küstenstraße führt im Landesinneren um den Monte Circeo herum. Von hier aus gelangen Sie über eine sehr steile Serpentinenstraße zu dem kleinen Ort San Felice Circeo mit der **hübschen Altstadt** und der **fantastischen Aussicht** auf die Küste bis nach Terracina. In der Mitte des gepflegten Stadtkerns an der Piazza Lanzuisi steht der *Torre dei Templari* mit dem Palazzo Baronale aus dem 13. Jh. Die Strada delle Crocette steigt zur höchsten Stelle des Berges hinauf, wo die Reste einer Zyklopenmauer und einer **Akropolis** zu sehen sind. Die Strada del Faro führt zum Südhang und bietet weite Ausblicke über den Nationalpark und die Dünenlandschaft.

Im Kalksteinmassiv des Monte Circeo öffnen sich zahlreiche Höhlen und Grotten zum Meer hin, die in prähistorischer Zeit von Jägern und später von Schmugglern und Piraten bewohnt waren. In der *Grotta Guattari* fanden Archäologen 1939 einen menschlichen Schädel, dessen Alter auf ca. 60.000 Jahre geschätzt wird. Die Höhlen sind nur vom Wasser aus zu sehen.

Der **weiße Sandstrand** führt schnurgerade über eine Strecke von 15 km bis nach Terracina. Die parallele Promenade säumen viele Hotels und Appartementhäuser, die in der Hauptsaison fest in römischer und deutscher Hand sind. In den Sommermonaten ist der Strand gut besucht, Strandverkäufer und lärmende Radios sind allgegenwärtig. Die Restaurants sind ganz auf Tourismus eingestellt. Ab dem Herbst sind fast alle Geschäfte und Restaurants geschlossen, die Küste wirkt dann recht einsam und verlassen.

● *Übernachten* Im historischen Zentrum hoch über dem Meer liegt das kleine, bescheidene **Hotel Giardini degli Ulivi** mit Restaurant; Via XXIV Maggio 13, ✆/✉ 0773. 548034. 2 Sterne, 22 Zimmer. DZ mit Frühstück 75–110 €, Voll- und Halbpension möglich. In der Nähe des Yachthafens, an der Meerespromenade, befindet sich das komfortable **Hotel Maga Circe**, Via A. Bergamini, ✆ 0773.547821, ✉ 0773.546224, www.hotel magacirce.it. Das stimmungsvolle Haupthaus (leider mit optisch nicht ganz passendem modernen Erweiterungsbau) im ländli-

chen Stil stammt aus den 1930er Jahren. 46 sehr gut ausgestattete Zimmer, schöner Pool, Fitnessraum, vorzügliches Restaurant. 4 Sterne, 46 Zimmer. DZ mit Frühstück ca. 180–280 €, Voll- und Halbpension möglich.

● *Essen* **La Veranda del'Hotel Maga Circe**, Adresse s. o. Außerhalb der Saison ist Mo geschlossen. Der Familienbetrieb besteht seit 70 Jahren. Man sitzt herrlich auf der Terrasse mit Meerblick. Schwerpunkt der Küche sind die frischen Fischgerichte, es gibt aber auch Fleisch und Gemüse. Menü um 40 €.

# Terracina

**Terracina mit seiner charakteristischen Felsnadel und dem Plateau des Jupitertempels ist der wohl bekannteste Badeort an der tyrrhenischen Küste.**

Wo die Ausläufer der Ausoni-Berge das Meer berühren, auf etwa halber Strecke zwischen Rom und Neapel, trifft man an der Via Appia auf die Stadt Terracina. Ein deutlicher Gegensatz besteht zwischen dem höher gelegenen, mittelalterlichen Stadtkern mit Resten der Antike und dem größeren, industrialisierten Teil mit modernen Wohnanlagen zwischen Via Appia und dem Meer. Das kleine historische Viertel liegt unbekümmert am Hang des Berges und wirkt so, als hätte es gar nichts mit den neuen Teilen zu tun, die sich mehr in Richtung Strand ausdehnen. Aber selbst in der Altstadt hat sich in den letzten Jahren viel getan. Verwahrloste alte Häuser werden liebevoll restauriert und es gibt immer mehr Geschäfte, Restaurants und Kneipen.

*Information/Verbindungen/Sonstiges*

● *Information* Via G. Leopardi, ✆ 0773. 727759, ✉ 0773.721173.

● *Verbindungen* Über die Autobahn Rom – Neapel (A 1), Abfahrt „Frosinone", weiter über die SS 156 in Richtung Terracina; von Rom über die Via Appia, die seit der Antike durch Terracina führt, oder von Latina über die autobahnähnlich ausgebaute Superstrada (SS 148).

**Bus**verbindungen nach Latina. Entfernungen: nach Rom ca. 100 km, nach Neapel ca. 120 km, nach Latina 40 km.

**Schiffsverbindungen zu den Pontinischen Inseln**: Informationen bei Linea Mazzella, Via del Moro, ✆ 0773.723406. Verbindungen von Terracina nach Ponza (etwa 30,5 Seemeilen, d. h. 57 km entfernt, Fahrzeit pro Strecke etwa 2 Std. 30 Min.): Juni bis 15. Sept. zwei Abfahrten am Morgen in Terracina und am Nachmittag zwei Rückfahrttermine von Ponza. Außerhalb der Saison nur eine Hin- und Rückfahrt pro Tag. Fahrpreis pro Pers. Hin- und Rückfahrt ca. 25 €.

Der Süden von Latium Karte S. 757

- *Einkaufen* Gutes Brot und Pizza direkt vom Blech bei **Antico Forno Terracinese**, Via Dante Alighieri 14, ✆ 0773.3726388. Frische hausgemachte Nudeln bei **Ilvana**, Via A. Volta 39, ✆ 0773.700359.
- *Krankenhaus* Ospedale, Via Firenze, ✆ 0773.7081.
- *Märkte/Feste* Wochenmarkt Do 7–13 Uhr, Antik- und Flohmarkt an jedem 3. So im Monat.

Im Aug. finden das italienische **Theaterfestival** und eine **Bootsprozession** statt.
- *Wassersportmöglichkeiten* Es gibt mehrere **Tauchschulen**, z. B. Pianeta mare, Via Olmata 18, ✆ 0773.709430, oder Diving Costazzurra bei dem gleichnamigen Campingplatz (s. u.).
**Bootsverleih**, Noleggio imbarcazioni Nautica Badino, Porta Badino, ✆ 0773.764877.

## Übernachten

- *Hotels* **Grand Hotel Palace**, Lungomare Matteotti 2, ✆ 0773.709523, ✉ 0773.709623. Zentral an der östlichen Hafenpromenade unterhalb des Jupitertempels bei der Bucht am Hafen gelegen. Die Zimmer zur Seeseite haben Balkone; gute Ausstattung, Restaurant, Garage und hoteleigener Strand. Das Beste ist aber wohl der grandiose Blick auf den Jupitertempel und das Meer von der Dachterrasse. 4 Sterne, 72 Zimmer. DZ mit Frühstück 85–130 €, Voll- und Halbpension sind möglich; bei Buchung über deutsche Reiseveranstalter sind die Zimmer günstiger.
**Hotel L'Approdo**, Via Lungomare Circe, ✆ 0773.726221, ✉ 0773.723598, www.approdo grandhotel.it. Das Hotel verfügt ebenfalls über einen eigenen Strand. Zentrale Lage, alle Zimmer mit Balkon und Meerblick, im Jahr 2003 komplett renoviert, Restaurant, Garage Fitnessraum. 4 Sterne, 52 Zimmer. DZ mit Frühstücksbüffet 116–230 € (günstiger bei Buchung über deutsche Reiseveranstalter).

**Hotel Cinque Pini**, Viale Europa 201, ✆ 0773.732040, ✉ 0773.732016, www.albergo5 pini.it. Vergleichsweise preiswert, aber auch bescheidener in der Ausstattung und etwas antiquiert. Der Strand ist etwa 100 m entfernt, schöner Garten, Restaurant, Parkplatz vorhanden. 3 Sterne, 25 Zimmer. DZ 45–100 €, Voll- und Halbpension möglich.
- *Campingplätze* Es gibt insgesamt 15 Campingplätze im Gebiet von Terracina, die aber alle nur während der Saison von April bis Sept. oder Mitte Okt. geöffnet sind. Empfehlenswert ist z. B. **Costazzurra**, Località Acqua Santa, an der Via Appia bei km 104 und direkt am Meer gelegen, ✆ 0773.702589, ✉ 0773.700839, www.costaz zurravillaggio.it. Gras- und Sandboden, mittlerer Baumbestand, mit Pool, Tauchcenter, Restaurant, Laden, 52 kleine Bungalows.
Der größte Platz heißt **Blue** und liegt an der Via Badino, km 4,350, ✆ 0773.730727. Supermarkt und breites Sportangebot.

## Essen

**Ristorante Il Caminetto da Nazareno**, Via Cavour 19–21 (ganz in der Nähe der Felsnadel), ✆ 0773.702623. Mo geschlossen. Trotz der vielen Touristen im Ort ist dies eine typische italienische Trattoria nach bester Tradition geblieben, auch wenn nach jüngster Renovierung die Innenausstattung recht kitschig geraten ist. Die ausgezeichnete Weinkarte mit 300 Etiketten bereitet dem Kenner manche angenehme Überraschung. Die vorzügliche, traditionelle Meeresküche bereitet Chef Nazareno persönlich zu. Er ist ein hervorragender Koch und übt seinen Beruf mit Leidenschaft aus. Seinen Empfehlungen kann man blind vertrauen. Im Service, der ausgezeichnet funktioniert, arbeiten seine Frau und seine Kinder. Außer-

dem bietet Nazareno alternativ zu den traditionellen Fischmenüs auch andere kreative Speisen, die ihresgleichen suchen. Menüpreis ca. 50 € (mit Langusten etwas mehr).
**L'Enoteca del Caminetto**, Via Marconi 22. Mo und Di geschlossen. Weinausschank mit Restaurant, der im Jahr 2002 von Nazarenos (s. o.) Sohn als Zweigstelle des Restaurants eröffnet wurde. Hier können Sie Wein kaufen, glasweise probieren und kleine, sehr gute Gerichte ganz in der Tradition des Restaurants bekommen. Telefonisch ist nur das Restaurant zu erreichen, dort können Sie aber auch für die Enoteca reservieren. Menü preiswerter als im Restaurant, ca. 35 €.

**Il Granchio**, Via del Rio 10, ✆ 0773.709696. Außer So nur abends geöffnet, Mo Ruhetag. Gehört zu den Spitzenrestaurants in Latium und ist wohl das beste in Terracina. Aktuelle Tageskarte nach Marktangebot mit großartigen Gerichten. Auch die Weinkarte lässt nichts zu wünschen übrig. Menü zu einem fairen Preis um 60 €.

**Bottega Sarra 1932**, Via Villafranca 34, ✆ 0773.702045. Mo und Di geschlossen. Traditionsreicher Familienbetrieb mitten in der Altstadt. Luigi und Mimma Sarra bieten traditionelle Küche auf sehr hohem Niveau mit Schwerpunkt auf Meeresfrüchten. Verwendet wird nur frischer Tagesfang und auch alle anderen Zutaten sind von außerordentlicher Qualität und Frische. Köstlich sind z. B. die Canneloni gefüllt mit Schwertfisch (pesce spada), Ricotta und Auberginen, das Fischmedaillon mit Pinienkernen und Kapern oder die Fischfilets mit Zitrusfrüchten. Ausgezeichnet ist auch die Weinauswahl. Menü à la carte um 40 €, Tagesmenü etwas günstiger.

**Trattoria Olmata**, Via Olmata 88, ✆ 0773. 700821. Mi Ruhetag. Bietet neben Fischgerichten (herrlich sind hier die frittierten Fischlein aus dem Schleppnetz – frittura di paranza) auch gut zubereitete Fleisch- und Gemüseteller. Wenn gerade verfügbar, sollte man die Pilzgerichte probieren. Menü um 30 €.

Rund um die **Pzza. della Repubblica** finden Sie mindestens ein halbes Dutzend Trattorien und Pizzerien. Am besten gehen Sie dorthin, wo die meisten Italiener sitzen. Zu empfehlen ist die **Pizzeria La Marina**, Pzza. della Repubblica 16–17, ✆ 0773.702424. Mo Ruhetag. Am Abend meist gut besucht, dann isst man draußen auf dem Platz recht gute Pizza oder andere traditionelle Gerichte (darunter auch Fischgerichte, wie z. B. „fritto misto di mare"). Menüpreis ca. 25 €.

**Universal Frullati**, Via Fontana Vecchia (nähe Hauptpost). Dies ist eine sehr gute Alternative zu den anderen Restaurants. Es ist eine Mischung aus Birreria, Spaghetteria, Paninoteca, American Bar und Gastronomia, kurzum, man bekommt einfach alles, was schnell geht und nicht teuer ist, vom Cocktail bis zum Teller Spaghetti – und ein gutes Bier vom Fass.

## Geschichte/Sehenswertes

Der Beginn einer Besiedlung des Gebiets von Terracina liegt in unbekannter Vorzeit. Nachgewiesen ist eine Siedlung der Volsker, die die Stadt *Anxur* nannten. Sie wurde 406 v. Chr. von den Römern unterworfen und als Kolonie in die aufstrebende Supermacht integriert. Die herrliche Lage zog schon in der Antike viele Erholungssuchende an. Es entstand eine mondäne Villenstadt für die reiche römische Prominenz. Kaiser Galba, der Nachfolger Neros, wurde hier geboren. Häufig gesehener Gast war auch Kaiser Trajan, der die Via Appia und den alten Hafen der Volsker ausbauen ließ. Schon Ende des 4. Jh. wurde Terracina Bischofssitz. Im Mittelalter sicherten sich die Päpste den Ort als ihren Privatbesitz. Etwa aus dieser Zeit stammt der größte Teil der heutigen Altstadt. Im Zweiten Weltkrieg gab es mehrere Bombentreffer, unter dem Schutt entdeckte man Reste antiker römischer Gebäude.

Auf dem zentralen Platz der Altstadt, der **Piazza del Municipio**, sehen Sie Zeugnisse aus unterschiedlichsten Epochen auf engstem Raum versammelt: In der Antike befand sich an dieser Stelle das Forum der Stadt. Die Pflasterung mit Steinquadern stammt aus der Zeit Kaiser Trajans (98–117 n. Chr.) und auch ein Stück der originalen Via Appia ist erhalten. Gegenüber vom Dom am Corso Anita Garibaldi sind nach Bombenangriffen im Jahr 1944 die Reste des kapitolinischen Tempels aus dem 1. Jh. v. Chr. mit Treppe und Mauern der Cella zutage gekommen. Das Mittelalter ist auf dem Platz vertreten mit dem gotischen Palazzo Venditi (Ende 13. Jh.), dem alten Getreideturm Torre dei Rosa (leider umbaut vom modernen Rathaus) und der sehenswerten Kathedrale **San Cesareo**. Sie steht auf den Fundamenten des größten Tempels am Forum, der der Göttin Roma und dem vergöttlichten Augustus geweiht war. Aus der Zeit der Erbauung der Kirche im 12. Jh. stammen noch die Fassade und der Glockenturm. Den Innenraum passte man im 18. Jh. dem Zeitgeschmack des Barock an. Erhalten blieben die herrlichen Cosmatenarbeiten, der Mosaikfußboden, der einzigartige Osterleuchter (von 1265) und die Kanzel über vier auf Löwen ruhenden Säulen. Die Säulen zwischen Haupt- und Seitenschiffen sind, wie auch die Säulen des Altarbaldachins, antik und stammen wohl aus dem Forumstempel. Am 12. März 1088 wählten die Kardinäle in der Kathedrale als ersten Franzosen Urban II. zum Papst. (Dieser hatte zehn Jahre später die Idee, Jerusalem befreien zu lassen, und organisierte zu diesem Zweck den ersten Kreuzzug.)

Aus dem 18. Jh. stammt der Palazzo Braschi. Ob die Moderne an diesem ehrwürdigen Platz nun durch den klobig düsteren Betonbau des Rathauses würdig vertreten ist, mag jeder Besucher selbst beurteilen. Von dessen Terrasse aus hat man aber immerhin einen sehr schönen Ausblick. Im Rathaus mit dem umbauten mittelalterlichen Turm befindet sich das **Archäologische Museum**. Die Sammlung umfasst Fundstücke von Ausgrabungen der Umgebung, darunter einige Marmorstatuen, Sarkophage, Urnendeckel und Inschriftentafeln.

*Öffnungszeiten/Eintritt* **Archäologisches Museum**, Mai–Sept. Di–Sa 9.30–13.30 und 15–21 Uhr, So 10–13 und 17–21 Uhr, Mo 9.30–13.30 Uhr; Okt.–April Di–Sa 9–13 und 15–19 Uhr, So 9–13 und 15–18 Uhr, Mo 9–13 Uhr. Eintritt: 1,55 €, für Personen unter 18 und über 60 Jahre Eintritt frei. ✆ 0773.707313.

Folgen Sie von der Piazza del Municipio dem Corso A. Garibaldi, so erreichen Sie die sehenswerte Kirche del Purgatorio und können von hier aus weitere Gassen der kleinen Altstadt durchstreifen. Überall begegnet man Mauerresten aus der Römerzeit, z. B. an der Via A. Martucci den Ruinen eines **Amphitheaters**.

Am südlichen Stadtausgang stehen Sie vor einem der beiden Wahrzeichen der Stadt: Es ist die 36 m hohe Felsnadel **Pisco Montano**. Abends wird der Felsen angestrahlt und erscheint dann in einem warmen, gelben Licht.

Ursprünglich reichte das Bergmassiv an dieser Stelle bis ins Meer und in der frühen Antike mussten Reisende auf dem Weg nach Süden beschwerlich den steilen Berg überwinden. **Kaiser Trajan** ordnete deshalb an, den Berg zu durchschneiden und die Via Appia an der Küste weiterzuführen.

Seine Ingenieure waren mit solchen gravierenden Eingriffen in die Landschaft bereits vertraut, denn Trajan hatte schon den 35 m hohen Osthang des Quirinalhügels in Rom abtragen lassen, um den Bauplatz für sein eigenes Forum zu gewinnen (→ „Forum des Trajan", S. 239).

Einen einzigartigen Blick auf den Pisco Montano, die Stadt, das Meer und den Strand haben Sie vom Gipfel des **Monte Sant'Angelo** hoch über der Stadt (folgen Sie zunächst den Schildern in Richtung *„Ospedale"*). Eine ausgeschilderte Serpentinenstraße (Schilder *„Giove Anxur"*, 3 km) führt auf den Berg hinauf, vorbei an den Resten des Schlosses der Frangipani, einer Adelsfamilie, die im Mittelalter grausam regierte (leider ist das Schloss nicht zu besichtigen). Auch von der Straße aus bieten sich bereits herrliche Ausblicke. Oben angekommen sehen Sie das zweite Wahrzeichen Terracinas, die schon von weitem erkennbare Ruine des riesigen **Jupiter-Anxur-Tempelbezirks**. Erhalten ist nur noch die auf zwölf Pfeilerbögen ruhende, kolossale Terrasse, auf der etwas zurückgesetzt die Basis des eigentlichen Tempels zu erkennen ist. Mit seinem Bau begann man schon zur Zeit der Republik (1. Jh. v. Chr.), vollendet wurde er erst gut hundert Jahre später unter Augustus. Einen Besuch des Tempels sollten Sie nicht versäumen. Die Ruinen sind beeindruckend, und vor allem die Aussicht ist einmalig schön. Bei gutem Wetter sind sogar die Pontinischen Inseln in der Ferne zu sehen. Im Sommer ist die kleine Bar auf dem höchsten Punkt des Berges ein beliebtes Ausflugsziel.

*Vollendete Schlichtheit: Abtei von Fossanova*

▶ **Abtei von Fossanova:** Von Terracina kann man einen Ausflug zu der unbedingt sehenswerten Klosteranlage von Fossanova unternehmen. Die Anfang der 1990er Jahre aufwändig restaurierte Abtei ist das älteste und berühmteste Bauwerk Italiens im gotisch-zisterziensischen Stil. Die schlichte Architektur, die gelbe Tönung des Steins, der beschauliche Kreuzgang und die liebevoll gepflegten Gärten erinnern an die Tochtergründung Casamari (→ „Abtei von Casamari", S. 817).

Die Abtei wurde im 9. Jh. gegründet und ging 1133 an die Zisterzienser. Die legten einen großen Graben an, um das sumpfige Gebiet zu entwässern und urbar zu machen. Nach ihm sind das Kloster und der kleine Ort benannt (*fossa nova* = neuer Graben). Den Grundstein für die Kirche legten die Mönche 1187. Gut zwanzig Jahre später wurde sie von Papst Innozenz III. geweiht.

Über dem Portal an der Fassade befindet sich eine herrliche Rosette. Im schlichten, hellen Innenraum bilden die Pfeiler den einzigen Schmuck. Die drei kahlen Schiffe haben keine Seitenkapellen, die den Blick des Besuchers ablenken und so seine Andacht stören könnten. Der Chor ist viereckig und nicht, wie sonst üblich, halbrund. Die Vierung krönt ein achteckiger Turm. Die Ruhe dieses feierlichen Ortes überträgt sich schnell auf den Besucher.

Vom rechten Seitenschiff aus gelangen Sie in das **Klostergebäude**. Der Weg führt durch den Kapitelsaal mit seiner Harmonie aus gotischen Formen und romanischen Mauern sowie durch das Refektorium. Ein Schild weist zu einem kahlen, hohen Raum des Gästehauses, in dem der berühmte Kirchenlehrer Thomas von Aquin am 7. März 1274 starb.

Der Heilige **Thomas von Aquin** befand sich auf der Durchreise nach Lyon, als er bei seiner Nichte, der Gräfin Francesca di Ceccano, erkrankte und auf seinen Wunsch ins nahe Kloster von Fossanova gebracht wurde. Dort lebte er noch vierzig Tage. Als sein Ende kam, ließ er sich aus seinem Bett herausheben und auf den Boden in ausgestreute Asche legen, wo er im Alter von 48 Jahren starb.

Seine Leiche sollte 90 Jahre später auf Befehl Urbans V. nach Toulouse überführt werden, was die Mönche von Fossanova sehr erboste. Einem von ihnen gelang es, listenreich die Verordnung zu umgehen: Er trennte den Schädel vom Körper ab und tauschte ihn gegen einen anderen aus. Den wahren Kopf behielten die Mönche (er wird heute im Dom von Priverno aufbewahrt), während in Toulouse der eines anderen verehrt wird.

Von der Kirche aus betreten Sie den herrlichen **Kreuzgang** mit einem Brunnen in der Mitte und einer offenen Taufkapelle. Drei Seiten sind im romanischen Stil, eine ist im gotischen Stil ausgeführt. Die gotischen Säulen sind teilweise reich verziert und haben gedrehte Schäfte. Von hier aus gelangen Sie auch zum **Refektorium**, in dem gerade Ausgrabungen stattfinden.

- *Öffnungszeiten* April–Sept. 7–12 und 16–19.30 Uhr; Okt.–März 7–12 und 15–17.30 Uhr.
- *Information* ✆ 0773.939061, www.fossanova.ofmconv.pl.
- *Verbindungen* Von Terracina über die Via Appia in Richtung Rom, nach ca. 14 km rechts ab, dann noch etwa 10 km in Richtung Priverno.

▶ **Die Küstenstraße** von Terracina weiter nach Süden in Richtung Gaeta ist landschaftlich besonders reizvoll. Auf der einen Straßenseite ragen steile Berge empor, auf der anderen liegen Sandstrände. Manchmal gewinnt die Straße eine beachtliche Höhe und man sieht tief unten Buchten und Strände. Das Wasser ist nur schwer und meist nur zu Fuß über steile Pfade zu erreichen. Große Teile der Küste gehören zu Privathäusern, Hotels oder Campingplätzen. Ab und zu kann man aber dennoch über eine kleine, beschilderte Straße zu freien Stränden hinunterfahren. Unten gibt es allerdings jeweils nur wenige Parkmöglichkeiten, lassen Sie Ihr Fahrzeug deshalb am besten oben am Straßenrand stehen.

## Sperlonga

**Etwa auf halbem Weg zwischen Terracina und Gaeta drängt sich die malerische Altstadt von Sperlonga auf dem ins Meer hineinragenden, steilen Felsrücken des Monte San Magno.**

Östlich und westlich von Sperlonga gibt es weiße Sandstrände, an denen die modernen Teile des beliebten Badeortes liegen. In der Bucht unterhalb des Felsens (in Richtung Gaeta) befinden sich der Yacht- und Fischerhafen und daneben ein besonders breiter Strandabschnitt. Bei Sperlonga ist die **Küstenstraße** außergewöhnlich schön, sie gibt an vielen Stellen einen Blick in wildromantische, **felsige Buchten** mit kleinen Sandstränden frei. Schroffe Berge erheben sich zum Teil direkt aus dem Meer. Die Felsen östlich und westlich von Sperlonga werden bei Kletterern seit einigen Jahren immer beliebter.

- *Information* Pzza. della Rimembranza, ✆ 0771.54796, 🖷 0771.549798.
- *Verbindungen* Von Rom uber die Via Appia oder die Via Pontina bis nach Terracina und von dort aus parallel zum Meer auf der Via Flacca weiter bis nach Sperlonga. **Busverbindungen** nach Terracina, Fondi und Gaeta.
- *Parken* Entweder unten am Strand und von dort Aufstieg in die Altstadt oder von der Via Flacca aus in Richtung *centro storico* bis zum (gebührenpflichtigen) Parkplatz an der Porta Roma, dem Stadttor am höchsten Punkt des Ortes.
- *Übernachten* In der Altstadt werden einige Ferienwohnungen angeboten und auch Fremdenzimmer werden vermietet. Man wohnt hier zwar malerisch und hat oft einen herrlichen Blick, doch der Abstieg zum Strand ist mühsam und man muss das Gepäck über eine größere Entfernung vom Parkplatz zur Bleibe tragen. An den beiden Stränden im modernen Teil von Sperlonga existieren eine Fülle von Hotels, die fast alle über einen eigenen Strandzugang verfügen. Erholsam ist z. B. ein Aufenthalt im **Hotel Aurora**, das letzte Haus am westlichen Strand

direkt unterhalb der Altstadt, Via C. Colombo 114, ☎ 0771.549266, ✆ 0771.548014, www. aurorahotel.it. Die Zimmer sind ordentlich ausgestattet. 3 Sterne, 44 Zimmer. DZ mit Frühstücksbuffet 110–170 € (mit Balkon und Meerblick 130–190 €, mit Terrasse und Meerblick 160–220 €). In der Straße gibt es weitere Hotels und angenehme Restaurants.

Ebenfalls am Weststrand befindet sich im Vorort Fiorelle das **Parkhotel Fiorelle**, Loc. Fiorelle, ☎/✆ 0771.548092. Umgeben von einem Garten mit Pool, direkter Strandzugang, Restaurant. 3 Sterne, 33 Zimmer. DZ mit Frühstück ca. 110 €.

Preiswerter und familiärer ist das hübsche **Agriturismo Villa Prato**, Via Prato 3 (über SS 213, Via Flacca bei km 13.400 zu erreichen), ☎/✆ 0771.549770, www.agriturismo villaprato.it. Es liegt nur etwa 600 m vom Strand und rund 1 km von Sperlonga entfernt. Schöner gepflegter Garten, auf der Terrasse wird das Frühstück (auf Wunsch auch das Abendessen) serviert. Dazu gehört ein Biohof mit Obst- und Gemüseanbau. 5 Zimmer jeweils mit Bad. DZ mit Frühstück (außer am Wochenende) 60 €, von Juni bis Aug. nur Halbpension, 55–68 € pro Pers. im DZ.

● *Camping* Empfehlenswert ist der **Campingplatz Nord-Sud**, Via Flacca bei km 15,300, am Ortsrand, ☎ 0771.548255. Geöffnet von April bis Sept. Das 45 ha große Gelände (mittlere Beschattung durch Olivenbäume) liegt direkt am Meer, ist sauber, hat gute Sanitäranlagen und verfügt über eine ansprechende Ausstattung (Bungalows für 4 Pers., Laden, Restaurant, Pizzeria, Sportmöglichkeiten). Für 2 Pers. 30–40 €; Bungalow für 4 Pers. 90–130 €.

● *Essen* Spezialität der Gegend und in fast jedem Restaurant zu bekommen ist der originale **Büffelmilch-Mozzarella**. Zubereitet mit Öl, Tomaten und Basilikum schmeckt er besonders gut zu einem kräftigen Weißwein aus den Albaner Bergen.

**Ristorante Gli Archi**, Via Ottaviano 17, ☎ 0771.548300, www.gliarchi.com. Mi Ruhetag. Dieses kleine, hübsche Restaurant an einem malerischen Plätzchen mitten im historischen Zentrum bietet eine kleine Speisekarte, die je nach Saison und Marktangebot gekonnt zusammengestellt wird. Empfehlenswert ist z. B. der vorzügliche Vorspeisenteller mit verschiedenen Meeresfrüchten und die Gnocchi mit Miesmuscheln und Pecorinokäse (gnocchi alle cozze e pecorino romano). Als Hauptgang gibt es natürlich frischen Fisch. Meist wird er im Ofen gegart oder gekocht und mit einem sehr guten Olivenöl serviert. Auch die Weinkarte und die leckeren Desserts lassen kaum Wünsche offen. Menüpreis um 55 €.

Am Weststrand (in Richtung Terracina) gibt es mehrere gute Restaurants. Empfehlenswert ist z. B. das **Ristorante Tramonto**, Viale C. Colombo 53, ☎ 0771.549597. Mi Ruhetag. Dort kann man auf der Terrasse mit Blick auf das Meer und die Altstadt wunderbar Fischgerichte (und anderes, abends z. B. auch Pizza) genießen. Menü um 35 €.

● *Eis* **Pasticceria Gelateria Fiorelli**, Pzza. Fontana, ☎ 0771.548162.

● *Klettern/Wandern* Die Gegend um Sperlonga und Gaeta gilt inzwischen als eines der schönsten Kletter- und Wandergebiete Italiens. Die Mehrzahl der Routen erreicht den fünften Schwierigkeitsgrad. Für Bergwanderer sind 48 Wanderwege ausgewiesen, entweder entlang der Küste mit schwindelerregenden Tiefblicken oder in die Berge mit sagenhafter Fernsicht.

## Geschichte/Sehenswertes

Der Ursprung Sperlongas geht wohl auf die antike kaiserliche **Villa des Tiberius** zurück, die an der Via Flacca lag, einer Küstenstraße, die der Zensor Lucius Valerius Flaccus im Jahr 184 v. Chr. hatte anlegen lassen. Da es hier in den Ausläufern der Aurunci-Berge viele Quellen gab, siedelten sich auf dem strategisch günstig gelegenen Felsvorsprung Fischer und Bauern an. Im frühen Mittelalter gründeten Benediktinermönche hier ein Kloster (später ist daraus die Kirche Santa Maria Assunta entstanden). Wegen der häufigen Plünderungen durch Seeräuber wurde der Ort durch hohe Mauern und mächtige Stadttore befestigt. Die Tore sind noch gut erhalten, an der Porta Carrese in der Via dello Torre del Nibbio sieht man das Wappen der Herzöge von Caetani, zu deren Besitztümern Sperlonga gehörte, auch die Jahreszahl 1317 lässt sich noch erkennen. Nicht immer war der Schutz ausreichend. In der Stadtchronik wird zum Beispiel von einer verheerenden Plünderung durch den legendären Seeräuber Kair-ad-Din berichtet (auch *„Rotbart"* genannt), der am 8. August 1534 hier einfiel, um die schöne Gräfin Giulia Gonzaga zu entführen und sie dem Sultan Suleiman II. zum Geschenk zu machen (→ Kasten S. 788).

Die **Altstadt** von Sperlonga gehört wohl zu den schönsten dieses Küstenabschnitts. In den labyrinthartigen schmalen **Treppengassen** mit Durchgängen, Unterführungen und Brücken stehen dicht gedrängt weiß gekalkte mittelalterliche Häuser. In die Gassen fällt kaum ein Sonnenstrahl, so ist es auch im Sommer noch angenehm temperiert. Die Häuser sind durchweg gepflegt und behutsam restauriert. Keine modernen Zutaten stören das geschlossene Erscheinungsbild.

Etwa 2 km hinter dem Ortsausgang auf der Küstenstraße (Via Flacca, SS 213) nach Gaeta entdeckte man 1957 zufällig bei Straßenbauarbeiten die Reste einer antiken Villa und am Strand die **Höhle des Tiberius**.

### Die Höhle des Tiberius

Kaiser Tiberius hatte eine ausgeprägte, tiefenpsychologisch interessante Vorliebe für Höhlen. Er stand immer unter dem Einfluss seiner stark karriererefixierten **Mutter Livia**, der Ehefrau des Augustus. Sie war es, die hartnäckig durchsetzte, dass ihr ältester Sohn (aus erster Ehe) Nachfolger ihres Ehemannes, des ersten römischen Kaisers wurde. Auch als Tiberius schon das Amt seines zum Gott erhobenen Stiefvaters angetreten hatte, hielt er sich ungern in der Hauptstadt und damit in der Nähe der strengen Mama auf. Lieber zog er sich in seinen abgeschiedenen Palast auf Capri zurück. Im Jahr 21 n. Chr. verbrachte er ein Jahr auf dem Festland in seiner Villa bei Sperlonga. Zu dem Anwesen gehörte eine nur vom Meer aus zugängliche, luxuriös ausgestattete Höhle. Nach antiken Geschichtsschreibern, die mitunter auch gerne deftigen Klatsch verbreiteten, sollen hier maßlose Orgien, verbunden mit schrecklichen Opferkulten stattgefunden haben. Der Schriftsteller Tacitus berichtet auch, wie einmal während eines Gelages ein Offizier der Garde den Kaiser vor einem herabstürzenden Felsen rettete. Mehrere Gäste und Bedienstete seien erschlagen worden.

Das **Grabungsgebiet** mit einem kleinen, modernen **Museum** liegt direkt an der Straße unmittelbar vor dem ersten Tunnel und kann leicht übersehen werden. Auf dem Gelände stehen nur wenige Parkplätze zur Verfügung, notfalls kann man auch am Straßenrand parken.

In dem Licht durchfluteten Museumsbau sind Grabungsfunde aus der Villa ausgestellt, darunter vier **kolossale Skulpturengruppen**, die Szenen aus dem Leben des Odysseus darstellen. Von den herausragenden Marmorarbeiten im späthellenistischen Stil fand man ca. 15.000 Bruchstücke, die man mühsam zusammengesetzt und zum Teil ergänzt hat. Auch wenn vieles fehlt, reichen die vorhandenen Fragmente doch aus, um die einstige Schönheit der Kunstwerke zu erfassen.

Die größte und eindrucksvollste Gruppe zeigt, wie Odysseus und seine Gefährten den betrunken daliegenden, menschenfressenden **Riesen Polyphem** mit einer Lanze blenden. Der nahezu vollständig erhaltene Riese ist 5 m groß.

Die zweite Fragmentgruppe illustriert den Angriff des Meerungeheuers Skyllos auf das Schiff des Odysseus, als der gerade die Meerenge zwischen Skylla und Charybdis befährt, wobei einige seiner Gefährten von Skyllos getötet werden.

Auf anderen Bruchstücken ist Odysseus mit dem Leichnam des Achilles dargestellt. Schließlich sieht man den Raub des Palladiums, der heiligen, Schutz bringenden Figur der Göttin Pallas Athene aus dem Tempel von Troja.

Zu besichtigen sind auch noch weitere Funde aus der Villa, z. B. zwei marmorne Abbildungen von Theatermasken.

Vom Museum aus gelangt man durch den Garten hinab zum Grabungsgelände mit der **Grotte**. Herrlich ist der Blick auf das Meer, die gegenüber auf dem Felsen liegende Altstadt von Sperlonga und die Berge im Hintergrund.

Die kaiserliche Villa zog sich den steilen Hang bis zum Meer hinab. Von den Mauern sind nur noch wenige Reste zwischen Olivenbäumen und Kakteen erhalten. Gut zu sehen ist die Höhlenapsis mit dem künstlichen, runden Teich, in dessen Mitte sich eine Insel befand. Die Nischen waren einst mit den Statuengruppen geschmückt. Den Mittelpunkt der Höhle bildete die Figurengruppe, die die Blendung des Polyphem darstellt.

● *Öffnungszeiten* Tägl. ab 9 Uhr, von April bis Sept. schließt das Museum je nach Sonnenstand zwischen 17 und 19 Uhr, von Okt. bis März wird stets schon um 16 Uhr geschlossen. ✆ 0771.548028.

● *Eintritt* 2 €, erm. 1 €, für Personen unter 18 und über 60 Jahren ist der Eintritt frei; die Eintrittskarte gilt sowohl für das Museum als auch für die Ausgrabungen.

## Gaeta

**Wie für den Reiseprospekt geschaffen liegt der quirlige Badeort Gaeta mit Festungsanlage und charakteristischem Glockenturm malerisch auf einer Landzunge ausgebreitet, die eine langgestreckte Bucht begrenzt. Die Stadt wurde im Zweiten Weltkrieg zwar beschädigt, doch blieben wesentliche Teile der Altstadt unversehrt erhalten.**

Folgt man von Sperlonga der Via Flacca in Richtung Neapel etwa 15 km, erreicht man die Halbinsel Gaeta mit dem *Monte Orlando* (171 m hoch). Dieser Ausläufer der Aurunci-Berge teilt die Küste mit den feinen, weißen Sandstränden in zwei Abschnitte. In Richtung Sperlonga gibt es sieben Strände, die jeweils durch Felsvorsprünge begrenzt sind. In Richtung Formia markiert die Landzunge mit dem Fischer- und Yachthafen den Beginn des Golfs von Gaeta, einer langgestreckten, stark zersiedelten Bucht mit breitem Strand und vielen Hotel- und Campinganlagen.

Der *Monte Orlando* verläuft auch mitten durch Gaeta, auf beiden Seiten der Halbinsel liegt jeweils ein Ortsteil. Der nördliche, ausschließlich moderne Teil hat einen langen, weißen Sandstrand, im südlichen Bereich mit der **Altstadt** liegen an der Hafenpromenade einige Fischkutter. An den Ausläufern der Berge am südlichen Ortsausgang ein Stück vom Meer entfernt, wo terrassenartig Wohnblocks den Berg hinaufstreben, wuchert das neue Gaeta mit Ferienappartements, die hauptsächlich von Römern genutzt werden. Die Spitze der Landzunge ist leider unzugängliches militärisches Sperrgebiet, denn hier befindet sich ein **Marinehafen**.

● *Information* Pzza. Traniello 19, ✆ 0771.4627 67, 🖶 0771.465738. Mo–Fr 9–12 und 17–20 Uhr. Im Sommer öffnet zusätzlich ein Touristenbüro in der Via Cavour, ✆ 0771.461165.

● *Verbindungen* Autobahn Rom – Neapel (A 1), Abfahrt „Cassino", weiter über die SS 630, vorbei an Formia nach Gaeta; wesentlich kurvenreicher, aber auch landschaftlich abwechslungsreicher ist die SS 82 bei der Abfahrt „Ceprano". Noch reizvoller ist die Küstenstraße von Terracina. Entfernung von Rom 140 km, nach Neapel 100 km, nach Latina 70 km.

**Busverbindungen** nach Terracina und Neapel.

**Der Süden von Latium** Karte S. 757

- *Automobile Club d'Italia* Via delle Sirene 24, ℡ 0771.461000.
- *Polizei* Pzza. Commestibili 10, ℡ 0771. 460203.
- *Krankenhaus* Ospedale Salita Cappuccini, ℡ 0771.7791.
- *Übernachten* Eines der schönsten Hotels der Gegend ist das **Villa Irlanda Grand Hotel**, Via Lungomare Caboto 6 (außerhalb von Gaeta an der Straße nach Formia), ℡ 0771. 712581, ℡ 0771.712172, www.villairlanda.com. Zur 4-Sterne-Anlage gehören vier Gebäude in einer Parkanlage mit schön gestaltetem Pool und Liegewiese. Eines der Häuser ist eine Villa, die 1912 im neoklassizistischen Stil erbaut wurde. Die meisten Zimmer befinden sich im bogenförmigen ehemaligen Konvent irischer Mönche aus dem Jahr 1930. Der frühere Kirchenraum wird heute als Restaurant genutzt. Der von Säulen getragene Altarüberbau *(Ziborium)* ist noch vorhanden. Sehenswert ist auch die Rezeption mit römischem Mauerwerk, das zu einer Villa aus dem 1. Jh. v. Chr. gehörte. Vom Dach des Klostergebäudes und den Zimmern, die dem Meer zugewandt sind, hat man einen fantastischen Blick auf den Golf bis zur etwa gegenüberliegenden Landzunge mit der Altstadt von Gaeta. Nachteil des ansonsten fast perfekten Hauses ist der fehlende Strandzugang und die Lage außerhalb des Ortes, sodass man auf das Auto angewiesen ist. 40 Zimmer und 5 Suiten, hoteleigener Parkplatz. DZ ca. 130–190 € inkl. Frühstücksbuffet.

**Pensione Villa Maria Teresa**, Via Unita d'Italia, ℡/℡ 0771.770557, www.villamariateresa. com. In der Nähe von Villa Irlanda, aber etwas weiter in Richtung Formia, liegt die weiße klassizistische Strandvilla mit märchenhaften Dachterrassen, fantastischem Blick auf die Altstadt von Gaeta, Garten und Pool. Die 22 Zimmer dieses von Nonnen geleiteten Hauses sind recht karg, doch dafür gibt es direkten Strandzugang, Liegeterrasse und Pool. DZ ca. 50–70 €, Frühstück 6 € pro Pers., Halbpension 44–65 €, Vollpension 54–75 € jeweils pro Pers. im DZ.

Eine gepflegte Hotelanlage mit gut ausgestatteten Zimmern und hoteleigenem Strand in einer Bucht ist auch das **Grand Hotel Il Ninfeo** an der Via Flacca bei km 22,700, etwa 3 km von Gaeta entfernt. ℡ 0771.742291, ℡ 0771.740736, www.grandhotelilninfeo.it. 3 Sterne, 42 Zimmer. DZ 95–145 €, mit Meerblick 20 € Zuschlag pro Tag, Frühstück 10 € pro Pers., Voll- und Halbpension möglich.

Nicht weit von Il Ninfeo liegt **Aeneas Landing**, Via Flacca bei km 23,600, ℡ 0771.74 1713, ℡ 0771.740228, www.aeneaslanding.it. Bungalowdorf mit eigenem Strand, Garten, Pool und Diskothek. 3 Sterne, 20 Zimmer. DZ ca. 150 €.

Etwas preiswerter ist das große **Hotel Serapo**, Via Firenze 11 (im Stadtteil Spiaggia di Serapo), ℡ 0771.450037, ℡ 0771.311003, www. hotelserapo.com. 3 Sterne, 176 Zimmer, die einfach, aber sauber sind und Meerblick haben. Es gibt Parkplätze, beheiztes Schwimmbad drinnen und Pool draußen, Tennisplätze und einen hoteleigenen Strand. DZ mit Frühstück ca. 80–130 €, im Aug. 160 €.

- *Camping* In der Umgebung gibt es 9 größere Plätze. Über einen eigenen Strand (auf der anderen Straßenseite) verfügt **Cajetas** an der Via Flacca (SS 213) bei km 20, im Vorort S. Agostino, ℡ 0771.743040, ℡ 0771. 465040. Geöffnet von Mai bis Sept.
- *Essen* Eine Spezialität, die man unbedingt probieren sollte, ist „Tielle di Gaeta", eine Quiche mit Shrimps, Muscheln, Oliven und Kräutern.

**Antico Vico**, Vic. del Cavallo 2, ℡ 0771. 465116. Mi Ruhetag. Das sympathische Fischlokal befindet sich im Herzen der Altstadt von Gaeta und bietet hervorragend zubereiteten frischen Fisch. Besonders zu empfehlen sind z. B. der Carpaccio vom Tintenfisch (wenn gerade fangfrisch verfügbar) sowie Wolfsbarsch in Salzkruste (spigola al sale) und der Steinbutt mit Kartoffeln aus dem Ofen (rombo al forno con patate). Kleine Weinkarte. Fairer Preis, um 35 € à la carte, das Tagesmenü ist oft noch günstiger.

Empfehlenswert ist auch die **Taverna del Marinaio** in der Via Faustina 36, ℡ 0771. 461342. Mi Ruhetag. Feine Fisch- und Nudelgerichte, die Nachtischauswahl ist ebenfalls beachtlich und lecker. Der Menüpreis von ca. 30 € ist angemessen.

Zu den empfehlenswerten Lokalen gehört auch die Trattoria **La Cianciola**, Vico 2 Buonomo 16, ℡ 0771.466190. Mo Ruhetag. Empfehlenswert z. B. Nudeln mit Auberginen und Garnelen (pasta con le melanzane e crostacei) oder Linguine mit Meeresfrüchten; sympathischer Service. Menü um 30 €.

Schön sitzt man draußen bei traditionellen Gerichten im Restaurant **Al Vecchio Leone Masaniello**, Pzza. Commestibili 6, ℡ 0771. 462296. Mo geschlossen. Zu den Spezialitäten gehören die schwarzen Spaghetti (al nero di sepia) und die „fritture". Menü um 30 €.

## Geschichte

Der römische Dichter Vergil beschreibt diesen Ort als den Platz, wo *Cajeta*, die Amme des Äneas, beigesetzt wurde. Von „Cajeta" leitet sich wahrscheinlich auch der Name „Gaeta" ab.

Der griechische Held **Äneas** und seine Familie waren nach der antiken Mythologie die einzigen Überlebenden der Katastrophe von Troja. Äneas vertraute nämlich auf die düsteren Vorhersagen des Priesters Laokoon und floh gerade noch rechtzeitig. Seine Odyssee führte ihn auf allerlei Umwegen und nach einigen Abenteuern schließlich nach Latium, wo er zahlreiche Städte und Stämme gründete. Seine Ziehmutter überlebte die Reise nicht. Sofort nach der Landung suchte ihr der Held einen schönen Begräbnisplatz aus und gründete nach der Beerdigung zu ihrem Gedächtnis die Stadt Gaeta.

In der Antike nutzte man den Naturhafen von Gaeta für die benachbarte römische Siedlung im heutigen Formia. Entlang der Straße standen große vornehme Villen. Die bewegte Geschichte Gaetas begann im Mittelalter, als die Stadt ein Herzogtum wurde, das mit Byzanz verbunden war. Aus dieser Blütezeit zwischen dem 9. und 12. Jh. sind einige mittelalterliche Bauten erhalten, denen man den **byzantinischen Einfluss** ansieht, z. B. der Glockenturm des Doms und das Kirchlein San Giovanni a Mare. Im 13. Jh. ging der Ort an Karl II., Herzog von Anjou, dann an die Herzöge von Aragon (15. Jh.), bevor ihn die Franzosen einnahmen, die von den Spaniern abgelöst wurden. Anschließend fiel Gaeta unter österreichische Herrschaft und wurde 1734 von Karl III., dem Begründer der Bourbonen-Dynastie im Königreich Neapel, erobert. Bis 1861 gehörte Gaeta zum Königreich Neapel. 1848 suchte Papst Pius IX. für neun Monate in der Festung Schutz. Am 16. November 1848 hatten Freischärler unter Garibaldi den Papstpalast belagert und sogar durch ein Fenster den päpstlichen Sekretär erschossen. Als einfacher Priester verkleidet floh Pius IX. und begab sich unter den Schutz des Königs von Neapel nach Gaeta, bis ihm Napoleon III. wieder zurück auf den päpstlichen Thron in Rom verhalf. Bald darauf suchte König Ferdinand II. von Neapel mit seiner Gattin Maria Sofia und dem gesamten Hofstaat in der Festung selber Schutz vor den Freiheitskämpfern. Die Königin (die Schwester von Kaiserin Sissi) erwarb sich hohes Ansehen, als sie bei den schweren Kämpfen die notleidende mBevölkerung tatkräftig unterstützte. Auf die Dauer war Gaeta aber nicht zu halten. Am 13. Dezember 1861 fiel mit der Kapitulation das letzte Bollwerk des Königreichs Neapel, das im Vereinigten Königreich Italien aufging.

Noch einmal wurde Gaeta im Zweiten Weltkrieg Schauplatz von Kampfhandlungen. Die erheblichen Bombenschäden erklären, warum das Stadtbild nicht einheitlich ist und viele neuere Bauten aufweist.

## Sehenswertes/Rundgang

Nähert man sich dem Zentrum, sollte man etwa auf der Höhe der Hafenanlage bei der großen Piazza della Libertà einen kleinen Spaziergang durch ein eigenständiges, pittoreskes Stadtviertel unternehmen. Hauptstraße ist die **Via Indipendenza**, in der im Mittelalter Handwerker, hauptsächlich Bootsbauer, lebten und arbeiteten. Heute ist sie eine beliebte Geschäftsstraße. Auch die Seitengassen

*Der Strand von Gaeta*

besitzen die typische Atmosphäre einer südländischen Kleinstadt. Oberhalb der Via Indipendenza sieht man Reste der **antiken Villa** des Lucius Sempronius Atratius (73–20 v. Chr.) sowie die Ruine seines Grabmals. Die Außenverkleidung der zylinderförmigen Grabkammer fehlt, da die Steine als Baumaterial für den Kirchturm in der Nähe dienten.

Zum alten Stadtkern an der zum Golf von Gaeta ausgerichteten Seite der Landzunge flaniert man über die **Uferpromenade** der Via Giovanni Caboto. Dabei sieht man etwas oberhalb die Kirche **Annunziata** in der gleichnamigen Straße. Dies ist eigentlich ein gotischer Bau, der barock umgestaltet wurde. Dabei wurde selbst das gotische Kreuzrippengewölbe barockisiert. Etwas weiter fällt die mächtige, merkwürdig übertrieben wirkende Fassade der Kirche **San Francesco** auf, in rosa- und ockerfarbenen Tönen. König Ferdinand II. von Neapel hat sie an die Stelle einer alten Kirche aus dem 13. Jh. bauen lassen, weil Papst Pius IX. diese 1848 während seines Exils in Gaeta für zu schäbig hielt. Der Aufstieg zum Kirchenportal über die pompöse, recht ramponierte Treppenanlage lohnt schon allein wegen des schönen Blicks über die Bucht und die Altstadt.

Am Ende der Via Giovanni Caboto beginnt die kleine **mittelalterliche Altstadt** mit engen Gassen und Häuser aus dem 12. und 13. Jh. Von dem ursprünglich romanischen **Dom** aus dem 12. Jh. ist nur noch der 57 m hohe Glockenturm mit ungewöhnlichen byzantinischen Stilelementen in seiner alten Form erhalten, der Rest wurde 1778 umgestaltet. Der Turm, der Wahrzeichen Gaetas ist, enthält im unteren Teil viele antike Fragmente (z. B. Säulen, Marmorbruchstücke und Inschriften). Im Innenraum der Kirche ist besonders der 3,5 m hohe **Osterleuchter** aus Marmor sehenswert. Ein einheimischer Künstler hat ihn mit 48 Bildtafeln versehen, von denen die eine Hälfte vom Leben Christi berichtet, während die andere dem Wirken des heiligen Erasmus, eines Stadtheiligen aus dem 9. Jh., gewidmet ist. Seine Reliquien befinden sich in der Krypta. An der wenige Schritte entfernten, sogar noch älteren Kirche **San Giovanni a Mare** sind ebenfalls byzantinische Stilelemente erkennbar.

Die mächtige **Burg** über der Stadt am Hang der Landzunge gehört zum Sperrgebiet der Kaserne der Finanzpolizei und ist deshalb leider nicht zu besichtigen. Die Ursprünge der Burg gehen auf das 7. Jh. zurück, danach wurde sie vielfach umgebaut und erweitert. Eine kleine, kurvenreiche Straße führt zum **Gipfel** des 171 m hohen Bergs *Orlando*. Hier steht das Grabmausoleum des **Lucius Munatius Plancus** (85–15 v. Chr.). Eine schönere letzte Ruhestätte hätte sich der erfolgreiche Feldherr, der mit Caesar Frankreich erobert und die Städte Lyon und Basel gegründet hat, nicht aussuchen können. Die Aussicht ist fantastisch: Man kann ein ganzes Stück an der Küste entlang schauen und die Berge im blauen Dunst des Horizonts mit dem Meer verschwimmen sehen. Der mit Steinplatten verkleidete Zylinder hat einen Durchmesser von knapp 30 m und ist etwa 11 m hoch. Oben zeigt der Fries militärische Symbole. Auf dem Grab stand in der Antike eine Statue des Generals. Die Inschrift über dem Eingang nennt seinen Namen und berichtet über die Stadtgründungen. Im Inneren befindet sich ein ringförmiger Gang mit einer Kammer in jeder Himmelsrichtung.

Der Hügel gehört seit 1986 zu einem 53 ha großen **Naturpark**. Im Wald und am Hang stößt man auf zahlreiche halb verfallene und überwucherte Militäranlagen, die bis zur italienischen Staatsgründung 1870 vielfach ausgebaut wurden. Man erkennt noch Geschützstellungen, Laufgänge, Pulverkammern und Artilleriestellungen.

Weiter führt die Straße zu den gewaltigen Felsspalten mit einem Benediktinerheiligtum, dem **Santuario della Montagna Spaccata**, am äußersten Südwesthang des Berges.

Das Beben, das nach der Überlieferung des Matthäus in dem Augenblick, als Jesus am Kreuz starb, die Erde erschütterte, soll nach einer mittelalterlichen Legende auch den Berg von Gaeta gespalten haben. Die drei tiefen Risse im Felsen, von denen einer eine riesige Grotte bildet, werden von den Benediktinermönchen als Heiligtum verehrt.

Links neben dem Eingang befindet sich die kleine Dreifaltigkeitskirche (SS. Trinità). In einem Gang, der zur engen, aber teilweise begehbaren Felsspalte führt, sind Kreuzwegstationen auf Majolikacheln aus dem 19. Jh. dargestellt. Über Treppen geht es hinein zu einem Kapellchen, das genau in den Felsspalt eingepasst ist. In einer Felswand sehen Sie an einer Stelle den etwas plumpen Umriss einer Hand. Hier soll sich ein türkischer Matrose, der nicht an den göttlichen Ursprung der Spalten glauben wollte, abgestützt haben. Durch ein Wunder versank seine Hand im Fels und hinterließ diesen Abdruck.

*Öffnungszeiten* **Santuario**, im Sommer 8–12 und 15–19 Uhr; im Winter 8–12 und 15–17 Uhr.

Wenn Sie zum Eingang zurückkehren, gelangen Sie gegenüber von der Dreifaltigkeitskirche zur **Türkengrotte**, einer riesigen Erosionshöhle. Ihren Namen erhielt sie von den Piratenbooten, die sich hier im Mittelalter versteckten und nachts die Küste plünderten. Vom Eingang aus führt ein sehr steiler Weg mit einer Treppe bis zum Meer hinab. Wenn die Sonne scheint, funkelt das Wasser in fantastischem Blau. Von der Terrasse des Heiligtums hat man eine weite Sicht bis nach Sperlonga. Man erkennt am Hang auch antike Mauerreste, die zur Villa des Generals Plancus gehörten.

*Der Süden von Latium* Karte S. 757

# Formia

**Fast übergangslos gelangt man vorbei an terrassenartig den Hang hinaufstrebenden Appartementblocks von Gaeta nach Formia. Der Bade- und Luftkurort liegt bezaubernd an der Bucht von Gaeta zwischen dem Meer und den kargen, steil aufragenden Hängen der Monti Aurunci.**

Das Stadtbild ist überwiegend modern, da Formia im Zweiten Weltkrieg zu mehr als Dreivierteln zerstört wurde. Daher gibt es heute nicht viele historische Sehenswürdigkeiten. Formia ist hauptsächlich ein geschäftiges **Bade- und Hafenstädtchen**. Von hier bestehen regelmäßige **Fährverbindungen** zu den Pontinischen Inseln Ponza und Ventotene sowie nach Ischia. Außerdem besitzt der Ort eine wichtige Bahnstation an der Hauptstrecke zwischen Rom und Neapel. Trotz der vielen Neubauten fallen immer wieder antike Details auf. Sie stammen aus den zahlreichen feudalen Villen bedeutender antiker Persönlichkeiten wie Cicero und Maecenas. Schon in der Antike war dieser Teil der Bucht von Gaeta im Windschatten der hohen Berge mit dem guten Klima und herrlichen Panorama als Ferienort hoch geschätzt. Zumindest daran hat sich nichts geändert. Formia erfreut sich als Badeort großer Beliebtheit und ist im Sommer daher auch recht voll. Er verfügt allerdings auch über besonders schöne **Badestrände**. Im Westen liegen sie in kleinen Buchten und gehören oft auch zu Hotels, während sie im Osten langgestreckt und flach sind. Den Hintergrund bildet immer die hohe Bergkulisse.

*Verbindungen*

● *Autobahn* Rom – Neapel (A 1), Abfahrt „Cassino", weiter über die SS 630; eine Alternative sind die kurvenreiche, aber landschaftlich schöne SS 82 bei der Abfahrt „Ceprano" oder die Küstenstraße von Terracina. Entfernung nach Rom 110 km, nach Neapel 93 km, nach Latina 80 km.

● *Bahnlinie* Rom – Neapel; Bahnhof an der Pzza. IV Novembre.

● *Busverbindungen* Nach Gaeta, Terracina, Fondi und Neapel.

● *Schiffsverbindungen* Zu den Pontinischen Inseln Ponza und Ventotene, nach Capri und Ischia. Beachten Sie die saisonabhängigen Fahrzeiten.
*Linie Caremar* von Formia nach Ponza (36,7 Seemeilen) und Ventotene (28,5 Seemeilen) mit Fähre oder Tragflächenboot. Auskünfte unter ✆ 0771.22710 bzw. 0771.23800, www. caremar.it., Tickets im Hafen am Anleger: Verbindung mit dem **Fährschiff**:
**Formia – Ponza** (ca. 2,5 Std. Fahrzeit): Abfahrt in Formia tägl. um 9 Uhr und 17.30 Uhr; Rückfahrt ab Ponza Mo–Sa um 5.30 Uhr (So um 7 Uhr) und tägl. um 14.30 Uhr; Fahrpreis pro Strecke 11 €.
**Formia – Ventotene** (ca. 2 Std. Fahrzeit): tägl. Abfahrt in Formia tägl. um 9.15 Uhr, So 10 Uhr; Rückfahrt ab Ventotene Mo–Sa um 15 Uhr, So um 16.30 Uhr; Fahrpreis pro

Strecke 8,10 €.
Schneller und teurer ist das **Tragflächenboot** *(„aliscafo")*; es gibt weniger Verbindungen:
**Formia – Ponza** (ca. 1 Std. 20 Min. Fahrzeit), nicht ganzjährig und nur eine Verbindung pro Tag:
*Juni bis Sept.*: tägl. ab Formia um 18.15 Uhr; Rückfahrt ab Ponza Mo–Sa um 8 Uhr, So um 10 Uhr.
*Jan. bis Mai*: ab Formia Mo um 8 Uhr, Di–So um 14.30 Uhr; Rückfahrt ab Ponza Mo um 6.30 Uhr, Di–Sa 8 Uhr, So 10 Uhr; Fahrpreis pro Strecke 18 €.
**Formia – Ventotene** (ca. 1 Std. Fahrzeit):
*April bis Sept.*: ab Formia Mo um 18 Uhr, Di–Sa um 11.20 und 18 Uhr, So um 11.20 und 18.30 Uhr; Rückfahrt ab Ventotene Mo um 6.45 Uhr, Di–Sa um 6.45 und 16.30 Uhr, So um 10 und 17 Uhr.
*Okt. bis März*: ab Formia Mo–Sa um 15.30 Uhr, So um 16 Uhr; Rückfahrt ab Ventotene Mo–Sa um 6.45 Uhr, So um 7.30 Uhr; Fahrpreis pro Strecke 13.70 €.
**Alle Zeitangaben ohne Gewähr.**
Eine weitere Schnellbootverbindung von Formia nach Ponza (Fahrzeit pro Strecke: etwa 1 Std. 10 Min.) bietet die Rederei **Aliscafo Vetor**, Information und Internetbuchung unter www.vetor.it, ✆/✆ 0773.723406.

*Übernachten/Essen*

• *Übernachten* **Castello Miramare**, Via Balze di Pagnano, ℡ 0771.700138, 📠 0771. 700139, www.hotelcastellomiramare.it. Das kleine 4-Sterne-Hotel-Restaurant am Hang des Berges *Mola*, hinter dem Zentrum, ist eine Dependance des Miramare Grandhotels am Strand von Formia (s. u.) und befindet sich in einem Kastell, das mit passenden Möbeln und Lüstern stilgerecht ausgestattet ist. Die komfortablen, gepflegten Zimmer haben jeweils einen schönen Ausblick, ein Zimmer erstreckt sich im Turm über zwei Etagen. Parkplatz und stilvolles Restaurant mit Blick auf die Bucht von Formia. 10 Zimmer. DZ 105–125 €, Frühstück 10 € pro Pers., Halbpension 105–125 €, Vollpension 115–135 € pro Pers. (bei Halb- und Vollpension ist die Benutzung von Pool und Strand des 3 km entfernten Grandhotels inklusive).

**Grande Albergo Miramare**, Via Appia 44 lato Napoli, SS 7 (etwas außerhalb von Formia, direkt am Meer gelegen), ℡ 0771. 320047, 📠 0771.320050; www.grandealbergo miramare.it. Schönes Hotel mit Garten, Pool, eigenem Strandzugang, von den 76 Zimmern haben viele Meerblick (dann 15 € Zuschlag pro Tag), Terrasse mit großartiger Sicht. 4 Sterne. DZ 98–114 €; Frühstück 9 €, Halbpension 90–110 €, Vollpension 100–119 €, jeweils pro Pers.

Hotel Restaurant **Fagiano Palace**, ca. 3 km östlich am Meer gelegen. Via Appia 80 (SS 7), ℡ 0771.720900, 📠 0771.723517, www. grandhotelfagiano.it. Stilvolles, modernes Hotel mit eigenem Strandzugang, großem Garten mit altem Baumbestand und 2 Tennisplätzen. Von den 57 Zimmern haben viele Meerblick, von der Frühstücksterrasse aus bietet sich eine fantastische Sicht auf Formia bis nach Gaeta auf der anderen Seite der Bucht. 3 Sterne. DZ mit Frühstück 80–95 €; Halbpension 75–90 €, Vollpension 85–100 €, jeweils pro Pers.

Preiswert ist das **Hotel del Golfo** im Zentrum beim Bahnhof, Piazzale della Stazione 1, ℡ 0771.790037, 📠 0771.771874. 2 Sterne, 35 Zimmer, Parkmöglichkeit. DZ 45–63 €.

• *Camping* Es stehen drei Campingplätze zur Verfügung, die jeweils von Juni bis Sept. geöffnet sind. Der größte Platz ist **Gianola** in der Loc. Gianola, 📱/📠 0771. 720223. Die anderen Plätze sind **La Foce**, Loc. Gianola, ℡ 0771.720025, und **Internazio-**nale Santojanni in der Loc. S. Janni, Via Appia bei km 138, ℡ 0771.723037.

• *Essen* Die Auswahl an Trattorien und Restaurants ist groß.

Zu den besten Restaurants der Region gehört der sympathische Familienbetrieb **Sirio**, Viale Unità d'Italia 128, ℡ 0771.790047, www.ristorantesirio.it. Im Winter Mo abends und Di, im Sommer Di und Mi mittags geschlossen. Im Sommer kann man auch draußen sitzen. Auf der am Angebot der Saison orientierten Karte stehen vorzüglich zubereitete Fisch-, Fleisch- und Gemüsegerichte, oft raffiniert und ungewöhnlich zusammengestellt. Wunderbar sind schon die Antipasti, z. B. Meeresfrüchte oder Artischocken mit Calamari. Mit den Primi geht es köstlich weiter: z. B. Fischravioli mit Muschelsoße, Linguine mit höhlengereiftem Schafskäse (al coccio) oder schwarze Bandnudeln mit Garnelen. Die Secondi hängen vom Tagesangebot ab. Sehr gut ist die Bernsteinmakrele mit Muscheln oder das Rinderfilet mit einer Leber-Süßwein-Soße. Zum Abschluss gibt es eine gute Auswahl an Käsesorten der Region oder die köstlichen Desserts (z. B. das hausgemachte Eis, Halbgefrorenes von Kastanie und Honig oder eine der Torten); großartige Weinkarte mit rund 300 Etiketten. Menü um 35 €.

**Chinappi**, Via Anfiteatro 8, ℡ 0771.790002, www.chinappi.it. Außerhalb der Sommermonate Do geschlossen. Stefano Chinappi und seine Familie arbeiten ständig daran, das ohnehin schon hohe Niveau von Küche und Keller weiter zu steigern. Es gibt täglich wechselnde Menüs, am besten lassen Sie sich von dem freundlichen Service beraten (besonders die Desserts sind herrlich). Menüpreis à la carte ca. 50 €, das Tagesmenü ist häufig preiswerter.

**Ristorante Il Gatto & la Volpe**, in der Altstadt, Via Abate Tosti 83, ℡ 0771.21354, www.ilgattoelavolpeformia.it. Mi Ruhetag. Eine gediegen schöne Atmosphäre mit mittelalterlichem Ziegelgewölbe (die Ziegel stammen z. T. offensichtlich aus der Antike und wurden im Mittelalter hier als Baumaterialien verwendet) drinnen und einem gepflegten Garten draußen bietet dieses Ristorante. Sehr gut ist die Weinauswahl; angeboten werden Tagesmenüs, die Nudeln sind frisch und hausgemacht. Menüpreis um 40 €.

**Der Süden von Latium** Karte S. 757

## Sehenswertes/Rundgang

Eine Ansammlung römischer Villenanlagen bildete in der Antike den Ort Formia. Der wurde 859 von den Sarazenen zerstört und danach zunächst aufgegeben. Rund 150 Jahre später gründeten Fischer, Handwerker und Bauern in den Ruinen die beiden Dörfer *Castellone* und *Mola*. Erst 1819 vereinigten sich die Ortschaften unter dem alten Namen „Formia". Wahrzeichen von Mola an der Via Lungomare della Repubblica, einem heute überwiegend modernen Viertel, das direkt am Meer liegt, ist der mittelalterliche, weiß gekalkte **Rundturm**. Er gehörte zur Burg, die Karl II., Herzog von Anjou, im 13. Jh. zum Schutz der Bevölkerung von Mola gegen die Piraten bauen ließ.

Sehenswert ist der **Hafen**, in dem immer Betrieb herrscht. Kleinere Boote und Luxusyachten liegen direkt an der Durchgangsstraße. Hier gibt es auch zahlreiche (teure) Restaurants mit Meerblick. Am Hafen befindet sich das **Rathaus** *(Palazzo Comunale)* mit dem **Archäologischen Museum** im Erdgeschoss. Erbaut wurde es im 18. Jh. ursprünglich als Kloster auf dem Gewölbe einer römischen Villa aus dem 1. Jh. v. Chr. Davor sieht man Reste von Fischteichen, die in der Antike zu jeder mondänen Villa gehörten. Unterschiedliche Becken, in denen auch die gefährlichen Muränen gezüchtet wurden, waren mit Schleusen verbunden. Die Sammlung des Museums beinhaltet Funde aus der Region. Man sieht Sockel mit Inschriften, Statuenfragmente, Amphoren und Kapitele.

*Öffnungszeiten/Eintritt* **Museo Archeologico Nazionale**, Via Vitruvio, tägl. 9–19 Uhr, nicht am 1. Jan., 1. Mai und 25. Dez. Eintritt 2 €, erm. (18–25 Jahre) 1 €, Personen unter 18 und über 60 Jahre haben freien Eintritt.

Seinen alten Charakter bewahrt hat der westlich gelegene Stadtteil **Castellone**. Es ist ein typisch südländisches, pittoreskes Viertel mit engen Gassen, weiß gekalkten Häuschen, bunten Türen und lebhaften Plätzen. Auf der Piazza San Erasmo steht der achteckige, mittelalterliche **Torre di San Erasmo**. Er ist als einziger von zwölf Türmen der Burg von Castellone erhalten geblieben, die im 14. Jh. über den Resten der antiken Akropolis erbaut wurde. Sehenswert ist auch die **Piazza Teatro Vico**. Die Gebäude mit den Bogenreihen bilden das Halbrund eines römischen Theaters aus der Zeit des Augustus nach. In einem der Gewölbe soll der Legende nach am 2. Juni 303 der Märtyrer Erasmus zu Tode gefoltert worden sein. Die Reliquien des Heiligen wurden in der Kathedrale **San Erasmo** verehrt, bis der Bischofssitz im 9. Jh. nach Gaeta verlegt und die Gebeine dorthin überführt wurden. Die Kirche San Erasmo war vom 4. bis zum 9. Jh. Bischofssitz, erbaut wurde sie in den Ruinen eines römischen Tempels.

Außerhalb der Stadt, etwa 2,5 km vom Zentrum entfernt an der Via Appia (SS 7 bei km 139) in Richtung Itri sehen Sie das **Grab Ciceros**. Es besteht aus einem quaderförmigen Sockel, der bis auf einige fehlende Steine noch recht originalgetreu erhalten ist, und einem zylindrischen Turmaufbau, dem die Außenverkleidung fehlt. Insgesamt ist das Monument 24 m hoch. Es liegt landschaftlich fantastisch mit Blick auf das Meer, die Bucht von Gaeta und auf die steilen, kargen Berge.

Der berühmteste Redner und Staatsmann der Antike besaß in der Umgebung von Formia ein feudales Landgut. Er war gerade auf dem Weg dorthin, als er am 7. Dezember 43 v. Chr. von den Leuten Marc Antons aus der Sänfte gezerrt und ermordet wurde. Marc Anton hasste den konservativen Cicero, der sich im Senat vehement für die Erhaltung der Republik einsetzte und ständig vor einer Diktatur warnte. Das passte Marc Anton

*Formia: Steil erhebt sich das Gebirge um den Golf von Gaeta*

nicht ins politische Konzept. Unter den bezahlten Mördern befand sich auch Herennius, dem Cicero als Strafverteidiger schon einmal das Leben gerettet hatte. Herennius selbst war es, der Cicero mit dem Schwert Kopf und Hände abschlug. Marc Anton ließ diese Trophäen auf der Rednertribüne vor der Curie in Rom ausstellen, um jedem ganz deutlich zu zeigen, wie es Kritikern ergehen kann. Seiner Gattin Fulvia fiel sogar noch eine Steigerung ein: Sie schnitt Ciceros Kopf zusätzlich noch die Zunge heraus, die beinahe die politische Karriere ihres Ehemannes verhindert hätte.

## Die Umgebung von Formia

▸ **Monte Sant'Angelo:** Einen wunderschönen Blick haben Sie von der kurvenreichen Panoramastraße zum 1402 m hohen Monte S. Angelo. Fahren Sie von Formia ein kurzes Stück in Richtung Neapel und biegen dann links ab in Richtung Maranola. Kurz nach dem Ortsausgang geht es in Serpentinen steil hinauf.
 In Maranola kann man bei **La Marzolina** (Via San Luca 10, ☎ 339.8447813) vorzüglichen Käse direkt beim Produzenten kaufen.

▸ **Itri:** Ein anderer Ausflug führt von Formia über die Via Appia (SS 7 in Richtung Rom) in das Landesinnere nach Itri. Die romantische Altstadt des kleinen Ortes liegt auf einem Hügel, umgeben von Bergen und jahrhundertealten Olivenhainen. Aus Itri, das zum Herzogtum Gaeta gehörte, kommen die dicken, süßlichen, berühmten **Oliven** von Gaeta. Auf dem höchsten Punkt stehen die Ruinen einer ehemaligen **Burg**, in der vor einigen Jahrhunderten Ippolito de'Medici (→ „Fondi", S. 788) lebte und starb. Erhalten ist der quadratische Hauptturm, von ihm führt eine Mauer mit Zinnen zum kleineren Rundturm. Der Ursprung der Burg geht vermutlich auf die Langobarden zurück, ausgebaut wurde sie im 13. Jh. im Auftrag der Fürsten Caetani. Viele kleine, verwinkelte Häuser mit roten Dächern schmiegen sich im Ort aneinander. Zwei kleine Kirchen, **Annunziata** und **Sant'Andrea**, erinnern an das Mittelalter, ebenso wie der alte Campanile.

In der Nähe der Burg steht ein kleines, gotisches Haus, in dem im Jahr 1771 der Räuberhauptmann und Freiheitskämpfer **Fra'Diavolo** alias *Michele Pezza* geboren wurde.

## Fra'Diavolo

Der legendäre Fra'Diavolo, Held vieler Romane und sogar einer Oper, der wegen Mordes am Ehemann seiner Geliebten fliehen musste, galt als unverwundbar, weil er sich selbst in die Schulter geschnitten und die Verletzung mit einer geweihten Hostie abgedeckt haben soll. Seinen Lebensunterhalt verdiente er von nun an wie viele Leute der Gegend durch Raubüberfälle. Man nannte ihn auch „Fra'Diavolo" (Bruder Teufel), weil er angeblich vorher als Mönch unter dem Namen „Fra'Angelico" gelebt haben soll. Einer anderen Legende nach verdankte er sein Pseudonym der Gabe, vollkommen überraschend irgendwo zu erscheinen und ebenso blitzartig wieder zu verschwinden. Er war zugleich ein leidenschaftlicher Feind der französischen Besatzer, die seine Eltern umgebracht hatten, und führte gegen sie einen erfolgreichen Guerillakrieg. Ferdinand I. von Neapel sah dem fragwürdigen Verbündeten im Kampf gegen die Franzosen die verbrecherischen Nebengeschäfte nach, beförderte ihn zum Oberst und verlieh ihm obendrein auch noch aus Dank für die Verdienste um die Freiheit den Titel des Herzogs von Cassano. Die Franzosen konnten den herzoglichen Teufelsbruder mit einigen Mühen schließlich doch noch fangen. Nachdem er das Angebot von Joseph Bonaparte zum Übertritt in französische Dienste kategorisch abgelehnt hatte, hängte man ihn 1806 in Neapel auf.

Itri wird im Tal, wo auch der unattraktive, moderne Teil der Stadt liegt, von der **Via Appia** durchquert. Von den antiken Grabmonumenten, Brunnen und Haltestationen, die die Königin der Straßen säumten, sind an mehreren Stellen noch Reste zu sehen.

● *Übernachten* Empfehlenswert ist das schlichte **Hotel Monte Fusco**, ☎/🖷 0771.727560. Etwas außerhalb sehr ruhig in der Località Monte Fusco gelegen, mit Garten und Restaurant. 2 Sterne, 13 Zimmer. DZ mit kleinem Frühstück ca. 55 €.
**Agriturismo Mandrarita**, ☎ 0771.729186 oder mobil 329.4276035, www.mandrarita.it. Der Agriturismo in den Ausläufern der Aurunci-Berge an der Straße von Sperlonga nach Itri (von Itri 4,8 km der Straße folgen, dann links abbiegen und den Schildern folgen) gehört zu einem 13 ha großen landwirtschaftlichen Betrieb (hauptsächlich Oliven und Obst; das eigene Öl wird hier auch direkt verkauft). Es gibt 6 ordentliche Zimmer jeweils mit Bad, einen Garten mit Liegewiese und weitem Blick in die Landschaft, sowie Pool und schöner schattiger Terrasse. DZ mit Frühstück 72–92 €, Halbpension (ohne Getränke) 62–72 € pro Pers. im DZ.

● *Essen* **Il Grottone**, Corso Vittorio Emanuele 11, ☎ 0771.727014. Mo geschlossen. Die Trattoria erreichen Sie, wenn Sie auf der Via Appia in Richtung Formia fahren, von dort aus ist der Weg zum Lokal ausgeschildert. Beliebtes Ausflugslokal mit traditioneller schlichter Küche.
● *Wein* **Enoteca Confetteria Peppino**, Via della Repubblica 18, ☎ 0771.721609. Sehr gute Wein- und Spirituosenauswahl.
**Winebar Sii pur brigante**, Via Ripa 5, ☎ 0771.721594. Mi Ruhetag, sonst nur abends geöffnet. Gute Weinauswahl, dazu kleine Gerichte (Menü rund 15 €).
● *Spezialitäten* Olivenöl und eingelegte Oliven von Gaeta; die haben hier besonders viel Fruchtfleisch und sind sehr mild und leicht süßlich. Ausgezeichnetes Olivenöl direkt vom Erzeuger bekommen Sie bei **Montevivoli**, Via Montevivoli, ☎ 0771.729641.

# Fondi

Folgt man von Itri aus noch weiter der Via Appia, erreicht man nach etwa 14 km das Städtchen Fondi. Es liegt an einem Ausläufer der Monti Ausoni. Diese Hügelkette bildet zusammen mit den Monti Aurunci einen Halbkreis zwischen den Küstenorten Terracina und Sperlonga. Die fruchtbare Ebene davor ist eines der **landwirtschaftlichen Zentren** Latiums. In Fondi hat einer der wichtigsten Obst- und Gemüsemärkte Italiens seinen Sitz. Überall in der Ebene sieht man Zitrusplantagen und unzählige Treibhäuser. Die Karstquellen dieses wasserreichen Gebiets bilden den **Lago di Fondi**, ein ökologisch wertvolles Biotop, das zum Baden nicht geeignet ist. Dafür endet die Ebene in einem etwa 10 km langen Küstenstreifen, dem **Lido di Fondi**, einem Strand mit feinkörnigem und hellem Sand und teilweise mit Dünen. Hier gibt es zahlreiche große Campingplätze mit vielfältigem Sport- und Freizeitangebot.

• *Verbindungen* An der Via Appia (SS 7) zwischen Terracina und Itri bzw. Formia. **Busverbindungen** nach Terracina, Gaeta, Formia.

• *Übernachten* **Bed & Breakfast Vicolo di M'blò**, Largo Luigi Fortunato 9, ✆ 0771.502385, www.mblo.it. Es liegt mitten in der Altstadt von Formia und gehört zum gleichnamigen Restaurant (s. u.). Das Gebäude mit dem pittoresken Innenhof stammt von 1270, dazu passt das rustikale Ambiente der trotzdem komfortablen und gut ausgestatteten Zimmer (z. T. Holzbalkendecken). DZ mit Frühstück 80–100 €, Wohnung mit Küche für 4 Pers. 100–120 €.

Ansonsten am besten am Meer in Lido di Fondi: Empfehlenswert ist dort die Übernachtung in der Anlage des **Martino Club Hotels**, Via Flacca bei km 4,150, ✆ 0771.57464, 📠 0771.57293, www.hotelmartino.it. 56 recht schlichte, funktional eingerichtete Zimmer (davon 14 mit direktem Strandzugang) sind auf dem Gelände verteilt, im Haupthaus gibt es ein Restaurant mit schöner Terrasse, Billardraum und winziger Sauna. Pool mit Kinderbereich, Tennisplätze, schöner hoteleigener Strandabschnitt, Kinderbetreuung. 3 Sterne. Nur Halbpension möglich: 65–85 € pro Pers. im DZ (im Aug. bis 100 €), Zimmer mit Meerblick 20 € Zuschlag pro Tag.

• *Campingplätze* Eine große Auswahl an Plätzen (mehr als ein Dutzend) finden Sie am Meer bei Lido di Fondi.

Die am besten ausgestatteten Plätze sind **Il Gabbiano** an der Via Flacca bei km 7,800, ✆/📠 0771.556227, 40 ha und **Holiday Village**, auch an der Via Flacca bei km 6,800, ✆/📠 0771.555009, www.holidayvillageitaly.com, 30 ha (etwas teurer). Beide Plätze sind von April bis Sept. geöffnet, bieten vielfältige Sport-

möglichkeiten und haben Bungalows für 2 bis 4 Pers.

Das ganze Jahr über geöffnet hat der Platz **Le Dune** an der Via Flacca bei km 9, ✆ 0771.555381, 📠 0771.555381, www.ledune.it, 120 ha.

• *Essen* Das **Ristorante Vicolo di M'blò** befindet sich in einem Palazzo aus dem 16. Jh. neben der Burg (dazu gehört in der Nähe ein B & B, s. o.), Corso Appio Claudio 11, ✆ 0771.502385, www.mblo.it. Di Ruhetag. Dieser gehobene Familienbetrieb bietet traditionelle Gerichte und schöpft dabei aus dem reichen Angebot an frischen Zutaten aus der Umgebung. Zu den Spezialitäten gehören die Gemüsesuppe, die Nudeln mit kleinen Krebsen aus dem See (bucatini coi jamboree) und alles Frittierte, besonders aber die frittierten Zucchiniblüten (fritelle di fiori di zucca). Menü um 35 €.

**Da Cima**, Via Brenta 6, ✆ 0771.504317. Mo geschlossen. In dieser in einem versteckten Winkel von Fondi gelegenen Trattoria werden Ihnen von Lucio und Luisa Antonetti freundlich traditionelle Gerichte, gekonnt und schmackhaft zubereitet, serviert. Außergewöhnlich gut ist der angebotene Hauswein.

• *Einkaufen* Erstklassige Büffelmilch-Mozzarella bekommen Sie direkt beim Erzeuger **Buonanno**, Via Mola della Corte 9, ✆ 0771.513011, Direktverkauf Mo–Sa 8–13 Uhr; oder bei **Di Sarra**, Via Sant'Anastasia 62, ✆ 0771.555107, Direktverkauf Mo–Fr 8–14 und 16.30–19.30 Uhr.

Gutes, preiswertes Obst in reicher Auswahl gibt es im großen zentralen Obstmarkt **MOF** *(Mercato Ortofrutticolo di Fondi)*, Viale Piemonte 1, ✆ 0771.512731, www.mof.it. Gutes Brot und Pizza vom Blech bei **Pane in Piazza**, Pzza. Matteotti 6.

## Giulia Gonzaga

In der Burg von Fondi lebte im 16. Jh. die schönste Frau ihrer Zeit, Giulia Gonzaga, die schon im Alter von 19 Jahren Witwe geworden war. Sie unterhielt einen der bekanntesten Musensalons Italiens. Bedeutende Männer waren bei ihr zu Gast. Einer von ihnen war **Ippolito de'Medici**, der junge Neffe von Papst Leo X. (1513–21), ein allgemein beliebter, hoch gebildeter, geselliger junger Mann. Nur sein mächtiger Verwandter Giulio de'Medici mochte sich der allgemeinen Sympathie nicht anschließen. Als Kandidat Kaiser Karls V. wurde dieser unter dem Namen Clemens VII. (1523–34, nicht zu verwechseln mit dem früheren Gegenpapst gleichen Namens) zum Nachfolger Leos X. gewählt. Der neue Papst zwang Ippolito, der weltlichen Macht zu entsagen und sich an seinem Hof als Kardinal unterzuordnen. Damit verhinderte er, dass Ippolito Herzog von Florenz werden konnte, um seinem eigenen Sohn Alessandro diesen Titel zu verschaffen. Der unfreiwillige Kardinalswürdenträger residierte in der benachbarten Stadt Itri und tröstete sich mit einem herrschaftlichen, multikulturellen Hofstaat, dem Menschen von zwanzig verschiedenen Nationen angehört haben sollen.

Zu dieser Zeit begann die romantische Liebesgeschichte zwischen ihm und Giulia. Ippolito dichtete für die schöne Witwe und übersetzte griechische Werke.

In der Nacht vom 5. zum 6. August 1534 erlebte Giulia einen schrecklichen **Überfall der Türken**, deren Opfer sie beinahe geworden wäre. Kair-ad-Din, genannt „Rotbart", ein legendärer Seeräuber und Günstling von Sultan Suleiman II. (→ „Sperlonga", S. 775), dachte sich für seinen Herrn ein besonders originelles Souvenir aus: Da ganz Europa von der schönen Fürstin aus Fondi sprach, wollte er sie rauben und als Geschenk an den Sultan schicken. Seine Flotte von 80 Schiffen ankerte bei Sperlonga und die Besatzung plünderte auf dem Weg nach Fondi noch eben im Vorbeigehen die kleine Stadt. Da die Bevölkerung völlig arglos war, wäre die Entführung beinahe gelungen. Zum Glück machten die Eindringlinge aber schon am Stadtrand einen derartigen Lärm, dass Giulia sie hörte und mit einem Diener über die Dächer floh. Aus Zorn darüber, dass ihm die begehrte Frau entwischt war, ließ Kair-ad-Din die Stadt verwüsten und die Einwohner als Sklaven verkaufen. Ippolito, den man sofort benachrichtigte, fand die schöne Giulia im Wald und brachte sie in Sicherheit. Die Voraussetzungen für ein Happy End wären eigentlich gegeben gewesen, doch die Story endet tragisch: Inzwischen hatte Alessandro in Florenz seiner Bevölkerung grausam zugesetzt. Eine Abordnung bat deshalb Ippolito als den rechtmäßigen Herzog um Hilfe. Der wollte sogleich Karl V., Alessandros Schwiegervater, einschalten. Doch Alessandro wurde gerade noch rechtzeitig gewarnt und ließ den jungen Medici vergiften. Dieser spürte das Gift, Giulia eilte sofort zu ihm und pflegte ihn die letzten vier Tage seines Lebens. Nach dem Tod Ippolitos verließ sie Itri und Fondi und lebte von da an 30 Jahre bis zu ihrem Tod in einem Kloster bei Neapel.

Der Legende nach wurde Fondi von Herkules gegründet. Die aus archaischer Zeit stammenden **Zyklopenmauern** der Stadtbefestigung belegen immerhin eine sehr frühe Besiedlung. Zur Zeit der Römer erlebte die Stadt dann wegen ihrer Lage an der wichtigsten Nord-Süd-Verbindung, der Via Appia, ihre erste Blüte. Aus der Antike ist noch die Stadtanlage mit den beiden rechtwinklig sich schneidenden geraden Hauptachsen *Decumanus* und *Cardus* erhalten. Auch im Mittelalter und in der Renaissance war Fondi wegen seiner strategischen Lage von Bedeutung.

Der mittelalterliche Stadtkern ist noch heute von einer Mauer aus der Römerzeit umgeben. Gleich am Tor steht das **Schloss von Fondi**, das ein kleines **Heimatmuseum** mit archaischen und römischen Fundstücken beherbergt.

*Öffnungszeiten/Eintritt* Tägl., ausgenommen 1. Jan., 1. Mai und 25. Dez., 9–19 Uhr. Eintritt 2 €, für Personen unter 18 und über 60 Jahre kostenlos. Der Eingang befindet sich im Viale Regina Margherita.

Dem Schloss gegenüber steht der zwischen 1466 und 1477 erbaute **Palazzo del Principe** (nicht zu besichtigen). Ungewöhnlich sind an diesem eleganten Renaissancebau die katalanischen Einflüsse durch den spanischen Architekten.

Vom Museum in der Burg aus gesehen gelangt man links zur Piazza Duomo mit der Kathedrale **San Pietro**, die im 12. Jh. auf den Resten eines Jupitertempels gebaut wurde, und dem Glockenturm von 1278. Im Innern sind besonders die Cosmatenarbeiten an der Kanzel aus dem 13. Jh., das byzantinische Kruzifix und ein Marmorthron sehenswert. Im Dom wurde am 20. September 1378 Clemens VII. als Gegenpapst zu dem rechtmäßig amtierenden Urban VI. von oppositionellen Kardinälen gewählt und auf diesem schlichten steinernen Sessel gekrönt. Dies war der Beginn des sog. *„großen abendländischen Schismas"* (1378–1417). Da Clemens VII. zuvor im Krieg gegen Florenz für entsetzliche Massaker verantwortlich war und im Februar 1377 4.000 Bürger der abtrünnigen Stadt Cesena hatte hinrichten lassen, war er bei der Bevölkerung gefürchtet.

Zu der Kirche **San Domenico** (11. bis 12. Jh.) in der Via Tommaso d'Aquino gehört seit Jahrhunderten ein Krankenhaus. Hier lehrte der heilige Thomas von Aquin. Treten Sie durch den Torbogen, sehen Sie den alten Kreuzgang. Auf der zentralen Piazza della Repubblica steht die Kirche **Santa Maria Assunta** aus dem 15. Jh. mit Gemälden von Giovanni da Gaeta und aus der Neapolitanischen Schule. In der Altstadt ist das alte jüdische Viertel („Quartiere Ebraico" oder **„Giudea"** genannt) noch fast unverändert erhalten.

# Die Pontinischen Inseln

**Ungefähr 60 km westlich vor der Küste von Formia liegt die felsige Inselgruppe, die sich wegen ihrer großartigen Landschaft zu einem Anziehungspunkt für Touristen entwickelt hat.**

Die Pontinischen Inseln sind vulkanischen Ursprungs und unterteilt in eine nordwestliche Gruppe, zu der **Ponza, Palmarola, Gavi** und **Zannone** gehören, und eine südöstliche Gruppe, bestehend aus **Ventotene** und **Santo Stefano**. Bewohnt sind lediglich die Hauptinseln Ponza und Ventotene, nur zwischen ihnen und dem Festland bestehen regelmäßige Fährverbindungen. Die karge Vegetation der wasserarmen Inseln und die schroffen Felsformationen sind von einmaliger Schönheit. Im Frühjahr kann man unzählige Zugvögel beobachten, die hier auf ihrem Weg vom Winterquartier nach Europa erschöpft Rast einlegen. Bereits in der Antike hatten Etrusker, Phönizier, Griechen und später auch die Römer hier ihre Stützpunkte. Die Römer schufen erste künstliche Hafenanlagen und nutzten die Inseln hauptsächlich als Verbannungsort. Kaiser Augustus schickte beispielsweise im Jahr 2 n. Chr. seine verzogene Tochter Julia hierher, und Domitian schob seine Nichte Flavia Domitilla nach Ponza ab, weil sie sich den Christen angeschlossen hatte (→ S. 571). Von den Villen der antiken Prominenz sind nur noch auf Ventotene wenige Steinbrocken erhalten.

Später wurden die Inseln zum Unterschlupf für sarazenische und türkische Piraten. Im Jahr 1734 erbten die Bourbonen die Felsgruppe im Meer. Die konnten zunächst nichts damit anfangen, besannen sich aber auf die Funktion des abgelegenen Ortes in der Antike und bauten 1795 auf Santo Stefano ein Gefängnis für 900 Insassen, das bis 1965 genutzt wurde. Angeblich ist in der ganzen Zeit keinem einzigen Häftling die Flucht gelungen.

Eine Renaissance als Verbannungsort erlebten die Pontinischen Inseln zur Zeit des **Faschismus**. Jeder Oppositionelle und alle Personen, die beim Duce Missfallen erregt hatten, wurden hierher geschickt und von Milizionären bewacht. Auf Ponza sind noch heute die langgestreckten Hallen zu sehen, in denen die Verbannten schliefen. Tagsüber konnten sie sich in bewachten Zonen frei bewegen und durften sich selbst um ihre Verpflegung kümmern. So hatte jede politische Gruppierung ihre eigene Kantine. Abgesehen von der Langeweile wurde es erst im Krieg für die Verbannten schlimm, als die Lebensmittellieferungen vom Festland ausblieben. Im Sommer 1943 erlebte Mussolini sein Gefängnis auf eine Weise, die er wohl niemals für möglich gehalten hätte: Man nahm ihn am 25. Juli 1943 fest und schaffte ihn zunächst für elf Tage nach Ponza, bis sein Gefängnis auf dem Gran Sasso in den Abruzzen bezugsfertig war (dort wurde er später von deutschen Truppen befreit).

Für die Inselbewohner waren die Verbannten eine willkommene Einnahmequelle. Nach deren Befreiung begann eine wirtschaftlich schwierige Zeit und viele Einheimische zogen auf das Festland, um Arbeit zu finden. Inzwischen leben Ponza und Ventotene überwiegend vom Tourismus in den Sommermonaten.

In den 1970er Jahren begann auf Ponza langsam der Tourismus, der ein gutes Jahrzehnt später auch zögerlich auf Ventotene einzog. Heute sind die Touristen die Haupteinnahmequelle. Von Mai bis September vervielfacht sich die Zahl der Menschen auf Ponza. In den Herbst- und Wintermonaten wird es einsamer und die Insulaner leben hauptsächlich von ihren Ersparnissen aus der Sommersaison.

● *Verbindungen*   Fährschiffe von Formia, Gaeta und Terracina das ganze Jahr über; von Anzio und San Felice Circeo aus vom 1. Juni bis zum 15. September. Fahrzeiten und Preise → „Formia", S. 782.

*Entfernungen nach Ponza* in Seemeilen (= 1852 m): von Anzio 39,2, von Formia 36,7, von Gaeta 34, von S. Felice Circeo 22, von Terracina 27, von Ventotene 21,5.

*Entfernungen nach Ventotene* in Seemeilen: von Anzio 53, von Formia 28,5, von S. Felice Circeo 39, von Terracina 30,5.

● *Übernachten*   Es gibt gute, aber auch recht teure Hotels auf Ponza. Die Hotels von Ventotene sind ebenfalls teuer, aber von der Ausstattung her recht bescheiden.

Auf **Ponza**:

Am Rand des Hafens mit Blick auf die Bucht und den Landungssteg befindet sich das unübersehbar blaue kleine Hotel **Gennarino a Mare**, Via Dante, ✆ 0771.80071, ✎ 0771.80140, www.gennarinoamare.com. Der Gastraum des dazu gehörigen Restaurants ruht direkt auf dem Yachtanleger auf Pfählen über dem Wasser und bietet einen wunderbaren Blick auf den Hafen und den Ort am Hang. 3 Sterne, 12 gut ausgestattete Zimmer, alle mit Balkon und Hafenblick. DZ mit Frühstück 120–270 €.

Etwa 200 m vom Hafen entfernt, mit herrlichem Blick auf die Bucht und Abstiegsmöglichkeit zum hoteleigenen Sonnenplateau über dem Wasser, gibt es das Hotel **La Torre dei Borboni**, zu dem ein mittelalterlicher Befestigungsturm gehört. Salita Madonna, ✆ 0771.809763, ✎ 0771.809884, www.torredeiborboni.com. 3 Sterne, 48 Zimmer. DZ zur Landseite 115–210 €, mit Seeblick 130–240 €, im alten Turm mit großartiger Aussicht 155–370 € (Zimmer im oberen Bereich über zwei Stockwerke), jeweils inkl. Frühstück.

An einer steilen Felsbucht, 500 m vom Hafen entfernt, stehen die würfelförmigen, pastellfarbenen Bungalows (jeweils mit flacher weißer Kuppel) der Hotelanlage **Chiaia** di **Luna** treppenförmig nebeneinander hoch über dem 200 m tiefer gelegenen Strand von *Chiaia di Luna*, Via Panoramica, ✆ 0771.80113, 📠 0771.809821, www.hotel chiaiadiluna.com. Beim Haupthaus mit Restaurant gibt es einen Meerwasser-Pool, auf der gegenüberlegenden Straßenseite bestehen auf vier Terrassen Liegemöglichkeiten mit Aussicht, dazu gehört eine coole Cocktail-Pianobar. Die Ausstattung der Zimmer ist gut, der Blick reizvoll und der Sonnenuntergang traumhaft schön, kostenloser Bustransfer zum Hafen von Ponza. 4 Sterne, 65 Zimmer. DZ mit Frühstück 70–120 €, mit Meerblick 85–150 €, Suite mit Terrasse 130–225 €.

**Hotel Mari**, Corso Pisacane 19, ✆ 0771.801 01, 📠 0771.80239, www.hotelmari.com. Eine preiswertere Unterkunft bietet das Hotel im Ort Ponza an der Hafenpromenade. Die Zimmer sind klein und schlicht, aber ordentlich. Es gibt ein uriges Restaurant. 3 Sterne, 15 Zimmer. DZ mit Frühstück 90–120 €, mit Blick auf den Hafen 120–180 €.

Wer mehr Ruhe sucht, ist im **Hotel Ristorante Ortensia**, ca. 5 km vom Hafen entfernt, genau richtig, Loc. Le Forna, ✆ 0771.808922, www.hotelortensia.it. DZ mit Frühstück 80–130 € (im Aug. 160 €).

Auf **Ventotene**:

Im Zentrum der Insel mit herrlich weitem Blick auf die Bucht von Cala Battaglia befindet sich das **Hotel Cala Battaglia**, Via Olivi 126, ✆ 0771.85195, 📠 0771.700711, www.cala battaglia.it. Weiß gekalkt im typischen, mediterranen Stil. Es gibt einen Garten und ein Restaurant sowie einen Buszubringer zur Ortschaft Ventotene. 3 Sterne, 12 Zimmer, alle mit Balkon und Meerblick. DZ mit Halbpension 110–220 €.

**Hotel Villa Giulia**, Pzza XX Settembre 7, ✆ 0071.854038. Altes Fischerhaus am kleinen Strand. DZ mit Frühstück um 100 €.

Wegen der herrlichen Fernsicht ist auch das ansonsten sehr bescheidene Hotel **Il Cacciatore** mit Restaurant im Zentrum der Insel zu empfehlen. Loc. Montagnozzo, ✆ 0771.85055. 1 Stern, 17 Zimmer. DZ mit Frühstück 60–80 €.

Alternativ dazu kann man auch **private Appartements** mieten, das Angebot ist erstaunlich groß; Vermittlung über Agenzia Bentilem, www.bentilem.it.

● *Essen (in Ponza)* **Acqua Pazza**, Pzza. C. Pisacane 10, ✆ 0771.80643, www.acqua pazza.com. Nur abends geöffnet, Do Ruhetag. In dem einladenden Ambiente dieses

*Mittelmeerflair auf kargen Felsen: Ponza*

Hauses aus dem 18. Jh. am Rand des Hafens werden eine gute Fischküche, leckere Desserts und eine hervorragende Weinkarte präsentiert; im Sommer sitzt man draußen an der Hafenpromenade. Menüpreis um 50 €.

**Orèstorante**, Loc. Porto, Via dietro la Chiesa 3, ✆ 0771.80338, www.orestorante.it. Nur abends geöffnet. Einen besonders schönen Blick auf die Bucht und das Meer haben Sie von den drei kleinen Terrassen des stimmungsvollen Restaurants. Auch hier gibt es natürlich Fisch und Krustentiere, herrlich frisch und vorzüglich zubereitet. Menü um 60 €.

**La Laterna da Silverio**, Corso C. Pisacane. Kein Ruhetag. Hier bekommen Sie die traditionelle Küche Ponzas serviert, so wie sie die typische Hausfrau auch ihrer Familie vorsetzen würde. Empfehlenswert sind z. B.

**Der Süden von Latium**

*Karte S. 757*

schon die ganz einfachen Spaghetti mit Tomatensoße oder der Reis mit Fischsoße und als Hauptgang frittierte oder gefüllte Tintenfische. Wenn Sie Glück haben, können Sie auch in den Genuss von Fischfrikadellen (polpette di pesce) kommen, einer Glanzleistung des Küchenchefs. Guter Hauswein und ein angemessener Preis von ca. 25 € pro Menü.

**Trattoria Li Pescatore**, Via Sottocampo, ✆0771.808752. Kein Ruhetag. Gute, fangfrische Fischgerichte, besonders gut sind die gefüllten Tintenfische. Menü um 30 €.

**Pizzeria da Luciano**, Via Spiaggia 1, Loc. Spiaggia Santa Maria. Mi Ruhetag (im Sommer immer geöffnet). Direkt am Strand gelegen, ausgezeichnete Pizza aus dem Holzofen, um 12 €.

● *Taxi/Inseltour „Taxi No. 13 – Ponza, per visitarla con Gio"* (Ponza sehen mit Gio, sprich „Dscho"). Der sympathische und äußerst witzige Taxifahrer Gio behauptet von sich, bei Tag und Nacht unter einer der Telefonnummern (0771.809736, 0771.80674 oder mobil 360/966035) erreichbar und zum Einsatz bereit zu sein, man müsse aber stets ausdrücklich ihn verlangen. Kurzweilig sind seine Inselrundfahrten, auf denen Gio viel Amüsantes zu berichten weiß.

▸ **Ponza:** Die größte Insel mit einer Fläche von 7,3 km² ist Ponza. Sie ist etwa 8 km lang und 300 bis 1800 m breit. Der höchste Punkt auf dem *Monte della Guardia* im Süden der Insel erreicht eine Höhe von 280 m. Der halbkreisförmige, von den Bourbonen im 18. Jh. angelegte Hafen liegt im gleichnamigen Hauptort mit den charakteristischen kleinen, weiß und rosa getönten Häusern, die sich an schmalen, weiß gekalkten Gässchen und Treppen den Hang hinaufziehen. Zum besten **Strand** der Insel führt von der Hafenpromenade aus ein 168 m langer Tunnel, den schon die Römer angelegt haben, um die früheren beiden Häfen der Insel miteinander zu verbinden.

Von Ponza aus können Sie eine Rundfahrt über die Insel unternehmen. Die schmale, kurvenreiche Straße ist allerdings nur 12 km lang. Noch schöner ist eine Wanderung zu den zahlreichen **Buchten** und **Grotten** der Insel, die von schroffen Felsen umgeben und oft nur über steile Treppen zugänglich sind. Die kleinen Hügel sind mit niedrigen Grünpflanzen bewachsen. Im Frühling, wenn der Ginster blüht, leuchtet es überall gelb. Es gibt sogar kleine Weinberge und Gemüsegärten, die sich terrassenförmig an die Hügel schmiegen. Die Insel ist auch bei Sporttauchern beliebt. Manche der Hotels organisieren **Tauchausflüge**.

▸ **Palmarola:** Von Ponza aus gelangen Sie mit einem Boot zur unbewohnten, zerklüfteten Nachbarinsel Palmarola. An der Nordwand des Felsens sehen Sie die in den Tuffstein gehauenen Quartiere, in denen früher Bauern übernachteten, die hier auf steilen Terrassen sehr mühsam ihre winzigen Felder bestellten. In manchen dieser Felsgrotten lassen sich reiche Festland-Italiener seit einigen Jahren exklusive Ferienhäuser bauen.

▸ **Zannone:** Etwa 11 km vom Hafen von Ponza in Richtung Festland entfernt liegt das 102 ha große Inselchen Zannone mit betörend schönen Steilklippen. Wegen der weitgehend intakten Vegetation gehört diese unbewohnte Insel zum Naturpark Circeo und ist heute für Besucher gesperrt. Es gibt nur ein einziges Haus, nämlich das des Leuchtturmwärters, und einige spärliche Ruinen eines mittelalterlichen Zisterzienserklosters.

▸ **Ventotene:** Sie ist die zweitgrößte Insel (2,7 km lang, maximal 850 m breit und bis zu 139 m hoch) und wesentlich beschaulicher als Ponza, weil sie erst seit einigen Jahren für den Tourismus entdeckt wird. Die Infrastruktur befindet sich daher noch in der Entwicklung. Die Insel besteht aus roten, senkrecht ins Meer abfallenden Felsen, die nicht schroff und zerklüftet aussehen, sondern eher wie aus dem Stein gehauene Blöcke. Es gedeihen **Feigenkakteen und Linsen**, die hier besonders gut sein sollen und von Feinschmeckern hoch geschätzt werden. Die Kirche auf der Insel stammt von 1765. In der Nähe der Bucht *Punta del Pertuso* befindet sich ein **winziger Hafen** aus der Römerzeit, der noch heute von kleinen Booten benutzt wird. Die Ortschaft mit den rosarot und weiß gestrichenen Häuschen und den schmalen Gassen wirkt wie ein neapolitanisches Dorf. Über steile Gassen gelangt man hinauf zur Kirche Santa Candida, wo man einen herrlichen Blick hinüber zur Nachbarinsel Santo Stefano hat. Über die Via Roma und die Via Ulivi erreicht man die Piazza Castello, benannt nach dem Beobachtungsturm aus dem 18. Jh., mit dem Rathaus. Dort werden im kleinen archäologischen Museum Funde aus den römischen Villen und aus Schiffswracks gezeigt.

*Öffnungszeiten/Eintritt* **Museo Storico Archeologico**, nur zur Hauptsaison 9–13 Uhr. Eintritt 2 €, erm. 1 €. ✆ 0771.85365

Um die gesamte Insel herum verteilt liegen Strände, Buchten und Grotten. Von der Felsspitze *Monte dell'Arco* (139 m) im Süden hat man einen herrlichen Ausblick.

Bei **Punta Ecolo** im Norden der Insel erinnern einige Reste kaiserlicher Villen an die Römerinnen, die dort im Exil leben mussten, vermutlich einsam und verbittert. Um nur einige zu nennen: Octavia, Neros unfruchtbare Gattin; Agrippina, die Frau des Germanicus und Stieftochter von Tiberius; Julia, die schöne, aber schrecklich verzogene und wohl unausstehliche Tochter des Augustus.

Die winzige Insel ist (bis auf die Sommermonate, wenn zahllose Yachten das Inselchen belagern) sehr ruhig. Doch die Abgeschiedenheit hat auch ihre Reize.

▶ **Santo Stefano:** Die ca. 1,6 km vom Hafen von Ventotene entfernte Nachbarinsel Santo Stefano ist heute unbewohnt. Gut zu erkennen ist allerdings das unter Ferdinand IV., dem König beider Sizilien, erbaute **Gefängnis**, das sich auf dem etwa 80 m hoch aus dem Meer ragenden Plateau erhebt. Der Architekt Francesco Carpi hatte es im Jahr 1795 erbaut. Wenige Jahre später musste er selbst hier (unfreiwillig natürlich) in eine Zelle einziehen, in der er schließlich auch starb. Erst im Jahr 1965 wurde das Gefängnis geschlossen. Von Ventotene aus werden in der Hauptsaison Ausflüge und Führungen dorthin organisiert.

# Ciociaria

**Nach der *„ciocia"*, der geschnürten Sandale römischer Legionäre, die im Mittelalter wieder populär wurde und sich in der Region als gängige Fußbekleidung durchsetzte, wird die Gegend rund um Frosinone noch heute *„Land der Sandalenträger"* genannt, obwohl man auch dort inzwischen modisches Schuhwerk trägt.**

Die Ciociaria erstreckt sich über das Tal des **Flüsschens Sacco**, das etwa parallel zur Küstenlinie verläuft. Im Süden wird es durch die Kette der Lepinischen Berge von der Pontinischen Ebene getrennt und im Norden durch die *Monti Ernici* begrenzt, die in die hohen Berge der Abruzzen und von Molise übergehen. Die Bevölkerung lebte in dieser früher rein landwirtschaftlich geprägten, ärmlichen Gegend immer sehr isoliert, und so konnten sich jahrhundertealte Volksbräuche bis zur einsetzenden Industrialisierung nach dem Zweiten Weltkrieg halten. Das Vorurteil, die Leute seien hier etwas hinterwäldlerisch, hält sich zumindest bei den Römern allerdings noch hartnäckig.

Der Tradition verpflichtet ist jedenfalls die **Küche** der Ciociaria. Zahlreiche einfache Lokale bieten nach uralten überlieferten Rezepten zubereitete Gerichte mit unverfälschtem Geschmack an. Es gibt Hülsenfrüchte in vielen Variationen, frische Gemüse mit kräftigen Soßen und Schaf-, Ziegen- sowie Rindfleisch von den Bergweiden. Ansonsten hat sich in den letzten Jahrzehnten viel verändert. Die einst rückständige Ciociaria ist heute die am stärksten industrialisierte Region Latiums. Die Papier- und Wollindustrie sowie das große Fiat-Werk bei Cassino haben einen Wohlstand gebracht, der sich in der totalen Zersiedlung des Tals unschön bemerkbar macht.

**Touristisch** hat die Ciociaria viel zu bieten: Die kleinen Städtchen auf den Hügelspitzen sind oft Gründungen der latinischen Stämme der **Herniker** und **Volsker** aus vorrömischer Zeit. Da es kaum vorstellbar ist, wie Menschen die gigantischen Felsblöcke der Befestigungsanlagen bearbeitet und aufgeschichtet haben können, schreiben Legenden die Stadtgründungen oft den mythologischen Göttern und die Mauern den Zyklopen zu. Auf diesen heute noch immer eindrucksvollen **Zyklopenmauern**, zum Beispiel in Ferentino und in Alatri, errichteten dann die Römer und auf deren Ruinen spätere Generationen ihre Bauwerke. Die von den Römern angelegte Via Casilina sicherte der Region noch im Mittelalter eine besondere Bedeutung. Die strategisch günstige Lage auf den Hügeln und die wehrhaften Mauern der Städte veranlassten manche Päpste, nach der Flucht aus Rom in bedrängter Lage hier Schutz zu suchen. Sehenswert ist zum Beispiel der imposante Dom mit dem Papstpalast von Anagni. Die meisten Ortschaften der Ciociaria erlebten ihre Blüte in der Zeit vom 10. bis zum 13. Jh., aus der viele Kirchen und andere Gebäude erhalten sind. Ihr malerisches **mittelalterliches Stadtbild** weitgehend bewahrt haben beispielsweise Veroli, Ferentino, Anagni und Segni.

Etwas abseits vom zersiedelten Tal des Flüsschens Sacco in den *Monti Ernici* ist die **Landschaft** sehr schön. Die üppig grünen Wälder der Berge und Täler eignen sich bestens für Wanderungen. Die höheren Bergregionen sind im Winter sogar schneebedeckt und es gibt viele Wintersportmöglichkeiten. Einer der beliebtesten Kurorte Italiens ist Fiuggi mit seinen **Thermalquellen**, die seit Jahrhunderten geschätzt werden. In der Einsamkeit der Berge liegen die bedeutenden **Klöster** von Casamari und Trisulti. Besonders exponiert am östlichen Ende des Tals thront die großartige **Abtei von Montecassino** auf einem Plateau an der wichtigsten Verbindung von Süditalien nach Norden. Leider wurde diese strategische Lage der altehrwürdigen Abtei im Zweiten Weltkrieg zum Verhängnis.

# Frosinone

**Größte Stadt der Ciociaria und gleichzeitig eine der vier Provinzhauptstädte Latiums ist Frosinone. Wegen seiner günstigen Lage an der Via Casilina und der nahen Autobahn hat sich der Ort rasant zu einer der wichtigsten Industrie- und Handelsstädte Mittelitaliens entwickelt. Besondere Sehenswürdigkeiten gibt es nicht, doch als Ausgangspunkt für Ausflüge ist der Ort gut geeignet.**

Frosinone besteht heute aus zwei sehr unterschiedlichen Teilen: der modernen, ausufernden **Unterstadt** und der **Altstadt**, die fast etwas entrückt vom städtischen Leben im Tal auf der Höhe eines Berges zu schlummern scheint.

Das moderne, eher gesichtslose Frosinone wuchert scheinbar ungeordnet an den Durchgangsstraßen entlang. Es erinnert fast an die fußgängerfeindlichen amerikanischen Städte. Hier liegen verstreut auch die Hotels und die meisten Restaurants, wobei konsequent amerikanische Fast-Food-Ketten überwiegen. Anders als in vielen anderen Ortschaften Latiums ist in Frosinone auch die Altstadt mit modernen Gebäuden durchsetzt und am Rand gibt es sogar einige Hochhäuser.

So etwas wie ein Zentrum bildet der Verkehrsknotenpunkt des **Piazzale de Matthaeis**, von dem aus über eine Brücke der Viale Roma den Berg hinauf zur Altstadt führt. Am Piazzale de Mattheais endet auch die Via Aldo Moro, die **Hauptgeschäftsstraße** der Stadt. Die Läden bieten aber nur Durchschnittliches und sind daher nur mäßig interessant.

● *Information* **APT**, Via Aldo Moro 467, ✆ 800.229394 (kostenlos, nur innerhalb Italiens, sonst ✆ 0775.833836, 📠 0775.833837, www.apt.frosinone.it

● *Verbindungen* Verkehrsgünstig an der Autobahn A 1 Rom – Neapel gelegen (Ausfahrt „Frosinone"), alternativ dazu über die Via Casilina (SS 6) in nordwestlicher Richtung nach Rom und in südöstlicher Richtung nach Cassino; über die SS 214 und 156 zum Meer bei Latina.

**Züge** nach Rom, Cassino und Neapel; der Bahnhof liegt am Rand des neueren Stadtteils unterhalb der Altstadt.

**Busverbindungen** nach Rom (dort bis zur Metrostation „Anagnina") vom Bahnhofsvorplatz aus oder häufiger ab Piazzale de Mattheais (ab dem frühen Morgen etwa stündlich bis mittags, danach nur noch ein Bus am Nachmittag und einer am Abend); Rückfahrt von Rom aus ab mittags etwa stündlich bis zum frühen Abend, letzter Bus gegen 21 Uhr; weitere Verbindungen nach Latina, Alatri, Anagni, Cassino und Fiuggi; der Busbahnhof liegt am Piazzale de Mattheais, dem wichtigsten Verkehrsknotenpunkt der Stadt.

● *Übernachten* Die Hotels befinden sich alle im modernen Teil von Frosinone und werden hauptsächlich von Geschäftsleuten an Werktagen genutzt. Am Wochenende lassen sich daher manchmal Rabatte aushandeln.

Wenige Meter von der Kreuzung der Via Casilina (Richtung Rom, Anagni) und der Straße nach Fiuggi bzw. zur Autobahn A 1 oder zum Meer nach Latina liegt verkehrsgünstig das **Hotel Astor,** Via M. Tullio Cicerone 220, ✆ 0775.270132, 📠 0775.270105, www.astorhotel.fr.it. Die Zimmer des 1970er-Jahre-Hauses sind ordentlich und funktional eingerichtet und verfügen über Balkone. Parkmöglichkeiten und ein Restaurant sind vorhanden; der Frühstücksservice ist recht bescheiden. 3 Sterne, 52 Zimmer. DZ mit Frühstück 70–95 €.

Gleich drei Hotels gibt es in der Nähe des Piazzale de Mattheais an der Straße in Richtung Sora:

Sehr amerikanisch und etwas kitschig wirkt das **Hotel Ristorante Palombella**, Via Maria 246, ✆ 0775.872163, 📠 0775.270402, www.palombella.com. Die Zimmer sind ordentlich und haben Balkone. 3 Sterne, 34 Zimmer. DZ inkl. Frühstück ca. 70 €, Voll- und Halbpension möglich.

Vergleichbar ist das im Jahr 2001 neueröffnete **Hotel Memmina**, Via Maria 172, ✆ 0775.873548, www.albergomemmina.it. 37 zweckmäßig eingerichtete, kleine Zimmer, Restaurant, Parkmöglichkeit. 3 Sterne. DZ mit Frühstück ca. 65–90 € (Voll- und Halbpension möglich).

Bescheidener ist das kleine **Hotel Giardino Bracaglia**, Via Maria 146, ✆ 0775.874396. 2 Sterne, 16 Zimmer. DZ mit Frühstück 60–75 €.

● *Essen* In der Altstadt ist die helle und gepflegte **Hosteria Tittino** wohl das empfehlenswerteste Restaurant. Vicolo del Cipresso 2 (bei der Pzza. IV Novembre), ✆ 0775.251 227. So Ruhetag. Freundlich und charmant berät die Chefin bei der Zusammenstellung des Menüs und der Weinauswahl. Die gehobene Küche orientiert sich an Traditionellem und dem aktuellen Marktangebot. Sehr gut und vergleichsweise noch relativ günstig sind die Gerichte mit Krustentieren, zu Recht beliebt sind auch die frittierten Gemüse. Menü um 40 €.

**Ristorante Stella**, Via Garibaldi 90, ✆ 0775. 250085. Sa und So abends und immer, wenn es dem Chef gerade gefällt, ist geschlossen. Trotz seiner anerkannt guten Küche ist das Ristorante leider wegen der unregelmäßigen Öffnungszeiten eine längere Anfahrt wert. Sollte es aber gelingen, in dem kleinen Lokal mit nur 25 Plätzen einen Tisch zu bekommen, kann man professionell zubereitete Gerichte und auf das aktuelle Angebot abgestimmte, ausgezeichnete Weine genießen, zudem ist auch der Service familiär freundlich. Menü um 40 €.

Das große **Ristorante Palombella** im Hotel gleichen Namens (s. o.) im neueren Teil der Stadt, an der Straße nach Sora, wirkt mit dem Flügel auf einem Podest im Eingangsbereich, den üppigen Obstkörben und anderen kunstvollen Arrangements etwas überdekoriert und wie ein gehobenes amerikanisches Restaurant. Die Gerichte sind aber ordentlich zubereitet und der Service ist professionell. Menü um 25 €.

• *Enoteca/Winebar* **Enoteca Bar Celani**, Via Aldo Moro 401, ✆ 0775.884005. So geschlossen. Von draußen sieht diese Enoteca noch immer wie eine Bar aus. Ursprünglich war sie das auch, doch dann hat sich Antonios Liebe zum Wein durchgesetzt. In den Regalen stehen nun sehr gute Weine und Destillate, man kann aber auch andere Delikatessen kaufen. In der Mittagszeit bietet er einige Häppchen, sehr gute Salami und vielfältige Käsesorten an.

Selbst die offenen Weine zu sehr zivilen Preisen sind von ungewöhnlich guter Qualität. Ein Mittagsimbiss kostet etwa 15 €.

**Enoteca Pane e Vino**, Via Tiburtina 11, ✆ 0775.872070. Nur mittags geöffnet, So geschlossen. Natia und Germano betreiben dieses Lokal nun seit einigen Jahren mit großem Erfolg. In hübschem Ambiente wird eine täglich wechselnde, schmackhafte Küche serviert. Zu der ausgezeichneten Weinauswahl werden vorzügliche kalte und warme Kleinigkeiten serviert (z. B. Käse- oder Salamiplatten, Büffelmilch-Mozzarella oder Nudelgerichte). Empfehlenswert ist z. B. das schnelle Mittagessen, „*pranzo veloce*". Menüpreis um 35 €.

• *Einkaufen* **Olivenöl** aus der Ciociara direkt vom Erzeuger bei **ACPO** (*Associazione Ciociara Produttori Olio*), Via Madonna della Neve 7, ✆ 0775.870206.

Die Hauptstraßen führen am Hang hinauf, um den Kern der Altstadt herum. Da dies Einbahnstraßen sind, muss man sich rechtzeitig zum Parken entscheiden, bevor man den Berg zwangsläufig wieder ganz hinunter geleitet wird und die Runde erneut beginnen muss. Das kostet zu den Hauptverkehrszeiten morgens, mittags und abends wegen der zähen Staus viel Zeit und Geduld. Am besten parken Sie bereits an der Piazza San Tommaso d'Aquino oder etwas weiter an der zentralen Piazza VI Dicembre mit dem Rathaus aus dem 19. Jh. Darüber, von der **Panoramaterrasse** des Corso della Repubblica, bietet sich ein weiter Blick in die Sacco-Ebene. Von weitem sichtbares Wahrzeichen der Altstadt ist der Glockenturm der **Kathedrale von Santa Maria** an der gleichnamigen Piazza. Die Kirche wurde barock umgestaltet und zeigt nur noch Reste des ursprünglich romanischen Baus aus dem 11. Jh. Ihr gegenüber befindet sich das archäologische **Heimatmuseum** mit eher bescheidenen Fundstücken aus prähistorischer und römischer Zeit.

*Öffnungszeiten/Eintritt* **Museo Archeologico**, Via XX Settembre 32, Mo geschlossen, Di–Do 9–13 Uhr, Fr–So 9–12 und 16–19 Uhr. Eintritt 1,50 €, für Personen unter 15 und über 60 Jahre Eintritt frei.

# Ferentino

**Die Altstadt von Ferentino auf einem 393 m hohen Hügel über der Via Casilina hat ihr pittoreskes mittelalterliches Stadtbild innerhalb der vollständig erhaltenen Stadtmauer bewahrt. Eindrucksvoll sind die mächtigen Zyklopenmauern und darüber die Schichten aus römischer und mittelalterlicher Zeit.**

Wie bei vielen anderen Orten der Region ist über den Ursprung Ferentinos nicht viel bekannt. Die Befestigung durch das mächtige **zyklopische Mauerwerk** stammt jedenfalls vom latinischen Volk der *Herniker*. Diese verloren im Jahr 361 v. Chr. ihre Unabhängigkeit an die Römer. Aus der Zeit als wichtige römische Provinzstadt an der Via Casilina sind heute noch viele Spuren erhalten. Schon im 4. Jh.

wird Ferentino als Bischofssitz urkundlich erwähnt. Besondere Bedeutung erlangte die Stadt im 12. und 13. Jh., aus dieser Zeit stammen auch die bedeutendsten Kirchen.

- *Information* Via Regina Margherita 7, ✆/📠 0775.245775.

- *Verbindungen* Von Frosinone über die Via Casilina (SS 6) oder landschaftlich reizvoller über die Panoramastraße von Alatri.

- *Übernachten* Unterhalb der Stadt an der Via Casilina liegt das moderne **Hotel Ristorante Bassetto**, Via Casilina Sud bei km 74,600, ✆ 0775.244931, 📠 0775.244399, www.hotelbassetto.it. Es wird gerne von Geschäftsreisenden genutzt. Die Zimmer entsprechen üblichem Standard, das große Restaurant ist sehr empfehlenswert. 3 Sterne, 99 Zimmer. DZ mit Frühstück 70–90 €.

- *Essen* Am besten essen Sie im **Restaurant** des **Hotels Bassetto** (s. o.) mit regionaler und internationaler Küche. Im Sommer wird auch draußen serviert. Menü um 30 €.

- *Einkaufen* **Enoteca Vino ma non solo**, Via Casilina 108, ✆ 0775.397721. In dieser gut sortierten Enoteca gibt es eine sehr breite Wein- und Spirituosenauswahl, aber auch Käse, spezielle Nudelsorten, Süßigkeiten und andere Leckereien.

- *Fest* Ende April findet das **Stadtfest** zu Ehren des heiligen Ambrosius statt.

## Sehenswertes/Rundgang

Ein empfohlener Rundgang beginnt am oberen Stadttor (an der Panoramastraße nach Fumone und Alatri), der **Porta Montana**. Im unteren Teil der Stadtmauer erkennt man bereits die mächtigen Steinquader aus vorrömischer Zeit, aus der auch das Tor stammt. Es wurde in der Renaissance mit Bossenwerk dekoriert. Folgen Sie der ansteigenden Straße nach rechts, dann sehen Sie in der Via G. Morosini den **Palazzo dei Cavalieri Gaudenti** aus dem 13. Jh. und etwas weiter eine offene **römische Markthalle** (1. Jh. v. Chr.) mit Tonnengewölbe. Durch die fünf Bögen an der rechten Seite betrat man die Läden. Die Via G. Morosini endet am höchsten Punkt des Ortes, wo sich in der Antike die **Akropolis** befand und seit dem 12. Jh. der **Dom** steht. Vom Platz davor hat man einen schönen Blick ins Tal, rechts sieht man Reste des Tempels der Akropolis mit Säulenbasen aus der Spätzeit der Römischen Republik. Die Säulen befinden sich im Inneren der Kirche, das im 17. Jh. umgestaltet wurde. Erhalten sind der Fußboden, die Chorschranken und der Altar mit schönen Cosmatenarbeiten. Bemerkenswert ist der von antiken Säulen getragene Altarüberbau von feinster Steinmetzkunst (Beginn 13. Jh.). Rechts der Kirche führt durch ein Tor der Weg hinab an kolossalen Gemäuern antiken Ursprungs vorbei. In den begehbaren Gewölben des Bauwerks, die zur Akropolis gehörten, befindet sich eine **Kapelle** für den Stadtheiligen Ambrosius, der hier eingesperrt worden sein soll (Eingang links hinter der Gittertür). Von der Terrasse unterhalb des Bogendurchgangs ist das römische Mauerwerk der Akropolis besonders gut zu sehen. Der Weg führt zur Piazza Giuseppe Mazzini, einem **Aussichtspunkt** mit Blick über die Altstadt. Die Treppengasse hinunter rechts erreicht man die zentrale Piazza Giacomo Matteotti. Sehenswert ist hier die kleine Kirche **San Valentino** aus dem 11. Jh. (1844 erneuert) mit dem kurzen, die Kirche kaum überragenden romanischen Glockenturm. Auf der Rückseite ragt die Apsis wie ein Erker in die dahinter liegende Gasse hinein. Den Treppenweg weiter hinab und dann nach rechts gelangt man zur **Porta Sant'Agata**. An der in der Renaissance gestalteten Außenseite des Tors hängt eine antike Marmorschrifttafel, die sich auf Kaiser Caracalla und seine Mutter Giulia Domna bezieht. Die Kirche Sant'Agata wurde im Zweiten Weltkrieg zerstört, ihre Ruine dient heute als Mahnmal. Die schmale

Gasse links folgt dem Verlauf der Stadtmauer und führt an **Santa Lucia** vorbei. Das Kirchlein ist der älteste christliche Bau der Stadt und geht auf das 4. Jh. zurück. Das jetzige Gebäude stammt aus dem Mittelalter, in der Krypta sind alte Mauerreste erkennbar. Hinter der Kirche sieht man auf einer (nicht zugänglichen) Freifläche Reste eines **römischen Theaters**. Sehenswert ist im weiteren Verlauf der Gasse rechts die **Porta Sanguinaria**. Blickt man hier von außen auf die Stadtmauer, erkennt man sehr schön die unterschiedlichen Bauweisen während der **Stadtentwicklung**: Der untere Teil besteht aus den mächtigen, unregelmäßigen, individuell eingepassten, glatt geschliffenen Steinquadern der Herniker. Darüber, den Bogen des Tores bildend, folgen die exakten, beinahe auf Normgröße gearbeiteten Steine der Römer. Darauf wurden im Mittelalter nur noch unbearbeitete Bruchsteine geschichtet. Innerhalb der Mauer steht rechts **Santa Maria Maggiore**, ein Zisterzienserbau aus dem 13. Jh. mit frühgotischen Elementen. Schön ist die schlichte Fassade mit Rosettenfenster und integrierten römischen Marmorfragmenten. Die Bündelpfeiler im Innern sind noch sehr schlicht, die Altarwand ist flach und nur der Altarraum wird von einem Kreuzgewölbe bedeckt, während das Hauptschiff noch eine offene Balkendecke hat. Folgen Sie der Via di **Porta Casamari**. Nachdem Sie das Tor durchschritten haben, sehen Sie außerhalb der Mauern zwei Bögen aus dem 1. Jh., die zu einer römischen Befestigung gehörten. Etwas weiter folgt am Wegrand eine römische Inschrift. Es ist das **Testament** des Römers Aulus Quintilus (52–117 n. Chr.), in dem er der Stadt den Ertrag seines Landguts vererbt.

# Anagni

**Die kleine Stadt war im Mittelalter Residenz mehrerer Päpste und trägt darum bis heute den Titel „Stadt der Päpste". Sie liegt auf einem Plateau, das in das Sacco-Tal hineinragt.**

Anagni ist ein gemütlicher Ort, dessen Zentrum die Piazza Bonifacio VIII und die sich anschließende Piazza June Cento bilden. Dort spielt sich, besonders am Abend, das öffentliche Leben ab. Anagni besitzt neben seinem sehr sehenswerten Dom noch einige mittelalterliche Viertel, die an seine bedeutende Vergangenheit erinnern.

• *Information* Pzza. Innocenzo III, ℡/℻ 0775.727852, www.cittadianagni.it. 9–13 und 16–19 Uhr (im Winter 15–18 Uhr).

• *Verbindungen* Über die Via Casilina. **Busverbindungen** nach Frosinone und Rom (bei der Metrostation "Anagnina").

• *Übernachten* Das beste Hotel ist die **Villa La Floridiana**, etwa 5 km von Anagni an der Via Casilina bei km 63,700, ℡ 0775.769960, ℻ 0775.7774527. In einem Landhaus aus dem 19. Jh. mit ausgedehntem Garten und empfehlenswertem Restaurant. Die großen, gemütlichen Zimmer sind teilweise mit Antiquitäten individuell möbliert; es gibt auch ein ansprechendes Restaurant (s. u.). 4 Sterne, nur 9 Zimmer. DZ inkl. Frühstück ca. 103–150 €, Voll- und Halbpension möglich.

**Hotel Ristorante Federico**, Via Anticolana 85, ℡ 0775.705049, ℻ 0775.705079 www.ristorantefederico.it. Recht einfaches, aber ordentliches Hotel mit Restaurant. 2 Sterne, 15 Zimmer. DZ ohne Frühstück ca. 55–60 €, Voll- und Halbpension möglich.

• *Essen* **Ristorante Lo Schiaffo**, Via Vittorio Emanuele II 270, ℡ 0775.739148. Mo und von Nov. bis Ende März auch So abends geschlossen. Das Restaurant in einem ehemaligen Karthäuserkloster im Zentrum, wenige Schritt vom Dom und Papstpalast entfernt, verbindet gekonnt die traditionelle Küche der Ciociaria mit innovativen Ideen. Empfehlenswert sind die Antipasti aus Gemüse und die Fleischgerichte (z. B. das Lamm mit Bohnen, gewürzt mit Minze oder schlicht mit Kräutern, oder das Kaninchen). Zum Schluss sollte man sich unbedingt noch eines der köstlichen Desserts gönnen. Die angebote-

*Mystischer Ort mit düsterer Geschichte: der Papstpalast von Anagni*

nen Weine stammen hauptsächlich aus Latium. Menü ca. 40 €.
**Ristorante del Gallo**, Via Vittorio Emanuele II 152, ✆ 0775.727309. Di Ruhetag. Eine Spezialität des Hauses sind die Fettuccine mit Schinken in einer Form gebacken (timballo di fettuccine).

Das **Ristorante** des Hotels **Villa La Floridiana** liegt außerhalb der Stadt (Adresse und Tel. s. o.). So abends und Mo geschlossen. In diesem Restaurant wird Ihnen eine gute Küche (sowohl Fisch- als auch Fleischgerichte) bei einem guten Preis-Leistungs-Verhältnis geboten. Menüpreis um 30 €.

● *Wein*  **Azienda Agricola Coletti Conti**, Corso Vittorio Emanuele II 116, ✆ 0775.767080, mobil 389.9009900, www.coletticonti.it. Gute Rotweine.

Ordentliche Weine der Region bekommen Sie auch bei der **Cantina Sociale Cesanese del Piglio** an der Via Casilina bei km 63,300, Via Morolense, ✆ 0775.768047. So geschlossen.

## Geschichte/Sehenswertes

Die Ursprünge Anagnis sind ungeklärt, der Legende nach soll Saturn persönlich die Stadt gegründet haben. Nachgewiesen sind jedenfalls Siedlungen der Herniker, eines mit den Latinern verbündeten eigenständigen Stammes, auf der Spitze des Tuffsteinhügels. Die Römer unterwarfen die Stadt im Jahr 306 v. Chr. und errichteten sofort die wuchtigen Befestigungsanlagen. Ein Teil der bis zu 3 m dicken Mauern umgibt die Stadt bis heute. Im Mittelalter blühte die Stadt noch einmal auf. Anagni war ein direkt vom Papst abhängiger **Bischofssitz** und stand deshalb nie im Mittelpunkt des Interesses der konkurrierenden Adelshäuser Latiums. Ihre herausragende Bedeutung verdankt sie dem Schicksal, zur **Heimat von vier Päpsten** geworden zu sein. Es war nicht nur die verkehrsgünstige Lage, die Anagni zum geeigneten und sicheren Rückzugsort für die Päpste machte, sondern es lag auch daran, dass die gräfliche Familie des Ortes, die Conti di Segni, in relativ kurzer Zeit gleich drei Päpste stellte, und man sich hier eher als in anderen Orten auf die Lojalität der Bevölkerung verlassen konnte. Auch der vierte Papst, der in Anagni residierte, Bonifaz VIII., wurde hier geboren. Papst-palast und Dom waren Schauplätze geschichtsträchtiger Ereignisse, und die **Domkrypta** birgt **Freskenzyklen**, die zu den besterhaltenen und bedeutendsten Fresken aus dem 13. Jh. in Italien zählen.

## Anagni – Heimat von vier Päpsten

Der erste Papst aus Anagni war **Innozenz III.** (1198–1216), 1160 als Sohn des Grafen von Segni geboren. Bereits mit 37 Jahren wurde er auf den Papstthron gewählt. Als Stellvertreter Christi auf Erden beanspruchte er nicht nur die geistliche, sondern auch die weltliche Oberherrschaft. Dies hatte schon einige seiner Vorgänger in Konflikt mit den Kaisern des Heiligen Römischen Reiches gebracht. Innozenz III. nutzte zunächst noch besonnen den herrschenden Streit um die Kaiserkrone und ordnete den Kirchenstaat neu. Der intellektuelle und eher zurückhaltende Mann krönte Kaiser Otto IV., exkommunizierte ihn aber, als der entgegen früherer Abmachungen in Süditalien und Sizilien einmarschierte und den päpstlichen Einflussbereich gefährlich in die Zange nahm. Ebenso argwöhnisch betrachtete er die englische *Magna Charta*, die er 1215 für ungültig erklärte.

**Papst Gregor IV.** (1227–41), 1155 in Anagni geboren und ein Neffe von Innozenz III., lieferte sich ebenfalls heftige Auseinandersetzungen mit dem Kaiser, diesmal mit Friedrich II. (1215–50). Dieser wollte sein Erbland Sizilien und die Lombardei wieder fest ins Reich einfügen. Zweimal kam es zum Bann, dann wieder zu Aussöhnungen (1230 reiste Friedrich nach Anagni) und erneuten Konflikten. 1232 und 1234 musste Gregor aus Rom fliehen, 1241 gelang ihm nicht mehr rechtzeitig die Flucht: Während der Belagerung Roms durch die kaiserlichen Truppen konnte er die Stadt nicht verlassen und starb in der Augusthitze 1241.

Sein Neffe wiederum war **Alexander IV.** (1254–61). Dieser sah zaudernd zu, wie der Kirchenstaat fast ganz von Manfred, Statthalter in Sizilien und Sohn Friedrichs II., eingenommen wurde. Gleichzeitig sorgten Machtkämpfe der mächtigen Adelsfamilien für Chaos in Rom. Der Papst zog sich daraufhin nach Anagni zurück.

Mit **Bonifaz VIII.** (1295–1303), 1235 in Anagni als Spross der Landadelsfamilie Gaetani geboren, kam schließlich eine Persönlichkeit an die Macht, die in historischen Quellen nahezu einhellig als schlecht, grausam, kalt und raffgierig beschrieben wird. Bereits als Kardinal beriet er den amtsüberdrüssigen Papst Cölestin V. in Fragen seiner Abdankung, spiegelte ihm Präzedenzfälle vor, die es nicht gab, und ermutigte ihn mit allerlei Versprechungen zum Rücktritt, um den Alten dann, kaum zu dessen Nachfolger gewählt, in der Burg von Fumone unter Hausarrest zu stellen. Er mischte sich in die internationale Politik ein und versuchte Herr über eine Entwicklung zu bleiben, die Europa mehr und mehr in Nationalstaaten und freie Städte zerteilte. Er verlor Sizilien endgültig und geriet in blutige Fehden mit dem Fürstenclan der Colonna. Ein weit größerer Kontrahent erwuchs ihm jedoch in Frankreichs König Philipp IV., der den päpstlichen Einfluss auf den Klerus seines Landes endgültig schwächen wollte. Bonifaz bestand dagegen vehement auf dem Anspruch, als Papst oberster Weltherrscher zu sein, und drohte seinen Kritikern mit dem Verlust des Seelenheils durch Exkommunizierung. Zur Demonstration seiner Macht führte er an seinem Hof immer mehr zeremoniellen Pomp ein. Philipp verfasste schließlich mithilfe der Colonna-Familie eine Anklageschrift, in der alle Vorwürfe gegen den Papst zusammengetragen wurden und die ihn zum Rücktritt aufforderte. Der Papst wies von Anagni aus alle Vorwürfe zurück und bereitete die Exkommunizierung des französischen Königs vor. Daraufhin beschloss Philipp, seinen Kanzler Guillaume de Nogaret nach Italien zu schicken, um Bonifaz definitiv zum Rücktritt zu zwingen oder gefangen zu nehmen. Zusammen mit Sciarra Colonna, dem Chef des Hauses Colonna, drang de Nogaret in der Nacht des 7. September 1303 in den Papstpalast von Anagni ein, wo er den Papst in all seiner Pracht mit Tiara und Mantel allein im Saal thronend vorfand. Außer sich vor Zorn stürmte Sciarra Colonna vor und versetzte dem Ehrwürdigen eine schallende Ohrfeige, die als **Schialto di Anagni** das Mittelalter erschüttert hat und in die Geschichte einging. Die Belagerung und Plünderung des Palastes durch die Truppen des Königs scheiterte nach drei Tagen am Widerstand der Einwohner Anagnis. Der Papst zog wieder nach Rom, starb dort aber vier Wochen später; ob wegen der erlittenen Schmach oder an den körperlichen Folgen der Ohrfeige, konnte nie geklärt werden. Mit ihm endete auch der mittelalterliche universale Machtanspruch der Päpste. Neue aufstrebende Macht war Frankreich, das immer stärkeren Einfluss auf die Papstwahl ausübte und schließlich sogar die Verlegung des Papstsitzes von Rom nach Avignon veranlasste. Der Papst stand unter dem Schutz des französischen Königs und war damit faktisch ohne weltliche Macht von seiner Gnade weitgehend abhängig.

**Dom Santa Maria e San Magno:** In einer Zeit, die von heftigen Machtkämpfen zwischen Papst und Kaiser geprägt war, wurde die Kathedrale 1062 bis 1104 unter Anagnis Bischof Pietro von Salerno anstelle christlicher Vorgängerbauten und eines antiken, der Ceres geweihten Mithräums errichtet. Die komplexe Baugruppe mit Anbauten, Treppenanlagen und vielen Durchgängen lässt die Atmosphäre der Papstfestung noch erahnen, obwohl viele der alten Gebäudetrakte, die zwischen Dom und Papstpalast lagen, heute nicht mehr existieren. Bemerkenswert ist die thronende **Statue Bonifaz' VIII.** in einem offenen, säulengetragenen Erker an der hohen Südseite der Kirche. Durch die Hanglage wirkt auch die Apsis steil und burgartig, erst hoch oben öffnet sie sich zu einer kleinen Galerie.

Im **Inneren** ist die Domkirche ein klar gegliederter, dreischiffiger romanischer Bau mit drei Apsiden und Querschiff. 1250 wurden die gotischen Bögen in Mittel- und Querschiff eingefügt. Auch hier kam es im 17. Jh. zu einer tiefgreifenden Barockisierung der Innendekoration, wobei wertvolle Fresken aus der Zeit der Erbauung zerstört wurden. Reste davon finden sich innen über dem Haupteingang (Madonnendarstellung) und auf der Säule links neben dem Hauptaltar. Unverändert blieben der Cosmatenboden (1227–31) sowie im Altarraum das Ziborium und der marmorne **Papstthron** von Pietro Vassalletto, einem Meister aus der berühmten römischen Bildhauerfamilie. Der Thron wird von zwei Löwen getragen und ist reich mit farbigen und vergoldeten Mosaiksteinen versehen. Die Rückenlehne wird gekrönt von einer kreisrunden hellen Marmorscheibe, die hinter dem Thronenden wie ein Heiligenschein gewirkt haben muss.

Aus gleicher Hand stammt auch der Osterleuchter, auf dessen gedrehter Säule ein kniendes Kind die Kerze trägt. Das Fresko des heiligen Johannes des Täufers und der Apostel in der Apsis stammt von Antonio da Borgogna (1673). Im **Seitenschiff** links liegt die Kapelle der Familie Gaetani, aus der Bonifaz VIII. stammt, errichtet 1296. Hier führt eine Treppe hinab in die Krypta der Stadtheiligen S. Magno (Bischof und Märtyrer aus dem 3. Jh.), S. Secondina (von Magno bekehrt und getauft, ebenfalls Märtyrertod), S. Pietro von Anagni (Bischof und Erbauer des Doms) sowie der S. Oliva, einer frommen Einsiedlerin aus der Umgebung der Stadt.

Die **Krypta S. Magno** nimmt die ganze Breite des Altarraums ein. Man betritt sie von der Schmalseite, sodass sich der Eindruck von drei Schiffen ergibt, die quer zu den drei Apsiden angeordnet sind. Schlichte Säulen mit glatten, bemalten Kapitellen unterteilen das Gewölbe in 21 Felder, in denen wie auf aufgespannten Teppichen eine unbeschreiblich reich ornamentierte, **farbige Bilderwelt** den Betrachter in ihrer Fülle überwältigt. Auch die Wände sind in die Gliederung mit einbezogen. Entstanden sind die Fresken wahrscheinlich 1227–31. Wissenschaftler haben anhand gewisser Unterschiede des Stils drei verschiedene Maler ausgemacht, die alle wohl dem Benediktinerorden entstammen, einer wird auch mit den Fresken im Sacro Speco in Subiaco (→ S. 725) in Verbindung gebracht. Die Krypta umfasst verschiedene Bildzyklen, die in ihrer mystischen Symbolik und vielschichtigen theologischen Mehrdeutigkeit kaum zu erfassen sind. Es ist ohne Zweifel, dass hier Gelehrte des päpstlichen Hofes den hochintellektuellen grandiosen Bildplan festgelegt haben müssen.

Die einzelnen Felder gehören zu unterschiedlich großen Bildgruppen, die man nicht systematisch abgehen kann, weil sie sich unregelmäßig verteilen. Man beginnt den **Rundgang** am besten im Winkel des Raumes gegenüber von der linken Apsis und geht dann an der Längsseite entlang bis zur Mitte des Raums. Die ersten Felder behandeln das Weltgefüge und ihre Ordnung:
**Feld 1** zeigt den Tierkreis, die Unendlichkeit der Schöpfung.
**Feld 2** zeigt den Menschen in seinem Lebenslauf, der in vier Altersabschnitte eingeteilt ist, die wiederum Bezüge haben zu den vier Elementen und den vier Temperamenten, alles wiederum in einem unendlichen Kreislauf. Ein kompliziertes Diagramm auf dem Pilaster an der Wand beweist in Kreisen und Zirkelschlägen die Harmonie der Schöpfung und das Zusammenspiel aller Kräfte. Im angeschnittenen, halbrunden Feld an der Wand die beiden Gelehrten Hypokrates und Galenus als Hinweis auf menschliche Erkenntnis.
Im **3. Feld** an der Wand die Martyrien des S. Magno (Enthauptung) und des hl. Johannes (in kochendem Öl); im Gewölbe vier Engel, von denen jeder die Symbole der vier Evangelisten in sich vereint

(Mensch/Weisheit, Löwe/Adel, Stier/Stärke, Adler/Gewandheit) sowie Bezüge zu den vier Himmelsrichtungen herstellt.
Im **4. Feld**, in der Achse der Hauptapsis, an der Wand ein thronender Christus, an der Decke vier Engel, das Kreuz haltend (wiederum die Vier mit symbolträchtigen Bezügen).
Im **Feld 5** beginnt die Geschichte der Bundeslade aus dem alttestamentarischen Buch Samuel, wobei die Felder 5 und 6 auf die Geschichte des Oberpriesters Samuel eingehen. Das Volk Israel fordert darin einen König. Gott erwählt Saul, der von Samuel zum ersten König Israels gesalbt wird. Saul verstößt Samuel als Ratgeber, will selbst bestimmen und führt sein Reich ins sichere Verderben, bis er während der Schlacht von Mizpa gegen die Philister zu Gott zurückkehrt und siegt. Er errichtet einen Gedenkstein *Eben-Ezer* (Stein der Hilfe).
**Feld 6**: Vielsagend ist hier der historische Bezug zur politischen Wirklichkeit, mit dem Papst in der Rolle Samuels und den weltlichen Fürsten, die glauben, auf seinen Rat verzichten zu können.
**Feld 7**, das letzte der Reihe, zeigt vier Propheten.
Die mittleren **5 Felder der Mittelreihe** beschreiben die Geschichte der Bundeslade,

die dem unterdrückten Volk Israel von den Philistern geraubt und nach siegreichen Kämpfen wieder festlich zurückgebracht wird. Hier steht die Bundeslade für die Offenbarung Gottes, seine Gegenwart unter den Menschen und seine Gesetze, die die Welt in seinem Sinne ordnen; diese Werte werden von bösen Mächten geraubt und nur durch Gottes Hilfe wiedererlangt. Parallelen gibt es neben der damals aktuellen politischen Aussage auch zu den Reliquien des heiligen Magnus, die man nach einem Raub von den Sarazenen freikaufen musste und dann wieder feierlich hierher zurückführte.

Das **Gewölbefeld in der Mitte der Reihe** unmittelbar vor der Hauptapsis leitet auf die Apokalypse zu: Zu sehen ist Christus als strenger Weltenrichter, wie in der Apokalypse beschrieben, mit weißen Haaren, aus seinem Mund ragt ein zweischneidiges Schwert, in der einen Hand die Schlüssel für Himmel und Hölle, in der anderen die sieben Planeten. Sieben Engel, sieben Leuchter

und sieben Kirchen umgeben ihn. Links und rechts neben seinem Kopf Alpha und Omega. Im Bogen zur Mittelapsis links die Seligen: rein und nackt, Christus verteilt weiße Stolen als Zeichen ihres Martyriums. Rechts im Bogen: die vier apokalyptischen Reiter.

Seinen gloriosen Abschluss findet das Weltgericht in der **Mittelapsis**, wo Christus als Lamm, umgeben von den Symbolwesen der vier Evangelisten, den Mittelpunkt des (blauen Himmels-) Gewölbes bildet. Mystisch in seiner Symbolik auch hier die Darstellung des Lamms mit sieben Hörnern als Zeichen vollkommener Macht, mit sieben Augen für vollkommene Weisheit und mit dem Buch der sieben Siegel zwischen den Vorderbeinen, das Buch der menschlichen Geschichte, das alles erklärt und einordnet. Unterhalb des Lamms im Halbkreis die 24 Weisen der Apokalypse mit goldenen Räuchergefäßen und Harfen. An der Wand Szenen der Heimführung der Reliquien des Heiligen Magnus.

Durch einen langen Gang gelangt man gegenüber von der Krypta (falls zugänglich) in das **Oratorium des Thomas Becket** mit Resten weniger prachtvoller Fresken, die die Erschaffung der Welt zeigen sowie Adam und Eva. 1173 wurde Becket von Alexander III. heilig gesprochen. Becket war Erzbischof von Canterbury und versuchte, die kirchliche Unabhängigkeit von der englischen Krone zu bewahren. Ermordet 1170 unter Duldung König Heinrichs II., wurde er (aus päpstlicher Sicht) zum Märtyrer für die Kirche und ihren Machterhalt, und man weihte ihm diese Kapelle.

*Öffnungszeiten/Eintritt* **Kathedrale**: 9–13 (So nur bis 11 Uhr) und 16–19 Uhr (im Winter 15–18 Uhr), letzter Einlass eine halbe Stunde vor Schließung. **Krypta**: alle 15 Min. von 9–12.30 und 16–18.30 Uhr für maximal 25 Pers. Eintritt Krypta: 3 €, für Kinder 1,30 €; zusammen mit Schatzkammer und Klosterhof 8 €; ab Gruppen von 5 Pers. 7 € pro Pers.

Noch benommen von der mystischen Bilderwelt der Krypta S. Magno betritt man wieder die kleine Piazza vor der Kirche mit dem freistehenden Campanile. Rechts neben der Kirche befindet sich der Eingang zum **Museum** und dem **Klosterhof** mit Resten schöner Cosmatenarbeiten und anderen Fragmenten aus der Baugeschichte der Kathedrale sowie Fundstücken aus römischen Katakomben und denen des nahen *Vico Miricino*.

Die **Schatzkammer** in den oberen Stockwerken birgt wertvolle Reliquiare, Miniaturen und Elfenbeinarbeiten sowie eine Textilsammlung mit Stoffen teilweise noch aus byzantinischer Zeit. Beeindruckend sind das Tafelbild einer Madonna mit Kind von 1325 und der prachtvolle, golddurchwirkte Chormantel Bonifaz' VIII. aus dem 12. Jh.

*Öffnungszeiten/Eintritt* **Museum**: 9–13 und 16–19 Uhr, im Winter 15–18 Uhr. Klosterhof und Schatzkammer jeweils nur im Rahmen einer ca. 15- bzw. 20-minütigen Führung während der Öffnungszeiten des Museums. Eintritt jeweils 3 €; Kombikarte für Museum, Klosterhof, Schatzkammer und Krypta 8 €; ab Gruppen von 5 Pers. 7 € pro Pers.; für Kinder erm. für jeden Abschnitt 1,30 €.

Die Treppen hinab, geht der Weg um die Kirche herum auf der Hauptstraße weiter in die Altstadt hinein, wo bald links und etwas zurückgesetzt die Reste des **Papstpalastes** aus dem 13. Jh. zur Besichtigung einladen. Heute gehören sie zum Kloster der Zisterzienserschwestern. Hier fand das Versöhnungstreffen von Friedrich II. mit Papst Gregor IX. statt, und hier erhielt Bonifaz die folgenreiche legendäre Ohrfeige der weltlichen Fürsten (→ Kasten S. 800). Von der einstmals prachtvollen Ausstattung zeugen heute nur noch in einigen Räumen im ersten Stock die Reste dekorativer, ornamentaler Wandmalereien: im sog. Thronsaal ein Blumenmuster in Rautenfeldern, außerdem ein Abguss eines Halbreliefs mit Bonifaz VIII., in einem anderen Saal stilisierte Gänse in roten, blauen und grünen Feldern sowie große Blumen- bzw. Sonnenräder an der Schmalseite. Interessant für eine päpstliche Residenz ist, dass sich die erhaltenen Malereien so weltlich zeigen und nichts Religiöses beinhalten. Die bescheidene, von den Schwestern liebevoll gepflegte Ausstellung zeigt alte Fotografien der Gebäude, kleinere archäologische Funde und allerlei Zusammengetragenes über die Päpste, Anagni und den Zisterzienserorden.

*Öffnungszeiten/Eintritt* Im Sommer 9.30–13 und 15.30–18.30 Uhr, im Winter 9.30–13 und 15–18 Uhr. Eintritt 2 €, Personen über 65 Jahre 1,50 €, Kinder von 6–13 Jahren 1 €.

Im **Palazzo Comunale**, dem Rathaus an der Piazza Cavour, befindet sich der ehemalige Gerichtssaal *„Sala della Ragione"*, in dem heute manchmal Ausstellungen stattfinden (auf Plakate achten). Das Gebäude stammt aus dem 12. Jh.
In der Via Maggiore (Nr. 291, 293) und in der Via Vittorio Emanuele II stehen sehenswerte mittelalterliche Bürgerhäuser, von denen das **Haus Barnekow** (14. Jh.) besonders charakteristisch ist (Via Vittorio Emanuele II Nr. 89). Die Reste des **römischen Mauerrings** sind teilweise erkennbar (Via Dante, Via Piscina und in der Umgehungsstraße Via Sottobagno).

# Segni

Auf der anderen Seite des Sacco-Tals, gegenüber von Anagni, liegt am Nordhang der Lepinischen Berge der kleine mittelalterliche Ort Segni.

Gegründet wurde er wohl von den Volskern, die etwa im 5. Jh. v. Chr. die 5 km langen und 2 bis 4 m hohen **Zyklopenmauern** errichteten. Diese bestehen aus tonnenschweren, unregelmäßigen Steinquadern, die passgenau zusammengefügt wurden. In dem nahezu vollständig erhaltenen Mauerring befindet sich das historische Zentrum von Segni, das seinen beschaulichen **mittelalterlichen Charakter** bewahrt hat. Obwohl der Ort wegen seiner stimmungsvollen Atmosphäre, der antiken Überreste und der Lage unbedingt einen Besuch wert ist, finden nur sehr wenige Touristen hierher. Ist die kleine Kirche des Ortes verschlossen, findet sich meist schnell eine hilfsbereite Person, die weiß, wo der Schlüssel ist und den Besuchern gerne aufschließt; bisweilen muss man gar nicht erst darum bitten, denn Fremde bleiben hier selten unbemerkt und schon bald kommt eine der älteren Frauen, die sich offenbar hingebungsvoll um das Kirchlein kümmern, und besteht stolz auf einer gebührenden Besichtigung.

● *Information* Porta Saracena am unteren Stadttor der Altstadt. Nur am Wochenende 10.30–13 und 15.30–19 Uhr geöffnet.
● *Verbindung* Von Anagni über die Via Casilina in Richtung Rom bis Colleferro, dort links ab auf die SS 609, kurz nach dem Ortsausgang Abzweigung nach Segni auf die schmale Panoramastraße; Entfernung nach Anagni etwa 20 km.

*Wie von Riesen aufgeschichtet: die Zyklopenmauern von Segni*

• *Übernachten* **Albergo Ristorante La Pace**, Via dei Cappuccini 9, ☎ 06.9767022, 🕾 06.9766262, www.albergo-lapace.it. Ein Familienbetrieb nicht weit vom Zentrum, ruhige Lage mit Garten, umgeben von Kastanienbäumen. Rustikale Ausstattung, bodenständiges Restaurant, Parkmöglichkeiten. 3 Sterne, 77 Zimmer. DZ mit Frühstück ca. 50 €.

• *Essen* **Trattoria Pizzeria La Saracena**, Via Porta Saracena 7 (am unteren Zugang zur Altstadt), ☎ 06.9769062. So Ruhetag. Eine einfache, gepflegte Dorftrattoria (mit dem obligatorischen, immer laufenden Fernseher in der Ecke). Touristen sind hier seltene Gäste. Die Küche ist bodenständig und handwerklich gut gemacht. Für ein komplettes Menü braucht man einen ordentlichen Appetit, denn schon die Primi sind üppig. Pizza gibt es wie immer nur abends. Menü um 20 €.

Man betritt die Altstadt durch die **Porta Saracena**. Die Straße gleich rechts führt am Ortsrand entlang, durch Bogengänge unter Häusern hindurch und am Rathaus vorbei bis zur dörflichen Kirche San Stefano. Auf dem hier beginnenden Fußweg längs der Stadtmauer kommt man an mächtigen Toren in der **Zyklopenmauer** vorbei. Leicht lässt sich nachvollziehen, dass man sie früher für Werke von Riesen gehalten hat. Der Weg steigt zum höchsten Punkt des Ortes hinauf, wo sich in der Antike die **Akropolis** befand und heute eine große Antennenanlage den Eindruck leider etwas stört. Immer wieder hat man weite Ausblicke in das Tal des Flüsschens Sacco und in der Ferne auf die am Hang gegenüber liegende Stadt Anagni. Auf der Tempelbasis der Akropolis steht die kleine romanische Kappelle **San Pietro**. Sie wurde komplett in die Cella des Tempels aus dem 3. Jh. v. Chr. hineingebaut. Deutlich sind draußen und auch im Inneren die Steinquader der Tempelwände zu erkennen. Der obere Teil aus unbehauenen Bruchsteinen stammt aus dem Mittelalter.

Von hier aus führt die Via San Pietro in den mittelalterlichen Ortskern mit seinen engen, steilen Gassen zurück.

**Der Süden von Latium** Karte S. 757

# Fiuggi

**An einem Hang der Monti Ernici liegt umgeben von Kastanienwäldern eines der ältesten Thermalbäder Europas. Seit der Antike sind die Heilquellen bekannt. Seine Glanzzeit erlebte Fiuggi, als die italienische Königsfamilie hier regelmäßig ihren Urlaub verbrachte. Die mondäne Pracht der Belle Epoque um 1900 ist zwar ein wenig verblichen, doch die Kurgäste kommen noch immer reichlich.**

Wie Funde von Gebäuden und Straßen aus der Antike belegen, nutzten schon die Römer die **Thermalquellen** von Fiuggi. Plinius der Ältere erwähnt das Heilwasser in einer Schrift aus dem Jahr 27 n. Chr. Aufgrund des geringen Mineralgehalts ist das Wasser bei der Entgiftung sowie bei Nieren- und Gichtkrankheiten wirksam. Regelmäßig kam Papst Bonifaz VIII. (1294–1303) wegen seiner Nierensteine nach Fiuggi und auch Michelangelo ließ sich hier 1549 behandeln.

Das Quellengebiet liegt in **Fiuggi Fonte**, im Tal unterhalb der kleinen mittelalterlichen Altstadt **Fiuggi Città** auf dem Felsplateau. Zum beliebtesten Thermalbad Italiens wurde Fiuggi, als der König des 1870 geeinten Italiens hier mit seiner Familie regelmäßig Urlaub machte. Damit setzte in Fiuggi Fonte eine rege Bautätigkeit ein. Die breiten Straßen, die Grünanlagen und die im üppigen Jugendstil dekorierten Villen stammen aus dieser Zeit. Die wenigsten der herrschaftlichen Häuser werden heute privat genutzt, die meisten hat man in Hotels umgewandelt. Das Tal ist heute zersiedelt. Durch die neueren Bauten hat Fiuggi Fonte Schick und Flair verloren. Von den teuren, edlen Geschäften existieren nur noch wenige. Es überwiegen Souvenirläden mit unsäglichem Kitsch. Dank des Rufs aus der vorletzten Jahrhundertwende reisen aber während des Kurbetriebes von April bis November immer noch viele italienische Touristen hierher. Zahlreiche vermögende Rentner verbringen in diesem gesunden Klima mehrere Monate des Jahres. Es kommen vermehrt aber auch jüngere Leute, die nicht kuren, sondern das **breite Sportangebot** nutzen. Fiuggi ist zudem ein bei Mountainbikern geschätzter Ausgangspunkt für Touren. Seit ein paar Jahren existiert der gut ausgebaute 26 km lange Radweg von Fiuggi nach Paliano, der am Naturschutzgebiet des Canterno-Sees vorbeiführt und als einer der **schönsten Radwege Europas** gilt. Im Sommer, wenn an den Wochenenden auch noch die Tagesausflügler hinzukommen, ist Fiuggi Fonte total überlaufen. Wie in anderen traditionsreichen Kurorten fehlen dann weder Kurkonzerte noch Kutschfahrten durch den Park.

Es gibt **zwei Quellenbezirke**, die beide in Parkanlagen liegen und nur gegen Eintrittsgebühr zugänglich sind. Die größte Kuranlage mit einem Park von 80 ha Größe ist der **Fonte Bonifacio VIII.** mit Eingang an der zentralen Piazza Frascara. Die Quellen wurden hier erst ab 1870 eingefasst und um 1900 in eine Jugendstilarchitektur integriert. Heute befindet sich die Quelle in einem futuristischen Komplex. Man wandelt durch offene und geschlossene Hallen aus Stahlbeton.

• *Öffnungszeiten*  Ganzjährig 8–12 Uhr und zusätzlich von Nov. bis März 14.30–17 Uhr, im April 14–18 Uhr, im Mai 15–19 Uhr, Juni–Sept. 16–19.30 Uhr, im Okt. 14.30–18 Uhr.

• *Eintritt*  Okt.–Mai: vormittags und nachmittags jeweils 3,50 €, unter 6 Jahren frei, Kinder von 6–11 Jahren 1 €, Jugendliche von 12–18 Jahren 2,50 €.

Juni–September: vormittags 7,50 €, nachmittags 5,50 €, Tageskarte 11 €, Kinder von 6–11 Jahren vormittags oder nachmittags jeweils 1 €, Jugendliche von 12–18 Jahren vormittags oder nachmittags jeweils 2 €. Medizinische Anwendungen werden extra berechnet.

• *Information*  ✆ 0775.5091.

Das Gebiet der **Fonte Anticolana** ist kleiner. Der etwa 14 ha große Park mit hohen Bäumen und exotischen Pflanzen besitzt ein Freilufttheater, in dem im Sommer Veranstaltungen stattfinden.

● *Öffnungszeiten* April–Nov. 8–12 Uhr und zusätzlich im April 14–18 Uhr, im Mai 15–19 Uhr, Juni–Sept. 15.30–19.30 Uhr, im Okt. 14–18 Uhr und im Nov. 14–17 Uhr.

● *Eintritt* Okt.–Mai: vormittags und nachmittags jeweils 3,50 €, unter 6 Jahren frei, Kinder von 6–11 Jahren 1 €, Jugendliche von 12–18 Jahren 2,50 €.

Juni–Sept.: halber Tag 5,50 €, Kinder von 6–11 Jahren vormittags oder nachmittags jeweils 1 €, Jugendliche von 12–18 Jahren vormittags oder nachmittags jeweils 2 €. Medizinische Anwendungen werden extra berechnet.

● *Information* ✆ 0775.5091.

Man kann sich in Fiuggi Fonte auch sportlich betätigen. Einige ausgewiesene **Wanderwege** führen durch die Kastanienwälder und in die Berglandschaft der Umgebung. Aus der mondänen Zeit stammt der **Golfclub**. Er wurde 1928 gegründet und ist damit einer der ältesten Golfclubs Italiens. Auf dem 6 km langen 18-Loch-Platz werden im Sommer viele Wettbewerbe ausgetragen. Der Platz ist auch für Gäste und Anfänger geöffnet. (Golf Club, Loc. Spalacato, Via SS 155, ✆/✇ 0775.515250). Von Bedeutung ist außerdem das **Reitzentrum** mit Reitbahn, Stallungen und Umkleidegelegenheiten. Es gibt Sand- und Grasboden; angeboten werden Reitkurse und Trekkingausflüge. Von Mai bis September finden viele Veranstaltungen statt.

● *Information* In Fiuggi Fonte: Pzza. Frascara 4 (der zentrale Platz am Eingang zur Terme); in der Altstadt: Pzza. Teatro Trento e Trieste. ✆ 0775.515019, ✇ 0775.506647; www.fiuggi-terme.it.

● *Verbindungen* Über die Via Casilina, dann ab Anagni der gut ausgebauten und beschilderten Hauptstraße folgen. **Busverbindungen** nach Rom ab dem Bahnhofsplatz (dort bis zur Metrostation "Anagnina" oder bis in die Nähe vom Nationaldenkmal bei der Via Cavour, dorthin aber nur 3 Verbindungen tägl.); Abfahrtszeiten ab dem frühen Morgen etwa stündlich bis mittags, danach nur noch ein Bus am Nachmittag und einer am Abend; Rückfahrt von Rom aus (Metrostation "Anagnina") ab mittags etwa alle zwei Stunden. Weitere Buslinien nach Frosinone, Subiaco, Anagni und Alatri.

● *Schwimmbad* **Piscina Comunale**, Via Val Madonne, ✆ 0775.547536.

● *Übernachten* Kaum vorstellbar, aber der kleine Ort verfügt über 212 Hotels, von denen nur eines in der Altstadt liegt. Die (häufig verblichenen) prachtvollen Villen, die meist aus der Zeit um 1900 stammen, sind fast ausnahmslos Hotels.

Das beste Haus am Platz ist das **Grand Hotel** Palazzo della **Fonte**, Via dei Villini 7, ✆ 0775.5081, ✇ 0775.506752, www.palazzodellafonte.com. Es ist in einem vornehmen Jugendstilpalast mit feinem Restaurant (im Sommer wird auch auf der Veranda

serviert) untergebracht, verfügt über Schwimmbad drinnen und schönem Pool draußen, Tennisplätze, Fahrradverleih, Arrangements im Golf-Club (6 km entfernt). 5 Sterne, 153 Zimmer. DZ ohne Frühstück ca. 220–440 € (regelmäßig günstigere Sonder- und Wochenendarrangements), Luxussuiten sind erheblich teurer.

**Best Western Hotel Fiuggi Terme**, Via Prenestina 9, ✆ 0775.515212, ✇ 0775.506566, www.hotelfiuggiterme.it. 60 gepflegte Zimmer, großer, gut ausgestatteter Fitnessraum, Beauty- und Massagecenter, parkartig angelegter Garten mit Pool. 4 Sterne. DZ mit Frühstück 128–180 €, Halbpension pro Pers. 83–144 €, Vollpension 88–149 € (außerhalb der Hauptsaison günstige Wochenendarrangements).

Empfehlenswert ist das **Hotel King**, Via Colle della Volpe 6, ✆ 0775.514305, www.kinghotelfiuggi.it. Parkmöglichkeiten, Restaurant, 6.000 qm großer Garten mit Blick auf die Altstadt, altem Baumbestand, Liegewiese, Pool (kann mit einem Glasdach geschlossen werden und ist daher auch bei schlechtem Wetter nutzbar), hilfsbereiter, freundlicher Service. 3 Sterne. Preis für Vollpension pro Pers. im DZ: im EG 50–70 €, in den oberen Etagen mit Balkon 55–80 €, mit großem Balkon und Aussicht auf die Altstadt 60–85 € (in der Regel 3 Tage Minimum, es gibt aber regelmäßig auch günstige Wochenendarrangements).

• *Übernachten außerhalb* Am Rande von Fiuggi Fonte, etwa einen Kilometer entfernt, liegt das **Agriturismo San Lorenzo** mit einem Bio-Hof, Via Prenestina 96, ✆ 0775.515389. Das Anwesene gehörte in der Antike zu einer römischen Zisterne (2. Jh. n. Chr.), später befand sich hier ein Klosterkomplex des Tempelritterordens. Man kann auch wunderbar essen; hauptsächlich werden in der Küche die eigenen Erzeugnisse des Hofes verarbeitet (wunderbar sind die vielen Marmeladen aus dem angebauten Bio-Obst). Im Sommer wird draußen auf der hübschen Terrasse serviert, es gibt einen kleinen Pool und Reitgelegenheiten. 2 Wohnungen für jeweils 4 Pers. für 89 bzw. 138 €, DZ 58 €, jeweils ohne Frühstück.

• *Camping* Fiuggi besitzt einen der wenigen Campingplätze dieser Region, den **Eurocamping 2000**, Via delle Felci 1, ✆ 0775.514420, 🖷 0775.547233. Ende April bis Ende Sept. geöffnet, 3,7 ha für ca. 400 Pers. Dieser mit einem Laden, Schwimmbad und 4 Bungalows gut ausgestattete Platz liegt in einem feuchten Tal, nicht weit vom Eingang zur Kuranlage Fonte Bonifacio VIII.

• *Essen* Die meisten Restaurants von Fiuggi Fonte gehören zu den Hotels und bieten eher Durchschnittliches von oft mäßiger Qualität zu unangemessen hohen Preisen. Eine Ausnahme gibt es allerdings am großen zentralen Platz in der Altstadt neben dem Rathaus, wo sich das elegante Ristorante **La Torre al Centro Storico** befindet. Pzza. Trento e Trieste 29, ✆ 0775.515382, 🖷 0775.547213, www.ristorantelatorre.biz. So abends und Di geschlossen. Die Eigentümer Antonio und Maria Ciminelli sind stets herzlich und die Karte bietet immer wieder angenehme Überraschungen, je nach Jahreszeit und Marktangebot. Zu empfehlen ist das Tagesmenü, man kann aber auch à la carte essen. Zu den Spezialitäten gehören die Polenta-Medaillons mit Geflügelleber, einem Hauch von Lorbeer und Balsamicosoße (mattonelle di polenta con fegatini di pollo al profumo di alloro e salsa balsamico), die mit Auberginen gefüllten Zucchiniblüten mit Pecorinosoße (fiore di zucca ripieni di melanzane con salsa di pecorino), die Entenbrust (petto d'anitra) in Balsamico oder mit Steinpilzen, vorzüglich sind auch die Desserts, großartige Weinkarte. Menü à la carte um 50 €, Tagesmenü um 35–45 €.

• *Essen außerhalb* Feinschmecker werden in dem kleinen Nachbardorf **Acuto** (etwa 7 km entfernt, Abzweigung von der Straße SS 155 in Richtung Anagni) auf ihre Kosten kommen:
**Le Colline Ciociare**, Via Prenestina 27, ✆ 0775.56049. Mo und Di mittags, im Winter auch So abends geschlossen. Eines der besten Restaurants Latiums. In einem gepflegten Ambiente genießt man bei wunderbarem Ausblick die köstlich verfeinerten Spezialitäten der Region. Am besten ist es, sich für das aktuelle Tagesmenü zu entscheiden. Angemessener Menüpreis ca. 85 €.

• *Wein* Die **Casale della Ioria** von Paolo Perinelli, ebenfalls im Nachbarort Acuto, hat zwar 30 ha Anbaufläche, produziert aber nur 30.000 Flaschen im Jahr. Hingebungsvoll werden hier die alten Weinstöcke gepflegt und die Trauben sorgfältig verarbeitet. Besonders der Spitzenrotwein *„Torre del Piano"* dankt die Mühe mit einem sehr eigenständigen Geschmack mit den Aromen von Veilchen, Waldbeeren und Johannisbeeren. Az. Agr. Perinelli, Pzza. R. Margherita 1, Acuto, ✆ 0775.56031, 🖷 0775.744282, www.casaledellaioria.com.

**Die Ursprünge Fiuggis** gehen auf vorrömische Zeit zurück. Nach dem Anschluss an das Römische Reich im Jahr 367 v. Chr. wurde das Bergplateau befestigt und zur Provinzstadt ausgebaut. Im Mittelalter gehörte Fiuggi zum Bistum von Anagni und später zum Kirchenstaat. Papst Alexander VI. verschenkte den Ort 1501 an seine legendäre Tochter Lucrezia Borgia, dann an deren nichtsnutzigen Bruder Cesare und schließlich an seinen Neffen Giovanni Borgia. Als Bonus für seine Dienste erhielt der Kommandant der Armbrustschützen das Städtchen am 22. Februar 1517 von Papst Leo X. Über viele Umwege gelangte Fiuggi zum Dank für den Sieg über die Türken in der Schlacht von Lepanto an die Familie Colonna. Ab dem 18. Jh. war Fiuggi dann endlich freie Kommune innerhalb des Kirchenstaates.

**Die mittelalterlichen Strukturen der Altstadt** auf dem Felsen 120 m über Fiuggi Fonte sind weitgehend erhalten. Man sieht sogar noch Reste von Wohntürmen und der Befestigungsanlage.

*Ende des 19. Jh. ein mondäner Badeort: Fiuggi*

Sie erreichen die Altstadt bei der großen **Piazza Trento e Trieste** mit dem 1910 fertiggestellten, ehemaligen **Grand Hotel** im verspielten Stil der Belle Epoque. Der gewaltige Bau, der sich über mehrere Etagen den Hang hinunter erstreckt, war glanzvoller Treffpunkt der vornehmen Gesellschaft, als der König hier Urlaub zu machen pflegte. Heute ist das Hotel nicht mehr in Betrieb, das Gebäude wird von kommunalen Einrichtungen genutzt. Gelegentlich finden Ausstellungen und Theateraufführungen statt. Oben an der Piazza befindet sich mit Zinnenkranz und Uhrturm in der Fassadenmitte auch das Rathaus, erbaut 1925 im damals populären Stil der Neorenaissance. Gegenüber beginnt die Hauptstraße der Altstadt, der Corso Sorelle Faioli, benannt nach den beiden Schwestern, die hier 1741 den *Orden dell'Immacolata* gründeten. Die Ordenskirche grenzt gleich links an die Straße (im 18. Jh. nach Abriss der alten Kirche komplett neu errichtet). Einige Meter weiter kommt man zu **San Pietro** (17. Jh.), der Hauptkirche des Ortes. Dahinter befand sich die mittelalterliche Burg, deren Turm zum Glockenturm von San Pietro umgestaltet wurde. Von der Hauptstraße zweigen viele verwinkelte, stimmungsvolle **Treppengassen** ab.

## Die Berge rund um Fiuggi

Von Fiuggi aus erreichen Sie über einsame Panoramastraßen die hohen Bergregionen der *Monti Simbruini* und *Monti Ernici* an der Grenze zu den Abruzzen. Die Berge erreichen hier Höhen bis zu 2000 m. Im Winter bieten die Gegenden des **Campo Catino** (mit dem über 1000 m tiefer im Tal liegenden Ort Guarcino) und des **Campo Staffi** mit dem Dorf Filettino gute Skisportmöglichkeiten. Sehenswert ist die auf 824 m Höhe einsam im Wald liegende große **Abtei von Trisulti**, die man über eine kurvenreiche **Panoramastraße** durch herrliche Landschaften erreicht.

▶ **Campo Catino/Guarcino:** Das Gebiet nördlich des mittelalterlichen Örtchens Guarcino mit vereinzelten, freistehenden Hotelanlagen wird Campo Catino genannt. Die Berge gehören zu den *Monti Ernici* und erreichen Höhen bis zu 1800 m. Vor allem für gemäßigte Skifahrer und für Anfänger sind die neun Pisten gut geeignet. Skilangläufer können sich auf den schönen, 15 km langen Loipen nach Herzenslust austoben.

Auch im Sommer hat diese Gegend ihre Reize, besonders dann, wenn man eine Ruhepause zwischen den Besichtigungsfahrten einlegen will. Dazu kann man z. B. von Fiuggi oder Alatri aus nach Guarcino und von dort Richtung Campo Catino fahren. Auf dieser Strecke gibt es unzählige Möglichkeiten für ausgedehnte **Wanderungen.**

● *Wintersportangebote* Saison von Dez. bis April; 5 Skilifte, 9 Abfahrten, 15 km Langlaufstrecken; Skischule: ☎ 0775.435955; Niederlassung des CAI (Club Alpino Italiano), ☎ 0775.435939.

● *Übernachtung/Essen* Für einen Erholungsstopp oder als Ausgangspunkt für Ausflüge bietet sich ein Aufenthalt im reizvoll auf einer Hügelkuppe gelegenen mittelalterlichen Örtchen Guarcino an.
**Albergo Trattoria Giuliana,** Via Borgo Sant' Angelo 116, ☎ 0775.46144, www.hotelgiuliana.it. Die 65 Zimmer des dreistöckigen Hauses sind recht schlicht, von der Hotelterrasse aus hat man einen schönen Blick, das große Restaurant mit Empore bietet sehr gut zubereitete, für die Gegend typische, unverfälschte Küche (Menü um 20 €, Mi Ruhetag). DZ ohne Frühstück 45 €, Halbpension (Frühstück und Abendessen) 37 €, Vollpension 50 €, jeweils pro Pers. im DZ, ab 3 Tagen Aufenthalt.

▶ **Campo Staffi/Filettino:** Zum Campo Staffi gelangt man vom Dörfchen Filettino (auf 1037 m) aus auf einer herrlichen Panoramastraße, die den Monte Cotento (2014 m) halb umrundet. Das **Skigebiet** Campo Staffi ist etwas anspruchsvoller als das von Campo Catino. Es gibt 16 Abfahrten und 15 km Langlaufloipen. In der Skisaison von Dezember bis März kann man, abgesehen vom Wintersport, nicht viel unternehmen. Zusammenhängende Orte gibt es bis auf das Dörfchen Filettino nicht, sodass für die Abende nur das Restaurant oder die Bar zur Unterhaltung bleiben. Im Sommer lockt die grandiose Landschaft mit den hohen Berggipfeln und den einsamen Tälern Wanderer, die Natur und Einsamkeit suchen.

● *Übernachten* Die Hotels in Filettino sind sehr bescheiden: Ganzjährig geöffnet sind: **Hotel Fei,** Via IV Novembre 47, ☎/✆ 0775.581900. 2 Sterne, 14 Zimmer, Restaurant. DZ 50–65 €.
**Hotel Monte Viglio,** Via Panoramica 18, ☎ 0775.581814, ✆ 0775.581240. Restaurant. DZ 50–90 €, Voll- und Halbpension möglich.

● *Wintersportangebote* 8 Liftanlagen, 16 Abfahrtspisten; Skischule 0775.58962; Informationen zum Wintersport ☎/✆ 0775.581923.

▶ **Collepardo:** Auf der Strecke von Fiuggi in Richtung Alatri zweigt nach etwa 15 km links eine **Panoramastraße** nach Collepardo und zum Kloster von Trisulti ab. Der Weg führt durch Wälder kurvenreich den Berg hinauf. Das mittelalterliche Dörfchen Collepardo (928 Einwohner) wurde wahrscheinlich von Überlebenden aus Alatri nach der Plünderung durch den Ostgotenkönig Totila im Jahr 543 n. Chr. gegründet. Es ragt auf dem schmalen Vorsprung eines Hügels in das Tal hinein. Von hier aus hat man eine sehr schöne Fernsicht. Bei einem Spaziergang durch die gepflegten, engen Gassen stößt man auf Reste der mittelalterlichen Stadtmauer und auf die Burgruine der Colonna. Kurz nach dem Ortsausgang (an der Straße nach Trisulti) führt rechts eine schmale Straße etwa 2 km hinab ins Tal zu einer sehenswerten **Tropfsteinhöhle.** Die riesige grottenartige Öffnung im Berg wurde schon in der Bronzezeit als Bestattungsplatz genutzt. Heute ist die Höhle im Rahmen einer Führung zu besichtigen. Anders als in

Pastena (→ S. 820) gibt es hier kein weit verzweigtes System von Gängen, sondern nur eine große Halle, die von Stalagmiten und Stalaktiten in verschiedene Sektionen aufgeteilt wird. Ein 20 m langer Nebensaal ist nicht zu besichtigen, doch man kann während des Rundgangs hineinsehen. Die Tropfsteine haben unterschiedlichste Formen und Farben, die sogenannten Spaghetti-Stalaktiten hängen klein und dünn von der Höhlendecke und schimmern weiß, gelb und braun. Andere sind bis zu 24 m lang und haben bizarre Formen, in denen man mit etwas Fantasie Details von Menschen und Tieren entdecken kann.

● *Öffnungszeiten* **Grotte di Collepardo**: März–Okt. 9.30–19 Uhr, Nov.–Feb. 10.30–16 Uhr. Wenn die Nachfrage außerhalb der Hauptsaison nicht groß ist, bleibt die Höhle auch mal geschlossen, man sollte dann sicherheitshalber vorher anrufen (s. u.).
● *Eintritt* 5 €, für Kinder unter 5 Jahren frei, für Kinder von 5–12 Jahren und für Gruppen ab 20 Pers. nach Anmeldung 4 €. Die **Führung** dauert etwa 25 Min. Beachten Sie, dass in der Grotte das ganze Jahr über gleichbleibend eine Temperatur von 12 Grad bei 97–100 % Luftfeuchtigkeit herrscht.
● *Informationen* ✆ 0775.47065, www.collepardo.it.

Durch das einsame Tal mit dem rauschenden Bach führen **Wanderwege** entlang der steil aufragenden Felsen.

▸ **Abtei von Trisulti**: Von Collepardo windet sich die Straße langsam höher den Berg hinauf, durch sattgrüne Wälder, und immer wieder bieten sich reizvolle Ausblicke. Schließlich erreicht man auf 825 m Höhe am Hang des Berges *Rotonaria* den großen, langgestreckten Komplex der Abtei von Trisulti.

**Gegründet** wurde das Kloster vom heiligen Domenicus, dem bedeutenden Reformer des Benediktinerordens. Um das Jahr 1000 ließ er an diesem abgeschiedenen Ort in den Ernici-Bergen eine erste Klosteranlage bauen. Reste davon sind noch in der Nähe der heutigen Abtei zu finden. Hierher zog sich der Graf von Segni, der von seinem Onkel Papst Clemens III. (1181–87) zum Kardinal ernannt worden war, besonders gerne zurück. Hier schrieb er auch ein viel beachtetes Buch über die *Verachtung der Welt*. Im Alter von 37 Jahren wählten ihn die Kardinäle am 8. Januar 1198 zum Papst und er wurde unter dem Namen **Innozenz III.** eines der bedeutendsten und einflussreichsten Kirchenoberhäupter des Mittelalters. Auf seine Anordnung übergaben die Benediktiner im Jahr 1204 die Abtei mit allen Gütern dem Karthäuserorden. Die Mönche ließen in der Nähe an einem weniger von Steinschlag gefährdeten Platz eine der damals schönsten Kirchen Latiums und eine komplett neue Klosteranlage bauen, die den gewandelten Vorstellungen des Klosterlebens entsprach. Am 17. Juli 1211 weihte Innozenz III. persönlich die Kirche dem heiligen Bartholomäus. Sich selbst ließ er als Zeichen seiner Verbundenheit mit dem Kloster einen **Palast** im Stil der damals bevorzugten Zisterziensergotik errichten. Die nahezu unverfälscht erhaltene Residenz wurde 1958 behutsam restauriert. Seit 1947 untersteht das Kloster den Zisterziensern von Casamari. Leider hat man das ursprüngliche Aussehen der Gebäude im Laufe der Jahrhunderte durch unzählige Erweiterungsbauten und Umgestaltungen stark verändert. Das Kircheninnere wurde mit barocken Dekorationen im 18. Jh. grundlegend umgestaltet.

**Rundgang**: Direkt an der Straße liegt das Eingangsgebäude mit einem Laden, der neben Informationsmaterial und Souvenirs auch Klostererzeugnisse, darunter die bekannten Kräuterliköre und Honig, anbietet.

Hinter der Mauer links vom Weg empfängt ein gepflegter, parkähnlicher **Klostergarten** den Besucher mit heiterer Beschaulichkeit. Fast biedermeierlich wirken die romantischen Winkel und Treppchen, die Beete und kunstvoll geschnittenen Buchsbäumchen. Dort befindet sich auch der Eingang zum **Museum** mit zwei Bibliothekszimmern und einer musealen **Apotheke**, die im Originalzustand des 18. Jh. erhalten ist. Die Räume mit den Bücherschränken sind kunstvoll mit Wandfresken gestaltet: Man sieht einen Mönch in Lebensgröße, der durch eine Tür zu treten scheint, romantische Landschaften mit Tieren, Putten; des Weiteren Menschen, die teilweise humorvoll karikiert werden, schön zu sehen am Beispiel der beiden Bürger im Gespräch, der eine mit Buckel, der andere mit Kugelbauch. Vom Flur betritt man links den Apothekenraum, der komplett mit Wandschränken ausgestattet ist, in denen fein bemalte Glasgefäße stehen. Decke und Tresen sind mit qualitätvollen Grotesken bemalt.

Durch den Garten auf den Weg zurückgekehrt, führt eine Rampe hinab zum **Vorhof der Kirche** mit Brunnen und Sonnenuhr. Der dreiseitig umbaute Platz öffnet sich mit herrlichem Blick zum Tal. Das Innere der Kirche **San Bartolomeo** ist durch einen Lettner in zwei Teile getrennt. Links und rechts des Durchgangs zum Altarraum stehen zwei Glassärge mit den Reliquien von Märtyrern. Ihre Gesichter sind aus Wachs nachgebildet, durch den netzartigen Stoff ihrer Kleidung erkennt man Gebeine. Bemerkenswert ist das reich geschnitzte Chorgestühl des Altarraums.

● *Öffnungszeiten* **Kloster mit Kirche und Apothekenmuseum**, im Winter 9.30–12 und 15–17.30 Uhr, im Frühjahr 9.30–12 und 15.30–18 Uhr, im Sommer 9.30–12 und 16–18.30 Uhr. Geschlossen ist an Ostern, am 15. Aug. und an Feiertagen vormittags. Eintritt frei. Fotos und allgemeine Informationen unter www.casamari.it.

Vom Kloster aus lassen sich schöne **Wanderungen** durch die Eichenwälder der Umgebung unternehmen. Wanderwege sind ausgewiesen. In der Nähe befindet sich auch das **Santuario della Madonna delle Cese**, der Weg dahin ist ausgeschildert. In eine bogenförmige Felsnische schmiegen sich eine kleine Kapelle und ein Wohnhaus. Im Mittelalter soll hier ein Eremit gelebt haben.

# Alatri

**Auf einem Bergkegel inmitten von Olivenhainen liegt das mittelalterliche Alatri dicht gedrängt innerhalb der Stadtmauern aus vorrömischer Zeit. Im Zentrum wird das Plateau der antiken Akropolis von einzigartigen, gigantischen Zyklopenmauern umfasst.**

Ferdinand Gregorovius notierte, überwältigt beim Anblick der Mauern, seinen ersten Eindruck: *„Ein erstaunliches Denkmal jener Kulturepoche, ohnegleichen unter allen Städten Latiums, sodass ein so wunderbares, ägyptischen Bauten völlig zu vergleichendes Werk gesehen zu haben, eine tagelange mühevolle Reise belohnt."*

Der Ausblick von der Akropolis über die hügelige Landschaft mit verstreut liegenden Dörfern gehört zu den großartigsten in ganz Latium. Unter sich hat man das Gewirr der mittelalterlichen Häuser mit den roten Ziegeldächern und den Gässchen, die von den Stadttoren auf die Akropolis zuführen. Die Altstadt hat noch immer die Ausmaße des antiken *Alatriums*.

Rund um die Stadt herum führen **Spazierwege** durch die Olivengärten und Felder zu abgelegenen Kapellen.

● *Information* Via Battisti, ✆/📠 0775.435318, www.comune.alatri.fr.it. ● *Verbindungen* Von Frosinone über die SS 214 in Richtung Sora bis zur Abzweigung nach Alatri (SS 155).

Busverbindungen nach Frosinone (13 km entfernt).

● *Übernachten* **Agriturismo Il Girasole**, Via Basciano 5, ☎ 0775.409133, www.ilgirasole agriturismo.it. Der Betrieb produziert hauptsächlich Milch, Käse, Fleisch, Oliven, Wein und Obst. Für Gäste stehen 3 schlichte DZ und ein Appartement (für maximal 6 Pers.), jeweils mit eigenem Bad, ein Gemeinschaftsraum mit Kamin und ein großer Garten mit Sitzgelegenheiten sowie Kinderspielplatz zur Verfügung. Es gibt auch ein Restaurant mit gut gemachter bodenständiger Küche, im Sommer wird draußen auf der Veranda serviert (nur Do bis So nach Reservierung geöffnet, Tagesmenü mit Wein zum Festpreis von 20 €). DZ mit Frühstück 50–65 €, Appartement 70–120 €.

● *Essen* **La Rosetta**, Via Duomo 39, ☎ 0775.434568. Di geschlossen. In dem gepflegten Familienbetrieb gibt es typische Gerichte aus der Ciociaria, Spezialität des Hauses ist die Gemüsesuppe (zuppa di verdure), stets zu empfehlen ist das aktuelle Tagesmenü. Menüpreis um 25 €.

Zum Restaurant gehört auch noch die Pizzeria **Da Massimo La Rosetta**, Via Duomo 31, ☎ 0775.434642. Di Ruhetag, sonst nur abends geöffnet. Hier gibt es die neapolitanische und damit die authentische Variante der Pizza mit dickem Teig und weichem Rand. Es heißt, die Pizza sei hier so gut, dass man meinen könnte, man wäre in Neapel. Ein größeres Lob gibt es für „die wahren Pizza-Kenner" nicht.

**Ristorante Pizzeria La Conca**, Via Roma 7, ☎ 0775.434650. Ein sehr großes Lokal mit mehreren Gasträumen und bodenständigen, gut zubereiteten Gerichten. Die Portionen sind außergewöhnlich groß. Der mäßige Hauswein wird in Flaschen serviert. Pizza gibt es nur abends. Menü um 16 €.

● *Markt* Jeden Fr auf der zentralen Pzza. S. Maria Maggiore.

● *Einkaufen* Das Olivenöl aus der Gegend kaufen Sie am besten direkt beim Erzeuger **Frantoio Americo Quattrociocchi**, Via Mole S. Maria 11, ☎ 0775.435392, www.olioquattro ciocchi.it. So geschlossen.

Gute Wurstwaren und Schinken bekommen Sie bei **Alberto e Iolo Stripe**, Via Mole Bisleti 68, ☎ 0775.409349.

## Geschichte/Sehenswertes

Man nimmt an, dass Alatri im 7. Jh. v. Chr. von den *Hernikern* gegründet wurde und sich dann zu einer ihrer Hauptstädte entwickelte. Bis zum 4. Jh. v. Chr. errichteten sie die soliden **zyklopischen Stadtmauern** sowie die **Ringmauern um die Akropolis**, die noch vollständig erhalten sind. Die Türme und Befestigungsanlagen der Stadtmauer sind eine Zutat des Mittelalters.

Als die Römer ihren Machtbereich in diese Region ausweiteten, ging Alatri 484 v. Chr. eine freiwillige Allianz mit Rom ein und wurde später ein römisches Munizipium. Seit dem 4. Jh. ist Alatri **Bischofssitz**, und schon bevor das Klosterleben vom heiligen Benedikt erstmals in Regeln gefasst wurde, fand hier zu Beginn des 6. Jh. eine erste christliche Brüderschaft zusammen. Verheerend war die Plünderung unter Totila, dem König der Ostgoten, im Jahr 543. Einige Überlebende Alatris gründeten in der Nähe das Örtchen Collepardo (→ S. 810), andere bauten die Stadt wieder auf und erweiterten die Befestigungen. Belagerungen durch Langobarden und Sarazenen folgten, bis Alatri im 13. Jh. seine Blüte erlebte. Aus dieser Zeit des Wohlstands sind heute noch bemerkenswerte Bauten erhalten. Im Zuge einer Verwaltungsreform teilte man die Stadt im Mittelalter nach antik römischem Vorbild in neun Bezirke *(Rioni)* ein, auch sie haben bis in die Gegenwart Bestand. In den Machtkämpfen mit den Kaisern hielt sich Alatri immer treu an der Seite des Papstes und geriet später, wie die meisten Orte des Kirchenstaates, unter die Herrschaft verschiedener Adelsfamilien.

An der zentralen Piazza **Santa Maria Maggiore** steht die gleichnamige Kirche, deren Ursprünge bis auf das 5. Jh. zurückreichen. Die spätere romanische Kirche wurde im 13. Jh. so umgestaltet, wie sie sich noch heute darstellt, mit klar gegliederter Fassade, Rosettenfenster über dem Hauptportal und schlankem Turm.

Der Süden von Latium Karte S. 757

Das Innere ist karg, die Seitenschiffe werden im Wechsel von massiven Säulen und Pilastern vom Hauptschiff getrennt. Sehenswert ist die Holzskulptur der Madonna von Konstantinopel, ein Meisterwerk der Romanik aus dem 13. Jh., umgeben von Halbreliefs im byzantinischen Stil, die Szenen aus dem Leben von Maria und Jesus zum Thema haben. Zu den Kirchenschätzen gehört auch das Taufbecken (13. Jh.) und ein Triptychon (15. Jh.).

Auf dem Platz steht die **Fontana Pius** von 1870, die Papst Pius IX. zum Dank dafür gewidmet wurde, dass er den Bau eines neuen Wasserleitungssystems für die Stadt gefördert hatte. Das große Gebäude gegenüber, mit der schlichten Fassade und der großen Sonnenuhr, ist der **Palazzo Conti Gentili**, der vielfach umgebaut wurde und von 1729 bis 1971 ein Heim für bedürftige Kinder mit angeschlossener Schule beherbergte. Heute befinden sich hier die Bibliothek und das Stadtarchiv mit einer großen Sammlung mittelalterlicher Handschriften.

Über die Via Matteotti mit einigen mittelalterlichen Bürgerhäusern kommt man an der Verzweigung der Hauptstraße Corso Vittorio Emanuele II. und dem Corso Cavour zum massiven mittelalterlichen **Palazzo Gottifredo**. Das gotische Gebäude, das von der Akropolis aus betrachtet wegen seiner herausragenden Größe sofort auffällt, wurde im 13. Jh. für den Kardinalsdiakon und reichen Feudalherrn von Alatri, Gottifredo Raynaldi, erbaut. Heute zeigt hier das städtische **Museum** etruskische und römische Funde sowie einige mittelalterliche Kunstwerke.

*Öffnungszeiten/Eintritt* **Museo Civico**, Mo geschlossen, sonst 9–13 und 15–19 Uhr. Eintritt 2 €, Personen unter 15 und über 60 Jahre haben freien Eintritt. ✆ 0775.434544.

Wichtigste Sehenswürdigkeit Alatris ist der perfekt erhaltene, massive **Mauerring** um die **Akropolis**. Noch bis ins Mittelalter fand die Bevölkerung hier Schutz und konnte der Belagerung durch die Truppen Heinrichs VI., des Sohnes von Barbarossa, widerstehen. Beeindruckend ist die Größe der gigantischen Steinblöcke, die in vorrömischer Zeit passgenau behauen und ohne Mörtel zu einer vollkommen glatten Wand zusammengefügt wurden. **Zwei Tore** in der Mauer führen auf das trapezförmige Plateau der Akropolis. Das größere ist die **Porta Maggiore**, es befindet sich im Stadtteil S. Lucia *(Rione 7)*, von der Hauptstraße Corso Vittorio Emanuele II. kommend auf der südlichen Rückseite der Akropolis. Der Torsturz besteht aus einem einzigen, 3,50 m langen Monolith. Rechts davon an der Ecke sind die Mauern am höchsten. Schmaler als die Porta Maggiore ist die **Porta Minore** auf der gegenüberliegenden Seite der Akropolis, oberhalb der Via del Duomo. Sie ist tiefer als die Porta Maggiore und bildet einen Gang aus riesigen Steinblöcken. Die **Akropolis** selbst hat eine Fläche von 19.000 m². Auf den Fundamenten des antiken Haupttempels errichtete man im frühen Mittelalter die **Kathedrale von San Paolo** mit dem **Bischofspalast**. Was man heute sieht, ist das Ergebnis der vollständigen barocken Umgestaltung im 18. Jh., erhalten sind im Inneren nur noch Reste der qualitätvollen Cosmatenarbeiten aus dem Jahr 1222. Links vom Hauptaltar steht die prachtvolle Silberstatue des Stadtheiligen Sixtus, die auf einem Thronsessel mit Baldachin am Mittwoch nach Ostern in einer festlichen Prozession durch die Stadt getragen wird. In einer rechten Seitenkapelle werden Reliquien eines Eucharistiewunders verwahrt, das sich im Jahr 1227 und noch einmal im darauf folgenden Jahr ereignet haben soll.

Um die Kathedrale und den Bischofspalast herum ist ein Park mit Picknickplatz angelegt. Allein wegen des herrlichen Blicks lohnt hier eine Rast.

*Mit Sorgfalt restauriert: der Ortskern von Veroli*

# Veroli

**Die kleine Stadt liegt landschaftlich schön auf einem Gipfel der Ernici-Berge mit großartigem Panorama. Das gepflegte Zentrum hat ein überwiegend mittelalterliches Erscheinungsbild und ist auf jeden Fall einen Besuch wert.**

Die Stadt ist sehr alt und wurde wohl von den *Hernikern* an strategisch günstiger Stelle gegründet. Schon früh verbündeten sich die Bewohner mit Rom. Zum Dank für diese Loyalität konnten sie sich auch später unter römischer Herrschaft einen gewissen Grad an Autonomie bewahren. Aus der Antike sind heute einige Mauerreste erhalten, die jedoch im Mittelalter vielfach verändert wurden. Eine erste christliche Gemeinschaft bestand hier schon im 4. Jh., seit 743 ist Veroli **Bischofssitz**. Während der Sarazeneneinfälle im 9. Jh. fiel Veroli aufgrund seiner Lage an einer wichtigen Verbindungsstraße eine bedeutende militärische Rolle zu. In den Auseinandersetzungen zwischen Kaiser und Papst während des Mittelalters stand Veroli stets auf der Seite der Kirche. Im 16. Jh. besiegten die mit den Fürsten Colonna verbündeten spanischen Truppen die Armee Papst Pauls III. und besetzten die Stadt.

● *Information*    Pzza. V. Veneto, ✆ 0775. 230072, www.comune.veroli.fr.it.

● *Verbindungen*    Von Frosinone über die SS 214 in Richtung Sora bis zur Abzweigung links nach Veroli.

● *Parken*    Leider wird das schöne Stadtbild durch das Parkhaus am Hang rechts neben dem Stadttor beeinträchtigt. Immerhin hält es einen Teil der Fahrzeuge aus dem Zentrum fern. Geöffnet von 8–20 Uhr, 1 € pro Stunde.

● *Übernachten*    Im mittelalterlichen Zentrum liegt das stilvolle **Hotel Antico Palazzo Filonardi,** Pzza. dei Franconi 1, ✆ 0775.235296, 🖷 0775.235079, www.palazzofilonardi.it. Es ist ein ehemaliges Kloster aus dem ausgehenden 17. Jh. Von der Terrasse dieses sehr schönen Hauses hat man einen wunderbaren Blick auf die Hügellandschaft. Gehobenes Restaurant (im Sommer auch Plätze draußen; Tagesmenü ohne Wein zum Festpreis von ca. 25 €) und Parkmöglichkeiten

sind vorhanden. 3 Sterne, 31 Zimmer. DZ mit Frühstück 85–105 €.
Empfehlenswert ist auch das **Agriturismo La Muliera** in der Nähe von Veroli, Loc. Santa Maria, Via Santa Maria 156, ☏ 0775.863037.

Das dazu gehörende Restaurant bietet sehr gut zubereitete, bodenständige Küche (Tagesmenü mit Wein um 25 €). Auf Wunsch werden Besichtigungen und Trekking-Touren organisiert. DZ ca. 55 € inkl. Frühstück.

## Sehenswertes/Rundgang

Das historische Zentrum besteht aus drei Teilen. Gleich links nach dem Stadttor führt die ansteigende **Treppengasse**, gepflastert mit weißen Kieselsteinen und einem roten Ziegelband in der Mitte, in das obere **Viertel von San Leucio**. Die Häuser haben mittelalterliche Strukturen und immer wieder gibt es stimmungsvolle Durchgänge. Etwa auf halber Höhe erreicht man das romanische Kirchlein **Sant'Erasmo**, das im 16. und 18. Jh. stark überarbeitet wurde. Original sind die dreibogige Vorhalle, die Apsis und der Glockenturm. Die Kirche gehörte zu einem alten Klosterkomplex, der möglicherweise sogar vom heiligen Benedikt persönlich gegründet wurde, denn Benedikt legte auf seinem Weg von Subiaco nach Cassino in Veroli Station ein. In der Kirche hängt ein Gemälde, das Kaiser Barbarossa und Papst Alexander zeigt, die sich 1170 in Veroli trafen und in dieser Kirche Friedensverhandlungen führten. Auf dem höchsten Punkt des Stadtviertels steht die kleine Kirche **San Leucio** (11. Jh.), dahinter sieht man die Ruinen der **Festung**.

Wieder hinab, erreicht man auf der anderen Seite der Hauptstraße, rechts vom Stadttor, den mittleren Teil der Altstadt mit Dom und großen Wohnhäusern adliger Familien.

Der **Dom Sant'Andrea** wurde im 11. Jh. über einem Tempel des antiken Forums erbaut. Durch die vollständige barocke Umgestaltung unter Bischof De Zaulis im Jahr 1706, worauf die Inschrift in der Fassade hinweist, ist heute von dem ursprünglichen Bau nur noch der romanische Glockenturm erhalten. In der zentralen Apsis sieht man ein prachtvolles Chorgestühl von 1624. Im rechten Seitenschiff liegt der Eingang zur Schatzkammer mit kostbaren liturgischen Gegenständen, darunter ein großes Silberkreuz von 1291 mit einer Kreuzreliquie (ein Holzspan des Kreuzes, an das Christus geschlagen wurde).

*Öffnungszeiten* **Schatzkammer**: Nur geöffnet auf Anfrage; bitten Sie jemanden aus der Sakristei, Ihnen zu öffnen, oder fragen Sie beim Pfarramt an. ☏ 0775.237020.

Hinter dem Dom gelangt man zur **Kirche Santa Salome**, die im 13. Jh. gebaut, nach dem Erdbeben von 1350 rekonstruiert und im 18. Jh. barock überarbeitet wurde. Im oberen Teil der Basilika führen nach dem Vorbild der Scala Santa in Rom (→ S. 463) 12 Marmorstufen zu einem Altar hinauf. In der 11. Stufe ist eine Kreuzreliquie eingelassen.

Nahe des Doms, in der Hauptstraße Via Vittorio Emanuele II., können Sie bei Hausnummer 17 durch das Tor der mittelalterlichen **Casa Reali** in den Hof mit Ziehbrunnen sehen. In die Wand eingelassen sind die wieder zusammengesetzten Fragmente des römischen Kalenders **Fasti Verulani** aus dem 1. Jh., die man hier 1922 fand. Der Kalender zeigt nur die ersten drei Monate des Jahres, eingeteilt in die günstigen Tage *(fasti)* und die zur Einberufung des Rates tauglichen Tage.

Sehenswert ist auch die **Biblioteca Giovardiana** von 1773 mit 18.000 Büchern, wertvollen Manuskripten ab dem 12. Jh. und einer Sammlung von Zeichnungen und Stichen ab dem 15. Jh.

*Öffnungszeiten* Zu besichtigen auf Anfrage, ☏ 0775.238254, ✆ 0775.230914.

Stimmungsvoll ist auch der untere **Stadtteil Santa Croce** am Hang mit seinen charakteristischen Treppengassen.

## Abtei von Casamari

Die berühmte Abtei liegt nur einige Kilometer von Veroli entfernt an der Straße von Frosinone nach Sora. Das Zisterzienserkloster gilt als **Musterbeispiel gotischer Architektur** und gehört zu den wichtigsten Klöstern Latiums.

Hinter der Mauer, die das Gelände mit Kirche, Kreuzgängen, Kloster, Nebengebäuden und Gärten umschließt, scheinen die letzten Jahrhunderte spurlos vorübergegangen zu sein.

• *Verbindungen* Von Frosinone über die SS 214 in Richtung Sora, die Zufahrt zur Abtei ist gut ausgeschildert.

• *Übernachten/Essen* Von Frosinone kommend zweigt vor Casamari rechts eine Straße in das 420 m hoch gelegene **Monte San Giovanni Campano** ab. Im Schatten eines Kastells liegt wunderschön und sehr ruhig das schlichte, kleine **Hotel Albergo L'Orione**, Via Corte 5, ✆ 0775.288677, www. lorione.it. Die Ausstattung ist zwar eher schlicht, doch dafür geht es familiär zu. Das Restaurant bietet typische Gerichte der Region (Di geschlossen). 2 Sterne, 11 Zimmer. DZ mit Frühstück ca. 70–95 €.

**Agriturismo Colle Spinoso**, Via Scimitelli 431 (in der Nähe der Abtei von Casamari), ✆ 368.471859. Restaurant mit bodenständiger, guter Küche von Fr–So geöffnet, Ta-

*Reine Zisterzienser-Gotik: die Abtei von Casamari*

gesmenü mit Wein zum Festpreise von ca. 22 €. 3 DZ. DZ mit Frühstück um 50 €.

• *Einkaufen* Ebenfalls in Monte San Giovanni Campano kann man bei der Genossenschaft **La Ciera dei Colli** Olivenöl von vorzüglicher Qualität kaufen. Via Santa Filomena 74, ✆ 0775.866295.

Im Jahr 1005 gründeten vier Priester des Benediktinerordens hier das erste Kloster auf den Ruinen eines größeren antiken Komplexes. Nach schwer durchschaubaren Wirren mit Machtkämpfen der ständig wechselnden Äbte übernahmen etwa 150 Jahre später auf Anordnung von Papst Innozenz II. die Zisterzienser die Abtei, in deren Besitz sie sich bis heute befindet. In fünf Jahrzehnten erbauten sie mühevoll die bis heute unveränderte, schlichte Kirche nach dem Vorbild der Abtei von Fossanova (→ „Terracina/Abtei von Fossanova", S. 773). Papst Honorius III. weihte sie im Jahr 1217. Mehrfach wurde das Kloster belagert, geplündert und beschädigt. Im Jahr 1623 überlebten nur acht Mönche ein Massaker. Doch bis auf die kurze Phase der französischen Besatzung von 1811–14 findet hier seit dem 13. Jh. kontinuierlich ein Klosterleben statt. Seit 1930 wirken die Zisterziensermönche auch als Missionare in Äthiopien, den USA und Südamerika. Insgesamt gehören 16 Klöster mit insgesamt 200 Mönchen zur Ordensgemeinschaft von Casamari.

• *Rundgang* Die Klosteranlage betreten Sie links von der Straße durch ein **Torhaus**. Dort führt die Tür links zu einem kleinen

**Laden**, in dem neben Klostererzeugnissen, u. a. ein nach alten überlieferten Rezepten hergestellter Kräuterlikör, Informationsmaterial über den Zisterzienserorden und die üblichen Andenken verkauft werden.

Vom Torhaus gelangen Sie zunächst auf den **Vorhof der Kirche**. Sie sehen die Fassade mit strengen architektonischen Formen. Eine flache Freitreppe führt zu einem vorgezogenen, dreibogigen Atrium hinauf. Dort ein gestuftes Bogenfeld gegliederte **Haupteingang** wird durch eine alte Nussbaumtür verschlossen.

Links des Haupteingangs befindet sich hinter einer Mauer der kleine **Klosterfriedhof**. Folgen Sie vom Vorhof aus dem Asphaltweg nach rechts, so kommen Sie zum mächtigen Klostergebäude. Ein Torbogen mit schönem Kreuzgewölbe führt zum sorgfältig gepflegten **Garten**. Er bildet einen reizvollen, bunten Farbfleck innerhalb der hellen Sandsteinmauern. Im Durchgang links zum **Kreuzgang** können Sie die alte, noch immer betriebene **Apotheke** bewundern (geöffnet 8.30–13 und 16–19.30 Uhr). Sie wurde 1761 gegründet.

Der Kreuzgang ist der stillste Ort der Anlage. Die Formen und die warmen Farben des Steins ergänzen sich harmonisch. Beachtenswert sind die zweibogigen Öffnungen zum Innenhof mit ganz unterschiedlich gestalteten, schlanken Säulenpaaren. Gegenüber vom Eingang sehen Sie ein interessantes kleines Detail: In die Kapitelle eines Säulenpaares sind drei Köpfe eingemeißelt. Es soll sich um Porträts von Kaiser Friedrich II., dem erbitterten Gegner des Papstes, seiner Frau Konstanze von Aragon und des Abts von Casamari handeln.

Um in die **Kirche** zu gelangen, können Sie entweder zum Vorhof zurückkehren oder den Nebeneingang im Kreuzgang benutzen. Der **Innenraum** in reiner Zisterzienser-Gotik ist von würdevoller Schlichtheit. Einziger Schmuck sind die schlanken Bündelpfeiler. Der gelblich-goldene Stein strahlt in einheitlich warmem Farbton, der durch die dünnen, bräunlich geäderten Alabasterscheiben der Fenster noch intensiviert wird. Die Wände der Basilika sind vollkommen schmucklos. Nichts lenkt den Besucher von der besinnlichen Atmosphäre ab. Der Altar steht nicht prunkvoll im Zentrum, sondern eher bescheiden im Hintergrund der Apsis des Mittelschiffes.

● *Öffnungszeiten* **Abtei**, 9–12 und 15–18 Uhr. Eintritt frei, eine Spende wird am Ende der Besichtigung erwartet. ✆ 0775.282371, www.casamari.it.

▶ **Sora:** Folgen Sie von Casamari der Hauptstraße (SS 214) noch ein Stück weiter, dann erreichen Sie nach etwa 16 km Sora, die zweitgrößte Stadt der Provinz Frosinone, in einer Ebene am Flüsschen Liri gelegen. Die Stadt der *Volsker* wurde schon in der Antike von den Römern zerstört. Dieses Schicksal wiederholte sich danach noch mehrere Male: Sora wurde geplündert und heimgesucht durch die Langobarden, die Sarazenen, die Normannen, die Soldaten Kaiser Friedrichs II. sowie rivalisierende Adelsfamilien, Banditen und Revolutionäre. Die letzte fast vollständige Verwüstung brachte das Erdbeben von 1915. Danach hat sich die Stadt zu einem modernen Industrie- und Handelszentrum entwickelt (Papier, Textilien, Möbel). Aus der Vergangenheit haben nur ein paar Reste der Burg überdauert und der schlichte romanische Dom aus dem 13. Jh., der durch das Erdbeben von seinem barocken Zierrat befreit wurde. Die hektische, laute Stadt ist heute eines der gesichtslosen, modernen Industriezentren Italiens und nicht unbedingt einen Besuch wert.

▶ **Arpino:** Zweigt man auf der Strecke von Casamari nach Sora kurz nach dem Ortsausgang von Isola del Liri rechts auf ein kurvenreiches Sträßchen ab, erreicht man auf einem langgezogenen Bergrücken, von dem sich herrliche **Ausblicke** bieten, das Städtchen Arpino. Der Ort, in dem Cicero geboren wurde, ist allein schon wegen seiner Lage einen Besuch wert. Die spärlichen Reste der **Villa Ciceros** kann man außerhalb der Stadt besichtigen; der Weg dorthin ist beschildert.

● *Information* Pzza. Municipio, ✆ 0776.848535.

● *Verbindungen* Über die Landstraße von Frosinone nach Isola del Liri; von dort aus Richtung Arpino. **Busverbindungen** nach Frosinone, Isola del Liri, Sora.

● *Übernachten* **Hotel Belsito**, Via Caio Mario 20B, ✆ 0776.848272. Kleines, bescheidenes, aber gepflegtes Hotel mit Restaurant/Bar, Garten und grandiosem Ausblick. 2 Sterne, 12 Zimmer. DZ ohne Frühstück ca. 33 €.

● *Essen* **Hosteria Il Cavaliere d'Arpino**, Via
V. Colonna 2, ✆ 0776.849348. Fr Ruhetag.
**Il Ciclope**, Via San Francesco 23, ✆ 0776.
848809. Mi Ruhetag.
In **Isola del Liri** (etwa auf halber Strecke zwischen Casamari und Sora, wo die Straße
nach Arpino abzweigt) gibt es eine besonders empfehlenswerte Adresse: Ristorante
**Ratafià**, Vicolo Calderone 8, ✆ 0776.808033.
Mo geschlossen. Es bietet eine vom Angebot der Jahreszeit abhängige, regional ge-
prägte, kreativ abgewandelte Küche. Zu den
Spezialitäten des Hauses gehören neben
den wunderbaren Nudelgerichten auch die
Gnocchi. Bei den Secondi sind z. B. die Bein-
scheiben vom Kalb (stinco di vitello) und
die Rinder- oder Lammstreifen (tagliata di
manzo, di agnello) besonders empfehlenswert. Das Brot, die Nudeln und die Kuchen
sind hausgemacht und hervorragend. Die
Weinauswahl ist zwar nicht sehr groß, aber
mit Bedacht zusammengestellt. Im Sommer sitzt man sehr schön draußen, drinnen
kann es etwas eng werden. Menü um 35 €.

Der geschichtliche **Ursprung** von Arpino geht wohl auf eine Siedlung der *Volsker*
zurück. Der Legende nach wurde der Ort von dem Gott Saturn gegründet. Darauf und auf den historisch belegten Umstand, dass der berühmte Redner und
Schriftsteller **Marcus Tullius Cicero** (106–43 v. Chr.) sowie der erfolgreiche Heerführer **Gaius Marius** (156–86 v. Chr.) hier geboren wurden, sind die Einwohner
bis heute besonders stolz. Den großen Söhnen der Stadt zu Ehren stehen Denkmäler auf der zentralen Piazza del Municipio.

Wenn Sie von der Piazza aus der Via del Colle (eine steile, enge Gasse) immer
weiter den Hang hinauf folgen (in Richtung der Kirche Sant'Andrea), entlang der
Klostermauer und vorbei an der Kirche (ab der Kirche heißt die Gasse Via Satur-
nia), dann erreichen Sie den Ortsausgang. An der Außenfassade des vorletzten
**Stadttores** drückt sich der Stolz der Stadt in einer lateinischen Inschrift aus, sie
bedeutet:

> „Tritt ein, Reisender, in Arpino. Saturn hat es gegründet, es war die Stadt der
> Volsker, Munizipium Roms, Vaterstadt des Fürsten der Beredsamkeit Marcus
> Tullius Cicero und des Gaius Marius, der siebenmal Konsul war. Von hier zog
> er, ein triumphierender Adler, zum Imperium hin und unterwarf den URBS den
> ganzen Erdkreis. Erkenne seine Würde und sei glücklich."

Im barocken Kirchlein **San Michele** auf der Piazza del Municipio befinden sich
hinter dem Hochaltar Reste antiker Fresken. Einen großartigen Ausblick auf
die hohen Berge rechts und das Tal mit den Olivenhainen haben Sie von der
**Flanierpromenade** aus, die am Steilhang entlang vom Ortseingang zur Altstadt führt.

Auf der Hügelkuppe gegenüber der Altstadt, bei der kleinen Ansiedlung Civitavecchia (etwa 3 km entfernt, der Weg dahin ist beschildert), ist noch ein Teil der
**Zyklopenmauer** aus der Zeit der Volsker erhalten. Die Mauern sind hier bis zu
5 m hoch. Sehenswert ist ein Tor aus riesigen, übereinander aufgeschichteten
Monolithen, die oben, spitz gegeneinander gelehnt, einen Bogen bilden.

# Pastena

Südlich der Autobahn A 1 von Rom nach Neapel (Abfahrt „Ceprano") liegt das
kleine Örtchen Pastena, das wohl ebenfalls auf eine Gründung der *Volsker* zurückgeht. Einzige Sehenswürdigkeit des Dorfes ist das **Museum der bäuerlichen
Kultur und des Olivenbaums** im Untergeschoss des Rathauses. Die liebevoll gestaltete, kleine Ausstellung berichtet über das dörfliche Leben sowie die

**Der Süden von Latium**

Karte S. 757

Olivenernte und -verarbeitung. Der ganze Stolz des Heimatmuseums ist eine antike Ölpresse.

*Öffnungszeiten/Eintritt* **Museo della civiltà contadina e dell'ulivo**, im Winter 9–17 Uhr, im Sommer 9–20 Uhr. Eintritt 2 €.

Bekannt geworden ist Pastena durch das erst 1926 vollständig erforschte, fantastische **Höhlensystem** etwa 5 km außerhalb des Ortes. Anfang der 1980er Jahre legte man Wege an, beleuchtete die Grotten und erschloss sie für Besichtigungstouren. Die zahllosen Hinweisschilder *(„Grotte di Pastena")* an der Autobahn und selbst an der weit entfernten Küste sollen Touristen anlocken. Etwas überdimensioniert wirkt denn auch die Infrastruktur mit Parkplätzen, Läden, Erfrischungsständen und großflächiger Parkanlage rund um den Eingangsbereich. Zum Glück bleiben die Besucherzahlen derzeit noch hinter den offensichtlich hohen Erwartungen der Gemeinde zurück und man muss nicht lange warten, um sich einer der geführten Besuchergruppen anzuschließen. Möglicherweise wird sich das bald ändern, denn ein Besuch dieser „Unterwelt" ist wirklich empfehlenswert.

Die Höhlen liegen in einem weiten Tal, das von den Ausoni-Bergen umgeben ist. Sie bestehen aus einem höher gelegenen, fossilen Abschnitt und einer tieferen, wesentlich längeren Höhlenkette, durch die der Wassergraben Mastro *(„Fosso Mastro")* fließt. Wenn er nicht außergewöhnlich viel Wasser führt, sind von diesem Bereich 600 m begehbar. Früher suchten hier die Bewohner der Umgebung Schutz vor Naturkatastrophen und Kriegen. Im Zweiten Weltkrieg befand sich in einem Abschnitt das Hauptquartier des deutschen Generals Kesselring, der die Wehrmachttruppe bei Montecassino befehligte.

• *Besichtigung der Höhlen* Von der Eingangsgrotte, durch die der Fosso Mastro ans Tageslicht tritt, führt der Franchetti-Korridor mit unterschiedlich gefärbten Felsformationen zur **Höhle des blauen Sees**. Der Wasserspiegel schwankt je nach Jahreszeit, und wenn der Fosso Mastro im Winter besonders viel Wasser führt, entwickelt er sich zu einem reißenden Wasserfall. Die Wassertemperatur beträgt über das ganze Jahr konstant 11 Grad. Stalaktitensteine hängen von der Felsdecke. Es folgt der Stalaktitenflur, in dem überall Kristalle aus Calzit im Schein der Taschenlampe funkeln. Der schmale Gang öffnet sich ein wenig und man gelangt in den **Saal der Geheimnisse**. Schlamm, der sich mit Calzit vermischt hat, ist hier für die verschiedenen Farbschichten verantwortlich. Hinter der nächsten Biegung folgt die Nische der Erosion, an der Decke wahre Drapperien aus langsam gebildeten Karstformationen. Diese Fältelung soll Millionen von Jahre alt sein. Im sich anschließenden **Fledermaussaal** wachsen unzählige kleine Stalagmiten in die Höhe. Immer wieder hört man Fledermäuse fiepen. Durch ein enges Tor aus Tropfsteinen geht es weiter. Am Eingang zur **Galerie der Wunder** streben ein Stala-

gmit und ein Stalaktit seit einigen tausend Jahren direkt aufeinander zu, es fehlen nur noch gut 20 cm. Am Ende eines längeren, schmalen Korridors führt eine Treppe hinauf in den **Pfeilersaal** mit besonders schönen Farben in allen Erdtönen. In der sich anschließenden **Höhle des Kalvarienbergs** besteht der Hügel aus dem Kot der Fledermäuse, die hier früher in Scharen lebten. Darauf stehen einige Stalagmiten, von denen die drei in der Mitte an die Kreuze auf Golgatha erinnern, wenn auch die Querbalken fehlen. In den breiten Stalagmiten rechts kann man mit etwas Fantasie eine Gruppe von Personen erkennen, die sich den „Kreuzen" nähert.

• *Öffnungszeiten* März–Sept. 8–19 Uhr, Okt.–Feb. 8–17 Uhr. In den Höhlen herrscht gleichbleibend eine Temperatur von 15–16 Grad bei einer Luftfeuchtigkeit um 95 %. Die Führung auf dem etwa 1 km langen Weg dauert rund 45 Min. Fotografieren und Filmen ist verboten.

• *Eintritt* 8 €, Kinder unter 5 Jahren haben freien Eintritt, Kinder von 5–12 Jahren und Gruppen ab 20 Pers. 6 €.

• *Information* ℘ 0776.546322, www.grotte pastena.it.

# Cassino

**Die im letzten Krieg in schrecklichen Schlachten völlig zerstörte Stadt Cassino wurde modern und großzügig wieder aufgebaut.** Heute ist die Universitätsstadt eines der wichtigsten Industrie- und Handelszentren Süditaliens. **Vollständig rekonstruiert wurde die weltberühmte Abtei von Montecassino, die schon allein eine längere Anreise lohnt.**

Die Stadt Cassino liegt im Tal des Flüsschens *Rapido*, am Fuß des Bergkegels mit der berühmten Benediktinerabtei. Die modernen Wohnblocks reichen zwar inzwischen bis auf die Hänge der umliegenden Hügel, trotzdem ist die Landschaft mit den kargen Bergen noch immer reizvoll.

● *Information* Via G. Di Biasio 54, ✆ 0776.221292, 🖷 0776.25692.

● *Verbindungen* Autobahn A 1 von Rom in Richtung Neapel, Ausfahrt „Cassino".
**Busverbindungen** nach Frosinone.
**Zugverbindungen** nach Frosinone, Sora, Rom und Neapel. Bahnhof: Piazza Garibaldi, ✆ 0776.21107.

● *Übernachten* **Hotel Alba**, Via G. Di Biasio 53, ✆ 0776.21873, 🖷 0776.270000, www.alba hotel.it. Dieses etwas antiquiert wirkende, kleine Hotel befindet sich zentral am Fuß des Berges. Familiäre Atmosphäre, zweckmäßig ausgestattete Zimmer, Garage und ein Restaurant („Da Mario"). Einige Zimmer verfügen über einen Balkon. 3 Sterne, 35 Zimmer. DZ ca. 85 € inkl. Frühstück.
**Hotel Rocca**, Via Sferracavalli 105, ✆ 0776.311212, 🖷 0776.25427, www.hotelrocca.it. Das größere Hotel liegt gut 1 km vom Stadtrand entfernt an der Straße in Richtung des deutschen Soldatenfriedhofs. Wegen des starken Verkehrs und fehlender Gehwege ist die Innenstadt zu Fuß kaum erreichbar. Dafür bietet das Hotel aber einige Freizeitmöglichkeiten: Es gibt einen Tennisplatz, Fitnessraum und eine Sauna. Gleich nebenan ist ein großes Freibad *(Parco acquatico)* mit mehreren Becken und langer Rutsche; für Hotelgäste ist der Eintritt frei. Auch ein Restaurant und ein großer Parkplatz sind vorhanden. 3 Sterne, 70 helle, ordentliche Zimmer, z. T. mit Blick auf die Abtei von Montecassino hoch oben auf dem Berg. DZ mit Frühstück 80 €, Halbpension 60 € pro Pers. im DZ, Vollpension 70 €.

● *Etwas außerhalb* Von Frosinone kommend trifft man etwa 10 km vor Cassino, oberhalb der SS 82, auf den Ort **Piedimonte San Germano**. Empfehlenswert ist hier das **Hotel San Germano**, Via Calatafimi 5, ✆ 0776.404652, 🖷 0776.403319. Die Zimmer sind ordentlich. 3 Sterne. DZ inkl. Frühstück ca. 50–70 €.

Zum Hotel gehört das gleichnamige gute **Restaurant**, in dem traditionelle Küche geboten wird, gekonnt zubereitet aus den frischen Produkten der Umgebung. So abends und Mo mittags geschlossen. Menüpreis ca. 30 €.

● *Camping* **Terme Varroniane**, Via delle Terme 5, 🖷 0776.22144. Ganzjährig geöffnet, 20 ha, 140 Stellplätze. Schön gelegener Platz bei den Thermen am südlichen Stadtrand, gleich hinter dem Bahnhof; die Plätze sind durch die dichten Bäume schattig und regelmäßig sehr feucht.

In der Nähe gibt es als Alternative auch noch **Parking Europa** (Übernachtungsplatz mit Schatten durch Laubbäume und kleinem, sauberem Sanitärgebäude).

● *Essen* Herausragende Restaurants gibt es in Cassino nicht. Empfehlenswert ist aber die einfache **Trattoria La Cantina**, Via Enrico de Nicola 66 (zentrale Lage, in der Nähe der Pzza. de Gaspari), ✆ 0776.6313899. So geschlossen. Hier erhält man die typischen, unverfälschten Gerichte der Region. Die Bruschetta kommt ungefragt auf den Tisch (und faierweise nicht auf die Rechnung), die Portionen und der offene Hauswein sind ordentlich und die Preise sehr günstig. Menü um 20 €.
**Da Cencio**, Via Enrico De Nicola 44/50, ✆ 0776.313899. Mi geschlossen. Nur ein paar Häuser weiter liegt dieses verhältnismäßig neue Restaurant, mit jungem sympathischen Team. Gut gemachte Gerichte, auch Fisch, leckere Desserts. Menü um 25 €.

Ein anspruchsvolleres Restaurant finden Sie etwas außerhalb (weiter südlich auf der Via Casilina), in **San Vittore del Lazio**: Restaurante **All'Oliveto**, Via Passegeri 1, ✆ 0776.335226. Mo geschlossen.

● *Enoteca* **L'Angolo Divino**, Via del Carmine 26, ✆ 0776.24596. Sympathische Enoteca mit kleinen kalten und warmen Gerichten, einer Auswahl von guten Weinen und italienischer Feinkost.

**Le Vin de France**, Largo San Domenico 12, ✆ 0776.319023. Trotz des Namens gibt es hier auch gute italienische Weine.

• *Einkaufen* Olivenöl direkt vom Erzeuger bekommen Sie in der **Fattoria dei Marchesi Ingarrica**, Via Imperatore 21, ✆ 347.3094198,

www.fattoriamarchesiingarrica.it. Ausgezeichneten Käse (auch originale Büffelmilch-Mozzarella), Schinken und viele andere Köstlichkeiten führt **Il Rustico**, Largo San Domenico 13, ✆ 0776.310944.

• *Abends* **Bar Merum Jazz**, Viale Dante 7, ✆ 0776.22397. Junges Team, Do Live-Musik (hauptsächlich Jazz oder Blues), Fr legen angesagte DJs auf.

## Geschichte/Sehenswertes

Schon in vorgeschichtlicher Zeit waren Berg und Tal besiedelt. Ab dem 6. Jh. v. Chr. ist hier die Anwesenheit der *Volsker* nachgewiesen. 200 Jahre später kamen die *Samniten* und bauten die Siedlung zu einer Handelsmetropole aus. Die wohlhabende Stadt weckte das begehrliche Interesse der Römer, denen im Jahr 309 v. Chr. unter großen Anstrengungen die Eroberung gelang. Durch die günstige Lage an der Via Casilina, die Rom mit Capua verband, blühte die Stadt zur Zeit der Republik weiter auf. Die Lage sicherte ihr über den Untergang des Römischen Imperiums hinaus eine gewisse Bedeutung. Die Menschen hielten hier auch dann noch an ihrem überlieferten Glauben fest, als die heidnischen Kulte zu Gunsten des Christentums bereits verboten waren. Einige Tempel wurden dennoch genutzt, als der heilige Benedikt im Jahr 529 mit seinen Gefährten im Ort erschien und, auch als Zeichen des siegreichen Christentums, auf dem hohen Berg weithin sichtbar an der Stelle des **Apollotempels** ein Kloster gründete, das später das Mutterkloster des abendländischen Mönchtums wurde.

Im **Zweiten Weltkrieg** tobten in der Gegend von Januar bis Mai 1944 furchtbare Schlachten zwischen der deutschen Wehrmacht und den von Süden nach Rom vorrückenden alliierten Truppen. Die Stadt sowie die weltberühmte Abtei wurden dabei vollständig zerstört (s. u.) und die ganze Region verwüstet. Nur im kleinen Gebiet der **Archäologischen Zone** *„Casinum"* blieben einige antike Überreste mehr zufällig von den Bombardements verschont. Das Areal befindet sich am *Monte Calvario*, dort wo die Straße zur Abtei von Montecassino hinaufführt. Dazu gehören die Ruinen eines **Amphitheaters** aus der 2. Hälfte des 1. Jh. v. Chr., das von der Matrone Ummidia Quadratilla finanziert wurde, sowie ihr **Grabmal**, das vom Grundriss her an ein Kreuz erinnert und im 10. Jh. als Kirche diente. Nahezu vollständig erhalten ist ein **halbkreisförmiges Theater** aus der Zeit des Kaisers Augustus (27 v. Chr.–14 n. Chr.), dessen Zuschauerränge nach Art der griechischen Vorbilder an den Hang gebaut wurden. Heute finden hier im Sommer Freiluftaufführungen statt. Die zerstörte *römische Stadt Casinum* lag früher ein Stück den Berghang hinauf, terrassenförmig oberhalb des Theaters. Von ihr ist heute leider außer einem Stück Straßenpflasterung nichts mehr erhalten.

*Öffnungszeiten/Eintritt* **Parco Archeologico di Casinum**, tägl. 9–19 Uhr (im Winter bis 17 Uhr). Eintritt 2 €, für Personen unter 18 und über 65 Jahre frei.

Östlich der archäologischen Zone, auf der anderen Seite der Hauptstraße an der Piazza Garibaldi, befindet sich der Bahnhof. Direkt darunter, außerhalb des Wohngebietes, in der Nähe der **Varronianischen Thermen** gibt es einen Campingplatz. Die Thermen sind wohl auf den Überresten der Villa des Philosophen Marcus Terenzio Varro (116–27 v. Chr.) erbaut worden. Der Bezirk liegt in einer üppigen Grünzone. Dort entspringt eine der größten Quellen Italiens.

*Öffnungszeiten/Eintritt* **Fonti Varroniane**, Via delle Terme 5, geöffnet vom 1.4.–31.12. Eintritt 2 €.

*Symbol für das Inferno des Zweiten Weltkrieges: die Abtei von Montecassino*

Das Zentrum der Stadt liegt um die **Piazza de Gasperi**, an der sich auch einige der neuen öffentlichen Gebäude befinden. Kleine Parks gibt es in der Via Leopardi und am Corso della Repubblica. Ansonsten hat die Stadt nicht viel zu bieten. Die meisten Besucher kommen nur her, um die gewaltige Abtei auf dem Berg zu besuchen. Zu ihr gelangt man über die links von der Hauptstraße abzweigende Via Montecassino (9 km). Zunächst führt sie an der archäologischen Zone vorbei, dann geht es in steilen Serpentinen den kahlen Hang hinauf. Immer wieder bieten sich herrliche Ausblicke. Ungefähr auf halber Strecke sehen Sie rechts die kümmerlichen Reste der ehemals mächtigen Burg **Rocca Janula**. Sie wurde im 10. Jh. von Abt Aligerno zum Schutz der Abtei errichtet.

## Abtei von Montecassino

In seiner langen **Geschichte** hat das Kloster des heiligen Benedikt schon mehrere Neuanfänge erlebt: Nachdem der ursprüngliche Bau des Ordensgründers aus dem Jahr 529 bereits 48 Jahre später von den Langobarden zerstört worden war, ordnete Papst Gregor II. 718 den Wiederaufbau an. Neben vielen anderen Persönlichkeiten war im Jahr 787 Karl der Große hier zu Gast, der die Mönche mit weitreichenden Privilegien ausstattete und damit die Grundlage für den Wohlstand des Klosters schuf. Der zog etwa hundert Jahre später plündernde Sarazenenbanden an, die alles in Schutt und Asche legten. Um 950 kehrten die Mönche zurück und bauten das Kloster mit päpstlicher Förderung über Jahrhunderte zu einem der bedeutendsten kulturellen Zentren Europas aus. Hier trafen sich zahlreiche Gelehrte, im Skriptorium entstanden prachtvollste Handschriften und in den Werkstätten kostbare Kunstschätze. Ein verheerendes Erdbeben im Jahr 1349 zerstörte das Kloster zum dritten Mal. Dieses Mal baute man es sofort wieder auf und nutzte die Gelegenheit für bauliche Erweiterungen und

Verschönerungen. Knapp 600 Jahre vergingen bis zur katastrophalen Vernichtung durch die amerikanischen B-17 Bomber.

## Die Schlacht von Montecassino

Im Jahr 1944 wollten die alliierten Truppen der Engländer, Amerikaner, Kanadier, Franzosen und Polen von Süden nach Rom und weiter nach Norden vordringen. Dazu mussten sie zwangsläufig am Monte Cassino vorbei. Die deutsche Wehrmacht unter Befehl von Feldmarschall von Kesselring errichtet Ende 1943 die sogenannte *„Gustav-Linie"*, einen Sperrriegel quer über die italienische Halbinsel bis zur Adria, um den Vormarsch der Alliierten zu stoppen.

Der erste Angriff auf die deutschen Stellungen am 17. Januar 1944 scheiterte. Am 15. Februar 1944 um 9.28 Uhr begann der Angriff auf das Kloster, weil der britische Geheimdienst nach abgehörten Funksprüchen glaubte, dass deutsche Soldaten sich dort verschanzt hätten. Später stellte sich heraus, dass es lediglich einige Stellungen am Berghang gab. Bei dem schwersten Luftangriff auf einen einzelnen Gebäudekomplex wurden 500 Tonnen Brand- und Sprengbomben abgeworfen. Glücklicherweise hatten die Mönche die meisten Schätze des Klosters, darunter Gemälde aus dem 14.–17. Jh. und die Bibliothek von unschätzbarem Wert, rechtzeitig in die Engelsburg nach Rom in Sicherheit gebracht. Ein Durchbruch gelang den Alliierten trotzdem nicht.

In der Ruine auf dem 519 m hohen Klosterberg verschanzten sich dann deutsche Fallschirmjäger. 50.000 deutsche standen inzwischen 200.000 alliierten Soldaten gegenüber.

Einen Monat später, am 15. März, begann eine fünftägige Offensive, bei der Cassino komplett zerstört wurde. Wieder war kein Durchkommen. Die Wehrmacht besetzte auch die Ruinen der Stadt. Zwei Monate tobte der Häuserkampf, bevor die Alliierten die Ebene weitgehend kontrollierten. Am 16. Mai 1944 sollte mit einem Sturm der Klosterruine durch 10.000 polnische Soldaten die Entscheidung erzwungen werden. Die deutschen Fallschirmjäger hielten zunächst die Stellung, zogen sich dann aber heimlich zurück. 1.000 Polen starben beim Sturmangriff. Als der Rest der polnischen Truppe die Ruinen erreichte, fanden sie dort nur noch Verwundete.

Die Schlacht von Monte Cassino, die man später auch das *„Verdun des Zweiten Weltkriegs"* nannte, kostete insgesamt mehr als 40.000 Menschenleben und hinterließ 100.000 Verwundete.

Der **heilige Benedikt** persönlich gründete das Kloster im Jahr 529 auf den Ruinen einer vorzeitlichen Akropolis (wenige Reste der Zyklopenmauern sind noch zu erkennen) und einem antiken Tempel, in dem zu dieser Zeit noch der offiziell verbotene Apollokult ausgeübt wurde.

Zuvor hatte er drei Jahre lang als Eremit in einer Höhle bei Subiaco (→ S. 724) meditiert und war dabei zur Überzeugung gekommen, dass es besser sei, wenn Mönche zusammen in einem Kloster nach festen Regeln in hierarchischen Strukturen lebten. Er gründete das Kloster von Subiaco und erprobte dort als Abt seine strengen Vorschriften, gegen die seine Mitbrüder aber schon bald rebellierten. Nach ständigen Machtkämpfen und zwei misslungenen Attentaten verließ er Subiaco resigniert und zog in die von Goten und Vandalen geplünderte Stadt Cassino, wo er einen Neuanfang plante. Eigenhändig soll er das heidnische Götterbild im Tempel zerstört und an der Stelle des Tempels eine dem Johannes

d. T. geweihte Kapelle gebaut haben. Im neu errichteten Kloster schrieb er seine Lehren nieder und machte den Berg schließlich zum Hauptsitz des von ihm gegründeten Benediktinerordens. Im Jahr 547 wurde er in der Abtei neben seiner Zwillingsschwester, der heiligen Scholastica, im Oratorium von St. Johannes beerdigt.

Dem Umstand, dass die Benediktiner eine Art Intellektuellenbewegung unter den Mönchen waren, die sich mit ganzer Hingabe und ungeheurem Fleiß besonders in Montecassino dem Kopieren alter Schriften widmeten, ist es zu verdanken, dass ein großer Teil der antiken Literatur nicht in Vergessenheit geraten ist.

Schon ab 1947 wurde unter großem Aufwand nach dem ursprünglichen Bauplan mit dem Wiederaufbau begonnen. Am 24. Oktober 1964 weihte Papst Paul VI. die fast authentisch wiederhergestellte Klosteranlage mit der majestätischen Basilika ein.

**Rundgang**: Der Haupteingang zum Kloster führt zunächst in den ersten Kreuzgang, den ältesten Teil des Vorgängerbaus. An dieser Stelle befand sich in der Antike der Tempel des Apollo. Benedikt ließ ihn zu einer Kapelle und später zum Oratorium ausbauen, dem Raum, in dem er sich mit seinen Mönchen zum Gebet traf. Nach der Überlieferung starb er hier *„aufrecht, von einigen Mönchen gestützt, nachdem er die Eucharistie empfangen hatte"*. Daran erinnert die von Konrad Adenauer gestiftete Figurengruppe aus dem Jahr 1952 im Zentrum des Kreuzgangs.

Es schließt sich der zweite **Kreuzgang des Bramante** an, den dieser große Renaissance-Baumeister im Jahr 1595 entwarf. Von der Loggia des Balkons aus genießen Sie einen wundervollen weiten Ausblick.

Gegenüber vom Balkon führt eine breite Treppe in den **oberen Kreuzgang** vor den Eingang zur Basilika. Die Statuen am Fuß der Treppe zeigen links den heiligen Benedikt, eines der wenigen unversehrten Originale aus dem Jahr 1736, das die Bombardements überstand. Die Statue seiner Schwester Scholastica rechts ist eine originalgetreue Replik.

Von den drei Bronzetoren, die in die Basilika hineinführen, ist das mittlere ein Original aus dem 11. Jh. (die Tafel im rechten Flügel unten, zwischen den beiden Kreuzen, besagt, dass die Tür im Jahr 1066 in Konstantinopel angefertigt wurde). Die Schrifttafeln listen die Besitztümer des Klosters im 11. und 12. Jh. auf. Die Seitentüren stammen aus dem Jahr 1954.

Das pompöse **Innere** der barocken Basilika ist mit Marmorintarsien und vergoldetem Stuck nach den Plänen aus dem 16. Jh. exakt nachgebildet. Die verwendeten Materialien konnten zum Teil aus den Trümmern der alten Kathedrale geborgen werden. Da jedoch die Fresken verloren waren, entschloss man sich, diese durch zeitgenössische Werke zu ersetzen. Nur das Betongewölbe des Hauptschiffs ist bisher noch leer.

Über dem Eingang sehen Sie das 40 m² große Fresko des Malers Pietro Annigoni aus dem Jahr 1979, der besonders durch seine eindrucksvollen Porträts (u. a. von Elisabeth II.) berühmt wurde. Dargestellt ist hier der von heiligen Kirchenoberen umgebene, in göttlichem Licht stehende Benedikt. In der Mitte unter ihm sind drei Päpste zu sehen. Es sind der heilige Gregor der Große, der eine erste Biografie über Benedikt veröffentlichte, der heilige Viktor III., früherer Abt und späterer Förderer des Klosters, und Papst Paul VI., als einziger ohne Heiligenschein, der 1964 die wiederhergestellte Basilika einweihte und Benedikt bei diesem Anlass zum Schutzpatron Europas ernannte.

Beginnen Sie Ihren Rundgang nun im **linken Seitenschiff**, so sehen Sie zuerst die Kapelle des heiligen Gregor, der auf dem Gemälde über dem Altar abgebildet ist. Nach der zweiten, dem heiligen Joseph geweihten Kapelle gelangen Sie zur dritten Kapelle des Allerheiligsten Sakraments mit einem kostbaren Tabernakel aus vergoldeter Bronze (1728 entstanden). Die vierte Kapelle ist Bertarius gewidmet, der bei dem Überfall der Sarazenen im Jahr 883 ums Leben kam.

Das Silberrelief an der Front des **Hauptaltars** stammt vom Bildhauer Selva aus dem Jahr 1970. Das wertvolle Kruzifix sowie die vergoldeten Leuchter und Gefäße sind Originale aus dem 17. Jh. Auf der zum Chor gewandten Rückseite befindet sich die Bronzeurne mit der Asche des heiligen Benedikt und seiner Zwillingsschwester. Angeblich ist dies der Platz, den Benedikt persönlich für seine Beisetzung ausgesucht haben soll. Bei der letzten Zerstörung rollte eine Bombe bis direkt vor den Altar, detonierte jedoch nicht.

Über dem Altar erhebt sich die **Kuppel** mit den 1982 vollendeten Fresken des Malers Annigoni. Dargestellt ist die auferstandene Maria, die Schutzheilige der Kirche, die von Johannes dem Täufer und von Benedikt verehrt wird. Die weiteren Szenen zeigen Benedikt, wie er aus einem Fenster sieht, wie er den Ort für die Beisetzung seiner Schwester festlegt und wie er von seinen Mönchen aufgerichtet stirbt. Die Porträts in den Medaillons darunter zeigen Ordensgründer, die Benedikts Regeln auch für den eigenen Orden übernahmen. Die Gestalten in den vier Zwickeln sind Allegorien auf die vier Mönchsgelübde: Armut (mit Kreuz), Gehorsam (mit der in Richtung Ohr erhobenen Hand), Festigkeit (mit Anker und Säule) und Keuschheit (mit der Lampe).

Im **Chorraum** hinter dem Altar sehen Sie die prachtvoll verzierte Orgel mit 6.000 Orgelpfeifen und das kunstvoll geschnitzte Chorgestühl aus dem 17. Jh. Die Wandgemälde zeigen wieder Szenen aus dem Leben Benedikts.

Vom Hauptaltar gelangen Sie links durch ein Marmorportal in die **Sakristei**. Die schwere Holzverkleidung der Wände ist eine exakte Rekonstruktion der völlig zerstörten früheren Ausstattung. Im Hintergrund sehen Sie die modern gestaltete Reliquienkapelle. Eine Treppe führt hinauf zum Presbyterium und zur Kapelle der Barmherzigkeit mit Altarbildern aus dem 18. Jh.

Beim Hauptaltar führt der Weg in die unter dem Chorraum gelegene **Krypta**. Der Raum wurde im Jahr 1544 nachträglich in den Felsen geschlagen. Die unansehnlich gewordene Ausstattung wurde 1913 durch Mosaike aus der Benediktinerschule des Klosters Beuren in Deutschland ersetzt. Deutlich sind Einflüsse des Symbolismus und des ausklingenden Jugendstils erkennbar. Das große mittlere Gewölbe wurde nach dem Krieg rekonstruiert. Auf dem Altar stehen die Bronzestatuen von Benedikt und Scholastica aus dem Jahr 1959. Weiter sehen Sie in der Krypta die Wappen der Ritterorden des Mittelalters, die sich an den Regeln Benedikts orientierten, darunter auch das des Deutschherrenordens.

Kehren Sie nun in das Hauptschiff zurück, können Sie Ihren Rundgang im **rechten Seitenschiff** fortsetzen. Nahe der Sakristei gelangen Sie zunächst zur Kapelle des heiligen Viktor III. mit einem Altarbild Annigonis aus dem Jahr 1972. Zu sehen ist Benedikt, der Viktor in sein Amt als Abt von Montecassino einführt. Es folgt die Kapelle der Heiligen Petrus und Paulus mit einem 1979 fertig gestellten Gemälde von Pistolesi, auf dem Petrus von einem Engel aus dem Gefängnis befreit wird, während Paulus scheinbar ungerührt seine aus der Bibel bekannten Briefe schreibt. Die Kapelle des Johannes zeigt über dem Altar die

*Auf den Serpentinen aufwärts zur Abtei von Montecassino*

Taufe Christi und an den Seitenwänden den heiligen Johannes in der Wüste und bei seiner Hinrichtung. Die vierte Kapelle mit Werken des 18. Jh. über dem Altar ist schließlich den Erzengeln geweiht.

● *Öffnungszeiten/Eintritt* **Abtei**, 8.30–12.30 und 15.30–18 Uhr (im Winter bis 17 Uhr), So und an Feiertagen ist während der Messe nur der Besuch des Museums gestattet. Freier Eintritt (nur in angemessener Bekleidung, also keine Shorts, Tops, nicht bauchfrei). Das Fotografieren mit Blitz oder Stativ ist verboten. Mehrere bewachte, gebührenpflichtige Parkplätze stehen zur Verfügung.

● *Messe* An Sonn- und Feiertagen: 9, 10.30 und 12 Uhr.

● *Information* ☏ 0776.311529, 🖷 0776.312393, www.montecassino.it.

Wenn Sie die Kirche verlassen, gelangen Sie links (vom Kircheninneren aus gesehen) zum sehenswerten **Museum**. Im Eingangsbereich befindet sich eine kleine Ausstellung verschiedener, besonders prachtvoller Urkunden. Von hier aus kommen Sie in die einzelnen Abteilungen mit antiken Fundstücken, sakralen Kunstwerken, mittelalterlichen Handschriften, Zeichnungen, Stichen, Dokumenten zur Klostergeschichte, kostbaren Messgewändern, Teilen des Kirchenschatzes und einer Fotodokumentation über die Zerstörung am 15. Februar 1944. Gelegentlich finden Sonderausstellungen statt.

*Öffnungszeiten/Eintritt* **Museum**, April bis Ende Okt. tägl. 8.30–12.30 und 15.30–17.30 Uhr, von Nov. bis Ende März ist das Museum nur sonntags geöffnet (die Zeiten sind dann identisch). Eintritt 2 €.

Rings um Cassino liegen eine Reihe von schmerzlich eindrucksvollen **Soldatenfriedhöfen**. Auf dem Weg zur Abtei kommt man am polnischen Friedhof *(Cimitero Polacco)* vorbei, dessen Eingang sich unterhalb der Abtei befindet. Hier ruhen 1.052 Soldaten des 11. Korps der polnischen Armee. Der deutsche Friedhof mit spiralförmig angelegten, zu einem großen Kreuz hinführenden Gräbern liegt auf der anderen Seite des Berges von Montecassino. Auf diesem größten und bedeutendsten deutschen Soldatenfriedhof in Italien sind 20.035 deutsche Gefallene beigesetzt. Der Weg dorthin ist von der Auffahrt zur Abtei gut beschildert. In der Nähe befinden sich auch die Friedhöfe der italienischen, französischen und englischen Soldaten.

Der Süden von Latium Karte S. 757

# Etwas Italienisch

## Aussprache (Hier nur die Abweichungen von der deutschen Aussprache)

**c:** vor e und i immer *"tsch"* wie in *rutschen*, z. B. *centro* (Zentrum) = *"tschentro"*. Sonst wie *"k"*, z. B. *cannelloni* = *"kannelloni"*.

**cc:** gleiche Ausspracheregeln wie beim einfachen **c**, nur betonter: *faccio* (ich mache) = *"fatscho"*; *boccone* (Imbiss) = *"bokkone"*.

**ch:** wie *"k"*, *chiuso* (geschlossen) = *"kiuso"*.

**cch:** immer wie ein hartes *"k"*, *spicchio* (Scheibe) = *"spikkio"*.

**g:** vor e und i *"dsch"* wie in *Django*, vor a, o , u als *"g"* wie in *gehen*; wenn es trotz eines nachfolgenden dunklen Vokals als *"dsch"* gesprochen werden soll, wird ein i eingefügt, das nicht mitgesprochen wird, z. B. in *Giacomo* = *"Dschakomo"*.

**gh:** immer als *"g"* gesprochen.

**gi:** wie in *giorno* (Tag) = *"dschorno"*, immer weich gesprochen.

**gl:** wird zu einem Laut, der wie *"lj"* klingt, z. B. in *moglie* (Ehefrau) = *"mollje"*.

**gn:** ein Laut, der hinten in der Kehle produziert wird, z. B. in *bagno* (Bad) = *"bannjo"*.

**h:** wird am Wortanfang nicht mitgesprochen, z. B. *hanno* (sie haben) = *"anno"*. Sonst nur als Hilfszeichen verwendet, um c und g vor den Konsonanten i und e hart auszusprechen.

**qu:** im Gegensatz zum Deutschen ist das u mitzusprechen, z. B. *acqua* (Wasser) = *"akua"* oder *quando* (wann) = *"kuando"*.

**r:** wird kräftig gerollt!

**rr:** wird noch kräftiger gerollt!

**sp** und **st:** gut norddeutsch zu sprechen, z. B. *specchio* (Spiegel) = *"s-pekkio"* (nicht *schpekkio*), *stella* (Stern) = *"s-tella"* (nicht *"schtella"*).

**v:** wie *"w"*.

**z:** immer weich sprechen wie in *Sahne*, z. B. *zucchero* (Zucker) = *"sukkero"*.

## Elementares

| | | | |
|---|---|---|---|
| Frau … | *Signora* | Sprechen Sie Englisch/Deutsch? | *Parla inglese/ tedescso?* |
| Herr … | *Signor(e)* | Ich spreche kein Italienisch | *Non parlo l'italiano* |
| Guten Tag | *Buon giorno* | | |
| Guten Abend (ab nachmittags!) | *Buona sera* | Ich verstehe nichts | *Non capisco niente* |
| Gute Nacht | *Buona notte* | Könnten Sie langsamer sprechen? | *Puo parlare un po` più lentamente?* |
| Auf Wiedersehen | *Arrivederci* | Ich suche nach... | *Cerco...* |
| Hallo/Tschüss | *Ciao* | Okay, geht in Ordnung | *va bene* |
| Wie geht es Ihnen? | *Come sta?* | Ich möchte | *Vorrei* |
| Wie geht es dir? | *Come stai?* | Warte/Warten Sie! | *Aspetta/Aspetti!* |
| Danke, gut. | *Molto bene, grazie* | groß/klein | *grande/piccolo* |
| Danke! | *Grazie* | Geld | *i soldi* |
| Entschuldigen Sie | *(Mi) scusi* | Ich brauche ... | *Ho bisogno ...* |
| Entschuldige | *Scusami/Scusa* | Ich muss ... | *Devo ...* |
| Entschuldigung, können Sie mir sagen...? | *Scusi, sa dirmi...?* | in Ordnung | *d'accordo* |
| ja | *si* | Ist es möglich, dass ... | *È possibile ...* |
| nein | *no* | mit/ohne | *con/senza* |
| Tut mir leid | *Mi dispiace* | offen/geschlossen | *aperto/chiuso* |
| Macht nichts | *Non fa niente* | Toilette | *bagno* |
| Bitte! (gern geschehen) | *Prego!* | verboten | *vietato* |
| Bitte | *Per favore...* | Wie heißt das? | *Come si dice?* |
| (als Einleitung zu einer Frage oder Bestellung) | | Bezahlen, bitte | *Il Conto, per favore* |

## Fragen

| | | | |
|---|---|---|---|
| Gibt es/Haben Sie...? | *C'è ...?* | Wo? Wo ist? | *Dove?/ Dov'è?* |
| Was kostet das? | *Quanto costa?* | Wie?/Wie bitte? | *Come?* |
| Gibt es (mehrere) | *Ci sono?* | Wieviel? | *Quanto?* |
| Wann? | *Quando?* | Warum? | *Perché?* |

## Smalltalk

| | |
|---|---|
| Ich heiße ... | *Mi chiamo ...* |
| Wie heißt du? | *Come ti chiami?* |
| Wie alt bist du? | *Quanti anni hai?* |
| Das ist aber schön hier | *Meraviglioso!/Che bello!/Bellissimo!* |
| Von woher kommst du? | *Di dove sei tu?* |
| Ich bin aus München/Hamburg | *Sono di Monaco, Baviera/di Amburgo* |
| Bis später | *A più tardi!* |

## Orientierung

| | |
|---|---|
| Wo ist bitte...? | *Per favore, dov'è..?* |
| ... die Bushaltestelle | *...la fermata* |
| ... der Bahnhof | *...la stazione* |
| Stadtplan | *la pianta della città* |
| rechts | *a destra* |
| links | *a sinistra* |
| immer geradeaus | *sempre diritto* |
| Können Sie mir den Weg nach ... zeigen? | *Sa indicarmi la direzione per..?* |
| Ist es weit? | *È lontano?* |
| Nein, es ist nah | *No, è vicino* |

## Bus/Zug

| | | | |
|---|---|---|---|
| Fahrkarte | *un biglietto* | ... der letzte? | *...l'ultimo?* |
| Stadtbus | *il bus* | Abfahrt | *partenza* |
| Überlandbus | *il pullman* | Ankunft | *arrivo* |
| Zug | *il treno* | Gleis | *binario* |
| hin und zurück | *andata e ritorno* | Verspätung | *ritardo* |
| Ein Ticket von X nach Y | *un biglietto da X a Y* | aussteigen | *scendere* |
| Wann fährt der nächste? | *Quando parte il prossimo?* | Ausgang | *uscita* |
| | | Eingang | *entrata* |

## Auto/Motorrad

| | | | |
|---|---|---|---|
| Auto | *macchina* | Reifen | *le gomme* |
| Motorrad | *la moto* | Kupplung | *la frizione* |
| Tankstelle | *distributore* | Lichtmaschine | *la dinamo* |
| Volltanken | *il pieno, per favore* | Zündung | *l'accensione* |
| Bleifrei | *benzina senza piombo* | Vergaser | *il carburatore* |
| Diesel | *gasolio* | Mechaniker | *il meccanico* |
| Panne | *guasto* | Werkstatt | *l'officina* |
| Unfall | *un incidente* | funktioniert nicht | *non funziona* |
| Bremsen | *i freni* | | |

## Bank/Post/Telefon

| | | | |
|---|---|---|---|
| Wo ist eine Bank? | *Dove c'è una banca* | Briefkasten | *la buca (delle lettere)* |
| Postamt | *posta/ufficio postale* | Briefmarken | *i francobolli* |
| Postkarte | *cartolina* | Wo ist das Telefon? | *Dov'è il telefono?* |
| Brief | *lettera* | | |

## Hotel/Camping

| | | | |
|---|---|---|---|
| Haben Sie ein Einzel/ Doppelzimmer? | C'è una camera singola/doppia? | ein ruhiges Zimmer | una camera tranquilla |
| Können Sie mir ein Zimmer zeigen? | Può mostrarmi una camera? | Wir haben reserviert | Abbiamo prenotato |
| Ich nehme es/wir nehmen es | La prendo/la prendiamo | Schlüssel | la chiave |
| Zelt/ kleines Zelt | tenda/canadese | Vollpension | pensione completa |
| Schatten | ombra | Halbpension | mezza pensione |
| mit Dusche/Bad | con doccia/ bagno | Frühstück | prima colazione |
| | | Hochsaison | alta stagione |
| | | Nebensaison | bassa stagione |

## Zahlen

| | | | | | |
|---|---|---|---|---|---|
| 0 | zero | 13 | tredici | 60 | sessanta |
| 1 | uno | 14 | quattordici | 70 | settanta |
| 2 | due | 15 | quindici | 80 | ottanta |
| 3 | tre | 16 | sedici | 90 | novanta |
| 4 | quattro | 17 | diciassette | 100 | cento |
| 5 | cinque | 18 | diciotto | 101 | centuno |
| 6 | sei | 19 | diciannove | 102 | centodue |
| 7 | sette | 20 | venti | 200 | duecento |
| 8 | otto | 21 | ventuno | 1.000 | mille |
| 9 | nove | 22 | ventidue | 2.000 | duemila |
| 10 | dieci | 30 | trenta | 100.000 | centomila |
| 11 | undici | 40 | quaranta | 1.000 000 | un milione |
| 12 | dodici | 50 | cinquanta | | |

## Uhr & Kalender

### Uhrzeit

| | |
|---|---|
| Wie spät ist es? | Che ore sono? |
| mittags | mezzogiorno (für 12 Uhr gebräuchlich) |
| Mitternacht | mezzanotte |
| Viertel nach | ... e un quarto |
| Viertel vor | ... meno un quarto |
| halbe Stunde | mezz'ora |

### Wochentage

| | |
|---|---|
| Montag | lunedì |
| Dienstag | martedì |
| Mittwoch | mercoledì |
| Donnerstag | giovedì |
| Freitag | venerdì |
| Samstag | sabato |
| Sonntag | domenica |

### Tage/Monate/Jahreszeit

| | |
|---|---|
| Tag | giorno |
| Woche | settimana |
| Monat | mese |
| Jahr | anno |
| Frühling | primavera |
| Sommer | estate |
| Herbst | autunno |
| Winter | inverno |

### Monate

| | |
|---|---|
| Januar | gennaio |
| Februar | febbraio |
| März | marzo |
| April | aprile |
| Mai | maggio |
| Juni | giugno |
| Juli | luglio |
| August | agosto |

| | | | |
|---|---|---|---|
| September | *settembre* | gestern | *ieri* |
| Oktober | *ottobre* | vorgestern | *l'altro ieri* |
| November | *novembre* | sofort | *subito* |
| Dezember | *dicembre* | später | *più tardi* |
| | | jetzt | *adesso* |

### Gestern, heute, morgen ...

| | | | |
|---|---|---|---|
| | | der Morgen | *la mattina* |
| heute | *oggi* | der Nachmittag | *il pomeriggio* |
| morgen | *domani* | der Abend | *la sera* |
| übermorgen | *dopodomani* | die Nacht | *la notte* |

## Arzt/Krankenhaus

| | | | |
|---|---|---|---|
| Ich brauche einen Arzt | *Ho bisogno di un medico* | Fieber | *febbre* |
| Erste Hilfe | *pronto soccorso* | Durchfall | *diarrea* |
| Krankenhaus | *ospedale* | Erkältung | *raffreddore* |
| Schmerzen | *dolori* | Halsschmerzen | *mal di gola* |
| Ich bin krank | *Sono malato* | Magenschmerzen | *mal di stomaco* |
| Biss/Stich | *puntura* | Zahnschmerzen | *mal di denti* |
| | | Zahnarzt | *dentista* |

## Restaurant

| | | | |
|---|---|---|---|
| Haben Sie einen Tisch für x Personen? | *C'è un tavolo per x persone?* | Wein | *vino* |
| Ich möchte zahlen | *Il conto, per favore* | weiß | *bianco* |
| Gabel | *forchetta* | rosé | *rosato* |
| Messer | *coltello* | rot | *rosso* |
| Löffel | *cucchiaio* | Bier | *birra* |
| Aschenbecher | *portacenere* | hell/dunkel | *chiara/scura* |
| Mittagessen | *pranzo* | Saft | *succo di ...* |
| Abendessen | *cena* | Milch | *latte* |
| Eine Quittung, bitte | *Vorrei la ricevuta, per favore* | heiß | *caldo* |
| | | kalt | *freddo* |
| Es war sehr gut | *Era buonissimo* | (einen) Kaffee | *un caffè* |
| Trinkgeld | *mancia* | (das bedeutet Espresso) | |
| Extra-Preis für Gedeck, Service und Brot | *coperto/ pane e servizio* | (einen) Cappuccino | *un cappuccino* |
| Vorspeise | *antipasto* | (mit aufgeschäumter Milch, niemals mit Sahne!) | |
| erster Gang | *primo piatto* | (einen) Kaffee mit wenig Milch | *un latte macchiato* |
| zweiter Gang | *secondo piatto* | (einen) Eiskaffee | *un caffè freddo* |
| Beilagen | *contorni* | (einen) Tee | *un tè* |
| Nachspeise (Süßes) | *dessert* | mit Zitrone | *con limone* |
| Käse | *formaggio* | Cola | *coca* |

### Getränke

| | | | |
|---|---|---|---|
| | | Milkshake | *frappè* |
| Wasser | *acqua* | (ein) Glas | *un bicchiere di ...* |
| Mineralwasser | *acqua minerale* | (eine) Flasche | *una bottiglia* |
| mit Kohlensäure | *con gas (frizzante)* | | |
| ohne Kohlensäure | *senza gas* | | |

## Alimentari/Diversi – Lebensmittel, Verschiedenes

| | | | |
|---|---|---|---|
| *aceto* | Essig | *olio* | Öl |
| *brodo* | Brühe | *olive* | Oliven |
| *burro* | Butter | *pane* | Brot |
| *marmellata* | Marmelade | *panino* | Brötchen |
| *minestra/zuppa* | Suppe | *l'uovo/le uova* | Ei/Eier |
| *minestrone* | Gemüsesuppe | *zucchero* | Zucker |

## Erbe – Gewürze

| | | | |
|---|---|---|---|
| *aglio* | Knoblauch | *prezzemolo* | Petersilie |
| *alloro* | Lorbeer | *sale* | Salz |
| *capperi* | Kapern | *salvia* | Salbei |
| *pepe* | Pfeffer | *senape* | Senf |
| *peperoni* | Paprika | *timo* | Thymian |

## Preparazione – Zubereitung

| | | | |
|---|---|---|---|
| *affumicato* | geräuchert | *cotto* | gekocht |
| *ai ferri* | gegrillt | *duro* | hart/zäh |
| *al forno* | überbacken | *fresco* | frisch |
| *con panna* | mit Sahne | *fritto* | frittiert |
| *alla pizzaiola* | Tomaten/Knoblauch | *grasso* | fett |
| *allo spiedo* | am Spieß | *in umido* | im Saft geschmort |
| *al pomodoro* | mit Tomatensauce | *lesso* | gekocht/gedünstet |
| *arrosto* | gebraten/geröstet | *morbido* | weich |
| *bollito* | gekocht/gedünstet | *piccante* | scharf |
| *alla casalinga* | hausgemacht | *tenero* | zart |

## Contorni – Beilagen

| | | | |
|---|---|---|---|
| *asparago* | Spargel | *finocchio* | Fenchel |
| *broccoletti* | wilder Blumenkohl | *insalata* | allg. Salat |
| *carciofo* | Artischocke | *lattuga* | Kopfsalat |
| *carote* | Karotten | *lenticchie* | Linsen |
| *cavolfiore* | Blumenkohl | *melanzane* | Auberginen |
| *cavolo* | Kohl | *patate* | Kartoffeln |
| *cetriolo* | Gurke | *piselli* | Erbsen |
| *cicoria* | Chicoree | *polenta* | Maisbrei |
| *cipolla* | Zwiebel | *pomodori* | Tomaten |
| *fagiolini* | grüne Bohnen | *riso* | Reis |
| *fagioli* | Bohnen | *spinaci* | Spinat |
| *funghi* | Pilze | *zucchini* | Zucchini |

## Pasta – Nudeln

| | | | |
|---|---|---|---|
| cannelloni | gefüllte Teigrollen | penne | Röhrennudeln |
| farfalle | Schleifchen | tagliatelle | Bandnudeln |
| fettuccine | Bandnudeln | tortellini | gefüllte Teigtaschen |
| fiselli | kleine Nudeln | tortelloni | große Tortellini |
| lasagne | Schicht-Nudeln | vermicelli | Fadennudeln |
| maccheroni | Makkaroni | gnocchi | (Kartoffel-) Klößchen |
| pasta | allg. Nudeln | | |

## Pesce e frutti di mare – Fisch & Meeresgetier

| | | | |
|---|---|---|---|
| aragosta | Languste | polpo | Krake |
| aringhe | Heringe | razza | Rochen |
| baccalà | Stockfisch | salmone | Lachs |
| calamari | Tintenfische | sardine | Sardinen |
| cozze | Miesmuscheln | seppia/totano | großer Tintenfisch |
| gamberi | Garnelen | sgombro | Makrele |
| merluzzo | Schellfisch | sogliola | Seezunge |
| muggine | Meeräsche | tonno | Thunfisch |
| nasello | Seehecht | triglia | Barbe |
| orata | Goldbrasse | trota | Forelle |
| pesce spada | Schwertfisch | vongole | Muscheln |

## Carne – Fleisch

| | | | |
|---|---|---|---|
| agnello | Lamm | lombatina | Lendenstück |
| anatra | Ente | maiale | Schwein |
| bistecca | Beafsteak | maialetto | Ferkel |
| cinghiale | Wildschwein | manzo | Rind |
| coniglio | Kaninchen | pollo | Huhn |
| fagiano | Fasan | polpette | Fleischklöße |
| fegato | Leber | trippa | Kutteln |
| lepre | Hase | vitello | Kalb |

## Frutta – Obst

| | | | |
|---|---|---|---|
| albicocca | Aprikose | lamponi | Himbeeren |
| ananas | Ananas | limone | Zitrone |
| arancia | Orange | mandarino | Mandarine |
| banana | Banane | mela | Apfel |
| ciliegia | Kirsche | melone | Honigmelone |
| cocomero | Wassermelone | pera | Birne |
| dattero | Dattel | pesca | Pfirsich |
| fichi | Feigen | pompelmo | Grapefruit |
| fragole | Erdbeeren | uva | Weintrauben |

# Register